U0638480

麦读
MyRead

走向上的路　追求正义与智慧

— 《中华人民共和国法律注释书系列》 —

作者简介 |

刘静坤，法学博士，博士后，剑桥大学法学硕士。曾任最高人民法院刑三庭法官，曾挂职云南省公安厅厅长助理。现为中国政法大学教授。参与推进以审判为中心的诉讼制度改革、严格实行非法证据排除规则改革、量刑规范化改革等中央司法改革项目。

出版《The Exclusionary Rule of Illegal Evidence in China》《刑事程序的权利逻辑》《证据审查规则与分析方法》《公正何以难行》《犯罪心理学》《犯罪重建》《司法错误论》等著作、译著十余部，在《法学研究》《政法论坛》《人民日报》《光明日报》等刊物发表文章百余篇。

中华人民共和国法律注释书系列

TREATISES ON THE LAWS OF
THE PEOPLE'S REPUBLIC OF CHINA

刑事诉讼法注释书

[第二版]

刘静坤 编著

CRIMINAL
PROCEDURE
LAW
TREATISE

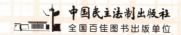

中国民主法制出版社
全国百佳图书出版单位

第二版序言

法律必须稳定,但不能一成不变。近年来,刑事法治快速发展,刑事诉讼制度处于动态演进之中。现阶段,以刑事诉讼法条文为基础,已经形成“律”(刑事诉讼法和相关法律)、“释”(立法解释、司法解释和规范性文件)、“例”(指导性案例和参考性案例)并行的刑事诉讼规范体系。

在《刑事诉讼法注释书》第一版2022年问世以来,政法各部门陆续出台了诸多解释性文件。除最高人民法院、最高人民检察院和公安部按照惯例,在刑事诉讼法修改后出台配套的解释性文件外,国家安全部、中国海警局等部门也出台了专门的规范性文件。同时,最高人民法院和最高人民检察院通过公布指导性案例、建立人民法院案例库、法答网问答、检答网问答等方式,对相关具体法律适用问题作出了有针对性的解答。

为及时跟进刑事诉讼规范体系的变化,本书相应作出了以下修订和完善:一是收录新增的法律规范,体现收录文本的全面性。基于实用和篇幅等考虑,对相关文件中与法律和相关司法解释简单重复的内容,本书不再予以摘录。二是更新已有的法律规范,确保相关文本的时效性和准确性。三是补充各类指导和参考案例,准确提炼案例的裁判要旨。

由于历次刑事诉讼法修改都会大幅增加条文数量,加上政法各部门竞相出台各类解释性文件,目前来看,刑事诉讼规范体系的规模已经相当可观,足以展现立法发展的巨大成就。不过,为了避免规则通胀,今后有必要认真对待规范体系的质量,实质性地提高刑事法治的整体水平。

通过修订《刑事诉讼法注释书》,在刑事诉讼规范体系之中徜徉,不禁萌生以下感想:一方面,解释性文件琳琅满目,对丰富完善法律、促进法律实施确有积极意义,但也容易导致架空法律、政出多门、简单重复、规范冲突等问题。另一方面,指导性案例备受重视,对填补规范漏洞、解决释法难题具有关键作用,但始终面临案例匮乏、避实就虚、裁判空洞、漠视程序等挑战。

伴随刑事法治的发展完善,可以考虑对刑事诉讼规范体系进行结构性调整:一是回归立法本位。适时改变传统上“宜粗不宜细”的立法理念,通过完善立法技术,制定具体、明确、周详的优质法律条文,实现以法律为基准的法治。二是规整法律解释。进一步探索改革法律解释制度,加强立法解释,规范其他类型的解释性文件,使法律解释做到有的放矢。三是加强案例指导。通过制度激励机制发挥指导性案例的规模效应,加强案例的实用性和指导性,避免案例资源的无端浪费。

本书的修订与完善,感谢“麦读文化”曾健先生的鼓励和支持,以及邵夕恬、路易等提供的协助。本书如有不足之处,敬请读者批评指正。

刘静坤

2025 年 6 月于北京

第一版序言

一

法律注释,是一门重要但尚未引起足够重视的实践学问。传统上,与官方的法律解释不同,法律注释更多的是私家注律。例如清代的注释律学,更多是法曹官僚或刑名幕友基于实践需要进行的经验总结,进而形成了不同的法律注释流派,包括:偏重于注释律例的辑注派;立意于“考镜源流、辨其原委”的律例考证派;侧重于司法应用的司法应用派;专门汇编案例,为司法实践提供直接参考的案例汇编派;通过比较不同历史时代的法律,评价各自的优劣得失,为现行法律提供借鉴的比较注释派;以便于记诵、查阅为目的而进行注释的图表派、便览派和歌诀派;以宣传、注释清帝圣谕为宗旨的宣教圣谕派;虽非专门注释清律,但与此密切相关的吏治派和幕学派等。① 此类注释律学成果不仅深刻影响法典编撰,也是司法实践的重要参考。

二

目前,我国的法律解释制度特别是司法解释制度比较发达。立法机关、司法机关出台相关的法律、司法解释后,通常会推出相应的具有官方背景的条文注释,便于司法实践中的理解和适用。随着案例指导制度的推行,这种带有普通法先例色彩的指导性案例②,也具有注释法律的重要功能。但实际上,案例指导制度并非复制判例制度,而更多是重拾“律例并行”的法律传统。总体上讲,我国渐已形成“法律条文+司法解释+指导性案例”的法律体系模式。身为法律人,既要熟知法律条文,更要关注司法解释和指导性案例,

---

① 何敏:《清代注释律学特点》,载《法学研究》1994 年第 6 期,第 81 页。

② Chinese Common Law: Guiding Cases and Judicial Reform, 129 Harvard Law Review 2233(2016).

因为后者对司法实践具有更强的针对性和指导性。检索和适用法条、司法解释和典型案例,是法律人每天的常规工作,因此,有机融合上述内容的法律工具书必不可少。

三

这本《刑事诉讼法注释书》,是笔者在法律注释领域的首次尝试。本书整合刑事诉讼法、司法解释、规范性文件和重要改革文件,对刑事诉讼法逐条进行简要注释,并附有关指导性、参考性案例要旨。遇有对法律本身的思考,则通过脚注方式予以体现。本书编著的基本思路是:提炼刑事诉讼法的程序要素,体现落实刑事政策、优化司法权能、加强权利保障的程序法治精义。

本书注重法律规范整理的全面性,同时,为体现系统性、针对性、实用性,坚持问题导向与实务导向,强调法律规范、重点解读与实践问题有机结合。鉴于刑事诉讼法的规范体系具有一定的特殊性,为便于读者查阅、检索和使用,现对本书的体例、结构和内容作如下说明:

第一,基本体例。根据法律规范的效力层级和内在关联,全书以刑事诉讼法条文规定为基础,依次归整相关法律规定、立法解释、司法解释、规范性文件和指导性、参考性案例等条目,体现"律"(刑事诉讼法和相关法律)、"释"(立法解释、司法解释和规范性文件)、"例"(指导性案例和参考性案例)并行的刑事诉讼法规范体系。在此基础上,当有关司法解释、规范性文件和指导性、参考性案例所涉问题相对独立时,就严格按照法律规范的属性整理有关规定和案例;当有关司法解释、规范性文件和指导性、参考性案例涉及同一问题时,就将相关内容合并至司法解释或规范性文件项下。这是一种原则性与灵活性相结合的编纂模式,便于读者集中比较、对照阅读;当然,在法律规范的实际适用中,其属性仍须根据法律规定确定。

第二,基本结构。基于问题导向的考虑,本书对司法解释、规范性文件和指导性、参考性案例的有关内容进行归纳整理,形成了以重点问题为脉络的编纂模式。本书以刑事诉讼法的条文为主线,通过归纳提炼有关规范的核心要点,以之为基础进行拆解分析,进而归整有关核心要点所涉的司法解释、规范性文件和指导性、参考性案例,最终探索提出独具特色的问题清单式提纲目录和结构体系。读者可以按图索骥,针对特定问题从目录中查询问题清单,然后直接对照检索相关的规范依据和参照案例。这种词条化、词典式的注释书结构,更加便于读者检索、查阅和使用。

第三,基本内容。为体现法律注释书的“注释”内涵,本书对刑事诉讼法条文和相关司法解释、规范性文件以及指导性、参考性案例的要旨进行重点解读。其中,结合立法机关释义,对刑事诉讼法进行逐条解读,解析法律条文的立法目的、修改变化、基本要素和核心要点。同时,结合公检法机关释义,对相关司法解释、规范性文件和指导性、参考性案例进行重点解读,解析有关规定和案例的疑难问题和核心要旨。此外,为体现实用性,本书对相关司法解释和规范性文件进行了精简优选,重点节选具有实际指导意义、能够解决实际问题的内容。

四

在编著本书过程中,笔者有两点突出的体会:一是刑事诉讼法的指导性案例较为匮乏。这反映出,程序性裁判在司法实践中尚不发达,还有很大的制度调整空间。二是法律和司法解释的关系需要进一步理顺。对于一些重要程序事项,法律规定过于原则,或者未作具体规定,只能由司法解释予以补充。然而,司法解释和规范性文件“政出多门”,既存在不必要的文本重复,也涉及一些规范冲突,在一定程度上影响了法律的统一适用。深入推进以审判为中心的诉讼制度改革,或许是解决上述问题的根本出路。

本书的编著与出版,感谢“麦读文化”曾健先生的意见和建议,以及陈沛文、刘乃玮、邵夕恬、薛振基、于滢、王恬恬、吴文静、刘硕等提供的协助。因本人水平有限,本书仍有不足之处,敬请读者批评指正。为便于沟通和交流,具体意见和建议可发送至 liujingkun2008@ 163. com。

刘静坤

2022 年 6 月于北京

凡　例

一、“立法释义”“重点解读”“刑事审判参考案例”“人民法院案例库案例”“专门问题解答”等栏目下涉及的法律名称使用简称，省略“中华人民共和国”字样，不加书名号。例如，《中华人民共和国刑事诉讼法》简称为刑事诉讼法。“相关立法”“司法解释”“规范性文件”等内容中的法律名称与正式文本一致。

二、“立法释义”“重点解读”“刑事审判参考案例”“人民法院案例库案例”“专门问题解答”等栏目下涉及的法律文件的条文序数，与正式文本一致，使用汉数字。例如，刑事诉讼法第六十八条。

三、“相关立法”下引用的法律文件，未经修正或修订的，标明公布日期；经修正或修订的，标明最后的修正或修订日期。例如，《中华人民共和国国家安全法》（2015 年 7 月 1 日）、《中华人民共和国人民法院组织法》（2018 年 10 月 26 日修订）、《中华人民共和国刑法》（2023 年 12 月 29 日修正）。

“司法解释”“规范性文件”下引用的法律文件，一般标明文号和公布日期。

四、从本书篇幅考虑，多次出现的法律文件标题以及释义、案例、解答等栏目内容中的法律文件名称使用简称，具体如下：

1.《最高人民法院关于适用〈中华人民共和国刑事诉讼法〉的解释》（法释〔2021〕1 号，2021 年 1 月 26 日）——《法院解释》（2021）；

2.《人民检察院刑事诉讼规则》（高检发释字〔2019〕4 号，2019 年 12 月 30 日）——《检察院规则》（2019）；

3.《公安机关办理刑事案件程序规定》（公安部令第 159 号，2020 年 7 月 20 日）——《公安规定》（2020）；

4.《国家安全机关办理刑事案件程序规定》（国家安全部令第 4 号，2024 年 4 月 26 日）——《国安规定》（2024）。

五、同样囿于篇幅，对全书多次出现的脚注内容予以简化，具体如下：

1. 参见王爱立主编：《中华人民共和国刑事诉讼法释义》，法律出版社 2018

年版,第×页——参见王爱立主编书,第×页;

2. 参见李少平主编:《最高人民法院关于适用〈中华人民共和国刑事诉讼法〉的解释理解与适用》,人民法院出版社 2021 年版,第×页——参见李少平主编书,第×页;

3. 参见杨万明主编:《新刑事诉讼法司法适用解答》,人民法院出版社 2018 年版,第×页——参见杨万明主编书,第×页;

4. 参见童建明、万春主编:《〈人民检察院刑事诉讼规则〉条文释义》,中国检察出版社 2020 年版,第×页——参见童建明、万春主编释义书,第×页;

5. 参见童建明、万春主编:《〈人民检察院刑事诉讼规则〉理解与适用》,中国检察出版社 2020 年版,第×页——参见童建明、万春主编适用书,第×页;

6. 参见孙茂利主编:《公安机关办理刑事案件程序规定释义与实务指南》,中国人民公安大学出版社 2020 年版,第×页——参见孙茂利主编书,第×页;

7. 参见中共中央纪律检查委员会、中华人民共和国国家监察委员会法规室编写:《〈中华人民共和国监察法〉释义》,中国方正出版社 2018 年版,第×页——参见法规室编写释义书,第×页。

目　　录

第一编 总 则

第一章　任务和基本原则

1　刑事诉讼法的目的

1.1　法条规定

第一条　为了保证刑法的正确实施，惩罚犯罪，保护人民，保障国家安全和社会公共安全，维护社会主义社会秩序，根据宪法，制定本法。

【立法释义】①

本条规定了刑事诉讼法的立法目的。基于"刑事一体化"理念，刑法和刑事诉讼法是刑事司法的法律支柱。刑事诉讼法的制定和修改，应当以宪法为根本依据。宪法的原则与规定，特别是与刑事政策、司法权能、权利保障②等相关的内容，应当在刑事诉讼法中得以全面贯彻。刑事诉讼法的原则和规则，应当契合宪法原则和规定的要求。对刑事诉讼法的理解和适用，不得与宪法原则和规定相抵触。

2　刑事诉讼法的任务

2.1　法条规定

第二条　中华人民共和国刑事诉讼法的任务，是保证准确、及时地查明犯罪事实，正确应用法律，惩罚犯罪分子，保障无罪的人不受刑事追究，教育公民自觉遵守法律，积极同犯罪行为作斗争，维护社会主义法制，尊重和保障人权，保护公民的人身权利、财产权利、民主权利和其他权利，保障社会主义建设事业的顺利进行。

【立法释义】③

一是程序维度。"准确、及时"查明犯罪事实④，是刑事诉讼的首要任务。保证"正确应用法律，惩罚犯罪分子，保障无罪的人不受刑事追究"，是在查明犯罪事实基础上得以实现的刑事诉讼法的基本任务。保障无罪的人不受刑事追究，是刑事诉讼法保护公民合法权利的重要体现。

二是社会维度。在现有法律框架内，应当保障公众的参与权和知情权，通过依法公开刑事诉讼的过程和结果，增强公民的法治观念，提高守法以及同犯罪行为做斗争的自觉性，以达到预防和减少犯罪的目的。

三是法治维度。2012 年刑事诉讼法修改，将宪法第三十三条第三款规定的"尊重和保障人权"⑤确立为刑事诉讼法的任务，体现了社会主义程序法治

---

① 参见王爱立主编书，第 1—2 页。

② 刑事政策、司法权能和权利保障，是刑事诉讼法的基本要素。刑事程序的设计，应当体现国家刑事政策，优化司法权能，加强权利保障。

③ 参见王爱立主编书，第 3—5 页。

④ 本条中的"犯罪事实"，实际上应当是指案件事实。在刑事诉讼领域，案件事实包含实体层面的犯罪事实和其他量刑事实，以及程序层面的程序性事实和证据性事实等。

⑤ "尊重和保障人权"这一重要宪法条款，作为刑事诉讼的基本原则，在某种程度上亦可被视为刑事诉讼的目的。鉴于"尊重和保障人权"在刑事诉讼领域的特殊重要性，可考虑将之单独作为一条原则加以规定。

的发展进步。

2.2　规范性文件

2.2.1　切实防范冤假错案的规定

★《中央政法委关于切实防止冤假错案的规定》（中政委〔2013〕27号）

一、讯问犯罪嫌疑人、被告人，除情况紧急必须现场讯问外，应当在规定的办案场所进行；犯罪嫌疑人被送交看守所羁押后，讯问应当在看守所讯问室进行并全程同步录音或者录像。侦查机关不得以起赃、辨认等为由将犯罪嫌疑人提出看守所外进行讯问。

二、侦查机关移交案件时，应当移交证明犯罪嫌疑人、被告人有罪或者无罪、犯罪情节轻重的全部证据。严禁隐匿证据、人为制造证据。

三、在侦查、审查起诉、审判时发现有应当排除的证据的，应当依法予以排除，不得作为提请批准逮捕、批准或决定逮捕、移送审查起诉、作出起诉决定和判决的依据。对于采用刑讯逼供等非法方法收集的犯罪嫌疑人、被告人供述和采用暴力、威胁等非法方法收集的证人证言、被害人陈述，不得作为定案的根据。

四、人民检察院依法对侦查活动是否合法进行监督，及时提出收集、固定和完善证据的意见和建议，必要时指派检察官参加侦查机关对重大案件的讨论和对犯罪有关的场所、物品、人身、尸体的复验、复查。

五、人民检察院严格把好审查逮捕、审查起诉和抗诉关，对不符合法定逮捕、起诉条件的案件，依法作出不批准逮捕、不起诉的决定；对符合抗诉条件的案件，特别是无罪判处有罪、有罪判处无罪、量刑畸轻畸重的案件，依法提出抗诉。

六、坚持证据裁判原则。依法应当出庭的证人没有正当理由拒绝出庭或者出庭后拒绝作证，法庭对其证言真实性无法确认的，该证人证言不得作为定案的根据。证据未经当庭出示、辨认、质证等法庭调查程序查证属实的，不得作为定案的根据。

七、严格执行法定的证明标准。只有被告人供述，没有其他证据的，不能认定被告人有罪和处以刑罚。对于定罪证据不足的案件，应当坚持疑罪从无原则，依法宣告被告人无罪，不能降格作出“留有余地”的判决。对于定罪证据确实、充分，但影响量刑的证据存在疑点的案件，应当在量刑时作出有利于被告人的处理。

八、人民法院、人民检察院、公安机关办理刑事案件，必须以事实为依据，以法律为准绳，不能因为舆论炒作、当事人及其亲属上访闹访和“限时破案”、地方“维稳”等压力，作出违反法律规定的裁判和决定。

九、切实保障律师会见、阅卷、调查取证和庭审中发问、质证、辩论等辩护权利。人民法院、人民检察院、公安机关在侦查终结、审查起诉、死刑复核等环节，应当依法听取辩护律师的意见。对于被告人及其辩护人提出的辩解辩护意见和提交的证据材料，人民法院应当认真审查，并在裁判文书中说明采纳与否的理由。

十、对确有冤错可能的控告和申诉，人民检察院、人民法院应当依法及时复查。经复查，认为刑事判决、裁定确有错误的，依法提出（请）抗诉、再审。人民检察院对本院及下级院确有错误的刑事处理决定，依据法定程序及时纠正。

十一、对罪犯提出的申诉、控告、检

举材料，监狱或其他刑罚执行机关不得扣压，应当及时转送或者提请有关机关处理。有关机关应当认真审查、及时处理，并将处理结果通知监狱或其他刑罚执行机关。罪犯提出申诉、控告的，不影响对其减刑、假释。

【重点解读】

《法制日报》2013年8月12日报道，中央政法委出台关于切实防止冤假错案的指导意见，针对执法司法中存在的突出问题，根据现行有关法律规定，对审判环节疑罪从无原则、证据裁判原则、严格证明标准、保障辩护律师辩护权利等作了重申性规定，并就法官、检察官、人民警察对办案质量终身负责提出明确要求。

3　刑事诉讼的职权分工

3.1　法条规定

第三条　对刑事案件的侦查、拘留、执行逮捕、预审，由公安机关负责。检察、批准逮捕、检察机关直接受理的案件的侦查、提起公诉，由人民检察院负责。审判由人民法院负责。除法律特别规定的以外，其他任何机关、团体和个人都无权行使这些权力。

人民法院、人民检察院和公安机关进行刑事诉讼，必须严格遵守本法和其他法律的有关规定。

【立法释义】①

本条规定明确了公检法机关在刑事诉讼中的职权分工。这种职权分工，确立了事实调查（侦查）、强制措施（拘留、批准逮捕、执行逮捕）、法律监督（检察）、审前程序衔接（预审、提起公诉）和审判等重要诉讼职权的归属，塑造了刑事诉讼的基本构造。由此确定了职权法定、严格司法、司法责任制等原则，是刑事诉讼法的重要原则。

3.2　司法解释

3.2.1　其他侦查主体的诉讼职权

★《检察院规则》（2019）

第六百八十条　人民检察院办理国家安全机关、海警机关、监狱移送的刑事案件以及对国家安全机关、海警机关、监狱立案、侦查活动的监督，适用本规则关于公安机关的规定。

【重点解读】②

鉴于2012年《检察院规则》存在“公安机关”与“侦查机关”混用的情况，2019年《检察院规则》修订将相关条文中的“侦查机关”统一修改为“公安机关”，并在本条专门规定，其他侦查机关适用本规则关于公安机关的规定，避免歧义。

3.3　规范性文件

3.3.1　公安机关的诉讼职权

★《公安规定》（2020）

第三条　公安机关在刑事诉讼中的基本职权，是依照法律对刑事案件立案、侦查、预审；决定、执行强制措施；对依法不追究刑事责任的不予立案，已经追究的撤销案件；对侦查终结应当起诉的案件，移送人民检察院审查决定；对不够刑事处罚的犯罪嫌疑人需要行政处理的，依法予以处理或者移送有关部门；对被判处有期徒刑的罪犯，在被交付执行刑罚前，剩余刑期在三个月以下

---

①　参见王爱立主编书，第5—6页。

②　参见童建明、万春主编释义书，第720—721页。

的,代为执行刑罚;执行拘役、剥夺政治权利、驱逐出境。

4 国家安全机关的职权

4.1 法条规定

第四条 国家安全机关依照法律规定,办理危害国家安全的刑事案件,行使与公安机关相同的职权。

【立法释义】①

关于国家安全机关在刑事诉讼中行使的职权,需要注意以下事项:

一是管辖范围。国家安全机关管辖的案件范围是危害国家安全的案件,主要是指刑法分则第一章规定的危害国家安全罪中规定的犯罪,但在其他章中规定的犯罪,如果涉及国家安全,依照规定应当由国家安全机关负责侦查的,也属于本条规定的国家安全机关办理的"危害国家安全的刑事案件"。

二是诉讼职权。国家安全机关依照管辖范围办理刑事案件,行使与公安机关相同的职权。同理,刑事诉讼法和有关法律关于公安机关办理刑事案件诉讼职权所作的规定,适用于国家安全机关。② 在司法实践中,应当注意国家安全机关与公安机关在办理危害国家安全的刑事案件中的职权划分,各司其职,密切配合,共同维护国家安全。

4.2 相关立法

4.2.1 国家安全机关的诉讼职权

★《全国人民代表大会常务委员会关于国家安全机关行使公安机关的侦查、拘留、预审和执行逮捕的职权的决定》(1983年9月2日)

第六届全国人民代表大会第一次会议决定设立的国家安全机关,承担原由公安机关主管的间谍、特务案件的侦查工作,是国家公安机关的性质,因而国家安全机关可以行使宪法和法律规定的公安机关的侦查、拘留、预审和执行逮捕的职权。

★《中华人民共和国国家安全法》(2015年7月1日)

第四十二条 国家安全机关、公安机关依法搜集涉及国家安全的情报信息,在国家安全工作中依法行使侦查、拘留、预审和执行逮捕以及法律规定的其他职权。

有关军事机关在国家安全工作中依法行使相关职权。

★《中华人民共和国反间谍法》(2023年4月26日修订)

第七十条 国家安全机关依照法律、行政法规和国家有关规定,履行防范、制止和惩治间谍行为以外的危害国家安全行为的职责,适用本法的有关规定。

公安机关在依法履行职责过程中发现、惩治危害国家安全的行为,适用本法的有关规定。

5 依法独立行使审判权、检察权

5.1 法条规定

第五条 人民法院依照法律规定独立行使审判权,人民检察院依照法律规定独立行使检察权,不受行政机关、社会团体和个人的干涉。

① 参见王爱立主编书,第6—8页。

② 根据权责统一原则,国家安全机关进行刑事诉讼,应当遵守本法第三条规定,即"必须严格遵守本法和其他法律的有关规定"。

【立法释义】①

本条规定明确了依法独立行使审判权、检察权原则。宪法规定了人民法院依照法律规定独立行使审判权(第一百三十一条)、人民检察院依照法律规定独立行使检察权(第一百三十六条)等原则。刑事诉讼法将上述宪法原则整合为一条规定,确立了依法独立行使审判权、检察权原则。关于这一原则,应当关注以下事项:

一是外部独立。依法独立行使审判权、检察权,首先要坚持外部独立原则,即"不受行政机关、社会团体和个人的干涉"。2015年,中办、国办,中央政法委和"两高三部"陆续出台《领导干部干预司法活动、插手具体案件处理的记录、通报和责任追究规定》《司法机关内部人员过问案件的记录和责任追究规定》《关于进一步规范司法人员与当事人、律师、特殊关系人、中介组织接触交往行为的若干规定》等文件,建立了确保司法机关依法独立行使职权的保障制度。

二是内部独立。除不受外部干涉外,依法独立行使审判权、检察权,还涉及内部的职权行使独立性问题。

关于依法独立行使审判权、检察权原则,应当注意正确处理法官与法院、检察官与检察院的关系,独立行使审判权、检察权与党的领导的关系以及与同级人大及其常委会的关系。

5.2 相关立法

5.2.1 人民法院独立行使职权

★《中华人民共和国人民法院组织法》(2018年10月26日修订)

第三十三条 合议庭审理案件,法官对案件的事实认定和法律适用负责;法官独任审理案件,独任法官对案件的事实认定和法律适用负责。

人民法院应当加强内部监督,审判活动有违法情形的,应当及时调查核实,并根据违法情形依法处理。

第三十九条 合议庭认为案件需要提交审判委员会讨论决定的,由审判长提出申请,院长批准。

审判委员会讨论案件,合议庭对其汇报的事实负责,审判委员会委员对本人发表的意见和表决负责。审判委员会的决定,合议庭应当执行。

审判委员会讨论案件的决定及其理由应当在裁判文书中公开,法律规定不公开的除外。

第五十二条 任何单位或者个人不得要求法官从事超出法定职责范围的事务。

对于领导干部等干预司法活动、插手具体案件处理,或者人民法院内部人员过问案件情况的,办案人员应当全面如实记录并报告;有违法违纪情形的,由有关机关根据情节轻重追究行为人的责任。

【重点解读】

中国法院网2018年10月26日刊登的新闻报道,最高人民法院研究室负责人就人民法院组织法修订相关情况回答记者提问时指出,厘清了合议庭与审委会的关系,严格审委会讨论决定案件的启动程序,即规定由审判长提出申请、院长批准,并规定审委会讨论案件的决定,合议庭应当执行。在此基础上,规定了审委会委员对本人发表的意

① 参见王爱立主编书,第9页。

见和表决负责，严格落实“让审理者裁判，由裁判者负责”，切实贯彻落实司法责任制总体要求。

5.2.2 人民检察院独立行使职权

★《中华人民共和国人民检察院组织法》（2018年10月26日修订）

第二十九条 检察官在检察长领导下开展工作，重大办案事项由检察长决定。检察长可以将部分职权委托检察官行使，可以授权检察官签发法律文书。

第三十四条 人民检察院实行检察官办案责任制。检察官对其职权范围内就案件作出的决定负责。检察长、检察委员会对案件作出决定的，承担相应责任。

第四十七条 任何单位或者个人不得要求检察官从事超出法定职责范围的事务。

对于领导干部等干预司法活动、插手具体案件处理，或者人民检察院内部人员过问案件情况的，办案人员应当全面如实记录并报告；有违法违纪情形的，由有关机关根据情节轻重追究行为人的责任。

5.3 司法解释

5.3.1 人民检察院的司法责任制

★《检察院规则》（2019）

第四条 人民检察院办理刑事案件，由检察官、检察长、检察委员会在各自职权范围内对办案事项作出决定，并依照规定承担相应司法责任。

检察官在检察长领导下开展工作。重大办案事项，由检察长决定。检察长可以根据案件情况，提交检察委员会讨论决定。其他办案事项，检察长可以自行决定，也可以委托检察官决定。

本规则对应当由检察长或者检察委员会决定的重大办案事项有明确规定的，依照本规则的规定。本规则没有明确规定的，省级人民检察院可以制定有关规定，报最高人民检察院批准。

以人民检察院名义制发的法律文书，由检察长签发；属于检察官职权范围内决定事项的，检察长可以授权检察官签发。

重大、疑难、复杂或者有社会影响的案件，应当向检察长报告。

【重点解读】①

在司法责任制改革背景下，“三级审批”的办案模式已不适应检察机关办理刑事案件的司法规律，不利于落实司法责任制改革关于“谁办案谁负责、谁决定谁负责”的要求。检察机关的司法责任制是基于检察机关的法定职权和履职规律，科学界定检察人员、办案组织的权限、责任，明确司法责任承担主体、范围和追责条件、方式，构建公正高效的检察权运行机制和公平合理的司法责任认定、追究机制等问题的管理制度。

5.4 规范性文件

5.4.1 干预司法的责任追究

★《领导干部干预司法活动、插手具体案件处理的记录、通报和责任追究规定》（中办发〔2015〕23号，2015年3月18日）

第三条 对司法工作负有领导职责的机关，因履行职责需要，可以依照工作程序了解案件情况，组织研究司法政策，统筹协调依法处理工作，督促司法机

---

① 参见童建明、万春主编释义书，第4—6页。

关依法履行职责，为司法机关创造公正司法的环境，但不得对案件的证据采信、事实认定、司法裁判等作出具体决定。

第四条　司法机关依法独立公正行使职权，不得执行任何领导干部违反法定职责或法定程序、有碍司法公正的要求。

第五条　对领导干部干预司法活动、插手具体案件处理的情况，司法人员应当全面、如实记录，做到全程留痕，有据可查。

以组织名义向司法机关发文发函对案件处理提出要求的，或者领导干部身边工作人员、亲属干预司法活动、插手具体案件处理的，司法人员均应当如实记录并留存相关材料。

第六条　司法人员如实记录领导干部干预司法活动、插手具体案件处理情况的行为，受法律和组织保护。领导干部不得对司法人员打击报复。非因法定事由，非经法定程序，不得将司法人员免职、调离、辞退或者作出降级、撤职、开除等处分。

第八条　领导干部有下列行为之一的，属于违法干预司法活动，党委政法委按程序报经批准后予以通报，必要时可以向社会公开：

（一）在线索核查、立案、侦查、审查起诉、审判、执行等环节为案件当事人请托说情的；

（二）要求办案人员或办案单位负责人私下会见案件当事人或其辩护人、诉讼代理人、近亲属以及其他与案件有利害关系的人的；

（三）授意、纵容身边工作人员或者亲属为案件当事人请托说情的；

（四）为了地方利益或者部门利益，以听取汇报、开协调会、发文件等形式，超越职权对案件处理提出倾向性意见或者具体要求的；

（五）其他违法干预司法活动、妨碍司法公正的行为。

第九条　领导干部有本规定第八条所列行为之一，造成后果或者恶劣影响的，依照《中国共产党纪律处分条例》、《行政机关公务员处分条例》、《检察人员纪律处分条例（试行）》、《人民法院工作人员处分条例》、《中国人民解放军纪律条令》等规定给予纪律处分；造成冤假错案或者其他严重后果，构成犯罪的，依法追究刑事责任。

领导干部对司法人员进行打击报复的，依照《中国共产党纪律处分条例》、《行政机关公务员处分条例》、《检察人员纪律处分条例（试行）》、《人民法院工作人员处分条例》、《中国人民解放军纪律条令》等规定给予纪律处分；构成犯罪的，依法追究刑事责任。

第十条　司法人员不记录或者不如实记录领导干部干预司法活动、插手具体案件处理情况的，予以警告、通报批评；有两次以上不记录或者不如实记录情形的，依照《中国共产党纪律处分条例》、《行政机关公务员处分条例》、《检察人员纪律处分条例（试行）》、《人民法院工作人员处分条例》、《中国人民解放军纪律条令》等规定给予纪律处分。主管领导授意不记录或者不如实记录的，依纪依法追究主管领导责任。

★**《司法机关内部人员过问案件的记录和责任追究规定》**（中政委〔2015〕10号，2015年3月30日）

第二条　司法机关内部人员应当依法履行职责，严格遵守纪律，不得违反规定过问和干预其他人员正在办理的案件,不得违反规定为案件当事人转递涉案材料或者打探案情,不得以任何方式为案件当事人说情打招呼。

第三条　司法机关办案人员应当恪守法律,公正司法,不徇私情。对于司法机关内部人员的干预、说情或者打探案情,应当予以拒绝;对于不依正当程序转递涉案材料或者提出其他要求的,应当告知其依照程序办理。

第四条　司法机关领导干部和上级司法机关工作人员因履行领导、监督职责,需要对正在办理的案件提出指导性意见的,应当依照程序以书面形式提出,口头提出的,由办案人员记录在案。

第五条　其他司法机关的工作人员因履行法定职责需要,向办案人员了解正在办理的案件有关情况的,应当依照法律程序或者工作程序进行。

第六条　对司法机关内部人员过问案件的情况,办案人员应当全面、如实记录,做到全程留痕,有据可查。

第七条　办案人员如实记录司法机关内部人员过问案件的情况,受法律和组织保护。

司法机关内部人员不得对办案人员打击报复。办案人员非因法定事由,非经法定程序,不得被免职、调离、辞退或者给予降级、撤职、开除等处分。

第九条　司法机关内部人员有下列行为之一的,属于违反规定干预办案,负有干部管理权限的司法机关按程序报经批准后予以通报,必要时可以向社会公开:

(一)在线索核查、立案、侦查、审查起诉、审判、执行等环节为案件当事人请托说情的;

(二)邀请办案人员私下会见案件当事人或其辩护人、诉讼代理人、近亲属以及其他与案件有利害关系的人的;

(三)违反规定为案件当事人或其辩护人、诉讼代理人、亲属转递涉案材料的;

(四)违反规定为案件当事人或其辩护人、诉讼代理人、亲属打探案情、通风报信的;

(五)其他影响司法人员依法公正处理案件的行为。

★《最高人民法院、最高人民检察院、公安部、国家安全部、司法部关于进一步规范司法人员与当事人、律师、特殊关系人、中介组织接触交往行为的若干规定》(高检发纪字〔2015〕6号,2015年9月22日)

第五条　严禁司法人员与当事人、律师、特殊关系人、中介组织有下列接触交往行为:

(一)泄露司法机关办案工作秘密或者其他依法依规不得泄露的情况;

(二)为当事人推荐、介绍诉讼代理人、辩护人、或者为律师、中介组织介绍案件,要求、建议或者暗示当事人更换符合代理条件的律师;

(三)接受当事人、律师、特殊关系人、中介组织请客送礼或者其他利益;

(四)向当事人、律师、特殊关系人、中介组织借款、租借房屋,借用交通工具、通讯工具或者其他物品;

(五)在委托评估、拍卖等活动中徇私舞弊,与相关中介组织和人员恶意串通、弄虚作假、违规操作等行为;

(六)司法人员与当事人、律师、特殊关系人、中介组织的其他不正当接触交往行为。

第六条　司法人员在办案过程中,应当在工作场所、工作时间接待当事人、律师、特殊关系人、中介组织。因办案需要,确需与当事人、律师、特殊关系人、中介组织在非工作场所、非工作时间接触的,应依照相关规定办理审批手续并获批准。

第七条 司法人员在办理过程中因不明情况或者其他原因在非工作时间或非工作场所接触当事人、律师、特殊关系人、中介组织的,应当在三日内向本单位纪检监察部门报告有关情况。

第八条 司法人员从司法机关离任后,不得担任原任职单位办理案件的诉讼代理人或者辩护人,但是作为当事人的监护人或者近亲属代理诉讼或者进行辩护的除外。

6 依靠群众,以事实为根据,以法律为准绳,平等适用法律

6.1 法条规定

第六条 人民法院、人民检察院和公安机关进行刑事诉讼,必须依靠群众,必须以事实为根据,以法律为准绳。对于一切公民,在适用法律上一律平等,在法律面前,不允许有任何特权。

【立法释义】①

本条规定了我国刑事诉讼应当遵守的各项原则:

一是依靠群众原则。这一原则是群众路线在刑事诉讼中的具体体现。办理刑事案件要相信群众,深入群众调查研究,发动群众向公检法机关提供破案线索,提供证实犯罪的情况。

二是以事实为根据,以法律为准绳原则。所谓"事实",是指公安司法机关进行刑事诉讼,追究犯罪,必须以客观存在、经过调查属实、有证据证明的事实为根据,而不是靠主观想象、推测和怀疑。"以法律为准绳",是指公安司法机关办理刑事案件,必须以法律为标准。这里所指的"法律",既包括刑法以及对刑法所作的修改补充规定和修正案,也包括刑事诉讼法和其他法律的有关规定。

三是一切公民在适用法律上一律平等原则。这是宪法确定的原则在刑事诉讼中的具体体现。公安司法机关在刑事诉讼中,对一切公民,不分民族、种族、职业、出身、性别、宗教信仰、教育程度、财产情况、职位高低和功劳大小,一律平等地适用法律,即任何人触犯了刑法,都应受到追究,并承担相应刑事责任,不能有任何例外;在刑事诉讼中,任何人的诉讼权利和其他合法权益都同样受到法律的保护,不能因人而异。任何人都不能有超越法律之外的特权。

6.2 相关立法

★《中华人民共和国人民法院组织法》(2018年10月26日修订)

第五条 人民法院审判案件在适用法律上一律平等,不允许任何组织和个人有超越法律的特权,禁止任何形式的歧视。

第六条 人民法院坚持司法公正,以事实为根据,以法律为准绳,遵守法定程序,依法保护个人和组织的诉讼权利和其他合法权益,尊重和保障人权。

第十一条 人民法院应当接受人民群众监督,保障人民群众对人民法院

---

① 参见王爱立主编书,第9—11页。

工作依法享有知情权、参与权和监督权。

★《中华人民共和国人民检察院组织法》(2018 年 10 月 26 日修订)

第五条　人民检察院行使检察权在适用法律上一律平等,不允许任何组织和个人有超越法律的特权,禁止任何形式的歧视。

第六条　人民检察院坚持司法公正,以事实为根据,以法律为准绳,遵守法定程序,尊重和保障人权。

第十一条　人民检察院应当接受人民群众监督,保障人民群众对人民检察院工作依法享有知情权、参与权和监督权。

7　分工负责、互相配合、互相制约原则

7.1　法条规定

第七条　人民法院、人民检察院和公安机关进行刑事诉讼,应当分工负责,互相配合,互相制约,以保证准确有效地执行法律。

【立法释义】①

宪法第一百四十条规定,人民法院、人民检察院和公安机关办理刑事案件,应当分工负责,互相配合,互相制约,以保证准确有效地执行法律。根据宪法规定,本条规定明确了公检法三机关分工负责、互相配合、互相制约,构成相辅相成的有机整体。分工负责是前提,在法定职责分工基础上,互相配合旨在提高程序衔接的有效性,互相制约旨在提高司法决策的准确性。关于公检法机关分工负责、互相配合、互相制约原则,应当注意以下事项:

第一,公检法三机关的"分工负责",是指职责分工和案件管辖分工。本法第三条规定了公检法三机关的职权分工,各机关应当各司其职,各负其责,既不能包办代替,越权行事,也不能互相推诿,不负责任。

第二,公检法三机关的"互相配合",是指在查明案件真实情况,正确适用法律追究犯罪,实现公平正义方面有着共同的目标,在正确履行各自职责基础上,互相支持,共同完成惩罚犯罪和保护人民的任务,不能违反法律规定,互相推诿,造成不必要的诉讼损耗。

第三,公检法三机关的"互相制约",是指在刑事诉讼中,通过程序上的制约,防止和及时纠正可能发生的错误,保证案件质量,正确应用法律惩罚犯罪,如法院、检察院决定逮捕犯罪嫌疑人、被告人的,由公安机关执行;公安机关侦查的案件需要逮捕犯罪嫌疑人的,需经人民检察院批准。公安机关移送起诉的案件,人民检察院作出不起诉的决定,公安机关认为不起诉决定是错误的,有权要求人民检察院复议或者复核。人民检察院发现公安机关侦查活动有违法行为时,有权提出纠正意见;发现人民法院的判决有错误的,有权提出抗诉。

8　法律监督原则

8.1　法条规定

第八条　人民检察院依法对刑事诉讼实行法律监督。

【立法释义】②

本条规定明确了人民检察院对刑事诉讼实行法律监督的原则。宪法第

① 参见王爱立主编书,第 11—13 页。
② 参见王爱立主编书,第 13—14 页。

一百三十四条规定，人民检察院是国家的法律监督机关。关于法律监督的程序，本法并未作专门规定，《检察院规则》对此作出了具体规定。

2012年修改刑事诉讼法增加规定，人民检察院对辩护人、诉讼代理人认为有关司法机关及其工作人员阻碍其依法行使诉讼权利的申诉或者控告，应当及时审查并通知有关机关予以纠正；人民检察院接到报案、控告、举报或者发现侦查人员以非法方法收集证据的，应当调查核实，提出纠正意见，对构成犯罪的，依法追究刑事责任；人民检察院应当对犯罪嫌疑人、被告人被逮捕后羁押的必要性进行审查，对不需要继续羁押的，应当建议释放或者变更强制措施；最高人民检察院在最高人民法院复核死刑案件过程中，可以向最高人民法院提出意见，最高人民法院应当将死刑复核结果通报最高人民检察院；人民检察院对罪犯暂予监外执行的决定和减刑、假释的裁定可以在决定前向有关机关提出书面意见；人民检察院对强制医疗的决定和执行实行监督等。这些规定为检察机关履行监督职责提供了明确的法律依据。

9　使用本民族语言文字进行诉讼的权利

9.1　法条规定

第九条　各民族公民都有用本民族语言文字进行诉讼的权利。人民法院、人民检察院和公安机关对于不通晓当地通用的语言文字的诉讼参与人，应当为他们翻译。

在少数民族聚居或者多民族杂居的地区，应当用当地通用的语言进行审讯，用当地通用的文字发布判决书、布告和其他文件。

【立法释义】①

第一，各民族公民都有用本民族语言文字进行刑事诉讼的权利。一方面，各民族公民有权运用本民族语言文字进行刑事诉讼，司法机关在刑事诉讼中应当为他们行使相关权利提供必要的便利和帮助。另一方面，对于不通晓当地通用语言文字的诉讼参与人，人民法院、人民检察院和公安机关应当为他们提供翻译。如果办案机关违反本条规定，未向不通晓当地通用的语言文字的诉讼参与人提供翻译，或者未用当地通用的语言进行审讯，未用当地通用的文字发布判决书、布告和其他文件，将影响诉讼行为的效力和有关证据的证据资格。

第二，在少数民族聚居或者多民族杂居地区存在多种民族语言的情况下，刑事诉讼各个阶段讯问犯罪嫌疑人、被告人，发布判决书、布告和送达传票、通知等文件，应当使用当地通用的语言文字。

10　两审终审制

10.1　法条规定

第十条　人民法院审判案件，实行两审终审制。

【立法释义】②

两审终审制，是我国长期司法实践经验的总结，有助于防止案件久拖不决，保证上级人民法院对下级人民法院的审

① 参见王爱立主编书，第15—16页。
② 参见王爱立主编书，第16页。

判行使监督职权,发现错误及时纠正。

第一审人民法院作出的判决和裁定,在法定期限内,被告人不服提出上诉,或者人民检察院认为判决、裁定有错误提出抗诉的,上一级人民法院对上诉、抗诉案件应当进行审判,第二审人民法院作出的判决和裁定,即为终审的判决和裁定。如果在上诉、抗诉期限内被告人不上诉、人民检察院不抗诉,第一审人民法院作出的判决和裁定发生法律效力。

作为例外情形,最高人民法院审判的第一审案件的判决和裁定,即为终审的判决和裁定。对于死刑案件的判决,应当由最高人民法院经过死刑复核程序予以核准才发生法律效力。对于发生法律效力的判决和裁定,人民检察院认为有错误的,按照审判监督程序提出抗诉,但不能停止判决和裁定的执行。

11　公开审判原则和被告人的辩护权

11.1　法条规定

第十一条　人民法院审判案件,除本法另有规定的以外,一律公开进行。被告人有权获得辩护,人民法院有义务保证被告人获得辩护。

【立法释义】①

本条规定明确了公开审判原则和被告人的辩护权。② 宪法第一百三十条规定,人民法院审理案件,除法律规定的特别情况外,一律公开进行。被告人有权获得辩护。本条重申了宪法原则,应当注意以下事项:

第一,"公开审判",是指除本法另有规定的以外,人民法院审判第一审案件和宣告判决都应当向社会公开。人民法院在开庭审判前,应先期公布案由、被告人姓名、开庭的时间和地点,以便群众参加旁听和新闻记者采访、报道。"本法另有规定的",是指本法第一百八十八条、第二百八十五条规定的不公开审理的三类案件,即对于涉及有关国家秘密或者个人隐私的案件,不公开审理;对于涉及商业秘密的案件,当事人申请不公开审理的,可以不公开审理;对于审判的时候被告人不满十八周岁的案件,不公开审理。无论案件是否公开审理,宣判一律公开进行。公开审判原则是司法公开的基本要求。公开审判既涉及当事人的诉讼权利保障,也涉及公众、媒体了解和监督司法的权利。公开审判原则不仅适用于第一审程序,也适用于其他审判程序。在死刑复核制度改革助推之下,第二审案件公开审判的范围不断扩大。对于依法应当公开审判的案件,人民法院决定不公开审判的,当事人有权申请公开审判。违反公开审判原则,将会影响案件的公正审判,并构成案件发回重审的理由。

第二,辩护权是犯罪嫌疑人、被告人享有的基本人权,也是最重要的诉讼权利,不得以任何借口限制和剥夺。辩护权不仅限于审判程序,而是延伸到审前程序。辩护权不仅是指犯罪嫌疑人、

① 参见王爱立主编书,第 17—19 页。

② 公开审判和被告人的辩护权,是两个相对独立的法律问题。对被告人的辩护权,可考虑单独一条加以规定。同时,对辩护权的保障并不限于审判阶段,并不限于犯罪嫌疑人、被告人自我辩护,随着法律援助制度快速发展完善,故该条规定可考虑拓展为:"犯罪嫌疑人、被告人有权获得辩护,人民法院、人民检察院和公安机关有义务保证犯罪嫌疑人、被告人获得律师帮助。"

被告人有权自行辩护，也包括有权获得律师帮助。随着法律援助制度逐步完善，以及刑事案件律师辩护全覆盖改革，人民法院、人民检察院和公安机关都有义务保证犯罪嫌疑人、被告人获得律师帮助。

11.2 规范性文件

11.2.1 公开审判的制度规范

★《最高人民法院关于严格执行公开审判制度的若干规定》（法发〔1999〕3号，1999年3月8日）

一、人民法院进行审判活动，必须坚持依法公开审判制度，做到公开开庭，公开举证、质证，公开宣判。

二、人民法院对于第一审案件，除下列案件外，应当依法一律公开审理：

（一）涉及国家秘密的案件；

（二）涉及个人隐私的案件；

（三）十四岁以上不满十六岁未成年人犯罪的案件；经人民法院决定不公开审理的十六岁以上不满十八岁未成年人犯罪的案件；

（四）经当事人申请，人民法院决定不公开审理的涉及商业秘密的案件；

（五）经当事人申请，人民法院决定不公开审理的离婚案件；

（六）法律另有规定的其他不公开审理的案件。

对于不公开审理的案件，应当当庭宣布不公开审理的理由。

三、下列第二审案件应当公开审理：

（一）当事人对不服公开审理的第一审案件的判决、裁定提起上诉的，但因违反法定程序发回重审的和事实清楚依法径行判决、裁定的除外。

（二）人民检察院对公开审理的案件的判决、裁定提起抗诉的，但需发回重审的除外。

四、依法公开审理案件应当在开庭三日以前公告。公告应当包括案由、当事人姓名或者名称、开庭时间和地点。

五、依法公开审理案件，案件事实未经法庭公开调查不能认定。

证明案件事实的证据未在法庭公开举证、质证，不能进行认证，但无需举证的事实除外。缺席审理的案件，法庭可以结合其他事实和证据进行认证。

法庭能够当庭认证的，应当当庭认证。

六、人民法院审理的所有案件应当一律公开宣告判决。

宣告判决，应当对案件事实和证据进行认定，并在此基础上正确适用法律。

七、凡应当依法公开审理的案件没有公开审理的，应当按下列规定处理：

（一）当事人提起上诉或者人民检察院对刑事案件的判决、裁定提起抗诉的，第二审人民法院应当裁定撤销原判决，发回重审；

（二）当事人申请再审的，人民法院可以决定再审；人民检察院按照审判监督程序提起抗诉的，人民法院应当决定再审。

上述发回重审或者决定再审的案件应当依法公开审理。

八、人民法院公开审理案件，庭审活动应当在审判法庭进行。需要巡回依法公开审理的，应当选择适当的场所进行。

九、审判法庭和其他公开进行案件审理活动的场所，应当按照最高人民法院关于法庭布置的要求悬挂国徽，设置审判席和其他相应的席位。

十、依法公开审理案件，公民可以旁听，但精神病人、醉酒的人和未经人民法院批准的未成年人除外。

根据法庭场所和参加旁听人数等情况，旁听人需要持旁听证进入法庭的，旁听证由人民法院制发。

外国人和无国籍人持有效证件要求旁听的，参照中国公民旁听的规定办理。

旁听人员必须遵守《中华人民共和国人民法院法庭规则》的规定，并应当接受安全检查。

十一、依法公开审理案件，经人民法院许可，新闻记者可以记录、录音、录相、摄影、转播庭审实况。

外国记者的旁听按照我国有关外事管理规定办理。

12　禁止有罪推定原则

12.1　法条规定

第十二条　未经人民法院依法判决，对任何人都不得确定有罪。

【立法释义】①

1996 年刑事诉讼法修改规定，定罪权属于人民法院，取消免予起诉制度；控方承担举证责任，完善辩护制度；人民法院必须依据事实和法律作出判决，对证据不足、不能认定被告人有罪的，应当作出证据不足、指控罪名不能成立的无罪判决等。这些规定体现了禁止有罪推定原则，应当关注以下事项：

第一，人民法院依法判决，是认定被追诉者有罪的必经程序。侦查、起诉阶段认定犯罪嫌疑，形成有罪假说，只是启动调查、推进诉讼的条件，是为审判所作的必要准备，至于能否认定被追诉者有罪，必须等到人民法院依法作出最终的、权威的裁判。

第二，被追诉者在被人民法院依法判决认定有罪之前，不能被视为罪犯。在人民检察院向人民法院提起公诉之前，被追诉者的法律身份是犯罪嫌疑人，即便其被现场抓获，也不能径行认定其是罪犯。案件起诉到人民法院后，被追诉者的法律身份成为被告人，被告人有权获得公正审判；第一审人民法院作出定罪判决后，被告人有权提出上诉。只有当人民法院基于公正的审判程序认定被告人有罪，判决生效后，被追诉者的法律身份才成为罪犯。被追诉者在人民法院依法判决认定有罪之前，应被视为法律上无罪的人，享有法律规定的辩护权等诉讼权利。

第三，刑事诉讼全过程都应当贯彻疑罪从无原则。经人民法院审判，对于证据不足，不能认定被告人有罪的，应当坚持疑罪从无原则，作出证据不足、指控的犯罪不能成立的判决。疑罪从无并不只是适用于审判阶段，在侦查终结、审查起诉环节，如果发现案件未达到法定证明标准，也不能违反法律规定移送审查起诉、提起公诉。

12.2　规范性文件

12.2.1　审判中心改革的要求

★《最高人民法院、最高人民检察院、公安部、国家安全部、司法部关于推进以审判为中心的刑事诉讼制度改革的意见》（法发〔2016〕18 号，2016 年 7 月 20 日）

一、未经人民法院依法判决，对任何人都不得确定有罪。人民法院、人民检察院和公安机关办理刑事案件，应当分工负责，互相配合，互相制约，保证准

① 参见王爱立主编书，第 19—20 页。

确、及时地查明犯罪事实，正确应用法律，惩罚犯罪分子，保障无罪的人不受刑事追究。

13　人民陪审制度

13.1　法条规定

第十三条　人民法院审判案件，依照本法实行人民陪审员陪审的制度。

【立法释义】①

人民陪审制度是司法民主的重要体现。根据司法改革要求，陪审制度的改革趋势是，逐步探索实行人民陪审员不再审理法律适用问题，只参与审理事实认定问题。基于传统的案件事实框架，定罪量刑事实等实体性事实，应属人民陪审员参与裁决的范围。除此之外，程序性事实（例如管辖、回避等事实）以及证据性事实（例如证据合法性事实）所涉的争议，尽管主要涉及程序规则和证据规则的适用，但如涉及特定事实的认定，亦可纳入人民陪审员参与裁决的范围。当事实认定问题和法律适用问题难以区分时，视为事实认定问题，人民审判员应当参加表决。人民陪审员参与事实认定，可以在一定程度上减轻法官裁判压力。但为防止司法错误，有必要严格执行法定证据规则，并加强法官对人民陪审员的审判指引和提示。

13.2　相关立法

13.2.1　陪审员的选任条件

★《中华人民共和国人民陪审员法》（2018年4月27日）

第五条　公民担任人民陪审员，应当具备下列条件：

（一）拥护中华人民共和国宪法；

（二）年满二十八周岁；

（三）遵纪守法、品行良好、公道正派；

（四）具有正常履行职责的身体条件。

担任人民陪审员，一般应当具有高中以上文化程度。

第六条　下列人员不能担任人民陪审员：

（一）人民代表大会常务委员会的组成人员，监察委员会、人民法院、人民检察院、公安机关、国家安全机关、司法行政机关的工作人员；

（二）律师、公证员、仲裁员、基层法律服务工作者；

（三）其他因职务原因不适宜担任人民陪审员的人员。

第七条　有下列情形之一的，不得担任人民陪审员：

（一）受过刑事处罚的；

（二）被开除公职的；

（三）被吊销律师、公证员执业证书的；

（四）被纳入失信被执行人名单的；

（五）因受惩戒被免除人民陪审员职务的；

（六）其他有严重违法违纪行为，可能影响司法公信的。

13.2.2　陪审合议庭的组成

★《中华人民共和国人民陪审员法》（2018年4月27日）

第十四条　人民陪审员和法官组成合议庭审判案件，由法官担任审判长，可以组成三人合议庭，也可以由法官三人与人民陪审员四人组成七人合议庭。

第十五条　人民法院审判第一审刑

---

① 参见王爱立主编书，第20—21页。

事、民事、行政案件,有下列情形之一的,由人民陪审员和法官组成合议庭进行:

(一)涉及群体利益、公共利益的;

(二)人民群众广泛关注或者其他社会影响较大的;

(三)案情复杂或者有其他情形,需要由人民陪审员参加审判的。

人民法院审判前款规定的案件,法律规定由法官独任审理或者由法官组成合议庭审理的,从其规定。

第十六条　人民法院审判下列第一审案件,由人民陪审员和法官组成七人合议庭进行:

(一)可能判处十年以上有期徒刑、无期徒刑、死刑,社会影响重大的刑事案件;

(二)根据民事诉讼法、行政诉讼法提起的公益诉讼案件;

(三)涉及征地拆迁、生态环境保护、食品药品安全,社会影响重大的案件;

(四)其他社会影响重大的案件。

第十七条　第一审刑事案件被告人、民事案件原告或者被告、行政案件原告申请由人民陪审员参加合议庭审判的,人民法院可以决定由人民陪审员和法官组成合议庭审判。

13.2.3　陪审员的回避与选取

★《中华人民共和国人民陪审员法》(2018年4月27日)

第十八条　人民陪审员的回避,适用审判人员回避的法律规定。

第十九条　基层人民法院审判案件需要由人民陪审员参加合议庭审判的,应当在人民陪审员名单中随机抽取确定。

中级人民法院、高级人民法院审判案件需要由人民陪审员参加合议庭审判的,在其辖区内的基层人民法院的人民陪审员名单中随机抽取确定。

13.2.4　陪审员的表决权

★《中华人民共和国人民陪审员法》(2018年4月27日)

第二十条　审判长应当履行与案件审判相关的指引、提示义务,但不得妨碍人民陪审员对案件的独立判断。

合议庭评议案件,审判长应当对本案中涉及的事实认定、证据规则、法律规定等事项及应当注意的问题,向人民陪审员进行必要的解释和说明。

第二十一条　人民陪审员参加三人合议庭审判案件,对事实认定、法律适用,独立发表意见,行使表决权。

第二十二条　人民陪审员参加七人合议庭审判案件,对事实认定,独立发表意见,并与法官共同表决;对法律适用,可以发表意见,但不参加表决。

第二十三条　合议庭评议案件,实行少数服从多数的原则。人民陪审员同合议庭其他组成人员意见分歧的,应当将其意见写入笔录。

合议庭组成人员意见有重大分歧的,人民陪审员或者法官可以要求合议庭将案件提请院长决定是否提交审判委员会讨论决定。

13.2.5　陪审员的履职保障

★《中华人民共和国人民陪审员法》(2018年4月27日)

第二十八条　人民陪审员的人身和住所安全受法律保护。任何单位和个人不得对人民陪审员及其近亲属打击报复。

对报复陷害、侮辱诽谤、暴力侵害人民陪审员及其近亲属的,依法追究法律责任。

第二十九条　人民陪审员参加审判活动期间，所在单位不得克扣或者变相克扣其工资、奖金及其他福利待遇。

人民陪审员所在单位违反前款规定的，基层人民法院应当及时向人民陪审员所在单位或者所在单位的主管部门、上级部门提出纠正意见。

第三十条　人民陪审员参加审判活动期间，由人民法院依照有关规定按实际工作日给予补助。

人民陪审员因参加审判活动而支出的交通、就餐等费用，由人民法院依照有关规定给予补助。

第三十一条　人民陪审员因参加审判活动应当享受的补助，人民法院和司法行政机关为实施人民陪审员制度所必需的开支，列入人民法院和司法行政机关业务经费，由相应政府财政予以保障。具体办法由最高人民法院、国务院司法行政部门会同国务院财政部门制定。

14　诉讼权利保障原则

14.1　法条规定

第十四条　人民法院、人民检察院和公安机关应当保障犯罪嫌疑人、被告人和其他诉讼参与人依法享有的辩护权和其他诉讼权利。

诉讼参与人对于审判人员、检察人员和侦查人员侵犯公民诉讼权利和人身侮辱的行为，有权提出控告。

【立法释义】①

由于诉讼参与人参与诉讼的目的、要求和诉讼地位不同，依法享有的诉讼权利也不同。例如，犯罪嫌疑人、被告人参加诉讼是为了维护自身合法权益，与案件处理存在直接的利害关系，因此，法律赋予其较为广泛的权利，如申请回避、辩护、最后陈述权、上诉权等。

诉讼参与人对于审判人员、检察人员和侦查人员以限制、剥夺等形式侵犯公民依法享有的诉讼权利和人身侮辱行为，有权提出控告。对于控告，任何人不得阻止。如果查证属实，应当严肃处理；构成犯罪的，应当依法追究刑事责任。

14.2　司法解释

14.2.1　检察机关对申诉、控告的处理

★《检察院规则》(2019)

第五十七条　辩护人、诉讼代理人认为公安机关、人民检察院、人民法院及其工作人员具有下列阻碍其依法行使诉讼权利行为之一，向同级或者上一级人民检察院申诉或者控告的，人民检察院负责控告申诉检察的部门应当接受并依法办理，其他办案部门应当予以配合：

(一)违反规定，对辩护人、诉讼代理人提出的回避要求不予受理或者对不予回避决定不服的复议申请不予受理的；

(二)未依法告知犯罪嫌疑人、被告人有权委托辩护人的；

(三)未转达在押或者被监视居住的犯罪嫌疑人、被告人委托辩护人的要求或者未转交其申请法律援助材料的；

(四)应当通知而不通知法律援助机构为符合条件的犯罪嫌疑人、被告人或者被申请强制医疗的人指派律师提供辩护或者法律援助的；

(五)在规定时间内不受理、不答复辩护人提出的变更强制措施申请或者解除强制措施要求的；

(六)未依法告知辩护律师犯罪嫌

① 参见王爱立主编书，第 21—23 页。

疑人涉嫌的罪名和案件有关情况的；

（七）违法限制辩护律师同在押、被监视居住的犯罪嫌疑人、被告人会见和通信的；

（八）违法不允许辩护律师查阅、摘抄、复制本案的案卷材料的；

（九）违法限制辩护律师收集、核实有关证据材料的；

（十）没有正当理由不同意辩护律师收集、调取证据或者通知证人出庭作证的申请，或者不答复、不说明理由的；

（十一）未依法提交证明犯罪嫌疑人、被告人无罪或者罪轻的证据材料的；

（十二）未依法听取辩护人、诉讼代理人意见的；

（十三）未依法将开庭的时间、地点及时通知辩护人、诉讼代理人的；

（十四）未依法向辩护人、诉讼代理人及时送达本案的法律文书或者及时告知案件移送情况的；

（十五）阻碍辩护人、诉讼代理人在法庭审理过程中依法行使诉讼权利的；

（十六）其他阻碍辩护人、诉讼代理人依法行使诉讼权利的。

对于直接向上一级人民检察院申诉或者控告的，上一级人民检察院可以交下级人民检察院办理，也可以直接办理。

辩护人、诉讼代理人认为看守所及其工作人员有阻碍其依法行使诉讼权利的行为，向人民检察院申诉或者控告的，由负责刑事执行检察的部门接受并依法办理；其他办案部门收到申诉或者控告的，应当及时移送负责刑事执行检察的部门。

第五十八条　辩护人、诉讼代理人认为其依法行使诉讼权利受到阻碍向人民检察院申诉或者控告的，人民检察院应当及时受理并调查核实，在十日以内办结并书面答复。情况属实的，通知有关机关或者本院有关部门、下级人民检察院予以纠正。

【重点解读】①

检察机关内设机构改革后，根据机构职能划分，由负责控告申诉检察的部门接受辩护人、诉讼代理人就阻碍其依法行使诉讼权利提出的申诉、控告，并依法办理，相关办案部门应当予以配合。检察机关负责刑事执行检察的部门在看守所设有驻所检察室或者开展巡回检查，因此，对看守所及其工作人员阻碍辩护人、诉讼代理人依法行使诉讼权利的行为提出申诉、控告的，由负责刑事执行检察的部门接受并依法办理。在受理层级上，既可以向上一级检察机关提出，也可以向本级检察机关提出。

15　认罪认罚从宽原则

15.1　法条规定

第十五条　犯罪嫌疑人、被告人自愿如实供述自己的罪行，承认指控的犯罪事实，愿意接受处罚的，可以依法从宽处理。

【立法释义】②

2018年刑事诉讼法修改，在刑事案件认罪认罚从宽制度试点③基础上，

---

① 参见童建明、万春主编释义书，第64—67页。

② 参见王爱立主编书，第23—31页。

③ 最高人民法院、最高人民检察院、公安部、国家安全部、司法部于2016年11月11日发布《关于在部分地区开展刑事案件认罪认罚从宽制度试点工作的办法》，试行二年。试点文件有关内容被2018年刑事诉讼法吸收为法律规定。

确立了认罪认罚从宽原则。认罪认罚从宽，作为推进以审判为中心的刑事诉讼制度改革的配套制度，是推进刑事程序繁简分流的关键机制。认罪认罚制度的核心是在程序上从简、实体上从宽处理。关于认罪认罚从宽原则，应当关注以下事项：

第一，自愿如实供述自己的罪行。这是认罪认罚从宽的基本前提，强调犯罪嫌疑人、被告人独立真实的意思表示。“自愿”是指犯罪嫌疑人、被告人不得被强迫认罪；认罪违反自愿性的情形，有关供述适用非法证据排除规则。“如实”是指犯罪嫌疑人、被告人供述内容的真实性；供述缺乏真实性的情形，适用存疑证据排除规则。

第二，认罪认罚的界定。基于认罪认罚从宽原则，“承认指控的犯罪事实”，是“认罪”的规范要素；“愿意接受处罚”，是“认罚”的规范要素。“认罪认罚”具体体现为认可人民检察院指控的犯罪事实和提出的量刑建议。基于犯罪嫌疑人、被告人自愿如实供述罪行的行为表现，人民检察院通常会提出较轻的量刑建议，这是犯罪嫌疑人、被告人认罚的制度激励。需要指出的是，只有认罪或者认罚的单一因素，尽管不构成“认罪认罚”，仍可根据刑法、刑事诉讼法的规定从宽处罚。

第三，从宽处理的含义。“从宽处理”是指实体上从宽处罚。对于符合非监禁刑适用条件的，应当适用非监禁刑。同时，被告人认罪认罚案件，因定罪量刑均无争议，审判程序也将显著简化。如果认为犯罪嫌疑人、被告人具有实质上的程序选择权，那么，通过简化审判程序提高诉讼效率，对被告人也有一定的诉讼利益。

第四，适用范围。《检察院规则》第十一条第二款规定，认罪认罚从宽制度适用于所有刑事案件，并不限于轻罪案件。同时，在侦查、起诉、审判各阶段，对犯罪嫌疑人、被告人都可以适用认罪认罚从宽制度。

15.2　司法解释

★《检察院规则》(2019)

第十一条第二款　认罪认罚从宽制度适用于所有刑事案件。人民检察院办理刑事案件的各个诉讼环节，都应当做好认罪认罚的相关工作。

16　依法不追究刑事责任的情形

16.1　法条规定

第十六条　有下列情形之一的，不追究刑事责任，已经追究的，应当撤销案件，或者不起诉，或者终止审理，或者宣告无罪：

(一)情节显著轻微、危害不大，不认为是犯罪的；

(二)犯罪已过追诉时效期限的；

(三)经特赦令免除刑罚的；

(四)依照刑法告诉才处理的犯罪，没有告诉或者撤回告诉的；

(五)犯罪嫌疑人、被告人死亡的；

(六)其他法律规定免予追究刑事责任的。

【立法释义】①

本条规定明确了依法不追究刑事责任的情形。在刑事诉讼过程中遇有

---

① 参见王爱立主编书，第 31—33 页。

此类情形,应当终止诉讼程序或者宣告无罪。关于依法不追究刑事责任的情形,应当关注以下事项:

第一,“情节显著轻微,危害不大,不认为是犯罪”,是指根据刑法第十三条的规定不认为是犯罪的情形。

第二,“犯罪已过追诉时效期限”,是指行为人的行为构成犯罪,但根据刑法第八十七条、第八十八条和第八十九条的规定,犯罪行为已过追诉时效期限;对于已过追诉时效的案件,除最高人民检察院依照刑法第八十七条第(四)项的规定核准追诉的以外,不再追诉。

第三,“经特赦令免除刑罚”,是指根据宪法第六十七条和第八十条的规定,国家主席根据全国人民代表大会的决定和全国人民代表大会常务委员会的决定,发布特赦令,免除特定的正在服刑的罪犯全部或部分的刑罚。

第四,“依照刑法告诉才处理的犯罪,没有告诉或者撤回告诉”,是指根据刑法规定,对于侮辱罪、诽谤罪、暴力干涉他人婚姻自由罪、虐待罪和侵占罪,被害人没有告诉,或者告诉后又撤回告诉,不再追究;但是,如果被害人因受强制、威吓而无法告诉的,人民检察院和被害人的近亲属也可以告诉,此种情况应当依法追究。

第五,“犯罪嫌疑人、被告人死亡”,是指根据刑法规定,被追诉对象不复存在,不再追究其刑事责任,但根据本法第二百九十七条第一款的规定,有证据证明被告人无罪,人民法院经缺席审理确认无罪的,应当依法作出判决;同时,对于犯罪嫌疑人、被告人死亡情形,依照刑法规定应当追缴其违法所得及其他涉案财产的,适用本法规定的“犯罪嫌疑人、被告人逃匿、死亡案件违法所得的没收程序”。

第六,“其他法律规定免予追究刑事责任的”,是指刑法或者其他有刑事处罚规定的法律中有关免予追究刑事责任的规定。对于依照其他法律规定免予追究刑事责任的,不应再追究。

在侦查阶段,发现或者出现本条规定的情形,公安机关应当作出撤销案件的决定。在审查起诉阶段,发现或者出现本条规定的情形,人民检察院应当作出不起诉的决定。在审判阶段,发现或者出现本条规定的情形,应当作出终止审理的决定;对于情节显著轻微、危害不大、不认为是犯罪的,或者有证据证明被告人无罪,人民法院经缺席审理确认无罪的,应当判决宣告无罪。

16.2　相关立法

16.2.1　刑法的犯罪定义

★《中华人民共和国刑法》(2023 年 12 月 29 日修正)

第十三条　一切危害国家主权、领土完整和安全,分裂国家、颠覆人民民主专政的政权和推翻社会主义制度,破坏社会秩序和经济秩序,侵犯国有财产或者劳动群众集体所有的财产,侵犯公民私人所有的财产,侵犯公民的人身权利、民主权利和其他权利,以及其他危害社会的行为,依照法律应当受刑罚处罚的,都是犯罪,但是情节显著轻微危害不大的,不认为是犯罪。

16.2.2　追诉时效的期限

★《中华人民共和国刑法》(2023 年 12 月 29 日修正)

第八十七条　犯罪经过下列期限不再追诉:

（一）法定最高刑为不满五年有期徒刑的，经过五年；

（二）法定最高刑为五年以上不满十年有期徒刑的，经过十年；

（三）法定最高刑为十年以上有期徒刑的，经过十五年；

（四）法定最高刑为无期徒刑、死刑的，经过二十年。如果二十年以后认为必须追诉的，须报请最高人民检察院核准。

第八十八条　在人民检察院、公安机关、国家安全机关立案侦查或者在人民法院受理案件以后，逃避侦查或者审判的，不受追诉期限的限制。

被害人在追诉期限内提出控告，人民法院、人民检察院、公安机关应当立案而不予立案的，不受追诉期限的限制。

第八十九条　追诉期限从犯罪之日起计算；犯罪行为有连续或者继续状态的，从犯罪行为终了之日起计算。

在追诉期限以内又犯罪的，前罪追诉的期限从犯后罪之日起计算。

16.2.3　告诉才处理的情形

★《中华人民共和国刑法》（2023 年 12 月 29 日修正）

第二百四十六条　以暴力或者其他方法公然侮辱他人或者捏造事实诽谤他人，情节严重的，处三年以下有期徒刑、拘役、管制或者剥夺政治权利。

前款罪，告诉的才处理，但是严重危害社会秩序和国家利益的除外。

通过信息网络实施第一款规定的行为，被害人向人民法院告诉，但提供证据确有困难的，人民法院可以要求公安机关提供协助。

第二百五十七条　以暴力干涉他人婚姻自由的，处二年以下有期徒刑或者拘役。

犯前款罪，致使被害人死亡的，处二年以上七年以下有期徒刑。

第一款罪，告诉的才处理。

第二百六十条　虐待家庭成员，情节恶劣的，处二年以下有期徒刑、拘役或者管制。

犯前款罪，致使被害人重伤、死亡的，处二年以上七年以下有期徒刑。

第一款罪，告诉的才处理，但被害人没有能力告诉，或者因受到强制、威吓无法告诉的除外。

第二百七十条　将代为保管的他人财物非法占为已有，数额较大，拒不退还的，处二年以下有期徒刑、拘役或者罚金；数额巨大或者有其他严重情节的，处二年以上五年以下有期徒刑，并处罚金。

将他人的遗忘物或者埋藏物非法占为已有，数额较大，拒不交出的，依照前款的规定处罚。

本条罪，告诉的才处理。

16.3　规范性文件

16.3.1　核准追诉的程序

★《最高人民检察院关于办理核准追诉案件若干问题的规定》（高检发侦监〔2012〕21 号，2012 年 10 月 9 日）

第三条　法定最高刑为无期徒刑、死刑的犯罪，已过二十年追诉期限的，不再追诉。如果认为必须追诉的，须报请最高人民检察院核准。

第四条　须报请最高人民检察院核准追诉的案件在核准之前，侦查机关可以依法对犯罪嫌疑人采取强制措施。

侦查机关报请核准追诉并提请逮捕犯罪嫌疑人，人民检察院经审查认为必须追诉而且符合法定逮捕条件的，可以依法批准逮捕，同时要求侦查机关在报请核准追诉期间不停止对案件的侦查。

未经最高人民检察院核准，不得对案件提起公诉。

第五条　报请核准追诉的案件应当同时符合下列条件：

（一）有证据证明存在犯罪事实，且犯罪事实是犯罪嫌疑人实施的；

（二）涉嫌犯罪的行为应当适用的法定量刑幅度的最高刑为无期徒刑或者死刑的；

（三）涉嫌犯罪的性质、情节和后果特别严重，虽然已过二十年追诉期限，但社会危害性和影响依然存在，不追诉会严重影响社会稳定或者产生其他严重后果，而必须追诉的；

（四）犯罪嫌疑人能够及时到案接受追诉的。

第六条　侦查机关报请核准追诉的案件，由同级人民检察院受理并层报最高人民检察院审查决定。

第七条　人民检察院对侦查机关移送的报请核准追诉的案件，应当审查是否移送下列材料：

（一）报请核准追诉案件意见书；

（二）证明犯罪事实的证据材料；

（三）关于发案、立案、侦查、采取强制措施和犯罪嫌疑人是否重新犯罪等有关情况的书面说明及相关法律文书；

（四）被害方、案发地群众、基层组织等的意见和反映。

材料齐备的，应当受理案件；材料不齐备的，应当要求侦查机关补充移送。

第八条　地方各级人民检察院对侦查机关报请核准追诉的案件，应当及时进行审查并开展必要的调查，经检察委员会审议提出是否同意核准追诉的意见，在受理案件后十日之内制作《报请核准追诉案件报告书》，连同案件材料一并层报最高人民检察院。

第九条　最高人民检察院收到省级人民检察院报送的《报请核准追诉案件报告书》及案件材料后，应当及时审查，必要时派人到案发地了解案件有关情况。经检察长批准或者检察委员会审议，应当在受理案件后一个月之内作出是否核准追诉的决定，特殊情况下可以延长十五日，并制作《核准追诉决定书》或者《不予核准追诉决定书》，逐级下达最初受理案件的人民检察院，送达报请核准追诉的侦查机关。

第十条　对已经批准逮捕的案件，侦查羁押期限届满不能做出是否核准追诉决定的，应当依法对犯罪嫌疑人变更强制措施或者延长侦查羁押期限。

第十一条　最高人民检察院决定核准追诉的案件，最初受理案件的人民检察院应当监督侦查机关及时开展侦查取证。

最高人民检察院决定不予核准追诉，侦查机关未及时撤销案件的，同级人民检察院应当予以监督纠正。犯罪嫌疑人在押的，应当立即释放。

第十二条　人民检察院直接立案侦查的案件报请最高人民检察院核准追诉的，参照本规定办理。

17　外国人犯罪的诉讼程序

17.1　法条规定

第十七条　对于外国人犯罪应当追究刑事责任的，适用本法的规定。

对于享有外交特权和豁免权的外国人犯罪应当追究刑事责任的，通过外交途径解决。

【立法释义】①

本条规定确立了外国人犯罪的诉讼程序。关于这一特殊犯罪主体的追诉,应当关注以下事项:

第一,外国人犯罪适用本法规定的原则。这是国家主权原则的体现,也是刑法管辖权的要求。本条中的"外国人",是指具有外国国籍、无国籍和国籍不明的人。"外国人犯罪",是指根据刑法第六条、第八条、第九条和第十条关于管辖权的规定,适用中国刑法追究刑事责任的情形。

第二,享有外交特权和豁免权的外国人犯罪的处理原则。对于享有外交特权和豁免权的外国人犯罪应当追究刑事责任的,通过外交途径解决,这是保证国与国之间的正常交往所必需的。对这些犯罪外国人,可通过宣布其为"不受欢迎的人",令其限期出境,或宣布驱逐出境,并建议派出国依照他们国家的法律进行处理等方式加以解决。

17.2 相关立法

17.2.1 外国人犯罪的刑法规定

★**《中华人民共和国刑法》**(2023 年 12 月 29 日修正)

第六条　凡在中华人民共和国领域内犯罪的,除法律有特别规定的以外,都适用本法。

凡在中华人民共和国船舶或者航空器内犯罪的,也适用本法。

犯罪的行为或者结果有一项发生在中华人民共和国领域内的,就认为是在中华人民共和国领域内犯罪。

第八条　外国人在中华人民共和国领域外对中华人民共和国国家或者公民犯罪,而按本法规定的最低刑为三年以上有期徒刑的,可以适用本法,但是按照犯罪地的法律不受处罚的除外。

第九条　对于中华人民共和国缔结或者参加的国际条约所规定的罪行,中华人民共和国在所承担条约义务的范围内行使刑事管辖权的,适用本法。

第十条　凡在中华人民共和国领域外犯罪,依照本法应当负刑事责任的,虽然经过外国审判,仍然可以依照本法追究,但是在外国已经受过刑罚处罚的,可以免除或者减轻处罚。

第十一条　享有外交特权和豁免权的外国人的刑事责任,通过外交途径解决。

第三十五条　对于犯罪的外国人,可以独立适用或者附加适用驱逐出境。

17.2.2 外交特权与豁免权的规定

★**《中华人民共和国外交特权与豁免条例》**(1986 年 9 月 5 日)

第十二条　外交代表人身不受侵犯,不受逮捕或者拘留。中国有关机关应当采取适当措施,防止外交代表的人身自由和尊严受到侵犯。

第十三条　外交代表的寓所不受侵犯,并受保护。

外交代表的文书和信件不受侵犯。外交代表的财产不受侵犯,但第十四条另有规定的除外。

第十四条　外交代表享有刑事管辖豁免。

外交代表享有民事管辖豁免和行政管辖豁免,但下列各项除外:

(一)外交代表以私人身份进行的遗产继承的诉讼;

(二)外交代表违反第二十五条第

① 参见王爱立主编书,第 33—34 页。

三项规定在中国境内从事公务范围以外的职业或者商业活动的诉讼。

外交代表免受强制执行，但对前款所列情况，强制执行对其人身和寓所不构成侵犯的，不在此限。

外交代表没有以证人身份作证的义务。

第十五条　外交代表和第二十条规定享有豁免的人员的管辖豁免可以由派遣国政府明确表示放弃。

外交代表和第二十条规定享有豁免的人员如果主动提起诉讼，对与本诉直接有关的反诉，不得援用管辖豁免。

放弃民事管辖豁免或者行政管辖豁免，不包括对判决的执行也放弃豁免。放弃对判决执行的豁免须另作明确表示。

第二十条　与外交代表共同生活的配偶及未成年子女，如果不是中国公民，享有第十二条至第十八条所规定的特权与豁免。

使馆行政技术人员和与其共同生活的配偶及未成年子女，如果不是中国公民并且不是在中国永久居留的，享有第十二条至第十七条所规定的特权与豁免，但民事管辖豁免和行政管辖豁免，仅限于执行公务的行为。使馆行政技术人员到任后半年内运进的安家物品享有第十八条第一款所规定的免税的特权。

使馆服务人员如果不是中国公民并且不是在中国永久居留的，其执行公务的行为享有豁免，其受雇所得报酬免纳所得税。其到任后半年内运进的安家物品享有第十八条第一款所规定的免税的特权。

使馆人员的私人服务员如果不是中国公民并且不是在中国永久居留的，其受雇所得的报酬免纳所得税。

第二十一条　外交代表如果是中国公民或者获得在中国永久居留资格的外国人，仅就其执行公务的行为，享有管辖豁免和不受侵犯。

第二十二条　下列人员享有在中国过境或者逗留期间所必需的豁免和不受侵犯：

（一）途经中国的外国驻第三国的外交代表和与其共同生活的配偶及未成年子女；

（二）持有中国外交签证或者持有外交护照（仅限互免签证的国家）来中国的外国官员；

（三）经中国政府同意给予本条所规定的特权与豁免的其他来中国访问的外国人士。

对途经中国的第三国外交信使及其所携带的外交邮袋，参照第十条、第十一条的规定办理。

第二十三条　来中国访问的外国国家元首、政府首脑、外交部长及其他具有同等身份的官员，享有本条例所规定的特权与豁免。

第二十四条　来中国参加联合国及其专门机构召开的国际会议的外国代表、临时来中国的联合国及其专门机构的官员和专家、联合国及其专门机构驻中国的代表机构和人员的待遇，按中国已加入的有关国际公约和中国与有关国际组织签订的协议办理。

第二十六条　如果外国给予中国驻该国使馆、使馆人员以及临时去该国的有关人员的外交特权与豁免，低于中国按本条例给予该国驻中国使馆、使馆人员以及临时来中国的有关人员的外交特权与豁免，中国政府根据对等原则，可以给予该国驻中国使馆、使馆人员以及临时来中国的有关人员以相应的外交特权与豁免。

第二十七条　中国缔结或者参加的国际条约另有规定的，按照国际条约的规定办理，但中国声明保留的条款除外。

中国与外国签订的外交特权与豁免协议另有规定的，按照协议的规定执行。

★《全国人民代表大会常务委员会关于对中华人民共和国缔结或者参加的国际条约所规定的罪行行使刑事管辖权的决定》（1987 年 6 月 23 日）

第六届全国人民代表大会常务委员会第二十一次会议决定：对于中华人民共和国缔结或者参加的国际条约所规定的罪行，中华人民共和国在所承担条约义务的范围内，行使刑事管辖权。

17.3　司法解释

17.3.1　涉外刑事案件的定义

★《法院解释》（2021）

第四百七十五条　本解释所称的涉外刑事案件是指：

（一）在中华人民共和国领域内，外国人犯罪或者我国公民对外国、外国人犯罪的案件；

（二）符合刑法第七条、第十条规定情形的我国公民在中华人民共和国领域外犯罪的案件；

（三）符合刑法第八条、第十条规定情形的外国人犯罪的案件；

（四）符合刑法第九条规定情形的中华人民共和国在所承担国际条约义务范围内行使管辖权的案件。

17.3.2　涉外刑事案件的管辖

★《法院解释》（2021）

第四百七十六条　第一审涉外刑事案件，除刑事诉讼法第二十一条至第二十三条规定的以外，由基层人民法院管辖。必要时，中级人民法院可以指定辖区内若干基层人民法院集中管辖第一审涉外刑事案件，也可以依照刑事诉讼法第二十四条的规定，审理基层人民法院管辖的第一审涉外刑事案件。

第四百七十七条　外国人的国籍，根据其入境时持用的有效证件确认；国籍不明的，根据公安机关或者有关国家驻华使领馆出具的证明确认。

国籍无法查明的，以无国籍人对待，适用本章有关规定，在裁判文书中写明“国籍不明”。

★《最高人民法院、最高人民检察院、公安部、国家安全部、司法部关于外国人犯罪案件管辖问题的通知》（法发〔2013〕2 号，2013 年 1 月 17 日）

一、第一审外国人犯罪案件，除刑事诉讼法第二十条至第二十二条①规定的以外，由基层人民法院管辖。外国人犯罪案件较多的地区，中级人民法院可以指定辖区内一个或者几个基层人民法院集中管辖第一审外国人犯罪案件；外国人犯罪案件较少的地区，中级人民法院可以依照刑事诉讼法第二十三条②的规定，审理基层人民法院管辖的第一审外国人犯罪案件。

二、外国人犯罪案件的侦查，由犯罪地或者犯罪嫌疑人居住地的公安机关或者国家安全机关负责。需要逮捕犯罪嫌疑人的，由负责侦查的公安机关或者国家安全机关向所在地同级人民检察院提请批准逮捕；侦查终结需要移

---

① 2018 年刑事诉讼法第二十一条至第二十三条。

② 2018 年刑事诉讼法第二十四条。

送审查起诉的案件，应当向侦查机关所在地的同级人民检察院移送。人民检察院受理同级侦查机关移送审查起诉的案件，按照刑事诉讼法的管辖规定和本通知要求，认为应当由上级人民检察院或者同级其他人民检察院起诉的，应当将案件移送有管辖权的人民检察院审查起诉。

★《公安规定》（2020）

第三百六十三条　外国人犯罪案件，由犯罪地的县级以上公安机关立案侦查。

第三百六十四条　外国人犯中华人民共和国缔结或者参加的国际条约规定的罪行后进入我国领域内的，由该外国人被抓获地的设区的市一级以上公安机关立案侦查。

第三百六十五条　外国人在中华人民共和国领域外对中华人民共和国国家或者公民犯罪，应当受刑罚处罚的，由该外国人入境地或者入境后居住地的县级以上公安机关立案侦查；该外国人未入境的，由被害人居住地的县级以上公安机关立案侦查；没有被害人或者是对中华人民共和国国家犯罪的，由公安部指定管辖。

【重点解读】

涉外刑事案件，原则上应由基层人民法院一审。考虑涉外刑事案件相对敏感、复杂，基层人民法院普遍欠缺审理此类案件的经验，因此对此类案件的级别管辖问题作出特别规定。①

基层公安机关在执法实践中极少遇到国际条约规定的罪行，侦查人员缺乏相关办案经验和法律知识。因此，外国籍犯罪嫌疑人实施国际犯罪后进入我国领域内的，由该外国人被抓获地的设区的市一级以上公安机关立案侦查。②

17.3.3　涉外刑事案件的国籍认定

★《法院解释》（2021）

第四百七十七条　外国人的国籍，根据其入境时持用的有效证件确认；国籍不明的，根据公安机关或者有关国家驻华使领馆出具的证明确认。

国籍无法查明的，以无国籍人对待，适用本章有关规定，在裁判文书中写明“国籍不明”。

★《最高人民法院、最高人民检察院、海关总署、公安部、中国海警局关于打击粤港澳海上跨境走私犯罪适用法律若干问题的指导意见》（署缉发〔2021〕141号，2021年12月14日）

三、犯罪嫌疑人真实姓名、住址无法查清的，按其绰号或者自报的姓名、住址认定，并在法律文书中注明。

犯罪嫌疑人的国籍、身份，根据其入境时的有效证件认定；拥有两国以上护照的，以其入境时所持的护照认定其国籍。

犯罪嫌疑人国籍不明的，可以通过出入境管理部门协助查明，或者以有关国家驻华使、领馆出具的证明认定；确实无法查明国籍的，以无国籍人员对待。

★《公安规定》（2020）

第三百五十九条　外国籍犯罪嫌疑人的国籍，以其在入境时持用的有效证件予以确认；国籍不明的，由出入境管理部门协助予以查明。国籍确实无法查明的，以无国籍人对待。

第三百六十条　确认外国籍犯罪嫌疑人身份，可以依照有关国际条约或者通过国际刑事警察组织、警务合作渠道办理。确实无法查明的，可以按其自

---

① 参见李少平主编书，第491—493页。

② 参见孙茂利主编书，第816—818页。

报的姓名移送人民检察院审查起诉。

【重点解读】[①]

对于进入中华人民共和国国境的外国籍犯罪嫌疑人，应当根据具体情况确认其国籍：

一是以该外国人入境时持用的有效证件予以确认。对于本国公民，该国主管机关要发给其出国执行公务、经商、求学、工作、探亲、旅游或者在国外居住时用来证明其国籍和身份的证件，如护照等。一个国家的公民进入另一个国家，在入境时，必须持用有效的身份证件。有些国家承认双重国籍，也有些人持有两个以上国家的护照，对此，应以其在入境时持用的有效证件认定其国籍。

二是国籍不明的，由出入境管理部门协助予以查明。所谓国籍不明的，是指外国人在其入境时的有效证件上载有两个以上国籍或者没有载明国籍情况，也包括无有效证件证明其国籍，本人拒不配合调查的情况。公安机关的出入境管理部门是外国人出入境的主管部门，因此，外国人国籍不明时，应由出入境管理部门协助查明、确认其国籍。

三是国籍确实无法查明的，以无国籍人对待，适用外国人犯罪案件办理程序的规定。

外国籍犯罪嫌疑人的身份，可以按照我国与该犯罪嫌疑人所称的国籍国共同缔结或者参加的国际公约、双边警务合作或者国际刑事警察组织等渠道查明。如果确实无法查明或者有关国家拒绝协助，可以根据刑事诉讼法第一百六十条第二款的规定处理。

★《国安规定》(2024)

第十四条　办理外国人犯罪案件，应当依照我国法律法规和有关规定，做好国籍确认、通知通报等工作，落实相关办案要求。

【刑事审判参考案例】

［第69号］袁闵钢、包华敏骗取出境证件案

裁判要旨：对被告人国籍的确认，不仅涉及对案件的属人管辖权，而且涉及法院审理此案是否适用涉外案件审理程序，以及是否适用对外国人独立或者附加适用的刑罚。根据国际惯例，对于自然人国籍的积极冲突（即包括双重国籍），原始国籍政府对国籍问题有优先管辖权。被告人原始国籍是中国籍，我国首先有权依据我国法律来确认被告人是否具有中国国籍或者是否丧失中国国籍。根据我国国籍法的规定，自动丧失中国国籍必须同时具备两个条件：一是中国公民定居外国；二是自愿加入或取得外国国籍。被告人只是购买某国护照，并未在该国定居，不符合自动丧失中国国籍的法定条件，在其未根据我国国籍法的规定办理退出中国国籍的申请并获有关部门批准以前，其仍具有中国国籍。我国不承认中国公民具有双重国籍。在已依法确定被告人具有中国国籍后，我国不承认其具有外国国籍。根据国籍法的规定，法院在审查被告人身份时，对被告人是否具有或者是否丧失中国国籍，应以我国公安部门确定的为准，以此作为认定被告人身份的依据。

17.3.4　外国人、无国籍人批捕程序

★《检察院规则》(2019)

第二百九十四条　外国人、无国籍

① 参见孙茂利主编书，第809—811页。

人涉嫌危害国家安全犯罪的案件或者涉及国与国之间政治、外交关系的案件以及在适用法律上确有疑难的案件，需要逮捕犯罪嫌疑人的，按照刑事诉讼法关于管辖的规定，分别由基层人民检察院或者设区的市级人民检察院审查并提出意见，层报最高人民检察院审查。最高人民检察院认为需要逮捕的，经征求外交部的意见后，作出批准逮捕的批复；认为不需要逮捕的，作出不批准逮捕的批复。基层人民检察院或者设区的市级人民检察院根据最高人民检察院的批复，依法作出批准或者不批准逮捕的决定。层报过程中，上级人民检察院认为不需要逮捕的，应当作出不批准逮捕的批复。报送的人民检察院根据批复依法作出不批准逮捕的决定。

基层人民检察院或者设区的市级人民检察院认为不需要逮捕的，可以直接依法作出不批准逮捕的决定。

外国人、无国籍人涉嫌本条第一款规定以外的其他犯罪案件，决定批准逮捕的人民检察院应当在作出批准逮捕决定后四十八小时以内报上一级人民检察院备案，同时向同级人民政府外事部门通报。上一级人民检察院经审查发现批准逮捕决定错误的，应当依法及时纠正。

【重点解读】①

对于外国人、无国籍人涉嫌的三类案件以外的其他类型的犯罪案件，与普通案件一样，无须履行层报手续，可直接作出批准逮捕或不批准逮捕的决定，但应当进行备案和通报。如果批准逮捕的，应当在作出逮捕决定后四十八小时以内向上一级人民检察院备案，同时向同级人民政府外事部门通报，如果同级人民政府没有外事部门的，则向负责外事工作的政府部门通报。上一级人民检察院对备案应当及时审查，发现错误的，应当及时依法纠正。

17.3.5　涉外案件的通报与通知

★《法院解释》(2021)

第四百七十九条　涉外刑事案件审判期间，人民法院应当将下列事项及时通报同级人民政府外事主管部门，并依照有关规定通知有关国家驻华使领馆：

(一)人民法院决定对外国籍被告人采取强制措施的情况，包括外国籍当事人的姓名(包括译名)、性别、入境时间、护照或者证件号码、采取的强制措施及法律依据、羁押地点等；

(二)开庭的时间、地点、是否公开审理等事项；

(三)宣判的时间、地点。

涉外刑事案件宣判后，应当将处理结果及时通报同级人民政府外事主管部门。

对外国籍被告人执行死刑的，死刑裁决下达后执行前，应当通知其国籍国驻华使领馆。

外国籍被告人在案件审理中死亡的，应当及时通报同级人民政府外事主管部门，并通知有关国家驻华使领馆。

第四百八十条　需要向有关国家驻华使领馆通知有关事项的，应当层报高级人民法院，由高级人民法院按照下列规定通知：

(一)外国籍当事人国籍国与我国签订有双边领事条约的，根据条约规定办理；未与我国签订双边领事条约，但参加《维也纳领事关系公约》的，根据公约规定办理；未与我国签订领事条

---

①　参见童建明、万春主编释义书，第321—323页。

约,也未参加《维也纳领事关系公约》,但与我国有外交关系的,可以根据外事主管部门的意见,按照互惠原则,根据有关规定和国际惯例办理;

(二)在外国驻华领馆领区内发生的涉外刑事案件,通知有关外国驻该地区的领馆;在外国领馆领区外发生的涉外刑事案件,通知有关外国驻华使馆;与我国有外交关系,但未设使领馆的国家,可以通知其代管国家驻华使领馆;无代管国家、代管国家不明的,可以不通知;

(三)双边领事条约规定通知时限的,应当在规定的期限内通知;没有规定的,应当根据或者参照《维也纳领事关系公约》和国际惯例尽快通知,至迟不得超过七日;

(四)双边领事条约没有规定必须通知,外国籍当事人要求不通知其国籍国驻华使领馆的,可以不通知,但应当由其本人出具书面声明。

高级人民法院向外国驻华使领馆通知有关事项,必要时,可以请人民政府外事主管部门协助。

17.3.6　外国籍当事人的权利与义务

★《法院解释》(2021)

第四百七十八条　在刑事诉讼中,外国籍当事人享有我国法律规定的诉讼权利并承担相应义务。

第四百八十一条　人民法院受理涉外刑事案件后,应当告知在押的外国籍被告人享有与其国籍国驻华使领馆联系,与其监护人、近亲属会见、通信,以及请求人民法院提供翻译的权利。

第四百八十二条　涉外刑事案件审判期间,外国籍被告人在押,其国籍国驻华使领馆官员要求探视的,可以向受理案件的人民法院所在地的高级人民法院提出。人民法院应当根据我国与被告人国籍国签订的双边领事条约规定的时限予以安排;没有条约规定的,应当尽快安排。必要时,可以请人民政府外事主管部门协助。

涉外刑事案件审判期间,外国籍被告人在押,其监护人、近亲属申请会见的,可以向受理案件的人民法院所在地的高级人民法院提出,并依照本解释第四百八十六条的规定提供与被告人关系的证明。人民法院经审查认为不妨碍案件审判的,可以批准。

被告人拒绝接受探视、会见的,应当由其本人出具书面声明。拒绝出具书面声明的,应当记录在案;必要时,应当录音录像。

探视、会见被告人应当遵守我国法律规定。

第四百八十三条　人民法院审理涉外刑事案件,应当公开进行,但依法不应公开审理的除外。

公开审理的涉外刑事案件,外国籍当事人国籍国驻华使领馆官员要求旁听的,可以向受理案件的人民法院所在地的高级人民法院提出申请,人民法院应当安排。

第四百八十四条　人民法院审判涉外刑事案件,使用中华人民共和国通用的语言、文字,应当为外国籍当事人提供翻译。翻译人员应当在翻译文件上签名。

人民法院的诉讼文书为中文本。外国籍当事人不通晓中文的,应当附有外文译本,译本不加盖人民法院印章,以中文本为准。

外国籍当事人通晓中国语言、文字,拒绝他人翻译,或者不需要诉讼文书外文译本的，应当由其本人出具书面声明。拒绝出具书面声明的，应当记录在案；必要时，应当录音录像。

第四百八十五条　外国籍被告人委托律师辩护，或者外国籍附带民事诉讼原告人、自诉人委托律师代理诉讼的，应当委托具有中华人民共和国律师资格并依法取得执业证书的律师。

外国籍被告人在押的，其监护人、近亲属或者其国籍国驻华使领馆可以代为委托辩护人。其监护人、近亲属代为委托的，应当提供与被告人关系的有效证明。

外国籍当事人委托其监护人、近亲属担任辩护人、诉讼代理人的，被委托人应当提供与当事人关系的有效证明。经审查，符合刑事诉讼法、有关司法解释规定的，人民法院应当准许。

外国籍被告人没有委托辩护人的，人民法院可以通知法律援助机构为其指派律师提供辩护。被告人拒绝辩护人辩护的，应当由其出具书面声明，或者将其口头声明记录在案；必要时，应当录音录像。被告人属于应当提供法律援助情形的，依照本解释第五十条规定处理。

第四百八十六条　外国籍当事人从中华人民共和国领域外寄交或者托交给中国律师或者中国公民的委托书，以及外国籍当事人的监护人、近亲属提供的与当事人关系的证明，必须经所在国公证机关证明，所在国中央外交主管机关或者其授权机关认证，并经中华人民共和国驻该国使领馆认证，或者履行中华人民共和国与该所在国订立的有关条约中规定的证明手续，但我国与该国之间有互免认证协定的除外。

17.3.7　限制出境、暂缓出境

★《法院解释》(2021)

第四百八十七条　对涉外刑事案件的被告人，可以决定限制出境；对开庭审理案件时必须到庭的证人，可以要求暂缓出境。限制外国人出境的，应当通报同级人民政府外事主管部门和当事人国籍国驻华使领馆。

人民法院决定限制外国人和中国公民出境的，应当书面通知被限制出境的人在案件审理终结前不得离境，并可以采取扣留护照或者其他出入境证件的办法限制其出境；扣留证件的，应当履行必要手续，并发给本人扣留证件的证明。

需要对外国人和中国公民在口岸采取边控措施的，受理案件的人民法院应当按照规定制作边控对象通知书，并附有关法律文书，层报高级人民法院办理交控手续。紧急情况下，需要采取临时边控措施的，受理案件的人民法院可以先向有关口岸所在地出入境边防检查机关交控，但应当在七日以内按照规定层报高级人民法院办理手续。

17.3.8　审理期限和裁判文书

★《法院解释》(2021)

第四百八十八条　涉外刑事案件，符合刑事诉讼法第二百零八条第一款、第二百四十三条规定的，经有关人民法院批准或者决定，可以延长审理期限。

第四百八十九条　涉外刑事案件宣判后，外国籍当事人国籍国驻华使领馆要求提供裁判文书的，可以向受理案件的人民法院所在地的高级人民法院提出，人民法院可以提供。

第四百九十条　涉外刑事案件审理过程中的其他事项，依照法律、司法解释和其他有关规定办理。

17.4　规范性文件

17.4.1　涉外案件对等互惠原则

★《公安规定》(2020)

第三百五十七条　办理外国人犯罪案件,应当严格依照我国法律、法规、规章,维护国家主权和利益,并在对等互惠原则的基础上,履行我国所承担的国际条约义务。

17.4.2　外交途径办理的案件

★《公安规定》(2020)

第三百六十一条　犯罪嫌疑人为享有外交或者领事特权和豁免权的外国人的,应当层报公安部,同时通报同级人民政府外事办公室,由公安部商请外交部通过外交途径办理。

【重点解读】①

享有外交特权和豁免权的外国人,无论是在我国领域内犯罪,还是在我国领域外对我国国家或者公民犯罪,都不适用我国刑法追究其刑事责任,而是通过外交途径解决其刑事责任问题。外交特权和豁免权,是指他国派驻一国的外交代表,按照驻在国法律和国际条约,在驻在国所享有的特殊权利和优待。这是各国为了保证和便利驻在国的外交代表和外交人员执行职务,按照平等、相互尊重主权的原则,根据国际条约和国际惯例,相互给予驻本国的外交代表和外交人员的特殊权利。

17.4.3　公安机关的报告、通报与通知

★《公安规定》(2020)

第三百六十六条　发生重大或者可能引起外交交涉的外国人犯罪案件的,有关省级公安机关应当及时将案件办理情况报告公安部,同时通报同级人民政府外事办公室。必要时,由公安部商外交部将案件情况通知我国驻外使馆、领事馆。

第三百六十七条　对外国籍犯罪嫌疑人依法作出取保候审、监视居住决定或者执行拘留、逮捕后,应当在四十八小时以内层报省级公安机关,同时通报同级人民政府外事办公室。

重大涉外案件应当在四十八小时以内层报公安部,同时通报同级人民政府外事办公室。

第三百六十八条　对外国籍犯罪嫌疑人依法作出取保候审、监视居住决定或者执行拘留、逮捕后,由省级公安机关根据有关规定,将其姓名、性别、入境时间、护照或者证件号码、案件发生的时间、地点,涉嫌犯罪的主要事实,已采取的强制措施及其法律依据等,通知该外国人所属国家的驻华使馆、领事馆,同时报告公安部。经省级公安机关批准,领事通报任务较重的副省级城市公安局可以直接行使领事通报职能。

外国人在公安机关侦查或者执行刑罚期间死亡的,有关省级公安机关应当通知该外国人国籍国的驻华使馆、领事馆,同时报告公安部。

未在华设立使馆、领事馆的国家,可以通知其代管国家的驻华使馆、领事馆;无代管国家或者代管国家不明的,可以不予通知。

【重点解读】②

"重大的外国人犯罪案件",是指案件性质恶劣,如犯罪嫌疑人实施了危害我国国家安全的犯罪;情节严重,如造成

---

① 参见孙茂利主编书,第812—814页。
② 参见孙茂利主编书,第821—828页。

多人重伤、死亡或者重大公私财产损失；政治影响重大；犯罪事实涉及多个国家和地区；等等。“可能引起外交交涉的外国人犯罪案件”，是指由于案件性质或者情节涉及他国政治、经济、文化等方面的利益或者秘密，他国可能就案件的有关方面，如适用法律或者引渡等事项提出外交交涉的外国人犯罪案件。

17.4.4　外国籍犯罪嫌疑人的权利保障

★《公安规定》(2020)

第三百五十八条　外国籍犯罪嫌疑人在刑事诉讼中，享有我国法律规定的诉讼权利，并承担相应的义务。

第三百六十二条　公安机关办理外国人犯罪案件，使用中华人民共和国通用的语言文字。犯罪嫌疑人不通晓我国语言文字的，公安机关应当为他翻译；犯罪嫌疑人通晓我国语言文字，不需要他人翻译的，应当出具书面声明。

第三百六十九条　外国籍犯罪嫌疑人委托辩护人的，应当委托在中华人民共和国的律师事务所执业的律师。

第三百七十条　公安机关侦查终结前，外国驻华外交、领事官员要求探视被监视居住、拘留、逮捕或者正在看守所服刑的本国公民的，应当及时安排有关探视事宜。犯罪嫌疑人拒绝其国籍国驻华外交、领事官员探视的，公安机关可以不予安排，但应当由其本人提出书面声明。

在公安机关侦查羁押期间，经公安机关批准，外国籍犯罪嫌疑人可以与其近亲属、监护人会见、与外界通信。

17.4.5　驱逐出境的执行

★《公安规定》(2020)

第三百七十一条　对判处独立适用驱逐出境刑罚的外国人，省级公安机关在收到人民法院的刑事判决书、执行通知书的副本后，应当指定该外国人所在地的设区的市一级公安机关执行。

被判处徒刑的外国人，主刑执行期满后应当执行驱逐出境附加刑的，省级公安机关在收到执行监狱的上级主管部门转交的刑事判决书、执行通知书副本或者复印件后，应当通知该外国人所在地的设区的市一级公安机关或者指定有关公安机关执行。

我国政府已按照国际条约或者《中华人民共和国外交特权与豁免条例》的规定，对实施犯罪，但享有外交或者领事特权和豁免权的外国人宣布为不受欢迎的人，或者不可接受并拒绝承认其外交或者领事人员身份，责令限期出境的人，无正当理由逾期不自动出境的，由公安部凭外交部公文指定该外国人所在地的省级公安机关负责执行或者监督执行。

第三百七十二条　办理外国人犯罪案件，本章未规定的，适用本规定其他各章的有关规定。

第三百七十三条　办理无国籍人犯罪案件，适用本章的规定。

18　刑事司法协助

18.1　法条规定

第十八条　根据中华人民共和国缔结或者参加的国际条约，或者按照互惠原则，我国司法机关和外国司法机关可以相互请求刑事司法协助。

【立法释义】①

国际刑事司法协助，是指中华人民共和国和外国在刑事案件调查、侦查、起诉、审判和执行等活动中相互提供协助，包括送达文书，调查取证，安排证人作证或者协助调查，查封、扣押、冻结涉案财物，没收、返还违法所得及其他涉案财物，移管被判刑人以及其他协助。开展刑事司法协助，需要按照国际刑事司法协助法的制度安排进行。

18.2　相关立法

18.2.1　国际刑事司法协助的制度安排

★《中华人民共和国国际刑事司法协助法》（2018 年 10 月 26 日）

第二条　本法所称国际刑事司法协助，是指中华人民共和国和外国在刑事案件调查、侦查、起诉、审判和执行等活动中相互提供协助，包括送达文书，调查取证，安排证人作证或者协助调查，查封、扣押、冻结涉案财物，没收、返还违法所得及其他涉案财物，移管被判刑人以及其他协助。

第四条　中华人民共和国和外国按照平等互惠原则开展国际刑事司法协助。

国际刑事司法协助不得损害中华人民共和国的主权、安全和社会公共利益，不得违反中华人民共和国法律的基本原则。

非经中华人民共和国主管机关同意，外国机构、组织和个人不得在中华人民共和国境内进行本法规定的刑事诉讼活动，中华人民共和国境内的机构、组织和个人不得向外国提供证据材料和本法规定的协助。

第五条　中华人民共和国和外国之间开展刑事司法协助，通过对外联系机关联系。

中华人民共和国司法部等对外联系机关负责提出、接收和转递刑事司法协助请求，处理其他与国际刑事司法协助相关的事务。

中华人民共和国和外国之间没有刑事司法协助条约的，通过外交途径联系。

第六条　国家监察委员会、最高人民法院、最高人民检察院、公安部、国家安全部等部门是开展国际刑事司法协助的主管机关，按照职责分工，审核向外国提出的刑事司法协助请求，审查处理对外联系机关转递的外国提出的刑事司法协助请求，承担其他与国际刑事司法协助相关的工作。在移管被判刑人案件中，司法部按照职责分工，承担相应的主管机关职责。

办理刑事司法协助相关案件的机关是国际刑事司法协助的办案机关，负责向所属主管机关提交需要向外国提出的刑事司法协助请求、执行所属主管机关交办的外国提出的刑事司法协助请求。

第九条　办案机关需要向外国请求刑事司法协助的，应当制作刑事司法协助请求书并附相关材料，经所属主管机关审核同意后，由对外联系机关及时向外国提出请求。

第十条　向外国的刑事司法协助请求书，应当依照刑事司法协助条约的规定提出；没有条约或者条约没有规定的，可以参照本法第十三条的规定提出；被请求国有特殊要求的，在不违反中华人民共和国法律的基本原则的情况下，可以按照被请求国的特殊要求提出。

---

① 参见王爱立主编书，第 35—36 页。

请求书及所附材料应当以中文制作,并附有被请求国官方文字的译文。

第十一条 被请求国就执行刑事司法协助请求提出附加条件,不损害中华人民共和国的主权、安全和社会公共利益的,可以由外交部作出承诺。被请求国明确表示对外联系机关作出的承诺充分有效的,也可以由对外联系机关作出承诺。对于限制追诉的承诺,由最高人民检察院决定;对于量刑的承诺,由最高人民法院决定。

在对涉案人员追究刑事责任时,有关机关应当受所作出的承诺的约束。

第十二条 对外联系机关收到外国的有关通知或者执行结果后,应当及时转交或者转告有关主管机关。

外国就其提供刑事司法协助的案件要求通报诉讼结果的,对外联系机关转交有关主管机关办理。

第二十条 办案机关需要外国协助送达传票、通知书、起诉书、判决书和其他司法文书的,应当制作刑事司法协助请求书并附相关材料,经所属主管机关审核同意后,由对外联系机关及时向外国提出请求。

第二十一条 向外国请求送达文书的,请求书应当载明受送达人的姓名或者名称、送达的地址以及需要告知受送达人的相关权利和义务。

第二十二条 外国可以请求中华人民共和国协助送达传票、通知书、起诉书、判决书和其他司法文书。中华人民共和国协助送达司法文书,不代表对外国司法文书法律效力的承认。

请求协助送达出庭传票的,应当按照有关条约规定的期限提出。没有条约或者条约没有规定的,应当至迟在开庭前三个月提出。

对于要求中华人民共和国公民接受讯问或者作为被告人出庭的传票,中华人民共和国不负有协助送达的义务。

第二十三条 外国向中华人民共和国请求送达文书的,请求书应当载明受送达人的姓名或者名称、送达的地址以及需要告知受送达人的相关权利和义务。

第二十四条 负责执行协助送达文书的人民法院或者其他办案机关,应当及时将执行结果通过所属主管机关告知对外联系机关,由对外联系机关告知请求国。除无法送达的情形外,应当附有受送达人签收的送达回执或者其他证明文件。

第二十五条 办案机关需要外国就下列事项协助调查取证的,应当制作刑事司法协助请求书并附相关材料,经所属主管机关审核同意后,由对外联系机关及时向外国提出请求:

(一)查找、辨认有关人员;

(二)查询、核实涉案财物、金融账户信息;

(三)获取并提供有关人员的证言或者陈述;

(四)获取并提供有关文件、记录、电子数据和物品;

(五)获取并提供鉴定意见;

(六)勘验或者检查场所、物品、人身、尸体;

(七)搜查人身、物品、住所和其他有关场所;

(八)其他事项。

请求外国协助调查取证时,办案机关可以同时请求在执行请求时派员到场。

第二十六条 向外国请求调查取证的,请求书及所附材料应当根据需要载明下列事项：

（一）被调查人的姓名、性别、住址、身份信息、联系方式和有助于确认被调查人的其他资料；

（二）需要向被调查人提问的问题；

（三）需要查找、辨认人员的姓名、性别、住址、身份信息、联系方式、外表和行为特征以及有助于查找、辨认的其他资料；

（四）需要查询、核实的涉案财物的权属、地点、特性、外形和数量等具体信息，需要查询、核实的金融账户相关信息；

（五）需要获取的有关文件、记录、电子数据和物品的持有人、地点、特性、外形和数量等具体信息；

（六）需要鉴定的对象的具体信息；

（七）需要勘验或者检查的场所、物品等的具体信息；

（八）需要搜查的对象的具体信息；

（九）有助于执行请求的其他材料。

第二十七条　被请求国要求归还其提供的证据材料或者物品的，办案机关应当尽快通过对外联系机关归还。

第三十一条　办案机关需要外国协助安排证人、鉴定人来中华人民共和国作证或者通过视频、音频作证，或者协助调查的，应当制作刑事司法协助请求书并附相关材料，经所属主管机关审核同意后，由对外联系机关及时向外国提出请求。

第三十二条　向外国请求安排证人、鉴定人作证或者协助调查的，请求书及所附材料应当根据需要载明下列事项：

（一）证人、鉴定人的姓名、性别、住址、身份信息、联系方式和有助于确认证人、鉴定人的其他资料；

（二）作证或者协助调查的目的、必要性、时间和地点等；

（三）证人、鉴定人的权利和义务；

（四）对证人、鉴定人的保护措施；

（五）对证人、鉴定人的补助；

（六）有助于执行请求的其他材料。

第三十三条　来中华人民共和国作证或者协助调查的证人、鉴定人在离境前，其入境前实施的犯罪不受追诉；除因入境后实施违法犯罪而被采取强制措施的以外，其人身自由不受限制。

证人、鉴定人在条约规定的期限内或者被通知无需继续停留后十五日内没有离境的，前款规定不再适用，但是由于不可抗力或者其他特殊原因未能离境的除外。

第三十四条　对来中华人民共和国作证或者协助调查的证人、鉴定人，办案机关应当依法给予补助。

第三十五条　来中华人民共和国作证或者协助调查的人员系在押人员的，由对外联系机关会同主管机关与被请求国就移交在押人员的相关事项事先达成协议。

主管机关和办案机关应当遵守协议内容，依法对被移交的人员予以羁押，并在作证或者协助调查结束后及时将其送回被请求国。

第三十九条　办案机关需要外国协助查封、扣押、冻结涉案财物的，应当制作刑事司法协助请求书并附相关材料，经所属主管机关审核同意后，由对外联系机关及时向外国提出请求。

外国对于协助执行中华人民共和国查封、扣押、冻结涉案财物的请求有特殊要求的，在不违反中华人民共和国法律的基本原则的情况下，可以同意。需要由司法机关作出决定的，由人民法院作出。

第四十条　向外国请求查封、扣押、冻结涉案财物的，请求书及所附材料应当根据需要载明下列事项：

（一）需要查封、扣押、冻结的涉案财物的权属证明、名称、特性、外形和数量等；

（二）需要查封、扣押、冻结的涉案财物的地点。资金或者其他金融资产存放在金融机构中的，应当载明金融机构的名称、地址和账户信息；

（三）相关法律文书的副本；

（四）有关查封、扣押、冻结以及利害关系人权利保障的法律规定；

（五）有助于执行请求的其他材料。

第四十一条　外国确定的查封、扣押、冻结的期限届满，办案机关需要外国继续查封、扣押、冻结相关涉案财物的，应当再次向外国提出请求。

办案机关决定解除查封、扣押、冻结的，应当及时通知被请求国。

第四十七条　办案机关需要外国协助没收违法所得及其他涉案财物的，应当制作刑事司法协助请求书并附相关材料，经所属主管机关审核同意后，由对外联系机关及时向外国提出请求。

请求外国将违法所得及其他涉案财物返还中华人民共和国或者返还被害人的，可以在向外国提出没收请求时一并提出，也可以单独提出。

外国对于返还被查封、扣押、冻结的违法所得及其他涉案财物有特殊要求的，在不违反中华人民共和国法律的基本原则的情况下，可以同意。需要由司法机关作出决定的，由人民法院作出决定。

第四十八条　向外国请求没收、返还违法所得及其他涉案财物的，请求书及所附材料应当根据需要载明下列事项：

（一）需要没收、返还的违法所得及其他涉案财物的名称、特性、外形和数量等；

（二）需要没收、返还的违法所得及其他涉案财物的地点。资金或者其他金融资产存放在金融机构中的，应当载明金融机构的名称、地址和账户信息；

（三）没收、返还的理由和相关权属证明；

（四）相关法律文书的副本；

（五）有关没收、返还以及利害关系人权利保障的法律规定；

（六）有助于执行请求的其他材料。

第四十九条　外国协助没收、返还违法所得及其他涉案财物的，由对外联系机关会同主管机关就有关财物的移交问题与外国进行协商。

对于请求外国协助没收、返还违法所得及其他涉案财物，外国提出分享请求的，分享的数额或者比例，由对外联系机关会同主管机关与外国协商确定。

第五十五条　外国可以向中华人民共和国请求移管外国籍被判刑人，中华人民共和国可以向外国请求移管外国籍被判刑人。

第五十六条　向外国移管被判刑人应当符合下列条件：

（一）被判刑人是该国国民；

（二）对被判刑人判处刑罚所针对的行为根据该国法律也构成犯罪；

（三）对被判刑人判处刑罚的判决已经发生法律效力；

（四）被判刑人书面同意移管，或者因被判刑人年龄、身体、精神等状况确有必要，经其代理人书面同意移管；

（五）中华人民共和国和该国均同意移管。

有下列情形之一的，可以拒绝移管：

（一）被判刑人被判处死刑缓期执行或者无期徒刑，但请求移管时已经减为有期徒刑的除外；

（二）在请求移管时，被判刑人剩余刑期不足一年；

（三）被判刑人在中华人民共和国境内存在尚未了结的诉讼；

（四）其他不宜移管的情形。

第五十七条　请求向外国移管被判刑人的，请求书及所附材料应当根据需要载明下列事项：

（一）请求机关的名称；

（二）被请求移管的被判刑人的姓名、性别、国籍、身份信息和其他资料；

（三）被判刑人的服刑场所；

（四）请求移管的依据和理由；

（五）被判刑人或者其代理人同意移管的书面声明；

（六）其他事项。

第五十八条　主管机关应当对被判刑人的移管意愿进行核实。外国请求派员对被判刑人的移管意愿进行核实的，主管机关可以作出安排。

第五十九条　外国向中华人民共和国提出移管被判刑人的请求的，或者主管机关认为需要向外国提出移管被判刑人的请求的，主管机关应当会同相关主管部门，作出是否同意外国请求或者向外国提出请求的决定。作出同意外国移管请求的决定后，对外联系机关应当书面通知请求国和被判刑人。

第六十条　移管被判刑人由主管机关指定刑罚执行机关执行。移交被判刑人的时间、地点、方式等执行事项，由主管机关与外国协商确定。

第六十一条　被判刑人移管后对原生效判决提出申诉的，应当向中华人民共和国有管辖权的人民法院提出。

人民法院变更或者撤销原生效判决的，应当及时通知外国。

【重点解读】

国际刑事司法协助法是对外开展国际司法合作的重要基础。近年来，虽然我国对外缔结大量的刑事司法协助条约，但部分刑事司法协助活动仍要求依照被请求国的国内法进行。本法的制定为执行相关的司法协助请求提供了具体的规则。同时，可以根据外国的请求对转移至中国境内的违法所得采取没收措施，为中外合作开展资产追缴提供了法律基础。

18.3　司法解释

18.3.1　司法协助的依据和范围

★《检察院规则》（2019）

第六百七十一条　人民检察院依据国际刑事司法协助法等有关法律和有关刑事司法协助条约进行刑事司法协助。

第六百七十二条　人民检察院刑事司法协助的范围包括刑事诉讼文书送达，调查取证，安排证人作证或者协助调查，查封、扣押、冻结涉案财物，返还违法所得及其他涉案财物，移管被判刑人以及其他协助。

【重点解读】①

狭义的刑事司法协助，一般指刑事诉讼中代为送达司法文书，询问证人和被害人，查封、扣押物品移交等协助活动。广义的刑事司法协助，还包括引渡、被判刑人移管以及外国刑事判决的承认与执行等。遣返、通报刑事诉讼结

---

①　参见童建明、万春主编释义书，第708—711页。

果等方面的协助，应当根据我国和相关国家的刑事司法协助条约或者共同参加的国际条约确定。

18.3.2 检察机关的司法协助主体

★《检察院规则》(2019)

第六百七十三条 最高人民检察院是检察机关开展国际刑事司法协助的主管机关，负责审核地方各级人民检察院向外国提出的刑事司法协助请求，审查处理对外联系机关转递的外国提出的刑事司法协助请求，审查决定是否批准执行外国的刑事司法协助请求，承担其他与国际刑事司法协助相关的工作。

办理刑事司法协助相关案件的地方各级人民检察院应当向最高人民检察院层报需要向外国提出的刑事司法协助请求，执行最高人民检察院交办的外国提出的刑事司法协助请求。

18.3.3 检察机关请求司法协助的程序

★《检察院规则》(2019)

第六百七十四条 地方各级人民检察院需要向外国请求刑事司法协助的，应当制作刑事司法协助请求书并附相关材料。经省级人民检察院审核同意后，报送最高人民检察院。

刑事司法协助请求书应当依照相关刑事司法协助条约的规定制作；没有条约或者条约没有规定的，可以参照国际刑事司法协助法第十三条的规定制作。被请求方有特殊要求的，在不违反我国法律的基本原则的情况下，可以按照被请求方的特殊要求制作。

第六百七十五条 最高人民检察院收到地方各级人民检察院刑事司法协助请求书及所附相关材料后，应当依照国际刑事司法协助法和有关条约进行审查。对符合规定、所附材料齐全的，最高人民检察院是对外联系机关的，应当及时向外国提出请求；不是对外联系机关的，应当通过对外联系机关向外国提出请求。对不符合规定或者材料不齐全的，应当退回提出请求的人民检察院或者要求其补充、修正。

18.3.4 检察机关对外国协助请求的审查和执行

★《检察院规则》(2019)

第六百七十六条 最高人民检察院收到外国提出的刑事司法协助请求后，应当对请求书及所附材料进行审查。对于请求书形式和内容符合要求的，应当按照职责分工，将请求书及所附材料转交有关主管机关或者省级人民检察院处理；对于请求书形式和内容不符合要求的，可以要求请求方补充材料或者重新提出请求。

外国提出的刑事司法协助请求明显损害我国主权、安全和社会公共利益的，可以直接拒绝提供协助。

第六百七十七条 最高人民检察院在收到对外联系机关转交的刑事司法协助请求书及所附材料后，经审查，分别作出以下处理：

(一)根据国际刑事司法协助法和刑事司法协助条约的规定，认为可以协助执行的，作出决定并安排有关省级人民检察院执行；

(二)根据国际刑事司法协助法或者刑事司法协助条约的规定，认为应当全部或者部分拒绝协助的，将请求书及所附材料退回对外联系机关并说明理由；

(三)对执行请求有保密要求或者有其他附加条件的，通过对外联系机关向外国提出，在外国接受条件并且作出书面保证后，决定附条件执行；

（四）需要补充材料的，书面通过对外联系机关要求请求方在合理期限内提供。

第六百七十八条　有关省级人民检察院收到最高人民检察院交办的外国刑事司法协助请求后，应当依法执行，或者交由下级人民检察院执行。

负责执行的人民检察院收到刑事司法协助请求书和所附材料后，应当立即安排执行，并将执行结果及有关材料报经省级人民检察院审查后，报送最高人民检察院。

对于不能执行的，应当将刑事司法协助请求书和所附材料，连同不能执行的理由，通过省级人民检察院报送最高人民检察院。

因请求书提供的地址不详或者材料不齐全，人民检察院难以执行该项请求的，应当立即通过最高人民检察院书面通知对外联系机关，要求请求方补充提供材料。

第六百七十九条　最高人民检察院应当对执行结果进行审查。对于符合请求要求和有关规定的，通过对外联系机关转交或者转告请求方。

18.3.5　法院请求和提供司法协助的程序

★《法院解释》（2021）

第四百九十一条　请求和提供司法协助，应当依照《中华人民共和国国际刑事司法协助法》、我国与有关国家、地区签订的刑事司法协助条约、移管被判刑人条约和有关法律规定进行。

对请求书的签署机关、请求书及所附材料的语言文字、有关办理期限和具体程序等事项，在不违反中华人民共和国法律的基本原则的情况下，可以按照刑事司法协助条约规定或者双方协商办理。

第四百九十二条　外国法院请求的事项有损中华人民共和国的主权、安全、社会公共利益以及违反中华人民共和国法律的基本原则的，人民法院不予协助；属于有关法律规定的可以拒绝提供刑事司法协助情形的，可以不予协助。

第四百九十三条　人民法院请求外国提供司法协助的，应当层报最高人民法院，经最高人民法院审核同意后交由有关对外联系机关及时向外国提出请求。

外国法院请求我国提供司法协助，有关对外联系机关认为属于人民法院职权范围的，经最高人民法院审核同意后转有关人民法院办理。

第四百九十四条　人民法院请求外国提供司法协助的请求书，应当依照刑事司法协助条约的规定提出；没有条约或者条约没有规定的，应当载明法律规定的相关信息并附相关材料。请求书及其所附材料应当以中文制作，并附有被请求国官方文字的译本。

外国请求我国法院提供司法协助的请求书，应当依照刑事司法协助条约的规定提出；没有条约或者条约没有规定的，应当载明我国法律规定的相关信息并附相关材料。请求书及所附材料应当附有中文译本。

第四百九十五条　人民法院向在中华人民共和国领域外居住的当事人送达刑事诉讼文书，可以采用下列方式：

（一）根据受送达人所在国与中华人民共和国缔结或者共同参加的国际条约规定的方式送达；

（二）通过外交途径送达；

（三）对中国籍当事人，所在国法

律允许或者经所在国同意的，可以委托我国驻受送达人所在国的使领馆代为送达；

（四）当事人是自诉案件的自诉人或者附带民事诉讼原告人的，可以向有权代其接受送达的诉讼代理人送达；

（五）当事人是外国单位的，可以向其在中华人民共和国领域内设立的代表机构或者有权接受送达的分支机构、业务代办人送达；

（六）受送达人所在国法律允许的，可以邮寄送达；自邮寄之日起满三个月，送达回证未退回，但根据各种情况足以认定已经送达的，视为送达；

（七）受送达人所在国法律允许的，可以采用传真、电子邮件等能够确认受送达人收悉的方式送达。

第四百九十六条　人民法院通过外交途径向在中华人民共和国领域外居住的受送达人送达刑事诉讼文书的，所送达的文书应当经高级人民法院审查后报最高人民法院审核。最高人民法院认为可以发出的，由最高人民法院交外交部主管部门转递。

外国法院通过外交途径请求人民法院送达刑事诉讼文书的，由该国驻华使馆将法律文书交我国外交部主管部门转最高人民法院。最高人民法院审核后认为属于人民法院职权范围，且可以代为送达的，应当转有关人民法院办理。

18.4　规范性文件

18.4.1　国际刑事司法协助的实施规范

★《国家监察委员会、最高人民法院、最高人民检察院、外交部、公安部、国家安全部、司法部关于实施〈中华人民共和国国际刑事司法协助法〉若干问题的规定（试行）》（司发通〔2024〕31号，2024年4月22日）

第二条　对外联系机关收到外国提出的刑事司法协助请求后，应当及时对请求书及所附材料进行审查。审查事项包括：

（一）请求书是否载明《中华人民共和国国际刑事司法协助法》规定应当载明的事项；

（二）请求是否依据刑事司法协助条约或者互惠原则等提出；依据互惠原则提出请求的，请求书是否附有由请求国适格主体作出的具体明确的互惠承诺；

（三）请求书及所附材料是否附有《中华人民共和国国际刑事司法协助法》或者条约规定的译文；

（四）其他需要审查的事项。

前款第二项所指的互惠承诺，应当由请求国外交代表机构或者负责国际司法合作的中央层级机关以书面形式作出，明确承诺对中华人民共和国今后提出的类似请求将提供同等协助，并不得额外增加条件或者进行限制。

对外联系机关收到主管机关拟向外国提出的刑事司法协助请求后，参照本条第一款规定对请求书及所附材料进行形式审查后及时对外提出。

第三条　《中华人民共和国国际刑事司法协助法》第二十二条第三款所称中华人民共和国不负有协助送达的义务，是指对于要求中华人民共和国公民接受讯问或者作为被告人出庭的传票，主管机关有权决定是否协助送达。

第四条　对外联系机关经审查认为外国刑事司法协助请求书形式和内容符合要求的，应当根据相关法律规定的职责分工，综合考虑请求事项性质、案件所处诉讼阶段等因素确定主管机关：

（一）外国请求协助送达文书、调查取证、安排证人作证或者协助调查，案件尚未进入审判阶段的，转交调查、侦查或者检察机关办理；案件已进入审判阶段的，转交审判机关办理；

（二）外国请求协助查封、扣押、冻结涉案财物或者没收、返还违法所得及其他涉案财物的，依照本规定第十六条、第十七条，转交相关主管机关办理；

（三）案件较为复杂、请求事项存在特殊情形或者涉及多个主管机关，需要明确转交的主管机关的，对外联系机关可以与相关主管机关协商确定主管机关。

第五条　对外联系机关审查认为外国请求书或者所附材料的形式和内容存在以下情形之一的，可以将请求书退回并书面说明理由，同时要求请求国重新提出请求：

（一）请求书存在重大表述错误、影响请求执行的；

（二）请求书未经适当签署或者盖章的；

（三）请求提出主体和请求对象不符合中华人民共和国法律或者条约规定的；

（四）请求书存在其他严重影响请求执行的情形。

对外联系机关审查认为请求书或者所附材料的形式和内容存在以下情形之一的，可以要求请求国补充材料：

（一）请求书或者所附材料关于案件事实或者请求事项的表述不充分、不清晰，可能影响请求执行的；

（二）请求书或者所附材料未附有中华人民共和国法律或者条约规定的译文或者译文不准确，无法确定请求内容的；

（三）其他需要补充材料的情形。

主管机关审查认为应当全部或者部分拒绝协助，或者存在其他形式或内容不符合要求情形的，应当书面说明理由，通过对外联系机关回复请求国。

第六条　外国刑事司法协助请求存在以下情形之一的，对外联系机关、主管机关和办案机关可以根据案件情况和工作需要优先处理：

（一）需要紧急查封、扣押、冻结涉案财物或者没收违法所得及其他涉案财物的；

（二）基于调查、侦查、起诉或者审理期限限制，确有必要紧急处理的；

（三）涉及的案件具有重大影响或者其他特殊情形的。

第七条　对外联系机关应当在收到外国刑事司法协助请求或者主管机关执行结果之日起45日内处理完毕；按照本规定第六条优先处理的，一般应当在收到请求或者执行结果之日起30日内处理完毕；需要采取紧急冻结等措施的，应当在收到请求或者执行结果之日起15日内处理完毕。

主管机关应当在收到对外联系机关转交的外国刑事司法协助请求或者办案机关执行结果之日起45日内处理完毕；按照本规定第六条优先处理的，一般应当在收到请求或者执行结果之日起30日内处理完毕；需要采取紧急冻结等措施的，应当在收到请求或者执行结果之日起15日内处理完毕。

办案机关应当在收到主管机关交办的外国刑事司法协助请求之日起90日内提出处理意见或者执行完毕；按照本规定第六条优先处理的，一般应当在收到请求之日起30日内提出处理意见或者执行完毕；需要采取紧急冻结等措施的，应当在收到请求之日起15日内提出处理意见或者执行完毕。

办案机关办理具有跨国因素的刑事案件需要外国提供司法协助的,应当及时起草刑事司法协助请求书并附相关材料报所属主管机关审核。主管机关和对外联系机关应当及时审查处理办案机关向外国提出的刑事司法协助请求。

案件重大复杂需要协调处理的,可以不受本条规定的时限限制,但对外联系机关、主管机关、办案机关相互沟通时应当作出相应说明。

第八条 对外联系机关应当加强与外国有关机关沟通联系,推动外国提高执行中华人民共和国刑事司法协助请求的效率和质量。

对外联系机关和主管机关支持、指导办案机关对外提出刑事司法协助请求。

对外联系机关应当定期统计国际刑事司法协助案件办理情况,及时向主管机关通报。

第九条 主管机关应当对办案机关应外国刑事司法协助请求调取的证据或者其他信息严格审核把关,确保交由对外联系机关向外国提供的证据或者其他信息在内容和形式上符合相关法律规定。

第十一条 外国机构、组织、个人在中华人民共和国境内实施以下行为的,属于《中华人民共和国国际刑事司法协助法》第四条第三款所规定的刑事诉讼活动:

(一)向中华人民共和国境内机构、组织和个人送达传票、通知书、起诉书、判决书或者其他刑事法律文书;

(二)向中华人民共和国境内机构、组织和个人收集、调取刑事证据材料;

(三)联系、安排、要求中华人民共和国境内机构、组织和个人赴境外或者在境内通过视频、音频等远程方式作证、协助调查或者参加庭审;

(四)要求中华人民共和国境内机构、组织和个人在境内协助采取查封、扣押、冻结涉案财物等措施;

(五)要求中华人民共和国境内机构、组织和个人协助执行外国作出的刑事司法裁判;

(六)法律规定的其他刑事诉讼活动。

第十二条 建立由刑事司法协助对外联系机关和主管机关等组成的刑事证据出境审查工作机制(以下简称工作机制),统筹负责刑事证据出境安全审查相关工作。工作机制办公室设在国务院司法行政部门。

第十三条 中华人民共和国境内的机构、组织和个人收到外国非经国际刑事司法执法合作途径,直接要求其协助进行本规定第十一条规定的刑事诉讼活动或者提供《中华人民共和国国际刑事司法协助法》规定的其他协助的通知的,应当在收到之日起 30 日内,向工作机制办公室书面报告有关情况。

报告时应当提交有关情况的具体说明,并附相关法律文书副本或者其他证明材料。报告人要求保密的,工作机制成员单位及其工作人员应当依法为其保密。

工作机制办公室收到报告后,应当与机制成员单位会商,需要外国提出刑事司法协助请求的,由相关对外联系机关向外国提出要求。

第十四条 中华人民共和国境内的机构、组织和个人为维护自身权益等目的,需要主动向外国提供证据的,应当遵守保守国家秘密、数据安全、个人

信息保护等有关法律规定,并向工作机制办公室提交书面申请。申请书包括但不限于以下内容:

(一)申请人的身份信息、案件基本情况、申请提供证据的范围、内容和理由等;

(二)申请人如有行政或者行业主管部门,相关主管部门的意见;

(三)关于证据符合保守国家秘密、数据安全、个人信息保护等法律规定以及合同约定的保密义务等事项的说明;

(四)关于证据目的、用途以及保密和安全保护措施等事项的说明;

(五)申请所需的其他材料。

第十五条 工作机制办公室对符合第十四条规定条件的申请应当及时受理,并会同工作机制成员单位中的主管机关等对申请出境证据进行审查。

工作机制办公室应当自受理申请之日起60日内告知申请人审查结果。案件情况复杂或者需要征求其他有关部门意见的,可以视情延长审查时限。

第十六条 外国请求协助查封、扣押、冻结涉案财物的,根据案件性质和所处的诉讼阶段,转交相应主管机关办理。主管机关经审查认为符合条件的,可以安排办案机关依法予以执行,办案机关应当及时将涉案财物查封、扣押、冻结情况通过主管机关告知对外联系机关。

第十七条 外国请求协助没收、返还违法所得及其他涉案财物,已经提供外国司法机关作出的生效没收令等法律文书副本的,转交最高人民检察院和最高人民法院办理。经审查符合执行条件的,最高人民检察院和最高人民法院可以转交相关所属办案机关协助执行。

外国以没收位于其国内的违法所得及其他涉案财物为目的请求提供刑事司法协助,主管机关、办案机关认为相关财产属于中华人民共和国国家、公民、法人或者其他组织合法财产的,应当在提供协助时依法请求外国返还。

第十八条 中华人民共和国按照对等互惠原则与外国开展被没收财产分享合作。对外联系机关会同主管机关可以与外国签订个案分享协议。

外国对中华人民共和国作出的没收裁判提供协助并依法提出分享请求的,对外联系机关会同主管机关可以决定与外国分享。向外国分享的财产应当是优先考虑返还财产合法所有人或者赔偿被害人并扣除中华人民共和国办案机关的合理费用后的违法所得及其他涉案财物。向外国分享被没收财产的比例按照外国对中华人民共和国作出没收裁判的贡献程度确定。

中华人民共和国请求外国协助没收、返还违法所得或者其他涉案财物,外国提出分享请求的,或者中华人民共和国对外国作出没收裁判提供协助并依法向外国提出分享请求的,对外联系机关会同主管机关与外国协商确定分享的数额、比例和财产的移交方式。

第十九条 外国已向中华人民共和国提供刑事司法协助的,主管机关和办案机关应当严格遵守对外作出的量刑、追诉、权利保障、保密、证据用途、适用案件和人员范围等方面的承诺。

第二十条 主管机关收到对外联系机关转交的外国提出的移管被判刑人请求后,应当根据法律和条约的有关规定进行审查,并征求相关主管部门的意见。

第二十一条 主管机关应当在相关主管部门意见基础上,作出同意或者拒绝向外国移管被判刑人的决定，同意向外国移管被判刑人的，由对外联系机关书面通知请求国和被判刑人。

第二十二条　对外联系机关可以要求请求国提供被判刑人移管回国后的刑罚执行情况及被判刑人表现，并及时通报主管机关和相关主管部门。

18.4.2　公安机关的司法协助和警务合作

★《公安规定》（2020）

第三百七十四条　公安部是公安机关进行刑事司法协助和警务合作的中央主管机关，通过有关法律、国际条约、协议规定的联系途径、外交途径或者国际刑事警察组织渠道，接收或者向外国提出刑事司法协助或者警务合作请求。

地方各级公安机关依照职责权限办理刑事司法协助事务和警务合作事务。

其他司法机关在办理刑事案件中，需要外国警方协助的，由其中央主管机关与公安部联系办理。

第三百七十五条　公安机关进行刑事司法协助和警务合作的范围，主要包括犯罪情报信息的交流与合作，调查取证，安排证人作证或者协助调查，查封、扣押、冻结涉案财物，没收、返还违法所得及其他涉案财物，送达刑事诉讼文书，引渡、缉捕和递解犯罪嫌疑人、被告人或者罪犯，以及国际条约、协议规定的其他刑事司法协助和警务合作事宜。

【重点解读】①

刑事司法协助是指广义上的司法协助，包括引渡和移管被判刑人等在内。国际警务合作是指不同国家的警察之间，根据本国法律或者参加的国际公约等，在惩治国际性犯罪，维护国际社会秩序领域相互提供援助、协调配合的一种执法行为。

★《国安规定》（2024）

第三百五十八条　根据《中华人民共和国反恐怖主义法》《中华人民共和国引渡法》《中华人民共和国国际刑事司法协助法》等法律，中华人民共和国缔结或者参加的国际条约和国家安全部签订的双边、多边合作协议，或者按照互惠原则，国家安全机关可以依法开展刑事司法协助和国际合作。

18.4.3　边境地区对外警务合作

★《公安规定》（2020）

第三百七十六条　在不违背我国法律和有关国际条约、协议的前提下，我国边境地区设区的市一级公安机关和县级公安机关与相邻国家的警察机关，可以按照惯例相互开展执法会晤、人员往来、边境管控、情报信息交流等警务合作，但应当报省级公安机关批准，并报公安部备案；开展其他警务合作的，应当报公安部批准。

【重点解读】②

边境地区不仅包括我国和其他国家领土接壤的地区，同时也包括和其他国家领海相接的地区。“惯例”是指边境地区公安机关与相邻国家警察机关进行警务合作中的习惯性做法。我国和邻国签订有条约或者协议的，边境地区在进行警务合作时应当不违背我国法律和有关国际条约、协议的规定。我国尚未和邻国签订条约或者协议的，边境地区在依照惯例进行警务合作时，应当遵守我国法律的有关规定。边境地

① 参见孙茂利主编书，第836—840页。

② 参见孙茂利主编书，第836—840页。

区设区的市一级公安机关和县级公安机关与相邻国家警察机关进行警务合作，应当报公安部备案。

18.4.4　公安机关对外国协助请求的审查和执行

★《公安规定》(2020)

第三百七十七条　公安部收到外国的刑事司法协助或者警务合作请求后，应当依据我国法律和国际条约、协议的规定进行审查。对于符合规定的，交有关省级公安机关办理，或者移交其他有关中央主管机关；对于不符合条约或者协议规定的，通过接收请求的途径退回请求方。

对于请求书的签署机关、请求书及所附材料的语言文字、有关办理期限和具体程序等事项，在不违反我国法律基本原则的情况下，可以按照刑事司法协助条约、警务合作协议规定或者双方协商办理。

第三百七十八条　负责执行刑事司法协助或者警务合作的公安机关收到请求书和所附材料后，应当按照我国法律和有关国际条约、协议的规定安排执行，并将执行结果及其有关材料报经省级公安机关审核后报送公安部。

在执行过程中，需要采取查询、查封、扣押、冻结等措施或者返还涉案财物，且符合法律规定的条件的，可以根据我国有关法律和公安部的执行通知办理有关法律手续。

请求书提供的信息不准确或者材料不齐全难以执行的，应当立即通过省级公安机关报请公安部要求请求方补充材料；因其他原因无法执行或者具有应当拒绝协助、合作的情形等不能执行的，应当将请求书和所附材料，连同不能执行的理由通过省级公安机关报送公安部。

第三百七十九条　执行刑事司法协助和警务合作，请求书中附有办理期限的，应当按期完成。未附办理期限的，调查取证应当在三个月以内完成；送达刑事诉讼文书，应当在十日以内完成。不能按期完成的，应当说明情况和理由，层报公安部。

18.4.5　公安机关请求外国、国际刑警组织协助的程序

★《公安规定》(2020)

第三百八十条　需要请求外国警方提供刑事司法协助或者警务合作的，应当按照我国有关法律、国际条约、协议的规定提出刑事司法协助或者警务合作请求书，所附文件及相应译文，经省级公安机关审核后报送公安部。

第三百八十一条　需要通过国际刑事警察组织查找或者缉捕犯罪嫌疑人、被告人或者罪犯，查询资料、调查取证的，应当提出申请层报国际刑事警察组织中国国家中心局。

第三百八十二条　公安机关需要外国协助安排证人、鉴定人来中华人民共和国作证或者通过视频、音频作证，或者协助调查的，应当制作刑事司法协助请求书并附相关材料，经公安部审核同意后，由对外联系机关及时向外国提出请求。

来中华人民共和国作证或者协助调查的证人、鉴定人离境前，公安机关不得就其入境前实施的犯罪进行追究；除因入境后实施违法犯罪而被采取强制措施的以外，其人身自由不受限制。

证人、鉴定人在条约规定的期限内或者被通知无需继续停留后十五日内

没有离境的,前款规定不再适用,但是由于不可抗力或者其他特殊原因未能离境的除外。

第三百八十三条　公安机关提供或者请求外国提供刑事司法协助或者警务合作,应当收取或者支付费用的,根据有关国际条约、协议的规定,或者按照对等互惠的原则协商办理。

18.4.6　公安机关的引渡程序

★《公安规定》(2020)

第三百八十四条　办理引渡案件,依照《中华人民共和国引渡法》等法律规定和有关条约执行。

【重点解读】①

引渡是一种国家行为,一国是否接受他国的引渡请求,除非负有条约义务,否则由被请求国自行决定。根据国际法一般原则,有权请求引渡的国家是:犯罪嫌疑人、罪犯本人国籍国;犯罪行为发生地国;受害国。当有数国为同一罪行请求引渡同一人时,原则上被请求国有权决定接受哪一国的请求。我国办理引渡案件,主要依据我国刑法、引渡法等有关法律及双边引渡条约等。

① 参见孙茂利主编书,第873—877页。

第二章 管　　辖

19 职能管辖

19.1 法条规定

第十九条　刑事案件的侦查由公安机关进行，法律另有规定的除外。

人民检察院在对诉讼活动实行法律监督中发现的司法工作人员利用职权实施的非法拘禁、刑讯逼供、非法搜查等侵犯公民权利、损害司法公正的犯罪，可以由人民检察院立案侦查。对于公安机关管辖的国家机关工作人员利用职权实施的重大犯罪案件，需要由人民检察院直接受理的时候，经省级以上人民检察院决定，可以由人民检察院立案侦查。

自诉案件，由人民法院直接受理。

【立法释义】①

2018年刑事诉讼法修改，为与监察法相衔接，调整了人民检察院的侦查职能管辖，将贪污贿赂犯罪、国家工作人员的渎职犯罪等公职人员犯罪纳入监察机关的调查职能范围。这意味着，传统的职能管辖，增加了监察管辖这一新的要素。

第一，公安机关的侦查职能管辖。关于公安机关的侦查职能，应当关注以下事项：

一是管辖范围。《公安规定》第十四条确立了兜底型管辖模式，即除由监察机关、人民检察院、人民法院、军队保卫部门、监狱、海警部门等专门机关管辖的刑事案件外，刑事案件均由公安机关进行管辖。

二是职能管辖交叉情形的处理原则。对于侦查职能管辖存在交叉的情形，应当严格执行各专门机关的管辖分工，通常坚持以涉嫌主罪的办案机关为主侦查，其他办案机关配合的基本原则。在坚持管辖分工基础上，对存在牵连关系的案件应当坚持协同侦查原则，避免人为切割案件影响案件办理质量。例如，涉嫌主罪属于公安机关管辖的，由公安机关为主侦查；涉嫌主罪属于人民检察院等专门机关管辖的，公安机关予以配合。公安机关侦查的刑事案件涉及其他侦查机关管辖的案件时，参照这一原则处理。需要强调的是，《公安规定》第二十九条体现了监察机关为主调查优先的基本原则。

三是与军队互涉案件的管辖分工。《公安规定》和《中央军委关于军队执行〈中华人民共和国刑事诉讼法〉若干问题的规定》对此问题进行了具体规定。

四是与其他普通刑事案件侦查主体的职能分工。本法第三百零八条规定，中国海警局履行海上维权执法职责，对海上发生的刑事案件行使侦查权。监狱对罪犯在监狱内犯罪的案件进行侦查。此类管辖分工限于侦查职能。

五是公安机关内部的职能分工。

---

① 参见王爱立主编书，第37—40页。

《公安规定》和《公安部刑事案件管辖分工规定》,对此问题作出了具体规定。

第二,检察机关的侦查职能管辖。在监察制度改革基础上,基于法律监督职责需要,人民检察院保留部分罪名的自行侦查权和机动侦查权。关于人民检察院的侦查职能管辖,应当关注以下事项:

一是人民检察院自行侦查权。具体包括“人民检察院在对诉讼活动实行法律监督中发现的司法工作人员利用职权实施的非法拘禁、刑讯逼供、非法搜查等侵犯公民权利、损害司法公正的犯罪”。其中,“司法工作人员”,是指刑法第九十四条规定的具有侦查、检察、审判、监管职责的工作人员。《最高人民检察院关于人民检察院立案侦查司法工作人员相关职务犯罪案件若干问题的规定》规定了具体罪名。

二是人民检察院机动侦查权。具体是指对于公安机关管辖的国家机关工作人员利用职权实施的重大犯罪案件,需要由人民检察院直接受理的时候,报省级以上人民检察院决定。省级以上人民检察院认为可以由人民检察院立案侦查的,由人民检察院直接立案侦查;认为应当由公安机关管辖的,将案件移送公安机关立案侦查。

机动侦查权主要包括以下情形:(1)公安机关对于国家机关工作人员利用职权实施的其他重大犯罪案件有案不立、有罪不究,经人民检察院通知立案仍未依法追究的案件。(2)公安机关对国家机关工作人员利用职权实施的其他重大犯罪案件以罚代刑,降格处理,经人民检察院督促后仍不纠正的案件。(3)公安机关、人民检察院对于国家机关工作人员的行为是否构成犯罪,认识不一致,而人民检察院认为应当依法追究刑事责任的案件。(4)对案件管辖发生争议,而有管辖权的公安机关拒不侦查或者长期拖延不予立案侦查的案件。(5)案件存在某种特殊情况,从维护司法公信力出发,由人民检察院立案侦查更为适宜的案件。第二款规定的两类案件“可以由人民检察院立案侦查”,不排除监察机关直接调查的可能。检察机关查办可能与“腐败型”犯罪有牵连的案件,如果发现涉嫌“腐败型”职务犯罪线索,应当及时将“腐败型”职务犯罪线索移送监察机关。

第三,监察机关的职能管辖。监察制度改革,催生了特殊的监察调查制度,对刑事诉讼程序带来了较大的影响。关于监察机关的职能管辖,监察法第十一条、第十五条、第三十七条等作出了具体规定。

第四,人民法院的职能管辖。与公安机关、人民检察院和监察机关的侦查/调查管辖不同,人民法院对自诉案件的管辖,是对特定类型案件设置的专门司法救济机制。《法院解释》第一条对此作出进一步界定。

第五,并案处理规则。并案处理机制,主要是考虑犯罪之间存在关联,分案处理不利于查清事实,且容易导致处理结果存在不必要的分歧,特别是量刑有失均衡,故有必要合并处理。并案处理并非绝对要求,对于共同犯罪的同案人在逃等情形,可以基于诉讼效率等考虑分案处理。

19.2　相关立法

19.2.1　监察机关的管辖范围

★《中华人民共和国监察法》(2024年12月25日修正)

第十一条　监察委员会依照本法和有关法律规定履行监督、调查、处置职责：

（一）对公职人员开展廉政教育，对其依法履职、秉公用权、廉洁从政从业以及道德操守情况进行监督检查；

（二）对涉嫌贪污贿赂、滥用职权、玩忽职守、权力寻租、利益输送、徇私舞弊以及浪费国家资财等职务违法和职务犯罪进行调查；

（三）对违法的公职人员依法作出政务处分决定；对履行职责不力、失职失责的领导人员进行问责；对涉嫌职务犯罪的，将调查结果移送人民检察院依法审查、提起公诉；向监察对象所在单位提出监察建议。

第十五条　监察机关对下列公职人员和有关人员进行监察：

（一）中国共产党机关、人民代表大会及其常务委员会机关、人民政府、监察委员会、人民法院、人民检察院、中国人民政治协商会议各级委员会机关、民主党派机关和工商业联合会机关的公务员，以及参照《中华人民共和国公务员法》管理的人员；

（二）法律、法规授权或者受国家机关依法委托管理公共事务的组织中从事公务的人员；

（三）国有企业管理人员；

（四）公办的教育、科研、文化、医疗卫生、体育等单位中从事管理的人员；

（五）基层群众性自治组织中从事管理的人员；

（六）其他依法履行公职的人员。

第十六条　各级监察机关按照管理权限管辖本辖区内本法第十五条规定的人员所涉监察事项。

上级监察机关可以办理下一级监察机关管辖范围内的监察事项，必要时也可以办理所辖各级监察机关管辖范围内的监察事项。

监察机关之间对监察事项的管辖有争议的，由其共同的上级监察机关确定。

第十七条　上级监察机关可以将其所管辖的监察事项指定下级监察机关管辖，也可以将下级监察机关有管辖权的监察事项指定给其他监察机关管辖。

监察机关认为所管辖的监察事项重大、复杂，需要由上级监察机关管辖的，可以报请上级监察机关管辖。

第三十七条　人民法院、人民检察院、公安机关、审计机关等国家机关在工作中发现公职人员涉嫌贪污贿赂、失职渎职等职务违法或者职务犯罪的问题线索，应当移送监察机关，由监察机关依法调查处置。

被调查人既涉嫌严重职务违法或者职务犯罪，又涉嫌其他违法犯罪的，一般应当由监察机关为主调查，其他机关予以协助。

第三十八条　监察机关对于报案或者举报，应当接受并按照有关规定处理。对于不属于本机关管辖的，应当移送主管机关处理。

19.2.2　监狱的管辖范围

★**《中华人民共和国监狱法》**（2012年10月26日修正）

第六十条　对罪犯在监狱内犯罪的案件，由监狱进行侦查。侦查终结后，写出起诉意见书，连同案卷材料、证据一并移送人民检察院。

19.2.3　海警局的管辖范围

★**《全国人民代表大会常务委员会关于中国海警局行使海上维权执法职**

权的决定》（2018年6月22日）

一、中国海警局履行海上维权执法职责，包括执行打击海上违法犯罪活动、维护海上治安和安全保卫、海洋资源开发利用、海洋生态环境保护、海洋渔业管理、海上缉私等方面的执法任务，以及协调指导地方海上执法工作。

二、中国海警局执行打击海上违法犯罪活动、维护海上治安和安全保卫等任务，行使法律规定的公安机关相应执法职权；执行海洋资源开发利用、海洋生态环境保护、海洋渔业管理、海上缉私等方面的执法任务，行使法律规定的有关行政机关相应执法职权。中国海警局与公安机关、有关行政机关建立执法协作机制。

19.3　司法解释

19.3.1　检察机关的侦查管辖

★《检察院规则》（2019）

第十三条　人民检察院在对诉讼活动实行法律监督中发现的司法工作人员利用职权实施的非法拘禁、刑讯逼供、非法搜查等侵犯公民权利、损害司法公正的犯罪，可以由人民检察院立案侦查。

对于公安机关管辖的国家机关工作人员利用职权实施的重大犯罪案件，需要由人民检察院直接受理的，经省级以上人民检察院决定，可以由人民检察院立案侦查。

第十四条　人民检察院办理直接受理侦查的案件，由设区的市级人民检察院立案侦查。基层人民检察院发现犯罪线索的，应当报设区的市级人民检察院决定立案侦查。

设区的市级人民检察院根据案件情况也可以将案件交由基层人民检察院立案侦查，或者要求基层人民检察院协助侦查。对于刑事执行派出检察院辖区内与刑事执行活动有关的犯罪线索，可以交由刑事执行派出检察院立案侦查。

最高人民检察院、省级人民检察院发现犯罪线索的，可以自行立案侦查，也可以将犯罪线索交由指定的省级人民检察院或者设区的市级人民检察院立案侦查。

第十五条　对本规则第十三条第二款规定的案件，人民检察院需要直接立案侦查的，应当层报省级人民检察院决定。

报请省级人民检察院决定立案侦查的案件，应当制作提请批准直接受理书，写明案件情况以及需要由人民检察院立案侦查的理由，并附有关材料。

省级人民检察院应当在收到提请批准直接受理书后十日以内作出是否立案侦查的决定。省级人民检察院可以决定由设区的市级人民检察院立案侦查，也可以自行立案侦查。

【重点解读】①

关于机动侦查权的行使，需要注意以下事项：

第一，行使机动侦查权是检察机关立案监督工作的具体方式。刑事立案监督，是指人民检察院对刑事立案主体的立案活动是否合法进行的法律监督。鉴于监察机关不是刑事立案主体，因此，监察机关的立案调查程序不属于刑事立案程序。相应地，检察机关机动侦查权的对象仅是公安机关管辖的国家机关工作人员利用职权实施的重大犯罪案件，不包括监察机关管辖的国家机关工作人员利用职权实施的重大犯罪案件。

---

①　参见童建明、万春主编释义书，第16—19页。

第二，机动侦查权主要针对公安机关不立案或者不宜侦查的个别案件，非普遍适用，否则，将会违反公检法三机关分工负责、相互配合、相互制约的原则。

第三，检察机关行使机动侦查权，需经省（自治区、直辖市）人民检察院或者最高人民检察院决定，防止随意启动机动侦查权。

★**《最高人民检察院关于人民检察院立案侦查司法工作人员相关职务犯罪案件若干问题的规定》**（高检发研字〔2018〕28 号，2018 年 11 月 24 日）

一、案件管辖范围

人民检察院在对诉讼活动实行法律监督中，发现司法工作人员涉嫌利用职权实施的下列侵犯公民权利、损害司法公正的犯罪案件，可以立案侦查：

1. 非法拘禁罪（刑法第二百三十八条）（非司法工作人员除外）；

2. 非法搜查罪（刑法第二百四十五条）（非司法工作人员除外）；

3. 刑讯逼供罪（刑法第二百四十七条）；

4. 暴力取证罪（刑法第二百四十七条）；

5. 虐待被监管人罪（刑法第二百四十八条）；

6. 滥用职权罪（刑法第三百九十七条）（非司法工作人员滥用职权侵犯公民权利、损害司法公正的情形除外）；

7. 玩忽职守罪（刑法第三百九十七条）（非司法工作人员玩忽职守侵犯公民权利、损害司法公正的情形除外）；

8. 徇私枉法罪（刑法第三百九十九条第一款）；

9. 民事、行政枉法裁判罪（刑法第三百九十九条第二款）；

10. 执行判决、裁定失职罪（刑法第三百九十九条第三款）；

11. 执行判决、裁定滥用职权罪（刑法第三百九十九条第三款）；

12. 私放在押人员罪（刑法第四百条第一款）；

13. 失职致使在押人员脱逃罪（刑法第四百条第二款）；

14. 徇私舞弊减刑、假释、暂予监外执行罪（刑法第四百零一条）。

19.3.2　检察机关的变更管辖

★**《检察院规则》**（2019）

第十六条　上级人民检察院在必要的时候，可以直接立案侦查或者组织、指挥、参与侦查下级人民检察院管辖的案件。下级人民检察院认为案情重大、复杂，需要由上级人民检察院立案侦查的案件，可以请求移送上级人民检察院立案侦查。

【重点解读】①

人民检察院对于直接受理侦查的案件，必要时可以改变案件管辖。变更管辖主要有以下情形：

一是上级人民检察院直接立案侦查下级人民检察院管辖的案件。上级人民检察院发现属于下级人民检察院立案侦查的案件案情重大、复杂或者案件涉及面广，社会影响较大，由上级人民检察院立案侦查更为适宜的，可以直接立案侦查。

二是上级人民检察院可以将本院管辖的案件交由下级人民检察院立案侦查。案情简单、侦查难度不大，由下级人民检察院侦查有利于产生良好的

---

① 参见童建明、万春主编释义书，第 22—23 页。

社会效果。

三是下级人民检察院请求移送上级人民检察院立案侦查的刑事案件。下级人民检察院对自己管辖的案件，案情重大、复杂，涉及案犯多、地区广，或者案件影响重大，下级人民检察院立案侦查有困难，需要由上级人民检察院立案侦查的，可以请求移送上级人民检察院立案侦查。

19.3.3　检察机关管辖牵连的处理

★《检察院规则》(2019)

第十七条　人民检察院办理直接受理侦查的案件，发现犯罪嫌疑人同时涉嫌监察机关管辖的职务犯罪线索的，应当及时与同级监察机关沟通。

经沟通，认为全案由监察机关管辖更为适宜的，人民检察院应当将案件和相应职务犯罪线索一并移送监察机关；认为由监察机关和人民检察院分别管辖更为适宜的，人民检察院应当将监察机关管辖的相应职务犯罪线索移送监察机关，对依法由人民检察院管辖的犯罪案件继续侦查。

人民检察院应当及时将沟通情况报告上一级人民检察院。沟通期间不得停止对案件的侦查。

第十八条　人民检察院办理直接受理侦查的案件涉及公安机关管辖的刑事案件，应当将属于公安机关管辖的刑事案件移送公安机关。如果涉嫌的主罪属于公安机关管辖，由公安机关为主侦查，人民检察院予以配合；如果涉嫌的主罪属于人民检察院管辖，由人民检察院为主侦查，公安机关予以配合。

对于一人犯数罪、共同犯罪、共同犯罪的犯罪嫌疑人还实施其他犯罪、多个犯罪嫌疑人实施的犯罪存在关联，并案处理有利于查明案件事实和诉讼进行的，人民检察院可以在职责范围内对相关犯罪案件并案处理。

【重点解读】①

检察机关与监察机关、公安机关互涉案件的处理方式不同。公安机关与检察机关管辖的案件范围不同，如果案件存在关联，应当各自对其管辖范围内的案件进行侦查，做好配合。监察机关与检察机关管辖的案件范围存在重合，司法工作人员属于行使公权力的公职人员，属于监察机关的监察对象。依据监察法和刑事诉讼法的规定，司法工作人员利用职权实施的侵犯公民权利、损害司法公正的犯罪，可以由监察机关立案调查，也可以由检察机关立案侦查。因此，如果案件存在关联，可以由监察机关一并管辖，或者由监察机关和检察机关分别管辖。

19.3.4　法院的管辖范围

★《法院解释》(2021)

第一条　人民法院直接受理的自诉案件包括：

(一)告诉才处理的案件：

1. 侮辱、诽谤案(刑法第二百四十六条规定的，但严重危害社会秩序和国家利益的除外)；

2. 暴力干涉婚姻自由案(刑法第二百五十七条第一款规定的)；

3. 虐待案(刑法第二百六十条第一款规定的，但被害人没有能力告诉或者因受到强制、威吓无法告诉的除外)；

4. 侵占案(刑法第二百七十条规定的)。

---

①　参见童建明、万春主编释义书，第23—27页。

（二）人民检察院没有提起公诉，被害人有证据证明的轻微刑事案件：

1. 故意伤害案（刑法第二百三十四条第一款规定的）；

2. 非法侵入住宅案（刑法第二百四十五条规定的）；

3. 侵犯通信自由案（刑法第二百五十二条规定的）；

4. 重婚案（刑法第二百五十八条规定的）；

5. 遗弃案（刑法第二百六十一条规定的）；

6. 生产、销售伪劣商品案（刑法分则第三章第一节规定的，但严重危害社会秩序和国家利益的除外）；

7. 侵犯知识产权案（刑法分则第三章第七节规定的，但严重危害社会秩序和国家利益的除外）；

8. 刑法分则第四章、第五章规定的，可能判处三年有期徒刑以下刑罚的案件。

本项规定的案件，被害人直接向人民法院起诉的，人民法院应当依法受理。对其中证据不足、可以由公安机关受理的，或者认为对被告人可能判处三年有期徒刑以上刑罚的，应当告知被害人向公安机关报案，或者移送公安机关立案侦查。

（三）被害人有证据证明对被告人侵犯自己人身、财产权利的行为应当依法追究刑事责任，且有证据证明曾经提出控告，而公安机关或者人民检察院不予追究被告人刑事责任的案件。

19.3.5　拒不执行判决、裁定案的自诉

★《最高人民法院、最高人民检察院关于办理拒不执行判决、裁定刑事案件适用法律若干问题的解释》（法释〔2024〕13 号，2024 年 10 月 30 日）

第十四条　申请执行人有证据证明同时具有下列情形，人民法院认为符合刑事诉讼法第二百一十条第三项规定的，以自诉案件立案审理：

（一）负有执行义务的人拒不执行判决、裁定，侵犯了申请执行人的人身、财产权利，应当依法追究刑事责任的；

（二）申请执行人曾经提出控告，而公安机关或者人民检察院对负有执行义务的人不予追究刑事责任的。

自诉人在判决宣告前，可以同被告人自行和解或者撤回自诉。

第十五条　拒不执行判决、裁定刑事案件，一般由执行法院所在地人民法院管辖。

★《最高人民法院关于拒不执行判决、裁定罪自诉案件受理工作有关问题的通知》（法〔2018〕147 号，2018 年 5 月 30 日）

一、申请执行人向公安机关控告负有执行义务的人涉嫌拒不执行判决、裁定罪，公安机关不予接受控告材料或者在接受控告材料后 60 日内不予书面答复，申请执行人有证据证明该拒不执行判决、裁定行为侵犯了其人身、财产权利，应当依法追究刑事责任的，人民法院可以以自诉案件立案审理。

二、人民法院向公安机关移送拒不执行判决、裁定罪线索，公安机关决定不予立案或者在接受案件线索后 60 日内不予书面答复，或者人民检察院决定不起诉的，人民法院可以向申请执行人释明；申请执行人有证据证明负有执行义务的人拒不执行判决、裁定侵犯了其人身、财产权利，应当依法追究刑事责任的，人民法院可以以自诉案件立案审理。

三、公安机关接受申请执行人的控

告材料或者人民法院移送的拒不执行判决、裁定罪线索，经过 60 日之后又决定立案的，对于申请执行人的自诉，人民法院未受理的，裁定不予受理；已经受理的，可以向自诉人释明让其撤回起诉或者裁定终止审理。此后再出现公安机关或者人民检察院不予追究情形的，申请执行人可以依法重新提起自诉。

19.4　规范性文件

19.4.1　并案和分案处理的情形

★**《最高人民法院、最高人民检察院、公安部、国家安全部、司法部、全国人大常委会法制工作委员会关于实施刑事诉讼法若干问题的规定》**（2012 年 12 月 26 日）

3. 具有下列情形之一的，人民法院、人民检察院、公安机关可以在其职责范围内并案处理：

（一）一人犯数罪的；

（二）共同犯罪的；

（三）共同犯罪的犯罪嫌疑人、被告人还实施其他犯罪的；

（四）多个犯罪嫌疑人、被告人实施的犯罪存在关联，并案处理有利于查明案件事实的。

★**《公安机关反有组织犯罪工作规定》**（公安部令第 165 号，2022 年 8 月 26 日）

第四十三条　犯罪嫌疑人检举、揭发重大犯罪的其他共同犯罪人或者提供侦破重大案件的重要线索或者证据，同案处理可能导致其本人或者近亲属有人身危险，经县级以上公安机关负责人批准，可以分案处理。

公安机关决定分案处理的，应当就案件管辖等问题书面征求人民法院、人民检察院意见并达成一致，防止分案处理出现证据灭失、证据链脱节或者影响有组织犯罪认定等情况。

19.4.2　监狱案件的管辖

★**《最高人民法院、最高人民检察院、公安部、司法部关于监狱办理刑事案件有关问题的规定》**（司发通〔2014〕80 号，2014 年 8 月 11 日）

一、对监狱在押罪犯与监狱工作人员（监狱警察、工人）或者狱外人员共同犯罪案件，涉案的在押罪犯由监狱立案侦查，涉案的监狱工作人员或者狱外人员由人民检察院或者公安机关立案侦查，在侦查过程中，双方应当相互协作。侦查终结后，需要追究刑事责任的，由侦查机关分别向当地人民检察院移送审查起诉。如果案件适宜合并起诉的，有关人民检察院可以并案向人民法院提起公诉。

二、罪犯在监狱内犯罪，办理案件期间该罪犯原判刑期即将届满需要逮捕的，在侦查阶段由监狱在刑期届满前提请人民检察院审查批准逮捕，在审查起诉阶段由人民检察院决定逮捕，在审判阶段由人民法院决定逮捕；批准或者决定逮捕后，监狱将被逮捕人送监狱所在地看守所羁押。

三、罪犯在监狱内犯罪，假释期间被发现的，由审判新罪的人民法院撤销假释，并书面通知原裁定假释的人民法院和社区矫正机构。撤销假释的决定作出前，根据案件情况需要逮捕的，由人民检察院或者人民法院批准或者决定逮捕，公安机关执行逮捕，并将被逮捕人送监狱所在地看守所羁押，同时通知社区矫正机构。

刑满释放后被发现，需要逮捕的，由监狱提请人民检察院审查批准逮捕，公安机关执行逮捕后，将被逮捕人送监狱所在地看守所羁押。

四、在押罪犯脱逃后未实施其他犯罪的，由监狱立案侦查，公安机关抓获后通知原监狱押回，监狱所在地人民检察院审查起诉。罪犯脱逃期间又实施其他犯罪，在捕回监狱前发现的，由新罪犯罪地公安机关侦查新罪，并通知监狱；监狱对脱逃罪侦查终结后移送管辖新罪的公安机关，由公安机关一并移送当地人民检察院审查起诉，人民法院判决后，送当地监狱服刑，罪犯服刑的原监狱应当配合。

19.4.3 海关案件的管辖

★《海关总署关于贯彻执行〈关于刑事诉讼法实施中若干问题的规定〉的通知》（署法〔1998〕202 号，1998 年 4 月 15 日）

一、关于走私罪嫌疑案件侦查的管辖

根据刑事诉讼法第十八条①和《规定》第 1 条、第 2 条关于刑事案件管辖的分工规定，走私罪嫌疑案件由公安机关立案侦查。海关查获的走私罪嫌疑案件应按规定一律移送公安机关，其他机关向海关提出直接受理走私罪嫌疑案件移送要求的，海关可根据上述规定予以解释。

19.4.4 涉海砂刑事案件的管辖

★《最高人民法院、最高人民检察院、中国海警局依法打击涉海砂违法犯罪座谈会纪要》（法发〔2023〕9 号，2023 年 6 月 6 日）

20. 案件发生后，犯罪嫌疑人、被告人从海上返回陆地的登陆地的海警机构、人民检察院、人民法院可以依法行使管辖权。“登陆地”既包括犯罪嫌疑人、被告人自行或者通过其他途径“主动登陆地”，也包括被海警机构等执法部门押解返回陆地的“被动登陆地”。海警机构应当按照就近登陆、便利侦查的原则选择登陆地。

21. 各级人民法院、人民检察院、海警机构办理涉海砂刑事案件和刑事附带民事公益诉讼案件，应当充分发挥职能作用，分工负责，互相配合，互相制约，有效形成打击合力。各级海警机构要加强串并研判，注重深挖彻查，依法全面收集、固定、完善相关证据，提升办案质量，依法提请批准逮捕、移送审查起诉。各级人民检察院要依法充分履行法律监督职责，高质效开展涉海砂刑事案件审查批准逮捕、审查起诉等工作。必要时，人民检察院可提前介入侦查，引导海警机构全面收集、固定刑事案件和刑事附带民事公益诉讼案件证据。各级人民法院在审理涉海砂刑事案件时，要切实发挥审判职能，贯彻宽严相济刑事政策，准确适用法律，确保罚当其罪。

19.4.5 公安机关的管辖范围

★《公安规定》（2020）

第十四条 根据刑事诉讼法的规定，除下列情形外，刑事案件由公安机关管辖：

（一）监察机关管辖的职务犯罪案件；

（二）人民检察院管辖的在对诉讼活动实行法律监督中发现的司法工作人员利用职权实施的非法拘禁、刑讯逼

---

① 2018 年刑事诉讼法第十九条。

供、非法搜查等侵犯公民权利、损害司法公正的犯罪,以及经省级以上人民检察院决定立案侦查的公安机关管辖的国家机关工作人员利用职权实施的重大犯罪案件;

(三)人民法院管辖的自诉案件。对于人民法院直接受理的被害人有证据证明的轻微刑事案件,因证据不足驳回起诉,人民法院移送公安机关或者被害人向公安机关控告的,公安机关应当受理;被害人直接向公安机关控告的,公安机关应当受理;

(四)军队保卫部门管辖的军人违反职责的犯罪和军队内部发生的刑事案件;

(五)监狱管辖的罪犯在监狱内犯罪的刑事案件;

(六)海警部门管辖的海(岛屿)岸线以外我国管辖海域内发生的刑事案件。对于发生在沿海港岙口、码头、滩涂、台轮停泊点等区域的,由公安机关管辖;

(七)其他依照法律和规定应当由其他机关管辖的刑事案件。

第二十五条 公安机关内部对刑事案件的管辖,按照刑事侦查机构的设置及其职责分工确定。

【重点解读】①

公安机关管辖的罪名共计 374 个。国家安全机关依照法律规定,办理危害国家安全的刑事案件,行使与公安机关相同的职权。

19.4.6 公安机关内部的管辖分工

★《公安部关于印发〈公安部刑事案件管辖分工规定〉的通知》(公通字〔2020〕9 号,2020 年 9 月 1 日)

二、关于管辖的几类特殊情况

(一)关于并案管辖。各业务部门在办理本部门管辖的案件过程中,发现其他业务部门管辖的犯罪,符合《公安机关办理刑事案件程序规定》有关并案侦查规定的,可以一并办理,不再移交;对没有直接关联的案件,应当移交主管的业务部门办理。

(二)关于行业公安机关管辖。根据《公安机关办理刑事案件程序规定》和行业公安机关管理体制调整情况,本规定明确了铁路公安局、海关总署缉私局和中国民用航空局公安局的管辖范围。其中,铁路公安局管辖铁路运营安全事故案,中国民用航空局公安局管辖重大飞行事故案;海关总署缉私局增加管辖逃避商检案、妨害国境卫生检疫案、妨害动植物检疫案。此外,在治安管理局管辖案件范围中规定,治安管理局指导长江航运公安机关,办理长江干线跨区域的中央管理水域发生的刑事案件。

(三)关于专案和专项打击工作。各业务部门牵头办理专案或者开展专项打击工作,根据有关工作专门要求办理或者指导办理相关案件。

(四)关于与其他机关共同管辖的案件。根据《刑事诉讼法》《监察法》《监狱法》等法律和有关文件的规定,部分罪名存在公安机关与监察机关、人民法院、检察机关、国家安全机关、军队保卫部门、海警机构、监狱等共同管辖的情况,工作中要根据不同的犯罪主体、发生区域、危害后果等情形,区分、确定管辖权,必要时征求有关机关意见。

附:公安部刑事案件管辖分工规定

根据《刑法》《刑事诉讼法》及最高人民法院、最高人民检察院、公安部、国

---

① 参见孙茂利主编书,第 25—34 页。

家安全部、司法部、全国人大常委会法制工作委员会《关于实施刑事诉讼法若干问题的规定》,以及最高人民法院、最高人民检察院关于执行《刑法》确定罪名的有关司法解释等规定,结合公安部组织、指导、监督地方公安机关办理刑事案件的实际需要,对公安部刑事案件管辖分工作如下规定:

一、政治安全保卫局管辖案件范围(共30种)

(一)《刑法》分则第一章危害国家安全罪中的下列案件:

1. 背叛国家案(第102条)
2. 分裂国家案(第103条第1款)
3. 煽动分裂国家案(第103条第2款)
4. 武装叛乱、暴乱案(第104条)
5. 颠覆国家政权案(第105条第1款)
6. 煽动颠覆国家政权案(第105条第2款)
7. 资助危害国家安全犯罪活动案(第107条)
8. 投敌叛变案(第108条)
9. 叛逃案(第109条)
10. 间谍案(第110条)
11. 为境外窃取、刺探、收买、非法提供国家秘密、情报案(第111条)
12. 资敌案(第112条)

(二)《刑法》分则第二章危害公共安全罪中的下列案件:

13. 宣扬极端主义案(第120条之三)
14. 利用极端主义破坏法律实施案(第120条之四)
15. 强制穿戴宣扬极端主义服饰、标志案(第120条之五)
16. 非法持有宣扬极端主义物品案(第120条之六)

(三)《刑法》分则第四章侵犯公民人身权利、民主权利罪中的下列案件:

17. 诽谤案(告诉才处理的除外)(第246条)
18. 煽动民族仇恨、民族歧视案(第249条)
19. 出版歧视、侮辱少数民族作品案(第250条)

(四)《刑法》分则第六章妨害社会管理秩序罪中的下列案件:

第一节扰乱公共秩序罪中的下列案件:

20. 非法获取国家秘密案(第282条第1款)
21. 非法持有国家绝密、机密文件、资料、物品案(第282条第2款)
22. 非法生产、销售专用间谍器材案(第283条)
23. 非法使用窃听、窃照专用器材案(第284条)
24. 侮辱国旗、国徽案(第299条第1款)
25. 侮辱国歌案(第299条第2款)

第二节妨害司法罪中的下列案件:

26. 拒绝提供间谍犯罪、极端主义犯罪证据案(第311条)

(五)《刑法》分则第七章危害国防利益罪中的下列案件:

27. 战时故意提供虚假敌情案(第377条)
28. 战时造谣扰乱军心案(第378条)

(六)《刑法》分则第九章渎职罪中的下列案件:

29. 故意泄露国家秘密案(第398

条第 2 款）

30. 过失泄露国家秘密案（第 398 条第 2 款）

二、经济犯罪侦查局管辖案件范围（共 77 种）

（一）《刑法》分则第二章危害公共安全罪中的下列案件：

1. 帮助恐怖活动案（以资助方式实施的帮助行为，第 120 条之一第 1 款）

（二）《刑法》分则第三章破坏社会主义市场经济秩序罪中的下列案件：

第二节走私罪中的下列案件：

2. 走私假币案（第 151 条第 1 款）

第三节妨害对公司、企业的管理秩序罪中的下列案件：

3. 虚报注册资本案（第 158 条）

4. 虚假出资、抽逃出资案（第 159 条）

5. 欺诈发行股票、债券案（第 160 条）

6. 违规披露、不披露重要信息案（第 161 条）

7. 妨害清算案（第 162 条）

8. 隐匿、故意销毁会计凭证、会计账簿、财务会计报告案（第 162 条之一）

9. 虚假破产案（第 162 条之二）

10. 非国家工作人员受贿案（第 163 条）

11. 对非国家工作人员行贿案（第 164 条第 1 款）

12. 对外国公职人员、国际公共组织官员行贿案（第 164 条第 2 款）

13. 背信损害上市公司利益案（第 169 条之一）

第四节破坏金融管理秩序罪中的下列案件：

14. 伪造货币案（第 170 条）

15. 出售、购买、运输假币案（第 171 条第 1 款）

16. 金融工作人员购买假币、以假币换取货币案（第 171 条第 2 款）

17. 持有、使用假币案（第 172 条）

18. 变造货币案（第 173 条）

19. 擅自设立金融机构案（第 174 条第 1 款）

20. 伪造、变造、转让金融机构经营许可证、批准文件案（第 174 条第 2 款）

21. 高利转贷案（第 175 条）

22. 骗取贷款、票据承兑、金融票证案（第 175 条之一）

23. 非法吸收公众存款案（第 176 条）

24. 伪造、变造金融票证案（第 177 条）

25. 妨害信用卡管理案（第 177 条之一第 1 款）

26. 窃取、收买、非法提供信用卡信息案（第 177 条之一第 2 款）

27. 伪造、变造国家有价证券案（第 178 条第 1 款）

28. 伪造、变造股票、公司、企业债券案（第 178 条第 2 款）

29. 擅自发行股票、公司、企业债券案（第 179 条）

30. 内幕交易、泄露内幕信息案（第 180 条第 1 款）

31. 利用未公开信息交易案（第 180 条第 4 款）

32. 编造并传播证券、期货交易虚假信息案（第 181 条第 1 款）

33. 诱骗投资者买卖证券、期货合约案（第 181 条第 2 款）

34. 操纵证券、期货市场案（第 182 条）

35. 背信运用受托财产案（第 185 条之一第 1 款）

36. 违法运用资金案（第 185 条之一第 2 款）

37. 违法发放贷款案（第 186 条）

38. 吸收客户资金不入账案（第 187 条）

39. 违规出具金融票证案（第 188 条）

40. 对违法票据承兑、付款、保证案（第 189 条）

41. 骗购外汇案（《全国人民代表大会常务委员会关于惩治骗购外汇、逃汇和非法买卖外汇犯罪的决定》第 1 条）

42. 逃汇案（第 190 条）

43. 洗钱案（第 191 条）

第五节金融诈骗罪中的下列案件：

44. 集资诈骗案（第 192 条）

45. 贷款诈骗案（第 193 条）

46. 票据诈骗案（第 194 条第 1 款）

47. 金融凭证诈骗案（第 194 条第 2 款）

48. 信用证诈骗案（第 195 条）

49. 信用卡诈骗案（第 196 条）

50. 有价证券诈骗案（第 197 条）

51. 保险诈骗案（第 198 条）

第六节危害税收征管罪中的下列案件：

52. 逃税案（第 201 条）

53. 抗税案（第 202 条）

54. 逃避追缴欠税案（第 203 条）

55. 骗取出口退税案（第 204 条）

56. 虚开增值税专用发票、用于骗取出口退税、抵扣税款发票案（第 205 条）

57. 虚开发票案（第 205 条之一）

58. 伪造、出售伪造的增值税专用发票案（第 206 条）

59. 非法出售增值税专用发票案（第 207 条）

60. 非法购买增值税专用发票、购买伪造的增值税专用发票案（第 208 条第 1 款）

61. 非法制造、出售非法制造的用于骗取出口退税、抵扣税款发票案（第 209 条第 1 款）

62. 非法制造、出售非法制造的发票案（第 209 条第 2 款）

63. 非法出售用于骗取出口退税、抵扣税款发票案（第 209 条第 3 款）

64. 非法出售发票案（第 209 条第 4 款）

65. 持有伪造的发票案（第 210 条之一）

第八节扰乱市场秩序罪中的下列案件：

66. 损害商业信誉、商品声誉案（第 221 条）

67. 虚假广告案（第 222 条）

68. 串通投标案（第 223 条）

69. 合同诈骗案（第 224 条）

70. 组织、领导传销活动案（第 224 条之一）

71. 非法经营案（第 225 条）

72. 非法转让、倒卖土地使用权案（第 228 条）

73. 提供虚假证明文件案（第 229 条第 1 款）

74. 出具证明文件重大失实案（第 229 条第 3 款）

（三）《刑法》分则第五章侵犯财产罪中的下列案件：

75. 职务侵占案（第 271 条第 1 款）

76. 挪用资金案（第 272 条第 1 款）

（四）《刑法》分则第六章妨害社会

管理秩序罪中的下列案件：

第二节妨害司法罪中的下列案件：

77. 虚假诉讼案(第307条之一)

三、治安管理局管辖案件范围(共76种)

(一)《刑法》分则第二章危害公共安全罪中的下列案件：

1. 非法制造、买卖、运输、储存危险物质案(第125条第2款)

2. 违规制造、销售枪支案(第126条)

3. 非法持有、私藏枪支、弹药案(第128条第1款)

4. 非法出租、出借枪支案(第128条第2款、第3款)

5. 丢失枪支不报案(第129条)

6. 非法携带枪支、弹药、管制刀具、危险物品危及公共安全案(第130条)

7. 重大责任事故案(第134条第1款)

8. 强令违章冒险作业案(第134条第2款)

9. 重大劳动安全事故案(第135条)

10. 大型群众性活动重大安全事故案(第135条之一)

11. 危险物品肇事案(第136条)

12. 工程重大安全事故案(第137条)

13. 教育设施重大安全事故案(第138条)

14. 不报、谎报安全事故案(第139条之一)

(二)《刑法》分则第三章破坏社会主义市场经济秩序罪中的下列案件：

第二节走私罪中的下列案件：

15. 走私淫秽物品案(第152条第1款)

第八节扰乱市场秩序罪中的下列案件：

16. 强迫交易案(第226条)

17. 伪造、倒卖伪造的有价票证案(第227条第1款)

18. 倒卖车票、船票案(第227条第2款)

(三)《刑法》分则第四章侵犯公民人身权利、民主权利罪中的下列案件：

19. 强迫劳动案(第244条)

20. 雇用童工从事危重劳动案(第244条之一)

(四)《刑法》分则第五章侵犯财产罪中的下列案件：

21. 故意毁坏财物案(第275条)

22. 破坏生产经营案(第276条)

23. 拒不支付劳动报酬案(第276条之一)

(五)《刑法》分则第六章妨害社会管理秩序罪中的下列案件：

第一节扰乱公共秩序罪中的下列案件：

24. 非法生产、买卖警用装备案(第281条)

25. 代替考试案(第284条之一第4款)

26. 聚众扰乱社会秩序案(第290条第1款)

27. 聚众冲击国家机关案(第290条第2款)

28. 扰乱国家机关工作秩序案(第290条第3款)

29. 组织、资助非法聚集案(第290条第4款)

30. 聚众扰乱公共场所秩序、交通

秩序案(第 291 条)

31. 聚众斗殴案(第 292 条)

32. 寻衅滋事案(第 293 条)

33. 非法集会、游行、示威案(第 296 条)

34. 非法携带武器、管制刀具、爆炸物参加集会、游行、示威案(第 297 条)

35. 破坏集会、游行、示威案(第 298 条)

36. 聚众淫乱案(第 301 条第 1 款)

37. 引诱未成年人聚众淫乱案(第 301 条第 2 款)

38. 赌博案(第 303 条第 1 款)

39. 开设赌场案(第 303 条第 2 款)

40. 故意延误投递邮件案(第 304 条)

第四节妨害文物管理罪中的下列案件:

41. 故意损毁文物案(第 324 条第 1 款)

42. 故意损毁名胜古迹案(第 324 条第 2 款)

43. 过失损毁文物案(第 324 条第 3 款)

第五节危害公共卫生罪中的下列案件:

44. 妨害传染病防治案(第 330 条)

45. 非法组织卖血案(第 333 条)

46. 强迫卖血案(第 333 条)

47. 非法采集、供应血液、制作、供应血液制品案(第 334 条第 1 款)

48. 采集、供应血液、制作、供应血液制品事故案(第 334 条第 2 款)

49. 医疗事故案(第 335 条)

50. 非法行医案(第 336 条第 1 款)

51. 非法进行节育手术案(第 336 条第 2 款)

第八节组织、强迫、引诱、容留、介绍卖淫罪中的下列案件:

52. 组织卖淫案(第 358 条第 1 款)

53. 强迫卖淫案(第 358 条第 1 款)

54. 协助组织卖淫案(第 358 条第 4 款)

55. 引诱、容留、介绍卖淫案(第 359 条第 1 款)

56. 引诱幼女卖淫案(第 359 条第 2 款)

57. 传播性病案(第 360 条)

第九节制作、贩卖、传播淫秽物品罪中的下列案件:

58. 制作、复制、出版、贩卖、传播淫秽物品牟利案(第 363 条第 1 款)

59. 为他人提供书号出版淫秽书刊案(第 363 条第 2 款)

60. 传播淫秽物品案(第 364 条第 1 款)

61. 组织播放淫秽音像制品案(第 364 条第 2 款)

62. 组织淫秽表演案(第 365 条)

(六)《刑法》分则第七章危害国防利益罪中的下列案件:

63. 故意提供不合格武器装备、军事设施案(第 370 条第 1 款)

64. 过失提供不合格武器装备、军事设施案(第 370 条第 2 款)

65. 聚众冲击军事禁区案(第 371 条第 1 款)

66. 聚众扰乱军事管理区秩序案(第 371 条第 2 款)

67. 煽动军人逃离部队案(第 373 条)

68. 雇用逃离部队军人案(第 373 条)

69. 接送不合格兵员案(第 374 条)

70. 非法生产、买卖武装部队制式服装案(第375条第2款)

71. 伪造、盗窃、买卖、非法提供、非法使用武装部队专用标志案(第375条第3款)

72. 战时拒绝、逃避征召、军事训练案(第376条第1款)

73. 战时拒绝、逃避服役案(第376条第2款)

74. 战时窝藏逃离部队军人案(第379条)

75. 战时拒绝、故意延误军事订货案(第380条)

76. 战时拒绝军事征收、征用案(第381条)

治安管理局指导长江航运公安机关,办理长江干线跨区域的中央管理水域发生的刑事案件。

四、防范和处理邪教犯罪工作局管辖案件范围(共2种)

《刑法》分则第六章第一节扰乱公共秩序罪中的下列案件:

1. 组织、利用会道门、邪教组织、利用迷信破坏法律实施案(第300条第1款)

2. 组织、利用会道门、邪教组织、利用迷信致人重伤、死亡案(第300条第2款)

五、刑事侦查局管辖案件范围(共119种)

(一)《刑法》分则第二章危害公共安全罪中的下列案件:

1. 放火案(第114条、第115条第1款)

2. 决水案(第114条、第115条第1款)

3. 爆炸案(第114条、第115条第1款)

4. 投放危险物质案(第114条、第115条第1款)

5. 以危险方法危害公共安全案(第114条、第115条第1款)

6. 失火案(第115条第2款)

7. 过失决水案(第115条第2款)

8. 过失爆炸案(第115条第2款)

9. 过失投放危险物质案(第115条第2款)

10. 过失以危险方法危害公共安全案(第115条第2款)

11. 破坏交通工具案(第116条、第119条第1款)

12. 破坏交通设施案(第117条、第119条第1款)

13. 破坏电力设备案(第118条、第119条第1款)

14. 破坏易燃易爆设备案(第118条、第119条第1款)

15. 过失损坏交通工具案(第119条第2款)

16. 过失损坏交通设施案(第119条第2款)

17. 过失损坏电力设备案(第119条第2款)

18. 过失损坏易燃易爆设备案(第119条第2款)

19. 劫持航空器案(第121条)

20. 劫持船只、汽车案(第122条)

21. 暴力危及飞行安全案(第123条)

22. 破坏广播电视设施、公用电信设施案(第124条第1款)

23. 过失损坏广播电视设施、公用电信设施案(第124条第2款)

24. 非法制造、买卖、运输、邮寄、

储存枪支、弹药、爆炸物案(第 125 条第 1 款)

25. 盗窃、抢夺枪支、弹药、爆炸物、危险物质案(第 127 条第 1 款)

26. 抢劫枪支、弹药、爆炸物、危险物质案(第 127 条第 2 款)

27. 消防责任事故案(第 139 条)

(二)《刑法》分则第三章第二节走私罪中的下列案件:

28. 走私武器、弹药案(第 151 条第 1 款)

29. 走私核材料案(第 151 条第 1 款)

30. 走私文物案(第 151 条第 2 款)

31. 走私贵重金属案(第 151 条第 2 款)

32. 走私珍贵动物、珍贵动物制品案(第 151 条第 2 款)

33. 走私国家禁止进出口的货物、物品案(第 151 条第 3 款)

34. 走私废物案(第 152 条第 2 款)

(三)《刑法》分则第四章侵犯公民人身权利、民主权利罪中的下列案件:

35. 故意杀人案(第 232 条)

36. 过失致人死亡案(第 233 条)

37. 故意伤害案(第 234 条)

38. 组织出卖人体器官案(第 234 条之一第 1 款)

39. 过失致人重伤案(第 235 条)

40. 强奸案(第 236 条)

41. 强制猥亵、侮辱案(第 237 条第 1 款、第 2 款)

42. 猥亵儿童案(第 237 条第 3 款)

43. 非法拘禁案(第 238 条)

44. 绑架案(第 239 条)

45. 拐卖妇女、儿童案(第 240 条)

46. 收买被拐卖的妇女、儿童案(第 241 条)

47. 聚众阻碍解救被收买的妇女、儿童案(第 242 条第 2 款)

48. 诬告陷害案(第 243 条)

49. 非法搜查案(第 245 条)

50. 非法侵入住宅案(第 245 条)

51. 侮辱案(告诉才处理的除外)(第 246 条)

52. 侵犯通信自由案(第 252 条)

53. 私自开拆、隐匿、毁弃邮件、电报案(第 253 条第 1 款)

54. 破坏选举案(第 256 条)

55. 暴力干涉婚姻自由案(告诉才处理的除外)(第 257 条)

56. 重婚案(第 258 条)

57. 破坏军婚案(第 259 条第 1 款)

58. 虐待案(第 260 条)

59. 虐待被监护、看护人案(第 260 条之一)

60. 遗弃案(第 261 条)

61. 拐骗儿童案(第 262 条)

62. 组织残疾人、儿童乞讨案(第 262 条之一)

63. 组织未成年人进行违反治安管理活动案(第 262 条之二)

(四)《刑法》分则第五章侵犯财产罪中的下列案件:

64. 抢劫案(第 263 条)

65. 盗窃案(第 264 条)

66. 诈骗案(第 266 条)

67. 抢夺案(第 267 条)

68. 聚众哄抢案(第 268 条)

69. 敲诈勒索案(第 274 条)

(五)《刑法》分则第六章妨害社会管理秩序罪中的下列案件:

第一节扰乱公共秩序罪中的下列案件:

70. 妨害公务案(第 277 条)

71. 煽动暴力抗拒法律实施案(第278条)

72. 招摇撞骗案(第279条)

73. 伪造、变造、买卖国家机关公文、证件、印章案(第280条第1款)

74. 盗窃、抢夺、毁灭国家机关公文、证件、印章案(第280条第1款)

75. 伪造公司、企业、事业单位、人民团体印章案(第280条第2款)

76. 伪造、变造、买卖身份证件案(第280条第3款)

77. 使用虚假身份证件、盗用身份证件案(第280条之一)

78. 非法生产、销售窃听、窃照专用器材案(第283条)

79. 扰乱无线电通讯管理秩序案(第288条)

80. 投放虚假危险物质案(第291条之一第1款)

81. 编造、故意传播虚假恐怖信息案(第291条之一第1款)

82. 组织、领导、参加黑社会性质组织案(第294条第1款)

83. 入境发展黑社会组织案(第294条第2款)

84. 包庇、纵容黑社会性质组织案(第294条第3款)

85. 传授犯罪方法案(第295条)

86. 盗窃、侮辱、故意毁坏尸体、尸骨、骨灰案(第302条)

第二节妨害司法罪中的下列案件：

87. 伪证案(第305条)

88. 辩护人、诉讼代理人毁灭证据、伪造证据、妨害作证案(第306条)

89. 妨害作证案(第307条第1款)

90. 帮助毁灭、伪造证据案(第307条第2款)

91. 打击报复证人案(第308条)

92. 泄露不应公开的案件信息案(第308条之一第1款)

93. 披露、报道不应公开的案件信息案(第308条之一第3款)

94. 扰乱法庭秩序案(第309条)

95. 窝藏、包庇案(第310条)

96. 掩饰、隐瞒犯罪所得、犯罪所得收益案(第312条)

97. 拒不执行判决、裁定案(第313条)

98. 非法处置查封、扣押、冻结的财产案(第314条)

99. 破坏监管秩序案(第315条)

100. 脱逃案(第316条第1款)

101. 劫夺被押解人员案(第316条第2款)

102. 组织越狱案(第317条第1款)

103. 暴动越狱案(第317条第2款)

104. 聚众持械劫狱案(第317条第2款)

第三节妨害国(边)境管理罪中的下列案件：

105. 破坏永久性测量标志案(第323条)

第四节妨害文物管理罪中的下列案件：

106. 非法向外国人出售、赠送珍贵文物案(第325条)

107. 倒卖文物案(第326条)

108. 非法出售、私赠文物藏品案(第327条)

109. 盗掘古文化遗址、古墓葬案(第328条第1款)

110. 盗掘古人类化石、古脊椎动物化石案(第328条第2款)

111. 抢夺、窃取国有档案案(第

329 条第 1 款)

112. 擅自出卖、转让国有档案案(第 329 条第 2 款)

(六)《刑法》分则第七章危害国防利益罪中的下列案件:

113. 阻碍军人执行职务案(第 368 条第 1 款)

114. 阻碍军事行动案(第 368 条第 2 款)

115. 破坏武器装备、军事设施、军事通信案(第 369 条第 1 款)

116. 过失损坏武器装备、军事设施、军事通信案(第 369 条第 2 款)

117. 冒充军人招摇撞骗案(第 372 条)

118. 伪造、变造、买卖武装部队公文、证件、印章案(第 375 条第 1 款)

119. 盗窃、抢夺武装部队公文、证件、印章案(第 375 条第 1 款)

六、反恐怖局管辖案件范围(共 7 种)

(一)《刑法》分则第二章危害公共安全罪中的下列案件:

1. 组织、领导、参加恐怖组织案(第 120 条)

2. 帮助恐怖活动案(以培训招募、运送人员方式实施的帮助行为,第 120 条之一第 2 款)

3. 准备实施恐怖活动案(第 120 条之二)

4. 宣扬恐怖主义、煽动实施恐怖活动案(第 120 条之三)

5. 强制穿戴宣扬恐怖主义服饰、标志案(第 120 条之五)

6. 非法持有宣扬恐怖主义物品案(第 120 条之六)

(二)《刑法》分则第六章第二节妨害司法罪中的下列案件:

7. 拒绝提供恐怖主义犯罪证据案(第 311 条)

七、食品药品犯罪侦查局管辖案件范围(共 33 种)

(一)《刑法》分则第三章破坏社会主义市场经济秩序罪中的下列案件:

第一节生产、销售伪劣商品罪中的下列案件:

1. 生产、销售伪劣产品案(第 140 条)

2. 生产、销售假药案(第 141 条)

3. 生产、销售劣药案(第 142 条)

4. 生产、销售不符合安全标准的食品案(第 143 条)

5. 生产、销售有毒、有害食品案(第 144 条)

6. 生产、销售不符合标准的医用器材案(第 145 条)

7. 生产、销售不符合安全标准的产品案(第 146 条)

8. 生产、销售伪劣农药、兽药、化肥、种子案(第 147 条)

9. 生产、销售不符合卫生标准的化妆品案(第 148 条)

第七节侵犯知识产权罪中的下列案件:

10. 假冒注册商标案(第 213 条)

11. 销售假冒注册商标的商品案(第 214 条)

12. 非法制造、销售非法制造的注册商标标识案(第 215 条)

13. 假冒专利案(第 216 条)

14. 侵犯著作权案(第 217 条)

15. 销售侵权复制品案(第 218 条)

16. 侵犯商业秘密案(第 219 条)

(二)《刑法》分则第六章妨害社会

管理秩序罪中的下列案件：

第五节危害公共卫生罪中的下列案件：

17. 传染病菌种、毒种扩散案（第 331 条）

18. 妨害动植物防疫案（第 337 条）

第六节破坏环境资源保护罪中的下列案件：

19. 污染环境案（第 338 条）

20. 非法处置进口的固体废物案（第 339 条第 1 款）

21. 擅自进口固体废物案（第 339 条第 2 款）

22. 非法捕捞水产品案（第 340 条）

23. 非法猎捕、杀害珍贵、濒危野生动物案（第 341 条第 1 款）

24. 非法收购、运输、出售珍贵、濒危野生动物、珍贵、濒危野生动物制品案（第 341 条第 1 款）

25. 非法狩猎案（第 341 条第 2 款）

26. 非法占用农用地案（第 342 条）

27. 非法采矿案（第 343 条第 1 款）

28. 破坏性采矿案（第 343 条第 2 款）

29. 非法采伐、毁坏国家重点保护植物案（第 344 条）

30. 非法收购、运输、加工、出售国家重点保护植物、国家重点保护植物制品案（第 344 条）

31. 盗伐林木案（第 345 条第 1 款）

32. 滥伐林木案（第 345 条第 2 款）

33. 非法收购、运输盗伐、滥伐的林木案（第 345 条第 3 款）

八、铁路公安局管辖案件范围

（一）铁路系统的机关、厂、段、院、校、所、队、工区等单位发生的刑事案件；

（二）车站工作区域内、列车内发生的刑事案件；

（三）铁路沿线发生的盗窃或者破坏铁路、通信、电力线路和其他重要设施的刑事案件；

（四）内部职工在铁路线上工作时发生的刑事案件；

（五）铁路系统的计算机信息系统延伸到地方涉及铁路业务的网点，其计算机信息系统发生的刑事案件；

（六）《刑法》分则第二章危害公共安全罪中的下列案件：

1. 铁路运营安全事故案（第 132 条）

九、网络安全保卫局管辖案件范围（共 11 种）

（一）《刑法》分则第四章侵犯公民人身权利、民主权利罪中的下列案件：

1. 侵犯公民个人信息案（第 253 条之一）

（二）《刑法》分则第六章第一节扰乱公共秩序罪中的下列案件：

2. 组织考试作弊案（第 284 条之一第 1 款）

3. 非法出售、提供试题、答案案（第 284 条之一第 3 款）

4. 非法侵入计算机信息系统案（第 285 条第 1 款）

5. 非法获取计算机信息系统数据、非法控制计算机信息系统案（第 285 条第 2 款）

6. 提供侵入、非法控制计算机信息系统程序、工具案（第 285 条第 3 款）

7. 破坏计算机信息系统案（第 286 条）

8. 拒不履行信息网络安全管理义

务案(第286条之一)

9. 非法利用信息网络案(第287条之一)

10. 帮助信息网络犯罪活动案(第287条之二)

11. 编造、故意传播虚假信息案(第291条之一第2款)

十、海关总署缉私局管辖案件范围(共15种)

(一)海关关境内发生的《刑法》分则第三章第二节走私罪中的下列案件:

1. 走私普通货物、物品案(第153条、第154条)

(二)海关监管区内发生的《刑法》分则第三章第二节走私罪和第六章第七节走私、贩卖、运输、制造毒品罪中的下列案件:

2. 走私武器、弹药案(第151条第1款)

3. 走私核材料案(第151条第1款)

4. 走私假币案(第151条第1款)

5. 走私文物案(第151条第2款)

6. 走私贵重金属案(第151条第2款)

7. 走私珍贵动物、珍贵动物制品案(第151条第2款)

8. 走私国家禁止进出口的货物、物品案(第151条第3款)

9. 走私淫秽物品案(第152条第1款)

10. 走私废物案(第152条第2款)

11. 走私毒品案(第347条)

12. 走私制毒物品案(第350条)

(三)《刑法》分则第三章第八节扰乱市场秩序罪中的下列案件:

13. 逃避商检案(第230条)

(四)《刑法》分则第六章第五节危害公共卫生罪中的下列案件:

14. 妨害国境卫生检疫案(第332条)

15. 妨害动植物检疫案(第337条)

十一、中国民用航空局公安局管辖案件范围

(一)民航系统的机关、厂、段、院、校、所、队、工区等单位发生的刑事案件;

(二)机场工作区域内、民航飞机内发生的刑事案件;

(三)《刑法》分则第二章危害公共安全罪中的下列案件:

1. 重大飞行事故案(第131条)

十二、交通管理局管辖案件范围(共2种)

《刑法》分则第二章危害公共安全罪中的下列案件:

1. 交通肇事案(第133条)

2. 危险驾驶案(第133条之一)

十三、禁毒局管辖案件范围(共11种)

《刑法》分则第六章第七节走私、贩卖、运输、制造毒品罪中的下列案件:

1. 走私、贩卖、运输、制造毒品案(第347条)

2. 非法持有毒品案(第348条)

3. 包庇毒品犯罪分子案(第349条第1款)

4. 窝藏、转移、隐瞒毒品、毒赃案(第349条第1款)

5. 非法生产、买卖、运输制毒物品、走私制毒物品案(第350条)

6. 非法种植毒品原植物案(第351条)

7. 非法买卖、运输、携带、持有毒品原植物种子、幼苗案(第352条)

8. 引诱、教唆、欺骗他人吸毒案（第353条第1款）

9. 强迫他人吸毒案（第353条第2款）

10. 容留他人吸毒案（第354条）

11. 非法提供麻醉药品、精神药品案（第355条）

十四、国家移民管理局管辖案件范围（共7种）

《刑法》分则第六章第三节妨害国（边）境管理罪中的下列案件：

1. 组织他人偷越国（边）境案（第318条）

2. 骗取出境证件案（第319条）

3. 提供伪造、变造的出入境证件案（第320条）

4. 出售出入境证件案（第320条）

5. 运送他人偷越国（边）境案（第321条）

6. 偷越国（边）境案（第322条）

7. 破坏界碑、界桩案（第323条）

★《公安部刑事案件管辖分工补充规定（二）》（公通字〔2024〕6号，2024年3月1日）

根据《中华人民共和国刑法》（以下简称《刑法》）、《中华人民共和国刑事诉讼法》、《中华人民共和国刑法修正案（十二）》（以下简称《修正案（十二）》）以及最高人民法院、最高人民检察院《关于执行〈中华人民共和国刑法〉确定罪名的补充规定（八）》，对公安部刑事案件管辖分工作如下补充规定：

非公职人员涉嫌以下案件的，由部经济犯罪侦查局管辖（共3种）

1. 非法经营同类营业案（《刑法》第165条，《修正案（十二）》第1条）

2. 为亲友非法牟利案（《刑法》第166条，《修正案（十二）》第2条）

3. 徇私舞弊低价折股、出售公司、企业资产罪（《刑法》第169条，《修正案（十二）》第3条）

19.4.7　专业侦查机关的管辖范围

★《公安规定》（2020）

第二十六条　铁路公安机关管辖铁路系统的机关、厂、段、院、校、所、队、工区等单位发生的刑事案件，车站工作区域内、列车内发生的刑事案件，铁路沿线发生的盗窃或者破坏铁路、通信、电力线路和其他重要设施的刑事案件，以及内部职工在铁路线上工作时发生的刑事案件。

铁路系统的计算机信息系统延伸到地方涉及铁路业务的网点，其计算机信息系统发生的刑事案件由铁路公安机关管辖。

对倒卖、伪造、变造火车票的刑事案件，由最初受理案件的铁路公安机关或者地方公安机关管辖。必要时，可以移送主要犯罪地的铁路公安机关或者地方公安机关管辖。

在列车上发生的刑事案件，犯罪嫌疑人在列车运行途中被抓获的，由前方停靠站所在地的铁路公安机关管辖；必要时，也可以由列车始发站、终点站所在地的铁路公安机关管辖。犯罪嫌疑人不是在列车运行途中被抓获的，由负责该列车乘务的铁路公安机关管辖；但在列车运行途经的车站被抓获的，也可以由该车站所在地的铁路公安机关管辖。

在国际列车上发生的刑事案件，根据我国与相关国家签订的协定确定管辖；没有协定的，由该列车始发或者前方停靠的中国车站所在地的铁路公安机关管辖。

铁路建设施工工地发生的刑事案件由地方公安机关管辖。

第二十七条　民航公安机关管辖民航系统的机关、厂、段、院、校、所、队、工区等单位、机场工作区域内、民航飞机内发生的刑事案件。

重大飞行事故刑事案件由犯罪结果发生地机场公安机关管辖。犯罪结果发生地未设机场公安机关或者不在机场公安机关管辖范围内的，由地方公安机关管辖，有关机场公安机关予以协助。

第二十八条　海关走私犯罪侦查机构管辖中华人民共和国海关关境内发生的涉税走私犯罪和发生在海关监管区内的非涉税走私犯罪等刑事案件。

19.4.8　公安机关管辖牵连的处理

★《公安规定》(2020)

第二十九条　公安机关侦查的刑事案件的犯罪嫌疑人涉及监察机关管辖的案件时，应当及时与同级监察机关协商，一般应当由监察机关为主调查，公安机关予以协助。

第三十条　公安机关侦查的刑事案件涉及人民检察院管辖的案件时，应当将属于人民检察院管辖的刑事案件移送人民检察院。涉嫌主罪属于公安机关管辖的，由公安机关为主侦查；涉嫌主罪属于人民检察院管辖的，公安机关予以配合。

公安机关侦查的刑事案件涉及其他侦查机关管辖的案件时，参照前款规定办理。

第三十一条　公安机关和军队互涉刑事案件的管辖分工按照有关规定办理。

公安机关和武装警察部队互涉刑事案件的管辖分工依照公安机关和军队互涉刑事案件的管辖分工的原则办理。

19.4.9　国家安全机关的管辖范围

★《国安规定》(2024)

第十六条　国家安全机关依照法律规定，办理危害国家安全的刑事案件。

第二十二条　在中华人民共和国领域外的中国航空器内实施危害中华人民共和国国家安全的犯罪的，由该航空器在中国最初降落地的国家安全机关管辖。

第二十六条　对于管辖不明确或者管辖有争议的案件，可以由有关国家安全机关协商。协商不成的，由共同的上级国家安全机关指定管辖。对于情况特殊的案件，可以由共同的上级国家安全机关指定管辖。

跨省、自治区、直辖市犯罪案件具有特殊情况，由异地国家安全机关立案侦查更有利于查清犯罪事实、保证案件公正处理的，可以由国家安全部商最高人民检察院和最高人民法院指定管辖。

20　基层人民法院的管辖

20.1　法条规定

第二十条　基层人民法院管辖第一审普通刑事案件，但是依照本法由上级人民法院管辖的除外。

【立法释义】①

本条规定明确了基层人民法院管辖的刑事案件范围。第一审普通刑事案件，除依照本法规定由上级人民法院管辖以外，由基层人民法院管辖。

对于人民检察院提起公诉的案件，基层人民法院应当审查是否符合级别管辖。《法院解释》第十七条规定，基

① 参见王爱立主编书，第 41 页。

层人民法院对特定类型的第一审刑事案件，可以请求移送中级人民法院审判。主要是考虑，此类案件的审判难度较大，由中级人民法院提级审判，更有助于确保案件质量；同时，由中级人民法院办理在法律适用上具有普遍指导意义的案件，能够为制作指导性案例、参考性案例创造条件。

对于恐怖活动和极端主义犯罪案件，以及外国人犯罪案件等特殊类型的案件，最高人民法院等部门出台了《关于办理恐怖活动和极端主义犯罪案件适用法律若干问题的意见》《关于外国人犯罪案件管辖问题的通知》等文件，对案件管辖作出了专门规定。

1996年刑事诉讼法规定，外国人犯罪的第一审刑事案件由中级人民法院管辖。随着我国改革开放的不断扩大、来华外国人数量增多、基层人民法院办案能力的不断提高，外国人犯罪的刑事案件由基层人民法院管辖的条件已经成熟。2012年刑事诉讼法删除这一规定后，外国人犯罪案件由基层人民法院管辖。

需要强调的是，刑事诉讼法规定的级别管辖，主要是指审判管辖。公安机关、人民检察院开展侦查，也要确定侦查管辖的层级，但侦查管辖的层级并不影响审判管辖。人民检察院对于提起公诉的案件，应当遵从审判的级别管辖。相应地，人民法院变更管辖层级的案件，应当由同级人民检察院提起公诉。

20.2　相关立法

★《中华人民共和国人民法院组织法》（2018年10月26日修订）

第二十五条　基层人民法院审理第一审案件，法律另有规定的除外。

基层人民法院对人民调解委员会的调解工作进行业务指导。

第二十六条　基层人民法院根据地区、人口和案件情况，可以设立若干人民法庭。

人民法庭是基层人民法院的组成部分。人民法庭的判决和裁定即基层人民法院的判决和裁定。

20.3　司法解释

★《法院解释》（2021）

第十七条　基层人民法院对可能判处无期徒刑、死刑的第一审刑事案件，应当移送中级人民法院审判。

基层人民法院对下列第一审刑事案件，可以请求移送中级人民法院审判：

（一）重大、复杂案件；

（二）新类型的疑难案件；

（三）在法律适用上具有普遍指导意义的案件。

需要将案件移送中级人民法院审判的，应当在报请院长决定后，至迟于案件审理期限届满十五日以前书面请求移送。中级人民法院应当在接到申请后十日以内作出决定。不同意移送的，应当下达不同意移送决定书，由请求移送的人民法院依法审判；同意移送的，应当下达同意移送决定书，并书面通知同级人民检察院。

【重点解读】①

如果规定中级人民法院可将案件移送上级人民法院审判，将会大幅增加高级人民法院、最高人民法院的审判压力，削弱其审判监督、指导职能，故仅规定了基层人民法院将案件移送中级人民法院审判的情形。

① 参见李少平主编书，第153页。

20.4　规范性文件

20.4.1　恐怖活动和极端主义犯罪案件的审判管辖

★《最高人民法院、最高人民检察院、公安部、司法部关于办理恐怖活动和极端主义犯罪案件适用法律若干问题的意见》（高检会〔2018〕1 号，2018 年 3 月 16 日）

二、正确适用程序

（一）组织、领导、参加恐怖组织罪，帮助恐怖活动罪，准备实施恐怖活动罪，宣扬恐怖主义、煽动实施恐怖活动罪，强制穿戴宣扬恐怖主义服饰、标志罪，非法持有宣扬恐怖主义物品罪的第一审刑事案件由中级人民法院管辖；宣扬极端主义罪，利用极端主义破坏法律实施罪，强制穿戴宣扬极端主义服饰、标志罪，非法持有宣扬极端主义物品罪的第一审刑事案件由基层人民法院管辖。高级人民法院可以根据级别管辖的规定，结合本地区社会治安状况、案件数量等情况，决定实行相对集中管辖，指定辖区内特定的中级人民法院集中审理恐怖活动和极端主义犯罪第一审刑事案件，或者指定辖区内特定的基层人民法院集中审理极端主义犯罪第一审刑事案件，并将指定法院名单报最高人民法院备案。

20.4.2　外国人犯罪案件的审判管辖

★《最高人民法院、最高人民检察院、公安部、国家安全部、司法部关于外国人犯罪案件管辖问题的通知》（法发〔2013〕2 号，2013 年 1 月 17 日）

一、第一审外国人犯罪案件，除刑事诉讼法第二十条至第二十二条①规定的以外，由基层人民法院管辖。外国人犯罪案件较多的地区，中级人民法院可以指定辖区内一个或者几个基层人民法院集中管辖第一审外国人犯罪案件；外国人犯罪案件较少的地区，中级人民法院可以依照刑事诉讼法第二十三条②的规定，审理基层人民法院管辖的第一审外国人犯罪案件。

二、外国人犯罪案件的侦查，由犯罪地或者犯罪嫌疑人居住地的公安机关或者国家安全机关负责。需要逮捕犯罪嫌疑人的，由负责侦查的公安机关或者国家安全机关向所在地同级人民检察院提请批准逮捕；侦查终结需要移送审查起诉的案件，应当向侦查机关所在地的同级人民检察院移送。人民检察院受理同级侦查机关移送审查起诉的案件，按照刑事诉讼法的管辖规定和本通知要求，认为应当由上级人民检察院或者同级其他人民检察院起诉的，应当将案件移送有管辖权的人民检察院审查起诉。

三、辖区内集中管辖第一审外国人犯罪案件的基层人民法院，应当由中级人民法院商同级人民检察院、公安局、国家安全局、司法局综合考虑办案质量、效率、工作衔接配合等因素提出，分别报高级人民法院、省级人民检察院、公安厅(局)、国家安全厅(局)、司法厅(局)同意后确定，并报最高人民法院、最高人民检察院、公安部、国家安全部、司法部备案。

20.4.3　公安机关的级别管辖

★《公安规定》（2020）

第二十四条　县级公安机关负责侦查发生在本辖区内的刑事案件。

---

① 2018 年刑事诉讼法第二十一条至第二十三条。

② 2018 年刑事诉讼法第二十四条。

设区的市一级以上公安机关负责下列犯罪中重大案件的侦查：

（一）危害国家安全犯罪；

（二）恐怖活动犯罪；

（三）涉外犯罪；

（四）经济犯罪；

（五）集团犯罪；

（六）跨区域犯罪。

上级公安机关认为有必要的，可以侦查下级公安机关管辖的刑事案件；下级公安机关认为案情重大需要上级公安机关侦查的刑事案件，可以请求上一级公安机关管辖。

【重点解读】①

基于审判管辖的基本原则，公安机关的级别管辖，主要根据刑事案件的性质、犯罪行为的社会危害性及公安机关侦查工作的特点予以确定。“有必要的”，是指案件涉及面广、涉案人员众多、案情特别复杂和其他特殊情况。“下级公安机关认为案情重大需要上级公安机关侦查的刑事案件”，是指案件涉及面广、涉案人员众多、案情特别复杂或者涉及其他市、县等，下级公安机关侦查可能遇到很大困难，由上级公安机关管辖更有利于及时、有效开展侦查。

21　中级人民法院的管辖

21.1　法条规定

第二十一条　中级人民法院管辖下列第一审刑事案件：

（一）危害国家安全、恐怖活动案件；

（二）可能判处无期徒刑、死刑的案件。

【立法释义】②

本条规定明确了中级人民法院的管辖范围。2012年刑事诉讼法修改删去了“反革命案件”“外国人犯罪的刑事案件”，增加了“恐怖活动案件”。关于中级人民法院的管辖，应当关注以下事项：

第一，“危害国家安全案件”，是指刑法分则第一章规定的危害国家安全案件。“恐怖活动案件”，是指《全国人民代表大会常务委员会关于加强反恐怖工作有关问题的决定》第二条规定的恐怖活动构成犯罪的刑事案件。《最高人民法院、最高人民检察院、公安部、司法部关于办理恐怖活动和极端主义犯罪案件适用法律若干问题的意见》区分恐怖活动和极端主义犯罪案件，分别规定由中级和基层人民法院管辖。

第二，“可能判处无期徒刑、死刑的案件”，是指案件可能判处的法定刑幅度包含无期徒刑、死刑的案件，对于法定刑幅度同时包含有期徒刑和无期徒刑、死刑的情形，司法机关可以结合案件情况判断是否可能判处无期徒刑、死刑。《法院解释》第十四条的规定，既是基于诉讼效率的考虑，避免移送案件（包括人民检察院将案件移送下级人民检察院重新审查起诉）增加程序成本，也有助于保证案件质量。

21.2　相关立法

21.2.1　中级人民法院的组成与管辖

★《中华人民共和国人民法院组织法》（2018年10月26日修订）

第二十三条　中级人民法院审理

① 参见孙茂利主编书，第58—61页。

② 参见王爱立主编书，第41—43页。

下列案件：

（一）法律规定由其管辖的第一审案件；

（二）基层人民法院报请审理的第一审案件；

（三）上级人民法院指定管辖的第一审案件；

（四）对基层人民法院判决和裁定的上诉、抗诉案件；

（五）按照审判监督程序提起的再审案件。

21.2.2　恐怖活动及其组织、人员的认定

★《中华人民共和国反恐怖主义法》（2018 年 4 月 27 日修正）

第三条　本法所称恐怖主义，是指通过暴力、破坏、恐吓等手段，制造社会恐慌、危害公共安全、侵犯人身财产，或者胁迫国家机关、国际组织，以实现其政治、意识形态等目的的主张和行为。

本法所称恐怖活动，是指恐怖主义性质的下列行为：

（一）组织、策划、准备实施、实施造成或者意图造成人员伤亡、重大财产损失、公共设施损坏、社会秩序混乱等严重社会危害的活动的；

（二）宣扬恐怖主义，煽动实施恐怖活动，或者非法持有宣扬恐怖主义的物品，强制他人在公共场所穿戴宣扬恐怖主义的服饰、标志的；

（三）组织、领导、参加恐怖活动组织的；

（四）为恐怖活动组织、恐怖活动人员、实施恐怖活动或者恐怖活动培训提供信息、资金、物资、劳务、技术、场所等支持、协助、便利的；

（五）其他恐怖活动。

本法所称恐怖活动组织，是指三人以上为实施恐怖活动而组成的犯罪组织。

本法所称恐怖活动人员，是指实施恐怖活动的人和恐怖活动组织的成员。

本法所称恐怖事件，是指正在发生或者已经发生的造成或者可能造成重大社会危害的恐怖活动。

21.3　司法解释

21.3.1　“就高不就低”的便宜管辖

★《法院解释》（2021）

第十四条　人民检察院认为可能判处无期徒刑、死刑，向中级人民法院提起公诉的案件，中级人民法院受理后，认为不需要判处无期徒刑、死刑的，应当依法审判，不再交基层人民法院审判。

21.3.2　证券期货犯罪案件的级别管辖

★《最高人民法院、最高人民检察院、公安部、中国证券监督管理委员会关于办理证券期货违法犯罪案件工作若干问题的意见》（高检发办字〔2024〕105 号，2024 年 4 月 16 日）

7. 证券期货犯罪的第一审案件由中级人民法院管辖，同级人民检察院负责提起公诉，地（市）级以上公安机关负责立案侦查。

22　高级人民法院的管辖

22.1　法条规定

第二十二条　高级人民法院管辖的第一审刑事案件，是全省（自治区、直辖市）性的重大刑事案件。

【立法释义】①

本条规定明确了高级人民法院的管

① 参见王爱立主编书，第 41—43 页。

辖范围。高级人民法院承担着审判对中级人民法院一审判决、裁定不服提出的上诉、抗诉案件,核准死刑缓期执行的案件,并监督全省(自治区、直辖市)范围内的下级人民法院的审判工作等任务,因此,高级人民法院管辖的第一审案件不宜过多。伴随着案例指导制度的发展完善,高级人民法院可考虑选择具有指导性案例价值的全省(自治区、直辖市)性的重大刑事案件进行第一审,推动最高人民法院制作权威的指导性案例。

22.2　相关立法

22.2.1　高级人民法院的组成与管辖

★《中华人民共和国人民法院组织法》(2018年10月26日修订)

第二十一条　高级人民法院审理下列案件:

(一)法律规定由其管辖的第一审案件;

(二)下级人民法院报请审理的第一审案件;

(三)最高人民法院指定管辖的第一审案件;

(四)对中级人民法院判决和裁定的上诉、抗诉案件;

(五)按照审判监督程序提起的再审案件;

(六)中级人民法院报请复核的死刑案件。

23　最高人民法院的管辖

23.1　法条规定

第二十三条　最高人民法院管辖的第一审刑事案件,是全国性的重大刑事案件。

【立法释义】①

最高人民法院是国家的最高审判机关,受理对高级人民法院的第一审判决、裁定不服提出的上诉、抗诉案件,核准死刑案件,对在审判过程中的具体应用法律问题进行解释,监督地方各级人民法院的审判工作,保证全国司法的统一。"全国性的重大刑事案件",是指在全国范围内涉及面广、影响大的重大案件。最高人民法院审判案件,所作判决、裁定即为终审的判决、裁定。

23.2　相关立法

23.2.1　最高人民法院的管辖与巡回法庭

★《中华人民共和国人民法院组织法》(2018年10月26日修订)

第十六条　最高人民法院审理下列案件:

(一)法律规定由其管辖的和其认为应当由自己管辖的第一审案件;

(二)对高级人民法院判决和裁定的上诉、抗诉案件;

(三)按照全国人民代表大会常务委员会的规定提起的上诉、抗诉案件;

(四)按照审判监督程序提起的再审案件;

(五)高级人民法院报请核准的死刑案件。

第十九条　最高人民法院可以设巡回法庭,审理最高人民法院依法确定的案件。

巡回法庭是最高人民法院的组成部分。巡回法庭的判决和裁定即最高人民法院的判决和裁定。

---

①　参见王爱立主编书,第44页。

23.3　司法解释

23.3.1　巡回法庭的设置与管辖

★《最高人民法院关于巡回法庭审理案件若干问题的规定》（法释〔2015〕3 号，2015 年 1 月 28 日；经法释〔2016〕30 号修正，2016 年 12 月 27 日）

第二条　巡回法庭是最高人民法院派出的常设审判机构。巡回法庭作出的判决、裁定和决定，是最高人民法院的判决、裁定和决定。

第三条　巡回法庭审理或者办理巡回区内应当由最高人民法院受理的以下案件：

（一）全国范围内重大、复杂的第一审行政案件；

（二）在全国有重大影响的第一审民商事案件；

（三）不服高级人民法院作出的第一审行政或者民商事判决、裁定提起上诉的案件；

（四）对高级人民法院作出的已经发生法律效力的行政或者民商事判决、裁定、调解书申请再审的案件；

（五）刑事申诉案件；

（六）依法定职权提起再审的案件；

（七）不服高级人民法院作出的罚款、拘留决定申请复议的案件；

（八）高级人民法院因管辖权问题报请最高人民法院裁定或者决定的案件；

（九）高级人民法院报请批准延长审限的案件；

（十）涉港澳台民商事案件和司法协助案件；

（十一）最高人民法院认为应当由巡回法庭审理或者办理的其他案件。

巡回法庭依法办理巡回区内向最高人民法院提出的来信来访事项。

第四条　知识产权、涉外商事、海事海商、死刑复核、国家赔偿、执行案件和最高人民检察院抗诉的案件暂由最高人民法院本部审理或者办理。

24　变更管辖

24.1　法条规定

第二十四条　上级人民法院在必要的时候，可以审判下级人民法院管辖的第一审刑事案件；下级人民法院认为案情重大、复杂需要由上级人民法院审判的第一审刑事案件，可以请求移送上一级人民法院审判。

【立法释义】①

本条规定明确了变更管辖的情形。关于人民法院的提级管辖和移送管辖，应当关注以下事项：

第一，提级管辖。“提级管辖”，是指上级人民法院在必要的时候，可以审判下级人民法院管辖的第一审刑事案件。“必要时”，是指案情重大、复杂或者案件涉及面广、影响大，由上级人民法院审判更为适宜，更能保证审判质量和效果。需要指出的是，提级管辖所涉的情形，并不限于“上一级”人民法院。

第二，移送管辖。“移送管辖”，具体是指下级人民法院认为案情重大、复杂，需要由上级人民法院审判的第一审刑事案件，可以请求移送上一级人民法院审判。移送管辖，只能请求移送“上一级”人民法院。这种移送管辖机制，并未限于基层人民法院，中级人民法院

---

①　参见王爱立主编书，第 45—46 页。

也可以请求将第一审刑事案件移送高级人民法院审判。为避免案件请示的做法引发不必要的争议,可考虑将此类案件直接移送上一级人民法院管辖。

提级管辖和指定同级异地法院管辖等机制,有助于解决申请院长回避和管辖异议等程序性争议。实际上,申请院长回避,在程序上具有管辖异议的效果。据此,司法实践中,对于当事人申请院长回避或者提出管辖异议等情形,可以通过三种程序机制解决:一是受理案件的法院可以请求移送上一级人民法院审判;二是上级人民法院可以在必要时依职权提级审判;三是上级人民法院可以指定与提出请求的人民法院同级的其他人民法院管辖。

需要指出的是,监察法第十七条参照本条规定,规定了监察机关指定管辖和移送管辖的规则。《检察院规则》第十六条和《公安规定》第二十一条也分别规定了类似的变更管辖规则。不过,审前程序的变更管辖规则,仅规范本机关的职能管辖,最终要遵从审判的级别管辖。

第三,并案审理规则。关于被告人涉嫌其他犯罪情形下并案审理的管辖规则,以及二审期间发现应当并案审理的情形,《法院解释》第二十四条、第二十五条分别作出了规定。

24.2 相关立法

24.2.1 监察机关的变更管辖

★《中华人民共和国监察法》(2024年12月25日修正)

第十七条 上级监察机关可以将其所管辖的监察事项指定下级监察机关管辖,也可以将下级监察机关有管辖权的监察事项指定给其他监察机关管辖。

监察机关认为所管辖的监察事项重大、复杂,需要由上级监察机关管辖的,可以报请上级监察机关管辖。

24.3 司法解释

24.3.1 检察机关的变更管辖与牵连管辖

★《检察院规则》(2019)

第十六条 上级人民检察院在必要的时候,可以直接立案侦查或者组织、指挥、参与侦查下级人民检察院管辖的案件。下级人民检察院认为案情重大、复杂,需要由上级人民检察院立案侦查的案件,可以请求移送上级人民检察院立案侦查。

第十八条 人民检察院办理直接受理侦查的案件涉及公安机关管辖的刑事案件,应当将属于公安机关管辖的刑事案件移送公安机关。如果涉嫌的主罪属于公安机关管辖,由公安机关为主侦查,人民检察院予以配合;如果涉嫌的主罪属于人民检察院管辖,由人民检察院为主侦查,公安机关予以配合。

对于一人犯数罪、共同犯罪、共同犯罪的犯罪嫌疑人还实施其他犯罪、多个犯罪嫌疑人实施的犯罪存在关联,并案处理有利于查明案件事实和诉讼进行的,人民检察院可以在职责范围内对相关犯罪案件并案处理。

24.3.2 法院的变更管辖

★《法院解释》(2021)

第十五条 一人犯数罪、共同犯罪或者其他需要并案审理的案件,其中一人或者一罪属于上级人民法院管辖的,全案由上级人民法院管辖。

第十六条 上级人民法院决定审判下级人民法院管辖的第一审刑事案件的,应当向下级人民法院下达改变管辖决定书,并书面通知同级人民检察院。

第十八条　有管辖权的人民法院因案件涉及本院院长需要回避或者其他原因,不宜行使管辖权的,可以请求移送上一级人民法院管辖。上一级人民法院可以管辖,也可以指定与提出请求的人民法院同级的其他人民法院管辖。

24.3.3　法院的并案审理

★《法院解释》(2021)

第二十四条　人民法院发现被告人还有其他犯罪被起诉的,可以并案审理;涉及同种犯罪的,一般应当并案审理。

人民法院发现被告人还有其他犯罪被审查起诉、立案侦查、立案调查的,可以参照前款规定协商人民检察院、公安机关、监察机关并案处理,但可能造成审判过分迟延的除外。

根据前两款规定并案处理的案件,由最初受理地的人民法院审判。必要时,可以由主要犯罪地的人民法院审判。

第二十五条　第二审人民法院在审理过程中,发现被告人还有其他犯罪没有判决的,参照前条规定处理。第二审人民法院决定并案审理的,应当发回第一审人民法院,由第一审人民法院作出处理。

24.3.4　法院的提级管辖

★《最高人民法院关于加强和规范案件提级管辖和再审提审工作的指导意见》(法发〔2023〕13 号,2023 年 7 月 28 日)

第二条　本意见所称“提级管辖”,是指根据《中华人民共和国刑事诉讼法》第二十四条、《中华人民共和国民事诉讼法》第三十九条、《中华人民共和国行政诉讼法》第二十四条的规定,下级人民法院将所管辖的第一审案件转移至上级人民法院审理,包括上级人民法院依下级人民法院报请提级管辖、上级人民法院依职权提级管辖。

第四条　下级人民法院对已经受理的第一审刑事、民事、行政案件,认为属于下列情形之一,不宜由本院审理的,应当报请上一级人民法院审理:

(一)涉及重大国家利益、社会公共利益的;

(二)在辖区内属于新类型,且案情疑难复杂的;

(三)具有诉源治理效应,有助于形成示范性裁判,推动同类纠纷统一、高效、妥善化解的;

(四)具有法律适用指导意义的;

(五)上一级人民法院或者其辖区内人民法院之间近三年裁判生效的同类案件存在重大法律适用分歧的;

(六)由上一级人民法院一审更有利于公正审理的。

上级人民法院对辖区内人民法院已经受理的第一审刑事、民事、行政案件,认为属于上述情形之一,有必要由本院审理的,可以决定提级管辖。

第五条　“在辖区内属于新类型,且案情疑难复杂的”案件,主要指案件所涉领域、法律关系、规制范围等在辖区内具有首案效应或者相对少见,在法律适用上存在难点和争议。

“具有诉源治理效应,有助于形成示范性裁判,推动同类纠纷统一、高效、妥善化解的”案件,是指案件具有示范引领价值,通过确立典型案件的裁判规则,能够对处理类似纠纷形成规范指引,引导当事人作出理性选择,促进批量纠纷系统化解,实现纠纷源头治理。

“具有法律适用指导意义的”案件,

是指法律、法规、司法解释、司法指导性文件等没有明确规定，需要通过典型案件裁判进一步明确法律适用；司法解释、司法指导性文件、指导性案例发布时所依据的客观情况发生重大变化，继续适用有关规则审理明显有违公平正义。

“由上一级人民法院一审更有利于公正审理的”案件，是指案件因所涉领域、主体、利益等因素，可能受地方因素影响或者外部干预，下级人民法院不宜行使管辖权。

第六条　下级人民法院报请上一级人民法院提级管辖的案件，应当经本院院长或者分管院领导批准，以书面形式请示。请示应当包含案件基本情况、报请提级管辖的事实和理由等内容，并附必要的案件材料。

第七条　民事、行政第一审案件报请提级管辖的，应当在当事人答辩期届满后，至迟于案件法定审理期限届满三十日前向上一级人民法院报请。

刑事第一审案件报请提级管辖的，应当至迟于案件法定审理期限届满十五日前向上一级人民法院报请。

第八条　上一级人民法院收到案件报请提级管辖的请示和材料后，由立案庭编立“辖”字号，转相关审判庭组成合议庭审查。上一级人民法院应当在编立案号之日起三十日内完成审查，但法律和司法解释对审查时限另有规定的除外。

合议庭经审查并报本院院长或者分管院领导批准后，根据本意见所附诉讼文书样式，作出同意或者不同意提级管辖的法律文书。相关法律文书一经作出即生效。

第九条　上级人民法院根据本意见第二十一条规定的渠道，发现下级人民法院受理的第一审案件可能需要提级管辖的，可以及时与相关人民法院沟通，并书面通知提供必要的案件材料。

上级人民法院认为案件应当提级管辖的，经本院院长或者分管院领导批准后，根据本意见所附诉讼文书样式，作出提级管辖的法律文书。

第十条　上级人民法院作出的提级管辖法律文书，应当载明以下内容：

（一）案件基本信息；

（二）本院决定提级管辖的理由和分析意见。

上级人民法院不同意提级管辖的，应当在相关法律文书中载明理由和分析意见。

第十一条　上级人民法院决定提级管辖的，应当在作出法律文书后五日内，将法律文书送原受诉人民法院。原受诉人民法院收到提级管辖的法律文书后，应当在五日内送达当事人，并在十日内将案卷材料移送上级人民法院。上级人民法院应当在收到案卷材料后五日内立案。对检察机关提起公诉的案件，上级人民法院决定提级管辖的，应当书面通知同级人民检察院，原受诉人民法院应当将案卷材料退回同级人民检察院，并书面通知当事人。

上级人民法院决定不予提级管辖的，应当在作出法律文书后五日内，将法律文书送原受诉人民法院并退回相关案卷材料。案件由原受诉人民法院继续审理。

第十二条　上级人民法院决定提级管辖的案件，应当依法组成合议庭适用第一审普通程序审理。

原受诉人民法院已经依法完成的

送达、保全、鉴定等程序性工作，上级人民法院可以不再重复开展。

第十三条　中级人民法院、高级人民法院决定提级管辖的案件，应当报上一级人民法院立案庭备案。

第十四条　按照本意见提级管辖的案件，审理期限自上级人民法院立案之日起重新计算。

下级人民法院向上级人民法院报送提级管辖请示的期间和上级人民法院审查处理期间，均不计入案件审理期限。

对依报请不同意提级管辖的案件，自原受诉人民法院收到相关法律文书之日起恢复案件审限计算。

第二十一条　上级人民法院应当健全完善特殊类型案件的发现、监测、甄别机制，注重通过以下渠道，主动启动提级管辖或者再审提审程序：

（一）办理下级人民法院关于法律适用问题的请示；

（二）开展审务督察、司法巡查、案件评查；

（三）办理检察监督意见；

（四）办理人大代表、政协委员关注的事项或者问题；

（五）办理涉及具体案件的群众来信来访；

（六）处理当事人提出的提级管辖或者再审提审请求；

（七）开展案件舆情监测；

（八）办理有关国家机关、社会团体等移送的其他事项。

第二十五条　本意见由最高人民法院解释。各高级人民法院可以根据相关法律、司法解释和本意见，结合审判工作实际，制定或者修订本地区关于提级管辖、再审提审的实施细则，报最高人民法院备案。

24.3.5　法院请示案件的规范

★《最高人民法院关于法律适用问题请示答复的规定》（法〔2023〕88 号，2023 年 5 月 26 日）

一、一般规定

第一条　为规范人民法院法律适用问题请示答复工作，加强审判监督指导，提升司法公正与效率，根据有关法律、司法解释的规定，结合审判工作实际，制定本规定。

第二条　具有下列情形之一的，高级人民法院可以向最高人民法院提出请示：

（一）法律、法规、司法解释、规范性文件等没有明确规定，适用法律存在重大争议的；

（二）对法律、法规、司法解释、规范性文件等规定具体含义的理解存在重大争议的；

（三）司法解释、规范性文件制定时所依据的客观情况发生重大变化，继续适用有关规定明显有违公平正义的；

（四）类似案件裁判规则明显不统一的；

（五）其他对法律适用存在重大争议的。

技术类知识产权和反垄断法律适用问题，具有前款规定情形之一的，第一审人民法院可以向最高人民法院提出请示。

最高人民法院认为必要时，可以要求下级人民法院报告有关情况。

第三条　不得就案件的事实认定问题提出请示。

二、请示

第四条　向最高人民法院提出请

示，应当经本院审判委员会讨论决定，就法律适用问题提出意见，并说明理由；有分歧意见的，应当写明倾向性意见。

第五条 请示应当按照审级逐级层报。

第六条 提出请示的人民法院应当以院名义制作书面请示，扼要写明请示的法律适用问题，并制作请示综合报告，写明以下内容：

（一）请示的法律适用问题及由来；

（二）合议庭、审判委员会对请示的法律适用问题的讨论情况、分歧意见及各自理由；

（三）类案检索情况；

（四）需要报告的其他情况；

（五）联系人及联系方式。

高级人民法院就基层、中级人民法院请示的法律适用问题向最高人民法院请示的，应当同时附下级人民法院的请示综合报告。

请示、请示综合报告一式五份，连同电子文本，一并报送最高人民法院立案庭。

三、办理

第七条 最高人民法院立案庭应当自收到请示材料之日起三个工作日内审查完毕。请示材料符合要求的，应当编定案号，并按照下列情形分别处理：

（一）符合请示范围、程序的，应当受理，并确定请示的承办部门；

（二）不属于请示范围，或者违反请示程序的，不予受理，并书面告知提出请示的人民法院。

请示材料不符合要求的，应当一次性告知提出请示的人民法院在指定的期限内补充。

第八条 最高人民法院立案庭应当按照下列规定确定请示的承办部门：

（一）请示的法律适用问题涉及司法解释、规范性文件规定的具体含义，或者属于司法解释、规范性文件所针对的同类问题的，由起草部门承办；有多个起草部门的，由主要起草部门承办；

（二）不属于前项规定情形的，根据职责分工确定请示的承办部门。

承办部门难以确定的，由立案庭会同研究室确定。

第九条 承办部门收到立案庭转来的请示材料后，经审查认为不属于本部门职责范围的，应当在三个工作日内，与立案庭协商退回；协商不成的，报分管院领导批准后，退回立案庭重新提出分办意见。有关部门不得自行移送、转办。

其他部门认为请示应当由本部门办理的，应当报分管院领导批准后，向立案庭提出意见。

第十条 承办部门应当指定专人办理请示。承办人研究提出处理意见后，承办部门应当组织集体研究。

对请示的法律适用问题，承办部门可以商请院内有关部门共同研究，或者提出初步处理意见后，征求院内有关部门意见。必要时，可以征求院外有关部门或者专家的意见。

第十一条 承办部门应当将处理意见报分管院领导审批。必要时，分管院领导可以报院长审批或者提请审判委员会讨论决定。

在报分管院领导审批前，承办部门应当将处理意见送研究室审核。研究室一般在五个工作日内出具审核意见。研究室提出不同意见的，承办部门在报分管院领导审批时，应当作出说明。

第十二条 最高人民法院应当分

别按照以下情形作出处理：

（一）对请示的法律适用问题作出明确答复，并写明答复依据；

（二）不属于请示范围，或者违反请示程序的，不予答复，并书面告知提出请示的人民法院；

（三）最高人民法院对相同或者类似法律适用问题作出过答复的，可以不予答复，并将有关情况告知提出请示的人民法院。

第十三条　最高人民法院的答复应当以院名义作出。

答复一般采用书面形式。以电话答复等其他形式作出的，应当将底稿等材料留存备查。

答复作出后，承办部门应当及时将答复上传至查询数据库。

第十四条　最高人民法院应当尽快办理请示，至迟在受理请示之日起二个月内办结。需要征求院外有关部门意见或者提请审判委员会讨论的，可以延长二个月。

因特殊原因不能在前款规定的期限内办结的，承办部门应当在报告分管院领导后，及时通知提出请示的人民法院，并抄送审判管理办公室。

对于涉及刑事法律适用问题的请示，必要时，可以提醒有关人民法院依法变更强制措施。

第十五条　对最高人民法院的答复，提出请示的人民法院应当执行，但不得作为裁判依据援引。

第十六条　可以公开的答复，最高人民法院应当通过适当方式向社会公布。

四、其他规定

第十七条　最高人民法院对办理请示答复编定案号，类型代字为“法复”。

第十八条　最高人民法院在办理请示答复过程中，认为请示的法律适用问题具有普遍性、代表性，影响特别重大的，可以通知下级人民法院依法将有关案件移送本院审判。

第十九条　答复针对的法律适用问题具有普遍指导意义的，提出请示的人民法院可以编写案例，作为备选指导性案例向最高人民法院推荐。

第二十条　对请示的法律适用问题，必要时，最高人民法院可以制定司法解释作出明确。

第二十二条　提出、办理请示等工作，应当遵守有关保密工作规定。

第二十三条　基层、中级人民法院就法律适用问题提出请示，中级、高级人民法院对法律适用问题作出处理的，参照适用本规定。

24.4　规范性文件

24.4.1　管辖竞合的处理与并案侦查

★**《公安规定》**（2020）

第二十一条　几个公安机关都有权管辖的刑事案件，由最初受理的公安机关管辖。必要时，可以由主要犯罪地的公安机关管辖。

具有下列情形之一的，公安机关可以在职责范围内并案侦查：

（一）一人犯数罪的；

（二）共同犯罪的；

（三）共同犯罪的犯罪嫌疑人还实施其他犯罪的；

（四）多个犯罪嫌疑人实施的犯罪存在关联，并案处理有利于查明犯罪事实的。

【重点解读】①

不同地区公安机关都有管辖权的刑事案件，由最初受理的公安机关管辖，受理的先后顺序根据制作受案登记表等受案材料的时间确定。主要考虑是，最初受理案件的公安机关对案件情况已有所了解，或已开展侦查工作，有利于及时侦破案件，避免多个有管辖权的公安机关互相推诿。“必要时”，是指最初受理的公安机关不是主要犯罪地的公安机关，由主要犯罪地的公安机关管辖，更利于查清全部犯罪事实，保障侦查活动顺利进行。

“并案侦查”，是指侦查机关在侦查活动中，对一个或者一伙犯罪嫌疑人实施的系列案件一并组织侦查，集中犯罪信息，缩小侦查范围，实现迅速破案，节约诉讼资源。

★《国安规定》(2024)

第二十八条　国家安全机关在侦查过程中，发现具有下列情形之一的，可以在其职责范围内并案侦查：

(一)一人犯数罪的；

(二)共同犯罪的；

(三)共同犯罪的犯罪嫌疑人还实施其他犯罪的；

(四)多个犯罪嫌疑人实施的犯罪存在关联，并案侦查有利于查明案件事实的。

第二十九条　犯罪嫌疑人的犯罪行为涉及其他机关管辖的，国家安全机关应当按照有关规定与其他机关协调案件管辖。主罪属于国家安全机关管辖的，由国家安全机关为主侦查；主罪属于其他机关管辖的，由其他机关为主办理，国家安全机关予以配合。

24.4.2　公安机关的级别管辖及变更管辖

★《公安规定》(2020)

第二十四条　县级公安机关负责侦查发生在本辖区内的刑事案件。

设区的市一级以上公安机关负责下列犯罪中重大案件的侦查：

(一)危害国家安全犯罪；

(二)恐怖活动犯罪；

(三)涉外犯罪；

(四)经济犯罪；

(五)集团犯罪；

(六)跨区域犯罪。

上级公安机关认为有必要的，可以侦查下级公安机关管辖的刑事案件；下级公安机关认为案情重大需要上级公安机关侦查的刑事案件，可以请求上一级公安机关管辖。

25　地域管辖

25.1　法条规定

第二十五条　刑事案件由犯罪地的人民法院管辖。如果由被告人居住地的人民法院审判更为适宜的，可以由被告人居住地的人民法院管辖。

【立法释义】②

本条规定明确了地域管辖的原则。地域管辖，作为传统管辖原则，是指不同地区的同级人民法院之间对第一审刑事案件管辖权的地域分工。关于地域管辖，应当关注以下事项：

① 参见孙茂利主编书，第50—52页。
② 参见王爱立主编书，第46页。

第一,犯罪地管辖原则。刑事案件由犯罪地的人民法院管辖,这是地域管辖的基本原则。

一是"犯罪地"的界定。《法院解释》第二条第一款规定,犯罪地包括犯罪行为地和犯罪结果地。《公安规定》第十六条对此作出了详细界定,但凡与犯罪行为和结果存在关联的地点,都可纳入犯罪地的范畴,这种开放性的规定有助于提高侦查管辖的灵活性,但同时也容易导致管辖权竞合和争夺管辖权的情形。鉴于此,本法第二十六条规定了管辖权竞合情形的处理规则。

二是网络犯罪的犯罪地界定。基于便利追诉犯罪考虑,对于不同类型的犯罪,例如网络犯罪、走私犯罪、知识产权犯罪、诈骗犯罪等,有关规范性文件对犯罪地作出了适应性解释。网络犯罪的跨地域性、无边界性等特征,给传统的地域管辖原则带来了新的挑战。最高人民法院等部门出台的《关于办理网络犯罪案件适用刑事诉讼程序若干问题的意见》结合网络犯罪案件特点,对此类案件的犯罪地作出了扩张性解释。

三是职务犯罪案件的地域管辖原则。考虑职务犯罪案件的特殊性,《检察院规则》第十九条规定,本规则第十三条规定的案件,由犯罪嫌疑人工作单位所在地的人民检察院管辖。如果由其他人民检察院管辖更为适宜的,可以由其他人民检察院管辖。

第二,被告人居住地管辖的补充原则。如果被告人在居住地民愤较大或者影响较大,或者可能判处缓刑,需要由居住地监督改造等情况,由被告人居住地的人民法院审判,更有利于震慑犯罪分子,进行法制宣传教育。《法院解释》第三条区分自然人和单位两种情形。

第三,特殊情形的管辖规则。基于就近管辖、便利追诉犯罪原则,《法院解释》规定了诸多具体的管辖规则。

25.2　司法解释

25.2.1　犯罪地与居住地的认定

★《最高人民法院、最高人民检察院、公安部、国家安全部、司法部、全国人大常委会法制工作委员会关于实施刑事诉讼法若干问题的规定》(2012年12月26日)

2. 刑事诉讼法第二十四条①中规定:"刑事案件由犯罪地的人民法院管辖。"刑事诉讼法规定的"犯罪地",包括犯罪的行为发生地和结果发生地。

★《法院解释》(2021)

第二条　犯罪地包括犯罪行为地和犯罪结果地。

针对或者主要利用计算机网络实施的犯罪,犯罪地包括用于实施犯罪行为的网络服务使用的服务器所在地,网络服务提供者所在地,被侵害的信息网络系统及其管理者所在地,犯罪过程中被告人、被害人使用的信息网络系统所在地,以及被害人被侵害时所在地和被害人财产遭受损失地等。

第三条　被告人的户籍地为其居住地。经常居住地与户籍地不一致的,经常居住地为其居住地。经常居住地为被告人被追诉前已连续居住一年以上的地方,但住院就医的除外。

被告单位登记的住所地为其居住地。主要营业地或者主要办事机构所在地与登记的住所地不一致的,主要营业地或者

① 2018年刑事诉讼法第二十五条。

主要办事机构所在地为其居住地。

25. 2. 2　特殊地域管辖的认定

★《法院解释》(2021)

第四条　在中华人民共和国内水、领海发生的刑事案件,由犯罪地或者被告人登陆地的人民法院管辖。由被告人居住地的人民法院审判更为适宜的,可以由被告人居住地的人民法院管辖。

第五条　在列车上的犯罪,被告人在列车运行途中被抓获的,由前方停靠站所在地负责审判铁路运输刑事案件的人民法院管辖。必要时,也可以由始发站或者终点站所在地负责审判铁路运输刑事案件的人民法院管辖。

被告人不是在列车运行途中被抓获的,由负责该列车乘务的铁路公安机关对应的审判铁路运输刑事案件的人民法院管辖;被告人在列车运行途经车站被抓获的,也可以由该车站所在地负责审判铁路运输刑事案件的人民法院管辖。

第六条　在国际列车上的犯罪,根据我国与相关国家签订的协定确定管辖;没有协定的,由该列车始发或者前方停靠的中国车站所在地负责审判铁路运输刑事案件的人民法院管辖。

第七条　在中华人民共和国领域外的中国船舶内的犯罪,由该船舶最初停泊的中国口岸所在地或者被告人登陆地、入境地的人民法院管辖。

第八条　在中华人民共和国领域外的中国航空器内的犯罪,由该航空器在中国最初降落地的人民法院管辖。

第九条　中国公民在中国驻外使领馆内的犯罪,由其主管单位所在地或者原户籍地的人民法院管辖。

第十条　中国公民在中华人民共和国领域外的犯罪,由其登陆地、入境地、离境前居住地或者现居住地的人民法院管辖;被害人是中国公民的,也可以由被害人离境前居住地或者现居住地的人民法院管辖。

第十一条　外国人在中华人民共和国领域外对中华人民共和国国家或者公民犯罪,根据《中华人民共和国刑法》应当受处罚的,由该外国人登陆地、入境地或者入境后居住地的人民法院管辖,也可以由被害人离境前居住地或者现居住地的人民法院管辖。

第十二条　对中华人民共和国缔结或者参加的国际条约所规定的罪行,中华人民共和国在所承担条约义务的范围内行使刑事管辖权的,由被告人被抓获地、登陆地或者入境地的人民法院管辖。

第十三条　正在服刑的罪犯在判决宣告前还有其他罪没有判决的,由原审地人民法院管辖;由罪犯服刑地或者犯罪地的人民法院审判更为适宜的,可以由罪犯服刑地或者犯罪地的人民法院管辖。

罪犯在服刑期间又犯罪的,由服刑地的人民法院管辖。

罪犯在脱逃期间又犯罪的,由服刑地的人民法院管辖。但是,在犯罪地抓获罪犯并发现其在脱逃期间犯罪的,由犯罪地的人民法院管辖。

25. 2. 3　职务犯罪案件的地域管辖

★《检察院规则》(2019)

第十九条　本规则第十三条规定的案件,由犯罪嫌疑人工作单位所在地的人民检察院管辖。如果由其他人民检察院管辖更为适宜的,可以由其他人民检察院管辖。

【重点解读】①

司法工作人员的职务犯罪与其工作单位联系最为密切。由犯罪嫌疑人工作单位所在地的人民检察院负责立案侦查,便于及时、全面地收集和审查核实证据,同时与审判管辖以犯罪地为主的原则相一致。

根据职务犯罪案件和犯罪嫌疑人的情况,由其他人民检察院立案侦查更为适宜的,可以由其他人民检察院立案侦查。这是地域管辖的辅助性原则。"更为适宜",一般是指案件的主要犯罪地不在犯罪嫌疑人的工作单位所在地;在犯罪嫌疑人工作单位所在地查处不方便或者犯罪嫌疑人工作单位所在地的人民检察院与案件有牵连,不利于公正查处案件等情况,可以移送上级人民检察院管辖,也可以移送上级人民检察院指定的其他人民检察院管辖。

25.2.4　虚假诉讼案件的地域管辖

★《最高人民法院、最高人民检察院关于办理虚假诉讼刑事案件适用法律若干问题的解释》(法释〔2018〕17号,2018年9月26日)

第十条　虚假诉讼刑事案件由虚假民事诉讼案件的受理法院所在地或者执行法院所在地人民法院管辖。有刑法第三百零七条之一第四款情形的,上级人民法院可以指定下级人民法院将案件移送其他人民法院审判。

★《最高人民法院、最高人民检察院、公安部、司法部关于进一步加强虚假诉讼犯罪惩治工作的意见》(法发〔2021〕10号,2021年3月4日)

第九条　虚假诉讼刑事案件由相关虚假民事诉讼案件的受理法院所在地或者执行法院所在地人民法院管辖。有刑法第三百零七条之一第四款情形的,上级人民法院可以指定下级人民法院将案件移送其他人民法院审判。

前款所称相关虚假民事诉讼案件的受理法院,包括该民事案件的一审、二审和再审法院。

虚假诉讼刑事案件的级别管辖,根据刑事诉讼法的规定确定。

25.2.5　暂予监外执行期间异地犯罪的地域管辖

★《最高人民检察院关于对服刑罪犯暂予监外执行期间在异地又犯罪应由何地检察院受理审查起诉问题的批复》(高检发释字〔1998〕5号,1998年11月26日)

对罪犯在暂予监外执行期间在异地犯罪,如果罪行是在犯罪地被发现、罪犯是在犯罪地被捕获的,由犯罪地人民检察院审查起诉;如果案件由罪犯暂予监外执行地人民法院审判更为适宜的,也可以由罪犯暂予监外执行地的人民检察院审查起诉;如果罪行是在暂予监外执行的情形消失,罪犯被继续收监执行剩余刑期期间发现的,由罪犯服刑地的人民检察院审查起诉。

25.3　规范性文件

25.3.1　公安机关的地域管辖

★《公安规定》(2020)

第十五条　刑事案件由犯罪地的公安机关管辖。如果由犯罪嫌疑人居住地的公安机关管辖更为适宜的,可以由犯罪嫌疑人居住地的公安机关管辖。

法律、司法解释或者其他规范性文

---

① 参见童建明、万春主编释义书,第27页。

件对有关犯罪案件的管辖作出特别规定的，从其规定。

第十六条　犯罪地包括犯罪行为发生地和犯罪结果发生地。犯罪行为发生地，包括犯罪行为的实施地以及预备地、开始地、途经地、结束地等与犯罪行为有关的地点；犯罪行为有连续、持续或者继续状态的，犯罪行为连续、持续或者继续实施的地方都属于犯罪行为发生地。犯罪结果发生地，包括犯罪对象被侵害地、犯罪所得的实际取得地、藏匿地、转移地、使用地、销售地。

居住地包括户籍所在地、经常居住地。经常居住地是指公民离开户籍所在地最后连续居住一年以上的地方，但住院就医的除外。单位登记的住所地为其居住地。主要营业地或者主要办事机构所在地与登记的住所地不一致的，主要营业地或者主要办事机构所在地为其居住地。

第十七条　针对或者主要利用计算机网络实施的犯罪，用于实施犯罪行为的网络服务使用的服务器所在地，网络服务提供者所在地，被侵害的网络信息系统及其管理者所在地，以及犯罪过程中犯罪嫌疑人、被害人使用的网络信息系统所在地，被害人被侵害时所在地和被害人财产遭受损失地公安机关可以管辖。

第十八条　行驶中的交通工具上发生的刑事案件，由交通工具最初停靠地公安机关管辖；必要时，交通工具始发地、途经地、目的地公安机关也可以管辖。

第十九条　在中华人民共和国领域外的中国航空器内发生的刑事案件，由该航空器在中国最初降落地的公安机关管辖。

第二十条　中国公民在中国驻外使、领馆内的犯罪，由其主管单位所在地或者原户籍地的公安机关管辖。

中国公民在中华人民共和国领域外的犯罪，由其入境地、离境前居住地或者现居住地的公安机关管辖；被害人是中国公民的，也可由被害人离境前居住地或者现居住地的公安机关管辖。

25.3.2　国家安全机关的地域管辖

★《国安规定》(2024)

第十七条　刑事案件由犯罪地的国家安全机关管辖。如果由犯罪嫌疑人居住地的国家安全机关管辖更为适宜的，可以由犯罪嫌疑人居住地国家安全机关管辖。

法律、司法解释或者其他规范性文件对有关犯罪案件的管辖作出特别规定的，从其规定。

第十八条　犯罪地包括犯罪行为发生地和犯罪结果发生地。犯罪行为发生地，包括犯罪行为的实施地以及预备地、开始地、途经地、结束地等与犯罪行为有关的地点；犯罪行为有连续、持续或者继续状态的，犯罪行为连续、持续或者继续实施的地方都属于犯罪行为发生地。犯罪结果发生地，包括犯罪对象被侵害地、犯罪所得的实际取得地、藏匿地、转移地、使用地、销售地。

犯罪嫌疑人的户籍地为其居住地。经常居住地与户籍地不一致的，经常居住地为其居住地。经常居住地是指公民离开户籍所在地最后连续居住一年以上的地方，但住院就医的除外。单位登记的住所地为其居住地。主要营业地或者主要办事机构所在地与登记的住所地不一致的，主要营业地或者主要办事机构所在地为其居住地。

第十九条　针对或者主要利用计算机网络实施的危害中华人民共和国国家安全的犯罪,用于实施犯罪行为的网络服务使用的服务器所在地,网络服务提供者所在地,被侵害的网络信息系统及其管理者所在地,以及犯罪过程中犯罪嫌疑人、被害人使用的网络信息系统所在地,被害人被侵害时所在地和被害人财产遭受损失地国家安全机关可以管辖。

第二十条　在行驶中的交通工具上实施危害中华人民共和国国家安全的犯罪的,由交通工具最初停靠地国家安全机关管辖;必要时,交通工具始发地、途经地、目的地国家安全机关也可以管辖。

第二十一条　中国公民在中国驻外外交机构内实施危害中华人民共和国国家安全的犯罪的,由其派出单位所在地或者原户籍地的国家安全机关管辖。

中国公民在中华人民共和国领域外实施危害中华人民共和国国家安全的犯罪的,由其登陆地、入境地、离境前居住地或者现居住地的国家安全机关管辖;被害人是中国公民的,也可以由被害人离境前居住地或者现居住地的国家安全机关管辖。

第二十二条　在中华人民共和国领域外的中国航空器内实施危害中华人民共和国国家安全的犯罪的,由该航空器在中国最初降落地的国家安全机关管辖。

第二十三条　在中华人民共和国领域外的中国船舶内实施危害中华人民共和国国家安全的犯罪的,由该船舶最初停泊的中国口岸所在地或者被告人登陆地、入境地的国家安全机关管辖。

第二十四条　在国际列车上实施危害中华人民共和国国家安全的犯罪的,根据我国与相关国家签订的协定确定管辖;没有协定的,由该列车始发或者前方停靠的中国车站所在地的国家安全机关管辖。

25.3.3　海上刑事案件的管辖

★《海警机构办理刑事案件程序规定》(中国海警局第 1 号令,2023 年 5 月 15 日)

第十三条　依照《中华人民共和国刑事诉讼法》、《中华人民共和国海警法》的规定,除下列案件外,海上发生的刑事案件由海警机构管辖:

(一)监察机关、人民检察院管辖的犯罪案件;

(二)人民法院管辖的自诉案件。但是,对于人民法院直接受理的被害人有证据证明的轻微刑事案件,因证据不足驳回起诉,人民法院移送海警机构或者被害人向海警机构控告的,海警机构应当受理;被害人直接向海警机构控告的,海警机构应当受理;

(三)公安机关管辖的发生在沿海港岙口、码头、滩涂、台轮停泊点以及设有公安机构的岛屿等区域的刑事案件;

(四)国家安全机关管辖的危害国家安全的刑事案件;

(五)其他依照法律和规定由其他机关管辖的刑事案件。

第十四条　在中华人民共和国内水、领海发生的刑事案件,由犯罪地或者犯罪嫌疑人登陆地的海警机构管辖;如果由犯罪嫌疑人居住地的海警机构管辖更为适宜的,可以由犯罪嫌疑人居住地的海警机构管辖。

犯罪地包括犯罪行为发生地和犯

罪结果发生地。犯罪行为发生地,包括犯罪行为的实施地以及预备地、开始地、途经地、结束地等与犯罪行为有关的地点;犯罪行为有连续或者继续状态的,犯罪行为连续或者继续实施的地方都属于犯罪行为发生地。犯罪结果发生地,包括犯罪对象被侵害地,犯罪所得的实际取得地、藏匿地、转移地、使用地、销售地以及损害结果发生地。

居住地包括户籍所在地、经常居住地。经常居住地是指公民离开户籍所在地最后连续居住一年以上的地方,但住院就医的除外。单位登记的住所地为其居住地。主要营业地或者主要办事机构所在地与登记的住所地不一致的,主要营业地或者主要办事机构所在地为其居住地。

第十五条　在中华人民共和国领域外发生的海上刑事案件,按照以下原则确定管辖:

(一)在中华人民共和国领域外的中国船舶内发生的刑事案件,由该船舶最初停泊的中国口岸所在地或者犯罪嫌疑人登陆地、入境地的海警机构管辖;

(二)中国公民在中华人民共和国领海以外的海域犯罪,由其登陆地、入境地、离境前居住地或者现居住地的海警机构管辖;被害人是中国公民的,也可以由被害人离境前居住地或者现居住地的海警机构管辖;

(三)外国人在中华人民共和国领海以外的海域对中华人民共和国国家或者公民犯罪,根据《中华人民共和国刑法》规定应当受到处罚的,由该外国人登陆地、入境地、入境后居住地的海警机构管辖,也可以由被害人离境前居住地或者现居住地的海警机构管辖;该外国人未入境,且没有被害人或者是对中华人民共和国国家犯罪的,由中国海警局指定管辖;

(四)对中华人民共和国缔结或者参加的国际条约所规定的罪行,中华人民共和国在所承担的条约义务范围内行使刑事管辖权的,由犯罪嫌疑人被抓获地、登陆地或者入境地的海警机构管辖。

入境地包括进入我国陆地边境、领海以及航空器降落在我国境内的地点。登陆地是指从海上登陆我国陆地的地点,包括犯罪嫌疑人自行上岸以及被押解、扭送上岸的地点。

第十六条　几个海警机构都有权管辖的刑事案件,由最初受理的海警机构管辖。必要时,可以由主要犯罪地或者主要犯罪嫌疑人登陆地、入境地的海警机构管辖。

依据本规定第十四条、第十五条确定的管辖地未设海警机构的,由有关海警机构与相应人民法院、人民检察院协商指定管辖。

第十七条　海警机构在侦查过程中,发现有下列情形之一的,可以在职权范围内并案侦查:

(一)一人犯数罪的;

(二)共同犯罪的;

(三)共同犯罪的犯罪嫌疑人还实施其他犯罪的;

(四)多个犯罪嫌疑人实施的犯罪存在关联,并案处理有利于查明犯罪事实的。

第十八条　对管辖不明确或者有争议的刑事案件,可以由有关海警机构协商。协商不成的,由共同的上级海警机构指定管辖。

对其他情况特殊的刑事案件,可以

由共同的上级海警机构指定管辖。

提请上级海警机构指定管辖时,应当在有关材料中列明犯罪嫌疑人基本情况、涉嫌罪名、案件基本事实、管辖争议情况、协商情况和指定管辖理由,经海警机构负责人批准后,层报有权指定管辖的上级海警机构。

第十九条　上级海警机构指定管辖的,应当将指定管辖决定书分别送达被指定管辖的海警机构和其他有关的海警机构,根据办案需要抄送相应人民法院、人民检察院。

原受理案件的海警机构,在收到上级海警机构指定其他海警机构管辖的决定书后,不再行使管辖权,同时将犯罪嫌疑人、涉案财物以及案卷材料移送被指定管辖的海警机构。

对指定管辖的案件,需要逮捕犯罪嫌疑人的,由被指定管辖的海警机构提请相应人民检察院审查批准;需要提起公诉的,由该海警机构移送相应人民检察院审查决定。

第二十条　海警工作站负责侦查发生在本管辖区域内的海上刑事案件。

市级海警局以上海警机构负责管辖区域内下列犯罪中重大案件的侦查:

(一)危害国家安全犯罪;

(二)恐怖活动犯罪;

(三)涉外犯罪;

(四)经济犯罪;

(五)集团犯罪;

(六)其他重大犯罪案件。

上级海警机构认为有必要的,可以侦查下级海警机构管辖的刑事案件;下级海警机构认为案情重大需要上级海警机构侦查的刑事案件,可以报请上级海警机构管辖。

第二十一条　犯罪嫌疑人的犯罪行为涉及其他侦查机关管辖的,海警机构应当按照有关规定与其他侦查机关协调案件管辖。涉嫌主罪属于海警机构管辖的,由海警机构为主侦查;涉嫌主罪属于其他侦查机关管辖的,海警机构予以配合。

第二十二条　其他规章或者规范性文件对有关犯罪案件的管辖作出特别规定的,从其规定。

★《最高人民法院、最高人民检察院、中国海警局关于海上刑事案件管辖等有关问题的通知》(海警〔2020〕1 号,2020 年 2 月 20 日)

一、对海上发生的刑事案件,按照下列原则确定管辖:

(一)在中华人民共和国内水、领海发生的犯罪,由犯罪地或者被告人登陆地的人民法院管辖,如果由被告人居住地的人民法院审判更为适宜的,可以由被告人居住地的人民法院管辖;

(二)在中华人民共和国领域外的中国船舶内的犯罪,由该船舶最初停泊的中国口岸所在地或者被告人登陆地、入境地的人民法院管辖;

(三)中国公民在中华人民共和国领海以外的海域犯罪,由其登陆地、入境地、离境前居住地或者现居住地的人民法院管辖;被害人是中国公民的,也可以由被害人离境前居住地或者现居住地的人民法院管辖;

(四)外国人在中华人民共和国领海以外的海域对中华人民共和国国家或者公民犯罪,根据《中华人民共和国刑法》应当受到处罚的,由该外国人登陆地、入境地、入境后居住地的人民法院管辖,也可以由被害人离境前居住地或者现居住地的人民法院管辖；

（五）对中华人民共和国缔结或者参加的国际条约所规定的罪行，中华人民共和国在所承担的条约义务的范围内行使刑事管辖权的，由被告人被抓获地、登陆地或者入境地的人民法院管辖。

前款第一项规定的犯罪地包括犯罪行为发生地和犯罪结果发生地。前款第二项至第五项规定的入境地，包括进入我国陆地边境、领海以及航空器降落在我国境内的地点。

二、海上发生的刑事案件的立案侦查，由海警机构根据本通知第一条规定的管辖原则进行。

依据第一条规定确定的管辖地未设置海警机构的，由有关海警局商同级人民检察院、人民法院指定管辖。

三、沿海省、自治区、直辖市海警局办理刑事案件，需要提请批准逮捕或者移送起诉的，依法向所在地省级人民检察院提请或者移送。

沿海省、自治区、直辖市海警局下属海警局，中国海警局各分局、直属局办理刑事案件，需要提请批准逮捕或者移送起诉的，依法向所在地设区的市级人民检察院提请或者移送。

海警工作站办理刑事案件，需要提请批准逮捕或者移送起诉的，依法向所在地基层人民检察院提请或者移送。

四、人民检察院对于海警机构移送起诉的海上刑事案件，按照刑事诉讼法、司法解释以及本通知的有关规定进行审查后，认为应当由其他人民检察院起诉的，应当将案件移送有管辖权的人民检察院。

需要按照刑事诉讼法、司法解释以及本通知的有关规定指定审判管辖的，海警机构应当在移送起诉前向人民检察院通报，由人民检察院协商同级人民法院办理指定管辖有关事宜。

五、对人民检察院提起公诉的海上刑事案件，人民法院经审查认为符合刑事诉讼法、司法解释以及本通知有关规定的，应当依法受理。

25.3.4　走私犯罪案件的管辖

★《最高人民法院、最高人民检察院、海关总署关于办理走私刑事案件适用法律若干问题的意见》（法〔2002〕139号，2002年7月8日）

一、关于走私犯罪案件的管辖问题

根据刑事诉讼法的规定，走私犯罪案件由犯罪地的走私犯罪侦查机关立案侦查。走私犯罪案件复杂，环节多，其犯罪地可能涉及多个犯罪行为发生地，包括货物、物品的进口（境）地、出口（境）地、报关地、核销地等。如果发生刑法第一百五十四条、第一百五十五条规定的走私犯罪行为的，走私货物、物品的销售地、运输地、收购地和贩卖地均属于犯罪行为的发生地。对有多个走私犯罪行为发生地的，由最初受理的走私犯罪侦查机关或者由主要犯罪地的走私犯罪侦查机关管辖。对管辖有争议的，由共同的上级走私犯罪侦查机关指定管辖。

对发生在海（水）上的走私犯罪案件由该辖区的走私犯罪侦查机关管辖，但对走私船舶有跨辖区连续追缉情形的，由缉获走私船舶的走私犯罪侦查机关管辖。

……

25.3.5　经济犯罪案件的管辖

★《最高人民检察院、公安部关于

公安机关办理经济犯罪案件的若干规定》（公通字〔2017〕25 号，2017 年 11 月 24 日）

第八条　经济犯罪案件由犯罪地的公安机关管辖。如果由犯罪嫌疑人居住地的公安机关管辖更为适宜的，可以由犯罪嫌疑人居住地的公安机关管辖。

犯罪地包括犯罪行为发生地和犯罪结果发生地。犯罪行为发生地，包括犯罪行为的实施地以及预备地、开始地、途经地、结束地等与犯罪行为有关的地点；犯罪行为有连续、持续或者继续状态的，犯罪行为连续、持续或者继续实施的地方都属于犯罪行为发生地。犯罪结果发生地，包括犯罪对象被侵害地、犯罪所得的实际取得地、藏匿地、转移地、使用地、销售地。

居住地包括户籍所在地、经常居住地。户籍所在地与经常居住地不一致的，由经常居住地的公安机关管辖。经常居住地是指公民离开户籍所在地最后连续居住一年以上的地方，但是住院就医的除外。

单位涉嫌经济犯罪的，由犯罪地或者所在地公安机关管辖。所在地是指单位登记的住所地。主要营业地或者主要办事机构所在地与登记的住所地不一致的，主要营业地或者主要办事机构所在地为其所在地。

法律、司法解释或者其他规范性文件对有关经济犯罪案件的管辖作出特别规定的，从其规定。

第九条　非国家工作人员利用职务上的便利实施经济犯罪的，由犯罪嫌疑人工作单位所在地公安机关管辖。如果由犯罪行为实施地或者犯罪嫌疑人居住地的公安机关管辖更为适宜的，也可以由犯罪行为实施地或者犯罪嫌疑人居住地的公安机关管辖。

第十条　上级公安机关必要时可以立案侦查或者组织、指挥、参与侦查下级公安机关管辖的经济犯罪案件。

对重大、疑难、复杂或者跨区域性经济犯罪案件，需要由上级公安机关立案侦查的，下级公安机关可以请求移送上一级公安机关立案侦查。

第十一条　几个公安机关都有权管辖的经济犯罪案件，由最初受理的公安机关管辖。必要时，可以由主要犯罪地的公安机关管辖。对管辖不明确或者有争议的，应当协商管辖；协商不成的，由共同的上级公安机关指定管辖。

主要利用通讯工具、互联网等技术手段实施的经济犯罪案件，由最初发现、受理的公安机关或者主要犯罪地的公安机关管辖。

第十二条　公安机关办理跨区域性涉众型经济犯罪案件，应当坚持统一指挥协调、统一办案要求的原则。

对跨区域性涉众型经济犯罪案件，犯罪地公安机关应当立案侦查，并由一个地方公安机关为主侦查，其他公安机关应当积极协助。必要时，可以并案侦查。

25.3.6　信息网络犯罪案件的管辖

★《最高人民法院、最高人民检察院、公安部关于办理信息网络犯罪案件适用刑事诉讼程序若干问题的意见》（法发〔2022〕23 号，2022 年 8 月 26 日）

2. 信息网络犯罪案件由犯罪地公安机关立案侦查。必要时，可以由犯罪嫌疑人居住地公安机关立案侦查。

信息网络犯罪案件的犯罪地包括用于实施犯罪行为的网络服务使用的服务器所在地，网络服务提供者所在地,被侵害的信息网络系统及其管理者所在地,犯罪过程中犯罪嫌疑人、被害人或者其他涉案人员使用的信息网络系统所在地,被害人被侵害时所在地以及被害人财产遭受损失地等。

涉及多个环节的信息网络犯罪案件,犯罪嫌疑人为信息网络犯罪提供帮助的,其犯罪地、居住地或者被帮助对象的犯罪地公安机关可以立案侦查。

3. 有多个犯罪地的信息网络犯罪案件,由最初受理的公安机关或者主要犯罪地公安机关立案侦查。有争议的,按照有利于查清犯罪事实、有利于诉讼的原则,协商解决;经协商无法达成一致的,由共同上级公安机关指定有关公安机关立案侦查。需要提请批准逮捕、移送审查起诉、提起公诉的,由立案侦查的公安机关所在地的人民检察院、人民法院受理。

4. 具有下列情形之一的,公安机关、人民检察院、人民法院可以在其职责范围内并案处理:

(1)一人犯数罪的;

(2)共同犯罪的;

(3)共同犯罪的犯罪嫌疑人、被告人还实施其他犯罪的;

(4)多个犯罪嫌疑人、被告人实施的犯罪行为存在关联,并案处理有利于查明全部案件事实的。

对为信息网络犯罪提供程序开发、互联网接入、服务器托管、网络存储、通讯传输等技术支持,或者广告推广、支付结算等帮助,涉嫌犯罪的,可以依照第一款的规定并案侦查。

有关公安机关依照前两款规定并案侦查的案件,需要提请批准逮捕、移送审查起诉、提起公诉的,由该公安机关所在地的人民检察院、人民法院受理。

5. 并案侦查的共同犯罪或者关联犯罪案件,犯罪嫌疑人人数众多、案情复杂的,公安机关可以分案移送审查起诉。分案移送审查起诉的,应当对并案侦查的依据、分案移送审查起诉的理由作出说明。

对于前款规定的案件,人民检察院可以分案提起公诉,人民法院可以分案审理。

分案处理应当以有利于保障诉讼质量和效率为前提,并不得影响当事人质证权等诉讼权利的行使。

6. 依照前条规定分案处理,公安机关、人民检察院、人民法院在分案前有管辖权的,分案后对相关案件的管辖权不受影响。根据具体情况,分案处理的相关案件可以由不同审级的人民法院分别审理。

7. 对于共同犯罪或者已并案侦查的关联犯罪案件,部分犯罪嫌疑人未到案,但不影响对已到案共同犯罪或者关联犯罪的犯罪嫌疑人、被告人的犯罪事实认定的,可以先行追究已到案犯罪嫌疑人、被告人的刑事责任。之前未到案的犯罪嫌疑人、被告人归案后,可以由原办案机关所在地公安机关、人民检察院、人民法院管辖其所涉及的案件。

8. 对于具有特殊情况,跨省(自治区、直辖市)指定异地公安机关侦查更有利于查清犯罪事实、保证案件公正处理的重大信息网络犯罪案件,以及在境外实施的信息网络犯罪案件,公安部可以商最高人民检察院和最高人民法院指定侦查管辖。

9. 人民检察院对于审查起诉的案件,按照刑事诉讼法的管辖规定,认为应当由上级人民检察院或者同级其他人民检察院起诉的，应当将案件移送有管辖权的人民检察院，并通知移送起诉的公安机关。人民检察院认为需要依照刑事诉讼法的规定指定审判管辖的，应当协商同级人民法院办理指定管辖有关事宜。

10. 犯罪嫌疑人被多个公安机关立案侦查的，有关公安机关一般应当协商并案处理，并依法移送案件。协商不成的，可以报请共同上级公安机关指定管辖。

人民检察院对于审查起诉的案件，发现犯罪嫌疑人还有犯罪被异地公安机关立案侦查的，应当通知移送审查起诉的公安机关。

人民法院对于提起公诉的案件，发现被告人还有其他犯罪被审查起诉、立案侦查的，可以协商人民检察院、公安机关并案处理，但可能造成审判过分迟延的除外。决定对有关犯罪并案处理，符合《中华人民共和国刑事诉讼法》第二百零四条规定的，人民检察院可以建议人民法院延期审理。

25.3.7　诈骗犯罪案件的管辖

★《公安部关于受害人居住地公安机关可否对诈骗犯罪案件立案侦查问题的批复》（公复字〔2000〕10 号，2000 年 10 月 16 日）

……犯罪行为地、犯罪结果地以及犯罪嫌疑人居住地的公安机关可以依法对属于公安机关管辖的刑事案件立案侦查。诈骗犯罪案件的犯罪结果地是指犯罪嫌疑人实际取得财产地。因此，除诈骗行为地、犯罪嫌疑人实际取得财产的结果发生地和犯罪嫌疑人居住地外，其他地方公安机关不能对诈骗犯罪案件立案侦查，但对于公民扭送、报案、控告、举报或者犯罪嫌疑人自首的，都应当立即受理，经审查认为有犯罪事实的，移送有管辖权的公安机关处理。

★《最高人民法院、最高人民检察院、公安部关于信用卡诈骗犯罪管辖有关问题的通知》（公通字〔2011〕29 号，2011 年 8 月 8 日）

对以窃取、收买等手段非法获取他人信用卡信息资料后在异地使用的信用卡诈骗犯罪案件，持卡人信用卡申领地的公安机关、人民检察院、人民法院可以依法立案侦查、起诉、审判。

★《公安部关于办理利用经济合同诈骗案件有关问题的通知》（公通字〔1997〕6 号，1997 年 1 月 9 日）

利用经济合同诈骗案件由犯罪地的公安机关办理，犯罪地包括犯罪行为地和犯罪结果地。如果由犯罪嫌疑人居住地的公安机关办理更为适宜，可以由犯罪嫌疑人居住地的公安机关负责办理。几个地方的公安机关都有管辖权的案件，由上一级的公安机关办理。管辖权有争议的或者管辖不明的案件，由争议双方的上级公安机关办理。

25.3.8　电信网络诈骗案件的管辖

★《最高人民法院、最高人民检察院、公安部关于办理电信网络诈骗等刑事案件适用法律若干问题的意见》（法发〔2016〕32 号，2016 年 12 月 19 日）

五、依法确定案件管辖

（一）电信网络诈骗犯罪案件一般由犯罪地公安机关立案侦查，如果由犯罪嫌疑人居住地公安机关立案侦查更为适宜的，可以由犯罪嫌疑人居住地公安机关立案侦查。犯罪地包括犯罪行为发生地和犯罪结果发生地。

“犯罪行为发生地”包括用于电信网络诈骗犯罪的网站服务器所在地，网站建立者、管理者所在地,被侵害的计算机信息系统或其管理者所在地,犯罪嫌疑人、被害人使用的计算机信息系统所在地,诈骗电话、短信息、电子邮件等的拨打地、发送地、到达地、接受地,以及诈骗行为持续发生的实施地、预备地、开始地、途经地、结束地。

"犯罪结果发生地"包括被害人被骗时所在地,以及诈骗所得财物的实际取得地、藏匿地、转移地、使用地、销售地等。

(二)电信网络诈骗最初发现地公安机关侦办的案件,诈骗数额当时未达到"数额较大"标准,但后续累计达到"数额较大"标准,可由最初发现地公安机关立案侦查。

(三)具有下列情形之一的,有关公安机关可以在其职责范围内并案侦查:

1. 一人犯数罪的;

2. 共同犯罪的;

3. 共同犯罪的犯罪嫌疑人还实施其他犯罪的;

4. 多个犯罪嫌疑人实施的犯罪存在直接关联,并案处理有利于查明案件事实的。

(四)对因网络交易、技术支持、资金支付结算等关系形成多层级链条、跨区域的电信网络诈骗等犯罪案件,可由共同上级公安机关按照有利于查清犯罪事实、有利于诉讼的原则,指定有关公安机关立案侦查。

(五)多个公安机关都有权立案侦查的电信网络诈骗等犯罪案件,由最初受理的公安机关或者主要犯罪地公安机关立案侦查。有争议的,按照有利于查清犯罪事实、有利于诉讼的原则,协商解决。经协商无法达成一致的,由共同上级公安机关指定有关公安机关立案侦查。

(六)在境外实施的电信网络诈骗等犯罪案件,可由公安部按照有利于查清犯罪事实、有利于诉讼的原则,指定有关公安机关立案侦查。

(七)公安机关立案、并案侦查,或因有争议,由共同上级公安机关指定立案侦查的案件,需要提请批准逮捕、移送审查起诉、提起公诉的,由该公安机关所在地的人民检察院、人民法院受理。

对重大疑难复杂案件和境外案件,公安机关应在指定立案侦查前,向同级人民检察院、人民法院通报。

(八)已确定管辖的电信诈骗共同犯罪案件,在逃的犯罪嫌疑人归案后,一般由原管辖的公安机关、人民检察院、人民法院管辖。

★《最高人民法院、最高人民检察院、公安部关于办理电信网络诈骗等刑事案件适用法律若干问题的意见(二)》(法发〔2021〕22号,2021年6月17日)

一、电信网络诈骗犯罪地,除《最高人民法院、最高人民检察院、公安部关于办理电信网络诈骗等刑事案件适用法律若干问题的意见》规定的犯罪行为发生地和结果发生地外,还包括:

(一)用于犯罪活动的手机卡、流量卡、物联网卡的开立地、销售地、转移地、藏匿地;

(二)用于犯罪活动的信用卡的开立地、销售地、转移地、藏匿地、使用地以及资金交易对手资金交付和汇出地;

(三)用于犯罪活动的银行账户、非银行支付账户的开立地、销售地、使用地以及资金交易对手资金交付和汇出地;

(四)用于犯罪活动的即时通讯信息、广告推广信息的发送地、接受地、到达地;

（五）用于犯罪活动的“猫池”（Modem Pool）、GOIP设备、多卡宝等硬件设备的销售地、入网地、藏匿地；

（六）用于犯罪活动的互联网账号的销售地、登录地。

二、为电信网络诈骗犯罪提供作案工具、技术支持等帮助以及掩饰、隐瞒犯罪所得及其产生的收益，由此形成多层级犯罪链条的，或者利用同一网站、通讯群组、资金账户、作案窝点实施电信网络诈骗犯罪的，应当认定为多个犯罪嫌疑人、被告人实施的犯罪存在关联，人民法院、人民检察院、公安机关可以在其职责范围内并案处理。

25.3.9　流动性、团伙性、跨区域性犯罪案件的管辖

★《最高人民法院、最高人民检察院、公安部、国家安全部、工业和信息化部、中国人民银行、中国银行业监督管理委员会关于办理流动性团伙性跨区域性犯罪案件有关问题的意见》（公通字〔2011〕14号，2011年5月1日）

第一条　流动性、团伙性、跨区域性犯罪案件，由犯罪地的公安机关、人民检察院、人民法院管辖。如果由犯罪嫌疑人、被告人居住地的公安机关、人民检察院、人民法院管辖更为适宜的，可以由犯罪嫌疑人、被告人居住地的公安机关、人民检察院、人民法院管辖。犯罪地包括犯罪行为发生地和犯罪结果发生地。犯罪嫌疑人、被告人居住地包括经常居住地、户籍所在地。

前款中所称“犯罪行为发生地”包括被害人接到诈骗、敲诈勒索电话、短信息、电子邮件、信件、传真等犯罪信息的地方，以及犯罪行为持续发生的开始地、流转地、结束地；“犯罪结果发生地”包括被害人向犯罪嫌疑人、被告人指定的账户转账或存款的地方，以及犯罪所得的实际取得地、藏匿地、转移地、使用地、销售地。

第二条　几个公安机关都有管辖权的案件，由最初受理的公安机关管辖。对管辖有争议的，应当本着有利于查清犯罪事实，有利于诉讼的原则，协商解决。经协商无法达成一致的，报共同的上级公安机关指定管辖。

第三条　有下列情形之一的，主办地公安机关可以依照法律和有关规定对全部人员和全部案件一并立案侦查，需要提请批准逮捕、移送审查起诉、提起公诉的，由该公安机关所在地的同级人民检察院、人民法院受理：

（一）一人在两个以上县级行政区域作案的；

（二）一人在一地利用电话、网络、信件等通讯工具和媒介以非接触性的方式作案，涉及两个以上县级行政区域的被害人的；

（三）两人以上结伙在两个以上县级行政区域共同作案的；

（四）两人以上结伙在一地利用电话、网络、信件等通讯工具和媒介以非接触性的方式共同作案，涉及两个以上县级行政区域的被害人的；

（五）三人以上时分时合，交叉结伙在两个以上县级行政区域作案的；

（六）跨区域实施的涉及同一犯罪对象的盗窃、抢劫、抢夺、诈骗、敲诈勒索以及掩饰、隐瞒犯罪所得、犯罪所得收益行为的。

第四条　人民检察院对于公安机关移送审查起诉的案件，人民法院对于已进入审判程序的案件，当事人、法定

代理人、诉讼代理人、辩护人提出管辖异议的,或者办案单位发现没有管辖权的,受案的人民检察院、人民法院经审查,可以报请与有管辖权的人民检察院、人民法院共同的上级人民检察院、人民法院指定管辖。

25.3.10　拐卖妇女、儿童犯罪案件的管辖

★《公安部关于打击拐卖妇女儿童犯罪适用法律和政策有关问题的意见》(2000年3月24日)

一、关于立案、管辖问题

(一)对发现的拐卖妇女、儿童案件,拐出地(即妇女、儿童被拐骗地)、拐入地或者中转地公安机关应当立案管辖。两个以上公安机关都有管辖权的,由最先立案的公安机关侦查。必要时,可以由主要犯罪地或者主要犯罪嫌疑人居住地公安机关管辖。有关公安机关不得相互推诿。对管辖有争议的案件,应报请争议双方共同的上一级公安机关指定管辖。

铁路、交通、民航公安机关按照《公安机关办理刑事案件程序规定》第20条①的规定立案侦查拐卖妇女、儿童案件。在运输途中查获的拐卖妇女、儿童案件,可以直接移送拐出地公安机关处理。

25.3.11　恐怖活动和极端主义犯罪案件的管辖

★《最高人民法院、最高人民检察院、公安部、司法部关于办理恐怖活动和极端主义犯罪案件适用法律若干问题的意见》(高检会〔2018〕1号,2018年3月16日)

三、完善工作机制

(二)恐怖活动和极端主义犯罪案件一般由犯罪地公安机关管辖,犯罪嫌疑人居住地公安机关管辖更为适宜的,也可以由犯罪嫌疑人居住地公安机关管辖。移送案件应当一案一卷,将案件卷宗、提取物证和扣押物品等全部随案移交。移送案件的公安机关应当指派专人配合接收案件的公安机关开展后续案件办理工作。

25.3.12　文物犯罪案件的管辖

★《最高人民法院、最高人民检察院、公安部、国家文物局关于办理妨害文物管理等刑事案件若干问题的意见》(公通字〔2022〕18号,2022年8月16日)

四、文物犯罪案件管辖

文物犯罪案件一般由犯罪地的公安机关管辖,包括文物犯罪的预谋地、工具准备地、勘探地、盗掘地、盗窃地、途经地、交易地、倒卖信息发布地、出口(境)地、涉案不可移动文物的所在地、涉案文物的实际取得地、藏匿地、转移地、加工地、储存地、销售地等。多个公安机关都有权立案侦查的文物犯罪案件,由主要犯罪地公安机关立案侦查。

具有下列情形之一的,有关公安机关可以在其职责范围内并案处理:

(1)一人犯数罪的;

(2)共同犯罪的;

(3)共同犯罪的犯罪嫌疑人还实施其他犯罪的;

(4)三人以上时分时合,交叉结伙作案的;

(5)多个犯罪嫌疑人实施的盗掘、盗窃、倒卖、掩饰、隐瞒、走私等犯罪存在直接关联,或者形成多层级犯罪链

---

①　2020年《公安规定》第二十六条、第二十七条。

条，并案处理有利于查明案件事实的。

25.3.13 妨害国（边）境管理犯罪案件的管辖

★《最高人民法院、最高人民检察院、公安部、国家移民管理局关于依法惩治妨害国（边）境管理违法犯罪的意见》（法发〔2022〕18号，2022年6月29日）

三、关于妨害国（边）境管理刑事案件的管辖

13. 妨害国（边）境管理刑事案件由犯罪地的公安机关立案侦查。如果由犯罪嫌疑人居住地的公安机关立案侦查更为适宜的，可以由犯罪嫌疑人居住地的公安机关立案侦查。

妨害国（边）境管理犯罪的犯罪地包括妨害国（边）境管理犯罪行为的预备地、过境地、查获地等与犯罪活动有关的地点。

14. 对于有多个犯罪地的妨害国（边）境管理刑事案件，由最初受理的公安机关或者主要犯罪地的公安机关立案侦查。有争议的，按照有利于查清犯罪事实、有利于诉讼的原则，由共同上级公安机关指定有关公安机关立案侦查。

15. 具有下列情形之一的，有关公安机关可以在其职责范围内并案侦查：

（1）一人犯数罪的；

（2）共同犯罪的；

（3）共同犯罪的犯罪嫌疑人、被告人还实施其他犯罪的；

（4）多个犯罪嫌疑人、被告人实施的犯罪存在关联，并案处理有利于查明案件事实的。

25.3.14 证券期货犯罪案件的管辖

★《最高人民法院、最高人民检察院、公安部、中国证券监督管理委员会关办理证券期货违法犯罪案件工作若干问题的意见》（高检发办字〔2024〕105号，2024年4月16日）

7. 证券期货犯罪的第一审案件由中级人民法院管辖，同级人民检察院负责提起公诉，地（市）级以上公安机关负责立案侦查。

8. 几个公安机关都有权管辖的证券期货犯罪案件，由最初受理的公安机关管辖，必要时可以移送主要犯罪地的公安机关管辖。如果由犯罪嫌疑人居住地的公安机关管辖更为适宜的，可以由犯罪嫌疑人居住地的公安机关管辖。发生争议的协商解决，协商不成的由共同的上级公安机关指定管辖。

9. 证券期货犯罪的犯罪地，包括以下情形：证券期货账户及保证金账户开立地；交易申报指令发出地、撮合成交地；交易资金划转指令发出地；交易证券期货品种挂牌上市的证券期货交易场所所在地、登记结算机构所在地；交易指令、内幕信息的传出地、接收地；隐瞒重要事实或者虚假的发行文件、财务会计报告等信息披露文件的虚假信息编制地、文件编写和申报地、注册审核地，不按规定披露信息的隐瞒行为发生地；犯罪所得的实际取得地、藏匿地、转移地、使用地、销售地；承担资产评估、会计、审计、法律服务、保荐等职责的中介组织提供中介服务所在地。

10. 居住地包括户籍所在地、经常居住地。单位登记的住所地为其居住地，主要营业地或者主要办事机构所在地与登记的住所地不一致的，主要营业地或者主要办事机构所在地为其居住地。

11. 具有下列情形之一的，人民法院、人民检察院、公安机关可以在职责

范围内并案处理：

（1）一人犯数罪的；

（2）共同犯罪的；

（3）共同犯罪的犯罪嫌疑人、被告人还实施其他犯罪的；

（4）多个犯罪嫌疑人、被告人实施的犯罪存在关联，并案处理有利于查明案件事实的。

12. 上级公安机关指定下级公安机关立案侦查的案件，需要逮捕犯罪嫌疑人的，由侦查该案件的公安机关提请同级人民检察院审查批准，同级人民检察院应当受理。

公安机关侦查终结移送审查起诉，同级人民检察院经审查认为需要指定审判管辖或者移送其他人民检察院起诉的，按照有关规定办理。

13. 充分发挥办案基地、审判基地专业化办案优势。加大向证券期货犯罪办案基地交办案件的力度，依法对证券期货犯罪案件适当集中管辖。对于由犯罪地或者犯罪嫌疑人、被告人居住地以外的司法机关管辖更为适宜的，原则上指定办案基地、审判基地公安机关、人民检察院、人民法院侦查、起诉、审判。公安机关、人民检察院、人民法院的办案基地、审判基地所在地一致的，适当简化各环节指定管辖的办理手续，加快办理进度。

25.4　指导与参考案例

25.4.1　毒品犯罪案件的管辖

【刑事审判参考案例】

［第 551 号］闵光辉、马占霖、帕丽旦木·买森木贩卖毒品案

裁判要旨：确定管辖权，应当以刑事诉讼法和最高人民法院的司法解释为依据，而不是以公安部门侦查或并案侦查地及移送起诉地为依据。本案被告人闵某等人的犯罪地、户籍地、居住地均不在甘肃省；闵某系假释期间犯罪；服刑地也不在甘肃省。甘肃省兰州市中级人民法院和甘肃省高级人民法院审理本案不符合法律规定，不具有管辖权。

毒品犯罪的地域管辖，应当依照刑事诉讼法的有关规定，实行以犯罪地管辖为主、被告人居住地为辅的原则。考虑毒品犯罪的特殊性和毒品犯罪侦查体制，“犯罪地”不仅可以包括犯罪预谋地、毒资筹集地、交易进行地、运输途经地以及毒品生产地，也包括毒资、毒赃和毒品藏匿地、转移地、走私或者贩运毒品目的地等。“被告人居住地”不仅包括被告人常住地和户籍所在地，也包括其临时居住地。对于已进入审判程序的案件，被告人及其辩护人提出管辖异议，经审查异议成立的，或者受案法院发现没有管辖权，而案件由本院管辖更适宜的，受案法院应当报请与有管辖权的法院共同的上级法院依法指定本院管辖。

25.4.2　跨境毒品犯罪案件的管辖

【刑事审判参考案例】

［第 640 号］邵春天制造毒品案

裁判要旨：本案被告人是中国公民，其从我国境内购买制毒所用设备、化学配剂，从我国召集工人参与制造毒品，一些犯罪行为发生在我国境内，其所实施制造毒品的犯罪依法不属于“最高刑为三年以下有期徒刑，可以不予追究”的情况，根据我国加入的国际条约，对于毒品犯罪，犯罪发生地国、罪犯国籍国、犯罪目的所在地国等国家均有权行使管辖权。不论是根据我国刑法规

定的属地管辖原则、属人管辖原则或者普遍管辖原则，我国对本案均有管辖权。虽然依据属地原则，我国与菲律宾都有管辖权，但被告人是我国公民，我国警方最先受理本案，被告人在我国境内被抓获，已被我国公安机关实际控制，本案由我国管辖更为适当。

25.4.3　非法采矿案件的管辖

【最高人民法院指导性案例】

［第212号］刘某桂非法采矿刑事附带民事公益诉讼案

裁判要点：1. 跨行政区划的非法采砂刑事案件，可以由非法开采行为实施地、矿产品运输始发地、途经地、目的地等与犯罪行为相关的人民法院管辖。

2. 对于采售一体的非法采砂共同犯罪，应当按照有利于查明犯罪事实、便于生态环境修复的原则，确定管辖法院。该共同犯罪中一人犯罪或一环节犯罪属于管辖法院审理的，则该采售一体非法采砂刑事案件均可由该法院审理。

3. 非法采砂造成流域生态环境损害，检察机关在刑事案件中提起附带民事公益诉讼，请求被告人承担生态环境修复责任、赔偿损失和有关费用的，人民法院依法予以支持。

26　管辖权竞合的处理

26.1　法条规定

第二十六条　几个同级人民法院都有权管辖的案件，由最初受理的人民法院审判。在必要的时候，可以移送主要犯罪地的人民法院审判。

【立法释义】①

本条规定明确了管辖权竞合情形的处理原则。我国地域辽阔，案件情况复杂，有些犯罪分子流窜作案、多次作案、结伙作案，涉及地区广，为解决管辖权争议，几个同级人民法院都有权管辖的案件，由最初受理的人民法院审判。主要是考虑，最初受理的人民法院已经启动诉讼程序，了解案情，由其继续审理，有利于提高诉讼效率。“必要的时候”，主要是指最初受理的人民法院不是主要犯罪地人民法院，而由主要犯罪地人民法院管辖，更有利于查清案件事实，进行法制宣传教育。

有的案件，不同地区的人民法院依法均可以主张管辖权，从而引发管辖权争议。《法院解释》第十九条第二款规定，管辖权发生争议的，应当在审理期限内协商解决；协商不成的，由争议的人民法院分别层报共同的上级人民法院指定管辖。由于存在管辖权争议的法院可能属于不同层级，故应当分别层报“共同的上级人民法院”指定管辖。

26.2　司法解释

26.2.1　检察机关管辖权竞合的处理

★《检察院规则》(2019)

第二十一条　几个人民检察院都有权管辖的案件，由最初受理的人民检察院管辖。必要时，可以由主要犯罪地的人民检察院管辖。

26.2.2　法院管辖权竞合的处理

★《法院解释》(2021)

第十九条　两个以上同级人民法院都有管辖权的案件，由最初受理的人民法院审判。必要时，可以移送主要犯罪地的人民法院审判。

---

①　参见王爱立主编书，第47页。

管辖权发生争议的,应当在审理期限内协商解决;协商不成的,由争议的人民法院分别层报共同的上级人民法院指定管辖。

26.3　规范性文件

26.3.1　侦查机关管辖权竞合的处理

★《公安规定》(2020)

第二十一条　几个公安机关都有权管辖的刑事案件,由最初受理的公安机关管辖。必要时,可以由主要犯罪地的公安机关管辖。

具有下列情形之一的,公安机关可以在职责范围内并案侦查:

(一)一人犯数罪的;

(二)共同犯罪的;

(三)共同犯罪的犯罪嫌疑人还实施其他犯罪的;

(四)多个犯罪嫌疑人实施的犯罪存在关联,并案处理有利于查明犯罪事实的。

第二十二条　对管辖不明确或者有争议的刑事案件,可以由有关公安机关协商。协商不成的,由共同的上级公安机关指定管辖。

对情况特殊的刑事案件,可以由共同的上级公安机关指定管辖。

提请上级公安机关指定管辖时,应当在有关材料中列明犯罪嫌疑人基本情况、涉嫌罪名、案件基本事实、管辖争议情况、协商情况和指定管辖理由,经公安机关负责人批准后,层报有权指定管辖的上级公安机关。

【重点解读】①

公安机关的指定管辖,是指上级公安机关在其辖区内指定下级公安机关管辖具有特殊情形的刑事案件。上级公安机关有变更或者确定侦查管辖机关的裁量权。情况特殊,是指公安机关在办理刑事案件中面临一些特殊情况,例如犯罪嫌疑人是对本案有管辖权的公安机关负责人,案件在当地社会影响较大等,使本来有管辖权的公安机关不适宜开展侦查工作。此种情况下,由共同的上级公安机关指定管辖,有利于开展侦查工作。

★《国安规定》(2024)

第二十五条　多个国家安全机关都有管辖权的案件,由最初受理的国家安全机关管辖。必要时,可以由主要犯罪地的国家安全机关管辖。

第二十六条　对于管辖不明确或者管辖有争议的案件,可以由有关国家安全机关协商。协商不成的,由共同的上级国家安全机关指定管辖。

对于情况特殊的案件,可以由共同的上级国家安全机关指定管辖。

跨省、自治区、直辖市犯罪案件具有特殊情况,由异地国家安全机关立案侦查更有利于查清犯罪事实、保证案件公正处理的,可以由国家安全部商最高人民检察院和最高人民法院指定管辖。

26.3.2　经济犯罪案件管辖权竞合的处理

★《最高人民检察院、公安部关于公安机关办理经济犯罪案件的若干规定》(公通字〔2017〕25 号,2017 年 11 月 24 日)

第十条　上级公安机关必要时可以立案侦查或者组织、指挥、参与侦查下级公安机关管辖的经济犯罪案件。

① 参见孙茂利主编书,第 53—56 页。

对重大、疑难、复杂或者跨区域性经济犯罪案件,需要由上级公安机关立案侦查的,下级公安机关可以请求移送上一级公安机关立案侦查。

第十一条　几个公安机关都有权管辖的经济犯罪案件,由最初受理的公安机关管辖。必要时,可以由主要犯罪地的公安机关管辖。对管辖不明确或者有争议的,应当协商管辖;协商不成的,由共同的上级公安机关指定管辖。

主要利用通讯工具、互联网等技术手段实施的经济犯罪案件,由最初发现、受理的公安机关或者主要犯罪地的公安机关管辖。

第十二条　公安机关办理跨区域性涉众型经济犯罪案件,应当坚持统一指挥协调、统一办案要求的原则。

对跨区域性涉众型经济犯罪案件,犯罪地公安机关应当立案侦查,并由一个地方公安机关为主侦查,其他公安机关应当积极协助。必要时,可以并案侦查。

27　指定管辖

27.1　法条规定

第二十七条　上级人民法院可以指定下级人民法院审判管辖不明的案件,也可以指定下级人民法院将案件移送其他人民法院审判。

【立法释义】①

本条规定明确了指定管辖的原则。指定管辖是上级人民法院基于审判指导权限,依法调整案件审判管辖的制度。关于指定管辖,需要关注以下事项:

第一,一般原则。"上级人民法院",主要是指上一级人民法院。"管辖不明的案件",主要是指:案件的管辖在法律中没有明确规定;对该案件应由谁管辖存在争议。为避免管辖权争议,本条作出授权性规定,上级人民法院可以指定下级人民法院审判管辖不明的案件,也可以指定下级人民法院将案件移送其他人民法院审判。指定移送案件,主要是指上级人民法院根据案件情况,基于审判质量和效率等考虑,指定下级人民法院将其管辖的案件移送其他人民法院审判,这种指定移送并不限于管辖不明的案件。

第二,特殊情形。对于发回重审案件,人民检察院降低级别管辖提起公诉,有变相规避原第二审人民法院审判监督之嫌。为确保案件公正审判,《法院解释》第二十三条规定,原第二审人民法院根据具体情况,可以决定恢复原有级别管辖,或者将案件移送其他人民法院审判。

需要指出的是,本法规定的指定管辖是指审判管辖。但是,由于侦查程序先于审判程序,侦查机关在特定情形下也需要指定侦查管辖。

27.2　司法解释

27.2.1　协商管辖与指定管辖

★《法院解释》(2021)

第二十条　管辖不明的案件,上级人民法院可以指定下级人民法院审判。

有关案件,由犯罪地、被告人居住地以外的人民法院审判更为适宜的,上级人民法院可以指定下级人民法院管辖。

第二十一条　上级人民法院指定管辖,应当将指定管辖决定书送达被指定管

---

① 参见王爱立主编书,第 47—48 页。

辖的人民法院和其他有关的人民法院。

第二十二条　原受理案件的人民法院在收到上级人民法院改变管辖决定书、同意移送决定书或者指定其他人民法院管辖的决定书后，对公诉案件，应当书面通知同级人民检察院，并将案卷材料退回，同时书面通知当事人；对自诉案件，应当将案卷材料移送被指定管辖的人民法院，并书面通知当事人。

第二十三条　第二审人民法院发回重新审判的案件，人民检察院撤回起诉后，又向原第一审人民法院的下级人民法院重新提起公诉的，下级人民法院应当将有关情况层报原第二审人民法院。原第二审人民法院根据具体情况，可以决定将案件移送原第一审人民法院或者其他人民法院审判。

★**《检察院规则》**（2019）

第二十条　对管辖不明确的案件，可以由有关人民检察院协商确定管辖。

第二十二条　对于下列案件，上级人民检察院可以指定管辖：

（一）管辖有争议的案件；

（二）需要改变管辖的案件；

（三）需要集中管辖的特定类型的案件；

（四）其他需要指定管辖的案件。

对前款案件的审查起诉指定管辖的，人民检察院应当与相应的人民法院协商一致。对前款第三项案件的审查逮捕指定管辖的，人民检察院应当与相应的公安机关协商一致。

【重点解读】①

一是管辖有争议的案件。对于管辖不明确的案件，经有关人民检察院协商后无法达成一致，或者因为对法律规定的认识和理解不同，导致案件管辖产生分歧，以致出现相互推诿或者两个人民检察院均受理的情形，有关人民检察院应当及时报请共同的上级人民检察院指定管辖。

二是需要改变管辖的案件。有管辖权的下级人民检察院不适宜或者不能行使管辖权，例如该院检察长需要回避，或者该院办理案件受到严重干扰等，应当由上级人民检察院指定其他下级人民检察院管辖。

三是需要集中管辖的特定类型的案件。此类案件集中管辖，可以有效提升检察队伍专业化水平，提升办案质量和效率。

【刑事审判参考案例】

［第6号］蓝海诈骗案

裁判要旨：被告人蓝海的犯罪地、住所地均在四川绵阳，不存在1996年刑事诉讼法第二十六条规定的管辖不明或者需要移送管辖的情况，即不存在需要指定湖南省长沙市中级人民法院管辖的情由，湖南法院对此案无管辖权。长沙市中级人民法院应当将案件退回检察机关，由检察机关按法律规定将此案移送有管辖权的司法机关审理。

27.3　规范性文件

27.3.1　侦查机关指定管辖的原则

★**《公安规定》**（2020）

第二十二条　对管辖不明确或者有争议的刑事案件，可以由有关公安机关协商。协商不成的，由共同的上级公安机关指定管辖。

对情况特殊的刑事案件，可以由共同的上级公安机关指定管辖。

---

① 参见童建明、万春主编释义书，第28—30页。

提请上级公安机关指定管辖时，应当在有关材料中列明犯罪嫌疑人基本情况、涉嫌罪名、案件基本事实、管辖争议情况、协商情况和指定管辖理由，经公安机关负责人批准后，层报有权指定管辖的上级公安机关。

第二十三条　上级公安机关指定管辖的，应当将指定管辖决定书分别送达被指定管辖的公安机关和其他有关的公安机关，并根据办案需要抄送同级人民法院、人民检察院。

原受理案件的公安机关，在收到上级公安机关指定其他公安机关管辖的决定书后，不再行使管辖权，同时应当将犯罪嫌疑人、涉案财物以及案卷材料等移送被指定管辖的公安机关。

对指定管辖的案件，需要逮捕犯罪嫌疑人的，由被指定管辖的公安机关提请同级人民检察院审查批准；需要提起公诉的，由该公安机关移送同级人民检察院审查决定。

★《国安规定》(2024)

第二十六条　对于管辖不明确或者管辖有争议的案件，可以由有关国家安全机关协商。协商不成的，由共同的上级国家安全机关指定管辖。

对于情况特殊的案件，可以由共同的上级国家安全机关指定管辖。

跨省、自治区、直辖市犯罪案件具有特殊情况，由异地国家安全机关立案侦查更有利于查清犯罪事实、保证案件公正处理的，可以由国家安全部商最高人民检察院和最高人民法院指定管辖。

第二十七条　上级国家安全机关指定管辖的，应当将指定管辖决定书分别送达被指定管辖的国家安全机关和其他有关的国家安全机关。

原受理案件的国家安全机关，在收到上级国家安全机关指定其他国家安全机关管辖的决定书后，不再行使管辖权。

对于指定管辖的案件，需要逮捕犯罪嫌疑人的，由被指定管辖的国家安全机关依法提请人民检察院审查批准；需要提起公诉的，由该国家安全机关按照有关规定移送人民检察院办理。

27.3.2　经济犯罪案件的指定管辖

★《最高人民检察院、公安部关于公安机关办理经济犯罪案件的若干规定》(公通字〔2017〕25 号，2017 年 11 月 24 日)

第十三条　上级公安机关指定下级公安机关立案侦查的经济犯罪案件，需要逮捕犯罪嫌疑人的，由侦查该案件的公安机关提请同级人民检察院审查批准；需要移送审查起诉的，由侦查该案件的公安机关移送同级人民检察院审查起诉。

人民检察院受理公安机关移送审查起诉的经济犯罪案件，认为需要依照刑事诉讼法的规定指定审判管辖的，应当协商同级人民法院办理指定管辖有关事宜。

对跨区域性涉众型经济犯罪案件，公安机关指定管辖的，应当事先向同级人民检察院、人民法院通报和协商。

27.4　指导与参考案例

27.4.1　环境保护公益诉讼的指定管辖

【最高人民法院指导性案例】

［第 261 号］张某山等人非法采矿刑事附带民事公益诉讼案

裁判要点：1. 对于跨行政区划的破坏环境资源保护犯罪案件，符合《法院解释》第二十条第二款规定情形的，上级人民法院可以指定具有环境资源审判职能的下级人民法院管辖。

2. 在受损地组织实施生态环境修复更为适宜的，人民法院可以将执行到位的修复费用跨行政区划移交受损地相关部门用于生态环境修复。

28　专门管辖

28.1　法条规定

第二十八条　专门人民法院案件的管辖另行规定。

【立法释义】①

本条规定明确了专门管辖的原则。专门人民法院是指根据实际情况和审理案件的需要，依法成立的审理特定类型案件的人民法院。目前，在我国依照法律规定设立的专门人民法院有军事法院、海事法院、知识产权法院和金融法院等。专门人民法院的管辖另行规定，既包括专门人民法院对案件的管辖范围另行由法律规定，也包括在法律没有规定前由最高人民法院通过司法解释来规定管辖。

28.2　司法解释

28.2.1　专门检察院的管辖

★《检察院规则》(2019)

第二十三条　军事检察院等专门人民检察院的管辖以及军队与地方互涉刑事案件的管辖，按照有关规定执行。

28.2.2　铁路运输法院的管辖

★《法院解释》(2021)

第五条　在列车上的犯罪，被告人在列车运行途中被抓获的，由前方停靠站所在地负责审判铁路运输刑事案件的人民法院管辖。必要时，也可以由始发站或者终点站所在地负责审判铁路运输刑事案件的人民法院管辖。

被告人不是在列车运行途中被抓获的，由负责该列车乘务的铁路公安机关对应的审判铁路运输刑事案件的人民法院管辖；被告人在列车运行途经车站被抓获的，也可以由该车站所在地负责审判铁路运输刑事案件的人民法院管辖。

第六条　在国际列车上的犯罪，根据我国与相关国家签订的协定确定管辖；没有协定的，由该列车始发或者前方停靠的中国车站所在地负责审判铁路运输刑事案件的人民法院管辖。

第二十六条　军队和地方互涉刑事案件，按照有关规定确定管辖。

★《最高人民法院关于铁路运输法院案件管辖范围的若干规定》(法释〔2012〕10号，2012年7月17日)

第一条　铁路运输法院受理同级铁路运输检察院依法提起公诉的刑事案件。

下列刑事公诉案件，由犯罪地的铁路运输法院管辖：

(一)车站、货场、运输指挥机构等铁路工作区域发生的犯罪；

(二)针对铁路线路、机车车辆、通讯、电力等铁路设备、设施的犯罪；

(三)铁路运输企业职工在执行职务中发生的犯罪。

在列车上的犯罪，由犯罪发生后该列车最初停靠的车站所在地或者目的地的铁路运输法院管辖；但在国际列车上的犯罪，按照我国与相关国家签订的有关管辖协定确定管辖，没有协定的，

---

① 参见王爱立主编书，第48—49页。

由犯罪发生后该列车最初停靠的中国车站所在地或者目的地的铁路运输法院管辖。

第二条　本规定第一条第二、三款范围内发生的刑事自诉案件，自诉人向铁路运输法院提起自诉的，铁路运输法院应当受理。

第四条　铁路运输基层法院就本规定第一条至第三条所列案件作出的判决、裁定，当事人提起上诉或铁路运输检察院提起抗诉的二审案件，由相应的铁路运输中级法院受理。

第六条　各高级人民法院指定铁路运输法院受理案件的范围，报最高人民法院批准后实施。

28.3　规范性文件

28.3.1　公安机关的专门管辖

★《公安规定》(2020)

第二十六条　铁路公安机关管辖铁路系统的机关、厂、段、院、校、所、队、工区等单位发生的刑事案件，车站工作区域内、列车内发生的刑事案件，铁路沿线发生的盗窃或者破坏铁路、通信、电力线路和其他重要设施的刑事案件，以及内部职工在铁路线上工作时发生的刑事案件。

铁路系统的计算机信息系统延伸到地方涉及铁路业务的网点，其计算机信息系统发生的刑事案件由铁路公安机关管辖。

对倒卖、伪造、变造火车票的刑事案件，由最初受理案件的铁路公安机关或者地方公安机关管辖。必要时，可以移送主要犯罪地的铁路公安机关或者地方公安机关管辖。

在列车上发生的刑事案件，犯罪嫌疑人在列车运行途中被抓获的，由前方停靠站所在地的铁路公安机关管辖；必要时，也可以由列车始发站、终点站所在地的铁路公安机关管辖。犯罪嫌疑人不是在列车运行途中被抓获的，由负责该列车乘务的铁路公安机关管辖；但在列车运行途经的车站被抓获的，也可以由该车站所在地的铁路公安机关管辖。

在国际列车上发生的刑事案件，根据我国与相关国家签订的协定确定管辖；没有协定的，由该列车始发或者前方停靠的中国车站所在地的铁路公安机关管辖。

铁路建设施工工地发生的刑事案件由地方公安机关管辖。

第二十七条　民航公安机关管辖民航系统的机关、厂、段、院、校、所、队、工区等单位、机场工作区域内、民航飞机内发生的刑事案件。

重大飞行事故刑事案件由犯罪结果发生地机场公安机关管辖。犯罪结果发生地未设机场公安机关或者不在机场公安机关管辖范围内的，由地方公安机关管辖，有关机场公安机关予以协助。

第二十八条　海关走私犯罪侦查机构管辖中华人民共和国海关关境内发生的涉税走私犯罪和发生在海关监管区内的非涉税走私犯罪等刑事案件。

第三十一条　公安机关和军队互涉刑事案件的管辖分工按照有关规定办理。

公安机关和武装警察部队互涉刑事案件的管辖分工依照公安机关和军队互涉刑事案件的管辖分工的原则办理。

第三章　回　　避

29　法定回避事由

29.1　法条规定

第二十九条　审判人员、检察人员、侦查人员有下列情形之一的，应当自行回避，当事人及其法定代理人也有权要求他们回避：

（一）是本案的当事人或者是当事人的近亲属的；

（二）本人或者他的近亲属和本案有利害关系的；

（三）担任过本案的证人、鉴定人、辩护人、诉讼代理人的；

（四）与本案当事人有其他关系，可能影响公正处理案件的。

【立法释义】①

本条规定明确了法定回避事由。回避作为确保公正审判的重要制度安排，是指审判人员、检察人员、侦查人员和法律规定的其他人员遇有法律规定的情形，不得参加（或者继续参加）审判、检察、侦查或者其他诉讼活动的制度。关于法定回避事由，应当关注以下事项：

第一，回避的对象。本条规定的“审判人员、检察人员、侦查人员”，是指参加本案的审判、检察、侦查工作的审判人员、检察人员、侦查人员。

第二，回避的情形。回避具体分为自行回避、指令回避和依申请回避三种情形。自行回避，是指审判人员、检察人员、侦查人员知晓本人具有本条规定应当回避的情形，应主动向所在机关提出回避申请，不得参加有关诉讼活动。指令回避，是指办案机关依职权决定办案机关负责人或者办案人员回避的情形。依申请回避，是指审判人员、检察人员、侦查人员明知本人应当回避而不自行回避，或者不知晓、不认为本人具有应当回避的情形，没有自行回避的，当事人及其法定代理人有权要求他们回避。“回避申请权”②是本法赋予当事人及其法定代理人的重要诉讼权利，审判人员、检察人员、侦查人员在诉讼过程中，首先要向当事人及其法定代理人告知这一权利，任何人都不能剥夺当事人及其法定代理人申请回避的权利。

第三，法定回避事由。当事人及其法定代理人申请有关人员回避，应当基于法定的事由，并提供有关证据材料。本条规定的前两种情形，即“是本案的当事人或者是当事人的近亲属”，以及“本人或者他的近亲属和本案有利害关系”，是指审判人员、检察人员、侦查人员或者近亲属与本案有利害关系，可能影响司法公正。本条规定的第三种情形，即“担任过本案的证人、鉴定人、辩护人、诉讼代理人”，是指审判人员、检察人员、侦查人员曾经担任本案其他诉讼角色，可能影响职务行为的公正性。这意味着，刑事诉讼角色具有排他性，例如，警察在现场目击犯

---

① 参见王爱立主编书，第 50—52 页。

② 基于当事人及其法定代理人的申请回避权，为规范该项权利行使，可考虑将本条规定的“要求他们回避”，调整为“申请有关人员回避”。

罪行为,成为关键证人,随后就不得担任本案侦查人员。第四种情形是兜底条款,涉及与本案当事人有其他关系,可能影响公正处理案件等情形。与第一种情形相比,如果审判人员、检察人员、侦查人员与当事人有"其他关系",只有在"可能影响公正处理案件"的情况下才需要回避。

第四,特殊职业回避事由。在法定回避事由基础上,法官法、检察官法和《法院解释》对此作出了规定。

第五,特殊程序回避事由。为防止同一办案人员因工作调整等原因,先后参与同一案件的不同诉讼阶段,特别是审判程序,受先入为主等因素制约,影响案件的公正处理,司法解释规定了特殊的程序回避事由。

29.2　相关立法

29.2.1　法官的任职回避

★**《中华人民共和国法官法》**(2019年4月23日修订)

第二十四条　法官的配偶、父母、子女有下列情形之一的,法官应当实行任职回避:

(一)担任该法官所任职人民法院辖区内律师事务所的合伙人或者设立人的;

(二)在该法官所任职人民法院辖区内以律师身份担任诉讼代理人、辩护人,或者为诉讼案件当事人提供其他有偿法律服务的。

第三十六条　法官从人民法院离任后两年内,不得以律师身份担任诉讼代理人或者辩护人。

法官从人民法院离任后,不得担任原任职法院办理案件的诉讼代理人或者辩护人,但是作为当事人的监护人或者近亲属代理诉讼或者进行辩护的除外。

法官被开除后,不得担任诉讼代理人或者辩护人,但是作为当事人的监护人或者近亲属代理诉讼或者进行辩护的除外。

29.2.2　检察官的任职回避

★**《中华人民共和国检察官法》**(2019年4月23日修订)

第二十五条　检察官的配偶、父母、子女有下列情形之一的,检察官应当实行任职回避:

(一)担任该检察官所任职人民检察院辖区内律师事务所的合伙人或者设立人的;

(二)在该检察官所任职人民检察院辖区内以律师身份担任诉讼代理人、辩护人,或者为诉讼案件当事人提供其他有偿法律服务的。

第三十七条　检察官从人民检察院离任后两年内,不得以律师身份担任诉讼代理人或者辩护人。

检察官从人民检察院离任后,不得担任原任职检察院办理案件的诉讼代理人或者辩护人,但是作为当事人的监护人或者近亲属代理诉讼或者进行辩护的除外。

检察官被开除后,不得担任诉讼代理人或者辩护人,但是作为当事人的监护人或者近亲属代理诉讼或者进行辩护的除外。

29.3　司法解释

29.3.1　应当回避的情形

★**《法院解释》**(2021)

第二十七条　审判人员具有下列情形之一的,应当自行回避,当事人及其法定代理人有权申请其回避:

(一)是本案的当事人或者是当事人的近亲属的;

(二)本人或者其近亲属与本案有

利害关系的；

（三）担任过本案的证人、鉴定人、辩护人、诉讼代理人、翻译人员的；

（四）与本案的辩护人、诉讼代理人有近亲属关系的；

（五）与本案当事人有其他利害关系，可能影响公正审判的。

★《检察院规则》（2019）

第二十四条　检察人员在受理举报和办理案件过程中，发现有刑事诉讼法第二十九条或者第三十条规定的情形之一的，应当自行提出回避；没有自行提出回避的，人民检察院应当决定其回避，当事人及其法定代理人有权要求其回避。

【重点解读】①

检察人员包括检察官和检察官助理。检察人员的回避，是指与案件或案件当事人有利害关系，或存在其他可能影响案件公正处理的情形，有关检察官和检察官助理不得参与该案的诉讼活动。

29.3.2　自行回避的程序

★《检察院规则》（2019）

第二十五条　检察人员自行回避的，应当书面或者口头提出，并说明理由。口头提出的，应当记录在案。

【重点解读】②

检察人员在受理举报或办理刑事案件过程中，遇有应当回避的情形，应当自行回避。对于口头申请的内容及其理由，应当以书写或印制的形式记录下来，保存在检察内卷之中。不论是书面还是口头，均应当向检察长汇报，由检察长决定。

29.3.3　回避权利的告知

★《检察院规则》（2019）

第二十六条　人民检察院应当告知当事人及其法定代理人有依法申请回避的权利，并告知办理相关案件的检察人员、书记员等人员的姓名、职务等有关情况。

【重点解读】③

告知申请回避的权利，应当贯穿整个刑事诉讼过程。在侦查、审查逮捕、审查起诉、法庭审理等阶段，均应当告知当事人及其法定代理人有依法申请回避的权利。“有关情况”，是指与案件办理相关的情况，不包括与案件办理无关的办案人员的个人信息。

29.3.4　申请回避

★《检察院规则》（2019）

第二十七条　当事人及其法定代理人要求检察人员回避的，应当书面或者口头向人民检察院提出，并说明理由。口头提出的，应当记录在案。根据刑事诉讼法第三十条的规定要求检察人员回避的，应当提供有关证明材料。

人民检察院经过审查或者调查，认为检察人员符合回避条件的，应当作出回避决定；不符合回避条件的，应当驳回申请。

【重点解读】④

我国实行有因回避而非无因回避，当事人及其法定代理人提出回避要求，但不能提出具体理由和证据的，应当不批准回避请求，并做好释法说理工作。

---

①　参见童建明、万春主编释义书，第32页。

②　参见童建明、万春主编释义书，第35页。

③　参见童建明、万春主编释义书，第35—36页。

④　参见童建明、万春主编释义书，第36页。

29.3.5 决定回避

★《检察院规则》(2019)

第三十一条 检察长应当回避,本人没有自行回避,当事人及其法定代理人也没有申请其回避的,检察委员会应当决定其回避。

其他检察人员有前款规定情形的,检察长应当决定其回避。

29.3.6 特殊回避

★《法院解释》(2021)

第二十九条 参与过本案调查、侦查、审查起诉工作的监察、侦查、检察人员,调至人民法院工作的,不得担任本案的审判人员。

在一个审判程序中参与过本案审判工作的合议庭组成人员或者独任审判员,不得再参与本案其他程序的审判。但是,发回重新审判的案件,在第一审人民法院作出裁判后又进入第二审程序、在法定刑以下判处刑罚的复核程序或者死刑复核程序的,原第二审程序、在法定刑以下判处刑罚的复核程序或者死刑复核程序中的合议庭组成人员不受本款规定的限制。

★《检察院规则》(2019)

第三十五条 参加过同一案件侦查的人员,不得承办该案的审查逮捕、审查起诉、出庭支持公诉和诉讼监督工作,但在审查起诉阶段参加自行补充侦查的人员除外。

【重点解读】①

公安机关或国家安全机关的侦查人员可能因工作需要,调到检察机关从事审查起诉工作;在检察机关内部,参加过本案侦查的人员可能调到捕诉部门工作,而其参与侦查的案件可能正处在审查起诉阶段。为防止先入为主,参加过本案侦查工作的人员,不得承办该案的审查逮捕、审查起诉、出庭支持公诉和诉讼监督工作。

审查起诉中的自行补充侦查不同于前期的侦查工作。自行补充侦查由负责审查起诉的检察人员负责进行,服务于审查起诉、出庭支持公诉,其实质是审查起诉工作的有机组成部分,因此,在审查起诉阶段参加自行补充侦查的人员,可以继续参加该案的审查逮捕、审查起诉、出庭支持公诉和诉讼监督工作。

29.3.7 任职回避

★《法院解释》(2021)

第三十条 依照法律和有关规定应当实行任职回避的,不得担任案件的审判人员。

29.4 规范性文件

29.4.1 侦查人员回避的情形

★《公安规定》(2020)

第三十二条 公安机关负责人、侦查人员有下列情形之一的,应当自行提出回避申请,没有自行提出回避申请的,应当责令其回避,当事人及其法定代理人也有权要求他们回避:

(一)是本案的当事人或者是当事人的近亲属的;

(二)本人或者他的近亲属和本案有利害关系的;

(三)担任过本案的证人、鉴定人、辩护人、诉讼代理人的;

(四)与本案当事人有其他关系,

---

① 参见童建明、万春主编释义书,第42页。

可能影响公正处理案件的。

★《国安规定》(2024)

第三十条　国家安全机关负责人、侦查人员有下列情形之一的,应当自行提出回避申请,没有自行提出回避申请的,应当责令其回避,当事人及其法定代理人也有权要求他们回避:

(一)是本案的当事人或者是当事人的近亲属的;

(二)本人或者他的近亲属和本案有利害关系的;

(三)担任过本案的证人、鉴定人、辩护人、诉讼代理人的;

(四)与本案当事人有其他关系,可能影响公正处理案件的。

29.5　指导与参考案例

29.5.1　违反回避规定的处理

【刑事审判参考案例】

[第662号]章来苟等聚众扰乱社会秩序案

裁判要旨:虽然刑事诉讼法与法官法、检察官法规定的是不同种类的回避,但是不论是公务回避还是任职回避,都属回避制度的范畴。法官法和检察官法对离任法官和检察官担任原任职法院、检察院办理案件的辩护人、诉讼代理人的禁止性规定,并非对不特定多数人从事律师职业予以限制,其仅仅规范了法官、检察官离职后的行为,实质上属于法官、检察官的离职回避。违反回避制度属于严重程序违法,极可能导致案件处理不公,即使未实际影响到案件的公正审理,也可因程序本身的不公令人对结果是否公正产生合理怀疑。根据刑事诉讼法的规定,只要违反了回避制度就应当发回重审。被告人的一审辩护人在其原任检察官的检察院办理的案件中担任辩护人,属于法律规定应当回避的情形,其行为已影响到审判的公正性,二审法院应当裁定发回重审。

29.6　专门问题解答

29.6.1　侦查人员在另案作证后的回避要求

★《侦查人员在其他案件中所作的证言能否在其侦办的案件中使用》(《检察日报》2024年6月19日第3版“检答网集萃”)

咨询内容:按照刑事诉讼法第二十九条之规定,侦查人员担任过本案的证人的,应当自行提出回避申请。如果一名侦查人员甲在A案件中负责侦查取证工作,但同一时期,甲在与A案件相关联的B案件中以证人身份作证。该行为是否违反刑事诉讼法回避规定?

在A案件侦办过程中,公安机关将甲在B案件中所作的证言装入证据卷并移送审查起诉,随后的起诉书、判决书中也引用了该份证言。A案件的诉讼程序是否有效?

答疑意见:根据刑事诉讼法第二十九条和《公安规定》第三十二条、第三十九条规定,“担任过本案的证人”及“与本案当事人有其他关系,可能影响公正处理案件”等4种情形的,侦查人员应当回避。

一、无论A、B案件是否为关联案件,侦查人员参与A案件侦查不影响其作为B案件证人履行作证义务,其依法所作证言的证据能力不受影响,但该证言的证明力需结合案件具体情况审查判断。

二、关于“如果一名侦查人员在 A 案件中负责侦查取证工作，但同一时期，其在与 A 案件相关联的 B 案件中担任了证人。该行为是否违反刑事诉讼法相关规定”的问题，需要区分不同情形讨论。

（一）侦查人员在同一时期的 A、B 案件中分别作为侦查人员和证人，A、B 案件存在事实上的关联因素，但没有法律意义上的关联关系的（如同时作为同一家庭或单位内部不同成员涉及的不同案件中的侦查人员和证人），并未违反刑事诉讼法相关规定，不影响侦查人员侦查活动和证人证言的效力。

（二）侦查人员在同一时期的 A、B 案件中分别作为侦查人员和证人，A、B 案件事实存在法律上的关联关系，如侦查人员在 A 案件的侦查内容与其在 B 案件中作为证人证明的事实相关，则需要结合案件情况判断侦查人员在 B 案件中作为证人的身份是否可能影响其办理 A 案件的公正性。

若“可能影响公正处理案件”，则侦查人员需要在 A 案件中回避，同时由决定其回避的机关对其回避前侦查活动是否有效作出决定。若经审查判断后认为该情形不会影响侦查人员对 A 案件侦办的公正性，不会引起公众对 A 案件侦办公信力质疑的，则不影响侦查人员继续侦办 A 案件。

三、咨询内容的第二个问题不属于上述所列情形。基于该侦查人员在 A 案件中负责侦查取证工作，“在 A 案件侦办过程中，公安机关将 B 案件中该侦查员的证言装入证据卷，并且随后的起诉书、判决书中也引用了该证言”已经明确，A 案件事实上使用了 B 案件证言，该侦查人员属于事实上“担任过本案的证人”，依法应当回避。

需要说明的是，根据现行刑事诉讼法、相关司法解释等规定，违反回避规定所进行的侦查活动、所收集调取的证据材料并不是当然无效，其侦查活动是否有效可由有权决定其是否回避的机关根据案件情况决定；而由其收集调取的证据的合法性、真实性，需依照刑事诉讼法及相关司法解释审查判断。经审查后，依法提出纠正意见、排除非法证据，符合刑事诉讼法第二百二十八条规定的，依法提出抗诉，符合刑事诉讼法第二百五十三条情形的，依法启动审判监督程序。

30　违反职业准则的回避

30.1　法条规定

第三十条　审判人员、检察人员、侦查人员不得接受当事人及其委托的人的请客送礼，不得违反规定会见当事人及其委托的人。

审判人员、检察人员、侦查人员违反前款规定的，应当依法追究法律责任。当事人及其法定代理人有权要求他们回避。

【立法释义】①

本条规定明确了审判人员、检察人员、侦查人员的职业准则，以及违反职业准则的回避情形。关于违反职业准则的回避，应当关注以下事项：

第一，“违反规定会见当事人及其委托的人”，是指审判人员、检察人员、

① 参见王爱立主编书，第 52—53 页。

侦查人员在办理案件过程中，在法定的诉讼行为之外，私自会见当事人及其委托的人。这一规定主要是为了防止办案人员接受当事人及其委托的人的请托，或者违反规定向当事人及其委托的人透露办案信息等。

第二，审判人员、检察人员、侦查人员违反职业准则的后果。违反职业准则的后果，包括法律后果和程序后果。法律后果，是指"依法追究法律责任"，对于构成受贿罪、徇私舞弊罪、枉法裁判罪等情形的，应当依法追究刑事责任；对于尚不够刑事处罚的，应当依照法官法、检察官法、人民警察法的规定，予以处分。程序后果，是指对于审判人员、检察人员、侦查人员违反本条职业准则的行为，当事人及其法定代理人有权申请他们回避。

30.2　司法解释

30.2.1　审判人员违反职业准则回避的情形

★**《法院解释》**（2021）

第二十八条　审判人员具有下列情形之一的，当事人及其法定代理人有权申请其回避：

（一）违反规定会见本案当事人、辩护人、诉讼代理人的；

（二）为本案当事人推荐、介绍辩护人、诉讼代理人，或者为律师、其他人员介绍办理本案的；

（三）索取、接受本案当事人及其委托的人的财物或者其他利益的；

（四）接受本案当事人及其委托的人的宴请，或者参加由其支付费用的活动的；

（五）向本案当事人及其委托的人借用款物的；

（六）有其他不正当行为，可能影响公正审判的。

30.3　规范性文件

30.3.1　侦查人员的禁止行为

★**《公安规定》**（2020）

第三十三条　公安机关负责人、侦查人员不得有下列行为：

（一）违反规定会见本案当事人及其委托人；

（二）索取、接受本案当事人及其委托人的财物或者其他利益；

（三）接受本案当事人及其委托人的宴请，或者参加由其支付费用的活动；

（四）其他可能影响案件公正办理的不正当行为。

违反前款规定的，应当责令其回避并依法追究法律责任。当事人及其法定代理人有权要求其回避。

★**《国安规定》**（2024）

第三十一条　国家安全机关负责人、侦查人员不得有下列行为：

（一）违反规定会见本案当事人及其委托人；

（二）索取、接受本案当事人及其委托人的财物或者其他利益；

（三）接受本案当事人及其委托人的宴请，或者参加由其支付费用的活动；

（四）其他可能影响案件公正的不正当行为。

违反前款规定的，应当责令其回避并配合接受调查。当事人及其法定代理人有权要求其回避。

30.3.2　法官、检察官的禁止行为

★**《最高人民法院、最高人民检察院、司法部关于建立健全禁止法官、检

察官与律师不正当接触交往制度机制的意见》（司发通〔2021〕60号，2021年9月30日）

第二条　本意见适用于各级人民法院、人民检察院依法履行审判、执行、检察职责的人员和司法行政人员。

本意见所称律师，是指在律师事务所执业的专兼职律师（包括从事非诉讼法律事务的律师）和公职律师、公司律师。本意见所称律师事务所"法律顾问"，是指不以律师名义执业，但就相关业务领域或者个案提供法律咨询、法律论证，或者代表律师事务所开展协调、业务拓展等活动的人员。本意见所称律师事务所行政人员，是指律师事务所聘用的从事秘书、财务、行政、人力资源、信息技术、风险管控等工作的人员。

第三条　严禁法官、检察官与律师有下列接触交往行为：

（一）在案件办理过程中，非因办案需要且未经批准在非工作场所、非工作时间与辩护、代理律师接触。

（二）接受律师或者律师事务所请托，过问、干预或者插手其他法官、检察官正在办理的案件，为律师或者律师事务所请托说情、打探案情、通风报信；为案件承办法官、检察官私下会见案件辩护、代理律师牵线搭桥；非因工作需要，为律师或者律师事务所转递涉案材料；向律师泄露案情、办案工作秘密或者其他依法依规不得泄露的情况；违规为律师或律师事务所出具与案件有关的各类专家意见。

（三）为律师介绍案件；为当事人推荐、介绍律师作为诉讼代理人、辩护人；要求、建议或者暗示当事人更换符合代理条件的律师；索取或者收受案件代理费用或者其他利益。

（四）向律师或者其当事人索贿，接受律师或者其当事人行贿；索取或者收受律师借礼尚往来、婚丧嫁娶等赠送的礼金、礼品、消费卡和有价证券、股权、其他金融产品等财物；向律师借款、租借房屋、借用交通工具、通讯工具或者其他物品；接受律师吃请、娱乐等可能影响公正履行职务的安排。

（五）非因工作需要且未经批准，擅自参加律师事务所或者律师举办的讲座、座谈、研讨、培训、论坛、学术交流、开业庆典等活动；以提供法律咨询、法律服务等名义接受律师事务所或者律师输送的相关利益。

（六）与律师以合作、合资、代持等方式，经商办企业或者从事其他营利性活动；本人配偶、子女及其配偶在律师事务所担任"隐名合伙人"；本人配偶、子女及其配偶显名或者隐名与律师"合作"开办企业或者"合作"投资；默许、纵容、包庇配偶、子女及其配偶或者其他特定关系人在律师事务所违规取酬；向律师或律师事务所放贷收取高额利息。

（七）其他可能影响司法公正和司法权威的不正当接触交往行为。

严禁律师事务所及其律师从事与前款所列行为相关的不正当接触交往行为。

第五条　各级人民法院、人民检察院在办理案件过程中发现律师与法官、检察官不正当接触交往线索的，应当按照有关规定将相关律师的线索移送相关司法行政机关或者纪检监察机关处理。各级司法行政机关、律师协会收到投诉举报涉及律师与法官、检察官不正当接触交往线索的，应当按照有关规定将涉及法官、检察官的线索移送相关人民法院、人民检察院或者纪检监察机关。

30.3.3　法院、检察院离任人员的禁止行为

★**《最高人民法院、最高人民检察院、司法部关于进一步规范法院、检察院离任人员从事律师职业的意见》**(司发通〔2021〕61号,2021年9月30日)

第二条　本意见适用于从各级人民法院、人民检察院离任且在离任时具有公务员身份的工作人员。离任包括退休、辞去公职、开除、辞退、调离等。

本意见所称律师,是指在律师事务所执业的专兼职律师(包括从事非诉讼法律事务的律师)。本意见所称律师事务所"法律顾问",是指不以律师名义执业,但就相关业务领域或者个案提供法律咨询、法律论证,或者代表律师事务所开展协调、业务拓展等活动的人员。本意见所称律师事务所行政人员,是指律师事务所聘用的从事秘书、财务、行政、人力资源、信息技术、风险管控等工作的人员。

第三条　各级人民法院、人民检察院离任人员从事律师职业或者担任律师事务所"法律顾问"、行政人员,应当严格执行《中华人民共和国法官法》《中华人民共和国检察官法》《中华人民共和国律师法》和公务员管理相关规定。

各级人民法院、人民检察院离任人员在离任后二年内,不得以律师身份担任诉讼代理人或者辩护人。各级人民法院、人民检察院离任人员终身不得担任原任职人民法院、人民检察院办理案件的诉讼代理人或者辩护人,但是作为当事人的监护人或者近亲属代理诉讼或者进行辩护的除外。

第四条　被人民法院、人民检察院开除人员和从人民法院、人民检察院辞去公职、退休的人员除符合本意见第三条规定外,还应当符合下列规定:

(一)被开除公职的人民法院、人民检察院工作人员不得在律师事务所从事任何工作。

(二)辞去公职或者退休的人民法院、人民检察院领导班子成员,四级高级及以上法官、检察官,四级高级法官助理、检察官助理以上及相当职级层次的审判、检察辅助人员在离职三年内,其他辞去公职或退休的人民法院、人民检察院工作人员在离职二年内,不得到原任职人民法院、人民检察院管辖地区内的律师事务所从事律师职业或者担任"法律顾问"、行政人员等,不得以律师身份从事与原任职人民法院、人民检察院相关的有偿法律服务活动。

(三)人民法院、人民检察院退休人员在不违反前项从业限制规定的情况下,确因工作需要从事律师职业或者担任律师事务所"法律顾问"、行政人员的,应当严格执行中共中央组织部《关于进一步规范党政领导干部在企业兼职(任职)问题的意见》(中组发〔2013〕18号)规定和审批程序,并及时将行政、工资等关系转出人民法院、人民检察院,不再保留机关的各种待遇。

第五条　各级人民法院、人民检察院离任人员不得以任何形式,为法官、检察官与律师不正当接触交往牵线搭桥,充当司法掮客;不得采用隐名代理等方式,规避从业限制规定,违规提供法律服务。

第九条　各级人民法院、人民检察院在案件办理过程中,发现担任诉讼代理人、辩护人的律师违反人民法院、人

民检察院离任人员从业限制规定情况的，应当通知当事人更换诉讼代理人、辩护人，并及时通报司法行政机关。

司法行政机关应当加强从人民法院、人民检察院离任后在律师事务所从业人员的监督管理，通过投诉举报调查、"双随机一公开"抽查等方式，及时发现离任人员违法违规问题线索并依法作出处理。

31　回避的程序

31.1　法条规定

第三十一条　审判人员、检察人员、侦查人员的回避，应当分别由院长、检察长、公安机关负责人决定；院长的回避，由本院审判委员会决定；检察长和公安机关负责人的回避，由同级人民检察院检察委员会决定。

对侦查人员的回避作出决定前，侦查人员不能停止对案件的侦查。

对驳回申请回避的决定，当事人及其法定代理人可以申请复议一次。

【立法释义】①

本条规定明确了回避的程序。关于不同主体的回避程序和具体要求，需要关注以下事项：

第一，回避的决定主体。包括办案人员回避和办案机关负责人回避两种情形。公安机关负责人的回避由同级人民检察院检察委员会决定，主要是考虑，公安机关属于行政系统，实行首长负责制，公安机关负责人的回避不能由其本人决定；同时，作为法律监督机关，人民检察院有权对公安机关的侦查活动，包括回避是否合法实行监督。由同级人民检察院检察委员会决定公安机关负责人是否回避，既有利于保证案件公正处理，也是人民检察院对侦查活动实行法律监督的具体体现。需要指出的是，院长、检察长和公安机关负责人的回避，可能构成管辖的变更；此类人员的回避引发的争议，在实质上等同于管辖权异议。

第二，侦查人员回避的特殊要求。对侦查人员的回避作出决定前，侦查人员不能停止对案件的侦查。主要是考虑，侦查具有较强的时效性和连续性，为了避免妨碍侦查及时顺利进行，侦查人员在回避决定作出前，不能停止对案件的侦查。鉴于此，为了避免因回避而影响证据资格，侦查人员应当严格执行自行回避的规定。《公安规定》《检察院规则》对侦查人员停止侦查的时间节点和回避情形下证据和诉讼行为的效力问题作出了具体规定。

第三，回避的具体程序。无论是自行回避还是依申请回避，都应当提供回避的理由。为依法保障当事人申请回避的权利，办案机关应当依法进行权利告知。作为程序性主张，当事人及其法定代理人申请回避的，除说明理由外，还应提供证据。对于当事人及其法定代理人提出回避申请，办案机关应当依照规定程序进行审查，并依法作出处理。鉴于回避问题事关程序公正，对于办案机关针对回避申请作出的决定，应当建立即时性救济机制。对驳回申请

① 参见王爱立主编书，第 53—55 页。

回避的决定，当事人及其法定代理人可以申请复议一次。

31.2 司法解释

31.2.1 申请回避权利的告知

★《法院解释》(2021)

第三十一条 人民法院应当依法告知当事人及其法定代理人有权申请回避，并告知其合议庭组成人员、独任审判员、法官助理、书记员等人员的名单。

第三十七条 本章所称的审判人员，包括人民法院院长、副院长、审判委员会委员、庭长、副庭长、审判员和人民陪审员。

31.2.2 申请回避的处理程序

★《法院解释》(2021)

第三十三条 当事人及其法定代理人依照刑事诉讼法第三十条和本解释第二十八条的规定申请回避的，应当提供证明材料。

第三十六条 当事人及其法定代理人申请出庭的检察人员回避的，人民法院应当区分情况作出处理：

(一)属于刑事诉讼法第二十九条、第三十条规定情形的回避申请，应当决定休庭，并通知人民检察院尽快作出决定；

(二)不属于刑事诉讼法第二十九条、第三十条规定情形的回避申请，应当当庭驳回，并不得申请复议。

★《检察院规则》(2019)

第二十八条 在开庭审理过程中，当事人及其法定代理人向法庭申请出庭的检察人员回避的，在收到人民法院通知后，人民检察院应当作出回避或者驳回申请的决定。不属于刑事诉讼法第二十九条、第三十条规定情形的回避申请，出席法庭的检察人员应当建议法庭当庭驳回。

★《公安规定》(2020)

第三十四条 公安机关负责人、侦查人员自行提出回避申请的，应当说明回避的理由；口头提出申请的，公安机关应当记录在案。

当事人及其法定代理人要求公安机关负责人、侦查人员回避，应当提出申请，并说明理由；口头提出申请的，公安机关应当记录在案。

第三十五条 侦查人员的回避，由县级以上公安机关负责人决定；县级以上公安机关负责人的回避，由同级人民检察院检察委员会决定。

第三十六条 当事人及其法定代理人对侦查人员提出回避申请的，公安机关应当在收到回避申请后二日以内作出决定并通知申请人；情况复杂的，经县级以上公安机关负责人批准，可以在收到回避申请后五日以内作出决定。

当事人及其法定代理人对县级以上公安机关负责人提出回避申请的，公安机关应当及时将申请移送同级人民检察院。

★《国安规定》(2024)

第三十二条 国家安全机关负责人、侦查人员自行提出回避申请的，应当提出书面申请，说明回避的理由。

当事人及其法定代理人要求国家安全机关负责人、侦查人员回避的，应当提出申请，并说明理由；口头提出回避申请的，国家安全机关应当记录在案。

第三十三条 侦查人员的回避，由国家安全机关负责人决定；国家安全机关负责人的回避，由同级人民检察院检察委员会决定。

第三十四条　当事人及其法定代理人对侦查人员提出回避申请的，国家安全机关应当在收到回避申请后五日以内作出决定并通知申请人。

当事人及其法定代理人对国家安全机关负责人提出回避申请的，国家安全机关应当及时将申请移送同级人民检察院。

31.2.3　决定回避的处理程序

★《法院解释》(2021)

第三十四条　应当回避的审判人员没有自行回避，当事人及其法定代理人也没有申请其回避的，院长或者审判委员会应当决定其回避。

★《检察院规则》(2019)

第三十一条　检察长应当回避，本人没有自行回避，当事人及其法定代理人也没有申请其回避的，检察委员会应当决定其回避。

其他检察人员有前款规定情形的，检察长应当决定其回避。

31.2.4　回避的决定主体及程序

★《法院解释》(2021)

第三十二条　审判人员自行申请回避，或者当事人及其法定代理人申请审判人员回避的，可以口头或者书面提出，并说明理由，由院长决定。

院长自行申请回避，或者当事人及其法定代理人申请院长回避的，由审判委员会讨论决定。审判委员会讨论时，由副院长主持，院长不得参加。

★《检察院规则》(2019)

第二十九条　检察长的回避，由检察委员会讨论决定。检察委员会讨论检察长回避问题时，由副检察长主持，检察长不得参加。

其他检察人员的回避，由检察长决定。

第三十条　当事人及其法定代理人要求公安机关负责人回避，向同级人民检察院提出，或者向公安机关提出后，公安机关移送同级人民检察院的，由检察长提交检察委员会讨论决定。

【重点解读】①

由同级人民检察院检察委员会决定公安机关负责人的回避，有利于充分保护当事人及其法定代理人的合法权利，保证侦查工作依法顺利进行。当事人及其法定代理人要求公安机关负责人回避的，同级人民检察院应当受理，由检察长提交检察委员会讨论决定。

31.2.5　驳回回避申请的救济程序

★《法院解释》(2021)

第三十五条　对当事人及其法定代理人提出的回避申请，人民法院可以口头或者书面作出决定，并将决定告知申请人。

当事人及其法定代理人申请回避被驳回的，可以在接到决定时申请复议一次。不属于刑事诉讼法第二十九条、第三十条规定情形的回避申请，由法庭当庭驳回，并不得申请复议。

★《检察院规则》(2019)

第三十二条　人民检察院作出驳回申请回避的决定后，应当告知当事人及其法定代理人如不服本决定，有权在收到驳回申请回避的决定书后五日以内向原决定机关申请复议一次。

第三十三条　当事人及其法定代理人对驳回申请回避的决定不服申请

---

① 参见童建明、万春主编释义书，第39—40页。

复议的，决定机关应当在三日以内作出复议决定并书面通知申请人。

★《公安规定》(2020)

第三十七条　当事人及其法定代理人对驳回申请回避的决定不服的，可以在收到驳回申请回避决定书后五日以内向作出决定的公安机关申请复议。

公安机关应当在收到复议申请后五日以内作出复议决定并书面通知申请人。

【重点解读】①

申请回避是当事人及其法定代理人的诉讼权利。决定机关认为当事人及其法定代理人要求回避的理由不符合法定条件，驳回要求回避的申请，当事人及其法定代理人可以向原决定机关申请复议。公安机关作出驳回申请回避的决定后，应当将救济渠道告知当事人及其法定代理人。当事人及其法定代理人提出复议申请的，应当在收到公安机关驳回申请回避决定书后五日内提出。申请复议时，申请人可以重申原来的理由，也可以补充新的理由。申请复议应当直接向原决定公安机关提出，可以口头或书面方式提出。申请人口头提出复议申请的，公安机关应当记录在案。

★《国安规定》(2024)

第三十五条　当事人及其法定代理人对驳回申请回避的决定不服的，可以在收到驳回申请回避决定书后五日以内向作出决定的国家安全机关申请复议一次。

国家安全机关应当在收到复议申请后五日以内作出复议决定并书面通知申请人。

31.2.6　回避期间的继续侦查要求

★《检察院规则》(2019)

第三十四条　对人民检察院直接受理的案件进行侦查的人员或者进行补充侦查的人员在回避决定作出以前和复议期间，不得停止对案件的侦查。

【重点解读】②

人民检察院直接受理的案件中负责侦查的人员，是指承担对司法工作人员利用职权实施的非法拘禁、刑讯逼供、非法搜查等侵犯公民权利、损害司法公正的犯罪案件侦查工作的检察人员；补充侦查人员，是指上述部门的侦查人员和审查起诉部门中承担刑事案件自行补充侦查任务的人员。上述人员从事侦查工作的特殊性，决定了他们在回避决定作出前，不能停止对案件的侦查。当事人及其法定代理人申请从事侦查或补充侦查的检察人员回避的，检察长或检察委员会应当及时审查决定，不得拖延。

★《公安规定》(2020)

第三十八条　在作出回避决定前，申请或者被申请回避的公安机关负责人、侦查人员不得停止对案件的侦查。

作出回避决定后，申请或者被申请回避的公安机关负责人、侦查人员不得再参与本案的侦查工作。

★《国安规定》(2024)

第三十六条　在作出回避决定前，申请或者被申请回避的国家安全机关负责人、侦查人员不得停止对案件的侦查。

作出回避决定后，申请或者被申请回避的国家安全机关负责人、侦查人员不得再参与本案的侦查工作。

---

①　参见孙茂利主编书，第87—88页。

②　参见童建明、万春主编释义书，第41—42页。

31.2.7　先前诉讼行为的法律效力

★《检察院规则》(2019)

第三十六条　被决定回避的检察长在回避决定作出以前所取得的证据和进行的诉讼行为是否有效,由检察委员会根据案件具体情况决定。

被决定回避的其他检察人员在回避决定作出以前所取得的证据和进行的诉讼行为是否有效,由检察长根据案件具体情况决定。

被决定回避的公安机关负责人在回避决定作出以前所进行的诉讼行为是否有效,由作出决定的人民检察院检察委员会根据案件具体情况决定。

★《公安规定》(2020)

第三十九条　被决定回避的公安机关负责人、侦查人员在回避决定作出以前所进行的诉讼活动是否有效,由作出决定的机关根据案件情况决定。

【重点解读】

"进行的诉讼行为",包括检察人员在诉讼活动中进行的与诉讼有关的行为,例如提出对犯罪嫌疑人立案、适用侦查措施、采取强制措施的意见,提出撤案、移送起诉、移送不起诉的意见,对上述意见进行审核等诉讼行为。有效与否的决定权,由拥有回避决定权的检察长或检察委员会行使,通常在作出回避决定的同时予以确认。①

回避决定作出前进行的诉讼活动,如侦查人员讯问犯罪嫌疑人、调取证据,是否有法律效力,需要进行甄别。侦查人员进行的诉讼活动是否有效,由县级以上公安机关负责人决定;公安机关负责人进行的诉讼活动是否有效,由同级人民检察院检察委员会决定。②

★《国安规定》(2024)

第三十七条　被决定回避的国家安全机关负责人、侦查人员在回避决定作出以前所进行的诉讼活动是否有效,由作出决定的机关根据案件情况决定。

32　回避的准用范围

32.1　法条规定

第三十二条　本章关于回避的规定适用于书记员、翻译人员和鉴定人。

辩护人、诉讼代理人可以依照本章的规定要求回避、申请复议。

【立法释义】③

本条规定明确了回避的准用范围。书记员、翻译人员和鉴定人适用本章关于回避的规定。主要是考虑,上述人员参与诉讼,与案件公正处理密切相关,实行回避制度有利于维护司法公正。与办案人员回避类似,书记员、翻译人员和鉴定人的回避,由办案机关的负责人作出决定。

由于许多犯罪嫌疑人在押,对有关司法人员情况的了解受到限制,难以有效行使申请回避的权利。鉴于此,2012年刑事诉讼法修改,增加本条第二款规定,即"辩护人、诉讼代理人可以依照本章的规定要求回避、申请复议"。这一规定赋予辩护人、诉讼代理人独立的回避申请权和申请复议权。

---

① 参见童建明、万春主编释义书,第42—44页。

② 参见孙茂利主编书,第90—91页。

③ 参见王爱立主编书,第55—56页。

32.2 司法解释

32.2.1 书记员、法官助理、司法警察、翻译人员、鉴定人的回避

★《检察院规则》(2019)

第三十七条第一、二款 本规则关于回避的规定,适用于书记员、司法警察和人民检察院聘请或者指派的翻译人员、鉴定人。

书记员、司法警察和人民检察院聘请或者指派的翻译人员、鉴定人的回避由检察长决定。

★《法院解释》(2021)

第三十八条 法官助理、书记员、翻译人员和鉴定人适用审判人员回避的有关规定,其回避问题由院长决定。

32.2.2 辩护人、诉讼代理人申请回避、复议的权利

★《检察院规则》(2019)

第三十七条第三款 辩护人、诉讼代理人可以依照刑事诉讼法及本规则关于回避的规定要求回避、申请复议。

★《法院解释》(2021)

第三十九条 辩护人、诉讼代理人可以依照本章的有关规定要求回避、申请复议。

32.3 规范性文件

32.3.1 记录人、翻译人员和鉴定人的回避

★《公安规定》(2020)

第四十条 本章关于回避的规定适用于记录人、翻译人员和鉴定人。

记录人、翻译人员和鉴定人需要回避的,由县级以上公安机关负责人决定。

★《国安规定》(2024)

第三十八条 本章关于回避的规定适用于记录人、翻译人员和鉴定人。

前款人员需要回避的,由国家安全机关负责人决定。

32.3.2 辩护人、诉讼代理人申请回避、复议的权利

★《公安规定》(2020)

第四十一条 辩护人、诉讼代理人可以依照本章的规定要求回避、申请复议。

★《国安规定》(2024)

第三十九条 辩护人、诉讼代理人可以依照本章的规定要求回避、申请复议。

第四章　辩护与代理

33　委托辩护权及辩护人资格

33.1　法条规定

第三十三条　犯罪嫌疑人、被告人除自己行使辩护权以外，还可以委托一至二人作为辩护人。下列的人可以被委托为辩护人：

（一）律师；

（二）人民团体或者犯罪嫌疑人、被告人所在单位推荐的人；

（三）犯罪嫌疑人、被告人的监护人、亲友。

正在被执行刑罚或者依法被剥夺、限制人身自由的人，不得担任辩护人。

被开除公职和被吊销律师、公证员执业证书的人，不得担任辩护人，但系犯罪嫌疑人、被告人的监护人、近亲属的除外。

【立法释义】①

本条规定明确了犯罪嫌疑人、被告人委托辩护人的权利，辩护人的资格以及不适格的情形。关于委托辩护权及辩护人的资格，应当关注以下事项：

第一，委托辩护权。犯罪嫌疑人、被告人委托辩护人的权利，是辩护权的重要组成部分。自行辩护、委托辩护和指定辩护是辩护权的基本形式。

第二，辩护人的资格。"监护人"，是指承担对未成年人、精神病人的人身、财产以及其他合法权利进行监督、保护职责的人，如未成年人的父母、精神病患者的配偶等。"亲友"的含义比较广泛，是指犯罪嫌疑人、被告人的亲属和朋友，不仅指近亲属，也包括其他亲属。

第三，不得担任辩护人的情形。为确保辩护人的法律资质，维护犯罪嫌疑人、被告人的辩护权，本法及有关规定明确了辩护人不适格的四种情形：一是人身自由受到限制的人；二是受到特定法律处罚的人；三是任职回避等情形；四是职业回避等情形。

33.2　相关立法

33.2.1　律师担任辩护人、诉讼代理人的资质

★《中华人民共和国律师法》（2017年9月1日修正）

第二条　本法所称律师，是指依法取得律师执业证书，接受委托或者指定，为当事人提供法律服务的执业人员。

律师应当维护当事人合法权益，维护法律正确实施，维护社会公平和正义。

第五十三条　受到六个月以上停止执业处罚的律师，处罚期满未逾三年的，不得担任合伙人。

被吊销律师执业证书的，不得担任辩护人、诉讼代理人，但系刑事诉讼、民事诉讼、行政诉讼当事人的监护人、近亲属的除外。

33.3　司法解释

33.3.1　辩护人不适格的情形

★《最高人民法院、最高人民检察

① 参见王爱立主编书，第 57—60 页。

院、公安部、国家安全部、司法部、全国人大常委会法制工作委员会关于实施刑事诉讼法若干问题的规定》(2012年12月26日)

4. 人民法院、人民检察院、公安机关、国家安全机关、监狱的现职人员，人民陪审员，外国人或者无国籍人，以及与本案有利害关系的人，不得担任辩护人。但是，上述人员系犯罪嫌疑人、被告人的监护人或者近亲属，犯罪嫌疑人、被告人委托其担任辩护人的，可以准许。无行为能力或者限制行为能力的人，不得担任辩护人。

……

★**《法院解释》**(2021)

第四十条　人民法院审判案件，应当充分保障被告人依法享有的辩护权利。

被告人除自己行使辩护权以外，还可以委托辩护人辩护。下列人员不得担任辩护人：

(一)正在被执行刑罚或者处于缓刑、假释考验期间的人；

(二)依法被剥夺、限制人身自由的人；

(三)被开除公职或者被吊销律师、公证员执业证书的人；

(四)人民法院、人民检察院、监察机关、公安机关、国家安全机关、监狱的现职人员；

(五)人民陪审员；

(六)与本案审理结果有利害关系的人；

(七)外国人或者无国籍人；

(八)无行为能力或者限制行为能力的人。

前款第三项至第七项规定的人员，如果是被告人的监护人、近亲属，由被告人委托担任辩护人的，可以准许。

第四十一条　审判人员和人民法院其他工作人员从人民法院离任后二年内，不得以律师身份担任辩护人。

审判人员和人民法院其他工作人员从人民法院离任后，不得担任原任职法院所审理案件的辩护人，但系被告人的监护人、近亲属的除外。

审判人员和人民法院其他工作人员的配偶、子女或者父母不得担任其任职法院所审理案件的辩护人，但系被告人的监护人、近亲属的除外。

33.3.2　辩护人的利益冲突审查与处理

★**《最高人民法院、最高人民检察院、公安部、国家安全部、司法部、全国人大常委会法制工作委员会关于实施刑事诉讼法若干问题的规定》**(2012年12月26日)

4. ……

一名辩护人不得为两名以上的同案犯罪嫌疑人、被告人辩护，不得为两名以上的未同案处理但实施的犯罪存在关联的犯罪嫌疑人、被告人辩护。

★**《法院解释》**(2021)

第四十二条　对接受委托担任辩护人的，人民法院应当核实其身份证明和授权委托书。

第四十三条　一名被告人可以委托一至二人作为辩护人。

一名辩护人不得为两名以上的同案被告人，或者未同案处理但犯罪事实存在关联的被告人辩护。

★**《公安规定》**(2020)

第四十三条　公安机关在第一次讯问犯罪嫌疑人或者对犯罪嫌疑人采取强制措施的时候，应当告知犯罪嫌疑人有权委托律师作为辩护人,并告知其如果因经济困难或者其他原因没有委托辩护律师的,可以向法律援助机构申请法律援助。告知的情形应当记录在案。

对于同案的犯罪嫌疑人委托同一名辩护律师的,或者两名以上未同案处理但实施的犯罪存在关联的犯罪嫌疑人委托同一名辩护律师的,公安机关应当要求其更换辩护律师。

★《国安规定》(2024)

第四十二条　对于同案的犯罪嫌疑人委托同一名辩护律师的,或者两名以上未同案处理但实施的犯罪存在关联的犯罪嫌疑人委托同一名辩护律师的,国家安全机关应当要求犯罪嫌疑人更换辩护律师。

33.3.3　律师诉讼权利的保障

★《最高人民法院关于依法切实保障律师诉讼权利的规定》(法发〔2015〕16号,2015年12月29日)

一、依法保障律师知情权。人民法院要不断完善审判流程公开、裁判文书公开、执行信息公开"三大平台"建设,方便律师及时获取诉讼信息。对诉讼程序、诉权保障、调解和解、裁判文书等重要事项及相关进展情况,应当依法及时告知律师。

二、依法保障律师阅卷权。对律师申请阅卷的,应当在合理时间内安排。案卷材料被其他诉讼主体查阅的,应当协调安排各方阅卷时间。律师依法查阅、摘抄、复制有关卷宗材料或者查看庭审录音录像的,应当提供场所和设施。有条件的法院,可提供网上卷宗查阅服务。

三、依法保障律师出庭权。确定开庭日期时,应当为律师预留必要的出庭准备时间。因特殊情况更改开庭日期的,应当提前三日告知律师。律师因正当理由请求变更开庭日期的,法官可在征询其他当事人意见后准许。律师带助理出庭的,应当准许。

四、依法保障律师辩论、辩护权。法官在庭审过程中应合理分配诉讼各方发问、质证、陈述和辩论、辩护的时间,充分听取律师意见。除律师发言过于重复、与案件无关或者相关问题已在庭前达成一致等情况外,不应打断律师发言。

五、依法保障律师申请排除非法证据的权利。律师申请排除非法证据并提供相关线索或者材料,法官经审查对证据收集合法性有疑问的,应当召开庭前会议或者进行法庭调查。经审查确认存在法律规定的以非法方法收集证据情形的,对有关证据应当予以排除。

六、依法保障律师申请调取证据的权利。律师因客观原因无法自行收集证据的,可以依法向人民法院书面申请调取证据。律师申请调取证据符合法定条件的,法官应当准许。

七、依法保障律师的人身安全。案件审理过程中出现当事人矛盾激化,可能危及律师人身安全情形的,应当及时采取必要措施。对在法庭上发生的殴打、威胁、侮辱、诽谤律师等行为,法官应当及时制止,依法处置。

八、依法保障律师代理申诉的权利。对律师代理当事人对案件提出申诉的,要依照法律规定的程序认真处理。认为原案件处理正确的,要支持律师向申诉人做好释法析理、息诉息访工作。

九、为律师依法履职提供便利。要进一步完善网上立案、缴费、查询、阅卷、申请保全、提交代理词、开庭排期、文书送达等功能。有条件的法院要为参加庭审的律师提供休息场所，配备桌椅、饮水及其他必要设施。

十、完善保障律师诉讼权利的救济机制。要指定专门机构负责处理律师投诉，公开联系方式，畅通投诉渠道。对投诉要及时调查，依法处理，并将结果及时告知律师。对司法行政机关、律师协会就维护律师执业权利提出的建议，要及时予以答复。

33.4 规范性文件

33.4.1 委托辩护律师的方式

★**《公安规定》**(2020)

第四十四条 犯罪嫌疑人可以自己委托辩护律师。犯罪嫌疑人在押的，也可以由其监护人、近亲属代为委托辩护律师。

犯罪嫌疑人委托辩护律师的请求可以书面提出，也可以口头提出。口头提出的，公安机关应当制作笔录，由犯罪嫌疑人签名、捺指印。

★**《国安规定》**(2024)

第四十一条 犯罪嫌疑人有权自行委托辩护律师。犯罪嫌疑人在押的，也可以由其监护人、近亲属代为委托辩护律师。

犯罪嫌疑人委托辩护律师的请求可以书面提出，也可以口头提出。口头提出的，国家安全机关应当制作笔录，由犯罪嫌疑人签名、捺指印。

33.4.2 律师执业权利的保障

★**《最高人民法院、最高人民检察院、公安部、国家安全部、司法部关于依法保障律师执业权利的规定》**(司发〔2015〕14号，2015年9月16日)

第二条 人民法院、人民检察院、公安机关、国家安全机关、司法行政机关应当尊重律师，健全律师执业权利保障制度，依照刑事诉讼法、民事诉讼法、行政诉讼法及律师法的规定，在各自职责范围内依法保障律师知情权、申请权、申诉权，以及会见、阅卷、收集证据和发问、质证、辩论等方面的执业权利，不得阻碍律师依法履行辩护、代理职责，不得侵害律师合法权利。

第三条 人民法院、人民检察院、公安机关、国家安全机关、司法行政机关和律师协会应当建立健全律师执业权利救济机制。

律师因依法执业受到侮辱、诽谤、威胁、报复、人身伤害的，有关机关应当及时制止并依法处理，必要时对律师采取保护措施。

第四条 人民法院、人民检察院、公安机关、国家安全机关、司法行政机关应当建立和完善诉讼服务中心、立案或受案场所、律师会见室、阅卷室，规范工作流程，方便律师办理立案、会见、阅卷、参与庭审、申请执行等事务。探索建立网络信息系统和律师服务平台，提高案件办理效率。

第五条 办案机关在办理案件中应当依法告知当事人有权委托辩护人、诉讼代理人。对于符合法律援助条件而没有委托辩护人或者诉讼代理人的，办案机关应当及时告知当事人有权申请法律援助，并按照相关规定向法律援助机构转交申请材料。办案机关发现犯罪嫌疑人、被告人属于依法应当提供法律援助的情形的，应当及时通知法律援助机构指派律师为其提供辩护。

第六条 辩护律师接受犯罪嫌疑人、被告人委托或者法律援助机构的指派后，应当告知办案机关，并可以依法向办案机关了解犯罪嫌疑人、被告人涉嫌或者被指控的罪名及当时已查明的该罪的主要事实，犯罪嫌疑人、被告人被采取、变更、解除强制措施的情况，侦查机关延长侦查羁押期限等情况，办案机关应当依法及时告知辩护律师。

办案机关作出移送审查起诉、退回补充侦查、提起公诉、延期审理、二审不开庭审理、宣告判决等重大程序性决定的，以及人民检察院将直接受理立案侦查案件报请上一级人民检察院审查决定逮捕的，应当依法及时告知辩护律师。

第七条　辩护律师到看守所会见在押的犯罪嫌疑人、被告人，看守所在查验律师执业证书、律师事务所证明和委托书或者法律援助公函后，应当及时安排会见。能当时安排的，应当当时安排；不能当时安排的，看守所应当向辩护律师说明情况，并保证辩护律师在四十八小时以内会见到在押的犯罪嫌疑人、被告人。

看守所安排会见不得附加其他条件或者变相要求辩护律师提交法律规定以外的其他文件、材料，不得以未收到办案机关通知为由拒绝安排辩护律师会见。

看守所应当设立会见预约平台，采取网上预约、电话预约等方式为辩护律师会见提供便利，但不得以未预约会见为由拒绝安排辩护律师会见。

辩护律师会见在押的犯罪嫌疑人、被告人时，看守所应当采取必要措施，保障会见顺利和安全进行。律师会见在押的犯罪嫌疑人、被告人的，看守所应当保障律师履行辩护职责需要的时间和次数，并与看守所工作安排和办案机关侦查工作相协调。辩护律师会见犯罪嫌疑人、被告人时不被监听，办案机关不得派员在场。在律师会见室不足的情况下，看守所经辩护律师书面同意，可以安排在讯问室会见，但应当关闭录音、监听设备。犯罪嫌疑人、被告人委托两名律师担任辩护人的，两名辩护律师可以共同会见，也可以单独会见。辩护律师可以带一名律师助理协助会见。助理人员随同辩护律师参加会见的，应当出示律师事务所证明和律师执业证书或申请律师执业人员实习证。办案机关应当核实律师助理的身份。

第八条　在押的犯罪嫌疑人、被告人提出解除委托关系的，办案机关应当要求其出具或签署书面文件，并在三日以内转交受委托的律师或者律师事务所。辩护律师可以要求会见在押的犯罪嫌疑人、被告人，当面向其确认解除委托关系，看守所应当安排会见；但犯罪嫌疑人、被告人书面拒绝会见的，看守所应当将有关书面材料转交辩护律师，不予安排会见。

在押的犯罪嫌疑人、被告人的监护人、近亲属解除代为委托辩护律师关系的，经犯罪嫌疑人、被告人同意的，看守所应当允许新代为委托的辩护律师会见，由犯罪嫌疑人、被告人确认新的委托关系；犯罪嫌疑人、被告人不同意解除原辩护律师的委托关系的，看守所应当终止新代为委托的辩护律师会见。

第九条　辩护律师在侦查期间要求会见危害国家安全犯罪、恐怖活动犯罪、特别重大贿赂犯罪案件①在押的犯罪嫌疑人的，应当向侦查机关提出申请。侦查机关应当依法及时审查辩护

---

①　2018年刑事诉讼法删除了应当经侦查机关许可的“特别重大贿赂犯罪案件”。

律师提出的会见申请，在三日以内将是否许可的决定书面答复辩护律师，并明确告知负责与辩护律师联系的部门及工作人员的联系方式。对许可会见的，应当向辩护律师出具许可决定文书；因有碍侦查或者可能泄露国家秘密而不许可会见的，应当向辩护律师说明理由。有碍侦查或者可能泄露国家秘密的情形消失后，应当许可会见，并及时通知看守所和辩护律师。对特别重大贿赂案件在侦查终结前，侦查机关应当许可辩护律师至少会见一次犯罪嫌疑人。

侦查机关不得随意解释和扩大前款所述三类案件的范围，限制律师会见。

第十条　自案件移送审查起诉之日起，辩护律师会见犯罪嫌疑人、被告人，可以向其核实有关证据。

第十一条　辩护律师会见在押的犯罪嫌疑人、被告人，可以根据需要制作会见笔录，并要求犯罪嫌疑人、被告人确认无误后在笔录上签名。

第十二条　辩护律师会见在押的犯罪嫌疑人、被告人需要翻译人员随同参加的，应当提前向办案机关提出申请，并提交翻译人员身份证明及其所在单位出具的证明。办案机关应当及时审查并在三日以内作出是否许可的决定。许可翻译人员参加会见的，应当向辩护律师出具许可决定文书，并通知看守所。不许可的，应当向辩护律师书面说明理由，并通知其更换。

翻译人员应当持办案机关许可决定文书和本人身份证明，随同辩护律师参加会见。

第十三条　看守所应当及时传递辩护律师同犯罪嫌疑人、被告人的往来信件。看守所可以对信件进行必要的检查，但不得截留、复制、删改信件，不得向办案机关提供信件内容，但信件内容涉及危害国家安全、公共安全、严重危害他人人身安全以及涉嫌串供、毁灭证据等情形的除外。

第十四条　辩护律师自人民检察院对案件审查起诉之日起，可以查阅、摘抄、复制本案的案卷材料，人民检察院检察委员会的讨论记录、人民法院合议庭、审判委员会的讨论记录以及其他依法不能公开的材料除外。人民检察院、人民法院应当为辩护律师查阅、摘抄、复制案卷材料提供便利，有条件的地方可以推行电子化阅卷，允许刻录、下载材料。侦查机关应当在案件移送审查起诉后三日以内，人民检察院应当在提起公诉后三日以内，将案件移送情况告知辩护律师。案件提起公诉后，人民检察院对案卷所附证据材料有调整或者补充的，应当及时告知辩护律师。辩护律师对调整或者补充的证据材料，有权查阅、摘抄、复制。辩护律师办理申诉、抗诉案件，在人民检察院、人民法院经审查决定立案后，可以持律师执业证书、律师事务所证明和委托书或者法律援助公函到案卷档案管理部门、持有案卷档案的办案部门查阅、摘抄、复制已经审理终结案件的案卷材料。

辩护律师提出阅卷要求的，人民检察院、人民法院应当当时安排辩护律师阅卷，无法当时安排的，应当向辩护律师说明并安排其在三个工作日以内阅卷，不得限制辩护律师阅卷的次数和时间。有条件的地方可以设立阅卷预约平台。

人民检察院、人民法院应当为辩护律师阅卷提供场所和便利，配备必要的设备。因复制材料发生费用的，只收取工本费用。律师办理法律援助案件复制材料发生的费用,应当予以免收或者减收。辩护律师可以采用复印、拍照、扫描、电子数据拷贝等方式复制案卷材料,可以根据需要带律师助理协助阅卷。办案机关应当核实律师助理的身份。

辩护律师查阅、摘抄、复制的案卷材料属于国家秘密的,应当经过人民检察院、人民法院同意并遵守国家保密规定。律师不得违反规定,披露、散布案件重要信息和案卷材料,或者将其用于本案辩护、代理以外的其他用途。

第十五条　辩护律师提交与案件有关材料的,办案机关应当在工作时间和办公场所予以接待,当面了解辩护律师提交材料的目的、材料的来源和主要内容等有关情况并记录在案,与相关材料一并附卷,并出具回执。辩护律师应当提交原件,提交原件确有困难的,经办案机关准许,也可以提交复印件,经与原件核对无误后由辩护律师签名确认。辩护律师通过服务平台网上提交相关材料的,办案机关应当在网上出具回执。辩护律师应当及时向办案机关提供原件核对,并签名确认。

第十六条　在刑事诉讼审查起诉、审理期间,辩护律师书面申请调取公安机关、人民检察院在侦查、审查起诉期间收集但未提交的证明犯罪嫌疑人、被告人无罪或者罪轻的证据材料的,人民检察院、人民法院应当依法及时审查。经审查,认为辩护律师申请调取的证据材料已收集并且与案件事实有联系的,应当及时调取。相关证据材料提交后,人民检察院、人民法院应当及时通知辩护律师查阅、摘抄、复制。经审查决定不予调取的,应当书面说明理由。

第十七条　辩护律师申请向被害人或者其近亲属、被害人提供的证人收集与本案有关的材料的,人民检察院、人民法院应当在七日以内作出是否许可的决定,并通知辩护律师。辩护律师书面提出有关申请时,办案机关不许可的,应当书面说明理由;辩护律师口头提出申请的,办案机关可以口头答复。

第十八条　辩护律师申请人民检察院、人民法院收集、调取证据的,人民检察院、人民法院应当在三日以内作出是否同意的决定,并通知辩护律师。辩护律师书面提出有关申请时,办案机关不同意的,应当书面说明理由;辩护律师口头提出申请的,办案机关可以口头答复。

第十九条　辩护律师申请向正在服刑的罪犯收集与案件有关的材料的,监狱和其他监管机关在查验律师执业证书、律师事务所证明和犯罪嫌疑人、被告人委托书或法律援助公函后,应当及时安排并提供合适的场所和便利。

正在服刑的罪犯属于辩护律师所承办案件的被害人或者其近亲属、被害人提供的证人的,应当经人民检察院或者人民法院许可。

第二十一条　侦查机关在案件侦查终结前,人民检察院、人民法院在审查批准、决定逮捕期间,最高人民法院在复核死刑案件期间,辩护律师提出要求的,办案机关应当听取辩护律师的意见。人民检察院审查起诉、第二审人民法院决定不开庭审理的,应当充分听取辩护律师的意见。

辩护律师要求当面反映意见或者提交证据材料的,办案机关应当依法办理,并制作笔录附卷。辩护律师提出的书面意见和证据材料,应当附卷。

第二十二条　辩护律师书面申请变更或者解除强制措施的，办案机关应当在三日以内作出处理决定。辩护律师的申请符合法律规定的，办案机关应当及时变更或者解除强制措施；经审查认为不应当变更或者解除强制措施的，应当告知辩护律师，并书面说明理由。

第二十三条　辩护律师在侦查、审查起诉、审判期间发现案件有关证据存在刑事诉讼法第五十四条①规定的情形的，可以向办案机关申请排除非法证据。

辩护律师在开庭以前申请排除非法证据，人民法院对证据收集合法性有疑问的，应当依照刑事诉讼法第一百八十二条第二款②的规定召开庭前会议，就非法证据排除问题了解情况，听取意见。

辩护律师申请排除非法证据的，办案机关应当听取辩护律师的意见，按照法定程序审查核实相关证据，并依法决定是否予以排除。

第二十四条　辩护律师在开庭以前提出召开庭前会议、回避、补充鉴定或者重新鉴定以及证人、鉴定人出庭等申请的，人民法院应当及时审查作出处理决定，并告知辩护律师。

第二十五条　人民法院确定案件开庭日期时，应当为律师出庭预留必要的准备时间并书面通知律师。律师因开庭日期冲突等正当理由申请变更开庭日期的，人民法院应当在不影响案件审理期限的情况下，予以考虑并调整日期，决定调整日期的，应当及时通知律师。

律师可以根据需要，向人民法院申请带律师助理参加庭审。律师助理参加庭审仅能从事相关辅助工作，不得发表辩护、代理意见。

第二十六条　有条件的人民法院应当建立律师参与诉讼专门通道，律师进入人民法院参与诉讼确需安全检查的，应当与出庭履行职务的检察人员同等对待。有条件的人民法院应当设置专门的律师更衣室、休息室或者休息区域，并配备必要的桌椅、饮水及上网设施等，为律师参与诉讼提供便利。

第二十七条　法庭审理过程中，律师对审判人员、检察人员提出回避申请的，人民法院、人民检察院应当依法作出处理。

第二十八条　法庭审理过程中，经审判长准许，律师可以向当事人、证人、鉴定人和有专门知识的人发问。

第二十九条　法庭审理过程中，律师可以就证据的真实性、合法性、关联性，从证明目的、证明效果、证明标准、证明过程等方面，进行法庭质证和相关辩论。

第三十条　法庭审理过程中，律师可以就案件事实、证据和适用法律等问题，进行法庭辩论。

第三十一条　法庭审理过程中，法官应当注重诉讼权利平等和控辩平衡。对于律师发问、质证、辩论的内容、方式、时间等，法庭应当依法公正保障，以便律师充分发表意见，查清案件事实。

法庭审理过程中，法官可以对律师的发问、辩论进行引导，除发言过于重复、相关问题已在庭前会议达成一致、与案件无关或者侮辱、诽谤、威胁他人，故意扰乱法庭秩序的情况外，法官不得随意打断或者制止律师按程序进行的发言。

第三十二条　法庭审理过程中，律

① 2018年刑事诉讼法第五十六条。

② 2018年刑事诉讼法第一百八十七条第二款。

师可以提出证据材料，申请通知新的证人、有专门知识的人出庭，申请调取新的证据，申请重新鉴定或者勘验、检查。在民事诉讼中，申请有专门知识的人出庭，应当在举证期限届满前向人民法院申请，经法庭许可后才可以出庭。

第三十三条　法庭审理过程中，遇有被告人供述发生重大变化、拒绝辩护等重大情形，经审判长许可，辩护律师可以与被告人进行交流。

第三十四条　法庭审理过程中，有下列情形之一的，律师可以向法庭申请休庭：

（一）辩护律师因法定情形拒绝为被告人辩护的；

（二）被告人拒绝辩护律师为其辩护的；

（三）需要对新的证据作辩护准备的；

（四）其他严重影响庭审正常进行的情形。

第三十五条　辩护律师作无罪辩护的，可以当庭就量刑问题发表辩护意见，也可以庭后提交量刑辩护意见。

第三十六条　人民法院适用普通程序审理案件，应当在裁判文书中写明律师依法提出的辩护、代理意见，以及是否采纳的情况，并说明理由。

第三十七条　对于诉讼中的重大程序信息和送达当事人的诉讼文书，办案机关应当通知辩护、代理律师。

第三十八条　法庭审理过程中，律师就回避，案件管辖，非法证据排除，申请通知证人、鉴定人、有专门知识的人出庭，申请通知新的证人到庭，调取新的证据，申请重新鉴定、勘验等问题当庭提出申请，或者对法庭审理程序提出异议的，法庭原则上应当休庭进行审查，依照法定程序作出决定。其他律师有相同异议的，应一并提出，法庭一并休庭审查。法庭决定驳回申请或者异议的，律师可当庭提出复议。经复议后，律师应当尊重法庭的决定，服从法庭的安排。

律师不服法庭决定保留意见的内容应当详细记入法庭笔录，可以作为上诉理由，或者向同级或者上一级人民检察院申诉、控告。

第三十九条　律师申请查阅人民法院录制的庭审过程的录音、录像的，人民法院应当准许。

第四十条　侦查机关依法对在诉讼活动中涉嫌犯罪的律师采取强制措施后，应当在四十八小时以内通知其所在的律师事务所或者所属的律师协会。

第四十一条　律师认为办案机关及其工作人员明显违反法律规定，阻碍律师依法履行辩护、代理职责，侵犯律师执业权利的，可以向该办案机关或者其上一级机关投诉。

办案机关应当畅通律师反映问题和投诉的渠道，明确专门部门负责处理律师投诉，并公开联系方式。

办案机关应当对律师的投诉及时调查，律师要求当面反映情况的，应当当面听取律师的意见。经调查情况属实的，应当依法立即纠正，及时答复律师，做好说明解释工作，并将处理情况通报其所在地司法行政机关或者所属的律师协会。

第四十二条　在刑事诉讼中，律师认为办案机关及其工作人员的下列行为阻碍律师依法行使诉讼权利的，可以向同级或者上一级人民检察院申诉、控告：

（一）未依法向律师履行告知、转达、通知和送达义务的；

（二）办案机关认定律师不得担任辩护人、代理人的情形有误的；

（三）对律师依法提出的申请，不接收、不答复的；

（四）依法应当许可律师提出的申请未许可的；

（五）依法应当听取律师的意见未听取的；

（六）其他阻碍律师依法行使诉讼权利的行为。

律师依照前款规定提出申诉、控告的，人民检察院应当在受理后十日以内进行审查，并将处理情况书面答复律师。情况属实的，通知有关机关予以纠正。情况不属实的，做好说明解释工作。

人民检察院应当依法严格履行保障律师依法执业的法律监督职责，处理律师申诉控告。在办案过程中发现有阻碍律师依法行使诉讼权利行为的，应当依法、及时提出纠正意见。

第四十三条　办案机关或者其上一级机关、人民检察院对律师提出的投诉、申诉、控告，经调查核实后要求有关机关予以纠正，有关机关拒不纠正或者累纠累犯的，应当由相关机关的纪检监察部门依照有关规定调查处理，相关责任人构成违纪的，给予纪律处分。

第四十四条　律师认为办案机关及其工作人员阻碍其依法行使执业权利的，可以向其所执业律师事务所所在地的市级司法行政机关、所属的律师协会申请维护执业权利。情况紧急的，可以向事发地的司法行政机关、律师协会申请维护执业权利。事发地的司法行政机关、律师协会应当给予协助。

司法行政机关、律师协会应当建立维护律师执业权利快速处置机制和联动机制，及时安排专人负责协调处理。律师的维权申请合法有据的，司法行政机关、律师协会应当建议有关办案机关依法处理，有关办案机关应当将处理情况及时反馈司法行政机关、律师协会。

司法行政机关、律师协会持有关证明调查核实律师权益保障或者违纪有关情况的，办案机关应当予以配合、协助，提供相关材料。

第四十五条　人民法院、人民检察院、公安机关、国家安全机关、司法行政机关和律师协会应当建立联席会议制度，定期沟通保障律师执业权利工作情况，及时调查处理侵犯律师执业权利的突发事件。

★《最高人民法院、最高人民检察院、公安部、司法部关于进一步深化刑事案件律师辩护全覆盖试点工作的意见》（司发通〔2022〕49 号，2022 年 10 月 22 日）

10. 切实保障律师辩护权。人民检察院应当依法保障辩护律师会见、阅卷等诉讼权利，为辩护律师履行职责提供便利。人民检察院作出退回补充侦查、延长审查起诉期限、提起公诉、不起诉等重大程序性决定的，应当依法及时告知辩护律师，及时向辩护律师公开案件的流程信息。

11. 及时安排阅卷。辩护律师提出阅卷要求的，人民检察院应当及时安排阅卷，因工作等原因无法及时安排的，应当向辩护律师说明，并自即日起三个工作日内安排阅卷，不得限制辩护律师合理的阅卷次数和时间。有条件的地方可以设立阅卷预约平台，推行电子化阅卷,允许下载、刻录案卷材料。

33.5 指导与参考案例

33.5.1 禁止为有利害关系的当事人提供辩护

【刑事审判参考案例】

[第 733 号]陈某贩卖、运输毒品案

裁判要旨:同一律师在侦查和审判阶段先后接受同一案件中有利害关系的两名犯罪嫌疑人、被告人的委托,参与刑事诉讼活动,侵犯了犯罪嫌疑人、被告人的合法权益,影响程序的公正性。本案律师祁某在侦查阶段先后为有利害关系的两名同案犯罪嫌疑人提供法律服务,又在一、二审阶段继续为有利益冲突的另一被告人提供辩护。一、二审法院未能发现并予以纠正,可能影响案件的公正审判,应当以程序违法为由,撤销一、二审裁判,发回重新审判。

[第 956 号]刘洪高、刘开贵贩卖、运输毒品案

裁判要旨:"一名辩护人不得为两名以上的同案被告人辩护",不能仅仅理解为不得"在同一案件的同一诉讼程序中同时为两名以上同案被告人辩护",即使是在同一案件的不同审级中,这一限制性规定也同样应当适用。"犯罪事实存在关联的被告人"的范围,应当尽量作宽泛的理解,如恐怖组织、黑社会性质组织的参加者,其行为与集团组织指挥者实施的具体犯罪可能并无关联,但由于其系该集团的参加者,仍应当认定为"犯罪事实存在关联的被告人"。部分下游型犯罪,如洗钱,帮助毁灭、伪造证据,窝藏、包庇,掩饰、隐瞒犯罪所得、犯罪收益等犯罪,虽然与上游犯罪不构成共犯,且完全属于两种不同性质的犯罪,但犯罪事实之间仍然存在一定关联,也应当适用上述规定。

34 委托辩护

34.1 法条规定

第三十四条　犯罪嫌疑人自被侦查机关第一次讯问或者采取强制措施之日起,有权委托辩护人;在侦查期间,只能委托律师作为辩护人。被告人有权随时委托辩护人。

侦查机关在第一次讯问犯罪嫌疑人或者对犯罪嫌疑人采取强制措施的时候,应当告知犯罪嫌疑人有权委托辩护人。人民检察院自收到移送审查起诉的案件材料之日起三日以内,应当告知犯罪嫌疑人有权委托辩护人。人民法院自受理案件之日起三日以内,应当告知被告人有权委托辩护人。犯罪嫌疑人、被告人在押期间要求委托辩护人的,人民法院、人民检察院和公安机关应当及时转达其要求。

犯罪嫌疑人、被告人在押的,也可以由其监护人、近亲属代为委托辩护人。

辩护人接受犯罪嫌疑人、被告人委托后,应当及时告知办理案件的机关。

【立法释义】①

本条规定明确了委托辩护的程序。2012 年刑事诉讼法修改,将委托辩护权提前到侦查阶段,并完善了委托辩护

① 参见王爱立主编书,第 60—64 页。

的权利告知等程序。关于委托辩护，应当关注以下事项：

第一，委托辩护的起始时间。1979年刑事诉讼法规定，被告人在人民法院开庭七日以前，可以委托辩护人。1996年修改后刑事诉讼法规定，公诉案件自案件移送审查起诉之日起，犯罪嫌疑人有权委托辩护人。2012年修改后刑事诉讼法规定，犯罪嫌疑人自被侦查机关第一次讯问或者采取强制措施之日起，有权委托辩护人。原则上，只要犯罪嫌疑人的合法权利面临遭到办案机关侵犯的法律风险，就有权获得专业的辩护。

委托辩护包括两类时间起点：一是“侦查机关第一次讯问”；二是“采取强制措施”。对犯罪嫌疑人开始讯问或者采取强制措施，是刑事诉讼重要的程序节点，意味着犯罪嫌疑人的权利可能面临法律风险。鉴于此，符合其中任一情形，犯罪嫌疑人即有权自当日起委托辩护人。案件提起公诉后，被告人有权随时委托辩护人。

第二，侦查期间辩护人的限定。在侦查期间，犯罪嫌疑人只能委托律师作为辩护人。之所以作此限定，主要是考虑，侦查阶段案件调查正在进行，由专业律师进行辩护，避免因其他辩护人缺乏必要的法律知识而面临法律风险。

第三，办案机关的权利告知义务。为依法保障犯罪嫌疑人、被告人的权利知情权，办案机关在相应的诉讼阶段，应当依法履行权利告知义务。

第四，代为委托辩护人。在押的犯罪嫌疑人、被告人可以由其监护人、近亲属代为委托辩护人。监护人、近亲属代为委托辩护人的，人民法院、人民检察院和公安机关应当允许。

第五，辩护人接受委托后及时告知办案机关的义务。为便于办案机关了解委托辩护情况，辩护人在接受犯罪嫌疑人、被告人委托后，应当及时将接受委托的有关情况告知办案机关，提交有关委托手续。人民法院、人民检察院和公安机关收到有关委托手续后，应当记录在案并随案移送。犯罪嫌疑人、被告人另行委托辩护人的，新接受委托的辩护人也应当及时将接受委托的情况告知办案机关。

34.2　司法解释

34.2.1　辩护、代理材料的处理

★《检察院规则》(2019)

第三十九条　辩护人、诉讼代理人向人民检察院提出有关申请、要求或者提交有关书面材料的，负责案件管理的部门应当接收并及时移送办案部门或者与办案部门联系，具体业务由办案部门负责办理，本规则另有规定的除外。

34.2.2　委托辩护和法律援助的告知

★《法院解释》(2021)

第四十四条　被告人没有委托辩护人的，人民法院自受理案件之日起三日以内，应当告知其有权委托辩护人；被告人因经济困难或者其他原因没有委托辩护人的，应当告知其可以申请法律援助；被告人属于应当提供法律援助情形的，应当告知其将依法通知法律援助机构指派律师为其提供辩护。

被告人没有委托辩护人，法律援助机构也没有指派律师为其提供辩护的，人民法院应当告知被告人有权约见值班律师，并为被告人约见值班律师提供便利。

告知可以采取口头或者书面方式。

★《检察院规则》(2019)

第四十条　人民检察院负责侦查

的部门在第一次讯问犯罪嫌疑人或者对其采取强制措施时，应当告知犯罪嫌疑人有权委托辩护人，并告知其如果因经济困难或者其他原因没有委托辩护人的，可以申请法律援助。属于刑事诉讼法第三十五条规定情形的，应当告知犯罪嫌疑人有权获得法律援助。

人民检察院自收到移送起诉案卷材料之日起三日以内，应当告知犯罪嫌疑人有权委托辩护人，并告知其如果因经济困难或者其他原因没有委托辩护人的，可以申请法律援助。属于刑事诉讼法第三十五条规定情形的，应当告知犯罪嫌疑人有权获得法律援助。

当面口头告知的，应当记入笔录，由被告知人签名；电话告知的，应当记录在案；书面告知的，应当将送达回执入卷。

★《公安规定》(2020)

第四十三条　公安机关在第一次讯问犯罪嫌疑人或者对犯罪嫌疑人采取强制措施的时候，应当告知犯罪嫌疑人有权委托律师作为辩护人，并告知其如果因经济困难或者其他原因没有委托辩护律师的，可以向法律援助机构申请法律援助。告知的情形应当记录在案。

对于同案的犯罪嫌疑人委托同一名辩护律师的，或者两名以上未同案处理但实施的犯罪存在关联的犯罪嫌疑人委托同一名辩护律师的，公安机关应当要求其更换辩护律师。

★《国安规定》(2024)

第四十条　国家安全机关在第一次讯问犯罪嫌疑人或者对犯罪嫌疑人采取强制措施的时候，应当告知犯罪嫌疑人有权委托律师作为辩护人，并告知其如果因经济困难或者其他原因没有委托辩护律师的，本人及其近亲属可以向法律援助机构申请法律援助。告知的情形应当记录在案。

34.2.3　委托辩护要求的转达

★《法院解释》(2021)

第四十五条　审判期间，在押的被告人要求委托辩护人的，人民法院应当在三日以内向其监护人、近亲属或者其指定的人员转达要求。被告人应当提供有关人员的联系方式。有关人员无法通知的，应当告知被告人。

★《检察院规则》(2019)

第四十一条　在押或者被指定居所监视居住的犯罪嫌疑人向人民检察院提出委托辩护人要求的，人民检察院应当及时向其监护人、近亲属或者其指定的人员转达要求，并记录在案。

★《公安规定》(2020)

第四十五条　在押的犯罪嫌疑人向看守所提出委托辩护律师要求的，看守所应当及时将其请求转达给办案部门，办案部门应当及时向犯罪嫌疑人委托的辩护律师或者律师事务所转达该项请求。

在押的犯罪嫌疑人仅提出委托辩护律师的要求，但提不出具体对象的，办案部门应当及时通知犯罪嫌疑人的监护人、近亲属代为委托辩护律师。犯罪嫌疑人无监护人或者近亲属的，办案部门应当及时通知当地律师协会或者司法行政机关为其推荐辩护律师。

★《国安规定》(2024)

第四十三条　在押的犯罪嫌疑人向看守所提出委托辩护律师要求的，看守所应当及时将其请求转达给办案部门，办案部门应当及时向犯罪嫌疑人委托的辩护律师或者律师事务所转达该项请求。

在押的犯罪嫌疑人仅提出委托辩护

护律师的要求，但提不出具体对象的，应当提供监护人或者近亲属的联系方式。办案部门应当及时通知犯罪嫌疑人的监护人、近亲属代为委托辩护律师，无法通知的，应当告知犯罪嫌疑人。犯罪嫌疑人无监护人或者近亲属的，办案部门应当及时通知当地律师协会或者司法行政机关为其推荐辩护律师。

34.2.4　辩护人告知委托或指派情形

★**《法院解释》**（2021）

第五十二条　审判期间，辩护人接受被告人委托的，应当在接受委托之日起三日以内，将委托手续提交人民法院。

接受法律援助机构指派为被告人提供辩护的，适用前款规定。

★**《公安规定》**（2020）

第四十八条　辩护律师接受犯罪嫌疑人委托或者法律援助机构的指派后，应当及时告知公安机关并出示律师执业证书、律师事务所证明和委托书或者法律援助公函。

★**《国安规定》**（2024）

第四十七条　辩护律师接受犯罪嫌疑人委托或者法律援助机构的指派后，应当及时告知国家安全机关并出示律师执业证书、律师事务所证明和委托书或者法律援助公函。

34.3　规范性文件

34.3.1　侦查阶段辩护律师的权利保障

★**《公安规定》**（2020）

第四十二条　公安机关应当保障辩护律师在侦查阶段依法从事下列执业活动：

（一）向公安机关了解犯罪嫌疑人涉嫌的罪名和案件有关情况，提出意见；

（二）与犯罪嫌疑人会见和通信，向犯罪嫌疑人了解案件有关情况；

（三）为犯罪嫌疑人提供法律帮助、代理申诉、控告；

（四）为犯罪嫌疑人申请变更强制措施。

【重点解读】①

在侦查阶段，犯罪嫌疑人因被采取强制措施，对侦查过程中的违法行为，不能充分地行使申诉、控告权。因此，犯罪嫌疑人在侦查阶段可以委托辩护律师为其提供法律帮助。律师执业必须遵守宪法和法律，恪守律师职业道德和纪律，以事实为根据，以法律为准绳。

★**《国安规定》**（2024）

第四十九条　国家安全机关应当保障辩护律师在侦查阶段依法从事下列执业活动：

（一）向国家安全机关了解犯罪嫌疑人涉嫌的罪名和案件有关情况，提出意见；

（二）与犯罪嫌疑人会见和通信，向犯罪嫌疑人了解案件有关情况；

（三）为犯罪嫌疑人提供法律帮助、代理申诉、控告；

（四）为犯罪嫌疑人申请变更强制措施。

34.3.2　当事人解除委托关系

★**《最高人民法院、最高人民检察院、公安部、国家安全部、司法部关于依法保障律师执业权利的规定》**（司发〔2015〕14号，2015年9月16日）

第八条　在押的犯罪嫌疑人、被告人提出解除委托关系的，办案机关应当

① 参见孙茂利主编书，第94—98页。

要求其出具或签署书面文件,并在三日以内转交受委托的律师或者律师事务所。辩护律师可以要求会见在押的犯罪嫌疑人、被告人,当面向其确认解除委托关系,看守所应当安排会见;但犯罪嫌疑人、被告人书面拒绝会见的,看守所应当将有关书面材料转交辩护律师,不予安排会见。

在押的犯罪嫌疑人、被告人的监护人、近亲属解除代为委托辩护律师关系的,经犯罪嫌疑人、被告人同意的,看守所应当允许新代为委托的辩护律师会见,由犯罪嫌疑人、被告人确认新的委托关系;犯罪嫌疑人、被告人不同意解除原辩护律师的委托关系的,看守所应当终止新代为委托的辩护律师会见。

★《**国安规定**》(2024)

第四十八条　在押的犯罪嫌疑人提出解除委托关系的,办案部门应当要求其出具或签署书面文件,并在三日以内转交受委托的律师或者律师事务所。辩护律师要求会见在押的犯罪嫌疑人,当面向其确认解除委托关系的,经办案部门许可,看守所应当安排会见;但犯罪嫌疑人书面拒绝会见的,看守所应当将有关书面材料转交辩护律师,不予安排会见。

在押的犯罪嫌疑人的监护人、近亲属解除代为委托辩护律师关系的,经犯罪嫌疑人同意,并经办案部门许可,看守所应当允许新代为委托的辩护律师会见,由犯罪嫌疑人确认新的委托关系。

34.4　指导与参考案例

34.4.1　辩护人可在案件审结前参与诉讼

【刑事审判参考案例】

[第 845 号]谢某抢劫案

裁判要旨:被告人在一审庭审结束后、审结前才委托辩护人参与一审程序的,人民法院依法应当准许。被告人在一审庭审结束后委托的辩护人,必须在一审审结前参与诉讼。一审法院不准许被告人在庭审结束后委托的律师参与一审程序的决定,限制了被告人的辩护权,违反了相关程序,应予纠正。

35　法律援助

35.1　法条规定

第三十五条　犯罪嫌疑人、被告人因经济困难或者其他原因没有委托辩护人的,本人及其近亲属可以向法律援助机构提出申请。对符合法律援助条件的,法律援助机构应当指派律师为其提供辩护。

犯罪嫌疑人、被告人是盲、聋、哑人,或者是尚未完全丧失辨认或者控制自己行为能力的精神病人,没有委托辩护人的,人民法院、人民检察院和公安机关应当通知法律援助机构指派律师为其提供辩护。

犯罪嫌疑人、被告人可能被判处无期徒刑、死刑,没有委托辩护人的,人民法院、人民检察院和公安机关应当通知法律援助机构指派律师为其提供辩护。

【立法释义】①

本条规定明确了刑事诉讼的法律援助制度。2012 年刑事诉讼法修改扩大了法律援助的适用范围,并将未成年人刑事案件的法律援助移至未成年人

---

① 参见王爱立主编书,第 64—68 页。

刑事案件诉讼程序加以规定。关于法律援助,应当关注以下事项:

第一,法律援助不附加程序条件。2012年刑事诉讼法修改前,法律援助主要适用于公诉人出庭公诉的案件。2012年刑事诉讼法修改后,在公诉案件中,公诉人都应当出庭支持公诉。同时,自诉案件的被告人符合法定条件的,也应当为其提供法律援助。

第二,法律援助的适用范围。本条规定主要包括三种情形:

一是依申请提供法律援助。犯罪嫌疑人、被告人因经济困难或者其他原因没有委托辩护人的,本人及其近亲属可以向法律援助机构提出申请。对符合法律援助条件的,法律援助机构应当指派律师为其提供辩护。这一规定体现了国家对于经济困难的人的基本人权保障,以本人及其近亲属向法律援助机构提出申请为前提。法律援助法第三十二条规定了不受经济困难条件的限制的具体情形。对于犯罪嫌疑人、被告人提出的法律援助申请,办案机关应当及时转交法律援助机构。

二是特殊主体的强制辩护。这一规定体现出法律对生理存在缺陷的特殊群体提供的特殊政策保护;该情形下的法律援助,不以犯罪嫌疑人、被告人提出申请为前提。

三是重罪案件的强制辩护。这一规定体现出法律对重罪案件特别是死刑案件被追诉人的特殊政策保护,也反映出对重刑的慎重适用。“可能被判处死刑”,既包括可能被判处死刑立即执行,也包括可能被判处死刑缓期执行。“可能”被判处无期徒刑、死刑,是人民法院、人民检察院和公安机关根据法定刑幅度和案情,对判决刑罚的一种可能性判断。只要在刑事诉讼过程中发现犯罪嫌疑人、被告人可能被判处无期徒刑、死刑(包括死刑立即执行、死刑缓期执行),未委托辩护人的,就应当提供法律援助。

此外,基于确保公正审判的考虑,对于被告人没有委托辩护人的特定情形,人民法院可以通知法律援助机构指派律师为其提供辩护。《法院解释》第四十八条规定了有必要指派律师提供辩护的具体情形。

第三,委托辩护与法律援助的关系。委托辩护是当事人行使辩护权的基本形式,而法律援助则是委托辩护的制度补充。通常情况下,只有当事人没有委托辩护人,又符合法定条件时,才适用法律援助制度。

第四,拒绝法律援助的处理。犯罪嫌疑人、被告人可以自行辩护,拒绝法律援助机构指派的律师为其辩护。但是,对于强制辩护情形,办案机关应当保证犯罪嫌疑人、被告人获得法律援助的权利。

35.2　相关立法

★《中华人民共和国法律援助法》
(2021年8月20日)

第十四条　法律援助机构可以在人民法院、人民检察院和看守所等场所派驻值班律师,依法为没有辩护人的犯罪嫌疑人、被告人提供法律援助。

第二十四条　刑事案件的犯罪嫌疑人、被告人因经济困难或者其他原因没有委托辩护人的,本人及其近亲属可以向法律援助机构申请法律援助。

第二十五条　刑事案件的犯罪嫌疑人、被告人属于下列人员之一,没有委托辩护人的,人民法院、人民检察院、公安机关应当通知法律援助机构指派律师担任辩护人：

（一）未成年人；

（二）视力、听力、言语残疾人；

（三）不能完全辨认自己行为的成年人；

（四）可能被判处无期徒刑、死刑的人；

（五）申请法律援助的死刑复核案件被告人；

（六）缺席审判案件的被告人；

（七）法律法规规定的其他人员。

其他适用普通程序审理的刑事案件，被告人没有委托辩护人的，人民法院可以通知法律援助机构指派律师担任辩护人。

第二十六条　对可能被判处无期徒刑、死刑的人，以及死刑复核案件的被告人，法律援助机构收到人民法院、人民检察院、公安机关通知后，应当指派具有三年以上相关执业经历的律师担任辩护人。

第二十七条　人民法院、人民检察院、公安机关通知法律援助机构指派律师担任辩护人时，不得限制或者损害犯罪嫌疑人、被告人委托辩护人的权利。

第二十八条　强制医疗案件的被申请人或者被告人没有委托诉讼代理人的，人民法院应当通知法律援助机构指派律师为其提供法律援助。

第二十九条　刑事公诉案件的被害人及其法定代理人或者近亲属，刑事自诉案件的自诉人及其法定代理人，刑事附带民事诉讼案件的原告人及其法定代理人，因经济困难没有委托诉讼代理人的，可以向法律援助机构申请法律援助。

第三十条　值班律师应当依法为没有辩护人的犯罪嫌疑人、被告人提供法律咨询、程序选择建议、申请变更强制措施、对案件处理提出意见等法律帮助。

第三十二条　有下列情形之一，当事人申请法律援助的，不受经济困难条件的限制：

（一）英雄烈士近亲属为维护英雄烈士的人格权益；

（二）因见义勇为行为主张相关民事权益；

（三）再审改判无罪请求国家赔偿；

（四）遭受虐待、遗弃或者家庭暴力的受害人主张相关权益；

（五）法律、法规、规章规定的其他情形。

第三十三条　当事人不服司法机关生效裁判或者决定提出申诉或者申请再审，人民法院决定、裁定再审或者人民检察院提出抗诉，因经济困难没有委托辩护人或者诉讼代理人的，本人及其近亲属可以向法律援助机构申请法律援助。

第三十四条　经济困难的标准，由省、自治区、直辖市人民政府根据本行政区域经济发展状况和法律援助工作需要确定，并实行动态调整。

第三十五条　人民法院、人民检察院、公安机关和有关部门在办理案件或者相关事务中，应当及时告知有关当事人有权依法申请法律援助。

第三十六条　人民法院、人民检察院、公安机关办理刑事案件，发现有本法第二十五条第一款、第二十八条规定情形的，应当在三日内通知法律援助机构指派律师。法律援助机构收到通知后，应当在三日内指派律师并通知人民法院、人民检察院、公安机关。

第三十七条　人民法院、人民检察

院、公安机关应当保障值班律师依法提供法律帮助，告知没有辩护人的犯罪嫌疑人、被告人有权约见值班律师，并依法为值班律师了解案件有关情况、阅卷、会见等提供便利。

第三十九条 被羁押的犯罪嫌疑人、被告人、服刑人员，以及强制隔离戒毒人员等提出法律援助申请的，办案机关、监管场所应当在二十四小时内将申请转交法律援助机构。

犯罪嫌疑人、被告人通过值班律师提出代理、刑事辩护等法律援助申请的，值班律师应当在二十四小时内将申请转交法律援助机构。

第四十条 无民事行为能力人或者限制民事行为能力人需要法律援助的，可以由其法定代理人代为提出申请。法定代理人侵犯无民事行为能力人、限制民事行为能力人合法权益的，其他法定代理人或者近亲属可以代为提出法律援助申请。

被羁押的犯罪嫌疑人、被告人、服刑人员，以及强制隔离戒毒人员，可以由其法定代理人或者近亲属代为提出法律援助申请。

第四十一条 因经济困难申请法律援助的，申请人应当如实说明经济困难状况。

法律援助机构核查申请人的经济困难状况，可以通过信息共享查询，或者由申请人进行个人诚信承诺。

法律援助机构开展核查工作，有关部门、单位、村民委员会、居民委员会和个人应当予以配合。

第四十二条 法律援助申请人有材料证明属于下列人员之一的，免予核查经济困难状况：

（一）无固定生活来源的未成年人、老年人、残疾人等特定群体；

（二）社会救助、司法救助或者优抚对象；

（三）申请支付劳动报酬或者请求工伤事故人身损害赔偿的进城务工人员；

（四）法律、法规、规章规定的其他人员。

第四十三条 法律援助机构应当自收到法律援助申请之日起七日内进行审查，作出是否给予法律援助的决定。决定给予法律援助的，应当自作出决定之日起三日内指派法律援助人员为受援人提供法律援助；决定不给予法律援助的，应当书面告知申请人，并说明理由。

申请人提交的申请材料不齐全的，法律援助机构应当一次性告知申请人需要补充的材料或者要求申请人作出说明。申请人未按要求补充材料或者作出说明的，视为撤回申请。

35.3 司法解释

35.3.1 法律援助的类型

★《法院解释》(2021)

第四十七条 对下列没有委托辩护人的被告人，人民法院应当通知法律援助机构指派律师为其提供辩护：

（一）盲、聋、哑人；

（二）尚未完全丧失辨认或者控制自己行为能力的精神病人；

（三）可能被判处无期徒刑、死刑的人。

高级人民法院复核死刑案件，被告人没有委托辩护人的，应当通知法律援助机构指派律师为其提供辩护。

死刑缓期执行期间故意犯罪的案件，适用前两款规定。

第四十八条 具有下列情形之一，

被告人没有委托辩护人的，人民法院可以通知法律援助机构指派律师为其提供辩护：

（一）共同犯罪案件中，其他被告人已经委托辩护人的；

（二）案件有重大社会影响的；

（三）人民检察院抗诉的；

（四）被告人的行为可能不构成犯罪的；

（五）有必要指派律师提供辩护的其他情形。

★**《检察院规则》**（2019）

第四十二条　人民检察院办理直接受理侦查案件和审查起诉案件，发现犯罪嫌疑人是盲、聋、哑人或者是尚未完全丧失辨认或者控制自己行为能力的精神病人，或者可能被判处无期徒刑、死刑，没有委托辩护人的，应当自发现之日起三日以内书面通知法律援助机构指派律师为其提供辩护。

★**《公安规定》**（2020）

第四十六条　符合下列情形之一，犯罪嫌疑人没有委托辩护人的，公安机关应当自发现该情形之日起三日以内通知法律援助机构为犯罪嫌疑人指派辩护律师：

（一）犯罪嫌疑人是盲、聋、哑人，或者是尚未完全丧失辨认或者控制自己行为能力的精神病人；

（二）犯罪嫌疑人可能被判处无期徒刑、死刑。

★**《国安规定》**（2024）

第四十五条　符合下列情形之一，犯罪嫌疑人没有委托辩护人的，国家安全机关应当自发现该情形之日起三日以内制作法律援助通知书，通知法律援助机构为犯罪嫌疑人指派辩护律师：

（一）犯罪嫌疑人是未成年人；

（二）犯罪嫌疑人是视力、听力、言语残疾人；

（三）犯罪嫌疑人是不能完全辨认自己行为的成年人；

（四）犯罪嫌疑人可能被判处无期徒刑、死刑；

（五）法律法规规定的其他人员。

35.3.2　法律援助申请的转交

★**《法院解释》**（2021）

第四十六条　人民法院收到在押被告人提出的法律援助或者法律帮助申请，应当依照有关规定及时转交法律援助机构或者通知值班律师。

第四十九条　人民法院通知法律援助机构指派律师提供辩护的，应当将法律援助通知书、起诉书副本或者判决书送达法律援助机构；决定开庭审理的，除适用简易程序或者速裁程序审理的以外，应当在开庭十五日以前将上述材料送达法律援助机构。

法律援助通知书应当写明案由、被告人姓名、提供法律援助的理由、审判人员的姓名和联系方式；已确定开庭审理的，应当写明开庭的时间、地点。

★**《检察院规则》**（2019）

第四十三条　人民检察院收到在押或者被指定居所监视居住的犯罪嫌疑人提出的法律援助申请，应当在二十四小时以内将申请材料转交法律援助机构，并通知犯罪嫌疑人的监护人、近亲属或者其委托的其他人员协助提供有关证件、证明等材料。

★**《公安规定》**（2020）

第四十七条　公安机关收到在押的犯罪嫌疑人提出的法律援助申请后，应当在二十四小时以内将其申请转交所在地的法律援助机构,并在三日以内通知申请人的法定代理人、近亲属或者其委托的其他人员协助提供有关证件、证明等相关材料。犯罪嫌疑人的法定代理人、近亲属或者其委托的其他人员地址不详无法通知的,应当在转交申请时一并告知法律援助机构。

犯罪嫌疑人拒绝法律援助机构指派的律师作为辩护人或者自行委托辩护人的,公安机关应当在三日以内通知法律援助机构。

★**《国安规定》**(2024)

第四十四条　国家安全机关收到在押的犯罪嫌疑人提出的法律援助申请后,应当在二十四小时以内将其申请转交所在地的法律援助机构,并在三日以内通知申请人的法定代理人、近亲属或者其委托的其他人员协助向法律援助机构提供相关材料。因申请人原因无法通知其法定代理人、近亲属或者其委托的其他人员的,应当在转交申请时一并告知法律援助机构。

犯罪嫌疑人拒绝法律援助机构指派的律师作为辩护人或者自行委托辩护人的,国家安全机关应当在三日以内通知法律援助机构。对于应当通知辩护的案件,犯罪嫌疑人、被告人拒绝法律援助机构指派的律师为其辩护的,国家安全机关应当查明原因。理由正当的,应当允许,但犯罪嫌疑人应当在五日以内另行委托辩护人;犯罪嫌疑人未另行委托辩护人的,国家安全机关应当在三日以内通知法律援助机构另行指派律师为其提供辩护。

35. 3. 3　拒绝法律援助的处理

★**《法院解释》**(2021)

第五十条　被告人拒绝法律援助机构指派的律师为其辩护,坚持自己行使辩护权的,人民法院应当准许。

属于应当提供法律援助的情形,被告人拒绝指派的律师为其辩护的,人民法院应当查明原因。理由正当的,应当准许,但被告人应当在五日以内另行委托辩护人;被告人未另行委托辩护人的,人民法院应当在三日以内通知法律援助机构另行指派律师为其提供辩护。

★**《检察院规则》**(2019)

第四十四条　属于应当提供法律援助的情形,犯罪嫌疑人拒绝法律援助机构指派的律师作为辩护人的,人民检察院应当查明拒绝的原因。有正当理由的,予以准许,但犯罪嫌疑人需另行委托辩护人;犯罪嫌疑人未另行委托辩护人的,应当书面通知法律援助机构另行指派律师为其提供辩护。

35. 3. 4　辩护律师的资格审查

★**《检察院规则》**(2019)

第四十五条　辩护人接受委托后告知人民检察院,或者法律援助机构指派律师后通知人民检察院的,人民检察院负责案件管理的部门应当及时登记辩护人的相关信息,并将有关情况和材料及时通知、移交办案部门。

负责案件管理的部门对办理业务的辩护律师,应当查验其律师执业证书、律师事务所证明和授权委托书或者法律援助公函。对其他辩护人、诉讼代理人,应当查验其身份证明和授权委托书。

第四十六条　人民检察院负责案件管理的部门应当依照法律规定对辩护人、诉讼代理人的资格进行审查,办案部门应当予以协助。

★**《公安规定》**(2020)

第四十八条　辩护律师接受犯罪

嫌疑人委托或者法律援助机构的指派后，应当及时告知公安机关并出示律师执业证书、律师事务所证明和委托书或者法律援助公函。

★《国安规定》(2024)

第四十七条　辩护律师接受犯罪嫌疑人委托或者法律援助机构的指派后，应当及时告知国家安全机关并出示律师执业证书、律师事务所证明和委托书或者法律援助公函。

35.3.5　指定辩护与委托辩护并存的处理

★《法院解释》(2021)

第五十一条　对法律援助机构指派律师为被告人提供辩护，被告人的监护人、近亲属又代为委托辩护人的，应当听取被告人的意见，由其确定辩护人人选。

【重点解读】①

在指定辩护和委托辩护并存的情况下，应当赋予被告人选择权。对于被告人不接受指定辩护而选择委托辩护，或者指定辩护与委托辩护并存的情形，以被告人的意思表示为准。

35.4　规范性文件

35.4.1　法律援助律师的指派与告知

★《最高人民法院、最高人民检察院、公安部、国家安全部、司法部、全国人大常委会法制工作委员会关于实施刑事诉讼法若干问题的规定》(2012 年 12 月 26 日)

5. 刑事诉讼法第三十四条、第二百六十七条、第二百八十六条②对法律援助作了规定。对于人民法院、人民检察院、公安机关根据上述规定，通知法律援助机构指派律师提供辩护或者法律帮助的，法律援助机构应当在接到通知后三日以内指派律师，并将律师的姓名、单位、联系方式书面通知人民法院、人民检察院、公安机关。

★《最高人民法院、最高人民检察院、公安部、国家安全部、司法部关于办理刑事案件严格排除非法证据若干问题的规定》(法发〔2017〕15 号，2017 年 6 月 20 日)

第十九条　犯罪嫌疑人、被告人申请提供法律援助的，应当按照有关规定指派法律援助律师。

法律援助值班律师可以为犯罪嫌疑人、被告人提供法律帮助，对刑讯逼供、非法取证情形代理申诉、控告。

35.4.2　死刑复核案件的法律援助

★《最高人民法院、司法部关于为死刑复核案件被告人依法提供法律援助的规定(试行)》(法发〔2021〕348 号，2021 年 12 月 30 日)

第一条　最高人民法院复核死刑案件，被告人申请法律援助的，应当通知司法部法律援助中心指派律师为其提供辩护。

法律援助通知书应当写明被告人姓名、案由、提供法律援助的理由和依据、案件审判庭和联系方式，并附二审或者高级人民法院复核审裁判文书。

第二条　高级人民法院在向被告人送达依法作出的死刑裁判文书时，应当书面告知其在最高人民法院复核死刑阶段可以委托辩护律师，也可以申请法律援助；被告人申请法律援助的，应当在十日内提出，法律援助申请书应当

---

① 参见李少平主编书，第 179—180 页。

② 2018 年刑事诉讼法第三十五条、第二百七十八条、第三百零四条。

随案移送。

第三条 司法部法律援助中心在接到最高人民法院法律援助通知书后,应当采取适当方式指派律师为被告人提供辩护。

第四条 司法部法律援助中心在接到最高人民法院法律援助通知书后,应当在三日内指派具有三年以上刑事辩护执业经历的律师担任被告人的辩护律师,并函告最高人民法院。

司法部法律援助中心出具的法律援助公函应当写明接受指派的辩护律师的姓名、所属律师事务所及联系方式。

第五条 最高人民法院应当告知或者委托高级人民法院告知被告人为其指派的辩护律师的情况。被告人拒绝指派的律师为其辩护的,最高人民法院应当准许。

第六条 被告人在死刑复核期间自行委托辩护律师的,司法部法律援助中心应当作出终止法律援助的决定,并及时函告最高人民法院。

最高人民法院在复核死刑案件过程中发现有前款规定情形的,应当及时函告司法部法律援助中心。司法部法律援助中心应当作出终止法律援助的决定。

第七条 辩护律师应当在接受指派之日起十日内,通过传真或者寄送等方式,将法律援助手续提交最高人民法院。

第八条 辩护律师依法行使辩护权,最高人民法院应当提供便利。

第九条 辩护律师在依法履行辩护职责中遇到困难和问题的,最高人民法院、司法部有关部门应当及时协调解决,切实保障辩护律师依法履行职责。

第十条 辩护律师应当在接受指派之日起一个半月内提交书面辩护意见或者当面反映辩护意见。辩护律师要求当面反映意见的,最高人民法院应当听取辩护律师的意见。

第十一条 死刑复核案件裁判文书应当写明辩护律师姓名及所属律师事务所,并表述辩护律师的辩护意见。受委托宣判的人民法院应当在宣判后五日内将最高人民法院生效裁判文书送达辩护律师。

第十二条 司法部指导、监督全国死刑复核案件法律援助工作,司法部法律援助中心负责具体组织和实施。

第十三条 本规定自 2022 年 1 月 1 日起施行。

35.4.3 法律援助的工作规范

★《最高人民法院、最高人民检察院、公安部、司法部关于刑事诉讼法律援助工作的规定》(司发通〔2013〕18 号,2013 年 2 月 4 日)

第十条 公安机关、人民检察院、人民法院通知辩护的,应当将通知辩护公函和采取强制措施决定书、起诉意见书、起诉书、判决书副本或者复印件送交法律援助机构。

通知辩护公函应当载明犯罪嫌疑人或者被告人的姓名、涉嫌的罪名、羁押场所或者住所、通知辩护的理由、办案机关联系人姓名和联系方式等。

第十一条 人民法院自受理强制医疗申请或者发现被告人符合强制医疗条件之日起 3 日内,对于被申请人或者被告人没有委托诉讼代理人的,应当向法律援助机构送交通知代理公函,通知其指派律师担任被申请人或被告人的诉讼代理人,为其提供法律帮助。

人民检察院申请强制医疗的,人民法院应当将强制医疗申请书副本一并送交法律援助机构。

通知代理公函应当载明被申请人或者被告人的姓名、法定代理人的姓名和联系方式、办案机关联系人姓名和联系方式。

第十二条　法律援助机构应当自作出给予法律援助决定或者自收到通知辩护公函、通知代理公函之日起3日内，确定承办律师并函告公安机关、人民检察院、人民法院。

法律援助机构出具的法律援助公函应当载明承办律师的姓名、所属单位及联系方式。

第十三条　对于可能被判处无期徒刑、死刑的案件，法律援助机构应当指派具有一定年限刑事辩护执业经历的律师担任辩护人。

对于未成年人案件，应当指派熟悉未成年人身心特点的律师担任辩护人。

第十四条　承办律师接受法律援助机构指派后，应当按照有关规定及时办理委托手续。

承办律师应当在首次会见犯罪嫌疑人、被告人时，询问是否同意为其辩护，并制作笔录。犯罪嫌疑人、被告人不同意的，律师应当书面告知公安机关、人民检察院、人民法院和法律援助机构。

第十五条　对于依申请提供法律援助的案件，犯罪嫌疑人、被告人坚持自己辩护，拒绝法律援助机构指派的律师为其辩护的，法律援助机构应当准许，并作出终止法律援助的决定；对于有正当理由要求更换律师的，法律援助机构应当另行指派律师为其提供辩护。

对于应当通知辩护的案件，犯罪嫌疑人、被告人拒绝法律援助机构指派的律师为其辩护的，公安机关、人民检察院、人民法院应当查明拒绝的原因，有正当理由的，应当准许，同时告知犯罪嫌疑人、被告人需另行委托辩护人。犯罪嫌疑人、被告人未另行委托辩护人的，公安机关、人民检察院、人民法院应当及时通知法律援助机构另行指派律师为其提供辩护。

第十六条　人民检察院审查批准逮捕时，认为犯罪嫌疑人具有应当通知辩护的情形，公安机关未通知法律援助机构指派律师的，应当通知公安机关予以纠正，公安机关应当将纠正情况通知人民检察院。

第十七条　在案件侦查终结前，承办律师提出要求的，侦查机关应当听取其意见，并记录在案。承办律师提出书面意见的，应当附卷。

第十八条　人民法院决定变更开庭时间的，应当在开庭3日前通知承办律师。承办律师有正当理由不能按时出庭的，可以申请人民法院延期开庭。人民法院同意延期开庭的，应当及时通知承办律师。

第十九条　人民法院决定不开庭审理的案件，承办律师应当在接到人民法院不开庭通知之日起10日内向人民法院提交书面辩护意见。

第二十条　人民检察院、人民法院应当对承办律师复制案卷材料的费用予以免收或者减收。

第二十一条　公安机关在撤销案件或者移送审查起诉后，人民检察院在作出提起公诉、不起诉或者撤销案件决定后，人民法院在终止审理或者作出裁决后，以及公安机关、人民检察院、人民法院将案件移送其他机关办理后，应当在5日内将相关法律文书副本或者复印件送达承办律师，或者书面告知承办律师。

公安机关的起诉意见书，人民检察院的起诉书、不起诉决定书，人民法院的判决书、裁定书等法律文书，应当载明作出指派的法律援助机构名称、承办律师姓名以及所属单位等情况。

第二十二条 具有下列情形之一的，法律援助机构应当作出终止法律援助决定，制作终止法律援助决定书发送受援人，并自作出决定之日起 3 日内函告公安机关、人民检察院、人民法院：

（一）受援人的经济收入状况发生变化，不再符合法律援助条件的；

（二）案件终止办理或者已被撤销的；

（三）受援人自行委托辩护人或者代理人的；

（四）受援人要求终止法律援助的，但应当通知辩护的情形除外；

（五）法律、法规规定应当终止的其他情形。

公安机关、人民检察院、人民法院在案件办理过程中发现有前款规定情形的，应当及时函告法律援助机构。

第二十三条 申请人对法律援助机构不予援助的决定有异议的，可以向主管该法律援助机构的司法行政机关提出。司法行政机关应当在收到异议之日起 5 个工作日内进行审查，经审查认为申请人符合法律援助条件的，应当以书面形式责令法律援助机构及时对该申请人提供法律援助，同时通知申请人；认为申请人不符合法律援助条件的，应当维持法律援助机构不予援助的决定，并书面告知申请人。

受援人对法律援助机构终止法律援助的决定有异议的，按照前款规定办理。

第二十四条 犯罪嫌疑人、被告人及其近亲属、法定代理人，强制医疗案件中的被申请人、被告人的法定代理人认为公安机关、人民检察院、人民法院应当告知其可以向法律援助机构申请法律援助而没有告知，或者应当通知法律援助机构指派律师为其提供辩护或者诉讼代理而没有通知的，有权向同级或者上一级人民检察院申诉或者控告。人民检察院应当对申诉或者控告及时进行审查，情况属实的，通知有关机关予以纠正。

★《最高人民法院、最高人民检察院、公安部、司法部法律援助法实施工作办法》（司发通〔2023〕68 号，2023 年 11 月 20 日）

第三条 司法部指导、监督全国的法律援助工作。县级以上司法行政机关指导、监督本行政区域的法律援助工作。

第四条 人民法院、人民检察院、公安机关应当在各自职责范围内保障当事人依法获得法律援助，为法律援助人员开展工作提供便利。

人民法院、人民检察院、公安机关、司法行政机关应当建立健全沟通协调机制，做好权利告知、申请转交、案件办理等方面的衔接工作，保障法律援助工作正常开展。

第五条 司法行政机关指导、监督法律援助工作，依法履行下列职责：

（一）组织贯彻法律援助法律、法规和规章等，健全法律援助制度，加强信息化建设、人员培训、普法宣传等工作；

（二）指导监督法律援助机构和法律援助工作人员，监督管理法律援助服务质量和经费使用等工作；

（三）协调推进高素质法律援助队伍建设，统筹调配法律服务资源，支持和规范社会力量参与法律援助工作；

（四）对在法律援助工作中做出突出贡献的组织、个人，按照有关规定给予表彰、奖励；

（五）受理和调查处理管辖范围内的法律援助异议、投诉和举报；

（六）建立法律援助信息公开制度，依法向社会公布法律援助相关法律法规、政策公告、案件质量监督管理情况等信息，接受社会监督；

（七）其他依法应当履行的职责。

第六条　人民法院、人民检察院、公安机关在办理案件或者相关事务中，依法履行下列职责：

（一）及时告知有关当事人有权依法申请法律援助，转交被羁押的犯罪嫌疑人、被告人提出的法律援助申请；

（二）告知没有委托辩护人，法律援助机构也没有指派律师为其提供辩护的犯罪嫌疑人、被告人有权约见值班律师，保障值班律师依法提供法律帮助；

（三）刑事案件的犯罪嫌疑人、被告人属于《中华人民共和国法律援助法》规定应当通知辩护情形的，通知法律援助机构指派符合条件的律师担任辩护人；

（四）为法律援助人员依法了解案件有关情况、阅卷、会见等提供便利；

（五）其他依法应当履行的职责。

第七条　看守所、监狱、强制隔离戒毒所等监管场所依法履行下列职责：

（一）转交被羁押的犯罪嫌疑人、被告人、服刑人员，以及强制隔离戒毒人员等提出的法律援助申请；

（二）为法律援助人员依法了解案件有关情况、会见等提供便利；

（三）其他依法应当履行的职责。

第八条　法律援助机构组织实施法律援助工作，依法履行下列职责：

（一）通过服务窗口、电话、网络等多种方式提供法律咨询服务，提示当事人享有依法申请法律援助的权利，并告知申请法律援助的条件和程序；

（二）受理、审查法律援助申请，及时作出给予或者不给予法律援助的决定；

（三）指派或者安排法律援助人员提供符合标准的法律援助服务；

（四）支付法律援助补贴；

（五）根据工作需要设置法律援助工作站或者联络点；

（六）定期向社会公布法律援助资金使用、案件办理、质量考核工作等信息，接受社会监督；

（七）其他依法应当履行的职责。

第九条　人民法院、人民检察院、公安机关依法履行如下告知义务：

（一）公安机关、人民检察院在第一次讯问犯罪嫌疑人或者对犯罪嫌疑人采取强制措施的时候，应当告知犯罪嫌疑人有权委托辩护人，并告知其如果符合法律援助条件，本人及其近亲属可以向法律援助机构申请法律援助；

（二）人民检察院自收到移送审查起诉的案件材料之日起三日内，应当告知犯罪嫌疑人有权委托辩护人，并告知其如果符合法律援助条件，本人及其近亲属可以向法律援助机构申请法律援助，应当告知被害人及其法定代理人或者近亲属有权委托诉讼代理人，并告知其如果符合法律援助条件，可以向法律援助机构申请法律援助；

（三）人民法院自受理案件之日起三

日内，应当告知案件当事人及其法定代理人或者近亲属有权依法申请法律援助；

（四）当事人不服司法机关生效裁判或者决定提出申诉或者申请再审，人民法院决定、裁定再审或者人民检察院提出抗诉的，应当自决定、裁定再审或者提出抗诉之日起三日内履行相关告知职责；

（五）犯罪嫌疑人、被告人具有《中华人民共和国法律援助法》第二十五条规定情形的，人民法院、人民检察院、公安机关应当告知其如果不委托辩护人，将依法通知法律援助机构为其指派辩护人。

第十条　告知可以采取口头或者书面方式，告知的内容应当易于被告知人理解。当面口头告知的，应当制作笔录，由被告知人签名；电话告知的，应当记录在案；书面告知的，应当将送达回执入卷。对于被告知人当场表达申请法律援助意愿的，应当记录在案。

第十一条　被羁押的犯罪嫌疑人、被告人、服刑人员，以及强制隔离戒毒人员等提出法律援助申请的，人民法院、人民检察院、公安机关及监管场所应当在收到申请后二十四小时内将申请转交法律援助机构，并于三日内通知申请人的法定代理人、近亲属或者其委托的其他人员协助向法律援助机构提供有关证件、证明等材料。因申请人原因无法通知其法定代理人、近亲属或者其委托的其他人员的，应当在转交申请时一并告知法律援助机构，法律援助机构应当做好记录。

对于犯罪嫌疑人、被告人申请法律援助的案件，法律援助机构可以向人民法院、人民检察院、公安机关了解案件办理过程中掌握的犯罪嫌疑人、被告人是否具有经济困难等法定法律援助申请条件的情况。

第十二条　人民法院、人民检察院、公安机关发现犯罪嫌疑人、被告人属于《中华人民共和国法律援助法》规定应当通知辩护情形的，应当自发现之日起三日内，通知法律援助机构指派律师。

人民法院、人民检察院、公安机关通知法律援助机构指派律师担任辩护人的，应当将法律援助通知文书、采取强制措施决定书或者起诉意见书、起诉书副本、判决书等文书材料送交法律援助机构。

法律援助通知文书应当载明犯罪嫌疑人或者被告人的姓名、涉嫌的罪名、羁押场所或者住所、通知辩护的理由和依据、办案机关联系人姓名和联系方式等。

第十三条　人民法院自受理强制医疗申请或者发现被告人符合强制医疗条件之日起三日内，对于被申请人或者被告人没有委托诉讼代理人的，应当向法律援助机构送交法律援助通知文书，通知法律援助机构指派律师担任被申请人或者被告人的诉讼代理人，为其提供法律援助。

人民检察院提出强制医疗申请的，人民法院应当将强制医疗申请书副本一并送交法律援助机构。

法律援助通知文书应当载明被申请人或者被告人的姓名、法定代理人的姓名和联系方式、办案机关及联系人姓名和联系方式。

第十四条　值班律师依法为没有辩护人的犯罪嫌疑人、被告人提供法律咨询、程序选择建议、申请变更强制措施、对案件处理提出意见等法律帮助。

人民法院、人民检察院、公安机关应当在确定的法律帮助日期前三个工作日，将法律帮助通知书送达法律援助机构,或者直接送达现场值班律师。该期间没有安排现场值班律师的,法律援助机构应当自收到法律帮助通知书之日起两个工作日内确定值班律师,并通知人民法院、人民检察院、公安机关。

第十五条　当事人以人民法院、人民检察院、公安机关给予国家司法救助的决定或者人民法院给予司法救助的决定为依据,向法律援助机构申请法律援助的,法律援助机构免予核查经济困难状况。

第十六条　法律援助机构应当自收到法律援助申请之日起七日内进行审查,作出是否给予法律援助的决定。决定给予法律援助的,应当自作出决定之日起三日内指派法律援助人员为受援人提供法律援助;决定不给予法律援助的,应当书面告知申请人,并说明理由。

法律援助机构应当自收到人民法院、人民检察院、公安机关的法律援助通知文书之日起三日内,指派律师并函告人民法院、人民检察院、公安机关,法律援助公函应当载明承办律师的姓名、所属单位及联系方式。

第十七条　法律援助人员应当遵守有关法律、法规、规章和规定,根据案件情况做好会见、阅卷、调查情况、收集证据、参加庭审、提交书面意见等工作,依法为受援人提供符合标准的法律援助服务。

第十八条　人民法院确定案件开庭日期时,应当为法律援助人员出庭预留必要的准备时间,并在开庭三日前通知法律援助人员,但法律另有规定的除外。

人民法院决定变更开庭日期的,应当在开庭三日前通知法律援助人员,但法律另有规定的除外。法律援助人员有正当理由不能按时出庭的,可以申请人民法院延期开庭。人民法院同意延期开庭的,应当及时通知法律援助人员。

第十九条　人民法院、人民检察院、公安机关对犯罪嫌疑人、被告人变更强制措施或者羁押场所的,应当及时告知承办法律援助案件的律师。

第二十条　对于刑事法律援助案件,公安机关在撤销案件或者移送审查起诉后,人民检察院在作出提起公诉、不起诉或者撤销案件决定后,人民法院在终止审理或者作出裁决后,以及公安机关、人民检察院、人民法院将案件移送其他机关办理后,应当在五日内将相关法律文书副本或者复印件送达承办法律援助案件的律师。

公安机关的起诉意见书,人民检察院的起诉书、不起诉决定书,人民法院的判决书、裁定书等法律文书,应当载明作出指派的法律援助机构名称、承办律师姓名以及所属单位等情况。

第二十一条　法律援助人员应当及时接收所承办案件的判决书、裁定书、调解书、仲裁裁决书、行政复议决定书等相关法律文书,并按规定提交结案归档材料。

第二十二条　具有《中华人民共和国法律援助法》第四十八条规定情形之一的,法律援助机构应当作出终止法律援助决定,制作终止法律援助决定书送达受援人,并自作出决定之日起三日内函告人民法院、人民检察院、公安机关。

人民法院、人民检察院、公安机关在案件办理过程中发现有前款规定情形的,应当及时函告法律援助机构。

第二十三条　被告人拒绝法律援助机构指派的律师为其辩护,坚持自己行使辩护权,人民法院依法准许的,法律援助机构应当作出终止法律援助的决定。

对于应当通知辩护的案件，犯罪嫌疑人、被告人拒绝指派的律师为其辩护的，人民法院、人民检察院、公安机关应当查明原因。理由正当的，应当准许，但犯罪嫌疑人、被告人应当在五日内另行委托辩护人；犯罪嫌疑人、被告人未另行委托辩护人的，人民法院、人民检察院、公安机关应当在三日内通知法律援助机构另行指派律师为其提供辩护。

第二十四条　法律援助人员的人身安全和职业尊严受法律保护。

对任何干涉法律援助人员履行职责的行为，法律援助人员有权拒绝，并按照规定如实记录和报告。对于侵犯法律援助人员权利的行为，法律援助人员有权提出控告。

法律援助人员因依法履行职责遭受不实举报、诬告陷害、侮辱诽谤，致使名誉受到损害的，依法追究相关单位或者个人的责任。

第二十六条　法律援助机构应当综合运用庭审旁听、案卷检查、征询司法机关意见和回访受援人等措施，督促法律援助人员提升服务质量。

人民法院、人民检察院、公安机关应当配合司法行政机关、法律援助机构做好法律援助服务质量监督相关工作，协助司法行政机关、法律援助机构调查核实投诉举报情况，回复征询意见。

第二十七条　人民法院、人民检察院、公安机关在案件办理过程中发现法律援助人员有违法违规行为的，应当及时向司法行政机关、法律援助机构通报有关情况，司法行政机关、法律援助机构应当将调查处理结果反馈通报单位。

第二十八条　国家安全机关、军队保卫部门、中国海警局、监狱办理刑事案件，除法律有特别规定的以外，适用本办法中有关公安机关的规定。

第二十九条　本办法所称法律援助人员，是指接受法律援助机构的指派或者安排，依法为经济困难公民和符合法定条件的其他当事人提供法律援助服务的律师、基层法律服务工作者、法律援助志愿者以及法律援助机构中具有律师资格或者法律职业资格的工作人员等。

36　值班律师

36.1　法条规定

第三十六条　法律援助机构可以在人民法院、看守所等场所派驻值班律师。犯罪嫌疑人、被告人没有委托辩护人，法律援助机构没有指派律师为其提供辩护的，由值班律师为犯罪嫌疑人、被告人提供法律咨询、程序选择建议、申请变更强制措施、对案件处理提出意见等法律帮助。

人民法院、人民检察院、看守所应当告知犯罪嫌疑人、被告人有权约见值班律师，并为犯罪嫌疑人、被告人约见值班律师提供便利。

【立法释义】①

本条规定明确了值班律师的职能定位，是2018年刑事诉讼法修改新增的规定。关于值班律师制度，应当关注以下事项：

第一，值班律师的派驻，由法律援

① 参见王爱立主编书，第68—74页。

助机构负责。法律援助机构将值班律师名册或者信息送交或者告知人民法院、人民检察院、公安机关及看守所，便于犯罪嫌疑人、被告人及时约见值班律师。

第二，值班律师的适用条件。值班律师为犯罪嫌疑人提供法律帮助的条件是犯罪嫌疑人、被告人没有委托辩护人，或者法律援助机构没有指派律师为其提供辩护。法律援助值班律师是“急诊律师”，在犯罪嫌疑人、被告人没有辩护人的情况下，作为委托或者指定辩护的补充，尽快为其提供必要的法律帮助，弥补犯罪嫌疑人、被告人没有辩护人的缺陷。

第三，值班律师的基本职能。值班律师履行“法律帮助”职能，包括为犯罪嫌疑人、被告人提供法律咨询、程序选择建议、申请变更强制措施、对案件处理提出意见等有限的辩护职能，并不涉及提出犯罪嫌疑人、被告人无罪、罪轻或者减轻、免除其刑事责任的材料和意见等核心辩护职能。值班律师接受犯罪嫌疑人、被告人委托后，亦可作为辩护律师。

第四，获得值班律师帮助的权利。人民法院、人民检察院、看守所应当告知犯罪嫌疑人、被告人有权约见值班律师，并为犯罪嫌疑人、被告人约见值班律师提供便利。

36.2　相关立法

★《中华人民共和国法律援助法》（2021 年 8 月 20 日）

第十四条　法律援助机构可以在人民法院、人民检察院和看守所等场所派驻值班律师，依法为没有辩护人的犯罪嫌疑人、被告人提供法律援助。

第三十条　值班律师应当依法为没有辩护人的犯罪嫌疑人、被告人提供法律咨询、程序选择建议、申请变更强制措施、对案件处理提出意见等法律帮助。

第三十七条　人民法院、人民检察院、公安机关应当保障值班律师依法提供法律帮助，告知没有辩护人的犯罪嫌疑人、被告人有权约见值班律师，并依法为值班律师了解案件有关情况、阅卷、会见等提供便利。

第三十九条　被羁押的犯罪嫌疑人、被告人、服刑人员，以及强制隔离戒毒人员等提出法律援助申请的，办案机关、监管场所应当在二十四小时内将申请转交法律援助机构。

犯罪嫌疑人、被告人通过值班律师提出代理、刑事辩护等法律援助申请的，值班律师应当在二十四小时内将申请转交法律援助机构。

36.3　司法解释

36.3.1　申请值班律师帮助的程序

★《法院解释》（2021）

第四十四条　被告人没有委托辩护人的，人民法院自受理案件之日起三日以内，应当告知其有权委托辩护人；被告人因经济困难或者其他原因没有委托辩护人的，应当告知其可以申请法律援助；被告人属于应当提供法律援助情形的，应当告知其将依法通知法律援助机构指派律师为其提供辩护。

被告人没有委托辩护人，法律援助机构也没有指派律师为其提供辩护的，人民法院应当告知被告人有权约见值班律师，并为被告人约见值班律师提供便利。

告知可以采取口头或者书面方式。

第四十六条　人民法院收到在押被告人提出的法律援助或者法律帮助申请，应当依照有关规定及时转交法律援助机构或者通知值班律师。

★《最高人民法院、最高人民检察院、公安部、国家安全部、司法部关于推进以审判为中心的刑事诉讼制度改革的意见》(法发〔2016〕18号,2016年7月20日)

二十、建立法律援助值班律师制度,法律援助机构在看守所、人民法院派驻值班律师,为犯罪嫌疑人、被告人提供法律帮助。

完善法律援助制度,健全依申请法律援助工作机制和办案机关通知辩护工作机制。对未履行通知或者指派辩护职责的办案人员,严格实行责任追究。

36.4 规范性文件

36.4.1 值班律师的工作规范

★《法律援助值班律师工作办法》(司规〔2020〕6号,2020年8月20日)

第六条 值班律师依法提供以下法律帮助:

(一)提供法律咨询;

(二)提供程序选择建议;

(三)帮助犯罪嫌疑人、被告人申请变更强制措施;

(四)对案件处理提出意见;

(五)帮助犯罪嫌疑人、被告人及其近亲属申请法律援助;

(六)法律法规规定的其他事项。

值班律师在认罪认罚案件中,还应当提供以下法律帮助:

(一)向犯罪嫌疑人、被告人释明认罪认罚的性质和法律规定;

(二)对人民检察院指控罪名、量刑建议、诉讼程序适用等事项提出意见;

(三)犯罪嫌疑人签署认罪认罚具结书时在场。

值班律师办理案件时,可以应犯罪嫌疑人、被告人的约见进行会见,也可以经办案机关允许主动会见;自人民检察院对案件审查起诉之日起可以查阅案卷材料、了解案情。

第七条 值班律师提供法律咨询时,应当告知犯罪嫌疑人、被告人有关法律帮助的相关规定,结合案件所在的诉讼阶段解释相关诉讼权利和程序规定,解答犯罪嫌疑人、被告人咨询的法律问题。

犯罪嫌疑人、被告人认罪认罚的,值班律师应当了解犯罪嫌疑人、被告人对被指控的犯罪事实和罪名是否有异议,告知被指控罪名的法定量刑幅度,释明从宽从重处罚的情节以及认罪认罚的从宽幅度,并结合案件情况提供程序选择建议。

值班律师提供法律咨询的,应当记录犯罪嫌疑人、被告人涉嫌的罪名、咨询的法律问题、提供的法律解答。

第八条 在审查起诉阶段,犯罪嫌疑人认罪认罚的,值班律师可以就以下事项向人民检察院提出意见:

(一)涉嫌的犯罪事实、指控罪名及适用的法律规定;

(二)从轻、减轻或者免除处罚等从宽处罚的建议;

(三)认罪认罚后案件审理适用的程序;

(四)其他需要提出意见的事项。

值班律师对前款事项提出意见的,人民检察院应当记录在案并附卷,未采纳值班律师意见的,应当说明理由。

第九条 犯罪嫌疑人、被告人提出申请羁押必要性审查的,值班律师应当告知其取保候审、监视居住、逮捕等强制措施的适用条件和相关法律规定、人民检察院进行羁押必要性审查的程序；犯罪嫌疑人、被告人已经被逮捕的，值班律师可以帮助其向人民检察院提出羁押必要性审查申请，并协助提供相关材料。

第十条　犯罪嫌疑人签署认罪认罚具结书时，值班律师对犯罪嫌疑人认罪认罚自愿性、人民检察院量刑建议、程序适用等均无异议的，应当在具结书上签名，同时留存一份复印件归档。

值班律师对人民检察院量刑建议、程序适用有异议的，在确认犯罪嫌疑人系自愿认罪认罚后，应当在具结书上签字，同时可以向人民检察院提出法律意见。

犯罪嫌疑人拒绝值班律师帮助的，值班律师无需在具结书上签字，应当将犯罪嫌疑人签字拒绝法律帮助的书面材料留存一份归档。

第十一条　对于被羁押的犯罪嫌疑人、被告人，在不同诉讼阶段，可以由派驻看守所的同一值班律师提供法律帮助。对于未被羁押的犯罪嫌疑人、被告人，前一诉讼阶段的值班律师可以在后续诉讼阶段继续为犯罪嫌疑人、被告人提供法律帮助。

第十二条　公安机关、人民检察院、人民法院应当在侦查、审查起诉和审判各阶段分别告知没有辩护人的犯罪嫌疑人、被告人有权约见值班律师获得法律帮助，并为其约见值班律师提供便利。

第十三条　看守所应当告知犯罪嫌疑人、被告人有权约见值班律师，并为其约见值班律师提供便利。

看守所应当将值班律师制度相关内容纳入在押人员权利义务告知书，在犯罪嫌疑人、被告人入所时告知其有权获得值班律师的法律帮助。

犯罪嫌疑人、被告人要求约见值班律师的，可以书面或者口头申请。书面申请的，看守所应当将其填写的法律帮助申请表及时转交值班律师。口头申请的，看守所应当安排代为填写法律帮助申请表。

第十四条　犯罪嫌疑人、被告人没有委托辩护人并且不符合法律援助机构指派律师为其提供辩护的条件，要求约见值班律师的，公安机关、人民检察院、人民法院应当及时通知法律援助机构安排。

第十五条　依法应当通知值班律师提供法律帮助而犯罪嫌疑人、被告人明确拒绝的，公安机关、人民检察院、人民法院应当记录在案。

前一诉讼程序犯罪嫌疑人、被告人明确拒绝值班律师法律帮助的，后一诉讼程序的办案机关仍需告知其有权获得值班律师法律帮助的权利，有关情况应当记录在案。

第十六条　公安机关、人民检察院、人民法院需要法律援助机构通知值班律师为犯罪嫌疑人、被告人提供法律帮助的，应当向法律援助机构出具法律帮助通知书，并附相关法律文书。

单次批量通知的，可以在一份法律帮助通知书后附多名犯罪嫌疑人、被告人相关信息的材料。

除通知值班律师到羁押场所提供法律帮助的情形外，人民检察院、人民法院可以商法律援助机构简化通知方式和通知手续。

第十七条　司法行政机关和法律援助机构应当根据当地律师资源状况、法律帮助需求，会同看守所、人民检察院、人民法院合理安排值班律师的值班方式、值班频次。

值班方式可以采用现场值班、电话值班、网络值班相结合的方式。现场值班的,可以采取固定专人或轮流值班,也可以采取预约值班。

第十八条 法律援助机构应当综合律师政治素质、业务能力、执业年限等确定值班律师人选,建立值班律师名册或值班律师库。并将值班律师库或名册信息、值班律师工作安排,提前告知公安机关(看守所)、人民检察院、人民法院。

第十九条 公安机关、人民检察院、人民法院应当在确定的法律帮助日期前三个工作日,将法律帮助通知书送达法律援助机构,或者直接送达现场值班律师。

该期间没有安排现场值班律师的,法律援助机构应当自收到法律帮助通知书之日起两个工作日内确定值班律师,并通知公安机关、人民检察院、人民法院。

公安机关、人民检察院、人民法院和法律援助机构之间的送达及通知方式,可以协商简化。

适用速裁程序的案件、法律援助机构需要跨地区调配律师等特殊情形的通知和指派时限,不受前款限制。

第二十条 值班律师在人民检察院、人民法院现场值班的,应当按照法律援助机构的安排,或者人民检察院、人民法院送达的通知,及时为犯罪嫌疑人、被告人提供法律帮助。

犯罪嫌疑人、被告人提出法律帮助申请,看守所转交给现场值班律师的,值班律师应当根据看守所的安排及时提供法律帮助。

值班律师通过电话、网络值班的,应当及时提供法律帮助,疑难案件可以另行预约咨询时间。

第二十一条 侦查阶段,值班律师可以向侦查机关了解犯罪嫌疑人涉嫌的罪名及案件有关情况;案件进入审查起诉阶段后,值班律师可以查阅案卷材料,了解案情,人民检察院、人民法院应当及时安排,并提供便利。已经实现卷宗电子化的地方,人民检察院、人民法院可以安排在线阅卷。

第二十二条 值班律师持律师执业证或者律师工作证、法律帮助申请表或者法律帮助通知书到看守所办理法律帮助会见手续,看守所应当及时安排会见。

危害国家安全犯罪、恐怖活动犯罪案件,侦查期间值班律师会见在押犯罪嫌疑人的,应当经侦查机关许可。

第二十三条 值班律师提供法律帮助时,应当出示律师执业证或者律师工作证或者相关法律文书,表明值班律师身份。

第二十四条 值班律师会见犯罪嫌疑人、被告人时不被监听。

第二十五条 值班律师在提供法律帮助过程中,犯罪嫌疑人、被告人向值班律师表示愿意认罪认罚的,值班律师应当及时告知相关的公安机关、人民检察院、人民法院。

★《最高人民法院、最高人民检察院、公安部、司法部关于进一步深化刑事案件律师辩护全覆盖试点工作的意见》(司发通〔2022〕49 号,2022 年 10 月 22 日)

16. 及时通知值班律师。犯罪嫌疑人、被告人没有委托辩护人,法律援助机构也没有指派律师提供辩护的,犯罪嫌疑人、被告人申请约见值班律师的,人民法院、人民检察院、公安机关可以直接送达现场派驻的值班律师或即时通知电话、网络值班律师。不能直接安排或即时通知的,应当在二十四小时内将法律帮助通知书送达法律援助机构。法律援助机构应当在收到法律帮助通知书之日起两个工作日内确定值班律师,并将值班律师姓名、单位、联系方式告知办案机关。除通知值班律师到羁押场所提供法律帮助的情形外,人民检察院、人民法院可以商法律援助机构简化通知方式和通知手续。办案机关应当为值班律师与犯罪嫌疑人、被告人会见提供便利。

17. 切实保障值班律师权利。犯罪嫌疑人、被告人没有辩护人的,人民法院、人民检察院、公安机关应当在侦查、审查逮捕、审查起诉和审判阶段分别听取值班律师意见,充分发挥值班律师在各个诉讼阶段的法律帮助作用。人民法院、人民检察院、公安机关应当依法保障值班律师会见等诉讼权利。涉嫌危害国家安全犯罪、恐怖活动犯罪案件,在侦查期间,犯罪嫌疑人会见值班律师的,应当经侦查机关许可;侦查机关同意值班律师会见的,应当及时通知值班律师。值班律师会见犯罪嫌疑人、被告人时不被监听。案件移送审查起诉后,值班律师可以查阅案卷材料,了解案情,人民检察院、人民法院应当及时安排,并提供便利。已经实现卷宗电子化的地方,人民检察院、人民法院可以安排在线阅卷。对于值班律师数量有限、案件量较大的地区,值班律师可采取集中查阅案卷方式。

18. 值班律师依法履行职责。值班律师提供法律帮助应当充分了解案情,对于案情较为复杂的案件,应当在查阅案卷材料并向犯罪嫌疑人、被告人充分释明相关诉讼权利和程序规定后对案件处理提出意见。犯罪嫌疑人、被告人自愿认罪认罚的,值班律师应当结合案情向犯罪嫌疑人、被告人释明认罪认罚的性质和法律规定,对人民检察院指控的罪名、量刑建议、诉讼程序适用等提出意见,在犯罪嫌疑人签署具结书时在场。

19. 值班律师的控告申诉。值班律师在提供法律帮助过程中,认为人民法院、人民检察院、公安机关及其工作人员明显违反法律规定,阻碍其依法提供法律帮助,侵犯律师执业权利的,有权向同级或者上一级人民检察院申诉或者控告。人民检察院对申诉或者控告应当及时审查,情况属实的,通知有关机关予以纠正。

36.4.2　在看守所约见值班律师

★《公安规定》(2020)

第四十九条　犯罪嫌疑人、被告人入所羁押时没有委托辩护人,法律援助机构也没有指派律师提供辩护的,看守所应当告知其有权约见值班律师,获得法律咨询、程序选择建议、申请变更强制措施、对案件处理提出意见等法律帮助,并为犯罪嫌疑人、被告人约见值班律师提供便利。

没有委托辩护人、法律援助机构没有指派律师提供辩护的犯罪嫌疑人、被告人,向看守所申请由值班律师提供法律帮助的,看守所应当在二十四小时内通知值班律师。

★《国安规定》(2024)

第四十六条　犯罪嫌疑人、被告人入所羁押时没有委托辩护人,法律援助机构也没有指派律师提供辩护的,看守所应当告知其有权约见值班律师，获得法律咨询、程序选择建议、申请变更强制措施、对案件处理提出意见等法律帮助，并为犯罪嫌疑人、被告人约见值班律师提供便利。

犯罪嫌疑人、被告人没有委托辩护人并且不符合法律援助机构指派律师为其提供辩护的条件，要求约见值班律师的，国家安全机关应当按照有关规定及时通知法律援助机构安排。

值班律师应约会见在押的危害国家安全犯罪、恐怖活动犯罪案件犯罪嫌疑人的，应当经国家安全机关许可。

37　辩护人的责任

37.1　法条规定

第三十七条　辩护人的责任是根据事实和法律，提出犯罪嫌疑人、被告人无罪、罪轻或者减轻、免除其刑事责任的材料和意见，维护犯罪嫌疑人、被告人的诉讼权利和其他合法权益。

【立法释义】①

本条规定明确了辩护人的责任。2012年刑事诉讼法修改强调指出，辩护人应当维护犯罪嫌疑人、被告人的"诉讼权利和其他合法权益"。关于辩护人的责任，应当关注以下事项：

第一，辩护人的实质辩护职责。辩护人进行辩护，应当坚持"以事实为根据，以法律为准绳"原则，体现有效辩护原则的要求。辩护人并不承担证明被告人无罪、罪轻的举证责任。如果控方提供的证据未能达到法定证明标准，就不能认定被告人有罪。由于各种主客观原因，办案机关可能更加偏重收集证明犯罪嫌疑人、被告人有罪、罪重的证据材料，鉴于此，辩护人不能仅仅依赖办案机关收集和提交的证据材料，而是应当坚持证据审查和独立调查并行的辩护要求，收集有利于犯罪嫌疑人、被告人的线索和证据。

第二，辩护人的权利保障职责。辩护人有责任维护"犯罪嫌疑人、被告人的诉讼权利和其他合法权益"。之所以单独强调"诉讼权利"，就是要促使辩护人增强权利意识，准确识别犯罪嫌疑人、被告人依法享有的各项诉讼权利，并且基于法定程序有效维护诉讼权利。辩护人发现办案机关侵犯犯罪嫌疑人、被告人的诉讼权利和其他合法权益的情形时，应当依法提出意见或者代理申诉、控告。

第三，办案机关听取辩护人意见的程序。在刑事诉讼各阶段，包括审前程序，对于辩护人要求提出意见的，办案机关应当及时安排；对于辩护人提出的书面意见，办案机关应当附卷，并对有关意见所涉问题进行调查核实。

37.2　相关立法

37.2.1　辩护人的职责

★《中华人民共和国律师法》(2017年9月1日修正)

第三十一条　律师担任辩护人的，应当根据事实和法律，提出犯罪嫌疑人、被告人无罪、罪轻或者减轻、免除其刑事责任的材料和意见，维护犯罪嫌疑人、被告人的诉讼权利和其他合法权益。

---

① 参见王爱立主编书，第74—76页。

37.3　司法解释

37.3.1　听取辩护人意见的程序

★《检察院规则》(2019)

第五十四条　在人民检察院侦查、审查逮捕、审查起诉过程中，辩护人要求听取其意见的，办案部门应当及时安排。辩护人提出书面意见的，办案部门应当接收并登记。

听取辩护人意见应当制作笔录或者记录在案，辩护人提出的书面意见应当附卷。

辩护人提交案件相关材料的，办案部门应当将辩护人提交材料的目的、来源及内容等情况记录在案，一并附卷。

37.3.2　辩护人提交委托手续

★《法院解释》(2021)

第五十二条　审判期间，辩护人接受被告人委托的，应当在接受委托之日起三日以内，将委托手续提交人民法院。

接受法律援助机构指派为被告人提供辩护的，适用前款规定。

37.3.3　律师助理的辅助工作

★《法院解释》(2021)

第六十八条　律师担任辩护人、诉讼代理人，经人民法院准许，可以带一名助理参加庭审。律师助理参加庭审的，可以从事辅助工作，但不得发表辩护、代理意见。

37.4　规范性文件

37.4.1　死刑案件律师的辩护职责

★**《最高人民法院、司法部关于充分保障律师依法履行辩护职责确保死刑案件办理质量的若干规定》**(法发〔2008〕14号，2008年5月21日)

四、被指定担任死刑案件辩护人的律师，不得将案件转由律师助理办理；有正当理由不能接受指派的，经法律援助机构同意，由法律援助机构另行指派其他律师办理。

五、人民法院受理死刑案件后，应当及时通知辩护律师查阅案卷，并积极创造条件，为律师查阅、复制指控犯罪事实的材料提供方便。

人民法院对承办法律援助案件的律师复制涉及被告人主要犯罪事实并直接影响定罪量刑的证据材料的复制费用，应当免收或者按照复制材料所必需的工本费减收。

律师接受委托或者被指定担任死刑案件的辩护人后，应当及时到人民法院阅卷；对于查阅的材料中涉及国家秘密、商业秘密、个人隐私、证人身份等情况的，应当保守秘密。

六、律师应当在开庭前会见在押的被告人，征询是否同意为其辩护，并听取被告人的陈述和意见。

七、律师书面申请人民法院收集、调取证据，申请通知证人出庭作证，申请鉴定或者补充鉴定、重新鉴定的，人民法院应当及时予以书面答复并附卷。

八、第二审开庭前，人民检察院提交新证据、进行重新鉴定或者补充鉴定的，人民法院应当至迟在开庭三日以前通知律师查阅。

九、律师出庭辩护应当认真做好准备工作，围绕案件事实、证据、适用法律、量刑、诉讼程序等，从被告人无罪、罪轻或者减轻、免除其刑事责任等方面提出辩护意见，切实保证辩护质量，维护被告人的合法权益。

十、律师接到人民法院开庭通知后，应当保证准时出庭。人民法院应当按时开庭。法庭因故不能按期开庭，或者律师确有正当理由不能按期出庭的，人民法院应当在不影响案件审理期限的情况下，另行安排开庭时间，并于开庭三日前通知当事人、律师和人民检察院。

十一、人民法院应当加强审判场所的安全保卫，保障律师及其他诉讼参与人的人身安全，确保审判活动的顺利进行。

十二、法官应当严格按照法定诉讼程序进行审判活动，尊重律师的诉讼权利，认真听取控辩双方的意见，保障律师发言的完整性。对于律师发言过于冗长、明显重复或者与案件无关，或者在公开开庭审理中发言涉及国家秘密、个人隐私，或者进行人身攻击的，法官应当提醒或者制止。

十三、法庭审理中，人民法院应当如实、详细地记录律师意见。法庭审理结束后，律师应当在闭庭三日以内向人民法院提交书面辩护意见。

十四、人民法院审理被告人可能被判处死刑的刑事附带民事诉讼案件，在对赔偿事项进行调解时，律师应当在其职责权限范围内，根据案件和当事人的具体情况，依法提出有利于案件处理、切实维护当事人合法权益的意见，促进附带民事诉讼案件调解解决。

十五、人民法院在裁判文书中应当写明指派律师担任辩护人的法律援助机构、律师姓名及其所在的执业机构。对于律师的辩护意见，合议庭、审判委员会在讨论案件时应当认真进行研究，并在裁判文书中写明采纳与否的理由。

人民法院应当按照有关规定将裁判文书送达律师。

十六、人民法院审理案件过程中，律师提出会见法官请求的，合议庭根据案件具体情况，可以在工作时间和办公场所安排会见、听取意见。会见活动，由书记员制作笔录，律师签名后附卷。

十七、死刑案件复核期间，被告人的律师提出当面反映意见要求或者提交证据材料的，人民法院有关合议庭应当在工作时间和办公场所接待，并制作笔录附卷。律师提出的书面意见，应当附卷。

38　辩护律师在侦查期间的诉讼权利

38.1　法条规定

第三十八条　辩护律师在侦查期间可以为犯罪嫌疑人提供法律帮助；代理申诉、控告；申请变更强制措施；向侦查机关了解犯罪嫌疑人涉嫌的罪名和案件有关情况，提出意见。

【立法释义】①

本条规定明确了辩护律师在侦查期间的诉讼权利，是2012年刑事诉讼法修改增加的规定，与本法第三十四条规定的辩护律师介入侦查程序相衔接。关于辩护律师在侦查期间的诉讼权利，应当关注以下事项：

第一，提供法律帮助的权利。包括为犯罪嫌疑人提供法律咨询，告知其依法享有的诉讼权利，解释司法政策、法律规定和诉讼程序，解答事实和法律疑问，对案件处理提出参考意见等。

第二，代理申诉、控告的权利。包括代理犯罪嫌疑人，对侦查人员以及其他人员侵犯犯罪嫌疑人诉讼权利和其

---

① 参见王爱立主编书，第76—77页。

他合法权益的行为，例如刑讯逼供等违法侦查行为，提出申诉、控告。此种情况下的申诉、控告，是辩护律师经犯罪嫌疑人委托，以犯罪嫌疑人名义进行的申诉、控告。

第三，申请变更强制措施的权利。包括由羁押性强制措施变更为非羁押性强制措施，例如将逮捕变更为取保候审、监视居住，以及由较重的非羁押性强制措施变更为较轻的非羁押性强制措施，例如将监视居住变更为取保候审。犯罪嫌疑人被采取强制措施的，可以本人申请变更强制措施，也可以委托辩护律师代为申请变更强制措施。辩护律师有权申请变更强制措施，无须经犯罪嫌疑人委托。

第四，了解犯罪嫌疑人涉嫌的罪名和案件有关情况的权利。

第五，提出意见的权利。包括向侦查机关提出案件性质、案件事实和犯罪嫌疑人是否有罪以及罪行轻重的辩护意见，需要侦查机关调查的线索和调取的证据等处理意见。同时，根据本法第一百六十一条的规定，在案件侦查终结前，辩护律师提出要求的，侦查机关应当听取辩护律师的意见，并记录在案。辩护律师书面提出意见的，应当附卷。

38.2　规范性文件

38.2.1　辩护人在侦查期间的诉讼权利

★《最高人民法院、最高人民检察院、公安部、国家安全部、司法部、全国人大常委会法制工作委员会关于实施刑事诉讼法若干问题的规定》(2012 年 12 月 26 日)

6. 刑事诉讼法第三十六条①规定：“辩护律师在侦查期间可以为犯罪嫌疑人提供法律帮助；代理申诉、控告；申请变更强制措施；向侦查机关了解犯罪嫌疑人涉嫌的罪名和案件有关情况，提出意见。”根据上述规定，辩护律师在侦查期间可以向侦查机关了解犯罪嫌疑人涉嫌的罪名及当时已查明的该罪的主要事实，犯罪嫌疑人被采取、变更、解除强制措施的情况，侦查机关延长侦查羁押期限等情况。

★《最高人民法院、最高人民检察院、公安部、国家安全部、司法部关于推进以审判为中心的刑事诉讼制度改革的意见》(法发〔2016〕18 号，2016 年 7 月 20 日)

十七、健全当事人、辩护人和其他诉讼参与人的权利保障制度。

依法保障当事人和其他诉讼参与人的知情权、陈述权、辩论辩护权、申请权、申诉权。犯罪嫌疑人、被告人有权获得辩护，人民法院、人民检察院、公安机关、国家安全机关有义务保证犯罪嫌疑人、被告人获得辩护。

依法保障辩护人会见、阅卷、收集证据和发问、质证、辩论辩护等权利，完善便利辩护人参与诉讼的工作机制。

★《最高人民法院、最高人民检察院、公安部、国家安全部、司法部关于依法保障律师执业权利的规定》(司发〔2015〕14 号，2015 年 9 月 16 日)

第六条　辩护律师接受犯罪嫌疑人、被告人委托或者法律援助机构的指派后，应当告知办案机关，并可以依法向办案机关了解犯罪嫌疑人、被告人涉嫌或者被指控的罪名及当时已查明的

① 2018 年刑事诉讼法第三十八条。

该罪的主要事实，犯罪嫌疑人、被告人被采取、变更、解除强制措施的情况，侦查机关延长侦查羁押期限等情况，办案机关应当依法及时告知辩护律师。

办案机关作出移送审查起诉、退回补充侦查、提起公诉、延期审理、二审不开庭审理、宣告判决等重大程序性决定的，以及人民检察院将直接受理立案侦查案件报请上一级人民检察院审查决定逮捕的，应当依法及时告知辩护律师。

★**《公安规定》**(2020)

第五十条　辩护律师向公安机关了解案件有关情况的，公安机关应当依法将犯罪嫌疑人涉嫌的罪名以及当时已查明的该罪的主要事实，犯罪嫌疑人被采取、变更、解除强制措施，延长侦查羁押期限等案件有关情况，告知接受委托或者指派的辩护律师，并记录在案。

★**《国安规定》**(2024)

第五十条　辩护律师向国家安全机关了解犯罪嫌疑人涉嫌的罪名以及当时已查明的该罪的主要事实，犯罪嫌疑人被采取、变更、解除强制措施的情况，国家安全机关延长侦查羁押期限等情况的，国家安全机关应当依法及时告知。

国家安全机关作出移送审查起诉决定的，应当依法及时告知辩护律师。

39　辩护律师的会见权和通信权

39.1　法条规定

第三十九条　辩护律师可以同在押的犯罪嫌疑人、被告人会见和通信。其他辩护人经人民法院、人民检察院许可，也可以同在押的犯罪嫌疑人、被告人会见和通信。

辩护律师持律师执业证书、律师事务所证明和委托书或者法律援助公函要求会见在押的犯罪嫌疑人、被告人的，看守所应当及时安排会见，至迟不得超过四十八小时。

危害国家安全犯罪、恐怖活动犯罪案件，在侦查期间辩护律师会见在押的犯罪嫌疑人，应当经侦查机关许可。上述案件，侦查机关应当事先通知看守所。

辩护律师会见在押的犯罪嫌疑人、被告人，可以了解案件有关情况，提供法律咨询等；自案件移送审查起诉之日起，可以向犯罪嫌疑人、被告人核实有关证据。辩护律师会见犯罪嫌疑人、被告人时不被监听。

辩护律师同被监视居住的犯罪嫌疑人、被告人会见、通信，适用第一款、第三款、第四款的规定。

【立法释义】①

2012年刑事诉讼法修改，将1996年刑事诉讼法第三十六条改为两条，在本条中对辩护人的会见权和通信权作出规定。2018年刑事诉讼法修改对会见程序作出相应调整。关于辩护人的会见权和通信权，应当关注以下事项：

第一，辩护律师和其他辩护人的会见权和通信权。辩护律师接受犯罪嫌疑人、被告人的委托后，除本条第三款规定的情形外，同在押的犯罪嫌疑人、被告人会见和通信不需要经过许可。相比之下，其他辩护人同在押的犯罪嫌

① 参见王爱立主编书，第79—86页。

疑人、被告人会见和通信,则需要经过人民法院、人民检察院的许可。

第二,辩护律师会见的程序。辩护律师要求会见的,应当出示有关证件,主要包括"律师执业证书、律师事务所证明和委托书或者法律援助公函"。辩护律师出示上述证件后,看守所应当及时安排会见,至迟不得超过四十八小时。本条中的"及时安排会见",是指除侦查人员正在讯问、没有空余会见场所等特殊情况外,看守所应当立即安排会见,不得故意拖延。

第三,特定类型案件会见的许可程序。对于"危害国家安全犯罪、恐怖活动犯罪案件",在侦查期间辩护律师会见在押的犯罪嫌疑人,应当经侦查机关许可。侦查机关应当根据案情和侦查工作进展情况进行审查决定,评估是否存在有碍侦查或者可能泄露国家秘密等情形,在此基础上,既可以立即许可会见,也可以经过一段时间后再许可会见,在特殊情况下也可以不许可会见。对于上述案件,侦查机关应当事先通知看守所。

第四,辩护律师会见的工作权限。自案件移送审查起诉之日起,可以向犯罪嫌疑人、被告人核实有关证据。主要是考虑,案件已经侦查终结,案件事实已经查清,主要证据已经固定,辩护律师核实证据不致影响侦查活动的正常进行。同时,辩护律师在侦查期间会见犯罪嫌疑人,亦可了解案件有关情况,其中包括侦查行为的合法性,以及犯罪嫌疑人陈述的无罪、罪轻辩解理由和有关线索、材料。辩护律师在侦查期间向犯罪嫌疑人了解、核实有关情况,不能妨碍侦查活动的正常进行。

第五,辩护律师会见不被监听。"不被监听",包括办案机关不得在会见时派员在场,不得通过任何方式监听律师会见时的谈话内容,不得通过技术手段对律师会见进行秘密录音。办案机关违反本规定采取监听措施,将会影响有关监听材料的证据资格。本规定并不禁止看守所基于安保考虑,对律师会见犯罪嫌疑人、被告人的过程进行必要的监控。

第六,辩护律师同被监视居住的犯罪嫌疑人、被告人的会见权和通信权。除危害国家安全犯罪、恐怖活动犯罪案件,在侦查期间辩护律师会见被监视居住的犯罪嫌疑人,应当经侦查机关许可,辩护律师会见被监视居住的犯罪嫌疑人、被告人不需经有关机关许可或者批准;辩护律师会见被监视居住的犯罪嫌疑人、被告人,可以了解有关案件情况,提供法律咨询等;自案件移送审查起诉之日起,可以向犯罪嫌疑人、被告人核实有关证据。辩护律师会见被监视居住的犯罪嫌疑人、被告人时不被监听。

39.2　相关立法

39.2.1　辩护律师的会见权

★《中华人民共和国律师法》(2017年9月1日修正)

第三十三条　律师担任辩护人的,有权持律师执业证书、律师事务所证明和委托书或者法律援助公函,依照刑事诉讼法的规定会见在押或者被监视居住的犯罪嫌疑人、被告人。辩护律师会见犯罪嫌疑人、被告人时不被监听。

39.3　司法解释

39.3.1　辩护人的会见权和通信权

★**《法院解释》**(2021)

第五十六条　辩护律师可以同在押的或者被监视居住的被告人会见和通信。其他辩护人经人民法院许可，也可以同在押的或者被监视居住的被告人会见和通信。

★**《公安规定》**(2020)

第五十一条　辩护律师可以同在押或者被监视居住的犯罪嫌疑人会见、通信。

★**《国安规定》**(2024)

第六十条　辩护律师可以同在押或者被监视居住的犯罪嫌疑人通信。

39.4　规范性文件

39.4.1　辩护律师会见的程序安排

★**《最高人民法院、最高人民检察院、公安部、国家安全部、司法部、全国人大常委会法制工作委员会关于实施刑事诉讼法若干问题的规定》**(2012年12月26日)

7. 刑事诉讼法第三十七条第二款①规定："辩护律师持律师执业证书、律师事务所证明和委托书或者法律援助公函要求会见在押的犯罪嫌疑人、被告人的，看守所应当及时安排会见，至迟不得超过四十八小时。"根据上述规定，辩护律师要求会见在押的犯罪嫌疑人、被告人的，看守所应当及时安排会见，保证辩护律师在四十八小时以内见到在押的犯罪嫌疑人、被告人。

★**《最高人民法院、最高人民检察院、公安部、国家安全部、司法部关于依法保障律师执业权利的规定》**(司发〔2015〕14号，2015年9月16日)

第七条　辩护律师到看守所会见在押的犯罪嫌疑人、被告人，看守所在查验律师执业证书、律师事务所证明和委托书或者法律援助公函后，应当及时安排会见。能当时安排的，应当当时安排；不能当时安排的，看守所应当向辩护律师说明情况，并保证辩护律师在四十八小时以内会见到在押的犯罪嫌疑人、被告人。

看守所安排会见不得附加其他条件或者变相要求辩护律师提交法律规定以外的其他文件、材料，不得以未收到办案机关通知为由拒绝安排辩护律师会见。

看守所应当设立会见预约平台，采取网上预约、电话预约等方式为辩护律师会见提供便利，但不得以未预约会见为由拒绝安排辩护律师会见。

辩护律师会见在押的犯罪嫌疑人、被告人时，看守所应当采取必要措施，保障会见顺利和安全进行。律师会见在押的犯罪嫌疑人、被告人的，看守所应当保障律师履行辩护职责需要的时间和次数，并与看守所工作安排和办案机关侦查工作相协调。辩护律师会见犯罪嫌疑人、被告人时不被监听，办案机关不得派员在场。在律师会见室不足的情况下，看守所经辩护律师书面同意，可以安排在讯问室会见，但应当关闭录音、监听设备。犯罪嫌疑人、被告人委托两名律师担任辩护人的，两名辩护律师可以共同会见，也可以单独会见。辩护律师可以带一名律师助理协助会见。助理人员随同辩护律师参加会见的，应当出示律师

---

①　2018年刑事诉讼法第三十九条第二款。

事务所证明和律师执业证书或申请律师执业人员实习证。办案机关应当核实律师助理的身份。

第八条 在押的犯罪嫌疑人、被告人提出解除委托关系的，办案机关应当要求其出具或签署书面文件，并在三日以内转交受委托的律师或者律师事务所。辩护律师可以要求会见在押的犯罪嫌疑人、被告人，当面向其确认解除委托关系，看守所应当安排会见；但犯罪嫌疑人、被告人书面拒绝会见的，看守所应当将有关书面材料转交辩护律师，不予安排会见。

在押的犯罪嫌疑人、被告人的监护人、近亲属解除代为委托辩护律师关系的，经犯罪嫌疑人、被告人同意的，看守所应当允许新代为委托的辩护律师会见，由犯罪嫌疑人、被告人确认新的委托关系；犯罪嫌疑人、被告人不同意解除原辩护律师的委托关系的，看守所应当终止新代为委托的辩护律师会见。

第九条 辩护律师在侦查期间要求会见危害国家安全犯罪、恐怖活动犯罪、特别重大贿赂犯罪案件①在押的犯罪嫌疑人的，应当向侦查机关提出申请。侦查机关应当依法及时审查辩护律师提出的会见申请，在三日以内将是否许可的决定书面答复辩护律师，并明确告知负责与辩护律师联系的部门及工作人员的联系方式。对许可会见的，应当向辩护律师出具许可决定文书；因有碍侦查或者可能泄露国家秘密而不许可会见的，应当向辩护律师说明理由。有碍侦查或者可能泄露国家秘密的情形消失后，应当许可会见，并及时通知看守所和辩护律师。对特别重大贿赂案件在侦查终结前，侦查机关应当许可辩护律师至少会见一次犯罪嫌疑人。

侦查机关不得随意解释和扩大前款所述三类案件的范围，限制律师会见。

第十条 自案件移送审查起诉之日起，辩护律师会见犯罪嫌疑人、被告人，可以向其核实有关证据。

第十一条 辩护律师会见在押的犯罪嫌疑人、被告人，可以根据需要制作会见笔录，并要求犯罪嫌疑人、被告人确认无误后在笔录上签名。

第十二条 辩护律师会见在押的犯罪嫌疑人、被告人需要翻译人员随同参加的，应当提前向办案机关提出申请，并提交翻译人员身份证明及其所在单位出具的证明。办案机关应当及时审查并在三日以内作出是否许可的决定。许可翻译人员参加会见的，应当向辩护律师出具许可决定文书，并通知看守所。不许可的，应当向辩护律师书面说明理由，并通知其更换。

翻译人员应当持办案机关许可决定文书和本人身份证明，随同辩护律师参加会见。

第十三条 看守所应当及时传递辩护律师同犯罪嫌疑人、被告人的往来信件。看守所可以对信件进行必要的检查，但不得截留、复制、删改信件，不得向办案机关提供信件内容，但信件内容涉及危害国家安全、公共安全、严重危害他人人身安全以及涉嫌串供、毁灭证据等情形的除外。

★**《公安规定》**(2020)

第五十三条 辩护律师要求会见在押的犯罪嫌疑人，看守所应当在查验

① 2018年刑事诉讼法删除了应当经侦查机关许可的“特别重大贿赂犯罪案件”。

其律师执业证书、律师事务所证明和委托书或者法律援助公函后，在四十八小时以内安排律师会见到犯罪嫌疑人，同时通知办案部门。

侦查期间，辩护律师会见危害国家安全犯罪案件、恐怖活动犯罪案件在押或者被监视居住的犯罪嫌疑人时，看守所或者监视居住执行机关还应当查验侦查机关的许可决定文书。

★《国安规定》(2024)

第五十六条　犯罪嫌疑人委托两名律师担任辩护人的，两名辩护律师可以共同会见，也可以单独会见。辩护律师可以带一名律师助理协助会见。助理人员随同辩护律师参加会见的，应当在提出会见申请时一并提出，并在参加会见时出示律师事务所证明和律师执业证书或申请律师执业人员实习证。国家安全机关应当核实律师助理的身份。

★《律师会见监狱在押罪犯规定》(司发通〔2017〕124 号，2017 年 11 月 27 日)

第四条　有下列情形之一的，律师接受在押罪犯委托或者法律援助机构指派，可以会见在押罪犯：

(一)在刑事诉讼程序中，担任辩护人或者代理人；

(二)在民事、行政诉讼程序中，担任代理人；

(三)代理调解、仲裁；

(四)代理各类诉讼案件申诉；

(五)提供非诉讼法律服务；

(六)解答有关法律询问、代写诉讼文书和有关法律事务其他文书。

其他案件的代理律师，需要向监狱在押罪犯调查取证的，可以会见在押罪犯。

罪犯的监护人、近亲属可以代为委托律师。

第五条　律师需要会见在押罪犯，可以传真、邮寄或者直接提交的方式，向罪犯所在监狱提交下列材料的复印件，并于会见之日向监狱出示原件：

(一)律师执业证书；

(二)律师事务所证明；

(三)罪犯本人或者其监护人、近亲属的委托书或者法律援助公函或者另案调查取证的相关证明文件。

监狱应当留存律师事务所出具的律师会见在押罪犯证明原件。

罪犯的监护人、近亲属代为委托律师的，律师第一次会见时，应当向罪犯本人确认是否建立委托关系。

第六条　律师会见在押罪犯需要助理随同参加的，律师应当向监狱提交律师事务所出具的律师助理会见在押罪犯的证明和律师执业证书或者申请律师执业人员实习证。

第七条　律师会见在押罪犯需要翻译人员随同参加的，律师应当提前向监狱提出申请，并提交能够证明其翻译人员身份的证明文件。

监狱应当及时审查并在三日以内作出是否批准的决定。批准参加的，应当及时通知律师。不批准参加的，应当向律师书面说明理由。

随同律师参加会见的翻译人员，应当持监狱批准通知书和本人身份证明参加会见。

第八条　监狱收到律师提交的本规定第五条所列的材料后，对于符合本规定第四条规定情形的，应当及时安排会见。能当时安排的，应当当时安排；不能当时安排的，监狱应当说明情况，在四十八小时内安排会见。

第九条　在押罪犯可以委托一至两名律师。委托两名律师的，两名律师可以共同会见，也可以单独会见。律师可以带一名律师助理协助会见。

第十条　律师会见在押罪犯，应当遵守监狱的作息时间。监狱应当保障律师履行职责需要的会见时间和次数。

第十一条　律师会见在押罪犯时，监狱可以根据案件情况和工作需要决定是否派警察在场。

辩护律师会见被立案侦查、起诉、审判的在押罪犯时，不被监听，监狱不得派警察在场。

第十二条　律师会见在押罪犯，认为监狱及其工作人员阻碍其依法行使执业权利的，可以向监狱或者其上级主管机关投诉，也可以向其所执业律师事务所所在地的市级司法行政机关申请维护执业权利。情况紧急的，可以向事发地的司法行政机关申请维护执业权利。

第十三条　律师会见在押罪犯，应当遵守监狱管理的有关规定，恪守律师执业道德和执业纪律，不得有下列行为：

（一）传递违禁物品；

（二）私自为在押罪犯传递书信、钱物；

（三）将通讯工具提供给在押罪犯使用；

（四）未经监狱和在押罪犯同意对会见进行录音、录像和拍照；

（五）实施与受委托职责无关的行为；

（六）其他违反法律、法规、规章以及妨碍监狱管理秩序的行为。

第十四条　监狱发现律师会见在押罪犯过程中有第十三条规定行为的，应当警告并责令改正。警告无效的，应当中止会见。监狱可以向律师所在律师事务所的主管司法行政机关或者律师协会通报。

39.4.2　经许可会见的审批程序

★《公安规定》（2020）

第五十二条　对危害国家安全犯罪案件、恐怖活动犯罪案件，办案部门应当在将犯罪嫌疑人送看守所羁押时书面通知看守所；犯罪嫌疑人被监视居住的，应当在送交执行时书面通知执行机关。

辩护律师在侦查期间要求会见前款规定案件的在押或者被监视居住的犯罪嫌疑人，应当向办案部门提出申请。

对辩护律师提出的会见申请，办案部门应当在收到申请后三日以内，报经县级以上公安机关负责人批准，作出许可或者不许可的决定，书面通知辩护律师，并及时通知看守所或者执行监视居住的部门。除有碍侦查或者可能泄露国家秘密的情形外，应当作出许可的决定。

公安机关不许可会见的，应当说明理由。有碍侦查或者可能泄露国家秘密的情形消失后，公安机关应当许可会见。

有下列情形之一的，属于本条规定的“有碍侦查”：

（一）可能毁灭、伪造证据，干扰证人作证或者串供的；

（二）可能引起犯罪嫌疑人自残、自杀或者逃跑的；

（三）可能引起同案犯逃避、妨碍侦查的；

（四）犯罪嫌疑人的家属与犯罪有牵连的。

第三百八十五条　本规定所称“危害国家安全犯罪”，包括刑法分则第一章规定的危害国家安全罪以及危害国家安全的其他犯罪；“恐怖活动犯罪”，包括以制造社会恐慌、危害公共安全或者胁迫国家机关、国际组织为目的，采取暴力、破坏、恐吓等手段，造成或者意图造成人员伤亡、重大财产损失、公共设施损坏、社会秩序混乱等严重社会危害的犯罪，以及煽动、资助或者以其他方式协助实施上述活动的犯罪。

★**《国安规定》**（2024）

第五十一条　对于危害国家安全犯罪、恐怖活动犯罪案件，在侦查期间辩护律师会见在押或者被监视居住的犯罪嫌疑人，应当经国家安全机关许可。办案部门在将犯罪嫌疑人送看守所羁押或者交付执行监视居住时，应当通知看守所或者监视居住执行机关凭国家安全机关的许可决定安排律师会见事项。

第五十二条　辩护律师在侦查期间要求会见危害国家安全犯罪、恐怖活动犯罪在押或者被监视居住的犯罪嫌疑人时，应当向国家安全机关提出申请，填写会见犯罪嫌疑人申请表，国家安全机关应当依法及时审查辩护律师提出的会见申请，在三日以内将是否许可的决定书面答复辩护律师，并告知联系人员及方式。

第五十三条　国家安全机关许可会见的，应当向辩护律师出具许可会见犯罪嫌疑人决定书；看守所或者监视居住执行机关在查验律师执业证书、律师事务所证明和委托书或者法律援助公函，以及许可会见犯罪嫌疑人决定书后，应当及时安排会见，能当时安排的，应当当时安排；不能当时安排的，看守所或者监视居住执行机关应当向辩护律师说明情况，并保证辩护律师在四十八小时以内会见到在押或者被监视居住的犯罪嫌疑人，同时通知办案部门。

第五十四条　国家安全机关因有碍侦查而不许可会见的，应当书面通知辩护律师，并说明理由。有碍侦查的情形消失后，应当许可会见，并及时通知看守所或者监视居住执行机关和辩护律师。

有下列情形之一的，属于本条规定的“有碍侦查”：

（一）可能毁灭、伪造证据，干扰证人作证或者串供的；

（二）可能引起犯罪嫌疑人自残、自杀或者逃跑的；

（三）可能引起同案犯逃避、妨碍侦查的；

（四）犯罪嫌疑人的家属与犯罪有牵连的。

第五十五条　看守所或者监视居住执行机关安排辩护律师会见，不得附加其他条件或者变相要求辩护律师提交法律规定以外的其他文件、材料，不得以未收到办案部门通知为由拒绝安排辩护律师会见。

预约会见，应当由辩护律师本人进行。

39.4.3　翻译人员参与会见的审批程序

★**《公安规定》**（2020）

第五十四条　辩护律师会见在押或者被监视居住的犯罪嫌疑人需要聘请翻译人员的，应当向办案部门提出申请。办案部门应当在收到申请后三日以内，报经县级以上公安机关负责人批准，作出许可或者不许可的决定，书面通知辩护律师。对于具有本规定第三十二条所列情形之一的，作出不予许可的决定，并通知其更换；不具有相关情形的，应当许可。

翻译人员参与会见的，看守所或者监视居住执行机关应当查验公安机关的许可决定文书。

★《国安规定》（2024）

第五十七条　辩护律师会见在押或者被监视居住的犯罪嫌疑人需要翻译人员随同参加的，应当提前向国家安全机关提出申请，并提交翻译人员身份证明及其所在单位出具的证明。国家安全机关应当及时审查并在三日以内作出是否许可的决定。许可翻译人员参加会见的，应当向辩护律师出具许可翻译人员参与会见决定书，并通知看守所或者监视居住执行机关。不许可的，应当向辩护律师书面说明理由，并通知其更换。

依法应当予以回避、正在被执行刑罚或者依法被剥夺、限制人身自由的人员，不得担任翻译人员。

翻译人员应当持国家安全机关许可决定书和本人身份证明，随同辩护律师参加会见。

39.4.4　辩护律师会见不被监听

★《公安规定》（2020）

第五十五条　辩护律师会见在押或者被监视居住的犯罪嫌疑人时，看守所或者监视居住执行机关应当采取必要的管理措施，保障会见顺利进行，并告知其遵守会见的有关规定。辩护律师会见犯罪嫌疑人时，公安机关不得监听，不得派员在场。

★《国安规定》（2024）

第五十八条　辩护律师会见在押或者被监视居住的犯罪嫌疑人时，看守所或者监视居住执行机关应当采取必要的管理措施，保障会见安全顺利进行。

辩护律师会见犯罪嫌疑人时，国家安全机关不得监听，不得派员在场。

39.4.5　辩护律师违反会见规定的处理

★《公安规定》（2020）

第五十五条　辩护律师会见在押或者被监视居住的犯罪嫌疑人时，看守所或者监视居住执行机关应当采取必要的管理措施，保障会见顺利进行，并告知其遵守会见的有关规定。辩护律师会见犯罪嫌疑人时，公安机关不得监听，不得派员在场。

辩护律师会见在押或者被监视居住的犯罪嫌疑人时，违反法律规定或者会见的规定的，看守所或者监视居住执行机关应当制止。对于严重违反规定或者不听劝阻的，可以决定停止本次会见，并及时通报其所在的律师事务所、所属的律师协会以及司法行政机关。

【重点解读】①

辩护律师会见在押或者被监视居住的犯罪嫌疑人时，违反法律规定或者会见的规定的，看守所或者监视居住执行机关应当制止。对于严重违反规定或者不听劝阻的，可以决定停止本次会见，并及时通报其所在的律师事务所、所属的律师协会以及司法行政机关。

★《国安规定》（2024）

第五十九条　辩护律师会见在押或者被监视居住的犯罪嫌疑人，不得违反规定为犯罪嫌疑人传递违禁品、药品、纸条等物品，不得将通讯工具交给犯罪嫌疑人使用。

辩护律师会见在押或者被监视居住的犯罪嫌疑人时，应当遵守法律和会见场所的有关规定。违反法律或者会见

---

①　参见孙茂利主编书，第 124—126 页。

场所的有关规定及前款要求的，看守所或者监视居住执行机关应当制止。对于严重违反规定或者不听劝阻的，可以终止本次会见，暂扣传递物品、通讯工具，及时通报该辩护律师所在的律师事务所、所属的律师协会以及司法行政机关。

40　辩护人的阅卷权

40.1　法条规定

第四十条　辩护律师自人民检察院对案件审查起诉之日起，可以查阅、摘抄、复制本案的案卷材料。其他辩护人经人民法院、人民检察院许可，也可以查阅、摘抄、复制上述材料。

【立法释义】①

本条规定明确了辩护人的阅卷权。辩护人的阅卷权是有效辩护的权利基础。基于证据开示原则，人民检察院应当向辩护方开示全部证据材料。

第一，阅卷权的起始阶段。“人民检察院对案件审查起诉之日起”，是辩护人行使阅卷权的起始日期。将阅卷权的起始阶段设定为审查起诉之日，主要是考虑，侦查阶段案卷材料特别是证据材料正在形成之中，因此，基于侦查保密等需要，法律并未赋予辩护律师在该阶段的阅卷权。

第二，阅卷方式。“查阅、摘抄、复制”，是辩护人获取案卷材料的三种主要方式，其中，查阅、摘抄具有时空局限性，而复制案卷材料是最常见也是更为有效的阅卷方式。辩护律师审前阅卷，是为开庭辩护进行准备的重要内容。为维护辩护人的阅卷权，办案机关应当积极履行配合义务。

第三，案卷材料的范围。案卷材料，是指侦查机关移送人民检察院的案卷中包含的各种材料，包括证明犯罪嫌疑人是否有罪、犯罪情节轻重的所有证据材料、诉讼文书等。对于纳入案卷材料并依法可以公开的材料，包括各种证据材料，无论是否准备在后续的审判阶段使用，都属于查阅、摘抄、复制的范围。对于依法不公开的材料，原则上应当制作专门的案卷。

第四，其他辩护人的阅卷权。其他辩护人经人民法院、人民检察院许可，也可以查阅、摘抄、复制本案的案卷材料。

40.2　相关立法

40.2.1　辩护律师的阅卷权

★《中华人民共和国律师法》（2017年9月1日修正）

第三十四条　律师担任辩护人的，自人民检察院对案件审查起诉之日起，有权查阅、摘抄、复制本案的案卷材料。

40.3　司法解释

40.3.1　辩护律师的阅卷权和知情权

★《检察院规则》（2019）

第四十七条　自人民检察院对案件审查起诉之日起，应当允许辩护律师查阅、摘抄、复制本案的案卷材料。案卷材料包括案件的诉讼文书和证据材料。

人民检察院直接受理侦查案件移送起诉，审查起诉案件退回补充侦查、改变管辖、提起公诉的，应当及时告知辩护律师。

第四十九条　辩护律师或者经过许可的其他辩护人到人民检察院查阅、

① 参见王爱立主编书，第86—88页。

摘抄、复制本案的案卷材料，由负责案件管理的部门及时安排，由办案部门提供案卷材料。因办案部门工作等原因无法及时安排的，应当向辩护人说明，并自即日起三个工作日以内安排辩护人阅卷，办案部门应当予以配合。

人民检察院应当为辩护人查阅、摘抄、复制案卷材料设置专门的场所或者电子卷宗阅卷终端设备。必要时，人民检察院可以派员在场协助。

辩护人复制案卷材料可以采取复印、拍照、扫描、刻录等方式，人民检察院不收取费用。

★《法院解释》(2021)

第五十三条　辩护律师可以查阅、摘抄、复制案卷材料。其他辩护人经人民法院许可，也可以查阅、摘抄、复制案卷材料。合议庭、审判委员会的讨论记录以及其他依法不公开的材料不得查阅、摘抄、复制。

辩护人查阅、摘抄、复制案卷材料的，人民法院应当提供便利，并保证必要的时间。

值班律师查阅案卷材料的，适用前两款规定。

复制案卷材料可以采用复印、拍照、扫描、电子数据拷贝等方式。

40.3.2　辩护人申请阅卷、会见、通信的审批程序

★《检察院规则》(2019)

第四十八条　自人民检察院对案件审查起诉之日起，律师以外的辩护人向人民检察院申请查阅、摘抄、复制本案的案卷材料或者申请同在押、被监视居住的犯罪嫌疑人会见和通信的，由人民检察院负责捕诉的部门进行审查并作出是否许可的决定，在三日以内书面通知申请人。

人民检察院许可律师以外的辩护人同在押或者被监视居住的犯罪嫌疑人通信的，可以要求看守所或者公安机关将书信送交人民检察院进行检查。

律师以外的辩护人申请查阅、摘抄、复制案卷材料或者申请同在押、被监视居住的犯罪嫌疑人会见和通信，具有下列情形之一的，人民检察院可以不予许可：

(一)同案犯罪嫌疑人在逃的；

(二)案件事实不清，证据不足，或者遗漏罪行、遗漏同案犯罪嫌疑人需要补充侦查的；

(三)涉及国家秘密或者商业秘密的；

(四)有事实表明存在串供、毁灭、伪造证据或者危害证人人身安全可能的。

40.3.3　讯问录音录像的查阅

★《法院解释》(2021)

第五十四条　对作为证据材料向人民法院移送的讯问录音录像，辩护律师申请查阅的，人民法院应当准许。

【重点解读】①

对于移送人民法院的讯问录音录像，无论是否已经在庭审中举证质证，直接用于证明案件事实或者用于证明取证合法性，均应当属于案卷材料的范围。在公开审理的案件中举证、质证的相关证据材料，包括录音录像，人民群众通过庭审直播均可观看、下载，即使讯问录音录像涉及国家秘密、个人隐私、商业秘密，辩护律师为行使辩护权，也可以查阅。不过，讯问录音录像可能涉及侦查办案的策略方法、其他关联案件和当事人隐私，若允许复制，难以控

---

① 参见李少平主编书，第182—184页。

制传播面以及泄露带来的影响，因此，未明确规定复制权利。此外，讯问录音录像的范围，既包括作为证据材料移送人民法院的录音录像，也包括作为证据材料向人民法院移送的相关监察调查过程中的录音录像。

★**《最高人民法院刑事审判第二庭关于辩护律师能否复制侦查机关讯问录像问题的批复》**（〔2013〕刑他字第239号，2013年9月22日）

……侦查机关对被告人的讯问录音录像已经作为证据材料向人民法院移送并已在庭审中播放，不属于依法不能公开的材料，在辩护律师提出要求复制有关录音录像的情况下，应当准许。

40.3.4　辩护人的案件保密义务

★**《法院解释》**（2021）

第五十五条　查阅、摘抄、复制案卷材料，涉及国家秘密、商业秘密、个人隐私的，应当保密；对不公开审理案件的信息、材料，或者在办案过程中获悉的案件重要信息、证据材料，不得违反规定泄露、披露，不得用于办案以外的用途。人民法院可以要求相关人员出具承诺书。

违反前款规定的，人民法院可以通报司法行政机关或者有关部门，建议给予相应处罚；构成犯罪的，依法追究刑事责任。

40.4　规范性文件

40.4.1　辩护律师阅卷的保障机制

★**《最高人民法院、最高人民检察院、公安部、国家安全部、司法部关于依法保障律师执业权利的规定》**（司发〔2015〕14号，2015年9月16日）

第十四条　辩护律师自人民检察院对案件审查起诉之日起，可以查阅、摘抄、复制本案的案卷材料，人民检察院检察委员会的讨论记录、人民法院合议庭、审判委员会的讨论记录以及其他依法不能公开的材料除外。人民检察院、人民法院应当为辩护律师查阅、摘抄、复制案卷材料提供便利，有条件的地方可以推行电子化阅卷，允许刻录、下载材料。侦查机关应当在案件移送审查起诉后三日以内，人民检察院应当在提起公诉后三日以内，将案件移送情况告知辩护律师。案件提起公诉后，人民检察院对案卷所附证据材料有调整或者补充的，应当及时告知辩护律师。辩护律师对调整或者补充的证据材料，有权查阅、摘抄、复制。辩护律师办理申诉、抗诉案件，在人民检察院、人民法院经审查决定立案后，可以持律师执业证书、律师事务所证明和委托书或者法律援助公函到案卷档案管理部门、持有案卷档案的办案部门查阅、摘抄、复制已经审理终结案件的案卷材料。

辩护律师提出阅卷要求的，人民检察院、人民法院应当当时安排辩护律师阅卷，无法当时安排的，应当向辩护律师说明并安排其在三个工作日以内阅卷，不得限制辩护律师阅卷的次数和时间。有条件的地方可以设立阅卷预约平台。

人民检察院、人民法院应当为辩护律师阅卷提供场所和便利，配备必要的设备。因复制材料发生费用的，只收取工本费用。律师办理法律援助案件复制材料发生的费用，应当予以免收或者减收。辩护律师可以采用复印、拍照、扫描、电子数据拷贝等方式复制案卷材料，可以根据需要带律师助理协助阅卷。办案机关应当核实律师助理的身份。

辩护律师查阅、摘抄、复制的案卷材料属于国家秘密的，应当经过人民检察院、人民法院同意并遵守国家保密规定。律师不得违反规定，披露、散布案件重要信息和案卷材料，或者将其用于本案辩护、代理以外的其他用途。

★《最高人民检察院、司法部、中华全国律师协会关于依法保障律师执业权利的十条意见》（高检发办字〔2023〕28 号，2023 年 3 月 1 日）

三、充分保障律师查阅案卷的权利

人民检察院在律师提出阅卷申请后，一般应当提供电子卷宗，便于律师查阅、复制。律师提出调阅案件纸质卷宗的，人民检察院了解具体原因后，认为应予支持的，应当及时安排。各级人民检察院应当进一步规范电子卷宗制作标准，提高制作效率，确保电子卷宗完整、清晰、准确，便于查阅。对于符合互联网阅卷要求的，应当在三日内完成律师互联网阅卷申请的办理和答复。

41　辩护人的申请调取证据权

41.1　法条规定

第四十一条　辩护人认为在侦查、审查起诉期间公安机关、人民检察院收集的证明犯罪嫌疑人、被告人无罪或者罪轻的证据材料未提交的，有权申请人民检察院、人民法院调取。

【立法释义】①

本条规定明确了辩护人的申请调取证据权，是 2012 年刑事诉讼法修改新增的规定。关于辩护人的申请调取证据权，应当关注以下事项：

第一，辩护人申请调取证据的必要性。侦查、审查起诉期间，公安机关、人民检察院收集证明犯罪嫌疑人、被告人无罪或者罪轻的证据材料后，可能基于各种考虑，并未将之随案移送。此种情况下，辩护人为了维护犯罪嫌疑人、被告人的合法权益，有效开展辩护工作，有权申请人民检察院、人民法院向公安机关、人民检察院依法调取有关证据。

第二，辩护人申请调取的证据范围。辩护人有权申请调取“证明犯罪嫌疑人、被告人无罪或者罪轻的证据材料”，主要包括两种情形：一种情形是指可能证明犯罪嫌疑人、被告人无罪或者罪轻的证据材料，例如现场提取的生物检材，经鉴定并非犯罪嫌疑人、被告人所留，但公安机关、人民检察院认为该证据系无关证据，故未随案移送。另一种情形是指能够表明犯罪嫌疑人、被告人无罪或者罪轻的证据材料，例如犯罪嫌疑人、被告人曾经作出无罪辩解，证人曾经作出犯罪嫌疑人、被告人无罪的证言，但公安机关、人民检察院将这些证据材料排除在案卷材料之外，仅随案移送犯罪嫌疑人、被告人的有罪供述或者证人证明犯罪嫌疑人、被告人有罪的证言。

第三，辩护人申请调取证据的理由。为规范申请调取证据权，表明辩护人“认为”的合理性，并明确申请调取的证据材料，辩护人应当以书面形式提出申请，并提供相关线索或者材料。办案机关“未提交”证据材料，主要是指公安机关、人民检察院未将证明犯罪嫌疑人、被告人无罪或者罪轻的证据材料纳入案卷材料，也包括公安机关、人民检察院将原本纳入案卷材料的证据材

① 参见王爱立主编书，第 88—90 页。

料从案卷材料中移除的情形。

第四，办案机关的处理程序。对于辩护人向人民检察院提出的调取证据申请，人民检察院应当进行审查，并基于申请调取的证据是否已经收集，以及与案件事实是否存在关联，作出相应的处理。辩护人向人民检察院申请调取证据，应当说明有关证据与案件事实之间的关联。需要指出的是，对于辩护人申请调取的证据未收集，但与案件事实可能存在关联，特别是可能证明犯罪嫌疑人、被告人无罪的情形，例如现场收集了生物检材，但侦查机关并未进行鉴定，人民检察院不能简单驳回申请，而是应当建议侦查机关补充收集有关证据。

相比之下，对于辩护人向人民法院提出的调取证据申请，人民法院接受申请后应当依法予以调取。公安机关、人民检察院移送相关证据材料后，人民检察院、人民法院应当及时通知辩护人。

41.2　相关立法

41.2.1　申请调取证据权

★**《中华人民共和国律师法》**(2017年9月1日修正)

第三十五条　受委托的律师根据案情的需要，可以申请人民检察院、人民法院收集、调取证据或者申请人民法院通知证人出庭作证。

律师自行调查取证的，凭律师执业证书和律师事务所证明，可以向有关单位或者个人调查与承办法律事务有关的情况。

41.3　司法解释

41.3.1　申请调取证据的审查处理

★**《检察院规则》**(2019)

第五十条　案件提请批准逮捕或者移送起诉后，辩护人认为公安机关在侦查期间收集的证明犯罪嫌疑人无罪或者罪轻的证据材料未提交，申请人民检察院向公安机关调取的，人民检察院负责捕诉的部门应当及时审查。经审查，认为辩护人申请调取的证据已收集并且与案件事实有联系的，应当予以调取；认为辩护人申请调取的证据未收集或者与案件事实没有联系的，应当决定不予调取并向辩护人说明理由。公安机关移送相关证据材料的，人民检察院应当在三日以内告知辩护人。

人民检察院办理直接受理侦查的案件，适用前款规定。

★**《法院解释》**(2021)

第五十七条　辩护人认为在调查、侦查、审查起诉期间监察机关、公安机关、人民检察院收集的证明被告人无罪或者罪轻的证据材料未随案移送，申请人民法院调取的，应当以书面形式提出，并提供相关线索或者材料。人民法院接受申请后，应当向人民检察院调取。人民检察院移送相关证据材料后，人民法院应当及时通知辩护人。

41.4　规范性文件

41.4.1　律师的申请调取证据权

★**《最高人民法院、最高人民检察院、公安部、国家安全部、司法部关于依法保障律师执业权利的规定》**(司发〔2015〕14号，2015年9月16日)

第十六条　在刑事诉讼审查起诉、审理期间，辩护律师书面申请调取公安机关、人民检察院在侦查、审查起诉期间收集但未提交的证明犯罪嫌疑人、被告人无罪或者罪轻的证据材料的，人民检察院、人民法院应当依法及时审查。经审查，认为辩护律师申请调取的证据材料已收集并且与案件事实有联系的，应当及时调取。相关证据材料提交后，人民检察院、人民法院应当及时通知辩护律师查阅、摘抄、复制。经审查决定不予调取的，应当书面说明理由。

第十八条　辩护律师申请人民检察院、人民法院收集、调取证据的，人民检察院、人民法院应当在三日以内作出是否同意的决定，并通知辩护律师。辩护律师书面提出有关申请时，办案机关不同意的，应当书面说明理由；辩护律师口头提出申请的，办案机关可以口头答复。

42　辩护人的无罪证据开示义务

42.1　法条规定

第四十二条　辩护人收集的有关犯罪嫌疑人不在犯罪现场、未达到刑事责任年龄、属于依法不负刑事责任的精神病人的证据，应当及时告知公安机关、人民检察院。

【立法释义】①

本条规定明确了辩护人的无罪证据开示义务，是 2012 年刑事诉讼法修改新增的规定。这一规定旨在避免因公安机关、人民检察院不掌握无罪证据而持续推进诉讼，损害犯罪嫌疑人、被告人合法权益，浪费司法资源。关于辩护人的无罪证据开示义务，应当关注以下事项：

第一，辩护人开示的证据范围。辩护人并不承担证明犯罪嫌疑人无罪的责任，但对于在辩护过程中收集的有关犯罪嫌疑人不在犯罪现场、未达到刑事责任年龄、属于依法不负刑事责任的精神病人的证据，应当及时告知公安机关、人民检察院，以便在调查核实基础上，尽快终止诉讼，维护犯罪嫌疑人的合法权益。本条规定所指的“证据”，主要是指证据材料，也包含有关线索。辩护人通过调查，掌握犯罪嫌疑人无罪的线索，但本人无法收集的，应当及时告知公安机关、人民检察院。辩护人在审判阶段收集的无罪证据或者线索，也应当及时告知人民检察院、人民法院。

第二，“犯罪嫌疑人不在犯罪现场”的情形。犯罪嫌疑人不在犯罪现场，是指有证据证明，犯罪行为发生时，犯罪嫌疑人并未身处犯罪现场，不具有实施犯罪的时空条件。在犯罪现场没有发现犯罪嫌疑人的痕迹物证，并不等于犯罪嫌疑人不在犯罪现场。对于共同犯罪案件，以及犯罪嫌疑人指使、教唆他人犯罪等情形，犯罪嫌疑人不在犯罪现场，并不必然证明犯罪嫌疑人与犯罪没有关联。对于犯罪嫌疑人不在犯罪现场、与犯罪无关的情形，侦查机关应当调查核实有关证据，一旦排除犯罪嫌疑人的犯罪嫌疑，就应当立即停止对犯罪嫌疑人的调查，解除强制措施，并及时调整侦查方向和范围。

第三，“未达到刑事责任年龄”的情形。未达到法定责任年龄，是指根据刑法第十七条第一款、第二款、第三款规定的情形，犯罪嫌疑人不负刑事责任，公安机关应当撤销案件；已经移送审查起诉的，人民检察院应当作出不起诉的决定。

第四，“依法不负刑事责任的精神病人”的情形。依法不负刑事责任的精神病人，是指根据刑法第十八条的规定，经法定程序鉴定确认，犯罪嫌疑人是在不能辨认或者不能控制自己行为的时候造成危害结果。对于此种情形，犯罪嫌疑人不负刑事责任，但是应当责

---

①　参见王爱立主编书，第 90—92 页。

令他的家属或者监护人严加看管和医疗；在必要的时候，由政府强制医疗，公安机关在撤销刑事案件的同时，应当写出强制医疗意见书，移送人民检察院。人民检察院发现符合强制医疗条件的，应当向人民法院提出强制医疗的申请，由人民法院作出是否强制医疗的决定。

第五，涉及无罪证据情形的处理程序。对于辩护人向公安机关、人民检察院告知的无罪证据或者线索，公安机关、人民检察院应当及时调查核实。

42.2　相关立法

42.2.1　刑事责任年龄和精神病人犯罪的刑法规定

★《中华人民共和国刑法》（2023年12月29日修正）

第十七条　已满十六周岁的人犯罪，应当负刑事责任。

已满十四周岁不满十六周岁的人，犯故意杀人、故意伤害致人重伤或者死亡、强奸、抢劫、贩卖毒品、放火、爆炸、投放危险物质罪的，应当负刑事责任。

已满十二周岁不满十四周岁的人，犯故意杀人、故意伤害罪，致人死亡或者以特别残忍手段致人重伤造成严重残疾，情节恶劣，经最高人民检察院核准追诉的，应当负刑事责任。

对依照前三款规定追究刑事责任的不满十八周岁的人，应当从轻或者减轻处罚。

因不满十六周岁不予刑事处罚的，责令其父母或者其他监护人加以管教；在必要的时候，依法进行专门矫治教育。

第十八条　精神病人在不能辨认或者不能控制自己行为的时候造成危害结果，经法定程序鉴定确认的，不负刑事责任，但是应当责令他的家属或者监护人严加看管和医疗；在必要的时候，由政府强制医疗。

间歇性的精神病人在精神正常的时候犯罪，应当负刑事责任。

尚未完全丧失辨认或者控制自己行为能力的精神病人犯罪的，应当负刑事责任，但是可以从轻或者减轻处罚。

醉酒的人犯罪，应当负刑事责任。

42.3　司法解释

42.3.1　无罪证据的开示与附卷

★《检察院规则》（2019）

第五十一条　在人民检察院侦查、审查逮捕、审查起诉过程中，辩护人收集的有关犯罪嫌疑人不在犯罪现场、未达到刑事责任年龄、属于依法不负刑事责任的精神病人的证据，告知人民检察院的，人民检察院应当及时审查。

★《公安规定》（2020）

第五十八条　案件侦查终结前，辩护律师提出要求的，公安机关应当听取辩护律师的意见，根据情况进行核实，并记录在案。辩护律师提出书面意见的，应当附卷。

对辩护律师收集的犯罪嫌疑人不在犯罪现场、未达到刑事责任年龄、属于依法不负刑事责任的精神病人的证据，公安机关应当进行核实并将有关情况记录在案，有关证据应当附卷。

★《国安规定》（2024）

第六十二条　对于辩护律师提供的犯罪嫌疑人不在犯罪现场、未达到刑事责任年龄、属于依法不负刑事责任的精神病人的证据，国家安全机关应当进行核实，有关证据应当附卷。

43　辩护律师的调查取证权

43.1　法条规定

第四十三条　辩护律师经证人或者其他有关单位和个人同意，可以向他们收集与本案有关的材料，也可以申请人民检察院、人民法院收集、调取证据，或者申请人民法院通知证人出庭作证。

辩护律师经人民检察院或者人民法院许可，并且经被害人或者其近亲属、被害人提供的证人同意，可以向他们收集与本案有关的材料。

【立法释义】①

本条规定明确了辩护律师的调查取证权和具体程序，包括向证人取证和向被害方取证两种情形。关于辩护律师的调查取证权，应当关注以下事项：

第一，辩护律师向证人调查取证。主要包括三种情形：一是直接向证人调查取证，需经证人或者其他有关单位和个人同意。本法并未明确区分控方证人和辩方证人，鉴于此，辩护律师可以选择向案件所涉的各方证人收集与本案有关的有利或者不利于犯罪嫌疑人、被告人的各种材料。为了避免辩护律师调查取证面临法律争议，可以对调查取证过程录音录像。二是申请办案机关调查取证。对于证人或者其他有关单位和个人不配合调查取证等情形，辩护律师可以申请人民检察院、人民法院收集、调取证据。三是申请人民法院通知证人出庭作证。辩护律师通过向证人收集证据，发现证人不予配合，或者发现证人证言对定罪量刑有重大影响，且存在争议，可以申请人民法院通知证人出庭作证。

第二，辩护律师向被害方取证。需要具备两个条件：一是经人民检察院或者人民法院许可。主要是考虑，辩护律师直接向被害方取证，可能会造成二次伤害或者影响案件公正办理，因此，需经人民检察院或者人民法院事先许可。二是经被害人、被害人近亲属、被害人提供的证人同意。

43.2　相关立法

43.2.1　辩护律师的调查取证权

★《中华人民共和国律师法》(2017年9月1日修正)

第三十五条　受委托的律师根据案情的需要，可以申请人民检察院、人民法院收集、调取证据或者申请人民法院通知证人出庭作证。

律师自行调查取证的，凭律师执业证书和律师事务所证明，可以向有关单位或者个人调查与承办法律事务有关的情况。

43.3　司法解释

43.3.1　申请司法机关调取证据的情形

★《最高人民法院、最高人民检察院、公安部、国家安全部、司法部、全国人大常委会法制工作委员会关于实施刑事诉讼法若干问题的规定》(2012年12月26日)

8. 刑事诉讼法第四十一条第一款②规定："辩护律师经证人或者其他有关单位和个人同意，可以向他们收集与本案有关的材料，也可以申请人民检察院、

---

① 参见王爱立主编书，第92—94页。

② 2018年刑事诉讼法第四十三条第一款。

人民法院收集、调取证据,或者申请人民法院通知证人出庭作证。”对于辩护律师申请人民检察院、人民法院收集、调取证据,人民检察院、人民法院认为需要调查取证的,应当由人民检察院、人民法院收集、调取证据,不得向律师签发准许调查决定书,让律师收集、调取证据。

★《检察院规则》(2019)

第五十二条　案件移送起诉后,辩护律师依据刑事诉讼法第四十三条第一款的规定申请人民检察院收集、调取证据的,人民检察院负责捕诉的部门应当及时审查。经审查,认为需要收集、调取证据的,应当决定收集、调取并制作笔录附卷;决定不予收集、调取的,应当书面说明理由。

人民检察院根据辩护律师的申请收集、调取证据时,辩护律师可以在场。

★《法院解释》(2021)

第五十九条　辩护律师向证人或者有关单位、个人收集、调取与本案有关的证据材料,因证人或者有关单位、个人不同意,申请人民法院收集、调取,或者申请通知证人出庭作证,人民法院认为确有必要的,应当同意。

第六十条　辩护律师直接申请人民法院向证人或者有关单位、个人收集、调取证据材料,人民法院认为确有必要,且不宜或者不能由辩护律师收集、调取的,应当同意。

人民法院向有关单位收集、调取的书面证据材料,必须由提供人签名,并加盖单位印章;向个人收集、调取的书面证据材料,必须由提供人签名。

人民法院对有关单位、个人提供的证据材料,应当出具收据,写明证据材料的名称、收到的时间、件数、页数以及是否为原件等,由书记员、法官助理或者审判人员签名。

收集、调取证据材料后,应当及时通知辩护律师查阅、摘抄、复制,并告知人民检察院。

第六十一条　本解释第五十八条至第六十条规定的申请,应当以书面形式提出,并说明理由,写明需要收集、调取证据材料的内容或者需要调查问题的提纲。

对辩护律师的申请,人民法院应当在五日以内作出是否准许、同意的决定,并通知申请人;决定不准许、不同意的,应当说明理由。

【重点解读】①

对于证据材料“不宜或者不能由辩护律师收集、调取”的情形,例如,向性侵案件被害人收集相关证据,如果辩护律师在场,可能不利于证据材料的收集、调取。此种情况下,司法机关依申请收集、调取相关证据材料,即使辩护律师未到场,仍然可以在法庭上对相关证据材料充分进行质证,对其依法履职和权利保障并无影响。

43.3.2　申请向被害方收集证据的情形

★《法院解释》(2021)

第五十八条　辩护律师申请向被害人及其近亲属、被害人提供的证人收集与本案有关的材料,人民法院认为确有必要的,应当签发准许调查书。

★《检察院规则》(2019)

第五十三条　辩护律师申请人民检察院许可其向被害人或者其近亲属、

① 参见李少平主编书,第187—188页。

被害人提供的证人收集与本案有关材料的，人民检察院负责捕诉的部门应当及时进行审查。人民检察院应当在五日以内作出是否许可的决定，通知辩护律师；不予许可的，应当书面说明理由。

★**《最高人民法院、最高人民检察院、公安部、国家安全部、司法部关于依法保障律师执业权利的规定》**（司发〔2015〕14号，2015年9月16日）

第十七条　辩护律师申请向被害人或者其近亲属、被害人提供的证人收集与本案有关的材料的，人民检察院、人民法院应当在七日以内作出是否许可的决定，并通知辩护律师。辩护律师书面提出有关申请时，办案机关不许可的，应当书面说明理由；辩护律师口头提出申请的，办案机关可以口头答复。

第十九条　辩护律师申请向正在服刑的罪犯收集与案件有关的材料的，监狱和其他监管机关在查验律师执业证书、律师事务所证明和犯罪嫌疑人、被告人委托书或法律援助公函后，应当及时安排并提供合适的场所和便利。

正在服刑的罪犯属于辩护律师所承办案件的被害人或者其近亲属、被害人提供的证人的，应当经人民检察院或者人民法院许可。

44　辩护人的依法辩护义务

44.1　法条规定

第四十四条　辩护人或者其他任何人，不得帮助犯罪嫌疑人、被告人隐匿、毁灭、伪造证据或者串供，不得威胁、引诱证人作伪证以及进行其他干扰司法机关诉讼活动的行为。

违反前款规定的，应当依法追究法律责任，辩护人涉嫌犯罪的，应当由办理辩护人所承办案件的侦查机关以外的侦查机关办理。辩护人是律师的，应当及时通知其所在的律师事务所或者所属的律师协会。

【立法释义】①

本条规定明确了辩护人的依法辩护义务。为平衡辩护人的权利与义务，2012年刑事诉讼法修改删去了不得威胁、引诱证人改变证言的规定，增加规定了追究辩护人法律责任的程序。关于辩护人的依法辩护义务，应当关注以下事项：

第一，辩护行为的禁止性规定。本条规定的主体不仅限于辩护人，还包括“其他任何人”，这意味着，刑事诉讼的其他主体和诉讼参与人，包括办案人员，也要遵循本条的禁止性规定。

第二，辩护人违反依法辩护义务的追责程序。对于辩护人涉嫌犯罪的情形，应当由辩护人承办案件的侦查机关以外的侦查机关办理。这种特殊的“回避”机制，主要是防止侦查机关滥用刑法规定，随意对辩护人立案侦查和采取强制措施，确保辩护人涉嫌犯罪的案件得到公正办理。同时，辩护人是律师的，应当及时通知其所在的律师事务所或者所属的律师协会。这一规定，有助于涉案律师的律师事务所或者所属的律师协会了解案件情况，依法维护涉案律师的合法权益。

---

① 参见王爱立主编书，第94—97页。

44.2　相关立法

44.2.1　律师的执业禁令及其处理

★《中华人民共和国律师法》(2017年9月1日修正)

第四十条　律师在执业活动中不得有下列行为:

(一)私自接受委托、收取费用,接受委托人的财物或者其他利益;

(二)利用提供法律服务的便利牟取当事人争议的权益;

(三)接受对方当事人的财物或者其他利益,与对方当事人或者第三人恶意串通,侵害委托人的权益;

(四)违反规定会见法官、检察官、仲裁员以及其他有关工作人员;

(五)向法官、检察官、仲裁员以及其他有关工作人员行贿,介绍贿赂或者指使、诱导当事人行贿,或者以其他不正当方式影响法官、检察官、仲裁员以及其他有关工作人员依法办理案件;

(六)故意提供虚假证据或者威胁、利诱他人提供虚假证据,妨碍对方当事人合法取得证据;

(七)煽动、教唆当事人采取扰乱公共秩序、危害公共安全等非法手段解决争议;

(八)扰乱法庭、仲裁庭秩序,干扰诉讼、仲裁活动的正常进行。

第四十九条　律师有下列行为之一的,由设区的市级或者直辖市的区人民政府司法行政部门给予停止执业六个月以上一年以下的处罚,可以处五万元以下的罚款;有违法所得的,没收违法所得;情节严重的,由省、自治区、直辖市人民政府司法行政部门吊销其律师执业证书;构成犯罪的,依法追究刑事责任:

(一)违反规定会见法官、检察官、仲裁员以及其他有关工作人员,或者以其他不正当方式影响依法办理案件的;

(二)向法官、检察官、仲裁员以及其他有关工作人员行贿,介绍贿赂或者指使、诱导当事人行贿的;

(三)向司法行政部门提供虚假材料或者有其他弄虚作假行为的;

(四)故意提供虚假证据或者威胁、利诱他人提供虚假证据,妨碍对方当事人合法取得证据的;

(五)接受对方当事人财物或者其他利益,与对方当事人或者第三人恶意串通,侵害委托人权益的;

(六)扰乱法庭、仲裁庭秩序,干扰诉讼、仲裁活动的正常进行的;

(七)煽动、教唆当事人采取扰乱公共秩序、危害公共安全等非法手段解决争议的;

(八)发表危害国家安全、恶意诽谤他人、严重扰乱法庭秩序的言论的;

(九)泄露国家秘密的。

律师因故意犯罪受到刑事处罚的,由省、自治区、直辖市人民政府司法行政部门吊销其律师执业证书。

44.3　司法解释

44.3.1　辩护人违反法律规定的处理

★《检察院规则》(2019)

第六十条　人民检察院发现辩护人有帮助犯罪嫌疑人、被告人隐匿、毁灭、伪造证据、串供,或者威胁、引诱证人作伪证以及其他干扰司法机关诉讼活动的行为,可能涉嫌犯罪的,应当将涉嫌犯罪的线索或者证据材料移送有管辖权的机关依法处理。

人民检察院发现辩护律师在刑事诉讼中违反法律、法规或者执业纪律的,应当及时向其所在的律师事务所、所属的律师协会以及司法行政机关通报。

44.4　规范性文件

44.4.1　辩护人干扰诉讼行为的处理

★《最高人民法院、最高人民检察院、公安部、国家安全部、司法部、全国人大常委会法制工作委员会关于实施刑事诉讼法若干问题的规定》（2012年12月26日）

9. 刑事诉讼法第四十二条第二款①中规定："违反前款规定的，应当依法追究法律责任，辩护人涉嫌犯罪的，应当由办理辩护人所承办案件的侦查机关以外的侦查机关办理。"根据上述规定，公安机关、人民检察院发现辩护人涉嫌犯罪，或者接受报案、控告、举报、有关机关的移送，依照侦查管辖分工进行审查后认为符合立案条件的，应当按照规定报请办理辩护人所承办案件的侦查机关的上一级侦查机关指定其他侦查机关立案侦查，或者由上一级侦查机关立案侦查。不得指定办理辩护人所承办案件的侦查机关的下级侦查机关立案侦查。

★《公安规定》（2020）

第五十六条　辩护人或者其他任何人在刑事诉讼中，违反法律规定，实施干扰诉讼活动行为的，应当依法追究法律责任。

辩护人实施干扰诉讼活动行为，涉嫌犯罪，属于公安机关管辖的，应当由办理辩护人所承办案件的公安机关报请上一级公安机关指定其他公安机关立案侦查，或者由上一级公安机关立案侦查。不得指定原承办案件公安机关的下级公安机关立案侦查。辩护人是律师的，立案侦查的公安机关应当及时通知其所在的律师事务所、所属的律师协会以及司法行政机关。

★《国安规定》（2024）

第六十八条　辩护律师或者其他任何人帮助犯罪嫌疑人隐匿、毁灭、伪造证据或者串供，或者威胁、引诱证人作伪证以及进行其他干扰国家安全机关侦查活动的行为，涉嫌犯罪的，应当由办理辩护律师所承办案件的国家安全机关报请上一级国家安全机关指定其他国家安全机关立案侦查，或者由上一级国家安全机关立案侦查。不得指定办理辩护律师所承办案件的国家安全机关的下级国家安全机关立案侦查。国家安全机关依法对涉嫌犯罪的辩护律师采取强制措施后，应当在四十八小时以内通知其所在的律师事务所或者所属的律师协会。

国家安全机关发现辩护律师在刑事诉讼中违反法律、法规或者执业纪律的，应当及时向其所在的律师事务所、所属的律师协会以及司法行政机关通报。

45　被告人的辩护选择权

45.1　法条规定

第四十五条　在审判过程中，被告人可以拒绝辩护人继续为他辩护，也可以另行委托辩护人辩护。

【立法释义】②

本条规定明确了被告人的辩护选择权。这一规定的目的，是确保被告人根据辩护需要选择辩护人，在审判阶段

---

① 2018年刑事诉讼法第四十四条第二款。

② 参见王爱立主编书，第97页。

切实维护自身的辩护权。

第一，被告人对辩护人的选择方式。主要包括两种选择权：一是终止委托，不再由该辩护人继续为其辩护。被告人拒绝辩护人继续为其辩护后，可以自行辩护。二是被告人终止与原辩护人的委托关系，另行委托其他辩护人为其辩护。

第二，辩护选择权的法律限制。被告人在审判阶段的辩护选择权并非没有限制。一是次数限制，二是强制辩护限制。

第三，被告人行使辩护选择权的程序影响。对于被告人另外委托辩护人等情形，为确保程序公正，应当给辩护人必要的辩护准备时间。《法院解释》第三百一十三条对此作出了规定。

第四，辩护人拒绝辩护的情形。除被告人拥有辩护选择权外，辩护人也可以行使拒绝辩护权。

45.2　相关立法

45.2.1　律师有权拒绝辩护的情形

★《中华人民共和国律师法》(2017年9月1日修正)

第三十二条　委托人可以拒绝已委托的律师为其继续辩护或者代理，同时可以另行委托律师担任辩护人或者代理人。

律师接受委托后，无正当理由的，不得拒绝辩护或者代理。但是，委托事项违法、委托人利用律师提供的服务从事违法活动或者委托人故意隐瞒与案件有关的重要事实的，律师有权拒绝辩护或者代理。

45.3　司法解释

45.3.1　被告人拒绝律师辩护的处理

★《法院解释》(2021)

第五十条　被告人拒绝法律援助机构指派的律师为其辩护，坚持自己行使辩护权的，人民法院应当准许。

属于应当提供法律援助的情形，被告人拒绝指派的律师为其辩护的，人民法院应当查明原因。理由正当的，应当准许，但被告人应当在五日以内另行委托辩护人；被告人未另行委托辩护人的，人民法院应当在三日以内通知法律援助机构另行指派律师为其提供辩护。

第三百一十一条　被告人在一个审判程序中更换辩护人一般不得超过两次。

被告人当庭拒绝辩护人辩护，要求另行委托辩护人或者指派律师的，合议庭应当准许。被告人拒绝辩护人辩护后，没有辩护人的，应当宣布休庭；仍有辩护人的，庭审可以继续进行。

有多名被告人的案件，部分被告人拒绝辩护人辩护后，没有辩护人的，根据案件情况，可以对该部分被告人另案处理，对其他被告人的庭审继续进行。

重新开庭后，被告人再次当庭拒绝辩护人辩护的，可以准许，但被告人不得再次另行委托辩护人或者要求另行指派律师，由其自行辩护。

被告人属于应当提供法律援助的情形，重新开庭后再次当庭拒绝辩护人辩护的，不予准许。

45.3.2　辩护人拒绝辩护的处理

★《法院解释》(2021)

第三百一十二条　法庭审理过程中，辩护人拒绝为被告人辩护，有正当理由的，应当准许；是否继续庭审，参照适用前条规定。

第三百一十三条 依照前两条规定另行委托辩护人或者通知法律援助机构指派律师的，自案件宣布休庭之日起至第十五日止，由辩护人准备辩护，但被告人及其辩护人自愿缩短时间的除外。

庭审结束后、判决宣告前另行委托辩护人的，可以不重新开庭；辩护人提交书面辩护意见的，应当接受。

46 诉讼代理权

46.1 法条规定

第四十六条 公诉案件的被害人及其法定代理人或者近亲属，附带民事诉讼的当事人及其法定代理人，自案件移送审查起诉之日起，有权委托诉讼代理人。自诉案件的自诉人及其法定代理人，附带民事诉讼的当事人及其法定代理人，有权随时委托诉讼代理人。

人民检察院自收到移送审查起诉的案件材料之日起三日以内，应当告知被害人及其法定代理人或者其近亲属、附带民事诉讼的当事人及其法定代理人有权委托诉讼代理人。人民法院自受理自诉案件之日起三日以内，应当告知自诉人及其法定代理人、附带民事诉讼的当事人及其法定代理人有权委托诉讼代理人。

【立法释义】①

本条规定明确了诉讼代理权。人民检察院、人民法院应当依法告知有关主体享有诉讼代理权。被害人、自诉人享有被告知权，不告知或逾期告知等违反本条规定的行为，属于违反法定诉讼程序的行为，构成对当事人诉讼权利的侵犯。

46.2 司法解释

46.2.1 被害方的诉讼代理权

★**《检察院规则》**(2019)

第五十五条 人民检察院自收到移送起诉案卷材料之日起三日以内，应当告知被害人及其法定代理人或者其近亲属、附带民事诉讼的当事人及其法定代理人有权委托诉讼代理人。被害人及其法定代理人、近亲属因经济困难没有委托诉讼代理人的，应当告知其可以申请法律援助。

当面口头告知的，应当记入笔录，由被告知人签名；电话告知的，应当记录在案；书面告知的，应当将送达回执入卷。被害人众多或者不确定，无法以上述方式逐一告知的，可以公告告知。无法告知的，应当记录在案。

被害人有法定代理人的，应当告知其法定代理人；没有法定代理人的，应当告知其近亲属。

法定代理人或者近亲属为二人以上的，可以告知其中一人。告知时应当按照刑事诉讼法第一百零八条第三项、第六项列举的顺序择先进行。

当事人及其法定代理人、近亲属委托诉讼代理人的，参照刑事诉讼法第三十三条等法律规定执行。

46.2.2 诉讼代理权的告知

★**《法院解释》**(2021)

第六十二条 人民法院自受理自诉

---

① 参见王爱立主编书，第97—99页。

案件之日起三日以内，应当告知自诉人及其法定代理人、附带民事诉讼当事人及其法定代理人，有权委托诉讼代理人，并告知其如果经济困难，可以申请法律援助。

47　委托诉讼代理人的程序

47.1　法条规定

第四十七条　委托诉讼代理人，参照本法第三十三条的规定执行。

【立法释义】①

本条规定明确了委托诉讼代理人的程序，具体参照本法第三十三条关于委托辩护人的规定执行。诉讼代理人制度与辩护制度具有一定类似性，都以保障权利为导向。《法院解释》规定了诉讼代理人参与诉讼的相关程序。

47.2　司法解释

47.2.1　诉讼代理人的权利

★《检察院规则》(2019)

第五十六条　经人民检察院许可，诉讼代理人查阅、摘抄、复制本案案卷材料的，参照本规则第四十九条的规定办理。

律师担任诉讼代理人，需要申请人民检察院收集、调取证据的，参照本规则第五十二条的规定办理。

★《法院解释》(2021)

第六十三条　当事人委托诉讼代理人的，参照适用刑事诉讼法第三十三条和本解释的有关规定。

第六十四条　诉讼代理人有权根据事实和法律，维护被害人、自诉人或者附带民事诉讼当事人的诉讼权利和其他合法权益。

第六十五条　律师担任诉讼代理人的，可以查阅、摘抄、复制案卷材料。其他诉讼代理人经人民法院许可，也可以查阅、摘抄、复制案卷材料。

律师担任诉讼代理人，需要收集、调取与本案有关的证据材料的，参照适用本解释第五十九条至第六十一条的规定。

第六十六条　诉讼代理人接受当事人委托或者法律援助机构指派后，应当在三日以内将委托手续或者法律援助手续提交人民法院。

48　辩护律师的保密权及例外情形

48.1　法条规定

第四十八条　辩护律师对在执业活动中知悉的委托人的有关情况和信息，有权予以保密。但是，辩护律师在执业活动中知悉委托人或者其他人，准备或者正在实施危害国家安全、公共安全以及严重危害他人人身安全的犯罪的，应当及时告知司法机关。

【立法释义】②

本条规定明确了辩护律师的保密权及其例外情形，是2012年刑事诉讼法修改新增的规定，应当关注以下事项：

第一，辩护律师保密权的范围。主要涉及两个方面：一是信息渠道。具体是指辩护律师在接受委托、会见以及调查取证等执业过程中知悉的情况和信息，并不包括辩护律师在执业之外的渠道知悉的情况和信息。二是信息范围。具体是指执业活动中知悉的“委托人

①　参见王爱立主编书，第99页。
②　参见王爱立主编书，第100—101页。

的"有关情况和信息，并不包括其他人的情况和信息。基于保密权，辩护律师免除了执业活动中知悉的委托人的有关情况和信息的披露义务。

第二，辩护律师保密权的例外情形。这一规定能够在辩护律师的职业伦理和公共利益之间达到合理平衡。该条所涉的犯罪，并不限于委托人准备或者正在实施的犯罪，还包括委托人以外的其他人准备或者正在实施的犯罪；实际上，辩护律师对其他人的犯罪行为并无保密义务。

48.2　相关立法

48.2.1　辩护律师的保密义务及例外情形

★**《中华人民共和国律师法》**（2017年9月1日修正）

第三十八条　律师应当保守在执业活动中知悉的国家秘密、商业秘密，不得泄露当事人的隐私。

律师对在执业活动中知悉的委托人和其他人不愿泄露的有关情况和信息，应当予以保密。但是，委托人或者其他人准备或者正在实施危害国家安全、公共安全以及严重危害他人人身安全的犯罪事实和信息除外。

48.3　司法解释

48.3.1　辩护律师保密权的例外情形

★**《检察院规则》**（2019）

第五十九条　辩护律师告知人民检察院其委托人或者其他人员准备实施、正在实施危害国家安全、危害公共安全以及严重危及他人人身安全犯罪的，人民检察院应当接受并立即移送有关机关依法处理。

人民检察院应当为反映情况的辩护律师保密。

★**《法院解释》**（2021）

第六十七条　辩护律师向人民法院告知其委托人或者其他人准备实施、正在实施危害国家安全、公共安全以及严重危害他人人身安全犯罪的，人民法院应当记录在案，立即转告主管机关依法处理，并为反映有关情况的辩护律师保密。

★**《公安规定》**（2020）

第五十七条　辩护律师对在执业活动中知悉的委托人的有关情况和信息，有权予以保密。但是，辩护律师在执业活动中知悉委托人或者其他人，准备或者正在实施危害国家安全、公共安全以及严重危害他人人身安全的犯罪的，应当及时告知司法机关。

49　辩护人、诉讼代理人的申诉控告权

49.1　法条规定

第四十九条　辩护人、诉讼代理人认为公安机关、人民检察院、人民法院及其工作人员阻碍其依法行使诉讼权利的，有权向同级或者上一级人民检察院申诉或者控告。人民检察院对申诉或者控告应当及时进行审查，情况属实的，通知有关机关予以纠正。

【立法释义】[①]

本条规定明确了辩护人、诉讼代理

① 参见王爱立主编书，第102—103页。

人的申诉控告权,是2012年刑事诉讼法修改新增的规定。辩护人、诉讼代理人的申诉控告权,是辩护权、诉讼代理人诉讼权利的制度延伸,是“维护权利的权利”。关于辩护人、诉讼代理人有权提出申诉控告的情形,《检察院规则》第五十七条第一款作出了列举式规定。为便于人民检察院审查核实,辩护人、诉讼代理人提出申诉控告的,可以通过书面形式提出,并提供相关线索和材料。辩护人、诉讼代理人提出申诉控告的情形,作为重要的程序性异议,人民检察院应当按照规范的程序进行审查处理。

49.2 司法解释

49.2.1 辩护人、诉讼代理人的申诉控告权利清单

★《检察院规则》(2019)

第五十七条 辩护人、诉讼代理人认为公安机关、人民检察院、人民法院及其工作人员具有下列阻碍其依法行使诉讼权利行为之一,向同级或者上一级人民检察院申诉或者控告的,人民检察院负责控告申诉检察的部门应当接受并依法办理,其他办案部门应当予以配合:

(一)违反规定,对辩护人、诉讼代理人提出的回避要求不予受理或者对不予回避决定不服的复议申请不予受理的;

(二)未依法告知犯罪嫌疑人、被告人有权委托辩护人的;

(三)未转达在押或者被监视居住的犯罪嫌疑人、被告人委托辩护人的要求或者未转交其申请法律援助材料的;

(四)应当通知而不通知法律援助机构为符合条件的犯罪嫌疑人、被告人或者被申请强制医疗的人指派律师提供辩护或者法律援助的;

(五)在规定时间内不受理、不答复辩护人提出的变更强制措施申请或者解除强制措施要求的;

(六)未依法告知辩护律师犯罪嫌疑人涉嫌的罪名和案件有关情况的;

(七)违法限制辩护律师同在押、被监视居住的犯罪嫌疑人、被告人会见和通信的;

(八)违法不允许辩护律师查阅、摘抄、复制本案的案卷材料的;

(九)违法限制辩护律师收集、核实有关证据材料的;

(十)没有正当理由不同意辩护律师收集、调取证据或者通知证人出庭作证的申请,或者不答复、不说明理由的;

(十一)未依法提交证明犯罪嫌疑人、被告人无罪或者罪轻的证据材料的;

(十二)未依法听取辩护人、诉讼代理人意见的;

(十三)未依法将开庭的时间、地点及时通知辩护人、诉讼代理人的;

(十四)未依法向辩护人、诉讼代理人及时送达本案的法律文书或者及时告知案件移送情况的;

(十五)阻碍辩护人、诉讼代理人在法庭审理过程中依法行使诉讼权利的;

(十六)其他阻碍辩护人、诉讼代理人依法行使诉讼权利的。

对于直接向上一级人民检察院申诉或者控告的,上一级人民检察院可以交下级人民检察院办理,也可以直接办理。

辩护人、诉讼代理人认为看守所及其工作人员有阻碍其依法行使诉讼权利的行为,向人民检察院申诉或者控告的,由负责刑事执行检察的部门接受并依法办理;其他办案部门收到申诉或者

控告的,应当及时移送负责刑事执行检察的部门。

第五十八条　辩护人、诉讼代理人认为其依法行使诉讼权利受到阻碍向人民检察院申诉或者控告的,人民检察院应当及时受理并调查核实,在十日以内办结并书面答复。情况属实的,通知有关机关或者本院有关部门、下级人民检察院予以纠正。

49.3　规范性文件

49.3.1　辩护人、诉讼代理人申诉控告的处理程序

★《最高人民法院、最高人民检察院、公安部、国家安全部、司法部、全国人大常委会法制工作委员会关于实施刑事诉讼法若干问题的规定》(2012 年 12 月 26 日)

10. 刑事诉讼法第四十七条①规定:“辩护人、诉讼代理人认为公安机关、人民检察院、人民法院及其工作人员阻碍其依法行使诉讼权利的,有权向同级或者上一级人民检察院申诉或者控告。人民检察院对申诉或者控告应当及时进行审查,情况属实的,通知有关机关予以纠正。”人民检察院受理辩护人、诉讼代理人的申诉或者控告后,应当在十日以内将处理情况书面答复提出申诉或者控告的辩护人、诉讼代理人。

★《最高人民检察院、公安部关于公安机关办理经济犯罪案件的若干规定》(公通字〔2017〕25 号,2017 年 11 月 24 日)

第六十七条　辩护律师向公安机关提交与经济犯罪案件有关的申诉、控告等材料的,公安机关应当在执法办案场所予以接收,当面了解有关情况并记录在案。对辩护律师提供的材料,公安机关应当及时依法审查,并在三十日以内予以答复。

第六十八条　被害人、犯罪嫌疑人及其法定代理人、近亲属或者律师对案件管辖有异议,向立案侦查的公安机关提出申诉的,接受申诉的公安机关应当在接到申诉后的七日以内予以答复。

第六十九条　犯罪嫌疑人及其法定代理人、近亲属或者辩护人认为公安机关所采取的强制措施超过法定期限,有权向原批准或者决定的公安机关提出申诉,接受该项申诉的公安机关应当在接到申诉之日起三十日以内审查完毕并作出决定,将结果书面通知申诉人。对超过法定期限的强制措施,应当立即解除或者变更。

第七十条　辩护人、诉讼代理人认为公安机关阻碍其依法行使诉讼权利并向人民检察院申诉或者控告,人民检察院经审查情况属实后通知公安机关予以纠正的,公安机关应当立即纠正,并将监督执行情况书面答复人民检察院。

第七十一条　辩护人、诉讼代理人对公安机关侦查活动有异议的,可以向有关公安机关提出申诉、控告,或者提请人民检察院依法监督。

★《最高人民检察院、司法部、中华全国律师协会关于依法保障律师执业权利的十条意见》(高检发办字〔2023〕28 号,2023 年 3 月 1 日)

七、加强对律师会见权的监督保障

人民检察院应当在看守所、监狱等律师会见场所公布派驻监管场所检察

---

① 2018 年刑事诉讼法第四十九条。

人员姓名及办公电话。律师提出会见在押的犯罪嫌疑人、被告人、罪犯，认为受到相关部门工作人员阻碍的，可以向检察机关提出控告申诉。对相关部门工作人员阻碍律师会见，派驻监管场所检察人员能够当场处理的，应当及时监督相关部门依法保障律师行使会见权；不能当场处理的，应当在五个工作日内审查办理完毕。经审查，认为不符合会见条件的，要及时向律师说明情况，取得理解。派驻监管场所检察室应当与看守所、监狱建立及时畅通的沟通交流机制，促进律师会见问题解决。

八、畅通权利救济渠道

律师认为人民检察院及其工作人员未严格执行本意见的，可以向该检察院或者上一级人民检察院提出控告申诉，也可以向所属律师协会反映，律师协会要及时将问题线索转交检察机关。人民检察院收到相关控告申诉或问题线索后，应当作为阻碍律师执业权利监督案件在第一时间受理，并于十日内办结并书面答复律师。对于律师提出的情况紧急、需要尽快办理的控告申诉，人民检察院一般应当在三个工作日内办理并答复律师。中华全国律师协会维护律师执业权利中心公布各地维权联系电话、联系人姓名，方便律师查询联系。

★**《国安规定》**（2024）

第六十六条　辩护律师认为国家安全机关及其工作人员明显违反法律规定、阻碍律师依法履行辩护职责、侵犯律师执业权利，向该国家安全机关或者其上一级国家安全机关投诉的，受理投诉的国家安全机关应当及时调查。辩护律师要求当面反映情况的，国家安全机关应当及时安排、当面听取辩护律师的意见。经调查情况属实的，应当依法立即纠正，及时答复辩护律师，做好说明解释工作，并将处理情况通报其所在地司法行政机关或者所属的律师协会。

第六十七条　国家安全机关对辩护律师提出的投诉、申诉、控告，经调查核实后要求有关办案部门予以纠正，办案部门拒不纠正或者累纠累犯的，应当依照有关规定调查处理，相关责任人构成违纪的，给予纪律处分。

49.3.2 律师对审判违法违规的法律救济

★**《最高人民法院、司法部关于依法保障律师诉讼权利和规范律师参与庭审活动的通知》**（司发通〔2018〕36号，2018年4月21日）

四、律师认为法官在审判过程中有违法违规行为的，可以向相关人民法院或其上一级人民法院监察部门投诉、举报，人民法院应当依法作出处理并及时将处理情况答复律师本人，同时通报当地司法行政机关、律师协会。对社会高度关注的，应当公布结果。律师认为法官侵犯其诉讼权利的，应当在庭审结束后，向司法行政机关、律师协会申请维护执业权利，不得以维权为由干扰庭审的正常进行，不得通过网络以自己名义或通过其他人、媒体发表声明、公开信、敦促书等炒作案件。

八、各级人民法院、司法行政机关要注重发现宣传人民法院依法尊重、保障律师诉讼权利和律师尊重法庭权威，遵守庭审纪律的典型，大力表彰先进，发挥正面引领作用。同时，要通报人民法院、司法行政机关侵犯律师正当权利、处置律师违法违规行为不当以及律师违法违规执业受到处罚处分的典型，教育引导法官和律师自觉树立正确观念，彼此尊重、相互支持、相互监督，为法院依法审判、律师依法履职营造良好环境。

第五章　证　　据

50　证据的概念、种类和审查要求

50.1　法条规定

第五十条　可以用于证明案件事实的材料，都是证据。

证据包括：

（一）物证；

（二）书证；

（三）证人证言；

（四）被害人陈述；

（五）犯罪嫌疑人、被告人供述和辩解；

（六）鉴定意见；

（七）勘验、检查、辨认、侦查实验等笔录；

（八）视听资料、电子数据。

证据必须经过查证属实，才能作为定案的根据。

【立法释义】①

本条规定明确了证据的概念、法定种类和审查要求。1979 年刑事诉讼法第三十一条第一款规定，证明案件真实情况的一切事实，都是证据。1996 年刑事诉讼法第四十二条第一款沿用了这一定义。2012 年刑事诉讼法修改，将证据界定为“可以用于证明案件事实的材料”，放弃了“事实说”，采用“材料说”。2012 年刑事诉讼法修改作出以下调整：一是修改了证据的概念。二是对证据种类的规定进行了补充和调整。关于证据的一般规定，应当关注以下事项：

第一，证据裁判原则的基本要求。主要包括：一是认定案件事实，必须以证据为根据。换言之，不得以证据之外的依据认定案件事实，更不能诉诸猜测和推断。二是据以认定案件事实的证据必须符合证据规则的要求。非法证据、缺乏关联性的证据以及不具有客观性的证据，不能作为认定案件事实的依据。三是认定案件事实的证据应当达到法定证明标准。对于在案证据未能达到法定证明标准的情形，应当坚持存疑有利于被告人原则。

第二，证据的概念和属性。与其他领域的证据概念相比，诉讼证据具有以下特殊属性：一是规则属性。诉讼证据的收集、审查和运用，要满足取证程序和证据规则的要求。鉴于此，非法证据和可靠性存疑的瑕疵证据，不能作为证明案件事实的依据。二是效用属性。诉讼证据的价值在于“证明案件事实”。据此，需要证明的案件事实主要包括五类事实：（1）定罪事实，对应的是定罪程序。包括被告人、被害人的身份；被指控的犯罪是否存在；被指控的犯罪是否为被告人所实施；被告人有无刑事责任能力，有无罪过，实施犯罪的动机、目的；实施犯罪的时间、地点、手段、后果以及案件起因等。（2）量刑事实，对应的是量刑程序。包括是否系共同犯罪或者犯罪事实存在关联，以及被告人在犯罪中的地位、作用；被告人有

---

① 参见王爱立主编书，第 104—107 页。

无从重、从轻、减轻、免除处罚情节。(3)涉案财物处理的事实，对应的是对物之诉。(4)附带民事诉讼的事实，对应的是附带民事诉讼。(5)程序性事实，对应的是程序性裁判。包括管辖、回避、延期审理等程序事实。三是待证属性。基于诉讼证据的"材料说"，控辩双方提交给法庭的证据，本身是有待确证的证明素材，并无预定的证据资格和证明力。

第三，证据的法定种类。证据种类在本质上是对证据来源的指引性规定。本法关于证据种类的规定，从形式上划定了收集、审查和运用证据的范围。每种证据都有独特的证明价值，也有独特的证明风险。法律规定的取证程序以及证据规则，核心目的是识别、预防和控制各类证据的证明风险。对于无法归入法定证据种类，不具备证据形式和实质要件的材料，一般不能作为诉讼证据使用。例如，办案机关出具的说明材料，如作为书面材料，应当符合书证的制作要求；如作为专门意见，应当符合鉴定意见的制作要求，否则就不能作为诉讼证据使用。同时，对于司法实践中出现的新类型证据材料，如其具有实质性证明价值，就不宜直接以其无法归入法定证据种类为由予以排除，可考虑参照最接近的证据种类的审查判断标准，审慎评估其证明价值。

第四，证据的分类审查判断规则。本条中的"查证属实"，是指经过当庭出示、辨认、质证等法庭调查程序查证属实。关于证据的审查判断，2010 年"两高三部"《关于办理死刑案件审查判断证据若干问题的规定》确立了证据的分类审查判断规则。在此基础上，《法院解释》对证据审查判断规则进行整理和完善，从属性上看，证据的审查判断规则可被分为指引性规则和排除性规则。

50.2　司法解释

50.2.1　证据裁判原则

★《最高人民法院、最高人民检察院、公安部、国家安全部、司法部关于办理死刑案件审查判断证据若干问题的规定》(法发〔2010〕20 号，2010 年 6 月 13 日)

第二条　认定案件事实，必须以证据为根据。

★《法院解释》(2021)

第六十九条　认定案件事实，必须以证据为根据。

★《检察院规则》(2019)

第六十一条　人民检察院认定案件事实，应当以证据为根据。

公诉案件中被告人有罪的举证责任由人民检察院承担。人民检察院在提起公诉指控犯罪时，应当提出确实、充分的证据，并运用证据加以证明。

人民检察院提起公诉，应当秉持客观公正立场，对被告人有罪、罪重、罪轻的证据都应当向人民法院提出。

【重点解读】

证据裁判原则，是现代刑事诉讼普遍奉行的基本原则。证据裁判原则要求将证据作为认定案件事实的根据，进而作为定罪量刑的根据，具体表现为对证据材料加强审查判断，以证据为根据认定案件事实。① 证据是案件发生后遗留下来的事实片段，办案人员必须通

① 参见杨万明主编书，第 23—24 页。

过这些片段来重构案件事实，不能以猜想和臆断认识案件事实。将证据作为认定案件事实的根据与“以事实为根据”并不矛盾。①

50.2.2　证据审查判断的基本要求

★《最高人民法院、最高人民检察院、公安部、国家安全部、司法部关于推进以审判为中心的刑事诉讼制度改革的意见》（法发〔2016〕18号，2016年7月20日）

三、建立健全符合裁判要求、适应各类案件特点的证据收集指引。探索建立命案等重大案件检查、搜查、辨认、指认等过程录音录像制度。完善技术侦查证据的移送、审查、法庭调查和使用规则以及庭外核实程序。统一司法鉴定标准和程序。完善见证人制度。

★《检察院规则》（2019）

第六十二条　证据的审查认定，应当结合案件的具体情况，从证据与待证事实的关联程度、各证据之间的联系、是否依照法定程序收集等方面进行综合审查判断。

★《最高人民检察院关于适用〈关于办理死刑案件审查判断证据若干问题的规定〉和〈关于办理刑事案件排除非法证据若干问题的规定〉的指导意见》（高检发研字〔2010〕13号，2010年12月30日）

9. 严格遵守两个《规定》确立的规则，认真审查、鉴别、分析证据，正确认定案件事实。既要审查证据的内容是否真实客观、形式是否合法完备，也要审查证据收集过程是否合法；既要依法排除非法证据，也要做好瑕疵证据的审查补正和完善工作。

50.2.3　未经质证不得认证原则

★《最高人民法院、最高人民检察院、公安部、国家安全部、司法部关于办理死刑案件审查判断证据若干问题的规定》（法发〔2010〕20号，2010年6月13日）

第四条　经过当庭出示、辨认、质证等法庭调查程序查证属实的证据，才能作为定罪量刑的根据。

★《法院解释》（2021）

第七十一条　证据未经当庭出示、辨认、质证等法庭调查程序查证属实，不得作为定案的根据。

【重点解读】②

未经质证不得认证原则，要求证据应当经过正式的法庭调查程序查证属实，才能作为定案的根据。贯彻落实法庭质证原则，需要注意以下事项：

第一，审判人员秉持中立立场，引导控辩双方对证据当庭出示、辨认、质证，保障辩护方充分行使质证权和辩论权，避免与辩护方对立。

第二，在法庭审理过程中，证据必须经过当庭出示、辨认、质证等法庭调查程序查证属实，否则不得作为定案的根据。对于证据的出示方式，应当根据具体规定把握，可以是出示、宣读、播放，也可以是综合运用上述出示方式。作为定案根据的证据，应当在裁判文书中列明。

第三，依法通知证人、鉴定人等出庭作证。直接言词原则要求控辩双方以直接言词的方式对证据进行质证，法

① 参见童建明、万春主编释义书，第70—74页。

② 参见杨万明主编书，第26—28页。

庭以直接言词的方式对案件事实进行调查和认定。

第四，坚持一证一质一辩。在司法实践中，个别案件存在打包质证的现象，一些证据混杂在一起进行质证，严重影响了质证的效果和当事人诉讼权利的保护。

第五，从刑事诉讼法和《法院解释》的规定看，庭审质证原则大致有如下三种特殊和例外情况：

一是采取技术侦查措施收集的材料，在刑事诉讼中可以作为证据使用。如果使用该证据可能危及有关人员的人身安全，或者可能产生其他严重后果的，应当采取不暴露有关人员身份、技术方法等保护措施；必要时，在当庭质证基础上，可以由审判人员在庭外对证据进行进一步的核实。

二是对于危害国家安全犯罪、恐怖活动犯罪、黑社会性质组织犯罪、毒品犯罪等案件，可以对证人、鉴定人采取不公开真实姓名、住址和工作单位等个人信息，不暴露外貌、真实声音等出庭作证措施。

三是对公诉人、当事人及其法定代理人、辩护人、诉讼代理人补充的和法庭庭外调查核实取得的证据，应当经过当庭质证才能作为定案的根据。但是，经庭外征求意见，控辩双方没有异议的除外。

50.2.4　作为证明对象的案件事实

★**《法院解释》**(2021)

第七十二条　应当运用证据证明的案件事实包括：

(一)被告人、被害人的身份；

(二)被指控的犯罪是否存在；

(三)被指控的犯罪是否为被告人所实施；

(四)被告人有无刑事责任能力，有无罪过，实施犯罪的动机、目的；

(五)实施犯罪的时间、地点、手段、后果以及案件起因等；

(六)是否系共同犯罪或者犯罪事实存在关联，以及被告人在犯罪中的地位、作用；

(七)被告人有无从重、从轻、减轻、免除处罚情节；

(八)有关涉案财物处理的事实；

(九)有关附带民事诉讼的事实；

(十)有关管辖、回避、延期审理等的程序事实；

(十一)与定罪量刑有关的其他事实。

认定被告人有罪和对被告人从重处罚，适用证据确实、充分的证明标准。

【重点解读】[①]

刑事诉讼的目的在于确认被告人是否构成犯罪和处以何种刑事处罚。因此，刑事诉讼证明的对象主要是犯罪构成要件事实、与量刑有关的事实以及有关的案件程序事实。

★**《公安规定》**(2020)

第六十九条　需要查明的案件事实包括：

(一)犯罪行为是否存在；

(二)实施犯罪行为的时间、地点、手段、后果以及其他情节；

(三)犯罪行为是否为犯罪嫌疑人实施；

(四)犯罪嫌疑人的身份；

(五)犯罪嫌疑人实施犯罪行为的动机、目的；

① 参见杨万明主编书，第 28—29 页。

（六）犯罪嫌疑人的责任以及与其他同案人的关系；

（七）犯罪嫌疑人有无法定从重、从轻、减轻处罚以及免除处罚的情节；

（八）其他与案件有关的事实。

50.2.5　物证、书证的审查与认定

★《法院解释》（2021）

第八十二条　对物证、书证应当着重审查以下内容：

（一）物证、书证是否为原物、原件，是否经过辨认、鉴定；物证的照片、录像、复制品或者书证的副本、复制件是否与原物、原件相符，是否由二人以上制作，有无制作人关于制作过程以及原物、原件存放于何处的文字说明和签名；

（二）物证、书证的收集程序、方式是否符合法律、有关规定；经勘验、检查、搜查提取、扣押的物证、书证，是否附有相关笔录、清单，笔录、清单是否经调查人员或者侦查人员、物品持有人、见证人签名，没有签名的，是否注明原因；物品的名称、特征、数量、质量等是否注明清楚；

（三）物证、书证在收集、保管、鉴定过程中是否受损或者改变；

（四）物证、书证与案件事实有无关联；对现场遗留与犯罪有关的具备鉴定条件的血迹、体液、毛发、指纹等生物样本、痕迹、物品，是否已作 DNA 鉴定、指纹鉴定等，并与被告人或者被害人的相应生物特征、物品等比对；

（五）与案件事实有关联的物证、书证是否全面收集。

第八十三条　据以定案的物证应当是原物。原物不便搬运、不易保存、依法应当返还或者依法应当由有关部门保管、处理的，可以拍摄、制作足以反映原物外形和特征的照片、录像、复制品。必要时，审判人员可以前往保管场所查看原物。

物证的照片、录像、复制品，不能反映原物的外形和特征的，不得作为定案的根据。

物证的照片、录像、复制品，经与原物核对无误、经鉴定或者以其他方式确认真实的，可以作为定案的根据。

第八十四条　据以定案的书证应当是原件。取得原件确有困难的，可以使用副本、复制件。

对书证的更改或者更改迹象不能作出合理解释，或者书证的副本、复制件不能反映原件及其内容的，不得作为定案的根据。

书证的副本、复制件，经与原件核对无误、经鉴定或者以其他方式确认真实的，可以作为定案的根据。

第八十五条　对与案件事实可能有关联的血迹、体液、毛发、人体组织、指纹、足迹、字迹等生物样本、痕迹和物品，应当提取而没有提取，应当鉴定而没有鉴定，应当移送鉴定意见而没有移送，导致案件事实存疑的，人民法院应当通知人民检察院依法补充收集、调取、移送证据。

第八十六条　在勘验、检查、搜查过程中提取、扣押的物证、书证，未附笔录或者清单，不能证明物证、书证来源的，不得作为定案的根据。

物证、书证的收集程序、方式有下列瑕疵，经补正或者作出合理解释的，可以采用：

（一）勘验、检查、搜查、提取笔录或者扣押清单上没有调查人员或者侦

查人员、物品持有人、见证人签名,或者对物品的名称、特征、数量、质量等注明不详的;

(二)物证的照片、录像、复制品,书证的副本、复制件未注明与原件核对无异,无复制时间,或者无被收集、调取人签名的;

(三)物证的照片、录像、复制品,书证的副本、复制件没有制作人关于制作过程和原物、原件存放地点的说明,或者说明中无签名的;

(四)有其他瑕疵的。

物证、书证的来源、收集程序有疑问,不能作出合理解释的,不得作为定案的根据。

【重点解读】①

2012 年刑事诉讼法修改,将物证、书证作为两类独立的证据予以规定。不过,两者作为实物证据,在审查判断规则方面具有许多共通之处。

第一,真实性规则及例外情形。控辩双方提交物证、书证,首先必须进行确证,确保其为原物、原件。不过,对于特殊情形,可以使用与原物、原件相符的复制品、复制件,但同时必须严格限制条件,并经查证属实的,才能作为定案的根据。

第二,物证、书证的来源及收集过程。物证、书证的来源,是决定其证据资格的先决性问题。如果证据来源不明,就无从判断其真伪和证明价值。对于物证、书证的收集过程存在瑕疵,可能影响证据的来源和真实性的情形,应当进行补正或者作出合理解释。同时,物证、书证在收集、保管及鉴定的过程中,可能遭到污染、破坏或者改变。这种证据动态变化,既可能是自然因素所致,也可能是人为因素所致。

第三,关联性规则。物证、书证与待证事实的关联,仅凭常识和经验难以判断,通常需要借助鉴定等方式予以确定。需要指出的是,物证、书证与待证事实的关联涉及多个维度,例如,物证、书证可以证明被告人与犯罪现场的关联,被告人与作案工具的关联,被告人与被害人的关联等。

第四,物证、书证的全面性。为了确保准确认定案件事实,同时确保无罪的人不受刑事追究,应当全面收集能够证明犯罪嫌疑人、被告人有罪或者无罪、犯罪情节轻重的各种物证、书证,避免因为物证、书证的遗漏而影响案件事实的认定。

★《最高人民检察院关于适用〈关于办理死刑案件审查判断证据若干问题的规定〉和〈关于办理刑事案件排除非法证据若干问题的规定〉的指导意见》(高检发研字〔2010〕13 号,2010 年 12 月 30 日)

16. 对物证、书证以及勘验、检查笔录、搜查笔录、视听资料、电子证据等,既要审查其是否客观、真实反映案件事实,也要加强对证据的收集、制作程序和证据形式的审查。发现物证、书证和视听资料、电子证据等来源及收集、制作过程不明,或者勘验、检查笔录、搜查笔录的形式不符合规定或者记载内容有矛盾的,应当要求侦查机关(部门)补正,无法补正的应当作出说明或者合理解释,无法作出合理说明或者解释的,不能作为证据使用;发现侦查机关(部门)在勘验、检查、搜查过程

① 参见杨万明主编书,第 44—47 页。

中对与案件事实可能有关联的相关痕迹、物品应当提取而没有提取，应当要求侦查机关(部门)补充收集、调取；对物证的照片、录像或者复制品不能反映原物的外形和特征，或者书证的副本、复制件不能反映原件特征及其内容的，应当要求侦查机关(部门)重新制作；发现在案的物证、书证以及视听资料、电子证据等应当鉴定而没有鉴定的，应当要求侦查机关(部门)鉴定，必要时自行委托鉴定。

17. 对侦查机关(部门)的补正、说明，以及重新收集、制作的情况，应当认真审查，必要时可以进行复核。对于经侦查机关(部门)依法重新收集、及时补正或者能够作出合理解释，不影响物证、书证真实性的，可以作为批准或者决定逮捕、提起公诉的根据。侦查机关(部门)没有依法重新收集、补正，或者无法补正、重新制作且没有作出合理的解释或者说明，无法认定证据真实性的，该证据不能作为批准或者决定逮捕、提起公诉的根据。

18. 对于根据犯罪嫌疑人的供述、指认，提取到隐蔽性很强的物证、书证的，既要审查与其他证明犯罪事实发生的证据是否相互印证，也要审查侦查机关(部门)在犯罪嫌疑人供述、指认之前是否掌握该证据的情况，综合全案证据，判断是否作为批准或者决定逮捕、提起公诉的根据。

50.2.6 证人证言、被害人陈述的审查与认定

★《法院解释》(2021)

第八十七条 对证人证言应当着重审查以下内容：

(一)证言的内容是否为证人直接感知；

(二)证人作证时的年龄，认知、记忆和表达能力，生理和精神状态是否影响作证；

(三)证人与案件当事人、案件处理结果有无利害关系；

(四)询问证人是否个别进行；

(五)询问笔录的制作、修改是否符合法律、有关规定，是否注明询问的起止时间和地点，首次询问时是否告知证人有关权利义务和法律责任，证人对询问笔录是否核对确认；

(六)询问未成年证人时，是否通知其法定代理人或者刑事诉讼法第二百八十一条第一款规定的合适成年人到场，有关人员是否到场；

(七)有无以暴力、威胁等非法方法收集证人证言的情形；

(八)证言之间以及与其他证据之间能否相互印证，有无矛盾；存在矛盾的，能否得到合理解释。

第八十八条 处于明显醉酒、中毒或者麻醉等状态，不能正常感知或者正确表达的证人所提供的证言，不得作为证据使用。

证人的猜测性、评论性、推断性的证言，不得作为证据使用，但根据一般生活经验判断符合事实的除外。

第八十九条 证人证言具有下列情形之一的，不得作为定案的根据：

(一)询问证人没有个别进行的；

(二)书面证言没有经证人核对确认的；

(三)询问聋、哑人，应当提供通晓聋、哑手势的人员而未提供的；

(四)询问不通晓当地通用语言、文字的证人，应当提供翻译人员而未提

供的。

第九十条 证人证言的收集程序、方式有下列瑕疵，经补正或者作出合理解释的，可以采用；不能补正或者作出合理解释的，不得作为定案的根据：

（一）询问笔录没有填写询问人、记录人、法定代理人姓名以及询问的起止时间、地点的；

（二）询问地点不符合规定的；

（三）询问笔录没有记录告知证人有关权利义务和法律责任的；

（四）询问笔录反映出在同一时段，同一询问人员询问不同证人的；

（五）询问未成年人，其法定代理人或者合适成年人不在场的。

第九十一条 证人当庭作出的证言，经控辩双方质证、法庭查证属实的，应当作为定案的根据。

证人当庭作出的证言与其庭前证言矛盾，证人能够作出合理解释，并有其他证据印证的，应当采信其庭审证言；不能作出合理解释，而其庭前证言有其他证据印证的，可以采信其庭前证言。

经人民法院通知，证人没有正当理由拒绝出庭或者出庭后拒绝作证，法庭对其证言的真实性无法确认的，该证人证言不得作为定案的根据。

第九十二条 对被害人陈述的审查与认定，参照适用本节的有关规定。

【重点解读】①

证人证言、被害人陈述作为直接证据，能够一步到位地证明案件主要事实。尤其是目击证人提供的证言，一经查证属实，能够直接证明被告人有罪或者无罪。

第一，证人证言的来源。证人应当对亲身直接感知的案件事实作证。“亲身感知规则”是审查证人证言的首要规则。如果证人并未亲身感知案件事实，而是通过他人转述了解案件事实，就将因为缺乏第一手信息而面临质疑。对于证人转述他人陈述的传闻证据，本法并未明确规定排除性规则。但对于此类传闻证据，应当进行严格审查，除非证人能够说明证言来源，并且证言的真实性能够得到其他证据的印证，否则不能将之作为定案的根据。

第二，证人的作证资格。证人的作证资格，是其提供证言的前提。

第三，证人与案件是否存在利害关系。证人因其身份的不可替代性，并不适用回避制度。但实践表明，证人与案件当事人或者与案件处理结果存在利害关系，可能会导致其证言产生偏见性。在询问证人时，办案人员应当告知其应当如实地提供证据、证言和有意作伪证或者隐匿罪证要负的法律责任。同时，证人出庭作证时，法庭应当核实其身份、与当事人以及本案的关系，并告知其有关作证的权利义务和法律责任。证人作证前，应当保证向法庭如实提供证言，并在保证书上签名。

第四，证人证言的收集程序、方式。询问证人作为法定取证手段，需要遵守法律和司法解释规定的程序和方式，确保证人证言的合法性和真实性。对于违反法定的证据收集程序和方式的情形，因证据的合法性和真实性受到严重影响，《法院解释》第八十九条规定了相应的证据排除规则。对于证人证言的收集程序、方式存在瑕疵的情形，《法

① 参见李少平主编书，第 209—213 页。

院解释》第九十条规定了瑕疵证据的补正要求和排除规则。

第五，庭前证言和当庭证言的印证分析。法律并未确立严格的传闻证据排除规则，证人的庭前证言具有可采性，如果证人的庭前证言发生实质性改变，或者当庭证言与庭前证言存在实质性矛盾，就需要严格审查变化证言的真实性。《法院解释》第九十一条规定了庭前证言和当庭证言的印证分析和采纳规则。

★《最高人民检察院关于适用〈关于办理死刑案件审查判断证据若干问题的规定〉和〈关于办理刑事案件排除非法证据若干问题的规定〉的指导意见》（高检发研字〔2010〕13 号，2010 年 12 月 30 日）

10. 对犯罪嫌疑人供述和证人证言、被害人陈述，要结合全案的其他证据，综合审查其内容的客观真实性，同时审查侦查机关（部门）是否将每一次讯问、询问笔录全部移送。对以刑讯逼供等非法手段取得的犯罪嫌疑人供述和采用暴力、威胁等非法手段取得的证人证言、被害人陈述，应当依法排除；对于使用其他非法手段获取的犯罪嫌疑人供述、证人证言、被害人陈述，根据其违法危害程度与刑讯逼供和暴力、威胁手段是否相当，决定是否依法排除。

15. 审查证人证言、被害人陈述，应当注意对询问程序、方式、内容以及询问笔录形式的审查。发现不符合规定的，应当要求侦查机关（部门）补正或者说明。注意审查证人、被害人能否辨别是非、正确表达，必要时进行询问、了解，同时审查证人、被害人作证是否个别进行；对证人、被害人在法律规定以外的地点接受询问的，应当审查其原因，必要时对该证言或者陈述进行复核。对证人证言、被害人陈述的内容是否真实，应当结合其他证据综合判断。对于犯罪嫌疑人及其辩护人或者证人、被害人提出侦查机关（部门）采用暴力、威胁等非法手段取证的，应当告知其要如实提供相关证据或者线索，并认真核查。

20. 发现侦查人员以刑讯逼供或者暴力、威胁等非法手段收集犯罪嫌疑人供述、被害人陈述、证人证言的，应当提出纠正意见，同时应当要求侦查机关（部门）另行指派侦查人员重新调查取证，必要时也可以自行调查取证。侦查机关（部门）未另行指派侦查人员重新调查取证的，可以依法退回补充侦查。经审查发现存在刑讯逼供、暴力取证等非法取证行为，该非法言词证据被排除后，其他证据不能证明犯罪嫌疑人实施犯罪行为的，应当不批准或者决定逮捕，已经移送审查起诉的，可以将案件退回侦查机关（部门）或者不起诉。办案人员排除非法证据的，应当在审查报告中说明。

50.2.7 被告人供述和辩解的审查与认定

★《法院解释》（2021）

第九十三条 对被告人供述和辩解应当着重审查以下内容：

（一）讯问的时间、地点，讯问人的身份、人数以及讯问方式等是否符合法律、有关规定；

（二）讯问笔录的制作、修改是否符合法律、有关规定，是否注明讯问的具体起止时间和地点，首次讯问时是否告知被告人有关权利和法律规定，被告人是否核对确认；

（三）讯问未成年被告人时，是否通知其法定代理人或者合适成年人到场，有关人员是否到场；

（四）讯问女性未成年被告人时，是否有女性工作人员在场；

（五）有无以刑讯逼供等非法方法收集被告人供述的情形；

（六）被告人的供述是否前后一致，有无反复以及出现反复的原因；

（七）被告人的供述和辩解是否全部随案移送；

（八）被告人的辩解内容是否符合案情和常理，有无矛盾；

（九）被告人的供述和辩解与同案被告人的供述和辩解以及其他证据能否相互印证，有无矛盾；存在矛盾的，能否得到合理解释。

必要时，可以结合现场执法音视频记录、讯问录音录像、被告人进出看守所的健康检查记录、笔录等，对被告人的供述和辩解进行审查。

第九十四条　被告人供述具有下列情形之一的，不得作为定案的根据：

（一）讯问笔录没有经被告人核对确认的；

（二）讯问聋、哑人，应当提供通晓聋、哑手势的人员而未提供的；

（三）讯问不通晓当地通用语言、文字的被告人，应当提供翻译人员而未提供的；

（四）讯问未成年人，其法定代理人或者合适成年人不在场的。

第九十五条　讯问笔录有下列瑕疵，经补正或者作出合理解释的，可以采用；不能补正或者作出合理解释的，不得作为定案的根据：

（一）讯问笔录填写的讯问时间、讯问地点、讯问人、记录人、法定代理人等有误或者存在矛盾的；

（二）讯问人没有签名的；

（三）首次讯问笔录没有记录告知被讯问人有关权利和法律规定的。

第九十六条　审查被告人供述和辩解，应当结合控辩双方提供的所有证据以及被告人的全部供述和辩解进行。

被告人庭审中翻供，但不能合理说明翻供原因或者其辩解与全案证据矛盾，而其庭前供述与其他证据相互印证的，可以采信其庭前供述。

被告人庭前供述和辩解存在反复，但庭审中供认，且与其他证据相互印证的，可以采信其庭审供述；被告人庭前供述和辩解存在反复，庭审中不供认，且无其他证据与庭前供述印证的，不得采信其庭前供述。

【重点解读】①

虚假供述是导致冤假错案的重要原因。不过，尽管强调重视实物证据和科学证据的审查运用，被告人供述仍然是重要的破案依据和定案根据。

第一，讯问程序的合法性。讯问是法定的侦查取证手段，应当遵守法律规定的诉讼程序。刑事诉讼法和司法解释较为全面地规定了讯问的主体、地点、权利告知、翻译辅助、法定代理人到场、个别讯问、讯问笔录的制作规范、禁止非法讯问等内容。

第二，被告人供述与辩解的实质内容。为固定、核实犯罪嫌疑人的供述，侦查机关往往会反复多次进行讯问。在多次讯问过程中，犯罪嫌疑人的供述

① 参见杨万明主编书，第 57—59 页。

可能发生变化，或者推翻此前的供述，作出无罪、罪轻的辩解。

一是供述的动态变化。对于随案移送的讯问笔录，应当审查供述的一致性和稳定性。如果被告人多份供述前后基本一致，没有翻供或者矛盾，并且能够与其他证据尤其是客观证据相印证，就意味着被告人供述的可信度较强。如果被告人多份供述或者单份供述的各个部分前后不一致，存在翻供或者矛盾，就意味着被告人供述的可信度较低。对于被告人供述的审查，不能仅仅关注一致性、稳定性的供述，忽视被告人的翻供和辩解理由，否则极易导致确证偏见。如果经审查发现被告人认罪后翻供或者作出辩解，就需要理清供述和翻供、辩解的动态变化情况，分析可能的致因，并让被告人作出合理解释。

二是供述和辩解的全面性。全面收集并随案移送犯罪嫌疑人供述和辩解，是侦查工作的基本要求。如果仅仅随案移送认罪供述，不移送无罪辩解；或者选择性移送部分讯问笔录，就可能对证据的审查判断产生误导。如果辩护方提出，侦查机关并未全面记录被告人的供述和辩解，并未将全部讯问笔录随案移送，就需要结合提讯登记、讯问录音录像作出审查判断。对于没有随案移送的被告人供述和辩解，必要时应当予以调取。

三是翻供和辩解的合理性。受各种主客观因素影响，被告人可能在认罪后翻供，或者作出无罪、罪轻的辩解。对于翻供和辩解的审查，应当坚持排除合理怀疑的原则。只要翻供和辩解理由有据可查，就应当进行调查核实。对被告人翻供和辩解的审查，要结合案情、在案证据和常情常理进行分析，判断被告人的辩解是否符合案情和常理，与其他证据能否相互印证，有无矛盾。

第三，庭前供述和庭审供述的印证分析。被告人的庭前供述存在不同程度的法律风险，比较而言，庭审阶段被告人供述的自愿性和合法性具有程序保障。换言之，被告人的庭前供述可被视为证据资格待定的证据，而当庭供述则具有证据资格。因此，对被告人供述与辩解的审查，要重点围绕庭审供述与辩解进行。

一是审前认罪、庭审翻供的情形。对于被告人当庭翻供的情形，应当由被告人说明翻供的理由，以便结合其他证据判断其翻供是否符合案情和常理。如果被告人当庭辩称，庭前供述系侦查人员通过刑讯逼供等非法手段获取的证据，就应当适用非法证据排除程序进行审查和处理。

二是庭前翻供、庭审供认的情形。被告人当庭可能是由于真诚悔罪，也可能是在认罪认罚从宽制度激励下选择认罪。需要强调的是，对于庭前翻供、庭审供认的情形，并不意味着庭审供述可以直接作为定案的根据。法庭仍然要审查庭审供述的自愿性和真实性。有的案件，被告人在审前程序中遭受刑讯逼供等非法取证方法，被迫作出认罪供述，在持续的心理压力影响下，被告人可能在庭审阶段仍然违背意志作出虚假的认罪供述。如果对庭审供述不予严格审查，径行将之作为定案的根据，就可能忽视供述的法律风险和失真风险，甚至导致错案发生。

第四，讯问笔录的规范性。讯问笔录应当客观记录侦查人员的讯问和犯罪嫌疑人的供述和辩解情况。讯问笔录制作完毕以后，应当交犯罪嫌疑人核对，对于没有阅读能力的，应当向他宣读。如果记载有遗漏或者差错，犯罪嫌疑人可以提出补充或者改正。犯罪嫌疑人承认笔录没有错误后，应当签名或者盖章，侦查人员也应当在笔录上签名。犯罪嫌疑人请求自行书写供述的，应当准许。必要的时候，侦查人员也可以要求犯罪嫌疑人亲笔书写供词。因此，审判人员应当着重审查讯问笔录的制作、修改是否符合法律、有关规定，是否注明讯问的具体起止时间和地点，首次讯问时是否告知被告人相关权利和法律规定，被告人是否核对确认。

★《最高人民检察院关于适用〈关于办理死刑案件审查判断证据若干问题的规定〉和〈关于办理刑事案件排除非法证据若干问题的规定〉的指导意见》（高检发研字〔2010〕13 号，2010 年 12 月 30 日）

10. 对犯罪嫌疑人供述和证人证言、被害人陈述，要结合全案的其他证据，综合审查其内容的客观真实性，同时审查侦查机关（部门）是否将每一次讯问、询问笔录全部移送。对以刑讯逼供等非法手段取得的犯罪嫌疑人供述和采用暴力、威胁等非法手段取得的证人证言、被害人陈述，应当依法排除；对于使用其他非法手段获取的犯罪嫌疑人供述、证人证言、被害人陈述，根据其违法危害程度与刑讯逼供和暴力、威胁手段是否相当，决定是否依法排除。

11. 审查逮捕、审查起诉过程中第一次讯问犯罪嫌疑人，应当讯问其供述是否真实，并记入笔录。对被羁押的犯罪嫌疑人要结合提讯凭证的记载，核查提讯时间、讯问人与讯问笔录的对应关系；对提押至看守所以外的场所讯问的，应当要求侦查机关（部门）提供必要性的说明，审查其理由是否成立。要审查犯罪嫌疑人是否通晓当地通用语言。

12. 对犯罪嫌疑人的供述和辩解，应当结合其全部供述和辩解及其他证据进行审查；犯罪嫌疑人的有罪供述，无其他证据相互印证，不能作为批准或者决定逮捕、提起公诉的根据；有其他证据相互印证，无罪辩解理由不能成立的，该供述可以作为批准或者决定逮捕、提起公诉的根据。

13. 犯罪嫌疑人或者其聘请的律师提出受到刑讯逼供的，应当告知其如实提供相关的证据或者线索，并认真予以核查。认为有刑讯逼供嫌疑的，应当要求侦查机关（部门）提供全部讯问笔录、原始的讯问过程录音录像、出入看守所的健康检查情况、看守管教人员的谈话记录以及讯问过程合法性的说明；必要时，可以询问讯问人员、其他在场人员、看守管教人员或者证人，调取驻所检察室的相关材料。发现犯罪嫌疑人有伤情的，应当及时对伤势的成因和程度进行必要的调查和鉴定。对同步录音录像有疑问的，可以要求侦查机关（部门）对不连贯部分的原因予以说明，必要时可以协同检察技术部门进行审查。

14. 加强对侦查活动中讯问犯罪嫌疑人的监督。犯罪嫌疑人没有在决定羁押的当日被送入看守所的，应当查明所外看押地点及提讯情况；要监督看守所如实、详细、准确地填写犯罪嫌疑人入所体检记录，必要时建议采用录像或者拍照的方式记录犯罪嫌疑人身体状况；发现侦查机关（部门）所外提讯的，应当及时了解所外提讯的时间、地点、理由、审批手续和犯罪嫌疑人所外接受讯问的情况，做好提押、还押时的体检情况记录的检察监督。发现违反有关监管规定的，及时依照有关法律、规定提出纠正意见或者检察建议，并记录在案。

20. 发现侦查人员以刑讯逼供或者暴力、威胁等非法手段收集犯罪嫌疑人供述、被害人陈述、证人证言的，应当提出纠正意见，同时应当要求侦查机关（部门）另行指派侦查人员重新调查取证，必要时也可以自行调查取证。侦查机关（部门）未另行指派侦查人员重新调查取证的，可以依法退回补充侦查。经审查发现存在刑讯逼供、暴力取证等非法取证行为，该非法言词证据被排除后，其他证据不能证明犯罪嫌疑人实施犯罪行为的，应当不批准或者决定逮捕，已经移送审查起诉的，可以将案件退回侦查机关（部门）或者不起诉。办案人员排除非法证据的，应当在审查报告中说明。

50. 2. 8　鉴定意见的审查与认定

★《**法院解释**》（2021）

第九十七条　对鉴定意见应当着重审查以下内容：

（一）鉴定机构和鉴定人是否具有法定资质；

（二）鉴定人是否存在应当回避的情形；

（三）检材的来源、取得、保管、送检是否符合法律、有关规定，与相关提取笔录、扣押清单等记载的内容是否相符，检材是否可靠；

（四）鉴定意见的形式要件是否完备，是否注明提起鉴定的事由、鉴定委托人、鉴定机构、鉴定要求、鉴定过程、鉴定方法、鉴定日期等相关内容，是否由鉴定机构盖章并由鉴定人签名；

（五）鉴定程序是否符合法律、有关规定；

（六）鉴定的过程和方法是否符合相关专业的规范要求；

（七）鉴定意见是否明确；

（八）鉴定意见与案件事实有无关联；

（九）鉴定意见与勘验、检查笔录及相关照片等其他证据是否矛盾；存在矛盾的，能否得到合理解释；

（十）鉴定意见是否依法及时告知相关人员，当事人对鉴定意见有无异议。

第九十八条　鉴定意见具有下列情形之一的，不得作为定案的根据：

（一）鉴定机构不具备法定资质，或者鉴定事项超出该鉴定机构业务范围、技术条件的；

（二）鉴定人不具备法定资质，不具有相关专业技术或者职称，或者违反回避规定的；

（三）送检材料、样本来源不明，或者因污染不具备鉴定条件的；

（四）鉴定对象与送检材料、样本不一致的；

（五）鉴定程序违反规定的；

（六）鉴定过程和方法不符合相关专业的规范要求的；

（七）鉴定文书缺少签名、盖章的；

（八）鉴定意见与案件事实没有关联的；

（九）违反有关规定的其他情形。

第九十九条　经人民法院通知，鉴定人拒不出庭作证的，鉴定意见不得作为定案的根据。

鉴定人由于不能抗拒的原因或者有其他正当理由无法出庭的，人民法院可以根据情况决定延期审理或者重新鉴定。

鉴定人无正当理由拒不出庭作证的，人民法院应当通报司法行政机关或者有关部门。

第一百条　因无鉴定机构，或者根据法律、司法解释的规定，指派、聘请有专门知识的人就案件的专门性问题出具的报告，可以作为证据使用。

对前款规定的报告的审查与认定，参照适用本节的有关规定。

经人民法院通知，出具报告的人拒不出庭作证的，有关报告不得作为定案的根据。

第一百零一条　有关部门对事故进行调查形成的报告，在刑事诉讼中可以作为证据使用；报告中涉及专门性问题的意见，经法庭查证属实，且调查程序符合法律、有关规定的，可以作为定案的根据。

【重点解读】①

鉴定意见是指鉴定人在诉讼活动中运用科学技术或者专门知识对案件涉及的专门性问题进行鉴别和判断后得出的意见。鉴定意见具有较强的科学性和专业性，往往被赋予较强的证明价值。但实际上，鉴定意见存在诸多风险因素，加上其证明价值容易被高估，而其隐含的重大风险则容易被低估，因此，对鉴定意见的审查判断应当特别慎重。

第一，鉴定机构和鉴定人的法律资质。鉴定人作为诉讼参与人，应当遵守法律有关回避的相关规定。鉴定人的回避事宜，在委托鉴定环节就应当明确告知，避免因鉴定人与案件存在利害关系而影响鉴定意见的可靠性。同时，鉴定解决的是案件中的专门性问题，因此，鉴定机构和鉴定人的资质是鉴定意见可靠性的保障。《全国人民代表大会常务委员会关于司法鉴定管理问题的决定》第二条规定，国家对从事司法鉴定业务的鉴定人和鉴定机构实行登记管理制度。该决定第九条规定，鉴定人和鉴定机构应当在鉴定人和鉴定机构名册注明的业务范围内从事司法鉴定业务。登记管理和业内鉴定，是审查鉴定机构和鉴定人资质的两项基本要素。

为有效审查鉴定机构、鉴定人的资质，办案机关应当将资质证明材料与鉴定意见一并随案移送。同时，在鉴定人出庭作证情况下，控辩双方可以围绕鉴定人的资质等问题展开针对性的询问。关于鉴定机构、鉴定人的资质问题，需要重点关注以下问题：

一是侦查机关内部鉴定机构和鉴定人的资质问题。为规范鉴定行业管理，《全国人民代表大会常务委员会关于司法鉴定管理问题的决定》第七条规定，侦查机关根据侦查工作的需要设立的鉴定机构，不得面向社会接受委托从事司法鉴定业务。该规定使侦查机关的鉴定机构成为内部机构，完全服务于侦查需要。司法实践中，多数案件的鉴定意见都是由侦查机关的鉴定机构作出。尽管侦查机关的鉴定机构，在管理模式上与社会鉴定机构存在一定差异，但应当适用统一的资质标准。

二是新类型鉴定业务的法律规范。一些新类型的鉴定业务，难以被归入现

① 参见李少平主编书，第 226—227 页。

有的鉴定门类。鉴于此,《全国人民代表大会常务委员会关于司法鉴定管理问题的决定》第二条第一款(四)项规定,根据诉讼需要由国务院司法行政部门商最高人民法院、最高人民检察院确定的其他应当对鉴定人和鉴定机构实行登记管理的鉴定事项。在新类型鉴定业务尚未被纳入登记管理的鉴定事项之前,一概否定此类证据材料的证据资格,不利于案件事实的准确认定。鉴于此,《法院解释》第一百条作出了规定。

需要指出的是,与鉴定意见不同,事故调查报告不是特定个体作出的专业意见,而是有关部门制作的专业报告。同时,一些事故调查报告,可能既包括与案件事实有关的内容,也包括有关部门对相关行为法律性质的判断。基于诉讼证据的内在要求,对于事故调查报告中与案件事实无关的内容,特别是涉及相关行为法律性质的判断,不能作为证据使用。只有事故调查报告中涉及专门性问题的意见,才可以在刑事诉讼中作为证据使用。司法实践中,事故调查报告被广泛运用。此类证据的特点如下:(1)以行政机关或者事故调查组名义出具,多是集体讨论的结果。(2)内容多涉及单位就其职权范围,依照一定的程序对某一事实进行审查、认定。(3)技术性强,具有不可替代性。例如,火灾事故调查报告记录了火灾的起火时间、起火点、可能的起火原因等对案件事实认定至关重要的因素。

三是缺乏法定资质情形的鉴定意见排除规则。《法院解释》第九十八条作出了规定。

第二,鉴定意见的基础材料。鉴定意见需要立足检材、样本等基础材料。检材、样本的来源、质量,直接决定着鉴定意见的科学性和可靠性,其来源、取得、保管、送检等情况,应当有相应的证据材料予以证实。关于检材、样本的证据材料,与鉴定意见一起,构成了证明特定事实的证据体系。例如,从现场作案工具上提取到生物检材,随后从被告人处提取血迹样本,经DNA鉴定确认生物检材系被告人所留,就能够建立被告人与现场作案工具之间的关联。

第三,鉴定的委托程序。鉴定作为诉讼活动,应当按照法律规定的程序进行。在刑事诉讼各阶段,公安司法机关都可以指派、聘请有专门知识的人进行鉴定。尽管鉴定是由具体的鉴定人负责进行,但接受鉴定委托的应当是鉴定机构。《全国人民代表大会常务委员会关于司法鉴定管理问题的决定》第九条第一款规定,鉴定人从事司法鉴定业务,由所在的鉴定机构统一接受委托。

一是鉴定委托环节的案件信息控制。为有效开展鉴定工作,鉴定人需要了解相关的案件信息,例如,检材的提取时间、地点和环境,样本的提取方法,等等。鉴定工作应当保持独立性和客观性,可以根据鉴定需要获得必要的信息,但不应当受到案件侦查压力和无关信息的不当影响。

二是鉴定请求的明确性和全面性。有的案件,办案机关委托鉴定时仅提出笼统的鉴定请求,或者仅提出部分鉴定请求,导致鉴定机构在处理鉴定事项时面临相应的局限。此种情况下,鉴定意见可能难以全面解决案件中存在争议或者疑问的专门性问题。

三是重新鉴定的启动程序。法庭

既要保障当事人申请重新鉴定的权利，也要规范重新鉴定的申请程序。对于当事人申请重新鉴定的情形，应当提供相应的理由和依据，法庭经审查，对原鉴定意见有疑问的，可以作出同意的决定。

第四，鉴定意见的实质内容。鉴定意见之所以被视为科学证据，主要在于鉴定过程立足先进的科学仪器设备，遵守严格规范的检验鉴定规程，并运用相关科学领域的技术方法。强调鉴定意见的实质性审查，关键在于发现鉴定意见实质内容存在的风险和问题。

一是鉴定的规范要求。目前纳入登记管理的各项鉴定业务，均已具备较为成熟的鉴定过程和方法。为确保鉴定意见的科学性，应当注意审查鉴定的流程、方法和分析过程是否规范，鉴定人运用的仪器设备和技术检验手段是否完善，等等。

二是鉴定意见的明确性。鉴定人运用科学技术或者专门知识对诉讼涉及的专门性问题进行鉴别和判断后，需要得出最终的结论。在实践中，通常需要区分同一认定结论、种属认定结论和推断性结论。同一认定结论分为肯定性和否定性结论，两者均属确定性的结论，能够据以认定相应的事实。例如，现场作案工具刀子表面提取的指印与被告人的指印能够认定同一，就能够建立被告人与该刀子之间的关联。种属认定结论也分为肯定性结论和否定性结论，否定性结论可以否定相应的事实，但肯定性结论不能认定相应的事实，必须结合其他证据才能作出最终的认定。推断性结论是指鉴定人进行鉴别和判断后，不能作出同一认定或种类认定，只能得出倾向性的肯定结论或者否定结论。推断性结论有助于缩小侦查范围，分析侦查方向，但不能直接认定相关的事实。

三是鉴定意见的关联性。鉴定意见必须与案件待证事实存在关联，有助于解决诉讼中的专门性问题，否则就没有证明价值。有的案件，鉴定意见看似与待证事实存在关联，但由于待证事实涉及的是法律问题，在法律已有明确规定的情况下，不能以鉴定意见取代法律认定。

四是鉴定意见的形式要件。《全国人民代表大会常务委员会关于司法鉴定管理问题的决定》第十条作出了规定。

第五，鉴定意见和专门报告的排除规则。鉴定意见和专门报告解决的是案件中的专门性问题，且通常是证明案件事实的关键证据，因此，容易引发控辩双方争议。刑事诉讼法第一百九十二条第三款、《法院解释》第九十九条作出了规定。

对于有专门知识的人针对案件中的专门性问题出具报告的情形，如果控辩双方对专门报告有异议，出具报告的专家应当出庭作证。《法院解释》第一百条第三款规定，经人民法院通知，出具报告的人拒不出庭作证的，有关报告不得作为定案的根据。

★《最高人民检察院关于适用〈关于办理死刑案件审查判断证据若干问题的规定〉和〈关于办理刑事案件排除非法证据若干问题的规定〉的指导意见》（高检发研字〔2010〕13 号，2010 年 12 月 30 日）

19. 审查鉴定意见，要着重审查检材的来源、提取、保管、送检是否符合法律及有关规定，鉴定机构或者鉴定人员是否具备法定资格和鉴定条件，鉴定意见的形式要件是否完备，鉴定程序是否合法，鉴定结论是否科学合理。检材来源不明或者可能被污染导致鉴定意见存疑的，应当要求侦查机关（部门）进行重新鉴定或者补充鉴定，必要时检察机关可以另行委托进行重新鉴定或者补充鉴定；鉴定机构或者鉴定人员不具备法定资格和鉴定条件，或者鉴定事项超出其鉴定范围以及违反回避规定的，应当要求侦查机关（部门）另行委托重新鉴定，必要时检察机关可以另行委托进行重新鉴定；鉴定意见形式要件不完备的，应当通过侦查机关（部门）要求鉴定机构补正；对鉴定程序、方法、结论等涉及专门技术问题的，必要时听取检察技术部门或者其他具有专门知识的人员的意见。

50.2.9　勘验、检查、辨认、侦查实验等笔录的审查与认定

★《法院解释》（2021）

第一百零二条　对勘验、检查笔录应当着重审查以下内容：

（一）勘验、检查是否依法进行，笔录制作是否符合法律、有关规定，勘验、检查人员和见证人是否签名或者盖章；

（二）勘验、检查笔录是否记录了提起勘验、检查的事由，勘验、检查的时间、地点，在场人员、现场方位、周围环境等，现场的物品、人身、尸体等的位置、特征等情况，以及勘验、检查的过程；文字记录与实物或者绘图、照片、录像是否相符；现场、物品、痕迹等是否伪造、有无破坏；人身特征、伤害情况、生理状态有无伪装或者变化等；

（三）补充进行勘验、检查的，是否说明了再次勘验、检查的原由，前后勘验、检查的情况是否矛盾。

第一百零三条　勘验、检查笔录存在明显不符合法律、有关规定的情形，不能作出合理解释的，不得作为定案的根据。

第一百零四条　对辨认笔录应当着重审查辨认的过程、方法，以及辨认笔录的制作是否符合有关规定。

第一百零五条　辨认笔录具有下列情形之一的，不得作为定案的根据：

（一）辨认不是在调查人员、侦查人员主持下进行的；

（二）辨认前使辨认人见到辨认对象的；

（三）辨认活动没有个别进行的；

（四）辨认对象没有混杂在具有类似特征的其他对象中，或者供辨认的对象数量不符合规定的；

（五）辨认中给辨认人明显暗示或者明显有指认嫌疑的；

（六）违反有关规定，不能确定辨认笔录真实性的其他情形。

第一百零六条　对侦查实验笔录应当着重审查实验的过程、方法，以及笔录的制作是否符合有关规定。

第一百零七条　侦查实验的条件与事件发生时的条件有明显差异，或者存在影响实验结论科学性的其他情形的，侦查实验笔录不得作为定案的根据。

【重点解读】①

从某种程度上讲，勘验、检查、辨认、侦查实验等笔录，可被视为物证、书证等证据的基础性证据，即据以证明物证、书证等证据的来源、收集程序和证明价值。

---

① 参见杨万明主编书，第 71—76 页。

第一,勘验、检查笔录的审查判断。勘验、检查作为法定侦查措施,应当遵守法律规定的程序,确保勘验、检查工作本身以及获取证据的合法性。同时,勘验、检查也是一项科学性极强的证据收集工作,必须遵守科学的工作规程,采用科学的技术方法。

一是勘验、检查的程序规范。对勘验、检查程序的审查,应当结合刑事诉讼法和《法院解释》《公安规定》《公安机关刑事案件现场勘验检查规则》等规范性文件进行。

二是勘验、检查笔录的制作要求。《法院解释》第一百零二条第(二)项作出了规定。

三是补充勘验、检查的规则。刑事诉讼法第一百三十四条和《法院解释》第一百零二条第(三)项作出了规定。

四是勘验、检查笔录的排除规则。《法院解释》第一百零三条作出了规定。

第二,辨认笔录的审查判断。辨认是调查、核实证据的一种重要方式。《法院解释》《检察院规则》和《公安规定》对辨认作出了专门规定。

一是辨认人的辨认能力。如果被害人和证人并未看清犯罪行为人的体貌特征,就很可能发生辨认错误。因此,对辨认能力的审查,是评估辨认结论可靠性的先决条件。组织辨认前,应当向辨认人详细询问辨认对象的具体特征。

二是辨认的主持主体。《公安规定》和《法院解释》作出了规定。

三是辨认的程序要求。在组织辨认前,侦查人员应当向辨认人详细询问辨认对象的具体特征,避免辨认人见到辨认对象。

四是辨认笔录的形式要件和实质内容。《法院解释》和《公安规定》作出了具体解释。

第三,侦查实验笔录的审查判断。侦查实验是为了判断某一现象在一定的情况下能否发生,而依法将该现象的发生过程加以重演或再现的一种活动和方法。刑事诉讼法第一百三十五条作出了规定。需要指出的是,侦查实验虽能重演或者再现犯罪场景或者有关现象,但犯罪行为毕竟不可能真实再现,因此,侦查实验具有"实验"属性,存在错误或者偏差的可能性。《法院解释》第一百零六条规定,对侦查实验笔录应当着重审查实验的过程、方法,以及笔录的制作是否符合有关规定。

鉴于侦查实验存在错误或者偏差的风险,通过侦查实验核实的事件或者行为,不能作为认定有关事实的唯一依据,通常只能作为其他证据的佐证。当侦查实验结论与其他证据存在矛盾时,不能简单地以侦查实验结论否定其他证据。同时,鉴于侦查实验受到诸多条件的影响,《法院解释》第一百零七条规定,侦查实验的条件与事件发生时的条件有明显差异,或者存在影响实验结论科学性的其他情形的,侦查实验笔录不得作为定案的根据。

50.2.10　视听资料、电子数据的审查与认定

★《法院解释》(2021)

第一百零八条　对视听资料应当着重审查以下内容:

(一)是否附有提取过程的说明,来源是否合法;

(二)是否为原件,有无复制及复制份数;是复制件的,是否附有无法调取原件的原因、复制件制作过程和原件

存放地点的说明，制作人、原视听资料持有人是否签名；

（三）制作过程中是否存在威胁、引诱当事人等违反法律、有关规定的情形；

（四）是否写明制作人、持有人的身份，制作的时间、地点、条件和方法；

（五）内容和制作过程是否真实，有无剪辑、增加、删改等情形；

（六）内容与案件事实有无关联。

对视听资料有疑问的，应当进行鉴定。

第一百零九条　视听资料具有下列情形之一的，不得作为定案的根据：

（一）系篡改、伪造或者无法确定真伪的；

（二）制作、取得的时间、地点、方式等有疑问，不能作出合理解释的。

第一百一十条　对电子数据是否真实，应当着重审查以下内容：

（一）是否移送原始存储介质；在原始存储介质无法封存、不便移动时，有无说明原因，并注明收集、提取过程及原始存储介质的存放地点或者电子数据的来源等情况；

（二）是否具有数字签名、数字证书等特殊标识；

（三）收集、提取的过程是否可以重现；

（四）如有增加、删除、修改等情形的，是否附有说明；

（五）完整性是否可以保证。

第一百一十一条　对电子数据是否完整，应当根据保护电子数据完整性的相应方法进行审查、验证：

（一）审查原始存储介质的扣押、封存状态；

（二）审查电子数据的收集、提取过程，查看录像；

（三）比对电子数据完整性校验值；

（四）与备份的电子数据进行比较；

（五）审查冻结后的访问操作日志；

（六）其他方法。

第一百一十二条　对收集、提取电子数据是否合法，应当着重审查以下内容：

（一）收集、提取电子数据是否由二名以上调查人员、侦查人员进行，取证方法是否符合相关技术标准；

（二）收集、提取电子数据，是否附有笔录、清单，并经调查人员、侦查人员、电子数据持有人、提供人、见证人签名或者盖章；没有签名或者盖章的，是否注明原因；对电子数据的类别、文件格式等是否注明清楚；

（三）是否依照有关规定由符合条件的人员担任见证人，是否对相关活动进行录像；

（四）采用技术调查、侦查措施收集、提取电子数据的，是否依法经过严格的批准手续；

（五）进行电子数据检查的，检查程序是否符合有关规定。

第一百一十三条　电子数据的收集、提取程序有下列瑕疵，经补正或者作出合理解释的，可以采用；不能补正或者作出合理解释的，不得作为定案的根据：

（一）未以封存状态移送的；

（二）笔录或者清单上没有调查人员或者侦查人员、电子数据持有人、提供人、见证人签名或者盖章的；

（三）对电子数据的名称、类别、格式等注明不清的；

（四）有其他瑕疵的。

第一百一十四条　电子数据具有下列情形之一的,不得作为定案的根据:

(一)系篡改、伪造或者无法确定真伪的;

(二)有增加、删除、修改等情形,影响电子数据真实性的;

(三)其他无法保证电子数据真实性的情形。

第一百一十五条　对视听资料、电子数据,还应当审查是否移送文字抄清材料以及对绰号、暗语、俗语、方言等不易理解内容的说明。未移送的,必要时,可以要求人民检察院移送。

【重点解读】①

与传统类型的证据相比,视听资料、电子数据属于新型证据。2012 年刑事诉讼法将电子数据列为新的证据种类,并与视听资料并列予以规定。

第一,视听资料的审查判断。视听资料是以图像和声音形式证明案件真实情况的证据,包括与案件事实特别是犯罪嫌疑人、被告人的犯罪行为有关的录音、录像等资料。随着电子化取证技术的推广应用,讯问犯罪嫌疑人、询问证人和勘查现场等过程也可以进行同步录音录像,但取证过程录音录像是犯罪嫌疑人供述、证人证言、现场证据的特殊证据载体,与讯问笔录、询问笔录和现场勘查笔录等传统证据载体相比,只是载体形式不同而已。换言之,视听资料作为单独的证据种类,应当以包含原始的案件事实信息为前提,这使其与通过录音录像方式收集的其他证据存在实质差异。

视听资料基于现代录音录像技术,可以连续动态记录案件事实发生过程,具有信息存储量大、内容直观性等特点,与此同时,受技术装备和人为操作等因素影响,视听资料也存在失真或伪造的可能性。一方面,视听资料的制作过程容易受到仪器设备、制作技术、操作水平、环境条件的影响,最终形成的视听资料可能未能全面、客观地反映记录对象的实际情况。另一方面,视听资料本身很容易被伪造、添加、删减、编辑,从而丧失客观真实性。对于视听资料的审查判断,既要遵循传统的审查规则,也要关注视听资料自身的特殊性。

一是视听资料的来源。视听资料的来源与其真实性密切相关。

二是视听资料是否是原件。如同物证、书证等传统证据,视听资料应当适用最佳证据规则。调取视听资料应当调取原件。取得原件确有困难或者因保密需要不能调取原件的,可以调取副本或者复制件。调取视听资料的副本、复制件,应当附有不能调取原件、原物的原因,制作过程和原件、原物存放地点的说明,并由制作人员和原视听资料持有人签名或者盖章。在实践中,对于公共机构监控系统记录的视听资料,通常只能提取复制件。同时,为便于展现与犯罪行为直接相关的信息,往往需要对视听资料复制件进行剪辑处理。此种情况下,为避免视听资料的真实性面临质疑,需要提供证据材料证明复制件来源真实,复制过程并未发生改变,同时,复制件存在备份,剪辑处理的版本与原始的复制件核对无异。

三是视听资料的收集程序。《法院解释》第一百零八条第一款第(三)项作出了规定。

---

① 参见杨万明主编书,第 85—89 页。

四是视听资料的制作过程。基于"无声证人"原理，录音录像装备拍摄的视听资料，即使没有操作人员的存在，也可以被用来证明所记录的事件。不过，由于视听资料的制作过程存在剪辑、增加、删改和编辑等伪造、变造的可能性，所以，对视听资料的制作过程应当进行严格审查。

五是对视听资料进行鉴定的必要性。办案机关录制的视听资料，通常具备完整的证据保管链条，能够证明视听资料的来源和真实性。相比之下，对于办案机关从其他单位或者个人处提取的视听资料，虽然证据来源明确，但由于缺乏证据保管链条，证据的真实性容易引发争议。基于发达的视频剪辑技术，视听资料经过剪辑、增加、删改等操作，通常难以有效识别。

六是视听资料的关联性和证明价值。如果视听资料清晰记录犯罪过程和犯罪嫌疑人、被告人体貌特征，其与案件事实的关联可以自动呈现。不过，由于设备性能以及拍摄角度等原因，例如图像分辨率低、没有声音、仅拍摄部分行为或者局部图像等，仅凭视听资料自身，不能建立其与案件事实的关联。

第二，电子数据的审查判断。电子数据成为法定证据种类后，为规范电子数据的收集提取和审查判断，"两高一部"2016年出台了《关于办理刑事案件收集提取和审查判断电子数据若干问题的规定》。

一是电子数据的真实性。如同视听资料一样，电子数据作为科技证据，容易存在剪裁、拼凑、篡改等伪造、变造情形。鉴于电子数据容易伪造、变造，对其真实性的审查，需要系统分析来源、提取的原始状态和可靠的证据保管链条。

二是电子数据的完整性。电子数据的完整性与真实性紧密相关，体现了电子数据的技术性要素。对电子数据完整性的确认，最关键的是固定电子数据收集时的原始状态。其中，原始存储介质的扣押、封存状态，决定了电子数据的原初证据形态，是影响电子数据完整性的关键因素。原始存储介质作为电子数据的证据载体，需要加以封存保护，防止遭到影响或者破坏。封存电子数据原始存储介质，应当保证在不解除封存状态的情况下，无法增加、删除、修改电子数据。封存前后应当拍摄被封存原始存储介质的照片，清晰反映封口或者张贴封条处的状况。封存手机等具有无线通信功能的存储介质，应当采取信号屏蔽、信号阻断或者切断电源等措施。如果提取电子数据过程中，原始存储介质未按照规范程序封存保管，电子数据就存在遭到篡改、破坏的风险。

三是电子数据的合法性。电子数据的取证程序，除需遵循传统的取证要求外，还要执行相关的技术标准。

四是电子数据的关联性。对于犯罪现场的痕迹物证，可以通过指纹、DNA鉴定等方式确定其与被告人的关联。相比之下，电子数据是保存在特定存储介质上面的虚拟信息，无法通过鉴定等方式显示与案件事实的关联，只有建立存储介质与被告人的关联，或者确认被告人的网络身份与现实身份的同一，才能建立电子数据的关联性，体现电子数据的证明价值。

50.3　规范性文件

50.3.1　涉众型案件的证据审查方法

★《最高人民法院、最高人民检察

院、公安部关于办理信息网络犯罪案件适用刑事诉讼程序若干问题的意见》（法发〔2022〕23 号，2022 年 8 月 26 日）

20. 办理信息网络犯罪案件，对于数量特别众多且具有同类性质、特征或者功能的物证、书证、证人证言、被害人陈述、视听资料、电子数据等证据材料，确因客观条件限制无法逐一收集的，应当按照一定比例或者数量选取证据，并对选取情况作出说明和论证。

人民检察院、人民法院应当重点审查取证方法、过程是否科学。经审查认为取证不科学的，应当由原取证机关作出补充说明或者重新取证。

人民检察院、人民法院应当结合其他证据材料，以及犯罪嫌疑人、被告人及其辩护人所提辩解、辩护意见，审查认定取得的证据。经审查，对相关事实不能排除合理怀疑的，应当作出有利于犯罪嫌疑人、被告人的认定。

21. 对于涉案人数特别众多的信息网络犯罪案件，确因客观条件限制无法收集证据逐一证明、逐人核实涉案账户的资金来源，但根据银行账户、非银行支付账户等交易记录和其他证据材料，足以认定有关账户主要用于接收、流转涉案资金的，可以按照该账户接收的资金数额认定犯罪数额，但犯罪嫌疑人、被告人能够作出合理说明的除外。案外人提出异议的，应当依法审查。

★《最高人民法院、最高人民检察院、公安部关于办理非法集资刑事案件适用法律若干问题的意见》（公通字〔2014〕16 号，2014 年 3 月 25 日）

六、关于证据的收集问题

办理非法集资刑事案件中，确因客观条件的限制无法逐一收集集资参与人的言词证据的，可结合已收集的集资参与人的言词证据和依法收集并查证属实的书面合同、银行账户交易记录、会计凭证及会计账簿、资金收付凭证、审计报告、互联网电子数据等证据，综合认定非法集资对象人数和吸收资金数额等犯罪事实。

50. 3. 2　网络犯罪案件的取证规则

★《最高人民法院、最高人民检察院、公安部关于办理信息网络犯罪案件适用刑事诉讼程序若干问题的意见》（法发〔2022〕23 号，2022 年 8 月 26 日）

14. 公安机关向网络服务提供者调取电子数据的，应当制作调取证据通知书，注明需要调取的电子数据的相关信息。调取证据通知书及相关法律文书可以采用数据电文形式。跨地域调取电子数据的，可以通过公安机关信息化系统传输相关数据电文。

网络服务提供者向公安机关提供电子数据的，可以采用数据电文形式。采用数据电文形式提供电子数据的，应当保证电子数据的完整性，并制作电子证明文件，载明调证法律文书编号、单位电子公章、完整性校验值等保护电子数据完整性方法的说明等信息。

数据电文形式的法律文书和电子证明文件，应当使用电子签名、数字水印等方式保证完整性。

15. 询（讯）问异地证人、被害人以及与案件有关联的犯罪嫌疑人的，可以由办案地公安机关通过远程网络视频等方式进行并制作笔录。

远程询（讯）问的，应当由协作地公安机关事先核实被询（讯）问人的身份。办案地公安机关应当将询（讯）问笔录传输至协作地公安机关。询（讯）

问笔录经被询(讯)问人确认并逐页签名、捺指印后,由协作地公安机关协作人员签名或者盖章,并将原件提供给办案地公安机关。询(讯)问人员收到笔录后,应当在首页右上方写明"于某年某月某日收到",并签名或者盖章。

远程询(讯)问的,应当对询(讯)问过程同步录音录像,并随案移送。

异地证人、被害人以及与案件有关联的犯罪嫌疑人亲笔书写证词、供词的,参照执行本条第二款规定。

16. 人民检察院依法自行侦查、补充侦查,或者人民法院调查核实相关证据的,适用本意见第 14 条、第 15 条的有关规定。

17. 对于依照本意见第 14 条的规定调取的电子数据,人民检察院、人民法院可以通过核验电子签名、数字水印、电子数据完整性校验值及调证法律文书编号是否与证明文件相一致等方式,对电子数据进行审查判断。

对调取的电子数据有疑问的,由公安机关、提供电子数据的网络服务提供者作出说明,或者由原调取机关补充收集相关证据。

50.3.3 走私犯罪案件电子数据的取证规则

★《最高人民法院、最高人民检察院、海关总署关于办理走私刑事案件适用法律若干问题的意见》(法〔2002〕139 号,2002 年 7 月 8 日)

二、关于电子数据证据的收集、保全问题

走私犯罪侦查机关对于能够证明走私犯罪案件真实情况的电子邮件、电子合同、电子账册、单位内部的电子信息资料等电子数据应当作为刑事证据予以收集、保全。

侦查人员应当对提取、复制电子数据的过程制作有关文字说明,记明案由、对象、内容,提取、复制的时间、地点,电子数据的规格、类别、文件格式等,并由提取、复制电子数据的制作人、电子数据的持有人和能够证明提取、复制过程的见证人签名或者盖章,附所提取、复制的电子数据一并随案移送。

电子数据的持有人不在案或者拒绝签字的,侦查人员应当记明情况;有条件的可将提取、复制有关电子数据的过程拍照或者录像。

50.3.4 为境外窃取、刺探、收买、非法提供国家秘密、情报案件的鉴定机构

★《最高人民法院、国家保密局关于执行〈关于审理为境外窃取、刺探、收买、非法提供国家秘密、情报案件具体应用法律若干问题的解释〉有关问题的通知》(法发〔2001〕117 号,2001 年 8 月 22 日)

人民法院审理为境外窃取、刺探、收买、非法提供情报案件,需要对有关事项是否属于情报进行鉴定的,由国家保密工作部门或者省、自治区、直辖市保密工作部门鉴定。

50.3.5 制黄贩黄、侵权盗版案件的鉴定规范

★《最高人民法院、最高人民检察院、公安部、司法部、新闻出版署关于公安部光盘生产源鉴定中心行使行政、司法鉴定权有关问题的通知》(公通字〔2000〕21 号,2000 年 3 月 9 日)

为适应"扫黄""打非"、保护知识产权工作的需要,解决目前各地办案过程

中遇到的光盘生产源无法识别的问题，经中央机构编制委员会办公室批准，公安部组建了光盘生产源鉴定中心（设在广东省深圳市，以下简称鉴定中心）。

……鉴定中心负责对各地人民法院、人民检察院、公安机关、司法行政机关、新闻出版行政机关、音像行政管理部门和其他行政执法机关在办理制黄贩黄、侵权盗版案件中所查获的光盘及母盘进行鉴定，确定送检光盘及母盘的生产企业。

……鉴定中心出具的鉴定书可以作为定案依据。

50.3.6　“骨龄鉴定”的证据运用

★**《最高人民检察院关于“骨龄鉴定”能否作为确定刑事责任年龄证据使用的批复》**（高检发研字〔2000〕6号，2000年2月21日）

犯罪嫌疑人不讲真实姓名、住址，年龄不明的，可以委托进行骨龄鉴定或其他科学鉴定，经审查，鉴定结论能够准确确定犯罪嫌疑人实施犯罪行为时的年龄的，可以作为判断犯罪嫌疑人年龄的证据使用。如果鉴定结论不能准确确定犯罪嫌疑人实施犯罪行为时的年龄，而且鉴定结论又表明犯罪嫌疑人年龄在刑法规定的应负刑事责任年龄上下的，应当依法慎重处理。

50.3.7　CPS多道心理测试鉴定意见的证据运用

★**《最高人民检察院关于CPS多道心理测试鉴定结论能否作为诉讼证据使用问题的批复》**（高检发研字〔1999〕12号，1999年9月10日）

CPS多道心理测试（俗称测谎）鉴定结论与刑事诉讼法规定的鉴定结论不同，不属于刑事诉讼法规定的证据种类。人民检察院办理案件，可以使用CPS多道心理测试鉴定结论帮助审查、判断证据，但不能将CPS多道心理测试鉴定结论作为证据使用。

50.3.8　公安机关收集、调取证据的要求

★**《公安规定》**（2020）

第六十四条　收集、调取的物证应当是原物。只有在原物不便搬运、不易保存或者依法应当由有关部门保管、处理或者依法应当返还时，才可以拍摄或者制作足以反映原物外形或者内容的照片、录像或者复制品。

物证的照片、录像或者复制品经与原物核实无误或者经鉴定证明为真实的，或者以其他方式确能证明其真实的，可以作为证据使用。原物的照片、录像或者复制品，不能反映原物的外形和特征的，不能作为证据使用。

第六十五条　收集、调取的书证应当是原件。只有在取得原件确有困难时，才可以使用副本或者复制件。

书证的副本、复制件，经与原件核实无误或者经鉴定证明为真实的，或者以其他方式确能证明其真实的，可以作为证据使用。书证有更改或者更改迹象不能作出合理解释的，或者书证的副本、复制件不能反映书证原件及其内容的，不能作为证据使用。

第六十六条　收集、调取电子数据，能够扣押电子数据原始存储介质的，应当扣押原始存储介质，并制作笔录、予以封存。

确因客观原因无法扣押原始存储介质的，可以现场提取或者网络在线提取电子数据。无法扣押原始存储介质，也无法

现场提取或者网络在线提取的,可以采取打印、拍照或者录音录像等方式固定相关证据,并在笔录中注明原因。

收集、调取的电子数据,足以保证完整性,无删除、修改、增加等情形的,可以作为证据使用。经审查无法确定真伪,或者制作、取得的时间、地点、方式等有疑问,不能提供必要证明或者作出合理解释的,不能作为证据使用。

第六十七条 物证的照片、录像或者复制品,书证的副本、复制件,视听资料、电子数据的复制件,应当附有关制作过程及原件、原物存放处的文字说明,并由制作人和物品持有人或者物品持有单位有关人员签名。

50.3.9 醉驾案件血液鉴定的要求

★《最高人民法院、最高人民检察院、公安部、司法部关于办理醉酒危险驾驶刑事案件的意见》(高检发办字〔2023〕187号,2023年12月13日)

第九条 具有下列情形之一,经补正或者作出合理解释的,血液酒精含量鉴定意见可以作为定案的依据;不能补正或者作出合理解释的,应当予以排除:

(一)血液样本提取、封装、保管不规范的;

(二)未按规定的时间和程序送检、出具鉴定意见的;

(三)鉴定过程未按规定同步录音录像的;

(四)存在其他瑕疵或者不规范的取证行为的。

50.4 指导与参考案例

50.4.1 检材来源对鉴定意见的影响

【刑事审判参考案例】

[第579号]吴金义故意杀人案

裁判要旨:鉴定意见只能证明该物证与被告人(被害人)等之间的联系,不能证明该物证与案件本身的关联性。要通过审查该鉴定意见所使用的检材来源是否清楚,提取是否合法,来判断该物证与案件之间是否存在关联性,而不能以鉴定意见作为痕迹物证审查判断的依据。对经查证物证来源不清,经补充调查核实仍然存疑的,该物证不能作为定案证据,依此作出的鉴定意见也不能采信。

50.4.2 鉴定意见的当庭质证要求

【刑事审判参考案例】

[第177号]王逸故意伤害案

裁判要旨:鉴定意见的审查一般主要包括对鉴定人资格、鉴定材料、鉴定过程、鉴定依据、鉴定结果与全案其他证据的一致性等内容的审查。鉴定意见作为定案的根据,同其他证据种类一样,需依法经过当庭出示、质证等法庭调查程序查证属实,且与其他在案证据能够相互印证、排除矛盾,得出合理排他性的唯一结论。

[第260号]王雪玲故意伤害案

裁判要旨:关于被害人的伤残等级情况,人民检察院的起诉书并未认定,案卷材料中虽有被害人五级伤残的法医学鉴定书,但该鉴定是漯河市中级人民法院在案件受理后委托鉴定,该鉴定书没有在法庭上质证,不能作为证据使用。一审法院未经庭审质证,将证明被害人五级伤残的法医鉴定直接作为认定被告人造成被害人严重残疾的根据,不仅违反证据裁判原则,也严重违反了法律规定的诉讼程序,剥夺了被告人对证明其造成被害人严重残疾的证据的质证权和辩论权,一审法院的这种做法属于严重的程序违法，影响公正审判，应当裁定撤销原判，发回重审。此外，法院庭外调查取得的证据，同样必须经过质证，才能作为定案的根据。

50.4.3 医疗过错鉴定意见的证明价值

【刑事审判参考案例】

［第1391号］李放故意伤害案

裁判要旨：侦查机关可以依职权就医疗错误问题委托鉴定机构进行鉴定。医疗过错鉴定意见可以作为判断被告人刑事责任大小的依据之一，但不能作为判断被告人有无刑事责任的依据。被告人的伤害行为系被害人死亡的初始因素，医疗过错鉴定意见仅宜在量刑时酌情参考。

50.4.4 涉案书画真伪的鉴定要求

【刑事审判参考案例】

［第1400号］杨玉成受贿案

裁判要旨：价格认定机构仅有价格认定权，不具有书画真伪鉴定的资质，其委托专家对涉案书画进行真伪认定不符合法律规定，即使相关专家具有书画鉴定资质，其所作的真伪认定结论仍不宜采信。涉案书画鉴定可以参照文物犯罪刑事案件的鉴定流程，选取国家文物局制定的涉案文物鉴定评估机构和予以备案的文物鉴定评估人员，对涉案书画进行真伪鉴定。鉴定报告应由鉴定人签字，鉴定人未签字的书画鉴定意见不应采信。

50.4.5 没有法定鉴定机构时专家意见的证明价值

【刑事审判参考案例】

［第1427号］张永明、毛伟明、张鹭故意损毁名胜古迹案

裁判要旨：专家意见在刑事诉讼中可以以多种证据类型出现，并作为定罪量刑的依据或者参考。专家的检验报告的规范性和效力层级略低于鉴定意见，但同样具有证据价值。如果专家意见符合检验报告的证据形式，可以作为检验报告对待，作为定罪量刑的重要参考。

50.4.6 房屋价格认定报告的审查规则

【刑事审判参考案例】

［第1491号］陶苏根受贿、滥用职权、徇私枉法、内幕交易案

裁判要旨：价格认定报告应当包括价格认定依据、过程及方法。就房屋价格认定而言，房屋价格选取市场法对房屋价格进行认定的，价格认定报告应包括选取的可比实例房屋情况及依据可比实例进行价格计算的过程和方法。对于缺乏上述要素的价格认定报告，应当要求检察机关补充调取。在二手房交易中，除房屋情况外，其他对交易价格有影响的因素需要充分考量，如付款交易方式即对房屋交易价格具有重要影响。在低价购房贿赂犯罪中，需进一步审查是否存在反证实例，即明显低于可比实例房屋价格的其他真实成交实例，以确定可比实例房屋的选取是否合理，是否能够代表同类房屋的一般市场交易价格。

50.4.7 重审/复核审的证据质证要求

【刑事审判参考案例】

［第686号］何邓平抢劫案

裁判要旨：经原审庭审质证的证据，在重审阶段需要重新举证、质证，未

经重新举证、质证的，不能作为定案的根据。对于发回重审的案件，重新审判的内容应当包括公诉机关指控的所有事实和证据，不论该事实或证据是否曾经举证、质证。对于同案被告人存在漏罪，因原判事实不清或证据不足而发回重审的情形，法庭举证、质证环节尤为重要。一审法院重审开庭时，仅就补充起诉的事实进行举证、质证，未就原审认定的事实进行举证、质证，该做法不属于对全案重新审判，而是对补充起诉的一起事实进行"补充审理"，违背了发回重审制度的要求。

［第816号］范永红、韩亚飞等抢劫、盗窃枪支案

裁判要旨：对于庭审后或者复核审阶段发现经庭审质证的证据存在问题，经补查补正后对问题予以纠正的，需要根据该证据证明的对象以及问题的性质作出相应的处理：如果该证据并非关键证据，仅仅是作为其他证据的佐证，且缺乏该证据不影响相关事实认定的，可以基于其他证据认定相关事实，对于该证据存在的问题无须恢复法庭调查或者发回重审。如果该证据系关键定罪量刑证据，但证据存在的问题并非实质性的，仅属技术性的，如记载错误或者笔误，经补正后，可以征求对方当事人的意见，无须恢复法庭调查或者发回重审。如果该证据系关键定罪证据或者系不利于被告人的量刑证据，且证据存在的问题是实质性的，且足以影响到该证据的证明价值，则需要区分两种情况进行处理：如果证据存在的错误无法进行补正或者作出合理解释的，则应当恢复法庭调查或者发回重审，对该证据的价值重新作出判断。如在案其他证据能够证实该证据存在的错误，但该错误可以进行补正或者作出合理解释的，可以征求双方当事人的意见，如果双方对此表示认可，就无须恢复法庭调查或者发回重审；如果有一方对此有异议，要求开庭进行调查的，人民法院应当开庭或者发回重审。如果该证据系有利于被告人的量刑证据，且证据存在的问题是实质性的，经补正或者作出合理解释后，因案件处理结果对被告人有利，可以告知对方当事人补正结果，直接采信相关证据，无须恢复法庭调查或者发回重审。

50.4.8 被告人翻供指证证人的审查

【刑事审判参考案例】

［第498号］卞修柱抢劫案

裁判要旨：被告人翻供将主要责任推卸到证人身上，常见于有特情介入的毒品犯罪案件中，被告人主要是称受到特情人员的犯意引诱或者数量引诱，从而达到减轻罪责的目的。在其他刑事案件中被告人也可能翻供将责任推卸到证人身上，被告人或者称被害方的某一证人系案件的惹起者，以证明被害方有过错，或者称某一证人系教唆者、指使者甚至作案人。对于前者，要查明该证人与被害人之间的具体关系，确定证人的行为是否足以转移到被害人身上，成为影响对被告人定罪量刑的"被害人过错"。对于后者，因该证人存在着向犯罪人转化的可能，故要按照有罪判决的要求来审查判断证据，如没有确实、充分的证据证明该证人系被告人所称的教唆者、指使者或者参与者的，则被告人的翻供内容不成立。即使根据实践经验认为被告人的翻供内容有一定的可信度，在没有确实、充分证据的条件下，也不能

使该证人向犯罪人的角色转化。

50.4.9 非同案共犯的证据运用

【刑事审判参考案例】

［第 590 号］张世明抢劫案

裁判要旨：非同案共犯的供述应当被界定为被告人的供述。但在适用刑事诉讼法“只有被告人供述，没有其他证据的，不能认定被告人有罪或处以刑罚”的规定时，考虑非同案共犯毕竟具有一定的“旁观者”“局外人”色彩，在对已经过庭审质证确认的被告人供述的判断和运用方面，相对于同案共犯的供述要更灵活一些，允许在一定前提下据此对被告人定罪判刑。

50.4.10 供证关系的证据分析

【刑事审判参考案例】

［第 599 号］杨淑敏故意杀人案

裁判要旨：供证关系，即口供与在案其他证据之间的关系，在当前口供作为定案重要证据的情况下，对于分析和认定案件事实具有重要价值。从取证时间上看，供证关系有先供后证和先证后供两种类型。先供后证系侦查机关根据口供取得其他证据，如物证、书证、证言等，可信度高，证明力强；先证后供系侦查机关取得其他证据后才获得被告人口供，在需要进一步判断口供自愿性的情况下，供述的证明力相对较弱。从证据指向上看，供证关系有同向和逆向之分。同向供证关系意味着口供得到了其他证据的印证，而逆向供证关系则说明口供与其他证据存在矛盾。司法实践中，案件的证据情况个案差别较大，供证关系的样态对案件事实认定有着不同影响。对于有目击证人且有指向性极强的客观性证据的案件，供证的顺序对事实认定的影响相对较小，且被告人也较少翻供；对于没有目击证人，或者缺少指向性极强的客观性证据的案件，特别是在被告人翻供的情况下，对供证顺序和指向的分析对于认定案件事实就显得较为突出和重要。

50.4.11 刑事责任年龄的认定规则

【刑事审判参考案例】

［第 659 号］伍金洪、黄南燕绑架案

裁判要旨：证明被告人刑事责任年龄的证据应当首先使用被告人所在地公安机关出具的证明文件。当户籍证明与被告人供述的年龄出现矛盾，且涉及被告人刑事责任年龄时，应当收集其他证据，以确定被告人的真实年龄。如果其他证据材料能够相互印证，经审查能够证明被告人真实年龄的，可以排除户籍证明等法定证据，以其他证据来认定年龄。当户籍证明与其他证据材料的矛盾无法得到排除时，应正确贯彻“有利于被告人”原则，准确认定被告人的年龄。

50.4.12 犯罪动机的审查规则

【刑事审判参考案例】

［第 817 号］汪久胜抢劫案

裁判要旨：即使被告人在供认犯罪事实甚至主动投案的情况下，仍可能会隐瞒真实的犯罪动机及部分作案情节，以图获取轻刑。对被告人犯罪动机的审查，应当审查被告人供述的杀人动机及部分情节是否与在案其他证据存在矛盾，或者与常理是否相符。在被告人不如实供述的情况下，可以依据在案其他证据，认定被告人的犯罪动机。

50.4.13 生效裁判文书的证据运用

【刑事审判参考案例】

［第 497 号］何永国抢劫案

裁判要旨:在审理后到案共同犯罪被告人时,对先到案共犯的裁判文书所采信的证据,应当重新逐项质证,否则不能作为认定在审案件被告人犯罪事实的证据使用。共犯的生效裁判文书作为书证,所证明的是共同犯罪人因共同犯罪被定罪判刑的情况,而不能直接证明后到案被告人的犯罪事实。虽然该文书所采信的证据多将成为指控后到案被告人的证据,但对该文书本身的质证代替不了对其中具体证据的质证。

51　举证责任

51.1　法条规定

第五十一条　公诉案件中被告人有罪的举证责任由人民检察院承担,自诉案件中被告人有罪的举证责任由自诉人承担。

【立法释义】①

本条规定明确了刑事诉讼的举证责任,是2012年刑事诉讼法修改新增的规定。关于举证责任,应当关注以下事项:

第一,举证责任分为提供证据责任和说服责任。提供证据责任,是指当事人针对己方提出的诉讼主张,应当提供证据加以证明,否则,其主张无法成为有效的诉讼争点。说服责任,是指当事人对于己方主张的诉讼争点,应当通过达到法定证明标准的有效证明说服裁判者,否则就将面临败诉结果。在刑事诉讼中,基于无罪推定原则,公诉案件中被告人有罪的举证责任,应当由公诉机关承担;被告人并不承担证明自己无罪的责任。自诉案件中被告人有罪的举证责任由自诉人承担。

第二,被告方不承担证明无罪的举证责任。犯罪嫌疑人、被告人及其辩护人在诉讼过程中,可以提供无罪、罪轻或者减轻、免除其刑事责任的材料和意见,但这是犯罪嫌疑人、被告人及其辩护人的法律权利,并非法律义务。在司法实践中,犯罪嫌疑人、被告人及其辩护人可以选择不提供任何证据,仅仅对公诉机关的证据材料提出质证意见。

第三,法院的依法裁判要求。基于举证责任的要求,人民法院的职责是立足在案证据依法作出裁判。《法院解释》第七十三条规定的"根据在案证据对案件事实作出认定",主要是指,对于人民检察院未移送证明被告人有罪、罪重的证据材料的情形,人民法院应当按照存疑有利于被告人的原则依法作出裁判。

51.2　司法解释

51.2.1　检察机关客观公正义务

★《最高人民法院、最高人民检察院、公安部、国家安全部、司法部关于推进以审判为中心的刑事诉讼制度改革的意见》(法发〔2016〕18号,2016年7月20日)

八、进一步完善公诉机制,被告人有罪的举证责任,由人民检察院承担。对被告人不认罪的,人民检察院应当强化庭前准备和当庭讯问、举证、质证。

★《检察院规则》(2019)

第六十一条　人民检察院认定案件事实,应当以证据为根据。

公诉案件中被告人有罪的举证责任由人民检察院承担。人民检察院在

---

① 参见王爱立主编书,第107—110页。

提起公诉指控犯罪时，应当提出确实、充分的证据，并运用证据加以证明。

人民检察院提起公诉，应当秉持客观公正立场，对被告人有罪、罪重、罪轻的证据都应当向人民法院提出。

【重点解读】①

检察机关客观公正履职，体现在具体的办案环节，需要恪守客观公正的举证原则。在提起公诉时，无论是犯罪嫌疑人、被告人有罪、罪重的证据，还是无罪、罪轻的证据，都应当向人民法院提出。

51.2.2　全面移送证据材料的要求

★**《最高人民法院、最高人民检察院、公安部、国家安全部、司法部、全国人大常委会法制工作委员会关于实施刑事诉讼法若干问题的规定》**（2012年12月26日）

24. 人民检察院向人民法院提起公诉时，应当将案卷材料和全部证据移送人民法院，包括犯罪嫌疑人、被告人翻供的材料，证人改变证言的材料，以及对犯罪嫌疑人、被告人有利的其他证据材料。

★**《法院解释》**（2021）

第七十三条　对提起公诉的案件，人民法院应当审查证明被告人有罪、无罪、罪重、罪轻的证据材料是否全部随案移送；未随案移送的，应当通知人民检察院在指定时间内移送。人民检察院未移送的，人民法院应当根据在案证据对案件事实作出认定。

第七十四条　依法应当对讯问过程录音录像的案件，相关录音录像未随案移送的，必要时，人民法院可以通知人民检察院在指定时间内移送。人民检察院未移送，导致不能排除属于刑事诉讼法第五十六条规定的以非法方法收集证据情形的，对有关证据应当依法排除；导致有关证据的真实性无法确认的，不得作为定案的根据。

【重点解读】②

人民检察院未移送的，人民法院应当根据在案证据对案件事实作出认定，这一规定旨在明确人民检察院经调取未移送的处理规则，因缺乏证据材料导致有关事实存疑的，应当依法作出有利于被告人的认定。例如，在辩方举证证明被告人未满十八周岁的情况下，人民检察院拒绝移送相关证据导致年龄存疑的，应当作有利于被告人的认定，即认定其不满十八周岁。

51.3　指导与参考案例

51.3.1　辩护方对辩解理由的举证责任

【最高人民法院指导性案例】

［第87号］郭明升、郭明锋、孙淑标假冒注册商标案

裁判要点：假冒注册商标犯罪的非法经营数额、违法所得数额，应当综合被告人供述、证人证言、被害人陈述、网络销售电子数据、被告人银行账户往来记录、送货单、快递公司电脑系统记录、被告人等所作记账等证据认定。被告人辩称网络销售记录存在刷信誉的不真实交易，但无证据证实的，对其辩解不予采纳。

---

① 参见童建明、万春主编释义书，第70—74页。

② 参见李少平主编书，第196—198页。

52　依法全面取证义务

52.1　法条规定

第五十二条　审判人员、检察人员、侦查人员必须依照法定程序，收集能够证实犯罪嫌疑人、被告人有罪或者无罪、犯罪情节轻重的各种证据。严禁刑讯逼供和以威胁、引诱、欺骗以及其他非法方法收集证据，不得强迫任何人证实自己有罪。必须保证一切与案件有关或者了解案情的公民，有客观地充分地提供证据的条件，除特殊情况外，可以吸收他们协助调查。

【立法释义】①

本条规定明确了办案机关的依法全面取证义务。2012年刑事诉讼法修改增加了"不得强迫任何人证实自己有罪"的规定。关于依法全面取证义务，应当关注以下事项：

第一，遵循法定程序取证原则。法定的取证程序，是确保证据合法性的基础，也是证据排除规则的依据。对于取证违反法定程序的情形，作为程序性制裁措施，有关证据将被否定证据资格。

第二，全面客观取证义务。办案机关不能单纯着眼于追诉犯罪，尤其要避免有罪推定和确证偏见，从而准确重建案件事实，切实防止冤假错案。在发现和优选证据过程中，不能随意取舍证据，也不能选择性地收集、移送证据，而是应当客观全面地收集与案件事实有关的各种证据，避免忽视和遗漏关键证据。

第三，严禁刑讯逼供和以威胁、引诱、欺骗以及其他非法方法收集证据。现有的非法证据排除规则，将刑讯逼供和威胁等方法取得的证据纳入非法证据的范围。对于通过引诱、欺骗方法收集的言词证据，可能严重影响司法公正的，应当依法予以排除。

第四，不得强迫任何人证实自己有罪。这一要求确立了不得强迫自证其罪的基本原则。这项原则包含了犯罪嫌疑人、被告人不被强迫自证其罪的权利，也是认罪认罚从宽制度的原则基础。

第五，保证一切与案件有关或者了解案件情况的人，有客观地充分地提供证据的条件。这是司法群众路线的基本要求。"有客观地充分地提供证据的条件"，主要包括以下方面：一是保护证人及其近亲属的安全。在向证人取证过程中，应当消除证人的恐惧心理，避免证人遭受人身危险，从而促使证人解除内心顾虑，积极提供证据。二是告知证人如实作证义务。在询问证人之前，首先应当告知如实作证义务和作伪证的法律责任，从而促使证人客观陈述案件事实。三是规范取证程序。在询问过程中，应当严格执行分别询问原则和法定询问程序，避免对证人进行诱导、误导，从而客观全面地记录证人证言。

第六，吸收与案件有关或者了解案情的公民协助调查。对于吸收公民协助抓捕犯罪嫌疑人的情形，应当注意进行安全提示，避免面临人身危险。对于吸收公民寻找犯罪证据的情形，应当提示发现犯罪证据后的现场保护措施，避免污染或者破坏证据。"特殊情况"，主要是指与案件有关或者了解案情的人参与调查可能会透露案情，帮助未归案的犯罪嫌疑人逃匿，或者造成串供以及毁灭、

① 参见王爱立主编书，第110—112页。

隐匿证据等后果，另外，对涉及国家秘密等案件，应当注意执行保密要求。

52.2　规范性文件

52.2.1　侦查机关依法全面取证要求

★《最高人民法院、最高人民检察院、公安部、国家安全部、司法部关于推进以审判为中心的刑事诉讼制度改革的意见》（法发〔2016〕18 号，2016 年 7 月 20 日）

四、侦查机关应当全面、客观、及时收集与案件有关的证据。

侦查机关应当依法收集证据。对采取刑讯逼供、暴力、威胁等非法方法收集的言词证据，应当依法予以排除。侦查机关收集物证、书证不符合法定程序，可能严重影响司法公正，不能补正或者作出合理解释的，应当依法予以排除。

对物证、书证等实物证据，一般应当提取原物、原件，确保证据的真实性。需要鉴定的，应当及时送检。证据之间有矛盾的，应当及时查证。所有证据应当妥善保管，随案移送。

★《公安规定》（2020）

第六十条　公安机关必须依照法定程序，收集、调取能够证实犯罪嫌疑人有罪或者无罪、犯罪情节轻重的各种证据。必须保证一切与案件有关或者了解案情的公民，有客观地充分地提供证据的条件，除特殊情况外，可以吸收他们协助调查。

【重点解读】①

公安机关收集证据，应当注意以下事项：一是要主动、及时地收集、调取证据，特别是注意及时勘查现场，防止时过境迁，证据灭失。对现场遗留的与犯罪有关的具备同一认定检验鉴定条件的血迹、精斑、毛发、指纹等生物物证、痕迹、物品，应当通过 DNA 鉴定、指纹鉴定等科学鉴定方式与犯罪嫌疑人的相应生物检材、生物特征、物品等作同一认定。二是要充分运用现代科技手段和先进的设备、仪器收集证据。对与查明案情有关，需要鉴定的物品、文件、电子数据、痕迹、人身、尸体等，应当及时进行科学鉴定，并将鉴定报告附卷。涉及命案的，应当通过被害人近亲属辨认、DNA 鉴定、指纹鉴定等方式确定被害人身份。三是要做好证据保全和固定工作。对证据的原物、原件要妥善保管，不得损毁、丢失或者擅自处理，防止证据毁损。四是对收集、调取的证据，要认真审查判断。

★《国安规定》（2024）

第七十条　国家安全机关必须依照法定程序，全面、客观、及时收集能够证实犯罪嫌疑人有罪或者无罪、犯罪情节轻重的各种与案件有关的证据。必须保证一切与案件有关或者了解案情的公民，有客观地充分地提供证据的条件，除特殊情况外，可以吸收他们协助调查。

52.2.2　醉驾案件的证据收集指引

★《公安部关于公安机关办理醉酒驾驶机动车犯罪案件的指导意见》（公交管〔2011〕190 号，2011 年 9 月 19 日）

1. 严格血样提取条件。交通民警要严格按照《交通警察道路执勤执法工作规范》的要求检查酒后驾驶机动车行为，检查中发现机动车驾驶人有酒后驾驶机动车嫌疑的，立即进行呼气酒精测试，对涉嫌醉酒驾驶机动车、当事人对呼气酒精测试结果有异议，或者拒绝配合

---

① 参见孙茂利主编书，第 146—149 页。

呼气酒精测试等方法测试以及涉嫌饮酒后、醉酒驾驶机动车发生交通事故的，应当立即提取血样检验血液酒精含量。

2. 及时固定犯罪证据。对查获醉酒驾驶机动车嫌疑人的经过、呼气酒精测试和提取血样过程应当及时制作现场调查记录；有条件的，还应当通过拍照或者录音、录像等方式记录；现场有见证人的，应当及时收集证人证言。发现当事人涉嫌饮酒后或者醉酒驾驶机动车的，依法扣留机动车驾驶证，对当事人驾驶的机动车，需要作为证据的，可以依法扣押。

5. 规范血样提取送检。交通民警对当事人血样提取过程应当全程监控，保证收集证据合法、有效。提取的血样要当场登记封装，并立即送县级以上公安机关检验鉴定机构或者经公安机关认可的其他具备资格的检验鉴定机构进行血液酒精含量检验。因特殊原因不能立即送检的，应当按照规范低温保存，经上级公安机关交通管理部门负责人批准，可以在 3 日内送检。

9. 全面客观收集证据。对已经立案的醉酒驾驶机动车案件，应当全面、客观地收集、调取犯罪证据材料，并严格审查、核实。要及时检查、核实车辆和人员基本情况及机动车驾驶人违法犯罪信息，详细记录现场查获醉酒驾驶机动车的过程、人员车辆基本特征以及现场采取呼气酒精测试、实施强制措施、提取血样、口头传唤、固定证据等情况。讯问犯罪嫌疑人时，应当对犯罪嫌疑人是否有罪以及情节轻重等情况作重点讯问，并听取无罪辩解。要及时收集能够证明犯罪嫌疑人是否醉酒驾驶机动车的证人证言、视听资料等其他证据材料。

★《最高人民法院、最高人民检察院、公安部、司法部关于办理醉酒危险驾驶刑事案件的意见》（高检发办字〔2023〕187 号，2023 年 12 月 13 日）

第七条　办理醉驾案件，应当收集以下证据：

（一）证明犯罪嫌疑人情况的证据材料，主要包括人口信息查询记录或者户籍证明等身份证明；驾驶证、驾驶人信息查询记录；犯罪前科记录、曾因饮酒后驾驶机动车被查获或者行政处罚记录、本次交通违法行政处罚决定书等；

（二）证明醉酒检测鉴定情况的证据材料，主要包括呼气酒精含量检测结果、呼气酒精含量检测仪标定证书、血液样本提取笔录、鉴定委托书或者鉴定机构接收检材登记材料、血液酒精含量鉴定意见、鉴定意见通知书等；

（三）证明机动车情况的证据材料，主要包括机动车行驶证、机动车信息查询记录、机动车照片等；

（四）证明现场执法情况的照片，主要包括现场检查机动车、呼气酒精含量检测、提取与封装血液样本等环节的照片，并应当保存相关环节的录音录像资料；

（五）犯罪嫌疑人供述和辩解。

根据案件具体情况，还应当收集以下证据：

（一）犯罪嫌疑人是否饮酒、驾驶机动车有争议的，应当收集同车人员、现场目击证人或者共同饮酒人员等证人证言、饮酒场所及行驶路段监控记录等；

（二）道路属性有争议的，应当收集相关管理人员、业主等知情人员证言、管理单位或者有关部门出具的证明等；

（三）发生交通事故的，应当收集交通事故认定书、事故路段监控记录、人体

损伤程度等鉴定意见、被害人陈述等;

(四)可能构成自首的,应当收集犯罪嫌疑人到案经过等材料;

(五)其他确有必要收集的证据材料。

第八条　对犯罪嫌疑人血液样本提取、封装、保管、送检、鉴定等程序,按照公安部、司法部有关道路交通安全违法行为处理程序、鉴定规则等规定执行。

公安机关提取、封装血液样本过程应当全程录音录像。血液样本提取、封装应当做好标记和编号,由提取人、封装人、犯罪嫌疑人在血液样本提取笔录上签字。犯罪嫌疑人拒绝签字的,应当注明。提取的血液样本应当及时送往鉴定机构进行血液酒精含量鉴定。因特殊原因不能及时送检的,应当按照有关规范和技术标准保管检材并在五个工作日内送检。

鉴定机构应当对血液样品制备和仪器检测过程进行录音录像。鉴定机构应当在收到送检血液样本后三个工作日内,按照有关规范和技术标准进行鉴定并出具血液酒精含量鉴定意见,通知或者送交委托单位。

血液酒精含量鉴定意见作为证据使用的,办案单位应当自收到血液酒精含量鉴定意见之日起五个工作日内,书面通知犯罪嫌疑人、被告人、被害人或者其法定代理人。

53　司法文书忠于事实原则

53.1　法条规定

第五十三条　公安机关提请批准逮捕书、人民检察院起诉书、人民法院判决书,必须忠实于事实真象。故意隐瞒事实真象的,应当追究责任。

【立法释义】①

本条规定明确了司法文书忠于事实原则,这是证据裁判原则的基本要求。

第一,提请批准逮捕书、起诉书和判决书,应当严格执行法定证明标准,确保司法文书中认定的事实符合事实真象。除上述三项关键文书外,其他的法律文书,也应当忠实于事实真象。

第二,"忠实于事实真象",包括两个方面的要求:一是坚持证据裁判原则,不能在缺乏证据基础的情况下,凭借猜测和推断认定事实。根据非法证据排除规则,非法证据不得作为公安机关提请批准逮捕书、人民检察院起诉书、人民法院判决书中认定案件事实的根据。二是坚持客观全面原则,不能人为裁剪、歪曲、捏造事实,也不得选择性地认定事实。

第三,"故意隐瞒事实真象",是指侦查人员、检察人员、审判人员在提请批准逮捕书、起诉书、判决书中故意弄虚作假,隐瞒事实真象。对于此种情形,构成妨害作证、徇私枉法、滥用职权、玩忽职守等犯罪的,应当依法追究刑事责任;对于尚不够刑事处罚的,应当依照相关规定予以处理。

53.2　规范性文件

53.2.1　裁判文书的释法说理要求

★《最高人民法院关于加强和规范裁判文书释法说理的指导意见》(法发〔2018〕10 号,2018 年 6 月 1 日)

四、裁判文书中对证据的认定,应当结合诉讼各方举证质证以及法庭调查核实证据等情况,根据证据规则,运用逻辑推理和经验法则,必要时使用推定和司法

① 参见王爱立主编书,第 112—113 页。

认知等方法,围绕证据的关联性、合法性和真实性进行全面、客观、公正的审查判断,阐明证据采纳和采信的理由。

五、刑事被告人及其辩护人提出排除非法证据申请的,裁判文书应当说明是否对证据收集的合法性进行调查、证据是否排除及其理由。民事、行政案件涉及举证责任分配或者证明标准争议的,裁判文书应当说明理由。

六、裁判文书应当结合庭审举证、质证、法庭辩论以及法庭调查核实证据等情况,重点针对裁判认定的事实或者事实争点进行释法说理。依据间接证据认定事实时,应当围绕间接证据之间是否存在印证关系、是否能够形成完整的证明体系等进行说理。采用推定方法认定事实时,应当说明推定启动的原因、反驳的事实和理由,阐释裁断的形成过程。

53.2.2 侦查文书的制作规范要求

★《公安规定》(2020)

第六十八条 公安机关提请批准逮捕书、起诉意见书必须忠实于事实真象。故意隐瞒事实真象的,应当依法追究责任。

★《国安规定》(2024)

第七十一条 国家安全机关提请批准逮捕书、起诉意见书必须忠实于事实真相。故意隐瞒事实真相的,应当依法追究责任。

54 收集、调取证据的职权和要求

54.1 法条规定

第五十四条 人民法院、人民检察院和公安机关有权向有关单位和个人收集、调取证据。有关单位和个人应当如实提供证据。

行政机关在行政执法和查办案件过程中收集的物证、书证、视听资料、电子数据等证据材料,在刑事诉讼中可以作为证据使用。

对涉及国家秘密、商业秘密、个人隐私的证据,应当保密。

凡是伪造证据、隐匿证据或者毁灭证据的,无论属于何方,必须受法律追究。

【立法释义】①

本条规定明确了办案机关收集、调取证据的职权和要求。2012 年刑事诉讼法修改增加了行政机关收集的证据材料在刑事诉讼中作为证据使用的规定,同时规定对涉及商业秘密、个人隐私的证据应当保密。关于收集、调取证据的职权和要求,应当关注以下事项:

第一,办案机关收集、调取证据的法定职权。人民法院、人民检察院和公安机关有权向有关单位和个人收集、调取证据。在向有关单位和个人收集、调取隐私证据时,办案机关应当注意保护隐私权。有关单位和个人有义务向办案机关客观、全面提供证据材料,不得隐匿、伪造证据,不得选择性提供证据。

第二,行政机关收集的证据材料。部分刑事案件由担负有关职责的行政机关在行政执法或查办案件过程中依法调查后,再移送刑事侦查机关侦查。行政机关收集的特定类型的证据材料,在刑事诉讼中具有证据资格。具体包括两个限定条件:

一是证据来源。具体限定于"行政机关在行政执法和查办案件过程中收

① 参见王爱立主编书,第 113—116 页。

集”。本条中的“行政执法”，是指行政机关执行行政管理领域的法律法规赋予的职责，例如市场监督管理部门履行市场监管职责，证券监督管理机构履行资本市场监管职责等。本条中的“查办案件”，是指行政机关依法调查、处理行政违法、违纪案件，例如市场监督管理部门查办侵犯知识产权案件等。

二是证据类型。具体限定于“物证、书证、视听资料、电子数据等”客观证据，不包括证人证言等言词证据。对于行政机关收集的证人证言等言词证据，侦查机关应当重新收集。对于物证、书证、视听资料、电子数据等实物证据，如果要求侦查机关重新收集，会增加侦查机关的负担，且很多实物证据实际上无法“重新”收集。

需要强调的是，在证据收集领域，监察机关类似侦查机关，不同于行政机关，所以，监察机关收集的各类证据，包括言词证据，在刑事诉讼中可以作为证据使用。

第三，办案机关的证据保密要求。办案机关在诉讼过程中收集、调取的涉及国家秘密、商业秘密、个人隐私的证据，应当按照保密规定要求妥善保管，不得遗失、泄露。为规范涉密证据在诉讼中的使用，有必要进一步明确此类证据的收集、保管、查阅和质证等程序。

第四，伪造、隐匿、毁灭证据的法律责任。伪造、隐匿、毁灭证据，将导致证据的客观性、全面性受到严重影响，极易导致冤假错案。对伪造、隐匿、毁灭证据的，无论属于何方，必须受法律追究。“受法律追究”，是指对伪造、隐匿、毁灭证据的行为依法追究责任，构成伪证罪、包庇罪、滥用职权罪等犯罪的，依法追究刑事责任；不构成犯罪的，依法给予行政处罚或者处分。

54.2　相关立法

54.2.1　监察机关收集证据的运用

★《中华人民共和国监察法》（2024年12月25日修正）

第三十六条　监察机关依照本法规定收集的物证、书证、证人证言、被调查人供述和辩解、视听资料、电子数据等证据材料，在刑事诉讼中可以作为证据使用。

监察机关在收集、固定、审查、运用证据时，应当与刑事审判关于证据的要求和标准相一致。

以非法方法收集的证据应当依法予以排除，不得作为案件处置的依据。

54.2.2　涉及国家秘密的证据运用

★《中华人民共和国保守国家秘密法》（2024年2月27日修订）

第十三条　下列涉及国家安全和利益的事项，泄露后可能损害国家在政治、经济、国防、外交等领域的安全和利益的，应当确定为国家秘密：

（一）国家事务重大决策中的秘密事项；

（二）国防建设和武装力量活动中的秘密事项；

（三）外交和外事活动中的秘密事项以及对外承担保密义务的秘密事项；

（四）国民经济和社会发展中的秘密事项；

（五）科学技术中的秘密事项；

（六）维护国家安全活动和追查刑事犯罪中的秘密事项；

（七）经国家保密行政管理部门确定的其他秘密事项。

政党的秘密事项中符合前款规定的，属于国家秘密。

第十四条　国家秘密的密级分为绝密、机密、秘密三级。

绝密级国家秘密是最重要的国家秘密，泄露会使国家安全和利益遭受特别严重的损害；机密级国家秘密是重要的国家秘密，泄露会使国家安全和利益遭受严重的损害；秘密级国家秘密是一般的国家秘密，泄露会使国家安全和利益遭受损害。

54.3　司法解释

54.3.1　行政机关、监察机关收集证据的运用

★**《法院解释》**(2021)

第七十五条　行政机关在行政执法和查办案件过程中收集的物证、书证、视听资料、电子数据等证据材料，经法庭查证属实，且收集程序符合有关法律、行政法规规定的，可以作为定案的根据。

根据法律、行政法规规定行使国家行政管理职权的组织，在行政执法和查办案件过程中收集的证据材料，视为行政机关收集的证据材料。

第七十六条　监察机关依法收集的证据材料，在刑事诉讼中可以作为证据使用。

对前款规定证据的审查判断，适用刑事审判关于证据的要求和标准。

【重点解读】①

行政机关在行政执法和查办案件过程中收集的"物证、书证、视听资料、电子数据等证据材料"，在刑事诉讼中可以作为证据使用，对其中的"等"，原则上应作"等内"解释，即通常只限于物证、书证、视听资料、电子数据，不包括鉴定意见，勘验、检查笔录。但是，根据案件具体情况，进入刑事诉讼程序后，如已不具备重新鉴定、勘验、检查的条件，且有证据证明行政机关进行的鉴定、勘验、检查程序合法，相关证据与其他证据相印证，确有必要作"等外"解释的，则可以个案处理。行政机关收集的言词证据，在刑事诉讼中作为证据材料使用的，应当作更严格的限制，即仅限于确实无法重新收集，但又必须使用，且有证据证明取证程序合法、能与其他证据相印证的特殊情形。

★**《检察院规则》**(2019)

第六十四条　行政机关在行政执法和查办案件过程中收集的物证、书证、视听资料、电子数据等证据材料，经人民检察院审查符合法定要求的，可以作为证据使用。

行政机关在行政执法和查办案件过程中收集的鉴定意见、勘验、检查笔录，经人民检察院审查符合法定要求的，可以作为证据使用。

第六十五条　监察机关依照法律规定收集的物证、书证、证人证言、被调查人供述和辩解、视听资料、电子数据等证据材料，在刑事诉讼中可以作为证据使用。

★**《公安规定》**(2020)

第六十三条　公安机关接受或者依法调取的行政机关在行政执法和查办案件过程中收集的物证、书证、视听资料、电子数据、鉴定意见、勘验笔录、检查笔录等证据材料，经公安机关审查符合法定要求的，可以作为证据使用。

---

① 参见李少平主编书，第 196—198 页。

【重点解读】①

行政机关收集的证人证言等言词证据，侦查机关应当重新收集。但物证、书证、视听资料、电子数据等实物证据，如果要求侦查机关重新收集，会增加侦查机关的负担，且很多实物证据实际上无法“重新”收集。

★《国安规定》(2024)

第七十四条 国家安全机关在行政执法和查办案件过程中收集的物证、书证、视听资料、电子数据等证据材料，在刑事诉讼中可以作为证据使用。

国家安全机关接受或者依法调取的其他行政机关在行政执法和查办案件过程中收集的物证、书证、视听资料、电子数据等证据材料，经国家安全机关审查符合法定要求的，在刑事诉讼中可以作为证据使用。根据法律、行政法规规定行使国家行政管理职权的组织，在行政执法和查办案件过程中收集的证据材料，视为行政机关收集的证据材料。

54.3.2 境外证据的运用

★《法院解释》(2021)

第七十七条 对来自境外的证据材料，人民检察院应当随案移送有关材料来源、提供人、提取人、提取时间等情况的说明。经人民法院审查，相关证据材料能够证明案件事实且符合刑事诉讼法规定的，可以作为证据使用，但提供人或者我国与有关国家签订的双边条约对材料的使用范围有明确限制的除外；材料来源不明或者真实性无法确认的，不得作为定案的根据。

当事人及其辩护人、诉讼代理人提供来自境外的证据材料的，该证据材料应当经所在国公证机关证明，所在国中央外交主管机关或者其授权机关认证，并经中华人民共和国驻该国使领馆认证，或者履行中华人民共和国与该所在国订立的有关条约中规定的证明手续，但我国与该国之间有互免认证协定的除外。

第七十八条 控辩双方提供的证据材料涉及外国语言、文字的，应当附中文译本。

【最高人民检察院指导性案例】

[检例第 67 号]张凯闵等 52 人电信网络诈骗案

办案要旨：跨境电信网络诈骗犯罪往往涉及大量的境外证据和庞杂的电子数据。对境外获取的证据应着重审查合法性，对电子数据应着重审查客观性。

【刑事审判参考案例】

[第 578 号]沈容焕合同诈骗案

裁判要旨：由外国司法机关进行的调查取证，只要具备完整的证据属性，即客观性、关联性和合法性，就可对该证据进行认定。但是，对该证据的证明价值，人民法院应当结合案件的其他证据作出判断，不能因为该证据是外国司法机关提供的就直接确认其效力。对于当事人及其辩护人、诉讼代理人向法院提供的在我国领域外形成的证据，应经所在国公证机关证明、所在国外交部或者其授权机关认证，并经我国驻该国使、领馆认证。无论是公安机关、检察机关通过司法协助取得的外文书证，还是当事人及其辩护人、诉讼代理人提供的外文书证，都应由证据提供者将外文书证交有资质的翻译机构进行翻译。

---

① 参见孙茂利主编书，第 155—157 页。

54.4 规范性文件

54.4.1 审判中心改革的取证要求

★《最高人民法院、最高人民检察院、公安部、国家安全部、司法部关于推进以审判为中心的刑事诉讼制度改革的意见》(法发〔2016〕18号,2016年7月20日)

二、严格按照法律规定的证据裁判要求,没有证据不得认定犯罪事实。侦查机关侦查终结,人民检察院提起公诉,人民法院作出有罪判决,都应当做到犯罪事实清楚,证据确实、充分。

侦查机关、人民检察院应当按照裁判的要求和标准收集、固定、审查、运用证据,人民法院应当按照法定程序认定证据,依法作出裁判。

人民法院作出有罪判决,对于证明犯罪构成要件的事实,应当综合全案证据排除合理怀疑,对于量刑证据存疑的,应当作出有利于被告人的认定。

三、建立健全符合裁判要求、适应各类案件特点的证据收集指引。探索建立命案等重大案件检查、搜查、辨认、指认等过程录音录像制度。完善技术侦查证据的移送、审查、法庭调查和使用规则以及庭外核实程序。统一司法鉴定标准和程序。完善见证人制度。

54.4.2 经济犯罪案件的取证规范

★《最高人民检察院、公安部关于公安机关办理经济犯罪案件的若干规定》(公通字〔2017〕25号,2017年11月24日)

第三十五条 公安机关办理经济犯罪案件,应当及时进行侦查,依法全面、客观、及时地收集、调取、固定、审查能够证实犯罪嫌疑人有罪或者无罪、罪重或者罪轻以及与涉案财物有关的各种证据,并防止犯罪嫌疑人逃匿、销毁证据或者转移、隐匿涉案财物。

严禁调取与经济犯罪案件无关的证据材料,不得以侦查犯罪为由滥用侦查措施为他人收集民事诉讼证据。

第三十六条 公安机关办理经济犯罪案件,应当遵守法定程序,遵循有关技术标准,全面、客观、及时地收集、提取电子数据;人民检察院应当围绕真实性、合法性、关联性审查判断电子数据。

依照规定程序通过网络在线提取的电子数据,可以作为证据使用。

第三十七条 公安机关办理经济犯罪案件,需要采取技术侦查措施的,应当严格依照有关法律、规章和规范性文件规定的范围和程序办理。

第三十八条 公安机关办理非法集资、传销以及利用通讯工具、互联网等技术手段实施的经济犯罪案件,确因客观条件的限制无法逐一收集被害人陈述、证人证言等相关证据的,可以结合已收集的言词证据和依法收集并查证属实的物证、书证、视听资料、电子数据等实物证据,综合认定涉案人员人数和涉案资金数额等犯罪事实,做到证据确实、充分。

第三十九条 公安机关办理生产、销售伪劣商品犯罪案件、走私犯罪案件、侵犯知识产权犯罪案件,对同一批次或者同一类型的涉案物品,确因实物数量较大,无法逐一勘验、鉴定、检测、评估的,可以委托或者商请有资格的鉴定机构、专业机构或者行政执法机关依照程序按照一定比例随机抽样勘验、鉴定、检测、评估,并由其制作取样记录和出具相关书面意见。有关抽样勘验、鉴定、检测、评估的结果可以作为该批次或者该类型全部涉案物品的勘验、鉴定、检测、评估结果，但是不符合法定程序，且不能补正或者作出合理解释，可能严重影响案件公正处理的除外。

法律、法规和规范性文件对鉴定机构或者抽样方法另有规定的，从其规定。

第四十三条　人民检察院在审查逮捕、审查起诉中发现公安机关办案人员以非法方法收集犯罪嫌疑人供述、被害人陈述、证人证言等证据材料的，应当依法排除非法证据并提出纠正意见。需要重新调查取证的，经县级以上公安机关负责人批准，应当另行指派办案人员重新调查取证。必要时，人民检察院也可以自行收集犯罪嫌疑人供述、被害人陈述、证人证言等证据材料。

公安机关发现收集物证、书证不符合法定程序，可能严重影响司法公正的，应当要求办案人员予以补正或者作出合理解释；不能补正或者作出合理解释的，应当依法予以排除，不得作为提请批准逮捕、移送审查起诉的依据。

人民检察院发现收集物证、书证不符合法定程序，可能严重影响司法公正的，应当要求公安机关予以补正或者作出合理解释，不能补正或者作出合理解释的，应当依法予以排除，不得作为批准逮捕、提起公诉的依据。

第四十四条　对民事诉讼中的证据材料，公安机关在立案后应当依照刑事诉讼法以及相关司法解释的规定进行审查或者重新收集。未经查证核实的证据材料，不得作为刑事证据使用。

54.4.3　电信网络诈骗案件的取证规范

★《最高人民法院、最高人民检察院、公安部关于办理电信网络诈骗等刑事案件适用法律若干问题的意见》（法发〔2016〕32 号，2016 年 12 月 19 日）

六、证据的收集和审查判断

（一）办理电信网络诈骗案件，确因被害人人数众多等客观条件的限制，无法逐一收集被害人陈述的，可以结合已收集的被害人陈述，以及经查证属实的银行账户交易记录、第三方支付结算账户交易记录、通话记录、电子数据等证据，综合认定被害人人数及诈骗资金数额等犯罪事实。

（二）公安机关采取技术侦查措施收集的案件证明材料，作为证据使用的，应当随案移送批准采取技术侦查措施的法律文书和所收集的证据材料，并对其来源等作出书面说明。

（三）依照国际条约、刑事司法协助、互助协议或平等互助原则，请求证据材料所在地司法机关收集，或通过国际警务合作机制、国际刑警组织启动合作取证程序收集的境外证据材料，经查证属实，可以作为定案的依据。公安机关应对其来源、提取人、提取时间或者提供人、提供时间以及保管移交的过程等作出说明。

对其他来自境外的证据材料，应当对其来源、提供人、提供时间以及提取人、提取时间进行审查。能够证明案件事实且符合刑事诉讼法规定的，可以作为证据使用。

★《最高人民法院、最高人民检察院、公安部关于办理电信网络诈骗等刑事案件适用法律若干问题的意见（二）》（法发〔2021〕22 号，2021 年 6 月 17 日）

十三、办案地公安机关可以通过公

安机关信息化系统调取异地公安机关依法制作、收集的刑事案件受案登记表、立案决定书、被害人陈述等证据材料。调取时不得少于两名侦查人员，并应记载调取的时间、使用的信息化系统名称等相关信息，调取人签名并加盖办案地公安机关印章。经审核证明真实的，可以作为证据使用。

十四、通过国（区）际警务合作收集或者境外警方移交的境外证据材料，确因客观条件限制，境外警方未提供相关证据的发现、收集、保管、移交情况等材料的，公安机关应当对上述证据材料的来源、移交过程以及种类、数量、特征等作出书面说明，由两名以上侦查人员签名并加盖公安机关印章。经审核能够证明案件事实的，可以作为证据使用。

54.4.4　证券期货案件的取证规范

★《最高人民法院、最高人民检察院、公安部、中国证券监督管理委员会关于办理证券期货违法犯罪案件工作若干问题的意见》（高检发办字〔2024〕105 号，2024 年 4 月 16 日）

14. 证券期货违法犯罪行为具有专业、隐蔽的特征，为揭露证实违法犯罪，对可以用于证明案件事实的证据应当做到“应收集尽收集、尽早收集”。在侦查证券期货犯罪案件时发现犯罪嫌疑人另有其他罪行的，除依法移交有管辖权的部门处理以外，应当一并进行全面侦查取证。

15. 注重收集提取物证、书证、电子数据等客观证据。收集提取电子数据应当遵守法定程序、遵循有关技术标准，保证电子数据的真实性、合法性、完整性。

证券交易场所、期货交易场所、证券登记结算机构、期货保证金监控机构以及证券公司、期货公司留存的证券期货委托记录、交易记录、交易终端设备信息和登记存管结算资料等电子数据，调取时应当以电子光盘或者其他载体复制原始数据，附制作方法、制作时间、制作人、完整性校验值等说明，并由制作人和原始电子数据持有人签名或盖章。

发行人、上市公司或者其他信息披露义务人在证券交易场所的网站和符合证券期货监管机构规定条件的媒体发布的信息披露公告，其打印件或者据此制作的电子光盘、其他载体，经核对无误并附来源、制作人、制作时间、制作地点等说明的，可以作为刑事证据使用。

16. 证券期货监管机构在行政执法中，虽未能调取到直接证明证券期货违法行为的证据，但其他证据高度关联、相互印证，形成证据链条的，可以根据明显优势证据标准综合认定违法事实。

公安机关、人民检察院、人民法院办理证券期货犯罪案件，应当做到犯罪事实清楚，证据确实、充分。没有犯罪嫌疑人、被告人供述，证据确实、充分的，可以认定案件事实。

办理涉众型证券期货违法犯罪案件，因客观条件限制无法逐一收集言词证据的，可以根据已依法收集并查证属实的客观证据、言词证据，综合认定资金数额、损失数额等犯罪事实。

17. 行政机关在行政执法和查办案件过程中收集的物证、书证、视听资料、电子数据等客观性证据材料，经法定程序查证属实且收集程序符合有关法律、行政法规规定的，在刑事诉讼程序中可以作为定案的根据。

18. 公安机关、人民检察院、人民法院可以就案件涉及的证券期货专业问题，商请证券期货监管机构出具专业认定意见，作为认定案件事实的参考。证券期货监管机构作出行政处罚的案件，进入刑事诉讼程序后主要事实和证据没有发生重大变化的，公安机关、人民检察院、人民法院可以参考行政处罚决定的认定意见。

出具专业认定意见不是办理证券期货刑事案件的必经程序。公安机关、人民检察院、人民法院应当依法认定案件事实的性质，没有专业认定意见的，不影响案件的侦查终结、提起公诉和作出判决。

54.4.5　侦查机关调取证据的规范

★《公安规定》(2020)

第六十一条　公安机关向有关单位和个人收集、调取证据时，应当告知其必须如实提供证据。

对涉及国家秘密、商业秘密、个人隐私的证据，应当保密。

对于伪造证据、隐匿证据或者毁灭证据的，应当追究其法律责任。

第六十二条　公安机关向有关单位和个人调取证据，应当经办案部门负责人批准，开具调取证据通知书，明确调取的证据和提供时限。被调取单位及其经办人、持有证据的个人应当在通知书上盖章或者签名，拒绝盖章或者签名的，公安机关应当注明。必要时，应当采用录音录像方式固定证据内容及取证过程。

★《国安规定》(2024)

第七十二条　国家安全机关有权向有关单位和个人收集、调取证据，并告知其应当如实提供证据。

对于伪造、隐匿或者毁灭证据的，应当追究其法律责任。

第七十三条　对涉及国家秘密、商业秘密、个人隐私的证据，应当保密。记录、存储、传递、查阅、摘抄、复制相关证据时，应当采取必要的保密措施，保护证据的具体内容和来源。

第七十五条　国家安全机关向有关单位和个人调取证据时，应当经国家安全机关负责人批准，开具调取证据通知书，明确调取的证据和提供时限。被调取单位及其经办人、持有证据的个人应当在通知书回执上盖章或者签名。必要时，应当采用录音录像方式固定证据内容及取证过程。

第七十六条　国家安全机关调取证据时，应当会同证据的持有人或者保管人查点清楚，当场制作调取证据清单一式三份，由侦查人员、证据持有人或者保管人签名，一份交证据持有人或者保管人，一份附卷备查，一份交物证保管人。

调取证据的侦查人员不得少于二人。

54.5　指导与参考案例

54.5.1　治安案件中收集的证据材料的使用

【人民法院案例库案例】

[入库编号：2024－18－1－371－001]王某余、秦某英容留卖淫案——公安机关办理治安案件收集的证据材料在刑事诉讼中的使用

裁判要旨：行政机关在行政执法过程中收集的物证、书证、视听资料、电子数据，在刑事诉讼中可以作为证据使用；与之不同，所收集的言词证据在刑事诉讼中一般不得直接作为证据使用，而应当重新收集或者予以转化。对重新收集或者转化的证据材料，经法庭查

证属实，且收集程序符合有关法律、行政法规规定的，才可以作为定案的根据。公安机关在办理治安案件中收集证据材料，亦应适用上述规则。

55　证明原则和证明标准

55.1　法条规定

第五十五条　对一切案件的判处都要重证据，重调查研究，不轻信口供。只有被告人供述，没有其他证据的，不能认定被告人有罪和处以刑罚；没有被告人供述，证据确实、充分的，可以认定被告人有罪和处以刑罚。

证据确实、充分，应当符合以下条件：

（一）定罪量刑的事实都有证据证明；

（二）据以定案的证据均经法定程序查证属实；

（三）综合全案证据，对所认定事实已排除合理怀疑。

【立法释义】①

本条规定明确了刑事诉讼的证明原则和证明标准。2012 年刑事诉讼法修改增加了排除合理怀疑的要素。关于证明原则和证明标准，应当关注以下事项：

第一，重证据，重调查研究，不轻信口供原则。本条规定中的“重证据”，是指办案人员要坚持证据裁判原则，依法客观全面收集证据，重视证据的审查和运用，不能凭借猜测和推断办案，不能脱离证据认定案件事实。“重调查研究”，是指办案人员要重视案件事实调查，及时准确识别事实证据存在的风险和问题，不能主观臆断，不能单纯凭借经验办案。“不轻信口供”，是指摒弃“口供中心”的观念和做法，改变“由供到证”的办案模式，重视实物证据、科学证据的收集、审查和运用。当口供与其他证据存在矛盾时，不能简单地用口供否定其他证据特别是实物证据和科学证据。这一规定并非否定口供的证明价值。犯罪嫌疑人、被告人供述作为直接证据，能够一步到位证明案件事实，如能依法客观收集，具有很强的证明价值，但如果不注意审查供述的合法性、自愿性和客观性，就很容易导致冤假错案。

第二，供述的分析方法。关于供述的分析，主要包括以下规则：

一是“孤证不能定案规则”。即只有被告人供述，没有其他证据的，不能认定被告人有罪和处以刑罚。本条中的“只有被告人供述，没有其他证据”，是指案件中除被告人供述外，虽有一些证据，但这些证据只能证明犯罪事实发生，不能证明被告人与犯罪事实的关联。此种情况下，因“没有其他证据”能够认定被告人犯罪，加上被告人供述存在不稳定性和诸多风险，为切实防止冤假错案，依法不能认定被告人有罪。

二是“零口供定案规则”。即没有被告人供述，证据确实、充分的，可以认定被告人有罪和处以刑罚。本条中的“没有被告人供述”，是指被告人自始不认罪，从未作出认罪供述，此种情况下，如果其他证据确实、充分，能够达到法定证明标准，亦可认定被告人有罪和处以刑罚。这是对中国古代“无供不录案”规则的法律超越，有助于避免强迫犯罪嫌疑人、被告人认罪等违法做法。

---

① 参见王爱立主编书，第 116—119 页。

需要指出的是，如果被告人曾经作出认罪供述，随后翻供，并不属于“没有被告人供述”的情形，对于认罪后翻供的情形，需要结合其他证据审查判断被告人供述和辩解的可靠性。

第三，“证据确实、充分”的证明标准。本法关于侦查终结、提起公诉、认定有罪等重要程序决定的要求，都应当达到“证据确实、充分”的证明标准。根据本条规定，“证据确实、充分”应当符合三个条件：

一是“定罪量刑的事实都有证据证明”。这是证据裁判原则的基本要求，并且明确了刑事诉讼的证明对象。强调定罪量刑事实都有证据证明，要求办案机关依法全面收集与定罪量刑有关的证据，并要求辩护人积极收集有利于被告人的线索和证据。

二是“据以定案的证据均经法定程序查证属实”。这是未经质证不得认证等原则的基本要求。在法庭审判环节，法庭应当依法排除非法证据和不可靠的证据，确保定案证据具有证据资格和证明力。

三是“综合全案证据，对所认定事实已排除合理怀疑”。这是对自由心证形成内心确信的总体要求。“综合全案证据”，是指对全案证据进行综合分析，结合时间、因果和逻辑等证明链条，有效识别证据风险、证据矛盾和证据疏漏等问题。“排除合理怀疑”，是指所认定的事实符合逻辑和经验法则，能够得出唯一结论，并且能够排除被告人无罪的现实的可能性。强调“排除合理怀疑”，从主观方面进一步明确了“证据确实、充分”的含义，能够从“证实”和“证伪”两个维度，全面客观准确地认定案件事实。

55.2　司法解释

55.2.1　证据审查的基本原则

★《法院解释》(2021)

第一百三十九条　对证据的真实性，应当综合全案证据进行审查。

对证据的证明力，应当根据具体情况，从证据与案件事实的关联程度、证据之间的联系等方面进行审查判断。

★《检察院规则》(2019)

第六十二条　证据的审查认定，应当结合案件的具体情况，从证据与待证事实的关联程度、各证据之间的联系、是否依照法定程序收集等方面进行综合审查判断。

★《最高人民法院关于建立健全防范刑事冤假错案工作机制的意见》(法发〔2013〕11 号，2013 年 10 月 9 日)

5. 坚持证据裁判原则。认定案件事实，必须以证据为根据。应当依照法定程序审查、认定证据。认定被告人有罪，应当适用证据确实、充分的证明标准。

7. 重证据，重调查研究，切实改变“口供至上”的观念和做法，注重实物证据的审查和运用。只有被告人供述，没有其他证据的，不能认定被告人有罪。

★《最高人民法院、最高人民检察院、公安部、国家安全部、司法部关于办理死刑案件审查判断证据若干问题的规定》(法发〔2010〕20 号，2010 年 6 月 13 日)

第三十二条　对证据的证明力，应当结合案件的具体情况，从各证据与待证事实的关联程度、各证据之间的联系等方面进行审查判断。

证据之间具有内在的联系，共同指向同一待证事实，且能合理排除矛盾的,才能作为定案的根据。

55.2.2　间接证据的定案规则

★《法院解释》(2021)

第一百四十条　没有直接证据,但间接证据同时符合下列条件的,可以认定被告人有罪:

(一)证据已经查证属实;

(二)证据之间相互印证,不存在无法排除的矛盾和无法解释的疑问;

(三)全案证据形成完整的证据链;

(四)根据证据认定案件事实足以排除合理怀疑,结论具有唯一性;

(五)运用证据进行的推理符合逻辑和经验。

★**《最高人民法院、最高人民检察院、公安部、国家安全部、司法部关于办理死刑案件审查判断证据若干问题的规定》**(法发〔2010〕20 号,2010 年 6 月 13 日)

第三十三条　没有直接证据证明犯罪行为系被告人实施,但同时符合下列条件的可以认定被告人有罪:

(一)据以定案的间接证据已经查证属实;

(二)据以定案的间接证据之间相互印证,不存在无法排除的矛盾和无法解释的疑问;

(三)据以定案的间接证据已经形成完整的证明体系;

(四)依据间接证据认定的案件事实,结论是唯一的,足以排除一切合理怀疑;

(五)运用间接证据进行的推理符合逻辑和经验判断。

根据间接证据定案的,判处死刑应当特别慎重。

【重点解读】

对于犯罪嫌疑人、被告人拒不认罪,又没有其他直接证据的案件,可以基于间接证据认定案件事实。间接证据的定案规则,体现了复杂案件证据分析的基本要求,对于存在直接证据的案件同样适用。其中,最核心的要求是综合全案证据得出唯一结论,如果全案证据不能得出唯一结论,就意味着未能排除合理怀疑,也就未能达到法定证明标准。需要强调的是,根据间接证据定案的,判处死刑应当特别慎重。

【刑事审判参考案例】

[第 512 号]杨飞故意杀人案

裁判要旨:在没有直接证据的情况下,单纯运用间接证据定案需要特别慎重。间接证据不能直接证明案件的主要事实,须同其他证据相结合才具有证明作用。间接证据的运用不仅取决于间接证据本身的真实性,也取决于它在证据体系中的地位及其与案件之间的客观联系。所有间接证据形成证据链条后可得出唯一的、排他的结论。

55.2.3　隐蔽性证据的先供后证规则

★《法院解释》(2021)

第一百四十一条　根据被告人的供述、指认提取到了隐蔽性很强的物证、书证,且被告人的供述与其他证明犯罪事实发生的证据相互印证,并排除串供、逼供、诱供等可能性的,可以认定被告人有罪。

★**《最高人民法院、最高人民检察院、公安部、国家安全部、司法部关于办理死刑案件审查判断证据若干问题的规定》**(法发〔2010〕20 号,2010 年 6 月 13 日)

第三十四条　根据被告人的供述、指认提取到了隐蔽性很强的物证、书证,且与其他证明犯罪事实发生的证据互相印证,并排除串供、逼供、诱供等可能性的,可以认定有罪。

【重点解读】

从供证关系角度看,隐蔽性证据的先供后证,能够显示出被告人对案件特殊细节的知情程度,对审查判断有关证据的证明价值具有重要意义。"隐蔽性很强的物证、书证",是指在犯罪现场或者其他场所不容易被发现,且能建立被告人与犯罪事实之间关联的物证、书证(等客观证据)。这种先供后证关系,是指办案机关此前尚未发现有关隐蔽性证据,而是在被告人归案后,根据其供述、指认才发现、提取有关证据。如果办案机关已经发现有关证据,只是在被告人归案后才予以提取,则不属于先供后证。为审查先供后证是否成立,需要关注取证过程的时间顺序。对于隐蔽性证据的先供后证情形,还需确定被告人的供述与其他证明犯罪事实发生的证据互相印证,并排除串供、逼供、诱供等可能性,才能认定被告人有罪。

55.2.4　量刑事实的证明要求

★**《法院解释》**(2021)

第一百四十二条　对监察机关、侦查机关出具的被告人到案经过、抓获经过等材料,应当审查是否有出具该说明材料的办案人员、办案机关的签名、盖章。

对到案经过、抓获经过或者确定被告人有重大嫌疑的根据有疑问的,应当通知人民检察院补充说明。

第一百四十四条　证明被告人自首、坦白、立功的证据材料,没有加盖接受被告人投案、坦白、检举揭发等的单位的印章,或者接受人员没有签名的,不得作为定案的根据。

对被告人及其辩护人提出有自首、坦白、立功的事实和理由,有关机关未予认定,或者有关机关提出被告人有自首、坦白、立功表现,但证据材料不全的,人民法院应当要求有关机关提供证明材料,或者要求有关人员作证,并结合其他证据作出认定。

第一百四十五条　证明被告人具有累犯、毒品再犯情节等的证据材料,应当包括前罪的裁判文书、释放证明等材料;材料不全的,应当通知人民检察院提供。

★**《最高人民法院、最高人民检察院、公安部、国家安全部、司法部关于办理死刑案件审查判断证据若干问题的规定》**(法发〔2010〕20号,2010年6月13日)

第三十六条　在对被告人作出有罪认定后,人民法院认定被告人的量刑事实,除审查法定情节外,还应审查以下影响量刑的情节:

(一)案件起因;

(二)被害人有无过错及过错程度,是否对矛盾激化负有责任及责任大小;

(三)被告人的近亲属是否协助抓获被告人;

(四)被告人平时表现及有无悔罪态度;

(五)被害人附带民事诉讼赔偿情况,被告人是否取得被害人或者被害人近亲属谅解;

(六)其他影响量刑的情节。

既有从轻、减轻处罚等情节,又有从重处罚等情节的,应当依法综合相关情节予以考虑。

不能排除被告人具有从轻、减轻处罚等量刑情节的,判处死刑应当特别慎重。

第三十九条 被告人及其辩护人提出有自首的事实及理由,有关机关未予认定的,应当要求有关机关提供证明材料或者要求相关人员作证,并结合其他证据判断自首是否成立。

被告人是否协助或者如何协助抓获同案犯的证明材料不全,导致无法认定被告人构成立功的,应当要求有关机关提供证明材料或者要求相关人员作证,并结合其他证据判断立功是否成立。

被告人有检举揭发他人犯罪情形的,应当审查是否已经查证属实;尚未查证的,应当及时查证。

被告人累犯的证明材料不全,应当要求有关机关提供证明材料。

【重点解读】

尽管法律确立了存疑有利于被告人原则,但对于影响量刑的证据存在遗漏、疑问或者瑕疵的情形,具备补查补正条件的情形,法院并非径行作出裁判,而是应当通知人民检察院补充完善证据。在补查补正基础上,法院基于全案证据作出最终的裁判。关于影响案件事实认定的嫌疑依据,影响量刑的从宽处罚情节,以及影响量刑的从重处罚情节,都应当按照规范的要求补查补正。不能排除被告人具有从轻、减轻处罚等量刑情节的,判处死刑应当特别慎重。

55.2.5 特殊言词证据的采信规则

★**《法院解释》**(2021)

第一百四十三条 下列证据应当慎重使用,有其他证据印证的,可以采信:

(一)生理上、精神上有缺陷,对案件事实的认知和表达存在一定困难,但尚未丧失正确认知、表达能力的被害人、证人和被告人所作的陈述、证言和供述;

(二)与被告人有亲属关系或者其他密切关系的证人所作的有利于被告人的证言,或者与被告人有利害冲突的证人所作的不利于被告人的证言。

【重点解读】①

言词证据是刑事诉讼中的常见证据形式,本身含有较大的信息量,具有较强的证明力,能够证明案件的全部或者主要事实,作为直接证据使用。但是,言词证据是以作证主体的言词形式存在,容易受到作证主体自身因素的影响,容易发生变化,甚至出现虚假的情况。因此,对言词证据的审查需要根据其特点认真进行,特别是对特殊作证主体出具的言词证据,应当慎重使用,审慎采信。

★**《最高人民法院、最高人民检察院、公安部、国家安全部、司法部关于办理死刑案件审查判断证据若干问题的规定》**(法发〔2010〕20号,2010年6月13日)

第三十七条 对于有下列情形的证据应当慎重使用,有其他证据印证的,可以采信:

(一)生理上、精神上有缺陷的被害人、证人和被告人,在对案件事实的认知和表达上存在一定困难,但尚未丧失正确认知、正确表达能力而作的陈述、证言和供述;

(二)与被告人有亲属关系或者其他密切关系的证人所作的对该被告人有利的证言,或者与被告人有利害冲突的证人所作的对该被告人不利的证言。

---

① 参见李少平主编书,第252—253页。

55.2.6　法定责任年龄的证明标准

★《法院解释》(2021)

第一百四十六条　审查被告人实施被指控的犯罪时或者审判时是否达到相应法定责任年龄,应当根据户籍证明、出生证明文件、学籍卡、人口普查登记、无利害关系人的证言等证据综合判断。

证明被告人已满十二周岁、十四周岁、十六周岁、十八周岁或者不满七十五周岁的证据不足的,应当作出有利于被告人的认定。

【重点解读】①

对被告人处于相应法定责任年龄的认定,影响被告人是否负刑事责任或者所负刑事责任的大小,因此,应当采取严格的标准,要求认定的证据确实充分、排除合理怀疑,不能适用优势证据标准。基于存疑有利于被告人原则,证明被告人处于相应法定责任年龄的证据不足的,应当作出有利于被告人的认定。

★**《最高人民法院、最高人民检察院、公安部、国家安全部、司法部关于办理死刑案件审查判断证据若干问题的规定》**(法发〔2010〕20 号,2010 年 6 月 13 日)

第四十条　审查被告人实施犯罪时是否已满十八周岁,一般应当以户籍证明为依据;对户籍证明有异议,并有经查证属实的出生证明文件、无利害关系人的证言等证据证明被告人不满十八周岁的,应认定被告人不满十八周岁;没有户籍证明以及出生证明文件的,应当根据人口普查登记、无利害关系人的证言等证据综合进行判断,必要时,可以进行骨龄鉴定,并将结果作为判断被告人年龄的参考。

未排除证据之间的矛盾,无充分证据证明被告人实施被指控的犯罪时已满十八周岁且确实无法查明的,不能认定其已满十八周岁。

55.2.7　疑罪从无的认定规则

★《检察院规则》(2019)

第六十三条　人民检察院侦查终结或者提起公诉的案件,证据应当确实、充分。证据确实、充分,应当符合以下条件:

(一)定罪量刑的事实都有证据证明;

(二)据以定案的证据均经法定程序查证属实;

(三)综合全案证据,对所认定事实已排除合理怀疑。

【重点解读】②

“排除合理怀疑”表示的是一种主观心理状态,是指对于认定的事实,已经没有符合常理的、有根据的怀疑,达到确信的程度。所谓“合理怀疑”,是指建立在一定的理由之上,有合理根据的怀疑,那些没有根据的任意猜测、怀疑或者推测,不是合理怀疑。

★**《最高人民法院关于建立健全防范刑事冤假错案工作机制的意见》**(法发〔2013〕11 号,2013 年 10 月 9 日)

6. 定罪证据不足的案件,应当坚持疑罪从无原则,依法宣告被告人无罪,不得降格作出“留有余地”的判决。

定罪证据确实、充分,但影响量刑的证据存疑的,应当在量刑时作出有利于被告人的处理。

---

① 参见李少平主编书,第 254—255 页。

② 参见童建明、万春主编释义书,第 74—75 页。

死刑案件，认定对被告人适用死刑的事实证据不足的，不得判处死刑。

★《最高人民法院、最高人民检察院、公安部、国家安全部、司法部关于推进以审判为中心的刑事诉讼制度改革的意见》（法发〔2016〕18号，2016年7月20日）

二、严格按照法律规定的证据裁判要求，没有证据不得认定犯罪事实。侦查机关侦查终结，人民检察院提起公诉，人民法院作出有罪判决，都应当做到犯罪事实清楚，证据确实、充分。

侦查机关、人民检察院应当按照裁判的要求和标准收集、固定、审查、运用证据，人民法院应当按照法定程序认定证据，依法作出裁判。

人民法院作出有罪判决，对于证明犯罪构成要件的事实，应当综合全案证据排除合理怀疑，对于量刑证据存疑的，应当作出有利于被告人的认定。

十五、严格依法裁判。人民法院经审理，对案件事实清楚，证据确实、充分，依据法律认定被告人有罪的，应当作出有罪判决。依据法律规定认定被告人无罪的，应当作出无罪判决。证据不足，不能认定被告人有罪的，应当按照疑罪从无原则，依法作出无罪判决。

55.3　规范性文件

55.3.1　死刑案件的证明标准

★《最高人民法院、最高人民检察院、公安部、国家安全部、司法部关于办理死刑案件审查判断证据若干问题的规定》（法发〔2010〕20号，2010年6月13日）

第五条　办理死刑案件，对被告人犯罪事实的认定，必须达到证据确实、充分。

证据确实、充分是指：

（一）定罪量刑的事实都有证据证明；

（二）每一个定案的证据均已经法定程序查证属实；

（三）证据与证据之间、证据与案件事实之间不存在矛盾或者矛盾得以合理排除；

（四）共同犯罪案件中，被告人的地位、作用均已查清；

（五）根据证据认定案件事实的过程符合逻辑和经验规则，由证据得出的结论为唯一结论。

办理死刑案件，对于以下事实的证明必须达到证据确实、充分：

（一）被指控的犯罪事实的发生；

（二）被告人实施了犯罪行为与被告人实施犯罪行为的时间、地点、手段、后果以及其他情节；

（三）影响被告人定罪的身份情况；

（四）被告人有刑事责任能力；

（五）被告人的罪过；

（六）是否共同犯罪及被告人在共同犯罪中的地位、作用；

（七）对被告人从重处罚的事实。

★《最高人民法院关于建立健全防范刑事冤假错案工作机制的意见》（法发〔2013〕11号，2013年10月9日）

6. 定罪证据不足的案件，应当坚持疑罪从无原则，依法宣告被告人无罪，不得降格作出“留有余地”的判决。

定罪证据确实、充分，但影响量刑的证据存疑的，应当在量刑时作出有利于被告人的处理。

死刑案件，认定对被告人适用死刑的事实证据不足的，不得判处死刑。

【刑事审判参考案例】

［第572号］寸跃先抢劫案

裁判要旨：死刑案件，关乎人命，对证据审查、事实认定的要求也更高，必须确保定案证据确实、充分，对证据裁判原则的严格贯彻尤为必要。在侦查阶段，要及时、全面收集、固定案件证据，特别是客观性证据，防止取证工作上的疏漏导致对事实认定留下事后难以弥补的缺憾；在审判阶段，要严格依法对每一项证据进行庭审质证，准确认定每一证据的效力和证明力，避免因质证工作不到位而在事实认定上"带病"采信证据从而作出有"瑕疵"的裁判结论。

［第655号］朱某故意杀人、盗窃案

裁判要旨：死刑的适用具有不可逆转性，对犯罪事实的存在，特别是被告人实施的犯罪行为的认定应当达到确定无疑、排除一切合理怀疑的程度。审理死刑案件既要能从正面肯定的角度做到内心确信无疑，又要能从反面否定的角度做到排除合理怀疑得出唯一结论，否则就不能作出有罪认定的裁判。办理死刑案件，对经审查后发现事实不清、证据不足、不能做到排除合理怀疑得出唯一结论的，坚决不予判处死刑或者核准死刑，防止出现冤假错案，确保死刑案件的审判质量万无一失。

［第682号］罗某故意杀人、放火案

裁判要旨：死刑案件是否达到证据确实、充分，最根本、最重要的评判尺度是：全案证据对于待证事实要达到充分的程度，证据之间相互印证，构成完整的证明体系，得出的结论是唯一的。由于缺乏案发时被告人是否在犯罪现场的证据，缺少证明被告人实施杀人、放火行为的客观性证据，被害人死亡原因、致死凶器与被告人供述没有达到"供证一致"，全案证据尚未达到判处死刑的证据标准。

［第762号］苏光虎故意杀人案

裁判要旨：死刑案件的证明标准是排除任何合理怀疑，在案件事实仅有被告人本人的供述作为直接证据，且在其供述未能得到其他证据补强的情况下，在案的证据不能形成完整证据链，得出是被告人作案的唯一结论。

55.3.2 扰乱无线电通讯管理秩序案件的专门性问题

★《最高人民法院、最高人民检察院关于办理扰乱无线电通讯管理秩序等刑事案件适用法律若干问题的解释》（法释〔2017〕11号，2017年6月27日）

第九条　对案件所涉的有关专门性问题难以确定的，依据司法鉴定机构出具的鉴定意见，或者下列机构出具的报告，结合其他证据作出认定：

（一）省级以上无线电管理机构、省级无线电管理机构依法设立的派出机构、地市级以上广播电视主管部门就是否系"伪基站""黑广播"出具的报告；

（二）省级以上广播电视主管部门及其指定的检测机构就"黑广播"功率、覆盖范围出具的报告；

（三）省级以上航空、铁路、船舶等主管部门就是否干扰导航、通信等出具的报告。

对移动终端用户受影响的情况，可以依据相关通信运营商出具的证明，结合被告人供述、终端用户证言等证据作出认定。

55.3.3　移送审查起诉的证明标准

★《公安规定》(2020)

第七十条　公安机关移送审查起诉的案件，应当做到犯罪事实清楚，证据确实、充分。

证据确实、充分，应当符合以下条件：

（一）认定的案件事实都有证据证明；

（二）认定案件事实的证据均经法定程序查证属实；

（三）综合全案证据，对所认定事实已排除合理怀疑。

对证据的审查，应当结合案件的具体情况，从各证据与待证事实的关联程度、各证据之间的联系等方面进行审查判断。

只有犯罪嫌疑人供述，没有其他证据的，不能认定案件事实；没有犯罪嫌疑人供述，证据确实、充分的，可以认定案件事实。

【重点解读】①

只有做到犯罪事实清楚，证据确实、充分的，公安机关才可以移送审查起诉；对于事实不清、证据不足的，不符合移送审查起诉的条件，公安机关不得移送审查起诉，应当继续开展侦查工作。

55.4　指导与参考案例

55.4.1　法定责任年龄的认定规则

【最高人民法院公报案例】

上海市长宁区人民检察院诉韩某某盗窃案②

裁判要旨：刑事案件被告人年龄认定尤其是临界年龄认定发生争议，穷尽证据调查和证明手段仍无法查明，或者查实的证据有瑕疵、相互矛盾或者证明力较低的，一般采用以下规则处理：一是户籍优先原则。《出生医学证明》是户口登记机关登记出生的重要依据，公安机关作出确认当事人身份关系包括年龄的具体行政行为具有法律效力。在调取的户籍资料与其他书证如学籍资料记载的入学日期、与其他证人证言等存在相互矛盾时，以认定户籍登记资料为原则，对户籍登记资料不予采信为例外。二是书证优先原则。有关部门存档的书证，尤其是在案发前形成的书证客观性较强，其证明的内容与证人证言存在相互矛盾时，以书证认定优于证人证言为原则，对书证不予采信为例外。三是参考鉴定原则。司法骨龄鉴定意见对判断被鉴定人年龄有科学参考价值。如果骨龄鉴定意见不能准确确定被告人实施犯罪行为时的实际年龄，存在一定的跨龄鉴定幅度，该鉴定意见不能单独作为认定年龄的证据加以适用，应当结合其他证据且必须是有效证据慎重判断才能作出综合认定。不能排除证据之间的矛盾，无充分证据证明被告人实施被指控犯罪时已满十八周岁且确实无法查明的，应按有利于被告人的原则，推定其不满十八周岁。

55.4.2　"零口供"案件的认定规则

【刑事审判参考案例】

［第654号］陈乃东故意杀人案

裁判要旨：对于"零口供"案件，需要结合被告人的辩解，认真审查在案其他证据是否可以形成完整的证据体系，锁定系被告人作案。对于被告人的辩解

---

① 参见孙茂利主编书，第177—181页。

② 参见《中华人民共和国最高人民法院公报》2018年第1期（总第255期）。

具有合理性,足以使在案证据体系形成疑点的,要慎重决定能否定案。对于被告人的辩解前后矛盾,不能自圆其说,且其他证据确实、充分的,可以定案。

[第 656 号]陈亚军故意伤害案

裁判要旨:对于被告人不认罪的案件,审查判断证据时,要特别注重审查其他证据能否形成完整的证据链。对于与案件有利害关系的证人,如果其证言与其他证据存在矛盾,证言自身前后矛盾,就不能作为定案的根据。如直接言词证据为孤证,其他间接证据无法形成完整的证据链,所得出的结论不具有唯一性、排他性,应当依法作出证据不足、指控的犯罪不能成立的无罪判决。

[第 789 号]屠桂军等故意杀人案

裁判要旨:认定共同犯罪案件中"零口供"被告人的犯罪事实,关键是对在案言词证据进行综合判断。首先,要对各证人证言和被告人供述进行纵向分析,如果证言、供述有变化,则需分析该言词证据改变的特点、原因,结合取证时间、环境及该人与案件是否有利害关系、是否可能受到诱导等因素,从宏观上判断该言词证据是否可信。其次,要对各证人证言和被告人供述进行横向分析,查找各言词证据之间是否有一致的内容,是否足以否定"零口供"被告人的辩解,从微观上判断哪些言词证据可采信。再次,要对各证人证言和被告人供述进行反向分析,合理排除证言、供述之间的矛盾,分析证言、供述间细节不一致是由主观判断差别造成的,还是由相关人员虚假性、包庇性作证造成的,特别是要确认被告人辩解和证人证言相结合尚不足以合理证明相反事实。最后,要对各证人证言和被告人供述进行立体分析,将证人证言和被告人供述指向一致的部分,结合案件其他事实证据,如各被告人与被害人的关系、平时有无矛盾,各被告人平时表现、相互间有无"隶属"关系等,判断能否形成完整的证据链条,最终确定"零口供"被告人的犯罪事实。

[第 1392 号]朱纪国盗窃案

裁判要旨:对"零口供"案件以间接证据定案,应严格坚持法定证明标准,遵循证据审查规则和疑罪从无原则。以单个证据品质为前提、以证据多(双)向印证为主导,合理运用推定认定案件事实。同时,应当确保间接证据之间的协调性、间接证据形成的证明体系的完整性、间接证据推理出的结论的唯一性。一方面,需要着重审查发破案经过是否客观、自然;客观性证据的指向是否明确、单一;被告人的供述或无罪辩解是否合理。另一方面,需要审查间接证据能否相互印证,是否存在无法排除的矛盾或者疑问,进而排除合理怀疑,得出唯一肯定结论。

55.4.3　翻供案件的认定规则

【刑事审判参考案例】

[第 729 号]徐科故意杀人、强奸案

裁判要旨:对被告人认罪供述和翻供理由或辩解的审查判断应给予同等重视,坚持证实与证伪并重的理念。对于被告人在庭前认罪后又翻供或者提出辩解的情形,需要审查被告人的翻供理由或辩解,并结合其他证据审查判断其翻供理由或辩解是否成立。对于被告人称其因遭到刑讯逼供而作出庭前认罪供述的情况,还要审查其供述是否属于非法证据。在被告人的翻供理由或者辩解不成立的情况下,则要审查被告人的庭前认罪供述与其他证据能否相互印证并形成完整的证据体系。

55.4.4　客观证据缺失案件的认定规则

【刑事审判参考案例】

［第 1390 号］刘德铭故意杀人案

裁判要旨：案发现场没有关键物证，也没有将被告人、被害人关联起来的痕迹物证。被告人对基本事实供述稳定，重要细节没有出入并得到在案证据佐证。供述的部分细节与鉴定意见不完全一致，但可以得到合理解释。对于案件事实，既有被告人供述这一直接证据，又有现场勘查、物证鉴定、尸体鉴定、行程轨迹路线等间接证据。以供述为主线，重视口供而不轻信，深入挖掘细节证据，并根据生活常理与经验规则逐一排除合理怀疑。建立为客观性证据为主要依托的内心确信形成模式，最终得出被告人构成犯罪的唯一结论。

55.4.5　合理怀疑的认定标准

【刑事审判参考案例】

［第 343 号］王某故意杀人案

裁判要旨：只有证明犯罪构成要件的证据缺失，才属于 1996 年刑事诉讼法第一百六十二条第（三）项规定的"证据不足"。证明主要案件事实的直接证据未查证属实，间接证据难以形成锁链的，属于证明犯罪构成要件的证据不足。虽有直接证据，但直接证据未能查证属实，间接证据又没有形成完整的证据锁链，属于 1996 年刑事诉讼法第一百六十二条第（三）项所指的"证据不足"，人民法院应依法作出证据不足，指控的犯罪不能成立的无罪判决。

［第 738 号］晏朋荣故意杀人、抢劫案

裁判要旨：对证据存疑案件，首先应当审查各个证据与案件事实是否有客观联系，是否能够形成证据链条，该链条是否完整、合理、有逻辑性，从整体上判断全案证据是否确实、充分。通过审查案件侦破经过反映的取证情况、证据之间的关系，是排除或确定证据疑点的重要手段。对犯罪动机合理性、他人参与作案可能性等"干扰性"情节进行审查，是排除或确定证据疑点的辅助手段。对于无罪事实的证明并不需要达到确实、充分，排除合理怀疑的程度，只要存在被告人无罪的可能性，不能认定被告人有罪即可。

［第 877 号］杜某故意杀人案

裁判要旨："综合全案证据，对所认定事实已排除合理怀疑"，是"证据确实、充分"的必要条件。对于犯罪事实，"合理怀疑"是指以证据、逻辑和经验法则为根据的怀疑，即案件存在被告人无罪的现实可能性。没有根据的怀疑，以及对与犯罪无关事实的合理怀疑，不影响对犯罪事实的认定。"合理怀疑"的存在，意味着由证据得出的结论不具有唯一性。

55.4.6　死刑案件最严格的证明标准

【人民法院案例库案例】

［入库编号：2023－06－1－220－004］袁某等抢劫、破坏电力设备案——死刑案件应坚持最严格的证明标准

办理刑事案件，认定被告人有罪的，必须案件事实清楚，证据确实、充分。"证据确实、充分"必须同时满足 5 个条件：（1）定罪的事实都有证据证明；（2）每一个定案的证据均已经法定程序查证属实；（3）证据与证据之间、证

据与案件事实之间不存在矛盾或者矛盾得以合理排除;(4)共同犯罪案件中,被告人的地位、作用均已查清;(5)根据证据认定案件事实的过程符合逻辑和经验规则,由证据得出的结论为唯一结论。对于死刑案件,必须严格按照上述证明标准的5个条件进行审查,坚持最严格的证明标准。

55.4.7　主要事实的唯一性要求

【人民法院案例库案例】

[入库编号:2024-18-1-177-003]于某生故意杀人再审宣告无罪案——认定主要案件事实的结论不具有唯一性,不能够排除合理怀疑的,应当宣告被告人无罪

(1)根据刑事诉讼法第五十五条规定,只有被告人供述,没有其他证据的,不能认定被告人有罪和处以刑罚;没有被告人供述,但证据确实、充分,对所认定的案件事实已排除合理怀疑的,可以认定被告人有罪和处以刑罚。该证明标准要求,在每一证据均查证属实的基础上,经过对证据的综合审查,运用法律知识和逻辑、经验进行推理、判断,对认定的案件事实达到排除合理怀疑的程度。

(2)对于被告人有罪供述出现反复且前后矛盾,关键情节与其他在案证据存在无法排除的重大矛盾,不能排除有其他人作案可能的,应当认为认定案件主要事实的结论不具有唯一性,没有达到"足以排除合理怀疑"标准的,依法宣告被告人无罪。

56　非法证据的范围和排除规则

56.1　法条规定

第五十六条　采用刑讯逼供等非法方法收集的犯罪嫌疑人、被告人供述和采用暴力、威胁等非法方法收集的证人证言、被害人陈述,应当予以排除。收集物证、书证不符合法定程序,可能严重影响司法公正的,应当予以补正或者作出合理解释;不能补正或者作出合理解释的,对该证据应当予以排除。

在侦查、审查起诉、审判时发现有应当排除的证据的,应当依法予以排除,不得作为起诉意见、起诉决定和判决的依据。

【立法释义】①

本条规定明确了非法证据的范围和排除规则,是2012年刑事诉讼法修改新增的规定。关于非法证据的范围和排除规则,应当关注以下事项:

第一,非法证据的类型和排除方式。非法证据分为非法言词证据和非法实物证据两类,并分别适用强制排除和裁量排除两种不同的排除方式。

第二,非法言词证据的强制排除规则。非法言词证据包括"采用刑讯逼供等非法方法收集的犯罪嫌疑人、被告人供述和采用暴力、威胁等非法方法收集的证人证言、被害人陈述",对此类非法证据,应当予以排除。

一是刑讯逼供和威胁的列举式规定。《法院解释》第一百二十三条作出了规定。其中,刑讯逼供的范围除暴力方法外,还包括"变相肉刑"的恶劣手段,后者在实践中主要是指冻、饿、晒、烤、疲劳讯问等恶劣手段。对刑讯逼供的认定,需要注意程度上的要求,避免

① 参见王爱立主编书,第119—121页。

将取证不规范但未达到刑讯逼供程度而收集的证据一律作为非法证据予以排除。威胁是刑事诉讼法明确禁止的非法取证方法，在侵犯人权的程度上接近刑讯逼供，两者均属强迫方法。讯问特别是羁押讯问包含内在的制度性压力，但合理的讯问压力是法律所允许的，也是获取口供的必要条件。因此，需要将合理的讯问压力与非法的威胁方法作出区分。将非法的威胁限定为“暴力”或者“严重损害本人及其近亲属合法权益”，能够为讯问行为和讯问语言划定合法性边界。本条中的以“严重损害近亲属合法权益”进行威胁，主要是指在近亲属与案件无涉的情形下，以之为要挟迫使犯罪嫌疑人、被告人认罪。与刑讯逼供、威胁方法不同，非法限制人身自由是一种持续性非法行为，因此，尽管并未强调程度要求，但通过非法限制人身自由而强迫犯罪嫌疑人、被告人认罪，是该类非法方法的应有之义。

二是重复性供述的排除规则。采用刑讯逼供等非法方法收集供述后，后续重复性供述是否排除，法律并未作出明确规定。立足司法实践，如果仅排除刑讯逼供取得的当次供述，对后续重复性供述不予排除，无异于变相默许刑讯逼供。《法院解释》第一百二十四条对此作出了规定。需要指出的是，如果在审查逮捕、审查起诉环节，先前刑讯逼供的侦查人员参与检察人员主持的讯问，犯罪嫌疑人因该侦查人员在场而不得不继续作出认罪供述，那么，此类供述的自愿性仍然缺乏保障，不能被视为诉讼阶段变更的例外情形。

三是引诱、欺骗取证情形的处理。与刑讯逼供和威胁相比，引诱、欺骗并不属于侵犯人身权和意志自由权的强迫方法，而且在侦查实践中，引诱、欺骗与合法侦查策略的边界也较为模糊。一些突破法律底线的引诱、欺骗方法极易导致虚假供述，特别是刑讯逼供、威胁与引诱、欺骗组合使用的情形，极易引发冤假错案。尽管目前在规范层面尚未确立引诱、欺骗取证的排除规则，但实践中遇有引诱、欺骗取证情形，也需要审慎评估此类证据的证据资格。

四是严重违反法定取证程序情形的处理。对于严重违反讯问过程录音录像、羁押讯问在看守所内进行等法定讯问程序取得的供述，因程序的权利要素并不明确，给非法证据的认定带来了挑战。在现有诉讼模式下，羁押讯问具有内在的强制性，羁押期间在看守所外进行的讯问更加具有强制性，并且极易存在刑讯逼供等非法取证情形。尽管法律并未明确规定违反法定讯问程序的法律后果，一旦讯问严重违反法定程序，犯罪嫌疑人、被告人又辩称遭到刑讯逼供，严重违反法定程序的情形就可以被视为涉嫌非法取证的线索，办案机关有必要对取证合法性进行调查。对严重违反法定程序收集的供述，即便不宜径行认定为非法证据，在把握证据合法性的证明标准时，也有必要将上述因素整合入非法证据的认定要件之中。这主要是考虑，取证违反法定程序与证据合法性的证明存在着反向逻辑关联，即取证严重违反法定程序，由此导致不能排除非法取证可能性的，就将成为认定非法证据的重要理由。

五是非法收集的证人证言、被害人陈述的排除规则。对证人、被害人非法取证，严重损害司法的公正性和公信力，由此制造的虚假印证，在证人、被害人不出庭的情形下难以有效识别，极易导致冤假错案。《法院解释》第一百二十五条对此作出了规定。

第三，非法实物证据的裁量排除规则。本条第一款确立了非法收集的物证、书证的裁量排除规则。《法院解释》第一百二十六条第一款对此作出了规定。“可能严重影响司法公正”是排除非法取得的物证、书证的前提，是指收集物证、书证不符合法定程序的行为明显违法或者情节严重，可能对司法机关办理案件的公正性、权威性以及司法的公信力产生严重的损害。《法院解释》第一百二十六条第二款规定，认定“可能严重影响司法公正”，应当综合考虑收集证据违反法定程序以及所造成后果的严重程度等情况。对非法实物证据予以“补正或者作出合理解释”，主要是指对取证不符合法定程序的情形提供正当理由，例如抓捕犯罪嫌疑人、抢救被害人、防止证据灭失等紧急情况。

为严格实行非法证据排除规则，有必要规定“毒树之果”的排除规则。如果不排除“毒树之果”，仅排除刑讯逼供取得的供述，这种排除也仅是一种形式上的排除而非真正意义上的排除，因为从表面上虽然排除了非法取得的供述，但由于根据供述收集到其他能够证实犯罪的实物证据，供述的真实性由此得到印证，尽管供述失去了证据资格，但其可信性反而会得到加强。鉴于此，虽然法律并未对此作出规定，但在现有制度框架下，可考虑参照实物证据的排除规则，基于公正审判权的考量对“毒树之果”实行裁量排除。

第四，侦查机关、检察机关、审判机关排除非法证据的职责。中国非法证据排除程序的一大特色，就是侦查、起诉、审判各阶段都应当审查并排除非法证据。依法被排除的非法证据，不得作为起诉意见、起诉决定和判决的依据。

56.2 司法解释

56.2.1 犯罪嫌疑人、被告人供述的排除规则

★《法院解释》(2021)

第一百二十三条　采用下列非法方法收集的被告人供述，应当予以排除：

（一）采用殴打、违法使用戒具等暴力方法或者变相肉刑的恶劣手段，使被告人遭受难以忍受的痛苦而违背意愿作出的供述；

（二）采用以暴力或者严重损害本人及其近亲属合法权益等相威胁的方法，使被告人遭受难以忍受的痛苦而违背意愿作出的供述；

（三）采用非法拘禁等非法限制人身自由的方法收集的被告人供述。

★《检察院规则》(2019)

第六十六条　对采用刑讯逼供等非法方法收集的犯罪嫌疑人供述和采用暴力、威胁等非法方法收集的证人证言、被害人陈述，应当依法排除，不得作为移送审查逮捕、批准或者决定逮捕、移送起诉以及提起公诉的依据。

第六十七条　对采用下列方法收集的犯罪嫌疑人供述，应当予以排除：

（一）采用殴打、违法使用戒具等暴力方法或者变相肉刑的恶劣手段，使犯罪嫌疑人遭受难以忍受的痛苦而违背意愿作出的供述；

（二）采用以暴力或者严重损害本

人及其近亲属合法权益等进行威胁的方法，使犯罪嫌疑人遭受难以忍受的痛苦而违背意愿作出的供述；

（三）采用非法拘禁等非法限制人身自由的方法收集的供述。

【重点解读】①

"刑讯逼供"，即殴打、违法使用戒具等暴力或者变相使用肉刑等方法。实践中，这些方法较为常见，也是导致冤错案件的主要原因。需要说明的是，冻、晒、饿、烤不等同于刑讯逼供，判断是否属于刑讯逼供应当考虑诸多因素；疲劳讯问难以界定，在实践中难以统一标准。

尽管与刑讯逼供相比，威胁没有直接对犯罪嫌疑人的身体实施暴力或者体罚虐待，但因涉及对自由意志这一基本人权的侵犯，所以在侵犯人权的程度上接近刑讯逼供，两者同属强迫方法。常见的威胁方式有对犯罪嫌疑人进行恐吓将对其使用暴力，揭露其个人隐私或痛苦往事，对其近亲属采取强制措施，对其配偶、子女追究相应责任或者影响子女前途，对有病的犯罪嫌疑人进行恐吓将对其不予治疗等。需要注意的是，上述排除情形有如下限定：一是威胁的范围，限于本人或者其近亲属的合法权益；二是威胁的程度，应当是使犯罪嫌疑人遭受难以忍受的痛苦而违背意愿作出供述的程度。对于讯问过程中的一般性的威吓、呵斥，由于程度轻微，不足以迫使犯罪嫌疑人违背意愿供述，并不构成威胁。

除刑讯逼供等典型非法方法，比较常见的就是通过非法拘禁等非法限制人身自由的方法取得犯罪嫌疑人、被告人供述。例如，未依法采取强制措施就非法拘禁犯罪嫌疑人或者在采取强制措施超过法定期限后仍非法羁押犯罪嫌疑人。

★《最高人民法院、最高人民检察院、公安部、国家安全部、司法部关于办理刑事案件严格排除非法证据若干问题的规定》（法发〔2017〕15号，2017年6月20日）

第二条　采取殴打、违法使用戒具等暴力方法或者变相肉刑的恶劣手段，使犯罪嫌疑人、被告人遭受难以忍受的痛苦而违背意愿作出的供述，应当予以排除。

第三条　采用以暴力或者严重损害本人及其近亲属合法权益等进行威胁的方法，使犯罪嫌疑人、被告人遭受难以忍受的痛苦而违背意愿作出的供述，应当予以排除。

第四条　采用非法拘禁等非法限制人身自由的方法收集的犯罪嫌疑人、被告人供述，应当予以排除。

★《最高人民法院、最高人民检察院、公安部、国家安全部、司法部办理刑事案件排除非法证据规程》（法发〔2024〕12号，2024年7月25日）

第一条　采用下列非法方法收集的犯罪嫌疑人、被告人供述，应当予以排除：

（一）采用殴打、违法使用戒具等暴力方法或者变相肉刑的恶劣手段，使犯罪嫌疑人、被告人遭受难以忍受的痛苦而违背意愿作出的供述；

（二）采用以暴力或者严重损害本人及其近亲属合法权益等进行威胁的方法，使犯罪嫌疑人、被告人遭受难以忍受的痛苦而违背意愿作出的供述；

---

① 参见童建明、万春主编释义书，第74—75页。

（三）采用非法拘禁等非法限制人身自由的方法收集的犯罪嫌疑人、被告人供述。

采用刑讯逼供方法使犯罪嫌疑人、被告人作出供述，之后犯罪嫌疑人、被告人受该刑讯逼供行为影响而作出的与该供述相同的重复性供述，应当一并排除，但下列情形除外：

（一）侦查期间，侦查机关根据控告、举报或者自己发现等，确认或者不能排除以非法方法收集证据而更换侦查人员，其他侦查人员再次讯问时告知诉讼权利和认罪的法律后果，犯罪嫌疑人、被告人自愿供述的；

（二）审查逮捕、审查起诉和审判期间，检察人员、审判人员讯问时告知诉讼权利和认罪的法律后果，犯罪嫌疑人、被告人自愿供述的。

★《最高人民法院关于建立健全防范刑事冤假错案工作机制的意见》（法发〔2013〕11 号，2013 年 10 月 9 日）

8. 采用刑讯逼供或者冻、饿、晒、烤、疲劳审讯等非法方法收集的被告人供述，应当排除。

除情况紧急必须现场讯问以外，在规定的办案场所外讯问取得的供述，未依法对讯问进行全程录音录像取得的供述，以及不能排除以非法方法取得的供述，应当排除。

★《最高人民检察院关于切实履行检察职能防止和纠正冤假错案的若干意见》（高检发〔2013〕11 号，2013 年 9 月 9 日）

13. 依法排除非法证据。采用刑讯逼供等非法方法收集的犯罪嫌疑人供述和采用暴力、威胁等非法方法收集的证人证言、被害人陈述，应当依法排除，不得作为批准、决定逮捕或者提起公诉的依据。收集物证、书证不符合法定程序，可能严重影响司法公正的，应当及时要求侦查机关补正或者作出书面解释；不能补正或者无法作出合理解释的，对该证据应当予以排除。对非法证据依法予以排除后，其他证据不能证明犯罪嫌疑人实施犯罪行为的，应当不批准或者决定逮捕，已经移送审查起诉的，可以将案件退回侦查机关补充侦查或者作出不起诉决定。

56. 2. 2　重复性供述的排除规则与例外

★《法院解释》（2021）

第一百二十四条　采用刑讯逼供方法使被告人作出供述，之后被告人受该刑讯逼供行为影响而作出的与该供述相同的重复性供述，应当一并排除，但下列情形除外：

（一）调查、侦查期间，监察机关、侦查机关根据控告、举报或者自己发现等，确认或者不能排除以非法方法收集证据而更换调查、侦查人员，其他调查、侦查人员再次讯问时告知有关权利和认罪的法律后果，被告人自愿供述的；

（二）审查逮捕、审查起诉和审判期间，检察人员、审判人员讯问时告知诉讼权利和认罪的法律后果，被告人自愿供述的。

★《检察院规则》（2019）

第六十八条　对采用刑讯逼供方法使犯罪嫌疑人作出供述，之后犯罪嫌疑人受该刑讯逼供行为影响而作出的与该供述相同的重复性供述，应当一并排除，但下列情形除外：

（一）侦查期间，根据控告、举报或者自己发现等，公安机关确认或者不能排除以非法方法收集证据而更换侦查人员，其他侦查人员再次讯问时告知诉讼权利和认罪认罚的法律规定，犯罪嫌疑人自愿供述的；

（二）审查逮捕、审查起诉期间，检察人员讯问时告知诉讼权利和认罪认罚的法律规定，犯罪嫌疑人自愿供述的。

【重点解读】①

重复性供述不是一律排除，存在例外情形。考虑司法实际需要，对供述一律予以排除，难以满足实现惩罚犯罪与保障人权的平衡。综合考虑非法证据排除原理和我国司法实践情况，设置了两种例外：第一种是侦查阶段主体变更的例外。如果侦查机关排除非法证据后，继续讯问取得的重复性供述一概不能作为证据使用，既不符合侦查办案的实际，也必然影响侦查机关排除非法证据的积极性。第二种是诉讼阶段变更的例外。检察机关承担客观中立角色，在审查逮捕、审查起诉过程中不太可能对犯罪嫌疑人实施刑讯逼供等非法取证方法，随着诉讼阶段的变更，由检察人员进行讯问，可以中断侦查阶段非法取证方法的影响。

★《最高人民法院、最高人民检察院、公安部、国家安全部、司法部关于办理刑事案件严格排除非法证据若干问题的规定》（法发〔2017〕15号，2017年6月20日）

第五条　采用刑讯逼供方法使犯罪嫌疑人、被告人作出供述，之后犯罪嫌疑人、被告人受该刑讯逼供行为影响而作出的与该供述相同的重复性供述，应当一并排除，但下列情形除外：

（一）侦查期间，根据控告、举报或者自己发现等，侦查机关确认或者不能排除以非法方法收集证据而更换侦查人员，其他侦查人员再次讯问时告知诉讼权利和认罪的法律后果，犯罪嫌疑人自愿供述的；

（二）审查逮捕、审查起诉和审判期间，检察人员、审判人员讯问时告知诉讼权利和认罪的法律后果，犯罪嫌疑人、被告人自愿供述的。

★《最高人民法院、最高人民检察院、公安部、国家安全部、司法部办理刑事案件排除非法证据规程》（法发〔2024〕12号，2024年7月25日）

第一条　采用下列非法方法收集的犯罪嫌疑人、被告人供述，应当予以排除：

（一）采用殴打、违法使用戒具等暴力方法或者变相肉刑的恶劣手段，使犯罪嫌疑人、被告人遭受难以忍受的痛苦而违背意愿作出的供述；

（二）采用以暴力或者严重损害本人及其近亲属合法权益等进行威胁的方法，使犯罪嫌疑人、被告人遭受难以忍受的痛苦而违背意愿作出的供述；

（三）采用非法拘禁等非法限制人身自由的方法收集的犯罪嫌疑人、被告人供述。

采用刑讯逼供方法使犯罪嫌疑人、被告人作出供述，之后犯罪嫌疑人、被告人受该刑讯逼供行为影响而作出的与该供述相同的重复性供述，应当一并排除，但下列情形除外：

（一）侦查期间，侦查机关根据控告、举报或者自己发现等，确认或者不能排除以非法方法收集证据而更换侦

① 参见童建明、万春主编释义书，第74—75页。

查人员，其他侦查人员再次讯问时告知诉讼权利和认罪的法律后果，犯罪嫌疑人、被告人自愿供述的；

（二）审查逮捕、审查起诉和审判期间，检察人员、审判人员讯问时告知诉讼权利和认罪的法律后果，犯罪嫌疑人、被告人自愿供述的。

56.2.3　证人证言、被害人陈述的排除规则

★《法院解释》（2021）

第一百二十五条　采用暴力、威胁以及非法限制人身自由等非法方法收集的证人证言、被害人陈述，应当予以排除。

★《检察院规则》（2019）

第六十九条　采用暴力、威胁以及非法限制人身自由等非法方法收集的证人证言、被害人陈述，应当予以排除。

★《最高人民法院、最高人民检察院、公安部、国家安全部、司法部关于办理刑事案件严格排除非法证据若干问题的规定》（法发〔2017〕15 号，2017 年 6 月 20 日）

第六条　采用暴力、威胁以及非法限制人身自由等非法方法收集的证人证言、被害人陈述，应当予以排除。

★《最高人民法院、最高人民检察院、公安部、国家安全部、司法部办理刑事案件排除非法证据规程》（法发〔2024〕12 号，2024 年 7 月 25 日）

第二条　采用暴力、威胁以及非法限制人身自由等非法方法收集的证人证言、被害人陈述，应当予以排除。

★《最高人民检察院关于切实履行检察职能防止和纠正冤假错案的若干意见》（高检发〔2013〕11 号，2013 年 9 月 9 日）

13. 依法排除非法证据。采用刑讯逼供等非法方法收集的犯罪嫌疑人供述和采用暴力、威胁等非法方法收集的证人证言、被害人陈述，应当依法排除，不得作为批准、决定逮捕或者提起公诉的依据。收集物证、书证不符合法定程序，可能严重影响司法公正的，应当及时要求侦查机关补正或者作出书面解释；不能补正或者无法作出合理解释的，对该证据应当予以排除。对非法证据依法予以排除后，其他证据不能证明犯罪嫌疑人实施犯罪行为的，应当不批准或者决定逮捕，已经移送审查起诉的，可以将案件退回侦查机关补充侦查或者作出不起诉决定。

56.2.4　物证、书证的排除规则

★《法院解释》（2021）

第一百二十六条　收集物证、书证不符合法定程序，可能严重影响司法公正的，应当予以补正或者作出合理解释；不能补正或者作出合理解释的，对该证据应当予以排除。

认定"可能严重影响司法公正"，应当综合考虑收集证据违反法定程序以及所造成后果的严重程度等情况。

★《最高人民法院、最高人民检察院、公安部、国家安全部、司法部关于办理刑事案件严格排除非法证据若干问题的规定》（法发〔2017〕15 号，2017 年 6 月 20 日）

第七条　收集物证、书证不符合法定程序，可能严重影响司法公正的，应当予以补正或者作出合理解释；不能补正或者作出合理解释的，对有关证据应当予以排除。

**★《最高人民法院、最高人民检察院、公安部、国家安全部、司法部办理刑事

案件排除非法证据规程》（法发〔2024〕12号，2024年7月25日）

第三条　采用非法搜查、扣押等违反法定程序的方法收集物证、书证，可能严重影响司法公正的，应当予以补正或者作出合理解释；不能补正或者作出合理解释的，对该证据应当予以排除。

56.3　规范性文件

56.3.1　侦查取证的改革要求

★《最高人民法院、最高人民检察院、公安部、国家安全部、司法部关于办理刑事案件严格排除非法证据若干问题的规定》（法发〔2017〕15号，2017年6月20日）

第八条　侦查机关应当依照法定程序开展侦查，收集、调取能够证实犯罪嫌疑人有罪或者无罪、罪轻或者罪重的证据材料。

第九条　拘留、逮捕犯罪嫌疑人后，应当按照法律规定送看守所羁押。犯罪嫌疑人被送交看守所羁押后，讯问应当在看守所讯问室进行。因客观原因侦查机关在看守所讯问室以外的场所进行讯问的，应当作出合理解释。

第十条　侦查人员在讯问犯罪嫌疑人的时候，可以对讯问过程进行录音录像；对于可能判处无期徒刑、死刑的案件或者其他重大犯罪案件，应当对讯问过程进行录音录像。

侦查人员应当告知犯罪嫌疑人对讯问过程录音录像，并在讯问笔录中写明。

第十一条　对讯问过程录音录像，应当不间断进行，保持完整性，不得选择性地录制，不得剪接、删改。

第十二条　侦查人员讯问犯罪嫌疑人，应当依法制作讯问笔录。讯问笔录应当交犯罪嫌疑人核对，对于没有阅读能力的，应当向他宣读。对讯问笔录中有遗漏或者差错等情形，犯罪嫌疑人可以提出补充或者改正。

第十三条　看守所应当对提讯进行登记，写明提讯单位、人员、事由、起止时间以及犯罪嫌疑人姓名等情况。

看守所收押犯罪嫌疑人，应当进行身体检查。检查时，人民检察院驻看守所检察人员可以在场。检查发现犯罪嫌疑人有伤或者身体异常的，看守所应当拍照或者录像，分别由送押人员、犯罪嫌疑人说明原因，并在体检记录中写明，由送押人员、收押人员和犯罪嫌疑人签字确认。

第十四条　犯罪嫌疑人及其辩护人在侦查期间可以向人民检察院申请排除非法证据。对犯罪嫌疑人及其辩护人提供相关线索或者材料的，人民检察院应当调查核实。调查结论应当书面告知犯罪嫌疑人及其辩护人。对确有以非法方法收集证据情形的，人民检察院应当向侦查机关提出纠正意见。

侦查机关对审查认定的非法证据，应当予以排除，不得作为提请批准逮捕、移送审查起诉的根据。

对重大案件，人民检察院驻看守所检察人员应当在侦查终结前询问犯罪嫌疑人，核查是否存在刑讯逼供、非法取证情形，并同步录音录像。经核查，确有刑讯逼供、非法取证情形的，侦查机关应当及时排除非法证据，不得作为提请批准逮捕、移送审查起诉的根据。

第十五条　对侦查终结的案件，侦查机关应当全面审查证明证据收集合法性的证据材料，依法排除非法证据。排除非法证据后，证据不足的，不得移送审查起诉。

侦查机关发现办案人员非法取证的，应当依法作出处理，并可另行指派侦查人员重新调查取证。

56.3.2　审查逮捕、审查起诉的非法证据排除

★《最高人民法院、最高人民检察院、公安部、国家安全部、司法部关于办理刑事案件严格排除非法证据若干问题的规定》（法发〔2017〕15 号，2017 年 6 月 20 日）

第十六条　审查逮捕、审查起诉期间讯问犯罪嫌疑人，应当告知其有权申请排除非法证据，并告知诉讼权利和认罪的法律后果。

第十七条　审查逮捕、审查起诉期间，犯罪嫌疑人及其辩护人申请排除非法证据，并提供相关线索或者材料的，人民检察院应当调查核实。调查结论应当书面告知犯罪嫌疑人及其辩护人。

人民检察院在审查起诉期间发现侦查人员以刑讯逼供等非法方法收集证据的，应当依法排除相关证据并提出纠正意见，必要时人民检察院可以自行调查取证。

人民检察院对审查认定的非法证据，应当予以排除，不得作为批准或者决定逮捕、提起公诉的根据。被排除的非法证据应当随案移送，并写明为依法排除的非法证据。

第十八条第一款　人民检察院依法排除非法证据后，证据不足，不符合逮捕、起诉条件的，不得批准或者决定逮捕、提起公诉。

56.3.3　辩护律师申请排除非法证据

★《最高人民法院、最高人民检察院、公安部、国家安全部、司法部关于依法保障律师执业权利的规定》（司发〔2015〕14 号，2015 年 9 月 16 日）

第二十三条　辩护律师在侦查、审查起诉、审判期间发现案件有关证据存在刑事诉讼法第五十四条①规定的情形的，可以向办案机关申请排除非法证据。

辩护律师在开庭以前申请排除非法证据，人民法院对证据收集合法性有疑问的，应当依照刑事诉讼法第一百八十二条第二款②的规定召开庭前会议，就非法证据排除问题了解情况，听取意见。

辩护律师申请排除非法证据的，办案机关应当听取辩护律师的意见，按照法定程序审查核实相关证据，并依法决定是否予以排除。

56.3.4　经济犯罪案件的非法证据排除

★《最高人民检察院、公安部关于公安机关办理经济犯罪案件的若干规定》（公通字〔2017〕25 号，2017 年 11 月 24 日）

第四十三条　人民检察院在审查逮捕、审查起诉中发现公安机关办案人员以非法方法收集犯罪嫌疑人供述、被害人陈述、证人证言等证据材料的，应当依法排除非法证据并提出纠正意见。需要重新调查取证的，经县级以上公安机关负责人批准，应当另行指派办案人员重新调查取证。必要时，人民检察院也可以自行收集犯罪嫌疑人供述、被害人陈述、证人证言等证据材料。

公安机关发现收集物证、书证不符合法定程序，可能严重影响司法公正

---

①　2018 年刑事诉讼法第五十六条。

②　2018 年刑事诉讼法第一百八十七条第二款。

的,应当要求办案人员予以补正或者作出合理解释;不能补正或者作出合理解释的,应当依法予以排除,不得作为提请批准逮捕、移送审查起诉的依据。

人民检察院发现收集物证、书证不符合法定程序,可能严重影响司法公正的,应当要求公安机关予以补正或者作出合理解释,不能补正或者作出合理解释的,应当依法予以排除,不得作为批准逮捕、提起公诉的依据。

56.3.5　公安机关排除非法证据的程序

★《公安规定》(2020)

第七十一条　采用刑讯逼供等非法方法收集的犯罪嫌疑人供述和采用暴力、威胁等非法方法收集的证人证言、被害人陈述,应当予以排除。

收集物证、书证、视听资料、电子数据违反法定程序,可能严重影响司法公正的,应当予以补正或者作出合理解释;不能补正或者作出合理解释的,对该证据应当予以排除。

在侦查阶段发现有应当排除的证据的,经县级以上公安机关负责人批准,应当依法予以排除,不得作为提请批准逮捕、移送审查起诉的依据。

人民检察院认为可能存在以非法方法收集证据情形,要求公安机关进行说明的,公安机关应当及时进行调查,并向人民检察院作出书面说明。

57　检察机关对非法取证的调查和处理

57.1　法条规定

第五十七条　人民检察院接到报案、控告、举报或者发现侦查人员以非法方法收集证据的,应当进行调查核实。对于确有以非法方法收集证据情形的,应当提出纠正意见;构成犯罪的,依法追究刑事责任。

【立法释义】①

本条规定明确了人民检察院对非法取证的调查职责和处理方式,是2012年刑事诉讼法修改新增的规定。关于人民检察院对非法取证的处理,应当关注以下事项:

第一,人民检察院对非法取证行为的调查职责。人民检察院作为法律监督机关,应当对取证行为的合法性争议进行调查。取证合法性争议的来源主要包括两类:"报案、控告、举报"和"发现"。其中,"报案、控告、举报",主要是指犯罪嫌疑人、被告人及其辩护人以及其他知情人,对侦查人员以非法方法收集证据的情形,向人民检察院反映情况,请求依法处理。关于"报案、控告、举报"的受理程序,《检察院规则》作出了规定。

第二,人民检察院对非法取证行为的处理方式。人民检察院对非法取证行为进行调查后,依据《检察院规则》第七十三条第二款、第三款规定作出处理。

第三,侦查终结前讯问合法性核查。根据推进以审判为中心的刑事诉讼制度改革的要求,最高人民检察院等部门出台了《关于重大案件侦查终结前开展讯问合法性核查工作若干问题的意见》。

① 参见王爱立主编书,第121—123页。

57.2 司法解释

57.2.1 检察机关对非法取证的调查方式

★《最高人民法院、最高人民检察院、公安部、国家安全部、司法部关于办理刑事案件严格排除非法证据若干问题的规定》(法发〔2017〕15 号,2017 年 6 月 20 日)

第十六条　审查逮捕、审查起诉期间讯问犯罪嫌疑人,应当告知其有权申请排除非法证据,并告知诉讼权利和认罪的法律后果。

★《检察院规则》(2019)

第七十二条　人民检察院发现侦查人员以非法方法收集证据的,应当及时进行调查核实。

当事人及其辩护人或者值班律师、诉讼代理人报案、控告、举报侦查人员采用刑讯逼供等非法方法收集证据,并提供涉嫌非法取证的人员、时间、地点、方式和内容等材料或者线索的,人民检察院应当受理并进行审查。根据现有材料无法证明证据收集合法性的,应当及时进行调查核实。

上一级人民检察院接到对侦查人员采用刑讯逼供等非法方法收集证据的报案、控告、举报,可以直接进行调查核实,也可以交由下级人民检察院调查核实。交由下级人民检察院调查核实的,下级人民检察院应当及时将调查结果报告上一级人民检察院。

人民检察院决定调查核实的,应当及时通知公安机关。

57.2.2 检察机关对非法取证的处理方式

★《最高人民法院、最高人民检察院、公安部、国家安全部、司法部关于办理刑事案件严格排除非法证据若干问题的规定》(法发〔2017〕15 号,2017 年 6 月 20 日)

第十六条　审查逮捕、审查起诉期间讯问犯罪嫌疑人,应当告知其有权申请排除非法证据,并告知诉讼权利和认罪的法律后果。

第十七条　审查逮捕、审查起诉期间,犯罪嫌疑人及其辩护人申请排除非法证据,并提供相关线索或者材料的,人民检察院应当调查核实。调查结论应当书面告知犯罪嫌疑人及其辩护人。

人民检察院在审查起诉期间发现侦查人员以刑讯逼供等非法方法收集证据的,应当依法排除相关证据并提出纠正意见,必要时人民检察院可以自行调查取证。

人民检察院对审查认定的非法证据,应当予以排除,不得作为批准或者决定逮捕、提起公诉的根据。被排除的非法证据应当随案移送,并写明为依法排除的非法证据。

第十八条第一款　人民检察院依法排除非法证据后,证据不足,不符合逮捕、起诉条件的,不得批准或者决定逮捕、提起公诉。

★《检察院规则》(2019)

第七十三条　人民检察院经审查认定存在非法取证行为的,对该证据应当予以排除,其他证据不能证明犯罪嫌疑人实施犯罪行为的,应当不批准或者决定逮捕。已经移送起诉的,可以依法将案件退回监察机关补充调查或者退回公安机关补充侦查,或者作出不起诉决定。被排除的非法证据应当随案移送,并写明为依法排除的非法证据。

对于侦查人员的非法取证行为，尚未构成犯罪的，应当依法向其所在机关提出纠正意见。对于需要补正或者作出合理解释的，应当提出明确要求。

对于非法取证行为涉嫌犯罪需要追究刑事责任的，应当依法立案侦查。

第七十四条　人民检察院认为可能存在以刑讯逼供等非法方法收集证据情形的，可以书面要求监察机关或者公安机关对证据收集的合法性作出说明。说明应当加盖单位公章，并由调查人员或者侦查人员签名。

【重点解读】①

监察机关或者公安机关进行合法性说明，应当采用书面形式。检察机关对合法性说明应当注重形式审查，即是否盖有单位公章，是否有调查人员或者侦查人员签名。对合法性说明的审查应当区分情况予以处理，即能够提供合法性说明的，应当认定该证据可以作为提起公诉的依据；对于无法提供合理解释或者说明，进而无法认定收集证据合法性的，则不得作为提起公诉的依据。

57.2.3　讯问录音录像的调取与使用

★《检察院规则》(2019)

第七十五条　对于公安机关立案侦查的案件，存在下列情形之一的，人民检察院在审查逮捕、审查起诉和审判阶段，可以调取公安机关讯问犯罪嫌疑人的录音、录像，对证据收集的合法性以及犯罪嫌疑人、被告人供述的真实性进行审查：

(一)认为讯问活动可能存在刑讯逼供等非法取证行为的；

(二)犯罪嫌疑人、被告人或者辩护人提出犯罪嫌疑人、被告人供述系非法取得，并提供相关线索或者材料的；

(三)犯罪嫌疑人、被告人提出讯问活动违反法定程序或者翻供，并提供相关线索或者材料的；

(四)犯罪嫌疑人、被告人或者辩护人提出讯问笔录内容不真实，并提供相关线索或者材料的；

(五)案情重大、疑难、复杂的。

人民检察院调取公安机关讯问犯罪嫌疑人的录音、录像，公安机关未提供，人民检察院经审查认为不能排除有刑讯逼供等非法取证行为的，相关供述不得作为批准逮捕、提起公诉的依据。

人民检察院直接受理侦查的案件，负责侦查的部门移送审查逮捕、移送起诉时，应当将讯问录音、录像连同案卷材料一并移送审查。

【重点解读】②

公安机关未提供讯问录音、录像，对相关供述并非一律予以排除，还要结合其他证据进行审查，只有经审查认为不能排除有刑讯逼供等非法取证行为的，相关供述才不得作为批准逮捕、提起公诉的依据。对于检察机关直接受理侦查的案件，要求在审查逮捕、审查起诉时将讯问录音、录像一并移送审查，即对于自侦案件提出了更高要求，要求将讯问录音、录像一并移送。

57.3　规范性文件

57.3.1　讯问合法性核查的制度安排

★《最高人民法院、最高人民检察院、公安部、国家安全部、司法部关于推进以审判为中心的刑事诉讼制度改革

① 参见童建明、万春主编释义书，第90页。

② 参见童建明、万春主编释义书，第90—94页。

的意见》(法发〔2016〕18 号,2016 年 7 月 20 日)

五、完善讯问制度,防止刑讯逼供,不得强迫任何人证实自己有罪。严格按照有关规定要求,在规范的讯问场所讯问犯罪嫌疑人。严格依照法律规定对讯问过程全程同步录音录像,逐步实行对所有案件的讯问过程全程同步录音录像。

探索建立重大案件侦查终结前对讯问合法性进行核查制度。对公安机关、国家安全机关和人民检察院侦查的重大案件,由人民检察院驻看守所检察人员询问犯罪嫌疑人,核查是否存在刑讯逼供、非法取证情形,并同步录音录像。经核查,确有刑讯逼供、非法取证情形的,侦查机关应当及时排除非法证据,不得作为提请批准逮捕、移送审查起诉的根据。

★《最高人民检察院、公安部、国家安全部关于重大案件侦查终结前开展讯问合法性核查工作若干问题的意见》(高检发办字〔2020〕4 号,2020 年 1 月 13 日)

第四条　侦查机关在侦查终结前,及时制作重大案件即将侦查终结通知书,通知人民检察院驻看守所检察人员开展讯问合法性核查。

人民检察院驻看守所检察人员收到侦查机关通知后,应当立即开展核查。

人民检察院驻看守所检察人员或者人民检察院负责捕诉部门的检察人员,凭侦查机关重大案件即将侦查终结通知书和有效工作证件到看守所开展调查核查工作。

第五条　检察人员开展重大案件讯问合法性核查工作,应当首先听取犯罪嫌疑人的辩护律师或者值班律师的意见,制作听取律师意见笔录。辩护律师或者值班律师提出书面意见的,应当附卷。

第六条　检察人员开展重大案件讯问合法性核查,应当询问相关犯罪嫌疑人,并全程同步录音录像。所录制的图像应当反映犯罪嫌疑人、检察人员及询问场景等情况,犯罪嫌疑人应当在图像中全程反映,并显示与询问同步的日期和时间信息。询问笔录记载的起止时间应当与询问录音录像反映的起止时间一致。

询问犯罪嫌疑人,应当个别进行,检察人员不得少于两人。

第七条　检察人员对重大案件犯罪嫌疑人进行核查询问时,应当向其告知:如果经调查核实存在刑讯逼供等非法取证情形的,办案机关将依法排除相关证据;如果犯罪嫌疑人在核查询问时明确表示侦查阶段没有刑讯逼供等非法取证情形,在审判阶段又提出排除非法证据申请的,应当说明理由,人民法院经审查对证据收集的合法性没有疑问的,可以驳回申请。

第八条　检察人员应当围绕侦查阶段是否存在刑讯逼供等非法取证情形对相关犯罪嫌疑人进行核查询问,一般不询问具体案情。犯罪嫌疑人提出存在刑讯逼供等非法取证情形的,可以要求犯罪嫌疑人具体说明刑讯逼供、非法取证的人员、时间、地点、方式等相关信息。犯罪嫌疑人当场向检察人员展示身体损害伤情的,检察人员应当进行拍照或者录像。必要的时候,可以组织对犯罪嫌疑人进行身体检查。

检察人员应当制作询问笔录,询问结束时,将询问笔录交犯罪嫌疑人核对,犯罪嫌疑人没有阅读能力的,应当向他宣读,发现漏记、错记的,应当及时补正。犯罪嫌疑人确认询问笔录没有错误的,由犯罪嫌疑人在笔录上逐页签名、捺指印确认,并标明日期。询问笔录应当与录音录像内容一致或者意思相符。

第九条 犯罪嫌疑人、辩护律师或者值班律师在人民检察院开展核查询问和听取意见时均明确表示没有刑讯逼供等非法取证情形,并且检察人员未发现刑讯逼供等非法取证线索的,人民检察院驻看守所检察人员可以据此制作重大案件讯问合法性核查意见书,送达侦查机关,讯问合法性核查程序终结,并将相关材料移送人民检察院负责捕诉的部门。

第十条 犯罪嫌疑人、辩护律师或者值班律师反映存在刑讯逼供等非法取证情形的,人民检察院驻看守所检察人员可以采取以下方式进行初步调查核实:

(一)询问相关人员;

(二)根据需要,可以听取犯罪嫌疑人的辩护律师或者值班律师意见;

(三)调取看守所或者办案区视频监控录像;

(四)调取、查询犯罪嫌疑人出入看守所的身体检查记录及相关材料,调取提讯登记、押解记录等有关材料;

(五)其他调查核实方式。

驻所检察人员初步调查核实后,应当制作初步核查意见函,连同证据材料一并移送人民检察院负责捕诉的部门。

第十一条 人民检察院驻看守所检察人员应当自收到侦查机关重大案件即将侦查终结通知书后七个工作日以内,完成第五至第十条规定的核查工作。

第十二条 人民检察院负责捕诉的部门可以采取以下方式对刑讯逼供等非法取证行为进行进一步调查核实:

(一)询问犯罪嫌疑人;

(二)向办案人员了解情况;

(三)询问在场人员及证人;

(四)听取犯罪嫌疑人的辩护律师或者值班律师意见;

(五)调取讯问笔录、讯问录音、录像;

(六)调取、查询犯罪嫌疑人出入看守所的身体检查记录及相关材料;

(七)进行伤情、病情检查或者鉴定;

(八)其他调查核实方式。

驻所检察人员应当做好配合工作。

第十三条 经调查核实,人民检察院负责捕诉的部门发现存在刑讯逼供等非法取证线索的,应当听取侦查机关意见,并记录在案。

第十四条 人民检察院开展重大案件讯问合法性核查尚未终结的,不影响侦查机关依法移送审查起诉。

第十五条 调查核实结束后七个工作日以内,人民检察院负责捕诉的部门应当根据核查情况作出核查结论,制作重大案件讯问合法性核查意见书,并送达侦查机关。

经核查,确有刑讯逼供等非法取证情形,或者现有证据不能排除刑讯逼供等非法取证情形的,应当报经本院检察长批准后,通知侦查机关依法排除非法证据。

侦查机关提出异议的,人民检察院应当在七个工作日以内予以复查,并将复查结果通知侦查机关。

第十六条 侦查机关对存在刑讯逼供等非法取证情形无异议或者经复查认定确有刑讯逼供等非法取证情形的,侦查机关应当及时依法排除非法证据,不得作为提请批准逮捕、移送审查起诉的根据,并制作排除非法证据结果告知书,将排除非法证据情况书面告知人民检察院负责捕诉的部门。

人民检察院对审查认定的非法证据,应当依法予以排除,不得作为批准或者决定逮捕、提起公诉的根据。

57.3.2　侦查机关对取证合法性的说明

★《公安规定》(2020)

第七十一条　采用刑讯逼供等非法方法收集的犯罪嫌疑人供述和采用暴力、威胁等非法方法收集的证人证言、被害人陈述,应当予以排除。

收集物证、书证、视听资料、电子数据违反法定程序,可能严重影响司法公正的,应当予以补正或者作出合理解释;不能补正或者作出合理解释的,对该证据应当予以排除。

在侦查阶段发现有应当排除的证据的,经县级以上公安机关负责人批准,应当依法予以排除,不得作为提请批准逮捕、移送审查起诉的依据。

人民检察院认为可能存在以非法方法收集证据情形,要求公安机关进行说明的,公安机关应当及时进行调查,并向人民检察院作出书面说明。

★《国安规定》(2024)

第九十八条　采取刑讯逼供等非法方法收集的犯罪嫌疑人供述和采用暴力、威胁等非法方法收集的证人证言、被害人陈述,应当依法予以排除。

收集物证、书证、视听资料、电子数据不符合法定程序,可能严重影响司法公正的,应当予以补正或者作出合理解释;不能补正或者作出合理解释的,对该证据应当依法予以排除。

在侦查阶段发现有应当排除的证据的,经国家安全机关负责人批准,应当依法予以排除,不得作为提请批准逮捕、移送审查起诉的依据。对排除情况应当记录在案,并说明理由。

人民检察院要求国家安全机关对物证、书证进行补正或者作出合理解释的,或者要求对证据收集的合法性进行说明的,国家安全机关应当予以补正或者作出书面说明。

58　证据合法性的法庭调查

58.1　法条规定

第五十八条　法庭审理过程中,审判人员认为可能存在本法第五十六条规定的以非法方法收集证据情形的,应当对证据收集的合法性进行法庭调查。

当事人及其辩护人、诉讼代理人有权申请人民法院对以非法方法收集的证据依法予以排除。申请排除以非法方法收集的证据的,应当提供相关线索或者材料。

【立法释义】①

本条规定明确了证据合法性的法庭调查程序,是 2012 年刑事诉讼法修改新增的规定。2017 年"两高三部"《关于办理刑事案件严格排除非法证据若干问题的规定》对证据合法性调查程序作出了全面系统的规定。《法院解释》整合已有规定,完善了非法证据的排除程序,应当关注以下事项:

第一,证据合法性调查的启动条件。本条规定包括依职权启动和依申请启动两种情形。一是人民法院依职权启动证据合法性调查的情形。法庭

① 参见王爱立主编书,第 123—125 页。

对案件事实进行调查的过程中，特别是证据调查环节，基于对在案证据的审查，发现有关证据可能存在本法第五十六条规定的以非法方法收集证据情形，应当对证据收集的合法性进行法庭调查。二是当事人及其辩护人、诉讼代理人申请启动证据收集合法性调查程序的情形。基于本法第五十六条第二款规定的刑事诉讼全过程排除非法证据的要求，当事人及其辩护人、诉讼代理人可以在侦查、起诉、审判各阶段申请排除非法证据。

第二，申请排除非法证据的要求。被告人及其辩护人应当尽早提出非法证据排除申请，避免因庭审中突然提出申请而导致庭审中断。为规范非法证据排除申请权的行使，本条规定了提出申请的条件，即"应当提供相关线索或者材料"。相关"线索"，是指涉嫌非法取证的人员、时间、地点、方式等有据可查的线索，例如关于刑讯逼供等非法取证细节的描述。相关"材料"，是指能够反映非法取证的伤情照片、体检记录、医院病历、讯问笔录、讯问录音录像或者同监室人员的证言等材料。这一规定有助于防止当事人及其辩护人、诉讼代理人滥用程序权利，随意提出申请，妨碍庭审顺利进行。需要指出的是，这一要求并非要求当事人及其辩护人、诉讼代理人证实非法取证情形存在。基于当事人及其辩护人、诉讼代理人提供的线索或者材料，法庭对取证合法性存在疑问，并启动专门调查程序的，根据本法第五十九条第一款的规定，应当由人民检察院对证据收集的合法性加以证明。

第三，庭前会议程序对证据合法性争议的处理。为妥善解决管辖、回避、非法证据排除等程序性争议，本法第一百八十七条第二款、"两高三部"《办理刑事案件排除非法证据规程》第十一条第二款作出了具体规定。

第四，证据合法性的法庭调查程序。证据合法性争议涉及证据资格问题，因此，与传统的证据调查程序并不完全相同。2012 年"六部门"《关于实施刑事诉讼法若干问题的规定》第十一条规定，对证据收集的合法性进行法庭调查的顺序，由法庭根据案件审理情况确定。为规范证据合法性的法庭调查程序，避免将证据资格与证明力混为一谈，2017 年"两高三部"《关于办理刑事案件严格排除非法证据若干问题的规定》第三十条规定，庭审期间，法庭决定对证据收集的合法性进行调查的，应当先行当庭调查；但为防止庭审过分迟延，也可以在法庭调查结束前进行调查。《法院解释》第一百三十四条重申证据合法性的先行当庭调查原则。关于先行当庭调查的例外情形，"两高三部"《办理刑事案件排除非法证据规程》第二十条第一款作出了规定。

58.2　司法解释

58.2.1　讯问录音录像的随案移送

★《检察院规则》(2019)

第七十六条　对于提起公诉的案件，被告人及其辩护人提出审前供述系非法取得，并提供相关线索或者材料的，人民检察院可以将讯问录音、录像连同案卷材料一并移送人民法院。

58.2.2　申请方的初步举证责任

★《法院解释》(2021)

第一百二十七条　当事人及其辩

护人、诉讼代理人申请人民法院排除以非法方法收集的证据的,应当提供涉嫌非法取证的人员、时间、地点、方式、内容等相关线索或者材料。

第一百二十八条　人民法院向被告人及其辩护人送达起诉书副本时,应当告知其申请排除非法证据的,应当在开庭审理前提出,但庭审期间才发现相关线索或者材料的除外。

第一百二十九条　开庭审理前,当事人及其辩护人、诉讼代理人申请人民法院排除非法证据的,人民法院应当在开庭前及时将申请书或者申请笔录及相关线索、材料的复制件送交人民检察院。

★**《最高人民法院、最高人民检察院、公安部、国家安全部、司法部关于办理刑事案件严格排除非法证据若干问题的规定》**(法发〔2017〕15 号,2017 年 6 月 20 日)

第二十条　犯罪嫌疑人、被告人及其辩护人申请排除非法证据,应当提供涉嫌非法取证的人员、时间、地点、方式、内容等相关线索或者材料。

第二十三条　人民法院向被告人及其辩护人送达起诉书副本时,应当告知其有权申请排除非法证据。

被告人及其辩护人申请排除非法证据,应当在开庭审理前提出,但在庭审期间发现相关线索或者材料等情形除外。人民法院应当在开庭审理前将申请书和相关线索或者材料的复制件送交人民检察院。

第二十四条　被告人及其辩护人在开庭审理前申请排除非法证据,未提供相关线索或者材料,不符合法律规定的申请条件的,人民法院对申请不予受理。

★**《最高人民法院、最高人民检察院、公安部、国家安全部、司法部办理刑事案件排除非法证据规程》**(法发〔2024〕12 号,2024 年 7 月 25 日)

第八条　犯罪嫌疑人、被告人及其辩护人申请排除非法证据,应当提供相关线索或者材料。“线索”是指内容具体、指向明确的涉嫌非法取证的人员、时间、地点、方式等。“材料”是指能够反映非法取证的伤情照片、体检记录、医院病历、讯问笔录、讯问录音录像或者同监室人员的证言等。

第九条　人民法院向被告人及其辩护人送达起诉书副本时,应当告知其有权在开庭审理前申请排除非法证据并同时提供相关线索或者材料。上述情况应当记录在案。

第十条　被告人及其辩护人申请排除非法证据,应当在开庭审理前提出,但在庭审期间发现相关线索或者材料等情形除外。

被告人及其辩护人申请排除非法证据,应当向人民法院提交书面申请。被告人书写确有困难的,可以口头提出申请,但应当记录在案,并由被告人签名或者捺指印。

被告人申请排除非法证据,但没有辩护人的,人民法院应当通知法律援助机构指派律师为其提供辩护。

【刑事审判参考案例】

［第 1164 号］郑建昌故意杀人案

裁判要旨:对于被告方提出的排除非法证据申请,法庭并非一律启动证据收集合法性调查程序,而是首先要对被告方的申请及其提供的相关线索或者材料进行审查,经审查认为,被告方提供的相关线索或者材料有据可查,召开庭前会议听取控辩双方意见后,对证据收集的合法性有疑问的，应当进行调查；对证据收集的合法性没有疑问，且没有新的线索或者材料表明可能存在非法取证的，可以决定不再进行调查。

被告方承担提供相关线索或者材料的责任，只需使法庭对证据收集合法性产生疑问即可，不同于检察机关承担取证合法性的举证责任。2012年刑事诉讼法规定，在对证据收集的合法性进行法庭调查的过程中，人民检察院应当对证据收集的合法性加以证明。在非法证据排除程序中，由检察机关承担取证合法性的举证责任，符合刑事诉讼领域证明责任分配的基本原理。

58.2.3　庭前会议的审查与处理

★**《法院解释》**（2021）

第一百三十条　开庭审理前，人民法院可以召开庭前会议，就非法证据排除等问题了解情况，听取意见。

在庭前会议中，人民检察院可以通过出示有关证据材料等方式，对证据收集的合法性加以说明。必要时，可以通知调查人员、侦查人员或者其他人员参加庭前会议，说明情况。

第一百三十一条　在庭前会议中，人民检察院可以撤回有关证据。撤回的证据，没有新的理由，不得在庭审中出示。

当事人及其辩护人、诉讼代理人可以撤回排除非法证据的申请。撤回申请后，没有新的线索或者材料，不得再次对有关证据提出排除申请。

第一百三十二条　当事人及其辩护人、诉讼代理人在开庭审理前未申请排除非法证据，在庭审过程中提出申请的，应当说明理由。人民法院经审查，对证据收集的合法性有疑问的，应当进行调查；没有疑问的，驳回申请。

驳回排除非法证据的申请后，当事人及其辩护人、诉讼代理人没有新的线索或者材料，以相同理由再次提出申请的，人民法院不再审查。

第一百三十三条　控辩双方在庭前会议中对证据收集是否合法未达成一致意见，人民法院对证据收集的合法性有疑问的，应当在庭审中进行调查；对证据收集的合法性没有疑问，且无新的线索或者材料表明可能存在非法取证的，可以决定不再进行调查并说明理由。

★**《最高人民法院、最高人民检察院、公安部、国家安全部、司法部关于办理刑事案件严格排除非法证据若干问题的规定》**（法发〔2017〕15号，2017年6月20日）

第二十五条　被告人及其辩护人在开庭审理前申请排除非法证据，按照法律规定提供相关线索或者材料的，人民法院应当召开庭前会议。人民检察院应当通过出示有关证据材料等方式，有针对性地对证据收集的合法性作出说明。人民法院可以核实情况，听取意见。

人民检察院可以决定撤回有关证据，撤回的证据，没有新的理由，不得在庭审中出示。

被告人及其辩护人可以撤回排除非法证据的申请。撤回申请后，没有新的线索或者材料，不得再次对有关证据提出排除申请。

第二十六条　公诉人、被告人及其辩护人在庭前会议中对证据收集是否合法未达成一致意见，人民法院对证据收集的合法性有疑问的，应当在庭审中进行调查；人民法院对证据收集的合法性没有疑问，且没有新的线索或者材料表明可能存在非法取证的，可以决定不再进行调查。

★**《最高人民法院、最高人民检察院、公安部、国家安全部、司法部办理刑事案件排除非法证据规程》**(法发〔2024〕12号,2024 年 7 月 25 日)

第十一条　被告人及其辩护人申请排除非法证据,且提供相关线索或者材料的,人民法院应当召开庭前会议,并在召开庭前会议三日前将申请书和相关线索或者材料的复制件送交人民检察院。

被告人及其辩护人申请排除非法证据,未提供相关线索或者材料的,人民法院应当告知其补充提交。被告人及其辩护人未补充的,人民法院对申请不予受理,并在开庭审理前告知被告人及其辩护人。上述情况应当记录在案。

被告人在人民检察院对讯问的合法性进行核查询问时,明确表示侦查阶段没有刑讯逼供等非法取证情形,在审判阶段又提出排除非法证据申请的,应当说明理由。人民法院经审查对证据收集的合法性没有疑问的,可以驳回申请。

第十二条　被告人申请排除非法证据的,人民法院应当通知被告人参加庭前会议。

第十三条　召开庭前会议前,承办案件的审判员应当阅卷,并对证据收集的合法性进行审查:

(一)被告人在侦查、审查起诉阶段是否提出排除非法证据申请;提出申请的,是否提供相关线索或者材料;

(二)侦查机关、人民检察院是否对证据收集的合法性进行调查核实;调查核实的,是否作出调查结论;

(三)对于重大案件,人民检察院驻看守所检察人员在侦查终结前是否核查讯问的合法性,是否对核查过程同步录音录像;进行核查的,是否制作重大案件讯问合法性核查意见书;

(四)对于人民检察院在审查逮捕、审查起诉阶段排除的非法证据,是否随案移送并写明为依法排除的非法证据。

人民法院对证据收集的合法性进行审查后,认为需要补充上述证据材料的,应当通知人民检察院在三日内补送。

第十四条　在庭前会议中,人民法院对证据收集的合法性进行审查的,一般按照以下步骤进行:

(一)被告人及其辩护人宣读排除非法证据的申请并提供相关线索或者材料;

(二)公诉人提供证明证据收集合法性的证据材料;

(三)控辩双方对证据收集的合法性发表意见;

(四)控辩双方对证据收集的合法性未达成一致意见的,审判人员归纳争议焦点。

第十五条　在庭前会议中,人民检察院应当通过出示有关证据材料等方式,有针对性地对证据收集的合法性作出说明。人民法院可以对有关材料进行核实,经控辩双方申请有针对性地播放讯问录音录像,必要时可以通知侦查人员或者其他人员参加庭前会议说明情况。

第十六条　在庭前会议中,人民检察院可以撤回有关证据。撤回的证据,没有新的理由,不得在庭审中出示。

被告人及其辩护人可以撤回排除非法证据的申请。撤回申请后,没有新的线索或者材料,不得再次对有关证据提出排除申请。

第十七条　控辩双方在庭前会议中对证据收集的合法性达成一致意见,

但一方在庭审中反悔的,除有正当理由外,法庭一般不再进行审查。

控辩双方在庭前会议中对证据收集的合法性未达成一致意见,人民法院对证据收集的合法性有疑问的,应当在庭审中进行调查;对证据收集的合法性没有疑问,且没有新的线索或者材料表明可能存在非法取证的,可以不再决定进行调查并说明理由。

第十八条　审判人员应当在庭前会议报告中说明证据收集合法性的审查情况,主要包括控辩双方的争议焦点以及就相关事项达成的一致意见等内容。

第十九条　被告人及其辩护人在开庭审理前未申请排除非法证据,在庭审过程中提出申请的,应当说明理由。人民法院经审查,对证据收集的合法性有疑问的,应当进行调查;没有疑问的,应当驳回申请。

人民法院驳回排除非法证据的申请后,被告人及其辩护人没有新的线索或者材料,以相同理由再次提出申请的,人民法院不再审查。

★**《最高人民法院关于依法切实保障律师诉讼权利的规定》**(法发〔2015〕16号,2015年12月29日)

五、依法保障律师申请排除非法证据的权利。律师申请排除非法证据并提供相关线索或者材料,法官经审查对证据收集合法性有疑问的,应当召开庭前会议或者进行法庭调查。经审查确认存在法律规定的以非法方法收集证据情形的,对有关证据应当予以排除。

58.2.4　先行当庭调查原则及例外

★**《最高人民法院、最高人民检察院、公安部、国家安全部、司法部、全国人大常委会法制工作委员会关于实施刑事诉讼法若干问题的规定》**(2012年12月26日)

11. 刑事诉讼法第五十六条第一款①规定:“法庭审理过程中,审判人员认为可能存在本法第五十四条②规定的以非法方法收集证据情形的,应当对证据收集的合法性进行法庭调查。”法庭经对当事人及其辩护人、诉讼代理人提供的相关线索或者材料进行审查后,认为可能存在刑事诉讼法第五十四条规定的以非法方法收集证据情形的,应当对证据收集的合法性进行法庭调查。法庭调查的顺序由法庭根据案件审理情况确定。

★**《法院解释》**(2021)

第一百三十四条　庭审期间,法庭决定对证据收集的合法性进行调查的,应当先行当庭调查。但为防止庭审过分迟延,也可以在法庭调查结束前调查。

★**《最高人民法院、最高人民检察院、公安部、国家安全部、司法部关于办理刑事案件严格排除非法证据若干问题的规定》**(法发〔2017〕15号,2017年6月20日)

第三十条　庭审期间,法庭决定对证据收集的合法性进行调查的,应当先行当庭调查。但为防止庭审过分迟延,也可以在法庭调查结束前进行调查。

★**《最高人民法院、最高人民检察院、公安部、国家安全部、司法部办理刑事案件排除非法证据规程》**(法发〔2024〕12号,2024年7月25日)

第二十条　人民法院决定对证据

① 2018年刑事诉讼法第五十八条第一款。

② 2018年刑事诉讼法第五十六条。

收集的合法性进行法庭调查的,应当先行当庭调查。对于被申请排除的证据和其他犯罪事实没有关联等情形,为防止庭审过分迟延,可以先调查其他犯罪事实,再对证据收集的合法性进行调查。

在对证据收集合法性的法庭调查程序结束前,不得对有关证据出示、质证。

★《最高人民法院关于全面推进以审判为中心的刑事诉讼制度改革的实施意见》(法发〔2017〕5 号,2017 年 2 月 17 日)

22. 被告人在侦查终结前接受检察人员对讯问合法性的核查询问时,明确表示侦查阶段不存在刑讯逼供、非法取证情形,在审判阶段又提出排除非法证据申请,法庭经审查对证据收集的合法性没有疑问的,可以驳回申请。

检察人员在侦查终结前未对讯问合法性进行核查,或者未对核查过程全程同步录音录像,被告人在审判阶段提出排除非法证据申请,人民法院经审查对证据收集的合法性存在疑问的,应当依法进行调查。

23. 法庭决定对证据收集的合法性进行调查的,应当先行当庭调查。但为防止庭审过分迟延,也可以在法庭调查结束前进行调查。

【重点解读】

《检察日报》2017 年 6 月 28 日报道,坚持对证据的合法性优先调查,充分保障控辩双方对证据合法性的举证、质证权。法庭对证据合法性进行调查后,原则上应当当庭作出是否排除有关证据的决定。严格落实疑罪从无原则,排除非法证据后定罪证据不足,不能认定被告人有罪的,应当依法作出无罪判决。

58.3　指导与参考案例

58.3.1　对非法证据排除申请的审查和处理

【刑事审判参考案例】

[第 1458 号]李瑞华盗窃案

裁判要旨:被告人方申请排除非法证据并提供相关线索或材料,使法庭对证据合法性产生疑问的,应当启动证据合法性调查程序。被告人方提供相关线索或者材料应当具有具体的指向性,能够反映涉嫌非法取证的细节信息。如果被告人方仅是泛泛辩称自己受到刑讯逼供而不能提供有具体指向性的线索或者材料,不能使法庭对证据合法性产生疑问的,应当依法驳回申请。公诉机关未提供证据,或者提供的证据不能证明证据收集的合法性,依法对被告人因非法取证而作出的供述及受该非法取证行为影响而作出的重复性供述予以排除。

59　证据合法性的证明责任与证明方法

59.1　法条规定

第五十九条　在对证据收集的合法性进行法庭调查的过程中,人民检察院应当对证据收集的合法性加以证明。

现有证据材料不能证明证据收集的合法性的,人民检察院可以提请人民法院通知有关侦查人员或者其他人员出庭说明情况;人民法院可以通知有关侦查人员或者其他人员出庭说明情况。有关侦查人员或者其他人员也可以要求出庭说明情况。经人民法院通知,有关人员应当出庭。

【立法释义】①

本条规定明确了证据合法性的证明责任与证明方法，是 2012 年刑事诉讼法修改新增的规定。关于证据合法性的证明责任与证明方法，应当关注以下事项：

第一，人民检察院对证据合法性的证明责任。这一证明责任，是人民检察院证明被告人有罪的举证责任的附随责任。基于无罪推定、证据裁判等原则，人民检察院承担被告人有罪的举证责任，而证明被告人有罪应当以证据为根据，鉴于此，当证明被告人有罪的证据存在合法性争议时，人民检察院应当对证据收集的合法性予以证明。同时，侦查机关直接负责取证活动，有条件也有责任收集证明取证合法性的证据材料。此外，人民检察院承担证据合法性的证明责任，有助于督促人民检察院履行对侦查活动的法律监督职责。

第二，人民检察院对证据合法性的证明方法。人民检察院对证据合法性的证明，应当立足于侦查机关收集的证明取证合法性的证据材料。"现有证据材料"，是指侦查机关在取证过程中收集的能够证明取证合法性的讯问笔录、提押登记、体检记录、讯问录音录像等证据材料。这些证据材料既能证明特定的案件事实，也能证明取证合法性事实。当现有证据材料存在疑问或者瑕疵，不能证明证据合法性时，人民检察院可以通过有关侦查人员或者其他人员出庭说明情况。传统上，公诉人通常向法庭提交办案机关制作的关于取证过程合法的说明材料。此类说明材料可以在一定程度上对证据合法性争议作出回应，可以被视为办案机关制作的办案人员的庭外书面证言。

第三，有关人员出庭作证。为有效解决合法性争议，公诉人可以提请法庭通知有关调查人员、侦查人员或者其他人员出庭说明情况。有关调查人员、侦查人员或者其他人员出庭说明情况包括四种情形：一是人民检察院认为现有证据不足以证明取证合法性，有必要通知有关调查人员、侦查人员或者其他人员出庭说明情况，故提请人民法院通知有关人员出庭。二是被告人及其辩护人可以申请法庭通知调查人员、侦查人员或者其他人员出庭说明情况。三是法庭可以依职权通知调查人员、侦查人员或者其他人员出庭说明情况。人民法院基于对证据合法性争议的审查，认为有必要通知有关人员出庭说明情况的，可以发出通知。四是有关调查人员、侦查人员或者其他人员主动要求出庭说明情况。例如，有的调查人员、侦查人员关注证据合法性争议的处理，为协助公诉人证明取证合法性争议，准确查明案件事实，可以要求出庭说明情况。

59.2　司法解释

59.2.1　讯问录音录像的移送与运用

★《检察院规则》(2019)

第七十四条　人民检察院认为可能存在以刑讯逼供等非法方法收集证据情形的，可以书面要求监察机关或者公安机关对证据收集的合法性作出说明。说明应当加盖单位公章，并由调查人员或者侦查人员签名。

第七十六条　对于提起公诉的案件，被告人及其辩护人提出审前供述系

---

①　参见王爱立主编书，第 125—127 页。

非法取得,并提供相关线索或者材料的,人民检察院可以将讯问录音、录像连同案卷材料一并移送人民法院。

第七十七条　在法庭审理过程中,被告人或者辩护人对讯问活动合法性提出异议,公诉人可以要求被告人及其辩护人提供相关线索或者材料。必要时,公诉人可以提请法庭当庭播放相关时段的讯问录音、录像,对有关异议或者事实进行质证。

需要播放的讯问录音、录像中涉及国家秘密、商业秘密、个人隐私或者含有其他不宜公开内容的,公诉人应当建议在法庭组成人员、公诉人、侦查人员、被告人及其辩护人范围内播放。因涉及国家秘密、商业秘密、个人隐私或者其他犯罪线索等内容,人民检察院对讯问录音、录像的相关内容进行技术处理的,公诉人应当向法庭作出说明。

【重点解读】①

录音、录像中涉及相关秘密的保密和技术处理措施,包括限定参加庭审的人员、对涉密部分进行技术处理两种方法。当讯问录音、录像存在不宜公开的情形时,公诉人可以提请法庭限制观看人员的范围。需要指出的是,如果技术人员基于保密需要对录音、录像作出处理,公诉人应当向法庭说明情况,确保法庭对讯问录音、录像的同步性、完整性进行有效审查。

★《最高人民检察院关于切实履行检察职能防止和纠正冤假错案的若干意见》(高检发〔2013〕11 号,2013 年 9 月 9 日)

15. 做好对讯问原始录音、录像的审查。对于侦查机关随案移送或者人民检察院调取的讯问犯罪嫌疑人录音、录像,认为可能存在非法取证行为的,应当审查相关的录音、录像;对于重大、疑难、复杂案件,必要时可以审查全部录音、录像。经审查,发现讯问过程存在违法行为,录音、录像内容与讯问笔录不一致等情形的,应当要求侦查机关予以纠正、补正或者作出书面解释;发现讯问笔录与讯问犯罪嫌疑人录音、录像内容有重大实质性差异的,或者侦查机关不能补正或者作出合理解释的,该讯问笔录不能作为批准、决定逮捕或者提起公诉的依据。

59.2.2　证据合法性的法庭调查规范

★《法院解释》(2021)

第一百三十五条　法庭决定对证据收集的合法性进行调查的,由公诉人通过宣读调查、侦查讯问笔录、出示提讯登记、体检记录、对讯问合法性的核查材料等证据材料,有针对性地播放讯问录音录像,提请法庭通知有关调查人员、侦查人员或者其他人员出庭说明情况等方式,证明证据收集的合法性。

讯问录音录像涉及国家秘密、商业秘密、个人隐私或者其他不宜公开内容的,法庭可以决定对讯问录音录像不公开播放、质证。

公诉人提交的取证过程合法的说明材料,应当经有关调查人员、侦查人员签名,并加盖单位印章。未经签名或者盖章的,不得作为证据使用。上述说明材料不能单独作为证明取证过程合法的根据。

第一百三十六条　控辩双方申请法庭通知调查人员、侦查人员或者其他人员出庭说明情况,法庭认为有必要的,应当

---

① 参见童建明、万春主编释义书,第 94—95 页。

通知有关人员出庭。

根据案件情况，法庭可以依职权通知调查人员、侦查人员或者其他人员出庭说明情况。

调查人员、侦查人员或者其他人员出庭的，应当向法庭说明证据收集过程，并就相关情况接受控辩双方和法庭的询问。

【重点解读】①

监察调查过程的录音录像不随案移送，但可以依法调取。对于已经调取的监察调查讯问录音录像，应当允许播放，以更好地发挥其证明取证合法性的作用。

★《最高人民法院、最高人民检察院、公安部、国家安全部、司法部关于办理刑事案件严格排除非法证据若干问题的规定》（法发〔2017〕15 号，2017 年 6 月 20 日）

第三十一条　公诉人对证据收集的合法性加以证明，可以出示讯问笔录、提讯登记、体检记录、采取强制措施或者侦查措施的法律文书、侦查终结前对讯问合法性的核查材料等证据材料，有针对性地播放讯问录音录像，提请法庭通知侦查人员或者其他人员出庭说明情况。

被告人及其辩护人可以出示相关线索或者材料，并申请法庭播放特定时段的讯问录音录像。

侦查人员或者其他人员出庭，应当向法庭说明证据收集过程，并就相关情况接受发问。对发问方式不当或者内容与证据收集的合法性无关的，法庭应当制止。

公诉人、被告人及其辩护人可以对证据收集的合法性进行质证、辩论。

第三十二条　法庭对控辩双方提供的证据有疑问的，可以宣布休庭，对证据进行调查核实。必要时，可以通知公诉人、辩护人到场。

第三十七条　人民法院对证人证言、被害人陈述等证据收集合法性的审查、调查，参照上述规定。

★《最高人民法院、最高人民检察院、公安部、国家安全部、司法部办理刑事案件排除非法证据规程》（法发〔2024〕12 号，2024 年 7 月 25 日）

第二十一条　法庭决定对证据收集的合法性进行调查的，一般按照以下步骤进行：

（一）召开庭前会议的案件，法庭应当在宣读起诉书后，宣布庭前会议中对证据收集合法性的审查情况，以及控辩双方的争议焦点；

（二）被告人及其辩护人说明排除非法证据的申请及相关线索或者材料；

（三）公诉人出示证明证据收集合法性的证据材料，被告人及其辩护人可以对相关证据进行质证，经审判长准许，公诉人、辩护人可以向出庭的侦查人员或者其他人员发问；

（四）控辩双方对证据收集的合法性进行辩论。

第二十二条　证据收集合法性的举证责任由人民检察院承担。

公诉人对证据收集的合法性加以证明，可以出示讯问笔录、提讯登记、体检记录、采取强制措施或者侦查措施的法律文书、对讯问合法性的核查材料等证据材料，也可以针对被告人及其辩护人提出异议的讯问时段播放讯问录音录像，提请法庭通知有关侦查人员或者其他人员出庭说明情况。

在法庭审理过程中，公诉人发现当庭不能举证或者为提供新的证据需要

① 参见李少平主编书，第 246—248 页。

补充侦查，建议延期审理的，法庭可以延期审理。

第二十三条　被告人及其辩护人可以出示相关线索或者材料，并申请法庭播放特定讯问时段的讯问录音录像。

被告人及其辩护人向人民法院申请调取侦查机关、人民检察院收集但未提交的讯问录音录像、体检记录等证据材料，人民法院经审查认为该证据材料与证据收集的合法性有关的，应当予以调取；认为与证据收集的合法性无关的，应当决定不予调取，并向被告人及其辩护人说明理由。

被告人及其辩护人申请人民法院通知侦查人员或者其他人员出庭说明情况，人民法院认为确有必要的，应当通知上述人员出庭，不得以签名并加盖公章的说明材料替代侦查人员出庭。

第二十四条　法庭对证据收集的合法性进行调查的，应当重视对讯问录音录像的审查，重点审查以下内容：

（一）讯问录音录像是否依法制作。对于可能判处无期徒刑、死刑的案件或者其他重大犯罪案件，是否对讯问过程进行录音录像；

（二）讯问录音录像是否完整。是否对每一次讯问过程录音录像，录音录像是否全程不间断进行，是否有选择性录制、剪接、删改等情形；

（三）讯问录音录像是否同步制作。录音录像是否自讯问开始时制作，至犯罪嫌疑人核对讯问笔录、签字确认后结束；讯问笔录记载的起止时间是否与讯问录音录像反映的起止时间一致；

（四）讯问录音录像与讯问笔录的内容是否存在差异。对与定罪量刑有关的内容，讯问笔录记载的内容与讯问录音录像是否存在实质性差异，存在实质性差异的，以讯问录音录像为准。

第二十五条　侦查人员或者其他人员出庭的，应当向法庭说明证据收集过程，并就相关情况接受控辩双方发问。对发问方式不当或者内容与证据收集的合法性无关的，法庭应当制止。

经人民法院通知，侦查人员不出庭说明情况，不能排除以非法方法收集证据情形的，对有关证据应当予以排除。

第二十六条　人民法院对控辩双方提供的证据来源、内容等有疑问的，可以告知控辩双方补充证据或者作出说明；必要时，可以宣布休庭，对证据进行调查核实。法庭调查核实证据，可以通知控辩双方到场，并将核实过程记录在案。

对于控辩双方补充的和法庭庭外调查核实取得的证据，未经当庭出示、质证等法庭调查程序查证属实，不得作为证明证据收集合法性的根据。但经庭外征求意见，控辩双方没有异议的除外。

第二十七条　经法庭审理，被告人供述具有下列情形之一的，应当予以排除：

（一）确认以本规程第一条规定的非法方法收集证据的；

（二）应当对讯问过程录音录像的案件没有提供讯问录音录像，或者讯问录音录像存在选择性录制、剪接、删改等情形，综合现有证据不能排除以非法方法收集证据的；

（三）侦查机关除紧急情况外没有在规定的办案场所讯问，综合现有证据不能排除以非法方法收集证据的；

（四）其他不能排除存在以非法方法收集证据的。

第二十八条　人民法院对证据收

集的合法性进行调查后,应当当庭作出是否排除有关证据的决定。必要时可以宣布休庭,由合议庭评议或者提交审判委员会讨论,再次开庭时宣布决定。

依法予以排除的非法证据,不得出示、质证,不得作为定案的根据。

第二十九条 人民法院对证据收集合法性的审查、调查结论,应当在裁判文书中写明,并说明理由。

第三十条 人民检察院、被告人及其法定代理人提出抗诉、上诉,对第一审人民法院有关证据收集合法性的审查、调查结论提出异议的,第二审人民法院应当审查。

第三十一条 人民检察院应当在第一审程序中全面出示证明证据收集合法性的证据材料。

人民检察院在第一审程序中未出示证明证据收集合法性的证据材料,第一审人民法院依法排除有关证据的,人民检察院在第二审程序中不得出示之前未出示的证据材料,但在第一审程序后发现的除外。

【刑事审判参考案例】

[第 823 号]褚明剑受贿案

裁判要旨:为提高审判效率,节约司法资源,应赋予法庭一定的裁量权,既可以先行调查,也可以在法庭调查结束后对被告人提出的证据合法性申请一并调查。刑事诉讼法第五十六条第一款①对此作了灵活性的规定:“法庭审理过程中,审判人员认为可能存在本法第五十四条②规定的以非法方法收集证据情形的,应当对证据收集的合法性进行法庭调查。”也就是说,非法证据的调查并不限于公诉人宣读起诉书之后必须立即进行,在法庭调查阶段完成均可。

对于启动非法证据排除调查程序的,应把握以下四点:(1)被告人提出非法证据申请的,必须提出相关线索或材料,并且要达到使法庭对取证行为合法性存在疑问的程度,才需要启动调查程序。(2)在对证据收集的合法性进行法庭调查的过程中,由人民检察院对证据收集的合法性加以证明。(3)法庭决定在法庭调查结束后对证据合法性进行一并调查的,在法庭调查期间,对被告人及辩护人提出异议的证据暂停质证。对证据合法性的调查程序结束后,如果法庭决定对该证据予以排除的,可不再质证。(4)对于能够排除非法取证可能性的证据,法庭仍应当继续对该证据进行质证,并结合被告人的当庭供述以及其他证据决定能否作为定案的根据。

59.2.3 公诉人对证据合法性的证明

★《最高人民法院、最高人民检察院、公安部、国家安全部、司法部办理刑事案件排除非法证据规程》(法发〔2024〕12号,2024 年 7 月 25 日)

第二十二条 证据收集合法性的举证责任由人民检察院承担。

公诉人对证据收集的合法性加以证明,可以出示讯问笔录、提讯登记、体检记录、采取强制措施或者侦查措施的法律文书、对讯问合法性的核查材料等证据材料,也可以针对被告人及其辩护人提出异议的讯问时段播放讯问录音录像,提请法庭通知有关侦查人员或者其他人员出庭说明情况。

---

① 2018 年刑事诉讼法第五十八条第一款。

② 2018 年刑事诉讼法第五十六条。

在法庭审理过程中，公诉人发现当庭不能举证或者为提供新的证据需要补充侦查，建议延期审理的，法庭可以延期审理。

第三十一条　人民检察院应当在第一审程序中全面出示证明证据收集合法性的证据材料。

人民检察院在第一审程序中未出示证明证据收集合法性的证据材料，第一审人民法院依法排除有关证据的，人民检察院在第二审程序中不得出示之前未出示的证据材料，但在第一审程序后发现的除外。

★《最高人民检察院关于适用〈关于办理死刑案件审查判断证据若干问题的规定〉和〈关于办理刑事案件排除非法证据若干问题的规定〉的指导意见》（高检发研字〔2010〕13 号，2010 年 12 月 30 日）

21. 对证据的合法性进行证明，是检察机关依法指控犯罪、强化诉讼监督、保证办案质量的一项重要工作。要坚持对证据的合法性进行严格审查，依法排除非法证据，进一步提高出庭公诉水平，做好证据合法性证明工作。

22. 收到人民法院送交的反映被告人庭前供述是非法取得的书面意见或者告诉笔录复印件等有关材料后，应当及时根据提供的相关证据或者线索进行审查。审查逮捕、审查起诉期间已经提出并经查证不存在非法取证行为的，按照查证的情况做好庭审应对准备。提起公诉后提出新的证据或者线索的，应当要求侦查机关（部门）提供相关证明，必要时可以自行调查核实。

23. 庭审中，被告人及其辩护人提出被告人庭前供述是非法取得，没有提供相关证据或者线索的，公诉人应当根据全案证据情况综合说明该证据的合法性。被告人及其辩护人提供了相关证据或者线索，法庭经审查对被告人审判前供述取得的合法性有疑问的，公诉人应当向法庭提供讯问笔录、出入看守所的健康检查记录、看守管教人员的谈话记录以及侦查机关（部门）对讯问过程合法性的说明，讯问过程有录音录像的，应当提供。必要时提请法庭通知讯问时其他在场人员或者其他证人出庭作证，仍不能证明的，提请法庭通知讯问人员出庭作证。对被告人及其辩护人庭审中提出的新证据或者线索，当庭不能举证证明的，应当依法建议法庭延期审理，要求侦查机关（部门）提供相关证明，必要时可以自行调查核实。

25. 对于庭审中被告人及其辩护人提出未到庭证人的书面证言、未到庭被害人的书面陈述是非法取得的，可以从证人或者被害人的作证资格、询问人员、询问程序和方式以及询问笔录的法定形式等方面对合法性作出说明；有原始询问过程录音录像或者其他证据能证明合法性的，可以在法庭上宣读或者出示。被告人及其辩护人提出明确的新证据或者线索，需要进一步调查核实的，应当依法建议法庭延期审理，要求侦查机关（部门）提供相关证明，必要时可以自行调查核实、对被告人及其辩护人所提供的证人证言、被害人陈述等证据取得的合法性有疑问的，应当建议法庭要求其提供证明。

26. 被告人及其辩护人在提起公诉后提出证据不合法的新证据或者线索，侦查机关（部门）对证据的合法性不能提供证据予以证明，或者提供的证据不够确实、充分，且其他证据不能充分证明被告人有罪的，可以撤回起诉，将案件退回侦查机关（部门）或者不起诉。

59.3　规范性文件

59.3.1　侦查人员出庭作证的要求

★《公安规定》（2020）

第七十二条　人民法院认为现有证据材料不能证明证据收集的合法性，通知有关侦查人员或者公安机关其他人员出庭说明情况的，有关侦查人员或者其他人员应当出庭。必要时，有关侦查人员或者其他人员也可以要求出庭说明情况。侦查人员或者其他人员出庭，应当向法庭说明证据收集过程，并就相关情况接受发问。

经人民法院通知，人民警察应当就其执行职务时目击的犯罪情况出庭作证。

【重点解读】①

有关侦查人员或者其他人员出庭作证的前提条件，即在"人民法院认为现有证据材料不能证明证据收集的合法性"的情形下，有关侦查人员或者其他人员应当出庭说明情况。有关侦查人员或者其他人员出庭作证有三种具体程序：第一种是人民检察院提请人民法院通知有关侦查人员或者其他人员出庭说明情况；第二种是人民法院通知有关侦查人员或者其他人员出庭说明情况；第三种是有关侦查人员或者其他人员要求出庭说明情况。经人民法院通知，有关人员应当出庭。

★《国安规定》（2024）

第九十九条　人民法院认为现有证据材料不能说明证据收集的合法性，通知有关侦查人员或者其他人员出庭说明情况的，有关侦查人员或者其他人员应当出庭。必要时，有关侦查人员或者其他人员也可以要求出庭说明情况。侦查人员或者其他人员出庭，应当向法庭说明证据收集过程，并就相关情况接受发问。

经人民法院通知，人民警察应当就其执行职务时目击的犯罪情况出庭作证。

【刑事审判参考案例】

［第1168号］杨增龙故意杀人案

裁判要旨：被告方申请排除非法证据的情形，应当由人民检察院承担证据收集合法性的证明责任，不能让被告人变相承担证明责任。实践中，侦查人员出庭鲜有承认非法取证的情形，但侦查人员出庭作证并不能仅是简单地否定没有刑讯逼供，而是应当阐述取证细节，并对被告人提供的线索或者材料作出合理的解释。如果被告人与侦查人员对取证合法性问题各执一词，在缺乏其他证据特别是讯问录音录像等客观证据佐证的情况下，简单地采信侦查人员的陈述并不妥当。

60　非法证据的认定标准与排除

60.1　法条规定

第六十条　对于经过法庭审理，确认或者不能排除存在本法第五十六条规定的以非法方法收集证据情形的，对有关证据应当予以排除。

【立法释义】②

本条规定明确了非法证据的认定标准与排除，是2012年刑事诉讼法修

① 参见孙茂利主编书，第188—191页。

② 参见王爱立主编书，第128页。

改新增的规定。本条规定的“经过法庭审理”，是指经过本法第五十八条、第五十九条规定的证据合法性调查程序，法庭对证据合法性事实进行法庭调查，审查了控辩双方提交的证据，听取了控辩双方的意见，进而作出最终的处理。针对非法证据，本条规定确立了两种排除标准：一是“确认”存在以非法方法收集证据情形，即现有证据可以认定，侦查机关采用本法第五十六条规定的非法方法收集证据，此种情况下，对有关证据应当予以排除。二是“不能排除”存在以非法方法收集证据情形，即人民检察院未能提供确实、充分的证据证明取证合法性，法庭对取证合法性仍有疑问，不能排除侦查机关采用本法第五十六条规定的非法方法收集证据，此种情况下，对有关证据也应予以排除。

证据合法性争议涉及证据资格问题，在法庭作出是否排除有关证据的决定前，不得对有关证据出示、质证。相应地，法庭依法排除有关证据后，不得将有关证据作为认定案件事实的根据。需要强调的是，法庭认定有关证据是合法证据，并不意味着该证据可以直接作为定案的根据，该证据仍然要经过法定程序查证属实，才能作为定案的根据。

证据合法性争议，可能在第二审程序中提出，或者延续到第二审程序。关于第二审程序中的证据合法性争议，2017 年“两高三部”《关于办理刑事案件严格排除非法证据若干问题的规定》第四十条规定了具体的处理方式。

60.2　司法解释

60.2.1　对证据合法性裁决的抗诉

★《检察院规则》(2019)

第七十八条　人民检察院认为第一审人民法院有关证据收集合法性的审查、调查结论导致第一审判决、裁定错误的，可以依照刑事诉讼法第二百二十八条的规定向人民法院提出抗诉。

【重点解读】①

证据收集的合法性直接影响证据的可采性，与案件的定罪量刑有密切联系，因此导致第一审判决、裁定有错误的，属于刑事诉讼法规定的抗诉情形，人民检察院可以向人民法院提起抗诉。

60.2.2　非法证据的认定标准

★《法院解释》(2021)

第一百三十七条　法庭对证据收集的合法性进行调查后，确认或者不能排除存在刑事诉讼法第五十六条规定的以非法方法收集证据情形的，对有关证据应当排除。

★《最高人民法院、最高人民检察院、公安部、国家安全部、司法部关于办理刑事案件严格排除非法证据若干问题的规定》(法发〔2017〕15 号，2017 年 6 月 20 日)

第三十四条　经法庭审理，确认存在本规定所规定的以非法方法收集证据情形的，对有关证据应当予以排除。法庭根据相关线索或者材料对证据收集的合法性有疑问，而人民检察院未提供证据或者提供的证据不能证明证据收集的合法性，不能排除存在本规定所规定的以非法方法收集证据情形的，对有关证据应当予以排除。

对依法予以排除的证据，不得宣读、质证，不得作为判决的根据。

★《最高人民法院、最高人民检察

---

① 参见童建明、万春主编释义书，第 96 页。

院、公安部、国家安全部、司法部办理刑事案件排除非法证据规程》(法发〔2024〕12号,2024年7月25日)

第二十二条 证据收集合法性的举证责任由人民检察院承担。

公诉人对证据收集的合法性加以证明,可以出示讯问笔录、提讯登记、体检记录、采取强制措施或者侦查措施的法律文书、对讯问合法性的核查材料等证据材料,也可以针对被告人及其辩护人提出异议的讯问时段播放讯问录音录像,提请法庭通知有关侦查人员或者其他人员出庭说明情况。

在法庭审理过程中,公诉人发现当庭不能举证或者为提供新的证据需要补充侦查,建议延期审理的,法庭可以延期审理。

第二十七条 经法庭审理,被告人供述具有下列情形之一的,应当予以排除:

(一)确认以本规程第一条规定的非法方法收集证据的;

(二)应当对讯问过程录音录像的案件没有提供讯问录音录像,或者讯问录音录像存在选择性录制、剪接、删改等情形,综合现有证据不能排除以非法方法收集证据的;

(三)侦查机关除紧急情况外没有在规定的办案场所讯问,综合现有证据不能排除以非法方法收集证据的;

(四)其他不能排除存在以非法方法收集证据的。

★《最高人民法院关于全面推进以审判为中心的刑事诉讼制度改革的实施意见》(法发〔2017〕5号,2017年2月17日)

24. 法庭对证据收集的合法性进行调查的,应当重视对讯问过程录音录像的审查。讯问笔录记载的内容与讯问录音录像存在实质性差异的,以讯问录音录像为准。

对于法律规定应当对讯问过程录音录像的案件,公诉人没有提供讯问录音录像,或者讯问录音录像存在选择性录制、剪接、删改等情形,现有证据不能排除以非法方法收集证据情形的,对有关供述应当予以排除。

25. 现有证据材料不能证明证据收集合法性的,人民法院可以通知有关侦查人员出庭说明情况。不得以侦查人员签名并加盖公章的说明材料替代侦查人员出庭。

经人民法院通知,侦查人员不出庭说明情况,不能排除以非法方法收集证据情形的,对有关证据应当予以排除。

【刑事审判参考案例】

[第869号]刘晓鹏、罗永全贩卖毒品案

裁判要旨:对于“不能排除以非法方法收集证据情形”的具体认定,可以从取证人员、时间、地点、方式、内容入手进行判断;对重大案件,应当结合同步录音录像进行判断。如果人民检察院无法提供确实、充分的证据证明取证的合法性,如对于重大犯罪案件,侦查机关未进行全程同步录音录像,讯问又未按照法律规定在看守所内进行,且没有其他证据能够证明讯问的合法性,此种情况就属于“不能排除以非法方法收集证据情形”。

[第1038号]文某非法持有毒品案

裁判要旨:辩方能够提供涉嫌非法取证的线索或者材料的,可以依法申请启动非法证据排除程序。法院经审查对证据收集合法性有疑问的应当进行调查,不能排除存在以刑讯逼供等非法方法收集证据情形的,应当将该证据依法予以排除。根据刑事诉讼法第五十七条、第五十八条①的规定,证据收集合法性的证明责任在于公诉机关,如果证据不能达到确实、充分的程度标准,不能排除非法取证合理怀疑的,对相关证据应当依法予以排除。审查起诉阶段未审查排除侦查阶段刑讯逼供取得的有罪供述,继续获取的不稳定有罪供述亦应依法予以排除

本案在被告人文某能够提供确切伤情的证据,且提出其有罪供述系侦查人员刑讯逼供所致的情况下,公诉机关未能提供确实、充分的证据证明侦查机关取证的合法性,不能排除侦查机关系以刑讯逼供的方法获取被告人有罪供述的合理怀疑,故该有罪供述应当依法予以排除。

[第 1039 号]李志周运输毒品案

裁判要旨:人民检察院对证据收集合法性事实的证明,应当达到证据确实、充分的证明标准,即排除存在刑事诉讼法第五十四条②规定的以非法方法收集证据的情形。主要理由如下:一方面,证据是认定案件事实的基础,对证据收集合法性的审查是判断该证据能否作为定案依据的关键。如果据以定案的证据在合法性方面存疑,那么以之为基础指控的犯罪事实显然也达不到"证据确实、充分"的证明标准。对证据收集合法性事实的证明标准与刑事案件定罪的证明标准在本质上是一致的。另一方面,强调公诉机关对证据收集合法性的证明应当达到证据确实、充分的证明标准,有助于规范侦查取证行为,落实不得强迫自证其罪原则的要求,减少刑讯逼供及其他非法取证情形的发生,切实保障人权,防范冤假错案。人民检察院可以通过多种方式证明取证的合法性,例如,可以出示讯问笔录、体检笔录,播放讯问过程同步录音录像,或者提请法庭通知侦查人员或者其他人员出庭作证。

60.2.3　非法证据的当庭排除及例外

★《最高人民法院、最高人民检察院、公安部、国家安全部、司法部关于办理刑事案件严格排除非法证据若干问题的规定》(法发〔2017〕15 号,2017 年 6 月 20 日)

第三十三条　法庭对证据收集的合法性进行调查后,应当当庭作出是否排除有关证据的决定。必要时,可以宣布休庭,由合议庭评议或者提交审判委员会讨论,再次开庭时宣布决定。

在法庭作出是否排除有关证据的决定前,不得对有关证据宣读、质证。

★《最高人民法院、最高人民检察院、公安部、国家安全部、司法部办理刑事案件排除非法证据规程》(法发〔2024〕12 号,2024 年 7 月 25 日)

第二十八条　人民法院对证据收集的合法性进行调查后,应当当庭作出是否排除有关证据的决定。必要时可以宣布休庭,由合议庭评议或者提交审判委员会讨论,再次开庭时宣布决定。

依法予以排除的非法证据,不得出示、质证,不得作为定案的根据。

---

① 2018 年刑事诉讼法第五十九条、第六十条。

② 2018 年刑事诉讼法第五十六条。

★**《最高人民法院关于全面推进以审判为中心的刑事诉讼制度改革的实施意见》**（法发〔2017〕5 号，2017 年 2 月 17 日）

26. 法庭对证据收集的合法性进行调查后，应当当庭作出是否排除有关证据的决定。必要时，可以宣布休庭，由合议庭评议或者提交审判委员会讨论，再次开庭时宣布决定。

在法庭作出是否排除有关证据的决定前，不得对有关证据宣读、质证。

60.2.4　排除非法证据后的案件处理

★**《最高人民法院、最高人民检察院、公安部、国家安全部、司法部关于办理刑事案件严格排除非法证据若干问题的规定》**（法发〔2017〕15 号，2017 年 6 月 20 日）

第三十五条　人民法院排除非法证据后，案件事实清楚，证据确实、充分，依据法律认定被告人有罪的，应当作出有罪判决；证据不足，不能认定被告人有罪的，应当作出证据不足、指控的犯罪不能成立的无罪判决；案件部分事实清楚，证据确实、充分的，依法认定该部分事实。

第三十六条　人民法院对证据收集合法性的审查、调查结论，应当在裁判文书中写明，并说明理由。

60.2.5　二审对证据合法性的审查、调查

★**《法院解释》**（2021）

第一百三十八条　具有下列情形之一的，第二审人民法院应当对证据收集的合法性进行审查，并根据刑事诉讼法和本解释的有关规定作出处理：

（一）第一审人民法院对当事人及其辩护人、诉讼代理人排除非法证据的申请没有审查，且以该证据作为定案根据的；

（二）人民检察院或者被告人、自诉人及其法定代理人不服第一审人民法院作出的有关证据收集合法性的调查结论，提出抗诉、上诉的；

（三）当事人及其辩护人、诉讼代理人在第一审结束后才发现相关线索或者材料，申请人民法院排除非法证据的。

★**《最高人民法院、最高人民检察院、公安部、国家安全部、司法部关于办理刑事案件严格排除非法证据若干问题的规定》**（法发〔2017〕15 号，2017 年 6 月 20 日）

第三十八条　人民检察院、被告人及其法定代理人提出抗诉、上诉，对第一审人民法院有关证据收集合法性的审查、调查结论提出异议的，第二审人民法院应当审查。

被告人及其辩护人在第一审程序中未申请排除非法证据，在第二审程序中提出申请的，应当说明理由。第二审人民法院应当审查。

人民检察院在第一审程序中未出示证据证明证据收集的合法性，第一审人民法院依法排除有关证据的，人民检察院在第二审程序中不得出示之前未出示的证据，但在第一审程序后发现的除外。

第三十九条　第二审人民法院对证据收集合法性的调查，参照上述第一审程序的规定。

第四十条　第一审人民法院对被告人及其辩护人排除非法证据的申请未予审查，并以有关证据作为定案根据，可能影响公正审判的，第二审人民法院可以裁定撤销原判，发回原审人民

法院重新审判。

第一审人民法院对依法应当排除的非法证据未予排除的,第二审人民法院可以依法排除非法证据。排除非法证据后,原判决认定事实和适用法律正确、量刑适当的,应当裁定驳回上诉或者抗诉,维持原判;原判决认定事实没有错误,但适用法律有错误,或者量刑不当的,应当改判;原判决事实不清楚或者证据不足的,可以裁定撤销原判,发回原审人民法院重新审判。

第四十一条　审判监督程序、死刑复核程序中对证据收集合法性的审查、调查,参照上述规定。

★**《最高人民法院、最高人民检察院、公安部、国家安全部、司法部办理刑事案件排除非法证据规程》**(法发〔2024〕12 号,2024 年 7 月 25 日)

第三十条　人民检察院、被告人及其法定代理人提出抗诉、上诉,对第一审人民法院有关证据收集合法性的审查、调查结论提出异议的,第二审人民法院应当审查。

第三十二条　被告人及其辩护人在第一审程序中未提出排除非法证据的申请,在第二审程序中提出申请,有下列情形之一的,第二审人民法院应当审查:

(一)第一审人民法院没有依法告知被告人申请排除非法证据的权利的;

(二)被告人及其辩护人在第一审庭审后发现涉嫌非法取证的相关线索或者材料的。

第三十三条　第一审人民法院对被告人及其辩护人排除非法证据的申请未予审查,并以有关证据作为定案的根据,可能影响公正审判的,第二审人民法院应当裁定撤销原判,发回原审人民法院重新审判。

第三十四条　第一审人民法院对依法应当排除的非法证据未予排除的,第二审人民法院可以依法排除非法证据。排除非法证据后,根据不同情形对案件依法作出处理。

第三十五条　人民法院对证人证言、被害人陈述等证据收集合法性的审查、调查程序,参照上述规定。

二审程序、审判监督程序、死刑复核程序中对证据收集合法性的审查、调查,参照上述规定。

61　证人证言的质证规则

61.1　法条规定

第六十一条　证人证言必须在法庭上经过公诉人、被害人和被告人、辩护人双方质证并且查实以后,才能作为定案的根据。法庭查明证人有意作伪证或者隐匿罪证的时候,应当依法处理。

【立法释义】①

本条规定明确了证人证言的质证规则。本条中的“证人证言”并未限定于证人当庭提供的证言,因此,除证人依法应当出庭作证的情形外,控辩双方不存在争议的书面证言,也可以在法庭上出示、质证。关于质证的方式,控辩双方可以对证人证言的具体内容或者本方想要了解的情况,对证人进行提问,通过提问让证人全面深入地陈述证言,解释虚假或者不可靠的证言,便于法庭审查证人证言的可靠性;控辩双方也

① 参见王爱立主编书,第 129—130 页。

可以针对证人证言的疑点提出问题和意见,或者答复对方的疑问,提出反驳的意见。对于证人未出庭的情形,控辩双方也应对当庭宣读的证言笔录进行质证。

根据本条规定的程序,无论是控方证人还是辩方证人,有关证人证言都要经过法庭质证程序查证属实,才能作为定案的根据。法庭查明证人有意①作伪证或者隐匿罪证的时候,应当依法处理。

62　证人的作证义务和作证能力

62.1　法条规定

第六十二条　凡是知道案件情况的人,都有作证的义务。

生理上、精神上有缺陷或者年幼,不能辨别是非、不能正确表达的人,不能作证人。

【立法释义】②

本条规定明确了证人的作证义务和作证能力。作证义务是公民的重要法律义务。但并非所有的公民都具有作证能力,为了准确查明案件事实,确保证言的可靠性,应当重视对证人作证能力的审查。关于证人的作证义务和作证能力,应当关注以下事项:

第一,证人的作证义务。本条中的"知道案件情况",是指证人亲身感知到犯罪过程或者犯罪嫌疑人、被告人的犯罪行为,或者听到犯罪嫌疑人、被告人、被害人对案情的陈述,从而知晓案件事实以及犯罪嫌疑人、被告人与案件事实的关联。证人从犯罪嫌疑人、被告人、被害人之外的其他人处道听途说的案件情况,其来源和真实性缺乏保障,不能作为认定案件事实的根据;但对于侦查机关而言,可以据此调查此类传闻的来源,进而寻找实际"知道案件情况"的证人。

本条中的"作证的义务",是指"知道案件情况的人"不得拒绝作证,并且应当如实提供证言。基于证人资源的稀缺性,对于警察目击犯罪经过的情形,其在诉讼中的身份应当优先作为证人。无论证人具有何种身份,只要其"知道案件情况",就有作证的义务,但根据本法第一百九十三条第一款的规定,对于被告人的配偶、父母、子女,不得强制到庭,亦不得强制其作证。这是古代"亲亲相隐"传统的制度体现,也是刑事司法尊重基本伦理的政策要求。

第二,证人的作证能力。证言的准确性和真实性受到证人感知、记忆和表述能力的影响。一些证人基于生理、精神等原因,不具有实质的作证能力,无法确保证言的真实性。鉴于此类证人的证言存在重大失真风险,为避免影响案件事实的准确认定,本条第二款否定了此类证人的作证资格。

"生理上有缺陷,不能辨别是非、不能正确表达",是指因生理缺陷而影响感知和表达能力,无法准确感知和陈述案件事实,例如色盲的证人无法就颜色问题作证,耳聋的人不能对犯罪现场的声音作证等。但是,如果证人仅有某一方面的生理缺陷,并不影响其他感官能力,且能辨别是非和正确表达的,可以作为证人。例如听力很好的盲人,可以

---

①　本条规定的证人"有意"作伪证或者隐匿罪证,实际上应当是指证人"故意"作伪证或者隐匿罪证。"有意"包含"故意"和"意图"两种含义,故为严格加以限定,可考虑将本条中的"有意"调整为"故意"。

②　参见王爱立主编书,第130—131页。

针对其听到的犯罪现场的声音作证。

"精神上有缺陷,不能辨别是非、不能正确表达",是指因精神缺陷而影响感知和表达能力,无法准确感知和陈述案件事实,例如精神病患者在发病期间,不能作为证人。但是,精神病患者在病情稳定期间,经专业鉴定确认,能够辨别是非和正确表达的,可以作为证人。

"年幼,不能辨别是非,不能正确表达",是指因年龄幼小,缺乏准确感知和陈述案件事实的能力,不能作为证人。法律并未规定年幼的标准,需要结合个案情况具体判断。对于年纪较小,但能够辨别是非和正确表达的,可以作为证人。

62.2 规范性文件

62.2.1 证人的作证义务、资格与鉴别

★《公安规定》(2020)

第七十三条 凡是知道案件情况的人,都有作证的义务。

生理上、精神上有缺陷或者年幼,不能辨别是非,不能正确表达的人,不能作证人。

对于证人能否辨别是非,能否正确表达,必要时可以进行审查或者鉴别。

【重点解读】①

作证的义务,是指证人应当如实提供证言,不得拒绝作证。证人应当按照公安机关的要求接受询问,具体地点可以在现场或者在证人所在单位、住处或者证人提出的地点进行。必要时,证人也可以经公安机关书面、电话、当场通知,到公安机关提供证言。证人接受侦查人员询问时,应当如实回答侦查人员的询问或亲笔书写证词。

单位不能作为证人,同一案件的侦查人员、鉴定人、翻译人员不能同时作为证人,共同犯罪案件中的犯罪嫌疑人不能互为证人,证人也不能由侦查人员指定或更换。

对于证人能否辨别是非,能否正确表达,公安机关难以把握的,或者当事双方存在争议,可以进行必要的审查或者鉴别。例如,对于盲人、聋哑人、间歇性精神病人和年幼的人能否辨别是非、正确表达,当事双方认识不一致,需要具有专门知识的人进行审查或者鉴别。

★《国安规定》(2024)

第一百条 凡是知道案件情况的人,都有作证的义务。

生理上、精神上有缺陷或者年幼,不能辨别是非、不能正确表达的人,不能作为证人。

对于证人能否辨别是非,能否正确表达,必要时可以进行审查或者鉴别。

63 办案机关的证人保护义务

63.1 法条规定

第六十三条 人民法院、人民检察院和公安机关应当保障证人及其近亲属的安全。

对证人及其近亲属进行威胁、侮辱、殴打或者打击报复,构成犯罪的,依法追究刑事责任;尚不够刑事处罚的,依法给予治安管理处罚。

【立法释义】②

本条规定明确了办案机关的证人保护义务。为消除证人作证顾虑,证人

① 参见孙茂利主编书,第191—194页。

② 参见王爱立主编书,第132—133页。

保护的范围,包括“证人及其近亲属”。证人及其近亲属的“安全”,主要是指人身安全,在一些案件中也应包括隐私安全。为切实履行证人保护职责,应当对证人安全进行风险评估,无论证人是否申请保护措施,人民法院、人民检察院和公安机关都要审查证人面临的安全风险,对于可能因作证而处于危险之中的证人及其近亲属,应当依法采取必要的保护措施。

对威胁、侮辱、殴打或者打击报复证人及其近亲属的行为,依法追究法律责任,是保护证人最重要的途径。根据本条第二款的规定,对证人及其近亲属进行威胁、侮辱、殴打或者打击报复,依照刑法规定构成犯罪的,应当依法追究刑事责任。“威胁”,是指以暴力或者其他非法方法进行威胁。“侮辱”,是指在公众场合公然以言语和行为等方式对人格、名誉进行诋毁、攻击。“殴打”,是指以暴力进行身体伤害。“打击报复”,包括采用多种手段对证人及其近亲属进行报复、迫害等。对于有上述行为,情节轻微,尚不够刑事处罚的,应当依照治安管理处罚法的规定,对行为人予以拘留或者罚款的处罚。

63.2　规范性文件

63.2.1　证人及其近亲属的保护

★《公安规定》(2020)

第七十四条　公安机关应当保障证人及其近亲属的安全。

对证人及其近亲属进行威胁、侮辱、殴打或者打击报复,构成犯罪的,依法追究刑事责任;尚不够刑事处罚的,依法给予治安管理处罚。

【重点解读】①

证人保护包括事前保护和事后追究两个方面。事前保护,是指公安机关为证人保密,以及对可能发生的不法侵害采取必要的防范措施,例如不对外公开证人的姓名,对证人及其近亲属的住处采取必要的安全保卫措施等。事后追究,是指对侵害证人及其近亲属的人身或者财产安全的违法犯罪行为,公安机关应当及时依法予以严肃处理。

★《国安规定》(2024)

第一百零一条　国家安全机关应当保障证人、鉴定人及其近亲属的安全。

对证人、鉴定人及其近亲属进行威胁、侮辱、殴打或者打击报复,构成犯罪的,依法追究刑事责任;尚不构成犯罪的,依照有关法律法规追究责任。

64　作证的专门保护措施

64.1　法条规定

第六十四条　对于危害国家安全犯罪、恐怖活动犯罪、黑社会性质的组织犯罪、毒品犯罪等案件,证人、鉴定人、被害人因在诉讼中作证,本人或者其近亲属的人身安全面临危险的,人民法院、人民检察院和公安机关应当采取以下一项或者多项保护措施:

(一)不公开真实姓名、住址和工作单位等个人信息;

(二)采取不暴露外貌、真实声音等出庭作证措施;

(三)禁止特定的人员接触证人、鉴定人、被害人及其近亲属;

(四)对人身和住宅采取专门性保护措施;

① 参见孙茂利主编书,第194—197页。

（五）其他必要的保护措施。

证人、鉴定人、被害人认为因在诉讼中作证，本人或者其近亲属的人身安全面临危险的，可以向人民法院、人民检察院、公安机关请求予以保护。

人民法院、人民检察院、公安机关依法采取保护措施，有关单位和个人应当配合。

【立法释义】①

本条规定明确了作证的专门保护措施和申请保护权，是 2012 年刑事诉讼法修改新增的规定。关于作证保护，应当关注以下事项：

第一，作证保护的条件。作证保护措施的适用范围，主要包括“危害国家安全犯罪、恐怖活动犯罪、黑社会性质的组织犯罪、毒品犯罪等案件”。这几类犯罪案件，都是证人、鉴定人、被害人容易遭受打击报复，存在人身安全危险的案件。对于其他犯罪案件，如果证人、鉴定人、被害人面临类似的人身安全危险，也应当采取本条规定的专门保护措施。此类专门保护措施的适用对象包括“证人、鉴定人和被害人或者其近亲属”。采取专门保护措施的条件是，证人、鉴定人和被害人因在诉讼中作证，包括在侦查、审查起诉和审判阶段向侦查机关、人民检察院和人民法院作证，由此导致本人或者近亲属的人身安全面临危险。办案机关应当评估人身安全危险的具体程度和实际情况，及时采取相应的专门保护措施。办案机关可以依职权决定采取保护措施，也可以根据证人、鉴定人和被害人提出的申请，依法采取保护措施。

第二，专门的作证保护措施。办案机关可以根据案件情况，决定采取一项或者多项措施。“不公开真实姓名、住址和工作单位等个人信息”，是指办案机关在诉讼过程中，对有关个人信息予以保密，包括在证据材料、法律文书等可能公开的案卷材料中隐去个人信息。“采取不暴露外貌、真实声音等出庭作证措施”，是指人民法院在有关人员出庭作证时，在不影响庭审质证的前提下，采取遮挡面貌、改变声音等技术手段，避免暴露有关人员的真实身份。“禁止特定的人员接触证人、鉴定人、被害人及其近亲属”，是指办案机关通过发布禁止令，禁止可能实施打击报复的特定人员接触证人、鉴定人、被害人及其近亲属。“对人身和住宅采取专门性保护措施”，是指公安机关指派办案人员，为证人、鉴定人、被害人的人身和住宅提供专门保护。“其他必要的保护措施”，是指根据案件需要采取的其他针对性保护措施，例如，在特殊情况下，可以根据办案需要，为关键证人、被害人更换身份、异地安置。

第三，证人、鉴定人、被害人的申请保护权②。证人、鉴定人、被害人认为因在诉讼中作证，本人或者其近亲属的人身安全面临危险的，有权向人民法院、人民检察院、公安机关申请予以保护。人民法院、人民检察院、公安机关收到申请后应当及时审查，并依法及时

---

① 参见王爱立主编书，第 133—136 页。

② 证人、鉴定人、被害人因在诉讼中作证，本人或者其近亲属的人身安全面临危险的，应当拥有申请保护的权利。为表述更为妥当起见，可考虑将“请求予以保护”调整为“申请予以保护”。

采取相应的保护措施。对于证人、鉴定人、被害人认为人身安全面临现实危险，办案机关不能提供专门保护措施的，可以采用视频方式作证。

第四，有关单位和个人对保护措施的配合义务。人民法院、人民检察院、公安机关依法采取本条第一款规定的专门保护措施，有时需要其他单位或者个人的配合。例如，证人、鉴定人、被害人所在单位以及有关诉讼参与人，事先知晓证人、鉴定人、被害人的身份信息，为配合办案机关采取的保护措施，有关单位和个人应当对证人、鉴定人、被害人的身份信息保密。

第五，证人保护的具体责任部门。在审判环节，证人、鉴定人、被害人因出庭作证，本人或者其近亲属的人身安全面临危险的，《法院解释》第二百五十六条和《公安机关办理刑事案件证人保护工作规定》作出了具体规定。

64.2　司法解释

64.2.1　出庭作证的保护措施

★《法院解释》(2021)

第二百五十六条　证人、鉴定人、被害人因出庭作证，本人或者其近亲属的人身安全面临危险的，人民法院应当采取不公开其真实姓名、住址和工作单位等个人信息，或者不暴露其外貌、真实声音等保护措施。辩护律师经法庭许可，查阅对证人、鉴定人、被害人使用化名情况的，应当签署保密承诺书。

审判期间，证人、鉴定人、被害人提出保护请求的，人民法院应当立即审查；认为确有保护必要的，应当及时决定采取相应保护措施。必要时，可以商请公安机关协助。

第二百五十七条　决定对出庭作证的证人、鉴定人、被害人采取不公开个人信息的保护措施的，审判人员应当在开庭前核实其身份，对证人、鉴定人如实作证的保证书不得公开，在判决书、裁定书等法律文书中可以使用化名等代替其个人信息。

★《检察院规则》(2019)

第七十九条　人民检察院在办理危害国家安全犯罪、恐怖活动犯罪、黑社会性质的组织犯罪、毒品犯罪等案件过程中，证人、鉴定人、被害人因在诉讼中作证，本人或者其近亲属人身安全面临危险，向人民检察院请求保护的，人民检察院应当受理并及时进行审查。对于确实存在人身安全危险的，应当立即采取必要的保护措施。人民检察院发现存在上述情形的，应当主动采取保护措施。

人民检察院可以采取以下一项或者多项保护措施：

（一）不公开真实姓名、住址和工作单位等个人信息；

（二）建议法庭采取不暴露外貌、真实声音等出庭作证措施；

（三）禁止特定的人员接触证人、鉴定人、被害人及其近亲属；

（四）对人身和住宅采取专门性保护措施；

（五）其他必要的保护措施。

人民检察院依法决定不公开证人、鉴定人、被害人的真实姓名、住址和工作单位等个人信息的，可以在起诉书、询问笔录等法律文书、证据材料中使用化名。但是应当另行书面说明使用化名的情况并标明密级，单独成卷。

人民检察院依法采取保护措施，可以要求有关单位和个人予以配合。

对证人及其近亲属进行威胁、侮辱、殴打或者打击报复，构成犯罪或者应当给予治安管理处罚的，人民检察院应当移送公安机关处理；情节轻微的，予以批评教育、训诫。

【重点解读】①

"使用化名"，是指不使用真实姓名，防止信息泄露给证人、鉴定人、被害人的人身安全构成威胁。"单独成卷"，是指不得将此卷与案卷的其他材料放在一起，而是应当将证人、鉴定人、被害人的真实情况予以单独记载，以备核查，便于确认证据的真实性，根据需要通知证人出庭以及此后复查案件。同时，单独成卷时要对法律文书或者证据材料中使用化名的情况作出说明。单独成卷的说明属于国家秘密，应当根据相关规定"标明密级"。"标明密级"，是指根据保守国家秘密法的规定和案件的具体情况标识绝密、机密或者秘密并注明保密期限，与案件无关的人不得查阅。办案人员和律师进行查阅时，应当遵守有关保密的规定。

★《最高人民法院关于全面推进以审判为中心的刑事诉讼制度改革的实施意见》（法发〔2017〕5 号，2017 年 2 月 17 日）

16. 证人、鉴定人、被害人因出庭作证，本人或者其近亲属的人身安全面临危险的，人民法院应当采取不公开其真实姓名、住址、工作单位和联系方式等个人信息，或者不暴露其外貌、真实声音等保护措施。必要时，可以建议有关机关采取专门性保护措施。

人民法院应当建立证人出庭作证补助专项经费机制，对证人出庭作证所支出的交通、住宿、就餐等合理费用给予补助。

64.3　规范性文件

64.3.1　不公开个人信息的保护措施

★《最高人民法院、最高人民检察院、公安部、国家安全部、司法部、全国人大常委会法制工作委员会关于实施刑事诉讼法若干问题的规定》（2012 年 12 月 26 日）

12. 刑事诉讼法第六十二条②规定，对证人、鉴定人、被害人可以采取"不公开真实姓名、住址和工作单位等个人信息"的保护措施。人民法院、人民检察院和公安机关依法决定不公开证人、鉴定人、被害人的真实姓名、住址和工作单位等个人信息的，可以在判决书、裁定书、起诉书、询问笔录等法律文书、证据材料中使用化名等代替证人、鉴定人、被害人的个人信息。但是，应当书面说明使用化名的情况并标明密级，单独成卷。辩护律师经法庭许可，查阅对证人、鉴定人、被害人使用化名情况的，应当签署保密承诺书。

64.3.2　有组织犯罪案件的作证保护措施

★《公安机关反有组织犯罪工作规定》（公安部令第 165 号，2022 年 8 月 26 日）

第六十六条　因举报、控告和制止有组织犯罪活动，在有组织犯罪案件中作证，本人或者其近亲属的人身安全面临危险的，公安机关应当按照有关规定，采取下列一项或者多项保护措施：

（一）不公开真实姓名、住址和工

---

① 参见童建明、万春主编释义书，第 96—99 页。

② 2018 年刑事诉讼法第六十四条。

作单位等个人信息；

（二）禁止特定的人接触被保护人员；

（三）对人身和住宅采取专门性保护措施；

（四）变更被保护人员的身份，重新安排住所和工作单位；

（五）其他必要的保护措施。

采取前款第四项规定的保护措施的，由公安部批准和组织实施。

案件移送审查起诉时，应当将采取保护措施的相关情况一并移交人民检察院。

第六十七条　公安机关发现证人因作证，本人或者其近亲属的人身安全面临危险，或者证人向公安机关请求予以保护，公安机关经评估认为确有必要采取保护措施的，应当制作呈请证人保护报告书，报县级以上公安机关负责人批准实施。

人民法院、人民检察院决定对证人采取第六十六条第一款第二、三项保护措施的，由县级以上公安机关凭人民法院、人民检察院的决定文书执行，并将执行保护的情况及时通知决定机关。必要时，可以请人民法院、人民检察院协助执行。

第六十八条　实施有组织犯罪的人员配合侦查、起诉、审判等工作，有《中华人民共和国反有组织犯罪法》第三十三条第一款所列情形之一，对侦破案件或者查明案件事实起到重要作用的，或者有其他重大立功表现的，可以参照证人保护的规定执行。

第六十九条　对办理有组织犯罪案件的人民警察及其近亲属，可以采取人身保护、禁止特定的人接触等保护措施。

第七十条　公安机关实施证人保护的其他事项，适用《公安机关办理刑事案件证人保护工作规定》。

各级公安机关可以结合本地实际，组建专门的证人保护力量、设置证人保护安全场所。

★《最高人民法院、最高人民检察院、公安部、司法部关于办理黑社会性质组织犯罪案件若干问题的规定》（公通字〔2012〕45 号，2012 年 9 月 11 日）

第九条　公安机关、人民检察院和人民法院应当采取必要措施，保障证人及其近亲属的安全。证人的人身和财产受到侵害时，可以视情给予一定的经济补偿。

第十条　在侦查、起诉、审判过程中，对于因作证行为可能导致本人或者近亲属的人身、财产安全受到严重危害的证人，分别经地市级以上公安机关主要负责人、人民检察院检察长、人民法院院长批准，应当对其身份采取保密措施。

第十一条　对于秘密证人，侦查人员、检察人员和审判人员在制作笔录或者文书时，应当以代号代替其真实姓名，不得记录证人住址、单位、身份证号及其他足以识别其身份的信息。证人签名以按指纹代替。

侦查人员、检察人员和审判人员记载秘密证人真实姓名和身份信息的笔录或者文书，以及证人代号与真实姓名对照表，应当单独立卷，交办案单位档案部门封存。

第十二条　法庭审理时不得公开秘密证人的真实姓名和身份信息。用于公开质证的秘密证人的声音、影像，应当进行变声、变像等技术处理。

秘密证人出庭作证，人民法院可以采

取限制询问、遮蔽容貌、改变声音或者使用音频、视频传送装置等保护性措施。

经辩护律师申请，法庭可以要求公安机关、人民检察院对使用秘密证人的理由、审批程序出具说明。

第十三条　对报案人、控告人、举报人、鉴定人、被害人的保护，参照本规定第九条至第十二条的规定执行。

第十六条　对于有本规定第十四条第二款情形的犯罪嫌疑人、被告人，可以参照第九条至第十二条的规定，采取必要的保密和保护措施。

64.3.3　侦查机关的证人保护机制

★《公安规定》(2020)

第七十五条　对危害国家安全犯罪、恐怖活动犯罪、黑社会性质的组织犯罪、毒品犯罪等案件，证人、鉴定人、被害人因在侦查过程中作证，本人或者其近亲属的人身安全面临危险的，公安机关应当采取以下一项或者多项保护措施：

(一)不公开真实姓名、住址、通讯方式和工作单位等个人信息；

(二)禁止特定的人员接触被保护人；

(三)对被保护人的人身和住宅采取专门性保护措施；

(四)将被保护人带到安全场所保护；

(五)变更被保护人的住所和姓名；

(六)其他必要的保护措施。

证人、鉴定人、被害人认为因在侦查过程中作证，本人或者其近亲属的人身安全面临危险，向公安机关请求予以保护，公安机关经审查认为符合前款规定的条件，确有必要采取保护措施的，应当采取上述一项或者多项保护措施。

公安机关依法采取保护措施，可以要求有关单位和个人配合。

案件移送审查起诉时，应当将采取保护措施的相关情况一并移交人民检察院。

第七十六条　公安机关依法决定不公开证人、鉴定人、被害人的真实姓名、住址、通讯方式和工作单位等个人信息的，可以在起诉意见书、询问笔录等法律文书、证据材料中使用化名等代替证人、鉴定人、被害人的个人信息。但是，应当另行书面说明使用化名的情况并标明密级，单独成卷。

★《公安机关办理刑事案件证人保护工作规定》(公通字〔2017〕2 号，2017 年 1 月 23 日)

第五条　对于本规定第二条规定的案件，公安机关在侦办过程中发现证人因在侦查过程中作证，本人或者其近亲属的人身安全面临危险，或者证人向公安机关请求予以保护的，办案部门应当结合案件性质、犯罪嫌疑人的社会危险性、证人证言的重要性和真实性、证人自我保护能力、犯罪嫌疑人被采取强制措施的情况等，对证人人身安全面临危险的现实性、程度进行评估。

第六条　办案部门经评估认为确有必要采取保护措施的，应当制作呈请证人保护报告书，报县级以上公安机关负责人批准，实施证人保护措施。呈请证人保护报告书应当包括以下内容：

(一)被保护人的姓名、性别、年龄、住址、工作单位、身份证件信息以及与案件、犯罪嫌疑人的关系；

(二)案件基本情况以及作证事项有关情况；

(三)保护的必要性；

(四)保护的具体措施；

(五)执行保护的部门；

(六)其他有关内容。

证人或者其近亲属人身安全面临现实危险、情况紧急的，公安机关应当立即采取必要的措施予以保护，并同时办理呈请证人保护手续。

第七条 经批准，负责执行证人保护任务的部门（以下统称证人保护部门）可以对被保护人采取以下一项或者多项保护措施：

（一）不公开真实姓名、住址、通讯方式和工作单位等个人信息；

（二）禁止特定人员接触被保护人；

（三）对被保护人的人身和住宅采取专门性保护措施；

（四）将被保护人带到安全场所保护；

（五）变更被保护人的住所和姓名；

（六）其他必要的保护措施。

第八条 经批准决定采取证人保护措施的，证人保护部门应当立即制定保护方案，明确具体保护措施、警力部署、处置预案、通信联络、装备器材等。

证人保护部门应当将采取的保护措施和需要被保护人配合的事项告知被保护人，并及时实施保护方案。

第九条 采取不公开个人信息保护措施的，公安机关在讯问犯罪嫌疑人时不得透露证人的姓名、住址、通讯方式、工作单位等个人信息，在制作讯问、询问笔录等证据材料或者提请批准逮捕书、起诉意见书等法律文书时，应当使用化名等代替证人的个人信息，签名以捺指印代替。

对于证人真实身份信息和使用化名的情况应当另行书面说明，单独成卷，标明密级，妥善保管。证人保护密卷不得提供给人民法院、人民检察院和公安机关的承办人员以外的人员查阅，法律另有规定的除外。

对上述证人询问过程制作同步录音录像的，应当对视音频资料进行处理，避免暴露证人外貌、声音等。在公安机关以外的场所询问证人时，应当对询问场所进行清理、控制，无关人员不得在场，并避免与犯罪嫌疑人接触。

第十条 采取禁止特定人员接触被保护人措施的，公安机关应当制作禁止令，书面告知特定人员，禁止其在一定期限内接触被保护人。

特定人员违反禁止令，接触被保护人，公安机关应当依法进行调查处理，对犯罪嫌疑人视情采取或者变更强制措施，其他人员构成违反治安管理行为的，依法给予治安管理处罚；涉嫌犯罪的，依法追究刑事责任。

第十一条 被保护人面临重大人身安全危险的，经被保护人同意，公安机关可以在被保护人的人身或者住宅安装定位、报警、视频监控等装置。必要时，可以指派专门人员对被保护人的住宅进行巡逻、守护，或者在一定期限内开展贴身保护，防止侵害发生。

证人保护部门对人身和住宅采取专门性保护措施，需要由被保护人居住地辖区公安派出所或者公安机关其他部门协助落实的，应当及时将协助函送交有关派出所或者部门。有关派出所或部门应当及时安排人员协助证人保护部门落实证人保护工作。

有条件的地方，可以聘请社会安保力量承担具体保护工作。

第十二条 被保护人面临急迫的人身安全危险的，经被保护人同意，公安机关可以在一定期限内将被保护人安置于能够保障其人身安全的适当环境，并采取必要的保护措施。

第十三条　被保护人面临特别重大人身安全危险的，经被保护人同意，公安机关可以协调有关部门将被保护人在一定期限内或者长期安排到其他地方居住生活。确需变更姓名，被保护人提出申请的，公安机关应当依法办理。

第十四条　证人保护部门应当根据案情进展情况和被保护人受到安全威胁程度的变化，及时调整保护方案。被保护人也可以向证人保护部门申请变更保护措施。

证人保护部门系办案部门以外的部门的，调整保护方案前应当商办案部门同意。

第十五条　证人反映其本人或者近亲属受到威胁、侮辱、殴打或者受到打击报复的，公安机关应当依法进行调查处理。构成违反治安管理行为的，依法给予治安管理处罚；涉嫌犯罪的，依法追究刑事责任。

第二十三条　下列人员的人身安全面临危险，确有保护必要的，参照本规定予以保护：

（一）在本规定第二条规定的案件中作证的证人的未婚夫（妻）、共同居住人等其他与证人有密切关系的人员；

（二）参加危害国家安全犯罪、恐怖活动犯罪、黑社会性质的组织犯罪、毒品犯罪组织的犯罪嫌疑人，在查明有关犯罪组织结构和组织者、领导者的地位作用，追缴、没收赃款赃物等方面提供重要线索和证据的。

第二十四条　证人、鉴定人、被害人因在本规定第二条规定的案件范围以外的案件中作证，本人或者其近亲属的人身安全面临危险，确有保护必要的，参照本规定执行。

★《国安规定》（2024）

第一百零二条　对于危害国家安全犯罪、恐怖活动犯罪等案件，证人、鉴定人、被害人及其近亲属的人身安全面临危险的，国家安全机关应当采取以下一项或者多项保护措施：

（一）不公开真实姓名、住址、通讯方式和工作单位等个人信息；

（二）禁止特定的人员接触证人、鉴定人、被害人及其近亲属；

（三）对人身和住宅采取专门性保护措施；

（四）将被保护人带到安全场所保护；

（五）变更被保护人的住所和姓名；

（六）其他必要的保护措施。

证人、鉴定人、被害人认为因在诉讼中作证，本人或者近亲属的人身安全面临危险，向国家安全机关请求予以保护，国家安全机关经审查认为确有必要采取保护措施的，应当采取上述一项或者多项保护措施。

国家安全机关依法采取保护措施，可以要求有关单位和个人配合。

案件移送审查起诉时，国家安全机关应当将采取保护措施的相关情况一并移交人民检察院。

第一百零三条　国家安全机关依法决定不公开证人、鉴定人、被害人的真实姓名、住址、通讯方式和工作单位等个人信息的，可以在起诉意见书、询问笔录等法律文书、证据材料中使用化名等代替证人、鉴定人、被害人的个人信息。但是，应当另行书面说明使用化名的情况并标明密级，单独成卷。

65　证人补助制度

65.1　法条规定

第六十五条　证人因履行作证义务而支出的交通、住宿、就餐等费用,应当给予补助。证人作证的补助列入司法机关业务经费,由同级政府财政予以保障。

有工作单位的证人作证,所在单位不得克扣或者变相克扣其工资、奖金及其他福利待遇。

【立法释义】①

本条规定明确了证人补助制度,是2012年刑事诉讼法新增的规定。证人补助的范围是"证人因履行作证义务而支出的交通、住宿、就餐等费用",如从证人居住地到司法机关所在地所必要的交通费用,异地作证期间住宿旅馆的费用等。证人在诉讼各阶段因履行作证义务而支出的有关费用,应当由该阶段的办案机关给予补助,补助的标准应当是根据实际支出情况适当予以补助,具体可由司法机关规定。证人作证的补助经费来源,是指司法机关业务经费,由同级政府财政予以保障。司法机关在编制本单位业务经费预算时,应当列入证人补助所需经费。

证人因履行作证义务而不能从事单位工作,属于法定事由,耽误工作不是旷工。其所在单位不得以证人作证耽误工作为由克扣或者变相克扣其工资、奖金及其他福利待遇,即作证期间的待遇应当与工作期间相同。这是证人所在单位支持证人作证,配合司法机关办案的责任。

65.2　司法解释

65.2.1　司法机关的证人补助机制

★《检察院规则》(2019)

第八十条　证人在人民检察院侦查、审查逮捕、审查起诉期间因履行作证义务而支出的交通、住宿、就餐等费用,人民检察院应当给予补助。

★《法院解释》(2021)

第二百五十四条　证人出庭作证所支出的交通、住宿、就餐等费用,人民法院应当给予补助。

65.3　规范性文件

65.3.1　侦查机关的证人补助机制

★《公安规定》(2020)

第七十七条　证人保护工作所必需的人员、经费、装备等,应当予以保障。

证人因履行作证义务而支出的交通、住宿、就餐等费用,应当给予补助。证人作证的补助列入公安机关业务经费。

★《国安规定》(2024)

第一百零四条　证人、鉴定人、被害人及其近亲属保护工作所必需的人员、经费、装备等,应当予以保障。

证人因履行作证义务而支出的交通、住宿、就餐等费用,应当给予补助。

① 参见王爱立主编书,第136—137页。

第六章 强制措施

66 拘传、取保候审或者监视居住

66.1 法条规定

第六十六条 人民法院、人民检察院和公安机关根据案件情况，对犯罪嫌疑人、被告人可以拘传、取保候审或者监视居住。

【立法释义】①

本条规定的是非羁押性强制措施。为避免不必要的未决羁押，防止因审前羁押而反制定罪，影响疑罪从无等原则贯彻落实，应当坚持以非羁押性强制措施为原则，羁押性强制措施为例外。同时，不得以拘传等方式变相拘禁犯罪嫌疑人、被告人。其中，关于拘传，应当关注以下事项：

第一，拘传的适用情形。《公安规定》第七十八条第一款、《检察院规则》第八十一条和《法院解释》第一百四十八条第一款规定了拘传的适用条件。主要包括两类情形：一是犯罪嫌疑人、被告人经传唤拒不到案；二是如不拘传，犯罪嫌疑人、被告人可能逃避诉讼。

第二，拘传的持续时间。《检察院规则》第八十三条第二款规定，两次拘传间隔的时间一般不得少于十二小时。《公安规定》第八十条第二款要求，拘传期限届满，未作出采取其他强制措施决定的，应当立即结束拘传。

66.2 司法解释

66.2.1 检察机关的拘传程序

★《检察院规则》(2019)

第八十一条 人民检察院根据案件情况，对犯罪嫌疑人可以拘传。

第八十二条 拘传时，应当向被拘传的犯罪嫌疑人出示拘传证。对抗拒拘传的，可以使用戒具，强制到案。

执行拘传的人员不得少于二人。

第八十三条 拘传的时间从犯罪嫌疑人到案时开始计算。犯罪嫌疑人到案后，应当责令其在拘传证上填写到案时间，签名或者盖章，并捺指印，然后立即讯问。拘传结束后，应当责令犯罪嫌疑人在拘传证上填写拘传结束时间。犯罪嫌疑人拒绝填写的，应当在拘传证上注明。

一次拘传持续的时间不得超过十二小时；案情特别重大、复杂，需要采取拘留、逮捕措施的，拘传持续的时间不得超过二十四小时。两次拘传间隔的时间一般不得少于十二小时，不得以连续拘传的方式变相拘禁犯罪嫌疑人。

拘传犯罪嫌疑人，应当保证犯罪嫌疑人的饮食和必要的休息时间。

第八十四条 人民检察院拘传犯罪嫌疑人，应当在犯罪嫌疑人所在市、县内的地点进行。

犯罪嫌疑人工作单位与居住地不在同一市、县的，拘传应当在犯罪嫌疑人工作单位所在的市、县内进行；特殊

① 参见王爱立主编书，第139页。

情况下,也可以在犯罪嫌疑人居住地所在的市、县内进行。

【重点解读】

检察机关“根据案件情况”,可以适用拘传。主要涉及两种情况:一是犯罪嫌疑人的个人情况,如个人身体及技能情况,是否可能逃跑、使用暴力等;二是案件罪名、情节严重程度及侦查取证的需要。需要注意的是,拘传不以传唤为前提,检察机关既可以在传唤不到案的情况下拘传犯罪嫌疑人,亦可以不经传唤直接拘传犯罪嫌疑人。①

关于拘传措施的适用,应当注意以下事项:一是拘传时戒具的使用以确保到案为限。执行拘传时,被拘传人抗拒拘传的,可以使用戒具,强制到案。如果被拘传人到案后并无不当的行为,如行凶、逃跑等,则应当解除戒具。二是执行拘传的人员不得少于二人。这一规定是为了保证文明、有效、合法执行拘传,同时防止发生意外。②

66.2.2　军队对地方人员的强制措施

★《最高人民检察院关于对由军队保卫部门、军事检察院立案的地方人员可否采取强制措施问题的批复》(高检发研字〔1993〕3 号,1993 年 6 月 19 日)

根据最高人民法院、最高人民检察院、公安部、总政治部《关于军队和地方互涉案件几个问题的规定》(1982 政联字 8 号)第三条和《关于军队和地方互涉案件侦查工作的补充规定》(1987 政联字第 14 号)第一条所规定的精神,对于发生在没有设置接受当地公安机关业务领导的保卫部门或治安保卫组织的由军队注册实行企业化管理的公司、厂矿、宾馆、饭店、影剧院以及军地合资经营企业的案件,如果作案人身份明确,是地方人员,应由地方公安机关、人民检察院管辖;如果是在立案后才查明作案人是地方人员的,应移交地方公安机关、人民检察院处理。军队保卫部门、军事检察院不能对地方人员采取强制措施。

66.2.3　法院的拘传程序

★《法院解释》(2021)

第一百四十七条　人民法院根据案件情况,可以决定对被告人拘传、取保候审、监视居住或者逮捕。

对被告人采取、撤销或者变更强制措施的,由院长决定;决定继续取保候审、监视居住的,可以由合议庭或者独任审判员决定。

第一百四十八条　对经依法传唤拒不到庭的被告人,或者根据案件情况有必要拘传的被告人,可以拘传。

拘传被告人,应当由院长签发拘传票,由司法警察执行,执行人员不得少于二人。

拘传被告人,应当出示拘传票。对抗拒拘传的被告人,可以使用戒具。

第一百四十九条　拘传被告人,持续的时间不得超过十二小时;案情特别重大、复杂,需要采取逮捕措施的,持续的时间不得超过二十四小时。不得以连续拘传的形式变相拘禁被告人。应当保证被拘传人的饮食和必要的休息时间。

---

① 参见童建明、万春主编适用书,第 54 页。

② 参见童建明、万春主编释义书,第 101 页。

【重点解读】①

拘传的手续相对复杂,但时间较短,故办案机关通常适用传唤或拘留,较少适用拘传。关于拘传的具体适用条件,可以在司法实践中裁量处理。

66.3　规范性文件

66.3.1　侦查机关的拘传程序

★《公安规定》(2020)

第七十八条　公安机关根据案件情况对需要拘传的犯罪嫌疑人,或者经过传唤没有正当理由不到案的犯罪嫌疑人,可以拘传到其所在市、县公安机关执法办案场所进行讯问。

需要拘传的,应当填写呈请拘传报告书,并附有关材料,报县级以上公安机关负责人批准。

第七十九条　公安机关拘传犯罪嫌疑人应当出示拘传证,并责令其在拘传证上签名、捺指印。

犯罪嫌疑人到案后,应当责令其在拘传证上填写到案时间;拘传结束后,应当由其在拘传证上填写拘传结束时间。犯罪嫌疑人拒绝填写的,侦查人员应当在拘传证上注明。

第八十条　拘传持续的时间不得超过十二小时;案情特别重大、复杂,需要采取拘留、逮捕措施的,经县级以上公安机关负责人批准,拘传持续的时间不得超过二十四小时。不得以连续拘传的形式变相拘禁犯罪嫌疑人。

拘传期限届满,未作出采取其他强制措施决定的,应当立即结束拘传。

第三百四十六条　公安机关在异地执行传唤、拘传、拘留、逮捕,开展勘验、检查、搜查、查封、扣押、冻结、讯问等侦查活动,应当向当地公安机关提出办案协作请求,并在当地公安机关协助下进行,或者委托当地公安机关代为执行。

开展查询、询问、辨认等侦查活动或者送达法律文书的,也可以向当地公安机关提出办案协作请求,并按照有关规定进行通报。

第三百五十条　异地执行传唤、拘传的,协作地公安机关应当协助将犯罪嫌疑人传唤、拘传到本市、县公安机关执法办案场所或者到他的住处进行讯问。

异地执行拘留、逮捕的,协作地公安机关应当派员协助执行。

★《国安规定》(2024)

第一百零五条　国家安全机关根据案件情况对需要拘传的犯罪嫌疑人,或者经过传唤没有正当理由不到案的犯罪嫌疑人,可以拘传到其所在市、县内的指定地点进行讯问。

第一百零六条　拘传犯罪嫌疑人,应当经国家安全机关负责人批准,制作拘传证。

执行拘传时,应当向被拘传的犯罪嫌疑人出示拘传证,并责令其签名、捺指印。

被拘传人到案后,应当责令其在拘传证上填写到案时间。拘传结束后,应当责令其在拘传证上填写拘传结束时间。

执行拘传的侦查人员不得少于二人。

第一百零七条　拘传持续的时间不得超过十二小时;案情特别重大、复杂,需要采取拘留、逮捕措施的,经国家安全机关负责人批准,拘传持续的时间不得超过二十四小时。不得以连续拘传的形式变相拘禁犯罪嫌疑人。

第一百零八条　需要对被拘传人变更为其他强制措施的,国家安全机关

---

①　参见李少平主编书,第 257 页。

应当在拘传期限届满前，作出批准或者不批准的决定；未作出变更强制措施决定的，应当立即结束拘传。

66.3.2　公安机关继续盘问的程序

★《公安机关适用继续盘问规定》（公安部令第160号，2020年8月6日修正）

第七条　为维护社会治安秩序，公安机关的人民警察对有违法犯罪嫌疑的人员，经表明执法身份后，可以当场盘问、检查。

未穿着制式服装的人民警察在当场盘问、检查前，必须出示执法证件表明人民警察身份。

第八条　对有违法犯罪嫌疑的人员当场盘问、检查后，不能排除其违法犯罪嫌疑，且具有下列情形之一的，人民警察可以将其带至公安机关继续盘问：

（一）被害人、证人控告或者指认其有犯罪行为的；

（二）有正在实施违反治安管理或者犯罪行为嫌疑的；

（三）有违反治安管理或者犯罪嫌疑且身份不明的；

（四）携带的物品可能是违反治安管理或者犯罪的赃物的。

第九条　对具有下列情形之一的人员，不得适用继续盘问：

（一）有违反治安管理或者犯罪嫌疑，但未经当场盘问、检查的；

（二）经过当场盘问、检查，已经排除违反治安管理和犯罪嫌疑的；

（三）涉嫌违反治安管理行为的法定最高处罚为警告、罚款或者其他非限制人身自由的行政处罚的；

（四）从其住处、工作地点抓获以及其他应当依法直接适用传唤或者拘传的；

（五）已经到公安机关投案自首的；

（六）明知其所涉案件已经作为治安案件受理或者已经立为刑事案件的；

（七）不属于公安机关管辖的案件或者事件当事人的；

（八）患有精神病、急性传染病或者其他严重疾病的；

（九）其他不符合本规定第八条所列条件的。

第十条　对符合本规定第八条所列条件，同时具有下列情形之一的人员，可以适用继续盘问，但必须在带至公安机关之时起的四小时以内盘问完毕，且不得送入候问室：

（一）怀孕或者正在哺乳自己不满一周岁婴儿的妇女；

（二）不满十六周岁的未成年人；

（三）已满七十周岁的老年人。

对前款规定的人员在晚上九点至次日早上七点之间释放的，应当通知其家属或者监护人领回；对身份不明或者没有家属和监护人而无法通知的，应当护送至其住地。

第十一条　继续盘问的时限一般为十二小时；对在十二小时以内确实难以证实或者排除其违法犯罪嫌疑的，可以延长至二十四小时；对不讲真实姓名、住址、身份，且在二十四小时以内仍不能证实或者排除其违法犯罪嫌疑的，可以延长至四十八小时。

前款规定的时限自有违法犯罪嫌疑的人员被带至公安机关之时起，至被盘问人可以自由离开公安机关之时或者被决定刑事拘留、逮捕、行政拘留、强制戒毒而移交有关监管场所执行之时止，包括呈报和审批继续盘问、延长继续盘问时限、处理决定的时间。

第十二条　公安机关应当严格依照本规定的适用范围和时限适用继续盘问，禁止实施下列行为：

（一）超适用范围继续盘问；

（二）超时限继续盘问；

（三）适用继续盘问不履行审批、登记手续；

（四）以继续盘问代替处罚；

（五）将继续盘问作为催要罚款、收费的手段；

（六）批准继续盘问后不立即对有违法犯罪嫌疑的人员继续进行盘问；

（七）以连续继续盘问的方式变相拘禁他人。

66.3.3　醉驾案件采取强制措施的程序

★《最高人民法院、最高人民检察院、公安部、司法部关于办理醉酒危险驾驶刑事案件的意见》（高检发办字〔2023〕187 号，2023 年 12 月 13 日）

第六条　对醉驾犯罪嫌疑人、被告人，根据案件具体情况，可以依法予以拘留或者取保候审。具有下列情形之一的，一般予以取保候审：

（一）因本人受伤需要救治的；

（二）患有严重疾病，不适宜羁押的；

（三）系怀孕或者正在哺乳自己婴儿的妇女；

（四）系生活不能自理的人的唯一扶养人；

（五）其他需要取保候审的情形。

对符合取保候审条件，但犯罪嫌疑人、被告人不能提出保证人，也不交纳保证金的，可以监视居住。对违反取保候审、监视居住规定的犯罪嫌疑人、被告人，情节严重的，可以予以逮捕。

★《公安部关于公安机关办理醉酒驾驶机动车犯罪案件的指导意见》（公交管〔2011〕190 号，2011 年 9 月 19 日）

10. 规范强制措施适用。要根据案件实际情况，对涉嫌醉酒驾驶机动车的犯罪嫌疑人依法合理适用拘传、取保候审、监视居住、拘留等强制措施，确保办案工作顺利进行。对犯罪嫌疑人企图自杀或者逃跑、在逃的，或者不讲真实姓名、住址，身份不明的，以及确需对犯罪嫌疑人实施羁押的，可以依法采取拘留措施。拘留期限内未能查清犯罪事实的，应当依法办理取保候审或者监视居住手续。发现不应当追究犯罪嫌疑人刑事责任或者强制措施期限届满的，应当及时解除强制措施。

66.3.4　经济犯罪案件采取强制措施的程序

★《最高人民检察院、公安部关于公安机关办理经济犯罪案件的若干规定》（公通字〔2017〕25 号，2017 年 11 月 24 日）

第三十一条　公安机关决定采取强制措施时，应当考虑犯罪嫌疑人涉嫌犯罪情节的轻重程度、有无继续犯罪和逃避或者妨碍侦查的可能性，使所适用的强制措施同犯罪的严重程度、犯罪嫌疑人的社会危险性相适应，依法慎用羁押性强制措施。

采取取保候审、监视居住措施足以防止发生社会危险性的，不得适用羁押性强制措施。

第三十二条　公安机关应当依照法律规定的条件和程序适用取保候审措施。

采取保证金担保方式的，应当综合考虑保证诉讼活动正常进行的需要，犯罪嫌疑人的社会危险性的大小，案件的性质、情节、涉案金额，可能判处刑罚的轻重以及犯罪嫌疑人的经济状况等情况,确定适当的保证金数额。

在取保候审期间,不得中断对经济犯罪案件的侦查。执行取保候审超过三个月的,应当至少每个月讯问一次被取保候审人。

第三十三条　对于被决定采取强制措施并上网追逃的犯罪嫌疑人,经审查发现不构成犯罪或者依法不予追究刑事责任的,应当立即撤销强制措施决定,并按照有关规定,报请省级以上公安机关删除相关信息。

第三十四条　公安机关办理经济犯罪案件应当加强统一审核,依照法律规定的条件和程序逐案逐人审查采取强制措施的合法性和适当性,发现采取强制措施不当的,应当及时撤销或者变更。犯罪嫌疑人在押的,应当立即释放。公安机关释放被逮捕的犯罪嫌疑人或者变更逮捕措施的,应当及时通知作出批准逮捕决定的人民检察院。

犯罪嫌疑人被逮捕后,人民检察院经审查认为不需要继续羁押提出检察建议的,公安机关应当予以调查核实,认为不需要继续羁押的,应当予以释放或者变更强制措施;认为需要继续羁押的,应当说明理由,并在十日以内将处理情况通知人民检察院。

犯罪嫌疑人及其法定代理人、近亲属或者辩护人有权申请人民检察院进行羁押必要性审查。

66. 3. 5　黑社会性质组织犯罪案件采取强制措施的程序

★《最高人民法院、最高人民检察院、公安部、司法部关于办理黑社会性质组织犯罪案件若干问题的规定》(公通字〔2012〕45 号,2012 年 9 月 11 日)

第七条　对于组织、领导、积极参加黑社会性质组织的犯罪嫌疑人、被告人,不得取保候审;但是患有严重疾病、生活不能自理,怀孕或者是正在哺乳自己婴儿的妇女,采取取保候审不致发生社会危险性的除外。

第八条　对于黑社会性质组织犯罪案件的犯罪嫌疑人、被告人,看守所应当严格管理,防止发生串供、通风报信等行为。

对于黑社会性质组织犯罪案件的犯罪嫌疑人、被告人,可以异地羁押。

对于同一黑社会性质组织犯罪案件的犯罪嫌疑人、被告人,应当分别羁押,在看守所的室外活动应当分开进行。

对于组织、领导黑社会性质组织的犯罪嫌疑人、被告人,有条件的地方应当单独羁押。

66. 3. 6　走私犯罪案件采取强制措施的程序

★《最高人民法院、最高人民检察院、公安部、司法部、海关总署关于走私犯罪侦查机关办理走私犯罪案件适用刑事诉讼程序若干问题的通知》(署侦〔1998〕742 号,1998 年 12 月 3 日)

二、走私犯罪侦查机关在侦办走私犯罪案件过程中,依法采取通缉、边控、搜查、拘留、执行逮捕、监视居住等措施,以及核实走私罪嫌疑人身份和犯罪经历时,需地方公安机关配合的,应通报有关地方公安机关,地方公安机关应予配合。其中在全国范围通缉、边控走私犯罪嫌疑人,请求国际刑警组织或者境外警方协助的,以及追捕走私犯罪嫌疑人需要地方公安机关调动警力的,应层报公安部批准。

……

66.3.7　采取强制措施后的告知

★《最高人民法院、最高人民检察院、公安部、国家安全部关于机关事业单位工作人员被采取刑事强制措施和受刑事处罚实行向所在单位告知制度的通知》（高检会〔2015〕10号，2015年11月6日）

一、机关事业单位工作人员范围

1. 本通知所称机关事业单位工作人员包括公务员、参照公务员法管理的机关（单位）工作人员、事业单位工作人员和机关工人。

二、告知情形及例外规定

2. 办案机关对涉嫌犯罪的机关事业单位工作人员采取取保候审、监视居住、刑事拘留或者逮捕等刑事强制措施的，应当在采取刑事强制措施后五日以内告知其所在单位。

办案机关对被采取刑事强制措施的机关事业单位工作人员，予以释放、解除取保候审、监视居住的，应当在解除刑事强制措施后五日以内告知其所在单位；变更刑事强制措施的，不再另行告知。

3. 办案机关决定撤销案件或者对犯罪嫌疑人终止侦查的，应当在作出撤销案件或者终止侦查决定后十日以内，告知机关事业单位工作人员所在单位。

人民检察院决定不起诉的，应当在作出不起诉决定后十日以内，告知机关事业单位工作人员所在单位。

人民法院作出有罪、无罪或者终止审理判决、裁定的，应当在判决、裁定生效后十五日以内，告知机关事业单位工作人员所在单位。

4. 具有下列情形之一，有碍侦查的，办案机关不予告知：

（1）可能导致同案犯逃跑、自杀，毁灭、伪造证据的；

（2）可能导致同案犯干扰证人作证或者串供的；

（3）所在单位的其他人员与犯罪有牵连的；

（4）其他有碍侦查的情形。

5. 具有下列情形之一，无法告知的，办案机关不予告知：

（1）办案机关无法确认其机关事业单位工作人员身份的；

（2）受自然灾害等不可抗力阻碍的；

（3）其他无法告知的情形。

6. 可能危害国家安全或者社会公共利益的，办案机关不予告知。

7. 不予告知的情形消失后，办案机关应当及时将机关事业单位工作人员被采取刑事强制措施和受刑事处罚情况告知其所在单位。

三、告知的程序规定

8. 公安机关决定取保候审、监视居住、刑事拘留、提请批准逮捕并经人民检察院批准、撤销案件或者终止侦查的，由公安机关负责告知；国家安全机关决定取保候审、监视居住、刑事拘留、提请批准逮捕并经人民检察院批准或者撤销案件的，由国家安全机关负责告知；人民检察院决定取保候审、监视居住、刑事拘留、逮捕、撤销案件或者不起诉的，由人民检察院负责告知；人民法院决定取保候审、监视居住、逮捕或者作出生效刑事裁判的，由人民法院负责告知。

9. 办案机关一般应当采取送达告知书的形式进行告知。采取或者解除刑事强制措施的，办案机关应当填写《机关事业单位工作人员被采取/解除刑事强制措施情况告知书》并加盖单位公章。公安机关决定撤销案件或者对犯罪嫌疑人终止侦查的,应当填写《机关事业单位工作人员涉嫌犯罪撤销案件/终止侦查情况告知书》并加盖单位公章。

人民检察院决定撤销案件、不起诉的,应当将撤销案件决定书、不起诉决定书送达机关事业单位工作人员所在单位,不再另行送达告知书。人民法院作出有罪、无罪或者终止审理判决、裁定的,应当将生效裁判文书送达机关事业单位工作人员所在单位,不再另行送达告知书。

10. 告知书一般应当由办案机关直接送达机关事业单位工作人员所在单位。告知书应当由所在单位负责人或经其授权的人签收,并在告知书回执上签名或者盖章。

收件人拒绝签收的,办案机关可以邀请见证人到场,说明情况,在告知书回执上注明拒收的事由和日期,由送达人、见证人签名或者盖章,将告知书留在机关事业单位工作人员所在单位。

直接送达告知书有困难的,可以邮寄告知或者传真告知的,通过传真告知的,应当随后及时将告知书原件送达。邮寄告知或者传真告知的,机关事业单位工作人员所在单位签收后,应将告知书回执寄送办案机关。

11. 办案机关应当将告知书回执归入工作卷,作为工作资料存档备查。

67 取保候审的适用条件和决定、执行机关

67.1 法条规定

第六十七条 人民法院、人民检察院和公安机关对有下列情形之一的犯罪嫌疑人、被告人,可以取保候审:

(一)可能判处管制、拘役或者独立适用附加刑的;

(二)可能判处有期徒刑以上刑罚,采取取保候审不致发生社会危险性的;

(三)患有严重疾病、生活不能自理,怀孕或者正在哺乳自己婴儿的妇女,采取取保候审不致发生社会危险性的;

(四)羁押期限届满,案件尚未办结,需要采取取保候审的。

取保候审由公安机关执行。

【立法释义】①

本条规定的是取保候审的适用条件和决定、执行机关。2012年刑事诉讼法修改删去有关监视居住的规定,并增加两类可以适用取保候审的情形。关于取保候审的适用,应当关注以下事项:

第一,取保候审的决定机关和适用条件。人民法院、人民检察院和公安机关有权决定对犯罪嫌疑人、被告人取保候审。取保候审主要适用于四种情形:

一是"可能判处管制、拘役或者独立适用附加刑的"。此类情形涉及的都是较轻的刑罚,这意味着,可能判处此类刑罚的犯罪嫌疑人、被告人涉嫌的罪行通常较轻,不予羁押不致发生社会危险性。

二是"可能判处有期徒刑以上刑罚,采取取保候审不致发生社会危险性的"。该规定限定了两个条件:所谓罪行条件,即此类情形所涉的罪行相对较为严重,可能判处有期徒刑以上刑罚;所谓社会危险性条件,即采取取保候审不致发生社会危险性,无须进行羁押。"社会危险性"的

① 参见王爱立主编书,第140—142页。

判断标准，主要是指本法第八十一条第一款规定的五种情形。是否会发生社会危险，须根据犯罪嫌疑人个人和案件的全面情况进行综合判断，如犯罪性质，危害结果，犯罪嫌疑人的犯罪动机、悔罪表现、一贯表现等。①

三是“患有严重疾病、生活不能自理，怀孕或者正在哺乳自己婴儿的妇女，采取取保候审不致发生社会危险性的”。此类情形体现了人道主义精神和刑事诉讼的政策考量，即对该类特殊群体给予诉讼关照。

四是“羁押期限届满，案件尚未办结，需要采取取保候审的”。“羁押期限”，是指本法有关条款规定的侦查羁押、审查起诉、一审、二审等法定期限。“案件尚未办结”，包括需要继续侦查、审查起诉或者审判。

第二，取保候审的执行机关。取保候审涉及对犯罪嫌疑人、被告人的持续监督考察，鉴于公安机关具有维护社会公共安全的法律职责，且在基层普遍设有派出机构，与基层组织存在紧密联系，因此，更加适宜对取保候审对象的动态监督管理。

第三，变更为取保候审的申请权。对于被采取羁押性强制措施或者监视居住措施的犯罪嫌疑人，如果符合取保候审的适用条件，可以向人民检察院申请变更为取保候审措施。

67.2　司法解释

67.2.1　检察机关取保候审的程序

★《检察院规则》(2019)

第八十六条　人民检察院对于具有下列情形之一的犯罪嫌疑人，可以取保候审：

(一)可能判处管制、拘役或者独立适用附加刑的；

(二)可能判处有期徒刑以上刑罚，采取取保候审不致发生社会危险性的；

(三)患有严重疾病、生活不能自理，怀孕或者正在哺乳自己婴儿的妇女，采取取保候审不致发生社会危险性的；

(四)羁押期限届满，案件尚未办结，需要采取取保候审的。

第八十七条　人民检察院对于严重危害社会治安的犯罪嫌疑人，以及其他犯罪性质恶劣、情节严重的犯罪嫌疑人不得取保候审。

第八十八条　被羁押或者监视居住的犯罪嫌疑人及其法定代理人、近亲属或者辩护人向人民检察院申请取保候审，人民检察院应当在三日以内作出是否同意的答复。经审查符合本规则第八十六条规定情形之一的，可以对被羁押或者监视居住的犯罪嫌疑人依法办理取保候审手续。经审查不符合取保候审条件的，应当告知申请人，并说明不同意取保候审的理由。

第九十三条　人民检察院决定对犯罪嫌疑人取保候审的，应当制作取保候审决定书，载明取保候审开始的时间、保证方式、被取保候审人应当履行的义务和应当遵守的规定。

人民检察院作出取保候审决定时，可以根据犯罪嫌疑人涉嫌犯罪的性质、危害后果、社会影响，犯罪嫌疑人、被害人的具体情况等，有针对性地责令其遵守以下一项或者多项规定：

(一)不得进入特定的场所；

① 参见童建明、万春主编释义书，第 105 页。

（二）不得与特定的人员会见或者通信；

（三）不得从事特定的活动；

（四）将护照等出入境证件、驾驶证件交执行机关保存。

【重点解读】①

"严重危害社会治安的犯罪嫌疑人"，是指实施杀人、伤害、抢劫、爆炸、绑架、强奸、贩毒等严重危害社会治安犯罪行为的犯罪嫌疑人；"其他犯罪性质恶劣、情节严重的犯罪嫌疑人"，是指虽然没有实施严重危害社会治安的犯罪行为，但实施的其他犯罪行为对社会的影响十分恶劣，或者犯罪手段残忍、危害后果十分严重、民愤很大的犯罪嫌疑人。需要指出的是，具体案件是否适用取保候审，主要是看是否存在社会危险性。

67.2.2　法院取保候审的程序

★《法院解释》（2021）

第一百五十条　被告人具有刑事诉讼法第六十七条第一款规定情形之一的，人民法院可以决定取保候审。

对被告人决定取保候审的，应当责令其提出保证人或者交纳保证金，不得同时使用保证人保证与保证金保证。

第一百五十一条　对下列被告人决定取保候审的，可以责令其提出一至二名保证人：

（一）无力交纳保证金的；

（二）未成年或者已满七十五周岁的；

（三）不宜收取保证金的其他被告人。

第一百五十二条　人民法院应当审查保证人是否符合法定条件。符合条件的，应当告知其必须履行的保证义务，以及不履行义务的法律后果，并由其出具保证书。

第一百五十三条　对决定取保候审的被告人使用保证金保证的，应当依照刑事诉讼法第七十二条第一款的规定确定保证金的具体数额，并责令被告人或者为其提供保证金的单位、个人将保证金一次性存入公安机关指定银行的专门账户。

第一百五十四条　人民法院向被告人宣布取保候审决定后，应当将取保候审决定书等相关材料送交当地公安机关。

对被告人使用保证金保证的，应当在核实保证金已经存入公安机关指定银行的专门账户后，将银行出具的收款凭证一并送交公安机关。

67.3　规范性文件

67.3.1　取保候审的决定与执行

★《最高人民法院、最高人民检察院、公安部、国家安全部关于取保候审若干问题的规定》（公通字〔2022〕25号，2022年9月5日）

第二条　对犯罪嫌疑人、被告人取保候审的，由公安机关、国家安全机关、人民检察院、人民法院根据案件的具体情况依法作出决定。

公安机关、人民检察院、人民法院决定取保候审的，由公安机关执行。国家安全机关决定取保候审的，以及人民检察院、人民法院办理国家安全机关移送的刑事案件决定取保候审的，由国家安全机关执行。

第三条　对于采取取保候审足以防止发生社会危险性的犯罪嫌疑人，应

① 参见童建明、万春主编适用书，第57—58页。

当依法适用取保候审。

决定取保候审的，不得中断对案件的侦查、起诉和审理。严禁以取保候审变相放纵犯罪。

第十四条 公安机关决定取保候审的，在核实被取保候审人已经交纳保证金后，应当将取保候审决定书、取保候审执行通知书和其他有关材料一并送交执行。

第十五条 公安机关决定取保候审的，应当及时通知被取保候审人居住地的派出所执行。被取保候审人居住地在异地的，应当及时通知居住地公安机关，由其指定被取保候审人居住地的派出所执行。必要时，办案部门可以协助执行。

被取保候审人居住地变更的，执行取保候审的派出所应当及时通知决定取保候审的公安机关，由其重新确定被取保候审人变更后的居住地派出所执行。变更后的居住地在异地的，决定取保候审的公安机关应当通知该地公安机关，由其指定被取保候审人居住地的派出所执行。原执行机关应当与变更后的执行机关进行工作交接。

第十六条 居住地包括户籍所在地、经常居住地。经常居住地是指被取保候审人离开户籍所在地最后连续居住一年以上的地方。

取保候审一般应当在户籍所在地执行，但已形成经常居住地的，可以在经常居住地执行。

被取保候审人具有下列情形之一的，也可以在其暂住地执行取保候审：

（一）被取保候审人离开户籍所在地一年以上且无经常居住地，但在暂住地有固定住处的；

（二）被取保候审人系外国人、无国籍人，香港特别行政区、澳门特别行政区、台湾地区居民的；

（三）被取保候审人户籍所在地无法查清且无经常居住地的。

第十七条 在本地执行取保候审的，决定取保候审的公安机关应当将法律文书和有关材料送达负责执行的派出所。

在异地执行取保候审的，决定取保候审的公安机关应当将法律文书和载有被取保候审人的报到期限、联系方式等信息的有关材料送达执行机关，送达方式包括直接送达、委托送达、邮寄送达等，执行机关应当及时出具回执。被取保候审人应当在收到取保候审决定书后五日以内向执行机关报到。执行机关应当在被取保候审人报到后三日以内向决定机关反馈。

被取保候审人未在规定期限内向负责执行的派出所报到，且无正当事由的，执行机关应当通知决定机关，决定机关应当依法传讯被取保候审人，被取保候审人不到案的，依照法律和本规定第五章的有关规定处理。

第十八条 执行机关在执行取保候审时，应当告知被取保候审人必须遵守刑事诉讼法第七十一条的规定，以及违反规定或者在取保候审期间重新犯罪的法律后果。

保证人保证的，应当告知保证人必须履行的保证义务，以及不履行义务的法律后果，并由其出具保证书。

执行机关应当依法监督、考察被取保候审人遵守规定的有关情况，及时掌握其住址、工作单位、联系方式变动情况，预防、制止其实施违反规定的行为。

被取保候审人应当遵守取保候审有关规定,接受执行机关监督管理,配合执行机关定期了解有关情况。

第三十五条　保证金的收取、管理和没收应当严格按照本规定和国家的财经管理制度执行,任何单位和个人不得擅自收取、没收、退还保证金以及截留、坐支、私分、挪用或者以其他任何方式侵吞保证金。对违反规定的,应当依照有关法律和规定给予行政处分;构成犯罪的,依法追究刑事责任。

第三十六条　对于刑事诉讼法第六十七条第一款第三项规定的"严重疾病"和"生活不能自理",分别参照最高人民法院、最高人民检察院、公安部、司法部、国家卫生计生委印发的《暂予监外执行规定》所附《保外就医严重疾病范围》和《最高人民法院关于印发〈罪犯生活不能自理鉴别标准〉的通知》所附《罪犯生活不能自理鉴别标准》执行。

第三十七条　国家安全机关决定、执行取保候审的,适用本规定中关于公安机关职责的规定。

第三十八条　对于人民法院、人民检察院决定取保候审,但所在地没有同级公安机关的,由省级公安机关会同同级人民法院、人民检察院,依照本规定确定公安机关负责执行或者交付执行,并明确工作衔接机制。

67.3.2　侦查机关取保候审的程序

★**《公安规定》**(2020)

第八十一条　公安机关对具有下列情形之一的犯罪嫌疑人,可以取保候审:

(一)可能判处管制、拘役或者独立适用附加刑的;

(二)可能判处有期徒刑以上刑罚,采取取保候审不致发生社会危险性的;

(三)患有严重疾病、生活不能自理,怀孕或者正在哺乳自己婴儿的妇女,采取取保候审不致发生社会危险性的;

(四)羁押期限届满,案件尚未办结,需要继续侦查的。

对拘留的犯罪嫌疑人,证据不符合逮捕条件,以及提请逮捕后,人民检察院不批准逮捕,需要继续侦查,并且符合取保候审条件的,可以依法取保候审。

第八十二条　对累犯,犯罪集团的主犯,以自伤、自残办法逃避侦查的犯罪嫌疑人,严重暴力犯罪以及其他严重犯罪的犯罪嫌疑人不得取保候审,但犯罪嫌疑人具有本规定第八十一条第一款第三项、第四项规定情形的除外。

第八十三条　需要对犯罪嫌疑人取保候审的,应当制作呈请取保候审报告书,说明取保候审的理由、采取的保证方式以及应当遵守的规定,经县级以上公安机关负责人批准,制作取保候审决定书。取保候审决定书应当向犯罪嫌疑人宣读,由犯罪嫌疑人签名、捺指印。

第九十一条　公安机关决定取保候审的,应当及时通知被取保候审人居住地的派出所执行。必要时,办案部门可以协助执行。

采取保证人担保形式的,应当同时送交有关法律文书、被取保候审人基本情况、保证人基本情况等材料。采取保证金担保形式的,应当同时送交有关法律文书、被取保候审人基本情况和保证金交纳情况等材料。

★**《国安规定》**(2024)

第一百零九条　国家安全机关对于有下列情形之一的犯罪嫌疑人,可以取保候审:

（一）可能判处管制、拘役或者独立适用附加刑的；

（二）可能判处有期徒刑以上刑罚，采取取保候审不致发生社会危险性的；

（三）患有严重疾病、生活不能自理，怀孕或者正在哺乳自己婴儿的妇女，采取取保候审不致发生社会危险性的；

（四）羁押期限届满，案件尚未办结，需要采取取保候审的。

对于拘留的犯罪嫌疑人，证据不符合逮捕条件，以及提请逮捕后，人民检察院不批准逮捕，需要继续侦查，并且符合取保候审条件的，可以依法取保候审。

第一百一十条　需要对犯罪嫌疑人取保候审的，经国家安全机关负责人批准，制作取保候审决定书。取保候审决定书应当向犯罪嫌疑人宣读，由犯罪嫌疑人签名、捺指印。

67.3.3　取保候审的程序衔接

★《公安规定》（2020）

第九十二条　人民法院、人民检察院决定取保候审的，负责执行的县级公安机关应当在收到法律文书和有关材料后二十四小时以内，指定被取保候审人居住地派出所核实情况后执行。

第九十三条　执行取保候审的派出所应当履行下列职责：

（一）告知被取保候审人必须遵守的规定，及其违反规定或者在取保候审期间重新犯罪应当承担的法律后果；

（二）监督、考察被取保候审人遵守有关规定，及时掌握其活动、住址、工作单位、联系方式及变动情况；

（三）监督保证人履行保证义务；

（四）被取保候审人违反应当遵守的规定以及保证人未履行保证义务的，应当及时制止、采取紧急措施，同时告知决定机关。

第九十四条　执行取保候审的派出所应当定期了解被取保候审人遵守取保候审规定的有关情况，并制作笔录。

★《国安规定》（2024）

第一百一十四条　人民法院、人民检察院决定取保候审的，负责执行的国家安全机关应当在收到法律文书和有关材料后二十四小时以内，核实有关情况后执行。

第一百一十五条　被取保候审人无正当理由不得离开所居住的市、县。有正当理由需要离开所居住的市、县的，应当经执行机关批准。

人民法院、人民检察院决定取保候审的，负责执行的国家安全机关在批准被取保候审人离开所居住的市、县前，应当征得决定机关同意。

第一百一十六条　执行取保候审的国家安全机关应当履行下列职责：

（一）告知被取保候审人必须遵守的规定，及其违反规定或者在取保候审期间重新犯罪应当承担的法律后果；

（二）定期了解被取保候审人遵守取保候审规定的有关情况，并制作笔录；

（三）监督、考察被取保候审人遵守有关规定，及时掌握其活动、住址、工作单位、联系方式及变动情况；

（四）监督保证人履行保证义务；

（五）被取保候审人违反应当遵守的规定以及保证人未履行保证义务的，应当及时制止、采取紧急措施，同时告知取保候审的决定机关。

★《最高人民检察院、公安部关于适用刑事强制措施有关问题的规定》（高检会〔2000〕2 号，2000 年 8 月 28 日）

第一条　人民检察院决定对犯罪嫌疑人采取取保候审措施的，应当在向犯罪嫌疑人宣布后交由公安机关执行。对犯罪嫌疑人采取保证人担保形式的，人民检察院应当将有关法律文书和有关案由、犯罪嫌疑人基本情况、保证人基本情况的材料，送交犯罪嫌疑人居住地的同级公安机关；对犯罪嫌疑人采取保证金担保形式的，人民检察院应当在核实保证金已经交纳到公安机关指定的银行后，将有关法律文书、有关案由、犯罪嫌疑人基本情况的材料和银行出具的收款凭证，送交犯罪嫌疑人居住地的同级公安机关。

第二条　公安机关收到有关法律文书和材料后，应当立即交由犯罪嫌疑人居住地的县级公安机关执行。负责执行的县级公安机关应当在二十四小时以内核实被取保候审人、保证人的身份以及相关材料，并报告县级公安机关负责人后，通知犯罪嫌疑人居住地派出所执行。

第三条　执行取保候审的派出所应当指定专人负责对被取保候审人进行监督考察，并将取保候审的执行情况报告所属县级公安机关通知决定取保候审的人民检察院。

★《最高人民法院、最高人民检察院、公安部、国家安全部关于取保候审若干问题的规定》（公通字〔2022〕25号，2022年9月5日）

第二十条　人民法院、人民检察院决定取保候审的，应当将取保候审决定书、取保候审执行通知书和其他有关材料一并送交所在地同级公安机关，由所在地同级公安机关依照本规定第十五条、第十六条、第十七条的规定交付执行。

人民法院、人民检察院可以采用电子方式向公安机关送交法律文书和有关材料。

负责执行的县级公安机关应当在收到法律文书和有关材料后二十四小时以内，指定被取保候审人居住地派出所执行，并将执行取保候审的派出所通知作出取保候审决定的人民法院、人民检察院。

被取保候审人居住地变更的，由负责执行的公安机关通知变更后的居住地公安机关执行，并通知作出取保候审决定的人民法院、人民检察院。

人民法院、人民检察院决定取保候审的，执行机关批准被取保候审人离开所居住的市、县前，应当征得决定机关同意。

第二十一条　决定取保候审的公安机关、人民检察院传讯被取保候审人的，应当制作法律文书，并向被取保候审人送达。被传讯的被取保候审人不在场的，也可以交与其同住的成年亲属代收，并与被取保候审人联系确认告知。无法送达或者被取保候审人未按照规定接受传讯的，应当在法律文书上予以注明，并通知执行机关。

情况紧急的，决定取保候审的公安机关、人民检察院可以通过电话通知等方式传讯被取保候审人，但应当在法律文书上予以注明，并通知执行机关。

异地传讯的，决定取保候审的公安机关、人民检察院可以委托执行机关代为送达，执行机关送达后应当及时向决定机关反馈。无法送达的，应当在法律文书上注明，并通知决定机关。

人民法院传讯被取保候审的被告人，依照其他有关规定执行。

67.3.4　对人大代表取保候审的程序

★**《最高人民检察院关于严格执行人民代表大会代表执行职务司法保障规定的通知》**（高检发研字〔1994〕7 号，1994 年 6 月 22 日）

三、各级人民检察院直接立案侦查的刑事案件，依法需要对本级人大代表决定采取逮捕，或者监视居住、取保候审、拘传等限制人身自由措施的，应当报经同级人民代表大会主席团或人民代表大会常务委员会许可。

各级人民检察院办理直接立案侦查的案件，对人大代表依法拘留的，应当由执行拘留的机关立即向该代表所属的人民代表大会主席团或者常务委员会报告。

五、办理上级人大代表的案件，需要履行本通知第二、三、四条程序的，应当层报人大代表所属人民代表大会同级的人民检察院办理。

办理下级人大代表的案件，需要履行本通知第二、三、四条程序的，可以自行直接办理，也可以委托人大代表所属人民代表大会同级的人民检察院办理。

对于乡、民族乡、镇的人民代表大会代表依法决定或者批准逮捕，采取监视居住、取保候审、拘传等限制人身自由的措施，由人民检察院执行的，应当由县级人民检察院或上级人民检察院委托县级人民检察院立即报告乡、民族乡、镇的人民代表大会。

68　取保候审的保证要求

68.1　法条规定

第六十八条　人民法院、人民检察院和公安机关决定对犯罪嫌疑人、被告人取保候审，应当责令犯罪嫌疑人、被告人提出保证人或者交纳保证金。

【立法释义】①

本条规定的是取保候审的保证要求。取保候审的保证包括两种形式：提出保证人或者交纳保证金。这两种保证形式系选择适用，即或者提出保证人，或者交纳保证金，而非同时适用。

取保候审的保证要求，与取保候审的决定同时进行，即办案机关决定对犯罪嫌疑人、被告人取保候审，"应当责令"犯罪嫌疑人、被告人提出保证人或者交纳保证金。"保证人"，是指以个人信誉和能力担保犯罪嫌疑人、被告人能够遵守取保候审规定，不致发生社会危险性的公民。"保证金"，是指犯罪嫌疑人、被告人或者其亲友交纳的，担保犯罪嫌疑人、被告人能够遵守取保候审规定，不致发生社会危险性的资金。

通常情况下，办案机关决定采取取保候审措施，往往要求犯罪嫌疑人、被告人缴纳保证金。根据《检察院规则》第八十九条第三款、《法院解释》第一百五十一条的规定，对于无力缴纳保证金，系未成年人或者已满七十五周岁的人，以及其他不宜收取保证金的情形，可以责令提供一至二名保证人。

68.2　司法解释

68.2.1　取保候审的保证要求

★**《检察院规则》**（2019）

第八十九条　人民检察院决定对犯罪嫌疑人取保候审，应当责令犯罪嫌疑

① 参见王爱立主编书，第 142—143 页。

疑人提出保证人或者交纳保证金。

对同一犯罪嫌疑人决定取保候审，不得同时使用保证人保证和保证金保证方式。

对符合取保候审条件，具有下列情形之一的犯罪嫌疑人，人民检察院决定取保候审时，可以责令其提供一至二名保证人：

（一）无力交纳保证金的；

（二）系未成年人或者已满七十五周岁的人；

（三）其他不宜收取保证金的。

第九十六条　采取保证人保证方式的，如果保证人在取保候审期间不愿继续保证或者丧失保证条件的，人民检察院应当在收到保证人不愿继续保证的申请或者发现其丧失保证条件后三日以内，责令犯罪嫌疑人重新提出保证人或者交纳保证金，并将变更情况通知公安机关。

第九十七条　采取保证金保证方式的，被取保候审人拒绝交纳保证金或者交纳保证金不足决定数额时，人民检察院应当作出变更取保候审措施、变更保证方式或者变更保证金数额的决定，并将变更情况通知公安机关。

【重点解读】①

对于无力交纳保证金、系未成年人或已满七十五周岁的人以及其他不宜收取保证金的情形，可以责令其提供一至二名保证人。该条款不能理解为：只有在犯罪嫌疑人、被告人无力交纳保证金时，才能适用保证人保证。保证人保证和保证金保证都是取保候审的合法方式，即使犯罪嫌疑人有能力交纳保证金，仍然可以选择保证人保证。至于采取何种取保方式更为适宜，应由人民检察院具体裁量。

★《法院解释》（2021）

第一百五十条　被告人具有刑事诉讼法第六十七条第一款规定情形之一的，人民法院可以决定取保候审。

对被告人决定取保候审的，应当责令其提出保证人或者交纳保证金，不得同时使用保证人保证与保证金保证。

第一百五十一条　对下列被告人决定取保候审的，可以责令其提出一至二名保证人：

（一）无力交纳保证金的；

（二）未成年或者已满七十五周岁的；

（三）不宜收取保证金的其他被告人。

★《最高人民检察院、公安部关于适用刑事强制措施有关问题的规定》（高检会〔2000〕2号，2000年8月28日）

第五条　人民检察院决定对犯罪嫌疑人采取保证人担保形式取保候审的，如果保证人在取保候审期间不愿继续担保或者丧失担保条件的，人民检察院应当在收到保证人不愿继续担保的申请或者发现其丧失担保条件后的三日以内，责令犯罪嫌疑人重新提出保证人或者交纳保证金，或者变更为其他强制措施，并通知公安机关执行。

公安机关在执行期间收到保证人不愿继续担保的申请或者发现其丧失担保条件的，应当在三日以内通知作出决定的人民检察院。

★《最高人民法院、最高人民检察院、公安部、国家安全部关于取保候审

① 参见童建明、万春主编释义书，第107页。

若干问题的规定》（公通字〔2022〕25号，2022 年 9 月 5 日）

第四条　对犯罪嫌疑人、被告人决定取保候审的，应当责令其提出保证人或者交纳保证金。

对同一犯罪嫌疑人、被告人决定取保候审的，不得同时使用保证人保证和保证金保证。对未成年人取保候审的，应当优先适用保证人保证。

第五条　采取保证金形式取保候审的，保证金的起点数额为人民币一千元；被取保候审人为未成年人的，保证金的起点数额为人民币五百元。

决定机关应当综合考虑保证诉讼活动正常进行的需要，被取保候审人的社会危险性，案件的性质、情节，可能判处刑罚的轻重，被取保候审人的经济状况等情况，确定保证金的数额。

第六条　对符合取保候审条件，但犯罪嫌疑人、被告人不能提出保证人也不交纳保证金的，可以监视居住。

前款规定的被监视居住人提出保证人或者交纳保证金的，可以对其变更为取保候审。

68.3　规范性文件

68.3.1　侦查机关取保候审的保证要求

★《公安规定》（2020）

第八十四条　公安机关决定对犯罪嫌疑人取保候审的，应当责令犯罪嫌疑人提出保证人或者交纳保证金。

对同一犯罪嫌疑人，不得同时责令其提出保证人和交纳保证金。对未成年人取保候审，应当优先适用保证人保证。

第一百零六条　对于犯罪嫌疑人采取保证人保证的，如果保证人在取保候审期间情况发生变化，不愿继续担保或者丧失担保条件，公安机关应当责令被取保候审人重新提出保证人或者交纳保证金，或者作出变更强制措施的决定。

人民法院、人民检察院决定取保候审的，负责执行的派出所应当自发现保证人不愿继续担保或者丧失担保条件之日起三日以内通知决定取保候审的机关。

【重点解读】①

"对未成年人取保候审，应当优先适用保证人保证"的规定，主要是考虑，未成年人一般没有收入来源，避免给其增加额外的经济负担。

公安机关对符合取保候审条件的犯罪嫌疑人决定取保候审时，应当根据犯罪嫌疑人的情况，选择两种担保方式中的一种。同时，不能片面强调适用保证金而忽略保证人担保的适用，特别是对经济较困难的犯罪嫌疑人和未成年犯罪嫌疑人，保证人担保具有重要价值。

★《国安规定》（2024）

第一百一十一条　国家安全机关决定对犯罪嫌疑人取保候审的，应当根据案件情况，责令其提出保证人或者交纳保证金。

对同一犯罪嫌疑人，不得同时责令其提出保证人和交纳保证金。对未成年人取保候审的，应当优先适用保证人保证。

第一百二十一条　保证人不愿意继续保证或者丧失保证条件的，保证人或者被取保候审人应当及时报告国家安全机关。国家安全机关应当责令被取保候审人重新提出保证人或者交纳保证金，或者作出变更强制措施的决定。

人民法院、人民检察院决定取保候

① 参见孙茂利主编书，第 222—223 页。

审的，负责执行的国家安全机关应当自发现或者被告知保证人不愿继续保证或者丧失保证条件之日起三日以内通知决定机关。

★《最高人民法院、最高人民检察院、公安部、国家安全部关于取保候审若干问题的规定》（公通字〔2022〕25号，2022年9月5日）

第十条　公安机关应当在其指定的银行设立取保候审保证金专门账户，委托银行代为收取和保管保证金，并将相关信息通知同级人民检察院、人民法院。

保证金应当以人民币交纳。

第十一条　公安机关决定使用保证金保证的，应当及时将收取保证金通知书送达被取保候审人，责令其在三日内向指定的银行一次性交纳保证金。

第十二条　人民法院、人民检察院决定使用保证金保证的，应当责令被取保候审人在三日内向公安机关指定银行的专门账户一次性交纳保证金。

第十三条　被取保候审人或者为其提供保证金的人应当将所交纳的保证金存入取保候审保证金专门账户，并由银行出具相关凭证。

69　保证人的条件

69.1　法条规定

> **第六十九条　保证人必须符合下列条件：**
>
> **（一）与本案无牵连；**
>
> **（二）有能力履行保证义务；**
>
> **（三）享有政治权利，人身自由未受到限制；**
>
> **（四）有固定的住处和收入。**

【立法释义】①

本条规定的是取保候审保证人的条件。如果由不具备保证能力的人担任保证人，就无法保证刑事诉讼顺利进行，因此保证人必须满足以下条件：

一是“与本案无牵连”。“无牵连”，是指保证人与本案事实无关，且与本案没有利害关系。保证人不能是犯罪嫌疑人、被告人的同案人，也不能与本案有利害关系。

二是“有能力履行保证义务”。这一规定要求保证人具有民事行为能力，能够约束被保证人的行为，并且具有监督管理被保证人的时间和能力。

三是“享有政治权利，人身自由未受到限制”。这一规定，是指保证人为犯罪嫌疑人、被告人承担保证义务时，本人并未因违法犯罪行为而被剥夺政治权利或限制人身自由。“享有政治权利”，是指享有下列权利：选举权和被选举权；言论、出版、集会、结社、游行、示威的自由；担任国家机关职务的权利；担任企业、事业单位和人民团体领导职务的权利等。“人身自由未受到限制”，是指保证人未受到任何剥夺或者限制人身自由的刑罚处罚，未被采取任何剥夺、限制人身自由的刑事、行政强制措施，未受到限制人身自由的行政处罚。

四是“有固定的住处和收入”。这一规定，是指保证人有常住的居所和稳定的经济收入。有固定的住处，表明保证人生活比较稳定，便于保证人及时了解犯罪嫌疑人的活动情况，也便于公安机关加强对保证人的监督、管理。有固定的收入，表明保证人承担保证义务具

---

① 参见王爱立主编书，第144—145页。

有可行性。①

只有同时具备上述四个条件的人，才有资格担任保证人。特定人员申请作为保证人时，应当提供有关证据证明本人符合保证人的条件。对于提供保证人的情形，办案机关应当审查保证人是否符合法定条件。

69.2　司法解释

69.2.1　对保证人条件的审查

★《检察院规则》(2019)

第九十条　采取保证人保证方式的，保证人应当符合刑事诉讼法第六十九条规定的条件，并经人民检察院审查同意。

★《法院解释》(2021)

第一百五十二条　人民法院应当审查保证人是否符合法定条件。符合条件的，应当告知其必须履行的保证义务，以及不履行义务的法律后果，并由其出具保证书。

69.2.2　保证人放弃或丧失资格的处理

★《检察院规则》(2019)

第九十六条　采取保证人保证方式的，如果保证人在取保候审期间不愿继续保证或者丧失保证条件的，人民检察院应当在收到保证人不愿继续保证的申请或者发现其丧失保证条件后三日以内，责令犯罪嫌疑人重新提出保证人或者交纳保证金，并将变更情况通知公安机关。

★《法院解释》(2021)

第一百五十五条　被告人被取保候审期间，保证人不愿继续履行保证义务或者丧失履行保证义务能力的，人民法院应当在收到保证人的申请或者公安机关的书面通知后三日以内，责令被告人重新提出保证人或者交纳保证金，或者变更强制措施，并通知公安机关。

★**《最高人民法院、最高人民检察院、公安部、国家安全部关于取保候审若干问题的规定》**(公通字〔2022〕25号，2022 年 9 月 5 日)

第二十二条　保证人应当对被取保候审人遵守取保候审管理规定情况进行监督，发现被保证人已经或者可能违反刑事诉讼法第七十一条规定的，应当及时向执行机关报告。

保证人不愿继续保证或者丧失保证条件的，保证人或者被取保候审人应当及时报告执行机关。执行机关应当在发现或者被告知该情形之日起三日以内通知决定机关。决定机关应当责令被取保候审人重新提出保证人或者交纳保证金，或者变更强制措施，并通知执行机关。

★《公安规定》(2020)

第一百零六条　对于犯罪嫌疑人采取保证人保证的，如果保证人在取保候审期间情况发生变化，不愿继续担保或者丧失担保条件，公安机关应当责令被取保候审人重新提出保证人或者交纳保证金，或者作出变更强制措施的决定。

人民法院、人民检察院决定取保候审的，负责执行的派出所应当自发现保证人不愿继续担保或者丧失担保条件之日起三日以内通知决定取保候审的机关。

★《国安规定》(2024)

第一百二十一条　保证人不愿意继续保证或者丧失保证条件的，保证人或者被取保候审人应当及时报告国家安全机关。国家安全机关应当责令被取

---

① 参见孙茂利主编书，第 225 页。

保候审人重新提出保证人或者交纳保证金,或者作出变更强制措施的决定。

人民法院、人民检察院决定取保候审的,负责执行的国家安全机关应当自发现或者被告知保证人不愿继续保证或者丧失保证条件之日起三日以内通知决定机关。

69.3　规范性文件

69.3.1　侦查机关对保证人的审查

★《公安规定》(2020)

第八十五条　采取保证人保证的,保证人必须符合以下条件,并经公安机关审查同意:

(一)与本案无牵连;

(二)有能力履行保证义务;

(三)享有政治权利,人身自由未受到限制;

(四)有固定的住处和收入。

★《国安规定》(2024)

第一百一十九条　采取保证人保证的,保证人必须符合下列条件,并经国家安全机关审查同意:

(一)与本案无牵连;

(二)有能力履行保证义务;

(三)享有政治权利,人身自由未受到限制;

(四)有固定的住处和收入。

69.4　专门问题解答

69.4.1　同一人为同案多名犯罪嫌疑人担任保证人

★**《二人共同犯罪均被取保候审,保证人可否为同一人》**(《检察日报》2022年9月19日第1版"检答网集萃")

咨询内容:夫妻两人是开设赌场罪的共犯,该案由同一个亲戚担任保证人,是否可行?

答疑意见:首先,刑事诉讼法第六十九条规定,保证人必须符合下列条件:(1)与本案无牵连;(2)有能力履行保证义务;(3)享有政治权利,人身自由未受到限制;(4)有固定的住处和收入。关于一名保证人为两名或多名犯罪嫌疑人担任取保候审保证人,法律并无禁止性规定。因此,同一个人为同案多名犯罪嫌疑人担任保证人,不违反法律规定。

其次,应当注意同一个人为多人担任保证人时,保证人是否有能力履行保证义务的问题。有能力履行保证义务,是指保证人必须达到一定年龄,具有民事行为能力,对被保证人有一定影响力,以及身体状况能使其完成监督被保证人行为的任务等。如果存在保证人说的话被保证人根本不听;保证人卧病在床,对被保证人是否遵守取保候审义务无力监督、督促;保证人长期在外经商,对被保证人的行为无暇顾及等情形,都不能认为保证人有能力履行保证义务。对保证人是否有能力履行保证义务需要综合判断,不能仅凭犯罪嫌疑人、被告人或者保证人本人的说法来认定。

70　保证人的义务

70.1　法条规定

第七十条　保证人应当履行以下义务:

(一)监督被保证人遵守本法第七十一条的规定;

(二)发现被保证人可能发生或者已经发生违反本法第七十一条规定的行为的,应当及时向执行机关报告。

被保证人有违反本法第七十一条规定的行为，保证人未履行保证义务的，对保证人处以罚款，构成犯罪的，依法追究刑事责任。

【立法释义】①

本条规定的是取保候审保证人的义务和不履行义务的法律责任。

第一，保证人应当履行的保证义务。具体包括：一是监督被保证人遵守本法第七十一条的规定。关于“监督”，是指保证人通过与被保证人保持持续联系、督促被保证人及时履行取保候审要求等方式，促使被保证人遵守取保候审期间应当遵守的各项规定。二是发现被保证人可能发生或者已经发生违反本法第七十一条规定的行为的，及时向执行机关报告。“可能发生违反本法第七十一条规定的行为”，是指被保证人失去联系，或者故意规避、无视保证人的监督，具有违反本法第七十一条规定的现实可能性。

第二，保证人未履行保证义务的法律责任。被保证人有违反本法第七十一条规定的行为，保证人未履行保证义务，包括未认真对被保证人遵守第七十一条的规定进行监督，或者发现被保证人可能发生或者已经发生违反第七十一条规定的行为时未及时向执行机关报告，应当承担法律责任。将对保证人处以罚款的情形，由 1996 年刑事诉讼法第五十五条规定的“未及时报告”被保证人的违法行为改为“未履行保证义务”，加大了对保证人的监督力度，促使保证人积极认真履行保证义务。

70.2 司法解释

70.2.1 对保证人的义务告知

★《检察院规则》(2019)

第九十一条 人民检察院应当告知保证人履行以下义务：

（一）监督被保证人遵守刑事诉讼法第七十一条的规定；

（二）发现被保证人可能发生或者已经发生违反刑事诉讼法第七十一条规定的行为的，及时向执行机关报告。

保证人保证承担上述义务后，应当在取保候审保证书上签名或者盖章。

第九十九条 人民检察院发现保证人没有履行刑事诉讼法第七十条规定的义务，应当通知公安机关，要求公安机关对保证人作出罚款决定。构成犯罪的，依法追究保证人的刑事责任。

★《法院解释》(2021)

第一百五十五条 被告人被取保候审期间，保证人不愿继续履行保证义务或者丧失履行保证义务能力的，人民法院应当在收到保证人的申请或者公安机关的书面通知后三日以内，责令被告人重新提出保证人或者交纳保证金，或者变更强制措施，并通知公安机关。

第一百五十六条 人民法院发现保证人未履行保证义务的，应当书面通知公安机关依法处理。

第一百五十七条 根据案件事实和法律规定，认为已经构成犯罪的被告人在取保候审期间逃匿的，如果系保证人协助被告人逃匿，或者保证人明知被告人藏匿地点但拒绝向司法机关提供，对保证人应当依法追究责任。

---

① 参见王爱立主编书，第 145—146 页。

【重点解读】①

保证人"协助被告人逃匿"或者"明知被告人藏匿地点但拒绝向司法机关提供",不一定构成犯罪,特别是后一种情形通常不构成犯罪,鉴于此,对保证人应当依法追究责任,并非一定涉及刑事责任。

★《最高人民法院、最高人民检察院关于办理窝藏、包庇刑事案件适用法律若干问题的解释》(法释〔2021〕16号,2021年8月9日)

第一条　明知是犯罪的人,为帮助其逃匿,实施下列行为之一的,应当依照刑法第三百一十条第一款的规定,以窝藏罪定罪处罚:

(一)为犯罪的人提供房屋或者其他可以用于隐藏的处所的;

(二)为犯罪的人提供车辆、船只、航空器等交通工具,或者提供手机等通讯工具的;

(三)为犯罪的人提供金钱的;

(四)其他为犯罪的人提供隐藏处所、财物,帮助其逃匿的情形。

保证人在犯罪的人取保候审期间,协助其逃匿,或者明知犯罪的人的藏匿地点、联系方式,但拒绝向司法机关提供的,应当依照刑法第三百一十条第一款的规定,对保证人以窝藏罪定罪处罚。

虽然为犯罪的人提供隐藏处所、财物,但不是出于帮助犯罪的人逃匿的目的,不以窝藏罪定罪处罚;对未履行法定报告义务的行为人,依法移送有关主管机关给予行政处罚。

70.3　规范性文件

70.3.1　保证人违反保证义务的处理

★《最高人民法院、最高人民检察院、公安部、国家安全部、司法部、全国人大常委会法制工作委员会关于实施刑事诉讼法若干问题的规定》(2012年12月26日)

14. 对取保候审保证人是否履行了保证义务,由公安机关认定,对保证人的罚款决定,也由公安机关作出。

★《最高人民检察院、公安部关于适用刑事强制措施有关问题的规定》(高检会〔2000〕2号,2000年8月28日)

第六条　人民检察院决定对犯罪嫌疑人取保候审的案件,被取保候审人、保证人违反应当遵守的规定的,由县级以上公安机关决定没收保证金、对保证人罚款,并在执行后三日以内将执行情况通知人民检察院。人民检察院应当在接到通知后五日以内,区别情形,责令犯罪嫌疑人具结悔过、重新交纳保证金、提出保证人或者监视居住、予以逮捕。

★《公安规定》(2020)

第八十六条　保证人应当履行以下义务:

(一)监督被保证人遵守本规定第八十九条、第九十条的规定;

(二)发现被保证人可能发生或者已经发生违反本规定第八十九条、第九十条规定的行为的,应当及时向执行机关报告。

保证人应当填写保证书,并在保证书上签名、捺指印。

第一百零三条　被保证人违反应当遵守的规定,保证人未履行保证义务的,查证属实后,经县级以上公安机关负责人批准,对保证人处一千元以上二

---

①　参见李少平主编书,第261—262页。

万元以下罚款；构成犯罪的，依法追究刑事责任。

【重点解读】[①]

对保证人罚款的具体数额，公安机关根据被保证人违反有关法律规定的后果和保证人的责任大小等情况，综合考虑确定。如果保证人为被保证人通风报信，故意放走被保证人或者有其他妨碍诉讼的行为，构成犯罪的，应当根据其行为表现及情节轻重，依法追究刑事责任。

★《国安规定》（2024）

第一百二十条　保证人应当履行以下义务：

（一）监督被保证人遵守本规定第一百一十二条、第一百一十三条的规定；

（二）发现被保证人可能发生或者已经发生违反本规定第一百一十二条、第一百一十三条规定行为的，应当及时向国家安全机关报告。

保证人应当填写取保候审保证书，并在保证书上签名、捺指印。

第一百二十二条　保证人未履行监督义务，或者被取保候审人违反应当遵守的规定，保证人未及时报告或者隐瞒不报告的，查证属实后，经国家安全机关负责人批准，可以对保证人处一千元以上二万元以下罚款；构成犯罪的，依法追究刑事责任。

人民法院、人民检察院决定取保候审的，国家安全机关应当将有关情况及时通知决定机关。

★《最高人民法院、最高人民检察院、公安部、国家安全部关于取保候审若干问题的规定》（公通字〔2022〕25号，2022年9月5日）

第二十二条　保证人应当对被取保候审人遵守取保候审管理规定情况进行监督，发现被保证人已经或者可能违反刑事诉讼法第七十一条规定的，应当及时向执行机关报告。

保证人不愿继续保证或者丧失保证条件的，保证人或者被取保候审人应当及时报告执行机关。执行机关应当在发现或者被告知该情形之日起三日以内通知决定机关。决定机关应当责令被取保候审人重新提出保证人或者交纳保证金，或者变更强制措施，并通知执行机关。

第二十三条　执行机关发现被取保候审人违反应当遵守的规定以及保证人未履行保证义务的，应当及时制止、采取相应措施，同时告知决定机关。

第三十一条　保证人未履行监督义务，或者被取保候审人违反刑事诉讼法第七十一条的规定，保证人未及时报告或者隐瞒不报告的，经查证属实后，由公安机关对保证人处以罚款，并将有关情况及时通知决定机关。

保证人帮助被取保候审人实施妨害诉讼等行为，构成犯罪的，依法追究其刑事责任。

第三十二条　公安机关决定对保证人罚款的，应当制作对保证人罚款决定书，在三日以内向保证人宣布，告知其如果对罚款决定不服，可以在五日以内向作出罚款决定的公安机关申请复议。

保证人对复议决定不服的，可以在收到复议决定书后五日以内向上一级公安机关申请复核一次。

① 参见孙茂利主编书，第266页。

70.3.2　侦查机关处理决定的复议、复核

★**《公安规定》**(2020)

第一百零四条　决定对保证人罚款的,应当报经县级以上公安机关负责人批准,制作对保证人罚款决定书,在三日以内送达保证人,告知其如果对罚款决定不服,可以在收到决定书之日起五日以内向作出决定的公安机关申请复议。公安机关应当在收到复议申请后七日以内作出决定。

保证人对复议决定不服的,可以在收到复议决定书后五日以内向上一级公安机关申请复核一次。上一级公安机关应当在收到复核申请后七日以内作出决定。对上级公安机关撤销或者变更罚款决定的,下级公安机关应当执行。

第一百零五条　对于保证人罚款的决定已过复议期限,或者复议、复核后维持原决定或者变更罚款数额的,公安机关应当及时通知指定的银行将保证人罚款按照国家的有关规定上缴国库。人民法院、人民检察院决定取保候审的,还应当在三日以内通知决定取保候审的机关。

★**《公安机关办理刑事复议复核案件程序规定》**(公安部令第 133 号,2014 年 9 月 13 日)

第二条　刑事案件中的相关人员对公安机关作出的驳回申请回避、没收保证金、对保证人罚款、不予立案决定不服,向公安机关提出刑事复议、复核申请,公安机关受理刑事复议、复核申请,作出刑事复议、复核决定,适用本规定。

第六条　在办理刑事案件过程中,下列相关人员可以依法向作出决定的公安机关提出刑事复议申请:

(一)对驳回申请回避决定不服的,当事人及其法定代理人、诉讼代理人、辩护律师可以提出;

(二)对没收保证金决定不服的,被取保候审人或者其法定代理人可以提出;

(三)保证人对罚款决定不服的,其本人可以提出;

(四)对不予立案决定不服的,控告人可以提出;

(五)移送案件的行政机关对不予立案决定不服的,该行政机关可以提出。

第七条　刑事复议申请人对公安机关就本规定第六条第二至四项决定作出的刑事复议决定不服的,可以向其上一级公安机关提出刑事复核申请。

第八条　申请刑事复议、复核应当在《公安机关办理刑事案件程序规定》规定的期限内提出,因不可抗力或者其他正当理由不能在法定期限内提出的,应当在障碍消除后五个工作日以内提交相应证明材料。经刑事复议、复核机构认定的,耽误的时间不计算在法定申请期限内。

前款规定中的"其他正当理由"包括:

(一)因严重疾病不能在法定申请期限内申请刑事复议、复核的;

(二)无行为能力人或者限制行为能力人的法定代理人在法定申请期限内不能确定的;

(三)法人或者其他组织合并、分立或者终止,承受其权利的法人或者其他组织在法定申请期限内不能确定的;

(四)刑事复议、复核机构认定的其他正当理由。

第九条　申请刑事复议,应当书面申请,但情况紧急或者申请人不便提出

书面申请的,可以口头申请。

申请刑事复核,应当书面申请。

第十条　书面申请刑事复议、复核的,应当向刑事复议、复核机构提交刑事复议、复核申请书,载明下列内容:

(一)申请人及其代理人的姓名、性别、出生年月日、工作单位、住所、联系方式;法人或者其他组织的名称、地址、法定代表人或者主要负责人的姓名、职务、住所、联系方式;

(二)作出决定或者复议决定的公安机关名称;

(三)刑事复议、复核请求;

(四)申请刑事复议、复核的事实和理由;

(五)申请刑事复议、复核的日期。

刑事复议、复核申请书应当由申请人签名或者捺指印。

第十一条　申请人口头申请刑事复议的,刑事复议机构工作人员应当按照本规定第十条规定的事项,当场制作刑事复议申请记录,经申请人核对或者向申请人宣读并确认无误后,由申请人签名或者捺指印。

第十二条　申请刑事复议、复核时,申请人应当提交下列材料:

(一)原决定书、通知书的复印件;

(二)申请刑事复核的还应当提交复议决定书复印件;

(三)申请人的身份证明复印件;

(四)诉讼代理人提出申请的,还应当提供当事人的委托书;

(五)辩护律师提出申请的,还应当提供律师执业证书复印件、律师事务所证明和委托书或者法律援助公函等材料;

(六)申请人自行收集的相关事实、证据材料。

第十三条　刑事复议、复核机构开展下列工作时,办案人员不得少于二人:

(一)接受口头刑事复议申请的;

(二)向有关组织和人员调查情况的;

(三)听取申请人和相关人员意见的。

刑事复议机构参与审核原决定的人员,不得担任刑事复议案件的办案人员。

★《国安规定》(2024)

第一百二十三条　决定对保证人罚款的,应当经国家安全机关负责人批准,制作对保证人罚款决定书,在三日以内向保证人宣布,告知其如果对罚款决定不服,可以在五日以内向作出罚款决定的国家安全机关申请复议。国家安全机关收到复议申请后,应当在七日以内作出复议决定。

保证人对复议决定不服的,可以在收到复议决定书后五日以内向上一级国家安全机关申请复核一次。上一级国家安全机关应当在收到复核申请后七日以内作出复核决定。对上级国家安全机关撤销或者变更罚款决定的,下级国家安全机关应当执行。

★《最高人民法院、最高人民检察院、公安部、国家安全部关于取保候审若干问题的规定》(公通字〔2022〕25号,2022年9月5日)

第三十二条　公安机关决定对保证人罚款的,应当制作对保证人罚款决定书,在三日以内向保证人宣布,告知其如果对罚款决定不服,可以在五日以内向作出罚款决定的公安机关申请复议。

保证人对复议决定不服的,可以在收到复议决定书后五日以内向上一级公安机关申请复核一次。

第三十三条　没收保证金的决定、对保证人罚款的决定已过复议期限，或者复议、复核后维持原决定或者变更罚款数额的，作出没收保证金的决定、对保证人罚款的决定的公安机关应当及时通知指定的银行将没收的保证金、保证人罚款按照国家的有关规定上缴国库，并应当在三日以内通知决定机关。

71　取保候审的要求及违反规定的后果

71.1　法条规定

第七十一条　被取保候审的犯罪嫌疑人、被告人应当遵守以下规定：

（一）未经执行机关批准不得离开所居住的市、县；

（二）住址、工作单位和联系方式发生变动的，在二十四小时以内向执行机关报告；

（三）在传讯的时候及时到案；

（四）不得以任何形式干扰证人作证；

（五）不得毁灭、伪造证据或者串供。

人民法院、人民检察院和公安机关可以根据案件情况，责令被取保候审的犯罪嫌疑人、被告人遵守以下一项或者多项规定：

（一）不得进入特定的场所；

（二）不得与特定的人员会见或者通信；

（三）不得从事特定的活动；

（四）将护照等出入境证件、驾驶证件交执行机关保存。

被取保候审的犯罪嫌疑人、被告人违反前两款规定，已交纳保证金的，没收部分或者全部保证金，并且区别情形，责令犯罪嫌疑人、被告人具结悔过，重新交纳保证金、提出保证人，或者监视居住、予以逮捕。

对违反取保候审规定，需要予以逮捕的，可以对犯罪嫌疑人、被告人先行拘留。

【立法释义】①

本条规定的是被取保候审人应遵守的规定以及违反规定的法律后果。关于取保候审的适用，应当关注以下事项：

第一，取保候审的一般要求。取保候审的适用，需要遵守以下规定：一是"未经执行机关批准不得离开所居住的市、县"。对于被取保候审人申请离开所居住的市、县，执行机关经审查拟同意的，应当征得决定机关的同意。二是"住址、工作单位和联系方式发生变动的，在二十四小时以内向执行机关报告"。该规定表明，被取保候审人在所居住的市、县，可以改变住址、工作单位和联系方式，但需要在二十四小时之内向执行机关报告。三是"在传讯的时候及时到案"。鉴于被取保候审人并不在押，办案机关通常会通过传讯方式通知其到案。被取保候审人接到办案机关传讯，应当及时到案，接受讯问和审判。四是"不得以任何形式干扰证人作证"。五是"不得毁灭、伪造证据或者串供"。这两种情形，能够反映被取保候审人是否具有本法第八十一条规定的社会危险性。

① 参见王爱立主编书，第147—152页。

第二，特定对象的规范要求。为避免取保候审流于形式，提高取保候审措施的监管力度，有必要强化对特定的取保候审对象的规范要求，解决取保候审与羁押性强制措施相比过于弱化的问题。人民法院、人民检察院和公安机关可以根据犯罪性质、危害后果等因素，责令被取保候审人遵守以下一项或者多项规定：

一是不得进入特定的场所。"特定的场所"，是指根据犯罪性质及被取保候审人的人身危险性等因素，可能产生不利影响或者潜在风险的场所。

二是不得与特定的人员会见或者通信。"特定的人员"，一般是指案件的同案人、证人、鉴定人、被害人等人员，防止其串供或者威胁、打击报复证人、鉴定人、被害人等。

三是不得从事特定的活动。"特定的活动"，一般是指与被取保候审人被指控的犯罪有关的活动。此类活动可能引发被取保候审人产生新的犯意，或者可能对正常的社会生产、生活秩序造成不利影响。

四是将护照等出入境证件、驾驶证件交执行机关保存。该规定目的在于限制或者防止被取保候审人离境或逃匿，保证诉讼的顺利进行。

由于实践情况复杂，法律难以对"特定"这一概念作出详尽规定，需要公检法机关根据个案中犯罪的性质、情节，行为人犯罪的原因和个人的行为倾向、心理状态，维护社会秩序、保护被害人免遭再次侵害、预防行为人再次犯罪的需要以及犯罪嫌疑人、被告人居住地周边的社会环境等具体情况进行综合考量后作出有针对性的决定。

第三，犯罪嫌疑人、被告人在取保候审期间违反规定的法律后果。如果被取保候审人违反本条第一款、第二款的规定，已交纳保证金的，没收部分或者全部保证金。具体应当没收的数额，应当根据违反规定的情节及严重程度决定，不能一概没收全部保证金。另外，还应当根据不同情形，分别采取针对性的处置措施：一是对于违反规定情节较轻，不需要逮捕，可以再次取保候审的，应当责令犯罪嫌疑人、被告人具结悔过、重新交纳保证金或者提出保证人。二是对于违反规定情节严重，不宜再次取保候审的，应当采取监视居住措施或者予以逮捕。如果犯罪嫌疑人、被告人在取保候审期间未违反本条第一款、第二款规定，取保候审结束后，应当将保证金退还本人。

对于人民法院、人民检察院决定采取取保候审措施的情形，《法院解释》第一百五十八条和《检察院规则》第一百条规定了执行机关的衔接机制。人民法院、人民检察院发现犯罪嫌疑人、被告人违反刑事诉讼法第七十一条的规定，已交纳保证金的，应当书面通知公安机关依法处理。对于公安机关提出没收保证金或者变更强制措施的建议，或者已经没收保证金的情形，人民法院、人民检察院应当依法作出决定，并通知公安机关。

第四，先行拘留程序。对违反取保候审规定，需要予以逮捕的犯罪嫌疑人、被告人，可以先行拘留。对于有些被取保候审人，因其严重违反取保候审规定，有必要采取更加严厉的逮捕措施。鉴于逮捕需要履行法定的审批手续，2012 年刑事诉讼法修改对此作出了新的规定：

对违反取保候审规定,需要予以逮捕的犯罪嫌疑人、被告人,可以先行拘留。对于需要先行拘留的情形,应当根据本法关于拘留的有关规定执行。

71.2　司法解释

71.2.1　检察机关采取取保候审的程序

★《检察院规则》(2019)

第九十三条　人民检察院决定对犯罪嫌疑人取保候审的,应当制作取保候审决定书,载明取保候审开始的时间、保证方式、被取保候审人应当履行的义务和应当遵守的规定。

人民检察院作出取保候审决定时,可以根据犯罪嫌疑人涉嫌犯罪的性质、危害后果、社会影响,犯罪嫌疑人、被害人的具体情况等,有针对性地责令其遵守以下一项或者多项规定:

(一)不得进入特定的场所;

(二)不得与特定的人员会见或者通信;

(三)不得从事特定的活动;

(四)将护照等出入境证件、驾驶证件交执行机关保存。

第九十四条　人民检察院应当向取保候审的犯罪嫌疑人宣读取保候审决定书,由犯罪嫌疑人签名或者盖章,并捺指印,责令犯罪嫌疑人遵守刑事诉讼法第七十一条的规定,告知其违反规定应负的法律责任。以保证金方式保证的,应当同时告知犯罪嫌疑人一次性将保证金存入公安机关指定银行的专门账户。

第九十五条　向犯罪嫌疑人宣布取保候审决定后,人民检察院应当将执行取保候审通知书送达公安机关执行,并告知公安机关在执行期间拟批准犯罪嫌疑人离开所居住的市、县的,应当事先征得人民检察院同意。以保证人方式保证的,应当将取保候审保证书同时送交公安机关。

人民检察院核实保证金已经交纳到公安机关指定银行的凭证后,应当将银行出具的凭证及其他有关材料与执行取保候审通知书一并送交公安机关。

第九十八条　公安机关在执行取保候审期间向人民检察院征询是否同意批准犯罪嫌疑人离开所居住的市、县时,人民检察院应当根据案件的具体情况及时作出决定,并通知公安机关。

【重点解读】①

第一,公安机关是取保候审的执行机关。人民检察院向犯罪嫌疑人宣布取保候审决定后,应当将执行取保候审通知书送达被取保候审人所在的市、县的公安机关执行。公安机关在执行期间拟批准被取保候审人离开所居住的市、县的,必须以征得人民检察院同意为前提。否则,可能会出现人民检察院通知被取保候审的犯罪嫌疑人到案接受讯问,被取保候审人却经公安机关批准赴外地工作等无法及时到案的情况。

第二,对于公安机关的征询意见,人民检察院应当根据案件情况及时作出决定,并通知公安机关。“根据案件的具体情况”,主要包括两方面:一是被取保候审人拟外出的地点远近、时间长短、外出事由;二是近期内是否需要讯问犯罪嫌疑人,是否影响办案进度等。人民检察院收到征询后,应当及时作出

① 参见童建明、万春主编释义书,第111—114页。

是否同意的决定，并通知公安机关。

71.2.2　检察机关对违反取保候审规定的处理

★《检察院规则》(2019)

第九十九条　人民检察院发现保证人没有履行刑事诉讼法第七十条规定的义务，应当通知公安机关，要求公安机关对保证人作出罚款决定。构成犯罪的，依法追究保证人的刑事责任。

第一百条　人民检察院发现犯罪嫌疑人违反刑事诉讼法第七十一条的规定，已交纳保证金的，应当书面通知公安机关没收部分或者全部保证金，并且根据案件的具体情况，责令犯罪嫌疑人具结悔过，重新交纳保证金、提出保证人，或者决定对其监视居住、予以逮捕。

公安机关发现犯罪嫌疑人违反刑事诉讼法第七十一条的规定，提出没收保证金或者变更强制措施意见的，人民检察院应当在收到意见后五日以内作出决定，并通知公安机关。

重新交纳保证金的程序适用本规则第九十二条的规定；提出保证人的程序适用本规则第九十条、第九十一条的规定。对犯罪嫌疑人继续取保候审的，取保候审的时间应当累计计算。

对犯罪嫌疑人决定监视居住的，应当办理监视居住手续。监视居住的期限应当自执行监视居住决定之日起计算并告知犯罪嫌疑人。

【重点解读】①

公安机关是取保候审的执行机关，对取保候审保证人是否履行监督和报告的保证义务进行认定。对未履行保证义务的处罚，仍属于执行取保候审的范畴，应当由公安机关统一行使，人民检察院虽是取保候审的决定机关，但无权对没有履行保证义务的保证人作出处罚。人民检察院将被保证人违反监督、报告保证义务的情况通知公安机关的，应当要求公安机关作出处理。根据保证人违反保证义务的性质、情节，涉嫌犯罪的，应当由有管辖权的公安机关立案侦查，追究保证人的刑事责任。人民检察院不得直接立案侦查，但可以进行立案监督。

71.2.3　检察机关决定逮捕的情形

★《检察院规则》(2019)

第一百零一条　犯罪嫌疑人有下列违反取保候审规定的行为，人民检察院应当对犯罪嫌疑人予以逮捕：

(一)故意实施新的犯罪；

(二)企图自杀、逃跑；

(三)实施毁灭、伪造证据，串供或者干扰证人作证，足以影响侦查、审查起诉工作正常进行；

(四)对被害人、证人、鉴定人、举报人、控告人及其他人员实施打击报复。

犯罪嫌疑人有下列违反取保候审规定的行为，人民检察院可以对犯罪嫌疑人予以逮捕：

(一)未经批准，擅自离开所居住的市、县，造成严重后果，或者两次未经批准，擅自离开所居住的市、县；

(二)经传讯不到案，造成严重后果，或者经两次传讯不到案；

(三)住址、工作单位和联系方式发生变动，未在二十四小时以内向公安机关报告，造成严重后果；

(四)违反规定进入特定场所、与特定人员会见或者通信、从事特定活

① 参见童建明、万春主编释义书，第114—115页。

动,严重妨碍诉讼程序正常进行。

有前两款情形,需要对犯罪嫌疑人予以逮捕的,可以先行拘留;已交纳保证金的,同时书面通知公安机关没收保证金。

【重点解读】①

关于"故意实施新的犯罪"的情形,应当注意以下事项:一是被取保候审人主观上出于故意,而非过失。二是取保候审人在取保候审期间犯新罪,如果是在取保候审期间发现有漏罪的,不适用本款规定。三是被取保候审人实施新的犯罪行为,并没有罪行轻重的要求,只要重新故意犯罪,就说明对其取保候审已不足以防止发生社会危险性,应当予以逮捕。

71.2.4　法院对违反取保候审规定的处理

★《法院解释》(2021)

第一百五十八条　人民法院发现使用保证金保证的被取保候审人违反刑事诉讼法第七十一条第一款、第二款规定的,应当书面通知公安机关依法处理。

人民法院收到公安机关已经没收保证金的书面通知或者变更强制措施的建议后,应当区别情形,在五日以内责令被告人具结悔过,重新交纳保证金或者提出保证人,或者变更强制措施,并通知公安机关。

人民法院决定对被依法没收保证金的被告人继续取保候审的,取保候审的期限连续计算。

71.3　规范性文件

71.3.1　取保候审的规范要求

★《最高人民法院、最高人民检察院、公安部、国家安全部关于取保候审若干问题的规定》(公通字〔2022〕25号,2022年9月5日)

第七条　决定取保候审时,可以根据案件情况责令被取保候审人不得进入下列"特定的场所":

(一)可能导致其再次实施犯罪的场所;

(二)可能导致其实施妨害社会秩序、干扰他人正常活动行为的场所;

(三)与其所涉嫌犯罪活动有关联的场所;

(四)可能导致其实施毁灭证据、干扰证人作证等妨害诉讼活动的场所;

(五)其他可能妨害取保候审执行的特定场所。

第八条　决定取保候审时,可以根据案件情况责令被取保候审人不得与下列"特定的人员"会见或者通信:

(一)证人、鉴定人、被害人及其法定代理人和近亲属;

(二)同案违法行为人、犯罪嫌疑人、被告人以及与案件有关联的其他人员;

(三)可能遭受被取保候审人侵害、滋扰的人员;

(四)可能实施妨害取保候审执行、影响诉讼活动的人员。

前款中的"通信"包括以信件、短信、电子邮件、通话,通过网络平台或者网络应用服务交流信息等各种方式直接或者间接通信。

第九条　决定取保候审时,可以根据案件情况责令被取保候审人不得从事下列"特定的活动":

① 参见童建明、万春主编释义书,第117页。

（一）可能导致其再次实施犯罪的活动；

（二）可能对国家安全、公共安全、社会秩序造成不良影响的活动；

（三）与所涉嫌犯罪相关联的活动；

（四）可能妨害诉讼的活动；

（五）其他可能妨害取保候审执行的特定活动。

第十八条　执行机关在执行取保候审时，应当告知被取保候审人必须遵守刑事诉讼法第七十一条的规定，以及违反规定或者在取保候审期间重新犯罪的法律后果。

保证人保证的，应当告知保证人必须履行的保证义务，以及不履行义务的法律后果，并由其出具保证书。

执行机关应当依法监督、考察被取保候审人遵守规定的有关情况，及时掌握其住址、工作单位、联系方式变动情况，预防、制止其实施违反规定的行为。

被取保候审人应当遵守取保候审有关规定，接受执行机关监督管理，配合执行机关定期了解有关情况。

第十九条　被取保候审人未经批准不得离开所居住的市、县。

被取保候审人需要离开所居住的市、县的，应当向负责执行的派出所提出书面申请，并注明事由、目的地、路线、交通方式、往返日期、联系方式等。被取保候审人有紧急事由，来不及提出书面申请的，可以先通过电话、短信等方式提出申请，并及时补办书面申请手续。

经审查，具有工作、学习、就医等正当合理事由的，由派出所负责人批准。

负责执行的派出所批准后，应当通知决定机关，并告知被取保候审人遵守下列要求：

（一）保持联系方式畅通，并在传讯的时候及时到案；

（二）严格按照批准的地点、路线、往返日期出行；

（三）不得从事妨害诉讼的活动；

（四）返回居住地后及时向执行机关报告。

对于因正常工作和生活需要经常性跨市、县活动的，可以根据情况，简化批准程序。

★《公安规定》（2020）

第八十九条　公安机关在宣布取保候审决定时，应当告知被取保候审人遵守以下规定：

（一）未经执行机关批准不得离开所居住的市、县；

（二）住址、工作单位和联系方式发生变动的，在二十四小时以内向执行机关报告；

（三）在传讯的时候及时到案；

（四）不得以任何形式干扰证人作证；

（五）不得毁灭、伪造证据或者串供。

第九十条　公安机关在决定取保候审时，还可以根据案件情况，责令被取保候审人遵守以下一项或者多项规定：

（一）不得进入与其犯罪活动等相关联的特定场所；

（二）不得与证人、被害人及其近亲属、同案犯以及与案件有关联的其他特定人员会见或者以任何方式通信；

（三）不得从事与其犯罪行为等相关联的特定活动；

（四）将护照等出入境证件、驾驶证件交执行机关保存。

公安机关应当综合考虑案件的性

质、情节、社会影响、犯罪嫌疑人的社会关系等因素,确定特定场所、特定人员和特定活动的范围。

【重点解读】①

第一,关于被取保候审人的一般性义务。"传讯"与传唤、拘传不同,是一种独立的到案措施。传讯的对象应当是被取保候审或被监视居住的犯罪嫌疑人、被告人。传讯可以不受异地限制,可以要求居住在外地的犯罪嫌疑人自行到办案部门接受调查,也可以由办案部门到犯罪嫌疑人居住地进行传讯。

第二,对违规的被取保候审人的处理。被取保候审人违反本规定第八十九条、第九十条规定的,公安机关应当同时采取以下措施:一是对已经交纳保证金的,根据被取保候审人违法行为的情节轻重,决定没收其交纳的部分或者全部保证金。二是区别被取保候审人违法行为的情形,分别处理:(1)对违法行为情节较轻,不需要变更强制措施,允许再次取保候审的,责令其具结悔过、重新交纳保证金或者提出保证人;或者对其进行治安处罚。(2)对违法情节较重,不能继续适用取保候审的,将其强制措施变更为监视居住或逮捕;对需要予以逮捕的,可以对其先行拘留。

★《国安规定》(2024)

第一百一十二条　国家安全机关在宣布取保候审决定时,应当告知被取保候审人遵守以下规定:

(一)未经执行机关批准不得离开所居住的市、县;

(二)住址、工作单位和联系方式发生变动的,在二十四小时以内向国家安全机关报告;

(三)在传讯的时候及时到案;

(四)不得以任何形式干扰证人作证;

(五)不得毁灭、伪造证据或者串供。

第一百一十三条　国家安全机关在决定取保候审时,还可以根据案件情况,责令被取保候审人遵守以下一项或者多项规定:

(一)不得进入特定的场所;

(二)不得与特定的人员会见或者通信;

(三)不得从事特定的活动;

(四)将护照等出入境证件、驾驶证件交国家安全机关保存。

被取保候审人不得向任何人员泄露所知悉的国家秘密。

国家安全机关应当综合考虑案件的性质、情节、危害后果、社会影响、犯罪嫌疑人的具体情况等因素,有针对性地确定特定场所、特定人员和特定活动的范围。

71.3.2　被取保候审人违反规定的处理

★《公安规定》(2020)

第九十五条　被取保候审人无正当理由不得离开所居住的市、县。有正当理由需要离开所居住的市、县的,应当经负责执行的派出所负责人批准。

人民法院、人民检察院决定取保候审的,负责执行的派出所在批准被取保候审人离开所居住的市、县前,应当征得决定取保候审的机关同意。

第九十六条　被取保候审人在取保候审期间违反本规定第八十九条、第九十条规定,已交纳保证金的,公安机关应当根据其违反规定的情节,决定没

---

① 参见孙茂利主编书,第233—247页。

收部分或者全部保证金，并且区别情形，责令其具结悔过、重新交纳保证金、提出保证人，变更强制措施或者给予治安管理处罚；需要予以逮捕的，可以对其先行拘留。

人民法院、人民检察院决定取保候审的，被取保候审人违反应当遵守的规定，负责执行的派出所应当及时通知决定取保候审的机关。

★《国安规定》(2024)

第一百二十四条　被取保候审人在取保候审期间违反本规定第一百一十二条、第一百一十三条规定，已交纳保证金的，经国家安全机关负责人批准，可以根据被取保候审人违反规定的情节，决定没收部分或者全部保证金，并且区别情形，责令其具结悔过，重新交纳保证金、提出保证人，或者变更强制措施。

对于违反取保候审规定，需要予以逮捕的，可以对犯罪嫌疑人先行拘留。

人民法院、人民检察院决定取保候审的，被取保候审人违反应当遵守的规定，负责执行的国家安全机关应当及时通知决定机关。

★《最高人民检察院、公安部关于适用刑事强制措施有关问题的规定》(高检会〔2000〕2 号，2000 年 8 月 28 日)

第六条　人民检察院决定对犯罪嫌疑人取保候审的案件，被取保候审人、保证人违反应当遵守的规定的，由县级以上公安机关决定没收保证金、对保证人罚款，并在执行后三日以内将执行情况通知人民检察院。人民检察院应当在接到通知后五日以内，区别情形，责令犯罪嫌疑人具结悔过、重新交纳保证金、提出保证人或者监视居住、予以逮捕。

第九条　公安机关决定对犯罪嫌疑人取保候审的案件，犯罪嫌疑人违反应当遵守的规定，情节严重的，公安机关应当依法提请批准逮捕。人民检察院应当根据刑事诉讼法第五十六条①的规定审查批准逮捕。

★《最高人民法院、最高人民检察院、公安部、国家安全部关于取保候审若干问题的规定》(公通字〔2022〕25 号，2022 年 9 月 5 日)

第二十七条　使用保证金保证的被取保候审人违反刑事诉讼法第七十一条规定，依法应当没收保证金的，由公安机关作出没收部分或者全部保证金的决定，并通知决定机关。人民检察院、人民法院发现使用保证金保证的被取保候审人违反刑事诉讼法第七十一条规定，应当告知公安机关，由公安机关依法处理。

对被取保候审人没收保证金的，决定机关应当区别情形，责令被取保候审人具结悔过，重新交纳保证金、提出保证人，或者变更强制措施，并通知执行机关。

重新交纳保证金的，适用本规定第十一条、第十二条、第十三条的规定。

第二十八条　被取保候审人构成《中华人民共和国治安管理处罚法》第六十条第四项行为的，依法给予治安管理处罚。

第二十九条　被取保候审人没有违反刑事诉讼法第七十一条的规定，但在取保候审期间涉嫌故意实施新的犯罪被立案侦查的，公安机关应当暂扣保证金，待人民法院判决生效后，决定是否没收保证

① 2018 年刑事诉讼法第七十一条。

金。对故意实施新的犯罪的，应当没收保证金；对过失实施新的犯罪或者不构成犯罪的，应当退还保证金。

第三十条　公安机关决定没收保证金的，应当制作没收保证金决定书，在三日以内向被取保候审人宣读，告知其如果对没收保证金决定不服，被取保候审人或者其法定代理人可以在五日以内向作出没收决定的公安机关申请复议。

被取保候审人或者其法定代理人对复议决定不服的，可以在收到复议决定书后五日以内向上一级公安机关申请复核一次。

第三十三条　没收保证金的决定、对保证人罚款的决定已过复议期限，或者复议、复核后维持原决定或者变更罚款数额的，作出没收保证金的决定、对保证人罚款的决定的公安机关应当及时通知指定的银行将没收的保证金、保证人罚款按照国家的有关规定上缴国库，并应当在三日以内通知决定机关。

如果保证金系被取保候审人的个人财产，且需要用以退赔被害人、履行附带民事赔偿义务或者执行财产刑的，人民法院可以书面通知公安机关移交全部保证金，由人民法院作出处理，剩余部分退还被告人。

第三十四条　人民检察院、人民法院决定取保候审的，被取保候审人违反取保候审规定，需要予以逮捕的，可以对被取保候审人先行拘留，并提请人民检察院、人民法院依法作出逮捕决定。人民法院、人民检察院决定逮捕的，由所在地同级公安机关执行。

72　保证金的适用规则

72.1　法条规定

第七十二条　取保候审的决定机关应当综合考虑保证诉讼活动正常进行的需要，被取保候审人的社会危险性，案件的性质、情节，可能判处刑罚的轻重，被取保候审人的经济状况等情况，确定保证金的数额。

提供保证金的人应当将保证金存入执行机关指定银行的专门账户。

【立法释义】①

本条规定的是取保候审保证金的适用规则，是 2012 年刑事诉讼法修改新增的规定。1996 年刑事诉讼法确定了保证金制度，但是没有规定保证金的数额设定标准以及具体交纳程序，导致有的案件收取过高的保证金，犯罪嫌疑人、被告人不愿或无力交纳；有的案件由于保证金数额较低，未能对取保候审的犯罪嫌疑人、被告人产生足够的制约效果。对于保证金的收取，应当关注以下事项：

第一，取保候审保证金的数额确定标准。取保候审的决定机关应当综合考虑有关因素，合理确定保证金的数额。

一是"保证诉讼活动正常进行的需要"，是指保证金的设定应当足以发挥对被取保候审人的约束作用，促使其遵守取保候审的规定。

二是"被取保候审人的社会危险性"，是指对被取保候审人的社会危险

---

① 参见王爱立主编书，第 152—155 页。

性进行风险评估，包括被取保候审人的前科情况、身份特征、再犯罪可能、心理倾向、认罪悔罪表现等因素，具体可结合本法第八十一条第一款规定的社会危险性指标加以分析。如果社会危险性过高，采取取保候审不足以防止本法第八十一条第一款的社会危险性指标，就应当予以逮捕。

三是“案件的性质、情节”，是指被取保候审人涉嫌罪行的轻重程度。对于符合取保候审的实体条件，案件的性质、情节较为恶劣的被取保候审人，应当适用较高的保证金，反之则应适用较低的保证金。

四是“可能判处刑罚的轻重”，是指对被取保候审人可能判处的刑罚进行预先评估，据此决定保证金的合理幅度。对这一因素的评估，影响到刑事诉讼全过程对犯罪嫌疑人、被告人所应采取的程序处遇，由此也反映出实体制裁和程序措施之间的内在关联。

五是“被取保候审人的经济状况”，是指犯罪嫌疑人、被告人对保证金的实际承受能力。由于犯罪嫌疑人、被告人的经济状况存在较大差异，在设定保证金标准时应当充分考虑，这也是本法未具体设定保证金数额标准的重要原因。决定机关在确定保证金的数额时，应当结合被取保候审人的经济状况，合理裁量设定与其经济承受能力相称的具体数额标准。

第二，保证金的交纳程序。2012年刑事诉讼法修改之前，法律没有明确规定交纳保证金的程序，被取保候审人通常是将保证金交给执行机关保管。这种做法容易产生违规收取保证金，忽视对取保候审实质条件的审查，以及保证金被挪用、侵吞等风险。为规范保证金的交纳程序，本条第二款规定，提供保证金的人应当将保证金存入执行机关指定银行的专门账户。“提供保证金的人”，是指交纳保证金的犯罪嫌疑人、被告人，或者接受犯罪嫌疑人、被告人委托代为交纳保证金的人。“执行机关指定银行的专门账户”①，是指执行机关在银行开立的专门用于收取取保候审保证金的专用账户。

72.2　司法解释

72.2.1　保证金的数额标准及执行

★《检察院规则》（2019）

第九十二条　采取保证金保证方式的，人民检察院可以根据犯罪嫌疑人的社会危险性，案件的性质、情节，可能判处刑罚的轻重，犯罪嫌疑人的经济状况等，责令犯罪嫌疑人交纳一千元以上的保证金。对于未成年犯罪嫌疑人，可以责令交纳五百元以上的保证金。

【重点解读】②

尽管法律并未明确保证金的上限，但办案机关在具体执行中应当综合考虑相关因素，不能要求犯罪嫌疑人交纳无法负担的保证金或者远超出其犯罪性质、情节，犯罪行为的社会危险性等要求的保证金数额。

★《法院解释》（2021）

第一百五十三条　对决定取保候审的被告人使用保证金保证的，应当依

---

① 为进一步规范取保候审保证金的适用程序，防止因违规收取保证金而导致取保候审程序异化为预先惩罚，可考虑将取保候审的决定机关与执行机关相分离。

② 参见童建明、万春主编释义书，第109页。

照刑事诉讼法第七十二条第一款的规定确定保证金的具体数额，并责令被告人或者为其提供保证金的单位、个人将保证金一次性存入公安机关指定银行的专门账户。

第一百五十四条　人民法院向被告人宣布取保候审决定后，应当将取保候审决定书等相关材料送交当地公安机关。

对被告人使用保证金保证的，应当在核实保证金已经存入公安机关指定银行的专门账户后，将银行出具的收款凭证一并送交公安机关。

★《公安规定》(2020)

第八十七条　犯罪嫌疑人的保证金起点数额为人民币一千元。犯罪嫌疑人为未成年人的，保证金起点数额为人民币五百元。具体数额应当综合考虑保证诉讼活动正常进行的需要、犯罪嫌疑人的社会危险性、案件的性质、情节、可能判处刑罚的轻重以及犯罪嫌疑人的经济状况等情况确定。

第八十八条　县级以上公安机关应当在其指定的银行设立取保候审保证金专门账户，委托银行代为收取和保管保证金。

提供保证金的人，应当一次性将保证金存入取保候审保证金专门账户。保证金应当以人民币交纳。

保证金应当由办案部门以外的部门管理。严禁截留、坐支、挪用或者以其他任何形式侵吞保证金。

★《国安规定》(2024)

第一百一十七条　采取保证金保证的，国家安全机关应当综合考虑保证诉讼活动正常进行的需要，被取保候审人的社会危险性，案件的性质、情节，可能判处刑罚的轻重，被取保候审人的经济状况等情况，确定保证金的数额，并制作收取保证金通知书。

保证金起点数额为人民币一千元；被取保候审人为未成年人的，保证金的起点数额为人民币五百元。

第一百一十八条　国家安全机关应当在其指定的银行设立专门账户，委托银行代为收取和保管保证金。

提供保证金的人应当将保证金一次性存入专门账户。保证金应当以人民币交纳。

保证金应当按照有关规定严格管理。

72.2.2　保证金的没收及救济

★《公安规定》(2020)

第九十七条　需要没收保证金的，应当经过严格审核后，报县级以上公安机关负责人批准，制作没收保证金决定书。

决定没收五万元以上保证金的，应当经设区的市一级以上公安机关负责人批准。

第九十八条　没收保证金的决定，公安机关应当在三日以内向被取保候审人宣读，并责令其在没收保证金决定书上签名、捺指印；被取保候审人在逃或者具有其他情形不能到场的，应当向其成年家属、法定代理人、辩护人或者单位、居住地的居民委员会、村民委员会宣布，由其成年家属、法定代理人、辩护人或者单位、居住地的居民委员会或者村民委员会的负责人在没收保证金决定书上签名。

被取保候审人或者其成年家属、法定代理人、辩护人或者单位、居民委员会、村民委员会负责人拒绝签名的，公安机关应当在没收保证金决定书上注明。

第九十九条 公安机关在宣读没收保证金决定书时，应当告知如果对没收保证金的决定不服，被取保候审人或者其法定代理人可以在五日以内向作出决定的公安机关申请复议。公安机关应当在收到复议申请后七日以内作出决定。

被取保候审人或者其法定代理人对复议决定不服的，可以在收到复议决定书后五日以内向上一级公安机关申请复核一次。上一级公安机关应当在收到复核申请后七日以内作出决定。对上级公安机关撤销或者变更没收保证金决定的，下级公安机关应当执行。

第一百条 没收保证金的决定已过复议期限，或者复议、复核后维持原决定或者变更没收保证金数额的，公安机关应当及时通知指定的银行将没收的保证金按照国家的有关规定上缴国库。人民法院、人民检察院决定取保候审的，还应当在三日以内通知决定取保候审的机关。

★《国安规定》(2024)

第一百二十五条 国家安全机关决定没收保证金的，应当制作没收保证金决定书，在三日以内向被取保候审人宣读，并责令其在没收保证金决定书上签名、捺指印。被取保候审人在逃或者具有其他情形不能到场的，应当向其成年家属、法定代理人、辩护人或者单位、居住地的居民委员会、村民委员会宣布，由其成年家属、法定代理人、辩护人或者单位、居住地的居民委员会、村民委员会的负责人在没收保证金决定书上签名。

第一百二十六条 国家安全机关在宣读没收保证金决定书时，应当告知如果对没收保证金的决定不服，被取保候审人或者其法定代理人可以在五日以内向作出决定的国家安全机关申请复议。国家安全机关应当在收到复议申请后七日以内作出复议决定。

被取保候审人或者其法定代理人对复议决定不服的，可以在收到复议决定书后五日以内向上一级国家安全机关申请复核一次。上一级国家安全机关应当在收到复核申请后七日以内作出复核决定。上级国家安全机关撤销或者变更没收保证金决定的，下级国家安全机关应当执行。

第一百二十七条 没收保证金的决定、对保证人罚款的决定已过复议期限，或者复议、复核后维持原决定或者变更没收保证金、罚款数额的，国家安全机关应当及时通知指定的银行将没收的保证金、保证人罚款按照国家有关规定上缴国库。人民法院、人民检察院决定取保候审的，国家安全机关应当在三日以内通知决定机关。

没收部分保证金的，国家安全机关应当制作退还保证金决定书，被取保候审人或者其法定代理人可以凭此决定书到银行领取剩余的保证金。

73 保证金的退还

73.1 法条规定

第七十三条 犯罪嫌疑人、被告人在取保候审期间未违反本法第七十一条规定的，取保候审结束的时候，凭解除取保候审的通知或者有关法律文书到银行领取退还的保证金。

【立法释义】①

本条规定的是保证金的退还程序，是2012年刑事诉讼法修改新增的规定。保证金缴纳程序和退还程序，是避免取保候审滥用的重要程序制度。取保候审滥用的一个法律风险，就是以不返还取保候审保证金作为变相惩罚，而被取保候审人基于自身利益考虑，也通常不会到办案机关主张返还取保候审保证金。取保候审是强制措施，不是预先惩罚。鉴于此，为了保护当事人的合法财产权益，如果犯罪嫌疑人、被告人在取保候审过程中遵守法律要求，没有违反有关禁止性规定的，在取保候审结束时有权主张返还取保候审保证金。即便被告人最终被判决有罪，执行机关也不能没收保证金。当然，如果被取保候审人违反本法第七十一条规定，执行机关可以根据具体情况，依法没收部分或者全部保证金。

"取保候审结束"，是指取保候审期限届满，或者办案机关依法变更强制措施，不再适用取保候审措施。对于公安机关、人民检察院决定取保候审的案件，在移送审查起诉或者提起公诉后，公安机关、人民检察院决定的取保候审相应结束，人民检察院、人民法院可以根据案件的情况和刑事诉讼的需要，决定对犯罪嫌疑人、被告人继续采取取保候审措施，或者决定将取保候审变更为其他强制措施。决定机关将取保候审变更为其他强制措施后，应当立即解除取保候审，执行机关应当及时书面通知被取保候审人、保证人。如果办案机关决定继续采取取保候审措施的，原来缴纳的保证金仍然可以继续作为保证金。如果办案机关变更保证方式，不再采取保证金方式的，应当退还其保证金。此种情况下，虽然不需要办理解除取保候审的法律手续，也应当向当事人出具变更保证方式的决定，作为领取退还的保证金的凭证。人民检察院对犯罪嫌疑人作出不起诉决定，或者人民法院对被告人作出无罪判决并决定予以释放，或者人民法院作出有罪判决并将被取保候审的被告人收押等情形，取保候审即告结束。在取保候审结束时，执行机关应当出具解除取保候审通知书，作为犯罪嫌疑人、被告人领取退还的保证金的凭证。对于人民检察院、人民法院决定解除取保候审的，也应当通知执行机关，并向犯罪嫌疑人、被告人出具解除取保候审通知书。

在取保候审结束后，犯罪嫌疑人、被告人及其委托人，可以凭解除取保候审的通知或者有关法律文书到银行领取退还的保证金。从取保候审保证金的交纳，到领取退还的保证金，犯罪嫌疑人、被告人都无须与执行机关存在资金往来，只需凭借有关法律文书到银行办理手续。

需要指出的是，对于被取保候审的犯罪嫌疑人、被告人涉嫌重新故意犯罪，或者保证金需要用于履行赔偿义务或者执行财产刑等情形，办案机关可以依照相关规定对保证金作出处理。

73.2　司法解释

73.2.1　检察机关退还保证金

★《检察院规则》(2019)

第一百零六条　犯罪嫌疑人在取保候审期间没有违反刑事诉讼法第七

① 参见王爱立主编书，第156—157页。

十一条的规定，或者发现不应当追究犯罪嫌疑人刑事责任的，变更、解除或者撤销取保候审时，应当告知犯罪嫌疑人可以凭变更、解除或者撤销取保候审的通知或者有关法律文书到银行领取退还的保证金。

【重点解读】①

第一，“变更”取保候审，是指犯罪嫌疑人在取保候审期间没有违反刑事诉讼法第七十一条规定，人民检察院将其强制措施变更为监视居住或者逮捕的情形。例如，根据进一步查明的事实，犯罪嫌疑人符合刑事诉讼法第八十一条第三款的规定，应当予以逮捕，依法变更强制措施为逮捕时仍应当退还保证金。

第二，犯罪嫌疑人领取退还的保证金的地点是银行，而不是负责执行的公安机关。

★《最高人民检察院、公安部关于适用刑事强制措施有关问题的规定》（高检会〔2000〕2 号，2000 年 8 月 28 日）

第八条　人民检察院决定对犯罪嫌疑人采取保证金担保方式取保候审的，犯罪嫌疑人在取保候审期间没有违反刑事诉讼法第五十六条②规定，也没有故意重新犯罪的，人民检察院解除取保候审时，应当通知公安机关退还保证金。

73.2.2　法院通知移交保证金

★《法院解释》（2021）

第一百五十九条　对被取保候审的被告人的判决、裁定生效后，如果保证金属于其个人财产，且需要用以退赔被害人、履行附带民事赔偿义务或者执行财产刑的，人民法院可以书面通知公安机关移交全部保证金，由人民法院作出处理，剩余部分退还被告人。

73.3　规范性文件

73.3.1　侦查机关退还保证金

★《最高人民法院、最高人民检察院、公安部、国家安全部关于取保候审若干问题的规定》（公通字〔2022〕25 号，2022 年 9 月 5 日）

第二十五条　采取保证金方式保证的被取保候审人在取保候审期间没有违反刑事诉讼法第七十一条的规定，也没有故意实施新的犯罪的，在解除取保候审、变更强制措施或者执行刑罚的同时，公安机关应当通知银行如数退还保证金。

被取保候审人或者其法定代理人可以凭有关法律文书到银行领取退还的保证金。被取保候审人不能自己领取退还的保证金的，经本人出具书面申请并经公安机关同意，由公安机关书面通知银行将退还的保证金转账至被取保候审人或者其委托的人提供的银行账户。

第三十三条　没收保证金的决定、对保证人罚款的决定已过复议期限，或者复议、复核后维持原决定或者变更罚款数额的，作出没收保证金的决定、对保证人罚款的决定的公安机关应当及时通知指定的银行将没收的保证金、保证人罚款按照国家的有关规定上缴国库，并应当在三日以内通知决定机关。

如果保证金系被取保候审人的个人财产，且需要用以退赔被害人、履行附带民事赔偿义务或者执行财产刑的，人民法院可以书面通知公安机关移交全部保证金，由人民法院作出处理，剩

---

① 参见童建明、万春主编释义书，第 120—121 页。

② 2018 年刑事诉讼法第七十一条。

余部分退还被告人。

第三十五条　保证金的收取、管理和没收应当严格按照本规定和国家的财经管理制度执行，任何单位和个人不得擅自收取、没收、退还保证金以及截留、坐支、私分、挪用或者以其他任何方式侵吞保证金。对违反规定的，应当依照有关法律和规定给予行政处分；构成犯罪的，依法追究刑事责任。

★《公安规定》(2020)

第一百零一条　被取保候审人在取保候审期间，没有违反本规定第八十九条、第九十条有关规定，也没有重新故意犯罪的，或者具有本规定第一百八十六条规定的情形之一的，在解除取保候审、变更强制措施的同时，公安机关应当制作退还保证金决定书，通知银行如数退还保证金。

被取保候审人可以凭退还保证金决定书到银行领取退还的保证金。被取保候审人委托他人领取的，应当出具委托书。

★《公安部关于人民检察院不起诉人民法院终止审理或者判决无罪的案件公安机关已采取的取保候审是否合法及应否退还已没收的保证金问题的答复》(2003 年 12 月 31 日)

对于人民检察院不起诉、人民法院终止审理或者判决无罪的案件，公安机关应否退还已经没收的取保候审保证金问题，应当分析具体情况，分别处理：

(一)被取保候审人在取保候审期间未违反刑事诉讼法第 56 条①规定，也未故意重新犯罪，而被没收保证金的，没收的保证金应当退还。

(二)被取保候审人在取保候审期间违反刑事诉讼法第 56 条的规定，被依法没收保证金的，原则上不退还；如果被取保候审人确实无罪，且违反规定行为的情节较为轻微，其被没收的保证金可以退还。

★《国安规定》(2024)

第一百二十九条　被取保候审人在取保候审期间未违反本规定第一百一十二条、第一百一十三条规定，也没有故意实施新的犯罪，取保候审期限届满的，或者具有本规定第二百零六条规定的情形之一的，应当及时解除取保候审，并通知被取保候审人、保证人和有关单位。

人民法院、人民检察院作出解除取保候审决定的，国家安全机关应当及时解除，并通知被取保候审人、保证人和有关单位。

第一百三十条　被取保候审人或者其法定代理人可以凭解除取保候审决定书或者有关法律文书，到银行领取退还的保证金。

被取保候审人不能自己领取退还的保证金的，经本人出具书面申请并经国家安全机关同意，由国家安全机关书面通知银行将退还的保证金转账至被取保候审人或者其委托的人提供的银行账户。

第一百三十一条　被取保候审人没有违反本规定第一百一十二条、第一百一十三条规定，但在取保候审期间涉嫌故意实施新的犯罪被立案侦查的，国家安全机关应当暂扣保证金，待人民法院判决生效后，决定是否没收保证金。对故意实施新的犯罪的，应当没收保证金；对过失实施新的犯罪或者不构成犯罪的，应当退还保证金。

---

① 2018 年刑事诉讼法第七十一条。

74　监视居住的适用条件和决定、执行机关

74.1　法条规定

第七十四条　人民法院、人民检察院和公安机关对符合逮捕条件，有下列情形之一的犯罪嫌疑人、被告人，可以监视居住：

（一）患有严重疾病、生活不能自理的；

（二）怀孕或者正在哺乳自己婴儿的妇女；

（三）系生活不能自理的人的唯一扶养人；

（四）因为案件的特殊情况或者办理案件的需要，采取监视居住措施更为适宜的；

（五）羁押期限届满，案件尚未办结，需要采取监视居住措施的。

对符合取保候审条件，但犯罪嫌疑人、被告人不能提出保证人，也不交纳保证金的，可以监视居住。

监视居住由公安机关执行。

【立法释义】①

本条规定的是监视居住的适用条件和决定、执行机关，是 2012 年刑事诉讼法修改新增的规定。本规定重新设定了监视居住的法律属性——逮捕的替代措施，应当关注以下事项：

第一，采取监视居住措施的情形，应当符合逮捕条件。如果不符合逮捕的条件，采取取保候审不致发生社会危险性的，应当优先适用取保候审措施。对于符合本法第八十一条逮捕条件的犯罪嫌疑人，需要进一步结合本条第二款的规定，决定是否适用监视居住措施。这意味着，尽管监视居住和取保候审均为非羁押性强制措施，但两者的适用条件和制度定位并不相同。取保候审的对象并不符合逮捕条件，是常规的非羁押性强制措施；而监视居住的对象则符合逮捕条件，是逮捕的替代措施。

第二，适用监视居住的对象应当满足特定的条件。本条第一款明确了适用监视居住的五种情形：

一是“患有严重疾病、生活不能自理”。此处的“患有严重疾病”，主要是指病情严重，生命垂危、在羁押场所内容易导致传染、羁押场所的医疗条件无法治疗该种疾病需要出外就医、确需家属照料生活等情况。关于这一情形的认定，应当有专门的医学诊断证据。“生活不能自理”，是指因年老、严重残疾等导致丧失行动能力，无法自行照料自己的基本生活，需要他人照料的情形。

二是“怀孕或者正在哺乳自己婴儿的妇女”。这一情形，是指女性犯罪嫌疑人、被告人处于怀孕状态，或者正在处于哺乳期，基于人道主义的政策考虑，为了保障胎儿、婴儿的发育、成长，不宜将此类犯罪嫌疑人、被告人收监羁押。

三是“系生活不能自理的人的唯一扶养人”。这一情形，是指犯罪嫌疑人、被告人依法负有对特定人员的扶养义务，而被扶养人生活不能自理，犯罪嫌疑人、被告人又是唯一扶养人，一旦将其收监羁押，将导致生活不能自理的被扶养人丧失照管。基于人道主义的政策考虑，此种情形下不宜将犯罪嫌疑人、被告人收监羁押。但是，如果犯罪嫌疑人、被告人具有较大的社会危险

① 参见王爱立主编书，第 158—162 页。

性，不宜采取监视居住措施，或者犯罪嫌疑人、被告人虽系生活不能自理的人的唯一扶养人，但并未实际履行扶养义务，也应依法采取逮捕措施。

四是“因为案件的特殊情况或者办理案件的需要，采取监视居住措施更为适宜”。“案件的特殊情况”，一般是指案件的性质、情节表明，犯罪嫌疑人、被告人的现实社会危险性不大，例如涉及正当防卫等法定情节，或者取得被害方谅解等情形，采取监视居住措施能够取得更好的社会效果。“办理案件的需要”，一般是指，为确保诉讼顺利进行，有必要对原本应当逮捕的犯罪嫌疑人、被告人采取监视居住措施，例如为了让犯罪嫌疑人、被告人在家中保持与同案犯的联系，或者便于对同案犯实施抓捕等情形。

五是“羁押期限届满，案件尚未办结，需要采取监视居住措施”。“羁押期限”，是指本法规定的侦查羁押、审查起诉、一审、二审的期限。对于案件在法定羁押期限届满不能办结，还需要继续进行侦查、审理的情形，有必要及时变更强制措施，对犯罪嫌疑人、被告人采取监视居住措施，以避免超期羁押。

第三，取保候审与监视居住的程序衔接机制。对于符合取保候审的法定情形，但是不能提出保证人，也不交纳保证金的犯罪嫌疑人、被告人，因不符合取保候审的程序要求，可以采取同属非羁押性强制措施的监视居住措施。

第四，监视居住的执行机关。公安机关、人民检察院和人民法院都有权决定对犯罪嫌疑人、被告人采取监视居住措施，但是，监视居住的执行机关只有公安机关。

74.2　司法解释

74.2.1　检察机关决定监视居住的条件

★《检察院规则》(2019)

第一百零七条　人民检察院对于符合逮捕条件，具有下列情形之一的犯罪嫌疑人，可以监视居住：

（一）患有严重疾病、生活不能自理的；

（二）怀孕或者正在哺乳自己婴儿的妇女；

（三）系生活不能自理的人的唯一扶养人；

（四）因为案件的特殊情况或者办理案件的需要，采取监视居住措施更为适宜的；

（五）羁押期限届满，案件尚未办结，需要采取监视居住措施的。

前款第三项中的扶养包括父母、祖父母、外祖父母对子女、孙子女、外孙子女的抚养和子女、孙子女、外孙子女对父母、祖父母、外祖父母的赡养以及配偶、兄弟姐妹之间的相互扶养。

对符合取保候审条件，但犯罪嫌疑人不能提出保证人，也不交纳保证金的，可以监视居住。

【重点解读】①

对于监视居住的条件，《检察院规则》第一百零七条规定的是“可以”而不是“应当”，即使符合监视居住的条件，但犯罪嫌疑人具有较强的社会危险性的，也可以不采取监视居住强制措施，而予以逮捕。

---

①　参见童建明、万春主编释义书，第122页。

★《最高人民检察院、公安部关于适用刑事强制措施有关问题的规定》（高检会〔2000〕2 号，2000 年 8 月 28 日）

第十一条　人民检察院核实犯罪嫌疑人住处或者为其指定居所后，应当制作监视居住执行通知书，将有关法律文书和有关案由、犯罪嫌疑人基本情况的材料，送交犯罪嫌疑人住处或者居所地的同级公安机关执行。人民检察院可以协助公安机关执行。

第十二条　公安机关收到有关法律文书和材料后，应当立即交由犯罪嫌疑人住处或者居所地的县级公安机关执行。负责执行的县级公安机关应当在二十四小时以内，核实被监视居住人的身份和住处或者居所，报告县级公安机关负责人后，通知被监视居住人住处或者居所地的派出所执行。

74.2.2　法院决定监视居住的条件

★《法院解释》（2021）

第一百六十条　对具有刑事诉讼法第七十四条第一款、第二款规定情形的被告人，人民法院可以决定监视居住。

人民法院决定对被告人监视居住的，应当核实其住处；没有固定住处的，应当为其指定居所。

74.3　规范性文件

74.3.1　对人大代表的监视居住

★《最高人民检察院关于严格执行人民代表大会代表执行职务司法保障规定的通知》（高检发研字〔1994〕7 号，1994 年 6 月 22 日）

三、各级人民检察院直接立案侦查的刑事案件，依法需要对本级人大代表决定采取逮捕，或者监视居住、取保候审、拘传等限制人身自由措施的，应当报经同级人民代表大会主席团或人民代表大会常务委员会许可。

各级人民检察院办理直接立案侦查的案件，对人大代表依法拘留的，应当由执行拘留的机关立即向该代表所属的人民代表大会主席团或者常务委员会报告。

五、办理上级人大代表的案件，需要履行本通知第二、三、四条程序的，应当层报人大代表所属人民代表大会同级的人民检察院办理。

办理下级人大代表的案件，需要履行本通知第二、三、四条程序的，可以自行直接办理，也可以委托人大代表所属人民代表大会同级的人民检察院办理。

对于乡、民族乡、镇的人民代表大会代表依法决定或者批准逮捕，采取监视居住、取保候审、拘传等限制人身自由的措施，由人民检察院执行的，应当由县级人民检察院或上级人民检察院委托县级人民检察院立即报告乡、民族乡、镇的人民代表大会。

74.3.2　侦查机关决定监视居住的条件

★《公安规定》（2020）

第一百零九条　公安机关对符合逮捕条件，有下列情形之一的犯罪嫌疑人，可以监视居住：

（一）患有严重疾病、生活不能自理的；

（二）怀孕或者正在哺乳自己婴儿的妇女；

（三）系生活不能自理的人的唯一扶养人；

（四）因案件的特殊情况或者办理案件的需要，采取监视居住措施更为适宜的；

（五）羁押期限届满，案件尚未办结，需要采取监视居住措施的。

对人民检察院决定不批准逮捕的犯罪嫌疑人，需要继续侦查，并且符合监视居住条件的，可以监视居住。

对于符合取保候审条件，但犯罪嫌疑人不能提出保证人，也不交纳保证金的，可以监视居住。

对于被取保候审人违反本规定第八十九条、第九十条规定的，可以监视居住。

【重点解读】①

符合取保候审条件的犯罪嫌疑人，既不交纳保证金，又无保证人担保的，可以适用监视居住。此时，监视居住实际上是取保候审的一种替代措施，既可以解决实践难题，也有利于加强对犯罪嫌疑人的控制。

★《国安规定》（2024）

第一百三十二条　国家安全机关对符合逮捕条件，有下列情形之一的犯罪嫌疑人，可以监视居住：

（一）患有严重疾病、生活不能自理的；

（二）怀孕或者正在哺乳自己婴儿的妇女；

（三）系生活不能自理的人的唯一扶养人；

（四）因为案件的特殊情况或者办理案件的需要，采取监视居住措施更为适宜的；

（五）羁押期限届满，案件尚未办结，需要采取监视居住措施的。

对于人民检察院决定不批准逮捕的犯罪嫌疑人，需要继续侦查，并且符合监视居住条件的，可以监视居住。

对于符合取保候审条件，但犯罪嫌疑人不能提出保证人，也不交纳保证金的，可以监视居住。

对于被取保候审人违反本规定第一百一十二条、第一百一十三条规定，需要监视居住的，可以监视居住。

75　监视居住的程序规范

75.1　法条规定

第七十五条　监视居住应当在犯罪嫌疑人、被告人的住处执行；无固定住处的，可以在指定的居所执行。对于涉嫌危害国家安全犯罪、恐怖活动犯罪，在住处执行可能有碍侦查的，经上一级公安机关批准，也可以在指定的居所执行。但是，不得在羁押场所、专门的办案场所执行。

指定居所监视居住的，除无法通知的以外，应当在执行监视居住后二十四小时以内，通知被监视居住人的家属。

被监视居住的犯罪嫌疑人、被告人委托辩护人，适用本法第三十四条的规定。

人民检察院对指定居所监视居住的决定和执行是否合法实行监督。

【立法释义】②

本条规定的是监视居住的程序规范。监视居住作为逮捕的替代措施，有助于减少审前羁押，但也存在变相羁押的风险。特别是指定居所监视居住的

---

① 参见孙茂利主编书，第 282 页。

② 参见王爱立主编书，第 163—166 页。

情形，如果缺乏有效的程序保障，容易导致刑讯逼供等非法取证情形发生。关于监视居住的规范，应当关注以下事项：

第一，监视居住的执行处所。监视居住主要包括两类执行场所：犯罪嫌疑人、被告人的住处；指定的居所。对于被监视居住的犯罪嫌疑人、被告人，一般应当在其住处执行。“住处”，是指犯罪嫌疑人、被告人在办案机关所在地的市、县内生活、工作的合法住所。目前法律并没有对“合法住所”作出界定，实践中主要是指自有住房、政府房管部门直管的租赁房、政府廉租房、单位分配租住的公房等。办案机关决定采取监视居住措施的，应当核实犯罪嫌疑人、被告人是否有固定的住处。“指定的居所”，是指公安机关根据案件情况，在办案机关所在的市、县内为被监视居住人指定的生活居所。

第二，指定居所监视居住。除无固定住所的情形外，对于涉嫌危害国家安全犯罪、恐怖活动犯罪，在住处执行可能有碍侦查的，经上一级公安机关批准，也可以在指定的居所执行。此种情形下的指定居所监视居住，需要注意以下事项：

一是适用的案件范围，限于“危害国家安全犯罪、恐怖活动犯罪”。涉嫌此类犯罪的犯罪嫌疑人、被告人，通常具有较大的社会危险性，原则上应当采取逮捕措施，但对于无法收监执行等情形，也可适用监视居住措施。对于在住所执行可能有碍侦查的情形，可以在指定的居所执行。

二是适用的实质条件，限于“可能有碍侦查”的情形。《公安规定》第一百一十一条第二款规定了“有碍侦查”的具体情形。

三是适用的程序条件，需要“经上一级公安机关批准”。指定居所监视居住并非专门的监视居住类型，而是监视居住的变通执行措施，故属于执行机关的裁量范围。

第三，指定居所监视居住的禁止性规定。为防止指定居所监视居住异化为变相羁押，“不得在羁押场所、专门的办案场所执行”。如果在羁押场所、专门的办案场所执行监视居住，实质上与逮捕措施无异，将导致监视居住流于形式。此外，在羁押场所之外的专门办案场所执行监视居住，犯罪嫌疑人、被告人还将面临较大的非法取证风险，不利于犯罪嫌疑人、被告人的诉讼权利和其他合法权益的保障。对于违反本款规定，在羁押场所、专门的办案场所执行监视居住的情形，应当视为违反法定程序；在此期间取得的证据不能排除非法取证可能性的，应当认定为非法证据；此类实质性的羁押性强制措施，可考虑在折抵刑期时参照逮捕执行。此外，“六部门”《关于实施刑事诉讼法若干问题的规定》第十五条规定，指定居所监视居住的，不得要求被监视居住人支付费用。

第四，指定居所监视居住后通知家属的规定。这是2012年修改后刑事诉讼法新增的规定，旨在保障犯罪嫌疑人、被告人家属的知情权。对于指定居所监视居住的，除无法通知的以外，应当在执行监视居住后二十四小时以内，通知家属。《公安规定》第一百一十三条第二款规定了“无法通知”的情形。对于住址、身份不明的犯罪嫌疑人、被告人，办案机关应当积极调查其住址、身份，不能直接以“无法通知”为由不履行通知家属义务。同时，无法通知的情形消失以后，办案机关应当立即通知其家属。无法通知家属的，应当在监视居住通知书中注明原因。

第五，被监视居住的犯罪嫌疑人、被告人委托辩护人的程序。这是一条提示性规定，因为法律并未对监视居住情形下的委托辩护权作出专门限制。被监视居住的犯罪嫌疑人、被告人，可以按照本法第三十四条的规定委托辩护人。

第六，人民检察院对指定居所监视居住合法性的法律监督职责。鉴于指定居所监视居住在强度上接近逮捕措施，且由公安机关裁量决定并负责执行，在程序上可能存在滥用风险，故本条专门规定了人民检察院对指定居所监视居住的监督职责。在指定居所监视居住的决定环节和执行环节，人民检察院都要进行合法性监督。

75.2　司法解释

75.2.1　检察机关决定监视居住的程序

★《检察院规则》（2019）

第一百一十六条　监视居住应当在犯罪嫌疑人的住处执行。犯罪嫌疑人无固定住处的，可以在指定的居所执行。

固定住处是指犯罪嫌疑人在办案机关所在地的市、县内工作、生活的合法居所。

指定的居所应当符合下列条件：

（一）具备正常的生活、休息条件；

（二）便于监视、管理；

（三）能够保证安全。

采取指定居所监视居住，不得在看守所、拘留所、监狱等羁押、监管场所以及留置室、讯问室等专门的办案场所、办公区域执行。

第一百零八条　人民检察院应当向被监视居住的犯罪嫌疑人宣读监视居住决定书，由犯罪嫌疑人签名或者盖章，并捺指印，责令犯罪嫌疑人遵守刑事诉讼法第七十七条的规定，告知其违反规定应负的法律责任。

指定居所监视居住的，不得要求被监视居住人支付费用。

第一百一十七条　在指定的居所执行监视居住，除无法通知的以外，人民检察院应当在执行监视居住后二十四小时以内，将指定居所监视居住的原因通知被监视居住人的家属。无法通知的，应当将原因写明附卷。无法通知的情形消除后，应当立即通知。

无法通知包括下列情形：

（一）被监视居住人无家属；

（二）与其家属无法取得联系；

（三）受自然灾害等不可抗力阻碍。

第一百零九条　人民检察院核实犯罪嫌疑人住处或者为其指定居所后，应当制作监视居住执行通知书，将有关法律文书和案由、犯罪嫌疑人基本情况材料，送交监视居住地的公安机关执行，必要时人民检察院可以协助公安机关执行。

人民检察院应当告知公安机关在执行期间拟批准犯罪嫌疑人离开执行监视居住的处所、会见他人或者通信的，应当事先征得人民检察院同意。

【重点解读】①

第一，“会见他人”，不包括会见律师。根据刑事诉讼法第三十九条的规定，辩护律师可以同被监视居住的犯罪嫌疑人会见。因此，人民检察院办理的案件，辩护律师会见被监视居住的犯罪嫌疑人不需要经过批准。

第二，关于监视居住的电子监控和通信监控的规定，因监视居住的执行机关是公安机关，因此，人民检察院可以通过商请的方式，与公安机关协商，由公安机关进行监督。

75.2.2　法院决定监视居住的程序

★《法院解释》(2021)

第一百六十条　对具有刑事诉讼法第七十四条第一款、第二款规定情形的被告人，人民法院可以决定监视居住。

人民法院决定对被告人监视居住的，应当核实其住处；没有固定住处的，应当为其指定居所。

第一百六十一条　人民法院向被告人宣布监视居住决定后，应当将监视居住决定书等相关材料送交被告人住处或者指定居所所在地的公安机关执行。

对被告人指定居所监视居住后，人民法院应当在二十四小时以内，将监视居住的原因和处所通知其家属；确实无法通知的，应当记录在案。

75.3　规范性文件

75.3.1　指定居所监视居住不收取费用

★《最高人民法院、最高人民检察院、公安部、国家安全部、司法部、全国人大常委会法制工作委员会关于实施刑事诉讼法若干问题的规定》(2012年12月26日)

15. 指定居所监视居住的，不得要求被监视居住人支付费用。

75.3.2　侦查机关进行监视居住的程序

★《公安规定》(2020)

第一百一十一条　监视居住应当在犯罪嫌疑人、被告人住处执行；无固定住处的，可以在指定的居所执行。对于涉嫌危害国家安全犯罪、恐怖活动犯罪，在住处执行可能有碍侦查的，经上一级公安机关批准，也可以在指定的居所执行。

有下列情形之一的，属于本条规定的“有碍侦查”：

(一)可能毁灭、伪造证据，干扰证人作证或者串供的；

(二)可能引起犯罪嫌疑人自残、自杀或者逃跑的；

(三)可能引起同案犯逃避、妨碍侦查的；

(四)犯罪嫌疑人、被告人在住处执行监视居住有人身危险的；

(五)犯罪嫌疑人、被告人的家属或者所在单位人员与犯罪有牵连的。

指定居所监视居住的，不得要求被监视居住人支付费用。

第一百一十二条　固定住处，是指被监视居住人在办案机关所在的市、县内生活的合法住处；指定的居所，是指公安机关根据案件情况，在办案机关所在的市、县内为被监视居住人指定的生活居所。

指定的居所应当符合下列条件：

(一)具备正常的生活、休息条件；

---

① 参见童建明、万春主编释义书，第123—132页。

（二）便于监视、管理；

（三）保证安全。

公安机关不得在羁押场所、专门的办案场所或者办公场所执行监视居住。

第一百一十三条　指定居所监视居住的，除无法通知的以外，应当制作监视居住通知书，在执行监视居住后二十四小时以内，由决定机关通知被监视居住人的家属。

有下列情形之一的，属于本条规定的“无法通知”：

（一）不讲真实姓名、住址、身份不明的；

（二）没有家属的；

（三）提供的家属联系方式无法取得联系的；

（四）因自然灾害等不可抗力导致无法通知的。

无法通知的情形消失以后，应当立即通知被监视居住人的家属。

无法通知家属的，应当在监视居住通知书中注明原因。

【重点解读】①

对于在犯罪嫌疑人、被告人住处执行监视居住是否“有碍侦查”，公安机关应当注意收集相关证据，并在事实和证据基础上进行判断，不能仅凭侦查需要就随意指定居所进行监视居住，避免在客观上造成变相羁押，侵犯犯罪嫌疑人、被告人的合法权利。

★《国安规定》（2024）

第一百三十三条　对犯罪嫌疑人监视居住，应当经国家安全机关负责人批准，制作监视居住决定书。监视居住决定书应当向犯罪嫌疑人宣读，由犯罪嫌疑人签名、捺指印。

第一百三十四条　监视居住应当在犯罪嫌疑人、被告人的住处执行，无固定住处的，可以在指定的居所执行。

对涉嫌危害国家安全犯罪、恐怖活动犯罪，在住处执行可能有碍侦查的，经上一级国家安全机关批准，可以在指定的居所执行监视居住。指定居所监视居住的，不得要求被监视居住人支付费用。

有下列情形之一的，属于本条规定的“有碍侦查”：

（一）可能毁灭、伪造证据，干扰证人作证或者串供的；

（二）可能引起犯罪嫌疑人自残、自杀或者逃跑的；

（三）可能引起同案犯逃避、妨碍侦查的；

（四）犯罪嫌疑人、被告人在住处执行监视居住有人身危险的；

（五）犯罪嫌疑人、被告人的家属或者所在单位人员与犯罪有牵连的。

第一百三十五条　指定的居所应当符合下列条件：

（一）具备正常的生活、休息条件；

（二）便于监视、管理；

（三）保证安全。

不得在羁押场所、专门的办案场所或者办公场所执行监视居住。

第一百三十六条　人民法院、人民检察院决定监视居住的，负责执行的国家安全机关应当在收到法律文书和有关材料二十四小时以内，核实被监视居住人身份、住处或者居所等情况后执行。必要时，可以由人民法院、人民检察院协助执行。

第一百三十七条　指定居所监视居住，除无法通知的以外，应当制作指

① 参见孙茂利主编书，第 287 页。

定居所监视居住通知书，在执行监视居住后二十四小时以内，由决定机关通知被监视居住人的家属。

无法通知的情形消失后，应当立即通知被监视居住人的家属。

76　指定居所监视居住的刑期折抵规则

76.1　法条规定

第七十六条　指定居所监视居住的期限应当折抵刑期。被判处管制的，监视居住一日折抵刑期一日；被判处拘役、有期徒刑的，监视居住二日折抵刑期一日。

【立法释义】①

本条规定的是指定居所监视居住情形的折抵刑期规则，是 2012 年刑事诉讼法修改的新增规定。拘留、逮捕附随的审前羁押，是为保障诉讼顺利进行而采取的限制或者剥夺人身自由的措施，本身不属于刑罚，因此，在判处刑罚之前，应当将审前羁押的先期限制或者剥夺人身自由期限折抵刑期。鉴于指定居所监视居住在强度上接近拘留、逮捕，可被视为一种准审前羁押措施，故有必要折抵刑期，以更好地保护当事人的合法权益。

根据本条规定，指定居所监视居住一日折抵管制一日，指定居所监视居住二日折抵拘役、有期徒刑一日。这与刑法规定的审前羁押折抵刑期规则存在一定差异，将指定居所监视居住的折抵标准减半计算。主要考虑是，指定居所监视居住作为一种准审前羁押措施，与拘留、逮捕附随羁押毕竟存在一定差异。同时，与刑罚的强度相比较，指定居所监视居住与管制的强度类似，但低于拘役、有期徒刑。据此，单独设定指定居所监视居住的刑期折抵规则，具有必要性和合理性。

76.2　相关立法

76.2.1　刑法的刑期折抵规则

★**《中华人民共和国刑法》**（2023 年 12 月 29 日修正）

第四十一条　管制的刑期，从判决执行之日起计算；判决执行以前先行羁押的，羁押一日折抵刑期二日。

第四十四条　拘役的刑期，从判决执行之日起计算；判决执行以前先行羁押的，羁押一日折抵刑期一日。

第四十七条　有期徒刑的刑期，从判决执行之日起计算；判决执行以前先行羁押的，羁押一日折抵刑期一日。

77　监视居住的规定及违反规定的后果

77.1　法条规定

第七十七条　被监视居住的犯罪嫌疑人、被告人应当遵守以下规定：

（一）未经执行机关批准不得离开执行监视居住的处所；

（二）未经执行机关批准不得会见他人或者通信；

（三）在传讯的时候及时到案；

（四）不得以任何形式干扰证人作证；

（五）不得毁灭、伪造证据或者串供；

① 参见王爱立主编书，第 167 页。

（六）将护照等出入境证件、身份证件、驾驶证件交执行机关保存。

被监视居住的犯罪嫌疑人、被告人违反前款规定，情节严重的，可以予以逮捕；需要予以逮捕的，可以对犯罪嫌疑人、被告人先行拘留。

【立法释义】①

本条规定的是监视居住的规定及违反规定的法律后果，关于监视居住的适用，应当关注以下事项：

第一，被监视居住的犯罪嫌疑人、被告人，应当遵守相应的规定。具体包括以下方面：

一是“未经执行机关批准不得离开执行监视居住的处所”。这是监视居住的强度大于取保候审的重要体现。“执行监视居住的处所”，既包括犯罪嫌疑人、被告人的合法住所，也包括公安机关指定的监视居住住所。被监视居住人有正当理由离开住处或者指定的处所的，应当经执行机关批准。对于人民法院、人民检察院决定的监视居住，公安机关在作出批准的决定前，应当征得决定机关同意。

二是“未经执行机关批准不得会见他人或者通信”。取保候审并无此类规定。对于监视居住，2012年刑事诉讼法修改增加了“不得通信”的限制，主要是考虑，被监视居住人与家庭成员和辩护人以外的他人通信，可能存在串供等风险。“通信”既包括信件往来，也包括微信、短信、电子邮件等即时通信方式。这一限制，还与本法第七十八条规定的对被取保候审人采取电子监控等措施相衔接。

三是“在传讯的时候及时到案”。这一规定是为了确保被监视居住的犯罪嫌疑人、被告人积极配合讯问、审判等诉讼活动。

四是“不得以任何形式干扰证人作证”，以及五是“不得毁灭、伪造证据或者串供”，这两点禁止性规则是为了避免被追诉人妨碍诉讼活动顺利进行。

六是“将护照等出入境证件、身份证件、驾驶证件交执行机关保存”。该规定是取保候审的额外要求，却是监视居住的常规要求，目的是避免犯罪嫌疑人、被告人在监视居住期间离境或者逃匿。

第二，被监视居住人违反规定的法律后果。被监视居住的犯罪嫌疑人、被告人违反本条第一款规定，情节严重的，可以予以逮捕。“情节严重”②，是指被监视居住人故意违反有关规定，严重影响诉讼活动顺利进行。如果犯罪嫌疑人、被告人违反监视居住的情节较轻，例如未经批准，擅自离开执行监视居住的处所，或者未经批准，擅自会见他人或者通信等情形，未造成严重后果的，可以对其进行警告，继续对其监视居住。

此外，对于违反监视居住规定，情节严重的情形，需要予以逮捕的，因涉及逮捕的法定审批程序，往往需要经过一定时日。为完善办案机关的程序衔接机制，《公安规定》第一百二十一条第二款规定，人民法院、人民检察院决定监视居住的，被监视居住人违反应当遵守的规定，负责执行的派出所应当及时通知决定监视居住的机关。为实现监视居住与

① 参见王爱立主编书，第168—172页。

② 对于违反监视居住规定情节较轻的情形，可以考虑根据案件情况，由一般性的监视居住，变更为指定居所监视居住。

逮捕措施的顺利衔接,2012 年刑事诉讼法修改后在本条第二款规定,“可以对犯罪嫌疑人、被告人先行拘留”。

77.2　司法解释

77.2.1　检察机关对违反监视居住规定的处理

★**《检察院规则》**(2019)

第一百一十一条　犯罪嫌疑人有下列违反监视居住规定的行为,人民检察院应当对犯罪嫌疑人予以逮捕:

(一)故意实施新的犯罪行为;

(二)企图自杀、逃跑;

(三)实施毁灭、伪造证据或者串供、干扰证人作证行为,足以影响侦查、审查起诉工作正常进行;

(四)对被害人、证人、鉴定人、举报人、控告人及其他人员实施打击报复。

犯罪嫌疑人有下列违反监视居住规定的行为,人民检察院可以对犯罪嫌疑人予以逮捕:

(一)未经批准,擅自离开执行监视居住的处所,造成严重后果,或者两次未经批准,擅自离开执行监视居住的处所;

(二)未经批准,擅自会见他人或者通信,造成严重后果,或者两次未经批准,擅自会见他人或者通信;

(三)经传讯不到案,造成严重后果,或者经两次传讯不到案。

有前两款情形,需要对犯罪嫌疑人予以逮捕的,可以先行拘留。

【重点解读】①

在判断是否具有逮捕必要性时,不能仅凭违反规定的次数达到两次以上,就决定逮捕;此外,在判断是否达到“造成严重后果”的程度时,应当根据被监视居住人违反规定的具体情节、对刑事诉讼活动造成不利影响的后果及严重程度等具体情况,决定是否逮捕犯罪嫌疑人。

★**《最高人民检察院、公安部关于适用刑事强制措施有关问题的规定》**(高检会〔2000〕2 号,2000 年 8 月 28 日)

第十五条　人民检察院决定对犯罪嫌疑人监视居住的案件,犯罪嫌疑人违反应当遵守的规定的,执行监视居住的派出所应当及时报告县级公安机关通知决定监视居住的人民检察院。情节严重的,人民检察院应当决定予以逮捕,通知公安机关执行。

第十七条　公安机关决定对犯罪嫌疑人监视居住的案件,犯罪嫌疑人违反应当遵守的规定,情节严重的,公安机关应当依法提请批准逮捕。人民检察院应当根据刑事诉讼法第五十七条②的规定审查批准逮捕。

77.2.2　法院对违反监视居住规定的处理

★**《法院解释》**(2021)

第一百六十五条　被监视居住的被告人具有下列情形之一的,人民法院应当决定逮捕:

(一)具有前条第一项至第五项规定情形之一的;

(二)未经批准,擅自离开执行监视居住的处所,影响审判活动正常进行,或者两次未经批准,擅自离开执行监视居住的处所的;

(三)未经批准,擅自会见他人或者通信,影响审判活动正常进行,或者两次未经批准,擅自会见他人或者通信的;

---

①　参见童建明、万春主编释义书,第 125 页。

②　2018 年刑事诉讼法第七十七条。

（四）对因患有严重疾病、生活不能自理，或者因怀孕、正在哺乳自己婴儿而未予逮捕的被告人，疾病痊愈或者哺乳期已满的；

（五）依法应当决定逮捕的其他情形。

77.3　规范性文件

77.3.1　侦查机关对违反监视居住规定的处理

★《公安规定》（2020）

第一百二十一条　被监视居住人违反应当遵守的规定，公安机关应当区分情形责令被监视居住人具结悔过或者给予治安管理处罚。情节严重的，可以予以逮捕；需要予以逮捕的，可以对其先行拘留。

人民法院、人民检察院决定监视居住的，被监视居住人违反应当遵守的规定，负责执行的派出所应当及时通知决定监视居住的机关。

★《国安规定》（2024）

第一百四十三条　被监视居住人违反应当遵守的规定，国家安全机关应当责令其具结悔过或者依照有关法律法规追究责任；情节严重的，可以提请人民检察院批准逮捕；需要予以逮捕的，可以对其先行拘留。

人民法院、人民检察院决定监视居住的，被监视居住人违反应当遵守的规定，负责执行的国家安全机关应当及时告知决定机关。

78　监视居住的监督措施

78.1　法条规定

第七十八条　执行机关对被监视居住的犯罪嫌疑人、被告人，可以采取电子监控、不定期检查等监视方法对其遵守监视居住规定的情况进行监督；在侦查期间，可以对被监视居住的犯罪嫌疑人的通信进行监控。

【立法释义】①

本条规定的是监视居住的监督措施，是2012年刑事诉讼法修改新增的规定。与取保候审相比，监视居住限制人身自由的强度更大，但也面临实践中执行难度较大的问题。传统上，由于固定住所的监视居住难以有效执行，导致办案机关或者直接适用逮捕措施，或者选择便于监管的指定居所监视居住。为有效发挥固定住所监视居住的效能，本条规定了综合性的监督手段。

根据本条规定，执行机关可以采取电子监控、不定期检查等监视方法，对被监视居住的犯罪嫌疑人、被告人遵守监视居住规定的情况进行监督。“电子监控”②，是指在被监视居住人的身体或者住所安装电子定位装置等技术手段，对被监视居住人的行踪和遵守监视居住规定的情况进行监视，及时发现被监视居住人违反监视居住规定的行为。需要指出的是，对犯罪嫌疑人、被告人采取的监视措施，仅限于被监视居住人本人。对于被监视居住人和家庭成员共同居住的情形，如果采取在住所安装电子定位装置等措施，应当避免侵犯他人的隐私权。

---

① 参见王爱立主编书，第172—173页。

② 对于取保候审措施，特别是犯罪嫌疑人、被告人不能提供保证金或者保证人的情形，亦可考虑采取移动的电子监控措施。

在侦查期间，可以对被监视居住的犯罪嫌疑人的通信进行监控。侦查期间采取的通信监控措施，如涉及调查取证目的，则应当按照本法有关技术侦查措施的规定，经过严格的批准手续，根据批准的措施种类、对象和期限执行。

78.2　司法解释

78.2.1　检察机关对被监视居住人的监督

★《检察院规则》(2019)

第一百一十条　人民检察院可以根据案件的具体情况，商请公安机关对被监视居住的犯罪嫌疑人采取电子监控、不定期检查等监视方法，对其遵守监视居住规定的情况进行监督。

人民检察院办理直接受理侦查的案件对犯罪嫌疑人采取监视居住的，在侦查期间可以商请公安机关对其通信进行监控。

第一百一十八条　对于公安机关、人民法院决定指定居所监视居住的案件，由批准或者决定的公安机关、人民法院的同级人民检察院负责捕诉的部门对决定是否合法实行监督。

人民检察院决定指定居所监视居住的案件，由负责控告申诉检察的部门对决定是否合法实行监督。

第一百一十九条　被指定居所监视居住人及其法定代理人、近亲属或者辩护人认为指定居所监视居住决定存在违法情形，提出控告或者举报的，人民检察院应当受理。

人民检察院可以要求有关机关提供指定居所监视居住决定书和相关案卷材料。经审查，发现存在下列违法情形之一的，应当及时通知其纠正：

（一）不符合指定居所监视居住的适用条件的；

（二）未按法定程序履行批准手续的；

（三）在决定过程中有其他违反刑事诉讼法规定的行为的。

第一百二十条　对于公安机关、人民法院决定指定居所监视居住的案件，由人民检察院负责刑事执行检察的部门对指定居所监视居住的执行活动是否合法实行监督。发现存在下列违法情形之一的，应当及时提出纠正意见：

（一）执行机关收到指定居所监视居住决定书、执行通知书等法律文书后不派员执行或者不及时派员执行的；

（二）在执行指定居所监视居住后二十四小时以内没有通知被监视居住人的家属的；

（三）在羁押场所、专门的办案场所执行监视居住的；

（四）为被监视居住人通风报信、私自传递信件、物品的；

（五）违反规定安排辩护人同被监视居住人会见、通信，或者违法限制被监视居住人与辩护人会见、通信的；

（六）对被监视居住人刑讯逼供、体罚、虐待或者变相体罚、虐待的；

（七）有其他侵犯被监视居住人合法权利行为或者其他违法行为的。

被监视居住人及其法定代理人、近亲属或者辩护人认为执行机关或者执行人员存在上述违法情形，提出控告或者举报的，人民检察院应当受理。

人民检察院决定指定居所监视居住的案件，由负责控告申诉检察的部门对指定居所监视居住的执行活动是否合法实行监督。

【重点解读】①

鉴于监视居住的执行机关是公安机关，人民检察院可以通过商请的方式，与公安机关协商，由公安机关对被监视居住人遵守监视居住规定的情况进行监督。

78.3　规范性文件

78.3.1　侦查机关对监视居住的执行

★《公安规定》(2020)

第一百一十六条　公安机关对被监视居住人，可以采取电子监控、不定期检查等监视方法对其遵守监视居住规定的情况进行监督；在侦查期间，可以对被监视居住的犯罪嫌疑人的电话、传真、信函、邮件、网络等通信进行监控。

第一百一十七条　公安机关决定监视居住的，由被监视居住人住处或者指定居所所在地的派出所执行，办案部门可以协助执行。必要时，也可以由办案部门负责执行，派出所或者其他部门协助执行。

第一百一十八条　人民法院、人民检察院决定监视居住的，负责执行的县级公安机关应当在收到法律文书和有关材料后二十四小时以内，通知被监视居住人住处或者指定居所所在地的派出所，核实被监视居住人身份、住处或者居所等情况后执行。必要时，可以由人民法院、人民检察院协助执行。

负责执行的派出所应当及时将执行情况通知决定监视居住的机关。

第一百一十九条　负责执行监视居住的派出所或者办案部门应当严格对被监视居住人进行监督考察，确保安全。

第一百二十条　被监视居住人有正当理由要求离开住处或者指定的居所以及要求会见他人或者通信的，应当经负责执行的派出所或者办案部门负责人批准。

人民法院、人民检察院决定监视居住的，负责执行的派出所在批准被监视居住人离开住处或者指定的居所以及与他人会见或者通信前，应当征得决定监视居住的机关同意。

【重点解读】②

"正当理由"，一般是指被监视居住人因生病、奔丧（亲属死亡）、出庭作证等特殊情况，确实需要离开住处或指定的居所，或者因其他合理理由确实需要与他人会见或通信，例如与外地的子女、父母等亲属会见或通信。被监视居住人有正当理由，需要离开住处或指定的居所，或者需要与他人会见、通信，向具体负责执行监视居住的派出所或办案部门提出申请的，派出所或办案部门应当进行审查，然后决定是否批准。对于人民法院、人民检察院决定监视居住的，批准前应当征得决定监视居住的机关同意。同时，要采取相应的监督措施，对被监视居住人离开住所期间，以及被监视居住人与他人会见或通信的情况，加以监督，以确保执法安全。

★《国安规定》(2024)

第一百三十六条　人民法院、人民检察院决定监视居住的，负责执行的国家安全机关应当在收到法律文书和有关材料二十四小时以内，核实被监视居住人身份、住处或者居所等情况后执行。必要时，可以由人民法院、人民检

---

① 参见童建明、万春主编释义书，第123—132页。

② 参见孙茂利主编书，第305页。

察院协助执行。

第一百三十七条　指定居所监视居住，除无法通知的以外，应当制作指定居所监视居住通知书，在执行监视居住后二十四小时以内，由决定机关通知被监视居住人的家属。

无法通知的情形消失后，应当立即通知被监视居住人的家属。

第一百三十八条　国家安全机关执行监视居住，应当严格对被监视居住人进行监督考察，确保安全。

人民法院、人民检察院决定监视居住的，负责执行的国家安全机关应当及时将监视居住的执行情况通知决定机关。

第一百三十九条　国家安全机关在宣布监视居住决定时，应当告知被监视居住人遵守以下规定：

（一）未经国家安全机关批准不得离开执行监视居住的处所；

（二）未经国家安全机关批准不得会见他人或者通信；

（三）在传讯的时候及时到案；

（四）不得以任何形式干扰证人作证；

（五）不得毁灭、伪造证据或者串供；

（六）将护照等出入境证件、身份证件、驾驶证件交国家安全机关保存。

第一百四十条　被监视居住人有正当理由要求离开住处或者指定的居所以及要求会见他人或者通信的，应当经国家安全机关批准。

人民法院、人民检察院决定监视居住的，负责执行的国家安全机关在批准被监视居住人离开住处或者指定的居所以及与他人会见或者通信前，应当征得决定机关同意。

第一百四十一条　国家安全机关可以采取电子监控、不定期检查等监视方法，对被监视居住人遵守有关规定的情况进行监督；在侦查期间，可以对被监视居住人的通信进行监控。

第一百四十二条　被监视居住人委托辩护律师，适用本规定第四十一条、第四十三条、第四十四条和第四十五条规定。

79　取保候审、监视居住的期限和解除

79.1　法条规定

第七十九条　人民法院、人民检察院和公安机关对犯罪嫌疑人、被告人取保候审最长不得超过十二个月，监视居住最长不得超过六个月。

在取保候审、监视居住期间，不得中断对案件的侦查、起诉和审理。对于发现不应当追究刑事责任或者取保候审、监视居住期限届满的，应当及时解除取保候审、监视居住。解除取保候审、监视居住，应当及时通知被取保候审、监视居住人和有关单位。

【立法释义】①

本条规定的是取保候审和监视居住的期限以及解除程序。强制措施应当设定法定期限，并严格执行，否则可能被滥用，不当侵犯犯罪嫌疑人、被告人的合法权利。关于非羁押性强制措施的期限和解除，应当关注以下事项：

第一，取保候审、监视居住的最长期限。人民法院、人民检察院和公安机

① 参见王爱立主编书，第 173—176 页。

关对犯罪嫌疑人、被告人取保候审最长不得超过十二个月，监视居住最长不得超过六个月。强制措施的强度和期限成反比。监视居住作为逮捕的替代措施，强度大于取保候审，所以，其最长期限是取保候审的一半。这样的规定，不仅有利于公民的人身自由等合法权利的保护，也有利于取保候审、监视居住和拘留、逮捕等措施一起，构成一个有序的强制措施体系，便于办案机关根据案件情况选择适当的强制措施。关于非羁押性强制措施期限的规定，需要注意以下几点：

一是禁止重复适用原则。办案机关在各自的诉讼阶段采取取保候审、监视居住，均不得超过最长期限的要求，也不得重复采取取保候审、监视居住措施。

二是程序变更阻断原则。办案机关在各自的诉讼阶段采取取保候审、监视居住，其适用期限仅限于本诉讼阶段，到下一诉讼阶段自动阻断，不得顺延到后一诉讼阶段。具体言之，人民检察院对于公安机关移送审查起诉的案件、人民法院对于人民检察院提起公诉的案件，应当分别重新办理取保候审、监视居住的手续，并重新计算取保候审、监视居住的期限。即便前一诉讼阶段有关强制措施的期限没有达到最长期限，也不能顺延到后续诉讼阶段。

三是单独分别计算原则。在各个诉讼阶段，公安机关、人民检察院、人民法院需要单独采取强制措施。办案机关单独采取的取保候审、监视居住措施，期限并不累计计算，而是单独重新计算。

四是比例性原则。本条规定的是取保候审、监视居住的最长期限，并不是标准期限。公安机关、人民检察院、人民法院决定采取取保候审、监视居住强制措施，要根据案件性质、情节和犯罪嫌疑人、被告人的社会危险性等因素，确定合适的具体期限，并尽快推进诉讼活动。

第二，取保候审、监视居住的解除程序。需要强调的是，在取保候审、监视居住期间，不得中断对案件的侦查、起诉和审理。这一规定主要是考虑，取保候审、监视居住只是强制措施，且有最长期限要求。如果办案机关未能在取保候审、监视居住的法定期限内完成特定诉讼阶段的工作职责，就意味着需要依法解除强制措施，这将导致犯罪嫌疑人、被告人脱离办案机关的监督管理。如果办案机关因取保候审、监视居住期限届满而采取羁押性强制措施，则将导致犯罪嫌疑人、被告人面临更为不利的诉讼局面。同时，强调办案机关在采取取保候审、监视居住期间继续推进诉讼，也是犯罪嫌疑人、被告人快速接受审判权的内在要求。

在强调诉讼不得中断原则基础上，本条第二款明确了取保候审、监视居住措施的解除程序。对于发现不应当追究刑事责任或者取保候审、监视居住期限届满的，应当及时解除取保候审、监视居住。其中，“不应当追究刑事责任”，是指犯罪嫌疑人、被告人具有本法第十六条规定的不追究刑事责任的情形。“取保候审、监视居住期限届满”，是指公安机关、人民检察院、人民法院在取保候审、监视居住决定书中确定的具体期限已经届满。这一期限是指办案机关在具体案件中决定适用的期限，并非法定的最长期限。

第三，办案机关的通知义务。解除

取保候审、监视居住，应当及时通知被取保候审、监视居住人和有关单位。这一规定旨在保障被取保候审人、监视居住人和有关单位的知情权，防止被取保候审人、监视居住人在强制措施期满后，因不知晓这一信息而影响合法权利的行使。

79.2　司法解释

79.2.1　取保候审、监视居住的期限和解除

★《检察院规则》(2019)

第一百零二条　人民检察院决定对犯罪嫌疑人取保候审，最长不得超过十二个月。

第一百零三条　公安机关决定对犯罪嫌疑人取保候审，案件移送人民检察院审查起诉后，对于需要继续取保候审的，人民检察院应当依法重新作出取保候审决定，并对犯罪嫌疑人办理取保候审手续。取保候审的期限应当重新计算并告知犯罪嫌疑人。对继续采取保证金方式取保候审的，被取保候审人没有违反刑事诉讼法第七十一条规定的，不变更保证金数额，不再重新收取保证金。

第一百零五条　取保候审期限届满或者发现不应当追究犯罪嫌疑人的刑事责任的，应当及时解除或者撤销取保候审。

解除或者撤销取保候审的决定，应当及时通知执行机关，并将解除或者撤销取保候审的决定书送达犯罪嫌疑人；有保证人的，应当通知保证人解除保证义务。

第一百零六条　犯罪嫌疑人在取保候审期间没有违反刑事诉讼法第七十一条的规定，或者发现不应当追究犯罪嫌疑人刑事责任的，变更、解除或者撤销取保候审时，应当告知犯罪嫌疑人可以凭变更、解除或者撤销取保候审的通知或者有关法律文书到银行领取退还的保证金。

第一百一十二条　人民检察院决定对犯罪嫌疑人监视居住，最长不得超过六个月。

第一百一十三条　公安机关决定对犯罪嫌疑人监视居住，案件移送人民检察院审查起诉后，对于需要继续监视居住的，人民检察院应当依法重新作出监视居住决定，并对犯罪嫌疑人办理监视居住手续。监视居住的期限应当重新计算并告知犯罪嫌疑人。

第一百一十五条　监视居住期限届满或者发现不应当追究犯罪嫌疑人刑事责任的，应当解除或者撤销监视居住。

解除或者撤销监视居住的决定应当通知执行机关，并将解除或者撤销监视居住的决定书送达犯罪嫌疑人。

【重点解读】①

《检察院规则》第一百零三条规定了重新作出取保候审决定的规则，在适用时应当注意以下事项：一是并非所有公安机关移送起诉的犯罪嫌疑人被取保候审的案件，都必须重新办理取保候审程序。重新办理取保候审手续，以有继续取保候审的必要为前提。二是重新办理取保候审手续的时间，应当在公安机关的取保候审期限届满前，而非在期限届满后。

★《法院解释》(2021)

第一百六十二条　人民检察院、公

① 参见童建明、万春主编释义书，第119页。

安机关已经对犯罪嫌疑人取保候审、监视居住，案件起诉至人民法院后，需要继续取保候审、监视居住或者变更强制措施的，人民法院应当在七日以内作出决定，并通知人民检察院、公安机关。

决定继续取保候审、监视居住的，应当重新办理手续，期限重新计算；继续使用保证金保证的，不再收取保证金。

★《最高人民检察院、公安部关于适用刑事强制措施有关问题的规定》（高检会〔2000〕2号，2000年8月28日）

第七条　人民检察院决定对犯罪嫌疑人取保候审的案件，取保候审期限届满十五日前，负责执行的公安机关应当通知作出决定的人民检察院。人民检察院应当在取保候审期限届满前，作出解除取保候审或者变更强制措施的决定，并通知公安机关执行。

第十六条　人民检察院决定对犯罪嫌疑人监视居住的案件，监视居住期限届满十五日前，负责执行的县级公安机关应当通知决定监视居住的人民检察院。人民检察院应当在监视居住期限届满前，作出解除监视居住或者变更强制措施的决定，并通知公安机关执行。

79.3　规范性文件

79.3.1　取保候审、监视居住的变更和解除

★《最高人民法院、最高人民检察院、公安部、国家安全部关于取保候审若干问题的规定》（公通字〔2022〕25号，2022年9月5日）

第二十四条　取保候审期限届满，决定机关应当作出解除取保候审或者变更强制措施的决定，并送交执行机关。决定机关未解除取保候审或者未对被取保候审人采取其他刑事强制措施的，被取保候审人及其法定代理人、近亲属或者辩护人有权要求决定机关解除取保候审。

对于发现不应当追究被取保候审人刑事责任并作出撤销案件或者终止侦查决定的，决定机关应当及时作出解除取保候审决定，并送交执行机关。

有下列情形之一的，取保候审自动解除，不再办理解除手续，决定机关应当及时通知执行机关：

（一）取保候审依法变更为监视居住、拘留、逮捕，变更后的强制措施已经开始执行的；

（二）人民检察院作出不起诉决定的；

（三）人民法院作出的无罪、免予刑事处罚或者不负刑事责任的判决、裁定已经发生法律效力的；

（四）被判处管制或者适用缓刑，社区矫正已经开始执行的；

（五）被单处附加刑，判决、裁定已经发生法律效力的；

（六）被判处监禁刑，刑罚已经开始执行的。

执行机关收到决定机关上述决定书或者通知后，应当立即执行，并将执行情况及时通知决定机关。

第二十五条　采取保证金方式保证的被取保候审人在取保候审期间没有违反刑事诉讼法第七十一条的规定，也没有故意实施新的犯罪的，在解除取保候审、变更强制措施或者执行刑罚的同时，公安机关应当通知银行如数退还保证金。

被取保候审人或者其法定代理人可以凭有关法律文书到银行领取退还的保

证金。被取保候审人不能自己领取退还的保证金的，经本人出具书面申请并经公安机关同意，由公安机关书面通知银行将退还的保证金转账至被取保候审人或者其委托的人提供的银行账户。

第二十六条　在侦查或者审查起诉阶段已经采取取保候审的，案件移送至审查起诉或者审判阶段时，需要继续取保候审、变更保证方式或者变更强制措施的，受案机关应当在七日内作出决定，并通知移送案件的机关和执行机关。

受案机关作出取保候审决定并执行后，原取保候审措施自动解除，不再办理解除手续。对继续采取保证金保证的，原则上不变更保证金数额，不再重新收取保证金。受案机关变更的强制措施开始执行后，应当及时通知移送案件的机关和执行机关，原取保候审决定自动解除，不再办理解除手续，执行机关应当依法退还保证金。

取保候审期限即将届满，受案机关仍未作出继续取保候审或者变更强制措施决定的，移送案件的机关应当在期限届满十五日前书面通知受案机关。受案机关应当在取保候审期限届满前作出决定，并通知移送案件的机关和执行机关。

★**《公安规定》**（2020）

第一百零七条　公安机关在取保候审期间不得中断对案件的侦查，对取保候审的犯罪嫌疑人，根据案情变化，应当及时变更强制措施或者解除取保候审。

取保候审最长不得超过十二个月。

第一百零八条　需要解除取保候审的，应当经县级以上公安机关负责人批准，制作解除取保候审决定书、通知书，并及时通知负责执行的派出所、被取保候审人、保证人和有关单位。

人民法院、人民检察院作出解除取保候审决定的，负责执行的公安机关应当根据决定书及时解除取保候审，并通知被取保候审人、保证人和有关单位。

第一百二十二条　在监视居住期间，公安机关不得中断案件的侦查，对被监视居住的犯罪嫌疑人，应当根据案情变化，及时解除监视居住或者变更强制措施。

监视居住最长不得超过六个月。

第一百二十三条　需要解除监视居住的，应当经县级以上公安机关负责人批准，制作解除监视居住决定书，并及时通知负责执行的派出所、被监视居住人和有关单位。

人民法院、人民检察院作出解除、变更监视居住决定的，负责执行的公安机关应当及时解除并通知被监视居住人和有关单位。

【重点解读】①

“监视居住最长不得超过六个月”，这一期限是监视居住的最长期限，而非必须期限。由于监视居住的人身限制程度较强，公安机关在对犯罪嫌疑人监视居住后应当及时办理案件，不能故意拖延，以免侵犯犯罪嫌疑人的合法权益。

★**《国安规定》**（2024）

第一百二十八条　取保候审最长不得超过十二个月。

在取保候审期间，国家安全机关不得中断对案件的侦查。对被取保候审的犯罪嫌疑人，根据案件情况或者取保候审期满，应当及时变更强制措施或者解除取保候审。

---

① 参见孙茂利主编书，第 309—310 页。

第一百二十九条　被取保候审人在取保候审期间未违反本规定第一百一十二条、第一百一十三条规定，也没有故意实施新的犯罪，取保候审期限届满的，或者具有本规定第二百零六条规定的情形之一的，应当及时解除取保候审，并通知被取保候审人、保证人和有关单位。

人民法院、人民检察院作出解除取保候审决定的，国家安全机关应当及时解除，并通知被取保候审人、保证人和有关单位。

第一百四十四条　监视居住最长不得超过六个月。

在监视居住期间，国家安全机关不得中断对案件的侦查。对被监视居住的犯罪嫌疑人，根据案件情况或者监视居住期满，应当及时解除监视居住或者变更强制措施。

第一百四十五条　需要解除监视居住的，应当经国家安全机关负责人批准，制作解除监视居住决定书，并及时通知被监视居住人和有关单位。

人民法院、人民检察院作出解除、变更监视居住决定的，负责执行的国家安全机关应当及时解除，并通知被监视居住人和有关单位。

第一百四十六条　国家安全机关对犯罪嫌疑人决定和执行指定居所监视居住时，应当接受人民检察院的监督。

人民检察院向国家安全机关提出纠正意见的，国家安全机关应当及时纠正，并将有关情况回复人民检察院。

80　逮捕的批准、决定和执行机关

80.1　法条规定

第八十条　逮捕犯罪嫌疑人、被告人，必须经过人民检察院批准或者人民法院决定，由公安机关执行。

【立法释义】①

本条规定的是逮捕的批准、决定和执行机关。逮捕的批准权(决定权)与执行权相分离作为一项重要的宪法制度设计，有助于贯彻落实宪法规定的尊重和保障人权原则以及人民法院、人民检察院和公安机关分工负责、互相配合、互相制约原则的要求。关于逮捕的批准、决定和执行，应当关注以下事项：

第一，逮捕的批准权和决定权。逮捕的批准权和决定权，在行使主体和行使方式上存在一定差异。逮捕的批准权由人民检察院行使，公安机关对于侦查过程中发现的需要逮捕的犯罪嫌疑人，不能自行决定逮捕，而是应当制作提请批准逮捕决定书，报请人民检察院审查批准逮捕。相比之下，逮捕的决定权②可以由人民检察院、人民法院在各自诉讼阶段分别行使。

第二，人民检察院决定逮捕的情形。人民检察院决定逮捕，主要包括两种情形：

一是公安机关在侦查阶段没有申

① 参见王爱立主编书，第176—177页。

② 根据宪法规定和刑事诉讼实际，人民检察院拥有逮捕的批准权和决定权，鉴于此，可考虑将本条中"必须经过人民检察院批准或者人民法院决定"调整为"必须经过人民检察院批准或者决定或者人民法院决定"。

请批准逮捕，在案件移送审查起诉后，人民检察院认为应当采取逮捕措施，或者在审查起诉阶段因为案件情况发生变化，不再符合取保候审、监视居住条件而应当依法采取逮捕措施。此种情形下，人民检察院可以依职权决定采取逮捕措施。

二是人民检察院在自侦案件中需要依法采取逮捕措施。负责刑事检察工作的专业部门办理法律规定的犯罪案件时，认为需要逮捕犯罪嫌疑人的，应当由相应的刑事检察部门审查，报检察长或者检察委员会决定，即负责侦查和负责逮捕的部门应当分设。

第三，人民法院决定逮捕的情形。人民法院决定逮捕，也包括两种情形：

一是在审判阶段，对于人民检察院提起公诉的案件中未予逮捕的被告人，人民法院认为应当依法采取逮捕措施，以及人民法院决定对被告人采取取保候审、监视居住措施后，因被告人违反有关规定而不再符合取保候审、监视居住条件，人民法院决定依法采取逮捕措施。

二是对于自诉案件的被告人，人民法院认为有逮捕必要，依法决定采取逮捕措施。

第四，逮捕的执行。公安机关是逮捕的执行机关。无论是人民检察院批准逮捕，还是人民检察院或者人民法院决定逮捕，都应当将批准或者决定逮捕的文书送交公安机关，由公安机关执行。公安机关应当立即执行，并将执行情况及时通知批准或者决定逮捕的人民检察院或者人民法院。

第五，特殊的逮捕对象。为保证各级人大代表依法行使代表职责，宪法和有关法律对逮捕人大代表的程序作了特殊规定。

80.2　司法解释

80.2.1　检察机关决定逮捕人大代表

★《检察院规则》(2019)

第一百四十八条　人民检察院对担任县级以上各级人民代表大会代表的犯罪嫌疑人决定采取拘传、取保候审、监视居住、拘留、逮捕强制措施的，应当报请该代表所属的人民代表大会主席团或者常务委员会许可。

人民检察院对担任本级人民代表大会代表的犯罪嫌疑人决定采取强制措施的，应当报请本级人民代表大会主席团或者常务委员会许可。

对担任上级人民代表大会代表的犯罪嫌疑人决定采取强制措施的，应当层报该代表所属的人民代表大会同级的人民检察院报请许可。

对担任下级人民代表大会代表的犯罪嫌疑人决定采取强制措施的，可以直接报请该代表所属的人民代表大会主席团或者常务委员会许可，也可以委托该代表所属的人民代表大会同级的人民检察院报请许可。

对担任两级以上的人民代表大会代表的犯罪嫌疑人决定采取强制措施的，分别依照本条第二、三、四款的规定报请许可。

对担任办案单位所在省、市、县(区)以外的其他地区人民代表大会代表的犯罪嫌疑人决定采取强制措施的，应当委托该代表所属的人民代表大会同级的人民检察院报请许可；担任两级以上人民代表大会代表的，应当分别委托该代表所属的人民代表大会同级的人民检察院报请许可。

对于公安机关提请人民检察院批

准逮捕的案件,犯罪嫌疑人担任人民代表大会代表的,报请许可手续由公安机关负责办理。

担任县级以上人民代表大会代表的犯罪嫌疑人,经报请该代表所属人民代表大会主席团或者常务委员会许可后被刑事拘留的,适用逮捕措施时不需要再次报请许可。

【重点解读】①

《检察院规则》第一百四十八条规定了人民检察院对担任人大代表的犯罪嫌疑人采取强制措施的报请许可的相关要求:一是需要报请许可的对象是担任县级以上各级人大代表的犯罪嫌疑人。二是需要报请许可采取的强制措施包括拘传、取保候审、监视居住、拘留、逮捕。三是以同级报请为原则,分别对不同情形的报请许可单位作出规定。四是考虑办案实际,由公安机关报请许可更为适宜。人大的许可属于程序性许可,而非实体性许可,与人民检察院是否批准逮捕并不矛盾。

★《最高人民检察院关于严格执行人民代表大会代表执行职务司法保障规定的通知》(高检发研字〔1994〕7 号,1994 年 6 月 22 日)

二、审查公安机关、安全机关提请批准逮捕的刑事案件被告人为县级以上人大代表时,经审查符合逮捕条件的,应当按照《中华人民共和国全国人民代表大会和地方各级人民代表大会代表法》第三十条的规定报告并经许可后再办理批捕手续。

三、各级人民检察院直接立案侦查的刑事案件,依法需要对本级人大代表决定采取逮捕,或者监视居住、取保候审、拘传等限制人身自由措施的,应当报经同级人民代表大会主席团或人民代表大会常务委员会许可。

各级人民检察院办理直接立案侦查的案件,对人大代表依法拘留的,应当由执行拘留的机关立即向该代表所属的人民代表大会主席团或者常务委员会报告。

五、办理上级人大代表的案件,需要履行本通知第二、三、四条程序的,应当层报人大代表所属人民代表大会同级的人民检察院办理。

办理下级人大代表的案件,需要履行本通知第二、三、四条程序的,可以自行直接办理,也可以委托人大代表所属人民代表大会同级的人民检察院办理。

对于乡、民族乡、镇的人民代表大会代表依法决定或者批准逮捕,采取监视居住、取保候审、拘传等限制人身自由的措施,由人民检察院执行的,应当由县级人民检察院或上级人民检察院委托县级人民检察院立即报告乡、民族乡、镇的人民代表大会。

★《最高人民检察院办公厅关于严格执行人民代表大会代表执行职务司法保障规定的补充通知》(高检办发〔2000〕7 号,2000 年 4 月 5 日)

三、各级人民检察院要继续坚持和完善备案、报告制度。检察机关依法办理人大代表涉嫌犯罪的案件,应当报上一级人民检察院及该代表所属的人民代表大会同级的人民检察院备案;检察机关依法办理全国人大代表涉嫌犯罪的案件,需要对犯罪嫌疑人采取逮捕措施的,省级人民检察院应当依照法律的

① 参见童建明、万春主编释义书,第159—160 页。

规定将意见报送最高人民检察院。

80.2.2　戒严期间的逮捕程序

★《最高人民检察院关于认真执行〈中华人民共和国戒严法〉的通知》（高检发研字〔1996〕2 号，1996 年 3 月 29 日）

三、根据《戒严法》第二十七条第二款的规定，戒严期间拘留、逮捕的程序和期限可以不受《中华人民共和国刑事诉讼法》有关规定的限制，但逮捕须经人民检察院批准或者决定。在戒严期间，戒严地区的人民检察院要认真履行这一职责，依法严格、从速进行批准和决定逮捕工作。对于正在实施危害国家安全、破坏社会秩序的犯罪或者有重大嫌疑的；阻挠或者抗拒戒严执勤人员执行戒严任务的；抗拒交通管制或者宵禁规定的；从事其他抗拒戒严令活动的，而被戒严执勤人员拘留的人员，以及非法进行集会、游行、示威以及其他聚众活动的；非法占据公共场所或者在公共场所煽动破坏活动的；冲击国家机关或者其他重要单位、场所的；扰乱交通秩序或者故意堵塞交通的；哄抢或者破坏机关、团体、企业事业单位和公民个人财产等活动，而被戒严执勤人员拘留的组织者和拒不服从制止或者驱散命令的人员，凡符合有关法律规定逮捕条件的，要根据《戒严法》第二十七条第二款和其他法律规定，及时作出批准或者决定逮捕的决定。

80.3　规范性文件

80.3.1　职务犯罪案件决定逮捕的程序

★《最高人民检察院关于人民检察院立案侦查司法工作人员相关职务犯罪案件若干问题的规定》（高检发研字〔2018〕28 号，2018 年 11 月 24 日）

四、办案程序

（一）人民检察院办理本规定所列犯罪案件，不再适用对直接受理立案侦查案件决定立案报上一级人民检察院备案，逮捕犯罪嫌疑人报上一级人民检察院审查决定的规定。

（二）对本规定所列犯罪案件，人民检察院拟作撤销案件、不起诉决定的，应当报上一级人民检察院审查批准。

（三）人民检察院负责刑事检察工作的专门部门办理本规定所列犯罪案件，认为需要逮捕犯罪嫌疑人的，应当由相应的刑事检察部门审查，报检察长或者检察委员会决定。

……

80.3.2　服刑期间犯新罪决定逮捕的程序

★《最高人民法院、最高人民检察院、公安部关于办理罪犯在服刑期间又犯罪案件过程中，遇到被告刑期届满如何处理问题的批复》［〔1982〕高检发（监）17 号，1982 年 10 月 25 日］

办理罪犯在服刑期间又犯罪案件过程中，遇到被告原判刑期届满，如果所犯新罪的主要事实已经查清，可能判处徒刑以上刑罚，有逮捕必要的，仍应依照刑事诉讼法的规定，根据案件所处在的不同诉讼阶段，分别由公安机关、人民检察院、人民法院依法处理。即：尚在侦查的，由公安机关提请人民检察院批准逮捕；正在审查起诉的，由人民检察院办理逮捕；已经起诉到人民法院审判的，由人民法院决定逮捕。公安机关在执行逮捕时，可向被告宣布：前罪所判刑期已执行完毕，现根据所犯新罪，依法予以逮捕。

80.3.3　走私犯罪案件决定逮捕的程序

★《最高人民法院、最高人民检察院、公安部、司法部、海关总署关于走私犯罪侦查机关办理走私犯罪案件适用刑事诉讼程序若干问题的通知》(署侦〔1998〕742号,1998年12月3日)

五、走私犯罪侦查机关在侦办走私犯罪案件过程中,需要提请批准逮捕走私犯罪嫌疑人时,应按《程序规定》①制作相应的法律文书,连同有关案卷材料、证据,直接移送走私犯罪侦查机关所在地的分、州、市级人民检察院审查决定。

80.3.4　公安机关执行强制措施时警械、武器的使用

★《公安规定》(2020)

第一百五十七条　对犯罪嫌疑人执行拘传、拘留、逮捕、押解过程中,应当依法使用约束性警械。遇有暴力性对抗或者暴力犯罪行为,可以依法使用制服性警械或者武器。

【重点解读】②

公安机关使用制服性警械或者武器的前提,是"遇有暴力性对抗或者暴力犯罪行为"。这一要求旨在提示人民警察,在使用警械或者武器时要符合法定情形,不得随意滥用。

81　逮捕的适用条件

81.1　法条规定

第八十一条　对有证据证明有犯罪事实,可能判处徒刑以上刑罚的犯罪嫌疑人、被告人,采取取保候审尚不足以防止发生下列社会危险性的,应当予以逮捕:

(一)可能实施新的犯罪的;

(二)有危害国家安全、公共安全或者社会秩序的现实危险的;

(三)可能毁灭、伪造证据,干扰证人作证或者串供的;

(四)可能对被害人、举报人、控告人实施打击报复的;

(五)企图自杀或者逃跑的。

批准或者决定逮捕,应当将犯罪嫌疑人、被告人涉嫌犯罪的性质、情节,认罪认罚等情况,作为是否可能发生社会危险性的考虑因素。

对有证据证明有犯罪事实,可能判处十年有期徒刑以上刑罚的,或者有证据证明有犯罪事实,可能判处徒刑以上刑罚,曾经故意犯罪或者身份不明的,应当予以逮捕。

被取保候审、监视居住的犯罪嫌疑人、被告人违反取保候审、监视居住规定,情节严重的,可以予以逮捕。

【立法释义】③

本条规定的是逮捕的适用条件。2018年刑事诉讼法修改对本条作出调整,增加规定了社会危险性的考虑因素。关于逮捕的适用条件,应当关注以下事项:

第一,逮捕的一般适用条件。根据本条规定,逮捕应当满足以下三项条件:

一是事实证据要件,即,"有证据证

---

① 即《公安机关办理刑事案件程序规定》。

② 参见孙茂利主编书,第385页。

③ 参见王爱立主编书,第181—185页。

明有犯罪事实”。为避免逮捕缺乏事实证据基础，应当严格把握逮捕的事实证据要件。“有证据证明有犯罪事实”，参见《检察院规则》第一百二十八条第二款的规定，并不要求查清全部犯罪事实。其中，“证据”，是指具有证据资格的证据，非法证据不得作为认定逮捕的证据依据。“犯罪事实”，既可以是单一犯罪行为的事实，也可以是数个犯罪行为中任何一个犯罪行为的事实。关于证据与犯罪事实的关系，要求现有证据既能证明犯罪事实的存在，也能证明犯罪行为是犯罪嫌疑人实施。

二是罪责要件，即犯罪嫌疑人、被告人涉嫌的犯罪可能判处徒刑以上刑罚。犯罪嫌疑人、被告人涉嫌的犯罪可能被判处的刑罚，能够反映出犯罪的社会危害性以及犯罪嫌疑人、被告人的主观恶性和社会危险性等因素，因而是决定采取何种强制措施的基础标准。“徒刑以上刑罚”①，是指有期徒刑以上刑罚。“可能判处徒刑以上刑罚”，是指犯罪嫌疑人、被告人所涉犯罪的法定刑幅度包含有期徒刑以上刑罚，同时结合案件具体情况，犯罪嫌疑人、被告人实际可能被判处有期徒刑以上刑罚。将可能判处有期徒刑以下刑罚的案件，排除在逮捕措施之外，有助于合理控制羁押性强制措施的适用比例。

三是社会危险性要件，即“采取取保候审尚不足以防止发生下列社会危险性”。这里专门强调“取保候审”，而未提及“监视居住”，主要是考虑，本法将监视居住视为逮捕的替代措施，两者适用相同的社会危险性评估标准。需要指出的是，本款规定的“可能”“现实危险”“企图”等情形，不能基于办案人员的主观推测，而是应当立足于相应的事实证据基础，存在现实的可能性，并结合案件具体情况综合权衡和认定。办案机关在必要时可以通过讯问犯罪嫌疑人、询问证人等诉讼参与人、听取辩护律师意见等方式，核实相关证据。

第二，社会危险性的认定指标。结合《最高人民检察院、公安部关于逮捕社会危险性条件若干问题的规定（试行）》和《检察院规则》的有关规定，可以对有关指标作如下理解：

一是再犯罪风险，即“可能实施新的犯罪”。这是社会危害性评估的首要标准，关于这一风险的认定，参见《检察院规则》第一百二十九条的规定。

二是特殊安全风险，即“有危害国家安全、公共安全或者社会秩序的现实危险”。除犯罪嫌疑人、被告人涉嫌罪行即为危害国家安全、公共安全或者社会秩序的犯罪外，关于这一风险的认定，参见《检察院规则》第一百三十条的规定。

三是妨碍证据风险，即“可能毁灭、伪造证据，干扰证人作证或者串供”。这种情况主要是指犯罪嫌疑人、被告人通过各种方式妨碍办案机关收集证据、查明案件事实。关于这一风险的认定，参见《检察院规则》第一百三十一条的规定。

四是妨害司法风险，即“可能对被害人、举报人、控告人实施打击报复”。关于这一风险的认定，参见《检察院规则》第一百三十二条的规定。

---

① “徒刑以上刑罚”，其中的徒刑包括有期徒刑和无期徒刑两种，为规范起见，可考虑将“徒刑以上刑罚”调整为“有期徒刑以上刑罚”。

五是逃避诉讼风险,即"企图自杀或者逃跑"。关于这一风险的认定,参见《检察院规则》第一百三十三条的规定。

此外,根据本条规定对社会危险性进行评估,还应当综合考虑"犯罪嫌疑人、被告人涉嫌犯罪的性质、情节,认罪认罚等情况"。这是宽严相济刑事政策在强制措施领域的具体要求。

第三,对犯罪嫌疑人、被告人可以径行逮捕的特殊规定。在特定情形下,案件所涉情形表明,犯罪嫌疑人、被告人具有较大的社会危险性,办案机关无须再对社会危险性进行综合评估,应当径行采取逮捕措施。这是本法对社会危险性的特殊规定,具体包括三种情形:

一是罪责严重情形,即"有证据证明有犯罪事实,可能判处十年有期徒刑以上刑罚的情况"。根据刑法规定的法定刑幅度,可能判处十年有期徒刑以上刑罚的犯罪属于严重犯罪。从罪责与强制措施的匹配度考虑,对此类罪责严重情形,应视为具有较大的社会危险性,有必要采取逮捕措施。

二是再犯情形,即"有证据证明有犯罪事实,可能判处徒刑以上刑罚,曾经故意犯罪"。从犯罪学角度看,曾经故意犯罪的再犯,一般都具有较强的反社会心理和较大的社会危险性,故应认定其具有较大的社会危险性,有必要采取逮捕措施。

三是逃避追究情形,即"有证据证明有犯罪事实,可能判处徒刑以上刑罚,身份不明"。这里所指的"身份不明",是指犯罪嫌疑人、被告人拒绝向办案机关陈述自己的真实身份、住址等信息,导致身份无法查明。犯罪嫌疑人、被告人的这种做法表明,其不愿配合司法,意图逃避法律追究。此种情况下,一旦犯罪嫌疑人、被告人脱离办案机关控制,将为抓捕带来很大难度。据此,可认定其具有较大的社会危险性,应当采取逮捕措施。

第四,取保候审、监视居住与逮捕的衔接条件。根据本条规定,被取保候审、监视居住的犯罪嫌疑人、被告人违反有关规定,情节严重的,就表明其具有较大的社会危险性,可以予以逮捕。

第五,实施多个犯罪或者共同犯罪的情形。根据《检察院规则》第一百三十八条的规定,对实施多个犯罪行为或者共同犯罪案件的犯罪嫌疑人,有证据证明犯有数罪中的一罪,有证据证明实施多次犯罪中的一次犯罪,或者共同犯罪中,已有证据证明有犯罪事实的犯罪嫌疑人,符合逮捕条件的,应当批准或者决定逮捕。

第六,裁量不予逮捕的情形。逮捕作为最为严厉的强制措施,在适用中要体现宽严相济的政策要求。《检察院规则》第一百四十条规定了可以作出不批准逮捕或者不予逮捕的决定的具体情形。

81.2　相关立法

81.2.1　违反取保候审、监视居住规定情节严重的逮捕

★《全国人民代表大会常务委员会关于〈中华人民共和国刑事诉讼法〉第七十九条第三款的解释》(2014 年 4 月 24 日)

根据刑事诉讼法第七十九条第三款①的规定,对于被取保候审、监视居

① 2018 年刑事诉讼法第八十一条第四款。

住的可能判处徒刑以下刑罚的犯罪嫌疑人、被告人,违反取保候审、监视居住规定,严重影响诉讼活动正常进行的,可以予以逮捕。

81.3　司法解释

81.3.1　检察机关逮捕的适用条件

★《检察院规则》(2019)

第一百二十八条　人民检察院对有证据证明有犯罪事实,可能判处徒刑以上刑罚的犯罪嫌疑人,采取取保候审尚不足以防止发生下列社会危险性的,应当批准或者决定逮捕:

(一)可能实施新的犯罪的;

(二)有危害国家安全、公共安全或者社会秩序的现实危险的;

(三)可能毁灭、伪造证据,干扰证人作证或者串供的;

(四)可能对被害人、举报人、控告人实施打击报复的;

(五)企图自杀或者逃跑的。

有证据证明有犯罪事实是指同时具备下列情形:

(一)有证据证明发生了犯罪事实;

(二)有证据证明该犯罪事实是犯罪嫌疑人实施的;

(三)证明犯罪嫌疑人实施犯罪行为的证据已经查证属实。

犯罪事实既可以是单一犯罪行为的事实,也可以是数个犯罪行为中任何一个犯罪行为的事实。

第一百二十九条　犯罪嫌疑人具有下列情形之一的,可以认定为“可能实施新的犯罪”:

(一)案发前或者案发后正在策划、组织或者预备实施新的犯罪的;

(二)扬言实施新的犯罪的;

(三)多次作案、连续作案、流窜作案的;

(四)一年内曾因故意实施同类违法行为受到行政处罚的;

(五)以犯罪所得为主要生活来源的;

(六)有吸毒、赌博等恶习的;

(七)其他可能实施新的犯罪的情形。

第一百三十条　犯罪嫌疑人具有下列情形之一的,可以认定为“有危害国家安全、公共安全或者社会秩序的现实危险”:

(一)案发前或者案发后正在积极策划、组织或者预备实施危害国家安全、公共安全或者社会秩序的重大违法犯罪行为的;

(二)曾因危害国家安全、公共安全或者社会秩序受到刑事处罚或者行政处罚的;

(三)在危害国家安全、黑恶势力、恐怖活动、毒品犯罪中起组织、策划、指挥作用或者积极参加的;

(四)其他有危害国家安全、公共安全或者社会秩序的现实危险的情形。

第一百三十一条　犯罪嫌疑人具有下列情形之一的,可以认定为“可能毁灭、伪造证据,干扰证人作证或者串供”:

(一)曾经或者企图毁灭、伪造、隐匿、转移证据的;

(二)曾经或者企图威逼、恐吓、利诱、收买证人,干扰证人作证的;

(三)有同案犯罪嫌疑人或者与其在事实上存在密切关联犯罪的犯罪嫌疑人在逃,重要证据尚未收集到位的;

(四)其他可能毁灭、伪造证据,干扰证人作证或者串供的情形。

第一百三十二条　犯罪嫌疑人具有

下列情形之一的，可以认定为“可能对被害人、举报人、控告人实施打击报复”：

(一)扬言或者准备、策划对被害人、举报人、控告人实施打击报复的；

(二)曾经对被害人、举报人、控告人实施打击、要挟、迫害等行为的；

(三)采取其他方式滋扰被害人、举报人、控告人的正常生活、工作的；

(四)其他可能对被害人、举报人、控告人实施打击报复的情形。

第一百三十三条 犯罪嫌疑人具有下列情形之一的，可以认定为“企图自杀或者逃跑”：

(一)着手准备自杀、自残或者逃跑的；

(二)曾经自杀、自残或者逃跑的；

(三)有自杀、自残或者逃跑的意思表示的；

(四)曾经以暴力、威胁手段抗拒抓捕的；

(五)其他企图自杀或者逃跑的情形。

第一百三十五条 人民检察院审查认定犯罪嫌疑人是否具有社会危险性，应当以公安机关移送的社会危险性相关证据为依据，并结合案件具体情况综合认定。必要时，可以通过讯问犯罪嫌疑人、询问证人等诉讼参与人、听取辩护律师意见等方式，核实相关证据。

依据在案证据不能认定犯罪嫌疑人符合逮捕社会危险性条件的，人民检察院可以要求公安机关补充相关证据，公安机关没有补充移送的，应当作出不批准逮捕的决定。

第一百三十六条 对有证据证明有犯罪事实，可能判处十年有期徒刑以上刑罚的犯罪嫌疑人，应当批准或者决定逮捕。

对有证据证明有犯罪事实，可能判处徒刑以上刑罚，犯罪嫌疑人曾经故意犯罪或者不讲真实姓名、住址，身份不明的，应当批准或者决定逮捕。

第一百三十七条 人民检察院经审查认为被取保候审、监视居住的犯罪嫌疑人违反取保候审、监视居住规定，依照本规则第一百零一条、第一百一十一条的规定办理。

对于被取保候审、监视居住的可能判处徒刑以下刑罚的犯罪嫌疑人，违反取保候审、监视居住规定，严重影响诉讼活动正常进行的，可以予以逮捕。

第一百三十八条 对实施多个犯罪行为或者共同犯罪案件的犯罪嫌疑人，符合本规则第一百二十八条的规定，具有下列情形之一的，应当批准或者决定逮捕：

(一)有证据证明犯有数罪中的一罪的；

(二)有证据证明实施多次犯罪中的一次犯罪的；

(三)共同犯罪中，已有证据证明有犯罪事实的犯罪嫌疑人。

【重点解读】①

第一，事实证据条件。只要有任何查证属实的证据证明犯罪嫌疑人实施了犯罪行为即可，并不要求查清全部犯罪事实。所谓“查证属实”，是指侦查人员依照法定程序收集的证明犯罪嫌疑人实施犯罪行为的证据，有其他证据与之相互印证，而非孤证；“已经查证属实”，是指只要对定罪起关键作用的证

① 参见童建明、万春主编释义书，第137—146页。

据查证属实即可,不要求在案证据达到"确实、充分"的程度。

第二,社会危险性条件。该种情形涉及可能性判断,包含了较大的主观认知成分,实践中存在较大争议。《检察院规则》第一百二十九条列举的七种情形中,前四种是通过犯罪嫌疑人的行为判断;第五、六种是通过犯罪嫌疑人的不法生活习性进行判断;最后一种作为兜底条款,预留了综合考量空间。

第三,社会危险性条件中的特殊安全风险。《检察院规则》第一百三十条规定的"有危害国家安全、公共安全或者社会秩序的现实危险",并不意味着犯罪嫌疑人实施的犯罪属于危害国家安全、公共安全或者妨害社会管理秩序的犯罪。

第四,严格审查社会危险性证据的要求。《检察院规则》第一百三十五条的规定是贯彻少捕慎捕方针的要求,在办理审查逮捕案件时,对此类证据的严格审查,是防止滥用逮捕强制措施的有效屏障。

第五,曾经故意犯罪。《检察院规则》第一百三十六条第二款规定的"曾经故意犯罪",是指犯罪嫌疑人曾经犯过被人民法院依法判决确定为有罪的罪行,且该罪行系故意犯罪,至于判处何种刑罚并无影响。此外,前后两罪的间隔时间没有限制,即无论前一次犯罪过去多久,都属于"曾经"的范畴。本条要求曾经所犯罪行的主观方面是故意,但对本次涉嫌犯罪的主观方面是故意还是过失,并无限制。

81.3.2　逮捕社会危险性条件的标准

★《最高人民检察院、公安部关于逮捕社会危险性条件若干问题的规定(试行)》(高检会〔2015〕9 号,2015 年 10 月 9 日)

第五条　犯罪嫌疑人"可能实施新的犯罪",应当具有下列情形之一:

(一)案发前或者案发后正在策划、组织或者预备实施新的犯罪的;

(二)扬言实施新的犯罪的;

(三)多次作案、连续作案、流窜作案的;

(四)一年内曾因故意实施同类违法行为受到行政处罚的;

(五)以犯罪所得为主要生活来源的;

(六)有吸毒、赌博等恶习的;

(七)其他可能实施新的犯罪的情形。

第六条　犯罪嫌疑人"有危害国家安全、公共安全或者社会秩序的现实危险",应当具有下列情形之一:

(一)案发前或者案发后正在积极策划、组织或者预备实施危害国家安全、公共安全或者社会秩序的重大违法犯罪行为的;

(二)曾因危害国家安全、公共安全或者社会秩序受到刑事处罚或者行政处罚的;

(三)在危害国家安全、黑恶势力、恐怖活动、毒品犯罪中起组织、策划、指挥作用或者积极参加的;

(四)其他有危害国家安全、公共安全或者社会秩序的现实危险的情形。

第七条　犯罪嫌疑人"可能毁灭、伪造证据,干扰证人作证或者串供",应当具有下列情形之一:

(一)曾经或者企图毁灭、伪造、隐匿、转移证据的;

(二)曾经或者企图威逼、恐吓、利诱、收买证人,干扰证人作证的;

（三）有同案犯罪嫌疑人或者与其在事实上存在密切关联犯罪的犯罪嫌疑人在逃，重要证据尚未收集到位的；

（四）其他可能毁灭、伪造证据，干扰证人作证或者串供的情形。

第八条　犯罪嫌疑人“可能对被害人、举报人、控告人实施打击报复”，应当具有下列情形之一：

（一）扬言或者准备、策划对被害人、举报人、控告人实施打击报复的；

（二）曾经对被害人、举报人、控告人实施打击、要挟、迫害等行为的；

（三）采取其他方式滋扰被害人、举报人、控告人的正常生活、工作的；

（四）其他可能对被害人、举报人、控告人实施打击报复的情形。

第九条　犯罪嫌疑人“企图自杀或者逃跑”，应当具有下列情形之一：

（一）着手准备自杀、自残或者逃跑的；

（二）曾经自杀、自残或者逃跑的；

（三）有自杀、自残或者逃跑的意思表示的；

（四）曾经以暴力、威胁手段抗拒抓捕的；

（五）其他企图自杀或者逃跑的情形。

81.3.3　检察机关不批准逮捕的情形

★《检察院规则》（2019）

第一百三十九条　对具有下列情形之一的犯罪嫌疑人，人民检察院应当作出不批准逮捕或者不予逮捕的决定：

（一）不符合本规则规定的逮捕条件的；

（二）具有刑事诉讼法第十六条规定的情形之一的。

第一百四十条　犯罪嫌疑人涉嫌的罪行较轻，且没有其他重大犯罪嫌疑，具有下列情形之一的，可以作出不批准逮捕或者不予逮捕的决定：

（一）属于预备犯、中止犯，或者防卫过当、避险过当的；

（二）主观恶性较小的初犯，共同犯罪中的从犯、胁从犯，犯罪后自首、有立功表现或者积极退赃、赔偿损失、确有悔罪表现的；

（三）过失犯罪的犯罪嫌疑人，犯罪后有悔罪表现，有效控制损失或者积极赔偿损失的；

（四）犯罪嫌疑人与被害人双方根据刑事诉讼法的有关规定达成和解协议，经审查，认为和解系自愿、合法且已经履行或者提供担保的；

（五）犯罪嫌疑人认罪认罚的；

（六）犯罪嫌疑人系已满十四周岁未满十八周岁的未成年人或者在校学生，本人有悔罪表现，其家庭、学校或者所在社区、居民委员会、村民委员会具备监护、帮教条件的；

（七）犯罪嫌疑人系已满七十五周岁的人。

★《最高人民检察院关于切实履行检察职能防止和纠正冤假错案的若干意见》（高检发〔2013〕11号，2013年9月9日）

16. 对以下五种情形，不符合逮捕或者起诉条件的，不得批准逮捕或者提起公诉：

（1）案件的关键性证据缺失的；

（2）犯罪嫌疑人拒不认罪或者翻供，而物证、书证、勘验、检查笔录、鉴定意见等其他证据无法证明犯罪的；

（3）只有犯罪嫌疑人供述没有其他证据印证的；

(4)犯罪嫌疑人供述与被害人陈述、证人证言、物证、书证等证据存在关键性矛盾,不能排除的;

(5)不能排除存在刑讯逼供、暴力取证等违法情形可能的。

★**《最高人民检察院关于在检察工作中贯彻宽严相济刑事司法政策的若干意见》**(高检发研字〔2007〕2号,2007年1月15日)

12. 对因人民内部矛盾引发的轻微刑事案件依法从宽处理。对因亲友、邻里及同学同事之间纠纷引发的轻微刑事案件,要本着"冤家宜解不宜结"的精神,着重从化解矛盾、解决纠纷的角度正确处理。对于轻微刑事案件中犯罪嫌疑人认罪悔过、赔礼道歉、积极赔偿损失并得到被害人谅解或者双方达成和解并切实履行,社会危害性不大的,可以依法不予逮捕或者不起诉。确需提起公诉的,可以依法向人民法院提出从宽处理的意见。对属于被害人可以提起自诉的轻微刑事案件,由公安机关立案侦查并提请批捕、移送起诉的,人民检察院可以促使双方当事人在民事赔偿和精神抚慰方面和解,及时化解矛盾,依法从宽处理。

13. 对轻微犯罪中的初犯、偶犯依法从宽处理。对于初次实施轻微犯罪、主观恶性小的犯罪嫌疑人,特别是对因生活无着偶然发生的盗窃等轻微犯罪,犯罪嫌疑人人身危险性不大的,一般可以不予逮捕;符合法定条件的,可以依法不起诉。确需提起公诉的,可以依法向人民法院提出从宽处理的意见。

81.3.4　法院逮捕的适用条件

★**《法院解释》**(2021)

第一百六十三条　对具有刑事诉讼法第八十一条第一款、第三款规定情形的被告人,人民法院应当决定逮捕。

第一百六十四条　被取保候审的被告人具有下列情形之一的,人民法院应当决定逮捕:

(一)故意实施新的犯罪的;

(二)企图自杀或者逃跑的;

(三)毁灭、伪造证据,干扰证人作证或者串供的;

(四)打击报复、恐吓滋扰被害人、证人、鉴定人、举报人、控告人等的;

(五)经传唤,无正当理由不到案,影响审判活动正常进行的;

(六)擅自改变联系方式或者居住地,导致无法传唤,影响审判活动正常进行的;

(七)未经批准,擅自离开所居住的市、县,影响审判活动正常进行,或者两次未经批准,擅自离开所居住的市、县的;

(八)违反规定进入特定场所、与特定人员会见或者通信、从事特定活动,影响审判活动正常进行,或者两次违反有关规定的;

(九)依法应当决定逮捕的其他情形。

第一百六十五条　被监视居住的被告人具有下列情形之一的,人民法院应当决定逮捕:

(一)具有前条第一项至第五项规定情形之一的;

(二)未经批准,擅自离开执行监视居住的处所,影响审判活动正常进行,或者两次未经批准,擅自离开执行监视居住的处所的;

(三)未经批准,擅自会见他人或者通信,影响审判活动正常进行,或者两次未经批准，擅自会见他人或者通信的；

（四）对因患有严重疾病、生活不能自理，或者因怀孕、正在哺乳自己婴儿而未予逮捕的被告人，疾病痊愈或者哺乳期已满的；

（五）依法应当决定逮捕的其他情形。

第一百六十六条 对可能判处徒刑以下刑罚的被告人，违反取保候审、监视居住规定，严重影响诉讼活动正常进行的，可以决定逮捕。

★《最高人民法院关于人民法院对原审被告人宣告无罪后人民检察院抗诉的案件由谁决定对原审被告人采取强制措施并通知其出庭等问题的复函》（〔2001〕刑监他字第1号，2001年1月2日）

一、如果人民检察院提供的原审被告人住址准确，应当参照《刑事诉讼法》第一百五十一条①的规定，由人民法院按照人民检察院提供的地址，向原审被告人送达抗诉书并通知其出庭；如果人民检察院提供的原审被告人住址不明确，应当参照《最高人民法院关于执行〈中华人民共和国刑事诉讼法〉若干问题的解释》第一百一十七条第（一）、（二）项②的规定，由人民法院通知人民检察院在3日内补充提供；如果确实无法提供或者按照人民检察院提供的原审被告人住址确实无法找到原审被告人的，应当认定原审被告人不在案，由人民法院作出不予受理的决定，将该案退回人民检察院。

二、由于人民法院已依法对原审被告人宣告无罪并予释放，因此不宜由人民法院采取强制措施；人民检察院认为其有罪并提出抗诉的，应当由提出抗诉的检察机关决定是否采取强制措施。

81.3.5 电信网络诈骗案件逮捕的要求

★《检察机关办理电信网络诈骗案件指引》（高检发侦监字〔2018〕12号，2018年11月9日）

三、社会危险性及羁押必要性审查

（一）审查逮捕

符合下列情形之一的，可以结合案件具体情况考虑认定犯罪嫌疑人具有社会危险性，有羁押必要：

1.《最高人民检察院、公安部关于逮捕社会危险性条件若干问题的规定（试行）》（高检会〔2015〕9号）规定的具有社会危险性情节的。

2. 犯罪嫌疑人是诈骗团伙的首要分子或者主犯。对于首要分子，要重点审查其在电信网络诈骗集团中是否起到组织、策划、指挥作用。对于其他主犯，要重点审查其是否是犯意的发起者、犯罪的组织者、策划者、指挥者、主要责任者，是否参与了犯罪的全过程或关键环节以及在犯罪中所起的作用；诈骗团伙的具体管理者、组织者、招募者、电脑操盘人员、对诈骗成员进行培训的人员以及制作、提供诈骗方案、术语清单、语音包、信息的人员可以认定为主犯；取款组、供卡组、公民个人信息提供组等负责人，对维持诈骗团伙运转起着重要作用的，可以认定为主犯；对于其他实行犯是否属于主犯，主要通过其参加时段实施共同犯罪活动的程度、具体

① 2018年刑事诉讼法第一百八十七条。

② 2021年《法院解释》第二百一十九条第一款第（一）、（三）、（四）项。

罪行的大小、对造成危害后果的作用等来认定。

3. 有证据证明犯罪嫌疑人实施诈骗行为,犯罪嫌疑人拒不供认或者作虚假供述的。

4. 有证据显示犯罪嫌疑人参与诈骗且既遂数额巨大、被害人众多,诈骗数额等需进一步核实的。

5. 有证据证明犯罪嫌疑人参与诈骗的时间长,应当明知诈骗团伙其他同案犯犯罪事实的,但犯罪嫌疑人拒绝指证或虚假指证的。

6. 其他具有社会危险性或羁押必要的情形。

在犯罪嫌疑人罪行较轻的前提下,根据犯罪嫌疑人在犯罪团伙中的地位、作用、参与时间、工作内容、认罪态度、悔罪表现等情节,结合案件整体情况,依据主客观相一致原则综合判断犯罪嫌疑人的社会危险性或者羁押必要性。在犯罪嫌疑人真诚认罪悔罪,如实供述且供述稳定的情况下,有下列情形的可以考虑社会危险性较小:

1. 预备犯、中止犯。

2. 直接参与诈骗的数额未达巨大,有自首、立功表现的。

3. 直接参与诈骗的数额未达巨大,参与时间短的发送信息、拨打电话人员。

4. 涉案数额未达巨大,受雇负责饮食、住宿等辅助工作人员。

5. 直接参与诈骗的数额未达巨大,积极退赃的从犯。

6. 被胁迫参加电信网络诈骗团伙,没有造成严重影响和后果的。

7. 其他社会危险性较小的情形。

需要注意的是,对犯罪嫌疑人社会危险性的把握,要根据案件社会影响、造成危害后果、打击力度的需要等多方面综合判断和考虑。

81.3.6 侵犯个人信息案件逮捕的要求

★《检察机关办理侵犯公民个人信息案件指引》(高检发侦监字〔2018〕13号,2018 年 11 月 9 日)

一、审查证据的基本要求

(一)审查逮捕

1. 有证据证明发生了侵犯公民个人信息犯罪事实

(1)证明侵犯公民个人信息案件发生

主要证据包括:报案登记、受案登记、立案决定书、破案经过、证人证言、被害人陈述、犯罪嫌疑人供述和辩解以及证人、被害人提供的短信、微信或 QQ 截图等电子数据。

(2)证明被侵犯对象系公民个人信息

主要证据包括:扣押物品清单、勘验检查笔录、电子数据、司法鉴定意见及公民信息查询结果说明、被害人陈述、被害人提供的原始信息资料和对比资料等。

2. 有证据证明侵犯公民个人信息行为是犯罪嫌疑人实施的

(1)证明违反国家有关规定的证据:犯罪嫌疑人关于所从事的职业的供述、其所在公司的工商注册资料、公司出具的犯罪嫌疑人职责范围说明、劳动合同、保密协议及公司领导、同事关于犯罪嫌疑人职责范围的证言等。

(2)证明出售、提供行为的证据:远程勘验笔录及 QQ、微信等即时通讯工具聊天记录、论坛、贴吧、电子邮件、手机短信记录等电子数据,证明犯罪嫌疑人通过上述途径向他人出售、提供、交换公民个人信息的情况。公民个人信息贩卖者、提供者、担保交易人及购买者、收受者的证言或供述，相关银行账户明细、第三方支付平台账户明细，证明出售公民个人信息违法所得情况。此外，如果犯罪嫌疑人系通过信息网络发布方式提供公民个人信息，证明该行为的证据还包括远程勘验笔录、扣押笔录、扣押物品清单、对手机、电脑存储介质、云盘、FTP 等的司法鉴定意见等。

（3）证明犯罪嫌疑人或公民个人信息购买者、收受者控制涉案信息的证据：搜查笔录、扣押笔录、扣押物品清单，对手机、电脑存储介质等的司法鉴定意见等，证实储存有公民个人信息的电脑、手机、U 盘或者移动硬盘、云盘、FTP 等介质与犯罪嫌疑人或公民个人信息购买者、收受者的关系。犯罪嫌疑人供述、辨认笔录及证人证言等，证实犯罪嫌疑人或公民个人信息购买者、收受者所有或实际控制、使用涉案存储介质。

（4）证明涉案公民个人信息真实性的证据：被害人陈述、被害人提供的原始信息资料、公安机关或相关单位出具的涉案公民个人信息与权威数据库内信息同一性的比对说明。针对批量的涉案公民个人信息的真实性问题，根据《解释》①精神，可以根据查获的数量直接认定，但有证据证明信息不真实或重复的除外。

（5）证明违反国家规定，通过窃取、购买、收受、交换等方式非法获取公民个人信息的证据：主要证据与上述以出售、提供方式侵犯公民个人信息行为的证据基本相同。针对窃取的方式如通过技术手段非法获取公民个人信息的行为，需证明犯罪嫌疑人实施上述行为，除被害人陈述、犯罪嫌疑人供述和辩解外，还包括侦查机关从被害公司数据库中发现入侵电脑 IP 地址情况、从犯罪嫌疑人电脑中提取的侵入被害公司数据的痕迹等现场勘验检查笔录，以及涉案程序（木马）的司法鉴定意见等。

3. 有证据证明犯罪嫌疑人具有侵犯公民个人信息的主观故意

（1）证明犯罪嫌疑人明知没有获取、提供公民个人信息的法律依据或资格，主要证据包括：犯罪嫌疑人的身份证明、犯罪嫌疑人关于所从事职业的供述、其所在公司的工商资料和营业范围、公司关于犯罪嫌疑人的职责范围说明、公司主要负责人的证人证言等。

（2）证明犯罪嫌疑人积极实施窃取、出售、提供、购买、交换、收受公民个人信息的行为，主要证据除了证人证言、犯罪嫌疑人供述和辩解外，还包括远程勘验笔录、手机短信记录、即时通讯工具聊天记录、电子数据司法鉴定意见、银行账户明细、第三方支付平台账户明细等。

4. 有证据证明“情节严重”或“情节特别严重”

（1）公民个人信息购买者或收受者的证言或供述。

（2）公民个人信息购买、收受公司工作人员利用公民个人信息进行电话或短信推销、商务调查等经营性活动后出具的证言或供述。

（3）公民个人信息购买者或者收受者利用所获信息从事违法犯罪活动

---

① 即《最高人民法院、最高人民检察院关于办理侵犯公民个人信息刑事案件适用法律若干问题的解释》。

后出具的证言或供述。

(4)远程勘验笔录、电子数据司法鉴定意见书、最高人民检察院或公安部指定的机构对电子数据涉及的专门性问题出具的报告、公民个人信息资料等。证明犯罪嫌疑人通过即时通讯工具、电子邮箱、论坛、贴吧、手机等向他人出售、提供、购买、交换、收受公民个人信息的情况。

(5)银行账户明细、第三方支付平台账户明细。

(6)死亡证明、伤情鉴定意见、医院诊断记录、经济损失鉴定意见、相关案件起诉书、判决书等。

三、社会危险性及羁押必要性审查

(一)审查逮捕

1. 犯罪动机:一是出售牟利;二是用于经营活动;三是用于违法犯罪活动。犯罪动机表明犯罪嫌疑人主观恶性,也能证明犯罪嫌疑人是否可能实施新的犯罪。

2. 犯罪情节。犯罪嫌疑人的行为直接反映其人身危险性。具有下列情节的侵犯公民个人信息犯罪,能够证实犯罪嫌疑人主观恶性和人身危险性较大,实施新的犯罪的可能性也较大,可以认为具有较大的社会危险性:一是犯罪持续时间较长、多次实施侵犯公民个人信息犯罪的;二是被侵犯的公民个人信息数量或违法所得巨大的;三是利用公民个人信息进行违法犯罪活动的;四是犯罪手段行为本身具有违法性或者破坏性,即犯罪手段恶劣的,如骗取、窃取公民个人信息,采取胁迫、植入木马程序侵入他人计算机系统等方式非法获取信息。

犯罪嫌疑人实施侵犯公民个人信息犯罪,不属于"情节特别严重",系初犯,全部退赃,并确有悔罪表现的,可以认定社会危险性较小,没有逮捕必要。

81.3.7　醉酒危险驾驶案件逮捕的要求

★《最高人民法院、最高人民检察院、公安部、司法部关于办理醉酒危险驾驶刑事案件的意见》(高检发办字〔2023〕187 号,2023 年 12 月 13 日)

第六条　对醉驾犯罪嫌疑人、被告人,根据案件具体情况,可以依法予以拘留或者取保候审。具有下列情形之一的,一般予以取保候审:

(一)因本人受伤需要救治的;

(二)患有严重疾病,不适宜羁押的;

(三)系怀孕或者正在哺乳自己婴儿的妇女;

(四)系生活不能自理的人的唯一扶养人;

(五)其他需要取保候审的情形。

对符合取保候审条件,但犯罪嫌疑人、被告人不能提出保证人,也不交纳保证金的,可以监视居住。对违反取保候审、监视居住规定的犯罪嫌疑人、被告人,情节严重的,可以予以逮捕。

81.3.8　轻伤害案件逮捕的要求

★《最高人民检察院、公安部关于依法妥善办理轻伤害案件的指导意见》(高检发办字〔2022〕167 号,2022 年 12 月 22 日)

(十六)依法准确把握逮捕标准。轻伤害案件中,犯罪嫌疑人具有认罪认罚,且没有其他犯罪嫌疑;与被害人已达成和解协议并履行赔偿义务;系未成年人或者在校学生,本人确有悔罪表现等情形,人民检察院、公安机关经审查认为犯罪嫌疑人不具有社会危险性的,公安机关可以不再提请批准逮捕,人民检察院可以作出不批捕的决定。

犯罪嫌疑人因其伤害行为致使当事人双方矛盾进一步激化,可能实施新的犯罪或者具有其他严重社会危险性情形的,人民检察院可以依法批准逮捕。

81.4　规范性文件

81.4.1　侦查机关提请批捕的条件

★《公安规定》(2020)

第一百三十三条　对有证据证明有犯罪事实,可能判处徒刑以上刑罚的犯罪嫌疑人,采取取保候审尚不足以防止发生下列社会危险性的,应当提请批准逮捕:

(一)可能实施新的犯罪的;

(二)有危害国家安全、公共安全或者社会秩序的现实危险的;

(三)可能毁灭、伪造证据,干扰证人作证或者串供的;

(四)可能对被害人、举报人、控告人实施打击报复的;

(五)企图自杀或者逃跑的。

对于有证据证明有犯罪事实,可能判处十年有期徒刑以上刑罚的,或者有证据证明有犯罪事实,可能判处徒刑以上刑罚,曾经故意犯罪或者身份不明的,应当提请批准逮捕。

公安机关在根据第一款的规定提请人民检察院审查批准逮捕时,应当对犯罪嫌疑人具有社会危险性说明理由。

第一百三十四条　有证据证明有犯罪事实,是指同时具备下列情形:

(一)有证据证明发生了犯罪事实;

(二)有证据证明该犯罪事实是犯罪嫌疑人实施的;

(三)证明犯罪嫌疑人实施犯罪行为的证据已有查证属实的。

前款规定的"犯罪事实"既可以是单一犯罪行为的事实,也可以是数个犯罪行为中任何一个犯罪行为的事实。

第一百三十五条　被取保候审人违反取保候审规定,具有下列情形之一的,可以提请批准逮捕:

(一)涉嫌故意实施新的犯罪行为的;

(二)有危害国家安全、公共安全或者社会秩序的现实危险的;

(三)实施毁灭、伪造证据或者干扰证人作证、串供行为,足以影响侦查工作正常进行的;

(四)对被害人、举报人、控告人实施打击报复的;

(五)企图自杀、逃跑,逃避侦查的;

(六)未经批准,擅自离开所居住的市、县,情节严重的,或者两次以上未经批准,擅自离开所居住的市、县的;

(七)经传讯无正当理由不到案,情节严重的,或者经两次以上传讯不到案的;

(八)违反规定进入特定场所、从事特定活动或者与特定人员会见、通信两次以上的。

第一百三十六条　被监视居住人违反监视居住规定,具有下列情形之一的,可以提请批准逮捕:

(一)涉嫌故意实施新的犯罪行为的;

(二)实施毁灭、伪造证据或者干扰证人作证、串供行为,足以影响侦查工作正常进行的;

(三)对被害人、举报人、控告人实施打击报复的;

（四）企图自杀、逃跑，逃避侦查的；

（五）未经批准，擅自离开执行监视居住的处所，情节严重的，或者两次以上未经批准，擅自离开执行监视居住的处所的；

（六）未经批准，擅自会见他人或者通信，情节严重的，或者两次以上未经批准，擅自会见他人或者通信的；

（七）经传讯无正当理由不到案，情节严重的，或者经两次以上传讯不到案的。

★**《国安规定》**（2024）

第一百五十五条　国家安全机关对有证据证明有犯罪事实，可能判处徒刑以上刑罚的犯罪嫌疑人，采取取保候审尚不足以防止发生下列社会危险性的，应当提请批准逮捕：

（一）可能实施新的犯罪的；

（二）有危害国家安全、公共安全或者社会秩序的现实危险的；

（三）可能毁灭、伪造证据，干扰证人作证或者串供的；

（四）可能对被害人、举报人、控告人实施打击报复的；

（五）企图自杀或者逃跑的。

对于有证据证明有犯罪事实，可能判处十年有期徒刑以上刑罚的，或者有证据证明有犯罪事实，可能判处徒刑以上刑罚，曾经故意犯罪或者身份不明的，应当提请批准逮捕。

第一百五十六条　有证据证明有犯罪事实，是指同时具备下列情形：

（一）有证据证明发生了犯罪事实；

（二）有证据证明该犯罪事实是犯罪嫌疑人实施的；

（三）证明犯罪嫌疑人实施犯罪行为的证据已有查证属实的。

前款规定的“犯罪事实”既可以是单一犯罪行为的事实，也可以是数个犯罪行为中任何一个犯罪行为的事实。

第一百五十七条　提请批准逮捕，应当将犯罪嫌疑人涉嫌犯罪的性质、情节，认罪认罚等情况，作为是否可能发生社会危险性的考虑因素。

国家安全机关提请人民检察院审查批准逮捕时，应当收集、固定犯罪嫌疑人具有社会危险性的证据，并在提请批准逮捕时随卷移送。对于证明犯罪事实的证据能够证明犯罪嫌疑人具有社会危险性的，应当在提请批准逮捕书中专门予以说明。

第一百五十八条　被取保候审人违反取保候审规定，具有下列情形之一的，可以提请批准逮捕：

（一）涉嫌故意实施新的犯罪的；

（二）有危害国家安全、公共安全或者社会秩序的现实危险的；

（三）实施毁灭、伪造证据或者干扰证人作证、串供行为，足以影响侦查工作正常进行的；

（四）对被害人、证人、鉴定人、举报人、控告人及其他人员实施打击报复或者恐吓滋扰的；

（五）企图自杀、逃跑，逃避侦查的；

（六）未经批准，擅自离开所居住的市、县，情节严重的，或者两次以上未经批准，擅自离开所居住的市、县的；

（七）经传讯无正当理由不到案，情节严重的，或者经两次以上传讯不到案的；

（八）住址、工作单位和联系方式发生变动，未在二十四小时以内向国家安全机关报告，造成严重后果的；

（九）违反规定进入特定场所、从事特定活动或者与特定人员会见、通信，严重妨碍侦查正常进行的；

（十）有其他依法应当提请批准逮捕的情形的。

第一百五十九条　被监视居住人违反监视居住规定，具有下列情形之一的，可以提请批准逮捕：

（一）涉嫌故意实施新的犯罪的；

（二）实施毁灭、伪造证据或者干扰证人作证、串供行为，足以影响侦查工作正常进行的；

（三）对被害人、证人、鉴定人、举报人、控告人及其他人员实施打击报复或者恐吓滋扰的；

（四）企图自杀、逃跑，逃避侦查的；

（五）未经批准，擅自离开执行监视居住的处所，情节严重的，或者两次以上未经批准，擅自离开执行监视居住的处所的；

（六）未经批准，擅自会见他人或者通信，情节严重的，或者两次以上未经批准，擅自会见他人或者通信的；

（七）经传讯无正当理由不到案，情节严重的，或者经两次以上传讯不到案的；

（八）有其他依法应当提请批准逮捕的情形的。

82　拘留的适用对象和条件

82.1　法条规定

第八十二条　公安机关对于现行犯或者重大嫌疑分子，如果有下列情形之一的，可以先行拘留：

（一）正在预备犯罪、实行犯罪或者在犯罪后即时被发觉的；

（二）被害人或者在场亲眼看见的人指认他犯罪的；

（三）在身边或者住处发现有犯罪证据的；

（四）犯罪后企图自杀、逃跑或者在逃的；

（五）有毁灭、伪造证据或者串供可能的；

（六）不讲真实姓名、住址，身份不明的；

（七）有流窜作案、多次作案、结伙作案重大嫌疑的。

【立法释义】①

本条规定的是拘留的适用对象和条件。先行拘留，是公安机关采取的一种临时强制措施。采取限制或剥夺人身自由的强制措施，一般须事先经过批准。但是有必要赋予警察在紧急情况下采取临时性强制措施的权力。关于拘留的适用，应当关注以下事项：

第一，先行拘留的适用对象。先行拘留，主要适用于“现行犯和重大嫌疑分子”两类对象。“现行犯”，是指正在预备犯罪、实行犯罪或者犯罪后尚未离开现场，被害人或者在场人员能够确认其实施犯罪行为的犯罪嫌疑人。“重大嫌疑分子”，是指有证据证明其与犯罪事实存在关联，进而有重大犯罪嫌疑的犯罪嫌疑人。

第二，先行拘留的适用情形。先行拘留，具体适用于以下几种情形：

一是“正在预备犯罪、实行犯罪或者在犯罪后即时被发觉”。其中，“犯罪后即时被发觉”，是犯罪行为人实施犯罪行

① 参见王爱立主编书，第 187—188 页。

为后，当场被被害人或者其他人发觉。

二是“被害人或者在场亲眼看见的人指认他犯罪”。这一情形包括抓捕现行犯的情形，也包括犯罪嫌疑人被抓捕归案后，被害人或者其他在场目击证人能够指认其犯罪。

三是“在身边或者住处发现有犯罪证据”。该情形表明犯罪嫌疑人与犯罪证据存在关联，有调查核实的必要，但并不意味着犯罪嫌疑人就是罪犯。对于在其身边或者住处发现的犯罪证据，犯罪嫌疑人应当作出合理解释。

四是“犯罪后企图自杀、逃跑或者在逃”。该情形是指犯罪嫌疑人存在逃避追究的风险。

五是“有毁灭、伪造证据或者串供可能”。该情形是指犯罪嫌疑人存在妨碍证据的风险。

六是“不讲真实姓名、住址、身份不明”。该情形是指犯罪嫌疑人故意不讲真实姓名、住址，以致办案机关无法查实其身份，这表明犯罪嫌疑人脱离办案机关控制，就难以再次抓捕归案。

七是“有流窜作案、多次作案、结伙作案的重大嫌疑”。这意味着，现有线索或者证据表明犯罪嫌疑人有较大的社会危险性，应当调查核实。

82.2　司法解释

82.2.1　检察机关决定拘留的条件

★**《检察院规则》**(2019)

第一百二十一条　人民检察院对于具有下列情形之一的犯罪嫌疑人，可以决定拘留：

(一)犯罪后企图自杀、逃跑或者在逃的；

(二)有毁灭、伪造证据或者串供可能的。

第一百二十二条　人民检察院作出拘留决定后，应当将有关法律文书和案由、犯罪嫌疑人基本情况的材料送交同级公安机关执行。必要时，人民检察院可以协助公安机关执行。

拘留后，应当立即将被拘留人送看守所羁押，至迟不得超过二十四小时。

【重点解读】①

人民检察院作出拘留决定后，公安机关因警力不足等原因，可能无法及时执行人民检察院的拘留决定，因此，必要时，人民检察院可以协助公安机关执行。所谓“协助执行”，是指检察机关可以协助公安机关将被拘留人送看守所羁押，或者提供犯罪嫌疑人的有关情况，方便公安机关执行。

82.3　规范性文件

82.3.1　侦查机关决定先行拘留的情形

★**《公安规定》**(2020)

第一百二十四条　公安机关对于现行犯或者重大嫌疑分子，有下列情形之一的，可以先行拘留：

(一)正在预备犯罪、实行犯罪或者在犯罪后即时被发觉的；

(二)被害人或者在场亲眼看见的人指认他犯罪的；

(三)在身边或者住处发现有犯罪证据的；

(四)犯罪后企图自杀、逃跑或者在逃的；

(五)有毁灭、伪造证据或者串供可能的；

(六)不讲真实姓名、住址，身份不

① 参见童建明、万春主编释义书，第133页。

明的；

（七）有流窜作案、多次作案、结伙作案重大嫌疑的。

【重点解读】①

对于是否存在先行拘留的各种情形，公安机关必须严格依照证据加以判定，严禁在没有证据佐证的情况下，仅凭怀疑就对犯罪嫌疑人采取拘留措施。

★《国安规定》（2024）

第一百四十七条　国家安全机关对现行犯或者重大嫌疑分子，如果有下列情形之一的，可以先行拘留：

（一）正在预备犯罪、实行犯罪或者在犯罪后即时被发觉的；

（二）被害人或者在场亲眼看见的人指认他犯罪的；

（三）在身边或者住处发现有犯罪证据的；

（四）犯罪后企图自杀、逃跑或者在逃的；

（五）有毁灭、伪造证据或者串供可能的；

（六）不讲真实姓名、住址，身份不明的；

（七）有流窜作案、多次作案、结伙作案重大嫌疑的。

83　异地执行拘留、逮捕

83.1　法条规定

第八十三条　公安机关在异地执行拘留、逮捕的时候，应当通知被拘留、逮捕人所在地的公安机关，被拘留、逮捕人所在地的公安机关应当予以配合。

【立法释义】②

本条规定的是异地执行拘留、逮捕的程序。犯罪嫌疑人可能逃至外地，或者在异地远程实施犯罪行为，此种情况下，就涉及公安机关异地执行拘留、逮捕的程序。关于异地执行拘留、逮捕，应当关注以下事项：

第一，异地执行拘留、逮捕的通知义务。为避免潜在的执法冲突，异地执法应当事先通知当地公安机关。同时，通过事先进行通知，有助于当地公安机关为配合执行拘留、逮捕做好准备，便于开展异地执法协作。对于公安机关派员前往异地执行拘留、逮捕的，执行人员应当持拘留证、逮捕证、办案协作函件和工作证件，与协作地县级以上公安机关联系。对于委托异地公安机关代为执行拘留、逮捕的，应当将拘留证、逮捕证、办案协作函件送达协作地公安机关。

第二，异地公安机关的配合义务。被拘留、逮捕人所在地的公安机关得到协作通知，核实有关法律手续后，应当积极配合执行拘留、逮捕。对于接受异地公安机关委托执行拘留、逮捕的情形，当地公安机关经调查核实，被拘留、逮捕人不在本地管辖范围的，应当及时通知有管辖权的公安机关。协作地公安机关接受委托抓获犯罪嫌疑人后，应当立即通知委托地公安机关。委托地公安机关应当及时提解。协作地公安机关根据协作请求实施抓捕行为，不对拘留、逮捕的合法性负责，由此引发的错误拘留、逮捕责任，应当由请求协作

① 参见孙茂利主编书，第 313 页。

② 参见王爱立主编书，第 188—190 页。

的公安机关承担。①

83.2　规范性文件

83.2.1　公安机关异地执行拘留、逮捕

★《公安规定》(2020)

第三百四十六条　公安机关在异地执行传唤、拘传、拘留、逮捕,开展勘验、检查、搜查、查封、扣押、冻结、讯问等侦查活动,应当向当地公安机关提出办案协作请求,并在当地公安机关协助下进行,或者委托当地公安机关代为执行。

开展查询、询问、辨认等侦查活动或者送达法律文书的,也可以向当地公安机关提出办案协作请求,并按照有关规定进行通报。

第三百四十七条　需要异地公安机关协助的,办案地公安机关应当制作办案协作函件,连同有关法律文书和人民警察证复印件一并提供给协作地公安机关。必要时,可以将前述法律手续传真或者通过公安机关有关信息系统传输至协作地公安机关。

请求协助执行传唤、拘传、拘留、逮捕的,应当提供传唤证、拘传证、拘留证、逮捕证;请求协助开展搜查、查封、扣押、查询、冻结等侦查活动的,应当提供搜查证、查封决定书、扣押决定书、协助查询财产通知书、协助冻结财产通知书;请求协助开展勘验、检查、讯问、询问等侦查活动的,应当提供立案决定书。

第三百四十八条　公安机关应当指定一个部门归口接收协作请求,并进行审核。对符合本规定第三百四十七条规定的协作请求,应当及时交主管业务部门办理。

异地公安机关提出协作请求的,只要法律手续完备,协作地公安机关就应当及时无条件予以配合,不得收取任何形式的费用或者设置其他条件。

第三百四十九条　对协作过程中获取的犯罪线索,不属于自己管辖的,应当及时移交有管辖权的公安机关或者其他有关部门。

第三百五十条　异地执行传唤、拘传的,协作地公安机关应当协助将犯罪嫌疑人传唤、拘传到本市、县公安机关执法办案场所或者到他的住处进行讯问。

异地执行拘留、逮捕的,协作地公安机关应当派员协助执行。

第三百五十一条　已被决定拘留、逮捕的犯罪嫌疑人在逃的,可以通过网上工作平台发布犯罪嫌疑人相关信息、拘留证或者逮捕证。各地公安机关发现网上逃犯的,应当立即组织抓捕。

协作地公安机关抓获犯罪嫌疑人后,应当立即通知办案地公安机关。办案地公安机关应当立即携带法律文书及时提解,提解的侦查人员不得少于二人。

办案地公安机关不能及时到达协作地的,应当委托协作地公安机关在拘留、逮捕后二十四小时以内进行讯问。

【重点解读】②

第一,办案协作范围。办理电信网络新型违法犯罪案件,需要对涉案财产进行紧急止付、快速冻结的,依照《中国人民银行、工业和信息化部、公安部、国家工商行政管理总局关于建立电信网

---

① 本条规定有助于防止办案机关随意到异地实施抓捕,为进一步规范异地执法机制,有必要要求异地办案机关配合抓捕之前,应当对拘留、逮捕的合法性进行必要的审查。

② 参见孙茂利主编书,第781—786页。

络新型违法犯罪涉案账户紧急止付和快速冻结机制的通知》等有关规定执行；由共同的上级公安机关部署开展专项打击、集中收网等行动时，在异地采取强制措施、侦查措施的，按照上级公安机关部署执行；异地开展技术侦查的，依照现有规定和渠道办理。

第二，协作地公安机关的义务。《公安规定》第三百四十八条第一款规定的“审核”，只是形式审查，不是实质审查，即不审查请求地公安机关开具的法律手续是否合法、适当，只审查法律手续是否齐全、完备。同时，各地公安机关不得自行对办案协作设置实质性的审查条件，即不对是否构成犯罪、适用罪名是否适当、采取强制措施或侦查措施是否合理合法等进行审查，也不得要求办案地公安机关提供其他案件材料。协作地公安机关在审查中发现违法违规问题的，应当向办案地公安机关提出，必要时可以向上级公安机关反映，但不得以此为由不履行办案协作义务。

84　公民扭送的适用条件

84.1　法条规定

第八十四条　对于有下列情形的人，任何公民都可以立即扭送公安机关、人民检察院或者人民法院处理：

（一）正在实行犯罪或者在犯罪后即时被发觉的；

（二）通缉在案的；

（三）越狱逃跑的；

（四）正在被追捕的。

【立法释义】①

本条规定的是公民扭送的适用条件。专门规定公民扭送，是司法群众路线的重要体现，有助于鼓励公众见义勇为。本条作为授权性规定，列举了公民扭送的具体情形。鉴于公民扭送没有经过依法批准，故本法未作泛化规定，而是将之限定于紧急情形，作为正当程序的例外。对于本条规定之外的情形，公民发现犯罪线索、证据或者犯罪嫌疑人，可以向司法机关报案、举报、控告。

公众可能并不了解刑事诉讼法关于职能管辖的规定，为及时控制犯罪嫌疑人，公民可以将犯罪嫌疑人扭送到公安机关、人民检察院或者人民法院。公安机关、人民检察院和人民法院对公民扭送的犯罪嫌疑人，应当予以接受，并根据案件情况决定是否采取相应的紧急措施。对于不属于本机关管辖的，应当移送主管机关处理。

84.2　司法解释

84.2.1　检察机关对公民扭送的处理

★《检察院规则》（2019）

第一百二十七条　公民将正在实行犯罪或者在犯罪后即被发觉的、通缉在案的、越狱逃跑的、正在被追捕的犯罪嫌疑人或者犯罪人扭送到人民检察院的，人民检察院应当予以接受，并且根据具体情况决定是否采取相应的紧急措施。对于不属于自己管辖的，应当移送主管机关处理。

【重点解读】②

人民检察院对不属于自己管辖的

① 参见王爱立主编书，第 191 页。

② 参见童建明、万春主编释义书，第 135 页。

案件,应当接受,不得以自己无管辖权为由拒绝接受,让群众再次扭送到有管辖权的机关。

84.3　规范性文件

84.3.1　侦查机关对扭送的处理

★《公安规定》(2020)

第一百六十九条　公安机关对于公民扭送、报案、控告、举报或者犯罪嫌疑人自动投案的,都应当立即接受,问明情况,并制作笔录,经核对无误后,由扭送人、报案人、控告人、举报人、投案人签名、捺指印。必要时,应当对接受过程录音录像。

第一百七十条　公安机关对扭送人、报案人、控告人、举报人、投案人提供的有关证据材料等应当登记,制作接受证据材料清单,由扭送人、报案人、控告人、举报人、投案人签名,并妥善保管。必要时,应当拍照或者录音录像。

第一百七十一条　公安机关接受案件时,应当制作受案登记表和受案回执,并将受案回执交扭送人、报案人、控告人、举报人。扭送人、报案人、控告人、举报人无法取得联系或者拒绝接受回执的,应当在回执中注明。

第一百七十三条　公安机关应当保障扭送人、报案人、控告人、举报人及其近亲属的安全。

扭送人、报案人、控告人、举报人如果不愿意公开自己的身份,应当为其保守秘密,并在材料中注明。

【重点解读】①

第一,受案登记表的制作。受案登记表是刑事案件来源的重要证明,也是公安机关受理刑事案件的原始资料,以及采取侦查措施的重要依据。公安机关在接受任何刑事案件时,不论是否符合立案条件,是否属于本单位管辖,都应当制作受案登记表,并实事求是地填写有关内容。

第二,诬告与错告的严格区分。错告没有捏造事实、陷害他人的故意,而是由于个人认识片面或错误造成的报案、控告、举报与事实不符,甚至错误;而诬告则是故意捏造事实,伪造证据,目的在于陷害他人。有些控告人、举报人在陈述案件事实过程中,夹杂一些个人感情色彩,包含某些分析和揣度,甚至夸大其词,但只要不是捏造事实、伪造证据,即使控告、举报的事实有出入,甚至是错告的,也要和诬告严格区分。这种严格的区分要求有利于解除报案人、控告人、举报人的思想顾虑,鼓励知情人报案、控告和举报,有利于依靠群众打击犯罪。

★《国安规定》(2024)

第一百九十一条　国家安全机关对于公民扭送、报案、控告、举报或者犯罪嫌疑人自动投案的,都应当接受,问明情况,并制作笔录,经核对无误后,由扭送人、报案人、控告人、举报人、投案人确认并签名、捺指印。必要时,应当对接受过程录音录像。

第一百九十二条　国家安全机关对扭送人、报案人、控告人、举报人、投案人提供的有关证据材料等,应当登记制作接受证据材料清单,由扭送人、报案人、控告人、举报人、投案人签名。必要时,应当拍照或者录音录像。

第一百九十三条　国家安全机关接受案件时,应当制作接受刑事案件登记表,并出具回执,将回执交扭送人、报

① 参见孙茂利主编书,第 411—414 页。

案人、控告人、举报人。扭送人、报案人、控告人、举报人无法取得联系或者拒绝接受回执的,应当注明。

第一百九十四条 国家安全机关接受控告、举报的工作人员,应当向控告人、举报人说明诬告应负的法律责任。但是,只要不是捏造事实、伪造证据,即使控告、举报的事实有出入,甚至是错告的,也要和诬告严格加以区别。

第一百九十五条 扭送人、报案人、控告人、举报人如果不愿意公开自己的身份和扭送、报案、控告、举报的行为,国家安全机关应当在材料中注明,并为其保守秘密。

85 拘留的执行

85.1 法条规定

第八十五条 公安机关拘留人的时候,必须出示拘留证。

拘留后,应当立即将被拘留人送看守所羁押,至迟不得超过二十四小时。除无法通知或者涉嫌危害国家安全犯罪、恐怖活动犯罪通知可能有碍侦查的情形以外,应当在拘留后二十四小时以内,通知被拘留人的家属。有碍侦查的情形消失以后,应当立即通知被拘留人的家属。

【立法释义】①

本条规定的是拘留的执行程序,2012年刑事诉讼法修改对本条作出调整,增加了拘留后立即送看守所羁押以及有碍侦查情形的范围等规定。关于拘留的执行,应当关注以下事项:

第一,执行拘留时出示拘留证的要求。拘留是公安机关在紧急情况下采取的临时强制措施,尽管拘留不需要经司法机关审查批准,但需具备相应的法律手续和凭证。"拘留证",是公安机关执行拘留的凭证;"必须出示拘留证",是指公安机关已经依法取得拘留证,该拘留证是合法有效凭证,且公安机关在执行拘留当时应当出示拘留证。

第二,被拘留的人的权利保障。被拘留的人的权利保障,主要包含以下事项:

一是拘留后,应当立即将被拘留人送看守所羁押,至迟不得超过二十四小时。这是2012年刑事诉讼法修改新增的规定,主要是为了规范拘留的执行程序,避免拘留后的取证行为产生法律争议。之所以规定"至迟不得超过二十四小时"②,是因为实践情况比较复杂,需要为公安机关保留合理的送押时间。

二是除无法通知或者涉嫌危害国家安全犯罪、恐怖活动犯罪通知可能有碍侦查的情形以外,应当在拘留后二十四小时以内,通知被拘留人的家属。该规定的目的是保障被拘留人家属的知情权。"无法通知",是指被拘留人没有家属,或者被拘留人的身份、家庭住址无法核实,或者根据被拘留人提供的家属联系方式无法取得联系,或者因为自然灾害等不可抗力造成通讯、交通中断等无法通知家属的情形。对于身份、住址不明的被拘留人,办案机关应当积极调查其身份、住址,不能直接以"无法

① 参见王爱立主编书,第192—195页。

② 对于异地拘留的情形,因涉及异地押解期限,通常无法在二十四小时内送看守所羁押,对此有必要作为例外情形加以规定。

通知”为由不履行通知家属义务。

需要指出的是，“涉嫌危害国家安全犯罪、恐怖活动犯罪通知可能有碍侦查”，主要包含两项要求：其一，这一限制条款仅限于涉嫌“国家安全犯罪、恐怖活动犯罪”的情形。其二，“有碍侦查”具有特定的含义，参见《公安规定》第一百二十七条第三款的规定。所谓“有碍侦查”，并非一成不变，当有碍侦查的情形消失以后，应当立即通知被拘留人的家属。

85.2 司法解释

85.2.1 检察机关决定拘留的执行

★《最高人民法院、最高人民检察院、公安部、国家安全部、司法部、全国人大常委会法制工作委员会关于实施刑事诉讼法若干问题的规定》(2012 年 12 月 26 日)

16. 刑事诉讼法规定，拘留由公安机关执行。对于人民检察院直接受理的案件，人民检察院作出的拘留决定，应当送达公安机关执行，公安机关应当立即执行，人民检察院可以协助公安机关执行。

★《最高人民检察院、公安部关于适用刑事强制措施有关问题的规定》(高检会〔2000〕2 号，2000 年 8 月 28 日)

第十八条　人民检察院直接立案侦查的案件，需要拘留犯罪嫌疑人的，应当依法作出拘留决定，并将有关法律文书和有关案由、犯罪嫌疑人基本情况的材料送交同级公安机关执行。

第十九条　公安机关核实有关法律文书和材料后，应当报请县级以上公安机关负责人签发拘留证，并立即派员执行，人民检察院可以协助公安机关执行。

第二十条　人民检察院对于符合刑事诉讼法第六十一条①第(四)项或者第(五)项规定情形的犯罪嫌疑人，因情况紧急，来不及办理拘留手续的，可以先行将犯罪嫌疑人带至公安机关，同时立即办理拘留手续。

第二十一条　公安机关拘留犯罪嫌疑人后，应当立即将执行回执送达作出拘留决定的人民检察院。人民检察院应当在拘留后的二十四小时以内对犯罪嫌疑人进行讯问。除有碍侦查或者无法通知的情形以外，人民检察院还应当把拘留的原因和羁押的处所，在二十四小时以内，通知被拘留人的家属或者他的所在单位。

公安机关未能抓获犯罪嫌疑人的，应当在二十四小时以内，将执行情况和未能抓获犯罪嫌疑人的原因通知作出拘留决定的人民检察院。对于犯罪嫌疑人在逃的，在人民检察院撤销拘留决定之前，公安机关应当组织力量继续执行，人民检察院应当及时向公安机关提供新的情况和线索。

85.3 规范性文件

85.3.1 侦查机关执行拘留的程序

★《公安规定》(2020)

第一百二十五条　拘留犯罪嫌疑人，应当填写呈请拘留报告书，经县级以上公安机关负责人批准，制作拘留证。执行拘留时，必须出示拘留证，并责令被拘留人在拘留证上签名、捺指印，拒绝签名、捺指印的，侦查人员应当注明。

紧急情况下，对于符合本规定第一百二十四条所列情形之一的，经出示人民警察证，可以将犯罪嫌疑人口头传唤

---

① 2018 年刑事诉讼法第八十二条。

至公安机关后立即审查，办理法律手续。

第一百二十六条　拘留后，应当立即将被拘留人送看守所羁押，至迟不得超过二十四小时。

异地执行拘留，无法及时将犯罪嫌疑人押解回管辖地的，应当在宣布拘留后立即将其送抓获地看守所羁押，至迟不得超过二十四小时。到达管辖地后，应当立即将犯罪嫌疑人送看守所羁押。

第一百二十七条　除无法通知或者涉嫌危害国家安全犯罪、恐怖活动犯罪通知可能有碍侦查的情形以外，应当在拘留后二十四小时以内制作拘留通知书，通知被拘留人的家属。拘留通知书应当写明拘留原因和羁押处所。

本条规定的“无法通知”的情形适用本规定第一百一十三条第二款的规定。

有下列情形之一的，属于本条规定的“有碍侦查”：

（一）可能毁灭、伪造证据，干扰证人作证或者串供的；

（二）可能引起同案犯逃避、妨碍侦查的；

（三）犯罪嫌疑人的家属与犯罪有牵连的。

无法通知、有碍侦查的情形消失以后，应当立即通知被拘留人的家属。

对于没有在二十四小时以内通知家属的，应当在拘留通知书中注明原因。

【重点解读】①

第一，执行拘留时警械、武器的使用。对犯罪嫌疑人执行拘留，可以根据现场情况使用警械、武器，但必须符合人民警察法和《人民警察使用警械和武器条例》规定的条件和程序。

第二，拘留后及时送交看守所羁押。看守所是我国刑事拘留的唯一合法羁押场所，工作制度、硬件设施都较为健全，拘留后及时将犯罪嫌疑人送看守所羁押，能够有效遏制刑讯逼供的发生。

★《国安规定》（2024）

第一百四十八条　拘留犯罪嫌疑人，应当经国家安全机关负责人批准，制作拘留证。

执行拘留的侦查人员不得少于二人。执行拘留时，应当向被拘留人出示拘留证，并责令其在拘留证上签名、捺指印。

紧急情况下，对于符合本规定第一百四十七条所列情形之一的，经出示人民警察证或者侦察证，可以将犯罪嫌疑人口头传唤至国家安全机关后立即审查，办理法律手续。

第一百四十九条　拘留后，应当立即将被拘留人送看守所羁押，至迟不得超过二十四小时。异地执行拘留，无法及时将犯罪嫌疑人押解回管辖地的，应当在宣布拘留后立即将其送就近的看守所羁押，至迟不得超过二十四小时。到达管辖地后，应当立即将犯罪嫌疑人送看守所羁押。

第一百五十条　除无法通知或者涉嫌危害国家安全犯罪、恐怖活动犯罪通知可能有碍侦查的情形以外，应当在拘留后二十四小时以内制作拘留通知书，通知被拘留人的家属。拘留通知书应当写明拘留原因和羁押处所。无法通知或者有碍侦查的情形消失以后，应当立即通知被拘留人的家属。对于没

---

① 参见孙茂利主编书，第315—318页。

有在二十四小时以内通知家属的，应当在拘留通知书中注明原因。

有下列情形之一的，属于本条规定的“有碍侦查”：

（一）可能毁灭、伪造证据，干扰证人作证或者串供的；

（二）可能引起同案犯逃避、妨碍侦查的；

（三）犯罪嫌疑人的家属与犯罪有牵连的。

85.3.2　公安机关代管涉案人员财物的规范

★**《公安机关代为保管涉案人员随身财物若干规定》**（公通字〔2012〕40号，2012 年 8 月 18 日）

第二条　本规定所称涉案人员随身财物，是指违法犯罪嫌疑人到案时随身携带或者使用的与案件无关的财物。

第三条　公安机关对代为保管的涉案人员随身财物，应当严格依法规范管理。任何单位或者个人不得贪污、挪用、调换、损毁或者违反规定处理涉案人员随身财物。

对于涉及国家秘密、商业秘密、个人隐私的涉案人员随身财物，应当按照规定采取保密措施。

第四条　涉案人员到案后，民警应当立即对其进行安全检查，对其随身携带的财物进行审查和甄别。经审查，与案件无关的，依照本规定处理；属于涉案财物的，依法予以扣押；确实无法查清的，由办案部门暂时代为保管，待查清后依法处理。

第五条　对涉案人员随身财物，除生活必需品且不影响执法安全的以外，应当告知涉案人员委托家属或者其他人员领回。具有下列情形之一的，可以由公安机关代为保管：

（一）被拘留的犯罪嫌疑人涉嫌危害国家安全犯罪、恐怖活动犯罪，通知家属领回可能有碍侦查的；

（二）无法通知涉案人员家属或者其他受委托人的；

（三）涉案人员拒绝委托家属或者其他人员代领的；

（四）受委托人拒绝代领或者未到公安机关领取的；

（五）需要由公安机关代为保管的其他情形。

前款第（一）项规定中，有碍侦查的情形消失以后，应当及时通知涉案人员委托家属或者其他人员领回随身财物。

第六条　公安机关应当指定办案民警以外的人员担任随身财物管理人员，负责涉案人员随身财物的保管、移交、返还等工作；严禁由办案民警自行保管涉案人员随身财物。

第七条　公安机关应当建立涉案人员随身财物专门台账，对保管的涉案人员随身财物逐一编号登记，写明随身财物的名称、编号、数量、特征等，并载明案由、来源、涉案人员信息以及接收、领取时间等内容。具备条件的，可建立电子台账，进行实时、动态、信息化管理。

85.3.3　看守所的收押规范

★**《中华人民共和国看守所条例》**（国务院令第 52 号，1990 年 3 月 17 日）

第九条　看守所收押人犯，须凭送押机关持有的县级以上公安机关、国家安全机关签发的逮捕证、刑事拘留证或者县级以上公安机关、国家安全机关、监狱、劳动改造机关，人民法院、人民检察院追捕、押解人犯临时寄押的证明文书。没有上述凭证，或者凭证的记载与实际情况不符的，不予收押。

第十条　看守所收押人犯，应当进行健康检查，有下列情形之一的，不予收押：

（一）患有精神病或者急性传染病的；

（二）患有其他严重疾病，在羁押中可能发生生命危险或者生活不能自理的，但是罪大恶极不羁押对社会有危险性的除外；

（三）怀孕或者哺乳自己不满一周岁的婴儿的妇女。

第十一条　看守所收押人犯，应当对其人身和携带的物品进行严格检查。非日常用品应当登记，代为保管，出所时核对发还或者转监狱、劳动改造机关。违禁物品予以没收。发现犯罪证据和可疑物品，要当场制作记录，由人犯签字捺指印后，送案件主管机关处理。

对女性人犯的人身检查，由女工作人员进行。

第十二条　收押人犯，应当建立人犯档案。

第十三条　收押人犯，应当告知人犯在羁押期间必须遵守的监规和享有的合法权益。

第十四条　对男性人犯和女性人犯，成年人犯和未成年人犯，同案犯以及其他需要分别羁押的人犯，应当分别羁押。

第十五条　公安机关或者国家安全机关侦查终结、人民检察院决定受理的人犯，人民检察院审查或者侦查终结、人民法院决定受理的人犯，递次移送交接，均应办理换押手续，书面通知看守所。

★《最高人民法院、最高人民检察院、公安部、国家安全部、司法部关于办理刑事案件严格排除非法证据若干问题的规定》（法发〔2017〕15 号，2017 年 6 月 20 日）

第十三条　看守所应当对提讯进行登记，写明提讯单位、人员、事由、起止时间以及犯罪嫌疑人姓名等情况。

看守所收押犯罪嫌疑人，应当进行身体检查。检查时，人民检察院驻看守所检察人员可以在场。检查发现犯罪嫌疑人有伤或者身体异常的，看守所应当拍照或者录像，分别由送押人员、犯罪嫌疑人说明原因，并在体检记录中写明，由送押人员、收押人员和犯罪嫌疑人签字确认。

86　拘留后的处理

86.1　法条规定

第八十六条　公安机关对被拘留的人，应当在拘留后的二十四小时以内进行讯问。在发现不应当拘留的时候，必须立即释放，发给释放证明。

【立法释义】①

本条规定的是公安机关拘留后及时讯问和处理的职责。该规定有助于及时甄别犯罪嫌疑人是否有罪，避免不当羁押。之所以将核实讯问的时间限定在“拘留后的二十四小时内”，是为了与本法第八十五条规定的“拘留后应当立即将被拘留人送看守所羁押，至迟

① 参见王爱立主编书，第 195 页。

不得超过二十四小时”相衔接。在拘留后送交看守所羁押前的二十四小时内，公安机关应当对被拘留人进行核实讯问，审查确认其是否具有犯罪嫌疑。

拘留作为紧急情况下的临时强制措施，应当在拘留后尽快核实被拘留人是否符合拘留条件，如存在不应当拘留的情形，即没有犯罪事实或者依法不应当追究刑事责任等情形，公安机关必须立即释放，发给释放证明。

86.2　规范性文件

86.2.1　侦查机关拘留后的处理

★《公安规定》(2020)

第一百二十八条　对被拘留的人，应当在拘留后二十四小时以内进行讯问。发现不应当拘留的，应当经县级以上公安机关负责人批准，制作释放通知书，看守所凭释放通知书发给被拘留人释放证明书，将其立即释放。

第一百三十一条　对被拘留的犯罪嫌疑人审查后，根据案件情况报经县级以上公安机关负责人批准，分别作出如下处理：

（一）需要逮捕的，在拘留期限内，依法办理提请批准逮捕手续；

（二）应当追究刑事责任，但不需要逮捕的，依法直接向人民检察院移送审查起诉，或者依法办理取保候审或者监视居住手续后，向人民检察院移送审查起诉；

（三）拘留期限届满，案件尚未办结，需要继续侦查的，依法办理取保候审或者监视居住手续；

（四）具有本规定第一百八十六条规定情形之一的，释放被拘留人，发给释放证明书；需要行政处理的，依法予以处理或者移送有关部门。

【重点解读】①

第一，拘留后及时讯问。在紧急情况下依法拘留犯罪嫌疑人，是为了防止现行犯或者重大嫌疑分子逃避刑事诉讼。考虑拘留犯罪嫌疑人时，公安机关、检察机关掌握的材料、获取的证据还不够充分，对被拘留人的情况了解得还不够详细，有可能存在错误拘留的情况，公安机关应当在拘留后二十四小时以内讯问被拘留人，并制作讯问笔录，及时纠正可能存在的错误。

第二，不应当拘留的情形。具体包括：原认定的犯罪事实不存在，原认定的犯罪事实达不到立案标准，该犯罪事实不是该犯罪嫌疑人实施，不应当对犯罪嫌疑人追究刑事责任，以及其他不应当拘留的情形。

★《国安规定》(2024)

第一百五十一条　对于被拘留人，应当在拘留后的二十四小时以内进行讯问。发现不应当拘留的，经国家安全机关负责人批准，制作释放通知书，通知看守所。看守所应当立即释放被拘留人，并发给释放证明书。

第一百五十四条　对被拘留的犯罪嫌疑人审查后，根据案件情况报经国家安全机关负责人批准，分别作出如下处理：

（一）需要逮捕的，在拘留期限内，依法办理提请批准逮捕手续；

（二）应当追究刑事责任，但不需要逮捕的，依法办理取保候审或者监视居住手续后，向人民检察院移送审查起诉；

（三）拘留期限届满，案件尚未办结，需要继续侦查的，依法办理取保候

---

① 参见孙茂利主编书，第 321—322 页。

审或者监视居住手续；

（四）具有本规定第二百零六条规定情形之一的，释放被拘留人，发给释放证明书；需要行政处理的，依法予以处理或者移送有关部门。

★《最高人民检察院、公安部关于适用刑事强制措施有关问题的规定》（高检会〔2000〕2 号，2000 年 8 月 28 日）

第二十一条　公安机关拘留犯罪嫌疑人后，应当立即将执行回执送达作出拘留决定的人民检察院。人民检察院应当在拘留后的二十四小时以内对犯罪嫌疑人进行讯问。除有碍侦查或者无法通知的情形以外，人民检察院还应当把拘留的原因和羁押的处所，在二十四小时以内，通知被拘留人的家属或者他的所在单位。

公安机关未能抓获犯罪嫌疑人的，应当在二十四小时以内，将执行情况和未能抓获犯罪嫌疑人的原因通知作出拘留决定的人民检察院。对于犯罪嫌疑人在逃的，在人民检察院撤销拘留决定之前，公安机关应当组织力量继续执行，人民检察院应当及时向公安机关提供新的情况和线索。

★《公安机关适用刑事羁押期限规定》（公通字〔2006〕17 号，2006 年 1 月 27 日）

第六条　县级以上公安机关负责人在作出批准拘留的决定时，应当在呈请报告上同时注明一日至三日的拘留时间。需要延长一日至四日或者延长至三十日的，应当办理延长拘留手续。

第七条　侦查人员应当在宣布拘留或者逮捕决定时，将拘留或者逮捕的决定机关、法定羁押起止时间以及羁押处所告知犯罪嫌疑人。

第八条　侦查人员应当在拘留或者逮捕犯罪嫌疑人后的二十四小时以内对其进行讯问，发现不应当拘留或者逮捕的，应当报经县级以上公安机关负责人批准，制作《释放通知书》送达看守所。看守所凭《释放通知书》发给被拘留或者逮捕人《释放证明书》，将其立即释放。

在羁押期间发现对犯罪嫌疑人拘留或者逮捕不当的，应当在发现后的十二小时以内，经县级以上公安机关负责人批准将被拘留或者逮捕人释放，或者变更强制措施。

释放被逮捕的人或者变更强制措施的，应当在作出决定后的三日以内，将释放或者变更的原因及情况通知原批准逮捕的人民检察院。

87　提请批准逮捕

87.1　法条规定

第八十七条　公安机关要求逮捕犯罪嫌疑人的时候，应当写出提请批准逮捕书，连同案卷材料、证据，一并移送同级人民检察院审查批准。必要的时候，人民检察院可以派人参加公安机关对于重大案件的讨论。

【立法释义】①

本条规定的是公安机关提请批准逮捕的程序。之所以强调移送“案卷材料、证据”，主要是为了确保人民检察院能够客观全面地评估犯罪嫌疑人是否符合逮捕条件。只有在案证据材料达

① 参见王爱立主编书，第 196—197 页。

到逮捕的法定标准,人民检察院才能批准逮捕。

为全面了解案件情况,避免重大案件的逮捕决定出现偏差,在必要的时候,人民检察院可以派人参加公安机关对于重大案件的讨论。“必要的时候”,主要是指案情重大复杂或者意见分歧较大,人民检察院派员参加公安机关对重大案情的讨论,有助于保证批捕工作的顺利进行,同时促进公安机关补充收集证据材料。“派员参加公安机关对于重大案件的讨论”,是指人民检察院为审慎决定是否批准逮捕,主动或者应公安机关邀请,指派办案人员参加公安机关对于重大案件的研讨。参加讨论的检察人员在充分了解案情基础上,应当对侦查活动提出意见和建议。

87.2　司法解释

87.2.1　检察机关介入审查/调查

★《检察院规则》(2019)

第二百五十六条　经公安机关商请或者人民检察院认为确有必要时,可以派员适时介入重大、疑难、复杂案件的侦查活动,参加公安机关对于重大案件的讨论,对案件性质、收集证据、适用法律等提出意见,监督侦查活动是否合法。

经监察机关商请,人民检察院可以派员介入监察机关办理的职务犯罪案件。

【重点解读】①

人民检察院提前介入监察机关办理的职务犯罪案件,应当在案件进入审理阶段、调查终结移送起诉前进行。提前介入的主要任务是,对证据收集、事实认定、案件定性、法律适用、案件管辖等提出意见和建议,规范调查取证工作,完善案件证据体系,并对是否需要采取强制措施进行审查,确保准确适用法律。

★《最高人民检察院、公安部关于依法适用逮捕措施有关问题的规定》(高检会〔2001〕10号,2001年8月6日)

二、公安机关在作出是否提请人民检察院批准逮捕的决定之前,应当对收集、调取的证据材料予以核实。对于符合逮捕条件的犯罪嫌疑人,应当提请人民检察院批准逮捕;对于不符合逮捕条件但需要继续侦查的,公安机关可以依法取保候审或者监视居住。

公安机关认为需要人民检察院派员参加重大案件讨论的,应当及时通知人民检察院,人民检察院接到通知后,应当及时派员参加。参加的检察人员在充分了解案情的基础上,应当对侦查活动提出意见和建议。

87.2.2　走私犯罪案件提请批准逮捕

★《最高人民检察院关于走私犯罪侦查机关提请批准逮捕和移送审查起诉的案件由分、州、市级人民检察院受理的通知》(高检发研字〔1999〕2号,1999年2月3日)

一、根据《通知》②关于走私犯罪侦查分局(设在直属海关)、走私犯罪侦查支局(设在隶属海关)负责向人民检察院提请批准逮捕和移送起诉工作的规定,走私犯罪侦查分局、支局所在地

---

① 参见童建明、万春主编释义书,第263页。

② 即《最高人民法院、最高人民检察院、公安部、司法部、海关总署关于走私犯罪侦查机关办理走私犯罪案件适用刑事诉讼程序若干问题的通知》。

的分、州、市级人民检察院负责受理走私犯罪侦查机关向人民检察院提请批准逮捕和移送起诉的案件。

二、走私犯罪侦查中队(设在隶属海关下一级海关)侦查的案件,应当报请走私犯罪侦查支局或者分局向所在地的分、州、市级人民检察院提请批准逮捕和移送起诉,受理的人民检察院应当将有关法律文书送达移送案件的走私犯罪侦查分局或者支局。

三、走私犯罪侦查局直接办理的案件,交由案件发生地的走私犯罪侦查分局向所在地的分、州、市级人民检察院提请批准逮捕和移送审查起诉,受理的人民检察院应当将有关法律文书送达移送案件的走私犯罪侦查分局。

87.3 规范性文件

87.3.1 人大代表拘留转逮捕无须许可

★《全国人大常委会法制工作委员会关于人大代表由刑事拘留转逮捕是否需要再次许可问题的意见》(2005年4月20日)

市人民代表涉嫌刑事犯罪,经市人大常委会许可后被刑事拘留,逮捕时不需要报经市人大常委会许可。

87.3.2 公安机关随案移送电子文档

★《最高人民检察院、公安部关于公安机关向检察机关随案移送电子文档的通知》(高检会〔2005〕3号,2005年8月18日)

公安机关向检察机关提请批准逮捕或移送审查起诉时,《提请批准逮捕书》、《起诉意见书》有电子文档的,应当将电子文档一并随案卷材料移送给受案的检察机关(《提请批准逮捕书》、《起诉意见书》以书面原件为准)。

87.3.3 经济犯罪案件提请批准逮捕

★《最高人民法院、最高人民检察院、公安部关于公安部证券犯罪侦查局直属分局办理经济犯罪案件适用刑事诉讼程序若干问题的通知》(公通字〔2009〕51号,2009年11月4日)

五、直属分局在侦查办案过程中,需要逮捕犯罪嫌疑人的,应当按照《刑事诉讼法》及《公安机关办理刑事案件程序规定》的有关规定,制作相应的法律文书,连同有关案卷材料、证据,一并移送犯罪地的人民检察院审查批准。如果由犯罪嫌疑人居住地的人民检察院办理更为适宜的,可以移送犯罪嫌疑人居住地的人民检察院审查批准。

87.3.4 普通刑事案件提请批准逮捕

★《公安规定》(2020)

第一百二十九条 对被拘留的犯罪嫌疑人,经过审查认为需要逮捕的,应当在拘留后的三日以内,提请人民检察院审查批准。在特殊情况下,经县级以上公安机关负责人批准,提请审查批准逮捕的时间可以延长一日至四日。

对流窜作案、多次作案、结伙作案的重大嫌疑分子,经县级以上公安机关负责人批准,提请审查批准逮捕的时间可以延长至三十日。

本条规定的"流窜作案",是指跨市、县管辖范围连续作案,或者在居住地作案后逃跑到外市、县继续作案;"多次作案",是指三次以上作案;"结伙作案",是指二人以上共同作案。

第一百三十条 犯罪嫌疑人不讲真实姓名、住址,身份不明的,应当对其身份进行调查。对符合逮捕条件的犯罪嫌疑人,也可以按其自报的姓名提请批准逮捕。

第一百三十一条　对被拘留的犯罪嫌疑人审查后,根据案件情况报经县级以上公安机关负责人批准,分别作出如下处理:

(一)需要逮捕的,在拘留期限内,依法办理提请批准逮捕手续;

(二)应当追究刑事责任,但不需要逮捕的,依法直接向人民检察院移送审查起诉,或者依法办理取保候审或者监视居住手续后,向人民检察院移送审查起诉;

(三)拘留期限届满,案件尚未办结,需要继续侦查的,依法办理取保候审或者监视居住手续;

(四)具有本规定第一百八十六条规定情形之一的,释放被拘留人,发给释放证明书;需要行政处理的,依法予以处理或者移送有关部门。

第一百三十七条　需要提请批准逮捕犯罪嫌疑人的,应当经县级以上公安机关负责人批准,制作提请批准逮捕书,连同案卷材料、证据,一并移送同级人民检察院审查批准。

犯罪嫌疑人自愿认罪认罚的,应当记录在案,并在提请批准逮捕书中写明有关情况。

【重点解读】①

"不讲真实姓名、住址,身份不明",是指犯罪嫌疑人为逃避法律制裁,谎报或者不讲真实姓名、住址,从而使公安机关难以查证,对其身份无法确认。犯罪嫌疑人已经供述了自己的真实姓名、住址、身份,但公安机关因时间、路程、通信等原因,尚未来得及或者一时无法查证其供述的情况是否真实的,不得以"身份不明"论。

★《国安规定》(2024)

第一百五十二条　国家安全机关对被拘留人,经过审查认为需要逮捕的,应当在拘留后的三日以内,提请人民检察院审查批准。在特殊情况下,经国家安全机关负责人批准,提请审查批准的时间可以延长一日至四日。

对于流窜作案、多次作案、结伙作案的重大嫌疑分子,经国家安全机关负责人批准,提请审查批准的时间可以延长至三十日。

延长提请审查批准逮捕时间的,应当经国家安全机关负责人批准,制作变更羁押期限通知书,通知看守所和被拘留人。

第一百五十三条　犯罪嫌疑人不讲真实姓名、住址,身份不明的,应当对其身份进行调查。对于符合逮捕条件的犯罪嫌疑人,也可以按其自报的姓名提请批准逮捕。

第一百五十四条　对被拘留的犯罪嫌疑人审查后,根据案件情况报经国家安全机关负责人批准,分别作出如下处理:

(一)需要逮捕的,在拘留期限内,依法办理提请批准逮捕手续;

(二)应当追究刑事责任,但不需要逮捕的,依法办理取保候审或者监视居住手续后,向人民检察院移送审查起诉;

(三)拘留期限届满,案件尚未办结,需要继续侦查的,依法办理取保候审或者监视居住手续;

(四)具有本规定第二百零六条规定情形之一的,释放被拘留人,发给释放证明书;需要行政处理的,依法予以处理或者移送有关部门。

---

① 参见孙茂利主编书,第326页。

88　审查批准逮捕

88.1　法条规定

第八十八条　人民检察院审查批准逮捕，可以讯问犯罪嫌疑人；有下列情形之一的，应当讯问犯罪嫌疑人：

（一）对是否符合逮捕条件有疑问的；

（二）犯罪嫌疑人要求向检察人员当面陈述的；

（三）侦查活动可能有重大违法行为的。

人民检察院审查批准逮捕，可以询问证人等诉讼参与人，听取辩护律师的意见；辩护律师提出要求的，应当听取辩护律师的意见。

【立法释义】①

本条规定的是人民检察院审查批准逮捕的程序。鉴于审查批准逮捕在审前程序中具有关键作用，有必要推进该程序的适度诉讼化，提高逮捕决定的合法性和正当性。关于审查批准逮捕，应当关注以下事项：

第一，人民检察院审查批准逮捕时讯问犯罪嫌疑人的两种模式。一种是裁量模式，即"可以"讯问犯罪嫌疑人。人民检察院根据案件情况和需要，可以裁量决定是否讯问犯罪嫌疑人。另一种是强制模式，即"应当"讯问犯罪嫌疑人。具体包括三种情形：一是"对犯罪嫌疑人是否符合逮捕条件存有疑问"。人民检察院对审查批准逮捕的案卷材料、证据进行审查后，对逮捕的事实证据条件、罪责条件或者社会危险性条件存在疑问，应当讯问犯罪嫌疑人。二是"犯罪嫌疑人要求向检察人员当面陈述"。这一情形实际上赋予犯罪嫌疑人向检察人员的当面陈述权。在当面陈述过程中，犯罪嫌疑人可以提出其对案件事实证据的意见，对逮捕的依据提出质疑，或者申请采取取保候审、监视居住等强制措施。三是"侦查活动可能有重大违法行为"。人民检察院在审查批准逮捕过程中，可能发现侦查活动可能有重大违法行为，包括侦查人员涉嫌刑讯逼供，或者依法应当回避等。此种情况下，人民检察院作为法律监督机关依法应当讯问犯罪嫌疑人，调查核实侦查活动的合法性，依法纠正侦查违法行为。

第二，人民检察院询问证人等诉讼参与人和听取辩护律师意见的要求。人民检察院审查批准逮捕，发现证人证言与犯罪嫌疑人供述和其他证据存在矛盾，或者证人证言自身存在矛盾等情形时，可以通过询问证人等诉讼参与人的方式调查核实逮捕的事实证据依据。同时，为了审查核实是否符合逮捕条件，人民检察院也可以听取辩护律师的意见。需要指出的是，对于辩护律师要求向人民检察院陈述意见的，人民检察院应当听取辩护律师的意见。此外，《检察院规则》第二百八十一条规定，对有重大影响的审查逮捕案件，人民检察院可以采取当面听取侦查人员、犯罪嫌疑人及其辩护人等意见的方式进行公开审查。

第三，审查核实讯问录音、录像。人民检察院在审查批准逮捕环节，应当对证据收集的合法性以及犯罪嫌疑人、被告人供述的真实性进行审查。根据《检察院规

---

① 参见王爱立主编书，第 197—201 页。

则》第二百六十三条的规定，人民检察院可以调取公安机关讯问犯罪嫌疑人的录音、录像并审查相关的录音、录像。对于重大、疑难、复杂的案件，必要时可以审查全部录音、录像。对于监察机关移送起诉的案件，认为需要调取有关录音、录像的，可以商监察机关调取。

88.2　司法解释

88.2.1　审查批准逮捕阶段审查核实证据

★《检察院规则》(2019)

第二百五十五条　人民检察院办理审查逮捕、审查起诉案件，应当全面审查证明犯罪嫌疑人有罪或者无罪、罪轻或者罪重的证据。

第二百五十七条　对于批准逮捕后要求公安机关继续侦查、不批准逮捕后要求公安机关补充侦查或者审查起诉阶段退回公安机关补充侦查的案件，人民检察院应当分别制作继续侦查提纲或者补充侦查提纲，写明需要继续侦查或者补充侦查的事项、理由、侦查方向、需补充收集的证据及其证明作用等，送交公安机关。

第二百五十八条　人民检察院讯问犯罪嫌疑人时，应当首先查明犯罪嫌疑人的基本情况，依法告知犯罪嫌疑人诉讼权利和义务，以及认罪认罚的法律规定，听取其供述和辩解。犯罪嫌疑人翻供的，应当讯问其原因。犯罪嫌疑人申请排除非法证据的，应当告知其提供相关线索或者材料。犯罪嫌疑人检举揭发他人犯罪的，应当予以记录，并依照有关规定移送有关机关、部门处理。

讯问犯罪嫌疑人应当制作讯问笔录，并交犯罪嫌疑人核对或者向其宣读。经核对无误后逐页签名或者盖章，并捺指印后附卷。犯罪嫌疑人请求自行书写供述的，应当准许，但不得以自行书写的供述代替讯问笔录。

犯罪嫌疑人被羁押的，讯问应当在看守所讯问室进行。

第二百五十九条　办理审查逮捕、审查起诉案件，可以询问证人、被害人、鉴定人等诉讼参与人，并制作笔录附卷。询问时，应当告知其诉讼权利和义务。

询问证人、被害人的地点按照刑事诉讼法第一百二十四条的规定执行。

第二百六十条　讯问犯罪嫌疑人，询问被害人、证人、鉴定人，听取辩护人、被害人及其诉讼代理人的意见，应当由检察人员负责进行。检察人员或者检察人员和书记员不得少于二人。

讯问犯罪嫌疑人，询问证人、鉴定人、被害人，应当个别进行。

第二百六十一条　办理审查逮捕案件，犯罪嫌疑人已经委托辩护律师的，可以听取辩护律师的意见。辩护律师提出要求的，应当听取辩护律师的意见。对辩护律师的意见应当制作笔录，辩护律师提出的书面意见应当附卷。

办理审查起诉案件，应当听取辩护人或者值班律师、被害人及其诉讼代理人的意见，并制作笔录。辩护人或者值班律师、被害人及其诉讼代理人提出书面意见的，应当附卷。

对于辩护律师在审查逮捕、审查起诉阶段多次提出意见的，均应如实记录。

辩护律师提出犯罪嫌疑人不构成犯罪、无社会危险性、不适宜羁押或者侦查活动有违法犯罪情形等书面意见的，检察人员应当审查，并在相关工作文书中说明是否采纳的情况和理由。

第二百六十二条　直接听取辩护人、被害人及其诉讼代理人的意见有困难的,可以通过电话、视频等方式听取意见并记录在案,或者通知辩护人、被害人及其诉讼代理人提出书面意见。无法通知或者在指定期限内未提出意见的,应当记录在案。

第二百六十三条　对于公安机关提请批准逮捕、移送起诉的案件,检察人员审查时发现存在本规则第七十五条第一款规定情形的,可以调取公安机关讯问犯罪嫌疑人的录音、录像并审查相关的录音、录像。对于重大、疑难、复杂的案件,必要时可以审查全部录音、录像。

对于监察机关移送起诉的案件,认为需要调取有关录音、录像的,可以商监察机关调取。

对于人民检察院直接受理侦查的案件,审查时发现负责侦查的部门未按照本规则第七十五条第三款的规定移送录音、录像或者移送不全的,应当要求其补充移送。对取证合法性或者讯问笔录真实性等产生疑问的,应当有针对性地审查相关的录音、录像。对于重大、疑难、复杂的案件,可以审查全部录音、录像。

第二百六十四条　经审查讯问犯罪嫌疑人录音、录像,发现公安机关、本院负责侦查的部门讯问不规范,讯问过程存在违法行为,录音、录像内容与讯问笔录不一致等情形的,应当逐一列明并向公安机关、本院负责侦查的部门书面提出,要求其予以纠正、补正或者书面作出合理解释。发现讯问笔录与讯问犯罪嫌疑人录音、录像内容有重大实质性差异的,或者公安机关、本院负责侦查的部门不能补正或者作出合理解释的,该讯问笔录不能作为批准或者决定逮捕、提起公诉的依据。

第二百八十条　人民检察院办理审查逮捕案件,可以讯问犯罪嫌疑人;具有下列情形之一的,应当讯问犯罪嫌疑人:

(一)对是否符合逮捕条件有疑问的;

(二)犯罪嫌疑人要求向检察人员当面陈述的;

(三)侦查活动可能有重大违法行为的;

(四)案情重大、疑难、复杂的;

(五)犯罪嫌疑人认罪认罚的;

(六)犯罪嫌疑人系未成年人的;

(七)犯罪嫌疑人是盲、聋、哑人或者是尚未完全丧失辨认或者控制自己行为能力的精神病人的。

讯问未被拘留的犯罪嫌疑人,讯问前应当听取公安机关的意见。

办理审查逮捕案件,对被拘留的犯罪嫌疑人不予讯问的,应当送达听取犯罪嫌疑人意见书,由犯罪嫌疑人填写后及时收回审查并附卷。经审查认为应当讯问犯罪嫌疑人的,应当及时讯问。

第二百八十一条　对有重大影响的案件,可以采取当面听取侦查人员、犯罪嫌疑人及其辩护人等意见的方式进行公开审查。

【重点解读】①

第一,继续侦查的案件范围。鉴于批捕证据条件与起诉证据条件不同,加之批准逮捕时认定的犯罪事实及犯罪嫌疑人涉嫌的罪名并不全面,可能存在需要进一步查清的部分,因此,对于批

---

① 参见童建明、万春主编释义书,第264—269页。

准逮捕的案件,需要捕后对公安机关的继续侦查提出要求,否则难以达到起诉、审判的要求。

第二,听取辩护人、被害人及其诉讼代理人意见的方式。一般应当面听取,只有在直接听取意见有困难时,才可以通过其他方式听取。对于无法通知或者在指定期限内未提出意见的,应当记录在案,保留证据可查。

88.2.2　审查批准逮捕阶段排除非法证据

★《检察院规则》(2019)

第二百六十五条　犯罪嫌疑人及其辩护人申请排除非法证据,并提供相关线索或者材料的,人民检察院应当调查核实。发现侦查人员以刑讯逼供等非法方法收集证据的,应当依法排除相关证据并提出纠正意见。

审查逮捕期限届满前,经审查无法确定存在非法取证的行为,但也不能排除非法取证可能的,该证据不作为批准逮捕的依据。检察官应当根据在案的其他证据认定案件事实和决定是否逮捕,并在作出批准或者不批准逮捕的决定后,继续对可能存在的非法取证行为进行调查核实。经调查核实确认存在以刑讯逼供等非法方法收集证据情形的,应当向公安机关提出纠正意见。以非法方法收集的证据,不得作为提起公诉的依据。

第二百六十六条　审查逮捕期间,犯罪嫌疑人申请排除非法证据,但未提交相关线索或者材料,人民检察院经全面审查案件事实、证据,未发现侦查人员存在以非法方法收集证据的情形,认为符合逮捕条件的,可以批准逮捕。

审查起诉期间,犯罪嫌疑人及其辩护人又提出新的线索或者证据,或者人民检察院发现新的证据,经调查核实认为侦查人员存在以刑讯逼供等非法方法收集证据情形的,应当依法排除非法证据,不得作为提起公诉的依据。

排除非法证据后,犯罪嫌疑人不再符合逮捕条件但案件需要继续审查起诉的,应当及时变更强制措施。案件不符合起诉条件的,应当作出不起诉决定。

★《最高人民法院、最高人民检察院、公安部、国家安全部、司法部关于办理刑事案件严格排除非法证据若干问题的规定》(法发〔2017〕15号,2017年6月20日)

第十六条　审查逮捕、审查起诉期间讯问犯罪嫌疑人,应当告知其有权申请排除非法证据,并告知诉讼权利和认罪的法律后果。

第十七条　审查逮捕、审查起诉期间,犯罪嫌疑人及其辩护人申请排除非法证据,并提供相关线索或者材料的,人民检察院应当调查核实。调查结论应当书面告知犯罪嫌疑人及其辩护人。

人民检察院在审查起诉期间发现侦查人员以刑讯逼供等非法方法收集证据的,应当依法排除相关证据并提出纠正意见,必要时人民检察院可以自行调查取证。

人民检察院对审查认定的非法证据,应当予以排除,不得作为批准或者决定逮捕、提起公诉的根据。被排除的非法证据应当随案移送,并写明为依法排除的非法证据。

第十八条　人民检察院依法排除非法证据后,证据不足,不符合逮捕、起诉条件的,不得批准或者决定逮捕、提起公诉。

对于人民检察院排除有关证据导致对涉嫌的重要犯罪事实未予认定，从而作出不批准逮捕、不起诉决定，或者对涉嫌的部分重要犯罪事实决定不起诉的，公安机关、国家安全机关可要求复议、提请复核。

★《最高人民法院、最高人民检察院、公安部、国家安全部、司法部办理刑事案件排除非法证据规程》（法发〔2024〕12号，2024年7月25日）

第六条　人民检察院办理审查逮捕、审查起诉案件，发现侦查人员以非法方法收集证据的，应当及时调查核实；犯罪嫌疑人及其辩护人申请排除非法证据，并提供涉嫌非法取证的人员、时间、地点、方式和内容等线索或者材料的，人民检察院应当受理并进行审查。根据现有材料无法证明证据收集合法性的，应当及时进行调查核实。

人民检察院认为可能存在以刑讯逼供等非法方法收集证据情形的，可以书面要求侦查机关对证据收集的合法性作出说明。对确有以非法方法收集证据情形的，人民检察院应当依法向侦查机关提出纠正意见。

【最高人民检察院指导性案例】

［检例第27号］王玉雷不批准逮捕案

办案要旨：检察机关办理审查逮捕案件，要严格坚持证据合法性原则，既要善于发现非法证据，又要坚决排除非法证据。非法证据排除后，其他在案证据不能证明犯罪嫌疑人实施犯罪行为的，应当依法对犯罪嫌疑人作出不批准逮捕的决定。要加强对审查逮捕案件的跟踪监督，引导侦查机关全面及时收集证据，促进侦查活动依法规范进行。

88.2.3　审查批准逮捕期间不另行侦查

★《最高人民检察院关于对报请批准逮捕的案件可否侦查问题的批复》（高检发释字〔1998〕2号，1998年5月12日）

人民检察院审查公安机关提请逮捕的案件，经审查，应当作出批准或者不批准逮捕的决定，对报请批准逮捕的案件不另行侦查。人民检察院在审查批捕中如果认为报请批准逮捕的证据存有疑问的，可以复核有关证据，讯问犯罪嫌疑人、询问证人，以保证批捕案件的质量，防止错捕或漏捕。

88.2.4　审查批准逮捕阶段防范冤假错案的要求

★《最高人民检察院关于切实履行检察职能防止和纠正冤假错案的若干意见》（高检发〔2013〕11号，2013年9月9日）

9. 在审查逮捕和审查起诉工作中，要重点审查下列案件：

（1）故意杀人、故意伤害致人重伤或死亡、强奸、绑架等暴力犯罪案件；

（2）抢劫、盗窃等侵犯财产权利的犯罪和爆炸、放火等危害公共安全的犯罪，可能判处十年以上有期徒刑、无期徒刑或者死刑的案件；

（3）犯罪嫌疑人、辩护人明确提出办案程序严重违法，作无罪辩护的案件；

（4）犯罪嫌疑人控告刑讯逼供的案件；

（5）超期羁押、久拖不决的案件；

（6）犯罪嫌疑人拒不认罪或者供述反复的案件；

（7）事实不清、证据不足的案件；

(8)案件的主要证据存在疑问的案件;

(9)承办人与所在部门或有关部门意见不一致的案件;

(10)其他重大复杂犯罪案件。

10. 注重证据的综合审查和运用。要注重审查证据的客观性、真实性,尤其是证据的合法性。在审查逮捕、审查起诉过程中,应当认真审查侦查机关是否移交证明犯罪嫌疑人有罪或者无罪、犯罪情节轻重的全部证据。辩护人认为侦查机关收集的证明犯罪嫌疑人无罪或者罪轻的证据材料未提交,申请人民检察院向侦查机关调取,经审查认为辩护人申请调取的证据已收集并且与案件事实有联系的,应当予以调取。只有犯罪嫌疑人供述,没有其他证据的,不得认定犯罪嫌疑人有罪。对于命案等重大案件,应当强化对实物证据和刑事科学技术鉴定的审查,对于其中可能判处死刑的案件,必须坚持最严格的证据标准,确保定罪量刑的事实均有证据证明且查证属实,证据与证据之间、证据与案件事实之间不存在无法排除的矛盾和无法解释的疑问,全案证据已经形成完整的证明体系。在提起公诉时,应当移送全部在案证据材料。

11. 依法讯问犯罪嫌疑人。办理审查逮捕、审查起诉案件,应当依法讯问犯罪嫌疑人,认真听取犯罪嫌疑人供述和辩解,对无罪和罪轻的辩解应当认真调查核实,对前后供述出现反复的原因必须审查,必要时应当调取审查讯问犯罪嫌疑人的录音、录像。审查逮捕、审查起诉过程中第一次讯问犯罪嫌疑人,应当讯问其供述是否真实,并记入笔录。对被羁押的犯罪嫌疑人要结合提讯凭证的记载,核查提讯时间、讯问人与讯问笔录的对应关系。

12. 在审查逮捕、审查起诉中要高度重视、认真听取辩护律师的意见。犯罪嫌疑人已经委托辩护律师的,要按照法律要求,认真听取辩护律师的意见;辩护律师提出书面意见的,应当附卷。辩护律师提出不构成犯罪、无社会危险性、不适宜羁押、侦查活动有违法犯罪情形等书面意见的,办案人员必须进行审查,在相关法律文书中叙明律师提出的意见并说明是否采纳的情况和理由。

13. 依法排除非法证据。采用刑讯逼供等非法方法收集的犯罪嫌疑人供述和采用暴力、威胁等非法方法收集的证人证言、被害人陈述,应当依法排除,不得作为批准、决定逮捕或者提起公诉的依据。收集物证、书证不符合法定程序,可能严重影响司法公正的,应当及时要求侦查机关补正或者作出书面解释;不能补正或者无法作出合理解释的,对该证据应当予以排除。对非法证据依法予以排除后,其他证据不能证明犯罪嫌疑人实施犯罪行为的,应当不批准或者决定逮捕,已经移送审查起诉的,可以将案件退回侦查机关补充侦查或者作出不起诉决定。

14. 及时调查核实非法取证的材料或者线索。当事人及其辩护人、诉讼代理人报案、控告、举报侦查人员采用刑讯逼供等非法方法收集证据并提供涉嫌非法取证的人员、时间、地点、方式和内容等材料或者线索的,人民检察院应当受理并及时进行审查,对于根据现有材料无法证明证据收集合法性的,应当及时进行调查核实。

15. 做好对讯问原始录音、录像的

审查。对于侦查机关随案移送或者人民检察院调取的讯问犯罪嫌疑人录音、录像,认为可能存在非法取证行为的,应当审查相关的录音、录像;对于重大、疑难、复杂案件,必要时可以审查全部录音、录像。经审查,发现讯问过程存在违法行为,录音、录像内容与讯问笔录不一致等情形的,应当要求侦查机关予以纠正、补正或者作出书面解释;发现讯问笔录与讯问犯罪嫌疑人录音、录像内容有重大实质性差异的,或者侦查机关不能补正或者作出合理解释的,该讯问笔录不能作为批准、决定逮捕或者提起公诉的依据。

16. 对以下五种情形,不符合逮捕或者起诉条件的,不得批准逮捕或者提起公诉:

(1)案件的关键性证据缺失的;

(2)犯罪嫌疑人拒不认罪或者翻供,而物证、书证、勘验、检查笔录、鉴定意见等其他证据无法证明犯罪的;

(3)只有犯罪嫌疑人供述没有其他证据印证的;

(4)犯罪嫌疑人供述与被害人陈述、证人证言、物证、书证等证据存在关键性矛盾,不能排除的;

(5)不能排除存在刑讯逼供、暴力取证等违法情形可能的。

88.3　规范性文件

88.3.1　审查批准逮捕阶段律师辩护权保障

★《最高人民法院、最高人民检察院、公安部、国家安全部、司法部关于依法保障律师执业权利的规定》(司发〔2015〕14号,2015年9月16日)

第二十一条　侦查机关在案件侦查终结前,人民检察院、人民法院在审查批准、决定逮捕期间,最高人民法院在复核死刑案件期间,辩护律师提出要求的,办案机关应当听取辩护律师的意见。人民检察院审查起诉、第二审人民法院决定不开庭审理的,应当充分听取辩护律师的意见。

辩护律师要求当面反映意见或者提交证据材料的,办案机关应当依法办理,并制作笔录附卷。辩护律师提出的书面意见和证据材料,应当附卷。

89　审查批准逮捕的权限分工

89.1　法条规定

第八十九条　人民检察院审查批准逮捕犯罪嫌疑人由检察长决定。重大案件应当提交检察委员会讨论决定。

【立法释义】①

本条规定的是人民检察院审查批准逮捕的权限分工。人民检察院组织法第二十九条规定,检察官在检察长领导下开展工作,重大办案事项由检察长决定。基于检察机关的领导体制,人民检察院审查批准逮捕作为重大办案事项,应当由检察长决定。同时,根据人民检察院组织法第三十一条的规定,检察委员会履行讨论决定重大、疑难、复杂案件的职能。鉴于此,重大案件的审查批准逮捕,应当提交检察委员会讨论决定。所谓"重大案件",主要是指涉外案件、案情重大复杂或者争议较大的案件、犯罪嫌疑人是知名人士或有较大影响

① 参见王爱立主编书,第201页。

的案件。需要指出的是,对于外国人、无国籍人涉嫌的特定类型的案件,以及危害国家安全的案件,人民检察院审查批准逮捕,应当履行层报或者备案手续。

89.2　司法解释

89.2.1　检察机关审查批准逮捕的权限和程序

★《检察院规则》(2019)

第二百九十四条　外国人、无国籍人涉嫌危害国家安全犯罪的案件或者涉及国与国之间政治、外交关系的案件以及在适用法律上确有疑难的案件,需要逮捕犯罪嫌疑人的,按照刑事诉讼法关于管辖的规定,分别由基层人民检察院或者设区的市级人民检察院审查并提出意见,层报最高人民检察院审查。最高人民检察院认为需要逮捕的,经征求外交部的意见后,作出批准逮捕的批复;认为不需要逮捕的,作出不批准逮捕的批复。基层人民检察院或者设区的市级人民检察院根据最高人民检察院的批复,依法作出批准或者不批准逮捕的决定。层报过程中,上级人民检察院认为不需要逮捕的,应当作出不批准逮捕的批复。报送的人民检察院根据批复依法作出不批准逮捕的决定。

基层人民检察院或者设区的市级人民检察院认为不需要逮捕的,可以直接依法作出不批准逮捕的决定。

外国人、无国籍人涉嫌本条第一款规定以外的其他犯罪案件,决定批准逮捕的人民检察院应当在作出批准逮捕决定后四十八小时以内报上一级人民检察院备案,同时向同级人民政府外事部门通报。上一级人民检察院经审查发现批准逮捕决定错误的,应当依法及时纠正。

第二百九十五条　人民检察院办理审查逮捕的危害国家安全犯罪案件,应当报上一级人民检察院备案。

上一级人民检察院经审查发现错误的,应当依法及时纠正。

89.2.2　危害国家安全案件的审查批准逮捕程序

★《最高人民检察院关于对危害国家安全案件批捕起诉和实行备案制度等有关事项的通知》(〔1998〕高检办发第 4 号,1998 年 1 月 12 日)

一、根据刑事诉讼法第二十条①的规定,中级人民法院管辖第一审的危害国家安全案件。与之相应,危害国家安全案件的审查批捕、审查起诉一律由检察分(市)院或者省级检察院的批捕、起诉部门办理。基层人民检察院不办理危害国家安全案件的审查批捕和审查起诉。……

四、检察机关批准逮捕(包括不批捕)、提起公诉(包括不起诉)、抗诉的各种危害国家安全的案件,一律报上一级检察院备案,并由省级院及时报最高人民检察院备案。备案材料包括:提请批准逮捕书、批准逮捕决定书或不批准逮捕决定书(副本);起诉意见书、起诉书或不起诉决定书(副本);抗诉案件的起诉书、抗诉书和判决书(副本)。

89.2.3　毒品犯罪案件审查批准逮捕的证据要求

★《办理毒品犯罪案件毒品提取、扣押、称量、取样和送检程序若干问题的规定》(公禁毒〔2016〕511 号,2016 年 5 月 24 日)

---

① 2018 年刑事诉讼法第二十一条。

第三条　人民检察院、人民法院办理毒品犯罪案件，应当审查公安机关对毒品的提取、扣押、称量、取样、送检程序以及相关证据的合法性。

毒品的提取、扣押、称量、取样、送检程序存在瑕疵，可能严重影响司法公正的，人民检察院、人民法院应当要求公安机关予以补正或者作出合理解释。经公安机关补正或者作出合理解释的，可以采用相关证据；不能补正或者作出合理解释的，对相关证据应当依法予以排除，不得作为批准逮捕、提起公诉或者判决的依据。

90　审查批准逮捕的决定和执行

90.1　法条规定

第九十条　人民检察院对于公安机关提请批准逮捕的案件进行审查后，应当根据情况分别作出批准逮捕或者不批准逮捕的决定。对于批准逮捕的决定，公安机关应当立即执行，并且将执行情况及时通知人民检察院。对于不批准逮捕的，人民检察院应当说明理由，需要补充侦查的，应当同时通知公安机关。

【立法释义】①

本条规定的是人民检察院审查批准逮捕的决定和执行程序。关于审查批准逮捕的决定和执行，应当关注以下事项：

第一，审查批准逮捕的结果。人民检察院对于公安机关提请批准逮捕的案件进行审查后，应当根据情况分别作出批准逮捕或者不批准逮捕两种决定。同时，人民检察院对公安机关提请批准逮捕的案件，应当审查是否遗漏应当逮捕的犯罪嫌疑人。这种主动延伸的审查批准逮捕权，体现的是人民检察院的法律监督职责。

第二，公安机关的执行义务。对于人民检察院批准逮捕的决定，公安机关应当立即执行。无论公安机关最终是否顺利执行逮捕，都应当将执行情况反馈给人民检察院，接受人民检察院的法律监督。

第三，不批准逮捕的制约。人民检察院对于不批准逮捕的决定，应当向公安机关说明不批准的理由。

第四，补充侦查机制。对于证据不足，需要补充侦查的，人民检察院应当在作出不批准逮捕决定的同时，通知提请批准逮捕的公安机关补充侦查。公安机关补充侦查完毕，认为符合逮捕条件的，可以重新提请批准逮捕，但不能未经侦查和说明，以相同材料再次提请批准逮捕。

90.2　司法解释

90.2.1　审查批准逮捕的决定与执行

★《检察院规则》(2019)

第二百八十二条　对公安机关提请批准逮捕的犯罪嫌疑人，已经被拘留的，人民检察院应当在收到提请批准逮捕书后七日以内作出是否批准逮捕的决定；未被拘留的，应当在收到提请批准逮捕书后十五日以内作出是否批准逮捕的决定，重大、复杂案件，不得超过二十日。

第二百八十三条　上级公安机关指定犯罪地或者犯罪嫌疑人居住地以外的下级公安机关立案侦查的案件，需要逮捕犯罪嫌疑人的，由侦查该案件的

① 参见王爱立主编书，第202—203页。

公安机关提请同级人民检察院审查批准逮捕。人民检察院应当依法作出批准或者不批准逮捕的决定。

第二百八十四条　对公安机关提请批准逮捕的犯罪嫌疑人，人民检察院经审查认为符合本规则第一百二十八条、第一百三十六条、第一百三十八条规定情形，应当作出批准逮捕的决定，连同案卷材料送达公安机关执行，并可以制作继续侦查提纲，送交公安机关。

第二百八十五条　对公安机关提请批准逮捕的犯罪嫌疑人，具有本规则第一百三十九条至第一百四十一条规定情形，人民检察院作出不批准逮捕决定的，应当说明理由，连同案卷材料送达公安机关执行。需要补充侦查的，应当制作补充侦查提纲，送交公安机关。

人民检察院办理审查逮捕案件，不另行侦查，不得直接提出采取取保候审措施的意见。

对于因犯罪嫌疑人没有犯罪事实、具有刑事诉讼法第十六条规定的情形之一或者证据不足，人民检察院拟作出不批准逮捕决定的，应当经检察长批准。

第二百八十六条　人民检察院应当将批准逮捕的决定交公安机关立即执行，并要求公安机关将执行回执及时送达作出批准决定的人民检察院。如果未能执行，也应当要求其将回执及时送达人民检察院，并写明未能执行的原因。对于人民检察院不批准逮捕的，应当要求公安机关在收到不批准逮捕决定书后，立即释放在押的犯罪嫌疑人或者变更强制措施，并将执行回执在收到不批准逮捕决定书后三日以内送达作出不批准逮捕决定的人民检察院。

公安机关在收到不批准逮捕决定书后对在押的犯罪嫌疑人不立即释放或者变更强制措施的，人民检察院应当提出纠正意见。

第二百八十七条　对于没有犯罪事实或者犯罪嫌疑人具有刑事诉讼法第十六条规定情形之一，人民检察院作出不批准逮捕决定的，应当同时告知公安机关撤销案件。

对于有犯罪事实需要追究刑事责任，但不是被立案侦查的犯罪嫌疑人实施，或者共同犯罪案件中部分犯罪嫌疑人不负刑事责任，人民检察院作出不批准逮捕决定的，应当同时告知公安机关对有关犯罪嫌疑人终止侦查。

公安机关在收到不批准逮捕决定书后超过十五日未要求复议、提请复核，也不撤销案件或者终止侦查的，人民检察院应当发出纠正违法通知书。公安机关仍不纠正的，报上一级人民检察院协商同级公安机关处理。

第二百八十八条　人民检察院办理公安机关提请批准逮捕的案件，发现遗漏应当逮捕的犯罪嫌疑人的，应当经检察长批准，要求公安机关提请批准逮捕。公安机关不提请批准逮捕或者说明的不提请批准逮捕的理由不成立的，人民检察院可以直接作出逮捕决定，送达公安机关执行。

第二百九十三条　对公安机关提请批准逮捕的案件，负责捕诉的部门应当将批准、变更、撤销逮捕措施的情况书面通知本院负责刑事执行检察的部门。

【重点解读】①

第一，人民检察院办理审查逮捕案

① 参见童建明、万春主编释义书，第309—311页。

件不另行侦查，具体包括三层含义：一是不对提请批准逮捕案件以外的罪行进行侦查。例如，在审查逮捕中发现另有应当逮捕的犯罪嫌疑人或者提请批准逮捕罪名以外的罪行的，不另行侦查，应当向公安机关发出应当逮捕犯罪嫌疑人建议书或者建议公安机关侦查。二是不对提请批准逮捕案件进行补充侦查。即在审查批捕中发现需要逮捕而证据尚有欠缺的，检察机关不得自行补充侦查，而应当在作出不捕决定的同时，建议公安机关补充侦查后重新提请批准逮捕。三是不对提请批准逮捕案件重复侦查。因为审查逮捕的法定期限短，只能针对公安机关提请批准逮捕犯罪事实的矛盾点进行个别证据复核而非全面的复核。

第二，拟不批准逮捕报请检察长决定。一是审查承办人对本案把握审查批准逮捕的证据标准是否依法、适当，防止"捕诉一体"改革后，承办人以起诉标准代替批捕标准，有效防止该捕不捕。二是准确把握案件的性质和不捕的理由，防止案件本属于犯罪嫌疑人没有犯罪事实的"绝对不捕"，而承办人却降格以求按照"证据不足不捕"处理。三是审核承办人同时提出的补充侦查提纲是否全面、准确、有无遗漏事项，是否对案件下一步侦查切实起到引导取证作用。四是对承办人的办案程序、法律适用进行审核监督。

90.3　规范性文件

90.3.1　公安机关对逮捕决定的执行

★《最高人民法院、最高人民检察院、公安部、国家安全部、司法部、全国人大常委会法制工作委员会关于实施刑事诉讼法若干问题的规定》（2012 年 12 月 26 日）

17. 对于人民检察院批准逮捕的决定，公安机关应当立即执行，并将执行回执及时送达批准逮捕的人民检察院。如果未能执行，也应当将回执送达人民检察院，并写明未能执行的原因。对于人民检察院决定不批准逮捕的，公安机关在收到不批准逮捕决定书后，应当立即释放在押的犯罪嫌疑人或者变更强制措施，并将执行回执在收到不批准逮捕决定书后的三日内送达作出不批准逮捕决定的人民检察院。

★《最高人民检察院、公安部关于依法适用逮捕措施有关问题的规定》（高检会〔2001〕10 号，2001 年 8 月 6 日）

七、人民检察院批准逮捕的决定，公安机关应当立即执行，并将执行回执在执行后三日内送达作出批准决定的人民检察院；未能执行的，也应当将执行回执送达人民检察院，并写明未能执行的原因。对于人民检察院决定不批准逮捕的，公安机关在收到不批准逮捕决定书后，应当立即释放在押的犯罪嫌疑人或者变更强制措施，并将执行回执在收到不批准逮捕决定书后三日内送达作出不批准逮捕决定的人民检察院。如果公安机关发现逮捕不当的，应当及时予以变更，并将变更的情况及原因在作出变更决定后三日内通知原批准逮捕的人民检察院。人民检察院认为变更不当的，应当通知作出变更决定的公安机关纠正。

九、人民检察院办理审查逮捕案件，发现应当逮捕而公安机关未提请批准逮捕的犯罪嫌疑人的，应当建议公安机关提请批准逮捕。公安机关认为建议正确的，应当立即提请批准逮捕；认为建议不正确的,应当将不提请批准逮捕的理由通知人民检察院。

90.3.2 侦查机关对不批准逮捕决定的反馈

★《公安规定》(2020)

第一百三十八条 对于人民检察院不批准逮捕并通知补充侦查的,公安机关应当按照人民检察院的补充侦查提纲补充侦查。

公安机关补充侦查完毕,认为符合逮捕条件的,应当重新提请批准逮捕。

第一百三十九条 对于人民检察院不批准逮捕而未说明理由的,公安机关可以要求人民检察院说明理由。

【重点解读】①

公安机关要求人民检察院说明理由的,应当以公安机关名义书面向人民检察院提出。公安机关不能因人民检察院对于不批捕决定不说明理由而拒绝执行该决定。

★《国安规定》(2024)

第一百六十七条 对于人民检察院不批准逮捕的,国家安全机关在收到不批准逮捕决定书后,如果犯罪嫌疑人已被拘留的,应当立即释放或者变更强制措施,并将执行回执在收到不批准逮捕决定书后的三日以内送达作出不批准逮捕决定的人民检察院。

第一百六十八条 对于人民检察院不批准逮捕而未说明理由的,国家安全机关可以要求人民检察院说明理由。

★《最高人民检察院、公安部关于依法适用逮捕措施有关问题的规定》(高检会〔2001〕10 号,2001 年 8 月 6 日)

五、对不批准逮捕,需要补充侦查的案件,人民检察院应当通知提请批准逮捕的公安机关补充侦查,并附补充侦查提纲,列明需要查清的事实和需要收集、核实的证据。

六、对人民检察院补充侦查提纲中所列的事项,公安机关应当及时进行侦查、核实,并逐一作出说明。不得未经侦查和说明,以相同材料再次提请批准逮捕。公安机关未经侦查、不作说明的,人民检察院可以作出不批准逮捕的决定。

91 逮捕的提请、审查期限和不批准逮捕的执行

91.1 法条规定

第九十一条 公安机关对被拘留的人,认为需要逮捕的,应当在拘留后的三日以内,提请人民检察院审查批准。在特殊情况下,提请审查批准的时间可以延长一日至四日。

对于流窜作案、多次作案、结伙作案的重大嫌疑分子,提请审查批准的时间可以延长至三十日。

人民检察院应当自接到公安机关提请批准逮捕书后的七日以内,作出批准逮捕或者不批准逮捕的决定。人民检察院不批准逮捕的,公安机关应当在接到通知后立即释放,并且将执行情况及时通知人民检察院。对于需要继续侦查,并且符合取保候审、监视居住条件的,依法取保候审或者监视居住。

【立法释义】②

本条规定的是逮捕的提请、审查期

---

① 参见孙茂利主编书,第 349—350 页。
② 参见王爱立主编书,第 204—205 页。

限和不批准逮捕的执行。关于逮捕的审批期限和不批准逮捕的执行，应当关注以下事项：

第一，公安机关提请批准逮捕的期限。公安机关对被拘留的人，认为需要逮捕的，应当在拘留后的三日以内，提请人民检察院审查批准。“拘留后的三日以内”，是公安机关审查案件是否符合逮捕条件的期限。在特殊情况下，提请审查批准的时间可以延长一日至四日。“特殊情况”，主要是指案情重大疑难复杂，需要调查核实证据，难以在拘留后的三日以内提请批准逮捕。此种情况下，公安机关提起审查批准逮捕的期限最长可以延长至七日。

第二，几类特殊案件提请批准逮捕的期限。对于流窜作案、多次作案、结伙作案情形，因犯罪涉及不同辖区、不同时间段和不同的犯罪主体，调查取证难度很大。同时，考虑所涉对象是“重大嫌疑分子”，并非现行犯，故需要通过调查核实，准确认定犯罪嫌疑人与犯罪事实的关联。与普通案件相比，此类案件申请批准逮捕所需期限更长。基于实践考虑，对于流窜作案、多次作案、结伙作案的重大嫌疑分子，提请审查批准的时间可以延长至三十日。

第三，人民检察院审查批准逮捕的期限。鉴于公安机关提请批准逮捕时，已经移送有关案卷材料和证据，第三款对人民检察院审查批准逮捕的期限作出统一规定，并未区分不同情形。人民检察院应当自接到公安机关提请批准逮捕书后七日以内，作出批准逮捕或者不批准逮捕的决定。同时，《检察院规则》第二百八十二条规定，对于犯罪嫌疑人未被拘留的，人民检察院应当在收到公安机关提请批准逮捕书后十五日以内作出是否批准逮捕的决定，重大、复杂案件，不得超过二十日。

第四，不批准逮捕的执行。人民检察院不批准逮捕的，公安机关应当在接到通知后立即释放，并且将执行情况及时通知人民检察院。

91.2　司法解释

91.2.1　检察机关审查批准逮捕的期限

★《检察院规则》(2019)

第二百八十二条　对公安机关提请批准逮捕的犯罪嫌疑人，已经被拘留的，人民检察院应当在收到提请批准逮捕书后七日以内作出是否批准逮捕的决定；未被拘留的，应当在收到提请批准逮捕书后十五日以内作出是否批准逮捕的决定，重大、复杂案件，不得超过二十日。

★《最高人民检察院、公安部关于依法适用逮捕措施有关问题的规定》(高检会〔2001〕10号，2001年8月6日)

四、对公安机关提请批准逮捕的犯罪嫌疑人，已被拘留的，人民检察院应当在接到提请批准逮捕书后的七日以内作出是否批准逮捕的决定；未被拘留的，应当在接到提请批准逮捕书后的十五日以内作出是否批准逮捕的决定，重大、复杂的案件，不得超过二十日。

91.2.2　对拟逮捕犯罪嫌疑人身份的确认

★《最高人民检察院、公安部关于适用刑事强制措施有关问题的规定》(高检会〔2000〕2号，2000年8月28日)

第二十三条　公安机关对于决定拘留的犯罪嫌疑人，经审查认为需要逮捕的,应当在法定期限内提请同级人民检察院审查批准。犯罪嫌疑人不讲真实姓名、住址,身份不明的,拘留期限自查清其真实身份之日起计算。对于有证据证明有犯罪事实的,也可以按犯罪嫌疑人自报的姓名提请人民检察院批准逮捕。

对于需要确认外国籍犯罪嫌疑人身份的,应当按照我国和该犯罪嫌疑人所称的国籍国签订的有关司法协助条约、国际公约的规定,或者通过外交途径、国际刑警组织渠道查明其身份。如果确实无法查清或者有关国家拒绝协助的,只要有证据证明有犯罪事实,可以按照犯罪嫌疑人自报的姓名提请人民检察院批准逮捕。侦查终结后,对于犯罪事实清楚,证据确实、充分的,也可以按其自报的姓名移送人民检察院审查起诉。

91.2.3　检察机关审查批准逮捕决定的执行要求

★《最高人民法院、最高人民检察院、公安部、国家安全部、司法部、全国人大常委会法制工作委员会关于实施刑事诉讼法若干问题的规定》(2012 年 12 月 26 日)

17. 对于人民检察院批准逮捕的决定,公安机关应当立即执行,并将执行回执及时送达批准逮捕的人民检察院。如果未能执行,也应当将回执送达人民检察院,并写明未能执行的原因。对于人民检察院决定不批准逮捕的,公安机关在收到不批准逮捕决定书后,应当立即释放在押的犯罪嫌疑人或者变更强制措施,并将执行回执在收到不批准逮捕决定书后的三日内送达作出不批准逮捕决定的人民检察院。

★《检察院规则》(2019)

第二百八十六条　人民检察院应当将批准逮捕的决定交公安机关立即执行,并要求公安机关将执行回执及时送达作出批准决定的人民检察院。如果未能执行,也应当要求其将回执及时送达人民检察院,并写明未能执行的原因。对于人民检察院不批准逮捕的,应当要求公安机关在收到不批准逮捕决定书后,立即释放在押的犯罪嫌疑人或者变更强制措施,并将执行回执在收到不批准逮捕决定书后三日以内送达作出不批准逮捕决定的人民检察院。

公安机关在收到不批准逮捕决定书后对在押的犯罪嫌疑人不立即释放或者变更强制措施的,人民检察院应当提出纠正意见。

第二百八十七条　对于没有犯罪事实或者犯罪嫌疑人具有刑事诉讼法第十六条规定情形之一,人民检察院作出不批准逮捕决定的,应当同时告知公安机关撤销案件。

对于有犯罪事实需要追究刑事责任,但不是被立案侦查的犯罪嫌疑人实施,或者共同犯罪案件中部分犯罪嫌疑人不负刑事责任,人民检察院作出不批准逮捕决定的,应当同时告知公安机关对有关犯罪嫌疑人终止侦查。

公安机关在收到不批准逮捕决定书后超过十五日未要求复议、提请复核,也不撤销案件或者终止侦查的,人民检察院应当发出纠正违法通知书。公安机关仍不纠正的,报上一级人民检察院协商同级公安机关处理。

【重点解读】①

第一,检察机关作出不批准逮捕决定的同时,应当告知公安机关撤销案件,这是检察机关履行法律监督职责的内在要求,公安机关应当执行检察机关的决定。

第二,《检察院规则》第二百八十七条第二款规定的"有关犯罪嫌疑人",不仅包括公安机关提请批准逮捕的犯罪嫌疑人,还应当包括公安机关已经立案侦查列为犯罪嫌疑人的其他没有提请逮捕的犯罪嫌疑人(有的公安机关可能已经采取取保候审等其他强制措施)。对于这部分没有提请逮捕的犯罪嫌疑人,告知公安机关终止侦查应当十分慎重,必须通过对全案事实证据的审查,已有充分证据证明所谓的"犯罪嫌疑人"不应负刑事责任,否则会影响案件侦查工作。

★《最高人民检察院、公安部关于依法适用逮捕措施有关问题的规定》(高检会〔2001〕10号,2001年8月6日)

七、人民检察院批准逮捕的决定,公安机关应当立即执行,并将执行回执在执行后三日内送达作出批准决定的人民检察院;未能执行的,也应当将执行回执送达人民检察院,并写明未能执行的原因。对于人民检察院决定不批准逮捕的,公安机关在收到不批准逮捕决定书后,应当立即释放在押的犯罪嫌疑人或者变更强制措施,并将执行回执在收到不批准逮捕决定书后三日内送达作出不批准逮捕决定的人民检察院。如果公安机关发现逮捕不当的,应当及时予以变更,并将变更的情况及原因在作出变更决定后三日内通知原批准逮捕的人民检察院。人民检察院认为变更不当的,应当通知作出变更决定的公安机关纠正。

91.2.4　另案处理的程序规范

★《最高人民检察院、公安部关于规范刑事案件"另案处理"适用的指导意见》(高检会〔2014〕1号,2014年3月6日)

第二条　本意见所称"另案处理",是指在办理刑事案件过程中,对于涉嫌共同犯罪案件或者与该案件有牵连关系的部分犯罪嫌疑人,由于法律有特殊规定或者案件存在特殊情况等原因,不能或者不宜与其他同案犯罪嫌疑人同案处理,而从案件中分离出来单独或者与其他案件并案处理的情形。

第三条　涉案的部分犯罪嫌疑人有下列情形之一的,可以适用"另案处理":

(一)依法需要移送管辖处理的;

(二)系未成年人需要分案办理的;

(三)在同案犯罪嫌疑人被提请批准逮捕或者移送审查起诉时在逃,无法到案的;

(四)涉嫌其他犯罪,需要进一步侦查,不宜与同案犯罪嫌疑人一并提请批准逮捕或者移送审查起诉,或者其他犯罪更为严重,另案处理更为适宜的;

(五)涉嫌犯罪的现有证据暂不符合提请批准逮捕或者移送审查起诉标准,需要继续侦查,而同案犯罪嫌疑人符合提请批准逮捕或者移送审查起诉标准的;

(六)其他适用"另案处理"更为适宜的情形。

第四条　对于下列情形,不适用

———————

① 参见童建明、万春主编释义书,第313—314页。

"另案处理",但公安机关应当在提请批准逮捕书、起诉意见书中注明处理结果,并将有关法律文书复印件及相关说明材料随案移送人民检察院:

(一)现有证据表明行为人在本案中的行为不构成犯罪或者情节显著轻微、危害不大,依法不应当或者不需要追究刑事责任,拟作或者已经作出行政处罚、终止侦查或者其他处理的;

(二)行为人在本案中所涉犯罪行为,之前已被司法机关依法作不起诉决定、刑事判决等处理并生效的。

第五条　公安机关办案部门在办理刑事案件时,发现其中部分犯罪嫌疑人符合本意见第三条规定的情形之一,拟作"另案处理"的,应当提出书面意见并附下列证明材料,经审核后报县级以上公安机关负责人审批:

(一)依法需要移送管辖的,提供移送管辖通知书、指定管辖决定书等材料;

(二)系未成年人需要分案处理的,提供未成年人户籍证明、立案决定书、提请批准逮捕书、起诉意见书等材料;

(三)犯罪嫌疑人在逃的,提供拘留证、上网追逃信息等材料;

(四)犯罪嫌疑人涉嫌其他犯罪,需要进一步侦查的,提供立案决定书等材料;

(五)涉嫌犯罪的现有证据暂不符合提请批准逮捕或者移送审查起诉标准,需要继续侦查的,提供相应说明材料;

(六)因其他原因暂不能提请批准逮捕或者移送审查起诉的,提供相应说明材料。

第六条　公安机关对适用"另案处理"案件进行审核时,应当重点审核以下内容:

(一)是否符合适用"另案处理"条件;

(二)适用"另案处理"的相关证明材料是否齐全;

(三)对本意见第三条第三项、第五项规定的情形适用"另案处理"的,是否及时开展相关工作。

对于审核中发现的问题,办案部门应当及时纠正。

第七条　公安机关对下列案件应当进行重点审核:

(一)一案中存在多名适用"另案处理"人员的;

(二)适用"另案处理"的人员涉嫌黑社会性质的组织犯罪以及故意杀人、强奸、抢劫、绑架等严重危及人身安全的暴力犯罪的;

(三)适用"另案处理"可能引起当事人及其法定代理人、辩护人、诉讼代理人、近亲属或者其他相关人员投诉的;

(四)适用"另案处理"的案件受到社会广泛关注,敏感复杂的。

第八条　公安机关在提请批准逮捕、移送审查起诉案件时,对适用"另案处理"的犯罪嫌疑人,应当在提请批准逮捕书、起诉意见书中注明"另案处理",并将其涉嫌犯罪的主要证据材料的复印件,连同本意见第五条规定的相关证明材料一并随案移送。

对未批准适用"另案处理"的刑事案件,应当对符合逮捕条件的全部犯罪嫌疑人一并提请批准逮捕,或者在侦查终结后对全部犯罪嫌疑人一并移送审查起诉。

第九条　在提请人民检察院批准逮捕时已对犯罪嫌疑人作"另案处

理”,但在移送审查起诉时“另案处理”的原因已经消失的,公安机关应当对其一并移送审查起诉;“另案处理”原因仍然存在的,公安机关应当继续适用“另案处理”,并予以书面说明。

第十条　人民检察院在审查逮捕、审查起诉时,对于适用“另案处理”的案件,应当一并对适用“另案处理”是否合法、适当进行审查。人民检察院审查的重点适用本意见第六条、第七条的规定。

第十一条　人民检察院对于缺少本意见第五条规定的相关材料的案件,应当要求公安机关补送,公安机关应当及时补送。

第十二条　人民检察院发现公安机关在办案过程中适用“另案处理”存在违法或者不当的,应当向公安机关提出书面纠正意见或者检察建议。公安机关应当认真审查,并将结果及时反馈人民检察院。

第十三条　对于本意见第四条规定的情形,人民检察院应当对相关人员的处理情况及相关法律文书进行审查,发现依法需要追究刑事责任的,应当依法予以法律监督。

第十四条　人民检察院对于犯罪嫌疑人长期在逃或者久侦不结的“另案处理”案件,可以适时向公安机关发函催办。公安机关应当及时将开展工作情况函告人民检察院。

第十五条　人民检察院和公安机关应当建立信息通报制度,相互通报“另案处理”案件数量、工作开展情况、案件处理结果等信息,共同研究办理“另案处理”案件过程中存在的突出问题。对于案情重大、复杂、敏感案件,人民检察院和公安机关可以根据实际情况会商研究。

第十六条　人民检察院和公安机关应当建立对“另案处理”案件的动态管理和核销制度。公安机关应当及时向人民检察院通报案件另案处理结果并提供法律文书等相关材料。市、县级人民检察院与公安机关每六个月对办理的“另案处理”案件进行一次清理核对。对“另案处理”原因已经消失或者已作出相关处理的案件,应当及时予以核销。

91.3　规范性文件

91.3.1　侦查机关对审查批准逮捕决定的执行

★《最高人民法院、最高人民检察院、公安部、国家安全部、司法部、全国人大常委会法制工作委员会关于实施刑事诉讼法若干问题的规定》(2012 年 12 月 26 日)

17. 对于人民检察院批准逮捕的决定,公安机关应当立即执行,并将执行回执及时送达批准逮捕的人民检察院。如果未能执行,也应当将回执送达人民检察院,并写明未能执行的原因。对于人民检察院决定不批准逮捕的,公安机关在收到不批准逮捕决定书后,应当立即释放在押的犯罪嫌疑人或者变更强制措施,并将执行回执在收到不批准逮捕决定书后的三日内送达作出不批准逮捕决定的人民检察院。

★《公安规定》(2020)

第一百四十条　对于人民检察院决定不批准逮捕的,公安机关在收到不批准逮捕决定书后,如果犯罪嫌疑人已被拘留的,应当立即释放,发给释放证明书,并在执行完毕后三日以内将执行回执送达作出不批准逮捕决定的人民检察院。

【重点解读】①

即使对犯罪嫌疑人的刑事拘留期限尚未届满，检察机关作出不批捕决定的，公安机关也应当立即释放犯罪嫌疑人，不得以拘留期限未届满为由对犯罪嫌疑人继续羁押。

★《国安规定》(2024)

第一百六十七条　对于人民检察院不批准逮捕的，国家安全机关在收到不批准逮捕决定书后，如果犯罪嫌疑人已被拘留的，应当立即释放或者变更强制措施，并将执行回执在收到不批准逮捕决定书后的三日以内送达作出不批准逮捕决定的人民检察院。

91.3.2　逮捕后的侦查羁押期限

★《公安机关适用刑事羁押期限规定》(公通字〔2006〕17 号，2006 年 1 月 27 日)

第四条　对犯罪嫌疑人的羁押期限，按照以下方式计算：

(一)拘留后的提请审查批准逮捕的期限以日计算，执行拘留后满二十四小时为一日；

(二)逮捕后的侦查羁押期限以月计算，自对犯罪嫌疑人执行逮捕之日起至下一个月的对应日止为一个月；没有对应日的，以该月的最后一日为截止日。

对犯罪嫌疑人作精神病鉴定的期间不计入羁押期限。精神病鉴定期限自决定对犯罪嫌疑人进行鉴定之日起至收到鉴定结论后决定恢复计算侦查羁押期限之日止。

第九条　对被拘留的犯罪嫌疑人在拘留后的三日以内无法提请人民检察院审查批准逮捕的，如果有证据证明犯罪嫌疑人有流窜作案、多次作案、结伙作案的重大嫌疑，报经县级以上公安机关负责人批准，可以直接将提请审查批准的时间延长至三十日。

★《公安规定》(2020)

第一百四十八条　对犯罪嫌疑人逮捕后的侦查羁押期限不得超过二个月。案情复杂、期限届满不能侦查终结的案件，应当制作提请批准延长侦查羁押期限意见书，经县级以上公安机关负责人批准后，在期限届满七日前送请同级人民检察院转报上一级人民检察院批准延长一个月。

第一百四十九条　下列案件在本规定第一百四十八条规定的期限届满不能侦查终结的，应当制作提请批准延长侦查羁押期限意见书，经县级以上公安机关负责人批准，在期限届满七日前送请同级人民检察院层报省、自治区、直辖市人民检察院批准，延长二个月：

(一)交通十分不便的边远地区的重大复杂案件；

(二)重大的犯罪集团案件；

(三)流窜作案的重大复杂案件；

(四)犯罪涉及面广，取证困难的重大复杂案件。

第一百五十条　对犯罪嫌疑人可能判处十年有期徒刑以上刑罚，依照本规定第一百四十九条规定的延长期限届满，仍不能侦查终结的，应当制作提请批准延长侦查羁押期限意见书，经县级以上公安机关负责人批准，在期限届满七日前送请同级人民检察院层报省、自治区、直辖市人民检察院批准，再延长二个月。

第一百五十一条　在侦查期间，发

① 参见孙茂利主编书，第 351 页。

现犯罪嫌疑人另有重要罪行的，应当自发现之日起五日以内报县级以上公安机关负责人批准后，重新计算侦查羁押期限，制作变更羁押期限通知书，送达看守所，并报批准逮捕的人民检察院备案。

前款规定的"另有重要罪行"，是指与逮捕时的罪行不同种的重大犯罪以及同种犯罪并将影响罪名认定、量刑档次的重大犯罪。

第一百五十二条　犯罪嫌疑人不讲真实姓名、住址，身份不明的，应当对其身份进行调查。经县级以上公安机关负责人批准，侦查羁押期限自查清其身份之日起计算，但不得停止对其犯罪行为的侦查取证。

对于犯罪事实清楚，证据确实、充分，确实无法查明其身份的，按其自报的姓名移送人民检察院审查起诉。

★**《国安规定》**（2024）

第一百七十二条　对犯罪嫌疑人逮捕后的侦查羁押期限，不得超过二个月。

案情复杂、期限届满不能侦查终结，需要提请延长侦查羁押期限的，应当经国家安全机关负责人批准，制作提请批准变更侦查羁押期限意见书，说明延长羁押期限案件的主要案情和延长羁押期限的具体理由，在羁押期限届满七日前提请同级人民检察院转报上一级人民检察院批准延长一个月。

第一百七十三条　下列案件在本规定第一百七十二条规定的期限届满不能侦查终结的，应当经国家安全机关负责人批准，制作提请批准变更羁押期限意见书，在羁押期限届满七日前提请人民检察院批准，延长二个月：

（一）交通十分不便的边远地区的重大复杂案件；

（二）重大的犯罪集团案件；

（三）流窜作案的重大复杂案件；

（四）犯罪涉及面广，取证困难的重大复杂案件。

第一百七十四条　对于犯罪嫌疑人可能判处十年有期徒刑以上刑罚，依照本规定第一百七十三条规定延长期限届满，仍不能侦查终结的，应当经国家安全机关负责人批准，制作提请批准变更羁押期限意见书，在羁押期限届满七日前提请同级人民检察院转报省、自治区、直辖市人民检察院批准，再延长二个月。

第一百七十五条　国家安全机关执行逮捕后，有下列情形之一的，应当释放犯罪嫌疑人或者变更强制措施，并通知原批准逮捕的人民检察院：

（一）案件证据发生重大变化，没有证据证明有犯罪事实或者犯罪行为系犯罪嫌疑人所为的；

（二）案件事实或者情节发生变化，犯罪嫌疑人可能判处拘役、管制、独立适用附加刑、免予刑事处罚或者判决无罪的；

（三）继续羁押犯罪嫌疑人，羁押期限可能超过依法可能判处的刑期的。

第一百七十六条　犯罪嫌疑人被逮捕后，人民检察院认为不需要继续羁押，建议予以释放或者变更强制措施的，国家安全机关应当予以调查核实。经调查核实后，认为不需要继续羁押的，应当予以释放或者变更强制措施，并在十日以内将处理情况通知人民检察院；认为需要继续羁押的，应当通知人民检察院并说明理由。

第一百七十七条　对于延长侦查羁押期限的，国家安全机关的办案部门应当制作变更羁押期限通知书，通知看守所。

第一百七十八条　侦查期间，发现犯罪嫌疑人另有重要罪行，自发现之日起依照本规定第一百七十二条重新计算侦查羁押期限。国家安全机关应当自发现之日起五日以内，经国家安全机关负责人批准，制作变更羁押期限通知书，送达看守所，并报批准逮捕的人民检察院备案。

前款规定的"另有重要罪行"，是指与逮捕时的罪行不同种的重大犯罪和同种的影响罪名认定、量刑档次的重大犯罪。

第一百七十九条　犯罪嫌疑人不讲真实姓名、住址，身份不明的，应当对其身份进行调查。经国家安全机关负责人批准，侦查羁押期限自查清身份之日起计算，但是不得停止对其犯罪行为的侦查取证。

对于犯罪事实清楚，证据确实、充分，确实无法查明其身份的，可以按其自报的姓名移送人民检察院审查起诉。

92　不批准逮捕的复议、复核

92.1　法条规定

第九十二条　公安机关对人民检察院不批准逮捕的决定，认为有错误的时候，可以要求复议，但是必须将被拘留的人立即释放。如果意见不被接受，可以向上一级人民检察院提请复核。上级人民检察院应当立即复核，作出是否变更的决定，通知下级人民检察院和公安机关执行。

【立法释义】①

本条规定的是检察机关不批准逮捕决定的复议、复核程序。这是公安机关对不批准逮捕决定的程序救济措施，体现了刑事诉讼的互相制约原则。关于不批准逮捕的复议、复核，应当关注以下事项：

第一，复议程序。公安机关对人民检察院不批准逮捕的决定，认为有错误的时候，可以要求复议，但是必须将被拘留的人立即释放。这种复议程序，是以执行人民检察院不批准逮捕决定为前提的复议。同时，强调"必须将被拘留的人立即释放"，体现了人权保障的内在要求。需要指出的是，公安机关提请复议的前提，是"认为"人民检察院不批准逮捕的决定"有错误"。"认为有错误"，并非是指公安机关对人民检察院的决定存在不同认识，而是指公安机关认为，人民检察院不批准逮捕的决定在事实证据认定和法律适用上存在错误。关于复议的程序，参见《检察院规则》第二百九十条的规定。

第二，复核程序。如果公安机关提出的复议意见不被接受，可以向上一级人民检察院提请复核。关于复核的程序，参见《检察院规则》第二百九十一条的规定。

第三，重新提请批准逮捕。人民检察院作出不批准逮捕决定，并且通知公安机关补充侦查的案件，公安机关在补充侦查后又提请复议的，人民检察院应当告知公安机关重新提请批准逮捕。这主要是考虑，附有补充侦查建议的不批准逮捕决定，意味着案件事实证据未达到逮捕标准。公安机关经过补充侦查后，达到逮捕条件的，可以重新提请

① 参见王爱立主编书，第 206—207 页。

批准逮捕,而非通过复议途径解决。

第四,对不批准逮捕决定的执行监督。《检察院规则》第二百八十七条第三款规定,公安机关在收到不批准逮捕决定书后超过十五日未要求复议、提请复核,也不撤销案件或者终止侦查的,人民检察院应当发出纠正违法通知书。公安机关仍不纠正的,报上一级人民检察院协商同级公安机关处理。

92.2　司法解释

92.2.1　检察机关不批准逮捕的复议、复核

★《检察院规则》(2019)

第二百八十七条　对于没有犯罪事实或者犯罪嫌疑人具有刑事诉讼法第十六条规定情形之一,人民检察院作出不批准逮捕决定的,应当同时告知公安机关撤销案件。

对于有犯罪事实需要追究刑事责任,但不是被立案侦查的犯罪嫌疑人实施,或者共同犯罪案件中部分犯罪嫌疑人不负刑事责任,人民检察院作出不批准逮捕决定的,应当同时告知公安机关对有关犯罪嫌疑人终止侦查。

公安机关在收到不批准逮捕决定书后超过十五日未要求复议、提请复核,也不撤销案件或者终止侦查的,人民检察院应当发出纠正违法通知书。公安机关仍不纠正的,报上一级人民检察院协商同级公安机关处理。

第二百九十条　对不批准逮捕的案件,公安机关要求复议的,人民检察院负责捕诉的部门应当另行指派检察官或者检察官办案组进行审查,并在收到要求复议意见书和案卷材料后七日以内,经检察长批准,作出是否变更的决定,通知公安机关。

第二百九十一条　对不批准逮捕的案件,公安机关提请上一级人民检察院复核的,上一级人民检察院应当在收到提请复核意见书和案卷材料后十五日以内,经检察长批准,作出是否变更的决定,通知下级人民检察院和公安机关执行。需要改变原决定的,应当通知作出不批准逮捕决定的人民检察院撤销原不批准逮捕决定,另行制作批准逮捕决定书。必要时,上级人民检察院也可以直接作出批准逮捕决定,通知下级人民检察院送达公安机关执行。

对于经复议复核维持原不批准逮捕决定的,人民检察院向公安机关送达复议复核决定时应当说明理由。

第二百九十二条　人民检察院作出不批准逮捕决定,并且通知公安机关补充侦查的案件,公安机关在补充侦查后又要求复议的,人民检察院应当告知公安机关重新提请批准逮捕。公安机关坚持要求复议的,人民检察院不予受理。

对于公安机关补充侦查后应当提请批准逮捕而不提请批准逮捕的,按照本规则第二百八十八条的规定办理。

【重点解读】①

第一,人民检察院办理复议案件,应当注意以下事项:一是注意审查案件是否属于复议案件。由于人民检察院对复议的审查是对原不捕决定是否正确的评价判断,其审查前提是原不捕决定作出时依据的案件事实、证据未发生变化。如果公安机关补充侦查后,案件事实和证据发生变化,公安机关应当重新提请

① 参见童建明、万春主编释义书,第317—319页。

批准逮捕,不得提起复议,人民检察院应在新的事实和证据的基础上进行重新审查。二是办理复议案件,人民检察院负责捕诉的部门应当另行指派检察官或检察官办案组进行审查,不可以由审查逮捕该案的原检察官办理。三是人民检察院应当在收到要求复议意见书和案卷材料后七日以内,经检察长批准,作出是否变更的决定。对于公安机关提请复议的案件,无论是否变更原决定,承办人提出审查意见后,均要报检察长批准,不可以授权检察官自行决定。

第二,上一级人民检察院办理复核案件,应当注意以下事项:一是注意审查公安机关是否严格依照程序规定提请复核。二是对复核决定要报检察长批准,不得授权承办人自行审查决定。三是注意审查提请复核的案件,在事实、证据上与原不批准逮捕案件、提请复议案件有无变化。对于公安机关经过补充侦查、事实证据发生变化的案件,应当要求公安机关撤回提请复核,重新提请逮捕。四是对于复议、复核决定应当说明理由。

★《最高人民检察院、公安部关于适用刑事强制措施有关问题的规定》(高检会〔2000〕2 号,2000 年 8 月 28 日)

第二十六条　公安机关认为人民检察院不批准逮捕的决定有错误的,应当在收到不批准逮捕决定书后五日以内,向同级人民检察院要求复议。人民检察院应当在收到公安机关要求复议意见书后七日以内作出复议决定。

公安机关对复议决定不服的,应当在收到人民检察院复议决定书后五日以内,向上一级人民检察院提请复核。上一级人民检察院应当在收到公安机关提请复核意见书后十五日以内作出复核决定。

92.3 规范性文件

92.3.1 侦查机关要求复议、提请复核的程序

★《公安规定》(2020)

第一百四十一条　对人民检察院不批准逮捕的决定,认为有错误需要复议的,应当在收到不批准逮捕决定书后五日以内制作要求复议意见书,报经县级以上公安机关负责人批准后,送交同级人民检察院复议。

如果意见不被接受,认为需要复核的,应当在收到人民检察院的复议决定书后五日以内制作提请复核意见书,报经县级以上公安机关负责人批准后,连同人民检察院的复议决定书,一并提请上一级人民检察院复核。

★《国安规定》(2024)

第一百六十九条　对人民检察院不批准逮捕的决定,国家安全机关认为有错误需要复议的,应当在收到不批准逮捕决定书后五日以内,经国家安全机关负责人批准,制作要求复议意见书,送交同级人民检察院复议。

如果意见不被接受,认为需要复核的,应当在收到人民检察院的复议决定书后五日以内,经国家安全机关负责人批准,制作提请复核意见书,连同人民检察院的复议决定,一并提请上一级人民检察院复核。

★《最高人民检察院、公安部关于依法适用逮捕措施有关问题的规定》(高检会〔2001〕10 号,2001 年 8 月 6 日)

八、公安机关认为人民检察院不批准逮捕的决定有错误的,应当在收到不

批准逮捕决定书后五日以内,向同级人民检察院要求复议。人民检察院应当在收到公安机关要求复议意见书后七日内作出复议决定。

公安机关对复议决定不服的,应当在收到人民检察院复议决定书后五日以内向上一级人民检察院提请复核。上一级人民检察院应当在收到公安机关提请复核意见书后十五日以内作出复核决定。原不批准逮捕决定错误的,应当及时纠正。

92.4　指导与参考案例

92.4.1　不批准逮捕的复议复核要求

【最高人民检察院指导性案例】

[检例第 209 号]朱某涉嫌盗窃不批捕复议复核案

办案要旨:行为人虽然"多次盗窃",但根据行为的客观危害、情节与行为人的主观恶性等综合考量,不具有严重社会危害性,不应受刑罚处罚的,属于情节显著轻微危害不大,不认为是犯罪,人民检察院应当依法作出不批捕决定。对复议复核案件,人民检察院应当开展实质审查,对复议案件,还应当另行指派检察官办理。

92.4.2　不批准逮捕的检察建议

【最高人民检察院指导性案例】

[检例第 210 号]杨某涉嫌虚假诉讼不批捕复议案

办案要旨:认定虚假诉讼罪,应当把握行为人是否实施了捏造民事法律关系、虚构民事纠纷的行为。行为人虽然篡改部分证据,但当事人之间存在真实的民事法律关系、民事纠纷的,不认为是犯罪。人民检察院办理不批捕复议案件,应当加强与公安机关沟通,促进对复议决定的理解认同。对行为人的行为虽不构成犯罪,但妨害了司法秩序或者侵害了他人合法权益的,人民检察院应当提出检察建议,使行为人承担相应法律责任。

92.4.3　不批准逮捕复议决定的纠正

【最高人民检察院指导性案例】

[检例第 211 号]王某掩饰、隐瞒犯罪所得不批捕复议复核案

办案要旨:对掩饰、隐瞒犯罪所得、犯罪所得收益罪"明知"的认定,应当结合行为人的职业性质、认知能力、赃物形态、收购价格、所获收益等综合判断。人民检察院办理掩饰、隐瞒犯罪所得案件,应当根据案件具体事实、情节、后果及社会危害程度,结合上游犯罪的性质、上下游犯罪量刑均衡等综合判断,决定是否追诉、是否认定为"情节严重"。上级人民检察院办理不批捕复核案件,发现下级人民检察院复议决定有错误的,应当依法予以纠正。

93　逮捕的执行程序

93.1　法条规定

第九十三条　公安机关逮捕人的时候,必须出示逮捕证。

逮捕后,应当立即将被逮捕人送看守所羁押。除无法通知的以外,应当在逮捕后二十四小时以内,通知被逮捕人的家属。

【立法释义】①

本条规定的是逮捕的执行程序。关于逮捕的执行,应当关注以下事项:

---

① 参见王爱立主编书,第 207—208 页。

第一，公安机关执行逮捕必须出示逮捕证的要求。逮捕作为剥夺人身自由的最严厉的强制措施，在执行逮捕时必须出示法律凭证。公安机关接到人民检察院的批准逮捕决定书、决定逮捕通知书或者人民法院的逮捕决定书以后，由县以上公安机关负责人签发逮捕证。《公安规定》第一百四十三条规定，执行逮捕时，必须出示逮捕证，并责令被逮捕人在逮捕证上签名、捺指印，拒绝签名、捺指印的，侦查人员应当注明。这一程序需要，隐含的是被逮捕人的配合司法义务。

第二，执行逮捕后将被逮捕人送看守所羁押并通知家属的要求。根据本法第八十五条的规定，拘留后，应当立即将被拘留人送看守所羁押，至迟不得超过二十四小时。相比之下，逮捕并无二十四小时的延缓期限，而是应当立即将被逮捕人送看守所羁押。主要是考虑，拘留之后需要讯问犯罪嫌疑人，并开展指认犯罪现场、抓捕同案犯等调查工作，有必要为公安机关保留合理的调查时间。对于执行逮捕的情形，因事先已制作案卷材料、证据，且没有后续审批程序，不需要为公安机关保留额外的时间。同时，如果执行逮捕环节无故存在拖延，可能导致被逮捕人逃跑等风险，也容易产生取证合法性争议。

关于逮捕后通知家属，2012 年刑事诉讼法修改删去了有碍侦查可以不通知家属的情形。主要是考虑，在提请批准逮捕环节，公安机关已经进行事实调查，并收集有关证据，制作案卷材料。公安机关将被逮捕人送看守所羁押之后，通知其家属并不存在有碍侦查的情形。鉴于此，除无法通知的外，公安机关一律应当通知家属。

93.2　司法解释

93.2.1　送看守所羁押后通知家属

★**《检察院规则》**(2019)

第三百零一条　逮捕犯罪嫌疑人后，应当立即送看守所羁押。除无法通知的以外，负责侦查的部门应当把逮捕的原因和羁押的处所，在二十四小时以内通知其家属。对于无法通知的，在无法通知的情形消除后，应当立即通知其家属。

【重点解读】①

“无法通知的情形”，主要包括以下情形：(1)不讲真实姓名、住址、身份不明的；(2)没有家属的；(3)提供的家属联系方式无法取得联系的；(4)因自然灾害等不可抗力导致无法通知的。对于检察机关办理的案件，出现“无法通知”的情况，办案人员应当报告检察长并将原因写明附卷，以全面反映诉讼过程，便于以后核查。

★**《法院解释》**(2021)

第一百六十七条　人民法院作出逮捕决定后，应当将逮捕决定书等相关材料送交同级公安机关执行，并将逮捕决定书抄送人民检察院。逮捕被告人后，人民法院应当将逮捕的原因和羁押的处所，在二十四小时以内通知其家属；确实无法通知的，应当记录在案。

93.3　规范性文件

93.3.1　侦查机关执行逮捕的程序

★**《公安规定》**(2020)

第一百四十二条　接到人民检察院批准逮捕决定书后，应当由县级以上

① 参见童建明、万春主编释义书，第 328 页。

公安机关负责人签发逮捕证，立即执行，并在执行完毕后三日以内将执行回执送达作出批准逮捕决定的人民检察院。如果未能执行，也应当将回执送达人民检察院，并写明未能执行的原因。

第一百四十三条 执行逮捕时，必须出示逮捕证，并责令被逮捕人在逮捕证上签名、捺指印，拒绝签名、捺指印的，侦查人员应当注明。逮捕后，应当立即将被逮捕人送看守所羁押。

执行逮捕的侦查人员不得少于二人。

第一百四十五条 对犯罪嫌疑人执行逮捕后，除无法通知的情形以外，应当在逮捕后二十四小时以内，制作逮捕通知书，通知被逮捕人的家属。逮捕通知书应当写明逮捕原因和羁押处所。

本条规定的"无法通知"的情形适用本规定第一百一十三条第二款的规定。

无法通知的情形消除后，应当立即通知被逮捕人的家属。

对于没有在二十四小时以内通知家属的，应当在逮捕通知书中注明原因。

【重点解读】①

第一，公安机关在履行通知义务时，能够直接送达逮捕通知书的，应当立即送达被逮捕人的家属，并由受送达人在逮捕通知书副本上签名。直接送达确有困难的，可以邮寄送达，并将邮寄凭证回执附卷，在情况紧急或者被通知人员路途较远时，可以通过电话、传真等方式先行通知，再送达有关法律文书，但不得以口头或者电话通知代替书面通知。

第二，收押是看守所羁押工作的开始，看守所收押犯罪嫌疑人时，应当严格依照刑事诉讼法的规定，严明有关法律凭证，没有凭证或者凭证记载与实际情况不符的，不予收押。

★《国安规定》(2024)

第一百六十三条 接到人民检察院批准逮捕决定后，应当由国家安全机关负责人签发逮捕证，立即执行，并将执行回执三日内送达作出批准逮捕决定的人民检察院。

如果未能执行的，也应当将执行回执送达人民检察院，并写明未能执行的原因。

第一百六十四条 国家安全机关执行逮捕时，应当向被逮捕人出示逮捕证，并责令其在逮捕证上签名、捺指印。逮捕后，应当立即将被逮捕人送看守所羁押。

执行逮捕的侦查人员不得少于二人。

第一百六十五条 对于被逮捕的人，应当在逮捕后二十四小时以内进行讯问。发现不应当逮捕的，经国家安全机关负责人批准，制作释放通知书，通知看守所和原批准逮捕的人民检察院。看守所应当立即释放被逮捕人，并发给释放证明书。

第一百六十六条 对犯罪嫌疑人执行逮捕后，除无法通知的情形以外，应当在逮捕后二十四小时以内，制作逮捕通知书，通知被逮捕人的家属。逮捕通知书应当写明逮捕原因和羁押处所。

无法通知的情形消失后，应当立即通知被逮捕人的家属。

对于没有在二十四小时以内通知家属的，应当在逮捕通知书中注明原因。

★《公安机关适用刑事羁押期限规定》(公通字〔2006〕17号，2006年1月27日)

---

① 参见孙茂利主编书，第361页。

第十条　对人民检察院批准逮捕的，应当在收到人民检察院批准逮捕的决定书后二十四小时以内制作《逮捕证》，向犯罪嫌疑人宣布执行，并将执行回执及时送达作出批准逮捕决定的人民检察院。对未能执行的，应当将回执送达人民检察院，并写明未能执行的原因。

★《最高人民检察院、公安部关于适用刑事强制措施有关问题的规定》（高检会〔2000〕2 号，2000 年 8 月 28 日）

第二十七条　人民检察院直接立案侦查的案件，依法作出逮捕犯罪嫌疑人的决定后，应当将有关法律文书和有关案由、犯罪嫌疑人基本情况的材料送交同级公安机关执行。

公安机关核实人民检察院送交的有关法律文书和材料后，应当报请县级以上公安机关负责人签发逮捕证，并立即派员执行，人民检察院可以协助公安机关执行。

第二十八条　人民检察院直接立案侦查的案件，公安机关逮捕犯罪嫌疑人后，应当立即将执行回执送达决定逮捕的人民检察院。人民检察院应当在逮捕后二十四小时以内，对犯罪嫌疑人进行讯问。除有碍侦查或者无法通知的情形以外，人民检察院还应当将逮捕的原因和羁押的处所，在二十四小时以内，通知被逮捕人的家属或者其所在单位。

公安机关未能抓获犯罪嫌疑人的，应当在二十四小时以内，将执行情况和未能抓获犯罪嫌疑人的原因通知决定逮捕的人民检察院。对于犯罪嫌疑人在逃的，在人民检察院撤销逮捕决定之前，公安机关应当组织力量继续执行，人民检察院应当及时提供新的情况和线索。

94　逮捕后的处理

94.1　法条规定

第九十四条　人民法院、人民检察院对于各自决定逮捕的人，公安机关对于经人民检察院批准逮捕的人，都必须在逮捕后的二十四小时以内进行讯问。在发现不应当逮捕的时候，必须立即释放，发给释放证明。

【立法释义】①

本条规定的是逮捕后及时讯问和处理的要求。逮捕后及时讯问，除及时识别潜在的无辜者，及时发现不符合逮捕条件等情形外，还有助于固定犯罪嫌疑人的供述，保障诉讼顺利进行。对于经逮捕后讯问，办案机关发现不应当逮捕的，必须立即释放，发给释放证明。“不应当逮捕”，主要是指不符合逮捕的事实证据条件、罪责条件以及社会危险性条件等情形。之所以在逮捕后讯问的环节可能出现此种情况，是因为逮捕之后案件事实证据可能出现变化，犯罪嫌疑人及其辩护人提出无罪、罪轻的证据材料，或者社会危险性因素不复存在等。

94.2　司法解释

94.2.1　检察机关逮捕后的处理

★《检察院规则》（2019）

第三百零二条　对被逮捕的犯罪嫌疑人，应当在逮捕后二十四小时以内进行讯问。

发现不应当逮捕的，应当经检察长批准，撤销逮捕决定或者变更为其他强制措施，并通知公安机关执行，同时通

---

① 参见王爱立主编书，第 209 页。

知负责捕诉的部门。

对按照前款规定被释放或者变更强制措施的犯罪嫌疑人，又发现需要逮捕的，应当重新移送审查逮捕。

94.2.2　法院逮捕后的处理

★**《法院解释》**(2021)

第一百六十八条　人民法院对决定逮捕的被告人，应当在逮捕后二十四小时以内讯问。发现不应当逮捕的，应当立即释放。必要时，可以依法变更强制措施。

94.3　规范性文件

94.3.1　侦查机关逮捕后的处理

★**《公安规定》**(2020)

第一百四十四条　对被逮捕的人，必须在逮捕后的二十四小时以内进行讯问。发现不应当逮捕的，经县级以上公安机关负责人批准，制作释放通知书，送看守所和原批准逮捕的人民检察院。看守所凭释放通知书立即释放被逮捕人，并发给释放证明书。

【重点解读】①

第一，"不应当逮捕"主要包括以下情形：(1)原认定的犯罪事实不存在；(2)原认定事实达不到立案标准；(3)原认定的犯罪事实不是该犯罪嫌疑人实施的；(4)不应当对犯罪嫌疑人追究刑事责任；(5)其他不应当逮捕的情形。

第二，逮捕虽是由人民检察院决定，公安机关负责执行，但公安机关在逮捕后发现不应当逮捕的，不需要报请人民检察院撤销逮捕决定，而是报本公安机关负责人批准，释放被逮捕人，同时通知人民检察院。

★**《国安规定》**(2024)

第一百六十五条　对于被逮捕的人，应当在逮捕后二十四小时以内进行讯问。发现不应当逮捕的，经国家安全机关负责人批准，制作释放通知书，通知看守所和原批准逮捕的人民检察院。看守所应当立即释放被逮捕人，并发给释放证明书。

★**《公安机关适用刑事羁押期限规定》**(公通字〔2006〕17号，2006年1月27日)

第八条　侦查人员应当在拘留或者逮捕犯罪嫌疑人后的二十四小时以内对其进行讯问，发现不应当拘留或者逮捕的，应当报经县级以上公安机关负责人批准，制作《释放通知书》送达看守所。看守所凭《释放通知书》发给被拘留或者逮捕人《释放证明书》，将其立即释放。

在羁押期间发现对犯罪嫌疑人拘留或者逮捕不当的，应当在发现后的十二小时以内，经县级以上公安机关负责人批准将被拘留或者逮捕人释放，或者变更强制措施。

释放被逮捕的人或者变更强制措施的，应当在作出决定后的三日以内，将释放或者变更的原因及情况通知原批准逮捕的人民检察院。

95　羁押必要性的持续审查

95.1　法条规定

第九十五条　犯罪嫌疑人、被告人被逮捕后，人民检察院仍应当对羁押的必要性进行审查。对不需要继续羁押的，应当建议予以释放或者变更强制措施。有关机关应当在十日以内将处理情况通知人民检察院。

---

①　参见孙茂利主编书，第359页。

【立法释义】①

本条规定的是羁押必要性的持续审查原则，是 2012 年刑事诉讼法修改新增的条款。逮捕附随的审前羁押，对刑事诉讼的进程及结果具有较大影响，因此，有必要在逮捕后持续进行羁押必要性审查，并基于案件事实证据变化等情况及时变更强制措施。关于羁押必要性的持续审查，应当关注以下事项：

第一，人民检察院进行羁押必要性持续审查的职责。犯罪嫌疑人、被告人被羁押后，此前支持逮捕的事实证据条件、罪责条件和社会危险性条件，可能随着诉讼程序推进而发生动态变化，进而导致审前羁押缺乏必要性。此种情况下，人民检察院作为法律监督机关（同时也是绝大多数案件中逮捕的审查批准或者决定机关），应当依职权对羁押必要性进行持续审查。同时，犯罪嫌疑人、被告人及其辩护人也有权申请人民检察院对羁押必要性进行持续审查。对于此类申请，人民检察院应当进行审查，并依法作出处理。

第二，建议释放或者变更强制措施。人民检察院在对羁押必要性进行审查后，对不需要继续羁押的，应当建议予以释放或者变更强制措施。人民检察院对羁押必要性进行持续审查，履行的不是审查批准逮捕职责，而是法律监督职责；此种情形下，对不需要继续羁押的，不宜直接决定予以释放或者变更强制措施。根据本条规定，人民检察院应当建议予以释放或者变更强制措施。

第三，处理结果的反馈机制。对人民检察院提出的予以释放或者变更强制措施的建议，有关机关应当在十日以内将处理结果通知人民检察院。人民检察院提出的法律监督建议，是具有法律效力的建议。有关机关接到建议后，应当立即对羁押必要性进行全面审查，依法对犯罪嫌疑人、被告人予以释放或者变更强制措施。无论有关机关作出何种处理结果，都应当在收到人民检察院建议后十日以内，将处理结果通知人民检察院。如果有关机关未采纳人民检察院的建议，应当说明理由和根据。

95.2　司法解释

95.2.1　羁押必要性的审查程序及处理

★《检察院规则》（2019）

第五百七十三条　犯罪嫌疑人、被告人被逮捕后，人民检察院仍应当对羁押的必要性进行审查。

第五百七十四条　人民检察院在办案过程中可以依职权主动进行羁押必要性审查。

犯罪嫌疑人、被告人及其法定代理人、近亲属或者辩护人可以申请人民检察院进行羁押必要性审查。申请时应当说明不需要继续羁押的理由，有相关证据或者其他材料的应当提供。

看守所根据在押人员身体状况，可以建议人民检察院进行羁押必要性审查。

第五百七十五条　负责捕诉的部门依法对侦查和审判阶段的羁押必要性进行审查。经审查认为不需要继续羁押的，应当建议公安机关或者人民法院释放犯罪嫌疑人、被告人或者变更强制措施。

审查起诉阶段，负责捕诉的部门经审查认为不需要继续羁押的，应当直接

---

① 参见王爱立主编书，第 210—211 页。

释放犯罪嫌疑人或者变更强制措施。

负责刑事执行检察的部门收到有关材料或者发现不需要继续羁押的，应当及时将有关材料和意见移送负责捕诉的部门。

第五百七十六条　办案机关对应的同级人民检察院负责控告申诉检察的部门或者负责案件管理的部门收到羁押必要性审查申请后，应当在当日移送本院负责捕诉的部门。

其他人民检察院收到羁押必要性审查申请的，应当告知申请人向办案机关对应的同级人民检察院提出申请，或者在二日以内将申请材料移送办案机关对应的同级人民检察院，并告知申请人。

第五百七十七条　人民检察院可以采取以下方式进行羁押必要性审查：

（一）审查犯罪嫌疑人、被告人不需要继续羁押的理由和证明材料；

（二）听取犯罪嫌疑人、被告人及其法定代理人、辩护人的意见；

（三）听取被害人及其法定代理人、诉讼代理人的意见，了解是否达成和解协议；

（四）听取办案机关的意见；

（五）调查核实犯罪嫌疑人、被告人的身体健康状况；

（六）需要采取的其他方式。

必要时，可以依照有关规定进行公开审查。

第五百七十八条　人民检察院应当根据犯罪嫌疑人、被告人涉嫌的犯罪事实、主观恶性、悔罪表现、身体状况、案件进展情况、可能判处的刑罚和有无再危害社会的危险等因素，综合评估有无必要继续羁押犯罪嫌疑人、被告人。

第五百七十九条　人民检察院发现犯罪嫌疑人、被告人具有下列情形之一的，应当向办案机关提出释放或者变更强制措施的建议：

（一）案件证据发生重大变化，没有证据证明有犯罪事实或者犯罪行为系犯罪嫌疑人、被告人所为的；

（二）案件事实或者情节发生变化，犯罪嫌疑人、被告人可能被判处拘役、管制、独立适用附加刑、免予刑事处罚或者判决无罪的；

（三）继续羁押犯罪嫌疑人、被告人，羁押期限将超过依法可能判处的刑期的；

（四）案件事实基本查清，证据已经收集固定，符合取保候审或者监视居住条件的。

第五百八十条　人民检察院发现犯罪嫌疑人、被告人具有下列情形之一，且具有悔罪表现，不予羁押不致发生社会危险性的，可以向办案机关提出释放或者变更强制措施的建议：

（一）预备犯或者中止犯；

（二）共同犯罪中的从犯或者胁从犯；

（三）过失犯罪的；

（四）防卫过当或者避险过当的；

（五）主观恶性较小的初犯；

（六）系未成年人或者已满七十五周岁的人；

（七）与被害方依法自愿达成和解协议，且已经履行或者提供担保的；

（八）认罪认罚的；

（九）患有严重疾病、生活不能自理的；

（十）怀孕或者正在哺乳自己婴儿的妇女；

（十一）系生活不能自理的人的唯

一扶养人；

（十二）可能被判处一年以下有期徒刑或者宣告缓刑的；

（十三）其他不需要继续羁押的情形。

第五百八十一条　人民检察院向办案机关发出释放或者变更强制措施建议书的，应当说明不需要继续羁押犯罪嫌疑人、被告人的理由和法律依据，并要求办案机关在十日以内回复处理情况。

人民检察院应当跟踪办案机关对释放或者变更强制措施建议的处理情况。办案机关未在十日以内回复处理情况的，应当提出纠正意见。

第五百八十二条　对于依申请审查的案件，人民检察院办结后，应当将提出建议的情况和公安机关、人民法院的处理情况，或者有继续羁押必要的审查意见和理由及时书面告知申请人。

【重点解读】①

第一，当事人及其法定代理人、近亲属和辩护人申请变更强制措施的权利，与申请人民检察院进行羁押必要性审查并不相同。一是申请对象不同。前者的申请对象是办案机关，包括公安机关、人民检察院和人民法院；后者的申请对象仅限于人民检察院。二是申请的时间不同。前者要对应办案机关的诉讼阶段，如申请人民法院变更强制措施只能是在审判阶段；而后者可以在侦查、审查起诉、一审、二审等任何一个阶段向人民检察院提出。三是申请的效力和法律后果不同。前者的办案机关应当在收到申请后三日内作出决定，不同意变更强制措施的，应当告知申请人，并说明不同意的理由；而后者只是引起人民检察院启动羁押必要性审查程序。

第二，人民检察院羁押必要性审查的处理方式，需要注意以下事项：负责捕诉的部门直接释放犯罪嫌疑人或者变更强制措施，与刑事诉讼法意义上的羁押必要性审查并不完全相同。同时，刑事诉讼法第九十七条、第九十八条等也包含有关机关对是否有必要羁押或者继续羁押的审查，此类审查是广义的羁押必要性审查，而刑事诉讼法第九十五条规定的羁押必要性审查，即逮捕后对羁押必要性继续进行审查，是狭义的羁押必要性审查。

★《法院解释》（2021）

第一百七十三条　对人民法院决定逮捕的被告人，人民检察院建议释放或者变更强制措施的，人民法院应当在收到建议后十日以内将处理情况通知人民检察院。

★《人民检察院、公安机关羁押必要性审查、评估工作规定》（高检发〔2023〕12 号，2023 年 11 月 30 日）

第一条　犯罪嫌疑人、被告人被逮捕后，人民检察院应当依法对羁押的必要性进行审查。不需要继续羁押的，应当建议公安机关、人民法院予以释放或者变更强制措施。对于审查起诉阶段的案件，应当及时决定释放或者变更强制措施。

公安机关在移送审查起诉前，发现采取逮捕措施不当或者犯罪嫌疑人及其法定代理人、近亲属或者辩护人、值班律师申请变更羁押强制措施的，应当对羁押的必要性进行评估。不需要继续羁押的，应当及时决定释放或者变更

① 参见童建明、万春主编释义书，第 616—617 页。

强制措施。

第二条　人民检察院、公安机关开展羁押必要性审查、评估工作，应当分工负责、互相配合、互相制约，以保证准确有效地执行法律。

第三条　人民检察院、公安机关应当依法、及时、规范开展羁押必要性审查、评估工作，全面贯彻宽严相济刑事政策，准确把握羁押措施适用条件，严格保守办案秘密和国家秘密、商业秘密、个人隐私。

羁押必要性审查、评估工作不得影响刑事诉讼依法进行。

第四条　人民检察院依法开展羁押必要性审查，由捕诉部门负责。负责刑事执行、控告申诉、案件管理、检察技术的部门应当予以配合。

公安机关对羁押的必要性进行评估，由办案部门负责，法制部门统一审核。

犯罪嫌疑人、被告人在异地羁押的，羁押地人民检察院、公安机关应当予以配合。

第五条　人民检察院、公安机关应当充分保障犯罪嫌疑人、被告人的诉讼权利，保障被害人合法权益。

公安机关执行逮捕决定时，应当告知被逮捕人有权向办案机关申请变更强制措施，有权向人民检察院申请羁押必要性审查。

第六条　人民检察院在刑事诉讼过程中可以对被逮捕的犯罪嫌疑人、被告人依职权主动进行羁押必要性审查。

人民检察院对审查起诉阶段未经羁押必要性审查、可能判处三年有期徒刑以下刑罚的在押犯罪嫌疑人，在提起公诉前应当依职权开展一次羁押必要性审查。

公安机关根据案件侦查情况，可以对被逮捕的犯罪嫌疑人继续采取羁押强制措施是否适当进行评估。

第七条　人民检察院、公安机关发现犯罪嫌疑人、被告人可能存在下列情形之一的，应当立即开展羁押必要性审查、评估并及时作出审查、评估决定：

（一）因患有严重疾病、生活不能自理等原因不适宜继续羁押的；

（二）怀孕或者正在哺乳自己婴儿的妇女；

（三）系未成年人的唯一抚养人；

（四）系生活不能自理的人的唯一扶养人；

（五）继续羁押犯罪嫌疑人、被告人，羁押期限将超过依法可能判处的刑期的；

（六）案件事实、情节或者法律、司法解释发生变化，可能导致犯罪嫌疑人、被告人被判处拘役、管制、独立适用附加刑、免予刑事处罚或者判决无罪的；

（七）案件证据发生重大变化，可能导致没有证据证明有犯罪事实或者犯罪行为系犯罪嫌疑人、被告人所为的；

（八）存在其他对犯罪嫌疑人、被告人采取羁押强制措施不当情形，应当及时撤销或者变更的。

未成年犯罪嫌疑人、被告人被逮捕后，人民检察院、公安机关应当做好跟踪帮教、感化挽救工作，发现对未成年在押人员不予羁押不致发生社会危险性的，应当及时启动羁押必要性审查、评估工作，依法作出释放或者变更决定。

第八条　犯罪嫌疑人、被告人及其法定代理人、近亲属或者辩护人、值班律师可以向人民检察院申请开展羁押必要性审查。申请人提出申请时，应当说明不需要继续羁押的理由，有相关证据或者其他材料的，应当予以提供。

申请人依据刑事诉讼法第九十七条规定，向人民检察院、公安机关提出变更羁押强制措施申请的，人民检察院、公安机关应当按照本规定对羁押的必要性进行审查、评估。

第九条　经人民检察院、公安机关依法审查、评估后认为有继续羁押的必要，不予释放或者变更的，犯罪嫌疑人、被告人及其法定代理人、近亲属或者辩护人、值班律师未提供新的证明材料或者没有新的理由而再次申请的，人民检察院、公安机关可以不再开展羁押必要性审查、评估工作，并告知申请人。

经依法批准延长侦查羁押期限、重新计算侦查羁押期限、退回补充侦查重新计算审查起诉期限，导致在押人员被羁押期限延长的，变更申请不受前款限制。

第十条　办案机关对应的同级人民检察院负责控告申诉或者案件管理的部门收到羁押必要性审查申请的，应当在当日将相关申请、线索和证据材料移送本院负责捕诉的部门。负责刑事执行检察的部门收到有关材料或者发现不需要继续羁押的，应当及时将有关材料和意见移送负责捕诉的部门。

负责案件办理的公安机关的其他相关部门收到变更申请的，应当在当日移送办案部门。

其他人民检察院、公安机关收到申请的，应当告知申请人向负责案件办理的人民检察院、公安机关提出申请，或者在二日以内将申请材料移送负责案件办理的人民检察院、公安机关，并告知申请人。

第十一条　看守所在工作中发现在押人员不适宜继续羁押的，应当及时提请办案机关依法变更强制措施。

看守所建议人民检察院开展羁押必要性审查的，应当以书面形式提出，并附证明在押人员身体状况的证据材料。

人民检察院收到看守所建议后，应当立即开展羁押必要性审查，依法及时作出审查决定。

第十二条　开展羁押必要性审查、评估工作，应当全面审查、评估犯罪嫌疑人、被告人涉嫌犯罪事实、主观恶性、悔罪表现、案件进展情况、可能判处的刑罚、身体状况、有无社会危险性和继续羁押必要等因素，具体包括以下内容：

（一）犯罪嫌疑人、被告人基本情况，涉嫌罪名、犯罪性质、情节，可能判处的刑罚；

（二）案件所处诉讼阶段，侦查取证进展情况，犯罪事实是否基本查清，证据是否收集固定，犯罪嫌疑人、被告人认罪情况，供述是否稳定；

（三）犯罪嫌疑人、被告人是否有前科劣迹、累犯等从严处理情节；

（四）犯罪嫌疑人、被告人到案方式，是否被通缉到案，或者是否因违反取保候审、监视居住规定而被逮捕；

（五）是否有不在案的共犯，是否存在串供可能；

（六）犯罪嫌疑人、被告人是否有认罪认罚、自首、坦白、立功、积极退赃、获得谅解、与被害方达成和解协议、积极履行赔偿义务或者提供担保等从宽处理情节；

（七）犯罪嫌疑人、被告人身体健康状况；

（八）犯罪嫌疑人、被告人在押期

间的表现情况；

（九）犯罪嫌疑人、被告人是否具备采取取保候审、监视居住措施的条件；

（十）对犯罪嫌疑人、被告人的羁押是否符合法律规定，是否即将超过依法可能判处的刑期；

（十一）犯罪嫌疑人、被告人是否存在可能作撤销案件、不起诉处理、被判处拘役、管制、独立适用附加刑、宣告缓刑、免予刑事处罚或者判决无罪的情形；

（十二）与羁押必要性审查、评估有关的其他内容。

犯罪嫌疑人、被告人系未成年人的，应当重点审查其成长经历、犯罪原因以及有无监护或者社会帮教条件。

第十三条　开展羁押必要性审查、评估工作，可以采取以下方式：

（一）审查犯罪嫌疑人、被告人不需要继续羁押的理由和证明材料；

（二）听取犯罪嫌疑人、被告人及其法定代理人、近亲属或者辩护人、值班律师意见；

（三）听取被害人及其法定代理人、诉讼代理人、近亲属或者其他有关人员的意见，了解和解、谅解、赔偿情况；

（四）听取公安机关、人民法院意见，必要时查阅、复制原案卷宗中有关证据材料；

（五）调查核实犯罪嫌疑人、被告人身体健康状况；

（六）向看守所调取有关犯罪嫌疑人、被告人羁押期间表现的材料；

（七）进行羁押必要性审查、评估需要采取的其他方式。

听取意见情况应当制作笔录，与书面意见、调查核实获取的其他证据材料等一并附卷。

第十四条　审查、评估犯罪嫌疑人、被告人是否有继续羁押的必要性，可以采取自行或者委托社会调查、开展量化评估等方式，调查评估情况作为作出审查、评估决定的参考。

犯罪嫌疑人、被告人是未成年人的，经本人及其法定代理人同意，可以对未成年犯罪嫌疑人、被告人进行心理测评。

公安机关应当主动或者按照人民检察院要求收集、固定犯罪嫌疑人、被告人是否具有社会危险性的证据。

第十五条　人民检察院开展羁押必要性审查，可以按照《人民检察院羁押听证办法》组织听证。

第十六条　人民检察院审查后发现犯罪嫌疑人、被告人具有下列情形之一的，应当向公安机关、人民法院提出释放或者变更强制措施建议；审查起诉阶段的，应当及时决定释放或者变更强制措施。

（一）案件证据发生重大变化，没有证据证明有犯罪事实或者犯罪行为系犯罪嫌疑人、被告人所为的；

（二）案件事实、情节或者法律、司法解释发生变化，犯罪嫌疑人、被告人可能被判处拘役、管制、独立适用附加刑、免予刑事处罚或者判决无罪的；

（三）继续羁押犯罪嫌疑人、被告人，羁押期限将超过依法可能判处的刑期的；

（四）案件事实基本查清，证据已经收集固定，符合取保候审或者监视居住条件的；

（五）其他对犯罪嫌疑人、被告人采取羁押强制措施不当，应当及时释放或者变更的。

公安机关评估后发现符合上述情

形的，应当及时决定释放或者变更强制措施。

第十七条 人民检察院审查后发现犯罪嫌疑人、被告人具有下列情形之一的，且具有悔罪表现，不予羁押不致发生社会危险性的，可以向公安机关、人民法院提出释放或者变更强制措施建议；审查起诉阶段的，可以决定释放或者变更强制措施。

（一）预备犯或者中止犯；

（二）主观恶性较小的初犯；

（三）共同犯罪中的从犯或者胁从犯；

（四）过失犯罪的；

（五）防卫过当或者避险过当的；

（六）认罪认罚的；

（七）与被害方依法自愿达成和解协议或者获得被害方谅解的；

（八）已经或者部分履行赔偿义务或者提供担保的；

（九）患有严重疾病、生活不能自理的；

（十）怀孕或者正在哺乳自己婴儿的妇女；

（十一）系未成年人或者已满七十五周岁的人；

（十二）系未成年人的唯一抚养人；

（十三）系生活不能自理的人的唯一扶养人；

（十四）可能被判处一年以下有期徒刑的；

（十五）可能被宣告缓刑的；

（十六）其他不予羁押不致发生社会危险性的情形。

公安机关评估后发现符合上述情形的，可以决定释放或者变更强制措施。

第十八条 经审查、评估，发现犯罪嫌疑人、被告人具有下列情形之一的，一般不予释放或者变更强制措施：

（一）涉嫌危害国家安全犯罪、恐怖活动犯罪、黑社会性质组织犯罪、重大毒品犯罪或者其他严重危害社会的犯罪；

（二）涉嫌故意杀人、故意伤害致人重伤或死亡、强奸、抢劫、绑架、放火、爆炸、投放危险物质等严重侵犯公民人身财产权利、危害公共安全的严重暴力犯罪；

（三）涉嫌性侵未成年人的犯罪；

（四）涉嫌重大贪污、贿赂犯罪，或者利用职权实施的严重侵犯公民人身权利的犯罪；

（五）可能判处十年有期徒刑以上刑罚的；

（六）因违反取保候审、监视居住规定而被逮捕的；

（七）可能毁灭、伪造证据，干扰证人作证或者串供的；

（八）可能对被害人、举报人、控告人实施打击报复的；

（九）企图自杀或者逃跑的；

（十）其他社会危险性较大，不宜释放或者变更强制措施的。

犯罪嫌疑人、被告人具有前款规定情形之一，但因患有严重疾病或者具有其他不适宜继续羁押的特殊情形，不予羁押不致发生社会危险性的，可以依法变更强制措施为监视居住、取保候审。

第十九条 人民检察院在侦查阶段、审判阶段收到羁押必要性审查申请或者建议的，应当在十日以内决定是否向公安机关、人民法院提出释放或者变更的建议。

人民检察院在审查起诉阶段、公安

机关在侦查阶段收到变更申请的,应当在三日以内作出决定。

审查过程中涉及病情鉴定等专业知识,需要委托鉴定,指派、聘请有专门知识的人就案件的专门性问题出具报告,或者委托技术部门进行技术性证据审查,以及组织开展听证审查的期间,不计入羁押必要性审查期限。

第二十条 人民检察院开展羁押必要性审查,应当规范制作羁押必要性审查报告,写明犯罪嫌疑人、被告人基本情况、诉讼阶段、简要案情、审查情况和审查意见,并在检察业务应用系统相关捕诉案件中准确填录相关信息。

审查起诉阶段,人民检察院依职权启动羁押必要性审查后认为有继续羁押必要的,可以在审查起诉案件审查报告中载明羁押必要性审查相关内容,不再单独制作羁押必要性审查报告。

公安机关开展羁押必要性评估,应当由办案部门制作羁押必要性评估报告,提出是否具有羁押必要性的意见,送法制部门审核。

第二十一条 人民检察院经审查认为需要对犯罪嫌疑人、被告人予以释放或者变更强制措施的,在侦查和审判阶段,应当规范制作羁押必要性审查建议书,说明不需要继续羁押犯罪嫌疑人、被告人的理由和法律依据,及时送达公安机关或者人民法院。在审查起诉阶段的,应当制作决定释放通知书、取保候审决定书或者监视居住决定书,交由公安机关执行。

侦查阶段,公安机关认为需要对犯罪嫌疑人释放或者变更强制措施的,应当制作释放通知书、取保候审决定书或者监视居住决定书,同时将处理情况通知原批准逮捕的人民检察院。

第二十二条 人民检察院向公安机关、人民法院发出羁押必要性审查建议书后,应当跟踪公安机关、人民法院处理情况。

公安机关、人民法院应当在收到建议书十日以内将处理情况通知人民检察院。认为需要继续羁押的,应当说明理由。

公安机关、人民法院未在十日以内将处理情况通知人民检察院的,人民检察院应当依法提出监督纠正意见。

第二十三条 对于依申请或者看守所建议开展羁押必要性审查的,人民检察院办结后,应当制作羁押必要性审查结果通知书,将提出建议情况和公安机关、人民法院处理情况,或者有继续羁押必要的审查意见和理由及时书面告知申请人或者看守所。

公安机关依申请对继续羁押的必要性进行评估后,认为有继续羁押的必要,不同意变更强制措施的,应当书面告知申请人并说明理由。

第二十四条 经审查、评估后犯罪嫌疑人、被告人被变更强制措施的,公安机关应当加强对变更后被取保候审、监视居住人的监督管理;人民检察院应当加强对取保候审、监视居住执行情况的监督。

侦查阶段发现犯罪嫌疑人严重违反取保候审、监视居住规定,需要予以逮捕的,公安机关应当依照法定程序重新提请批准逮捕,人民检察院应当依法作出批准逮捕的决定。审查起诉阶段发现的,人民检察院应当依法决定逮捕。审判阶段发现的,人民检察院应当向人民法院提出决定逮捕的建议。

第二十五条 人民检察院直接受理

侦查案件的羁押必要性审查参照本规定。

第二十六条　公安机关提请人民检察院审查批准延长侦查羁押期限，应当对继续羁押的必要性进行评估并作出说明。

人民检察院办理提请批准延长侦查羁押期限、重新计算侦查羁押期限备案审查案件，应当依法加强对犯罪嫌疑人羁押必要性的审查。

95.3　规范性文件

95.3.1　侦查机关对羁押必要性检察建议的处理

★《公安规定》(2020)

第一百五十九条　犯罪嫌疑人被逮捕后，人民检察院经审查认为不需要继续羁押，建议予以释放或者变更强制措施的，公安机关应当予以调查核实。认为不需要继续羁押的，应当予以释放或者变更强制措施；认为需要继续羁押的，应当说明理由。

公安机关应当在十日以内将处理情况通知人民检察院。

【重点解读】①

公安机关应当本着认真负责的态度，对检察机关建议的要求进行研究，再次全面地对犯罪嫌疑人的羁押必要性进行审查。如果认为确无继续羁押必要，应当予以释放或变更强制措施。

★《国安规定》(2024)

第一百七十六条　犯罪嫌疑人被逮捕后，人民检察院认为不需要继续羁押，建议予以释放或者变更强制措施的，国家安全机关应当予以调查核实。经调查核实后，认为不需要继续羁押的，应当予以释放或者变更强制措施，并在十日以内将处理情况通知人民检察院；认为需要继续羁押的，应当通知人民检察院并说明理由。

96　撤销或者变更强制措施

96.1　法条规定

第九十六条　人民法院、人民检察院和公安机关如果发现对犯罪嫌疑人、被告人采取强制措施不当的，应当及时撤销或者变更。公安机关释放被逮捕的人或者变更逮捕措施的，应当通知原批准的人民检察院。

【立法释义】②

本条规定的是办案机关依法撤销或者变更强制措施的法律职责。办案机关对强制措施适用条件的评估，可能因各种主客观原因而出现偏差。同时，随着诉讼持续推进，案件事实证据等情况发生变化，此前依法适用的强制措施可能不再具有正当性。鉴于此，人民法院、人民检察院、公安机关有必要对强制措施的适用进行持续审查，及时撤销或者变更强制措施。

人民法院、人民检察院和公安机关如果发现对犯罪嫌疑人、被告人采取强制措施不当的，应当及时撤销或者变更。“不当”，是指对犯罪嫌疑人、被告人采取了不适当的强制措施，或者对不应当采取强制措施的犯罪嫌疑人、被告人采取了强制措施，或者随着案件情况变化，原来适当的强制措施现在已经不适当。“发现”，既包括人民法院、人民

① 参见孙茂利主编书，第390页。
② 参见王爱立主编书，第212—213页。

检察院和公安机关依职权对强制措施进行审查,主动发现强制措施不当,也包括基于人民检察院的法律监督建议,经审查发现强制措施不当,还包括基于犯罪嫌疑人、被告人及其辩护人的申请,经审查发现强制措施不当。

对于上述情形,办案机关应当及时撤销或者变更有关强制措施。"撤销",是指办案机关对此前作出的采取强制措施的决定予以撤销,不再对犯罪嫌疑人、被告人采取强制措施。"变更",通常是指根据案件情况,采取更为适宜的其他强制措施,例如对逮捕的犯罪嫌疑人、被告人采取取保候审、监视居住等措施。在实践中,撤销或者变更强制措施主要涉及的是逮捕措施。

对于公安机关经审查发现对犯罪嫌疑人采取逮捕措施不当的,应当释放被逮捕的人或者变更逮捕措施。鉴于逮捕措施此前经过人民检察院审查批准,故公安机关应当通知原批准的人民检察院。这种做法既维护了犯罪嫌疑人的合法权益,也契合了人民检察院法律监督职责的要求。

96.2　司法解释

96.2.1　检察机关撤销、变更强制措施的程序

★《检察院规则》(2019)

第一百五十四条　取保候审变更为监视居住,或者取保候审、监视居住变更为拘留、逮捕的,在变更的同时原强制措施自动解除,不再办理解除法律手续。

第一百五十五条　人民检察院已经对犯罪嫌疑人取保候审、监视居住,案件起诉至人民法院后,人民法院决定取保候审、监视居住或者变更强制措施的,原强制措施自动解除,不再办理解除法律手续。

第二百八十九条　对已经作出的批准逮捕决定发现确有错误的,人民检察院应当撤销原批准逮捕决定,送达公安机关执行。

对已经作出的不批准逮捕决定发现确有错误,需要批准逮捕的,人民检察院应当撤销原不批准逮捕决定,并重新作出批准逮捕决定,送达公安机关执行。

对因撤销原批准逮捕决定而被释放的犯罪嫌疑人或者逮捕后公安机关变更为取保候审、监视居住的犯罪嫌疑人,又发现需要逮捕的,人民检察院应当重新办理逮捕手续。

【重点解读】①

《检察院规则》第二百八十九条第三款规定的"重新办理逮捕手续",主要是指公安机关再次提请逮捕,人民检察院依法作出逮捕决定;如果公安机关不提请逮捕的,人民检察院也可以直接作出逮捕决定,送达公安机关执行。

★《最高人民检察院、公安部关于适用刑事强制措施有关问题的规定》(高检会〔2000〕2号,2000年8月28日)

第二十九条　人民检察院直接立案侦查的案件,对已经逮捕的犯罪嫌疑人,发现不应当逮捕的,应当经检察长批准或者检察委员会讨论决定,撤销逮捕决定或者变更为取保候审、监视居住,并通知公安机关执行。人民检察院将逮捕变更为取保候审、监视居住的,执行程序适用本规定。

---

①　参见童建明、万春主编释义书,第317页。

第三十二条　公安机关立案侦查的案件，对于已经逮捕的犯罪嫌疑人变更为取保候审、监视居住后，又发现需要逮捕该犯罪嫌疑人的，公安机关应当重新提请批准逮捕。

人民检察院直接立案侦查的案件具有前款规定情形的，应当重新审查决定逮捕。

96.2.2　法院撤销、变更强制措施的程序

★《法院解释》(2021)

第一百六十九条　被逮捕的被告人具有下列情形之一的，人民法院可以变更强制措施：

(一)患有严重疾病、生活不能自理的；

(二)怀孕或者正在哺乳自己婴儿的；

(三)系生活不能自理的人的唯一扶养人。

第一百七十条　被逮捕的被告人具有下列情形之一的，人民法院应当立即释放；必要时，可以依法变更强制措施：

(一)第一审人民法院判决被告人无罪、不负刑事责任或者免予刑事处罚的；

(二)第一审人民法院判处管制、宣告缓刑、单独适用附加刑，判决尚未发生法律效力的；

(三)被告人被羁押的时间已到第一审人民法院对其判处的刑期期限的；

(四)案件不能在法律规定的期限内审结的。

第一百七十一条　人民法院决定释放被告人的，应当立即将释放通知书送交公安机关执行。

第一百七十二条　被采取强制措施的被告人，被判处管制、缓刑的，在社区矫正开始后，强制措施自动解除；被单处附加刑的，在判决、裁定发生法律效力后，强制措施自动解除；被判处监禁刑的，在刑罚开始执行后，强制措施自动解除。

【重点解读】①

考虑被采取强制措施的被告人在实际执行刑罚前，强制措施并不当然解除，因此，“社区矫正开始”“刑罚开始执行”是指已经实际开始执行刑罚或缓刑，而非送交执行手续。

96.3　规范性文件

96.3.1　侦查机关撤销、变更强制措施的程序

★《公安规定》(2020)

第一百五十八条　公安机关发现对犯罪嫌疑人采取强制措施不当的，应当及时撤销或者变更。犯罪嫌疑人在押的，应当及时释放。公安机关释放被逮捕的人或者变更逮捕措施的，应当通知批准逮捕的人民检察院。

【重点解读】②

《公安规定》第一百五十八条规定的“采取强制措施不当”，是指对不应当采取强制措施的犯罪嫌疑人采取了强制措施，或者对犯罪嫌疑人采取了不适当的强制措施，既包括对应适用较重强制措施的犯罪嫌疑人适用了较轻的强制措施，也包括对本应适用较轻强制措施的犯罪嫌疑人适用了较重的强制措施。此外，还包括由于特殊情况，对犯罪嫌疑人原先采取的强制措施已经不符合法律要求，需要变更为其他强制措施的情形。

---

① 参见李少平主编书，第271页。

② 参见孙茂利主编书，第387页。

★《国安规定》(2024)

第一百八十四条　国家安全机关发现对犯罪嫌疑人采取强制措施不当的,应当及时撤销或者变更。犯罪嫌疑人在押的,应当及时释放。释放被逮捕的人或者变更逮捕措施的,应当通知批准逮捕的人民检察院。

★《最高人民检察院、公安部关于依法适用逮捕措施有关问题的规定》(高检会〔2001〕10 号,2001 年 8 月 6 日)

七、人民检察院批准逮捕的决定,公安机关应当立即执行,并将执行回执在执行后三日内送达作出批准决定的人民检察院;未能执行的,也应当将执行回执送达人民检察院,并写明未能执行的原因。对于人民检察院决定不批准逮捕的,公安机关在收到不批准逮捕决定书后,应当立即释放在押的犯罪嫌疑人或者变更强制措施,并将执行回执在收到不批准逮捕决定书后三日内送达作出不批准逮捕决定的人民检察院。如果公安机关发现逮捕不当的,应当及时予以变更,并将变更的情况及原因在作出变更决定后三日内通知原批准逮捕的人民检察院。人民检察院认为变更不当的,应当通知作出变更决定的公安机关纠正。

97　变更强制措施的申请及处理

97.1　法条规定

第九十七条　犯罪嫌疑人、被告人及其法定代理人、近亲属或者辩护人有权申请变更强制措施。人民法院、人民检察院和公安机关收到申请后,应当在三日以内作出决定;不同意变更强制措施的,应当告知申请人,并说明不同意的理由。

【立法释义】①

本条规定的是变更强制措施的申请及处理程序,既明确了辩护方申请变更强制措施的权利,也确立了办案机关受理申请后的处理程序。关于变更强制措施的申请及处理,应当关注以下事项:

第一,犯罪嫌疑人、被告人及其法定代理人、近亲属或者辩护人有权申请变更强制措施。根据本条规定,辩护人有权独立申请变更强制措施,无须经过犯罪嫌疑人、被告人委托。申请变更强制措施,既包括申请变更强制措施的种类,也包括申请变更强制措施的执行方式。作为程序性申请,犯罪嫌疑人、被告人及其辩护人申请变更强制措施,有必要提供相关的理由和依据,便于办案机关依法作出相应的处理。

第二,人民法院、人民检察院和公安机关收到申请后,应当在三日以内作出决定。根据这一规定,犯罪嫌疑人、被告人及其辩护人在各个诉讼阶段,可以分别向人民法院、人民检察院或者公安机关提出变更强制措施的申请。为规范申请权的行使,犯罪嫌疑人、被告人及其法定代理人、近亲属或者辩护人申请变更、解除强制措施的,应当说明理由。

第三,人民法院、人民检察院、公安机关不同意变更强制措施的,应当告知申请人,并说明不同意的理由。对于办案机关不同意变更强制措施的申请,犯罪嫌疑人、被告人及其辩护人可以寻求程序内的救济手段。例如,犯罪嫌疑人及其辩护律师在侦查阶段向公安机关提出变更强制措施的申请,公安机关不同意变更的,犯罪嫌疑人及其辩护律师

---

① 参见王爱立主编书,第 214—215 页。

可以向人民检察院提出申请，请求人民检察院审查羁押必要性，并对强制措施的适用程序进行法律监督。

97.2　司法解释

97.2.1　检察机关对变更强制措施申请的处理

★**《检察院规则》**(2019)

第一百五十一条　犯罪嫌疑人及其法定代理人、近亲属或者辩护人向人民检察院提出变更强制措施申请的，人民检察院应当在收到申请后三日以内作出决定。

经审查，同意变更强制措施的，应当在作出决定的同时通知公安机关执行；不同意变更强制措施的，应当书面告知申请人，并说明不同意的理由。

犯罪嫌疑人及其法定代理人、近亲属或者辩护人提出变更强制措施申请的，应当说明理由，有证据和其他材料的，应当附上相关材料。

★**《最高人民检察院、公安部关于适用刑事强制措施有关问题的规定》**(高检会〔2000〕2 号，2000 年 8 月 28 日)

第三十条　人民检察院直接立案侦查的案件，被拘留、逮捕的犯罪嫌疑人或者他的法定代理人、近亲属和律师向负责执行的公安机关提出取保候审申请的，公安机关应当告知其直接向作出决定的人民检察院提出。

被拘留、逮捕的犯罪嫌疑人的法定代理人、近亲属和律师向人民检察院申请对犯罪嫌疑人取保候审的，人民检察院应当在收到申请之日起七日内作出是否同意的答复。同意取保候审的，应当作出变更强制措施的决定，办理取保候审手续，并通知公安机关执行。

97.2.2　法院对变更强制措施申请的处理

★**《法院解释》**(2021)

第一百七十四条　被告人及其法定代理人、近亲属或者辩护人申请变更、解除强制措施的，应当说明理由。人民法院收到申请后，应当在三日以内作出决定。同意变更、解除强制措施的，应当依照本解释规定处理；不同意的，应当告知申请人，并说明理由。

97.3　规范性文件

97.3.1　辩护律师申请变更、解除强制措施

★**《最高人民法院、最高人民检察院、公安部、国家安全部、司法部关于依法保障律师执业权利的规定》**(司发〔2015〕14 号，2015 年 9 月 16 日)

第二十二条　辩护律师书面申请变更或者解除强制措施的，办案机关应当在三日以内作出处理决定。辩护律师的申请符合法律规定的，办案机关应当及时变更或者解除强制措施；经审查认为不应当变更或者解除强制措施的，应当告知辩护律师，并书面说明理由。

97.3.2　侦查机关对申请变更强制措施的处理

★**《公安规定》**(2020)

第一百六十条　犯罪嫌疑人及其法定代理人、近亲属或者辩护人有权申请变更强制措施。公安机关应当在收到申请后三日以内作出决定；不同意变更强制措施的，应当告知申请人，并说明理由。

【重点解读】①

“变更强制措施”可以是强制措施

① 参见孙茂利主编书，第 391 页。

种类的变更,即由强度较大的强制措施变更为强度较小的强制措施,如申请将拘留、逮捕变更为取保候审、监视居住;也可以是强制措施执行方式的变更,即由指定居所的监视居住变更为在犯罪嫌疑人的住处执行监视居住。

★《国安规定》(2024)

第一百八十五条　犯罪嫌疑人及其法定代理人、近亲属或者辩护律师有权申请变更强制措施。国家安全机关收到申请后,应当在三日以内作出决定。同意变更的,应当制作有关法律文书,通知申请人;不同意变更的,应当制作不予变更强制措施决定书,通知申请人,并说明理由。

98　羁押期限届满时解除、变更强制措施

98.1　法条规定

第九十八条　犯罪嫌疑人、被告人被羁押的案件,不能在本法规定的侦查羁押、审查起诉、一审、二审期限内办结的,对犯罪嫌疑人、被告人应当予以释放;需要继续查证、审理的,对犯罪嫌疑人、被告人可以取保候审或者监视居住。

【立法释义】①

本条规定的是法定羁押期限届满时解除、变更强制措施的要求。为规范审前羁押的适用,本法规定了各个诉讼阶段的办案期限,未决羁押期限与各个诉讼阶段的办案期限相对应。如果办案机关已经用尽法定办案期限,就意味着该诉讼阶段的羁押期限届满,不能对犯罪嫌疑人、被告人超期羁押。

犯罪嫌疑人、被告人被羁押的案件,不能在本法规定的侦查羁押、审查起诉、一审、二审期限内办结的,对犯罪嫌疑人、被告人应当予以释放。对于重大疑难复杂案件,无法在法定的办案期限内办结,需要继续查证、审理的,办案机关对犯罪嫌疑人、被告人可以采取取保候审、监视居住措施。相应地,犯罪嫌疑人、被告人及其辩护人有权申请予以释放或者将逮捕措施变更为取保候审、监视居住措施。

98.2　司法解释

98.2.1　检察机关解除、变更强制措施

★《检察院规则》(2019)

第一百五十条　犯罪嫌疑人及其法定代理人、近亲属或者辩护人认为人民检察院采取强制措施法定期限届满,要求解除、变更强制措施或者释放犯罪嫌疑人的,人民检察院应当在收到申请后三日以内作出决定。

经审查,认为法定期限届满的,应当决定解除、变更强制措施或者释放犯罪嫌疑人,并通知公安机关执行;认为法定期限未满的,书面答复申请人。

第六百二十条　人民检察院办理直接受理侦查的案件或者审查逮捕、审查起诉案件,在犯罪嫌疑人侦查羁押期限、办案期限即将届满前,负责案件管理的部门应当依照有关规定向本院办案部门进行期限届满提示。发现办案部门办理案件超过规定期限的,应当依照有关规定提出纠正意见。

① 参见王爱立主编书,第215—217页。

98.2.2　法院解除、变更强制措施

★《法院解释》(2021)

第一百七十条　被逮捕的被告人具有下列情形之一的,人民法院应当立即释放;必要时,可以依法变更强制措施:

(一)第一审人民法院判决被告人无罪、不负刑事责任或者免予刑事处罚的;

(二)第一审人民法院判处管制、宣告缓刑、单独适用附加刑,判决尚未发生法律效力的;

(三)被告人被羁押的时间已到第一审人民法院对其判处的刑期期限的;

(四)案件不能在法律规定的期限内审结的。

第一百七十一条　人民法院决定释放被告人的,应当立即将释放通知书送交公安机关执行。

98.3　规范性文件

98.3.1　侦查机关解除、变更强制措施

★《公安规定》(2020)

第一百六十一条　公安机关对被采取强制措施法定期限届满的犯罪嫌疑人,应当予以释放,解除取保候审、监视居住或者依法变更强制措施。

犯罪嫌疑人及其法定代理人、近亲属或者辩护人对于公安机关采取强制措施法定期限届满的,有权要求公安机关解除强制措施。公安机关应当进行审查,对于情况属实的,应当立即解除或者变更强制措施。

对于犯罪嫌疑人、被告人羁押期限即将届满的,看守所应当立即通知办案机关。

★《国安规定》(2024)

第一百八十六条　国家安全机关对被采取强制措施法定期限届满的犯罪嫌疑人,应当予以释放、解除取保候审、监视居住或者依法变更强制措施。

犯罪嫌疑人及其法定代理人、近亲属或者辩护律师对犯罪嫌疑人被采取强制措施法定期限届满的,有权要求国家安全机关解除。国家安全机关应当立即进行审查,对于情况属实的,依照前款规定执行。

对于犯罪嫌疑人、被告人羁押期限即将届满的,看守所应当立即通知办案部门。

★《公安机关适用刑事羁押期限规定》(公通字〔2006〕17 号,2006 年 1 月 27 日)

第十四条　对犯罪嫌疑人已被逮捕的案件,在逮捕后二个月的侦查羁押期限以及依法变更的羁押期限内不能侦查终结移送审查起诉的,应当在侦查羁押期限届满前释放犯罪嫌疑人。需要变更强制措施的,应当在释放犯罪嫌疑人前办理完审批手续。

第十五条　对人民检察院不批准逮捕被拘留的犯罪嫌疑人的,应当在收到不批准逮捕决定书后十二小时以内,报经县级以上公安机关负责人批准,制作《释放通知书》送交看守所。看守所凭《释放通知书》发给被拘留人《释放证明书》,将其立即释放。需要变更强制措施的,应当在释放犯罪嫌疑人前办理完审批手续。

第十六条　对犯罪嫌疑人因不讲真实姓名、住址,身份不明,经县级以上公安机关负责人批准,侦查羁押期限自查清其身份之日起计算的,办案部门应当在作出决定后的二日以内通知看守所;查清犯罪嫌疑人身份的,应当在查清后的二日以内将侦查羁押期限起止

时间通知看守所。

第十七条　对依法延长侦查羁押期限的，办案部门应当在作出决定后的二日以内将延长侦查羁押期限的法律文书送达看守所，并向犯罪嫌疑人宣布。

第十八条　在侦查期间，发现犯罪嫌疑人另有重要罪行的，应当自发现之日起五日以内，报经县级以上公安机关负责人批准，将重新计算侦查羁押期限的法律文书送达看守所，向犯罪嫌疑人宣布，并报原批准逮捕的人民检察院备案。

前款规定的另有重要罪行，是指与逮捕时的罪行不同种的重大犯罪以及同种犯罪并将影响罪名认定、量刑档次的重大犯罪。

第二十一条　需要提请有关机关协调或者请示上级主管机关的，应当在办案期限内提请、请示、处理完毕；在法定侦查羁押期限内未处理完毕的，应当依法释放犯罪嫌疑人或者变更强制措施。

第二十二条　公安机关经过侦查，对案件事实清楚，证据确实、充分的，应当在法定羁押期限内移送同级人民检察院审查起诉。

犯罪嫌疑人实施的数个犯罪行为中某一犯罪事实一时难以查清的，应当在法定羁押期限内对已查清的罪行移送审查起诉。

共同犯罪中同案犯罪嫌疑人在逃的，对已归案的犯罪嫌疑人应当按照基本事实清楚、基本证据确凿的原则，在法定侦查羁押期限内移送审查起诉。

犯罪嫌疑人被羁押的案件，不能在法定侦查羁押期限内办结，需要继续侦查的，对犯罪嫌疑人可以取保候审或者监视居住。

99　强制措施期限届满时解除、变更强制措施

99.1　法条规定

第九十九条　人民法院、人民检察院或者公安机关对被采取强制措施法定期限届满的犯罪嫌疑人、被告人，应当予以释放、解除取保候审、监视居住或者依法变更强制措施。犯罪嫌疑人、被告人及其法定代理人、近亲属或者辩护人对于人民法院、人民检察院或者公安机关采取强制措施法定期限届满的，有权要求解除强制措施。

【立法释义】①

本条规定的是强制措施期限届满时解除、变更强制措施的要求。强制措施期限届满，与羁押期限届满并不是一回事。羁押期限是指与办案期限相对应的审前羁押期限，即逮捕后附随的未决羁押期限。强制措施届满以强制措施的法定期限为准，而羁押期限届满以各个诉讼阶段的法定办案期限为准。

人民法院、人民检察院或者公安机关对于被采取强制措施法定期限届满的犯罪嫌疑人、被告人，应当予以释放，解除取保候审、监视居住或者依法变更强制措施。对于案件需要继续查证、审理的，可以依法将逮捕措施变更为取保候审、监视居住措施。相应地，犯罪嫌疑人、被告人及其法定代理人、近亲属或者辩护人对于人民法院、人民检察院或者公安机关采取强制措施法定期限届满的，有权要求解除强制措施。

---

①　参见王爱立主编书，第217—218条。

99.2 司法解释

99.2.1 检察机关解除、变更强制措施

★《检察院规则》(2019)

第一百五十条 犯罪嫌疑人及其法定代理人、近亲属或者辩护人认为人民检察院采取强制措施法定期限届满,要求解除、变更强制措施或者释放犯罪嫌疑人的,人民检察院应当在收到申请后三日以内作出决定。

经审查,认为法定期限届满的,应当决定解除、变更强制措施或者释放犯罪嫌疑人,并通知公安机关执行;认为法定期限未满的,书面答复申请人。

第一百五十四条 取保候审变更为监视居住,或者取保候审、监视居住变更为拘留、逮捕的,在变更的同时原强制措施自动解除,不再办理解除法律手续。

第一百五十五条 人民检察院已经对犯罪嫌疑人取保候审、监视居住,案件起诉至人民法院后,人民法院决定取保候审、监视居住或者变更强制措施的,原强制措施自动解除,不再办理解除法律手续。

第三百三十八条 对于人民检察院正在审查起诉的案件,被逮捕的犯罪嫌疑人及其法定代理人、近亲属或者辩护人认为羁押期限届满,向人民检察院提出释放犯罪嫌疑人或者变更强制措施要求的,人民检察院应当在三日以内审查决定。经审查,认为法定期限届满的,应当决定释放或者依法变更强制措施,并通知公安机关执行;认为法定期限未满的,书面答复申请人。

★《最高人民检察院、公安部关于适用刑事强制措施有关问题的规定》(高检会〔2000〕2 号,2000 年 8 月 28 日)

第三十一条 对于人民检察院决定逮捕的犯罪嫌疑人,公安机关应当在侦查羁押期限届满十日前通知决定逮捕的人民检察院。

对于需要延长侦查羁押期限的,人民检察院应当在侦查羁押期限届满前,将延长侦查羁押期限决定书送交公安机关;对于犯罪嫌疑人另有重要罪行,需要重新计算侦查羁押期限的,人民检察院应当在侦查羁押期限届满前,将重新计算侦查羁押期限决定书送交公安机关。

对于不符合移送审查起诉条件或者延长侦查羁押期限条件、重新计算侦查羁押期限条件的,人民检察院应当在侦查羁押期限届满前,作出予以释放或者变更强制措施的决定,并通知公安机关执行。公安机关应当将执行情况及时通知人民检察院。

99.3 规范性文件

99.3.1 辩护律师申请变更或者解除强制措施

★《最高人民法院、最高人民检察院、公安部、国家安全部、司法部关于依法保障律师执业权利的规定》(司发〔2015〕14 号,2015 年 9 月 16 日)

第二十二条 辩护律师书面申请变更或者解除强制措施的,办案机关应当在三日以内作出处理决定。辩护律师的申请符合法律规定的,办案机关应当及时变更或者解除强制措施;经审查认为不应当变更或者解除强制措施的,应当告知辩护律师,并书面说明理由。

99.3.2 强制措施变更的衔接程序

★《公安规定》(2020)

第一百六十二条 取保候审变更为监视居住的,取保候审、监视居住变更为拘留、逮捕的,对原强制措施不再

办理解除法律手续。

第一百六十三条 案件在取保候审、监视居住期间移送审查起诉后，人民检察院决定重新取保候审、监视居住或者变更强制措施的，对原强制措施不再办理解除法律手续。

【重点解读】①

由于取保候审、监视居住的强制程度轻于拘留、逮捕，因此，较轻的强制措施变更为较重的强制措施时，在较重的强制措施生效的同时，较轻的强制措施自动解除。但是，较重的强制措施变更为较轻的强制措施时，例如拘留、逮捕变更为取保候审、监视居住的，仍要办理相应的法律手续。

★《国安规定》(2024)

第一百八十七条 取保候审变更为监视居住的，取保候审、监视居住变更为拘留、逮捕的，对原强制措施不再办理解除法律手续。

第一百八十八条 案件在取保候审、监视居住期间移送审查起诉后，人民检察院决定重新取保候审、监视居住或者变更强制措施的，对原强制措施不再办理解除法律手续。

★《公安部关于监视居住期满后能否对犯罪嫌疑人采取取保候审强制措施问题的批复》(公复字〔2000〕13号，2000年12月12日)

公安机关因侦查犯罪需要，对于监视居住期限届满的犯罪嫌疑人，如果确有必要采取取保候审强制措施，并且符合取保候审条件的，可以依法决定取保候审，但是不得未经依法变更就转为取保候审，不能中止对案件的侦查。

100 审查批准逮捕阶段的侦查监督

100.1 法条规定

第一百条 人民检察院在审查批准逮捕工作中，如果发现公安机关的侦查活动有违法情况，应当通知公安机关予以纠正，公安机关应当将纠正情况通知人民检察院。

【立法释义】②

本条规定的是审查批准逮捕阶段人民检察院的侦查监督机制。关于审查批准逮捕阶段的侦查监督，应当关注以下事项：

第一，法律监督的具体职责。人民检察院作为法律监督机关，在审查批准逮捕阶段，依法履行两种法律职责：一是通过审查公安机关提交的案卷材料、证据，判断犯罪嫌疑人是否符合逮捕的条件，进而作出是否批准逮捕的决定。二是对公安机关的侦查活动是否合法进行监督，及时纠正侦查活动的违法情形。审查批准逮捕职责固然重要，但从以审判为中心的诉讼制度改革出发，侦查监督职责更为重要。人民检察院通过及时识别并依法纠正公安机关的违法侦查行为，能够从源头上解决案件事实证据问题和程序违法情形，从而避免事实不清、证据不足和程序违法的案件进入后续诉讼程序。

第二，法律监督的主要方式。在审查批准逮捕阶段，人民检察院可以通过以下方式加强侦查监督，及时识别和纠正侦查违法行为：

一是审查公安机关移送的案件材

① 参见孙茂利主编书，第396页。

② 参见王爱立主编书，第219—220页。

料、证据等资料。对于案卷材料中缺乏关键法律文书，法律文书存在重大瑕疵，关键证据的合法性、客观性存在疑问，现有证据未达到法定证明标准等情形，应当及时通知公安机关予以纠正。

二是在必要时派员参加公安机关对于重大案件的讨论。对于重大案件，人民检察院派员参加案件讨论，能够及时发现案件侦查存在的问题和不足，有针对性地提出意见和建议。对于参与案件讨论中发现的非法取证情形或者违反法定程序行为，应当及时提出纠正意见。

三是听取犯罪嫌疑人及其辩护律师的意见。人民检察院在审查逮捕阶段，可以通过讯问犯罪嫌疑人，听取辩护律师的意见，及时了解是否存在违法侦查行为。对于犯罪嫌疑人及其辩护律师在听取意见环节反映的侦查违法情形，以及专门针对侦查违法情形提出的申诉、控告，人民检察院应当调查核实，发现公安机关存在违法情形，应当依法提出纠正意见。

100.2　司法解释

100.2.1　侦查监督的内容及处理方式

★《检察院规则》(2019)

第五百六十七条　人民检察院应当对侦查活动中是否存在以下违法行为进行监督：

(一)采用刑讯逼供以及其他非法方法收集犯罪嫌疑人供述的；

(二)讯问犯罪嫌疑人依法应当录音或者录像而没有录音或者录像，或者未在法定羁押场所讯问犯罪嫌疑人的；

(三)采用暴力、威胁以及非法限制人身自由等非法方法收集证人证言、被害人陈述，或者以暴力、威胁等方法阻止证人作证或者指使他人作伪证的；

(四)伪造、隐匿、销毁、调换、私自涂改证据，或者帮助当事人毁灭、伪造证据的；

(五)违反刑事诉讼法关于决定、执行、变更、撤销强制措施的规定，或者强制措施法定期限届满，不予释放、解除或者变更的；

(六)应当退还取保候审保证金不退还的；

(七)违反刑事诉讼法关于讯问、询问、勘验、检查、搜查、鉴定、采取技术侦查措施等规定的；

(八)对与案件无关的财物采取查封、扣押、冻结措施，或者应当解除查封、扣押、冻结而不解除的；

(九)贪污、挪用、私分、调换、违反规定使用查封、扣押、冻结的财物及其孳息的；

(十)不应当撤案而撤案的；

(十一)侦查人员应当回避而不回避的；

(十二)依法应当告知犯罪嫌疑人诉讼权利而不告知，影响犯罪嫌疑人行使诉讼权利的；

(十三)对犯罪嫌疑人拘留、逮捕、指定居所监视居住后依法应当通知家属而未通知的；

(十四)阻碍当事人、辩护人、诉讼代理人、值班律师依法行使诉讼权利的；

(十五)应当对证据收集的合法性出具说明或者提供证明材料而不出具、不提供的；

(十六)侦查活动中的其他违反法律规定的行为。

第五百六十八条　人民检察院发现侦查活动中的违法情形已涉嫌犯罪，属于人民检察院管辖的，依法立案侦查;不属于人民检察院管辖的,依照有关规定移送有管辖权的机关。

第五百六十九条　人民检察院负责捕诉的部门发现本院负责侦查的部门在侦查活动中有违法情形,应当提出纠正意见。需要追究相关人员违法违纪责任的,应当报告检察长。

上级人民检察院发现下级人民检察院在侦查活动中有违法情形,应当通知其纠正。下级人民检察院应当及时纠正,并将纠正情况报告上级人民检察院。

【重点解读】①

"诱供"属于侦查监督的内容,不过,《检察院规则》第五百六十七条第(一)项并未将之纳入其中,主要是考虑:一是"诱供"的法律界限难以把握,在司法实践中难以认定。一般认为,"诱供"是指以从轻处罚或者不追究刑事责任及其他利益为诱饵,诱取犯罪嫌疑人的口供。但是,对根据法律、政策对犯罪嫌疑人进行说服教育,促使其坦白,争取宽大处理的,不能认为是"诱供"。实际上,即使作了上述区分,具体认定时仍存在较大困难。二是"诱供"与"刑讯逼供"在违法的严重程度上差别较大。"刑讯逼供"是对犯罪嫌疑人进行肉体和精神伤害,其供述系被迫的结果;而"诱供"并未剥夺犯罪嫌疑人的自主性,对其意愿的强迫不是很明显。三是可以将比较严重的"诱供"行为归入"其他非法方法"。

100.2.2　未成年人案件侦查监督的内容及处理

★《人民检察院办理未成年人刑事案件的规定》(高检发研字〔2013〕7号,2013年12月27日)

第六十七条　人民检察院审查批准逮捕、审查起诉未成年犯罪嫌疑人,应当同时依法监督侦查活动是否合法,发现有下列违法行为的,应当提出纠正意见;构成犯罪的,依法追究刑事责任:

(一)违法对未成年犯罪嫌疑人采取强制措施或者采取强制措施不当的;

(二)未依法实行对未成年犯罪嫌疑人与成年犯罪嫌疑人分别关押、管理的;

(三)对未成年犯罪嫌疑人采取刑事拘留、逮捕措施后,在法定时限内未进行讯问,或者未通知其家属的;

(四)讯问未成年犯罪嫌疑人或者询问未成年被害人、证人时,未依法通知其法定代理人或者合适成年人到场的;

(五)讯问或者询问女性未成年人时,没有女性检察人员参加;

(六)未依法告知未成年犯罪嫌疑人有权委托辩护人的;

(七)未依法通知法律援助机构指派律师为未成年犯罪嫌疑人提供辩护的;

(八)对未成年犯罪嫌疑人威胁、体罚、侮辱人格、游行示众,或者刑讯逼供、指供、诱供的;

(九)利用未成年人认知能力低而故意制造冤、假、错案的;

(十)对未成年被害人、证人以暴力、威胁、诱骗等非法手段收集证据或者侵害未成年被害人、证人的人格尊严及隐私权等合法权益的;

(十一)违反羁押和办案期限规定的;

(十二)已作出不批准逮捕、不起

---

① 参见童建明、万春主编释义书,第597—598页。

诉决定，公安机关不立即释放犯罪嫌疑人的；

（十三）在侦查中有其他侵害未成年人合法权益行为的。

★《最高人民检察院关于对涉嫌盗窃的不满 16 周岁未成年人采取刑事拘留强制措施是否违法问题的批复》（高检发释字〔2011〕1 号，2011 年 1 月 25 日）

根据刑法、刑事诉讼法、未成年人保护法等有关法律规定，对于实施犯罪时未满 16 周岁的未成年人，且未犯刑法第十七条第二款规定之罪的，公安机关查明犯罪嫌疑人实施犯罪时年龄确系未满 16 周岁依法不负刑事责任后仍予以刑事拘留的，检察机关应当及时提出纠正意见。

100.3　规范性文件

100.3.1　侦查机关对侦查监督的反馈

★《公安规定》（2020）

第一百四十七条　人民检察院在审查批准逮捕工作中发现公安机关的侦查活动存在违法情况，通知公安机关予以纠正的，公安机关应当调查核实，对于发现的违法情况应当及时纠正，并将纠正情况书面通知人民检察院。

【重点解读】①

"违法情况"主要是指对犯罪嫌疑人进行刑讯逼供，侦查人员应当回避而没有回避，不在看守所羁押被拘留、逮捕的犯罪嫌疑人，超期羁押犯罪嫌疑人，剥夺犯罪嫌疑人的诉讼权利等情形。

★《国安规定》（2024）

第一百七十一条　人民检察院在审查批准逮捕工作中发现国家安全机关的侦查活动存在违法情况，通知国家安全机关予以纠正的，国家安全机关应当调查核实，对于发现的违法情况应当及时纠正，并将有关情况书面回复人民检察院。

① 参见孙茂利主编书，第 365 页。

第七章　附带民事诉讼

101　附带民事诉讼的提起

101.1　法条规定

第一百零一条　被害人由于被告人的犯罪行为而遭受物质损失的,在刑事诉讼过程中,有权提起附带民事诉讼。被害人死亡或者丧失行为能力的,被害人的法定代理人、近亲属有权提起附带民事诉讼。

如果是国家财产、集体财产遭受损失的,人民检察院在提起公诉的时候,可以提起附带民事诉讼。

【立法释义】①

本条规定明确了被害方提起附带民事诉讼的权利,以及人民检察院在公诉案件中提起附带民事诉讼的情形。2012 年刑事诉讼法修改,增加了对于被害人死亡或者丧失行为能力的情形,法定代理人、近亲属提起附带民事诉讼的权利。关于提起附带民事诉讼的权利,应当关注以下事项:

第一,被害方提起附带民事诉讼的权利。有权提起附带民事诉讼的主体包括两类:一是被害人,即遭受犯罪行为侵害的自然人和其他组织;二是在被害人死亡或者丧失行为能力的情况下,被害人的近亲属、法定代理人有权提起附带民事诉讼。被害方提起的附带民事诉讼,本质上属于民事索赔程序,之所以将之界定为附带民事诉讼,主要是为了避免单独提起民事诉讼的程序负担,提高诉讼效率。

一是起诉条件。《法院解释》第一百八十二条规定了附带民事诉讼的起诉条件,对于符合法定情形的,应当受理;不符合的,裁定不予受理。

二是责任主体。附带民事诉讼中依法负有赔偿责任的主体并不限于被告人。《法院解释》第一百八十条规定了附带民事诉讼中依法负有赔偿责任的其他主体。同时,附带民事诉讼被告人的亲友自愿代为赔偿的,应当准许。在刑事诉讼过程中,被害人或者其法定代理人、近亲属通常选择针对被告人提起附带民事诉讼。如果被害方仅对部分共同侵害人提起附带民事诉讼的,人民法院应当履行告知义务,告知其可以对其他共同侵害人一并提起附带民事诉讼,但共同犯罪案件中同案犯在逃的情形除外。对于同案犯在逃的情形,不应列为附带民事诉讼被告人。此外,被害方拥有是否针对特定责任主体提起附带民事诉讼的选择权。

三是诉讼对象。本条规定中提到的诉讼对象是“物质损失”,并未对被害人能否申请精神损害赔偿作出明确规定。但是,《法院解释》第一百七十五条第二款规定,因受到犯罪侵犯,提起附带民事诉讼或者单独提起民事诉讼要求赔偿精神损失的,人民法院一般不予受理。这一规定将 2012 年《法院解释》第一百三十八条规定的“不予受理”调整为“一般不予受理”,具有一定

① 参见王爱立主编书,第 221—222 页。

的积极意义。这一修改并非技术性修改,而是制度性调整。据此,被害人可以提起附带民事诉讼或者单独提起民事诉讼要求赔偿精神损失。

四是诉讼阶段。在刑事诉讼过程中,被害方可以选择在侦查、起诉、审判各阶段提起附带民事诉讼。由于涉及物质损失的调查核实,被害方应当在刑事案件立案后及时提起附带民事诉讼。被害方在侦查、审查起诉阶段提起附带民事诉讼的,公安机关、人民检察院可以进行调解。经公安机关、人民检察院调解,当事人达成调解协议并全部履行,被害方又提起附带民事诉讼的情形,根据《法院解释》第一百八十五条的规定,人民法院不予受理,但有证据证明调解违反自愿、合法原则的除外。有的案件,被害方在第一审期间未提起附带民事诉讼,在第二审期间才决定提起。对于此种情形,《法院解释》第一百九十八条、第二百条作出了具体规定。

第二,人民检察院提起附带民事诉讼的情形。对于国家财产、集体财产遭受损失,受损失的单位未提起附带民事诉讼,为了保护公共财产和社会利益,人民检察院在提起公诉的时候,可以提起附带民事诉讼。需要指出的是,对于人民检察院提起附带民事诉讼的情形,赔偿对象仍为遭受损失的单位。对于人民检察院提起刑事附带民事公益诉讼的情形,应当履行诉前公告程序。对于未履行诉前公告程序的,人民法院应当进行释明,告知人民检察院公告后再行提起诉讼。

101.2　司法解释

101.2.1　附带民事诉讼权利告知

★《法院解释》(2021)

第一百七十五条　被害人因人身权利受到犯罪侵犯或者财物被犯罪分子毁坏而遭受物质损失的,有权在刑事诉讼过程中提起附带民事诉讼;被害人死亡或者丧失行为能力的,其法定代理人、近亲属有权提起附带民事诉讼。

因受到犯罪侵犯,提起附带民事诉讼或者单独提起民事诉讼要求赔偿精神损失的,人民法院一般不予受理。

第一百七十八条　人民法院受理刑事案件后,对符合刑事诉讼法第一百零一条和本解释第一百七十五条第一款规定的,可以告知被害人或者其法定代理人、近亲属有权提起附带民事诉讼。

有权提起附带民事诉讼的人放弃诉讼权利的,应当准许,并记录在案。

101.2.2　追缴与责令退赔的情形

★《法院解释》(2021)

第一百七十六条　被告人非法占有、处置被害人财产的,应当依法予以追缴或者责令退赔。被害人提起附带民事诉讼的,人民法院不予受理。追缴、退赔的情况,可以作为量刑情节考虑。

101.2.3　职权行为的国家赔偿

★《法院解释》(2021)

第一百七十七条　国家机关工作人员在行使职权时,侵犯他人人身、财产权利构成犯罪,被害人或者其法定代理人、近亲属提起附带民事诉讼的,人民法院不予受理,但应当告知其可以依法申请国家赔偿。

【重点解读】①

根据国家赔偿法的规定，被害人因犯罪行为遭受物质损失，能够通过国家赔偿获得救济的，不能提起附带民事诉讼。行政机关及其工作人员，行使侦查、检察、审判职权的机关以及看守所、监狱管理机关及其工作人员，在行使职权时侵犯他人人身、财产权利构成犯罪的，受害人有权获得国家赔偿，且赔偿范围大于附带民事诉讼的赔偿范围，因此，受害人提起附带民事诉讼，人民法院不予受理的，应告知其可以依法申请国家赔偿。

★《最高人民法院关于行政机关工作人员执行职务致人伤亡构成犯罪的赔偿诉讼程序问题的批复》（法释〔2002〕28号，2002年8月23日）

一、行政机关工作人员在执行职务中致人伤、亡已构成犯罪，受害人或其亲属提起刑事附带民事赔偿诉讼的，人民法院对民事赔偿诉讼请求不予受理。但应当告知其可以依据《中华人民共和国国家赔偿法》的有关规定向人民法院提起行政赔偿诉讼。

二、本批复公布以前发生的此类案件，人民法院已作刑事附带民事赔偿处理，受害人或其亲属再提起行政赔偿诉讼的，人民法院不予受理。

101.2.4　检察机关提起附带民事（公益）诉讼

★《法院解释》（2021）

第一百七十九条　国家财产、集体财产遭受损失，受损失的单位未提起附带民事诉讼，人民检察院在提起公诉时提起附带民事诉讼的，人民法院应当受理。

人民检察院提起附带民事诉讼的，应当列为附带民事诉讼原告人。

被告人非法占有、处置国家财产、集体财产的，依照本解释第一百七十六条的规定处理。

【重点解读】②

人民检察院提起附带民事诉讼无须履行公告的前置程序，也不需要有关单位明示放弃提起附带民事公益诉讼的权利；只要国家财产、集体财产遭受损失，人民检察院就是适格的附带民事诉讼原告。

★《最高人民法院、最高人民检察院关于检察公益诉讼案件适用法律若干问题的解释》（法释〔2018〕6号，2018年3月1日；经法释〔2020〕20号修正，2020年12月29日）

第十三条　人民检察院在履行职责中发现破坏生态环境和资源保护，食品药品安全领域侵害众多消费者合法权益，侵害英雄烈士等的姓名、肖像、名誉、荣誉等损害社会公共利益的行为，拟提起公益诉讼的，应当依法公告，公告期间为三十日。

公告期满，法律规定的机关和有关组织、英雄烈士等的近亲属不提起诉讼的，人民检察院可以向人民法院提起诉讼。

人民检察院办理侵害英雄烈士等的姓名、肖像、名誉、荣誉的民事公益诉讼案件，也可以直接征询英雄烈士等的近亲属的意见。

第十四条　人民检察院提起民事公益诉讼应当提交下列材料：

（一）民事公益诉讼起诉书，并按照被告人数提出副本；

（二）被告的行为已经损害社会公共利益的初步证明材料；

① 参见李少平主编书，第276—277页。

② 参见李少平主编书，第278—279页。

（三）已经履行公告程序、征询英雄烈士等的近亲属意见的证明材料。

第十五条　人民检察院依据民事诉讼法第五十五条①第二款的规定提起民事公益诉讼，符合民事诉讼法第一百一十九条②第二项、第三项、第四项及本解释规定的起诉条件的，人民法院应当登记立案。

第十六条　人民检察院提起的民事公益诉讼案件中，被告以反诉方式提出诉讼请求的，人民法院不予受理。

第十七条　人民法院受理人民检察院提起的民事公益诉讼案件后，应当在立案之日起五日内将起诉书副本送达被告。

人民检察院已履行诉前公告程序的，人民法院立案后不再进行公告。

第十八条　人民法院认为人民检察院提出的诉讼请求不足以保护社会公共利益的，可以向其释明变更或者增加停止侵害、恢复原状等诉讼请求。

第十九条　民事公益诉讼案件审理过程中，人民检察院诉讼请求全部实现而撤回起诉的，人民法院应予准许。

第二十条　人民检察院对破坏生态环境和资源保护，食品药品安全领域侵害众多消费者合法权益，侵害英雄烈士等的姓名、肖像、名誉、荣誉等损害社会公共利益的犯罪行为提起刑事公诉时，可以向人民法院一并提起附带民事公益诉讼，由人民法院同一审判组织审理。

人民检察院提起的刑事附带民事公益诉讼案件由审理刑事案件的人民法院管辖。

★《最高人民法院、最高人民检察院关于人民检察院提起刑事附带民事公益诉讼应否履行诉前公告程序问题的批复》（法释〔2019〕18 号，2019 年 11 月 25 日）

人民检察院提起刑事附带民事公益诉讼，应履行诉前公告程序。对于未履行诉前公告程序的，人民法院应当进行释明，告知人民检察院公告后再行提起诉讼。

因人民检察院履行诉前公告程序，可能影响相关刑事案件审理期限的，人民检察院可以另行提起民事公益诉讼。

101.2.5　附带民事诉讼的赔偿责任人

★《法院解释》（2021）

第一百八十条　附带民事诉讼中依法负有赔偿责任的人包括：

（一）刑事被告人以及未被追究刑事责任的其他共同侵害人；

（二）刑事被告人的监护人；

（三）死刑罪犯的遗产继承人；

（四）共同犯罪案件中，案件审结前死亡的被告人的遗产继承人；

（五）对被害人的物质损失依法应当承担赔偿责任的其他单位和个人。

附带民事诉讼被告人的亲友自愿代为赔偿的，可以准许。

第一百八十三条　共同犯罪案件，同案犯在逃的，不应列为附带民事诉讼被告人。逃跑的同案犯到案后，被害人或者其法定代理人、近亲属可以对其提起附带民事诉讼，但已经从其他共同犯罪人处获得足额赔偿的除外。

101.2.6　附带民事诉讼权利的放弃

★《法院解释》（2021）

第一百八十一条　被害人或者其

① 2023 年民事诉讼法第五十八条。

② 2023 年民事诉讼法第一百二十二条。

法定代理人、近亲属仅对部分共同侵害人提起附带民事诉讼的，人民法院应当告知其可以对其他共同侵害人，包括没有被追究刑事责任的共同侵害人，一并提起附带民事诉讼，但共同犯罪案件中同案犯在逃的除外。

被害人或者其法定代理人、近亲属放弃对其他共同侵害人的诉讼权利的，人民法院应当告知其相应法律后果，并在裁判文书中说明其放弃诉讼请求的情况。

【重点解读】①

"放弃对其他共同侵害人的诉讼权利"，包括被害人或者其法定代理人、近亲属经人民法院告知后，仍不对有关共同侵害人提起附带民事诉讼，以及经人民法院告知后，虽对有关共同侵害人提起附带民事诉讼，但在诉讼中放弃对部分共同侵害人的诉讼请求。"相应法律后果"，是指被害人或者其法定代理人、近亲属放弃对部分共同侵害人的诉讼权利的，其他共同侵害人对被放弃诉讼请求的侵害人应当承担的赔偿份额不承担连带责任。责任范围难以确定的，推定各共同侵害人承担同等责任。

101. 2. 7　附带民事诉讼提起与受理

★**《法院解释》**(2021)

第一百八十二条　附带民事诉讼的起诉条件是：

（一）起诉人符合法定条件；

（二）有明确的被告人；

（三）有请求赔偿的具体要求和事实、理由；

（四）属于人民法院受理附带民事诉讼的范围。

第一百八十四条　附带民事诉讼应当在刑事案件立案后及时提起。

提起附带民事诉讼应当提交附带民事起诉状。

第一百八十五条　侦查、审查起诉期间，有权提起附带民事诉讼的人提出赔偿要求，经公安机关、人民检察院调解，当事人双方已经达成协议并全部履行，被害人或者其法定代理人、近亲属又提起附带民事诉讼的，人民法院不予受理，但有证据证明调解违反自愿、合法原则的除外。

第一百八十六条　被害人或者其法定代理人、近亲属提起附带民事诉讼的，人民法院应当在七日以内决定是否受理。符合刑事诉讼法第一百零一条以及本解释有关规定的，应当受理；不符合的，裁定不予受理。

第一百八十七条　人民法院受理附带民事诉讼后，应当在五日以内将附带民事起诉状副本送达附带民事诉讼被告人及其法定代理人，或者将口头起诉的内容及时通知附带民事诉讼被告人及其法定代理人，并制作笔录。

人民法院送达附带民事起诉状副本时，应当根据刑事案件的审理期限，确定被告人及其法定代理人的答辩准备时间。

第一百八十八条　附带民事诉讼当事人对自己提出的主张，有责任提供证据。

101. 2. 8　经济犯罪附带民事诉讼

★**《最高人民法院关于在审理经济纠纷案件中涉及经济犯罪嫌疑若干问题的规定》**(法释〔1998〕7 号，1998 年 4 月 21 日；经法释〔2020〕17 号修正，2020 年 12 月 29 日)

---

① 参见李少平主编书，第 280 页。

第八条　根据《中华人民共和国刑事诉讼法》第一百零一条第一款的规定,被害人或其法定代理人、近亲属对本规定第二条因单位犯罪行为造成经济损失的,对第四条、第五条第一款、第六条应当承担刑事责任的被告人未能返还财物而遭受经济损失提起附带民事诉讼的,受理刑事案件的人民法院应当依法一并审理。被害人或其法定代理人、近亲属因被害人遭受经济损失也有权对单位另行提起民事诉讼。若被害人或其法定代理人、近亲属另行提起民事诉讼的,有管辖权的人民法院应当依法受理。

101.2.9　交通肇事案件附带民事赔偿范围

★《最高人民法院研究室关于交通肇事刑事案件附带民事赔偿范围问题的答复》(法研〔2014〕30号,2014年2月24日)

根据刑事诉讼法第九十九条、第一百零一条①和《最高人民法院关于适用〈中华人民共和国刑事诉讼法〉的解释》第一百五十五条②的规定,交通肇事刑事案件的附带民事诉讼当事人未能就民事赔偿问题达成调解、和解协议的,无论附带民事诉讼被告人是否投保机动车第三者强制责任保险,均可将死亡赔偿金、残疾赔偿金纳入判决赔偿的范围。

101.2.10　聚众斗殴案件民事赔偿请求

★《最高人民法院研究室关于对参加聚众斗殴受重伤或者死亡的人及其家属提出的民事赔偿请求能否予以支持问题的答复》(法研〔2004〕179号,2004年11月11日)

根据《刑法》第二百九十二条第一款的规定,聚众斗殴的参加者,无论是否首要分子,均明知自己的行为有可能产生伤害他人以及自己被他人的行为伤害的后果,其仍然参加聚众斗殴的,应当自行承担相应的刑事和民事责任。根据《刑法》第二百九十二条第二款的规定,对于参加聚众斗殴,造成他人重伤或者死亡的,行为性质发生变化,应认定为故意伤害罪或者故意杀人罪。聚众斗殴中受重伤或者死亡的人,既是故意伤害罪或者故意杀人罪的受害人,又是聚众斗殴犯罪的行为人。对于参加聚众斗殴受重伤或者死亡的人或其家属提出的民事赔偿请求,依法应予支持,并适用混合过错责任原则。

101.2.11　强奸、猥亵未成年人案件民事赔偿范围

★《最高人民法院、最高人民检察院关于办理强奸、猥亵未成年人刑事案件适用法律若干问题的解释》(法释〔2023〕3号,2023年5月24日)

第十四条　对未成年人实施强奸、猥亵等犯罪造成人身损害的,应当赔偿医疗费、护理费、交通费、营养费、住院伙食补助费等为治疗和康复支付的合理费用,以及因误工减少的收入。

根据鉴定意见、医疗诊断书等证明需要对未成年人进行精神心理治疗和康复,所需的相关费用,应当认定为前款规定的合理费用。

---

① 2018年刑事诉讼法第一百零一条、第一百零三条。

② 2021年《法院解释》第一百九十二条。

101.3　规范性文件

101.3.1　非法集资案件民事诉讼

★《最高人民法院、最高人民检察院、公安部关于办理非法集资刑事案件适用法律若干问题的意见》（公通字〔2014〕16号，2014年3月25日）

七、关于涉及民事案件的处理

对于公安机关、人民检察院、人民法院正在侦查、起诉、审理的非法集资刑事案件，有关单位或者个人就同一事实向人民法院提起民事诉讼或者申请执行涉案财物的，人民法院应当不予受理，并将有关材料移送公安机关或者检察机关。

人民法院在审理民事案件或者执行过程中，发现有非法集资犯罪嫌疑的，应当裁定驳回起诉或者中止执行，并及时将有关材料移送公安机关或者检察机关。

公安机关、人民检察院、人民法院在侦查、起诉、审理非法集资刑事案件中，发现与人民法院正在审理的民事案件属同一事实，或者被申请执行的财物属于涉案财物的，应当及时通报相关人民法院。人民法院经审查认为确属涉嫌犯罪的，依照前款规定处理。

101.3.2　被害人提出附带民事诉讼

★《公安规定》（2020）

第二百九十二条　被害人提出附带民事诉讼的，应当记录在案；移送审查起诉时，应当在起诉意见书末页注明。

★《国安规定》（2024）

第三百一十四条　被害人提出附带民事诉讼的，应当记录在案；移送审查起诉时，应当在起诉意见书末页注明。

对于达成当事人和解的公诉案件，经国家安全机关负责人批准，国家安全机关移送审查起诉时，可以提出从宽处理的建议。

101.4　指导与参考案例

101.4.1　附带民事诉讼的赔偿范围

【刑事审判参考案例】

［第26号］于景森故意伤害案

裁判要旨：被害人由于被告人的犯罪行为遭受的物质损失，原则上都应在附带民事赔偿之列，既应包括被害人本人的医药费、营养费、误工费、就医交通费、丧葬费、伤疗补偿费等，也应包括因必须的陪伴而产生的误工费、住宿费、亲属的奔丧费和所抚养人必要的生活费等多种费用。赔偿的范围只能是“物质损失”，非物质损失不属附带民事赔偿的范围。赔偿范围应只限于犯罪行为直接造成的物质损失，即直接损失。无行为能力或者限制行为能力被害人的法定代理人在附带民事诉讼中的诉讼地位与已死亡被害人近亲属有所不同，无行为能力或者限制行为能力被害人是独立的诉讼主体，具有诉讼权利能力，其原告人的身份不因其诉讼行为能力的丧失而改变，因此，其法定代理人在诉讼中的地位只能是法定代理人，而不能是原告人。对于经过审理确定的赔偿项目和数额，在判决书中均应当详细罗列，不能用估推的方法确定总赔偿额。对具体赔偿数额，应以被害人的实际损失为限，即被害人有多大损失就应判决赔偿多少损失，而不应仅以被告人赔偿能力作为确定依据。

101.4.2　监护人的诉讼地位

【刑事审判参考案例】

［第348号］耿万红故意伤害案

裁判要旨：限制民事行为能力人、无民事行为能力人不能独立参加附带民事诉讼,应由其监护人作为法定代理人代为诉讼。限制民事行为能力人、无民事行为能力人为刑事附带民事诉讼中的被告人时,其监护人也应被列为附带民事诉讼的被告人。

101.4.3　职务行为的赔偿责任

【刑事审判参考案例】

[第371号]高泳故意伤害案

裁判要旨:只要行为人实施犯罪行为的目的或起因是出于执行职务或实施业务活动,其引起的损失就应当由其单位承担。但行为人在实施业务活动和执行职务的过程中并非出于实施业务活动和执行职务的目的或并非由实施业务活动和执行职务而实施的犯罪行为,其造成的损失就应由行为人自己承担。由法人或其他组织承担的责任实际上是一种替代责任,而不是连带责任,不适用一般连带责任原理。

101.4.4　雇主的连带赔偿责任

【刑事审判参考案例】

[第390号]马良生故意伤害案

裁判要旨:刑事附带民事诉讼所要解决的因犯罪行为而引起的损害赔偿问题,在本质上仍属民事诉讼,故附带民事部分的法律适用,在实体法上仍应适用民事法律规范。雇员在从事雇佣活动中实施了致人损害的行为,雇主均应承担赔偿责任。只有雇员因故意或者重大过失致人损害的,才由雇员承担损害赔偿责任,但雇主仍需要承担连带赔偿责任。

101.4.5　故意损害文物案件附带民事公益诉讼

【最高人民检察院指导性案例】

[检例第232号]张某方、李某香故意损毁文物案

办案要旨:在全国重点文物保护单位、省级文物保护单位重要构成的文物上乱涂乱写,虽未造成单个文物的严重破损、毁坏,但是显著改变文物外观,影响文物保护单位整体历史风貌,破坏其历史、艺术、科学价值的,属于刑法规定的故意损毁文物行为。在依法追究行为人刑事责任的同时,检察机关可以提起附带民事公益诉讼,要求行为人承担民事责任。

101.4.6　侵害英雄烈士名誉、荣誉案件附带民事公益诉讼

【最高人民检察院指导性案例】

[检例第136号]仇某侵害英雄烈士名誉、荣誉案

办案要旨:侵害英雄烈士名誉、荣誉罪中的"英雄烈士",是指已经牺牲、逝世的英雄烈士。在同一案件中,行为人所侵害的群体中既有烈士,又有健在的英雄模范人物时,应当整体评价为侵害英雄烈士名誉、荣誉的行为,不宜区别适用侵害英雄烈士名誉、荣誉罪和侮辱罪、诽谤罪。刑法修正案(十一)实施后,以侮辱、诽谤或者其他方式侵害英雄烈士名誉、荣誉的行为,情节严重的,构成侵害英雄烈士名誉、荣誉罪。行为人利用信息网络侵害英雄烈士名誉、荣誉,引起广泛传播,造成恶劣社会影响的,应当认定为"情节严重"。英雄烈士没有近亲属或者近亲属不提起民事诉讼的,检察机关在提起公诉时,可以一并提起附带民事公益诉讼。

101.4.7　附带民事诉讼赔偿精神损失

【刑事参考案例】

[一审:(2021)沪0106刑初33号;

二审:(2021)沪 02 刑终 484 号]牛彦文强奸罪案

裁判要旨:侵害自然人人身权益造成严重精神损害的,被侵权人有权请求精神损害赔偿;民事主体因同一行为应当承担民事责任、行政责任和刑事责任的,承担行政责任或者刑事责任不影响承担民事责任。同时,刑事附带民事诉讼中要求赔偿精神损失的,一般不予受理,其中,"一般"可反向理解为有例外。性侵犯未成年人,本身是一种性剥削,自然存在精神损害,被害人可就此在刑事附带民事诉讼中主张精神损害赔偿。

102　财产保全

102.1　法条规定

第一百零二条　人民法院在必要的时候,可以采取保全措施,查封、扣押或者冻结被告人的财产。附带民事诉讼原告人或者人民检察院可以申请人民法院采取保全措施。人民法院采取保全措施,适用民事诉讼法的有关规定。

【立法释义】①

本条规定明确了人民法院对被告人财产进行财产保全的权力。2012 年刑事诉讼法修改增加了附带民事诉讼原告人或者人民检察院申请财产保全的权利,以及财产保全适用民事诉讼法的规定。

第一,财产保全的条件。财产保全作为对物的限制措施,应当符合特定的条件。"在必要的时候",通常是指被告人及其亲属有转移、隐匿财产的迹象,或者被告人的财产面临毁损灭失的现实风险。人民法院可以依职权决定在必要的时候采取财产保全措施,不以被害方申请为前提。财产保全的措施包括"查封、扣押或者冻结",其中,冻结是 2012 年刑事诉讼法新增的规定,主要针对债券、股票、基金等类型的资产。"被告人的财产",是指被告人本人的财产,不包括被告人近亲属的合法财产。

第二,财产保全的申请权。2012 年刑事诉讼法修改后规定,附带民事诉讼原告人或者人民检察院可以申请人民法院采取保全措施。有的案件,被害方尚未提起附带民事诉讼,但因情况紧急,不立即采取保全措施将会导致其合法权益受到难以弥补的损害。对于此种情形,《法院解释》第一百八十九条第二款作出了规定。

第三,财产保全的程序。按照民事诉讼法有关规定,财产保全措施分为诉讼中的财产保全和诉前财产保全两种。在诉讼中申请财产保全的,人民法院可以要求申请人提供担保。采取诉前财产保全,则必须由申请人提供担保,申请人不提供担保的,人民法院应当驳回申请。

102.2　相关立法

102.2.1　民事财产保全

★《中华人民共和国民事诉讼法》(2023 年 9 月 1 日修正)

第一百零三条　人民法院对于可能因当事人一方的行为或者其他原因,使判决难以执行或者造成当事人其他损害的案件,根据对方当事人的申请,可以裁定对其财产进行保全、责令其作出一定行为或者禁止其作出一定行为;当事人没有提出申请的,人民法院在必

① 参见王爱立主编书,第 222—225 页。

要时也可以裁定采取保全措施。

人民法院采取保全措施，可以责令申请人提供担保，申请人不提供担保的，裁定驳回申请。

人民法院接受申请后，对情况紧急的，必须在四十八小时内作出裁定；裁定采取保全措施的，应当立即开始执行。

第一百零四条　利害关系人因情况紧急，不立即申请保全将会使其合法权益受到难以弥补的损害的，可以在提起诉讼或者申请仲裁前向被保全财产所在地、被申请人住所地或者对案件有管辖权的人民法院申请采取保全措施。申请人应当提供担保，不提供担保的，裁定驳回申请。

人民法院接受申请后，必须在四十八小时内作出裁定；裁定采取保全措施的，应当立即开始执行。

申请人在人民法院采取保全措施后三十日内不依法提起诉讼或者申请仲裁的，人民法院应当解除保全。

第一百零五条　保全限于请求的范围，或者与本案有关的财物。

第一百零六条　财产保全采取查封、扣押、冻结或者法律规定的其他方法。人民法院保全财产后，应当立即通知被保全财产的人。

财产已被查封、冻结的，不得重复查封、冻结。

第一百零七条　财产纠纷案件，被申请人提供担保的，人民法院应当裁定解除保全。

第一百零八条　申请有错误的，申请人应当赔偿被申请人因保全所遭受的损失。

102.3　司法解释

102.3.1　附带民事诉讼保全

★《法院解释》(2021)

第一百八十九条　人民法院对可能因被告人的行为或者其他原因，使附带民事判决难以执行的案件，根据附带民事诉讼原告人的申请，可以裁定采取保全措施，查封、扣押或者冻结被告人的财产；附带民事诉讼原告人未提出申请的，必要时，人民法院也可以采取保全措施。

有权提起附带民事诉讼的人因情况紧急，不立即申请保全将会使其合法权益受到难以弥补的损害的，可以在提起附带民事诉讼前，向被保全财产所在地、被申请人居住地或者对案件有管辖权的人民法院申请采取保全措施。申请人在人民法院受理刑事案件后十五日以内未提起附带民事诉讼的，人民法院应当解除保全措施。

人民法院采取保全措施，适用民事诉讼法第一百条至第一百零五条①的有关规定，但民事诉讼法第一百零一条②第三款的规定除外。

【重点解读】③

民事诉讼法关于人民法院应当在接受申请后四十八小时内作出裁定，保全限于请求的范围或者与本案有关的财物等的规定，适用于附带民事诉讼保全。但附带民事诉讼保全不适用民事诉讼法第一百零四条第三款有关“申请人在人民法院采取保全措施后三十日内不依法提起诉讼……的，人民法院应当解除财产保全”

① 2023 年民事诉讼法第一百零三条至第一百零八条。

② 2023 年民事诉讼法第一百零四条。

③ 参见李少平主编书，第 282—283 页。

的规定，主要是考虑，对于公诉案件，附带民事诉讼的启动需待侦查、审查起诉工作的完结，被害人无法自主掌控。同时，要注意兼顾保护被申请人的利益，申请人在人民法院受理刑事案件后十五日以内未提起附带民事诉讼的，人民法院应当解除保全措施。

103　附带民事诉讼的调解和裁判

103.1　法条规定

第一百零三条　人民法院审理附带民事诉讼案件，可以进行调解，或者根据物质损失情况作出判决、裁定。

【立法释义】①

本条规定明确了人民法院对附带民事诉讼的处理方式，是2012年刑事诉讼法修改新增的决定。

第一，附带民事诉讼的调解。附带民事诉讼在本质上属于民事诉讼，因此，人民法院审理附带民事诉讼案件，可以进行调解。法院对附带民事诉讼进行调解，是一种诉讼中的调解活动，应当根据民事诉讼法的有关规定，在自愿、合法基础上进行，依法制作调解书。调解达成协议，必须双方自愿，不得强迫。调解协议的内容不得违反法律规定。

第二，附带民事诉讼的裁判。2012年刑事诉讼法修改，最高人民法院在司法解释中规定，死亡赔偿金、残疾赔偿金不属于附带民事诉讼的赔偿范围，但调解、和解的，赔偿范围、数额不受限制。基于政策和实践等考虑，《法院解释》第一百九十二条坚持既有原则，并未将残疾赔偿金、死亡赔偿金纳入附带民事诉讼的赔偿范围，但同时规定了例外情形。一方面，对附带民事诉讼作出判决，应当根据犯罪行为造成的物质损失，结合案件具体情况，确定被告人应当赔偿的数额。犯罪行为造成被害人人身损害的，应当赔偿医疗费、护理费、交通费等为治疗和康复支付的合理费用，以及因误工减少的收入。造成被害人残疾的，还应当赔偿残疾生活辅助器具费等费用；造成被害人死亡的，还应当赔偿丧葬费等费用。另一方面，驾驶机动车致人伤亡或者造成公私财产重大损失，构成犯罪的，依照道路交通安全法第七十六条的规定确定赔偿责任。同时，附带民事诉讼当事人就民事赔偿问题达成调解、和解协议的，赔偿范围、数额不受有关规定的限制。

103.2　相关立法

103.2.1　民法典的侵权损害赔偿标准

★《中华人民共和国民法典》(2020年5月28日)

第一千一百七十九条　侵害他人造成人身损害的，应当赔偿医疗费、护理费、交通费、营养费、住院伙食补助费等为治疗和康复支出的合理费用，以及因误工减少的收入。造成残疾的，还应当赔偿辅助器具费和残疾赔偿金；造成死亡的，还应当赔偿丧葬费和死亡赔偿金。

第一千一百八十条　因同一侵权行为造成多人死亡的，可以以相同数额确定死亡赔偿金。

第一千一百八十一条　被侵权人死亡的，其近亲属有权请求侵权人承担侵权责任。被侵权人为组织，该组织分立、合并的，承继权利的组织有权请求

① 参见王爱立主编书，第225—227页。

侵权人承担侵权责任。

被侵权人死亡的，支付被侵权人医疗费、丧葬费等合理费用的人有权请求侵权人赔偿费用，但是侵权人已经支付该费用的除外。

第一千一百八十二条　侵害他人人身权益造成财产损失的，按照被侵权人因此受到的损失或者侵权人因此获得的利益赔偿；被侵权人因此受到的损失以及侵权人因此获得的利益难以确定，被侵权人和侵权人就赔偿数额协商不一致，向人民法院提起诉讼的，由人民法院根据实际情况确定赔偿数额。

第一千一百八十三条　侵害自然人人身权益造成严重精神损害的，被侵权人有权请求精神损害赔偿。

因故意或者重大过失侵害自然人具有人身意义的特定物造成严重精神损害的，被侵权人有权请求精神损害赔偿。

第一千一百八十四条　侵害他人财产的，财产损失按照损失发生时的市场价格或者其他合理方式计算。

103.2.2　机动车交通事故的赔偿标准

★《中华人民共和国道路交通安全法》(2021 年 4 月 29 日修正)

第七十六条　机动车发生交通事故造成人身伤亡、财产损失的，由保险公司在机动车第三者责任强制保险责任限额范围内予以赔偿；不足的部分，按照下列规定承担赔偿责任：

（一）机动车之间发生交通事故的，由有过错的一方承担赔偿责任；双方都有过错的，按照各自过错的比例分担责任。

（二）机动车与非机动车驾驶人、行人之间发生交通事故，非机动车驾驶人、行人没有过错的，由机动车一方承担赔偿责任；有证据证明非机动车驾驶人、行人有过错的，根据过错程度适当减轻机动车一方的赔偿责任；机动车一方没有过错的，承担不超过百分之十的赔偿责任。

交通事故的损失是由非机动车驾驶人、行人故意碰撞机动车造成的，机动车一方不承担赔偿责任。

103.2.3　民事调解的程序规范

★《中华人民共和国民事诉讼法》(2023 年 9 月 1 日修正)

第九十六条　人民法院审理民事案件，根据当事人自愿的原则，在事实清楚的基础上，分清是非，进行调解。

第九十七条　人民法院进行调解，可以由审判员一人主持，也可以由合议庭主持，并尽可能就地进行。

人民法院进行调解，可以用简便方式通知当事人、证人到庭。

第九十八条　人民法院进行调解，可以邀请有关单位和个人协助。被邀请的单位和个人，应当协助人民法院进行调解。

第九十九条　调解达成协议，必须双方自愿，不得强迫。调解协议的内容不得违反法律规定。

第一百条　调解达成协议，人民法院应当制作调解书。调解书应当写明诉讼请求、案件的事实和调解结果。

调解书由审判人员、书记员署名，加盖人民法院印章，送达双方当事人。

调解书经双方当事人签收后，即具有法律效力。

第一百零一条　下列案件调解达成协议，人民法院可以不制作调解书：

（一）调解和好的离婚案件；

（二）调解维持收养关系的案件；

（三）能够即时履行的案件；

（四）其他不需要制作调解书的案件。

对不需要制作调解书的协议，应当记入笔录，由双方当事人、审判人员、书记员签名或者盖章后，即具有法律效力。

第一百零二条 调解未达成协议或者调解书送达前一方反悔的，人民法院应当及时判决。

103.3 司法解释

103.3.1 附带民事诉讼调解的原则与程序

★《法院解释》（2021）

第一百九十条 人民法院审理附带民事诉讼案件，可以根据自愿、合法的原则进行调解。经调解达成协议的，应当制作调解书。调解书经双方当事人签收后即具有法律效力。

调解达成协议并即时履行完毕的，可以不制作调解书，但应当制作笔录，经双方当事人、审判人员、书记员签名后即发生法律效力。

第一百九十一条 调解未达成协议或者调解书签收前当事人反悔的，附带民事诉讼应当同刑事诉讼一并判决。

第一百九十七条 人民法院认定公诉案件被告人的行为不构成犯罪，对已经提起的附带民事诉讼，经调解不能达成协议的，可以一并作出刑事附带民事判决，也可以告知附带民事原告人另行提起民事诉讼。

人民法院准许人民检察院撤回起诉的公诉案件，对已经提起的附带民事诉讼，可以进行调解；不宜调解或者经调解不能达成协议的，应当裁定驳回起诉，并告知附带民事诉讼原告人可以另行提起民事诉讼。

第一百九十八条 第一审期间未提起附带民事诉讼，在第二审期间提起的，第二审人民法院可以依法进行调解；调解不成的，告知当事人可以在刑事判决、裁定生效后另行提起民事诉讼。

第二百条 被害人或者其法定代理人、近亲属在刑事诉讼过程中未提起附带民事诉讼，另行提起民事诉讼的，人民法院可以进行调解，或者根据本解释第一百九十二条第二款、第三款的规定作出判决。

103.3.2 在线调解的基本规则

★《人民法院在线调解规则》（法释〔2021〕23号，2021年12月30日）

第三条 民事、行政、执行、刑事自诉以及被告人、罪犯未被羁押的刑事附带民事诉讼等法律规定可以调解或者和解的纠纷，可以开展在线调解。

行政、刑事自诉和刑事附带民事诉讼案件的在线调解，法律和司法解释另有规定的，从其规定。

第十三条 主持或者参与在线调解的人员有下列情形之一，应当在接受调解前或者调解过程中进行披露：

（一）是纠纷当事人或者当事人、诉讼代理人近亲属的；

（二）与纠纷有利害关系的；

（三）与当事人、诉讼代理人有其他可能影响公正调解关系的。

当事人在调解组织或者调解员披露上述情形后或者明知其具有上述情形，仍同意调解的，由该调解组织或者调解员继续调解。

第十四条 在线调解过程中，当事人可以申请更换调解组织或者调解员；更换后，当事人仍不同意且拒绝自行选择的，视为当事人拒绝调解。

第十六条　主持在线调解的人员应当在组织调解前确认当事人参与调解的方式，并按照下列情形作出处理：

（一）各方当事人均具备使用音视频技术条件的，指定在同一时间登录人民法院调解平台；无法在同一时间登录的，征得各方当事人同意后，分别指定时间开展音视频调解；

（二）部分当事人不具备使用音视频技术条件的，在人民法院诉讼服务中心、调解组织所在地或者其他便利地点，为其参与在线调解提供场所和音视频设备。

各方当事人均不具备使用音视频技术条件或者拒绝通过音视频方式调解的，确定现场调解的时间、地点。

在线调解过程中，部分当事人提出不宜通过音视频方式调解的，调解员在征得其他当事人同意后，可以组织现场调解。

第十七条　在线调解开始前，主持调解的人员应当通过证件证照在线比对等方式核实当事人和其他参与调解人员的身份，告知虚假调解法律后果。立案前调解的，调解员还应当指导当事人填写《送达地址确认书》等相关材料。

第十八条　在线调解过程中，当事人可以通过语音、文字、视频等形式自主表达意愿，提出纠纷解决方案。除共同确认的无争议事实外，当事人为达成调解协议作出妥协而认可的事实、证据等，不得在诉讼程序中作为对其不利的依据或者证据，但法律另有规定或者当事人均同意的除外。

第十九条　调解员组织当事人就所有或者部分调解请求达成一致意见的，应当在线制作或者上传调解协议，当事人和调解员应当在调解协议上进行电子签章；由调解组织主持达成调解协议的，还应当加盖调解组织电子印章，调解组织没有电子印章的，可以将加盖印章的调解协议上传至人民法院调解平台。

调解协议自各方当事人均完成电子签章之时起发生法律效力，并通过人民法院调解平台向当事人送达。调解协议有给付内容的，当事人应当按照调解协议约定内容主动履行。

第二十条　各方当事人在立案前达成调解协议的，调解员应当记入调解笔录并按诉讼外调解结案，引导当事人自动履行。依照法律和司法解释规定可以申请司法确认调解协议的，当事人可以在线提出申请，人民法院经审查符合法律规定的，裁定调解协议有效。

各方当事人在立案后达成调解协议的，可以请求人民法院制作调解书或者申请撤诉。人民法院经审查符合法律规定的，可以制作调解书或者裁定书结案。

第二十一条　经在线调解达不成调解协议，调解组织或者调解员应当记录调解基本情况、调解不成的原因、导致其他当事人诉讼成本增加的行为以及需要向人民法院提示的其他情况。人民法院按照下列情形作出处理：

（一）当事人在立案前申请在线调解的，调解组织或者调解员可以建议通过在线立案或者其他途径解决纠纷，当事人选择在线立案的，调解组织或者调解员应当将电子化调解材料在线推送给人民法院，由人民法院在法定期限内依法登记立案；

（二）立案前委派调解的，调解不成后，人民法院应当依法登记立案；

（三）立案后委托调解的，调解不成后，人民法院应当恢复审理。

审判人员在诉讼过程中组织在线调解的，调解不成后，应当及时审判。

第二十二条　调解员在线调解过程中，同步形成电子笔录，并确认无争议事实。经当事人双方明确表示同意的，可以以调解录音录像代替电子笔录，但无争议事实应当以书面形式确认。

电子笔录以在线方式核对确认后，与书面笔录具有同等法律效力。

第二十三条　人民法院在审查司法确认申请或者出具调解书过程中，发现当事人可能采取恶意串通、伪造证据、捏造事实、虚构法律关系等手段实施虚假调解行为，侵害他人合法权益的，可以要求当事人提供相关证据。当事人不提供相关证据的，人民法院不予确认调解协议效力或者出具调解书。

经审查认为构成虚假调解的，依照《中华人民共和国民事诉讼法》等相关法律规定处理。发现涉嫌刑事犯罪的，及时将线索和材料移送有管辖权的机关。

第二十四条　立案前在线调解期限为三十日。各方当事人同意延长的，不受此限。立案后在线调解，适用普通程序的调解期限为十五日，适用简易程序的调解期限为七日，各方当事人同意延长的，不受此限。立案后延长的调解期限不计入审理期限。

委派委托调解或者当事人申请调解的调解期限，自调解组织或者调解员在人民法院调解平台确认接受委派委托或者确认接受当事人申请之日起算。审判人员主持调解的，自各方当事人同意之日起算。

第二十五条　有下列情形之一的，在线调解程序终结：

（一）当事人达成调解协议；

（二）当事人自行和解，撤回调解申请；

（三）在调解期限内无法联系到当事人；

（四）当事人一方明确表示不愿意继续调解；

（五）当事人分歧较大且难以达成调解协议；

（六）调解期限届满，未达成调解协议，且各方当事人未达成延长调解期限的合意；

（七）当事人一方拒绝在调解协议上签章；

（八）其他导致调解无法进行的情形。

第二十六条　立案前调解需要鉴定评估的，人民法院工作人员、调解组织或者调解员可以告知当事人诉前委托鉴定程序，指导通过电子诉讼平台或者现场办理等方式提交诉前委托鉴定评估申请，鉴定评估期限不计入调解期限。

诉前委托鉴定评估经人民法院审查符合法律规定的，可以作为证据使用。

第二十九条　在线调解组织和调解员在调解过程中，存在下列行为之一的，当事人可以向作出邀请的人民法院投诉：

（一）强迫调解；

（二）无正当理由多次拒绝接受人民法院委派委托或者当事人调解申请；

（三）接受当事人请托或者收受财物；

（四）泄露调解过程、调解协议内容以及调解过程中获悉的国家秘密、商业秘密、个人隐私和其他不宜公开的信息，但法律和行政法规另有规定的除外；

（五）其他违反调解职业道德应当作出处理的行为。

人民法院经核查属实的，应当视情

形作出解聘等相应处理，并告知有关主管部门。

103.3.3　附带民事诉讼一般赔偿标准

★《法院解释》（2021）

第一百九十二条　对附带民事诉讼作出判决，应当根据犯罪行为造成的物质损失，结合案件具体情况，确定被告人应当赔偿的数额。

犯罪行为造成被害人人身损害的，应当赔偿医疗费、护理费、交通费等为治疗和康复支付的合理费用，以及因误工减少的收入。造成被害人残疾的，还应当赔偿残疾生活辅助器具费等费用；造成被害人死亡的，还应当赔偿丧葬费等费用。

驾驶机动车致人伤亡或者造成公私财产重大损失，构成犯罪的，依照《中华人民共和国道路交通安全法》第七十六条的规定确定赔偿责任。

附带民事诉讼当事人就民事赔偿问题达成调解、和解协议的，赔偿范围、数额不受第二款、第三款规定的限制。

【重点解读】①

“残疾赔偿金、死亡赔偿金”不在附带民事诉讼的判赔范围，但调解、和解的，赔偿范围、数额不受此限。主要考虑如下：民事案件，责令被告作出相应赔偿，是对被害方进行抚慰、救济的唯一手段，故有理由要求被告承担相应更重的赔偿责任。由于无须承担刑事责任，被告往往也有意愿、有能力作出相应赔偿。附带民事诉讼则不同，被告人不仅要在民事方面承担赔偿责任，还要承担相应的刑事责任。判决被告人承担刑事责任，既是对犯罪的惩处、重新犯罪的预防，也是对被害方抚慰、救济的主要方式。以故意杀人案件为例，判处被告人死刑，实已让其“以命抵命”，不应再要求其作出与单纯民事案件相同的精神损害赔偿，否则势必存在双重处罚的问题。传统上“打了不罚、罚了不打”的观念、做法，正是根源于此。

从表面上看，设定高额赔偿标准似乎对被害人有利，但实际情况是，由于多数被告人的实际赔偿能力很低，甚至没有赔偿能力，而被害方的期待又过高，远远超过被告人的承受能力，导致不少案件中原本愿意代赔的被告人亲属索性不再代赔，被害方反而得不到任何赔偿，“空判”问题突出。

103.3.4　人身损害案件民事赔偿标准

★《最高人民法院关于审理人身损害赔偿案件适用法律若干问题的解释》（法释〔2003〕20 号，2003 年 12 月 26 日；经法释〔2022〕14 号修正，2022 年 4 月 24 日）

第十二条　残疾赔偿金根据受害人丧失劳动能力程度或者伤残等级，按照受诉法院所在地上一年度城镇居民人均可支配收入标准，自定残之日起按二十年计算。但六十周岁以上的，年龄每增加一岁减少一年；七十五周岁以上的，按五年计算。

受害人因伤致残但实际收入没有减少，或者伤残等级较轻但造成职业妨害严重影响其劳动就业的，可以对残疾赔偿金作相应调整。

第十三条　残疾辅助器具费按照普通适用器具的合理费用标准计算。伤情有特殊需要的，可以参照辅助器具配制机构的意见确定相应的合理费用标准。

辅助器具的更换周期和赔偿期限

① 参见李少平主编书，第 284—288 页。

参照配制机构的意见确定。

第十四条　丧葬费按照受诉法院所在地上一年度职工月平均工资标准，以六个月总额计算。

第十五条　死亡赔偿金按照受诉法院所在地上一年度城镇居民人均可支配收入标准，按二十年计算。但六十周岁以上的，年龄每增加一岁减少一年；七十五周岁以上的，按五年计算。

第十六条　被扶养人生活费计入残疾赔偿金或者死亡赔偿金。

第十七条　被扶养人生活费根据扶养人丧失劳动能力程度，按照受诉法院所在地上一年度城镇居民人均消费支出标准计算。被扶养人为未成年人的，计算至十八周岁；被扶养人无劳动能力又无其他生活来源的，计算二十年。但六十周岁以上的，年龄每增加一岁减少一年；七十五周岁以上的，按五年计算。

被扶养人是指受害人依法应当承担扶养义务的未成年人或者丧失劳动能力又无其他生活来源的成年近亲属。被扶养人还有其他扶养人的，赔偿义务人只赔偿受害人依法应当负担的部分。被扶养人有数人的，年赔偿总额累计不超过上一年度城镇居民人均消费支出额。

第十八条　赔偿权利人举证证明其住所地或者经常居住地城镇居民人均可支配收入高于受诉法院所在地标准的，残疾赔偿金或者死亡赔偿金可以按照其住所地或者经常居住地的相关标准计算。

被扶养人生活费的相关计算标准，依照前款原则确定。

第十九条　超过确定的护理期限、辅助器具费给付年限或者残疾赔偿金给付年限，赔偿权利人向人民法院起诉请求继续给付护理费、辅助器具费或者残疾赔偿金的，人民法院应予受理。赔偿权利人确需继续护理、配制辅助器具，或者没有劳动能力和生活来源的，人民法院应当判令赔偿义务人继续给付相关费用五至十年。

第二十条　赔偿义务人请求以定期金方式给付残疾赔偿金、辅助器具费的，应当提供相应的担保。人民法院可以根据赔偿义务人的给付能力和提供担保的情况，确定以定期金方式给付相关费用。但是，一审法庭辩论终结前已经发生的费用、死亡赔偿金以及精神损害抚慰金，应当一次性给付。

第二十一条　人民法院应当在法律文书中明确定期金的给付时间、方式以及每期给付标准。执行期间有关统计数据发生变化的，给付金额应当适时进行相应调整。

定期金按照赔偿权利人的实际生存年限给付，不受本解释有关赔偿期限的限制。

103.3.5　交通肇事案件民事赔偿标准

★《最高人民法院研究室关于交通肇事刑事案件附带民事赔偿范围问题的答复》（法研〔2014〕30号，2014年2月24日）

根据刑事诉讼法第九十九条、第一百零一条①和《最高人民法院关于适用〈中华人民共和国刑事诉讼法〉的解释》第一百五十五条②的规定，交通肇事刑事案件的附带民事诉讼当事人未能就民事赔偿问题达成调解、和解协议的，无

---

① 2018年刑事诉讼法第一百零一条、第一百零三条。

② 2021年《法院解释》第一百九十二条。

论附带民事诉讼被告人是否投保机动车第三者强制责任保险，均可将死亡赔偿金、残疾赔偿金纳入判决赔偿的范围。

103.3.6　检察机关提起附带民事诉讼的赔偿对象

★《法院解释》(2021)

第一百九十三条　人民检察院提起附带民事诉讼的，人民法院经审理，认为附带民事诉讼被告人依法应当承担赔偿责任的，应当判令附带民事诉讼被告人直接向遭受损失的单位作出赔偿；遭受损失的单位已经终止，有权利义务继受人的，应当判令其向继受人作出赔偿；没有权利义务继受人的，应当判令其向人民检察院交付赔偿款，由人民检察院上缴国库。

103.3.7　附带民事赔偿的量刑影响

★《法院解释》(2021)

第一百九十四条　审理刑事附带民事诉讼案件，人民法院应当结合被告人赔偿被害人物质损失的情况认定其悔罪表现，并在量刑时予以考虑。

【重点解读】①

对于积极赔偿的被告人，依法可以酌情从宽量刑。法律不允许“花钱买刑”“以钱赎刑”，但是被告人通过赔偿减轻犯罪造成的社会危害，争取被害方谅解、宽恕，从而获得从宽处罚。需要注意的是，赔偿对量刑的影响也不是绝对的。应当结合被告人赔偿被害人物质损失的情况认定其悔罪表现，并在量刑时予以考虑。被告人即使作出赔偿，或者其亲友自愿代赔，被告人毫无悔罪表现，则应严格掌握从宽处罚的幅度，甚至可以不予从宽。此外，还应当根据案件类型的不同，区别把握赔偿与量刑的关系。对于因婚姻家庭、邻里纠纷等民间矛盾激化引发、事出有因、侵害对象特定的案件，如果被告人积极履行赔偿义务，取得被害方的谅解，应当依法从轻判处。相反，对于那些侵害不特定公众、严重危害社会治安的犯罪，就不能仅仅因为作了赔偿，或者得到了具体被害人的谅解，该重判的不重判，从而给社会造成“花钱买刑”的误解。

103.3.8　未成年人案件的赔偿主体

★《最高人民法院关于审理未成年人刑事案件具体应用法律若干问题的解释》(法释〔2006〕1 号，2006 年 1 月 11 日)

第十九条　刑事附带民事案件的未成年被告人有个人财产的，应当由本人承担民事赔偿责任，不足部分由监护人予以赔偿，但单位担任监护人的除外。

被告人对被害人物质损失的赔偿情况，可以作为量刑情节予以考虑。

103.4　指导与参考案例

103.4.1　残疾赔偿金属于物质损失

【最高人民法院公报案例】

尹瑞军诉颜礼奎健康权、身体权纠纷案②

裁判要旨：刑事案件的受害人因犯罪行为受到身体伤害，未提起刑事附带民事诉讼，而是另行提起民事侵权诉讼的，关于残疾赔偿金是否属于物质损失范畴的问题，刑事诉讼法及司法解释没有明确规定。刑事案件受害人因犯罪行为造成残疾的，今后的生活和工作必然受到影响，

---

① 参见李少平主编书，第 289—290 页。

② 参见《中华人民共和国最高人民法院公报》2019 年第 3 期(总第 269 期)。

导致劳动能力下降,造成生活成本增加,进而变相地减少物质收入,故残疾赔偿金应属于物质损失的范畴,应予赔偿。

103. 4. 2　死亡补偿费不是精神抚慰金

【刑事审判参考案例】

［第 314 号］宋计划交通肇事案

裁判要旨:死亡补偿费不是精神损害抚慰金,而是对因被害人死亡遭受财产损失的赔偿费用。凡是被害人死亡的附带民事诉讼案件,均应判处死亡赔偿金(死亡补偿费)。人民法院在民事裁判文书中确定的对因受害人死亡造成死者近亲属精神损害应予赔偿的精神抚慰金没有必要表述为“死亡赔偿金”,直接表述为“精神抚慰金”即可。人民法院审理被害人死亡的附带民事诉讼案件,由于有关法律和司法解释对附带民事诉讼有特殊规定,不能判处精神抚慰金,但应当判处死亡补偿费。

103. 4. 3　民事赔偿的全部赔偿原则

【刑事审判参考案例】

［第 341 号］李洪前故意杀人案

裁判要旨:在解决附带民事诉讼赔偿问题时,应实行全部赔偿原则。实行人承担赔偿责任的范围,应当与侵权行为造成物质损失的范围对等。侵权行为所造成的损失应当全部赔偿,不能因被告人赔偿能力有限或没有赔偿能力而少赔或不赔。

103. 4. 4　附带民事调解与撤诉

【刑事审判参考案例】

［第 513 号］程文岗等故意伤害案

裁判要旨:刑事附带民事诉讼案件的调解与单纯民事案件的调解相比,既有共性,也有特殊性。刑事附带民事诉讼原告人可以与部分被告人自愿达成调解协议,此种情形的调解宜采取部分撤诉的方式结案,对调解不成的其他被告人应当按照其应承担的赔偿份额依法作出判决。

103. 4. 5　污染环境刑事附带民事公益诉讼的损害赔偿范围

【最高人民法院指导性案例】

［第 203 号］左勇、徐鹤污染环境刑事附带民事公益诉讼案

裁判要点:对于必要、合理、适度的环境污染处置费用,人民法院应当认定为属于污染环境刑事附带民事公益诉讼案件中的公私财产损失及生态环境损害赔偿范围。对于明显超出必要合理范围的处置费用,不应当作为追究被告人刑事责任,以及附带民事公益诉讼被告承担生态环境损害赔偿责任的依据。

104　附带民事诉讼的审判方式

104. 1　法条规定

第一百零四条　附带民事诉讼应当同刑事案件一并审判,只有为了防止刑事案件审判的过分迟延,才可以在刑事案件审判后,由同一审判组织继续审理附带民事诉讼。

【立法释义】①

本条规定明确了附带民事诉讼的审判方式,确立了与刑事案件一并审判的原则及例外情形。②

---

① 参见王爱立主编书,第 227—228 页。

② 本条规定了附带民事诉讼的审判方式,为体现附带民事诉讼的诉讼流程,可考虑将本条与本法第一百零三条规定的裁判方式的顺序加以调换,即将本条提到第一百零三条之前。

第一，附带民事诉讼的程序附带性。人民法院在刑事审判过程中，一并审理附带民事案件，可以全面调查被告人的犯罪行为及其造成的物质损失情况，并在量刑环节充分考虑被告人的赔偿情况。

第二，同一审判组织一并审判原则。有些附带民事诉讼案件较为复杂，例如涉及被害人数量较多、物质损失赔偿数额在短时间内难以有效计算等情形，此种情况下，严格要求附带民事诉讼与刑事案件一并审判，可能导致刑事案件审判过分延迟，不利于确保案件的法律效果和社会效果。鉴于此，对疑难复杂的附带民事诉讼案件，可以在刑事案件审判后，由同一审判组织继续审理附带民事诉讼。"同一审判组织"，是指审理该刑事案件的同一审判员或者同一合议庭，主要是考虑，该审判组织已经查明刑事案件事实和所涉的附带民事诉讼案件事实，便于后续附带民事诉讼的审理和裁判。

第三，附带民事诉讼特殊情形的处理原则。对于附带民事诉讼，当事人可能因各种原因不能参与法庭审判。为避免影响刑事诉讼的顺利进行，《法院解释》第一百九十五条明确了特殊情形的处理原则。

第四，不构成犯罪或者撤诉情形的处理原则。对于被害方提起附带民事诉讼的情形，被告人的行为可能并不构成犯罪，或者人民检察院可能在诉讼过程中撤回起诉。此种情况下，由于附带民事诉讼的前提受到影响，需要结合案件情况作出相应处理。

104.2　司法解释

104.2.1　当事人无法参与庭审的处理

★《法院解释》(2021)

第一百九十五条　附带民事诉讼原告人经传唤，无正当理由拒不到庭，或者未经法庭许可中途退庭的，应当按撤诉处理。

刑事被告人以外的附带民事诉讼被告人经传唤，无正当理由拒不到庭，或者未经法庭许可中途退庭的，附带民事部分可以缺席判决。

刑事被告人以外的附带民事诉讼被告人下落不明，或者用公告送达以外的其他方式无法送达，可能导致刑事案件审判过分迟延的，可以不将其列为附带民事诉讼被告人，告知附带民事诉讼原告人另行提起民事诉讼。

104.2.2　一并审判原则及例外

★《法院解释》(2021)

第一百九十六条　附带民事诉讼应当同刑事案件一并审判，只有为了防止刑事案件审判的过分迟延，才可以在刑事案件审判后，由同一审判组织继续审理附带民事诉讼；同一审判组织的成员确实不能继续参与审判的，可以更换。

104.2.3　附带民事诉讼不收取诉讼费

★《法院解释》(2021)

第一百九十九条　人民法院审理附带民事诉讼案件，不收取诉讼费。

第二百零一条　人民法院审理附带民事诉讼案件，除刑法、刑事诉讼法以及刑事司法解释已有规定的以外，适用民事法律的有关规定。

104.3　指导与参考案例

104.3.1　附带民事诉讼的诉讼时效

【刑事审判参考案例】

［第 418 号］张勇故意伤害案

裁判要旨:附带民事诉讼案件的时效应当遵从刑事诉讼追诉时效。被害人在一审判决宣告以前提起刑事附带民事诉讼,就应当认为是在“刑事诉讼过程中”提起的,没有超出刑事附带民事诉讼提起的时效,而不必受民事诉讼时效的限制。如果被害人单独提起民事诉讼,则应当遵循民法关于诉讼时效的规定。

第八章　期间、送达

105　期间及其计算

105.1　法条规定

第一百零五条　期间以时、日、月计算。

期间开始的时和日不算在期间以内。

法定期间不包括路途上的时间。上诉状或者其他文件在期满前已经交邮的,不算过期。

期间的最后一日为节假日的,以节假日后的第一日为期满日期,但犯罪嫌疑人、被告人或者罪犯在押期间,应当至期满之日为止,不得因节假日而延长。

【立法释义】①

本条规定明确了刑事诉讼期间及其计算方法。2012年刑事诉讼法修改新增了第四款规定。期间及其计算方法,事关羁押期限和诉讼权利行使,与权利保障紧密相关。关于期间及其计算,应当关注以下事项:

第一,期间的计算单位。期间以时、日、月计算。例如,拘留后,应当立即将被拘留人送看守所羁押,至迟不得超过二十四小时。人民检察院自收到移送审查起诉的案件材料之日起三日以内,应当告知犯罪嫌疑人有权委托辩护人。人民法院、人民检察院和公安机关对犯罪嫌疑人、被告人取保候审最长不得超过十二个月,监视居住最长不得超过六个月。

第二,期间的计算方法。期间应从诉讼行为开始后的第二个小时或者第二日起计算。例如,逮捕后,除无法通知的以外,应当在逮捕后二十四小时以内,通知被逮捕人的家属。如果逮捕的时间是上午十时十分,"逮捕后二十四小时",应当从当日上午十一时开始计算。以日为单位的期间,应当从诉讼行为开始之日的第二日起计算。

第三,路途上的时间不计入法定期间。本条第三款规定的"路途上的时间",是指司法机关邮寄送达诉讼文书,以及当事人向司法机关邮寄诉讼文书在路途上占用的时间。确定期满前当事人是否已经交邮,应当以邮件上的邮戳为证。此外,"路途上的时间",还应当包括异地执行拘留、逮捕情形在路途上押解犯罪嫌疑人的时间。根据本法规定,拘留后,应当立即将被拘留人送看守所羁押,至迟不得超过二十四小时。逮捕后,应当立即将被逮捕人送看守所羁押。除无法通知的以外,应当在逮捕后二十四小时以内,通知被逮捕人的家属。对于异地执行拘留、逮捕情形,如果不扣除路途押解时间,无法在法定期间内将被拘留人、被逮捕人送看守所羁押。

第四,期间最后一日为节假日的计算方法。规定这种情况不得顺延,是因为犯罪嫌疑人、被告人、罪犯处于被限制或者剥夺人身自由的状态,拘留、逮

① 参见王爱立主编书,第229—232页。

捕等强制措施的期限届满或者刑期届满的，应当立即予以释放，不得变相延长其被羁押的时间，体现了对犯罪嫌疑人、被告人和罪犯的人权保障。

105.2　司法解释

105.2.1　期间、刑期的计算规则

★《法院解释》(2021)

第二百零二条　以月计算的期间，自本月某日至下月同日为一个月；期限起算日为本月最后一日的，至下月最后一日为一个月；下月同日不存在的，自本月某日至下月最后一日为一个月；半个月一律按十五日计算。

以年计算的刑期，自本年本月某日至次年同月同日的前一日为一年；次年同月同日不存在的，自本年本月某日至次年同月最后一日的前一日为一年。以月计算的刑期，自本月某日至下月同日的前一日为一个月；刑期起算日为本月最后一日的，至下月最后一日的前一日为一个月；下月同日不存在的，自本月某日至下月最后一日的前一日为一个月；半个月一律按十五日计算。

106　期间顺延

106.1　法条规定

第一百零六条　当事人由于不能抗拒的原因或者有其他正当理由而耽误期限的，在障碍消除后五日以内，可以申请继续进行应当在期满以前完成的诉讼活动。

前款申请是否准许，由人民法院裁定。

【立法释义】①

本条规定明确了期间顺延的情形和处理程序。

第一，期间顺延主要包括两种情形：一是“不能抗拒的原因”。通常包括地震、台风等不可抗力，因交通、通讯中断等客观原因，不能在法定期限内实施诉讼行为。二是“其他正当理由”。通常包括当事人自身的因素，例如身患严重疾病等，不能在法定期限内实施特定的诉讼行为。对于上述情形，当事人在障碍消除后五日以内，可以申请继续进行应当在期满以前完成的诉讼活动。

第二，期间顺延申请的处理程序。规定诉讼期间的顺延由人民法院裁定，主要是考虑，诉讼期限耽误的情况比较复杂，对耽误的期限一律不予顺延，不利于案件的公正处理，也不利于当事人权利的保护。但是对于没有正当理由的耽误顺延诉讼期限，有损司法的严肃性。基于本条规定的申请权，当事人在申请期间顺延时，应当提供有关证据材料，说明耽误期限的理由。人民法院对于当事人提出的申请，应当进行审查，查证属实的，应当裁定准许。法定期间的顺延，可以补足因法定原因耽误的诉讼期限。

106.2　司法解释

106.2.1　期间顺延申请的处理

★《法院解释》(2021)

第二百零三条　当事人由于不能抗拒的原因或者有其他正当理由而耽误期限，依法申请继续进行应当在期满前完成的诉讼活动的，人民法院查证属实后，应当裁定准许。

---

①　参见王爱立主编书，第232—233页。

107　送达

107.1　法条规定

第一百零七条　送达传票、通知书和其他诉讼文件应当交给收件人本人;如果本人不在,可以交给他的成年家属或者所在单位的负责人员代收。

收件人本人或者代收人拒绝接收或者拒绝签名、盖章的时候,送达人可以邀请他的邻居或者其他见证人到场,说明情况,把文件留在他的住处,在送达证上记明拒绝的事由、送达的日期,由送达人签名,即认为已经送达。

【立法释义】①

本条规定明确了诉讼文书送达的法律程序。关于送达,应当关注以下事项:

第一,直接送达的程序。直接送达作为常规送达方式,主要包括两种情形:一是将诉讼文件交给收件人本人。在送达传票、通知书和其他诉讼文件时,应当送交到收件人本人,确保其知悉诉讼权利和法律义务。二是收件人本人不在的情况下,可以交给他的成年家属或者所在单位的负责人员代收。

第二,留置送达的程序。留置送达是指收件人或者代收人拒绝接收诉讼文书时,送达人依法将诉讼文件留在收件人住处的一种送达方式。收件人本人或者代收人拒绝接收或者拒绝签名、盖章,并不构成送达不能的理由。送达诉讼文件的人可以邀请收件人的邻居或者其他人到场作为见证人,说明情况,把文件留在收件人或者代收人的住处,并在送达证上记明拒收的理由、送达的日期,由送达人签名。除邀请见证人到场见证之外,送达人可以把诉讼文书留在受送达人的住所,并采用拍照、录像等方式记录送达过程,即视为送达。

第三,其他送达方式。"委托送达"并非新的送达方式,而是人民法院异地协作的工作机制。对于委托送达的情形,委托的人民法院应当将委托函、委托送达的诉讼文书及送达回证寄送受托人民法院。受托人民法院收到后,应当登记,在十日以内送达收件人,并将送达回证寄送委托人民法院;无法送达的,应当告知委托人民法院,并将诉讼文书及送达回证退回。"邮寄送达"是新型送达方式,是指将诉讼文书、送达回证挂号邮寄给收件人;签收日期为送达日期。对于重要的诉讼事项,邮寄送达是最后手段。

第四,特殊对象的转交方式。对于军人等特殊对象,《法院解释》第二百零八条规定了专门的转交方式。

107.2　司法解释

107.2.1　直接送达与留置送达

★《法院解释》(2021)

第二百零四条　送达诉讼文书,应当由收件人签收。收件人不在的,可以由其成年家属或者所在单位负责收件的人员代收。收件人或者代收人在送达回证上签收的日期为送达日期。

收件人或者代收人拒绝签收的,送达人可以邀请见证人到场,说明情况,在送达回证上注明拒收的事由和日期,由送达人、见证人签名或者盖章,将诉

---

① 参见王爱立主编书,第 233—234 页。

讼文书留在收件人、代收人的住处或者单位；也可以把诉讼文书留在受送达人的住处，并采用拍照、录像等方式记录送达过程，即视为送达。

107.2.2　委托送达与邮寄送达

★**《法院解释》**(2021)

第二百零五条　直接送达诉讼文书有困难的，可以委托收件人所在地的人民法院代为送达或者邮寄送达。

第二百零六条　委托送达的，应当将委托函、委托送达的诉讼文书及送达回证寄送受托法院。受托法院收到后，应当登记，在十日以内送达收件人，并将送达回证寄送委托法院；无法送达的，应当告知委托法院，并将诉讼文书及送达回证退回。

第二百零七条　邮寄送达的，应当将诉讼文书、送达回证邮寄给收件人。签收日期为送达日期。

107.2.3　特殊对象的转交方式

★**《法院解释》**(2021)

第二百零八条　诉讼文书的收件人是军人的，可以通过其所在部队团级以上单位的政治部门转交。

收件人正在服刑的，可以通过执行机关转交。

收件人正在接受专门矫治教育等的，可以通过相关机构转交。

由有关部门、单位代为转交诉讼文书的，应当请有关部门、单位收到后立即交收件人签收，并将送达回证及时寄送人民法院。

107.2.4　以检察专递方式邮寄送达

★**《最高人民检察院关于以检察专递方式邮寄送达有关检察法律文书的若干规定》**(高检发释字〔2015〕1号，2015年2月13日)

第一条　法律规定可以邮寄送达的检察法律文书，人民检察院可以交由邮政企业以检察专递方式邮寄送达，但下列情形除外：

(一)受送达人或者其诉讼代理人、受送达人指定的代收人同意在指定的期间内到人民检察院接受送达的；

(二)受送达人下落不明的；

(三)法律规定、我国缔结或者参加的国际条约中约定有特别送达方式的。

第二条　以检察专递方式邮寄送达有关检察法律文书的，该送达与人民检察院直接送达具有同等法律效力。

第七条　邮寄送达检察法律文书，应当直接送交受送达人。受送达人是公民的，由其本人签收，本人不在其提供或者确认的送达地址的，邮政企业可以将邮件交给与他同住的成年家属代收，但同住的成年家属是同一案件中另一方当事人的除外；受送达人是法人或者其他组织的，应当由法人的法定代表人、其他组织的主要负责人或者该法人、组织负责收件的工作人员签收；受送达人有诉讼代理人的，可以送交其代理人签收；受送达人已向人民检察院指定代收人的，送交代收人签收。

第八条　受送达人或者其代收人应当在邮件回执上签名、盖章或者捺印。

受送达人或者其代收人在签收时，应当出示其有效身份证件并在回执上填写该证件的号码，代收人还应填写其与受送达人的关系；受送达人或者其代收人拒绝签收的，由邮政企业的投递员记明情况，并将邮件退回人民检察院。

第九条　有下列情形之一的，即为送达：

（一）受送达人在邮件回执上签名、盖章或者捺印的；

（二）受送达人是无民事行为能力或者限制民事行为能力的自然人，其法定代理人签收的；

（三）受送达人是法人或者其他组织，其法人的法定代表人、该组织的主要负责人或者办公室、收发室、值班室的工作人员签收的；

（四）受送达人的诉讼代理人签收的；

（五）受送达人指定的代收人签收的；

（六）受送达人的同住成年家属签收的。

第十条 签收人是受送达人本人或者是受送达人的法定代表人、主要负责人、法定代理人、诉讼代理人的，签收人应当当场核对邮件内容。签收人发现邮件内容与回执上的文书名称不一致的，应当当场向邮政企业的投递员提出，由投递员在回执上记明情况，并将邮件退回人民检察院。

签收人是受送达人办公室、收发室、值班室的工作人员或者是与受送达人同住的成年家属，受送达人发现邮件内容与回执上的文书名称不一致的，应当在三日内将该邮件退回人民检察院，并以书面方式说明退回的理由。

【重点解读】

新华网 2015 年 5 月 13 日报道，检察专递邮件的范围是该规定中可以通过邮寄送达方式寄递的检察法律文书，主要包括民事检察、行政检察、控告检察、刑事申诉检察等法律文书。该送达方式与人民检察院直接送达具有同等法律效力。

107.2.5 海峡两岸送达文书程序

★《最高人民法院关于人民法院办理海峡两岸送达文书和调查取证司法互助案件的规定》（法释〔2011〕15 号，2011 年 6 月 14 日）

第七条 人民法院向住所地在台湾地区的当事人送达民事和行政诉讼司法文书，可以采用下列方式：

（一）受送达人居住在大陆的，直接送达。受送达人是自然人，本人不在的，可以交其同住成年家属签收；受送达人是法人或者其他组织的，应当由法人的法定代表人、其他组织的主要负责人或者该法人、其他组织负责收件的人签收。

受送达人不在大陆居住，但送达时在大陆的，可以直接送达。

（二）受送达人在大陆有诉讼代理人的，向诉讼代理人送达。但受送达人在授权委托书中明确表明其诉讼代理人无权代为接收的除外。

（三）受送达人有指定代收人的，向代收人送达。

（四）受送达人在大陆有代表机构、分支机构、业务代办人的，向其代表机构或者经受送达人明确授权接受送达的分支机构、业务代办人送达。

（五）通过协议确定的海峡两岸司法互助方式，请求台湾地区送达。

（六）受送达人在台湾地区的地址明确的，可以邮寄送达。

（七）有明确的传真号码、电子信箱地址的，可以通过传真、电子邮件方式向受送达人送达。

采用上述方式均不能送达或者台湾地区当事人下落不明的，可以公告送达。

人民法院需要向住所地在台湾地

区的当事人送达刑事司法文书，可以通过协议确定的海峡两岸司法互助方式，请求台湾地区送达。

第八条　人民法院协助台湾地区法院送达司法文书，应当采用民事诉讼法、刑事诉讼法、行政诉讼法等法律和相关司法解释规定的送达方式，并应当尽可能采用直接送达方式，但不采用公告送达方式。

第九条　人民法院协助台湾地区送达司法文书，应当充分负责，及时努力送达。

第十条　审理案件的人民法院需要台湾地区协助送达司法文书的，应当填写《〈海峡两岸共同打击犯罪及司法互助协议〉送达文书请求书》附录部分，连同需要送达的司法文书，一式二份，及时送交高级人民法院。

需要台湾地区协助送达的司法文书中有指定开庭日期等类似期限的，一般应当为协助送达程序预留不少于六个月的时间。

第十一条　高级人民法院收到本院或者下级人民法院《〈海峡两岸共同打击犯罪及司法互助协议〉送达文书请求书》附录部分和需要送达的司法文书后，应当在七个工作日内完成审查。经审查认为可以请求台湾地区协助送达的，高级人民法院联络人应当填写《〈海峡两岸共同打击犯罪及司法互助协议〉送达文书请求书》正文部分，连同附录部分和需要送达的司法文书，立即寄送台湾地区联络人；经审查认为欠缺相关材料、内容或者认为不需要请求台湾地区协助送达的，应当立即告知提出请求的人民法院补充相关材料、内容或者在说明理由后将材料退回。

第十二条　台湾地区成功送达并将送达证明材料寄送高级人民法院联络人，或者未能成功送达并将相关材料送还，同时出具理由说明给高级人民法院联络人的，高级人民法院应当在收到之日起七个工作日内，完成审查并转送提出请求的人民法院。经审查认为欠缺相关材料或者内容的，高级人民法院联络人应当立即与台湾地区联络人联络并请求补充相关材料或者内容。

自高级人民法院联络人向台湾地区寄送有关司法文书之日起满四个月，如果未能收到送达证明材料或者说明文件，且根据各种情况不足以认定已经送达的，视为不能按照协议确定的海峡两岸司法互助方式送达。

第十三条　台湾地区请求人民法院协助送达台湾地区法院的司法文书并通过其联络人将请求书和相关司法文书寄送高级人民法院联络人的，高级人民法院应当在七个工作日内完成审查。经审查认为可以协助送达的，应当立即转送有关下级人民法院送达或者由本院送达；经审查认为欠缺相关材料、内容或者认为不宜协助送达的，高级人民法院联络人应当立即向台湾地区联络人说明情况并告知其补充相关材料、内容或者将材料送还。

具体办理送达文书司法互助案件的人民法院应当在收到高级人民法院转送的材料之日起五个工作日内，以"协助台湾地区送达民事（刑事、行政诉讼）司法文书"案由立案，指定专人办理，并应当自立案之日起十五日内完成协助送达，最迟不得超过两个月。

收到台湾地区送达文书请求时，司法文书中指定的开庭日期或者其他期限逾期的,人民法院亦应予以送达,同时高级人民法院联络人应当及时向台湾地区联络人说明情况。

第十四条　具体办理送达文书司法互助案件的人民法院成功送达的,应当由送达人在《〈海峡两岸共同打击犯罪及司法互助协议〉送达回证》上签名或者盖章,并在成功送达之日起七个工作日内将送达回证送交高级人民法院;未能成功送达的,应当由送达人在《〈海峡两岸共同打击犯罪及司法互助协议〉送达回证》上注明未能成功送达的原因并签名或者盖章,在确认不能送达之日起七个工作日内,将该送达回证和未能成功送达的司法文书送交高级人民法院。

高级人民法院应当在收到前款所述送达回证之日起七个工作日内完成审查,由高级人民法院联络人在前述送达回证上签名或者盖章,同时出具《〈海峡两岸共同打击犯罪及司法互助协议〉送达文书回复书》,连同该送达回证和未能成功送达的司法文书,立即寄送台湾地区联络人。

第九章　其他规定

108　专门术语

108.1　法条规定

第一百零八条　本法下列用语的含意是：

（一）“侦查”是指公安机关、人民检察院对于刑事案件，依照法律进行的收集证据、查明案情的工作和有关的强制性措施；

（二）“当事人”是指被害人、自诉人、犯罪嫌疑人、被告人、附带民事诉讼的原告人和被告人；

（三）“法定代理人”是指被代理人的父母、养父母、监护人和负有保护责任的机关、团体的代表；

（四）“诉讼参与人”是指当事人、法定代理人、诉讼代理人、辩护人、证人、鉴定人和翻译人员；

（五）“诉讼代理人”是指公诉案件的被害人及其法定代理人或者近亲属、自诉案件的自诉人及其法定代理人委托代为参加诉讼的人和附带民事诉讼的当事人及其法定代理人委托代为参加诉讼的人；

（六）“近亲属”是指夫、妻、父、母、子、女、同胞兄弟姊妹。

【立法释义】①

本条规定明确了刑事诉讼法中有关专门术语的含义。2018年刑事诉讼法修改对侦查的含义作出了调整。关于有关术语的含义，应当准确加以理解：

第一，侦查的含义。本法规定的“侦查”，是指公安机关、人民检察院对于刑事案件，依照法律进行的收集证据、查明案情的工作和有关的强制性措施。2018年刑事诉讼法修改，结合监察法对监察机关行使监督、调查职权的规定，对刑事诉讼法中的侦查含义作出了调整。

侦查的主要职责包括两个方面：一是“收集证据、查明案情”。主要是指依照法定程序收集、调取证据，查明案件事实，具体包括讯问犯罪嫌疑人、询问证人、勘验、检查、鉴定等活动。二是采取“有关的强制性措施”。主要包括对人的强制措施，例如拘传、取保候审、监视居住、拘留和逮捕等，以及对物的强制措施，例如搜查、扣押、冻结等。相比之下，监察法规定的监察机关调查职责，是指监察机关采取的讯问、询问、留置、搜查、调取、查封、扣押、勘验检查等调查措施。伴随监察制度改革，刑事诉讼法和监察法形成了两套并行的案件事实调查程序。

第二，当事人的含义。本法规定的“当事人”，是与案件结果存在直接利害关系的人。“当事人”的范围包括：被害人、自诉人、犯罪嫌疑人、被告人、附带民事诉讼的原告人和被告人。“犯罪嫌疑人”和“被告人”是被追诉者在不同诉讼阶段的称谓，体现出无罪推定原则的内在要求。

① 参见王爱立主编书，第235—239页。

第三,法定代理人的含义。本法规定的“法定代理人”,是指依照法律规定对无行为能力人或者限制行为能力人负有保护义务的人。“法定代理人”的范围包括:被代理人的父母、养父母、监护人和负有保护责任的机关、团体的代表。“监护人”,是指除父母、养父母以外,对未成年人、精神病人及其他无行为能力人的人身、财产及其他合法权益,依照法律规定有责任进行保护的人。

第四,诉讼参与人的含义。本法规定的“诉讼参与人”,是指除公安机关、人民检察院等专门机关以外,依法参与刑事诉讼活动,在刑事诉讼中享有一定诉讼权利、负有一定诉讼义务的人。“诉讼参与人”的范围包括:当事人、法定代理人、诉讼代理人、辩护人、证人、鉴定人和翻译人员。

第五,诉讼代理人的含义。本法规定的“诉讼代理人”,是指受委托或者指定,依法参与刑事诉讼活动,维护被代理人合法权益的人。“诉讼代理人”的范围包括:公诉案件的被害人及其法定代理人或者近亲属、自诉案件的自诉人及其法定代理人委托代为参加诉讼的人和附带民事诉讼的当事人及其法定代理人委托代为参加诉讼的人。根据2012年修改后刑事诉讼法确立的犯罪嫌疑人、被告人逃匿、死亡案件违法所得的没收程序,犯罪嫌疑人、被告人的近亲属,以及其他与涉案财产有利害关系的人,也可以委托诉讼代理人。

第六,近亲属的含义。本法规定的“近亲属”,包括夫、妻、父、母、子、女、同胞兄弟姊妹。

108.2　相关立法

108.2.1　监察机关的调查权

★《中华人民共和国监察法》(2024年12月25日修正)

第十八条　监察机关行使监督、调查职权,有权依法向有关单位和个人了解情况,收集、调取证据。有关单位和个人应当如实提供。

监察机关及其工作人员对监督、调查过程中知悉的国家秘密、工作秘密、商业秘密、个人隐私和个人信息,应当保密。

任何单位和个人不得伪造、隐匿或者毁灭证据。

第四十三条　监察机关对职务违法和职务犯罪案件,应当进行调查,收集被调查人有无违法犯罪以及情节轻重的证据,查明违法犯罪事实,形成相互印证、完整稳定的证据链。

调查人员应当依法文明规范开展调查工作。严禁以暴力、威胁、引诱、欺骗及其他非法方式收集证据,严禁侮辱、打骂、虐待、体罚或者变相体罚被调查人和涉案人员。

监察机关及其工作人员在履行职责过程中应当依法保护企业产权和自主经营权,严禁利用职权非法干扰企业生产经营。需要企业经营者协助调查的,应当保障其人身权利、财产权利和其他合法权益,避免或者尽量减少对企业正常生产经营活动的影响。

第四十四条　调查人员采取讯问、询问、强制到案、责令候查、管护、留置、搜查、调取、查封、扣押、勘验检查等调查措施,均应当依照规定出示证件,出具书面通知,由二人以上进行,形成笔录、报告等书面材料,并由相关人员签名、盖章。

调查人员进行讯问以及搜查、查封、扣押等重要取证工作，应当对全过程进行录音录像，留存备查。

第四十五条　调查人员应当严格执行调查方案，不得随意扩大调查范围、变更调查对象和事项。

对调查过程中的重要事项，应当集体研究后按程序请示报告。

第二编　立案、侦查和提起公诉

第一章　立　　案

109　立案职责

109.1　法条规定

第一百零九条　公安机关或者人民检察院发现犯罪事实或者犯罪嫌疑人，应当按照管辖范围，立案侦查。

【立法释义】①

本条规定明确了公安机关和人民检察院的立案职责。② 立案是我国刑事诉讼的专门程序，标志着刑事诉讼的正式启动。这一规定既赋予专门机关立案侦查的权限，也确立了专门机关在法定情形下立案侦查的法律义务。关于立案程序，应当关注以下事项：

第一，立案的权限和职能分工。立案侦查的主体是"公安机关或者人民检察院"。国家安全机关、军队保卫部门、中国海警局和监狱在行使法律授予的侦查职权时，也有侦查立案权。除此之外，其他任何机关和个人都不得行使该项权力。同时，根据本法规定的职能管辖，公安机关、人民检察院应当按照管辖范围，开展立案侦查活动，不得超越法定管辖权限立案侦查。

第二，立案的法律义务。对于"发现犯罪事实或者犯罪嫌疑人"的情形，公安机关或者人民检察院应当按照管辖范围，立案侦查，不得推诿、延迟。办案机关应当避免不破不立、先破后立等违法情形，严格依法履行立案侦查的法定义务。

第三，行政执法与刑事司法的衔接。基于行政执法与刑事司法的衔接机制，对于行政执法机关移送的涉嫌犯罪案件，公安机关、人民检察院应当接受，并在及时审查后依法作出处理，参见《公安机关受理行政执法机关移送涉嫌犯罪案件规定》。为加强行政执法与刑事司法的协调，一些行政执法机关建立了专门的衔接工作机制，除规定行政执法机关和公安机关的案件移交程序外，还规定了人民检察院的监督机制。

109.2　相关立法

109.2.1　监察机关的立案调查程序

★**《中华人民共和国监察法》**（2024 年 12 月 25 日修正）

第三十八条　监察机关对于报案或者举报，应当接受并按照有关规定处理。对于不属于本机关管辖的，应当移送主管机关处理。

第三十九条　监察机关应当严格按照程序开展工作，建立问题线索处置、调查、审理各部门相互协调、相互制约的工作机制。

监察机关应当加强对调查、处置工作全过程的监督管理，设立相应的工作部门履行线索管理、监督检查、督促办理、统计分析等管理协调职能。

第四十条　监察机关对监察对象

---

① 参见王爱立主编书，第 240—241 页。

② 本条中的"立案侦查"，与本法第一百一十五条规定的"侦查"存在交叉。鉴于本条属于立案程序，故为体现条文衔接，可考虑将"立案侦查"调整为"立案"。

的问题线索,应当按照有关规定提出处置意见,履行审批手续,进行分类办理。线索处置情况应当定期汇总、通报,定期检查、抽查。

第四十一条　需要采取初步核实方式处置问题线索的,监察机关应当依法履行审批程序,成立核查组。初步核实工作结束后,核查组应当撰写初步核实情况报告,提出处理建议。承办部门应当提出分类处理意见。初步核实情况报告和分类处理意见报监察机关主要负责人审批。

第四十二条　经过初步核实,对监察对象涉嫌职务违法犯罪,需要追究法律责任的,监察机关应当按照规定的权限和程序办理立案手续。

监察机关主要负责人依法批准立案后,应当主持召开专题会议,研究确定调查方案,决定需要采取的调查措施。

立案调查决定应当向被调查人宣布,并通报相关组织。涉嫌严重职务违法或者职务犯罪的,应当通知被调查人家属,并向社会公开发布。

109.3　规范性文件

109.3.1　环境保护行政执法与刑事司法的衔接

★《环境保护行政执法与刑事司法衔接工作办法》(环环监〔2017〕17 号,2017 年 1 月 25 日)

第五条　环保部门在查办环境违法案件过程中,发现涉嫌环境犯罪案件,应当核实情况并作出移送涉嫌环境犯罪案件的书面报告。本机关负责人应当自接到报告之日起 3 日内作出批准移送或者不批准移送的决定。向公安机关移送的涉嫌环境犯罪案件,应当符合下列条件:

(一)实施行政执法的主体与程序合法。

(二)有合法证据证明有涉嫌环境犯罪的事实发生。

第六条　环保部门移送涉嫌环境犯罪案件,应当自作出移送决定后 24 小时内向同级公安机关移交案件材料,并将案件移送书抄送同级人民检察院。

环保部门向公安机关移送涉嫌环境犯罪案件时,应当附下列材料:

(一)案件移送书,载明移送机关名称、涉嫌犯罪罪名及主要依据、案件主办人及联系方式等。案件移送书应当附移送材料清单,并加盖移送机关公章。

(二)案件调查报告,载明案件来源、查获情况、犯罪嫌疑人基本情况、涉嫌犯罪的事实、证据和法律依据、处理建议和法律依据等。

(三)现场检查(勘察)笔录、调查询问笔录、现场勘验图、采样记录单等。

(四)涉案物品清单,载明已查封、扣押等采取行政强制措施的涉案物品名称、数量、特征、存放地等事项,并附采取行政强制措施、现场笔录等表明涉案物品来源的相关材料。

(五)现场照片或者录音录像资料及清单,载明需证明的事实对象、拍摄人、拍摄时间、拍摄地点等。

(六)监测、检验报告、突发环境事件调查报告、认定意见。

(七)其他有关涉嫌犯罪的材料。

对环境违法行为已经作出行政处罚决定的,还应当附行政处罚决定书。

第七条　对环保部门移送的涉嫌环境犯罪案件,公安机关应当依法接受,并立即出具接受案件回执或者在涉嫌环境犯罪案件移送书的回执上签字。

第八条　公安机关审查发现移送的涉嫌环境犯罪案件材料不全的，应当在接受案件的 24 小时内书面告知移送的环保部门在 3 日内补正。但不得以材料不全为由，不接受移送案件。

公安机关审查发现移送的涉嫌环境犯罪案件证据不充分的，可以就证明有犯罪事实的相关证据等提出补充调查意见，由移送案件的环保部门补充调查。环保部门应当按照要求补充调查，并及时将调查结果反馈公安机关。因客观条件所限，无法补正的，环保部门应当向公安机关作出书面说明。

第九条　公安机关对环保部门移送的涉嫌环境犯罪案件，应当自接受案件之日起 3 日内作出立案或者不予立案的决定；涉嫌环境犯罪线索需要查证的，应当自接受案件之日起 7 日内作出决定；重大疑难复杂案件，经县级以上公安机关负责人批准，可以自受案之日起 30 日内作出决定。接受案件后对属于公安机关管辖但不属于本公安机关管辖的案件，应当在 24 小时内移送有管辖权的公安机关，并书面通知移送案件的环保部门，抄送同级人民检察院。对不属于公安机关管辖的，应当在 24 小时内退回移送案件的环保部门。

公安机关作出立案、不予立案、撤销案件决定的，应当自作出决定之日起 3 日内书面通知环保部门，并抄送同级人民检察院。公安机关作出不予立案或者撤销案件决定的，应当书面说明理由，并将案卷材料退回环保部门。

第十七条　公安机关对涉嫌环境犯罪案件，经审查没有犯罪事实，或者立案侦查后认为犯罪事实显著轻微、不需要追究刑事责任，但经审查依法应当予以行政处罚的，应当及时将案件移交环保部门，并抄送同级人民检察院。

109.3.2　食品药品行政执法与刑事司法的衔接

★《食品药品行政执法与刑事司法衔接工作办法》（食药监稽〔2015〕271 号，2015 年 12 月 22 日）

第五条　食品药品监管部门在查办食品药品违法案件过程中，发现涉嫌犯罪，依法需要追究刑事责任的，应当及时将案件移送公安机关，并抄送同级人民检察院。

食品药品监管部门向公安机关移送的案件，应当符合下列条件：

（一）实施行政执法的主体与程序合法。

（二）有证据证明涉嫌犯罪事实发生。

第六条　食品药品监管部门在查处食品药品违法行为过程中，应当妥善保存所收集的与违法行为有关的证据。

第七条　食品药品监管部门向公安机关移送涉嫌犯罪案件，应当自作出移送决定之日起 24 小时内移交案件材料，并将案件移送书抄送同级人民检察院。

食品药品监管部门向公安机关移送涉嫌犯罪案件，应当附有下列材料：

（一）涉嫌犯罪案件的移送书；

（二）涉嫌犯罪案件情况的调查报告；

（三）涉案物品清单；

（四）有关检验报告或者鉴定意见；

（五）其他有关涉嫌犯罪的材料。

公安机关认为需要补充材料的，食品药品监管部门应当及时提供。

第八条　人民检察院发现食品药

品监管部门不依法移送涉嫌犯罪案件线索的，应当及时与食品药品监管部门协商，并可以派员调阅、查询有关案卷材料；对于涉嫌犯罪的，应当提出建议依法移送的检察意见。食品药品监管部门应当自收到检察意见之日起 3 日内将案件移送公安机关，并将执行情况通知人民检察院。

第九条 公安机关对食品药品监管部门按照本办法第七条规定移送的涉嫌犯罪案件，一般应当自受理之日起 10 日内依法作出立案或者不予立案的决定；案情重大的，应当自受理之日起 30 日内作出立案或者不予立案的决定；特殊情况下，受案单位报经上一级公安机关批准，可以再延长 30 日作出决定。

公安机关作出立案、不予立案、撤销案件决定的，应当自作出决定之日起 3 日内书面通知食品药品监管部门，同时抄送人民检察院。公安机关作出不予立案或者撤销案件决定的，应当将案卷材料退回食品药品监管部门，并说明理由。

第十条 食品药品监管部门认为公安机关不予立案决定不当的，可以在接到不予立案通知书之日起 3 日内提请复议，公安机关应当在接到复议请求之日起 3 日内作出立案或者不予立案的复议决定，并书面通知食品药品监管部门。

对于公安机关逾期未作出是否立案决定，以及对不予立案决定、复议决定、立案后撤销案件决定有异议的，食品药品监管部门可以建议人民检察院予以立案监督。

第十一条 食品药品监管部门建议人民检察院进行立案监督的案件，应当提供立案监督建议书、相关案件材料，并附公安机关不予立案、立案后撤销案件决定及说明理由的材料，复议维持不予立案决定的材料或者公安机关逾期未作出是否立案决定的材料。

人民检察院认为需要补充材料的，食品药品监管部门应当及时提供。

第十二条 食品药品监管部门对于不追究刑事责任的案件，应当依法作出行政处罚或者其他处理。

食品药品监管部门向公安机关移送涉嫌犯罪案件前，已经作出的警告、责令停产停业、暂扣或者吊销许可证的行政处罚决定，不停止执行；向公安机关移送涉嫌犯罪案件时，应当附有行政处罚决定书。已经作出罚款行政处罚的，人民法院在判处罚金时依法折抵。未作出行政处罚决定的，原则上应当在公安机关决定不予立案或者撤销案件、人民检察院作出不起诉决定、人民法院作出无罪判决或者免予刑事处罚后，再决定是否给予行政处罚。

第十三条 公安机关对发现的食品药品违法行为，经审查没有犯罪事实，或者立案侦查后认为犯罪事实显著轻微、不需要追究刑事责任，但依法应当予以行政处罚的，应当及时将案件移交食品药品监管部门。

第十四条 人民检察院对作出不起诉决定的案件、人民法院对作出无罪判决或者免予刑事处罚的案件，认为依法应当给予行政处罚的，应当及时移交食品药品监管部门处理，并可以提出检察意见或者司法建议。

第十五条 对于尚未作出生效裁判的案件，食品药品监管部门依法应当作出责令停产停业、吊销许可证等行政处罚，需要配合的，公安机关、人民检察院、人民法院应当给予配合。

对于人民法院已经作出生效裁判的案件，依法还应当由食品药品监管部门作出吊销许可证等行政处罚的，食品药品监管部门可以依据人民法院生效裁判认定的事实和证据依法予以行政处罚。食品药品监管部门认为上述事实和证据有重大问题的，应当及时向人民法院反馈，并在人民法院通过法定程序重新处理后，依法作出处理。

第十六条　对流动性、团伙性、跨区域性危害食品药品安全犯罪案件的管辖，依照最高人民法院、最高人民检察院、公安部等部门联合印发的《关于办理流动性、团伙性、跨区域性犯罪案件有关问题的意见》（公通字〔2011〕14号）相关规定执行。

第十七条　案件移送中涉及多次实施危害食品药品安全违法行为，未经处理的，涉案产品的销售金额或者货值金额累计计算。

第十八条　食品药品监管部门在行政执法和查办案件过程中依法收集的物证、书证、视听资料、电子数据、检验报告、鉴定意见、勘验笔录、检查笔录等证据材料，经公安机关、人民检察院审查，人民法院庭审质证确认，可以作为证据使用。

★《药品行政执法与刑事司法衔接工作办法》（国药监法〔2022〕41 号，2023 年 1 月 10 日）

第四条　药品监管部门应当依法向公安机关移送药品领域涉嫌犯罪案件，对发现违法行为明显涉嫌犯罪的，及时向公安机关、人民检察院通报，根据办案需要依法出具认定意见或者协调检验检测机构出具检验结论，依法处理不追究刑事责任、免予刑事处罚或者已给予刑事处罚，但仍应当给予行政处罚的案件。

第五条　公安机关负责药品领域涉嫌犯罪移送案件的受理、审查工作。对符合立案条件的，应当依法立案侦查。对药品监管部门商请协助的重大、疑难案件，与药品监管部门加强执法联动，对明显涉嫌犯罪的，协助采取紧急措施，加快移送进度。

第六条　人民检察院对药品监管部门移送涉嫌犯罪案件活动和公安机关有关立案侦查活动，依法实施法律监督。

第七条　人民法院应当充分发挥刑事审判职能，依法审理危害药品安全刑事案件，准确适用财产刑、职业禁止或者禁止令，提高法律震慑力。

第八条　药品监管部门在依法查办案件过程中，发现违法事实涉及的金额、情节、造成的后果，根据法律、司法解释、立案追诉标准等规定，涉嫌构成犯罪，依法需要追究刑事责任的，应当依照本办法向公安机关移送。对应当移送的涉嫌犯罪案件，立即指定 2 名以上行政执法人员组成专案组专门负责，核实情况后，提出移送涉嫌犯罪案件的书面报告。药品监管部门主要负责人应当自接到报告之日起 3 日内作出批准移送或者不批准移送的决定。批准移送的，应当在 24 小时内向同级公安机关移送；不批准移送的，应当将不予批准的理由记录在案。

第九条　药品监管部门向公安机关移送涉嫌犯罪案件，应当附有下列材料，并将案件移送书抄送同级人民检察院：

（一）涉嫌犯罪案件的移送书，载明移送机关名称、违法行为涉嫌犯罪罪名、案件主办人及联系电话等。案件移送书应当附移送材料清单，并加盖移送机关公章；

（二）涉嫌犯罪案件情况的调查报告，载明案件来源，查获情况，犯罪嫌疑人基本情况，涉嫌犯罪的事实、证据和法律依据，处理建议等；

（三）涉案物品清单，载明涉案物品的名称、数量、特征、存放地等事项，并附采取行政强制措施、表明涉案物品来源的相关材料；

（四）对需要检验检测的，附检验检测机构出具的检验结论及检验检测机构资质证明；

（五）现场笔录、询问笔录、认定意见等其他有关涉嫌犯罪的材料。有鉴定意见的，应附鉴定意见。

对有关违法行为已经作出行政处罚决定的，还应当附行政处罚决定书和相关执行情况。

第十条 公安机关对药品监管部门移送的涉嫌犯罪案件，应当出具接受案件的回执或者在案件移送书的回执上签字。

公安机关审查发现移送的涉嫌犯罪案件材料不全的，应当在接受案件的24小时内书面告知移送机关在3日内补正，公安机关不得以材料不全为由不接受移送案件。

公安机关审查发现移送的涉嫌犯罪案件证据不充分的，可以就证明有犯罪事实的相关证据等提出补充调查意见，由移送机关补充调查并及时反馈公安机关。因客观条件所限，无法补正的，移送机关应当向公安机关作出书面说明。根据实际情况，公安机关可以依法自行调查。

第十一条 药品监管部门移送涉嫌犯罪案件，应当接受人民检察院依法实施的监督。人民检察院发现药品监管部门不依法移送涉嫌犯罪案件的，应当向药品监管部门提出检察意见并抄送同级司法行政机关。药品监管部门应当自收到检察意见之日起3日内将案件移送公安机关，并将案件移送书抄送人民检察院。

第十二条 公安机关对药品监管部门移送的涉嫌犯罪案件，应当自接受案件之日起3日内作出立案或者不立案的决定；案件较为复杂的，应当在10日内作出决定；案情重大、疑难、复杂或者跨区域性的，经县级以上公安机关负责人批准，应当在30日内决定是否立案；特殊情况下，受案单位报经上一级公安机关批准，可以再延长30日作出决定。接受案件后对属于公安机关管辖但不属于本公安机关管辖的案件，应当在24小时内移送有管辖权的公安机关，并书面通知移送机关，抄送同级人民检察院。对不属于公安机关管辖的，应当在24小时内退回移送机关，并书面说明理由。

公安机关作出立案、不予立案、撤销案件决定的，应当自作出决定之日起3日内书面通知移送机关，同时抄送同级人民检察院。公安机关作出不予立案或者撤销案件决定的，应当说明理由，并将案卷材料退回移送机关。

第十三条 药品监管部门接到公安机关不予立案的通知书后，认为依法应当由公安机关决定立案的，可以自接到不予立案通知书之日起3日内，提请作出不予立案决定的公安机关复议，也可以建议人民检察院依法进行立案监督。

作出不予立案决定的公安机关应

当自收到药品监管部门提请复议的文件之日起 3 日内作出立案或者不予立案的决定,并书面通知移送机关。移送机关对公安机关不予立案的复议决定仍有异议的,应当自收到复议决定通知书之日起 3 日内建议人民检察院依法进行立案监督。

公安机关应当接受人民检察院依法进行的立案监督。

第十四条　药品监管部门建议人民检察院进行立案监督的案件,应当提供立案监督建议书、相关案件材料,并附公安机关不予立案、立案后撤销案件决定及说明理由的材料,复议维持不予立案决定的材料或者公安机关逾期未作出是否立案决定的材料。

人民检察院认为需要补充材料的,药品监管部门应当及时提供。

第十五条　药品监管部门对于不追究刑事责任的案件,应当依法作出行政处罚或者其他处理。

药品监管部门向公安机关移送涉嫌犯罪案件前,已经作出的警告、责令停产停业、暂扣或者吊销许可证件、责令关闭、限制从业等行政处罚决定,不停止执行。未作出行政处罚决定的,原则上应当在公安机关决定不予立案或者撤销案件、人民检察院作出不起诉决定、人民法院作出无罪或者免予刑事处罚判决后,再决定是否给予行政处罚,但依法需要给予警告、通报批评、限制开展生产经营活动、责令停产停业、责令关闭、限制从业、暂扣或者吊销许可证件行政处罚的除外。

已经作出罚款行政处罚并已全部或者部分执行的,人民法院在判处罚金时,在罚金数额范围内对已经执行的罚款进行折抵。

违法行为构成犯罪,人民法院判处拘役或者有期徒刑时,公安机关已经给予当事人行政拘留并执行完毕的,应当依法折抵相应刑期。

药品监管部门作出移送决定之日起,涉嫌犯罪案件的移送办理时间,不计入行政处罚期限。

第十六条　公安机关对发现的药品违法行为,经审查没有犯罪事实,或者立案侦查后认为犯罪事实显著轻微、不需要追究刑事责任,但依法应当予以行政处罚的,应当将案件及相关证据材料移交药品监管部门。

药品监管部门应当自收到材料之日起 15 日内予以核查,按照行政处罚程序作出立案、不立案、移送案件决定的,应当自作出决定之日起 3 日内书面通知公安机关,并抄送同级人民检察院。

第十七条　人民检察院对作出不起诉决定的案件,认为依法应当给予行政处罚的,应当将案件及相关证据材料移交药品监管部门处理,并提出检察意见。药品监管部门应当自收到检察意见书之日起 2 个月内向人民检察院通报处理情况或者结果。

人民法院对作出无罪或者免予刑事处罚判决的案件,认为依法应当给予行政处罚的,应当将案件及相关证据材料移交药品监管部门处理,并可以提出司法建议。

第十八条　对于尚未作出生效裁判的案件,药品监管部门依法应当作出责令停产停业、吊销许可证件、责令关闭、限制从业等行政处罚,需要配合的,公安机关、人民检察院、人民法院应当给予配合。

对于人民法院已经作出生效裁判的案件，依法还应当由药品监管部门作出吊销许可证件等行政处罚的，需要人民法院提供生效裁判文书，人民法院应当及时提供。药品监管部门可以依据人民法院生效裁判认定的事实和证据依法予以行政处罚。

第十九条　对流动性、团伙性、跨区域性危害药品安全犯罪案件的管辖，依照最高人民法院、最高人民检察院、公安部等部门联合印发的《关于办理流动性、团伙性、跨区域性犯罪案件有关问题的意见》（公通字〔2011〕14号）相关规定执行。

上级公安机关指定下级公安机关立案侦查的案件，需要人民检察院审查批准逮捕、审查起诉的，按照最高人民法院、最高人民检察院、公安部、国家安全部、司法部、全国人大常委会法制工作委员会联合印发的《关于实施刑事诉讼法若干问题的规定》相关规定执行。

第二十条　多次实施危害药品安全违法犯罪行为，未经处理，且依法应当追诉的，涉案产品的销售金额或者货值金额累计计算。

第二十一条　药品监管部门在行政执法和查办案件过程中依法收集的物证、书证、视听资料、电子数据等证据材料，在刑事诉讼中可以作为证据使用；经人民法院查证属实，可以作为定案的根据。

第二十二条　药品监管部门查处危害药品安全违法行为，依据《中华人民共和国药品管理法》《中华人民共和国疫苗管理法》等相关规定，认为需要对有关责任人员予以行政拘留的，应当在依法作出其他种类的行政处罚后，参照本办法，及时将案件移送有管辖权的公安机关决定是否行政拘留。

第四十六条　本办法自2023年2月1日起施行。《食品药品行政执法与刑事司法衔接工作办法》（食药监稽〔2015〕271号）中有关规定与本办法不一致的，以本办法为准。

109.3.3　拒不支付劳动报酬行政执法与刑事司法的衔接

★《最高人民法院、最高人民检察院、人力资源和社会保障部、公安部关于加强涉嫌拒不支付劳动报酬犯罪案件查处衔接工作的通知》（人社部发〔2014〕100号，2014年12月23日）

二、切实规范涉嫌拒不支付劳动报酬犯罪案件移送工作

（一）人力资源社会保障部门向公安机关移送涉嫌拒不支付劳动报酬犯罪案件应按照《行政执法机关移送涉嫌犯罪案件的规定》的要求，履行相关手续，并制作《涉嫌犯罪案件移送书》，在规定的期限内将案件移送公安机关。移送的案件卷宗中应当附有以下材料：

1. 涉嫌犯罪案件移送书；

2. 涉嫌拒不支付劳动报酬犯罪案件调查报告；

3. 涉嫌犯罪案件移送审批表；

4. 限期整改指令书或行政处理决定书等执法文书及送达证明材料；

5. 劳动者本人或劳动者委托代理人调查询问笔录；

6. 拖欠劳动者劳动报酬的单位或个人的基本信息；

7. 涉案的书证、物证等有关涉嫌拒不支付劳动报酬的证据材料。

人力资源社会保障部门向公安机关移送涉嫌犯罪案件应当移送与案件

相关的全部材料，同时应将案件移送书及有关材料目录抄送同级人民检察院。在移送涉嫌犯罪案件时已经作出行政处罚决定的，应当将行政处罚决定书一并抄送公安机关、人民检察院。

（二）公安机关收到人力资源社会保障部门移送的涉嫌犯罪案件，应当在涉嫌犯罪案件移送书回执上签字，对移送材料不全的，可通报人力资源社会保障部门按上述规定补充移送。受理后认为不属于本机关管辖的，应当及时转送有管辖权的机关，并书面告知移送案件的人力资源社会保障部门。对受理的案件，公安机关应当及时审查，依法作出立案或者不予立案的决定，并书面通知人力资源社会保障部门，同时抄送人民检察院。公安机关立案后决定撤销案件的，应当书面通知人力资源社会保障部门，同时抄送人民检察院。公安机关作出不立案决定或者撤销案件的，应当同时将案卷材料退回人力资源社会保障部门，并书面说明理由。

（三）人力资源社会保障部门对于公安机关不接受移送的涉嫌犯罪案件或者已受理的案件未依法及时作出立案或不立案决定的，可以建议人民检察院依法进行立案监督。对公安机关受理后作出不予立案决定的，可在接到不予立案通知书后 3 日内向作出决定的公安机关提请复议，也可以建议人民检察院依法进行立案监督。

（四）人民检察院发现人力资源社会保障部门对应当移送公安机关的涉嫌拒不支付劳动报酬犯罪案件不移送或者逾期不移送的，应当督促移送。人力资源社会保障部门接到人民检察院提出移送涉嫌犯罪案件的书面意见后，应当及时移送案件。人民检察院发现相关部门拒不移送案件和拒不立案行为中存在职务犯罪线索的，应当认真审查，依法处理。

109.3.4　经济纠纷案件涉及经济犯罪嫌疑的处理

★**《最高人民法院关于在审理经济纠纷案件中涉及经济犯罪嫌疑若干问题的规定》**（法释〔1998〕7 号，1998 年 4 月 21 日；经法释〔2020〕17 号修正，2020 年 12 月 29 日）

第十条　人民法院在审理经济纠纷案件中，发现与本案有牵连，但与本案不是同一法律关系的经济犯罪嫌疑线索、材料，应将犯罪嫌疑线索、材料移送有关公安机关或检察机关查处，经济纠纷案件继续审理。

第十一条　人民法院作为经济纠纷受理的案件，经审理认为不属经济纠纷案件而有经济犯罪嫌疑的，应当裁定驳回起诉，将有关材料移送公安机关或检察机关。

第十二条　人民法院已立案审理的经济纠纷案件，公安机关或检察机关认为有经济犯罪嫌疑，并说明理由附有关材料函告受理该案的人民法院的，有关人民法院应当认真审查。经过审查，认为确有经济犯罪嫌疑的，应当将案件移送公安机关或检察机关，并书面通知当事人，退还案件受理费；如认为确属经济纠纷案件的，应当依法继续审理，并将结果函告有关公安机关或检察机关。

109.3.5　涉枪支、弹药、爆炸物、易燃易爆危险物品案件行政执法与刑事司法的衔接

★**《最高人民法院、最高人民检察

院、公安部、工业和信息化部、住房和城乡建设部、交通运输部、应急管理部、国家铁路局、中国民用航空局、国家邮政局关于依法惩治涉枪支、弹药、爆炸物、易燃易爆危险物品犯罪的意见》(法发〔2021〕35号,2021年12月28日)

四、加强行政执法与刑事司法衔接

15. 有关行政执法机关在查处违法行为过程中发现涉嫌枪支、弹药、爆炸物、易燃易爆危险物品犯罪的,应当立即指定2名或者2名以上行政执法人员组成专案组专门负责,核实情况后提出移送涉嫌犯罪案件的书面报告,报本机关正职负责人或者主持工作的负责人审批。

有关行政执法机关正职负责人或者主持工作的负责人应当自接到报告之日起3日内作出批准移送或者不批准移送的决定。决定批准移送的,应当在24小时内向同级公安机关移送,并将案件移送书抄送同级人民检察院;决定不批准移送的,应当将不予批准的理由记录在案。

16. 有关行政执法机关向公安机关移送涉嫌枪支、弹药、爆炸物、易燃易爆危险物品犯罪案件,应当附下列材料:

(1)涉嫌犯罪案件移送书,载明移送案件的行政执法机关名称、涉嫌犯罪的罪名、案件主办人和联系电话,并应当附移送材料清单和回执,加盖公章;

(2)涉嫌犯罪案件情况的调查报告,载明案件来源、查获枪支、弹药、爆炸物、易燃易爆危险物品情况、犯罪嫌疑人基本情况、涉嫌犯罪的主要事实、证据和法律依据、处理建议等;

(3)涉案物品清单,载明涉案枪支、弹药、爆炸物、易燃易爆危险物品的具体类别和名称、数量、特征、存放地点等,并附采取行政强制措施、现场笔录等表明涉案枪支、弹药、爆炸物、易燃易爆危险物品来源的材料;

(4)有关检验报告或者鉴定意见,并附鉴定机构和鉴定人资质证明;没有资质证明的,应当附其他证明文件;

(5)现场照片、询问笔录、视听资料、电子数据、责令整改通知书等其他与案件有关的证据材料。

有关行政执法机关对违法行为已经作出行政处罚决定的,还应当附行政处罚决定书及执行情况说明。

17. 公安机关对有关行政执法机关移送的涉嫌枪支、弹药、爆炸物、易燃易爆危险物品犯罪案件,应当在案件移送书的回执上签字或者出具接受案件回执,并依照有关规定及时进行审查处理。不得以材料不全为由不接受移送案件。

18. 人民检察院应当依照《行政执法机关移送涉嫌犯罪案件的规定》《最高人民检察院关于推进行政执法与刑事司法衔接工作的规定》《安全生产行政执法与刑事司法衔接工作办法》等规定,对有关行政执法机关移送涉嫌枪支、弹药、爆炸物、易燃易爆危险物品犯罪案件,以及公安机关的立案活动,依法进行法律监督。

有关行政执法机关对公安机关的不予立案决定有异议的,可以建议人民检察院进行立案监督。

19. 公安机关、有关行政执法机关在办理涉枪支、弹药、爆炸物、易燃易爆危险物品违法犯罪案件过程中,发现公职人员有贪污贿赂、失职渎职或者利用职权侵犯公民人身权利和民主权利等违法行为,涉嫌构成职务犯罪的,应当依法及时移送监察机关或者人民检察院处理。

20. 有关行政执法机关在行政执法和查办涉枪支、弹药、爆炸物、易燃易爆危险物品案件过程中收集的物证、书证、视听资料、电子数据以及对事故进行调查形成的报告,在刑事诉讼中可以作为证据使用。

21. 有关行政执法机关对应当向公安机关移送的涉嫌枪支、弹药、爆炸物、易燃易爆危险物品犯罪案件,不得以行政处罚代替案件移送。

有关行政执法机关向公安机关移送涉嫌枪支、弹药、爆炸物、易燃易爆危险物品犯罪案件的,已经作出的警告、责令停产停业、暂扣或者吊销许可证、暂扣或者吊销执照的行政处罚决定,不停止执行。

22. 人民法院对涉枪支、弹药、爆炸物、易燃易爆危险物品犯罪案件被告人判处罚金、有期徒刑或者拘役的,有关行政执法机关已经依法给予的罚款、行政拘留,应当依法折抵相应罚金或者刑期。有关行政执法机关尚未给予罚款的,不再给予罚款。

对于人民检察院依法决定不起诉或者人民法院依法免予刑事处罚的案件,需要给予行政处罚的,由有关行政执法机关依法给予行政处罚。

109.3.6　证券期货案件行政执法与刑事司法的衔接

★《最高人民法院、最高人民检察院、公安部、中国证券监督管理委员会关于办理证券期货违法犯罪案件工作若干问题的意见》(高检发办字〔2024〕105 号,2024 年 4 月 16 日)

4. 证券期货监管机构发现涉嫌犯罪依法需要追究刑事责任的,应当及时向公安机关移送。移送案件时应当附有以下材料:移送书、涉案物品清单以及证据材料,已经作出行政处罚决定或者市场禁入决定的,应当附有行政处罚决定书、市场禁入决定书等。同时,应当将移送书、行政处罚决定书、市场禁入决定书抄送同级人民检察院。人民检察院依法对证券期货监管机构移送案件活动实施监督。

5. 公安机关对证券期货监管机构移送的案件,认为有犯罪事实需要追究刑事责任的,应当及时立案。上级公安机关指定管辖或者书面通知立案的,应当在要求的期限内立案。公安机关决定不予立案的,证券期货监管机构可以申请复议,人民检察院依法对公安机关立案活动和侦查活动实施监督。

6. 公安机关决定不予立案或者撤销案件、人民检察院决定不起诉、人民法院判决无罪或者免予刑事处罚,有证据证明存在证券期货违法行为,根据证券期货法律法规需要给予涉案人员行政处罚、没收违法所得、市场禁入等处理的,应当在作出决定、判决的一个月内提出意见并附生效法律文书、证据材料、处理根据,按照下列情形移送证券期货监管机构处理:

(1)案件系中国证券监督管理委员会移送公安部的,由地方公安机关层报公安部移送中国证券监督管理委员会依法处理,或者由地方人民检察院、人民法院移送原负责相关案件调查的证券期货监管机构依法处理。

(2)案件系省级及以下公安机关自行受理的,由省级公安机关,或者作出决定的人民检察院、人民法院移送本地证券期货监管机构依法处理。

证券期货监管机构应当将处理情况及时向移送案件的公安机关、人民检察院、人民法院书面通报并附相关法律文书。

109.3.7 行政执法机关移送涉嫌犯罪案件的处理

★《公安机关受理行政执法机关移送涉嫌犯罪案件规定》(公通字〔2016〕16号,2016年6月16日)

第二条 对行政执法机关移送的涉嫌犯罪案件,公安机关应当接受,及时录入执法办案信息系统,并检查是否附有下列材料:

(一)案件移送书,载明移送机关名称、行政违法行为涉嫌犯罪罪名、案件主办人及联系电话等。案件移送书应当附移送材料清单,并加盖移送机关公章;

(二)案件调查报告,载明案件来源、查获情况、嫌疑人基本情况、涉嫌犯罪的事实、证据和法律依据、处理建议等;

(三)涉案物品清单,载明涉案物品的名称、数量、特征、存放地等事项,并附采取行政强制措施、现场笔录等表明涉案物品来源的相关材料;

(四)附有鉴定机构和鉴定人资质证明或者其他证明文件的检验报告或者鉴定意见;

(五)现场照片、询问笔录、电子数据、视听资料、认定意见、责令整改通知书等其他与案件有关的证据材料。

移送材料表明移送案件的行政执法机关已经或者曾经作出有关行政处罚决定的,应当检查是否附有有关行政处罚决定书。

对材料不全的,应当在接受案件的二十四小时内书面告知移送的行政执法机关在三日内补正。但不得以材料不全为由,不接受移送案件。

第三条 对接受的案件,公安机关应当按照下列情形分别处理:

(一)对属于本公安机关管辖的,迅速进行立案审查;

(二)对属于公安机关管辖但不属于本公安机关管辖的,移送有管辖权的公安机关,并书面告知移送案件的行政执法机关;

(三)对不属于公安机关管辖的,退回移送案件的行政执法机关,并书面说明理由。

第四条 对接受的案件,公安机关应当立即审查,并在规定的时间内作出立案或者不立案的决定。

决定立案的,应当书面通知移送案件的行政执法机关。对决定不立案的,应当说明理由,制作不予立案通知书,连同案卷材料在三日内送达移送案件的行政执法机关。

第五条 公安机关审查发现涉嫌犯罪案件移送材料不全、证据不充分的,可以就证明有犯罪事实的相关证据要求等提出补充调查意见,商请移送案件的行政执法机关补充调查。必要时,公安机关可以自行调查。

第六条 对决定立案的,公安机关应当自立案之日起三日内与行政执法机关交接涉案物品以及与案件有关的其他证据材料。

对保管条件、保管场所有特殊要求的涉案物品,公安机关可以在采取必要措施固定留取证据后,商请行政执法机关代为保管。

移送案件的行政执法机关在移送案件后,需要作出责令停产停业、吊销许可证等行政处罚，或者在相关行政复议、行政诉讼中，需要使用已移送公安机关证据材料的，公安机关应当协助。

第七条　单位或者个人认为行政执法机关办理的行政案件涉嫌犯罪，向公安机关报案、控告、举报或者自首的，公安机关应当接受，不得要求相关单位或者人员先行向行政执法机关报案、控告、举报或者自首。

第八条　对行政执法机关移送的涉嫌犯罪案件，公安机关立案后决定撤销案件的，应当将撤销案件决定书连同案卷材料送达移送案件的行政执法机关。对依法应当追究行政法律责任的，可以同时向行政执法机关提出书面建议。

第九条　公安机关应当定期总结受理审查行政执法机关移送涉嫌犯罪案件情况，分析衔接工作中存在的问题，并提出意见建议，通报行政执法机关、同级人民检察院。必要时，同时通报本级或者上一级人民政府，或者实行垂直管理的行政执法机关的上一级机关。

★《行政执法机关移送涉嫌犯罪案件的规定》（国务院令第 730 号，2020 年 8 月 7 日修订）

第三条　行政执法机关在依法查处违法行为过程中，发现违法事实涉及的金额、违法事实的情节、违法事实造成的后果等，根据刑法关于破坏社会主义市场经济秩序罪、妨害社会管理秩序罪等罪的规定和最高人民法院、最高人民检察院关于破坏社会主义市场经济秩序罪、妨害社会管理秩序罪等罪的司法解释以及最高人民检察院、公安部关于经济犯罪案件的追诉标准等规定，涉嫌构成犯罪，依法需要追究刑事责任的，必须依照本规定向公安机关移送。

知识产权领域的违法案件，行政执法机关根据调查收集的证据和查明的案件事实，认为存在犯罪的合理嫌疑，需要公安机关采取措施进一步获取证据以判断是否达到刑事案件立案追诉标准的，应当向公安机关移送。

第四条　行政执法机关在查处违法行为过程中，必须妥善保存所收集的与违法行为有关的证据。

行政执法机关对查获的涉案物品，应当如实填写涉案物品清单，并按照国家有关规定予以处理。对易腐烂、变质等不宜或者不易保管的涉案物品，应当采取必要措施，留取证据；对需要进行检验、鉴定的涉案物品，应当由法定检验、鉴定机构进行检验、鉴定，并出具检验报告或者鉴定结论。

第五条　行政执法机关对应当向公安机关移送的涉嫌犯罪案件，应当立即指定 2 名或者 2 名以上行政执法人员组成专案组专门负责，核实情况后提出移送涉嫌犯罪案件的书面报告，报经本机关正职负责人或者主持工作的负责人审批。

行政执法机关正职负责人或者主持工作的负责人应当自接到报告之日起 3 日内作出批准移送或者不批准移送的决定。决定批准的，应当在 24 小时内向同级公安机关移送；决定不批准的，应当将不予批准的理由记录在案。

第六条　行政执法机关向公安机关移送涉嫌犯罪案件，应当附有下列材料：

（一）涉嫌犯罪案件移送书；

（二）涉嫌犯罪案件情况的调查报告；

（三）涉案物品清单；

（四）有关检验报告或者鉴定结论；

（五）其他有关涉嫌犯罪的材料。

第七条 公安机关对行政执法机关移送的涉嫌犯罪案件，应当在涉嫌犯罪案件移送书的回执上签字；其中，不属于本机关管辖的，应当在24小时内转送有管辖权的机关，并书面告知移送案件的行政执法机关。

第八条 公安机关应当自接受行政执法机关移送的涉嫌犯罪案件之日起3日内，依照刑法、刑事诉讼法以及最高人民法院、最高人民检察院关于立案标准和公安部关于公安机关办理刑事案件程序的规定，对所移送的案件进行审查。认为有犯罪事实，需要追究刑事责任，依法决定立案的，应当书面通知移送案件的行政执法机关；认为没有犯罪事实，或者犯罪事实显著轻微，不需要追究刑事责任，依法不予立案的，应当说明理由，并书面通知移送案件的行政执法机关，相应退回案卷材料。

第九条 行政执法机关接到公安机关不予立案的通知书后，认为依法应当由公安机关决定立案的，可以自接到不予立案通知书之日起3日内，提请作出不予立案决定的公安机关复议，也可以建议人民检察院依法进行立案监督。

作出不予立案决定的公安机关应当自收到行政执法机关提请复议的文件之日起3日内作出立案或者不予立案的决定，并书面通知移送案件的行政执法机关。移送案件的行政执法机关对公安机关不予立案的复议决定仍有异议的，应当自收到复议决定通知书之日起3日内建议人民检察院依法进行立案监督。

公安机关应当接受人民检察院依法进行的立案监督。

第十条 行政执法机关对公安机关决定不予立案的案件，应当依法作出处理；其中，依照有关法律、法规或者规章的规定应当给予行政处罚的，应当依法实施行政处罚。

第十一条 行政执法机关对应当向公安机关移送的涉嫌犯罪案件，不得以行政处罚代替移送。

行政执法机关向公安机关移送涉嫌犯罪案件前已经作出的警告，责令停产停业，暂扣或者吊销许可证、暂扣或者吊销执照的行政处罚决定，不停止执行。

依照行政处罚法的规定，行政执法机关向公安机关移送涉嫌犯罪案件前，已经依法给予当事人罚款的，人民法院判处罚金时，依法折抵相应罚金。

第十二条 行政执法机关对公安机关决定立案的案件，应当自接到立案通知书之日起3日内将涉案物品以及与案件有关的其他材料移交公安机关，并办结交接手续；法律、行政法规另有规定的，依照其规定。

第十三条 公安机关对发现的违法行为，经审查，没有犯罪事实，或者立案侦查后认为犯罪事实显著轻微，不需要追究刑事责任，但依法应当追究行政责任的，应当及时将案件移送同级行政执法机关，有关行政执法机关应当依法作出处理。

第十四条 行政执法机关移送涉嫌犯罪案件，应当接受人民检察院和监察机关依法实施的监督。

任何单位和个人对行政执法机关违反本规定，应当向公安机关移送涉嫌犯罪案件而不移送的，有权向人民检察院、监察机关或者上级行政执法机关举报。

第十五条　行政执法机关违反本规定，隐匿、私分、销毁涉案物品的，由本级或者上级人民政府，或者实行垂直管理的上级行政执法机关，对其正职负责人根据情节轻重，给予降级以上的处分；构成犯罪的，依法追究刑事责任。

对前款所列行为直接负责的主管人员和其他直接责任人员，比照前款的规定给予处分；构成犯罪的，依法追究刑事责任。

第十六条　行政执法机关违反本规定，逾期不将案件移送公安机关的，由本级或者上级人民政府，或者实行垂直管理的上级行政执法机关，责令限期移送，并对其正职负责人或者主持工作的负责人根据情节轻重，给予记过以上的处分；构成犯罪的，依法追究刑事责任。

行政执法机关违反本规定，对应当向公安机关移送的案件不移送，或者以行政处罚代替移送的，由本级或者上级人民政府，或者实行垂直管理的上级行政执法机关，责令改正，给予通报；拒不改正的，对其正职负责人或者主持工作的负责人给予记过以上的处分；构成犯罪的，依法追究刑事责任。

对本条第一款、第二款所列行为直接负责的主管人员和其他直接责任人员，分别比照前两款的规定给予处分；构成犯罪的，依法追究刑事责任。

第十七条　公安机关违反本规定，不接受行政执法机关移送的涉嫌犯罪案件，或者逾期不作出立案或者不予立案的决定的，除由人民检察院依法实施立案监督外，由本级或者上级人民政府责令改正，对其正职负责人根据情节轻重，给予记过以上的处分；构成犯罪的，依法追究刑事责任。

对前款所列行为直接负责的主管人员和其他直接责任人员，比照前款的规定给予处分；构成犯罪的，依法追究刑事责任。

第十八条　有关机关存在本规定第十五条、第十六条、第十七条所列违法行为，需要由监察机关依法给予违法的公职人员政务处分的，该机关及其上级主管机关或者有关人民政府应当依照有关规定将相关案件线索移送监察机关处理。

第十九条　行政执法机关在依法查处违法行为过程中，发现公职人员有贪污贿赂、失职渎职或者利用职权侵犯公民人身权利和民主权利等违法行为，涉嫌构成职务犯罪的，应当依照刑法、刑事诉讼法、监察法等法律规定及时将案件线索移送监察机关或者人民检察院处理。

109.3.8　侦查机关立案与不立案的情形

★《公安规定》(2020)

第一百七十八条　公安机关接受案件后，经审查，认为有犯罪事实需要追究刑事责任，且属于自己管辖的，经县级以上公安机关负责人批准，予以立案；认为没有犯罪事实，或者犯罪事实显著轻微不需要追究刑事责任，或者具有其他依法不追究刑事责任情形的，经县级以上公安机关负责人批准，不予立案。

对有控告人的案件，决定不予立案的，公安机关应当制作不予立案通知书，并在三日以内送达控告人。

决定不予立案后又发现新的事实或者证据，或者发现原认定事实错误，需要追究刑事责任的，应当及时立案处理。

★《国安规定》(2024)

第二百条　国家安全机关对于接受的案件,或者发现的案件线索,经过审查,认为有犯罪事实,需要追究刑事责任,且属于自己管辖的,应当经国家安全机关负责人批准,制作立案决定书,予以立案;认为没有犯罪事实,或者犯罪事实显著轻微不需要追究刑事责任,或者具有其他依法不追究刑事责任情形的,经国家安全机关负责人批准,不予立案,并制作不立案通知书,书面通知移送案件的机关或者控告人。

决定不予立案后又发现新的事实或者证据,或者发现原认定事实错误,需要追究刑事责任的,应当及时立案处理。

109.3.9　公安机关对有组织犯罪线索的核查处置

★**《公安机关反有组织犯罪工作规定》**(公安部令第165号,2022年8月26日)

第二十八条　有组织犯罪线索由县级公安机关负责核查,上级公安机关认为必要时可以提级核查或者指定其他公安机关核查。

上级公安机关应当加强对线索核查工作的监督指导,必要时可以组织抽查、复核。

第二十九条　对有组织犯罪线索,经县级以上公安机关负责人批准后启动核查。

核查有组织犯罪线索,可以依照有关法律和规定采取询问、查询、勘验、检查、鉴定和调取证据材料等不限制被调查对象人身、财产权利的调查措施。

采取前款规定的调查措施,依照《公安机关办理刑事案件程序规定》的有关规定进行审批,制作法律文书。

公安机关向有关单位和个人收集、调取相关信息和材料时,应当告知其必须如实提供。

第三十条　公安机关核查黑社会性质组织犯罪线索,发现涉案财产有灭失、转移的紧急风险的,经设区的市级以上公安机关负责人批准后,可以对有关涉案财产采取紧急止付或者临时冻结、临时扣押的紧急措施,期限不得超过四十八小时。

期限届满或者适用紧急措施的情形消失的,应当立即解除紧急措施;符合立案条件的,办案部门应当在紧急措施期限届满前依法立案侦查,并办理冻结、扣押手续。

第三十一条　有组织犯罪线索核查结论,应当经核查的公安机关负责人批准后作出。有明确举报人、报案人或者控告人的,除无法告知或者可能影响后续侦查工作的以外,应当告知核查结论。

对有控告人的有组织犯罪线索,决定对所控告的事实不予立案的,公安机关应当在核查结论作出后制作不予立案通知书,在三日以内送达控告人。

第三十二条　公安机关核查有组织犯罪线索,发现犯罪事实或者犯罪嫌疑人的,应当依照《中华人民共和国刑事诉讼法》的规定立案侦查。

110　立案的材料来源和接受

110.1　法条规定

第一百一十条　任何单位和个人发现有犯罪事实或者犯罪嫌疑人,有权利也有义务向公安机关、人民检察院或者人民法院报案或者举报。

被害人对侵犯其人身、财产权利的犯罪事实或者犯罪嫌疑人，有权向公安机关、人民检察院或者人民法院报案或者控告。

公安机关、人民检察院或者人民法院对于报案、控告、举报，都应当接受。对于不属于自己管辖的，应当移送主管机关处理，并且通知报案人、控告人、举报人；对于不属于自己管辖而又必须采取紧急措施的，应当先采取紧急措施，然后移送主管机关。

犯罪人向公安机关、人民检察院或者人民法院自首的，适用第三款规定。

【立法释义】①

本条规定明确了刑事案件立案线索和材料的来源和处理程序。关于立案的材料来源和处理，应当关注以下事项：

第一，立案线索的来源。除办案机关主动发现的犯罪线索外，立案线索和材料主要来自三个方面：一是单位和个人的报案或者举报。“报案”，是指任何单位和个人（包括被害人）发现有犯罪事实或者犯罪嫌疑人，有权利也有义务向公安机关、人民检察院或者人民法院报告；“举报”，是指当事人以外的其他知情人向公安机关、人民检察院、人民法院检举、揭发犯罪嫌疑人的犯罪事实或者犯罪嫌疑人线索的行为。“报案或者举报”涉及提供有关犯罪事实或者犯罪嫌疑人的线索材料，并不要求有关单位和个人提供确凿的犯罪事实或者犯罪证据。二是被害人的报案或者控告。“控告”，是指被害人及其近亲属或其诉讼代理人对侵犯其人身、财产权利的犯罪事实或者犯罪嫌疑人，有权向公安机关、人民检察院或者人民法院告诉。“报案或者控告”是被害人的法定权利，不得予以限制。三是犯罪人自首。具体是指，犯罪嫌疑人在犯罪之后或者在逃过程中，向办案机关投案自首。

第二，立案材料的处理程序。受理立案线索和材料的办案机关，包括“公安机关、人民检察院和人民法院”，并不限于具有立案侦查权限的“公安机关和人民检察院”。对于不属于本机关管辖而又必须采取紧急措施的，例如需要保护犯罪现场，控制犯罪嫌疑人或者投案自首的犯罪人，受理立案线索的办案机关应当先采取紧急措施，然后移送主管机关。

110.2　司法解释

110.2.1　检察机关对立案材料的审查及处理

★《检察院规则》（2019）

第一百六十一条　人民检察院负责控告申诉检察的部门统一接受报案、控告、举报、申诉和犯罪嫌疑人投案自首，并依法审查，在七日以内作出以下处理：

（一）属于本院管辖且符合受理条件的，应当予以受理；

（二）不属于本院管辖的报案、控告、举报、自首，应当移送主管机关处理。必须采取紧急措施的，应当先采取紧急措施，然后移送主管机关。不属于本院管辖的申诉，应当告知其向有管辖权的机关提出；

（三）案件情况不明的，应当进行

① 参见王爱立主编书，第 242—245 页。

必要的调查核实,查明情况后依法作出处理。

负责控告申诉检察的部门可以向下级人民检察院交办控告、申诉、举报案件,并依照有关规定进行督办。

【重点解读】①

对群众控告申诉的"受理",具有对刑事申诉案件进行立案的性质,刑事申诉案件受理后,直接进入实体审查程序。因此,负责控告申诉检察的部门移送到其他刑事检察部门的控告申诉案件,相关办案部门应当在规定期限内办结并作出相应决定,不能将案件退回负责控告申诉检察的部门。

110.2.2 检察机关应当受理控告、申诉的情形

★《检察院规则》(2019)

第一百六十二条 控告、申诉符合下列条件的,人民检察院应当受理:

(一)属于人民检察院受理案件范围;

(二)本院具有管辖权;

(三)申诉人是原案的当事人或者其法定代理人、近亲属;

(四)控告、申诉材料符合受理要求。

控告人、申诉人委托律师代理控告、申诉,符合上述条件的,应当受理。

控告、申诉材料不齐备的,应当告知控告人、申诉人补齐。受理时间从控告人、申诉人补齐相关材料之日起计算。

【重点解读】②

一是诉讼与信访分离原则。对于检察机关依法按程序办理的控告、申诉、举报,应当与其他信访相分离,对其中符合法律法规规定,属于检察机关管辖的控告、申诉、举报,可以通过司法程序或相应法定救济途径解决的,作为诉类事项受理;对检察机关依法不能通过司法程序或其他法定救济途径解决的信访事项,以及公安机关、司法行政机关应当依照《信访条例》处理的信访事项,作为访类事项,排除在检察机关受理范围之外。

二是检察机关受理控告、申诉的范围,包括涉检事项、诉讼监督事项以及依法属于检察机关管辖的其他控告、申诉。其中,涉检事项是指不服人民检察院刑事处理决定的;反映人民检察院在处理属于人民检察院直接受理侦查的群众举报线索中久拖不决,未查处、未答复的;反映人民检察院违法违规办案或者检察人员违法违纪的;人民检察院为赔偿义务机关,请求人民检察院进行国家赔偿的。诉讼监督事项是指不服公安机关刑事处理决定,反映公安机关侦查活动有违法情况,要求人民检察院实行法律监督,依法属于人民检察院管辖的;不服人民法院生效判决、裁定、调解书,以及人民法院赔偿委员会作出的国家赔偿决定,反映审判人员在审判程序中存在违法行为,以及反映人民法院刑罚执行、民事执行和行政执行活动存在违法情形,要求人民检察院实行法律监督,依法属于人民检察院管辖的。

110.2.3 报请最高人民检察院核准追诉的程序

★《检察院规则》(2019)

第三百二十条 法定最高刑为无

---

① 参见童建明、万春主编释义书,第170—171页。

② 参见童建明、万春主编释义书,第171—172页。

期徒刑、死刑的犯罪，已过二十年追诉期限的，不再追诉。如果认为必须追诉的，须报请最高人民检察院核准。

第三百二十一条　须报请最高人民检察院核准追诉的案件，公安机关在核准之前可以依法对犯罪嫌疑人采取强制措施。

公安机关报请核准追诉并提请逮捕犯罪嫌疑人，人民检察院经审查认为必须追诉而且符合法定逮捕条件的，可以依法批准逮捕，同时要求公安机关在报请核准追诉期间不得停止对案件的侦查。

未经最高人民检察院核准，不得对案件提起公诉。

第三百二十二条　报请核准追诉的案件应当同时符合下列条件：

（一）有证据证明存在犯罪事实，且犯罪事实是犯罪嫌疑人实施的；

（二）涉嫌犯罪的行为应当适用的法定量刑幅度的最高刑为无期徒刑或者死刑；

（三）涉嫌犯罪的性质、情节和后果特别严重，虽然已过二十年追诉期限，但社会危害性和影响依然存在，不追诉会严重影响社会稳定或者产生其他严重后果，而必须追诉的；

（四）犯罪嫌疑人能够及时到案接受追诉。

第三百二十三条　公安机关报请核准追诉的案件，由同级人民检察院受理并层报最高人民检察院审查决定。

第三百二十四条　地方各级人民检察院对公安机关报请核准追诉的案件，应当及时进行审查并开展必要的调查。经检察委员会审议提出是否同意核准追诉的意见，制作报请核准追诉案件报告书，连同案卷材料一并层报最高人民检察院。

第三百二十五条　最高人民检察院收到省级人民检察院报送的报请核准追诉案件报告书及案卷材料后，应当及时审查，必要时指派检察人员到案发地了解案件有关情况。经检察长批准，作出是否核准追诉的决定，并制作核准追诉决定书或者不予核准追诉决定书，逐级下达至最初受理案件的人民检察院，由其送达报请核准追诉的公安机关。

第三百二十六条　对已经采取强制措施的案件，强制措施期限届满不能作出是否核准追诉决定的，应当对犯罪嫌疑人变更强制措施或者延长侦查羁押期限。

第三百二十七条　最高人民检察院决定核准追诉的案件，最初受理案件的人民检察院应当监督公安机关的侦查工作。

最高人民检察院决定不予核准追诉，公安机关未及时撤销案件的，同级人民检察院应当提出纠正意见。犯罪嫌疑人在押的，应当立即释放。

【重点解读】①

由于具体案件社会危害性差别很大，难以对认定“有追诉必要的”标准予以量化，需要在实践中综合各种因素进行认定。只有犯罪的性质、情节和后果特别严重，虽然已过二十年追诉时效期限，但社会危害性和影响依然存在，被害方及案发地群众、基层组织等反映强烈，不追诉会影响社会稳定的，才应当认为必须追诉。其他案件，一般不再追诉。

---

① 参见童建明、万春主编释义书，第349—352、355页。

此外，对于报请核准追诉的案件，已经采取强制措施的犯罪嫌疑人，侦查羁押强制措施期限届满不能作出是否核准追诉决定的，检察机关应当要求公安机关对犯罪嫌疑人变更强制措施或者提请延长侦查羁押期限。如果案件已经移送起诉的，检察机关应当及时决定对犯罪嫌疑人变更强制措施，不能以报请最高人民检察院核准追诉为由，不遵守强制措施的各项期限规定，出现超期羁押等程序违法的情况。

110.2.4　检察机关受理举报的程序

★《人民检察院举报工作规定》（2014年7月21日修订）

第十二条　人民检察院举报中心统一受理举报和犯罪嫌疑人投案自首。

第十三条　各级人民检察院应当设立专门的举报接待场所，向社会公布通信地址、邮政编码、举报电话号码、举报网址、接待时间和地点、举报线索的处理程序以及查询举报线索处理情况和结果的方式等相关事项。

第十四条　对以走访形式初次举报的以及职务犯罪嫌疑人投案自首的，举报中心应当指派两名以上工作人员专门接待，问明情况，并制作笔录，经核对无误后，由举报人、自首人签名、捺指印，必要时，经举报人、自首人同意，可以录音、录像；对举报人、自首人提供的有关证据材料、物品等应当登记，制作接受证据（物品）清单，并由举报人、自首人签名，必要时予以拍照，并妥善保管。

举报人提出预约接待要求的，经举报中心负责人批准，人民检察院可以指派两名以上工作人员在约定的时间到举报人认为合适的地方接谈。

对采用集体走访形式举报同一职务犯罪行为的，应当要求举报人推选代表，代表人数一般不超过五人。

第十五条　对采用信函形式举报的，工作人员应当在专门场所进行拆阅。启封时，应当保持邮票、邮戳、邮编、地址和信封内材料的完整。

对采用传真形式举报的，参照前款规定办理。

第十六条　对通过12309举报网站或者人民检察院门户网站进行举报的，工作人员应当及时下载举报内容并导入举报线索处理系统。举报内容应当保持原始状态，不得作任何文字处理。

第十七条　对采用电话形式举报的，工作人员应当准确、完整地记录举报人的姓名、地址、电话和举报内容。举报人不愿提供姓名等个人信息的，应当尊重举报人的意愿。

第十八条　有联系方式的举报人提供的举报材料内容不清的，有管辖权的人民检察院举报中心应当在接到举报材料后七日以内与举报人联系，建议举报人补充有关材料。

第十九条　反映被举报人有下列情形之一，必须采取紧急措施的，举报中心工作人员应当在接收举报后立即提出处理意见并层报检察长审批：

（一）正在预备犯罪、实行犯罪或者在犯罪后即时被发觉的；

（二）企图自杀或者逃跑的；

（三）有毁灭、伪造证据或者串供可能的；

（四）其他需要采取紧急措施的。

第二十条　职务犯罪举报线索实行分级管辖。上级人民检察院可以直接受理由下级人民检察院管辖的举报线索，经检察长批准，也可以将本院管辖的举报线索交由下级人民检察院办理。

下级人民检察院接收到上级人民检察院管辖的举报线索，应当层报上级人民检察院处理。收到同级人民检察院管辖的举报线索，应当及时移送有管辖权的人民检察院处理。

第二十一条　举报线索一般由被举报人工作单位所在地人民检察院管辖。认为由被举报犯罪地人民检察院管辖更为适宜的，可以由被举报犯罪地人民检察院管辖。

几个同级人民检察院都有权管辖的，由最初受理的人民检察院管辖。在必要的时候，可以移送主要犯罪地的人民检察院管辖。对管辖权有争议的，由其共同的上一级人民检察院指定管辖。

第二十二条　除举报中心专职工作人员日常接待之外，各级人民检察院实行检察长和有关侦查部门负责人定期接待举报制度。接待时间和地点应当向社会公布。

第二十三条　对以举报为名阻碍检察机关工作人员依法执行公务，扰乱检察机关正常工作秩序的，应当进行批评教育，情节严重的，应当依照有关法律规定处理。

110.3　规范性文件

110.3.1　走私犯罪案件的接受程序

★《最高人民法院、最高人民检察院、公安部、司法部、海关总署关于走私犯罪侦查机关办理走私犯罪案件适用刑事诉讼程序若干问题的通知》（署侦〔1998〕742号，1998年12月3日）

十一、海关调查部门、地方公安机关（包括公安边防部门）和工商行政等执法部门对于查获的需移送走私犯罪侦查机关的案件，应当就近移送。走私犯罪侦查机关应及时接受，出具有关手续，并将案件处理结果书面通报移送部门。

110.3.2　经济犯罪案件的接受程序

★《最高人民检察院、公安部关于公安机关办理经济犯罪案件的若干规定》（公通字〔2017〕25号，2017年11月24日）

第十四条　公安机关对涉嫌经济犯罪线索的报案、控告、举报、自动投案，不论是否有管辖权，都应当接受并登记，由最初受理的公安机关依照法定程序办理，不得以管辖权为由推诿或者拒绝。

经审查，认为有犯罪事实，但不属于其管辖的案件，应当及时移送有管辖权的机关处理。对于不属于其管辖又必须采取紧急措施的，应当先采取紧急措施，再移送主管机关。

110.3.3　拐卖妇女儿童犯罪案件的接受程序

★《最高人民法院、最高人民检察院、公安部、司法部关于依法惩治拐卖妇女儿童犯罪的意见》（法发〔2010〕7号，2010年3月15日）

9. 公安机关在工作中发现犯罪嫌疑人或者被拐卖的妇女、儿童，不论案件是否属于自己管辖，都应当首先采取紧急措施。经审查，属于自己管辖的，依法立案侦查；不属于自己管辖的，及时移送有管辖权的公安机关处理。

★《公安部关于打击拐卖妇女儿童犯罪适用法律和政策有关问题的意见》（公通字〔2000〕25号，2000年3月24日）

一、关于立案、管辖问题

（二）对于公民报案、控告、举报的与拐卖妇女、儿童有关的犯罪嫌疑人、犯罪线索或者材料，扭送的犯罪嫌疑人，或者犯罪嫌疑人自首的，公安机关都应当接受。对于接受的案件或者发现的犯罪线索，应当迅速进行审查。对于需要采取解救被拐卖的妇女、儿童等紧急措施的，应当先采取紧急措施。

110.3.4　侦查机关的案件接受程序

★《公安规定》(2020)

第一百六十九条　公安机关对于公民扭送、报案、控告、举报或者犯罪嫌疑人自动投案的，都应当立即接受，问明情况，并制作笔录，经核对无误后，由扭送人、报案人、控告人、举报人、投案人签名、捺指印。必要时，应当对接受过程录音录像。

第一百七十条　公安机关对扭送人、报案人、控告人、举报人、投案人提供的有关证据材料等应当登记，制作接受证据材料清单，由扭送人、报案人、控告人、举报人、投案人签名，并妥善保管。必要时，应当拍照或者录音录像。

第一百七十一条　公安机关接受案件时，应当制作受案登记表和受案回执，并将受案回执交扭送人、报案人、控告人、举报人。扭送人、报案人、控告人、举报人无法取得联系或者拒绝接受回执的，应当在回执中注明。

【重点解读】①

受案是公安机关办理刑事案件的初始环节，由各级公安机关和公安派出所负责。公安机关对于公民扭送、报案、控告、举报或者犯罪嫌疑人自动投案的都应当立即接受，不能以任何理由拒绝、推诿。

受案登记表是刑事案件来源的重要证明，也是公安机关受理刑事案件的原始资料。公安机关在接受任何刑事案件时，都应当制作受案登记表，并实事求是地填写有关内容，不论是否符合立案条件、是否属于本单位管辖。

公安机关受案时，对扭送、报案、控告、举报的，应当制作受案回执，交扭送人、报案人、控告人、举报人。回执中必须注明受案单位名称、受案登记表文号、联系人及联系方式，以便报案人等了解立案情况，监督受案单位的工作进展情况。对于行政执法机关移送的涉嫌犯罪案件，应当在移送案件通知书的回执上签字，不必制作受案回执。对其他公安、司法机关移送的案件，应当在移送案件通知书等文书或者其他送达回执上签字。

★《国安规定》(2024)

第一百九十一条　国家安全机关对于公民扭送、报案、控告、举报或者犯罪嫌疑人自动投案的，都应当接受，问明情况，并制作笔录，经核对无误后，由扭送人、报案人、控告人、举报人、投案人确认并签名、捺指印。必要时，应当对接受过程录音录像。

第一百九十二条　国家安全机关对扭送人、报案人、控告人、举报人、投案人提供的有关证据材料等，应当登记制作接受证据材料清单，由扭送人、报案人、控告人、举报人、投案人签名。必要时，应当拍照或者录音录像。

第一百九十三条　国家安全机关接受案件时，应当制作接受刑事案件登记表，并出具回执，将回执交扭送人、报案人、控告人、举报人。扭送人、报案人、控告人、举报人无法取得联系或者

① 参见孙茂利主编书，第405—407、411—413页。

拒绝接受回执的,应当注明。

110.3.5　侦查机关对不能接受的案件的处理

★《公安规定》(2020)

第一百七十五条　经过审查,认为有犯罪事实,但不属于自己管辖的案件,应当立即报经县级以上公安机关负责人批准,制作移送案件通知书,在二十四小时以内移送有管辖权的机关处理,并告知扭送人、报案人、控告人、举报人。对于不属于自己管辖而又必须采取紧急措施的,应当先采取紧急措施,然后办理手续,移送主管机关。

对不属于公安机关职责范围的事项,在接报案时能够当场判断的,应当立即口头告知扭送人、报案人、控告人、举报人向其他主管机关报案。

对于重复报案、案件正在办理或者已经办结的,应当向扭送人、报案人、控告人、举报人作出解释,不再登记,但有新的事实或者证据的除外。

★《国安规定》(2024)

第一百九十八条　国家安全机关经过审查,认为有犯罪事实,但不属于自己管辖的,应当经国家安全机关负责人批准,制作移送案件通知书,及时移送有管辖权的机关处理,并且通知扭送人、报案人、控告人、举报人和移送案件的机关。对于不属于自己管辖而又必须采取紧急措施的,应当先采取紧急措施,然后办理手续,移送主管机关。

对不属于国家安全机关职责范围的事项,在接报案时能够当场判断的,应当立即口头告知扭送人、报案人、控告人、举报人向其他主管机关报案。

110.3.6　公安机关受案立案制度改革要求

★《公安部关于改革完善受案立案制度的意见》(公通字〔2015〕32 号,2015 年 11 月 4 日)

(一)规范工作流程

1. 健全接报案登记。各省级公安机关依托警务信息综合应用平台,建立完善全省区市统一的接报案、受案立案功能模块。对于群众报案、控告、举报、扭送,违法犯罪嫌疑人投案,以及上级机关交办案件或者其他机关移送的案件,属于公安机关管辖的,各办案警种、部门都必须接受并依照有关规定办理,不得推诿。对于上述接受的案件以及工作中发现的案件,除性质和事实涉及国家秘密的以外,都必须进行网上登记。涉嫌犯罪的,按照刑事案件进行立案审查;涉嫌行政违法的,按照行政案件进行受案审查。群众上门报案的,应当当场进行接报案登记,当场接受证据材料,当场出具接报案回执并告知查询案件进展情况的方式和途径。对明显不属于公安机关职责范围的报案事项,应当立即告知报案人向其他有关主管机关报案。对重复报案、案件正在办理或者已经办结的,应当向报案人作出解释,不再重复接报案登记。

2. 及时审查办理。接报案件后,应当立即进行受案立案审查。对于违法犯罪事实清楚的案件,公安机关各办案警种、部门应当即受即立即办,不得推诿拖延。行政案件受案审查期限原则上不超过 24 小时,疑难复杂案件受案审查期限不超过 3 日。刑事案件立案审查期限原则上不超过 3 日;涉嫌犯罪线索需要查证的,立案审查期限不超过7日;重大疑难复杂案件,经县级以上公安机关负责人批准,立案审查期限可以延长至30日。法律、法规、规章等对受案立案审查期限另有规定的,从其规定。决定不予受案立案后又发现新的事实证据,或者发现原认定事实错误,需要追究行政、刑事责任的,应当及时受案立案处理。

3. 紧急情况处置。对于违法犯罪活动正在进行以及其他情况紧急的案件,接到报案后应当先进行紧急处置,第一时间制止违法犯罪,控制嫌疑人,救治伤员,保护现场,及时开展现场调查取证等工作。紧急处置完毕后,应当在24小时内完成接报案登记;符合受案立案条件的,依法及时受案立案。

(四)完善刑事案件立案标准

各级公安机关应当按照刑事案件立案标准与人民检察院、人民法院的追诉、定罪标准相协调原则,提高刑事执法效能。要严格执行和不断完善最高人民检察院、公安部联合下发的有关刑事案件立案追诉标准。依法可由省级公安机关制定、细化的刑事案件立案标准,省级公安机关要与同级人民检察院、人民法院协商一致后确定。

【重点解读】

新华网2015年12月29日报道,公安机关受案立案改革的总体思路是保持公安机关办案部门分别接报案并即受、即立、即办的现行模式,改进和加强对受案立案工作的监督管理,依托信息化手段,对接报案、受案立案进行全要素、全流程网上记载,实现对各部门受案立案工作的实时监控管理和及时纠错。对经济犯罪案件及其他易出问题、有争议的案件,由法制部门就是否受案立案进行事前审核监督,从而及时发现和纠正受案立案环节的执法问题,保障依法如实受案立案。

110.3.7　虚假诉讼犯罪的线索来源

★《最高人民法院、最高人民检察院、公安部、司法部关于进一步加强虚假诉讼犯罪惩治工作的意见》(法发〔2021〕10号,2021年3月4日)

第八条　人民法院、人民检察院、公安机关发现虚假诉讼犯罪的线索来源包括:

(一)民事诉讼当事人、诉讼代理人和其他诉讼参与人、利害关系人、其他自然人、法人和非法人组织的报案、控告、举报和法律监督申请;

(二)被害人有证据证明对被告人通过实施虚假诉讼行为侵犯自己合法权益的行为应当依法追究刑事责任,且有证据证明曾经提出控告,而公安机关或者人民检察院不予追究被告人刑事责任,向人民法院提出的刑事自诉;

(三)人民法院、人民检察院、公安机关、司法行政机关履行职责过程中主动发现;

(四)有关国家机关移送的案件线索;

(五)其他线索来源。

111　报案、控告、举报的方式和要求

111.1　法条规定

第一百一十一条　报案、控告、举报可以用书面或者口头提出。接受口头报案、控告、举报的工作人员,应当写成笔录,经宣读无误后,由报案人、控告人、举报人签名或者盖章。

接受控告、举报的工作人员，应当向控告人、举报人说明诬告应负的法律责任。但是，只要不是捏造事实，伪造证据，即使控告、举报的事实有出入，甚至是错告的，也要和诬告严格加以区别。

公安机关、人民检察院或者人民法院应当保障报案人、控告人、举报人及其近亲属的安全。报案人、控告人、举报人如果不愿公开自己的姓名和报案、控告、举报的行为，应当为他保守秘密。

【立法释义】①

本条规定明确了报案、控告、举报的方式和要求，应当关注以下事项：

第一，立案线索和材料的接受程序。为便于公众提供立案线索和材料，报案、控告和举报可以采取书面形式，也可以口头提出。对于口头的报案、控告和举报，办案机关应当依法固定立案线索，尽量问清犯罪的时间、地点、方法、后果，犯罪嫌疑人特征等有关情节，制作笔录，详细记录犯罪事实和犯罪嫌疑人的细节信息，并向报案人、控告人或举报人宣读，经确认无误后，由报案人、控告人或举报人签名、盖章。关于立案线索和证据材料，应当分别按照规范程序予以记录和处理。关于报案、控告和举报的立案线索，办案机关应当登记在案、调查核实，进而作为是否立案的依据。

第二，办案机关向控告人、举报人告知诬告法律责任的义务。接受控告、举报的工作人员，应当向控告人、举报人说明诬告应负的法律责任。办案机关认为控告人、举报人可能系诬告的，应当注意核实有关的控告、举报材料。同时，为避免打消控告、举报的积极性，办案机关应当准确把握控告、举报失实与诬告的法律界限。只要不是故意捏造事实，伪造证据，即便控告、举报的事实有出入，甚至是错告的，也要和诬告严格加以区别。

第三，办案机关保障安全和保守秘密的义务。办案机关对于报案人、控告人、举报人因报案、控告、举报面临人身安全危险，可能遭到打击报复的，应当及时采取保护性措施，例如及时对具有社会危险性的犯罪嫌疑人采取强制措施，更好地保障报案人、控告人、举报人的安全，保护群众揭露犯罪的积极性，保障侦查工作的顺利进行。同时，如果报案人、控告人、举报人不愿公开自己的姓名和报案、控告、举报的行为，办案机关应当为其保守秘密。即便报案人、控告人、举报人没有明确作出这一意思表示，办案机关也有必要为其保守秘密，避免报案人、控告人、举报人面临打击报复等风险。

111.2　司法解释

111.2.1　控告申诉案件的调查核实与答复

★《检察院规则》(2019)

第一百六十三条　对于收到的群众来信，负责控告申诉检察的部门应当在七日以内进行程序性答复，办案部门应当在三个月以内将办理进展或者办理结果答复来信人。

第一百六十四条　负责控告申诉检察的部门对受理的刑事申诉案件应

① 参见王爱立主编书，第 245—248 页。

当根据事实、法律进行审查，必要时可以进行调查核实。认为原案处理可能错误的，应当移送相关办案部门办理；认为原案处理没有错误的，应当书面答复申诉人。

第一百六十五条　办案部门应当在规定期限内办结控告、申诉案件，制作相关法律文书，送达报案人、控告人、申诉人、举报人、自首人，并做好释法说理工作。

111.3　规范性文件

111.3.1　保护、奖励职务犯罪举报人的安排

★《最高人民检察院、公安部、财政部关于保护、奖励职务犯罪举报人的若干规定》（高检会〔2016〕6号，2016年3月30日）

第五条　人民检察院对职务犯罪举报应当采取下列保密措施：

（一）受理举报应当由专人负责，在专门场所或者通过专门网站、电话进行，无关人员不得在场。

（二）举报线索应当由专人录入专用计算机，加密码严格管理。专用计算机应当与互联网实行物理隔离。未经检察长批准，其他工作人员不得查看。

（三）举报材料应当存放于符合保密规定的场所，无关人员不得进入。

（四）向检察长报送举报线索时，应当将相关材料用机要袋密封，并填写机要编号，由检察长亲自拆封。

（五）严禁泄露举报内容以及举报人姓名、住址、电话等个人信息，严禁将举报材料转给被举报人或者被举报单位。

（六）调查核实情况时，严禁出示举报材料原件或者复印件；除因侦查工作需要并经检察长批准外，严禁对匿名举报材料进行笔迹鉴定。

（七）通过专门的举报网站联系、答复举报人时，应当核对举报人在举报时获得的查询密码，答复时不得涉及举报具体内容。

（八）其他应当采取的保密措施。

第六条　人民检察院受理实名举报后，应当按照相关规定，对可能发生的风险及其性质、程度和影响等进行综合评估，拟定风险等级，并根据确定的风险等级制定举报人保护预案。

在办案过程中，人民检察院应当根据实际情况的变化，及时调整风险等级。

第七条　有下列情形之一的，属于对举报人实施打击报复行为：

（一）以暴力、威胁或者非法限制人身自由等方法侵犯举报人及其近亲属的人身安全的；

（二）非法占有或者损毁举报人及其近亲属财产的；

（三）栽赃陷害举报人及其近亲属的；

（四）侮辱、诽谤举报人及其近亲属的；

（五）违反规定解聘、辞退或者开除举报人及其近亲属的；

（六）克扣或者变相克扣举报人及其近亲属的工资、奖金或者其他福利待遇的；

（七）对举报人及其近亲属无故给予党纪、政纪处分或者故意违反规定加重处分的；

（八）在职务晋升、岗位安排、评级考核等方面对举报人及其近亲属进行刁难、压制的；

（九）对举报人及其近亲属提出的合

理申请应当批准而不予批准或者拖延的；

（十）其他侵害举报人及其近亲属合法权益的行为。

第八条　举报人向人民检察院实名举报后，其本人及其近亲属遭受或者可能遭受打击报复，向人民检察院请求保护的，人民检察院应当迅速进行核实，分别不同情况采取下列措施：

（一）举报人及其近亲属人身、财产安全受到威胁的，应当依照本规定第九条的规定采取必要的保护措施；

（二）举报人及其近亲属因遭受打击报复受到错误处理的，应当建议有关部门予以纠正；

（三）举报人及其近亲属因遭受打击报复受到严重人身伤害或者重大财产损失的，应当协调有关部门依照规定予以救助。

有证据表明举报人及其近亲属可能会遭受单位负责人利用职权或者影响打击报复的，人民检察院应当要求相关单位或者个人作出解释或说明。应当给予组织处理或者纪律处分的，人民检察院可以将相关证据等材料移送组织部门和纪检监察机关，由组织部门和纪检监察机关依照有关规定处理。

第九条　举报人及其近亲属人身、财产安全受到威胁的，人民检察院应当采取以下一项或者多项保护措施：

（一）禁止特定的人员接触举报人及其近亲属；

（二）对举报人及其近亲属人身、财产和住宅采取专门性保护措施；

（三）其他必要的保护措施。

人民检察院在开展保护举报人工作中，需要公安机关提供协助的，应当商请公安机关办理，公安机关应当在职责范围内予以协助。

举报人直接向公安机关请求保护而又必须采取紧急措施的，公安机关应当先采取紧急措施，并及时通知受理举报的人民检察院。

第十条　举报人及其近亲属因受打击报复，造成人身伤害、名誉损害或者财产损失的，人民检察院应当支持其依法提出赔偿请求。

第十一条　举报人确有必要在诉讼中作证，其本人及其近亲属因作证面临遭受打击报复危险的，人民检察院应当采取不公开真实姓名、住址和工作单位等个人信息的保护措施，可以在起诉书、询问笔录等法律文书、证据材料中使用化名代替举报人的个人信息，但是应当书面说明使用化名的情况并标明密级，单独成卷。

人民法院通知作为证人的举报人出庭作证，举报人及其近亲属因作证面临遭受打击报复危险的，人民检察院应当建议人民法院采取不暴露举报人外貌、真实声音等出庭作证措施。

第十二条　打击报复或者指使他人打击报复举报人及其近亲属的，依纪依法给予处分；构成违反治安管理行为的，依法给予治安管理处罚；构成犯罪的，依法追究刑事责任。

被取保候审、监视居住的犯罪嫌疑人打击报复或者指使他人打击报复举报人及其近亲属的，人民检察院应当对犯罪嫌疑人依法予以逮捕。决定逮捕前，可以先行拘留。

111.3.2　侦查机关告知诬告法律责任的义务

★《公安规定》（2020）

第一百七十二条　公安机关接受

控告、举报的工作人员，应当向控告人、举报人说明诬告应负的法律责任。但是，只要不是捏造事实、伪造证据，即使控告、举报的事实有出入，甚至是错告的，也要和诬告严格加以区别。

【重点解读】①

司法实践中应当严格区分错告和诬告。二者的主要区别是：错告没有捏造事实、陷害他人的故意，是由于个人认识片面或错误造成的报案、控告、举报与事实不符，甚至错误；诬告则是故意捏造事实，伪造证据，目的在于陷害他人。将错告与诬告严格加以区别，有利于解除报案人、控告人、举报人的思想顾虑，鼓励知情人报案、控告和举报。

★**《国安规定》**（2024）

第一百九十四条　国家安全机关接受控告、举报的工作人员，应当向控告人、举报人说明诬告应负的法律责任。但是，只要不是捏造事实、伪造证据，即使控告、举报的事实有出入，甚至是错告的，也要和诬告严格加以区别。

111.3.3　侦查机关保障安全与保守秘密的义务

★**《公安规定》**（2020）

第一百七十三条　公安机关应当保障扭送人、报案人、控告人、举报人及其近亲属的安全。

扭送人、报案人、控告人、举报人如果不愿意公开自己的身份，应当为其保守秘密，并在材料中注明。

★**《国安规定》**（2024）

第一百九十五条　扭送人、报案人、控告人、举报人如果不愿意公开自己的身份和扭送、报案、控告、举报的行为，国家安全机关应当在材料中注明，并为其保守秘密。

112　立案审查与处理

112.1　法条规定

第一百一十二条　人民法院、人民检察院或者公安机关对于报案、控告、举报和自首的材料，应当按照管辖范围，迅速进行审查，认为有犯罪事实需要追究刑事责任的时候，应当立案；认为没有犯罪事实，或者犯罪事实显著轻微，不需要追究刑事责任的时候，不予立案，并且将不立案的原因通知控告人。控告人如果不服，可以申请复议。

【立法释义】②

本条规定明确了办案机关的立案审查与处理职责。人民法院、人民检察院或者公安机关对于接受报案、控告、举报和自首的材料，应当按照管辖范围迅速进行审查，并依法作出是否立案的处理。

第一，立案条件。包括两个方面：一是"有犯罪事实"。具体是指现有的报案、控告、举报和自首等材料能够证明，有犯罪事实存在，包括预备犯罪、正在实施犯罪、犯罪已经实施完毕等情形。二是"需要追究刑事责任"。具体是指依照刑法规定，报案、控告、举报所涉的犯罪事实需要追究刑事责任，并不属于本法规定的依法不追究刑事责任的情形。对于具备上述条件的报案、控告、举报和自首，办案机关应当依法决定立案。

① 参见孙茂利主编书，第413—414页。
② 参见王爱立主编书，第248—249页。

第二,审查与处理程序。人民法院、人民检察院或者公安机关对于报案、控告、举报和自首的材料,应当及时进行审查,并作出是否立案的决定。设立专门针对控告情形设置的复议程序,有利于维护控告人的控告权。

112.2　司法解释

112.2.1　检察机关直接受理案件的调查核实

★《检察院规则》(2019)

第一百六十六条　人民检察院直接受理侦查案件的线索,由负责侦查的部门统一受理、登记和管理。负责控告申诉检察的部门接受的控告、举报,或者本院其他办案部门发现的案件线索,属于人民检察院直接受理侦查案件线索的,应当在七日以内移送负责侦查的部门。

负责侦查的部门对案件线索进行审查后,认为属于本院管辖,需要进一步调查核实的,应当报检察长决定。

第一百六十七条　对于人民检察院直接受理侦查案件的线索,上级人民检察院在必要时,可以直接调查核实或者组织、指挥、参与下级人民检察院的调查核实,可以将下级人民检察院管辖的案件线索指定辖区内其他人民检察院调查核实,也可以将本院管辖的案件线索交由下级人民检察院调查核实;下级人民检察院认为案件线索重大、复杂,需要由上级人民检察院调查核实的,可以提请移送上级人民检察院调查核实。

第一百六十八条　调查核实一般不得接触被调查对象。必须接触被调查对象的,应当经检察长批准。

第一百六十九条　进行调查核实,可以采取询问、查询、勘验、检查、鉴定、调取证据材料等不限制被调查对象人身、财产权利的措施。不得对被调查对象采取强制措施,不得查封、扣押、冻结被调查对象的财产,不得采取技术侦查措施。

第一百七十条　负责侦查的部门调查核实后,应当制作审查报告。

调查核实终结后,相关材料应当立卷归档。立案进入侦查程序的,对于作为诉讼证据以外的其他材料应当归入侦查内卷。

【重点解读】①

调查核实是立案前的审查措施,与立案后的侦查紧密相连又相对独立。调查核实的目的只是查明是否符合立案条件、是否应当立案,因此,立案审查阶段只能使用一般性的,不限制被调查对象人身、财产权利的调查措施。人民检察院在进行调查核实过程中,发现有重大犯罪嫌疑分子企图自杀、逃跑,有毁灭、伪造证据或者串供可能的紧急情况时,可以依法作出立案决定,并及时采取拘留措施。

112.2.2　检察机关立案与不立案的情形

★《检察院规则》(2019)

第一百七十一条　人民检察院对于直接受理的案件,经审查认为有犯罪事实需要追究刑事责任的,应当制作立案报告书,经检察长批准后予以立案。

符合立案条件,但犯罪嫌疑人尚未确定的,可以依据已查明的犯罪事实作出立案决定。

---

① 参见童建明、万春主编释义书,第178—179页。

对具有下列情形之一的，报请检察长决定不予立案：

（一）具有刑事诉讼法第十六条规定情形之一的；

（二）认为没有犯罪事实的；

（三）事实或者证据尚不符合立案条件的。

【重点解读】①

第一，以事立案的要求。经过调查核实，认为有犯罪事实需要追究刑事责任，但犯罪嫌疑人尚未确定的，应当依据已查明的犯罪事实作出立案决定。

第二，调查核实后，不论是立案还是不予立案，必须报请检察长决定。未经检察长决定，不得擅自作出处理，防止违法办案、任意侵犯人权的行为发生。

第三，立案是侦查的开始，表明人民检察院对受理的线索经审查后，初步判定有犯罪事实需要追究刑事责任，因此，不要求达到"证据确实、充分"的证明标准，不能把立案条件等同于侦查终结或者提起公诉的条件。

第四，立案决定书是人民检察院依法对案件进行侦查，对犯罪嫌疑人采取各种侦查措施和强制措施的前提依据。人民检察院决定对案件立案侦查的，应当制作立案决定书，由检察长签名或者盖章，并加盖人民检察院印章。

112.2.3　检察机关不予立案情形的处理

★《检察院规则》（2019）

第一百七十二条　对于其他机关或者本院其他办案部门移送的案件线索，决定不予立案的，负责侦查的部门应当制作不立案通知书，写明案由和案件来源、决定不立案的原因和法律依据，自作出不立案决定之日起十日以内送达移送案件线索的机关或者部门。

第一百七十三条　对于控告和实名举报，决定不予立案的，应当制作不立案通知书，写明案由和案件来源、决定不立案的原因和法律依据，由负责侦查的部门在十五日以内送达控告人、举报人，同时告知本院负责控告申诉检察的部门。

控告人如果不服，可以在收到不立案通知书后十日以内向上一级人民检察院申请复议。不立案的复议，由上一级人民检察院负责侦查的部门审查办理。

人民检察院认为被控告人、被举报人的行为未构成犯罪，决定不予立案，但需要追究其党纪、政纪、违法责任的，应当移送有管辖权的主管机关处理。

112.2.4　检察机关对错告、诬告陷害的处理

★《检察院规则》（2019）

第一百七十四条　错告对被控告人、被举报人造成不良影响的，人民检察院应当自作出不立案决定之日起一个月以内向其所在单位或者有关部门通报调查核实的结论，澄清事实。

属于诬告陷害的，应当移送有关机关处理。

【重点解读】②

"错告"，是指控告人、举报人并非出于故意，也没有捏造事实而造成的控告、举报材料失实的情况。在"错告"的情况下，由于人民检察院已经根据控告、举报线索进行调查核实，可能会对

① 参见童建明、万春主编释义书，第180—182页。

② 参见童建明、万春主编释义书，第184—185页。

被控告人、被举报人造成不良影响，因此，人民检察院应当向被控告人、被举报人所在单位或者有关部门澄清事实，为被控告人、被举报人"正名"，恢复名誉、消除影响。

"诬告陷害"，是指行为人为使被控告人、被举报人受到刑事追究，故意捏造犯罪事实向人民检察院"控告""举报"的行为。人民检察院应当根据诬告陷害行为的性质，分别移送有管辖权的机关或者部门追究责任。例如，构成犯罪的，移送公安机关处理；尚未构成犯罪，按照有关规定需要追究其党纪、政纪责任的，移送监察机关处理；等等。

112.2.5　检察机关对人大代表的立案程序

★《检察院规则》(2019)

第一百七十五条　人民检察院决定对人民代表大会代表立案，应当按照本规则第一百四十八条、第一百四十九条规定的程序向该代表所属的人民代表大会主席团或者常务委员会进行通报。

【重点解读】①

"人民代表大会代表"，是指各级人民代表大会的代表，包括乡、民族乡、镇的人民代表大会代表。"通报"，是指人民检察院决定立案后，将立案的情况报知该代表所属的人大主席团或者常务委员会，不能将"通报"理解为"报请许可"或者"事先报告"。通报程序与人民检察院向人大主席团或者常务委员会报请许可采取强制措施的程序相同。

112.3　规范性文件

112.3.1　拐卖妇女儿童犯罪案件的立案程序

★《最高人民法院、最高人民检察院、公安部、司法部关于依法惩治拐卖妇女儿童犯罪的意见》(法发〔2010〕7号，2010年3月15日)

8. 具有下列情形之一，经审查，符合管辖规定的，公安机关应当立即以刑事案件立案，迅速开展侦查工作：

(1)接到拐卖妇女、儿童的报案、控告、举报的；

(2)接到儿童失踪或者已满十四周岁不满十八周岁的妇女失踪报案的；

(3)接到已满十八周岁的妇女失踪，可能被拐卖的报案的；

(4)发现流浪、乞讨的儿童可能系被拐卖的；

(5)发现有收买被拐卖妇女、儿童行为，依法应当追究刑事责任的；

(6)表明可能有拐卖妇女、儿童犯罪事实发生的其他情形的。

9. 公安机关在工作中发现犯罪嫌疑人或者被拐卖的妇女、儿童，不论案件是否属于自己管辖，都应当首先采取紧急措施。经审查，属于自己管辖的，依法立案侦查；不属于自己管辖的，及时移送有管辖权的公安机关处理。

★《公安部关于打击拐卖妇女儿童犯罪适用法律和政策有关问题的意见》(公通字〔2000〕25号，2000年3月24日)

(三)经过审查，认为有犯罪事实，需要追究刑事责任的，应当区别情况，作出如下处理：

1. 属于本公安机关管辖的案件，应当及时立案侦查。

2. 属于其他公安机关管辖的案件，应当在二十四小时内移送有管辖权

---

① 参见童建明、万春主编释义书，第185—186页。

的公安机关办理。

3. 不属于公安机关管辖的案件，如属于人民检察院管辖的不解救被拐卖、绑架妇女、儿童案和阻碍解救被拐卖、绑架妇女、儿童案等，属于人民法院管辖的重婚案等，应当及时将案件材料和有关证据送交有管辖权的人民检察院、人民法院，并告知报案人、控告人、举报人到人民检察院、人民法院报案、控告、举报或者起诉。

112.3.2　经济犯罪案件的立案/撤案程序

★《最高人民检察院、公安部关于公安机关办理经济犯罪案件的若干规定》（公通字〔2017〕25 号，2017 年 11 月 24 日）

第十五条　公安机关接受涉嫌经济犯罪线索的报案、控告、举报、自动投案后，应当立即进行审查，并在七日以内决定是否立案；重大、疑难、复杂线索，经县级以上公安机关负责人批准，立案审查期限可以延长至三十日；特别重大、疑难、复杂或者跨区域性的线索，经上一级公安机关负责人批准，立案审查期限可以再延长三十日。

上级公安机关指定管辖或者书面通知立案的，应当在指定期限以内立案侦查。人民检察院通知立案的，应当在十五日以内立案侦查。

第十六条　公安机关接受行政执法机关移送的涉嫌经济犯罪案件后，移送材料符合相关规定的，应当在三日以内进行审查并决定是否立案，至迟应当在十日以内作出决定。案情重大、疑难、复杂或者跨区域性的，经县级以上公安机关负责人批准，应当在三十日以内决定是否立案。情况特殊的，经上一级公安机关负责人批准，可以再延长三十日作出决定。

第十七条　公安机关经立案审查，同时符合下列条件的，应当立案：

（一）认为有犯罪事实；

（二）涉嫌犯罪数额、结果或者其他情节符合经济犯罪案件的立案追诉标准，需要追究刑事责任；

（三）属于该公安机关管辖。

第十八条　在立案审查中，发现案件事实或者线索不明的，经公安机关办案部门负责人批准，可以依照有关规定采取询问、查询、勘验、鉴定和调取证据材料等不限制被调查对象人身、财产权利的措施。经审查，认为有犯罪事实，需要追究刑事责任的，经县级以上公安机关负责人批准，予以立案。

公安机关立案后，应当采取调查性侦查措施，但是一般不得采取限制人身、财产权利的强制性措施。确有必要采取的，必须严格依照法律规定的条件和程序。严禁在没有证据的情况下，查封、扣押、冻结涉案财物或者拘留、逮捕犯罪嫌疑人。

公安机关立案后，在三十日以内经积极侦查，仍然无法收集到证明有犯罪事实需要对犯罪嫌疑人追究刑事责任的充分证据的，应当立即撤销案件或者终止侦查。重大、疑难、复杂案件，经上一级公安机关负责人批准，可以再延长三十日。

上级公安机关认为不应当立案，责令限期纠正的，或者人民检察院认为不应当立案，通知撤销案件的，公安机关应当及时撤销案件。

第十九条　对有控告人的案件，经审查决定不予立案的，应当在立案审查的期限内制作不予立案通知书，并在三日以内送达控告人。

第二十条　涉嫌经济犯罪的案件与人民法院正在审理或者作出生效裁判文书的民事案件，属于同一法律事实或者有牵连关系，符合下列条件之一的，应当立案：

（一）人民法院在审理民事案件或者执行过程中，发现有经济犯罪嫌疑，裁定不予受理、驳回起诉、中止诉讼、判决驳回诉讼请求或者中止执行生效裁判文书，并将有关材料移送公安机关的；

（二）人民检察院依法通知公安机关立案的；

（三）公安机关认为有证据证明有犯罪事实，需要追究刑事责任，经省级以上公安机关负责人批准的。

有前款第二项、第三项情形的，公安机关立案后，应当严格依照法律规定的条件和程序采取强制措施和侦查措施，并将立案决定书等法律文书及相关案件材料复印件抄送正在审理或者作出生效裁判文书的人民法院并说明立案理由，同时通报与办理民事案件的人民法院同级的人民检察院，必要时可以报告上级公安机关。

在侦查过程中，不得妨碍人民法院民事诉讼活动的正常进行。

第二十一条　公安机关在侦查过程中、人民检察院在审查起诉过程中，发现具有下列情形之一的，应当将立案决定书、起诉意见书等法律文书及相关案件材料复印件抄送正在审理或者作出生效裁判文书的人民法院，由人民法院依法处理：

（一）侦查、审查起诉的经济犯罪案件与人民法院正在审理或者作出生效裁判文书的民事案件属于同一法律事实或者有牵连关系的；

（二）涉案财物已被有关当事人申请执行的。

有前款规定情形的，公安机关、人民检察院应当同时将有关情况通报与办理民事案件的人民法院同级的人民检察院。

公安机关将相关法律文书及案件材料复印件抄送人民法院后一个月以内未收到回复的，必要时，可以报告上级公安机关。

立案侦查、审查起诉的经济犯罪案件与仲裁机构作出仲裁裁决的民事案件属于同一法律事实或者有牵连关系，且人民法院已经受理与该仲裁裁决相关申请的，依照本条第一款至第三款的规定办理。

第二十二条　涉嫌经济犯罪的案件与人民法院正在审理或者作出生效裁判文书以及仲裁机构作出裁决的民事案件有关联但不属同一法律事实的，公安机关可以立案侦查，但是不得以刑事立案为由要求人民法院移送案件、裁定驳回起诉、中止诉讼、判决驳回诉讼请求、中止执行或者撤销判决、裁定，或者要求人民法院撤销仲裁裁决。

第二十三条　人民法院在办理民事案件过程中，认为该案件不属于民事纠纷而有经济犯罪嫌疑需要追究刑事责任，并将涉嫌经济犯罪的线索、材料移送公安机关的，接受案件的公安机关应当立即审查，并在十日以内决定是否立案。公安机关不立案的，应当及时告知人民法院。

第二十四条　人民法院在办理民事案件过程中，发现与民事纠纷虽然不是同一事实但是有关联的经济犯罪线索、材料，并将涉嫌经济犯罪的线索、材料移送公安机关的，接受案件的公安机关应当立即审查，并在十日以内决定是否立案。公安机关不立案的，应当及时告知人民法院。

第二十五条 在侦查过程中，公安机关发现具有下列情形之一的，应当及时撤销案件：

（一）对犯罪嫌疑人解除强制措施之日起十二个月以内，仍然不能移送审查起诉或者依法作其他处理的；

（二）对犯罪嫌疑人未采取强制措施，自立案之日起二年以内，仍然不能移送审查起诉或者依法作其他处理的；

（三）人民检察院通知撤销案件的；

（四）其他符合法律规定的撤销案件情形的。

有前款第一项、第二项情形，但是有证据证明有犯罪事实需要进一步侦查的，经省级以上公安机关负责人批准，可以不撤销案件，继续侦查。

撤销案件后，公安机关应当立即停止侦查活动，并解除相关的侦查措施和强制措施。

撤销案件后，又发现新的事实或者证据，依法需要追究刑事责任的，公安机关应当重新立案侦查。

第二十六条 公安机关接报案件后，报案人、控告人、举报人、被害人及其法定代理人、近亲属查询立案情况的，应当在三日以内告知立案情况并记录在案。对已经立案的，应当告知立案时间、涉嫌罪名、办案单位等情况。

第二十七条 对报案、控告、举报、移送的经济犯罪案件，公安机关作出不予立案决定、撤销案件决定或者逾期未作出是否立案决定有异议的，报案人、控告人、举报人可以申请人民检察院进行立案监督，移送案件的行政执法机关可以建议人民检察院进行立案监督。

人民检察院认为需要公安机关说明不予立案、撤销案件或者逾期未作出是否立案决定的理由的，应当要求公安机关在七日以内说明理由。公安机关应当书面说明理由，连同有关证据材料回复人民检察院。人民检察院认为不予立案或者撤销案件的理由不能成立的，应当通知公安机关立案。人民检察院要求公安机关说明逾期未作出是否立案决定的理由后，公安机关在七日以内既不说明理由又不作出是否立案的决定的，人民检察院应当发出纠正违法通知书予以纠正，经审查案件有关证据材料，认为符合立案条件的，应当通知公安机关立案。

第二十八条 犯罪嫌疑人及其法定代理人、近亲属或者辩护律师对公安机关立案提出异议的，公安机关应当及时受理、认真核查。

有证据证明公安机关可能存在违法介入经济纠纷，或者利用立案实施报复陷害、敲诈勒索以及谋取其他非法利益等违法立案情形的，人民检察院应当要求公安机关书面说明立案的理由。公安机关应当在七日以内书面说明立案的依据和理由，连同有关证据材料回复人民检察院。人民检察院认为立案理由不能成立的，应当通知公安机关撤销案件。

第二十九条 人民检察院发现公安机关在办理经济犯罪案件过程中适用另案处理存在违法或者不当的，可以向公安机关提出书面纠正意见或者检察建议。公安机关应当认真审查,并将结果及时反馈人民检察院。没有采纳的,应当说明理由。

第三十条　依照本规定,报经省级以上公安机关负责人批准立案侦查或者继续侦查的案件,撤销案件时应当经原审批的省级以上公安机关负责人批准。

人民检察院通知撤销案件的,应当立即撤销案件,并报告原审批的省级以上公安机关。

112.3.3　黑社会性质组织犯罪案件的立案程序

★《最高人民法院、最高人民检察院、公安部、司法部关于办理黑社会性质组织犯罪案件若干问题的规定》(公通字〔2012〕45 号,2012 年 9 月 11 日)

第五条　公安机关对涉嫌黑社会性质组织犯罪的线索,应当及时进行审查。审查过程中,可以采取询问、查询、勘验、检查、鉴定、辨认、调取证据材料等必要的调查活动,但不得采取强制措施,不得查封、扣押、冻结财产。

立案前的审查阶段获取的证据材料经查证属实的,可以作为证据使用。

公安机关因侦查黑社会性质组织犯罪的需要,根据国家有关规定,经过严格的批准手续,对一些重大犯罪线索立案后可以采取技术侦查等秘密侦查措施。

第六条　公安机关经过审查,认为有黑社会性质组织犯罪事实需要追究刑事责任,且属于自己管辖的,经县级以上公安机关负责人批准,予以立案,同时报上级公安机关备案。

112.3.4　醉酒驾驶机动车犯罪案件的立案标准

★《公安部关于公安机关办理醉酒驾驶机动车犯罪案件的指导意见》(公交管〔2011〕190 号,2011 年 9 月 19 日)

8. 从严掌握立案标准。经检验驾驶人血液酒精含量达到醉酒驾驶机动车标准的,一律以涉嫌危险驾驶罪立案侦查;未达到醉酒驾驶机动车标准的,按照道路交通安全法有关规定给予行政处罚。当事人被查获后,为逃避法律追究,在呼气酒精测试或者提取血样前又饮酒,经检验其血液酒精含量达到醉酒驾驶机动车标准的,应当立案侦查。当事人经呼气酒精测试达到醉酒驾驶机动车标准,在提取血样前脱逃的,应当以呼气酒精含量为依据立案侦查。

★《最高人民法院、最高人民检察院、公安部、司法部关于办理醉酒危险驾驶刑事案件的意见》(高检发办字〔2023〕187 号,2023 年 12 月 13 日)

第四条　在道路上驾驶机动车,经呼气酒精含量检测,显示血液酒精含量达到 80 毫克/100 毫升以上的,公安机关应当依照刑事诉讼法和本意见的规定决定是否立案。对情节显著轻微、危害不大,不认为是犯罪的,不予立案。

公安机关应当及时提取犯罪嫌疑人血液样本送检。认定犯罪嫌疑人是否醉酒,主要以血液酒精含量鉴定意见作为依据。

犯罪嫌疑人经呼气酒精含量检测,显示血液酒精含量达到 80 毫克/100 毫升以上,在提取血液样本前脱逃或者找人顶替的,可以以呼气酒精含量检测结果作为认定其醉酒的依据。

犯罪嫌疑人在公安机关依法检查时或者发生道路交通事故后,为逃避法律追究,在呼气酒精含量检测或者提取血液样本前故意饮酒的,可以以查获后血液酒精含量鉴定意见作为认定其醉酒的依据。

112. 3. 5　网络犯罪案件的初查程序

★《最高人民法院、最高人民检察院、公安部关于办理信息网络犯罪案件适用刑事诉讼程序若干问题的意见》(法发〔2022〕23 号,2022 年 8 月 26 日)

11. 公安机关对接受的案件或者发现的犯罪线索,在审查中发现案件事实或者线索不明,需要经过调查才能够确认是否达到刑事立案标准的,经公安机关办案部门负责人批准,可以进行调查核实;经过调查核实达到刑事立案标准的,应当及时立案。

12. 调查核实过程中,可以采取询问、查询、勘验、检查、鉴定、调取证据材料等不限制被调查对象人身、财产权利的措施,不得对被调查对象采取强制措施,不得查封、扣押、冻结被调查对象的财产,不得采取技术侦查措施。

13. 公安机关在调查核实过程中依法收集的电子数据等材料,可以根据有关规定作为证据使用。

调查核实过程中收集的材料作为证据使用的,应当随案移送,并附批准调查核实的相关材料。

调查核实过程中收集的证据材料经查证属实,且收集程序符合有关要求的,可以作为定案依据。

112. 3. 6　侦查机关对案件线索的审查核实

★《公安规定》(2020)

第一百七十四条　对接受的案件,或者发现的犯罪线索,公安机关应当迅速进行审查。发现案件事实或者线索不明的,必要时,经办案部门负责人批准,可以进行调查核实。

调查核实过程中,公安机关可以依照有关法律和规定采取询问、查询、勘验、鉴定和调取证据材料等不限制被调查对象人身、财产权利的措施。但是,不得对被调查对象采取强制措施,不得查封、扣押、冻结被调查对象的财产,不得采取技术侦查措施。

【重点解读】①

调查核实阶段尚未立案,不得采取强制措施。调查核实可以采取询问、查询勘验、鉴定和调取证据材料等不限制被调查对象人身、财产权利的措施,不得对人身、物品采取强制性措施及其他立案后才能采取的侦查措施,包括不得对被调查对象采取拘留、逮捕等强制措施,不得查封、扣押、冻结被调查对象的财产,不得采取技术侦查措施。

★《国安规定》(2024)

第一百九十六条　国家安全机关对行政机关、其他侦查机关移送的犯罪案件线索或者犯罪嫌疑人,应当依照本规定第一百九十一条、第一百九十二条和第一百九十三条的规定,办理相关受案手续。

第一百九十七条　国家安全机关对接受的案件,或者发现的案件线索,应当迅速进行审查。

对于在审查中发现案件事实或者线索不明的,必要时,经国家安全机关负责人批准,可以进行调查核实。

调查核实过程中,国家安全机关可以依照有关法律和规定采取不限制被调查对象人身、财产权利的措施。

---

① 参见孙茂利主编书,第 416—418 页。

112.3.7 公安机关对自诉案件的处理

★《公安规定》(2020)

第一百七十六条 经过审查,对告诉才处理的案件,公安机关应当告知当事人向人民法院起诉。

对被害人有证据证明的轻微刑事案件,公安机关应当告知被害人可以向人民法院起诉;被害人要求公安机关处理的,公安机关应当依法受理。

人民法院审理自诉案件,依法调取公安机关已经收集的案件材料和有关证据的,公安机关应当及时移交。

112.3.8 公安机关对行政案件的处理

★《公安规定》(2020)

第一百七十七条 经过审查,对于不够刑事处罚需要给予行政处理的,依法予以处理或者移送有关部门。

【重点解读】①

公安机关经过审查,发现被控告人的行为不构成犯罪,但需要给予行政处理,且属于自己管辖的,应当依照法律规定给予行为人行政处理;不属于自己管辖的,应当移送有管辖权的部门。属于公安机关管辖的行政案件主要有治安违法案件、交通管理违法案件、消防违法案件、出入境管理违法案件、信息网络安全违法案件等。暂时无法确定为刑事案件或者行政案件的,可以按照办理行政案件的程序办理;在办理过程中认为涉嫌构成犯罪的,按照办理刑事案件的程序办理。

★《国安规定》(2024)

第一百九十九条 经过审查,对于不够刑事处罚需要给予行政处理的,依法予以处理或者移送有关部门。

112.3.9 侦查机关立案与不立案的情形

★《公安规定》(2020)

第一百七十八条 公安机关接受案件后,经审查,认为有犯罪事实需要追究刑事责任,且属于自己管辖的,经县级以上公安机关负责人批准,予以立案;认为没有犯罪事实,或者犯罪事实显著轻微不需要追究刑事责任,或者具有其他依法不追究刑事责任情形的,经县级以上公安机关负责人批准,不予立案。

对有控告人的案件,决定不予立案的,公安机关应当制作不予立案通知书,并在三日以内送达控告人。

决定不予立案后又发现新的事实或者证据,或者发现原认定事实错误,需要追究刑事责任的,应当及时立案处理。

★《国安规定》(2024)

第二百条 国家安全机关对于接受的案件,或者发现的案件线索,经过审查,认为有犯罪事实,需要追究刑事责任,且属于自己管辖的,应当经国家安全机关负责人批准,制作立案决定书,予以立案;认为没有犯罪事实,或者犯罪事实显著轻微不需要追究刑事责任,或者具有其他依法不追究刑事责任情形的,经国家安全机关负责人批准,不予立案,并制作不立案通知书,书面通知移送案件的机关或者控告人。

决定不予立案后又发现新的事实或者证据,或者发现原认定事实错误,需要追究刑事责任的,应当及时立案处理。

---

① 参见孙茂利主编书,第426—428页。

112.3.10 侦查机关不予立案的救济程序

★《公安规定》(2020)

第一百七十九条 控告人对不予立案决定不服的,可以在收到不予立案通知书后七日以内向作出决定的公安机关申请复议;公安机关应当在收到复议申请后三十日以内作出决定,并将决定书送达控告人。

控告人对不予立案的复议决定不服的,可以在收到复议决定书后七日以内向上一级公安机关申请复核;上一级公安机关应当在收到复核申请后三十日以内作出决定。对上级公安机关撤销不予立案决定的,下级公安机关应当执行。

案情重大、复杂的,公安机关可以延长复议、复核时限,但是延长时限不得超过三十日,并书面告知申请人。

★《国安规定》(2024)

第二百零一条 控告人对不予立案决定不服的,可以在收到不予立案通知书后七日以内向作出决定的国家安全机关申请复议;国家安全机关应当在收到复议申请后三十日以内作出决定,并将决定书送达控告人。控告人对不予立案的复议决定不服的,可以在收到复议决定书后七日以内向上一级国家安全机关申请复核;上一级国家安全机关应当在收到复核申请后三十日以内作出决定。对上级国家安全机关撤销不予立案决定的,下级国家安全机关应当执行。案情重大、复杂的,国家安全机关可以延长复议、复核时限,但是延长时限不得超过三十日,并书面告知申请人。

移送案件的行政执法机关对不予立案决定不服的,可以在收到不予立案通知书后三日以内向作出决定的国家安全机关申请复议;国家安全机关应当在收到行政执法机关的复议申请后三日以内作出决定,并书面通知移送案件的行政执法机关。

112.3.11 行政执法机关移送案件的审查与复议

★《公安规定》(2020)

第一百八十条 对行政执法机关移送的案件,公安机关应当自接受案件之日起三日以内进行审查,认为有犯罪事实,需要追究刑事责任,依法决定立案的,应当书面通知移送案件的行政执法机关;认为没有犯罪事实,或者犯罪事实显著轻微,不需要追究刑事责任,依法不予立案的,应当说明理由,并将不予立案通知书送达移送案件的行政执法机关,相应退回案件材料。

公安机关认为行政执法机关移送的案件材料不全的,应当在接受案件后二十四小时以内通知移送案件的行政执法机关在三日以内补正,但不得以材料不全为由不接受移送案件。

公安机关认为行政执法机关移送的案件不属于公安机关职责范围的,应当书面通知移送案件的行政执法机关向其他主管机关移送案件,并说明理由。

第一百八十一条 移送案件的行政执法机关对不予立案决定不服的,可以在收到不予立案通知书后三日以内向作出决定的公安机关申请复议;公安机关应当在收到行政执法机关的复议申请后三日以内作出决定,并书面通知移送案件的行政执法机关。

★《国安规定》(2024)

第一百九十六条 国家安全机关对行政机关、其他侦查机关移送的犯罪案件线索或者犯罪嫌疑人,应当依照本规定第一百九十一条、第一百九十二条和第一百九十三条的规定，办理相关受案手续。

第二百零一条　控告人对不予立案决定不服的，可以在收到不予立案通知书后七日以内向作出决定的国家安全机关申请复议；国家安全机关应当在收到复议申请后三十日以内作出决定，并将决定书送达控告人。控告人对不予立案的复议决定不服的，可以在收到复议决定书后七日以内向上一级国家安全机关申请复核；上一级国家安全机关应当在收到复核申请后三十日以内作出决定。对上级国家安全机关撤销不予立案决定的，下级国家安全机关应当执行。案情重大、复杂的，国家安全机关可以延长复议、复核时限，但是延长时限不得超过三十日，并书面告知申请人。

移送案件的行政执法机关对不予立案决定不服的，可以在收到不予立案通知书后三日以内向作出决定的国家安全机关申请复议；国家安全机关应当在收到行政执法机关的复议申请后三日以内作出决定，并书面通知移送案件的行政执法机关。

112.3.12　变更管辖或并案侦查的案件移送程序

★《公安规定》(2020)

第一百八十四条　经立案侦查，认为有犯罪事实需要追究刑事责任，但不属于自己管辖或者需要由其他公安机关并案侦查的案件，经县级以上公安机关负责人批准，制作移送案件通知书，移送有管辖权的机关或者并案侦查的公安机关，并在移送案件后三日以内书面通知扭送人、报案人、控告人、举报人或者移送案件的行政执法机关；犯罪嫌疑人已经到案的，应当依照本规定的有关规定通知其家属。

第一百八十五条　案件变更管辖或者移送其他公安机关并案侦查时，与案件有关的法律文书、证据、财物及其孳息等应当随案移交。

移交时，由接收人、移交人当面查点清楚，并在交接单据上共同签名。

【重点解读】①

变更管辖包括两种情况：一是公安机关内部不同地区或者不同级别之间变更管辖；二是公安机关将属于人民检察院、人民法院、国家安全机关、监狱或者军队保卫部门管辖的案件移交出去。

并案侦查包括四种情形：一是一人犯数罪的案件；二是共同实施的犯罪，指共同故意实施的犯罪行为，包括共同的犯罪嫌疑人有分工时实施的不同行为，如帮助后的实行行为等；三是共同犯罪的部分犯罪嫌疑人实施共同犯罪以外的其他犯罪；四是数个案件之间存在重大关联，并案处理有利于查明犯罪事实的案件。

★《国安规定》(2024)

第二百零四条　经立案侦查，认为有犯罪事实需要追究刑事责任，但不属于自己管辖或者需要由其他国家安全机关并案侦查的案件，经国家安全机关负责人批准，制作移送案件通知书，移送有管辖权的机关或者并案侦查的国家安全机关，并在移送案件后三日以内书面通知扭送人、报案人、控告人、举报人或者移送案件的机关；犯罪嫌疑人已经到案的，应当依照本规定的有关规定

① 参见孙茂利主编书，第426—428页。

通知其家属。

第二百零五条　案件变更管辖或者移送其他国家安全机关并案侦查时，与案件有关的法律文书、证据、财物及其孳息应当随案移交。

移交时，由接收人、移交人当面查点清楚，并在交接单据上共同签名。

112.3.13　刑事案件如实立案的要求

★《公安部关于刑事案件如实立案的通知》（公通字〔2000〕40 号，2000 年 5 月 9 日）

一、各地公安机关的刑警队、派出所、110 报警服务台等部门对于公民扭送、报案、控告、举报或者犯罪嫌疑人自首的，都应当立即给予认真的接待，无条件接受，如实登记。

二、接受案件的民警应当向扭送人、报案人、控告人、举报人（以下统称报案人）问明案件的有关情况，制作询问笔录，同时填写《接受案件回执单》（式样附后）一式四份，一份由受案单位存档，一份报主管部门（由县、市级公安机关根据本地实际情况明确主管部门），一份交给案件主办部门，一份交报案人收执。回执中必须填明受案单位名称、受案民警姓名以及相关电话号码，以便报案人了解立案情况，监督受案单位的工作进展情况。

《接受案件回执单》由地、市公安机关按公安部制定的样式统一印制、统一编号；由县、市公安机关回执主管部门集中管理，统一发放各受案单位。报案人及其家属凭《接受案件回执单》，可以通过电话或直接到接受案件的公安机关查询该案是否立案或者是否已移送审查起诉的情况。受案单位与办案单位不一致时，受案单位应把办案单位的地址、电话告知报案人，以便报案人查询。接受查询的民警在不泄露国家秘密和侦查秘密以及不妨碍侦查工作正常进行的前提下，要如实、耐心地予以答复。

三、对不够立案标准而不予立案的，有控告人的案件，主办案件的单位，应当依法通知控告人，并告知其如不服，可以申请复议；有其他报案人的案件，应告知报案人，并做好解释说明工作。各级办案部门还可将立案情况采用公告栏形式向社会公布，有条件的地方可将信息输入微机，实行电脑管理，并向社会公布查询电话号码，及时接受报案人的查询。

四、对不够立案标准的，也要及时开展调查，并将调查处理结果告知当事人。盗窃、个人诈骗和抢夺公私财物的案件的立案标准仍按《公安部关于修改盗窃案件统计办法的通知》（公发〔1992〕12 号）中规定的标准执行。各地不得擅自提高立案标准。

五、各受案单位应按时上报客观真实的受案、立案数据，统计部门要及时准确客观真实地向上级部门填报受案、立案数据。任何单位、个人均不得干涉、干扰如实立案和统计上报工作。

六、案件侦破后，破案的部门要对犯罪嫌疑人供认的案件逐一倒查，看是否有《接受案件登记表》、《接受案件回执单》（存根）、《立案报告表》等原始记录。并将倒查情况及时报告主管领导。

七、公安机关的纪检、监察、督察、法制以及主管领导要对基层立案情况进行明查暗访，特别是对那些破案率不正常和群众投诉较多的单位，要作为检查重点，及时发现和纠正立案及统计上报等环节存在的问题。

八、110报警服务台对群众反映公安机关刑警队、派出所等单位不立案的投诉，应认真登记并及时转交相关单位处理。

112.3.14　公安机关刑事复议、复核案件的办理程序

★《公安机关办理刑事复议复核案件程序规定》（公安部令第133号，2014年9月13日）

第六条　在办理刑事案件过程中，下列相关人员可以依法向作出决定的公安机关提出刑事复议申请：

（一）对驳回申请回避决定不服的，当事人及其法定代理人、诉讼代理人、辩护律师可以提出；

（二）对没收保证金决定不服的，被取保候审人或者其法定代理人可以提出；

（三）保证人对罚款决定不服的，其本人可以提出；

（四）对不予立案决定不服的，控告人可以提出；

（五）移送案件的行政机关对不予立案决定不服的，该行政机关可以提出。

第七条　刑事复议申请人对公安机关就本规定第六条第二至四项决定作出的刑事复议决定不服的，可以向其上一级公安机关提出刑事复核申请。

第八条　申请刑事复议、复核应当在《公安机关办理刑事案件程序规定》规定的期限内提出，因不可抗力或者其他正当理由不能在法定期限内提出的，应当在障碍消除后五个工作日以内提交相应证明材料。经刑事复议、复核机构认定的，耽误的时间不计算在法定申请期限内。

前款规定中的“其他正当理由”包括：

（一）因严重疾病不能在法定申请期限内申请刑事复议、复核的；

（二）无行为能力人或者限制行为能力人的法定代理人在法定申请期限内不能确定的；

（三）法人或者其他组织合并、分立或者终止，承受其权利的法人或者其他组织在法定申请期限内不能确定的；

（四）刑事复议、复核机构认定的其他正当理由。

第九条　申请刑事复议，应当书面申请，但情况紧急或者申请人不便提出书面申请的，可以口头申请。

申请刑事复核，应当书面申请。

第十条　书面申请刑事复议、复核的，应当向刑事复议、复核机构提交刑事复议、复核申请书，载明下列内容：

（一）申请人及其代理人的姓名、性别、出生年月日、工作单位、住所、联系方式；法人或者其他组织的名称、地址、法定代表人或者主要负责人的姓名、职务、住所、联系方式；

（二）作出决定或者复议决定的公安机关名称；

（三）刑事复议、复核请求；

（四）申请刑事复议、复核的事实和理由；

（五）申请刑事复议、复核的日期。

刑事复议、复核申请书应当由申请人签名或者捺指印。

第十一条　申请人口头申请刑事复议的，刑事复议机构工作人员应当按照本规定第十条规定的事项，当场制作

刑事复议申请记录，经申请人核对或者向申请人宣读并确认无误后，由申请人签名或者捺指印。

第十二条　申请刑事复议、复核时，申请人应当提交下列材料：

（一）原决定书、通知书的复印件；

（二）申请刑事复核的还应当提交复议决定书复印件；

（三）申请人的身份证明复印件；

（四）诉讼代理人提出申请的，还应当提供当事人的委托书；

（五）辩护律师提出申请的，还应当提供律师执业证书复印件、律师事务所证明和委托书或者法律援助公函等材料；

（六）申请人自行收集的相关事实、证据材料。

第十三条　刑事复议、复核机构开展下列工作时，办案人员不得少于二人：

（一）接受口头刑事复议申请的；

（二）向有关组织和人员调查情况的；

（三）听取申请人和相关人员意见的。

刑事复议机构参与审核原决定的人员，不得担任刑事复议案件的办案人员。

113　立案监督

113.1　法条规定

第一百一十三条　人民检察院认为公安机关对应当立案侦查的案件而不立案侦查的，或者被害人认为公安机关对应当立案侦查的案件而不立案侦查，向人民检察院提出的，人民检察院应当要求公安机关说明不立案的理由。人民检察院认为公安机关不立案理由不能成立的，应当通知公安机关立案，公安机关接到通知后应当立案。

【立法释义】①

本条规定明确了人民检察院对公安机关进行立案监督的程序，是1996年刑事诉讼法修改新增的规定，旨在解决公安机关应当立案而不立案，违法立案，被害人以及公众告状无门等问题。2010年，最高人民检察院、公安部出台《关于刑事立案监督有关问题的规定（试行）》，规范立案监督的具体程序。关于立案监督，应当关注以下事项：

第一，立案监督的情形。人民检察院对公安机关的立案实行监督，主要包括两种情形：一是人民检察院通过受理报案、控告、举报等材料，经审查认为公安机关对应当立案的案件没有立案侦查。“应当立案”，是指现有材料表明“有犯罪事实需要追究刑事责任”，符合本法规定的立案条件。二是被害人认为公安机关对应当立案侦查的案件而不立案侦查，向人民检察院提出意见，要求追究行为人的刑事责任。

第二，立案监督的程序。关于人民检察院对公安机关不立案情形进行监督的程序，“六部门”《关于实施刑事诉讼法若干问题的规定》第十八条作出了规定。本条中的“认为”不立案理由不能成立，是指人民检察院经过审查报案、控告、举报材料，以及公安机关的不立案理由，基于本法规定，认定不立案

---

① 参见王爱立主编书，第250—251页。

理由不符合刑事诉讼法规定的“没有犯罪事实,或者犯罪事实显著轻微,不需要追究刑事责任”的不立案条件。人民检察院关于不立案理由不能成立的法律认定,应当具有相应的事实和法律依据。在此基础上,人民检察院应当通知公安机关立案。“通知”是硬性的法律监督要求,并不是一般的法律监督建议。

113.2 司法解释

113.2.1 检察机关立案监督的线索来源

★《检察院规则》(2019)

第五百五十七条 被害人及其法定代理人、近亲属或者行政执法机关,认为公安机关对其控告或者移送的案件应当立案侦查而不立案侦查,或者当事人认为公安机关不应当立案而立案,向人民检察院提出的,人民检察院应当受理并进行审查。

人民检察院发现公安机关可能存在应当立案侦查而不立案侦查情形的,应当依法进行审查。

人民检察院接到控告、举报或者发现行政执法机关不移送涉嫌犯罪案件的,经检察长批准,应当向行政执法机关提出检察意见,要求其按照管辖规定向公安机关移送涉嫌犯罪案件。

113.2.2 公安机关说明理由及审查处理

★《检察院规则》(2019)

第五百五十八条 人民检察院负责控告申诉检察的部门受理对公安机关应当立案而不立案或者不应当立案而立案的控告、申诉,应当根据事实、法律进行审查。认为需要公安机关说明不立案或者立案理由的,应当及时将案件移送负责捕诉的部门办理;认为公安机关立案或者不立案决定正确的,应当制作相关法律文书,答复控告人、申诉人。

第五百五十九条 人民检察院经审查,认为需要公安机关说明不立案理由的,应当要求公安机关书面说明不立案的理由。

对于有证据证明公安机关可能存在违法动用刑事手段插手民事、经济纠纷,或者利用立案实施报复陷害、敲诈勒索以及谋取其他非法利益等违法立案情形,尚未提请批准逮捕或者移送起诉的,人民检察院应当要求公安机关书面说明立案理由。

第五百六十条 人民检察院要求公安机关说明不立案或者立案理由,应当书面通知公安机关,并且告知公安机关在收到通知后七日以内,书面说明不立案或者立案的情况、依据和理由,连同有关证据材料回复人民检察院。

第五百六十一条 公安机关说明不立案或者立案的理由后,人民检察院应当进行审查。认为公安机关不立案或者立案理由不能成立的,经检察长决定,应当通知公安机关立案或者撤销案件。

人民检察院认为公安机关不立案或者立案理由成立的,应当在十日以内将不立案或者立案的依据和理由告知被害人及其法定代理人、近亲属或者行政执法机关。

【重点解读】①

检察机关要求公安机关说明理由,包括说明不立案的理由和说明立案的

① 参见童建明、万春主编释义书,第585—586页。

理由。这既是公安机关对立案或者不立案决定进行申辩的机会，也是审查公安机关立案或不立案决定是否正确的必然要求；只有在充分听取公安机关立案与否意见的基础上，才能正确地作出监督决定。

113.2.3　规定期限内未作立案决定的监督

★《检察院规则》(2019)

第五百六十二条　公安机关对当事人的报案、控告、举报或者行政执法机关移送的涉嫌犯罪案件受理后未在规定期限内作出是否立案决定，当事人或者行政执法机关向人民检察院提出的，人民检察院应当受理并进行审查。经审查，认为尚未超过规定期限的，应当移送公安机关处理，并答复报案人、控告人、举报人或者行政执法机关；认为超过规定期限的，应当要求公安机关在七日以内书面说明逾期不作出是否立案决定的理由，连同有关证据材料回复人民检察院。公安机关在七日以内不说明理由也不作出立案或者不立案决定的，人民检察院应当提出纠正意见。人民检察院经审查有关证据材料认为符合立案条件的，应当通知公安机关立案。

113.2.4　对公安机关立案或撤案的通知与监督

★《最高人民法院、最高人民检察院、公安部、国家安全部、司法部、全国人大常委会法制工作委员会关于实施刑事诉讼法若干问题的规定》(2012年12月26日)

18. 刑事诉讼法第一百一十一条①规定："人民检察院认为公安机关对应当立案侦查的案件而不立案侦查的，或者被害人认为公安机关对应当立案侦查的案件而不立案侦查，向人民检察院提出的，人民检察院应当要求公安机关说明不立案的理由。人民检察院认为公安机关不立案理由不能成立的，应当通知公安机关立案，公安机关接到通知后应当立案。"根据上述规定，公安机关收到人民检察院要求说明不立案理由通知书后，应当在七日内将说明情况书面答复人民检察院。人民检察院认为公安机关不立案理由不能成立，发出通知立案书时，应当将有关证明应当立案的材料同时移送公安机关。公安机关收到通知立案书后，应当在十五日内决定立案，并将立案决定书送达人民检察院。

★《检察院规则》(2019)

第五百六十三条　人民检察院通知公安机关立案或者撤销案件，应当制作通知立案书或者通知撤销案件书，说明依据和理由，连同证据材料送达公安机关，并且告知公安机关应当在收到通知立案书后十五日以内立案，对通知撤销案件书没有异议的应当立即撤销案件，并将立案决定书或者撤销案件决定书及时送达人民检察院。

第五百六十四条　人民检察院通知公安机关立案或者撤销案件的，应当依法对执行情况进行监督。

公安机关在收到通知立案书或者通知撤销案件书后超过十五日不予立案或者未要求复议、提请复核也不撤销案件的，人民检察院应当发出纠正违法通知书。公安机关仍不纠正的，报上一级人民检察院协商同级公安机关处理。

① 2018年刑事诉讼法第一百一十三条。

公安机关立案后三个月以内未侦查终结的，人民检察院可以向公安机关发出立案监督案件催办函，要求公安机关及时向人民检察院反馈侦查工作进展情况。

★《最高人民检察院关于"人民检察院发出〈通知立案书〉时，应当将有关证明应该立案的材料移送公安机关"问题的批复》(高检发释字〔1998〕3号，1998年5月12日)

人民检察院向公安机关发出《通知立案书》时，应当将有关证明应该立案的材料同时移送公安机关。以上"有关证明应该立案的材料"主要是指被害人的控告材料，或者是检察机关在审查举报、审查批捕、审查起诉过程中发现的材料。人民检察院在立案监督中，不得进行侦查，但可以对通知公安机关立案所依据的有关材料，进行必要的调查核实。

113.2.5　被通知撤案的公安机关的救济

★《检察院规则》(2019)

第五百六十五条　公安机关认为人民检察院撤销案件通知有错误，要求同级人民检察院复议的，人民检察院应当重新审查。在收到要求复议意见书和案卷材料后七日以内作出是否变更的决定，并通知公安机关。

公安机关不接受人民检察院复议决定，提请上一级人民检察院复核的，上级人民检察院应当在收到提请复核意见书和案卷材料后十五日以内作出是否变更的决定，通知下级人民检察院和公安机关执行。

上级人民检察院复核认为撤销案件通知有错误的，下级人民检察院应当立即纠正；上级人民检察院复核认为撤销案件通知正确的，应当作出复核决定并送达下级公安机关。

113.2.6　对检察机关侦查部门的立案监督

★《检察院规则》(2019)

第五百六十六条　人民检察院负责捕诉的部门发现本院负责侦查的部门对应当立案侦查的案件不立案侦查或者对不应当立案侦查的案件立案侦查的，应当建议负责侦查的部门立案侦查或者撤销案件。建议不被采纳的，应当报请检察长决定。

【重点解读】①

人民检察院立案侦查的案件，主要是指司法工作人员利用职权实施的侵犯公民权利、损害司法公正的犯罪案件，此类案件严重影响了人民群众对司法公正和司法权威的信赖。因此，对检察机关自侦的案件同样不能放松监督要求，仍然要履行对负责侦查的部门进行立案监督的职责。加强检察机关内部各部门之间的相互监督与制约，是诉讼程序公正的重要保障机制，这对于及时发现检察机关在执法中存在的问题，避免错误程序的延续，最大限度上保障当事人的合法权益，具有重要意义。

113.3　规范性文件

113.3.1　刑事立案监督的工作指引

★《最高人民检察院、公安部关于刑事立案监督有关问题的规定(试行)》(高检会〔2010〕5号，2010年7月26日)

第三条　公安机关对于接受的案

---

①　参见童建明、万春主编释义书，第593页。

件或者发现的犯罪线索，应当及时进行审查，依照法律和有关规定作出立案或者不予立案的决定。

公安机关与人民检察院应当建立刑事案件信息通报制度，定期相互通报刑事发案、报案、立案、破案和刑事立案监督、侦查活动监督、批捕、起诉等情况，重大案件随时通报。有条件的地方，应当建立刑事案件信息共享平台。

第四条　被害人及其法定代理人、近亲属或者行政执法机关，认为公安机关对其控告或者移送的案件应当立案侦查而不立案侦查，向人民检察院提出的，人民检察院应当受理并进行审查。

人民检察院发现公安机关可能存在应当立案侦查而不立案侦查情形的，应当依法进行审查。

第五条　人民检察院对于公安机关应当立案侦查而不立案侦查的线索进行审查后，应当根据不同情况分别作出处理：

（一）没有犯罪事实发生，或者犯罪情节显著轻微不需要追究刑事责任，或者具有其他依法不追究刑事责任情形的，及时答复投诉人或者行政执法机关；

（二）不属于被投诉的公安机关管辖的，应当将有管辖权的机关告知投诉人或者行政执法机关，并建议向该机关控告或者移送；

（三）公安机关尚未作出不予立案决定的，移送公安机关处理；

（四）有犯罪事实需要追究刑事责任，属于被投诉的公安机关管辖，且公安机关已作出不立案决定的，经检察长批准，应当要求公安机关书面说明不立案理由。

第六条　人民检察院对于不服公安机关立案决定的投诉，可以移送立案的公安机关处理。

人民检察院经审查，有证据证明公安机关可能存在违法动用刑事手段插手民事、经济纠纷，或者办案人员利用立案实施报复陷害、敲诈勒索以及谋取其他非法利益等违法立案情形，且已采取刑事拘留等强制措施或者搜查、扣押、冻结等强制性侦查措施，尚未提请批准逮捕或者移送审查起诉的，经检察长批准，应当要求公安机关书面说明立案理由。

第七条　人民检察院要求公安机关说明不立案或者立案理由，应当制作《要求说明不立案理由通知书》或者《要求说明立案理由通知书》，及时送达公安机关。

公安机关应当在收到《要求说明不立案理由通知书》或者《要求说明立案理由通知书》后七日以内作出书面说明，客观反映不立案或者立案的情况、依据和理由，连同有关证据材料复印件回复人民检察院。公安机关主动立案或者撤销案件的，应当将《立案决定书》或者《撤销案件决定书》复印件及时送达人民检察院。

第八条　人民检察院经调查核实，认为公安机关不立案或者立案理由不成立的，经检察长或者检察委员会决定，应当通知公安机关立案或者撤销案件。

人民检察院开展调查核实，可以询问办案人员和有关当事人，查阅、复印公安机关刑事受案、立案、破案等登记表册和立案、不立案、撤销案件、治安处罚、劳动教养等相关法律文书及案卷材料，公安机关应当配合。

第九条　人民检察院通知公安机

关立案或者撤销案件的，应当制作《通知立案书》或者《通知撤销案件书》，说明依据和理由，连同证据材料移送公安机关。

公安机关应当在收到《通知立案书》后十五日以内决定立案，对《通知撤销案件书》没有异议的应当立即撤销案件，并将《立案决定书》或者《撤销案件决定书》复印件及时送达人民检察院。

第十条　公安机关认为人民检察院撤销案件通知有错误的，应当在五日以内经县级以上公安机关负责人批准，要求同级人民检察院复议。人民检察院应当重新审查，在收到《要求复议意见书》和案卷材料后七日以内作出是否变更的决定，并通知公安机关。

公安机关不接受人民检察院复议决定的，应当在五日以内经县级以上公安机关负责人批准，提请上一级人民检察院复核。上级人民检察院应当在收到《提请复核意见书》和案卷材料后十五日以内作出是否变更的决定，通知下级人民检察院和公安机关执行。

上级人民检察院复核认为撤销案件通知有错误的，下级人民检察院应当立即纠正；上级人民检察院复核认为撤销案件通知正确的，下级公安机关应当立即撤销案件，并将《撤销案件决定书》复印件及时送达同级人民检察院。

第十一条　公安机关对人民检察院监督立案的案件应当及时侦查。犯罪嫌疑人在逃的，应当加大追捕力度；符合逮捕条件的，应当及时提请人民检察院批准逮捕；侦查终结需要追究刑事责任的，应当及时移送人民检察院审查起诉。

监督立案后三个月未侦查终结的，人民检察院可以发出《立案监督案件催办函》，公安机关应当及时向人民检察院反馈侦查进展情况。

第十二条　人民检察院在立案监督过程中，发现侦查人员涉嫌徇私舞弊等违法违纪行为的，应当移交有关部门处理；涉嫌职务犯罪的，依法立案侦查。

第十三条　公安机关在提请批准逮捕、移送审查起诉时，应当将人民检察院刑事立案监督法律文书和相关材料随案移送。人民检察院在审查逮捕、审查起诉时，应当及时录入刑事立案监督信息。

★《最高人民检察院、公安部关于健全完善侦查监督与协作配合机制的意见》（高检发〔2021〕13 号，2021 年 10 月 31 日）

（一）健全完善监督制约机制

1. 依法履行监督职责。人民检察院要依法开展立案监督、侦查活动监督工作，及时发现和纠正应当立案而不立案、不应当立案而立案、长期“挂案”和以刑事手段插手经济纠纷等违法情形；及时发现和纠正刑讯逼供、非法取证等侦查违法行为，从源头上防范冤假错案发生；规范强制措施和侦查手段适用，切实保障人权。

2. 规范开展监督工作。人民检察院要严格按照法律规定开展立案监督、侦查活动监督工作，坚决防止不应当监督而监督、应当监督而未监督、不当升格或者降格监督等情况发生。开展监督工作过程中，不得干涉侦查人员依法办案，不得干扰和妨碍侦查活动正常进行。

3. 切实保障监督效果。人民检察院接到报案、控告、举报或者工作中发现监督线索,需要进行调查核实的,应当及时通知公安机关,公安机关应当予以支持配合。人民检察院在调查核实过程中,应当加强与公安机关沟通,充分听取办案人员意见。经依法调查核实后,需要监督纠正的,应当及时向公安机关提出监督意见、检察建议。公安机关对人民检察院提出的监督意见和检察建议,应当及时纠正整改并将纠正整改情况通知或回复人民检察院。

4. 加强内外监督衔接。人民检察院、公安机关应当建立刑事案件侦查监督与执法监督相衔接机制,强化对侦查活动内外部监督的衔接配合,推动检察机关法律监督与公安机关执法监督有机贯通、相互协调。必要时,人民检察院、公安机关可以联合就不批捕不起诉案件开展案件质量评查,针对同时涉及公安机关和人民检察院办案、监督工作的突出问题开展专项检查、监督。

5. 规范落实制约机制。公安机关对人民检察院的不批捕不起诉决定、立案监督意见、纠正侦查违法等监督意见有异议的,可以依据法律规定要求说明理由或者要求复议、提请复核、申请复查,人民检察院应当认真审查并及时回复或者作出决定。人民检察院在审查过程中应当加强与公安机关的沟通,必要时,可以以联席会议等形式充分听取办案人员意见。经复议、复核、复查认为原监督意见确有错误的,应当及时将变更决定通知公安机关或及时撤销原纠正意见。

113. 3. 2　经济犯罪案件的立案监督

★《最高人民检察院、公安部关于公安机关办理经济犯罪案件的若干规定》(公通字〔2017〕25 号,2017 年 11 月 24 日)

第二十七条　对报案、控告、举报、移送的经济犯罪案件,公安机关作出不予立案决定、撤销案件决定或者逾期未作出是否立案决定有异议的,报案人、控告人、举报人可以申请人民检察院进行立案监督,移送案件的行政执法机关可以建议人民检察院进行立案监督。

人民检察院认为需要公安机关说明不予立案、撤销案件或者逾期未作出是否立案决定的理由的,应当要求公安机关在七日以内说明理由。公安机关应当书面说明理由,连同有关证据材料回复人民检察院。人民检察院认为不予立案或者撤销案件的理由不能成立的,应当通知公安机关立案。人民检察院要求公安机关说明逾期未作出是否立案决定的理由后,公安机关在七日以内既不说明理由又不作出是否立案的决定的,人民检察院应当发出纠正违法通知书予以纠正,经审查案件有关证据材料,认为符合立案条件的,应当通知公安机关立案。

第二十八条　犯罪嫌疑人及其法定代理人、近亲属或者辩护律师对公安机关立案提出异议的,公安机关应当及时受理、认真核查。

有证据证明公安机关可能存在违法介入经济纠纷,或者利用立案实施报复陷害、敲诈勒索以及谋取其他非法利益等违法立案情形的,人民检察院应当要求公安机关书面说明立案的理由。公安机关应当在七日以内书面说明立案的依据和理由,连同有关证据材料回复人民检察院。人民检察院认为立案理由不能成立的,应当通知公安机关撤销案件。

第二十九条　人民检察院发现公安机关在办理经济犯罪案件过程中适用另案处理存在违法或者不当的，可以向公安机关提出书面纠正意见或者检察建议。公安机关应当认真审查，并将结果及时反馈人民检察院。没有采纳的，应当说明理由。

第三十条　依照本规定，报经省级以上公安机关负责人批准立案侦查或者继续侦查的案件，撤销案件时应当经原审批的省级以上公安机关负责人批准。

人民检察院通知撤销案件的，应当立即撤销案件，并报告原审批的省级以上公安机关。

113.3.3　公安机关接受立案监督的反馈

★《公安规定》(2020)

第一百八十二条　对人民检察院要求说明不立案理由的案件，公安机关应当在收到通知书后七日以内，对不立案的情况、依据和理由作出书面说明，回复人民检察院。公安机关作出立案决定的，应当将立案决定书复印件送达人民检察院。

人民检察院通知公安机关立案的，公安机关应当在收到通知书后十五日以内立案，并将立案决定书复印件送达人民检察院。

第一百八十三条　人民检察院认为公安机关不应当立案而立案，提出纠正意见的，公安机关应当进行调查核实，并将有关情况回复人民检察院。

★《国安规定》(2024)

第二百零二条　人民检察院要求国家安全机关说明不立案理由的，国家安全机关应当在收到人民检察院法律文书之日起七日以内，制作不立案理由说明书，说明不立案的情况、依据和理由，回复人民检察院。国家安全机关作出立案决定的，应当将立案决定书复印件送达人民检察院。

人民检察院通知国家安全机关予以立案的，国家安全机关应当在收到立案通知后十五日以内立案，并将立案决定书复印件送达人民检察院。

第二百零三条　人民检察院认为国家安全机关不应当立案而立案，提出纠正意见的，国家安全机关应当进行调查核实，并将有关情况回复人民检察院。

113.4　指导与参考案例

113.4.1　刑民交叉案件的立案监督

【最高人民检察院指导性案例】

[检例第213号]尹某某等人诈骗立案监督案

办案要旨：对于刑民交叉案件，被害人以涉嫌刑事犯罪向公安机关举报，公安机关不予立案的，人民检察院应当区分情形开展立案监督工作。对确有犯罪嫌疑的监督线索，应当依法充分运用各种手段调查核实。对于重大复杂监督立案案件，应当加强与公安机关的协作配合，持续跟踪督促，对证据收集、事实认定、案件定性等提出意见建议。

113.4.2　拒不执行判决、裁定案件的立案监督

【最高人民检察院指导性案例】

[检例第214号]郭某甲、林某甲拒不执行判决、裁定立案监督案

办案要旨：对情节严重的拒不执行判决、裁定的被执行人，人民检察院要充分履行法律监督职责，加强线索移送、监督立案、批捕起诉工作，依法及时追究刑事责任。在开展民事执行活动

监督工作中，要注意发现、移送涉嫌拒不执行判决、裁定犯罪线索。对转移财产型拒不执行判决、裁定案件，要综合采取询问、查询、勘验、委托鉴定、调取证据材料等手段进行调查核实，查明被执行人是否存在隐藏、转移财产等行为，高质效开展立案监督。要综合运用检察建议、纠正违法、线索移送等手段，推动“执行难”问题的社会治理。

114　自诉案件的受理

114.1　法条规定

第一百一十四条　对于自诉案件，被害人有权向人民法院直接起诉。被害人死亡或者丧失行为能力的，被害人的法定代理人、近亲属有权向人民法院起诉。人民法院应当依法受理。

【立法释义】①

本条规定明确了自诉案件的起诉和受理程序，是 1996 年刑事诉讼法修改增加的程序，体现了对被害人诉讼权利的法律保护。人民法院应当保障自诉案件被害人诉权的行使，及时受理被害人提起诉讼的案件。对于被害人死亡或者丧失行为能力的，其法定代理人、近亲属有直接向人民法院起诉的权利。人民法院对被害方提起的诉讼，经审查属于自诉案件范围的，应当依法受理；经审查不属于本法规定的自诉案件范围，应当按照本法规定的管辖范围，移送公安机关或人民检察院按照公诉案件处理，并告知被害人或者其法定代理人、近亲属。

114.2　指导与参考案例

114.2.1　故意杀人案件提起自诉的情形

【刑事审判参考案例】

［第 523 号］陈金权故意杀人案

裁判要旨：本案系故意杀人案件，属重大刑事案件，通常情况下应由公安机关立案侦查，按照公诉程序进行处理，但本案中重庆市人民检察院第三分院已对被告人陈金权作出不起诉决定，被害人近亲属侯泽棉、毛贤英有证据证明对被告人侵犯被害人生命权的行为应当依法追究刑事责任，故本案符合“公诉转自诉”案件的条件，被害人近亲属可以直接向人民法院起诉，人民法院应当受理，因此，重庆市第三中级人民法院对本案作为自诉案件予以受理是正确的。

现行法律并无关于自诉案件中的证据必须由自诉人自行依法收集的限制性规定，收集证据的主体既可以是自诉人本人也可以是侦查机关、公诉机关，只要符合“合法性、客观性、关联性”标准即可作为证据使用。

114.2.2　开庭后发现系自诉案件的处理

【刑事审判参考案例】

［第 558 号］李富盗窃案

裁判要旨：被告人李富以非法占有为目的，拒不退还其保管的数额较大的他人财物的行为不构成盗窃罪，其行为性质属于侵占行为。侵占案件系告诉才处理的案件，因此，法院是否以侵占罪追究李富的刑事责任，取决于本案被害单

① 参见王爱立主编书，第 251—252 页。

位黄河公司是否向法院提起告诉。本案中，公诉机关指控被告人李富犯罪的事实清楚，证据确实、充分，但由于李富的行为属于侵占行为，侵占案系自诉案件，而本案被害方并不存在受强制、威吓无法告诉的情况，因此，公诉机关不具备起诉主体资格，无权对本案提起公诉。至案发时止，被害方黄河公司尚未向法院提起自诉，法院不能根据公诉机关指控的事实，直接改变指控罪名，作出李富犯侵占罪的有罪判决。公诉机关发现指控的犯罪系自诉案件后，要求撤回起诉的，法院依法可以裁定准许。

114.2.3　对罪证不足的自诉直接驳回起诉

【刑事审判参考案例】

［第 561 号］姚乃君等非法行医案

裁判要旨：刑事自诉案件立案后，对罪证不足的，法院可不经开庭审理直接驳回自诉人的起诉。自诉案件的庭前审查程序具有实质性内容，其审查结果不仅可以成为决定是否开庭审理的条件，也可直接导致驳回起诉。如果自诉人提交的控诉证据达不到确实、充分的程度，且不能补充证据的，经说服自诉人撤诉无效后，法院可不经开庭审理直接驳回起诉。

114.2.4　涉众型自诉案件的合并审理

【刑事审判参考案例】

［第 573 号］刘珍水侵占案

裁判要旨：法律对自诉案件规定了有别于公诉案件的处理程序，对于多名自诉人起诉同一被告人的情形，合并审理能够有效保证自诉案件的社会效果，例如自诉人在审理中可以撤回自诉或者进行和解，各自诉人之间可以共同与被告人沟通，从而有效解决自诉案件中所有的诉讼程序问题，实现实体公正和诉讼。

第二章　侦　　查

第一节　一般规定

115　侦查职责

115.1　法条规定

第一百一十五条　公安机关对已经立案的刑事案件，应当进行侦查，收集、调取犯罪嫌疑人有罪或者无罪、罪轻或者罪重的证据材料。对现行犯或者重大嫌疑分子可以依法先行拘留，对符合逮捕条件的犯罪嫌疑人，应当依法逮捕。

【立法释义】①

本条规定明确了公安机关的法定侦查责任，是1996年刑事诉讼法修改增加的规定。

第一，侦查取证职责。为从源头上减少疑罪情形，公安机关开展侦查，除履行全面取证义务外，还应当坚持及时取证、依法取证等要求。及时取证，是指公安机关在立案后立即开展现场勘查、询问证人等取证措施，防止证据污染、改变或者灭失。依法取证，是指公安机关应当按照法定程序收集证据，避免违法取证和证据瑕疵。除公安机关外，人民检察院等机关也承担了特定类型案件的侦查取证职责，参见《检察院规则》等专门规定。此外，监察法规定了监察机关的调查职权，与公安机关的侦查职权一起，形成刑事诉讼并行的事实调查体系。

第二，禁止有罪推定。公安机关侦查犯罪，应当严格依照法律规定的条件和程序采取强制措施和侦查措施，严禁在没有证据的情况下，仅凭怀疑就对犯罪嫌疑人采取强制措施和侦查措施。

115.2　相关立法

115.2.1　监察机关行使调查职权

★《中华人民共和国监察法》(2024年12月25日修正)

第十八条　监察机关行使监督、调查职权，有权依法向有关单位和个人了解情况，收集、调取证据。有关单位和个人应当如实提供。

监察机关及其工作人员对监督、调查过程中知悉的国家秘密、工作秘密、商业秘密、个人隐私和个人信息，应当保密。

任何单位和个人不得伪造、隐匿或者毁灭证据。

【立法释义】②

“国家秘密”，是指关系国家安全和利益，依照法定程序确定，在一定时间内只限一定范围人员知悉的事项；“商业秘密”，是指不为公众所知悉，能为权利人带来经济利益，具有实用性并经权利人采取保密措施的技术信息和经营信息；“个人隐私”，是指个人生活中不愿公开或者不愿为他人知悉的秘密。

---

① 参见王爱立主编书，第253—254页。

② 参见法规室编写释义书，第123—125页。

115.3　司法解释

115.3.1　检察机关自侦案件的侦查职责

★《检察院规则》(2019)

第一百七十六条　人民检察院办理直接受理侦查的案件,应当全面、客观地收集、调取犯罪嫌疑人有罪或者无罪、罪轻或者罪重的证据材料,并依法进行审查、核实。办案过程中必须重证据,重调查研究,不轻信口供。严禁刑讯逼供和以威胁、引诱、欺骗以及其他非法方法收集证据,不得强迫任何人证实自己有罪。

第一百七十七条　人民检察院办理直接受理侦查的案件,应当保障犯罪嫌疑人和其他诉讼参与人依法享有的辩护权和其他各项诉讼权利。

第一百七十八条　人民检察院办理直接受理侦查的案件,应当严格依照刑事诉讼法规定的程序,严格遵守刑事案件办案期限的规定,依法提请批准逮捕、移送起诉、不起诉或者撤销案件。

对犯罪嫌疑人采取强制措施,应当经检察长批准。

第一百七十九条　人民检察院办理直接受理侦查的案件,应当对侦查过程中知悉的国家秘密、商业秘密及个人隐私予以保密。

第一百八十条　办理案件的人民检察院需要派员到本辖区以外进行搜查,调取物证、书证等证据材料,或者查封、扣押财物和文件的,应当持相关法律文书和证明文件等与当地人民检察院联系,当地人民检察院应当予以协助。

需要到本辖区以外调取证据材料的,必要时,可以向证据所在地的人民检察院发函调取证据。调取证据的函件应当注明具体的取证对象、地址和内容。证据所在地的人民检察院应当在收到函件后一个月以内将取证结果送达办理案件的人民检察院。

被请求协助的人民检察院有异议的,可以与办理案件的人民检察院进行协商。必要时,报请共同的上级人民检察院决定。

第一百八十一条　人民检察院对于直接受理案件的侦查,可以适用刑事诉讼法第二编第二章规定的各项侦查措施。

刑事诉讼法规定进行侦查活动需要制作笔录的,应当制作笔录。必要时,可以对相关活动进行录音、录像。

115.4　规范性文件

115.4.1　公安机关的侦查职责

★《公安规定》(2020)

第一百九十一条　公安机关对已经立案的刑事案件,应当及时进行侦查,全面、客观地收集、调取犯罪嫌疑人有罪或者无罪、罪轻或者罪重的证据材料。

第一百九十二条　公安机关经过侦查,对有证据证明有犯罪事实的案件,应当进行预审,对收集、调取的证据材料的真实性、合法性、关联性及证明力予以审查、核实。

第一百九十三条　公安机关侦查犯罪,应当严格依照法律规定的条件和程序采取强制措施和侦查措施,严禁在没有证据的情况下,仅凭怀疑就对犯罪嫌疑人采取强制措施和侦查措施。

第一百九十四条　公安机关开展勘验、检查、搜查、辨认、查封、扣押等侦查活动,应当邀请有关公民作为见证人。

下列人员不得担任侦查活动的见

证人：

（一）生理上、精神上有缺陷或者年幼，不具有相应辨别能力或者不能正确表达的人；

（二）与案件有利害关系，可能影响案件公正处理的人；

（三）公安机关的工作人员或者其聘用的人员。

确因客观原因无法由符合条件的人员担任见证人的，应当对有关侦查活动进行全程录音录像，并在笔录中注明有关情况。

第一百九十五条 公安机关侦查犯罪，涉及国家秘密、商业秘密、个人隐私的，应当保密。

【重点解读】①

公安机关制作的侦查取证文书是否有见证人签名，对于证据的真实性、合法性具有重要意义，是人民法院对证据进行审查的重要内容。因此，公安机关开展勘验、检查、搜查、辨认、查封、扣押等侦查活动时，应当邀请有关公民作为见证人。

115.4.2 国家安全机关的侦查职责

★《国安规定》（2024）

第二百一十一条 国家安全机关对已经立案的刑事案件，应当进行侦查，全面、客观地收集、调取犯罪嫌疑人有罪或者无罪、罪轻或者罪重的证据材料。

第二百一十二条 国家安全机关经过侦查，对有证据证明有犯罪事实的案件，应当进行预审，对收集、调取的证据材料的真实性、合法性、关联性及证明力予以审查。

第二百一十三条 国家安全机关侦查犯罪，应当严格依照法律规定的条件和程序采取强制措施和侦查措施，严禁在没有证据的情况下，仅凭怀疑就对犯罪嫌疑人采取强制措施和侦查措施。

国家安全机关依法查封、扣押、冻结涉案财物，应当为犯罪嫌疑人及其所扶养的亲属保留必需的生活费用和物品，减少对涉案单位正常办公、生产、经营等活动的影响。严禁在立案之前查封、扣押、冻结财物，不得查封、扣押、冻结与案件无关的财物。对查封、扣押、冻结的财物，应当及时进行审查。能够保证侦查活动正常进行的，可以允许有关当事人继续合理使用有关涉案财物，但应当采取必要的保值、保管措施。

第二百一十四条 国家安全机关开展勘验、检查、搜查、辨认、查封、扣押等侦查活动，应当邀请有关公民作为见证人。

下列人员不得担任侦查活动的见证人：

（一）生理上、精神上有缺陷或者年幼，不具有相应辨别能力或者不能正确表达的人；

（二）与案件有利害关系，可能影响案件公正处理的人；

（三）国家安全机关的工作人员或者其聘用的人员。

确因客观原因无法由符合条件的人员担任见证人的，应当对有关侦查活动进行全程录音录像，并在笔录中注明有关情况。

第二百一十五条 国家安全机关侦查犯罪，涉及国家秘密、工作秘密、商业秘密和个人隐私、个人信息的，应当保密。

---

① 参见孙茂利主编书，第462—463页。

115.4.3　公安机关与检察机关的协作配合

★《最高人民检察院、公安部关于健全完善侦查监督与协作配合机制的意见》（高检发〔2021〕13 号，2021 年 10 月 31 日）

（二）健全完善协作配合机制

1. 重大疑难案件听取意见机制。公安机关办理重大、疑难案件，可以商请人民检察院派员通过审查证据材料等方式，就案件定性、证据收集、法律适用等提出意见建议。

对于人民检察院派员审查提出意见的案件，公安机关应当全面介绍案件情况，提供相关文书和证据材料，及时向检察机关通报案件侦查进展情况，配合人民检察院的审查工作；根据人民检察院提出的意见建议，进一步收集、固定证据，完善证据体系；对人民检察院提出的证据瑕疵或取证、强制措施适用违反规定程序等确实存在的问题，应当及时进行补正、纠正。人民检察院应当指派具有丰富刑事法律实务经验的检察官对重大疑难案件审查提出意见建议，就公安机关开展侦查取证等工作提出的意见建议应当必要、明确、可行。

办理社会关注度高、敏感性强的刑事案件时，人民检察院、公安机关应当落实刑事案件应急处置协调机制要求，共同做好依法办理、舆论引导和社会面管控工作。

2. 建立联合督办机制。对于重大、疑难案件，必要时可由上级人民检察院和公安机关联合挂牌督办。承办案件的人民检察院和公安机关应当严格按照督办要求，做好案件办理工作，在案件办理关键节点和取得重大进展时应当及时报告。

3. 加强办案衔接配合。人民检察院、公安机关要加强刑事侦查与审查逮捕、审查起诉等诉讼环节的衔接配合，统一执法司法理念标准。对于公安机关移送的案件，人民检察院应当依法及时接收。对于违反相关规定拒不收卷的，公安机关可以提请负责办理案件的人民检察院或者其上级人民检察院纠正。人民检察院在审查逮捕、审查起诉过程中，应当加强与公安机关的沟通，认为需要补充侦查、拟作不批准逮捕或者不起诉决定的，应当充分听取办案人员意见，加强不批捕不起诉说理，规范制发必要、明确、可行的补充侦查文书。公安机关应当按照人民检察院补充侦查文书的要求及时、规范、有效开展补充侦查。人民检察院自行补充侦查、要求公安机关补充证据材料的，公安机关应当积极配合。庭审阶段，经人民检察院提请人民法院通知有关侦查人员出庭就证据收集的合法性说明情况的，侦查人员应当出庭。

4. 建立健全刑事案件统一对口衔接机制。公安机关要深化完善刑事案件法制部门统一审核、统一出口工作机制。向人民检察院提请批准逮捕、移送审查起诉、要求说明理由、要求复议、提请复核、申请复查等重要事项，由公安机关法制部门统一向人民检察院相关部门提出；人民检察院在审查批准逮捕、审查起诉、法律监督工作中需要与公安机关对接的事项，由公安机关法制部门统一接收与回复。人民检察院、公安机关应当加强沟通协调、理顺衔接流程、健全工作机制、形成工作合力，确保刑事诉讼活动依法、规范进行。

5. 建立业务研判通报制度。人民检察院、公安机关应当加强对刑事办案业务信息的研判、共享,建立健全业务信息、简报、通报的共享交换机制,定期或不定期互相通报交流各自部门就犯罪形势、刑事立案、强制措施适用、类案办理、侦查监督等方面业务分析研判情况。

6. 建立完善联席会议制度。人民检察院和公安机关应当建立联席会议制度,定期或根据工作需要适时召开联席会议,共同分析研判执法办案中出现的新情况、新问题,加强对刑事案件特别是重大、疑难案件和新型案件的证据收集、法律适用、刑事政策等问题的研究,强化类案指导,必要时以制定会议纪要、指导意见等方式明确执法、司法标准;开展案件质量分析,梳理侦查活动和侦查监督、批捕起诉工作中存在的突出问题并分析原因,制定整改方案;分析研判一段时期内刑事案件规律、特点,研究专项打击、防范对策和措施,就专项活动相关事宜进行会商。

7. 共同提升业务能力。人民检察院和公安机关可以通过组织庭审观摩评议、开展联合调研、举办同堂培训、共同编发办案指引、典型案例和指导性案例等方式,统一更新执法监督理念标准,共同促进双方业务能力提升。

115.4.4　海警机构与检察机关的协作配合

★**《最高人民检察院、中国海警局关于健全完善侦查监督与协作配合机制的指导意见》**(高检发办字〔2023〕71号,2023年6月2日)

三、健全完善协作配合机制

10. 海警机构办理重大、疑难案件,可以商请检察机关派员,通过审查证据材料、参与案件讨论等方式,就案件定性、证据收集、法律适用等提出意见建议。

海警机构应当向检察机关指派人员全面介绍案件情况,提供相关文书和证据材料,及时通报案件侦查进展,根据检察机关提出的意见建议,进一步收集、固定证据,完善证据体系;存在证据瑕疵或取证、强制措施适用违反规定程序等问题的,应当及时补正纠正。

11. 人民检察院在审查案件过程中,认为需要补充侦查或者依法作出不批准逮捕或者不起诉决定的,应当加强说理,制发补充侦查文书,提出明确、具体、可行的补充侦查意见。海警机构应当按照检察机关补充侦查文书的要求及时、有效开展补充侦查。人民检察院在审查起诉阶段自行补充侦查、要求海警机构补充证据材料的,海警机构应当积极配合。庭审阶段,侦查人员应当依法出庭,配合人民检察院做好取证合法性证明工作。

12. 对发生在出海渔民之间的故意伤害、侵财类案件,双方当事人在侦查环节已达成和解协议,海警机构提出从宽处理建议的,人民检察院在作出审查逮捕、审查起诉决定时应当充分考虑海警机构的建议。对侦查阶段达成的和解协议,经审查符合法律规定,且当事人未提出异议的,人民检察院应当认定和解协议有效。双方当事人和解系自愿、合法且已履行或者提供担保,不采取逮捕措施不致发生社会危险性的,人民检察院可以依法不批准逮捕,或者建议海警机构不提请批准逮捕。

13. 人民检察院和海警机构可以

通过组织庭审观摩评议、开展联合调研、举办同堂培训、类案指导、共同编发办案指引、典型案例等方式，统一执法司法理念和标准。双方建立联席会议机制，研究解决工作中遇到的重大问题，共同提高案件办理质效。

14. 海警机构在行政执法和刑事侦查过程中发现海洋生态环境和渔业资源领域涉及损害国家利益、社会公共利益的线索，应当及时移送人民检察院。对于破坏海洋生态环境资源犯罪案件，人民检察院可以提起刑事附带民事公益诉讼。

四、健全完善信息共享机制

15. 海警机构应当及时向人民检察院提供刑事案件受案、立案、破案、撤案等执法信息。人民检察院应当向海警机构及时提供检察建议、纠正违法、立案监督、追捕追诉等数据和情况。人民检察院、海警机构应当加强信息化建设，逐步实现案件信息跨部门网上实时共享。

16. 检察人员、海警执法人员获取、使用相关数据信息应当保护信息安全，严格依照权限查询、使用信息，对违法泄露案件信息的，依法追究相关责任。人民检察院、海警机构应当加强数据分类分级保护，强化数据授权提取、使用机制，建立数据查询审批和记录制度。

116　预审职能

116.1　法条规定

第一百一十六条　公安机关经过侦查，对有证据证明有犯罪事实的案件，应当进行预审，对收集、调取的证据材料予以核实。

【立法释义】①

本条规定明确了公安机关的预审职能，是 1996 年刑事诉讼法修改增加的规定。预审是侦查的重要环节。预审部门通过讯问犯罪嫌疑人、核实证据，有助于发现其他犯罪线索及潜在证据，解决证据存在的风险和问题，从源头上确保案件质量。20 世纪 90 年代，公安机关进行刑侦体制改革，实行“侦审合一”模式。为提高侦查效率，一些地方公安机关取消了预审部门，或者由法制部门履行预审职责。但从法律规定看，预审是法定程序，不能随意取消。无论是保留预审部门，还是由法制部门等负责预审工作，公安机关都应当在侦查阶段进行预审，健全侦查程序的内部审查把关机制。

116.2　规范性文件

116.2.1　侦查机关的预审职能

★《公安规定》(2020)

第一百九十二条　公安机关经过侦查，对有证据证明有犯罪事实的案件，应当进行预审，对收集、调取的证据材料的真实性、合法性及证明力予以审查、核实。

★《国安规定》(2024)

第二百一十二条　国家安全机关经过侦查，对有证据证明有犯罪事实的案件，应当进行预审，对收集、调取的证据材料的真实性、合法性、关联性及证明力予以审查。

① 参见王爱立主编书，第 254—255 页。

117 对违法诉讼行为的申诉、控告

117.1 法条规定

第一百一十七条 当事人和辩护人、诉讼代理人、利害关系人对于司法机关及其工作人员有下列行为之一的,有权向该机关申诉或者控告:

(一)采取强制措施法定期限届满,不予以释放、解除或者变更的;

(二)应当退还取保候审保证金不退还的;

(三)对与案件无关的财物采取查封、扣押、冻结措施的;

(四)应当解除查封、扣押、冻结不解除的;

(五)贪污、挪用、私分、调换、违反规定使用查封、扣押、冻结的财物的。

受理申诉或者控告的机关应当及时处理。对处理不服的,可以向同级人民检察院申诉;人民检察院直接受理的案件,可以向上一级人民检察院申诉。人民检察院对申诉应当及时进行审查,情况属实的,通知有关机关予以纠正。

【立法释义】①

本条规定明确了当事人和辩护人、诉讼代理人、利害关系人对违法诉讼行为申诉或者控告的权利,是2012年刑事诉讼法修改增加的规定。关于违法诉讼行为的申诉、控告,应当关注以下事项:

第一,申诉、控告权的主体和对象。申诉、控告权的主体包括当事人和辩护人、诉讼代理人、利害关系人。"利害关系人",主要是指与涉案财产存在利害关系的人员。申诉、控告权所涉的司法机关,包括刑事诉讼各阶段决定或者实施本条所列各项违法诉讼行为的机关。

申诉、控告所涉的违法诉讼行为,主要包括两类:一类涉及人身强制措施,包括采取强制措施法定期限届满,不予以释放、解除或者变更;应当退还取保候审保证金不退还。另一类涉及对物强制措施,包括对与案件无关的财物采取查封、扣押、冻结措施;应当解除查封、扣押、冻结不解除;贪污、挪用、私分、调换、违反规定使用查封、扣押、冻结的财物。对于其他违法诉讼行为,例如采用非法方法收集证据,羁押期限届满不解除或者变更强制措施等,当事人和辩护人、诉讼代理人、利害关系人也可以通过有关程序寻求司法救济。

第二,申诉或者控告的处理程序。当事人和辩护人、诉讼代理人、利害关系人可以选择向办案机关直接提出申诉或者控告。受理申诉或者控告的机关应当及时处理,参见《公安规定》第一百九十七条的规定。

117.2 司法解释

117.2.1 检察机关对诉讼活动的法律监督

★《检察院规则》(2019)

第五百五十一条 人民检察院对刑事诉讼活动实行法律监督,发现违法情形的,依法提出抗诉、纠正意见或者检察建议。

人民检察院对于涉嫌违法的事实,

① 参见王爱立主编书,第255—259页。

可以采取以下方式进行调查核实：

（一）讯问、询问犯罪嫌疑人；

（二）询问证人、被害人或者其他诉讼参与人；

（三）询问办案人员；

（四）询问在场人员或者其他可能知情的人员；

（五）听取申诉人或者控告人的意见；

（六）听取辩护人、值班律师意见；

（七）调取、查询、复制相关登记表册、法律文书、体检记录及案卷材料等；

（八）调取讯问笔录、询问笔录及相关录音、录像或其他视听资料；

（九）进行伤情、病情检查或者鉴定；

（十）其他调查核实方式。

人民检察院在调查核实过程中不得限制被调查对象的人身、财产权利。

第五百五十二条　人民检察院发现刑事诉讼活动中的违法行为，对于情节较轻的，由检察人员以口头方式提出纠正意见；对于情节较重的，经检察长决定，发出纠正违法通知书。对于带有普遍性的违法情形，经检察长决定，向相关机关提出检察建议。构成犯罪的，移送有关机关、部门依法追究刑事责任。

有申诉人、控告人的，调查核实和纠正违法情况应予告知。

第五百五十三条　人民检察院发出纠正违法通知书的，应当监督落实。被监督单位在纠正违法通知书规定的期限内没有回复纠正情况的，人民检察院应当督促回复。经督促被监督单位仍不回复或者没有正当理由不纠正的，人民检察院应当向上一级人民检察院报告。

第五百五十四条　被监督单位对纠正意见申请复查的，人民检察院应当在收到被监督单位的书面意见后七日以内进行复查，并将复查结果及时通知申请复查的单位。经过复查，认为纠正意见正确的，应当及时向上一级人民检察院报告；认为纠正意见错误的，应当及时予以撤销。

上一级人民检察院经审查，认为下级人民检察院纠正意见正确的，应当及时通报被监督单位的上级机关或者主管机关，并建议其督促被监督单位予以纠正；认为下级人民检察院纠正意见错误的，应当书面通知下级人民检察院予以撤销，下级人民检察院应当执行，并及时向被监督单位说明情况。

第五百五十五条　当事人和辩护人、诉讼代理人、利害关系人对于办案机关及其工作人员有刑事诉讼法第一百一十七条规定的行为，向该机关申诉或者控告，对该机关作出的处理不服或者该机关未在规定时间内作出答复，而向人民检察院申诉的，办案机关的同级人民检察院应当受理。

人民检察院直接受理侦查的案件，当事人和辩护人、诉讼代理人、利害关系人对办理案件的人民检察院的处理不服的，可以向上一级人民检察院申诉，上一级人民检察院应当受理。

未向办案机关申诉或者控告，或者办案机关在规定时间内尚未作出处理决定，直接向人民检察院申诉的，人民检察院应当告知其向办案机关申诉或者控告。人民检察院在审查逮捕、审查起诉中发现有刑事诉讼法第一百一十七规定的违法情形的，可以直接监督纠正。

当事人和辩护人、诉讼代理人、利

害关系人对刑事诉讼法第一百一十七条规定情形之外的违法行为提出申诉或者控告的，人民检察院应当受理，并及时审查，依法处理。

第五百五十六条　对人民检察院及其工作人员办理案件中违法行为的申诉、控告，由负责控告申诉检察的部门受理和审查办理。对其他司法机关处理决定不服向人民检察院提出的申诉，由负责控告申诉检察的部门受理后，移送相关办案部门审查办理。

审查办理的部门应当在受理之日起十五日以内提出审查意见。人民检察院对刑事诉讼法第一百一十七条的申诉，经审查认为需要其他司法机关说明理由的，应当要求有关机关说明理由，并在收到理由说明后十五日以内提出审查意见。

人民检察院及其工作人员办理案件中存在的违法情形属实的，应当予以纠正；不存在违法行为的，书面答复申诉人、控告人。

其他司法机关对申诉、控告的处理不正确的，人民检察院应当通知有关机关予以纠正；处理正确的，书面答复申诉人、控告人。

117.3　规范性文件

117.3.1　对侦查机关违法行为的申诉、控告及监督

★**《公安规定》**（2020）

第一百九十六条　当事人和辩护人、诉讼代理人、利害关系人对于公安机关及其侦查人员有下列行为之一的，有权向该机关申诉或者控告：

（一）采取强制措施法定期限届满，不予以释放、解除或者变更的；

（二）应当退还取保候审保证金不退还的；

（三）对与案件无关的财物采取查封、扣押、冻结措施的；

（四）应当解除查封、扣押、冻结不解除的；

（五）贪污、挪用、私分、调换、违反规定使用查封、扣押、冻结的财物的。

受理申诉或者控告的公安机关应当及时进行调查核实，并在收到申诉、控告之日起三十日以内作出处理决定，书面回复申诉人、控告人。发现公安机关及其侦查人员有上述行为之一的，应当立即纠正。

第一百九十七条　上级公安机关发现下级公安机关存在本规定第一百九十六条第一款规定的违法行为或者对申诉、控告事项不按照规定处理的，应当责令下级公安机关限期纠正，下级公安机关应当立即执行。必要时，上级公安机关可以就申诉、控告事项直接作出处理决定。

【重点解读】①

上级公安机关的对下监督，主要包括以下事项：一是发现下级公安机关在侦查活动中存在《公安规定》第一百九十六条第一款的违法行为；二是发现下级公安机关对申诉、控告事项不按规定处理，既包括下级公安机关不按规定受理、调查核查申诉、控告事项，不在规定时限内作出处理决定，不按规定回复申诉人、控告人，也包括不执行检察机关的纠正意见。

★**《国安规定》**（2024）

第二百一十六条　当事人和辩护

① 参见孙茂利主编书，第470页。

人、诉讼代理人、利害关系人对于国家安全机关及其侦查人员有下列行为之一的，有权向该机关申诉或者控告：

（一）采取强制措施法定期限届满，不予以释放、解除或者变更的；

（二）应当退还取保候审保证金不退还的；

（三）对与案件无关的财物采取查封、扣押、冻结措施的；

（四）应当解除查封、扣押、冻结不解除的；

（五）贪污、挪用、私分、调换、违反规定使用查封、扣押、冻结的财物的。

受理申诉或者控告的国家安全机关应当及时进行调查核实，并在收到申诉、控告之日起三十日以内作出处理决定，书面回复申诉人、控告人。发现国家安全机关及其侦查人员有上述行为之一的，应当立即纠正。

申诉人、控告人对处理决定不服的，可以向同级人民检察院申诉。人民检察院提出纠正意见，国家安全机关应当纠正并及时将处理情况回复人民检察院。

117.3.2　检察机关对海警机构的侦查监督

★《最高人民检察院、中国海警局关于健全完善侦查监督与协作配合机制的指导意见》（高检发办字〔2023〕71号，2023年6月2日）

二、健全完善监督制约机制

5. 人民检察院对海警机构的刑事侦查活动进行监督，重点监督纠正非法取证、违法采取强制措施或者强制措施法定期限届满不予释放、解除、变更，以及违法查封、扣押、冻结、处置涉案财物等情形。

6. 人民检察院对海警机构立案侦查的刑事案件，具有下列情形之一的，应当开展监督：

（一）对犯罪嫌疑人解除强制措施之日起十二个月以内，仍然不能移送起诉或者依法作出其他处理的；

（二）对犯罪嫌疑人未采取强制措施，自立案之日起二年以内，仍然不能移送起诉或者依法作出其他处理的。

人民检察院应当督促海警机构积极开展侦查并跟踪案件进度，具备法定条件的，应当要求海警机构尽快侦查终结。海警机构侦查终结移送起诉的，人民检察院应当依法审查处理；对于人民检察院违反规定拒绝收卷的，海警机构可以向其上一级人民检察院通报。

对于符合法定撤案情形的，人民检察院应当依法监督海警机构撤销案件。海警机构撤销案件后，对相关违法行为应当依法予以行政处罚或者移交有关部门处理。撤销案件后，又发现新的涉嫌犯罪事实或者证据，依法需要追究刑事责任的，海警机构应当重新立案侦查。

海警机构应当通过科学设置考核指标提升案件办理质效。

7. 人民检察院可以对海警机构办理治安管理处罚案件的行刑衔接情况进行监督，重点监督是否存在降格处理、以罚代刑、不当撤案等问题。对于已经涉嫌犯罪但未予刑事立案或者立案后又撤销刑事案件的，人民检察院经审查，要求海警机构说明不立案或者撤案依据和理由的，海警机构应当在七日以内书面说明理由，连同有关证据材料回复人民检察院。人民检察院认为不立案或者撤销案件理由不成立的，应当依法提出监督意见。

对于人民检察院决定不起诉并提出行政处罚检察意见的案件，海警机构应当依法处理，自收到检察意见书之日起两个月以内将处理结果或者办理情况书面回复人民检察院。因情况紧急需要立即处理的，人民检察院可以根据实际情况确定回复期限。

8. 人民检察院开展法律监督应当依法进行调查核实，主要方式包括：

（一）查阅台账、法律文书及工作文书，调阅卷宗及执法记录仪，查看、调取讯问同步录音录像；

（二）讯问、询问犯罪嫌疑人，询问证人、被害人或者其他诉讼参与人；

（三）询问办案人员；

（四）询问在场人员或者其他可能知情的人员；

（五）听取申诉人或者控告人意见；

（六）听取辩护人、值班律师意见；

（七）查看、了解刑事强制措施执行情况以及涉案财物查封、扣押、冻结、返还、处理情况；

（八）进行伤情、病情检查或者鉴定，查询、调取犯罪嫌疑人出入看守所身体检查记录；

（九）其他调查核实方式。

人民检察院开展调查核实，不得干预海警机构侦查人员依法办案，不得干扰和妨碍侦查活动正常进行。

人民检察院在调查核实过程中，应当加强与海警机构沟通，充分听取办案人员意见。经依法调查核实后，需要监督纠正的，应当及时向海警机构提出监督意见。海警机构对人民检察院提出的监督意见，应当依法及时将处理结果或者进展情况回复人民检察院。

9. 海警机构对人民检察院的不批准逮捕、不起诉决定以及立案监督、纠正侦查违法等监督意见有异议的，可以依据法律及相关规定要求说明理由或者要求复议、提请复核、申请复查，人民检察院应当认真审查并及时回复海警机构。人民检察院经复议、复核、复查，认为原决定或者监督意见有错误的，应当及时撤销。

117.4　指导与参考案例

117.4.1　非法取证的侦查监督

【最高人民检察院指导性案例】

［检例第215号］刘甲、刘乙恶势力犯罪集团侦查活动监督案

办案要旨：对指定居所监视居住期间的侦查活动，人民检察院应当依法加强监督，发现非法取证线索的，应当依法进行调查核实。对于非法获取的证据，经综合审查取证的方式、频次、后果等情节，认为达到使犯罪嫌疑人遭受难以忍受痛苦程度的，应当依法予以排除。非法证据排除后，需要进一步查清案件事实的，应当采取退回补充侦查、自行补充侦查等方式，补充完善证据链条。

117.4.2　认罪认罚案件的侦查监督

【最高人民检察院指导性案例】

［检例第216号］付某盗窃侦查活动监督案

办案要旨：人民检察院在案件办理中应当严格履行审查监督职责，即使是犯罪嫌疑人认罪认罚的轻微刑事案件，也要加强对侦查活动合法性的监督和认罪认罚自愿性的审查。坚持证据裁判原则，避免因虚假认罪认罚导致冤错案件发生。发现犯罪嫌疑人无罪、罪轻

证据线索的,应当坚持客观公正立场,自行或督促公安机关全面客观收集证据,综合审查认定案件事实。

117.4.3　诉讼全过程的侦查监督

【最高人民检察院指导性案例】

[检例第 217 号]曾某甲等人故意伤害纠正遗漏同案犯罪嫌疑人侦查监督案

办案要旨:人民检察院办理刑事案件,应当把履行侦查监督职责贯穿侦查、批捕、起诉、一审、二审等诉讼全过程。要对公安机关适用"另案处理"的情况加强审查监督,区分情形作出处理。发现"另案处理"的在逃犯罪嫌疑人线索的,及时移送并督促公安机关抓获犯罪嫌疑人,查清犯罪事实。对用于证明案件事实的证据,应当依法收集、固定,不得以《情况说明》替代。经审查发现公安机关以《情况说明》代替法定证据的,应当监督公安机关依法及时重新收集、固定。

第二节　讯问犯罪嫌疑人

118　讯问的主体和场所

118.1　法条规定

第一百一十八条　讯问犯罪嫌疑人必须由人民检察院或者公安机关的侦查人员负责进行。讯问的时候,侦查人员不得少于二人。

犯罪嫌疑人被送交看守所羁押以后,侦查人员对其进行讯问,应当在看守所内进行。

【立法释义】①

本条规定明确了讯问的主体和场所要求,是讯问程序的基本要素。本条第二款关于讯问场所的规定,是 2012 年刑事诉讼法修改增加的规定。关于讯问的主体和场所,应当关注以下事项:

第一,讯问主体。讯问犯罪嫌疑人的主体,应当是人民检察院或者公安机关的侦查人员。具体包括两项要求:一是单位资质。除人民检察院或者公安机关,其他任何单位(监察机关,以及依法授权的国家安全机关、军队保卫部门等除外),都无权对犯罪嫌疑人进行讯问。二是人员资质。除人民检察院或者公安机关负责本案讯问的侦查人员(即讯问人员)外,其他任何人员,包括人民检察院或者公安机关的其他工作人员,以及不负责本案讯问的其他侦查人员,都无权对犯罪嫌疑人进行讯问。

第二,羁押讯问的场所。根据本法规定,拘留、逮捕犯罪嫌疑人后,应当在法定时限内将犯罪嫌疑人送交看守所羁押。犯罪嫌疑人被送交看守所羁押以后,侦查人员对其进行讯问,应当在看守所内进行。

为严格执行这一规定,2013 年《中央政法委关于切实防止冤假错案的规定》第一条要求,讯问犯罪嫌疑人、被告人,除情况紧急必须现场讯问外,应当在规定的办案场所进行;侦查机关不得以起赃、辨认等为由将犯罪嫌疑人提出看守所外进行讯问。对于讯问之外的合理侦查需要,必要时可以押解犯罪嫌疑人出所。《检察院规则》第一百八十六条第二款规定,因辨认、鉴定、侦查实验或者追缴犯罪有关财物的需要,经检

① 参见王爱立主编书,第 256—258 页。

察长批准,可以提押犯罪嫌疑人出所,并应当由两名以上司法警察押解。不得以讯问为目的将犯罪嫌疑人提押出所进行讯问。

此外,2017 年“两高三部”《关于办理刑事案件严格排除非法证据若干问题的规定》第九条进一步要求,因客观原因侦查机关在看守所讯问室以外的场所进行讯问的,应当作出合理解释。该条所指的“客观原因”,主要是指犯罪嫌疑人因身患重病等原因,无法在看守所内继续羁押,为及时收集、核实犯罪嫌疑人供述,侦查机关在医院等场所进行紧急讯问。为避免此类紧急情形下讯问合法性面临争议,侦查机关应当对讯问过程录音录像,并在讯问笔录中写明具体原因。

118.2 相关立法

118.2.1 监察机关讯问被调查人

★《中华人民共和国监察法》(2024 年 12 月 25 日修正)

第十九条 对可能发生职务违法的监察对象,监察机关按照管理权限,可以直接或者委托有关机关、人员进行谈话,或者进行函询,要求说明情况。

第二十条 在调查过程中,对涉嫌职务违法的被调查人,监察机关可以进行谈话,要求其就涉嫌违法行为作出陈述,必要时向被调查人出具书面通知。

对涉嫌贪污贿赂、失职渎职等职务犯罪的被调查人,监察机关可以进行讯问,要求其如实供述涉嫌犯罪的情况。

【立法释义】①

监察机关对被要求陈述的被调查人,在必要时可以出具书面通知。这里的“书面通知”是具有法律效力的文书,主要是针对被调查人不按照监察机关口头要求进行陈述时,由监察机关对其出具书面通知,要求其作出陈述。如果被调查人此时仍然不按照要求作出陈述的,则应当追究其法律责任。

118.3 相关法规

118.3.1 提讯及押解程序

★《中华人民共和国看守所条例》(国务院令第 52 号,1990 年 3 月 17 日)

第十九条 公安机关、国家安全机关、人民检察院、人民法院提讯人犯时,必须持有提讯证或者提票。提讯人员不得少于二人。

不符合前款规定的,看守所应当拒绝提讯。

第二十条 提讯人员讯问人犯完毕,应当立即将人犯交给值班看守人员收押,并收回提讯证或者提票。

第二十一条 押解人员在押解人犯途中,必须严密看管,防止发生意外。对被押解的人犯,可以使用械具。

押解女性人犯,应当有女工作人员负责途中的生活管理。

118.4 司法解释

118.4.1 检察机关讯问的主体和场所

★《检察院规则》(2019)

第一百八十二条 讯问犯罪嫌疑人,由检察人员负责进行。讯问时,检察人员或者检察人员和书记员不得少于二人。

讯问同案的犯罪嫌疑人,应当个别进行。

---

① 参见法规室编写释义书,第 128—130 页。

第一百八十六条　犯罪嫌疑人被送交看守所羁押后，检察人员对其进行讯问，应当填写提讯、提解证，在看守所讯问室进行。

因辨认、鉴定、侦查实验或者追缴犯罪有关财物的需要，经检察长批准，可以提押犯罪嫌疑人出所，并应当由两名以上司法警察押解。不得以讯问为目的将犯罪嫌疑人提押出所进行讯问。

【重点解读】①

对于按法律规定送交看守所羁押的犯罪嫌疑人，包括被拘留、逮捕的犯罪嫌疑人，人民检察院需要讯问时，应当填写提讯、提解证，将犯罪嫌疑人提押到看守所的讯问室进行讯问，每提讯一次，填写一次。

118.5　规范性文件

118.5.1　审判中心改革对讯问的要求

★《最高人民法院、最高人民检察院、公安部、国家安全部、司法部关于推进以审判为中心的刑事诉讼制度改革的意见》（法发〔2016〕18号，2016年7月20日）

五、完善讯问制度，防止刑讯逼供，不得强迫任何人证实自己有罪。严格按照有关规定要求，在规范的讯问场所讯问犯罪嫌疑人。严格依照法律规定对讯问过程全程同步录音录像，逐步实行对所有案件的讯问过程全程同步录音录像。

探索建立重大案件侦查终结前对讯问合法性进行核查制度。对公安机关、国家安全机关和人民检察院侦查的重大案件，由人民检察院驻看守所检察人员询问犯罪嫌疑人，核查是否存在刑讯逼供、非法取证情形，并同步录音录像。经核查，确有刑讯逼供、非法取证情形的，侦查机关应当及时排除非法证据，不得作为提请批准逮捕、移送审查起诉的根据。

118.5.2　讯问犯罪嫌疑人的场所要求

★《最高人民法院、最高人民检察院、公安部、国家安全部、司法部关于办理刑事案件严格排除非法证据若干问题的规定》（法发〔2017〕15号，2017年6月20日）

第九条　拘留、逮捕犯罪嫌疑人后，应当按照法律规定送看守所羁押。犯罪嫌疑人被送交看守所羁押后，讯问应当在看守所讯问室进行。因客观原因侦查机关在看守所讯问室以外的场所进行讯问的，应当作出合理解释。

118.5.3　死刑案件的讯问程序规范

★《最高人民法院、最高人民检察院、公安部、司法部关于进一步严格依法办案确保办理死刑案件质量的意见》（法发〔2007〕11号，2007年3月9日）

11. 提讯在押的犯罪嫌疑人，应当在羁押犯罪嫌疑人的看守所内进行。严禁刑讯逼供或者以其他非法方法获取供述。讯问犯罪嫌疑人，在文字记录的同时，可以根据需要录音录像。

118.5.4　公安机关讯问犯罪嫌疑人的主体和场所

★《公安规定》（2020）

第一百九十八条　讯问犯罪嫌疑人，除下列情形以外，应当在公安机关执法办案场所的讯问室进行：

（一）紧急情况下在现场进行讯

---

① 参见童建明、万春主编释义书，第197页。

问的;

（二）对有严重伤病或者残疾、行动不便的，以及正在怀孕的犯罪嫌疑人，在其住处或者就诊的医疗机构进行讯问的。

对于已送交看守所羁押的犯罪嫌疑人，应当在看守所讯问室进行讯问。

对于正在被执行行政拘留、强制隔离戒毒的人员以及正在监狱服刑的罪犯，可以在其执行场所进行讯问。

对于不需要拘留、逮捕的犯罪嫌疑人，经办案部门负责人批准，可以传唤到犯罪嫌疑人所在市、县公安机关执法办案场所或者到他的住处进行讯问。

第二百零二条　讯问犯罪嫌疑人，必须由侦查人员进行。讯问的时候，侦查人员不得少于二人。

讯问同案的犯罪嫌疑人，应当个别进行。

★《国安规定》（2024）

第二百一十七条　讯问犯罪嫌疑人应当在讯问室进行。下列情形除外：

（一）紧急情况下在现场进行讯问的;

（二）对有严重伤病或者残疾、行动不便的，以及正在怀孕的犯罪嫌疑人，在其住处或者就诊的医疗机构进行讯问的。

对于已送交看守所羁押的犯罪嫌疑人，应当在看守所讯问室进行讯问。

对于正在被执行行政拘留、强制隔离戒毒的人员以及正在监狱服刑的罪犯，可以在其执行场所进行讯问。

对于不需要逮捕、拘留的犯罪嫌疑人，经办案部门负责人批准，可以传唤到犯罪嫌疑人所在市、县内的指定地点或者到他的住处进行讯问。

第二百二十一条　讯问犯罪嫌疑人，应当由国家安全机关侦查人员进行。讯问时，侦查人员不得少于二人。

讯问同案的犯罪嫌疑人，应当个别进行。

119　传唤、拘传的程序

119.1　法条规定

第一百一十九条　对不需要逮捕、拘留的犯罪嫌疑人，可以传唤到犯罪嫌疑人所在市、县内的指定地点或者到他的住处进行讯问，但是应当出示人民检察院或者公安机关的证明文件。对在现场发现的犯罪嫌疑人，经出示工作证件，可以口头传唤，但应当在讯问笔录中注明。

传唤、拘传持续的时间不得超过十二小时；案情特别重大、复杂，需要采取拘留、逮捕措施的，传唤、拘传持续的时间不得超过二十四小时。

不得以连续传唤、拘传的形式变相拘禁犯罪嫌疑人。传唤、拘传犯罪嫌疑人，应当保证犯罪嫌疑人的饮食和必要的休息时间。

【立法释义】①

本条规定明确了传唤、拘传的程序要求，2012 年刑事诉讼法修改增加了口头传唤程序，延长了特别重大、复杂案件传唤、拘传的时间，并要求保证犯罪嫌疑人的饮食和必要的休息时间。关于传唤、拘传，应当关注以下事项：

---

①　参见王爱立主编书，第 262—265 页。

第一，传唤讯问的程序。对于不需要逮捕、拘留的犯罪嫌疑人，可以通过传唤方式进行讯问。一是传唤讯问的地点。“指定地点”，主要是指犯罪嫌疑人所在市、县的公安局、派出所、基层组织及其所在单位等地点。二是出示证件的要求。“证明文件”，是指传唤犯罪嫌疑人使用的传唤证以及办案人员的工作证件。

第二，传唤、拘传的权利保障。一是不得以连续传唤、拘传的形式变相拘禁犯罪嫌疑人。二是传唤、拘传犯罪嫌疑人，应当保证犯罪嫌疑人的饮食和必要的休息时间。对于保证犯罪嫌疑人的饮食和必要的休息时间，应当在讯问笔录中写明。违反这一规定进行讯问，将影响诉讼行为和证据的合法性。

119.2　司法解释

119.2.1　检察机关传唤的程序

★**《检察院规则》**(2019)

第一百八十三条　对于不需要逮捕、拘留的犯罪嫌疑人，可以传唤到犯罪嫌疑人所在市、县内的指定地点或者到他的住处进行讯问。

传唤犯罪嫌疑人，应当出示传唤证和工作证件，并责令犯罪嫌疑人在传唤证上签名或者盖章，并捺指印。

犯罪嫌疑人到案后，应当由其在传唤证上填写到案时间。传唤结束时，应当由其在传唤证上填写传唤结束时间。拒绝填写的，应当在传唤证上注明。

对在现场发现的犯罪嫌疑人，经出示工作证件，可以口头传唤，并将传唤的原因和依据告知被传唤人。在讯问笔录中应当注明犯罪嫌疑人到案时间、到案经过和传唤结束时间。

本规则第八十四条第二款的规定适用于传唤犯罪嫌疑人。

第一百八十四条　传唤犯罪嫌疑人时，其家属在场的，应当当场将传唤的原因和处所口头告知其家属，并在讯问笔录中注明。其家属不在场的，应当及时将传唤的原因和处所通知被传唤人家属。无法通知的，应当在讯问笔录中注明。

第一百八十五条　传唤持续的时间不得超过十二小时。案情特别重大、复杂，需要采取拘留、逮捕措施的，传唤持续的时间不得超过二十四小时。两次传唤间隔的时间一般不得少于十二小时，不得以连续传唤的方式变相拘禁犯罪嫌疑人。

传唤犯罪嫌疑人，应当保证犯罪嫌疑人的饮食和必要的休息时间。

119.3　规范性文件

119.3.1　侦查机关传唤、拘传、讯问的程序

★**《公安规定》**(2020)

第一百九十八条　讯问犯罪嫌疑人，除下列情形以外，应当在公安机关执法办案场所的讯问室进行：

（一）紧急情况下在现场进行讯问的；

（二）对有严重伤病或者残疾、行动不便的，以及正在怀孕的犯罪嫌疑人，在其住处或者就诊的医疗机构进行讯问的。

对于已送交看守所羁押的犯罪嫌疑人，应当在看守所讯问室进行讯问。

对于正在被执行行政拘留、强制隔离戒毒的人员以及正在监狱服刑的罪犯，可以在其执行场所进行讯问。

对于不需要拘留、逮捕的犯罪嫌疑

人，经办案部门负责人批准，可以传唤到犯罪嫌疑人所在市、县公安机关执法办案场所或者到他的住处进行讯问。

第一百九十九条　传唤犯罪嫌疑人时，应当出示传唤证和侦查人员的人民警察证，并责令其在传唤证上签名、捺指印。

犯罪嫌疑人到案后，应当由其在传唤证上填写到案时间。传唤结束时，应当由其在传唤证上填写传唤结束时间。犯罪嫌疑人拒绝填写的，侦查人员应当在传唤证上注明。

对在现场发现的犯罪嫌疑人，侦查人员经出示人民警察证，可以口头传唤，并将传唤的原因和依据告知被传唤人。在讯问笔录中应当注明犯罪嫌疑人到案方式，并由犯罪嫌疑人注明到案时间和传唤结束时间。

对自动投案或者群众扭送到公安机关的犯罪嫌疑人，可以依法传唤。

第二百条　传唤持续的时间不得超过十二小时。案情特别重大、复杂，需要采取拘留、逮捕措施的，经办案部门负责人批准，传唤持续的时间不得超过二十四小时。不得以连续传唤的形式变相拘禁犯罪嫌疑人。

传唤期限届满，未作出采取其他强制措施决定的，应当立即结束传唤。

第二百零一条　传唤、拘传、讯问犯罪嫌疑人，应当保证犯罪嫌疑人的饮食和必要的休息时间，并记录在案。

★《国安规定》(2024)

第二百一十七条　讯问犯罪嫌疑人应当在讯问室进行。下列情形除外：

(一)紧急情况下在现场进行讯问的；

(二)对有严重伤病或者残疾、行动不便的，以及正在怀孕的犯罪嫌疑人，在其住处或者就诊的医疗机构进行讯问的。

对于已送交看守所羁押的犯罪嫌疑人，应当在看守所讯问室进行讯问。

对于正在被执行行政拘留、强制隔离戒毒的人员以及正在监狱服刑的罪犯，可以在其执行场所进行讯问。

对于不需要逮捕、拘留的犯罪嫌疑人，经办案部门负责人批准，可以传唤到犯罪嫌疑人所在市、县内的指定地点或者到他的住处进行讯问。

第二百一十八条　传唤犯罪嫌疑人时，应当出示传唤证和人民警察证或者侦察证，责令其在传唤证上签名、捺指印。

犯罪嫌疑人到案后，应当由其在传唤证上填写到案时间。传唤结束后，应当责令其在传唤证上填写传唤结束时间。

对于在现场发现的犯罪嫌疑人，侦查人员经出示人民警察证或者侦察证，可以口头传唤，并将传唤的原因和依据告知被传唤人。讯问笔录中应当注明犯罪嫌疑人到案经过，并由犯罪嫌疑人注明到案时间和传唤结束时间。

对自动投案或者群众扭送到国家安全机关的犯罪嫌疑人，可以依法传唤。

第二百一十九条　传唤持续的时间从犯罪嫌疑人到案时开始计算，不得超过十二小时；案情特别重大、复杂，需要采取拘留、逮捕措施的，经办案部门负责人批准，传唤持续的时间不得超过二十四小时。不得以连续传唤的形式变相拘禁犯罪嫌疑人。

传唤期限届满，未作出采取其他强制措施决定的，应当立即结束传唤。

第二百二十条　传唤、拘传、讯问犯罪嫌疑人,应当保证犯罪嫌疑人的饮食和必要的休息时间,并记录在案。

120　讯问的程序规范

120.1　法条规定

第一百二十条　侦查人员在讯问犯罪嫌疑人的时候,应当首先讯问犯罪嫌疑人是否有犯罪行为,让他陈述有罪的情节或者无罪的辩解,然后向他提出问题。犯罪嫌疑人对侦查人员的提问,应当如实回答。但是对与本案无关的问题,有拒绝回答的权利。

侦查人员在讯问犯罪嫌疑人的时候,应当告知犯罪嫌疑人享有的诉讼权利,如实供述自己罪行可以从宽处理和认罪认罚的法律规定。

【立法释义】①

本条规定明确了讯问犯罪嫌疑人的程序规范,2012 年刑事诉讼法修改增加了"如实供述自己罪行可以从宽处理"的规定,2018 年刑事诉讼法修改增加了"认罪认罚"的规定。讯问的程序规范,关系犯罪嫌疑人认罪的自愿性,对供述的合法性具有重要影响。关于讯问的程序规范,应当关注以下事项:

第一,讯问方式。本条规定了"三步式"讯问方法:第一步,"首先讯问犯罪嫌疑人是否有犯罪行为",具体是指,核实犯罪嫌疑人与犯罪行为的关联,及时甄别犯罪嫌疑人是否有罪。第二步,"让他陈述有罪的情节或者无罪的辩解",具体是指,根据犯罪嫌疑人是否认罪的意思表示,让其继续陈述有罪的情节或者无罪的辩解理由。第三步,"向他提出问题",具体是指,讯问人员结合案情、在案证据和犯罪嫌疑人的供述与辩解,有针对性地提出问题。基于无罪推定原则,侦查人员进行讯问,应当注重现有证据能否排除犯罪嫌疑人的犯罪嫌疑,核实犯罪嫌疑人无罪的现实可能性。在此基础上,对于有罪的材料或者证据,可以要求犯罪嫌疑人作出合理解释。

第二,"如实回答"义务和"拒绝回答的权利"。我国刑事诉讼法并未确立犯罪嫌疑人的沉默权。犯罪嫌疑人对侦查人员的提问,应当如实回答。基于本法第五十二条规定的不得强迫自证其罪原则,"如实回答"义务强调的不是"回答"义务,而是"如实"回答的义务,即如果犯罪嫌疑人选择回答,就应当"如实"回答。

第三,讯问时的权利告知义务。侦查人员在讯问犯罪嫌疑人时,应当告知犯罪嫌疑人享有的诉讼权利,包括有权委托律师辩护、阅读侦查讯问笔录、使用本民族语言文字、拒绝回答与本案无关的问题、申请法律援助、申请回避、申请变更强制措施等权利,以及如实供述自己的罪行可以从宽处理和认罪认罚的法律规定。对于上述权利告知情形,应当在讯问笔录中写明。

120.2　相关立法

120.2.1　监察机关的讯问程序及从宽处罚建议

★**《中华人民共和国监察法》**(2024

① 参见王爱立主编书,第 266—269 页。

年 12 月 25 日修正)

第二十条　在调查过程中,对涉嫌职务违法的被调查人,监察机关可以进行谈话,要求其就涉嫌违法行为作出陈述,必要时向被调查人出具书面通知。

对涉嫌贪污贿赂、失职渎职等职务犯罪的被调查人,监察机关可以进行讯问,要求其如实供述涉嫌犯罪的情况。

第三十四条　涉嫌职务犯罪的被调查人主动认罪认罚,有下列情形之一的,监察机关经领导人员集体研究,并报上一级监察机关批准,可以在移送人民检察院时提出从宽处罚的建议:

(一)自动投案,真诚悔罪悔过的;

(二)积极配合调查工作,如实供述监察机关还未掌握的违法犯罪行为的;

(三)积极退赃,减少损失的;

(四)具有重大立功表现或者案件涉及国家重大利益等情形的。

【立法释义】①

监察机关调查人员在讯问涉嫌贪污贿赂、失职渎职等职务犯罪的被调查人时,应当首先讯问被调查人是否有犯罪行为,让其陈述犯罪的事实情节或者没有犯罪的辩解,然后再向其提出问题。被调查人对调查人员的提问,应当如实回答。对共同犯罪的被调查人,应当单独讯问,防止串供或者相互影响。监察机关调查人员应当依法保障被调查人的权利,严禁以威胁、引诱、欺骗及其他非法方式获取口供,严禁侮辱、打骂、虐待、体罚或者变相体罚被调查人。

120.3　司法解释

120.3.1　检察机关的讯问程序

★《检察院规则》(2019)

第一百八十七条　讯问犯罪嫌疑人一般按照下列顺序进行:

(一)核实犯罪嫌疑人的基本情况,包括姓名、出生年月日、户籍地、公民身份号码、民族、职业、文化程度、工作单位及职务、住所、家庭情况、社会经历、是否属于人大代表、政协委员等;

(二)告知犯罪嫌疑人在侦查阶段的诉讼权利,有权自行辩护或者委托律师辩护,告知其如实供述自己罪行可以依法从宽处理和认罪认罚的法律规定;

(三)讯问犯罪嫌疑人是否有犯罪行为,让他陈述有罪的事实或者无罪的辩解,应当允许其连贯陈述。

犯罪嫌疑人对检察人员的提问,应当如实回答。但是对与本案无关的问题,有拒绝回答的权利。

讯问犯罪嫌疑人时,应当告知犯罪嫌疑人将对讯问进行全程同步录音、录像。告知情况应当在录音、录像中予以反映,并记明笔录。

讯问时,对犯罪嫌疑人提出的辩解要认真查核。严禁刑讯逼供和以威胁、引诱、欺骗以及其他非法的方法获取供述。

★《最高人民检察院关于切实履行检察职能防止和纠正冤假错案的若干意见》(高检发〔2013〕11 号,2013 年 9 月 9 日)

4. 严格遵守法律程序。在办案中不得规避管辖、滥用强制措施和侦查措施、违法延长办案期限。讯问犯罪嫌疑人,应当在规定的场所进行,保证犯罪嫌疑人的饮食和必要的休息时间并记录在案。

---

① 参见法规室编写释义书,第 128—130 页。

120.3.2　检察机关的主持辨认程序

★**《检察院规则》**(2019)

第二百二十三条　为了查明案情，必要时，检察人员可以让被害人、证人和犯罪嫌疑人对与犯罪有关的物品、文件、尸体或场所进行辨认；也可以让被害人、证人对犯罪嫌疑人进行辨认，或者让犯罪嫌疑人对其他犯罪嫌疑人进行辨认。

第二百二十四条　辨认应当在检察人员的主持下进行，执行辨认的人员不得少于二人。在辨认前，应当向辨认人详细询问被辨认对象的具体特征，避免辨认人见到被辨认对象，并应当告知辨认人有意作虚假辨认应负的法律责任。

第二百二十五条　几名辨认人对同一被辨认对象进行辨认时，应当由每名辨认人单独进行。必要时，可以有见证人在场。

第二百二十六条　辨认时，应当将辨认对象混杂在其他对象中。不得在辨认前向辨认人展示辨认对象及其影像资料，不得给辨认人任何暗示。

辨认犯罪嫌疑人时，被辨认的人数不得少于七人，照片不得少于十张。

辨认物品时，同类物品不得少于五件，照片不得少于五张。

对犯罪嫌疑人的辨认，辨认人不愿公开进行时，可以在不暴露辨认人的情况下进行，并应当为其保守秘密。

120.4　规范性文件

120.4.1　侦查机关的讯问程序

★**《公安规定》**(2020)

第二百零三条　侦查人员讯问犯罪嫌疑人时，应当首先讯问犯罪嫌疑人是否有犯罪行为，并告知犯罪嫌疑人享有的诉讼权利，如实供述自己罪行可以从宽处理以及认罪认罚的法律规定，让他陈述有罪的情节或者无罪的辩解，然后向他提出问题。

犯罪嫌疑人对侦查人员的提问，应当如实回答。但是对与本案无关的问题，有拒绝回答的权利。

第一次讯问，应当问明犯罪嫌疑人的姓名、别名、曾用名、出生年月日、户籍所在地、现住地、籍贯、出生地、民族、职业、文化程度、政治面貌、工作单位、家庭情况、社会经历，是否属于人大代表、政协委员，是否受过刑事处罚或者行政处理等情况。

第二百零九条　对犯罪嫌疑人供述的犯罪事实、无罪或者罪轻的事实、申辩和反证，以及犯罪嫌疑人提供的证明自己无罪、罪轻的证据，公安机关应当认真核查；对有关证据，无论是否采信，都应当如实记录、妥善保管，并连同核查情况附卷。

★**《国安规定》**(2024)

第二百二十二条　第一次讯问犯罪嫌疑人，侦查人员应当告知犯罪嫌疑人所享有的诉讼权利和应履行的诉讼义务，并在笔录中予以注明。

第一次讯问，应当问明犯罪嫌疑人的基本情况。

第二百二十三条　侦查人员讯问犯罪嫌疑人时，应当首先讯问犯罪嫌疑人是否有犯罪行为，并告知犯罪嫌疑人享有的诉讼权利，如实供述自己罪行可以从宽处理和认罪认罚的法律规定，让其陈述有罪的情节或者无罪的辩解，然后向其提出问题。犯罪嫌疑人对侦查人员的提问，应当如实回答。但是对与本案无关的问题，有拒绝回答的权利。

第二百三十条 对于犯罪嫌疑人供述的犯罪事实、无罪或者罪轻的事实、申辩和反证,以及犯罪嫌疑人提供的证明自己无罪、罪轻的证据,国家安全机关应当认真核实;对有关证据,无论是否采信,都应当如实记录、妥善保管,并连同核实情况附卷。

犯罪嫌疑人自愿认罪的,国家安全机关应当记录在案,随案移送。

120.4.2 侦查机关的主持辨认程序

★**《公安规定》**(2020)

第二百五十八条 为了查明案情,在必要的时候,侦查人员可以让被害人、证人或者犯罪嫌疑人对与犯罪有关的物品、文件、尸体、场所或者犯罪嫌疑人进行辨认。

第二百五十九条 辨认应当在侦查人员的主持下进行。主持辨认的侦查人员不得少于二人。

几名辨认人对同一辨认对象进行辨认时,应当由辨认人个别进行。

第二百六十条 辨认时,应当将辨认对象混杂在特征相类似的其他对象中,不得在辨认前向辨认人展示辨认对象及其影像资料,不得给辨认人任何暗示。

辨认犯罪嫌疑人时,被辨认的人数不得少于七人;对犯罪嫌疑人照片进行辨认的,不得少于十人的照片。

辨认物品时,混杂的同类物品不得少于五件;对物品的照片进行辨认的,不得少于十个物品的照片。

对场所、尸体等特定辨认对象进行辨认,或者辨认人能够准确描述物品独有特征的,陪衬物不受数量的限制。

第二百六十一条 对犯罪嫌疑人的辨认,辨认人不愿意公开进行时,可以在不暴露辨认人的情况下进行,并应当为其保守秘密。

第二百六十二条 对辨认经过和结果,应当制作辨认笔录,由侦查人员、辨认人、见证人签名。必要时,应当对辨认过程进行录音录像。

★**《国安规定》**(2024)

第二百八十二条 为了查明案情,在必要的时候,侦查人员可以让犯罪嫌疑人或者证人、被害人对与犯罪有关的物品、文件、尸体、场所或者犯罪嫌疑人进行辨认。

第二百八十三条 辨认应当在侦查人员的主持下进行,主持辨认的侦查人员不得少于二人。

第二百八十四条 几名辨认人对同一辨认对象进行辨认时,应当由每名辨认人个别进行。

第二百八十五条 辨认时,应当首先让辨认人说明被辨认对象的特征,并在辨认笔录中注明,必要时,可以有见证人在场。

辨认时,应当将辨认对象混杂在特征相类似的其他对象中,不得在辨认前向辨认人展示辨认对象及其影像资料,不得给辨认人任何暗示。

辨认犯罪嫌疑人时,被辨认的人数不得少于七人;对犯罪嫌疑人照片进行辨认的,不得少于十人的照片。

辨认物品时,混杂的同类物品不得少于五件;对物品的照片进行辨认的,不得少于十个物品的照片。

对场所、尸体等特定辨认对象进行辨认,或者辨认人能够准确描述物品独有特征的,或者物品已经损坏、变形的,陪衬物不受数量的限制。

第二百八十六条 对犯罪嫌疑人

的辨认，辨认人不愿意公开进行的，可以在不暴露辨认人的情况下进行，并应当为其保守秘密。

第二百八十七条　对辨认经过和结果，应当制作辨认笔录，由侦查人员、辨认人、见证人签名。必要时，应当对辨认过程进行录音录像。

121　讯问聋、哑人的要求

121.1　法条规定

第一百二十一条　讯问聋、哑的犯罪嫌疑人，应当有通晓聋、哑手势的人参加，并且将这种情况记明笔录。

【立法释义】①

本条规定明确了讯问聋、哑人的法定程序，是重要的人权保障措施。讯问聋、哑的犯罪嫌疑人，应当有通晓聋、哑手势的人参加，为讯问人员和犯罪嫌疑人翻译，并在讯问笔录中注明犯罪嫌疑人的聋、哑情况及翻译人员的姓名、工作单位和职业等基本情况。“通晓聋、哑手势的人”，应当具备有关的专业资质，避免在翻译过程中出现偏差或者疏漏。对于可以书写的聋、哑犯罪嫌疑人，可以允许其书写供述和辩解理由。

121.2　规范性文件

121.2.1　侦查机关讯问聋、哑人的要求

★**《公安规定》**(2020)

第二百零四条　讯问聋、哑的犯罪嫌疑人，应当有通晓聋、哑手势的人参加，并在讯问笔录上注明犯罪嫌疑人的聋、哑情况，以及翻译人员的姓名、工作单位和职业。

讯问不通晓当地语言文字的犯罪嫌疑人，应当配备翻译人员。

★**《国安规定》**(2024)

第二百二十四条　讯问聋、哑的犯罪嫌疑人，应当有通晓聋、哑手势的人参加，并在讯问笔录中注明犯罪嫌疑人的聋、哑情况。

讯问不通晓当地通用的语言文字的犯罪嫌疑人，应当配备翻译人员。

翻译人员的姓名、工作单位和职业等基本情况应当记录在案。

122　讯问笔录的制作要求

122.1　法条规定

第一百二十二条　讯问笔录应当交犯罪嫌疑人核对，对于没有阅读能力的，应当向他宣读。如果记载有遗漏或者差错，犯罪嫌疑人可以提出补充或者改正。犯罪嫌疑人承认笔录没有错误后，应当签名或者盖章。侦查人员也应当在笔录上签名。犯罪嫌疑人请求自行书写供述的，应当准许。必要的时候，侦查人员也可以要犯罪嫌疑人亲笔书写供词。

【立法释义】②

本条规定明确了讯问笔录的制作要求，是供述的证据资格和证明力的程序保障。关于讯问笔录制作，应当关注以下事项：

第一，讯问笔录的证据属性。讯问笔录是犯罪嫌疑人、被告人供述的重要

---

① 参见王爱立主编书，第 269—270 页。
② 参见王爱立主编书，第 270—271 页。

证据载体,与讯问录音录像一起,共同构成讯问和供述内容的客观记录。只要讯问犯罪嫌疑人,就应当制作讯问笔录,讯问笔录应当客观记录犯罪嫌疑人的认罪供述和无罪、罪轻辩解。对于犯罪嫌疑人拒不认罪或者作无罪辩解的情形,侦查人员应当在讯问笔录中写明。之所以强调在讯问笔录中记录讯问(或者问话)的内容,主要是考虑,讯问的语言和方式,将会影响供述的合法性。

第二,自行书写供述。犯罪嫌疑人请求自行书写供述的,应当准许。必要的时候,侦查人员也可以要求犯罪嫌疑人亲笔书写供词。本条中的"必要的时候",主要包括两种情况:一是根据犯罪嫌疑人的自身情况,书写供述更能准确地表达犯罪嫌疑人的真实意思表示和案件事实情况,例如犯罪嫌疑人系聋、哑人或者口齿不清。二是根据案件侦查需要,需要根据犯罪嫌疑人的书面笔录获取侦查线索,例如进行笔迹鉴定等。需要强调的是,犯罪嫌疑人在讯问阶段自行书写的供述,也称"自书材料",严格意义上并非书证,而是应当被认定为犯罪嫌疑人供述。犯罪嫌疑人在办案机关立案之前,针对犯罪过程自行书写的日记等材料,可以被视为书证。

第三,违反规定的后果。对于违反本条规定的情形,例如犯罪嫌疑人、侦查人员没有在笔录上签名,或者犯罪嫌疑人对笔录内容有异议,但侦查人员不允许补充改正的,将会影响讯问笔录的证据资格和证明力。

122.2　司法解释

122.2.1　检察机关制作讯问笔录的要求

★《检察院规则》(2019)

第一百八十八条　讯问犯罪嫌疑人,应当制作讯问笔录。讯问笔录应当忠实于原话,字迹清楚,详细具体,并交犯罪嫌疑人核对。犯罪嫌疑人没有阅读能力的,应当向他宣读。如果记载有遗漏或者差错,应当补充或者改正。犯罪嫌疑人认为讯问笔录没有错误的,由其在笔录上逐页签名或者盖章,并捺指印,在末页写明"以上笔录我看过(向我宣读过),和我说的相符",同时签名或者盖章,并捺指印,注明日期。如果犯罪嫌疑人拒绝签名、盖章、捺指印的,应当在笔录上注明。讯问的检察人员、书记员也应当在笔录上签名。

第一百八十九条　犯罪嫌疑人请求自行书写供述的,检察人员应当准许。必要时,检察人员也可以要求犯罪嫌疑人亲笔书写供述。犯罪嫌疑人应当在亲笔供述的末页签名或者盖章,并捺指印,注明书写日期。检察人员收到后,应当在首页右上方写明"于某年某月某日收到",并签名。

【重点解读】①

亲笔书写供述是犯罪嫌疑人的一项权利,不论犯罪嫌疑人是在讯问前、讯问中或讯问后提出,都应当满足犯罪嫌疑人的要求。但是,亲笔供述不能代替讯问笔录。即使犯罪嫌疑人亲笔书写供述后,检察人员也不能以此代替讯

① 参见童建明、万春主编释义书,第201页。

问笔录，而应当根据供词的内容进一步讯问犯罪嫌疑人。对于没有写清楚的问题，应当要求犯罪嫌疑人说明，或者提供补充供词。

122.3　规范性文件

122.3.1　侦查机关制作讯问笔录的要求

★《公安规定》(2020)

第二百零五条　侦查人员应当将问话和犯罪嫌疑人的供述或者辩解如实地记录清楚。制作讯问笔录应当使用能够长期保持字迹的材料。

第二百零六条　讯问笔录应当交犯罪嫌疑人核对；对于没有阅读能力的，应当向他宣读。如果记录有遗漏或者差错，应当允许犯罪嫌疑人补充或者更正，并捺指印。笔录经犯罪嫌疑人核对无误后，应当由其在笔录上逐页签名、捺指印，并在末页写明“以上笔录我看过(或向我宣读过)，和我说的相符”。拒绝签名、捺指印的，侦查人员应当在笔录上注明。

讯问笔录上所列项目，应当按照规定填写齐全。侦查人员、翻译人员应当在讯问笔录上签名。

第二百零七条　犯罪嫌疑人请求自行书写供述的，应当准许；必要时，侦查人员也可以要求犯罪嫌疑人亲笔书写供词。犯罪嫌疑人应当在亲笔供词上逐页签名、捺指印。侦查人员收到后，应当在首页右上方写明“于某年某月某日收到”，并签名。

★《国安规定》(2024)

第二百二十五条　侦查人员应当将问话和犯罪嫌疑人的供述或者辩解如实地记录清楚。制作讯问笔录应当使用能够长期保持字迹的材料。

第二百二十六条　讯问犯罪嫌疑人时，犯罪嫌疑人或者辩护律师提出下列情况的，应当予以核实：

(一)犯罪嫌疑人在犯罪后投案自首，如实供述自己罪行，或者被采取强制措施后如实供述国家安全机关尚未掌握的其本人其他罪行的；

(二)犯罪嫌疑人有揭发他人犯罪行为，或者提供线索，从而得以侦破其他案件等立功表现的。

第二百二十七条　讯问笔录应当交犯罪嫌疑人核对。犯罪嫌疑人没有阅读能力的，应当向其宣读。如果记录有遗漏或者差错，犯罪嫌疑人可以提出补充或者改正。笔录中修改的地方应当经犯罪嫌疑人阅看、捺指印。犯罪嫌疑人核对无误后，应当逐页签名、捺指印，并在末页写明“以上笔录我看过(或：向我宣读过)，和我说的相符”，同时签名、注明日期并捺指印。

侦查人员、翻译人员应当在讯问笔录中签名。

第二百二十八条　犯罪嫌疑人请求自行书写供述的，应当准许。必要时，侦查人员也可以要求犯罪嫌疑人书写亲笔供词。犯罪嫌疑人应当在亲笔供词的末页签名、注明书写日期，并捺指印。侦查人员收到后，应当在首页右上方写明“于某年某月某日收到”，并签名。

123　讯问过程录音录像

123.1　法条规定

第一百二十三条　侦查人员在讯问犯罪嫌疑人的时候，可以对讯问过程进行录音或者录像；对于

可能判处无期徒刑、死刑的案件或者其他重大犯罪案件，应当对讯问过程进行录音或者录像。

录音或者录像应当全程进行，保持完整性。

【立法释义】①

本条规定明确了对讯问过程录音录像的要求，是2012年刑事诉讼法修改增加的规定。关于讯问录音录像的制作，应当关注以下事项：

第一，讯问录音录像的适用范围。主要包括三种情形：一是裁量模式。对于普通犯罪案件，侦查人员在讯问犯罪嫌疑人的时候，可以对讯问过程进行录音或者录像。二是强制模式。对于可能判处无期徒刑、死刑的案件或者其他重大犯罪案件，应当对讯问过程进行录音或者录像。"可能判处无期徒刑、死刑的案件"，具体是指应当适用的法定刑或者量刑档次包含无期徒刑、死刑的案件。"其他重大犯罪案件"，具体是指致人重伤、死亡的严重危害公共安全犯罪、严重侵犯公民人身权利犯罪，以及黑社会性质组织犯罪、严重毒品犯罪等重大故意犯罪案件。

第二，讯问过程录音录像的操作要求。对讯问过程录音录像的具体要求，主要包括三个方面：一是全程同步进行。录音录像应当从犯罪嫌疑人进入讯问场所时开始，直至离开讯问场所为止。二是保持完整性。对讯问过程的录音录像应当不间断进行，不得剪接、删改。尽管本条表述的是讯问录音或者录像，但实际上，公安机关的讯问设备能够满足同时录音和录像的要求，2014年《公安机关讯问犯罪嫌疑人录音录像工作规定》亦表述为讯问录音录像。三是严格执行首次讯问过程的录音录像。第一次讯问的合法性，直接影响后续供述的合法性，以及重复性供述排除规则的适用。

第三，讯问录音录像的证据属性。尽管同属供述的证据载体，讯问录音录像作为对讯问过程更为客观、直观的记录，比讯问笔录更具可靠性。从证明价值角度看，讯问录音录像既可以作为证明取证合法性的证据，也可以作为证明案件事实的证据。为充分发挥讯问录音录像的证明价值，"六部门"《关于实施刑事诉讼法若干问题的规定》第十九条规定，侦查人员对讯问过程进行录音或者录像的，应当在讯问笔录中注明。人民检察院、人民法院可以根据需要调取讯问犯罪嫌疑人的录音或者录像，有关机关应当及时提供。

123.2　司法解释

123.2.1　检察机关讯问录音录像要求

★《检察院规则》(2019)

第一百九十条　人民检察院办理直接受理侦查的案件，应当在每次讯问犯罪嫌疑人时，对讯问过程实行全程录音、录像，并在讯问笔录中注明。

★《最高人民检察院关于切实履行检察职能防止和纠正冤假错案的若干意见》(高检发〔2013〕11号，2013年9月9日)

6. 严格执行全程同步录音、录像制度。在每次讯问犯罪嫌疑人的时候，对讯问过程实行全程录音、录像，并在

① 参见王爱立主编书，第273—275页。

讯问笔录中注明。因未严格执行相关规定,或者在执行中弄虚作假造成不良后果的,依照有关规定追究主要责任人员的责任。侦查部门移送审查逮捕、审查起诉时,应当将讯问录音、录像连同案卷和证据材料一并移送审查。

123.3　规范性文件

123.3.1　讯问录音录像与证据合法性

★《最高人民法院、最高人民检察院、公安部、国家安全部、司法部关于办理刑事案件严格排除非法证据若干问题的规定》(法发〔2017〕15 号,2017 年 6 月 20 日)

第十条　侦查人员在讯问犯罪嫌疑人的时候,可以对讯问过程进行录音录像;对于可能判处无期徒刑、死刑的案件或者其他重大犯罪案件,应当对讯问过程进行录音录像。

侦查人员应当告知犯罪嫌疑人对讯问过程录音录像,并在讯问笔录中写明。

第十一条　对讯问过程录音录像,应当不间断进行,保持完整性,不得选择性地录制,不得剪接、删改。

第十四条　犯罪嫌疑人及其辩护人在侦查期间可以向人民检察院申请排除非法证据。对犯罪嫌疑人及其辩护人提供相关线索或者材料的,人民检察院应当调查核实。调查结论应当书面告知犯罪嫌疑人及其辩护人。对确有以非法方法收集证据情形的,人民检察院应当向侦查机关提出纠正意见。

侦查机关对审查认定的非法证据,应当予以排除,不得作为提请批准逮捕、移送审查起诉的根据。

对重大案件,人民检察院驻看守所检察人员应当在侦查终结前询问犯罪嫌疑人,核查是否存在刑讯逼供、非法取证情形,并同步录音录像。经核查,确有刑讯逼供、非法取证情形的,侦查机关应当及时排除非法证据,不得作为提请批准逮捕、移送审查起诉的根据。

123.3.2　侦查机关讯问录音录像要求

★《公安规定》(2020)

第二百零八条　讯问犯罪嫌疑人,在文字记录的同时,可以对讯问过程进行录音录像。对于可能判处无期徒刑、死刑的案件或者其他重大犯罪案件,应当对讯问过程进行录音录像。

前款规定的“可能判处无期徒刑、死刑的案件”,是指应当适用的法定刑或者量刑档次包含无期徒刑、死刑的案件。“其他重大犯罪案件”,是指致人重伤、死亡的严重危害公共安全犯罪、严重侵犯公民人身权利犯罪,以及黑社会性质组织犯罪、严重毒品犯罪等重大故意犯罪案件。

对讯问过程录音录像的,应当对每一次讯问全程不间断进行,保持完整性。不得选择性地录制,不得剪接、删改。

★《公安机关讯问犯罪嫌疑人录音录像工作规定》(公通字〔2014〕33 号,2014 年 9 月 5 日)

第二条　讯问犯罪嫌疑人录音录像,是指公安机关讯问犯罪嫌疑人,在文字记录的同时,利用录音录像设备对讯问过程进行全程音视频同步记录。

第三条　对讯问过程进行录音录像,应当对每一次讯问全程不间断进行,保持完整性,不得选择性地录制,不得剪接、删改。

第四条　对下列重大犯罪案件,应当对讯问过程进行录音录像:

(一)可能判处无期徒刑、死刑的案件;

（二）致人重伤、死亡的严重危害公共安全犯罪、严重侵犯公民人身权利犯罪案件；

（三）黑社会性质组织犯罪案件，包括组织、领导黑社会性质组织，入境发展黑社会组织，包庇、纵容黑社会性质组织等犯罪案件；

（四）严重毒品犯罪案件，包括走私、贩卖、运输、制造毒品，非法持有毒品数量大的，包庇走私、贩卖、运输、制造毒品的犯罪分子情节严重的，走私、非法买卖制毒物品数量大的犯罪案件；

（五）其他故意犯罪案件，可能判处十年以上有期徒刑的。

前款规定的"讯问"，既包括在执法办案场所进行的讯问，也包括对不需要拘留、逮捕的犯罪嫌疑人在指定地点或者其住处进行的讯问，以及紧急情况下在现场进行的讯问。

本条第一款规定的"可能判处无期徒刑、死刑的案件"和"可能判处十年以上有期徒刑的案件"，是指应当适用的法定刑或者量刑档次包含无期徒刑、死刑、十年以上有期徒刑的案件。

第五条　在办理刑事案件过程中，在看守所讯问或者通过网络视频等方式远程讯问犯罪嫌疑人的，应当对讯问过程进行录音录像。

第六条　对具有下列情形之一的案件，应当对讯问过程进行录音录像：

（一）犯罪嫌疑人是盲、聋、哑人，未成年人或者尚未完全丧失辨认或者控制自己行为能力的精神病人，以及不通晓当地通用的语言文字的；

（二）犯罪嫌疑人反侦查能力较强或者供述不稳定，翻供可能性较大的；

（三）犯罪嫌疑人作无罪辩解和辩护人可能作无罪辩护的；

（四）犯罪嫌疑人、被害人、证人对案件事实、证据存在较大分歧的；

（五）共同犯罪中难以区分犯罪嫌疑人相关责任的；

（六）引发信访、舆论炒作风险较大的；

（七）社会影响重大、舆论关注度高的；

（八）其他重大、疑难、复杂情形。

第八条　对讯问过程进行录音录像，可以使用专门的录制设备，也可以通过声像监控系统进行。

第九条　讯问开始前，应当做好录音录像的准备工作，对讯问场所及录音录像设备进行检查和调试，确保设备运行正常、时间显示准确。

第十条　录音录像应当自讯问开始时开始，至犯罪嫌疑人核对讯问笔录、签字捺指印后结束。讯问笔录记载的起止时间应当与讯问录音录像资料反映的起止时间一致。

第十一条　对讯问过程进行录音录像，应当对侦查人员、犯罪嫌疑人、其他在场人员、讯问场景和计时装置、温度计显示的信息进行全面摄录，图像应当显示犯罪嫌疑人正面中景。有条件的地方，可以通过画中画技术同步显示侦查人员正面画面。

讯问过程中出示证据和犯罪嫌疑人辨认证据、核对笔录、签字捺指印的过程应当在画面中予以反映。

第十二条　讯问录音录像的图像应当清晰稳定，话音应当清楚可辨，能够真实反映讯问现场的原貌，全面记录讯问过程，并同步显示日期和 24 小时制时间信息。

第十三条　在制作讯问笔录时，侦查人员可以对犯罪嫌疑人的供述进行概括，但涉及犯罪的时间、地点、作案手段、作案工具、被害人情况、主观心态等案件关键事实的，讯问笔录记载的内容应当与讯问录音录像资料记录的犯罪嫌疑人供述一致。

第十四条　讯问过程中，因存储介质空间不足、技术故障等客观原因导致不能录音录像的，应当中止讯问，并视情及时采取更换存储介质、排除故障、调换讯问室、更换移动录音录像设备等措施。

对于本规定第四条规定以外的案件，因案情紧急、排除中止情形所需时间过长等原因不宜中止讯问的，可以继续讯问。有关情况应当在讯问笔录中载明，并由犯罪嫌疑人签字确认。

第十五条　中止讯问的情形消失后继续讯问的，应当同时进行录音录像。侦查人员应当在录音录像开始后，口头说明中断的原因、起止时间等情况，在讯问笔录中载明并由犯罪嫌疑人签字确认。

第十六条　办案部门应当指定办案人员以外的人员保管讯问录音录像资料，不得由办案人员自行保管。讯问录音录像资料的保管条件应当符合公安声像档案管理有关规定，保密要求应当与本案讯问笔录一致。

有条件的地方，可以对讯问录音录像资料实行信息化管理，并与执法办案信息系统关联。

案件侦查终结后，应当将讯问录音录像资料和案件卷宗一并移交档案管理部门保管。

第十七条　讯问录音录像资料应当刻录光盘保存或者利用磁盘等存储设备存储。

刻录光盘保存的，应当制作一式两份，在光盘标签或者封套上标明制作单位、制作人、制作时间、被讯问人、案件名称及案件编号，一份装袋密封作为正本，一份作为副本。对一起案件中的犯罪嫌疑人多次讯问的，可以将多次讯问的录音录像资料刻录在同一张光盘内。刻录完成后，办案人员应当在24小时内将光盘移交保管人员，保管人员应当登记入册并与办案人员共同签名。

利用磁盘等存储设备存储的，应当在讯问结束后立即上传到专门的存储设备中，并制作数据备份；必要时，可以转录为光盘。

第十八条　刑事诉讼过程中，除因副本光盘损坏、灭失需要重新复制，或者对副本光盘的真实性存在疑问需要查阅外，不得启封正本光盘。确需调取正本光盘的，应当经办案部门负责人批准，使用完毕后应当及时重新封存。

第十九条　公安机关办案和案件审核、执法监督、核查信访投诉等工作需要使用讯问录音录像资料的，可以调取副本光盘或者通过信息系统调阅。

人民法院、人民检察院依法调取讯问录音录像资料的，办案部门应当在三日内将副本光盘移交人民法院、人民检察院。利用磁盘等存储设备存储的，应当转录为光盘后移交。

第二十条　调取光盘时，保管人员应当在专门的登记册上登记调取人员、时间、事由、预计使用时间、审批人等事项，并由调取人员和保管人员共同签字。

对调取、使用的光盘，有关单位应当妥善保管，并在使用完毕后及时交还保管人员。

调取人归还光盘时,保管人员应当进行检查、核对,有损毁、调换、灭失等情况的,应当如实记录,并报告办案部门负责人。

★《国安规定》(2024)

第二百二十九条　讯问犯罪嫌疑人,在文字记录的同时,可以对讯问过程进行录音或者录像;对于可能判处无期徒刑、死刑的案件或者其他重大犯罪案件,应当对讯问过程进行全程同步录音或者录像。录音或者录像应当全程同步不间断进行,保持完整性。不得选择性地录制,不得剪接、删改。

侦查人员应当告知犯罪嫌疑人将对讯问过程进行全程同步录音或者录像,告知情况应当在录音录像中予以反映,并在讯问笔录中注明。

对于人民检察院、人民法院根据需要调取讯问犯罪嫌疑人的录音或者录像的,国家安全机关应当及时提供。涉及国家秘密的,应当保密。

第三节　询问证人

124　询问证人的程序

124.1　法条规定

第一百二十四条　侦查人员询问证人,可以在现场进行,也可以到证人所在单位、住处或者证人提出的地点进行,在必要的时候,可以通知证人到人民检察院或者公安机关提供证言。在现场询问证人,应当出示工作证件,到证人所在单位、住处或者证人提出的地点询问证人,应当出示人民检察院或者公安机关的证明文件。

询问证人应当个别进行。

【立法释义】①

本条规定明确了询问证人的基本程序要求。2012 年刑事诉讼法修改增加了可以在现场,以及证人提出的地点进行询问的规定。关于询问证人的程序,应当关注以下事项:

第一,询问地点。主要包括四种情形:一是现场询问。侦查人员可以在现场询问证人,第一时间获取证人证言,固定原始的证据信息。二是到证人所在单位或者住处询问。主要是考虑,在此类地点开展询问,不影响证人正常的生活、工作,也有利于得到证人单位及其家人的支持,同时可以一并了解证人的品性情况。三是到证人提出的地点进行询问。这种做法有利于消除顾虑,获得证人的积极配合。在准备询问证人之前,办案机关可以针对询问地点征求证人意见。四是在必要的时候,通知证人到人民检察院或者公安机关提供证言。这种做法有利于保证证人安全,避免证人受到其他因素的干扰或者影响,督促证人如实提供证言。

第二,个别询问。对于存在多名证人的案件,为避免证人之间交流案件信息,或者受其他证人影响,询问证人应当个别进行。

124.2　相关立法

124.2.1　监察机关询问证人

★《中华人民共和国监察法》(2024 年 12 月 25 日修正)

第二十二条　在调查过程中,监察机关可以询问证人等人员。

---

①　参见王爱立主编书,第 273—275 页。

【立法释义】①

监察机关调查人员询问证人，可以到证人所在单位、住处或者证人提出的地点进行，在必要的时候，可以通知证人到监察机关提供证言。

124.3　司法解释

124.3.1　检察机关询问证人的程序

★《检察院规则》(2019)

第一百九十一条　人民检察院在侦查过程中，应当及时询问证人，并且告知证人履行作证的权利和义务。

人民检察院应当保证一切与案件有关或者了解案情的公民有客观充分地提供证据的条件，并为他们保守秘密。除特殊情况外，人民检察院可以吸收他们协助调查。

第一百九十二条　询问证人，应当由检察人员负责进行。询问时，检察人员或者检察人员和书记员不得少于二人。

第一百九十三条　询问证人，可以在现场进行，也可以到证人所在单位、住处或者证人提出的地点进行。必要时，也可以通知证人到人民检察院提供证言。到证人提出的地点进行询问的，应当在笔录中记明。

询问证人应当个别进行。

在现场询问证人，应当出示工作证件。到证人所在单位、住处或者证人提出的地点询问证人，应当出示人民检察院的证明文件。

【重点解读】②

人民检察院在询问时，应当首先告知证人作证享有的权利和应当履行的义务。证人有使用本民族语言文字提供证言的权利；有要求阅读或者向其宣读自己证言笔录的权利，如果发现记录有遗漏或者差错，有补充或者更正的权利，有要求自己书写证言的权利；对检察人员侵犯其诉讼权利或者有人身侮辱的行为，有提出控告的权利；在侦查阶段不愿公开其姓名和作证行为的，有要求保密的权利；在人身安全受到侵害时，有要求保护的权利。同时，证人负有如实作证的义务，保守案件秘密的义务，不得有意作伪证的义务等。

124.4　规范性文件

124.4.1　侦查机关询问证人的程序

★《公安规定》(2020)

第二百一十条　询问证人、被害人，可以在现场进行，也可以到证人、被害人所在单位、住处或者证人、被害人提出的地点进行。在必要的时候，可以书面、电话或者当场通知证人、被害人到公安机关提供证言。

询问证人、被害人应当个别进行。

在现场询问证人、被害人，侦查人员应当出示人民警察证。到证人、被害人所在单位、住处或者证人、被害人提出的地点询问证人、被害人，应当经办案部门负责人批准，制作询问通知书。询问前，侦查人员应当出示询问通知书和人民警察证。

★《国安规定》(2024)

第二百三十二条　询问证人，可以在现场进行，也可以到证人所在单位、住处或者证人提出的地点进行。必要时，可以书面、电话或者当场通知证人到国家安全机关提供证言。

---

① 参见法规室编写释义书，第 131—132 页。

② 参见童建明、万春主编释义书，第 203 页。

在现场询问证人，侦查人员应当出示人民警察证或者侦察证。

到证人所在单位、住处或者证人提出的地点询问证人，应当经办案部门负责人批准，制作询问通知书。询问前，侦查人员应当出示询问通知书和人民警察证或者侦察证。

询问证人应当个别进行。

第二百三十三条　询问证人，应当由国家安全机关侦查人员进行。询问时，侦查人员不得少于二人。

124.4.2　远程询问的程序规范

★《最高人民法院、最高人民检察院、公安部关于办理信息网络犯罪案件适用刑事诉讼程序若干问题的意见》（法发〔2022〕23号，2022年8月26日）

15. 询（讯）问异地证人、被害人以及与案件有关联的犯罪嫌疑人的，可以由办案地公安机关通过远程网络视频等方式进行并制作笔录。

远程询（讯）问的，应当由协作地公安机关事先核实被询（讯）问人的身份。办案地公安机关应当将询（讯）问笔录传输至协作地公安机关。询（讯）问笔录经被询（讯）问人确认并逐页签名、捺指印后，由协作地公安机关协作人员签名或者盖章，并将原件提供给办案地公安机关。询（讯）问人员收到笔录后，应当在首页右上方写明“于某年某月某日收到”，并签名或者盖章。

远程询（讯）问的，应当对询（讯）问过程同步录音录像，并随案移送。

异地证人、被害人以及与案件有关联的犯罪嫌疑人亲笔书写证词、供词的，参照执行本条第二款规定。

125　询问证人的法律责任告知

125.1　法条规定

第一百二十五条　询问证人，应当告知他应当如实地提供证据、证言和有意作伪证或者隐匿罪证要负的法律责任。

【立法释义】①

本条规定明确了询问证人的法律责任告知程序。证人是重要的证据来源，但也存在作伪证或者隐匿罪证的风险。询问证人，应当首先告知证人应当如实地提供证据、证言以及有意作伪证或者隐匿罪证应负的法律责任。

关于询问方法，《检察院规则》第一百九十四条规定，询问证人，不得向证人泄露案情，不得采用拘禁、暴力、威胁、引诱、欺骗以及其他非法方法获取证言。询问重大或者有社会影响的案件的重要证人，应当对询问过程实行全程录音、录像，并在询问笔录中注明。

125.2　相关立法

125.2.1　刑法中的伪证罪及窝藏、包庇罪

★《中华人民共和国刑法》（2023年12月29日修正）

第三百零五条　在刑事诉讼中，证人、鉴定人、记录人、翻译人对与案件有重要关系的情节，故意作虚假证明、鉴定、记录、翻译，意图陷害他人或者隐匿罪证的，处三年以下有期徒刑或者拘役；情节严重的，处三年以上七年以下有期徒刑。

第三百一十条　明知是犯罪的人

① 参见王爱立主编书，第275—276页。

而为其提供隐藏处所、财物,帮助其逃匿或者作假证明包庇的,处三年以下有期徒刑、拘役或者管制;情节严重的,处三年以上十年以下有期徒刑。

犯前款罪,事前通谋的,以共同犯罪论处。

125.3　司法解释

125.3.1　询问证人的法律责任告知

★《检察院规则》(2019)

第一百九十四条　询问证人,应当问明证人的基本情况以及与当事人的关系,并且告知证人应当如实提供证据、证言和故意作伪证或者隐匿罪证应当承担的法律责任,但是不得向证人泄露案情,不得采用拘禁、暴力、威胁、引诱、欺骗以及其他非法方法获取证言。

询问重大或者有社会影响的案件的重要证人,应当对询问过程实行全程录音、录像,并在询问笔录中注明。

★《公安规定》(2020)

第二百一十一条　询问前,应当了解证人、被害人的身份,证人、被害人、犯罪嫌疑人之间的关系。询问时,应当告知证人、被害人必须如实地提供证据、证言和有意作伪证或者隐匿罪证应负的法律责任。

侦查人员不得向证人、被害人泄露案情或者表示对案件的看法,严禁采用暴力、威胁等非法方法询问证人、被害人。

★《国安规定》(2024)

第二百三十四条　询问证人,应当问明证人的基本情况、与犯罪嫌疑人的关系,告知证人必须如实提供证据、证言,以及有意作伪证或者隐匿罪证、泄露国家秘密应负的法律责任。问明和告知的情况,应当记录在案。

询问证人需要录音或者录像的,应当事先征得证人同意。

第二百三十五条　侦查人员不得向证人泄露案情或者表示对案件的看法,严禁采用拘禁、暴力、威胁、引诱、欺骗以及其他非法方法询问证人。

126　询问笔录的制作要求

126.1　法条规定

第一百二十六条　本法第一百二十二条的规定,也适用于询问证人。

【立法释义】①

本条规定明确了询问笔录参照讯问笔录的制作要求。除客观全面记录证人证言,以及交证人核对、补充或者纠正笔录内容外,应当将询问前告知法律责任的内容在询问笔录中写明。此外,对于重大案件中的关键证人,可以对询问过程录音录像。

127　询问被害人的程序

127.1　法条规定

第一百二十七条　询问被害人,适用本节各条规定。

【立法释义】②

本条规定明确了询问被害人参照询问证人的程序进行。从证明角度看,被害人与证人具有一定的类似性。但被害人与案件处理结果存在利害关系,其陈述可能存在失真风险。在询问被害人过程中,应当结合在案证据核实其陈述的细节。

---

① 参见王爱立主编书,第 277 页。

② 参见王爱立主编书,第 277—278 页。

127.2　司法解释

127.2.1　检察机关询问被害人的程序

★《检察院规则》(2019)

第一百九十五条　询问被害人,适用询问证人的规定。

127.3　规范性文件

127.3.1　侦查机关询问被害人的程序

★《公安规定》(2020)

第二百一十条　询问证人、被害人,可以在现场进行,也可以到证人、被害人所在单位、住处或者证人、被害人提出的地点进行。在必要的时候,可以书面、电话或者当场通知证人、被害人到公安机关提供证言。

询问证人、被害人应当个别进行。

在现场询问证人、被害人,侦查人员应当出示人民警察证。到证人、被害人所在单位、住处或者证人、被害人提出的地点询问证人、被害人,应当经办案部门负责人批准,制作询问通知书。询问前,侦查人员应当出示询问通知书和人民警察证。

第二百一十一条　询问前,应当了解证人、被害人的身份,证人、被害人、犯罪嫌疑人之间的关系。询问时,应当告知证人、被害人必须如实地提供证据、证言和有意作伪证或者隐匿罪证应负的法律责任。

侦查人员不得向证人、被害人泄露案情或者表示对案件的看法,严禁采用暴力、威胁等非法方法询问证人、被害人。

第二百一十二条　本规定第二百零六条、第二百零七条的规定,也适用于询问证人、被害人。

★《国安规定》(2024)

第二百三十六条　本规定第二百二十四条、第二百二十五条、第二百二十七条和第二百二十八条的规定,也适用于询问证人。

第二百三十七条　询问被害人,适用本节规定。

第四节　勘验、检查

128　勘验、检查的主体和范围

128.1　法条规定

第一百二十八条　侦查人员对于与犯罪有关的场所、物品、人身、尸体应当进行勘验或者检查。在必要的时候,可以指派或者聘请具有专门知识的人,在侦查人员的主持下进行勘验、检查。

【立法释义】①

勘验、检查是常用的侦查手段,主要用于对与案件事实可能有关联的血迹、指纹、足迹、字迹、毛发、体液、人体组织等痕迹和物品的鉴别、提取和检查。勘验、检查的实施主体是侦查人员,包括公安机关和人民检察院对案件行使侦查权的工作人员。勘验、检查的对象是与犯罪有关的场所、物品、人身和尸体。与犯罪有关的"场所",主要是指犯罪现场、现场外围及其他可能留有犯罪痕迹和物品的地方。与犯罪有关的"物品",是指犯罪的工具及现场遗留物,包括犯罪嫌疑人及被害人遗留的衣物、毛发、血迹、书信等可见物。与犯罪有关的"人身",主要是指犯罪嫌疑人或被害人的身体。与犯罪有关的"尸体",是指死因与犯罪有关的尸体,多属于被害人,也可

① 参见王爱立主编书,第 278—280 页。

能是犯罪嫌疑人。勘验、检查的具体措施包括：现场勘验，尸体检验，物证、书证检验，人身检查等。

为了保证勘验、检查结果的可靠性，在必要的时候，可以指派或者聘请具有专门知识的人，在侦查人员主持下进行勘验、检查。应当注意的是，指派、聘请具有专门知识的人进行勘验、检查，必须是在侦查人员的主持下进行。

128.2　相关立法

128.2.1　监察机关勘验、检查的主体

★**《中华人民共和国监察法》**（2024年12月25日修正）

第二十九条　监察机关在调查过程中，可以直接或者指派、聘请具有专门知识的人在调查人员主持下进行勘验检查。勘验检查情况应当制作笔录，由参加勘验检查的人员和见证人签名或者盖章。

必要时，监察机关可以进行调查实验。调查实验情况应当制作笔录，由参加实验的人员签名或者盖章。

【立法释义】①

本条应当注意把握四个方面要求：

一是采取勘验检查措施，必须经监察机关相关负责人审批。

二是监察机关实施勘验检查的对象是与职务违法犯罪行为有关的场所、物品、人身等，具体措施包括：现场勘验，物证、书证检验，人身检查等。

三是调查人员是勘验检查的实施主体，可以由监察机关工作人员直接进行，并邀请见证人在场。在实践中，监察机关应当根据案件的性质和重要程度，指派相应级别的调查人员主持指挥勘验检查。为了保证勘验检查结果的准确性和可靠性，在必要的时候，可以指派或者聘请具有专门知识的人，在调查人员主持下进行勘验检查。

四是调查人员和其他参加人员应当将勘验检查的情况，制作勘验检查笔录，主要包括勘验检查的时间、地点、对象、目的、经过和结果等。勘验检查笔录由参加勘验检查的人和见证人签名或盖章。

需要注意的是，调查人员在执行勘验检查任务时，必须持有监察机关的证明文件。监察机关所指派或者聘请参与勘验检查的人员，应当与案件无利害关系，调查人员不能对其进行技术上的干预，更不能强迫或暗示其作出某种不真实的倾向性结论。被指派或者聘请参与勘验检查的人员只能就案件中的专门性问题作出结论，不能就法律适用问题作出结论。

128.3　司法解释

128.3.1　检察机关勘验、检查的主体和范围

★**《检察院规则》**（2019）

第一百九十六条　检察人员对于与犯罪有关的场所、物品、人身、尸体应当进行勘验或者检查。必要时，可以指派检察技术人员或者聘请其他具有专门知识的人，在检察人员的主持下进行勘验、检查。

【重点解读】②

"与犯罪有关的场所"，是指犯罪

① 参见法规室编写释义书，第147—149页。

② 参见童建明、万春主编适用书，第137页；童建明、万春主编释义书，第208—209页。

现场、犯罪外围及其他可能留有犯罪痕迹和物品的地方；“与犯罪有关的物品”，是指犯罪工具和现场遗留物，包括犯罪嫌疑人及被害人遗留的衣物、毛发、血迹、书信等可见物；“与犯罪有关的人身”，是指犯罪嫌疑人或者被害人的身体；“与犯罪有关的尸体”，是指死因与犯罪有关的尸体，可能是被害人，也可能是犯罪嫌疑人。“必要时”，是指勘验需要专门知识，而侦查人员不具有专门知识。

128.4　规范性文件

128.4.1　法医勘验、检查、鉴定规范

★**《人民检察院法医工作细则（试行）》**（高检办发字〔1988〕第5号，1988年1月28日）

第九条　尸体检验鉴定的目的是：确定死亡原因，推断死亡时间，判断致死方式和手段，推断致死工具，认定死亡性质（他杀、自杀、意外、或疾病死亡）。

第十条　尸体检验的对象包括：

一、涉及刑事案件，必须经过尸体检验方能查明死因的尸体。

二、被监管人员中非正常死亡的尸体。

三、重大责任事故案件中死亡，需要查明死因的尸体。

四、医疗责任事故造成死亡，需要查明死因的尸体。

五、体罚虐待被监管人员，刑讯逼供，违法乱纪致人死亡，需要查明死因的尸体。

六、控告申诉案件中涉及人身死亡，需要查明死因的尸体。

七、其他需要检验的尸体。

第十一条　尸体检验包括尸表检验和解剖检验。检验要求全面、系统、应提取有关脏器和组织做病理组织学检验。必要时抽取胃内容物、内脏、血液、尿液等作毒物分析或其他检验；提取心血作细菌培养。对已埋葬的尸体，需要查明死因者，要进行开棺检验。

第十二条　尸体解剖可遵照一九七九年卫生部重新颁发的解剖尸体规则的有关规定执行。

第十三条　活体检查主要是对被害人、被告人的某些特征、损伤情况、生理状态、病理状态和各器官、系统功能状态等进行检验、鉴定。

一、个人特征：查明性别、年龄、检查血型及生理、病理特征。

二、检查人身是否有伤和损伤程度，推断损伤性质、受伤时间、致伤工具等。

三、检查有无被奸、妊娠、分娩以及性功能状态，协助解决有无性犯罪方面的问题。

四、查明人体有无中毒症状和体征，检查体内是否有某种毒物，并测定其含量及人体途径等。

五、检查有关人的精神状态，确定有无精神病及其类型，并断定其辩认能力或责任能力。

第十四条　活体检查一般由办案人员带领被检人在法医活体检验室内进行。被检人因健康关系不能行动，可在医院或家里进行。对妇女身体检验时，应由女法医进行，无女法医时，要有女工作人员在场。

第十五条　对伤害、疾病有关的活体检验，必须将被检人的病历及有关材料送交法医鉴定人。涉及临床医学各科时，可聘请专家共同鉴定。

第十六条　法医物证是指对案件

的真实情况具有证明作用的人体组织器官的一部分或其分泌物、排泄物等。

第十七条　法医物证检验鉴定的要求是：

一、血痕鉴定主要是检验检材上是否有血，是人血还是动物血、属何血型，出血部位以及性别等。

二、毛发认定主要是认定是否人毛，确定其生长部位、脱落、损伤的原因，有无附着物以及毛发性别、血型，比对现场遗留毛发与嫌疑人毛发是否相似等。

三、精斑鉴定主要是认定检材上是否附有精斑，属何血型等。

四、骨质鉴定主要认定是否人骨，是一人骨还是多人骨，从人骨上推断性别、年龄、身高和其他个体特征，骨质损伤是生前还是生后形成以及致伤工具等。

第十八条　法医物证检验的一般程序包括：肉眼检查、预备试验，确证试验、种属试验、个人识别等。

第十九条　法医物证的提取，包装，送检及保管应按不同种类的检材，严格遵照有关规定进行。

128.4.2　毒品提取、检验等程序规范

★《办理毒品犯罪案件毒品提取、扣押、称量、取样和送检程序若干问题的规定》（公禁毒〔2016〕511 号，2016 年 5 月 24 日）

第四条　侦查人员应当对毒品犯罪案件有关的场所、物品、人身进行勘验、检查或者搜查，及时准确地发现、固定、提取、采集毒品及内外包装物上的痕迹、生物样本等物证，依法予以扣押。必要时，可以指派或者聘请具有专门知识的人，在侦查人员的主持下进行勘验、检查。

侦查人员对制造毒品、非法生产制毒物品犯罪案件的现场进行勘验、检查或者搜查时，应当提取并当场扣押制造毒品、非法生产制毒物品的原料、配剂、成品、半成品和工具、容器、包装物以及上述物品附着的痕迹、生物样本等物证。

提取、扣押时，不得将不同包装物内的毒品混合。

现场勘验、检查或者搜查时，应当对查获毒品的原始状态拍照或者录像，采取措施防止犯罪嫌疑人及其他无关人员接触毒品及包装物。

第五条　毒品的扣押应当在有犯罪嫌疑人在场并有见证人的情况下，由两名以上侦查人员执行。

毒品的提取、扣押情况应当制作笔录，并当场开具扣押清单。

笔录和扣押清单应当由侦查人员、犯罪嫌疑人和见证人签名。犯罪嫌疑人拒绝签名的，应当在笔录和扣押清单中注明。

第六条　对同一案件在不同位置查获的两个以上包装的毒品，应当根据不同的查获位置进行分组。

对同一位置查获的两个以上包装的毒品，应当按照以下方法进行分组：

（一）毒品或者包装物的外观特征不一致的，根据毒品及包装物的外观特征进行分组；

（二）毒品及包装物的外观特征一致，但犯罪嫌疑人供述非同一批次毒品的，根据犯罪嫌疑人供述的不同批次进行分组；

（三）毒品及包装物的外观特征一致，但犯罪嫌疑人辩称其中部分不是毒品或者不知是否为毒品的，对犯罪嫌疑

人辩解的部分疑似毒品单独分组。

第七条　对查获的毒品应当按其独立最小包装逐一编号或者命名，并将毒品的编号、名称、数量、查获位置以及包装、颜色、形态等外观特征记录在笔录或者扣押清单中。

在毒品的称量、取样、送检等环节，毒品的编号、名称以及对毒品外观特征的描述应当与笔录和扣押清单保持一致；不一致的，应当作出书面说明。

第八条　对体内藏毒的案件，公安机关应当监控犯罪嫌疑人排出体内的毒品，及时提取、扣押并制作笔录。笔录应当由侦查人员和犯罪嫌疑人签名；犯罪嫌疑人拒绝签名的，应当在笔录中注明。在保障犯罪嫌疑人隐私权和人格尊严的情况下，可以对排毒的主要过程进行拍照或者录像。

必要时，可以在排毒前对犯罪嫌疑人体内藏毒情况进行透视检验并以透视影像的形式固定证据。

体内藏毒的犯罪嫌疑人为女性的，应当由女性工作人员或者医师检查其身体，并由女性工作人员监控其排毒。

第九条　现场提取、扣押等工作完成后，一般应当由两名以上侦查人员对提取、扣押的毒品及包装物进行现场封装，并记录在笔录中。

封装应当在有犯罪嫌疑人在场并有见证人的情况下进行；应当使用封装袋封装毒品并加密封口，或者使用封条贴封包装，作好标记和编号，由侦查人员、犯罪嫌疑人和见证人在封口处、贴封处或者指定位置签名并签署封装日期。犯罪嫌疑人拒绝签名的，侦查人员应当注明。

确因情况紧急、现场环境复杂等客观原因无法在现场实施封装的，经公安机关办案部门负责人批准，可以及时将毒品带至公安机关办案场所或者其他适当的场所进行封装，并对毒品移动前后的状态进行拍照固定，作出书面说明。

封装时，不得将不同包装内的毒品混合。对不同组的毒品，应当分别独立封装，封装后可以统一签名。

第十条　必要时，侦查人员应当对提取、扣押和封装的主要过程进行拍照或者录像。

照片和录像资料应当反映提取、扣押和封装活动的主要过程以及毒品的原始位置、存放状态和变动情况。照片应当附有相应的文字说明，文字说明应当与照片反映的情况相对应。

第十一条　公安机关应当设置专门的毒品保管场所或者涉案财物管理场所，指定专人保管封装后的毒品及包装物，并采取措施防止毒品发生变质、泄漏、遗失、损毁或者受到污染等。

对易燃、易爆、具有毒害性以及对保管条件、保管场所有特殊要求的毒品，在处理前应当存放在符合条件的专门场所。公安机关没有具备保管条件的场所的，可以借用其他单位符合条件的场所进行保管。

第十二条　毒品的称量一般应当由两名以上侦查人员在查获毒品的现场完成。

不具备现场称量条件的，应当按照本规定第九条的规定对毒品及包装物封装后，带至公安机关办案场所或者其他适当的场所进行称量。

第十三条　称量应当在有犯罪嫌疑人在场并有见证人的情况下进行，并制作称量笔录。

对已经封装的毒品进行称量前，应当在有犯罪嫌疑人在场并有见证人的情况下拆封，并记录在称量笔录中。

称量笔录应当由称量人、犯罪嫌疑人和见证人签名。犯罪嫌疑人拒绝签名的，应当在称量笔录中注明。

第十四条　称量应当使用适当精度和称量范围的衡器。称量的毒品质量不足一百克的，衡器的分度值应当达到零点零一克；一百克以上且不足一千克的，分度值应当达到零点一克；一千克以上且不足十千克的，分度值应当达到一克；十千克以上且不足一百千克的，分度值应当达到十克；一百千克以上且不足一吨的，分度值应当达到一百克；一吨以上的，分度值应当达到一千克。

称量前，称量人应当将衡器示数归零，并确保其处于正常的工作状态。

称量所使用的衡器应当经过法定计量检定机构检定并在有效期内，一般不得随意搬动。

法定计量检定机构出具的计量检定证书复印件应当归入证据材料卷，并随案移送。

第十五条　对两个以上包装的毒品，应当分别称量，并统一制作称量笔录，不得混合后称量。

对同一组内的多个包装的毒品，可以采取全部毒品及包装物总质量减去包装物质量的方式确定毒品的净质量；称量时，不同包装物内的毒品不得混合。

第十六条　多个包装的毒品系包装完好、标识清晰完整的麻醉药品、精神药品制剂的，可以按照其包装、标识或者说明书上标注的麻醉药品、精神药品成分的含量计算全部毒品的质量，或者从相同批号的药品制剂中随机抽取三个包装进行称量后，根据麻醉药品、精神药品成分的含量计算全部毒品的质量。

第十七条　对体内藏毒的案件，应当将犯罪嫌疑人排出体外的毒品逐一称量，统一制作称量笔录。

犯罪嫌疑人供述所排出的毒品系同一批次或者毒品及包装物的外观特征相似的，可以按照本规定第十五条第二款规定的方法进行称量。

第十八条　对同一容器内的液态毒品或者固液混合状态毒品，应当采用拍照或者录像等方式对其原始状态进行固定，再统一称量。必要时，可以对其原始状态固定后，再进行固液分离并分别称量。

第十九条　现场称量后将毒品带回公安机关办案场所或者送至鉴定机构取样的，应当按照本规定第九条的规定对毒品及包装物进行封装。

第二十条　侦查人员应当对称量的主要过程进行拍照或者录像。

照片和录像资料应当清晰显示毒品的外观特征、衡器示数和犯罪嫌疑人对称量结果的指认情况。

第二十一条　毒品的取样一般应当在称量工作完成后，由两名以上侦查人员在查获毒品的现场或者公安机关办案场所完成。必要时，可以指派或者聘请具有专门知识的人进行取样。

在现场或者公安机关办案场所不具备取样条件的，应当按照本规定第九条的规定对毒品及包装物进行封装后，将其送至鉴定机构并委托鉴定机构进行取样。

第二十二条　在查获毒品的现场

或者公安机关办案场所取样的，应当在有犯罪嫌疑人在场并有见证人的情况下进行，并制作取样笔录。

对已经封装的毒品进行取样前，应当在有犯罪嫌疑人在场并有见证人的情况下拆封，并记录在取样笔录中。

取样笔录应当由取样人、犯罪嫌疑人和见证人签名。犯罪嫌疑人拒绝签名的，应当在取样笔录中注明。

必要时，侦查人员应当对拆封和取样的主要过程进行拍照或者录像。

第二十三条　委托鉴定机构进行取样的，对毒品的取样方法、过程、结果等情况应当制作取样笔录，但鉴定意见包含取样方法的除外。

取样笔录应当由侦查人员和取样人签名，并随案移送。

第二十四条　对单个包装的毒品，应当按照下列方法选取或者随机抽取检材：

（一）粉状。将毒品混合均匀，并随机抽取约一克作为检材；不足一克的全部取作检材。

（二）颗粒状、块状。随机选择三个以上不同的部位，各抽取一部分混合作为检材，混合后的检材质量不少于一克；不足一克的全部取作检材。

（三）膏状、胶状。随机选择三个以上不同的部位，各抽取一部分混合作为检材，混合后的检材质量不少于三克；不足三克的全部取作检材。

（四）胶囊状、片剂状。先根据形状、颜色、大小、标识等外观特征进行分组；对于外观特征相似的一组，从中随机抽取三粒作为检材，不足三粒的全部取作检材。

（五）液态。将毒品混合均匀，并随机抽取约二十毫升作为检材；不足二十毫升的全部取作检材。

（六）固液混合状态。按照本款以上各项规定的方法，分别对固态毒品和液态毒品取样；能够混合均匀成溶液的，可以将其混合均匀后按照本款第五项规定的方法取样。

对其他形态毒品的取样，参照前款规定的取样方法进行。

第二十五条　对同一组内两个以上包装的毒品，应当按照下列标准确定选取或者随机抽取独立最小包装的数量，再根据本规定第二十四条规定的取样方法从单个包装中选取或者随机抽取检材：

（一）少于十个包装的，应当选取所有的包装；

（二）十个以上包装且少于一百个包装的，应当随机抽取其中的十个包装；

（三）一百个以上包装的，应当随机抽取与包装总数的平方根数值最接近的整数个包装。

对选取或者随机抽取的多份检材，应当逐一编号或者命名，且检材的编号、名称应当与其他笔录和扣押清单保持一致。

第二十六条　多个包装的毒品系包装完好、标识清晰完整的麻醉药品、精神药品制剂的，可以从相同批号的药品制剂中随机抽取三个包装，再根据本规定第二十四条规定的取样方法从单个包装中选取或者随机抽取检材。

第二十七条　在查获毒品的现场或者公安机关办案场所取样的，应当使用封装袋封装检材并加密封口，作好标记和编号，由取样人、犯罪嫌疑人和见证人在封口处或者指定位置签名并签署封装日期。犯罪嫌疑人拒绝签名的，侦查人员应当注明。

从不同包装中选取或者随机抽取的检材应当分别独立封装，不得混合。

对取样后剩余的毒品及包装物，应当按照本规定第九条的规定进行封装。选取或者随机抽取的检材应当由专人负责保管。在检材保管和送检过程中，应当采取妥善措施防止其发生变质、泄漏、遗失、损毁或者受到污染等。

第二十八条 委托鉴定机构进行取样的，应当使用封装袋封装取样后剩余的毒品及包装物并加密封口，作好标记和编号，由侦查人员和取样人在封口处签名并签署封装日期。

第二十九条 对取样后剩余的毒品及包装物，应当及时送至公安机关毒品保管场所或者涉案财物管理场所进行妥善保管。

对需要作为证据使用的毒品，不起诉决定或者判决、裁定（含死刑复核判决、裁定）发生法律效力后方可处理。

第三十条 对查获的全部毒品或者从查获的毒品中选取或者随机抽取的检材，应当由两名以上侦查人员自毒品被查获之日起三日以内，送至鉴定机构进行鉴定。

具有案情复杂、查获毒品数量较多、异地办案、在交通不便地区办案等情形的，送检时限可以延长至七日。

公安机关应当向鉴定机构提供真实、完整、充分的鉴定材料，并对鉴定材料的真实性、合法性负责。

第三十一条 侦查人员送检时，应当持本人工作证件、鉴定聘请书等材料，并提供鉴定事项相关的鉴定资料；需要复核、补充或者重新鉴定的，还应当持原鉴定意见复印件。

第三十二条 送检的侦查人员应当配合鉴定机构核对鉴定材料的完整性、有效性，并检查鉴定材料是否满足鉴定需要。

公安机关鉴定机构应当在收到鉴定材料的当日作出是否受理的决定，决定受理的，应当与公安机关办案部门签订鉴定委托书；不予受理的，应当退还鉴定材料并说明理由。

第三十三条 具有下列情形之一的，公安机关应当委托鉴定机构对查获的毒品进行含量鉴定：

（一）犯罪嫌疑人、被告人可能被判处死刑的；

（二）查获的毒品系液态、固液混合物或者系毒品半成品的；

（三）查获的毒品可能大量掺假的；

（四）查获的毒品系成分复杂的新类型毒品，且犯罪嫌疑人、被告人可能被判处七年以上有期徒刑的；

（五）人民检察院、人民法院认为含量鉴定对定罪量刑有重大影响而书面要求进行含量鉴定的。

进行含量鉴定的检材应当与进行成分鉴定的检材来源一致，且一一对应。

第三十四条 对毒品原植物及其种子、幼苗，应当委托具备相应资质的鉴定机构进行鉴定。当地没有具备相应资质的鉴定机构的，可以委托侦办案件的公安机关所在地的县级以上农牧、林业行政主管部门，或者设立农林相关专业的普通高等学校、科研院所出具检验报告。

128.4.3　侦查机关勘验、检查的主体和范围

★《公安规定》(2020)

第二百一十三条　侦查人员对于与犯罪有关的场所、物品、人身、尸体应当进行勘验或者检查,及时提取、采集与案件有关的痕迹、物证、生物样本等。在必要的时候,可以指派或者聘请具有专门知识的人,在侦查人员的主持下进行勘验、检查。

★《国安规定》(2024)

第二百三十八条　侦查人员对与犯罪有关的场所、物品、文件、人身、尸体应当进行勘验或者检查,及时提取、采集与案件有关的痕迹、物证、生物样本、图像等。必要时,可以指派或者聘请具有专门知识的人,在侦查人员的主持下进行勘验、检查。

侦查人员执行勘验、检查,不得少于二人,并应持有有关证明文件。

128.4.4　公安机关现场勘验、检查规范

★《公安机关刑事案件现场勘验检查规则》(公通字〔2015〕31号,2015年10月22日)

第十四条　发案地公安机关接到刑事案件报警后,对于有犯罪现场的,应当迅速派员赶赴现场,做好现场保护工作。

第十五条　负责保护现场的人民警察应当根据案件具体情况,划定保护范围,设置警戒线和告示牌,禁止无关人员进入现场。

第十六条　负责保护现场的人民警察除抢救伤员、紧急排险等情况外,不得进入现场,不得触动现场上的痕迹、物品和尸体;处理紧急情况时,应当尽可能避免破坏现场上的痕迹、物品和尸体,对现场保护情况应当予以记录,对现场原始情况应当拍照或者录像。

第十七条　负责保护现场的人民警察对现场可能受到自然、人为因素破坏的,应当对现场上的痕迹、物品和尸体等采取相应的保护措施。

第十八条　保护现场的时间,从发现刑事案件现场开始,至现场勘验、检查结束。需要继续勘验、检查或者需要保留现场的,应当对整个现场或者部分现场继续予以保护。

第十九条　负责现场保护的人民警察应当将现场保护情况及时报告现场勘验、检查指挥员。

第二十条　公安机关对刑事案件现场勘验、检查应当统一指挥,周密组织,明确分工,落实责任,及时完成各项任务。

第二十一条　现场勘验、检查的指挥员由具有现场勘验、检查专业知识和组织指挥能力的人民警察担任。

第二十二条　现场勘验、检查的指挥员依法履行下列职责:

(一)决定和组织实施现场勘验、检查的紧急措施;

(二)制定和实施现场勘验、检查的工作方案;

(三)对参加现场勘验、检查人员进行分工;

(四)指挥、协调现场勘验、检查工作;

(五)确定现场勘验、检查见证人;

(六)审核现场勘验检查工作记录;

(七)组织现场分析;

(八)决定对现场的处理。

第二十三条　现场勘验、检查人员依法履行下列职责：

（一）实施现场紧急处置；

（二）开展现场调查访问；

（三）发现、固定和提取现场痕迹、物证等；

（四）记录现场保护情况、现场原始情况和现场勘验、检查情况，制作《现场勘验检查工作记录》；

（五）参与现场分析；

（六）提出处理现场的意见；

（七）将现场勘验信息录入“全国公安机关现场勘验信息系统”；

（八）利用现场信息串并案件。

第二十四条　公安机关对刑事案件现场进行勘验、检查不得少于二人。

勘验、检查现场时，应当邀请一至二名与案件无关的公民作见证人。由于客观原因无法由符合条件的人员担任见证人的，应当在笔录材料中注明情况，并对相关活动进行录像。

勘验、检查现场，应当拍摄现场照片，绘制现场图，制作笔录，由参加勘查的人和见证人签名。对重大案件的现场，应当录像。

第二十五条　现场勘验、检查人员到达现场后，应当了解案件发生、发现和现场保护情况。需要采取搜索、追踪、堵截、鉴别、安全检查和控制销赃等紧急措施的，应当立即报告现场指挥员，并依照有关法律法规果断处置。

具备使用警犬追踪或者鉴别条件的，在不破坏现场痕迹、物证的前提下，应当立即使用警犬搜索和追踪，提取有关物品、嗅源。

第二十六条　勘验、检查暴力犯罪案件现场，可以视案情部署武装警戒，防止造成新的危害后果。

第二十七条　公安机关应当为现场勘验、检查人员配备必要的安全防护设施和器具。现场勘验、检查人员应当增强安全意识，注意自身防护。对涉爆、涉枪、放火、制毒、涉危险物质、危险场所等可能危害勘验、检查人身安全的现场，应当先由专业人员排除险情，再进行现场勘验、检查。

第二十八条　执行现场勘验、检查任务的人员，应当持有《刑事案件现场勘查证》。《刑事案件现场勘查证》由公安部统一样式，省级公安机关统一制发。

第二十九条　执行现场勘验、检查任务的人员，应当使用相应的个人防护装置，防止个人指纹、足迹、DNA 等信息遗留现场造成污染。

第三十条　勘验、检查现场时，非勘验、检查人员不得进入现场。确需进入现场的，应当经指挥员同意，并按指定路线进出现场。

第三十一条　现场勘验、检查按照以下工作步骤进行：

（一）巡视现场，划定勘验、检查范围；

（二）按照“先静后动，先下后上，先重点后一般，先固定后提取”的原则，根据现场实际情况确定勘验、检查流程；

（三）初步勘验、检查现场，固定和记录现场原始状况；

（四）详细勘验、检查现场，发现、固定、记录和提取痕迹、物证；

（五）记录现场勘验、检查情况。

第三十二条　勘验、检查人员应当及时采集并记录现场周边的视频信息、基站信息、地理信息及电子信息等相关信息。勘验、检查与电子数据有关的犯罪现场时，应当按照有关规范处置相关设备，保护电子数据和其他痕迹、物证。

第三十三条　勘验、检查繁华场所、敏感地区发生的煽动性或者影响较恶劣的案件时，应当采用适当方法对现场加以遮挡，在取证结束后及时清理现场，防止造成不良影响。

第三十四条　为了确定被害人、犯罪嫌疑人的某些特征、伤害情况或者生理状态，可以对人身进行检查，可以提取指纹信息，采集血液、口腔拭子、尿液等生物样本。犯罪嫌疑人拒绝检查、提取、采集的，侦查人员认为必要的时候，经办案部门负责人批准，可以强制检查、提取、采集。

检查妇女的身体，应当由女工作人员或者医师进行。

检查的情况应当制作笔录，由参加检查的侦查人员、检查人员、被检查人员和见证人签名。被检查人员拒绝签名的，侦查人员应当在笔录中注明。

第三十五条　勘验、检查有尸体的现场，应当有法医参加。

第三十六条　为了确定死因，经县级以上公安机关负责人批准，可以解剖尸体。

第三十七条　解剖尸体应当通知死者家属到场，并让死者家属在《解剖尸体通知书》上签名。死者家属无正当理由拒不到场或者拒绝签名的，可以解剖尸体，但是应当在《解剖尸体通知书》上注明。对于身份不明的尸体，无法通知死者家属的，应当在笔录中注明。

解剖外国人尸体应当通知死者家属或者其所属国家驻华使、领馆有关官员到场，并请死者家属或者其所属国家驻华使、领馆有关官员在《解剖尸体通知书》上签名。死者家属或者其所属国家驻华使、领馆有关官员无正当理由拒不到场或者拒绝签名的，可以解剖尸体，但应当在《解剖尸体通知书》上注明。对于身份不明外国人的尸体，无法通知死者家属或者有关使、领馆的，应当在笔录中注明。

第三十八条　移动现场尸体前，应当对尸体的原始状况及周围的痕迹、物品进行照相、录像，并提取有关痕迹、物证。

第三十九条　解剖尸体应当在尸体解剖室进行。确因情况紧急，或者受条件限制，需要在现场附近解剖的，应当采取隔离、遮挡措施。

第四十条　检验、解剖尸体时，应当捺印尸体指纹和掌纹。必要时，提取血液、尿液、胃内容和有关组织、器官等。尸体指纹和掌纹因客观条件无法捺印时需在相关记录中注明。

第四十一条　检验、解剖尸体时，应当照相、录像。对尸体损伤痕迹和有关附着物等应当进行细目照相、录像。

对无名尸体的面貌，生理、病理特征，以及衣着、携带物品和包裹尸体物品等，应当进行详细检查和记录，拍摄辨认照片。

第四十二条　现场勘验、检查结束后，应当及时将现场信息录入“全国公安机关现场勘验信息系统”并制作《现场勘验检查工作记录》。其中，对命案现场信息应当在勘查结束后七个工作日内录入，对其他现场信息应当在勘查结束后五个工作日内录入。

《现场勘验检查工作记录》包括现场勘验笔录、现场图、现场照片、现场录像和现场录音。

第四十三条　现场勘验检查工作记录应当客观、全面、详细、准确、规范，能够作为核查现场或者恢复现场原状的依据。

第四十四条　现场勘验笔录正文需要载明现场勘验过程及结果，包括与犯罪有关的痕迹和物品的名称、位置、数量、性状、分布等情况，尸体的位置、衣着、姿势、血迹分布、性状和数量以及提取痕迹、物证情况等。

第四十五条　对现场进行多次勘验、检查的，在制作首次现场勘验检查工作记录后，逐次制作补充勘验检查工作记录。

第四十六条　现场勘验、检查人员应当制作现场方位图、现场平面示意图，并根据现场情况选择制作现场平面比例图、现场平面展开图、现场立体图和现场剖面图等。

第四十七条　绘制现场图应当符合以下基本要求：

（一）标明案件名称，案件发现时间、案发地点；

（二）完整反映现场的位置、范围；

（三）准确反映与犯罪活动有关的主要物体，标明尸体、主要痕迹、主要物证、作案工具等具体位置；

（四）文字说明简明、准确；

（五）布局合理，重点突出，画面整洁，标识规范；

（六）现场图注明方向、图例、绘图单位、绘图日期和绘图人。

第四十八条　现场照相和录像包括方位、概貌、重点部位和细目四种。

第四十九条　现场照相和录像应当符合以下基本要求：

（一）影像清晰、主题突出、层次分明、色彩真实；

（二）清晰、准确记录现场方位、周围环境及原始状态，记录痕迹、物证所在部位、形状、大小及其相互之间的关系；

（三）细目照相、录像应当放置比例尺；

（四）现场照片需有文字说明。

第五十条　现场绘图、现场照相、录像、现场勘验笔录应当相互吻合。

第五十一条　现场绘图、现场照相、录像、现场勘验笔录等现场勘验、检查的原始资料应当妥善保存。现场勘验、检查原始记录可以用纸质形式或者电子形式记录，现场勘验、检查人员、见证人应当在现场签字确认，以电子形式记录的可以使用电子签名。

第五十二条　现场勘验、检查中发现与犯罪有关的痕迹、物品，应当固定、提取。

提取现场痕迹、物品，应当分别提取，分开包装，统一编号，注明提取的地点、部位、日期，提取的数量、名称、方法和提取人；对特殊检材，应当采取相应的方法提取和包装，防止损坏或者污染。

第五十三条　提取秘密级以上的文件，应当由县级以上公安机关负责人批准，按照有关规定办理，防止泄密。

第五十四条　在现场勘验、检查中，应当对能够证明犯罪嫌疑人有罪或者无罪的各种物品和文件予以扣押；对有可能成为痕迹物证载体的物品、文件，应当予以提取、扣押，进一步检验，但不得扣押或者提取与案件无关的物品、文件，对与犯罪有关的物品、文件和有可能成为痕迹物证载体的物品、文件的持有人无正当理由拒绝交出物品、文件的，现场勘验、检查人员可以强行扣押或者提取。

第五十五条　现场勘验、检查中需要扣押或者提取物品、文件的，由现场勘验、检查指挥员决定。执行扣押或者提取物品、文件时，侦查人员不得少于二人，并持有关法律文书和相关证件，同时应当有见证人在场。

第五十六条　现场勘验、检查中，发现爆炸物品、毒品、枪支、弹药和淫秽物品以及其他危险品或者违禁物品，应当立即扣押，固定相关证据后，交有关部门处理。

第五十七条　扣押物品、文件时，当场开具《扣押清单》，写明扣押的日期和物品、文件的名称、编号、数量、特征及其来源等，由侦查人员、见证人和物品、文件持有人分别签名或者盖章。对于持有人拒绝签名或者无法查清持有人的，应当在《扣押清单》上注明。

《扣押清单》一式三份，一份交物品、文件持有人，一份交公安机关保管人员，一份附卷备查。

提取现场痕迹、物品应当填写《提取痕迹、物证登记表》，写明物品、文件的编号、名称、数量、特征和来源等，由侦查人员、见证人和物品、文件持有人分别签名或者盖章。对于物品持有人拒绝签名或者无法查清持有人的，应当在《提取痕迹、物证登记表》上注明。

第五十八条　对应当扣押但不便提取的物品、文件，经登记、拍照或者录像、估价后，可以交被扣押物品、文件持有人保管或者封存，并明确告知物品持有人应当妥善保管，不得转移、变卖、毁损。

交被扣押物品、文件持有人保管或者封存的，应当开具《登记保存清单》，在清单上写明封存地点和保管责任人，注明已经拍照或者录像，由侦查人员、见证人和持有人签名或者盖章。

《登记保存清单》一式两份，一份交给物品、文件持有人，一份连同照片或者录像资料附卷备查。

对应当扣押但容易腐烂变质以及其他不易保管的物品，权利人明确的，经其本人书面同意或者申请，经县级以上公安机关负责人批准，在拍照或者录像固定后委托有关部门变卖、拍卖，所得款项存入本单位唯一合规账户，待诉讼终结后一并处理。

第五十九条　对不需要继续保留或者经调查证实与案件无关的检材和被扣押物品、文件，应当及时退还原主，填写《发还清单》一式三份，由承办人、领取人签名或者盖章，一份交物品、文件的原主，一份交物品保管人，一份附卷备查。

第六十条　对公安机关扣押物品、文件有疑问的，物品、文件持有人可以向扣押单位咨询；认为扣押不当的，可以向扣押物品、文件的公安机关申诉或者控告。

第六十一条　上级公安机关发现下级公安机关扣押物品、文件不当的，应当责令下级公安机关纠正，下级公安机关应当立即执行。必要时，上级公安机关可以就申诉、控告事项直接作出处理决定。

第六十二条　对于现场提取的痕迹、物品和扣押的物品、文件，应当按照有关规定建档管理，存放于专门场所，由专人负责，严格执行存取登记制度，严禁侦查人员自行保管。

第七十九条　遇有下列情形之一，应当对现场进行复验、复查：

（一）案情重大、现场情况复杂的；

（二）侦查工作需要从现场进一步收集信息、获取证据的；

（三）人民检察院审查案件时认为需要复验、复查的；

（四）当事人提出不同意见，公安机关认为有必要复验、复查的；

（五）其他需要复验、复查的。

第八十条　对人民检察院要求复验、复查的，公安机关复验、复查时，可以通知人民检察院派员参加。

128.4.5　计算机犯罪现场勘验规范

★**《计算机犯罪现场勘验与电子证据检查规则》**（公信安〔2005〕161号，2005年2月25日）

第十二条　固定和封存电子证据的目的是保护电子证据的完整性、真实性和原始性。

作为证据使用的存储媒介、电子设备和电子数据应当在现场固定或封存。

第十三条　封存电子设备和存储媒介的方法是：

（一）采用的封存方法应当保证在不解除封存状态的情况下，无法使用被封存的存储媒介和启动被封存电子设备。

（二）封存前后应当拍摄被封存电子设备和存储媒介的照片并制作《封存电子证据清单》，照片应当从各个角度反映设备封存前后的状况，清晰反映封口或张贴封条处的状况。

第十四条　固定存储媒介和电子数据包括以下方式：

（一）完整性校验方式。是指计算电子数据和存储媒介的完整性校验值，并制作、填写《固定电子证据清单》；

（二）备份方式。是指复制、制作原始存储媒介的备份，并依照第十三条规定的方法封存原始存储媒介；

（三）封存方式。对于无法计算存储媒介完整性校验值或制作备份的情形，应当依照第十三条规定的方法封存原始存储媒介，并在勘验、检查笔录上注明不计算完整性校验值或制作备份的理由。

第十五条　现场勘验检查程序包括：

（一）保护现场；

（二）收集证据；

（三）提取、固定易丢失数据；

（四）在线分析；

（五）提取、固定证物。

第十六条　对现场状况以及提取数据、封存物品文件的过程、在线分析的关键步骤应当录像，录像带应当编号封存。

第十七条　在现场拍摄的照片应当统一编号制作《勘验检查照片记录表》。

第十八条　在现场提取的易丢失数据以及现场在线分析时生成和提取的电子数据，应当计算其完整性校验值并制作、填写《固定电子证据清单》，以保证其完整性和真实性。

第十九条　在线分析是指在现场不关闭电子设备的情况下直接分析和提取电子系统中的数据。除以下情形外，一般不得实施在线分析：

（一）案件情况紧急，在现场不实施在线分析可能会造成严重后果的；

（二）情况特殊，不允许关闭电子设备或扣押电子设备的；

（三）在线分析不会损害目标设备中重要电子数据的完整性、真实性的。重要电子数据是指可能作为证据的电子数据。

第二十条　易丢失数据提取和在线分析，应当依循以下原则：

（一）不得将生成、提取的数据存储在原始存储媒介中。

（二）不得在目标系统中安装新的应用程序。如果因为特殊原因，需要在目标系统中安装新的应用程序的，应当在《现场勘验检查笔录》中记录所安装的程序及其目的。

（三）应当在《现场勘验检查笔录》中详细、准确记录实施的操作以及对目标系统可能造成的影响。

第二十一条　现场勘验检查结束后，应当在及时制作《现场勘验检查工作记录》。《现场勘验检查工作记录》由《现场勘验检查笔录》、《固定电子证据清单》、《封存电子证据清单》和《勘验检查照片记录表》等内容组成。

第二十二条　远程勘验过程中提取的目标系统状态信息、目标网站内容以及勘验过程中生成的其他电子数据，应当计算其完整性校验值并制作《固定电子证据清单》。

第二十三条　应当采用录像、照相、截获计算机屏幕内容等方式记录远程勘验过程中提取、生成电子证据等关键步骤。

第二十四条　远程勘验结束后，应当及时制作《远程勘验工作记录》。《远程勘验工作记录》由《远程勘验笔录》、《固定电子证据清单》、《勘验检查照片记录表》以及截获的屏幕截图等内容组成。

第二十五条　通过网络监听获取特定主机通信内容以提取电子证据时，应当遵循与远程勘验相同的规定。

第三十三条　《现场勘验检查工作记录》、《远程勘验工作记录》、《电子证据检查工作记录》应当加盖骑缝章后由至少两名勘验、检查人员签名。

《现场勘验检查工作记录》应当由至少一名见证人签名。

第三十四条　《现场勘验检查笔录》的内容一般包括：

（一）基本情况。包括勘验检查的地点，起止时间，指挥人员、勘查人员的姓名、职务，见证人的姓名、住址等；

（二）现场情形。包括现场的设备环境、网络结构、运行状态等；

（三）勘查过程。包括勘查的基本情况，易丢失证据提取的过程、产生的数据，在线勘验、检查过程中实施的操作、对数据可能产生的影响、提取的数据，封存物品、固定证据的有关情况等；

（四）勘查结果。包括提取物证的有关情况、勘查形成的结论以及发现的案件线索等。

第三十五条　《现场勘查照片记录表》应当记录该相片拍摄的内容、对象，并编号入卷。拍摄的照片可以是数码照片或光学照片。

第三十六条　《远程勘验笔录》的内容一般包括：

（一）基本情况。包括勘验的起止时间，指挥人员、勘验人员的姓名、职务，勘验的对象，勘验的目的等；

（二）勘验过程。包括勘验使用的工具，勘验的方法与步骤，提取和固定数据的方法等；

（三）勘验结果。包括通过勘验发现的案件线索，目标系统的状况，目标网站的内容等。

第三十七条　《电子证据检查笔

录》的内容一般包括：

（一）基本情况。包括检查的起止时间，指挥人员、勘验人员的姓名、职务，检查的对象，检查的目的等；

（二）检查过程。包括检查过程使用的工具，检查的方法与步骤，提取数据的方法等；

（三）检查结果。包括通过检查发现的案件线索，提取的信息内容等。

129　现场保护和通知义务

129.1　法条规定

第一百二十九条　任何单位和个人，都有义务保护犯罪现场，并且立即通知公安机关派员勘验。

【立法释义】①

本条规定明确了现场保护和通知的义务。任何单位或个人发现犯罪现场，应当立即将发现犯罪现场的时间、地点、犯罪情况报告给公安机关，通知其派员进行勘验，并且在公安机关派人到达现场之前设法保护好现场。除出现抢救伤员、灭火等特殊的紧急情况外，应尽量防止移动、损毁现场的物品和原始痕迹，并阻止其他人进入现场、触摸现场及其附近物品。公安机关在接到报案后，应当迅速派员赶赴犯罪现场，同时组织有关部门和人员采取相应保护措施，如封锁现场、布置警戒，防止无关人员进入现场等。

129.2　规范性文件

129.2.1　监督管理部门的现场保护、通知义务

★《最高人民法院、最高人民检察院、公安部、监察部、国家安全生产监督管理总局关于严格依法及时办理危害生产安全刑事案件的通知》（高检会〔2008〕5号，2008年6月6日）

二、安全生产监督管理部门、煤矿安全监察机构和负有安全生产监督管理职责的有关部门接到事故报告后，应当按规定及时通知公安机关、监察机关、工会和人民检察院。

有关单位和人员要严格履行保护现场和重要痕迹、物证的义务。因抢救人员、防止事故扩大以及疏通交通等原因，需要移动事故现场物件的，应当做出标志，绘制现场简图并做出书面记录，妥善保存现场重要痕迹、物证。任何单位和个人不得破坏事故现场、毁灭相关证据。

相关单位、部门要在事故调查组的统一组织协调下开展调查取证、现场勘验、技术鉴定等工作，查明事故发生的经过、原因、人员伤亡情况及直接经济损失，认定事故的性质和事故责任，在法定期限内完成事故调查处理工作，并将处理意见抄送有关单位、部门。

事故调查过程中，发现涉嫌犯罪的，事故调查组应当及时将有关材料或者复印件移交公安机关、检察机关。

七、严肃查办谎报瞒报事故行为。对有关单位和个人故意干扰、阻碍办案，或者毁灭、伪造证据、转移藏匿物证书证，或者拒不提供证据资料等违纪违法行为，监察机关要追究直接责任人和有关领导的责任；违反治安管理的，由公安机关进行治安管理处罚；构成犯罪的，依法追究刑事责任。对国家机关工作人员徇私枉法、帮助犯罪分子逃避处

① 参见王爱立主编书，第280页。

罚以及滥用职权、玩忽职守的，检察机关、监察机关要严肃查处；构成犯罪的，依法追究刑事责任。

129.2.2　基层执法部门的现场保护、报告义务和持证勘查要求

★《公安规定》(2020)

第二百一十四条　发案地派出所、巡警等部门应当妥善保护犯罪现场和证据，控制犯罪嫌疑人，并立即报告公安机关主管部门。

执行勘查的侦查人员接到通知后，应当立即赶赴现场；勘查现场，应当持有刑事犯罪现场勘查证。

【重点解读】①

发案地派出所、巡警等部门接到群众报案后，凡是有犯罪现场的，应当立即报告公安机关主管部门，同时及时赶赴现场，并组织保护犯罪现场。对于基层执法部门报告的现场情况，执行勘查的侦查人员应当立即赶赴犯罪现场，不得无故拖延。同时，勘查现场须按照持证勘查的要求，勘查人员应当持有侦查机关配发的刑事犯罪现场勘查证。

130　勘验、检查的要求

130.1　法条规定

第一百三十条　侦查人员执行勘验、检查，必须持有人民检察院或者公安机关的证明文件。

【立法释义】②

现场勘验、检查是重要的侦查措施，只有侦查人员才能够行使此项职权。“证明文件”，是指人民检察院或公安机关开具的允许执行勘验、检查任务的证明文件，而不是指侦查人员的个人身份证件。

130.2　司法解释

130.2.1　勘验、检查的见证及记录

★《检察院规则》(2019)

第一百九十七条　勘验时，人民检察院应当邀请两名与案件无关的见证人在场。

勘查现场，应当拍摄现场照片。勘查的情况应当写明笔录并制作现场图，由参加勘查的人和见证人签名。勘查重大案件的现场，应当录像。

【重点解读】③

“与案件无关”，是指既和案件无利害关系，不是案件的当事人及当事人的近亲属；也和诉讼的进行无关，不是案件的证人、鉴定人等诉讼参与人。法庭对勘验、检查的证据存在疑问，认为有必要的，可以要求见证人出庭作证。

130.3　规范性文件

130.3.1　勘验、检查的人数及记录

★《公安规定》(2020)

第二百一十五条　公安机关对案件现场进行勘查，侦查人员不得少于二人。

第二百一十六条　勘查现场，应当拍摄现场照片、绘制现场图，制作笔录，由参加勘查的人和见证人签名。对重大案件的现场勘查，应当录音录像。

【重点解读】④

关于勘查现场的具体要求，主要包

---

①　参见孙茂利主编书，第514—515页。

②　参见王爱立主编书，第280—281页。

③　参见童建明、万春主编适用书，第209—210页。

④　参见孙茂利主编书，第516—522页。

括两个方面：首先，应当按照现场勘查规则的要求拍摄现场照片。其次，应当按照要求制作现场勘验、检查笔录和现场图。其中，尸体检验笔录应当由法医单独制作。对重大案件，特别是重大案件的现场，侦查人员在勘查现场的同时，应当进行录像。

★《国安规定》(2024)

第二百三十八条　侦查人员对与犯罪有关的场所、物品、文件、人身、尸体应当进行勘验或者检查，及时提取、采集与案件有关的痕迹、物证、生物样本、图像等。必要时，可以指派或者聘请具有专门知识的人，在侦查人员的主持下进行勘验、检查。

侦查人员执行勘验、检查，不得少于二人，并应持有有关证明文件。

第二百三十九条　勘验现场，应当拍摄现场照片、绘制现场图，制作笔录，由参加勘查的人和见证人签名。对重大案件的现场，应当录像。

131　尸体解剖程序

131.1　法条规定

第一百三十一条　对于死因不明的尸体，公安机关有权决定解剖，并且通知死者家属到场。

【立法释义】①

本条包含以下两项要求：第一，决定对死因不明的尸体解剖的权力属于公安机关，其他任何单位、个人都无权决定对死因不明的尸体进行解剖，也无权进行干涉。第二，公安机关决定解剖尸体，应当通知死者家属到场。家属在场有助于配合公安机关查明案情，也可对公安机关解剖尸体进行监督。

131.2　司法解释

131.2.1　检察机关的尸体解剖程序

★《检察院规则》(2019)

第一百九十八条　人民检察院解剖死因不明的尸体，应当通知死者家属到场，并让其在解剖通知书上签名或者盖章。

死者家属无正当理由拒不到场或者拒绝签名、盖章的，不影响解剖的进行，但是应当在解剖通知书上记明。对于身份不明的尸体，无法通知死者家属的，应当记明笔录。

【重点解读】②

对死因不明的尸体，人民检察院有权决定尸体解剖。人民检察院决定解剖死因不明的尸体，应通知死者家属到场，并让其在解剖通知书上签名或者盖章。尸体解剖是专业性很强的侦查手段，必须在检察人员的主持下严格按照法律程序由法医进行；进行尸体解剖应根据案件的实际情况，决定全部解剖或局部解剖。

131.3　规范性文件

131.3.1　侦查机关的尸体解剖程序

★《公安规定》(2020)

第二百一十八条　为了确定死因，经县级以上公安机关负责人批准，可以解剖尸体，并且通知死者家属到场，让其在解剖尸体通知书上签名。

死者家属无正当理由拒不到场或者拒绝签名的，侦查人员应当在解剖尸体通

---

①　参见王爱立主编书，第 281—282 页。

②　参见童建明、万春主编适用书，第 140 页；童建明、万春主编释义书，第 210—211 页。

知书上注明。对身份不明的尸体,无法通知死者家属的,应当在笔录中注明。

第二百一十九条 对已查明死因,没有继续保存必要的尸体,应当通知家属领回处理,对于无法通知或者通知后家属拒绝领回的,经县级以上公安机关负责人批准,可以及时处理。

【重点解读】①

解剖尸体必须及时,并在办案人员主持下由法医进行。解剖之前,应查明死者的年龄、面貌、体格特征、尸体来源、尸体位置等,并进行拍照,对解剖全过程进行录像。当已经查明死因时,尸体便无继续保存的必要。对没有必要继续保存的外国人尸体,经县级以上公安机关负责人批准,应当立即通知死者家属或者所属国驻华使馆、领事馆官员处理。对无法通知或者通知后外国人家属或者所属国驻华使馆、领事馆官员拒绝领回的,经县级以上公安机关负责人批准,并书面通知外事部门后,可以按照有关规定处理。对尸体进行处理前,要采集尸体的全部信息。

★《国安规定》(2024)

第二百四十一条 为了确定死因,经国家安全机关负责人批准,可以解剖尸体,并且通知死者家属到场,让其在解剖尸体通知书上签名。死者家属无正当理由拒不到场或者拒绝签名的,侦查人员应当注明。对身份不明的尸体,无法通知死者家属的,应当在笔录中注明。

对于已查明死因,没有继续保存必要的尸体,应当通知家属领回处理,对于无法通知或者通知后家属拒绝领回的,经国家安全机关负责人批准,可以及时处理。

★《公安部关于正确执行〈公安机关办理刑事案件程序规定〉第一百九十九条的批复》(公复字〔2008〕5号,2008年10月22日)

一、根据《公安机关办理刑事案件程序规定》第一百九十九条②的规定,死者家属无正当理由拒不到场或者拒绝签名、盖章的,不影响解剖或者开棺检验,公安机关可以在履行规定的审批程序后,解剖尸体;但应当认真核实死者家属提出的不到场或者拒绝签名、盖章的理由,对于有正当理由的,应当予以妥善处理,争取家属的配合,而不能简单地作为无正当理由对待。

二、对于重大、疑难、复杂的案件,可能引起争议的案件,或者死者家属无正当理由拒不到场或者拒绝签名、盖章的案件,为确保取得良好的社会效果,公安机关在进行尸体解剖、开棺检验、死因鉴定时,应当进行全程录音录像,商请检察机关派员到场,并邀请与案件无关的第三方或者死者家属聘请的律师到场见证。

132 人身检查程序

132.1 法条规定

第一百三十二条 为了确定被害人、犯罪嫌疑人的某些特征、伤害情况或者生理状态,可以对人身进行检查,可以提取指纹信息,采集血液、尿液等生物样本。

犯罪嫌疑人如果拒绝检查,侦查人员认为必要的时候,可以强制检查。

---

① 参见孙茂利主编书,第526—530页。

② 2020年《公安规定》第二百一十八条。

检查妇女的身体，应当由女工作人员或者医师进行。

【立法释义】①

人身检查是建立被害人、犯罪嫌疑人与案件事实之间关联的重要措施。其中，“某些特征”，主要是指被害人、犯罪嫌疑人的体表特征，如相貌、皮肤颜色、特殊痕迹、机体有无缺损等。“伤害情况”，主要是指伤害的位置、程度、伤势形态等，对伤害情况的检查多是针对被害人进行。“生理状态”，主要是指有无生理缺陷，如智力发育情况、生理机能等。

采集样本的范围仅限于查明案件事实及确定被害人、犯罪嫌疑人某些生物特征的需要，除此之外，不得随意采集。对犯罪嫌疑人进行人身检查遭到拒绝时，侦查人员应当根据具体情况采取有效措施。“必要的时候”，主要是指不进行强制检查就无法查明有关事实。需要注意的是，强制性人身检查只适用于犯罪嫌疑人，对于被害人不得适用。

132.2　司法解释

132.2.1　检察机关的人身检查程序

★《检察院规则》(2019)

第一百九十九条　为了确定被害人、犯罪嫌疑人的某些特征、伤害情况或者生理状态，人民检察院可以对其人身进行检查，可以提取指纹信息，采集血液、尿液等生物样本。

必要时，可以指派、聘请法医或者医师进行人身检查。采集血液等生物样本应当由医师进行。

犯罪嫌疑人如果拒绝检查，检察人员认为必要时可以强制检查。

检查妇女的身体，应当由女工作人员或者医师进行。

人身检查不得采用损害被检查人生命、健康或者贬低其名誉、人格的方法。在人身检查过程中知悉的被检查人的个人隐私，检察人员应当予以保密。

【重点解读】②

检察机关认为必要时，可以指派、聘请法医或者医师进行人身检查，从而确保人身检查的专业性。在采集血液等生物样本时，应当由医师进行，从而确保样本采集过程的安全性。

132.3　规范性文件

132.3.1　侦查机关的人身检查程序

★《公安规定》(2020)

第二百一十七条　为了确定被害人、犯罪嫌疑人的某些特征、伤害情况或者生理状态，可以对人身进行检查，依法提取、采集肖像、指纹等人体生物识别信息，采集血液、尿液等生物样本。被害人死亡的，应当通过被害人近亲属辨认、提取生物样本鉴定等方式确定被害人身份。

犯罪嫌疑人拒绝检查、提取、采集的，侦查人员认为必要的时候，经办案部门负责人批准，可以强制检查、提取、采集。

检查妇女的身体，应当由女工作人员或者医师进行。

检查的情况应当制作笔录，由参加检查的侦查人员、检查人员、被检查人员和见证人签名。被检查人员拒绝签

---

① 参见王爱立主编书，第 283—285 页。

② 参见童建明、万春主编释义书，第 211—213 页。

名的，侦查人员应当在笔录中注明。

【重点解读】①

实施人身检查，应当按照以下程序进行：检查人员向被检查人员表明身份；通知见证人到场；对被检查人进行检查。检查时应当注意被害人、犯罪嫌疑人的特征、伤害情况以及精神状态有无伪装、变化。对个体特征、伤害情况或者生理状态应当拍照，必要时录音录像。在制作检查笔录外，如果指派或聘请医师检查，医师应当出具诊断意见书，说明检查的情况和结果，并连同检查笔录存入案卷。

★**《国安规定》**(2024)

第二百四十条　为了确定被害人、犯罪嫌疑人的某些特征、生理状态或者伤害情况，侦查人员可以对人身进行检查，依法提取、采集肖像、指纹等人体生物识别信息，采集血液、尿液等生物样本。必要时，可以指派、聘请法医或者医师进行人身检查。采集血液等生物样本应当由医师进行。被害人死亡的，应当通过被害人近亲属辨认、提取生物样本鉴定等方式确定被害人身份。

犯罪嫌疑人拒绝检查、提取、采集的，侦查人员认为必要的时候，经办案部门负责人批准，可以强制检查、提取、采集。

检查妇女的身体，应当由女工作人员或者医师进行。

人身检查不得采用损害被检查人生命、健康或者贬低其名誉或人格的方法。

检查的情况应当制作笔录，由参加检查的侦查人员、检查人员、被检查人员和见证人签名。

133　勘验、检查笔录的制作要求

133.1　法条规定

第一百三十三条　勘验、检查的情况应当写成笔录，由参加勘验、检查的人和见证人签名或者盖章。

【立法释义】②

进行勘验、检查，应当将相应情况写成笔录。“勘验、检查的情况”，包括勘验、检查的时间、地点、对象、目的、经过和结果等。勘验、检查笔录应由参加勘验、检查的人和见证人签名或盖章，从而确保笔录的证据资格。

133.2　司法解释

133.2.1　检察机关的勘验程序

★**《检察院规则》**(2019)

第一百九十七条　勘验时，人民检察院应当邀请两名与案件无关的见证人在场。

勘查现场，应当拍摄现场照片。勘查的情况应当写明笔录并制作现场图，由参加勘查的人和见证人签名。勘查重大案件的现场，应当录像。

【重点解读】③

对于命案、可能判处无期徒刑以上刑罚、在本地有重大影响的重大案件，勘验、检查时应当录像，从而固定证据，为后期可能进行的侦查实验、还原犯罪现场等服务。勘验时应当邀请见证人。如法庭对勘验、检查的证据存在疑问，

---

① 参见孙茂利主编书，第524—525页。
② 参见王爱立主编书，第286页。
③ 参见童建明、万春主编释义书，第210页。

认为有必要的,可以要求见证人出庭作证。

133.2.2　见证人的资格要求

★《法院解释》(2021)

第八十条　下列人员不得担任见证人:

(一)生理上、精神上有缺陷或者年幼,不具有相应辨别能力或者不能正确表达的人;

(二)与案件有利害关系,可能影响案件公正处理的人;

(三)行使勘验、检查、搜查、扣押、组织辨认等监察调查、刑事诉讼职权的监察、公安、司法机关的工作人员或者其聘用的人员。

对见证人是否属于前款规定的人员,人民法院可以通过相关笔录载明的见证人的姓名、身份证件种类及号码、联系方式以及常住人口信息登记表等材料进行审查。

由于客观原因无法由符合条件的人员担任见证人的,应当在笔录材料中注明情况,并对相关活动进行全程录音录像。

【重点解读】①

为确保相关证据的证据资格,取证过程中的见证人应当具有法定的资质。办案机关的工作人员、聘用人员,既包括正式工作人员,也包括实习人员或者聘用的协勤、文职、清洁、保安等人员。

133.3　规范性文件

133.3.1　侦查机关的现场勘验记录

★《公安规定》(2020)

第二百一十六条　勘查现场,应当拍摄现场照片、绘制现场图,制作笔录,由参加勘查的人和见证人签名。对重大案件的现场勘查,应当录音录像。

★《国安规定》(2024)

第二百三十九条　勘验现场,应当拍摄现场照片、绘制现场图,制作笔录,由参加勘查的人和见证人签名。对重大案件的现场,应当录像。

134　复验、复查程序

134.1　法条规定

第一百三十四条　人民检察院审查案件的时候,对公安机关的勘验、检查,认为需要复验、复查时,可以要求公安机关复验、复查,并且可以派检察人员参加。

【立法释义】②

复验、复查是对已经勘验、检查的,与犯罪有关的场所、物品、人身、尸体等,再次进行勘验、检查,以验证勘验、检查结果是否正确的侦查活动。人民检察院对案件勘验、检查的情况有异议,要求公安机关复验、复查,可以对勘验、检查活动中存在的漏洞和疑点及时补充、更正,保证公安机关勘验、检查结果的真实可靠。为深入、细致、全面地了解复验、复查情况,公安机关复验、复查时,人民检察院可以派检察人员参加。

134.2　规范性文件

134.2.1　侦查机关的复验、复查程序

★《公安规定》(2020)

第二百二十条　公安机关进行勘验、检查后,人民检察院要求复验、复查的,公安机关应当进行复验、复查,并可

---

① 参见李少平主编书,第 204—205 页。
② 参见王爱立主编书,第 287 页。

以通知人民检察院派员参加。

【重点解读】①

在刑事诉讼过程中,遇有下列情形之一,应当对现场进行复验、复查:案情重大、现场情况复杂的;需要从现场进一步收集信息、获取证据的;人民检察院审查案件时认为需要复验、复查的;当事人提出不同意见,公安机关认为有必要复验、复查的;其他需要复验、复查的。公安机关进行复验、复查时,对复验、复查的经过和结果等情况应当制作复验、复查笔录。复验、复查笔录在侦查终结时存入案卷。

★《国安规定》(2024)

第二百四十二条　国家安全机关进行勘验、检查后,人民检察院要求复验、复查的,国家安全机关应当进行复验、复查,并可以通知人民检察院派员参加。

135　侦查实验

135.1　法条规定

第一百三十五条　为了查明案情,在必要的时候,经公安机关负责人批准,可以进行侦查实验。

侦查实验的情况应当写成笔录,由参加实验的人签名或者盖章。

侦查实验,禁止一切足以造成危险、侮辱人格或者有伤风化的行为。

【立法释义】②

侦查实验是一项模拟案件发生时的环境、条件,进行实验性重演的侦查活动。侦查实验应当注意以下事项:第一,实验的条件应当与事件发生时的条件尽量相同,尽可能在事件发生的原地,使用原工具、物品进行。第二,注意采用科学合理的方法进行,必要时,在侦查人员主持下,可以邀请具有专门知识的人参与实验。第三,应当履行法律手续,进行侦查实验必须经公安机关负责人批准。本条中的"必要的时候",是指与案件有关的重要情节非经侦查实验难以证明,或者对案件是否发生及如何发生难以确定。

135.2　司法解释

135.2.1　检察机关的侦查实验程序

★《检察院规则》(2019)

第二百条　为了查明案情,必要时经检察长批准,可以进行侦查实验。

侦查实验,禁止一切足以造成危险、侮辱人格或者有伤风化的行为。

第二百零一条　侦查实验,必要时可以聘请有关专业人员参加,也可以要求犯罪嫌疑人、被害人、证人参加。

【重点解读】③

侦查实验涉及某些专门领域,或者犯罪嫌疑人、被害人、证人参加更能再现当时情景时,可以聘请有关专业人员或要求犯罪嫌疑人、被害人、证人参加。要求犯罪嫌疑人、被害人、证人参加侦查实验应当慎重,防止负面效果。在要求其参加前,一般应进行预先实验。决定聘请有关人员或者要求犯罪嫌疑人、被害人、证人参加侦查实验时,应事先说明侦查实验的要求、具体内容。

---

① 参见孙茂利主编书,第 531 页。

② 参见王爱立主编书,第 288—289 页。

③ 参见童建明、万春主编释义书,第 213—215 页。

135.3　规范性文件

135.3.1　侦查机关的侦查实验程序

★《公安规定》(2020)

第二百二十一条　为了查明案情，在必要的时候，经县级以上公安机关负责人批准，可以进行侦查实验。

进行侦查实验，应当全程录音录像，并制作侦查实验笔录，由参加实验的人签名。

进行侦查实验，禁止一切足以造成危险、侮辱人格或者有伤风化的行为。

★《国安规定》(2024)

第二百四十三条　为了查明案情，在必要的时候，经国家安全机关负责人批准，可以进行侦查实验。

侦查实验应当制作侦查实验笔录，由参加实验的人签名。必要时，应当对侦查实验过程进行录音录像。

进行侦查实验，禁止一切足以造成危险、侮辱人格或者有伤风化的行为。

135.3.2　针对电子数据的侦查实验

★《最高人民法院、最高人民检察院、公安部关于办理刑事案件收集提取和审查判断电子数据若干问题的规定》(法发〔2016〕22 号，2016 年 9 月 9 日)

第十六条　对扣押的原始存储介质或者提取的电子数据，可以通过恢复、破解、统计、关联、比对等方式进行检查。必要时，可以进行侦查实验。

电子数据检查，应当对电子数据存储介质拆封过程进行录像，并将电子数据存储介质通过写保护设备接入到检查设备进行检查；有条件的，应当制作电子数据备份，对备份进行检查；无法使用写保护设备且无法制作备份的，应当注明原因，并对相关活动进行录像。

电子数据检查应当制作笔录，注明检查方法、过程和结果，由有关人员签名或者盖章。进行侦查实验的，应当制作侦查实验笔录，注明侦查实验的条件、经过和结果，由参加实验的人员签名或者盖章。

★《公安机关办理刑事案件电子数据取证规则》(公通字〔2018〕41 号，2018 年 12 月 13 日)

第五十条　为了查明案情，必要时，经县级以上公安机关负责人批准可以进行电子数据侦查实验。

第五十一条　电子数据侦查实验的任务包括：

(一)验证一定条件下电子设备发生的某种异常或者电子数据发生的某种变化；

(二)验证在一定时间内能否完成对电子数据的某种操作行为；

(三)验证在某种条件下使用特定软件、硬件能否完成某种特定行为、造成特定后果；

(四)确定一定条件下某种计算机信息系统应用或者网络行为能否修改、删除特定的电子数据；

(五)其他需要验证的情况。

第五十二条　电子数据侦查实验应当符合以下要求：

(一)应当采取技术措施保护原始存储介质数据的完整性；

(二)有条件的，电子数据侦查实验应当进行二次以上；

(三)侦查实验使用的电子设备、网络环境等应当与发案现场一致或者基本一致；必要时，可以采用相关技术方法对相关环境进行模拟或者进行对照实验；

（四）禁止可能泄露公民信息或者影响非实验环境计算机信息系统正常运行的行为。

第五十三条　进行电子数据侦查实验，应当使用拍照、录像、录音、通信数据采集等一种或多种方式客观记录实验过程。

第五十四条　进行电子数据侦查实验，应当制作《电子数据侦查实验笔录》，记录侦查实验的条件、过程和结果，并由参加侦查实验的人员签名或者盖章。

第五节　搜　　查

136　搜查的程序

136.1　法条规定

第一百三十六条　为了收集犯罪证据、查获犯罪人，侦查人员可以对犯罪嫌疑人以及可能隐藏罪犯或者犯罪证据的人的身体、物品、住处和其他有关的地方进行搜查。

【立法释义】①

搜查应当由侦查人员进行，其他任何单位和个人都无权进行搜查。“其他有关的地方”，主要是指犯罪嫌疑人②可能藏身或者隐匿犯罪证据的场所。侦查人员执行搜查时，必须严格依法进行，不得滥用搜查权。侦查人员违法搜查的，应当承担相应的法律责任。

136.2　相关立法

136.2.1　监察机关的搜查程序

★《中华人民共和国监察法》（2024年12月25日修正）

第二十七条　监察机关可以对涉嫌职务犯罪的被调查人以及可能隐藏被调查人或者犯罪证据的人的身体、物品、住处和其他有关地方进行搜查。在搜查时，应当出示搜查证，并有被搜查人或者其家属等见证人在场。

搜查女性身体，应当由女性工作人员进行。

监察机关进行搜查时，可以根据工作需要提请公安机关配合。公安机关应当依法予以协助。

【立法释义】③

第一，令状要求。搜查时，应当出示搜查证。搜查证上应当写明被搜查人的有关信息、搜查的目的、搜查机关、执行人员以及搜查日期等内容。遇到紧急情况时，如可能携带、隐藏危险物品，可能隐匿、毁弃、转移犯罪证据或隐匿其他涉嫌犯罪人员等情况，可以先实施搜查，再及时补办相关审批手续。

第二，搜查程序规范。监察机关实施搜查时，调查人员不得少于二人。应当有被搜查人或者其亲属等见证人在场，并对全过程进行录音录像，留存备查。应当根据搜查情况制作笔录，写明搜查的时间、地点、过程，发现的证据等有关犯罪线索。搜查笔录由调查人员和被搜查人或被搜查人亲属、其他见证人签名或者盖章；被搜查人在逃，其亲属拒不到场，或者拒绝签名、盖章的，应当在笔录中注明。搜查女性身体时，应当由女性工作人员进行，确保被搜查女性的人格尊严和人身安全不受侵犯。

---

① 参见王爱立主编书，第289—290页。

② 搜查作为侦查行为，目的是查获犯罪嫌疑人，故该条可考虑将“犯罪人”“罪犯”调整为“犯罪嫌疑人”。

③ 参见法规室编写释义书，第139—142页。

第三，与相关机关的配合。根据工作需要，监察机关可以商请公安机关或者有关单位协助进行搜查。对以暴力、威胁等方法阻碍搜查的，公安人员应当予以制止；阻碍搜查涉嫌犯罪的，应当依法追究刑事责任。

136.3　司法解释

136.3.1　检察机关的搜查程序

★《检察院规则》（2019）

第二百零三条　为了收集犯罪证据，查获犯罪人，经检察长批准，检察人员可以对犯罪嫌疑人以及可能隐藏罪犯或者犯罪证据的人的身体、物品、住处、工作地点和其他有关的地方进行搜查。

【重点解读】①

搜查必须有充分的法律根据和理由，并严格依照法定程序进行。搜查必须由负责侦查的检察人员进行。即使在人民检察院内部，不是负责侦查的检察人员也不能实施搜查行为。搜查必须严格按照法律规定的搜查范围进行，严禁借办案之名，任意扩大搜查范围。

136.4　规范性文件

136.4.1　公安机关的搜查程序

★《公安规定》（2020）

第二百二十二条　为了收集犯罪证据、查获犯罪人，经县级以上公安机关负责人批准，侦查人员可以对犯罪嫌疑人以及可能隐藏罪犯或者犯罪证据的人的身体、物品、住处和其他有关的地方进行搜查。

第二百二十三条　进行搜查，必须向被搜查人出示搜查证，执行搜查的侦查人员不得少于二人。

★《国安规定》（2024）

第二百四十四条　为了收集犯罪证据、查获犯罪人，经国家安全机关负责人批准，侦查人员可以对犯罪嫌疑人以及可能隐藏罪犯或者犯罪证据的人的身体、物品、住处、工作地点和其他有关的地方进行搜查。

第二百四十五条　进行搜查时，应当向被搜查人出示搜查证。执行搜查的人员不得少于二人。

搜查妇女的身体，应当由女工作人员进行。

★《公安部关于对公安机关因侦查破案需要可否检查军车问题的批复》（公复字〔1998〕9 号，1998 年 12 月 16 日）

军队是国家的武装力量，担负着保卫国家安全的重要任务，公安机关一般不直接对军车进行检查。对已立案侦查或有充分证据证明犯罪嫌疑人、被告人或者罪犯利用军车犯罪、隐藏证据或者逃逸的，公安机关应当及时通报军车所属部队保卫部门或当地军队的警备部门，并与其共同组织进行检查；如果案情特别重大且情况紧急，不立即进行检查可能导致犯罪嫌疑人、被告人、罪犯逃逸或者造成其他严重危害后果的，经县级以上公安机关负责人批准可直接对军车进行检查，但应同时通报军车所属部队保卫部门或者当地军队的警备部门。检查时，应注意工作态度和方法，避免发生冲突。检查后，应及时将有关情况通报军车所属部队保卫部门或当地军队的警备部门，并按照军地互涉案件的有关规定处理，同时报省公安厅备案。

---

① 参见童建明、万春主编释义书，第 216—217 页。

136.4.2　毒品案件的搜查程序

★《办理毒品犯罪案件毒品提取、扣押、称量、取样和送检程序若干问题的规定》（公禁毒〔2016〕511号，2016年5月24日）

第四条　侦查人员应当对毒品犯罪案件有关的场所、物品、人身进行勘验、检查或者搜查，及时准确地发现、固定、提取、采集毒品及内外包装物上的痕迹、生物样本等物证，依法予以扣押。必要时，可以指派或者聘请具有专门知识的人，在侦查人员的主持下进行勘验、检查。

侦查人员对制造毒品、非法生产制毒物品犯罪案件的现场进行勘验、检查或者搜查时，应当提取并当场扣押制造毒品、非法生产制毒物品的原料、配剂、成品、半成品和工具、容器、包装物以及上述物品附着的痕迹、生物样本等物证。

提取、扣押时，不得将不同包装物内的毒品混合。

现场勘验、检查或者搜查时，应当对查获毒品的原始状态拍照或者录像，采取措施防止犯罪嫌疑人及其他无关人员接触毒品及包装物。

137　公民提交证据义务

137.1　法条规定

第一百三十七条　任何单位和个人，有义务按照人民检察院和公安机关的要求，交出可以证明犯罪嫌疑人有罪或者无罪的物证、书证、视听资料等证据。

【立法释义】①

侦查机关依法进行搜查的时候，有关单位和个人应当积极协助，及时提交与犯罪相关的证据。对拒不提供或者有隐匿、损毁证据行为的单位和个人，依法追究法律责任。

被搜查的单位或个人应当提交的证据，包括侦查机关事先掌握线索与在搜查过程中发现的证据。对于事先掌握线索的物证、书证和视听资料等证据，侦查机关可以告知搜查对象主动提交，如其拒不提交，可以强制搜查。

137.2　司法解释

137.2.1　检察机关有权要求公民提交证据

★《检察院规则》（2019）

第二百零二条　人民检察院有权要求有关单位和个人，交出能够证明犯罪嫌疑人有罪或者无罪以及犯罪情节轻重的证据。

137.3　规范性文件

137.3.1　侦查机关有权要求公民提交证据

★《公安规定》（2020）

第二百二十五条　进行搜查时，应当有被搜查人或者他的家属、邻居或者其他见证人在场。

公安机关可以要求有关单位和个人交出可以证明犯罪嫌疑人有罪或者无罪的物证、书证、视听资料等证据。遇到阻碍搜查的，侦查人员可以强制搜查。

搜查妇女的身体，应当由女工作人员进行。

---

① 参见王爱立主编书，第290—291页。

【重点解读】①

公安机关对于有关单位和个人拒不交出有关证据，或采用暴力等其他手段妨碍搜查的情形，可以强制搜查，无须经过审批。在强制搜查前，应当向被搜查人或者其家属说明阻碍搜查、妨碍公务的法律责任。

★《国安规定》(2024)

第二百四十七条　在搜查的时候，应当有被搜查人或者他的家属，邻居或者其他见证人在场。

国家安全机关可以要求有关单位和个人交出可以证明犯罪嫌疑人有罪或者无罪的物证、书证、视听资料等证据。遇到阻碍搜查的，侦查人员可以决定强制搜查，并记录在案。

138　持证搜查及例外情形

138.1　法条规定

第一百三十八条　进行搜查，必须向被搜查人出示搜查证。

在执行逮捕、拘留的时候，遇有紧急情况，不另用搜查证也可以进行搜查。

【立法释义】②

搜查是一种具有强制性的侦查措施，涉及当事人的合法权益，应当遵循法律的正当程序。

第一，持证搜查。搜查证应当写明被搜查人的姓名、性别、职业、住址、搜查的处所和搜查的目的、搜查机关、执行人员以及搜查日期等内容。公安机关的搜查证由县级以上公安机关负责人签发；检察机关的搜查证由检察长签发。对于违反本条规定违法进行的搜查，公民有权制止。

第二，无证搜查。执行逮捕、拘留时，遇有紧急情况，可以不另用搜查证进行搜查。“紧急情况”，主要指被执行逮捕、拘留的人身藏凶器或引爆装置、剧毒物品或者在其住处放置爆炸物品等；可能发生自杀、凶杀及其他危害他人或公共安全的情况；存在毁弃、转移罪证等反侦查迹象。此种情况下，如果不立即搜查，就可能给社会造成危害或者失去获取证据的时机，影响侦查活动的顺利进行。鉴于此，侦查人员可以凭拘留证、逮捕证进行搜查，相关情况应当在搜查笔录中注明。

138.2　司法解释

138.2.1　检察机关的搜查主体

★《检察院规则》(2019)

第二百零四条　搜查应当在检察人员的主持下进行，可以有司法警察参加。必要时，可以指派检察技术人员参加或者邀请当地公安机关、有关单位协助进行。

执行搜查的人员不得少于二人。

【重点解读】③

人民检察院依法作出搜查决定后，搜查必须在检察人员的主持下进行。必要时，可以指派检察技术人员参加或者邀请当地公安机关、有关单位协助进行。“必要时”，是指利用科技手段进行犯罪的案件，或案件涉及专门知识，或当地公安机关、有关单位协助更有利于开展搜查。必要时，可以对搜查的全

① 参见孙茂利主编书，第 540 页。

② 参见王爱立主编书，第 291—292 页。

③ 参见童建明、万春主编释义书，第 217—219 页。

过程进行录像记录。

138.2.2　无证搜查情形及手续

★《检察院规则》(2019)

第二百零五条　搜查时,应当向被搜查人或者他的家属出示搜查证。

在执行逮捕、拘留的时候,遇有下列紧急情况之一,不另用搜查证也可以进行搜查:

(一)可能随身携带凶器的;

(二)可能隐藏爆炸、剧毒等危险物品的;

(三)可能隐匿、毁弃、转移犯罪证据的;

(四)可能隐匿其他犯罪嫌疑人的;

(五)其他紧急情况。

搜查结束后,搜查人员应当在二十四小时以内补办有关手续。

138.3　规范性文件

138.3.1　侦查机关的无证搜查

★《公安规定》(2020)

第二百二十三条　进行搜查,必须向被搜查人出示搜查证,执行搜查的侦查人员不得少于二人。

第二百二十四条　执行拘留、逮捕的时候,遇有下列紧急情况之一的,不用搜查证也可以进行搜查:

(一)可能随身携带凶器的;

(二)可能隐藏爆炸、剧毒等危险物品的;

(三)可能隐匿、毁弃、转移犯罪证据的;

(四)可能隐匿其他犯罪嫌疑人的;

(五)其他突然发生的紧急情况。

★《国安规定》(2024)

第二百四十六条　执行拘留、逮捕的时候,遇有下列紧急情况之一的,不用搜查证也可以进行搜查:

(一)可能随身携带凶器的;

(二)可能隐藏爆炸、剧毒等危险物品的;

(三)可能隐匿、毁弃、转移犯罪证据的;

(四)可能隐匿其他犯罪嫌疑人的;

(五)其他突然发生的紧急情况。

搜查结束后,应当及时补办有关批准手续。

139　搜查的程序规范

139.1　法条规定

第一百三十九条　在搜查的时候,应当有被搜查人或者他的家属,邻居或者其他见证人在场。

搜查妇女的身体,应当由女工作人员进行。

【立法释义】①

搜查时见证人在场制度,有利于证实搜查情况,确保搜查取得的证据的真实性、合法性。搜查妇女的身体,应当由女工作人员进行。这一规定体现了对妇女的特殊保护,有利于维护被搜查妇女的人格尊严和人身安全。

139.2　司法解释

139.2.1　检察机关搜查的程序规范

★《检察院规则》(2019)

第二百零六条　搜查时,应当有被搜查人或者其家属、邻居或者其他见证人在场,并且对被搜查人或者其家属说明阻碍搜查、妨碍公务应负的法律

① 参见王爱立主编书,第292—293页。

责任。

搜查妇女的身体,应当由女工作人员进行。

第二百零七条　搜查时,如果遇到阻碍,可以强制进行搜查。对以暴力、威胁方法阻碍搜查的,应当予以制止,或者由司法警察将其带离现场。阻碍搜查构成犯罪的,应当依法追究刑事责任。

139.3　规范性文件

139.3.1　侦查机关搜查的程序规范

★《公安规定》(2020)

第二百二十五条　进行搜查时,应当有被搜查人或者他的家属、邻居或者其他见证人在场。

公安机关可以要求有关单位和个人交出可以证明犯罪嫌疑人有罪或者无罪的物证、书证、视听资料等证据。遇到阻碍搜查的,侦查人员可以强制搜查。

搜查妇女的身体,应当由女工作人员进行。

★《国安规定》(2024)

第二百四十五条　进行搜查时,应当向被搜查人出示搜查证。执行搜查的人员不得少于二人。

搜查妇女的身体,应当由女工作人员进行。

第二百四十七条　在搜查的时候,应当有被搜查人或者他的家属,邻居或者其他见证人在场。

国家安全机关可以要求有关单位和个人交出可以证明犯罪嫌疑人有罪或者无罪的物证、书证、视听资料等证据。遇到阻碍搜查的,侦查人员可以决定强制搜查,并记录在案。

140　搜查笔录的制作要求

140.1　法条规定

第一百四十条　搜查的情况应当写成笔录,由侦查人员和被搜查人或者他的家属,邻居或者其他见证人签名或者盖章。如果被搜查人或者他的家属在逃或者拒绝签名、盖章,应当在笔录上注明。

【立法释义】①

搜查笔录可以证明搜查活动的合法性,以及搜查获取的证据材料与犯罪嫌疑人之间的关联性。侦查人员应当将搜查的情况制成笔录,写明搜查的时间、地点、过程,发现的证据,提取和扣押证据的名称、数量、特征及其他有关的犯罪线索等。

140.2　规范性文件

140.2.1　侦查机关搜查笔录的制作要求

★《公安规定》(2020)

第二百二十六条　搜查的情况应当制作笔录,由侦查人员和被搜查人或者他的家属,邻居或者其他见证人签名。

如果被搜查人拒绝签名,或者被搜查人在逃,他的家属拒绝签名或者不在场的,侦查人员应当在笔录中注明。

★《国安规定》(2024)

第二百四十八条　搜查的情况应当制作笔录,由侦查人员和被搜查人或者他的家属,邻居或者其他见证人签名。

被搜查人拒绝签名,或者被搜查人在逃,其家属拒绝签名或者不在场的,侦查人员应当注明。

---

①　参见王爱立主编书,第293页。

第六节　查封、扣押物证、书证

141　查封、扣押的对象及保管要求

141.1　法条规定

第一百四十一条　在侦查活动中发现的可用以证明犯罪嫌疑人有罪或者无罪的各种财物、文件，应当查封、扣押；与案件无关的财物、文件，不得查封、扣押。

对查封、扣押的财物、文件，要妥善保管或者封存，不得使用、调换或者损毁。

【立法释义】①

第一，查封、扣押的对象。根据查封、扣押的关联性规则，与案件无关的财物、文件，不得查封、扣押；否则，当事人和辩护人、诉讼代理人、利害关系人有权依照本法第一百一十七条的规定，提起申诉或者控告。查封、扣押财物、文件时，既要查封、扣押能够证明犯罪嫌疑人有罪、罪重的物证、书证，也要查封、扣押能够证明犯罪嫌疑人无罪、罪轻的物证、书证，保持取证的全面性、完整性、客观性。

第二，查封、扣押的财物、文件的保管要求。对于查封、扣押的财物、文件，侦查机关应做好登记，并根据情况分别入卷，妥善保管或者封存，建立完整的证据保管链条，确保证据的来源和真实性。"妥善保管"，是指将查封、扣押的财物、文件放置于安全设施较完备的地方保管，防止证据遗失、损毁或者被调换；"封存"，是指查封、扣押的财物属于大型物品或数量较多时，在拍照并登记后就地封存或易地封存。为规范涉案财物处理，《人民检察院刑事诉讼涉案财物管理规定》《公安机关涉案财物管理若干规定》规定了查封、扣押措施和涉案财物处置的要求。

141.2　司法解释

141.2.1　检察机关调取证据材料

★《检察院规则》(2019)

第二百零八条　检察人员可以凭人民检察院的证明文件，向有关单位和个人调取能够证明犯罪嫌疑人有罪或者无罪以及犯罪情节轻重的证据材料，并且可以根据需要拍照、录像、复印和复制。

第二百零九条　调取物证应当调取原物。原物不便搬运、保存，或者依法应当返还被害人，或者因保密工作需要不能调取原物的，可以将原物封存，并拍照、录像。对原物拍照或者录像应当足以反映原物的外形、内容。

调取书证、视听资料应当调取原件。取得原件确有困难或者因保密需要不能调取原件的，可以调取副本或者复制件。

调取书证、视听资料的副本、复制件和物证的照片、录像的，应当书面记明不能调取原件、原物的原因，制作过程和原件、原物存放地点，并由制作人员和原书证、视听资料、物证持有人签名或者盖章。

【重点解读】②

人民检察院根据法律规定，可以向

---

① 参见王爱立主编书，第294—295页。

② 参见童建明、万春主编释义书，第221—223页。

有关单位和个人调取能够证实犯罪嫌疑人有罪或者无罪的物证、书证和视听资料等证据材料。“有关单位和个人”,是指持有案件证据的单位和个人。

第一,调取证据材料的程序。检察人员调取证据材料,必须持有并出示人民检察院的证明文件,包括工作证和调取证据通知书。检察人员应当全面调取证据材料,调取的范围既包括能够证实犯罪嫌疑人有罪、无罪的证据材料,也包括能够证实犯罪嫌疑人罪重、罪轻以及从轻、减轻、免除处罚的证据材料。

第二,调取原物、原件原则。调取物证应当调取原物,如果不能调取原物,可以将其封存,并拍照、录像。调取书证、视听资料的副本、复制件和物证的照片、录像时,应当附有书面说明,写明不能调取原件、原物的具体原因,制作过程和原件、原物的存放地点等。该说明最后应由制作人员和原书证、视听资料、物证持有人签名或者盖章。

141.2.2 检察机关查封、扣押的对象和方式

★**《检察院规则》**(2019)

第二百一十条 在侦查活动中发现的可以证明犯罪嫌疑人有罪、无罪或者犯罪情节轻重的各种财物和文件,应当查封或者扣押;与案件无关的,不得查封或者扣押。查封或者扣押应当经检察长批准。

不能立即查明是否与案件有关的可疑的财物和文件,也可以查封或者扣押,但应当及时审查。经查明确实与案件无关的,应当在三日以内解除查封或者予以退还。

持有人拒绝交出应当查封、扣押的财物和文件的,可以强制查封、扣押。

对于犯罪嫌疑人、被告人到案时随身携带的物品需要扣押的,可以依照前款规定办理。对于与案件无关的个人用品,应当逐件登记,并随案移交或者退还其家属。

【重点解读】①

对于不能立即查明是否与案件有关的可疑财物和文件,也可以查封或者扣押。“可疑的财物和文件”,是指根据侦查人员对案情以及已有证据的了解,对财物和文件与案件是否存在某种联系,暂时难以确认。但在查封、扣押后,应当对可疑财物和文件是否与案件有关继续审查。确实与案件无关的,应当在规定期限内解除查封或者予以退还。

为保证查封、扣押活动的顺利进行,办案机关拥有强制查封、扣押的权力。办案人员执行强制查封、扣押时,任何人不得以任何理由进行阻拦。

141.2.3 检察机关对涉案财物的管理

★**《人民检察院刑事诉讼涉案财物管理规定》**(高检发〔2015〕6 号,2015 年 3 月 6 日)

第二条 本规定所称人民检察院刑事诉讼涉案财物,是指人民检察院在刑事诉讼过程中查封、扣押、冻结的与案件有关的财物及其孳息以及从其他办案机关接收的财物及其孳息,包括犯罪嫌疑人的违法所得及其孳息、供犯罪所用的财物、非法持有的违禁品以及其他与案件有关的财物及其孳息。

第三条 违法所得的一切财物,应

---

① 参见童建明、万春主编释义书,第 223—225 页。

当予以追缴或者责令退赔。对被害人的合法财产，应当依照有关规定返还。违禁品和供犯罪所用的财物，应当予以查封、扣押、冻结，并依法处理。

第四条　人民检察院查封、扣押、冻结、保管、处理涉案财物，必须严格依照刑事诉讼法、《人民检察院刑事诉讼规则（试行）》以及其他相关规定进行。不得查封、扣押、冻结与案件无关的财物。凡查封、扣押、冻结的财物，都应当及时进行审查；经查明确实与案件无关的，应当在三日内予以解除、退还，并通知有关当事人。

严禁以虚假立案或者其他非法方式采取查封、扣押、冻结措施。对涉案单位违规的账外资金但与案件无关的，不得查封、扣押、冻结，可以通知有关主管机关或者其上级单位处理。

查封、扣押、冻结涉案财物，应当为犯罪嫌疑人、被告人及其所扶养的亲属保留必需的生活费用和物品，减少对涉案单位正常办公、生产、经营等活动的影响。

第五条　严禁在立案之前查封、扣押、冻结财物。立案之前发现涉嫌犯罪的财物，符合立案条件的，应当及时立案，并采取查封、扣押、冻结措施，以保全证据和防止涉案财物转移、损毁。

个人或者单位在立案之前向人民检察院自首时携带涉案财物的，人民检察院可以根据管辖规定先行接收，并向自首人开具接收凭证，根据立案和侦查情况决定是否查封、扣押、冻结。

人民检察院查封、扣押、冻结涉案财物后，应当对案件及时进行侦查，不得在无法定理由情况下撤销案件或者停止对案件的侦查。

第六条　犯罪嫌疑人到案后，其亲友受犯罪嫌疑人委托或者主动代为向检察机关退还或者赔偿涉案财物的，参照《人民检察院刑事诉讼规则（试行）》关于查封、扣押、冻结的相关程序办理。符合相关条件的，人民检察院应当开具查封、扣押、冻结决定书，并由检察人员、代为退还或者赔偿的人员和有关规定要求的其他人员在清单上签名或者盖章。

代为退还或者赔偿的人员应当在清单上注明系受犯罪嫌疑人委托或者主动代为犯罪嫌疑人退还或者赔偿。

第七条　人民检察院实行查封、扣押、冻结、处理涉案财物与保管涉案财物相分离的原则，办案部门与案件管理、计划财务装备等部门分工负责、互相配合、互相制约。侦查监督、公诉、控告检察、刑事申诉检察等部门依照刑事诉讼法和其他相关规定对办案部门查封、扣押、冻结、保管、处理涉案财物等活动进行监督。

办案部门负责对涉案财物依法进行查封、扣押、冻结、处理，并对依照本规定第十条第二款、第十二条不移送案件管理部门或者不存入唯一合规账户的涉案财物进行管理；案件管理部门负责对办案部门和其他办案机关移送的涉案物品进行保管，并依照有关规定对查封、扣押、冻结、处理涉案财物工作进行监督管理；计划财务装备部门负责对存入唯一合规账户的扣押款项进行管理。

人民检察院监察部门依照有关规定对查封、扣押、冻结、保管、处理涉案财物工作进行监督。

第八条　人民检察院查封、扣押、冻结、处理涉案财物，应当使用最高人民检察院统一制定的法律文书，填写必须规范、完整。禁止使用不符合规定的文书查封、扣押、冻结、处理涉案财物。

第九条　查封、扣押、冻结、保管、处理涉及国家秘密、商业秘密、个人隐私的财物，应当严格遵守有关保密规定。

第十条　人民检察院办案部门查封、扣押、冻结涉案财物及其孳息后，应当及时按照下列情形分别办理，至迟不得超过三日，法律和有关规定另有规定的除外：

（一）将扣押的款项存入唯一合规账户；

（二）将扣押的物品和相关权利证书、支付凭证以及具有一定特征能够证明案情的现金等，送案件管理部门入库保管；

（三）将查封、扣押、冻结涉案财物的清单和扣押款项存入唯一合规账户的存款凭证等，送案件管理部门登记；案件管理部门应当对存款凭证复印保存，并将原件送计划财务装备部门。

扣押的款项或者物品因特殊原因不能按时存入唯一合规账户或者送案件管理部门保管的，经检察长批准，可以由办案部门暂时保管，在原因消除后及时存入或者移交，但应当将扣押清单和相关权利证书、支付凭证等依照本条第一款规定的期限送案件管理部门登记、保管。

第二十二条　对于查封、扣押、冻结的涉案财物及其孳息，除按照有关规定返还被害人或者经查明确实与案件无关的以外，不得在诉讼程序终结之前上缴国库或者作其他处理。法律和有关规定另有规定的除外。

在诉讼过程中，对权属明确的被害人合法财产，凡返还不损害其他被害人或者利害关系人的利益、不影响诉讼正常进行的，人民检察院应当依法及时返还。权属有争议的，应当在决定撤销案件、不起诉或者由人民法院判决时一并处理。

在扣押、冻结期间，权利人申请出售被扣押、冻结的债券、股票、基金份额等财产的，以及扣押、冻结的汇票、本票、支票的有效期即将届满的，人民检察院办案部门应当依照《人民检察院刑事诉讼规则（试行）》的有关规定及时办理。

第二十三条　人民检察院作出撤销案件决定、不起诉决定或者收到人民法院作出的生效判决、裁定后，应当在三十日以内对涉案财物作出处理。情况特殊的，经检察长批准，可以延长三十日。

前款规定的对涉案财物的处理工作，人民检察院决定撤销案件的，由侦查部门负责办理；人民检察院决定不起诉或者人民法院作出判决、裁定的案件，由公诉部门负责办理；对人民检察院直接立案侦查的案件，公诉部门可以要求侦查部门协助配合。

人民检察院按照本规定第五条第二款的规定先行接收涉案财物，如果决定不予立案的，侦查部门应当按照本条第一款规定的期限对先行接收的财物作出处理。

第二十四条　处理由案件管理部门保管的涉案财物，办案部门应当持经检察长批准的相关文书或者报告，到案件管理部门办理出库手续；处理存入唯一合规账户的涉案款项，办案部门应当持经检察长批准的相关文书或者报告，经案件管理部门办理出库手续后，到计划财务装备部门办理提现或者转账手续。案件管理部门对于或者计划财务装备部门对于符合审批手续的，应当及时办理。

依照本规定第十条第二款、第十二条的规定未移交案件管理部门保管或者未存入唯一合规账户的涉案财物，办案部门应当依照本规定第二十三条规定的期限报经检察长批准后及时作出处理。

第二十五条　对涉案财物，应当严格依照有关规定，区分不同情形，及时作出相应处理：

（一）因犯罪嫌疑人死亡而撤销案件、决定不起诉，依照刑法规定应当追缴其违法所得及其他涉案财产的，应当按照《人民检察院刑事诉讼规则（试行）》有关犯罪嫌疑人逃匿、死亡案件违法所得的没收程序的规定办理；对于不需要追缴的涉案财物，应当依照本规定第二十三条规定的期限及时返还犯罪嫌疑人、被不起诉人的合法继承人；

（二）因其他原因撤销案件、决定不起诉，对于查封、扣押、冻结的犯罪嫌疑人违法所得及其他涉案财产需要没收的，应当依照《人民检察院刑事诉讼规则（试行）》有关撤销案件时处理犯罪嫌疑人违法所得的规定提出检察建议或者依照刑事诉讼法第一百七十三条第三款①的规定提出检察意见，移送有关主管机关处理；未认定为需要没收并移送有关主管机关处理的涉案财物，应当依照本规定第二十三条规定的期限及时返还犯罪嫌疑人、被不起诉人；

（三）提起公诉的案件，在人民法院作出生效判决、裁定后，对于冻结在金融机构的涉案财产，由人民法院通知该金融机构上缴国库；对于查封、扣押且依法未随案移送人民法院的涉案财物，人民检察院根据人民法院的判决、裁定上缴国库；

（四）人民检察院侦查部门移送审查起诉的案件，起诉意见书中未认定为与犯罪有关的涉案财物；提起公诉的案件，起诉书中未认定或者起诉书认定但人民法院生效判决、裁定中未认定为与犯罪有关的涉案财物，应当依照本条第二项的规定移送有关主管机关处理或者及时返还犯罪嫌疑人、被不起诉人、被告人；

（五）对于需要返还被害人的查封、扣押、冻结涉案财物，应当按照有关规定予以返还。

人民检察院应当加强与人民法院、公安机关、国家安全机关的协调配合，共同研究解决涉案财物处理工作中遇到的突出问题，确保司法工作顺利进行，切实保障当事人合法权益。

第二十六条　对于应当返还被害人的查封、扣押、冻结涉案财物，无人认领的，应当公告通知。公告满六个月无人认领的，依法上缴国库。上缴国库后有人认领，经查证属实的，人民检察院应当向人民政府财政部门申请退库予以返还。原物已经拍卖、变卖的，应当退回价款。

第二十七条　对于贪污、挪用公款等侵犯国有资产犯罪案件中查封、扣押、冻结的涉案财物，除人民法院判决上缴国库的以外，应当归还原单位或者原单位的权利义务继受单位。犯罪金额已经作为损失核销或者原单位已不存在且无权利义务继受单位的，应当上

---

① 2018 年刑事诉讼法第一百七十七条第三款。

缴国库。

第二十八条　查封、扣押、冻结的涉案财物应当依法上缴国库或者返还有关单位和个人的，如果有孳息，应当一并上缴或者返还。

【重点解读】①

一是对检察机关的涉案财物内部管理工作作出规范，包括部门职责分工、工作要求以及涉案财物的移送、审查、接收、保管、处理、监督等。相比之下，《检察院规则》主要是从落实刑事诉讼法的角度，对检察机关实施查封、扣押、冻结、处理的程序作出具体规定。

二是明确检察机关的涉案财物管理工作监督机制。检察机关内部监督主要包括：侦查监督、公诉、控告、刑事申诉检察等部门的诉讼监督，案件管理部门的日常监督以及监察部门的纪律监督等。除《检察院规则》对业务部门和监察部门的监督所作的规定外，有必要对案管部门的日常监督作出具体规定。

141.3　规范性文件

141.3.1　侦查机关查封、扣押的对象和要求

★《公安规定》(2020)

第二百二十七条　在侦查活动中发现的可用以证明犯罪嫌疑人有罪或者无罪的各种财物、文件，应当查封、扣押；但与案件无关的财物、文件，不得查封、扣押。

持有人拒绝交出应当查封、扣押的财物、文件的，公安机关可以强制查封、扣押。

★《国安规定》(2024)

第二百四十九条　在侦查中发现的可用以证明犯罪嫌疑人有罪或者无罪的各种财物、文件，应当查封、扣押；但与案件无关的财物、文件，不得查封、扣押。

持有人或者保管人拒绝交出应当查封、扣押的财物、文件的，国家安全机关可以强制查封、扣押。

141.3.2　公安机关查封、冻结的程序

★《公安机关办理刑事案件适用查封、冻结措施有关规定》(公通字〔2013〕30 号，2013 年 9 月 1 日)

第五条　根据侦查犯罪的需要，公安机关可以依法查封涉案的土地、房屋等不动产，以及涉案的车辆、船舶、航空器和大型机器、设备等特定动产。必要时，可以一并扣押证明其财产所有权或者相关权益的法律文件和文书。

置于不动产上的设施、家具和其他相关物品，需要作为证据使用的，应当扣押；不宜移动的，可以一并查封。

第六条　查封涉案财物需要国土资源、房地产管理、交通运输、农业、林业、民航等有关部门协助的，应当经县级以上公安机关负责人批准，制作查封决定书和协助查封通知书，明确查封财物情况、查封方式、查封期限等事项，送交有关部门协助办理，并及时告知有关当事人。

涉案土地和房屋面积、金额较大的，应当经设区的市一级以上公安机关负责人批准，制作查封决定书和协助查封通知书。

第七条　查封期限不得超过二年。期限届满可以续封一次，续封应当经作

---

① 参见王晋、许山松、石献智：《〈人民检察院刑事诉讼涉案财物管理规定〉解读》，载《人民检察》2015 年第 8 期。

出原查封决定的县级以上公安机关负责人批准，在期限届满前五日以内重新制作查封决定书和协助查封通知书，送交有关部门协助办理，续封期限最长不得超过一年。

案件重大复杂，确需再续封的，应当经设区的市一级以上公安机关负责人批准，在期限届满前五日以内重新制作查封决定书和协助查封通知书，且每次再续封的期限最长不得超过一年。

查封期限届满，未办理续封手续的，查封自动解除。

公安机关应当及时将续封决定告知有关当事人。

第八条　查封土地、房屋等涉案不动产，需要查询不动产权属情况的，应当经县级以上公安机关负责人批准，制作协助查询财产通知书。

侦查人员到国土资源、房地产管理等有关部门办理查询时，应当出示本人工作证件，提交协助查询财产通知书，依照相关规定办理查询事项。

需要查询其他涉案财物的权属登记情况的，参照上述规定办理。

第九条　国土资源、房地产管理等有关部门应当及时协助公安机关办理查询事项。公安机关查询并复制的有关书面材料，由权属登记机构或者权属档案管理机构加盖印章。

因情况特殊，不能当场提供查询的，应当在五日以内提供查询结果。

无法查询的，有关部门应当书面告知公安机关。

第十条　土地、房屋等涉案不动产的权属确认以国土资源、房地产管理等有关部门的不动产登记簿或者不动产权属证书为准。不动产权属证书与不动产登记簿不一致的，除有证据证明不动产登记簿确有错误外，以不动产登记簿为准。

第十一条　国土资源、房地产管理等有关部门在协助公安机关办理查封事项时，认为查封涉案不动产信息有误无法办理的，可以暂缓办理协助事项，并向公安机关提出书面审查建议，公安机关应当及时审查处理。

第十二条　查封土地、房屋等涉案不动产的，应当经县级以上公安机关负责人批准，制作协助查封通知书，明确涉案土地、房屋等不动产的详细地址、权属证书号、权利人姓名或者单位名称等事项，送交国土资源、房地产管理等有关部门协助办理，有关部门应当在相关通知书回执中注明办理情况。

侦查人员到国土资源、房地产管理等有关部门办理土地使用权或者房屋查封登记手续时，应当出示本人工作证件，提交查封决定书和协助查封通知书，依照有关规定办理查封事项。

第十三条　查封土地、房屋等涉案不动产的侦查人员不得少于二人，持侦查人员工作证件和相关法律文书，通知有关当事人、见证人到场，制作查封笔录，并会同在场人员对被查封的财物查点清楚，当场开列查封清单一式三份，由侦查人员、见证人和不动产所有权人或者使用权人签名后，一份交给不动产所有权人或者使用权人，一份交给公安机关保管人员，一份连同照片、录像资料或者扣押的产权证照附卷备查，并且应当在不动产的显著位置张贴公告，必要时，可以张贴制式封条。

查封清单中应当写明涉案不动产的详细地址、相关特征和置于该不动产上不宜移动的设施、家具和其他相关物品清单,注明已经拍照或者录像以及是否扣押其产权证照等情况。

对于无法确定不动产相关权利人或者权利人拒绝签名的,应当在查封笔录中注明情况。

第十四条　国土资源、房地产管理等有关部门对被公安机关依法查封的土地、房屋等涉案不动产,在查封期间不予办理变更、转让或者抵押权、地役权登记。

第十五条　对依照有关规定可以分割的土地、房屋等涉案不动产,应当只对与案件有关的部分进行查封,并在协助查封通知书中予以明确;对依照有关规定不可分割的土地、房屋等涉案不动产,可以进行整体查封。

第十六条　国土资源、房地产管理等有关部门接到协助查封通知书时,已经受理该土地、房屋等涉案不动产的转让登记申请,但尚未记载于不动产登记簿的,应当协助公安机关办理查封登记。

第十七条　对下列尚未进行权属登记的房屋,公安机关可以按照本规定进行查封:

(一)涉案的房地产开发企业已经办理商品房预售许可证但尚未出售的房屋;

(二)犯罪嫌疑人购买的已经由房地产开发企业办理房屋权属初始登记的房屋;

(三)犯罪嫌疑人购买的已经办理商品房预售合同登记备案手续或者预购商品房预告登记的房屋。

第十八条　查封地上建筑物的效力及于该地上建筑物占用范围内的建设用地使用权,查封建设用地使用权的效力及于地上建筑物,但建设用地使用权与地上建筑物的所有权分属不同权利人的除外。

地上建筑物和土地使用权的登记机构不是同一机构的,应当分别办理查封登记。

第十九条　查封车辆、船舶、航空器以及大型机器、设备等特定动产的,应当制作协助查封通知书,明确涉案财物的名称、型号、权属、地址等事项,送交有关登记管理部门协助办理。必要时,可以扣押有关权利证书。

执行查封时,应当将涉案财物拍照或者录像后封存,或者交持有人、近亲属保管,或者委托第三方保管。有关保管人应当妥善保管,不得转移、变卖、损毁。

第二十条　查封土地、房屋等涉案不动产或者车辆、船舶、航空器以及大型机器、设备等特定动产的,可以在保证侦查活动正常进行的同时,允许有关当事人继续合理使用,并采取必要保值保管措施。

第二十一条　对以公益为目的的教育、医疗、卫生以及福利机构等场所、设施,保障性住房,原则上不得查封。确有必要查封的,应当经设区的市一级以上公安机关负责人批准。

第二十二条　查封土地、房屋以外的其他涉案不动产的,参照本规定办理。查封共有财产、担保财产以及其他特殊财物的,依照相关规定办理。

第二十三条　根据侦查犯罪的需要,公安机关可以依法冻结涉案的存款、汇款、证券交易结算资金、期货保证金等资金,债券、股票、基金份额和国务院依法认定的其他证券,以及股权、保单权益和其他投资权益等财产。

第二十四条　在侦查工作中需要冻结财产的，应当经县级以上公安机关负责人批准，制作协助冻结财产通知书，明确冻结财产的账户名称、账户号码、冻结数额、冻结期限、冻结范围以及是否及于孳息等事项，送交银行业金融机构、特定非金融机构、邮政部门、证券公司、证券登记结算机构、证券投资基金管理公司、保险公司、信托公司、公司登记机关和银行间市场交易组织机构、银行间市场集中清算机构、银行间市场登记托管结算机构、经国务院批准或者同意设立的黄金交易组织机构和结算机构等单位协助办理，有关单位应当在相关通知书回执中注明办理情况。

第二十五条　有关单位接到公安机关协助冻结财产通知书后，应当立即对涉案财物予以冻结，办理相关手续，不得推诿拖延，不得泄露有关信息。有关单位办理完毕冻结手续后，在当事人查询时可以予以告知。

第二十六条　冻结存款、汇款、证券交易结算资金、期货保证金等资金，或者投资权益等其他财产的期限为六个月。需要延长期限的，应当经作出原冻结决定的县级以上公安机关负责人批准，在冻结期限届满前五日以内办理续冻手续。每次续冻期限最长不得超过六个月。

对重大、复杂案件，经设区的市一级以上公安机关负责人批准，冻结存款、汇款、证券交易结算资金、期货保证金等资金的期限可以为一年。需要延长期限的，应当按照原批准权限和程序，在冻结期限届满前五日以内办理续冻手续。每次续冻期限最长不得超过一年。

冻结债券、股票、基金份额等证券的期限为二年。需要延长冻结期限的，应当经作出原冻结决定的县级以上公安机关负责人批准，在冻结期限届满前五日以内办理续冻手续。每次续冻期限最长不得超过二年。

冻结期限届满，未办理续冻手续的，冻结自动解除。

第二十七条　冻结涉案账户的款项数额，应当与涉案金额相当。不得超出涉案金额范围冻结款项。

第二十八条　冻结股权的，应当经设区的市一级以上公安机关负责人批准，冻结上市公司股权应当经省级以上公安机关负责人批准，并在协助冻结财产通知书中载明公司名称、股东姓名或者名称、冻结数额或者股份等与登记事项有关的内容。冻结股权期限为六个月。需要延长期限的，应当按照原批准权限和程序，在冻结期限届满前五日以内办理续冻手续。每次续冻期限最长不得超过六个月。

第二十九条　冻结保单权益的，应当经设区的市一级以上公安机关负责人批准，冻结保单权益期限为六个月。需要延长期限的，应当按照原批准权限和程序，在冻结期限届满前五日以内办理续冻手续。每次续冻期限最长不得超过六个月。

冻结保单权益没有直接对应本人账户的，可以冻结相关受益人的账户，并要求有关单位协助，但不得变更受益人账户，不得损害第三方利益。

人寿险、养老险、交强险、机动车第三者责任险等提供基本保障的保单原则上不得冻结，确需冻结的，应当经省级以上公安机关负责人批准。

第三十条　对下列账户和款项,不得冻结:

(一)金融机构存款准备金和备付金;

(二)特定非金融机构备付金;

(三)封闭贷款专用账户(在封闭贷款未结清期间);

(四)商业汇票保证金;

(五)证券投资者保障基金、保险保障基金、存款保险基金;

(六)党、团费账户和工会经费集中户;

(七)社会保险基金;

(八)国有企业下岗职工基本生活保障资金;

(九)住房公积金和职工集资建房账户资金;

(十)人民法院开立的执行账户;

(十一)军队、武警部队一类保密单位开设的"特种预算存款"、"特种其他存款"和连队账户的存款;

(十二)金融机构质押给中国人民银行的债券、股票、贷款;

(十三)证券登记结算机构、银行间市场交易组织机构、银行间市场集中清算机构、银行间市场登记托管结算机构、经国务院批准或者同意设立的黄金交易组织机构和结算机构等依法按照业务规则收取并存放于专门清算交收账户内的特定股票、债券、票据、贵金属等有价凭证、资产和资金,以及按照业务规则要求金融机构等登记托管结算参与人、清算参与人、投资者或者发行人提供的、在交收或者清算结算完成之前的保证金、清算基金、回购质押券、价差担保物、履约担保物等担保物,支付机构客户备付金;

(十四)其他法律、行政法规、司法解释、部门规章规定不得冻结的账户和款项。

第三十一条　对金融机构账户、特定非金融机构账户和以证券登记结算机构、银行间市场交易组织机构、银行间市场集中清算机构、银行间市场登记托管结算机构、经国务院批准或者同意设立的黄金交易组织机构和结算机构、支付机构等名义开立的各类专门清算交收账户、保证金账户、清算基金账户、客户备付金账户,不得整体冻结,法律另有规定的除外。

第三十二条　办案地公安机关需要异地办理冻结的,应当由二名以上侦查人员持办案协作函、法律文书和工作证件前往协作地联系办理,协作地公安机关应当协助执行。

在紧急情况下,可以将办案协作函、相关法律文书和工作证件复印件通过传真、电传等方式发至协作地县级以上公安机关委托执行,或者通过信息化应用系统传输加盖电子签章的办案协作函、相关法律文书和工作证件扫描件。协作地公安机关收到材料后,经审查确认,应当在传来法律文书上加盖本地公安机关印章,及时到有关银行业金融机构执行冻结,有关银行业金融机构应当予以协助。

第三十三条　根据侦查犯罪的需要,对于涉案账户较多,办案地公安机关需要对其集中冻结的,可以分别按照以下程序办理:

涉案账户开户地属同一省、自治区、直辖市的,应当由办案地公安机关出具协助冻结财产通知书,填写冻结申请表，经该公安机关负责人审核，逐级上报省级公安机关批准后，由办案地公安机关指派二名以上侦查人员持工作证件，将冻结申请表、协助冻结财产通知书等法律文书送交有关银行业金融机构的省、区、市分行，该分行应当在二十四小时以内采取冻结措施，并将有关法律文书传至相关账户开户的分支机构。

涉案账户开户地分属不同省、自治区、直辖市的，应当由办案地公安机关出具协助冻结财产通知书，填写冻结申请表，经该公安机关负责人审核，逐级上报公安部按照规定程序批准后，由办案地公安机关指派二名以上侦查人员持工作证件，将冻结申请表、协助冻结财产通知书等法律文书送交有关银行业金融机构总部。该总部应当在二十四小时以内采取冻结措施，并将有关法律文书传至相关账户开户的分支机构。

有关银行业金融机构因技术条件等客观原因，无法按照前款要求及时采取冻结措施的，应当向公安机关书面说明原因，并立即向中国银行业监督管理委员会或者其派出机构报告。

第三十四条　冻结市场价格波动较大或者有效期限即将届满的债券、股票、基金份额等财产的，在送达协助冻结财产通知书的同时，应当书面告知当事人或者其法定代理人、委托代理人有权申请出售、如期受偿或者变现。如果当事人或者其法定代理人、委托代理人书面申请出售或者变现被冻结的债券、股票、基金份额等财产，不损害国家利益、被害人利益、其他权利人利益，不影响诉讼正常进行的，以及冻结的汇票、本票、支票的有效期即将届满的，经作出冻结决定的县级以上公安机关负责人批准，可以依法在三日以内予以出售或者变现，所得价款应当继续冻结在其对应的银行账户中；没有对应的银行账户的，所得价款由公安机关在银行专门账户保管，并及时告知当事人或者其近亲属。

第三十五条　公安机关在采取查封、冻结措施后，应当及时查清案件事实，在法定期限内对涉案财物依法作出处理。

经查明查封、冻结的财物确实与案件无关的，应当在三日以内解除查封、冻结。

第三十六条　对查封、冻结的涉案财物及其孳息，应当制作清单，随案移送。对作为证据使用的实物应当随案移送，对不宜移送的，应当将其清单、照片或者其他证明文件随案移送。对于随案移送的财物，人民检察院需要继续查封、冻结的，应当及时书面通知公安机关解除原查封、冻结措施，并同时依法重新作出查封、冻结决定。

第三十七条　人民检察院决定不起诉并对涉案财物解除查封、冻结的案件，公安机关应当在接到人民检察院的不起诉决定和解除查封、冻结财物的通知之日起三日以内对不宜移送而未随案移送的财物解除查封、冻结。对于人民检察院提出的对被不起诉人给予行政处罚、行政处分等检察意见中涉及查封、冻结涉案财物的，公安机关应当及时予以处理或者移送有关行政主管机关处理，并将处理结果通知人民检察院。

第三十八条　公安机关决定撤销案件或者对犯罪嫌疑人终止侦查的，除依照法律和有关规定另行处理的以外，应当在作出决定之日起三日以内对侦查中查封、冻结的涉案财物解除查封、冻结。需要给予行政处理的，应当及时予以处理或者移交有关行政主管机关处理。

第三十九条　解除查封的，应当在三日以内制作协助解除查封通知书，送交协助查封的有关部门办理，并通知所有权人或者使用权人。张贴制式封条的，启封时应当通知当事人到场；当事人经通知不到场，也未委托他人到场的，办案人员应当在见证人的见证下予以启封。提取的有关产权证照应当发还。必要时，可以予以公告。

第四十条　解除冻结的，应当在三日以内制作协助解除冻结财产通知书，送交协助办理冻结的有关单位，同时通知被冻结财产的所有人。有关单位接到协助解除冻结财产通知书后，应当及时解除冻结。

第四十一条　需要解除集中冻结措施的，应当由作出冻结决定的公安机关出具协助解除冻结财产通知书，银行业金融机构应当协助解除冻结。

上级公安机关认为应当解除集中冻结措施的，可以责令下级公安机关解除。

第五十一条　当事人和辩护人、诉讼代理人、利害关系人对于公安机关及其侦查人员有下列行为之一的，有权向该机关申诉或者控告：

（一）对与案件无关的财物采取查封、冻结措施的；

（二）明显超出涉案范围查封、冻结财物的；

（三）应当解除查封、冻结不解除的；

（四）贪污、侵占、挪用、私分、调换、抵押、质押以及违反规定使用、处置查封、冻结财物的。

受理申诉或者控告的公安机关应当及时进行调查核实，并在收到申诉、控告之日起三十日以内作出处理决定，书面回复申诉人、控告人。发现公安机关及其侦查人员有上述行为之一的，应当立即纠正。

当事人及其辩护律师、诉讼代理人、利害关系人对处理决定不服的，可以向上级公安机关或者同级人民检察院申诉。上级公安机关发现下级公安机关存在前款规定的违法行为或者对申诉、控告事项不按照规定处理的，应当责令下级公安机关限期纠正，下级公安机关应当立即执行。必要时，上级公安机关可以就申诉、控告事项直接作出处理决定。人民检察院对申诉查证属实的，应当通知公安机关予以纠正。

★《公安部关于公安机关在办理刑事案件中可否查封冻结不动产或投资权益问题的批复》（公复字〔2001〕17号，2001年10月22日）

根据《中华人民共和国刑事诉讼法》第一百一十四条①和最高人民法院、最高人民检察院、公安部、司法部、国家安全部、全国人大常委会法制工作委员会《关于刑事诉讼法实施中若干问题的规定》第四十八条的规定，公安机关在办理刑事案件中有权依法查封、冻结犯罪嫌疑人以违法所得购买的不动产、获取的投资权益或股权。但由于投资权益或股权具有一定的风险性，对其采取冻结等侦查措施应严格依照法定的适用条件和程序，慎重使用。

① 2018 年刑事诉讼法第一百四十一条。

141.3.3　电子数据的扣押、封存、冻结

★《最高人民法院、最高人民检察院、公安部关于办理刑事案件收集提取和审查判断电子数据若干问题的规定》（法发〔2016〕22号，2016年9月9日）

第八条　收集、提取电子数据，能够扣押电子数据原始存储介质的，应当扣押、封存原始存储介质，并制作笔录，记录原始存储介质的封存状态。

封存电子数据原始存储介质，应当保证在不解除封存状态的情况下，无法增加、删除、修改电子数据。封存前后应当拍摄被封存原始存储介质的照片，清晰反映封口或者张贴封条处的状况。

封存手机等具有无线通信功能的存储介质，应当采取信号屏蔽、信号阻断或者切断电源等措施。

第九条　具有下列情形之一，无法扣押原始存储介质的，可以提取电子数据，但应当在笔录中注明不能扣押原始存储介质的原因、原始存储介质的存放地点或者电子数据的来源等情况，并计算电子数据的完整性校验值：

（一）原始存储介质不便封存的；

（二）提取计算机内存数据、网络传输数据等不是存储在存储介质上的电子数据的；

（三）原始存储介质位于境外的；

（四）其他无法扣押原始存储介质的情形。

对于原始存储介质位于境外或者远程计算机信息系统上的电子数据，可以通过网络在线提取。

为进一步查明有关情况，必要时，可以对远程计算机信息系统进行网络远程勘验。进行网络远程勘验，需要采取技术侦查措施的，应当依法经过严格的批准手续。

第十条　由于客观原因无法或者不宜依据第八条、第九条的规定收集、提取电子数据的，可以采取打印、拍照或者录像等方式固定相关证据，并在笔录中说明原因。

第十一条　具有下列情形之一的，经县级以上公安机关负责人或者检察长批准，可以对电子数据进行冻结：

（一）数据量大，无法或者不便提取的；

（二）提取时间长，可能造成电子数据被篡改或者灭失的；

（三）通过网络应用可以更为直观地展示电子数据的；

（四）其他需要冻结的情形。

第十二条　冻结电子数据，应当制作协助冻结通知书，注明冻结电子数据的网络应用账号等信息，送交电子数据持有人、网络服务提供者或者有关部门协助办理。解除冻结的，应当在三日内制作协助解除冻结通知书，送交电子数据持有人、网络服务提供者或者有关部门协助办理。

冻结电子数据，应当采取以下一种或者几种方法：

（一）计算电子数据的完整性校验值；

（二）锁定网络应用账号；

（三）其他防止增加、删除、修改电子数据的措施。

第十三条　调取电子数据，应当制作调取证据通知书，注明需要调取电子数据的相关信息，通知电子数据持有人、网络服务提供者或者有关部门执行。

第十四条　收集、提取电子数据，

应当制作笔录，记录案由、对象、内容、收集、提取电子数据的时间、地点、方法、过程，并附电子数据清单，注明类别、文件格式、完整性校验值等，由侦查人员、电子数据持有人（提供人）签名或者盖章；电子数据持有人（提供人）无法签名或者拒绝签名的，应当在笔录中注明，由见证人签名或者盖章。有条件的，应当对相关活动进行录像。

第十五条　收集、提取电子数据，应当根据刑事诉讼法的规定，由符合条件的人员担任见证人。由于客观原因无法由符合条件的人员担任见证人的，应当在笔录中注明情况，并对相关活动进行录像。

针对同一现场多个计算机信息系统收集、提取电子数据的，可以由一名见证人见证。

第十六条　对扣押的原始存储介质或者提取的电子数据，可以通过恢复、破解、统计、关联、比对等方式进行检查。必要时，可以进行侦查实验。

电子数据检查，应当对电子数据存储介质拆封过程进行录像，并将电子数据存储介质通过写保护设备接入到检查设备进行检查；有条件的，应当制作电子数据备份，对备份进行检查；无法使用写保护设备且无法制作备份的，应当注明原因，并对相关活动进行录像。

电子数据检查应当制作笔录，注明检查方法、过程和结果，由有关人员签名或者盖章。进行侦查实验的，应当制作侦查实验笔录，注明侦查实验的条件、经过和结果，由参加实验的人员签名或者盖章。

第十七条　对电子数据涉及的专门性问题难以确定的，由司法鉴定机构出具鉴定意见，或者由公安部指定的机构出具报告。对于人民检察院直接受理的案件，也可以由最高人民检察院指定的机构出具报告。

★《公安机关办理刑事案件电子数据取证规则》（公通字〔2018〕41 号，2018 年 12 月 13 日）

第十条　在侦查活动中发现的可以证明犯罪嫌疑人有罪或者无罪、罪轻或者罪重的电子数据，能够扣押原始存储介质的，应当扣押、封存原始存储介质，并制作笔录，记录原始存储介质的封存状态。

勘验、检查与电子数据有关的犯罪现场时，应当按照有关规范处置相关设备，扣押、封存原始存储介质。

第十一条　对扣押的原始存储介质，应当按照以下要求封存：

（一）保证在不解除封存状态的情况下，无法使用或者启动被封存的原始存储介质，必要时，具备数据信息存储功能的电子设备和硬盘、存储卡等内部存储介质可以分别封存；

（二）封存前后应当拍摄被封存原始存储介质的照片。照片应当反映原始存储介质封存前后的状况，清晰反映封口或者张贴封条处的状况；必要时，照片还要清晰反映电子设备的内部存储介质细节；

（三）封存手机等具有无线通信功能的原始存储介质，应当采取信号屏蔽、信号阻断或者切断电源等措施。

第十二条　对扣押的原始存储介质，应当会同在场见证人和原始存储介质持有人（提供人）查点清楚，当场开列《扣押清单》一式三份，写明原始存储介质名称、编号、数量、特征及其来源等，由侦查人员、持有人（提供人）和见证人签名或者盖章，一份交给持有人（提供人），一份交给公安机关保管人员，一份附卷备查。

第十三条　对无法确定原始存储介质持有人（提供人）或者原始存储介质持有人（提供人）无法签名、盖章或者拒绝签名、盖章的，应当在有关笔录中注明，由见证人签名或者盖章。由于客观原因无法由符合条件的人员担任见证人的，应当在有关笔录中注明情况，并对扣押原始存储介质的过程全程录像。

第十四条　扣押原始存储介质，应当收集证人证言以及犯罪嫌疑人供述和辩解等与原始存储介质相关联的证据。

第十五条　扣押原始存储介质时，可以向相关人员了解、收集并在有关笔录中注明以下情况：

（一）原始存储介质及应用系统管理情况，网络拓扑与系统架构情况，是否由多人使用及管理，管理及使用人员的身份情况；

（二）原始存储介质及应用系统管理的用户名、密码情况；

（三）原始存储介质的数据备份情况，有无加密磁盘、容器，有无自毁功能，有无其他移动存储介质，是否进行过备份，备份数据的存储位置等情况；

（四）其他相关的内容。

【重点解读】①

2016 年"两高一部"《关于办理刑事案件收集提取和审查判断电子数据若干问题的规定》确立了"能够扣押原始存储介质，应当扣押、封存原始存储介质"的原则，但在实践中，公安机关扣押手机、电脑、硬盘时，不封存或者封存不规范的问题仍然存在，导致电子数据来源不清，影响电子数据的真实性。鉴于此，2018 年《公安机关办理刑事案件电子数据取证规则》专门对电子数据原始存储介质的扣押封存进行规定，并提示在执法中应注意收集原始存储介质同相关人的关联性证据，如相关证人证言、嫌疑人供述、指认材料、辨认笔录、生物检材等能够证明原始存储介质为相关人员所有、管理、使用的证据。

141.3.4　公安机关对涉案财物的管理

★《公安机关涉案财物管理若干规定》（公通字〔2015〕21 号，2015 年 7 月 22 日）

第八条　公安机关应当完善涉案财物管理制度，建立办案部门与保管部门、办案人员与保管人员相互制约制度。

公安机关应当指定一个部门作为涉案财物管理部门，负责对涉案财物实行统一管理，并设立或者指定专门保管场所，对各办案部门经手的全部涉案财物或者价值较大、管理难度较高的涉案财物进行集中保管。涉案财物集中保管的范围，由地方公安机关根据本地区实际情况确定。

对于价值较低、易于保管，或者需要作为证据继续使用，以及需要先行返还被害人、被侵害人的涉案财物，可以由办案部门设置专门的场所进行保管。

办案部门应当指定不承担办案工作的民警负责本部门涉案财物的接收、保管、移交等管理工作；严禁由办案人

① 参见田虹、翟晓飞、王艺筱：《〈公安机关办理刑事案件电子数据取证规则〉的理解与适用》，载《派出所工作》2019 年第 3 期。

员自行保管涉案财物。

第九条　公安机关应当设立或者指定账户，作为本机关涉案款项管理的唯一合规账户。

办案部门扣押涉案款项后，应当立即将其移交涉案财物管理部门。涉案财物管理部门应当对涉案款项逐案设立明细账，存入唯一合规账户，并将存款回执交办案部门附卷保存。但是，对于具有特定特征、能够证明某些案件事实而需要作为证据使用的现金，应当交由涉案财物管理部门或者办案部门涉案财物管理人员，作为涉案物品进行管理，不再存入唯一合规账户。

第十条　公安机关应当建立涉案财物集中管理信息系统，对涉案财物信息进行实时、全程录入和管理，并与执法办案信息系统关联。涉案财物管理人员应当对所有涉案财物逐一编号，并将案由、来源、财物基本情况、保管状态、场所和去向等信息录入信息系统。

第十一条　对于不同案件、不同种类的涉案财物，应当分案、分类保管。

涉案财物保管场所和保管措施应当适合被保管财物的特性，符合防火、防盗、防潮、防蛀、防磁、防腐蚀等安全要求。涉案财物保管场所应当安装视频监控设备，并配备必要的储物容器、一次性储物袋、计量工具等物品。有条件的地方，可以会同人民法院、人民检察院等部门，建立多部门共用的涉案财物管理中心，对涉案财物进行统一管理。

对于易燃、易爆、毒害性、放射性等危险物品，鲜活动植物，大宗物品，车辆、船舶、航空器等大型交通工具，以及其他对保管条件、保管场所有特殊要求的涉案财物，应当存放在符合条件的专门场所。公安机关没有具备保管条件的场所的，可以委托具有相应条件、资质或者管理能力的单位代为保管。

依法对文物、金银、珠宝、名贵字画等贵重财物采取查封、扣押、扣留等措施的，应当拍照或者录像，并及时鉴定、估价；必要时，可以实行双人保管。

未经涉案财物管理部门或者管理涉案财物的办案部门负责人批准，除保管人员以外的其他人员不得进入涉案财物保管场所。

第十二条　办案人员依法提取涉案财物后，应当在二十四小时以内按照规定将其移交涉案财物管理部门或者本部门的涉案财物管理人员，并办理移交手续。

对于采取查封、冻结、先行登记保存等措施后不在公安机关保管的涉案财物，办案人员应当在采取有关措施后的二十四小时以内，将相关法律文书和清单的复印件移交涉案财物管理人员予以登记。

第十三条　因情况紧急，需要在提取后的二十四小时以内开展鉴定、辨认、检验、检查等工作的，经办案部门负责人批准，可以在上述工作完成后的二十四小时以内将涉案财物移交涉案财物管理人员，并办理移交手续。

异地办案或者在偏远、交通不便地区办案的，应当在返回办案单位后的二十四小时以内办理移交手续；行政案件在提取后的二十四小时以内已将涉案财物处理完毕的，可以不办理移交手续，但应当将处理涉案财物的相关手续附卷保存。

第十四条　涉案财物管理人员对办案人员移交的涉案财物，应当对照有关法律文书当场查验核对、登记入册，并与办案人员共同签名。

对于缺少法律文书、法律文书对必要事项记载不全或者实物与法律文书记载严重不符的，涉案财物管理人员可以拒绝接收涉案财物，并应当要求办案人员补齐相关法律文书、信息或者财物。

第十五条　因讯问、询问、鉴定、辨认、检验、检查等办案工作需要，经办案部门负责人批准，办案人员可以向涉案财物管理人员调用涉案财物。调用结束后，应当在二十四小时以内将涉案财物归还涉案财物管理人员。

因宣传教育等工作需要调用涉案财物的，应当经公安机关负责人批准。

涉案财物管理人员应当详细登记调用人、审批人、时间、事由、期限、调用的涉案财物状况等事项。

第十六条　调用人应当妥善保管和使用涉案财物。调用人归还涉案财物时，涉案财物管理人员应当进行检查、核对。对于有损毁、短少、调换、灭失等情况的，涉案财物管理人员应当如实记录，并报告调用人所属部门负责人和涉案财物管理部门负责人。因鉴定取样等事由导致涉案财物出现合理损耗的，不需要报告，但调用人应当向涉案财物管理人员提供相应证明材料和书面说明。

调用人未按照登记的调用时间归还涉案财物的，涉案财物管理人员应当报告调用人所属部门负责人；有关负责人应当责令调用人立即归还涉案财物。确需继续调用涉案财物的，调用人应当按照原批准程序办理延期手续，并交由涉案财物管理人员留存。

第十七条　办案部门扣押、扣留涉案车辆时，应当认真查验车辆特征，并在清单或者行政强制措施凭证中详细载明当事人的基本情况、案由、厂牌型号、识别代码、牌照号码、行驶里程、重要装备、车身颜色、车辆状况等情况。

对车辆内的物品，办案部门应当仔细清点。对与案件有关，需要作为证据使用的，应当依法扣押；与案件无关的，通知当事人或者其家属、委托的人领取。

公安机关应当对管理的所有涉案车辆进行专门编号登记，严格管理，妥善保管，非因法定事由并经公安机关负责人批准，不得调用。

对船舶、航空器等交通工具采取措施和进行管理，参照前三款规定办理。

第十八条　公安机关应当依据有关法律规定，及时办理涉案财物的移送、返还、变卖、拍卖、销毁、上缴国库等工作。

对刑事案件中作为证据使用的涉案财物，应当随案移送；对于危险品、大宗大型物品以及容易腐烂变质等不宜随案移送的物品，应当移送相关清单、照片或者其他证明文件。

第十九条　有关违法犯罪事实查证属实后，对于有证据证明权属明确且无争议的被害人、被侵害人合法财产及其孳息，凡返还不损害其他被害人、被侵害人或者利害关系人的利益，不影响案件正常办理的，应当在登记、拍照或者录像和估价后，报经县级以上公安机关负责人批准，开具发还清单并返还被害人、被侵害人。办案人员应当在案卷材料中注明返还的理由，并将原物照片、发还清单和被害人、被侵害人的领取手续存卷备查。

领取人应当是涉案财物的合法权

利人或者其委托的人，办案人员或者公安机关其他工作人员不得代为领取。

第二十条　对于刑事案件依法撤销、行政案件因违法事实不能成立而作出不予行政处罚决定的，除依照法律、行政法规有关规定另行处理的以外，公安机关应当解除对涉案财物采取的相关措施并返还当事人。

人民检察院决定不起诉、人民法院作出无罪判决，涉案财物由公安机关管理的，公安机关应当根据人民检察院的书面通知或者人民法院的生效判决，解除对涉案财物采取的相关措施并返还当事人。

人民法院作出有罪判决，涉案财物由公安机关管理的，公安机关应当根据人民法院的生效判决，对涉案财物作出处理。人民法院的判决没有明确涉案财物如何处理的，公安机关应当征求人民法院意见。

第二十一条　对于因自身材质原因易损毁、灭失、腐烂、变质而不宜长期保存的食品、药品及其原材料等物品，长期不使用容易导致机械性能下降、价值贬损的车辆、船舶等物品，市场价格波动大的债券、股票、基金份额等财产和有效期即将届满的汇票、本票、支票等，权利人明确的，经其本人书面同意或者申请，并经县级以上公安机关主要负责人批准，可以依法变卖、拍卖，所得款项存入本单位唯一合规账户；其中，对于冻结的债券、股票、基金份额等财产，有对应的银行账户的，应当将变现后的款项继续冻结在对应账户中。

对涉案财物的变卖、拍卖应当坚持公开、公平原则，由县级以上公安机关商本级人民政府财政部门统一组织实施，严禁暗箱操作。

善意第三人等案外人与涉案财物处理存在利害关系的，公安机关应当告知其相关诉讼权利。

第二十二条　公安机关在对违法行为人、犯罪嫌疑人依法作出限制人身自由的处罚或者采取限制人身自由的强制措施时，对其随身携带的与案件无关的财物，应当按照《公安机关代为保管涉案人员随身财物若干规定》有关要求办理。

第二十三条　对于违法行为人、犯罪嫌疑人或者其家属、亲友给予被害人、被侵害人退、赔款物的，公安机关应当通知其向被害人、被侵害人或者其家属、委托的人直接交付，并将退、赔情况及时书面告知公安机关。公安机关不得将退、赔款物作为涉案财物扣押或者暂存，但需要作为证据使用的除外。

被害人、被侵害人或者其家属、委托的人不愿意当面接收的，经其书面同意或者申请，公安机关可以记录其银行账号，通知违法行为人、犯罪嫌疑人或者其家属、亲友将退、赔款项汇入该账户。

公安机关应当将双方的退赔协议或者交付手续复印附卷保存，并将退赔履行情况记录在案。

141.3.5　毒品的扣押、封装、保管

★《办理毒品犯罪案件毒品提取、扣押、称量、取样和送检程序若干问题的规定》（公禁毒〔2016〕511 号，2016 年 5 月 24 日）

第五条　毒品的扣押应当在有犯罪嫌疑人在场并有见证人的情况下，由两名以上侦查人员执行。

毒品的提取、扣押情况应当制作笔

录，并当场开具扣押清单。

笔录和扣押清单应当由侦查人员、犯罪嫌疑人和见证人签名。犯罪嫌疑人拒绝签名的，应当在笔录和扣押清单中注明。

第六条 对同一案件在不同位置查获的两个以上包装的毒品，应当根据不同的查获位置进行分组。

对同一位置查获的两个以上包装的毒品，应当按照以下方法进行分组：

（一）毒品或者包装物的外观特征不一致的，根据毒品及包装物的外观特征进行分组；

（二）毒品及包装物的外观特征一致，但犯罪嫌疑人供述非同一批次毒品的，根据犯罪嫌疑人供述的不同批次进行分组；

（三）毒品及包装物的外观特征一致，但犯罪嫌疑人辩称其中部分不是毒品或者不知是否为毒品的，对犯罪嫌疑人辩解的部分疑似毒品单独分组。

第七条 对查获的毒品应当按其独立最小包装逐一编号或者命名，并将毒品的编号、名称、数量、查获位置以及包装、颜色、形态等外观特征记录在笔录或者扣押清单中。

在毒品的称量、取样、送检等环节，毒品的编号、名称以及对毒品外观特征的描述应当与笔录和扣押清单保持一致；不一致的，应当作出书面说明。

第八条 对体内藏毒的案件，公安机关应当监控犯罪嫌疑人排出体内的毒品，及时提取、扣押并制作笔录。笔录应当由侦查人员和犯罪嫌疑人签名；犯罪嫌疑人拒绝签名的，应当在笔录中注明。在保障犯罪嫌疑人隐私权和人格尊严的情况下，可以对排毒的主要过程进行拍照或者录像。

必要时，可以在排毒前对犯罪嫌疑人体内藏毒情况进行透视检验并以透视影像的形式固定证据。

体内藏毒的犯罪嫌疑人为女性的，应当由女性工作人员或者医师检查其身体，并由女性工作人员监控其排毒。

第九条 现场提取、扣押等工作完成后，一般应当由两名以上侦查人员对提取、扣押的毒品及包装物进行现场封装，并记录在笔录中。

封装应当在有犯罪嫌疑人在场并有见证人的情况下进行；应当使用封装袋封装毒品并加密封口，或者使用封条贴封包装，作好标记和编号，由侦查人员、犯罪嫌疑人和见证人在封口处、贴封处或者指定位置签名并签署封装日期。犯罪嫌疑人拒绝签名的，侦查人员应当注明。

确因情况紧急、现场环境复杂等客观原因无法在现场实施封装的，经公安机关办案部门负责人批准，可以及时将毒品带至公安机关办案场所或者其他适当的场所进行封装，并对毒品移动前后的状态进行拍照固定，作出书面说明。

封装时，不得将不同包装内的毒品混合。对不同组的毒品，应当分别独立封装，封装后可以统一签名。

第十条 必要时，侦查人员应当对提取、扣押和封装的主要过程进行拍照或者录像。

照片和录像资料应当反映提取、扣押和封装活动的主要过程以及毒品的原始位置、存放状态和变动情况。照片应当附有相应的文字说明，文字说明应当与照片反映的情况相对应。

★《公安机关缴获毒品管理规定》
(公禁毒〔2016〕486号,2016年5月19日)

第十二条　对办理毒品案件过程中发现的毒品,办案人员应当及时固定、提取,依法予以扣押、收缴。

办案人员应当在缴获毒品的现场对毒品及其包装物进行封装,并及时完成称量、取样、送检等工作;确因客观原因无法在现场实施封装的,应当经办案部门负责人批准。

第十三条　办案人员依法扣押、收缴毒品后,应当在二十四小时以内将毒品移交本部门的毒品保管人员,并办理移交手续。

异地办案或者在偏远、交通不便地区办案的,办案人员应当在返回办案单位后的二十四小时以内办理移交手续。

需要将毒品送至鉴定机构进行取样、鉴定的,经办案部门负责人批准,办案人员可以在送检完成后的二十四小时以内办理移交手续。

第十四条　除禁毒部门外的其他办案部门应当在扣押、收缴毒品之日起七日以内将毒品移交所在地的县级或者设区的市一级公安机关禁毒部门。

具有案情复杂、缴获毒品数量较大、异地办案等情形的,移交毒品的时间可以延长至二十日。

第十五条　刑事案件侦查终结、依法撤销或者对行政案件作出行政处罚决定、终止案件调查后,县级公安机关禁毒部门应当及时将临时保管的毒品移交上一级公安机关禁毒部门。

对因犯罪嫌疑人或者违法行为人无法确定、负案在逃等客观原因无法侦查终结或者无法作出行政处罚决定的案件,应当在立案或者受案后的一年以内移交。

第十六条　不起诉决定或者判决、裁定(含死刑复核判决、裁定)发生法律效力,或者行政处罚决定已过复议诉讼期限后,负责临时保管毒品的设区的市一级公安机关禁毒部门应当及时将临时保管的毒品移交省级公安机关禁毒部门集中统一保管。

第十八条　毒品保管人员对本部门办案人员或者其他办案部门、鉴定机构移交的毒品,应当当场检查毒品及其包装物的封装是否完好以及封装袋上的标记、编号、签名等是否清晰、完整,并对照有关法律文书对移交的毒品逐一查验、核对。

对符合条件可以办理入库的毒品,毒品保管人员应当将入库毒品登记造册,详细登记移交毒品的种类、数量、封装情况、移交单位、移交人员、移交时间等情况,在《扣押清单》《证据保全清单》或者《收缴/追缴物品清单》上签字并留存一份备查。

对缺少法律文书、法律文书对必要事项记载不全、移交的毒品与法律文书记载不符或者移交的毒品未按规定封装的,毒品保管人员可以拒绝接收,并应当要求办案人员及时补齐相关法律文书、信息或者按规定封装后移交。

第二十四条　缴获毒品不随案移送人民检察院、人民法院,但办案部门应当将其清单、照片或者其他证明文件随案移送。

对需要作为证据使用的毒品,不起诉决定或者判决、裁定(含死刑复核判决、裁定)发生法律效力,或者行政处罚决定已过复议诉讼期限后方可销毁。

第二十五条　对集中统一保管的

毒品,除因办案、留样备查等工作需要少量留存外,省级公安机关或者经授权的市一级公安机关应当适时组织销毁。

其他任何部门或者个人不得以任何理由擅自处理毒品。

141.3.6　黑恶犯罪案件涉案财物的查封、扣押

★《最高人民法院、最高人民检察院、公安部、司法部关于办理黑恶势力刑事案件中财产处置若干问题的意见》(2019年4月9日)

6. 公安机关侦查期间,要根据《公安机关办理刑事案件适用查封、冻结措施相关规定》(公通字〔2013〕30号)等有关规定,会同有关部门全面调查黑恶势力及其成员的财产状况,并可以根据诉讼需要,先行依法对下列财产采取查询、查封、扣押、冻结等措施:

(1)黑恶势力组织的财产;

(2)犯罪嫌疑人个人所有的财产;

(3)犯罪嫌疑人实际控制的财产;

(4)犯罪嫌疑人出资购买的财产;

(5)犯罪嫌疑人转移至他人名下的财产;

(6)犯罪嫌疑人涉嫌洗钱以及掩饰、隐瞒犯罪所得、犯罪所得收益等犯罪涉及的财产;

(7)其他与黑恶势力组织及其违法犯罪活动有关的财产。

7. 查封、扣押、冻结已登记的不动产、特定动产及其他财产,应当通知有关登记机关,在查封、扣押、冻结期间禁止被查封、扣押、冻结的财产流转,不得办理被查封、扣押、冻结财产权属变更、抵押等手续。必要时可以提取有关产权证照。

8. 公安机关对于采取措施的涉案财产,应当全面收集证明其来源、性质、用途、权属及价值的有关证据,审查判断是否应当依法追缴、没收。

证明涉案财产来源、性质、用途、权属及价值的有关证据一般包括:

(1)犯罪嫌疑人、被告人关于财产来源、性质、用途、权属、价值的供述;

(2)被害人、证人关于财产来源、性质、用途、权属、价值的陈述、证言;

(3)财产购买凭证、银行往来凭据、资金注入凭据、权属证明等书证;

(4)财产价格鉴定、评估意见;

(5)可以证明财产来源、性质、用途、权属、价值的其他证据。

9. 公安机关对应当依法追缴、没收的财产中黑恶势力组织及其成员聚敛的财产及其孳息、收益的数额,可以委托专门机构评估;确实无法准确计算的,可以根据有关法律规定及查明的事实、证据合理估算。

人民检察院、人民法院对于公安机关委托评估、估算的数额有不同意见的,可以重新委托评估、估算。

10. 人民检察院、人民法院根据案件诉讼的需要,可以依法采取上述相关措施。

★《最高人民法院、最高人民检察院、公安部、司法部关于办理黑恶势力犯罪案件若干问题的指导意见》(法发〔2018〕1号,2018年1月16日)

26. 公安机关、人民检察院、人民法院根据黑社会性质组织犯罪案件的诉讼需要,应当依法查询、查封、扣押、冻结全部涉案财产。公安机关侦查期间,要会同工商、税务、国土、住建、审计、人民银行等部门全面调查涉黑组织及其成员的财产状况。

对于不宜查封、扣押、冻结的经营性资产，可以申请当地政府指定有关部门或者委托有关机构代管或者托管。

对黑社会性质组织及其成员聚敛的财产及其孳息、收益的数额，办案单位可以委托专门机构评估；确实无法准确计算的，可以根据有关法律规定及查明的事实、证据合理估算。

27. 对于依法查封、冻结、扣押的黑社会性质组织涉案财产，应当全面收集、审查证明其来源、性质、用途、权属及价值大小的有关证据。符合下列情形之一的，应当依法追缴、没收：

(1) 组织及其成员通过违法犯罪活动或其他不正当手段聚敛的财产及其孳息、收益；

(2) 组织成员通过个人实施违法犯罪活动聚敛的财产及其孳息、收益；

(3) 其他单位、组织、个人为支持该组织活动资助或主动提供的财产；

(4) 通过合法的生产、经营活动获取的财产或者组织成员个人、家庭合法资产中，实际用于支持该组织活动的部分；

(5) 组织成员非法持有的违禁品以及供犯罪所用的本人财物；

(6) 其他单位、组织、个人利用黑社会性质组织及其成员的违法犯罪活动获取的财产及其孳息、收益；

(7) 其他应当追缴、没收的财产。

28. 违法所得已用于清偿债务或者转让给他人，具有下列情形之一的，应当依法追缴：

(1) 对方明知是通过违法犯罪活动或者其他不正当手段聚敛的财产及其孳息、收益的；

(2) 对方无偿或者以明显低于市场价格取得的；

(3) 对方是因非法债务或者违法犯罪活动而取得的；

(4) 通过其他方式恶意取得的。

29. 依法应当追缴、没收的财产无法找到、被他人善意取得、价值灭失或者与其他合法财产混合且不可分割的，可以追缴、没收其他等值财产。

30. 黑社会性质组织犯罪嫌疑人、被告人逃匿，在通缉一年后不能到案，或者犯罪嫌疑人、被告人死亡的，应当依照法定程序没收其违法所得。

31. 对于依法查封、扣押、冻结的涉案财产，有证据证明确属被害人合法财产，或者确与黑社会性质组织及其违法犯罪活动无关的应予以返还。

★《最高人民法院、最高人民检察院、公安部、司法部关于办理黑社会性质组织犯罪案件若干问题的规定》(公通字〔2012〕45 号，2012 年 9 月 11 日)

第十七条　根据黑社会性质组织犯罪案件的诉讼需要，公安机关、人民检察院、人民法院可以依法查询、查封、扣押、冻结与案件有关的下列财产：

(一) 黑社会性质组织的财产；

(二) 犯罪嫌疑人、被告人个人所有的财产；

(三) 犯罪嫌疑人、被告人实际控制的财产；

(四) 犯罪嫌疑人、被告人出资购买的财产；

(五) 犯罪嫌疑人、被告人转移至他人的财产；

(六) 其他与黑社会性质组织及其违法犯罪活动有关的财产。

对于本条第一款的财产，有证据证明与黑社会性质组织及其违法犯罪活动无关的，应当依法立即解除查封、扣押、冻结措施。

第十八条　查封、扣押、冻结财产的，应当一并扣押证明财产所有权或者相关权益的法律文件和文书。

在侦查、起诉、审判过程中，查询、查封、扣押、冻结财产需要其他部门配合或者执行的，应当分别经县级以上公安机关负责人、人民检察院检察长、人民法院院长批准，通知有关部门配合或者执行。

查封、扣押、冻结已登记的不动产、特定动产及其他财产，应当通知有关登记机关，在查封、扣押、冻结期间禁止被查封、扣押、冻结的财产流转，不得办理被查封、扣押、冻结财产权属变更、抵押等手续；必要时可以提取有关产权证照。

第十九条　对于不宜查封、扣押、冻结的经营性财产，公安机关、人民检察院、人民法院可以申请当地政府指定有关部门或者委托有关机构代管。

141.3.7　经济犯罪案件涉案财物的查封、扣押

★《最高人民检察院、公安部关于公安机关办理经济犯罪案件的若干规定》（公通字〔2017〕25号，2017年11月24日）

第四十六条　查封、扣押、冻结以及处置涉案财物，应当依照法律规定的条件和程序进行。除法律法规和规范性文件另有规定以外，公安机关不得在诉讼程序终结之前处置涉案财物。严格区分违法所得、其他涉案财产与合法财产，严格区分企业法人财产与股东个人财产，严格区分犯罪嫌疑人个人财产与家庭成员财产，不得超权限、超范围、超数额、超时限查封、扣押、冻结，并注意保护利害关系人的合法权益。

对涉众型经济犯罪案件，需要追缴、返还涉案财物的，应当坚持统一资产处置原则。公安机关移送审查起诉时，应当将有关涉案财物及其清单随案移送人民检察院。人民检察院提起公诉时，应当将有关涉案财物及其清单一并移送受理案件的人民法院，并提出处理意见。

第四十七条　对依照有关规定可以分割的土地、房屋等涉案不动产，应当只对与案件有关的部分进行查封。

对不可分割的土地、房屋等涉案不动产或者车辆、船舶、航空器以及大型机器、设备等特定动产，可以查封、扣押、冻结犯罪嫌疑人提供的与涉案金额相当的其他财物。犯罪嫌疑人不能提供的，可以予以整体查封。

冻结涉案账户的款项数额，应当与涉案金额相当。

第四十八条　对自动投案时主动提交的涉案财物和权属证书等，公安机关可以先行接收，如实登记并出具接收财物凭证，根据立案和侦查情况决定是否查封、扣押、冻结。

第四十九条　已被依法查封、冻结的涉案财物，公安机关不得重复查封、冻结，但是可以轮候查封、冻结。

已被人民法院采取民事财产保全措施的涉案财物，依照前款规定办理。

第五十条　对不宜查封、扣押、冻结的经营性涉案财物，在保证侦查活动正常进行的同时，可以允许有关当事人继续合理使用，并采取必要的保值保管措施，以减少侦查办案对正常办公和合法生产经营的影响。必要时，可以申请当地政府指定有关部门或者委托有关

机构代管。

第五十一条　对查封、扣押、冻结的涉案财物及其孳息，以及作为证据使用的实物，公安机关应当如实登记，妥善保管，随案移送，并与人民检察院及时交接，变更法律手续。

在查封、扣押、冻结涉案财物时，应当收集、固定与涉案财物来源、权属、性质等有关的证据材料并随案移送。对不宜移送或者依法不移送的实物，应当将其清单、照片或者其他证明文件随案移送。

第五十二条　涉嫌犯罪事实查证属实后，对有证据证明权属关系明确的被害人合法财产及其孳息，及时返还不损害其他被害人或者利害关系人的利益、不影响诉讼正常进行的，可以在登记、拍照或者录像、估价后，经县级以上公安机关负责人批准，开具发还清单，在诉讼程序终结之前返还被害人。办案人员应当在案卷中注明返还的理由，将原物照片、清单和被害人的领取手续存卷备查。

具有下列情形之一的，不得在诉讼程序终结之前返还：

（一）涉嫌犯罪事实尚未查清的；

（二）涉案财物及其孳息的权属关系不明确或者存在争议的；

（三）案件需要变更管辖的；

（四）可能损害其他被害人或者利害关系人利益的；

（五）可能影响诉讼程序正常进行的；

（六）其他不宜返还的。

第五十三条　有下列情形之一的，除依照有关法律法规和规范性文件另行处理的以外，应当立即解除对涉案财物的查封、扣押、冻结措施，并及时返还有关当事人：

（一）公安机关决定撤销案件或者对犯罪嫌疑人终止侦查的；

（二）人民检察院通知撤销案件或者作出不起诉决定的；

（三）人民法院作出生效判决、裁定应当返还的。

第五十四条　犯罪分子违法所得的一切财物及其孳息，应当予以追缴或者责令退赔。

发现犯罪嫌疑人将经济犯罪违法所得和其他涉案财物用于清偿债务、转让或者设定其他权利负担，具有下列情形之一的，应当依法查封、扣押、冻结：

（一）他人明知是经济犯罪违法所得和其他涉案财物而接受的；

（二）他人无偿或者以明显低于市场价格取得上述财物的；

（三）他人通过非法债务清偿或者违法犯罪活动取得上述财物的；

（四）他人通过其他恶意方式取得上述财物的。

他人明知是经济犯罪违法所得及其产生的收益，通过虚构债权债务关系、虚假交易等方式予以窝藏、转移、收购、代为销售或者以其他方法掩饰、隐瞒，构成犯罪的，应当依法追究刑事责任。

第五十五条　具有下列情形之一，依照刑法规定应当追缴其违法所得及其他涉案财物的，经县级以上公安机关负责人批准，公安机关应当出具没收违法所得意见书，连同相关证据材料一并移送同级人民检察院：

（一）重大的走私、金融诈骗、洗钱犯罪案件，犯罪嫌疑人逃匿，在通缉一年后不能到案的；

（二）犯罪嫌疑人死亡的；

（三）涉嫌重大走私、金融诈骗、洗钱犯罪的单位被撤销、注销，直接负责的主管人员和其他直接责任人员逃匿、死亡，导致案件无法适用普通刑事诉讼程序审理的。

犯罪嫌疑人死亡，现有证据证明其存在违法所得及其他涉案财物应当予以没收的，公安机关可以继续调查，并依法进行查封、扣押、冻结。

141.4　指导与参考案例

141.4.1　涉案财物的继续追缴

【刑事审判参考案例】

［第 827 号］许俊伟、张建英合同诈骗案

裁判要旨：对于刑事诉讼中的继续追缴，应当本着合法、合理、经济的原则，根据案件所处的不同诉讼阶段，确定相应的执行主体。对于法院生效判决确定需要继续追缴的，如果人民法院能够独立完成，则独立完成；如果不能独立完成，则应当由其牵头，公安、检察、金融等管理部门配合。采取多元化模式的追缴，既符合立法对人民法院的定位，又能使有限的司法资源得到合理整合。

141.4.2　操纵证券市场案件违法所得的追缴

【最高人民检察院指导性案例】

［检例第 222 号］赵某某等人操纵证券市场案

办案要旨：人民检察院办理利用私募基金操纵证券市场案件，应当对私募基金的资金来源、使用、去向等流转过程进行全链条审查，特别是行为是否违反基金监督管理的有关规定，准确认定各环节犯罪事实。要区分交易型操纵和信息型操纵的不同犯罪手段，正确适用司法解释认定“情节严重”和“情节特别严重”。与操纵股票互相配合买卖场外期权的行为，不构成操纵期货市场罪，但其获利属于操纵证券市场犯罪的跨市场违法所得，应当依法予以追缴。

142　查封、扣押的程序

142.1　法条规定

第一百四十二条　对查封、扣押的财物、文件，应当会同在场见证人和被查封、扣押财物、文件持有人查点清楚，当场开列清单一式二份，由侦查人员、见证人和持有人签名或者盖章，一份交给持有人，另一份附卷备查。

【立法释义】①

本条规定了查封、扣押财物、文件的程序要求。

第一，查点。侦查人员应当会同在场见证人和被查封、扣押财物、文件的持有人，将查封、扣押的财物、文件查点清楚。

第二，开列清单。在查点基础上，侦查人员应当当场开列清单一式两份，在清单上写明查封、扣押财物、文件的名称、规格、特征、质量、数量，文件的编号，以及财物、文件发现的地点，查封、扣押的时间等。

第三，签名、盖章。清单应由侦查人员、持有人和在场见证人签名或者盖章。

---

① 参见王爱立主编书，第 295—296 页。

第四,清单留存。查封、扣押清单一份交给持有人或者其家属,另一份由侦查机关附卷备查。当场开列的清单,不得涂改,如果必须更正,须由侦查人员、持有人和见证人共同签名或盖章,或者重新开列清单。

对作为犯罪证据但不便提取的财物、文件,经登记、拍照或者录像、估价后,可以交财物、文件持有人保管或者封存。财物、文件持有人应当妥善保管,不得转移、变卖、毁损。

142.2　相关立法

142.2.1　监察机关调取、查封、扣押程序

★《中华人民共和国监察法》(2024年12月25日修正)

第二十八条　监察机关在调查过程中,可以调取、查封、扣押用以证明被调查人涉嫌违法犯罪的财物、文件和电子数据等信息。采取调取、查封、扣押措施,应当收集原物原件,会同持有人或者保管人、见证人,当面逐一拍照、登记、编号,开列清单,由在场人员当场核对、签名,并将清单副本交财物、文件的持有人或者保管人。

对调取、查封、扣押的财物、文件,监察机关应当设立专用账户、专门场所,确定专门人员妥善保管,严格履行交接、调取手续,定期对账核实,不得毁损或者用于其他目的。对价值不明物品应当及时鉴定,专门封存保管。

查封、扣押的财物、文件经查明与案件无关的,应当在查明后三日内解除查封、扣押,予以退还。

【立法释义】①

第一,调取、查封、扣押的范围。监察机关在调查过程中调取、查封、扣押的财物、文件、电子数据,必须与调查的职务违法犯罪行为存在关联,能够或有可能证明该违法犯罪行为的真实情况。

第二,调取、查封、扣押的程序。采取调取、查封、扣押措施的,必须经监察机关相关负责人审批,并开具文书。同时,应当由两名以上调查人员持工作证件和文书,并有持有人或者保管人、见证人在场。查封、扣押不动产、车辆、船舶等财物,可以扣押其权利证书,经拍照或者录像后原地封存;对书证、视听资料、电子数据,应当调取原件,取得原件确有困难的,可以调取副本或者复制件,但原件需要采用一定方式加以固定。此外,应当在仔细查验基础上,当面逐一拍照、登记、编号,开列清单,由在场人员当场核对、签字。清单不得涂改,凡是必须更正的,须共同签名或盖章,或者重新开列清单。清单副本交财物、文件的持有人或者占有人。

第三,调取、查封、扣押的财物、文件和电子数据的保管要求。对调取、查封、扣押的财物、文件和电子数据,监察机关应当设立专用账户、专门场所,配备专用的存储设备,由专门人员妥善保管和使用。在调查中需要使用相关财物、文件或者电子数据的,应当履行严格的审批手续,调取、交接应当严格登记。任何单位和个人都不得以任何借口将调取、查封、扣押的财物、文件用于调查违法犯罪行为以外的目的,也不得将其损毁或者自行处理,要保证其完好无损。

---

① 参见法规室编写释义书,第142—147页。

第四，解除查封、扣押的要求。监察机关对查封、扣押的财物、文件，应当及时进行审查。经过调查核实，认定该查封、扣押的财物等并非违法所得，也不具有证明被调查人违法犯罪情况，不能作为证据使用，或者与违法犯罪行为无任何牵连的，应当在三日内解除查封、扣押，并退还原持有人或者保管人。

142.3　规范性文件

142.3.1　侦查机关查封、扣押的程序

★《公安规定》(2020)

第二百二十八条　在侦查过程中需要扣押财物、文件的，应当经办案部门负责人批准，制作扣押决定书；在现场勘查或者搜查中需要扣押财物、文件的，由现场指挥人员决定；但扣押财物、文件价值较高或者可能严重影响正常生产经营的，应当经县级以上公安机关负责人批准，制作扣押决定书。

在侦查过程中需要查封土地、房屋等不动产，或者船舶、航空器以及其他不宜移动的大型机器、设备等特定动产的，应当经县级以上公安机关负责人批准并制作查封决定书。

第二百二十九条　执行查封、扣押的侦查人员不得少于二人，并出示本规定第二百二十八条规定的有关法律文书。

查封、扣押的情况应当制作笔录，由侦查人员、持有人和见证人签名。对于无法确定持有人或者持有人拒绝签名的，侦查人员应当在笔录中注明。

第二百三十条　对查封、扣押的财物和文件，应当会同在场见证人和被查封、扣押财物、文件的持有人查点清楚，当场开列查封、扣押清单一式三份，写明财物或者文件的名称、编号、数量、特征及其来源等，由侦查人员、持有人和见证人签名，一份交给持有人，一份交给公安机关保管人员，一份附卷备查。

对于财物、文件的持有人无法确定，以及持有人不在现场或者拒绝签名的，侦查人员应当在清单中注明。

依法扣押文物、贵金属、珠宝、字画等贵重财物的，应当拍照或者录音录像，并及时鉴定、估价。

执行查封、扣押时，应当为犯罪嫌疑人及其所扶养的亲属保留必需的生活费用和物品。能够保证侦查活动正常进行的，可以允许有关当事人继续合理使用有关涉案财物，但应当采取必要的保值、保管措施。

第二百三十一条　对作为犯罪证据但不便提取或者没有必要提取的财物、文件，经登记、拍照或者录音录像、估价后，可以交财物、文件持有人保管或者封存，并且开具登记保存清单一式两份，由侦查人员、持有人和见证人签名，一份交给财物、文件持有人，另一份连同照片或者录音录像资料附卷备查。财物、文件持有人应当妥善保管，不得转移、变卖、毁损。

【重点解读】①

扣押贵重财物时，因其对实物、数量、价值的同一性要求较高，侦查人员有必要采取拍照或者录音录像，以及及时鉴定、估价等手段来补充证明扣押的法律效力，避免持有人以扣押物不是原物等理由提出抗辩。

★《国安规定》(2024)

第二百五十条　在侦查过程中需要查封、扣押财物、文件的，应当经国家安全机关负责人批准，制作查封、扣押

① 参见孙茂利主编书，第554—555页。

决定书。执行查封、扣押的侦查人员不得少于二人。

在现场勘查、执行拘留、逮捕、搜查时，需要扣押财物、文件的，由现场负责人决定。执行扣押后，应当按前款规定及时补办有关批准手续。

第二百五十一条　查封、扣押的情况应当制作笔录，由侦查人员、持有人或者保管人、见证人签名。

对于查封、扣押的财物、文件，侦查人员应当会同在场的见证人、持有人或者保管人查点清楚，当场制作查封、扣押财物、文件清单一式三份，写明财物、文件的名称、编号、数量、特征及其来源等，由侦查人员、见证人、持有人或者保管人签名，一份交持有人或者保管人，一份附卷备查，一份交物证保管人员。

对于持有人、保管人无法确定或者不在现场的，侦查人员应当注明。

第二百五十二条　对作为犯罪证据但不便提取或者没有必要提取的财物、文件，经登记、拍照或者录音录像、估价后，可以交财物、文件持有人保管或者封存，并且开具登记保存清单一式两份，由侦查人员、持有人和见证人签名，一份交给财物、文件持有人，另一份连同照片或者录音录像资料附卷备查。财物、文件持有人应当妥善保管，不得转移、变卖、毁损。

第二百五十三条　对于应当查封土地、房屋等不动产和置于该不动产上不宜移动的设施、家具和其他相关财物，以及涉案的车辆、船舶、航空器和大型机器、设备等财物的，必要时可以扣押其权利证书，经拍照或者录像后原地封存，并在查封清单中注明相关财物的详细地址和相关特征，同时注明已经拍照或者录像及其权利证书已被扣押。

国家安全机关查封不动产和置于该不动产上不宜移动的设施、家具和其他相关财物，以及涉案的车辆、船舶、航空器和大型机械、设备等财物，应当在保证侦查活动正常进行的同时，尽量不影响有关当事人的正常生活和生产经营活动。必要时，可以将被查封的财物交持有人或者其近亲属保管，并书面告知保管人对被查封的财物应当妥善保管，不得擅自处置。

第二百五十四条　查封土地、房屋等涉案不动产，需要查询不动产权属情况的，应当制作协助查询财产通知书。

国家安全机关侦查人员到自然资源、房地产管理等有关部门办理查询时，应当出示人民警察证或者侦察证，提交协助查询财产通知书。自然资源、房地产管理等有关部门应当及时协助国家安全机关办理查询事项。国家安全机关查询并复制的有关书面材料，由权属登记机构或者权属档案管理机构加盖印章。因情况特殊，不能当场提供查询的，应当在五日以内提供查询结果。无法查询的，有关部门应当在五日以内书面告知国家安全机关。

第二百五十五条　查封、扣押外币、金银珠宝、文物、名贵字画以及其他不易辨别真伪的贵重物品，具备当场密封条件的，应当当场密封，由二名以上侦查人员在密封材料上签名并记明密封时间。不具备当场密封条件的，应当在笔录中记明，以拍照、录像等方法加以保全后进行封存。查封、扣押的贵重物品需要鉴定的，应当及时鉴定。

对于需要启封的财物和文件，应当由二名以上侦查人员共同办理。重新密封时，由二名以上侦查人员在密封材料上签名、记明时间。

第二百五十六条　对于不宜随案移送的物品，应当移送相关清单、照片或者其他证明文件。

第二百五十七条　对于因自身材质原因易损毁、灭失、腐烂、变质而不宜长期保存的食品、药品及其原材料等物品，长期不使用容易导致机械性能下降、价值贬损的车辆、船舶等物品，市场价格波动大的债券、股票、基金份额等财产和有效期即将届满的汇票、本票、支票等，权利人明确的，经其本人书面同意或者申请，并经设区的市级以上国家安全机关负责人批准，可以依法变卖、拍卖，所得款项存入本单位唯一合规账户；其中，对于冻结的债券、股票、基金份额等财产，有对应的银行账户的，应当将变现后的款项继续冻结在对应账户中。

善意第三人等案外人与涉案财物处理存在利害关系的，国家安全机关应当告知其相关诉讼权利。

第二百五十八条　对于违禁品，应当依照国家有关规定处理；对于需要作为证据使用的，应当在诉讼终结后处理。

143　扣押邮件、电报的程序

143.1　法条规定

第一百四十三条　侦查人员认为需要扣押犯罪嫌疑人的邮件、电报的时候，经公安机关或者人民检察院批准，即可通知邮电机关将有关的邮件、电报检交扣押。

不需要继续扣押的时候，应即通知邮电机关。

【立法释义】①

我国宪法明确规定，除因国家安全或者追查刑事犯罪的需要，由公安机关或者检察机关依照法律规定的程序对通信进行检查外，任何组织或者个人不得以任何理由侵犯公民的通信自由和通信秘密。扣押邮件、电报的批准和及时解除程序，充分体现了我国公民通信自由和通信秘密受国家保护的宪法原则。关于扣押邮件、电报，应当关注以下事项：

第一，扣押邮件、电报的对象。扣押邮件、电报的对象，只能是犯罪嫌疑人。对于尚未被确定为犯罪嫌疑人的人员，以及犯罪嫌疑人的近亲属等与案件无关的人员，不得适用扣押邮件、电报措施。

第二，扣押依据。扣押邮件、电报的前提是，侦查人员认为需要扣押犯罪嫌疑人的邮件、电报。这里的“认为”，不是指侦查人员的主观臆断，而应当适用证据的关联性规则，即犯罪嫌疑人的邮件、电报与案件事实存在关联，能够作为证据使用。

第三，审批程序。扣押邮件、电报，应当依法经过公安机关或者人民检察院批准。批准的主体是县级以上公安机关负责人或者检察长。侦查人员在报请审批时，应当说明扣押的邮件、电报与案件事实存在的关联。

第四，执行程序。扣押邮件、电报，应当通知邮电机关将有关的邮件、电报检交扣押。这意味着，办案机关不能直接扣押邮件、电报，而是通知邮电机关配合扣押。

① 参见王爱立主编书，第296—297页。

第五，解除程序。为保护公民的合法权益，保证邮电部门工作的正常进行，被扣押的邮件、电报不需要继续扣押的时候，应当及时解除扣押。“不需要继续扣押”，主要是指邮件、电报所涉及的情况已经查清，该邮件、电报不作为证据使用，或者扣押的邮件、电报已失去扣押意义等情况。

需要指出的是，随着网络通信技术发展，电子邮件已经逐步取代邮件、电报，成为普及性的通信方式。鉴于此，《公安规定》第二百三十二条一并规定了电子邮件的扣押程序，即扣押犯罪嫌疑人的邮件、电子邮件、电报，应当经县级以上公安机关负责人批准，制作扣押邮件、电报通知书，通知邮电部门或者网络服务单位检交扣押。

143.2　规范性文件

143.2.1　侦查机关扣押邮件、电报的程序

★《公安规定》(2020)

第二百三十二条　扣押犯罪嫌疑人的邮件、电子邮件、电报，应当经县级以上公安机关负责人批准，制作扣押邮件、电报通知书，通知邮电部门或者网络服务单位检交扣押。

不需要继续扣押的时候，应当经县级以上公安机关负责人批准，制作解除扣押邮件、电报通知书，立即通知邮电部门或者网络服务单位。

★《国安规定》(2024)

第二百五十九条　需要扣押犯罪嫌疑人的邮件、电子邮件、电报的，应当经国家安全机关负责人批准，制作扣押邮件、电报通知书，通知邮电部门或者网络运营者将有关的邮件、电子邮件、电报检交扣押。

不需要继续扣押的，应当经国家安全机关负责人批准，制作解除扣押邮件、电报通知书，通知有关单位。

143.2.2　侦查机关解除查封、扣押的程序

★《公安规定》(2020)

第二百三十三条　对查封、扣押的财物、文件、邮件、电子邮件、电报，经查明确实与案件无关的，应当在三日以内解除查封、扣押，退还原主或者原邮电部门、网络服务单位；原主不明确的，应当采取公告方式告知原主认领。在通知原主或者公告后六个月以内，无人认领的，按照无主财物处理，登记后上缴国库。

【重点解读】①

公安机关对查封、扣押的财物、文件、邮件、电子邮件、电报，应当及时进行审查，确定是否与案件有关，能否作为证据使用。“与案件无关”，是指经过调查核实，认定查封、扣押物并非犯罪嫌疑人的违法所得，也不具有证明犯罪嫌疑人是否有罪，以及罪轻、罪重的价值，与案件事实没有关联。

对于查封、扣押物原主不明确的情形，规定了公告认领程序。“原主不明确”，是指不能确定查封、扣押物的原主，或者虽然知道原主，但无法与其取得联系。

★《国安规定》(2024)

第二百六十条　对于查封、扣押的财物、文件、邮件、电子邮件、电报，经查明确实与案件无关的，应当在三日以内解除查封、扣押，退还原主或者原邮电

① 参见孙茂利主编书，第 561 页。

部门、网络运营者;原主不明确的,应当采取公告方式告知原主认领。在通知原主或者公告后六个月以内,无人认领的,按照无主财物处理,登记后上缴国库。

144　查询、冻结财产的程序

144.1　法条规定

第一百四十四条　人民检察院、公安机关根据侦查犯罪的需要,可以依照规定查询、冻结犯罪嫌疑人的存款、汇款、债券、股票、基金份额等财产。有关单位和个人应当配合。

犯罪嫌疑人的存款、汇款、债券、股票、基金份额等财产已被冻结的,不得重复冻结。

【立法释义】①

本条规定明确了查询、冻结财产的法律权限和具体要求。关于查询、冻结财产,应当关注以下事项:

第一,查询、冻结财产的程序。主要包括以下规则:一是必要性规则。本条中的"侦查犯罪的需要",具体到查询和冻结两类措施,主要是指:查询犯罪嫌疑人的财产来源和数额等信息,进而核实此类财产是否与案件存在关联,是否系违法所得;冻结犯罪嫌疑人的违法所得和其他涉案财物,防止犯罪嫌疑人转移资产,妨碍诉讼活动顺利进行。二是关联性规则。查询的财产,应当是犯罪嫌疑人的财产。对于尚未被确定为犯罪嫌疑人的人员,以及犯罪嫌疑人的近亲属等与案件无关人员,不得采取查询措施。冻结的财产,应当是犯罪嫌疑人的违法所得和其他涉案财物,不得将犯罪嫌疑人及其近亲属的合法财产纳入冻结的范围。三是查封、冻结的财产范围。办案机关可以查询、冻结的财产,不仅包括传统的存款、汇款,也包括债券、股票、基金份额等财产。四是配合义务。对于办案机关依法采取的查询、冻结措施,有关单位和个人应当配合。本条中的"配合",主要是指应当为查询、冻结工作提供方便,提供协助,履行冻结手续,不得以保密为由进行阻碍。为取得银行等金融机构的配合,办案机关应当制作协助查询、冻结财产通知书,通知银行等金融机构和邮电部门等协助执行。

第二,禁止重复冻结。犯罪嫌疑人的存款、汇款、债券、股票、基金份额等财产已被冻结的,不得重复冻结。这项要求包括两种情形:一是不得重复冻结已被冻结的财产。本条中的"已被冻结的"财产,既包括本办案机关依照规定冻结的财产,也包括其他办案机关冻结的财产。二是继续冻结应当履行法定手续。对于有特殊原因需要延长期限的,办案机关应当在冻结期限届满前办理继续冻结手续。逾期不办理继续冻结手续,视为自动解除冻结。实践中需要区分重复冻结与轮候冻结,参见《检察院规则》第二百一十三条的规定。

第三,被扣押、冻结财产的出售。对于被扣押、冻结的财产,基于保值等考虑,当事人可以申请出售,参见《检察院规则》第二百一十四条的规定。

第四,扣划与没收。基于侦查犯罪的需要,办案机关可以依法采取查询、冻结等对物的强制措施,但不得对财产作出实

① 参见王爱立主编书,第297—299页。

质性处理。"六部门"《关于实施刑事诉讼法若干问题的规定》第三十七条规定，人民检察院、公安机关不能扣划存款、汇款、债券、股票、基金份额等财产。

对于犯罪嫌疑人、被告人死亡，依照刑法规定应当追缴其违法所得及其他涉案财产的，适用刑事诉讼法第五编第四章规定的程序，由人民检察院向人民法院提出没收违法所得的申请。同时，"六部门"《关于实施刑事诉讼法若干问题的规定》第三十八条规定，犯罪嫌疑人、被告人死亡，现有证据证明存在违法所得及其他涉案财产应当予以没收的，公安机关、人民检察院可以进行调查。公安机关、人民检察院进行调查，可以依法进行查封、扣押、查询、冻结。

144.2　相关立法

144.2.1　监察机关查询、冻结财产的程序

★《中华人民共和国监察法》（2024年12月25日修正）

第二十六条　监察机关调查涉嫌贪污贿赂、失职渎职等严重职务违法或者职务犯罪，根据工作需要，可以依照规定查询、冻结涉案单位和个人的存款、汇款、债券、股票、基金份额等财产。有关单位和个人应当配合。

冻结的财产经查明与案件无关的，应当在查明后三日内解除冻结，予以退还。

【立法释义】①

监察机关采取查询、冻结措施，应当"根据工作需要"，主要是指涉案单位和个人为达到伪造、隐匿、毁灭证据等目的，有可能提取、转移其存款、汇款、债券、股票、基金份额等财产以及其他情形，不采取查询、冻结措施不足以防止上述情形的发生。监察机关采取查询、冻结措施，其对象必须是涉案单位或个人，并且应当向银行或者其他金融机构、有关单位和个人出具查询、冻结书面通知，有关机构、单位和个人应当准予查询、实施冻结并提供必要的协助，不得以任何理由拒绝、阻挠或者拖延。

144.3　司法解释

144.3.1　检察机关查询、冻结财产的程序

★《检察院规则》（2019）

第二百一十二条　人民检察院根据侦查犯罪的需要，可以依照规定查询、冻结犯罪嫌疑人的存款、汇款、债券、股票、基金份额等财产，并可以要求有关单位和个人配合。

查询、冻结前款规定的财产，应当制作查询、冻结财产通知书，通知银行或者其他金融机构、邮政部门执行。冻结财产的，应当经检察长批准。

第二百一十三条　犯罪嫌疑人的存款、汇款、债券、股票、基金份额等财产已冻结的，人民检察院不得重复冻结，可以轮候冻结。人民检察院应当要求有关银行或者其他金融机构、邮政部门在解除冻结或者作出处理前通知人民检察院。

第二百一十四条　扣押、冻结债券、股票、基金份额等财产，应当书面告知当事人或者其法定代理人、委托代理人有权申请出售。

对于被扣押、冻结的债券、股票、基金

---

① 参见法规室编写释义书，第136—139页。

份额等财产，在扣押、冻结期间权利人申请出售，经审查认为不损害国家利益、被害人利益，不影响诉讼正常进行的，以及扣押、冻结的汇票、本票、支票的有效期即将届满的，经检察长批准，可以在案件办结前依法出售或者变现，所得价款由人民检察院指定的银行账户保管，并及时告知当事人或者其近亲属。

【重点解读】①

第一，轮候冻结。“轮候冻结”，是指在犯罪嫌疑人的相关财产已被其他办案机关冻结的情况下，向金融机构等单位办理轮候冻结登记，一旦其他办案机关解除冻结，登记在先的轮候冻结自动生效。如果原冻结机关办理延期手续，轮候冻结机关只能继续等待该冻结措施解除。

第二，扣押、冻结财产的出售。鉴于股票、债券、基金、权证、期货、仓单、黄金等属于特殊财产，市场价格波动较大，为防止被扣押、冻结的财产因贬值而造成损失，必要时可以出售被扣押、冻结的财产。人民检察院扣押、冻结债券、股票、基金份额等财产的，应当以书面形式告知当事人或者其法定代理人、委托代理人有申请出售上述财产的权利。权利人申请出售，经审查认为不损害国家利益、被害人利益，不影响诉讼正常进行的，以及扣押、冻结的汇票、本票、支票的有效期即将届满的，经检察长批准，可以在案件办结前依法出售或者变现。

144.4　规范性文件

144.4.1　侦查机关查询、冻结财产的程序

★《**公安规定**》(2020)

第二百三十七条　公安机关根据侦查犯罪的需要，可以依照规定查询、冻结犯罪嫌疑人的存款、汇款、证券交易结算资金、期货保证金等资金，债券、股票、基金份额和其他证券，以及股权、保单权益和其他投资权益等财产，并可以要求有关单位和个人配合。

对于前款规定的财产，不得划转、转账或者以其他方式变相扣押。

第二百三十八条　向金融机构等单位查询犯罪嫌疑人的存款、汇款、证券交易结算资金、期货保证金等资金，债券、股票、基金份额和其他证券，以及股权、保单权益和其他投资权益等财产，应当经县级以上公安机关负责人批准，制作协助查询财产通知书，通知金融机构等单位协助办理。

第二百三十九条　需要冻结犯罪嫌疑人财产的，应当经县级以上公安机关负责人批准，制作协助冻结财产通知书，明确冻结财产的账户名称、账户号码、冻结数额、冻结期限、冻结范围以及是否及于孳息等事项，通知金融机构等单位协助办理。

冻结股权、保单权益的，应当经设区的市一级以上公安机关负责人批准。

冻结上市公司股权的，应当经省级以上公安机关负责人批准。

第二百四十条　需要延长冻结期限的，应当按照原批准权限和程序，在冻结期限届满前办理继续冻结手续。逾期不办理继续冻结手续的，视为自动解除冻结。

第二百四十一条　不需要继续冻结犯罪嫌疑人财产时，应当经原批准冻

① 参见童建明、万春主编释义书，第225—228页。

结的公安机关负责人批准，制作协助解除冻结财产通知书，通知金融机构等单位协助办理。

第二百四十二条　犯罪嫌疑人的财产已被冻结的，不得重复冻结，但可以轮候冻结。

第二百四十三条　冻结存款、汇款、证券交易结算资金、期货保证金等财产的期限为六个月。每次续冻期限最长不得超过六个月。

对于重大、复杂案件，经设区的市一级以上公安机关负责人批准，冻结存款、汇款、证券交易结算资金、期货保证金等财产的期限可以为一年。每次续冻期限最长不得超过一年。

第二百四十四条　冻结债券、股票、基金份额等证券的期限为二年。每次续冻期限最长不得超过二年。

第二百四十五条　冻结股权、保单权益或者投资权益的期限为六个月。每次续冻期限最长不得超过六个月。

★**《国安规定》**(2024)

第二百六十三条　国家安全机关根据侦查犯罪的需要，可以依照规定查询、冻结犯罪嫌疑人的存款、汇款、证券交易结算资金、期货保证金等资金，债券、股票、基金份额和其他证券，以及股权、保单权益和其他投资权益等财产，并可以要求有关单位和个人予以配合。

对于前款规定的财产，不得划转、转账或者以其他方式变相扣押。

第二百六十四条　查询、冻结犯罪嫌疑人的存款、汇款、证券交易结算资金、期货保证金等资金，债券、股票、基金份额和其他证券，以及股权、保单权益和其他投资权益等财产，应当经国家安全机关负责人批准，制作查询财产通知书或者冻结财产通知书，通知银行和其他单位执行。

第二百六十五条　涉案账户较多，属于同一省、自治区、直辖市内的不同地区，或者分属不同省、自治区、直辖市，国家安全机关需要对其集中查询、冻结的，可以按照有关规定，由办案地国家安全机关指派二名以上侦查人员持相关法律文书和人民警察证或者侦察证，通过有关银行和其他单位办理。

第二百六十六条　需要延长冻结期限的，应当按照原批准程序，在冻结期限届满前办理继续冻结手续。逾期不办理继续冻结手续的，视为自动解除冻结。

第二百六十七条　不需要继续冻结犯罪嫌疑人财产时，应当按照原批准程序，制作协助解除冻结财产通知书，通知银行和其他单位协助办理。

第二百六十八条　犯罪嫌疑人的财产已被冻结的，不得重复冻结，但可以轮候冻结。

第二百六十九条　冻结存款、汇款、证券交易结算资金、期货保证金等财产的期限为六个月。每次续冻期限最长不得超过六个月。对于重大、复杂案件，经设区的市级以上国家安全机关负责人批准，冻结存款、汇款、证券交易结算资金、期货保证金等财产的期限可以为一年。每次续冻期限最长不得超过一年。

冻结债券、股票、基金份额等证券的期限为二年。每次续冻期限最长不得超过二年。

冻结股权、保单权益或者投资权益的期限为六个月。每次续冻期限最长不得超过六个月。

144.4.2　侦查机关冻结财产的申请出售

★《公安规定》(2020)

第二百四十六条　对冻结的债券、股票、基金份额等财产,应当告知当事人或者其法定代理人、委托代理人有权申请出售。

权利人书面申请出售被冻结的债券、股票、基金份额等财产,不损害国家利益、被害人、其他权利人利益,不影响诉讼正常进行的,以及冻结的汇票、本票、支票的有效期即将届满的,经县级以上公安机关负责人批准,可以依法出售或者变现,所得价款应当继续冻结在其对应的银行账户中;没有对应的银行账户的,所得价款由公安机关在银行指定专门账户保管,并及时告知当事人或者其近亲属。

★《国安规定》(2024)

第二百七十条　对于冻结的债券、股票、基金份额等财产,应当告知当事人或者其法定代理人、委托代理人有权申请出售。

权利人申请出售被冻结的债券、股票、基金份额等财产,不损害国家利益、被害人、其他权利人利益,不影响诉讼正常进行的,以及冻结的汇票、本票、支票的有效期即将届满的,经国家安全机关负责人批准,可以依法出售或者变现,所得价款应当继续冻结在其对应的银行账户中;没有对应的银行账户的,所得价款由国家安全机关在银行指定专门账户保管,并及时告知当事人或者其近亲属。

144.4.3　办案机关不得扣划涉案财产

★《**最高人民法院、最高人民检察院、公安部、国家安全部、司法部、全国人大常委会法制工作委员会关于实施刑事诉讼法若干问题的规定**》(2012 年 12 月 26 日)

37. 刑事诉讼法第一百四十二条第一款①中规定:“人民检察院、公安机关根据侦查犯罪的需要,可以依照规定查询、冻结犯罪嫌疑人的存款、汇款、债券、股票、基金份额等财产。”根据上述规定,人民检察院、公安机关不能扣划存款、汇款、债券、股票、基金份额等财产。对于犯罪嫌疑人、被告人死亡,依照刑法规定应当追缴其违法所得及其他涉案财产的,适用刑事诉讼法第五编第三章②规定的程序,由人民检察院向人民法院提出没收违法所得的申请。

144.4.4　经济犯罪案件异地冻结财产的程序

★《**最高人民检察院、公安部关于公安机关办理经济犯罪案件的若干规定**》(公通字〔2017〕25 号,2017 年 11 月 24 日)

第四十九条　已被依法查封、冻结的涉案财物,公安机关不得重复查封、冻结,但是可以轮候查封、冻结。

已被人民法院采取民事财产保全措施的涉案财物,依照前款规定办理。

第五十六条　公安机关办理经济犯罪案件,应当加强协作和配合,依法履行协查、协办等职责。

上级公安机关应当加强监督、协调和指导,及时解决跨区域性协作的争议事项。

第五十七条　办理经济犯罪案件

---

① 2018 年刑事诉讼法第一百四十四条第一款。

② 2018 年刑事诉讼法第五编第四章。

需要异地公安机关协作的，委托地公安机关应当对案件的管辖、定性、证据认定以及所采取的侦查措施负责，办理有关的法律文书和手续，并对协作事项承担法律责任。但是协作地公安机关超权限、超范围采取相关措施的，应当承担相应的法律责任。

第五十八条　办理经济犯罪案件需要异地公安机关协作的，由委托地的县级以上公安机关制作办案协作函件和有关法律文书，通过协作地的县级以上公安机关联系有关协作事宜。协作地公安机关接到委托地公安机关请求协作的函件后，应当指定主管业务部门办理。

各省、自治区、直辖市公安机关根据本地实际情况，就需要外省、自治区、直辖市公安机关协助对犯罪嫌疑人采取强制措施或者查封、扣押、冻结涉案财物事项制定相关审批程序。

第五十九条　协作地公安机关应当对委托地公安机关出具的法律文书和手续予以审核，对法律文书和手续完备的，协作地公安机关应当及时无条件予以配合，不得收取任何形式的费用。

第六十条　委托地公安机关派员赴异地公安机关请求协助查询资料、调查取证等事项时，应当出具办案协作函件和有关法律文书。

委托地公安机关认为不需要派员赴异地的，可以将办案协作函件和有关法律文书寄送协作地公安机关，协作地公安机关协查不得超过十五日；案情重大、情况紧急的，协作地公安机关应当在七日以内回复；因特殊情况不能按时回复的，协作地公安机关应当及时向委托地公安机关说明情况。

必要时，委托地公安机关可以将办案协作函件和有关法律文书通过电传、网络等保密手段或者相关工作机制传至协作地公安机关，协作地公安机关应当及时协查。

第六十一条　委托地公安机关派员赴异地公安机关请求协助采取强制措施或者搜查，查封、扣押、冻结涉案财物等事项时，应当持办案协作函件、有关侦查措施或者强制措施的法律文书、工作证件及相关案件材料，与协作地县级以上公安机关联系，协作地公安机关应当派员协助执行。

第六十二条　对不及时采取措施，有可能导致犯罪嫌疑人逃匿，或者有可能转移涉案财物以及重要证据的，委托地公安机关可以商请紧急协作，将办案协作函件和有关法律文书通过电传、网络等保密手段传至协作地县级以上公安机关，协作地公安机关收到协作函件后，应当及时采取措施，落实协作事项。委托地公安机关应当立即派员携带法律文书前往协作地办理有关事宜。

第六十三条　协作地公安机关在协作过程中，发现委托地公安机关明显存在违反法律规定的行为时，应当及时向委托地公安机关提出并报上一级公安机关。跨省协作的，应当通过协作地的省级公安机关通报委托地的省级公安机关，协商处理。未能达成一致意见的，协作地的省级公安机关应当及时报告公安部。

第六十四条　立案地公安机关赴其他省、自治区、直辖市办案，应当按照有关规定呈报上级公安机关审查批准。

144.4.5　黑恶犯罪案件冻结涉案财产的程序

★《最高人民法院、最高人民检察

院、公安部、司法部关于办理黑恶势力刑事案件中财产处置若干问题的意见》(2019 年 4 月 9 日)

6. 公安机关侦查期间,要根据《公安机关办理刑事案件适用查封、冻结措施相关规定》(公通字〔2013〕30 号)等有关规定,会同有关部门全面调查黑恶势力及其成员的财产状况,并可以根据诉讼需要,先行依法对下列财产采取查询、查封、扣押、冻结等措施:

(1)黑恶势力组织的财产;

(2)犯罪嫌疑人个人所有的财产;

(3)犯罪嫌疑人实际控制的财产;

(4)犯罪嫌疑人出资购买的财产;

(5)犯罪嫌疑人转移至他人名下的财产;

(6)犯罪嫌疑人涉嫌洗钱以及掩饰、隐瞒犯罪所得、犯罪所得收益等犯罪涉及的财产;

(7)其他与黑恶势力组织及其违法犯罪活动有关的财产。

7. 查封、扣押、冻结已登记的不动产、特定动产及其他财产,应当通知有关登记机关,在查封、扣押、冻结期间禁止被查封、扣押、冻结的财产流转,不得办理被查封、扣押、冻结财产权属变更、抵押等手续。必要时可以提取有关产权证照。

8. 公安机关对于采取措施的涉案财产,应当全面收集证明其来源、性质、用途、权属及价值的有关证据,审查判断是否应当依法追缴、没收。

证明涉案财产来源、性质、用途、权属及价值的有关证据一般包括:

(1)犯罪嫌疑人、被告人关于财产来源、性质、用途、权属、价值的供述;

(2)被害人、证人关于财产来源、性质、用途、权属、价值的陈述、证言;

(3)财产购买凭证、银行往来凭据、资金注入凭据、权属证明等书证;

(4)财产价格鉴定、评估意见;

(5)可以证明财产来源、性质、用途、权属、价值的其他证据。

9. 公安机关对应当依法追缴、没收的财产中黑恶势力组织及其成员聚敛的财产及其孳息、收益的数额,可以委托专门机构评估;确实无法准确计算的,可以根据有关法律规定及查明的事实、证据合理估算。

人民检察院、人民法院对于公安机关委托评估、估算的数额有不同意见的,可以重新委托评估、估算。

10. 人民检察院、人民法院根据案件诉讼的需要,可以依法采取上述相关措施。

★《最高人民法院、最高人民检察院、公安部、司法部关于办理黑社会性质组织犯罪案件若干问题的规定》(公通字〔2012〕45 号,2012 年 9 月 11 日)

第十七条　根据黑社会性质组织犯罪案件的诉讼需要,公安机关、人民检察院、人民法院可以依法查询、查封、扣押、冻结与案件有关的下列财产:

(一)黑社会性质组织的财产;

(二)犯罪嫌疑人、被告人个人所有的财产;

(三)犯罪嫌疑人、被告人实际控制的财产;

(四)犯罪嫌疑人、被告人出资购买的财产;

(五)犯罪嫌疑人、被告人转移至他人的财产;

(六)其他与黑社会性质组织及其违法犯罪活动有关的财产。

对于本条第一款的财产，有证据证明与黑社会性质组织及其违法犯罪活动无关的，应当依法立即解除查封、扣押、冻结措施。

第十八条　查封、扣押、冻结财产的，应当一并扣押证明财产所有权或者相关权益的法律文件和文书。

在侦查、起诉、审判过程中，查询、查封、扣押、冻结财产需要其他部门配合或者执行的，应当分别经县级以上公安机关负责人、人民检察院检察长、人民法院院长批准，通知有关部门配合或者执行。

查封、扣押、冻结已登记的不动产、特定动产及其他财产，应当通知有关登记机关，在查封、扣押、冻结期间禁止被查封、扣押、冻结的财产流转，不得办理被查封、扣押、冻结财产权属变更、抵押等手续；必要时可以提取有关产权证照。

第十九条　对于不宜查封、扣押、冻结的经营性财产，公安机关、人民检察院、人民法院可以申请当地政府指定有关部门或者委托有关机构代管。

144.4.6　查询、冻结、扣划存款的程序

★《最高人民法院、最高人民检察院、公安部关于对冻结、扣划企业事业单位、机关团体在银行、非银行金融机构存款的执法活动加强监督的通知》（法〔1996〕83 号，1996 年 8 月 13 日）

一、最高人民法院、最高人民检察院、公安部发现地方各级人民法院、人民检察院、公安机关冻结、解冻、扣划有关单位在银行、非银行金融机构存款有错误时，上级人民法院、人民检察院、公安机关发现下级人民法院、人民检察院、公安机关冻结、解冻、扣划有关单位在银行、非银行金融机构存款有错误时，可以依照法定程序作出决定或者裁定，送达本系统地方各级或下级有关法院、检察院、公安机关限期纠正。有关法院、检察院、公安机关应当立即执行。

二、有关法院、检察院、公安机关认为上级机关的决定或者裁定有错误的，可在收到该决定或者裁定之日起 5 日以内向作出决定或裁定的人民法院、人民检察院、公安机关请求复议。最高人民法院、最高人民检察院、公安部或上级人民法院、人民检察院、公安机关经审查，认为请求复议的理由不能成立，依法有权直接向有关银行发出法律文书，纠正各自的下级机关所作的错误决定，并通知原作出决定的机关；有关银行、非银行金融机构接到此项法律文书后，应当立即办理，不得延误，不必征得原作出决定机关的同意。

144.4.7　查询、冻结、扣划证券和证券交易结算资金的程序

★《最高人民法院、最高人民检察院、公安部、中国证券监督管理委员会关于查询、冻结、扣划证券和证券交易结算资金有关问题的通知》（法发〔2008〕4 号，2008 年 1 月 10 日）

一、人民法院、人民检察院、公安机关在办理案件过程中，按照法定权限需要通过证券登记结算机构或者证券公司查询、冻结、扣划证券和证券交易结算资金的，证券登记结算机构或者证券公司应当依法予以协助。

二、人民法院要求证券登记结算机构或者证券公司协助查询、冻结、扣划证券和证券交易结算资金，人民检察院、公安机关要求证券登记结算机构或者证券公司协助查询、冻结证券和证券

交易结算资金时,有关执法人员应当依法出具相关证件和有效法律文书。

执法人员证件齐全、手续完备的,证券登记结算机构或者证券公司应当签收有关法律文书并协助办理有关事项。

拒绝签收人民法院生效法律文书的,可以留置送达。

三、人民法院、人民检察院、公安机关可以依法向证券登记结算机构查询客户和证券公司的证券账户、证券交收账户和资金交收账户内已完成清算交收程序的余额、余额变动、开户资料等内容。

人民法院、人民检察院、公安机关可依法向证券公司查询客户的证券账户和资金账户、证券交收账户和资金交收账户内的余额、余额变动、证券及资金流向、开户资料等内容。

查询自然人账户的,应当提供自然人姓名和身份证件号码;查询法人账户的,应当提供法人名称和营业执照或者法人注册登记证书号码。

证券登记结算机构或者证券公司应当出具书面查询结果并加盖业务专用章。查询机关对查询结果有疑问时,证券登记结算机构、证券公司在必要时应当进行书面解释并加盖业务专用章。

四、人民法院、人民检察院、公安机关按照法定权限冻结、扣划相关证券、资金时,应当明确冻结、扣划证券、资金所在的账户名称、账户号码、冻结期限,所冻结、扣划证券的名称、数量或者资金的数额。扣划时,还应当明确拟划入的账户名称、账号。

冻结证券和交易结算资金时,应当明确冻结的范围是否及于孳息。

本通知规定的以证券登记结算机构名义建立的各类专门清算交收账户不得整体冻结。

五、证券登记结算机构依法按照业务规则收取并存放于专门清算交收账户内的下列证券,不得冻结、扣划:

(一)证券登记结算机构设立的证券集中交收账户、专用清偿账户、专用处置账户内的证券;

(二)证券公司按照业务规则在证券登记结算机构开设的客户证券交收账户、自营证券交收账户和证券处置账户内的证券。

六、证券登记结算机构依法按照业务规则收取并存放于专门清算交收账户内的下列资金,不得冻结、扣划:

(一)证券登记结算机构设立的资金集中交收账户、专用清偿账户内的资金;

(二)证券登记结算机构依法收取的证券结算风险基金和结算互保金;

(三)证券登记结算机构在银行开设的结算备付金专用存款账户和新股发行验资专户内的资金,以及证券登记结算机构为新股发行网下申购配售对象开立的网下申购资金账户内的资金;

(四)证券公司在证券登记结算机构开设的客户资金交收账户内的资金;

(五)证券公司在证券登记结算机构开设的自营资金交收账户内最低限额自营结算备付金及根据成交结果确定的应付资金。

七、证券登记结算机构依法按照业务规则要求证券公司等结算参与人、投资者或者发行人提供的回购质押券、价差担保物、行权担保物、履约担保物等担保物,在交收完成之前,不得冻结、扣划。

八、证券公司在银行开立的自营资

金账户内的资金可以冻结、扣划。

九、在证券公司托管的证券的冻结、扣划，既可以在托管的证券公司办理，也可以在证券登记结算机构办理。不同的执法机关同一交易日分别在证券公司、证券登记结算机构对同一笔证券办理冻结、扣划手续的，证券公司协助办理的为在先冻结、扣划。

冻结、扣划未在证券公司或者其他托管机构托管的证券或者证券公司自营证券的，由证券登记结算机构协助办理。

十、证券登记结算机构受理冻结、扣划要求后，应当在受理日对应的交收日交收程序完成后根据交收结果协助冻结、扣划。

证券公司受理冻结、扣划要求后，应当立即停止证券交易，冻结时已经下单但尚未搓合成功的应当采取撤单措施。冻结后，根据成交结果确定的用于交收的应付证券和应付资金可以进行正常交收。在交收程序完成后，对于剩余部分可以扣划。同时，证券公司应当根据成交结果计算出等额的应收资金或者应收证券交由执法机关冻结或者扣划。

十一、已被人民法院、人民检察院、公安机关冻结的证券或证券交易结算资金，其他人民法院、人民检察院、公安机关或者同一机关因不同案件可以进行轮候冻结。冻结解除的，登记在先的轮候冻结自动生效。

轮候冻结生效后，协助冻结的证券登记结算机构或者证券公司应当书面通知做出该轮候冻结的机关。

十二、冻结证券的期限不得超过二年，冻结交易结算资金的期限不得超过六个月。

需要延长冻结期限的，应当在冻结期限届满前办理续行冻结手续，每次续行冻结的期限不得超过前款规定的期限。

十三、不同的人民法院、人民检察院、公安机关对同一笔证券或者交易结算资金要求冻结、扣划或者轮候冻结时，证券登记结算机构或者证券公司应当按照送达协助冻结、扣划通知书的先后顺序办理协助事项。

十四、要求冻结、扣划的人民法院、人民检察院、公安机关之间，因冻结、扣划事项发生争议的，要求冻结、扣划的机关应当自行协商解决。协商不成的，由其共同上级机关决定；没有共同上级机关的，由其各自的上级机关协商解决。

在争议解决之前，协助冻结的证券登记结算机构或者证券公司应当按照争议机关所送达法律文书载明的最大标的范围对争议标的进行控制。

十五、依法应当予以协助而拒绝协助，或者向当事人通风报信，或者与当事人通谋转移、隐匿财产的，对有关的证券登记结算机构或者证券公司和直接责任人应当依法进行制裁。

【重点解读】①

第一，豁免冻结、扣划的证券和资金。主要涉及担保品的豁免冻结、扣划问题；客户证券、资金账户内的证券和资金的冻结、扣划；证券公司资金交收账户内豁免冻结、扣划的结算备付金范围。

第二，协助义务主体。主要包括托管在证券公司的投资者证券的协助义务单位范围问题；对登记结算机构和证券公司的不同协助义务要求问题；对证

① 参见范向阳：《〈关于查询、冻结、扣划证券和证券交易结算资金有关问题的通知〉的理解与适用》，载《人民司法》2008年第3期。

券公司自营资金的冻结、扣划问题。

第三，冻结的轮候。不同执法机关对同一笔证券和资金的冻结实行轮候制度。同时，协助义务单位在轮候的冻结裁定生效时，应当书面通知作出轮候冻结的执法机关。

第四，争议解决机制。包括两个原则：一是协调原则；二是维持现状原则。在争议解决之前，协助冻结的登记结算机构或者证券公司应当按照争议机关所送达法律文书载明的最大标的范围对争议标的进行控制。

144.4.8　金融机构协助查询、冻结、扣划的程序

★《金融机构协助查询、冻结、扣划工作管理规定》（银发〔2002〕1号，2002年1月15日）

第五条　协助查询、冻结和扣划工作应当遵循依法合规、不损害客户合法权益的原则。

第六条　金融机构应当依法做好协助工作，建立健全有关规章制度，切实加强协助查询、冻结、扣划的管理工作。

第十一条　金融机构在协助冻结、扣划单位或个人存款时，应当审查以下内容：

（一）"协助冻结、扣划存款通知书"填写的需被冻结或扣划存款的单位或个人开户金融机构名称、户名和账号、大小写金额；

（二）协助冻结或扣划存款通知书上的义务人应与所依据的法律文书上的义务人相同；

（三）协助冻结或扣划存款通知书上的冻结或扣划金额应当是确定的。如发现缺少应附的法律文书，以及法律文书有关内容与"协助冻结、扣划存款通知书"的内容不符，应说明原因，退回"协助冻结、扣划存款通知书"或所附的法律文书。

有权机关对个人存款户不能提供账号的，金融机构应当要求有权机关提供该个人的居民身份证号码或其他足以确定该个人存款账户的情况。

第十四条　金融机构协助有权机关查询的资料应限于存款资料，包括被查询单位或个人开户、存款情况以及与存款有关的会计凭证、账簿、对账单等资料。对上述资料，金融机构应当如实提供，有权机关根据需要可以抄录、复制、照相，但不得带走原件。

金融机构协助复制存款资料等支付了成本费用的，可以按相关规定收取工本费。

第十六条　冻结单位或个人存款的期限最长为六个月，期满后可以续冻。有权机关应在冻结期满前办理续冻手续，逾期未办理续冻手续的，视为自动解除冻结措施。

第十七条　有权机关要求对已被冻结的存款再行冻结的，金融机构不予办理并应当说明情况。

第十八条　在冻结期限内，只有在原作出冻结决定的有权机关作出解冻决定并出具解除冻结存款通知书的情况下，金融机构才能对已经冻结的存款予以解冻。被冻结存款的单位或个人对冻结提出异议的，金融机构应告知其与作出冻结决定的有权机关联系，在存款冻结期限内金融机构不得自行解冻。

第十九条　有权机关在冻结、解冻工作中发生错误，其上级机关直接作出变更决定或裁定的，金融机构接到变更决定书或裁定书后，应当予以办理。

第二十条　金融机构协助扣划时，应当将扣划的存款直接划入有权机关指定的账户。有权机关要求提取现金的，金融机构不予协助。

★《中国人民银行关于贯彻落实中共中央政法委关于司法机关冻结、扣划银行存款问题的意见的通知》（银发〔1997〕94 号，1997 年 3 月 24 日）

二、对司法机关只提供单位账户名称而未提供账号，要求金融机构协助查询的，金融机构应根据账户管理档案积极协助查询。如查明账户管理档案中没有所查询的账户，金融机构应如实告知司法机关。

★《中国人民银行关于对银行协助执行有关问题的复函》（银条法〔1997〕36 号，1997 年 6 月 20 日）

一、修正后的《中华人民共和国刑事诉讼法》第一百一十七条①规定："人民检察院、公安机关根据侦查犯罪的需要，可以依照规定查询、冻结犯罪嫌疑人的存款、汇款"，但未赋予其扣划上述款项的权力。据此，自 1997 年 1 月 1 日以后，金融机构不再协助人民检察院和公安机关扣划客户在金融机构存款。

三、根据人民银行会计科目的规定和性质，商业银行在人民银行的存款只有准备金存款和备付金存款两类。商业银行通过人民银行的资金清算，均在备付金存款科目中核算。"0266 汇出汇款"科目系核算人民银行办理银行汇票的签发和解付业务或代理兑付他行汇票，该科目内资金是人民银行的结算资金，不属于商业银行在人民银行存款范畴。

144.4.9　涉案账户紧急止付和快速冻结

★《中国人民银行、工业和信息化部、公安部、国家工商行政管理总局关于建立电信网络新型违法犯罪涉案账户紧急止付和快速冻结机制的通知》（银发〔2016〕86 号，2016 年 3 月 18 日）

一、开通管理平台紧急止付、快速冻结功能

自 2016 年 6 月 1 日起，各银行业金融机构（以下简称银行）、公安机关通过接口方式与电信网络新型违法犯罪交易风险事件管理平台（以下简称管理平台）连接，实现对涉案账户的紧急止付、快速冻结、信息共享和快速查询功能。获得网络支付业务许可的非银行支付机构（以下简称支付机构）应于 2016 年 12 月 31 日前，通过接口方式与管理平台连接，实现上述功能。

二、规范紧急止付、快速冻结业务流程

公安机关、银行、支付机构依托管理平台收发电子报文，对涉案账户采取紧急止付、快速冻结措施。

（一）止付流程。

1. 被害人申请紧急止付。被害人被骗后，可拨打报警电话（110），直接向公安机关报案；也可向开户行所在地同一法人银行的任一网点举报。涉案账户为支付账户的向公安机关报案。

被害人向银行举报的，应出示本人有效身份证件，填写《紧急止付申请表》（见附件），详细说明资金汇出账户、收款人开户行名称、收款人账户（以下简称止付账户）、汇出金额、汇出时间、汇出渠道、疑似诈骗电话或短信内容等，承诺承担相关的法律责任并签名确认。同时，银行应当告知被害人拨打

① 2018 年刑事诉讼法第一百四十四条。

当地 110 报警电话。公安机关 110 报警服务台应立即指定辖区内的公安机关受理并告知被害人。被害人将 110 指定的受案公安机关名称告知银行。银行应当立即将《紧急止付申请表》以及被害人身份证件扫描件，通过管理平台发送至受案公安机关。

2. 紧急止付。公安机关应将加盖电子签章的紧急止付指令，以报文形式通过管理平台发送至止付账户开户行总行或支付机构，止付账户开户行总行或支付机构通过本单位业务系统，对相关账户的户名、账号、汇款金额和交易时间进行核对。核对一致的，立即进行止付操作，止付期限为自止付时点起 48 小时；核对不一致的，不得进行止付操作。止付银行或支付机构完成相关操作后，立即通过管理平台发送“紧急止付结果反馈报文”。公安机关可根据办案需要对同一账户再次止付，但止付次数以两次为限。

3. 冻结账户。公安机关应当在止付期限内，对被害人报案事项的真实性进行审查。报案事项属实的，经公安机关负责人批准，予以立案，并通过管理平台向止付账户开户行总行或支付机构发送“协助冻结财产通知报文”。银行或支付机构收到“协助冻结财产通知报文”后，对相应账户进行冻结。在止付期限内，未收到公安机关“协助冻结财产通知报文”的，止付期满后账户自动解除止付。

4. 同一法人银行特殊情形处理。如被害人开户行和止付账户开户行属于同一法人银行的，在情况紧急时，止付账户开户行可先行采取紧急止付，同时告知被害人立即报案，公安机关应在 24 小时内将紧急止付指令通过管理平台补送到止付银行。

（二）延伸止付。

如被害人被骗资金已被转出，止付账户开户行总行或支付机构应当将资金划转信息通过管理平台反馈公安机关，由公安机关决定是否延伸止付。若公安机关选择延伸止付，应通过管理平台将“延伸紧急止付报文”发送到相关银行或支付机构采取延伸止付。止付时间从止付操作起计算，止付期限为 48 小时。

延伸止付账户开户行或支付机构应根据“延伸紧急止付报文”，对涉案账户立即采取延伸止付，并将“延伸紧急止付结果反馈报文”通过管理平台反馈至发起延伸止付的公安机关。

如资金被多次转移的，应当进行多次延伸止付。多次延伸止付流程同上。

（三）明确责任。

客户恶意举报或因客户恶意举报采取的紧急止付措施对开户银行、开户支付机构、止付银行、止付支付机构以及止付账户户主等相关当事人造成损失和涉及法律责任的，应依法追究报案人责任。

三、限制涉案及可疑账户业务

银行、支付机构应对涉案账户或可疑账户采取业务限制措施。

（一）信息报送。

公安机关将涉案账户信息通过“涉案账户信息统计报文”发送到管理平台；银行、支付机构、公安机关将可疑账户信息通过“可疑账户信息统计报文”发送到管理平台。

（二）限制银行账户业务。

对于纳入“涉案账户信息”的账户

（卡），开户银行应中止其业务，及时封停涉案账户（卡）在境内和境外的转账、取现等功能；银行不得向纳入“涉案账户信息”账户（卡）办理转账汇款、存现业务。对于纳入“涉案账户信息”的支付账户，支付机构应中止其转账支付业务。对于纳入“可疑账户信息”的账户，开户银行应取消其网上银行、手机银行、境内和境外自动柜员机（ATM）取现功能；汇入银行或支付机构客户账户（卡）纳入“可疑账户信息”的，汇出银行或支付机构应向汇款人提示“收款账户可疑，谨防诈骗”。

（三）加强对涉案账户的监测。

对于纳入“涉案账户信息”和“可疑账户信息”的客户，银行、支付机构应对其采取重新识别客户身份的措施，加强对其交易活动的监测；对于认定存在诈骗洗钱行为的客户信息应及时报送中国反洗钱监测分析中心。

四、相关要求

（一）人民银行、公安机关、电信主管部门、工商行政管理部门和银行、支付机构应加强沟通、密切配合，积极推进信息共享，建立高效运转的紧急止付和快速冻结工作机制，推动紧急止付和快速冻结顺利实施，最大限度挽回社会公众的财产损失。

（二）银行、支付机构和公安机关应根据本通知要求细化并制定本单位紧急止付和快速冻结操作规范，规范电信网络新型违法犯罪报案流程，核实报案人的身份信息，明确相关法律责任；完成系统改造，按期接入管理平台，及时上报和同步更新涉案账户信息库，实现对涉案账户的紧急止付、快速冻结。同时，银行、支付机构应对账户的网上交易记录 IP 地址进行集中管理，便于公安机关查询取证。

（三）公安机关应当积极受理电信网络新型违法犯罪报案，核实情况属实后应当立即予以立案，及时向银行、支付机构发送冻结指令并出具冻结法律文书。银行、支付机构应畅通本单位内部紧急止付和快速冻结通道，认真核实涉案账户流转情况，对涉案账户实现业务控制。

（四）各银行、支付机构、公安机关、电信主管部门应加强电信网络新型违法犯罪的宣传教育，及时通报电信网络新型违法犯罪案例，总结作案手段和特点，交流防堵经验做法，展示宣传资料，提高一线人员的防范和识别能力，加强社会公众风险防范意识，有效劝阻、提示社会公众谨防诈骗。

145　查封、扣押、冻结的解除

145.1　法条规定

第一百四十五条　对查封、扣押的财物、文件、邮件、电报或者冻结的存款、汇款、债券、股票、基金份额等财产，经查明确实与案件无关的，应当在三日以内解除查封、扣押、冻结，予以退还。

【立法释义】①

本条规定明确了查封、扣押、冻结的解除程序。关于查封、扣押、冻结的解除，应当关注以下原则：

第一，及时审查原则。办案机关采取查封、扣押、冻结措施后，应当立即对

① 参见王爱立主编书，第 299—301 页。

查封、扣押的财物、文件、邮件、电报或者冻结的存款、汇款、债券、股票、基金份额等财产进行审查，核实是否与案件存在关联。在审查逮捕、移送审查起诉等重要诉讼环节，人民检察院应当依法审查查封、扣押、冻结等措施的合法性。对于当事人及其利害关系人对查封、扣押、冻结措施提出异议的情形，办案机关也应当依法进行审查。

第二，及时解除原则。办案机关经过审查，查明查封、扣押的财物、文件、邮件、电报或者冻结的存款、汇款、债券、股票、基金份额等财产确实与案件无关的，应当在三日以内解除查封、扣押、冻结，予以退还。本条中的"经查明确实与案件无关"，是指办案机关经过调查核实，认定该查封、扣押的财物或冻结款项、债券、股票、基金份额等并非违法所得，也不具有证明犯罪嫌疑人是否犯罪、罪轻、罪重的价值，不能作为证据使用，与案件事实无关。本条中的"予以退还"，是指将被查封、扣押的财物、文件交还包括犯罪嫌疑人在内的财物、文件所有人，将邮件、电报退还邮电部门，由邮电部门按照邮件投寄要求办理，对冻结的有关财产依法解除冻结措施。

145.2　相关立法

145.2.1　监察机关解除冻结的程序

★《中华人民共和国监察法》(2024年12月25日修正)

第二十六条　监察机关调查涉嫌贪污贿赂、失职渎职等严重职务违法或者职务犯罪，根据工作需要，可以依照规定查询、冻结涉案单位和个人的存款、汇款、债券、股票、基金份额等财产。有关单位和个人应当配合。

冻结的财产经查明与案件无关的，应当在查明后三日内解除冻结，予以退还。

145.3　司法解释

145.3.1　检察机关解除冻结的程序

★《检察院规则》(2019)

第二百一十五条　对于冻结的存款、汇款、债券、股票、基金份额等财产，经查明确实与案件无关的，应当在三日以内解除冻结，并通知财产所有人。

145.3.2　检察机关案管部门对涉案财物的监管

★《检察院规则》(2019)

第六百六十八条　监察机关或者公安机关随案移送涉案财物及其孳息的，人民检察院负责案件管理的部门应当在受理案件时进行审查，并及时办理入库保管手续。

第六百六十九条　人民检察院负责案件管理的部门对扣押的涉案物品进行保管，并对查封、扣押、冻结、处理涉案财物工作进行监督管理。对违反规定的行为提出纠正意见；涉嫌违法违纪的，报告检察长。

第六百七十条　人民检察院办案部门需要调用、移送、处理查封、扣押、冻结的涉案财物的，应当按照规定办理审批手续。审批手续齐全的，负责案件管理的部门应当办理出库手续。

145.4　规范性文件

145.4.1　侦查机关对被害人合法财产的返还

★《公安规定》(2020)

第二百三十四条　有关犯罪事实查证属实后，对于有证据证明权属明确且无争议的被害人合法财产及其孳息，且返还不损害其他被害人或者利害关系人的利益，不影响案件正常办理的，应当在登记、拍照或者录音录像和估价后，报经县级以上公安机关负责人批准，开具发还清单返还，并在案卷材料中注明返还的理由，将原物照片、发还清单和被害人的领取手续存卷备查。

领取人应当是涉案财物的合法权利人或者其委托的人；委托他人领取的，应当出具委托书。侦查人员或者公安机关其他工作人员不得代为领取。

查找不到被害人，或者通知被害人后，无人领取的，应当将有关财产及其孳息随案移送。

【重点解读】①

公安机关返还被害人财产及其孳息，应当同时符合三个条件：一是有关犯罪事实查证属实；二是有证据证明相关财产权属明确且无争议；三是属于被害人合法财产及其孳息。对于权属有争议的财产及其孳息，应当根据人民法院的判决进行处理；查封、扣押的被害人合法财产及其孳息仍然需要作为证据使用，用以查明涉嫌犯罪事实的，应当在涉嫌犯罪事实已查证属实的情况下再予以返还。

★**《国安规定》**(2024)

第二百六十一条　有关犯罪事实查证属实后，对于有证据证明权属明确且无争议的被害人合法财产及其孳息，且返还不损害其他被害人或者利害关系人的利益，不影响案件正常办理的，应当在登记、拍照或者录音录像和估价后，报经国家安全机关负责人批准，开具发还清单返还，并在案卷材料中注明返还的理由，将原物照片、发还清单和被害人的领取手续存卷备查。

领取人应当是涉案财物的合法权利人或者其委托的人；委托他人领取的，应当出具委托书。侦查人员或者国家安全机关其他工作人员不得代为领取。

查找不到被害人，或者通知被害人后，无人领取的，应当将有关财产及其孳息随案移送。

145.4.2　侦查机关对查封、扣押的财物、文件的处理

★**《公安规定》**(2020)

第二百三十五条　对查封、扣押的财物及其孳息、文件，公安机关应当妥善保管，以供核查。任何单位和个人不得违规使用、调换、损毁或者自行处理。

县级以上公安机关应当指定一个内设部门作为涉案财物管理部门，负责对涉案财物实行统一管理，并设立或者指定专门保管场所，对涉案财物进行集中保管。

对价值较低、易于保管，或者需要作为证据继续使用，以及需要先行返还被害人的涉案财物，可以由办案部门设置专门的场所进行保管。办案部门应当指定不承担办案工作的民警负责本部门涉案财物的接收、保管、移交等管理工作；严禁由侦查人员自行保管涉案财物。

第二百三十六条　在侦查期间，对于易损毁、灭失、腐烂、变质而不宜长期保存，或者难以保管的物品，经县级以上公安机关主要负责人批准，可以在拍照或者录音录像后委托有关部门变卖、拍卖，变卖、拍卖的价款暂予保存，待诉讼终结后一并处理。

对于违禁品，应当依照国家有关规

① 参见孙茂利主编书，第 562—564 页。

定处理;需要作为证据使用的,应当在诉讼终结后处理。

★《国安规定》(2024)

第二百五十七条　对于因自身材质原因易损毁、灭失、腐烂、变质而不宜长期保存的食品、药品及其原材料等物品,长期不使用容易导致机械性能下降、价值贬损的车辆、船舶等物品,市场价格波动大的债券、股票、基金份额等财产和有效期即将届满的汇票、本票、支票等,权利人明确的,经其本人书面同意或者申请,并经设区的市级以上国家安全机关负责人批准,可以依法变卖、拍卖,所得款项存入本单位唯一合规账户;其中,对于冻结的债券、股票、基金份额等财产,有对应的银行账户的,应当将变现后的款项继续冻结在对应账户中。

善意第三人等案外人与涉案财物处理存在利害关系的,国家安全机关应当告知其相关诉讼权利。

第二百五十八条　对于违禁品,应当依照国家有关规定处理;对于需要作为证据使用的,应当在诉讼终结后处理。

第二百六十二条　对查封、扣押的财物及其孳息、文件,国家安全机关应当妥善保管,以供核查。任何单位和个人不得违规使用、调换、损毁、截留、坐支、私分或者擅自处理。

国家安全机关应当依照有关规定,严格管理涉案财物,及时办理涉案财物的移送、返还、变卖、拍卖、销毁、上缴国库等工作。

145.4.3　侦查机关对无关财产解除冻结的程序

★《公安规定》(2020)

第二百四十七条　对冻结的财产,经查明确实与案件无关的,应当在三日以内通知金融机构等单位解除冻结,并通知被冻结财产的所有人。

★《国安规定》(2024)

第二百七十一条　对冻结的财产,经查明确实与案件无关的,应当在三日以内通知银行和其他单位解除冻结,并通知被冻结财产的所有人。

145.4.4　经济犯罪案件涉案财物的返还与追缴程序

★《最高人民检察院、公安部关于公安机关办理经济犯罪案件的若干规定》(公通字〔2017〕25号,2017年11月24日)

第五十二条　涉嫌犯罪事实查证属实后,对有证据证明权属关系明确的被害人合法财产及其孳息,及时返还不损害其他被害人或者利害关系人的利益、不影响诉讼正常进行的,可以在登记、拍照或者录像、估价后,经县级以上公安机关负责人批准,开具发还清单,在诉讼程序终结之前返还被害人。办案人员应当在案卷中注明返还的理由,将原物照片、清单和被害人的领取手续存卷备查。

具有下列情形之一的,不得在诉讼程序终结之前返还:

(一)涉嫌犯罪事实尚未查清的;

(二)涉案财物及其孳息的权属关系不明确或者存在争议的;

(三)案件需要变更管辖的;

(四)可能损害其他被害人或者利害关系人利益的;

(五)可能影响诉讼程序正常进行的;

(六)其他不宜返还的。

第五十三条　有下列情形之一的,

除依照有关法律法规和规范性文件另行处理的以外，应当立即解除对涉案财物的查封、扣押、冻结措施，并及时返还有关当事人：

（一）公安机关决定撤销案件或者对犯罪嫌疑人终止侦查的；

（二）人民检察院通知撤销案件或者作出不起诉决定的；

（三）人民法院作出生效判决、裁定应当返还的。

第五十四条　犯罪分子违法所得的一切财物及其孳息，应当予以追缴或者责令退赔。

发现犯罪嫌疑人将经济犯罪违法所得和其他涉案财物用于清偿债务、转让或者设定其他权利负担，具有下列情形之一的，应当依法查封、扣押、冻结：

（一）他人明知是经济犯罪违法所得和其他涉案财物而接受的；

（二）他人无偿或者以明显低于市场价格取得上述财物的；

（三）他人通过非法债务清偿或者违法犯罪活动取得上述财物的；

（四）他人通过其他恶意方式取得上述财物的。

他人明知是经济犯罪违法所得及其产生的收益，通过虚构债权债务关系、虚假交易等方式予以窝藏、转移、收购、代为销售或者以其他方法掩饰、隐瞒，构成犯罪的，应当依法追究刑事责任。

第五十五条　具有下列情形之一，依照刑法规定应当追缴其违法所得及其他涉案财物的，经县级以上公安机关负责人批准，公安机关应当出具没收违法所得意见书，连同相关证据材料一并移送同级人民检察院：

（一）重大的走私、金融诈骗、洗钱犯罪案件，犯罪嫌疑人逃匿，在通缉一年后不能到案的；

（二）犯罪嫌疑人死亡的；

（三）涉嫌重大走私、金融诈骗、洗钱犯罪的单位被撤销、注销，直接负责的主管人员和其他直接责任人员逃匿、死亡，导致案件无法适用普通刑事诉讼程序审理的。

犯罪嫌疑人死亡，现有证据证明其存在违法所得及其他涉案财物应当予以没收的，公安机关可以继续调查，并依法进行查封、扣押、冻结。

第七节　鉴　　定

146　鉴定的对象和主体

146.1　法条规定

第一百四十六条　为了查明案情，需要解决案件中某些专门性问题的时候，应当指派、聘请有专门知识的人进行鉴定。

【立法释义】①

本条规定明确了鉴定的对象和主体。鉴定意见是刑事诉讼领域的重要证据，对于解决案件中的专门性问题具有重要作用。关于鉴定，应当关注以下事项：

第一，鉴定对象。鉴定的对象是指案件中的“专门性问题”，即与查明案情有关，需要凭借专门知识和技能予以解决的问题。《全国人民代表大会常务委员会关于司法鉴定管理问题的决定》列举了实行登记管理的鉴定事项，主要涉及：法医类鉴定，包括法医病理鉴定、

① 参见王爱立主编书，第301—302页。

法医临床鉴定、法医精神病鉴定、法医物证鉴定和法医毒物鉴定；物证类鉴定，包括文书鉴定、痕迹鉴定和微量鉴定；声像资料鉴定，包括对录音带、录像带、磁盘、光盘、图片等载体上记录的声音、图像信息的真实性、完整性及其所反映的情况过程进行的鉴定和对记录的声音、图像中的语言、人体、物体作出种类或者同一认定。此外，还包括根据诉讼需要由国务院司法行政部门商最高人民法院、最高人民检察院确定的其他应当对鉴定人和鉴定机构实行登记管理的鉴定事项。

第二，鉴定事项。关于鉴定事项，需要注意以下两点：其一，不是案件中所有的专门性问题都需要进行鉴定。本条中的“某些专门性问题”，是指需要由具有专门知识的人进行鉴定才能解决的问题。对于不影响定罪量刑的专门性问题，以及案件中所涉的法律性问题，不需要进行鉴定。其二，“专门性问题”，包括但不限于纳入登记管理的鉴定事项。对于登记管理的鉴定事项之外的专门性问题，对定罪量刑有重要影响，也可以指派、聘请有专门知识的人进行鉴定或检验。《法院解释》第一百条第一款规定，因无鉴定机构，或者根据法律、司法解释的规定，指派、聘请有专门知识的人就案件的专门性问题出具的报告，可以作为证据使用。

第三，鉴定主体。本条中的“有专门知识的人”，是指在某一专门研究领域，例如法医学、弹道、指纹等，具有相关理论和实践经验的人，包括但不限于鉴定人。对于纳入登记管理范围的鉴定事项，应当指派、聘请具有鉴定资质的鉴定机构中的适格鉴定人。对于未纳入登记管理范围的新型专业事项，也可以指派、聘请具备相应领域专业技能，能够解决有关专门性问题的专业人员进行鉴定或检验。这也表明，鉴定意见并不具有预定的证明力，而是需要结合鉴定的方法和程序进行审查判断。此外，鉴定主体应当与案件无利害关系。

此外，《司法鉴定程序通则》等规范性文件对鉴定的委托、受理、实施等程序作出了具体规定。

146.2　相关立法

146.2.1　司法鉴定业务的管理

★《全国人民代表大会常务委员会关于司法鉴定管理问题的决定》（2015年4月24日修正）

一、司法鉴定是指在诉讼活动中鉴定人运用科学技术或者专门知识对诉讼涉及的专门性问题进行鉴别和判断并提供鉴定意见的活动。

二、国家对从事下列司法鉴定业务的鉴定人和鉴定机构实行登记管理制度：

（一）法医类鉴定；

（二）物证类鉴定；

（三）声像资料鉴定；

（四）根据诉讼需要由国务院司法行政部门商最高人民法院、最高人民检察院确定的其他应当对鉴定人和鉴定机构实行登记管理的鉴定事项。

法律对前款规定事项的鉴定人和鉴定机构的管理另有规定的，从其规定。

三、国务院司法行政部门主管全国鉴定人和鉴定机构的登记管理工作。省级人民政府司法行政部门依照本决定的规定，负责对鉴定人和鉴定机构的登记、名册编制和公告。

四、具备下列条件之一的人员，可以申请登记从事司法鉴定业务：

（一）具有与所申请从事的司法鉴定业务相关的高级专业技术职称；

（二）具有与所申请从事的司法鉴定业务相关的专业执业资格或者高等院校相关专业本科以上学历，从事相关工作五年以上；

（三）具有与所申请从事的司法鉴定业务相关工作十年以上经历，具有较强的专业技能。

因故意犯罪或者职务过失犯罪受过刑事处罚的，受过开除公职处分的，以及被撤销鉴定人登记的人员，不得从事司法鉴定业务。

五、法人或者其他组织申请从事司法鉴定业务的，应当具备下列条件：

（一）有明确的业务范围；

（二）有在业务范围内进行司法鉴定所必需的仪器、设备；

（三）有在业务范围内进行司法鉴定所必需的依法通过计量认证或者实验室认可的检测实验室；

（四）每项司法鉴定业务有三名以上鉴定人。

六、申请从事司法鉴定业务的个人、法人或者其他组织，由省级人民政府司法行政部门审核，对符合条件的予以登记，编入鉴定人和鉴定机构名册并公告。

省级人民政府司法行政部门应当根据鉴定人或者鉴定机构的增加和撤销登记情况，定期更新所编制的鉴定人和鉴定机构名册并公告。

七、侦查机关根据侦查工作的需要设立的鉴定机构，不得面向社会接受委托从事司法鉴定业务。

人民法院和司法行政部门不得设立鉴定机构。

八、各鉴定机构之间没有隶属关系；鉴定机构接受委托从事司法鉴定业务，不受地域范围的限制。

鉴定人应当在一个鉴定机构中从事司法鉴定业务。

九、在诉讼中，对本决定第二条所规定的鉴定事项发生争议，需要鉴定的，应当委托列入鉴定人名册的鉴定人进行鉴定。鉴定人从事司法鉴定业务，由所在的鉴定机构统一接受委托。

鉴定人和鉴定机构应当在鉴定人和鉴定机构名册注明的业务范围内从事司法鉴定业务。

鉴定人应当依照诉讼法律规定实行回避。

十、司法鉴定实行鉴定人负责制度。鉴定人应当独立进行鉴定，对鉴定意见负责并在鉴定书上签名或者盖章。多人参加的鉴定，对鉴定意见有不同意见的，应当注明。

146.2.2　监察机关鉴定的程序

★**《中华人民共和国监察法》**（2024 年 12 月 25 日修正）

第三十条　监察机关在调查过程中，对于案件中的专门性问题，可以指派、聘请有专门知识的人进行鉴定。鉴定人进行鉴定后，应当出具鉴定意见，并且签名。

【立法释义】①

监察机关采取鉴定措施，应经监察机关相关负责人审批，制作委托鉴定文书。鉴定人在运用科学技术或专门知识进行鉴别、判断后，应当出具鉴定意见。鉴定意见经审查核实后，可以作为定案的根据。鉴定意见应当由鉴定人签名，

---

① 参见法规室编写释义书，第 150—152 页。

如果是多名鉴定人，应当分别签名。对有多名鉴定人的，如果意见一致，应当写出共同的鉴定意见；如果意见不一致，可以分别提出不同的鉴定意见。调查人员应对鉴定意见进行审查，必要时，可以提出补充鉴定或者重新鉴定的意见。被调查人对鉴定意见有异议的，可以申请补充鉴定或者重新鉴定。

146.3　司法解释

146.3.1　检察机关鉴定的程序

★《检察院规则》(2019)

第二百一十八条　人民检察院为了查明案情，解决案件中某些专门性的问题，可以进行鉴定。

鉴定由人民检察院有鉴定资格的人员进行。必要时，也可以聘请其他有鉴定资格的人员进行，但是应当征得鉴定人所在单位同意。

第二百一十九条　人民检察院应当为鉴定人提供必要条件，及时向鉴定人送交有关检材和对比样本等原始材料，介绍与鉴定有关的情况，并明确提出要求鉴定解决的问题，但是不得暗示或者强迫鉴定人作出某种鉴定意见。

146.3.2　检察机关内部鉴定机构的管理

★《最高人民检察院关于贯彻〈全国人民代表大会常务委员会关于司法鉴定管理问题的决定〉有关工作的通知》(高检发办字〔2005〕11号，2005年9月21日)

一、根据《决定》的规定，自10月1日起，各级检察机关的鉴定机构不得面向社会接受委托从事鉴定业务，鉴定人员不得参与面向社会服务的司法鉴定机构组织的司法鉴定活动。

二、根据《决定》的有关规定，检察机关的鉴定机构和鉴定人员不得在司法行政机关登记注册从事面向社会的鉴定业务。已经登记注册的事业性质鉴定机构，如继续面向社会从事司法鉴定业务，要在10月1日前与人民检察院在人、财、物上脱钩，否则应办理注销登记。

三、检察机关鉴定机构可以受理下列鉴定案件：

1. 检察机关业务工作所需的鉴定；
2. 有关部门交办的鉴定；
3. 其他司法机关委托的鉴定。

五、检察机关内部委托的鉴定，仍实行逐级委托制度。其他司法机关委托的鉴定，实行同级委托制度，即进行鉴定前，需有同级司法机关的委托或介绍。

146.3.3　伪劣商品的鉴定要求

★《最高人民法院关于审理生产、销售伪劣商品刑事案件有关鉴定问题的通知》(法〔2001〕70号，2001年5月21日)

一、对于提起公诉的生产、销售伪劣产品、假冒商标、非法经营等严重破坏社会主义市场经济秩序的犯罪案件，所涉生产、销售的产品是否属于"以假充真"、"以次充好"、"以不合格产品冒充合格产品"难以确定的，应当根据《解释》[①]第一条第五款的规定，由公诉机关委托法律、行政法规规定的产品质量检验机构进行鉴定。

二、根据《解释》第三条和第四条的规定，人民法院受理的生产、销售假

---

① 即《最高人民法院、最高人民检察院关于办理生产、销售伪劣商品刑事案件具体应用法律若干问题的解释》。

药犯罪案件和生产、销售不符合卫生标准的食品犯罪案件，均需有“省级以上药品监督管理部门设置或者确定的药品检验机构”和“省级以上卫生行政部门确定的机构”出具的鉴定结论。

146.4　规范性文件

146.4.1　侦查机关鉴定的程序

★**《公安规定》**（2020）

第二百四十八条　为了查明案情，解决案件中某些专门性问题，应当指派、聘请有专门知识的人进行鉴定。

需要聘请有专门知识的人进行鉴定，应当经县级以上公安机关负责人批准后，制作鉴定聘请书。

第二百四十九条　公安机关应当为鉴定人进行鉴定提供必要的条件，及时向鉴定人送交有关检材和对比样本等原始材料，介绍与鉴定有关的情况，并且明确提出要求鉴定解决的问题。

禁止暗示或者强迫鉴定人作出某种鉴定意见。

第二百五十条　侦查人员应当做好检材的保管和送检工作，并注明检材送检环节的责任人，确保检材在流转环节中的同一性和不被污染。

【重点解读】①

聘请有专门知识的人进行鉴定，应当按照以下步骤进行：第一，呈批。需要聘请有专门知识的人鉴定的，办案部门制作呈请鉴定报告书，报县级以上公安机关负责人批准。第二，批准。需要聘请本公安机关以外的鉴定人的，经县级以上公安机关负责人批准，办案部门制作鉴定聘请书；由公安机关刑事技术部门或者鉴定机构鉴定的，不需要制作鉴定聘请书，直接将检材送交鉴定。本级公安机关鉴定机构有鉴定能力的，应当委托该机构；超出本级公安机关鉴定机构鉴定项目或者鉴定能力范围的，应当向上级公安机关鉴定机构逐级委托。

★**《国安规定》**（2024）

第二百七十二条　为了查明案情，解决案件中某些专门性问题，国家安全机关可以指派有鉴定资格的人进行鉴定，或者聘请具有合法资质的鉴定机构的鉴定人进行鉴定。

需要聘请鉴定人的，经国家安全机关负责人批准，制作鉴定聘请书。

第二百七十三条　国家安全机关应当为鉴定人进行鉴定提供必要的条件。

及时向鉴定人送交有关检材和对比样本等原始材料，介绍与鉴定有关的情况，并且明确提出要求鉴定解决的问题。

禁止暗示或者强迫鉴定人作出某种鉴定意见。

第二百七十四条　侦查人员应当做好检材的保管和送检工作，确保检材在流转环节的同一性和不被污染。

146.4.2　公安机关内部鉴定机构的管理

★**《公安部关于贯彻落实〈全国人民代表大会常务委员会关于司法鉴定管理问题的决定〉进一步加强公安机关刑事科学技术工作的通知》**（2005年4月20日）

（二）《决定》所指的司法鉴定机构和司法鉴定人，是指在诉讼中面向社会提供司法鉴定服务的鉴定人和鉴定机构。公安机关所属的鉴定机构和鉴定

① 参见孙茂利主编书，第594—601页。

人不属于《决定》规定的"司法鉴定机构"和"司法鉴定人"的范畴，不在司法行政机关登记之列。根据《决定》精神，公安机关不再面向社会提供涉及诉讼的鉴定服务。

（三）下列五种对象委托的鉴定不在《决定》限制之列，公安机关鉴定机构应予受理：

1. 公安机关内部委托的鉴定；

2. 人民法院、人民检察院、司法行政机关、国家安全机关、军队保卫部门、其他行政执法机关、仲裁机构委托的鉴定；

3. 纪律监察机关委托的鉴定；

4. 公证机关和公民个人委托的非诉讼鉴定；

5. 通过指纹、DNA 等数据库进行人体生物特征检索，提供有无犯罪记录查询等非诉讼鉴定。

146. 4. 3　司法鉴定通行规范

★《司法鉴定程序通则》（司法部令第 132 号，2016 年 3 月 2 日）

第十一条　司法鉴定机构应当统一受理办案机关的司法鉴定委托。

第十二条　委托人委托鉴定的，应当向司法鉴定机构提供真实、完整、充分的鉴定材料，并对鉴定材料的真实性、合法性负责。司法鉴定机构应当核对并记录鉴定材料的名称、种类、数量、性状、保存状况、收到时间等。

诉讼当事人对鉴定材料有异议的，应当向委托人提出。

本通则所称鉴定材料包括生物检材和非生物检材、比对样本材料以及其他与鉴定事项有关的鉴定资料。

第十八条　司法鉴定机构受理鉴定委托后，应当指定本机构具有该鉴定事项执业资格的司法鉴定人进行鉴定。

委托人有特殊要求的，经双方协商一致，也可以从本机构中选择符合条件的司法鉴定人进行鉴定。

委托人不得要求或者暗示司法鉴定机构、司法鉴定人按其意图或者特定目的提供鉴定意见。

第十九条　司法鉴定机构对同一鉴定事项，应当指定或者选择二名司法鉴定人进行鉴定；对复杂、疑难或者特殊鉴定事项，可以指定或者选择多名司法鉴定人进行鉴定。

第二十条　司法鉴定人本人或者其近亲属与诉讼当事人、鉴定事项涉及的案件有利害关系，可能影响其独立、客观、公正进行鉴定的，应当回避。

司法鉴定人曾经参加过同一鉴定事项鉴定的，或者曾经作为专家提供过咨询意见的，或者曾被聘请为有专门知识的人参与过同一鉴定事项法庭质证的，应当回避。

第二十一条　司法鉴定人自行提出回避的，由其所属的司法鉴定机构决定；委托人要求司法鉴定人回避的，应当向该司法鉴定人所属的司法鉴定机构提出，由司法鉴定机构决定。

委托人对司法鉴定机构作出的司法鉴定人是否回避的决定有异议的，可以撤销鉴定委托。

第二十二条　司法鉴定机构应当建立鉴定材料管理制度，严格监控鉴定材料的接收、保管、使用和退还。

司法鉴定机构和司法鉴定人在鉴定过程中应当严格依照技术规范保管和使用鉴定材料，因严重不负责任造成鉴定材料损毁、遗失的，应当依法承担责任。

第二十三条　司法鉴定人进行鉴定,应当依下列顺序遵守和采用该专业领域的技术标准、技术规范和技术方法:

(一)国家标准;

(二)行业标准和技术规范;

(三)该专业领域多数专家认可的技术方法。

第二十四条　司法鉴定人有权了解进行鉴定所需要的案件材料,可以查阅、复制相关资料,必要时可以询问诉讼当事人、证人。

经委托人同意,司法鉴定机构可以派员到现场提取鉴定材料。现场提取鉴定材料应当由不少于二名司法鉴定机构的工作人员进行,其中至少一名应为该鉴定事项的司法鉴定人。现场提取鉴定材料时,应当有委托人指派或者委托的人员在场见证并在提取记录上签名。

第二十五条　鉴定过程中,需要对无民事行为能力人或者限制民事行为能力人进行身体检查的,应当通知其监护人或者近亲属到场见证;必要时,可以通知委托人到场见证。

对被鉴定人进行法医精神病鉴定的,应当通知委托人或者被鉴定人的近亲属或者监护人到场见证。

对需要进行尸体解剖的,应当通知委托人或者死者的近亲属或者监护人到场见证。

到场见证人员应当在鉴定记录上签名。见证人员未到场的,司法鉴定人不得开展相关鉴定活动,延误时间不计入鉴定时限。

第二十六条　鉴定过程中,需要对被鉴定人身体进行法医临床检查的,应当采取必要措施保护其隐私。

第二十七条　司法鉴定人应当对鉴定过程进行实时记录并签名。记录可以采取笔记、录音、录像、拍照等方式。记录应当载明主要的鉴定方法和过程,检查、检验、检测结果,以及仪器设备使用情况等。记录的内容应当真实、客观、准确、完整、清晰,记录的文本资料、音像资料等应当存入鉴定档案。

第二十八条　司法鉴定机构应当自司法鉴定委托书生效之日起三十个工作日内完成鉴定。

鉴定事项涉及复杂、疑难、特殊技术问题或者鉴定过程需要较长时间的,经本机构负责人批准,完成鉴定的时限可以延长,延长时限一般不得超过三十个工作日。鉴定时限延长的,应当及时告知委托人。

司法鉴定机构与委托人对鉴定时限另有约定的,从其约定。

在鉴定过程中补充或者重新提取鉴定材料所需的时间,不计入鉴定时限。

第二十九条　司法鉴定机构在鉴定过程中,有下列情形之一的,可以终止鉴定:

(一)发现有本通则第十五条第二项至第七项规定情形的;

(二)鉴定材料发生耗损,委托人不能补充提供的;

(三)委托人拒不履行司法鉴定委托书规定的义务、被鉴定人拒不配合或者鉴定活动受到严重干扰,致使鉴定无法继续进行的;

(四)委托人主动撤销鉴定委托,或者委托人、诉讼当事人拒绝支付鉴定费用的;

（五）因不可抗力致使鉴定无法继续进行的；

（六）其他需要终止鉴定的情形。

终止鉴定的，司法鉴定机构应当书面通知委托人，说明理由并退还鉴定材料。

第三十条　有下列情形之一的，司法鉴定机构可以根据委托人的要求进行补充鉴定：

（一）原委托鉴定事项有遗漏的；

（二）委托人就原委托鉴定事项提供新的鉴定材料的；

（三）其他需要补充鉴定的情形。

补充鉴定是原委托鉴定的组成部分，应当由原司法鉴定人进行。

第三十一条　有下列情形之一的，司法鉴定机构可以接受办案机关委托进行重新鉴定：

（一）原司法鉴定人不具有从事委托鉴定事项执业资格的；

（二）原司法鉴定机构超出登记的业务范围组织鉴定的；

（三）原司法鉴定人应当回避没有回避的；

（四）办案机关认为需要重新鉴定的；

（五）法律规定的其他情形。

第三十二条　重新鉴定应当委托原司法鉴定机构以外的其他司法鉴定机构进行；因特殊原因，委托人也可以委托原司法鉴定机构进行，但原司法鉴定机构应当指定原司法鉴定人以外的其他符合条件的司法鉴定人进行。

接受重新鉴定委托的司法鉴定机构的资质条件应当不低于原司法鉴定机构，进行重新鉴定的司法鉴定人中应当至少有一名具有相关专业高级专业技术职称。

第三十三条　鉴定过程中，涉及复杂、疑难、特殊技术问题的，可以向本机构以外的相关专业领域的专家进行咨询，但最终的鉴定意见应当由本机构的司法鉴定人出具。

专家提供咨询意见应当签名，并存入鉴定档案。

第三十四条　对于涉及重大案件或者特别复杂、疑难、特殊技术问题或者多个鉴定类别的鉴定事项，办案机关可以委托司法鉴定行业协会组织协调多个司法鉴定机构进行鉴定。

第三十五条　司法鉴定人完成鉴定后，司法鉴定机构应当指定具有相应资质的人员对鉴定程序和鉴定意见进行复核；对于涉及复杂、疑难、特殊技术问题或者重新鉴定的鉴定事项，可以组织三名以上的专家进行复核。

复核人员完成复核后，应当提出复核意见并签名，存入鉴定档案。

第三十六条　司法鉴定机构和司法鉴定人应当按照统一规定的文本格式制作司法鉴定意见书。

第三十七条　司法鉴定意见书应当由司法鉴定人签名。多人参加的鉴定，对鉴定意见有不同意见的，应当注明。

第三十八条　司法鉴定意见书应当加盖司法鉴定机构的司法鉴定专用章。

第三十九条　司法鉴定意见书应当一式四份，三份交委托人收执，一份由司法鉴定机构存档。司法鉴定机构应当按照有关规定或者与委托人约定的方式，向委托人发送司法鉴定意见书。

第四十条　委托人对鉴定过程、鉴定意见提出询问的，司法鉴定机构和司法鉴定人应当给予解释或者说明。

第四十一条　司法鉴定意见书出具后，发现有下列情形之一的，司法鉴定机构可以进行补正：

（一）图像、谱图、表格不清晰的；

（二）签名、盖章或者编号不符合制作要求的；

（三）文字表达有瑕疵或者错别字，但不影响司法鉴定意见的。

补正应当在原司法鉴定意见书上进行，由至少一名司法鉴定人在补正处签名。必要时，可以出具补正书。

对司法鉴定意见书进行补正，不得改变司法鉴定意见的原意。

第四十二条　司法鉴定机构应当按照规定将司法鉴定意见书以及有关资料整理立卷、归档保管。

第四十三条　经人民法院依法通知，司法鉴定人应当出庭作证，回答与鉴定事项有关的问题。

第四十四条　司法鉴定机构接到出庭通知后，应当及时与人民法院确认司法鉴定人出庭的时间、地点、人数、费用、要求等。

第四十五条　司法鉴定机构应当支持司法鉴定人出庭作证，为司法鉴定人依法出庭提供必要条件。

146.4.4　司法鉴定认证认可和质量管理

★**《司法部、国家市场监管总局关于规范和推进司法鉴定认证认可工作的通知》**（司发通〔2018〕89 号，2018 年 8 月 22 日）

（三）已经司法行政机关审核登记的司法鉴定机构，业务范围包括法医物证、法医毒物、微量物证、环境损害鉴定的，其设立单位相应的检测实验室应当于 2019 年 12 月 31 日前通过资质认定或者实验室认可。司法行政机关应当严格落实《司法部关于严格准入严格监管提高司法鉴定质量和公信力的意见》（司发〔2017〕11 号）要求，对到期未达到要求的司法鉴定机构限期整改，限期整改后仍不符合要求的，依法注销其相应的业务范围。

（四）法人或者其他组织申请从事司法鉴定业务，或者已经审核登记的司法鉴定机构申请增加鉴定业务范围，所申请的鉴定业务范围包括法医物证、法医毒物、微量物证、环境损害鉴定的，其相应的检测实验室应当首先通过资质认定或者实验室认可。

★**《最高人民法院、司法部关于建立司法鉴定管理与使用衔接机制的意见》**（司发通〔2016〕98 号，2016 年 10 月 9 日）

三、加强保障监督，确保鉴定人履行出庭作证义务

鉴定人出庭作证对于法庭通过质证解决鉴定意见争议具有重要作用。人民法院要加强对鉴定意见的审查，通过强化法庭质证解决鉴定意见争议，完善鉴定人出庭作证的审查、启动和告知程序，在开庭前合理期限以书面形式告知鉴定人出庭作证的相关事项。人民法院要为鉴定人出庭提供席位、通道等，依法保障鉴定人出庭作证时的人身安全及其他合法权益。经人民法院同意，鉴定人可以使用视听传输技术或者同步视频作证室等作证。刑事法庭可以配置同步视频作证室，供依法应当保护或其他确有保护必要的鉴定人作证时使用，并可采取不暴露鉴定人外貌、真实声音等保护措施。

鉴定人在人民法院指定日期出庭发生的交通费、住宿费、生活费和误工补贴，按照国家有关规定应当由当事人承担的，由人民法院代为收取。

司法行政机关要监督、指导鉴定人依法履行出庭作证义务。对于无正当理由拒不出庭作证的，要依法严格查处，追究鉴定人和鉴定机构及机构代表人的责任。

★《司法部关于进一步发挥司法鉴定制度作用防止冤假错案的意见》（司发通〔2014〕10号，2014年2月13日）

10. 完善质量监督检查机制。要继续深入开展司法鉴定能力验证活动，确保司法鉴定机构的所有鉴定项目每三年至少参加一次能力验证。对于司法鉴定机构同一鉴定事项连续两次能力验证结果为不合格的，应当暂停该事项的执业资格。要建立健全司法鉴定文书质量评查制度，组织专家开展鉴定文书质量评查，对发现的问题和能力不足的要督导整改。要建立完善司法鉴定质量评价办法、鉴定质量责任追究机制和鉴定争议解决机制。

11. 严格规范委托受理。要严格规范司法鉴定的委托受理，认真审查委托事项、鉴定要求和鉴定材料。对于不属于司法鉴定事项的、超出机构业务范围、技术条件和鉴定能力的或者发现同一事项多头委托的，不予受理并说明理由；对于委托人拒绝签订委托协议的，可以中止受理或者终止鉴定；对于不符合重新鉴定条件的，不予受理并说明理由；对于重新鉴定意见与原鉴定意见不一致的，应当在鉴定意见书中充分说明理由和依据。

18. 切实提高出庭作证能力。要规范鉴定人出庭作证活动，不断提高出庭作证的执业能力。司法鉴定人要切实履行出庭作证的义务。通过回答法庭询问和接受对方质证，提高司法鉴定的执业公信力。对于无正当理由拒不出庭作证的要依法严格查处。

146.4.5　死刑案件鉴定要求

★《最高人民法院、最高人民检察院、公安部、司法部关于进一步严格依法办案确保办理死刑案件质量的意见》（法发〔2007〕11号，2007年3月9日）

9. 对可能属于精神病人、未成年人或者怀孕的妇女的犯罪嫌疑人，应当及时进行鉴定或者调查核实。

10. 加强证据的收集、保全和固定工作。对证据的原物、原件要妥善保管，不得损毁、丢失或者擅自处理。对与查明案情有关需要鉴定的物品、文件、电子数据、痕迹、人身、尸体等，应当及时进行刑事科学技术鉴定，并将鉴定报告附卷。涉及命案的，应当通过被害人近亲属辨认、DNA鉴定、指纹鉴定等方式确定被害人身份。对现场遗留的与犯罪有关的具备同一认定检验鉴定条件的血迹、精斑、毛发、指纹等生物物证、痕迹、物品，应当通过DNA鉴定、指纹鉴定等刑事科学技术鉴定方式与犯罪嫌疑人的相应生物检材、生物特征、物品等作同一认定。侦查机关应当将用作证据的鉴定结论告知犯罪嫌疑人、被害人。如果犯罪嫌疑人、被害人提出申请，可以补充鉴定或者重新鉴定。

146.4.6　危害生产安全案件的鉴定

★《最高人民法院、最高人民检察院、公安部、监察部、国家安全生产监督管理总局关于严格依法及时办理危害

生产安全刑事案件的通知》（高检会〔2008〕5号，2008年6月6日）

三、公安机关、人民检察院根据事故的性质和造成的危害后果，对涉嫌构成犯罪的，应当按照案件管辖规定，及时立案侦查，采取强制措施和侦查措施。犯罪嫌疑人逃匿的，公安机关应当迅速开展追捕工作。要全面收集证明犯罪嫌疑人有罪无罪以及犯罪情节轻重的证据材料。对容易灭失的痕迹、物证应当首先采取措施提取、固定。

需要有关部门进行鉴定的，公安机关、检察机关应当及时建议事故调查组组织鉴定，也可以自行组织鉴定。事故调查组组织鉴定、或者委托有关部门鉴定、或者公安机关、检察机关自行组织鉴定的，鉴定报告原则上应当自委托或者决定之日起20日内作出。不涉及机械、电气、瓦斯、化学、有毒有害物（气）体、锅炉压力容器、起重机械、地质勘察、工程设计与施工质量、火灾以及非法开采、破坏矿产资源量认定等专业技术问题的，不需要进行鉴定，相关事实和证据符合法定条件的，可以逮捕、公诉和审判。

146.4.7 经济犯罪案件的鉴定

★《最高人民检察院、公安部关于公安机关办理经济犯罪案件的若干规定》（公通字〔2017〕25号，2017年11月24日）

第三十九条 公安机关办理生产、销售伪劣商品犯罪案件、走私犯罪案件、侵犯知识产权犯罪案件，对同一批次或者同一类型的涉案物品，确因实物数量较大，无法逐一勘验、鉴定、检测、评估的，可以委托或者商请有资格的鉴定机构、专业机构或者行政执法机关依照程序按照一定比例随机抽样勘验、鉴定、检测、评估，并由其制作取样记录和出具相关书面意见。有关抽样勘验、鉴定、检测、评估的结果可以作为该批次或者该类型全部涉案物品的勘验、鉴定、检测、评估结果，但是不符合法定程序，且不能补正或者作出合理解释，可能严重影响案件公正处理的除外。

法律、法规和规范性文件对鉴定机构或者抽样方法另有规定的，从其规定。

146.4.8 电子数据专门问题的鉴定

★《公安机关办理刑事案件电子数据取证规则》（公通字〔2018〕41号，2018年12月13日）

第五十五条 为了查明案情，解决案件中某些专门性问题，应当指派、聘请有专门知识的人进行鉴定，或者委托公安部指定的机构出具报告。

需要聘请有专门知识的人进行鉴定，或者委托公安部指定的机构出具报告的，应当经县级以上公安机关负责人批准。

第五十六条 侦查人员送检时，应当封存原始存储介质、采取相应措施保护电子数据完整性，并提供必要的案件相关信息。

第五十七条 公安部指定的机构及其承担检验工作的人员应当独立开展业务并承担相应责任，不受其他机构和个人影响。

第五十八条 公安部指定的机构应当按照法律规定和司法审判机关要求承担回避、保密、出庭作证等义务，并对报告的真实性、合法性负责。

公安部指定的机构应当运用科学方法进行检验、检测，并出具报告。

第五十九条 公安部指定的机构

应当具备必需的仪器、设备并且依法通过资质认定或者实验室认可。

第六十条 委托公安部指定的机构出具报告的其他事宜,参照《公安机关鉴定规则》等有关规定执行。

146.4.9 淫秽物品的鉴定

★《公安部对〈关于鉴定淫秽物品有关问题的请示〉的批复》(公复字〔1998〕8号,1998年11月27日)

鉴于近年来各地公安机关查获淫秽物品数量不断增加、查禁任务日趋繁重的情况,为及时打击处理走私、制作、贩卖、传播淫秽物品的违法犯罪分子,今后各地公安机关查获的物品,需审查认定是否为淫秽物品的,可以由县级以上公安机关治安部门负责鉴定工作,但要指定两名政治、业务素质过硬的同志共同进行,其他人员一律不得参加。当事人提出不同意见需重新鉴定的,由上一级公安机关治安部门会同同级新闻出版、音像归口管理等部门重新鉴定。对送审鉴定和收缴的淫秽物品,由县级以上公安机关治安部门统一集中,登记造册,适时组织全部销毁。

146.4.10 国家秘密、情报的鉴定

★《最高人民法院、国家保密局关于执行〈关于审理为境外窃取、刺探、收买、非法提供国家秘密、情报案件具体应用法律若干问题的解释〉有关问题的通知》(法发〔2001〕117号,2001年8月22日)

人民法院审理为境外窃取、刺探、收买、非法提供情报案件,需要对有关事项是否属于情报进行鉴定的,由国家保密工作部门或者省、自治区、直辖市保密工作部门鉴定。

146.4.11 涉案文物的鉴定评估

★《涉案文物鉴定评估管理办法》(文物博发〔2018〕4号,2018年6月14日)

第九条 涉案文物鉴定评估范围涵盖可移动文物和不可移动文物。

(一)可移动文物鉴定评估类别包括陶瓷器、玉石器、金属器、书画、杂项等五个类别。

(二)不可移动文物鉴定评估类别包括古文化遗址、古墓葬、古建筑、石窟寺及石刻、近现代重要史迹及代表性建筑、其他等六个类别。

第十条 已被拆解的不可移动文物的构件,涉案文物鉴定评估机构可以应办案机关的要求,将其作为可移动文物进行鉴定评估。

第十三条 涉案文物鉴定评估机构可以根据自身专业条件,并应办案机关的要求,对文物的经济价值进行评估。

第十四条 国有文物博物馆机构申请从事涉案文物鉴定评估业务,应当具备下列条件:

(一)有独立法人资格;

(二)有固定的办公场所和必要的文物鉴定技术设备;

(三)能够从事本办法第九条规定的可移动文物所有类别或者不可移动文物所有类别的鉴定评估业务,每类别有三名以上专职或者兼职的文物鉴定评估人员;

(四)有一定数量的专职文物鉴定评估人员;

(五)具备一定的文物鉴定评估组织工作经验。

第十七条 涉案文物鉴定评估机构的文物鉴定评估人员,应当至少符合下列条件之一:

（一）取得文物博物及相关系列中级以上专业技术职务，并有至少持续五年文物鉴定实践经历；

（二）是文物进出境责任鉴定人员；

（三）是国家或者省级文物鉴定委员会委员。

第二十九条　涉案文物鉴定评估机构接受鉴定评估委托后，应当组织本机构与委托鉴定评估文物类别一致的文物鉴定评估人员进行鉴定评估。每类别文物鉴定评估应当有两名以上文物鉴定评估人员参加鉴定评估。

对复杂、疑难和重大案件所涉的鉴定评估事项，可以聘请其他涉案文物鉴定评估机构相关文物类别的文物鉴定评估人员参加鉴定评估。

第三十四条　涉案文物鉴定评估采取文物鉴定评估人员独立鉴定评估和合议相结合的方式进行。文物鉴定评估人员应当对鉴定评估的方法、过程和结论进行记录，并签名存档备查。

第三十五条　鉴定评估活动完成后，涉案文物鉴定评估机构应当对文物鉴定评估人员作出的鉴定评估意见进行审查，对鉴定评估意见一致的出具鉴定评估报告。

鉴定评估意见不一致的，涉案文物鉴定评估机构应当组织原鉴定人员以外的文物鉴定评估人员再次进行鉴定评估，再次鉴定评估意见一致的出具鉴定评估报告；再次鉴定评估意见仍不一致的，可以终止鉴定评估，涉案文物鉴定评估机构应当书面通知委托办案机关终止鉴定评估决定并说明理由。

第三十七条　有下列情形之一的，涉案文物鉴定评估机构应当接受办案机关委托进行重新鉴定评估：

（一）有明确证据证明鉴定评估报告内容有错误的；

（二）鉴定评估程序不符合本办法规定的；

（三）文物鉴定评估人员故意作出虚假鉴定评估或者应当回避而未予回避的；

（四）其他可能影响鉴定评估客观、公正的情形。

涉案文物鉴定评估机构应当组织原鉴定评估人员以外的文物鉴定评估人员进行重新鉴定评估。

鉴定评估报告中出现的明显属于错别字或者语言表述瑕疵的，可以由鉴定评估机构出具更正说明，更正说明属于原鉴定评估报告的组成部分。

第三十八条　有下列情形之一的，涉案文物鉴定评估机构应当根据办案机关要求进行补充鉴定评估：

（一）鉴定评估报告内容有遗漏的；

（二）鉴定评估报告意见不明确的；

（三）办案机关发现新的相关重要鉴定评估材料的；

（四）办案机关对涉案文物有新的鉴定评估要求的；

（五）鉴定评估报告不完整，委托事项无法确定的；

（六）其他需要补充鉴定评估的情形。

补充鉴定评估是原委托鉴定评估活动的组成部分，应当由涉案文物鉴定评估机构组织原文物鉴定评估人员进行。

第三十九条　办案机关对有明确证据证明涉案文物鉴定评估机构重新出具的鉴定评估报告有错误的，可以由最高人民法院、最高人民检察院、公安部、海关总署商国家文物局，由国家文物局指定涉案文物鉴定评估机构进行再次鉴定评估。

第四十一条　涉案文物鉴定评估机构应当按照统一规定的文本格式制作鉴定评估报告。

鉴定评估报告一式五份,三份交委托办案机关,一份由涉案文物鉴定评估机构存档,一份在鉴定评估活动完成次月 15 日前报所在地省级文物行政部门备案。

第四十二条　鉴定评估事项结束后,涉案文物鉴定评估机构应当将鉴定评估报告以及在鉴定评估过程中产生的有关资料整理立卷、归档保管。

146.4.12　光盘生产源的鉴定

★《最高人民法院、最高人民检察院、公安部、司法部、新闻出版署关于公安部光盘生产源鉴定中心行使行政、司法鉴定权有关问题的通知》(公通字〔2000〕21 号,2000 年 3 月 9 日)

一、鉴定范围和内容

鉴定中心负责对各地人民法院、人民检察院、公安机关、司法行政机关、新闻出版行政机关、音像行政管理部门和其他行政执法机关在办理制黄贩黄、侵权盗版案件中所查获的光盘及母盘进行鉴定,确定送检光盘及母盘的生产企业。

企事业单位因业务工作需要,提出鉴定申请的,鉴定中心也可以进行上述鉴定。

二、鉴定程序

办案单位认为需要进行行政、司法鉴定的,应持有本单位所在地县级以上人民法院、人民检察院、公安机关、司法行政机关或其他行政执法机关出具的公函;新闻出版行政机关、音像行政管理部门办案需要鉴定的,由当地省级以上新闻出版机关、音像行政管理部门出具委托鉴定公函。

企事业单位需要鉴定的,由本单位向鉴定中心出具委托鉴定公函。鉴定中心在接受鉴定委托后,应立即组织 2 名以上专业技术人员进行鉴定,在 30 天以内出具《中华人民共和国公安部光盘生产源鉴定书》,并报公安部治安管理局备案。

委托鉴定可通过寄递方式提出。

三、鉴定费用

鉴定中心接受人民法院、人民检察院、公安机关、司法行政机关、新闻出版行政机关、音像行政管理部门或其他行政执法机关委托鉴定的,不收取鉴定费用。

鉴定中心接受企事业单位委托鉴定的,按照国家有关规定收取鉴定费用。

四、鉴定的法律效力

鉴定中心出具的鉴定书可以作为定案依据。

146.4.13　环境损害司法鉴定机构的评审

★《环境损害司法鉴定机构登记评审细则》(司发通〔2018〕54 号,2018 年 6 月 14 日)

二、省级司法行政机关会同省级生态环境主管部门,按照《司法部 环境保护部关于印发〈环境损害司法鉴定机构登记评审办法〉〈环境损害司法鉴定机构登记评审专家库管理办法〉的通知》(司发通〔2016〕101 号)的规定,在环境损害司法鉴定机构登记评审专家库中随机抽取并确定评审专家,按鉴定事项组织建立专家评审组,每个鉴定事项的评审专家组人数不少于 3 人,其中国家库专家不少于 1 人。

三、专家评审组应当按照以下流程开展评审工作：

（一）推选组长。采取专家自荐、组内推荐等方式，确定一名组长（若以上方式未能推选出组长，则由省级司法行政机关指定组长），负责召集专家、主持评审工作等。

（二）制定工作方案。根据申请人拟从事鉴定事项的特点和要求制定有针对性的工作方案，明确评审的时限、组织方式、实施程序、主要内容、专家分工等，作为开展评审工作的指南和参考。

（三）开展评审工作。专家评审组按照工作方案确定的时间开展评审工作。评审的主要内容为查阅有关申请材料，听取汇报、答辩，对专业人员的专业技术能力进行考核，实地查看工作场所和环境，核查申请人的管理制度和运行情况，实验室的仪器设备配置和质量管理水平，现场进行勘验和评估，也可以根据需要增加其他评审内容。

评审专家应当遵守法律、法规和有关保密、回避等要求，严格按照本细则所列的各个考核评审项目，独立、客观、公正地进行评审，不受任何单位和个人干涉，并对评审意见负责。

（四）按项目进行评分。评审组的每名专家分别按照本细则确定的评分标准逐项进行打分，平均得出各项目最终评分结果，经求和后计算出专家评审总得分。

评审总得分为 100 分，其中人员条件、技术能力和设施设备情况占比为 2∶5∶3。

（五）形成专家评审意见书。评审工作完成后，根据评审得分情况及评审专家意见认真填写《环境损害司法鉴定机构登记专家评审意见书》（以下简称《评审意见书》）。专家评审得分为 70 分（含）以上，且人员条件、技术能力和设施设备分别不低于 12 分、30 分和 18 分的申请人，应当给予“具备设立环境损害司法鉴定机构的技术条件和技术能力”的评审结论；专家评审得分为 70 分以下或人员条件、技术能力和设施设备得分中有一项未达到该项满分 60% 的申请人，应当给予“不具备设立环境损害司法鉴定机构的技术条件和技术能力”的评审结论。各省份可以根据本地环境损害司法鉴定行业发展实际对该分数适当进行调整，但上下幅度不得超过 10 分，即最低 60 分（含），最高 80 分（含）。

要根据申请人综合情况，特别是拟申请从事环境损害司法鉴定业务的人员适合从事的执业类别（评审专家根据附件 1（二）《申请从事环境损害司法鉴定人评分表》的评分结果及专业特长对拟申请从事环境损害司法鉴定业务的人员适合从事的执业类别提出建议，原则上每个人员的执业类别不超过两项，特殊专业人才执业类别不超过三项），在评审意见中明确适合从事的具体环境损害司法鉴定执业类别。

《评审意见书》填写完成后，由每位评审专家签名，并送交省级司法行政机关。评审专家对评审结论有不同意见的，应当记录在《评审意见书》中。

146.4.14　公安机关的资金分析鉴定

★《公安机关资金分析鉴定工作程序规定（试行）》（公通字〔2025〕10 号，2025 年 4 月 7 日）

第一章 总 则

第一条 为规范公安机关资金分析鉴定工作,明确鉴定程序,保证鉴定质量,根据《中华人民共和国刑事诉讼法》《公安机关办理刑事案件程序规定》等法律规定,结合工作实际,制定本规定。

第二条 本规定所称的资金分析鉴定,是指为解决案件调查和诉讼活动中的资金数据分析专门性问题,公安机关资金分析鉴定机构的鉴定人运用资金分析技术方法,对资金数据进行检验、鉴别、分析和判断,并出具资金数据检验报告、鉴定意见的活动。

第三条 本规定所称的资金分析鉴定机构,是指经公安机关登记管理部门核准登记,取得鉴定机构资格证书并开展资金分析鉴定工作的组织。

第四条 本规定所称的资金分析鉴定人,是指经公安机关登记管理部门核准登记,取得鉴定人资格证书并从事资金分析鉴定工作的专门技术人员。

第五条 本规定所称的资金数据,是指依法向银行业金融机构、非银行支付机构及其他单位和个人获取的账户信息、交易明细等资金相关数据。

非资金数据,是指公安机关资金分析鉴定需要的其他数据。

第六条 公安机关资金分析鉴定工作,是公安机关鉴定工作的组成部分。公安机关资金分析鉴定机构及鉴定人出具的鉴定文书,可以在案件调查和诉讼活动中使用。

第七条 公安部经济犯罪侦查局是公安机关资金分析鉴定工作的主管部门,负责鉴定机构的设置、鉴定人的资质认定等。

省级公安机关经侦部门受公安部经济犯罪侦查局委托,做好鉴定机构的设置、鉴定人的资质认定以及鉴定活动的日常监督管理。

鉴定机构设置在省、市两级公安机关经侦部门资金分析鉴定中心(实验室)、公安机关所属院校、科研机构。

鉴定机构应当具备开展鉴定工作所必需的固定场所、基础设施、软硬件设备、资金和人员保障等。

第八条 资金分析鉴定应该遵循合法、科学、公正、独立、及时、安全的工作原则。

第二章 鉴定的委托

第九条 公安机关办理案件需要资金分析鉴定的,应当及时委托鉴定。委托鉴定应当经办案部门所属县级以上公安机关负责人批准。

第十条 本级公安机关资金分析鉴定机构有鉴定能力的,应当委托该机构;超出本级公安机关资金分析鉴定机构鉴定能力或本级公安机关未设立资金分析鉴定机构的,经上级公安机关经侦部门同意,可以向有鉴定能力的鉴定机构委托。

第十一条 委托鉴定单位应当向鉴定机构提交:

(一)资金分析鉴定委托书;

(二)委托鉴定单位送检人的有效证件;

(三)立案决定书;

(四)委托资金分析鉴定的数据及完整性证明材料;

(五)资金分析鉴定所需的其他材料。

公安机关委托鉴定单位应当指派熟悉案件情况的两名办案人员送检,其他部门委托时参照执行。

第十二条　委托鉴定单位送检人向鉴定机构介绍的情况、提供的资金分析鉴定相关材料应当全面、客观、真实，来源清晰合法。其中，专用存储介质应当具有唯一性编号。

第十三条　委托鉴定单位及其送检人不得暗示或者强迫鉴定机构及其鉴定人作出某种鉴定意见。

第三章　鉴定的受理

第十四条　公安机关资金分析鉴定机构可以受理下列委托鉴定：

（一）公安机关系统内部委托的鉴定；

（二）监察机关、人民法院、人民检察院、国家安全机关、军队保卫部门等委托的鉴定。

第十五条　资金分析鉴定机构应当内设专门部门或者专门人员负责受理委托鉴定工作。

第十六条　资金分析鉴定机构受理鉴定时，按照下列程序办理：

（一）查验委托鉴定单位和委托文件是否符合要求；

（二）听取与资金分析鉴定有关的案件情况介绍；

（三）核对数据的来源、完整性验证值、类别及范围等；

（四）确认是否需要补送其他鉴定材料；

（五）核实资金分析鉴定的具体要求；

（六）与委托鉴定单位共同填写资金分析鉴定事项确认书。

第十七条　《资金分析鉴定事项确认书》应当包括下列内容：

（一）鉴定事项确认书编号；

（二）鉴定机构全称和经办人姓名；

（三）委托鉴定单位全称和委托书编号；

（四）送检人姓名、单位、职务、证件信息和联系方式；

（五）鉴定有关案件名称、案件编号；

（六）案件情况摘要；

（七）送检材料的名称、数量、性状、来源、获取方法及存储介质编号等；

（八）鉴定要求；

（九）鉴定使用的技术标准、规范和方法；

（十）鉴定机构与委托鉴定单位对鉴定时间以及送检材料等使用、保管、取回事项进行约定，并由送检人和经办人分别签字。

确认书一式两份，鉴定机构和委托鉴定单位各持一份。

第十八条　具有下列情形之一的不予受理，并及时向委托单位说明原因：

（一）超出受理范围的；

（二）超出本资金分析鉴定机构分析能力的；

（三）委托鉴定单位的送检材料不具备分析条件的；

（四）违反资金分析鉴定委托程序的；

（五）委托鉴定单位的资金分析要求不明确的；

（六）不符合法律法规规章规定的其他情形。

资金分析鉴定机构对委托鉴定不予受理的，应当经鉴定机构负责人批准，并向委托鉴定单位出具《不予受理资金分析鉴定告知书》。

第四章　鉴定的实施

第十九条　资金分析鉴定工作实行鉴定人负责制度。鉴定人应当独立进行鉴定。

资金分析鉴定的实施,应当由两名以上具有资金分析鉴定资质的鉴定人负责。

第二十条　必要时,鉴定机构可以聘请本机构以外具有专门知识的人员参与,为鉴定提供专家意见。专家意见应当由专家签名并存入档案备查。

第二十一条　鉴定人的回避,按照《中华人民共和国刑事诉讼法》《公安机关办理刑事案件程序规定》执行。

第二十二条　鉴定机构应当在受理鉴定委托之日起三十个工作日内做出鉴定意见,出具鉴定文书。因侦查活动有特别需要或者鉴定内容复杂、疑难及鉴定数据量巨大,鉴定时限需要延长的,鉴定机构可以与委托鉴定单位另行约定。

鉴定机构认为需要补充材料的,鉴定时限从补交材料之日起重新计算。

第二十三条　实施鉴定前,鉴定人应当查看鉴定事项确认书,核对受理鉴定的资金数据,明确鉴定任务及鉴定使用的技术标准、规范和方法,做好鉴定的准备工作。

第二十四条　鉴定人应当按照资金分析技术标准、规范和方法实施鉴定,全面、客观、准确地记录鉴定的过程、方法和结果。

第二十五条　资金分析鉴定工作流程主要包括资金数据及其他数据的完整性客观性校验、保全备份、数据的归并与清洗、数据的分析与结论生成等。

(一)资金分析鉴定应当以委托单位提交的资金数据及其他数据为分析对象;

(二)资金分析鉴定人按照特定程序,运用资金分析技术标准、规范和方法,对备份资金数据进行校验、清洗、分析,并出具分析报告。

鉴定结束后,鉴定机构和鉴定人应当按照鉴定要求出具检验报告或鉴定书,并签字盖章。多人参加鉴定,鉴定有不同意见的,应当注明。鉴定机构应当对鉴定材料保管、存储并做备份,不得对外传输或拷贝。

第二十六条　具有下列情形之一的,鉴定机构及其鉴定人应当中止鉴定,并经鉴定机构负责人批准后向委托鉴定单位出具《中止资金分析鉴定告知书》:

(一)因存在技术障碍暂时无法进行的;

(二)需要补充鉴定材料的;

(三)因不可抗力致使资金分析鉴定暂时无法进行的;

(四)委托鉴定单位书面要求中止鉴定的;

(五)其他中止鉴定的情形。

中止鉴定原因消除后,应当继续鉴定。中止鉴定或者继续鉴定,由鉴定机构负责人批准。鉴定时限从批准继续鉴定之日起重新计算。

第二十七条　具有下列情形之一的,鉴定机构及其鉴定人应当终止鉴定:

(一)委托鉴定单位拒不履行鉴定委托书规定的义务,鉴定活动受到严重干扰,致使鉴定无法进行的;

（二）委托鉴定单位撤销委托的；

（三）中止鉴定的原因无法消除的；

（四）其他终止鉴定的情形。

终止鉴定由鉴定机构负责人批准。鉴定机构应当及时将鉴定材料退还委托鉴定单位，并出具《终止资金分析鉴定告知书》。

第二十八条　对鉴定意见，办案人员应当进行审查。

对经审查作为证据使用的鉴定意见，公安机关应当及时告知犯罪嫌疑人、被害人或者其法定代理人。

第二十九条　犯罪嫌疑人、被害人或者其法定代理人对鉴定意见有异议提出申请，以及办案部门或者办案人员对鉴定意见有疑义的，公安机关可以将鉴定意见送交其他有专门知识的人员提出意见。必要时，询问鉴定人并制作笔录附卷。

第五章　补充鉴定、重新鉴定

第三十条　对依法提出补充鉴定申请的，经审查，发现有下列情形之一的，经办案部门所属县级以上公安机关负责人批准，应当补充鉴定：

（一）鉴定内容有遗漏的；

（二）发现新的有鉴定价值的数据的；

（三）对资金分析有新的鉴定要求的；

（四）鉴定事项与委托事项不一致的；

（五）其他需要补充鉴定的情形。

经审查，不存在上述情形的，经办案部门所属县级以上公安机关负责人批准，作出不准予补充鉴定的决定，并在作出决定后三日以内书面通知申请人。

第三十一条　对依法提出的重新鉴定申请，经审查，发现有下列情形之一的，经办案部门所属县级以上公安机关负责人批准，应当重新鉴定：

（一）鉴定机构、鉴定人不具备鉴定资质和条件的；

（二）鉴定人违反回避规定的；

（三）资金分析的技术标准、规范和方法不符合要求的；

（四）鉴定程序违法，影响鉴定结果的；

（五）鉴定意见依据明显不足的；

（六）其他应当重新鉴定的情形。

经审查，不存在上述情形的，经办案部门所属县级以上公安机关负责人批准，作出不准予重新鉴定的决定，并在作出决定后三日以内书面通知申请人。

第三十二条　重新鉴定的，可以另行委托其他具有鉴定能力的鉴定机构进行鉴定。

鉴定机构应当指派不低于原鉴定人专业技术资质的鉴定人实施。

第六章　鉴定文书

第三十三条　资金分析鉴定文书分为《资金分析鉴定书》和《资金分析检验报告》两种格式。

客观反映鉴定的由来、鉴定过程，运用资金分析技术标准、规范和方法分析、论证和判断得出鉴定意见的，出具《资金分析鉴定书》。

客观反映鉴定的由来、鉴定过程，运用资金分析技术标准、规范和方法直接得出检验结果的，出具《资金分析检验报告》。

《资金分析鉴定书》和《资金分析

检验报告》由鉴定人签名，鉴定机构盖章，同时附上鉴定机构和鉴定人的资质证明或者其他证明文件。

第三十四条 鉴定文书的内容应当包括：

（一）标题；

（二）鉴定文书的唯一性编号和每一页的标识；

（三）委托鉴定单位名称、送检人姓名；

（四）鉴定机构受理鉴定委托的日期；

（五）案件名称或者与鉴定有关的案件情况摘要；

（六）送检材料的描述；

（七）鉴定要求；

（八）鉴定开始日期和实施鉴定的地点；

（九）鉴定使用的技术标准、规范和方法；

（十）鉴定过程；

（十一）《资金分析鉴定书》中应当写明必要的分析、论证和鉴定意见，《资金分析检验报告》中应当写明检验结果；

（十二）鉴定人的姓名、专业技术资质、签名；

（十三）完成鉴定文书的日期；

（十四）鉴定文书必要的附件；

（十五）鉴定机构必要的声明。

第三十五条 鉴定文书的制作应当符合以下要求：

（一）鉴定文书格式规范、文字简练、图片清晰、资料齐全、卷面整洁、论证充分、表述准确；使用规范的文字和计量单位。

（二）鉴定文书正文使用打印文稿，并在首页唯一性编号和末页成文日期上加盖资金分析鉴定专用章。鉴定文书内页纸张两页以上的，应当在内页纸张正面右侧边缘中部骑缝加盖资金分析鉴定专用章。

（三）鉴定文书制作正本、副本各一份。正本交委托鉴定单位，副本由鉴定机构存档。

（四）鉴定文书存档文件包括：鉴定文书副本、审批文书、资金分析报告及流向图、鉴定委托书、鉴定事项确认书、鉴定文书审批表等资料。

（五）补充鉴定或者重新鉴定的，应当单独制作鉴定文书。

第三十六条 鉴定机构应当指定复核人审核鉴定文书。鉴定文书审核包括以下内容：

（一）鉴定主体是否合法；

（二）鉴定程序是否规范；

（三）鉴定标准是否准确；

（四）鉴定方法是否科学；

（五）鉴定意见是否明确；

（六）文书制作是否合格；

（七）鉴定材料是否完备。

第三十七条 鉴定文书制作完成后，鉴定机构应当及时通知委托鉴定单位领取，或者按约定的方式送达。

鉴定文书和鉴定材料的领取情况，由领取人和鉴定机构经办人分别签字。

第三十八条 委托鉴定单位对鉴定文书有疑问并咨询的，鉴定机构应当向其解释说明。

第七章 鉴定材料的管理

第三十九条 鉴定机构和委托鉴定单位应当在职责范围内妥善管理鉴定材料，确保鉴定材料的安全。

第四十条 具有下列情形之一的，

鉴定完成后应当永久保存鉴定材料：

（一）涉及国家秘密没有解密的；

（二）未破获的刑事案件；

（三）可能或者实际被判处有期徒刑十年以上、无期徒刑、死刑的案件；

（四）办案部门或者鉴定机构认为有永久保存必要的；

（五）法律法规规章规定的其他情形。

其他案件的鉴定材料保存三十年。

第八章　出庭作证

第四十一条　经人民法院依法通知的，鉴定人应当出庭作证。

第四十二条　鉴定人出庭作证时，应当依法接受质证，回答与鉴定有关的询问，与鉴定无关的问题有权拒绝回答。

第四十三条　鉴定机构应当对鉴定人出庭作证予以保障。公安机关应当保证鉴定人及其近亲属的安全。

第九章　鉴定工作纪律与责任

第四十四条　鉴定人应当遵守下列工作纪律：

（一）不得擅自受理任何机关、团体和个人委托的资金分析鉴定；

（二）不得擅自参加任何机关、团体和个人组织的资金分析鉴定活动；

（三）不得违反规定会见当事人及其代理人；

（四）不得接受当事人及其代理人的宴请或者礼物；

（五）不得擅自向当事人及其代理人或者其他无关人员泄露资金分析鉴定工作相关情况；

（六）不得违反资金分析鉴定技术规范要求；

（七）不得以任何形式泄露委托鉴定涉及的国家秘密、商业秘密和个人隐私；

（八）不得在其他面向社会提供有偿鉴定服务的组织中兼职。

第四十五条　鉴定机构及其鉴定人违反本规定的，按照有关规定处理。其他法律法规规章有规定的，从其规定。

第四十六条　委托鉴定单位及送检人具有以下行为的，依照有关规定追究相应责任：

（一）暗示、强迫鉴定机构、鉴定人作出某种鉴定意见，导致冤假错案或者其他严重后果的；

（二）故意损毁、隐藏、调换、污染送检材料的；

（三）因严重过失致使送检材料污染、减损、灭失，导致无法鉴定或者作出错误鉴定的；

（四）与鉴定机构、鉴定人恶意串通，导致鉴定结果严重失实的。

第十章　附　　则

第四十七条　本规定自发布之日起施行。

146.5　指导与参考案例

146.5.1　污染物性质的取样鉴定要求

【最高人民法院指导性案例】

［第 202 号］武汉卓航江海贸易有限公司、向阳等 12 人污染环境刑事附带民事公益诉讼案

裁判要点：1. 船舶偷排含油污水案件中，人民法院可以根据船舶航行轨迹、污染防治设施运行状况、污染物处置去向，结合被告人供述、证人证言、专家意见等证据对违法排放污染物的行

为及其造成的损害作出认定。

2. 认定船舶偷排的含油污水是否属于有毒物质时，由于客观原因无法取样的，可以依据来源相同、性质稳定的舱底残留污水进行污染物性质鉴定。

146.5.2　矛盾鉴定意见的审查

【刑事审判参考案例】

［第 177 号］王逸故意伤害案

裁判要旨：鉴定意见只是某一方面专家就涉案的专门性问题向法庭提供的专业意见，鉴定意见的科学性、正确性与否，能否作为定案根据，还有待法官的审查采信。鉴定意见的审查一般主要包括对鉴定人资格、鉴定材料、鉴定过程、鉴定依据、鉴定结果与全案其他证据的一致性等内容的审查。

147　鉴定的要求和法律责任

147.1　法条规定

第一百四十七条　鉴定人进行鉴定后，应当写出鉴定意见，并且签名。

鉴定人故意作虚假鉴定的，应当承担法律责任。

【立法释义】①

本条规定明确了鉴定的要求和法律责任。2012 年刑事诉讼法修改将“鉴定结论”修改为“鉴定意见”，这意味着，尽管鉴定是科学技术知识的运用，但因其涉及鉴定人的主观判断，因此并不具有预定的证明力。关于鉴定的要求，应当关注以下事项：

第一，鉴定意见的制作要求。鉴定人接受指派或者聘请进行鉴定后，应当出具书面鉴定意见，同时附上鉴定机构和鉴定人的资质证明，并且签名或者盖章。鉴定人应当遵循科学的鉴定规程和方法，独立进行鉴定，并对委托鉴定事项作出明确的答复。《检察院规则》第二百二十条规定，对于鉴定意见，检察人员应当进行审查，必要时可以进行补充鉴定或者重新鉴定。重新鉴定的，应当另行指派或者聘请鉴定人。对于特定的鉴定事项，可能涉及多个鉴定人进行鉴定。多个鉴定人的鉴定意见不一致的，应当在鉴定意见上写明分歧的内容和理由，并且分别签名或者盖章。

第二，虚假鉴定的法律责任。“故意作虚假鉴定”，是指鉴定人违背鉴定材料和鉴定方法，故意制作不符合事实真相和科学要求的鉴定意见。因检材污染、技术失误、认识错误等原因，导致鉴定意见失真的，不属于故意作虚假鉴定。

147.2　相关立法

147.2.1　鉴定人与鉴定机构的法律责任

★《全国人民代表大会常务委员会关于司法鉴定管理问题的决定》(2015 年 4 月 24 日修正)

十二、鉴定人和鉴定机构从事司法鉴定业务，应当遵守法律、法规，遵守职业道德和职业纪律，尊重科学，遵守技术操作规范。

十三、鉴定人或者鉴定机构有违反本决定规定行为的，由省级人民政府司法行政部门予以警告，责令改正。

鉴定人或者鉴定机构有下列情形之一的，由省级人民政府司法行政部门

① 参见王爱立主编书，第 303 页。

给予停止从事司法鉴定业务三个月以上一年以下的处罚;情节严重的,撤销登记:

(一)因严重不负责任给当事人合法权益造成重大损失的;

(二)提供虚假证明文件或者采取其他欺诈手段,骗取登记的;

(三)经人民法院依法通知,拒绝出庭作证的;

(四)法律、行政法规规定的其他情形。

鉴定人故意作虚假鉴定,构成犯罪的,依法追究刑事责任;尚不构成犯罪的,依照前款规定处罚。

十四、司法行政部门在鉴定人和鉴定机构的登记管理工作中,应当严格依法办事,积极推进司法鉴定的规范化、法制化。对于滥用职权、玩忽职守,造成严重后果的直接责任人员,应当追究相应的法律责任。

147.2.2　监察机关鉴定的要求

★《中华人民共和国监察法》(2024 年 12 月 25 日修正)

第三十条　监察机关在调查过程中,对于案件中的专门性问题,可以指派、聘请有专门知识的人进行鉴定。鉴定人进行鉴定后,应当出具鉴定意见,并且签名。

【立法释义】①

监察机关采取鉴定措施,应经监察机关相关负责人审批,制作委托鉴定文书。鉴定人在运用科学技术或专门知识进行鉴别、判断后,应当出具鉴定意见,并且签名。

147.3　司法解释

147.3.1　检察机关对鉴定意见的审查处理

★《检察院规则》(2019)

第二百二十条　对于鉴定意见,检察人员应当进行审查,必要时可以进行补充鉴定或者重新鉴定。重新鉴定的,应当另行指派或者聘请鉴定人。

【重点解读】②

补充鉴定或者重新鉴定的情形,可以参照《公安规定》第二百五十四条、二百五十五条的规定。

147.4　规范性文件

147.4.1　侦查机关鉴定意见的审查处理

★《公安规定》(2020)

第二百五十一条　鉴定人应当按照鉴定规则,运用科学方法独立进行鉴定。鉴定后,应当出具鉴定意见,并在鉴定意见书上签名,同时附上鉴定机构和鉴定人的资质证明或者其他证明文件。

多人参加鉴定,鉴定人有不同意见的,应当注明。

第二百五十二条　对鉴定意见,侦查人员应当进行审查。

对经审查作为证据使用的鉴定意见,公安机关应当及时告知犯罪嫌疑人、被害人或者其法定代理人。

★《国安规定》(2024)

第二百七十五条　鉴定人应当按

---

①　参见法规室编写释义书,第 150—152 页。

②　参见童建明、万春主编释义书,第 234—235 页。

照鉴定规则,运用科学方法独立进行鉴定。鉴定后,应当出具鉴定意见,并在鉴定意见书上签名,由鉴定机构加盖鉴定机构司法鉴定专用章,同时附上鉴定机构和鉴定人的资质证明或者其他证明文件。

多人参加鉴定,鉴定人有不同意见的,应当注明。

鉴定人故意作虚假鉴定的,应当承担法律责任。

第二百七十六条 对于鉴定人出具的鉴定意见,国家安全机关应当进行审查。发现文字表达有瑕疵或者错别字,但不影响司法鉴定意见的,可以要求司法鉴定机构对鉴定意见进行补正。

对于经审查作为证据使用的鉴定意见,国家安全机关应当制作鉴定意见通知书,及时告知犯罪嫌疑人或者其法定代理人、被害人或者其家属。

147.4.2 公安机关的刑事技术鉴定

★《公安部刑事技术鉴定规则》(1980年5月1日)

第二条 刑事技术鉴定的范围:必须是与犯罪案件有关的物品、文件、痕迹、人身、尸体。

第三条 刑事技术鉴定,由县以上公安机关的刑事技术部门负责进行。

第四条 刑事技术鉴定,必须由具有鉴定员以上职称的专业技术人员担任。本人或者近亲属与案件有利害关系的人,担任过本案的侦查、证人,或者与本案当事人有其他关系、可能影响公正鉴定的人,不能充当鉴定人。鉴定人的回避,由所在公安机关负责人决定。

第八条 刑事技术鉴定,要按下列程序进行:预备检验、分别检验、比对检验、综合评断。每个程序都要作出详细、客观的记录。最后制作鉴定书。

第九条 对检材进行物理检验或化学检验,要标明取材部位,并作详细记录。消耗性的检材,要注意留存,以备复核检验;检材过少无法留存的,应事先征得送检单位同意,并在委托登记表中注明。

第十条 凡需做鉴定实验的,由主办鉴定人组织实施。要严格选用与检材质量、形态相同或近似的材料,运用与发生案件时间相同或近似的形成条件和方法进行实验。实验情况,要如实记录,并由参加实验的人签名。鉴定实验记录,是综合评断的依据,不能代替鉴定书。

第十一条 鉴定书的内容,包括绪论、检验、论证、结论。

“绪论”:收检日期,送检单位,送检人,简要案情,检材名称、种类、数量、提取方法、载体及包装、运输情况,鉴定要求。

“检验”:检材和样本的形态、色质、大小、检验、实验的步骤、方法、手段、数据、特征图形。

“论证”:对检验发现的特征、数据进行综合评断,论述结论的科学依据。

“结论”:鉴定的结果。

鉴定书要文字简练,描述确切。照片要真实清晰,特征要标划鲜明。

尸体检验、物证分析,出具检验报告,不出鉴定书。

确因检材不够鉴定条件,而无法作出肯定性结论的,可以出具分析意见。

第十二条 鉴定书由鉴定人签名,检验报告由检验人签名,注明技术职称,并加盖“刑事技术鉴定专用章”。

第十四条 由于技术水平或设备

条件的限制，做不出结论，需要进行复核或重新鉴定的，应逐级上送刑事技术部门复核或重新鉴定。

鉴定中遇有重大疑难问题或鉴定结论有分歧时，可邀请有关人员进行鉴定“会诊”。

复核鉴定，除按规定办理委托鉴定手续外，送检单位还应提供原鉴定书或检验报告，并说明要求复核的原因。

148　鉴定意见的告知及异议权

148.1　法条规定

第一百四十八条　侦查机关应当将用作证据的鉴定意见告知犯罪嫌疑人、被害人。如果犯罪嫌疑人、被害人提出申请，可以补充鉴定或者重新鉴定。

【立法释义】①

本条规定明确了侦查机关对鉴定意见的告知义务，以及当事人申请补充鉴定或者重新鉴定的权利。对此，应当关注以下事项：

第一，侦查机关的告知义务。对于用作证据的鉴定意见，侦查机关应当告知犯罪嫌疑人、被害人。其中，“用作证据的鉴定意见”，是指接受指派、聘请的鉴定人，经过鉴定后形成书面鉴定意见，经侦查机关审查核实后，决定作为证据使用。因鉴定意见对案件事实认定具有重要影响，为确保当事人的知情权和异议权，侦查机关应当对当事人履行告知义务。告知义务的对象，包括“犯罪嫌疑人、被害人”。主要是考虑，犯罪嫌疑人和被害人与案件处理结果存在直接利害关系，在得知鉴定意见后，有权申请补充鉴定或者重新鉴定。

第二，当事人的异议权。对于办案机关用作证据的鉴定意见，犯罪嫌疑人、被害人有权申请补充鉴定或者重新鉴定，参见《公安规定》第二百五十四条、第二百五十五条的规定。

148.2　司法解释

148.2.1　检察机关对鉴定意见的告知及当事人的申请权

★《检察院规则》(2019)

第二百二十一条　用作证据的鉴定意见，人民检察院办案部门应当告知犯罪嫌疑人、被害人；被害人死亡或者没有诉讼行为能力的，应当告知其法定代理人、近亲属或诉讼代理人。

犯罪嫌疑人、被害人或被害人的法定代理人、近亲属、诉讼代理人提出申请，可以补充鉴定或者重新鉴定，鉴定费用由请求方承担。但原鉴定违反法定程序的，由人民检察院承担。

犯罪嫌疑人的辩护人或者近亲属以犯罪嫌疑人有患精神病可能而申请对犯罪嫌疑人进行鉴定的，鉴定费用由申请方承担。

148.3　规范性文件

148.3.1　侦查机关对鉴定意见异议的处理

★《公安规定》(2020)

第二百五十三条　犯罪嫌疑人、被害人对鉴定意见有异议提出申请，以及办案部门或者侦查人员对鉴定意见有疑义的，可以将鉴定意见送交其他有专门知识的人员提出意见。必要时，询问鉴定人并制作笔录附卷。

第二百五十四条　经审查，发现有

① 参见王爱立主编书，第 304—305 页。

下列情形之一的，经县级以上公安机关负责人批准，应当补充鉴定。

（一）鉴定内容有明显遗漏的；

（二）发现新的有鉴定意义的证物的；

（三）对鉴定证物有新的鉴定要求的；

（四）鉴定意见不完整，委托事项无法确定的；

（五）其他需要补充鉴定的情形。

经审查，不符合上述情形的，经县级以上公安机关负责人批准，作出不准予补充鉴定的决定，并在作出决定后三日以内书面通知申请人。

第二百五十五条　经审查，发现有下列情形之一的，经县级以上公安机关负责人批准，应当重新鉴定：

（一）鉴定程序违法或者违反相关专业技术要求的；

（二）鉴定机构、鉴定人不具备鉴定资质和条件的；

（三）鉴定人故意作虚假鉴定或者违反回避规定的；

（四）鉴定意见依据明显不足的；

（五）检材虚假或者被损坏的；

（六）其他应当重新鉴定的情形。

重新鉴定，应当另行指派或者聘请鉴定人。

经审查，不符合上述情形的，经县级以上公安机关负责人批准，作出不准予重新鉴定的决定，并在作出决定后三日以内书面通知申请人。

第二百五十六条　公诉人、当事人或者辩护人、诉讼代理人对鉴定意见有异议，经人民法院依法通知的，公安机关鉴定人应当出庭作证。

鉴定人故意作虚假鉴定的，应当依法追究其法律责任。

【重点解读】①

公安机关对于犯罪嫌疑人、被害人或者其法定代理人提出的补充鉴定或者重新鉴定的申请，应当及时进行核查，并将结果告知申请人。同时，应当将告知的情况写成笔录，连同犯罪嫌疑人、被害人或者其法定代理人提出补充鉴定或者重新鉴定的书面或口头申请，一并存入案卷。

★《国安规定》（2024）

第二百七十六条　对于鉴定人出具的鉴定意见，国家安全机关应当进行审查。发现文字表达有瑕疵或者错别字，但不影响司法鉴定意见的，可以要求司法鉴定机构对鉴定意见进行补正。

对于经审查作为证据使用的鉴定意见，国家安全机关应当制作鉴定意见通知书，及时告知犯罪嫌疑人或者其法定代理人、被害人或者其家属。

第二百七十七条　犯罪嫌疑人、被害人对鉴定意见有异议提出申请，以及办案部门或者侦查人员对鉴定意见有疑义的，可以将鉴定意见送交其他有专门知识的人员提出意见。必要时，询问鉴定人并制作笔录附卷。

第二百七十八条　经审查，发现有下列情形之一的，经国家安全机关负责人批准，应当补充鉴定：

（一）鉴定内容有明显遗漏的；

（二）发现新的有鉴定意义的证物的；

（三）对鉴定证物有新的鉴定要求的；

（四）鉴定意见不完整，委托事项

---

① 参见孙茂利主编书，第606—613页。

无法确定的；

（五）其他需要补充鉴定的情形。

经审查，不符合上述情形的，经国家安全机关负责人批准，作出不予补充鉴定的决定，并在作出决定后三日以内书面通知申请人。

第二百七十九条　经审查，发现有下列情形之一的，经国家安全机关负责人批准，应当重新鉴定：

（一）鉴定程序违法或者违反相关专业技术要求的；

（二）鉴定机构、鉴定人不具备鉴定资质和条件的；

（三）鉴定人故意作虚假鉴定或者违反回避规定的；

（四）鉴定意见依据明显不足的；

（五）检材虚假或者被损坏的；

（六）其他应当重新鉴定的情形。

重新鉴定，应当另行指派或者聘请鉴定人。

经审查，不符合上述情形的，经国家安全机关负责人批准，作出不予重新鉴定的决定，并在作出决定后三日以内书面通知申请人。

第二百八十条　公诉人、当事人或者辩护人、诉讼代理人对司法鉴定机构出具的鉴定意见有异议，经人民法院依法通知的，鉴定人应当出庭作证。

149　精神病鉴定期间的扣除

149.1　法条规定

第一百四十九条　对犯罪嫌疑人作精神病鉴定的期间不计入办案期限。

【立法释义】①

犯罪嫌疑人是否属于精神病人，以及是否完全丧失辨认或者控制自己行为的能力，直接影响案件处理结果，当此类问题存在疑问时，应当进行精神病鉴定。进行精神病鉴定，需要调查核实犯罪嫌疑人的病史等背景情况，以及案发前后的相关证据材料，通常持续较长时日，故有必要将精神病鉴定的期间从办案期限中扣除。“精神病鉴定的期间”，是指侦查机关根据犯罪嫌疑人及其法定代理人或者辩护人提出的精神病鉴定申请，或者依职权决定对犯罪嫌疑人作精神病鉴定，依照法定程序决定委托鉴定，直至出具鉴定意见的期间。“不计入办案期限”，是指不计入侦查羁押期限和审查起诉、审判期限。

本条规定是对精神病鉴定事项作出的特别规定。犯罪嫌疑人、被告人在押的案件，除对犯罪嫌疑人、被告人的精神病鉴定期间不计入办案期限外，其他鉴定期间仍应计入办案期限。“六部门”《关于实施刑事诉讼法若干问题的规定》第四十条规定，对于因鉴定时间较长，办案期限届满仍不能终结的案件，自期限届满之日起，应当对在押的犯罪嫌疑人、被告人变更强制措施，改为取保候审或者监视居住。

149.2　司法解释

149.2.1　精神病鉴定期间不计入检察机关办案期限

★《检察院规则》（2019）

第二百二十二条　对犯罪嫌疑人作精神病鉴定的期间不计入羁押期限和办案期限。

---

①　参见王爱立主编书，第 305 页。

149.3　规范性文件

149.3.1　精神病鉴定期间不计入侦查机关办案期限

★《公安规定》(2020)

第二百五十七条　对犯罪嫌疑人作精神病鉴定的时间不计入办案期限，其他鉴定时间都应当计入办案期限。

★《国安规定》(2024)

第二百八十一条　对犯罪嫌疑人作精神病鉴定的时间不计入办案期限，其他鉴定时间应当计入办案期限。

149.3.2　精神病鉴定外的其他鉴定期间计入办案期限

★《最高人民法院、最高人民检察院、公安部、国家安全部、司法部、全国人大常委会法制工作委员会关于实施刑事诉讼法若干问题的规定》(2012年12月26日)

40. 刑事诉讼法第一百四十七条①规定："对犯罪嫌疑人作精神病鉴定的期间不计入办案期限。"根据上述规定，犯罪嫌疑人、被告人在押的案件，除对犯罪嫌疑人、被告人的精神病鉴定期间不计入办案期限外，其他鉴定期间都应当计入办案期限。对于因鉴定时间较长，办案期限届满仍不能终结的案件，自期限届满之日起，应当对被羁押的犯罪嫌疑人、被告人变更强制措施，改为取保候审或者监视居住。

149.3.3　精神疾病司法鉴定的程序

★《精神疾病司法鉴定暂行规定》(卫医字〔89〕第17号，1989年7月11日)

第九条　刑事案件中，精神疾病司法鉴定包括：

(一)确定被鉴定人是否患有精神疾病，患何种精神疾病，实施危害行为时的精神状态，精神疾病和所实施的危害行为之间的关系，以及有无刑事责任能力。

(二)确定被鉴定人在诉讼过程中的精神状态以及有无诉讼能力。

(三)确定被鉴定人在服刑期间的精神状态以及对应当采取的法律措施的建议。

第十一条　确定各类案件的被害人等，在其人身、财产等合法权益遭受侵害时的精神状态，以及对侵犯行为有无辨认能力或者自我防卫、保护能力。

第十二条　确定案件中有关证人的精神状态，以及有无作证能力。

第十八条　鉴定结束后，应当制作《鉴定书》。

《鉴定书》包括以下内容：

(一)委托鉴定机关的名称；

(二)案由、案号，鉴定书号；

(三)鉴定的目的和要求；

(四)鉴定的日期、场所、在场人；

(五)案情摘要；

(六)被鉴定人的一般情况；

(七)被鉴定人发案时和发案前后各阶段的精神状态；

(八)被鉴定人精神状态检查和其他检查所见；

(九)分析说明；

(十)鉴定结论；

(十一)鉴定人员签名，并加盖鉴定专用章；

(十二)有关医疗或监护的建议。

第十九条　刑事案件被鉴定人责任能力的评定：

被鉴定人实施危害行为时，经鉴定

---

①　2018年刑事诉讼法第一百四十九条。

患有精神疾病，由于严重的精神活动障碍，致使不能辨认或者不能控制自己行为的，为无刑事责任能力。

被鉴定人实施危害行为时，经鉴定属于下列情况之一的，为具有责任能力：

1. 具有精神疾病的既往史，但实施危害行为时并无精神异常；

2. 精神疾病的间歇期，精神症状已经完全消失。

第二十一条　诉讼过程中有关法定能力的评定：

（一）被鉴定人为刑事案件的被告人，在诉讼过程中，经鉴定患有精神疾病，致使不能行使诉讼权利的，为无诉讼能力。

（二）被鉴定人为民事案件的当事人或者是刑事案件的自诉人，在诉讼过程中经鉴定患有精神疾病，致使不能行使诉讼权利的，为无诉讼能力。

（三）控告人、检举人、证人等提供不符合事实的证言，经鉴定患有精神疾病，致使缺乏对客观事实的理解力或判断力的，为无作证能力。

第二十二条　其他有关法定能力的评定：

（一）被鉴定人是女性，经鉴定患有精神疾病，在她的性不可侵犯权遭到侵害时，对自身所受的侵害或严重后果缺乏实质性理解能力的，为无自我防卫能力。

（二）被鉴定人在服刑、劳动教养或者被裁决受治安处罚中，经鉴定患有精神疾病，由于严重的精神活动障碍，致使其无辨认能力或控制能力，为无服刑、受劳动教养能力或者无受处罚能力。

149.4　指导与参考案例

149.4.1　吸食毒品后犯罪不作司法精神病鉴定

【刑事审判参考案例】

［第 431 号］彭崧故意杀人案

裁判要旨：吸食毒品后犯罪的，不需要作司法精神病鉴定。鉴于被告人吸食毒品后实施犯罪行为，其犯罪行为归责于吸食毒品的行为，且吸食毒品后出现的精神障碍并不属于刑法意义上的精神病人，所以，对吸毒后犯罪的被告人作司法精神病鉴定对本案的处理不产生任何影响。换言之，被告人吸食毒品后的责任能力问题，不影响其对自己吸食毒品后的危害社会行为依法承担刑事责任，故对被告人吸食毒品后的责任能力不需要作司法精神病鉴定。

149.4.2　智力障碍者刑事责任能力的审查标准

【刑事审判参考案例】

［第 950 号］李鹏盗窃案

裁判要旨：对实施了不同性质犯罪的智力障碍者的刑事责任能力需要区分对待。通常认为，只要智力障碍行为人具备了基本的认识能力，就能判断自己的行为是否违背社会道德，从而不会去实施杀人、放火、强奸等自然犯。例如，在司法鉴定中，对轻度智力障碍者实施拨打虚假恐怖信息报警电话，通常可以认定为无责任能力或者限制责任能力，而对他们实施的预谋杀人犯罪，一般认为具有完全责任能力。也就是说，智力障碍行为人的智力水平达到一定程度后，可以认为他们对基本的社会伦理道德有充分的认识，只是对更为复杂的社会规则认识程度可能不足。

第八节　技术侦查措施

150　技术侦查措施的适用范围

150.1　法条规定

第一百五十条　公安机关在立案后，对于危害国家安全犯罪、恐怖活动犯罪、黑社会性质的组织犯罪、重大毒品犯罪或者其他严重危害社会的犯罪案件，根据侦查犯罪的需要，经过严格的批准手续，可以采取技术侦查措施。

人民检察院在立案后，对于利用职权实施的严重侵犯公民人身权利的重大犯罪案件，根据侦查犯罪的需要，经过严格的批准手续，可以采取技术侦查措施，按照规定交有关机关执行。

追捕被通缉或者批准、决定逮捕的在逃的犯罪嫌疑人、被告人，经过批准，可以采取追捕所必需的技术侦查措施。

【立法释义】①

本条规定明确了技术侦查措施的适用范围，这是2012年刑事诉讼法修改增加的规定。技术侦查措施极大地提高了侦查取证效能，但也极易侵犯公民隐私权。关于技术侦查措施的适用，应当关注以下事项：

第一，严格限定适用阶段。公安机关、人民检察院“在立案后”，可以采取技术侦查措施。“立案后”，是指根据本法第一百零九条的规定，办案机关发现犯罪事实或者犯罪嫌疑人，依法决定立案侦查。在立案之前的初查阶段，不得采用技术侦查措施。

第二，严格限定案件范围。公安机关可以采取技术侦查措施的案件范围包括：危害国家安全犯罪、恐怖活动犯罪、黑社会性质的组织犯罪、重大毒品犯罪或者其他严重危害社会的犯罪案件。“其他严重危害社会的犯罪案件”的范围，参见《公安规定》第二百六十三条第一款的规定。《检察院规则》第二百二十七条规定，人民检察院可以采取技术侦查措施的案件，主要是指利用职权实施的严重侵犯公民人身权利的重大犯罪案件。

第三，严格坚持比例原则。公安机关、人民检察院需“根据侦查犯罪的需要”，决定是否采取技术侦查措施。对于通过常规侦查措施能够收集犯罪证据，查获犯罪嫌疑人的情形，通常没有必要采取技术侦查措施。

第四，严格履行批准手续。“经过严格的批准手续”②，是指办案机关应当严格履行相应的批准手续，不能随意决定采取技术侦查措施。同时，审批部门应当严格执行技术侦查措施的法定适用标准，不能随意批准采取技术侦查措施。

第五，严格规范实施程序。《公安规定》第二百六十四条对此作出了具体规定。

此外，根据追捕在逃的犯罪嫌疑人、被告人的特殊需要，经过批准，可以采取追捕所必需的技术侦查措施。此

---

①　参见王爱立主编书，第306—310页。

②　鉴于技术侦查措施是对隐私权的极大侵犯，故有必要严格规范审批程序，纳入司法机关的审查批准程序。如果单纯由侦查机关自我审批，容易导致技术侦查措施滥用的法律风险。

种情形下的技术侦查措施应当限定于追捕目的，以及为追捕所必需的措施种类，不能用于其他无关目的，也不能随意采用与追捕无关的技术侦查措施。

150.2　相关立法

150.2.1　监察机关适用技术调查措施的案件范围

★《中华人民共和国监察法》（2024 年 12 月 25 日修正）

第三十一条　监察机关调查涉嫌重大贪污贿赂等职务犯罪，根据需要，经过严格的批准手续，可以采取技术调查措施，按照规定交有关机关执行。

批准决定应当明确采取技术调查措施的种类和适用对象，自签发之日起三个月以内有效；对于复杂、疑难案件，期限届满仍有必要继续采取技术调查措施的，经过批准，有效期可以延长，每次不得超过三个月。对于不需要继续采取技术调查措施的，应当及时解除。

【立法释义】①

“重大”贪污贿赂等职务犯罪，一般是指犯罪数额巨大，造成的损失严重，社会影响恶劣等。此外，对于其他重大职务犯罪案件，如确有必要，监察机关也可以采取技术调查措施。采取技术调查措施，需要按照规定交由公安机关执行，监察机关不能自己执行。

150.3　司法解释

150.3.1　检察机关适用技术侦查措施的案件范围

★《检察院规则》（2019）

第二百二十七条　人民检察院在立案后，对于利用职权实施的严重侵犯公民人身权利的重大犯罪案件，经过严格的批准手续，可以采取技术侦查措施，交有关机关执行。

第二百二十八条　人民检察院办理直接受理侦查的案件，需要追捕被通缉或者决定逮捕的在逃犯罪嫌疑人、被告人的，经过批准，可以采取追捕所必需的技术侦查措施，不受本规则第二百二十七条规定的案件范围的限制。

150.4　规范性文件

150.4.1　侦查机关适用技术侦查措施的案件范围

★《公安规定》（2020）

第二百六十三条　公安机关在立案后，根据侦查犯罪的需要，可以对下列严重危害社会的犯罪案件采取技术侦查措施：

（一）危害国家安全犯罪、恐怖活动犯罪、黑社会性质的组织犯罪、重大毒品犯罪案件；

（二）故意杀人、故意伤害致人重伤或者死亡、强奸、抢劫、绑架、放火、爆炸、投放危险物质等严重暴力犯罪案件；

（三）集团性、系列性、跨区域性重大犯罪案件；

（四）利用电信、计算机网络、寄递渠道等实施的重大犯罪案件，以及针对计算机网络实施的重大犯罪案件；

（五）其他严重危害社会的犯罪案件，依法可能判处七年以上有期徒刑的。

公安机关追捕被通缉或者批准、决定逮捕的在逃的犯罪嫌疑人、被告人，可以采取追捕所必需的技术侦查措施。

第二百六十四条　技术侦查措施是指由设区的市一级以上公安机关负

① 参见法规室编写释义书，第 152—155 页。

责技术侦查的部门实施的记录监控、行踪监控、通信监控、场所监控等措施。

技术侦查措施的适用对象是犯罪嫌疑人、被告人以及与犯罪活动直接关联的人员。

【重点解读】①

对于"集团性重大犯罪案件"的认定,可以参考刑法第二十六条"三人以上为共同实施犯罪而组成的较为固定的犯罪组织,是犯罪集团"等规定。"系列性重大犯罪案件",是指一人或者两人以上实施的多起同类犯罪案件,主要从犯罪案件的数量及其危害性衡量。对于"跨区域性重大犯罪案件"的认定,可以参考2011年《关于办理流动性团伙性跨区域性犯罪案件有关问题的意见》关于"跨区域性犯罪案件,是指犯罪案件涉及两个以上县级行政区域"等规定。

★《国安规定》(2024)

第二百八十八条　国家安全机关在立案后,对于危害国家安全犯罪、恐怖活动犯罪等案件,依照刑事诉讼法需要采取技术侦查措施的,应当经设区的市级以上国家安全机关负责人批准,制作采取技术侦查措施决定书。情况紧急需要立即采取技术侦查措施的,经设区的市级以上国家安全机关负责人批准后,可以先行采取技术侦查措施,但应当在四十八小时以内补办采取技术侦查措施的审批手续。逾期未办理的,应当立即停止技术侦查措施,并仍应补办手续。

批准采取技术侦查措施的决定自签发之日起三个月内有效,对于不需要继续采取技术侦查措施的,应当及时解除。对于复杂、疑难案件,期限届满仍有必要继续采取技术侦查措施的,应当经设区的市级以上国家安全机关负责人批准,制作延长技术侦查措施期限决定书,批准延长期限,每次不得超过三个月。有效期限届满,负责技术侦查的部门应当立即解除技术侦查措施。

第二百八十九条　技术侦查措施包括记录监控、行踪监控、通信监控、场所监控等措施。

技术侦查措施的适用对象是犯罪嫌疑人、被告人以及与犯罪活动直接关联的人员。

150.4.2　经济犯罪案件适用技术侦查措施的程序

★《最高人民检察院、公安部关于公安机关办理经济犯罪案件的若干规定》(公通字〔2017〕25号,2017年11月24日)

第三十七条　公安机关办理经济犯罪案件,需要采取技术侦查措施的,应当严格依照有关法律、规章和规范性文件规定的范围和程序办理。

150.4.3　走私犯罪案件适用技术侦查措施的程序

★《最高人民法院、最高人民检察院、公安部、司法部、海关总署关于走私犯罪侦查机关办理走私犯罪案件适用刑事诉讼程序若干问题的通知》(署侦〔1998〕742号,1998年12月3日)

二、走私犯罪侦查机关在侦办走私犯罪案件过程中,依法采取通缉、边控、搜查、拘留、执行逮捕、监视居住等措施,以及核实走私罪嫌疑人身份和犯罪经历时,需地方公安机关配合的,应通

① 参见孙茂利主编书,第624—631页。

报有关地方公安机关,地方公安机关应予配合。其中在全国范围通缉、边控走私犯罪嫌疑人,请求国际刑警组织或者境外警方协助的,以及追捕走私犯罪嫌疑人需要地方公安机关调动警力的,应层报公安部批准。

走私犯罪侦查机关决定对走私犯罪嫌疑人采取取保候审的,应通知并移送走私犯罪嫌疑人居住地公安机关执行。罪犯因走私罪被人民法院判处剥夺政治权利、管制以及决定暂予监外执行、假释或者宣告缓刑的,由地方公安机关执行。

走私犯罪侦查机关因办案需要使用技术侦察手段时,应严格遵照有关规定,按照审批程序和权限报批后,由有关公安机关实施。

151　技术侦查措施的适用规范

151.1　法条规定

第一百五十一条　批准决定应当根据侦查犯罪的需要,确定采取技术侦查措施的种类和适用对象。批准决定自签发之日起三个月以内有效。对于不需要继续采取技术侦查措施的,应当及时解除;对于复杂、疑难案件,期限届满仍有必要继续采取技术侦查措施的,经过批准,有效期可以延长,每次不得超过三个月。

【立法释义】①

本条规定明确了技术侦查措施的适用规范,是2012年刑事诉讼法增加的规定。关于技术侦查措施的适用规范,应当关注以下事项:

第一,采取技术侦查措施的种类和适用对象。本条中的“种类”,是指技术侦查措施的类型。办案机关应当根据侦查犯罪的需要,确定具体技术侦查措施的种类,包括某一类或者某几类技术侦查措施,而不能笼统地批准采取技术侦查措施。本条中的“适用对象”,是指针对案件中的特定犯罪嫌疑人采取技术侦查措施,而不是笼统地批准对案件采取技术侦查措施。在批准决定中限定种类和适用对象,是确保技术侦查措施合法适用的基本前提。

第二,技术侦查措施的适用期限。“经过批准”,是指按照原审批程序再次经过审查批准。侦查机关继续采取技术侦查措施,仍应限定为原有的种类和适用对象。根据侦查犯罪的需要,需要采取新类型的技术侦查措施,或者调整、增加适用对象的,应当重新进行审查批准。

第三,技术侦查措施的解除。与讯问、询问等侦查措施相比,技术侦查措施是由侦查机关秘密进行,其适用对象并不知情。因此,技术侦查措施的适用应当保持合理限度。侦查机关应尽可能缩短采取技术侦查的期间,虽然采取技术侦查措施的批准决定是三个月内有效,但在三个月有效期内,如果不需要继续采取技术侦查措施的,执行机关应当及时解除技术侦查措施。对于期限届满后,不需要继续采取技术侦查措施的,也应当及时解除。

① 参见王爱立主编书,第310—311页。

151.2　相关立法

151.2.1　监察机关适用技术调查措施的程序

★《中华人民共和国监察法》(2024年12月25日修正)

第三十一条　监察机关调查涉嫌重大贪污贿赂等职务犯罪,根据需要,经过严格的批准手续,可以采取技术调查措施,按照规定交有关机关执行。

批准决定应当明确采取技术调查措施的种类和适用对象,自签发之日起三个月以内有效;对于复杂、疑难案件,期限届满仍有必要继续采取技术调查措施的,经过批准,有效期可以延长,每次不得超过三个月。对于不需要继续采取技术调查措施的,应当及时解除。

【立法释义】①

在批准技术调查措施的适用时,应当根据调查犯罪的需要,在批准决定中明确采取技术调查措施的种类和适用对象。批准决定应当明确采取某一种或某几种具体的调查手段,还应当明确对案件中的某个人采取技术调查措施。

151.3　司法解释

151.3.1　检察机关适用技术侦查措施的程序

★《检察院规则》(2019)

第二百二十九条　人民检察院采取技术侦查措施应当根据侦查犯罪的需要,确定采取技术侦查措施的种类和适用对象,按照有关规定报请批准。批准决定自签发之日起三个月以内有效。对于不需要继续采取技术侦查措施的,应当及时解除;对于复杂、疑难案件,期限届满仍有必要继续采取技术侦查措施的,应当在期限届满前十日以内制作呈请延长技术侦查措施期限报告书,写明延长的期限及理由,经过原批准机关批准,有效期可以延长,每次不得超过三个月。

采取技术侦查措施收集的材料作为证据使用的,批准采取技术侦查措施的法律文书应当附卷,辩护律师可以依法查阅、摘抄、复制。

151.4　规范性文件

151.4.1　侦查机关执行技术侦查措施的程序

★《公安规定》(2020)

第二百六十五条　需要采取技术侦查措施的,应当制作呈请采取技术侦查措施报告书,报设区的市一级以上公安机关负责人批准,制作采取技术侦查措施决定书。

人民检察院等部门决定采取技术侦查措施,交公安机关执行的,由设区的市一级以上公安机关按照规定办理相关手续后,交负责技术侦查的部门执行,并将执行情况通知人民检察院等部门。

第二百六十六条　批准采取技术侦查措施的决定自签发之日起三个月以内有效。

在有效期限内,对不需要继续采取技术侦查措施的,办案部门应当立即书面通知负责技术侦查的部门解除技术侦查措施;负责技术侦查的部门认为需要解除技术侦查措施的,报批准机关负责人批准,制作解除技术侦查措施决定书,并及时通知办案部门。

---

① 参见法规室编写释义书,第154—155页。

对复杂、疑难案件，采取技术侦查措施的有效期限届满仍需要继续采取技术侦查措施的，经负责技术侦查的部门审核后，报批准机关负责人批准，制作延长技术侦查措施期限决定书。批准延长期限，每次不得超过三个月。

有效期限届满，负责技术侦查的部门应当立即解除技术侦查措施。

【重点解读】①

第一，军队保卫部门立案侦查的犯罪案件，通常也是由公安机关负责技术侦查的部门执行技术侦查。鉴于此，"人民检察院等部门"应当包括军队保卫部门，并且在具体办理程序上应当参照人民检察院的办理程序执行。

第二，在有效期限内解除技术侦查措施的办理程序。一是办案部门认为不需要继续采取技术侦查措施。具体包括案件侦查终结，案件已经撤销或者终止对犯罪嫌疑人的侦查等，办案部门应当书面通知负责技术侦查的部门解除技术侦查措施。二是负责技术侦查的部门认为不需要继续采取技术侦查措施。具体包括在采取技术侦查措施过程中发现办案部门提供的案件情况、适用对象情况与事实不符，或者已经达到采取技术侦查措施的目的，不具备继续采取技术侦查措施的条件，此时负责技术侦查的部门可以与办案单位协商解除技术侦查措施，办案单位同意解除的，书面通知负责技术侦查的部门；办案单位不同意解除的，负责技术侦查的部门需制作呈请解除技术侦查措施报告书，报原批准机关负责人批准后，制作解除技术侦查措施决定书。

★**《国安规定》**(2024)

第二百八十八条　国家安全机关在立案后，对于危害国家安全犯罪、恐怖活动犯罪等案件，依照刑事诉讼法需要采取技术侦查措施的，应当经设区的市级以上国家安全机关负责人批准，制作采取技术侦查措施决定书。情况紧急需要立即采取技术侦查措施的，经设区的市级以上国家安全机关负责人批准后，可以先行采取技术侦查措施，但应当在四十八小时以内补办采取技术侦查措施的审批手续。逾期未办理的，应当立即停止技术侦查措施，并仍应补办手续。

批准采取技术侦查措施的决定自签发之日起三个月内有效，对于不需要继续采取技术侦查措施的，应当及时解除。对于复杂、疑难案件，期限届满仍有必要继续采取技术侦查措施的，应当经设区的市级以上国家安全机关负责人批准，制作延长技术侦查措施期限决定书，批准延长期限，每次不得超过三个月。有效期限届满，负责技术侦查的部门应当立即解除技术侦查措施。

151.4.2　批准技术侦查措施文书的附卷

★**《最高人民法院、最高人民检察院、公安部、国家安全部、司法部、全国人大常委会法制工作委员会关于实施刑事诉讼法若干问题的规定》**(2012年12月26日)

20. 刑事诉讼法第一百四十九条②中规定："批准决定应当根据侦查犯罪的需要，确定采取技术侦查措施的种类和适用对象。"采取技术侦查措施收集的材料作为证据使用的，批准采取技术

① 参见孙茂利主编书，第631—637页。

② 2018年刑事诉讼法第一百五十一条。

侦查措施的法律文书应当附卷，辩护律师可以依法查阅、摘抄、复制，在审判过程中可以向法庭出示。

152　技术侦查措施的实施规范

152.1　法条规定

第一百五十二条　采取技术侦查措施，必须严格按照批准的措施种类、适用对象和期限执行。

侦查人员对采取技术侦查措施过程中知悉的国家秘密、商业秘密和个人隐私，应当保密；对采取技术侦查措施获取的与案件无关的材料，必须及时销毁。

采取技术侦查措施获取的材料，只能用于对犯罪的侦查、起诉和审判，不得用于其他用途。

公安机关依法采取技术侦查措施，有关单位和个人应当配合，并对有关情况予以保密。

【立法释义】①

本条规定明确了技术侦查措施的实施规范，是 2012 年刑事诉讼法修改增加的规定。关于技术侦查措施的实施，应当关注以下事项：

第一，严格规范适用技术侦查措施。采取技术侦查措施，必须严格按照批准的措施种类、适用对象和期限执行。违反批准决定中的措施种类、适用对象和期限，将影响技术侦查措施以及有关证据的合法性。根据侦查工作需要，办案机关认为有必要调整技术侦查措施的种类和适用对象的，应当重新履行审查批准手续。

第二，保密义务的履行。在采用技术侦查措施的过程中，侦查人员可能会知悉国家秘密、商业秘密和个人隐私，对此应当保密。对于与案件事实有关的国家秘密、商业秘密和个人隐私，应当对有关证据进行保密处理。对于采取技术侦查措施获取的与案件无关的材料，必须及时销毁。

第三，采取技术侦查措施获取的材料的使用限制。本条中的"其他用途"，是指与刑事诉讼无关的用途。本条中的"对犯罪的侦查、起诉和审判"，并未限定于本案的侦查、起诉和审判。这意味着，采取技术侦查措施获取的材料，除了用于本案的侦查线索和诉讼证据外，亦可以用于其他案件的调查。但是，需要强调的是，如果采用技术侦查措施获得的材料，涉及其他犯罪的线索，不得对有关犯罪持续采取技术侦查措施。办案机关可以依法决定对其他犯罪立案侦查，在经依法审查批准后，才能采取技术侦查措施。

第四，有关单位和个人对技术侦查措施予以配合及保密的义务。技术侦查措施需要在秘密情况下进行，一旦被公开或者被犯罪嫌疑人知悉，将妨碍技术侦查措施的继续进行。为确保技术侦查措施有效进行，有关单位和个人应当积极配合，例如为侦查人员采取技术侦查措施提供必要的便利，或者配合侦查人员采取特定的技术侦查措施等。同时，有关单位和个人知悉侦查人员采取技术侦查措施的，应当对有关情况保密，不得向犯罪嫌疑人透露有关信息。

① 参见王爱立主编书，第 312—313 页。

152.2 司法解释

152.2.1 检察机关采取技术侦查措施的实施规范

★《检察院规则》(2019)

第二百三十一条 检察人员对采取技术侦查措施过程中知悉的国家秘密、商业秘密和个人隐私,应当保密;对采取技术侦查措施获取的与案件无关的材料,应当及时销毁,并对销毁情况制作记录。

采取技术侦查措施获取的证据、线索及其他有关材料,只能用于对犯罪的侦查、起诉和审判,不得用于其他用途。

152.3 规范性文件

152.3.1 侦查机关采取技术侦查措施的实施规范

★《公安规定》(2020)

第二百六十七条 采取技术侦查措施,必须严格按照批准的措施种类、适用对象和期限执行。

在有效期限内,需要变更技术侦查措施种类或者适用对象的,应当按照本规定第二百六十五条规定重新办理批准手续。

第二百六十九条 采取技术侦查措施收集的材料,应当严格依照有关规定存放,只能用于对犯罪的侦查、起诉和审判,不得用于其他用途。

采取技术侦查措施收集的与案件无关的材料,必须及时销毁,并制作销毁记录。

第二百七十条 侦查人员对采取技术侦查措施过程中知悉的国家秘密、商业秘密和个人隐私,应当保密。

公安机关依法采取技术侦查措施,有关单位和个人应当配合,并对有关情况予以保密。

★《国安规定》(2024)

第二百九十条 采取技术侦查措施,应当严格按照批准的措施种类、适用对象和期限执行。

在采取技术侦查措施期间,需要变更技术侦查措施种类或者适用对象的,应当重新办理批准手续。

第二百九十一条 侦查人员对采取技术侦查措施过程中知悉的国家秘密、工作秘密、商业秘密和个人隐私、个人信息,应当保密。

采用技术侦查措施获取的材料,应当严格依照有关规定存放,只能用于对犯罪的侦查、起诉和审判,不得用于其他用途。

采取技术侦查措施收集的与案件无关的材料,必须及时销毁,并制作销毁记录。

第二百九十三条 国家安全机关依法采取技术侦查措施,有关单位和个人应当配合,并对有关情况予以保密。

153 秘密侦查的适用程序

153.1 法条规定

第一百五十三条 为了查明案情,在必要的时候,经公安机关负责人决定,可以由有关人员隐匿其身份实施侦查。但是,不得诱使他人犯罪,不得采用可能危害公共安全或者发生重大人身危险的方法。

对涉及给付毒品等违禁品或者财物的犯罪活动,公安机关根据侦查犯罪的需要,可以依照规定实施控制下交付。

【立法释义】①

本条规定明确了秘密侦查的适用程序，是2012年刑事诉讼法修改增加的规定。秘密侦查包括两种情形：一是隐匿身份侦查；二是控制下交付。关于秘密侦查，应当关注以下事项：

第一，隐匿身份侦查。隐匿身份侦查是秘密侦查的重要方法。在适用隐匿身份侦查措施时，应注意以下要求：其一，必要性原则。本条中的“在必要的时候”，是指为了查明案情，采取其他侦查手段难以获取犯罪证据，因而具有适用隐匿身份侦查的必要性。其二，适用隐匿身份侦查的决定程序。采用隐匿身份侦查措施，应当经公安机关负责人决定。除公安机关外，其他司法机关不得采取隐匿身份侦查措施。其三，隐匿身份侦查的人员。本条中的“有关人员”，既包括公安机关的侦查人员，也包括侦查机关指派的隐匿身份实施侦查的特情人员。接受侦查机关指派的特情人员，只能参与收集犯罪证据、配合实施抓捕等活动，不能代替侦查人员采取强制性措施。其四，禁止性规定。在实施隐匿身份侦查过程中，不得诱使他人犯罪，不得采用可能危害公共安全或者发生重大人身危险的方法。本条中的“不得诱使他人犯罪”，主要是指不得诱使他人产生犯罪意图。以毒品犯罪为例，“犯意引诱型”侦查属于本法禁止的范畴；“数量引诱型”侦查可以作为量刑抗辩的理由。本条中的“不得采用可能危害公共安全或者发生重大人身危险的方法”，是指实施隐匿身份侦查，例如对黑社会性质的组织犯罪的侦查，有关人员难免需参与犯罪分子实施的违法犯罪行为，但这种做法应当有一定限度，不能危害公共安全或者发生重大人身危险。本条中的“重大人身危险”，既包括对他人造成重大人身危险，也包括对隐匿身份的有关人员造成重大人身危险。在隐匿身份侦查过程中，如果发现可能危害公共安全或者发生重大人身危险，应当立即停止使用隐匿身份侦查措施。

第二，控制下交付。《联合国禁止非法贩运麻醉品和精神药物公约》《联合国打击跨国有组织犯罪公约》《联合国反腐败公约》等国际公约规定了控制下交付的侦查方法。本条中的“控制下交付”，主要是指侦查机关在发现涉及给付毒品等违禁品或者财物的犯罪后，通过对犯罪活动进行有效的秘密监控，在违禁品或者财物的交付环节，对有关犯罪行为人实施抓捕，并查获有关犯罪证据。《公安规定》第二百七十二条规定了控制下交付的程序规范。控制下交付涉及违禁品或者财物脱离监控等风险，因此，应当严格按照规定的程序实施。

153.2　规范性文件

153.2.1　秘密侦查措施的适用要求

★《公安规定》(2020)

第二百七十一条　为了查明案情，在必要的时候，经县级以上公安机关负责人决定，可以由侦查人员或者公安机关指定的其他人员隐匿身份实施侦查。

隐匿身份实施侦查时，不得使用促使他人产生犯罪意图的方法诱使他人犯罪，不得采用可能危害公共安全或者发生重大人身危险的方法。

第二百七十二条　对涉及给付毒

① 参见王爱立主编书，第314—315页。

品等违禁品或者财物的犯罪活动,为查明参与该项犯罪的人员和犯罪事实,根据侦查需要,经县级以上公安机关负责人决定,可以实施控制下交付。

★《国安规定》(2024)

第二百九十四条　为了查明案情,在必要的时候,经设区的市级以上国家安全机关负责人决定,可以由有关人员隐匿其身份实施侦查。但是,不得诱使他人犯罪,不得采用可能危害公共安全或者发生重大人身危险的方法。

第二百九十五条　对于涉及给付违禁品或者财物的犯罪活动,为查明参与该项犯罪的人员和犯罪事实,根据侦查需要,经设区的市级以上国家安全机关负责人决定,可以实施控制下交付。

154　技术侦查证据的使用

154.1　法条规定

第一百五十四条　依照本节规定采取侦查措施收集的材料在刑事诉讼中可以作为证据使用。如果使用该证据可能危及有关人员的人身安全,或者可能产生其他严重后果的,应当采取不暴露有关人员身份、技术方法等保护措施,必要的时候,可以由审判人员在庭外对证据进行核实。

【立法释义】①

本条规定明确了技术侦查证据的使用规范,是 2012 年刑事诉讼法修改增加的规定。关于技术侦查证据的使用,应当关注以下事项:

第一,证据资格。根据本节规定采取技术侦查措施收集的材料在刑事诉讼中可以作为证据作用。这一规定明确赋予技术侦查证据相应的证据资格。技术侦查措施纳入法定程序后,依法取得的技术侦查证据随之获得法律效力;而违反技术侦查措施的法定程序,也将影响技术侦查证据的合法性。

第二,移送要求。对于影响定罪量刑特别是影响死刑适用的技术侦查证据,应当附卷并随案移送。"六部门"《关于实施刑事诉讼法若干问题的规定》第二十条规定,采取技术侦查措施收集的材料作为证据使用的,批准采取技术侦查措施的法律文书应当附卷,辩护律师可以依法查阅、摘抄、复制,在审判过程中可以向法庭出示。移送技术侦查证据的,应当附批准采取技术侦查措施的法律文书、技术侦查证据材料清单和有关部门对证据内容的说明材料。随案移送的证据材料涉及国家秘密、商业秘密或者个人隐私的,应当单独立卷,涉及国家秘密的,应当标明密级,相关办案人员应当予以保密。

《法院解释》第一百一十六条第二款和第一百二十二条规定了随案移送技术调查、侦查证据材料的要求。如果因有关技术调查、侦查证据材料未随案移送,导致案件事实存在疑问,法院应当按照存疑有利于被告人的原则作出裁判。

第三,使用方法。为避免负面后果,对于技术侦查证据的使用,包括制作案卷材料以及庭审质证,应当采取不暴露有关人员身份、技术方法等保护措施。本条规定还明确了在庭外对证据进行核实的程序。本条中的"必要的时

① 参见王爱立主编书,第 316—317 页。

候”，主要是指当庭对技术侦查证据进行调查，难以核实技术侦查证据的合法性和真实性。此种情况下，审判人员可以在庭外对技术侦查证据进行补充核实，例如，向侦查人员了解采取技术侦查措施的有关情况，核实有关技术方法，查阅采取技术侦查措施获取的完整证据材料等。

需要指出的是，技术侦查证据的庭外核实，不是取代当庭调查，而是指对有关证据的当庭调查结束后，审判人员仍然对技术侦查证据的来源、真实性和合法性存在疑问，有必要在庭外对证据进行核实。对于当庭调查后仍然存在疑问的情形，辩护方也可以申请法庭进行庭外核实。法庭决定对技术侦查证据进行庭外核实的，可以通知控辩双方到场。

154.2　司法解释

154.2.1　检察机关技术侦查证据的使用规范

★**《检察院规则》**（2019）

第二百三十条　采取技术侦查措施收集的物证、书证及其他证据材料，检察人员应当制作相应的说明材料，写明获取证据的时间、地点、数量、特征以及采取技术侦查措施的批准机关、种类等，并签名和盖章。

对于使用技术侦查措施获取的证据材料，如果可能危及特定人员的人身安全、涉及国家秘密或者公开后可能暴露侦查秘密或者严重损害商业秘密、个人隐私的，应当采取不暴露有关人员身份、技术方法等保护措施。必要时，可以建议不在法庭上质证，由审判人员在庭外对证据进行核实。

154.2.2　法院对技术侦查证据的审查与认定

★**《法院解释》**（2021）

第一百一十六条　依法采取技术调查、侦查措施收集的材料在刑事诉讼中可以作为证据使用。

采取技术调查、侦查措施收集的材料，作为证据使用的，应当随案移送。

第一百一十七条　使用采取技术调查、侦查措施收集的证据材料可能危及有关人员的人身安全，或者可能产生其他严重后果的，可以采取下列保护措施：

（一）使用化名等代替调查、侦查人员及有关人员的个人信息；

（二）不具体写明技术调查、侦查措施使用的技术设备和技术方法；

（三）其他必要的保护措施。

第一百一十八条　移送技术调查、侦查证据材料的，应当附采取技术调查、侦查措施的法律文书、技术调查、侦查证据材料清单和有关说明材料。

移送采用技术调查、侦查措施收集的视听资料、电子数据的，应当制作新的存储介质，并附制作说明，写明原始证据材料、原始存储介质的存放地点等信息，由制作人签名，并加盖单位印章。

第一百一十九条　对采取技术调查、侦查措施收集的证据材料，除根据相关证据材料所属的证据种类，依照本章第二节至第七节的相应规定进行审查外，还应当着重审查以下内容：

（一）技术调查、侦查措施所针对的案件是否符合法律规定；

（二）技术调查措施是否经过严格的批准手续，按照规定交有关机关执行；技术侦查措施是否在刑事立案后，经过严格的批准手续；

（三）采取技术调查、侦查措施的种类、适用对象和期限是否按照批准决定载明的内容执行；

（四）采取技术调查、侦查措施收集的证据材料与其他证据是否矛盾；存在矛盾的，能否得到合理解释。

第一百二十条 采取技术调查、侦查措施收集的证据材料，应当经过当庭出示、辨认、质证等法庭调查程序查证。

当庭调查技术调查、侦查证据材料可能危及有关人员的人身安全，或者可能产生其他严重后果的，法庭应当采取不暴露有关人员身份和技术调查、侦查措施使用的技术设备、技术方法等保护措施。必要时，审判人员可以在庭外对证据进行核实。

第一百二十一条 采用技术调查、侦查证据作为定案根据的，人民法院在裁判文书中可以表述相关证据的名称、证据种类和证明对象，但不得表述有关人员身份和技术调查、侦查措施使用的技术设备、技术方法等。

第一百二十二条 人民法院认为应当移送的技术调查、侦查证据材料未随案移送的，应当通知人民检察院在指定时间内移送。人民检察院未移送的，人民法院应当根据在案证据对案件事实作出认定。

154.3 规范性文件

154.3.1 侦查机关技术侦查证据的使用规范

★《公安规定》（2020）

第二百六十八条 采取技术侦查措施收集的材料在刑事诉讼中可以作为证据使用。使用技术侦查措施收集的材料作为证据时，可能危及有关人员的人身安全，或者可能产生其他严重后果的，应当采取不暴露有关人员身份和使用的技术设备、侦查方法等保护措施。

采取技术侦查措施收集的材料作为证据使用的，采取技术侦查措施决定书应当附卷。

第二百六十九条 采取技术侦查措施收集的材料，应当严格依照有关规定存放，只能用于对犯罪的侦查、起诉和审判，不得用于其他用途。

……

第二百七十三条 公安机关依照本节规定实施隐匿身份侦查和控制下交付收集的材料在刑事诉讼中可以作为证据使用。

使用隐匿身份侦查和控制下交付收集的材料作为证据时，可能危及隐匿身份人员的人身安全，或者可能产生其他严重后果的，应当采取不暴露有关人员身份等保护措施。

★《国安规定》（2024）

第二百九十二条 采取技术侦查措施收集的材料在刑事诉讼中可以作为证据使用。

采取技术侦查措施收集的材料作为证据使用的，批准采取技术侦查措施的法律文书应当附卷。

第二百九十六条 实施隐匿身份侦查和控制下交付收集的材料在刑事诉讼中可以作为证据使用。

使用隐匿身份侦查和控制下交付收集的材料作为证据时，可能危及隐匿身份人员的人身安全，或者可能产生其他严重后果的，应当采取不暴露有关人员身份等保护措施。

154.3.2　网络犯罪案件技术侦查证据的使用规范

★《最高人民法院、最高人民检察院、公安部关于办理信息网络犯罪案件适用刑事诉讼程序若干问题的意见》(法发〔2022〕23号,2022年8月26日)

18. 采取技术侦查措施收集的材料作为证据使用的,应当随案移送,并附采取技术侦查措施的法律文书、证据材料清单和有关说明材料。

移送采取技术侦查措施收集的视听资料、电子数据的,应当由两名以上侦查人员制作复制件,并附制作说明,写明原始证据材料、原始存储介质的存放地点等信息,由制作人签名,并加盖单位印章。

19. 采取技术侦查措施收集的证据材料,应当经过当庭出示、辨认、质证等法庭调查程序查证。

当庭调查技术侦查证据材料可能危及有关人员的人身安全,或者可能产生其他严重后果的,法庭应当采取不暴露有关人员身份和技术侦查措施使用的技术设备、技术方法等保护措施。必要时,审判人员可以在庭外对证据进行核实。

154.4　指导与参考案例

154.4.1　技术侦查证据的移送与查证

【刑事审判参考案例】

[第1522号]黎某昌等贩卖、运输毒品案

裁判要旨:对认定犯罪嫌疑人、被告人有罪或无罪有重要影响,对认定犯罪嫌疑人、被告人的罪行性质有重要影响,以及对认定犯罪嫌疑人、被告人的罪行轻重,尤其对死刑适用有重要影响的技术侦查证据,应当随案移送。对于随案移送的证据材料涉及国家秘密、商业秘密或者个人隐私的,所涉人员应当履行保密义务。技术侦查证据的庭外核实是在证据已经移送法庭基础上对存疑证据的核实,而非审判人员单方赴收集证据部门对未移送的证据进行核实、认定。对技术侦查证据不能仅由审判人员单方在庭外核实后将之作为定案的根据。

第九节　通　　缉

155　通缉的条件和程序

155.1　法条规定

第一百五十五条　应当逮捕的犯罪嫌疑人如果在逃,公安机关可以发布通缉令,采取有效措施,追捕归案。

各级公安机关在自己管辖的地区以内,可以直接发布通缉令;超出自己管辖的地区,应当报请有权决定的上级机关发布。

【立法释义】①

本条规定明确了通缉的条件和程序。通缉作为抓捕措施,应当关注以下事项:

第一,通缉条件。“应当逮捕的犯罪嫌疑人”,是指符合逮捕条件,应当予以逮捕的犯罪嫌疑人,或者办案机关已经决定采取逮捕措施,正在执行抓捕的犯罪嫌疑人。“在逃”,是指办案机关立案侦查后,犯罪嫌疑人一直处于逃匿

① 参见王爱立主编书,第317—318页。

状态,或者犯罪嫌疑人被办案机关抓捕归案后脱逃。

第二,通缉程序。公安机关是有权发布通缉令的办案主体。人民检察院决定通缉的,应当由公安机关发布通缉令。“通缉令”,是指公安机关依法发布的缉捕在逃犯罪嫌疑人的法律文书。通缉令中应当尽可能写明被通缉人的姓名、别名、曾用名、绰号、性别、年龄、民族、籍贯、出生地、户籍所在地、居住地、职业、身份证号码、衣着和体貌特征、口音、行为习惯,并附被通缉人近期照片,可以附指纹及其他物证的照片。除了必须保密的事项以外,应当写明发案的时间、地点和简要案情。

第三,通缉范围。基于地域管辖,公安机关在管辖的地区内可以直接发布通缉令;如果超出管辖的地区,应当报请有决定权的上级公安机关发布。此外,通缉可以与边控措施、悬赏公告一并实施。对于犯罪嫌疑人已经自动投案、被击毙或者被抓获,以及发现有其他不需要采取通缉、边控、悬赏通告的情形的,发布机关应当在原通缉、通知、通告范围内,撤销通缉令、边控通知、悬赏通告。

155.2 相关立法

155.2.1 监察机关决定通缉、限制出境的程序

★《中华人民共和国监察法》(2024年12月25日修正)

第三十二条 依法应当留置的被调查人如果在逃,监察机关可以决定在本行政区域内通缉,由公安机关发布通缉令,追捕归案。通缉范围超出本行政区域的,应当报请有权决定的上级监察机关决定。

第三十三条 监察机关为防止被调查人及相关人员逃匿境外,经省级以上监察机关批准,可以对被调查人及相关人员采取限制出境措施,由公安机关依法执行。对于不需要继续采取限制出境措施的,应当及时解除。

【立法释义】①

公安机关接到监察机关移送的通缉决定的,应当及时发布通缉令。各级公安机关接到通缉令后,应当迅速部署、组织力量,积极进行查缉工作。监察机关自行查获被通缉对象的,应当及时通知公安机关撤销通缉令。

155.3 司法解释

155.3.1 检察机关通缉、边控、国际追捕协作的程序

★《检察院规则》(2019)

第二百三十二条 人民检察院办理直接受理侦查的案件,应当逮捕的犯罪嫌疑人在逃,或者已被逮捕的犯罪嫌疑人脱逃的,经检察长批准,可以通缉。

第二百三十三条 各级人民检察院需要在本辖区内通缉犯罪嫌疑人的,可以直接决定通缉;需要在本辖区外通缉犯罪嫌疑人的,由有决定权的上级人民检察院决定。

第二百三十四条 人民检察院应当将通缉通知书和通缉对象的照片、身份、特征、案情简况送达公安机关,由公安机关发布通缉令,追捕归案。

第二百三十五条 为防止犯罪嫌疑人等涉案人员逃往境外,需要在边防

---

① 参见法规室编写释义书,第156—157页。

口岸采取边控措施的,人民检察院应当按照有关规定制作边控对象通知书,商请公安机关办理边控手续。

第二百三十六条　应当逮捕的犯罪嫌疑人潜逃出境的,可以按照有关规定层报最高人民检察院商请国际刑警组织中国国家中心局,请求有关方面协助,或者通过其他法律规定的途径进行追捕。

155.4　规范性文件

155.4.1　公安机关通缉、边控、悬赏的程序

★《公安规定》(2020)

第二百七十四条　应当逮捕的犯罪嫌疑人在逃的,经县级以上公安机关负责人批准,可以发布通缉令,采取有效措施,追捕归案。

县级以上公安机关在自己管辖的地区内,可以直接发布通缉令;超出自己管辖的地区,应当报请有权决定的上级公安机关发布。

通缉令的发送范围,由签发通缉令的公安机关负责人决定。

第二百七十五条　通缉令中应当尽可能写明被通缉人的姓名、别名、曾用名、绰号、性别、年龄、民族、籍贯、出生地、户籍所在地、居住地、职业、身份证号码、衣着和体貌特征、口音、行为习惯,并附被通缉人近期照片,可以附指纹及其他物证的照片。除了必须保密的事项以外,应当写明发案的时间、地点和简要案情。

第二百七十六条　通缉令发出后,如果发现新的重要情况可以补发通报。通报必须注明原通缉令的编号和日期。

第二百七十七条　公安机关接到通缉令后,应当及时布置查缉。抓获犯罪嫌疑人后,报经县级以上公安机关负责人批准,凭通缉令或者相关法律文书羁押,并通知通缉令发布机关进行核实,办理交接手续。

第二百七十八条　需要对犯罪嫌疑人在口岸采取边控措施的,应当按照有关规定制作边控对象通知书,并附有关法律文书,经县级以上公安机关负责人审核后,层报省级公安机关批准,办理全国范围内的边控措施。需要限制犯罪嫌疑人人身自由的,应当附有关限制人身自由的法律文书。

紧急情况下,需要采取边控措施的,县级以上公安机关可以出具公函,先向有关口岸所在地出入境边防检查机关交控,但应当在七日以内按照规定程序办理全国范围内的边控措施。

第二百七十九条　为发现重大犯罪线索,追缴涉案财物、证据,查获犯罪嫌疑人,必要时,经县级以上公安机关负责人批准,可以发布悬赏通告。

悬赏通告应当写明悬赏对象的基本情况和赏金的具体数额。

第二百八十条　通缉令、悬赏通告应当广泛张贴,并可以通过广播、电视、报刊、计算机网络等方式发布。

第二百八十一条　经核实,犯罪嫌疑人已经自动投案、被击毙或者被抓获,以及发现有其他不需要采取通缉、边控、悬赏通告的情形的,发布机关应当在原通缉、通知、通告范围内,撤销通缉令、边控通知、悬赏通告。

第二百八十二条　通缉越狱逃跑的犯罪嫌疑人、被告人或者罪犯,适用本节的有关规定。

【重点解读】①

采取边控措施的程序。边控措施包括不准出境、不准入境,以及国家移民管理机关协助具有法定职权的机关执行扣留人员、掌握出入境动态等措施。为防止犯罪嫌疑人逃往境外,需要在边防、出入境口岸采取边控措施的,办案部门应当按照有关规定填写边控对象通知书,并附有关法律文书,经县级以上公安机关负责人审核,层报本省、自治区、直辖市公安厅、局批准后,通知本省、自治区、直辖市有关口岸出入境边防检查机关依法阻止犯罪嫌疑人出境。

★《国安规定》(2024)

第二百九十七条　对于应当逮捕的犯罪嫌疑人在逃的,或者越狱逃跑的犯罪嫌疑人、被告人或者罪犯,国家安全机关可以发布通缉令,采取有效措施,追捕归案。

各级国家安全机关在自己管辖的地区以内,可以直接发布通缉令;超出自己管辖的地区,应当报请有权决定的上级国家安全机关发布。

通缉令的发送范围,由签发通缉令的国家安全机关负责人决定。

第二百九十八条　通缉令中应当尽可能写明被通缉人的姓名、别名、曾用名、绰号、性别、年龄、民族、籍贯、出生地、户籍所在地、居住地、职业、身份证号码、衣着和体貌特征、口音、行为习惯,并附被通缉人近期照片,可以附指纹及其他物证的照片。除了必须保密的事项以外,应当写明发案的时间、地点和简要案情。

第二百九十九条　通缉令发出后,如果发现新的重要情况可以补发通报。通报必须注明原通缉令的编号和日期。

第三百条　国家安全机关接到通缉令后,应当及时布置查缉。抓获犯罪嫌疑人后,经设区的市级以上国家安全机关负责人批准,凭通缉令或者相关法律文书羁押,并通知通缉令发布机关进行核实,办理交接手续。

第三百零一条　需要对犯罪嫌疑人在口岸采取边控措施的,应当按照有关规定办理边控手续。

第三百零二条　为发现重大犯罪线索,追缴涉案财物、证据,查获犯罪嫌疑人,必要时,经国家安全机关负责人批准,可以发布悬赏通告。

悬赏通告应当写明悬赏对象的基本情况和赏金的具体数额。

第三百零三条　通缉令、悬赏通告应当广泛张贴,并可以通过广播、电视、报刊、网络等方式发布。

第三百零四条　被通缉的犯罪嫌疑人已经自动投案、被抓获或者死亡,以及发现有其他不需要采取通缉、边控、悬赏通告的情形的,发布机关应当在原通缉、通知、通告范围内,撤销通缉令、边控通知、悬赏通告。

155.4.2　走私犯罪案件通缉、边控的程序

★《最高人民法院、最高人民检察院、公安部、司法部、海关总署关于走私犯罪侦查机关办理走私犯罪案件适用刑事诉讼程序若干问题的通知》(署侦〔1998〕742号,1998年12月3日)

二、走私犯罪侦查机关在侦办走私犯罪案件过程中,依法采取通缉、边控、

① 参见孙茂利主编书,第659—663页。

搜查、拘留、执行逮捕、监视居住等措施,以及核实走私罪嫌疑人身份和犯罪经历时,需地方公安机关配合的,应通报有关地方公安机关,地方公安机关应予配合。其中在全国范围通缉、边控走私犯罪嫌疑人,请求国际刑警组织或者境外警方协助的,以及追捕走私犯罪嫌疑人需要地方公安机关调动警力的,应层报公安部批准。

走私犯罪侦查机关决定对走私犯罪嫌疑人采取取保候审的,应通知并移送走私犯罪嫌疑人居住地公安机关执行。罪犯因走私罪被人民法院判处剥夺政治权利、管制以及决定暂予监外执行、假释或者宣告缓刑的,由地方公安机关执行。

走私犯罪侦查机关因办案需要使用技术侦察手段时,应严格遵照有关规定,按照审批程序和权限报批后,由有关公安机关实施。

第十节　侦查终结

156　侦查羁押期限

156.1　法条规定

第一百五十六条　对犯罪嫌疑人逮捕后的侦查羁押期限不得超过二个月。案情复杂、期限届满不能终结的案件,可以经上一级人民检察院批准延长一个月。

【立法释义】①

本条规定明确了侦查羁押期限的一般要求。侦查羁押期限,是指逮捕犯罪嫌疑人后附随的侦查羁押期限。犯罪嫌疑人被逮捕后,侦查机关应当在二个月之内侦查终结。对于案情复杂,期限届满不能侦查终结的案件,可以经上一级人民检察院批准延长一个月。“案情复杂、期限届满不能终结的案件”的范围,参见2016年《人民检察院办理延长侦查羁押期限案件的规定》第十四条的规定。

“六部门”《关于实施刑事诉讼法若干问题的规定》第二十一条规定,公安机关对案件提请延长羁押期限的,应当在羁押期限届满七日前提出,并书面呈报延长羁押期限案件的主要案情和延长羁押期限的具体理由,人民检察院应当在羁押期限届满前作出决定。侦查机关申请批准延长侦查羁押期限的情形,人民检察院应当开展羁押必要性审查。经审查认为犯罪嫌疑人不符合逮捕条件,或者犯罪嫌疑人没有继续羁押必要的,应当作出不批准延长侦查羁押期限的决定。对于犯罪嫌疑人虽然符合逮捕条件,但经审查,侦查机关在犯罪嫌疑人逮捕后二个月以内未有效开展侦查工作或者侦查取证没有实质性进展的,可以作出不批准延长侦查羁押期限的决定。对于侦查羁押期限届满的情形,犯罪嫌疑人及其辩护律师可以向人民检察院申请变更强制措施。

人民检察院对办案机关执行法定羁押期限的情形进行法律监督,并依法预防和纠正超期羁押和久押不决案件。

156.2　司法解释

156.2.1　检察机关的侦查羁押期限

★《检察院规则》(2019)

第三百零五条　人民检察院办理直接受理侦查的案件,对犯罪嫌疑人逮捕后的侦查羁押期限不得超过二个月。

---

① 参见王爱立主编书,第318—319页。

案情复杂、期限届满不能终结的案件，可以经上一级人民检察院批准延长一个月。

156.2.2　检察机关审批延长侦查羁押期限

★《检察院规则》(2019)

第三百零九条　公安机关需要延长侦查羁押期限的，人民检察院应当要求其在侦查羁押期限届满七日前提请批准延长侦查羁押期限。

人民检察院办理直接受理侦查的案件，负责侦查的部门认为需要延长侦查羁押期限的，应当按照前款规定向本院负责捕诉的部门移送延长侦查羁押期限意见书及有关材料。

对于超过法定羁押期限提请延长侦查羁押期限的，不予受理。

第三百一十条　人民检察院审查批准或者决定延长侦查羁押期限，由负责捕诉的部门办理。

受理案件的人民检察院对延长侦查羁押期限的意见审查后，应当提出是否同意延长侦查羁押期限的意见，将公安机关延长侦查羁押期限的意见和本院的审查意见层报有决定权的人民检察院审查决定。

第三百一十一条　对于同时具备下列条件的案件，人民检察院应当作出批准延长侦查羁押期限一个月的决定：

(一)符合刑事诉讼法第一百五十六条的规定；

(二)符合逮捕条件；

(三)犯罪嫌疑人有继续羁押的必要。

第三百一十二条　犯罪嫌疑人虽然符合逮捕条件，但经审查，公安机关在对犯罪嫌疑人执行逮捕后二个月以内未有效开展侦查工作或者侦查取证工作没有实质进展的，人民检察院可以作出不批准延长侦查羁押期限的决定。

犯罪嫌疑人不符合逮捕条件，需要撤销下级人民检察院逮捕决定的，上级人民检察院在作出不批准延长侦查羁押期限决定的同时，应当作出撤销逮捕的决定，或者通知下级人民检察院撤销逮捕决定。

第三百一十三条　有决定权的人民检察院作出批准延长侦查羁押期限或者不批准延长侦查羁押期限的决定后，应当将决定书交由最初受理案件的人民检察院送达公安机关。

最初受理案件的人民检察院负责捕诉的部门收到批准延长侦查羁押期限决定书或者不批准延长侦查羁押期限决定书，应当书面告知本院负责刑事执行检察的部门。

★**《人民检察院办理延长侦查羁押期限案件的规定》**(高检发侦监字〔2016〕9号，2016年7月1日)

第三条　侦查机关依照《中华人民共和国刑事诉讼法》第一百五十四条①规定提请延长犯罪嫌疑人侦查羁押期限的案件，由同级人民检察院受理审查并提出意见后，报上一级人民检察院审查决定。

人民检察院直接受理立案侦查的案件，依照《中华人民共和国刑事诉讼法》第一百五十四条规定提请延长犯罪嫌疑人侦查羁押期限的，由本院审查提出意见后，报上一级人民检察院审查决定。

第四条　侦查机关需要延长侦查

① 2018年刑事诉讼法第一百五十六条。

羁押期限的，应当在侦查羁押期限届满七日前，向同级人民检察院移送以下材料：

（一）提请批准延长侦查羁押期限意见书和延长侦查羁押期限案情报告；

（二）立案决定书、逮捕证以及重新计算侦查羁押期限决定书等相关法律文书复印件；

（三）罢免、辞去县级以上人大代表或者报请许可对其采取强制措施手续等文书；

（四）案件的其他情况说明。

人民检察院直接受理立案侦查的案件，需要延长侦查羁押期限的，侦查部门应当依照本条第一款的规定向本院侦查监督部门移送延长侦查羁押期限意见书和前款规定的有关材料。

第十二条　经审查，同时具备下列条件的案件，人民检察院应当作出批准延长侦查羁押期限一个月的决定：

（一）符合《中华人民共和国刑事诉讼法》第一百五十四条的规定；

（二）符合逮捕条件；

（三）犯罪嫌疑人有继续羁押的必要。

第十三条　经审查，对于不符合《中华人民共和国刑事诉讼法》第一百五十四条规定、犯罪嫌疑人不符合逮捕条件或者犯罪嫌疑人没有继续羁押必要的，人民检察院应当作出不批准延长侦查羁押期限决定。

对于犯罪嫌疑人虽然符合逮捕条件，但经审查，侦查机关（部门）在犯罪嫌疑人逮捕后二个月以内未有效开展侦查工作或者侦查取证工作没有实质进展的，人民检察院可以作出不批准延长侦查羁押期限的决定。

对于犯罪嫌疑人不符合逮捕条件，需要撤销下级人民检察院逮捕决定的，上一级人民检察院作出不批准延长侦查羁押期限决定后，应当作出撤销逮捕决定，或者通知下级人民检察院撤销逮捕决定。

第十四条　《中华人民共和国刑事诉讼法》第一百五十四条规定的“案情复杂、期限届满不能终结的案件”，包括以下情形之一：

（一）影响定罪量刑的重要证据无法在侦查羁押期限内调取到的；

（二）共同犯罪案件，犯罪事实需要进一步查清的；

（三）犯罪嫌疑人涉嫌多起犯罪或者多个罪名，犯罪事实需要进一步查清的；

（四）涉外案件，需要境外取证的；

（五）与其他重大案件有关联，重大案件尚未侦查终结，影响本案或者其他重大案件处理的。

第十六条　逮捕后侦查羁押期限日期的计算，应当自对犯罪嫌疑人执行逮捕的第二日起，至二个月后对应日期的前一日止，无对应日期的，以该月的最后一日为截止日。

延长侦查羁押期限的起始日应当与延长前侦查羁押期限的截止日连续计算。

第十七条　人民检察院侦查监督部门在审查延长侦查羁押期限案件中发现侦查机关（部门）的侦查活动存在违法情形的，应当向侦查机关（部门）提出纠正违法意见。

【重点解读】

同级检察机关对提请延长侦查羁押期限的案件应当进行审查并提出意

见，然后再报上一级检察机关审查决定。①

上级人民检察院在审查批准延长侦查羁押期限案件时，应当对该案是否符合逮捕条件进行审查。重点通过案件逮捕意见书等材料对该案是否符合逮捕条件进行审查，在必要时通过讯问犯罪嫌疑人、听取辩护律师意见或者调卷审查等方式进行综合判断。②

156.2.3　羁押期限的法律监督

★《检察院规则》(2019)

第六百一十二条　人民检察院依法对羁押期限和办案期限是否合法实行法律监督。

第六百一十三条　对公安机关、人民法院办理案件相关期限的监督，犯罪嫌疑人、被告人被羁押的，由人民检察院负责刑事执行检察的部门承担；犯罪嫌疑人、被告人未被羁押的，由人民检察院负责捕诉的部门承担。对人民检察院办理案件相关期限的监督，由负责案件管理的部门承担。

第六百一十四条　人民检察院在办理案件过程中，犯罪嫌疑人、被告人被羁押，具有下列情形之一的，办案部门应当在作出决定或者收到决定书、裁定书后十日以内通知本院负有监督职责的部门：

（一）批准或者决定延长侦查羁押期限的；

（二）对于人民检察院直接受理侦查的案件，决定重新计算侦查羁押期限、变更或者解除强制措施的；

（三）对犯罪嫌疑人、被告人进行精神病鉴定的；

（四）审查起诉期间改变管辖、延长审查起诉期限的；

（五）案件退回补充侦查，或者补充侦查完毕移送起诉后重新计算审查起诉期限的；

（六）人民法院决定适用简易程序、速裁程序审理第一审案件，或者将案件由简易程序转为普通程序，由速裁程序转为简易程序、普通程序重新审理的；

（七）人民法院改变管辖，决定延期审理、中止审理，或者同意人民检察院撤回起诉的。

第六百一十五条　人民检察院发现看守所的羁押期限管理活动具有下列情形之一的，应当依法提出纠正意见：

（一）未及时督促办案机关办理换押手续的；

（二）未在犯罪嫌疑人、被告人羁押期限届满前七日以内向办案机关发出羁押期限即将届满通知书的；

（三）犯罪嫌疑人、被告人被超期羁押后，没有立即书面报告人民检察院并通知办案机关的；

（四）收到犯罪嫌疑人、被告人及其法定代理人、近亲属或者辩护人提出的变更强制措施、羁押必要性审查、羁押期限届满要求释放或者变更强制措施的申请、申诉、控告后，没有及时转送有关办案机关或者人民检察院的；

（五）其他违法情形。

第六百一十六条　人民检察院发现公安机关的侦查羁押期限执行情况

---

① 参见刘福谦：《〈人民检察院办理延长侦查羁押期限案件的规定〉解读》，载《人民检察》2016 年第 19 期。

② 参见童建明、万春主编释义书，第 338—340 页。

具有下列情形之一的,应当依法提出纠正意见:

(一)未按规定办理换押手续的;

(二)决定重新计算侦查羁押期限、经批准延长侦查羁押期限,未书面通知人民检察院和看守所的;

(三)对犯罪嫌疑人进行精神病鉴定,没有书面通知人民检察院和看守所的;

(四)其他违法情形。

第六百一十七条　人民检察院发现人民法院的审理期限执行情况具有下列情形之一的,应当依法提出纠正意见:

(一)在一审、二审和死刑复核阶段未按规定办理换押手续的;

(二)违反刑事诉讼法的规定重新计算审理期限、批准延长审理期限、改变管辖、延期审理、中止审理或者发回重审的;

(三)决定重新计算审理期限、批准延长审理期限、改变管辖、延期审理、中止审理、对被告人进行精神病鉴定,没有书面通知人民检察院和看守所的;

(四)其他违法情形。

第六百一十八条　人民检察院发现同级或者下级公安机关、人民法院超期羁押的,应当向该办案机关发出纠正违法通知书。

发现上级公安机关、人民法院超期羁押的,应当及时层报该办案机关的同级人民检察院,由同级人民检察院向该办案机关发出纠正违法通知书。

对异地羁押的案件,发现办案机关超期羁押的,应当通报该办案机关的同级人民检察院,由其依法向办案机关发出纠正违法通知书。

第六百一十九条　人民检察院发出纠正违法通知书后,有关办案机关未回复意见或者继续超期羁押的,应当及时报告上一级人民检察院。

对于造成超期羁押的直接责任人员,可以书面建议其所在单位或者有关主管机关依照法律或者有关规定予以处分;对于造成超期羁押情节严重,涉嫌犯罪的,应当依法追究其刑事责任。

第六百二十条　人民检察院办理直接受理侦查的案件或者审查逮捕、审查起诉案件,在犯罪嫌疑人侦查羁押期限、办案期限即将届满前,负责案件管理的部门应当依照有关规定向本院办案部门进行期限届满提示。发现办案部门办理案件超过规定期限的,应当依照有关规定提出纠正意见。

★《人民检察院刑事执行检察部门预防和纠正超期羁押和久押不决案件工作规定(试行)》(2015 年 6 月 1 日)

第五条　发现看守所未及时督促办案机关办理换押手续和羁押期限变更通知手续的,派驻检察室应当及时向看守所提出口头或者书面建议。情节严重的,派驻检察室应当报经检察长批准,以本院名义向看守所提出书面检察建议。

第六条　发现办案机关没有依照规定办理换押手续和羁押期限变更通知手续的,派驻检察室应当及时报告或者通知办案机关对应的同级人民检察院刑事执行检察部门。刑事执行检察部门核实后,应当报经检察长批准,立即以本院名义向办案机关发出《纠正违法通知书》。

第七条　发现看守所在犯罪嫌疑人、被告人羁押期限到期前七日,未向办案机关发出《案件即将到期通知书》

的，派驻检察室应当向看守所提出口头或者书面纠正意见。情节严重的，派驻检察室应当报经检察长批准，以本院名义向看守所发出《纠正违法通知书》。

第八条　发现犯罪嫌疑人、被告人被超期羁押后，看守所没有及时书面报告人民检察院并通知办案机关的，派驻检察室应当报经检察长批准，以本院名义向看守所发出《纠正违法通知书》。

第九条　发现犯罪嫌疑人、被告人被超期羁押后，派驻检察室应当立即报告或者通知办案机关对应的同级人民检察院刑事执行检察部门。刑事执行检察部门核实后，应当报经检察长批准，立即以本院名义向办案机关发出《纠正违法通知书》。

第十条　向办案机关发出《纠正违法通知书》后，办案机关在七日内未依法释放犯罪嫌疑人、被告人或者变更强制措施，也没有办理延长羁押期限手续的，刑事执行检察部门应当及时向上一级人民检察院刑事执行检察部门报告。

上一级人民检察院刑事执行检察部门核实后，应当报经检察长批准，立即以本院名义向办案机关的上一级机关通报，并监督其督促办案机关立即纠正超期羁押。

第十一条　发现犯罪嫌疑人、被告人久押不决的，派驻检察室应当及时报告或者通知办案机关对应的同级人民检察院刑事执行检察部门。刑事执行检察部门应当报经检察长批准，及时以本院名义督促办案机关加快办案进度。

第十二条　久押不决案件同时存在超期羁押的，办案机关对应的同级人民检察院刑事执行检察部门应当报经检察长批准，立即以本院名义向办案机关发出《纠正违法通知书》。

★《最高人民检察院关于在检察工作中防止和纠正超期羁押的若干规定》（高检发〔2003〕12号，2003年11月24日）

五、严格依法执行换押制度

人民检察院凡对在押的犯罪嫌疑人依法变更刑事诉讼阶段的，应当严格按照有关规定办理换押手续。

人民检察院对于公安机关等侦查机关侦查终结移送审查起诉的、决定退回补充侦查以及决定提起公诉的案件，公诉部门应当在三日以内将有关换押情况书面通知本院监所检察部门。

七、建立超期羁押投诉和纠正机制

犯罪嫌疑人及其法定代理人、近亲属或者犯罪嫌疑人委托的律师及其他辩护人认为超期羁押的，有权向作出逮捕决定的人民检察院或者其上级人民检察院投诉，要求解除有关强制措施。在押的犯罪嫌疑人可以约见驻所检察人员对超期羁押进行投诉。

人民检察院监所检察部门负责受理关于超期羁押的投诉，接受投诉材料或者将投诉内容记明笔录，并及时对投诉进行审查，提出处理意见报请检察长决定。检察长对于确属超期羁押的，应当立即作出释放犯罪嫌疑人或者变更强制措施的决定。

人民检察院监所检察部门在投诉处理以后，应当及时向投诉人反馈处理意见。

★《最高人民法院、最高人民检察院、公安部关于严格执行刑事诉讼法，切实纠防超期羁押的通知》（法〔2003〕163号，2003年11月12日）

二、严格适用刑事诉讼法关于犯罪

嫌疑人、被告人羁押期限的规定，严禁随意延长羁押期限。犯罪嫌疑人、被告人被羁押的，人民法院、人民检察院和公安机关在刑事诉讼的不同阶段，要及时办理换押手续。……

凡不符合刑事诉讼法关于重新计算犯罪嫌疑人、被告人羁押期限规定的，不得重新计算羁押期限。严禁滥用退回补充侦查、撤回起诉、改变管辖等方式变相超期羁押犯罪嫌疑人、被告人。

四、坚持依法办案，正确适用法律，有罪依法追究，无罪坚决放人，人民法院、人民检察院和公安机关在刑事诉讼过程中，要分工负责，互相配合，互相制约，依法进行，避免超期羁押现象的发生。在侦查、起诉、审判等各个诉讼阶段，凡发现犯罪嫌疑人、被告人不应或者不需要追究刑事责任的，应当依法撤销案件，或者不起诉，或者终止审理，或者宣告无罪。公安机关、人民检察院要严格执行刑事诉讼法关于拘留、逮捕条件的规定，不符合条件的坚决不拘、不提请批准逮捕或者决定不批准逮捕。人民检察院对于经过两次补充侦查或者在审判阶段建议补充侦查并经人民法院决定延期审理的案件，不再退回公安机关；对于经过两次补充侦查，仍然证据不足、不符合起诉条件的案件，要依法作出不起诉的决定。公安机关要依法加强对看守所的管理，及时向办案机关通报超期羁押情况。人民法院对于人民检察院提起公诉的案件，经过审理，认为证据不足，不能认定被告人有罪的，要依法作出证据不足、指控的犯罪不能成立的无罪判决。第二审人民法院经过审理，对于事实不清或者证据不足的案件，只能一次裁定撤销原判、发回原审人民法院重新审判；对于经过查证，只有部分犯罪事实清楚、证据充分的案件，只就该部分罪行进行认定和宣判；对于查证以后，仍然事实不清或者证据不足的案件，要依法作出证据不足、指控的犯罪不能成立的无罪判决，不得拖延不决，迟迟不判。

156.3 规范性文件

156.3.1 公安机关的侦查羁押期限

★《公安机关适用刑事羁押期限规定》（公通字〔2006〕17号，2006年1月27日）

第四条 对犯罪嫌疑人的羁押期限，按照以下方式计算：

（一）拘留后的提请审查批准逮捕的期限以日计算，执行拘留后满二十四小时为一日；

（二）逮捕后的侦查羁押期限以月计算，自对犯罪嫌疑人执行逮捕之日起至下一个月的对应日止为一个月；没有对应日的，以该月的最后一日为截止日。

对犯罪嫌疑人作精神病鉴定的期间不计入羁押期限。精神病鉴定期限自决定对犯罪嫌疑人进行鉴定之日起至收到鉴定结论后决定恢复计算侦查羁押期限之日止。

第六条 县级以上公安机关负责人在作出批准拘留的决定时，应当在呈请报告上同时注明一日至三日的拘留时间。需要延长一日至四日或者延长至三十日的，应当办理延长拘留手续。

第七条 侦查人员应当在宣布拘留或者逮捕决定时，将拘留或者逮捕的决定机关、法定羁押起止时间以及羁押处所告知犯罪嫌疑人。

第十七条 对依法延长侦查羁押

期限的,办案部门应当在作出决定后的二日以内将延长侦查羁押期限的法律文书送达看守所,并向犯罪嫌疑人宣布。

第十八条　在侦查期间,发现犯罪嫌疑人另有重要罪行的,应当自发现之日起五日以内,报经县级以上公安机关负责人批准,将重新计算侦查羁押期限的法律文书送达看守所,向犯罪嫌疑人宣布,并报原批准逮捕的人民检察院备案。

前款规定的另有重要罪行,是指与逮捕时的罪行不同种的重大犯罪以及同种犯罪并将影响罪名认定、量刑档次的重大犯罪。

第二十三条　人民检察院对公安机关移送审查起诉的案件,经审查后决定退回公安机关补充侦查的,公安机关在接到人民检察院退回补充侦查的法律文书后,应当按照补充侦查提纲的要求在一个月以内补充侦查完毕。

补充侦查以两次为限。对公安机关移送审查起诉的案件,人民检察院退回补充侦查两次后或者已经提起公诉后再退回补充侦查的,公安机关应当依法拒绝。

对人民检察院因补充侦查需要提出协助请求的,公安机关应当依法予以协助。

第二十六条　案件改变管辖,犯罪嫌疑人羁押地点不变的,原办案的公安机关和改变管辖后的公安机关均应办理换押手续。

第二十八条　侦查羁押期限届满,原《提讯证》停止使用,看守所应当拒绝办案部门持原《提讯证》提讯犯罪嫌疑人。办案部门将依法变更侦查羁押期限的法律文书送达看守所,看守所在《提讯证》上注明变更后的羁押期限的,可以继续使用《提讯证》提讯犯罪嫌疑人。

第二十九条　看守所对犯罪嫌疑人的羁押情况实行一人一卡登记制度,记明犯罪嫌疑人的基本情况、诉讼阶段的变更、法定羁押期限以及变更情况等。有条件的看守所应当对犯罪嫌疑人的羁押期限实行计算机管理。

156.3.2　侦查机关延长侦查羁押期限的程序

★《最高人民法院、最高人民检察院、公安部、国家安全部、司法部、全国人大常委会法制工作委员会关于实施刑事诉讼法若干问题的规定》(2012年12月26日)

21. 公安机关对案件提请延长羁押期限的,应当在羁押期限届满七日前提出,并书面呈报延长羁押期限案件的主要案情和延长羁押期限的具体理由,人民检察院应当在羁押期限届满前作出决定。

★《公安规定》(2020)

第一百四十八条　对犯罪嫌疑人逮捕后的侦查羁押期限不得超过二个月。案情复杂、期限届满不能侦查终结的案件,应当制作提请批准延长侦查羁押期限意见书,经县级以上公安机关负责人批准后,在期限届满七日前送请同级人民检察院转报上一级人民检察院批准延长一个月。

★《国安规定》(2024)

第一百七十二条　对犯罪嫌疑人逮捕后的侦查羁押期限,不得超过二个月。

案情复杂、期限届满不能侦查终结,需要提请延长侦查羁押期限的,应当经国家安全机关负责人批准，制作提请批准变更侦查羁押期限意见书，说明延长羁押期限案件的主要案情和延长羁押期限的具体理由，在羁押期限届满七日前提请同级人民检察院转报上一级人民检察院批准延长一个月。

156.3.3　换押及羁押期限变更通知

★《最高人民法院、最高人民检察院、公安部关于羁押犯罪嫌疑人、被告人实行换押和羁押期限变更通知制度的通知》（公监管〔2014〕96 号，2014 年 3 月 3 日）

一、换押和通知范围

（一）换押范围

具有下列情形之一的，办案机关应当办理换押手续：

1. 侦查机关侦查终结，移送人民检察院审查起诉的；

2. 人民检察院退回侦查机关补充侦查的，以及侦查机关补充侦查完毕后重新移送人民检察院审查起诉的；

3. 人民检察院提起公诉，移送人民法院审理的；

4. 审理过程中，人民检察院建议补充侦查，人民法院决定延期审理的，以及人民检察院补充侦查完毕后提请人民法院恢复审理的；

5. 人民检察院对人民法院第一审判决或者裁定提出抗诉以及被告人、自诉人及其法定代理人不服人民法院第一审判决或者裁定提出上诉，第二审人民法院受理的；

6. 第二审人民法院裁定撤销原判，发回原审人民法院重新审判的；

7. 中级人民法院判处的第一审案件进入死刑复核程序，或者死刑复核法院与第二审人民法院不属同一法院，案件进入死刑复核程序，以及死刑复核后人民法院裁定不核准死刑发回重新审判的；

8. 案件在侦查、审查起诉以及审判阶段改变办案机关的。

（二）羁押期限变更通知范围

具有下列情形之一的，办案机关应当将变更后的羁押期限书面通知看守所：

1. 依法延长拘留时间的；

2. 依法延长逮捕后的侦查羁押期限、审查起诉期限、审理期限的；

3. 发现犯罪嫌疑人另有重要罪行，重新计算侦查羁押期限的；

4. 因犯罪嫌疑人不讲真实姓名、住址，身份不明，不计算羁押期限以及从查清其身份之日起开始计算侦查羁押期限的；

5. 适用简易程序审理的案件转为第一审普通程序的；

6. 因精神病鉴定停止计算羁押期限以及恢复计算羁押期限的；

7. 审理过程中，人民法院决定中止审理以及恢复审理的；

8. 死刑复核法院与第二审人民法院为同一法院，案件进入死刑复核程序的；

9. 羁押期限改变的其他情形。

二、换押和通知程序

（一）换押程序

换押时，由移送机关填写《换押证》并加盖公章，一联送达看守所，其余各联随案移送。接收机关接收案件后，填写《换押证》，加盖公章后送达看守所。

对进入最高人民法院死刑复核程序的，由移送案件的高级人民法院填写《换押证》并加盖公章，送达看守所。

最高人民法院发回重审的死刑案件，由接收案件的人民法院填写《换押证》并加盖公章，送达看守所。

（二）羁押期限变更通知程序

对于办案机关未改变，但是羁押期限发生变化的，办案机关应当在原法定羁押期限届满前，填写《变更羁押期限通知书》送达看守所。其中因犯罪嫌疑人、被告人不讲真实姓名、住址，身份不明等不计算羁押期限，或者因精神病鉴定停止计算羁押期限，以及恢复计算羁押期限的，办案机关应当在该情形出现或者消失后 3 日内，将《变更羁押期限通知书》送达看守所。

（三）送达方式

《换押证》和《变更羁押期限通知书》一般应当直接送达。不能直接送达的，可以邮寄送达或者传真送达。邮寄途中时间不计入移送机关或者接收机关办案期限，接收机关签收邮件时间为收案时间；传真送达的，应当随后将原件及时送达。

三、《提讯提解证》的办理和使用

办案机关将犯罪嫌疑人、被告人送看守所羁押时，应当在《拘留证》或者《逮捕证》上注明法定羁押起止时间。看守所在办案机关的《提讯提解证》上加盖提讯专用章，注明法定羁押起止时间。

换押后，看守所凭接收机关的《换押证》在其《提讯提解证》上加盖提讯专用章，注明法定羁押起止时间。

对羁押期限变更的，不需要重新办理《提讯提解证》，但需在《提讯提解证》上注明新的法定羁押起止时间和变更原因，所标注内容应当与《变更羁押期限通知书》中内容一致。

对死刑复核案件，最高人民法院凭第二审或者第一审人民法院的《提讯提解证》对被告人进行现场提讯或者远程视频提讯。其中进行现场提讯的，最高人民法院工作人员应当同时出具有效工作证明。

对超过《提讯提解证》上注明的法定羁押起止时间，没有《提讯提解证》，或者《提讯提解证》中注明的提解出所情形不符合有关规定，办案机关要求提讯或者提解的，看守所应当拒绝提讯或者提解。

157　特殊情形延期审理

157.1　法条规定

第一百五十七条　因为特殊原因，在较长时间内不宜交付审判的特别重大复杂的案件，由最高人民检察院报请全国人民代表大会常务委员会批准延期审理。

【立法释义】①

本条规定明确了特殊情形下延期审理的程序。本条中的“因为特殊原因，在较长时间内不宜交付审判的特别重大复杂的案件”，主要是指涉及政治、外交等原因，加上案件特别重大复杂，在法律规定的办案期限内不宜交付审判。对于此类特殊情形，由最高人民检察院报请全国人民代表大会常务委员会批准延期审理。

157.2　司法解释

157.2.1　特殊情形延期审理的程序

★《检察院规则》（2019）

第三百一十四条　因为特殊原因，

① 参见王爱立主编书，第 319—320 页。

在较长时间内不宜交付审判的特别重大复杂的案件,由最高人民检察院报请全国人民代表大会常务委员会批准延期审理。

158　重大复杂案件侦查羁押期限

158.1　法条规定

第一百五十八条　下列案件在本法第一百五十六条规定的期限届满不能侦查终结的,经省、自治区、直辖市人民检察院批准或者决定,可以延长二个月:

(一)交通十分不便的边远地区的重大复杂案件;

(二)重大的犯罪集团案件;

(三)流窜作案的重大复杂案件;

(四)犯罪涉及面广,取证困难的重大复杂案件。

【立法释义】①

本条规定明确了重大复杂案件延长侦查羁押期限的情形。为规范重大复杂案件侦查羁押期限的延长程序,应当关注以下事项:

第一,适用前提。本条规定的四类案件,犯罪嫌疑人被逮捕后,二个月侦查羁押期限届满不能侦查终结,经上一级人民检察院批准延长一个月仍不能侦查终结,才能再申请延长侦查羁押期限。

第二,审批主体。对于一般侦查羁押期限内无法侦查终结的案件,需经省、自治区、直辖市人民检察院批准或者决定,才可以延长二个月。

第三,适用范围。重大复杂案件主要包括四种情形:其一,“交通十分不便的边远地区的重大复杂案件”。主要是指新疆、西藏、青海等省区的边远地区,因交通十分不便,给调查取证带来很大难度。其二,“重大的犯罪集团案件”。主要是指因涉及犯罪集团,需要调查核实该犯罪集团的全部犯罪事实,并区分犯罪集团内部成员的地位、作用,调查取证难度很大。其三,“流窜作案的重大复杂案件”。主要是指涉及不同地域的犯罪事实,往往需要赴异地调查取证。其四,“犯罪涉及面广,取证困难的重大复杂案件”。主要是指犯罪涉及多个辖区、多个领域、多个犯罪类型或者众多被害人,例如涉众型经济犯罪案件,调查取证难度很大。

对于重大的犯罪集团案件和犯罪涉及面广、取证困难的重大复杂案件等情形,如涉及多名犯罪嫌疑人,侦查机关在申请延长侦查羁押期限时,应当明确具体的犯罪嫌疑人,并注意区分情形,对其中不再符合逮捕条件或者不宜继续羁押的犯罪嫌疑人,应当及时变更强制措施。

158.2　司法解释

158.2.1　检察机关重大复杂案件侦查羁押期限

★《检察院规则》(2019)

第三百零六条　设区的市级人民检察院和基层人民检察院办理直接受理侦查的案件,符合刑事诉讼法第一百五十八条规定,在本规则第三百零五条规定的期限届满前不能侦查终结的,经省级人民检察院批准,可以延长二

① 参见王爱立主编书,第 320—322 页。

个月。

省级人民检察院直接受理侦查的案件,有前款情形的,可以直接决定延长二个月。

158.3　规范性文件

158.3.1　侦查机关重大复杂案件侦查羁押期限

★**《公安规定》**(2020)

第一百四十九条　下列案件在本规定第一百四十八条规定的期限届满不能侦查终结的,应当制作提请批准延长侦查羁押期限意见书,经县级以上公安机关负责人批准,在期限届满七日前送请同级人民检察院层报省、自治区、直辖市人民检察院批准,延长二个月:

(一)交通十分不便的边远地区的重大复杂案件;

(二)重大的犯罪集团案件;

(三)流窜作案的重大复杂案件;

(四)犯罪涉及面广,取证困难的重大复杂案件。

★**《国安规定》**(2024)

第一百七十三条　下列案件在本规定第一百七十二条规定的期限届满不能侦查终结的,应当经国家安全机关负责人批准,制作提请批准变更羁押期限意见书,在羁押期限届满七日前提请人民检察院批准,延长二个月:

(一)交通十分不便的边远地区的重大复杂案件;

(二)重大的犯罪集团案件;

(三)流窜作案的重大复杂案件;

(四)犯罪涉及面广,取证困难的重大复杂案件。

159　重罪案件侦查羁押期限

159.1　法条规定

第一百五十九条　对犯罪嫌疑人可能判处十年有期徒刑以上刑罚,依照本法第一百五十八条规定延长期限届满,仍不能侦查终结的,经省、自治区、直辖市人民检察院批准或者决定,可以再延长二个月。

【立法释义】①

本条规定明确了重罪案件延长侦查羁押期限的程序。"可能判处十年有期徒刑以上刑罚",是指根据犯罪嫌疑人所涉犯罪的法定刑幅度,以及具体的犯罪行为和情节,可能被判处十年有期徒刑以上刑罚。并非所有可能判处十年有期徒刑以上刑罚的案件,都可依据本条规定延长侦查羁押期限。只有"依照本法第一百五十八条规定延长期限届满,仍不能侦查终结的",即属于本法第一百五十八条规定的四类重大复杂案件,才可适用本条规定的再次延长侦查羁押期限。对于普通的重罪案件,不得依照本条规定延长侦查羁押期限。

159.2　司法解释

159.2.1　检察机关重罪案件侦查羁押期限

★**《检察院规则》**(2019)

第三百零七条　设区的市级人民检察院和基层人民检察院办理直接受理侦查的案件,对犯罪嫌疑人可能判处十年有期徒刑以上刑罚,依照本规则第三百零六条的规定依法延长羁押期限

① 参见王爱立主编书,第 322—323 页。

届满，仍不能侦查终结的，经省级人民检察院批准，可以再延长二个月。

省级人民检察院办理直接受理侦查的案件，有前款情形的，可以直接决定再延长二个月。

159.3　规范性文件

159.3.1　侦查机关重罪案件侦查羁押期限

★《公安规定》(2020)

第一百五十条　对犯罪嫌疑人可能判处十年有期徒刑以上刑罚，依照本规定第一百四十九条规定的延长期限届满，仍不能侦查终结的，应当制作提请批准延长侦查羁押期限意见书，经县级以上公安机关负责人批准，在期限届满七日前送请同级人民检察院层报省、自治区、直辖市人民检察院批准，再延长二个月。

★《国安规定》(2024)

第一百七十四条　对于犯罪嫌疑人可能判处十年有期徒刑以上刑罚，依照本规定第一百七十三条规定延长期限届满，仍不能侦查终结的，应当经国家安全机关负责人批准，制作提请批准变更羁押期限意见书，在羁押期限届满七日前提请同级人民检察院转报省、自治区、直辖市人民检察院批准，再延长二个月。

160　特殊情形侦查羁押期限

160.1　法条规定

第一百六十条　在侦查期间，发现犯罪嫌疑人另有重要罪行的，自发现之日起依照本法第一百五十六条的规定重新计算侦查羁押期限。

犯罪嫌疑人不讲真实姓名、住址，身份不明的，应当对其身份进行调查，侦查羁押期限自查清其身份之日起计算，但是不得停止对其犯罪行为的侦查取证。对于犯罪事实清楚，证据确实、充分，确实无法查明其身份的，也可以按其自报的姓名起诉、审判。

【立法释义】①

本条规定明确了特殊情形下的侦查羁押期限。对于发现另有重要罪行或者身份不明等情形，关于侦查羁押期限的特殊计算规则，应当关注以下事项：

第一，另有重要罪行②的情形。“另有重要罪行”，是指与逮捕时的罪行不同种的重大犯罪或者同种的影响罪名认定、量刑档次的重大犯罪。“重要”，是指新发现的罪行符合采取逮捕措施的条件，足以阻断当前罪行的侦查羁押期限，有必要重新计算侦查羁押期限。如果新发现的罪行系较轻罪行，特别是同种较轻罪行，则不能重新计算侦查羁押期限。“自发现之日”，是指侦查机关发现另有重大罪行之日，既包括侦查机关经侦查发现该罪行，也包括犯罪嫌疑人主动交代该罪行。对于该种情形，侦查羁押期限自发现另有重要罪行之日起重新计算。需要指出的是，“六部门”《关于实施刑事诉讼法若干

① 参见王爱立主编书，第 324—326 页。

② 对于因另有罪行而重新计算侦查羁押期限的情形，主要是指涉及其他重大罪行。为表述规范，可考虑将“重要罪行”调整为“重大罪行”。

问题的规定》第二十二条规定，公安机关对于此种情形重新计算侦查羁押期限的，不需要经人民检察院批准，但应当报人民检察院备案，人民检察院可以进行监督。

第二，犯罪嫌疑人身份不明的情形。犯罪嫌疑人"不讲真实姓名、住址，身份不明的"，是指犯罪嫌疑人谎报或者故意不报姓名、住址，导致侦查机关难以核查其真实身份。对于犯罪嫌疑人没有真实姓名、住址，因客观原因身份不明的情形，不适用本条规定。对该类犯罪嫌疑人的侦查羁押期限，自查清其身份之日起计算，但是不得停止对其犯罪行为的侦查取证。换言之，侦查机关应当在查证犯罪嫌疑人真实身份的同时，继续调查该犯罪嫌疑人所涉的犯罪事实，收集有关犯罪证据。为了防止因犯罪嫌疑人身份不明而导致案件长期搁置，对于犯罪事实清楚，证据确实、充分，确实无法查明其身份的，也可以按其自报的姓名起诉、审判。需要指出的是，按照犯罪嫌疑人自报的姓名起诉、审判的，在法律文书中应当写明有关情形。

160.2　司法解释

160.2.1　检察机关特殊情形侦查羁押期限

★**《检察院规则》**(2019)

第三百一十五条　人民检察院在侦查期间发现犯罪嫌疑人另有重要罪行的，自发现之日起依照本规则第三百零五条的规定重新计算侦查羁押期限。

另有重要罪行是指与逮捕时的罪行不同种的重大犯罪或者同种的影响罪名认定、量刑档次的重大犯罪。

第三百一十六条　人民检察院重新计算侦查羁押期限，应当由负责侦查的部门提出重新计算侦查羁押期限的意见，移送本院负责捕诉的部门审查。负责捕诉的部门审查后应当提出是否同意重新计算侦查羁押期限的意见，报检察长决定。

第三百一十八条　人民检察院直接受理侦查的案件，不能在法定侦查羁押期限内侦查终结的，应当依法释放犯罪嫌疑人或者变更强制措施。

第三百一十九条　负责捕诉的部门审查延长侦查羁押期限、审查重新计算侦查羁押期限，可以讯问犯罪嫌疑人，听取辩护律师和侦查人员的意见，调取案卷及相关材料等。

160.2.2　检察机关对重新计算侦查羁押期限的备案

★**《最高人民检察院、公安部关于依法适用逮捕措施有关问题的规定》**(高检会〔2001〕10号，2001年8月6日)

十一、公安机关发现犯罪嫌疑人另有重要罪行，需要重新计算侦查羁押期限的，可以按照刑事诉讼法有关规定决定重新计算侦查羁押期限，同时报送原作出批准逮捕决定的人民检察院备案。

★**《检察院规则》**(2019)

第三百一十七条　对公安机关重新计算侦查羁押期限的备案，由负责捕诉的部门审查。负责捕诉的部门认为公安机关重新计算侦查羁押期限不当的，应当提出纠正意见。

【重点解读】①

人民检察院负责捕诉的部门对公

①　参见童建明、万春主编释义书，第345页。

安机关重新计算侦查羁押期限的案件进行备案审查后，认为重新计算侦查羁押期限不当的，应当报检察长决定后，以人民检察院的名义制作纠正违法通知书，通知公安机关纠正。

160.3　规范性文件

160.3.1　侦查机关特殊情形侦查羁押期限

★**《公安规定》**(2020)

第一百五十一条　在侦查期间，发现犯罪嫌疑人另有重要罪行的，应当自发现之日起五日以内报县级以上公安机关负责人批准后，重新计算侦查羁押期限，制作变更羁押期限通知书，送达看守所，并报批准逮捕的人民检察院备案。

前款规定的"另有重要罪行"，是指与逮捕时的罪行不同种的重大犯罪以及同种犯罪并将影响罪名认定、量刑档次的重大犯罪。

第一百五十二条　犯罪嫌疑人不讲真实姓名、住址，身份不明的，应当对其身份进行调查。经县级以上公安机关负责人批准，侦查羁押期限自查清其身份之日起计算，但不得停止对其犯罪行为的侦查取证。

对于犯罪事实清楚，证据确实、充分，确实无法查明其身份的，按其自报的姓名移送人民检察院审查起诉。

★**《国安规定》**(2024)

第一百七十八条　侦查期间，发现犯罪嫌疑人另有重要罪行，自发现之日起依照本规定第一百七十二条重新计算侦查羁押期限。国家安全机关应当自发现之日起五日以内，经国家安全机关负责人批准，制作变更羁押期限通知书，送达看守所，并报批准逮捕的人民检察院备案。

前款规定的"另有重要罪行"，是指与逮捕时的罪行不同种的重大犯罪和同种的影响罪名认定、量刑档次的重大犯罪。

第一百七十九条　犯罪嫌疑人不讲真实姓名、住址，身份不明的，应当对其身份进行调查。经国家安全机关负责人批准，侦查羁押期限自查清身份之日起计算，但是不得停止对其犯罪行为的侦查取证。

对于犯罪事实清楚，证据确实、充分，确实无法查明其身份的，可以按其自报的姓名移送人民检察院审查起诉。

★**《公安部关于如何处理无法查清身份的外国籍犯罪嫌疑人问题的批复》**(公复字〔1999〕1号，1999年1月11日)

公安机关在办理刑事案件过程中，需要确认外国籍犯罪嫌疑人身份的，如果我国与该犯罪嫌疑人所称的国籍国签订的有关司法协助条约或者共同缔结或参加的国际公约有规定，可以按照有关司法协助条约或者国际公约的规定，请求该国协助查明其身份。如果没有司法协助条约或者国际公约规定，可以通过外交途径或者国际刑警组织渠道办理。

公安机关应当尽可能地查明外国籍犯罪嫌疑人的身份，避免引起外交交涉。如果确实无法查清或者有关国家拒绝协助，可以根据《刑事诉讼法》第一百二十八条第二款①的规定处理，即犯罪嫌疑人不讲真实姓名、住址，身份不明，但犯罪事实清楚，证据确实、充分的，也可以按其自报的姓名移送人民检

---

①　2018年刑事诉讼法第一百六十条第二款。

察院审查起诉。

160.4　指导与参考案例

160.4.1　被告人自报身份的司法认定

【刑事审判参考案例】

［第1064号］户猛抢劫案

裁判要旨：在刑事审判中，按被告人自报身份审判，必须符合以下两个条件：

第一，犯罪事实清楚，证据确实、充分。按自报认定被告人身份的前提条件是认定被告人犯罪的事实清楚，证据确实、充分，也就意味着对被告人犯罪的事实或行为已有充分的证据证实，且该事实或行为在现有证据下，能够完全证实是被告人实施。如果犯罪事实本身的证据并不充分，则不适用按被告人自报身份审判的规定。

第二，确实无法查明身份。按自报认定被告人身份的必要条件是被告人身份确实无法查明，即司法机关使用所有手段得到的证据都确实无法查实被告人的真实身份。确实无法查明身份，包括了两个方面的内容：（1）侦查机关经过大量工作，穷尽了可以利用的手段，包括专门机关的技术工作和群众调查工作。（2）无法查实，即依据侦查机关搜集到的证据确实无法证实被告人身份情况，同时没有相反证据证明被告人自报身份的真伪。

161　听取辩护律师意见

161.1　法条规定

第一百六十一条　在案件侦查终结前，辩护律师提出要求的，侦查机关应当听取辩护律师的意见，并记录在案。辩护律师提出书面意见的，应当附卷。

【立法释义】①

本条规定明确了侦查终结前听取辩护律师意见的要求，是2012年刑事诉讼法修改增加的规定。辩护律师在侦查阶段介入案件后，直至案件侦查终结前，可以随时向侦查机关提出意见。对于辩护律师提出要求的，侦查机关应当听取辩护律师意见，并记录在案。辩护律师提出的犯罪嫌疑人无罪或者依法不应追究刑事责任的意见，以及辩护律师提交的犯罪嫌疑人不在犯罪现场、未达到刑事责任年龄、属于依法不负刑事责任的精神病人的证据材料，侦查机关应当进行核实并将有关情况记录在案，有关证据应当附卷。对于案件所涉的重大问题，侦查机关也可以主动听取辩护律师意见。

161.2　司法解释

161.2.1　侦查终结前听取辩护律师意见

★《检察院规则》（2019）

第二百三十九条　在案件侦查过程中，犯罪嫌疑人委托辩护律师的，检察人员可以听取辩护律师的意见。

辩护律师要求当面提出意见的，检察人员应当听取意见，并制作笔录附卷。辩护律师提出书面意见的，应当附卷。

侦查终结前，犯罪嫌疑人提出无罪或者罪轻的辩解，辩护律师提出犯罪嫌疑人无罪或者依法不应当追究刑事责任意见的，人民检察院应当依法予以核实。

案件侦查终结移送起诉时，人民检察院应当同时将案件移送情况告知犯罪嫌疑人及其辩护律师。

① 参见王爱立主编书，第326—327页。

★《公安规定》(2020)

第五十八条　案件侦查终结前，辩护律师提出要求的，公安机关应当听取辩护律师的意见，根据情况进行核实，并记录在案。辩护律师提出书面意见的，应当附卷。

对辩护律师收集的犯罪嫌疑人不在犯罪现场、未达到刑事责任年龄、属于依法不负刑事责任的精神病人的证据，公安机关应当进行核实并将有关情况记录在案，有关证据应当附卷。

★《国安规定》(2024)

第六十二条　对于辩护律师提供的犯罪嫌疑人不在犯罪现场、未达到刑事责任年龄、属于依法不负刑事责任的精神病人的证据，国家安全机关应当进行核实，有关证据应当附卷。

第六十三条　案件侦查终结前，辩护律师提出要求的，国家安全机关应当听取辩护律师的意见，并记录在案。听取辩护律师意见的笔录、辩护律师提出犯罪嫌疑人无罪或者依法不应追究刑事责任的意见，或者提出证据材料的，国家安全机关应当依法予以核实。辩护律师提出书面意见的，应当附卷。

162　侦查终结

162.1　法条规定

第一百六十二条　公安机关侦查终结的案件，应当做到犯罪事实清楚，证据确实、充分，并且写出起诉意见书，连同案卷材料、证据一并移送同级人民检察院审查决定；同时将案件移送情况告知犯罪嫌疑人及其辩护律师。

犯罪嫌疑人自愿认罪的，应当记录在案，随案移送，并在起诉意见书中写明有关情况。

【立法释义】①

本条规定明确了侦查终结的程序要求。2012年刑事诉讼法修改增加了将案件移送情况告知犯罪嫌疑人及其辩护律师的规定。2018年刑事诉讼法修改增加了犯罪嫌疑人自愿认罪的记录和说明要求。侦查终结标志着侦查活动的结束，在某种程度上决定了案件的质量和后续诉讼结果。关于侦查终结，应当关注以下事项：

第一，侦查终结的证明标准。公安机关侦查终结的案件，必须做到犯罪事实清楚，证据确实、充分。这意味着，侦查应当按照审判的标准进行；侦查终结的标准，应当参照审判定罪的标准。当然，基于辩护律师提出的辩护意见，以及起诉、审判阶段证据体系的变化，侦查终结时认为达到审判定罪标准的案件，可能最终未能达到审判定罪的标准。这种诉讼过程中证据体系的动态变化，体现出司法证明的特殊规律。

第二，侦查终结的案件交接程序。侦查终结是侦查程序的关键环节，应当履行相应的审批程序，参见《公安规定》第二百八十六条的规定。为确保犯罪嫌疑人及其辩护律师的知情权，公安机关对于侦查终结、移送审查起诉的案件，应当将案件移送情况告知犯罪嫌疑人及其辩护律师。

第三，认罪情形的处理。基于认罪认罚从宽制度要求，《公安规定》第二百八十九条第二款规定，犯罪嫌疑人自

① 参见王爱立主编书，第327—330页。

愿认罪的，应当记录在案，随案移送，并在起诉意见书中写明有关情况；认为案件符合速裁程序适用条件的，可以向人民检察院提出适用速裁程序的建议。对于犯罪嫌疑人认罪后翻供，或者供述存在反复等情形，侦查机关应当随案移送犯罪嫌疑人所有的供述和辩解。

第四，另案处理的情形。与并案审理相对应，另案处理是司法实践中常用的分案诉讼机制。2014年《最高人民检察院、公安部关于规范刑事案件"另案处理"适用的指导意见》第二条规定，"另案处理"，是指在办理刑事案件过程中，对于涉嫌共同犯罪案件或者与该案件有牵连关系的部分犯罪嫌疑人，由于法律有特殊规定或者案件存在特殊情况等原因，不能或者不宜与其他同案犯罪嫌疑人同案处理，而从案件中分离出来单独或者与其他案件并案处理的情形。对侦查阶段决定另案处理的情形，应当接受人民检察院的法律监督。

162.2 相关立法

162.2.1 监察机关调查终结的处置方式

★《中华人民共和国监察法》(2024年12月25日修正)

第五十二条　监察机关根据监督、调查结果，依法作出如下处置：

(一)对有职务违法行为但情节较轻的公职人员，按照管理权限，直接或者委托有关机关、人员，进行谈话提醒、批评教育、责令检查，或者予以诫勉；

(二)对违法的公职人员依照法定程序作出警告、记过、记大过、降级、撤职、开除等政务处分决定；

(三)对不履行或者不正确履行职责负有责任的领导人员，按照管理权限对其直接作出问责决定，或者向有权作出问责决定的机关提出问责建议；

(四)对涉嫌职务犯罪的，监察机关经调查认为犯罪事实清楚，证据确实、充分的，制作起诉意见书，连同案卷材料、证据一并移送人民检察院依法审查、提起公诉；

(五)对监察对象所在单位廉政建设和履行职责存在的问题等提出监察建议。

监察机关经调查，对没有证据证明被调查人存在违法犯罪行为的，应当撤销案件，并通知被调查人所在单位。

【立法释义】①

监察机关开展监督、调查后，主要有谈话提醒、政务处分、问责决定、移送起诉和提出监察建议等处理方式。

162.3 司法解释

162.3.1 最高人民检察院行使核准追诉权

★《检察院规则》(2019)

第三百二十条　法定最高刑为无期徒刑、死刑的犯罪，已过二十年追诉期限的，不再追诉。如果认为必须追诉的，须报请最高人民检察院核准。

第三百二十一条　须报请最高人民检察院核准追诉的案件，公安机关在核准之前可以依法对犯罪嫌疑人采取强制措施。

公安机关报请核准追诉并提请逮捕犯罪嫌疑人，人民检察院经审查认为必须追诉而且符合法定逮捕条件的，可

① 参见法规室编写释义书，第203—208页。

以依法批准逮捕,同时要求公安机关在报请核准追诉期间不得停止对案件的侦查。

未经最高人民检察院核准,不得对案件提起公诉。

第三百二十二条　报请核准追诉的案件应当同时符合下列条件:

(一)有证据证明存在犯罪事实,且犯罪事实是犯罪嫌疑人实施的;

(二)涉嫌犯罪的行为应当适用的法定量刑幅度的最高刑为无期徒刑或者死刑;

(三)涉嫌犯罪的性质、情节和后果特别严重,虽然已过二十年追诉期限,但社会危害性和影响依然存在,不追诉会严重影响社会稳定或者产生其他严重后果,而必须追诉的;

(四)犯罪嫌疑人能够及时到案接受追诉。

第三百二十三条　公安机关报请核准追诉的案件,由同级人民检察院受理并层报最高人民检察院审查决定。

第三百二十四条　地方各级人民检察院对公安机关报请核准追诉的案件,应当及时进行审查并开展必要的调查。经检察委员会审议提出是否同意核准追诉的意见,制作报请核准追诉案件报告书,连同案卷材料一并层报最高人民检察院。

第三百二十五条　最高人民检察院收到省级人民检察院报送的报请核准追诉案件报告书及案卷材料后,应当及时审查,必要时指派检察人员到案发地了解案件有关情况。经检察长批准,作出是否核准追诉的决定,并制作核准追诉决定书或者不予核准追诉决定书,逐级下达至最初受理案件的人民检察院,由其送达报请核准追诉的公安机关。

第三百二十六条　对已经采取强制措施的案件,强制措施期限届满不能作出是否核准追诉决定的,应当对犯罪嫌疑人变更强制措施或者延长侦查羁押期限。

第三百二十七条　最高人民检察院决定核准追诉的案件,最初受理案件的人民检察院应当监督公安机关的侦查工作。

最高人民检察院决定不予核准追诉,公安机关未及时撤销案件的,同级人民检察院应当提出纠正意见。犯罪嫌疑人在押的,应当立即释放。

162.4　规范性文件

162.4.1　另案处理的程序规范

★**《最高人民检察院、公安部关于规范刑事案件“另案处理”适用的指导意见》**(高检会〔2014〕1号,2014年3月6日)

第二条　本意见所称“另案处理”,是指在办理刑事案件过程中,对于涉嫌共同犯罪案件或者与该案件有牵连关系的部分犯罪嫌疑人,由于法律有特殊规定或者案件存在特殊情况等原因,不能或者不宜与其他同案犯罪嫌疑人同案处理,而从案件中分离出来单独或者与其他案件并案处理的情形。

第三条　涉案的部分犯罪嫌疑人有下列情形之一的,可以适用“另案处理”:

(一)依法需要移送管辖处理的;

(二)系未成年人需要分案办理的;

(三)在同案犯罪嫌疑人被提请批准逮捕或者移送审查起诉时在逃,无法到案的;

(四)涉嫌其他犯罪,需要进一步

侦查,不宜与同案犯罪嫌疑人一并提请批准逮捕或者移送审查起诉,或者其他犯罪更为严重,另案处理更为适宜的;

(五)涉嫌犯罪的现有证据暂不符合提请批准逮捕或者移送审查起诉标准,需要继续侦查,而同案犯罪嫌疑人符合提请批准逮捕或者移送审查起诉标准的;

(六)其他适用"另案处理"更为适宜的情形。

第四条　对于下列情形,不适用"另案处理",但公安机关应当在提请批准逮捕书、起诉意见书中注明处理结果,并将有关法律文书复印件及相关说明材料随案移送人民检察院:

(一)现有证据表明行为人在本案中的行为不构成犯罪或者情节显著轻微、危害不大,依法不应当或者不需要追究刑事责任,拟作或者已经作出行政处罚、终止侦查或者其他处理的;

(二)行为人在本案中所涉犯罪行为,之前已被司法机关依法作不起诉决定、刑事判决等处理并生效的。

第五条　公安机关办案部门在办理刑事案件时,发现其中部分犯罪嫌疑人符合本意见第三条规定的情形之一,拟作"另案处理"的,应当提出书面意见并附下列证明材料,经审核后报县级以上公安机关负责人审批:

(一)依法需要移送管辖的,提供移送管辖通知书、指定管辖决定书等材料;

(二)系未成年人需要分案处理的,提供未成年人户籍证明、立案决定书、提请批准逮捕书、起诉意见书等材料;

(三)犯罪嫌疑人在逃的,提供拘留证、上网追逃信息等材料;

(四)犯罪嫌疑人涉嫌其他犯罪,需要进一步侦查的,提供立案决定书等材料;

(五)涉嫌犯罪的现有证据暂不符合提请批准逮捕或者移送审查起诉标准,需要继续侦查的,提供相应说明材料;

(六)因其他原因暂不能提请批准逮捕或者移送审查起诉的,提供相应说明材料。

第八条　公安机关在提请批准逮捕、移送审查起诉案件时,对适用"另案处理"的犯罪嫌疑人,应当在提请批准逮捕书、起诉意见书中注明"另案处理",并将其涉嫌犯罪的主要证据材料的复印件,连同本意见第五条规定的相关证明材料一并随案移送。

对未批准适用"另案处理"的刑事案件,应当对符合逮捕条件的全部犯罪嫌疑人一并提请批准逮捕,或者在侦查终结后对全部犯罪嫌疑人一并移送审查起诉。

第九条　在提请人民检察院批准逮捕时已对犯罪嫌疑人作"另案处理",但在移送审查起诉时"另案处理"的原因已经消失的,公安机关应当对其一并移送审查起诉;"另案处理"原因仍然存在的,公安机关应当继续适用"另案处理",并予以书面说明。

第十二条　人民检察院发现公安机关在办案过程中适用"另案处理"存在违法或者不当的,应当向公安机关提出书面纠正意见或者检察建议。公安机关应当认真审查,并将结果及时反馈人民检察院。

162.4.2　同案犯在逃的共同犯罪案件的处理

★《最高人民法院、最高人民检察院、公安部关于如何处理有同案犯在逃

的共同犯罪案件的通知》[〔82〕公发(审)53号,1982年4月5日]

二、同案犯在逃,对在押犯的犯罪事实已查清并有确实、充分证据的,应按照刑事诉讼法规定的诉讼程序,该起诉的起诉,该定罪判刑的定罪判刑。

如在逃跑的同案犯逮捕归案后,对已按上项办法处理的罪犯查明还有其他罪没有判决时,可以按照刑事诉讼法规定的诉讼程序对新查明的罪行进行起诉和判决。人民法院应依照刑法第六十五条①和全国人民代表大会常务委员会《关于处理逃跑或者重新犯罪的劳改犯和劳教人员的决定》②的有关规定判处这类案件。

三、由于同案犯在逃,在押犯主要犯罪事实情节不清并缺乏证据的,可根据不同情况,分别采取依法报请延长羁押期限、监视居住、取保候审等办法,继续侦查,抓紧结案。

四、由于同案犯在逃,没有确实证据证明在押犯的犯罪事实的,或已查明的情节显著轻微的,应予先行释放,在同案犯追捕归案、查明犯罪事实后再作处理。

162.4.3 侦查期间对非法证据的审查、排除

★《最高人民法院、最高人民检察院、公安部、国家安全部、司法部关于办理刑事案件严格排除非法证据若干问题的规定》(法发〔2017〕15号,2017年6月20日)

第十四条 犯罪嫌疑人及其辩护人在侦查期间可以向人民检察院申请排除非法证据。对犯罪嫌疑人及其辩护人提供相关线索或者材料的,人民检察院应当调查核实。调查结论应当书面告知犯罪嫌疑人及其辩护人。对确有以非法方法收集证据情形的,人民检察院应当向侦查机关提出纠正意见。

侦查机关对审查认定的非法证据,应当予以排除,不得作为提请批准逮捕、移送审查起诉的根据。

对重大案件,人民检察院驻看守所检察人员应当在侦查终结前询问犯罪嫌疑人,核查是否存在刑讯逼供、非法取证情形,并同步录音录像。经核查,确有刑讯逼供、非法取证情形的,侦查机关应当及时排除非法证据,不得作为提请批准逮捕、移送审查起诉的根据。

第十五条 对侦查终结的案件,侦查机关应当全面审查证明证据收集合法性的证据材料,依法排除非法证据。排除非法证据后,证据不足的,不得移送审查起诉。

侦查机关发现办案人员非法取证的,应当依法作出处理,并可另行指派侦查人员重新调查取证。

162.4.4 侦查终结前对证据合法性的审查和处理

★《公安规定》(2020)

第二百八十四条 对侦查终结的案件,公安机关应当全面审查证明证据收集合法性的证据材料,依法排除非法证据。排除非法证据后证据不足的,不得移送审查起诉。

公安机关发现侦查人员非法取证的,应当依法作出处理,并可另行指派侦查人员重新调查取证。

★《国安规定》(2024)

第二百三十一条 重大案件侦查

---

① 2023年刑法第七十条。

② 1997年刑法施行,该决定失效。

终结前,应当及时制作重大案件即将侦查终结通知书,通知人民检察院驻看守所检察人员对讯问合法性进行核查。经核实确有刑讯逼供等非法取证情形的,国家安全机关应当及时排除非法证据,不得作为提请批准逮捕、移送审查起诉的根据。

★《最高人民法院、最高人民检察院、公安部、国家安全部、司法部办理刑事案件排除非法证据规程》(法发〔2024〕12号,2024 年 7 月 25 日)

第四条　对于可能判处无期徒刑、死刑的案件或者其他重大案件,侦查机关在侦查终结前,应当书面通知人民检察院驻看守所检察人员开展讯问合法性核查。检察人员应当在侦查终结前询问犯罪嫌疑人,核查是否存在刑讯逼供等非法取证的情形,并全程同步录音录像。

第五条　人民检察院核查结束后,应当制作重大案件讯问合法性核查意见书,送达侦查机关。对于经核查确有或者不能排除刑讯逼供等非法取证情形的,应当通知侦查机关依法排除非法证据。侦查机关对存在刑讯逼供等非法取证情形没有异议,或者经复查认定确有刑讯逼供等非法取证情形的,应当及时依法排除非法证据,不得作为提请批准逮捕、移送审查起诉的根据,并制作排除非法证据结果告知书,将排除非法证据的情况依法告知人民检察院。重大案件讯问合法性核查意见书和被排除的非法证据应当随案移送,并写明为依法排除的非法证据。

162.4.5　侦查终结前对无罪、罪轻意见的核实

★《最高人民法院、最高人民检察院、公安部、国家安全部、司法部关于推进以审判为中心的刑事诉讼制度改革的意见》(法发〔2016〕18 号,2016 年 7 月 20 日)

六、在案件侦查终结前,犯罪嫌疑人提出无罪或者罪轻的辩解,辩护律师提出犯罪嫌疑人无罪或者依法不应追究刑事责任的意见,侦查机关应当依法予以核实。

162.4.6　侦查终结移送电子数据

★《最高人民法院、最高人民检察院、公安部关于办理刑事案件收集提取和审查判断电子数据若干问题的规定》(法发〔2016〕22 号,2016 年 9 月 9 日)

第十八条　收集、提取的原始存储介质或者电子数据,应当以封存状态随案移送,并制作电子数据的备份一并移送。

对网页、文档、图片等可以直接展示的电子数据,可以不随案移送打印件;人民法院、人民检察院因设备等条件限制无法直接展示电子数据的,侦查机关应当随案移送打印件,或者附展示工具和展示方法说明。

对冻结的电子数据,应当移送被冻结电子数据的清单,注明类别、文件格式、冻结主体、证据要点、相关网络应用账号,并附查看工具和方法的说明。

第十九条　对侵入、非法控制计算机信息系统的程序、工具以及计算机病毒等无法直接展示的电子数据,应当附电子数据属性、功能等情况的说明。

对数据统计量、数据同一性等问题,侦查机关应当出具说明。

第二十条　公安机关报请人民检察院审查批准逮捕犯罪嫌疑人,或者对侦查终结的案件移送人民检察院审查

起诉的,应当将电子数据等证据一并移送人民检察院。人民检察院在审查批准逮捕和审查起诉过程中发现应当移送的电子数据没有移送或者移送的电子数据不符合相关要求的,应当通知公安机关补充移送或者进行补正。

对于提起公诉的案件,人民法院发现应当移送的电子数据没有移送或者移送的电子数据不符合相关要求的,应当通知人民检察院。

公安机关、人民检察院应当自收到通知后三日内移送电子数据或者补充有关材料。

★《最高人民检察院、公安部关于公安机关向检察机关随案移送电子文档的通知》(高检会〔2005〕3 号,2005 年 8 月 18 日)

为了降低办案成本,提高工作效率,实现资源共享,最高人民检察院和公安部经协商决定,公安机关向检察机关提请批准逮捕或移送审查起诉犯罪嫌疑人时,《提请批准逮捕书》、《起诉意见书》有电子文档的,应当将电子文档一并随案卷材料移送给受案的检察机关(《提请批准逮捕书》、《起诉意见书》以书面原件为准)。

162. 4. 7 侦查机关侦查终结的要求

★《公安规定》(2020)

第六十八条 公安机关提请批准逮捕书、起诉意见书必须忠实于事实真象。故意隐瞒事实真象的,应当依法追究责任。

第六十九条 需要查明的案件事实包括:

(一)犯罪行为是否存在;

(二)实施犯罪行为的时间、地点、手段、后果以及其他情节;

(三)犯罪行为是否为犯罪嫌疑人实施;

(四)犯罪嫌疑人的身份;

(五)犯罪嫌疑人实施犯罪行为的动机、目的;

(六)犯罪嫌疑人的责任以及与其他同案人的关系;

(七)犯罪嫌疑人有无法定从重、从轻、减轻处罚以及免除处罚的情节;

(八)其他与案件有关的事实。

第七十条 公安机关移送审查起诉的案件,应当做到犯罪事实清楚,证据确实、充分。

证据确实、充分,应当符合以下条件:

(一)认定的案件事实都有证据证明;

(二)认定案件事实的证据均经法定程序查证属实;

(三)综合全案证据,对所认定事实已排除合理怀疑。

对证据的审查,应当结合案件的具体情况,从各证据与待证事实的关联程度、各证据之间的联系等方面进行审查判断。

只有犯罪嫌疑人供述,没有其他证据的,不能认定案件事实;没有犯罪嫌疑人供述,证据确实、充分的,可以认定案件事实。

第二百八十三条 侦查终结的案件,应当同时符合以下条件:

(一)案件事实清楚;

(二)证据确实、充分;

(三)犯罪性质和罪名认定正确;

(四)法律手续完备;

(五)依法应当追究刑事责任。

第二百八十四条 对侦查终结的

案件，公安机关应当全面审查证明证据收集合法性的证据材料，依法排除非法证据。排除非法证据后证据不足的，不得移送审查起诉。

公安机关发现侦查人员非法取证的，应当依法作出处理，并可另行指派侦查人员重新调查取证。

第二百八十五条　侦查终结的案件，侦查人员应当制作结案报告。

结案报告应当包括以下内容：

（一）犯罪嫌疑人的基本情况；

（二）是否采取了强制措施及其理由；

（三）案件的事实和证据；

（四）法律依据和处理意见。

第二百八十六条　侦查终结案件的处理，由县级以上公安机关负责人批准；重大、复杂、疑难的案件应当经过集体讨论。

第二百八十七条　侦查终结后，应当将全部案卷材料按照要求装订立卷。

向人民检察院移送案件时，只移送诉讼卷，侦查卷由公安机关存档备查。

第二百八十八条　对查封、扣押的犯罪嫌疑人的财物及其孳息、文件或者冻结的财产，作为证据使用的，应当随案移送，并制作随案移送清单一式两份，一份留存，一份交人民检察院。制作清单时，应当根据已经查明的案情，写明对涉案财物的处理建议。

对于实物不宜移送的，应当将其清单、照片或者其他证明文件随案移送。待人民法院作出生效判决后，按照人民法院送达的生效判决书、裁定书依法作出处理，并向人民法院送交回执。人民法院在判决、裁定中未对涉案财物作出处理的，公安机关应当征求人民法院意见，并根据人民法院的决定依法作出处理。

第二百八十九条　对侦查终结的案件，应当制作起诉意见书，经县级以上公安机关负责人批准后，连同全部案卷材料、证据，以及辩护律师提出的意见，一并移送同级人民检察院审查决定；同时将案件移送情况告知犯罪嫌疑人及其辩护律师。

犯罪嫌疑人自愿认罪的，应当记录在案，随案移送，并在起诉意见书中写明有关情况；认为案件符合速裁程序适用条件的，可以向人民检察院提出适用速裁程序的建议。

第二百九十条　对于犯罪嫌疑人在境外，需要及时进行审判的严重危害国家安全犯罪、恐怖活动犯罪案件，应当在侦查终结后层报公安部批准，移送同级人民检察院审查起诉。

在审查起诉或者缺席审理过程中，犯罪嫌疑人、被告人向公安机关自动投案或者被公安机关抓获的，公安机关应当立即通知人民检察院、人民法院。

第二百九十一条　共同犯罪案件的起诉意见书，应当写明每个犯罪嫌疑人在共同犯罪中的地位、作用、具体罪责和认罪态度，并分别提出处理意见。

第二百九十二条　被害人提出附带民事诉讼的，应当记录在案；移送审查起诉时，应当在起诉意见书末页注明。

★《国安规定》（2024）

第三百零五条　侦查终结的案件应当同时具备以下条件：

（一）案件事实清楚；

（二）证据确实、充分；

（三）犯罪性质和罪名认定正确；

（四）法律手续完备；

（五）依法应当追究刑事责任。

第三百零六条　对侦查终结的案件，国家安全机关应当全面审查证明证据收集合法性的证据材料，依法排除非法证据。排除非法证据后，证据不足的，不得移送审查起诉。

国家安全机关发现侦查人员非法取证的，应当依法作出处理，并可另行指派侦查人员重新调查取证。

第三百零七条　侦查终结的案件，侦查人员应当制作结案报告。

结案报告应当包括以下内容：

（一）犯罪嫌疑人的基本情况；

（二）是否采取了强制措施及其理由；

（三）案件的事实和证据；

（四）法律依据和处理意见。

第三百零八条　侦查终结案件的处理，由设区的市级以上国家安全机关负责人批准；重大、复杂、疑难的案件应当报上一级国家安全机关负责人批准。

第三百零九条　侦查终结后，应当将全部案卷材料按照要求分别装订立卷。向人民检察院移送案卷时，有关材料涉及国家秘密、工作秘密、商业秘密、个人隐私的，应当保密。

第三百一十条　对于查封、扣押的犯罪嫌疑人的财物及其孳息、文件或者冻结的财产，作为证据使用的，应当随案移送，并制作随案移送清单一式两份，一份留存，一份交人民检察院。

对于实物不宜移送的，应当将其清单、照片或者其他证明文件随案移送。待人民法院作出生效判决后，按照人民法院送达的生效判决书、裁定书依法作出处理，并向人民法院送交回执。人民法院未作出处理的，应当征求人民法院意见，并根据人民法院的决定依法作出处理。

第三百一十一条　对侦查终结的案件，应当制作起诉意见书，经国家安全机关负责人批准后，连同全部案卷材料、证据，以及辩护律师提出的意见，一并移送同级人民检察院审查决定；同时将案件移送情况告知犯罪嫌疑人及其辩护律师。

犯罪嫌疑人自愿认罪的，应当记录在案，随案移送，并在起诉意见书中写明有关情况。

对于犯罪嫌疑人在押的，应当制作换押证并随案移送。

第三百一十二条　对于犯罪嫌疑人在境外，需要及时进行审判的严重危害国家安全犯罪、恐怖活动犯罪案件，应当在侦查终结后层报国家安全部批准，按照有关规定移送审查起诉。

在审查起诉或者缺席审理过程中，犯罪嫌疑人、被告人向国家安全机关自动投案或者被国家安全机关抓获的，国家安全机关应当立即通知人民检察院、人民法院。

第三百一十三条　共同犯罪案件的起诉意见书，应当写明每个犯罪嫌疑人在共同犯罪中的地位、作用、具体罪责和认罪态度，并分别提出处理意见。

第三百一十四条　被害人提出附带民事诉讼的，应当记录在案；移送审查起诉时，应当在起诉意见书末页注明。

对于达成当事人和解的公诉案件，经国家安全机关负责人批准，国家安全机关移送审查起诉时，可以提出从宽处理的建议。

★《公安部关于进一步加强和改进刑事执法办案工作切实防止发生冤假错案的通知》（公通字〔2013〕19 号，2013 年 6 月 5 日）

三、进一步强化案件审核把关，及时发现纠正刑事执法办案中存在的问题。各级公安机关领导、办案部门负责人、法制部门以及专兼职法制员要认真履行案件审核审批职责，切实加强对刑事案件的日常审核把关，重点把好事实关、证据关、程序关和法律关，确保侦查终结的案件达到案件事实清楚、证据确实充分、排除合理怀疑、犯罪性质和罪名认定准确、法律手续完备、符合依法应当追究刑事责任的标准，确保每起案件都经得起诉讼和时间的检验。对重大、敏感案件，各级公安法制部门要从受（立）案开始，加强对案件"入口"、"出口"等重点环节的法律审核，及时发现和纠正执法问题。要建立健全重大疑难案件集体讨论制度，对案情复杂、定案存在重大争议、社会广泛关注或可能判处死刑等重大疑难案件，要由公安机关领导班子多名成员、办案部门负责人、法制部门负责人集体研究办理意见，集体研究意见以及不同意见如实记录备查。要进一步加强案件法律审核专门力量建设，全面提高审核把关能力，使案件法律审核队伍的素质与所承担的审核工作任务相适应。

162.4.8　走私犯罪移送审查起诉程序

★《最高人民法院、最高人民检察院、公安部、司法部、海关总署关于走私犯罪侦查机关办理走私犯罪案件适用刑事诉讼程序若干问题的通知》（署侦〔1998〕742 号，1998 年 12 月 3 日）

六、走私犯罪侦查机关对犯罪事实清楚，证据确实、充分，已侦查终结的案件，应当制作《起诉意见书》，连同案卷材料、证据，一并移送走私犯罪侦查机关所在地的分、州、市级人民检察院审查决定。

162.4.9　醉驾案件移送审查起诉程序

★《公安部关于公安机关办理醉酒驾驶机动车犯罪案件的指导意见》（公交管〔2011〕190 号，2011 年 9 月 19 日）

5. 规范血样提取送检。交通民警对当事人血样提取过程应当全程监控，保证收集证据合法、有效。提取的血样要当场登记封装，并立即送县级以上公安机关检验鉴定机构或者经公安机关认可的其他具备资格的检验鉴定机构进行血液酒精含量检验。因特殊原因不能立即送检的，应当按照规范低温保存，经上级公安机关交通管理部门负责人批准，可以在 3 日内送检。

6. 提高检验鉴定效率。要加快血液酒精检验鉴定机构建设，加强检验鉴定技术人员的培养。市、县公安机关尚未建立检验鉴定机构的，要尽快建立具有血液酒精检验职能的检验鉴定机构，并建立 24 小时值班制度。要切实提高血液酒精检验鉴定效率，对送检的血样，检验鉴定机构应当在 3 日内出具检验报告。当事人对检验结果有异议的，应当告知其在接到检验报告后 3 日内提出重新检验申请。

7. 严格办案时限。要建立醉酒驾驶机动车案件快侦快办工作制度，加强内部办案协作，严格办案时限要求。为提高办案效率，对现场发现的饮酒后或者醉酒驾驶机动车的嫌疑人，尚未立刑事案件的，可以口头传唤其到指定地点接受调查;有条件的,对当事人可以现场调查询问;对犯罪嫌疑人采取强制措施的,应当及时进行讯问。对案件事实清楚、证据确实充分的,应当在查获犯罪嫌疑人之日起 7 日内侦查终结案件并移送人民检察院审查起诉;情况特殊的,经县级公安机关负责人批准,可以适当延长办案时限。

10. 规范强制措施适用。要根据案件实际情况,对涉嫌醉酒驾驶机动车的犯罪嫌疑人依法合理适用拘传、取保候审、监视居住、拘留等强制措施,确保办案工作顺利进行。对犯罪嫌疑人企图自杀或者逃跑、在逃的,或者不讲真实姓名、住址,身份不明的,以及确需对犯罪嫌疑人实施羁押的,可以依法采取拘留措施。拘留期限内未能查清犯罪事实的,应当依法办理取保候审或者监视居住手续。发现不应当追究犯罪嫌疑人刑事责任或者强制措施期限届满的,应当及时解除强制措施。

11. 做好办案衔接。案件侦查终结后,对醉酒驾驶机动车犯罪事实清楚,证据确实、充分的,应当在案件移送人民检察院审查起诉前,依法吊销犯罪嫌疑人的机动车驾驶证。对其他道路交通违法行为应当依法给予行政处罚。案件移送审查起诉后,要及时了解掌握案件起诉和判决情况,收到法院的判决书或者有关的司法建议函后,应当及时归档。对检察机关决定不起诉或者法院判决无罪但醉酒驾驶机动车事实清楚,证据确实、充分的,应当依法给予行政处罚。

162. 4. 10　经济犯罪移送审查起诉程序

★《最高人民法院、最高人民检察院、公安部关于公安部证券犯罪侦查局直属分局办理经济犯罪案件适用刑事诉讼程序若干问题的通知》(公通字〔2009〕51 号,2009 年 11 月 4 日)

五、直属分局在侦查办案过程中,需要逮捕犯罪嫌疑人的,应当按照《刑事诉讼法》及《公安机关办理刑事案件程序规定》的有关规定,制作相应的法律文书,连同有关案卷材料、证据,一并移送犯罪地的人民检察院审查批准。如果由犯罪嫌疑人居住地的人民检察院办理更为适宜的,可以移送犯罪嫌疑人居住地的人民检察院审查批准。

六、直属分局对于侦查终结的案件,犯罪事实清楚,证据确实、充分的,应当按照《刑事诉讼法》的有关规定,制作《起诉意见书》,连同案卷材料、证据,一并移送犯罪地的人民检察院审查决定。如果由犯罪嫌疑人居住地的人民检察院办理更为适宜的,可以移送犯罪嫌疑人居住地的人民检察院审查决定。

163　撤销案件

163. 1　法条规定

第一百六十三条　在侦查过程中,发现不应对犯罪嫌疑人追究刑事责任的,应当撤销案件;犯罪嫌疑人已被逮捕的,应当立即释放,发给释放证明,并且通知原批准逮捕的人民检察院。

【立法释义】①

本条规定明确了侦查机关撤销案件的法定程序。关于撤销案件,应当关注以下事项:

① 参见王爱立主编书,第 330—331 页。

第一,撤销案件的原则。侦查机关在侦查过程中,发现不应对犯罪嫌疑人追究刑事责任的,应当撤销案件。这一要求并不限于侦查终结阶段,而是适用于侦查活动的全过程。侦查机关决定撤销案件的情形,犯罪嫌疑人已被逮捕的,应当立即释放,发给释放证明,并且通知原批准逮捕的人民检察院。

第二,撤销案件的依据。侦查机关撤销案件,主要限于不应对犯罪嫌疑人追究刑事责任的情形,参见《公安规定》第一百八十六条第一款的规定。对于经济犯罪案件,未能在特定诉讼期限内依法作出相应的处理,也应当撤销案件,参见 2017 年《最高人民检察院、公安部关于公安机关办理经济犯罪案件的若干规定》第二十五条的规定。此类基于程序利益考量的撤销案件机制,对于其他类型的案件也具有参考价值。

第三,全面撤销案件的要求。侦查机关撤销案件的情形,除了立即释放犯罪嫌疑人,解除人身强制措施外,对查封、扣押的财物及其孳息、文件,或者冻结的财产,除按照法律和有关规定另行处理的以外,应当解除查封、扣押、冻结。关于撤销案件时涉案财物的处理,参见《检察院规则》第二百四十八条的规定。

第四,人案分离的处理机制。撤销案件与终止侦查并非一回事。对犯罪嫌疑人终止侦查,仅仅意味着停止对该犯罪嫌疑人的侦查,并不必然意味着终止案件本身的侦查。《公安规定》第一百八十六条第二款规定,对于经过侦查,发现有犯罪事实需要追究刑事责任,但不是被立案侦查的犯罪嫌疑人实施的,或者共同犯罪案件中部分犯罪嫌疑人不够刑事处罚的,应当对有关犯罪嫌疑人终止侦查,并对该案件继续侦查。对于撤销案件后发现新的事实证据的情形,参见《公安规定》第一百九十条的规定。

163.2　相关立法

163.2.1　监察机关撤销案件的程序

★**《中华人民共和国监察法》**(2024 年 12 月 25 日修正)

第五十二条　监察机关根据监督、调查结果,依法作出如下处置:

(一)对有职务违法行为但情节较轻的公职人员,按照管理权限,直接或者委托有关机关、人员,进行谈话提醒、批评教育、责令检查,或者予以诫勉;

(二)对违法的公职人员依照法定程序作出警告、记过、记大过、降级、撤职、开除等政务处分决定;

(三)对不履行或者不正确履行职责负有责任的领导人员,按照管理权限对其直接作出问责决定,或者向有权作出问责决定的机关提出问责建议;

(四)对涉嫌职务犯罪的,监察机关经调查认为犯罪事实清楚,证据确实、充分的,制作起诉意见书,连同案卷材料、证据一并移送人民检察院依法审查、提起公诉;

(五)对监察对象所在单位廉政建设和履行职责存在的问题等提出监察建议。

监察机关经调查,对没有证据证明被调查人存在违法犯罪行为的,应当撤销案件,并通知被调查人所在单位。

【立法释义】①

监察机关在调查过程中,发现立案

---

① 参见法规室编写释义书,第 208—209 页。

依据失实，或者没有证据证明存在违法犯罪行为，不应对被调查人追究法律责任的，应当及时终止调查，决定撤销案件；同时，应当将撤销案件的原因和决定通知被调查人及其所在单位，并在一定范围内为被调查人予以澄清。如果被调查人已经被留置，监察机关应当立即报告原批准留置的上级监察机关，及时解除对被调查人的留置。

163.3　司法解释

163.3.1　检察机关撤销自侦案件的程序

★《检察院规则》（2019）

第二百四十二条　人民检察院在侦查过程中或者侦查终结后，发现具有下列情形之一的，负责侦查的部门应当制作拟撤销案件意见书，报请检察长决定：

（一）具有刑事诉讼法第十六条规定情形之一的；

（二）没有犯罪事实的，或者依照刑法规定不负刑事责任或者不是犯罪的；

（三）虽有犯罪事实，但不是犯罪嫌疑人所为的。

对于共同犯罪的案件，如有符合本条规定情形的犯罪嫌疑人，应当撤销对该犯罪嫌疑人的立案。

第二百四十三条　地方各级人民检察院决定撤销案件的，负责侦查的部门应当将撤销案件意见书连同本案全部案卷材料，在法定期限届满七日前报上一级人民检察院审查；重大、复杂案件在法定期限届满十日前报上一级人民检察院审查。

对于共同犯罪案件，应当将处理同案犯罪嫌疑人的有关法律文书以及案件事实、证据材料复印件等，一并报送上一级人民检察院。

上一级人民检察院负责侦查的部门应当对案件事实、证据和适用法律进行全面审查。必要时，可以讯问犯罪嫌疑人。

上一级人民检察院负责侦查的部门审查后，应当提出是否同意撤销案件的意见，报请检察长决定。

人民检察院决定撤销案件的，应当告知控告人、举报人，听取其意见并记明笔录。

第二百四十四条　上一级人民检察院审查下级人民检察院报送的拟撤销案件，应当在收到案件后七日以内批复；重大、复杂案件，应当在收到案件后十日以内批复。情况紧急或者因其他特殊原因不能按时送达的，可以先行通知下级人民检察院执行。

第二百四十五条　上一级人民检察院同意撤销案件的，下级人民检察院应当作出撤销案件决定，并制作撤销案件决定书。上一级人民检察院不同意撤销案件的，下级人民检察院应当执行上一级人民检察院的决定。

报请上一级人民检察院审查期间，犯罪嫌疑人羁押期限届满的，应当依法释放犯罪嫌疑人或者变更强制措施。

第二百四十六条　撤销案件的决定，应当分别送达犯罪嫌疑人所在单位和犯罪嫌疑人。犯罪嫌疑人死亡的，应当送达犯罪嫌疑人原所在单位。如果犯罪嫌疑人在押，应当制作决定释放通知书，通知公安机关依法释放。

第二百四十七条　人民检察院作出撤销案件决定的，应当在三十日以内报经检察长批准，对犯罪嫌疑人的违法所得作出处理。情况特殊的，可以延长三十日。

第二百四十八条　人民检察院撤销案件时，对犯罪嫌疑人的违法所得及其他涉案财产应当区分不同情形，作出相应处理：

（一）因犯罪嫌疑人死亡而撤销案件，依照刑法规定应当追缴其违法所得及其他涉案财产的，按照本规则第十二章第四节的规定办理。

（二）因其他原因撤销案件，对于查封、扣押、冻结的犯罪嫌疑人违法所得及其他涉案财产需要没收的，应当提出检察意见，移送有关主管机关处理。

（三）对于冻结的犯罪嫌疑人存款、汇款、债券、股票、基金份额等财产需要返还被害人的，可以通知金融机构、邮政部门返还被害人；对于查封、扣押的犯罪嫌疑人的违法所得及其他涉案财产需要返还被害人的，直接决定返还被害人。

人民检察院申请人民法院裁定处理犯罪嫌疑人涉案财产的，应当向人民法院移送有关案卷材料。

第二百四十九条　人民检察院撤销案件时，对查封、扣押、冻结的犯罪嫌疑人的涉案财物需要返还犯罪嫌疑人的，应当解除查封、扣押或者书面通知有关金融机构、邮政部门解除冻结，返还犯罪嫌疑人或者其合法继承人。

第二百五十条　查封、扣押、冻结的财物，除依法应当返还被害人或者经查明确实与案件无关的以外，不得在诉讼程序终结之前处理。法律或者有关规定另有规定的除外。

第二百五十一条　处理查封、扣押、冻结的涉案财物，应当由检察长决定。

第二百五十二条　人民检察院直接受理侦查的共同犯罪案件，如果同案犯罪嫌疑人在逃，但在案犯罪嫌疑人犯罪事实清楚，证据确实、充分的，对在案犯罪嫌疑人应当根据本规则第二百三十七条的规定分别移送起诉或者移送不起诉。

由于同案犯罪嫌疑人在逃，在案犯罪嫌疑人的犯罪事实无法查清的，对在案犯罪嫌疑人应当根据案件的不同情况分别报请延长侦查羁押期限、变更强制措施或者解除强制措施。

第二百五十三条　人民检察院直接受理侦查的案件，对犯罪嫌疑人没有采取取保候审、监视居住、拘留或者逮捕措施的，负责侦查的部门应当在立案后二年以内提出移送起诉、移送不起诉或者撤销案件的意见；对犯罪嫌疑人采取取保候审、监视居住、拘留或者逮捕措施的，负责侦查的部门应当在解除或者撤销强制措施后一年以内提出移送起诉、移送不起诉或者撤销案件的意见。

第二百五十四条　人民检察院直接受理侦查的案件，撤销案件以后，又发现新的事实或者证据，认为有犯罪事实需要追究刑事责任的，可以重新立案侦查。

【重点解读】①

第一，从立案到撤销案件的最长时限。《检察院规则》对人民检察院直接受理侦查案件的侦查期限予以规定，即人民检察院从立案到侦查终结对案件依法作出移送起诉、移送不起诉或者撤销案件的处理决定的法定最长期限。人民

① 参见童建明、万春主编释义书，第258—260页。

检察院对犯罪嫌疑人没有采取取保候审、监视居住、拘留或者逮捕措施的，如果未能在立案后二年内移送起诉或移送不起诉，则应提出撤销案件的意见；人民检察院对犯罪嫌疑人采取取保候审、监视居住、拘留或者逮捕措施的，如果未能在立案后一年内移送起诉或移送不起诉，则应提出撤销案件的意见。

第二，撤案后发现新事实或证据的处理。撤销案件以后，又发现新的事实或者证据，认为有犯罪事实需要追究刑事责任的，可以重新立案侦查。“重新立案侦查”，是指作为一个新的案件立案，不再撤销先前的撤销案件决定书。

163.4　规范性文件

163.4.1　侦查机关撤销案件的程序

★《公安规定》(2020)

第一百八十六条　经过侦查，发现具有下列情形之一的，应当撤销案件：

(一)没有犯罪事实的；

(二)情节显著轻微、危害不大，不认为是犯罪的；

(三)犯罪已过追诉时效期限的；

(四)经特赦令免除刑罚的；

(五)犯罪嫌疑人死亡的；

(六)其他依法不追究刑事责任的。

对于经过侦查，发现有犯罪事实需要追究刑事责任，但不是被立案侦查的犯罪嫌疑人实施的，或者共同犯罪案件中部分犯罪嫌疑人不够刑事处罚的，应当对有关犯罪嫌疑人终止侦查，并对该案件继续侦查。

第一百八十七条　需要撤销案件或者对犯罪嫌疑人终止侦查的，办案部门应当制作撤销案件或者终止侦查报告书，报县级以上公安机关负责人批准。

公安机关决定撤销案件或者对犯罪嫌疑人终止侦查时，原犯罪嫌疑人在押的，应当立即释放，发给释放证明书。原犯罪嫌疑人被逮捕的，应当通知原批准逮捕的人民检察院。对原犯罪嫌疑人采取其他强制措施的，应当立即解除强制措施；需要行政处理的，依法予以处理或者移交有关部门。

对查封、扣押的财物及其孳息、文件，或者冻结的财产，除按照法律和有关规定另行处理的以外，应当解除查封、扣押、冻结，并及时返还或者通知当事人。

第一百八十八条　犯罪嫌疑人自愿如实供述涉嫌犯罪的事实，有重大立功或者案件涉及国家重大利益，需要撤销案件的，应当层报公安部，由公安部商请最高人民检察院核准后撤销案件。报请撤销案件的公安机关应当同时将相关情况通报同级人民检察院。

公安机关根据前款规定撤销案件的，应当对查封、扣押、冻结的财物及其孳息作出处理。

第一百八十九条　公安机关作出撤销案件决定后，应当在三日以内告知原犯罪嫌疑人、被害人或者其近亲属、法定代理人以及案件移送机关。

公安机关作出终止侦查决定后，应当在三日以内告知原犯罪嫌疑人。

第一百九十条　公安机关撤销案件以后又发现新的事实或者证据，或者发现原认定事实错误，认为有犯罪事实需要追究刑事责任的，应当重新立案侦查。

对犯罪嫌疑人终止侦查后又发现新的事实或者证据，或者发现原认定事实错误，需要对其追究刑事责任的，应当继续侦查。

★《国安规定》(2024)

第二百零六条　经过侦查，发现具

有下列情形之一的,应当撤销案件:

（一）没有犯罪事实的;

（二）情节显著轻微、危害不大,不认为是犯罪的;

（三）犯罪已过追诉时效期限的;

（四）经特赦令免除刑罚的;

（五）犯罪嫌疑人死亡的;

（六）其他依法不追究刑事责任的。

对于经过侦查,发现有犯罪事实需要追究刑事责任,但不是被立案侦查的犯罪嫌疑人实施的,或者共同犯罪案件中部分犯罪嫌疑人不够刑事处罚的,应当对有关犯罪嫌疑人终止侦查,并对该案件继续侦查。

第二百零七条　需要撤销案件或者对犯罪嫌疑人终止侦查的,应当报国家安全机关负责人批准。

国家安全机关决定撤销案件或者对犯罪嫌疑人终止侦查时,原犯罪嫌疑人在押的,应当立即释放,发给释放证明书。原犯罪嫌疑人被逮捕的,应当通知原批准逮捕的人民检察院。对原犯罪嫌疑人采取其他强制措施的,应当立即解除强制措施;需要行政处理的,依法予以处理或者移交有关部门。

对于查封、扣押的财物及其孳息、文件,或者冻结的财产,除按照法律和有关规定另行处理的以外,应当解除查封、扣押、冻结,并及时返还或者通知当事人。

第二百零八条　犯罪嫌疑人自愿如实供述涉嫌犯罪的事实,有重大立功或者案件涉及国家重大利益,需要撤销案件的,办理案件的国家安全机关应当层报国家安全部,由国家安全部提请最高人民检察院核准后撤销案件。报请撤销案件的国家安全机关应当同时将相关情况通报同级人民检察院。

根据前款规定撤销案件的,国家安全机关应当及时对查封、扣押、冻结的财物及其孳息作出处理。

第二百零九条　国家安全机关作出撤销案件决定后,应当在三日以内告知原犯罪嫌疑人、被害人或者其近亲属、法定代理人以及移送案件的机关。

国家安全机关作出终止侦查决定后,应当在三日以内告知原犯罪嫌疑人。

第二百一十条　国家安全机关撤销案件以后又发现新的事实或者证据,或者发现原认定事实错误,认为有犯罪事实需要追究刑事责任的,应当重新立案侦查。

对犯罪嫌疑人终止侦查以后又发现新的事实或者证据,或者发现原认定事实错误,需要对其追究刑事责任的,应当继续侦查。

163.4.2　经济犯罪撤销案件的程序

★《最高人民检察院、公安部关于公安机关办理经济犯罪案件的若干规定》（公通字〔2017〕25 号,2017 年 11 月 24 日）

第二十五条　在侦查过程中,公安机关发现具有下列情形之一的,应当及时撤销案件:

（一）对犯罪嫌疑人解除强制措施之日起十二个月以内,仍然不能移送审查起诉或者依法作其他处理的;

（二）对犯罪嫌疑人未采取强制措施,自立案之日起二年以内,仍然不能移送审查起诉或者依法作其他处理的;

（三）人民检察院通知撤销案件的;

（四）其他符合法律规定的撤销案件情形的。

有前款第一项、第二项情形,但是

有证据证明有犯罪事实需要进一步侦查的，经省级以上公安机关负责人批准，可以不撤销案件，继续侦查。

撤销案件后，公安机关应当立即停止侦查活动，并解除相关的侦查措施和强制措施。

撤销案件后，又发现新的事实或者证据，依法需要追究刑事责任的，公安机关应当重新立案侦查。

163.4.3　部分犯罪嫌疑人在逃案件的处理

★《最高人民检察院法律政策研究室关于对同案犯罪嫌疑人在逃对解除强制措施的在案犯罪嫌疑人如何适用〈人民检察院刑事诉讼规则〉有关问题的答复》（2002年5月29日）

在共同犯罪案件中，由于同案犯罪嫌疑人在逃，在案犯罪嫌疑人的犯罪事实无法查清，对在案犯罪嫌疑人除取保候审后，对在案的犯罪嫌疑人可以撤销案件，也可以依据刑事诉讼法第一百四十条第四款①的规定作出不起诉决定。撤销案件或者作出不起诉决定以后，又发现有犯罪事实需要追究刑事责任的，可以重新立案侦查。

163.4.4　机关事业单位工作人员被采取刑事措施的告知

★《最高人民法院、最高人民检察院、公安部、国家安全部关于机关事业单位工作人员被采取刑事强制措施和受刑事处罚实行向所在单位告知制度的通知》（高检会〔2015〕10号，2015年11月6日）

一、机关事业单位工作人员范围

1. 本通知所称机关事业单位工作人员包括公务员、参照公务员法管理的机关（单位）工作人员、事业单位工作人员和机关工人。

二、告知情形及例外规定

2. 办案机关对涉嫌犯罪的机关事业单位工作人员采取取保候审、监视居住、刑事拘留或者逮捕等刑事强制措施的，应当在采取刑事强制措施后五日以内告知其所在单位。

办案机关对被采取刑事强制措施的机关事业单位工作人员，予以释放、解除取保候审、监视居住的，应当在解除刑事强制措施后五日以内告知其所在单位；变更刑事强制措施的，不再另行告知。

3. 办案机关决定撤销案件或者对犯罪嫌疑人终止侦查的，应当在作出撤销案件或者终止侦查决定后十日以内，告知机关事业单位工作人员所在单位。

人民检察院决定不起诉的，应当在作出不起诉决定后十日以内，告知机关事业单位工作人员所在单位。

人民法院作出有罪、无罪或者终止审理判决、裁定的，应当在判决、裁定生效后十五日以内，告知机关事业单位工作人员所在单位。

4. 具有下列情形之一，有碍侦查的，办案机关不予告知：

（1）可能导致同案犯逃跑、自杀，毁灭、伪造证据的；

（2）可能导致同案犯干扰证人作证或者串供的；

（3）所在单位的其他人员与犯罪有牵连的；

（4）其他有碍侦查的情形。

---

① 2018年刑事诉讼法第一百七十五条第四款。

5. 具有下列情形之一，无法告知的，办案机关不予告知：

（1）办案机关无法确认其机关事业单位工作人员身份的；

（2）受自然灾害等不可抗力阻碍的；

（3）其他无法告知的情形。

6. 可能危害国家安全或者社会公共利益的，办案机关不予告知。

7. 不予告知的情形消失后，办案机关应当及时将机关事业单位工作人员被采取刑事强制措施和受刑事处罚情况告知其所在单位。

三、告知的程序规定

8. 公安机关决定取保候审、监视居住、刑事拘留、提请批准逮捕并经人民检察院批准、撤销案件或者终止侦查的，由公安机关负责告知；国家安全机关决定取保候审、监视居住、刑事拘留、提请批准逮捕并经人民检察院批准或者撤销案件的，由国家安全机关负责告知；人民检察院决定取保候审、监视居住、刑事拘留、逮捕、撤销案件或者不起诉的，由人民检察院负责告知；人民法院决定取保候审、监视居住、逮捕或者作出生效刑事裁判的，由人民法院负责告知。

9. 办案机关一般应当采取送达告知书的形式进行告知。采取或者解除刑事强制措施的，办案机关应当填写《机关事业单位工作人员被采取/解除刑事强制措施情况告知书》并加盖单位公章。公安机关决定撤销案件或者对犯罪嫌疑人终止侦查的，应当填写《机关事业单位工作人员涉嫌犯罪撤销案件/终止侦查情况告知书》并加盖单位公章。

人民检察院决定撤销案件、不起诉的，应当将撤销案件决定书、不起诉决定书送达机关事业单位工作人员所在单位，不再另行送达告知书。人民法院作出有罪、无罪或者终止审理判决、裁定的，应当将生效裁判文书送达机关事业单位工作人员所在单位，不再另行送达告知书。

10. 告知书一般应当由办案机关直接送达机关事业单位工作人员所在单位。告知书应当由所在单位负责人或经其授权的人签收，并在告知书回执上签名或者盖章。

收件人拒绝签收的，办案机关可以邀请见证人到场，说明情况，在告知书回执上注明拒收的事由和日期，由送达人、见证人签名或者盖章，将告知书留在机关事业单位工作人员所在单位。

直接送达告知书有困难的，可以邮寄告知或者传真告知的，通过传真告知的，应当随后及时将告知书原件送达。邮寄告知或者传真告知的，机关事业单位工作人员所在单位签收后，应将告知书回执寄送办案机关。

第十一节　人民检察院对直接受理的案件的侦查

164　自侦案件的侦查

164.1　法条规定

第一百六十四条　人民检察院对直接受理的案件的侦查适用本章规定。

【立法释义】①

本条规定明确了人民检察院自侦

① 参见王爱立主编书，第 331—333 页。

案件的侦查程序。基于职能管辖，公安机关和人民检察院分别对各自管辖的案件开展侦查。人民检察院对直接受理的案件的侦查，可以适用本法关于“侦查”一章的一般规定，同时必须遵守本章规定的程序与要求。本章规定的一些侦查措施，例如技术侦查措施、通缉等，只能由公安机关实施。

人民检察院对直接受理的案件，认为有犯罪事实需要初查的，按照《检察院规则》的有关规定执行。需要强调的是，与侦查不同，初查程序通常秘密进行，一般不得接触被调查对象。同时，初查程序可以采取的措施较为有限，不得采取对人和对物的强制措施。

164.2　司法解释

164.2.1　检察机关对直接受理案件的初查

★**《检察院规则》**(2019)

第一百六十六条　人民检察院直接受理侦查案件的线索，由负责侦查的部门统一受理、登记和管理。负责控告申诉检察的部门接受的控告、举报，或者本院其他办案部门发现的案件线索，属于人民检察院直接受理侦查案件线索的，应当在七日以内移送负责侦查的部门。

负责侦查的部门对案件线索进行审查后，认为属于本院管辖，需要进一步调查核实的，应当报检察长决定。

第一百六十七条　对于人民检察院直接受理侦查案件的线索，上级人民检察院在必要时，可以直接调查核实或者组织、指挥、参与下级人民检察院的调查核实，可以将下级人民检察院管辖的案件线索指定辖区内其他人民检察院调查核实，也可以将本院管辖的案件线索交由下级人民检察院调查核实；下级人民检察院认为案件线索重大、复杂，需要由上级人民检察院调查核实的，可以提请移送上级人民检察院调查核实。

第一百六十八条　调查核实一般不得接触被调查对象。必须接触被调查对象的，应当经检察长批准。

第一百六十九条　进行调查核实，可以采取询问、查询、勘验、检查、鉴定、调取证据材料等不限制被调查对象人身、财产权利的措施。不得对被调查对象采取强制措施，不得查封、扣押、冻结被调查对象的财产，不得采取技术侦查措施。

第一百七十条　负责侦查的部门调查核实后，应当制作审查报告。

调查核实终结后，相关材料应当立卷归档。立案进入侦查程序的，对于作为诉讼证据以外的其他材料应当归入侦查内卷。

164.2.2　检察机关对直接受理案件的立案

★**《检察院规则》**(2019)

第一百七十一条　人民检察院对于直接受理的案件，经审查认为有犯罪事实需要追究刑事责任的，应当制作立案报告书，经检察长批准后予以立案。

符合立案条件，但犯罪嫌疑人尚未确定的，可以依据已查明的犯罪事实作出立案决定。

对具有下列情形之一的，报请检察长决定不予立案：

（一）具有刑事诉讼法第十六条规定情形之一的；

（二）认为没有犯罪事实的；

（三）事实或者证据尚不符合立案条件的。

第一百七十二条　对于其他机关或者本院其他办案部门移送的案件线索，决定不予立案的，负责侦查的部门应当制作不立案通知书，写明案由和案件来源、决定不立案的原因和法律依据，自作出不立案决定之日起十日以内送达移送案件线索的机关或者部门。

第一百七十三条　对于控告和实名举报，决定不予立案的，应当制作不立案通知书，写明案由和案件来源、决定不立案的原因和法律依据，由负责侦查的部门在十五日以内送达控告人、举报人，同时告知本院负责控告申诉检察的部门。

控告人如果不服，可以在收到不立案通知书后十日以内向上一级人民检察院申请复议。不立案的复议，由上一级人民检察院负责侦查的部门审查办理。

人民检察院认为被控告人、被举报人的行为未构成犯罪，决定不予立案，但需要追究其党纪、政纪、违法责任的，应当移送有管辖权的主管机关处理。

第一百七十四条　错告对被控告人、被举报人造成不良影响的，人民检察院应当自作出不立案决定之日起一个月以内向其所在单位或者有关部门通报调查核实的结论，澄清事实。

属于诬告陷害的，应当移送有关机关处理。

第一百七十五条　人民检察院决定对人民代表大会代表立案，应当按照本规则第一百四十八条、第一百四十九条规定的程序向该代表所属的人民代表大会主席团或者常务委员会进行通报。

164.2.3　检察机关对直接受理案件的侦查

★《检察院规则》（2019）

第一百七十六条　人民检察院办理直接受理侦查的案件，应当全面、客观地收集、调取犯罪嫌疑人有罪或者无罪、罪轻或者罪重的证据材料，并依法进行审查、核实。办案过程中必须重证据，重调查研究，不轻信口供。严禁刑讯逼供和以威胁、引诱、欺骗以及其他非法方法收集证据，不得强迫任何人证实自己有罪。

第一百七十七条　人民检察院办理直接受理侦查的案件，应当保障犯罪嫌疑人和其他诉讼参与人依法享有的辩护权和其他各项诉讼权利。

第一百七十八条　人民检察院办理直接受理侦查的案件，应当严格依照刑事诉讼法规定的程序，严格遵守刑事案件办案期限的规定，依法提请批准逮捕、移送起诉、不起诉或者撤销案件。

对犯罪嫌疑人采取强制措施，应当经检察长批准。

第一百七十九条　人民检察院办理直接受理侦查的案件，应当对侦查过程中知悉的国家秘密、商业秘密及个人隐私予以保密。

第一百八十条　办理案件的人民检察院需要派员到本辖区以外进行搜查，调取物证、书证等证据材料，或者查封、扣押财物和文件的，应当持相关法律文书和证明文件等与当地人民检察院联系，当地人民检察院应当予以协助。

需要到本辖区以外调取证据材料的，必要时，可以向证据所在地的人民检察院发函调取证据。调取证据的函件应当注明具体的取证对象、地址和内容。证据所在地的人民检察院应当在收到函件后一个月以内将取证结果送达办理案件的人民检察院。

被请求协助的人民检察院有异议的，可以与办理案件的人民检察院进行协商。必要时，报请共同的上级人民检察院决定。

第一百八十一条　人民检察院对于直接受理案件的侦查，可以适用刑事诉讼法第二编第二章规定的各项侦查措施。

刑事诉讼法规定进行侦查活动需要制作笔录的，应当制作笔录。必要时，可以对相关活动进行录音、录像。

165　自侦案件的逮捕、拘留

165.1　法条规定

第一百六十五条　人民检察院直接受理的案件中符合本法第八十一条、第八十二条第四项、第五项规定情形，需要逮捕、拘留犯罪嫌疑人的，由人民检察院作出决定，由公安机关执行。

【立法释义】①

本条规定明确了人民检察院自侦案件逮捕、拘留措施的适用。对于人民检察院直接受理的案件，符合本法第八十一条、第八十二条第（四）项、第（五）项规定情形，需要逮捕、拘留犯罪嫌疑人的，由人民检察院作出决定。根据本法规定，拘留由公安机关执行。鉴于此，“六部门”《关于实施刑事诉讼法若干问题的规定》第十六条规定，对于人民检察院直接受理的案件，人民检察院作出的拘留决定，应当送达公安机关执行，公安机关应当立即执行，人民检察院可以协助公安机关执行。

165.2　司法解释

165.2.1　自侦案件的拘留措施

★《检察院规则》（2019）

第一百二十一条　人民检察院对于具有下列情形之一的犯罪嫌疑人，可以决定拘留：

（一）犯罪后企图自杀、逃跑或者在逃的；

（二）有毁灭、伪造证据或者串供可能的。

第一百二十二条　人民检察院作出拘留决定后，应当将有关法律文书和案由、犯罪嫌疑人基本情况的材料送交同级公安机关执行。必要时，人民检察院可以协助公安机关执行。

拘留后，应当立即将被拘留人送看守所羁押，至迟不得超过二十四小时。

第一百二十三条　对犯罪嫌疑人拘留后，除无法通知的以外，人民检察院应当在二十四小时以内，通知被拘留人的家属。

无法通知的，应当将原因写明附卷。无法通知的情形消除后，应当立即通知其家属。

165.2.2　自侦案件的逮捕措施

★《检察院规则》（2019）

第一百二十八条　人民检察院对有证据证明有犯罪事实，可能判处徒刑以上刑罚的犯罪嫌疑人，采取取保候审尚不足以防止发生下列社会危险性的，应当批准或者决定逮捕：

（一）可能实施新的犯罪的；

（二）有危害国家安全、公共安全

---

① 参见王爱立主编书，第333—334页。

或者社会秩序的现实危险的；

（三）可能毁灭、伪造证据，干扰证人作证或者串供的；

（四）可能对被害人、举报人、控告人实施打击报复的；

（五）企图自杀或者逃跑的。

有证据证明有犯罪事实是指同时具备下列情形：

（一）有证据证明发生了犯罪事实；

（二）有证据证明该犯罪事实是犯罪嫌疑人实施的；

（三）证明犯罪嫌疑人实施犯罪行为的证据已经查证属实。

犯罪事实既可以是单一犯罪行为的事实，也可以是数个犯罪行为中任何一个犯罪行为的事实。

第一百二十九条　犯罪嫌疑人具有下列情形之一的，可以认定为“可能实施新的犯罪”：

（一）案发前或者案发后正在策划、组织或者预备实施新的犯罪的；

（二）扬言实施新的犯罪的；

（三）多次作案、连续作案、流窜作案的；

（四）一年内曾因故意实施同类违法行为受到行政处罚的；

（五）以犯罪所得为主要生活来源的；

（六）有吸毒、赌博等恶习的；

（七）其他可能实施新的犯罪的情形。

第一百三十条　犯罪嫌疑人具有下列情形之一的，可以认定为“有危害国家安全、公共安全或者社会秩序的现实危险”：

（一）案发前或者案发后正在积极策划、组织或者预备实施危害国家安全、公共安全或者社会秩序的重大违法犯罪行为的；

（二）曾因危害国家安全、公共安全或者社会秩序受到刑事处罚或者行政处罚的；

（三）在危害国家安全、黑恶势力、恐怖活动、毒品犯罪中起组织、策划、指挥作用或者积极参加的；

（四）其他有危害国家安全、公共安全或者社会秩序的现实危险的情形。

第一百三十一条　犯罪嫌疑人具有下列情形之一的，可以认定为“可能毁灭、伪造证据，干扰证人作证或者串供”：

（一）曾经或者企图毁灭、伪造、隐匿、转移证据的；

（二）曾经或者企图威逼、恐吓、利诱、收买证人，干扰证人作证的；

（三）有同案犯罪嫌疑人或者与其在事实上存在密切关联犯罪的犯罪嫌疑人在逃，重要证据尚未收集到位的；

（四）其他可能毁灭、伪造证据，干扰证人作证或者串供的情形。

第一百三十二条　犯罪嫌疑人具有下列情形之一的，可以认定为“可能对被害人、举报人、控告人实施打击报复”：

（一）扬言或者准备、策划对被害人、举报人、控告人实施打击报复的；

（二）曾经对被害人、举报人、控告人实施打击、要挟、迫害等行为的；

（三）采取其他方式滋扰被害人、举报人、控告人的正常生活、工作的；

（四）其他可能对被害人、举报人、控告人实施打击报复的情形。

第一百三十三条　犯罪嫌疑人具有下列情形之一的，可以认定为“企图自杀或者逃跑”：

（一）着手准备自杀、自残或者逃跑的；

（二）曾经自杀、自残或者逃跑的；

（三）有自杀、自残或者逃跑的意思表示的；

（四）曾经以暴力、威胁手段抗拒抓捕的；

（五）其他企图自杀或者逃跑的情形。

第一百三十四条　人民检察院办理审查逮捕案件，应当全面把握逮捕条件，对有证据证明有犯罪事实、可能判处徒刑以上刑罚的犯罪嫌疑人，除具有刑事诉讼法第八十一条第三款、第四款规定的情形外，应当严格审查是否具备社会危险性条件。

第一百三十五条　人民检察院审查认定犯罪嫌疑人是否具有社会危险性，应当以公安机关移送的社会危险性相关证据为依据，并结合案件具体情况综合认定。必要时，可以通过讯问犯罪嫌疑人、询问证人等诉讼参与人、听取辩护律师意见等方式，核实相关证据。

依据在案证据不能认定犯罪嫌疑人符合逮捕社会危险性条件的，人民检察院可以要求公安机关补充相关证据，公安机关没有补充移送的，应当作出不批准逮捕的决定。

第一百三十六条　对有证据证明有犯罪事实，可能判处十年有期徒刑以上刑罚的犯罪嫌疑人，应当批准或者决定逮捕。

对有证据证明有犯罪事实，可能判处徒刑以上刑罚，犯罪嫌疑人曾经故意犯罪或者不讲真实姓名、住址，身份不明的，应当批准或者决定逮捕。

第一百三十七条　人民检察院经审查认为被取保候审、监视居住的犯罪嫌疑人违反取保候审、监视居住规定，依照本规则第一百零一条、第一百一十一条的规定办理。

对于被取保候审、监视居住的可能判处徒刑以下刑罚的犯罪嫌疑人，违反取保候审、监视居住规定，严重影响诉讼活动正常进行的，可以予以逮捕。

第一百三十八条　对实施多个犯罪行为或者共同犯罪案件的犯罪嫌疑人，符合本规则第一百二十八条的规定，具有下列情形之一的，应当批准或者决定逮捕：

（一）有证据证明犯有数罪中的一罪的；

（二）有证据证明实施多次犯罪中的一次犯罪的；

（三）共同犯罪中，已有证据证明有犯罪事实的犯罪嫌疑人。

第一百三十九条　对具有下列情形之一的犯罪嫌疑人，人民检察院应当作出不批准逮捕或者不予逮捕的决定：

（一）不符合本规则规定的逮捕条件的；

（二）具有刑事诉讼法第十六条规定的情形之一的。

第一百四十条　犯罪嫌疑人涉嫌的罪行较轻，且没有其他重大犯罪嫌疑，具有下列情形之一的，可以作出不批准逮捕或者不予逮捕的决定：

（一）属于预备犯、中止犯，或者防卫过当、避险过当的；

（二）主观恶性较小的初犯，共同犯罪中的从犯、胁从犯，犯罪后自首、有立功表现或者积极退赃、赔偿损失、确有悔罪表现的；

（三）过失犯罪的犯罪嫌疑人，犯罪后有悔罪表现，有效控制损失或者积极赔偿损失的；

（四）犯罪嫌疑人与被害人双方根据刑事诉讼法的有关规定达成和解协议，经审查，认为和解系自愿、合法且已经履行或者提供担保的；

（五）犯罪嫌疑人认罪认罚的；

（六）犯罪嫌疑人系已满十四周岁未满十八周岁的未成年人或者在校学生，本人有悔罪表现，其家庭、学校或者所在社区、居民委员会、村民委员会具备监护、帮教条件的；

（七）犯罪嫌疑人系已满七十五周岁的人。

第一百四十一条　对符合刑事诉讼法第七十四条第一款规定的犯罪嫌疑人，人民检察院经审查认为不需要逮捕的，可以在作出不批准逮捕决定的同时，向公安机关提出采取监视居住措施的建议。

165.2.3　对人大代表采取强制措施

★《检察院规则》（2019）

第一百四十八条　人民检察院对担任县级以上各级人民代表大会代表的犯罪嫌疑人决定采取拘传、取保候审、监视居住、拘留、逮捕强制措施的，应当报请该代表所属的人民代表大会主席团或者常务委员会许可。

人民检察院对担任本级人民代表大会代表的犯罪嫌疑人决定采取强制措施的，应当报请本级人民代表大会主席团或者常务委员会许可。

对担任上级人民代表大会代表的犯罪嫌疑人决定采取强制措施的，应当层报该代表所属的人民代表大会同级的人民检察院报请许可。

对担任下级人民代表大会代表的犯罪嫌疑人决定采取强制措施的，可以直接报请该代表所属的人民代表大会主席团或者常务委员会许可，也可以委托该代表所属的人民代表大会同级的人民检察院报请许可。

对担任两级以上的人民代表大会代表的犯罪嫌疑人决定采取强制措施的，分别依照本条第二、三、四款的规定报请许可。

对担任办案单位所在省、市、县（区）以外的其他地区人民代表大会代表的犯罪嫌疑人决定采取强制措施的，应当委托该代表所属的人民代表大会同级的人民检察院报请许可；担任两级以上人民代表大会代表的，应当分别委托该代表所属的人民代表大会同级的人民检察院报请许可。

对于公安机关提请人民检察院批准逮捕的案件，犯罪嫌疑人担任人民代表大会代表的，报请许可手续由公安机关负责办理。

担任县级以上人民代表大会代表的犯罪嫌疑人，经报请该代表所属人民代表大会主席团或者常务委员会许可后被刑事拘留的，适用逮捕措施时不需要再次报请许可。

第一百四十九条　担任县级以上人民代表大会代表的犯罪嫌疑人因现行犯被人民检察院拘留的，人民检察院应当立即向该代表所属的人民代表大会主席团或者常务委员会报告。报告的程序参照本规则第一百四十八条报请许可的程序规定。

对担任乡、民族乡、镇的人民代表大会代表的犯罪嫌疑人决定采取强制措施的，由县级人民检察院向乡、民族乡、镇的人民代表大会报告。

165.2.4　自侦案件审查决定逮捕

★《检察院规则》(2019)

第二百九十六条　人民检察院办理直接受理侦查的案件,需要逮捕犯罪嫌疑人的,由负责侦查的部门制作逮捕犯罪嫌疑人意见书,连同案卷材料、讯问犯罪嫌疑人录音、录像一并移送本院负责捕诉的部门审查。犯罪嫌疑人已被拘留的,负责侦查的部门应当在拘留后七日以内将案件移送本院负责捕诉的部门审查。

第二百九十七条　对本院负责侦查的部门移送审查逮捕的案件,犯罪嫌疑人已被拘留的,负责捕诉的部门应当在收到逮捕犯罪嫌疑人意见书后七日以内,报请检察长决定是否逮捕,特殊情况下,决定逮捕的时间可以延长一日至三日;犯罪嫌疑人未被拘留的,负责捕诉的部门应当在收到逮捕犯罪嫌疑人意见书后十五日以内,报请检察长决定是否逮捕,重大、复杂案件,不得超过二十日。

第二百九十八条　对犯罪嫌疑人决定逮捕的,负责捕诉的部门应当将逮捕决定书连同案卷材料、讯问犯罪嫌疑人录音、录像移交负责侦查的部门,并可以对收集证据、适用法律提出意见。由负责侦查的部门通知公安机关执行,必要时可以协助执行。

第二百九十九条　对犯罪嫌疑人决定不予逮捕的,负责捕诉的部门应当将不予逮捕的决定连同案卷材料、讯问犯罪嫌疑人录音、录像移交负责侦查的部门,并说明理由。需要补充侦查的,应当制作补充侦查提纲。犯罪嫌疑人已被拘留的,负责侦查的部门应当通知公安机关立即释放。

第三百条　对应当逮捕而本院负责侦查的部门未移送审查逮捕的犯罪嫌疑人,负责捕诉的部门应当向负责侦查的部门提出移送审查逮捕犯罪嫌疑人的建议。建议不被采纳的,应当报请检察长决定。

第三百零一条　逮捕犯罪嫌疑人后,应当立即送看守所羁押。除无法通知的以外,负责侦查的部门应当把逮捕的原因和羁押的处所,在二十四小时以内通知其家属。对于无法通知的,在无法通知的情形消除后,应当立即通知其家属。

第三百零二条　对被逮捕的犯罪嫌疑人,应当在逮捕后二十四小时以内进行讯问。

发现不应当逮捕的,应当经检察长批准,撤销逮捕决定或者变更为其他强制措施,并通知公安机关执行,同时通知负责捕诉的部门。

对按照前款规定被释放或者变更强制措施的犯罪嫌疑人,又发现需要逮捕的,应当重新移送审查逮捕。

第三百零三条　已经作出不予逮捕的决定,又发现需要逮捕犯罪嫌疑人的,应当重新办理逮捕手续。

第三百零四条　犯罪嫌疑人在异地羁押的,负责侦查的部门应当将决定、变更、撤销逮捕措施的情况书面通知羁押地人民检察院负责刑事执行检察的部门。

165.3　规范性文件

165.3.1　自侦案件拘留、逮捕的执行

★《公安规定》(2020)

第一百三十二条　人民检察院决定拘留犯罪嫌疑人的,由县级以上公安

机关凭人民检察院送达的决定拘留的法律文书制作拘留证并立即执行。必要时,可以请人民检察院协助。拘留后,应当及时通知人民检察院。

公安机关未能抓获犯罪嫌疑人的,应当将执行情况和未能抓获犯罪嫌疑人的原因通知作出拘留决定的人民检察院。对于犯罪嫌疑人在逃的,在人民检察院撤销拘留决定之前,公安机关应当组织力量继续执行。

第一百四十六条　人民法院、人民检察院决定逮捕犯罪嫌疑人、被告人的,由县级以上公安机关凭人民法院、人民检察院决定逮捕的法律文书制作逮捕证并立即执行。必要时,可以请人民法院、人民检察院协助执行。执行逮捕后,应当及时通知决定机关。

公安机关未能抓获犯罪嫌疑人、被告人的,应当将执行情况和未能抓获的原因通知决定逮捕的人民检察院、人民法院。对于犯罪嫌疑人、被告人在逃的,在人民检察院、人民法院撤销逮捕决定之前,公安机关应当组织力量继续执行。

166　自侦案件拘留后的讯问

166.1　法条规定

第一百六十六条　人民检察院对直接受理的案件中被拘留的人,应当在拘留后的二十四小时以内进行讯问。在发现不应当拘留的时候,必须立即释放,发给释放证明。

【立法释义】①

本条规定明确了人民检察院自侦案件拘留后讯问的程序。人民检察院对于自侦案件中被拘留的人,应当在拘留后的二十四小时以内进行讯问,及时甄别犯罪嫌疑人的嫌疑大小,以及是否需要采取拘留措施。在发现不应当拘留的时候,必须立即释放,发给释放证明。

166.2　司法解释

166.2.1　对拘留对象的讯问及后续手续

★**《检察院规则》**(2019)

第一百二十四条　对被拘留的犯罪嫌疑人,应当在拘留后二十四小时以内进行讯问。

第一百二十五条　对被拘留的犯罪嫌疑人,发现不应当拘留的,应当立即释放;依法可以取保候审或者监视居住的,按照本规则的有关规定办理取保候审或者监视居住手续。

对被拘留的犯罪嫌疑人,需要逮捕的,按照本规则的有关规定办理逮捕手续;决定不予逮捕的,应当及时变更强制措施。

【重点解读】②

“不应当拘留”的情形主要包括:不应对犯罪嫌疑人采取强制措施却采取拘留措施;应当采取取保候审、监视居住措施却采取拘留措施;拘留犯罪嫌疑人时符合拘留条件,但审查后认为应当采取取保候审、监视居住措施。

---

① 参见王爱立主编书,第 334—335 页。

② 参见童建明、万春主编释义书,第 134 页。

167　自侦案件逮捕时限与变更强制措施

167.1　法条规定

第一百六十七条　人民检察院对直接受理的案件中被拘留的人,认为需要逮捕的,应当在十四日以内作出决定。在特殊情况下,决定逮捕的时间可以延长一日至三日。对不需要逮捕的,应当立即释放;对需要继续侦查,并且符合取保候审、监视居住条件的,依法取保候审或者监视居住。

【立法释义】①

本条规定明确了自侦案件逮捕的决定期限及变更强制措施的情形。2012年刑事诉讼法修改对该决定时限作出调整,将原规定的决定期限由"十日"修改为"十四日",同时将可以延长的期限由"一至四日"修改为"一至三日"。与公安机关提请人民检察院审查批准逮捕的程序类似,本条区分一般的决定期限和特殊情况下的决定期限。"作出决定"的期限,包括人民检察院的侦查部门对被拘留人进行审查,提请批准逮捕的时间,以及人民检察院审查批准逮捕部门作出决定的时间。鉴于人民检察院提请批准逮捕和决定批准逮捕涉及职能部门的内部分工,本条规定并未划定这两个阶段的时间界限,并将十四日作为总的决定期限。

人民检察院对被拘留的人进行审查,如果发现不需要逮捕的,应当立即释放;对需要继续侦查,并且符合取保候审、监视居住条件的,依法取保候审或者监视居住。人民检察院作为法律监督机关,应当严格把握自侦案件的审查逮捕标准,实现强制措施的有效衔接。此外,对于人民检察院自侦案件,犯罪嫌疑人及其辩护人有权申请变更或者解除强制措施,参见《检察院规则》第一百五十条的规定。

167.2　司法解释

167.2.1　拘留后的强制措施适用

★《检察院规则》(2019)

第一百二十五条　对被拘留的犯罪嫌疑人,发现不应当拘留的,应当立即释放;依法可以取保候审或者监视居住的,按照本规则的有关规定办理取保候审或者监视居住手续。

对被拘留的犯罪嫌疑人,需要逮捕的,按照本规则的有关规定办理逮捕手续;决定不予逮捕的,应当及时变更强制措施。

第一百二十六条　人民检察院直接受理侦查的案件,拘留犯罪嫌疑人的羁押期限为十四日,特殊情况下可以延长一日至三日。

第一百二十七条　公民将正在实行犯罪或者在犯罪后即被发觉的、通缉在案的、越狱逃跑的、正在被追捕的犯罪嫌疑人或者犯罪人扭送到人民检察院的,人民检察院应当予以接受,并且根据具体情况决定是否采取相应的紧急措施。不属于自己管辖的,应当移送主管机关处理。

167.2.2　申请变更强制措施的处理

★《检察院规则》(2019)

第一百五十条　犯罪嫌疑人及其法定代理人、近亲属或者辩护人认为人

① 参见王爱立主编书,第335—337页。

民检察院采取强制措施法定期限届满，要求解除、变更强制措施或者释放犯罪嫌疑人的，人民检察院应当在收到申请后三日以内作出决定。

经审查，认为法定期限届满的，应当决定解除、变更强制措施或者释放犯罪嫌疑人，并通知公安机关执行；认为法定期限未满的，书面答复申请人。

第一百五十一条　犯罪嫌疑人及其法定代理人、近亲属或者辩护人向人民检察院提出变更强制措施申请的，人民检察院应当在收到申请后三日以内作出决定。

经审查，同意变更强制措施的，应当在作出决定的同时通知公安机关执行；不同意变更强制措施的，应当书面告知申请人，并说明不同意的理由。

犯罪嫌疑人及其法定代理人、近亲属或者辩护人提出变更强制措施申请的，应当说明理由，有证据和其他材料的，应当附上相关材料。

167.2.3　变更强制措施的程序

★《检察院规则》(2019)

第一百五十二条　人民检察院在侦查、审查起诉期间，对犯罪嫌疑人拘留、逮捕后发生依法延长侦查羁押期限、审查起诉期限，重新计算侦查羁押期限、审查起诉期限等期限改变的情形的，应当及时将变更后的期限书面通知看守所。

第一百五十三条　人民检察院决定对涉嫌犯罪的机关事业单位工作人员取保候审、监视居住、拘留、逮捕的，应当在采取或者解除强制措施后五日以内告知其所在单位；决定撤销案件或者不起诉的，应当在作出决定后十日以内告知其所在单位。

第一百五十四条　取保候审变更为监视居住，或者取保候审、监视居住变更为拘留、逮捕的，在变更的同时原强制措施自动解除，不再办理解除法律手续。

第一百五十五条　人民检察院已经对犯罪嫌疑人取保候审、监视居住，案件起诉至人民法院后，人民法院决定取保候审、监视居住或者变更强制措施的，原强制措施自动解除，不再办理解除法律手续。

167.2.4　自侦案件审查决定逮捕

★《检察院规则》(2019)

第二百九十六条　人民检察院办理直接受理侦查的案件，需要逮捕犯罪嫌疑人的，由负责侦查的部门制作逮捕犯罪嫌疑人意见书，连同案卷材料、讯问犯罪嫌疑人录音、录像一并移送本院负责捕诉的部门审查。犯罪嫌疑人已被拘留的，负责侦查的部门应当在拘留后七日以内将案件移送本院负责捕诉的部门审查。

第二百九十七条　对本院负责侦查的部门移送审查逮捕的案件，犯罪嫌疑人已被拘留的，负责捕诉的部门应当在收到逮捕犯罪嫌疑人意见书后七日以内，报请检察长决定是否逮捕，特殊情况下，决定逮捕的时间可以延长一日至三日；犯罪嫌疑人未被拘留的，负责捕诉的部门应当在收到逮捕犯罪嫌疑人意见书后十五日以内，报请检察长决定是否逮捕，重大、复杂案件，不得超过二十日。

第二百九十八条　对犯罪嫌疑人决定逮捕的，负责捕诉的部门应当将逮捕决定书连同案卷材料、讯问犯罪嫌疑人录音、录像移交负责侦查的部门，并可以对收集证据、适用法律提出意见。由负责侦查的部门通知公安机关执行，必要时可以协助执行。

第二百九十九条　对犯罪嫌疑人决定不予逮捕的，负责捕诉的部门应当将不予逮捕的决定连同案卷材料、讯问犯罪嫌疑人录音、录像移交负责侦查的部门，并说明理由。需要补充侦查的，应当制作补充侦查提纲。犯罪嫌疑人已被拘留的，负责侦查的部门应当通知公安机关立即释放。

第三百条　对应当逮捕而本院负责侦查的部门未移送审查逮捕的犯罪嫌疑人，负责捕诉的部门应当向负责侦查的部门提出移送审查逮捕犯罪嫌疑人的建议。建议不被采纳的，应当报请检察长决定。

第三百零一条　逮捕犯罪嫌疑人后，应当立即送看守所羁押。除无法通知的以外，负责侦查的部门应当把逮捕的原因和羁押的处所，在二十四小时以内通知其家属。对于无法通知的，在无法通知的情形消除后，应当立即通知其家属。

第三百零二条　对被逮捕的犯罪嫌疑人，应当在逮捕后二十四小时以内进行讯问。

发现不应当逮捕的，应当经检察长批准，撤销逮捕决定或者变更为其他强制措施，并通知公安机关执行，同时通知负责捕诉的部门。

对按照前款规定被释放或者变更强制措施的犯罪嫌疑人，又发现需要逮捕的，应当重新移送审查逮捕。

第三百零三条　已经作出不予逮捕的决定，又发现需要逮捕犯罪嫌疑人的，应当重新办理逮捕手续。

第三百零四条　犯罪嫌疑人在异地羁押的，负责侦查的部门应当将决定、变更、撤销逮捕措施的情况书面通知羁押地人民检察院负责刑事执行检察的部门。

168　自侦案件的侦查终结

168.1　法条规定

第一百六十八条　人民检察院侦查终结的案件，应当作出提起公诉、不起诉或者撤销案件的决定。

【立法释义】①

本条规定明确了人民检察院自侦案件的侦查终结程序。人民检察院侦查终结的案件，发现不应对犯罪嫌疑人追究刑事责任的，应当撤销案件。基于上下级人民检察院的领导体制，《检察院规则》第二百四十一条规定，上级人民检察院侦查终结的案件，依照刑事诉讼法的规定应当由下级人民检察院提起公诉或者不起诉的，应当将有关决定、侦查终结报告连同案卷材料交由下级人民检察院审查。下级人民检察院认为上级人民检察院的决定有错误的，可以向上级人民检察院报告。上级人民检察院维持原决定的，下级人民检察院应当执行。

此外，人民检察院立案侦查，应当严格执行法律规定的侦查管辖权限。人民检察院立案侦查的案件，在侦查阶段发现不属于自己管辖，或者在审查起诉阶段发现事实不清、证据不足并且不

① 参见王爱立主编书，第337—338页。

属于自己管辖的,应当及时移送有管辖权的机关办理。人民检察院立案侦查时认为属于自己管辖的案件,到审查起诉阶段发现不属于人民检察院管辖的,如果证据确实、充分,符合起诉条件的,可以直接起诉。

168.2　司法解释

168.2.1　司法工作人员职务犯罪的侦查程序

★《最高人民检察院关于人民检察院立案侦查司法工作人员相关职务犯罪案件若干问题的规定》(高检发研字〔2018〕28 号,2018 年 11 月 24 日)

一、案件管辖范围

人民检察院在对诉讼活动实行法律监督中,发现司法工作人员涉嫌利用职权实施的下列侵犯公民权利、损害司法公正的犯罪案件,可以立案侦查:

1. 非法拘禁罪(刑法第二百三十八条)(非司法工作人员除外);

2. 非法搜查罪(刑法第二百四十五条)(非司法工作人员除外);

3. 刑讯逼供罪(刑法第二百四十七条);

4. 暴力取证罪(刑法第二百四十七条);

5. 虐待被监管人罪(刑法第二百四十八条);

6. 滥用职权罪(刑法第三百九十七条)(非司法工作人员滥用职权侵犯公民权利、损害司法公正的情形除外);

7. 玩忽职守罪(刑法第三百九十七条)(非司法工作人员玩忽职守侵犯公民权利、损害司法公正的情形除外);

8. 徇私枉法罪(刑法第三百九十九条第一款);

9. 民事、行政枉法裁判罪(刑法第三百九十九条第二款);

10. 执行判决、裁定失职罪(刑法第三百九十九条第三款);

11. 执行判决、裁定滥用职权罪(刑法第三百九十九条第三款);

12. 私放在押人员罪(刑法第四百条第一款);

13. 失职致使在押人员脱逃罪(刑法第四百条第二款);

14. 徇私舞弊减刑、假释、暂予监外执行罪(刑法第四百零一条)。

二、级别管辖和侦查部门

本规定所列犯罪案件,由设区的市级人民检察院立案侦查。基层人民检察院发现犯罪线索的,应当报设区的市级人民检察院决定立案侦查。设区的市级人民检察院也可以将案件交由基层人民检察院立案侦查,或者由基层人民检察院协助侦查。最高人民检察院、省级人民检察院发现犯罪线索的,可以自行决定立案侦查,也可以将案件线索交由指定的省级人民检察院、设区的市级人民检察院立案侦查。

本规定所列犯罪案件,由人民检察院负责刑事检察工作的专门部门负责侦查。设区的市级以上人民检察院侦查终结的案件,可以交有管辖权的基层人民法院相对应的基层人民检察院提起公诉;需要指定其他基层人民检察院提起公诉的,应当与同级人民法院协商指定管辖;依法应当由中级人民法院管辖的案件,应当由设区的市级人民检察院提起公诉。

三、案件线索的移送和互涉案件的处理

人民检察院立案侦查本规定所列

犯罪时,发现犯罪嫌疑人同时涉嫌监察委员会管辖的职务犯罪线索的,应当及时与同级监察委员会沟通,一般应当由监察委员会为主调查,人民检察院予以协助。经沟通,认为全案由监察委员会管辖更为适宜的,人民检察院应当撤销案件,将案件和相应职务犯罪线索一并移送监察委员会;认为由监察委员会和人民检察院分别管辖更为适宜的,人民检察院应当将监察委员会管辖的相应职务犯罪线索移送监察委员会,对依法由人民检察院管辖的犯罪案件继续侦查。人民检察院应当及时将沟通情况报告上一级人民检察院。沟通期间,人民检察院不得停止对案件的侦查。监察委员会和人民检察院分别管辖的案件,调查(侦查)终结前,人民检察院应当就移送审查起诉有关事宜与监察委员会加强沟通,协调一致,由人民检察院依法对全案审查起诉。

人民检察院立案侦查本规定所列犯罪时,发现犯罪嫌疑人同时涉嫌公安机关管辖的犯罪线索的,依照现行有关法律和司法解释的规定办理。

四、办案程序

(一)人民检察院办理本规定所列犯罪案件,不再适用对直接受理立案侦查案件决定立案报上一级人民检察院备案,逮捕犯罪嫌疑人报上一级人民检察院审查决定的规定。

(二)对本规定所列犯罪案件,人民检察院拟作撤销案件、不起诉决定的,应当报上一级人民检察院审查批准。

(三)人民检察院负责刑事检察工作的专门部门办理本规定所列犯罪案件,认为需要逮捕犯罪嫌疑人的,应当由相应的刑事检察部门审查,报检察长或者检察委员会决定。

(四)人民检察院办理本规定所列犯罪案件,应当依法接受人民监督员的监督。

【重点解读】①

检察机关管辖的司法工作人员相关职务犯罪,主要包括14个罪名。对于司法工作人员相关职务犯罪,由设区的市级人民检察院立案侦查,由人民检察院内部负责刑事检察的专门部门进行侦查。检察机关发现犯罪嫌疑人同时涉嫌监察委员会管辖的职务犯罪线索的,应当及时与同级监察委员会沟通,一般应当由监察委员会为主调查,检察机关予以协助。

168.2.2 自侦案件侦查终结的程序

★《检察院规则》(2019)

第二百三十七条 人民检察院经过侦查,认为犯罪事实清楚,证据确实、充分,依法应当追究刑事责任的,应当写出侦查终结报告,并且制作起诉意见书。

犯罪嫌疑人自愿认罪的,应当记录在案,随案移送,并在起诉意见书中写明有关情况。

对于犯罪情节轻微,依照刑法规定不需要判处刑罚或者免除刑罚的案件,应当写出侦查终结报告,并且制作不起诉意见书。

侦查终结报告和起诉意见书或者不起诉意见书应当报请检察长批准。

第二百三十八条 负责侦查的部

---

① 参见王建平、高翼飞:《〈关于人民检察院立案侦查司法工作人员相关职务犯罪若干问题的规定〉理解与适用》,载《人民检察》2019年第4期。

门应当将起诉意见书或者不起诉意见书，查封、扣押、冻结的犯罪嫌疑人的财物及其孳息、文件清单以及对查封、扣押、冻结的涉案财物的处理意见和其他案卷材料，一并移送本院负责捕诉的部门审查。国家或者集体财产遭受损失的，在提出提起公诉意见的同时，可以提出提起附带民事诉讼的意见。

第二百三十九条　在案件侦查过程中，犯罪嫌疑人委托辩护律师的，检察人员可以听取辩护律师的意见。

辩护律师要求当面提出意见的，检察人员应当听取意见，并制作笔录附卷。辩护律师提出书面意见的，应当附卷。

侦查终结前，犯罪嫌疑人提出无罪或者罪轻的辩解，辩护律师提出犯罪嫌疑人无罪或者依法不应当追究刑事责任意见的，人民检察院应当依法予以核实。

案件侦查终结移送起诉时，人民检察院应当同时将案件移送情况告知犯罪嫌疑人及其辩护律师。

第二百四十条　人民检察院侦查终结的案件，需要在异地起诉、审判的，应当在移送起诉前与人民法院协商指定管辖的相关事宜。

第二百四十一条　上级人民检察院侦查终结的案件，依照刑事诉讼法的规定应当由下级人民检察院提起公诉或者不起诉的，应当将有关决定、侦查终结报告连同案卷材料交由下级人民检察院审查。

下级人民检察院认为上级人民检察院的决定有错误的，可以向上级人民检察院报告。上级人民检察院维持原决定的，下级人民检察院应当执行。

168.2.3　自侦案件改变定性后的管辖

★**《最高人民检察院关于人民检察院立案侦查的案件改变定性后可否直接提起公诉问题的批复》**（高检发研字〔2006〕8号，2006年12月22日）

人民检察院立案侦查刑事案件，应当严格按照刑事诉讼法有关立案侦查管辖的规定进行。人民检察院立案侦查的案件在侦查阶段发现不属于自己管辖或者在审查起诉阶段发现事实不清、证据不足并且不属于自己管辖的，应当及时移送有管辖权的机关办理。人民检察院立案侦查时认为属于自己管辖的案件，到审查起诉阶段发现不属于人民检察院管辖的，如果证据确实、充分，符合起诉条件的，可以直接起诉。

第三章　提起公诉

169　审查起诉职能

169.1　法条规定

第一百六十九条　凡需要提起公诉的案件，一律由人民检察院审查决定。

【立法释义】①

本条规定明确了人民检察院的审查起诉职能。人民检察院作为国家公诉机关，依法履行审查起诉职能。关于审查起诉，应当关注以下事项：

第一，审查起诉的职能定位。审查起诉，在审前程序中制约侦查职能，在审判程序中限定审判范围，是刑事诉讼程序承前启后的重要阶段。根据以审判为中心的刑事诉讼制度改革要求，人民检察院应当严格把握审查起诉标准，确保侦查、审查起诉的案件事实证据经得起法律的检验。本条中的“需要提起公诉的案件”，是指公安机关、监察机关等办案机关移送人民检察院审查起诉的案件，以及人民检察院自行侦查终结认为应当起诉的案件。本法赋予人民检察院专属性的审查起诉职能，“凡”需要提起公诉的案件，“一律”由人民检察院审查决定。

第二，提起公诉应当遵从审判管辖。刑事诉讼的管辖，以审判管辖为基准。人民检察院提起公诉，应当与人民法院审判管辖相适应。对于确定、变更或者指定管辖的情形，应当执行本法关于管辖的相关规定，参见《检察院规则》第三百二十八条、第三百二十九条的规定。

169.2　司法解释

169.2.1　审查起诉阶段的管辖衔接

★《检察院规则》(2019)

第三百二十八条　各级人民检察院提起公诉，应当与人民法院审判管辖相适应。负责捕诉的部门收到移送起诉的案件后，经审查认为不属于本院管辖的，应当在发现之日起五日以内经由负责案件管理的部门移送有管辖权的人民检察院。

属于上级人民法院管辖的第一审案件，应当报送上级人民检察院，同时通知移送起诉的公安机关；属于同级其他人民法院管辖的第一审案件，应当移送有管辖权的人民检察院或者报送共同的上级人民检察院指定管辖，同时通知移送起诉的公安机关。

上级人民检察院受理同级公安机关移送起诉的案件，认为属于下级人民法院管辖的，可以交下级人民检察院审查，由下级人民检察院向同级人民法院提起公诉，同时通知移送起诉的公安机关。

一人犯数罪、共同犯罪和其他需要并案审理的案件，只要其中一人或者一罪属于上级人民检察院管辖的，全案由上级人民检察院审查起诉。

公安机关移送起诉的案件，需要依照刑事诉讼法的规定指定审判管辖的，人民检察院应当在公安机关移送起诉

① 参见王爱立主编书，第339—340页。

前协商同级人民法院办理指定管辖有关事宜。

第三百二十九条　监察机关移送起诉的案件,需要依照刑事诉讼法的规定指定审判管辖的,人民检察院应当在监察机关移送起诉二十日前协商同级人民法院办理指定管辖有关事宜。

【重点解读】①

监察机关调查的案件,异地起诉、审判的情况比较常见。监察机关按照其管辖规定调查的案件,移送同级司法机关时,同级司法机关可能没有管辖权;监察机关指定异地调查的案件,移送同级司法机关时,同级司法机关可能也没有管辖权。此种情况下,负责调查案件的监察机关应当在移送起诉二十日前,商同级检察机关办理指定管辖事宜,检察机关应当在二十日内商请同级法院办理指定管辖手续。

169.2.2　走私犯罪案件的审查起诉

★《最高人民检察院关于走私犯罪侦查机关提请批准逮捕和移送审查起诉的案件由分、州、市级人民检察院受理的通知》(高检发研字〔1999〕2 号,1999 年 2 月 3 日)

一、根据《通知》②关于走私犯罪侦查分局(设在直属海关)、走私犯罪侦查支局(设在隶属海关)负责向人民检察院提请批准逮捕和移送起诉工作的规定,走私犯罪侦查分局、支局所在地的分、州、市级人民检察院负责受理走私犯罪侦查机关向人民检察院提请批准逮捕和移送起诉的案件。

二、走私犯罪侦查中队(设在隶属海关下一级海关)侦查的案件,应当报请走私犯罪侦查支局或者分局向所在地的分、州、市级人民检察院提请批准逮捕和移送起诉,受理的人民检察院应当将有关法律文书送达移送案件的走私犯罪侦查分局或者支局。

三、走私犯罪侦查局直接办理的案件,交由案件发生地的走私犯罪侦查分局向所在地的分、州、市级人民检察院提请批准逮捕和移送审查起诉,受理的人民检察院应当将有关法律文书送达移送案件的走私犯罪侦查分局。

四、人民检察院对走私犯罪侦查机关移送起诉的案件经审查决定起诉的,应当向本地中级人民法院提起公诉。

五、人民检察院对于走私犯罪侦查机关移送起诉的走私案件,经审查决定不起诉的,应当依照《中华人民共和国刑事诉讼法》的规定移送相应的海关处理,同时将不起诉决定书送达移送案件的走私犯罪侦查机关。

六、走私犯罪侦查机关建立有看守所的,由看守所所在地的分、州、市级人民检察院履行法律监督职责。

七、省级人民检察院根据办案需要,可以按照与审判管辖相适应的原则,指定本地区有关分、州、市级人民检察院受理走私犯罪侦查机关提请批准逮捕和移送起诉的案件。

169.2.3　危害国家安全案件的审查起诉与备案

★《最高人民检察院关于对危害国家安全案件批捕起诉和实行备案制度

---

① 参见童建明、万春主编释义书,第 358—359 页。

② 即《最高人民法院、最高人民检察院、公安部、司法部、海关总署关于走私犯罪侦查机关办理走私犯罪案件适用刑事诉讼程序若干问题的通知》。

等有关事项的通知》(〔1998〕高检办发第4号,1998年1月12日)

一、根据刑事诉讼法第二十条①的规定,中级人民法院管辖第一审的危害国家安全案件。与之相应,危害国家安全案件的审查批捕、审查起诉一律由检察分(市)院或者省级检察院的批捕、起诉部门办理。基层人民检察院不办理危害国家安全案件的审查批捕和审查起诉。

三、对本地区发生的重、特大危害国家安全犯罪案件、恐怖暴力活动以及影响大的突发性事件,要及时向最高人民检察院专报。

四、检察机关批准逮捕(包括不批捕)、提起公诉(包括不起诉)、抗诉的各种危害国家安全的案件,一律报上一级检察院备案,并由省级院及时报最高人民检察院备案。备案材料包括:提请批准逮捕书、批准逮捕决定书或不批准逮捕决定书(副本);起诉意见书、起诉书或不起诉决定书(副本);抗诉案件的起诉书、抗诉书和判决书(副本)。

170　监察机关移送起诉案件的审查

170.1　法条规定

第一百七十条　人民检察院对于监察机关移送起诉的案件,依照本法和监察法的有关规定进行审查。人民检察院经审查,认为需要补充核实的,应当退回监察机关补充调查,必要时可以自行补充侦查。

对于监察机关移送起诉的已采取留置措施的案件,人民检察院应当对犯罪嫌疑人先行拘留,留置措施自动解除。人民检察院应当在拘留后的十日以内作出是否逮捕、取保候审或者监视居住的决定。在特殊情况下,决定的时间可以延长一日至四日。人民检察院决定采取强制措施的期间不计入审查起诉期限。

【立法释义】②

本条规定明确了人民检察院对于监察机关移送起诉案件的审查程序,是2018年刑事诉讼法修改增加的规定。关于监察机关移送起诉的案件,应当关注以下事项:

第一,监察机关移送起诉案件的衔接程序。监察法确立的调查程序及留置措施,是一套相对独立的法律程序,与刑事诉讼法规定的侦查程序及相应的强制措施存在属性上的差异。这意味着,人民检察院在刑事诉讼审前程序中的若干重要职能,例如侦查监督、审查批准逮捕等,在现阶段尚未直接适用于监察机关办理的刑事案件。鉴于此,监察法与刑事诉讼法的衔接,开始于审查起诉程序。这使得人民检察院对监察机关移送起诉的案件,需要设置特殊的衔接机制。

第二,审查起诉标准。根据监察法第五十二条第一款第(四)项的规定,对涉嫌职务犯罪的,监察机关经调查认为犯罪事实清楚,证据确实、充分的,制作起诉意见书,连同案卷材料、证据一并移送人民检察院依法审查、提起公

---

① 2018年刑事诉讼法第二十一条。
② 参见王爱立主编书,第340—345页。

诉。对监察机关移送起诉的案件,人民检察院应当按照本法第一百七十一条的规定对案件进行审查。关于审查起诉的程序和标准,监察机关办理的案件并无特殊要求。

关于人民检察院自行补充侦查的情形,需要注意的是,退回补充调查与自行补充侦查有先后顺序。对于监察机关移送的案件,检察机关审查后认为需要补充证据的,一般应当先退回监察机关进行补充调查;必要时,才由检察机关自行补充侦查,参见《检察院规则》第三百四十四条的规定。

第三,强制措施的衔接机制。对于监察机关移送起诉的已采取留置措施的案件,人民检察院应当对犯罪嫌疑人先行拘留,留置措施自动解除。“先行拘留”是对留置对象转入刑事诉讼程序后采取的一种临时过渡性的强制措施。由于“先行拘留”后是否采取强制措施的期间,并非对案件进行实质性审查起诉的时间,故不计入审查起诉期限。

170.2　相关立法

170.2.1　监察强制措施体系与程序衔接

★**《中华人民共和国监察法》**(2024 年 12 月 25 日修正)

第二十一条　监察机关根据案件情况,经依法审批,可以强制涉嫌严重职务违法或者职务犯罪的被调查人到案接受调查。

第二十三条　被调查人涉嫌严重职务违法或者职务犯罪,并有下列情形之一的,经监察机关依法审批,可以对其采取责令候查措施:

(一)不具有本法第二十四条第一款所列情形的;

(二)符合留置条件,但患有严重疾病、生活不能自理的,系怀孕或者正在哺乳自己婴儿的妇女,或者生活不能自理的人的唯一扶养人;

(三)案件尚未办结,但留置期限届满或者对被留置人员不需要继续采取留置措施的;

(四)符合留置条件,但因为案件的特殊情况或者办理案件的需要,采取责令候查措施更为适宜的。

被责令候查人员应当遵守以下规定:

(一)未经监察机关批准不得离开所居住的直辖市、设区的市的城市市区或者不设区的市、县的辖区;

(二)住址、工作单位和联系方式发生变动的,在二十四小时以内向监察机关报告;

(三)在接到通知的时候及时到案接受调查;

(四)不得以任何形式干扰证人作证;

(五)不得串供或者伪造、隐匿、毁灭证据。

被责令候查人员违反前款规定,情节严重的,可以依法予以留置。

第二十四条　被调查人涉嫌贪污贿赂、失职渎职等严重职务违法或者职务犯罪,监察机关已经掌握其部分违法犯罪事实及证据,仍有重要问题需要进一步调查,并有下列情形之一的,经监察机关依法审批,可以将其留置在特定场所:

(一)涉及案情重大、复杂的;

(二)可能逃跑、自杀的;

(三)可能串供或者伪造、隐匿、毁灭证据的;

（四）可能有其他妨碍调查行为的。

对涉嫌行贿犯罪或者共同职务犯罪的涉案人员，监察机关可以依照前款规定采取留置措施。

留置场所的设置、管理和监督依照国家有关规定执行。

第二十五条　对于未被留置的下列人员，监察机关发现存在逃跑、自杀等重大安全风险的，经依法审批，可以进行管护：

（一）涉嫌严重职务违法或者职务犯罪的自动投案人员；

（二）在接受谈话、函询、询问过程中，交代涉嫌严重职务违法或者职务犯罪问题的人员；

（三）在接受讯问过程中，主动交代涉嫌重大职务犯罪问题的人员。

采取管护措施后，应当立即将被管护人员送留置场所，至迟不得超过二十四小时。

第四十六条　采取强制到案、责令候查或者管护措施，应当按照规定的权限和程序，经监察机关主要负责人批准。

强制到案持续的时间不得超过十二小时；需要采取管护或者留置措施的，强制到案持续的时间不得超过二十四小时。不得以连续强制到案的方式变相拘禁被调查人。

责令候查最长不得超过十二个月。

监察机关采取管护措施的，应当在七日以内依法作出留置或者解除管护的决定，特殊情况下可以延长一日至三日。

第四十七条　监察机关采取留置措施，应当由监察机关领导人员集体研究决定。设区的市级以下监察机关采取留置措施，应当报上一级监察机关批准。省级监察机关采取留置措施，应当报国家监察委员会备案。

第四十八条　留置时间不得超过三个月。在特殊情况下，可以延长一次，延长时间不得超过三个月。省级以下监察机关采取留置措施的，延长留置时间应当报上一级监察机关批准。监察机关发现采取留置措施不当或者不需要继续采取留置措施的，应当及时解除或者变更为责令候查措施。

对涉嫌职务犯罪的被调查人可能判处十年有期徒刑以上刑罚，监察机关依照前款规定延长期限届满，仍不能调查终结的，经国家监察委员会批准或者决定，可以再延长二个月。

省级以上监察机关在调查期间，发现涉嫌职务犯罪的被调查人另有与留置时的罪行不同种的重大职务犯罪或者同种的影响罪名认定、量刑档次的重大职务犯罪，经国家监察委员会批准或者决定，自发现之日起依照本条第一款的规定重新计算留置时间。留置时间重新计算以一次为限。

第四十九条　监察机关采取强制到案、责令候查、管护、留置措施，可以根据工作需要提请公安机关配合。公安机关应当依法予以协助。

省级以下监察机关留置场所的看护勤务由公安机关负责，国家监察委员会留置场所的看护勤务由国家另行规定。留置看护队伍的管理依照国家有关规定执行。

第五十条　采取管护或者留置措施后，应当在二十四小时以内，通知被管护人员、被留置人员所在单位和家属，但有可能伪造、隐匿、毁灭证据，干扰证人作证或者串供等有碍调查情形的除外。有碍调查的情形消失后，应当立即通知被管护人员、被留置人员所在单位和家属。解除管护或者留置的，应当及时通知被管护人员、被留置人员所在单位和家属。

被管护人员、被留置人员及其近亲属有权申请变更管护、留置措施。监察机关收到申请后，应当在三日以内作出决定；不同意变更措施的，应当告知申请人，并说明不同意的理由。

监察机关应当保障被强制到案人员、被管护人员以及被留置人员的饮食、休息和安全，提供医疗服务。对其谈话、讯问的，应当合理安排时间和时长，谈话笔录、讯问笔录由被谈话人、被讯问人阅看后签名。

被管护人员、被留置人员涉嫌犯罪移送司法机关后，被依法判处管制、拘役或者有期徒刑的，管护、留置一日折抵管制二日，折抵拘役、有期徒刑一日。

第五十一条　监察机关在调查工作结束后，应当依法对案件事实和证据、性质认定、程序手续、涉案财物等进行全面审理，形成审理报告，提请集体审议。

第五十二条　监察机关根据监督、调查结果，依法作出如下处置：

（一）对有职务违法行为但情节较轻的公职人员，按照管理权限，直接或者委托有关机关、人员，进行谈话提醒、批评教育、责令检查，或者予以诫勉；

（二）对违法的公职人员依照法定程序作出警告、记过、记大过、降级、撤职、开除等政务处分决定；

（三）对不履行或者不正确履行职责负有责任的领导人员，按照管理权限对其直接作出问责决定，或者向有权作出问责决定的机关提出问责建议；

（四）对涉嫌职务犯罪的，监察机关经调查认为犯罪事实清楚，证据确实、充分的，制作起诉意见书，连同案卷材料、证据一并移送人民检察院依法审查、提起公诉；

（五）对监察对象所在单位廉政建设和履行职责存在的问题等提出监察建议。

监察机关经调查，对没有证据证明被调查人存在违法犯罪行为的，应当撤销案件，并通知被调查人所在单位。

第五十三条　监察机关经调查，对违法取得的财物，依法予以没收、追缴或者责令退赔；对涉嫌犯罪取得的财物，应当随案移送人民检察院。

第五十四条　对监察机关移送的案件，人民检察院依照《中华人民共和国刑事诉讼法》对被调查人采取强制措施。

人民检察院经审查，认为犯罪事实已经查清，证据确实、充分，依法应当追究刑事责任的，应当作出起诉决定。

人民检察院经审查，认为需要补充核实的，应当退回监察机关补充调查，必要时可以自行补充侦查。对于补充调查的案件，应当在一个月内补充调查完毕。补充调查以二次为限。

人民检察院对于有《中华人民共和国刑事诉讼法》规定的不起诉的情形的，经上一级人民检察院批准，依法作出不起诉的决定。监察机关认为不起诉的决定有错误的，可以向上一级人民检察院提请复议。

第五十五条　监察机关在调查贪污贿赂、失职渎职等职务犯罪案件过程中，被调查人逃匿或者死亡，有必要继续调查的，应当继续调查并作出结论。被调查人逃匿，在通缉一年后不能到案，或者死亡的，由监察机关提请人民检察院依照法定程序，向人民法院提出没收违法所得的申请。

第五十六条　监察对象对监察机关作出的涉及本人的处理决定不服的，可以在收到处理决定之日起一个月内，向作出决定的监察机关申请复审，复审机关应当在一个月内作出复审决定；监察对象对复审决定仍不服的，可以在收到复审决定之日起一个月内，向上一级监察机关申请复核，复核机关应当在二个月内作出复核决定。复审、复核期间，不停止原处理决定的执行。复核机关经审查，认定处理决定有错误的，原处理机关应当及时予以纠正。

★《中华人民共和国监察法实施条例》（国家监察委员会公告第1号，2021年9月20日）

第二百一十二条　监察机关决定对涉嫌职务犯罪的被调查人移送起诉的，应当出具《起诉意见书》，连同案卷材料、证据等，一并移送同级人民检察院。

监察机关案件审理部门负责与人民检察院审查起诉的衔接工作，调查、案件监督管理等部门应当予以协助。

国家监察委员会派驻或者派出的监察机构、监察专员调查的职务犯罪案件，应当依法移送省级人民检察院审查起诉。

第二百一十三条　涉嫌职务犯罪的被调查人和涉案人员符合监察法第三十一条、第三十二条①规定情形的，结合其案发前的一贯表现、违法犯罪行为的情节、后果和影响等因素，监察机关经综合研判和集体审议，报上一级监察机关批准，可以在移送人民检察院时依法提出从轻、减轻或者免除处罚等从宽处罚建议。报请批准时，应当一并提供主要证据材料、忏悔反思材料。

上级监察机关相关监督检查部门负责审查工作，重点审核拟认定的从宽处罚情形、提出的从宽处罚建议，经审批在十五个工作日以内作出批复。

第二百一十九条　从宽处罚建议一般应当在移送起诉时作为《起诉意见书》内容一并提出，特殊情况下也可以在案件移送后、人民检察院提起公诉前，单独形成从宽处罚建议书移送人民检察院。对于从宽处罚建议所依据的证据材料，应当一并移送人民检察院。

监察机关对于被调查人在调查阶段认罪认罚，但不符合监察法规定的提出从宽处罚建议条件，在移送起诉时没有提出从宽处罚建议的，应当在《起诉意见书》中写明其自愿认罪认罚的情况。

第二百二十条　监察机关一般应当在正式移送起诉十日前，向拟移送的人民检察院采取书面通知等方式预告移送事宜。对于已采取留置措施的案件，发现被调查人因身体等原因存在不适宜羁押等可能影响刑事强制措施执行情形的，应当通报人民检察院。对于未采取留置措施的案件，可以根据案件具体情况，向人民检察院提出对被调查人采取刑事强制措施的建议。

第二百二十一条　监察机关办理的职务犯罪案件移送起诉，需要指定起诉、审判管辖的，应当与同级人民检察院协商有关程序事宜。需要由同级人民检察院的上级人民检察院指定管辖

① 2024年监察法第三十四条、第三十五条。

的,应当商请同级人民检察院办理指定管辖事宜。

监察机关一般应当在移送起诉二十日前,将商请指定管辖函送交同级人民检察院。商请指定管辖函应当附案件基本情况,对于被调查人已被其他机关立案侦查的犯罪认为需要并案审查起诉的,一并进行说明。

派驻或者派出的监察机构、监察专员调查的职务犯罪案件需要指定起诉、审判管辖的,应当报派出机关办理指定管辖手续。

第二百二十二条 上级监察机关指定下级监察机关进行调查,移送起诉时需要人民检察院依法指定管辖的,应当在移送起诉前由上级监察机关与同级人民检察院协商有关程序事宜。

第二百二十三条 监察机关对已经移送起诉的职务犯罪案件,发现遗漏被调查人罪行需要补充移送起诉的,应当经审批出具《补充起诉意见书》,连同相关案卷材料、证据等一并移送同级人民检察院。

对于经人民检察院指定管辖的案件需要补充移送起诉的,可以直接移送原受理移送起诉的人民检察院;需要追加犯罪嫌疑人、被告人的,应当再次商请人民检察院办理指定管辖手续。

第二百二十四条 对于涉嫌行贿犯罪、介绍贿赂犯罪或者共同职务犯罪等关联案件的涉案人员,移送起诉时一般应当随主案确定管辖。

主案与关联案件由不同监察机关立案调查的,调查关联案件的监察机关在移送起诉前,应当报告或者通报调查主案的监察机关,由其统一协调案件管辖事宜。因特殊原因,关联案件不宜随主案确定管辖的,调查主案的监察机关应当及时通报和协调有关事项。

第二百二十五条 监察机关对于人民检察院在审查起诉中书面提出的下列要求应当予以配合:

(一)认为可能存在以非法方法收集证据情形,要求监察机关对证据收集的合法性作出说明或者提供相关证明材料的;

(二)排除非法证据后,要求监察机关另行指派调查人员重新取证的;

(三)对物证、书证、视听资料、电子数据及勘验检查、辨认、调查实验等笔录存在疑问,要求调查人员提供获取、制作的有关情况的;

(四)要求监察机关对案件中某些专门性问题进行鉴定,或者对勘验检查进行复验、复查的;

(五)认为主要犯罪事实已经查清,仍有部分证据需要补充完善,要求监察机关补充提供证据的;

(六)人民检察院依法提出的其他工作要求。

第二百二十六条 监察机关对于人民检察院依法退回补充调查的案件,应当向主要负责人报告,并积极开展补充调查工作。

第二百二十七条 对人民检察院退回补充调查的案件,经审批分别作出下列处理:

(一)认定犯罪事实的证据不够充分的,应当在补充证据后,制作补充调查报告书,连同相关材料一并移送人民检察院审查,对无法补充完善的证据,应当作出书面情况说明,并加盖监察机关或者承办部门公章;

(二)在补充调查中发现新的同案

犯或者增加、变更犯罪事实,需要追究刑事责任的,应当重新提出处理意见,移送人民检察院审查;

（三）犯罪事实的认定出现重大变化,认为不应当追究被调查人刑事责任的,应当重新提出处理意见,将处理结果书面通知人民检察院并说明理由;

（四）认为移送起诉的犯罪事实清楚,证据确实、充分的,应当说明理由,移送人民检察院依法审查。

第二百二十八条　人民检察院在审查起诉过程中发现新的职务违法或者职务犯罪问题线索并移送监察机关的,监察机关应当依法处置。

第二百二十九条　在案件审判过程中,人民检察院书面要求监察机关补充提供证据,对证据进行补正、解释,或者协助人民检察院补充侦查的,监察机关应当予以配合。监察机关不能提供有关证据材料的,应当书面说明情况。

人民法院在审判过程中就证据收集合法性问题要求有关调查人员出庭说明情况时,监察机关应当依法予以配合。

第二百三十条　监察机关认为人民检察院不起诉决定有错误的,应当在收到不起诉决定书后三十日以内,依法向其上一级人民检察院提请复议。监察机关应当将上述情况及时向上一级监察机关书面报告。

170.3　司法解释

170.3.1　监察机关移送案件的强制措施适用

★《检察院规则》(2019)

第一百四十二条　对于监察机关移送起诉的已采取留置措施的案件,人民检察院应当在受理案件后,及时对犯罪嫌疑人作出拘留决定,交公安机关执行。执行拘留后,留置措施自动解除。

第一百四十三条　人民检察院应当在执行拘留后十日以内,作出是否逮捕、取保候审或者监视居住的决定。特殊情况下,决定的时间可以延长一日至四日。

人民检察院决定采取强制措施的期间不计入审查起诉期限。

第一百四十四条　除无法通知的以外,人民检察院应当在公安机关执行拘留、逮捕后二十四小时以内,通知犯罪嫌疑人的家属。

第一百四十五条　人民检察院应当自收到移送起诉的案卷材料之日起三日以内告知犯罪嫌疑人有权委托辩护人。对已经采取留置措施的,应当在执行拘留时告知。

第一百四十六条　对于监察机关移送起诉的未采取留置措施的案件,人民检察院受理后,在审查起诉过程中根据案件情况,可以依照本规则相关规定决定是否采取逮捕、取保候审或者监视居住措施。

第一百四十七条　对于监察机关移送起诉案件的犯罪嫌疑人采取强制措施,本节未规定的,适用本规则相关规定。

170.3.2　监察机关移送案件的补充调查/侦查

★《检察院规则》(2019)

第三百四十三条　人民检察院对于监察机关移送起诉的案件,认为需要补充调查的,应当退回监察机关补充调查。必要时,可以自行补充侦查。

需要退回补充调查的案件,人民检察院应当出具补充调查决定书、补充调查提纲,写明补充调查的事项、理由、调查方向、需补充收集的证据及其证明作用等，连同案卷材料一并送交监察机关。

人民检察院决定退回补充调查的案件，犯罪嫌疑人已被采取强制措施的，应当将退回补充调查情况书面通知强制措施执行机关。监察机关需要讯问的，人民检察院应当予以配合。

第三百四十四条 对于监察机关移送起诉的案件，具有下列情形之一的，人民检察院可以自行补充侦查：

（一）证人证言、犯罪嫌疑人供述和辩解、被害人陈述的内容主要情节一致，个别情节不一致的；

（二）物证、书证等证据材料需要补充鉴定的；

（三）其他由人民检察院查证更为便利、更有效率、更有利于查清案件事实的情形。

自行补充侦查完毕后，应当将相关证据材料入卷，同时抄送监察机关。人民检察院自行补充侦查的，可以商请监察机关提供协助。

【重点解读】①

退回补充调查期间，沿用检察机关采取的逮捕、取保候审、监视居住等强制措施，不再重新留置。因此，人民检察院决定退回补充调查的案件，犯罪嫌疑人已被采取强制措施的，应当将退回补充调查情况书面通知强制措施执行机关。监察机关需要讯问的，人民检察院应当予以配合。

171 审查起诉的事项

171.1 法条规定

第一百七十一条 人民检察院审查案件的时候，必须查明：

（一）犯罪事实、情节是否清楚，证据是否确实、充分，犯罪性质和罪名的认定是否正确；

（二）有无遗漏罪行和其他应当追究刑事责任的人；

（三）是否属于不应追究刑事责任的；

（四）有无附带民事诉讼；

（五）侦查活动是否合法。

【立法释义】②

本条规定明确了审查起诉应当查明的事项。人民检察院审查移送起诉的案件，应当全面审查案件的实体和程序等要素，主要包括以下方面：

第一，指控的事实和罪名。在审查起诉环节，人民检察院需要审查犯罪事实、情节是否清楚，证据是否确实、充分，犯罪性质和罪名的认定是否正确。对于该事项的审查，决定了案件是否需要进行补充调查、补充侦查，是否需要调整指控的罪名，以及能否达到起诉的标准。

第二，有无漏罪或者同案犯。基于案件完整性的考量，人民检察院应当审查有无遗漏罪行和其他应当追究刑事责任的人。对于该事项的审查，决定了案件是否需要进行补充调查、补充侦查，以及是否需要分案审理。

第三，不起诉的情形。在审查起诉环节，人民检察院需要甄别案件是否属于不应追究刑事责任的情形。对于该事项的审查，决定了案件是否属于不起

① 参见童建明、万春主编释义书，第369页。

② 参见王爱立主编书，第345—347页。

诉的情形，以及是否需要继续审查。

第四，附带民事诉讼。为维护被害人合法权益，人民检察院需要审查有无附带民事诉讼。对该事项的审查，决定了是否建议被害人提起附带民事诉讼，是否依职权提起附带民事诉讼，以及是否需要对附带民事诉讼进行调解。

第五，侦查活动合法性。作为法律监督机关，人民检察院需要审查侦查活动是否合法。对该事项的审查，决定了是否需要依法排除非法证据，是否需要变更强制措施，以及是否提出法律监督意见。

171.2 司法解释

171.2.1 审查起诉防范冤假错案的要求

★**《最高人民检察院关于切实履行检察职能防止和纠正冤假错案的若干意见》**（高检发〔2013〕11号，2013年9月9日）

9. 在审查逮捕和审查起诉工作中，要重点审查下列案件：

（1）故意杀人、故意伤害致人重伤或死亡、强奸、绑架等暴力犯罪案件；

（2）抢劫、盗窃等侵犯财产权利的犯罪和爆炸、放火等危害公共安全的犯罪，可能判处十年以上有期徒刑、无期徒刑或者死刑的案件；

（3）犯罪嫌疑人、辩护人明确提出办案程序严重违法，作无罪辩护的案件；

（4）犯罪嫌疑人控告刑讯逼供的案件；

（5）超期羁押、久拖不决的案件；

（6）犯罪嫌疑人拒不认罪或者供述反复的案件；

（7）事实不清、证据不足的案件；

（8）案件的主要证据存在疑问的案件；

（9）承办人与所在部门或有关部门意见不一致的案件；

（10）其他重大复杂犯罪案件。

10. 注重证据的综合审查和运用。要注重审查证据的客观性、真实性，尤其是证据的合法性。在审查逮捕、审查起诉过程中，应当认真审查侦查机关是否移交证明犯罪嫌疑人有罪或者无罪、犯罪情节轻重的全部证据。辩护人认为侦查机关收集的证明犯罪嫌疑人无罪或者罪轻的证据材料未提交，申请人民检察院向侦查机关调取，经审查认为辩护人申请调取的证据已收集并且与案件事实有联系的，应当予以调取。只有犯罪嫌疑人供述，没有其他证据的，不得认定犯罪嫌疑人有罪。对于命案等重大案件，应当强化对实物证据和刑事科学技术鉴定的审查，对于其中可能判处死刑的案件，必须坚持最严格的证据标准，确保定罪量刑的事实均有证据证明且查证属实，证据与证据之间、证据与案件事实之间不存在无法排除的矛盾和无法解释的疑问，全案证据已经形成完整的证明体系。在提起公诉时，应当移送全部在案证据材料。

11. 依法讯问犯罪嫌疑人。办理审查逮捕、审查起诉案件，应当依法讯问犯罪嫌疑人，认真听取犯罪嫌疑人供述和辩解，对无罪和罪轻的辩解应当认真调查核实，对前后供述出现反复的原因必须审查，必要时应当调取审查讯问犯罪嫌疑人的录音、录像。审查逮捕、审查起诉过程中第一次讯问犯罪嫌疑人，应当讯问其供述是否真实，并记入笔录。对被羁押的犯罪嫌疑人要结合提讯凭证的记载,核查提讯时间、讯问人与讯问笔录的对应关系。

12. 在审查逮捕、审查起诉中要高度重视、认真听取辩护律师的意见。犯罪嫌疑人已经委托辩护律师的,要按照法律要求,认真听取辩护律师的意见;辩护律师提出书面意见的,应当附卷。辩护律师提出不构成犯罪、无社会危险性、不适宜羁押、侦查活动有违法犯罪情形等书面意见的,办案人员必须进行审查,在相关法律文书中叙明律师提出的意见并说明是否采纳的情况和理由。

13. 依法排除非法证据。采用刑讯逼供等非法方法收集的犯罪嫌疑人供述和采用暴力、威胁等非法方法收集的证人证言、被害人陈述,应当依法排除,不得作为批准、决定逮捕或者提起公诉的依据。收集物证、书证不符合法定程序,可能严重影响司法公正的,应当及时要求侦查机关补正或者作出书面解释;不能补正或者无法作出合理解释的,对该证据应当予以排除。对非法证据依法予以排除后,其他证据不能证明犯罪嫌疑人实施犯罪行为的,应当不批准或者决定逮捕,已经移送审查起诉的,可以将案件退回侦查机关补充侦查或者作出不起诉决定。

14. 及时调查核实非法取证的材料或者线索。当事人及其辩护人、诉讼代理人报案、控告、举报侦查人员采用刑讯逼供等非法方法收集证据并提供涉嫌非法取证的人员、时间、地点、方式和内容等材料或者线索的,人民检察院应当受理并及时进行审查,对于根据现有材料无法证明证据收集合法性的,应当及时进行调查核实。

15. 做好对讯问原始录音、录像的审查。对于侦查机关随案移送或者人民检察院调取的讯问犯罪嫌疑人录音、录像,认为可能存在非法取证行为的,应当审查相关的录音、录像;对于重大、疑难、复杂案件,必要时可以审查全部录音、录像。经审查,发现讯问过程存在违法行为,录音、录像内容与讯问笔录不一致等情形的,应当要求侦查机关予以纠正、补正或者作出书面解释;发现讯问笔录与讯问犯罪嫌疑人录音、录像内容有重大实质性差异的,或者侦查机关不能补正或者作出合理解释的,该讯问笔录不能作为批准、决定逮捕或者提起公诉的依据。

171.2.2　审查起诉应当查明的事项清单

★《检察院规则》(2019)

第三百三十条　人民检察院审查移送起诉的案件,应当查明:

(一)犯罪嫌疑人身份状况是否清楚,包括姓名、性别、国籍、出生年月日、职业和单位等;单位犯罪的,单位的相关情况是否清楚;

(二)犯罪事实、情节是否清楚;实施犯罪的时间、地点、手段、危害后果是否明确;

(三)认定犯罪性质和罪名的意见是否正确;有无法定的从重、从轻、减轻或者免除处罚情节及酌定从重、从轻情节;共同犯罪案件的犯罪嫌疑人在犯罪活动中的责任认定是否恰当;

(四)犯罪嫌疑人是否认罪认罚;

(五)证明犯罪事实的证据材料是否随案移送;证明相关财产系违法所得的证据材料是否随案移送;不宜移送的证据的清单、复制件、照片或者其他证明文件是否随案移送;

（六）证据是否确实、充分，是否依法收集，有无应当排除非法证据的情形；

（七）采取侦查措施包括技术侦查措施的法律手续和诉讼文书是否完备；

（八）有无遗漏罪行和其他应当追究刑事责任的人；

（九）是否属于不应当追究刑事责任的；

（十）有无附带民事诉讼；对于国家财产、集体财产遭受损失的，是否需要由人民检察院提起附带民事诉讼；对于破坏生态环境和资源保护，食品药品安全领域侵害众多消费者合法权益，侵害英雄烈士的姓名、肖像、名誉、荣誉等损害社会公共利益的行为，是否需要由人民检察院提起附带民事公益诉讼；

（十一）采取的强制措施是否适当，对于已经逮捕的犯罪嫌疑人，有无继续羁押的必要；

（十二）侦查活动是否合法；

（十三）涉案财物是否查封、扣押、冻结并妥善保管，清单是否齐备；对被害人合法财产的返还和对违禁品或者不宜长期保存的物品的处理是否妥当，移送的证明文件是否完备。

171.3　规范性文件

171.3.1　审查起诉阶段排除非法证据

★**《最高人民法院、最高人民检察院、公安部、国家安全部、司法部关于办理刑事案件严格排除非法证据若干问题的规定》**（法发〔2017〕15号，2017年6月20日）

第十六条　审查逮捕、审查起诉期间讯问犯罪嫌疑人，应当告知其有权申请排除非法证据，并告知诉讼权利和认罪的法律后果。

第十七条　审查逮捕、审查起诉期间，犯罪嫌疑人及其辩护人申请排除非法证据，并提供相关线索或者材料的，人民检察院应当调查核实。调查结论应当书面告知犯罪嫌疑人及其辩护人。

人民检察院在审查起诉期间发现侦查人员以刑讯逼供等非法方法收集证据的，应当依法排除相关证据并提出纠正意见，必要时人民检察院可以自行调查取证。

人民检察院对审查认定的非法证据，应当予以排除，不得作为批准或者决定逮捕、提起公诉的根据。被排除的非法证据应当随案移送，并写明为依法排除的非法证据。

第十八条　人民检察院依法排除非法证据后，证据不足，不符合逮捕、起诉条件的，不得批准或者决定逮捕、提起公诉。

对于人民检察院排除有关证据导致对涉嫌的重要犯罪事实未予认定，从而作出不批准逮捕、不起诉决定，或者对涉嫌的部分重要犯罪事实决定不起诉的，公安机关、国家安全机关可要求复议、提请复核。

★**《最高人民法院、最高人民检察院、公安部、国家安全部、司法部办理刑事案件排除非法证据规程》**（法发〔2024〕12号，2024年7月25日）

第六条　人民检察院办理审查逮捕、审查起诉案件，发现侦查人员以非法方法收集证据的，应当及时调查核实；犯罪嫌疑人及其辩护人申请排除非法证据，并提供涉嫌非法取证的人员、时间、地点、方式和内容等线索或者材料的,人民检察院应当受理并进行审查。根据现有材料无法证明证据收集合法性的,应当及时进行调查核实。

人民检察院认为可能存在以刑讯逼供等非法方法收集证据情形的,可以书面要求侦查机关对证据收集的合法性作出说明。对确有以非法方法收集证据情形的,人民检察院应当依法向侦查机关提出纠正意见。

第七条　审查起诉期间,人民检察院经审查认为确有或者不能排除刑讯逼供、非法取证情形的,应当依法排除非法证据,不得作为提起公诉的依据。人民检察院可以要求侦查机关另行指派侦查人员重新取证,必要时也可以自行调查取证。

人民检察院应当随案移送被排除的非法证据,写明为依法排除的非法证据,并将讯问录音录像及相关案卷材料一并移送人民法院。

171.3.2　审查起诉阶段听取辩护律师意见

★《最高人民法院、最高人民检察院、公安部、国家安全部、司法部关于依法保障律师执业权利的规定》(司发〔2015〕14 号,2015 年 9 月 16 日)

第二十一条　侦查机关在案件侦查终结前,人民检察院、人民法院在审查批准、决定逮捕期间,最高人民法院在复核死刑案件期间,辩护律师提出要求的,办案机关应当听取辩护律师的意见。人民检察院审查起诉、第二审人民法院决定不开庭审理的,应当充分听取辩护律师的意见。

辩护律师要求当面反映意见或者提交证据材料的,办案机关应当依法办理,并制作笔录附卷。辩护律师提出的书面意见和证据材料,应当附卷。

171.3.3　侵犯个人信息案件的审查起诉指引

★《检察机关办理侵犯公民个人信息案件指引》(高检发侦监字〔2018〕13 号,2018 年 11 月 9 日)

一、审查证据的基本要求

(二)审查起诉

除审查逮捕阶段证据审查基本要求之外,对侵犯公民个人信息案件的审查起诉工作还应坚持“犯罪事实清楚,证据确实、充分”的标准,保证定罪量刑的事实都有证据证明;据以定案的证据均经法定程序查证属实;综合全案证据,对所认定的事实已排除合理怀疑。

1. 有确实充分的证据证明发生了侵犯公民个人信息犯罪事实。该证据与审查逮捕的证据类型相同。

2. 有确实充分的证据证明侵犯公民个人信息行为是犯罪嫌疑人实施的

(1)对于证明犯罪行为是犯罪嫌疑人实施的证据审查,需要结合《解释》①精神,准确把握对“违反国家有关规定”“出售、提供行为”“窃取或以其他方法”的认定。

(2)对证明违反国家有关规定的证据审查,需要明确国家有关规定的具体内容,违反法律、行政法规、部门规章有关公民个人信息保护规定的,应当认定为刑法第二百五十三条之一规定的“违反国家有关规定”。

(3)对证明出售、提供行为的证据审查,应当明确“出售、提供”包括在履

---

① 即《最高人民法院、最高人民检察院关于办理侵犯公民个人信息刑事案件适用法律若干问题的解释》。

职或提供服务的过程中将合法持有的公民个人信息出售或者提供给他人的行为：向特定人提供、通过信息网络或者其他途径发布公民个人信息、未经被收集者同意，将合法收集的公民个人信息（经过处理无法识别特定个人且不能复原的除外）向他人提供的，均属于刑法第二百五十三条之一规定的"提供公民个人信息"。应当全面审查犯罪嫌疑人所出售提供公民个人信息的来源、途经与去向，对相关供述、物证、书证、证人证言、被害人陈述、电子数据等证据种类进行综合审查，针对使用信息网络进行犯罪活动的，需要结合专业知识，根据证明该行为的远程勘验笔录、扣押笔录、扣押物品清单、电子存储介质、网络存储介质等的司法鉴定意见进行审查。

（4）对证明通过窃取或以其他非法方法获取公民个人信息等方式非法获取公民个人信息的证据审查，应当明确"以其他方法获取公民个人信息"包括购买、收受、交换等方式获取公民个人信息，或者在履行职责、提供服务过程中收集公民个人信息的行为。

针对窃取行为，如通过信息网络窃取公民个人信息，则应当结合犯罪嫌疑人供述、证人证言、被害人陈述，着重审查证明犯罪嫌疑人侵入信息网络、数据库时的 IP 地址、MAC 地址、侵入工具、侵入痕迹等内容的现场勘验检查笔录以及涉案程序（木马）的司法鉴定意见等。

针对购买、收受、交换行为，应当全面审查购买、收受、交换公民个人信息的来源、途经、去向，结合犯罪嫌疑人供述和辩解、辨认笔录、证人证言等证据，对搜查笔录、扣押笔录、扣押物品清单、涉案电子存储介质等司法鉴定意见进行审查，明确上述证据同犯罪嫌疑人或公民个人信息购买、收受、交换者之间的关系。

针对履行职责、提供服务过程中收集公民个人信息的行为，应当审查证明犯罪嫌疑人所从事职业及其所负职责的证据，结合法律、行政法规、部门规章等国家有关公民个人信息保护的规定，明确犯罪嫌疑人的行为属于违反国家有关规定，以其他方法非法获取公民个人信息的行为。

（5）对证明涉案公民个人信息真实性证据的审查，应当着重审查被害人陈述、被害人提供的原始信息资料、公安机关或其他相关单位出具的涉案公民个人信息与权威数据库内信息同一性的对比说明。对批量的涉案公民个人信息的真实性问题，根据《解释》精神，可以根据查获的数量直接认定，但有证据证明信息不真实或重复的除外。

3. 有确实充分的证据证明犯罪嫌疑人具有侵犯公民个人信息的主观故意

（1）对证明犯罪嫌疑人主观故意的证据审查，应当综合审查犯罪嫌疑人的身份证明、犯罪嫌疑人关于所从事职业的供述、其所在公司的工商资料和营业范围、公司关于犯罪嫌疑人的职责范围说明、公司主要负责人的证人证言等，结合国家公民个人信息保护的相关规定，夯实犯罪嫌疑人在实施犯罪时的主观明知。

（2）对证明犯罪嫌疑人积极实施窃取或者以其他方法非法获取公民个人信息行为的证据审查，应当结合犯罪嫌疑人供述、证人证言，着重审查远程勘验笔录、手机短信记录、即时通讯工具聊天记录、电子数据司法鉴定意见、银行账户明细、第三方支付平台账户明细等，明确犯罪嫌疑人在实施犯罪时的积极作为。

4. 有确实充分的证据证明“情节严重”或“情节特别严重”。该证据与审查逮捕的证据类型相同。

171.3.4　电信网络诈骗案件的审查起诉指引

★《检察机关办理电信网络诈骗案件指引》（高检发侦监字〔2018〕12 号，2018 年 11 月 9 日）

一、审查证据的基本要求

（二）审查起诉

除审查逮捕阶段证据审查基本要求之外，对电信网络诈骗案件的审查起诉工作还应坚持“犯罪事实清楚，证据确实、充分”的标准，保证定罪量刑的事实都有证据证明；据以定案的证据均经法定程序查证属实；综合全案证据，对所认定的事实均已排除合理怀疑。

1. 有确实充分的证据证明发生了电信网络诈骗犯罪事实

（1）证明电信网络诈骗事实发生。除审查逮捕要求的证据类型之外，跨国电信网络诈骗还需要有出入境记录、飞机铁路等交通工具出行记录，必要时需国外有关部门出具的与案件有关的书面证据材料，包括原件、翻译件、使领馆认证文件等。

（2）证明电信网络诈骗行为的危害结果

①证明诈骗数额达到追诉标准的证据：能查清诈骗事实的相关证人证言、被害人陈述、犯罪嫌疑人供述和辩解、银行账户交易明细、交易凭证、第三方支付结算交易记录以及其他与电信网络诈骗关联的账户交易记录、犯罪嫌疑人的诈骗账目记录以及其他有关证据。

需要特别注意“犯罪数额接近提档”的情形。当诈骗数额接近“数额巨大”“数额特别巨大”的标准（一般掌握在 80% 以上，即达到 2.4 万元、40 万元），根据《解释》①和《意见》②的规定，具有《意见》第二条第二款“酌情从重处罚”十种情形之一的，应当分别认定为刑法第二百六十六条规定的“其他严重情节”“其他特别严重情节”，提高一档量刑。

②证明发送信息条数、拨打电话次数以及页面浏览量达到追诉标准的证据类型与审查逮捕的证据类型相同。

2. 有确实充分的证据证明诈骗行为是犯罪嫌疑人实施的

（1）有关资金链条的证据。重点审查被害人的银行交易记录和犯罪嫌疑人持有的银行卡及账号的交易记录，用于查明被害人遭受的财产损失及犯罪嫌疑人诈骗的犯罪数额；重点审查犯罪嫌疑人的短信，以及 QQ、微信、skype 等即时通讯工具聊天记录，用于查明是否出现涉案银行卡账号、资金流转等犯罪信息，赃款是否由犯罪嫌疑人取得。此外，对诈骗团伙或犯罪集团租用或交叉使用多层级账户洗钱的，要结合资金

---

① 即《最高人民法院、最高人民检察院关于办理诈骗刑事案件具体应用法律若干问题的解释》。

② 即《最高人民法院、最高人民检察院、公安部关于办理电信网络诈骗等刑事案件适用法律若干问题的意见》。

存取流转的书证、监控录像、辨认笔录、证人证言、被害人陈述、犯罪嫌疑人供述和辩解等证据分析认定。

（2）有关人员链条的证据。电信网络诈骗多为共同犯罪，在审查刑事责任年龄、刑事责任能力方面的证据基础上，应重点审查犯罪嫌疑人供述和辩解、手机通信记录等，通过自供和互证，以及与其他证据之间的相互印证，查明各自的分工和作用，以区分主、从犯。对于分工明确、有明显首要分子、较为固定的组织结构的三人以上固定的犯罪组织，应当认定为犯罪集团。

言词证据及有关信息链条的证据与审查逮捕的证据类型相同。

3. 有确实充分的证据证明犯罪嫌疑人具有诈骗的主观故意

证明犯罪嫌疑人及提供帮助者主观故意的证据类型同审查逮捕证据类型相同。需要注意的是，由于犯罪嫌疑人各自分工不同，其供述和辩解也呈现不同的证明力。一般而言，专门行骗人对于单起事实的细节记忆相对粗略，只能供述诈骗的手段和方式；专业取款人对于取款的具体细目记忆也粗略，只能供述大概经过和情况，重点审查犯罪手段的同类性、共同犯罪人之间的关系及各自分工和作用。

171.3.5　伤害类案件技术性证据的实质审查

★《人民检察院办理伤害类案件技术性证据实质审查工作规定》（2024 年 10 月 12 日）

第二条　本规定所指伤害类案件，是指行为涉及损害他人身体健康，破坏他人身体机能的刑事案件。

第三条　本规定中技术性证据实质审查，是指人民检察院在案件办理过程中，对案件中的鉴定意见、勘验笔录、检查笔录、视听资料、电子数据等技术性证据及其所依据的基础性材料，运用专业技术知识、逻辑和经验，对其合法性、客观性、关联性和科学性进行全面审查的活动。

第四条　开展技术性证据实质审查，应当遵守法律规定，遵循技术标准和规范，坚持客观公正、全面审查、科学解释原则。

第五条　检察官应当综合全案证据，审查判断技术性证据是否客观、真实反映案件事实，发现和排除技术性证据与其他证据之间、技术性证据与案件事实之间以及技术性证据之间的矛盾。需要对技术性证据进行专门审查的，可以按照有关规定交由检察技术人员或者其他有专门知识的人进行审查并出具审查意见。

检察技术人员应当运用专门知识，审查技术性证据及其基础性材料，解决案件中的专门性问题，为查明案件事实提供技术支持。

第六条　对伤害类案件鉴定意见的审查，应当着重审查鉴定机构和鉴定人是否具有法定资质，鉴定程序是否合法，检材是否可靠，鉴定时机是否适当，鉴定标准是否有效，鉴定方法和过程是否科学，鉴定依据是否充分，论证分析是否客观、全面、严谨，鉴定意见是否明确，鉴定意见与案件事实有无关联等。

应注重结合伤害类案件的特点，审查评定损伤程度、残疾等级依据的病历资料、检材是否完整、可靠，被害人后续治疗及恢复情况的相关材料是否收集移送，鉴定机构在伤情认定、标准适用方面是否符合专业规范要求,不同鉴定意见产生矛盾的原因等。

第七条　伤害类案件鉴定意见涉及成伤机制或致伤方式的,应当依据损伤的类型、部位、大小、程度、形态、分布等特征,结合案情和现场勘验、视听资料等情况,综合损伤形成过程及致伤物特征进行分析判断。着重审查损伤的性质、外力作用的方式、伤情新旧程度、损伤发生的生物力学或者病理生理学机制,排除诈伤(病)、造作伤、陈旧伤与攻击伤等。结合骨折部位与受力部位区分直接外力或是间接外力;结合损伤部位、形态、分布、试切创等特征排除造作伤。

第八条　伤害类案件鉴定意见涉及伤病关系的,应当调取与鉴定有关的病历资料、影像学资料等基础性材料,着重审查损伤或者疾病是否符合医学转归规律,分析既往损伤或疾病与本次损伤之间的关系,是否存在医疗介入因素等,综合判断伤病关系鉴定意见是否客观、准确。

通过审查致伤过程、病历资料、影像学资料、诊疗过程等,综合分析病理过程的连续性和时间间隔规律性。对于损伤与既往伤、病并存,损伤独自存在不能造成现有后果的,应着重审查是否对损伤程度降级评定或者不作评定。

第九条　伤害类案件鉴定意见涉及损伤形成时间的,应当依据损伤的形态特征,区分新鲜伤与陈旧伤,重点关注损伤的愈合过程及其动态变化,结合骨痂形成时间、创口愈合周期变化等,排除与案件无关的陈旧性损伤或者自身病理改变。

第十条　对勘验、检查笔录的审查,应注重结合伤害类案件的特点,关注证据收集、制作程序是否合法,通过审查勘验、检查笔录,根据作案工具、打斗痕迹、现场血迹分布等还原案发现场状况,判断犯罪嫌疑人案发时是否在现场、造成他人人身伤害的过程等。

第十一条　对视听资料的审查,应注重结合伤害类案件的特点,关注反映案件现场的录音、录像资料的来源,对提取情况是否有明确记录;现场录音、录像资料是否封存完好,形式要件是否齐备;录音、录像资料是否经过技术处理或者剪辑。注重审查视听资料显示时间与实际时间是否存在误差,是否有侦查人员、视听资料所有人、见证人签字捺印的时间校对说明,是否能够完整体现造成人身伤害的全过程等。

第十二条　对电子数据的审查,应注重结合伤害类案件的特点,关注电子数据的来源,是否移送原始存储介质,是否附有笔录、清单,形式要件是否齐备,电子数据取证方法是否符合相关技术标准,确保电子数据完整性、真实性、合法性。注重审查涉案的微信记录、手机短信记录、网上聊天记录、手机转账记录等电子数据,判断造成伤害后果的主观心态,是否共同犯罪,有无预谋、纠集、分工、实施等。

第十三条　在技术性证据审查过程中,发现证据收集不符合法定程序的,应当依法及时要求侦查机关予以补正或者作出合理解释;不能补正或者无法作出合理解释,可能严重影响司法公正的,对该证据应当依法予以排除。

第十四条　伤害类案件审查办理中,检察官可以就有关专门性问题向检察技术人员咨询,或者邀请检察技术人员列席检察官联席会议、参与案件会商研究等，协助解决专门性问题或者就专门性问题发表意见。

检察官讯问犯罪嫌疑人，询问被害人、鉴定人、证人等，调取与技术性证据相关的基础性材料，或者补充收集其他有关证据时，可以邀请检察技术人员协助。

第十五条　检察官在办理伤害类案件中，发现具有以下情形之一的，一般应当委托进行技术性证据专门审查：

（一）同一专门性问题有两份以上鉴定意见且相互矛盾无法排除的；

（二）起关键性作用的技术性证据与其他证据之间存在明显矛盾且无法排除的；

（三）当事人及其诉讼代理人、法定代理人、辩护人等对技术性证据提出异议，足以影响证据采纳的。

第十六条　检察官在办理伤害类案件中，发现具有以下情形之一的，可以委托进行技术性证据专门审查：

（一）对技术性证据中伤害行为与伤害结果之间因果关系、原因力大小等有疑问的；

（二）对技术性证据材料涉及的鉴定时机、致伤物推断、成伤机制、伤病关系等专业技术问题有疑问的；

（三）技术性证据材料决定罪与非罪、罪轻与罪重等关键性问题，对定罪量刑有重大影响的；

（四）对技术性证据与在案其他证据材料间存在的矛盾有疑问的；

（五）其他需要委托专门审查的情形。

第十七条　经审查，认为鉴定意见具有下列情形之一的，应当补充鉴定：

（一）原委托鉴定事项有明显遗漏的；

（二）发现新的有鉴定意义的证物的；

（三）对原鉴定证物有新的鉴定要求的；

（四）鉴定意见不完整，委托事项无法确定的；

（五）其他需要补充鉴定的情形。

第十八条　经审查，认为鉴定意见具有下列情形之一的，应当重新鉴定：

（一）鉴定机构或者鉴定人不具备鉴定资质的；

（二）鉴定人应当回避而未回避的；

（三）送检材料不真实或者不具备鉴定条件的；

（四）鉴定程序违法或者违反相关专业技术要求的；

（五）有证据证明鉴定意见确有错误的；

（六）其他可能影响鉴定客观、公正情形的。

重新鉴定时，应当另行指派或者聘请鉴定人。

第十九条　检察官委托开展技术性证据专门审查的，应当按照规定履行委托手续，移送相关证据材料。本院无相应专业检察技术人员的，可以按规定委托上级检察技术职能部门办理。

第二十条　检察技术职能部门接受委托后，应根据委托事项，依据相关规定，一般应在受理之日起5个工作日内完成并出具相关文书。对于疑难复杂、补充材料等情形需要延长审查时间的，应向委托部门说明原因后及时办理。

对伤害类案件中鉴定意见等技术

性证据审查工作按照《伤害类案件人体损伤程度鉴定意见专门审查指引》等规定执行。

检察技术人员对技术性证据专门审查意见承担相应司法责任。

第二十一条　检察技术人员出具专门审查意见后，应当及时向检察官解释审查中发现的问题，必要时协助检察官开展重新鉴定、补充鉴定、补充收集和固定相关证据等工作，进一步完善证据体系。

第二十二条　技术性证据专门审查意见可以作为检察官判断运用证据或者作出相关决定的依据，必要时可以提交法庭。

第二十五条　对伤害类案件中涉及的疑难复杂专门性问题，检察官、检察技术人员可以组织召开专家论证会。专家费用参照相关规定从办案经费中列支。

检察官可以根据案件需要，邀请检察技术人员参加刑事和解、公开听证、公开宣告、当面答复等活动，就案件中的专门性问题进行解释说明。

在开展技术性证据实质审查中发现可能影响合法性、客观性、关联性和科学性的普遍性问题，检察官可以在检察技术人员的协助下对相关事项开展调查核实，向有关部门制发检察建议。

第二十六条　技术性证据的专门审查交由检察技术人员以外的其他有专门知识的人进行的，参照本规定及其他相关规定。

172　审查起诉的期限

172.1　法条规定

第一百七十二条　人民检察院对于监察机关、公安机关移送起诉的案件，应当在一个月以内作出决定，重大、复杂的案件，可以延长十五日；犯罪嫌疑人认罪认罚，符合速裁程序适用条件的，应当在十日以内作出决定，对可能判处的有期徒刑超过一年的，可以延长至十五日。

人民检察院审查起诉的案件，改变管辖的，从改变后的人民检察院收到案件之日起计算审查起诉期限。

【立法释义】①

本条规定明确了人民检察院审查起诉的期限。2018 年刑事诉讼法修改增加了监察机关移送起诉案件以及犯罪嫌疑人认罪认罚案件、可适用速裁程序的审查起诉期限。关于审查起诉的期限，应当关注以下事项：

第一，普通案件和认罪认罚案件的审查起诉期限。本条并未规定审查起诉期限的起始日期，根据审查起诉程序，期限应当自人民检察院收到移送起诉的案件之日起计算。对于监察机关、公安机关移送起诉的案件，区分两种情形处理：一般情形下，应当在一个月以内作出决定；重大、复杂的案件，可以延长十五日。对于犯罪嫌疑人认罪认罚的案件，也区分两种情形处理：符合速裁程序适用条件的，应当在十日内作出决定；对可能判处的有期徒刑超过一年

① 参见王爱立主编书，第 348—351 页。

的，可以延长至十五日①。

第二，改变管辖情形的审查起诉期限计算方式。人民检察院审查起诉的案件，改变管辖的，从改变后的人民检察院收到案件之日起计算审查起诉期限。本条中的“改变管辖”，是指根据审判管辖的规定，人民检察院在审查起诉阶段发现，案件不属于本院管辖，进而依法移送有管辖权的人民检察院。有管辖权的人民检察院接受案件后，应当从收到案件之日起计算审查起诉期限。

172.2　司法解释

172.2.1　审查起诉的期限

★《检察院规则》（2019）

第三百五十一条　人民检察院对于移送起诉的案件，应当在一个月以内作出决定；重大、复杂的案件，一个月以内不能作出决定的，可以延长十五日。

人民检察院审查起诉的案件，改变管辖的，从改变后的人民检察院收到案件之日起计算审查起诉期限。

172.3　规范性文件

172.3.1　速裁案件的审查起诉期限

★《最高人民法院、最高人民检察院、公安部、国家安全部、司法部关于适用认罪认罚从宽制度的指导意见》（高检发〔2019〕13 号，2019 年 10 月 11 日）

34. 速裁程序的办案期限。犯罪嫌疑人认罪认罚，人民检察院经审查，认为符合速裁程序适用条件的，应当在十日以内作出是否提起公诉的决定；对可能判处的有期徒刑超过一年的，可以在十五日以内作出是否提起公诉的决定。

173　审查起诉的程序

173.1　法条规定

第一百七十三条　人民检察院审查案件，应当讯问犯罪嫌疑人，听取辩护人或者值班律师、被害人及其诉讼代理人的意见，并记录在案。辩护人或者值班律师、被害人及其诉讼代理人提出书面意见的，应当附卷。

犯罪嫌疑人认罪认罚的，人民检察院应当告知其享有的诉讼权利和认罪认罚的法律规定，听取犯罪嫌疑人、辩护人或者值班律师、被害人及其诉讼代理人对下列事项的意见，并记录在案：

（一）涉嫌的犯罪事实、罪名及适用的法律规定；

（二）从轻、减轻或者免除处罚等从宽处罚的建议；

（三）认罪认罚后案件审理适用的程序；

（四）其他需要听取意见的事项。

人民检察院依照前两款规定听取值班律师意见的，应当提前为值班律师了解案件有关情况提供必要的便利。

【立法释义】②

本条规定明确了人民检察院审查

① 对于可能判处的有期徒刑超过一年，需要延长期限的情形，为与前一种情形延长期限的表述相统一，可考虑将“可以延长至十五日”调整为“可以延长五日”。

② 参见王爱立主编书，第 352—357 页。

起诉的程序。2012 年刑事诉讼法修改增加了听取意见的处理方式。2018 年刑事诉讼法修改增加了值班律师的规定以及认罪认罚情形的处理程序。关于审查起诉的程序,应当关注以下事项:

第一,审查起诉的程序要求。审查起诉并不采用公开方式进行。为确保审查起诉决定的公正性和程序的参与度,人民检察院审查案件,应当讯问犯罪嫌疑人,听取辩护人或者值班律师、被害人及其诉讼代理人的意见,并记录在案。本条中的“讯问犯罪嫌疑人”,应当参照侦查程序讯问犯罪嫌疑人的规定。人民检察院在审查起诉阶段讯问犯罪嫌疑人,应当遵守法定的讯问程序,确保该阶段获取的供述具有证据资格。根据重复性供述的排除规则,审查起诉阶段依法讯问取得的供述,可以在法庭上作为证据使用。本条中的“听取辩护人或者值班律师、被害人及其诉讼代理人的意见”,包括两个方面:其一,听取辩护人或者值班律师、被害人及其诉讼代理人对案件处理情况的意见,例如辩护人、值班律师对犯罪嫌疑人是否有罪以及罪行轻重等提出的意见,以及被害人对定罪量刑的意见和附带民事赔偿请求等意见。其二,听取辩护人、值班律师对侦查活动是否合法等程序事项的意见。

第二,犯罪嫌疑人认罪认罚情形的处理程序。关于认罪认罚从宽情形,主要包括以下几点:一是权利告知。犯罪嫌疑人认罪认罚的,人民检察院应当告知其享有的诉讼权利和认罪认罚的法律规定。二是听取意见。人民检察院应当听取犯罪嫌疑人、辩护人或者值班律师、被害人及其诉讼代理人对有关事项的意见。具体包括:涉嫌的犯罪事实、罪名及适用的法律规定;从轻、减轻或者免除处罚等从宽处罚的建议;认罪认罚后案件审理适用的程序;其他需要听取意见的事项。上述听取意见的情形,应当记录在案。

第三,值班律师制度。人民检察院依照本条前两款规定听取值班律师意见的,应当提前为值班律师了解案件有关情况提供必要的便利,包括允许值班律师阅卷、会见犯罪嫌疑人,向值班律师介绍案件有关情况及证据材料等。对于犯罪嫌疑人先获得值班律师帮助,后聘请辩护人的情形,人民检察院应当一并听取辩护人和值班律师的意见。

第四,特殊情形的处理。在审查起诉过程中,人民检察院发现犯罪嫌疑人脱逃的,应当及时通知侦查机关,要求侦查机关开展追捕活动。同时,人民检察院应当及时全面审阅案卷材料。经审查,对于案件事实不清、证据不足的,可以依法退回侦查机关补充侦查。对于共同犯罪,部分犯罪嫌疑人脱逃的情形,对其他犯罪嫌疑人的审查起诉应当照常进行。对于犯罪嫌疑人患有精神病或者其他严重疾病丧失诉讼行为能力不能接受讯问的情形,人民检察院可以依法变更强制措施。对实施暴力行为的精神病人,人民检察院可以商请公安机关采取临时的保护性约束措施。对于犯罪嫌疑人脱逃或者死亡,符合违法所得没收程序适用条件的情形,人民检察院可以向人民法院提出没收违法所得的申请。

173.2　司法解释

173.2.1　审查起诉的程序规范

★《检察院规则》(2019)

第三百三十一条　人民检察院办

理审查起诉案件应当讯问犯罪嫌疑人。

第三百三十二条　人民检察院认为需要对案件中某些专门性问题进行鉴定而监察机关或者公安机关没有鉴定的，应当要求监察机关或者公安机关进行鉴定。必要时，也可以由人民检察院进行鉴定，或者由人民检察院聘请有鉴定资格的人进行鉴定。

人民检察院自行进行鉴定的，可以商请监察机关或者公安机关派员参加，必要时可以聘请有鉴定资格或者有专门知识的人参加。

第三百三十三条　在审查起诉中，发现犯罪嫌疑人可能患有精神病的，人民检察院应当依照本规则的有关规定对犯罪嫌疑人进行鉴定。

犯罪嫌疑人的辩护人或者近亲属以犯罪嫌疑人可能患有精神病而申请对犯罪嫌疑人进行鉴定的，人民检察院也可以依照本规则的有关规定对犯罪嫌疑人进行鉴定。鉴定费用由申请方承担。

第三百三十四条　人民检察院对鉴定意见有疑问的，可以询问鉴定人或者有专门知识的人并制作笔录附卷，也可以指派有鉴定资格的检察技术人员或者聘请其他有鉴定资格的人进行补充鉴定或者重新鉴定。

人民检察院对鉴定意见等技术性证据材料需要进行专门审查的，按照有关规定交检察技术人员或者其他有专门知识的人进行审查并出具审查意见。

第三百三十五条　人民检察院审查案件时，对监察机关或者公安机关的勘验、检查，认为需要复验、复查的，应当要求其复验、复查，人民检察院可以派员参加；也可以自行复验、复查，商请监察机关或者公安机关派员参加，必要时也可以指派检察技术人员或者聘请其他有专门知识的人参加。

第三百三十六条　人民检察院对物证、书证、视听资料、电子数据及勘验、检查、辨认、侦查实验等笔录存在疑问的，可以要求调查人员或者侦查人员提供获取、制作的有关情况，必要时也可以询问提供相关证据材料的人员和见证人并制作笔录附卷，对物证、书证、视听资料、电子数据进行鉴定。

第三百三十七条　人民检察院在审查起诉阶段认为需要逮捕犯罪嫌疑人的，应当经检察长决定。

173. 2. 2　犯罪嫌疑人脱逃或患有严重疾病的处理

★《最高人民检察院关于审查起诉期间犯罪嫌疑人脱逃或者患有严重疾病的应当如何处理的批复》（高检发释字〔2013〕4号，2013年12月27日）

二、人民检察院对于侦查机关移送审查起诉的案件，如果犯罪嫌疑人脱逃的，应当根据《人民检察院刑事诉讼规则（试行）》第一百五十四条第三款①的规定，要求侦查机关采取措施保证犯罪嫌疑人到案后再移送审查起诉。

三、人民检察院在审查起诉过程中发现犯罪嫌疑人脱逃的，应当及时通知侦查机关，要求侦查机关开展追捕活动。

人民检察院应当及时全面审阅案卷材料。经审查，对于案件事实不清、证据不足的，可以根据刑事诉讼法第一

① 2019年《检察院规则》第一百五十八条第三款。

百七十一条第二款①、《人民检察院刑事诉讼规则(试行)》第三百八十条②的规定退回侦查机关补充侦查。

侦查机关补充侦查完毕移送审查起诉的,人民检察院应当按照本批复第二条的规定进行审查。

共同犯罪中的部分犯罪嫌疑人脱逃的,对其他犯罪嫌疑人的审查起诉应当照常进行。

四、犯罪嫌疑人患有精神病或者其他严重疾病丧失诉讼行为能力不能接受讯问的,人民检察院可以依法变更强制措施。对实施暴力行为的精神病人,人民检察院可以商请公安机关采取临时的保护性约束措施。

经审查,应当按照下列情形分别处理:

(一)经鉴定系依法不负刑事责任的精神病人的,人民检察院应当作出不起诉决定。符合刑事诉讼法第二百八十四条③规定的条件的,可以向人民法院提出强制医疗的申请;

(二)有证据证明患有精神病的犯罪嫌疑人尚未完全丧失辨认或者控制自己行为的能力,或者患有间歇性精神病的犯罪嫌疑人实施犯罪行为时精神正常,符合起诉条件的,可以依法提起公诉;

(三)案件事实不清、证据不足的,可以根据刑事诉讼法第一百七十一条第二款、《人民检察院刑事诉讼规则(试行)》第三百八十条的规定退回侦查机关补充侦查。

五、人民检察院在审查起诉期间,犯罪嫌疑人脱逃或者死亡,符合刑事诉讼法第二百八十条第一款④规定的条件的,人民检察院可以向人民法院提出没收违法所得的申请。

173.2.3　未成年人案件的审查起诉

★《人民检察院办理未成年人刑事案件的规定》(高检发研字〔2013〕7 号,2013 年 12 月 27 日)

第九条　人民检察院根据情况可以对未成年犯罪嫌疑人的成长经历、犯罪原因、监护教育等情况进行调查,并制作社会调查报告,作为办案和教育的参考。

人民检察院开展社会调查,可以委托有关组织和机构进行。开展社会调查应当尊重和保护未成年人名誉,避免向不知情人员泄露未成年犯罪嫌疑人的涉罪信息。

人民检察院应当对公安机关移送的社会调查报告进行审查,必要时可以进行补充调查。

提起公诉的案件,社会调查报告应当随案移送人民法院。

第十条　人民检察院办理未成年人刑事案件,可以应犯罪嫌疑人家属、被害人及其家属的要求,告知其审查逮捕、审查起诉的进展情况,并对有关情况予以说明和解释。

第二十二条　人民检察院审查起诉未成年人刑事案件,自收到移送审查起诉的案件材料之日起三日以内,应当告知被害人及其法定代理人或者其近亲属、附带民事诉讼的当事人及其法定代理人有权委托诉讼代理人。

---

① 2018 年刑事诉讼法第一百七十五条第二款。

② 2019 年《检察院规则》第三百四十二条。

③ 2018 年刑事诉讼法第三百零二条。

④ 2018 年刑事诉讼法第二百九十八条第一款。

对未成年被害人或者其法定代理人提出聘请律师意向，但因经济困难或者其他原因没有委托诉讼代理人的，应当帮助其申请法律援助。

未成年犯罪嫌疑人被羁押的，人民检察院应当审查是否有必要继续羁押。对不需要继续羁押的，应当予以释放或者变更强制措施。

审查起诉未成年犯罪嫌疑人，应当听取其父母或者其他法定代理人、辩护人、被害人及其法定代理人的意见。

第二十三条　人民检察院审查起诉未成年人刑事案件，应当讯问未成年犯罪嫌疑人。讯问未成年犯罪嫌疑人适用本规定第十七条、第十八条的规定。

第二十四条　移送审查起诉的案件具备以下条件之一，且其法定代理人、近亲属等与本案无牵连的，经公安机关同意，检察人员可以安排在押的未成年犯罪嫌疑人与其法定代理人、近亲属等进行会见、通话：

（一）案件事实已基本查清，主要证据确实、充分，安排会见、通话不会影响诉讼活动正常进行；

（二）未成年犯罪嫌疑人有认罪、悔罪表现，或者虽尚未认罪、悔罪，但通过会见、通话有可能促使其转化，或者通过会见、通话有利于社会、家庭稳定；

（三）未成年犯罪嫌疑人的法定代理人、近亲属对其犯罪原因、社会危害性以及后果有一定的认识，并能配合司法机关进行教育。

第二十五条　在押的未成年犯罪嫌疑人同其法定代理人、近亲属等进行会见、通话时，检察人员应当告知其会见、通话不得有串供或者其他妨碍诉讼的内容。会见、通话时检察人员可以在场。会见、通话结束后，检察人员应当将有关内容及时整理并记录在案。

第六十七条　人民检察院审查批准逮捕、审查起诉未成年犯罪嫌疑人，应当同时依法监督侦查活动是否合法，发现有下列违法行为的，应当提出纠正意见；构成犯罪的，依法追究刑事责任：

（一）违法对未成年犯罪嫌疑人采取强制措施或者采取强制措施不当的；

（二）未依法实行对未成年犯罪嫌疑人与成年犯罪嫌疑人分别关押、管理的；

（三）对未成年犯罪嫌疑人采取刑事拘留、逮捕措施后，在法定时限内未进行讯问，或者未通知其家属的；

（四）讯问未成年犯罪嫌疑人或者询问未成年被害人、证人时，未依法通知其法定代理人或者合适成年人到场的；

（五）讯问或者询问女性未成年人时，没有女性检察人员参加；

（六）未依法告知未成年犯罪嫌疑人有权委托辩护人的；

（七）未依法通知法律援助机构指派律师为未成年犯罪嫌疑人提供辩护的；

（八）对未成年犯罪嫌疑人威胁、体罚、侮辱人格、游行示众，或者刑讯逼供、指供、诱供的；

（九）利用未成年人认知能力低而故意制造冤、假、错案的；

（十）对未成年被害人、证人以暴力、威胁、诱骗等非法手段收集证据或者侵害未成年被害人、证人的人格尊严及隐私权等合法权益的；

（十一）违反羁押和办案期限规定的；

（十二）已作出不批准逮捕、不起诉决定，公安机关不立即释放犯罪嫌疑人的；

（十三）在侦查中有其他侵害未成年人合法权益行为的。

173.3　规范性文件

173.3.1　认罪认罚案件的审查起诉

★《最高人民法院、最高人民检察院、公安部、国家安全部、司法部关于适用认罪认罚从宽制度的指导意见》（高检发〔2019〕13号，2019年10月11日）

26. 权利告知。案件移送审查起诉后，人民检察院应当告知犯罪嫌疑人享有的诉讼权利和认罪认罚的法律规定，保障犯罪嫌疑人的程序选择权。告知应当采取书面形式，必要时应当充分释明。

27. 听取意见。犯罪嫌疑人认罪认罚的，人民检察院应当就下列事项听取犯罪嫌疑人、辩护人或者值班律师的意见，记录在案并附卷：

（一）涉嫌的犯罪事实、罪名及适用的法律规定；

（二）从轻、减轻或者免除处罚等从宽处罚的建议；

（三）认罪认罚后案件审理适用的程序；

（四）其他需要听取意见的情形。

人民检察院未采纳辩护人、值班律师意见的，应当说明理由。

28. 自愿性、合法性审查。对侦查阶段认罪认罚的案件，人民检察院应当重点审查以下内容：

（一）犯罪嫌疑人是否自愿认罪认罚，有无因受到暴力、威胁、引诱而违背意愿认罪认罚；

（二）犯罪嫌疑人认罪认罚时的认知能力和精神状态是否正常；

（三）犯罪嫌疑人是否理解认罪认罚的性质和可能导致的法律后果；

（四）侦查机关是否告知犯罪嫌疑人享有的诉讼权利，如实供述自己罪行可以从宽处理和认罪认罚的法律规定，并听取意见；

（五）起诉意见书中是否写明犯罪嫌疑人认罪认罚情况；

（六）犯罪嫌疑人是否真诚悔罪，是否向被害人赔礼道歉。

经审查，犯罪嫌疑人违背意愿认罪认罚的，人民检察院可以重新开展认罪认罚工作。存在刑讯逼供等非法取证行为的，依照法律规定处理。

173.3.2　死刑案件的审查起诉

★《最高人民法院、最高人民检察院、公安部、司法部关于进一步严格依法办案确保办理死刑案件质量的意见》（法发〔2007〕11号，2007年3月9日）

16. 人民检察院要依法履行审查起诉职责，严格把握案件的法定起诉标准。

17. 人民检察院自收到移送审查起诉的案件材料之日起三日以内，应当告知犯罪嫌疑人有权委托辩护人；犯罪嫌疑人经济困难的，应当告知其可以向法律援助机构申请法律援助。辩护律师自审查起诉之日起，可以查阅、摘抄、复制本案的诉讼文书、技术性鉴定材料，可以同在押的犯罪嫌疑人会见和通信。其他辩护人经人民检察院许可，也可以查阅、摘抄、复制上述材料，同在押的犯罪嫌疑人会见和通信。人民检察院应当为辩护人查阅、摘抄、复制材料提供便利。

18. 人民检察院审查案件，应当讯问犯罪嫌疑人，听取被害人和犯罪嫌疑人、被害人委托的人的意见，并制作笔录附卷。被害人和犯罪嫌疑人、被害人委托的人在审查起诉期间没有提出意见的，应当记明附卷。人民检察院对证人证言笔录存在疑问或者认为对证人的询问不具体或者有遗漏的，可以对证人进行询问并制作笔录。

19. 人民检察院讯问犯罪嫌疑人时，既要听取犯罪嫌疑人的有罪供述，又要听取犯罪嫌疑人无罪或罪轻的辩解。犯罪嫌疑人提出受到刑讯逼供的，可以要求侦查人员作出说明，必要时进行核查。对刑讯逼供取得的犯罪嫌疑人供述和以暴力、威胁等非法方法收集的被害人陈述、证人证言，不能作为指控犯罪的根据。

20. 对可能属于精神病人、未成年人或者怀孕的妇女的犯罪嫌疑人，应当及时委托鉴定或者调查核实。

21. 人民检察院审查案件的时候，对公安机关的勘验、检查，认为需要复验、复查的，应当要求公安机关复验、复查，人民检察院可以派员参加；也可以自行复验、复查，商请公安机关派员参加，必要时也可以聘请专门技术人员参加。

22. 人民检察院对物证、书证、视听资料、勘验、检查笔录存在疑问的，可以要求侦查人员提供获取、制作的有关情况。必要时可以询问提供物证、书证、视听资料的人员，对物证、书证、视听资料委托进行技术鉴定。询问过程及鉴定的情况应当附卷。

174　认罪认罚具结书的签署

174.1　法条规定

第一百七十四条　犯罪嫌疑人自愿认罪，同意量刑建议和程序适用的，应当在辩护人或者值班律师在场的情况下签署认罪认罚具结书。

犯罪嫌疑人认罪认罚，有下列情形之一的，不需要签署认罪认罚具结书：

（一）犯罪嫌疑人是盲、聋、哑人，或者是尚未完全丧失辨认或者控制自己行为能力的精神病人的；

（二）未成年犯罪嫌疑人的法定代理人、辩护人对未成年人认罪认罚有异议的；

（三）其他不需要签署认罪认罚具结书的情形。

【立法释义】①

本条规定明确了审查起诉阶段认罪认罚具结书的签署。关于认罪认罚具结书的签署，应当关注以下事项：

第一，认罪认罚具结书的签署程序。该程序主要包括以下条件：

一是犯罪嫌疑人自愿认罪。犯罪嫌疑人没有作出自愿认罪的明确意思表示，或者被强迫认罪的，不适用认罪认罚程序。

二是同意量刑建议。“量刑建议”，是指人民检察院根据量刑规范化的要求，基于法定、酌定等量刑情节向法庭提出的量刑建议。犯罪嫌疑人同意量刑建议，是认罚的具体表现。由于量刑建议通常表现为一定幅度，在犯罪嫌疑人同意量刑建议基础上，人民法院可以在量刑时进一步从宽处罚，即对于人民法院认可量刑建议的情形，可以在量刑建议幅度内选择较低的宣告刑。

三是同意程序适用。认罪认罚程

① 参见王爱立主编书，第 357—362 页。

序将会显著简化法庭审理过程,犯罪嫌疑人对此拥有程序选择权。犯罪嫌疑人同意适用认罪认罚程序,是人民法院适用简化审理程序的前提。需要指出的是,基于程序选择权,犯罪嫌疑人、被告人不同意适用速裁程序、简易程序的,不影响“认罚”的认定。

四是签署认罪认罚具结书。犯罪嫌疑人应当在辩护人或者值班律师在场的情况下签署认罪认罚具结书。

第二,不需要签署认罪认罚具结书的情形①。对于犯罪嫌疑人认罪认罚,但因犯罪嫌疑人属于特殊群体的情形,包括犯罪嫌疑人是盲、聋、哑人,或者是尚未完全丧失辨认或者控制自己行为能力的精神病人;未成年犯罪嫌疑人的法定代理人、辩护人对未成年人认罪认罚有异议的,不需要签署认罪认罚具结书。为切实维护此类犯罪嫌疑人的合法权益,不宜适用简化审理程序。但这并不意味着不能适用认罪认罚从宽处理原则。签署认罪认罚具结书是犯罪嫌疑人对自己所犯罪行的确认,及愿意接受法律制裁的承诺。如果犯罪嫌疑人自愿认罪认罚,即使没有签署具结书,仍然可以依法从宽处理。

174.2 司法解释

174.2.1 认罪认罚从宽的界定

★《法院解释》(2021)

第三百四十七条 刑事诉讼法第十五条规定的“认罪”,是指犯罪嫌疑人、被告人自愿如实供述自己的罪行,对指控的犯罪事实没有异议。

刑事诉讼法第十五条规定的“认罚”,是指犯罪嫌疑人、被告人真诚悔罪,愿意接受处罚。

被告人认罪认罚的,可以依照刑事诉讼法第十五条的规定,在程序上从简、实体上从宽处理。

174.2.2 认罪认罚案件的程序适用

★《法院解释》(2021)

第三百四十八条 对认罪认罚案件,应当根据案件情况,依法适用速裁程序、简易程序或者普通程序审理。

174.3 规范性文件

174.3.1 认罪认罚具结书的签署程序

★《最高人民法院、最高人民检察院、公安部、国家安全部、司法部关于适用认罪认罚从宽制度的指导意见》(高检发〔2019〕13号,2019年10月11日)

5. 适用阶段和适用案件范围。认罪认罚从宽制度贯穿刑事诉讼全过程,适用于侦查、起诉、审判各个阶段。

认罪认罚从宽制度没有适用罪名和可能判处刑罚的限定,所有刑事案件都可以适用,不能因罪轻、罪重或者罪名特殊等原因而剥夺犯罪嫌疑人、被告人自愿认罪认罚获得从宽处理的机会。但“可以”适用不是一律适用,犯罪嫌疑人、被告人认罪认罚后是否从宽,由司法机关根据案件具体情况决定。

6. “认罪”的把握。认罪认罚从宽制度中的“认罪”,是指犯罪嫌疑人、被告人自愿如实供述自己的罪行,对指控的犯罪事实没有异议。承认指控的主要犯罪事实,仅对个别事实情节提出异议,或者虽然对行为性质提出辩解但表示接受司法机关认定意见的,不影响

① 该款所列情形,实质上应属不适用认罪认罚程序的情形,故未规范认罪认罚从宽制度适用,可考虑将“不需要签署认罪认罚具结书”调整为“不适用认罪认罚程序”。

"认罪"的认定。犯罪嫌疑人、被告人犯数罪,仅如实供述其中一罪或部分罪名事实的,全案不作"认罪"的认定,不适用认罪认罚从宽制度,但对如实供述的部分,人民检察院可以提出从宽处罚的建议,人民法院可以从宽处罚。

7. "认罚"的把握。认罪认罚从宽制度中的"认罚",是指犯罪嫌疑人、被告人真诚悔罪,愿意接受处罚。"认罚",在侦查阶段表现为表示愿意接受处罚;在审查起诉阶段表现为接受人民检察院拟作出的起诉或不起诉决定,认可人民检察院的量刑建议,签署认罪认罚具结书;在审判阶段表现为当庭确认自愿签署具结书,愿意接受刑罚处罚。

"认罚"考察的重点是犯罪嫌疑人、被告人的悔罪态度和悔罪表现,应当结合退赃退赔、赔偿损失、赔礼道歉等因素来考量。犯罪嫌疑人、被告人虽然表示"认罚",却暗中串供、干扰证人作证、毁灭、伪造证据或者隐匿、转移财产,有赔偿能力而不赔偿损失,则不能适用认罪认罚从宽制度。犯罪嫌疑人、被告人享有程序选择权,不同意适用速裁程序、简易程序的,不影响"认罚"的认定。

31. 签署具结书。犯罪嫌疑人自愿认罪,同意量刑建议和程序适用的,应当在辩护人或者值班律师在场的情况下签署认罪认罚具结书。犯罪嫌疑人被羁押的,看守所应当为签署具结书提供场所。具结书应当包括犯罪嫌疑人如实供述罪行、同意量刑建议、程序适用等内容,由犯罪嫌疑人、辩护人或者值班律师签名。

犯罪嫌疑人认罪认罚,有下列情形之一的,不需要签署认罪认罚具结书:

(一)犯罪嫌疑人是盲、聋、哑人,或者是尚未完全丧失辨认或者控制自己行为能力的精神病人的;

(二)未成年犯罪嫌疑人的法定代理人、辩护人对未成年人认罪认罚有异议的;

(三)其他不需要签署认罪认罚具结书的情形。

上述情形犯罪嫌疑人未签署认罪认罚具结书的,不影响认罪认罚从宽制度的适用。

★《最高人民检察院、司法部、中华全国律师协会关于依法保障律师执业权利的十条意见》(高检发办字〔2023〕28 号,2023 年 3 月 1 日)

六、认真听取律师对认罪认罚案件的意见

人民检察院办理认罪认罚案件,应当认真听取辩护律师或者值班律师的意见。已委托辩护律师的,应当提前通知辩护律师,确保犯罪嫌疑人签署认罪认罚具结书时在场并有明确的意见,不得绕开辩护律师安排值班律师代为见证具结。辩护律师确因客观原因无法到场的,可以通过远程视频方式见证具结;确有不便的,经辩护律师同意,可以安排值班律师在场履职。

174.4　指导与参考案例

174.4.1　认罪认罚案件认罚的认定

【刑事审判参考案例】

[第 1414 号]王建受贿案

裁判要旨:认罪认罚从宽制度中的"认罚"在不同诉讼阶段有不同的表现形式:在侦查阶段表现为犯罪嫌疑人真诚悔罪,愿意接受处罚;在审查起诉阶段表现为犯罪嫌疑人自愿签署认罪认罚具结书,认可检察机关的量刑建议;

在审判阶段表现为被告人当庭确认签署具结书系出于自愿，或者当庭表示认罪，愿意接受处罚。犯罪嫌疑人认罪认罚，但确无退赃退赔能力的，不能以此否定“认罚”情节；犯罪嫌疑人、被告人表面上接受量刑建议，背后隐匿、转移财产，拒不退赃退赔、赔偿损失、履行财产刑，明显无真诚悔罪表现的，不应当认定为“认罚”。人民法院对于“认罚”情节的否定，应当进行必要的法庭调查、法庭辩论，充分听取控辩双方的意见，并向被告人释明相应的法律后果。

174.4.2　对认罪认罚案件量刑建议的实质审查

【刑事审判参考案例】

[第 1409 号]苏桂花开设赌场案

裁判要旨：对于检察机关按认罪认罚案件提起公诉的，人民法院应当依法审查是否符合认罪认罚从宽制度的适用条件，被告人是否真正具有认罪认罚情形。即对于认罪认罚案件，人民法院依法应当进行全面实质审查。人民法院对于认罪认罚案件中公诉机关的量刑建议进行实质审查，具体包括以下几个方面：一要审查量刑建议适用的刑种是否适当；二要对拟宣告刑与量刑建议的刑期进行比较；三要注重类案检索，确保类案量刑平衡和法律适用的统一；四要对认罪认罚案件与一般案件的量刑进行比较。检察机关因一审法院未建议调整量刑建议而抗诉的，二审法院不应以程序违法为由发回重审。

175　审查起诉阶段的补充侦查

175.1　法条规定

第一百七十五条　人民检察院审查案件，可以要求公安机关提供法庭审判所必需的证据材料；认为可能存在本法第五十六条规定的以非法方法收集证据情形的，可以要求其对证据收集的合法性作出说明。

人民检察院审查案件，对于需要补充侦查的，可以退回公安机关补充侦查，也可以自行侦查。

对于补充侦查的案件，应当在一个月以内补充侦查完毕。补充侦查以二次为限。补充侦查完毕移送人民检察院后，人民检察院重新计算审查起诉期限。

对于二次补充侦查的案件，人民检察院仍然认为证据不足，不符合起诉条件的，应当作出不起诉的决定。

【立法释义】①

本条规定明确了审查起诉阶段的补充侦查程序。2012 年刑事诉讼法修改，增加了取证合法性的证据要求，以及二次补充侦查后不起诉的要求。补充侦查程序，体现了刑事诉讼各机关互相配合、互相制约的要求：人民检察院发现案件事实、证据存在问题和瑕疵，并非径行作出不起诉的处理，而是允许公安机关补充侦查或者自行侦查，这体现了互相配合的关系；然而，如果二次补充侦查后仍然达不到法定证明标准，就应当作出不起诉的决定，这体现了互相制约的机制。关于补充侦查，应当关注以下事项：

① 参见王爱立主编书，第 362—365 页。

第一，要求公安机关补充完善证据的要求。人民检察院审查案件，认为公安机关移送的证据材料达不到法定证明标准，可以要求公安机关提供法庭审判所必需的证据材料。本条中的“法庭审判所必需的证据材料”，主要是指影响案件事实认定的证据材料。该项规定并非直接要求公安机关补充侦查，而是要求公安机关提供并未随案移送的证据材料；如果公安机关并未收集有关证据材料，则需要进行补充侦查。同时，根据非法证据排除规则的要求，人民检察院经审查，认为可能存在本法第五十六条规定的以非法方法收集证据情形的，可以要求公安机关对证据收集的合法性作出说明①。基于本条规定的要求，公安机关收到人民检察院的要求后，应当提供法庭审判所必需的证据材料和证明证据收集合法性的证据材料。

第二，补充侦查的制度安排。主要包括以下要点：

一是补充侦查的模式。人民检察院可以退回公安机关补充侦查，也可以自行侦查。本条中的“退回公安机关补充侦查”，主要是指对于犯罪事实不清、证据不足，或者遗漏罪行和遗漏同案犯罪嫌疑人等情形，人民检察院应当提出具体的书面意见，连同案卷材料一并退回公安机关补充侦查。本条中的“自行侦查”，主要是指部分量刑事实缺乏证据证明，或者部分证据存在瑕疵，人民检察院可以依职权予以调查核实。对于退回公安机关补充侦查所涉的事项，人民检察院也可以自行侦查，必要时可以要求公安机关提供协助。需要补充说明的是，对于监察机关移送的案件，人民检察院经审查，认为需要补充核实的，应当退回监察机关补充调查，必要时可以自行补充侦查。

二是补充侦查的期限。补充侦查应当在一个月以内完成。补充侦查的期间从侦查机关接到补充侦查的案件第二日起计算。《检察院规则》第三百四十八条规定，人民检察院在审查起诉中决定自行侦查的，应当在审查起诉期限内侦查完毕。

三是补充侦查的次数。补充侦查以二次为限，补充侦查完毕移送人民检察院后，人民检察院重新计算审查起诉期限。《检察院规则》第三百五十条规定，对于在审查起诉期间改变管辖的案件，改变后的人民检察院可以经原受理案件的人民检察院协助，直接退回原侦查案件的公安机关补充侦查，也可以自行侦查，但改变管辖前后退回补充侦查的次数总共不得超过二次。

四是二次补充侦查后存疑不起诉。对于二次补充侦查的案件，人民检察院仍然认为证据不足，不符合起诉条件的，应当作出不起诉的决定。这是2012年修改刑事诉讼法时所作的重大修改，将原规定的“对于补充侦查的案件，人民检察院仍然认为证据不足，不符合起诉条件的，可以作出不起诉的决定”，修改为“应当作出不起诉的决定”。这一制度调整，主要是为了强化

① 基于非法证据排除规则的要求，公安机关应当收集并随案移送证明取证合法性的证据材料，以便人民检察院在法庭审判过程中证明取证合法性。鉴于此，可考虑将“可以要求其对证据收集的合法性作出说明”调整为“可以要求公安机关提供证明证据收集合法性的证据材料”。

审查起诉环节的程序制约,严格贯彻疑罪从无原则,督促侦查机关依法履行侦查职责,避免对事实不清、证据不足的案件勉强提起公诉。

175.2　司法解释

175.2.1　补充侦查、补充调查的程序

★《检察院规则》(2019)

第三百四十条　人民检察院对监察机关或者公安机关移送的案件进行审查后,在人民法院作出生效判决之前,认为需要补充提供证据材料的,可以书面要求监察机关或者公安机关提供。

第三百四十一条　人民检察院在审查起诉中发现有应当排除的非法证据,应当依法排除,同时可以要求监察机关或者公安机关另行指派调查人员或者侦查人员重新取证。必要时,人民检察院也可以自行调查取证。

第三百四十二条　人民检察院认为犯罪事实不清、证据不足或者存在遗漏罪行、遗漏同案犯罪嫌疑人等情形需要补充侦查的,应当制作补充侦查提纲,连同案卷材料一并退回公安机关补充侦查。人民检察院也可以自行侦查,必要时可以要求公安机关提供协助。

第三百四十三条　人民检察院对于监察机关移送起诉的案件,认为需要补充调查的,应当退回监察机关补充调查。必要时,可以自行补充侦查。

需要退回补充调查的案件,人民检察院应当出具补充调查决定书、补充调查提纲,写明补充调查的事项、理由、调查方向、需补充收集的证据及其证明作用等,连同案卷材料一并送交监察机关。

人民检察院决定退回补充调查的案件,犯罪嫌疑人已被采取强制措施的,应当将退回补充调查情况书面通知强制措施执行机关。监察机关需要讯问的,人民检察院应当予以配合。

第三百四十四条　对于监察机关移送起诉的案件,具有下列情形之一的,人民检察院可以自行补充侦查:

(一)证人证言、犯罪嫌疑人供述和辩解、被害人陈述的内容主要情节一致,个别情节不一致的;

(二)物证、书证等证据材料需要补充鉴定的;

(三)其他由人民检察院查证更为便利、更有效率、更有利于查清案件事实的情形。

自行补充侦查完毕后,应当将相关证据材料入卷,同时抄送监察机关。人民检察院自行补充侦查的,可以商请监察机关提供协助。

第三百四十五条　人民检察院负责捕诉的部门对本院负责侦查的部门移送起诉的案件进行审查后,认为犯罪事实不清、证据不足或者存在遗漏罪行、遗漏同案犯罪嫌疑人等情形需要补充侦查的,应当制作补充侦查提纲,连同案卷材料一并退回负责侦查的部门补充侦查。必要时,也可以自行侦查,可以要求负责侦查的部门予以协助。

第三百四十六条　退回监察机关补充调查、退回公安机关补充侦查的案件,均应当在一个月以内补充调查、补充侦查完毕。

补充调查、补充侦查以二次为限。

补充调查、补充侦查完毕移送起诉后,人民检察院重新计算审查起诉期限。

人民检察院负责捕诉的部门退回本院负责侦查的部门补充侦查的期限、次数按照本条第一款至第三款的规定执行。

第三百四十八条　人民检察院在

审查起诉中决定自行侦查的，应当在审查起诉期限内侦查完毕。

第三百四十九条　人民检察院对已经退回监察机关二次补充调查或者退回公安机关二次补充侦查的案件，在审查起诉中又发现新的犯罪事实，应当将线索移送监察机关或者公安机关。对已经查清的犯罪事实，应当依法提起公诉。

第三百五十条　对于在审查起诉期间改变管辖的案件，改变后的人民检察院对于符合刑事诉讼法第一百七十五条第二款规定的案件，可以经原受理案件的人民检察院协助，直接退回原侦查案件的公安机关补充侦查，也可以自行侦查。改变管辖前后退回补充侦查的次数总共不得超过二次。

175.3　规范性文件

175.3.1　退回补充侦查的引导说理机制

★《最高人民法院、最高人民检察院、公安部、国家安全部、司法部关于推进以审判为中心的刑事诉讼制度改革的意见》（法发〔2016〕18 号，2016 年 7 月 20 日）

七、完善补充侦查制度。进一步明确退回补充侦查的条件，建立人民检察院退回补充侦查引导和说理机制，明确补充侦查方向、标准和要求。规范补充侦查行为，对于确实无法查明的事项，公安机关、国家安全机关应当书面向人民检察院说明理由。对于二次退回补充侦查后，仍然证据不足、不符合起诉条件的，依法作出不起诉决定。

175.3.2　死刑案件补充侦查的程序要求

★《最高人民法院、最高人民检察院、公安部、司法部关于进一步严格依法办案确保办理死刑案件质量的意见》（法发〔2007〕11 号，2007 年 3 月 9 日）

23. 人民检察院审查案件的时候，认为事实不清、证据不足或者遗漏罪行、遗漏同案犯罪嫌疑人等情形，需要补充侦查的，应当提出需要补充侦查的具体意见，连同案卷材料一并退回公安机关补充侦查。公安机关应当在一个月以内补充侦查完毕。人民检察院也可以自行侦查，必要时要求公安机关提供协助。

175.3.3　侦查机关对退回补充侦查的处理

★《公安规定》（2020）

第二百九十五条　侦查终结，移送人民检察院审查起诉的案件，人民检察院退回公安机关补充侦查的，公安机关接到人民检察院退回补充侦查的法律文书后，应当按照补充侦查提纲在一个月以内补充侦查完毕。

补充侦查以二次为限。

第二百九十六条　对人民检察院退回补充侦查的案件，根据不同情况，报县级以上公安机关负责人批准，分别作如下处理：

（一）原认定犯罪事实不清或者证据不够充分的，应当在查清事实、补充证据后，制作补充侦查报告书，移送人民检察院审查；对确实无法查明的事项或者无法补充的证据，应当书面向人民检察院说明情况；

（二）在补充侦查过程中，发现新的同案犯或者新的罪行，需要追究刑事责任的，应当重新制作起诉意见书，移送人民检察院审查；

（三）发现原认定的犯罪事实有重

大变化，不应当追究刑事责任的，应当撤销案件或者对犯罪嫌疑人终止侦查，并将有关情况通知退查的人民检察院；

（四）原认定犯罪事实清楚，证据确实、充分，人民检察院退回补充侦查不当的，应当说明理由，移送人民检察院审查。

第二百九十七条　对于人民检察院在审查起诉过程中以及在人民法院作出生效判决前，要求公安机关提供法庭审判所必需的证据材料的，应当及时收集和提供。

【重点解读】①

"提供法庭审判所必需的证据材料"，并不是补充侦查，而是对案件事实已经查清，但尚有个别证据需要查证，而又不必退回公安机关补充侦查和自行补充侦查的案件，为达到法庭审判的要求，人民检察院可以要求公安机关提供这些证据材料。接到人民检察院的书面要求后，公安机关应当及时进行收集；如果确实无法收集到，应当及时以书面形式向人民检察院说明。

★《国安规定》（2024）

第三百一十七条　侦查终结，移送人民检察院审查起诉的案件，人民检察院退回国家安全机关补充侦查的，国家安全机关接到人民检察院退回补充侦查的法律文书后，应当按照补充侦查提纲在一个月以内补充侦查完毕。

补充侦查以二次为限。

第三百一十八条　对人民检察院退回补充侦查的案件，国家安全机关应当根据不同情况，分别作出如下处理：

（一）原认定犯罪事实不清或者证据不够充分的，应当在查清事实、补充证据后，制作补充侦查报告书，移送人民检察院审查；对确实无法查明的事项或者无法补充的证据，应当书面向人民检察院说明情况；

（二）在补充侦查过程中，发现新的同案犯或者新的罪行，需要追究刑事责任的，应当重新制作起诉意见书或者制作补充起诉意见书，移送人民检察院审查；

（三）发现原认定的犯罪事实有重大变化，不应当追究刑事责任的，应当撤销案件或者对犯罪嫌疑人终止侦查，并将有关情况通知人民检察院；

（四）原认定犯罪事实清楚，证据确实、充分，人民检察院退回补充侦查不当的，应当说明理由，移送人民检察院审查。

第三百一十九条　对于人民检察院在审查起诉过程中以及在人民法院作出生效判决前，向国家安全机关调取有关证据材料，或者通知国家安全机关补充移送、通知国家安全机关对已移送的电子数据进行补正的，国家安全机关应当自收到有关法律文书后三日以内移送有关证据材料，或者补充有关材料。

175.4　指导与参考案例

175.4.1　二次退回补充侦查后的自行侦查

【最高人民检察院指导性案例】

［检例第 177 号］孙旭东非法经营案

办案要旨：对于为恶意透支的信用卡持卡人非法套现的行为，应当根据其与信用卡持卡人有无犯意联络、是否具有非法占有目的等，区分非法经营罪与信用卡诈骗罪。经二次退回补充侦查

① 参见孙茂利主编书，第 694—695 页。

仍未达到起诉条件,但根据已查清的事实认为犯罪嫌疑人仍然有遗漏犯罪重大嫌疑的,检察机关依法可以自行侦查。应当结合相关类型犯罪的特点,对在案证据、需要补充的证据和可能的侦查方向进行分析研判,明确自行侦查的可行性和路径。检察机关办理信用卡诈骗案件时发现涉及上下游非法经营金融业务等犯罪线索的,应当通过履行立案监督等职责,依法追诉遗漏犯罪嫌疑人和遗漏犯罪事实。

176　提起公诉的程序和认罪认罚案件的处理

176.1　法条规定

第一百七十六条　人民检察院认为犯罪嫌疑人的犯罪事实已经查清,证据确实、充分,依法应当追究刑事责任的,应当作出起诉决定,按照审判管辖的规定,向人民法院提起公诉,并将案卷材料、证据移送人民法院。

犯罪嫌疑人认罪认罚的,人民检察院应当就主刑、附加刑、是否适用缓刑等提出量刑建议,并随案移送认罪认罚具结书等材料。

【立法释义】①

本条规定明确了人民检察院提起公诉的程序和认罪认罚案件的处理。2012年刑事诉讼法修改,增加了提起公诉时应当“将案卷材料、证据移送人民法院”的规定。2018年刑事诉讼法修改,增加了提起公诉环节认罪认罚案件的处理程序。关于提起公诉,应当关注以下事项:

第一,提起公诉的条件。人民检察院作为国家公诉机关,应当严格依法履行公诉职责。根据本条第一款规定,提起公诉应当符合以下条件:

一是“犯罪嫌疑人的犯罪事实已经查清”,参见《检察院规则》第三百五十五条第二款的规定。其中,对于公安机关遗漏罪行或者有依法应当移送起诉的同案犯罪嫌疑人未移送起诉的,参见《检察院规则》第三百五十六条的规定。

二是“证据确实、充分”。具体是指现有证据已经达到审判定罪标准,毕竟,随着辩护意见的提出以及证据体系的动态变化,最终的指控证据可能并不能达到法定证明标准。同时,尽管案件证据可能存在部分问题或者瑕疵,但并不影响案件事实认定的,例如,无法查清作案工具、赃物去向,但有其他证据足以对被告人定罪量刑;或者证人证言、犯罪嫌疑人供述和辩解、被害人陈述的内容中主要情节一致,只有个别情节不一致,不影响定罪等情形,也可以认为达到了法定证明标准。

三是“依法应当追究刑事责任”。主要是指案件中并不存在依法不应当追究刑事责任的情形。

第二,案卷移送制度。2012年刑事诉讼法修改,恢复了起诉案卷移送制度,即人民检察院提起公诉时,应当“将案卷材料、证据移送人民法院”。之所以进行此种制度调整,主要是考虑,提起公诉时移送案卷材料、证据,便于辩护人查阅案卷材料、证据,以为开展辩护做好准备。同时,审判人员提前阅卷,能够更好地归纳案件争议问题,进

① 参见王爱立主编书,第365—369页。

而通过庭前会议等程序解决程序性争议,提高庭审的针对性和实效性。为督促人民检察院全面移送所有证据材料,"六部门"《关于实施刑事诉讼法若干问题的规定》第二十四条规定,人民检察院向人民法院提起公诉时,应当将案卷材料和全部证据移送人民法院,包括犯罪嫌疑人、被告人翻供的材料,证人改变证言的材料,以及对犯罪嫌疑人、被告人有利的其他证据材料。对共同犯罪的犯罪嫌疑人,原则上应当同案一并起诉,对有特殊情况不能同案起诉的,必须在起诉书中有关部分加以说明。

第三,认罪认罚从宽情形的处理。2018 年刑事诉讼法修改,增加规定了审查起诉环节的认罪认罚程序。犯罪嫌疑人认罪认罚的,人民检察院应当就主刑、附加刑、是否适用缓刑等提出量刑建议,并随案移送认罪认罚具结书等材料。犯罪嫌疑人认罪认罚,人民检察院拟提出缓刑或者管制量刑建议的,可以及时委托犯罪嫌疑人居住地的社区矫正机构进行调查评估,也可以自行调查评估。人民检察院提起公诉时,已收到调查材料的,应当将材料一并移送,未收到调查材料的,应当将委托文书随案移送;在提起公诉后收到调查材料的,应当及时移送人民法院。此外,基于量刑规范化改革的要求,除认罪认罚案件外,人民检察院提起公诉的案件,也可以提出量刑建议,参见《检察院规则》第三百六十四条的规定。

第四,分案起诉的规则。对于未成年人与成年人共同犯罪案件,一般应当将未成年人与成年人分案起诉。对于可以不分案起诉的案件,2013 年《人民检察院办理未成年人刑事案件的规定》第五十一条列举了具体情形。分案起诉的未成年人与成年人共同犯罪案件,由不同机构分别办理的,应当相互了解案件情况,提出量刑建议时,注意全案的量刑平衡。

176.2　相关立法

176.2.1　对监察机关移送的案件提起公诉

★**《中华人民共和国监察法》**(2024 年 12 月 25 日修正)

第五十四条　对监察机关移送的案件,人民检察院依照《中华人民共和国刑事诉讼法》对被调查人采取强制措施。

人民检察院经审查,认为犯罪事实已经查清,证据确实、充分,依法应当追究刑事责任的,应当作出起诉决定。

人民检察院经审查,认为需要补充核实的,应当退回监察机关补充调查,必要时可以自行补充侦查。对于补充调查的案件,应当在一个月内补充调查完毕。补充调查以二次为限。

人民检察院对于有《中华人民共和国刑事诉讼法》规定的不起诉的情形的,经上一级人民检察院批准,依法作出不起诉的决定。监察机关认为不起诉的决定有错误的,可以向上一级人民检察院提请复议。

176.3　司法解释

176.3.1　提起公诉的条件及程序

★**《检察院规则》**(2019)

第三百五十五条　人民检察院认为犯罪嫌疑人的犯罪事实已经查清,证据确实、充分,依法应当追究刑事责任的,应当作出起诉决定。

具有下列情形之一的,可以认为犯

罪事实已经查清：

（一）属于单一罪行的案件，查清的事实足以定罪量刑或者与定罪量刑有关的事实已经查清，不影响定罪量刑的事实无法查清的；

（二）属于数个罪行的案件，部分罪行已经查清并符合起诉条件，其他罪行无法查清的；

（三）无法查清作案工具、赃物去向，但有其他证据足以对被告人定罪量刑的；

（四）证人证言、犯罪嫌疑人供述和辩解、被害人陈述的内容主要情节一致，个别情节不一致，但不影响定罪的。

对于符合前款第二项情形的，应当以已经查清的罪行起诉。

第三百五十六条　人民检察院在办理公安机关移送起诉的案件中，发现遗漏罪行或者有依法应当移送起诉的同案犯罪嫌疑人未移送起诉的，应当要求公安机关补充侦查或者补充移送起诉。对于犯罪事实清楚，证据确实、充分的，也可以直接提起公诉。

第三百五十七条　人民检察院立案侦查时认为属于直接受理侦查的案件，在审查起诉阶段发现属于监察机关管辖的，应当及时商监察机关办理。属于公安机关管辖，案件事实清楚，证据确实、充分，符合起诉条件的，可以直接起诉；事实不清、证据不足的，应当及时移送有管辖权的机关办理。

在审查起诉阶段，发现公安机关移送起诉的案件属于监察机关管辖，或者监察机关移送起诉的案件属于公安机关管辖，但案件事实清楚，证据确实、充分，符合起诉条件的，经征求监察机关、公安机关意见后，没有不同意见的，可以直接起诉；提出不同意见，或者事实不清、证据不足的，应当将案件退回移送案件的机关并说明理由，建议其移送有管辖权的机关办理。

第三百五十八条　人民检察院决定起诉的，应当制作起诉书。

起诉书的主要内容包括：

（一）被告人的基本情况，包括姓名、性别、出生年月日、出生地和户籍地、公民身份号码、民族、文化程度、职业、工作单位及职务、住址，是否受过刑事处分及处分的种类和时间，采取强制措施的情况等；如果是单位犯罪，应当写明犯罪单位的名称和组织机构代码、所在地址、联系方式，法定代表人和诉讼代表人的姓名、职务、联系方式；如果还有应当负刑事责任的直接负责的主管人员或其他直接责任人员，应当按上述被告人基本情况的内容叙写；

（二）案由和案件来源；

（三）案件事实，包括犯罪的时间、地点、经过、手段、动机、目的、危害后果等与定罪量刑有关的事实要素。起诉书叙述的指控犯罪事实的必备要素应当明晰、准确。被告人被控有多项犯罪事实的，应当逐一列举，对于犯罪手段相同的同一犯罪可以概括叙写；

（四）起诉的根据和理由，包括被告人触犯的刑法条款、犯罪的性质及认定的罪名、处罚条款、法定从轻、减轻或者从重处罚的情节，共同犯罪各被告人应负的罪责等；

（五）被告人认罪认罚情况，包括认罪认罚的内容、具结书签署情况等。

被告人真实姓名、住址无法查清的，可以按其绰号或者自报的姓名、住址制作起诉书，并在起诉书中注明。被告人自报的姓名可能造成损害他人名誉、败坏道德风俗等不良影响的，可以对被告人编号并按编号制作起诉书，附具被告人的照片，记明足以确定被告人面貌、体格、指纹以及其他反映被告人特征的事项。

起诉书应当附有被告人现在处所，证人、鉴定人、需要出庭的有专门知识的人的名单，需要保护的被害人、证人、鉴定人的化名名单，查封、扣押、冻结的财物及孳息的清单，附带民事诉讼、附带民事公益诉讼情况以及其他需要附注的情况。

证人、鉴定人、有专门知识的人的名单应当列明姓名、性别、年龄、职业、住址、联系方式，并注明证人、鉴定人是否出庭。

第三百五十九条 人民检察院提起公诉的案件，应当向人民法院移送起诉书、案卷材料、证据和认罪认罚具结书等材料。

起诉书应当一式八份，每增加一名被告人增加起诉书五份。

关于被害人姓名、住址、联系方式、被告人被采取强制措施的种类、是否在案及羁押处所等问题，人民检察院应当在起诉书中列明，不再单独移送材料；对于涉及被害人隐私或者为保护证人、鉴定人、被害人人身安全，而不宜公开证人、鉴定人、被害人姓名、住址、工作单位和联系方式等个人信息的，可以在起诉书中使用化名。但是应当另行书面说明使用化名的情况并标明密级，单独成卷。

第三百六十条 人民检察院对于犯罪嫌疑人、被告人或者证人等翻供、翻证的材料以及对犯罪嫌疑人、被告人有利的其他证据材料，应当移送人民法院。

第三百六十一条 人民法院向人民检察院提出书面意见要求补充移送材料，人民检察院认为有必要移送的，应当自收到通知之日起三日以内补送。

第三百六十二条 对提起公诉后，在人民法院宣告判决前补充收集的证据材料，人民检察院应当及时移送人民法院。

第三百六十三条 在审查起诉期间，人民检察院可以根据辩护人的申请，向监察机关、公安机关调取在调查、侦查期间收集的证明犯罪嫌疑人、被告人无罪或者罪轻的证据材料。

第三百六十四条 人民检察院提起公诉的案件，可以向人民法院提出量刑建议。除有减轻处罚或者免除处罚情节外，量刑建议应当在法定量刑幅度内提出。建议判处有期徒刑、管制、拘役的，可以具有一定的幅度，也可以提出具体确定的建议。

提出量刑建议的，可以制作量刑建议书，与起诉书一并移送人民法院。量刑建议书的主要内容应当包括被告人所犯罪行的法定刑、量刑情节、建议人民法院对被告人判处刑罚的种类、刑罚幅度、可以适用的刑罚执行方式以及提出量刑建议的依据和理由等。

认罪认罚案件的量刑建议，按照本章第二节的规定办理。

★《最高人民检察院关于切实履行检察职能防止和纠正冤假错案的若干意见》（高检发〔2013〕11号，2013年9月9日）

16. 对以下五种情形，不符合逮捕或者起诉条件的，不得批准逮捕或者提起公诉：

（1）案件的关键性证据缺失的；

（2）犯罪嫌疑人拒不认罪或者翻供，而物证、书证、勘验、检查笔录、鉴定意见等其他证据无法证明犯罪的；

（3）只有犯罪嫌疑人供述没有其他证据印证的；

（4）犯罪嫌疑人供述与被害人陈述、证人证言、物证、书证等证据存在关键性矛盾，不能排除的；

（5）不能排除存在刑讯逼供、暴力取证等违法情形可能的。

★《最高人民法院、最高人民检察院关于办理拒不执行判决、裁定刑事案件适用法律若干问题的解释》（法释〔2024〕13号，2024年10月30日）

第十三条　人民检察院应当结合侦查移送情况对涉案财产进行审查，在提起公诉时对涉案财产提出明确处理意见。人民法院应当依法作出判决，对涉案财产作出处理。

176.3.2　对起诉、不起诉决定的监督

★《检察院规则》（2019）

第三百八十八条　人民检察院发现不起诉决定确有错误，符合起诉条件的，应当撤销不起诉决定，提起公诉。

第三百八十九条　最高人民检察院对地方各级人民检察院的起诉、不起诉决定，上级人民检察院对下级人民检察院的起诉、不起诉决定，发现确有错误的，应当予以撤销或者指令下级人民检察院纠正。

176.3.3　审查起诉的宽严相济政策要求

★《最高人民检察院关于在检察工作中贯彻宽严相济刑事司法政策的若干意见》（高检发研字〔2007〕2号，2007年1月15日）

8. 正确把握起诉和不起诉条件，依法适用不起诉。在审查起诉工作中，严格依法掌握起诉条件，充分考虑起诉的必要性，可诉可不诉的不诉。对于初犯、从犯、预备犯、中止犯、防卫过当、避险过当、未成年人犯罪、老年人犯罪以及亲友、邻里、同学同事等纠纷引发的案件，符合不起诉条件的，可以依法适用不起诉，并可以根据案件的不同情况，对被不起诉人予以训诫或者责令具结悔过、赔礼道歉、赔偿损失。确需提起公诉的，可以依法向人民法院提出从宽处理、适用缓刑等量刑方面的意见。

11. 对未成年人犯罪案件依法从宽处理。办理未成年人犯罪案件，应当坚持“教育、感化、挽救”的方针和“教育为主、惩罚为辅”的原则。要对未成年犯罪嫌疑人的情况进行调查，了解未成年人的性格特点、家庭情况、社会交往、成长经历以及有无帮教条件等情况，除主观恶性大、社会危害严重的以外，根据案件具体情况，可捕可不捕的不捕，可诉可不诉的不诉。对确需提起公诉的未成年被告人，应当根据情况依法向人民法院提出从宽处理、适用缓刑等量刑方面的意见。

12. 对因人民内部矛盾引发的轻微刑事案件依法从宽处理。对因亲友、邻里及同学同事之间纠纷引发的轻微刑事案件，要本着“冤家宜解不宜结”的精神，着重从化解矛盾、解决纠纷的角度正确处理。对于轻微刑事案件中犯罪嫌疑人认罪悔过、赔礼道歉、积极赔偿损失并得到被害人谅解或者双方达成和解并切实履行，社会危害性不大

的,可以依法不予逮捕或者不起诉。确需提起公诉的,可以依法向人民法院提出从宽处理的意见。对属于被害人可以提起自诉的轻微刑事案件,由公安机关立案侦查并提请批捕、移送起诉的,人民检察院可以促使双方当事人在民事赔偿和精神抚慰方面和解,及时化解矛盾,依法从宽处理。

13. 对轻微犯罪中的初犯、偶犯依法从宽处理。对于初次实施轻微犯罪、主观恶性小的犯罪嫌疑人,特别是对因生活无着偶然发生的盗窃等轻微犯罪,犯罪嫌疑人人身危险性不大的,一般可以不予逮捕;符合法定条件的,可以依法不起诉。确需提起公诉的,可以依法向人民法院提出从宽处理的意见。

14. 正确处理群体性事件中的犯罪案件。处理群体性事件中的犯罪案件,应当坚持惩治少数,争取、团结、教育大多数的原则。对极少数插手群体性事件,策划、组织、指挥闹事的严重犯罪分子以及进行打砸抢等犯罪活动的首要分子或者骨干分子,要依法严厉打击。对一般参与者,要慎重适用强制措施和提起公诉;确需提起公诉的,可以依法向人民法院提出从宽处理的意见。

176.3.4 未成年人案件提起公诉的程序

★《未成年人刑事检察工作指引(试行)》(高检发未检字〔2017〕1号,2017年3月2日)

第二百零六条 人民检察院对于犯罪事实清楚,证据确实、充分,未成年犯罪嫌疑人可能被判处一年有期徒刑以上刑罚的,综合考虑犯罪的性质、情节、主观恶性及其成长经历、犯罪原因、监护教育等情况,认为起诉有利于对其矫治的;或者虽然未成年犯罪嫌疑人可能被判处一年有期徒刑以下刑罚,但不符合附条件不起诉条件或者未成年犯罪嫌疑人及其法定代理人不同意检察机关作出附条件不起诉决定的,人民检察院应当提起公诉。

第二百零七条 对提起公诉的未成年人刑事案件,可以综合衡量犯罪事实、情节和未成年被告人的具体情况,依法提出量刑建议。对符合法定条件的,可以提出适用非监禁刑或者缓刑的建议,并视情况建议判处禁止令。

第二百零八条 人民检察院审查未成年人与成年人共同犯罪案件,一般应当将未成年人与成年人分案起诉,并由同一个公诉人出庭。但是具有下列情形之一的,可以不分案起诉:

(一)未成年人系犯罪集团的组织者或者其他共同犯罪中的主犯的;

(二)案件重大、疑难、复杂,分案起诉可能妨碍案件审理的;

(三)涉及刑事附带民事诉讼,分案起诉妨碍附带民事诉讼部分审理的;

(四)具有其他不宜分案起诉的情形。

第二百零九条 共同犯罪的未成年人与成年人分别由不同级别的人民检察院审查起诉的,未成年人犯罪部分的承办人应当及时了解案件整体情况;提出量刑建议时,应当注意全案的量刑平衡。

第二百一十条 对于分案起诉的未成年人与成年人共同犯罪案件,一般应当同时移送人民法院。对于需要补充侦查的,如果补充侦查事项不涉及未成年犯罪嫌疑人所参与的犯罪事实,不影响对未成年犯罪嫌疑人提起公诉的,应当对未成年犯罪嫌疑人先予提起公诉。

第二百一十一条 对于分案起诉的未成年人与成年人共同犯罪案件，在审查起诉过程中可以根据全案情况制作一份审查报告，起诉书以及量刑建议书等应当分别制作。

第二百一十二条 人民检察院对未成年人与成年人共同犯罪案件分别提起公诉后，在诉讼过程中出现不宜分案起诉情形的，可以建议人民法院并案审理。

第二百一十三条 人民检察院对于符合下列条件的未成年人刑事案件，应当建议人民法院适用简易程序审理：

（一）案件事实清楚，证据确实、充分的；

（二）犯罪嫌疑人承认自己所犯罪行，对被指控的犯罪事实没有异议的；

（三）犯罪嫌疑人及其法定代理人或者合适成年人、辩护人对适用简易程序没有异议的。

第二百一十四条 对于具有下列情形之一，依法可能判处拘役、三年以下有期徒刑，有悔罪表现，宣告缓刑对所居住社区没有重大不良影响，具备有效监护条件或者社会帮教措施，适用缓刑确实不致再危害社会的未成年被告人，人民检察院应当建议人民法院适用缓刑：

（一）犯罪情节较轻，未造成严重后果的；

（二）主观恶性不大的初犯或者胁从犯、从犯；

（三）被害人同意和解或者被害人有明显过错的；

（四）其他可以适用缓刑的情形。

人民检察院提出对未成年被告人适用缓刑建议的，应当将未成年被告人能够获得有效监护条件、帮教的书面材料于判决前移送人民法院。

第二百一十五条 人民检察院根据未成年被告人的犯罪原因、犯罪性质、犯罪手段、犯罪后的认罪悔罪表现、个人一贯表现等情况，充分考虑与未成年被告人所犯罪行的关联程度，可以有针对性地建议人民法院判处未成年被告人在管制执行期间、缓刑考验期限内适用禁止令：

（一）禁止从事以下一项或者几项活动：

1. 因无监护人监管或监护人监管不力，经常夜不归宿的，禁止在未经社区矫正机构批准的情况下在外留宿过夜；

2. 因沉迷暴力、色情等网络游戏诱发犯罪的，禁止接触网络游戏；

3. 附带民事赔偿义务未履行完毕，违法所得未追缴、退赔到位，或者罚金尚未足额缴纳的，禁止进行高消费活动。高消费的标准可根据当地居民人均收入和支出水平确定；

4. 其他确有必要禁止从事的活动。

（二）禁止进入以下一类或者几类区域、场所：

1. 因出入未成年人不宜进入的场所导致犯罪的，禁止进入夜总会、歌舞厅、酒吧、迪厅、营业性网吧、游戏机房、溜冰场等场所；

2. 经常以大欺小、以强凌弱进行寻衅滋事，在学校周边实施违法犯罪行为的，禁止进入中小学校区、幼儿园园区及周边地区。确因本人就学、居住等原因的除外；

3. 其他确有必要禁止进入的区

域、场所。

(三)禁止接触以下一类或者几类人员:

1. 因受同案犯不良影响导致犯罪的,禁止除正常工作、学习外接触同案犯;

2. 为保护特定人员,禁止在未经对方同意的情况下接触被害人、证人、控告人、举报人及其近亲属;

3. 禁止接触其他可能遭受其侵害、滋扰的人或者可能诱发其再次危害社会的人。

建议适用禁止令,应当把握好禁止令的针对性、可行性和预防性,并向未成年被告人及其法定代理人阐明适用禁止令的理由,督促法定代理人协助司法机关加强监管,促进未成年被告人接受矫治和回归社会。

176.4　规范性文件

176.4.1　认罪认罚案件提起公诉的程序

★《最高人民法院、最高人民检察院、公安部、国家安全部、司法部关于适用认罪认罚从宽制度的指导意见》(高检发〔2019〕13 号,2019 年 10 月 11 日)

32. 提起公诉。人民检察院向人民法院提起公诉的,应当在起诉书中写明被告人认罪认罚情况,提出量刑建议,并移送认罪认罚具结书等材料。量刑建议书可以另行制作,也可以在起诉书中写明。

33. 量刑建议的提出。犯罪嫌疑人认罪认罚的,人民检察院应当就主刑、附加刑、是否适用缓刑等提出量刑建议。人民检察院提出量刑建议前,应当充分听取犯罪嫌疑人、辩护人或者值班律师的意见,尽量协商一致。

办理认罪认罚案件,人民检察院一般应当提出确定刑量刑建议。对新类型、不常见犯罪案件,量刑情节复杂的重罪案件等,也可以提出幅度刑量刑建议。提出量刑建议,应当说明理由和依据。

犯罪嫌疑人认罪认罚没有其他法定量刑情节的,人民检察院可以根据犯罪的事实、性质等,在基准刑基础上适当减让提出确定刑量刑建议。有其他法定量刑情节的,人民检察院应当综合认罪认罚和其他法定量刑情节,参照相关量刑规范提出确定刑量刑建议。

犯罪嫌疑人在侦查阶段认罪认罚的,主刑从宽的幅度可以在前款基础上适当放宽;被告人在审判阶段认罪认罚的,在前款基础上可以适当缩减。建议判处罚金刑的,参照主刑的从宽幅度提出确定的数额。

36. 审查起诉阶段的社会调查。犯罪嫌疑人认罪认罚,人民检察院拟提出缓刑或者管制量刑建议的,可以及时委托犯罪嫌疑人居住地的社区矫正机构进行调查评估,也可以自行调查评估。人民检察院提起公诉时,已收到调查材料的,应当将材料一并移送,未收到调查材料的,应当将委托文书随案移送;在提起公诉后收到调查材料的,应当及时移送人民法院。

176.4.2　同案犯在逃共同犯罪案件的起诉

★《最高人民法院、最高人民检察院、公安部关于如何处理有同案犯在逃的共同犯罪案件的通知》[〔82〕公发(审)53 号,1982 年 4 月 5 日]

一、公安机关应对在逃的同案犯,

组织力量，切实采取有力措施，积极追捕归案。

二、同案犯在逃，对在押犯的犯罪事实已查清并有确实、充分证据的，应按照刑事诉讼法规定的诉讼程序，该起诉的起诉，该定罪判刑的定罪判刑。

如在逃跑的同案犯逮捕归案后，对已按上项办法处理的罪犯查明还有其他罪没有判决时，可以按照刑事诉讼法规定的诉讼程序对新查明的罪行进行起诉和判决。人民法院应依照刑法第六十五条①和全国人民代表大会常务委员会《关于处理逃跑或者重新犯罪的劳改犯和劳教人员的决定》②的有关规定判处这类案件。

三、由于同案犯在逃，在押犯主要犯罪事实情节不清并缺乏证据的，可根据不同情况，分别采取依法报请延长羁押期限、监视居住、取保候审等办法，继续侦查，抓紧结案。

四、由于同案犯在逃，没有确实证据证明在押犯的犯罪事实的，或已查明的情节显著轻微的，应予先行释放，在同案犯追捕归案、查明犯罪事实后再作处理。

176.4.3　死刑案件提起公诉的条件

★《最高人民法院、最高人民检察院、公安部、司法部关于进一步严格依法办案确保办理死刑案件质量的意见》（法发〔2007〕11号，2007年3月9日）

24. 人民检察院对案件进行审查后，认为犯罪嫌疑人的犯罪事实已经查清，证据确实、充分，依法应当追究刑事责任的，应当作出起诉决定。具有下列情形之一的，可以确认犯罪事实已经查清：(1)属于单一罪行的案件，查清的事实足以定罪量刑或者与定罪量刑有关的事实已经查清，不影响定罪量刑的事实无法查清的；(2)属于数个罪行的案件，部分罪行已经查清并符合起诉条件，其他罪行无法查清的；(3)作案工具无法起获或者赃物去向不明，但有其他证据足以对犯罪嫌疑人定罪量刑的；(4)证人证言、犯罪嫌疑人的供述和辩解、被害人陈述的内容中主要情节一致，只有个别情节不一致且不影响定罪的。对于符合第(2)项情形的，应当以已经查清的罪行起诉。

25. 人民检察院对于退回补充侦查的案件，经审查仍然认为不符合起诉条件的，可以作出不起诉决定。具有下列情形之一，不能确定犯罪嫌疑人构成犯罪和需要追究刑事责任的，属于证据不足，不符合起诉条件：(1)据以定罪的证据存在疑问，无法查证属实的；(2)犯罪构成要件事实缺乏必要的证据予以证明的；(3)据以定罪的证据之间的矛盾不能合理排除的；(4)根据证据得出的结论具有其他可能性的。

26. 人民法院认为人民检察院起诉移送的有关材料不符合刑事诉讼法第一百五十条③规定的条件，向人民检察院提出书面意见要求补充提供的，人民检察院应当在收到通知之日起三日以内补送。逾期不能提供的，人民检察院应当作出书面说明。

176.4.4　走私案件提起公诉的程序

★《最高人民法院、最高人民检察院、公安部、司法部、海关总署关于走私犯罪侦查机关办理走私犯罪案件适用

① 2023年刑法第七十条。
② 1997年刑法施行，该决定失效。
③ 2018年刑事诉讼法第一百八十六条。

刑事诉讼程序若干问题的通知》（署侦〔1998〕742 号，1998 年 12 月 3 日）

七、人民检察院认为走私犯罪嫌疑人的犯罪事实已经查清，证据确实、充分，依法应当追究刑事责任的，应当依法提起公诉。对于基层人民法院管辖的案件，可以依照刑事诉讼法第二十三条①的规定，向当地中级人民法院提起公诉，人民法院应当依法作出判决。

176. 4. 5　骗汇、逃汇案件提起公诉的条件

★《最高人民法院、最高人民检察院、公安部办理骗汇、逃汇犯罪案件联席会议纪要》（公通字〔1999〕39 号 1999 年 6 月 7 日）

四、公安机关侦查骗汇、逃汇犯罪案件，要及时全面收集和固定犯罪证据，抓紧缉捕犯罪分子。人民检察院和人民法院对正在办理的骗汇、逃汇犯罪案件，只要基本犯罪事实清楚，基本证据确实充分，应当及时依法起诉、审判。主犯在逃或者骗购外汇所需人民币资金的来源无法彻底查清，但证明在案的其他犯罪嫌疑人实施犯罪的基本证据确实充分的，为在法定时限内结案，可以对在案的其他犯罪嫌疑人先行处理。对于已收集到外汇指定银行汇出凭证和境外收汇银行收款凭证等证据，能够证明所骗购外汇确已汇至港澳台地区或国外的，应视为骗购外汇既遂。

176. 4. 6　量刑程序的一般规范

★《最高人民法院、最高人民检察院、公安部、国家安全部、司法部关于规范量刑程序若干问题的意见》（法发〔2020〕38 号，2020 年 11 月 5 日）

第二条　侦查机关、人民检察院应当依照法定程序，全面收集、审查、移送证明犯罪嫌疑人、被告人犯罪事实、量刑情节的证据。

对于法律规定并处或者单处财产刑的案件，侦查机关应当根据案件情况对被告人的财产状况进行调查，并向人民检察院移送相关证据材料。人民检察院应当审查并向人民法院移送相关证据材料。

人民检察院在审查起诉时发现侦查机关应当收集而未收集量刑证据的，可以退回侦查机关补充侦查，也可以自行侦查。人民检察院退回补充侦查的，侦查机关应当按照人民检察院退回补充侦查提纲的要求及时收集相关证据。

第三条　对于可能判处管制、缓刑的案件，侦查机关、人民检察院、人民法院可以委托社区矫正机构或者有关社会组织进行调查评估，提出意见，供判处管制、缓刑时参考。

社区矫正机构或者有关社会组织收到侦查机关、人民检察院或者人民法院调查评估的委托后，应当根据委托机关的要求依法进行调查，形成评估意见，并及时提交委托机关。

对于没有委托进行调查评估或者判决前没有收到调查评估报告的，人民法院经审理认为被告人符合管制、缓刑适用条件的，可以依法判处管制、宣告缓刑。

第四条　侦查机关在移送审查起诉时，可以根据犯罪嫌疑人涉嫌犯罪的情况，就宣告禁止令和从业禁止向人民检察院提出意见。

人民检察院在提起公诉时，可以提

① 2018 年刑事诉讼法第二十四条。

出宣告禁止令和从业禁止的建议。被告人及其辩护人、被害人及其诉讼代理人可以就是否对被告人宣告禁止令和从业禁止提出意见,并说明理由。

人民法院宣告禁止令和从业禁止,应当根据被告人的犯罪原因、犯罪性质、犯罪手段、悔罪表现、个人一贯表现等,充分考虑与被告人所犯罪行的关联程度,有针对性地决定禁止从事特定的职业、活动,进入特定区域、场所,接触特定的人等。

第五条　符合下列条件的案件,人民检察院提起公诉时可以提出量刑建议;被告人认罪认罚的,人民检察院应当提出量刑建议:

(一)犯罪事实清楚,证据确实、充分;

(二)提出量刑建议所依据的法定从重、从轻、减轻或者免除处罚等量刑情节已查清;

(三)提出量刑建议所依据的酌定从重、从轻处罚等量刑情节已查清。

第六条　量刑建议包括主刑、附加刑、是否适用缓刑等。主刑可以具有一定的幅度,也可以根据案件具体情况,提出确定刑期的量刑建议。建议判处财产刑的,可以提出确定的数额。

第七条　对常见犯罪案件,人民检察院应当按照量刑指导意见提出量刑建议。对新类型、不常见犯罪案件,可以参照相关量刑规范提出量刑建议。提出量刑建议,应当说明理由和依据。

第八条　人民检察院指控被告人犯有数罪的,应当对指控的个罪分别提出量刑建议,并依法提出数罪并罚后决定执行的刑罚的量刑建议。

对于共同犯罪案件,人民检察院应当根据各被告人在共同犯罪中的地位、作用以及应当承担的刑事责任分别提出量刑建议。

第九条　人民检察院提出量刑建议,可以制作量刑建议书,与起诉书一并移送人民法院;对于案情简单、量刑情节简单的适用速裁程序的案件,也可以在起诉书中写明量刑建议。

量刑建议书中应当写明人民检察院建议对被告人处以的主刑、附加刑、是否适用缓刑等及其理由和依据。

人民检察院以量刑建议书方式提出量刑建议的,人民法院在送达起诉书副本时,应当将量刑建议书一并送达被告人。

★《最高人民法院、最高人民检察院、教育部关于落实从业禁止制度的意见》(法发〔2022〕32 号,2022 年 11 月 10 日)

四、对有必要禁止教职员工从事相关职业或者适用禁止令的,人民检察院在提起公诉时,应当提出相应建议。

176.4.7　量刑建议的工作指引

★《人民检察院开展量刑建议工作的指导意见(试行)》(〔2010〕高检诉发 21 号,2010 年 2 月 23 日)

第三条　人民检察院对向人民法院提起公诉的案件,可以提出量刑建议。

第四条　提出量刑建议的案件应当具备以下条件:

(一)犯罪事实清楚,证据确实充分;

(二)提出量刑建议所依据的各种法定从重、从轻、减轻等量刑情节已查清;

(三)提出量刑建议所依据的重要酌定从重、从轻等量刑情节已查清。

第五条　除有减轻处罚情节外，量刑建议应当在法定量刑幅度内提出，不得兼跨两种以上主刑。

（一）建议判处死刑、无期徒刑的，应当慎重。

（二）建议判处有期徒刑的，一般应当提出一个相对明确的量刑幅度，法定刑的幅度小于 3 年（含 3 年）的，建议幅度一般不超过 1 年；法定刑的幅度大于 3 年小于 5 年（含 5 年）的，建议幅度一般不超过 2 年；法定刑的幅度大于 5 年的，建议幅度一般不超过 3 年。根据案件具体情况，如确有必要，也可以提出确定刑期的建议。

（三）建议判处管制的，幅度一般不超过 3 个月。

（四）建议判处拘役的，幅度一般不超过 1 个月。

（五）建议适用缓刑的，应当明确提出。

（六）建议判处附加刑的，可以只提出适用刑种的建议。

对不宜提出具体量刑建议的特殊案件，可以提出依法从重、从轻、减轻处罚等概括性建议。

第六条　人民检察院指控被告人犯有数罪的，应当对指控的各罪分别提出量刑建议，可以不再提出总的建议。

第七条　对于共同犯罪案件，人民检察院应当根据各被告人在共同犯罪中的地位、作用以及应当承担的刑事责任分别提出量刑建议。

第八条　公诉部门承办人在审查案件时，应当对犯罪嫌疑人所犯罪行、承担的刑事责任和各种量刑情节进行综合评估，并提出量刑的意见。

第九条　量刑评估应当全面考虑案件所有可能影响量刑的因素，包括从重、从轻、减轻或者免除处罚等法定情节和犯罪嫌疑人的认罪态度等酌定情节。

一案中多个法定、酌定情节并存时，每个量刑情节均应得到实际评价。

第十条　提出量刑建议，应当区分不同情形，按照以下审批程序进行：

（一）对于主诉检察官决定提起公诉的一般案件，由主诉检察官决定提出量刑建议；公诉部门负责人对于主诉检察官提出的量刑建议有异议的，报分管副检察长决定。

（二）对于特别重大、复杂的案件、社会高度关注的敏感案件或者建议减轻处罚、免除处罚的案件以及非主诉检察官承办的案件，由承办检察官提出量刑的意见，部门负责人审核，检察长或者检察委员会决定。

第十一条　人民检察院提出量刑建议，一般应制作量刑建议书，根据案件具体情况，也可以在公诉意见书中提出。

对于人民检察院不派员出席法庭的简易程序案件，应当制作量刑建议书。

量刑建议书一般应载明检察机关建议人民法院对被告人处以刑罚的种类、刑罚幅度、可以适用的刑罚执行方式以及提出量刑建议的依据和理由等。

第十二条　在法庭调查中，公诉人可以根据案件的不同种类、特点和庭审的实际情况，合理安排和调整举证顺序。定罪证据和量刑证据可以分开出示的，应当先出示定罪证据，后出示量刑证据。

对于有数起犯罪事实的案件，其中涉及每起犯罪中量刑情节的证据，应当在对该起犯罪事实举证时出示；涉及全案综合量刑情节的证据，应当在举证阶段的最后出示。

第十三条　对于辩护方提出的量刑证据，公诉人应当进行质证。辩护方对公诉人出示的量刑证据质证的，公诉人应当答辩。公诉人质证应紧紧围绕案件事实、证据进行，质证应做到目的明确、重点突出、逻辑清楚，如有必要，可以简要概述已经法庭质证的其他证据，用以反驳辩护方的质疑。

第十四条　公诉人应当在法庭辩论阶段提出量刑建议。根据法庭的安排，可以先对定性问题发表意见，后对量刑问题发表意见，也可以对定性与量刑问题一并发表意见。

对于检察机关未提出明确的量刑建议而辩护方提出量刑意见的，公诉人应当提出答辩意见。

第十五条　对于公诉人出庭的简易程序案件和普通程序审理的被告人认罪案件，参照相关司法解释和规范性文件的规定开展法庭调查，可以主要围绕量刑的事实、情节、法律适用进行辩论。

第十六条　在进行量刑辩论过程中，为查明与量刑有关的重要事实和情节，公诉人可以依法申请恢复法庭调查。

第十七条　在庭审过程中，公诉人发现拟定的量刑建议不当需要调整的，可以根据授权作出调整；需要报检察长决定调整的，应当依法建议法庭休庭后报检察长决定。出现新的事实、证据导致拟定的量刑建议不当需要调整的，可以依法建议法庭延期审理。

第十八条　对于人民检察院派员出席法庭的案件，一般应将量刑建议书与起诉书一并送达人民法院；对庭审中调整量刑建议的，可以在庭审后将修正后的量刑建议书向人民法院提交。

对于人民检察院不派员出席法庭的简易程序案件，应当将量刑建议书与起诉书一并送达人民法院。

第十九条　人民检察院收到人民法院的判决、裁定后，应当对判决、裁定是否采纳检察机关的量刑建议以及量刑理由、依据进行审查，认为判决、裁定量刑确有错误、符合抗诉条件的，经检察委员会讨论决定，依法向人民法院提出抗诉。

人民检察院不能单纯以量刑建议未被采纳作为提出抗诉的理由。人民法院未采纳人民检察院的量刑建议并无不当的，人民检察院在必要时可以向有关当事人解释说明。

第二十条　人民检察院办理刑事二审再审案件，可以参照本意见提出量刑建议。

第二十一条　对于二审或者再审案件，检察机关认为应当维持原审裁判量刑的，可以在出席法庭时直接提出维持意见；认为应当改变原审裁判量刑的，可以另行制作量刑建议书提交法庭审理。

176.4.8　判处管制、宣告缓刑的禁止令

★《最高人民法院、最高人民检察院、公安部、司法部关于对判处管制、宣告缓刑的犯罪分子适用禁止令有关问题的规定（试行）》（法发〔2011〕9号，2011年4月28日）

第七条　人民检察院在提起公诉时，对可能判处管制、宣告缓刑的被告人可以提出宣告禁止令的建议。当事人、辩护人、诉讼代理人可以就应否对被告人宣告禁止令提出意见，并说明理由。

公安机关在移送审查起诉时，可以

根据犯罪嫌疑人涉嫌犯罪的情况，就应否宣告禁止令及宣告何种禁止令，向人民检察院提出意见。

第八条　人民法院对判处管制、宣告缓刑的被告人宣告禁止令的，应当在裁判文书主文部分单独作为一项予以宣告。

第九条　禁止令由司法行政机关指导管理的社区矫正机构负责执行。

第十条　人民检察院对社区矫正机构执行禁止令的活动实行监督。发现有违反法律规定的情况，应当通知社区矫正机构纠正。

176.5　指导与参考案例

176.5.1　遗漏罪行的补充起诉

【最高人民检察院指导性案例】

[检例第 17 号]陈邓昌抢劫、盗窃，付志强盗窃案

办案要旨：在人民法院宣告判决前，人民检察院发现被告人有遗漏的罪行可以一并起诉和审理的，可以补充起诉。人民检察院认为同级人民法院第一审判决重罪轻判，适用刑罚明显不当的，应当提出抗诉。

176.5.2　未成年人与成年人共同犯罪不分案起诉的情形

【最高人民检察院指导性案例】

[检例第 19 号]张某、沈某某等七人抢劫案

办案要旨：办理未成年人与成年人共同犯罪案件，一般应当将未成年人与成年人分案起诉，但对于未成年人系犯罪集团的组织者或者其他共同犯罪中的主犯，或者具有其他不宜分案起诉情形的，可以不分案起诉。

177　不起诉的类型与后续处理

177.1　法条规定

第一百七十七条　犯罪嫌疑人没有犯罪事实，或者有本法第十六条规定的情形之一的，人民检察院应当作出不起诉决定。

对于犯罪情节轻微，依照刑法规定不需要判处刑罚或者免除刑罚的，人民检察院可以作出不起诉决定。

人民检察院决定不起诉的案件，应当同时对侦查中查封、扣押、冻结的财物解除查封、扣押、冻结。对被不起诉人需要给予行政处罚、处分或者需要没收其违法所得的，人民检察院应当提出检察意见，移送有关主管机关处理。有关主管机关应当将处理结果及时通知人民检察院。

【立法释义】①

本条规定明确了不起诉的类型与后续处理。2012 年刑事诉讼法修改，增加了犯罪嫌疑人没有犯罪事实的法定不起诉情形。关于不起诉，应当关注以下事项：

第一，法定不起诉。法定不起诉主要包括两种情形：一是犯罪嫌疑人没有犯罪事实，具体包括犯罪行为并非犯罪嫌疑人实施，以及该案所涉行为依法不构成犯罪；二是犯罪嫌疑人的行为属于本法第十六条规定的情形，依法不应当追究刑事责任。对于上述两种情形，人民检察院应当作出不起诉决定。

---

① 参见王爱立主编书，第 370—372 页。

第二，酌定不起诉。酌定不起诉包括两种情形：一是犯罪情节轻微，依照刑法规定不需要判处刑罚的。即符合刑法第三十七条规定的"对于犯罪情节轻微不需要判处刑罚的，可以免予刑事处罚"的情形。二是免除刑罚的。即刑法规定的应当或者可以免除刑罚的情形，包括自首、重大立功、犯罪预备、犯罪中止、防卫过当、避险过当、从犯和胁从犯等。酌定不起诉情形，是人民检察院起诉裁量权的重要体现。基于对未成年人的特殊政策保护，2013 年《人民检察院办理未成年人刑事案件的规定》规定了更为轻缓的未成年犯罪嫌疑人不起诉的情形。

第三，存疑不起诉。本法第一百七十五条规定的二次补充侦查后存疑不起诉，实际上确立了程序意义上的存疑不起诉情形。人民检察院对于二次退回补充侦查的案件，仍然认为证据不足，不符合起诉条件的，经检察长或者检察委员会决定，应当作出不起诉决定。同时，有的案件证据基础过于薄弱，并不具备补充侦查的必要，参见《检察院规则》第三百六十七条第二款的规定。存疑不起诉，是疑罪从无原则在审查起诉阶段的重要体现。存疑不起诉所指的"证据不足"，参见《检察院规则》第三百六十八条的规定。对于存疑不起诉的案件，在发现新的证据，符合起诉条件时，人民检察院可以提起公诉。

第四，不起诉的程序要求。人民检察院决定不起诉的，应当制作不起诉决定书。《检察院规则》第三百七十三条规定，人民检察院决定不起诉的案件，可以根据案件的不同情况，对被不起诉人予以训诫或者责令具结悔过、赔礼道歉、赔偿损失。对被不起诉人需要给予行政处罚、政务处分或者其他处分的，经检察长批准，人民检察院应当提出检察意见，连同不起诉决定书一并移送有关主管机关处理，并要求有关主管机关及时通报处理情况。

人民检察院决定不起诉的案件，应当一并对侦查中查封、扣押、冻结的财物解除查封、扣押、冻结。这是疑罪从无原则对全案处理的总体要求，也是加强财产权保障的重要方式。人民检察院作出不起诉决定后，应当对涉案财物解除强制措施，结束涉案财物权属的不稳定状态。

177.2　司法解释

177.2.1　不起诉的情形

★《检察院规则》(2019)

第三百六十五条　人民检察院对于监察机关或者公安机关移送起诉的案件，发现犯罪嫌疑人没有犯罪事实，或者符合刑事诉讼法第十六条规定的情形之一的，经检察长批准，应当作出不起诉决定。

对于犯罪事实并非犯罪嫌疑人所为，需要重新调查或者侦查的，应当在作出不起诉决定后书面说明理由，将案卷材料退回监察机关或者公安机关并建议重新调查或者侦查。

第三百六十六条　负责捕诉的部门对于本院负责侦查的部门移送起诉的案件，发现具有本规则第三百六十五条第一款规定情形的，应当退回本院负责侦查的部门，建议撤销案件。

第三百六十七条　人民检察院对于二次退回补充调查或者补充侦查的案件，仍然认为证据不足，不符合起诉条件的，经检察长批准，依法作出不起诉决定。

人民检察院对于经过一次退回补充调查或者补充侦查的案件，认为证据不足，不符合起诉条件，且没有再次退回补充调查或者补充侦查必要的，经检察长批准，可以作出不起诉决定。

第三百六十八条　具有下列情形之一，不能确定犯罪嫌疑人构成犯罪和需要追究刑事责任的，属于证据不足，不符合起诉条件：

（一）犯罪构成要件事实缺乏必要的证据予以证明的；

（二）据以定罪的证据存在疑问，无法查证属实的；

（三）据以定罪的证据之间、证据与案件事实之间的矛盾不能合理排除的；

（四）根据证据得出的结论具有其他可能性，不能排除合理怀疑的；

（五）根据证据认定案件事实不符合逻辑和经验法则，得出的结论明显不符合常理的。

第三百六十九条　人民检察院根据刑事诉讼法第一百七十五条第四款规定决定不起诉的，在发现新的证据，符合起诉条件时，可以提起公诉。

第三百七十条　人民检察院对于犯罪情节轻微，依照刑法规定不需要判处刑罚或者免除刑罚的，经检察长批准，可以作出不起诉决定。

★《最高人民检察院关于切实履行检察职能防止和纠正冤假错案的若干意见》（高检发〔2013〕11号，2013年9月9日）

16. 对以下五种情形，不符合逮捕或者起诉条件的，不得批准逮捕或者提起公诉：

（1）案件的关键性证据缺失的；

（2）犯罪嫌疑人拒不认罪或者翻供，而物证、书证、勘验、检查笔录、鉴定意见等其他证据无法证明犯罪的；

（3）只有犯罪嫌疑人供述没有其他证据印证的；

（4）犯罪嫌疑人供述与被害人陈述、证人证言、物证、书证等证据存在关键性矛盾，不能排除的；

（5）不能排除存在刑讯逼供、暴力取证等违法情形可能的。

★《最高人民法院、最高人民检察院、公安部、司法部关于进一步严格依法办案确保办理死刑案件质量的意见》（法发〔2007〕11号，2007年3月9日）

25. 人民检察院对于退回补充侦查的案件，经审查仍然认为不符合起诉条件的，可以作出不起诉决定。具有下列情形之一，不能确定犯罪嫌疑人构成犯罪和需要追究刑事责任的，属于证据不足，不符合起诉条件：（1）据以定罪的证据存在疑问，无法查证属实的；（2）犯罪构成要件事实缺乏必要的证据予以证明的；（3）据以定罪的证据之间的矛盾不能合理排除的；（4）根据证据得出的结论具有其他可能性的。

177.2.2　不起诉的程序要求

★《检察院规则》（2019）

第三百七十一条　人民检察院直接受理侦查的案件，以及监察机关移送起诉的案件，拟作不起诉决定的，应当报请上一级人民检察院批准。

第三百七十二条　人民检察院决定不起诉的，应当制作不起诉决定书。

不起诉决定书的主要内容包括：

（一）被不起诉人的基本情况，包括姓名、性别、出生年月日、出生地和户籍地、公民身份号码、民族、文化程度、职业、工作单位及职务、住址，是否受过刑事处分，采取强制措施的情况以及羁押处所等；如果是单位犯罪，应当写明犯罪单位的名称和组织机构代码、所在地址、联系方式，法定代表人和诉讼代表人的姓名、职务、联系方式；

（二）案由和案件来源；

（三）案件事实，包括否定或者指控被不起诉人构成犯罪的事实以及作为不起诉决定根据的事实；

（四）不起诉的法律根据和理由，写明作出不起诉决定适用的法律条款；

（五）查封、扣押、冻结的涉案财物的处理情况；

（六）有关告知事项。

第三百七十三条　人民检察院决定不起诉的案件，可以根据案件的不同情况，对被不起诉人予以训诫或者责令具结悔过、赔礼道歉、赔偿损失。

对被不起诉人需要给予行政处罚、政务处分或者其他处分的，经检察长批准，人民检察院应当提出检察意见，连同不起诉决定书一并移送有关主管机关处理，并要求有关主管机关及时通报处理情况。

第三百七十四条　人民检察院决定不起诉的案件，应当同时书面通知作出查封、扣押、冻结决定的机关或者执行查封、扣押、冻结决定的机关解除查封、扣押、冻结。

第三百七十五条　人民检察院决定不起诉的案件，需要没收违法所得的，经检察长批准，应当提出检察意见，移送有关主管机关处理，并要求有关主管机关及时通报处理情况。具体程序可以参照本规则第二百四十八条的规定办理。

177.2.3　自侦案件不起诉的程序要求

★《最高人民检察院关于人民检察院立案侦查司法工作人员相关职务犯罪案件若干问题的规定》（高检发研字〔2018〕28号，2018年11月24日）

四、办案程序

（一）人民检察院办理本规定所列犯罪案件，不再适用对直接受理立案侦查案件决定立案报上一级人民检察院备案，逮捕犯罪嫌疑人报上一级人民检察院审查决定的规定。

（二）对本规定所列犯罪案件，人民检察院拟作撤销案件、不起诉决定的，应当报上一级人民检察院审查批准。

（三）人民检察院负责刑事检察工作的专门部门办理本规定所列犯罪案件，认为需要逮捕犯罪嫌疑人的，应当由相应的刑事检察部门审查，报检察长或者检察委员会决定。

（四）人民检察院办理本规定所列犯罪案件，应当依法接受人民监督员的监督。

177.2.4　不起诉案件的公开审查

★《人民检察院办理不起诉案件公开审查规则（试行）》（〔2001〕高检诉发第11号，2001年3月5日）

第四条　公开审查的不起诉案件应当是存在较大争议并且在当地有较大社会影响的，经人民检察院审查后准备作不起诉的案件。

第五条　对下列案件不进行公开审查：

（一）案情简单，没有争议的案件；

（二）涉及国家秘密或者个人隐私的案件；

（三）十四岁以上不满十六岁未成年人犯罪的案件；

十六岁以上不满十八岁未成年人犯罪的案件，一般也不进行公开审查；

（四）其他没有必要进行公开审查的案件。

第六条 人民检察院对于拟作不起诉处理的案件，可以根据侦查机关（部门）的要求或者犯罪嫌疑人及其法定代理人、辩护人，被害人及其法定代理人、诉讼代理人的申请，经检察长决定，进行公开审查。

第七条 人民检察院对不起诉案件进行公开审查，应当听取侦查机关（部门），犯罪嫌疑人及其法定代理人、辩护人，被害人及法定代理人、诉讼代理人的意见。听取意见可以分别进行，也可以同时进行。

第八条 公开审查活动应当在人民检察院进行，也可以在人民检察院指定的处所进行。

第九条 公开审查活动应当由案件承办人主持进行，并配备书记员记录。

第十条 不起诉案件公开审查时，允许公民旁听；可以邀请人大代表、政协委员、特约检察员参加；可以根据案件需要或者当事人的请求，邀请有关专家及与案件有关的人参加；经人民检察院许可，新闻记者可以旁听和采访。

对涉及国家财产、集体财产遭受损失的案件，可以通知有关单位派代表参加。

第十一条 人民检察院在公开审查三日前，应当向社会公告案由、公开审查时间和地点，并通知参加公开审查活动的人员。

第十二条 人民检察院在公开审查时，应当公布案件承办人和书记员的姓名、宣布案由以及公开审查的内容、目的，告知当事人有关权利和义务，并询问是否申请回避。

第十三条 人民检察院主要就案件拟作不起诉处理听取侦查机关（部门），犯罪嫌疑人及其法定代理人，诉讼代理人的意见。

第十四条 案件承办人应当根据案件证据，依照法律的有关规定，阐述不起诉的理由，但不需要出示证据。

参加公开审查的侦查人员，犯罪嫌疑人及其法定代理人、辩护人、被害人及其法定代理人、诉讼代理人可以就案件事实、证据、适用的法律以及是否应予不起诉，各自发表意见，但不能直接进行辩护。

第十五条 公开审查的活动内容由书记员制作笔录。笔录应当交参加公开审查的侦查人员，犯罪嫌疑人及其法定代理人、辩护人，被害人及其法定代理人、诉讼代理人阅读或者向其宣读，如果认为记录有误或有遗漏的，可以请求补充或更正，确认无误后，应当签名或盖章。

第十六条 公开审查活动结束后，应当制作不起诉案件公开审查的情况报告。报告中应当重点写明公开审查过程中各方一致性意见或者存在的主要分歧，并提出起诉或者不起诉的建议，连同公开审查笔录，呈报检察长或者检察委员会，作为案件是否作出不起诉决定的参考。

177.2.5 不起诉案件的质量标准

★《人民检察院办理不起诉案件质

量标准(试行)》(高检诉发〔2007〕63号,2007年6月19日)

一、符合下列条件的,属于达到不起诉案件质量标准

(一)根据刑事诉讼法第一百四十条第四款①决定不起诉的案件

人民检察院对于经过补充侦查并且具有下列情形之一的案件,经检察委员会讨论决定,可以作出不起诉决定:

1. 据以定罪的证据存在疑问,无法查证属实的;

2. 犯罪构成要件事实缺乏必要的证据予以证明的;

3. 据以定罪的证据之间的矛盾不能合理排除的;

4. 根据证据得出的结论具有其他可能性的。

(二)根据刑事诉讼法第一百四十二条第一款②决定不起诉的案件

人民检察院对于犯罪嫌疑人有刑事诉讼法第十五条③规定的六种情形之一的,经检察长决定,应当作出不起诉决定。

对于犯罪嫌疑人没有违法犯罪行为的,或者犯罪事实并非犯罪嫌疑人所为的案件,人民检察院应当书面说明理由将案件退回侦查机关作撤案处理或者重新侦查;侦查机关坚持移送的,经检察长决定,人民检察院可以根据刑事诉讼法第一百四十二条第一款的规定作不起诉处理。

(三)根据刑事诉讼法第一百四十二条第二款④决定不起诉的案件

人民检察院对于犯罪情节轻微,依照刑法规定不需要判处刑罚或者免除刑罚的,经检察委员会讨论决定,可以作出不起诉决定。

对符合上述条件,同时具有下列情形之一的,依法决定不起诉:

1. 未成年犯罪嫌疑人、老年犯罪嫌疑人,主观恶性较小、社会危害不大的;

2. 因亲友、邻里及同学同事之间纠纷引发的轻微犯罪中的犯罪嫌疑人,认罪悔过、赔礼道歉、积极赔偿损失并得到被害人谅解或者双方达成和解并切实履行,社会危害不大的;

3. 初次实施轻微犯罪的犯罪嫌疑人,主观恶性较小的;

4. 因生活无着偶然实施盗窃等轻微犯罪的犯罪嫌疑人,人身危险性不大的;

5. 群体性事件引起的刑事犯罪中的犯罪嫌疑人,属于一般参与者的。

具有下列情形之一的,不应适用刑事诉讼法第一百四十二条第二款作不起诉决定:

1. 实施危害国家安全犯罪的;

2. 一人犯数罪的;

3. 犯罪嫌疑人有脱逃行为或者构成累犯的;

4. 犯罪嫌疑人系共同犯罪中的主犯,而从犯已被提起公诉或者已被判处刑罚的;

5. 共同犯罪中的同案犯,一并起诉、审理更为适宜的;

6. 犯罪后订立攻守同盟,毁灭证

---

① 2018年刑事诉讼法第一百七十五条第四款。

② 2018年刑事诉讼法第一百七十七条第一款。

③ 2018年刑事诉讼法第十六条。

④ 2018年刑事诉讼法第一百七十七条第二款。

据，逃避或者对抗侦查的；

7. 因犯罪行为给国家或者集体造成重大经济损失或者有严重政治影响的；

8. 需要人民检察院提起附带民事诉讼的；

9. 其他不应当适用刑事诉讼法第一百四十二条第二款作不起诉处理的。

（四）其他情形

1. 关于案件事实和证据的认定、法律适用、诉讼程序、法律监督等方面的质量标准，参照《人民检察院办理起诉案件质量标准（试行）》中“办理起诉案件质量标准”部分的相关规定执行；

2. 对未成年人犯罪案件，办案方式应符合有关规定；

3. 对需要进行公开审查的不起诉案件，按照有关规定进行公开审查；

4. 根据刑事诉讼法第一百四十条第四款和第一百四十二条第二款的规定作不起诉的案件应当报送上一级人民检察院备案；

5. 对检察机关直接受理侦查的案件，拟作不起诉处理的，应由人民监督员提出监督意见；

6. 省级以下人民检察院对直接受理侦查的案件拟作不起诉决定的，应报上一级人民检察院批准；

7. 不起诉的决定应当公开宣布，并将不起诉决定书送达被不起诉人、被不起诉人所在单位、被害人或者其近亲属及其诉讼代理人、侦查机关。如果被不起诉人在押，应当立即释放；

8. 人民检察院决定不起诉的案件，需要对侦查中扣押、冻结的财物解除扣押、冻结的，应当书面通知作出扣押、冻结决定的机关或者执行扣押、冻结决定的机关解除扣押、冻结；

9. 需要对被不起诉人给予行政处罚、处分或者没收其违法所得的，应当提出书面检察意见，连同不起诉决定书一并移送有关主管机关处理；

10. 侦查机关对不起诉决定要求复议或者提请复核的，被不起诉人或者被害人不服不起诉决定提出申诉的，人民检察院应当及时审查并在法定期限内作出决定；

11. 人民检察院收到人民法院受理被害人对被不起诉人起诉的通知后，应当将作出不起诉决定所依据的有关案件材料移送人民法院。

二、具有下列情形之一的，属于不起诉错误

1. 本院没有案件管辖权；

2. 对应当提起公诉的案件或者不符合不起诉法定条件的案件作出不起诉决定的；

3. 对定罪的证据确实、充分，仅是影响量刑的证据不足或者对界定此罪与彼罪有不同认识的案件，依照刑事诉讼法第一百四十条第四款作出不起诉决定的；

4. 适用不起诉法律条文（款）错误的；

5. 经审查确认不起诉决定确有错误，被上级检察机关依法撤销的；

6. 具有其他违反法律规定的情形，造成不起诉错误的。

三、具有下列情形之一的，属于不起诉质量不高

1. 关于案件事实和证据的认定、法律适用、诉讼程序、法律监督以及符合刑事政策要求等方面的不起诉质量不高的情形，参照《人民检察院办理起

诉案件质量标准(试行)》中“起诉案件质量不高”部分的相关规定执行;

2. 对检察机关直接受理侦查的案件,拟作不起诉处理,未由人民监督员提出监督意见的;

3. 省级以下人民检察院对直接受理侦查的案件作出不起诉决定,未报上一级人民检察院批准的;

4. 应当报送上一级人民检察院备案而没有报送的;

5. 未按有关规定对不起诉案件进行公开审查的;

6. 没有公开宣布不起诉决定,或者没有向被不起诉人及其所在单位、被害人或者其近亲属及其诉讼代理人、侦查机关送达不起诉决定书,或者没有将在押的被不起诉人立即释放的;

7. 人民检察院决定不起诉的案件,需要对侦查中扣押、冻结的财物解除扣押、冻结的,没有书面通知有关机关解除扣押、冻结,或者直接解除了扣押、冻结的;

8. 需要对被不起诉人给予行政处罚、处分或没收其违法所得的,没有提出书面检察意见连同不起诉决定书一并移送有关主管机关处理的;

9. 侦查机关对不起诉决定要求复议或提请复核,被不起诉人或者被害人不服不起诉决定提出申诉,人民检察院没有及时审查并在法定期限内作出决定的;

10. 人民检察院收到人民法院受理被害人对被不起诉人起诉的通知后,没有将作出不起诉决定所依据的有关案件材料移送人民法院的;

11. 具有其他违反法律及最高人民检察院有关规定的情形,影响了不起诉质量,但不属于不起诉错误的。

177.2.6 未成年人案件不起诉指引

★《未成年人刑事检察工作指引(试行)》(高检发未检字〔2017〕1号,2017年3月2日)

第一百七十四条 人民检察院经审查后,对于符合以下情形之一的未成年犯罪嫌疑人,经检察长或者检察委员会决定,应当对其作出不起诉决定:

(一)未达法定刑事责任年龄的;

(二)不存在犯罪事实或者犯罪事实非其所为的;

(三)情节显著轻微、危害不大,不认为是犯罪的;

(四)犯罪已过追诉时效期限的;

(五)经特赦令免除刑罚的;

(六)依照刑法规定告诉才处理的犯罪,没有告诉或者撤回告诉的;

(七)犯罪嫌疑人死亡的;

(八)其他法律规定免予追究刑事责任的情形。

发现犯罪事实并非未成年犯罪嫌疑人所为,需要重新侦查的,应当在作出不起诉决定后书面说明理由,将案卷材料退回公安机关并建议公安机关重新侦查。

第一百七十五条 人民检察院对于二次退回补充侦查的案件,仍然认为证据不足,不符合起诉条件的,经检察长或者检察委员会决定,应当作出不起诉决定。

人民检察院对于经过一次退回补充侦查的案件,认为证据不足,不符合起诉条件,且没有退回补充侦查必要的,可以作出不起诉决定。

第一百七十六条 对于犯罪情节轻微,具有下列情形之一,依照刑法规定不需要判处刑罚或者免除刑罚的未成年犯罪嫌疑人，一般应当依法作出不起诉决定：

（一）被胁迫参与犯罪的；

（二）犯罪预备、中止、未遂的；

（三）在共同犯罪中起次要或者辅助作用的；

（四）系又聋又哑的人或者盲人的；

（五）因防卫过当或者紧急避险过当构成犯罪的；

（六）有自首或者立功表现的；

（七）其他依照刑法规定不需要判处刑罚或者免除刑罚的情形。

对于未成年人轻伤害、初次犯罪、过失犯罪、犯罪未遂以及被诱骗或者被教唆实施犯罪等，情节轻微，确有悔罪表现，当事人双方自愿就民事赔偿达成协议并切实履行，或者经被害人同意并提供有效担保，符合刑法第三十七条规定的，人民检察院可以依照刑事诉讼法第一百七十三条第二款①的规定作出不起诉决定，并根据案件的不同情况，予以训诫或者责令具结悔过、赔礼道歉、赔偿损失，或者由主管部门予以行政处罚。

★**《人民检察院办理未成年人刑事案件的规定》**（高检发研字〔2013〕7 号，2013 年 12 月 27 日）

第二十六条　对于犯罪情节轻微，具有下列情形之一，依照刑法规定不需要判处刑罚或者免除刑罚的未成年犯罪嫌疑人，一般应当依法作出不起诉决定：

（一）被胁迫参与犯罪的；

（二）犯罪预备、中止、未遂的；

（三）在共同犯罪中起次要或者辅助作用的；

（四）系又聋又哑的人或者盲人的；

（五）因防卫过当或者紧急避险过当构成犯罪的；

（六）有自首或者立功表现的；

（七）其他依照刑法规定不需要判处刑罚或者免除刑罚的情形。

第二十七条　对于未成年人实施的轻伤害案件、初次犯罪、过失犯罪、犯罪未遂的案件以及被诱骗或者被教唆实施的犯罪案件等，情节轻微，犯罪嫌疑人确有悔罪表现，当事人双方自愿就民事赔偿达成协议并切实履行或者经被害人同意并提供有效担保，符合刑法第三十七条规定的，人民检察院可以依照刑事诉讼法第一百七十三条第二款②的规定作出不起诉决定，并可以根据案件的不同情况，予以训诫或者责令具结悔过、赔礼道歉、赔偿损失，或者由主管部门予以行政处罚。

177.2.7　同案犯在逃情形的不起诉

★**《最高人民检察院法律政策研究室关于对同案犯罪嫌疑人在逃对解除强制措施的在案犯罪嫌疑人如何适用〈人民检察院刑事诉讼规则〉有关问题的答复》**（2002 年 5 月 29 日）

在共同犯罪案件中，由于同案犯罪嫌疑人在逃，在案犯罪嫌疑人的犯罪事实无法查清，对在案犯罪嫌疑人除取保候审后，对在案的犯罪嫌疑人可以撤销案件，也可以依据刑事诉讼法第一百四

---

① 2018 年刑事诉讼法第一百七十七条第二款。

② 2018 年刑事诉讼法第一百七十七条第二款。

十条第四款①的规定作出不起诉决定。撤销案件或者作出不起诉决定以后，又发现有犯罪事实需要追究刑事责任的，可以重新立案侦查。

177.3　规范性文件

177.3.1　走私案件不起诉的后续处理

★《最高人民法院、最高人民检察院、公安部、司法部、海关总署关于走私犯罪侦查机关办理走私犯罪案件适用刑事诉讼程序若干问题的通知》（署侦〔1998〕742号，1998年12月3日）

十、对经侦查不构成走私罪和人民检察院依法不起诉或者人民法院依法免予刑事处罚的走私案件，依照《中华人民共和国海关法》的规定，移送海关调查部门处理。

177.3.2　轻伤害案件不起诉的情形和后续处理

★《最高人民检察院、公安部关于依法妥善办理轻伤害案件的指导意见》（高检发办字〔2022〕167号，2022年12月22日）

（十一）充分适用刑事和解制度。对于轻伤害案件，符合刑事和解条件的，人民检察院、公安机关可以建议当事人进行和解，并告知相应的权利义务，必要时可以提供法律咨询，积极促进当事人自愿和解。

当事人双方达成和解并已实际履行的，应当依法从宽处理，符合不起诉条件的，应当作出不起诉决定。被害人事后反悔要求追究犯罪嫌疑人刑事责任或者不同意对犯罪嫌疑人从宽处理的，人民检察院、公安机关应当调查了解原因，认为被害人理由正当的，应当依法保障被害人的合法权益；对和解系自愿、合法的，应当维持已作出的从宽处理决定。

人民检察院、公安机关开展刑事和解工作的相关证据和材料，应当随案移送。

（十七）依法准确适用不起诉。对于犯罪事实清楚，证据确实、充分，犯罪嫌疑人具有本意见第十六条第一款规定情形之一，依照刑法规定不需要判处刑罚或者免除刑罚的，可以依法作出不起诉决定。

对犯罪嫌疑人自愿认罪认罚，愿意积极赔偿，并提供了担保，但因被害人赔偿请求明显不合理，未能达成和解谅解的，一般不影响对符合条件的犯罪嫌疑人依法作出不起诉决定。

（十八）落实不起诉后非刑罚责任。人民检察院决定不起诉的轻伤害案件，可以根据案件的不同情况，对被不起诉人予以训诫或者责令具结悔过、赔礼道歉、赔偿损失。被不起诉人在不起诉前已被刑事拘留、逮捕的，或者当事人双方已经和解并承担了民事赔偿责任的，人民检察院作出不起诉决定后，一般不再提出行政拘留的检察意见。

177.3.3　不起诉案件行刑反向衔接工作指引

★《人民检察院行刑反向衔接工作指引》（高检发办字〔2024〕266号，2024年11月26日）

第二条　本指引所称行刑反向衔接是指人民检察院对决定不起诉的案件，经审查认为需要给予被不起诉人行

① 2018年刑事诉讼法第一百七十五条第四款。

政处罚的，及时提出检察意见，移送有关行政主管机关，并对案件处理情况进行跟踪督促。

第三条 人民检察院开展行刑反向衔接工作，坚持严格依法、客观公正、过罚相当，加强跟踪，促进有关行政主管机关依法行使行政处罚权。

第四条 负责行政检察工作的部门具体负责行刑反向衔接工作，依法审查是否应向有关行政主管机关提出检察意见，并做好案件移送、分析汇总、沟通协调等工作。

刑事检察部门对依法决定不起诉的案件，应当移送负责行政检察工作的部门审查是否应对被不起诉人提出给予行政处罚的检察意见。

未成年人检察、知识产权检察等综合履行刑事、民事、行政和公益诉讼检察的专门检察部门按照分工和管辖案件类别，统筹履行行刑反向衔接相关工作职责。

第二章 受　　理

第五条 人民检察院决定不起诉的案件，刑事检察部门自作出不起诉决定之日起三个工作日内，通过检察业务应用系统将案件移送负责行政检察工作的部门，并同步移送不起诉案件审查报告、不起诉决定书、相关证据材料等。

刑事检察部门移送决定不起诉案件时，可以提出是否需要对被不起诉人给予行政处罚的意见。

第六条 负责行政检察工作的部门应当审查刑事检察部门移送的材料是否齐全。材料不齐全的，负责行政检察工作的部门应当告知刑事检察部门补齐相关材料后接收。

负责行政检察工作的部门接收案件材料后，应当及时登记并将案件分配给检察官办理。

第三章 审　　查

第一节 审查程序

第七条 人民检察院办理行刑反向衔接案件制发检察意见，既要审查依法是否应当对被不起诉人进行行政处罚，也要审查是否有必要对被不起诉人进行行政处罚。

第八条 人民检察院负责行政检察工作的部门办理行刑反向衔接案件，应当围绕在案证据是否能够证明被不起诉人实施了违法行为和是否具有行政处罚的法律依据进行审查。符合以下条件的，可以向有关行政主管机关提出检察意见：

（一）被不起诉人的行为违反行政管理秩序的；

（二）依照法律、法规、规章规定，应当给予行政处罚的。

第九条 人民检察院负责行政检察工作的部门办理行刑反向衔接案件，具有下列情形之一的，可以不提出检察意见：

（一）已满十四周岁不满十八周岁的未成年人、尚未完全丧失辨认或者控制自己行为能力的精神病人、智力残疾人有违法行为的；

（二）初次违法且危害后果轻微并及时改正的；

（三）主动消除或者减轻违法行为危害后果的；

（四）受他人胁迫或者诱骗实施违法行为的；

（五）已经予以训诫或责令具结悔过、赔礼道歉、赔偿损失的；

（六）当事人达成刑事和解，或情

节轻微并获得被害人谅解的；

（七）当事人因同一违法行为已受到行政处罚的；

（八）法律、法规、规章规定的其他情形。

第十条　人民检察院负责行政检察工作的部门办理行刑反向衔接案件，具有下列情形之一的，应当不提出检察意见：

（一）违法行为超过行政处罚时效的；

（二）不满十四周岁的未成年人实施违法行为的；

（三）精神病人、智力残疾人在不能辨认或者不能控制自己行为时实施违法行为的；

（四）违法行为轻微并及时改正，没有造成危害后果的；

（五）当事人有证据足以证明没有主观过错，且法律、行政法规未另行规定的；

（六）具有法律、法规、规章规定的不予行政处罚的其他情形的。

第十一条　人民检察院负责行政检察工作的部门办理行刑反向衔接案件，确需调查核实的，依照《人民检察院行政诉讼监督规则》等有关规定办理。

第十二条　人民检察院负责行政检察工作的部门办理行刑反向衔接案件，自负责行政检察工作的部门登记受理之日起十个工作日内审查终结。

征求异地人民检察院意见的期间，不计入办理行刑反向衔接案件的审查期限。

案情重大、疑难、复杂的，可以报请检察长延长审查期限。

第十三条　人民检察院负责行政检察工作的部门审查行刑反向衔接案件期间，有下列情形之一的，应当中止审查并制作《中止审查决定书》：

（一）公安机关对不起诉决定要求复议或者提请复核的；

（二）被害人或者其近亲属及其诉讼代理人对不起诉决定不服，提起申诉，或向人民法院提起刑事自诉的；

（三）被不起诉人对不起诉决定不服提起申诉的。

经复议、复核、复查，未变更、撤销不起诉决定的，自负责行政检察工作的部门收到复议、复核、复查决定之日起恢复审查。

对被害人刑事自诉，人民法院裁定不予立案或驳回起诉的，自负责行政检察工作的部门收到裁定文书之日起恢复审查。

第十四条　承办检察官对审查认定的事实负责。审查终结后，应当制作审查终结报告。审查终结报告应当全面客观公正叙述案件事实，依法提出制发检察意见或终结审查的处理意见。

审查终结报告应当包括当事人基本情况、刑事案件审查情况、审查认定的事实及证据、审查意见、风险评估预警等内容。

刑事检察部门对被不起诉人是否应当给予行政处罚提出的意见，负责行政检察工作的部门拟不采纳的，应当在审查终结报告中说明不采纳的理由。

第十五条　承办检察官审查认为具有下列情形之一，不需要给予行政处罚的，应当制作《终结审查决定书》，报检察长批准：

（一）刑事在案证据不能证明被不起诉人有违法行为的；

（二）被不起诉人的违法行为没有相应的行政处罚依据或者行政处罚依据已经失效的；

（三）具有本指引第九条规定的情形，决定不提出检察意见的；

（四）具有本指引第十条规定的情形的；

（五）不起诉决定被撤销的；

（六）人民法院对被害人提起的刑事自诉案件作出判决，追究被不起诉人刑事责任的。

对符合前款情形的，可以简化制作审查终结报告。

第二节　检察意见

第十六条　承办检察官认为需要给予被不起诉人行政处罚的，应当制作《检察意见书》，报检察长批准。

《检察意见书》应当包括以下内容：

（一）主送单位名称；

（二）案件来源；

（三）作出不起诉决定的基本情况；

（四）采取和解除羁押性强制措施情况；

（五）查封、扣押、冻结涉案财物情况；

（六）对被不起诉人予以训诫或责令具结悔过、赔礼道歉、赔偿损失等情况；

（七）被不起诉人的违法事实、情节及证据；

（八）应当给予行政处罚的意见；

（九）有关行政主管机关书面回复处理结果或者办理情况的期限。

第十七条　人民检察院发出《检察意见书》之前，可以征求有关行政主管机关的意见。

第十八条　作出不起诉决定的人民检察院认为需要向上级行政主管机关提出检察意见的，应当层报与该行政主管机关同级的人民检察院决定并提出。

作出不起诉决定的人民检察院认为需要向下级行政主管机关提出检察意见的，应当指令对应的下级人民检察院提出。

作出不起诉决定的人民检察院认为需要异地提出检察意见的，应当书面征求行政主管机关所在地同级人民检察院意见。行政主管机关所在地同级人民检察院应当在十五个工作日内书面回复是否同意提出检察意见并说明理由。意见不一致的，层报共同的上级人民检察院决定。

第十九条　人民检察院负责行政检察工作的部门应当自决定制发《检察意见书》之日起三个工作日内，连同不起诉决定书、相关证据材料等一并送达有关行政主管机关，并将《检察意见书》抄送同级司法行政机关。对于实行垂直管理的行政主管机关，人民检察院应当将《检察意见书》抄送其上级行政主管机关。

第二十条　《检察意见书》应当载明有关行政主管机关自收到《检察意见书》之日起九十日内，将处理结果或者办理情况书面回复人民检察院。

因情况紧急需要立即处理的，可以根据实际情况确定回复期限。

第三节　跟踪督促

第二十一条　人民检察院向有关行政主管机关提出检察意见后，应当持续跟踪后续处理情况，存在分歧的，应当与有关行政主管机关进行沟通。

第二十二条　有关行政主管机关收到《检察意见书》后具有不予回复、不予行政立案、无正当理由不予行政处罚等违法情形的，人民检察院应当依照法律规定督促其纠正。

第二十三条　有关行政主管机关存在本指引第二十二条规定情形之一的，除依法督促其纠正外，经检察长决定，人民检察院可以将有关情况书面通报同级司法行政机关，或者提请上级人民检察院通报其上级机关。必要时可以报告同级党委和人民代表大会常务委员会。

第四章　其他规定

第二十四条　人民检察院负责行政检察工作的部门办理行刑反向衔接案件，发现需要对被不起诉人给予政务处分的，应当按照规定将案件线索移送有关机关处理。

第二十五条　人民检察院负责行政检察工作的部门办理行刑反向衔接案件，应当按照规定立卷归档。

第二十六条　未成年人检察、知识产权检察等综合履行刑事、民事、行政和公益诉讼检察的专门检察部门，对办理行刑反向衔接案件没有特殊规定的，参照本指引办理。

第二十七条　人民检察院负责行政检察工作的部门办理行刑反向衔接案件，应当加强与刑事检察部门的沟通，并将提出检察意见和行政主管部门采纳情况及时反馈刑事检察部门。

人民检察院负责行政检察工作的部门办理行刑反向衔接案件，应当加强与有关行政主管机关的协调配合，加强证据材料移交、接收衔接，建立健全案件信息共享、案情通报机制。

178　不起诉决定的宣布及送达

178.1　法条规定

第一百七十八条　不起诉的决定，应当公开宣布，并且将不起诉决定书送达被不起诉人和他的所在单位。如果被不起诉人在押，应当立即释放。

【立法释义】①

本条规定明确了不起诉决定的宣布及决定书送达的要求。不起诉的决定，是对犯罪嫌疑人法律上无罪责身份的依法确认。为维护犯罪嫌疑人的合法权益，不起诉的决定，应当公开宣布，并且将不起诉决定书送达被不起诉人和他的所在单位。与宣判公开类似，公开宣布不起诉的决定，是司法公开的内在要求。尽管审查起诉过程不公开进行，但是不起诉的决定应当公开宣布。同时，公开宣布不起诉决定，有利于公安机关和被害人继续寻求程序救济。

对于被不起诉人在押的情形，人民检察院作出不起诉决定的，应当在公开宣布不起诉决定时，立即释放。对被不起诉人采取其他强制措施的，应当通知执行机关解除。

178.2　司法解释

178.2.1　不起诉决定的宣布及送达

★《检察院规则》(2019)

第三百七十六条　不起诉的决定，由人民检察院公开宣布。公开宣布不起诉决定的活动应当记录在案。

不起诉决定书自公开宣布之日起生效。

---

① 参见王爱立主编书，第372—373页。

被不起诉人在押的，应当立即释放；被采取其他强制措施的，应当通知执行机关解除。

第三百七十七条　不起诉决定书应当送达被害人或者其近亲属及其诉讼代理人、被不起诉人及其辩护人以及被不起诉人所在单位。送达时，应当告知被害人或者其近亲属及其诉讼代理人，如果对不起诉决定不服，可以自收到不起诉决定书后七日以内向上一级人民检察院申诉；也可以不经申诉，直接向人民法院起诉。依照刑事诉讼法第一百七十七条第二款作出不起诉决定的，应当告知被不起诉人，如果对不起诉决定不服，可以自收到不起诉决定书后七日以内向人民检察院申诉。

178.2.2　对未成年人不起诉决定的宣布及送达

★《人民检察院办理未成年人刑事案件的规定》（高检发研字〔2013〕7 号，2013 年 12 月 27 日）

第二十八条　不起诉决定书应当向被不起诉的未成年人及其法定代理人宣布，并阐明不起诉的理由和法律依据。

不起诉决定书应当送达公安机关，被不起诉的未成年人及其法定代理人、辩护人，被害人或者其近亲属及其诉讼代理人。

送达时，应当告知被害人或者其近亲属及其诉讼代理人，如果对不起诉决定不服，可以自收到不起诉决定书后七日以内向上一级人民检察院申诉，也可以不经申诉，直接向人民法院起诉；告知被不起诉的未成年人及其法定代理人，如果对不起诉决定不服，可以自收到不起诉决定书后七日以内向人民检察院申诉。

178.2.3　轻伤害案件不起诉决定的宣布

★《最高人民检察院、公安部关于依法妥善办理轻伤害案件的指导意见》（高检发办字〔2022〕167 号，2022 年 12 月 22 日）

（十五）注重通过不起诉释法说理修复社会关系。人民检察院宣布不起诉决定，一般应当在人民检察院的宣告室等场所进行。根据案件的具体情况，也可以到当事人所在村、社区、单位等场所宣布，并邀请社区、单位有关人员参加。宣布不起诉决定时，应当就案件事实、法律责任、不起诉依据、理由等释法说理。

对于犯罪嫌疑人系未成年人的刑事案件，应当以不公开方式宣布不起诉决定，并结合案件具体情况对未成年犯罪嫌疑人予以训诫和教育。

179　对不起诉决定的复议、复核

179.1　法条规定

第一百七十九条　对于公安机关移送起诉的案件，人民检察院决定不起诉的，应当将不起诉决定书送达公安机关。公安机关认为不起诉的决定有错误的时候，可以要求复议，如果意见不被接受，可以向上一级人民检察院提请复核。

【立法释义】①

本条规定明确了对不起诉决定的复议、复核程序。关于不起诉决定的复

① 参见王爱立主编书，第 373—374 页。

议、复核，应当关注以下事项：

第一，告知不起诉决定。对于公安机关移送起诉的案件，人民检察院决定不起诉的，应当将不起诉决定书送达公安机关。主要是考虑，公安机关经侦查认为犯罪事实清楚，证据确实、充分，依法向人民检察院移送审查起诉，说明公安机关认为，案件已经具备起诉条件。但是，人民检察院经审查认为不符合起诉条件，依法作出不起诉决定，直接否定了公安机关对案件的处理意见。为确保公安机关的知情权，并为公安机关复议、复核提供条件，人民检察院应当将不起诉决定告知公安机关。

第二，公安机关的申请复议、复核权。公安机关接到不起诉决定书后，认为案件事实清楚，证据确实、充分，依法应当追究犯罪嫌疑人刑事责任，不符合本法关于不起诉的规定，即认为不起诉的决定有错误的，可以要求作出不起诉决定的人民检察院复议，参见《公安规定》第二百九十四条第一款的规定。如果公安机关申请复议的意见，并未被作出不起诉决定的人民检察院接受，公安机关可以向上一级人民检察院提请复核，参见《公安规定》第二百九十四条第二款的规定。为维护不起诉决定的法律效力，公安机关申请复议、复核期间，不停止对不起诉决定的执行，不能以申请复议、复核为由继续羁押被不起诉人。同时，经上一级人民检察院复核，提出改变不起诉决定的意见的，下级人民检察院应当执行。

第三，监察机关对不起诉决定的复议权。根据监察法第五十四条第四款的规定，人民检察院对于有刑事诉讼法规定的不起诉的情形的，经上一级人民检察院批准，依法作出不起诉的决定。监察机关认为不起诉的决定有错误的，可以向上一级人民检察院提请复议。与公安机关的复议、复核程序不同，监察机关认为不起诉决定错误的情形，可以直接向上一级人民检察院提起复议。主要是考虑，根据《检察院规则》第三百七十一条的规定，人民检察院对于监察机关移送审查起诉的案件，如需依法作出不起诉的决定，需要经上一级人民检察院批准。这体现出决定机关和复议机关相一致的原则。

第四，对上级人民检察院不批准不起诉决定的复议权。基于检察机关的领导体制，对于上级人民检察院的决定，下级人民检察院应当执行。对于其中基于法律、司法解释可以提起复议的程序事项，下级人民检察院可以提请复议。根据2020年《人民检察院检察委员会工作规则》第三十一条的规定，对上级人民检察院检察委员会作出的不批准不起诉等决定，下级人民检察院可以提请复议；上级人民检察院非经检察委员会讨论作出的决定，且不属于法律、司法解释规定的可以提请复议情形的，下级人民检察院不得对上级人民检察院的决定提请复议。

179.2　相关立法

179.2.1　监察机关对不起诉决定的复议

★**《中华人民共和国监察法》**（2024年12月25日修正）

第五十四条　对监察机关移送的案件，人民检察院依照《中华人民共和国刑事诉讼法》对被调查人采取强制措施。

人民检察院经审查，认为犯罪事实已经查清，证据确实、充分，依法应当追究刑事责任的，应当作出起诉决定。

人民检察院经审查，认为需要补充核实的，应当退回监察机关补充调查，必要时可以自行补充侦查。对于补充调查的案件，应当在一个月内补充调查完毕。补充调查以二次为限。

人民检察院对于有《中华人民共和国刑事诉讼法》规定的不起诉的情形的，经上一级人民检察院批准，依法作出不起诉的决定。监察机关认为不起诉的决定有错误的，可以向上一级人民检察院提请复议。

179.3　司法解释

179.3.1　对不起诉决定的复议、复核程序

★《检察院规则》(2019)

第三百七十一条　人民检察院直接受理侦查的案件，以及监察机关移送起诉的案件，拟作不起诉决定的，应当报请上一级人民检察院批准。

第三百七十八条　对于监察机关或者公安机关移送起诉的案件，人民检察院决定不起诉的，应当将不起诉决定书送达监察机关或者公安机关。

第三百七十九条　监察机关认为不起诉的决定有错误，向上一级人民检察院提请复议的，上一级人民检察院应当在收到提请复议意见书后三十日以内，经检察长批准，作出复议决定，通知监察机关。

公安机关认为不起诉决定有错误要求复议的，人民检察院负责捕诉的部门应当另行指派检察官或者检察官办案组进行审查，并在收到要求复议意见书后三十日以内，经检察长批准，作出复议决定，通知公安机关。

第三百八十条　公安机关对不起诉决定提请复核的，上一级人民检察院应当在收到提请复核意见书后三十日以内，经检察长批准，作出复核决定，通知提请复核的公安机关和下级人民检察院。经复核认为下级人民检察院不起诉决定错误的，应当指令下级人民检察院纠正，或者撤销、变更下级人民检察院作出的不起诉决定。

179.3.2　下级检察机关对不批准不起诉决定的复议

★《人民检察院检察委员会工作规则》(高检发释字〔2020〕3 号，2020 年 7 月 31 日)

第三十一条　下级人民检察院不同意上级人民检察院检察委员会决定的，可以向上级人民检察院书面报告，但是不能停止对该决定的执行。

上级人民检察院有关内设机构应当对下级人民检察院书面报告进行审查并提出意见，报检察长决定。检察长决定提交检察委员会复议的，可以通知下级人民检察院暂停执行原决定，并在接到报告后的一个月以内召开检察委员会会议进行复议。经复议认为原决定确有错误或者出现新情况的，应当作出新的决定；认为原决定正确的，应当作出维持的决定。经复议作出的决定，下级人民检察院应当执行。

★《最高人民检察院关于下级人民检察院对上级人民检察院不批准不起诉等决定能否提请复议的批复》(高检发释字〔2015〕5 号，2015 年 12 月 15 日)

一、上级人民检察院的决定，下级人民检察院应当执行。下级人民检察

院认为上级人民检察院的决定有错误或者对上级人民检察院的决定有不同意见的，可以在执行的同时向上级人民检察院报告。

二、下级人民检察院对上级人民检察院的决定有不同意见，法律、司法解释设置复议程序或者重新审查程序的，可以向上级人民检察院提请复议或者报请重新审查；法律、司法解释未设置复议程序或者重新审查程序的，不能向上级人民检察院提请复议或者报请重新审查。

三、根据《人民检察院检察委员会组织条例》第十五条的规定，对上级人民检察院检察委员会作出的不批准不起诉等决定，下级人民检察院可以提请复议；上级人民检察院非经检察委员会讨论作出的决定，且不属于法律、司法解释规定的可以提请复议情形的，下级人民检察院不得对上级人民检察院的决定提请复议。

179.3.3　对同案犯在逃的在案犯罪嫌疑人的不起诉

★《最高人民检察院法律政策研究室关于对同案犯罪嫌疑人在逃对解除强制措施的在案犯罪嫌疑人如何适用〈人民检察院刑事诉讼规则〉有关问题的答复》（2002年5月29日）

在共同犯罪案件中，由于同案犯罪嫌疑人在逃，在案犯罪嫌疑人的犯罪事实无法查清，对在案犯罪嫌疑人除取保候审后，对在案的犯罪嫌疑人可以撤销案件，也可以依据刑事诉讼法第一百四十条第四款①的规定作出不起诉决定。撤销案件或者作出不起诉决定以后，又发现有犯罪事实需要追究刑事责任的，可以重新立案侦查。

179.4　规范性文件

179.4.1　侦查机关对不起诉决定的复议、复核

★《公安规定》（2020）

第二百九十三条　人民检察院作出不起诉决定的，如果被不起诉人在押，公安机关应当立即办理释放手续。除依法转为行政案件办理外，应当根据人民检察院解除查封、扣押、冻结财物的书面通知，及时解除查封、扣押、冻结。

人民检察院提出对被不起诉人给予行政处罚、处分或者没收其违法所得的检察意见，移送公安机关处理的，公安机关应当将处理结果及时通知人民检察院。

第二百九十四条　认为人民检察院作出的不起诉决定有错误的，应当在收到不起诉决定书后七日以内制作要求复议意见书，经县级以上公安机关负责人批准后，移送人民检察院复议。

要求复议的意见不被接受的，可以在收到人民检察院的复议决定书后七日以内制作提请复核意见书，经县级以上公安机关负责人批准后，连同人民检察院的复议决定书，一并提请上一级人民检察院复核。

★《国安规定》（2024）

第三百一十五条　人民检察院作出不起诉决定的，如果被不起诉人在押，国家安全机关应当立即办理释放手续，发给释放证明书。犯罪嫌疑人被采取其他强制措施的，应当予以解除。对查封、扣押、冻结的财物，应当依法进行处理。

---

① 2018年刑事诉讼法第一百七十五条第四款。

人民检察院提出对被不起诉人给予行政处罚、处分或者没收其违法所得的检察意见，移送国家安全机关处理的，国家安全机关应当将处理结果及时通知人民检察院。

第三百一十六条　国家安全机关认为人民检察院作出的不起诉决定有错误的，应当在收到不起诉决定书后七日以内，经国家安全机关负责人批准，制作要求复议意见书，移送人民检察院复议。

要求复议的意见不被接受的，可以在收到人民检察院的复议决定书后七日以内，经国家安全机关负责人批准，制作提请复核意见书，连同人民检察院的复议决定书，一并提请上一级人民检察院复核。

179.5　指导与参考案例

179.5.1　不起诉复核案件的处理

【最高人民检察院指导性案例】

[检例第 212 号]茅某组织卖淫不起诉复议复核案

办案要旨：涉案场所内既有正规消费项目，又存在卖淫活动时，场所经营者辩称不知场所内有卖淫活动的，应全面审查在案证据，运用逻辑规则、经验法则分析判断其是否具有主观明知。场所经营者明知他人租赁其场所后以招募、雇佣等手段管理或者控制他人卖淫，仍为其提供场所，并管理、约定嫖资分配比例，管理卖淫场所和人员的，应当认定为组织卖淫罪。人民检察院办理不起诉复核案件，经审查认为下级人民检察院作出的不起诉决定确有错误的，应当依法指令下级人民检察院纠正，或者撤销、变更下级人民检察院作出的不起诉决定。

180　被害人对不起诉决定的申诉和救济

180.1　法条规定

第一百八十条　对于有被害人的案件，决定不起诉的，人民检察院应当将不起诉决定书送达被害人。被害人如果不服，可以自收到决定书后七日以内向上一级人民检察院申诉，请求提起公诉。人民检察院应当将复查决定告知被害人。对人民检察院维持不起诉决定的，被害人可以向人民法院起诉。被害人也可以不经申诉，直接向人民法院起诉。人民法院受理案件后，人民检察院应当将有关案件材料移送人民法院。

【立法释义】①

本条规定明确了被害人对不起诉决定的申诉和救济。对于人民检察院决定不起诉的情形，不起诉的决定通常并不符合被害人的诉讼利益，对此，应当依法保障被害人对不起诉决定的申诉权和救济权。本条规定赋予被害人“二元化”的救济程序，应当关注以下事项：

第一，被害人的知情权。对于有被害人的案件，决定不起诉的，人民检察院应当将不起诉决定书送达被害人。“有被害人的案件”，是指由于被不起诉人的行为给他人造成一定危害结果的案件。“被害人”既包括自然人，也包括法人。为维护被害人的知情权，人

① 参见王爱立主编书，第 375—376 页。

民检察院在送达不起诉决定书时，应当告知被害人有权提出申诉。

第二，被害人的申诉权。被害人对不起诉决定不服，可以自收到决定书后七日以内向上一级人民检察院申诉，请求提起公诉。被害人在该期限内向上一级人民检察院申诉的，上一级人民检察院应当立案复查，并将复查决定告知被害人。被害人超过该期限提出申诉的，由作出不起诉决定的人民检察院立案复查，并将复查决定告知被害人。

第三，被害人的起诉权。对人民检察院维持不起诉决定的，被害人可以向人民法院起诉。被害人也可以不经申诉，直接向人民法院起诉。这种申诉与起诉并行的救济机制，有助于最大限度地维护被害人的合法权益。人民法院受理案件后，人民检察院应当将有关案件材料移送人民法院。之所以要求人民检察院移送案件材料，主要是考虑，对于"公诉转自诉"案件，已有的案件材料有助于人民法院全面查清案件事实，同时亦能减轻被害人的举证负担，提高诉讼效率。

需要指出的是，"公诉转自诉"案件，与自诉案件在属性上存在差异，不能混为一谈。对于本条规定的"公诉转自诉"案件，首先应当由公安机关立案侦查，并由人民检察院审查起诉，只有人民检察院作出不起诉决定的，被害人才能选择向人民法院起诉。

180.2　司法解释

180.2.1　被害人对不起诉决定的申诉及检察机关的复查

★《检察院规则》(2019)

第三百八十一条　被害人不服不起诉决定，在收到不起诉决定书后七日以内提出申诉的，由作出不起诉决定的人民检察院的上一级人民检察院负责捕诉的部门进行复查。

被害人向作出不起诉决定的人民检察院提出申诉的，作出决定的人民检察院应当将申诉材料连同案卷一并报送上一级人民检察院。

第三百八十二条　被害人不服不起诉决定，在收到不起诉决定书七日以后提出申诉的，由作出不起诉决定的人民检察院负责控告申诉检察的部门进行审查。经审查，认为不起诉决定正确的，出具审查结论直接答复申诉人，并做好释法说理工作；认为不起诉决定可能存在错误的，移送负责捕诉的部门进行复查。

第三百八十三条　人民检察院应当将复查决定书送达被害人、被不起诉人和作出不起诉决定的人民检察院。

上级人民检察院经复查作出起诉决定的，应当撤销下级人民检察院的不起诉决定，交由下级人民检察院提起公诉，并将复查决定抄送移送起诉的监察机关或者公安机关。

第三百八十四条　人民检察院收到人民法院受理被害人对被不起诉人起诉的通知后，应当终止复查，将作出不起诉决定所依据的有关案卷材料移送人民法院。

181　被不起诉人的申诉权

181.1　法条规定

第一百八十一条　对于人民检察院依照本法第一百七十七条第二款规定作出的不起诉决定，被不起诉人如果不服，可以自收到决

定书后七日以内向人民检察院申诉。人民检察院应当作出复查决定，通知被不起诉的人，同时抄送公安机关。

【立法释义】①

本条规定明确了被不起诉人的申诉权。人民检察院作出不起诉决定，意味着终止诉讼程序，不再进行刑事追诉。不过，对于人民检察院根据本法第一百七十七条第二款作出的酌定不起诉决定，即人民检察院认为犯罪情节轻微，依照刑法规定不需要判处刑罚或者免除刑罚，据此作出的不起诉决定，仍然确认犯罪事实存在。此种情况下，被不起诉人可能主张自身并没有实施犯罪行为，或者特定行为并不构成犯罪。为维护被不起诉人的合法权益，对于酌定不起诉的情形，被不起诉人不服的，可以自收到决定后七日以内向人民检察院申诉。

赋予被不起诉人对酌定不起诉的申诉权，有助于进一步甄别被不起诉人是否实施了特定的犯罪行为，以及特定的行为是否构成犯罪，这是确保无罪的人不受刑事追究原则的应有之义。对于被不起诉人提出申诉的情形，人民检察院应当进行复查，并作出复查决定，通知被不起诉人。如果是公安机关移送审查起诉的案件，人民检察院还应当将复查决定同时抄送公安机关。

181.2　相关立法

181.2.1　监察对象申请复审、复核

★**《中华人民共和国监察法》**（2024 年 12 月 25 日修正）

第五十六条　监察对象对监察机关作出的涉及本人的处理决定不服的，可以在收到处理决定之日起一个月内，向作出决定的监察机关申请复审，复审机关应当在一个月内作出复审决定；监察对象对复审决定仍不服的，可以在收到复审决定之日起一个月内，向上一级监察机关申请复核，复核机关应当在二个月内作出复核决定。复审、复核期间，不停止原处理决定的执行。复核机关经审查，认定处理决定有错误的，原处理机关应当及时予以纠正。

181.3　司法解释

181.3.1　根据被不起诉人的申诉对不起诉决定的复查

★**《检察院规则》**（2019）

第三百八十五条　对于人民检察院依照刑事诉讼法第一百七十七条第二款规定作出的不起诉决定，被不起诉人不服，在收到不起诉决定书后七日以内提出申诉的，应当由作出决定的人民检察院负责捕诉的部门进行复查；被不起诉人在收到不起诉决定书七日以后提出申诉的，由负责控告申诉检察的部门进行审查。经审查，认为不起诉决定正确的，出具审查结论直接答复申诉人，并做好释法说理工作；认为不起诉决定可能存在错误的，移送负责捕诉的部门复查。

人民检察院应当将复查决定书送达被不起诉人、被害人。复查后，撤销不起诉决定，变更不起诉的事实或者法律依据的，应当同时将复查决定书抄送移送起诉的监察机关或者公安机关。

第三百八十六条　人民检察院复查不服不起诉决定的申诉，应当在立案

① 参见王爱立主编书，第 376—377 页。

后三个月以内报经检察长批准作出复查决定。案情复杂的,不得超过六个月。

第三百八十七条 被害人、被不起诉人对不起诉决定不服提出申诉的,应当递交申诉书,写明申诉理由。没有书写能力的,也可以口头提出申诉。人民检察院应当根据其口头提出的申诉制作笔录。

182 特殊情形下撤销案件、不起诉

182.1 法条规定

第一百八十二条 犯罪嫌疑人自愿如实供述涉嫌犯罪的事实,有重大立功或者案件涉及国家重大利益的,经最高人民检察院核准,公安机关可以撤销案件,人民检察院可以作出不起诉决定,也可以对涉嫌数罪中的一项或者多项不起诉。

根据前款规定不起诉或者撤销案件的,人民检察院、公安机关应当及时对查封、扣押、冻结的财物及其孳息作出处理。

【立法释义】①

本条规定明确了特殊情形下撤销案件和不起诉程序,是 2018 年刑事诉讼法修改增加的条款,确立了审前程序中对特殊类型的案件贯彻认罪认罚从宽原则的程序机制。关于认罪案件的撤销案件、不起诉,应当关注以下事项:

第一,基本条件。对于特殊情形的犯罪嫌疑人认罪案件作出撤销案件和不起诉决定,主要包括以下条件:

一是自愿认罪。在公安机关立案侦查和人民检察院审查起诉阶段,犯罪嫌疑人主动坦白实施犯罪行为的主观动机,交代犯罪行为,说明犯罪事实、过程、结果等,所坦白的内容真实、完整,且基本能够查证属实。这是认罪认罚从宽制度适用的基本前提。

二是涉及重大权益。犯罪嫌疑人有重大立功或者案件涉及国家重大利益,这是本条规定作为特殊规定的实体要件。本条中的"重大立功",可以参考刑法第七十八条关于重大立功表现的规定,包括:阻止他人重大犯罪活动;检举监狱内外重大犯罪活动,经查证属实;有发明创造或者重大技术革新;在日常生产、生活中舍己救人;在抗御自然灾害或者排除重大事故中,有突出表现;对国家和社会有其他重大贡献。本条中的"案件涉及国家重大利益",主要是指案件涉及国家安全、政治、外交等国家重大利益。

三是特殊核准程序。本条规定专门要求,经最高人民检察院核准,这意味着,重大立功或者案件涉及国家重大利益,应当具有实质性的重要价值。

四是处理结果。公安机关可以撤销案件,人民检察院可以作出不起诉的决定,也可以对涉嫌数罪中的一项或者多项不起诉。本条中的不起诉,因涉及重大利益,且未限定罪行严重程度,故与本法第一百七十七条规定的酌定不起诉存在一定差异,但总体上属于人民检察院的司法裁量权范畴。

第二,涉案财物的处理要求。对本条涉及的特殊案件,人民检察院决定不起诉,或者公安机关决定撤销案件,并

① 参见王爱立主编书,第 378—383 页。

经最高人民检察院核准的，办案机关应当及时对查封、扣押、冻结的财物及其孳息作出处理。这是依法保障财产权的基本要求，体现了“对物之诉”相对独立的处理程序。

182.2　相关立法

182.2.1　刑法中的立功与重大立功

★**《中华人民共和国刑法》**（2023年12月29日修正）

第六十八条　犯罪分子有揭发他人犯罪行为，查证属实的，或者提供重要线索，从而得以侦破其他案件等立功表现的，可以从轻或者减轻处罚；有重大立功表现的，可以减轻或者免除处罚。

第七十八条　被判处管制、拘役、有期徒刑、无期徒刑的犯罪分子，在执行期间，如果认真遵守监规，接受教育改造，确有悔改表现的，或者有立功表现的，可以减刑；有下列重大立功表现之一的，应当减刑：

（一）阻止他人重大犯罪活动的；

（二）检举监狱内外重大犯罪活动，经查证属实的；

（三）有发明创造或者重大技术革新的；

（四）在日常生产、生活中舍己救人的；

（五）在抗御自然灾害或者排除重大事故中，有突出表现的；

（六）对国家和社会有其他重大贡献的。

减刑以后实际执行的刑期不能少于下列期限：

（一）判处管制、拘役、有期徒刑的，不能少于原判刑期的二分之一；

（二）判处无期徒刑的，不能少于十三年；

（三）人民法院依照本法第五十条第二款规定限制减刑的死刑缓期执行的犯罪分子，缓期执行期满后依法减为无期徒刑的，不能少于二十五年，缓期执行期满后依法减为二十五年有期徒刑的，不能少于二十年。

182.3　规范性文件

182.3.1　特殊情形下撤销案件、不起诉的条件

★**《最高人民法院、最高人民检察院、公安部、国家安全部、司法部关于依法惩治“台独”顽固分子分裂国家、煽动分裂国家犯罪的意见》**（法发〔2024〕8号，2024年5月26日）

15.“台独”顽固分子主动放弃“台独”分裂立场，不再实施“台独”分裂活动，并采取措施减轻、消除危害后果或者防止危害扩大，符合刑事诉讼法第一百八十二条第一款规定的，可以撤销案件、不起诉或者对涉嫌数罪中的一项或多项不起诉。

第三编　审　判

第一章　审判组织

183　合议庭组成规则

183.1　法条规定

第一百八十三条　基层人民法院、中级人民法院审判第一审案件，应当由审判员三人或者由审判员和人民陪审员共三人或者七人组成合议庭进行，但是基层人民法院适用简易程序、速裁程序的案件可以由审判员一人独任审判。

高级人民法院审判第一审案件，应当由审判员三人至七人或者由审判员和人民陪审员共三人或者七人组成合议庭进行。

最高人民法院审判第一审案件，应当由审判员三人至七人组成合议庭进行。

人民法院审判上诉和抗诉案件，由审判员三人或者五人组成合议庭进行。

合议庭的成员人数应当是单数。

【立法释义】①

本条规定明确了各级人民法院的合议庭组成规则。2018 年刑事诉讼法修改，调整了各级人民法院的合议庭组成规则，并删去了“人民陪审员在人民法院执行职务，同陪审员有同等的权利”及“合议庭由院长或者庭长指定审判员一人担任审判长。院长或者庭长参加审判案件的时候，自己担任审判长”等规定。关于合议庭组成规则，应当关注以下事项：

第一，第一审刑事案件的合议庭组成规则。第一审刑事案件的合议庭，主要包括四种模式：

一是基层人民法院、中级人民法院审判第一审案件的普通模式。即应当由审判员三人，或者由审判员和人民陪审员共三人或者七人组成合议庭进行。2018 年刑事诉讼法修改在三人混合合议庭基础上，增加了七人混合合议庭。《法院解释》第二百一十三条规定了合议庭的组成方式。对于第一审案件，审判法院可以选择审判员三人组成合议庭的职业合议庭模式，也可以选择三人或者七人的混合合议庭模式。同时，由审判员和人民陪审员组成七人合议庭的情形，除需属于特定类型的案件外，还需具备社会影响重大的裁量条件。

二是基层人民法院适用简易程序、速裁程序审判第一审案件的特殊模式。即可以由审判员一人独任审判。这是一种可选择的模式，也可以适用合议庭审判的普通模式。

三是高级人民法院审判第一审案件的模式。即应当由审判员三人至七人或者由审判员和人民陪审员共三人或者七人组成合议庭进行。2018 年刑事诉讼法修改将“三人至七人”的混合合议庭调整为“三人或者七人”的混合合议庭。

四是最高人民法院审判第一审案

---

① 参见王爱立主编书，第 385—387 页。

件的模式。即应当由审判员三人至七人组成合议庭进行。2018年刑事诉讼法修改，删去了混合合议庭的模式，这意味着，最高人民法院审判的第一审案件，只能由审判员组成合议庭。

第二，上诉和抗诉案件的合议庭组成规则。人民法院审判上诉和抗诉案件，由审判员三人或者五人组成合议庭进行。上诉、抗诉案件只能由审判员组成合议庭。

第三，合议庭成员人数的单数规则。合议庭成员人数的单数规则，有助于合议庭形成多数意见，与本法第一百八十四条规定的“合议庭进行评议的时候，如果意见分歧，应当按多数人的意见作出决定”的规则相衔接。

第四，人民陪审员的审判职责。2018年刑事诉讼法修改，删去了“人民陪审员在人民法院执行职务，同审判员有同等的权利”的规定。这主要是与人民陪审制度改革相衔接：根据人民陪审员法第二十条至第二十二条的规定，审判长应当履行与案件审判相关的指引、提示义务，但不得妨碍人民陪审员对案件的独立判断。人民陪审员参加三人合议庭审判案件，对事实认定、法律适用，独立发表意见，行使表决权。人民陪审员参加七人合议庭审判案件，对事实认定，独立发表意见，并与法官共同表决；对法律适用，可以发表意见，但不参加表决。

需要指出的是，在七人混合合议庭审判的情形，人民陪审员的职责与事实认定和法律适用的区分紧密相关。《法院解释》第二百一十五条规定，人民陪审员参加三人合议庭审判案件，应当对事实认定、法律适用独立发表意见，行使表决权。人民陪审员参加七人合议庭审判案件，应当对事实认定独立发表意见，并与审判员共同表决；对法律适用可以发表意见，但不参加表决。

第五，合议庭审判长的职责。2018年刑事诉讼法修改删去了“合议庭由院长或者庭长指定审判员一人担任审判长。院长或者庭长参加审判案件的时候，自己担任审判长”的规定，这主要是考虑人民法院组织法已经对审判长的职责作出明确规定。2018年人民法院组织法第三十条规定，合议庭由一名法官担任审判长。院长或者庭长参加审理案件时，由自己担任审判长。审判长主持庭审、组织评议案件，评议案件时与合议庭其他成员权利平等。

183.2 相关立法

183.2.1 合议庭的组成规则

★《中华人民共和国人民法院组织法》（2018年10月26日修订）

第二十九条　人民法院审理案件，由合议庭或者法官一人独任审理。

合议庭和法官独任审理的案件范围由法律规定。

第三十条　合议庭由法官组成，或者由法官和人民陪审员组成，成员为三人以上单数。

合议庭由一名法官担任审判长。院长或者庭长参加审理案件时，由自己担任审判长。

审判长主持庭审、组织评议案件，评议案件时与合议庭其他成员权利平等。

183.2.2 陪审员的选任及职责

★《中华人民共和国人民陪审员法》（2018年4月27日）

第五条　公民担任人民陪审员，应

当具备下列条件：

（一）拥护中华人民共和国宪法；

（二）年满二十八周岁；

（三）遵纪守法、品行良好、公道正派；

（四）具有正常履行职责的身体条件。

担任人民陪审员，一般应当具有高中以上文化程度。

第六条　下列人员不能担任人民陪审员：

（一）人民代表大会常务委员会的组成人员，监察委员会、人民法院、人民检察院、公安机关、国家安全机关、司法行政机关的工作人员；

（二）律师、公证员、仲裁员、基层法律服务工作者；

（三）其他因职务原因不适宜担任人民陪审员的人员。

第七条　有下列情形之一的，不得担任人民陪审员：

（一）受过刑事处罚的；

（二）被开除公职的；

（三）被吊销律师、公证员执业证书的；

（四）被纳入失信被执行人名单的；

（五）因受惩戒被免除人民陪审员职务的；

（六）其他有严重违法违纪行为，可能影响司法公信的。

第十四条　人民陪审员和法官组成合议庭审判案件，由法官担任审判长，可以组成三人合议庭，也可以由法官三人与人民陪审员四人组成七人合议庭。

第十五条　人民法院审判第一审刑事、民事、行政案件，有下列情形之一的，由人民陪审员和法官组成合议庭进行：

（一）涉及群体利益、公共利益的；

（二）人民群众广泛关注或者其他社会影响较大的；

（三）案情复杂或者有其他情形，需要由人民陪审员参加审判的。

人民法院审判前款规定的案件，法律规定由法官独任审理或者由法官组成合议庭审理的，从其规定。

第十六条　人民法院审判下列第一审案件，由人民陪审员和法官组成七人合议庭进行：

（一）可能判处十年以上有期徒刑、无期徒刑、死刑，社会影响重大的刑事案件；

（二）根据民事诉讼法、行政诉讼法提起的公益诉讼案件；

（三）涉及征地拆迁、生态环境保护、食品药品安全，社会影响重大的案件；

（四）其他社会影响重大的案件。

第十七条　第一审刑事案件被告人、民事案件原告或者被告、行政案件原告申请由人民陪审员参加合议庭审判的，人民法院可以决定由人民陪审员和法官组成合议庭审判。

第十八条　人民陪审员的回避，适用审判人员回避的法律规定。

第十九条　基层人民法院审判案件需要由人民陪审员参加合议庭审判的，应当在人民陪审员名单中随机抽取确定。

中级人民法院、高级人民法院审判案件需要由人民陪审员参加合议庭审判的，在其辖区内的基层人民法院的人民陪审员名单中随机抽取确定。

第二十条　审判长应当履行与案件审判相关的指引、提示义务，但不得妨碍人民陪审员对案件的独立判断。

合议庭评议案件，审判长应当对本案中涉及的事实认定、证据规则、法律规定等事项及应当注意的问题，向人民陪审员进行必要的解释和说明。

第二十一条　人民陪审员参加三人合议庭审判案件，对事实认定、法律适用，独立发表意见，行使表决权。

第二十二条　人民陪审员参加七人合议庭审判案件，对事实认定，独立发表意见，并与法官共同表决；对法律适用，可以发表意见，但不参加表决。

第二十三条　合议庭评议案件，实行少数服从多数的原则。人民陪审员同合议庭其他组成人员意见分歧的，应当将其意见写入笔录。

合议庭组成人员意见有重大分歧的，人民陪审员或者法官可以要求合议庭将案件提请院长决定是否提交审判委员会讨论决定。

183.3　司法解释

183.3.1　合议庭的组成及评议规则

★《法院解释》（2021）

第二百一十二条　合议庭由审判员担任审判长。院长或者庭长参加审理案件时，由其本人担任审判长。

审判员依法独任审判时，行使与审判长相同的职权。

第二百一十三条　基层人民法院、中级人民法院、高级人民法院审判下列第一审刑事案件，由审判员和人民陪审员组成合议庭进行：

（一）涉及群体利益、公共利益的；

（二）人民群众广泛关注或者其他社会影响较大的；

（三）案情复杂或者有其他情形，需要由人民陪审员参加审判的。

基层人民法院、中级人民法院、高级人民法院审判下列第一审刑事案件，由审判员和人民陪审员组成七人合议庭进行：

（一）可能判处十年以上有期徒刑、无期徒刑、死刑，且社会影响重大的；

（二）涉及征地拆迁、生态环境保护、食品药品安全，且社会影响重大的；

（三）其他社会影响重大的。

第二百一十四条　开庭审理和评议案件，应当由同一合议庭进行。合议庭成员在评议案件时，应当独立发表意见并说明理由。意见分歧的，应当按多数意见作出决定，但少数意见应当记入笔录。评议笔录由合议庭的组成人员在审阅确认无误后签名。评议情况应当保密。

第二百一十五条　人民陪审员参加三人合议庭审判案件，应当对事实认定、法律适用独立发表意见，行使表决权。

人民陪审员参加七人合议庭审判案件，应当对事实认定独立发表意见，并与审判员共同表决；对法律适用可以发表意见，但不参加表决。

【重点解读】①

第一，评议案件发言顺序。为避免部分年轻或资历较浅的成员发表意见时受到其他人影响，合议庭成员在评议案件时，应当按照法官和人民陪审员各自资历由浅至深，人民陪审员先发言，法官后发言，审判长最后发言的顺序，

① 参见李少平主编书，第305—306页。

独立表达意见并说明理由。

第二，事实问题与法律问题的区分。实践中，可以认为下列问题属于“事实认定问题”：被指控的犯罪是否存在；被指控的犯罪是否为被告人所实施；有关从重、从轻、减轻、免除处罚或者加重法定刑的量刑事实是否存在；其他事实认定问题。下列问题属于“法律适用问题”：被告人构成何种犯罪；如何裁量刑罚；其他法律适用问题。事实认定问题和法律适用问题难以区分的，视为事实认定问题。

183.3.2　合议庭的工作职责

★《最高人民法院关于进一步加强合议庭职责的若干规定》（法释〔2010〕1号，2010年1月11日）

第三条　承办法官履行下列职责：

（一）主持或者指导审判辅助人员进行庭前调解、证据交换等庭前准备工作；

（二）拟定庭审提纲，制作阅卷笔录；

（三）协助审判长组织法庭审理活动；

（四）在规定期限内及时制作审理报告；

（五）案件需要提交审判委员会讨论的，受审判长指派向审判委员会汇报案件；

（六）制作裁判文书提交合议庭审核；

（七）办理有关审判的其他事项。

第四条　依法不开庭审理的案件，合议庭全体成员均应当阅卷，必要时提交书面阅卷意见。

第五条　开庭审理时，合议庭全体成员应当共同参加，不得缺席、中途退庭或者从事与该庭审无关的活动。合议庭成员未参加庭审、中途退庭或者从事与该庭审无关的活动，当事人提出异议的，应当纠正。合议庭仍不纠正的，当事人可以要求休庭，并将有关情况记入庭审笔录。

第六条　合议庭全体成员均应当参加案件评议。评议案件时，合议庭成员应当针对案件的证据采信、事实认定、法律适用、裁判结果以及诉讼程序等问题充分发表意见。必要时，合议庭成员还可提交书面评议意见。

合议庭成员评议时发表意见不受追究。

第七条　除提交审判委员会讨论的案件外，合议庭对评议意见一致或者形成多数意见的案件，依法作出判决或者裁定。下列案件可以由审判长提请院长或者庭长决定组织相关审判人员共同讨论，合议庭成员应当参加：

（一）重大、疑难、复杂或者新类型的案件；

（二）合议庭在事实认定或法律适用上有重大分歧的案件；

（三）合议庭意见与本院或上级法院以往同类型案件的裁判有可能不一致的案件；

（四）当事人反映强烈的群体性纠纷案件；

（五）经审判长提请且院长或者庭长认为确有必要讨论的其他案件。

上述案件的讨论意见供合议庭参考，不影响合议庭依法作出裁判。

第八条　各级人民法院的院长、副院长、庭长、副庭长应当参加合议庭审理案件，并逐步增加审理案件的数量。

★《最高人民法院关于人民法院合议庭工作的若干规定》（法释〔2002〕25

号,2002 年 8 月 12 日)

第一条 人民法院实行合议制审判第一审案件,由法官或者由法官和人民陪审员组成合议庭进行;人民法院实行合议制审判第二审案件和其他应当组成合议庭审判的案件,由法官组成合议庭进行。

人民陪审员在人民法院执行职务期间,除不能担任审判长外,同法官有同等的权利义务。

第二条 合议庭的审判长由符合审判长任职条件的法官担任。

院长或者庭长参加合议庭审判案件的时候,自己担任审判长。

第三条 合议庭组成人员确定后,除因回避或者其他特殊情况,不能继续参加案件审理的之外,不得在案件审理过程中更换。更换合议庭成员,应当报请院长或者庭长决定。合议庭成员的更换情况应当及时通知诉讼当事人。

第四条 合议庭的审判活动由审判长主持,全体成员平等参与案件的审理、评议、裁判,共同对案件认定事实和适用法律负责。

第五条 合议庭承担下列职责:

(一)根据当事人的申请或者案件的具体情况,可以作出财产保全、证据保全、先予执行等裁定;

(二)确定案件委托评估、委托鉴定等事项;

(三)依法开庭审理第一审、第二审和再审案件;

(四)评议案件;

(五)提请院长决定将案件提交审判委员会讨论决定;

(六)按照权限对案件及其有关程序性事项作出裁判或者提出裁判意见;

(七)制作裁判文书;

(八)执行审判委员会决定;

(九)办理有关审判的其他事项。

第六条 审判长履行下列职责:

(一)指导和安排审判辅助人员做好庭前调解、庭前准备及其他审判业务辅助性工作;

(二)确定案件审理方案、庭审提纲、协调合议庭成员的庭审分工以及做好其他必要的庭审准备工作;

(三)主持庭审活动;

(四)主持合议庭对案件进行评议;

(五)依照有关规定,提请院长决定将案件提交审判委员会讨论决定;

(六)制作裁判文书,审核合议庭其他成员制作的裁判文书;

(七)依照规定权限签发法律文书;

(八)根据院长或者庭长的建议主持合议庭对案件复议;

(九)对合议庭遵守案件审理期限制度的情况负责;

(十)办理有关审判的其他事项。

第七条 合议庭接受案件后,应当根据有关规定确定案件承办法官,或者由审判长指定案件承办法官。

第九条 合议庭评议案件应当在庭审结束后五个工作日内进行。

第十条 合议庭评议案件时,先由承办法官对认定案件事实、证据是否确实、充分以及适用法律等发表意见,审判长最后发表意见;审判长作为承办法官的,由审判长最后发表意见。对案件的裁判结果进行评议时,由审判长最后发表意见。审判长应当根据评议情况总结合议庭评议的结论性意见。

合议庭成员进行评议的时候,应当认真负责,充分陈述意见,独立行使表决权，不得拒绝陈述意见或者仅作同意与否的简单表态。同意他人意见的，也应当提出事实根据和法律依据，进行分析论证。

合议庭成员对评议结果的表决，以口头表决的形式进行。

第十一条　合议庭进行评议的时候，如果意见分歧，应当按多数人的意见作出决定，但是少数人的意见应当写入笔录。

评议笔录由书记员制作，由合议庭的组成人员签名。

第十二条　合议庭应当依照规定的权限，及时对评议意见一致或者形成多数意见的案件直接作出判决或者裁定。但是对于下列案件，合议庭应当提请院长决定提交审判委员会讨论决定：

（一）拟判处死刑的；

（二）疑难、复杂、重大或者新类型的案件，合议庭认为有必要提交审判委员会讨论决定的；

（三）合议庭在适用法律方面有重大意见分歧的；

（四）合议庭认为需要提请审判委员会讨论决定的其他案件，或者本院审判委员会确定的应当由审判委员会讨论决定的案件。

第十三条　合议庭对审判委员会的决定有异议，可以提请院长决定提交审判委员会复议一次。

第十四条　合议庭一般应当在作出评议结论或者审判委员会作出决定后的五个工作日内制作出裁判文书。

第十五条　裁判文书一般由审判长或者承办法官制作。但是审判长或者承办法官的评议意见与合议庭评议结论或者审判委员会的决定有明显分歧的，也可以由其他合议庭成员制作裁判文书。

对制作的裁判文书，合议庭成员应当共同审核，确认无误后签名。

第十六条　院长、庭长可以对合议庭的评议意见和制作的裁判文书进行审核，但是不得改变合议庭的评议结论。

第十七条　院长、庭长在审核合议庭的评议意见和裁判文书过程中，对评议结论有异议的，可以建议合议庭复议，同时应当对要求复议的问题及理由提出书面意见。

合议庭复议后，庭长仍有异议的，可以将案件提请院长审核，院长可以提交审判委员会讨论决定。

183.3.3　法庭设置及庭审规范

★《中华人民共和国人民法院法庭规则》（法释〔2016〕7 号，2016 年 4 月 13 日）

第二条　法庭是人民法院代表国家依法审判各类案件的专门场所。

法庭正面上方应当悬挂国徽。

第三条　法庭分设审判活动区和旁听区，两区以栏杆等进行隔离。

审理未成年人案件的法庭应当根据未成年人身心发展特点设置区域和席位。

有新闻媒体旁听或报道庭审活动时，旁听区可以设置专门的媒体记者席。

第四条　刑事法庭可以配置同步视频作证室，供依法应当保护或其他确有保护必要的证人、鉴定人、被害人在庭审作证时使用。

第五条　法庭应当设置残疾人无障碍设施；根据需要配备合议庭合议室，检察人员、律师及其他诉讼参与人休息室，被告人羁押室等附属场所。

第六条　进入法庭的人员应当出示有效身份证件，并接受人身及携带物品的安全检查。

持有效工作证件和出庭通知履行职务的检察人员、律师可以通过专门通道进入法庭。需要安全检查的，人民法院对检察人员和律师平等对待。

第七条　除经人民法院许可，需要在法庭上出示的证据外，下列物品不得携带进入法庭：

（一）枪支、弹药、管制刀具以及其他具有杀伤力的器具；

（二）易燃易爆物、疑似爆炸物；

（三）放射性、毒害性、腐蚀性、强气味性物质以及传染病病原体；

（四）液体及胶状、粉末状物品；

（五）标语、条幅、传单；

（六）其他可能危害法庭安全或妨害法庭秩序的物品。

第八条　人民法院应当通过官方网站、电子显示屏、公告栏等向公众公开各法庭的编号、具体位置以及旁听席位数量等信息。

第九条　公开的庭审活动，公民可以旁听。

旁听席位不能满足需要时，人民法院可以根据申请的先后顺序或者通过抽签、摇号等方式发放旁听证，但应当优先安排当事人的近亲属或其他与案件有利害关系的人旁听。

下列人员不得旁听：

（一）证人、鉴定人以及准备出庭提出意见的有专门知识的人；

（二）未获得人民法院批准的未成年人；

（三）拒绝接受安全检查的人；

（四）醉酒的人、精神病人或其他精神状态异常的人；

（五）其他有可能危害法庭安全或妨害法庭秩序的人。

依法有可能封存犯罪记录的公开庭审活动，任何单位或个人不得组织人员旁听。

依法不公开的庭审活动，除法律另有规定外，任何人不得旁听。

第十条　人民法院应当对庭审活动进行全程录像或录音。

第十一条　依法公开进行的庭审活动，具有下列情形之一的，人民法院可以通过电视、互联网或其他公共媒体进行图文、音频、视频直播或录播：

（一）公众关注度较高；

（二）社会影响较大；

（三）法治宣传教育意义较强。

第十二条　出庭履行职务的人员，按照职业着装规定着装。但是，具有下列情形之一的，着正装：

（一）没有职业着装规定；

（二）侦查人员出庭作证；

（三）所在单位系案件当事人。

非履行职务的出庭人员及旁听人员，应当文明着装。

第十三条　刑事在押被告人或上诉人出庭受审时，着正装或便装，不着监管机构的识别服。

人民法院在庭审活动中不得对被告人或上诉人使用戒具，但认为其人身危险性大，可能危害法庭安全的除外。

第十四条　庭审活动开始前，书记员应当宣布本规则第十七条规定的法庭纪律。

第十五条　审判人员进入法庭以及审判长或独任审判员宣告判决、裁定、决定时，全体人员应当起立。

第十六条　人民法院开庭审判案件应当严格按照法律规定的诉讼程序进行。

审判人员在庭审活动中应当平等对待诉讼各方。

第十七条　全体人员在庭审活动中应当服从审判长或独任审判员的指挥,尊重司法礼仪,遵守法庭纪律,不得实施下列行为:

(一)鼓掌、喧哗;

(二)吸烟、进食;

(三)拨打或接听电话;

(四)对庭审活动进行录音、录像、拍照或使用移动通信工具等传播庭审活动;

(五)其他危害法庭安全或妨害法庭秩序的行为。

检察人员、诉讼参与人发言或提问,应当经审判长或独任审判员许可。

旁听人员不得进入审判活动区,不得随意站立、走动,不得发言和提问。

媒体记者经许可实施第一款第四项规定的行为,应当在指定的时间及区域进行,不得影响或干扰庭审活动。

第十八条　审判长或独任审判员主持庭审活动时,依照规定使用法槌。

第十九条　审判长或独任审判员对违反法庭纪律的人员应当予以警告;对不听警告的,予以训诫;对训诫无效的,责令其退出法庭;对拒不退出法庭的,指令司法警察将其强行带出法庭。

行为人违反本规则第十七条第一款第四项规定的,人民法院可以暂扣其使用的设备及存储介质,删除相关内容。

第二十条　行为人实施下列行为之一,危及法庭安全或扰乱法庭秩序的,根据相关法律规定,予以罚款、拘留;构成犯罪的,依法追究其刑事责任:

(一)非法携带枪支、弹药、管制刀具或者爆炸性、易燃性、放射性、毒害性、腐蚀性物品以及传染病病原体进入法庭;

(二)哄闹、冲击法庭;

(三)侮辱、诽谤、威胁、殴打司法工作人员或诉讼参与人;

(四)毁坏法庭设施,抢夺、损毁诉讼文书、证据;

(五)其他危害法庭安全或扰乱法庭秩序的行为。

第二十一条　司法警察依照审判长或独任审判员的指令维持法庭秩序。

出现危及法庭内人员人身安全或者严重扰乱法庭秩序等紧急情况时,司法警察可以直接采取必要的处置措施。

人民法院依法对违反法庭纪律的人采取的扣押物品、强行带出法庭以及罚款、拘留等强制措施,由司法警察执行。

第二十六条　外国人、无国籍人旁听庭审活动,外国媒体记者报道庭审活动,应当遵守本规则。

183.3.4　陪审员参与庭审的程序

★《最高人民法院关于适用〈中华人民共和国人民陪审员法〉若干问题的解释》(法释〔2019〕5 号,2019 年 4 月 24 日)

第七条　当事人依法有权申请人民陪审员回避。人民陪审员的回避,适用审判人员回避的法律规定。

人民陪审员回避事由经审查成立的,人民法院应当及时确定递补人选。

第八条　人民法院应当在开庭前,将相关权利和义务告知人民陪审员,并为其阅卷提供便利条件。

第九条　七人合议庭开庭前,应当

制作事实认定问题清单，根据案件具体情况，区分事实认定问题与法律适用问题，对争议事实问题逐项列举，供人民陪审员在庭审时参考。事实认定问题和法律适用问题难以区分的，视为事实认定问题。

第十条 案件审判过程中，人民陪审员依法有权参加案件调查和调解工作。

第十一条 庭审过程中，人民陪审员依法有权向诉讼参加人发问，审判长应当提示人民陪审员围绕案件争议焦点进行发问。

第十二条 合议庭评议案件时，先由承办法官介绍案件涉及的相关法律、证据规则，然后由人民陪审员和法官依次发表意见，审判长最后发表意见并总结合议庭意见。

第十三条 七人合议庭评议时，审判长应当归纳和介绍需要通过评议讨论决定的案件事实认定问题，并列出案件事实问题清单。

人民陪审员全程参加合议庭评议，对于事实认定问题，由人民陪审员和法官在共同评议的基础上进行表决。对于法律适用问题，人民陪审员不参加表决，但可以发表意见，并记录在卷。

第十四条 人民陪审员应当认真阅读评议笔录，确认无误后签名。

第十五条 人民陪审员列席审判委员会讨论其参加审理的案件时，可以发表意见。

第十六条 案件审结后，人民法院应将裁判文书副本及时送交参加该案审判的人民陪审员。

183.3.5 有专门知识的陪审员审判的程序参与

★《最高人民法院关于具有专门知识的人民陪审员参加环境资源案件审理的若干规定》（法释〔2023〕4号，2023年7月27日）

第一条 人民法院审理的第一审环境资源刑事、民事、行政案件，符合人民陪审员法第十五条规定，且案件事实涉及复杂专门性问题的，由不少于一名具有专门知识的人民陪审员参加合议庭审理。

前款规定外的第一审环境资源案件，人民法院认为有必要的，可以由具有专门知识的人民陪审员参加合议庭审理。

第二条 符合下列条件的人民陪审员，为本规定所称具有专门知识的人民陪审员：

（一）具有环境资源领域专门知识；

（二）在环境资源行政主管部门、科研院所、高等院校、企业、社会组织等单位从业三年以上。

第三条 人民法院参与人民陪审员选任，可以根据环境资源审判活动需要，结合案件类型、数量等特点，协商司法行政机关确定一定数量具有专门知识的人民陪审员候选人。

第四条 具有专门知识的人民陪审员任期届满后，人民法院认为有必要的，可以商请本人同意后协商司法行政机关经法定程序再次选任。

第五条 需要具有专门知识的人民陪审员参加案件审理的，人民法院可以根据环境资源案件的特点和具有专门知识的人民陪审员选任情况，在符合专业需求的人民陪审员名单中随机抽取确定。

第六条 基层人民法院可以根据环境资源案件审理的需要，协商司法行政机关选任具有专门知识的人民陪审员。

设立环境资源审判专门机构的基层人民法院，应当协商司法行政机关选任具有专门知识的人民陪审员。

设立环境资源审判专门机构的中级人民法院，辖区内基层人民法院均未设立环境资源审判专门机构的，应当指定辖区内不少于一家基层人民法院协商司法行政机关选任具有专门知识的人民陪审员。

第七条　基层人民法院审理的环境资源案件，需要具有专门知识的人民陪审员参加合议庭审理的，组成不少于一名具有专门知识的人民陪审员参加的三人合议庭。

基层人民法院审理的可能判处十年以上有期徒刑且社会影响重大的环境资源刑事案件，以及环境行政公益诉讼案件，需要具有专门知识的人民陪审员参加合议庭审理的，组成不少于一名具有专门知识的人民陪审员参加的七人合议庭。

第九条　实行环境资源案件跨区域集中管辖的中级人民法院审理第一审环境资源案件，需要具有专门知识的人民陪审员参加合议庭审理的，可以从环境资源案件集中管辖区域内基层人民法院具有专门知识的人民陪审员名单中随机抽取确定。

第十条　铁路运输法院等没有对应同级人民代表大会的法院审理第一审环境资源案件，需要具有专门知识的人民陪审员参加合议庭审理的，在其所在地级市辖区或案件管辖区域内基层人民法院具有专门知识的人民陪审员名单中随机抽取确定。

第十一条　符合法律规定的审判人员应当回避的情形，或所在单位与案件有利害关系的，具有专门知识的人民陪审员应当自行回避。当事人也可以申请具有专门知识的人民陪审员回避。

第十二条　审判长应当依照人民陪审员法第二十条的规定，对具有专门知识的人民陪审员参加的下列工作，重点进行指引和提示：

（一）专门性事实的调查；

（二）就是否进行证据保全、行为保全提出意见；

（三）庭前会议、证据交换和勘验；

（四）就是否委托司法鉴定，以及鉴定事项、范围、目的和期限提出意见；

（五）生态环境修复方案的审查；

（六）环境民事公益诉讼案件、生态环境损害赔偿诉讼案件的调解、和解协议的审查。

第十三条　具有专门知识的人民陪审员参加环境资源案件评议时，应当就案件事实涉及的专门性问题发表明确意见。

具有专门知识的人民陪审员就该专门性问题发表的意见与合议庭其他成员不一致的，合议庭可以将案件提请院长决定是否提交审判委员会讨论决定。有关情况应当记入评议笔录。

第十四条　具有专门知识的人民陪审员可以参与监督生态环境修复、验收和修复效果评估。

183.4　规范性文件

183.4.1　陪审员的选任规范

★**《人民陪审员选任办法》**（司发〔2018〕6号，2018年8月22日）

第十四条　司法行政机关应当会同基层人民法院、公安机关向符合选任条件的人民陪审员候选人告知人民陪审员的权利义务，并征求其对担任人民陪审员的意见。

第二十一条　基层人民法院应当会同司法行政机关向社会公告人民陪审员名单。

第二十四条　人民陪审员的任期为五年，一般不得连任。公民担任人民陪审员不得超过两次。

第二十五条　公民不得同时在两个以上的基层人民法院担任人民陪审员。

183.5　专门问题解答

183.5.1　刑事附带民事公益诉讼案件的合议庭组成

★《法答网精选答问（第二十一批）——人民陪审专题》（《人民法院报》2025年5月29日第7版）

问题2：刑事附带民事公益诉讼案件的合议庭应如何组成？

答疑意见：依照人民陪审员法第十六条的规定，根据民事诉讼法、行政诉讼法提起的公益诉讼案件，由四名人民陪审员和三名法官组成七人合议庭进行审判。刑事附带民事公益诉讼案件中的民事公益诉讼部分由检察机关在刑事公诉过程中附带提起，与单独提起的民事公益诉讼案件有所区别，故在审判程序、审判组织上应适用刑事案件审判的相关规定。《最高人民法院、最高人民检察院关于检察公益诉讼案件适用法律若干问题的解释》第二十条明确，人民检察院对破坏生态环境和资源保护，食品药品安全领域侵害众多消费者合法权益，侵害英雄烈士等的姓名、肖像、名誉、荣誉等损害社会公共利益的犯罪行为提起刑事公诉时，可以向人民法院一并提起附带民事公益诉讼，由人民法院同一审判组织审理。

我们认为，刑事附带民事公益诉讼案件是否应由人民陪审员和法官组成七人合议庭审理，应当以刑事案件是否符合“社会影响重大”的标准进行判断，属于人民法院依法依职权决定的内容。对于人民法院审理的事实清楚、证据充分，对社会公共利益造成的损害相对较轻的第一审刑事附带民事公益诉讼案件，需要由人民陪审员参加合议庭审判且符合相关规定的，可以依法组成三人合议庭审理。

183.5.2　任期届满的人民陪审员参与未审结案件的审理

★《法答网精选答问（第二十一批）——人民陪审专题》（《人民法院报》2025年5月29日第7版）

问题4：任期届满的人民陪审员能否继续参加未审结案件的审理？

答疑意见：人民陪审员依法参加人民法院的审判活动，除法律另有规定外，与法官享有同等权利。参照刑事诉讼法相关司法解释规定，人民陪审员在案件评议前任期届满的，人民法院应当依法更换，重新开庭审理；合议庭已评议但案件尚未宣判时，人民陪审员任期届满的，可以继续履行审判职责到案件审结之日。实践中，人民陪审员任期届满后职务自动免除，人民法院不得随机抽取任期已届满的人民陪审员参审案件。人民法院在随机抽取人民陪审员参审时，应当综合考虑人民陪审员剩余任期、案件审理周期等因素，充分运用信息化手段科学设置随机抽取条件，合理确定合议庭人员组成，确保案件审理工作有序进行。

184　合议庭评议规则

184.1　法条规定

第一百八十四条　合议庭进行评议的时候,如果意见分歧,应当按多数人的意见作出决定,但是少数人的意见应当写入笔录。评议笔录由合议庭的组成人员签名。

【立法释义】①

本条规定明确了合议庭评议的少数服从多数规则,体现了司法民主原则在审判阶段的要求。为保持司法的亲历性、落实司法责任制的要求,《法院解释》第二百一十四条规定,开庭审理和评议案件,应当由同一合议庭进行。关于合议庭评议规则,应当关注以下事项:

第一,少数服从多数规则。合议庭进行评议的时候,如果意见分歧,应当按多数人的意见作出决定,即合议庭依照民主集中制原则,经过评议,以超过半数人的意见作出对被告人有罪、无罪及罪轻、轻重,适用刑罚的决定。当合议庭成员对事实认定或者法律适用存在重大分歧,或者合议庭多数意见与本院或上级法院以往同类案件的裁判可能不一致时,合议庭成员可以要求合议庭将案件提请院长决定是否提交审判委员会讨论决定。

第二,独立表达意见规则。合议庭全体成员均应当参加案件评议。《法院解释》第二百一十四条规定,合议庭成员在评议案件时,应当独立表达意见并说明理由。独立表达意见规则要求在评议案件时,合议庭成员应当针对案件的证据采信、事实认定、法律适用、裁判结果以及诉讼程序等问题独立、充分发表意见,不能简单附和他人意见。必要时,合议庭成员可以提交书面评议意见。合议庭成员评议时发表意见不受追究。同时,强调少数服从多数规则,并不要求合议庭成员撤回或者改变自己的独立意见。

第三,少数意见写明规则。为尊重合议庭少数人的意见,便于在二审、再审程序中全面了解合议庭评议情况,少数人的意见应当写入笔录。本条中的"写入笔录",是指少数人的意见写入评议笔录,但不在裁判文书中写明。在裁判文书中,既不体现裁判结果究竟是一致意见还是多数意见,也不体现少数人的意见。

第四,评议笔录签名确认规则。合议庭全体成员都应当参加案件评议,并独立发表意见。为确保评议笔录客观记录评议过程,客观体现合议庭每位成员的意见,在评议结束后,合议庭组成人员应当在评议笔录上签名。此外,从司法责任制的角度看,审判人员对办案质量负责,其中一项重要体现,就是基于事实和法律发表评议意见。

第五,评议情况保密规则。合议庭评议案件的过程及评议记录,并不属于司法公开的范畴。《法院解释》第二百一十四条规定,评议情况应当保密。这一要求与裁判说理并不矛盾。基于少数服从多数原则形成的裁判结论,应当在裁判文书中详细阐明理由。

184.2　相关立法

184.2.1　合议庭评议规则

★《中华人民共和国人民法院组织

---

①　参见王爱立主编书,第 387—388 页。

法》(2018年10月26日修订)

第三十一条　合议庭评议案件应当按照多数人的意见作出决定，少数人的意见应当记入笔录。评议案件笔录由合议庭全体组成人员签名。

第三十二条　合议庭或者法官独任审理案件形成的裁判文书，经合议庭组成人员或者独任法官签署，由人民法院发布。

184.3　司法解释

184.3.1　合议庭评议及陪审员参审规则

★**《法院解释》**(2021)

第二百一十四条　开庭审理和评议案件，应当由同一合议庭进行。合议庭成员在评议案件时，应当独立发表意见并说明理由。意见分歧的，应当按多数意见作出决定，但少数意见应当记入笔录。评议笔录由合议庭的组成人员在审阅确认无误后签名。评议情况应当保密。

第二百一十五条　人民陪审员参加三人合议庭审判案件，应当对事实认定、法律适用独立发表意见，行使表决权。

人民陪审员参加七人合议庭审判案件，应当对事实认定独立发表意见，并与审判员共同表决；对法律适用可以发表意见，但不参加表决。

184.3.2　合议庭的运行机制

★**《最高人民法院关于规范合议庭运行机制的意见》**(法发〔2022〕31号，2022年10月26日)

一、合议庭是人民法院的基本审判组织。合议庭全体成员平等参与案件的阅卷、庭审、评议、裁判等审判活动，对案件的证据采信、事实认定、法律适用、诉讼程序、裁判结果等问题独立发表意见并对此承担相应责任。

二、合议庭可以通过指定或者随机方式产生。因专业化审判或者案件繁简分流工作需要，合议庭成员相对固定的，应当定期轮换交流。属于"四类案件"或者参照"四类案件"监督管理的，院庭长可以按照其职权指定合议庭成员。以指定方式产生合议庭的，应当在办案平台全程留痕，或者形成书面记录入卷备查。

合议庭的审判长由院庭长指定。院庭长参加合议庭的，由院庭长担任审判长。

合议庭成员确定后，因回避、工作调动、身体健康、廉政风险等事由，确需调整成员的，由院庭长按照职权决定，调整结果应当及时通知当事人，并在办案平台标注原因，或者形成书面记录入卷备查。

法律、司法解释规定"另行组成合议庭"的案件，原合议庭成员及审判辅助人员均不得参与办理。

三、合议庭审理案件时，审判长除承担由合议庭成员共同承担的职责外，还应当履行以下职责：

(一)确定案件审理方案、庭审提纲，协调合议庭成员庭审分工，指导合议庭成员或者审判辅助人员做好其他必要的庭审准备工作；

(二)主持、指挥庭审活动；

(三)主持合议庭评议；

(四)建议将合议庭处理意见分歧较大的案件，依照有关规定和程序提交专业法官会议讨论或者审判委员会讨论决定；

（五）依法行使其他审判权力。

审判长承办案件时，应当同时履行承办法官的职责。

四、合议庭审理案件时，承办法官履行以下职责：

（一）主持或者指导审判辅助人员做好庭前会议、庭前调解、证据交换等庭前准备工作及其他审判辅助工作；

（二）就当事人提出的管辖权异议及保全、司法鉴定、证人出庭、非法证据排除申请等提请合议庭评议；

（三）全面审核涉案证据，提出审查意见；

（四）拟定案件审理方案、庭审提纲，根据案件审理需要制作阅卷笔录；

（五）协助审判长开展庭审活动；

（六）参与案件评议，并先行提出处理意见；

（七）根据案件审理需要，制作或者指导审判辅助人员起草审理报告、类案检索报告等；

（八）根据合议庭评议意见或者审判委员会决定，制作裁判文书等；

（九）依法行使其他审判权力。

五、合议庭审理案件时，合议庭其他成员应当共同参与阅卷、庭审、评议等审判活动，根据审判长安排完成相应审判工作。

六、合议庭应当在庭审结束后及时评议。合议庭成员确有客观原因难以实现线下同场评议的，可以通过人民法院办案平台采取在线方式评议，但不得以提交书面意见的方式参加评议或者委托他人参加评议。合议庭评议过程不向未直接参加案件审理工作的人员公开。

合议庭评议案件时，先由承办法官对案件事实认定、证据采信以及适用法律等发表意见，其他合议庭成员依次发表意见。审判长应当根据评议情况总结合议庭评议的结论性意见。

审判长主持评议时，与合议庭其他成员权利平等。合议庭成员评议时，应当充分陈述意见，独立行使表决权，不得拒绝陈述意见；同意他人意见的，应当提供事实和法律根据并论证理由。

合议庭成员对评议结果的表决以口头形式进行。评议过程应当以书面形式完整记入笔录，评议笔录由审判辅助人员制作，由参加合议的人员和制作人签名。评议笔录属于审判秘密，非经法定程序和条件，不得对外公开。

七、合议庭评议时，如果意见存在分歧，应当按照多数意见作出决定，但是少数意见应当记入笔录。

合议庭可以根据案情或者院庭长提出的监督意见复议。合议庭无法形成多数意见时，审判长应当按照有关规定和程序建议院庭长将案件提交专业法官会议讨论，或者由院长将案件提交审判委员会讨论决定。专业法官会议讨论形成的意见，供合议庭复议时参考；审判委员会的决定，合议庭应当执行。

八、合议庭发现审理的案件属于“四类案件”或者有必要参照“四类案件”监督管理的，应当按照有关规定及时向院庭长报告。

对于“四类案件”或者参照“四类案件”监督管理的案件，院庭长可以按照职权要求合议庭报告案件审理进展和评议结果，就案件审理涉及的相关问题提出意见，视情建议合议庭复议。院庭长对审理过程或者评议、复议结果有异议的，可以决定将案件提交专业法官会议讨论,或者按照程序提交审判委员会讨论决定,但不得直接改变合议庭意见。院庭长监督管理的情况应当在办案平台全程留痕,或者形成书面记录入卷备查。

九、合议庭审理案件形成的裁判文书,由合议庭成员签署并共同负责。合议庭其他成员签署前,可以对裁判文书提出修改意见,并反馈承办法官。

十、由法官组成合议庭审理案件的,适用本意见。依法由法官和人民陪审员组成合议庭的运行机制另行规定。执行案件办理过程中需要组成合议庭评议或者审核的事项,参照适用本意见。

185　审判委员会讨论决定的案件

185.1　法条规定

第一百八十五条　合议庭开庭审理并且评议后,应当作出判决。对于疑难、复杂、重大的案件,合议庭认为难以作出决定的,由合议庭提请院长决定提交审判委员会讨论决定。审判委员会的决定,合议庭应当执行。

【立法释义】①

本条规定明确了审判委员会讨论决定的案件范围。根据本法和有关规定,审判委员会是法定的审判组织,其承担的一项重要审判职能就是讨论决定重大、疑难、复杂案件。关于合议庭与审判委员会的职能分工,应当关注以下事项:

第一,合议庭的法定裁判职责。合议庭开庭审理并且评议后,应当作出判决。这意味着,合议庭承担首要的裁判职责,不得基于推卸责任等考虑,将原本应由合议庭裁判的案件提交给审判委员会,只有个别疑难、复杂、重大案件,合议庭认为自身难以作出决定的,才可提请审判委员会决定。

第二,必要性原则。对于疑难、复杂、重大的案件,合议庭认为难以作出决定的,由合议庭提请院长决定提交审判委员会讨论决定。本条中的"疑难、复杂、重大的案件",主要包括:拟判处死刑的案件、人民检察院抗诉的案件、新类型案件和社会影响重大的案件等。本条中的"合议庭认为难以作出决定",主要是指合议庭意见存在重大分歧,难以形成多数意见,或者合议庭认为法律规定不明确,案件处理结果可能产生重大社会影响等情形。为合理划定审判委员会讨论决定的案件范围,需要区分合议庭提交案件至审判委员会的两种模式,参见《法院解释》第二百一十六条的规定。

第三,案件过滤机制。合议庭提交给审判委员会讨论决定的案件,并非直接提交给审判委员会,而是提请院长决定提交。人民法院组织法第三十九条规定,合议庭认为案件需要提交审判委员会讨论决定的,由审判长提出申请,院长批准。院长可以对合议庭提交的案件是否符合必要性原则进行审查。对提请院长决定提交审判委员会讨论决定的案件,院长认为不必要的,可以建议合议庭复议一次。

第四,审判委员会决定的效力。审判委员会讨论案件实行民主集中制。审判委员会委员发表意见的顺序,一般应当按照职级高的委员后发言的原则

① 参见王爱立主编书,第388—390页。

进行,主持人最后发表意见。审判委员会委员应当客观、公正、独立、平等地发表意见,审判委员会委员发表意见不受追究,并应当记录在卷。鉴于审判委员会并未直接参与法庭审判,对于提交审判委员会讨论的案件,合议庭对其汇报的事实负责,审判委员会委员对本人发表的意见和表决负责。同时,考虑审判委员会讨论案件的决定是实质的裁判依据,人民法院组织法第三十九条规定,审判委员会讨论案件的决定及其理由应当在裁判文书中公开,法律规定不公开的除外。

第五,检察长列席审判委员会。为履行法律监督职责,2010 年《最高人民法院、最高人民检察院关于人民检察院检察长列席人民法院审判委员会会议的实施意见》确立了检察长列席审判委员会会议的制度。

185.2　相关立法

185.2.1　审判委员会的职责

★《中华人民共和国人民法院组织法》(2018 年 10 月 26 日修订)

第三十六条　各级人民法院设审判委员会。审判委员会由院长、副院长和若干资深法官组成,成员应当为单数。

审判委员会会议分为全体会议和专业委员会会议。

中级以上人民法院根据审判工作需要,可以按照审判委员会委员专业和工作分工,召开刑事审判、民事行政审判等专业委员会会议。

第三十七条　审判委员会履行下列职能:

(一)总结审判工作经验;

(二)讨论决定重大、疑难、复杂案件的法律适用;

(三)讨论决定本院已经发生法律效力的判决、裁定、调解书是否应当再审;

(四)讨论决定其他有关审判工作的重大问题。

最高人民法院对属于审判工作中具体应用法律的问题进行解释,应当由审判委员会全体会议讨论通过;发布指导性案例,可以由审判委员会专业委员会会议讨论通过。

第三十八条　审判委员会召开全体会议和专业委员会会议,应当有其组成人员的过半数出席。

审判委员会会议由院长或者院长委托的副院长主持。审判委员会实行民主集中制。

审判委员会举行会议时,同级人民检察院检察长或者检察长委托的副检察长可以列席。

第三十九条　合议庭认为案件需要提交审判委员会讨论决定的,由审判长提出申请,院长批准。

审判委员会讨论案件,合议庭对其汇报的事实负责,审判委员会委员对本人发表的意见和表决负责。审判委员会的决定,合议庭应当执行。

审判委员会讨论案件的决定及其理由应当在裁判文书中公开,法律规定不公开的除外。

185.3　司法解释

185.3.1　审判委员会讨论决定的程序

★《法院解释》(2021)

第二百一十六条　合议庭审理、评议后,应当及时作出判决、裁定。

对下列案件，合议庭应当提请院长决定提交审判委员会讨论决定：

（一）高级人民法院、中级人民法院拟判处死刑立即执行的案件，以及中级人民法院拟判处死刑缓期执行的案件；

（二）本院已经发生法律效力的判决、裁定确有错误需要再审的案件；

（三）人民检察院依照审判监督程序提出抗诉的案件。

对合议庭成员意见有重大分歧的案件、新类型案件、社会影响重大的案件以及其他疑难、复杂、重大的案件，合议庭认为难以作出决定的，可以提请院长决定提交审判委员会讨论决定。

人民陪审员可以要求合议庭将案件提请院长决定是否提交审判委员会讨论决定。

对提请院长决定提交审判委员会讨论决定的案件，院长认为不必要的，可以建议合议庭复议一次。

独任审判的案件，审判员认为有必要的，也可以提请院长决定提交审判委员会讨论决定。

第二百一十七条　审判委员会的决定，合议庭、独任审判员应当执行；有不同意见的，可以建议院长提交审判委员会复议。

185.4　规范性文件

185.4.1　检察长列席审判委员会的程序

★**《最高人民法院、最高人民检察院关于人民检察院检察长列席人民法院审判委员会会议的实施意见》**（法发〔2010〕4号，2010年1月12日）

一、人民检察院检察长可以列席同级人民法院审判委员会会议。

检察长不能列席时，可以委托副检察长列席同级人民法院审判委员会会议。

二、人民检察院检察长列席人民法院审判委员会会议的任务是，对于审判委员会讨论的案件和其他有关议题发表意见，依法履行法律监督职责。

三、人民法院审判委员会讨论下列案件或者议题，同级人民检察院检察长可以列席：

（一）可能判处被告人无罪的公诉案件；

（二）可能判处被告人死刑的案件；

（三）人民检察院提出抗诉的案件；

（四）与检察工作有关的其他议题。

四、人民法院院长决定将本意见第三条所列案件或者议题提交审判委员会讨论的，人民法院应当通过适当方式告知同级人民检察院。人民检察院检察长决定列席审判委员会会议的，人民法院应当将会议议程、会议时间通知人民检察院。

对于人民法院审判委员会讨论的议题，人民检察院认为有必要的，可以向人民法院提出列席审判委员会会议；人民法院认为有必要的，可以邀请人民检察院检察长列席审判委员会会议。

五、人民检察院检察长列席审判委员会会议的，人民法院应当将会议材料在送审判委员会委员的同时送人民检察院检察长。

六、人民检察院检察长列席审判委员会会议，应当在会前进行充分准备，必要时可就有关问题召开检察委员会会议进行讨论。

七、检察长或者受检察长委托的副

检察长列席审判委员会讨论案件的会议，可以在人民法院承办人汇报完毕后、审判委员会委员表决前发表意见。

审判委员会会议讨论与检察工作有关的其他议题，检察长或者受检察长委托的副检察长的发言程序适用前款规定。

检察长或者受检察长委托的副检察长在审判委员会会议上发表的意见，应当记录在卷。

八、人民检察院检察长列席审判委员会会议讨论的案件，人民法院应当将裁判文书及时送达或者抄送人民检察院。

人民检察院检察长列席的审判委员会会议讨论的其他议题，人民法院应当将讨论通过的决定文本及时送给人民检察院。

九、出席、列席审判委员会会议的所有人员，对审判委员会讨论内容应当保密。

185.4.2　审判委员会的工作职责

★《最高人民法院关于改革和完善人民法院审判委员会制度的实施意见》（法发〔2010〕3 号，2010 年 1 月 11 日）

四、最高人民法院审判委员会履行审理案件和监督、管理、指导审判工作的职责：

（一）讨论疑难、复杂、重大案件；

（二）总结审判工作经验；

（三）制定司法解释和规范性文件；

（四）听取审判业务部门的工作汇报；

（五）讨论决定对审判工作具有指导性意义的典型案例；

（六）讨论其他有关审判工作的重大问题。

五、地方各级人民法院审判委员会履行审理案件和监督、管理、指导审判工作的职责：

（一）讨论疑难、复杂、重大案件；

（二）结合本地区和本院实际，总结审判工作经验；

（三）听取审判业务部门的工作汇报；

（四）讨论决定对本院或者本辖区的审判工作具有参考意义的案例；

（五）讨论其他有关审判工作的重大问题。

七、人民法院审判工作中的重大问题和疑难、复杂、重大案件以及合议庭难以作出裁决的案件，应当由审判委员会讨论或者审理后作出决定。案件或者议题是否提交审判委员会讨论，由院长或者主管副院长决定。

八、最高人民法院审理的下列案件应当提交审判委员会讨论决定：

（一）本院已经发生法律效力的判决、裁定确有错误需要再审的案件；

（二）最高人民检察院依照审判监督程序提出抗诉的刑事案件。

九、高级人民法院和中级人民法院审理的下列案件应当提交审判委员会讨论决定：

（一）本院已经发生法律效力的判决、裁定确有错误需要再审的案件；

（二）同级人民检察院依照审判监督程序提出抗诉的刑事案件；

（三）拟判处死刑立即执行的案件；

（四）拟在法定刑以下判处刑罚或者免于刑事处罚的案件；

（五）拟宣告被告人无罪的案件；

（六）拟就法律适用问题向上级人民法院请示的案件；

（七）认为案情重大、复杂，需要报

请移送上级人民法院审理的案件。

十、基层人民法院审理的下列案件应当提交审判委员会讨论决定：

（一）本院已经发生法律效力的判决、裁定确有错误需要再审的案件；

（二）拟在法定刑以下判处刑罚或者免于刑事处罚的案件；

（三）拟宣告被告人无罪的案件；

（四）拟就法律适用问题向上级人民法院请示的案件；

（五）认为应当判处无期徒刑、死刑，需要报请移送中级人民法院审理的刑事案件；

（六）认为案情重大、复杂，需要报请移送上级人民法院审理的案件。

十一、人民法院审理下列案件时，合议庭可以提请院长决定提交审判委员会讨论：

（一）合议庭意见有重大分歧、难以作出决定的案件；

（二）法律规定不明确，存在法律适用疑难问题的案件；

（三）案件处理结果可能产生重大社会影响的案件；

（四）对审判工作具有指导意义的新类型案件；

（五）其他需要提交审判委员会讨论的疑难、复杂、重大案件。

合议庭没有建议提请审判委员会讨论的案件，院长、主管副院长或者庭长认为有必要的，得提请审判委员会讨论。

十二、需要提交审判委员会讨论的案件，由合议庭层报庭长、主管副院长提请院长决定。院长、主管副院长或者庭长认为不需要提交审判委员会的，可以要求合议庭复议。

审判委员会讨论案件，合议庭应当提交案件审理报告。案件审理报告应当符合规范要求，客观、全面反映案件事实、证据以及双方当事人或控辩双方的意见，说明合议庭争议的焦点、分歧意见和拟作出裁判的内容。案件审理报告应当提前发送审判委员会委员。

十三、审判委员会讨论案件时，合议庭全体成员及审判业务部门负责人应当列席会议。对本院审结的已发生法律效力的案件提起再审的，原审合议庭成员及审判业务部门负责人也应当列席会议。院长或者受院长委托主持会议的副院长可以决定其他有必要列席的人员。

审判委员会讨论案件，同级人民检察院检察长或者受检察长委托的副检察长可以列席。

十四、审判委员会会议由院长主持。院长因故不能主持会议时，可以委托副院长主持。

十五、审判委员会讨论案件按照听取汇报、询问、发表意见、表决的顺序进行。案件由承办人汇报，合议庭其他成员补充。审判委员会委员在听取汇报、进行询问和发表意见后，其他列席人员经主持人同意可以发表意见。

十六、审判委员会讨论案件实行民主集中制。审判委员会委员发表意见的顺序，一般应当按照职级高的委员后发言的原则进行，主持人最后发表意见。

审判委员会应当充分、全面地对案件进行讨论。审判委员会委员应当客观、公正、独立、平等地发表意见，审判委员会委员发表意见不受追究，并应当记录在卷。

审判委员会委员发表意见后，主持人应当归纳委员的意见，按多数意见拟出决议，付诸表决。审判委员会的决议应当按照全体委员二分之一以上多数意见作出。

十七、审判委员会以会议决议的方式履行对审判工作的监督、管理、指导职责。

十八、中级以上人民法院可以设立审判委员会日常办事机构，基层人民法院可以设审判委员会专职工作人员。

审判委员会日常办事机构负责处理审判委员会的日常事务，负责督促、检查和落实审判委员会的决定，承担审判委员会交办的其他事项。

185.4.3 专业法官会议的工作机制

★《最高人民法院关于完善人民法院专业法官会议工作机制的指导意见》（法发〔2021〕2 号，2021 年 1 月 6 日）

一、专业法官会议是人民法院向审判组织和院庭长（含审判委员会专职委员，下同）履行法定职责提供咨询意见的内部工作机制。

二、各级人民法院根据本院法官规模、内设机构设置、所涉议题类型、监督管理需要等，在审判专业领域、审判庭、审判团队内部组织召开专业法官会议，必要时可以跨审判专业领域、审判庭、审判团队召开。

三、专业法官会议由法官组成。各级人民法院可以结合所涉议题和会议组织方式，兼顾人员代表性和专业性，明确不同类型会议的最低参加人数，确保讨论质量和效率。

专业法官会议主持人可以根据议题性质和实际需要，邀请法官助理、综合业务部门工作人员等其他人员列席会议并参与讨论。

四、专业法官会议讨论案件的法律适用问题或者与事实认定高度关联的证据规则适用问题，必要时也可以讨论其他事项。独任庭、合议庭办理案件时，存在下列情形之一的，应当建议院庭长提交专业法官会议讨论：

（一）独任庭认为需要提交讨论的；

（二）合议庭内部无法形成多数意见，或者持少数意见的法官认为需要提交讨论的；

（三）有必要在审判团队、审判庭、审判专业领域之间或者辖区法院内统一法律适用的；

（四）属于《最高人民法院关于完善人民法院司法责任制的若干意见》第 24 条规定的“四类案件”范围的；

（五）其他需要提交专业法官会议讨论的。

院庭长履行审判监督管理职责时，发现案件存在前款情形之一的，可以提交专业法官会议讨论；综合业务部门认为存在前款第（三）（四）项情形的，应当建议院庭长提交专业法官会议讨论。

各级人民法院应当结合审级职能定位、受理案件规模、内部职责分工、法官队伍状况等，进一步细化专业法官会议讨论范围。

五、专业法官会议由下列人员主持：

（一）审判专业领域或者跨审判庭、审判专业领域的专业法官会议，由院长或其委托的副院长、审判委员会专职委员、庭长主持；

（二）本审判庭或者跨审判团队的专业法官会议，由庭长或其委托的副庭长主持；

（三）本审判庭内按审判团队组织的专业法官会议，由庭长、副庭长或其委托的资深法官主持。

六、主持人应当在会前审查会议材料并决定是否召开专业法官会议。对于法律适用已经明确，专业法官会议已经讨论且没有出现新情况，或者其他不属于专业法官会议讨论范围的，主持人可以决定不召开会议，并根据审判监督管理权限督促或者建议独任庭、合议庭依法及时处理相关案件。主持人决定不召开专业法官会议的情况应当在办案平台或者案卷中留痕。

主持人召开会议时，应当严格执行讨论规则，客观、全面、准确归纳总结会议讨论形成的意见。

七、拟提交专业法官会议讨论的案件，承办案件的独任庭、合议庭应当在会议召开前就基本案情、争议焦点、评议意见及其他参考材料等简明扼要准备报告，并在报告中明确拟提交讨论的焦点问题。案件涉及统一法律适用问题的，应当说明类案检索情况，确有必要的应当制作类案检索报告。

全体参加人员应当在会前认真阅读会议材料，掌握议题相关情况，针对提交讨论的问题做好发言准备。

八、专业法官会议可以定期召集，也可以根据实际需要临时召集。各级人民法院应当综合考虑所涉事项、议题数量、会务成本、法官工作量等因素，合理确定专业法官会议的召开频率。

九、主持人应当指定专人负责会务工作。召开会议前，应当预留出合理、充足的准备时间，提前将讨论所需的报告等会议材料送交全体参加人员。召开会议时，应当制作会议记录，准确记载发言内容和会议结论，由全体参加人员会后及时签字确认，并在办案平台或者案卷中留痕；参加人员会后还有新的意见，可以补充提交书面材料并再次签字确认。

十、专业法官会议按照下列规则组织讨论：

（一）独任庭或者合议庭作简要介绍；

（二）参加人员就有关问题进行询问；

（三）列席人员发言；

（四）参加人员按照法官等级等由低到高的顺序发表明确意见，法官等级相同的，由晋升现等级时间较短者先发表意见；

（五）主持人视情况组织后续轮次讨论；

（六）主持人最后发表意见；

（七）主持人总结归纳讨论情况，形成讨论意见。

十一、专业法官会议讨论形成的意见供审判组织和院庭长参考。

经专业法官会议讨论的“四类案件”，独任庭、合议庭应当及时复议；专业法官会议没有形成多数意见，独任庭、合议庭复议后的意见与专业法官会议多数意见不一致，或者独任庭、合议庭对法律适用问题难以作出决定的，应当层报院长提交审判委员会讨论决定。

对于“四类案件”以外的其他案件，专业法官会议没有形成多数意见，或者独任庭、合议庭复议后的意见仍然与专业法官会议多数意见不一致的，可以层报院长提交审判委员会讨论决定。

独任庭、合议庭复议情况，以及院

庭长提交审判委员会讨论决定的情况，应当在办案平台或者案卷中留痕。

十二、拟提交审判委员会讨论决定的案件，应当由专业法官会议先行讨论。但存在下列情形之一的，可以直接提交审判委员会讨论决定：

（一）依法应当由审判委员会讨论决定，但独任庭、合议庭与院庭长之间不存在分歧的；

（二）专业法官会议组成人员与审判委员会委员重合度较高，先行讨论必要性不大的；

（三）确因其他特殊事由无法或者不宜召开专业法官会议讨论，由院长决定提交审判委员会讨论决定的。

十三、参加、列席专业法官会议的人员和会务人员应当严格遵守保密工作纪律，不得向无关人员泄露会议议题、案件信息和讨论情况等审判工作秘密；因泄密造成严重后果的，依纪依法追究纪律责任直至刑事责任。

十四、相关审判庭室应当定期总结专业法官会议工作情况，组织整理形成会议纪要、典型案例、裁判规则等统一法律适用成果，并报综合业务部门备案。

各级人民法院可以指定综合业务部门负责专业法官会议信息备案等综合管理工作。

第二章　第一审程序

第一节　公诉案件

186　对公诉案件的审查

186.1　法条规定

第一百八十六条　人民法院对提起公诉的案件进行审查后，对于起诉书中有明确的指控犯罪事实的，应当决定开庭审判。

【立法释义】①

1979 年刑事诉讼法规定，人民法院对提起公诉的案件进行审查，对于犯罪事实清楚、证据确实充分的，应当决定开庭审判。这一规定对庭前审查与法庭审查的分工不够明晰，将调查犯罪事实、核实证据作为庭前审查的内容，导致审判人员“先入为主”“先定后审”等问题。1996 年刑事诉讼法修改为推进审判方式改革，将人民法院对公诉案件的审查由实质性审查调整为形式性审查，不再要求人民检察院在提起公诉时移送案卷材料，仅要求起诉书附有证据目录、证人名单和主要证据复印件或者照片。不过，伴随这一改革要求，由于法庭事先不掌握全部案卷材料，加上庭前准备程序较为薄弱，导致一些案件难以归纳争议焦点，法庭审判效果不佳。2012 年刑事诉讼法修改，恢复了起诉案卷移送制度，但仍然保留了对公诉案件的形式审查原则。这种制度调整更加符合人民法院和人民检察院的职责分工，即检察机关作为公诉机关，提起公诉的案件只要符合形式上的起诉标准，人民法院就应当开庭审判，由公诉机关履行举证责任并承担举证不利或不能的法律后果。

人民法院对公诉案件进行审查后，应当确定是否符合开庭审判的标准，并区分情形作出处理。“有明确的指控犯罪事实”，是指起诉书中必须载明指控的犯罪事实和提起公诉的具体罪名。“六部门”《关于实施刑事诉讼法若干问题的规定》第二十五条规定，人民法院对提起公诉的案件进行审查后，对于起诉书中有明确的指控犯罪事实并且附有案卷材料、证据的，应当决定开庭审判，不得以上述材料不充足为由而不开庭审判。如果人民检察院移送的材料中缺少上述材料的，人民法院可以通知人民检察院补充材料，人民检察院应当自收到通知之日起三日内补送。

186.2　司法解释

186.2.1　公诉案件的审查要点

★《法院解释》(2021)

第二百一十八条　对提起公诉的案件，人民法院应当在收到起诉书(一式八份，每增加一名被告人，增加起诉书五份)和案卷、证据后，审查以下内容：

(一)是否属于本院管辖；

(二)起诉书是否写明被告人的身份，是否受过或者正在接受刑事处罚、行政处罚、处分，被采取留置措施的情况，被采取强制措施的时间、种类、羁押

① 参见王爱立主编书，第 391—393 页。

地点,犯罪的时间、地点、手段、后果以及其他可能影响定罪量刑的情节;有多起犯罪事实的,是否在起诉书中将事实分别列明;

（三）是否移送证明指控犯罪事实及影响量刑的证据材料,包括采取技术调查、侦查措施的法律文书和所收集的证据材料;

（四）是否查封、扣押、冻结被告人的违法所得或者其他涉案财物,查封、扣押、冻结是否逾期;是否随案移送涉案财物、附涉案财物清单;是否列明涉案财物权属情况;是否就涉案财物处理提供相关证据材料;

（五）是否列明被害人的姓名、住址、联系方式;是否附有证人、鉴定人名单;是否申请法庭通知证人、鉴定人、有专门知识的人出庭,并列明有关人员的姓名、性别、年龄、职业、住址、联系方式;是否附有需要保护的证人、鉴定人、被害人名单;

（六）当事人已委托辩护人、诉讼代理人或者已接受法律援助的,是否列明辩护人、诉讼代理人的姓名、住址、联系方式;

（七）是否提起附带民事诉讼;提起附带民事诉讼的,是否列明附带民事诉讼当事人的姓名、住址、联系方式等,是否附有相关证据材料;

（八）监察调查、侦查、审查起诉程序的各种法律手续和诉讼文书是否齐全;

（九）被告人认罪认罚的,是否提出量刑建议、移送认罪认罚具结书等材料;

（十）有无刑事诉讼法第十六条第二项至第六项规定的不追究刑事责任的情形。

【重点解读】①

对于有多起犯罪事实的情形,例如,有的盗窃案,可以确定多次盗窃及盗窃数额,但无法确定具体次数,不易区分,可以概括叙写,无须将多起事实分别列明。

186.2.2　立案审查的期限

★《最高人民法院关于严格执行案件审理期限制度的若干规定》(法释〔2000〕29 号,2000 年 9 月 22 日)

第六条　第一审人民法院收到起诉书(状)或者执行申请书后,经审查认为符合受理条件的应当在七日内立案;收到自诉人自诉状或者口头告诉的,经审查认为符合自诉案件受理条件的应当在十五日内立案。

改变管辖的刑事、民事、行政案件,应当在收到案卷材料后的三日内立案。

第二审人民法院应当在收到第一审人民法院移送的上(抗)诉材料及案卷材料后的五日内立案。

发回重审或指令再审的案件,应当在收到发回重审或指令再审裁定及案卷材料后的次日内立案。

按照审判监督程序重新审判的案件,应当在作出提审、再审裁定(决定)的次日立案。

186.2.3　立案审查的处理方式

★《最高人民法院、最高人民检察院、公安部、国家安全部、司法部、全国人大常委会法制工作委员会关于实施刑事诉讼法若干问题的规定》(2012 年 12 月 26 日)

25. ……对于人民检察院提起公诉

① 参见李少平主编书,第 311—312 页。

的案件，人民法院都应当受理。人民法院对提起公诉的案件进行审查后，对于起诉书中有明确的指控犯罪事实并且附有案卷材料、证据的，应当决定开庭审判，不得以上述材料不充足为由而不开庭审判。如果人民检察院移送的材料中缺少上述材料的，人民法院可以通知人民检察院补充材料，人民检察院应当自收到通知之日起三日内补送。

人民法院对提起公诉的案件进行审查的期限计入人民法院的审理期限。

★《法院解释》(2021)

第二百一十九条　人民法院对提起公诉的案件审查后，应当按照下列情形分别处理：

(一)不属于本院管辖的，应当退回人民检察院；

(二)属于刑事诉讼法第十六条第二项至第六项规定情形的，应当退回人民检察院；属于告诉才处理的案件，应当同时告知被害人有权提起自诉；

(三)被告人不在案的，应当退回人民检察院；但是，对人民检察院按照缺席审判程序提起公诉的，应当依照本解释第二十四章的规定作出处理；

(四)不符合前条第二项至第九项规定之一，需要补充材料的，应当通知人民检察院在三日以内补送；

(五)依照刑事诉讼法第二百条第三项规定宣告被告人无罪后，人民检察院根据新的事实、证据重新起诉的，应当依法受理；

(六)依照本解释第二百九十六条规定裁定准许撤诉的案件，没有新的影响定罪量刑的事实、证据，重新起诉的，应当退回人民检察院；

(七)被告人真实身份不明，但符合刑事诉讼法第一百六十条第二款规定的，应当依法受理。

对公诉案件是否受理，应当在七日以内审查完毕。

186.2.4　分案、并案审理规则

★《法院解释》(2021)

第二百二十条　对一案起诉的共同犯罪或者关联犯罪案件，被告人人数众多、案情复杂，人民法院经审查认为，分案审理更有利于保障庭审质量和效率的，可以分案审理。分案审理不得影响当事人质证权等诉讼权利的行使。

对分案起诉的共同犯罪或者关联犯罪案件，人民法院经审查认为，合并审理更有利于查明案件事实、保障诉讼权利、准确定罪量刑的，可以并案审理。

★《全国部分法院审理黑社会性质组织犯罪案件工作座谈会纪要》(法〔2015〕291号，2015年10月13日)

(一)分案审理问题

为便宜诉讼，提高审判效率，防止因法庭审理过于拖延而损害当事人的合法权益，对于被告人人数众多，合并审理难以保证庭审质量和庭审效率的黑社会性质组织犯罪案件，可分案进行审理。分案应当遵循有利于案件顺利审判、有利于查明案件事实、有利于公正定罪量刑的基本原则，确保有效质证、事实统一、准确定罪、均衡量刑。对于被作为组织者、领导者、积极参加者起诉的被告人，以及黑社会性质组织重大犯罪的共同作案人，分案审理影响庭审调查的，一般不宜分案审理。

★《最高人民法院、最高人民检察院、公安部办理骗汇、逃汇犯罪案件联席会议纪要》(公通字〔1999〕39号，1999年6月7日)

四、公安机关侦查骗汇、逃汇犯罪案件，要及时全面收集和固定犯罪证据，抓紧缉捕犯罪分子。人民检察院和人民法院对正在办理的骗汇、逃汇犯罪案件，只要基本犯罪事实清楚，基本证据确实充分，应当及时依法起诉、审判。主犯在逃或者骗购外汇所需人民币资金的来源无法彻底查清，但证明在案的其他犯罪嫌疑人实施犯罪的基本证据确实充分的，为在法定时限内结案，可以对在案的其他犯罪嫌疑人先行处理。……

★《最高人民法院关于在审理经济纠纷案件中涉及经济犯罪嫌疑若干问题的规定》（法释〔1998〕7号，1998年4月21日；经法释〔2020〕17号修正，2020年12月29日）

第一条　同一自然人、法人或非法人组织因不同的法律事实，分别涉及经济纠纷和经济犯罪嫌疑的，经济纠纷案件和经济犯罪嫌疑案件应当分开审理。

186.2.5　外籍被告人身份不明的处理

★《最高人民法院关于审理拐卖妇女案件适用法律有关问题的解释》（法释〔2000〕1号，2000年1月3日）

第三条　对于外国籍被告人身份无法查明或者其国籍国拒绝提供有关身份证明，人民检察院根据刑事诉讼法第一百二十八条第二款①的规定起诉的案件，人民法院应当依法受理。

186.3　规范性文件

186.3.1　换押和羁押期限变更

★《最高人民法院、最高人民检察院、公安部关于羁押犯罪嫌疑人、被告人实行换押和羁押期限变更通知制度的通知》（公监管〔2014〕96号，2014年3月3日）

一、换押和通知范围

（一）换押范围

具有下列情形之一的，办案机关应当办理换押手续：

1. 侦查机关侦查终结，移送人民检察院审查起诉的；

2. 人民检察院退回侦查机关补充侦查的，以及侦查机关补充侦查完毕后重新移送人民检察院审查起诉的；

3. 人民检察院提起公诉，移送人民法院审理的；

4. 审理过程中，人民检察院建议补充侦查，人民法院决定延期审理的，以及人民检察院补充侦查完毕后提请人民法院恢复审理的；

5. 人民检察院对人民法院第一审判决或者裁定提出抗诉以及被告人、自诉人及其法定代理人不服人民法院第一审判决或者裁定提出上诉，第二审人民法院受理的；

6. 第二审人民法院裁定撤销原判，发回原审人民法院重新审判的；

7. 中级人民法院判处死刑的第一审案件进入死刑复核程序，或者死刑复核法院与第二审人民法院不属同一法院，案件进入死刑复核程序，以及死刑复核后人民法院裁定不核准死刑发回重新审判的；

8. 案件在侦查、审查起诉以及审判阶段改变办案机关的。

（二）羁押期限变更通知范围

具有下列情形之一的，办案机关应

---

① 2018年刑事诉讼法第一百六十条第二款。

当将变更后的羁押期限书面通知看守所:

1. 依法延长拘留时间的;

2. 依法延长逮捕后的侦查羁押期限、审查起诉期限、审理期限的;

3. 发现犯罪嫌疑人另有重要罪行,重新计算侦查羁押期限的;

4. 因犯罪嫌疑人不讲真实姓名、住址,身份不明,不计算羁押期限以及从查清其身份之日起开始计算侦查羁押期限的;

5. 适用简易程序审理的案件转为第一审普通程序的;

6. 因精神病鉴定停止计算羁押期限以及恢复计算羁押期限的;

7. 审理过程中,人民法院决定中止审理以及恢复审理的;

8. 死刑复核法院与第二审人民法院为同一法院,案件进入死刑复核程序的;

9. 羁押期限改变的其他情形。

二、换押和通知程序

(一)换押程序

换押时,由移送机关填写《换押证》并加盖公章,一联送达看守所,其余各联随案移送。接收机关接收案件后,填写《换押证》,加盖公章后送达看守所。

对进入最高人民法院死刑复核程序的,由移送案件的高级人民法院填写《换押证》并加盖公章,送达看守所。最高人民法院发回重审的死刑案件,由接收案件的人民法院填写《换押证》并加盖公章,送达看守所。

(二)羁押期限变更通知程序

对于办案机关未改变,但是羁押期限发生变化的,办案机关应当在原法定羁押期限届满前,填写《变更羁押期限通知书》送达看守所。其中因犯罪嫌疑人、被告人不讲真实姓名、住址,身份不明等不计算羁押期限,或者因精神病鉴定停止计算羁押期限,以及恢复计算羁押期限的,办案机关应当在该情形出现或者消失后 3 日内,将《变更羁押期限通知书》送达看守所。

(三)送达方式

《换押证》和《变更羁押期限通知书》一般应当直接送达。不能直接送达的,可以邮寄送达或者传真送达。邮寄途中时间不计入移送机关或者接收机关办案期限,接收机关签收邮件时间为收案时间;传真送达的,应当随后将原件及时送达。

三、《提讯提解证》的办理和使用

办案机关将犯罪嫌疑人、被告人送看守所羁押时,应当在《拘留证》或者《逮捕证》上注明法定羁押起止时间。看守所在办案机关的《提讯提解证》上加盖提讯专用章,注明法定羁押起止时间。

换押后,看守所凭接收机关的《换押证》在其《提讯提解证》上加盖提讯专用章,注明法定羁押起止时间。

对羁押期限变更的,不需要重新办理《提讯提解证》,但需在《提讯提解证》上注明新的法定羁押起止时间和变更原因,所标注内容应当与《变更羁押期限通知书》中内容一致。

对死刑复核案件,最高人民法院凭第二审或者第一审人民法院的《提讯提解证》对被告人进行现场提讯或者远程视频提讯。其中进行现场提讯的,最高人民法院工作人员应当同时出具有效工作证明。

对超过《提讯提解证》上注明的法定羁押起止时间,没有《提讯提解证》,

或者《提讯提解证》中注明的提解出所情形不符合有关规定，办案机关要求提讯或者提解的，看守所应当拒绝提讯或者提解。

★《最高人民法院、最高人民检察院、公安部关于羁押犯罪嫌疑人、被告人实行换押制度的通知》（公通字〔1999〕83 号，1999 年 10 月 27 日）

一、凡对在押的犯罪嫌疑人、被告人依法变更刑事诉讼程序的，均应办理换押手续。即：公安机关、国家安全机关侦查终结后人民检察院决定受理的，人民检察院审查或者侦查终结后人民法院决定受理的，以及人民检察院退回补充侦查的，在递次移送交接时，移送机关应当填写《换押证》，并加盖公章随案移送；接收机关应当在《换押证》上注明承接时间，填写本诉讼阶段的法定办案起止期限，加盖公章后及时送达看守所。看守所凭《换押证》办理换押手续。

二、看守所办理换押手续或者收押犯罪嫌疑人、被告人时，应当在接收机关或者送押机关的《提讯证》或者《提解证》上加盖公章，并注明法定办案起止期限。

《提讯证》或者《提解证》每次办理一份，用完续办。

三、依法延长、重新计算羁押期限的，不需要办理换押手续，但是办案机关应当及时将新的法定办案起止期限书面通知看守所，依照上述规定重新办理《提讯证》或者《提解证》。

凡在同一诉讼阶段内办案部门改变的，如刑事拘留转逮捕的；案件改变管辖的；人民检察院侦查部门移送审查起诉部门的；在法庭审判过程中，人民检察院建议补充侦查的，以及补充侦查完毕移送人民法院的，不需要办理换押手续，但是改变后的办案机关应当及时书面通知看守所，注明改变情况及新的法定办案起止期限，依照上述规定重新办理《提讯证》或者《提解证》。

四、办案人员凭加盖看守所公章并注明法定办案起止期限的《提讯证》或者《提解证》和有效身份证明提讯、提解犯罪嫌疑人、被告人。证明手续不全或者不符合规定以及超过法定办案期限的，看守所应当拒绝提讯、提解。

187　庭前准备程序

187.1　法条规定

第一百八十七条　人民法院决定开庭审判后，应当确定合议庭的组成人员，将人民检察院的起诉书副本至迟在开庭十日以前送达被告人及其辩护人。

在开庭以前，审判人员可以召集公诉人、当事人和辩护人、诉讼代理人，对回避、出庭证人名单、非法证据排除等与审判相关的问题，了解情况，听取意见。

人民法院确定开庭日期后，应当将开庭的时间、地点通知人民检察院，传唤当事人，通知辩护人、诉讼代理人、证人、鉴定人和翻译人员，传票和通知书至迟在开庭三日以前送达。公开审判的案件，应当在开庭三日以前先期公布案由、被告人姓名、开庭时间和地点。

上述活动情形应当写入笔录，由审判人员和书记员签名。

【立法释义】①

2012年刑事诉讼法修改，增加了向辩护人送达起诉书副本，以及召开庭前会议的要求。在庭前准备程序中，庭前会议是一项关键环节。“两高三部”《办理刑事案件庭前会议规程》确立了庭前会议的基本制度。关于庭前准备程序，需要注意以下事项：

第一，开庭的基本程序要求。人民法院决定开庭审判后，应当做好如下工作：一是确定合议庭的组成人员。二是将人民检察院的起诉书副本至迟在开庭十日以前送达被告人及其辩护人。1996年刑事诉讼法第一百五十一条规定，决定开庭审判的情形，应当通知辩护人，但并未规定将人民检察院的起诉书副本送达辩护人。2012年刑事诉讼法修改增加了应当将起诉书副本送达辩护人的规定。

第二，开庭前听取程序问题的意见。这是2012年修改刑事诉讼法增加的规定。与1996年刑事诉讼法相比，这一程序设计允许法官在开庭前，在控辩双方参与下，对案件的程序性争议集中听取意见，有利于确定庭审重点，提高庭审效率，保证庭审质量。这里规定的非法证据排除，只是听取意见，具体如何排除应当根据本法第五十六条、第五十八条、第六十条等规定依法处理。

第三，确定开庭日期后的送达和公开审判的准备。一是送达的对象及期限要求。根据送达对象的不同，具体包括如下情形：将开庭的时间、地点通知人民检察院，通知书至迟在开庭三日以前送达，便于人民检察院做好出庭支持公诉的准备工作。传唤当事人，通知辩护人、诉讼代理人、证人、鉴定人和翻译人员。上述人员是否准时到庭，直接关系法庭审判能否正常进行。二是对公开审判的案件，应当在开庭三日以前先期公布案由、被告人姓名、开庭时间和地点。1996年刑事诉讼法修改，增加了送达的时间限制，即在“开庭三日以前”送达。公布案由、被告人姓名、开庭时间和地点应当以公告的形式，加盖人民法院公章，公告至少应当保留到开庭审判之时。

第四，开庭准备工作的情况写入笔录。对于开庭前的各项准备工作，应当由书记员制成笔录，由审判人员和书记员分别签名，附卷保存。

187.2　司法解释

187.2.1　提起公诉后改变管辖

★《检察院规则》(2019)

第三百九十一条　对于提起公诉后人民法院改变管辖的案件，提起公诉的人民检察院参照本规则第三百二十八条的规定将案件移送与审判管辖相对应的人民检察院。

接受移送的人民检察院重新对案件进行审查的，根据刑事诉讼法第一百七十二条第二款的规定自收到案件之日起计算审查起诉期限。

187.2.2　公诉人的庭前准备

★《检察院规则》(2019)

第三百九十二条　人民法院决定开庭审判的，公诉人应当做好以下准备工作：

(一)进一步熟悉案情，掌握证据情况；

(二)深入研究与本案有关的法律

① 参见王爱立主编书，第393—395页。

政策问题；

（三）充实审判中可能涉及的专业知识；

（四）拟定讯问被告人、询问证人、鉴定人、有专门知识的人和宣读、出示、播放证据的计划并制定质证方案；

（五）对可能出现证据合法性争议的，拟定证明证据合法性的提纲并准备相关材料；

（六）拟定公诉意见，准备辩论提纲；

（七）需要对出庭证人等的保护向人民法院提出建议或者配合工作的，做好相关准备。

第三百九十三条　人民检察院在开庭审理前收到人民法院或者被告人及其辩护人、被害人、证人等送交的反映证据系非法取得的书面材料的，应当进行审查。对于审查逮捕、审查起诉期间已经提出并经查证不存在非法取证行为的，应当通知人民法院、有关当事人和辩护人，并按照查证的情况做好庭审准备。对于新的材料或者线索，可以要求监察机关、公安机关对证据收集的合法性进行说明或者提供相关证明材料。

【重点解读】①

对出庭证人等需要保护的，人民检察院在提起公诉时，应当向人民法院移送需要保护的证人等人员的名单。在提起公诉时没有移送的，应当在法庭审理中提出。

开庭前人民检察院对证据合法性问题的处理，需要把握以下几个方面：一是反映证据系非法取得的材料的来源，既可以是被告人及其辩护人、被害人、证人等直接向人民检察院提交，也可能是上述人员向人民法院送交，再由人民法院转交人民检察院。二是人民检察院经审查，对于审查逮捕、审查起诉期间已经提出并经查证不存在非法取证行为的，应当将审查结论通知人民法院、有关当事人和辩护人，并按照查证的情况做好庭审应对准备。三是对于新的材料或者线索，可以要求监察机关、公安机关对证据收集的合法性进行说明或者提供相关证明材料，必要时也可以自行对证据合法性进行调查核实。

187.2.3　辩护方在庭前申请排除非法证据

★《最高人民法院、最高人民检察院、公安部、国家安全部、司法部关于办理刑事案件严格排除非法证据若干问题的规定》（法发〔2017〕15 号，2017 年 6 月 20 日）

第二十三条　人民法院向被告人及其辩护人送达起诉书副本时，应当告知其有权申请排除非法证据。

被告人及其辩护人申请排除非法证据，应当在开庭审理前提出，但在庭审期间发现相关线索或者材料等情形除外。人民法院应当在开庭审理前将申请书和相关线索或者材料的复制件送交人民检察院。

第二十四条　被告人及其辩护人在开庭审理前申请排除非法证据，未提供相关线索或者材料，不符合法律规定的申请条件的，人民法院对申请不予受理。

第二十五条　被告人及其辩护人在开庭审理前申请排除非法证据，按照

① 参见童建明、万春主编释义书，第 402—404 页。

法律规定提供相关线索或者材料的，人民法院应当召开庭前会议。人民检察院应当通过出示有关证据材料等方式，有针对性地对证据收集的合法性作出说明。人民法院可以核实情况，听取意见。

人民检察院可以决定撤回有关证据，撤回的证据，没有新的理由，不得在庭审中出示。

被告人及其辩护人可以撤回排除非法证据的申请。撤回申请后，没有新的线索或者材料，不得再次对有关证据提出排除申请。

★《最高人民法院、最高人民检察院、公安部、国家安全部、司法部关于依法保障律师执业权利的规定》（司发〔2015〕14号，2015年9月16日）

第二十三条　辩护律师在侦查、审查起诉、审判期间发现案件有关证据存在刑事诉讼法第五十四条①规定的情形的，可以向办案机关申请排除非法证据。

辩护律师在开庭以前申请排除非法证据，人民法院对证据收集合法性有疑问的，应当依照刑事诉讼法第一百八十二条第二款②的规定召开庭前会议，就非法证据排除问题了解情况，听取意见。

辩护律师申请排除非法证据的，办案机关应当听取辩护律师的意见，按照法定程序审查核实相关证据，并依法决定是否予以排除。

第二十四条　辩护律师在开庭以前提出召开庭前会议、回避、补充鉴定或者重新鉴定以及证人、鉴定人出庭等申请的，人民法院应当及时审查作出处理决定，并告知辩护律师。

★《最高人民法院、最高人民检察院、公安部、国家安全部、司法部办理刑事案件排除非法证据规程》（法发〔2024〕12号，2024年7月25日）

第九条　人民法院向被告人及其辩护人送达起诉书副本时，应当告知其有权在开庭审理前申请排除非法证据并同时提供相关线索或者材料。上述情况应当记录在案。

第十条　被告人及其辩护人申请排除非法证据，应当在开庭审理前提出，但在庭审期间发现相关线索或者材料等情形除外。

被告人及其辩护人申请排除非法证据，应当向人民法院提交书面申请。被告人书写确有困难的，可以口头提出申请，但应当记录在案，并由被告人签名或者捺指印。

被告人申请排除非法证据，但没有辩护人的，人民法院应当通知法律援助机构指派律师为其提供辩护。

187.2.4　庭前会议的召开情形和处理事项

★《法院解释》（2021）

第二百二十六条　案件具有下列情形之一的，人民法院可以决定召开庭前会议：

（一）证据材料较多、案情重大复杂的；

（二）控辩双方对事实、证据存在较大争议的；

（三）社会影响重大的；

（四）需要召开庭前会议的其他情形。

---

①　2018年刑事诉讼法第五十六条。

②　2018年刑事诉讼法第一百八十七条第二款。

第二百二十七条　控辩双方可以申请人民法院召开庭前会议,提出申请应当说明理由。人民法院经审查认为有必要的,应当召开庭前会议;决定不召开的,应当告知申请人。

第二百二十八条　庭前会议可以就下列事项向控辩双方了解情况,听取意见:

(一)是否对案件管辖有异议;

(二)是否申请有关人员回避;

(三)是否申请不公开审理;

(四)是否申请排除非法证据;

(五)是否提供新的证据材料;

(六)是否申请重新鉴定或者勘验;

(七)是否申请收集、调取证明被告人无罪或者罪轻的证据材料;

(八)是否申请证人、鉴定人、有专门知识的人、调查人员、侦查人员或者其他人员出庭,是否对出庭人员名单有异议;

(九)是否对涉案财物的权属情况和人民检察院的处理建议有异议;

(十)与审判相关的其他问题。

庭前会议中,人民法院可以开展附带民事调解。

对第一款规定中可能导致庭审中断的程序性事项,人民法院可以在庭前会议后依法作出处理,并在庭审中说明处理决定和理由。控辩双方没有新的理由,在庭审中再次提出有关申请或者异议的,法庭可以在说明庭前会议情况和处理决定理由后,依法予以驳回。

庭前会议情况应当制作笔录,由参会人员核对后签名。

第二百二十九条　庭前会议中,审判人员可以询问控辩双方对证据材料有无异议,对有异议的证据,应当在庭审时重点调查;无异议的,庭审时举证、质证可以简化。

【重点解读】①

法律没有规定人民法院可以在庭前会议中对有关事项作出实质性处理,鉴于此,对庭前会议中的相关事项“在庭前会议后”而非“在开庭审理前”作出处理,且要求“在庭审中说明处理决定和理由”。

★《最高人民法院、最高人民检察院、公安部、国家安全部、司法部办理刑事案件排除非法证据规程》(法发〔2024〕12号,2024 年 7 月 25 日)

第十一条　被告人及其辩护人申请排除非法证据,且提供相关线索或者材料的,人民法院应当召开庭前会议,并在召开庭前会议三日前将申请书和相关线索或者材料的复制件送交人民检察院。

被告人及其辩护人申请排除非法证据,未提供相关线索或者材料的,人民法院应当告知其补充提交。被告人及其辩护人未补充的,人民法院对申请不予受理,并在开庭审理前告知被告人及其辩护人。上述情况应当记录在案。

被告人在人民检察院对讯问的合法性进行核查询问时,明确表示侦查阶段没有刑讯逼供等非法取证情形,在审判阶段又提出排除非法证据申请的,应当说明理由。人民法院经审查对证据收集的合法性没有疑问的,可以驳回申请。

187. 2. 5　庭前会议的参与主体

★《法院解释》(2021)

第二百三十条　庭前会议由审判

① 参见李少平主编书,第 321 页。

长主持，合议庭其他审判员也可以主持庭前会议。

召开庭前会议应当通知公诉人、辩护人到场。

庭前会议准备就非法证据排除了解情况、听取意见，或者准备询问控辩双方对证据材料的意见的，应当通知被告人到场。有多名被告人的案件，可以根据情况确定参加庭前会议的被告人。

【重点解读】①

庭前会议的主持人限定为“审判长”或者“合议庭其他审判员”，人民陪审员可以参加庭前会议。法官助理属于审判辅助人员，不属于“审判人员”，不宜由其主持庭前会议。庭前会议可能涉及被告人权利等一系列重大问题，对于准备就非法证据排除了解情况、听取意见，或者准备询问控辩双方对证据材料的意见的情形，应当通知被告人到场。

★《检察院规则》(2019)

第三百九十四条　人民法院通知人民检察院派员参加庭前会议的，由出席法庭的公诉人参加。检察官助理可以协助。根据需要可以配备书记员担任记录。

人民检察院认为有必要召开庭前会议的，可以建议人民法院召开庭前会议。

第三百九十五条　在庭前会议中，公诉人可以对案件管辖、回避、出庭证人、鉴定人、有专门知识的人的名单、辩护人提供的无罪证据、非法证据排除、不公开审理、延期审理、适用简易程序或者速裁程序、庭审方案等与审判相关的问题提出和交换意见，了解辩护人收集的证据等情况。

对辩护人收集的证据有异议的，应当提出，并简要说明理由。

公诉人通过参加庭前会议，了解案件事实、证据和法律适用的争议和不同意见，解决有关程序问题，为参加法庭审理做好准备。

★《最高人民法院、最高人民检察院、公安部、国家安全部、司法部办理刑事案件排除非法证据规程》(法发〔2024〕12号，2024年7月25日)

第十二条　被告人申请排除非法证据的，人民法院应当通知被告人参加庭前会议。

187.2.6　庭前会议中对证据合法性的审查和说明

★《检察院规则》(2019)

第三百九十六条　当事人、辩护人、诉讼代理人在庭前会议中提出证据系非法取得，人民法院认为可能存在以非法方法收集证据情形的，人民检察院应当对证据收集的合法性进行说明。需要调查核实的，在开庭审理前进行。

【重点解读】②

当事人、辩护人、诉讼代理人在庭前会议中提出证据系非法取得，人民法院认为可能存在以非法方法收集证据情形的，人民检察院应当对证据收集的合法性进行证明。当时不能证明的，应当在庭前会议结束后做好应对准备。需要调查核实的，应当在开庭审理前进行。

★《最高人民法院、最高人民检察院、公安部、国家安全部、司法部办理刑事

---

① 参见李少平主编书，第322—323页。

② 参见童建明、万春主编释义书，第406页。

案件排除非法证据规程》(法发〔2024〕12 号,2024 年 7 月 25 日)

第十三条　召开庭前会议前,承办案件的审判员应当阅卷,并对证据收集的合法性进行审查:

(一)被告人在侦查、审查起诉阶段是否提出排除非法证据申请;提出申请的,是否提供相关线索或者材料;

(二)侦查机关、人民检察院是否对证据收集的合法性进行调查核实;调查核实的,是否作出调查结论;

(三)对于重大案件,人民检察院驻看守所检察人员在侦查终结前是否核查讯问的合法性,是否对核查过程同步录音录像;进行核查的,是否制作重大案件讯问合法性核查意见书;

(四)对于人民检察院在审查逮捕、审查起诉阶段排除的非法证据,是否随案移送并写明为依法排除的非法证据。

人民法院对证据收集的合法性进行审查后,认为需要补充上述证据材料的,应当通知人民检察院在三日内补送。

第十四条　在庭前会议中,人民法院对证据收集的合法性进行审查的,一般按照以下步骤进行:

(一)被告人及其辩护人宣读排除非法证据的申请并提供相关线索或者材料;

(二)公诉人提供证明证据收集合法性的证据材料;

(三)控辩双方对证据收集的合法性发表意见;

(四)控辩双方对证据收集的合法性未达成一致意见的,审判人员归纳争议焦点。

第十五条　在庭前会议中,人民检察院应当通过出示有关证据材料等方式,有针对性地对证据收集的合法性作出说明。人民法院可以对有关材料进行核实,经控辩双方申请有针对性地播放讯问录音录像,必要时可以通知侦查人员或者其他人员参加庭前会议说明情况。

第十六条　在庭前会议中,人民检察院可以撤回有关证据。撤回的证据,没有新的理由,不得在庭审中出示。

被告人及其辩护人可以撤回排除非法证据的申请。撤回申请后,没有新的线索或者材料,不得再次对有关证据提出排除申请。

第十七条　控辩双方在庭前会议中对证据收集的合法性达成一致意见,但一方在庭审中反悔的,除有正当理由外,法庭一般不再进行审查。

控辩双方在庭前会议中对证据收集的合法性未达成一致意见,人民法院对证据收集的合法性有疑问的,应当在庭审中进行调查;对证据收集的合法性没有疑问,且没有新的线索或者材料表明可能存在非法取证的,可以不再决定进行调查并说明理由。

第十八条　审判人员应当在庭前会议报告中说明证据收集合法性的审查情况,主要包括控辩双方的争议焦点以及就相关事项达成的一致意见等内容。

187.2.7　庭前会议阶段撤回起诉

★**《法院解释》**(2021)

第二百三十一条　庭前会议一般不公开进行。

根据案件情况,庭前会议可以采用视频等方式进行。

第二百三十二条　人民法院在庭前会议中听取控辩双方对案件事实、证据材料的意见后，对明显事实不清、证据不足的案件，可以建议人民检察院补充材料或者撤回起诉。建议撤回起诉的案件，人民检察院不同意的，开庭审理后，没有新的事实和理由，一般不准许撤回起诉。

★《最高人民法院、最高人民检察院、公安部、国家安全部、司法部关于推进以审判为中心的刑事诉讼制度改革的意见》（法发〔2016〕18 号，2016 年 7 月 20 日）

九、完善不起诉制度，对未达到法定证明标准的案件，人民检察院应当依法作出不起诉决定，防止事实不清、证据不足的案件进入审判程序。完善撤回起诉制度，规范撤回起诉的条件和程序。

187.2.8　庭前会议的法律效力

★《法院解释》（2021）

第二百三十三条　对召开庭前会议的案件，可以在开庭时告知庭前会议情况。对庭前会议中达成一致意见的事项，法庭在向控辩双方核实后，可以当庭予以确认；未达成一致意见的事项，法庭可以归纳控辩双方争议焦点，听取控辩双方意见，依法作出处理。

控辩双方在庭前会议中就有关事项达成一致意见，在庭审中反悔的，除有正当理由外，法庭一般不再进行处理。

【重点解读】①

对于召开庭前会议的案件，不一定必须制作并宣读庭前会议报告，可以在庭审中采取灵活方式向控辩双方通报庭前会议情况。

187.2.9　人民法院的开庭准备工作

★《法院解释》（2021）

第二百二十一条　开庭审理前，人民法院应当进行下列工作：

（一）确定审判长及合议庭组成人员；

（二）开庭十日以前将起诉书副本送达被告人、辩护人；

（三）通知当事人、法定代理人、辩护人、诉讼代理人在开庭五日以前提供证人、鉴定人名单，以及拟当庭出示的证据；申请证人、鉴定人、有专门知识的人出庭的，应当列明有关人员的姓名、性别、年龄、职业、住址、联系方式；

（四）开庭三日以前将开庭的时间、地点通知人民检察院；

（五）开庭三日以前将传唤当事人的传票和通知辩护人、诉讼代理人、法定代理人、证人、鉴定人等出庭的通知书送达；通知有关人员出庭，也可以采取电话、短信、传真、电子邮件、即时通讯等能够确认对方收悉的方式；对被害人人数众多的涉众型犯罪案件，可以通过互联网公布相关文书，通知有关人员出庭；

（六）公开审理的案件，在开庭三日以前公布案由、被告人姓名、开庭时间和地点。

上述工作情况应当记录在案。

第二百三十四条　开庭审理前，书记员应当依次进行下列工作：

（一）受审判长委托，查明公诉人、当事人、辩护人、诉讼代理人、证人及其他诉讼参与人是否到庭；

（二）核实旁听人员中是否有证

---

① 参见李少平主编书，第 324—325 页。

人、鉴定人、有专门知识的人；

（三）请公诉人、辩护人、诉讼代理人及其他诉讼参与人入庭；

（四）宣读法庭规则；

（五）请审判长、审判员、人民陪审员入庭；

（六）审判人员就座后，向审判长报告开庭前的准备工作已经就绪。

【重点解读】①

对于辩护人自愿放弃开庭前十天准备时间，同意按期开庭的情形，可以让其出具书面声明存入案卷。

证人、鉴定人及准备出庭提出意见的有专门知识的人不得旁听庭审，为保证法庭调查正常进行，书记员在开庭审理前应当核实有无上述人员旁听。同时，控辩双方进入法庭后，书记员再开始宣读法庭规则。

187.3　规范性文件

187.3.1　庭前会议规程的基本安排

★《最高人民法院、最高人民检察院、公安部、国家安全部、司法部办理刑事案件庭前会议规程》（法发〔2024〕12号，2024年7月25日）

第一条　适用普通程序审理的刑事案件，具有下列情形之一，人民法院可以在开庭审理前召开庭前会议：

（一）证据材料较多、案情重大复杂的；

（二）控辩双方对事实、证据存在较大争议的；

（三）社会影响重大的；

（四）需要召开庭前会议的其他情形。

第二条　控辩双方可以申请人民法院召开庭前会议。申请召开庭前会议的，应当说明需要处理的事项及理由。人民法院经审查认为有必要的，应当决定召开庭前会议；决定不召开庭前会议的，应当告知申请人。

被告人及其辩护人在开庭审理前申请排除非法证据，并依照法律规定提供相关线索或者材料的，人民法院应当召开庭前会议。

第三条　庭前会议中，人民法院可以就与审判相关的问题了解情况，听取意见，依法处理管辖、回避、出庭证人名单、非法证据排除等可能导致庭审中断的事项，组织控辩双方展示证据，归纳争议焦点，开展附带民事调解。

第四条　庭前会议由审判长或者承办案件的审判员主持，合议庭其他审判员也可以主持庭前会议。

公诉人、辩护人应当参加庭前会议，检察官助理、律师助理可以协助。

根据案件情况，被告人可以参加庭前会议；被告人申请参加庭前会议或者申请排除非法证据等情形的，人民法院应当通知被告人到场；有多名被告人的案件，人民法院根据案件情况确定参加庭前会议的辩护人和被告人。

庭前会议中开展附带民事调解的，人民法院应当通知附带民事诉讼当事人及其法定代理人、诉讼代理人到场。

第五条　被告人不参加庭前会议的，辩护人一般应当在召开庭前会议前就庭前会议处理事项听取被告人意见。

第六条　庭前会议一般不公开进行。

根据案件情况，人民法院可以决定

---

①　参见李少平主编书，第315—316、325—326页。

通过视频等方式召开庭前会议。

第七条　根据案件情况，庭前会议可以在开庭审理前多次召开；休庭后，可以在再次开庭前召开庭前会议。

第八条　庭前会议应当在法庭或者其他办案场所召开。被羁押的被告人参加的，可以在看守所内设置的法庭或者其他合适场所召开。

被羁押的被告人参加庭前会议的，应当有法警在场。

第九条　人民法院应当根据案件情况，综合控辩双方意见，确定庭前会议需要处理的主要事项，在召开庭前会议三日前，将会议的时间、地点、人员和事项等通知参会人员，并通知辩护人可以在召开庭前会议后三日内以书面形式提交辩护意见要点，人民法院收到书面辩护意见要点后及时将复印件送交人民检察院。通知情况应当记录在案。

第十条　庭前会议开始后，主持人应当核实参会人员情况，宣布庭前会议需要处理的事项。

有多名被告人参加庭前会议的，应当采取措施防止串供。

第十一条　庭前会议中，主持人可以就下列事项向控辩双方了解情况，听取意见：

（一）是否对案件管辖有异议；

（二）是否申请有关人员回避；

（三）是否申请不公开审理；

（四）是否申请排除非法证据；

（五）是否提供新的证据材料；

（六）是否申请重新鉴定或者勘验；

（七）是否申请调取在侦查、审查起诉期间公安机关、人民检察院收集但未随案移送的证明被告人无罪或者罪轻的证据材料；

（八）是否申请向证人或有关单位、个人收集、调取证据材料；

（九）是否申请证人、鉴定人、有专门知识的人、侦查人员或者其他人员出庭，是否对出庭人员名单有异议；

（十）是否对涉案财物的权属情况和人民检察院的处理建议有异议；

（十一）与审判相关的其他问题。

庭前会议中，人民法院可以开展附带民事调解。

对于第一款规定中可能导致庭审中断的事项，控辩双方应当就是否提出相关申请或者要求发表明确意见，人民法院可以依法作出处理，并在庭审中说明处理决定和理由。

第十二条　被告人及其辩护人对案件管辖提出异议，应当说明理由。人民法院经审查认为异议成立的，应当依法将案件退回人民检察院或者移送有管辖权的上一级人民法院审判；认为本院不宜行使管辖权的，可以请求上一级人民法院处理。人民法院经审查认为异议不成立的，应当依法驳回异议。

第十三条　被告人及其辩护人申请合议庭组成人员、法官助理、书记员、鉴定人、翻译人员回避，应当说明理由。人民法院经审查认为申请成立的，应当依法决定有关人员回避；认为申请不成立的，应当依法驳回申请。

被告人及其辩护人申请检察人员回避，属于刑事诉讼法第二十九条、第三十条规定情形的，人民检察院应当依法作出回避或者驳回申请的决定。

被告人及其辩护人申请回避被驳回的，可以在接到决定时申请复议一次。对于不属于刑事诉讼法第二十九条、第三十条规定情形的，人民法院应当驳回申请,被告人及其辩护人不得申请复议。

第十四条　控辩双方申请不公开审理,人民法院经审查认为案件涉及国家秘密或者个人隐私的,应当准许;认为案件涉及商业秘密的,可以准许。

第十五条　被告人及其辩护人在开庭审理前申请排除非法证据,并依照法律规定提供相关线索或者材料的,人民法院应当在召开庭前会议三日前将申请书及相关线索或者材料的复制件送交人民检察院。人民检察院应当在庭前会议中通过出示有关证据材料等方式,有针对性地对证据收集的合法性作出说明。人民法院可以对有关证据材料进行核实;经控辩双方申请,可以有针对性地播放讯问录音录像。必要时,可以通知侦查人员或者其他人员参加庭前会议,说明情况。

人民检察院可以撤回有关证据,撤回的证据,没有新的理由,不得在庭审中出示。被告人及其辩护人可以撤回排除非法证据的申请,撤回申请后,没有新的线索或者材料,不得再次对有关证据提出排除申请。

控辩双方在庭前会议中对证据收集的合法性未达成一致意见,人民法院对证据收集的合法性有疑问的,应当在庭审中进行调查;对证据收集的合法性没有疑问,且没有新的线索或者材料表明可能存在非法取证的,可以决定不再进行调查并说明理由。

第十六条　控辩双方申请重新鉴定或者勘验,应当说明理由。人民法院经审查认为有必要的,应当同意。

第十七条　被告人及其辩护人书面申请调取公安机关、人民检察院在侦查、审查起诉期间收集但未随案移送的证明被告人无罪或者罪轻的证据材料,并提供相关线索或者材料的,人民法院应当调取,并通知人民检察院在收到调取决定书后三日内移交。未移交的,人民检察院应当书面说明相关情况。

被告人及其辩护人申请向证人或有关单位、个人收集、调取证据材料,应当说明理由。人民法院经审查认为有关证据材料可能影响定罪量刑的,应当准许;认为有关证据材料与案件无关或者明显重复、没有必要的,可以不予准许。

第十八条　控辩双方申请证人、鉴定人、有专门知识的人、侦查人员出庭,应当说明理由。人民法院经审查认为理由成立的,应当通知有关人员出庭。

控辩双方对出庭证人、鉴定人、有专门知识的人、侦查人员的名单有异议,人民法院经审查认为异议成立的,应当依法作出处理;认为异议不成立的,应当依法驳回。

人民法院通知证人、鉴定人、有专门知识的人、侦查人员等出庭后,控辩双方应当协助有关人员到庭。

第十九条　召开庭前会议前,人民检察院应当将全部证据材料移送人民法院,被告人及其辩护人应当将收集的有关被告人不在犯罪现场、未达到刑事责任年龄、属于依法不负刑事责任的精神病人等证明被告人无罪或者依法不负刑事责任的全部证据材料提交人民法院。

人民法院收到控辩双方移送或者提交的证据材料后,应当通知对方查阅、摘抄、复制。

第二十条　庭前会议中,对于控辩

双方决定在庭审中出示的证据，人民法院可以组织展示有关证据并由证据出示方简要说明证据证明内容，听取另一方的意见，梳理存在争议的证据。控辩双方不质证、不辩论。

对于控辩双方在庭前会议中没有争议的证据，庭审时举证、质证可以简化。

第二十一条　人民法院可以在庭前会议中听取控辩双方的意见，归纳控辩双方的争议焦点。对控辩双方没有争议或者达成一致意见的事项，可以在庭审中简化审理。

人民法院可以组织控辩双方协商确定庭审的举证顺序、方式等事项，明确法庭调查的方式和重点。协商不成的事项，由人民法院确定。

第二十二条　对于被告人在庭前会议前不认罪，在庭前会议中又认罪的案件，人民法院核实被告人认罪的自愿性和真实性并听取控辩双方意见，可以在庭审中简化审理。

第二十三条　人民法院在庭前会议中听取控辩双方对案件事实、证据的意见后，对于明显事实不清、证据不足的案件，可以建议人民检察院补充材料或者撤回起诉。建议撤回起诉的案件，人民检察院不同意的，开庭审理后，没有新的事实和理由，一般不准许撤回起诉。

第二十四条　庭前会议情况应当制作笔录，由参会人员核对后签名。

庭前会议结束后，人民法院应当制作庭前会议报告，说明庭前会议的基本情况、与审判相关的问题的处理结果、控辩双方的争议焦点以及就相关事项达成的一致意见等。

第二十五条　对于召开庭前会议的案件，在宣读起诉书后，法庭应当宣布庭前会议报告的主要内容。

对庭前会议处理管辖异议、申请回避、申请不公开审理等事项的，法庭可以在告知当事人诉讼权利后宣布庭前会议报告的相关内容。

有多起犯罪事实的案件，必要时可以在有关犯罪事实的法庭调查开始前，再次宣布庭前会议报告的相关内容。

第二十六条　宣布庭前会议报告后，对于控辩双方在庭前会议中达成一致意见以及人民法院依法作出处理决定的事项，法庭向控辩双方简要核实后当庭予以确认，除有正当理由外，一般不再进行处理；对于其他事项，法庭依法作出处理。

第二十七条　第二审人民法院召开庭前会议的，参照上述规定。

第二十八条　本规程自2024年9月3日起施行。《人民法院办理刑事案件庭前会议规程（试行）》同时废止。

187.3.2　公诉机关庭前准备要求

★《最高人民检察院关于加强出庭公诉工作的意见》（高检发诉字〔2015〕5号，2015年6月15日）

4. 加强庭前审查。全面审查证据材料的客观性、关联性、合法性，全面审查涉及定罪量刑的各种证据，对据以定罪的关键证据必须严格审查，对犯罪嫌疑人、被告人的无罪辩解必须高度重视，对定罪疑难且单一的言词证据必须认真复核，对矛盾证据必须严格甄别。对没有直接证据证实犯罪的，要综合审查判断间接证据是否形成完整证据链条。高度重视对物证、书证等客观性证据的审查和运用，掌握司法会计、法医、精神病、痕迹检验等鉴定意见以及电子证据相关的专业性知识和审查判断方法。突出对证据合法性的审查,坚决排除非法证据,及时补正瑕疵证据。正确适用法律和司法解释,全面贯彻宽严相济刑事政策,准确认定行为性质,确保不枉不纵。

5. 有效运用庭前会议解决争议。对需要召开庭前会议提请解决的案件管辖、回避、庭审方案和出庭证人、鉴定人、有专门知识的人、侦查人员的名单等与审判相关的问题,公诉人要提前准备好意见。注意了解辩护人收集证据的情况,明确诉辩焦点,有针对性地交换意见和向法庭阐明观点。重视辩护人提出的非法证据排除意见,正确区分非法证据与瑕疵证据,能够在庭前会议环节解决的非法证据问题力争解决。庭前会议结束后注意查漏补缺,充分利用会议中获取的事实、证据信息和辩护意见,做好证据补强、程序安排和庭审预案的调整完善等工作。对辩护律师提出的执业权利受侵犯的情况,要积极查证并监督纠正。

6. 加强庭前预测和应对准备。充分听取辩护人意见,全面了解和分析辩护意见和辩护策略,及时掌握庭前案件动态。加强庭前预测,针对争议焦点做好庭审预案和重大复杂敏感案件临庭处置预案,对案件可能存在的信访风险做好应对准备,确保庭前准备与庭上应对紧密衔接。对申请关键证人、被害人、鉴定人、侦查人员出庭作证的,庭前充分沟通,介绍庭审程序、法庭纪律和有关法律知识,并进行必要的心理疏导,确保出庭作证顺利和良好庭审效果。

★《最高人民法院、最高人民检察院、公安部、国家安全部、司法部关于推进以审判为中心的刑事诉讼制度改革的意见》(法发〔2016〕18号,2016年7月20日)

八、进一步完善公诉机制,被告人有罪的举证责任,由人民检察院承担。对被告人不认罪的,人民检察院应当强化庭前准备和当庭讯问、举证、质证。

187.3.3 未成年人案件公诉准备

★《人民检察院办理未成年人刑事案件的规定》(高检发研字〔2013〕7号,2013年12月27日)

第五十六条 对提起公诉的未成年人刑事案件,应当认真做好下列出席法庭的准备工作:

(一)掌握未成年被告人的心理状态,并对其进行接受审判的教育,必要时,可以再次讯问被告人;

(二)与未成年被告人的法定代理人、合适成年人、辩护人交换意见,共同做好教育、感化工作;

(三)进一步熟悉案情,深入研究本案的有关法律政策问题,根据案件性质,结合社会调查情况,拟定讯问提纲、询问被害人、证人、鉴定人提纲、举证提纲、答辩提纲、公诉意见书和针对未成年被告人进行法制教育的书面材料。

187.3.4 律师出庭权的保障

★《最高人民法院关于依法切实保障律师诉讼权利的规定》(法发〔2015〕16号,2015年12月29日)

三、依法保障律师出庭权。确定开庭日期时,应当为律师预留必要的出庭准备时间。因特殊情况更改开庭日期的,应当提前三日告知律师。律师因正当理由请求变更开庭日期的,法官可在征询其他当事人意见后准许。律师带助理出庭的,应当准许。

★《最高人民法院、最高人民检察院、公安部、国家安全部、司法部关于依法保障律师执业权利的规定》(司发〔2015〕14号,2015年9月16日)

第二十五条　人民法院确定案件开庭日期时,应当为律师出庭预留必要的准备时间并书面通知律师。律师因开庭日期冲突等正当理由申请变更开庭日期的,人民法院应当在不影响案件审理期限的情况下,予以考虑并调整日期,决定调整日期的,应当及时通知律师。

律师可以根据需要,向人民法院申请带律师助理参加庭审。律师助理参加庭审仅能从事相关辅助工作,不得发表辩护、代理意见。

第二十六条　有条件的人民法院应当建立律师参与诉讼专门通道,律师进入人民法院参与诉讼确需安全检查的,应当与出庭履行职务的检察人员同等对待。有条件的人民法院应当设置专门的律师更衣室、休息室或者休息区域,并配备必要的桌椅、饮水及上网设施等,为律师参与诉讼提供便利。

187.4　指导与参考案例

187.4.1　庭前会议示证不能代替庭审举证、质证

【刑事审判参考案例】

[第1422号]王伟男诈骗案

裁判要旨:庭前会议不能取代庭审,对控辩双方没有争议的证据材料,在庭审时举证、质证可以简化,但不能不举证、质证。证据未经当庭出示、辨认、质证等法庭调查程序查证属实,不得作为定案的根据。

188　公开审判及其例外

188.1　法条规定

第一百八十八条　人民法院审判第一审案件应当公开进行。但是有关国家秘密或者个人隐私的案件,不公开审理;涉及商业秘密的案件,当事人申请不公开审理的,可以不公开审理。

不公开审理的案件,应当当庭宣布不公开审理的理由。

【立法释义】①

本条规定了公开审判的基本原则及其例外情形,需要注意以下事项:

第一,公开审判原则。宪法规定,人民法院审理案件,除法律规定的特别情况外,一律公开进行。"公开审理",是指人民法院审理第一审案件对社会公开,允许群众旁听案件审理,也允许记者报道。对个别案件进行现场直播,必须依照规定经法庭许可且在不影响当事人权益和庭审程序的情况下进行。

第二,不公开审理的情形。有关国家秘密或个人隐私的案件不公开审理。涉及商业秘密的案件,可以依当事人的申请不公开审理。"不公开审理",是指案件的审理过程不公开;对于依法不公开审理的案件,任何公民包括与审理该案无关的法院工作人员和被告人的近亲属都不得旁听,也不允许记者报道,但宣判一律公开进行。对于不公开审理的案件,应当当庭宣布不公开审理的理由。

① 参见王爱立主编书,第396—397页。

188.2　司法解释

188.2.1　旁听审理的规范

★《法院解释》(2021)

第二百二十二条　审判案件应当公开进行。

案件涉及国家秘密或者个人隐私的,不公开审理;涉及商业秘密,当事人提出申请的,法庭可以决定不公开审理。

不公开审理的案件,任何人不得旁听,但具有刑事诉讼法第二百八十五条规定情形的除外。

第二百二十三条　精神病人、醉酒的人、未经人民法院批准的未成年人以及其他不宜旁听的人不得旁听案件审理。

188.2.2　被害人推选代表人参加庭审

★《法院解释》(2021)

第二百二十四条　被害人人数众多,且案件不属于附带民事诉讼范围的,被害人可以推选若干代表人参加庭审。

【重点解读】①

涉众型犯罪案件数量日益增多,大量被害人均到庭参与庭审显然不符合实际,也没有必要。借鉴民事诉讼代表人诉讼的原理,被害人可以推选若干代表人参加庭审。关于推选方式,实践中可以根据案件情况具体裁量。

188.2.3　相关人员未到庭的后果

★《法院解释》(2021)

第二百二十五条　被害人、诉讼代理人经传唤或者通知未到庭,不影响开庭审理的,人民法院可以开庭审理。

辩护人经通知未到庭,被告人同意的,人民法院可以开庭审理,但被告人属于应当提供法律援助情形的除外。

【重点解读】②

司法实践中,个别辩护人经人民法院通知,无正当理由拒不到庭,影响法庭审理活动正常开展。此种情况下,应当以被告人的意思为准,决定是否开庭审理。如果公诉人经人民法院通知,无正当理由未出庭支持公诉,人民法院可以书面建议人民检察院作出处理;必要时,可以发出司法建议。

188.2.4　在线诉讼规则

★《人民法院在线诉讼规则》(法释〔2021〕12号,2021年6月16日)

第三条　人民法院综合考虑案件情况、当事人意愿和技术条件等因素,可以对以下案件适用在线诉讼:

(一)民事、行政诉讼案件;

(二)刑事速裁程序案件,减刑、假释案件,以及因其他特殊原因不宜线下审理的刑事案件;

(三)民事特别程序、督促程序、破产程序和非诉执行审查案件;

(四)民事、行政执行案件和刑事附带民事诉讼执行案件;

(五)其他适宜采取在线方式审理的案件。

第四条　人民法院开展在线诉讼,应当征得当事人同意,并告知适用在线诉讼的具体环节、主要形式、权利义务、法律后果和操作方法等。

人民法院应当根据当事人对在线诉讼的相应意思表示,作出以下处理:

(一)当事人主动选择适用在线诉讼的,人民法院可以不再另行征得其同意,相应诉讼环节可以直接在线进行;

① 参见李少平主编书,第318页。
② 参见李少平主编书,第319页。

（二）各方当事人均同意适用在线诉讼的，相应诉讼环节可以在线进行；

（三）部分当事人同意适用在线诉讼，部分当事人不同意的，相应诉讼环节可以采取同意方当事人线上、不同意方当事人线下的方式进行；

（四）当事人仅主动选择或者同意对部分诉讼环节适用在线诉讼的，人民法院不得推定其对其他诉讼环节均同意适用在线诉讼。

对人民检察院参与的案件适用在线诉讼的，应当征得人民检察院同意。

第五条　在诉讼过程中，如存在当事人欠缺在线诉讼能力、不具备在线诉讼条件或者相应诉讼环节不宜在线办理等情形之一的，人民法院应当将相应诉讼环节转为线下进行。

当事人已同意对相应诉讼环节适用在线诉讼，但诉讼过程中又反悔的，应当在开展相应诉讼活动前的合理期限内提出。经审查，人民法院认为不存在故意拖延诉讼等不当情形的，相应诉讼环节可以转为线下进行。

在调解、证据交换、询问、听证、庭审等诉讼环节中，一方当事人要求其他当事人及诉讼参与人在线下参与诉讼的，应当提出具体理由。经审查，人民法院认为案件存在案情疑难复杂、需证人现场作证、有必要线下举证质证、陈述辩论等情形之一的，相应诉讼环节可以转为线下进行。

第六条　当事人已同意适用在线诉讼，但无正当理由不参与在线诉讼活动或者不作出相应诉讼行为，也未在合理期限内申请提出转为线下进行的，应当依照法律和司法解释的相关规定承担相应法律后果。

第二十一条　人民法院开庭审理的案件，应当根据当事人意愿、案件情况、社会影响、技术条件等因素，决定是否采取视频方式在线庭审，但具有下列情形之一的，不得适用在线庭审：

（一）各方当事人均明确表示不同意，或者一方当事人表示不同意且有正当理由的；

（二）各方当事人均不具备参与在线庭审的技术条件和能力的；

（三）需要通过庭审现场查明身份、核对原件、查验实物的；

（四）案件疑难复杂、证据繁多，适用在线庭审不利于查明事实和适用法律的；

（五）案件涉及国家安全、国家秘密的；

（六）案件具有重大社会影响，受到广泛关注的；

（七）人民法院认为存在其他不宜适用在线庭审情形的。

采取在线庭审方式审理的案件，审理过程中发现存在上述情形之一的，人民法院应当及时转为线下庭审。已完成的在线庭审活动具有法律效力。

在线询问的适用范围和条件参照在线庭审的相关规则。

第二十二条　适用在线庭审的案件，应当按照法律和司法解释的相关规定开展庭前准备、法庭调查、法庭辩论等庭审活动，保障当事人申请回避、举证、质证、陈述、辩论等诉讼权利。

第二十五条　出庭人员参加在线庭审应当尊重司法礼仪，遵守法庭纪律。人民法院根据在线庭审的特点，适用《中华人民共和国人民法院法庭规则》相关规定。

除确属网络故障、设备损坏、电力中断或者不可抗力等原因外，当事人无正当理由不参加在线庭审，视为“拒不到庭”；在庭审中擅自退出，经提示、警告后仍不改正的，视为“中途退庭”，分别按照相关法律和司法解释的规定处理。

第二十六条　证人通过在线方式出庭的，人民法院应当通过指定在线出庭场所、设置在线作证室等方式，保证其不旁听案件审理和不受他人干扰。当事人对证人在线出庭提出异议且有合理理由的，或者人民法院认为确有必要的，应当要求证人线下出庭作证。

鉴定人、勘验人、具有专门知识的人在线出庭的，参照前款规定执行。

第二十七条　适用在线庭审的案件，应当按照法律和司法解释的相关规定公开庭审活动。

对涉及国家安全、国家秘密、个人隐私的案件，庭审过程不得在互联网上公开。对涉及未成年人、商业秘密、离婚等民事案件，当事人申请不公开审理的，在线庭审过程可以不在互联网上公开。

未经人民法院同意，任何人不得违法违规录制、截取、传播涉及在线庭审过程的音频视频、图文资料。

第三十四条　适用在线诉讼的案件，人民法院应当在调解、证据交换、庭审、合议等诉讼环节同步形成电子笔录。电子笔录以在线方式核对确认后，与书面笔录具有同等法律效力。

第三十七条　符合本规定第三条第二项规定的刑事案件，经公诉人、当事人、辩护人同意，可以根据案件情况，采取在线方式讯问被告人、开庭审理、宣判等。

案件采取在线方式审理的，按照以下情形分别处理：

（一）被告人、罪犯被羁押的，可以在看守所、监狱等羁押场所在线出庭；

（二）被告人、罪犯未被羁押的，因特殊原因确实无法到庭的，可以在人民法院指定的场所在线出庭；

（三）证人、鉴定人一般应当在线下出庭，但法律和司法解释另有规定的除外。

188.3　规范性文件

188.3.1　不公开审理的程序转换

★《人民法院办理刑事案件第一审普通程序法庭调查规程（试行）》（法发〔2017〕31 号，2017 年 11 月 27 日）

第三十九条　公开审理案件时，控辩双方提出涉及国家秘密、商业秘密或者个人隐私的证据的，法庭应当制止。有关证据确与本案有关的，可以根据具体情况，决定将案件转为不公开审理，或者对相关证据的法庭调查不公开进行。

188.3.2　公开审判的制度规范

★《最高人民法院关于加强人民法院审判公开工作的若干意见》（法发〔2007〕20 号，2007 年 6 月 4 日）

11. 人民法院必须严格执行《中华人民共和国刑事诉讼法》、《中华人民共和国民事诉讼法》、《中华人民共和国行政诉讼法》及相关司法解释关于公开审理的案件范围的规定，应当公开审理的，必须公开审理。当事人提出案件涉及个人隐私或者商业秘密的，人民法院应当综合当事人意见、社会一般理性认识等因素，必要时征询专家意见，在合理判断基础上作出决定。

12. 审理刑事二审案件，应当积极创造条件，逐步实现开庭审理；被告人一审被判处死刑的上诉案件和检察机关提出抗诉的案件，应当开庭审理。要逐步加大民事、行政二审案件开庭审理的力度。

13. 刑事二审案件不开庭审理的，人民法院应当在全面审查案卷材料和证据基础上讯问被告人，听取辩护人、代理人的意见，核实证据，查清事实；民事、行政二审案件不开庭审理的，人民法院应当全面审查案卷，充分听取当事人意见，核实证据，查清事实。

14. 要逐步提高当庭宣判比率，规范定期宣判、委托宣判。人民法院审理案件，能够当庭宣判的，应当当庭宣判。定期宣判、委托宣判的，应当在裁判文书签发或者收到委托函后及时进行，宣判前应当通知当事人和其他诉讼参与人。宣判时允许旁听，宣判后应当立即送达法律文书。

15. 依法公开审理的案件，我国公民可以持有效证件旁听，人民法院应当妥善安排好旁听工作。因审判场所、安全保卫等客观因素所限发放旁听证的，应当作出必要的说明和解释。

★《最高人民法院关于严格执行公开审判制度的若干规定》（法发〔1999〕3号，1999年3月8日）

二、人民法院对于第一审案件，除下列案件外，应当依法一律公开审理：

（一）涉及国家秘密的案件；

（二）涉及个人隐私的案件；

（三）十四岁以上不满十六岁未成年人犯罪的案件；经人民法院决定不公开审理的十六岁以上不满十八岁未成年人犯罪的案件；

（四）经当事人申请，人民法院决定不公开审理的涉及商业秘密的案件；

（五）经当事人申请，人民法院决定不公开审理的离婚案件；

（六）法律另有规定的其他不公开审理的案件。

对于不公开审理的案件，应当当庭宣布不公开审理的理由。

三、下列第二审案件应当公开审理：

（一）当事人对不服公开审理的第一审案件的判决、裁定提起上诉的，但因违反法定程序发回重审的和事实清楚依法径行判决、裁定的除外。

（二）人民检察院对公开审理的案件的判决、裁定提起抗诉的，但需发回重审的除外。

四、依法公开审理案件应当在开庭三日以前公告。公告应当包括案由、当事人姓名或者名称、开庭时间和地点。

五、依法公开审理案件，案件事实未经法庭公开调查不能认定。

证明案件事实的证据未在法庭公开举证、质证，不能进行认证，但无需举证的事实除外。缺席审理的案件，法庭可以结合其他事实和证据进行认证。

法庭能够当庭认证的，应当当庭认证。

六、人民法院审理的所有案件应当一律公开宣告判决。

宣告判决，应当对案件事实和证据进行认定，并在此基础上正确适用法律。

七、凡应当依法公开审理的案件没有公开审理的，应当按下列规定处理：

（一）当事人提起上诉或者人民检察院对刑事案件的判决、裁定提起抗诉的，第二审人民法院应当裁定撤销原判决，发回重审；

（二）当事人申请再审的，人民法

院可以决定再审；人民检察院按照审判监督程序提起抗诉的，人民法院应当决定再审。

上述发回重审或者决定再审的案件应当依法公开审理。

八、人民法院公开审理案件，庭审活动应当在审判法庭进行。需要巡回依法公开审理的，应当选择适当的场所进行。

188.3.3　旁听审理的规范

★《最高人民法院关于加强人民法院审判公开工作的若干意见》（法发〔2007〕20 号，2007 年 6 月 4 日）

15. 依法公开审理的案件，我国公民可以持有效证件旁听，人民法院应当妥善安排好旁听工作。因审判场所、安全保卫等客观因素所限发放旁听证的，应当作出必要的说明和解释。

16. 对群众广泛关注、有较大社会影响或者有利于社会主义法治宣传教育的案件，可以有计划地通过相关组织安排群众旁听，邀请人大代表、政协委员旁听，增进广大群众、人大代表、政协委员了解法院审判工作，方便对审判工作的监督。

189　出庭支持公诉

189.1　法条规定

第一百八十九条　人民法院审判公诉案件，人民检察院应当派员出席法庭支持公诉。

【立法释义】①

对公诉案件，无论是否适用简易程序、速裁程序审理，人民检察院都应派员出席法庭支持公诉。

1996 年刑事诉讼法修改规定，对于适用简易程序审理的案件，人民检察院可以不派员出庭，主要是考虑，适用简易程序的案件范围不大，有利于节省诉讼资源，但是这一做法在实践中出现了一些问题。2012 年刑事诉讼法修改扩大了简易程序的适用范围，基层人民法院管辖的案件，只要符合条件都可以适用简易程序审理，此种情况下，没有公诉人出庭支持公诉并不妥当。鉴于此，对于所有公诉案件，人民检察院都应当派员出席法庭支持公诉。

189.2　司法解释

189.2.1　出庭支持公诉的主体

★《检察院规则》（2019）

第三百九十条　提起公诉的案件，人民检察院应当派员以国家公诉人的身份出席第一审法庭，支持公诉。

公诉人应当由检察官担任。检察官助理可以协助检察官出庭。根据需要可以配备书记员担任记录。

【重点解读】②

适应员额制改革要求，公诉人应当由“检察官”担任。检察官助理可以协助检察官出庭，并根据需要配备书记员担任记录。

189.2.2　案卷移送和当庭出示

★《检察院规则》（2019）

第三百九十七条　人民检察院向人民法院移送全部案卷材料后，在法庭审理过程中，公诉人需要出示、宣读、播放有关证据的，可以申请法庭出示、宣

① 参见王爱立主编书，第 397—399 页。

② 参见童建明、万春主编释义书，第 401—402 页。

读、播放。

人民检察院基于出庭准备和庭审举证工作的需要，可以取回有关案卷材料和证据。

取回案卷材料和证据后，辩护律师要求查阅案卷材料的，应当允许辩护律师在人民检察院查阅、摘抄、复制案卷材料。

【重点解读】①

有些案件，公诉人可以在开庭审理前取回案卷材料和证据，随后在庭审过程中出示证据。为保障辩护律师的阅卷权，人民检察院取回案卷材料和证据后，辩护律师要求阅卷的，应当允许辩护律师在人民检察院查阅、摘抄、复制案卷材料。律师在人民检察院阅卷，参照审查起诉阶段律师阅卷的有关规定进行。

189.2.3　公诉人参与庭审的职责

★《检察院规则》(2019)

第三百九十八条　公诉人在法庭上应当依法进行下列活动：

(一)宣读起诉书，代表国家指控犯罪，提请人民法院对被告人依法审判；

(二)讯问被告人；

(三)询问证人、被害人、鉴定人；

(四)申请法庭出示物证，宣读书证、未到庭证人的证言笔录、鉴定人的鉴定意见、勘验、检查、辨认、侦查实验等笔录和其他作为证据的文书，播放作为证据的视听资料、电子数据等；

(五)对证据采信、法律适用和案件情况发表意见，提出量刑建议及理由，针对被告人、辩护人的辩护意见进行答辩，全面阐述公诉意见；

(六)维护诉讼参与人的合法权利；

(七)对法庭审理案件有无违反法律规定诉讼程序的情况记明笔录；

(八)依法从事其他诉讼活动。

189.2.4　公诉人举证、质证要求

★《检察院规则》(2019)

第三百九十九条　在法庭审理中，公诉人应当客观、全面、公正地向法庭出示与定罪、量刑有关的证明被告人有罪、罪重或者罪轻的证据。

按照审判长要求，或者经审判长同意，公诉人可以按照以下方式举证、质证：

(一)对于可能影响定罪量刑的关键证据和控辩双方存在争议的证据，一般应当单独举证、质证；

(二)对于不影响定罪量刑且控辩双方无异议的证据，可以仅就证据的名称及其证明的事项、内容作出说明；

(三)对于证明方向一致、证明内容相近或者证据种类相同，存在内在逻辑关系的证据，可以归纳、分组示证、质证。

公诉人出示证据时，可以借助多媒体设备等方式出示、播放或者演示证据内容。

定罪证据与量刑证据需要分开的，应当分别出示。

【重点解读】②

对定罪证据与量刑证据分开出示的情形，如自首、立功等纯属量刑的证据，应当与定罪证据分开出示，即定罪证据出示完毕后，再单独出示纯粹的量刑证据。有些证据既可能是定罪证据，

---

① 参见童建明、万春主编释义书，第406—407页。

② 参见童建明、万春主编释义书，第408页。

也可能是量刑证据,可根据案件情况选择在合适的环节出示。

189.2.5　需要证明和免证的事实

★《检察院规则》(2019)

第四百条　公诉人讯问被告人,询问证人、被害人、鉴定人,出示物证,宣读书证、未出庭证人的证言笔录等应当围绕下列事实进行:

(一)被告人的身份;

(二)指控的犯罪事实是否存在,是否为被告人所实施;

(三)实施犯罪行为的时间、地点、方法、手段、结果,被告人犯罪后的表现等;

(四)犯罪集团或者其他共同犯罪案件中参与犯罪人员的各自地位和应负的责任;

(五)被告人有无刑事责任能力,有无故意或者过失,行为的动机、目的;

(六)有无依法不应当追究刑事责任的情况,有无法定的从重或者从轻、减轻以及免除处罚的情节;

(七)犯罪对象、作案工具的主要特征,与犯罪有关的财物的来源、数量以及去向;

(八)被告人全部或者部分否认起诉书指控的犯罪事实的,否认的根据和理由能否成立;

(九)与定罪、量刑有关的其他事实。

第四百零一条　在法庭审理中,下列事实不必提出证据进行证明:

(一)为一般人共同知晓的常识性事实;

(二)人民法院生效裁判所确认并且未依审判监督程序重新审理的事实;

(三)法律、法规的内容以及适用等属于审判人员履行职务所应当知晓的事实;

(四)在法庭审理中不存在异议的程序事实;

(五)法律规定的推定事实;

(六)自然规律或者定律。

【重点解读】①

人民法院生效裁判所确认的并且未依审判监督程序重新审理的事实,主要是指法院的生效裁判就与犯罪相关的某些事实问题作出认定,且未依审判监督程序重新审理,此种情形下不需要提供证据证明。

法律规定的推定事实,主要是指根据已知的事实和法律规定,作出的事实概然性的推断。

189.3　规范性文件

189.3.1　当庭指控证实犯罪的规范

★《最高人民检察院关于加强出庭公诉工作的意见》(高检发诉字〔2015〕5号,2015年6月15日)

7. 强化当庭讯问。法庭讯问要讲究章法,合理选择运用解释性讯问、追问等方式,做到层次分明、重点突出、有的放矢。讯问被告人应把握主动,从容应对,确保当庭指控犯罪全面、准确、有力。对被告人的合理辩解认真予以对待,对被告人当庭不实供述予以揭露,对庭前的有罪供述予以固定。

8. 强化当庭询问。公诉人询问出庭作证的证人,可以要求证人连贯陈述,也可以直接发问。发问应简洁清楚,重点围绕与定罪量刑紧密相关的事

---

① 参见童建明、万春主编释义书,第410页。

实以及证言中有遗漏、矛盾、模糊不清和有争议的内容进行。当事人和辩护人、诉讼代理人对证人发问后，公诉人可以根据证人回答的情况，向法庭申请再次对证人发问。发现辩护人对证人有提示性、诱导性发问的，公诉人要及时提请合议庭予以制止。

9. 强化当庭示证。公诉人出示证据应以证明公诉主张为目的，善于根据案件的不同种类、特点和庭审实际情况，围绕犯罪构成要件和争议焦点，合理安排和调整示证顺序，做到详略得当，要点突出。根据案件的具体情况和证据状况，结合被告人的认罪态度，示证可以采用分组示证或逐一示证的方式。

10. 强化当庭质证。公诉人质证要目的明确、逻辑清晰，紧紧围绕案件事实和证据的客观性、关联性、合法性进行。熟练掌握各类证据的质证方法和质证策略，熟悉言词证据和实物证据的特点差异，善于从不同角度区别质证，保证质证效果。善于根据庭审变化动向，掌握质证主动性，提高质证的针对性和有效性。

11. 强化证据合法性的证明。对被告人或辩护人当庭提出被告人庭前供述系非法取得，法庭决定进行调查时，公诉人可以根据讯问笔录、羁押记录、出入看守所的健康检查记录、看守管教人员的谈话记录以及侦查机关对讯问过程合法性的说明等，对庭前讯问被告人的合法性进行证明。必要时，可以要求法庭播放讯问录音、录像，申请法庭通知侦查人员或者其他人员出庭说明情况。审判人员认为可能存在以非法方法收集其他证据的情形需要进行法庭调查的，公诉人可以参照上述方法对证据收集的合法性进行证明。

12. 强化发表公诉意见和庭审辩论工作。公诉人要善于围绕控辩双方在事实、证据、法律适用和量刑方面的分歧焦点，运用事实证据、法律规定和刑事政策，客观公正地发表公诉意见。善于把控辩论方向，围绕辩护意见有针对性地答辩，对于起诉书、公诉意见中已详细阐明过的观点，与案件无关的细枝末节，控辩双方没有原则分歧的一般问题，无需正面答辩。针对不同案情和被告人的认罪态度，合理选择主动出击或后发制胜的辩论策略。善于根据庭审实际情况灵活应变，及时针对被告人辩解、辩护人辩护观点提出答辩意见。

189.3.2 未成年人案件出庭公诉规范

★**《人民检察院办理未成年人刑事案件的规定》**（高检发研字〔2013〕7号，2013年12月27日）

第五十七条 公诉人出席未成年人刑事审判法庭，应当遵守公诉人出庭行为规范要求，发言时应当语调温和，并注意用语文明、准确，通俗易懂。

公诉人一般不提请未成年证人、被害人出庭作证。确有必要出庭作证的，应当建议人民法院采取相应的保护措施。

第五十八条 在法庭审理过程中，公诉人的讯问、询问、辩论等活动，应当注意未成年人的身心特点。对于未成年被告人情绪严重不稳定，不宜继续接受审判的，公诉人可以建议法庭休庭。

第五十九条 对于具有下列情形之一，依法可能判处拘役、三年以下有期徒刑，有悔罪表现，宣告缓刑对所居住社区没有重大不良影响，具备有效监护条件或者社会帮教措施、适用缓刑确实不致再危害社会的未成年被告人，人民检察院应当建议人民法院适用缓刑：

（一）犯罪情节较轻，未造成严重后果的；

（二）主观恶性不大的初犯或者胁从犯、从犯；

（三）被害人同意和解或者被害人有明显过错的；

（四）其他可以适用缓刑的情节。

建议宣告缓刑，可以根据犯罪情况，同时建议禁止未成年被告人在缓刑考验期限内从事特定活动，进入特定区域、场所，接触特定的人。

人民检察院提出对未成年被告人适用缓刑建议的，应当将未成年被告人能够获得有效监护、帮教的书面材料于判决前移送人民法院。

第六十条　公诉人在依法指控犯罪的同时，要剖析未成年被告人犯罪的原因、社会危害性，适时进行法制教育，促使其深刻反省，吸取教训。

第六十一条　人民检察院派员出席未成年人刑事案件二审法庭适用本节的相关规定。

★《未成年人刑事检察工作指引（试行）》（高检发未检字〔2017〕1 号，2017 年 3 月 2 日）

第二百一十六条　人民检察院对于符合下列条件之一的未成年人刑事案件，在提起公诉时，可以建议人民法院采取圆桌审判方式审理：

（一）适用简易程序的；

（二）十六周岁以下未成年人犯罪的；

（三）可能判处五年有期徒刑以下刑罚或者过失犯罪的；

（四）犯罪情节轻微，事实清楚，证据确实、充分，被告人对被指控的犯罪事实无异议的；

（五）犯罪性质较为严重，但被告人系初犯或者偶犯，平时表现较好，主观恶性不大的；

（六）其他适合的案件。

189.3.3　伤害类案件检察技术人员出庭

★《人民检察院办理伤害类案件技术性证据实质审查工作规定》（2024 年 10 月 12 日）

第二十三条　人民法院决定开庭后，必要时，检察官可以邀请检察技术人员协助做好法庭讯问、询问、举证、质证、辩论等庭审中可能涉及的专门性问题的准备工作。

第二十四条　伤害类案件法庭审理中，检察官可以向法庭申请检察技术人员出庭，就相关专门性问题发表意见。

当事人或者辩护人、诉讼代理人对技术性证据专门审查意见有异议，人民法院认为检察技术人员有必要出庭的，检察技术人员应当出庭就审查意见进行解释说明。

190　开庭及权利告知

190.1　法条规定

第一百九十条　开庭的时候，审判长查明当事人是否到庭，宣布案由；宣布合议庭的组成人员、书记员、公诉人、辩护人、诉讼代理人、鉴定人和翻译人员的名单；告知当事人有权对合议庭组成人员、书记员、公诉人、鉴定人和翻译人员申请回避；告知被告人享有辩护权利。

被告人认罪认罚的，审判长应当告知被告人享有的诉讼权利和认罪认罚的法律规定，审查认罪认罚的自愿性和认罪认罚具结书内容的真实性、合法性。

【立法释义】①

1996 年修改刑事诉讼法时，将“辩护”一章修改为“辩护与代理”，并将被害人规定为刑事诉讼中的“当事人”，据此，增加了审判长在开庭时查明被害人是否到庭，宣读“诉讼代理人”名单的规定。

2018 年刑事诉讼法修改增加了认罪认罚制度的相关规定，对于认罪认罚案件，审判长在开庭时应当告知被告人的诉讼权利，并审查相关事项，避免因被告人被迫认罪认罚导致冤假错案。对被告人认罪认罚的自愿性、认罪认罚具结书的真实性和合法性的审查，应当贯穿于法庭审理的全过程。

190. 2　司法解释

190. 2. 1　书记员开庭准备工作

★《法院解释》(2021)

第二百三十四条　开庭审理前，书记员应当依次进行下列工作：

(一) 受审判长委托，查明公诉人、当事人、辩护人、诉讼代理人、证人及其他诉讼参与人是否到庭；

(二) 核实旁听人员中是否有证人、鉴定人、有专门知识的人；

(三) 请公诉人、辩护人、诉讼代理人及其他诉讼参与人入庭；

(四) 宣读法庭规则；

(五) 请审判长、审判员、人民陪审员入庭；

(六) 审判人员就座后，向审判长报告开庭前的准备工作已经就绪。

190. 2. 2　查明被告人有关情况

★《法院解释》(2021)

第二百三十五条　审判长宣布开庭，传被告人到庭后，应当查明被告人的下列情况：

(一) 姓名、出生日期、民族、出生地、文化程度、职业、住址，或者被告单位的名称、住所地、法定代表人、实际控制人以及诉讼代表人的姓名、职务；

(二) 是否受过刑事处罚、行政处罚、处分及其种类、时间；

(三) 是否被采取留置措施及留置的时间，是否被采取强制措施及强制措施的种类、时间；

(四) 收到起诉书副本的日期；有附带民事诉讼的，附带民事诉讼被告人收到附带民事起诉状的日期。

被告人较多的，可以在开庭前查明上述情况，但开庭时审判长应当作出说明。

【重点解读】②

有的案件被告人众多，审判长在开庭后逐一查明被告人情况，占用庭审时间较长，影响法庭审理效率，故可以在开庭前予以核实。同时，开庭前核实当事人身份等工作，不必都由审判长承担，可由合议庭其他审判人员或者书记员进行查明。对于其他审判人员、书记员在开庭前核实被告人情况的，审判长应当在开庭时说明已在庭前核实被告人情况，不再当庭查明。但是，被告人对相关信息有异议的，审判长应当当庭

① 参见王爱立主编书，第 399—406 页。
② 参见李少平主编书，第 326—327 页。

对被告人情况予以查明。

190.2.3　宣布程序事项和告知权利

★《法院解释》(2021)

第二百三十六条　审判长宣布案件的来源、起诉的案由、附带民事诉讼当事人的姓名及是否公开审理;不公开审理的,应当宣布理由。

第二百三十七条　审判长宣布合议庭组成人员、法官助理、书记员、公诉人名单及辩护人、诉讼代理人、鉴定人、翻译人员等诉讼参与人的名单。

第二百三十八条　审判长应当告知当事人及其法定代理人、辩护人、诉讼代理人在法庭审理过程中依法享有下列诉讼权利:

(一)可以申请合议庭组成人员、法官助理、书记员、公诉人、鉴定人和翻译人员回避;

(二)可以提出证据,申请通知新的证人到庭、调取新的证据,申请重新鉴定或者勘验;

(三)被告人可以自行辩护;

(四)被告人可以在法庭辩论终结后作最后陈述。

190.2.4　当庭申请回避的处理

★《法院解释》(2021)

第二百三十九条　审判长应当询问当事人及其法定代理人、辩护人、诉讼代理人是否申请回避、申请何人回避和申请回避的理由。

当事人及其法定代理人、辩护人、诉讼代理人申请回避的,依照刑事诉讼法及本解释的有关规定处理。

同意或者驳回回避申请的决定及复议决定,由审判长宣布,并说明理由。必要时,也可以由院长到庭宣布。

190.3　规范性文件

190.3.1　签署具结书的规范

★《最高人民法院、最高人民检察院、公安部、国家安全部、司法部关于适用认罪认罚从宽制度的指导意见》(高检发〔2019〕13号,2019年10月11日)

31. 签署具结书。犯罪嫌疑人自愿认罪,同意量刑建议和程序适用的,应当在辩护人或者值班律师在场的情况下签署认罪认罚具结书。犯罪嫌疑人被羁押的,看守所应当为签署具结书提供场所。具结书应当包括犯罪嫌疑人如实供述罪行、同意量刑建议、程序适用等内容,由犯罪嫌疑人、辩护人或者值班律师签名。

犯罪嫌疑人认罪认罚,有下列情形之一的,不需要签署认罪认罚具结书:

(一)犯罪嫌疑人是盲、聋、哑人,或者是尚未完全丧失辨认或者控制自己行为能力的精神病人的;

(二)未成年犯罪嫌疑人的法定代理人、辩护人对未成年人认罪认罚有异议的;

(三)其他不需要签署认罪认罚具结书的情形。

上述情形犯罪嫌疑人未签署认罪认罚具结书的,不影响认罪认罚从宽制度的适用。

190.3.2　认罪认罚自愿性、合法性审查

★《最高人民法院、最高人民检察院、公安部、国家安全部、司法部关于适用认罪认罚从宽制度的指导意见》(高检发〔2019〕13号,2019年10月11日)

39. 审判阶段认罪认罚自愿性、合法性审查。办理认罪认罚案件,人民法

院应当告知被告人享有的诉讼权利和认罪认罚的法律规定，听取被告人及其辩护人或者值班律师的意见。庭审中应当对认罪认罚的自愿性、具结书内容的真实性和合法性进行审查核实，重点核实以下内容：

（一）被告人是否自愿认罪认罚，有无因受到暴力、威胁、引诱而违背意愿认罪认罚；

（二）被告人认罪认罚时的认知能力和精神状态是否正常；

（三）被告人是否理解认罪认罚的性质和可能导致的法律后果；

（四）人民检察院、公安机关是否履行告知义务并听取意见；

（五）值班律师或者辩护人是否与人民检察院进行沟通，提供了有效法律帮助或者辩护，并在场见证认罪认罚具结书的签署。

庭审中审判人员可以根据具体案情，围绕定罪量刑的关键事实，对被告人认罪认罚的自愿性、真实性等进行发问，确认被告人是否实施犯罪，是否真诚悔罪。

被告人违背意愿认罪认罚，或者认罪认罚后又反悔，依法需要转换程序的，应当按照普通程序对案件重新审理。发现存在刑讯逼供等非法取证行为的，依照法律规定处理。

190.3.3　被告人反悔的处理

★《最高人民法院、最高人民检察院、公安部、国家安全部、司法部关于适用认罪认罚从宽制度的指导意见》（高检发〔2019〕13 号，2019 年 10 月 11 日）

53. 审判阶段反悔的处理。案件审理过程中，被告人反悔不再认罪认罚的，人民法院应当根据审理查明的事实，依法作出裁判。需要转换程序的，依照本意见的相关规定处理。

191　开庭讯问、发问

191.1　法条规定

第一百九十一条　公诉人在法庭上宣读起诉书后，被告人、被害人可以就起诉书指控的犯罪进行陈述，公诉人可以讯问被告人。

被害人、附带民事诉讼的原告人和辩护人、诉讼代理人，经审判长许可，可以向被告人发问。

审判人员可以讯问被告人。

【立法释义】①

开庭讯问、发问，可被视为一个相对独立的庭审环节。在开庭后，进行实质性的证据调查前，控辩双方可以分别陈述各自的意见及理由。基于举证责任规则，首先由公诉人在法庭上宣读起诉书。公诉人宣读起诉书后，审判长应当询问被告人对起诉书指控的犯罪事实和罪名是否有异议。随后，被告人就起诉书指控的犯罪进行陈述。被告人承认指控的，可以陈述案件事实；被告人否认指控的，可以作出无罪、罪轻的辩解。接下来，再由被害人就起诉书指控的犯罪进行陈述②。

---

① 参见王爱立主编书，第 408 页。

② 被害人的陈述与公诉人宣读的起诉书具有重合关系，也可考虑在公诉人宣读起诉书后，先由被害人进行陈述，作为起诉书的补充，随后再由被告人进行陈述，此种情况下，被告人可一并对起诉书和被害人陈述作出回应，否则，被告人在这一环节，丧失了对被害人陈述予以回应的机会。

在法庭审理过程中,向被告人发问应当在审判长的主持之下进行。审判长对于控辩双方讯问、发问被告人的内容与本案无关,或者讯问、发问的方式不当的,应当制止。控辩双方认为讯问或者发问的内容与本案无关,或者讯问、发问的方式不当,当庭提出异议的,审判长应当判明情况予以支持或者驳回。

对于共同犯罪案件,讯问被告人一般应当分别进行,合议庭认为必要时,可以传唤两名以上被告人到庭对质。

191.2 司法解释

191.2.1 宣读起诉书、起诉状

★《法院解释》(2021)

第二百四十条 审判长宣布法庭调查开始后,应当先由公诉人宣读起诉书;公诉人宣读起诉书后,审判长应当询问被告人对起诉书指控的犯罪事实和罪名有无异议。

有附带民事诉讼的,公诉人宣读起诉书后,由附带民事诉讼原告人或者其法定代理人、诉讼代理人宣读附带民事起诉状。

191.2.2 被告人、被害人陈述

★《法院解释》(2021)

第二百四十一条 在审判长主持下,被告人、被害人可以就起诉书指控的犯罪事实分别陈述。

191.2.3 当庭讯问、询问规范

★《检察院规则》(2019)

第四百零二条 讯问被告人、询问证人不得采取可能影响陈述或者证言客观真实的诱导性发问以及其他不当发问方式。

辩护人向被告人或者证人进行诱导性发问以及其他不当发问可能影响陈述或者证言的客观真实的,公诉人可以要求审判长制止或者要求对该项陈述或者证言不予采纳。

讯问共同犯罪案件的被告人、询问证人应当个别进行。

被告人、证人、被害人对同一事实的陈述存在矛盾的,公诉人可以建议法庭传唤有关被告人、通知有关证人同时到庭对质,必要时可以建议法庭询问被害人。

★《法院解释》(2021)

第二百四十二条 在审判长主持下,公诉人可以就起诉书指控的犯罪事实讯问被告人。

经审判长准许,被害人及其法定代理人、诉讼代理人可以就公诉人讯问的犯罪事实补充发问;附带民事诉讼原告人及其法定代理人、诉讼代理人可以就附带民事部分的事实向被告人发问;被告人的法定代理人、辩护人,附带民事诉讼被告人及其法定代理人、诉讼代理人可以在控诉方、附带民事诉讼原告方就某一问题讯问、发问完毕后向被告人发问。

根据案件情况,就证据问题对被告人的讯问、发问可以在举证、质证环节进行。

第二百四十三条 讯问同案审理的被告人,应当分别进行。

第二百四十四条 经审判长准许,控辩双方可以向被害人、附带民事诉讼原告人发问。

第二百四十五条 必要时,审判人员可以讯问被告人,也可以向被害人、附带民事诉讼当事人发问。

【重点解读】①

对于证据较多、案情较为复杂的案

---

① 参见李少平主编书,第 330 页。

件，公诉人在讯问环节涉及大量与证据有关的细节问题，可能影响庭审节奏。鉴于此，法庭调查环节对被告人的讯问、发问，可以采用两种模式：一种是集中发问模式。对于被告人认罪案件和简单案件，可以在这一讯问、发问环节，核实被告人认罪的自愿性和真实性，依法固定被告人供述，核实案件细节信息。另一种是程序性讯问和实体性讯问相结合的模式。对于被告人不认罪案件和疑难、复杂案件，可以在这一讯问、发问环节，主要核实被告人是否认罪，并告知认罪认罚从宽的法律规定。如果被告人坚持作无罪辩解，或者案件疑难、复杂，可在随后的举证、质证环节，围绕关键证据进行讯问、发问，有效解决案件事实证据存在的争议。

当庭讯问、发问，主要遵循以下规则：一是分别讯问规则。讯问同案审理的被告人，应当分别进行。主要是考虑，如果在开庭讯问环节，同案审理的被告人可以在场旁听，就可能产生证据污染，因知悉其他被告人的供述而翻供、串供。二是存疑对质规则。被告人、证人、被害人对同一事实的陈述存在矛盾的，公诉人可以建议法庭传唤有关被告人、通知有关证人同时到庭对质，必要时可以建议法庭询问被害人。被告人供述之间存在实质性差异的，法庭可以在必要时传唤同案被告人等到庭对质。对于分案审理的另案被告人，如果其供述的内容与本案被告人的供述存在实质性差异，且对本案被告人的定罪量刑有实质性影响，也可以在必要时传唤到庭对质。对于被告人供述与证人证言、被害人陈述存在实质性差异的，也可以当庭对质。三是当庭供述优先规则。被告人的庭前供述，因其合法性容易引发争议，故属于效力待定的供述；但被告人的当庭供述，依法具有法律效力。鉴于此，法庭应当注意当庭核实被告人供述的细节。

191.2.4　出示被告人供述笔录

★《检察院规则》(2019)

第四百零三条　被告人在庭审中的陈述与在侦查、审查起诉中的供述一致或者不一致的内容不影响定罪量刑的，可以不宣读被告人供述笔录。

被告人在庭审中的陈述与在侦查、审查起诉中的供述不一致，足以影响定罪量刑的，可以宣读被告人供述笔录，并针对笔录中被告人的供述内容对被告人进行讯问，或者提出其他证据进行证明。

191.3　规范性文件

191.3.1　庭前会议与庭审衔接

★《最高人民法院、最高人民检察院、公安部、国家安全部、司法部办理刑事案件庭前会议规程》(法发〔2024〕12号，2024年7月25日)

第二十五条　对于召开庭前会议的案件，在宣读起诉书后，法庭应当宣布庭前会议报告的主要内容。

对庭前会议处理管辖异议、申请回避、申请不公开审理等事项的，法庭可以在告知当事人诉讼权利后宣布庭前会议报告的相关内容。

有多起犯罪事实的案件，必要时可以在有关犯罪事实的法庭调查开始前，再次宣布庭前会议报告的相关内容。

第二十六条　宣布庭前会议报告后，对于控辩双方在庭前会议中达成一致意见以及人民法院依法作出处理决定的事项，法庭向控辩双方简要核实后当庭予以确认,除有正当理由外,一般不再进行处理;对于其他事项,法庭依法作出处理。

★《人民法院办理刑事案件第一审普通程序法庭调查规程(试行)》(法发〔2017〕31 号,2017 年 11 月 27 日)

第六条　公诉人宣读起诉书后,对于召开庭前会议的案件,法庭应当宣布庭前会议报告的主要内容。有多起犯罪事实的案件,法庭可以在有关犯罪事实的法庭调查开始前,分别宣布庭前会议报告的相关内容。

对于庭前会议中达成一致意见的事项,法庭可以向控辩双方核实后当庭予以确认;对于未达成一致意见的事项,法庭可以在庭审涉及该事项的环节归纳争议焦点,听取控辩双方意见,依法作出处理。

191.3.2　法庭调查规程的安排

★《人民法院办理刑事案件第一审普通程序法庭调查规程(试行)》(法发〔2017〕31 号,2017 年 11 月 27 日)

第七条　公诉人宣读起诉书后,审判长应当询问被告人对起诉书指控的犯罪事实是否有异议,听取被告人的供述和辩解。对于被告人当庭认罪的案件,应当核实被告人认罪的自愿性和真实性,听取其供述和辩解。

在审判长主持下,公诉人可以就起诉书指控的犯罪事实讯问被告人,为防止庭审过分迟延,就证据问题向被告人的讯问可在举证、质证环节进行。经审判长准许,被害人及其法定代理人、诉讼代理人可以就公诉人讯问的犯罪事实补充发问;附带民事诉讼原告人及其法定代理人、诉讼代理人可以就附带民事部分的事实向被告人发问;被告人的法定代理人、辩护人,附带民事诉讼被告人及其法定代理人、诉讼代理人可以在控诉一方就某一问题讯问完毕后向被告人发问。有多名被告人的案件,辩护人对被告人的发问,应当在审判长主持下,先由被告人本人的辩护人进行,再由其他被告人的辩护人进行。

第八条　有多名被告人的案件,对被告人的讯问应当分别进行。

被告人供述之间存在实质性差异的,法庭可以传唤有关被告人到庭对质。审判长可以分别讯问被告人,就供述的实质性差异进行调查核实。经审判长准许,控辩双方可以向被告人讯问、发问。审判长认为有必要的,可以准许被告人之间相互发问。

根据案件审理需要,审判长可以安排被告人与证人、被害人依照前款规定的方式进行对质。

第九条　申请参加庭审的被害人众多,且案件不属于附带民事诉讼范围的,被害人可以推选若干代表人参加或者旁听庭审,人民法院也可以指定若干代表人。

对被告人讯问、发问完毕后,其他证据出示前,在审判长主持下,参加庭审的被害人可以就起诉书指控的犯罪事实作出陈述。经审判长准许,控辩双方可以在被害人陈述后向被害人发问。

第十条　为解决被告人供述和辩解中的疑问,审判人员可以讯问被告人,也可以向被害人、附带民事诉讼当事人发问。

第十一条　有多起犯罪事实的案件,对被告人不认罪的事实,法庭调查一般应当分别进行。

被告人不认罪或者认罪后又反悔

的案件，法庭应当对与定罪和量刑有关的事实、证据进行全面调查。

被告人当庭认罪的案件，法庭核实被告人认罪的自愿性和真实性，确认被告人知悉认罪的法律后果后，可以重点围绕量刑事实和其他有争议的问题进行调查。

191.3.3　当庭讯问、询问方法

★《最高人民检察院关于加强出庭公诉工作的意见》（高检发诉字〔2015〕5号，2015年6月15日）

7. 强化当庭讯问。法庭讯问要讲究章法，合理选择运用解释性讯问、追问等方式，做到层次分明、重点突出、有的放矢。讯问被告人应把握主动，从容应对，确保当庭指控犯罪全面、准确、有力。对被告人的合理辩解认真予以对待，对被告人当庭不实供述予以揭露，对庭前的有罪供述予以固定。

8. 强化当庭询问。公诉人询问出庭作证的证人，可以要求证人连贯陈述，也可以直接发问。发问应简洁清楚，重点围绕与定罪量刑紧密相关的事实以及证言中有遗漏、矛盾、模糊不清和有争议的内容进行。当事人和辩护人、诉讼代理人对证人发问后，公诉人可以根据证人回答的情况，向法庭申请再次对证人发问。发现辩护人对证人有提示性、诱导性发问的，公诉人要及时提请合议庭予以制止。

191.3.4　涉黑案件当庭讯问规范

★《最高人民法院、最高人民检察院、公安部办理黑社会性质组织犯罪案件座谈会纪要》（法〔2009〕382号，2009年12月9日）

8. 庭审时应注意的有关问题。为确保庭审效果，人民法院在开庭审理涉黑案件之前，应认真做好庭审预案。法庭调查时，除必须传唤共同被告人同时到庭质证外，对各被告人应当分别讯问，以防止被告人当庭串供或者不敢如实供述、作证。对于诉讼参与人、旁听人员破坏法庭秩序、干扰法庭审理的，法庭应按照刑事诉讼法及有关司法解释的规定及时作出处理。构成犯罪的，应当依法追究刑事责任。

192　出庭作证

192.1　法条规定

第一百九十二条　公诉人、当事人或者辩护人、诉讼代理人对证人证言有异议，且该证人证言对案件定罪量刑有重大影响，人民法院认为证人有必要出庭作证的，证人应当出庭作证。

人民警察就其执行职务时目击的犯罪情况作为证人出庭作证，适用前款规定。

公诉人、当事人或者辩护人、诉讼代理人对鉴定意见有异议，人民法院认为鉴定人有必要出庭的，鉴定人应当出庭作证。经人民法院通知，鉴定人拒不出庭作证的，鉴定意见不得作为定案的根据。

【立法释义】①

本条规定明确了证人、鉴定人出庭作证的规则，是2012年刑事诉讼法修改增加的规定。证人、鉴定人出庭作证，不仅是识别证据风险、准确判断证据价值的要

① 参见王爱立主编书，第408—411页。

求,更是维护被告人质证权的保障。关于出庭作证,应当关注以下事项:

第一,证人出庭的范围。基于司法资源等考量,并非所有案件中的所有证人都有必要出庭作证。基于维护被告人质证权和案件证明需要等考虑,证人出庭主要包括以下条件:一是公诉人、当事人或者辩护人、诉讼代理人对证人证言有异议。在实践中,主要是指被告人及其辩护人对控方证人所作的庭前书面证言存在异议,认为庭前书面证言的合法性、真实性存在疑问,或者与其他证据存在矛盾。二是该证人证言对案件定罪量刑有重大影响。主要是指该证人是案件中的关键证人,其证言与案件定罪量刑事实的证明紧密相关,或者对其他影响定罪量刑的关键证据具有重要影响。对于不影响定罪量刑的证人证言,有关证人通常不需要出庭作证。三是人民法院认为证人有必要出庭作证。人民法院对证人出庭必要性的审查,侧重形式性审查,即对于符合上述两个条件的情形,原则上都有必要通知证人出庭作证。对于案件存在多名目击证人,且证人证言的内容相同等情形,人民法院可以基于必要性的考虑,通知部分证人到庭,无须通知全部证人到庭。

第二,警察出庭作证的要求。鉴于证人资源的稀缺性,警察在执行职务时目击犯罪情况的,尽管其可能需要参与现场紧急处置,但其诉讼角色应当优先作为证人。此种情况下,警察证人与普通证人并无特别之处。在庭审过程中,需要区分侦查人员出庭作证的两种角色:一是作为目击证人出庭作证。具体职责是陈述亲身感知的案件事实,与普通证人的角色相同。二是作为证明取证合法性的侦查人员出庭作证。具体职责是证明证据收集的合法性,避免争议证据被认定为非法证据。

第三,鉴定人和有专门知识的人出庭的要求。与证人证言相比,鉴定意见通常是案件中的关键证据,对解决案件中的专门性问题不可或缺。鉴于此,鉴定人出庭只需具备两个条件:一是公诉人、当事人或者辩护人、诉讼代理人对鉴定意见有异议。二是人民法院认为鉴定人有必要出庭。人民法院对鉴定人出庭必要性的审查,应当是形式性审查,对于存在争议的鉴定意见,原则上应当通知鉴定人出庭作证。鉴定意见涉及科学知识的运用,庭审质证难度较大。为有效对鉴定意见进行质证,当事人可以申请法庭通知有专门知识的人出庭。

第四,控辩双方的申请权。关于证人、鉴定人出庭作证,控辩双方拥有平等的申请权。需要指出的是,控辩双方申请证人、鉴定人等出庭,应当在开庭之前提出,便于法庭提前通知证人、鉴定人等出庭。关于申请证人、鉴定人出庭的情形,法庭可以进行必要性审查。鉴于鉴定意见通常是案件中的关键证据,对于申请鉴定人出庭的情形,法庭原则上应当准许。关于控辩双方的协助义务,"六部门"《关于实施刑事诉讼法若干问题的规定》第二十八条规定,人民法院依法通知证人、鉴定人出庭作证的,应当同时将证人、鉴定人出庭通知书送交控辩双方,控辩双方应当予以配合。

第五,证人、鉴定人不出庭的程序影响。对于证人证言,本法并未确立严格的传闻证据排除规则。需要指出的是,随着远程视频通讯技术的发展,对于面临特殊困难、无法出庭的证人，可以通过视频等方式作证。对于鉴定意见，本法确立了严格的传闻证据排除规则。经人民法院通知，鉴定人拒不出庭作证的，鉴定意见不得作为定案的根据。主要是考虑，鉴定人与证人相比并不具有不可替代性，因鉴定人拒不出庭作证导致鉴定意见的可靠性无法确认的，可以另行指派、聘请其他鉴定人进行鉴定。

192.2　司法解释

192.2.1　申请出庭的规范

★《检察院规则》(2019)

第四百零四条　公诉人对证人证言有异议，且该证人证言对案件定罪量刑有重大影响的，可以申请人民法院通知证人出庭作证。

人民警察就其执行职务时目击的犯罪情况作为证人出庭作证，适用前款规定。

公诉人对鉴定意见有异议的，可以申请人民法院通知鉴定人出庭作证。经人民法院通知，鉴定人拒不出庭作证的，公诉人可以建议法庭不予采纳该鉴定意见作为定案的根据，也可以申请法庭重新通知鉴定人出庭作证或者申请重新鉴定。

必要时，公诉人可以申请法庭通知有专门知识的人出庭，就鉴定人作出的鉴定意见提出意见。

当事人或者辩护人、诉讼代理人对证人证言、鉴定意见有异议的，公诉人认为必要时，可以申请人民法院通知证人、鉴定人出庭作证。

【重点解读】①

关于申请证人、鉴定人出庭作证的时机，可以在提起公诉时向人民法院书面提出。提起公诉时没有提出而在法庭审理中发现需要证人、鉴定人出庭作证的，也可以在法庭审理中提出。在法庭审理中，申请证人、鉴定人、有专门知识的人出庭，需要延期审理的，可以建议人民法院延期审理。

192.2.2　建议出庭的规范

★《检察院规则》(2019)

第四百一十三条　对于搜查、查封、扣押、冻结、勘验、检查、辨认、侦查实验等活动中形成的笔录存在争议，需要调查人员、侦查人员以及上述活动的见证人出庭陈述有关情况的，公诉人可以建议合议庭通知其出庭。

192.2.3　申请证人出庭作证

★《法院解释》(2021)

第二百四十六条　公诉人可以提请法庭通知证人、鉴定人、有专门知识的人、调查人员、侦查人员或者其他人员出庭，或者出示证据。被害人及其法定代理人、诉讼代理人，附带民事诉讼原告人及其诉讼代理人也可以提出申请。

在控诉方举证后，被告人及其法定代理人、辩护人可以提请法庭通知证人、鉴定人、有专门知识的人、调查人员、侦查人员或者其他人员出庭，或者出示证据。

第二百四十七条　控辩双方申请证人出庭作证，出示证据，应当说明证据的名称、来源和拟证明的事实。法庭认为有必要的，应当准许；对方提出异议，认为有关证据与案件无关或者明显重复、不必要，法庭经审查异议成立的，

① 参见童建明、万春主编释义书，第412—414页。

可以不予准许。

192.2.4　申请法院出示证据

★《法院解释》(2021)

第二百四十八条　已经移送人民法院的案卷和证据材料，控辩双方需要出示的，可以向法庭提出申请，法庭可以准许。案卷和证据材料应当在质证后当庭归还。

需要播放录音录像或者需要将证据材料交由法庭、公诉人或者诉讼参与人查看的，法庭可以指令值庭法警或者相关人员予以协助。

【重点解读】①

为保证已移送人民法院的案卷和证据材料的安全，同时兼顾当庭出示证据的现实需要，已经移送人民法院的案卷和证据材料，控辩双方需要出示的，可以向法庭提出申请，法庭可以准许当庭借用。借用的案卷和证据材料应当在质证后当庭归还。鉴于此，控辩双方只能申请当庭借用。对于控辩双方提出取回已移送人民法院的案卷和证据材料的，法庭应当不予准许。

192.2.5　相关人员出庭作证

★《法院解释》(2021)

第二百四十九条　公诉人、当事人或者辩护人、诉讼代理人对证人证言有异议，且该证人证言对定罪量刑有重大影响，或者对鉴定意见有异议，人民法院认为证人、鉴定人有必要出庭作证的，应当通知证人、鉴定人出庭。

控辩双方对侦破经过、证据来源、证据真实性或者合法性等有异议，申请调查人员、侦查人员或者有关人员出庭，人民法院认为有必要的，应当通知调查人员、侦查人员或者有关人员出庭。

第二百五十条　公诉人、当事人及其辩护人、诉讼代理人申请法庭通知有专门知识的人出庭，就鉴定意见提出意见的，应当说明理由。法庭认为有必要的，应当通知有专门知识的人出庭。

申请有专门知识的人出庭，不得超过二人。有多种类鉴定意见的，可以相应增加人数。

192.2.6　依职权通知证人作证

★《法院解释》(2021)

第二百五十一条　为查明案件事实、调查核实证据，人民法院可以依职权通知证人、鉴定人、有专门知识的人、调查人员、侦查人员或者其他人员出庭。

第二百五十二条　人民法院通知有关人员出庭的，可以要求控辩双方予以协助。

192.2.7　出庭作证的例外情形

★《法院解释》(2021)

第二百五十三条　证人具有下列情形之一，无法出庭作证的，人民法院可以准许其不出庭：

(一)庭审期间身患严重疾病或者行动极为不便的；

(二)居所远离开庭地点且交通极为不便的；

(三)身处国外短期无法回国的；

(四)有其他客观原因，确实无法出庭的。

具有前款规定情形的，可以通过视频等方式作证。

192.2.8　证人补助制度

★《法院解释》(2021)

第二百五十四条　证人出庭作证

① 参见李少平主编书，第 333—334 页。

所支出的交通、住宿、就餐等费用，人民法院应当给予补助。

192.3 规范性文件

192.3.1 人证出庭作证的基本规程

★《最高人民法院、最高人民检察院、公安部、国家安全部、司法部关于推进以审判为中心的刑事诉讼制度改革的意见》（法发〔2016〕18号，2016年7月20日）

十二、完善对证人、鉴定人的法庭质证规则。落实证人、鉴定人、侦查人员出庭作证制度，提高出庭作证率。公诉人、当事人或者辩护人、诉讼代理人对证人证言有异议，人民法院认为该证人证言对案件定罪量刑有重大影响的，证人应当出庭作证。

健全证人保护工作机制，对因作证面临人身安全等危险的人员依法采取保护措施。建立证人、鉴定人等作证补助专项经费划拨机制。完善强制证人到庭制度。

★《人民法院办理刑事案件第一审普通程序法庭调查规程（试行）》（法发〔2017〕31号，2017年11月27日）

第十二条 控辩双方可以申请法庭通知证人、鉴定人、侦查人员和有专门知识的人等出庭。

被害人及其法定代理人、诉讼代理人，附带民事诉讼原告人及其诉讼代理人也可以提出上述申请。

第十三条 控辩双方对证人证言、被害人陈述有异议，申请证人、被害人出庭，人民法院经审查认为证人证言、被害人陈述对案件定罪量刑有重大影响的，应当通知证人、被害人出庭。

控辩双方对鉴定意见有异议，申请鉴定人或者有专门知识的人出庭，人民法院经审查认为有必要的，应当通知鉴定人或者有专门知识的人出庭。

控辩双方对侦破经过、证据来源、证据真实性或者证据收集合法性等有异议，申请侦查人员或者有关人员出庭，人民法院经审查认为有必要的，应当通知侦查人员或者有关人员出庭。

为查明案件事实、调查核实证据，人民法院可以依职权通知上述人员到庭。

人民法院通知证人、被害人、鉴定人、侦查人员、有专门知识的人等出庭的，控辩双方协助有关人员到庭。

第十四条 应当出庭作证的证人，在庭审期间因身患严重疾病等客观原因确实无法出庭的，可以通过视频等方式作证。

证人视频作证的，发问、质证参照证人出庭作证的程序进行。

前款规定适用于被害人、鉴定人、侦查人员。

192.3.2 侦查人员出庭作证的要求

★《公安规定》（2020）

第七十二条 人民法院认为现有证据材料不能证明证据收集的合法性，通知有关侦查人员或者公安机关其他人员出庭说明情况的，有关侦查人员或者其他人员应当出庭。必要时，有关侦查人员或者其他人员也可以要求出庭说明情况。侦查人员或者其他人员出庭，应当向法庭说明证据收集过程，并就相关情况接受发问。

经人民法院通知，人民警察应当就其执行职务时目击的犯罪情况出庭作证。

★《国安规定》（2024）

第九十九条 人民法院认为现有

证据材料不能说明证据收集的合法性，通知有关侦查人员或者其他人员出庭说明情况的，有关侦查人员或者其他人员应当出庭。必要时，有关侦查人员或者其他人员也可以要求出庭说明情况。侦查人员或者其他人员出庭，应当向法庭说明证据收集过程，并就相关情况接受发问。

经人民法院通知，人民警察应当就其执行职务时目击的犯罪情况出庭作证。

本条第一款、第二款规定的出庭作证的人员，适用证人保护的有关措施。

192.3.3　传闻证据排除规则

★《最高人民法院关于建立健全防范刑事冤假错案工作机制的意见》（法发〔2013〕11 号，2013 年 10 月 9 日）

13. 依法应当出庭作证的证人没有正当理由拒绝出庭或者出庭后拒绝作证，其庭前证言真实性无法确认的，不得作为定案的根据。

192.3.4　鉴定人拒不出庭的后果

★《最高人民法院、最高人民检察院、公安部、国家安全部、司法部、全国人大常委会法制工作委员会关于实施刑事诉讼法若干问题的规定》（2012 年 12 月 26 日）

28. 人民法院依法通知证人、鉴定人出庭作证的，应当同时将证人、鉴定人出庭通知书送交控辩双方，控辩双方应当予以配合。

29. 刑事诉讼法第一百八十七条第三款①规定："公诉人、当事人或者辩护人、诉讼代理人对鉴定意见有异议，人民法院认为鉴定人有必要出庭的，鉴定人应当出庭作证。经人民法院通知，鉴定人拒不出庭作证的，鉴定意见不得作为定案的根据。"根据上述规定，依法应当出庭的鉴定人经人民法院通知未出庭作证的，鉴定意见不得作为定案的根据。鉴定人由于不能抗拒的原因或者有其他正当理由无法出庭的，人民法院可以根据案件审理情况决定延期审理。

192.4　指导与参考案例

192.4.1　侦查人员出庭规范

【刑事审判参考案例】

［第 721 号］王文勇、陈清运输毒品案

裁判要旨：侦查人员出庭，应当是就其在执行职务过程中感知和了解的案件情况进行说明。具体包括：对犯罪嫌疑人进行抓捕的过程中经历和了解的案件事实情况；在实施搜查、扣押、辨认、讯问、询问等侦查活动中了解的案件事实情况和与实施侦查活动本身的合法性相关的情况；在接受犯罪嫌疑人投案或者对犯罪嫌疑人提供的立功线索进行查证等活动中了解的案件事实情况。侦查人员出庭作证的，根据其特殊职务身份的需要，一般不必要求其签署证人保证书，但可要求其向法庭如实提供案件真实情况。侦查人员出庭作证，应当首先由该侦查人员就需要说明的情况进行陈述，再由控方和辩方分别进行询问；审判人员认为必要时，也可以进行询问。

---

① 2018 年刑事诉讼法第一百九十二条第三款。

193　强制证人出庭作证

193.1　法条规定

第一百九十三条　经人民法院通知，证人没有正当理由不出庭作证的，人民法院可以强制其到庭，但是被告人的配偶、父母、子女除外。

证人没有正当理由拒绝出庭或者出庭后拒绝作证的，予以训诫，情节严重的，经院长批准，处以十日以下的拘留。被处罚人对拘留决定不服的，可以向上一级人民法院申请复议。复议期间不停止执行。

【立法释义】①

本条规定明确了强制证人出庭作证的程序，是2012年刑事诉讼法修改增加的规定。强制证人出庭作证，是确保证人依法履行作证义务的最后手段。关于强制证人出庭，需要注意以下事项：

第一，证人没有正当理由不出庭作证的认定。出庭作证是证人的法律义务。证人因身患严重疾病、身处境外等客观原因无法出庭的，属于存在正当理由，可以不出庭作证，但如该证人确属关键证人，也可通过视频方式作证。证人究竟是否具有正当理由，应当由人民法院结合具体情况作出认定。如果证人没有正当理由不出庭作证，故意违反作证义务，就属于可以强制到庭的情形。

第二，强制到庭的方式及例外情形。对于人民法院决定强制证人出庭的情形，根据《法院解释》第二百五十五条的规定，应当由院长签发强制证人出庭令，由法警执行。必要时，可以商请公安机关协助。被告人的配偶、父母、子女，作为被告人的家庭成员，不能强制到庭。这一规定体现了维系家庭关系的政策考量。不过，被告人的配偶、父母、子女，可以在审前程序中提供证据，也可以选择主动出庭作证。

第三，拒绝出庭作证的制裁。证人没有正当理由拒绝出庭或者出庭后拒绝作证的，予以训诫，情节严重的，经院长批准，处以十日以下的拘留。被处罚人对拘留决定不服的，可以向上一级人民法院申请复议。复议期间不停止执行。

为推进庭审实质化，督促人民检察院履行举证责任，有必要强化人民检察院协助控方证人到庭的法律职责。据此，建立通知到庭、协助到庭、强制到庭相衔接的证人出庭作证制度，有助于解决证人出庭作证的难题。

193.2　司法解释

193.2.1　证人出庭的规范

★《检察院规则》(2019)

第四百零五条　证人应当由人民法院通知并负责安排出庭作证。

对于经人民法院通知而未到庭的证人或者出庭后拒绝作证的证人的证言笔录，公诉人应当当庭宣读。

对于经人民法院通知而未到庭的证人的证言笔录存在疑问、确实需要证人出庭作证，且可以强制其到庭的，公诉人应当建议人民法院强制证人到庭作证和接受质证。

【重点解读】②

建议人民法院强制证人到庭作证，

① 参见王爱立主编书，第412—413页。

② 参见童建明、万春主编释义书，第415页。

需要满足两个条件：一是对未到庭证人的证言笔录存在疑问，确实需要证人出庭作证。二是可以强制其到庭。证人如果有正当理由，如生病不能出庭或者由于不可抗力无法到庭的，不能强制其到庭。

193.2.2　强制证人出庭的程序

★《法院解释》（2021）

第二百五十五条　强制证人出庭的，应当由院长签发强制证人出庭令，由法警执行。必要时，可以商请公安机关协助。

★《人民法院办理刑事案件第一审普通程序法庭调查规程（试行）》（法发〔2017〕31 号，2017 年 11 月 27 日）

第十五条　人民法院通知出庭的证人，无正当理由拒不出庭的，可以强制其出庭，但是被告人的配偶、父母、子女除外。

强制证人出庭的，应当由院长签发强制证人出庭令，并由法警执行。必要时，可以商请公安机关协助执行。

194　对证人、鉴定人的当庭询问

194.1　法条规定

第一百九十四条　证人作证，审判人员应当告知他要如实地提供证言和有意作伪证或者隐匿罪证要负的法律责任。公诉人、当事人和辩护人、诉讼代理人经审判长许可，可以对证人、鉴定人发问。审判长认为发问的内容与案件无关的时候，应当制止。

审判人员可以询问证人、鉴定人。

【立法释义】①

1979 年刑事诉讼法规定："审判人员、公诉人询问证人，应当告知他要如实地提供证言和有意作伪证或者隐匿罪证要负的法律责任。当事人和辩护人可以申请审判长对证人、鉴定人发问，或者请求审判长许可直接发问。审判长认为发问的内容与案件无关的时候，应当制止。"1996 年刑事诉讼法修改，为加强庭审功能，侧重由公诉人、当事人和辩护人、诉讼代理人在法庭上对证人、鉴定人进行发问；同时规定，审判人员也可以询问证人、鉴定人。

第一，控辩双方当庭对证人、鉴定人的询问。为确保出庭证人如实作证，审判人员应当告知他要如实地提供证言和有意作伪证或者隐匿罪证要负的法律责任。"有意作伪证或者隐匿罪证要负的法律责任"，主要是指对于有意作伪证或者隐匿罪证的人，构成犯罪的，依照刑法第三百零五条伪证罪的规定，追究刑事责任；对于出庭后拒绝作证的，可依照本法第一百九十三条规定予以训诫、处罚。公诉人、当事人和辩护人、诉讼代理人在证人提供证言、鉴定人提供鉴定意见后，认为需要询问证人、鉴定人的，经审判长许可，可以对证人、鉴定人进行发问。询问证人、鉴定人，不能采用威胁、利诱、暗示等方法；多名证人出庭作证的，应当分别进行。对于证人的陈述不清或者矛盾之处，应当要求证人作进一步陈述和说明；对于证人之间的证言相互矛盾的，公诉人、当事人和辩护人、诉讼代理人可以进一步核实，互相质证。审判长认为发问的

① 参见王爱立主编书，第 413—415 页。

内容与案件无关的时候，应当制止。“内容与案件无关”，是指发问的内容与案件涉及的犯罪事实无关，与案件定罪量刑无关。

第二，审判人员可以当庭询问证人、鉴定人。对证人、鉴定人进行询问，主要由公诉人、当事人和辩护人、诉讼代理人进行，但审判人员在必要的时候，也可以询问证人、鉴定人。这种依职权进行的询问，有助于保证法庭核实相关证据和案件事实。需要指出的是，在法庭审理过程中，审判人员对证人、鉴定人的询问，通常应当在控辩双方发问后进行，不宜率先进行，更不要包办代替，只是在必要时才进行询问。同时，依照本法第一百九十七条的规定，公诉人、当事人、辩护人和诉讼代理人可以申请法庭通知有专门知识的人出庭，对鉴定人作出的鉴定意见提出意见。有专门知识的人出庭作证，适用鉴定人的有关规定。据此，公诉人、当事人、辩护人、诉讼代理人，以及审判人员可以询问鉴定人的规定，也适用于有专门知识的人。

194.2　司法解释

194.2.1　公诉人当庭讯问/询问方式

★《检察院规则》(2019)

第四百零二条　讯问被告人、询问证人不得采取可能影响陈述或者证言客观真实的诱导性发问以及其他不当发问方式。

辩护人向被告人或者证人进行诱导性发问以及其他不当发问可能影响陈述或者证言的客观真实的，公诉人可以要求审判长制止或者要求对该项陈述或者证言不予采纳。

讯问共同犯罪案件的被告人、询问证人应当个别进行。

被告人、证人、被害人对同一事实的陈述存在矛盾的，公诉人可以建议法庭传唤有关被告人、通知有关证人同时到庭对质，必要时可以建议法庭询问被害人。

第四百零六条　证人在法庭上提供证言，公诉人应当按照审判长确定的顺序向证人发问。可以要求证人就其所了解的与案件有关的事实进行陈述，也可以直接发问。

证人不能连贯陈述的，公诉人可以直接发问。

向证人发问，应当针对证言中有遗漏、矛盾、模糊不清和有争议的内容，并着重围绕与定罪量刑紧密相关的事实进行。

发问采取一问一答形式，提问应当简洁、清楚。

证人进行虚假陈述的，应当通过发问澄清事实，必要时可以宣读在侦查、审查起诉阶段制作的该证人的证言笔录或者出示、宣读其他证据。

当事人和辩护人、诉讼代理人向证人发问后，公诉人可以根据证人回答的情况，经审判长许可，再次向证人发问。

询问鉴定人、有专门知识的人参照上述规定进行。

★《最高人民检察院关于加强出庭公诉工作的意见》(高检发诉字〔2015〕5号，2015年6月15日)

8. 强化当庭询问。公诉人询问出庭作证的证人，可以要求证人连贯陈述，也可以直接发问。发问应简洁清楚，重点围绕与定罪量刑紧密相关的事实以及证言中有遗漏、矛盾、模糊不清和有争议的内容进行。当事人和辩护人、诉讼代理人对证人发问后，公诉人可以根据证人回答的情况，向法庭申请再次对证人发问。发现辩护人对证人有提示性、诱导性发问的,公诉人要及时提请合议庭予以制止。

194.2.2　出庭保护和庭外核实证据

★《检察院规则》(2019)

第四百零七条　必要时,公诉人可以建议法庭采取不暴露证人、鉴定人、被害人外貌、真实声音等出庭作证保护措施,或者建议法庭根据刑事诉讼法第一百五十四条的规定在庭外对证据进行核实。

【重点解读】①

为确保证人、鉴定人、被害人的人身安全,既可以采取出庭作证保护措施,也可以选择庭外核实证据。在庭外对证据进行核实,是指由审判人员在庭外,向证人、鉴定人、被害人核实有关情况,审判人员负有对证人、鉴定人、被害人身份保密的义务。

194.2.3　证人当庭接受发问的流程

★《法院解释》(2021)

第二百五十八条　证人出庭的,法庭应当核实其身份、与当事人以及本案的关系,并告知其有关权利义务和法律责任。证人应当保证向法庭如实提供证言,并在保证书上签名。

第二百五十九条　证人出庭后,一般先向法庭陈述证言;其后,经审判长许可,由申请通知证人出庭的一方发问,发问完毕后,对方也可以发问。

法庭依职权通知证人出庭的,发问顺序由审判长根据案件情况确定。

第二百六十条　鉴定人、有专门知识的人、调查人员、侦查人员或者其他人员出庭的,参照适用前两条规定。

【重点解读】②

所谓"主导对证人的询问",实际上就是确定发问的顺序。据此,法庭依职权通知证人出庭的,发问顺序由审判长根据案件情况确定。

有专门知识的人可以出庭就鉴定人作出的鉴定意见提出意见,实质上是作为专家辅助人,帮助法庭对鉴定意见进行审查与认定。有专门知识的人应当提供其专业背景等材料,便于法庭审查其是否有能力、有资格履行专家辅助人的职责。法庭可以参照对证人作证的相关要求,要求有专门知识的人签署保证书,以增强其如实陈述意见的责任感。

194.2.4　向证人发问的禁止性规定

★《法院解释》(2021)

第二百六十一条　向证人发问应当遵循以下规则:

(一)发问的内容应当与本案事实有关;

(二)不得以诱导方式发问;

(三)不得威胁证人;

(四)不得损害证人的人格尊严。

对被告人、被害人、附带民事诉讼当事人、鉴定人、有专门知识的人、调查人员、侦查人员或者其他人员的讯问、发问,适用前款规定。

【重点解读】③

根据英美法交叉询问的惯例,"不得以诱导方式发问"的禁令应仅限于对本方证人的直接询问,而针对对方证人的交叉询问,诱导性询问是质证的必要方法,不应有此限制。因此,应当区分主询问与交叉询问的差别作出规定,对

① 参见童建明、万春主编释义书,第416页。

② 参见李少平主编书,第338页。

③ 参见李少平主编书,第339—340页。

主询问禁止诱导的方式，对交叉询问则不应当禁止。随着法庭调查规则逐步完善，有必要进一步区分本方证人与他方证人，完善交叉询问规则。

194.2.5　当庭讯问、发问程序规范

★《法院解释》(2021)

第二百六十二条　控辩双方的讯问、发问方式不当或者内容与本案无关的，对方可以提出异议，申请审判长制止，审判长应当判明情况予以支持或者驳回；对方未提出异议的，审判长也可以根据情况予以制止。

第二百六十三条　审判人员认为必要时，可以询问证人、鉴定人、有专门知识的人、调查人员、侦查人员或者其他人员。

第二百六十四条　向证人、调查人员、侦查人员发问应当分别进行。

第二百六十五条　证人、鉴定人、有专门知识的人、调查人员、侦查人员或者其他人员不得旁听对本案的审理。有关人员作证或者发表意见后，审判长应当告知其退庭。

【重点解读】①

对证人的发问应当分别进行；但是，对鉴定人、有专门知识的人发问可能无须分别进行。

194.3　规范性文件

194.3.1　法庭调查规程的询问规范

★《人民法院办理刑事案件第一审普通程序法庭调查规程(试行)》(法发〔2017〕31号，2017年11月27日)

第十八条　证人、鉴定人出庭，法庭应当当庭核实其身份、与当事人以及本案的关系，审查证人、鉴定人的作证能力、专业资质，并告知其有关作证的权利义务和法律责任。

证人、鉴定人作证前，应当保证向法庭如实提供证言、说明鉴定意见，并在保证书上签名。

第十九条　证人出庭后，先向法庭陈述证言，然后先由举证方发问；发问完毕后，对方也可以发问。根据案件审理需要，也可以先由申请方发问。

控辩双方向证人发问完毕后，可以发表本方对证人证言的质证意见。控辩双方如有新的问题，经审判长准许，可以再行向证人发问。

审判人员认为必要时，可以询问证人。法庭依职权通知证人出庭的情形，审判人员应当主导对证人的询问。经审判长准许，被告人可以向证人发问。

第二十条　向证人发问应当遵循以下规则：

(一)发问内容应当与案件事实有关；

(二)不得采用诱导方式发问；

(三)不得威胁或者误导证人；

(四)不得损害证人人格尊严；

(五)不得泄露证人个人隐私。

第二十一条　控辩一方发问方式不当或者内容与案件事实无关，违反有关发问规则的，对方可以提出异议。对方当庭提出异议的，发问方应当说明发问理由，审判长判明情况予以支持或者驳回；对方未当庭提出异议的，审判长也可以根据情况予以制止。

第二十二条　审判长认为证人当庭陈述的内容与案件事实无关或者明显重复的，可以进行必要的提示。

第二十三条　有多名证人出庭作

---

① 参见李少平主编书，第341—342页。

证的案件，向证人发问应当分别进行。

多名证人出庭作证的，应当在法庭指定的地点等候，不得谈论案情，必要时可以采取隔离等候措施。证人出庭作证后，审判长应当通知法警引导其退庭。证人不得旁听对案件的审理。

被害人没有列为当事人参加法庭审理，仅出庭陈述案件事实的，参照适用前款规定。

第二十四条 证人证言之间存在实质性差异的，法庭可以传唤有关证人到庭对质。

审判长可以分别询问证人，就证言的实质性差异进行调查核实。经审判长准许，控辩双方可以向证人发问。审判长认为有必要的，可以准许证人之间相互发问。

第二十五条 证人出庭作证的，其庭前证言一般不再出示、宣读，但下列情形除外：

（一）证人出庭作证时遗忘或者遗漏庭前证言的关键内容，需要向证人作出必要提示的；

（二）证人的当庭证言与庭前证言存在矛盾，需要证人作出合理解释的。

为核实证据来源、证据真实性等问题，或者帮助证人回忆，经审判长准许，控辩双方可以在询问证人时向其出示物证、书证等证据。

第二十六条 控辩双方可以申请法庭通知有专门知识的人出庭，协助本方就鉴定意见进行质证。有专门知识的人可以与鉴定人同时出庭，在鉴定人作证后向鉴定人发问，并对案件中的专门性问题提出意见。

申请有专门知识的人出庭，应当提供人员名单，并不得超过二人。有多种类鉴定意见的，可以相应增加人数。

第二十七条 对被害人、鉴定人、侦查人员、有专门知识的人的发问，参照适用证人的有关规定。

同一鉴定意见由多名鉴定人作出，有关鉴定人以及对该鉴定意见进行质证的有专门知识的人，可以同时出庭，不受分别发问规则的限制。

195 证据的当庭出示、质证

195.1 法条规定

第一百九十五条 公诉人、辩护人应当向法庭出示物证，让当事人辨认，对未到庭的证人的证言笔录、鉴定人的鉴定意见、勘验笔录和其他作为证据的文书，应当当庭宣读。审判人员应当听取公诉人、当事人和辩护人、诉讼代理人的意见。

【立法释义】①

第一，公诉人、辩护人向法庭出示物证，让当事人辨认。1996年刑事诉讼法修改，将此前的规定调整为，公诉人、辩护人向法庭出示物证、宣读未到庭证人的证言笔录等作为证据的文书，审判人员应当听取公诉人、辩护人等的意见。这一修改有利于充分调动控辩双方在庭审中的积极性，从不同角度提出证据，促使审判人员客观公正地审理案件。

第二，对未到庭的证人的证言笔录、鉴定人的鉴定意见、勘验笔录和其他作为证据的文书，当庭宣读。2012

① 参见王爱立主编书，第415—416页。

年刑事诉讼法修改将“鉴定结论”修改为“鉴定意见”。证人身患疾病住院治疗或者行走不便、远居外地或者外出，以及有其他正当理由不能出庭作证的，控辩双方应将其证言笔录当庭宣读，对未到庭的鉴定人的鉴定意见、勘验笔录和其他作为证据的文书，也应当当庭宣读。

第三，审判人员应当听取公诉人、当事人和辩护人、诉讼代理人的意见。对于在法庭上出示的物证和宣读的其他证据，审判人员应当听取公诉人、当事人和辩护人、诉讼代理人的意见，认真调查核实。

195.2　司法解释

195.2.1　笔录证据的当庭宣读

★《检察院规则》(2019)

第四百零八条　对于鉴定意见、勘验、检查、辨认、侦查实验等笔录和其他作为证据的文书以及经人民法院通知而未到庭的被害人的陈述笔录，公诉人应当当庭宣读。

【重点解读】①

对于鉴定意见、勘验、检查、辨认、侦查实验等笔录和其他作为证据的文书，以及经法院通知未到庭的被害人的陈述笔录，公诉人应当当庭宣读。被害人如果到庭的，应当当庭陈述。

195.2.2　物证、书证的当庭出示

★《检察院规则》(2019)

第四百零九条　公诉人向法庭出示物证，一般应当出示原物，原物不易搬运、不易保存或者已返还被害人的，可以出示反映原物外形和特征的照片、录像、复制品，并向法庭说明情况及与原物的同一性。

公诉人向法庭出示书证，一般应当出示原件。获取书证原件确有困难的，可以出示书证副本或者复制件，并向法庭说明情况及与原件的同一性。

公诉人向法庭出示物证、书证，应当对该物证、书证所要证明的内容、获取情况作出说明，并向当事人、证人等问明物证的主要特征，让其辨认。对该物证、书证进行鉴定的，应当宣读鉴定意见。

195.2.3　电子证据的当庭展示

★《最高人民法院、最高人民检察院、公安部关于办理刑事案件收集提取和审查判断电子数据若干问题的规定》(法发〔2016〕22号，2016年9月9日)

第二十一条　控辩双方向法庭提交的电子数据需要展示的，可以根据电子数据的具体类型，借助多媒体设备出示、播放或者演示。必要时，可以聘请具有专门知识的人进行操作，并就相关技术问题作出说明。

195.2.4　申请法庭当庭出示证据

★《最高人民法院、最高人民检察院、公安部、国家安全部、司法部、全国人大常委会法制工作委员会关于实施刑事诉讼法若干问题的规定》(2012年12月26日)

26. 人民法院开庭审理公诉案件时，出庭的检察人员和辩护人需要出示、宣读、播放已移交人民法院的证据的，可以申请法庭出示、宣读、播放。

★《法院解释》(2021)

第二百四十八条　已经移送人民

---

①　参见童建明、万春主编释义书，第417页。

法院的案卷和证据材料，控辩双方需要出示的，可以向法庭提出申请，法庭可以准许。案卷和证据材料应当在质证后当庭归还。

需要播放录音录像或者需要将证据材料交由法庭、公诉人或者诉讼参与人查看的，法庭可以指令值庭法警或者相关人员予以协助。

195.2.5　证据质证与当庭对质要求

★**《最高人民法院、最高人民检察院、公安部、国家安全部、司法部关于推进以审判为中心的刑事诉讼制度改革的意见》**（法发〔2016〕18 号，2016 年 7 月 20 日）

十一、规范法庭调查程序，确保诉讼证据出示在法庭、案件事实查明在法庭。证明被告人有罪或者无罪、罪轻或者罪重的证据，都应当在法庭上出示，依法保障控辩双方的质证权利。对定罪量刑的证据，控辩双方存在争议的，应当单独质证；对庭前会议中控辩双方没有异议的证据，可以简化举证、质证。

★**《法院解释》**（2021）

第二百六十七条　举证方当庭出示证据后，由对方发表质证意见。

第二百六十八条　对可能影响定罪量刑的关键证据和控辩双方存在争议的证据，一般应当单独举证、质证，充分听取质证意见。

对控辩双方无异议的非关键证据，举证方可以仅就证据的名称及拟证明的事实作出说明。

召开庭前会议的案件，举证、质证可以按照庭前会议确定的方式进行。

根据案件和庭审情况，法庭可以对控辩双方的举证、质证方式进行必要的指引。

第二百六十九条　审理过程中，法庭认为有必要的，可以传唤同案被告人、分案审理的共同犯罪或者关联犯罪案件的被告人等到庭对质。

第二百七十条　当庭出示的证据，尚未移送人民法院的，应当在质证后当庭移交。

【重点解读】①

对于可能影响定罪量刑的关键证据和控辩双方存在争议的证据“一般应当单独举证、质证”。单独质证有助于调查核实证据，解决事实证据疑问。根据实践需要，到庭对质的范围包括“分案审理的共同犯罪或者关联犯罪案件的被告人”，充分保障当事人的质证权。

195.3　规范性文件

195.3.1　法庭调查规程的举证、质证规范

★**《人民法院办理刑事案件第一审普通程序法庭调查规程（试行）》**（法发〔2017〕31 号，2017 年 11 月 27 日）

第二十八条　开庭讯问、发问结束后，公诉人先行举证。公诉人举证完毕后，被告人及其辩护人举证。

公诉人出示证据后，经审判长准许，被告人及其辩护人可以有针对性地出示证据予以反驳。

控辩一方举证后，对方可以发表质证意见。必要时，控辩双方可以对争议证据进行多轮质证。

被告人及其辩护人认为公诉人出示的有关证据对本方诉讼主张有利的，可以在发表质证意见时予以认可，或者在发表辩护意见时直接援引有关证据。

---

① 参见李少平主编书，第 343—344 页。

第二十九条　控辩双方随案移送或者庭前提交，但没有当庭出示的证据，审判长可以进行必要的提示；对于其中可能影响定罪量刑的关键证据，审判长应当提示控辩双方出示。

对于案件中可能影响定罪量刑的事实、证据存在疑问，控辩双方没有提及的，审判长应当引导控辩双方发表质证意见，并依法调查核实。

第三十条　法庭应当重视对证据收集合法性的审查，对证据收集的合法性有疑问的，应当调查核实证明取证合法性的证据材料。

对于被告人及其辩护人申请排除非法证据，依法提供相关线索或者材料，法庭对证据收集的合法性有疑问，决定进行调查的，一般应当先行当庭调查。

第三十一条　对于可能影响定罪量刑的关键证据和控辩双方存在争议的证据，一般应当单独举证、质证，充分听取质证意见。

对于控辩双方无异议的非关键性证据，举证方可以仅就证据的名称及其证明的事项作出说明，对方可以发表质证意见。

召开庭前会议的案件，举证、质证可以按照庭前会议确定的方式进行。根据案件审理需要，法庭可以对控辩双方的举证、质证方式进行必要的提示。

第三十二条　物证、书证、视听资料、电子数据等证据，应当出示原物、原件。取得原物、原件确有困难的，可以出示照片、录像、副本、复制件等足以反映原物、原件外形和特征以及真实内容的材料，并说明理由。

对于鉴定意见和勘验、检查、辨认、侦查实验等笔录，应当出示原件。

第三十三条　控辩双方出示证据，应当重点围绕与案件事实相关的内容或者控辩双方存在争议的内容进行。

出示证据时，可以借助多媒体设备等方式出示、播放或者演示证据内容。

第三十四条　控辩双方对证人证言、被害人陈述、鉴定意见无异议，有关人员不需要出庭的，或者有关人员因客观原因无法出庭且无法通过视频等方式作证的，可以出示、宣读庭前收集的书面证据材料或者作证过程录音录像。

被告人当庭供述与庭前供述的实质性内容一致的，可以不再出示庭前供述；当庭供述与庭前供述存在实质性差异的，可以出示、宣读庭前供述中存在实质性差异的内容。

第三十五条　采用技术侦查措施收集的证据，应当当庭出示。当庭出示、辨认、质证可能危及有关人员的人身安全，或者可能产生其他严重后果的，应当采取不暴露有关人员身份、不公开技术侦查措施和方法等保护措施。

法庭决定在庭外对技术侦查证据进行核实的，可以召集公诉人和辩护律师到场。在场人员应当履行保密义务。

195.3.2　量刑证据查证与认定

★《最高人民法院关于处理自首和立功若干具体问题的意见》（法发〔2010〕60 号，2010 年 12 月 22 日）

六、关于立功线索的查证程序和具体认定

被告人在一、二审审理期间检举揭发他人犯罪行为或者提供侦破其他案件的重要线索，人民法院经审查认为该线索内容具体、指向明确的，应及时移交有关人民检察院或者公安机关依法处理。

侦查机关出具材料，表明在三个月内还不能查证并抓获被检举揭发的人，或者不能查实的，人民法院审理案件可不再等待查证结果。

被告人检举揭发他人犯罪行为或者提供侦破其他案件的重要线索经查证不属实，又重复提供同一线索，且没有提出新的证据材料的，可以不再查证。

根据被告人检举揭发破获的他人犯罪案件，如果已有审判结果，应当依据判决确认的事实认定是否查证属实；如果被检举揭发的他人犯罪案件尚未进入审判程序，可以依据侦查机关提供的书面查证情况认定是否查证属实。检举揭发的线索经查确有犯罪发生，或者确定了犯罪嫌疑人，可能构成重大立功，只是未能将犯罪嫌疑人抓获归案的，对可能判处死刑的被告人一般要留有余地，对其他被告人原则上应酌情从轻处罚。

被告人检举揭发或者协助抓获的人的行为构成犯罪，但因法定事由不追究刑事责任、不起诉、终止审理的，不影响对被告人立功表现的认定；被告人检举揭发或者协助抓获的人的行为应判处无期徒刑以上刑罚，但因具有法定、酌定从宽情节，宣告刑为有期徒刑或者更轻刑罚的，不影响对被告人重大立功表现的认定。

七、关于自首、立功证据材料的审查

人民法院审查的自首证据材料，应当包括被告人投案经过、有罪供述以及能够证明其投案情况的其他材料。投案经过的内容一般应包括被告人投案时间、地点、方式等。证据材料应加盖接受被告人投案的单位的印章，并有接受人员签名。

人民法院审查的立功证据材料，一般应包括被告人检举揭发材料及证明其来源的材料、司法机关的调查核实材料、被检举揭发人的供述等。被检举揭发案件已立案、侦破，被检举揭发人被采取强制措施、公诉或者审判的，还应审查相关的法律文书。证据材料应加盖接收被告人检举揭发材料的单位的印章，并有接收人员签名。

人民法院经审查认为证明被告人自首、立功的材料不规范、不全面的，应当由检察机关、侦查机关予以完善或者提供补充材料。

上述证据材料在被告人被指控的犯罪一、二审审理时已形成的，应当经庭审质证。

195.3.3　公诉人当庭举证、质证

★《最高人民检察院关于加强出庭公诉工作的意见》（高检发诉字〔2015〕5 号，2015 年 6 月 15 日）

9. 强化当庭示证。公诉人出示证据应以证明公诉主张为目的，善于根据案件的不同种类、特点和庭审实际情况，围绕犯罪构成要件和争议焦点，合理安排和调整示证顺序，做到详略得当，要点突出。根据案件的具体情况和证据状况，结合被告人的认罪态度，示证可以采用分组示证或逐一示证的方式。

10. 强化当庭质证。公诉人质证要目的明确、逻辑清晰，紧紧围绕案件事实和证据的客观性、关联性、合法性进行。熟练掌握各类证据的质证方法和质证策略，熟悉言词证据和实物证据的特点差异，善于从不同角度区别质证，保证质证效果。善于根据庭审变化动向，掌握质证主动性，提高质证的针

对性和有效性。

11. 强化证据合法性的证明。对被告人或辩护人当庭提出被告人庭前供述系非法取得，法庭决定进行调查时，公诉人可以根据讯问笔录、羁押记录、出入看守所的健康检查记录、看守管教人员的谈话记录以及侦查机关对讯问过程合法性的说明等，对庭前讯问被告人的合法性进行证明。必要时，可以要求法庭播放讯问录音、录像，申请法庭通知侦查人员或者其他人员出庭说明情况。审判人员认为可能存在以非法方法收集其他证据的情形需要进行法庭调查的，公诉人可以参照上述方法对证据收集的合法性进行证明。

16. 强化现代科技手段运用。善于运用信息化和科技手段提高出庭质量和效果。公诉人在庭审中要灵活运用多媒体技术、现代通讯技术以及相关科技手段进行示证，增强出庭举证效果。探索运用信息化手段开展简易程序案件远程视频出庭，对未成年人被害人、证人出庭作证的，采取不暴露外貌、真实声音等保护措施。加强重大敏感复杂案件远程出庭指挥，及时解决庭审中遇到的突发情况，确保庭审效果。

★**《人民检察院公诉人出庭举证质证工作指引》**（2018 年 7 月 3 日）

第十四条　公诉人举证，一般应当遵循下列要求：

（一）公诉人举证，一般应当全面出示证据；出示、宣读、播放每一份（组）证据时，一般应当出示证据的全部内容。根据普通程序、简易程序以及庭前会议确定的举证方式和案件的具体情况，也可以简化出示，但不得随意删减、断章取义。没有召开庭前会议的，公诉人可以当庭与辩护方协商，并经法庭许可确定举证方式。

（二）公诉人举证前，应当先就举证方式作出说明；庭前会议对简化出示证据达成一致意见的，一并作出说明。

（三）出示、宣读、播放每一份（组）证据前，公诉人一般应当先就证据证明方向，证据的种类、名称、收集主体和时间以及所要证明的内容向法庭作概括说明。

（四）对于控辩双方无异议的非关键性证据，举证时可以仅就证据的名称及所证明的事项作出说明；对于可能影响定罪量刑的关键证据和控辩双方存在争议的证据，以及法庭认为有必要调查核实的证据，应当详细出示。

（五）举证完毕后，应当对出示的证据进行归纳总结，明确证明目的。

（六）使用多媒体示证的，应当与公诉人举证同步进行。

第十五条　公诉人举证，应当主要围绕下列事实，重点围绕控辩双方争议的内容进行：

（一）被告人的身份；

（二）指控的犯罪事实是否存在，是否为被告人所实施；

（三）实施犯罪行为的时间、地点、方法、手段、结果，被告人犯罪后的表现等；

（四）犯罪集团或者其他共同犯罪案件中参与犯罪人员的各自地位和应负的责任；

（五）被告人有无刑事责任能力，有无故意或者过失，行为的动机、目的；

（六）有无依法不应当追究刑事责任的情形，有无法定从重或者从轻、减轻以及免除处罚的情节；

（七）犯罪对象、作案工具的主要特征，与犯罪有关的财物的来源、数量以及去向；

（八）被告人全部或者部分否认起诉书指控的犯罪事实的，否认的根据和理由能否成立；

（九）与定罪、量刑有关的其他事实。

第十六条　对于公诉人简化出示的证据，辩护人要求公诉人详细出示的，可以区分不同情况作出处理。具有下列情形之一的，公诉人应当详细出示：

（一）审判人员要求详细出示的；

（二）辩护方要求详细出示并经法庭同意的；

（三）简化出示证据可能影响举证效果的。

具有下列情形之一的，公诉人可以向法庭说明理由，经法庭同意后，可以不再详细出示：

（一）公诉人已经详细出示过相关证据，辩护方重复要求的；

（二）公诉人简化出示的证据能够证明案件事实并反驳辩护方异议的；

（三）辩护方所要求详细出示的内容与起诉书认定事实无关的；

（四）被告人承认指控的犯罪事实和情节的。

第十七条　辩护方当庭申请公诉人宣读出示案卷中对被告人有利但未被公诉人采信的证据的，可以建议法庭决定由辩护方宣读出示，并说明不采信的理由。法庭采纳辩护方申请要求公诉人宣读出示的，公诉人应当出示。

第十八条　公诉人、被告人及其辩护人对收集被告人供述是否合法未达成一致意见，人民法院在庭审中对证据合法性进行调查的，公诉人可以根据讯问笔录、羁押记录、提讯登记、出入看守所的健康检查记录、医院病历、看守管教人员的谈话记录、采取强制措施或者侦查措施的法律文书、侦查机关对讯问过程合法性的证明材料、侦查机关或者检察机关对证据收集合法性调查核实的结论、驻看守所检察人员在侦查终结前对讯问合法性的核查结论等，对庭前讯问被告人的合法性进行证明，可以要求法庭播放讯问同步录音、录像，必要时可以申请法庭通知侦查人员或者其他人员出庭说明情况。

控辩双方对收集证人证言、被害人陈述、收集物证、书证等的合法性以及其他程序事实发生争议的，公诉人可以参照前款规定出示、宣读有关法律文书、侦查或者审查起诉活动笔录等予以证明。必要时，可以建议法庭通知负责侦查的人员以及搜查、查封、扣押、冻结、勘验、检查、辨认、侦查实验等活动的见证人出庭陈述有关情况。

第四十条　公诉人质证应当根据辩护方所出示证据的内容以及对公诉方证据提出的质疑，围绕案件事实、证据和适用法律进行。

质证应当一证一质一辩。质证阶段的辩论，一般应当围绕证据本身的真实性、关联性、合法性，针对证据资格有无以及证明力大小进行。对于证据与证据之间的关联性、证据的综合证明作用问题，一般在法庭辩论阶段予以答辩。

第四十一条　对影响定罪量刑的关键证据和控辩双方存在争议的证据，一般应当单独质证。

对控辩双方没有争议的证据，可以在庭审中简化质证。

对于被告人认罪案件，主要围绕量刑和其他有争议的问题质证，对控辩双方无异议的定罪证据，可以不再质证。

第四十二条　公诉人可以根据需要将举证质证、讯问询问结合起来，在质证阶段对辩护方观点予以适当辩驳，但应当区分质证与辩论之间的界限，重点针对证据本身的真实性、关联性、合法性进行辩驳。

第四十三条　在每一份（组）证据或者全部证据质证完毕后，公诉人可以根据具体案件情况，提请法庭对证据进行确认。

196　法庭调查核实证据

196.1　法条规定

第一百九十六条　法庭审理过程中，合议庭对证据有疑问的，可以宣布休庭，对证据进行调查核实。

人民法院调查核实证据，可以进行勘验、检查、查封、扣押、鉴定和查询、冻结。

【立法释义】①

1996年修改刑事诉讼法，在推进庭审方式改革的同时，也发挥法庭查明事实的职能作用。法庭对证据有疑问时，可以休庭，进行调查核实证据；同时，人民法院调查核实证据，可以进行勘验、检查、扣押、鉴定和查询、冻结等措施。2012年刑事诉讼法修改增加规定，人民法院调查核实证据时可以使用"查封"措施。主要是考虑，在司法实践中，对于不动产等不方便移动的证据，无法采用扣押、冻结等措施。

第一，合议庭调查核实证据的职能。"合议庭对证据有疑问的"，主要是指，合议庭在法庭审理过程中，认为控辩双方提出的主要证据清楚、充分，但某个证据或者证据的某一方面存在不足或者相互矛盾，例如针对同一事实，控辩双方各有不同的物证、书证、证人证言或者鉴定意见等证据的情形。此种情况下，不排除证据疑问，就会影响定罪或者判刑，因此需要对证据进行调查核实。

第二，法院调查核实证据的措施。人民法院调查核实证据，可以采取勘验、检查、查封、扣押、鉴定和查询、冻结等措施。在采取上述措施时，应当遵守本法关于侦查中相关措施的规定。

需要指出的是，合议庭对证据有疑问，在庭外采用勘验、检查、查封、扣押、鉴定和查询、冻结等方式对证据进行调查核实后，继续进行开庭审理时，相关证据必须经过庭审辨认、质证才能作为定案的依据，不能以调查核实代替控辩双方的举证、质证。

196.2　司法解释

196.2.1　公诉人对证据合法性的证明

★《检察院规则》（2019）

第四百一十条　在法庭审理过程中，被告人及其辩护人提出被告人庭前供述系非法取得，审判人员认为需要进行法庭调查的，公诉人可以通过出示讯问笔录、提讯登记、体检记录、采取强制措施或者侦查措施的法律文书、侦查终

---

①　参见王爱立主编书，第417—418页。

结前对讯问合法性进行核查的材料等证据材料，有针对性地播放讯问录音、录像，提请法庭通知调查人员、侦查人员或者其他人员出庭说明情况等方式，对证据收集的合法性加以证明。

审判人员认为可能存在刑事诉讼法第五十六条规定的以非法方法收集其他证据的情形，需要进行法庭调查的，公诉人可以参照前款规定对证据收集的合法性进行证明。

公诉人不能当庭证明证据收集的合法性，需要调查核实的，可以建议法庭休庭或者延期审理。

在法庭审理期间，人民检察院可以要求监察机关或者公安机关对证据收集的合法性进行说明或者提供相关证明材料。必要时，可以自行调查核实。

【重点解读】①

关于公诉人对证据合法性的证明，需要注意以下事项：

第一，公诉人对证据合法性争议的应对。具体包含两个方面：一是在法庭审理过程中，被告人及其辩护人提出被告人庭前供述系非法取得，审判人员认为需要对被告人庭前供述的合法性进行法庭调查的，公诉人应当对被告人庭前供述的合法性进行证明。需要注意的是，当事人及其辩护人、诉讼代理人提出证据系非法取得，并不必然需要公诉人对证据的合法性进行证明。只有审判人员对证据的合法性产生合理的怀疑，认为需要对证据的合法性进行法庭调查时，公诉人才需要承担证据的合法性的举证责任。二是证据合法性证明的方式。公诉人可以通过出示讯问笔录、提讯登记、体检记录、采取强制措施或者侦查措施的法律文书、侦查终结前对讯问合法性的核查材料等证据材料，有针对性地播放讯问录音、录像，提请法庭通知调查人员、侦查人员或者其他人员出庭说明情况，对证据收集的合法性加以证明。

第二，审判人员认为可能存在非法证据，进行法庭调查时，公诉人应当对证据合法性进行证明。公诉人不能当庭证明证据收集的合法性，需要调查核实的，可以建议法庭休庭，也可以建议法庭延期审理。

第三，对证据合法性进行证明时，人民检察院可以要求监察机关或者公安机关对证据收集的合法性进行说明或者提供相关证明材料，必要时可以自行对证据的合法性进行调查核实。

196.2.2　休庭后调查核实证据合法性

★《检察院规则》(2019)

第四百一十一条　公诉人对证据收集的合法性进行证明后，法庭仍有疑问的，可以建议法庭休庭，由人民法院对相关证据进行调查核实。人民法院调查核实证据，通知人民检察院派员到场的，人民检察院可以派员到场。

【重点解读】②

第一，公诉人对证据合法性进行证明后，法庭仍有疑问的，公诉人可以建议法庭休庭，由人民法院对相关证据进行调查核实。法庭仍有疑问，主要是指法庭仍然认为证明证据合法性的某个证据或者证据的某一方面存在不足或

① 参见童建明、万春主编释义书，第418—420页。

② 参见童建明、万春主编释义书，第420页。

者相互矛盾或者控辩双方仍然各执一词，法庭无法及时判定真伪。

第二，法庭调查核实证据，通知人民检察院派员到场的，人民检察院可以派员到场。人民检察院可以派员到场意味着并非一定要派员，实践中可以根据案件情况决定是否派员。

196.2.3 其他程序性争议的证明要求

★《检察院规则》(2019)

第四百一十二条 在法庭审理过程中，对证据合法性以外的其他程序事实存在争议的，公诉人应当出示、宣读有关诉讼文书、侦查或者审查起诉活动笔录。

第四百一十三条 对于搜查、查封、扣押、冻结、勘验、检查、辨认、侦查实验等活动中形成的笔录存在争议，需要调查人员、侦查人员以及上述活动的见证人出庭陈述有关情况的，公诉人可以建议合议庭通知其出庭。

【重点解读】①

在法庭审理过程中，除证据合法性外，被告人及其辩护人可能对其他程序性事项提出争议。对于此种情形，公诉人应当出示、宣读有关诉讼文书、侦查或者审查起诉活动笔录。

对于相关笔录等证据存在的争议，公诉人可以建议法庭通知有关人证出庭说明有关情况。实际上，对于包括证据合法性争议在内的各种争议，必要时都可以通知相关人证出庭作证。

196.2.4 移交无罪或者罪轻证据材料

★《最高人民法院、最高人民检察院、公安部、国家安全部、司法部、全国人大常委会法制工作委员会关于实施刑事诉讼法若干问题的规定》(2012年12月26日)

27. 刑事诉讼法第三十九条②规定："辩护人认为在侦查、审查起诉期间公安机关、人民检察院收集的证明犯罪嫌疑人、被告人无罪或者罪轻的证据材料未提交的，有权申请人民检察院、人民法院调取。"第一百九十一条第一款③规定："法庭审理过程中，合议庭对证据有疑问的，可以宣布休庭，对证据进行调查核实。"第一百九十二条第一款④规定："法庭审理过程中，当事人和辩护人、诉讼代理人有权申请通知新的证人到庭，调取新的物证，申请重新鉴定或者勘验。"根据上述规定，自案件移送审查起诉之日起，人民检察院可以根据辩护人的申请，向公安机关调取未提交的证明犯罪嫌疑人、被告人无罪或者罪轻的证据材料。在法庭审理过程中，人民法院可以根据辩护人的申请，向人民检察院调取未提交的证明被告人无罪或者罪轻的证据材料，也可以向人民检察院调取需要调查核实的证据材料。公安机关、人民检察院应当自收到要求调取证据材料决定书后三日内移交。

★《检察院规则》(2019)

第四百一十四条 在法庭审理过程中，合议庭对证据有疑问或者人民法院根据辩护人、被告人的申请，向人民

① 参见童建明、万春主编释义书，第420页。

② 2018年刑事诉讼法第四十一条。

③ 2018年刑事诉讼法第一百九十六条第一款。

④ 2018年刑事诉讼法第一百九十七条第一款。

检察院调取在侦查、审查起诉中收集的有关被告人无罪或者罪轻的证据材料的，人民检察院应当自收到人民法院要求调取证据材料决定书后三日以内移交。没有上述材料的，应当向人民法院说明情况。

【重点解读】①

人民检察院掌握被告人无罪或者罪轻的证据材料，应当按照要求向人民法院移交。如果没有此类材料，无法按要求移交的，应当向人民法院说明情况，由人民法院根据案件情况作出处理。

196.2.5　对法庭调查核实证据的监督

★《检察院规则》(2019)

第四百一十五条　在法庭审理过程中，合议庭对证据有疑问并在休庭后进行勘验、检查、查封、扣押、鉴定和查询、冻结的，人民检察院应当依法进行监督，发现上述活动有违法情况的，应当提出纠正意见。

【重点解读】②

人民法院在采取勘验、检查、查封、扣押等措施调查核实过程中，应当严格按照刑事诉讼法关于采取此类措施的程序要求进行。人民检察院作为法律监督机关，应当对人民法院调查核实证据的行为进行监督，发现上述活动有违法情况的，应当提出纠正意见。

196.2.6　法院收集、调取证据的质证

★《检察院规则》(2019)

第四百一十六条　人民法院根据申请收集、调取的证据或者在合议庭休庭后自行调查取得的证据，应当经过庭审出示、质证才能决定是否作为判决的依据。未经庭审出示、质证直接采纳为判决依据的，人民检察院应当提出纠正意见。

【重点解读】③

对于所有证据，除法律规定庭外核实的特殊情形外，都应当经过示证和质证。人民法院自行调查取得的证据也不例外，应当经过庭审出示、质证，才能决定是否作为判决的依据。人民法院自行调查取得的证据，如果未经庭审出示直接作为判决依据的，属于明显的程序违法，人民检察院应当依法履行监督职能，提出纠正意见。

196.2.7　调查核实证据的通知

★《法院解释》(2021)

第七十九条　人民法院依照刑事诉讼法第一百九十六条的规定调查核实证据，必要时，可以通知检察人员、辩护人、自诉人及其法定代理人到场。上述人员未到场的，应当记录在案。

人民法院调查核实证据时，发现对定罪量刑有重大影响的新的证据材料的，应当告知检察人员、辩护人、自诉人及其法定代理人。必要时，也可以直接提取，并及时通知检察人员、辩护人、自诉人及其法定代理人查阅、摘抄、复制。

【重点解读】④

为确保调查核实证据的公正性和客观性，必要时，可以通知检察人员、辩

---

① 参见童建明、万春主编释义书，第421页。

② 参见童建明、万春主编释义书，第422页。

③ 参见童建明、万春主编释义书，第422页。

④ 参见李少平主编书，第203页。

护人、自诉人及其法定代理人到场。通知相关人员的情形，需要根据案件情况具体把握。人民法院依法调查核实证据时，发现对定罪量刑有重大影响的新的证据材料的，应当告知检察人员、辩护人、自诉人及其法定代理人，由上述主体依法收集。主要是考虑，人民法院在审判过程中处于中立地位，原则上不主动收集相关证据。但是，在证据不及时收集可能灭失，辩护人、自诉人及其法定代理人难以收集到相关证据等必要情况下，也可以由人民法院直接提取。

196.2.8　调查核实证据的程序

★《人民法院办理刑事案件第一审普通程序法庭调查规程（试行）》（法发〔2017〕31号，2017年11月27日）

第三十六条　法庭对证据有疑问的，可以告知控辩双方补充证据或者作出说明；必要时，可以在其他证据调查完毕后宣布休庭，对证据进行调查核实。法庭调查核实证据，可以通知控辩双方到场，并将核实过程记录在案。

对于控辩双方补充的和法庭庭外调查核实取得的证据，应当经过庭审质证才能作为定案的根据。但是，对于不影响定罪量刑的非关键性证据和有利于被告人的量刑证据，经庭外征求意见，控辩双方没有异议的除外。

★《法院解释》（2021）

第二百七十一条　法庭对证据有疑问的，可以告知公诉人、当事人及其法定代理人、辩护人、诉讼代理人补充证据或者作出说明；必要时，可以宣布休庭，对证据进行调查核实。

对公诉人、当事人及其法定代理人、辩护人、诉讼代理人补充的和审判人员庭外调查核实取得的证据，应当经过当庭质证才能作为定案的根据。但是，对不影响定罪量刑的非关键证据、有利于被告人的量刑证据以及认定被告人有犯罪前科的裁判文书等证据，经庭外征求意见，控辩双方没有异议的除外。

有关情况，应当记录在案。

【重点解读】①

经庭外征求意见，控辩双方没有异议的例外情形，限于不影响定罪量刑的非关键证据、有利于被告人的量刑证据以及认定被告人有犯罪前科的裁判文书等证据。

196.3　规范性文件

196.3.1　法院涉港澳台调查取证

★《最高人民法院关于进一步规范人民法院涉港澳台调查取证工作的通知》（法〔2011〕243号，2011年8月7日）

一、人民法院在案件审判中，需要从港澳特区或者台湾地区调取证据的，应当按照相关司法解释和规范性文件规定的权限和程序，委托港澳特区或者台湾地区业务主管部门协助调查取证。除有特殊情况层报最高人民法院并经中央有关部门批准外，人民法院不得派员赴港澳特区或者台湾地区调查取证。

二、人民法院不得派员随同公安机关、检察机关团组赴港澳特区或者台湾地区就特定案件进行调查取证。

三、各高级人民法院应切实担负起职责，指导辖区内各级人民法院做好涉港澳台调查取证工作。对有关法院提出的派员赴港澳特区或者台湾地区调

① 参见李少平主编书，第345页。

查取证的申请，各高级人民法院要严格把关，凡不符合有关规定和本通知精神的，应当予以退回。

四、对于未经报请最高人民法院并经中央有关部门批准，擅自派员赴港澳特区或者台湾地区调查取证的，除严肃追究有关法院和人员的责任，并予通报批评外，还要视情暂停审批有关法院一定期限内的赴港澳台申请。

197　庭审中的证据申请

197.1　法条规定

第一百九十七条　法庭审理过程中，当事人和辩护人、诉讼代理人有权申请通知新的证人到庭，调取新的物证，申请重新鉴定或者勘验。

公诉人、当事人和辩护人、诉讼代理人可以申请法庭通知有专门知识的人出庭，就鉴定人作出的鉴定意见提出意见。

法庭对于上述申请，应当作出是否同意的决定。

第二款规定的有专门知识的人出庭，适用鉴定人的有关规定。

【立法释义】①

1996 年刑事诉讼法第一百五十九条规定，法庭审理过程中，当事人和辩护人、诉讼代理人有权申请通知新的证人到庭，调取新的物证，申请重新鉴定或者勘验。法庭对于上述申请，应当作出是否同意的决定。2012 年修改刑事诉讼法，增加了可以申请法庭通知有专门知识的人出庭，就鉴定人作出的鉴定意见提出意见的规定。关于庭审中的证据申请，需要注意以下事项：

第一，当庭提出证据申请的权利。在法庭审理过程中，当事人和辩护人、诉讼代理人发现新的证据或者对原有证据产生疑问，认为有必要重新取证或者进行补充的，有权以口头或者书面形式向法庭提出申请，申请通知新的证人到庭，调取新的物证，申请重新鉴定或者勘验。

第二，申请法庭通知有专门知识的人出庭的权利。2012 年刑事诉讼法修改，增加规定申请法庭通知有专门知识的人出庭的权利。“有专门知识的人出庭”这一制度设计，有助于加强鉴定人的责任意识，并在一定程度上减少重复鉴定。需要指出的是，有专门知识的人提出意见本身不是重新鉴定，只是从专业角度对鉴定意见提出质疑意见，作为法官甄别证据的参考。有专门知识的人提出的意见如被采纳，就可能导致相关鉴定意见不能采信，不能作为定案的根据。此种情况下是否需要重新鉴定，需要由法庭根据案件情况作出决定。有专门知识的人不需要具有鉴定人的资格。实践中，有专门知识的人不需要从鉴定人名册选择，只要对相关鉴定事项具有相当的专业知识即可。

第三，法庭对证据申请的处理。如果法庭认为控辩双方提出的申请有理有据，就应当作出决定，通知新的证人到庭，通知具有专门知识的人出庭，调取新的物证，重新鉴定或者勘验。对于能够当庭解决的事项，应当当庭解决；当庭不能解决的事项，应当宣布休庭，决定案件延期审理。如果法庭认为申

① 参见王爱立主编书，第 419—421 页。

请没有理由,与案件事实没有关联,应当作出不同意申请的决定,并当庭宣布。

第四,有专门知识的人出庭适用鉴定人的有关规定。这主要是为了解决有专门知识的人出庭的诉讼地位等程序性问题,例如回避、询问等,不包括适用《全国人民代表大会常务委员会关于司法鉴定管理问题的决定》有关其资质、处罚等实体性处理的规定。

197.2　司法解释

197.2.1　庭审中控辩双方申请提交新证据

★《法院解释》(2021)

第二百七十二条　公诉人申请出示开庭前未移送或者提交人民法院的证据,辩护方提出异议的,审判长应当要求公诉人说明理由;理由成立并确有出示必要的,应当准许。

辩护方提出需要对新的证据作辩护准备的,法庭可以宣布休庭,并确定准备辩护的时间。

辩护方申请出示开庭前未提交的证据,参照适用前两款规定。

第二百七十三条　法庭审理过程中,控辩双方申请通知新的证人到庭,调取新的证据,申请重新鉴定或者勘验的,应当提供证人的基本信息、证据的存放地点,说明拟证明的事项,申请重新鉴定或者勘验的理由。法庭认为有必要的,应当同意,并宣布休庭;根据案件情况,可以决定延期审理。

人民法院决定重新鉴定的,应当及时委托鉴定,并将鉴定意见告知人民检察院、当事人及其辩护人、诉讼代理人。

★《人民法院办理刑事案件第一审普通程序法庭调查规程(试行)》(法发〔2017〕31号,2017年11月27日)

第三十七条　控辩双方申请出示庭前未移送或提交人民法院的证据,对方提出异议的,申请方应当说明理由,法庭经审查认为理由成立并确有出示必要的,应当准许。

对方提出需要对新的证据作辩护准备的,法庭可以宣布休庭,并确定准备的时间。

第三十八条　法庭审理过程中,控辩双方申请通知新的证人到庭,调取新的证据,申请重新鉴定或者勘验的,应当提供证人的基本信息、证据的存放地点,说明拟证明的案件事实、要求重新鉴定或者勘验的理由。法庭认为有必要的,应当同意,并宣布延期审理;不同意的,应当说明理由并继续审理。

197.2.2　庭审中检察机关申请补充侦查

★《法院解释》(2021)

第二百七十四条　审判期间,公诉人发现案件需要补充侦查,建议延期审理的,合议庭可以同意,但建议延期审理不得超过两次。

人民检察院将补充收集的证据移送人民法院的,人民法院应当通知辩护人、诉讼代理人查阅、摘抄、复制。

补充侦查期限届满后,人民检察院未将补充的证据材料移送人民法院的,人民法院可以根据在案证据作出判决、裁定。

第二百七十五条　人民法院向人民检察院调取需要调查核实的证据材料,或者根据被告人、辩护人的申请,向人民检察院调取在调查、侦查、审查起诉期间收集的有关被告人无罪或者罪轻的证据材料,应当通知人民检察院在收到调取证据材料决定书后三日以内移交。

★《人民法院办理刑事案件第一审普通程序法庭调查规程(试行)》(法发〔2017〕31 号,2017 年 11 月 27 日)

第四十条　审判期间,公诉人发现案件需要补充侦查,建议延期审理的,法庭可以同意,但建议延期审理不得超过两次。

人民检察院将补充收集的证据移送人民法院的,人民法院应当通知辩护人、诉讼代理人查阅、摘抄、复制。辩护方提出需要对补充收集的证据作辩护准备的,法庭可以宣布休庭,并确定准备的时间。

补充侦查期限届满后,经人民法院通知,人民检察院未建议案件恢复审理,且未说明原因的,人民法院可以决定按人民检察院撤诉处理。

197.2.3　庭审中向检察机关调取证据

★《最高人民法院、最高人民检察院、公安部、国家安全部、司法部、全国人大常委会法制工作委员会关于实施刑事诉讼法若干问题的规定》(2012 年 12 月 26 日)

27. 刑事诉讼法第三十九条①规定:“辩护人认为在侦查、审查起诉期间公安机关、人民检察院收集的证明犯罪嫌疑人、被告人无罪或者罪轻的证据材料未提交的,有权申请人民检察院、人民法院调取。”第一百九十一条第一款②规定:“法庭审理过程中,合议庭对证据有疑问的,可以宣布休庭,对证据进行调查核实。”第一百九十二条第一款③规定:“法庭审理过程中,当事人和辩护人、诉讼代理人有权申请通知新的证人到庭,调取新的物证,申请重新鉴定或者勘验。”根据上述规定,自案件移送审查起诉之日起,人民检察院可以根据辩护人的申请,向公安机关调取未提交的证明犯罪嫌疑人、被告人无罪或者罪轻的证据材料。在法庭审理过程中,人民法院可以根据辩护人的申请,向人民检察院调取未提交的证明被告人无罪或者罪轻的证据材料,也可以向人民检察院调取需要调查核实的证据材料。公安机关、人民检察院应当自收到要求调取证据材料决定书后三日内移交。

★《法院解释》(2021)

第二百七十五条　人民法院向人民检察院调取需要调查核实的证据材料,或者根据被告人、辩护人的申请,向人民检察院调取在调查、侦查、审查起诉期间收集的有关被告人无罪或者罪轻的证据材料,应当通知人民检察院在收到调取证据材料决定书后三日以内移交。

★《人民法院办理刑事案件第一审普通程序法庭调查规程(试行)》(法发〔2017〕31 号,2017 年 11 月 27 日)

第四十一条　人民法院向人民检察院调取需要调查核实的证据材料,或者根据被告人及其辩护人的申请,向人民检察院调取在侦查、审查起诉期间收集的有关被告人无罪或者罪轻的证据材料,应当通知人民检察院在收到调取证据材料决定书后三日内移交。

---

① 2018 年刑事诉讼法第四十一条。

② 2018 年刑事诉讼法第一百九十六条第一款。

③ 2018 年刑事诉讼法第一百九十七条第一款。

197.3　规范性文件

197.3.1　特殊证据的不公开审理/调查

★《人民法院办理刑事案件第一审普通程序法庭调查规程(试行)》(法发〔2017〕31 号,2017 年 11 月 27 日)

第三十九条　公开审理案件时,控辩双方提出涉及国家秘密、商业秘密或者个人隐私的证据的,法庭应当制止。有关证据确与本案有关的,可以根据具体情况,决定将案件转为不公开审理,或者对相关证据的法庭调查不公开进行。

198　法庭调查、法庭辩论和最后陈述

198.1　法条规定

第一百九十八条　法庭审理过程中,对与定罪、量刑有关的事实、证据都应当进行调查、辩论。

经审判长许可,公诉人、当事人和辩护人、诉讼代理人可以对证据和案件情况发表意见并且可以互相辩论。

审判长在宣布辩论终结后,被告人有最后陈述的权利。

【立法释义】①

1979 年刑事诉讼法第一百一十八条规定,法庭调查后,应当由公诉人发言,被害人发言,然后由被告人陈述和辩护,辩护人进行辩护,并且可以互相辩论。在法庭审理过程中,法庭调查和法庭辩论是两个不同的诉讼阶段。1996 年刑事诉讼法修改时规定,经审判长许可,公诉人、当事人和辩护人、诉讼代理人可以对证据和案件情况发表意见并且可以互相辩论。2012 年刑事诉讼法修改时规定,在法庭审理过程中,对与定罪、量刑有关的事实、证据都应当进行调查、辩论。关于法庭调查、法庭辩论和最后陈述的庭审框架,需要注意以下事项:

第一,定罪与量刑程序的相对独立。根据量刑规范化改革的要求,在法庭审理中,不仅要对与定罪相关的事实、证据进行调查、辩论,对与量刑相关的事实、证据也要调查、辩论。鉴于实践情况比较复杂,很多犯罪情节既是定罪情节,也是量刑情节,难以截然分开,因此不宜将定罪和量刑程序绝对分开,比较可行的做法是两者相对独立。

第二,法庭辩论的规范。在法庭辩论环节,控辩双方只有经审判长许可才能发言,发表意见和互相辩论的机会应当具有均等性。审判长在宣布法庭辩论结束前,应当征求各方是否还有新的意见,在各方没有新的意见后宣布辩论结束。如果在法庭辩论阶段发现事实、证据疑问,合议庭可以调查核实。

第三,被告人最后陈述。被告人最后陈述是法庭审判的一个独立阶段,是刑事诉讼法赋予被告人的一项重要诉讼权利。在法庭辩论结束后,审判长应当告知并保证被告人的最后陈述权利。对于被告人的最后陈述,一般不应作时间限制,只要最后陈述没有违反法庭秩序或者违反有关规定,法庭则不宜制止。

198.2　司法解释

198.2.1　法庭调查的程序规范

★《法院解释》(2021)

第二百七十五条　人民法院向人

---

①　参见王爱立主编书,第 421—424 页。

民检察院调取需要调查核实的证据材料,或者根据被告人、辩护人的申请,向人民检察院调取在调查、侦查、审查起诉期间收集的有关被告人无罪或者罪轻的证据材料,应当通知人民检察院在收到调取证据材料决定书后三日以内移交。

第二百七十六条　法庭审理过程中,对与量刑有关的事实、证据,应当进行调查。

人民法院除应当审查被告人是否具有法定量刑情节外,还应当根据案件情况审查以下影响量刑的情节:

(一)案件起因;

(二)被害人有无过错及过错程度,是否对矛盾激化负有责任及责任大小;

(三)被告人的近亲属是否协助抓获被告人;

(四)被告人平时表现,有无悔罪态度;

(五)退赃、退赔及赔偿情况;

(六)被告人是否取得被害人或者其近亲属谅解;

(七)影响量刑的其他情节。

第二百七十七条　审判期间,合议庭发现被告人可能有自首、坦白、立功等法定量刑情节,而人民检察院移送的案卷中没有相关证据材料的,应当通知人民检察院在指定时间内移送。

审判期间,被告人提出新的立功线索的,人民法院可以建议人民检察院补充侦查。

第二百七十八条　对被告人认罪的案件,在确认被告人了解起诉书指控的犯罪事实和罪名,自愿认罪且知悉认罪的法律后果后,法庭调查可以主要围绕量刑和其他有争议的问题进行。

对被告人不认罪或者辩护人作无罪辩护的案件,法庭调查应当在查明定罪事实的基础上,查明有关量刑事实。

198.2.2　法庭辩论的程序规范

★《最高人民法院、最高人民检察院、公安部、国家安全部、司法部关于推进以审判为中心的刑事诉讼制度改革的意见》(法发〔2016〕18 号,2016 年 7 月 20 日)

十三、完善法庭辩论规则,确保控辩意见发表在法庭。法庭辩论应当围绕定罪、量刑分别进行,对被告人认罪的案件,主要围绕量刑进行。法庭应当充分听取控辩双方意见,依法保障被告人及其辩护人的辩论辩护权。

★《法院解释》(2021)

第二百八十条　合议庭认为案件事实已经调查清楚的,应当由审判长宣布法庭调查结束,开始就定罪、量刑、涉案财物处理的事实、证据、适用法律等问题进行法庭辩论。

第二百八十一条　法庭辩论应当在审判长的主持下,按照下列顺序进行:

(一)公诉人发言;

(二)被害人及其诉讼代理人发言;

(三)被告人自行辩护;

(四)辩护人辩护;

(五)控辩双方进行辩论。

第二百八十二条　人民检察院可以提出量刑建议并说明理由;建议判处管制、宣告缓刑的,一般应当附有调查评估报告,或者附有委托调查函。

当事人及其辩护人、诉讼代理人可以对量刑提出意见并说明理由。

第二百八十三条　对被告人认罪的案件,法庭辩论时,应当指引控辩双方主要围绕量刑和其他有争议的问题进行。

对被告人不认罪或者辩护人作无

罪辩护的案件，法庭辩论时，可以指引控辩双方先辩论定罪问题，后辩论量刑和其他问题。

第二百八十四条　附带民事部分的辩论应当在刑事部分的辩论结束后进行，先由附带民事诉讼原告人及其诉讼代理人发言，后由附带民事诉讼被告人及其诉讼代理人答辩。

第二百八十五条　法庭辩论过程中，审判长应当充分听取控辩双方的意见，对控辩双方与案件无关、重复或者指责对方的发言应当提醒、制止。

第二百八十六条　法庭辩论过程中，合议庭发现与定罪、量刑有关的新的事实，有必要调查的，审判长可以宣布恢复法庭调查，在对新的事实调查后，继续法庭辩论。

【重点解读】①

第一，涉案财物处理与定罪量刑，都是人民法院的职权事项，应当充分听取控辩双方的意见。控辩双方既可以针对定罪量刑问题进行法庭辩论，也可以针对涉案财物处理问题进行法庭辩论。

第二，量刑调查评估和调查函。调查评估报告是指对被告人社会危险性和对所居住社区影响的调查评估材料，实践中可能表现为不同形式。对于适用非监禁刑的情形，一律要求附有调查评估报告或者委托调查函不妥，个别欠发达地区难以及时联系社区矫正机构作出社会调查评估报告。鉴于此，考虑各地实际情况，建议判处管制、宣告缓刑的，一般应当附有调查评估报告，或者附有委托调查函。

198.2.3　公诉人的法庭辩论要求

★《检察院规则》(2019)

第四百一十七条　在法庭审理过程中，经审判长许可，公诉人可以逐一对正在调查的证据和案件情况发表意见，并同被告人、辩护人进行辩论。证据调查结束时，公诉人应当发表总结性意见。

在法庭辩论中，公诉人与被害人、诉讼代理人意见不一致的，公诉人应当认真听取被害人、诉讼代理人的意见，阐明自己的意见和理由。

【重点解读】②

公诉人在要求发言时，应当提出申请，经审判长许可后发言。公诉人对正在调查的证据和案件情况可以逐一发表意见，并同被告人、辩护人进行辩论。为归纳争议焦点，阐明控方立场，在证据调查结束时，公诉人应当发表总结性意见。

198.2.4　起诉的变更、追加、补充、撤回

★《法院解释》(2021)

第二百八十九条　公诉人当庭发表与起诉书不同的意见，属于变更、追加、补充或者撤回起诉的，人民法院应当要求人民检察院在指定时间内以书面方式提出；必要时，可以宣布休庭。人民检察院在指定时间内未提出的，人民法院应当根据法庭审理情况，就起诉书指控的犯罪事实依法作出判决、裁定。

人民检察院变更、追加、补充起诉的，人民法院应当给予被告人及其辩护人必要的准备时间。

---

①　参见李少平主编书，第351页。

②　参见童建明、万春主编释义书，第423页。

【重点解读】①

第一，“公诉人当庭发表与起诉书不同的意见”，是指在起诉后未出现新的事实、证据情况下，公诉人发表与起诉书不同意见的情形。对于出现新的事实的，可以直接由法庭根据新的事实、证据作出认定即可。

第二，如果属于变更、追加、补充或者撤回起诉等重大事项，应当以书面方式提出。对于此类情形，是否应当休庭，需要法庭具体裁量处理。如果公诉人当庭对起诉所作的变更有利于被告人，法庭可以继续开庭审理，但应当在庭后要求人民检察院以书面方式作出变更；如果公诉人当庭改变起诉罪名，特别是由轻罪名改重罪名的，则休庭为宜，从而更好地保障被告人的辩护权。公诉人当庭追加起诉的，可以以起诉书指控的罪行先行开庭，休庭后待人民检察院以书面方式追加起诉后，再行开庭就追加的起诉进行审理。

第三，变更、追加、补充和撤回起诉的情形。一是变更起诉。人民法院宣告判决前，人民检察院发现被告人的真实身份或者犯罪事实与起诉书中叙述的身份或者指控犯罪事实不符的，或者事实、证据没有变化，但罪名、适用法律与起诉书不一致的，可以变更起诉。二是追加、补充起诉。人民检察院发现遗漏同案犯罪嫌疑人或者罪行的，应当要求公安机关补充侦查或者补充移送起诉；对于犯罪事实清楚，证据确实、充分的，可以直接追加、补充起诉。追加、补充起诉有一些限定，即发现遗漏同案犯罪嫌疑人或者罪行的，首先应当要求公安机关补充侦查或者补充移送起诉。当然，对犯罪事实清楚，证据确实、充分的，可以直接追加、补充起诉。三是撤回起诉。人民法院宣告判决前，人民检察院发现具有特定情形的，可以撤回起诉。变更、追加、补充、撤回起诉应当以书面方式在人民法院宣告判决前向人民法院提出。为适应司法责任制改革，变更、补充、追加起诉的权力由各省级人民检察院制定有关规定予以明确。

第四，人民法院建议补充侦查、补充起诉、追加起诉或者变更起诉的处理。对于人民法院提出的上述建议，人民检察院应当对建议的理由进行审查，并作出是否补充侦查、补充起诉、追加起诉或者变更起诉的决定。人民检察院不同意的，可以要求人民法院就起诉指控的犯罪事实依法作出裁判；人民法院不能超出指控的事实范围径行作出判决。

★《检察院规则》(2019)

第四百二十三条　人民法院宣告判决前，人民检察院发现被告人的真实身份或者犯罪事实与起诉书中叙述的身份或者指控犯罪事实不符的，或者事实、证据没有变化，但罪名、适用法律与起诉书不一致的，可以变更起诉。发现遗漏同案犯罪嫌疑人或者罪行的，应当要求公安机关补充移送起诉或者补充侦查；对于犯罪事实清楚，证据确实、充分的，可以直接追加、补充起诉。

第四百二十四条　人民法院宣告判决前，人民检察院发现具有下列情形之一的，经检察长批准，可以撤回起诉：

（一）不存在犯罪事实的；

（二）犯罪事实并非被告人所

① 参见李少平主编书，第 354—356、427—430 页。

为的；

（三）情节显著轻微、危害不大，不认为是犯罪的；

（四）证据不足或证据发生变化，不符合起诉条件的；

（五）被告人因未达到刑事责任年龄，不负刑事责任的；

（六）法律、司法解释发生变化导致不应当追究被告人刑事责任的；

（七）其他不应当追究被告人刑事责任的。

对于撤回起诉的案件，人民检察院应当在撤回起诉后三十日以内作出不起诉决定。需要重新调查或者侦查的，应当在作出不起诉决定后将案卷材料退回监察机关或者公安机关，建议监察机关或者公安机关重新调查或者侦查，并书面说明理由。

对于撤回起诉的案件，没有新的事实或者新的证据，人民检察院不得再行起诉。

新的事实是指原起诉书中未指控的犯罪事实。该犯罪事实触犯的罪名既可以是原指控罪名的同一罪名，也可以是其他罪名。

新的证据是指撤回起诉后收集、调取的足以证明原指控犯罪事实的证据。

第四百二十五条　在法庭审理过程中，人民法院建议人民检察院补充侦查、补充起诉、追加起诉或者变更起诉的，人民检察院应当审查有关理由，并作出是否补充侦查、补充起诉、追加起诉或者变更起诉的决定。人民检察院不同意的，可以要求人民法院就起诉指控的犯罪事实依法作出裁判。

第四百二十六条　变更、追加、补充或者撤回起诉应当以书面方式在判决宣告前向人民法院提出。

198.2.5　书面辩护意见的提交

★《法院解释》（2021）

第二百九十条　辩护人应当及时将书面辩护意见提交人民法院。

【重点解读】①

第一，书面辩护意见是庭审辩护的补充。辩护人当庭发表的意见属于辩护意见，在庭审笔录中应予载明，辩护人应当在庭审笔录上签名。如果辩护人已经当庭充分发表辩护意见，并记录在案，庭后不提交书面辩护意见亦不影响辩护权的行使。根据本条规定，对于经人民法院告知后仍不提交辩护意见的，以当庭发表的辩护意见为准。

第二，书面辩护意见与当庭意见不一致的处理。对于既有书面辩护意见，也有当庭发表意见的情形，应当根据具体情况作出处理。原则上应当以当庭发表的意见为准，如果当庭发表的意见明显不妥当，书面辩护意见确有道理，也可以采纳书面辩护意见。在裁判文书中，可以客观反映辩护意见的变化情况。

198.2.6　被告人的最后陈述

★《法院解释》（2021）

第二百八十七条　审判长宣布法庭辩论终结后，合议庭应当保证被告人充分行使最后陈述的权利。

被告人在最后陈述中多次重复自己的意见的，法庭可以制止；陈述内容蔑视法庭、公诉人，损害他人及社会公共利益，或者与本案无关的，应当制止。

在公开审理的案件中，被告人最后

---

①　参见李少平主编书，第356—357页。

陈述的内容涉及国家秘密、个人隐私或者商业秘密的,应当制止。

第二百八十八条　被告人在最后陈述中提出新的事实、证据,合议庭认为可能影响正确裁判的,应当恢复法庭调查;被告人提出新的辩解理由,合议庭认为可能影响正确裁判的,应当恢复法庭辩论。

198.3　规范性文件

198.3.1　法庭调查规程的量刑调查

★《人民法院办理刑事案件第一审普通程序法庭调查规程(试行)》(法发〔2017〕31 号,2017 年 11 月 27 日)

第四十二条　法庭除应当审查被告人是否具有法定量刑情节外,还应当根据案件情况审查以下影响量刑的情节:

(一)案件起因;

(二)被害人有无过错及过错程度,是否对矛盾激化负有责任及责任大小;

(三)被告人的近亲属是否协助抓获被告人;

(四)被告人平时表现,有无悔罪态度;

(五)退赃、退赔及赔偿情况;

(六)被告人是否取得被害人或者其近亲属谅解;

(七)影响量刑的其他情节。

第四十三条　审判期间,被告人及其辩护人提出有自首、坦白、立功等法定量刑情节,或者人民法院发现被告人可能有上述法定量刑情节,而人民检察院移送的案卷中没有相关证据材料的,应当通知人民检察院移送。

审判期间,被告人及其辩护人提出新的立功情节,并提供相关线索或者材料的,人民法院可以建议人民检察院补充侦查。

第四十四条　被告人当庭不认罪或者辩护人作无罪辩护的,法庭对定罪事实进行调查后,可以对与量刑有关的事实、证据进行调查。被告人及其辩护人可以当庭发表质证意见,出示证明被告人罪轻或者无罪的证据。被告人及其辩护人参加量刑事实、证据的调查,不影响无罪辩解或者辩护。

198.3.2　庭审中律师诉讼权利保障

★《最高人民法院关于依法切实保障律师诉讼权利的规定》(法发〔2015〕16 号,2015 年 12 月 29 日)

四、依法保障律师辩论、辩护权。法官在庭审过程中应合理分配诉讼各方发问、质证、陈述和辩论、辩护的时间,充分听取律师意见。除律师发言过于重复、与案件无关或者相关问题已在庭前达成一致等情况外,不应打断律师发言。

五、依法保障律师申请排除非法证据的权利。律师申请排除非法证据并提供相关线索或者材料,法官经审查对证据收集合法性有疑问的,应当召开庭前会议或者进行法庭调查。经审查确认存在法律规定的以非法方法收集证据情形的,对有关证据应当予以排除。

六、依法保障律师申请调取证据的权利。律师因客观原因无法自行收集证据的,可以依法向人民法院书面申请调取证据。律师申请调取证据符合法定条件的,法官应当准许。

七、依法保障律师的人身安全。案件审理过程中出现当事人矛盾激化,可能危及律师人身安全情形的,应当及时采取必要措施。对在法庭上发生的殴打、威胁、侮辱、诽谤律师等行为，法官应当及时制止，依法处置。

★《最高人民法院、最高人民检察院、公安部、国家安全部、司法部关于依法保障律师执业权利的规定》（司发〔2015〕14号，2015年9月16日）

第二十六条　有条件的人民法院应当建立律师参与诉讼专门通道，律师进入人民法院参与诉讼确需安全检查的，应当与出庭履行职务的检察人员同等对待。有条件的人民法院应当设置专门的律师更衣室、休息室或者休息区域，并配备必要的桌椅、饮水及上网设施等，为律师参与诉讼提供便利。

第二十七条　法庭审理过程中，律师对审判人员、检察人员提出回避申请的，人民法院、人民检察院应当依法作出处理。

第二十八条　法庭审理过程中，经审判长准许，律师可以向当事人、证人、鉴定人和有专门知识的人发问。

第二十九条　法庭审理过程中，律师可以就证据的真实性、合法性、关联性，从证明目的、证明效果、证明标准、证明过程等方面，进行法庭质证和相关辩论。

第三十条　法庭审理过程中，律师可以就案件事实、证据和适用法律等问题，进行法庭辩论。

第三十一条　法庭审理过程中，法官应当注重诉讼权利平等和控辩平衡。对于律师发问、质证、辩论的内容、方式、时间等，法庭应当依法公正保障，以便律师充分发表意见，查清案件事实。

法庭审理过程中，法官可以对律师的发问、辩论进行引导，除发言过于重复、相关问题已在庭前会议达成一致、与案件无关或者侮辱、诽谤、威胁他人，故意扰乱法庭秩序的情况外，法官不得随意打断或者制止律师按程序进行的发言。

第三十二条　法庭审理过程中，律师可以提出证据材料，申请通知新的证人、有专门知识的人出庭，申请调取新的证据，申请重新鉴定或者勘验、检查。在民事诉讼中，申请有专门知识的人出庭，应当在举证期限届满前向人民法院申请，经法庭许可后才可以出庭。

第三十三条　法庭审理过程中，遇有被告人供述发生重大变化、拒绝辩护等重大情形，经审判长许可，辩护律师可以与被告人进行交流。

第三十四条　法庭审理过程中，有下列情形之一的，律师可以向法庭申请休庭：

（一）辩护律师因法定情形拒绝为被告人辩护的；

（二）被告人拒绝辩护律师为其辩护的；

（三）需要对新的证据作辩护准备的；

（四）其他严重影响庭审正常进行的情形。

第三十五条　辩护律师作无罪辩护的，可以当庭就量刑问题发表辩护意见，也可以庭后提交量刑辩护意见。

198.3.3　量刑建议的指导规范

★《人民检察院开展量刑建议工作的指导意见（试行）》（〔2010〕高检诉发21号，2010年2月23日）

第三条　人民检察院对向人民法院提起公诉的案件，可以提出量刑建议。

第四条　提出量刑建议的案件应

当具备以下条件：

（一）犯罪事实清楚，证据确实充分；

（二）提出量刑建议所依据的各种法定从重、从轻、减轻等量刑情节已查清；

（三）提出量刑建议所依据的重要酌定从重、从轻等量刑情节已查清。

第五条　除有减轻处罚情节外，量刑建议应当在法定量刑幅度内提出，不得兼跨两种以上主刑。

（一）建议判处死刑、无期徒刑的，应当慎重。

（二）建议判处有期徒刑的，一般应当提出一个相对明确的量刑幅度，法定刑的幅度小于3年（含3年）的，建议幅度一般不超过1年；法定刑的幅度大于3年小于5年（含5年）的，建议幅度一般不超过2年；法定刑的幅度大于5年的，建议幅度一般不超过3年。根据案件具体情况，如确有必要，也可以提出确定刑期的建议。

（三）建议判处管制的，幅度一般不超过3个月。

（四）建议判处拘役的，幅度一般不超过1个月。

（五）建议适用缓刑的，应当明确提出。

（六）建议判处附加刑的，可以只提出适用刑种的建议。

对不宜提出具体量刑建议的特殊案件，可以提出依法从重、从轻、减轻处罚等概括性建议。

第六条　人民检察院指控被告人犯有数罪的，应当对指控的各罪分别提出量刑建议，可以不再提出总的建议。

第七条　对于共同犯罪案件，人民检察院应当根据各被告人在共同犯罪中的地位、作用以及应当承担的刑事责任分别提出量刑建议。

第八条　公诉部门承办人在审查案件时，应当对犯罪嫌疑人所犯罪行、承担的刑事责任和各种量刑情节进行综合评估，并提出量刑的意见。

第九条　量刑评估应当全面考虑案件所有可能影响量刑的因素，包括从重、从轻、减轻或者免除处罚等法定情节和犯罪嫌疑人的认罪态度等酌定情节。

一案中多个法定、酌定情节并存时，每个量刑情节均应得到实际评价。

第十条　提出量刑建议，应当区分不同情形，按照以下审批程序进行：

（一）对于主诉检察官决定提起公诉的一般案件，由主诉检察官决定提出量刑建议；公诉部门负责人对于主诉检察官提出的量刑建议有异议的，报分管副检察长决定。

（二）对于特别重大、复杂的案件、社会高度关注的敏感案件或者建议减轻处罚、免除处罚的案件以及非主诉检察官承办的案件，由承办检察官提出量刑的意见，部门负责人审核，检察长或者检察委员会决定。

第十一条　人民检察院提出量刑建议，一般应制作量刑建议书，根据案件具体情况，也可以在公诉意见书中提出。

对于人民检察院不派员出席法庭的简易程序案件，应当制作量刑建议书。

量刑建议书一般应载明检察机关建议人民法院对被告人处以刑罚的种类、刑罚幅度、可以适用的刑罚执行方式以及提出量刑建议的依据和理由等。

第十二条　在法庭调查中，公诉人可以根据案件的不同种类、特点和庭审的实际情况，合理安排和调整举证顺序。定罪证据和量刑证据可以分开出示的,应当先出示定罪证据,后出示量刑证据。

对于有数起犯罪事实的案件,其中涉及每起犯罪中量刑情节的证据,应当在对该起犯罪事实举证时出示;涉及全案综合量刑情节的证据,应当在举证阶段的最后出示。

第十三条　对于辩护方提出的量刑证据,公诉人应当进行质证。辩护方对公诉人出示的量刑证据质证的,公诉人应当答辩。公诉人质证应紧紧围绕案件事实、证据进行,质证应做到目的明确、重点突出、逻辑清楚,如有必要,可以简要概述已经法庭质证的其他证据,用以反驳辩护方的质疑。

第十四条　公诉人应当在法庭辩论阶段提出量刑建议。根据法庭的安排,可以先对定性问题发表意见,后对量刑问题发表意见,也可以对定性与量刑问题一并发表意见。

对于检察机关未提出明确的量刑建议而辩护方提出量刑意见的,公诉人应当提出答辩意见。

第十五条　对于公诉人出庭的简易程序案件和普通程序审理的被告人认罪案件,参照相关司法解释和规范性文件的规定开展法庭调查,可以主要围绕量刑的事实、情节、法律适用进行辩论。

第十六条　在进行量刑辩论过程中,为查明与量刑有关的重要事实和情节,公诉人可以依法申请恢复法庭调查。

第十七条　在庭审过程中,公诉人发现拟定的量刑建议不当需要调整的,可以根据授权作出调整;需要报检察长决定调整的,应当依法建议法庭休庭后报检察长决定。出现新的事实、证据导致拟定的量刑建议不当需要调整的,可以依法建议法庭延期审理。

第十八条　对于人民检察院派员出席法庭的案件,一般应将量刑建议书与起诉书一并送达人民法院;对庭审中调整量刑建议的,可以在庭审后将修正后的量刑建议书向人民法院提交。

对于人民检察院不派员出席法庭的简易程序案件,应当将量刑建议书与起诉书一并送达人民法院。

第十九条　人民检察院收到人民法院的判决、裁定后,应当对判决、裁定是否采纳检察机关的量刑建议以及量刑理由、依据进行审查,认为判决、裁定量刑确有错误、符合抗诉条件的,经检察委员会讨论决定,依法向人民法院提出抗诉。

人民检察院不能单纯以量刑建议未被采纳作为提出抗诉的理由。人民法院未采纳人民检察院的量刑建议并无不当的,人民检察院在必要时可以向有关当事人解释说明。

第二十条　人民检察院办理刑事二审再审案件,可以参照本意见提出量刑建议。

第二十一条　对于二审或者再审案件,检察机关认为应当维持原审裁判量刑的,可以在出席法庭时直接提出维持意见;认为应当改变原审裁判量刑的,可以另行制作量刑建议书提交法庭审理。

198.3.4　出庭公诉的指导规范

★《最高人民检察院关于加强出庭公诉工作的意见》(高检发诉字〔2015〕5号,2015年6月15日)

12. 强化发表公诉意见和庭审辩

论工作。公诉人要善于围绕控辩双方在事实、证据、法律适用和量刑方面的分歧焦点，运用事实证据、法律规定和刑事政策，客观公正地发表公诉意见。善于把控辩论方向，围绕辩护意见有针对性地答辩，对于起诉书、公诉意见中已详细阐明过的观点，与案件无关的细枝末节，控辩双方没有原则分歧的一般问题，无需正面答辩。针对不同案情和被告人的认罪态度，合理选择主动出击或后发制胜的辩论策略。善于根据庭审实际情况灵活应变，及时针对被告人辩解、辩护人辩护观点提出答辩意见。

13. 强化庭审突发情况应对处置。对当事人或辩护人在庭审中的妨害诉讼等不当行为，及时建议法庭予以处理。对于庭审中被告人翻供、证人翻证、证据突袭、当庭查明的事实与起诉书认定事实不一致或量刑建议需要调整等突发情况，应当根据庭审预案及时应对。遇有庭前未能预料且无法当时处理的，应当建议法庭延期审理，并区别不同情况依照有关规定及时处理。

15. 强化刑事审判监督。公诉人出席法庭，应当增强法律监督意识，发现法庭审判违反法律规定的诉讼程序，应当记录在案并在休庭后及时向检察长报告；对违反程序的庭审活动提出纠正意见，由人民检察院在庭审后提出。

198. 3. 5　量刑程序的指导规范

★《最高人民法院、最高人民检察院、公安部、国家安全部、司法部关于规范量刑程序若干问题的意见》（法发〔2020〕38 号，2020 年 11 月 5 日）

第一条　人民法院审理刑事案件，在法庭审理中应当保障量刑程序的相对独立性。

人民检察院在审查起诉中应当规范量刑建议。

第二条　侦查机关、人民检察院应当依照法定程序，全面收集、审查、移送证明犯罪嫌疑人、被告人犯罪事实、量刑情节的证据。

对于法律规定并处或者单处财产刑的案件，侦查机关应当根据案件情况对被告人的财产状况进行调查，并向人民检察院移送相关证据材料。人民检察院应当审查并向人民法院移送相关证据材料。

人民检察院在审查起诉时发现侦查机关应当收集而未收集量刑证据的，可以退回侦查机关补充侦查，也可以自行侦查。人民检察院退回补充侦查的，侦查机关应当按照人民检察院退回补充侦查提纲的要求及时收集相关证据。

第三条　对于可能判处管制、缓刑的案件，侦查机关、人民检察院、人民法院可以委托社区矫正机构或者有关社会组织进行调查评估，提出意见，供判处管制、缓刑时参考。

社区矫正机构或者有关社会组织收到侦查机关、人民检察院或者人民法院调查评估的委托后，应当根据委托机关的要求依法进行调查，形成评估意见，并及时提交委托机关。

对于没有委托进行调查评估或者判决前没有收到调查评估报告的，人民法院经审理认为被告人符合管制、缓刑适用条件的，可以依法判处管制、宣告缓刑。

第四条　侦查机关在移送审查起诉时，可以根据犯罪嫌疑人涉嫌犯罪的情况，就宣告禁止令和从业禁止向人民检察院提出意见。

人民检察院在提起公诉时，可以提出宣告禁止令和从业禁止的建议。被告人及其辩护人、被害人及其诉讼代理人可以就是否对被告人宣告禁止令和从业禁止提出意见，并说明理由。

人民法院宣告禁止令和从业禁止，应当根据被告人的犯罪原因、犯罪性质、犯罪手段、悔罪表现、个人一贯表现等，充分考虑与被告人所犯罪行的关联程度，有针对性地决定禁止从事特定的职业、活动，进入特定区域、场所，接触特定的人等。

第五条　符合下列条件的案件，人民检察院提起公诉时可以提出量刑建议；被告人认罪认罚的，人民检察院应当提出量刑建议：

（一）犯罪事实清楚，证据确实、充分；

（二）提出量刑建议所依据的法定从重、从轻、减轻或者免除处罚等量刑情节已查清；

（三）提出量刑建议所依据的酌定从重、从轻处罚等量刑情节已查清。

第六条　量刑建议包括主刑、附加刑、是否适用缓刑等。主刑可以具有一定的幅度，也可以根据案件具体情况，提出确定刑期的量刑建议。建议判处财产刑的，可以提出确定的数额。

第七条　对常见犯罪案件，人民检察院应当按照量刑指导意见提出量刑建议。对新类型、不常见犯罪案件，可以参照相关量刑规范提出量刑建议。提出量刑建议，应当说明理由和依据。

第八条　人民检察院指控被告人犯有数罪的，应当对指控的个罪分别提出量刑建议，并依法提出数罪并罚后决定执行的刑罚的量刑建议。

对于共同犯罪案件，人民检察院应当根据各被告人在共同犯罪中的地位、作用以及应当承担的刑事责任分别提出量刑建议。

第九条　人民检察院提出量刑建议，可以制作量刑建议书，与起诉书一并移送人民法院；对于案情简单、量刑情节简单的适用速裁程序的案件，也可以在起诉书中写明量刑建议。

量刑建议书中应当写明人民检察院建议对被告人处以的主刑、附加刑、是否适用缓刑等及其理由和依据。

人民检察院以量刑建议书方式提出量刑建议的，人民法院在送达起诉书副本时，应当将量刑建议书一并送达被告人。

第十条　在刑事诉讼中，自诉人、被告人及其辩护人、被害人及其诉讼代理人可以提出量刑意见，并说明理由，人民检察院、人民法院应当记录在案并附卷。

第十一条　人民法院、人民检察院、侦查机关应当告知犯罪嫌疑人、被告人申请法律援助的权利，对符合法律援助条件的，依法通知法律援助机构指派律师为其提供辩护或者法律帮助。

第十二条　适用速裁程序审理的案件，在确认被告人认罪认罚的自愿性和认罪认罚具结书内容的真实性、合法性后，一般不再进行法庭调查、法庭辩论，但在判决宣告前应当听取辩护人的意见和被告人的最后陈述意见。

适用速裁程序审理的案件，应当当庭宣判。

第十三条　适用简易程序审理的案件，在确认被告人对起诉书指控的犯罪事实和罪名没有异议，自愿认罪且知悉认罪的法律后果后，法庭审理可以直接围绕量刑进行，不再区分法庭调查、法庭辩论，但在判决宣告前应当听取被告人的最后陈述意见。

适用简易程序审理的案件，一般应当当庭宣判。

第十四条　适用普通程序审理的被告人认罪案件，在确认被告人了解起诉书指控的犯罪事实和罪名，自愿认罪且知悉认罪的法律后果后，法庭审理主要围绕量刑和其他有争议的问题进行，可以适当简化法庭调查、法庭辩论程序。

第十五条　对于被告人不认罪或者辩护人做无罪辩护的案件，法庭调查和法庭辩论分别进行。

在法庭调查阶段，应当在查明定罪事实的基础上，查明有关量刑事实，被告人及其辩护人可以出示证明被告人无罪或者罪轻的证据，当庭发表质证意见。

在法庭辩论阶段，审判人员引导控辩双方先辩论定罪问题。在定罪辩论结束后，审判人员告知控辩双方可以围绕量刑问题进行辩论，发表量刑建议或者意见，并说明依据和理由。被告人及其辩护人参加量刑问题的调查的，不影响作无罪辩解或者辩护。

第十六条　在法庭调查中，公诉人可以根据案件的不同种类、特点和庭审的实际情况，合理安排和调整举证顺序。定罪证据和量刑证据分开出示的，应当先出示定罪证据，后出示量刑证据。

对于有数起犯罪事实的案件的量刑证据，可以在对每起犯罪事实举证时分别出示，也可以对同类犯罪事实一并出示；涉及全案综合量刑情节的证据，一般应当在举证阶段最后出示。

第十七条　在法庭调查中，人民法院应当查明对被告人适用具体法定刑幅度的犯罪事实以及法定或者酌定量刑情节。

第十八条　人民法院、人民检察院、侦查机关或者辩护人委托有关方面制作涉及未成年人的社会调查报告的，调查报告应当在法庭上宣读，并进行质证。

第十九条　在法庭审理中，审判人员对量刑证据有疑问的，可以宣布休庭，对证据进行调查核实，必要时也可以要求人民检察院补充调查核实。人民检察院补充调查核实有关证据，必要时可以要求侦查机关提供协助。

对于控辩双方补充的证据，应当经过庭审质证才能作为定案的根据。但是，对于有利于被告人的量刑证据，经庭外征求意见，控辩双方没有异议的除外。

第二十条　被告人及其辩护人、被害人及其诉讼代理人申请人民法院调取在侦查、审查起诉阶段收集的量刑证据材料，人民法院认为确有必要的，应当依法调取；人民法院认为不需要调取的，应当说明理由。

第二十一条　在法庭辩论中，量刑辩论按照以下顺序进行：

（一）公诉人发表量刑建议，或者自诉人及其诉讼代理人发表量刑意见；

（二）被害人及其诉讼代理人发表量刑意见；

（三）被告人及其辩护人发表量刑意见。

第二十二条　在法庭辩论中，出现新的量刑事实，需要进一步调查的，应当恢复法庭调查，待事实查清后继续法庭辩论。

第二十三条　对于人民检察院提出的量刑建议，人民法院应当依法审查。对于事实清楚，证据确实、充分，指控的罪名准确，量刑建议适当的，人民法院应当采纳。

人民法院经审理认为，人民检察院的量刑建议不当的，可以告知人民检察院。人民检察院调整量刑建议的，应当在法庭审理结束前提出。人民法院认为人民检察院调整后的量刑建议适当的，应当予以采纳；人民检察院不调整量刑建议或者调整量刑建议后仍不当的，人民法院应当依法作出判决。

第二十四条　有下列情形之一，被告人当庭认罪，愿意接受处罚的，人民法院应当根据审理查明的事实，就定罪和量刑听取控辩双方意见，依法作出裁判：

（一）被告人在侦查、审查起诉阶段认罪认罚，但人民检察院没有提出量刑建议的；

（二）被告人在侦查、审查起诉阶段没有认罪认罚的；

（三）被告人在第一审程序中没有认罪认罚，在第二审程序中认罪认罚的；

（四）被告人在庭审过程中不同意量刑建议的。

第二十五条　人民法院应当在刑事裁判文书中说明量刑理由。量刑说理主要包括：

（一）已经查明的量刑事实及其对量刑的影响；

（二）是否采纳公诉人、自诉人、被告人及其辩护人、被害人及其诉讼代理人发表的量刑建议、意见及理由；

（三）人民法院判处刑罚的理由和法律依据。

对于适用速裁程序审理的案件，可以简化量刑说理。

第二十六条　开庭审理的二审、再审案件的量刑程序，依照有关法律规定进行。法律没有规定的，参照本意见进行。

对于不开庭审理的二审、再审案件，审判人员在阅卷、讯问被告人、听取自诉人、辩护人、被害人及其诉讼代理人的意见时，应当注意审查量刑事实和证据。

198.4　指导与参考案例

198.4.1　庭审后或者复核审对庭审证据问题的处理

【刑事审判参考案例】

［第816号］范永红、韩亚飞等抢劫、盗窃枪支案

裁判要旨：对于庭审后或者复核审阶段发现经庭审质证的证据存在问题，经补查补正后对问题予以纠正的，需要根据该证据证明的对象以及问题的性质作出相应的处理：第一，如果该证据并非关键定罪量刑证据，仅仅是作为其他证据佐证，且缺乏该证据不影响相关事实认定的，可以基于其他证据认定相关事实，对于该证据存在的问题无须恢复法庭调查或者发回重审。第二，如果该证据系关键定罪量刑证据，但证据存在的问题并非实质性的，仅属技术性的，如记载错误或者笔误，经补正后，可以征求对方当事人的意见，无须恢复法庭调查或者发回重审。第三，如果该证据系关键定罪证据或者系不利于被告人的量刑证据，且证据存在的问题是实质性的，且足以影响到该证据的证明价值，则需要区分两种情况进行处理：如果证据存在的错误无法进行补正或者作出合理解释的，如目击证人的辨认结

论存在错误,则应当恢复法庭调查或者发回重审,对该证据的证据价值重新作出判断。如果在案其他证据能够证实该证据存在的错误,但该错误可以进行补正或者作出合理解释的,如扣押物品清单记载的现场物证情况,与送交鉴定的物证情况不符,但现场勘查照片能够证实现场物证的情况,且明确表明扣押物品清单记载的情况有误,此种情况下,对扣押物品清单的错误,经补正或者作出合理解释后,可以征求双方当事人(部分案件中还要征求法定代理人、诉讼代理人)的意见。如果双方对此表示认可,就无须恢复法庭调查或者发回重审;如果有一方对此有异议,要求开庭进行调查的,人民法院应当开庭或者发回重审。第四,如果该证据系有利于被告人的量刑证据,且证据存在的问题是实质性的,经补正或者作出合理解释后,因案件处理结果对被告人有利,因此,可以告知对方当事人(部分案件中法定代理人、诉讼代理人)补正结果,直接采信相关证据,无须恢复法庭调查或者发回重审。

198.4.2 一审庭审后委托辩护的处理

【刑事审判参考案例】

[第 845 号]谢某抢劫案

裁判要旨:法律和司法解释对辩护人何时参加诉讼,并无限制性规定。考虑被告人辩护权的充分行使等因素,有必要对被告人在庭审结束后委托辩护人的情形规定截止期限,即以案件审结时间为标准。(1)当庭宣判的案件,以宣判时间为临界点。(2)开庭后定期宣判的案件,不需要审判委员会讨论的,以法律文书签发的时间为临界点。(3)开庭后定期宣判的案件,需要经审判委员会讨论的,以审判委员会研究作出决定的时间为临界点。被告人在庭审结束后才提出委托辩护人的,人民法院可以区分不同情形确定案件审结时间,以决定是否同意被告人委托的辩护人参与诉讼。

为了更好地保障被告人辩护权的行使,一审法院可以采取以下方式处理:(1)对于没有委托辩护人的被告人,一审开庭审理时可以再次提醒,询问其是否委托辩护人。如果其当庭表示需要委托辩护人的,法庭应当宣布休庭,延期审理。待其委托辩护人参与诉讼后,再决定重新开庭日期。(2)如果被告人在一审开庭审理结束后、审结前才委托辩护人的,法庭可以根据开庭审理的具体情况,区分以下几种情况处理:一是如果经合议庭评议认为,公诉机关指控的事实可能不构成犯罪或者指控事实不清、证据不足的,应当准许被告人委托的辩护人在此阶段参与诉讼。如果辩护人只是提出无罪或者罪轻辩护意见,没有提交新证据的,可以将辩护意见写入裁判文书,不必重新开庭;如果辩护人提交了证明被告人无罪或者罪轻的新证据,合议庭认为这些证据不影响认定被告人无罪的,可以征求公诉机关的意见,记录在案,不必重新开庭质证。如果提交的证据可能推翻公诉机关的指控,或者可能证明被告人无罪或者罪轻的,应当重新开庭质证、认证。二是如果经合议庭评议认为,指控证据中存在疑点,可能影响到指控犯罪事实是否成立的,应当准许被告人委托辩护人并要求辩护人尽快参与一审诉讼,给辩护人一定的调查、收集证据的时间。如果辩护人在法庭指定时间内提交了可能影响被告人定罪量刑的新证据，或者辩护人提出申请人民法院调取的证据，足以影响定罪量刑的，法庭应当重新开庭对新证据进行质证。如果没有新证据，则无须重新开庭审理，但应当将辩护人的辩护意见写入裁判文书。三是如果经合议庭评议认为，指控证据确实、充分，指控事实成立，辩护人在庭审结束后才参与诉讼对案件实体认定的意义不大，法庭可告知被告人到二审程序再委托辩护人，以保护其辩护权不受损害。如果其仍坚持要委托辩护人的，应当准许。辩护人的辩护意见写入裁判文书，其提交的证据如果不影响被告人的定罪量刑的，无须重新开庭审理。

199　违反法庭秩序的处理

199.1　法条规定

第一百九十九条　在法庭审判过程中，如果诉讼参与人或者旁听人员违反法庭秩序，审判长应当警告制止。对不听制止的，可以强行带出法庭；情节严重的，处以一千元以下的罚款或者十五日以下的拘留。罚款、拘留必须经院长批准。被处罚人对罚款、拘留的决定不服的，可以向上一级人民法院申请复议。复议期间不停止执行。

对聚众哄闹、冲击法庭或者侮辱、诽谤、威胁、殴打司法工作人员或者诉讼参与人，严重扰乱法庭秩序，构成犯罪的，依法追究刑事责任。

【立法释义】①

第一，违反法庭秩序的处理方式。所有诉讼参与人和旁听人员都必须严格遵守法庭秩序，保障审判工作顺利进行。本条中的“不听制止”，是指经审判长警告制止后，不听警告，仍然继续违反法庭秩序。“情节严重”，是指违反法庭秩序者的态度比较恶劣，造成的后果、影响比较坏等，损害法庭尊严，使审判活动不能正常进行。进行罚款、拘留时，合议庭应当制作决定书，经本院院长批准。被处罚的人对罚款、拘留的决定不服的，可以向上一级人民法院申请复议，复议期间不停止执行。

第二，严重扰乱法庭秩序构成犯罪的处罚。“聚众哄闹”法庭，是指纠集众人在法庭上以乱嚷、乱叫等方式起哄捣乱的行为。“冲击法庭”，是指在未得到许可的情况下，强行进入法庭，导致法庭秩序混乱的行为。“严重扰乱法庭秩序”，是指扰乱法庭秩序，经制止而不听从或者扰乱法庭秩序，情节恶劣，造成很坏影响，严重影响审判正常进行等情形。

199.2　司法解释

199.2.1　扰乱法庭秩序的处理

★《最高人民法院、最高人民检察院、公安部、国家安全部、司法部关于推进以审判为中心的刑事诉讼制度改革的意见》（法发〔2016〕18 号，2016 年 7 月 20 日）

十九、当事人、诉讼参与人和旁听人员在庭审活动中应当服从审判长或独任审判员的指挥，遵守法庭纪律。对

---

① 参见王爱立主编书，第 424—426 页。

扰乱法庭秩序、危及法庭安全等违法行为，应当依法处理；构成犯罪的，依法追究刑事责任。

★《法院解释》（2021）

第三百零五条　在押被告人出庭受审时，不着监管机构的识别服。

庭审期间不得对被告人使用戒具，但法庭认为其人身危险性大，可能危害法庭安全的除外。

第三百零六条　庭审期间，全体人员应当服从法庭指挥，遵守法庭纪律，尊重司法礼仪，不得实施下列行为：

（一）鼓掌、喧哗、随意走动；

（二）吸烟、进食；

（三）拨打、接听电话，或者使用即时通讯工具；

（四）对庭审活动进行录音、录像、拍照或者使用即时通讯工具等传播庭审活动；

（五）其他危害法庭安全或者扰乱法庭秩序的行为。

旁听人员不得进入审判活动区，不得随意站立、走动，不得发言和提问。

记者经许可实施第一款第四项规定的行为，应当在指定的时间及区域进行，不得干扰庭审活动。

第三百零七条　有关人员危害法庭安全或者扰乱法庭秩序的，审判长应当按照下列情形分别处理：

（一）情节较轻的，应当警告制止；根据具体情况，也可以进行训诫；

（二）训诫无效的，责令退出法庭；拒不退出的，指令法警强行带出法庭；

（三）情节严重的，报经院长批准后，可以对行为人处一千元以下的罚款或者十五日以下的拘留。

未经许可对庭审活动进行录音、录像、拍照或者使用即时通讯工具等传播庭审活动的，可以暂扣相关设备及存储介质，删除相关内容。

有关人员对罚款、拘留的决定不服的，可以直接向上一级人民法院申请复议，也可以通过决定罚款、拘留的人民法院向上一级人民法院申请复议。通过决定罚款、拘留的人民法院申请复议的，该人民法院应当自收到复议申请之日起三日以内，将复议申请、罚款或者拘留决定书和有关事实、证据材料一并报上一级人民法院复议。复议期间，不停止决定的执行。

199.2.2　辩护人扰乱法庭秩序的处理

★《法院解释》（2021）

第三百零八条　担任辩护人、诉讼代理人的律师严重扰乱法庭秩序，被强行带出法庭或者被处以罚款、拘留的，人民法院应当通报司法行政机关，并可以建议依法给予相应处罚。

第三百零九条　实施下列行为之一，危害法庭安全或者扰乱法庭秩序，构成犯罪的，依法追究刑事责任：

（一）非法携带枪支、弹药、管制刀具或者爆炸性、易燃性、毒害性、放射性以及传染病病原体等危险物质进入法庭；

（二）哄闹、冲击法庭；

（三）侮辱、诽谤、威胁、殴打司法工作人员或者诉讼参与人；

（四）毁坏法庭设施，抢夺、损毁诉讼文书、证据；

（五）其他危害法庭安全或者扰乱法庭秩序的行为。

第三百一十条　辩护人严重扰乱法庭秩序，被责令退出法庭、强行带出法庭或者被处以罚款、拘留,被告人自行辩护的,庭审继续进行;被告人要求另行委托辩护人,或者被告人属于应当提供法律援助情形的,应当宣布休庭。

辩护人、诉讼代理人被责令退出法庭、强行带出法庭或者被处以罚款后,具结保证书,保证服从法庭指挥、不再扰乱法庭秩序的,经法庭许可,可以继续担任辩护人、诉讼代理人。

辩护人、诉讼代理人具有下列情形之一的,不得继续担任同一案件的辩护人、诉讼代理人:

(一)擅自退庭的;

(二)无正当理由不出庭或者不按时出庭,严重影响审判顺利进行的;

(三)被拘留或者具结保证书后再次被责令退出法庭、强行带出法庭的。

【重点解读】①

对于律师在法庭上就案件事实认定和法律适用的正常发问、质证和发表的辩护意见,不能随意打断或者制止。对于发问、质证、意见与案件无关或者重复、冗长的,可以提醒、制止。对因一时情绪激烈,言语失当的,可以警告、训诫,原则上不采取责令律师退出法庭或者强行带离法庭的措施;必要时可以休庭处置,交流提醒,促其冷静。但是,对无视多次警告、训诫,反复挑战法庭权威,甚至哄闹法庭、擅自退庭的,必须依法依规及时妥当处理,防止事态升级、秩序失控。

199.2.3　更换辩护人与拒绝辩护的处理

★《法院解释》(2021)

第三百一十一条　被告人在一个审判程序中更换辩护人一般不得超过两次。

被告人当庭拒绝辩护人辩护,要求另行委托辩护人或者指派律师的,合议庭应当准许。被告人拒绝辩护人辩护后,没有辩护人的,应当宣布休庭;仍有辩护人的,庭审可以继续进行。

有多名被告人的案件,部分被告人拒绝辩护人辩护后,没有辩护人的,根据案件情况,可以对该部分被告人另案处理,对其他被告人的庭审继续进行。

重新开庭后,被告人再次当庭拒绝辩护人辩护的,可以准许,但被告人不得再次另行委托辩护人或者要求另行指派律师,由其自行辩护。

被告人属于应当提供法律援助的情形,重新开庭后再次当庭拒绝辩护人辩护的,不予准许。

第三百一十二条　法庭审理过程中,辩护人拒绝为被告人辩护,有正当理由的,应当准许;是否继续庭审,参照适用前条规定。

第三百一十三条　依照前两条规定另行委托辩护人或者通知法律援助机构指派律师的,自案件宣布休庭之日起至第十五日止,由辩护人准备辩护,但被告人及其辩护人自愿缩短时间的除外。

庭审结束后、判决宣告前另行委托辩护人的,可以不重新开庭;辩护人提交书面辩护意见的,应当接受。

第三百一十四条　有多名被告人的案件,部分被告人具有刑事诉讼法第二百零六条第一款规定情形的,人民法院可以对全案中止审理;根据案件情况,也可以对该部分被告人中止审理,对其他被告人继续审理。

---

①　参见李少平主编书,第 372—373 页。

对中止审理的部分被告人,可以根据案件情况另案处理。

第三百一十五条　人民检察院认为人民法院审理案件违反法定程序,在庭审后提出书面纠正意见,人民法院认为正确的,应当采纳。

【重点解读】①

第一,更换辩护人的次数限制。被告人在开庭前、开庭后拒绝辩护人辩护或者更换辩护人的现象时有发生。频繁更换辩护人,会造成法院反复多次开庭和过分的诉讼迟延,影响审判顺利进行。允许被告人在一个审判程序中更换两次辩护人,可以保证其前后共有三至六名辩护人,可以保障其辩护权。

第二,重新开庭的法律限制。在庭审结束后、判决宣告前,被告人又另行委托辩护人的,由于在庭审过程中已经依法保障了被告人的辩护权,不重新开庭,并不会剥夺或者影响诉讼权利行使的问题。同时,更换后的辩护人及时向人民法院送交手续,并提交书面辩护意见的,法庭可以进行审查,并视情作出处理。

第三,中止审理的法律规定。对于共同犯罪案件部分被告人出现法定中止审理情形,是否需要全案中止审理,应当区分情况处理。对部分被告人中止审理的,可以根据案件具体情况另案处理,单独作出判决。在这一过程中,人民检察院不需要重新起诉或者变更起诉,人民法院可以作出两个判决。根据《最高人民法院关于在同一案件多个裁判文书上规范使用案号有关事项的通知》(法〔2016〕27 号)的规定,对同一案件出现的多个同类裁判文书,首份裁判文书直接使用案号,第二份开始可在案号后缀"之一""之二"等以示区别。

199.3　规范性文件

199.3.1　律师参与庭审的规范

★《最高人民法院、司法部关于依法保障律师诉讼权利和规范律师参与庭审活动的通知》(司发通〔2018〕36 号,2018 年 4 月 21 日)

一、各级人民法院及其工作人员要尊重和保障律师诉讼权利,严格执行法定程序,平等对待诉讼各方,合理分配各方发问、质证、陈述和辩论、辩护的时间,充分听取律师意见。对于律师在法庭上就案件事实认定和法律适用的正常发问、质证和发表的辩护代理意见,法官不随意打断或者制止;但是,攻击党和国家政治制度、法律制度的,发表的意见已在庭前会议达成一致、与案件无关或者侮辱、诽谤、威胁他人,故意扰乱法庭秩序的,审判长或者独任审判员可以根据情况予以制止。律师明显以诱导方式发问,公诉人提出异议的,审判长或者独任审判员审查确认后,可以制止。

二、律师参加庭审不得对庭审活动进行录音、录像、拍照或使用移动通信工具等传播庭审活动,不得进行其他违反法庭规则和不服从法庭指令的行为。律师对庭审活动进行录音、录像、拍照或使用移动通信工具等传播庭审活动的,人民法院可以暂扣其使用的设备及存储介质,删除相关内容。

三、法庭审理过程中,法官应当尊重律师,不得侮辱、嘲讽律师。审判长

① 参见李少平主编书,第 374—375 页。

或者独任审判员认为律师在法庭审理过程中违反法庭规则、法庭纪律的，应当依法给予警告、训诫等，确有必要时可以休庭处置，除当庭攻击党和国家政治制度、法律制度等严重扰乱法庭秩序的，不采取责令律师退出法庭或者强行带出法庭措施。确需司法警察当庭对律师采取措施维持法庭秩序的，有关执法行为要规范、文明，保持必要、合理限度。律师被依法责令退出法庭、强行带出法庭或者被处以罚款后，具结保证书，保证服从法庭指令、不再扰乱法庭秩序的，经法庭许可，可以继续担任同一案件的辩护人、诉讼代理人；具有擅自退庭、无正当理由不按时出庭参加诉讼、被拘留或者具结保证书后再次被依法责令退出法庭、强行带出法庭的，不得继续担任同一案件的辩护人、诉讼代理人。人民法院应当对庭审活动进行全程录像或录音，对律师在庭审活动中违反法定程序的情形应当记录在案。

四、律师认为法官在审判过程中有违法违规行为的，可以向相关人民法院或其上一级人民法院监察部门投诉、举报，人民法院应当依法作出处理并及时将处理情况答复律师本人，同时通报当地司法行政机关、律师协会。对社会高度关注的，应当公布结果。律师认为法官侵犯其诉讼权利的，应当在庭审结束后，向司法行政机关、律师协会申请维护执业权利，不得以维权为由干扰庭审的正常进行，不得通过网络以自己名义或通过其他人、媒体发表声明、公开信、敦促书等炒作案件。

五、人民法院认为律师有违法违规行为的，应当向司法行政机关、律师协会提出司法建议，并移交庭审录音录像、庭审记录等相关证据材料。对需要进一步调查核实的，应配合、协助司法行政机关、律师协会有关调查取证工作。司法行政机关、律师协会接到当事人投诉举报、人民法院司法建议书的，应当及时立案调查，对违法违规的要依法依规作出行政处罚或行业惩戒。处理结果应当及时书面告知当事人、人民法院。对公开谴责以上行业惩戒和行政处罚的决定一律向社会公开披露。各地司法行政机关、律师协会主动发现律师违法违规行为的，要及时立案查处。

六、司法行政机关应当会同人民法院、律师协会建立分级分类处理机制。对于发生在当地的律师维权和违法违规事件，由所在地人民法院、司法行政机关按有关要求依法及时作出处理，能即时纠正的应当依法立即纠正。对于跨区域的律师维权和违法违规事件，行为发生地司法行政机关发现律师涉嫌违法违规执业的，应当向注册地司法行政机关提出处罚意见和建议，注册地司法行政机关收到意见建议后应当立案调查，并将查处结果反馈行为发生地司法行政机关。行为发生地司法行政机关不同意处罚意见的，应当报共同上级司法行政机关审查。上级司法行政机关应当对两地司法行政机关意见和相关证据材料进行审查，提出处理意见。跨省（区、市）的律师维权与违规交织等重大复杂事件，可以由司法部会同最高人民法院、全国律协，必要时商请事件发生地的省（区、市）党委政法委牵头组成联合调查组，负责事件调查处理工作。省（区、市）内跨区域重大复杂事件参照上述做法办理。

七、重大敏感复杂案件开庭审理时，根据人民法院通知，对律师具有管理监督职责的司法行政机关或律师协会应当派员旁听，进行现场指导监督。

200　评议、判决

200.1　法条规定

第二百条　在被告人最后陈述后，审判长宣布休庭，合议庭进行评议，根据已经查明的事实、证据和有关的法律规定，分别作出以下判决：

（一）案件事实清楚，证据确实、充分，依据法律认定被告人有罪的，应当作出有罪判决；

（二）依据法律认定被告人无罪的，应当作出无罪判决；

（三）证据不足，不能认定被告人有罪的，应当作出证据不足、指控的犯罪不能成立的无罪判决。

【立法释义】①

1979 年刑事诉讼法规定，在被告人最后陈述后，审判长宣布休庭，合议庭进行评议，根据已经查明的事实、证据和有关的法律规定，作出被告人有罪或者无罪、犯的什么罪、适用什么刑罚或者免除刑罚的判决。1996 年刑事诉讼法修改，明确规定了疑罪从无的裁判规则，对于证据不足，不能认定被告人有罪的，应当作出证据不足、指控的犯罪不能成立的无罪判决，这是我国刑事诉讼制度的重大进步。本条规定确立了有罪判决、法律上的无罪和疑罪从无等判决方式。在此基础上，《法院解释》第二百九十五条规定了更为多元的裁判方式。

200.2　司法解释

200.2.1　法庭笔录签名与核对

★《法院解释》(2021)

第二百九十一条　被告人最后陈述后，审判长应当宣布休庭，由合议庭进行评议。

第二百九十二条　开庭审理的全部活动，应当由书记员制作笔录；笔录经审判长审阅后，分别由审判长和书记员签名。

第二百九十三条　法庭笔录应当在庭审后交由当事人、法定代理人、辩护人、诉讼代理人阅读或者向其宣读。

法庭笔录中的出庭证人、鉴定人、有专门知识的人、调查人员、侦查人员或者其他人员的证言、意见部分，应当在庭审后分别交由有关人员阅读或者向其宣读。

前两款所列人员认为记录有遗漏或者差错的，可以请求补充或者改正；确认无误后，应当签名；拒绝签名的，应当记录在案；要求改变庭审中陈述的，不予准许。

【重点解读】②

书记员制作法庭笔录，总体要求应当是全面、客观，不能任意“精简”、概括。同时，除审判长和书记员在法庭笔录上签名外，公诉人也可以在法庭笔录上签名。

200.2.2　法院裁判的具体类型

★《最高人民法院、最高人民检察院、公安部、国家安全部、司法部关于推

① 参见王爱立主编书，第 426—428 页。
② 参见李少平主编书，第 358—359 页。

进以审判为中心的刑事诉讼制度改革的意见》（法发〔2016〕18号，2016年7月20日）

十五、严格依法裁判。人民法院经审理，对案件事实清楚，证据确实、充分，依据法律认定被告人有罪的，应当作出有罪判决。依据法律规定认定被告人无罪的，应当作出无罪判决。证据不足，不能认定被告人有罪的，应当按照疑罪从无原则，依法作出无罪判决。

★《最高人民法院、最高人民检察院、公安部、国家安全部、司法部关于办理刑事案件严格排除非法证据若干问题的规定》（法发〔2017〕15号，2017年6月20日）

第三十五条　人民法院排除非法证据后，案件事实清楚，证据确实、充分，依据法律认定被告人有罪的，应当作出有罪判决；证据不足，不能认定被告人有罪的，应当作出证据不足、指控的犯罪不能成立的无罪判决；案件部分事实清楚，证据确实、充分的，依法认定该部分事实。

★《法院解释》（2021）

第二百九十四条　合议庭评议案件，应当根据已经查明的事实、证据和有关法律规定，在充分考虑控辩双方意见的基础上，确定被告人是否有罪、构成何罪，有无从重、从轻、减轻或者免除处罚情节，应否处以刑罚、判处何种刑罚，附带民事诉讼如何解决，查封、扣押、冻结的财物及其孳息如何处理等，并依法作出判决、裁定。

第二百九十五条　对第一审公诉案件，人民法院审理后，应当按照下列情形分别作出判决、裁定：

（一）起诉指控的事实清楚，证据确实、充分，依据法律认定指控被告人的罪名成立的，应当作出有罪判决；

（二）起诉指控的事实清楚，证据确实、充分，但指控的罪名不当的，应当依据法律和审理认定的事实作出有罪判决；

（三）案件事实清楚，证据确实、充分，依据法律认定被告人无罪的，应当判决宣告被告人无罪；

（四）证据不足，不能认定被告人有罪的，应当以证据不足、指控的犯罪不能成立，判决宣告被告人无罪；

（五）案件部分事实清楚，证据确实、充分的，应当作出有罪或者无罪的判决；对事实不清、证据不足部分，不予认定；

（六）被告人因未达到刑事责任年龄，不予刑事处罚的，应当判决宣告被告人不负刑事责任；

（七）被告人是精神病人，在不能辨认或者不能控制自己行为时造成危害结果，不予刑事处罚的，应当判决宣告被告人不负刑事责任；被告人符合强制医疗条件的，应当依照本解释第二十六章的规定进行审理并作出判决；

（八）犯罪已过追诉时效期限且不是必须追诉，或者经特赦令免除刑罚的，应当裁定终止审理；

（九）属于告诉才处理的案件，应当裁定终止审理，并告知被害人有权提起自诉；

（十）被告人死亡的，应当裁定终止审理；但有证据证明被告人无罪，经缺席审理确认无罪的，应当判决宣告被告人无罪。

对涉案财物，人民法院应当根据审理查明的情况，依照本解释第十八章的规定作出处理。

具有第一款第二项规定情形的，人民法院应当在判决前听取控辩双方的意见，保障被告人、辩护人充分行使辩护权。必要时，可以再次开庭，组织控辩双方围绕被告人的行为构成何罪及如何量刑进行辩论。

【重点解读】①

第一，判决认定罪名与指控罪名不一致的处理。判决认定的罪名不受起诉指控罪名的限制。人民法院通过审理认定的罪名与指控的罪名不一致的，应当按照审理认定的罪名作出有罪判决。人民法院作出与指控的罪名不一致的有罪判决，应当保障被告方的辩护权，采取多种方式就变更罪名问题听取控辩双方的意见，既可以召集控辩双方在庭外共同听取意见，也可以在庭外分别听取控辩双方的意见。根据案件的具体情况，在案件社会影响较大、拟认定的罪名重于指控罪名等“必要时”，可以重新开庭，组织控辩双方围绕罪名确定问题进行辩论。

第二，指控的量刑幅度与审理认定的量刑幅度不一致的处理，应当依照审理认定的事实、情节进行量刑。在起诉事实和审判事实涉及同一事实时，法院在量刑时不受指控量刑幅度的限制。

200.2.3　法院对撤回起诉的审查处理

★《法院解释》（2021）

第二百九十六条　在开庭后、宣告判决前，人民检察院要求撤回起诉的，人民法院应当审查撤回起诉的理由，作出是否准许的裁定。

【重点解读】②

庭审解决的核心问题就是被告人的刑事责任问题，在庭审程序已经进行的情况下，允许检察院撤回起诉，使得本可以通过判决确认的被告人刑事责任（而且绝大部分是无罪）重新回到待定状态，既不利于保障被告人合法权益，也有违推进以审判为中心的刑事诉讼制度改革的要求。

200.2.4　法院发现新的事实的处理

★《最高人民法院、最高人民检察院、公安部、国家安全部、司法部、全国人大常委会法制工作委员会关于实施刑事诉讼法若干问题的规定》（2012 年 12 月 26 日）

30. 人民法院审理公诉案件，发现有新的事实，可能影响定罪的，人民检察院可以要求补充起诉或者变更起诉，人民法院可以建议人民检察院补充起诉或者变更起诉。人民法院建议人民检察院补充起诉或者变更起诉的，人民检察院应当在七日以内回复意见。

★《法院解释》（2021）

第二百九十七条　审判期间，人民法院发现新的事实，可能影响定罪量刑的，或者需要补查补证的，应当通知人民检察院，由其决定是否补充、变更、追加起诉或者补充侦查。

人民检察院不同意或者在指定时间内未回复书面意见的，人民法院应当就起诉指控的事实，依照本解释第二百九十五条的规定作出判决、裁定。

【重点解读】③

根据以审判为中心的刑事诉讼制度改革的要求，人民法院应当坚持裁判

① 参见李少平主编书，第 360—361 页。
② 参见李少平主编书，第 362 页。
③ 参见李少平主编书，第 363 页。

中立原则，不能成为控诉方，因此，只是“通知人民检察院，由其决定是否补充、变更、追加起诉或者补充侦查”。人民检察院不同意或者在指定时间内未回复书面意见的，人民法院应当就起诉指控的事实，依法作出判决、裁定。

200.2.5　疑罪从无案件再次审判的表述

★《法院解释》(2021)

第二百九十八条　对依照本解释第二百一十九条第一款第五项规定受理的案件，人民法院应当在判决中写明被告人曾被人民检察院提起公诉，因证据不足，指控的犯罪不能成立，被人民法院依法判决宣告无罪的情况；前案依照刑事诉讼法第二百条第三项规定作出的判决不予撤销。

【重点解读】①

对于此种情形，在裁判文书中可以表述为：“被告人×××曾于×年×月×日被××人民检察院以××罪向××人民法院提起公诉。因证据不足，指控的犯罪不能成立，被××人民法院依法判决宣告无罪。”

200.3　规范性文件

200.3.1　法庭调查规程的认证规则

★《人民法院办理刑事案件第一审普通程序法庭调查规程(试行)》(法发〔2017〕31号，2017年11月27日)

第四十五条　经过控辩双方质证的证据，法庭应当结合控辩双方质证意见，从证据与待证事实的关联程度、证据之间的印证联系、证据自身的真实性程度等方面，综合判断证据能否作为定案的根据。

证据与待证事实没有关联，或者证据自身存在无法解释的疑问，或者证据与待证事实以及其他证据存在无法排除的矛盾的，不得作为定案的根据。

第四十六条　通过勘验、检查、搜查等方式收集的物证、书证等证据，未通过辨认、鉴定等方式确定其与案件事实的关联的，不得作为定案的根据。

法庭对鉴定意见有疑问的，可以重新鉴定。

第四十七条　收集证据的程序、方式不符合法律规定，严重影响证据真实性的，人民法院应当建议人民检察院予以补正或者作出合理解释；不能补正或者作出合理解释的，有关证据不得作为定案的根据。

第四十八条　证人没有出庭作证，其庭前证言真实性无法确认的，不得作为定案的根据。

证人当庭作出的证言与其庭前证言矛盾，证人能够作出合理解释，并与相关证据印证的，应当采信其庭审证言；不能作出合理解释，而其庭前证言与相关证据印证的，可以采信其庭前证言。

第四十九条　经人民法院通知，鉴定人拒不出庭作证的，鉴定意见不得作为定案的根据。

有专门知识的人当庭对鉴定意见提出质疑，鉴定人能够作出合理解释，并与相关证据印证的，应当采信鉴定意见；不能作出合理解释，无法确认鉴定意见可靠性的，有关鉴定意见不能作为定案的根据。

第五十条　被告人的当庭供述与庭前供述、自书材料存在矛盾，被告人能够作出合理解释，并与相关证据印证

① 参见李少平主编书，第364页。

的，应当采信其当庭供述；不能作出合理解释，而其庭前供述、自书材料与相关证据印证的，可以采信其庭前供述、自书材料。

法庭应当结合讯问录音录像对讯问笔录进行全面审查。讯问笔录记载的内容与讯问录音录像存在实质性差异的，以讯问录音录像为准。

第五十一条　对于控辩双方提出的事实证据争议，法庭应当当庭进行审查，经审查后作出处理的，应当当庭说明理由，并在裁判文书中写明；需要庭后评议作出处理的，应当在裁判文书中说明理由。

第五十二条　法庭认定被告人有罪，必须达到犯罪事实清楚，证据确实、充分，对于定罪事实应当综合全案证据排除合理怀疑。定罪证据不足的案件，不能认定被告人有罪，应当作出证据不足、指控的犯罪不能成立的无罪判决。定罪证据确实、充分，量刑证据存疑的，应当作出有利于被告人的认定。

200.4　指导与参考案例

200.4.1　法院改判起诉罪名定罪的标准

【刑事审判参考案例】

［第 39 号］赵祥忠工程重大安全事故案

裁判要旨：人民法院在公诉机关指控的犯罪事实没有变化的情况下，有权改变起诉罪名定罪处刑。人民法院在审查公诉机关指控犯罪嫌疑人的犯罪是否成立时，应当以事实为根据，以法律为准绳，确定犯罪行为是否存在，犯罪事实是否成立。在查清事实、证据的基础上，根据刑法规定的罪刑法定原则和罪刑相适应的原则，确定相应的罪名和刑罚。公诉机关指控的罪名与人民法院经审理案件后认定的罪名不一致，这在审判实践中常有发生。对此，只要公诉机关指控的犯罪事实存在，证据确凿，且刑法分则又明确规定该行为构成犯罪，就应当定罪处罚。

200.4.2　法院改变起诉罪名的程序

【刑事审判参考案例】

［第 798 号］李冉寻衅滋事案

裁判要旨：对于需要变更公诉机关指控罪名的，不论是将指控的轻罪改为重罪，还是重罪改为轻罪，法院都必须履行告知义务，听取控辩双方的意见，给予被告方充分的提前准备辩护的时间；在被告人明确提出请求的情况下，法院可以暂时中断法庭审判，以便被告人、辩护人为辩护作好充分准备；已经结束庭审，在宣判前出现上述情形的，必要时应当重新开庭审理。

201　认罪认罚案件量刑建议的采纳与调整

201.1　法条规定

第二百零一条　对于认罪认罚案件，人民法院依法作出判决时，一般应当采纳人民检察院指控的罪名和量刑建议，但有下列情形的除外：

（一）被告人的行为不构成犯罪或者不应当追究其刑事责任的；

（二）被告人违背意愿认罪认罚的；

（三）被告人否认指控的犯罪事实的；

（四）起诉指控的罪名与审理认定的罪名不一致的；

（五）其他可能影响公正审判的情形。

人民法院经审理认为量刑建议明显不当，或者被告人、辩护人对量刑建议提出异议的，人民检察院可以调整量刑建议。人民检察院不调整量刑建议或者调整量刑建议后仍然明显不当的，人民法院应当依法作出判决。

【立法释义】①

第一，认罪认罚案件采纳量刑建议的原则和例外。人民法院审理认罪认罚案件，依法作出判决时，原则上应采纳人民检察院指控的罪名和量刑建议。这是认罪认罚案件在程序上从简、实体上从宽的重要体现。人民检察院提出的量刑建议，可以是相对明确的量刑幅度，也可以根据案件具体情况提出确定、具体刑期。建议判处财产刑的，一般提出确定的数额。

人民法院依法作出判决时，如果发现存在法律规定的特殊情况，不能采纳人民检察院指控的罪名和量刑建议。主要包括以下情形：

一是被告人的行为不构成犯罪或者不应当追究其刑事责任。此种情况下，人民法院应当按照普通程序审理，根据查明的事实、证据和有关的法律规定，依法认定被告人无罪，作出无罪判决；对证据不足，不能认定被告人有罪的，作出证据不足、指控的犯罪不能成立的无罪判决。

二是被告人违背意愿认罪认罚。人民法院在庭审过程中，如果发现被告人违背意愿认罪认罚，包括对指控的犯罪事实、罪名及量刑建议存在异议等情况，不应采纳人民检察院指控的罪名和量刑建议，而是应当根据庭审查明的事实，依法作出判决。

三是被告人否认指控的犯罪事实。在法庭审理过程中，如果被告人否认指控的犯罪事实，将不再具有适用认罪认罚从宽制度的法律基础，也不能再依照认罪认罚制度作出依法从宽的处理。

四是起诉指控的罪名与审理认定的罪名不一致。人民法院经过审理，案件事实清楚，证据确实、充分，但是指控的罪名与审理认定的罪名不一致，应当按照审理认定的罪名作出判决。由于人民法院认定的罪名发生了变化，所作判决不受人民检察院指控罪名的约束，同时，人民检察院基于原指控的罪名提出的量刑建议也不再具有参考价值。

五是其他可能影响公正审判的情形。例如，人民法院依法作出判决前，刑法作出修改，被告人的行为依照修改后的刑法应当判处更轻的处罚，人民法院就不应采纳人民检察院指控的罪名和量刑建议。

第二，量刑建议的调整。人民法院经审理认为量刑建议明显不当，或者被告人、辩护人对量刑建议提出异议的，人民检察院可以调整量刑建议。人民检察院不调整量刑建议或者调整量刑建议后仍然明显不当的，人民法院应当依法作出判决。本条中的“明显不当”，是指刑罚的主刑选择错误，刑罚的档次、量刑幅度畸重或者畸轻，适用附加刑错误，适用缓刑错误等。认罪认罚

① 参见王爱立主编书，第429—433页。

案件在审理过程中，被告人、辩护人同样有权对量刑提出异议，例如能否适用缓刑等，人民检察院可以就此调整量刑建议。

201.2　司法解释

201.2.1　量刑建议的提出与调整

★《最高人民法院、最高人民检察院、公安部、国家安全部、司法部关于适用认罪认罚从宽制度的指导意见》（高检发〔2019〕13 号，2019 年 10 月 11 日）

41. 量刑建议的调整。人民法院经审理，认为量刑建议明显不当，或者被告人、辩护人对量刑建议有异议且有理有据的，人民法院应当告知人民检察院，人民检察院可以调整量刑建议。人民法院认为调整后的量刑建议适当的，应当予以采纳；人民检察院不调整量刑建议或者调整后仍然明显不当的，人民法院应当依法作出判决。

适用速裁程序审理的，人民检察院调整量刑建议应当在庭前或者当庭提出。调整量刑建议后，被告人同意继续适用速裁程序的，不需要转换程序处理。

★《法院解释》（2021）

第三百五十三条　对认罪认罚案件，人民法院经审理认为量刑建议明显不当，或者被告人、辩护人对量刑建议提出异议的，人民检察院可以调整量刑建议。人民检察院不调整或者调整后仍然明显不当的，人民法院应当依法作出判决。

适用速裁程序审理认罪认罚案件，需要调整量刑建议的，应当在庭前或者当庭作出调整；调整量刑建议后，仍然符合速裁程序适用条件的，继续适用速裁程序审理。

★《检察院规则》（2019）

第四百一十八条　人民检察院向人民法院提出量刑建议的，公诉人应当在发表公诉意见时提出。

对认罪认罚案件，人民法院经审理认为人民检察院的量刑建议明显不当向人民检察院提出的，或者被告人、辩护人对量刑建议提出异议的，人民检察院可以调整量刑建议。

【重点解读】①

第一，量刑建议的提出时间。人民检察院向人民法院提出量刑建议的，公诉人应当在发表公诉意见时提出。即使提起公诉时已经提交量刑建议书，公诉人在发表公诉意见时也应当口头发表量刑建议。之所以没有规定在宣读起诉书后提出量刑建议，主要是考虑，在法庭调查结束前，事实、证据可能发生变化，公诉人需要根据情况对拟定的量刑建议进行调整。

第二，认罪认罚案件量刑建议的调整。人民法院认为量刑建议明显不当，或者被告人、辩护人对量刑建议提出异议的，人民检察院可以调整量刑建议；只有人民检察院不调整或者调整后仍然明显不当的，人民法院才可以依法作出判决。据此，人民法院不能未经人民检察院调整而径行作出判决。

201.2.2　认罪认罚案件的审理方式

★《法院解释》（2021）

第三百四十七条　刑事诉讼法第十五条规定的“认罪”，是指犯罪嫌疑人、被告人自愿如实供述自己的罪行，对指控的犯罪事实没有异议。

---

① 参见童建明、万春主编释义书，第 423—424 页。

刑事诉讼法第十五条规定的“认罚”，是指犯罪嫌疑人、被告人真诚悔罪，愿意接受处罚。

被告人认罪认罚的，可以依照刑事诉讼法第十五条的规定，在程序上从简、实体上从宽处理。

第三百四十八条　对认罪认罚案件，应当根据案件情况，依法适用速裁程序、简易程序或者普通程序审理。

第三百四十九条　对人民检察院提起公诉的认罪认罚案件，人民法院应当重点审查以下内容：

（一）人民检察院讯问犯罪嫌疑人时，是否告知其诉讼权利和认罪认罚的法律规定；

（二）是否随案移送听取犯罪嫌疑人、辩护人或者值班律师、被害人及其诉讼代理人意见的笔录；

（三）被告人与被害人达成调解、和解协议或者取得被害人谅解的，是否随案移送调解、和解协议、被害人谅解书等相关材料；

（四）需要签署认罪认罚具结书的，是否随案移送具结书。

未随案移送前款规定的材料的，应当要求人民检察院补充。

第三百五十条　人民法院应当将被告人认罪认罚作为其是否具有社会危险性的重要考虑因素。被告人罪行较轻，采用非羁押性强制措施足以防止发生社会危险性的，应当依法适用非羁押性强制措施。

第三百五十一条　对认罪认罚案件，法庭审理时应当告知被告人享有的诉讼权利和认罪认罚的法律规定，审查认罪认罚的自愿性和认罪认罚具结书内容的真实性、合法性。

【重点解读】①

对于认罪认罚案件，人民检察院应当随案移送讯问犯罪嫌疑人的笔录，以及听取辩护人或者值班律师、被害人及其诉讼代理人意见的笔录。为保障法律严格实施，对于人民检察院“未随案移送前款规定的材料的，应当要求人民检察院补充”。

201.2.3　认罪认罚案件的裁判规则

★《最高人民法院、最高人民检察院、公安部、国家安全部、司法部关于适用认罪认罚从宽制度的指导意见》（高检发〔2019〕13号，2019年10月11日）

40. 量刑建议的采纳。对于人民检察院提出的量刑建议，人民法院应当依法进行审查。对于事实清楚，证据确实、充分，指控的罪名准确，量刑建议适当的，人民法院应当采纳。具有下列情形之一的，不予采纳：

（一）被告人的行为不构成犯罪或者不应当追究刑事责任的；

（二）被告人违背意愿认罪认罚的；

（三）被告人否认指控的犯罪事实的；

（四）起诉指控的罪名与审理认定的罪名不一致的；

（五）其他可能影响公正审判的情形。

对于人民检察院起诉指控的事实清楚，量刑建议适当，但指控的罪名与审理认定的罪名不一致的，人民法院可以听取人民检察院、被告人及其辩护人对审理认定罪名的意见，依法作出裁判。

人民法院不采纳人民检察院量刑

① 参见李少平主编书，第401—402页。

建议的，应当说明理由和依据。

★《法院解释》(2021)

第三百五十二条　对认罪认罚案件，人民检察院起诉指控的事实清楚，但指控的罪名与审理认定的罪名不一致的，人民法院应当听取人民检察院、被告人及其辩护人对审理认定罪名的意见，依法作出判决。

第三百五十四条　对量刑建议是否明显不当，应当根据审理认定的犯罪事实、认罪认罚的具体情况，结合相关犯罪的法定刑、类似案件的刑罚适用等作出审查判断。

第三百五十五条　对认罪认罚案件，人民法院一般应当对被告人从轻处罚；符合非监禁刑适用条件的，应当适用非监禁刑；具有法定减轻处罚情节的，可以减轻处罚。

对认罪认罚案件，应当根据被告人认罪认罚的阶段早晚以及认罪认罚的主动性、稳定性、彻底性等，在从宽幅度上体现差异。

共同犯罪案件，部分被告人认罪认罚的，可以依法对该部分被告人从宽处罚，但应当注意全案的量刑平衡。

【重点解读】①

第一，被告人、辩护人对量刑建议提出异议的处理。对于此种情形，既可以直接建议人民检察院调整量刑建议，也可以组织控辩双方对量刑问题进行法庭辩论，经过辩论审查认为异议成立的，再行建议人民检察院调整量刑建议。

第二，认罪认罚从宽的幅度。根据法律规定，认罪认罚的从宽幅度一般是指从轻处罚；减轻处罚限于具有法定减轻处罚情节的情形。

★《最高人民法院、最高人民检察院关于办理强奸、猥亵未成年人刑事案件适用法律若干问题的解释》(法释〔2023〕3 号，2023 年 5 月 24 日)

第十一条　强奸、猥亵未成年人的成年被告人认罪认罚的，是否从宽处罚及从宽幅度应当从严把握。

201.2.4　审判阶段认罪认罚的处理

★《法院解释》(2021)

第三百五十六条　被告人在人民检察院提起公诉前未认罪认罚，在审判阶段认罪认罚的，人民法院可以不再通知人民检察院提出或者调整量刑建议。

对前款规定的案件，人民法院应当就定罪量刑听取控辩双方意见，根据刑事诉讼法第十五条和本解释第三百五十五条的规定作出判决。

第三百五十七条　对被告人在第一审程序中未认罪认罚，在第二审程序中认罪认罚的案件，应当根据其认罪认罚的具体情况决定是否从宽，并依法作出裁判。确定从宽幅度时应当与第一审程序认罪认罚有所区别。

【重点解读】②

被告人在审判阶段后才认罪认罚的，人民法院将认罪认罚作为量刑因素予以考量即可，无须由人民检察院提出或者调整量刑建议，否则造成程序烦琐。

被告人在第一审程序中未认罪认罚，在第二审程序中认罪认罚的，审理程序依照刑事诉讼法规定的第二审程序进行。第二审人民法院应当根据其认罪认罚的价值、作用决定是否从宽，并依法作出裁判。确定从宽幅度时应

① 参见李少平主编书，第 403—404 页。
② 参见李少平主编书，第 406 页。

当与第一审程序认罪认罚有所区别。

201.2.5　审判阶段被告人反悔的处理

★《法院解释》(2021)

第三百五十八条　案件审理过程中，被告人不再认罪认罚的，人民法院应当根据审理查明的事实，依法作出裁判。需要转换程序的，依照本解释的相关规定处理。

201.3　指导与参考案例

201.3.1　破坏环境资源案件的认罪认罚

【最高人民法院指导性案例】

［第 213 号］黄某辉、陈某等 8 人非法捕捞水产品刑事附带民事公益诉讼案

裁判要点：1. 破坏环境资源刑事案件中，附带民事公益诉讼被告具有认罪认罚、主动修复受损生态环境等情节的，可以依法从轻处罚。

2. 人民法院判决生态环境侵权人采取增殖放流方式恢复水生生物资源、修复水域生态环境的，应当遵循自然规律，遵守水生生物增殖放流管理规定，根据专业修复意见合理确定放流水域、物种、规格、种群结构、时间、方式等，并可以由渔业行政主管部门协助监督执行。

201.3.2　审判阶段认罪认罚的适用

【人民法院案例库案例】

［入库编号：2024 - 03 - 1 - 181 - 002］蒋某某过失致人重伤案——审判阶段主动适用认罪认罚从宽制度的规则

(1) 认罪认罚从宽制度适用于刑事案件侦查、起诉、审判各个阶段，人民法院在审判阶段可以主动适用认罪认罚从宽制度。被告人在检察机关提起公诉前未认罪认罚，在审判阶段认罪认罚的，人民法院可以不再通知人民检察院提出或者调整量刑建议，但应当就定罪量刑听取控辩双方意见，依法适用认罪认罚从宽制度作出判决。

(2) 对被告人不认可检察机关对案件的定性而未认罪认罚，人民法院经审理认为检察机关指控罪名不当而拟变更罪名，被告人认可审理认定的罪名，并自愿接受相应刑罚处罚，符合认罪认罚条件的，人民法院可以依职权启动认罪认罚程序。

201.3.3　重大复杂案件的认罪认罚要求

【刑事审判参考案例】

［第 1403 号］黄连珠交通肇事案

裁判要旨：认罪认罚制度不仅着眼于案件繁简分流，而且注重矛盾化解，实现恢复性司法。对于涉及社会敏感因素、复杂背景、隐藏风险的案件，即便被告人认罪认罚，也不应一味图快，简单化处理。被告人确有认罪认罚表现，程序上未按认罪认罚模式从简处理的，不影响实体从宽处罚。

201.3.4　认罪认罚不能降低案件的证明标准

【刑事审判参考案例】

［第 1411 号］张永利出售出入境证件案

裁判要旨：虽然被告人认罪认罚降低了控方指控的难度，但没有理由也不应降低证明标准。认罪认罚从宽制度的最大风险是无辜的人因认罪认罚被错误定罪。人民法院对认罪认罚案件的审查，应从证据采信、事实认定、定罪量刑等方面进行全面、实质的审查；不

仅要把好认罪认罚自愿性的审查关，而且要严格落实庭审实质化的要求；发现事实不清、证据不足应当转程序的要及时转程序重新审理；要严格证据审查，严格事实证据关，不因控辩协商一致就降低裁判标准，切实防范发生冤假错案。

201.3.5　公诉机关不按照法院建议调整量刑建议的处理

【刑事审判参考案例】

［第 1407 号］刘正民、马武凯故意毁坏财物案

裁判要旨：人民法院认为量刑建议明显不当，检察机关不予调整的，人民法院应当依法及时作出判决，确保案件及时审结，被告人能够获得迅速及时的审判，被犯罪破坏的社会秩序能够及时得到恢复。检察机关调整量刑建议的，形式要灵活简便，避免影响量刑建议调整造成速裁不速，简易不简，进而影响认罪认罚从宽制度功能的发挥，影响庭审实质化。

201.3.6　法院未建议调整量刑建议而径行作出判决

【刑事审判参考案例】

［第 1409 号］苏桂花开设赌场案

裁判要旨：人民法院在庭审中就量刑充分听取控辩双方意见，并在此基础上依法径行作出判决，不属于程序违法，符合确保裁判结果形成在法庭的庭审实质化要求，同时还避免了因量刑建议调整造成审判周期的延长和司法资源的浪费。检察机关以此提出抗诉的，二审法院应当全面审查，审理后认为一审判决事实认定、定罪量刑没有错误的，不应以程序违法为由发回重审。

201.3.7　认罪认罚案件指控罪名与审理认定罪名不一致时的处理

【刑事审判参考案例】

［第 1449 号］孙惠中以危险方法危害公共安全案

裁判要旨：认罪认罚案件中的量刑建议以犯罪嫌疑人认罪认罚和放弃一定的诉讼权利换取检察机关量刑的减让而形成，其效力与非认罪认罚案件不完全相同。但即便在认罪认罚案件中，量刑建议权仍然属于求刑权的范畴，不是检察机关代为行使法院裁判权。法院经审理后认为指控的罪名不当，应在听取控辩双方基础上，依据法律规定和审理认定的罪名作出判决。

201.3.8　被告人确无能力退赃退赔对认罚的影响

【刑事审判参考案例】

［第 1414 号］王建受贿案

裁判要旨：人民检察院应当对被告人是否有能力退赃退赔、赔偿损失等承担举证责任。在被告人未退赃退赔、赔偿损失、履行财产刑的情况下，人民检察院认定被告人有认罚情节但未提交被告人是否确无能力退赃退赔相关证据的，人民法院根据案件情况可以认定被告人具有认罚情节，依法适用认罪认罚案件的审理程序。但在实体从宽上应当考虑未退赃退赔、未赔偿损失、未履行财产刑的情节，严格把握从宽幅度。但是，人民法院审理发现被告人有能力退赃退赔、赔偿损失而不退赃退赔、赔偿损失的，甚至有隐匿转移财产行为的，不应认定具有认罚情节，不按认罪认罚案件处理。

201.3.9　庭审结束后宣判前认罪认罚的处理

【刑事审判参考案例】

［第1584号］蒋某某过失致人重伤案

裁判要旨：对于被告人在庭审结束后、宣判前认罪认罚的，是否需要恢复庭审应当根据案件具体情况确定。认为有必要恢复庭审听取控辩双方意见的，可以恢复法庭调查；认为没有必要恢复法庭调查的，综合全案证据依法作出裁判，作为从宽处罚情节的，应当在裁判文书中载明法律依据。对于人民法院审理认定罪名与检察机关指控罪名不一致的案件，庭审中已经依法查明案件定罪量刑相关事实、证据，并已就审理认定罪名听取控辩双方意见，检察机关明确不变更指控罪名及量刑建议，被告人庭后表示接受审理认定罪名及相应刑罚处罚，控辩双方意见已经明确，悔罪表现业已查明的，对于被告人是否符合认罪认罚条件无须再行开庭审理，人民法院可依法认定，并综合全案证据作出裁判。

201.4　专门问题解答

201.4.1　审判阶段适用认罪认罚的程序

★《法答网精选答问（第十批）》（《人民法院报》2024年10月31日第7版）

问题2：被告人在审前阶段未认罪认罚，进入审判程序后能否适用认罪认罚程序，以及具体如何处理？

答疑意见：被告人在审判阶段认罪认罚，法院应注意把握以下几点：一是审查被告人认罪认罚的自愿性、合法性，保障被告人诉讼权利。二是对于事实清楚、有罪供述稳定的案件，被告人在开庭前提出申请的，承办法官告知公诉机关，征求其意见，并询问是否在开庭前开展认罪认罚工作，若其同意，可由其参照审查起诉期间的规定进行；若不同意或者未予答复，或者被告人是在庭审时当庭提出认罪认罚申请，可依照《法院解释》第三百五十六条的规定直接进行。三是关于量刑。审判阶段，被告人在庭审前提出认罪认罚，公诉机关同意开展该项工作的，可由其参照审查起诉期间的程序进行，提交量刑建议书；若公诉机关未作答复，或者被告人在庭审时提出认罪认罚申请，法院依照《法院解释》第三百五十六条直接进行，可不再通知检察院提出或者调整量刑建议，但应当就定罪量刑听取控辩双方意见。四是被害方异议的处理。根据《最高人民法院、最高人民检察院、公安部、国家安全部、司法部关于适用认罪认罚从宽制度的指导意见》第十八条的规定，被害人及其诉讼代理人不同意对认罪认罚的被告人从宽处理的，不影响认罪认罚从宽制度的适用。被告人认罪认罚，但没有退赃退赔、赔偿损失，未能与被害方达成调解或者和解协议的，应当酌情控制从宽的幅度。被告人自愿认罪并且愿意积极赔偿损失，但由于被害方赔偿请求明显不合理，未能达成调解或者和解协议的，一般不影响对被告人从宽处理。另外，在审判阶段，被告人并非必须签署认罪认罚具结书，对此可按照《法院解释》第三百五十六条第二款以及《最高人民法院、最高人民检察院、公安部、国家安全部、司法部关于适用认罪认罚从宽制度的指导意见》第三十一条规定办理。

审判实践中，已有审判阶段适用认罪认罚从宽制度的案例。例如，在“蒋某某过失致人重伤案”（人民法院案例库入库编号：2024-03-1-181-002）中，被告人不认可检察机关对案件的定性而未认罪认罚，人民法院经审理认为检察机关指控罪名不当而拟变更罪名，被告人认可审理认定的罪名，并自愿接受相应刑罚处罚，故人民法院依职权启动了认罪认罚程序，对被告人予以从轻处罚。

202 宣告判决

202.1 法条规定

第二百零二条　宣告判决，一律公开进行。

当庭宣告判决的，应当在五日以内将判决书送达当事人和提起公诉的人民检察院；定期宣告判决的，应当在宣告后立即将判决书送达当事人和提起公诉的人民检察院。判决书应当同时送达辩护人、诉讼代理人。

【立法释义】①

第一，宣告判决。人民法院宣告判决，无论是公开审理的案件，还是不公开审理的案件，一律公开进行。不公开审理的案件，审理过程不对外公开，宣告判决应当公开进行，对于不宜公开的内容，不写入判决书。

第二，判决书送达。宣告判决分为两种：一种是当庭宣告。当庭宣告一般适用于案件相对简单，处罚较轻的案件。对于当庭宣告判决的，人民法院应当在五日以内将判决书送达当事人和提起公诉的人民检察院，并应同时送达辩护人、诉讼代理人。另一种是定期宣告。定期宣告一般适用于比较重大、复杂的案件。对于定期宣告判决的，人民法院应当在宣告判决后立即将判决书送达当事人和提起公诉的人民检察院，也应同时送达辩护人、诉讼代理人。为确保辩护人、诉讼代理人及时知悉判决结果，依法行使诉讼权利，2012年刑事诉讼法修改增加判决书应当同时送达辩护人、诉讼代理人的规定，更好地保障当事人的合法权利。

202.2 司法解释

202.2.1 休庭后移交案卷材料

★《检察院规则》（2019）

第四百二十八条　人民检察院应当当庭向人民法院移交取回的案卷材料和证据。在审判长宣布休庭后，公诉人应当与审判人员办理交接手续。无法当庭移交的，应当在休庭后三日以内移交。

【重点解读】②

有的案件，人民检察院在开庭审理前从人民法院取回案卷材料和证据。对于此种情形，人民检察院应当当庭向人民法院移交取回的案卷材料和证据。在审判长宣布休庭后，公诉人应当与审判人员办理交接手续。无法当庭移交的，应当在休庭后三日以内移交。

202.2.2 判决的宣告和送达

★《法院解释》（2021）

第三百零二条　当庭宣告判决的，

① 参见王爱立主编书，第434—435页。

② 参见童建明、万春主编释义书，第431页。

应当在五日以内送达判决书。定期宣告判决的，应当在宣判前，先期公告宣判的时间和地点，传唤当事人并通知公诉人、法定代理人、辩护人和诉讼代理人；判决宣告后，应当立即送达判决书。

第三百零三条 判决书应当送达人民检察院、当事人、法定代理人、辩护人、诉讼代理人，并可以送达被告人的近亲属。被害人死亡，其近亲属申请领取判决书的，人民法院应当及时提供。

判决生效后，还应当送达被告人的所在单位或者户籍地的公安派出所，或者被告单位的注册登记机关。被告人系外国人，且在境内有居住地的，应当送达居住地的公安派出所。

第三百零四条 宣告判决，一律公开进行。宣告判决结果时，法庭内全体人员应当起立。

公诉人、辩护人、诉讼代理人、被害人、自诉人或者附带民事诉讼原告人未到庭的，不影响宣判的进行。

202. 2. 3 视频方式宣告判决

★《法院解释》(2021)

第六百五十条 人民法院讯问被告人，宣告判决，审理减刑、假释案件等，可以根据情况采取视频方式。

【重点解读】①

对于采取视频方式审理案件的，应当在充分保障当事人诉讼权利和庭审质量的前提下进行。

202. 3 规范性文件

202. 3. 1 当庭、定期和委托宣判

★《最高人民法院、最高人民检察院、公安部、国家安全部、司法部关于推进以审判为中心的刑事诉讼制度改革的意见》(法发〔2016〕18号，2016年7月20日)

十四、完善当庭宣判制度，确保裁判结果形成在法庭。适用速裁程序审理的案件，除附带民事诉讼的案件以外，一律当庭宣判；适用简易程序审理的案件一般应当当庭宣判；适用普通程序审理的案件逐步提高当庭宣判率。规范定期宣判制度。

★《最高人民法院关于加强人民法院审判公开工作的若干意见》(法发〔2007〕20号，2007年6月4日)

14. 要逐步提高当庭宣判比率，规范定期宣判、委托宣判。人民法院审理案件，能够当庭宣判的，应当当庭宣判。定期宣判、委托宣判的，应当在裁判文书签发或者收到委托函后及时进行，宣判前应当通知当事人和其他诉讼参与人。宣判时允许旁听，宣判后应当立即送达法律文书。

202. 3. 2 虚假诉讼犯罪的刑民程序衔接

★《最高人民法院关于深入开展虚假诉讼整治工作的意见》(法〔2021〕281号，2021年11月4日)

十九、做好程序衔接，保持刑民协同。经审理认为民事诉讼当事人的行为构成虚假诉讼犯罪的，作出生效刑事裁判的人民法院应当及时函告审理或者执行该民事案件的人民法院。生效刑事裁判认定构成虚假诉讼犯罪的，有关人民法院应当及时依法启动审判监督程序对相关民事判决、裁定、调解书予以纠正。当事人、案外人以生效刑事裁判认定构成虚假诉讼犯罪为由对生

---

① 参见李少平主编书，第614—615页。

效民事判决、裁定、调解书申请再审的，应当依法及时进行审查。

★**《最高人民法院、最高人民检察院、公安部、司法部关于进一步加强虚假诉讼犯罪惩治工作的意见》**（法发〔2021〕10 号，2021 年 3 月 4 日）

第十四条　人民法院向公安机关移送涉嫌虚假诉讼犯罪案件，民事案件必须以相关刑事案件的审理结果为依据的，应当依照民事诉讼法第一百五十条第一款第五项的规定裁定中止诉讼。刑事案件的审理结果不影响民事诉讼程序正常进行的，民事案件应当继续审理。

第十五条　刑事案件裁判认定民事诉讼当事人的行为构成虚假诉讼犯罪，相关民事案件尚在审理或者执行过程中的，作出刑事裁判的人民法院应当及时函告审理或者执行该民事案件的人民法院。

人民法院对于与虚假诉讼刑事案件的裁判存在冲突的已经发生法律效力的民事判决、裁定、调解书，应当及时依法启动审判监督程序予以纠正。

第十六条　公安机关依法自行立案侦办虚假诉讼刑事案件的，应当在立案后三日内将立案决定书等法律文书和相关材料复印件抄送对相关民事案件正在审理、执行或者作出生效裁判文书的人民法院并说明立案理由，同时通报办理民事案件人民法院的同级人民检察院。对相关民事案件正在审理、执行或者作出生效裁判文书的人民法院应当依法审查，依照相关规定做出处理，并在收到材料之日起三十日内将处理意见书面通报公安机关。

公安机关在办理刑事案件过程中，发现犯罪嫌疑人还涉嫌实施虚假诉讼犯罪的，可以一并处理。需要逮捕犯罪嫌疑人的，由侦查该案件的公安机关提请同级人民检察院审查批准；需要提起公诉的，由侦查该案件的公安机关移送同级人民检察院审查决定。

第十七条　有管辖权的公安机关接受民事诉讼当事人、诉讼代理人和其他诉讼参与人、利害关系人、其他自然人、法人和非法人组织的报案、控告、举报或者在履行职责过程中发现存在虚假诉讼犯罪嫌疑的，可以开展调查核实工作。经县级以上公安机关负责人批准，公安机关可以依照有关规定拷贝电子卷或者查阅、复制、摘录人民法院的民事诉讼卷宗，人民法院予以配合。

公安机关在办理刑事案件过程中，发现犯罪嫌疑人还涉嫌实施虚假诉讼犯罪的，适用前款规定。

203　判决书的制作

203.1　法条规定

第二百零三条　判决书应当由审判人员和书记员署名，并且写明上诉的期限和上诉的法院。

【立法释义】①

判决书是人民法院行使国家审判权的体现，是具有法律效力的法律文件，也是执行机关执行人民法院判决的依据。1979 年刑事诉讼法规定："判决书应当由合议庭的组成人员和书记员署名。"2012 年修改刑事诉讼法，考虑人民法院审理案件既有组成合议庭进

① 参见王爱立主编书，第 435—436 页。

行审判的情形,也有审判员一人独任审判的情形,对于适用简易程序由审判员一人独任审判的案件,判决书只能由审判该案件的审判员签署,因此将“合议庭的组成人员”改为“审判人员”。

在判决书中写明上诉的期限和上诉的法院,便于当事人行使上诉权。具体言之,在判决书中必须明确写明被告人如对判决不服,可在多长的时间内向哪个法院提出上诉。

203.2　司法解释

203.2.1　法律文书的署名

★《法院解释》(2021)

第二百九十九条　合议庭成员、法官助理、书记员应当在评议笔录上签名,在判决书、裁定书等法律文书上署名。

203.2.2　裁判文书的说理

★《法院解释》(2021)

第三百条　裁判文书应当写明裁判依据,阐释裁判理由,反映控辩双方的意见并说明采纳或者不予采纳的理由。

适用普通程序审理的被告人认罪的案件,裁判文书可以适当简化。

【重点解读】①

裁判文书简化与裁判文书加强说理,应当并行不悖。对于判处无期徒刑、死刑的裁判文书,无论被告人是否认罪,都不宜简化,应当加强裁判说理。

203.2.3　合议庭成员不能继续履职的处理

★《法院解释》(2021)

第三百零一条　庭审结束后、评议前,部分合议庭成员不能继续履行审判职责的,人民法院应当依法更换合议庭组成人员,重新开庭审理。

评议后、宣判前,部分合议庭成员因调动、退休等正常原因不能参加宣判,在不改变原评议结论的情况下,可以由审判本案的其他审判员宣判,裁判文书上仍署审判本案的合议庭成员的姓名。

【重点解读】②

定期宣判的案件,在作出评议后,合议庭成员由于离职、退休等原因,可能不能参加宣判。对于此类情形,是否需要重新组成合议庭进行审理,不宜一概而论。原则上,在不改变原来评议时所作决定的情况下,可以由审判本案的其他合议庭成员宣判,判决书上仍应署审判本案的合议庭成员的姓名。但是,对于合议庭成员辞职离开人民法院、接受监察调查或者被立案侦查等情形,宜重新组成合议庭进行审理。

203.3　规范性文件

203.3.1　适用禁止令的具体要求

★《最高人民法院、最高人民检察院、公安部、司法部关于对判处管制、宣告缓刑的犯罪分子适用禁止令有关问题的规定(试行)》(法发〔2011〕9 号,2011 年 4 月 28 日)

第一条　对判处管制、宣告缓刑的犯罪分子,人民法院根据犯罪情况,认为从促进犯罪分子教育矫正、有效维护社会秩序的需要出发,确有必要禁止其在管制执行期间、缓刑考验期限内从事特定活动,进入特定区域、场所,接触特定人的,可以根据刑法第三十八条第二款、第七十二条第二款的规定,同时宣告禁止令。

---

① 参见李少平主编书,第 365 页。

② 参见李少平主编书,第 365—366 页。

第二条　人民法院宣告禁止令，应当根据犯罪分子的犯罪原因、犯罪性质、犯罪手段、犯罪后的悔罪表现、个人一贯表现等情况，充分考虑与犯罪分子所犯罪行的关联程度，有针对性地决定禁止其在管制执行期间、缓刑考验期限内"从事特定活动，进入特定区域、场所，接触特定的人"的一项或者几项内容。

第三条　人民法院可以根据犯罪情况，禁止判处管制、宣告缓刑的犯罪分子在管制执行期间、缓刑考验期限内从事以下一项或者几项活动：

（一）个人为进行违法犯罪活动而设立公司、企业、事业单位或者在设立公司、企业、事业单位后以实施犯罪为主要活动的，禁止设立公司、企业、事业单位；

（二）实施证券犯罪、贷款犯罪、票据犯罪、信用卡犯罪等金融犯罪的，禁止从事证券交易、申领贷款、使用票据或者申领、使用信用卡等金融活动；

（三）利用从事特定生产经营活动实施犯罪的，禁止从事相关生产经营活动；

（四）附带民事赔偿义务未履行完毕，违法所得未追缴、退赔到位，或者罚金尚未足额缴纳的，禁止从事高消费活动；

（五）其他确有必要禁止从事的活动。

第四条　人民法院可以根据犯罪情况，禁止判处管制、宣告缓刑的犯罪分子在管制执行期间、缓刑考验期限内进入以下一类或者几类区域、场所：

（一）禁止进入夜总会、酒吧、迪厅、网吧等娱乐场所；

（二）未经执行机关批准，禁止进入举办大型群众性活动的场所；

（三）禁止进入中小学校区、幼儿园园区及周边地区，确因本人就学、居住等原因，经执行机关批准的除外；

（四）其他确有必要禁止进入的区域、场所。

第五条　人民法院可以根据犯罪情况，禁止判处管制、宣告缓刑的犯罪分子在管制执行期间、缓刑考验期限内接触以下一类或者几类人员：

（一）未经对方同意，禁止接触被害人及其法定代理人、近亲属；

（二）未经对方同意，禁止接触证人及其法定代理人、近亲属；

（三）未经对方同意，禁止接触控告人、批评人、举报人及其法定代理人、近亲属；

（四）禁止接触同案犯；

（五）禁止接触其他可能遭受其侵害、滋扰的人或者可能诱发其再次危害社会的人。

第六条　禁止令的期限，既可以与管制执行、缓刑考验的期限相同，也可以短于管制执行、缓刑考验的期限，但判处管制的，禁止令的期限不得少于三个月，宣告缓刑的，禁止令的期限不得少于二个月。

判处管制的犯罪分子在判决执行以前先行羁押以致管制执行的期限少于三个月的，禁止令的期限不受前款规定的最短期限的限制。

禁止令的执行期限，从管制、缓刑执行之日起计算。

第七条　人民检察院在提起公诉时，对可能判处管制、宣告缓刑的被告人可以提出宣告禁止令的建议。当事人、辩护人、诉讼代理人可以就应否对被告人宣告禁止令提出意见，并说明理由。

公安机关在移送审查起诉时，可以根据犯罪嫌疑人涉嫌犯罪的情况，就应否宣告禁止令及宣告何种禁止令，向人民检察院提出意见。

第八条　人民法院对判处管制、宣告缓刑的被告人宣告禁止令的，应当在裁判文书主文部分单独作为一项予以宣告。

第九条　禁止令由司法行政机关指导管理的社区矫正机构负责执行。

第十条　人民检察院对社区矫正机构执行禁止令的活动实行监督。发现有违反法律规定的情况，应当通知社区矫正机构纠正。

第十一条　判处管制的犯罪分子违反禁止令，或者被宣告缓刑的犯罪分子违反禁止令尚不属情节严重的，由负责执行禁止令的社区矫正机构所在地的公安机关依照《中华人民共和国治安管理处罚法》第六十条的规定处罚。

第十二条　被宣告缓刑的犯罪分子违反禁止令，情节严重的，应当撤销缓刑，执行原判刑罚。原作出缓刑裁判的人民法院应当自收到当地社区矫正机构提出的撤销缓刑建议书之日起一个月内依法作出裁定。人民法院撤销缓刑的裁定一经作出，立即生效。

违反禁止令，具有下列情形之一的，应当认定为“情节严重”：

（一）三次以上违反禁止令的；

（二）因违反禁止令被治安管理处罚后，再次违反禁止令的；

（三）违反禁止令，发生较为严重危害后果的；

（四）其他情节严重的情形。

第十三条　被宣告禁止令的犯罪分子被依法减刑时，禁止令的期限可以相应缩短，由人民法院在减刑裁定中确定新的禁止令期限。

203.3.2　修正前后刑法条文的引用

★《最高人民法院关于在裁判文书中如何表述修正前后刑法条文的批复》（法释〔2012〕7号，2012年5月15日）

一、根据案件情况，裁判文书引用1997年3月14日第八届全国人民代表大会第五次会议修订的刑法条文，应当根据具体情况分别表述：

（一）有关刑法条文在修订的刑法施行后未经修正，或者经过修正，但引用的是现行有效条文，表述为“《中华人民共和国刑法》第××条”。

（二）有关刑法条文经过修正，引用修正前的条文，表述为“1997年修订的《中华人民共和国刑法》第××条”。

（三）有关刑法条文经两次以上修正，引用经修正、且为最后一次修正前的条文，表述为“经××××年《中华人民共和国刑法修正案（×）》修正的《中华人民共和国刑法》第××条”。

二、根据案件情况，裁判文书引用1997年3月14日第八届全国人民代表大会第五次会议修订前的刑法条文，应当表述为“1979年《中华人民共和国刑法》第××条”。

三、根据案件情况，裁判文书引用有关单行刑法条文，应当直接引用相应该条例、补充规定或者决定的具体条款。

四、最高人民法院《关于在裁判文书中如何引用修订前、后刑法名称的通知》（法〔1997〕192号）、最高人民法院《关于在裁判文书中如何引用刑法修正案的批复》（法释〔2007〕7号）不再适用。

203.3.3　法律、法规等法律文件的引用

★**《最高人民法院关于裁判文书引用法律、法规等规范性法律文件的规定》**（法释〔2009〕14号，2009年10月26日）

第一条　人民法院的裁判文书应当依法引用相关法律、法规等规范性法律文件作为裁判依据。引用时应当准确完整写明规范性法律文件的名称、条款序号，需要引用具体条文的，应当整条引用。

第二条　并列引用多个规范性法律文件的，引用顺序如下：法律及法律解释、行政法规、地方性法规、自治条例或者单行条例、司法解释。同时引用两部以上法律的，应当先引用基本法律，后引用其他法律。引用包括实体法和程序法的，先引用实体法，后引用程序法。

第三条　刑事裁判文书应当引用法律、法律解释或者司法解释。刑事附带民事诉讼裁判文书引用规范性法律文件，同时适用本规定第四条规定。

第六条　对于本规定第三条、第四条、第五条规定之外的规范性文件，根据审理案件的需要，经审查认定为合法有效的，可以作为裁判说理的依据。

第七条　人民法院制作裁判文书确需引用的规范性法律文件之间存在冲突，根据立法法等有关法律规定无法选择适用的，应当依法提请有决定权的机关做出裁决，不得自行在裁判文书中认定相关规范性法律文件的效力。

203.3.4　刑期起止日期的表述

★**《最高人民法院关于刑事裁判文书中刑期起止日期如何表述问题的批复》**（法释〔2000〕7号，2000年2月29日）

根据刑法第四十一条、第四十四条、第四十七条和《法院刑事诉讼文书样式》（样本）的规定，判处管制、拘役、有期徒刑的，应当在刑事裁判文书中写明刑种、刑期和主刑刑期的起止日期及折抵办法。刑期从判决执行之日起计算。判决执行以前先行羁押的，羁押一日折抵刑期一日（判处管制刑的，羁押一日折抵刑期二日），即自××××年××月××日（羁押之日）起至××××年××月××日止。羁押期间取保候审的，刑期的终止日顺延。

203.3.5　证据合法性审查、调查结论的表述

★**《最高人民法院、最高人民检察院、公安部、国家安全部、司法部关于办理刑事案件严格排除非法证据若干问题的规定》**（法发〔2017〕15号，2017年6月20日）

第三十六条　人民法院对证据收集合法性的审查、调查结论，应当在裁判文书中写明，并说明理由。

203.3.6　辩护、代理意见采纳情况的表述

★**《最高人民法院、最高人民检察院、公安部、国家安全部、司法部关于依法保障律师执业权利的规定》**（司发〔2015〕14号，2015年9月16日）

第三十六条　人民法院适用普通程序审理案件，应当在裁判文书中写明律师依法提出的辩护、代理意见，以及是否采纳的情况，并说明理由。

203.3.7　同案多个裁判文书的案号

★**《最高人民法院关于在同一案件

多个裁判文书上规范使用案号有关事项的通知》(法〔2016〕27号,2016年2月1日)

一、同一案件的案号具有唯一性,各级法院应规范案号在案件裁判文书上的使用。对同一案件出现的多个同类裁判文书,首份裁判文书直接使用案号,第二份开始可在案号后缀"之一""之二"……,以示区别。

二、在同一案件的多个不同类型裁判文书之间,无需通过上述案号后缀方法进行区分。

三、同一案件不同类型的裁判文书均出现两个以上时,每一类型裁判文书从其第二份开始均可采用上述案号后缀方法加以区分。

四、上述所称裁判文书的类型包括判决书、裁定书、调解书、决定书以及通知书等。

203.3.8 死缓执行期间故意犯罪的裁判文书

★《最高人民法院关于审理死刑缓期执行期间故意犯罪的一审案件如何制作裁判文书有关问题的通知》(1999年11月18日)

被判处死刑缓期二年执行的罪犯,在缓期执行期间,故意犯罪的,中级人民法院在对新罪作出一审判决时,应当在判决书的尾部交待上述事项后写明:"依据刑法第五十条、刑事诉讼法第二百一十条第二款①和最高人民法院《关于执行〈中华人民共和国刑事诉讼法〉若干问题的解释》第三百三十九条第二款的规定,本判决生效以后,经最高人民法院(或者依授权有死刑核准权的高级人民法院和解放军军事法院)核准,对被告人×××应当执行死刑。"

204 延期审理

204.1 法条规定

第二百零四条 在法庭审判过程中,遇有下列情形之一,影响审判进行的,可以延期审理:

(一)需要通知新的证人到庭,调取新的物证,重新鉴定或者勘验的;

(二)检察人员发现提起公诉的案件需要补充侦查,提出建议的;

(三)由于申请回避而不能进行审判的。

【立法释义】②

人民法院延期审理,主要包括以下三种情形:

一是公诉人、当事人和辩护人、诉讼代理人申请新的证人到庭,调取新的物证,重新鉴定或者勘验的。如果合议庭同意上述申请,当庭无法解决的,可以决定延期审理。

二是在审判过程中,检察人员发现提起公诉的案件中有些犯罪事实还不清楚,证据还不确实、充分,提出需要补充侦查的建议,合议庭同意的,可以决定延期审理。

三是由于申请回避而不能进行审判。具体包括两种情况:一种是合议庭对当事人、辩护人、诉讼代理人提出的回避申请,不能当庭作出决定;另一种是申请回避的人员应当回避,需要更换人员。

---

① 2018年刑事诉讼法第二百六十一条第二款。

② 参见王爱立主编书,第436—438页。

204.2　司法解释

204.2.1　检察机关建议延期审理的情形

★《检察院规则》(2019)

第四百二十条　在法庭审判过程中,遇有下列情形之一的,公诉人可以建议法庭延期审理:

(一)发现事实不清、证据不足,或者遗漏罪行、遗漏同案犯罪嫌疑人,需要补充侦查或者补充提供证据的;

(二)被告人揭发他人犯罪行为或者提供重要线索,需要补充侦查进行查证的;

(三)发现遗漏罪行或者遗漏同案犯罪嫌疑人,虽不需要补充侦查和补充提供证据,但需要补充、追加起诉的;

(四)申请人民法院通知证人、鉴定人出庭作证或者有专门知识的人出庭提出意见的;

(五)需要调取新的证据,重新鉴定或者勘验的;

(六)公诉人出示、宣读开庭前移送人民法院的证据以外的证据,或者补充、追加、变更起诉,需要给予被告人、辩护人必要时间进行辩护准备的;

(七)被告人、辩护人向法庭出示公诉人不掌握的与定罪量刑有关的证据,需要调查核实的;

(八)公诉人对证据收集的合法性进行证明,需要调查核实的。

在人民法院开庭审理前发现具有前款情形之一的,人民检察院可以建议人民法院延期审理。

【重点解读】①

对于适用简易程序审理的案件转为普通程序审理,公诉人需要为出席法庭进行准备的,可以建议人民法院延期审理。

延期审理既包括开庭审理过程中的延期审理,也包括开庭前的延期审理,即推迟开庭。据此,在人民法院开庭审理前发现特定情形的,人民检察院可以建议人民法院延期审理。

★《最高人民法院、最高人民检察院、公安部、司法部关于进一步严格依法办案确保办理死刑案件质量的意见》(法发〔2007〕11 号,2007 年 3 月 9 日)

51. 在审判过程中,发现被告人可能有自首、立功等法定量刑情节,需要补充证据或者补充侦查的,人民检察院应当建议延期审理。延期审理的时间不能超过一个月。查证被告人揭发他人犯罪行为,人民检察院根据犯罪性质,可以依法自行查证,属于公安机关管辖的,可以交由公安机关查证。人民检察院应当将查证的情况在法律规定的期限内及时提交人民法院。

204.2.2　鉴定人拒绝出庭时的延期审理

★《法院解释》(2021)

第九十九条　经人民法院通知,鉴定人拒不出庭作证的,鉴定意见不得作为定案的根据。

鉴定人由于不能抗拒的原因或者有其他正当理由无法出庭的,人民法院可以根据情况决定延期审理或者重新鉴定。

鉴定人无正当理由拒不出庭作证的,人民法院应当通报司法行政机关或者有关部门。

---

① 参见童建明、万春主编释义书,第 425 页。

【重点解读】①

对于鉴定人有正当理由无法出庭的,人民法院可以决定延期审理,也可以决定不延期审理。例如,应当出庭作证的鉴定人在庭审期间身患严重疾病或者行动极为不便的,人民法院根据案件具体情况,可以决定案件延期审理,待鉴定人痊愈后再开庭审理,也可以将该鉴定意见排除,重新进行鉴定。对于经人民法院通知,鉴定人没有正当理由不出庭作证的,人民法院不得适用强制到庭措施,但是应当通报司法行政机关或者有关部门。

204.2.3 审判期间补充侦查的延期审理

★《最高人民法院、最高人民检察院、公安部、国家安全部、司法部、全国人大常委会法制工作委员会关于实施刑事诉讼法若干问题的规定》(2012年12月26日)

31.法庭审理过程中,被告人揭发他人犯罪行为或者提供重要线索,人民检察院认为需要进行查证的,可以建议补充侦查。

★《法院解释》(2021)

第二百七十四条 审判期间,公诉人发现案件需要补充侦查,建议延期审理的,合议庭可以同意,但建议延期审理不得超过两次。

人民检察院将补充收集的证据移送人民法院的,人民法院应当通知辩护人、诉讼代理人查阅、摘抄、复制。

补充侦查期限届满后,人民检察院未将补充的证据材料移送人民法院的,人民法院可以根据在案证据作出判决、裁定。

【重点解读】②

第一,对于检察机关在审判期间为补充侦查而提出的延期审理建议,可以根据案件情况决定是否同意延期审理。法院对此种情形下是否同意延期审理,拥有司法裁量权。

第二,补充侦查期限届满后,人民检察院未将补充的证据材料移送人民法院的,人民法院可以根据在案证据作出判决、裁定。在司法实践中,人民检察院以补充侦查为由建议延期审理的,案件通常仍在人民法院,并未退回人民检察院。此种情况下,补充侦查期限届满后,人民检察院未将补充的证据材料移送人民法院的,人民法院原则上应当根据在案证据材料作出判决、裁定。但是,如果人民检察院未将补充侦查时退回的案卷移送人民法院,或者拒不派员出席法庭的,可以按人民检察院撤诉处理。

第三,对于补充侦查情形的延期审理,申请主体是人民检察院;但是对于法律规定的其他情形的延期审理,辩方也可以提出申请。

204.2.4 恢复法庭审理或撤回起诉

★《检察院规则》(2019)

第四百二十一条 法庭宣布延期审理后,人民检察院应当在补充侦查期限内提请人民法院恢复法庭审理或者撤回起诉。

公诉人在法庭审理过程中建议延期审理的次数不得超过两次,每次不得超过一个月。

---

① 参见李少平主编书,第224—225页。

② 参见李少平主编书,第346—347页。

【重点解读】①

法庭宣布延期审理后，在补充侦查的期限内，人民检察院或者提请人民法院恢复法庭审理，或者撤回起诉。

205　补充侦查的期限

205.1　法条规定

第二百零五条　依照本法第二百零四条第二项的规定延期审理的案件，人民检察院应当在一个月以内补充侦查完毕。

【立法释义】②

本条是 1996 年刑事诉讼法修改增加的条文。关于人民检察院补充侦查案件的期限，1979 年刑事诉讼法没有作出明确的规定。1984 年 7 月 7 日第六届全国人民代表大会常务委员会第六次会议通过的《关于刑事案件办案期限的补充规定》第七条规定，人民法院退回人民检察院补充侦查的案件，人民检察院应当在一个月以内补充侦查完毕。根据实践需要，1996 年刑事诉讼法修改吸收了这一内容，并于 1997 年 1 月 1 日废止《关于刑事案件办案期限的补充规定》。

依照本法第二百零四条第(二)项的规定延期审理的案件，人民检察院应当在一个月以内补充侦查完毕。具体包括以下条件：一是在法庭审判过程中；二是人民检察院发现提起公诉的案件需要补充侦查，向法庭提出建议；三是人民检察院对申请补充侦查的案件，应当在一个月以内补充侦查完毕。

205.2　司法解释

205.2.1　检察机关补充侦查的方式

★《检察院规则》(2019)

第四百二十二条　在审判过程中，对于需要补充提供法庭审判所必需的证据或者补充侦查的，人民检察院应当自行收集证据和进行侦查，必要时可以要求监察机关或者公安机关提供协助；也可以书面要求监察机关或者公安机关补充提供证据。

人民检察院补充侦查，适用本规则第六章、第九章、第十章的规定。

补充侦查不得超过一个月。

【重点解读】③

人民检察院开展的补充侦查，主要包括两种途径：一是应当自行收集证据和进行侦查。二是必要时可以要求监察机关或者公安机关提供协助，也可以书面要求监察机关或者公安机关补充提供证据。在自行侦查过程中，可以要求监察机关或者公安机关提供协助。

206　中止审理

206.1　法条规定

第二百零六条　在审判过程中，有下列情形之一，致使案件在较长时间内无法继续审理的，可以中止审理：

(一)被告人患有严重疾病，无法出庭的；

---

① 参见童建明、万春主编释义书，第 426 页。

② 参见王爱立主编书，第 438 页。

③ 参见童建明、万春主编释义书，第 426—472 页。

（二）被告人脱逃的；

（三）自诉人患有严重疾病，无法出庭，未委托诉讼代理人出庭的；

（四）由于不能抗拒的原因。

中止审理的原因消失后，应当恢复审理。中止审理的期间不计入审理期限。

【立法释义】①

中止审理主要包括四种情形：一是被告人患有严重疾病，无法出庭。这里的被告人既包括公诉案件的被告人，也包括自诉案件的被告人。“患有严重疾病”应当作严格的狭义解释，主要是指因患严重疾病无法辨认、控制自己的行为，无法表达自己的真实意思，一旦出庭可能影响其生命安全等，而不是一患重病，即可中止审理。二是被告人脱逃。这里的脱逃不限于刑法规定的脱逃罪，对于自诉案件的被告人以及一部分公诉案件未被关押的被告人，都可能因脱逃而导致诉讼无法正常进行。三是自诉人患有严重疾病，无法出庭，未委托诉讼代理人出庭。司法实践中，自诉人不到庭的，可以由其诉讼代理人代为参加诉讼；如果未委托诉讼代理人，法庭可以依法决定中止审理。四是不能抗拒的原因。主要是非因自身原因的情况，如自然灾害、突发事件等。

206.2 司法解释

206.2.1 部分中止审理与另案处理

★**《法院解释》**(2021)

第三百一十四条　有多名被告人的案件，部分被告人具有刑事诉讼法第二百零六条第一款规定情形的，人民法院可以对全案中止审理；根据案件情况，也可以对该部分被告人中止审理，对其他被告人继续审理。

对中止审理的部分被告人，可以根据案件情况另案处理。

【重点解读】②

对于共同犯罪案件，部分被告人出现法定的中止审理情形，是否需要全案中止审理，应当区分情况处理：

第一，原则上对于全案应当中止审理。如果部分被告人患有严重疾病，无法出庭的，只对该被告人中止审理，而对其他被告人的审理继续进行，可能会影响该被告人的合法权益，导致其由于未出席法庭审理而遭致不利。

第二，根据案件情况，也可以对该被告人中止审理，对其他被告人继续审理。由于中止审理的被告人身体情况等原因，可能导致审判拖延较长时间，超过了法定的审理期限，此种情况下可以针对该被告人中止审理，其他被告人的审理工作继续进行。这种情况，可以视同其没有到案的情形处理。此外，如果部分被告人脱逃的，也可以对该被告人中止审理，而对于其他被告人的审理继续进行。

第三，对部分被告人中止审理的，可以根据案件具体情况另案处理。人民检察院不需要重新起诉或者变更起诉，但人民法院需要作出两个判决。根据《最高人民法院关于在同一案件多个裁判文书上规范使用案号有关事项的通知》（法〔2016〕27号）的规定，对同一案件出现的多个同类裁判文书，首份

---

① 参见王爱立主编书，第439—440页。

② 参见李少平主编书，第376页。

裁判文书直接使用案号,第二份开始可在案号后缀"之一""之二"等以示区别。

207　法庭笔录

207.1　法条规定

第二百零七条　法庭审判的全部活动,应当由书记员写成笔录,经审判长审阅后,由审判长和书记员签名。

法庭笔录中的证人证言部分,应当当庭宣读或者交给证人阅读。证人在承认没有错误后,应当签名或者盖章。

法庭笔录应当交给当事人阅读或者向他宣读。当事人认为记载有遗漏或者差错的,可以请求补充或者改正。当事人承认没有错误后,应当签名或者盖章。

【立法释义】①

第一,法庭笔录的制作要求。法庭笔录是记载全部审判活动的文字材料,是重要的诉讼文书,既是合议庭分析研究案情的重要依据,又是审查审判活动是否合法的主要依据。制作法庭笔录,必须将审判中的全部活动以及全部过程按照时间顺序如实记载,不能遗漏,不能增减,不能自行涂改,做到客观、真实、准确、全面。书记员写成法庭笔录,经审判长审阅后,审判长和书记员应当在笔录上签名。

第二,法庭笔录中证人证言的核对要求。法庭笔录中的证人证言部分,合议庭应当当庭宣读或者交给证人阅读,宣读通常由书记员进行。宣读或者交给证人阅读的证人证言部分,应当限于该证人本人的证人证言部分。证人在听完宣读或者阅读完笔录后,认为记录与自己陈述一致,没有出入的,应当签名或者盖章。如果证人不会写字,也没有印章,可以按手印。证人提出证言笔录记录有误的,书记员应当及时修改、补充,核对无误后,再签名或者盖章。

第三,法庭笔录交当事人核对的要求。法庭笔录应当交给当事人阅读或者向他宣读。当事人认为笔录记载有遗漏或者差错的,可以请求补充或者改正,法庭认为当事人请求有理由的,应当进行补充或者改正。当事人承认笔录记载没有错误后,应当签名或者盖章,也可以按手印代替签名、盖章。

207.2　司法解释

207.2.1　检察机关的出庭笔录

★《检察院规则》(2019)

第四百二十七条　出庭的书记员应当制作出庭笔录,详细记载庭审的时间、地点、参加人员、公诉人出庭执行任务情况和法庭调查、法庭辩论的主要内容以及法庭判决结果,由公诉人和书记员签名。

【重点解读】②

出庭笔录是人民检察院参与庭审过程的载体。配备书记员出庭的,出庭的书记员应当制作出庭笔录,详细记载庭审的时间、地点、参加人员、公诉人出庭执行任务情况和法庭调查、法庭辩论的主要内容,以及法庭判决结果,由公

① 参见王爱立主编书,第 440—442 页。

② 参见童建明、万春主编释义书,第 430 页。

诉人和书记员签名。

207.2.2　庭审笔录的制作与宣读

★《法院解释》(2021)

第二百九十二条　开庭审理的全部活动,应当由书记员制作笔录;笔录经审判长审阅后,分别由审判长和书记员签名。

第二百九十三条　法庭笔录应当在庭审后交由当事人、法定代理人、辩护人、诉讼代理人阅读或者向其宣读。

法庭笔录中的出庭证人、鉴定人、有专门知识的人、调查人员、侦查人员或者其他人员的证言、意见部分,应当在庭审后分别交由有关人员阅读或者向其宣读。

前两款所列人员认为记录有遗漏或者差错的,可以请求补充或者改正;确认无误后,应当签名;拒绝签名的,应当记录在案;要求改变庭审中陈述的,不予准许。

【重点解读】①

书记员制作笔录,总体要求应当是全面、客观,不能任意"精简"、概括。阅读或者宣读法庭笔录的对象包括"调查人员、侦查人员或者其他人员"。

207.2.3　庭审录音录像的基本规范

★《最高人民法院关于人民法院庭审录音录像的若干规定》(法释〔2017〕5号,2017年2月22日)

第一条　人民法院开庭审判案件,应当对庭审活动进行全程录音录像。

第二条　人民法院应当在法庭内配备固定或者移动的录音录像设备。

有条件的人民法院可以在法庭安装使用智能语音识别同步转换文字系统。

第三条　庭审录音录像应当自宣布开庭时开始,至闭庭时结束。除下列情形外,庭审录音录像不得人为中断:

(一)休庭;

(二)公开庭审中的不公开举证、质证活动;

(三)不宜录制的调解活动。

负责录音录像的人员应当对录音录像的起止时间、有无中断等情况进行记录并附卷。

第四条　人民法院应当采取叠加同步录制时间或者其他措施保证庭审录音录像的真实和完整。

因设备故障或技术原因导致录音录像不真实、不完整的,负责录音录像的人员应当作出书面说明,经审判长或独任审判员审核签字后附卷。

第五条　人民法院应当使用专门设备在线或离线存储、备份庭审录音录像。因设备故障等原因导致不符合技术标准的录音录像,应当一并存储。

庭审录音录像的归档,按照人民法院电子诉讼档案管理规定执行。

第六条　人民法院通过使用智能语音识别系统同步转换生成的庭审文字记录,经审判人员、书记员、诉讼参与人核对签字后,作为法庭笔录管理和使用。

第七条　诉讼参与人对法庭笔录有异议并申请补正的,书记员可以播放庭审录音录像进行核对、补正;不予补正的,应当将申请记录在案。

第八条　适用简易程序审理民事案件的庭审录音录像,经当事人同意的,可以替代法庭笔录。

第九条　人民法院应当将替代法

---

①　参见李少平主编书,第358—359页。

庭笔录的庭审录音录像同步保存在服务器或者刻录成光盘，并由当事人和其他诉讼参与人对其完整性校验值签字或者采取其他方法进行确认。

第十条　人民法院应当通过审判流程信息公开平台、诉讼服务平台以及其他便民诉讼服务平台，为当事人、辩护律师、诉讼代理人等依法查阅庭审录音录像提供便利。

对提供查阅的录音录像，人民法院应当设置必要的安全防范措施。

第十一条　当事人、辩护律师、诉讼代理人等可以依照规定复制录音或者誊录庭审录音录像，必要时人民法院应当配备相应设施。

第十二条　人民法院可以播放依法公开审理案件的庭审录音录像。

第十三条　诉讼参与人、旁听人员违反法庭纪律或者有关法律规定，危害法庭安全、扰乱法庭秩序的，人民法院可以通过庭审录音录像进行调查核实，并将其作为追究法律责任的证据。

第十四条　人民检察院、诉讼参与人认为庭审活动不规范或者违反法律规定的，人民法院应当结合庭审录音录像进行调查核实。

第十五条　未经人民法院许可，任何人不得对庭审活动进行录音录像，不得对庭审录音录像进行拍录、复制、删除和迁移。

行为人实施前款行为的，依照规定追究其相应责任。

第十六条　涉及国家秘密、商业秘密、个人隐私等庭审活动的录制，以及对庭审录音录像的存储、查阅、复制、誊录等，应当符合保密管理等相关规定。

208　公诉案件的审理期限

208.1　法条规定

第二百零八条　人民法院审理公诉案件，应当在受理后二个月以内宣判，至迟不得超过三个月。对于可能判处死刑的案件或者附带民事诉讼的案件，以及有本法第一百五十八条规定情形之一的，经上一级人民法院批准，可以延长三个月；因特殊情况还需要延长的，报请最高人民法院批准。

人民法院改变管辖的案件，从改变后的人民法院收到案件之日起计算审理期限。

人民检察院补充侦查的案件，补充侦查完毕移送人民法院后，人民法院重新计算审理期限。

【立法释义】①

第一，公诉案件的审理期限。本条规定的审理期限，是指被告人被羁押的刑事案件的办案期限，从人民法院收到同级人民检察院移送案件的第二日开始计算。人民法院审理公诉案件，应当在受理后二个月以内宣判，至迟不得超过三个月。

第二，延长审理期限的情形。对于三种特定的情形，经上一级人民法院批准可以延长三个月。因特殊情况还需要延长的，报请最高人民法院批准。“特殊情况”，是指案情特别重大、复杂或者有其他重要原因影响案件及时审理完毕的情况。此类案件数量极少，实践情况比较复杂，由最高人民法院根据

① 参见王爱立主编书，第442—445页。

具体情况决定需要延长的审理期限。

此外,人民法院改变管辖的案件,从改变后的人民法院收到案件之日起计算审理期限。人民检察院补充侦查的案件,补充侦查完毕移送人民法院后,人民法院重新计算审理期限。需要强调的是,不能在不符合改变管辖或补充侦查条件的情况下,利用改变管辖或者退回补充侦查的规定,变相延长审理期限。

208.2 司法解释

208.2.1 指定管辖案件的审限计算

★《法院解释》(2021)

第二百零九条 指定管辖案件的审理期限,自被指定管辖的人民法院收到指定管辖决定书和案卷、证据材料之日起计算。

【重点解读】①

指定管辖案件,一般是在上级人民法院作出指定管辖决定后,公诉机关才将案卷材料移送给人民法院进行审查。因此,对于此类案件,不能自被指定管辖的人民法院收到上级人民法院指定管辖决定书之日起计算审理期限,而是应当在指定管辖决定书和有关案卷、证据材料收到之日起计算。

208.2.2 延长审理期限的审批程序

★《法院解释》(2021)

第二百一十条 对可能判处死刑的案件或者附带民事诉讼的案件,以及有刑事诉讼法第一百五十八条规定情形之一的案件,上一级人民法院可以批准延长审理期限一次,期限为三个月。因特殊情况还需要延长的,应当报请最高人民法院批准。

申请批准延长审理期限的,应当在期限届满十五日以前层报。有权决定的人民法院不同意的,应当在审理期限届满五日以前作出决定。

因特殊情况报请最高人民法院批准延长审理期限,最高人民法院经审查,予以批准的,可以延长审理期限一至三个月。期限届满案件仍然不能审结的,可以再次提出申请。

【重点解读】②

为规范高级人民法院批准延长审限的次数,根据法律规定,高级人民法院只能批准延长一次审限。同时,申请批准延长审理期限,应当在期限届满十五日前层报。之所以规定"层报",而不允许直接报送有权决定的人民法院,旨在强化上级法院对延长审限的审查把关责任,严格规范延长审限的审批程序。

208.2.3 精神病鉴定不计入审限

★《法院解释》(2021)

第二百一十一条 审判期间,对被告人作精神病鉴定的时间不计入审理期限。

【重点解读】③

刑事诉讼法第一百四十九条规定:"对犯罪嫌疑人作精神病鉴定的期间不计入办案期限。"这一规定仅涉及侦查期间的办案期限问题,对于审判期间的司法鉴定期间是否计入办案期限,有必要加以明确规定。同时,对于在审判期间需要作精神病鉴定以外的其他司法鉴定的,必要时,可以报请上级人民法院批准延长审理期限。

---

① 参见李少平主编书,第299—300页。
② 参见李少平主编书,第300—301页。
③ 参见李少平主编书,第301—302页。

208.3　规范性文件

208.3.1　立案、结案时间及审限计算

★《最高人民法院关于严格执行案件审理期限制度的若干规定》（法释〔2000〕29 号，2000 年 9 月 22 日）

第六条　第一审人民法院收到起诉书（状）或者执行申请书后，经审查认为符合受理条件的应当在七日内立案；收到自诉人自诉状或者口头告诉的，经审查认为符合自诉案件受理条件的应当在十五日内立案。

改变管辖的刑事、民事、行政案件，应当在收到案卷材料后的三日内立案。

第二审人民法院应当在收到第一审人民法院移送的上（抗）诉材料及案卷材料后的五日内立案。

发回重审或指令再审的案件，应当在收到发回重审或指令再审裁定及案卷材料后的次日内立案。

按照审判监督程序重新审判的案件，应当在作出提审、再审裁定（决定）的次日立案。

第七条　立案机构应当在决定立案的三日内将案卷材料移送审判庭。

第八条　案件的审理期限从立案次日起计算。

由简易程序转为普通程序审理的第一审刑事案件的期限，从决定转为普通程序次日起计算；由简易程序转为普通程序审理的第一审民事案件的期限，从立案次日起连续计算。

第九条　下列期间不计入审理、执行期限：

（一）刑事案件对被告人作精神病鉴定的期间；

（二）刑事案件因另行委托、指定辩护人，法院决定延期审理的，自案件宣布延期审理之日起至第十日止准备辩护的时间；

（三）公诉人发现案件需要补充侦查，提出延期审理建议后，合议庭同意延期审理的期间；

（四）刑事案件二审期间，检察院查阅案卷超过七日后的时间；

（五）因当事人、诉讼代理人、辩护人申请通知新的证人到庭、调取新的证据、申请重新鉴定或者勘验，法院决定延期审理一个月之内的期间；

（六）民事、行政案件公告、鉴定的期间；

（七）审理当事人提出的管辖权异议和处理法院之间的管辖争议的期间；

（八）民事、行政、执行案件由有关专业机构进行审计、评估、资产清理的期间；

（九）中止诉讼（审理）或执行至恢复诉讼（审理）或执行的期间；

（十）当事人达成执行和解或者提供执行担保后，执行法院决定暂缓执行的期间；

（十一）上级人民法院通知暂缓执行的期间；

（十二）执行中拍卖、变卖被查封、扣押财产的期间。

第十条　人民法院判决书宣判、裁定书宣告或者调解书送达最后一名当事人的日期为结案时间。如需委托宣判、送达的，委托宣判、送达的人民法院应当在审限届满前将判决书、裁定书、调解书送达受托人民法院。受托人民法院应当在收到委托书后七日内送达。

人民法院判决书宣判、裁定书宣告或者调解书送达有下列情形之一的，结案时间遵守以下规定：

（一）留置送达的，以裁判文书留在受送达人的住所日为结案时间；

（二）公告送达的，以公告刊登之日为结案时间；

（三）邮寄送达的，以交邮日期为结案时间；

（四）通过有关单位转交送达的，以送达回证上当事人签收的日期为结案时间。

★《最高人民法院案件审限管理规定》（法〔2001〕164号，2001年11月5日）

第十五条　案件的审理期限从立案次日起计算。

申诉或申请再审的审查期限从收到申诉或申请再审材料并经立案后的次日起计算。

涉外、涉港、澳、台民事案件的结案期限从最后一次庭审结束后的次日起计算。

第十六条　不计入审理期限的期间依照本院《关于严格执行案件审理期限制度的若干规定》（下称《若干规定》）第九条执行。案情重大、疑难，需由审判委员会作出决定的案件，自提交审判委员会之日起至审判委员会作出决定之日止的期间，不计入审理期限。

需要向有关部门征求意见的案件，征求意见的期间不计入审理期限，参照《若干规定》第九条第八项的规定办理。

要求下级人民法院查报的案件，下级人民法院复查的期间不计入审理期限。

第十七条　结案时间除按《若干规定》第十条执行外，请示案件的结案时间以批复、复函签发日期为准，审查申诉的结案时间以作出决定或裁定的日期为准，执行协调案件以批准协调方案日期为准。

208.3.2　延长审理期限的报批程序

★《最高人民法院关于严格执行案件审理期限制度的若干规定》（法释〔2000〕29号，2000年9月22日）

第十一条　刑事公诉案件、被告人被羁押的自诉案件，需要延长审理期限的，应当在审理期限届满七日以前，向高级人民法院提出申请；被告人未被羁押的刑事自诉案件，需要延长审理期限的，应当在审理期限届满十日前向本院院长提出申请。

第十四条　对于下级人民法院申请延长办案期限的报告，上级人民法院应当在审理期限届满三日前作出决定，并通知提出申请延长审理期限的人民法院。

……

★《最高人民法院案件审限管理规定》（法〔2001〕164号，2001年11月5日）

第十八条　刑事案件需要延长审理期限的，应当在审理期限届满七日以前，向院长提出申请。

第二十条　需要院长批准延长审理期限的，院长应当在审限届满以前作出决定。

208.3.3　超期羁押的制度防范

★《最高人民法院关于推行十项制度切实防止产生新的超期羁押的通知》（法发〔2003〕22号，2003年11月30日）

二、实行严格依法适用取保候审、监视居住等法律措施的制度。各级人民法院必须实行严格适用刑事诉讼法关于取保候审、监视居住规定的制度。对被告人符合取保候审、监视居住条件的，应当依法采取取保候审、监视居住。

对过失犯罪等社会危险性较小且符合法定条件的被告人，应当依法适用取保候审、监视居住等法律措施。对已被羁押超过法定羁押期限的被告人，应当依法予以释放；如果被告人被羁押的案件不能在法定期限内审结，需要继续审理的，应当依法变更强制措施。

三、建立及时通报制度，告知法院羁押期限。根据法定事由，例如依法延期审理、中止审理、进行司法精神病鉴定等，人民法院依法办理法律手续延长审限的案件，不计入审限。人民法院应当及时将上述不计入审限的情况书面通知看守所、被告人及其家属，并说明审限延长的理由。对于人民检察院因抗诉等原因阅卷的案件，根据《最高人民法院关于严格执行案件审理期限制度的若干规定》（法释〔2000〕29 号），其占用的时间不计入审限，人民法院应当及时将情况书面通知看守所、被告人及其家属，并说明理由。

四、完善依法独立审判制度，规范以至逐步取消内部请示的做法。人民法院审理刑事案件，应当依照刑事诉讼法的规定独立审判，坚持两审终审制。除了适用法律疑难案件以外，不得向上级人民法院请示。要规范以至逐步取消内部请示的做法。

五、建立严格的案件发回重审制度。按照刑事诉讼法以及《最高人民法院、最高人民检察院、公安部关于严格执行刑事诉讼法，切实纠防超期羁押通知》的规定，第二审人民法院经过审理，对于原判决事实不清楚或者证据不足的案件，只能裁定撤销原判，发回原审人民法院重新审判一次，严格禁止多次发回重审。

六、坚持依法办案，有罪依法追究，无罪坚决放人。人民法院审理刑事案件，依法惩罚犯罪、保障人权，有罪依法追究，无罪坚决放人。经过审理，对于案件事实清楚，证据确实、充分，依据法律认定被告人有罪的，应当作出有罪判决；对于经过审理，只有部分犯罪事实清楚、证据确实、充分的案件，只就该部分事实和证据进行认定和判决；对于审理后，仍然证据不足，在法律规定的审限内无法收集充分的证据，不能认定被告人有罪的案件，应当坚决依法作出证据不足、指控的犯罪不能成立的无罪判决，绝不能搞悬案、疑案，拖延不决，迟迟不判。

七、完善及时宣判制度。人民法院依法作出判决后，应当按照法律规定及时公开宣判并送达执行通知书，不得为了营造声势而延期宣判和执行。

八、建立高效率的送达、移送卷宗制度。依照刑事诉讼法规定，法定期间不包括路途上的时间。人民法院在审判过程中，因送达裁判文书以及第一审案件审结后进入第二审程序，或者第二审案件审结后进入死刑复核程序等移送卷宗的案件，路途上的时间不计入审限。人民法院应当积极采取各种措施，努力改进送达、移送案卷等工作，尽量缩短占用的时间，使其更加制度化、规范化，不得无故拖延。

209　检察机关的审判监督

209.1　法条规定

第二百零九条　人民检察院发现人民法院审理案件违反法律规定的诉讼程序，有权向人民法院提出纠正意见。

【立法释义】①

1979年刑事诉讼法规定："出庭的检察人员发现审判活动有违法情况，有权向法庭提出纠正意见。"为规范人民检察院的法律监督职能，1996年修改后刑事诉讼法将审判期间的法律监督界定为人民检察院的整体职能。人民检察院对人民法院审理案件违反法律规定的诉讼程序，有权向人民法院提出纠正意见。公诉人在履行公诉职能时，发现法庭有违反法律规定的诉讼程序的情况，应当将情况向人民检察院有关领导汇报后，以人民检察院的名义在庭后向人民法院提出纠正意见。

209.2　司法解释

209.2.1　检察机关审判监督的内容

★《检察院规则》(2019)

第五百七十条　人民检察院应当对审判活动中是否存在以下违法行为进行监督：

（一）人民法院对刑事案件的受理违反管辖规定的；

（二）人民法院审理案件违反法定审理和送达期限的；

（三）法庭组成人员不符合法律规定，或者依照规定应当回避而不回避的；

（四）法庭审理案件违反法定程序的；

（五）侵犯当事人、其他诉讼参与人的诉讼权利和其他合法权利的；

（六）法庭审理时对有关程序问题所作的决定违反法律规定的；

（七）违反法律规定裁定发回重审的；

（八）故意毁弃、篡改、隐匿、伪造、偷换证据或者其他诉讼材料，或者依据未经法定程序调查、质证的证据定案的；

（九）依法应当调查收集相关证据而不收集的；

（十）徇私枉法，故意违背事实和法律作枉法裁判的；

（十一）收受、索取当事人及其近亲属或者其委托的律师等人财物或者其他利益的；

（十二）违反法律规定采取强制措施或者采取强制措施法定期限届满，不予释放、解除或者变更的；

（十三）应当退还取保候审保证金不退还的；

（十四）对与案件无关的财物采取查封、扣押、冻结措施，或者应当解除查封、扣押、冻结而不解除的；

（十五）贪污、挪用、私分、调换、违反规定使用查封、扣押、冻结的财物及其孳息的；

（十六）其他违反法律规定的行为。

209.2.2　检察机关审判监督的方式

★《最高人民法院、最高人民检察院、公安部、国家安全部、司法部、全国人大常委会法制工作委员会关于实施刑事诉讼法若干问题的规定》(2012年12月26日)

32. 刑事诉讼法第二百零三条②规定："人民检察院发现人民法院审理案件违反法律规定的诉讼程序，有权向人民法院提出纠正意见。"人民检察院对违反法定程序的庭审活动提出纠正意见，应当由人民检察院在庭审后提出。

★《检察院规则》(2019)

第五百七十二条　人民检察院在

① 参见王爱立主编书，第445—446页。

② 2018年刑事诉讼法第二百零九条。

审判活动监督中,发现人民法院或者审判人员审理案件违反法律规定的诉讼程序,应当向人民法院提出纠正意见。

人民检察院对违反程序的庭审活动提出纠正意见,应当由人民检察院在庭审后提出。出席法庭的检察人员发现法庭审判违反法律规定的诉讼程序,应当在休庭后及时向检察长报告。

【重点解读】①

第一,人民检察院对违反法定程序的庭审活动提出纠正意见,应当由人民检察院在庭审后提出。据此,出庭的检察人员发现法庭审判活动违反法律规定的诉讼程序,一是在休庭后向本院检察长报告;二是要在庭审后提出。

第二,人民检察院的监督意见,应当以书面形式提出。凡是以书面形式提出纠正意见的,根据人民检察院组织法第二十一条的规定,人民法院应当及时回复采纳意见的情况。

★**《法院解释》**(2021)

第三百一十五条　人民检察院认为人民法院审理案件违反法定程序,在庭审结束后提出书面纠正意见;人民法院认为正确的,应当采纳。

209.2.3　检察长列席审判委员会

★**《检察院规则》**(2019)

第五百七十一条　人民检察院检察长或者检察长委托的副检察长,可以列席同级人民法院审判委员会会议,依法履行法律监督职责。

【重点解读】②

检察长列席同级人民法院审判委员会会议,是法律赋予检察机关的监督手段和方式。检察长列席人民法院审判委员会会议应当依法规范进行。

209.3　规范性文件

209.3.1　对未成年人刑事案件的审判监督

★**《人民检察院办理未成年人刑事案件的规定》**(高检发研字〔2013〕7 号,2013 年 12 月 27 日)

第六十八条　对依法不应当公开审理的未成年人刑事案件公开审理的,人民检察院应当在开庭前提出纠正意见。

公诉人出庭支持公诉时,发现法庭审判有下列违反法律规定的诉讼程序的情形之一的,应当在休庭后及时向本院检察长报告,由人民检察院向人民法院提出纠正意见:

(一)开庭或者宣告判决时未通知未成年被告人的法定代理人到庭的;

(二)人民法院没有给聋、哑或者不通晓当地通用的语言文字的未成年被告人聘请或者指定翻译人员的;

(三)未成年被告人在审判时没有辩护人的;对未成年被告人及其法定代理人依照法律和有关规定拒绝辩护人为其辩护,合议庭未另行通知法律援助机构指派律师的;

(四)法庭未告知未成年被告人及其法定代理人依法享有的申请回避、辩护、提出新的证据、申请重新鉴定或者勘验、最后陈述、提出上诉等诉讼权利的;

(五)其他违反法律规定的诉讼程序的情形。

---

①　参见童建明、万春主编释义书,第 612—614 页。

②　参见童建明、万春主编释义书,第 611—612 页。

209-1 单位犯罪案件的审理程序

★《法院解释》(2021)

第三百三十五条 人民法院受理单位犯罪案件,除依照本解释第二百一十八条的有关规定进行审查外,还应当审查起诉书是否列明被告单位的名称、住所地、联系方式,法定代表人、实际控制人、主要负责人以及代表被告单位出庭的诉讼代表人的姓名、职务、联系方式。需要人民检察院补充材料的,应当通知人民检察院在三日以内补送。

第三百三十六条 被告单位的诉讼代表人,应当是法定代表人、实际控制人或者主要负责人;法定代表人、实际控制人或者主要负责人被指控为单位犯罪直接责任人员或者因客观原因无法出庭的,应当由被告单位委托其他负责人或者职工作为诉讼代表人。但是,有关人员被指控为单位犯罪直接责任人员或者知道案件情况、负有作证义务的除外。

依据前款规定难以确定诉讼代表人的,可以由被告单位委托律师等单位以外的人员作为诉讼代表人。

诉讼代表人不得同时担任被告单位或者被指控为单位犯罪直接责任人员的有关人员的辩护人。

第三百三十七条 开庭审理单位犯罪案件,应当通知被告单位的诉讼代表人出庭;诉讼代表人不符合前条规定的,应当要求人民检察院另行确定。

被告单位的诉讼代表人不出庭的,应当按照下列情形分别处理:

(一)诉讼代表人系被告单位的法定代表人、实际控制人或者主要负责人,无正当理由拒不出庭的,可以拘传其到庭;因客观原因无法出庭,或者下落不明的,应当要求人民检察院另行确定诉讼代表人;

(二)诉讼代表人系其他人员的,应当要求人民检察院另行确定诉讼代表人。

第三百三十八条 被告单位的诉讼代表人享有刑事诉讼法规定的有关被告人的诉讼权利。开庭时,诉讼代表人席位置于审判台前左侧,与辩护人席并列。

第三百三十九条 被告单位委托辩护人的,参照适用本解释的有关规定。

第三百四十条 对应当认定为单位犯罪的案件,人民检察院只作为自然人犯罪起诉的,人民法院应当建议人民检察院对犯罪单位追加起诉。人民检察院仍以自然人犯罪起诉的,人民法院应当依法审理,按照单位犯罪直接负责的主管人员或者其他直接责任人员追究刑事责任,并援引刑法分则关于追究单位犯罪中直接负责的主管人员和其他直接责任人员刑事责任的条款。

第三百四十一条 被告单位的违法所得及其他涉案财物,尚未被依法追缴或者查封、扣押、冻结的,人民法院应当决定追缴或者查封、扣押、冻结。

第三百四十二条 为保证判决的执行,人民法院可以先行查封、扣押、冻结被告单位的财产,或者由被告单位提出担保。

第三百四十三条 采取查封、扣押、冻结等措施,应当严格依照法定程序进行,最大限度降低对被告单位正常生产经营活动的影响。

第三百四十四条 审判期间,被告单位被吊销营业执照、宣告破产但尚未完成清算、注销登记的，应当继续审理；被告单位被撤销、注销的，对单位犯罪直接负责的主管人员和其他直接责任人员应当继续审理。

第三百四十五条　审判期间，被告单位合并、分立的，应当将原单位列为被告单位，并注明合并、分立情况。对被告单位所判处的罚金以其在新单位的财产及收益为限。

第三百四十六条　审理单位犯罪案件，本章没有规定的，参照适用本解释的有关规定。

209-2　在法定刑以下判处刑罚和特殊假释的核准程序

★《法院解释》(2021)

第四百一十四条　报请最高人民法院核准在法定刑以下判处刑罚的案件，应当按照下列情形分别处理：

(一)被告人未上诉、人民检察院未抗诉的，在上诉、抗诉期满后三日以内报请上一级人民法院复核。上级人民法院同意原判的，应当书面层报最高人民法院核准；不同意的，应当裁定发回重新审判，或者按照第二审程序提审；

(二)被告人上诉或者人民检察院抗诉的，上一级人民法院维持原判，或者改判后仍在法定刑以下判处刑罚的，应当依照前项规定层报最高人民法院核准。

第四百一十五条　对符合刑法第六十三条第二款规定的案件，第一审人民法院未在法定刑以下判处刑罚的，第二审人民法院可以在法定刑以下判处刑罚，并层报最高人民法院核准。

第四百一十六条　报请最高人民法院核准在法定刑以下判处刑罚的案件，应当报送判决书、报请核准的报告各五份，以及全部案卷、证据。

第四百一十七条　对在法定刑以下判处刑罚的案件，最高人民法院予以核准的，应当作出核准裁定书；不予核准的，应当作出不核准裁定书，并撤销原判决、裁定，发回原审人民法院重新审判或者指定其他下级人民法院重新审判。

第四百一十八条　依照本解释第四百一十四条、第四百一十七条规定发回第二审人民法院重新审判的案件，第二审人民法院可以直接改判；必须通过开庭查清事实、核实证据或者纠正原审程序违法的，应当开庭审理。

第四百一十九条　最高人民法院和上级人民法院复核在法定刑以下判处刑罚案件的审理期限，参照适用刑事诉讼法第二百四十三条的规定。

第四百二十条　报请最高人民法院核准因罪犯具有特殊情况，不受执行刑期限制的假释案件，应当按照下列情形分别处理：

(一)中级人民法院依法作出假释裁定后，应当报请高级人民法院复核。高级人民法院同意的，应当书面报请最高人民法院核准；不同意的，应当裁定撤销中级人民法院的假释裁定；

(二)高级人民法院依法作出假释裁定的，应当报请最高人民法院核准。

第四百二十一条　报请最高人民法院核准因罪犯具有特殊情况，不受执行刑期限制的假释案件，应当报送报请核准的报告、罪犯具有特殊情况的报告、假释裁定书各五份，以及全部案卷。

第四百二十二条　对因罪犯具有特殊情况，不受执行刑期限制的假释案件，最高人民法院予以核准的，应当作出核准裁定书；不予核准的，应当作出不核准裁定书，并撤销原裁定。

第二节　自诉案件

210　自诉案件的范围

210.1　法条规定

第二百一十条　自诉案件包括下列案件：

（一）告诉才处理的案件；

（二）被害人有证据证明的轻微刑事案件；

（三）被害人有证据证明对被告人侵犯自己人身、财产权利的行为应当依法追究刑事责任，而公安机关或者人民检察院不予追究被告人刑事责任的案件。

【立法释义】①

"自诉案件"，是指被害人或者他的法定代理人以书面或者口头形式直接向人民法院提起刑事诉讼，由人民法院直接受理的刑事案件。自诉案件包括以下三种：一是告诉才处理的案件。刑法对此类案件的范围作出了明确规定。二是被害人有证据证明的轻微刑事案件。"有证据证明"，主要是指被害人能够明确提供被告人的身份，有确实、充分的证据证明该被告人对自己实施了犯罪行为。被害人的证据不足以证明被告人犯罪的案件，应当向侦查机关报案，由侦查机关进行立案侦查。三是被害人有证据证明对被告人侵犯自己人身、财产权利的行为应当依法追究刑事责任而公安机关或者人民检察院不予追究被告人刑事责任的案件。"公安机关或者人民检察院不予追究被告人刑事责任"，是指经向公安机关、人民检察院报案、控告、检举，公安机关、人民检察院未予立案侦查，或者撤销案件，或者不起诉的情形。

210.2　司法解释

210.2.1　自诉案件的条件

★《法院解释》（2021）

第三百一十六条　人民法院受理自诉案件必须符合下列条件：

（一）符合刑事诉讼法第二百一十条、本解释第一条的规定；

（二）属于本院管辖；

（三）被害人告诉；

（四）有明确的被告人、具体的诉讼请求和证明被告人犯罪事实的证据。

第三百一十七条　本解释第一条规定的案件，如果被害人死亡、丧失行为能力或者因受强制、威吓等无法告诉，或者是限制行为能力人以及因年老、患病、盲、聋、哑等不能亲自告诉，其法定代理人、近亲属告诉或者代为告诉的，人民法院应当依法受理。

被害人的法定代理人、近亲属告诉或者代为告诉的，应当提供与被害人关系的证明和被害人不能亲自告诉的原因的证明。

第三百一十八条　提起自诉应当提交刑事自诉状；同时提起附带民事诉讼的，应当提交刑事附带民事自诉状。

第三百一十九条　自诉状一般应当包括以下内容：

（一）自诉人（代为告诉人）、被告人的姓名、性别、年龄、民族、出生地、文化程度、职业、工作单位、住址、联系方式；

（二）被告人实施犯罪的时间、地点、手段、情节和危害后果等；

---

① 参见王爱立主编书，第447—448页。

（三）具体的诉讼请求；

（四）致送的人民法院和具状时间；

（五）证据的名称、来源等；

（六）证人的姓名、住址、联系方式等。

对两名以上被告人提出告诉的，应当按照被告人的人数提供自诉状副本。

【重点解读】①

刑法第二百四十六条第三款规定，通过信息网络实施侮辱、诽谤行为，被害人向人民法院告诉，但提供证据确有困难的，人民法院可以要求公安机关提供协助。此种情形下，被害人提交的自诉状往往对相关证据难以列明，甚至难以提供被告人的基本信息。鉴于此，有关自诉状内容的要求增加了“一般”的限定，以便更加符合实际情况。

210.2.2　自诉案件的法律监督

★**《检察院规则》**（2019）

第六百零一条　人民检察院对自诉案件的判决、裁定的监督，适用本节的规定。

210.2.3　拒不执行判决、裁定案件的自诉

★**《最高人民法院、最高人民检察院关于办理拒不执行判决、裁定刑事案件适用法律若干问题的解释》**（法释〔2024〕13 号，2024 年 10 月 30 日）

第十四条　申请执行人有证据证明同时具有下列情形，人民法院认为符合刑事诉讼法第二百一十条第三项规定的，以自诉案件立案审理：

（一）负有执行义务的人拒不执行判决、裁定，侵犯了申请执行人的人身、财产权利，应当依法追究刑事责任的；

（二）申请执行人曾经提出控告，而公安机关或者人民检察院对负有执行义务的人不予追究刑事责任的。

自诉人在判决宣告前，可以同被告人自行和解或者撤回自诉。

第十五条　拒不执行判决、裁定刑事案件，一般由执行法院所在地人民法院管辖。

★**《最高人民法院关于拒不执行判决、裁定罪自诉案件受理工作有关问题的通知》**（法〔2018〕147 号，2018 年 5 月 30 日）

一、申请执行人向公安机关控告负有执行义务的人涉嫌拒不执行判决、裁定罪，公安机关不予接受控告材料或者在接受控告材料后 60 日内不予书面答复，申请执行人有证据证明该拒不执行判决、裁定行为侵犯了其人身、财产权利，应当依法追究刑事责任的，人民法院可以以自诉案件立案审理。

二、人民法院向公安机关移送拒不执行判决、裁定罪线索，公安机关决定不予立案或者在接受案件线索后 60 日内不予书面答复，或者人民检察院决定不起诉的，人民法院可以向申请执行人释明；申请执行人有证据证明负有执行义务的人拒不执行判决、裁定侵犯了其人身、财产权利，应当依法追究刑事责任的，人民法院可以以自诉案件立案审理。

三、公安机关接受申请执行人的控告材料或者人民法院移送的拒不执行判决、裁定罪线索，经过 60 日之后又决定立案的，对于申请执行人的自诉，人民法院未受理的，裁定不予受理；已经受理的，可以向自诉人释明让其撤回起诉或者裁定终止审理。此后再出现公安机关

---

① 参见李少平主编书，第 379 页。

或者人民检察院不予追究情形的，申请执行人可以依法重新提起自诉。

210.2.4　侵犯知识产权刑事案件的自诉

★《最高人民法院、最高人民检察院关于办理侵犯知识产权刑事案件适用法律若干问题的解释》（法释〔2025〕5号，2025年4月23日）

第三十条　人民法院依法受理侵犯知识产权刑事自诉案件，对于当事人因客观原因不能取得的证据，在提起自诉时能够提供有关线索，申请人民法院调取的，人民法院应当依法调取。

210.2.5　网络暴力犯罪案件公诉与自诉的衔接

★《最高人民法院、最高人民检察院、公安部关于依法惩治网络暴力违法犯罪的指导意见》（法发〔2023〕14号，2023年9月20日）

三、畅通诉讼程序，及时提供有效法律救济

11. 落实公安机关协助取证的法律规定。根据刑法第二百四十六条第三款的规定，对于被害人就网络侮辱、诽谤提起自诉的案件，人民法院经审查认为被害人提供证据确有困难的，可以要求公安机关提供协助。公安机关应当根据人民法院要求和案件具体情况，及时查明行为主体，收集相关侮辱、诽谤信息传播扩散情况及造成的影响等证据材料。网络服务提供者应当依法为公安机关取证提供必要的技术支持和协助。经公安机关协助取证，达到自诉案件受理条件的，人民法院应当决定立案；无法收集相关证据材料的，公安机关应当书面向人民法院说明情况。

12. 准确把握侮辱罪、诽谤罪的公诉条件。根据刑法第二百四十六条第二款的规定，实施侮辱、诽谤犯罪，严重危害社会秩序和国家利益的，应当依法提起公诉。对于网络侮辱、诽谤是否严重危害社会秩序，应当综合侵害对象、动机目的、行为方式、信息传播范围、危害后果等因素作出判定。

实施网络侮辱、诽谤行为，具有下列情形之一的，应当认定为刑法第二百四十六条第二款规定的"严重危害社会秩序"：

（1）造成被害人或者其近亲属精神失常、自杀等严重后果，社会影响恶劣的；

（2）随意以普通公众为侵害对象，相关信息在网络上大范围传播，引发大量低俗、恶意评论，严重破坏网络秩序，社会影响恶劣的；

（3）侮辱、诽谤多人或者多次散布侮辱、诽谤信息，社会影响恶劣的；

（4）组织、指使人员在多个网络平台大量散布侮辱、诽谤信息，社会影响恶劣的；

（5）其他严重危害社会秩序的情形。

13. 依法适用侮辱、诽谤刑事案件的公诉程序。对于严重危害社会秩序的网络侮辱、诽谤行为，公安机关应当依法及时立案。被害人同时向人民法院提起自诉的，人民法院可以请自诉人撤回自诉或者裁定不予受理；已经受理的，应当裁定终止审理，并将相关材料移送公安机关，原自诉人可以作为被害人参与诉讼。对于网络侮辱、诽谤行为，被害人在公安机关立案前提起自诉，人民法院经审查认为有关行为严重危害社会秩序的，应当将案件移送公安机关。

对于网络侮辱、诽谤行为，被害人或者其近亲属向公安机关报案，公安机关经审查认为已构成犯罪但不符合公诉条件的，可以告知报案人向人民法院提起自诉。

14. 加强立案监督工作。人民检察院依照有关法律和司法解释的规定，对网络暴力犯罪案件加强立案监督工作。

上级公安机关应当加强对下级公安机关网络暴力案件立案工作的业务指导和内部监督。

16. 依法提起公益诉讼。网络暴力行为损害社会公共利益的，人民检察院可以依法向人民法院提起公益诉讼。

网络服务提供者对于所发现的网络暴力信息不依法履行信息网络安全管理义务，致使违法信息大量传播或者有其他严重情节，损害社会公共利益的，人民检察院可以依法向人民法院提起公益诉讼。

人民检察院办理网络暴力治理领域公益诉讼案件，可以依法要求网络服务提供者提供必要的技术支持和协助。

四、落实工作要求，促进强化综合治理

17. 有效保障受害人权益。办理网络暴力案件，应当及时告知受害人及其法定代理人或者近亲属有权委托诉讼代理人，并告知其有权依法申请法律援助。针对相关网络暴力信息传播范围广、社会危害大、影响消除难的现实情况，要依法及时向社会发布案件进展信息，澄清事实真相，有效消除不良影响。依法适用认罪认罚从宽制度，促使被告人认罪认罚，真诚悔罪，通过媒体公开道歉等方式，实现对受害人人格权的有效保护。对于被判处刑罚的被告人，可以依法宣告职业禁止或者禁止令。

18. 强化衔接配合。人民法院、人民检察院、公安机关要加强沟通协调，统一执法司法理念，有序衔接自诉程序与公诉程序，确保案件顺利侦查、起诉、审判。对重大、敏感、复杂案件，公安机关听取人民检察院意见建议的，人民检察院应当及时提供，确保案件依法稳妥处理。完善行政执法和刑事司法衔接机制，加强协调配合，形成各单位各司其职、高效联动的常态化工作格局，依法有效惩治、治理网络暴力违法犯罪。

210.3 指导与参考案例

210.3.1 自诉案件的证据条件

【刑事审判参考案例】

［第317号］潘儒岭故意伤害案

裁判要旨：在对自诉案件的庭前审查中，证据审查至为关键，证据并非仅作为一种文书形式的存在来决定案件的受理或者是否开庭审理，而取决于其是否可以在指控犯罪问题上产生决定性影响，即能否充分证明指控犯罪事实成立。人民法院应当对公诉转自诉案件进行严格审查，不仅要对证据形式上的充分性进行审查，还要对证据对指控犯罪事实的证明作用进行审查；不仅要对证据进行实质审查，还要对被告人的行为是否构成犯罪，依法是否应当追究刑事责任进行实质审查。

210.3.2 公诉转自诉的条件

【刑事审判参考案例】

［第523号］陈金权故意杀人案

裁判要旨：故意杀人案件如果符合自诉案件的受理条件，可以由人民法院直接受理。法律并未对“公诉转自诉”案件的严重程度作出限制性规定，未明确要求是重大刑事案件还是轻微刑事案件。只要符合上述条件，即便属于故意杀人等重大刑事案件，也可以作为自诉案件由人民法院直接受理。自诉人所举证据虽系公安机关收集，但并不影响采信。法律并无关于自诉案件中的证据必须由自诉人自行依法收集的限制性规定，收集证据的主体既可以是自诉人本人也可以是侦查机关、公诉机关，只要符合“合法性、客观性、关联性”标准即可作为证据使用。

210.3.3　诽谤案件自诉转公诉

【最高人民检察院指导性案例】

［检例第137号］郎某、何某诽谤案

办案要旨：利用信息网络诽谤他人，破坏公众安全感，严重扰乱网络社会秩序，符合刑法第二百四十六条第二款“严重危害社会秩序”的，检察机关应当依法履行追诉职责，作为公诉案件办理。对公安机关未立案侦查，被害人已提出自诉的，检察机关应当处理好由自诉向公诉程序的转换。

210.3.4　侮辱案件公诉的标准

【最高人民检察院指导性案例】

［检例第138号］岳某侮辱案

办案要旨：利用信息网络散布被害人的裸体视频、照片及带有侮辱性的文字，公然侮辱他人，贬损他人人格、破坏他人名誉，导致出现被害人自杀等后果，严重危害社会秩序的，应当按照公诉程序，以侮辱罪依法追究刑事责任。

211　自诉案件的审查及处理

211.1　法条规定

第二百一十一条　人民法院对于自诉案件进行审查后，按照下列情形分别处理：

（一）犯罪事实清楚，有足够证据的案件，应当开庭审判；

（二）缺乏罪证的自诉案件，如果自诉人提不出补充证据，应当说服自诉人撤回自诉，或者裁定驳回。

自诉人经两次依法传唤，无正当理由拒不到庭的，或者未经法庭许可中途退庭的，按撤诉处理。

法庭审理过程中，审判人员对证据有疑问，需要调查核实的，适用本法第一百九十六条的规定。

【立法释义】①

人民法院对自诉案件进行审查后，主要包括两种处理方式：一是犯罪事实清楚，有足够证据的案件，应当开庭审判。这里所指的“事实清楚”，是指有明确的被告人、犯罪时间、地点以及犯罪事件的经过。“足够证据”，是指能够证明案件事实的证据，如证人证言、物证、书证等证据，且这些证据足以证明犯罪事实。二是缺乏罪证的自诉案件，如果自诉人提不出补充证据，应当说服自诉人撤回自诉，或者裁定驳回。“缺乏罪证”，是指没有证明犯罪的证据，以及证明犯罪的证据不充分等情况。除此之外，对于犯罪已过追诉时效期限，被告人死亡，被告人下落不明，自

---

① 参见王爱立主编书，第449—451页。

诉人撤诉后就同一事实再次告诉，经人民法院调解结案后自诉人反悔并就同一事实再行告诉等情况，也应当说服自诉人撤回自诉，或者裁定驳回。对于二名以上自诉人提起的自诉案件，其中部分人撤诉的，不影响案件的继续审理。

211.2 司法解释

211.2.1 自诉案件审查与处理

★《法院解释》(2021)

第三百二十条 对自诉案件，人民法院应当在十五日以内审查完毕。经审查，符合受理条件的，应当决定立案，并书面通知自诉人或者代为告诉人。

具有下列情形之一的，应当说服自诉人撤回起诉；自诉人不撤回起诉的，裁定不予受理：

(一)不属于本解释第一条规定的案件的；

(二)缺乏罪证的；

(三)犯罪已过追诉时效期限的；

(四)被告人死亡的；

(五)被告人下落不明的；

(六)除因证据不足而撤诉的以外，自诉人撤诉后，就同一事实又告诉的；

(七)经人民法院调解结案后，自诉人反悔，就同一事实再行告诉的；

(八)属于本解释第一条第二项规定的案件，公安机关正在立案侦查或者人民检察院正在审查起诉的；

(九)不服人民检察院对未成年犯罪嫌疑人作出的附条件不起诉决定或者附条件不起诉考验期满后作出的不起诉决定，向人民法院起诉的。

第三百二十一条 对已经立案，经审查缺乏罪证的自诉案件，自诉人提不出补充证据的，人民法院应当说服其撤回起诉或者裁定驳回起诉；自诉人撤回起诉或者被驳回起诉后，又提出了新的足以证明被告人有罪的证据，再次提起自诉的，人民法院应当受理。

第三百二十二条 自诉人对不予受理或者驳回起诉的裁定不服的，可以提起上诉。

第二审人民法院查明第一审人民法院作出的不予受理裁定有错误的，应当在撤销原裁定的同时，指令第一审人民法院立案受理；查明第一审人民法院驳回起诉裁定有错误的，应当在撤销原裁定的同时，指令第一审人民法院进行审理。

第三百二十三条 自诉人明知有其他共同侵害人，但只对部分侵害人提起自诉的，人民法院应当受理，并告知其放弃告诉的法律后果；自诉人放弃告诉，判决宣告后又对其他共同侵害人就同一事实提起自诉的，人民法院不予受理。

共同被害人中只有部分人告诉的，人民法院应当通知其他被害人参加诉讼，并告知其不参加诉讼的法律后果。被通知人接到通知后表示不参加诉讼或者不出庭的，视为放弃告诉。第一审宣判后，被通知人就同一事实又提起自诉的，人民法院不予受理。但是，当事人另行提起民事诉讼的，不受本解释限制。

【重点解读】①

第一，自诉案件的审查方式。人民法院对自诉案件应当进行全面审查，既包括审查自诉材料是否符合形式要求，也包括审查犯罪事实是否清楚，证据是否足够。但是，对于自诉的审查并非实

① 参见李少平主编书，第 380—382 页。

体审查,更不是判断被告人是否构成犯罪,故不得以“被告人的行为不构成犯罪”为由,说服自诉人撤回起诉或者裁定不予受理,对于此类自诉案件,仍然应当开庭审判并作出判决。

第二,公诉与自诉的程序衔接。除告诉才处理的案件外,对于公安机关正在立案侦查或者人民检察院正在审查起诉的,因此类案件正在处理之中,应当按照处理公诉案件的方式解决。对于公安机关立案侦查后或者人民检察院审查起诉后,不予追究犯罪嫌疑人刑事责任的,被害人可以依据“公诉转自诉”案件的规定提起自诉。

第三,说服撤回起诉或者驳回起诉。对已经立案,经审查缺乏罪证的自诉案件,自诉人提不出补充证据的,人民法院应当说服其撤回起诉或者裁定驳回起诉。说服自诉人撤回起诉或者驳回起诉,需要经过实质审查,但未要求必须开庭审查。

211.2.2　公诉与自诉一并审理

★《法院解释》(2021)

第三百二十四条　被告人实施两个以上犯罪行为,分别属于公诉案件和自诉案件,人民法院可以一并审理。对自诉部分的审理,适用本章的规定。

【重点解读】①

对于被告人实施两个以上犯罪行为,分别属于公诉案件和自诉案件的情形,可以一并审理,即将自诉案件并入公诉案件审理。自诉案件虽然并入公诉案件一并审理,但对自诉案件的处理,仍然适用自诉案件的相关规定。当事人享有自诉案件规定的相应诉讼权利,例如,自诉案件的被告人可以针对自诉人提出反诉等。

211.2.3　自诉案件的调取证据

★《法院解释》(2021)

第三百二十五条　自诉案件当事人因客观原因不能取得的证据,申请人民法院调取的,应当说明理由,并提供相关线索或者材料。人民法院认为有必要的,应当及时调取。

对通过信息网络实施的侮辱、诽谤行为,被害人向人民法院告诉,但提供证据确有困难的,人民法院可以要求公安机关提供协助。

【重点解读】②

对于通过信息网络实施的侮辱、诽谤行为,一般应当由自诉人提起自诉。对于人民检察院提起公诉,经审查认为未达到“严重危害社会秩序和国家利益的”情形,应当退回人民检察院,同时告知被害人有权提起自诉;已经立案的,应当裁定终止审理,并告知被害人有权提起自诉。

211.2.4　自诉案件的审理方式

★《法院解释》(2021)

第三百二十六条　对犯罪事实清楚,有足够证据的自诉案件,应当开庭审理。

第三百二十七条　自诉案件符合简易程序适用条件的,可以适用简易程序审理。

不适用简易程序审理的自诉案件,参照适用公诉案件第一审普通程序的有关规定。

【重点解读】③

自诉案件由自诉人自行提起,案件

① 参见李少平主编书,第382页。
② 参见李少平主编书,第382页。
③ 参见李少平主编书,第382页。

没有经过侦查、审查起诉，人民法院在开庭前很难判断证据是否确实、充分。同时，自诉案件自诉人与被告人往往对案件事实等存在较大争议。此外，由于没有检察机关等国家机关主持，也无法在审前提出量刑建议、签署认罪认罚具结书。据此，自诉案件目前不适合适用速裁程序审理。

211.2.5　自诉案件的裁定撤诉

★《法院解释》(2021)

第三百三十一条　自诉人经两次传唤，无正当理由拒不到庭，或者未经法庭准许中途退庭的，人民法院应当裁定按撤诉处理。

部分自诉人撤诉或者被裁定按撤诉处理的，不影响案件的继续审理。

211.2.6　自诉案件的中止审理

★《法院解释》(2021)

第三百三十二条　被告人在自诉案件审判期间下落不明的，人民法院可以裁定中止审理；符合条件的，可以对被告人依法决定逮捕。

211.2.7　自诉案件的附带民事诉讼

★《法院解释》(2021)

第三百三十三条　对自诉案件，应当参照刑事诉讼法第二百条和本解释第二百九十五条的有关规定作出判决。对依法宣告无罪的案件，有附带民事诉讼的，其附带民事部分可以依法进行调解或者一并作出判决，也可以告知附带民事诉讼原告人另行提起民事诉讼。

【重点解读】①

由于刑事附带民事诉讼不收取诉讼费，个别案件存在当事人滥用自诉权问题。鉴于此，对依法宣告无罪的案件，有附带民事诉讼的，其附带民事部分可以依法进行调解或者一并作出判决，也可以告知附带民事诉讼原告人另行提起民事诉讼。对于已经开庭审理的自诉案件，原则上不能再说服自诉人撤回起诉或者驳回起诉，对其中应当依法宣告无罪的案件，应当作出无罪判决。

此外，刑事诉讼法第二百一十二条第二款对自诉案件的审理期限作了专门规定。被告人未被羁押的自诉案件，应当在受理后六个月以内宣判，不能适用第二百零八条关于延长审理期限的规定。鉴于自诉案件与公诉案件存在本质的区别，关于公诉案件延长审理期限的规定，自诉案件不能简单套用。自诉案件的结案方式灵活多样，可以和解结案、调解结案、判决结案，目的是尽快恢复社会秩序，充分尊重当事人的处分权。

211.3　规范性文件

211.3.1　通知自诉共同侵害人参加诉讼

★《最高人民法院关于对第一审刑事自诉案件当事人提起附带民事诉讼，部分共同侵害人未参加诉讼的，人民法院是否应当通知其参加诉讼问题的答复》(法函〔2001〕71号，2001年11月15日)

根据民事诉讼法第一百一十九条②的规定，对第一审刑事自诉案件当事人提起附带民事诉讼，必须共同进行诉讼的其他侵害人未参加诉讼的，人民法院应当通知其参加诉讼。

---

① 参见李少平主编书，第382页。
② 2023年民事诉讼法第一百三十五条。

211.3.2　自诉案件的司法政策标准

★《全国法院维护农村稳定刑事审判工作座谈会纪要》（法〔1999〕217号，1999年10月27日）

（六）关于刑事自诉案件问题

要把自诉案件的立案关。有的地方为了便于具体操作，制定了具体立案标准，也有的地方实行"立案听证"，让合议庭听取有关方面的意见，审查证据材料，决定是否立案。这些做法可以进一步总结，效果好的，可逐步推广。

要注重指导和协助双方当事人自行取证举证。由于广大农民群众法律水平尚不高，个人取证有相当难度，一般情况下很难达到法律规定的证据要求。如果因证据不足而简单、轻率地决定对自诉案件不予受理，就有可能使矛盾激化，引发新的刑事案件。因此，对于当事人所举证据不充分的，在指导自诉人取证的基础上，对于确有困难的，人民法院应当依法调查取证。

要正确适用调解。调解应查清事实、分清责任，在双方自愿的基础上依法进行，不能强迫调解，更不能违法调解。

要正确适用强制措施和刑罚。自诉案件经审查初步认定构成犯罪且较为严重的，对有可能逃避刑事责任和民事责任的被告人，要依法及时采取强制措施。对可能判处管制、拘役或者独立适用附加刑或者能及时到案，不致发生社会危险的被告人，不应当决定逮捕。在处刑上，对自诉案件被告人更应当注意尽量依法多适用非监禁刑罚。

211.4　指导与参考案例

211.4.1　自诉案件驳回起诉

【刑事审判参考案例】

［第561号］姚乃君等非法行医案

裁判要旨：刑事自诉案件立案后，对罪证不足的，法院可不经开庭审理直接驳回自诉人的起诉。自诉案件的庭前审查程序具有实质性内容，其审查结果不仅可以成为决定是否开庭审理的条件，也可直接导致驳回起诉。对于经庭前审查程序认为罪证不足的自诉案件，可以采取不经开庭审理而直接裁定驳回起诉的审结方式。

211.4.2　自诉案件并案审理

【刑事审判参考案例】

［第573号］刘珍水侵占案

裁判要旨：多名刑事自诉人以同一罪名起诉同一被告人的，人民法院应以一案合并审理。对于存在多个被害人的案件，如果各被害人均提起告诉，人民法院应当并案进行审理；如果共同被害人中只有部分人告诉的，人民法院应当通知其他被害人提起告诉，被通知人接到通知后表示不提起告诉的，即视为放弃告诉权利。

212　自诉案件的调解及审理期限

212.1　法条规定

第二百一十二条　人民法院对自诉案件，可以进行调解；自诉人在宣告判决前，可以同被告人自行和解或者撤回自诉。本法第二百一十条第三项规定的案件不适用调解。

人民法院审理自诉案件的期限，被告人被羁押的，适用本法第二百零八条第一款、第二款的规定；未被羁押的，应当在受理后六个月以内宣判。

【立法释义】①

为避免自诉案件的处理久拖不决，2012年刑事诉讼法修改，增加了自诉案件审理期限的规定。

第一，自诉案件的调解、和解与撤诉。一是人民法院对自诉案件，可以进行调解。调解应当出于被告人和自诉人双方的真实意愿，法院不得强迫其调解。在审判员主持下当事人协商最终达成的调解协议，对双方当事人具有约束力。人民法院应当制作调解书，调解书送达当事人即发生法律效力。如果在调解书送达当事人以前，当事人有一方反悔的，人民法院可以再行调解，调解不成的，人民法院可以开庭审理，依法作出判决。二是自诉人在宣告判决前，可以同被告人自行和解或者撤回自诉。当事人双方和解，自诉人应该以书面或者口头形式向人民法院撤回自诉。自行撤诉的案件，除有正当理由外，不得就同一案件再行起诉。三是不适用调解的例外情况，即"本法第二百一十条第三项规定的案件"不适用调解。此类案件可能属于严重侵害公民人身、财产权利的犯罪案件，因此不适用调解，但自诉人在宣判前可以同被告人自行和解或者撤回自诉。

第二，自诉案件的审理期限。一是被告人被羁押的审理期限。对于自诉案件的被告人在有关场所羁押的，人民法院应当适用公诉案件的审理期限进行。二是被告人未被羁押的，人民法院应当在受理后六个月以内宣判，这一期限与民事诉讼法审理普通民事案件的期限相同。

212.2　司法解释

212.2.1　自诉案件的调解要求

★《法院解释》(2021)

第三百二十八条　人民法院审理自诉案件，可以在查明事实、分清是非的基础上，根据自愿、合法的原则进行调解。调解达成协议的，应当制作刑事调解书，由审判人员、法官助理、书记员署名，并加盖人民法院印章。调解书经双方当事人签收后，即具有法律效力。调解没有达成协议，或者调解书签收前当事人反悔的，应当及时作出判决。

刑事诉讼法第二百一十条第三项规定的案件不适用调解。

212.2.2　在线调解的基本规则

★《人民法院在线调解规则》(法释〔2021〕23号，2021年12月30日)

第三条　民事、行政、执行、刑事自诉以及被告人、罪犯未被羁押的刑事附带民事诉讼等法律规定可以调解或者和解的纠纷，可以开展在线调解。

行政、刑事自诉和刑事附带民事诉讼案件的在线调解，法律和司法解释另有规定的，从其规定。

第九条　当事人在立案前申请在线调解，属于下列情形之一的，人民法院退回申请并分别予以处理：

（一）当事人申请调解的纠纷不属于人民法院受案范围，告知可以采用的其他纠纷解决方式；

（二）与当事人选择的在线调解组织或者调解员建立邀请关系的人民法院对该纠纷不具有管辖权，告知选择对纠纷有管辖权的人民法院邀请的调解

① 参见王爱立主编书，第451—453页。

组织或者调解员进行调解；

（三）当事人申请调解的纠纷不适宜在线调解，告知到人民法院诉讼服务大厅现场办理调解或者立案手续。

第十条　当事人一方在立案前同意在线调解的，由人民法院征求其意见后指定调解组织或者调解员。

当事人双方同意在线调解的，可以在案件管辖法院确认的在线调解组织和调解员中共同选择调解组织或者调解员。当事人同意由人民法院指定调解组织或者调解员，或者无法在同意在线调解后两个工作日内共同选择调解组织或者调解员的，由人民法院指定调解组织或者调解员。

人民法院应当在收到当事人在线调解申请后三个工作日内指定调解组织或者调解员。

第十三条　主持或者参与在线调解的人员有下列情形之一，应当在接受调解前或者调解过程中进行披露：

（一）是纠纷当事人或者当事人、诉讼代理人近亲属的；

（二）与纠纷有利害关系的；

（三）与当事人、诉讼代理人有其他可能影响公正调解关系的。

当事人在调解组织或者调解员披露上述情形后或者明知其具有上述情形，仍同意调解的，由该调解组织或者调解员继续调解。

第十四条　在线调解过程中，当事人可以申请更换调解组织或者调解员；更换后，当事人仍不同意且拒绝自行选择的，视为当事人拒绝调解。

第十六条　主持在线调解的人员应当在组织调解前确认当事人参与调解的方式，并按照下列情形作出处理：

（一）各方当事人均具备使用音视频技术条件的，指定在同一时间登录人民法院调解平台；无法在同一时间登录的，征得各方当事人同意后，分别指定时间开展音视频调解；

（二）部分当事人不具备使用音视频技术条件的，在人民法院诉讼服务中心、调解组织所在地或者其他便利地点，为其参与在线调解提供场所和音视频设备。

各方当事人均不具备使用音视频技术条件或者拒绝通过音视频方式调解的，确定现场调解的时间、地点。

在线调解过程中，部分当事人提出不宜通过音视频方式调解的，调解员在征得其他当事人同意后，可以组织现场调解。

第十七条　在线调解开始前，主持调解的人员应当通过证件证照在线比对等方式核实当事人和其他参与调解人员的身份，告知虚假调解法律后果。立案前调解的，调解员还应当指导当事人填写《送达地址确认书》等相关材料。

第十八条　在线调解过程中，当事人可以通过语音、文字、视频等形式自主表达意愿，提出纠纷解决方案。除共同确认的无争议事实外，当事人为达成调解协议作出妥协而认可的事实、证据等，不得在诉讼程序中作为对其不利的依据或者证据，但法律另有规定或者当事人均同意的除外。

第十九条　调解员组织当事人就所有或者部分调解请求达成一致意见的，应当在线制作或者上传调解协议，当事人和调解员应当在调解协议上进行电子签章；由调解组织主持达成调解协议的，还应当加盖调解组织电子印章，调解组织没有电子印章的，可以将加盖印章的调解协议上传至人民法院调解平台。

调解协议自各方当事人均完成电子签章之时起发生法律效力，并通过人民法院调解平台向当事人送达。调解协议有给付内容的，当事人应当按照调解协议约定内容主动履行。

第二十条　各方当事人在立案前达成调解协议的，调解员应当记入调解笔录并按诉讼外调解结案，引导当事人自动履行。依照法律和司法解释规定可以申请司法确认调解协议的，当事人可以在线提出申请，人民法院经审查符合法律规定的，裁定调解协议有效。

各方当事人在立案后达成调解协议的，可以请求人民法院制作调解书或者申请撤诉。人民法院经审查符合法律规定的，可以制作调解书或者裁定书结案。

第二十一条　经在线调解达不成调解协议，调解组织或者调解员应当记录调解基本情况、调解不成的原因、导致其他当事人诉讼成本增加的行为以及需要向人民法院提示的其他情况。人民法院按照下列情形作出处理：

（一）当事人在立案前申请在线调解的，调解组织或者调解员可以建议通过在线立案或者其他途径解决纠纷，当事人选择在线立案的，调解组织或者调解员应当将电子化调解材料在线推送给人民法院，由人民法院在法定期限内依法登记立案；

（二）立案前委派调解的，调解不成后，人民法院应当依法登记立案；

（三）立案后委托调解的，调解不成后，人民法院应当恢复审理。

审判人员在诉讼过程中组织在线调解的，调解不成后，应当及时审判。

第二十二条　调解员在线调解过程中，同步形成电子笔录，并确认无争议事实。经当事人双方明确表示同意的，可以以调解录音录像代替电子笔录，但无争议事实应当以书面形式确认。

电子笔录以在线方式核对确认后，与书面笔录具有同等法律效力。

第二十三条　人民法院在审查司法确认申请或者出具调解书过程中，发现当事人可能采取恶意串通、伪造证据、捏造事实、虚构法律关系等手段实施虚假调解行为，侵害他人合法权益的，可以要求当事人提供相关证据。当事人不提供相关证据的，人民法院不予确认调解协议效力或者出具调解书。

经审查认为构成虚假调解的，依照《中华人民共和国民事诉讼法》等相关法律规定处理。发现涉嫌刑事犯罪的，及时将线索和材料移送有管辖权的机关。

第二十四条　立案前在线调解期限为三十日。各方当事人同意延长的，不受此限。立案后在线调解，适用普通程序的调解期限为十五日，适用简易程序的调解期限为七日，各方当事人同意延长的，不受此限。立案后延长的调解期限不计入审理期限。

委派委托调解或者当事人申请调解的调解期限，自调解组织或者调解员在人民法院调解平台确认接受委派委托或者确认接受当事人申请之日起算。审判人员主持调解的，自各方当事人同意之日起算。

第二十五条　有下列情形之一的，

在线调解程序终结：

（一）当事人达成调解协议；

（二）当事人自行和解，撤回调解申请；

（三）在调解期限内无法联系到当事人；

（四）当事人一方明确表示不愿意继续调解；

（五）当事人分歧较大且难以达成调解协议；

（六）调解期限届满，未达成调解协议，且各方当事人未达成延长调解期限的合意；

（七）当事人一方拒绝在调解协议上签章；

（八）其他导致调解无法进行的情形。

第二十六条　立案前调解需要鉴定评估的，人民法院工作人员、调解组织或者调解员可以告知当事人诉前委托鉴定程序，指导通过电子诉讼平台或者现场办理等方式提交诉前委托鉴定评估申请，鉴定评估期限不计入调解期限。

诉前委托鉴定评估经人民法院审查符合法律规定的，可以作为证据使用。

第二十九条　在线调解组织和调解员在调解过程中，存在下列行为之一的，当事人可以向作出邀请的人民法院投诉：

（一）强迫调解；

（二）无正当理由多次拒绝接受人民法院委派委托或者当事人调解申请；

（三）接受当事人请托或者收受财物；

（四）泄露调解过程、调解协议内容以及调解过程中获悉的国家秘密、商业秘密、个人隐私和其他不宜公开的信息，但法律和行政法规另有规定的除外；

（五）其他违反调解职业道德应当作出处理的行为。

人民法院经核查属实的，应当视情形作出解聘等相应处理，并告知有关主管部门。

212.2.3　自诉案件的和解与撤回自诉

★《法院解释》（2021）

第三百二十九条　判决宣告前，自诉案件的当事人可以自行和解，自诉人可以撤回自诉。

人民法院经审查，认为和解、撤回自诉确属自愿的，应当裁定准许；认为系被强迫、威吓等，并非自愿的，不予准许。

212.2.4　自诉案件强制措施的解除

★《法院解释》（2021）

第三百三十条　裁定准许撤诉的自诉案件，被告人被采取强制措施的，人民法院应当立即解除。

【重点解读】①

对于当事人和解的自诉案件，可以由人民法院视情裁定准许撤回自诉或者出具刑事调解书，此种情形下“立即解除强制措施”，应当满足裁定准许撤诉或者刑事调解书生效的条件。但是，这并不意味着当事人自行和解的，人民法院就一律裁定准许撤诉或者出具刑事调解书。例如重婚案件，虽然自诉人谅解，与被告人达成和解，人民法院通常仍然会作出刑事判决。对于裁定准许撤诉的自诉案件，被告人被采取强制措施的，人民法院应当立即解除。

① 参见李少平主编书，第386页。

212.2.5　自诉案件的审理期限

★**《最高人民法院关于严格执行案件审理期限制度的若干规定》**（法释〔2000〕29 号，2000 年 9 月 22 日）

第十一条　刑事公诉案件、被告人被羁押的自诉案件，需要延长审理期限的，应当在审理期限届满七日以前，向高级人民法院提出申请；被告人未被羁押的刑事自诉案件，需要延长审理期限的，应当在审理期限届满十日前向本院院长提出申请。

第十四条　对于下级人民法院申请延长办案期限的报告，上级人民法院应当在审理期限届满三日前作出决定，并通知提出申请延长审理期限的人民法院。

需要本院院长批准延长办案期限的，院长应当在审限届满前批准或者决定。

213　反诉

213.1　法条规定

第二百一十三条　自诉案件的被告人在诉讼过程中，可以对自诉人提起反诉。反诉适用自诉的规定。

【立法释义】①

本条是 1996 年刑事诉讼法修改增加的规定。自诉案件的被告人可以对自诉人提起反诉，主要是考虑，一些自诉案件存在互相侵害对方利益的情况。允许反诉，体现了诉讼当事人在诉讼过程中的权利义务平等原则和在法律面前人人平等的原则。

第一，自诉案件的被告人可以提起反诉。“反诉”，是指在诉讼过程中，被告人就自诉人控告的案件，向人民法院对自诉人提起刑事诉讼。反诉应当具备以下条件：一是反诉的对象必须是同一案件的自诉人；二是被告人反诉指控自诉人的犯罪行为必须与自诉案件的案情有直接关系；三是反诉案件必须是人民法院依法可以直接受理的自诉案件。反诉案件应当同原来已经提起的自诉案件进行合并审理。对于自诉人撤诉的案件，不影响反诉案件的审理。

第二，反诉的程序适用自诉的规定。“反诉适用自诉的规定”，主要是指人民法院处理反诉案件适用本法第二百一十条关于自诉案件的范围，第二百一十一条关于对自诉案件的处理，第二百一十二条关于自诉案件的调解、和解与撤诉以及自诉案件的审理期限的规定，即反诉案件审理活动适用自诉案件诉讼程序的有关规定。

213.2　司法解释

213.2.1　反诉的条件

★**《法院解释》**（2021）

第三百三十四条　告诉才处理和被害人有证据证明的轻微刑事案件的被告人或者其法定代理人在诉讼过程中，可以对自诉人提起反诉。反诉必须符合下列条件：

（一）反诉的对象必须是本案自诉人；

（二）反诉的内容必须是与本案有关的行为；

（三）反诉的案件必须符合本解释第一条第一项、第二项的规定。

---

① 参见王爱立主编书，第 453—454 页。

反诉案件适用自诉案件的规定，应当与自诉案件一并审理。自诉人撤诉的，不影响反诉案件的继续审理。

第三节　简易程序

214　简易程序的适用范围

214.1　法条规定

第二百一十四条　基层人民法院管辖的案件，符合下列条件的，可以适用简易程序审判：

（一）案件事实清楚、证据充分的；

（二）被告人承认自己所犯罪行，对指控的犯罪事实没有异议的；

（三）被告人对适用简易程序没有异议的。

人民检察院在提起公诉的时候，可以建议人民法院适用简易程序。

【立法释义】①

1979年刑事诉讼法并未规定简易程序。1996年修改刑事诉讼法，为提高诉讼效率，专门规定了简易程序一节。简易程序是刑事诉讼繁简分流机制的重要组成部分，对庭审实质化改革具有基础支撑作用。2012年刑事诉讼法修改，在保证司法公正的前提下，对案件进一步繁简分流，适当扩大了简易程序的适用范围，将简易程序审判的案件范围调整为基层人民法院管辖的认罪案件，同时对适用简易程序的条件作了修改。关于简易程序的适用，需要注意以下事项：

第一，适用范围。2012年刑事诉讼法修改，考虑基层法院审理的大部分案件是被告人认罪案件，没有必要适用普通程序审判，将适用简易程序的案件范围调整为"基层人民法院管辖的案件"，不再设置案件类型的限制。

第二，适用条件。对于基层人民法院管辖的案件，适用简易程序审判，需要具备以下条件：

一是案件事实清楚，证据充分。这一事实证据条件，意味着认定被告人有罪的证据在形式上达到法定证明标准。这一规定中提到的"证据充分"，意味着在进行实质性的审判之前，对证据标准的判断主要是形式判断，只有当经过庭审程序后，才能最终认定案件是否达到证据确实、充分的标准。

二是被告人承认自己所犯罪行，对指控的犯罪事实没有异议。这一认罪要件，意味着指控的犯罪事实没有争议，结合前述事实证据条件，表明案件并不存在司法错误风险。本条中的"承认自己所犯罪行"，是指被告人对起诉书指控的罪名和犯罪行为供认不讳。"对指控的犯罪事实没有异议"，是指被告人对起诉书指控的犯罪行为和犯罪证据没有异议。如果被告人对罪名或犯罪事实或证据提出异议的，都不属于没有异议。被告人对与犯罪事实没有直接关联的量刑事实存在争议，并不影响简易程序的适用。

三是被告人对适用简易程序审理没有异议。这一同意要件，意味着简易程序的适用应当具有正当性。本条中的"适用简易程序"，是指本法第三编第二章第三节关于简易程序的有关规

① 参见王爱立主编书，第454—457页。

定。需要指出的是,选择适用何种诉讼程序,属于被告人的程序选择权。

第三,控辩双方的建议权、申请权。人民检察院在提起公诉时,可以建议人民法院适用简易程序。2012年刑事诉讼法修改,将人民检察院"同意"适用简易程序,调整为人民检察院"建议"适用简易程序。这一修改意味着,人民法院具有最终决定适用何种程序的裁量权。这一裁量权的行使,可以听取人民检察院的建议,并征得被告人的同意。

此外,被告人及其辩护人有权申请适用简易程序,这是被告人程序选择权的重要体现。在送达起诉书副本和庭前会议环节,人民法院可以告知被告人有权申请适用简易程序,并告知适用简易程序的法律后果等有关规定。

214.2　司法解释

214.2.1　检察机关建议适用简易程序

★《检察院规则》(2019)

第四百三十条　人民检察院对于基层人民法院管辖的案件,符合下列条件的,可以建议人民法院适用简易程序审理:

(一)案件事实清楚、证据充分的;

(二)被告人承认自己所犯罪行,对指控的犯罪事实没有异议的;

(三)被告人对适用简易程序没有异议的。

【重点解读】①

根据司法责任制改革,建议适用简易程序的权力可以下放给检察官行使,不需要经检察长批准。对于最终是否适用简易程序审理,由人民法院根据案件的情况和被告人的意见作出决定。人民检察院建议适用简易程序的,应当制作适用简易程序建议书,在提起公诉时,连同起诉书等一并移送人民法院。

214.2.2　听取犯罪嫌疑人的意见

★《检察院规则》(2019)

第四百三十二条　基层人民检察院审查案件,认为案件事实清楚、证据充分的,应当在讯问犯罪嫌疑人时,了解其是否承认自己所犯罪行,对指控的犯罪事实有无异议,告知其适用简易程序的法律规定,确认其是否同意适用简易程序。

【重点解读】②

基层人民检察院负责捕诉的部门在审查移送起诉的案件时,认为案件事实清楚、证据充分的,应当在讯问犯罪嫌疑人时,了解犯罪嫌疑人是否承认自己所犯罪行,对指控的犯罪事实有无异议。如果犯罪嫌疑人承认自己所犯罪行,对指控的犯罪事实没有异议,则应当告知其适用简易程序的法律规定,包括适用简易程序审理的法律后果及享有的权利等,并确认其是否同意适用简易程序。如果犯罪嫌疑人同意适用简易程序,则可以建议人民法院适用简易程序。在提起公诉前,指控的犯罪事实发生变化的,应当再次确认犯罪嫌疑人对指控的犯罪事实有无异议;有异议的,不应当建议适用简易程序。

214.2.3　被告人的同意权和选择权

★《法院解释》(2021)

第三百五十九条　基层人民法院

---

①　参见童建明、万春主编释义书,第432—433页。

②　参见童建明、万春主编释义书,第434—435页。

受理公诉案件后，经审查认为案件事实清楚、证据充分的，在将起诉书副本送达被告人时，应当询问被告人对指控的犯罪事实的意见，告知其适用简易程序的法律规定。被告人对指控的犯罪事实没有异议并同意适用简易程序的，可以决定适用简易程序，并在开庭前通知人民检察院和辩护人。

对人民检察院建议或者被告人及其辩护人申请适用简易程序审理的案件，依照前款规定处理；不符合简易程序适用条件的，应当通知人民检察院或者被告人及其辩护人。

【重点解读】①

适用简易程序审理案件，应在取得被告人同意后适用；即使开庭前已经取得被告人同意，开庭后也应当当庭确认。

215　不适用简易程序的情形

215.1　法条规定

第二百一十五条　有下列情形之一的，不适用简易程序：

（一）被告人是盲、聋、哑人，或者是尚未完全丧失辨认或者控制自己行为能力的精神病人的；

（二）有重大社会影响的；

（三）共同犯罪案件中部分被告人不认罪或者对适用简易程序有异议的；

（四）其他不宜适用简易程序审理的。

【立法释义】②

本条规定明确了不适用简易程序的情形，是2012年刑事诉讼法修改增加的规定。本条所列各种情形，既有权利保障的要求，也有公正审判的考虑，还有政策层面的因素。关于不适用简易程序的情形，应当关注以下事项：

一是特殊主体，即被告人是盲人、聋人、哑人或者是尚未完全丧失辨认或者控制自己行为能力的精神病人。为维护这些特殊主体的合法权益，应当加强程序保障，不应反过来简化审理程序。

二是社会影响，即有重大社会影响的案件。为确保案件取得良好的法律效果和社会效果，有必要按照普通程序审判。本条中的“重大社会影响”，一般是指社会关注度高、反映强烈。

三是程序标准，即共同犯罪案件中部分被告人不认罪或者对适用简易程序有异议。本条中的“不认罪”，是指被告人不承认有犯罪事实或者不认为其行为构成犯罪。“有异议”，是指被告人不同意适用简易程序审理。共同犯罪案件往往案情复杂，证据相互关联，被告人之间的口供需要相互印证、调查核实，为慎重公正处理，只要其中一个被告人对案件提出异议或不认罪，就不符合适用简易程序的条件。此外，对于比较复杂的共同犯罪案件，也不适用简易程序。

四是存在司法错误风险。《法院解释》第三百六十条列举了几类情形，例如，辩护人作无罪辩护，或者被告人认罪但经审查认为可能不构成犯罪。对此类案件，为避免出现冤假错案，应当适用普通程序审判。

---

① 参见李少平主编书，第408—409页。

② 参见王爱立主编书，第458—459页。

215.2　司法解释

215.2.1　不建议适用简易程序的情形

★《检察院规则》(2019)

第四百三十一条　具有下列情形之一的,人民检察院不得建议人民法院适用简易程序:

(一)被告人是盲、聋、哑人,或者是尚未完全丧失辨认或者控制自己行为能力的精神病人的;

(二)有重大社会影响的;

(三)共同犯罪案件中部分被告人不认罪或者对适用简易程序有异议的;

(四)比较复杂的共同犯罪案件;

(五)辩护人作无罪辩护或者对主要犯罪事实有异议的;

(六)其他不宜适用简易程序的。

人民法院决定适用简易程序审理的案件,人民检察院认为具有刑事诉讼法第二百一十五条规定情形之一的,应当向人民法院提出纠正意见;具有其他不宜适用简易程序情形的,人民检察院可以建议人民法院不适用简易程序。

【重点解读】①

除刑事诉讼法第二百一十五条规定的情形外,《检察院规则》第四百三十一条还规定了"比较复杂的共同犯罪案件""辩护人作无罪辩护或者对主要犯罪事实有异议的"等情形。由于此类案件的事实证据存在较多疑点和争议,适用普通程序更为合适,鉴于此,人民检察院不应当建议法院适用简易程序。

215.2.2　不适用简易程序审理的情形

★《法院解释》(2021)

第三百六十条　具有下列情形之一的,不适用简易程序:

(一)被告人是盲、聋、哑人的;

(二)被告人是尚未完全丧失辨认或者控制自己行为能力的精神病人的;

(三)案件有重大社会影响的;

(四)共同犯罪案件中部分被告人不认罪或者对适用简易程序有异议的;

(五)辩护人作无罪辩护的;

(六)被告人认罪但经审查认为可能不构成犯罪的;

(七)不宜适用简易程序审理的其他情形。

【重点解读】②

关于"比较复杂的共同犯罪案件",在被告人认罪且同意适用的情况下,可以适用简易程序。对于"辩护人对主要犯罪事实有异议的"情形,由于刑事诉讼法仅规定适用简易程序应取得被告人同意,因此,辩护人提出异议的,不影响简易程序的适用。但考虑辩护人意见的重要性,有必要将"辩护人作无罪辩护的"增加为不适用简易程序的情形。

216　简易程序案件的审判组织

216.1　法条规定

第二百一十六条　适用简易程序审理案件,对可能判处三年有期徒刑以下刑罚的,可以组成合议庭进行审判,也可以由审判员一人独任审判;对可能判处的有期徒刑超过三年的,应当组成合议庭进行审判。

---

① 参见童建明、万春主编释义书,第433—434页。

② 参见李少平主编书,第410页。

适用简易程序审理公诉案件，人民检察院应当派员出席法庭。

【立法释义】①

本条规定明确了简易程序案件的审判组织。2012 年刑事诉讼法修改，确立了对简易程序案件适用合议庭审判的基本要求，并强调人民检察院应当派员出席法庭。关于简易程序案件的审判组织，应当关注以下事项：

第一，简易程序案件的审判组织类型。1996 年刑事诉讼法第一百七十四条规定，"适用简易程序，由审判员一人独任审判"。2012 年刑事诉讼法修改，在原有的独任审判原则基础上，增加了合议制审判的要求。主要分为两种情形：

一是可能判处三年有期徒刑以下刑罚的案件，可以组成合议庭进行审判，也可以由审判员一人独任审判。对于一人犯罪，案情简单清楚的案件，可以适用独任审判；对于共同犯罪，案情相对复杂的案件，可以组成合议庭进行审判。本条中的"三年有期徒刑以下刑罚"，是指刑法规定的三年以下有期徒刑、拘役、管制、单处罚金、单处剥夺政治权利等刑罚。

二是可能判处的有期徒刑超过三年的案件，应当组成合议庭进行审判。对于此类刑罚较重的案件，适用合议制审判更能体现程序公正，也能减少误判风险。本条中的"有期徒刑超过三年"，是指最低刑为三年以上有期徒刑（不包括三年有期徒刑），最高刑为二十五年有期徒刑。这种以刑罚轻重程度确定审判组织模式的做法，体现了程序法和实体法的制度关联。

第二，人民检察院应当派员出席法庭。1996 年刑事诉讼法第一百七十五条规定，"适用简易程序审理公诉案件，人民检察院可以不派员出席法庭"。为保障被告人的诉讼权利，发挥人民检察院支持公诉和法律监督的职能作用，2012 年刑事诉讼法修改，根据简易程序适用范围的扩展，将原规定中"人民检察院可以不派员出席法庭"调整为"人民检察院应当派员出席法庭"。这一制度调整是必要的，符合正当程序的内在要求，也有利于减少司法错误风险。

216.2　司法解释

216.2.1　检察机关派员出席法庭的机制

★《检察院规则》(2019)

第四百三十三条　适用简易程序审理的公诉案件，人民检察院应当派员出席法庭。

【重点解读】②

适用简易程序审理的案件，人民检察院一律应当派员出席法庭。实践中，人民检察院可以对适用简易程序的案件相对集中提起公诉，建议人民法院相对集中审理适用简易程序的公诉案件。法院集中审理的简易程序案件，一般应当是同一个公诉人承办的案件。

217　简易程序案件的核实询问

217.1　法条规定

第二百一十七条　适用简易程序审理案件，审判人员应当询问被告人对指控的犯罪事实的意见，

---

①　参见王爱立主编书，第 459—462 页。

②　参见童建明、万春主编释义书，第 435 页。

告知被告人适用简易程序审理的法律规定，确认被告人是否同意适用简易程序审理。

【立法释义】①

本条规定明确了简易程序案件的核实询问程序，是 2012 年刑事诉讼法修改增加的规定。鉴于简易程序的审判环节大幅简化，有必要规范开庭后的核实询问程序，确保程序适用的正当性，并识别司法错误风险。对于简易程序案件，审判人员应当在开庭后进行核实询问。该条规定使用“询问”而非“讯问”的表述，意味该询问程序主要是程序性询问，并非调查性讯问。关于核实询问，应当关注以下事项：

第一，听取被告人对指控的犯罪事实的意见。开庭审理后，经法庭核实，被告人承认自己所犯罪行，对指控的犯罪事实没有异议的，可以继续适用简易程序审理。如果被告人当庭否认犯罪，审判人员应当询问具体的理由，并依法决定适用普通程序审理。

第二，告知被告人适用简易程序审理的法律规定。审判人员应当通过程序告知，确保被告人了解简易程序对庭审的简化要求，简易程序与普通程序存在的差异，以及被告人在简易程序中享有的诉讼权利。

第三，确认被告人是否同意适用简易程序审理。在程序告知基础上，审判人员应当核实确认，被告人对适用简易程序有无异议，并记录在案。被告人对适用简易程序没有异议，可以继续适用简易程序；被告人在了解简易程序有关规定后，不同意适用简易程序的，应当转为普通程序审理。对于适用各类简化审理程序的案件，都有必要通过开庭后的核实询问程序，确认被告人是否同意适用简化审理程序。

第四，辩护权的程序保障。尽管简易程序意在简化审理程序，但是不能简化对辩护权的程序保障。《法院解释》第三百六十一条规定，适用简易程序审理的案件，符合刑事诉讼法第三十五条第一款规定的，人民法院应当告知被告人及其近亲属可以申请法律援助。

217.2　司法解释

217.2.1　告知申请法律援助

★《法院解释》(2021)

第三百六十一条　适用简易程序审理的案件，符合刑事诉讼法第三十五条第一款规定的，人民法院应当告知被告人及其近亲属可以申请法律援助。

217.2.2　通知开庭时间、地点

★《法院解释》(2021)

第三百六十二条　适用简易程序审理案件，人民法院应当在开庭前将开庭的时间、地点通知人民检察院、自诉人、被告人、辩护人，也可以通知其他诉讼参与人。

通知可以采用简便方式，但应当记录在案。

【重点解读】②

对于适用简易程序审理的案件，开庭前通知的时间不受“三日前”的限制。法院可以根据情况裁量把握，尽可能提前通知，给诉讼各方充足的准备时间。

---

① 参见王爱立主编书，第 462—463 页。

② 参见李少平主编书，第 411 页。

217.2.3　通知辩护人出庭

★《法院解释》(2021)

第三百六十三条　适用简易程序审理案件,被告人有辩护人的,应当通知其出庭。

217.2.4　当庭核实是否同意适用简易程序

★《法院解释》(2021)

第三百六十四条　适用简易程序审理案件,审判长或者独任审判员应当当庭询问被告人对指控的犯罪事实的意见,告知被告人适用简易程序审理的法律规定,确认被告人是否同意适用简易程序。

【重点解读】①

被告人在开庭前表示不同意适用简易程序,但在开庭后,对指控的犯罪事实没有异议,并表示同意适用简易程序的,人民法院可以决定适用简易程序审理。

218　简易程序案件的法庭辩论

218.1　法条规定

第二百一十八条　适用简易程序审理案件,经审判人员许可,被告人及其辩护人可以同公诉人、自诉人及其诉讼代理人互相辩论。

【立法释义】②

本条规定明确了简易程序的法庭辩论要求。鉴于简易程序案件的法庭调查程序大幅简化,为保障被告人的辩护权,法庭辩论程序不能省略。经审判人员许可,被告人及其辩护人可以同公诉人、自诉人及其诉讼代理人互相辩论。需要指出的是,适用简易程序审理案件,尽管被告人承认自己所犯罪行,对指控的犯罪事实没有异议,并不意味着案件事实证据没有争议。因此,对于存在争议的事实证据,以及罪名和量刑问题,控辩双方可以进行辩论。

219　简易程序的简化标准

219.1　法条规定

第二百一十九条　适用简易程序审理案件,不受本章第一节关于送达期限、讯问被告人、询问证人、鉴定人、出示证据、法庭辩论程序规定的限制。但在判决宣告前应当听取被告人的最后陈述意见。

【立法释义】③

本条规定明确了简易程序的简化标准。简易程序是为了简化办案程序,提高办案效率,因此,程序设计应当体现"简"字的要求。对简易程序的审判,应当关注以下事项:

第一,可以简化的程序事项。本条中的"不受限制",是指人民法院可以根据审理案件的实际需要,进行某一程序,也可以不进行某一程序。

第二,审判的基本流程。简易程序案件的审判流程可以大幅简化。参见《法院解释》第三百六十五条的规定。

第三,不能简化的程序事项。为确保最低限度的公正标准,对于简易程序案件,对控辩双方有异议,或者法庭认为有必要调查核实的证据,应当出示,并进行质证。对于罪名和量刑问题,以

① 参见李少平主编书,第412页。
② 参见王爱立主编书,第463—464页。
③ 参见王爱立主编书,第464—466页。

及其他存在争议的问题，不能简化审理。在判决宣告前，应当听取被告人的最后陈述。

此外，为提高诉讼效率，《法院解释》第三百六十七条第二款规定，适用简易程序审理案件，一般应当当庭宣判。

219.2　司法解释

219.2.1　公诉人出席简易程序庭审

★《检察院规则》(2019)

第四百三十四条　公诉人出席简易程序法庭时，应当主要围绕量刑以及其他有争议的问题进行法庭调查和法庭辩论。在确认被告人庭前收到起诉书并对起诉书指控的犯罪事实没有异议后，可以简化宣读起诉书，根据案件情况决定是否讯问被告人，询问证人、鉴定人和出示证据。

根据案件情况，公诉人可以建议法庭简化法庭调查和法庭辩论程序。

【重点解读】①

起诉书可以简化宣读，但不能不宣读。在法庭调查阶段，公诉人可以根据案件情况决定是否讯问被告人、询问证人、鉴定人，如果需要讯问或询问的，也应当突出重点。举证时可以采取适当的方式出示证据，对于控辩双方没有争议的证据，可以不出示。对于辩方出示的证据，需要质证的，应当质证；没有必要质证的，则不质证。在法庭辩论阶段，公诉人应当主要围绕量刑及其他有争议的问题进行法庭辩论。对于定罪问题，由于被告人认罪，故无须作过多的阐述。根据案件情况，公诉人还可以建议法庭简化法庭调查和法庭辩论程序。

219.2.2　简易程序庭审的简化

★《法院解释》(2021)

第三百六十五条　适用简易程序审理案件，可以对庭审作如下简化：

（一）公诉人可以摘要宣读起诉书；

（二）公诉人、辩护人、审判人员对被告人的讯问、发问可以简化或者省略；

（三）对控辩双方无异议的证据，可以仅就证据的名称及所证明的事项作出说明；对控辩双方有异议或者法庭认为有必要调查核实的证据，应当出示，并进行质证；

（四）控辩双方对与定罪量刑有关的事实、证据没有异议的，法庭审理可以直接围绕罪名确定和量刑问题进行。

适用简易程序审理案件，判决宣告前应当听取被告人的最后陈述。

219.2.3　独任审判转换为合议庭审判

★《法院解释》(2021)

第三百六十六条　适用简易程序独任审判过程中，发现对被告人可能判处的有期徒刑超过三年的，应当转由合议庭审理。

219.2.4　裁判文书简化与宣判

★《法院解释》(2021)

第三百六十七条　适用简易程序审理案件，裁判文书可以简化。

适用简易程序审理案件，一般应当当庭宣判。

---

① 参见童建明、万春主编释义书，第436页。

【重点解读】①

根据审判需要，增加“裁判文书可以简化”的规定，有助于提高法官适用简易程序的积极性，提高诉讼效率。

220 简易程序案件的审理期限

220.1 法条规定

第二百二十条 适用简易程序审理案件，人民法院应当在受理后二十日以内审结；对可能判处的有期徒刑超过三年的，可以延长至一个半月。

【立法释义】②

本条规定明确了简易程序案件的审理期限。1996年刑事诉讼法第一百七十八条规定，适用简易程序审理案件，人民法院应当在受理后二十日以内审结。2012年刑事诉讼法修改，增加了“对于可能判处的有期徒刑超过三年的，可以延长至一个半月”的规定。

简易程序案件的审理期限较短，体现诉讼效率的内在要求。根据可能判处的刑罚严重程度，对可能判处三年有期徒刑以下刑罚的案件，应当在受理后二十日内审结；对可能判处的有期徒刑超过三年的案件，可以延长至一个半月。本条中的“在受理后二十日以内”，是指从人民法院立案之日起二十日以内。“审结”，是指人民法院通过对案件的开庭审理，依法作出处理并结案，包括作出有罪或无罪的判决，对自诉案件可以依法调解，自诉人也可以依法与被告人和解或者撤回自诉。鉴于简易程序规定了严格的审理期限要求，对于符合简易程序适用条件，但因案件涉及证据调查等问题，明显在规定的审限内无法结案的，可以决定适用普通程序审理。

221 简易程序转换为普通程序

221.1 法条规定

第二百二十一条 人民法院在审理过程中，发现不宜适用简易程序的，应当按照本章第一节或者第二节的规定重新审理。

【立法释义】③

本条规定明确了简易程序转换为普通程序的规则。本条是1996年刑事诉讼法修改作出的规定，旨在解决适用简易程序审理案件过程中发现不宜适用简易程序时如何处理的问题。人民法院在审理案件过程中，发现不宜适用简易程序的，应当转换为普通程序重新审理。关于简易程序转换为普通程序，应当关注以下事项：

第一，转换为普通程序审理的情形。本条中的“不宜适用简易程序”，是指适用简易程序审理案件时，发现案件不符合简易程序的适用条件。决定转为普通程序审理的案件，审理期限应当从作出决定之日起计算。“重新审理”，是指停止适用简易程序，代之以适用第一审公诉案件普通程序或者第一审自诉案件普通程序，重新开庭审理。

第二，人民检察院建议转换为普通程序。对于不宜适用简易程序的情形，人民法院可以依职权决定转换为普通

① 参见李少平主编书，第412页。

② 参见王爱立主编书，第466—468页。

③ 参见王爱立主编书，第468—469页。

程序重新审理。同时,《检察院规则》第四百三十五条规定,适用简易程序审理的公诉案件,公诉人发现不宜适用简易程序审理的,应当建议法庭按照第一审普通程序重新审理。对于公诉人提出建议的情形,人民法院应当审查,对不宜适用简易程序的情形,应当转换为普通程序重新审理。

此外,《检察院规则》第四百三十六条规定,转为普通程序审理的案件,公诉人需要为出席法庭进行准备的,可以建议人民法院延期审理。

221.2　司法解释

221.2.1　公诉人建议进行程序转换

★《检察院规则》(2019)

第四百三十五条　适用简易程序审理的公诉案件,公诉人发现不宜适用简易程序审理的,应当建议法庭按照第一审普通程序重新审理。

【重点解读】①

不宜适用简易程序审理,主要是不符合刑事诉讼法第二百一十四条规定的适用条件,以及具有第二百一十五条规定的情形。公诉人认为具有其他不宜适用简易程序情形的,可以根据情况决定是否建议法庭转为普通程序重新审理。

221.2.2　法院依职权进行程序转换

★《法院解释》(2021)

第三百六十八条　适用简易程序审理案件,在法庭审理过程中,具有下列情形之一的,应当转为普通程序审理:

(一)被告人的行为可能不构成犯罪的;

(二)被告人可能不负刑事责任的;

(三)被告人当庭对起诉指控的犯罪事实予以否认的;

(四)案件事实不清、证据不足的;

(五)不应当或者不宜适用简易程序的其他情形。

决定转为普通程序审理的案件,审理期限应当从作出决定之日起计算。

221.2.3　程序转换后建议延期审理

★《检察院规则》(2019)

第四百三十六条　转为普通程序审理的案件,公诉人需要为出席法庭进行准备的,可以建议人民法院延期审理。

【重点解读】②

建议延期审理,包括法庭审理过程中建议法庭延期审理,以及在重新开庭前建议法庭推迟开庭。

第一,为了避免程序烦琐,修改后的法律文书格式样本废止了简易程序的起诉书格式样本。对于简易程序案件,采用和普通程序一样的起诉书,量刑建议一般不在起诉书中提出,故简易程序转为普通程序时,不需要另行移送起诉书。

第二,人民检察院在简易程序案件开庭前未取回案卷材料和证据,转为普通程序审理时,可以取回案卷材料和证据,为出庭做好准备,以及在法庭上出示证据时使用。

① 参见童建明、万春主编释义书,第436页。

② 参见童建明、万春主编释义书,第436—437页。

第四节　速裁程序

222　速裁程序的适用条件

222.1　法条规定

第二百二十二条　基层人民法院管辖的可能判处三年有期徒刑以下刑罚的案件，案件事实清楚，证据确实、充分，被告人认罪认罚并同意适用速裁程序的，可以适用速裁程序，由审判员一人独任审判。

人民检察院在提起公诉的时候，可以建议人民法院适用速裁程序。

【立法释义】①

本条规定明确了速裁程序的适用条件，是2018年刑事诉讼法修改增加的规定。速裁程序作为刑事程序繁简分流机制的重要组成部分，在简易程序基础上，对认罪认罚案件的轻罪审判程序作出进一步简化。关于速裁程序的适用，应当关注以下事项：

第一，速裁程序的适用范围和条件。主要包括以下内容：

一是基层人民法院管辖。结合速裁程序的其他条件，可以认为，适用速裁程序的案件，此前属于适用简易程序的案件范围。关于速裁程序案件，由审判员一人独任审判。

二是可能判处三年有期徒刑以下刑罚的案件。本条中的"可能判处"，是指根据被告人犯罪的事实、性质、情节和危害程度，根据刑法有关规定的具体量刑幅度确定的刑罚。

三是案件事实清楚，证据确实、充分。速裁程序的庭审程序更加简化，一般不进行法庭调查、法庭辩论。为确保司法公正，人民法院在决定适用速裁程序前，应当对案件的证据情况进行实质性审查，确认证据确实、充分。

四是被告人认罪认罚并同意适用速裁程序。"被告人认罪认罚"和"同意适用速裁程序"是两项不同的要求。本条中的"被告人认罪认罚"，是指被告人自愿如实供述自己的罪行，承认指控的犯罪事实，愿意接受处罚。同时，根据试点工作的要求，确认被告人认罪认罚，还要求被告人同意人民检察院提出的量刑建议，签署认罪认罚具结书。本条中的"同意适用速裁程序"，是指被告人对人民法院适用速裁程序没有异议。公安机关、人民检察院、人民法院应当告知犯罪嫌疑人、被告人认罪认罚的法律规定；人民法院对于拟适用速裁程序的被告人，还应当审查认罪认罚的自愿性和具结书的真实性、合法性，确保被告人理解法律规定的含义，自愿适用速裁程序。对被告人在提起公诉前未认罪认罚，在开庭前认罪认罚的情形，人民法院经审查认为符合速裁程序适用条件，可以决定适用速裁程序，并在开庭前通知人民检察院和辩护人。

第二，控辩双方建议、申请适用速裁程序。人民检察院在提起公诉的时候，可以建议人民法院适用速裁程序。对于最终是否适用速裁程序审理，由人民法院结合案件情况和被告人的意愿作出决定。人民法院经审查认为符合速裁程序适用条件的，可以征求被告人意见。对于人民检察院未建议适用速

---

① 参见王爱立主编书，第469—475页。

裁程序的案件，人民法院经审查认为符合速裁程序适用条件的，可以决定适用速裁程序，并在开庭前通知人民检察院和辩护人。

同时，被告人及其辩护人可以向人民法院提出适用速裁程序的申请。人民法院经审查认为符合速裁程序适用条件的，可以决定适用速裁程序。

222.2 司法解释

222.2.1 检察机关建议适用速裁程序的情形

★《检察院规则》(2019)

第四百三十七条　人民检察院对基层人民法院管辖的案件，符合下列条件的，在提起公诉时，可以建议人民法院适用速裁程序审理：

(一)可能判处三年有期徒刑以下刑罚；

(二)案件事实清楚，证据确实、充分；

(三)被告人认罪认罚、同意适用速裁程序。

第四百三十九条　公安机关、犯罪嫌疑人及其辩护人建议适用速裁程序，人民检察院经审查认为符合条件的，可以建议人民法院适用速裁程序审理。

公安机关、辩护人未建议适用速裁程序，人民检察院经审查认为符合速裁程序适用条件，且犯罪嫌疑人同意适用的，可以建议人民法院适用速裁程序审理。

第四百四十条　人民检察院建议人民法院适用速裁程序的案件，起诉书内容可以适当简化，重点写明指控的事实和适用的法律。

【重点解读】①

检察机关建议人民法院适用速裁程序的案件，主要是指事实证据、适用法律、程序选择均无争议的轻罪案件。如果上述问题存在争议，就不能建议适用速裁程序。

222.2.2 被告人对速裁程序的同意权和选择权

★《法院解释》(2021)

第三百六十九条　对人民检察院在提起公诉时建议适用速裁程序的案件，基层人民法院经审查认为案件事实清楚，证据确实、充分，可能判处三年有期徒刑以下刑罚的，在将起诉书副本送达被告人时，应当告知被告人适用速裁程序的法律规定，询问其是否同意适用速裁程序。被告人同意适用速裁程序的，可以决定适用速裁程序，并在开庭前通知人民检察院和辩护人。

对人民检察院未建议适用速裁程序的案件，人民法院经审查认为符合速裁程序适用条件的，可以决定适用速裁程序，并在开庭前通知人民检察院和辩护人。

被告人及其辩护人可以向人民法院提出适用速裁程序的申请。

【重点解读】②

人民检察院对速裁程序的适用拥有建议权，但并不意味着，速裁程序的适用必须以人民检察院的建议为前提。基于控辩平等的诉讼原则，对于人民检察院未建议适用速裁程序的案件，被告人及其辩护人也可以申请适用；符合条件的，人民法院可以依职权决定适用。对于人民检察院未建议的案件，在审判阶段决定适用速裁程序的，在开庭前通

① 参见童建明、万春主编释义书，第437—438页。

② 参见李少平主编书，第415—416页。

知人民检察院和辩护人即可，无须再将案件回流，由控辩双方进行认罪认罚具结书的签署和量刑协商程序。

223　不适用速裁程序的情形

223.1　法条规定

第二百二十三条　有下列情形之一的，不适用速裁程序：

（一）被告人是盲、聋、哑人，或者是尚未完全丧失辨认或者控制自己行为能力的精神病人的；

（二）被告人是未成年人的；

（三）案件有重大社会影响的；

（四）共同犯罪案件中部分被告人对指控的犯罪事实、罪名、量刑建议或者适用速裁程序有异议的；

（五）被告人与被害人或者其法定代理人没有就附带民事诉讼赔偿等事项达成调解或者和解协议的；

（六）其他不宜适用速裁程序审理的。

【立法释义】①

本条规定明确了不适用速裁程序的情形，是2018年刑事诉讼法修改增加的规定。关于不适用速裁程序的情形，应当关注以下事项：

一是特殊主体。即被告人是盲人、聋人、哑人，或者是尚未完全丧失辨认或者控制自己行为能力的精神病人，或者是未成年人。与简易程序相比，速裁程序增加了未成年被告人这一特殊考量。

二是社会影响。即有重大社会影响的案件。“重大社会影响”，一般是指案件社会关注度高、反映强烈。

三是程序标准。即共同犯罪案件中部分被告人对指控的犯罪事实、罪名、量刑建议或者适用速裁程序有异议，或者被告人与被害人或者其法定代理人没有就附带民事诉讼赔偿等事项达成调解或者和解协议。共同犯罪案件中部分被告人认罪认罚，但因为其他被告人有异议未能适用速裁程序审理的，对于认罪认罚的被告人，可以给予从宽处理。

四是司法错误风险。《法院解释》第三百七十条规定，辩护人作无罪辩护的，不适用速裁程序审判。

需要指出的是，为避免程序简化影响当事人的合法权利和公正审判，对于简易程序和速裁程序，法律规定了不能适用的条件，其中，不适用简易程序的情形，也不适用速裁程序。

223.2　司法解释

223.2.1　检察机关不建议适用速裁程序的情形

★《检察院规则》（2019）

第四百三十八条　具有下列情形之一的，人民检察院不得建议人民法院适用速裁程序：

（一）被告人是盲、聋、哑人，或者是尚未完全丧失辨认或者控制自己行为能力的精神病人的；

（二）被告人是未成年人的；

（三）案件有重大社会影响的；

（四）共同犯罪案件中部分被告人对指控的犯罪事实、罪名、量刑建议或者适用速裁程序有异议的；

---

①　参见王爱立主编书，第476—481页。

（五）被告人与被害人或者其法定代理人没有就附带民事诉讼赔偿等事项达成调解或者和解协议的；

（六）其他不宜适用速裁程序审理的。

【重点解读】①

共同犯罪案件往往案情复杂，只要一个被告人对指控的犯罪事实、罪名、量刑建议或者适用速裁程序有异议，就难以按照速裁程序处理。同时，被告人同意是适用速裁程序的前提条件，共同犯罪案件中部分被告人不同意适用速裁程序的，不宜对该案件适用速裁程序。对共同犯罪的案件，只有全案所有的被告人都对指控的犯罪事实、罪名、量刑建议或者适用速裁程序没有异议，才能适用速裁程序审理。

223.2.2　法院不适用速裁程序审理的情形

★《法院解释》（2021）

第三百七十条　具有下列情形之一的，不适用速裁程序：

（一）被告人是盲、聋、哑人的；

（二）被告人是尚未完全丧失辨认或者控制自己行为能力的精神病人的；

（三）被告人是未成年人的；

（四）案件有重大社会影响的；

（五）共同犯罪案件中部分被告人对指控的犯罪事实、罪名、量刑建议或者适用速裁程序有异议的；

（六）被告人与被害人或者其法定代理人没有就附带民事诉讼赔偿等事项达成调解、和解协议的；

（七）辩护人作无罪辩护的；

（八）其他不宜适用速裁程序的情形。

【重点解读】②

对于辩护人作无罪辩护的案件，不适用简易程序，自然也不能适用速裁程序。鉴于辩护人作无罪辩护的案件较为复杂，故将其规定为不适用速裁程序的情形。

224　速裁程序的简化标准

224.1　法条规定

第二百二十四条　适用速裁程序审理案件，不受本章第一节规定的送达期限的限制，一般不进行法庭调查、法庭辩论，但在判决宣告前应当听取辩护人的意见和被告人的最后陈述意见。

适用速裁程序审理案件，应当当庭宣判。

【立法释义】③

本条规定明确了速裁程序的简化标准，是 2018 年刑事诉讼法修改增加的规定。因被告人认罪认罚，案件定罪量刑等实体性问题并不存在争议，故速裁程序的审理流程可在简易程序基础上进一步简化。根据本条规定，适用速裁程序审理案件，不受本章第一节规定的送达期限的限制，一般不进行法庭调查、法庭辩论。速裁程序的审理程序虽大幅简化，但以下权利保障事项不能省略：

一是开庭时的权利告知和审查核实。适用速裁程序审理案件，审判人员

---

① 参见童建明、万春主编释义书，第 438—440 页。

② 参见李少平主编书，第 417 页。

③ 参见王爱立主编书，第 481—485 页。

应当当庭询问被告人对指控事实、证据、量刑建议以及适用速裁程序的意见，核实具结书签署的自愿性、真实性、合法性，并核实附带民事诉讼赔偿等情况。

二是判决宣告前的听取意见。对适用速裁程序审理的案件，人民法院在宣判前，除了要听取被告人的最后陈述外，还应当听取辩护人的意见。

为确保审判程序的公正性，《检察院规则》第四百四十一条规定，人民法院适用速裁程序审理的案件，人民检察院应当派员出席法庭。同时，为简化公诉程序，《检察院规则》第四百四十二条规定，公诉人出席速裁程序法庭时，可以简要宣读起诉书指控的犯罪事实、证据、适用法律及量刑建议，一般不再讯问被告人。

鉴于速裁程序案件并无实质性争议，可通过优化诉讼机制提高诉讼效率。《法院解释》第三百七十二条规定，适用速裁程序审理案件，可以集中开庭，逐案审理。适用速裁程序审理的案件，案情比较简单，证据确实、充分，人民法院经过庭审确认被告人认罪认罚的自愿性、合法性的，应当当庭宣判。

224.2　司法解释

224.2.1　检察机关派员出席法庭

★《检察院规则》(2019)

第四百四十一条　人民法院适用速裁程序审理的案件，人民检察院应当派员出席法庭。

【重点解读】①

所有一审公诉案件，无论适用普通程序审理，还是适用简易程序或者速裁程序审理，人民检察院都应当派员出席法庭。

224.2.2　出庭公诉程序的简化

★《检察院规则》(2019)

第四百四十二条　公诉人出席速裁程序法庭时，可以简要宣读起诉书指控的犯罪事实、证据、适用法律及量刑建议，一般不再讯问被告人。

【重点解读】②

适用速裁程序审理案件，一般不进行法庭调查、法庭辩论，自然包括一般不再讯问被告人。关于起诉书的宣读，与简易程序一样，可以简要宣读。

224.2.3　通知开庭时间、地点

★《法院解释》(2021)

第三百七十一条　适用速裁程序审理案件，人民法院应当在开庭前将开庭的时间、地点通知人民检察院、被告人、辩护人，也可以通知其他诉讼参与人。

通知可以采用简便方式，但应当记录在案。

【重点解读】③

对于适用速裁程序、简易程序审理的案件，不受送达期限的限制。为了给控辩双方预留适当的准备时间，保证案件的公开审判和接受社会监督，有必要提前通知开庭时间、地点，即“在开庭前”通知诉讼参与人和公告，但不明确要求“在开庭三日以前”。

在速裁案件中，公诉人应当出庭履行公诉职能，特别是需要当庭调整量刑建议的情形，如果公诉人不出庭，就无

---

① 参见童建明、万春主编释义书，第441页。

② 参见童建明、万春主编释义书，第441页。

③ 参见李少平主编书，第417—419页。

法当庭调整量刑建议，影响速裁程序的适用。鉴于此，人民法院应当通知人民检察院派员出庭，实践中应当协调人民检察院指派合适公诉人出庭，当庭妥当处理量刑建议调整等问题。

224.2.4　速裁程序庭审的简化

★《法院解释》(2021)

第三百七十二条　适用速裁程序审理案件，可以集中开庭，逐案审理。公诉人简要宣读起诉书后，审判人员应当当庭询问被告人对指控事实、证据、量刑建议以及适用速裁程序的意见，核实具结书签署的自愿性、真实性、合法性，并核实附带民事诉讼赔偿等情况。

【重点解读】①

速裁程序要真正发挥效率，必须在“速”字上着力。集中开庭，逐案审理，有利于提高速裁程序的效率。

224.2.5　听取辩护人意见和被告人最后陈述

★《法院解释》(2021)

第三百七十三条　适用速裁程序审理案件，一般不进行法庭调查、法庭辩论，但在判决宣告前应当听取辩护人的意见和被告人的最后陈述。

224.2.6　裁判文书简化与当庭宣判

★《法院解释》(2021)

第三百七十四条　适用速裁程序审理案件，裁判文书可以简化。

适用速裁程序审理案件，应当当庭宣判。

224.2.7　醉驾案件快速办理机制

★《最高人民法院、最高人民检察院、公安部、司法部关于办理醉酒危险驾驶刑事案件的意见》(高检发办字〔2023〕187 号，2023 年 12 月 13 日)

第二十一条　人民法院、人民检察院、公安机关和司法行政机关应当加强协作配合，在遵循法定程序、保障当事人权利的前提下，因地制宜建立健全醉驾案件快速办理机制，简化办案流程，缩短办案期限，实现醉驾案件优质高效办理。

第二十二条　符合下列条件的醉驾案件，一般应当适用快速办理机制：

(一)现场查获，未造成交通事故的；

(二)事实清楚，证据确实、充分，法律适用没有争议的；

(三)犯罪嫌疑人、被告人自愿认罪认罚的；

(四)不具有刑事诉讼法第二百二十三条规定情形的。

第二十三条　适用快速办理机制办理的醉驾案件，人民法院、人民检察院、公安机关一般应当在立案侦查之日起三十日内完成侦查、起诉、审判工作。

第二十四条　在侦查或者审查起诉阶段采取取保候审措施的，案件移送至审查起诉或者审判阶段时，取保候审期限尚未届满且符合取保候审条件的，受案机关可以不再重新作出取保候审决定，由公安机关继续执行原取保候审措施。

第二十五条　对醉驾被告人拟提出缓刑量刑建议或者宣告缓刑的，一般可以不进行调查评估。确有必要的，应当及时委托社区矫正机构或者有关社会组织进行调查评估。受委托方应当及时向委托机关提供调查评估结果。

第二十六条　适用简易程序、速裁程序的醉驾案件，人民法院、人民检察院、公安机关和司法行政机关可以采取合并

① 参见李少平主编书，第 419—420 页。

式、要素式、表格式等方式简化文书。

具备条件的地区，可以通过一体化的网上办案平台流转、送达电子卷宗、法律文书等，实现案件线上办理。

225　速裁程序案件的审理期限

225.1　法条规定

第二百二十五条　适用速裁程序审理案件，人民法院应当在受理后十日以内审结；对可能判处的有期徒刑超过一年的，可以延长至十五日。

【立法释义】①

本条规定明确了速裁程序案件的审理期限，是2018年刑事诉讼法修改增加的条款。在简易程序基础上，速裁程序案件的审理期限进一步缩短。根据可能判处的刑罚严重程度，对可能判处一年有期徒刑以下刑罚的案件，应当在受理后十日内审结；对于可能判处的有期徒刑超过一年的案件，可以延长至十五日。鉴于速裁程序的一般审理期限，与人民检察院对监察机关移送起诉的案件决定采取强制措施的期限，以及人民检察院对速裁程序案件的审查起诉期限基本相同，故可以考虑进一步简化该类案件的审理程序。

226　速裁程序转换为简易程序或者普通程序

226.1　法条规定

第二百二十六条　人民法院在审理过程中，发现有被告人的行为不构成犯罪或者不应当追究其刑事责任、被告人违背意愿认罪认罚、被告人否认指控的犯罪事实或者其他不宜适用速裁程序审理的情形的，应当按照本章第一节或者第三节的规定重新审理。

【立法释义】②

本条规定明确了速裁程序转换为简易程序或者普通程序的规则，是2018年刑事诉讼法修改增加的条款。关于速裁程序的程序转换，应当关注以下事项：

第一，转换为简易程序或者普通程序的时间。速裁程序转换为普通程序或者简易程序的时间，是人民法院在审理案件的过程中。对于案件尚未进入法院审理程序的案件，不存在转化的问题。对于人民法院已经适用速裁程序审结的案件，由于已经作出生效裁判，也不存在转换为其他程序审理的可能。对于这些案件，如发现确属本条规定的不宜适用速裁程序情形的，应当通过审判监督程序予以纠正。

第二，转换为简易程序或者普通程序的情形。人民法院在审理案件过程中，发现不宜适用速裁程序的，应当转换为简易程序或者普通程序重新审理，参见《法院解释》第三百七十五条列举的具体情形。至于转换为简易程序还是普通程序，取决于案件的具体情形。

第三，程序转换的具体方式。与简易程序的程序转换类似，如果发现案件不宜适用速裁程序审理，人民法院可以依职权决定程序转换，并通知控辩双方。控辩双方需要为参与庭审进行准

---

①　参见王爱立主编书，第485—488页。

②　参见王爱立主编书，第488—491页。

备的，可以建议人民法院延期审理。对于转为简易程序或者普通程序重新审理的案件，因适用新的审理程序，故审理期限应当从决定转为简易程序或者普通程序之日起计算。

226.2　司法解释

226.2.1　检察机关建议程序转化

★《检察院规则》(2019)

第四百四十三条　适用速裁程序审理的案件，人民检察院发现有不宜适用速裁程序审理情形的，应当建议人民法院转为普通程序或者简易程序重新审理。

【重点解读】①

对于被告人的行为不构成犯罪或者不应当追究刑事责任、违背意愿认罪认罚以及否认指控犯罪事实等情形，应当转为普通程序重新审理。同时，不符合速裁程序的案件，并不都需要转换为普通程序审理。发现有其他不宜适用速裁程序情形，但符合简易程序适用条件的，应当建议人民法院转为简易程序重新审理。

226.2.2　程序转化后建议延期审理

★《检察院规则》(2019)

第四百四十四条　转为普通程序审理的案件，公诉人需要为出席法庭进行准备的，可以建议人民法院延期审理。

【重点解读】②

适用速裁程序审理案件，一般不进行法庭调查和法庭辩论，审查起诉也是从快处理。转为普通程序后，公诉人需要为法庭调查和法庭辩论作出相应准备，可以建议人民法院延期审理。

226.2.3　法院依职权进行程序转化

★《法院解释》(2021)

第三百七十五条　适用速裁程序审理案件，在法庭审理过程中，具有下列情形之一的，应当转为普通程序或者简易程序审理：

(一)被告人的行为可能不构成犯罪或者不应当追究刑事责任的；

(二)被告人违背意愿认罪认罚的；

(三)被告人否认指控的犯罪事实的；

(四)案件疑难、复杂或者对适用法律有重大争议的；

(五)其他不宜适用速裁程序的情形。

【重点解读】③

在法律规定的情形基础上，《法院解释》第三百七十五条进一步将"案件疑难、复杂或者对适用法律有重大争议的"明确为程序转换的适用情形。

226.2.4　程序转化后审限的计算

★《法院解释》(2021)

第三百七十六条　决定转为普通程序或者简易程序审理的案件，审理期限应当从作出决定之日起计算。

226.2.5　速裁程序重新审判的程序

★《法院解释》(2021)

第三百七十七条　适用速裁程序审理的案件，第二审人民法院依照刑事诉讼法第二百三十六条第一款第三项

---

① 参见童建明、万春主编释义书，第 442 页。

② 参见童建明、万春主编释义书，第 442—443 页。

③ 参见李少平主编书，第 419—420 页。

的规定发回原审人民法院重新审判的，原审人民法院应当适用第一审普通程序重新审判。

【重点解读】①

对于适用速裁程序审理的二审案件，第二审人民法院通常可以不开庭审理，经审查后，将案件发回重审，或者对以量刑不当为由的案件驳回上诉或改判。但是，对于涉及事实证据的案件，第二审人民法院也可以开庭审理，在查清案件事实后依法作出处理，包括作出改判。

① 参见李少平主编书，第419—420页。

第三章　第二审程序

227　上诉权

227.1　法条规定

第二百二十七条　被告人、自诉人和他们的法定代理人，不服地方各级人民法院第一审的判决、裁定，有权用书状或者口头向上一级人民法院上诉。被告人的辩护人和近亲属，经被告人同意，可以提出上诉。

附带民事诉讼的当事人和他们的法定代理人，可以对地方各级人民法院第一审的判决、裁定中的附带民事诉讼部分，提出上诉。

对被告人的上诉权，不得以任何借口加以剥夺。

【立法释义】①

本条规定明确了被告人的上诉权及其行使方式。上诉权是被告人享有的重要诉讼权利，对加强程序救济、防范司法错误具有重要意义。关于上诉权的行使，应当关注以下事项：

第一，权利主体。上诉权的行使主体包括被告人、自诉人及其法定代理人。未成年被告人或者限制行为能力被告人的法定代理人，拥有独立的上诉权。被告人的辩护人和近亲属，经被告人同意，可以提出上诉。这意味着，被告人的辩护人和近亲属并不拥有独立的上诉权，只有经被告人同意，才可以代为提出上诉。

附带民事诉讼的当事人及其法定代理人，作为上诉权主体，其上诉权限于判决、裁定中的附带民事诉讼部分。对刑事判决、裁定部分，附带民事诉讼当事人及其法定代理人无权提出上诉。

第二，上诉理由。本法并未限定上诉的理由。只要被告人、自诉人和他们的法定代理人不服地方各级人民法院的第一审的判决、裁定，就有权提出上诉。对最高人民法院作出的第一审判决、裁定，或者对中级人民法院以上各级人民法院作出的第二审判决、裁定，不得上诉。这种不加限制的上诉程序，有利于保障上诉权，但同时也可能引发不必要的上诉。尽管法律并未限制上诉理由，上诉人应当在上诉状中写明上诉的请求和理由。

第三，上诉的程序规范。一是上诉形式。上诉人有权用书状或者口头向上一级人民法院上诉。对口头上诉，人民法院应当接受，并且制作笔录。二是上诉的法院。第一审法院制作判决，应当在判决书中写明上诉的期限和上诉的法院。本法不允许越级上诉，上诉的法院是指第一审法院的上一级法院。三是上诉的意思表示。当事人对于是否上诉，拥有程序选择权，可能存在意思反复。《法院解释》第三百七十八条第二款规定，被告人、自诉人、附带民事诉讼当事人及其法定代理人是否提出上诉，以其在上诉期满前最后一次的意思表示为准。

---

① 参见王爱立主编书，第 492—493 页。

第四，上诉权不得剥夺。剥夺了上诉权，同时也等于破坏了两审终审制度。对于适用普通程序、简易程序、速裁程序办理的案件，都应当保障被告人的上诉权。对于被告人认罪认罚案件，也不得剥夺被告人的上诉权。主要是考虑，认罪认罚案件中，被告人可能对最终的裁判结果并不认同，或者案件存在违反正当程序等情形，因此，应当允许被告人寻求上诉的程序救济。办案机关剥夺或者变相剥夺被告人上诉权的行为，属于违反法律规定的正当程序，应当依法纠正。

227.2　司法解释

227.2.1　上诉的提起

★**《法院解释》**（2021）

第三百七十八条　地方各级人民法院在宣告第一审判决、裁定时，应当告知被告人、自诉人及其法定代理人不服判决和准许撤回起诉、终止审理等裁定的，有权在法定期限内以书面或者口头形式，通过本院或者直接向上一级人民法院提出上诉；被告人的辩护人、近亲属经被告人同意，也可以提出上诉；附带民事诉讼当事人及其法定代理人，可以对判决、裁定中的附带民事部分提出上诉。

被告人、自诉人、附带民事诉讼当事人及其法定代理人是否提出上诉，以其在上诉期满前最后一次的意思表示为准。

【重点解读】①

对于准许撤回起诉、中止审理等裁定，可能对被告人的实体权益造成影响，应当允许上诉。

★**《最高人民法院关于死刑缓期执行限制减刑案件审理程序若干问题的规定》**（法释〔2011〕8 号，2011 年 4 月 25 日）

第一条　根据刑法第五十条第二款的规定，对被判处死刑缓期执行的累犯以及因故意杀人、强奸、抢劫、绑架、放火、爆炸、投放危险物质或者有组织的暴力性犯罪被判处死刑缓期执行的犯罪分子，人民法院根据犯罪情节、人身危险性等情况，可以在作出裁判的同时决定对其限制减刑。

第二条　被告人对第一审人民法院作出的限制减刑判决不服的，可以提出上诉。被告人的辩护人和近亲属，经被告人同意，也可以提出上诉。

227.2.2　上诉状的内容

★**《法院解释》**（2021）

第三百七十九条　人民法院受理的上诉案件，一般应当有上诉状正本及副本。

上诉状内容一般包括：第一审判决书、裁定书的文号和上诉人收到的时间，第一审人民法院的名称，上诉的请求和理由，提出上诉的时间。被告人的辩护人、近亲属经被告人同意提出上诉的，还应当写明其与被告人的关系，并应当以被告人作为上诉人。

【重点解读】②

关于上诉状内容的规定属于提示性规定，而不是给被告人设定的义务。如果被告人不了解关于上诉状内容的相关规定，只是提出不服一审判决、要求上诉的意见，即使上诉状内容不符合规定要求，人民法院也应当保障其上诉

---

① 参见李少平主编书，第 423—424 页。

② 参见李少平主编书，第 424 页。

权，启动第二审程序。

227.3 指导与参考案例

227.3.1 认罪认罚案件被告人以量刑过重为由提出上诉的处理

【刑事审判参考案例】

［第1412号］杨灏然贩卖毒品案

裁判要旨：法律并未对认罪认罚案件被告人的上诉权进行限制，被告人的上诉权应当受到尊重和保障。被告人以量刑过重为由上诉的，不能因此否定一审对认罪认罚情节的认定。二审法院应当坚持全面审查原则，案件可以不开庭审理。发现原判量刑过重的，应当依法改判。检察机关因被告人上诉而抗诉的，二审法院应当坚持全面审查和依法裁判原则。不能被告人就量刑提出上诉就简单否定认罪认罚情节，也不能仅因检察机关抗诉就一律加重被告人刑罚。

228 抗诉权

228.1 法条规定

第二百二十八条 地方各级人民检察院认为本级人民法院第一审的判决、裁定确有错误的时候，应当向上一级人民法院提出抗诉。

【立法释义】①

本条规定明确了人民检察院的抗诉权。与上诉权相对应，人民检察院作为公诉机关，对人民法院第一审判决、裁定存在异议，拥有寻求法律救济的权利。不过，人民检察院作为法律监督机关，不能如同被告人一样，只要对第一审判决不服，就可以通过抗诉寻求法律救济，而是只能针对特定的情形依法提出抗诉。需要指出的是，抗诉可以分为对第一审未生效裁判的抗诉和对生效裁判的抗诉，本条规定的抗诉是指对第一审未生效裁判的抗诉。对人民检察院的抗诉权，应当关注以下事项：

第一，抗诉权的属性。抗诉权既包含法律救济的权利，也包括法律监督的权力。这种兼具法律救济和法律监督两种不同属性的抗诉权，与人民检察院基于法律监督职责、对生效裁判提起的抗诉存在一定的差异。基于法律监督的事项，人民检察院对第一审判决、裁定提起抗诉，应当以该判决、裁定确有错误，依法应当纠正为前提。

第二，抗诉主体。抗诉主体限于提起公诉、支持公诉的人民检察院。具体言之，地方各级人民检察院认为本级人民法院的第一审判决、裁定确有错误的，应当向上一级人民法院提出抗诉。

第三，抗诉理由。被告人不服第一审判决，即可提出上诉。与上诉权相比，人民检察院只有认为本级人民法院的第一审判决、裁定确有错误，存在抗诉必要的，才能依法提出抗诉。对于本条中的"确有错误"情形，无论是减轻被告人的罪责，还是加重被告人的罪责，人民检察院都应当向上一级人民法院提出抗诉。关于依法行使抗诉权的情形，参见《检察院规则》第五百八十四条的列举式规定。关于抗诉的必要性标准，参见《人民检察院刑事抗诉工作指引》第十条列举的情形。

---

① 参见王爱立主编书，第494页。

228.2　司法解释

228.2.1　通过抗诉对裁判的法律监督

★《检察院规则》(2019)

第五百八十三条　人民检察院依法对人民法院的判决、裁定是否正确实行法律监督,对人民法院确有错误的判决、裁定,应当依法提出抗诉。

【重点解读】①

对人民法院确有错误的判决、裁定,人民检察院应当依法提出抗诉。抗诉包括两种情况:一是人民检察院对人民法院第一审未生效判决、裁定,按照刑事诉讼法规定的第二审程序提出的抗诉,简称二审抗诉;二是人民检察院对人民法院已经发生法律效力的判决、裁定,依照刑事诉讼法规定的审判监督程序提出的抗诉,简称再审抗诉。抗诉必须一案一抗,即针对特定案件的判决或裁定提出,不能同时针对数个案件提出一次抗诉。

人民检察院依法提出的抗诉具有法定约束力。对于人民检察院提出抗诉的案件,人民法院必须进行二审或者再审。当然,检察机关的抗诉仅具有程序意义,诉讼涉及的实体问题需经人民法院审理才能决定。

228.2.2　检察机关应当抗诉的情形

★《检察院规则》(2019)

第五百八十四条　人民检察院认为同级人民法院第一审判决、裁定具有下列情形之一的,应当提出抗诉:

(一)认定的事实确有错误或者据以定罪量刑的证据不确实、不充分的;

(二)有确实、充分证据证明有罪判无罪,或者无罪判有罪的;

(三)重罪轻判,轻罪重判,适用刑罚明显不当的;

(四)认定罪名不正确,一罪判数罪、数罪判一罪,影响量刑或者造成严重社会影响的;

(五)免除刑事处罚或者适用缓刑、禁止令、限制减刑等错误的;

(六)人民法院在审理过程中严重违反法律规定的诉讼程序的。

【重点解读】②

检察机关是国家法律监督机关,应当在办案中监督、在监督中办案,不能有所偏废。对于确有错误的判决、裁定,不论是减轻还是加重被告人的罪责,人民检察院均应当向上一级人民法院提出抗诉。在司法实践中,要特别注意克服"重打击、轻保护""重追诉、轻监督"的错误偏向,做到既能抗轻判,也能抗重判。

★《最高人民检察院关于加强和改进刑事抗诉工作的意见》(高检发诉字〔2014〕29号,2014年11月26日)

3. 人民法院刑事判决、裁定在认定事实方面确有下列错误,导致定罪或者量刑明显不当的,人民检察院应当提出抗诉和支持抗诉:

(1)刑事判决、裁定认定的事实与证据证明的事实不一致的;

(2)认定的事实与裁判结论有矛盾的;

(3)有新的证据证明原判决、裁定认定的事实确有错误的。

---

① 参见童建明、万春主编释义书,第622—623页。

② 参见童建明、万春主编释义书,第623—625页。

4. 人民法院刑事判决、裁定在采信证据方面确有下列错误,导致定罪或者量刑明显不当的,人民检察院应当提出抗诉和支持抗诉:

(1)刑事判决、裁定据以认定案件事实的证据不确实的;

(2)据以定案的证据不足以认定案件事实,或者所证明的案件事实与裁判结论之间缺乏必然联系的;

(3)据以定案的证据依法应当予以排除而未被排除的;

(4)不应当排除的证据作为非法证据被排除或者不予采信的;

(5)据以定案的主要证据之间存在矛盾,无法排除合理怀疑的;

(6)因被告人翻供、证人改变证言而不采纳依法收集并经庭审质证为合法、有效的其他证据,判决无罪或者改变事实认定的;

(7)经审查犯罪事实清楚,证据确实、充分,人民法院以证据不足为由判决无罪或者改变事实认定的。

5. 人民法院刑事判决、裁定在适用法律方面确有下列错误的,人民检察院应当提出抗诉和支持抗诉:

(1)定罪错误,即对案件事实进行评判时发生错误。主要包括:有罪判无罪,无罪判有罪;混淆此罪与彼罪、一罪与数罪的界限,造成罪刑不相适应,或者在司法实践中产生重大不良影响的;

(2)量刑错误,即适用刑罚与犯罪的事实、性质、情节和社会危害程度不相适应,重罪轻判或者轻罪重判,导致量刑明显不当。主要包括:不具有法定量刑情节而超出法定刑幅度量刑;认定或者适用法定量刑情节错误,导致未在法定刑幅度内量刑或者量刑明显不当;共同犯罪案件中各被告人量刑与其在共同犯罪中的地位、作用明显不相适应或者不均衡;适用主刑刑种错误;适用附加刑错误;适用免予刑事处罚、缓刑错误;适用刑事禁止令、限制减刑错误的。

6. 人民法院在审判过程中有下列严重违反法定诉讼程序情形之一,可能影响公正裁判的,人民检察院应当提出抗诉和支持抗诉:

(1)违反有关公开审判规定的;

(2)违反有关回避规定的;

(3)剥夺或者限制当事人法定诉讼权利的;

(4)审判组织的组成不合法的;

(5)除另有规定的以外,证据材料未经庭审质证直接采纳作为定案根据,或者人民法院依申请收集、调取的证据材料和合议庭休庭后自行调查取得的证据材料没有经过庭审质证而直接采纳作为定案根据的;

(6)由合议庭进行审判的案件未经过合议庭评议直接宣判的;

(7)其他严重违反法定诉讼程序情形的。

7. 对人民检察院提出的刑事附带民事诉讼部分所作判决、裁定明显不当的,或者当事人提出申诉的已生效刑事附带民事诉讼部分判决、裁定明显不当的,人民检察院应当提出抗诉和支持抗诉。

8. 人民法院适用犯罪嫌疑人、被告人逃匿、死亡案件违法所得的没收程序所作的裁定确有错误的,人民检察院应当提出抗诉和支持抗诉。

9. 审判人员在审理案件的时候,有贪污受贿、徇私舞弊或者枉法裁判行为,影响公正审判的,人民检察院应当提出抗诉和支持抗诉。

228.2.3　检察机关不应当抗诉的情形

★《最高人民检察院关于加强和改进刑事抗诉工作的意见》(高检发诉字〔2014〕29号,2014年11月26日)

10. 人民法院刑事判决、裁定认定事实、采信证据有下列情形之一的,一般不应当提出抗诉:

(1)被告人提出罪轻、无罪辩解或者翻供后,认定犯罪性质、情节或者有罪的证据之间的矛盾无法排除,导致判决书未认定起诉指控罪名或者相关犯罪事实的;

(2)刑事判决改变起诉指控罪名,导致量刑差异较大,但没有足够证据或者法律依据证明人民法院改变罪名错误的;

(3)案件定罪事实清楚,因有关量刑情节难以查清,人民法院在法定刑幅度内从轻处罚的;

(4)依法排除非法证据后,证明部分或者全部案件事实的证据达不到确实、充分的标准,人民法院不予认定该部分案件事实或者判决无罪的。

11. 人民法院刑事判决、裁定在适用法律方面有下列情形之一的,一般不应当提出抗诉:

(1)法律规定不明确、存有争议,抗诉的法律依据不充分的;

(2)具有法定从轻或者减轻处罚情节,量刑偏轻的;

(3)被告人系患有严重疾病、生活不能自理的人,怀孕或者正在哺乳自己婴儿的妇女,生活不能自理的人的唯一扶养人,量刑偏轻的;

(4)被告人认罪并积极赔偿损失,取得被害方谅解,量刑偏轻的。

12. 人民法院审判活动违反法定诉讼程序,其严重程度不足以影响公正裁判,或者判决书、裁定书存在技术性差错,不影响案件实质性结论的,一般不应当提出抗诉。必要时以纠正审理违法意见书监督人民法院纠正审判活动中的违法情形或者以检察建议书等形式要求人民法院更正法律文书中的差错。

13. 人民法院判处被告人死刑缓期二年执行的案件,具有下列情形之一,除原判决认定事实、适用法律有严重错误或者社会反响强烈的以外,一般不应当提出判处死刑立即执行的抗诉:

(1)被告人有自首、立功等法定从轻、减轻处罚情节的;

(2)定罪的证据确实、充分,但影响量刑的主要证据存有疑问的;

(3)因婚姻家庭、邻里纠纷等民间矛盾激化引发的案件,因被害方的过错行为引起的案件,案发后被告人真诚悔罪、积极赔偿被害方经济损失并取得被害方谅解的;

(4)罪犯被送交监狱执行刑罚后,认罪服法,狱中表现较好,且死缓考验期限将满的。

228.3　规范性文件

228.3.1　抗诉的宽严相济政策

★《最高人民检察院关于在检察工作中贯彻宽严相济刑事司法政策的若干意见》(高检发研字〔2007〕2号,2007年1月15日)

10. 在抗诉工作中正确贯彻宽严相济的刑事司法政策。既要重视对有罪判无罪、量刑畸轻的案件及时提出抗诉,又要重视对无罪判有罪、量刑畸重的案件及时提出抗诉。对于被告人认罪并积极赔偿损失、被害人谅解的案件、未成年人犯罪案件以及具有法定从轻、减轻情节的案件,人民法院处罚偏轻的,一般不提出抗诉。对于第一审宣判后人民检察院在法定期限内未提出抗诉,或者判决、裁定发生法律效力后六个月内未提出抗诉的案件,没有发现新的事实或者证据的,一般也不得为加重被告人刑罚而依照审判监督程序提出抗诉。

228.3.2 抗诉案件的审查机制

★《最高人民检察院关于加强和改进刑事抗诉工作的意见》(高检发诉字〔2014〕29 号,2014 年 11 月 26 日)

14. 办理刑事抗诉案件,应当严格按照刑法、刑事诉讼法、相关司法解释和规范性文件的要求,全面、细致地审查案件事实、证据、法律适用以及程序执行,综合考虑犯罪性质、情节和社会危害程度等因素,准确分析认定原审裁判是否确有错误,根据错误的性质和程度,决定是否提出(请)抗诉。

15. 对刑事抗诉案件的事实,应当重点从以下几个方面进行审查:犯罪动机、目的是否明确;犯罪手段是否清楚;与定罪量刑有关的事实、情节是否查明;犯罪的危害后果是否查明;行为和结果之间是否存在刑法上的因果关系。

16. 对刑事抗诉案件的证据,应当重点从以下几个方面进行审查:认定犯罪主体的证据是否确实、充分;认定犯罪事实的证据是否确实、充分;涉及犯罪性质、决定罪名的证据是否确实、充分;涉及量刑情节的证据是否确实、充分;提出抗诉的刑事案件,支持抗诉意见的证据是否具备合法性、客观性和关联性;抗诉证据之间、抗诉意见与抗诉证据之间是否存在矛盾;支持抗诉意见的证据是否确实、充分。

17. 办理刑事抗诉案件,应当讯问原审被告人,并可根据案情需要复核或者补充相关证据。

18. 对刑事抗诉案件的法律适用,应当重点从以下几个方面进行审查:适用的法律和法律条文是否正确;罪与非罪、此罪与彼罪、一罪与数罪的认定是否正确;具有法定从重、从轻、减轻或者免除处罚情节的,适用法律是否正确;适用刑种和量刑幅度是否正确;刑事附带民事诉讼,以及犯罪嫌疑人、被告人逃匿、死亡案件违法所得的没收程序的判决、裁定是否符合法律规定。

19. 人民检察院依照刑事审判监督程序提出抗诉的案件,需要对原审被告人采取强制措施的,由人民检察院依法决定。

20. 按照第二审程序提出抗诉的人民检察院,应当及时将刑事抗诉书和检察卷报送上一级人民检察院。提请上一级人民检察院按照审判监督程序抗诉的人民检察院,应当及时将提请抗诉报告书(一式十份)和侦查卷、检察卷、人民法院审判卷报送上一级人民检察院。经本院检察委员会讨论决定的,应当一并报送本院检察委员会会议纪要。刑事抗诉书和提请抗诉报告书应当充分阐述抗诉理由。

21. 上一级人民检察院对下级人民检察院按照第二审程序提出抗诉的案件,支持或者部分支持抗诉意见的,可以变更、补充抗诉理由,及时制作支持刑事抗诉意见书,阐明支持或者部分支持抗诉的意见和理由，送达同级人民法院，同时通知提出抗诉的人民检察院；不支持抗诉的，应当制作撤回抗诉决定书，送达同级人民法院，同时通知提出抗诉的人民检察院，并向提出抗诉的人民检察院书面说明撤回抗诉理由。

上一级人民检察院在抗诉期限内，发现下级人民检察院应当提出抗诉而没有提出抗诉的，可以指令下级人民检察院依法提出抗诉。

228.3.3　刑事抗诉工作指引

★《人民检察院刑事抗诉工作指引》（高检发诉字〔2018〕2号，2018年2月14日）

第九条　人民法院的判决、裁定有下列情形之一的，应当提出抗诉：

（一）原审判决或裁定认定事实确有错误，导致定罪或者量刑明显不当的：

1. 刑事判决、裁定认定的事实与证据证明的事实不一致的；

2. 认定的事实与裁判结论有矛盾的；

3. 有新的证据证明原判决、裁定认定的事实确有错误的。

（二）原审判决或裁定采信证据确有错误，导致定罪或者量刑明显不当的：

1. 刑事判决、裁定据以认定案件事实的证据不确实的；

2. 据以定案的证据不足以认定案件事实，或者所证明的案件事实与裁判结论之间缺乏必然联系的；

3. 据以定案的证据依法应当作为非法证据予以排除而未被排除的；

4. 不应当排除的证据作为非法证据被排除或者不予采信的；

5. 据以定案的主要证据之间存在矛盾，无法排除合理怀疑的；

6. 因被告人翻供、证人改变证言而不采纳依法收集并经庭审质证为合法、有效的其他证据，判决无罪或者改变事实认定的；

7. 犯罪事实清楚，证据确实、充分，但人民法院以证据不足为由判决无罪或者改变事实认定的。

（三）原审判决或裁定适用法律确有错误的：

1. 定罪错误，即对案件事实进行评判时发生错误：

（1）有罪判无罪，无罪判有罪的；

（2）混淆此罪与彼罪、一罪与数罪的界限，造成罪刑不相适应，或者在司法实践中产生重大不良影响的。

2. 量刑错误，即适用刑罚与犯罪的事实、性质、情节和社会危害程度不相适应，重罪轻判或者轻罪重判，导致量刑明显不当：

（1）不具有法定量刑情节而超出法定刑幅度量刑的；

（2）认定或者适用法定量刑情节错误，导致未在法定刑幅度内量刑或者量刑明显不当的；

（3）共同犯罪案件中各被告人量刑与其在共同犯罪中的地位、作用明显不相适应或者不均衡的；

（4）适用主刑刑种错误的；

（5）适用附加刑错误的；

（6）适用免予刑事处罚、缓刑错误的；

（7）适用刑事禁止令、限制减刑错误的。

（四）人民法院在审判过程中有下列严重违反法定诉讼程序情形之一，可能影响公正裁判的：

1. 违反有关公开审判规定的；

2. 违反有关回避规定的；

3. 剥夺或者限制当事人法定诉讼权利的；

4. 审判组织的组成不合法的；

5. 除另有规定的以外，证据材料未经庭审质证直接采纳作为定案根据，或者人民法院依申请收集、调取的证据材料和合议庭休庭后自行调查取得的证据材料没有经过庭审质证而直接采纳作为定案根据的；

6. 由合议庭进行审判的案件未经过合议庭评议直接宣判的；

7. 违反审判管辖规定的；

8. 其他严重违反法定诉讼程序情形的。

（五）刑事附带民事诉讼部分所作判决、裁定明显不当的。

（六）人民法院适用犯罪嫌疑人、被告人逃匿、死亡案件违法所得的没收程序所作的裁定确有错误的。

（七）审判人员在审理案件的时候，有贪污受贿、徇私舞弊或者枉法裁判行为，影响公正审判的。

第十条　下列案件一般不提出抗诉：

（一）原审判决或裁定认定事实、采信证据有下列情形之一的：

1. 被告人提出罪轻、无罪辩解或者翻供后，认定犯罪性质、情节或者有罪的证据之间的矛盾无法排除，导致人民法院未认定起诉指控罪名或者相关犯罪事实的；

2. 刑事判决改变起诉指控罪名，导致量刑差异较大，但没有足够证据或者法律依据证明人民法院改变罪名错误的；

3. 案件定罪事实清楚，因有关量刑情节难以查清，人民法院在法定刑幅度内从轻处罚的；

4. 依法排除非法证据后，证明部分或者全部案件事实的证据达不到确实、充分的标准，人民法院不予认定该部分案件事实或者判决无罪的。

（二）原审判决或裁定适用法律有下列情形之一的：

1. 法律规定不明确、存有争议，抗诉的法律依据不充分的；

2. 具有法定从轻或者减轻处罚情节，量刑偏轻的；

3. 被告人系患有严重疾病、生活不能自理的人，怀孕或者正在哺乳自己婴儿的妇女，生活不能自理的人的唯一扶养人，量刑偏轻的；

4. 被告人认罪并积极赔偿损失，取得被害方谅解，量刑偏轻的。

（三）人民法院审判活动违反法定诉讼程序，其严重程度不足以影响公正裁判，或者判决书、裁定书存在技术性差错，不影响案件实质性结论的，一般不提出抗诉。必要时以纠正审理违法意见书形式监督人民法院纠正审判活动中的违法情形，或者以检察建议书等形式要求人民法院更正法律文书中的差错。

（四）人民法院判处被告人死刑缓期二年执行的案件，具有下列情形之一，除原判决认定事实、适用法律有严重错误或者社会反响强烈的以外，一般不提出判处死刑立即执行的抗诉：

1. 被告人有自首、立功等法定从轻、减轻处罚情节的；

2. 定罪的证据确实、充分，但影响量刑的主要证据存有疑问的；

3. 因婚姻家庭、邻里纠纷等民间矛盾激化引发的案件，因被害方的过错行为引起的案件，案发后被告人真诚悔罪、积极赔偿被害方经济损失并取得被害方谅解的；

4. 罪犯被送交监狱执行刑罚后，认罪服法，狱中表现较好，且死缓考验期限将满的。

（五）原审判决或裁定适用的刑罚虽与法律规定有偏差，但符合罪刑相适应原则和社会认同的。

（六）未成年人轻微刑事犯罪案件量刑偏轻的。

228.3.4 移送管辖裁定的抗诉

★**《最高人民法院研究室关于人民法院不受理人民检察院就移送管辖裁定提出抗诉问题的答复》**（2001年6月21日）

人民检察院对人民法院作出的移送管辖裁定提出抗诉，没有法律依据，人民法院不予受理。

228.3.5 新疆兵团案件的抗诉

★**《最高人民检察院关于新疆生产建设兵团人民检察院对新疆维吾尔自治区高级人民法院生产建设兵团分院审理的案件实施法律监督有关问题的批复》**（高检发释字〔2006〕1号，2006年6月14日）

新疆生产建设兵团人民检察院认为新疆维吾尔自治区高级人民法院生产建设兵团分院刑事第一审的判决、裁定确有错误的时候，应当向最高人民法院提出抗诉。

新疆生产建设兵团人民检察院如果发现新疆维吾尔自治区高级人民法院生产建设兵团分院已经发生法律效力的判决和裁定确有错误，可以向最高人民检察院提请抗诉。

228.3.6 危害国家安全案件抗诉的备案

★**《最高人民检察院办公厅关于对危害国家安全案件批捕起诉和实行备案制度等有关事项的通知》**（高检办发〔1998〕第4号，1998年1月12日）

四、检察机关批准逮捕（包括不批捕）、提起公诉（包括不起诉）、抗诉的各种危害国家安全的案件，一律报上一级检察院备案，并由省级院及时报最高人民检察院备案。备案材料包括：提请批准逮捕书、批准逮捕决定书或不批准逮捕决定书（副本）；起诉意见书、起诉书或不起诉决定书（副本）；抗诉案件的起诉书、抗诉书和判决书（副本）。

228.4 指导与参考案例

228.4.1 死刑案件的抗诉标准

【最高人民检察院指导性案例】

［检例第2号］忻元龙绑架案

办案要旨：对于死刑案件的抗诉，要正确把握适用死刑的条件，严格证明标准，依法履行刑事审判法律监督职责。

229 被害人的请求抗诉权

229.1 法条规定

第二百二十九条 被害人及其法定代理人不服地方各级人民法院第一审的判决的，自收到判决书后五日以内，有权请求人民检察院提出抗诉。人民检察院自收到被害人及其法定代理人的请求后五日以内，应当作出是否抗诉的决定并且答复请求人。

【立法释义】①

本条规定明确了被害人的请求抗诉权。被害人作为当事人,对人民法院第一审的判决不服,有权寻求法律救济。对于公诉案件,被害人不能提起上诉或者抗诉,但可以请求人民检察院提出抗诉。对被害人的请求抗诉权,应当关注以下事项:

第一,请求抗诉的主体。被害人及其法定代理人,是有权请求人民检察院提出抗诉的主体。被害人对第一审判决结果不服,不具有独立的上诉权,故本法赋予被害人请求人民检察院提出抗诉的权利。

第二,请求抗诉的理由。被害人及其法定代理人请求人民检察院抗诉,并不需要提供专门理由。这与上诉人的无因上诉有一定的类似之处。但是,被害人及其法定代理人请求抗诉,最终要取决于案件是否符合抗诉标准,即人民检察院是否认为人民法院第一审的判决确有错误。如果人民检察院经审查,认为人民法院第一审的判决没有错误,应当驳回被害人的请求。

第三,请求期限。被害人及其法定代理人自收到判决书五日以内,可以请求抗诉。主要是考虑,在人民检察院的抗诉期限内提出请求,有助于人民检察院结合案件情况,审查是否符合抗诉标准。对于被告人没有提出上诉,人民检察院也没有提起抗诉的情形,被害人及其法定代理人超过该期限请求抗诉的,人民检察院可以基于审判监督职责进行审查,并依法作出处理。

第四,处理程序。人民检察院自收到被害人及其法定代理人的请求后五日以内,应当作出是否抗诉的决定并且答复请求人。人民检察院应当坚持法定抗诉标准,对于被害人提出正当理由,符合抗诉条件的,依法提起抗诉;对于没有正当理由,不得因上访闹访等压力而违反法律提起抗诉。

229.2 司法解释

229.2.1 被害人行使请求抗诉权

★《检察院规则》(2019)

第五百八十八条第一款 被害人及其法定代理人不服地方各级人民法院第一审的判决,在收到判决书后五日以内请求人民检察院提出抗诉的,人民检察院应当立即进行审查,在收到被害人及其法定代理人的请求后五日以内作出是否抗诉的决定,并且答复请求人。经审查认为应当抗诉的,适用本规则第五百八十四条至第五百八十七条的规定办理。

【重点解读】②

第一,被害人请求抗诉,限于不服判决的情形,不包括裁定。主要是考虑,刑事诉讼中,裁定一般适用于解决程序问题,不涉及认定事实、适用法律;被害人请求抗诉权的制度价值,在于保护被害人合法权益,主要是实体方面的权益。

第二,被害人及其法定代理人在收到判决书后五日以内提出请求,人民检察院应当在收到被害人及其法定代理人的请求后五日以内作出是否抗诉的决定,并且答复请求人。前述两个期限合计为十日,正是刑事诉讼法规定的人

---

① 参见王爱立主编书,第 495—496 页。

② 参见童建明、万春主编释义书,第 629—630 页。

民检察院对判决提出抗诉的期限，体现了人民检察院抗诉权与被害人请求抗诉权的衔接。

第三，被害人及其法定代理人在收到判决书五日以后请求人民检察院提出抗诉的，由人民检察院决定是否受理。一般情况下不予受理，因为超过期限意味着权利的丧失。但如果案件判决明显有错误或被害人及其法定代理人确因客观原因没有及时提出抗诉请求的，人民检察院应当受理。经审查认为请求抗诉理由成立，符合提出抗诉的条件，但已超出人民检察院提出二审抗诉的期限的，应当按照审判监督程序，提请上一级人民检察院抗诉。

230 上诉、抗诉的期限

230.1 法条规定

第二百三十条 不服判决的上诉和抗诉的期限为十日，不服裁定的上诉和抗诉的期限为五日，从接到判决书、裁定书的第二日起算。

【立法释义】①

本条规定明确了上诉和抗诉的期限。在法定期限内提出的上诉、抗诉，具有法律效力。关于上诉和抗诉的期限，应当关注以下事项：

第一，上诉和抗诉的法定期限。不服判决的上诉和抗诉的期限为十日，不服裁定的上诉和抗诉的期限为五日。上诉、抗诉的期限，自收到判决书、裁定书第二日起算。对于被告人逾期提出上诉，但有新证据能够证实原生效判决、裁定确有错误的，人民法院经审查，可以启动审判监督程序。

第二，附带民事诉讼的上诉、抗诉期限。附带民事诉讼的上诉、抗诉也需遵守法定期限。

第三，第一审判决、裁定的生效日期。第一审判决、裁定的生效日期，与上诉、抗诉紧密相关。《法院解释》第三百八十六条规定，在上诉、抗诉期满前撤回上诉、抗诉的，第一审判决、裁定在上诉、抗诉期满之日起生效。在上诉、抗诉期满后要求撤回上诉、抗诉，第二审人民法院裁定准许的，第一审判决、裁定应当自第二审裁定书送达上诉人或者抗诉机关之日起生效。

230.2 司法解释

230.2.1 检察机关对一审裁判的审查

★《检察院规则》(2019)

第五百八十五条 人民检察院在收到人民法院第一审判决书或者裁定书后，应当及时审查。对于需要提出抗诉的案件，应当报请检察长决定。

【重点解读】②

人民检察院收到人民法院第一审判决书或者裁定书后，应当及时审查，并在法定抗诉期限内决定是否提出抗诉。被害人及其法定代理人不服判决，在收到判决书后五日以内请求人民检察院提出抗诉的，人民检察院应当受理，并尽快予以审查，在收到请求后五日以内作出是否抗诉的决定，并且答复请求人。被害人及其法定代理人在法定期限内请求提出抗诉时，如果人民检

① 参见王爱立主编书，第496—497页。

② 参见童建明、万春主编释义书，第625—626页。

察院已经对判决书进行审查并作出决定，也应当受理被害人及其法定代理人的请求，并将已作出的是否抗诉决定答复请求人。被害人及其法定代理人在收到判决书五日以后请求人民检察院提出抗诉的，由人民检察院决定是否受理。

230.2.2　检察机关对一审裁判抗诉的期限

★《检察院规则》(2019)

第五百八十六条　人民检察院对同级人民法院第一审判决的抗诉，应当在接到判决书后第二日起十日以内提出；对第一审裁定的抗诉，应当在接到裁定书后第二日起五日以内提出。

【重点解读】①

抗诉的期限从接到判决书、裁定书的第二日起计算。人民检察院认为应当抗诉，但已过抗诉期限的，应当按照审判监督程序处理。

230.2.3　附带民事裁判的上诉、抗诉期限

★《法院解释》(2021)

第三百八十条　上诉、抗诉必须在法定期限内提出。不服判决的上诉、抗诉的期限为十日；不服裁定的上诉、抗诉的期限为五日。上诉、抗诉的期限，从接到判决书、裁定书的第二日起计算。

对附带民事判决、裁定的上诉、抗诉期限，应当按照刑事部分的上诉、抗诉期限确定。附带民事部分另行审判的，上诉期限也应当按照刑事诉讼法规定的期限确定。

230.2.4　撤回上诉、抗诉的裁判效力

★《法院解释》(2021)

第三百八十六条　在上诉、抗诉期满前撤回上诉、抗诉的，第一审判决、裁定在上诉、抗诉期满之日起生效。在上诉、抗诉期满后要求撤回上诉、抗诉，第二审人民法院裁定准许的，第一审判决、裁定应当自第二审裁定书送达上诉人或者抗诉机关之日起生效。

231　上诉的程序

231.1　法条规定

第二百三十一条　被告人、自诉人、附带民事诉讼的原告人和被告人通过原审人民法院提出上诉的，原审人民法院应当在三日以内将上诉状连同案卷、证据移送上一级人民法院，同时将上诉状副本送交同级人民检察院和对方当事人。

被告人、自诉人、附带民事诉讼的原告人和被告人直接向第二审人民法院提出上诉的，第二审人民法院应当在三日以内将上诉状交原审人民法院送交同级人民检察院和对方当事人。

【立法释义】②

本条规定明确了当事人提出上诉的程序。上诉程序主要包括两种情形：一是通过原审人民法院提出上诉。对于此种情形，原审人民法院应当进行审查。这种审查主要是形式审查，经审查认为上诉符合法律规定的，应当在三日以内将上诉状连同案卷、证据移送上一级人民法院，同时将上诉状副本送交同

① 参见童建明、万春主编释义书，第627页。

② 参见王爱立主编书，第497—498页。

级人民检察院和对方当事人。二是直接向第二审人民法院提出上诉。对于此种情形，第二审人民法院应当在三日以内将上诉状交原审人民法院送交同级人民检察院和对方当事人。

需要指出的是，上诉人提出上诉后，可能又撤回上诉。《法院解释》第三百八十三条规定，应当区分情形作出处理：第一，被告人在上诉期限内要求撤回上诉的，视为放弃上诉权，人民法院应当准许。第二，上诉人在上诉期满后要求撤回上诉的，因上诉程序已经启动，第二审人民法院应当审查。经审查，认为原判认定事实和适用法律正确，量刑适当的，应当裁定准许撤回上诉；认为原判确有错误的，应当不予准许，继续按照上诉案件审理。第三，被判处死刑立即执行的被告人提出上诉，在第二审开庭后宣告裁判前申请撤回上诉的，应当不予准许，继续按照上诉案件审理。

231.2　司法解释

231.2.1　上诉、抗诉的程序

★《法院解释》(2021)

第三百八十一条　上诉人通过第一审人民法院提出上诉的，第一审人民法院应当审查。上诉符合法律规定的，应当在上诉期满后三日以内将上诉状连同案卷、证据移送上一级人民法院，并将上诉状副本送交同级人民检察院和对方当事人。

第三百八十二条　上诉人直接向第二审人民法院提出上诉的，第二审人民法院应当在收到上诉状后三日以内将上诉状交第一审人民法院。第一审人民法院应当审查上诉是否符合法律规定。符合法律规定的，应当在接到上诉状后三日以内将上诉状连同案卷、证据移送上一级人民法院，并将上诉状副本送交同级人民检察院和对方当事人。

231.2.2　上诉、抗诉的撤回

★《法院解释》(2021)

第三百八十三条　上诉人在上诉期限内要求撤回上诉的，人民法院应当准许。

上诉人在上诉期满后要求撤回上诉的，第二审人民法院经审查，认为原判认定事实和适用法律正确，量刑适当的，应当裁定准许撤回上诉；认为原判确有错误的，应当不予准许，继续按照上诉案件审理。

被判处死刑立即执行的被告人提出上诉，在第二审开庭后宣告裁判前申请撤回上诉的，应当不予准许，继续按照上诉案件审理。

【重点解读】①

基于上诉不加刑原则，二审不会对上诉人的权益造成影响，鉴于此，上诉人在上诉期满后要求撤回上诉的，第二审人民法院经审查，认为原判确有错误的，"应当不予准许，继续按照上诉案件审理"。需要指出的是，对于上诉人经人民法院传唤拒不到庭的情形，第二审人民法院可以中止审理，必要时商公安机关对上诉人上网追逃。

231.3　指导与参考案例

231.3.1　死刑案件撤回上诉的处理

【刑事审判参考案例】

［第922号］尹斌故意杀人、强制猥亵妇女案

裁判要旨：判处死刑的被告人上诉

① 参见李少平主编书，第425—427页。

后在上诉期内又申请撤诉的,高级人民法院对案件的审理应当适用复核程序。判处死刑的被告人在上诉期满后二审开庭审理前申请撤回上诉的,二审法院经审查发现,需要对证据进行调查核实,特别是有新证据需要开庭质证的,不应当裁定准许上诉人撤诉,而应当通过二审开庭质证来解决证据问题。被告人在第二审开庭以后宣告裁判前申请撤回上诉的,二审法院应当不准许撤回上诉,继续按照上诉程序审理。

232　抗诉的程序

232.1　法条规定

第二百三十二条　地方各级人民检察院对同级人民法院第一审判决、裁定的抗诉,应当通过原审人民法院提出抗诉书,并且将抗诉书抄送上一级人民检察院。原审人民法院应当将抗诉书连同案卷、证据移送上一级人民法院,并且将抗诉书副本送交当事人。

上级人民检察院如果认为抗诉不当,可以向同级人民法院撤回抗诉,并且通知下级人民检察院。

【立法释义】①

本条规定明确了人民检察院提出抗诉的程序。关于抗诉程序,应当关注以下事项:

第一,抗诉的程序。与上诉程序相比,地方各级人民检察院对同级人民法院第一审判决、裁定的抗诉,应当通过原审人民法院提出抗诉书(书面形式)。人民检察院提出抗诉的,应当将抗诉书抄送上一级人民检察院。这一规定是为了确保上级人民检察院对抗诉决定进行审查。原审人民法院收到抗诉书后,应当将抗诉书连同案卷、证据移送上一级人民法院,并且将抗诉书副本送交当事人。

第二,抗诉不当的处理。上级人民检察院接到下级人民检察院抄送的抗诉书后,应当进行审查。经审查认为抗诉不当,可以向同级人民法院撤回抗诉,并且通知下级人民检察院。

第三,抗诉的审级。第二审人民法院发回原审人民法院重新按照第一审程序审判的案件,如果人民检察院认为重新审判的判决、裁定确有错误的,可以提出抗诉。

第四,撤回抗诉的审查。与上诉程序类似,人民检察院在抗诉期限内撤回抗诉的,人民法院应当准许。人民检察院在抗诉期满后要求撤回抗诉的,第二审人民法院可以裁定准许,但是认为原判将无罪判为有罪、轻罪重判等的,应当不予准许,继续按照上诉案件审理。上级人民检察院认为下级人民检察院抗诉不当,向第二审人民法院要求撤回抗诉的,第二审人民法院应当按照上述原则进行审查,并作出是否准许的裁定。主要是考虑,对于不利于被告人的抗诉,人民检察院撤回抗诉的,可以将诉讼利益归于被告人,作出准许撤回抗诉的裁定;对于有利于被告人的抗诉,例如无罪判为有罪等情形,在启动二审程序后,第二审人民法院应当发挥救济和纠错功能,按照上诉案件进行审理。

---

① 参见王爱立主编书,第 498—499 页。

232.2　司法解释

232.2.1　抗诉的程序

★《检察院规则》(2019)

第五百八十七条　人民检察院对同级人民法院第一审判决、裁定的抗诉，应当制作抗诉书，通过原审人民法院向上一级人民法院提出，并将抗诉书副本连同案件材料报送上一级人民检察院。

【重点解读】①

人民检察院决定对第一审未生效的判决、裁定提出抗诉的，应当制作抗诉书，以符合规范要求的书面形式向上一级人民法院提出抗诉。但抗诉书不能直接向上一级人民法院提出，应当通过原审人民法院向上一级人民法院提出，即人民检察院应当将抗诉书递交作出一审判决、裁定的人民法院。

人民检察院在向人民法院提出抗诉的同时，应当将抗诉书副本连同案卷材料报送上一级人民检察院，报告上一级人民检察院，由其提出是否支持抗诉的结论。

232.2.2　上级检察机关的抗诉决定权

★《检察院规则》(2019)

第五百八十九条　上一级人民检察院对下级人民检察院按照第二审程序提出抗诉的案件，认为抗诉正确的，应当支持抗诉。

上一级人民检察院认为抗诉不当的，应当听取下级人民检察院的意见。听取意见后，仍然认为抗诉不当的，应当向同级人民法院撤回抗诉，并且通知下级人民检察院。

上一级人民检察院在上诉、抗诉期限内，发现下级人民检察院应当提出抗诉而没有提出抗诉的案件，可以指令下级人民检察院依法提出抗诉。

上一级人民检察院支持或者部分支持抗诉意见的，可以变更、补充抗诉理由，及时制作支持抗诉意见书，并通知提出抗诉的人民检察院。

【重点解读】②

检察机关实行检察一体原则，上级检察机关对下级检察机关的抗诉指挥权，具体包括四个方面：

第一，支持抗诉。在人民检察院对人民法院第一审未生效判决、裁定的抗诉中，上级检察机关对下级检察机关有指挥权。上一级人民检察院对下级人民检察院按照第二审程序提出抗诉的案件，认为抗诉正确的，应当支持抗诉。

第二，撤回抗诉。上级人民检察院认为抗诉不当的，应当向同级人民法院撤回抗诉，并且通知下级人民检察院。"上级人民检察院"，既包括提出抗诉的人民检察院的直接上级人民检察院，也包括其他上级人民检察院。"抗诉不当"，是指原审人民法院的第一审判决、裁定并非确有错误。上一级人民检察院认为抗诉不当的，应当听取下级人民检察院的意见。听取意见后，仍然认为抗诉不当的，应当向同级人民法院撤回抗诉，并且通知下级人民检察院。

第三，指令抗诉。上一级人民检察院在上诉、抗诉期限内，发现下级人民检察院应当提出抗诉而没有提出抗诉的案件，可以指令下级人民检察院依法

---

① 参见童建明、万春主编释义书，第628页。

② 参见童建明、万春主编释义书，第630—631页。

提出抗诉。

第四，变更抗诉。变更抗诉既包括变更抗诉内容，也包括变更抗诉理由。上一级人民检察院支持或者部分支持抗诉意见的，可以变更、补充抗诉理由，及时制作支持抗诉意见书，并通知提出抗诉的人民检察院。

232.2.3　重审案件的抗诉程序

★《检察院规则》(2019)

第五百九十条　第二审人民法院发回原审人民法院按照第一审程序重新审判的案件，如果人民检察院认为重新审判的判决、裁定确有错误的，可以按照第二审程序提出抗诉。

【重点解读】①

对于第二审人民法院发回原审人民法院重审的案件，原审人民法院应当依法另行组成合议庭，依照第一审程序进行审判。从实质上看，发回重审的案件，对于原审人民法院是一个新的案件，并应当按照刑事诉讼法规定的第一审程序进行审判。相应地，审理后作出的判决、裁定，是第一审的判决、裁定，依法可以上诉、抗诉。

232.2.4　一审法院接到抗诉的处理

★《法院解释》(2021)

第三百八十四条　地方各级人民检察院对同级人民法院第一审判决、裁定的抗诉，应当通过第一审人民法院提交抗诉书。第一审人民法院应当在抗诉期满后三日以内将抗诉书连同案卷、证据移送上一级人民法院，并将抗诉书副本送交当事人。

232.2.5　检察机关撤回抗诉的处理

★《法院解释》(2021)

第三百八十五条　人民检察院在抗诉期限内要求撤回抗诉的，人民法院应当准许。

人民检察院在抗诉期满后要求撤回抗诉的，第二审人民法院可以裁定准许，但是认为原判将无罪判为有罪、轻罪重判等的，应当不予准许，继续审理。

上级人民检察院认为下级人民检察院抗诉不当，向第二审人民法院要求撤回抗诉的，适用前两款规定。

【重点解读】②

考虑对抗诉案件的二审继续审理可以加重被告人刑罚，人民检察院在抗诉期满后要求撤回抗诉的，只有“认为原判存在将无罪判为有罪、轻罪重判等情形的”，才不予准许。

需要注意的是，“继续审理”是指继续按照抗诉案件开庭审理。此种案件本由抗诉启动，虽已提出撤回抗诉，但法院因故不予准许，这属于诉讼程序上的重大事项，并且在实体上也可能发生重大变化(原判有罪改判无罪，或原审重判改为轻判)，因此应当一律开庭审理。

232.3　规定性文件

232.3.1　抗诉向同级人大常委会报告

★**《最高人民检察院关于抗诉案件向同级人大常委会报告的通知》**(高检发〔1995〕15号，1995年9月4日)

为进一步贯彻“严格执法，狠抓办案”的工作方针，自觉地接受人大常委会的监督，切实加强检察机关的法律监督工作，最高人民检察院第八届检察委

---

① 参见童建明、万春主编释义书，第632页。

② 参见李少平主编书，第427—428页。

员会第三十八次会议决定，今后各级人民检察院向人民法院提起抗诉的案件，一律将抗诉书副本报同级人大常委会。在执行此项制度中有什么经验和问题，请及时报告最高人民检察院。

★《最高人民检察院办公厅关于执行高检院〈关于抗诉案件向同级人大常委会报告的通知〉中若干问题的通知》（高检办发〔1995〕40号，1995年10月25日）

一、地方各级人民检察院按照上诉程序提出的抗诉，由支持抗诉的上一级人民检察院向同级人大常委会报告。

二、最高人民检察院、上级人民检察院按照审判监督程序提出的抗诉，由作出抗诉决定的人民检察院向同级人大常委会报告。

三、省、区、市人民检察院分院支持抗诉或者作出抗诉决定时，由省级人民检察院向同级人大常委会报告。

四、专门人民检察院提出抗诉时，向上级人民检察院报告。

232.4　指导与参考案例

232.4.1　抗诉的书面形式要求

【刑事审判参考案例】

［第154号］杨庆龙强奸、抢劫案

裁判要旨：检察机关提出抗诉的，只能以书面形式，这是行使抗诉权的法定方式。检察机关在法定抗诉期限内提出的口头抗诉无效。人民法院对人民检察院超过法定抗诉期限提出的无效抗诉应当不予受理。

232.4.2　增加抗诉对象的处理

【刑事审判参考案例】

［第765号］孙超等抢劫，盗窃，掩饰、隐瞒犯罪所得案

裁判要旨：地方各级人民检察院对同级人民法院第一审判决、裁定的抗诉，应当通过原审人民法院提出抗诉书，并且将抗诉书抄送上一级人民检察院。上一级人民检察院通过全案审查后，可以支持或者撤回抗诉，但无权追加或者变更抗诉内容。抗诉期限届满后，上一级人民检察院在支持抗诉时增加抗诉对象，对被告人的权利造成实质损害，也违反抗诉期限的法律规定。

232.4.3　侵害未成年人案件的抗诉标准

【最高人民检察院指导性案例】

［检例第178号］王某等人故意伤害等犯罪二审抗诉案

办案要旨：检察机关在办案中要加强对未成年人的特殊、优先保护，对于侵害未成年人犯罪手段残忍、情节恶劣、后果严重的，应当依法从严惩处。胁迫未成年人实施毒品犯罪、参加恶势力犯罪集团，采用暴力手段殴打致该未成年人死亡的，属于“罪行极其严重”，应当依法适用死刑。对于人民法院以被告方与被害方达成赔偿谅解协议为由，从轻判处的，人民检察院应当对赔偿谅解协议进行实质性审查，全面、准确分析从宽处罚是否合适。虽达成赔偿谅解但并不足以从宽处罚的，人民检察院应当依法提出抗诉，监督纠正确有错误的判决，贯彻罪责刑相适应原则，维护公平正义。

232.4.4　疑罪从无案件的抗诉标准

【最高人民检察院指导性案例】

［检例第179号］刘某某贩卖毒品二审抗诉案

办案要旨：对于人民法院以存在

"合理怀疑"为由宣告被告人无罪的案件,人民检察院认为在案证据能够形成完整的证据链,且被告人的无罪辩解没有证据证实的,应当提出抗诉。同时,对于确有必要的,要补充完善证据,对人民法院认为存在的"合理怀疑"作出解释,以准确排除"合理怀疑",充分支持抗诉意见和理由。对于查清事实后足以定罪量刑的抗诉案件,如未超出起诉指控范围,人民检察院可以建议人民法院依法直接改判。

233　二审程序的全面审查原则

233.1　法条规定

第二百三十三条　第二审人民法院应当就第一审判决认定的事实和适用法律进行全面审查,不受上诉或者抗诉范围的限制。

共同犯罪的案件只有部分被告人上诉的,应当对全案进行审查,一并处理。

【立法释义】①

本条规定明确了二审程序的全面审查原则。这是我国刑事诉讼偏重职权主义的制度体现。② 对于全面审查原则,应当关注以下事项:

第一,审判监督职责。基于二审程序的全面审查原则,第二审人民法院应当就第一审判决认定的事实和适用法律进行全面审查,不受上诉、抗诉范围的限制,这是上级法院对下级法院履行审判监督职责的具体要求。

第二,全面审查的内容。被告人或者人民检察院在上诉、抗诉文书中写明的上诉、抗诉理由,通常是第二审人民法院的审理重点。同时,二审程序不受上诉或者抗诉范围的限制,参见《法院解释》第三百九十一条归纳的对上诉、抗诉案件进行全面审查的内容。"不受上诉或者抗诉范围的限制",是指第二审人民法院在对上诉和抗诉案件认定的事实和适用的法律进行全面审查时,既要对提出上诉或者抗诉的部分进行审查,也要对没有提出上诉或者抗诉的部分进行审查,在审查的范围上,不受上诉人上诉和人民检察院抗诉范围的限制。

第三,共同犯罪的处理规则。共同犯罪的案件只有部分被告人上诉的,应当对全案进行审查,一并处理。"对全案进行审查,一并处理",是指不仅要对提出上诉的被告人的判决部分所认定的事实和运用的法律进行全面审查,其他被告人未提出上诉或者被人民检察院提出抗诉的,对未提出上诉的被告人的判决部分也要进行全面审查。对于共同犯罪案件中上诉的被告人死亡的情形,因涉及上诉的被告人本人是否有罪的争议,以及共同犯罪案件的全案审查要求,故二审法院不能径行终止审理。共同犯罪案件,上诉的被告人死亡,其他被告人未上诉的,第二审人民法院应当对死亡的被告人终止审理;但有证据证明被告人无罪,经缺席审理确认无罪的,应当判决宣告被告人无罪。

---

① 参见王爱立主编书,第 499—501 页。

② 在传统司法国情下,二审辩护率较低,且不开庭审理,全面审查原则确有必要。随着二审开庭审理范围不断扩大,加上辩护率不断提高,可考虑适当调整全面审理原则,将之限定为"死刑案件和没有辩护律师的案件"。对于非死刑案件和没有辩护律师的案件,二审应当重点围绕上诉、抗诉理由进行。

具有前述情形,第二审人民法院仍应对全案进行审查,对其他同案被告人作出判决、裁定。

第四,附带民事诉讼的审查。审理附带民事诉讼的上诉、抗诉案件,应当对全案进行审查。如果第一审判决的刑事部分并无不当,第二审人民法院只需就附带民事诉讼部分作出处理。如果第一审判决附带民事部分事实清楚,适用法律正确的,应当以刑事附带民事裁定维持原判,驳回上诉、抗诉。

233.2 司法解释

233.2.1 二审的重点审查内容

★《法院解释》(2021)

第三百八十七条 第二审人民法院对第一审人民法院移送的上诉、抗诉案卷、证据,应当审查是否包括下列内容:

(一)移送上诉、抗诉案件函;

(二)上诉状或者抗诉书;

(三)第一审判决书、裁定书八份(每增加一名被告人增加一份)及其电子文本;

(四)全部案卷、证据,包括案件审理报告和其他应当移送的材料。

前款所列材料齐全的,第二审人民法院应当收案;材料不全的,应当通知第一审人民法院及时补送。

第三百九十一条 对上诉、抗诉案件,应当着重审查下列内容:

(一)第一审判决认定的事实是否清楚,证据是否确实、充分;

(二)第一审判决适用法律是否正确,量刑是否适当,对涉案财物的处理是否正确;

(三)在调查、侦查、审查起诉、第一审程序中,有无违反法定诉讼程序的情形;

(四)上诉、抗诉是否提出新的事实、证据;

(五)被告人的供述和辩解情况;

(六)辩护人的辩护意见及采纳情况;

(七)附带民事部分的判决、裁定是否合法、适当;

(八)对涉案财物的处理是否正确;

(九)第一审人民法院合议庭、审判委员会讨论的意见。

233.2.2 二审的全面审查原则

★《法院解释》(2021)

第三百八十八条 第二审人民法院审理上诉、抗诉案件,应当就第一审判决、裁定认定的事实和适用法律进行全面审查,不受上诉、抗诉范围的限制。

第三百八十九条 共同犯罪案件,只有部分被告人提出上诉,或者自诉人只对部分被告人的判决提出上诉,或者人民检察院只对部分被告人的判决提出抗诉的,第二审人民法院应当对全案进行审查,一并处理。

第三百九十条 共同犯罪案件,上诉的被告人死亡,其他被告人未上诉的,第二审人民法院应当对死亡的被告人终止审理;但有证据证明被告人无罪,经缺席审理确认无罪的,应当判决宣告被告人无罪。

具有前款规定的情形,第二审人民法院仍应对全案进行审查,对其他同案被告人作出判决、裁定。

233.2.3 二审的辩护权保障

★《法院解释》(2021)

第三百九十二条 第二审期间,被告人除自行辩护外,还可以继续委托第一审辩护人或者另行委托辩护人辩护。

共同犯罪案件，只有部分被告人提出上诉，或者自诉人只对部分被告人的判决提出上诉，或者人民检察院只对部分被告人的判决提出抗诉的，其他同案被告人也可以委托辩护人辩护。

233.3　规范性文件

233.3.1　二审的证据合法性审查、调查

★**《最高人民法院、最高人民检察院、公安部、国家安全部、司法部关于办理刑事案件严格排除非法证据若干问题的规定》**（法发〔2017〕15号，2017年6月20日）

第三十八条　人民检察院、被告人及其法定代理人提出抗诉、上诉，对第一审人民法院有关证据收集合法性的审查、调查结论提出异议的，第二审人民法院应当审查。

被告人及其辩护人在第一审程序中未申请排除非法证据，在第二审程序中提出申请的，应当说明理由。第二审人民法院应当审查。

人民检察院在第一审程序中未出示证据证明证据收集的合法性，第一审人民法院依法排除有关证据的，人民检察院在第二审程序中不得出示之前未出示的证据，但在第一审程序后发现的除外。

第三十九条　第二审人民法院对证据收集合法性的调查，参照上述第一审程序的规定。

233.3.2　死刑案件上诉期满撤回上诉的处理

★**《最高人民法院、最高人民检察院关于对死刑判决提出上诉的被告人在上诉期满后宣判前提出撤回上诉人民法院是否准许的批复》**（法释〔2010〕10号，2010年8月6日）

第一审被判处死刑立即执行的被告人提出上诉，在上诉期满后第二审开庭以前申请撤回上诉的，依照《最高人民法院、最高人民检察院关于死刑第二审案件开庭审理程序若干问题的规定（试行）》①第四条的规定处理。在第二审开庭以后宣告裁判前申请撤回上诉的，第二审人民法院应当不准许撤回上诉，继续按照上诉程序审理。

234　二审程序的审理方式

234.1　法条规定

第二百三十四条　第二审人民法院对于下列案件，应当组成合议庭，开庭审理：

（一）被告人、自诉人及其法定代理人对第一审认定的事实、证据提出异议，可能影响定罪量刑的上诉案件；

（二）被告人被判处死刑的上诉案件；

（三）人民检察院抗诉的案件；

（四）其他应当开庭审理的案件。

第二审人民法院决定不开庭审理的，应当讯问被告人，听取其他当事人、辩护人、诉讼代理人的意见。

第二审人民法院开庭审理上诉、抗诉案件，可以到案件发生地或者原审人民法院所在地进行。

---

① 已被2013年4月8日施行的“两高”废止文件决定所废止。

【立法释义】①

本条规定明确了二审程序的审理方式。2012 年刑事诉讼法修改，在原有的抗诉案件之外，增加规定了二审程序应当开庭审理的几种情形。据此，二审程序应当坚持以开庭审理为原则，不开庭审理为例外，充分发挥法律救济功能。根据本条规定，二审案件应当组成合议庭进行审判。关于二审程序的审理方式，应当关注以下事项：

第一，开庭审理的案件范围。二审程序开庭审理的案件范围，主要包括四种情形：

一是被告人、自诉人及其法定代理人对第一审认定的事实、证据提出异议，可能影响定罪量刑的上诉案件。这里所说的事实或者证据，二者是选择关系，是指对其中之一有异议。需要指出的是，并不是说只要诉讼当事人提出上诉时对事实、证据有异议，第二审人民法院就要开庭审理，而是要求人民法院根据诉讼当事人提出上诉的理由，结合案件的事实、证据等具体情况，分析认为可能影响案件的定罪量刑，才决定应当开庭审理。

二是被告人被判处死刑的上诉案件。死刑案件人命关天，在各个诉讼环节，都应当适用最严格、最精密的程序，全面调查核实案件事实，消除死刑错判风险。除被告人被判处死刑的上诉案件外，《法院解释》第三百九十三条第二款规定，被判处死刑的被告人没有上诉，同案的其他被告人上诉的案件，应当开庭审判。这里的“死刑案件”，既包括被判处死刑立即执行的案件，也包括被判处死刑缓期二年执行的案件。

三是人民检察院抗诉的案件。基于法律监督职能的考量，对于人民检察院抗诉的案件，不论当事人是否同时提出上诉，也不论案件事实是否清楚，第二审人民法院都应当开庭审理。

四是其他应当开庭审理的案件。第二审人民法院可以结合案件的重要程度、社会影响，裁量决定其他应当开庭审判的案件。

第二，不开庭的二审案件的审理程序。被告人、自诉人及其法定代理人对第一审判决认定的事实、证据没有异议的上诉案件，不属于死刑案件、抗诉案件等情形的，人民法院可以决定不开庭审理。对于不开庭审理的上诉案件，审判人员应当阅卷，讯问被告人，听取其他当事人、辩护人、诉讼代理人的意见。此种情况下的讯问，可以根据情况采取视频方式。《法院解释》第三百九十四条规定，第二审人民法院经审查，认为原判事实不清、证据不足，或者具有刑事诉讼法第二百三十八条规定的违反法定诉讼程序情形，需要发回重新审判的，可以不开庭审理。

第三，二审案件的开庭审判地点。基于审判效果、司法资源、押解风险等政策考量，第二审人民法院开庭审理上诉、抗诉案件，可以在第二审人民法院所在地进行，也可以到案件发生地或者原审人民法院所在地进行。这一规定有助于方便诉讼，人民法院可以根据案件情况，从法律效率和社会效果的统一出发选择审判地点。同时，在案发地、原审地进行二审，便于了解案情，方便当事人应诉，节省人力、物力资源，也能起到更好地宣传法制、教育群众的效果。

---

① 参见王爱立主编书，第 501—503 页。

234.2　司法解释

234.2.1　二审案件应当开庭审理的情形

★《法院解释》(2021)

第三百九十三条　下列案件,根据刑事诉讼法第二百三十四条的规定,应当开庭审理:

(一)被告人、自诉人及其法定代理人对第一审认定的事实、证据提出异议,可能影响定罪量刑的上诉案件;

(二)被告人被判处死刑的上诉案件;

(三)人民检察院抗诉的案件;

(四)应当开庭审理的其他案件。

被判处死刑立即执行的被告人没有上诉,同案的其他被告人上诉的案件,第二审人民法院应当开庭审理。

【重点解读】①

被告人被判处死刑的上诉案件,人民法院应当组成合议庭开庭审理。死刑缓期二年执行案件也属于死刑案件,为严格落实刑事诉讼法的规定,此类二审案件也应当开庭审理。

234.2.2　二审案件不开庭审理的情形及程序

★《法院解释》(2021)

第三百九十四条　对上诉、抗诉案件,第二审人民法院经审查,认为原判事实不清、证据不足,或者具有刑事诉讼法第二百三十八条规定的违反法定诉讼程序情形,需要发回重新审判的,可以不开庭审理。

第四百条　第二审案件依法不开庭审理的,应当讯问被告人,听取其他当事人、辩护人、诉讼代理人的意见。合议庭全体成员应当阅卷,必要时应当提交书面阅卷意见。

第六百五十条　人民法院讯问被告人,宣告判决,审理减刑、假释案件等,可以根据情况采取视频方式。

【重点解读】②

采取视频方式开庭审理上诉、抗诉案件,可以减少提押被告人的工作量和潜在风险。对于采取视频方式审理案件的情形,应当充分保障当事人诉讼权利和庭审质量。

★《最高人民法院、最高人民检察院、公安部、国家安全部、司法部关于依法保障律师执业权利的规定》(司发〔2015〕14 号,2015 年 9 月 16 日)

第二十一条　侦查机关在案件侦查终结前,人民检察院、人民法院在审查批准、决定逮捕期间,最高人民法院在复核死刑案件期间,辩护律师提出要求的,办案机关应当听取辩护律师的意见。人民检察院审查起诉、第二审人民法院决定不开庭审理的,应当充分听取辩护律师的意见。

辩护律师要求当面反映意见或者提交证据材料的,办案机关应当依法办理,并制作笔录附卷。辩护律师提出的书面意见和证据材料,应当附卷。

234.2.3　死刑共同犯罪案件二审程序

★《最高人民法院关于对被判处死刑的被告人未提出上诉、共同犯罪的部分被告人或者附带民事诉讼原告人提出上诉的案件应适用何种程序审理的批复》(法释〔2010〕6 号,2010 年 3 月

---

① 参见李少平主编书,第 432 页。

② 参见李少平主编书,第 614—615 页。

17日）

根据《中华人民共和国刑事诉讼法》第一百八十六条①的规定，中级人民法院一审判处死刑的案件，被判处死刑的被告人未提出上诉，共同犯罪的其他被告人提出上诉的，高级人民法院应当适用第二审程序对全案进行审查，并对涉及死刑之罪的事实和适用法律依法开庭审理，一并处理。

根据《中华人民共和国刑事诉讼法》第二百条第一款②的规定，中级人民法院一审判处死刑的案件，被判处死刑的被告人未提出上诉，仅附带民事诉讼原告人提出上诉的，高级人民法院应当适用第二审程序对附带民事诉讼依法审理，并由同一审判组织对未提出上诉的被告人的死刑判决进行复核，作出是否同意判处死刑的裁判。

234.2.4　无罪抗诉案件的强制措施

★**《最高人民法院关于人民法院对原审被告人宣告无罪后人民检察院抗诉的案件由谁决定对原审被告人采取强制措施并通知其出庭等问题的复函》**（〔2001〕刑监他字第1号，2001年1月2日）

一、如果人民检察院提供的原审被告人住址准确，应当参照《刑事诉讼法》第一百五十一条③的规定，由人民法院按照人民检察院提供的地址，向原审被告人送达抗诉书并通知其出庭；如果人民检察院提供的原审被告人住址不明确，应当参照《最高人民法院关于执行〈中华人民共和国刑事诉讼法〉若干问题的解释》第一百一十七条第（一）、（二）项④的规定，由人民法院通知人民检察院在3日内补充提供；如果确实无法提供或者按照人民检察院提供的原审被告人住址确实无法找到原审被告人的，应当认定原审被告人不在案，由人民法院作出不予受理的决定，将该案退回人民检察院。

二、由于人民法院已依法对原审被告人宣告无罪并予释放，因此不宜由人民法院采取强制措施；人民检察院认为其有罪并提出抗诉的，应当由提出抗诉的检察机关决定是否采取强制措施。

235　人民检察院在二审程序中的职责

235.1　法条规定

第二百三十五条　人民检察院提出抗诉的案件或者第二审人民法院开庭审理的公诉案件，同级人民检察院都应当派员出席法庭。第二审人民法院应当在决定开庭审理后及时通知人民检察院查阅案卷。人民检察院应当在一个月以内查阅完毕。人民检察院查阅案卷的时间不计入审理期限。

【立法释义】⑤

本条规定明确了人民检察院在二审程序中的法定职责。2012年刑事诉讼法修改增加了人民检察院阅卷的有关规定。人民检察院在二审程序中，主要承担以下职责：

第一，派员出席法庭。人民检察院提

---

① 2018年刑事诉讼法第二百三十三条。

② 2018年刑事诉讼法第二百四十七条第一款。

③ 2018年刑事诉讼法第一百八十七条。

④ 2021年《法院解释》第二百一十九条第一款第（一）、（三）、（四）项。

⑤ 参见王爱立主编书，第503—504页。

出抗诉的案件或者第二审人民法院开庭审理的公诉案件，同级人民检察院都应当派员出席法庭。对于此类案件，同级人民检察院派员出席法庭，是公正审判构造的基本要求。《检察院规则》第四百四十五条规定，检察官助理可以协助检察官出庭；根据需要可以配备书记员担任记录。同时，第二审人民法院开庭审理上诉、抗诉的公诉案件，应当通知同级人民检察院派员出庭。对于抗诉案件，人民检察院接到开庭通知后不派员出庭，且未说明原因的，根据《法院解释》第三百九十七条第二款的规定，第二审人民法院可以裁定按人民检察院撤回抗诉处理，并通知第一审人民法院和当事人。

第二，阅卷职责。为提高二审效率，第二审人民法院应当在决定开庭审理后，及时通知人民检察院查阅案卷。本条没有规定通知的具体期限，仅规定人民法院应当及时通知人民检察院，因人民法院的通知受到案件审理期限和人民检察院阅卷时间的限制，在司法实践中可以灵活掌握。这里的"决定开庭审理"，不是指具体的开庭时间，而是指案件需要开庭审理的决定。人民检察院接到第二审人民法院决定开庭、查阅案卷通知后，可以查阅或者调阅案卷材料，参见《检察院规则》第四百四十七条第二款的规定。人民检察院查阅案件的时间，并非第二审人民法院审理案件的时间，故不计入审理期限。

235.2 司法解释

235.2.1 检察机关派员出席二审法庭

★《法院解释》(2021)

第三百九十七条 开庭审理上诉、抗诉的公诉案件，应当通知同级人民检察院派员出庭。

抗诉案件，人民检察院接到开庭通知后不派员出庭，且未说明原因的，人民法院可以裁定按人民检察院撤回抗诉处理。

★《检察院规则》(2019)

第四百四十五条 对提出抗诉的案件或者公诉案件中人民法院决定开庭审理的上诉案件，同级人民检察院应当指派检察官出席第二审法庭。检察官助理可以协助检察官出庭。根据需要可以配备书记员担任记录。

【重点解读】①

对于开庭审理的二审案件，检察机关指派出席法庭的主体是"检察官"，检察官助理可以协助出庭。

235.2.2 检察官出席二审法庭的任务

★《检察院规则》(2019)

第四百四十六条 检察官出席第二审法庭的任务是：

(一)支持抗诉或者听取上诉意见，对原审人民法院作出的错误判决或者裁定提出纠正意见；

(二)维护原审人民法院正确的判决或者裁定，建议法庭维持原判；

(三)维护诉讼参与人的合法权利；

(四)对法庭审理案件有无违反法律规定诉讼程序的情况记明笔录；

(五)依法从事其他诉讼活动。

235.2.3 检察机关二审阅卷的要求

★《法院解释》(2021)

第三百九十六条 开庭审理第二

---

① 参见童建明、万春主编释义书，第443页。

审公诉案件,应当在决定开庭审理后及时通知人民检察院查阅案卷。自通知后的第二日起,人民检察院查阅案卷的时间不计入审理期限。

★《检察院规则》(2019)

第四百四十七条　对抗诉和上诉案件,第二审人民法院的同级人民检察院可以调取下级人民检察院与案件有关的材料。

人民检察院在接到第二审人民法院决定开庭、查阅案卷通知后,可以查阅或者调阅案卷材料。查阅或者调阅案卷材料应当在接到人民法院的通知之日起一个月以内完成。在一个月以内无法完成的,可以商请人民法院延期审理。

第四百四十八条　检察人员应当客观全面地审查原审案卷材料,不受上诉或者抗诉范围的限制。应当审查原审判决认定案件事实、适用法律是否正确,证据是否确实、充分,量刑是否适当,审判活动是否合法,并应当审查下级人民检察院的抗诉书或者上诉人的上诉状,了解抗诉或者上诉的理由是否正确、充分,重点审查有争议的案件事实、证据和法律适用问题,有针对性地做好庭审准备工作。

【重点解读】①

对于抗诉和上诉案件,第二审人民法院的同级人民检察院可以调取下级人民检察院与案件有关的材料。据此,除了根据人民法院的通知审查案卷材料外,对抗诉和上诉案件,办理第二审案件的人民检察院可以调取下级人民检察院与案件有关的材料进行审查。

人民检察院接到第二审人民法院决定开庭、查阅案卷通知后,可以查阅或者调阅案卷材料。办案人员既可以到人民法院查阅,也可以向人民法院调阅案卷材料。查阅或者调阅案卷材料应当在接到人民法院的通知之日起一个月以内完成。在一个月以内无法完成的,可以商请人民法院延期审理。人民检察院办理二审案件,应当坚持全面审查原则,不受上诉或者抗诉范围的限制。

235.2.4　检察机关二审期间调查核实证据

★《检察院规则》(2019)

第四百四十九条　检察人员在审查第一审案卷材料时,应当复核主要证据,可以讯问原审被告人。必要时,可以补充收集证据、重新鉴定或者补充鉴定。需要原侦查案件的公安机关补充收集证据的,可以要求其补充收集。

被告人、辩护人提出被告人自首、立功等可能影响定罪量刑的材料和线索的,可以移交公安机关调查核实,也可以自行调查核实。发现遗漏罪行或者同案犯罪嫌疑人的,应当建议公安机关侦查。

对于下列原审被告人,应当进行讯问:

(一)提出上诉的;

(二)人民检察院提出抗诉的;

(三)被判处无期徒刑以上刑罚的。

【重点解读】②

检察人员在审查第一审案卷材料时,应当同步调查核实证据:一是复核

---

① 参见童建明、万春主编释义书,第444—445页。

② 参见童建明、万春主编释义书,第446页。

主要证据。二是讯问原审被告人。为保证二审案件质量,一般情况下,检察机关应当尽量讯问全部原审被告人。对于其中有被告人被判处死刑的案件,应当讯问全部原审被告人。三是补充收集证据。人民检察院在必要时,可以补充收集证据、重新鉴定或者补充鉴定,需要原侦查机关补充收集证据的,可以要求侦查机关补充收集。

235.2.5　检察机关办理死刑二审案件的要求

★《检察院规则》(2019)

第四百五十条　人民检察院办理死刑上诉、抗诉案件,应当进行下列工作:

(一)讯问原审被告人,听取原审被告人的上诉理由或者辩解;

(二)听取辩护人的意见;

(三)复核主要证据,必要时询问证人;

(四)必要时补充收集证据;

(五)对鉴定意见有疑问的,可以重新鉴定或者补充鉴定;

(六)根据案件情况,可以听取被害人的意见。

235.2.6　二审期间新证据的开示

★《法院解释》(2021)

第三百九十五条　第二审期间,人民检察院或者被告人及其辩护人提交新证据的,人民法院应当及时通知对方查阅、摘抄或者复制。

235.2.7　抗诉案件不派员出庭的后果

★《法院解释》(2021)

第三百九十七条　开庭审理上诉、抗诉的公诉案件,应当通知同级人民检察院派员出庭。

抗诉案件,人民检察院接到开庭通知后不派员出庭,且未说明原因的,人民法院可以裁定按人民检察院撤回抗诉处理。

【重点解读】①

检察机关抗诉,一方面是行使法律监督职能,另一方面是行使控诉职能,抗诉后出庭是履行控诉职能的应有之义,提出控诉后不出庭是不履行控诉职责的表现。不出庭支持其抗诉意见,表明检察机关原来的抗诉意见发生了转变,裁定按其撤诉处理,实际上是支持其以不出庭形式表达的不抗诉意见,是对其控诉自主权的尊重。实践中,检察机关不出庭支持其抗诉意见的,多为抗诉没有法律依据或者抗诉错误,在错案责任追究制的制约下,抗诉后不便主动撤回。如不裁定按撤回抗诉处理,有些案件长期无法处理,由此带来的超审限甚至超期羁押等问题会对当事人的权益造成很大影响。

235.3　规范性文件

235.3.1　检察人员二审的庭前准备

★《刑事抗诉案件出庭规则(试行)》(〔2001〕高检诉发第 11 号,2001 年 3 月 5 日)

第六条　上级人民检察院支持下级人民检察院提出的抗诉意见和理由的,支持抗诉意见书应当叙述支持的意见和理由;部分支持的,叙述部分支持的意见和理由,不予支持部分的意见应当说明。

上级人民检察院不支持下级人民检察院提出的抗诉意见和理由,但认为

---

① 参见李少平主编书,第 433 页。

原审判决、裁定确有其他错误的,应当在支持抗诉意见书中表明不同意刑事抗诉书的抗诉意见和理由,并且提出新的抗诉意见和理由。

第七条 庭审开始前,出席法庭的检察人员应当做好如下预备工作:

(一)核对被告人及其辩护人、附带民事诉讼的原告人及其诉讼代理人,以及其他应当到庭的诉讼参与人是否已经到庭;

(二)审查合议庭的组成是否合法;刑事抗诉书副本等诉讼文书的送达期限是否符合法律规定;被告人是盲、聋、哑、未成年人或者可能被判处死刑而没有委托辩护人的,人民法院是否指定律师为其提供辩护;

(三)审查到庭被告人的身份材料与刑事抗诉书中原审被告人的情况是否相符;审判长告知诉讼参与人的诉讼权利是否清楚、完整;审判长对回避申请的处理是否正确、合法。法庭准备工作结束,审判长征求检察人员对法庭准备工作有无意见时,出庭的检察人员应当就存在的问题提出意见,请审判长予以纠正,或者表明没有意见。

235.3.2 检察人员出席抗诉案件法庭

★《人民检察院刑事抗诉工作指引》(高检发诉字〔2018〕2号,2018年2月14日)

第四十二条 审判长或者审判员宣读原审判决书或者裁定书后,由检察员宣读刑事抗诉书。宣读刑事抗诉书时应当起立,文号及正文括号内的内容不宣读,结尾读至"此致某某人民法院"止。

按照第二审程序提出抗诉的案件,出庭检察员应当在宣读刑事抗诉书后宣读支持抗诉意见书,引导法庭调查围绕抗诉重点进行。

第四十八条 审判长宣布法庭调查结束,开始进行法庭辩论时,检察员应当发表抗诉案件出庭检察员意见书,主要包括以下内容:

(一)论证本案犯罪事实清楚,证据确实充分,或者原审人民法院认定事实、证据错误之处;

(二)指明被告人犯罪行为性质、严重程度,评析抗诉理由;

(三)论证原审判决书适用法律、定罪量刑是否正确,有误的,应提出改判的建议。

235.3.3 检察人员出席死刑二审法庭

★《人民检察院办理死刑第二审案件和复核监督工作指引(试行)》(高检发诉二字〔2018〕1号,2018年3月31日)

第四十五条 检察人员出席死刑第二审法庭的主要任务是:

(一)支持抗诉或者听取上诉意见,对原审人民法院作出的错误判决或者裁定提出纠正意见;

(二)维护原审人民法院正确的判决或者裁定,建议法庭维持原判;

(三)维护诉讼参与人的合法权利;

(四)对法庭审判活动是否合法进行监督;

(五)依法从事其他诉讼活动。

第四十六条 在法庭审理开始前,检察人员应当注意发现和纠正以下违法行为:

(一)不公开审理的案件允许旁听;

(二)辩护人没有到庭;

(三)应当配备翻译人员没有配备;

（四）证人、鉴定人、有专门知识的人在旁听席就坐等情形。

检察人员在审判长征求对法庭准备工作的意见时应当表明意见。

第四十八条 被判处死刑立即执行的上诉人，在第二审开庭后宣告裁判前申请撤回上诉的，检察人员应当建议人民法院不予准许撤回上诉，继续按照上诉案件审理。

第五十五条 检察人员讯问被告人应当根据法庭确定的审理重点和焦点问题，围绕抗诉、上诉理由以及对原审判决、裁定认定事实有争议的部分进行，对没有异议的事实不再全面讯问。上诉案件先由辩护人发问，抗诉案件以及既有上诉又有抗诉的案件先由检察人员讯问。讯问应当注意以下方面：

（一）被告人当庭辩解之前所作的供述不属实的，应当就其提出的不属实部分和翻供理由，进行有针对性的讯问，翻供理由不成立的，应当结合相关证据当庭指出；

（二）被告人供述不清楚、不全面、不合理，或者与案件第一审判决查证属实的证据相矛盾的，应当进行讯问，与案件抗诉、上诉部分的犯罪事实无关的问题可以不讯问；

（三）对于辩护人已经发问而被告人作出客观回答的问题，不进行重复讯问，但是被告人供述矛盾、含糊不清或者翻供，影响对案件事实、性质的认定或者量刑的，应当有针对性地进行讯问；

（四）在法庭调查结束前，可以根据辩护人或者诉讼代理人发问、审判长（审判员）讯问的情况，进行补充讯问。

讯问共同犯罪案件的被告人应当个别进行，讯问中应当注意讯问被告人在共同犯罪中的地位、作用。被告人对同一事实的供述存在矛盾的，检察人员可以建议法庭传唤有关被告人到庭对质。

第五十七条 检察人员举证质证应当围绕对抗诉、上诉意见及理由具有重要影响的关键事实和证据进行。上诉案件先由被告人及其辩护人举证；抗诉案件以及既有上诉又有抗诉的案件，先由检察人员举证。

第五十八条 检察人员举证应当注意以下方面：

（一）对于原判决已经确认的证据，如果检察人员、被告人及其辩护人均无异议，可以概括说明证据的名称和证明事项；

（二）对于有争议且影响定罪量刑的证据，应当重新举证；

（三）对于新收集的与定罪量刑有关的证据，应当当庭举证。

第五十九条 检察人员质证应当注意以下方面：

（一）对于诉讼参与人提交的新证据和原审法院未经质证而采信的证据，应当要求当庭质证；

（二）发表质证意见、答辩意见应当简洁、精练，一般应当围绕证据的合法性、客观性、关联性进行；

（三）对于被告人及其辩护人提出的与证据证明无关的质证意见，可以说明理由不予答辩，并提请法庭不予采纳；

（四）被告人及其辩护人对证人证言、被害人陈述提出质疑的，应当根据证言、陈述情况，针对证言、陈述中有争议的内容重点答辩；

（五）被告人及其辩护人对物证、书证、勘验检查笔录、鉴定意见提出质疑的，应当从证据是否客观、取证程序是否合法等方面有针对性地予以答辩。

第六十八条　第二审开庭后宣告裁判前，检察人员发现被告人有立功情节、与被害方达成赔偿协议、取得谅解等情形，或者案件证据发生重大变化的，应当及时调查核实，并将有关材料移送人民法院。

上述情形经查证，可能对被告人定罪量刑有影响，可以补充举证质证；也可以变更处理意见，报请检察长审批后，书面送达人民法院。

235.4　指导与参考案例

235.4.1　超越抗诉书的抗诉意见

【刑事审判参考案例】

［第 222 号］李林故意杀人案

裁判要旨：抗诉书是承载人民检察院抗诉意见与理由的正式的法律文书，被告人在二审审判前先悉抗诉书是其依法行使辩护权的重要保障。检察机关出庭检察人员应当依据抗诉书发表抗诉意见，抗诉意见不能超出抗诉书的范围。人民法院对于出庭支持抗诉的检察人员超出抗诉书范围提出的抗诉意见不应采纳。如果出席二审法庭的检察人员仅仅是对抗诉书所载的抗诉理由进行补充或对不妥当之处进行修改，未提出新的抗诉主张，则不属于超越抗诉书范围。

235.4.2　抗诉案件的证据补足

【最高人民检察院指导性案例】

［检例第 180 号］李某抢劫、强奸、强制猥亵二审抗诉案

办案要旨：对于认定事实、适用法律存在争议的抗诉案件，人民检察院要全面收集、审查判断和综合运用证据，充分利用技术手段收集电子数据，注重运用间接证据完善证据链条，确保准确认定犯罪事实和适用法律。如果在二审抗诉案件办理过程中，发现漏罪线索，应当及时移送公安机关侦查，经查证属实的，建议人民法院发回重审，由人民检察院对新的犯罪事实补充起诉，依法保障被告人的上诉权。人民检察院要加强反向审视，通过办理抗诉案件，发现和改进审查逮捕、审查起诉工作中存在的问题和不足。

236　二审案件的裁判方式

236.1　法条规定

第二百三十六条　第二审人民法院对不服第一审判决的上诉、抗诉案件，经过审理后，应当按照下列情形分别处理：

（一）原判决认定事实和适用法律正确、量刑适当的，应当裁定驳回上诉或者抗诉，维持原判；

（二）原判决认定事实没有错误，但适用法律有错误，或者量刑不当的，应当改判；

（三）原判决事实不清楚或者证据不足的，可以在查清事实后改判；也可以裁定撤销原判，发回原审人民法院重新审判。

原审人民法院对于依照前款第三项规定发回重新审判的案件作出判决后，被告人提出上诉或者人民检察院提出抗诉的，第二审人民法院应当依法作出判决或者裁定，不得再发回原审人民法院重新审判。

【立法释义】①

本条规定明确了二审案件的裁判方式。为规范程序倒流情形，2012年刑事诉讼法修改增加了疑罪案件不得两次发回原审人民法院重新审判的规定。关于二审案件的裁判方式，应当关注以下事项：

第一，二审程序的基本流程。开庭审理上诉、抗诉案件，可以参照适用第一审程序的有关规定。《法院解释》第三百九十八条列举了二审程序法庭调查和法庭辩论的基本流程。在此基础上，二审程序可以重点围绕对第一审判决、裁定有争议的问题或者有疑问的部分进行。

第二，二审案件的裁判方式。第二审人民法院对上诉、抗诉案件进行审理后，需要区分情形作出处理：

一是上诉、抗诉理由不成立，未发现原判决存在错误。对于原判决认定事实和适用法律正确、量刑适当的，第二审人民法院应当裁定驳回上诉或者抗诉，维持原判。

二是原判决存在错误，包括事实不清楚或者证据不足，适用法律有错误或者量刑不当。"事实不清楚或者证据不足"，主要是指一审判决认定的犯罪时间、地点、手段、危害后果等影响定罪量刑的事实没有查清，或者犯罪事实没有达到证据确实、充分的证明标准等。"适用法律有错误"，是指一审判决适用的有关法律规定不正确，主要是指对案件的定性存在错误。"量刑不当"，是指根据案件事实、犯罪情节和法律规定，一审判决对被告人的量刑畸轻或者畸重。

原判决存在的错误，可能是由于第一审人民法院在裁判时存在偏差，也可能是由于第二审期间事实证据发生变化，例如上诉人及其辩护律师提出新的量刑情节或者新的证据，导致原判决的事实认定、法律适用或者量刑受到影响。对于上述情形，可区分作出处理：对于原判决认定事实没有错误，但适用法律有错误或者量刑不当的，应当改判。对于原判决事实不清楚或者证据不足的，可以在查清事实后改判；也可以裁定撤销原判，发回原审人民法院重新审判。《法院解释》第四百零四条第二款规定，有多名被告人的案件，部分被告人的犯罪事实不清、证据不足或者有新的犯罪事实需要追诉，且有关犯罪与其他同案被告人没有关联的，第二审人民法院根据案件情况，可以对该部分被告人分案处理，将该部分被告人发回原审人民法院重新审判。原审人民法院重新作出判决后，被告人上诉或者人民检察院抗诉，其他被告人的案件尚未作出第二审判决、裁定的，第二审人民法院可以并案审理。

第三，发回重审的程序限制。发回重审制度，既涉及上下级法院关系，也涉及疑难案件的处理难题。第二审人民法院裁定撤销原判，发回重审，主要包括两种情形：一是本法第二百三十八条规定的第一审违反法律规定的诉讼程序的情形。二是本条规定的原判决事实不清楚或者证据不足的情形。对于原判决事实不清楚或者证据不足的情形，第二审人民法院可以发回重审，督促原审人民法院查清事实，依法判决。原审人民法院作为第一审法院，具

① 参见王爱立主编书，第505—506页。

有事实调查的便利条件，更有利于查清案件事实证据。

由于各种制度和现实的原因，一些疑罪案件因时过境迁，已经丧失补查补正条件，发回重审亦难以查清案件事实。此前一段时期，由于疑罪从无原则难以落实，第二审人民法院反复将案件发回重审，导致案件久拖不决，被告人遭到长期羁押，严重影响司法公正。鉴于此，2012 年刑事诉讼法修改增加本条第二款规定，原审人民法院因原判决事实不清或者证据不足发回重新审判的案件作出判决后，被告人提出上诉或者人民检察院提出抗诉的，第二审人民法院应当依法作出判决或者裁定，不得再发回原审人民法院重新审判。根据这一规定，对于以事实不清楚或者证据不足发回重审的案件，再次进入第二审程序后，如果第二审人民法院经审查，仍然认为事实不清楚或者证据不足，就应当严格贯彻疑罪从无原则，依法作出证据不足、指控的犯罪不能成立的无罪判决。

236.2　司法解释

236.2.1　检察机关参与二审法庭审理

★《检察院规则》(2019)

第四百五十一条　出席第二审法庭前，检察人员应当制作讯问原审被告人、询问被害人、证人、鉴定人和出示、宣读、播放证据计划，拟写答辩提纲，并制作出庭意见。

第四百五十二条　在法庭审理中，检察官应当针对原审判决或者裁定认定事实或适用法律、量刑等方面的问题，围绕抗诉或者上诉理由以及辩护人的辩护意见，讯问原审被告人，询问被害人、证人、鉴定人，出示和宣读证据，并提出意见和进行辩论。

第四百五十三条　需要出示、宣读、播放第一审期间已移交人民法院的证据的，出庭的检察官可以申请法庭出示、宣读、播放。

在第二审法庭宣布休庭后需要移交证据材料的，参照本规则第四百二十八条的规定办理。

【重点解读】①

公诉人出席二审法庭的重点，应当围绕抗诉或者上诉理由，以及辩护人的辩护意见开展调查、发表意见和进行辩论。

236.2.2　二审的审理规程和裁判方式

★《法院解释》(2021)

第三百九十八条　开庭审理上诉、抗诉案件，除参照适用第一审程序的有关规定外，应当按照下列规定进行：

(一)法庭调查阶段，审判人员宣读第一审判决书、裁定书后，上诉案件由上诉人或者辩护人先宣读上诉状或者陈述上诉理由，抗诉案件由检察员先宣读抗诉书；既有上诉又有抗诉的案件，先由检察员宣读抗诉书，再由上诉人或者辩护人宣读上诉状或者陈述上诉理由；

(二)法庭辩论阶段，上诉案件，先由上诉人、辩护人发言，后由检察员、诉讼代理人发言；抗诉案件，先由检察员、诉讼代理人发言，后由被告人、辩护人

---

①　参见童建明、万春主编释义书，第 447—448 页。

发言；既有上诉又有抗诉的案件，先由检察员、诉讼代理人发言，后由上诉人、辩护人发言。

第三百九十九条　开庭审理上诉、抗诉案件，可以重点围绕对第一审判决、裁定有争议的问题或者有疑问的部分进行。根据案件情况，可以按照下列方式审理：

（一）宣读第一审判决书，可以只宣读案由、主要事实、证据名称和判决主文等；

（二）法庭调查应当重点围绕对第一审判决提出异议的事实、证据以及新的证据等进行；对没有异议的事实、证据和情节，可以直接确认；

（三）对同案审理案件中未上诉的被告人，未被申请出庭或者人民法院认为没有必要到庭的，可以不再传唤到庭；

（四）被告人犯有数罪的案件，对其中事实清楚且无异议的犯罪，可以不在庭审时审理。

同案审理的案件，未提出上诉、人民检察院也未对其判决提出抗诉的被告人要求出庭的，应当准许。出庭的被告人可以参加法庭调查和辩论。

236.2.3　部分被告人发回重审的方式

★《法院解释》（2021）

第四百零四条　第二审人民法院认为第一审判决事实不清、证据不足的，可以在查清事实后改判，也可以裁定撤销原判，发回原审人民法院重新审判。

有多名被告人的案件，部分被告人的犯罪事实不清、证据不足或者有新的犯罪事实需要追诉，且有关犯罪与其他同案被告人没有关联的，第二审人民法院根据案件情况，可以对该部分被告人分案处理，将该部分被告人发回原审人民法院重新审判。原审人民法院重新作出判决后，被告人上诉或者人民检察院抗诉，其他被告人的案件尚未作出第二审判决、裁定的，第二审人民法院可以并案审理。

【重点解读】①

对于涉及多名被告人的案件，例如共同犯罪案件的从犯，如果二审期间发现其单独实施的轻微犯罪，就将全案发回重审，无疑浪费司法资源。为保障审判顺利推进，可以采用二审分案程序，即将部分被告人的案件发回，其余被告人的案件可以视情继续审理（有必要的，也可以中止审理）。如果发回被告人的案件重新进入二审的，可以与其他被告人的二审案件合并审理。

236.2.4　二审发回重审的次数限定

★《法院解释》（2021）

第四百零五条　原判事实不清、证据不足，第二审人民法院发回重新审判的案件，原审人民法院重新作出判决后，被告人上诉或者人民检察院抗诉的，第二审人民法院应当依法作出判决、裁定，不得再发回重新审判。

★《最高人民法院关于适用刑事诉讼法第二百二十五条第二款②有关问题的批复》（法释〔2016〕13 号，2016 年 6 月 23 日）

一、对于最高人民法院依据《中华

① 参见李少平主编书，第 440—441 页。

② 2018 年刑事诉讼法第二百三十六条第二款。

人民共和国刑事诉讼法》第二百三十九条①和《最高人民法院关于适用〈中华人民共和国刑事诉讼法〉的解释》第三百五十三条②裁定不予核准死刑,发回第二审人民法院重新审判的案件,无论此前第二审人民法院是否曾以原判决事实不清楚或者证据不足为由发回重新审判,原则上不得再发回第一审人民法院重新审判;有特殊情况确需发回第一审人民法院重新审判的,需报请最高人民法院批准。

二、对于最高人民法院裁定不予核准死刑,发回第二审人民法院重新审判的案件,第二审人民法院根据案件特殊情况,又发回第一审人民法院重新审判的,第一审人民法院作出判决后,被告人提出上诉或者人民检察院提出抗诉的,第二审人民法院应当依法作出判决或者裁定,不得再发回重新审判。

★《最高人民法院关于建立健全防范刑事冤假错案工作机制的意见》(法发〔2013〕11号,2013年10月9日)

18. 原判事实不清、证据不足,第二审人民法院查清事实的,不得发回重新审判。以事实不清、证据不足为由发回重新审判的案件,上诉、抗诉后,不得再次发回重新审判。

★《最高人民法院关于规范上下级人民法院审判业务关系的若干意见》(法发〔2010〕61号,2010年12月28日)

第六条 第一审人民法院已经查清事实的案件,第二审人民法院原则上不得以事实不清、证据不足为由发回重审。

第二审人民法院作出发回重审裁定时,应当在裁定书中详细阐明发回重审的理由及法律依据。

第七条 第二审人民法院因原审判决事实不清、证据不足将案件发回重审的,原则上只能发回重审一次。

236.3 规范性文件

236.3.1 抗诉案件检察官出庭规则

★《刑事抗诉案件出庭规则(试行)》(〔2001〕高检诉发第11号,2001年3月5日)

第八条 审判长或者审判员宣读原审判决书或者裁定书后,由检察人员宣读刑事抗诉书。宣读刑事抗诉书时应当起立,文号及正文括号内的内容不宣读,结尾读至"此致某某人民法院"止。

按照第二审程序提出抗诉的案件,出庭的检察人员应当在宣读刑事抗诉书后接着宣读支持抗诉意见书,引导法庭调查围绕抗诉重点进行。

第九条 检察人员应当根据抗诉案件的不同情况分别采取以下举证方式:

(一)对于事实清楚,证据确实、充分,只是由于原审判决、裁定定性不准、适用法律错误导致量刑明显不当,或者因人民法院审判活动严重违反法定诉讼程序而提起抗诉的案件,如果原审事实、证据没有变化,在宣读支持抗诉意见书后,由检察人员提请,并经审判长许可和辩护方同意,除了对新的辩论观点所依据的证据进行举证、质证以外,可以直接进入法庭辩论。

(二)对于因原审判决、裁定认定部分事实不清、运用部分证据错误,导致定性不准、量刑明显不当而抗诉的案件,出庭的检察人员对经过原审举证、

---

① 2018年刑事诉讼法第二百五十条。
② 2021年《法院解释》第四百三十条。

质证并成为判决、裁定依据，且诉讼双方没有异议的证据，不必逐一举证、质证，应当将法庭调查、辩论的焦点放在检察机关认为原审判决、裁定认定错误的事实和运用错误的证据上，并就有关事实和证据进行详细调查、举证和论证，对原审未质证清楚，二审、再审对犯罪事实又有争议的证据，或者在二审、再审期间收集的新的证据，应当进行举证、质证。

（三）对于因原审判决、裁定认定事实不清、证据不足，导致定性不准、量刑明显不当而抗诉的案件，出庭的检察人员应当对案件的事实、证据、定罪、量刑等方面的问题进行全面举证。庭审中应当注意围绕抗诉重点举证、质证、答辩，充分阐明抗诉观点，详实、透彻地论证抗诉理由及其法律依据。

第十四条　二审期间审判人员通过调查核实取得的新证据，应当由审判人员在法庭上出示，检察人员应当进行质证。

第十五条　检察人员对辩护人在法庭上出示的证据材料，无论是新的证据材料还是原审庭审时已经举证、质证的证据材料，均应积极参与质证。既要对辩护人所出示证据材料的真实性发表意见，也要注意辩护人的举证意图。如果辩护人运用该证据材料所说明的观点不能成立，应当及时予以反驳。对辩护人、当事人、原审被告人出示的新的证据材料，检察人员认为必要时，可以进行讯问、质证，并就该证据材料的合法性、证明力提出意见。

第十七条　审判长宣布法庭调查结束，开始进行法庭辩论时，检察人员应当发表支持抗诉的意见。

出庭支持抗诉的意见包括以下内容：

（一）对原审判决、裁定认定的事实、证据及当庭质证情况进行概括，论证原审判决认定的事实是否清楚，证据是否确实充分；

（二）论证原审判决、裁定定罪量刑、适用法律的错误之处，阐述正确观点，明确表明支持抗诉的意见；

（三）揭露被告人犯罪行为的性质和危害程度。

第十八条　检察人员对原审被告人、辩护人提出的观点，认为需要答辩的，应当在法庭上进行答辩。答辩应当抓住重点，主次分明。对与案件无关或者已经辩论过的观点和内容，不再答辩。

236.3.2　二审期间的非法证据排除

★《最高人民法院、最高人民检察院、公安部、国家安全部、司法部关于办理刑事案件严格排除非法证据若干问题的规定》（法发〔2017〕15 号，2017 年 6 月 20 日）

第四十条　第一审人民法院对被告人及其辩护人排除非法证据的申请未予审查，并以有关证据作为定案根据，可能影响公正审判的，第二审人民法院可以裁定撤销原判，发回原审人民法院重新审判。

第一审人民法院对依法应当排除的非法证据未予排除的，第二审人民法院可以依法排除非法证据。排除非法证据后，原判决认定事实和适用法律正确、量刑适当的，应当裁定驳回上诉或者抗诉，维持原判；原判决认定事实没有错误，但适用法律有错误，或者量刑不当的，应当改判；原判决事实不清楚或者证据不足的，可以裁定撤销原判，发回原审人民法院重新审判。

236.4　指导与参考案例

236.4.1　二审期间同案人归案的处理

【刑事审判参考案例】

[第 545 号]依火挖吉、曲莫木加、俄木阿巫贩卖、运输毒品案

裁判要旨:在审判先归案被告人过程中,在逃的犯罪嫌疑人也归案的,原则上应并案审理。对共同犯罪案件,尤其是可能适用死刑的案件,无论处于一审还是二审阶段,原则上都应将后归案的共同犯罪人纳入到全案当中一并审理。如果案件尚处于一审阶段,应由公诉机关撤回起诉,并案后再行起诉;如案件已进入二审程序,则应以部分事实不清为由发回重新审判。

236.4.2　发回重审后未重新举证、质证的证据的处理

【刑事审判参考案例】

[第 686 号]何邓平抢劫案

裁判要旨:案件发回重审后,原审判决中认定的事实和证据均没有得到确认,仍属公诉机关指控的事实和证据。重新审判的内容应包括公诉机关指控的所有事实和证据,不论该事实或证据是否曾经被举证、质证。一审法院重审开庭时,仅就补充起诉的事实进行举证、质证,未就曾经原审认定的事实进行举证、质证,该做法不属于对全案重新审判,而是对补充起诉的一起事实进行"补充审理",违背了重审制度设置的初衷。

236.4.3　检察机关二审提交新证据的处理

【刑事审判参考案例】

[第 833 号]邱垂江强奸案

裁判要旨:一审宣告无罪后,检察机关提出抗诉并提供对定罪具有重大影响的新证据,涉及无罪改有罪的,应当发回重审,以保障被告人的辩护权、上诉权等合法权益。如果检察机关在二审期间提出的新证据有利于被告人,且被告人及辩护人没有异议并经查证属实的,可以直接改判。

237　上诉不加刑原则及例外

237.1　法条规定

第二百三十七条　第二审人民法院审理被告人或者他的法定代理人、辩护人、近亲属上诉的案件,不得加重被告人的刑罚。第二审人民法院发回原审人民法院重新审判的案件,除有新的犯罪事实,人民检察院补充起诉的以外,原审人民法院也不得加重被告人的刑罚。

人民检察院提出抗诉或者自诉人提出上诉的,不受前款规定的限制。

【立法释义】①

本条规定明确了上诉不加刑原则及例外情形。2012 年刑事诉讼法修改将发回重审案件纳入上诉不加刑原则的范围。上诉不加刑,是刑事诉讼的基本原则,旨在消除被告人因提起上诉而面临加刑后果的顾虑,进而有效维护被告人的上诉权,充分体现第二审程序的救济功能。关于上诉不加刑原则,应当关注以下事项:

① 参见王爱立主编书,第 507—508 页。

第一,基本要求。上诉不加刑原则的基本要求是,对于被告人或者他的法定代理人、辩护人、近亲属上诉的案件,不得加重被告人的刑罚。针对上诉不加刑原则,《法院解释》第四百零一条在"不得加重被告人的刑罚"基础上,强调"不得对被告人的刑罚作出实质不利的改判",并基于"禁止实质不利的改判"这一要求,列举了上诉不加刑原则的若干具体情形。

第二,同案被告人未上诉情形。同案审理的案件,只有部分被告人上诉的,既不得加重上诉人的刑罚,也不得加重其他同案被告人的刑罚。

第三,罪名不当情形。原判事实清楚,证据确实、充分,只是认定的罪名不当的,可以改变罪名,但不得加重刑罚或者对刑罚执行产生不利影响。例如,刑法第八十一条第二款规定了不得假释的要求,对累犯以及因故意杀人、强奸、抢劫、绑架、放火、爆炸、投放危险物质或者有组织的暴力性犯罪被判处十年以上有期徒刑、无期徒刑的犯罪分子,不得假释。此种情况下,如果第二审人民法院改变罪名,仍维持原判十年以上有期徒刑的刑罚,但增加"对二审改判的罪名不得假释"这项要求,就属于"对刑罚执行产生不利影响"。

第四,数罪并罚情形。原判认定的罪数不当的,可以改变罪数,并调整刑罚,但不得加重决定执行的刑罚或者对刑罚执行产生不利影响。需要指出的是,对于原判数罪并罚的上诉案件,在不超过原判决定执行的刑罚,且对刑罚执行也无不利影响的情况下,可以将其中两个或者两个以上的罪名改判为一罪并加重该罪的刑罚。

第五,刑罚执行方式。关于刑罚执行方式,上诉不加刑原则包括以下要求:原判对被告人宣告缓刑的,不得撤销缓刑或者延长缓刑考验期;原判没有宣告职业禁止、禁止令的,不得增加宣告;原判宣告职业禁止、禁止令的,不得增加内容、延长期限;原判对被告人判处死刑缓期执行没有限制减刑、决定终身监禁的,不得限制减刑、决定终身监禁;原判判处的刑罚不当、应当适用附加刑而没有适用的,不得直接加重刑罚、适用附加刑;原判判处的刑罚畸轻,必须依法改判的,应当在第二审判决、裁定生效后,依照审判监督程序重新审判。

第六,发回重审情形。有的上诉案件,第二审人民法院经审查认为,原判对被告人判处的刑罚过轻,又不能违反上诉不加刑原则径行加重刑罚,就通过将案件发回重审的方式,由原审人民法院经过重新审判加重被告人的刑罚。这种做法变相规避上诉不加刑原则,应当予以禁止。2012 年刑事诉讼法修改对此专门规定,第二审人民法院发回原审人民法院重新审判的案件,除有新的犯罪事实,人民检察院补充起诉的以外,原审人民法院也不得加重被告人的刑罚。本条规定中,"新的犯罪事实"与"补充起诉"是一体的要求;没有新的犯罪事实,人民检察院基于原有事实补充起诉的,不得加重被告人的刑罚。这里所说的"新的犯罪事实",是指原审人民法院在重新审判的过程中,人民检察院发现了被告人除一审被起诉的犯罪之外的新的犯罪事实,需要对新的犯罪补充起诉的情形。根据本款规定,对于上述情形,人民法院对被告人进行判决时，不受上诉不加刑原则的限制，即根据案件的情况依法判处。人民法院所作的判决，被告人可以提出上诉，人民检察院也可以抗诉。

第七，抗诉、自诉情形。本条第二款规定了上诉不加刑的例外情形，即人民检察院提出抗诉或者自诉人提出上诉的，不受该原则的限制。不过，这一例外情形也有例外。《法院解释》第四百零二条规定，人民检察院只对部分被告人的判决提出抗诉，或者自诉人只对部分被告人的判决提出上诉的，第二审人民法院不得对其他同案被告人加重刑罚。

237.2　司法解释

237.2.1　上诉不加刑原则的适用情形

★《法院解释》(2021)

第四百零一条　审理被告人或者其法定代理人、辩护人、近亲属提出上诉的案件，不得对被告人的刑罚作出实质不利的改判，并应当执行下列规定：

(一)同案审理的案件，只有部分被告人上诉的，既不得加重上诉人的刑罚，也不得加重其他同案被告人的刑罚；

(二)原判认定的罪名不当的，可以改变罪名，但不得加重刑罚或者对刑罚执行产生不利影响；

(三)原判认定的罪数不当的，可以改变罪数，并调整刑罚，但不得加重决定执行的刑罚或者对刑罚执行产生不利影响；

(四)原判对被告人宣告缓刑的，不得撤销缓刑或者延长缓刑考验期；

(五)原判没有宣告职业禁止、禁止令的，不得增加宣告；原判宣告职业禁止、禁止令的，不得增加内容、延长期限；

(六)原判对被告人判处死刑缓期执行没有限制减刑、决定终身监禁的，不得限制减刑、决定终身监禁；

(七)原判判处的刑罚不当、应当适用附加刑而没有适用的，不得直接加重刑罚、适用附加刑。原判判处的刑罚畸轻，必须依法改判的，应当在第二审判决、裁定生效后，依照审判监督程序重新审判。

人民检察院抗诉或者自诉人上诉的案件，不受前款规定的限制。

【重点解读】①

《法院解释》第四百零一条第一款所列情形为提示性规定，并非司法实务的所有情形。

第一，原判认定的罪名不当的，可以改变罪名，但不得加重刑罚或者对刑罚执行产生不利影响。刑法第八十一条第二款规定："对累犯以及因故意杀人、强奸、抢劫、绑架、放火、爆炸、投放危险物质或者有组织的暴力性犯罪被判处十年以上有期徒刑、无期徒刑的犯罪分子，不得假释。"据此，实践中可能存在二审改变一审认定的罪名，并未加重刑罚，但对刑罚执行产生不利影响。例如，二审将一审认定的盗窃罪改判为抢劫罪，仍维持十二年有期徒刑的刑罚，但对二审改判的罪名不得假释，对被告人产生不利影响。

第二，原判认定的罪数不当的，可以改变罪数，并调整刑罚，但不得加重决定执行的刑罚或者对刑罚执行产生

① 参见李少平主编书，第435—438页。

不利影响。上诉不加刑是指不能使上诉人遭致不利的刑罚，偏重决定执行的刑罚。因此，此种情况下，在决定执行的刑罚不变和对刑法执行不产生不利影响的情况下，应当允许加重数罪中某罪的刑罚。实践中，还存在两种实质上对上诉人有利的调整罪数的情形：一是原判对被告人判处一罪的，不得改判为数罪；但是，在认定的犯罪事实不变的情况下，改判数罪后决定执行的刑罚低于原判刑罚的，可以改判为数罪。二是原判对被告人实行数罪并罚的，在认定的犯罪事实不变的情况下，改判为一罪的，在对刑罚执行无不利影响的情况下，可以在不超过原判决定执行刑罚的情况下加重其中某一罪刑罚。

第三，原判对被告人宣告缓刑的，不得撤销缓刑或者延长缓刑考验期。目前应当严格执行这一规定，确有必要的，通过审判监督程序予以纠正。

第四，原判判处的刑罚不当、应当适用附加刑而没有适用的，不得直接加重刑罚、适用附加刑。原判判处的刑罚畸轻，必须依法改判的，应当在第二审判决、裁定生效后，依照审判监督程序重新审判。根据刑事诉讼法关于审判监督程序的规定，针对生效判决、裁定的再审限于"确有错误"的情形，鉴于此，将依法通过审判监督程序进行改判限定为在"原判判处的刑罚畸轻，必须依法改判的"情形，对于原判刑罚不当，但尚未达到畸轻程度的，如漏判附加剥夺政治权利，对本应在"三年以上七年以下有期徒刑"的幅度内判处三年六个月有期徒刑的案件判处二年六个月有期徒刑的，基于裁判稳定的考虑，一般不再启动审判监督程序。

第五，对于改变罪数后，附加刑如何处理，不宜一概而论，应当坚持实质判断的原则。如果在主刑方面给予较大幅度的减轻，则适当增加附加刑，应当是允许的；但是，在主刑维持不变的情况下，原则上不宜加重附加刑，通常也不宜将罚金调整为没收财产，更不应作主刑稍微减轻、大大加重附加刑，对被告人实质明显不利的调整。

237.2.2　共同犯罪的上诉不加刑原则

★《法院解释》(2021)

第四百零二条　人民检察院只对部分被告人的判决提出抗诉，或者自诉人只对部分被告人的判决提出上诉的，第二审人民法院不得对其他同案被告人加重刑罚。

237.2.3　发回重审的上诉不加刑原则

★《法院解释》(2021)

第四百零三条　被告人或者其法定代理人、辩护人、近亲属提出上诉，人民检察院未提出抗诉的案件，第二审人民法院发回重新审判后，除有新的犯罪事实且人民检察院补充起诉的以外，原审人民法院不得加重被告人的刑罚。

对前款规定的案件，原审人民法院对上诉发回重新审判的案件依法作出判决后，人民检察院抗诉的，第二审人民法院不得改判为重于原审人民法院第一次判处的刑罚。

【重点解读】①

"新的犯罪事实"包括两层含义：一是新的犯罪的事实，即已经起诉的犯

---

① 参见李少平主编书，第 438—440 页。

罪以外的犯罪的事实；二是原起诉事实范围内的新事实。只有前一种新的犯罪事实，经补充起诉后才可以加重刑罚。鉴于此，“除有新的犯罪事实且人民检察院补充起诉的以外”这一规定，强调根据人民检察院是否补充起诉来对是否系“新的犯罪事实”作出判断。

237.3　规范性文件

237.3.1　发回重审案件抗诉不加刑

★《最高人民法院研究室关于上诉发回重审案件重审判决后确需改判的应当通过何种程序进行的答复》（法研〔2014〕26号，2014年2月24日）

根据刑事诉讼法第二百二十六条第一款①规定，对被告人上诉、人民检察院未提出抗诉的案件，第二审人民法院发回原审人民法院重新审判的，只要人民检察院没有补充起诉新的犯罪事实，原审人民法院不得加重被告人的刑罚。原审人民法院对上诉发回重新审判的案件依法作出维持原判的判决后，人民检察院抗诉的，第二审人民法院也不得改判加重被告人的刑罚。

237.4　指导与参考案例

237.4.1　原判认定从宽处罚情节有误的处理

【最高人民法院指导性案例】

［第248号］金某等组织卖淫案

裁判要点：1. 在取保候审期间，行为人为获得立功情节约购毒品并予以揭发的，属于通过非法手段获取立功线索，不应认定为有立功表现。

2. 对于被告人提出上诉的案件，原判认定立功等法定从宽处罚情节有误的，二审应当在裁判文书中写明一审判决存在的错误，但根据上诉不加刑原则，不得加重被告人的刑罚。

238　一审违反法定程序的处理

238.1　法条规定

第二百三十八条　第二审人民法院发现第一审人民法院的审理有下列违反法律规定的诉讼程序的情形之一的，应当裁定撤销原判，发回原审人民法院重新审判：

（一）违反本法有关公开审判的规定的；

（二）违反回避制度的；

（三）剥夺或者限制了当事人的法定诉讼权利，可能影响公正审判的；

（四）审判组织的组成不合法的；

（五）其他违反法律规定的诉讼程序，可能影响公正审判的。

【立法释义】②

本条规定明确了一审违反法定程序的处理方式。基于保障被告人公正审判权的要求，第二审人民法院发现第一审人民法院的审理违反法律规定的诉讼程序，可能影响公正审判的，应当裁定撤销原判，发回原审人民法院重新审判。“违反法律规定的诉讼程序”，是指违反本法规定的影响公正审判的诉讼程序，导致被告人的公正审判权受到不当影响。对于一般的程序违法情形，不影响被告人公正审判权的，依法

---

① 2018年刑事诉讼法第二百三十七条第一款。

② 参见王爱立主编书，第509—510页。

应当予以纠正，但不属于发回重审的范围。

238.2　司法解释

238.2.1　违反法定程序的处理方式

★《法院解释》(2021)

第四百零六条　第二审人民法院发现原审人民法院在重新审判过程中，有刑事诉讼法第二百三十八条规定的情形之一，或者违反第二百三十九条规定的，应当裁定撤销原判，发回重新审判。

239　发回重审案件的审理程序

239.1　法条规定

第二百三十九条　原审人民法院对于发回重新审判的案件，应当另行组成合议庭，依照第一审程序进行审判。对于重新审判后的判决，依照本法第二百二十七条、第二百二十八条、第二百二十九条的规定可以上诉、抗诉。

【立法释义】①

本条规定明确了发回重审案件的审理程序。根据审级制度和公正审判权的法律保障，原审人民法院对于发回重新审判的案件，应当另行组成合议庭，依照第一审程序进行审判。本条所指的“发回重新审判的案件”，既包括本法第二百三十六条规定的以原判决事实不清楚或者证据不足为由发回重新审判的案件，也包括本法第二百三十八条规定的以违反法律规定的诉讼程序为由发回重新审判的案件。原审人民法院重新审判后作出的判决，视为第一审判决，可以依法上诉、抗诉。

239.2　专门问题解答

239.2.1　人民陪审员参加发回重审、再审案件

★**《法答网精选答问(第二十一批)——人民陪审专题》**(《人民法院报》2025年5月29日第7版)

问题1：人民陪审员能否参加按照第一审程序审理的发回重审、再审案件？

答疑意见：根据人民陪审员法第十五条的规定，人民陪审员参加第一审刑事、民事、行政案件的审理。从立法意图来看，人民陪审员法中规定的“第一审”指的是“第一审程序”，而并非“初次审理”。根据民事诉讼法第四十一条，刑事诉讼法第二百三十九条、第二百五十六条，《最高人民法院关于适用〈中华人民共和国行政诉讼法〉的解释》第一百零九条、第一百一十九条等规定，发回重审的案件，原审法院应当按照第一审程序另行组成合议庭；审理再审案件，原来是第一审的，按照第一审程序另行组成合议庭。进而言之，发回重审案件的合议庭与第一审合议庭的组成方式相同，既可以由法官组成，也可以由法官和人民陪审员组成，但是合议庭组成人员不能与原审相同，应当按照第一审程序另行组成合议庭。而对于再审案件的审判组织，原来是第一审的，也应当按照原第一审程序另行组成合议庭。

需要注意的是，按一审程序审理的发回重审、再审案件是否由人民陪审员参加审理，应当依照人民陪审员法第十五条关于“涉及群体利益、公共利益”“人民群众广泛关注”“案情复杂”等规

---

① 参见王爱立主编书，第511—512页。

定,结合具体案件情况综合判断,确保人民陪审员充分发挥熟悉社情民意、长于事实认定的实质参审作用,促进司法公正,提升司法公信。同时,发回重审、再审的案件情况比较复杂,对于有些不宜由人民陪审员参审的案件,应由法官组成合议庭审理。

240　对裁定的二审

240.1　法条规定

第二百四十条　第二审人民法院对不服第一审裁定的上诉或者抗诉,经过审查后,应当参照本法第二百三十六条、第二百三十八条和第二百三十九条的规定,分别情形用裁定驳回上诉、抗诉,或者撤销、变更原裁定。

【立法释义】①

本条规定明确了对裁定的二审处理方式。第二审人民法院对不服第一审裁定的上诉或者抗诉,经过审查后,应当参照本法关于审理不服第一审判决的上诉或者抗诉案件的有关规定,区分情形裁定驳回上诉、抗诉,或者撤销、变更原裁定。

裁定是人民法院在审理案件过程中对有关诉讼程序和部分实体问题所作的一种处理决定。裁定虽然不涉及案件审判的最终结果,但也会对当事人的权利义务产生影响。根据本条规定,第二审人民法院对不服第一审裁定的上诉或者抗诉案件,组成合议庭进行审查后,应当参照本章关于审理不服第一审判决的上诉或者抗诉案件的有关规定,根据不同情形分别处理:

第一,参照本法第二百三十六条的规定,原裁定认定事实和适用法律正确的,应当裁定驳回上诉或者抗诉,维持原裁定;原裁定认定事实没有错误,但适用法律有错误的,应当以裁定形式变更原裁定;原裁定事实不清楚或者证据不足的,可以在查清事实后以裁定形式变更原裁定,也可以裁定撤销原裁定,发回原审人民法院重新审判。

第二,参照本法第二百三十八条的规定,第二审人民法院发现第一审人民法院的审理有违反本法有关公开审判的规定;违反回避制度;剥夺或者限制了当事人的法定诉讼权利,可能影响公正审判;审判组织的组成不合法或者其他违反法律规定的诉讼程序,可能影响公正审判的情形的,应当裁定撤销原裁定,发回原审人民法院重新审判。

第三,参照本法第二百三十九条的规定,原审人民法院对于发回重新审判的案件,应当另行组成合议庭,依照第一审程序进行审判,重新作出裁定。对于重新审判后的裁定,被告人、自诉人和他们的法定代理人,附带民事诉讼的当事人和他们的法定代理人可以依照本法第二百二十七条的规定提出上诉;同级人民检察院可以依照本法第二百二十八条的规定提出抗诉;被害人及其法定代理人有权依照本法第二百二十九条的规定请求人民检察院提出抗诉。

241　发回重审案件的审理期限

241.1　法条规定

第二百四十一条　第二审人民法院发回原审人民法院重新审

① 参见王爱立主编书,第 512—513 页。

判的案件,原审人民法院从收到发回的案件之日起,重新计算审理期限。

【立法释义】①

本条规定明确了发回重审案件的审理期限。第二审人民法院发回原审人民法院重新审判的案件,对于原审人民法院而言,可视为新的案件。原审人民法院从收到发回重审的案件之日起,重新计算审理期限。

242　二审案件的审理程序

242.1　法条规定

第二百四十二条　第二审人民法院审判上诉或者抗诉案件的程序,除本章已有规定的以外,参照第一审程序的规定进行。

【立法释义】②

本条规定明确了二审案件的审理程序。第二审人民法院审判上诉或者抗诉案件的程序,除本章作出专门规定的以外,参照第一审程序的规定进行。除不能适用简易程序、不能独任审判等不符合本章已有的规定外,第二审程序的开庭审理规则,以及对上诉人的权利保障,与第一审程序基本相同。

243　二审案件的审理期限

243.1　法条规定

第二百四十三条　第二审人民法院受理上诉、抗诉案件,应当在二个月以内审结。对于可能判处死刑的案件或者附带民事诉讼的案件,以及有本法第一百五十八条规定情形之一的,经省、自治区、直辖市高级人民法院批准或者决定,可以延长二个月;因特殊情况还需要延长的,报请最高人民法院批准。

最高人民法院受理上诉、抗诉案件的审理期限,由最高人民法院决定。

【立法释义】③

本条规定明确了二审案件的审理期限。2012 年刑事诉讼法修改适当延长了二审的审理期限,并规定了最高人民法院受理上诉、抗诉案件的审理期限。

与一审案件的审理期限类似,二审案件的审理期限也包括一般期限和延长期限的情形。主要包括以下几种情形:

一是一般案件的审理期限。第二审人民法院受理上诉、抗诉案件,应当在二个月以内审结。

二是特定案件的延长审限。对于可能判处死刑的案件或者附带民事诉讼案件,以及本法第一百五十八条规定的四类案件,经省、自治区、直辖市高级人民法院批准或者决定,可以延长二个月。

三是特殊情形的延长审限。因特殊情况还需要延长的,报请最高人民法院批准。"因特殊情况",是指案情特别重大、复杂,或者涉及国家安全、重大利益等情形,需格外慎重。对于这类案件,法律并未对最高人民法院批准延长的期限作出规定,主要是考虑,这种案件的数量极少,实践情况比较复杂,由最高人民

① 参见王爱立主编书,第 513—514 页。
② 参见王爱立主编书,第 514—515 页。
③ 参见王爱立主编书,第 515—516 页。

法院根据案件具体情况作出处理。

四是最高人民法院的审理期限。最高人民法院受理上诉、抗诉案件的审理期限,由最高人民法院决定。鉴于此类案件一般都是由高级人民法院一审的在本辖区内有重大影响的刑事案件,为慎重、公正审理,通常需要较长的审理期限,因此法律未作强制性规定,由最高人民法院根据案件具体情况作出处理。

对于被告人被羁押的上诉、抗诉案件,如果在本条规定的审理期限内仍不能办结的,应当变更对被告人的强制措施,采取取保候审或者监视居住等非羁押性强制措施。

243.2　司法解释

243.2.1　二审案件审理期限的计算方式

★《最高人民法院关于严格执行案件审理期限制度的若干规定》(法释〔2000〕29号,2000年9月22日)

第八条　案件的审理期限从立案次日起计算。

由简易程序转为普通程序审理的第一审刑事案件的期限,从决定转为普通程序次日起计算;由简易程序转为普通程序审理的第一审民事案件的期限,从立案次日起连续计算。

第九条　下列期间不计入审理、执行期限:

(一)刑事案件对被告人作精神病鉴定的期间;

(二)刑事案件因另行委托、指定辩护人,法院决定延期审理的,自案件宣布延期审理之日起至第十日止准备辩护的时间;

(三)公诉人发现案件需要补充侦查,提出延期审理建议后,合议庭同意延期审理的期间;

(四)刑事案件二审期间,检察院查阅案卷超过七日后的时间;

(五)因当事人、诉讼代理人、辩护人申请通知新的证人到庭、调取新的证据、申请重新鉴定或者勘验,法院决定延期审理一个月之内的期间;

(六)民事、行政案件公告、鉴定的期间;

(七)审理当事人提出的管辖权异议和处理法院之间的管辖争议的期间;

(八)民事、行政、执行案件由有关专业机构进行审计、评估、资产清理的期间;

(九)中止诉讼(审理)或执行至恢复诉讼(审理)或执行的期间;

(十)当事人达成执行和解或者提供执行担保后,执行法院决定暂缓执行的期间;

(十一)上级人民法院通知暂缓执行的期间;

(十二)执行中拍卖、变卖被查封、扣押财产的期间。

第十条　人民法院判决书宣判、裁定书宣告或者调解书送达最后一名当事人的日期为结案时间。如需委托宣判、送达的,委托宣判、送达的人民法院应当在审限届满前将判决书、裁定书、调解书送达受托人民法院。受托人民法院应当在收到委托书后七日内送达。

人民法院判决书宣判、裁定书宣告或者调解书送达有下列情形之一的,结案时间遵守以下规定:

(一)留置送达的,以裁判文书留在受送达人的住所日为结案时间;

(二)公告送达的,以公告刊登之

日为结案时间；

（三）邮寄送达的，以交邮日期为结案时间；

（四）通过有关单位转交送达的，以送达回证上当事人签收的日期为结案时间。

243.2.2　延长审理期限的审批程序

★《最高人民法院关于严格执行案件审理期限制度的若干规定》（法释〔2000〕29 号，2000 年 9 月 22 日）

第十一条　刑事公诉案件、被告人被羁押的自诉案件，需要延长审理期限的，应当在审理期限届满七日以前，向高级人民法院提出申请；被告人未被羁押的刑事自诉案件，需要延长审理期限的，应当在审理期限届满十日前向本院院长提出申请。

第十四条　对于下级人民法院申请延长办案期限的报告，上级人民法院应当在审理期限届满三日前作出决定，并通知提出申请延长审理期限的人民法院。

需要本院院长批准延长办案期限的，院长应当在审限届满前批准或者决定。

244　终审裁判的效力

244.1　法条规定

第二百四十四条　第二审的判决、裁定和最高人民法院的判决、裁定，都是终审的判决、裁定。

【立法释义】①

本条规定明确了终审裁判的法律效力。基于两审终审制，第二审的判决、裁定，即为终审的判决、裁定。作为两审终审制的例外，最高人民法院作为最高审判机关，其所作出的判决、裁定，即为终审的判决、裁定。

需要指出的是，我国刑事诉讼法还规定了死刑复核程序，因此二审判处死刑立即执行和死刑缓期执行的案件，其判决或者裁定虽然不能再提出上诉、抗诉，但在宣告后并不立即发生法律效力，而是必须依照死刑复核程序的规定报最高人民法院或者高级人民法院核准后才能发生法律效力，依法交付执行。

244.2　司法解释

244.2.1　终审判决和裁定的生效时间

★《最高人民法院关于刑事案件终审判决和裁定何时发生法律效力问题的批复》（法释〔2004〕7 号，2004 年 7 月 26 日）

根据《中华人民共和国刑事诉讼法》第一百六十三条、第一百九十五条和第二百零八条②规定的精神，终审的判决和裁定自宣告之日起发生法律效力。

245　查封、扣押、冻结财物的处理程序

245.1　法条规定

第二百四十五条　公安机关、人民检察院和人民法院对查封、扣押、冻结的犯罪嫌疑人、被告人的财物及其孳息，应当妥善保管，以供核查，并制作清单，随案移送。

---

① 参见王爱立主编书，第 516—517 页。

② 2018 年刑事诉讼法第二百零二条、第二百四十二条和第二百五十九条。

任何单位和个人不得挪用或者自行处理。对被害人的合法财产,应当及时返还。对违禁品或者不宜长期保存的物品,应当依照国家有关规定处理。

对作为证据使用的实物应当随案移送,对不宜移送的,应当将其清单、照片或者其他证明文件随案移送。

人民法院作出的判决,应当对查封、扣押、冻结的财物及其孳息作出处理。

人民法院作出的判决生效以后,有关机关应当根据判决对查封、扣押、冻结的财物及其孳息进行处理。对查封、扣押、冻结的赃款赃物及其孳息,除依法返还被害人的以外,一律上缴国库。

司法工作人员贪污、挪用或者私自处理查封、扣押、冻结的财物及其孳息的,依法追究刑事责任;不构成犯罪的,给予处分。

【立法释义】①

本条规定明确了查封、扣押、冻结财物的处理程序。2012年刑事诉讼法修改增加了人民法院应当在判决中对查封、扣押、冻结的财物及其孳息作出处理的规定。查封、扣押、冻结财物的处理,既与司法证明密切相关,也影响到财产权的法律保障。为加强财产权的保障,防止涉案财物处理反制定罪,有必要构建相对独立的"对物之诉",规范涉案财物处理程序。关于涉案财物处理程序,应当关注以下事项:

第一,保管及随案移送义务。公安机关、人民检察院和人民法院对查封、扣押、冻结的犯罪嫌疑人、被告人的财物及其孳息,应当妥善保管,以供核查,并制作清单,随案移送。

一是涉案财物应当妥善保管。本条中的"查封、扣押、冻结的犯罪嫌疑人、被告人的财物",主要是指公安机关、人民检察院和人民法院根据本法第二编第二章第六节"查封、扣押物证、书证"的规定以及本法第一百九十六条的规定,查封、扣押的与案件有关的,可以用来证明犯罪嫌疑人、被告人有罪或者无罪的各种财物和文件,以及根据侦查犯罪的需要冻结的犯罪嫌疑人、被告人的存款、汇款、债券、股票、基金份额等财产。"孳息",是指由物或者权利而产生的收益,包括天然孳息和法定孳息。为避免涉案财物遭到不当处置,办案机关在各个诉讼环节应当予以妥善保管,并按照相关规定依法处理。

二是涉案财物应当随案移送。本条中的"制作清单、随案移送",是指将查封、扣押、冻结的财物及其孳息,连同清单,一并随案移送。对于涉案财物交由有关专业机构统一保管的情形,可以随案移送涉案财物清单,并在移送环节,根据清单对涉案财物进行核查。基于"对物之诉"的基本要求,涉案财物的随案移送,是指公安机关、人民检察院、人民法院在各自诉讼阶段,将查封、扣押、冻结的涉案财物随案移送,以便在审判阶段依法对涉案财物作出处理。

三是涉案财物禁止挪用。对于查封、扣押、冻结的财物及其孳息,任何单位和个人不得挪用或者自行处理。

---

① 参见王爱立主编书,第518—520页。

第二，涉案财物的先行处理规则。与“对人之诉”相比，“对物之诉”具有一定的灵活性。在审判期间，对涉案财物应当区分属性，分别作出相应的处理，并非一律等到判决时才能作出处理。一是在查清权属基础上，对被害人合法财产应当及时返还。二是对不宜长期保存的物品，可以依法先行处置。

第三，涉案财物的权属调查及处理方式。人民法院在对被告人作出定罪量刑判决的同时，应当在查明案情的基础上，对查封、扣押、冻结的财物一并作出处理决定。

一是涉案财物的权属调查。人民法院在审判过程中，应当对查封、扣押、冻结的财物及其孳息进行权属调查，确认是否属于违法所得或者依法应当追缴的其他涉案财物。

二是涉案财物的追缴。《法院解释》第四百四十三条规定，被告人将依法应当追缴的涉案财物用于投资或者置业的，对因此形成的财产及其收益，应当追缴。被告人将依法应当追缴的涉案财物与其他合法财产共同用于投资或者置业的，对因此形成的财产中与涉案财物对应的份额及其收益，应当追缴。

三是涉案财物的裁决。作为“对物之诉”的内在要求，判决书中应当写明涉案财物的处理方式。《法院解释》第四百四十四条规定，对查封、扣押、冻结的财物及其孳息，应当在判决书中写明名称、金额、数量、存放地点及其处理方式等。涉案财物较多，不宜在判决主文中详细列明的，可以附清单。判处追缴违法所得或者责令退赔的，应当明确追缴、退赔的金额或财物的名称、数量等相关情况；已经发还的，应当在判决书中写明。

四是涉案财物的处理方式。《法院解释》第四百四十五条规定，查封、扣押、冻结的财物及其孳息，经审查，确属违法所得或者依法应当追缴的其他涉案财物的，应当判决返还被害人，或者没收上缴国库，但法律另有规定的除外。对判决时尚未追缴到案或者尚未足额退赔的违法所得，应当判决继续追缴或者责令退赔。判决返还被害人的涉案财物，应当通知被害人认领；无人认领的，应当公告通知；公告满一年无人认领的，应当上缴国库；上缴国库后有人认领，经查证属实的，应当申请退库予以返还；原物已经拍卖、变卖的，应当返还价款。对侵犯国有财产的案件，被害单位已经终止且没有权利义务继受人，或者损失已经被核销的，查封、扣押、冻结的财物及其孳息应当上缴国库。

五是“对物之诉”和“对人之诉”的关系。《法院解释》第四百四十六条规定，第二审期间，发现第一审判决未对随案移送的涉案财物及其孳息作出处理的，可以裁定撤销原判，发回原审人民法院重新审判，由原审人民法院依法对涉案财物及其孳息一并作出处理。判决生效后，发现原判未对随案移送的涉案财物及其孳息作出处理的，由原审人民法院依法对涉案财物及其孳息另行作出处理。

第四，涉案财物的判决执行。人民法院作出的判决生效以后，有关机关应当根据判决对查封、扣押、冻结的财物及其孳息进行处理。本条中的“有关机关”，既包括查封、扣押、冻结涉案财物的办案机关，也包括金融机构和特定非金融机构等。

一是判决的执行要求。《法院解释》第四百四十七条规定，随案移送的或者人民法院查封、扣押的财物及其孳息，由第一审人民法院在判决生效后负责处理。实物未随案移送、由扣押机关保管的，人民法院应当在判决生效后十日以内，将判决书、裁定书送达扣押机关，并告知其在一个月以内将执行回单送回，确因客观原因无法按时完成的，应当说明原因。

二是没收涉案财物的执行方式。《法院解释》第四百四十八条规定，对冻结的存款、汇款、债券、股票、基金份额等财产判决没收的，第一审人民法院应当在判决生效后，将判决书、裁定书送达相关金融机构和财政部门，通知相关金融机构依法上缴国库并在接到执行通知书后十五日以内，将上缴国库的凭证、执行回单送回。

三是无关财产的处理方式。《法院解释》第四百四十九条规定，查封、扣押、冻结的财物与本案无关但已列入清单的，应当由查封、扣押、冻结机关依法处理。查封、扣押、冻结的财物属于被告人合法所有的，应当在赔偿被害人损失、执行财产刑后及时返还被告人。

四是违法处理涉案财物的法律责任。本条中的“司法工作人员”，根据刑法第九十四条的规定，是指有侦查、检察、审判、监管职责的工作人员。司法工作人员在办理案件过程中，如果贪污、挪用或者私自处理查封、扣押、冻结的财物及其孳息，构成犯罪的，应当依照刑法关于贪污罪、挪用公款罪等规定依法追究刑事责任；对于不构成犯罪的，应当依照公务员法等有关法律法规给予处分。

245.2 司法解释

245.2.1 检察机关对涉案物品的保管和退还

★《检察院规则》(2019)

第二百一十七条 对于扣押的款项和物品，应当在三日以内将款项存入唯一合规账户，将物品送负责案件管理的部门保管。法律或者有关规定另有规定的除外。

对于查封、扣押在人民检察院的物品、文件、邮件、电报，人民检察院应当妥善保管。经查明确实与案件无关的，应当在三日以内作出解除或者退还决定，并通知有关单位、当事人办理相关手续。

【重点解读】①

人民检察院依法扣押的物品、文件、邮件、电报，多数是定案的证据。为了不影响其作为证据使用，不损害公民的合法权益，应当先做好登记，并指派专人对其妥善保管，防止遗失、毁灭、损坏或者被偷换，不允许办案人员、保管人利用职务之便使用、调换、损毁或自行处理。对于涉及国家秘密或者他人隐私的，应当注意保密。

实践中，扣押的物品、文件、邮件和电报可能与案件无关。经审查后，确实与案件无关的物品、文件、邮件、电报，应当在查明情况后的三日以内解除查封或者将扣押的物品、文件、邮件、电报退还所有人或者保管单位，并通知有关单位、当事人办理相关手续。不得以任

① 参见童建明、万春主编释义书，第230—231页。

何理由不予解除查封、不予退还或者拖延解除查封、拖延退还。

245.2.2　检察机关对涉案财物及孳息的处理

★《检察院规则》(2019)

第四百二十九条　人民检察院对查封、扣押、冻结的被告人财物及其孳息，应当根据不同情况作以下处理：

(一)对作为证据使用的实物，应当依法随案移送；对不宜移送的，应当将其清单、照片或者其他证明文件随案移送。

(二)冻结在金融机构、邮政部门的违法所得及其他涉案财产，应当向人民法院随案移送该金融机构、邮政部门出具的证明文件。待人民法院作出生效判决、裁定后，由人民法院通知该金融机构上缴国库。

(三)查封、扣押的涉案财物，对依法不移送的，应当随案移送清单、照片或者其他证明文件。待人民法院作出生效判决、裁定后，由人民检察院根据人民法院的通知上缴国库，并向人民法院送交执行回单。

(四)对于被扣押、冻结的债券、股票、基金份额等财产，在扣押、冻结期间权利人申请出售的，参照本规则第二百一十四条的规定办理。

245.2.3　检察机关对随案移送财物的审查保管

★《检察院规则》(2019)

第六百六十八条　监察机关或者公安机关随案移送涉案财物及其孳息的，人民检察院负责案件管理的部门应当在受理案件时进行审查，并及时办理入库保管手续。

第六百六十九条　人民检察院负责案件管理的部门对扣押的涉案物品进行保管，并对查封、扣押、冻结、处理涉案财物工作进行监督管理。对违反规定的行为提出纠正意见；涉嫌违法违纪的，报告检察长。

第六百七十条　人民检察院办案部门需要调用、移送、处理查封、扣押、冻结的涉案财物的，应当按照规定办理审批手续。审批手续齐全的，负责案件管理的部门应当办理出库手续。

245.2.4　法院对涉案财物及孳息的保管要求

★《法院解释》(2021)

第四百三十七条　人民法院对查封、扣押、冻结的涉案财物及其孳息，应当妥善保管，并制作清单，附卷备查；对人民检察院随案移送的实物，应当根据清单核查后妥善保管。任何单位和个人不得挪用或者自行处理。

查封不动产、车辆、船舶、航空器等财物，应当扣押其权利证书，经拍照或者录像后原地封存，或者交持有人、被告人的近亲属保管，登记并写明财物的名称、型号、权属、地址等详细情况，并通知有关财物的登记、管理部门办理查封登记手续。

扣押物品，应当登记并写明物品名称、型号、规格、数量、重量、质量、成色、纯度、颜色、新旧程度、缺损特征和来源等。扣押货币、有价证券，应当登记并写明货币、有价证券的名称、数额、面额等，货币应当存入银行专门账户，并登记银行存款凭证的名称、内容。扣押文物、金银、珠宝、名贵字画等贵重物品以及违禁品，应当拍照，需要鉴定的，应当及时鉴定。对扣押的物品应当根据有关规定及时估价。

冻结存款、汇款、债券、股票、基金份额等财产，应当登记并写明编号、种类、面值、张数、金额等。

第四百三十八条　对被害人的合法财产，权属明确的，应当依法及时返还，但须经拍照、鉴定、估价，并在案卷中注明返还的理由，将原物照片、清单和被害人的领取手续附卷备查；权属不明的，应当在人民法院判决、裁定生效后，按比例返还被害人，但已获退赔的部分应予扣除。

第四百四十二条　法庭审理过程中，应当依照本解释第二百七十九条的规定，依法对查封、扣押、冻结的财物及其孳息进行审查。

245.2.5　法院对涉案财物的先行处置程序

★《最高人民法院、最高人民检察院、公安部、国家安全部、司法部、全国人大常委会法制工作委员会关于实施刑事诉讼法若干问题的规定》(2012 年 12 月 26 日)

36. 对于依照刑法规定应当追缴的违法所得及其他涉案财产，除依法返还被害人的财物以及依法销毁的违禁品外，必须一律上缴国库。查封、扣押的涉案财产，依法不移送的，待人民法院作出生效判决、裁定后，由人民法院通知查封、扣押机关上缴国库，查封、扣押机关应当向人民法院送交执行回单；冻结在金融机构的违法所得及其他涉案财产，待人民法院作出生效判决、裁定后，由人民法院通知有关金融机构上缴国库，有关金融机构应当向人民法院送交执行回单。

对于被扣押、冻结的债券、股票、基金份额等财产，在扣押、冻结期间权利人申请出售，经扣押、冻结机关审查，不损害国家利益、被害人利益，不影响诉讼正常进行的，以及扣押、冻结的汇票、本票、支票的有效期即将届满的，可以在判决生效前依法出售或者变现，所得价款由扣押、冻结机关保管，并及时告知当事人或者其近亲属。

★《法院解释》(2021)

第四百三十九条　审判期间，对不宜长期保存、易贬值或者市场价格波动大的财产，或者有效期即将届满的票据等，经权利人申请或者同意，并经院长批准，可以依法先行处置，所得款项由人民法院保管。

涉案财物先行处置应当依法、公开、公平。

【重点解读】①

2015 年中办、国办《关于进一步规范刑事诉讼涉案财物处置工作的意见》提出完善涉案财物先行处置程序，第七条规定："对易损毁、灭失、变质等不宜长期保存的物品，易贬值的汽车、船艇等物品，或者市场价格波动大的债券、股票、基金份额等财产，有效期即将届满的汇票、本票、支票等，经权利人同意或者申请，并经县级以上公安机关、国家安全机关、人民检察院或者人民法院主要负责人批准，可以依法出售、变现或者先行变卖、拍卖。所得款项统一存入各单位唯一合规账户。"根据上述规定的要求，先行处置程序以经权利人申请或者同意，并经院长批准为前提。对于权利人不明确的情形，为实现涉案财物保值，必要时经院长批准，也可以依

① 参见李少平主编书，第 464—465 页。

法先行处置。

245.2.6　证据实物随案移送的要求及例外

★《法院解释》(2021)

第四百四十条　对作为证据使用的实物,应当随案移送。第一审判决、裁定宣告后,被告人上诉或者人民检察院抗诉的,第一审人民法院应当将上述证据移送第二审人民法院。

第四百四十一条　对实物未随案移送的,应当根据情况,分别审查以下内容:

(一)大宗的、不便搬运的物品,是否随案移送查封、扣押清单,并附原物照片和封存手续,注明存放地点等;

(二)易腐烂、霉变和不易保管的物品,查封、扣押机关变卖处理后,是否随案移送原物照片、清单、变价处理的凭证(复印件)等;

(三)枪支弹药、剧毒物品、易燃易爆物品以及其他违禁品、危险物品,查封、扣押机关根据有关规定处理后,是否随案移送原物照片和清单等。

上述未随案移送的实物,应当依法鉴定、估价的,还应当审查是否附有鉴定、估价意见。

对查封、扣押的货币、有价证券等,未移送实物的,应当审查是否附有原物照片、清单或者其他证明文件。

第四百四十二条　法庭审理过程中,应当依照本解释第二百七十九条的规定,依法对查封、扣押、冻结的财物及其孳息进行审查。

【重点解读】①

对于集中保管的物品,如果依照规定不需要移送实物的,随案移送清单等材料可以纳入"随案移送"的情形。

245.2.7　投资或者置业的涉案财物的追缴

★《法院解释》(2021)

第四百四十三条　被告人将依法应当追缴的涉案财物用于投资或者置业的,对因此形成的财产及其收益,应当追缴。

被告人将依法应当追缴的涉案财物与其他合法财产共同用于投资或者置业的,对因此形成的财产中与涉案财物对应的份额及其收益,应当追缴。

【重点解读】②

2014 年《最高人民法院关于刑事裁判涉财产部分执行的若干规定》第十条规定对赃款赃物及其收益进行追缴的要求。本条吸收了这一规定的主要内容,完善了涉案财物转化形态后的追缴规则。对于被告人将依法应当追缴的涉案财物用于投资或者置业,涉案财物已经转化形态的情形,不能仅将投资或置业的涉案财物本金追缴,应当对因此形成的财产及其收益一并予以追缴。同理,对于被告人将依法应当追缴的涉案财物与其他合法财产共同用于投资或者置业的情形,不能仅将投资或置业的涉案财物本金追缴,也不能对所投资或置业形成的资产直接追缴,而是应当对因此形成的财产中与涉案财物对应的份额及其收益予以追缴。

★《最高人民法院关于刑事裁判涉财产部分执行的若干规定》(法释〔2014〕13 号,2014 年 10 月 30 日)

第十条　对赃款赃物及其收益,人民法院应当一并追缴。

① 参见李少平主编书,第 465 页。
② 参见李少平主编书,第 467 页。

被执行人将赃款赃物投资或者置业，对因此形成的财产及其收益，人民法院应予追缴。

被执行人将赃款赃物与其他合法财产共同投资或者置业，对因此形成的财产中与赃款赃物对应的份额及其收益，人民法院应予追缴。

对于被害人的损失，应当按照刑事裁判认定的实际损失予以发还或者赔偿。

第十一条　被执行人将刑事裁判认定为赃款赃物的涉案财物用于清偿债务、转让或者设置其他权利负担，具有下列情形之一的，人民法院应予追缴：

（一）第三人明知是涉案财物而接受的；

（二）第三人无偿或者以明显低于市场的价格取得涉案财物的；

（三）第三人通过非法债务清偿或者违法犯罪活动取得涉案财物的；

（四）第三人通过其他恶意方式取得涉案财物的。

第三人善意取得涉案财物的，执行程序中不予追缴。作为原所有人的被害人对该涉案财物主张权利的，人民法院应当告知其通过诉讼程序处理。

245.2.8　对涉案财物及孳息的裁判方式

★《法院解释》(2021)

第四百四十四条　对查封、扣押、冻结的财物及其孳息，应当在判决书中写明名称、金额、数量、存放地点及其处理方式等。涉案财物较多，不宜在判决主文中详细列明的，可以附清单。

判决追缴违法所得或者责令退赔的，应当写明追缴、退赔的金额或者财物的名称、数量等情况；已经发还的，应当在判决书中写明。

第四百四十五条　查封、扣押、冻结的财物及其孳息，经审查，确属违法所得或者依法应当追缴的其他涉案财物的，应当判决返还被害人，或者没收上缴国库，但法律另有规定的除外。

对判决时尚未追缴到案或者尚未足额退赔的违法所得，应当判决继续追缴或者责令退赔。

判决返还被害人的涉案财物，应当通知被害人认领；无人认领的，应当公告通知；公告满一年无人认领的，应当上缴国库；上缴国库后有人认领，经查证属实的，应当申请退库予以返还；原物已经拍卖、变卖的，应当返还价款。

对侵犯国有财产的案件，被害单位已经终止且没有权利义务继受人，或者损失已经被核销的，查封、扣押、冻结的财物及其孳息应当上缴国库。

第四百四十六条　第二审期间，发现第一审判决未对随案移送的涉案财物及其孳息作出处理的，可以裁定撤销原判，发回原审人民法院重新审判，由原审人民法院依法对涉案财物及其孳息一并作出处理。

判决生效后，发现原判未对随案移送的涉案财物及其孳息作出处理的，由原审人民法院依法对涉案财物及其孳息另行作出处理。

【重点解读】①

2015 年中办、国办《关于进一步规范刑事诉讼涉案财物处置工作的意见》第九条规定："完善违法所得追缴、执行工作机制。对审判时尚未追缴到案或者尚未足额退赔的违法所得，人民法院

① 参见李少平主编书，第 468—470 页。

应当判决继续追缴或者责令退赔，并由人民法院负责执行，人民检察院、公安机关、国家安全机关、司法行政机关等应当予以配合。”2014 年《最高人民法院关于刑事裁判涉财产部分执行的若干规定》第六条对涉案财物的裁判方式作出了具体规定。作为对物之诉的处理结果，对于查封、扣押、冻结的涉案财物，以及追缴违法所得或者责令退赔的金额或者财物，应当在判决书中写明相应的信息和处理方式，便于后续执行。其中，对判决时尚未追缴到案或者尚未足额退赔的违法所得，应当判决继续追缴或者责令退赔。相应地，判决追缴违法所得或者责令退赔的，应当写明追缴、退赔的金额或者财物的名称、数量等情况。

第一，第二审期间发现一审漏判的处理方式。第二审人民法院发现第一审判决未对随案移送的涉案财物及其孳息作出处理的，因遗漏对物之诉的处理事项，可以裁定撤销原判，发回原审人民法院重新审判，由原审人民法院依法对涉案财物及其孳息一并作出处理。此种情形因涉及漏判事项，不违反上诉不加刑原则的要求。需要指出的是，第二审期间发现一审漏判涉案财物的情形，限于“随案移送的涉案财物及其孳息”。换言之，对于未随案移送的涉案财物及其孳息，因尚未涉及成为对物之诉的对象，故不涉及漏判问题。

第二，判决生效后发现原判漏判的处理方式。判决生效后，发现原判未对随案移送的涉案财物及其孳息作出处理的，由原审人民法院依法对涉案财物及其孳息另行作出处理。对于此种情形，究竟如何“另行”处理，司法解释并未作出明确规定，有必要区分涉案财物是否经过法庭调查程序确定权属情况并作出处理。如果法庭已经查清涉案财物的权属情况，并形成对物之诉的处理结论，只是并未在判决书中写明，可以直接通过裁定方式予以补正。如果法庭并未对涉案财物的权属进行调查，也未形成处理结论，则有必要重新开庭对涉案财物的权属等情况进行调查，并对涉案财物的处理作出补充判决。

★《最高人民法院关于刑事裁判涉财产部分执行的若干规定》（法释〔2014〕13 号，2014 年 10 月 30 日）

第六条　刑事裁判涉财产部分的裁判内容，应当明确、具体。涉案财物或者被害人人数较多，不宜在判决主文中详细列明的，可以概括叙明并另附清单。

判处没收部分财产的，应当明确没收的具体财物或者金额。

判处追缴或者责令退赔的，应当明确追缴或者退赔的金额或财物的名称、数量等相关情况。

245.2.9　涉案财物判决生效的处理方式

★《最高人民法院、最高人民检察院、公安部、国家安全部、司法部、全国人大常委会法制工作委员会关于实施刑事诉讼法若干问题的规定》（2012 年 12 月 26 日）

36. 对于依照刑法规定应当追缴的违法所得及其他涉案财产，除依法返还被害人的财物以及依法销毁的违禁品外，必须一律上缴国库。查封、扣押的涉案财产，依法不移送的，待人民法院作出生效判决、裁定后，由人民法院通知查封、扣押机关上缴国库，查封、扣押机关应当向人民法院送交执行回单；冻结在金融机构的违法所得及其他涉案财产，待人民法院作出生效判决、裁定后，由人民法院通知有关金融机构上缴国库，有关金融机构应当向人民法院送交执行回单。

对于被扣押、冻结的债券、股票、基金份额等财产，在扣押、冻结期间权利人申请出售，经扣押、冻结机关审查，不损害国家利益、被害人利益，不影响诉讼正常进行的，以及扣押、冻结的汇票、本票、支票的有效期即将届满的，可以在判决生效前依法出售或者变现，所得价款由扣押、冻结机关保管，并及时告知当事人或者其近亲属。

★《法院解释》(2021)

第四百四十七条　随案移送的或者人民法院查封、扣押的财物及其孳息，由第一审人民法院在判决生效后负责处理。

实物未随案移送、由扣押机关保管的，人民法院应当在判决生效后十日以内，将判决书、裁定书送达扣押机关，并告知其在一个月以内将执行回单送回，确因客观原因无法按时完成的，应当说明原因。

第四百四十八条　对冻结的存款、汇款、债券、股票、基金份额等财产判决没收的，第一审人民法院应当在判决生效后，将判决书、裁定书送达相关金融机构和财政部门，通知相关金融机构依法上缴国库并在接到执行通知书后十五日以内，将上缴国库的凭证、执行回单送回。

第四百四十九条　查封、扣押、冻结的财物与本案无关但已列入清单的，应当由查封、扣押、冻结机关依法处理。

查封、扣押、冻结的财物属于被告人合法所有的，应当在赔偿被害人损失、执行财产刑后及时返还被告人。

第四百五十条　查封、扣押、冻结财物及其处理，本解释没有规定的，参照适用其他司法解释的有关规定。

【重点解读】①

2015年中办、国办《关于进一步规范刑事诉讼涉案财物处置工作的意见》第五条规定，探索建立跨部门的地方涉案财物集中管理信息平台。公安机关、人民检察院和人民法院查封、扣押、冻结、处理涉案财物，应当依照相关规定将财物清单及时录入信息平台，实现信息共享，确保涉案财物管理规范、移送顺畅、处置及时。涉案财物集中管理信息平台制度的引入，改变了涉案财物的处理方式。具体包括以下几种：

第一，涉案财物的实物已经移送人民法院。对于此类情形，鉴于涉案财物实物在人民法院保管之下，应当由人民法院在判决生效后负责处理。

第二，涉案财物的实物未随案移送，由扣押机关保管，但涉案财物清单已经录入信息平台。对于此种情形，随着诉讼程序推进，尽管涉案财物的实物处于扣押机关保管之下，但涉案财物清单已经移交人民法院，视为人民法院可以对涉案财物作出处理。人民法院应当在判决生效后十日以内，将判决书、裁定书送达扣押机关，并告知其在一个月以内将执行回单送回。为督促扣押机关及时执行人民法院的判决，扣押机关确因客观原因无法按时完成的，应当说明原因。

① 参见李少平主编书，第471—472页。

第三，对冻结的存款、汇款、债券、股票、基金份额等财产判决没收的，第一审人民法院应当在判决生效后，将判决书、裁定书送达相关金融机构和财政部门，通知相关金融机构依法上缴国库并在接到执行通知书后十五日以内，将上缴国库的凭证、执行回单送回。

第四，涉案财物的实物未随案移送，涉案财物的清单也未录入信息平台。对于此种情形，鉴于涉案财物并未实际处于人民法院的审理范围，人民法院不能径行对涉案财物作出处理。

此外，查封、扣押、冻结的财物与本案无关但已列入清单的，应当由查封、扣押、冻结机关依法处理，进而使财物权利人的权利尽快得到救济。

245.2.10 被告人亲属主动退缴赃款的处理

★《最高人民法院关于被告人亲属主动为被告人退缴赃款应如何处理的批复》[法(研)复〔1987〕32 号，1987 年 8 月 26 日]

一、被告人是成年人，其违法所得都由自己挥霍，无法追缴的，应责令被告人退赔，其家属没有代为退赔的义务。

被告人在家庭共同财产中有其个人应有部分的，只能在其个人应有部分的范围内，责令被告人退赔。

二、如果被告人的违法所得有一部分用于家庭日常生活，对这部分违法所得，被告人和家属均有退赔义务。

三、如果被告人对责令其本人退赔的违法所得已无实际上的退赔能力，但其亲属应被告人的请求，或者主动提出并征得被告人同意，自愿代被告人退赔部分或者全部违法所得的，法院也可考虑其具体情况，收下其亲属自愿代被告人退赔的款项，并视为被告人主动退赔的款项。

四、属于以上三种情况，已作了退赔的，均可视为被告人退赃较好，可以依法适用从宽处罚。

五、如果被告人的罪行应当判处死刑，并必须执行，属于以上第一、二两种情况的，法院可以接收退赔的款项；属于以上第三种情况的，其亲属自愿代为退赔的款项，法院不应接收。

245.3 规范性文件

245.3.1 检察机关涉案财物管理规范

★《人民检察院刑事诉讼涉案财物管理规定》(高检发〔2015〕6 号，2015 年 3 月 6 日)

第三条　违法所得的一切财物，应当予以追缴或者责令退赔。对被害人的合法财产，应当依照有关规定返还。违禁品和供犯罪所用的财物，应当予以查封、扣押、冻结，并依法处理。

第四条　人民检察院查封、扣押、冻结、保管、处理涉案财物，必须严格依照刑事诉讼法、《人民检察院刑事诉讼规则(试行)》以及其他相关规定进行。不得查封、扣押、冻结与案件无关的财物。凡查封、扣押、冻结的财物，都应当及时进行审查；经查明确实与案件无关的，应当在三日内予以解除、退还，并通知有关当事人。

严禁以虚假立案或者其他非法方式采取查封、扣押、冻结措施。对涉案单位违规的账外资金但与案件无关的，不得查封、扣押、冻结，可以通知有关主管机关或者其上级单位处理。

查封、扣押、冻结涉案财物，应当为犯罪嫌疑人、被告人及其所扶养的亲属保留必需的生活费用和物品，减少对涉案单位正常办公、生产、经营等活动的影响。

第二十二条 对于查封、扣押、冻结的涉案财物及其孳息，除按照有关规定返还被害人或者经查明确实与案件无关的以外，不得在诉讼程序终结之前上缴国库或者作其他处理。法律和有关规定另有规定的除外。

在诉讼过程中，对权属明确的被害人合法财产，凡返还不损害其他被害人或者利害关系人的利益、不影响诉讼正常进行的，人民检察院应当依法及时返还。权属有争议的，应当在决定撤销案件、不起诉或者由人民法院判决时一并处理。

在扣押、冻结期间，权利人申请出售被扣押、冻结的债券、股票、基金份额等财产的，以及扣押、冻结的汇票、本票、支票的有效期即将届满的，人民检察院办案部门应当依照《人民检察院刑事诉讼规则（试行）》的有关规定及时办理。

第二十三条 人民检察院作出撤销案件决定、不起诉决定或者收到人民法院作出的生效判决、裁定后，应当在三十日以内对涉案财物作出处理。情况特殊的，经检察长批准，可以延长三十日。

前款规定的对涉案财物的处理工作，人民检察院决定撤销案件的，由侦查部门负责办理；人民检察院决定不起诉或者人民法院作出判决、裁定的案件，由公诉部门负责办理；对人民检察院直接立案侦查的案件，公诉部门可以要求侦查部门协助配合。

人民检察院按照本规定第五条第二款的规定先行接收涉案财物，如果决定不予立案的，侦查部门应当按照本条第一款规定的期限对先行接收的财物作出处理。

第二十五条 对涉案财物，应当严格依照有关规定，区分不同情形，及时作出相应处理：

（一）因犯罪嫌疑人死亡而撤销案件、决定不起诉，依照刑法规定应当追缴其违法所得及其他涉案财产的，应当按照《人民检察院刑事诉讼规则（试行）》有关犯罪嫌疑人逃匿、死亡案件违法所得的没收程序的规定办理；对于不需要追缴的涉案财物，应当依照本规定第二十三条规定的期限及时返还犯罪嫌疑人、被不起诉人的合法继承人；

（二）因其他原因撤销案件、决定不起诉，对于查封、扣押、冻结的犯罪嫌疑人违法所得及其他涉案财产需要没收的，应当依照《人民检察院刑事诉讼规则（试行）》有关撤销案件时处理犯罪嫌疑人违法所得的规定提出检察建议或者依照刑事诉讼法第一百七十三条第三款①的规定提出检察意见，移送有关主管机关处理；未认定为需要没收并移送有关主管机关处理的涉案财物，应当依照本规定第二十三条规定的期限及时返还犯罪嫌疑人、被不起诉人；

（三）提起公诉的案件，在人民法院作出生效判决、裁定后，对于冻结在金融机构的涉案财产，由人民法院通知该金融机构上缴国库；对于查封、扣押

① 2018年刑事诉讼法第一百七十七条第三款。

且依法未随案移送人民法院的涉案财物，人民检察院根据人民法院的判决、裁定上缴国库；

（四）人民检察院侦查部门移送审查起诉的案件，起诉意见书中未认定为与犯罪有关的涉案财物；提起公诉的案件，起诉书中未认定或者起诉书认定但人民法院生效判决、裁定中未认定为与犯罪有关的涉案财物，应当依照本条第二项的规定移送有关主管机关处理或者及时返还犯罪嫌疑人、被不起诉人、被告人；

（五）对于需要返还被害人的查封、扣押、冻结涉案财物，应当按照有关规定予以返还。

人民检察院应当加强与人民法院、公安机关、国家安全机关的协调配合，共同研究解决涉案财物处理工作中遇到的突出问题，确保司法工作顺利进行，切实保障当事人合法权益。

第二十六条　对于应当返还被害人的查封、扣押、冻结涉案财物，无人认领的，应当公告通知。公告满六个月无人认领的，依法上缴国库。上缴国库后有人认领，经查证属实的，人民检察院应当向人民政府财政部门申请退库予以返还。原物已经拍卖、变卖的，应当退回价款。

第二十七条　对于贪污、挪用公款等侵犯国有资产犯罪案件中查封、扣押、冻结的涉案财物，除人民法院判决上缴国库的以外，应当归还原单位或者原单位的权利义务继受单位。犯罪金额已经作为损失核销或者原单位已不存在且无权利义务继受单位的，应当上缴国库。

第二十八条　查封、扣押、冻结的涉案财物应当依法上缴国库或者返还有关单位和个人的，如果有孳息，应当一并上缴或者返还。

245.3.2　公安机关涉案财物管理规范

★《公安机关涉案财物管理若干规定》（公通字〔2015〕21 号，2015 年 7 月 22 日）

第二条　本规定所称涉案财物，是指公安机关在办理刑事案件和行政案件过程中，依法采取查封、扣押、冻结、扣留、调取、先行登记保存、抽样取证、追缴、收缴等措施提取或者固定，以及从其他单位和个人接收的与案件有关的物品、文件和款项，包括：

（一）违法犯罪所得及其孳息；

（二）用于实施违法犯罪行为的工具；

（三）非法持有的淫秽物品、毒品等违禁品；

（四）其他可以证明违法犯罪行为发生、违法犯罪行为情节轻重的物品和文件。

第四条　公安机关管理涉案财物，必须严格依法进行。任何单位和个人不得贪污、挪用、私分、调换、截留、坐支、损毁、擅自处理涉案财物。

对于涉及国家秘密、商业秘密、个人隐私的涉案财物，应当保密。

第五条　对涉案财物采取措施，应当严格依照法定条件和程序进行，履行相关法律手续，开具相应法律文书。严禁在刑事案件立案之前或者行政案件受案之前对财物采取查封、扣押、冻结、扣留措施，但有关法律、行政法规另有规定的除外。

第六条　公安机关对涉案财物采

取措施后，应当及时进行审查。经查明确实与案件无关的，应当在三日以内予以解除、退还，并通知有关当事人。对与本案无关，但有证据证明涉及其他部门管辖的违纪、违法、犯罪行为的财物，应当依照相关法律规定，连同有关线索移送有管辖权的部门处理。

对涉案财物采取措施，应当为违法犯罪嫌疑人及其所扶养的亲属保留必需的生活费用和物品；根据案件具体情况，在保证侦查活动正常进行的同时，可以允许有关当事人继续合理使用有关涉案财物，并采取必要的保值保管措施，以减少侦查办案对正常办公和合法生产经营的影响。

第七条　公安机关对涉案财物进行保管、鉴定、估价、公告等，不得向当事人收取费用。

第十八条　公安机关应当依据有关法律规定，及时办理涉案财物的移送、返还、变卖、拍卖、销毁、上缴国库等工作。

对刑事案件中作为证据使用的涉案财物，应当随案移送；对于危险品、大宗大型物品以及容易腐烂变质等不宜随案移送的物品，应当移送相关清单、照片或者其他证明文件。

第十九条　有关违法犯罪事实查证属实后，对于有证据证明权属明确且无争议的被害人、被侵害人合法财产及其孳息，凡返还不损害其他被害人、被侵害人或者利害关系人的利益，不影响案件正常办理的，应当在登记、拍照或者录像和估价后，报经县级以上公安机关负责人批准，开具发还清单并返还被害人、被侵害人。办案人员应当在案卷材料中注明返还的理由，并将原物照片、发还清单和被害人、被侵害人的领取手续存卷备查。

领取人应当是涉案财物的合法权利人或者其委托的人，办案人员或者公安机关其他工作人员不得代为领取。

第二十条　对于刑事案件依法撤销、行政案件因违法事实不能成立而作出不予行政处罚决定的，除依照法律、行政法规有关规定另行处理的以外，公安机关应当解除对涉案财物采取的相关措施并返还当事人。

人民检察院决定不起诉、人民法院作出无罪判决，涉案财物由公安机关管理的，公安机关应当根据人民检察院的书面通知或者人民法院的生效判决，解除对涉案财物采取的相关措施并返还当事人。

人民法院作出有罪判决，涉案财物由公安机关管理的，公安机关应当根据人民法院的生效判决，对涉案财物作出处理。人民法院的判决没有明确涉案财物如何处理的，公安机关应当征求人民法院意见。

第二十一条　对于因自身材质原因易损毁、灭失、腐烂、变质而不宜长期保存的食品、药品及其原材料等物品，长期不使用容易导致机械性能下降、价值贬损的车辆、船舶等物品，市场价格波动大的债券、股票、基金份额等财产和有效期即将届满的汇票、本票、支票等，权利人明确的，经其本人书面同意或者申请，并经县级以上公安机关主要负责人批准，可以依法变卖、拍卖，所得款项存入本单位唯一合规账户；其中，对于冻结的债券、股票、基金份额等财产，有对应的银行账户的，应当将变现后的款项继续冻结在对应账户中。

对涉案财物的变卖、拍卖应当坚持公开、公平原则，由县级以上公安机关商本级人民政府财政部门统一组织实施，严禁暗箱操作。

善意第三人等案外人与涉案财物处理存在利害关系的，公安机关应当告知其相关诉讼权利。

第二十二条　公安机关在对违法行为人、犯罪嫌疑人依法作出限制人身自由的处罚或者采取限制人身自由的强制措施时，对其随身携带的与案件无关的财物，应当按照《公安机关代为保管涉案人员随身财物若干规定》有关要求办理。

第二十三条　对于违法行为人、犯罪嫌疑人或者其家属、亲友给予被害人、被侵害人退、赔款物的，公安机关应当通知其向被害人、被侵害人或者其家属、委托的人直接交付，并将退、赔情况及时书面告知公安机关。公安机关不得将退、赔款物作为涉案财物扣押或者暂存，但需要作为证据使用的除外。

被害人、被侵害人或者其家属、委托的人不愿意当面接收的，经其书面同意或者申请，公安机关可以记录其银行账号，通知违法行为人、犯罪嫌疑人或者其家属、亲友将退、赔款项汇入该账户。

公安机关应当将双方的退赔协议或者交付手续复印附卷保存，并将退赔履行情况记录在案。

245.3.3　有组织犯罪案件涉案财物处理规范

★《公安机关反有组织犯罪工作规定》（公安部令第 165 号，2022 年 8 月 26 日）

第四十五条　公安机关根据办理有组织犯罪案件的需要，可以全面调查涉嫌有组织犯罪的组织及其成员财产的来源、性质、用途、权属及价值，依法采取查询、查封、扣押、冻结等措施。

全面调查的范围包括：有组织犯罪组织的财产；组织成员个人所有的财产；组织成员实际控制的财产；组织成员出资购买的财产；组织成员转移至他人名下的财产；组织成员涉嫌洗钱及掩饰、隐瞒犯罪所得、犯罪所得孳息、收益等犯罪涉及的财产；其他与有组织犯罪组织及其成员有关的财产。

第四十七条　对下列财产，经县级以上公安机关主要负责人批准，可以依法先行处置，所得价款由扣押、冻结机关保管，并及时告知犯罪嫌疑人、被告人或者其近亲属：

（一）易损毁、灭失、变质等不宜长期保存的物品；

（二）有效期即将届满的汇票、本票、支票等；

（三）债券、股票、基金份额等财产，经权利人申请，出售不损害国家利益、被害人利益，不影响诉讼正常进行的。

第五十二条　对于不宜查封、扣押、冻结的经营性财产，经县级以上公安机关主要负责人批准，可以申请当地政府指定有关部门或者委托有关机构代管或者托管。

不宜查封、扣押、冻结情形消失的，公安机关可以依法对相关财产采取查封、扣押、冻结措施。

第五十三条　利害关系人对查封、扣押、冻结、处置涉案财物提出异议的，公安机关应当及时予以核实，听取其意见，依法作出处理，并书面告知利害关系人。经查明确实与案件无关的财物，应当在三日以内解除相关措施，并予以退还。

公安机关对涉案财物作出处理后，利害关系人对处理不服的，可以提出申诉或者控告。受理申诉或者控告的公安机关应当及时进行调查核实，在收到申诉、控告之日起三十日以内作出处理决定并书面回复。

245.3.4 走私案件涉案财物处理规范

★《最高人民法院关于严格执行有关走私案件涉案财物处理规定的通知》（法〔2006〕114号，2006年4月30日）

……《海关法》第九十二条规定，“海关依法扣留的货物、物品、运输工具，在人民法院判决或者海关处罚决定作出之前，不得处理”；“人民法院判决没收或者海关决定没收的走私货物、物品、违法所得、走私运输工具、特制设备，由海关依法统一处理，所得价款和海关决定处以的罚款，全部上缴中央国库。”《最高人民法院、最高人民检察院、海关总署关于办理走私刑事案件适用法律若干问题的意见》第二十三条规定，“人民法院在判决走私罪案件时，应当对随案清单、证明文件中载明的款、物审查确认并依法判决予以追缴、没收；海关根据人民法院的判决和海关法的有关规定予以处理，上缴中央国库。”

据此，地方各级人民法院在审理走私犯罪案件时，对涉案的款、物等，应当严格遵循并切实执行上述法律、司法解释的规定，依法作出追缴、没收的判决。对于在审理走私犯罪案件中遇到的新情况、新问题，要加强与海关等相关部门的联系和协调，对于遇到的适用法律的新问题，应当及时报告最高人民法院。

★《海关总署关于贯彻执行〈关于刑事诉讼法实施中若干问题的规定〉的通知》（署法〔1998〕202号，1998年4月15日）

三、关于走私货物、物品及违法所得的处理

（一）根据刑事诉讼法第一百九十八条①和《规定》第48条关于赃款赃物处理程序规定的精神以及《海关法》第五十二条的有关规定，海关在向公安机关移送走私罪嫌疑案件时，只随案移送有关走私货物、物品以及属于走私犯罪分子所有的走私运输工具的清单、照片或其他可起证据作用的证明文件；对查扣的走私罪嫌疑人违法所得，包括根据《海关法行政处罚实施细则》的有关规定，对确属来源于走私行为非法取得的存款、汇款，已通知银行或者邮局暂停支付的，只随案移送有关证明文件。

（二）海关对查扣的依法不移送的走私货物、物品、违法所得和走私运输工具，应当在人民法院判决生效后，依照国务院和海关总署的有关规定处理。对不宜长期保存的物品需要提前处理的，海关应当按照规定报请海关总署批准并且在处理前通知司法机关和货物、物品的所有人。提前处理走私货物、物品应注意留样以备核查；不便留样的可在处理前提请司法机关或有关检验机关对货物、物品作出鉴定。

245.3.5 电信网络诈骗涉案财物的处理

★《最高人民法院、最高人民检察院、公安部关于办理电信网络诈骗等刑事案件适用法律若干问题的意见》（法

---

① 2018年刑事诉讼法第二百四十五条。

发〔2016〕32 号，2016 年 12 月 19 日）

七、涉案财物的处理

（一）公安机关侦办电信网络诈骗案件，应当随案移送涉案赃款赃物，并附清单。人民检察院提起公诉时，应一并移交受理案件的人民法院，同时就涉案赃款赃物的处理提出意见。

（二）涉案银行账户或者涉案第三方支付账户内的款项，对权属明确的被害人的合法财产，应当及时返还。确因客观原因无法查实全部被害人，但有证据证明该账户系用于电信网络诈骗犯罪，且被告人无法说明款项合法来源的，根据刑法第六十四条的规定，应认定为违法所得，予以追缴。

（三）被告人已将诈骗财物用于清偿债务或者转让给他人，具有下列情形之一的，应当依法追缴：

1. 对方明知是诈骗财物而收取的；

2. 对方无偿取得诈骗财物的；

3. 对方以明显低于市场的价格取得诈骗财物的；

4. 对方取得诈骗财物系源于非法债务或者违法犯罪活动的。

他人善意取得诈骗财物的，不予追缴。

★《最高人民法院、最高人民检察院、公安部关于办理电信网络诈骗等刑事案件适用法律若干问题的意见（二）》（法发〔2021〕22 号，2021 年 6 月 17 日）

十七、查扣的涉案账户内资金，应当优先返还被害人，如不足以全额返还的，应当按照比例返还。

★《最高人民法院、最高人民检察院、公安部关于办理跨境电信网络诈骗等刑事案件适用法律若干问题的意见》（2024 年 6 月 26 日）

三、全面加强追赃挽损

15. 公安机关、人民检察院、人民法院应当全面调查、审查跨境电信网络诈骗、敲诈勒索等犯罪集团、犯罪团伙及其成员的财产状况，依法及时查询、查封、扣押、冻结涉案账户资金、房产、车辆、贵金属等涉案财物。对于依法查封、扣押、冻结的涉案财物，公安机关应当全面收集证明其来源、性质、权属、价值，以及是否应予追缴、没收或者责令退赔等证据材料，并在移送审查起诉时随案移送。人民检察院应当对涉案财物的证据材料进行审查，在提起公诉时提出处理意见。人民法院应当在判决书中对涉案财物作出处理。

245.3.6　非法集资案件财物追缴和处置

★《最高人民法院、最高人民检察院、公安部关于办理非法集资刑事案件适用法律若干问题的意见》（公通字〔2014〕16 号，2014 年 3 月 25 日）

五、关于涉案财物的追缴和处置问题

向社会公众非法吸收的资金属于违法所得。以吸收的资金向集资参与人支付的利息、分红等回报，以及向帮助吸收资金人员支付的代理费、好处费、返点费、佣金、提成等费用，应当依法追缴。集资参与人本金尚未归还的，所支付的回报可予折抵本金。

将非法吸收的资金及其转换财物用于清偿债务或者转让给他人，有下列情形之一的，应当依法追缴：

（一）他人明知是上述资金及财物而收取的；

（二）他人无偿取得上述资金及财

物的；

（三）他人以明显低于市场的价格取得上述资金及财物的；

（四）他人取得上述资金及财物系源于非法债务或者违法犯罪活动的；

（五）其他依法应当追缴的情形。

查封、扣押、冻结的易贬值及保管、养护成本较高的涉案财物，可以在诉讼终结前依照有关规定变卖、拍卖。所得价款由查封、扣押、冻结机关予以保管，待诉讼终结后一并处置。

查封、扣押、冻结的涉案财物，一般应在诉讼终结后，返还集资参与人。涉案财物不足全部返还的，按照集资参与人的集资额比例返还。

245.3.7　涉案财物的价格鉴定与估价规范

★《国家发展和改革委员会、最高人民法院、最高人民检察院、公安部、财政部关于扣押追缴没收及收缴财物价格鉴定管理的补充通知》（发改厅〔2008〕1392号，2008年6月4日）

二、各司法、行政执法机关在办理各自管辖刑事案件中，涉及价格不明或者价格有争议、需要对涉案财物或标的进行价格鉴定的，办案机关应委托同级政府价格部门设立的价格鉴定机构进行价格鉴定。

政府价格部门设立的价格鉴定机构可以接受办案机关的委托，对非刑事案件中涉案财物或标的进行价格鉴定。

三、各级政府价格主管部门设立的价格鉴证机构从事国家机关委托的刑事案件涉案财物价格鉴定不收费，该项鉴定费用由同级财政部门根据价格认证中心业务量大小，核定专项经费拨款或补贴。

★《最高人民法院、最高人民检察院、公安部、国家计划委员会关于统一赃物估价工作的通知》（法发〔1994〕9号，1994年4月22日）

一、人民法院、人民检察院、公安机关在办理刑事案件过程中，对于价格不明或者价格难以确定的赃物应当估价。案件移送时，应附《赃物估价鉴定结论书》。

三、人民法院、人民检察院、公安机关在办案中需要对赃物估价时，应当出具估价委托书，委托案件管辖地的同级物价管理部门设立的价格事务所进行估价。估价委托书一般应当载明赃物的品名、牌号、规格、数量、来源、购置时间、以及违法犯罪获得赃物的时间、地点等有关情况。

四、价格事务所应当参照最高人民法院、最高人民检察院1992年12月11日《关于办理盗窃案件具体应用法律的若干问题的解释》①第三条的规定估价。价格事务所应当在接受估价委托后七日内作出估价鉴定结论，但另有约定的除外。

五、价格事务所对赃物估价后，应当出具统一制作的《赃物估价鉴定结论书》，由估价工作人员签名并加盖价格事务所印章。

六、委托估价的机关应当对《赃物估价鉴定结论书》进行审查。如果对同级价格事务所出具的《赃物估价鉴定结论书》提出异议，可退回价格事务所重新鉴定或者委托上一级价格事务所复

---

①　已被2013年1月18日施行的“两高”废止文件决定所废止。理由：刑法及相关司法解释已有新规定。

核。经审查，确认无误的赃物估价鉴定结论，才能作为定案的根据。国家计委指定的直属价格事务所是赃物估价的最终复核裁定机构。

★**《扣押、追缴、没收物品估价管理办法》**（计办〔1997〕808 号，1997 年 4 月 22 日）

第二条　人民法院、人民检察院、公安机关各自管辖的刑事案件，对于价格不明或者价格难以确定的扣押、追缴、没收物品需要估价的，应当委托指定的估价机构估价。案件移送时，应当附有《扣押、追缴、没收物品估价鉴定结论书》。

第三条　公安机关移送人民检察院审查起诉和人民检察院向人民法院提起公诉的案件，对估价结论有异议的，应当由提出异议的机关自行委托估价机构重新估价。

第四条　对于扣押、追缴、没收的珍贵文物，珍贵、濒危动物及其制品，珍稀植物及其制品，毒品，淫秽物品，枪支、弹药等不以价格数额作为定罪量刑标准的，不需要估价。

第五条　国务院及地方人民政府价格部门是扣押、追缴、没收物品估价工作的主管部门，其设立的价格事务所是各级人民法院、人民检察院、公安机关指定的扣押、追缴、没收物品估价机构，其他任何机构或者个人不得对扣押、追缴、没收物品估价。

第六条　价格事务所出具的扣押、追缴、没收物品估价鉴定结论，经人民法院、人民检察院、公安机关确认，可以作为办理案件的依据。

第十二条　价格事务所应当在接受估价委托之日起七日内作出扣押、追缴、没收物品估价鉴定结论；另有约定的，在约定期限内作出。

第十三条　价格事务所办理的扣押、追缴、没收物品估价鉴定，应当由两名以上估价工作人员共同承办，出具的估价鉴定结论，必须经过内部审议。

价格事务所估价人员，遇有下列情形之一的，应当回避：

（一）与估价事项当事人有亲属关系或与该估价事项有利害关系的；

（二）与估价事项当事人有其他关系，可能影响对扣押、追缴、没收物品公正估价的。

第十四条　价格事务所在完成估价后，应当向委托机关出具《扣押、追缴、没收物品估价鉴定结论书》。《扣押、追缴、没收物品估价鉴定结论书》应当包括以下内容：

（一）估价范围和内容；

（二）估价依据；

（三）估价方法和过程要述；

（四）估价结论；

（五）其他需要说明的问题及有关材料；

（六）估价工作人员签名。

价格事务所出具的《扣押、追缴、没收物品估价鉴定结论书》必须加盖单位公章。

第十五条　委托机关对价格事务所出具的《扣押、追缴、没收物品估价鉴定结论书》有异议的，可以向原估价机构要求补充鉴定或者重新鉴定，也可以直接委托上级价格部门设立的价格事务所复核或者重新估价。

第十六条　接受委托的价格事务所认为必要时，在征得委托机关同意后，可以将委托事项转送上级价格部门设立的价格事务所进行估价,并将有关情况书面通知原委托估价机关。

第十八条 价格事务所必须按照国家的有关法律规定,以及最高人民法院、最高人民检察院制定的有关司法解释和各项价格法规,客观公正、准确及时地估定扣押、追缴、没收物品价格。

第十九条 扣押、追缴、没收物品估价的基准日除法律、法规和司法解释另有规定外,应当由委托机关根据案件实际情况确定。

第二十条 价格事务所对委托估价的文物、邮票、字画、贵重金银、珠宝及其制品等特殊物品,应当送有关专业部门作出技术、质量鉴定后,根据其提供的有关依据,作出估价结论。

245.3.8 侦查机关返还被害人合法财产

★《公安规定》(2020)

第二百三十四条 有关犯罪事实查证属实后,对于有证据证明权属明确且无争议的被害人合法财产及其孳息,且返还不损害其他被害人或者利害关系人的利益,不影响案件正常办理的,应当在登记、拍照或者录音录像和估价后,报经县级以上公安机关负责人批准,开具发还清单返还,并在案卷材料中注明返还的理由,将原物照片、发还清单和被害人的领取手续存卷备查。

领取人应当是涉案财物的合法权利人或者其委托的人;委托他人领取的,应当出具委托书。侦查人员或者公安机关其他工作人员不得代为领取。

查找不到被害人,或者通知被害人后,无人领取的,应当将有关财产及其孳息随案移送。

【重点解读】①

涉案财物的合法权利人,包括财物的所有人和对财物享有合法的占有、使用等权利的人,如果不能亲自领取返还的财物的,可以委托他人代为领取。权利人应当出具委托书,连同身份证件的复印件一并交由代为领取人。代为领取人应当向公安机关出具委托书、委托人身份证件复印件和本人有效身份证件。

★《国安规定》(2024)

第二百六十一条 有关犯罪事实查证属实后,对于有证据证明权属明确且无争议的被害人合法财产及其孳息,且返还不损害其他被害人或者利害关系人的利益,不影响案件正常办理的,应当在登记、拍照或者录音录像和估价后,报经国家安全机关负责人批准,开具发还清单返还,并在案卷材料中注明返还的理由,将原物照片、发还清单和被害人的领取手续存卷备查。

领取人应当是涉案财物的合法权利人或者其委托的人;委托他人领取的,应当出具委托书。侦查人员或者国家安全机关其他工作人员不得代为领取。

查找不到被害人,或者通知被害人后,无人领取的,应当将有关财产及其孳息随案移送。

245.3.9 侦查机关对涉案物品的保管和处理

★《公安规定》(2020)

第二百三十五条 对查封、扣押的财物及其孳息、文件,公安机关应当妥

---

① 参见孙茂利主编书,第564页。

善保管,以供核查。任何单位和个人不得违规使用、调换、损毁或者自行处理。

县级以上公安机关应当指定一个内设部门作为涉案财物管理部门,负责对涉案财物实行统一管理,并设立或者指定专门保管场所,对涉案财物进行集中保管。

对价值较低、易于保管,或者需要作为证据继续使用,以及需要先行返还被害人的涉案财物,可以由办案部门设置专门的场所进行保管。办案部门应当指定不承担办案工作的民警负责本部门涉案财物的接收、保管、移交等管理工作;严禁由侦查人员自行保管涉案财物。

第二百三十六条　在侦查期间,对于易损毁、灭失、腐烂、变质而不宜长期保存,或者难以保管的物品,经县级以上公安机关主要负责人批准,可以在拍照或者录音录像后委托有关部门变卖、拍卖,变卖、拍卖的价款暂予保存,待诉讼终结后一并处理。

对于违禁品,应当依照国家有关规定处理;需要作为证据使用的,应当在诉讼终结后处理。

【重点解读】①

为进一步完善涉案财物管理制度,消除办案部门、办案人员自行保管涉案财物带来的底数不清、管理不善、挪用侵占等问题,公安部要求各级公安机关建立办案部门与保管部门、办案人员与保管人员相互制约制度,指定一个内设部门作为涉案财物管理部门,负责对涉案财物实行统一管理。同时,通过设立或者指定专门保管场所,对本级公安机关所办案件的涉案财物进行集中保管。其中,对价值较低、易于保管,或者需要作为证据继续使用,以及需要先行返还被害人的涉案财物,可以由办案部门设置专门的场所进行保管,不必一律送至本级公安机关集中保管场所进行保管。办案单位自行保管涉案财物的,也要建立制约机制,即应当指定不承担办案工作的民警负责本部门涉案财物的接收、保管、移交等管理工作,严禁由侦查人员自行保管涉案财物。

对于侦查期间公安机关变卖、拍卖的涉案财物,执行中应当注意三点:一是变卖、拍卖需要经过县级以上公安机关负责人批准;二是应当拍照或者录音录像,以备在诉讼过程中出示和使用;三是变卖、拍卖应当委托有关部门进行,公安机关不得自行变卖、拍卖。

对于违禁品,一般应按国家规定收缴或没收。对作为证据使用的违禁品,应当在诉讼终结后,方可依照规定进行销毁等处理,以免影响正常的刑事诉讼活动。违禁品,主要是指淫秽物品,武器弹药、管制刀具,易燃、易爆、剧毒、放射等危险品,鸦片、海洛因、吗啡、冰毒、大麻等毒品和制毒原料或者配剂、管制药品,危害国家安全的传单、标语、信件和其他宣传品等。

★《国安规定》(2024)

第二百五十七条　对于因自身材质原因易损毁、灭失、腐烂、变质而不宜长期保存的食品、药品及其原材料等物品,长期不使用容易导致机械性能下降、价值贬损的车辆、船舶等物品,市场价格波动大的债券、股票、基金份额等财产和有效期即将届满的汇票、本票、支票等,权利人明确的,经其本人书面

---

① 参见孙茂利主编书,第566—567页。

同意或者申请,并经设区的市级以上国家安全机关负责人批准,可以依法变卖、拍卖,所得款项存入本单位唯一合规账户;其中,对于冻结的债券、股票、基金份额等财产,有对应的银行账户的,应当将变现后的款项继续冻结在对应账户中。

善意第三人等案外人与涉案财物处理存在利害关系的,国家安全机关应当告知其相关诉讼权利。

第二百五十八条　对于违禁品,应当依照国家有关规定处理;对于需要作为证据使用的,应当在诉讼终结后处理。

第二百六十二条　对查封、扣押的财物及其孳息、文件,国家安全机关应当妥善保管,以供核查。任何单位和个人不得违规使用、调换、损毁、截留、坐支、私分或者擅自处理。

国家安全机关应当依照有关规定,严格管理涉案财物,及时办理涉案财物的移送、返还、变卖、拍卖、销毁、上缴国库等工作。

245.3.10　侦查机关对涉案物品的随案移送要求

★《公安规定》(2020)

第二百八十八条　对查封、扣押的犯罪嫌疑人的财物及其孳息、文件或者冻结的财产,作为证据使用的,应当随案移送,并制作随案移送清单一式两份,一份留存,一份交人民检察院。制作清单时,应当根据已经查明的案情,写明对涉案财物的处理建议。

对于实物不宜移送的,应当将其清单、照片或者其他证明文件随案移送。待人民法院作出生效判决后,按照人民法院送达的生效判决书、裁定书依法作出处理,并向人民法院送交回执。人民法院在判决、裁定中未对涉案财物作出处理的,公安机关应当征求人民法院意见,并根据人民法院的决定依法作出处理。

【重点解读】①

公安机关制作涉案财物清单时,应当根据已经查明的案情,写明对涉案财物的处理建议,例如上缴国库、销毁、依法交有关部门处理等。查封、冻结的财产都应当随案移送清单、照片,协助查封、冻结的有关部门、金融机构出具的回执等证明文件。

有的案件,存在较多查封、扣押的涉案财物,人民法院在作出判决时并未一并作出处理决定,导致涉案财物滞留在公安机关。对于此种情况,公安机关应当及时征求人民法院的意见,并根据人民法院的决定依法作出处理。

★《国安规定》(2024)

第三百一十条　对于查封、扣押的犯罪嫌疑人的财物及其孳息、文件或者冻结的财产,作为证据使用的,应当随案移送,并制作随案移送清单一式两份,一份留存,一份交人民检察院。

对于实物不宜移送的,应当将其清单、照片或者其他证明文件随案移送。待人民法院作出生效判决后,按照人民法院送达的生效判决书、裁定书依法作出处理,并向人民法院送交回执。人民法院未作出处理的,应当征求人民法院意见,并根据人民法院的决定依法作出处理。

① 参见孙茂利主编书,第676—677页。

245.4　指导与参考案例

245.4.1　依法发还法院追缴财物的效力

【最高人民法院指导性案例】

［第 44 号］卜新光申请刑事违法追缴赔偿案

裁判要点：公安机关根据人民法院生效刑事判决将判令追缴的赃物发还被害单位，并未侵犯赔偿请求人的合法权益，不属于国家赔偿法第十八条第（一）项规定的情形，不应承担国家赔偿责任。

245.4.2　继续追缴涉案财物的主体和程序

【刑事审判参考案例】

［第 827 号］许俊伟、张建英合同诈骗案

裁判要旨：刑事涉案财物包括以下三种类型：一是刑事违法所得，它包括财物及其孳息，是基于犯罪行为所产生、由犯罪行为人所占有和控制、没有合法根据的利益，体现为违法性、价值性、占有性。二是供犯罪所用之物，它是指实施犯罪时所使用的财物，包括已经供犯罪所用或者将要供犯罪所用的物。三是犯罪行为人所持有的违禁物品。刑事诉讼法对法院在判决书中对查封、扣押、冻结的财物及其孳息如何处理进行了明确规定，对于不管是哪个案件阶段、哪个办案机关扣押的涉案财产，均应当在判决中作出相关处理，有关机关应当按照判决执行。同时规定了犯罪嫌疑人、被告人逃匿、死亡案件违法所得没收的程序。但法律对由哪个机关以及依照何种程序来执行对涉案财物的追缴，目前尚未有明确规定。对于刑事诉讼中的继续追缴，应当本着合法、合理、经济的原则，根据案件所处的不同诉讼阶段，确定相应的执行主体。对于法院生效判决确定需要继续追缴的，如果人民法院能够独立完成，则独立完成；如果不能独立完成，则应当由其牵头，公安、检察、金融等管理部门配合。采取多元化模式的追缴，既符合立法对人民法院的定位，又能使有限的司法资源得到合理整合。

245.4.3　对涉案财物权属提出异议的案外人出庭

【最高人民法院指导性案例】

［第 188 号］史广振等组织、领导、参加黑社会性质组织案

裁判要点：在涉黑社会性质组织犯罪案件审理中，应当对查封、扣押、冻结财物及其孳息的权属进行调查，案外人对查封、扣押、冻结财物及其孳息提出权属异议的，人民法院应当听取其意见，确有必要的，人民法院可以通知其出庭，以查明相关财物权属。

245.5　专门问题解答

245.5.1　破产财产的认定及其清偿顺位

★《法答网精选答问（第一批）》（《人民法院报》2024 年 2 月 29 日第 1 版）

问题 5：公司被申请破产，该公司的财产被另案刑事判决认定为涉案财产，该部分涉案财产是否属于破产财产？如果属于破产财产，刑事追赃债权在破产案件中的清偿顺位如何？

答疑意见：第一，如果刑事判决泛泛地认定破产企业财产属于涉案财产，没有明确破产企业的哪些财产属于赃款赃物的，应由刑事案件合议庭作出进

一步说明,或作出补正裁定。不能说明或者作出补正裁定的,可由刑事被害人作为破产程序中的普通债权人申报债权。

第二,如果刑事判决对破产企业特定财产明确为赃款赃物(包括按上述第一点通过进一步说明或补正裁定明确特定财产为赃款赃物),原则上应尊重刑事判决的认定,并依据《最高人民法院、最高人民检察院、公安部关于办理非法集资刑事案件若干问题的意见》第九条第四款关于"查封、扣押、冻结的涉案财物,一般应在诉讼终结后返还集资参与人。涉案财物不足全部返还的,按照集资参与人的集资额比例返还。退赔集资参与人的损失一般优先于其他民事债务以及罚金、没收财产的执行"的规定,将此部分财产从破产财产中剔除出去,由刑事程序退赔给有关被害人。这里应当注意的是:(1)非法集资参与人优先于其他民事债务的财产范围限于"涉案财产"即赃款赃物,不能扩大到被告人的其他合法财产。也就是说,第九条所规定的优先于其他民事债务,是指被明确认定为非法集资等犯罪行为涉及的赃款赃物,而不应扩大财产范围,优先于其他民事债务受偿。(2)刑事判决虽判令追缴、退赔"赃款赃物",但该赃款赃物之原物已不存在或者已与其他财产混同的,被害人的损失在破产程序中只能与其他债权按损失性质(通常为普通债权)有序受偿。比如,刑事判决判令追缴刑事被告人100万元,但该100万元在被告人处并无对应的(被查封之)赃款时(即缺乏原物时),该追缴只能在破产程序中与其他普通债权一起有序受偿。(3)刑事判决中的涉案财产被刑事被告人用于投资或置业,行为人也已取得相应股权或投资份额的,按照《法院解释》第四百四十三条和《最高人民法院关于刑事裁判涉财产部分执行的若干规定》第十条第二款、第三款的规定,只能追缴投资或置业所形成的财产及收益,而涉案财产本身不应再被追缴或者没收。(4)涉案财产已被刑事被告人用于清偿合法债务、转让或者设置其他权利负担,善意案外人通过正常的市场交易、支付了合理对价,并实际取得相应权利的,按照《最高人民法院关于刑事裁判涉财产部分执行的若干规定》第十一条第二款的规定,亦不得追缴或者没收。

第四章　死刑复核程序

246　死刑核准权

246.1　法条规定

第二百四十六条　死刑由最高人民法院核准。

【立法释义】①

本条规定明确了死刑核准权。死刑复核程序是特殊的审判程序，也是贯彻死刑政策的关键制度安排。死刑是最严厉的刑罚，剥夺罪犯的生命，而且一旦执行就无法改变。我国实行“保留死刑，严格控制和慎重适用死刑”的死刑政策。死刑复核程序是对判处死刑的案件进行审查核准的特殊审判程序。

死刑核准权曾一度下放至省、自治区、直辖市的高级人民法院，作为特殊时期，针对特定案件采取的暂时措施，适应了打击严重危害公共安全和社会治安犯罪的需要。但在执行中也存在一些问题，为了进一步严格规范死刑程序，2006 年 10 月 31 日，第十届全国人民代表大会常务委员会第二十四次会议通过了《关于修改〈中华人民共和国人民法院组织法〉的决定》，将人民法院组织法原第十三条修改为“死刑除依法由最高人民法院判决的以外，应当报请最高人民法院核准”。自 2007 年 1 月 1 日起，死刑除依法由最高人民法院判决的以外，各高级人民法院和解放军军事法院依法判处和裁定的，均应当报请最高人民法院核准。

246.2　司法解释

246.2.1　最高人民法院统一行使死刑核准权

★《最高人民法院关于统一行使死刑案件核准权有关问题的决定》（法释〔2006〕12 号，2006 年 12 月 28 日）

（一）自 2007 年 1 月 1 日起，最高人民法院根据全国人民代表大会常务委员会有关决定和人民法院组织法原第十三条的规定发布的关于授权高级人民法院和解放军军事法院核准部分死刑案件的通知（见附件），一律予以废止。

（二）自 2007 年 1 月 1 日起，死刑除依法由最高人民法院判决的以外，各高级人民法院和解放军军事法院依法判处和裁定的，应当报请最高人民法院核准。

（三）2006 年 12 月 31 日以前，各高级人民法院和解放军军事法院已经核准的死刑立即执行的判决、裁定，依法仍由各高级人民法院、解放军军事法院院长签发执行死刑的命令。

247　死刑案件的报请核准程序

247.1　法条规定

第二百四十七条　中级人民法院判处死刑的第一审案件，被告人不上诉的，应当由高级人民法院复核后，报请最高人民法院核准。高级人民法院不同意判处死刑的，可以提审或者发回重新审判。

---

① 参见王爱立主编书，第 521—523 页。

高级人民法院判处死刑的第一审案件被告人不上诉的，和判处死刑的第二审案件，都应当报请最高人民法院核准。

【立法释义】[①]

报送死刑复核案件，必须做到犯罪事实清楚，证据确实、充分，适用法律正确，诉讼文件齐备。高级人民法院向最高人民法院报送死刑复核案件时，必须报送死刑案件综合报告和判决书，一案一报，并报送全部诉讼案卷和证据。对于共同犯罪的案件，应当报送全案、全部的诉讼卷宗和证据，对共同犯罪而判处其他刑罚的罪犯的案卷也要报送。死刑案件综合报告，应当写明被告人的姓名、性别、年龄、民族、籍贯、住址、职业、简历，拘留、逮捕、起诉的时间，现在羁押的处所，被告人的犯罪事实和情节，认定犯罪的证据，定罪量刑的法律依据及其他需要说明的问题。报送的案卷材料是指依法进行诉讼形成的一切与定罪量刑有关的材料。

247.2　司法解释

247.2.1　报请核准死刑的程序模式

★《法院解释》(2021)

第四百二十三条　报请最高人民法院核准死刑的案件，应当按照下列情形分别处理：

(一)中级人民法院判处死刑的第一审案件，被告人未上诉、人民检察院未抗诉的，在上诉、抗诉期满后十日以内报请高级人民法院复核。高级人民法院同意判处死刑的，应当在作出裁定后十日以内报请最高人民法院核准；认为原判认定的某一具体事实或者引用的法律条款等存在瑕疵，但判处被告人死刑并无不当的，可以在纠正后作出核准的判决、裁定；不同意判处死刑的，应当依照第二审程序提审或者发回重新审判；

(二)中级人民法院判处死刑的第一审案件，被告人上诉或者人民检察院抗诉，高级人民法院裁定维持的，应当在作出裁定后十日以内报请最高人民法院核准；

(三)高级人民法院判处死刑的第一审案件，被告人未上诉、人民检察院未抗诉的，应当在上诉、抗诉期满后十日以内报请最高人民法院核准。

高级人民法院复核死刑案件，应当讯问被告人。

247.2.2　报请核准死刑的具体要求

★《法院解释》(2021)

第四百二十五条　报请复核的死刑、死刑缓期执行案件，应当一案一报。报送的材料包括报请复核的报告，第一、二审裁判文书，案件综合报告各五份以及全部案卷、证据。案件综合报告，第一、二审裁判文书和审理报告应当附送电子文本。

同案审理的案件应当报送全案案卷、证据。

曾经发回重新审判的案件，原第一、二审案卷应当一并报送。

第四百二十六条　报请复核死刑、死刑缓期执行的报告，应当写明案由、简要案情、审理过程和判决结果。

案件综合报告应当包括以下内容：

(一)被告人、被害人的基本情况。被告人有前科或者曾受过行政处罚、处

---

① 参见王爱立主编书，第 523—524 页。

分的,应当写明;

(二)案件的由来和审理经过。案件曾经发回重新审判的,应当写明发回重新审判的原因、时间、案号等;

(三)案件侦破情况。通过技术调查、侦查措施抓获被告人、侦破案件,以及与自首、立功认定有关的情况,应当写明;

(四)第一审审理情况。包括控辩双方意见,第一审认定的犯罪事实,合议庭和审判委员会意见;

(五)第二审审理或者高级人民法院复核情况。包括上诉理由、人民检察院的意见,第二审审理或者高级人民法院复核认定的事实,证据采信情况及理由,控辩双方意见及采纳情况;

(六)需要说明的问题。包括共同犯罪案件中另案处理的同案犯的处理情况,案件有无重大社会影响,以及当事人的反应等情况;

(七)处理意见。写明合议庭和审判委员会的意见。

第四百二十七条　复核死刑、死刑缓期执行案件,应当全面审查以下内容:

(一)被告人的年龄,被告人有无刑事责任能力、是否系怀孕的妇女;

(二)原判认定的事实是否清楚,证据是否确实、充分;

(三)犯罪情节、后果及危害程度;

(四)原判适用法律是否正确,是否必须判处死刑,是否必须立即执行;

(五)有无法定、酌定从重、从轻或者减轻处罚情节;

(六)诉讼程序是否合法;

(七)应当审查的其他情况。

复核死刑、死刑缓期执行案件,应当重视审查被告人及其辩护人的辩解、辩护意见。

★《最高人民法院关于报送复核被告人在死缓考验期内故意犯罪应当执行死刑案件时应当一并报送原审判处和核准被告人死缓案卷的通知》(法〔2004〕115 号,2004 年 6 月 15 日)

一、各高级人民法院在审核下级人民法院报送复核被告人在死缓考验期限内故意犯罪,应当执行死刑案件时,应当对原审判处和核准该被告人死刑缓期二年执行是否正确一并进行审查,并在报送我院的复核报告中写明结论。

二、各高级人民法院报请核准被告人在死缓考验期限内故意犯罪,应当执行死刑的案件,应当一案一报。报送的材料应当包括:报请核准执行死刑的报告,在死缓考验期限内故意犯罪应当执行死刑的综合报告和判决书各十五份;全部诉讼案卷和证据;原审判处和核准被告人死刑缓期二年执行,剥夺政治权利终身的全部诉讼案卷和证据。

247.2.3　死刑复核阶段排除非法证据

★《最高人民法院、最高人民检察院、公安部、国家安全部、司法部关于办理刑事案件严格排除非法证据若干问题的规定》(法发〔2017〕15 号,2017 年 6 月 20 日)

第四十一条　审判监督程序、死刑复核程序中对证据收集合法性的审查、调查,参照上述规定。

248　死缓核准权

248.1　法条规定

第二百四十八条　中级人民法院判处死刑缓期二年执行的案件,由高级人民法院核准。

【立法释义】①

死刑缓期二年执行并非单独的刑罚种类，而是死刑的执行方式之一。依照刑法规定，对于应当判处死刑的犯罪分子，如果不是必须立即执行的，可以判处死刑，同时宣告缓期二年执行。高级人民法院享有核准死刑缓期二年执行案件的权力，但如果被告人在死刑缓期二年执行期间故意犯罪，依法应当执行死刑的，则须再报请最高人民法院核准。

248.2　司法解释

248.2.1　死缓案件报请高级人民法院核准

★《法院解释》(2021)

第四百二十四条　中级人民法院判处死刑缓期执行的第一审案件，被告人未上诉、人民检察院未抗诉的，应当报请高级人民法院核准。

高级人民法院复核死刑缓期执行案件，应当讯问被告人。

248.2.2　死缓案件复核后的处理方式

★《法院解释》(2021)

第四百二十八条　高级人民法院复核死刑缓期执行案件，应当按照下列情形分别处理：

(一)原判认定事实和适用法律正确、量刑适当、诉讼程序合法的，应当裁定核准；

(二)原判认定的某一具体事实或者引用的法律条款等存在瑕疵，但判处被告人死刑缓期执行并无不当的，可以在纠正后作出核准的判决、裁定；

(三)原判认定事实正确，但适用法律有错误，或者量刑过重的，应当改判；

(四)原判事实不清、证据不足的，可以裁定不予核准，并撤销原判，发回重新审判，或者依法改判；

(五)复核期间出现新的影响定罪量刑的事实、证据的，可以裁定不予核准，并撤销原判，发回重新审判，或者依照本解释第二百七十一条的规定审理后依法改判；

(六)原审违反法定诉讼程序，可能影响公正审判的，应当裁定不予核准，并撤销原判，发回重新审判。

复核死刑缓期执行案件，不得加重被告人的刑罚。

【重点解读】②

复核期间出现新的影响定罪量刑的事实、证据的情形，可以有两种处理方式：一是撤销原判，发回重审；二是依法改判。直接作出改判，只宜针对报请复核案件出现新的影响定罪量刑的事实或者证据的情形，而不宜针对发现漏罪或者新罪的情形。对于复核期间实施新罪或者发现漏罪的，只能发回重新审判；如果不发回重审，新罪或者漏罪通常难以与死刑进行并罚。

248.2.3　死刑被告人未上诉的上诉案件审理程序

★《最高人民法院关于对被判处死刑的被告人未提出上诉、共同犯罪的部分被告人或者附带民事诉讼原告人提出上诉的案件应适用何种程序审理的批复》(法释〔2010〕6号，2010年3月17日)

根据《中华人民共和国刑事诉讼法》第一百八十六条③的规定，中级人

① 参见王爱立主编书，第525—526页。
② 参见李少平主编书，第456页。
③ 2018年刑事诉讼法第二百三十三条。

民法院一审判处死刑的案件，被判处死刑的被告人未提出上诉，共同犯罪的其他被告人提出上诉的，高级人民法院应当适用第二审程序对全案进行审查，并对涉及死刑之罪的事实和适用法律依法开庭审理，一并处理。

根据《中华人民共和国刑事诉讼法》第二百条第一款①的规定，中级人民法院一审判处死刑的案件，被判处死刑的被告人未提出上诉，仅附带民事诉讼原告人提出上诉的，高级人民法院应当适用第二审程序对附带民事诉讼依法审理，并由同一审判组织对未提出上诉的被告人的死刑判决进行复核，作出是否同意判处死刑的裁判。

【重点解读】②

第二审人民法院同意判处死刑的，报请最高人民法院核准，不同意判处死刑的，可以提审或者发回重新审判。对于非死刑之罪的事实和适用法律方面，是否开庭由高级人民法院决定。

248.3　指导与参考案例

248.3.1　死缓的适用条件

【刑事审判参考案例】

［第289号］刘群、李国才抢劫、诈骗案

裁判要旨：适用死缓不以具有法定从轻、减轻情节为条件，但具有法定从轻、减轻情节的，一般不应适用死刑立即执行。

249　死刑和死缓复核的审判组织

249.1　法条规定

第二百四十九条　最高人民法院复核死刑案件，高级人民法院复核死刑缓期执行的案件，应当由审判员三人组成合议庭进行。

【立法释义】③

判处死刑立即执行和死刑缓期二年执行的案件都是较为重大、复杂、疑难的案件。为贯彻慎重适用死刑的政策，保证复核死刑案件的质量，复核死刑立即执行案件和死刑缓期二年执行案件的审判组织应为审判员三人组成的合议庭。

250　死刑复核的裁判方式

250.1　法条规定

第二百五十条　最高人民法院复核死刑案件，应当作出核准或者不核准死刑的裁定。对于不核准死刑的，最高人民法院可以发回重新审判或者予以改判。

【立法释义】④

死刑复核案件采用核准或者不核准裁定的“二元”裁判方式，主要是考虑，死刑复核程序是为确保死刑适用的公正和慎重而设置的一种特殊审核程序，在收归最高人民法院统一行使之初，并不具有完整的诉讼形态，故一般情形下的改判不完全符合该程序的性质。

250.2　司法解释

250.2.1　死刑复核案件的处理方式

★《法院解释》(2021)

第四百二十九条　最高人民法院

---

① 2018年刑事诉讼法第二百四十七条第一款。

② 参见罗书臻：《正确适用法律程序审理死刑案件》，载《人民法院报》2010年4月1日，第3版。

③ 参见王爱立主编书，第526页。

④ 参见王爱立主编书，第527页。

复核死刑案件,应当按照下列情形分别处理:

（一）原判认定事实和适用法律正确、量刑适当、诉讼程序合法的,应当裁定核准;

（二）原判认定的某一具体事实或者引用的法律条款等存在瑕疵,但判处被告人死刑并无不当的,可以在纠正后作出核准的判决、裁定;

（三）原判事实不清、证据不足的,应当裁定不予核准,并撤销原判,发回重新审判;

（四）复核期间出现新的影响定罪量刑的事实、证据的,应当裁定不予核准,并撤销原判,发回重新审判;

（五）原判认定事实正确、证据充分,但依法不应当判处死刑的,应当裁定不予核准,并撤销原判,发回重新审判;根据案件情况,必要时,也可以依法改判;

（六）原审违反法定诉讼程序,可能影响公正审判的,应当裁定不予核准,并撤销原判,发回重新审判。

【重点解读】①

关于最高人民法院对死刑复核案件能否直接改判,1996年刑事诉讼法并未作出规定。2007年,为统一行使死刑案件核准权,最高人民法院制定了《关于复核死刑案件若干问题的规定》②,其中第六条、第七条规定了两种"可以改判"的情形,主要考虑是,当时对死刑复核能否改判尚有不同认识,同时尽量把改判可能引发的问题解决在地方。

从司法实践看,确有案件系由最高人民法院直接改判,例如"被告人柔柯耶姆·麦麦提故意杀人案"。但是,规定最高人民法院在死刑复核程序中可以直接改判,也可能带来一些问题,因此,仍应坚持"以发回重审为原则,以依法改判为例外"的原则,即对不予核准死刑的案件,一般应当发回重审,只有一些案件出于诉讼效率等考虑,才予以直接改判。

【刑事参考案例】

［（2018）最高法刑核36871335号］柔柯耶姆·麦麦提故意杀人案

裁判要旨:柔柯耶姆·麦麦提致四名无辜未成年人死亡,犯罪后果特别严重,论罪应当判处死刑。但鉴于本案起因系被告人柔柯耶姆·麦麦提的丈夫重婚犯罪并利用宗教方式迫使被告人离婚引发,柔柯耶姆·麦麦提系其丈夫重婚犯罪行为和宗教极端行为的受害者。其因心生绝望,意图自杀,怜悯自己的未成年女儿无人照顾,遂在实施自杀行为时同时杀害四名女儿。其犯罪动机并非特别恶劣,且认罪态度好,有悔罪表现,尚不属罪行极其严重必须适用死刑立即执行的犯罪分子。

250.2.2　发回重新审判的程序

★《法院解释》(2021)

第四百三十条　最高人民法院裁定不予核准死刑的,根据案件情况,可以发回第二审人民法院或者第一审人民法院重新审判。

对最高人民法院发回第二审人民法院重新审判的案件,第二审人民法院

---

① 参见姜启波、周加海等:《〈关于适用刑事诉讼法的解释〉的理解与适用》,载《人民司法》2021年第7期。

② 已被2015年1月19日施行的最高人民法院废止部分文件的决定所废止。

一般不得发回第一审人民法院重新审判。

第一审人民法院重新审判的，应当开庭审理。第二审人民法院重新审判的，可以直接改判；必须通过开庭查清事实、核实证据或者纠正原审程序违法的，应当开庭审理。

第四百三十一条　高级人民法院依照复核程序审理后报请最高人民法院核准死刑，最高人民法院裁定不予核准，发回高级人民法院重新审判的，高级人民法院可以依照第二审程序提审或者发回重新审判。

第四百三十二条　最高人民法院裁定不予核准死刑，发回重新审判的案件，原审人民法院应当另行组成合议庭审理，但本解释第四百二十九条第四项、第五项规定的案件除外。

第四百三十三条　依照本解释第四百三十条、第四百三十一条发回重新审判的案件，第一审人民法院判处死刑、死刑缓期执行的，上一级人民法院依照第二审程序或者复核程序审理后，应当依法作出判决或者裁定，不得再发回重新审判。但是，第一审人民法院有刑事诉讼法第二百三十八条规定的情形或者违反刑事诉讼法第二百三十九条规定的除外。

【重点解读】①

最高人民法院裁定不予核准死刑的，可以根据案件情况发回重新审判。关于发回重新审判的程序，需要注意以下事项：

第一，发回重新审判的目标法院。最高人民法院不核准被告人死刑，可以发回第二审人民法院或第一审人民法院重新审判。最高人民法院认为直接发回第一审人民法院重新审判才能更好查清案件事实的，可以直接发回第一审人民法院。

第二，对于最高人民法院裁定不予核准死刑，发回第二审人民法院重新审判的案件，第二审人民法院根据案件特殊情况，又发回第一审人民法院重新审判的，第一审人民法院作出判决后，被告人提出上诉或者人民检察院提出抗诉的，第二审人民法院应当依法作出判决或者裁定，不得再发回重新审判；被告人未提出上诉、人民检察院未提出抗诉的，高级人民法院应当依照复核审程序审理。需要强调的是，高级人民法院适用复核审程序发回重审次数限于一次，第一审程序违法的情形除外。

★《最高人民法院关于适用刑事诉讼法第二百二十五条第二款②有关问题的批复》（法释〔2016〕13 号，2016 年 6 月 23 日）

一、对于最高人民法院依据《中华人民共和国刑事诉讼法》第二百三十九条③和《最高人民法院关于适用〈中华人民共和国刑事诉讼法〉的解释》第三百五十三条④裁定不予核准死刑，发回第二审人民法院重新审判的案件，无论此前第二审人民法院是否曾以原判决事实不清楚或者证据不足为由发回重新审判，原则上不得再发回第一审人民法院重新审判；有特殊情况确需发回第一审人民法院重新审判的，需报请最高人民法院批准。

---

① 参见李少平主编书，第 459—462 页。

② 2018 年刑事诉讼法第二百三十六条第二款。

③ 2018 年刑事诉讼法第二百五十条。

④ 2021 年《法院解释》第四百三十条。

二、对于最高人民法院裁定不予核准死刑，发回第二审人民法院重新审判的案件，第二审人民法院根据案件特殊情况，又发回第一审人民法院重新审判的，第一审人民法院作出判决后，被告人提出上诉或者人民检察院提出抗诉的，第二审人民法院应当依法作出判决或者裁定，不得再发回重新审判。

250.2.3　死缓限制减刑的程序

★《最高人民法院关于死刑缓期执行限制减刑案件审理程序若干问题的规定》（法释〔2011〕8号，2011年4月25日）

第一条　根据刑法第五十条第二款的规定，对被判处死刑缓期执行的累犯以及因故意杀人、强奸、抢劫、绑架、放火、爆炸、投放危险物质或者有组织的暴力性犯罪被判处死刑缓期执行的犯罪分子，人民法院根据犯罪情节、人身危险性等情况，可以在作出裁判的同时决定对其限制减刑。

第二条　被告人对第一审人民法院作出的限制减刑判决不服的，可以提出上诉。被告人的辩护人和近亲属，经被告人同意，也可以提出上诉。

第三条　高级人民法院审理或者复核判处死刑缓期执行并限制减刑的案件，认为原判对被告人判处死刑缓期执行适当，但判决限制减刑不当的，应当改判，撤销限制减刑。

第四条　高级人民法院审理判处死刑缓期执行没有限制减刑的上诉案件，认为原判事实清楚、证据充分，但应当限制减刑的，不得直接改判，也不得发回重新审判。确有必要限制减刑的，应当在第二审判决、裁定生效后，按照审判监督程序重新审判。

高级人民法院复核判处死刑缓期执行没有限制减刑的案件，认为应当限制减刑的，不得以提高审级等方式对被告人限制减刑。

第五条　高级人民法院审理判处死刑的第二审案件，对被告人改判死刑缓期执行的，如果符合刑法第五十条第二款的规定，可以同时决定对其限制减刑。

高级人民法院复核判处死刑后没有上诉、抗诉的案件，认为应当改判死刑缓期执行并限制减刑的，可以提审或者发回重新审判。

第六条　最高人民法院复核死刑案件，认为对被告人可以判处死刑缓期执行并限制减刑的，应当裁定不予核准，并撤销原判，发回重新审判。

一案中两名以上被告人被判处死刑，最高人民法院复核后，对其中部分被告人改判死刑缓期执行的，如果符合刑法第五十条第二款的规定，可以同时决定对其限制减刑。

第七条　人民法院对被判处死刑缓期执行的被告人所作的限制减刑决定，应当在判决书主文部分单独作为一项予以宣告。

【重点解读】①

刑法修正案（八）确立了死刑缓期执行限制减刑制度。刑法规定的人民法院可以“同时决定”限制减刑，应当理解为由人民法院在判处被告人死刑缓期执行的判决书中一并宣告限制减

① 参见高贵军、马岩、方文军：《〈关于死刑缓期执行限制减刑案件审理程序若干问题的规定〉的理解与适用》，载《人民司法》2011年第11期。

刑，且中级人民法院、高级人民法院和最高人民法院可以分别决定限制减刑。

被告人对限制减刑的判决有上诉权，受“上诉不加刑”原则的保障。判处死刑缓期执行并限制减刑不是一个独立的刑种，而是一种刑罚执行方式，适用于判处死刑立即执行过重而判处死刑缓期执行不限制减刑又偏轻的案件，是对被告人重大权益的处置，应当允许提出上诉，且应遵循“上诉不加刑”原则。

251 死刑复核的程序规范

251.1 法条规定

第二百五十一条 最高人民法院复核死刑案件，应当讯问被告人，辩护律师提出要求的，应当听取辩护律师的意见。

在复核死刑案件过程中，最高人民检察院可以向最高人民法院提出意见。最高人民法院应当将死刑复核结果通报最高人民检察院。

【立法释义】①

本条规定明确了死刑复核的程序，是2012年刑事诉讼法修改增加的规定。关于死刑复核程序，应当关注以下事项：

第一，死刑复核阶段讯问被告人，可以现场讯问，也可以视频提讯。对于案件事实证据存在疑问，需要赶赴被告人羁押地开展调查等情形，有必要现场讯问。辩护律师可以通过来电、来函等方式提出意见，办案人员听取辩护律师的意见之后，应当在决定是否核准死刑时综合考虑。辩护律师也可以到最高人民法院查阅、摘抄、复制案卷材料，并向承办法官当面反映意见。

第二，最高人民检察院对最高人民法院的死刑复核活动进行法律监督。最高人民法院应当根据有关规定向最高人民检察院通报死刑案件复核结果。

251.2 司法解释

251.2.1 死刑复核法律监督的对象

★**《检察院规则》**(2019)

第六百零二条 最高人民检察院依法对最高人民法院的死刑复核活动实行法律监督。

省级人民检察院依法对高级人民法院复核未上诉且未抗诉死刑立即执行案件和死刑缓期二年执行案件的活动实行法律监督。

第六百零三条 最高人民检察院、省级人民检察院通过办理下列案件对死刑复核活动实行法律监督：

(一)人民法院向人民检察院通报的死刑复核案件；

(二)下级人民检察院提请监督或者报告重大情况的死刑复核案件；

(三)当事人及其近亲属或者受委托的律师向人民检察院申请监督的死刑复核案件；

(四)认为应当监督的其他死刑复核案件。

【重点解读】②

检察机关对死刑复核程序开展法律监督，是检察机关履行刑事诉讼法律

① 参见王爱立主编书，第527页。

② 参见童建明、万春主编释义书，第645—648页。

监督职能的重要体现。

第一，最高人民检察院依法对最高人民法院的死刑复核活动进行监督。最高人民检察院可以通过审查最高人民法院通报案件，省级人民检察院提请监督、报告重大情况案件，以及当事人申请监督案件等方式对最高人民法院复核死刑案件的活动进行法律监督。

第二，省级人民检察院对高级人民法院复核的两类案件，即未上诉且未抗诉死刑立即执行案件和死刑缓期二年执行案件进行法律监督。

★《人民检察院办理死刑第二审案件和复核监督工作指引（试行）》（高检发诉二字〔2018〕1号，2018年3月31日）

第七十六条　人民检察院办理死刑复核监督案件的主要任务是：

（一）审查人民法院的死刑适用是否适当，根据案件事实、法律及刑事政策提出监督意见；

（二）审查下级人民检察院的监督意见和重大情况报告，以及当事人及其近亲属或者受委托的律师申请监督的理由；

（三）对人民法院死刑复核活动是否合法进行监督；

（四）发现和纠正侦查、审查起诉和第一审、第二审审判活动中的违法行为；

（五）维护诉讼参与人的合法权益，依法保障人权。

251.2.2　死刑第二审案件的法律监督

★《人民检察院办理死刑第二审案件和复核监督工作指引（试行）》（高检发诉二字〔2018〕1号，2018年3月31日）

第七十八条　对于高级人民法院第二审判处被告人死刑缓期二年执行的案件，省级人民检察院审查后认为被告人罪行极其严重，应当判处死刑立即执行或者第二审裁判认定事实、适用法律严重错误，应当及时向最高人民检察院提请抗诉。

对于高级人民法院第二审判处死刑立即执行或者维持死刑立即执行判决，且已报最高人民法院复核的案件，省级人民检察院审查后认为不应判处死刑立即执行的，应当及时向最高人民检察院提请监督。

251.2.3　省级检察机关提请监督、报告、备案

★《检察院规则》（2019）

第六百零四条　省级人民检察院对于进入最高人民法院死刑复核程序的案件，发现具有下列情形之一的，应当及时向最高人民检察院提请监督：

（一）案件事实不清、证据不足，依法应当发回重新审判或者改判的；

（二）被告人具有从宽处罚情节，依法不应当判处死刑的；

（三）适用法律错误的；

（四）违反法律规定的诉讼程序，可能影响公正审判的；

（五）其他应当提请监督的情形。

第六百零五条　省级人民检察院发现死刑复核案件被告人有自首、立功、怀孕或者被告人家属与被害人家属达成赔偿谅解协议等新的重大情况，影响死刑适用的，应当及时向最高人民检察院报告。

第六百零六条　当事人及其近亲属或者受委托的律师向最高人民检察院提出不服死刑裁判的申诉，由负责死刑复核监督的部门审查。

第六百零七条　对于适用死刑存在较大分歧或者在全国有重大影响的死刑第二审案件,省级人民检察院应当及时报最高人民检察院备案。

第六百零八条　高级人民法院死刑复核期间,设区的市级人民检察院向省级人民检察院报告重大情况、备案等程序,参照本规则第六百零五条、第六百零七条规定办理。

★《人民检察院办理死刑第二审案件和复核监督工作指引(试行)》(高检发诉二字〔2018〕1 号,2018 年 3 月 31 日)

第八十三条　省级人民检察院提请监督或者报告重大情况,应当制作死刑复核案件提请监督意见书或者重大情况报告,加盖印章,连同该案第一审和第二审裁判文书,第二审案件审查报告及新的证据材料等报送最高人民检察院。

第八十四条　对于适用死刑存在较大分歧或者在全国有重大影响的死刑第二审案件,省级人民检察院公诉部门在收到第二审裁判文书后,应当制作死刑复核案件备案函,说明备案理由,加盖印章,连同起诉书、上诉状、抗诉书、第一审和第二审裁判文书、第二审案件审查报告等及时报最高人民检察院公诉部门备案。

【重点解读】①

第一,死刑复核申诉案件的办理要求。2019 年检察机关内设机构调整后,最高人民检察院明确了专门负责死刑复核监督工作的部门。申请死刑复核监督的主体是当事人及其近亲属或者受当事人及其近亲属委托的律师,其中既包括被告人及其近亲属委托的律师,也包括被害人及其近亲属委托的律师。对于不服死刑裁判的申诉,既包括对已经执行的死刑案件裁判的申诉,也包括对尚在死刑复核阶段的死刑案件裁判的申诉。

第二,省级人民检察院向最高人民检察院报送备案的情形。在死刑复核案件中,对于适用死刑存在较大分歧或者在全国有重大影响的死刑第二审案件,省级人民检察院应当及时报最高人民检察院备案。适用死刑存在较大分歧的死刑第二审案件,包括检察机关内部在审查过程中存在较大分歧、检察机关与审判机关在适用死刑方面存在较大分歧等。

备案的形式较为灵活,既可以由省级人民检察院主动向最高人民检察院备案,也可以由最高人民检察院要求省级人民检察院进行备案。备案的标准也相对宽松,除明确要求报备的情形外,省级人民检察院认为其他有必要报备的案件,也可根据情况报备。②

251.2.4　死刑复核监督的审查方式、内容

★《检察院规则》(2019)

第六百零九条　对死刑复核监督案件的审查可以采取下列方式:

(一)审查人民法院移送的材料、下级人民检察院报送的相关案卷材料、当事人及其近亲属或者受委托的律师提交的材料;

① 参见童建明、万春主编释义书,第 648—651 页。

② 参见鲜铁可、郭全新、刘辰:《〈人民检察院办理死刑第二审案件和复核监督工作指引(试行)〉的理解与适用》,载《人民检察》2018 年第 8 期。

（二）向下级人民检察院调取案件审查报告、公诉意见书、出庭意见书等，了解案件相关情况；

（三）向人民法院调阅或者查阅案卷材料；

（四）核实或者委托核实主要证据；

（五）讯问被告人、听取受委托的律师的意见；

（六）就有关技术性问题向专门机构或者有专门知识的人咨询，或者委托进行证据审查；

（七）需要采取的其他方式。

★《人民检察院办理死刑第二审案件和复核监督工作指引（试行）》（高检发诉二字〔2018〕1号，2018年3月31日）

第八十六条　办理死刑复核监督案件，应当重点审查以下内容：

（一）据以定罪量刑的事实是否清楚，证据是否确实、充分；

（二）人民法院适用死刑的理由、下级人民检察院提请监督的理由、当事人及其近亲属或者受委托的律师申请监督的理由是否正确、充分；

（三）适用法律是否正确；

（四）是否必须判处死刑；

（五）程序是否合法；

（六）其他应当审查的内容。

第八十九条　死刑复核监督案件审查报告，应当重点对案件焦点问题进行分析，提出明确的处理意见，并阐明理由和依据。

第九十条　下列死刑复核监督案件应当提交检察官联席会议讨论：

（一）在全国或者当地有重大社会影响的；

（二）案件重大、疑难、复杂，存在较大争议的；

（三）拟向人民法院提出检察意见的；

（四）其他应当讨论的情形。

讨论死刑复核监督案件，可以通知有关下级人民检察院公诉部门派员参加。

251.2.5　听取下级检察机关意见

★《检察院规则》（2019）

第六百一十条　审查死刑复核监督案件，具有下列情形之一的，应当听取下级人民检察院的意见：

（一）对案件主要事实、证据有疑问的；

（二）对适用死刑存在较大争议的；

（三）可能引起司法办案重大风险的；

（四）其他应当听取意见的情形。

251.2.6　向最高人民法院反馈意见

★《检察院规则》（2019）

第六百一十一条　最高人民检察院经审查发现死刑复核案件具有下列情形之一的，应当经检察长决定，依法向最高人民法院提出检察意见：

（一）认为适用死刑不当，或者案件事实不清、证据不足，依法不应当核准死刑的；

（二）认为不予核准死刑的理由不成立，依法应当核准死刑的；

（三）发现新的事实和证据，可能影响被告人定罪量刑的；

（四）严重违反法律规定的诉讼程序，可能影响公正审判的；

（五）司法工作人员在办理案件时，有贪污受贿，徇私舞弊，枉法裁判等行为的；

（六）其他需要提出检察意见的情形。

同意最高人民法院核准或者不核准意见的，应当经检察长批准，书面回复最高人民法院。

对于省级人民检察院提请监督、报告重大情况的案件，最高人民检察院认为具有影响死刑适用情形的，应当及时将有关材料转送最高人民法院。

【重点解读】①

死刑复核监督案件涉及对被告人是否适用死刑，最高人民检察院对于最高人民法院通报的死刑案件，不论是否同意最高人民法院复核意见，一律报检察长审批决定。

★《人民检察院办理死刑第二审案件和复核监督工作指引（试行）》（高检发诉二字〔2018〕1 号，2018 年 3 月 31 日）

第九十二条　拟对死刑复核监督案件提出检察意见的，应当提请检察长或者检察委员会决定。

251.2.7　最高人民法院的反馈与通报

★《法院解释》（2021）

第四百三十五条　死刑复核期间，最高人民检察院提出意见的，最高人民法院应当审查，并将采纳情况及理由反馈最高人民检察院。

第四百三十六条　最高人民法院应当根据有关规定向最高人民检察院通报死刑案件复核结果。

251.2.8　辩护律师在死刑复核程序中的权利

★《法院解释》（2021）

第四百三十四条　死刑复核期间，辩护律师要求当面反映意见的，最高人民法院有关合议庭应当在办公场所听取其意见，并制作笔录；辩护律师提出书面意见的，应当附卷。

★《最高人民法院关于办理死刑复核案件听取律师辩护意见的办法》（法〔2014〕346 号，2014 年 12 月 29 日）

第一条　死刑复核案件的辩护律师可以向最高人民法院立案庭查询立案信息。辩护律师查询时，应当提供本人姓名、律师事务所名称、被告人姓名、案由，以及报请复核的高级人民法院的名称及案号。

最高人民法院立案庭能够立即答复的，应当立即答复，不能立即答复的，应当在二个工作日内答复，答复内容为案件是否立案及承办案件的审判庭。

第二条　律师接受被告人、被告人近亲属的委托或者法律援助机构的指派，担任死刑复核案件辩护律师的，应当在接受委托或者指派之日起三个工作日内向最高人民法院相关审判庭提交有关手续。

辩护律师应当在接受委托或者指派之日起一个半月内提交辩护意见。

第三条　辩护律师提交委托手续、法律援助手续及辩护意见、证据等书面材料的，可以经高级人民法院同意后代收并随案移送，也可以寄送至最高人民法院承办案件的审判庭或者在当面反映意见时提交；对尚未立案的案件，辩护律师可以寄送至最高人民法院立案庭，由立案庭在立案后随案移送。

第四条　辩护律师可以到最高人民法院办公场所查阅、摘抄、复制案卷材料。但依法不公开的材料不得查阅、

---

① 参见童建明、万春主编释义书，第 653—654 页。

摘抄、复制。

第五条　辩护律师要求当面反映意见的,案件承办法官应当及时安排。

一般由案件承办法官与书记员当面听取辩护律师意见,也可以由合议庭其他成员或者全体成员与书记员当面听取。

第六条　当面听取辩护律师意见,应当在最高人民法院或者地方人民法院办公场所进行。辩护律师可以携律师助理参加。当面听取意见的人员应当核实辩护律师和律师助理的身份。

第七条　当面听取辩护律师意见时,应当制作笔录,由辩护律师签名后附卷。辩护律师提交相关材料的,应当接收并开列收取清单一式二份,一份交给辩护律师,另一份附卷。

第八条　当面听取辩护律师意见时,具备条件的人民法院应当指派工作人员全程录音、录像。其他在场人员不得自行录音、录像、拍照。

第九条　复核终结后,受委托进行宣判的人民法院应当在宣判后五个工作日内将最高人民法院裁判文书送达辩护律师。

【重点解读】

关于死刑复核案件辩护律师的辩护权保障,主要包括以下方面:

一是辩护律师查阅案卷材料、当面反映意见。辩护律师要求查阅案卷材料、当面反映意见的,可以直接与承办案件的审判庭联系。二是辩护律师提交书面材料。为方便辩护律师提交委托手续、辩护意见等书面材料,可以经高级人民法院同意后代收并随案移送,也可以直接寄送至最高人民法院承办案件的审判庭,或者在当面反映意见时提交;案件尚未立案的,可以寄送至最高人民法院立案庭。三是辩护律师向承办法官当面反映意见的,可以在最高人民法院办公场所进行;为节约外地律师赴京的时间和费用,经双方商定,也可以在承办法官赴当地讯问被告人时,在当地法院办公场所听取律师意见。①

251.3　规范性文件

251.3.1　死刑复核案件被告人的法律援助

★《最高人民法院、司法部关于为死刑复核案件被告人依法提供法律援助的规定(试行)》(法发〔2021〕348号,2021年12月30日)

第一条　最高人民法院复核死刑案件,被告人申请法律援助的,应当通知司法部法律援助中心指派律师为其提供辩护。

法律援助通知书应当写明被告人姓名、案由、提供法律援助的理由和依据、案件审判庭和联系方式,并附二审或者高级人民法院复核审裁判文书。

第二条　高级人民法院在向被告人送达依法作出的死刑裁判文书时,应当书面告知其在最高人民法院复核死刑阶段可以委托辩护律师,也可以申请法律援助;被告人申请法律援助的,应当在十日内提出,法律援助申请书应当随案移送。

第三条　司法部法律援助中心在接到最高人民法院法律援助通知书后,

---

① 参见《〈最高人民法院关于办理死刑复核案件听取辩护律师意见的办法〉答记者问》,载中华人民共和国最高人民法院网2015年1月29日,http://www.court.gov.cn/zixun-xiangqing-13170.html。

应当采取适当方式指派律师为被告人提供辩护。

第四条　司法部法律援助中心在接到最高人民法院法律援助通知书后，应当在三日内指派具有三年以上刑事辩护执业经历的律师担任被告人的辩护律师，并函告最高人民法院。

司法部法律援助中心出具的法律援助公函应当写明接受指派的辩护律师的姓名、所属律师事务所及联系方式。

第五条　最高人民法院应当告知或者委托高级人民法院告知被告人为其指派的辩护律师的情况。被告人拒绝指派的律师为其辩护的，最高人民法院应当准许。

第六条　被告人在死刑复核期间自行委托辩护律师的，司法部法律援助中心应当作出终止法律援助的决定，并及时函告最高人民法院。

最高人民法院在复核死刑案件过程中发现有前款规定情形的，应当及时函告司法部法律援助中心。司法部法律援助中心应当作出终止法律援助的决定。

第七条　辩护律师应当在接受指派之日起十日内，通过传真或者寄送等方式，将法律援助手续提交最高人民法院。

第八条　辩护律师依法行使辩护权，最高人民法院应当提供便利。

第九条　辩护律师在依法履行辩护职责中遇到困难和问题的，最高人民法院、司法部有关部门应当及时协调解决，切实保障辩护律师依法履行职责。

第十条　辩护律师应当在接受指派之日起一个半月内提交书面辩护意见或者当面反映辩护意见。辩护律师要求当面反映意见的，最高人民法院应当听取辩护律师的意见。

第十一条　死刑复核案件裁判文书应当写明辩护律师姓名及所属律师事务所，并表述辩护律师的辩护意见。受委托宣判的人民法院应当在宣判后五日内将最高人民法院生效裁判文书送达辩护律师。

第十二条　司法部指导、监督全国死刑复核案件法律援助工作，司法部法律援助中心负责具体组织和实施。

第五章　审判监督程序

252　申诉及其审查处理

252.1　法条规定

第二百五十二条　当事人及其法定代理人、近亲属，对已经发生法律效力的判决、裁定，可以向人民法院或者人民检察院提出申诉，但是不能停止判决、裁定的执行。

【立法释义】①

立足依法纠错原则，当事人及其法定代理人、近亲属提出申诉，是启动审判监督程序的主要动因。关于申诉权的行使，应当注意的是，申诉是启动审判监督程序的重要因素，为维护生效裁判的稳定性，申诉不能停止判决、裁定的执行。只有当申诉引起人民法院按照审判监督程序对案件重新进行审理，并作出不同于原判决、裁定的新判决、裁定，或者人民法院按照审判监督程序审判案件，作出中止执行原判决、裁定的决定时，才能停止原判决、裁定的执行。

252.2　司法解释

252.2.1　申诉的多元主体

★《法院解释》(2021)

第四百五十一条　当事人及其法定代理人、近亲属对已经发生法律效力的判决、裁定提出申诉的，人民法院应当审查处理。

案外人认为已经发生法律效力的判决、裁定侵害其合法权益，提出申诉的，人民法院应当审查处理。

申诉可以委托律师代为进行。

252.2.2　申诉的提起条件

★《法院解释》(2021)

第四百五十二条　向人民法院申诉，应当提交以下材料：

(一)申诉状。应当写明当事人的基本情况、联系方式以及申诉的事实与理由；

(二)原一、二审判决书、裁定书等法律文书。经过人民法院复查或者再审的，应当附有驳回申诉通知书、再审决定书、再审判决书、裁定书；

(三)其他相关材料。以有新的证据证明原判决、裁定认定的事实确有错误为由申诉的，应当同时附有相关证据材料；申请人民法院调查取证的，应当附有相关线索或者材料。

申诉符合前款规定的，人民法院应当出具收到申诉材料的回执。申诉不符合前款规定的，人民法院应当告知申诉人补充材料；申诉人拒绝补充必要材料且无正当理由的，不予审查。

【重点解读】②

申诉人向人民法院提交符合规定的申诉材料后，有些法院不出具任何收到申诉材料或受理的书面手续。这种做法使得提起申诉无凭据可依，又使审查时限无从落实，还会加剧重复访现象。因此，对于申诉符合规定的，人民

① 参见王爱立主编书，第530—531页。

② 参见李少平主编书，第474页。

法院应当出具收到申诉材料的回执。

252.2.3　申诉的审查处理机关

★《法院解释》(2021)

第四百五十三条　申诉由终审人民法院审查处理。但是,第二审人民法院裁定准许撤回上诉的案件,申诉人对第一审判决提出申诉的,可以由第一审人民法院审查处理。

上一级人民法院对未经终审人民法院审查处理的申诉,可以告知申诉人向终审人民法院提出申诉,或者直接交终审人民法院审查处理,并告知申诉人;案件疑难、复杂、重大的,也可以直接审查处理。

对未经终审人民法院及其上一级人民法院审查处理,直接向上级人民法院申诉的,上级人民法院应当告知申诉人向下级人民法院提出。

第四百五十五条　对死刑案件的申诉,可以由原核准的人民法院直接审查处理,也可以交由原审人民法院审查。原审人民法院应当制作审查报告,提出处理意见,层报原核准的人民法院审查处理。

★《检察院规则》(2019)

第五百九十三条　当事人及其法定代理人、近亲属认为人民法院已经发生法律效力的判决、裁定确有错误,向人民检察院申诉的,由作出生效判决、裁定的人民法院的同级人民检察院依法办理。

当事人及其法定代理人、近亲属直接向上级人民检察院申诉的,上级人民检察院可以交由作出生效判决、裁定的人民法院的同级人民检察院受理;案情重大、疑难、复杂的,上级人民检察院可以直接受理。

当事人及其法定代理人、近亲属对人民法院已经发生法律效力的判决、裁定提出申诉,经人民检察院复查决定不予抗诉后继续提出申诉的,上一级人民检察院应当受理。

第五百九十四条　对不服人民法院已经发生法律效力的判决、裁定的申诉,经两级人民检察院办理且省级人民检察院已经复查的,如果没有新的证据,人民检察院不再复查,但原审被告人可能被宣告无罪或者判决、裁定有其他重大错误可能的除外。

第五百九十五条　人民检察院对已经发生法律效力的判决、裁定的申诉复查后,认为需要提请或者提出抗诉的,报请检察长决定。

地方各级人民检察院对不服同级人民法院已经发生法律效力的判决、裁定的申诉复查后,认为需要提出抗诉的,应当提请上一级人民检察院抗诉。

上级人民检察院对下一级人民检察院提请抗诉的申诉案件进行审查后,认为需要提出抗诉的,应当向同级人民法院提出抗诉。

人民法院开庭审理时,同级人民检察院应当派员出席法庭。

第五百九十六条　人民检察院对不服人民法院已经发生法律效力的判决、裁定的申诉案件复查终结后,应当制作刑事申诉复查通知书,在十日以内通知申诉人。

经复查向上一级人民检察院提请抗诉的,应当在上一级人民检察院作出是否抗诉的决定后制作刑事申诉复查通知书。

【重点解读】①

第一,检察机关对生效判决、裁定实行同级监督模式,即对发生法律效力的判决、裁定不服提出申诉,一般应当由作出该判决、裁定的人民法院的同级人民检察院受理并办理。同级人民检察院支持申诉并提请上一级人民检察院抗诉的,符合刑事诉讼法关于上级人民检察院抗诉的规定;同级人民检察院不支持申诉的,申诉人可以继续向上级人民检察院提出申诉,最终的监督主体仍然是上级检察机关。

同时,当事人有权向作出生效判决、裁定的人民法院的上级人民检察院提出申诉。当事人及其法定代理人、近亲属直接向上级人民检察院申诉的,上级人民检察院可以交由作出生效判决、裁定的人民法院的同级人民检察院受理;案情重大、疑难、复杂的,上级人民检察院可以直接受理。例如,对于当事人绕开同级人民检察院和上一级人民检察院,直接向最高人民检察院提出申诉的,形式上符合法律规定,但具体操作上应当逐级办理。

第二,复查申诉的条件和次数。刑事申诉经过两级人民检察院办理,且省级人民检察院已经复查的,一般不再复查,即不予立案,审查结案。经过两级人民检察院办理的,如果没有新证据,人民检察院不再复查。原审被告人可能被宣告无罪或者判决、裁定有其他重大错误可能的,人民检察院仍然可以复查。至于复查的启动,可能是因为申诉引起,也可能是检察机关依职权发现。

第三,提请抗诉与提出抗诉的衔接。地方各级人民检察院对同级人民法院的判决、裁定,认为确有错误需要提出抗诉时,不能以本院名义按审判监督程序提出抗诉,应当提请上一级人民检察院抗诉。上一级人民检察院认为需要提出抗诉的,向同级人民法院提出抗诉;认为不需要提出抗诉的,通知下级人民检察院。

第四,告知申诉处理结论。根据人民检察院办理刑事申诉案件相关规定及实践要求,对不符合复查条件的刑事申诉,可以审查结案,并告知申诉人。对不服人民法院已经发生法律效力的判决、裁定的申诉复查后,不论是否决定提出抗诉、提请上一级人民检察院抗诉,复查的人民检察院均应制作刑事申诉复查通知书,并在十日以内送达申诉人。

252.2.4　对申诉的受理与审查

★《人民检察院办理刑事申诉案件规定》(高检发办字〔2020〕55 号,2020 年 9 月 22 日)

第十二条　人民检察院对符合下列条件的申诉,应当受理,本规定另有规定的除外:

(一)属于本规定第二条规定的刑事申诉;

(二)符合本规定第二章管辖规定;

(三)申诉人是原案的当事人及其法定代理人、近亲属;

(四)申诉材料符合受理要求。

申诉人委托律师代理申诉,且符合上述条件的,应当受理。

第十六条　刑事申诉由控告申诉检察部门统一接收。控告申诉检察部门对接收的刑事申诉应当在七个工作

① 参见童建明、万春主编释义书,第 637—641 页。

日以内分别情况予以处理并告知申诉人：

（一）属于本院管辖并符合受理条件的，予以受理；

（二）属于本院管辖的不服生效刑事判决、裁定的申诉，申诉人已向人民法院提出申诉，人民法院已经受理且正在办理程序中的，告知待人民法院处理完毕后如不服再提出申诉；

（三）属于人民检察院管辖但是不属于本院管辖的，移送有管辖权的人民检察院处理；

（四）不属于人民检察院管辖的，移送其他机关处理。

第十七条　对受理的刑事申诉案件，控告申诉检察部门应当进行审查。

审查刑事申诉案件，应当审查申诉材料、原案法律文书，可以调取相关人民检察院审查报告、案件讨论记录等材料，可以听取申诉人、原案承办人员意见。

对于首次向人民检察院提出的刑事申诉案件，应当调阅原案卷宗进行审查，并听取申诉人或者其委托代理律师意见。必要时可以采用公开听证方式进行审查。

第十八条　经审查，具有下列情形之一的，应当审查结案：

（一）原判决、裁定或者处理决定认定事实清楚，证据确实充分，处理适当的；

（二）原案虽有瑕疵，但不足以影响原判决、裁定或者处理决定结论的；

（三）其他经审查认为原判决、裁定或者处理决定正确的。

对已经两级人民检察院审查或者复查，作出的结论正确，且已对申诉人提出的申诉理由作出合法合理答复，申诉人未提出新的理由的刑事申诉案件，可以审查结案。

第十九条　控告申诉检察部门经审查，具有下列情形之一的，应当移送刑事检察部门办理：

（一）原判决、裁定或者处理决定存在错误可能的；

（二）不服人民检察院诉讼终结的刑事处理决定首次提出申诉的；

（三）被害人及其法定代理人、近亲属、被不起诉人及其法定代理人、近亲属不服不起诉决定，在收到不起诉决定书后七日以内提出申诉的。

第二十条　原判决、裁定或者处理决定是否存在错误可能，应当从以下方面进行审查：

（一）原判决、裁定或者处理决定认定事实是否清楚、适用法律是否正确；

（二）据以定案的证据是否确实、充分，是否存在矛盾或者可能是非法证据；

（三）处理结论是否适当；

（四）是否存在严重违反诉讼程序的情形；

（五）申诉人是否提出了可能改变原处理结论的新的证据；

（六）办案人员在办理该案件过程中是否存在贪污受贿、徇私舞弊、枉法裁判行为。

第二十一条　对决定移送的刑事申诉案件，应当制作刑事申诉案件移送函，连同申诉书，原判决、裁定、处理决定，人民检察院审查、复查文书等申诉材料移送刑事检察部门。

刑事申诉案件移送函应当载明案件来源、受理时间、申诉理由、审查情况、移送理由等内容。

对决定移送的刑事申诉案件，控告申诉检察部门应当调取原案卷宗，一并移送刑事检察部门。

第二十二条　对移送的刑事申诉案件，刑事检察部门应当对原案卷宗进行审查。经审查，认为原判决、裁定或者处理决定正确的，经检察官联席会议讨论后决定审查结案；认为原判决、裁定或者处理决定存在错误可能的，决定进行复查。

对不服人民检察院诉讼终结的刑事处理决定首次提出申诉的，或者被害人及其法定代理人、近亲属、被不起诉人及其法定代理人、近亲属不服不起诉决定，在收到不起诉决定书后七日以内提出申诉的，应当决定进行复查。

第二十三条　控告申诉检察部门审查刑事申诉案件，应当自受理之日起三个月以内作出审查结案或者移送刑事检察部门办理的决定，并告知申诉人。

刑事检察部门对移送的刑事申诉案件，应当自收到案件之日起三个月以内作出审查结案或者进行复查的决定，并告知申诉人。

重大、疑难、复杂案件，报检察长决定，可以适当延长办理期限。

调取卷宗期间不计入办案期限。

第二十四条　经审查，具有下列情形之一的，上级人民检察院可以交由下级人民检察院重新办理：

（一）首次办理刑事申诉的人民检察院应当调卷审查而未调卷的，或者应当进行复查而未复查的；

（二）对申诉人提出的申诉理由未进行审查，或者未作出合法合理答复的；

（三）其他办案质量不高，认为应当重新办理的。

接受交办的人民检察院应当将重新办理结果向交办的上级人民检察院报告。

第二十五条　审查刑事申诉案件应当制作刑事申诉审查报告。听取意见、释法说理、公开听证等活动应当制作笔录。

【重点解读】①

检察机关内设机构改革后，刑事申诉不再由单一部门管辖，负有刑事申诉办案职责的各相关职能部门，按照各自的职能分工分别承担检察机关管辖的刑事申诉案件办理职责。

第一，受理程序。对于提出申诉的，无论何种处理情况均应告知申诉人。

第二，审查程序。控告申诉检察部门拥有对首次申诉案件的调卷审查权。对于审查结案的案件，应当充分回应申诉人提出的申诉理由，做好释法说理工作。移送刑事检察部门办理的案件，由控告申诉检察部门调取原案卷宗。

第三，审查结案。一是对移送的刑事申诉案件，应当对原案卷宗进行审查。二是对拟决定审查结案的案件需经检察官联席会议讨论。三是对不服检察机关诉讼终结的刑事处理决定首次提出申诉的，或者被害人、被不起诉人不服不起诉决定，在收到不起诉决定书后七日以内提出申诉的，应当进行复查。

252.2.5　申诉的异地审查

★《法院解释》（2021）

第四百五十四条　最高人民法院

① 参见徐向春、杜亚起、刘小青：《〈人民检察院办理刑事申诉案件规定〉理解与适用》，载《人民检察》2020年第22期。

或者上级人民法院可以指定终审人民法院以外的人民法院对申诉进行审查。被指定的人民法院审查后，应当制作审查报告，提出处理意见，层报最高人民法院或者上级人民法院审查处理。

★**《人民检察院刑事申诉案件异地审查规定（试行）》**（高检发刑申字〔2017〕3 号，2017 年 10 月 10 日）

第二条　最高人民检察院发现省级人民检察院管辖的刑事申诉案件原处理决定、判决、裁定有错误可能，且具有下列情形之一的，经检察长或者检察委员会决定，可以指令由其他省级人民检察院进行审查：

（一）应当受理不予受理或者受理后经督促仍拖延办理的；

（二）办案中遇到较大阻力，可能影响案件公正处理的；

（三）因存在回避等法定事由，当事人认为管辖地省级人民检察院不能依法公正办理的；

（四）申诉人长期申诉上访，可能影响案件公正处理的；

（五）其他不宜由管辖地省级人民检察院办理的情形。

第三条　省级人民检察院认为所办理的刑事申诉案件需要异地审查的，可以提请最高人民检察院指令异地审查。

第四条　申诉人可以向省级人民检察院或者最高人民检察院申请异地审查。

第五条　省级人民检察院拟提请或者最高人民检察院拟决定刑事申诉案件异地审查，申诉人未提出申请的，应当征得申诉人同意。

第六条　省级人民检察院决定提请最高人民检察院指令刑事申诉案件异地审查的，应当向最高人民检察院书面报告，阐明理由并附相关材料。

最高人民检察院经审查决定刑事申诉案件异地审查的，应当在十五日以内将案件指令其他省级人民检察院办理，同时通知管辖地省级人民检察院；决定不予异地审查的，应当在十日以内通知管辖地省级人民检察院继续办理。

第七条　最高人民检察院决定刑事申诉案件异地审查的，异地审查的省级人民检察院应当在收到异地审查指令后七日以内通知申诉人。

申诉人向省级人民检察院申请异地审查，省级人民检察院经审查决定不予提请，或者提请后最高人民检察院决定不予异地审查的，应当在作出不予提请决定或者收到不予异地审查的通知后五日以内通知申诉人。

申诉人向最高人民检察院申请异地审查，最高人民检察院经审查决定不予异地审查的，应当在作出决定后十五日以内通知申诉人。

第八条　异地审查的省级人民检察院应当依照《人民检察院复查刑事申诉案件规定》立案复查。审查期限自收到异地审查指令之日起重新计算。

第九条　对不服人民检察院诉讼终结刑事处理决定的申诉案件，异地审查的省级人民检察院复查终结后应当提出复查处理意见，经检察委员会审议决定后，报请最高人民检察院审查。

第十条　最高人民检察院对异地审查的省级人民检察院依据本规定第九条提出的复查意见，分别以下情况作出处理：

（一）同意维持人民检察院原处理决定的，指令管辖地省级人民检察院作出维持的处理决定；

（二）同意撤销或者变更人民检察院原处理决定的，指令管辖地省级人民检察院作出撤销或者变更的决定，也可以直接作出撤销或者变更的处理决定；

（三）不同意复查处理意见的，应当立案复查并书面通知申诉人、管辖地省级人民检察院和异地审查的省级人民检察院；

（四）认为复查意见认定事实不清或者意见不明确、理由不充分的，可以发回异地审查的省级人民检察院重新审查，也可以直接立案复查。

第十一条　对不服人民法院生效刑事判决、裁定的申诉案件，异地审查的省级人民检察院复查终结后，分别以下情况作出处理：

（一）认为需要提出抗诉的，应当经检察委员会审议决定后提请最高人民检察院抗诉，在最高人民检察院作出是否抗诉的决定后制作刑事申诉复查通知书，并在十日以内送达申诉人，同时抄送管辖地省级人民检察院；

（二）认为不需要提出抗诉的，应当经检察委员会审议决定后制作刑事申诉复查通知书，在十日以内送达申诉人，同时抄送管辖地省级人民检察院，并报最高人民检察院。

第十二条　异地审查的省级人民检察院需要调阅案卷材料、补充调查或者送达法律文书的，管辖地省级人民检察院应当予以协助。

第十三条　异地审查的省级人民检察院刑事申诉检察部门应当在结案后十日以内，将刑事申诉复查终结报告、讨论案件记录等材料的复印件或者电子文档以及相关法律文书，报最高人民检察院刑事申诉检察厅备案。

第十四条　被害人不服地市级人民检察院作出的不起诉决定，在收到不起诉决定书后七日以内提出的申诉，依据刑事诉讼法及相关规定办理，不适用本规定。

【重点解读】①

第一，级别管辖。异地审查仅适用于省级人民检察院管辖的刑事申诉案件，即对地、市级人民检察院刑事申诉处理决定的申诉，对省级人民检察院、省高级人民法院作出的刑事决定、判决、裁定的申诉。

第二，案件类型。异地审查包括不服检察机关诉讼终结刑事处理决定的申诉案件和不服法院已经生效的刑事判决、裁定的申诉案件。

第三，适用条件。异地审查的前提条件是"原处理决定、判决、裁定有错误可能"。异地审查既可以依职权启动，也可以依申请启动。决定刑事申诉案件异地审查的权限，由最高人民检察院检察长或检察委员会行使。

第四，权利保障。申诉人可以向省级人民检察院和最高人民检察院申请刑事申诉案件异地审查。检察机关负有对申诉人的通知义务，对于申诉人就刑事申诉案件提出的异地审查申请，检察机关无论是否作出异地审查决定，都应当将处理结果通知提出异地审查申请的申诉人。

252.2.6　对申诉的复查

★《人民检察院办理刑事申诉案件规定》（高检发办字〔2020〕55 号，2020

---

① 参见尹伊君、罗庆东、高锋志：《〈人民检察院刑事申诉案件异地审查规定（试行）〉解读》，载《人民检察》2018 年第 1 期。

年 9 月 22 日)

第二十六条　复查刑事申诉案件应当由检察官或者检察官办案组办理,原案承办人员和原申诉案件承办人员不应参与办理。

第二十七条　复查刑事申诉案件应当全面审查申诉材料和全部案卷。

第二十八条　经审查,具有下列情形之一,认为需要调查核实的,应当拟定调查提纲进行调查:

(一)原案事实不清、证据不足的;

(二)申诉人提供了新的事实、证据或者证据线索的;

(三)有其他问题需要调查核实的。

第二十九条　对与案件有关的勘验、检查、辨认、侦查实验等笔录和鉴定意见,认为需要复核的,可以进行复核,也可以对专门问题进行鉴定或者补充鉴定。

第三十条　复查刑事申诉案件可以询问原案当事人、证人和其他有关人员。

对原判决、裁定确有错误,认为需要提请抗诉、提出抗诉或者提出再审检察建议的,应当询问或者讯问原审被告人。

第三十一条　复查刑事申诉案件应当听取申诉人及其委托代理律师意见,核实相关问题。

第三十二条　复查刑事申诉案件可以听取原申诉案件办理部门或者原案承办人员、原案承办部门意见,全面了解案件办理情况。

第三十三条　复查刑事申诉案件过程中进行的询问、讯问等调查活动,应当制作调查笔录。调查笔录应当经被调查人确认无误后签名或者捺指印。

第三十四条　刑事申诉案件经复查,案件事实、证据、适用法律和诉讼程序以及其他可能影响案件公正处理的情形已经审查清楚,能够得出明确复查结论的,应当复查终结。

第三十五条　复查终结刑事申诉案件,承办检察官应当制作刑事申诉复查终结报告,在规定的职权范围作出决定;重大、疑难、复杂案件,报检察长或者检察委员会决定。

经检察委员会决定的案件,应当将检察委员会决定事项通知书及讨论记录附卷。

第三十六条　复查刑事申诉案件,应当自决定复查之日起三个月以内办结。三个月以内不能办结的,报检察长决定,可以延长三个月,并告知申诉人。

重大、疑难、复杂案件,在前款规定期限内仍不能办结,确需延长办理期限的,报检察长决定延长办理期限。

第三十七条　接受交办的人民检察院对上级人民检察院交办的刑事申诉案件应当依法办理并报告结果。对属于本院管辖的刑事申诉案件应当进行复查。

对交办的刑事申诉案件,应当自收到交办文书之日起三个月以内办结。确需延长办理期限的,应当报检察长决定,延长期限不得超过三个月。延期办理的,应当向交办的上级人民检察院书面说明情况。

【重点解读】①

为落实检察官办案责任制,复查案

① 参见徐向春、杜亚起、刘小青:《〈人民检察院办理刑事申诉案件规定〉理解与适用》,载《人民检察》2020 年第 22 期。

件应根据案件具体情况，由检察官或者检察官办案组办理，但原案件承办人员和原申诉案件承办人员不应参与办理。刑事申诉案件复查终结由承办检察官在规定的职权范围内作出决定，如有需要，可提请检察官联席会议讨论，但讨论意见仅供承办检察官参考。

252.2.7 未成年人刑事案件的申诉

★《人民检察院办理未成年人刑事案件的规定》（高检发研字〔2013〕7号，2013年12月27日）

第七十五条 人民检察院依法受理未成年人及其法定代理人提出的刑事申诉案件和国家赔偿案件。

人民检察院对未成年人刑事申诉案件和国家赔偿案件，应当指定专人及时办理。

第七十六条 人民检察院复查未成年人刑事申诉案件，应当直接听取未成年人及其法定代理人的陈述或者辩解，认真审核、查证与案件有关的证据和线索，查清案件事实，依法作出处理。

案件复查终结作出处理决定后，应当向未成年人及其法定代理人当面送达法律文书，做好释法说理和教育工作。

第七十七条 对已复查纠正的未成年人刑事申诉案件，应当配合有关部门做好善后工作。

第七十八条 人民检察院办理未成年人国家赔偿案件，应当充分听取未成年人及其法定代理人的意见，对于依法应当赔偿的案件，应当及时作出和执行赔偿决定。

252.2.8 服刑人员的申诉

★《最高人民检察院关于办理服刑人员刑事申诉案件有关问题的通知》（高检发刑申字〔2007〕3号，2007年9月5日）

一、人民检察院监所检察部门及派出检察院接到服刑人员及其法定代理人、近亲属提出的刑事申诉后，应当认真审查，提出审查意见，并分别情况予以处理：

（一）原审判决或者裁定正确，申诉理由不成立的，应当将审查结果答复申诉人，并做好息诉工作；

（二）原审判决或者裁定有错误可能，需要人民检察院立案复查的，应当将申诉材料及审查意见一并移送作出原生效判决或者裁定的人民法院的同级人民检察院，由刑事申诉检察部门办理；

（三）对于反映违法扣押当事人款物不还、刑期折抵有误以及不服刑罚执行变更决定的申诉，由监所检察部门依法处理。

二、接受移送的人民检察院刑事申诉检察部门对于本院管辖的服刑人员申诉，应当受理和办理，并在结案后十日内将审查或者复查结果通知移送的人民检察院。因案情复杂，在三个月内未办结的，应将审查或者复查情况通知移送的人民检察院。

在申诉案件办理过程中，接受移送的人民检察院刑事申诉检察部门需要进行提审服刑人员等调查活动的，移送的人民检察院应当予以协助配合。

三、移送的人民检察院收到审查或者复查结果后，应当及时答复申诉人。

253　因申诉而启动的再审

253.1　法条规定

第二百五十三条　当事人及其法定代理人、近亲属的申诉符合下列情形之一的，人民法院应当重新审判：

（一）有新的证据证明原判决、裁定认定的事实确有错误，可能影响定罪量刑的；

（二）据以定罪量刑的证据不确实、不充分、依法应当予以排除，或者证明案件事实的主要证据之间存在矛盾的；

（三）原判决、裁定适用法律确有错误的；

（四）违反法律规定的诉讼程序，可能影响公正审判的；

（五）审判人员在审理该案件的时候，有贪污受贿，徇私舞弊，枉法裁判行为的。

【立法释义】①

关于因申诉而启动再审的情形，2012年刑事诉讼法修改增加了“可能影响定罪量刑”的限制条件，以及“违反法律规定的诉讼程序，可能影响公正审判”等情形。关于申诉的审查和再审，应当关注以下事项：

第一，申诉期限和审查处理。尽管对于确有错误的裁判，不宜设置申诉期限，但为及时、有效纠错，申诉申请应当尽早提出，且申诉程序不能无休止地反复进行。

第二，重新审判的情形。人民法院立案审查的申诉案件，经审查认为申诉符合法定条件，应当重新审判。

253.2　司法解释

253.2.1　立案审查的程序

★《法院解释》(2021)

第四百五十六条　对立案审查的申诉案件，人民法院可以听取当事人和原办案单位的意见，也可以对原判据以定罪量刑的证据和新的证据进行核实。必要时，可以进行听证。

253.2.2　启动再审的条件

★《法院解释》(2021)

第四百五十七条　对立案审查的申诉案件，应当在三个月以内作出决定，至迟不得超过六个月。因案件疑难、复杂、重大或者其他特殊原因需要延长审查期限的，参照本解释第二百一十条的规定处理。

经审查，具有下列情形之一的，应当根据刑事诉讼法第二百五十三条的规定，决定重新审判：

（一）有新的证据证明原判决、裁定认定的事实确有错误，可能影响定罪量刑的；

（二）据以定罪量刑的证据不确实、不充分、依法应当排除的；

（三）证明案件事实的主要证据之间存在矛盾的；

（四）主要事实依据被依法变更或者撤销的；

（五）认定罪名错误的；

（六）量刑明显不当的；

（七）对违法所得或者其他涉案财物的处理确有明显错误的；

（八）违反法律关于溯及力规定的；

（九）违反法定诉讼程序，可能影

---

① 参见王爱立主编书，第533页。

响公正裁判的；

（十）审判人员在审理该案件时有贪污受贿、徇私舞弊、枉法裁判行为的。

申诉不具有上述情形的，应当说服申诉人撤回申诉；对仍然坚持申诉的，应当书面通知驳回。

第四百五十八条　具有下列情形之一，可能改变原判决、裁定据以定罪量刑的事实的证据，应当认定为刑事诉讼法第二百五十三条第一项规定的“新的证据”：

（一）原判决、裁定生效后新发现的证据；

（二）原判决、裁定生效前已经发现，但未予收集的证据；

（三）原判决、裁定生效前已经收集，但未经质证的证据；

（四）原判决、裁定所依据的鉴定意见，勘验、检查等笔录被改变或者否定的；

（五）原判决、裁定所依据的被告人供述、证人证言等证据发生变化，影响定罪量刑，且有合理理由的。

【重点解读】①

需要注意，证言、供述虽然有变化，但不影响定罪量刑，或者翻证、翻供没有合理理由，不应视为出现新证据而启动再审的情形。

★《最高人民法院研究室关于在审理盗窃案件中有关适用法律问题的答复》（法研〔2010〕48 号，2010 年 3 月 15 日）

1. 判决生效后追回的被盗物品与原判认定的被盗物品属于同一次盗窃行为所得，原审判决却仅涉及部分被盗物品，故可以认定事实不清、适用法律不当为由启动审判监督程序。

2. 本案属于检察院提出抗诉的案件，加重刑罚不受上诉不加刑的限制。

【刑事审判参考案例】

［第 65 号］朱某、卢某假冒注册商标案

裁判要旨：在符合缓刑适用条件的情况下，适用缓刑不属于适用法律确有错误。在没有出现法定应当撤销缓刑的条件下，不应以“适用缓刑不当”为由，按审判监督程序提起再审。

253. 2. 3　再审立案的程序

★《最高人民法院关于规范人民法院再审立案的若干意见（试行）》（法发〔2002〕13 号，2002 年 9 月 10 日）

第一条　各级人民法院、专门人民法院对本院或者上级人民法院对下级人民法院作出的终审裁判，经复查认为符合再审立案条件的，应当决定或裁定再审。

人民检察院依照法律规定对人民法院作出的终审裁判提出抗诉的，应当再审立案。

第二条　地方各级人民法院、专门人民法院负责下列案件的再审立案：

（一）本院作出的终审裁判，符合再审立案条件的；

（二）下一级人民法院复查驳回或者再审改判，符合再审立案条件的；

（三）上级人民法院指令再审的；

（四）人民检察院依法提出抗诉的。

第三条　最高人民法院负责下列案件的再审立案：

（一）本院作出的终审裁判，符合再审立案条件的；

① 参见李少平主编书，第 476—478 页。

（二）高级人民法院复查驳回或者再审改判，符合再审立案条件的；

（三）最高人民检察院依法提出抗诉的；

（四）最高人民法院认为应由自己再审的。

第四条　上级人民法院对下级人民法院作出的终审裁判，认为确有必要的，可以直接立案复查，经复查认为符合再审立案条件的，可以决定或裁定再审。

第五条　再审申请人或申诉人向人民法院申请再审或申诉，应当提交以下材料：

（一）再审申请书或申诉状，应当载明当事人的基本情况、申请再审或申诉的事实与理由；

（二）原一、二审判决书、裁定书等法律文书，经过人民法院复查或再审的，应当附有驳回通知书、再审判决书或裁定书；

（三）以有新的证据证明原裁判认定的事实确有错误为由申请再审或申诉的，应当同时附有证据目录、证人名单和主要证据复印件或者照片；需要人民法院调查取证的，应当附有证据线索。

申请再审或申诉不符合前款规定的，人民法院不予审查。

第六条　申请再审或申诉一般由终审人民法院审查处理。

上一级人民法院对未经终审人民法院审查处理的申请再审或申诉，一般交终审人民法院审查；对经终审人民法院审查处理后仍坚持申请再审或申诉的，应当受理。

对未经终审人民法院及其上一级人民法院审查处理，直接向上级人民法院申请再审或申诉的，上级人民法院应当交下一级人民法院处理。

第七条　对终审刑事裁判的申诉，具备下列情形之一的，人民法院应当决定再审：

（一）有审判时未收集到的或者未被采信的证据，可能推翻原定罪量刑的；

（二）主要证据不充分或者不具有证明力的；

（三）原裁判的主要事实依据被依法变更或撤销的；

（四）据以定罪量刑的主要证据自相矛盾的；

（五）引用法律条文错误或者违反刑法第十二条的规定适用失效法律的；

（六）违反法律关于溯及力规定的；

（七）量刑明显不当的；

（八）审判程序不合法，影响案件公正裁判的；

（九）审判人员在审理案件时索贿受贿、徇私舞弊并导致枉法裁判的。

第十条　人民法院对刑事案件的申诉人在刑罚执行完毕后两年内提出的申诉，应当受理；超过两年提出申诉，具有下列情形之一的，应当受理：

（一）可能对原审被告人宣告无罪的；

（二）原审被告人在本条规定的期限内向人民法院提出申诉，人民法院未受理的；

（三）属于疑难、复杂、重大案件的。

不符合前款规定的，人民法院不予受理。

第十一条　人民法院对刑事附带

民事案件中仅就民事部分提出申诉的,一般不予再审立案。但有证据证明民事部分明显失当且原审被告人有赔偿能力的除外。

第十二条 人民法院对民事、行政案件的再审申请人或申诉人超过两年提出再审申请或申诉的,不予受理。

第十三条 人民法院对不符合法定主体资格的再审申请或申诉,不予受理。

第十四条 人民法院对下列民事案件的再审申请不予受理:

(一)人民法院依照督促程序、公示催告程序和破产还债程序审理的案件;

(二)人民法院裁定撤销仲裁裁决和裁定不予执行仲裁裁决的案件;

(三)人民法院判决、调解解除婚姻关系的案件,但当事人就财产分割问题申请再审的除外。

第十五条 上级人民法院对经终审法院的上一级人民法院依照审判监督程序审理后维持原判或者经两级人民法院依照审判监督程序复查均驳回的申请再审或申诉案件,一般不予受理。

但再审申请人或申诉人提出新的理由,且符合《中华人民共和国刑事诉讼法》第二百零四条①、《中华人民共和国民事诉讼法》第一百七十九条②、《中华人民共和国行政诉讼法》第六十二条③及本规定第七、八、九条规定条件的,以及刑事案件的原审被告人可能被宣告无罪的除外。

第十六条 最高人民法院再审裁判或者复查驳回的案件,再审申请人或申诉人仍不服提出再审申请或申诉的,不予受理。

253.2.4 驳回申诉的救济

★《法院解释》(2021)

第四百五十九条 申诉人对驳回申诉不服的,可以向上一级人民法院申诉。上一级人民法院经审查认为申诉不符合刑事诉讼法第二百五十三条和本解释第四百五十七条第二款规定的,应当说服申诉人撤回申诉;对仍然坚持申诉的,应当驳回或者通知不予重新审判。

254 提起再审的机关及程序

254.1 法条规定

第二百五十四条 各级人民法院院长对本院已经发生法律效力的判决和裁定,如果发现在认定事实上或者在适用法律上确有错误,必须提交审判委员会处理。

最高人民法院对各级人民法院已经发生法律效力的判决和裁定,上级人民法院对下级人民法院已经发生法律效力的判决和裁定,如果发现确有错误,有权提审或者指令下级人民法院再审。

最高人民检察院对各级人民法院已经发生法律效力的判决和裁定,上级人民检察院对下级人民法院已经发生法律效力的判决和裁定,如果发现确有错误,有权按照审判监督程序向同级人民法院提出抗诉。

---

① 2018年刑事诉讼法第二百五十三条。
② 2023年民事诉讼法第二百一十一条。
③ 2017年行政诉讼法第九十条。

人民检察院抗诉的案件，接受抗诉的人民法院应当组成合议庭重新审理，对于原判决事实不清楚或者证据不足的，可以指令下级人民法院再审。

【立法释义】①

本条规定明确了提起审判监督程序的机关及程序。关于提起再审的机关及程序，应当关注以下事项：

第一，主动纠错原则。除因当事人申诉而“被动”纠错外，人民法院和人民检察院也应当“主动”纠错。人民法院作为裁决主体，人民检察院作为法律监督主体，发现生效裁判确有错误的，应当主动纠错。侦查机关也可能发现冤假错案，但其不是提起审判监督程序的主体，侦查机关发现冤假错案，可以通报人民检察院。

第二，最高人民法院和上级人民法院依职权提审主要适用于原判决、裁定认定事实正确但适用法律错误，或者案件疑难、复杂、重大，或者有不宜由原审人民法院审理的情形。

254.2　司法解释

254.2.1　提起再审抗诉的条件

★《检察院规则》（2019）

第五百九十一条　人民检察院认为人民法院已经发生法律效力的判决、裁定确有错误，具有下列情形之一的，应当按照审判监督程序向人民法院提出抗诉：

（一）有新的证据证明原判决、裁定认定的事实确有错误，可能影响定罪量刑的；

（二）据以定罪量刑的证据不确实、不充分的；

（三）据以定罪量刑的证据依法应当予以排除的；

（四）据以定罪量刑的主要证据之间存在矛盾的；

（五）原判决、裁定的主要事实依据被依法变更或者撤销的；

（六）认定罪名错误且明显影响量刑的；

（七）违反法律关于追诉时效期限的规定的；

（八）量刑明显不当的；

（九）违反法律规定的诉讼程序，可能影响公正审判的；

（十）审判人员在审理案件的时候有贪污受贿，徇私舞弊，枉法裁判行为的。

对于同级人民法院已经发生法律效力的判决、裁定，人民检察院认为可能有错误的，应当另行指派检察官或者检察官办案组进行审查。经审查，认为有前款规定情形之一的，应当提请上一级人民检察院提出抗诉。

对已经发生法律效力的判决、裁定的审查，参照本规则第五百八十五条的规定办理。

★《最高人民检察院关于加强和改进刑事抗诉工作的意见》（高检发诉字〔2014〕29 号，2014 年 11 月 26 日）

3. 人民法院刑事判决、裁定在认定事实方面确有下列错误，导致定罪或者量刑明显不当的，人民检察院应当提出抗诉和支持抗诉：

（1）刑事判决、裁定认定的事实与证据证明的事实不一致的；

---

① 参见王爱立主编书，第 536—537 页。

（2）认定的事实与裁判结论有矛盾的；

（3）有新的证据证明原判决、裁定认定的事实确有错误的。

4. 人民法院刑事判决、裁定在采信证据方面确有下列错误，导致定罪或者量刑明显不当的，人民检察院应当提出抗诉和支持抗诉：

（1）刑事判决、裁定据以认定案件事实的证据不确实的；

（2）据以定案的证据不足以认定案件事实，或者所证明的案件事实与裁判结论之间缺乏必然联系的；

（3）据以定案的证据依法应当予以排除而未被排除的；

（4）不应当排除的证据作为非法证据被排除或者不予采信的；

（5）据以定案的主要证据之间存在矛盾，无法排除合理怀疑的；

（6）因被告人翻供、证人改变证言而不采纳依法收集并经庭审质证为合法、有效的其他证据，判决无罪或者改变事实认定的；

（7）经审查犯罪事实清楚，证据确实、充分，人民法院以证据不足为由判决无罪或者改变事实认定的。

5. 人民法院刑事判决、裁定在适用法律方面确有下列错误的，人民检察院应当提出抗诉和支持抗诉：

（1）定罪错误，即对案件事实进行评判时发生错误。主要包括：有罪判无罪，无罪判有罪；混淆此罪与彼罪、一罪与数罪的界限，造成罪刑不相适应，或者在司法实践中产生重大不良影响的；

（2）量刑错误，即适用刑罚与犯罪的事实、性质、情节和社会危害程度不相适应，重罪轻判或者轻罪重判，导致量刑明显不当。主要包括：不具有法定量刑情节而超出法定刑幅度量刑；认定或者适用法定量刑情节错误，导致未在法定刑幅度内量刑或者量刑明显不当；共同犯罪案件中各被告人量刑与其在共同犯罪中的地位、作用明显不相适应或者不均衡；适用主刑刑种错误；适用附加刑错误；适用免予刑事处罚、缓刑错误；适用刑事禁止令、限制减刑错误的。

6. 人民法院在审判过程中有下列严重违反法定诉讼程序情形之一，可能影响公正裁判的，人民检察院应当提出抗诉和支持抗诉：

（1）违反有关公开审判规定的；

（2）违反有关回避规定的；

（3）剥夺或者限制当事人法定诉讼权利的；

（4）审判组织的组成不合法的；

（5）除另有规定的以外，证据材料未经庭审质证直接采纳作为定案根据，或者人民法院依申请收集、调取的证据材料和合议庭休庭后自行调查取得的证据材料没有经过庭审质证而直接采纳作为定案根据的；

（6）由合议庭进行审判的案件未经过合议庭评议直接宣判的；

（7）其他严重违反法定诉讼程序情形的。

7. 对人民检察院提出的刑事附带民事诉讼部分所作判决、裁定明显不当的，或者当事人提出申诉的已生效刑事附带民事诉讼部分判决、裁定明显不当的，人民检察院应当提出抗诉和支持抗诉。

8. 人民法院适用犯罪嫌疑人、被告人逃匿、死亡案件违法所得的没收程序所作的裁定确有错误的，人民检察院应当提出抗诉和支持抗诉。

9. 审判人员在审理案件的时候，有贪污受贿、徇私舞弊或者枉法裁判行为，影响公正审判的，人民检察院应当提出抗诉和支持抗诉。

【最高人民检察院指导性案例】

［检例第26号］陈满申诉案

办案要旨：证据是刑事诉讼的基石，认定案件事实，必须以证据为根据。证据未经当庭出示、辨认、质证等法庭调查程序查证属实，不能作为定案的根据。对于在案发现场提取的物证等实物证据，未经鉴定，且在诉讼过程中丢失或者毁灭，无法在庭审中出示、质证，有罪供述的主要情节又得不到其他证据印证，而原审裁判认定被告人有罪的，应当依法进行监督。

［检例第25号］于英生申诉案

办案要旨：坚守防止冤假错案底线，是保障社会公平正义的重要方面。检察机关既要依法监督纠正确有错误的生效刑事裁判，又要注意在审查逮捕、审查起诉等环节有效发挥监督制约作用，努力从源头上防止冤假错案发生。在监督纠正冤错案件方面，要严格把握纠错标准，对于被告人供述反复，有罪供述前后矛盾，且有罪供述的关键情节与其他在案证据存在无法排除的重大矛盾，不能排除有其他人作案可能的，应当依法进行监督。

254.2.2　不应提起抗诉的情形

★《最高人民检察院关于加强和改进刑事抗诉工作的意见》（高检发诉字〔2014〕29号，2014年11月26日）

10. 人民法院刑事判决、裁定认定事实、采信证据有下列情形之一的，一般不应当提出抗诉：

（1）被告人提出罪轻、无罪辩解或者翻供后，认定犯罪性质、情节或者有罪的证据之间的矛盾无法排除，导致判决书未认定起诉指控罪名或者相关犯罪事实的；

（2）刑事判决改变起诉指控罪名，导致量刑差异较大，但没有足够证据或者法律依据证明人民法院改变罪名错误的；

（3）案件定罪事实清楚，因有关量刑情节难以查清，人民法院在法定刑幅度内从轻处罚的；

（4）依法排除非法证据后，证明部分或者全部案件事实的证据达不到确实、充分的标准，人民法院不予认定该部分案件事实或者判决无罪的。

11. 人民法院刑事判决、裁定在适用法律方面有下列情形之一的，一般不应当提出抗诉：

（1）法律规定不明确、存有争议，抗诉的法律依据不充分的；

（2）具有法定从轻或者减轻处罚情节，量刑偏轻的；

（3）被告人系患有严重疾病、生活不能自理的人，怀孕或者正在哺乳自己婴儿的妇女，生活不能自理的人的唯一扶养人，量刑偏轻的；

（4）被告人认罪并积极赔偿损失，取得被害方谅解，量刑偏轻的。

12. 人民法院审判活动违反法定诉讼程序，其严重程度不足以影响公正裁判，或者判决书、裁定书存在技术性差错，不影响案件实质性结论的，一般不应当提出抗诉。必要时以纠正审理违法意见书监督人民法院纠正审判活动中的违法情形或者以检察建议书等形式要求人民法院更正法律文书中的差错。

13. 人民法院判处被告人死刑缓期二年执行的案件，具有下列情形之一，除原判决认定事实、适用法律有严重错误或者社会反响强烈的以外，一般不应当提出判处死刑立即执行的抗诉：

（1）被告人有自首、立功等法定从轻、减轻处罚情节的；

（2）定罪的证据确实、充分，但影响量刑的主要证据存有疑问的；

（3）因婚姻家庭、邻里纠纷等民间矛盾激化引发的案件，因被害方的过错行为引起的案件，案发后被告人真诚悔罪、积极赔偿被害方经济损失并取得被害方谅解的；

（4）罪犯被送交监狱执行刑罚后，认罪服法，狱中表现较好，且死缓考验期限将满的。

254.2.3　提起再审抗诉的机关及程序

★《检察院规则》（2019）

第五百九十七条　最高人民检察院发现各级人民法院已经发生法律效力的判决或者裁定，上级人民检察院发现下级人民法院已经发生法律效力的判决或者裁定确有错误时，可以直接向同级人民法院提出抗诉，或者指令作出生效判决、裁定人民法院的上一级人民检察院向同级人民法院提出抗诉。

第五百九十八条　人民检察院按照审判监督程序向人民法院提出抗诉的，应当将抗诉书副本报送上一级人民检察院。

第五百九十九条　对按照审判监督程序提出抗诉的案件，人民检察院认为人民法院再审作出的判决、裁定仍然确有错误的，如果案件是依照第一审程序审判的，同级人民检察院应当按照第二审程序向上一级人民法院提出抗诉；如果案件是依照第二审程序审判的，上一级人民检察院应当按照审判监督程序向同级人民法院提出抗诉。

【重点解读】①

第一，地方各级人民检察院发现同级人民法院已经发生法律效力的判决、裁定确有错误时，无权向同级人民法院提出抗诉，也不能直接向上一级人民法院提出抗诉，只能提请上一级人民检察院向其同级人民法院提出抗诉。在司法实践中，地方各级人民检察院发现同级人民法院发生法律效力的判决、裁定确有错误时，也可向同级人民法院提出再审检察建议，要求重新审判。

第二，检察机关实行检察一体模式，上级检察机关对下级检察机关有指导命令权。向上一级人民检察院报送抗诉书的副本，供上级人民检察院审查，便于上级人民检察院及时进行指导，以保证抗诉的质量。上级人民检察院认为抗诉不当的，应当进一步了解情况，征求下级人民检察院意见，如果了解情况、征求意见后，仍然认为抗诉不当的，应当指令下级人民检察院撤回抗诉。

254.2.4　提起再审抗诉的期限

★《检察院规则》（2019）

第五百九十二条　对于高级人民法院判处死刑缓期二年执行的案件，省级人民检察院认为确有错误提请抗诉的，一般应当在收到生效判决、裁定后三个月以内

① 参见童建明、万春主编释义书，第633—642页。

提出,至迟不得超过六个月。

【重点解读】①

省级人民检察院对判处死刑缓期二年执行案件提请抗诉,应当遵循法定的期限限制。死刑缓期二年执行的判决、裁定,在一定意义上具有不确定性,死刑缓期二年期间或者期间届满后,死刑判决存在进一步变更的可能性。对省级人民检察院提请最高人民检察院的抗诉明确办案期限,目的在于防止死刑缓期二年执行期满后,判决、裁定一旦确定,有的案件即使判决、裁定发生错误,也无法改判或者不宜改判。

★《人民检察院刑事抗诉工作指引》(高检发诉字〔2018〕2 号,2018 年 2 月 14 日)

第三十条　提请上级人民检察院按照审判监督程序抗诉的案件,原则上应当自人民法院作出裁判之日起二个月以内作出决定;需要复核主要证据的,可以延长一个月。属于冤错可能等事实证据有重大变化的案件,可以不受上述期限限制。

对于高级人民法院判处死刑缓期二年执行的案件,省级人民检察院认为确有错误提请抗诉的,一般应当在收到生效判决、裁定后三个月以内提出,至迟不得超过六个月。

对于人民法院第一审宣判后人民检察院在法定期限内未提出抗诉,或者判决、裁定发生法律效力后六个月内未提出抗诉的案件,没有发现新的事实或者证据的,一般不得为加重被告人刑罚而依照审判监督程序提出抗诉,但被害人提出申诉或上级人民检察院指令抗诉的除外。

第三十三条　上级人民检察院审查审判监督程序抗诉案件,原则上应当自收案之日起一个半月以内作出决定;需要复核主要证据或者侦查卷宗在十五册以上的,可以延长一个月;需要征求其他单位意见或者召开专家论证会的,可以再延长半个月。

上级人民检察院审查下一级人民检察院提请抗诉的刑事申诉案件,应当自收案之日起三个月以内作出决定。

属于冤错可能等事实证据有重大变化的案件,可以不受上述期限限制。

有条件的地方,应当再自行缩短办案期限;对原判死缓而抗诉要求改判死刑立即执行的案件,原则上不得延长期限。

254.2.5　法院决定或指令再审的程序

★《法院解释》(2021)

第四百六十条　各级人民法院院长发现本院已经发生法律效力的判决、裁定确有错误的,应当提交审判委员会讨论决定是否再审。

第四百六十一条　上级人民法院发现下级人民法院已经发生法律效力的判决、裁定确有错误的,可以指令下级人民法院再审;原判决、裁定认定事实正确但适用法律错误,或者案件疑难、复杂、重大,或者有不宜由原审人民法院审理情形的,也可以提审。

上级人民法院指令下级人民法院再审的,一般应当指令原审人民法院以外的下级人民法院审理;由原审人民法院审理更有利于查明案件事实、纠正裁判错误的,可以指令原审人民法院审理。

---

① 参见童建明、万春主编释义书,第 636 页。

254.2.6　法院对再审抗诉的处理

★《最高人民法院关于审理人民检察院按照审判监督程序提出的刑事抗诉案件若干问题的规定》（法释〔2011〕23号，2011年10月14日）

第一条　人民法院收到人民检察院的抗诉书后，应在一个月内立案。经审查，具有下列情形之一的，应当决定退回人民检察院：

（一）不属于本院管辖的；

（二）按照抗诉书提供的住址无法向被提出抗诉的原审被告人送达抗诉书的；

（三）以有新证据为由提出抗诉，抗诉书未附有新的证据目录、证人名单和主要证据复印件或者照片的；

（四）以有新证据为由提出抗诉，但该证据并不是指向原起诉事实的。

人民法院决定退回的刑事抗诉案件，人民检察院经补充相关材料后再次提出抗诉，经审查符合受理条件的，人民法院应当予以受理。

第二条　人民检察院按照审判监督程序提出的刑事抗诉案件，接受抗诉的人民法院应当组成合议庭进行审理。涉及新证据需要指令下级人民法院再审的，接受抗诉的人民法院应当在接受抗诉之日起一个月以内作出决定，并将指令再审决定书送达提出抗诉的人民检察院。

第三条　本规定所指的新证据，是指具有下列情形之一，指向原起诉事实并可能改变原判决、裁定据以定罪量刑的事实的证据：

（一）原判决、裁定生效后新发现的证据；

（二）原判决、裁定生效前已经发现，但由于客观原因未予收集的证据；

（三）原判决、裁定生效前已经收集，但庭审中未予质证、认证的证据；

（四）原生效判决、裁定所依据的鉴定结论，勘验、检查笔录或其他证据被改变或者否定的。

【重点解读】①

第一，立案审查。人民法院对按照审判监督程序提出的刑事抗诉案件立案后，需要对案件进行形式审查，防止个别存有一定瑕疵的案件进入再审抗诉程序。

第二，审理主体。人民检察院按照审判监督程序提出抗诉的刑事案件，原则上都由接受抗诉的人民法院直接进行审理。例外情况是，对于涉及新证据的情形，接受抗诉的人民法院可以指令下级人民法院再审。

第三，"新证据"的认定。"新证据"必须符合以下两个特征：一是新证据应具有相当强的证明力，必须达到可能改变原生效裁判据以定罪量刑的事实的程度。二是新证据与原审起诉事实具有不可分性，如果新的证据不是指向原审起诉事实，应另行起诉。

254.2.7　法院内部不服生效裁判的处理

★《最高人民法院关于办理不服本院生效裁判案件的若干规定》（法发〔2001〕20号，2001年10月29日）

一、立案庭对不服本院生效裁判案件经审查认为可能有错误，决定再审立

① 参见官鸣、黄永维等：《〈关于审理人民检察院按照审判监督程序提出的刑事抗诉案件若干问题的规定〉的理解与适用》，载《人民司法》2011年第23期。

案或者登记立案并移送审判监督庭后，审判监督庭应及时审理。

二、经立案庭审查立案的不服本院生效裁判案件，立案庭应将本案全部卷宗材料调齐，一并移送审判监督庭。

经立案庭登记立案、尚未归档的不服本院生效裁判案件，审判监督庭需要调阅有关案卷材料的，应向相关业务庭发出调卷通知。有关业务庭应在收到调卷通知十日内，将有关案件卷宗按规定装订整齐，移送审判监督庭。

五、对本院生效裁判案件经审查认为应当再审的，或者已经进入再审程序、经审理认为应当改判的，由院长提交审判委员会讨论决定。

提交审判委员会讨论的案件审理报告应注明原承办人和原合议庭成员的姓名，并可附原合议庭对审判监督庭再审审查结论的书面意见。

六、审判监督庭经审查驳回当事人申请再审的，或者经过再审程序审理结案的，应及时向本院有关部门通报案件处理结果。

254.2.8　服刑完毕后重新起诉的程序

★《最高人民法院研究室关于对刑罚已执行完毕，由于发现新的证据，又因同一事实被以新的罪名重新起诉的案件，应适用何种程序进行审理等问题的答复》(2002 年 7 月 31 日)

……对于先行判决且刑罚已经执行完毕，由于同案犯归案发现新的证据，又因同一事实被以新的罪名重新起诉的被告人，原判人民法院应当按照审判监督程序撤销原判决、裁定，并将案件移送有管辖权的人民法院，按照第一审程序与其他同案被告人并案审理。

该被告人已经执行完毕的刑罚，由收案的人民法院在对被指控的新罪作出判决时依法折抵，被判处有期徒刑的，原执行完毕的刑期可以折抵刑期。

254.2.9　撤销原减刑裁定的程序

★《最高人民法院研究室关于对无期徒刑犯减刑后原审法院发现原判决确有错误予以改判，原减刑裁定应如何适用法律条款予以撤销问题的答复》(1994 年 11 月 7 日)

被判处无期徒刑的罪犯由服刑地的高级人民法院依法裁定减刑后，原审人民法院发现原判决确有错误并依照审判监督程序改判为有期徒刑的，应当依照我院法(研)复〔1989〕2 号批复①撤销原减刑裁定。鉴于原减刑裁定是在无期徒刑基础上的减刑，既然原判无期徒刑已被认定为错判，那么原减刑裁定在认定事实和适用法律上亦应视为确有错误。由此，由罪犯服刑地的高级人民法院根据刑事诉讼法第一百四十九条第一款②的规定，按照审判监督程序撤销原减刑裁定是适宜的。

254.3　指导与参考案例

254.3.1　再审抗诉后的补充、追加起诉

【最高人民检察院指导性案例】

[检例第 181 号]孟某某等人组织、领导、参加黑社会性质组织、寻衅滋事等犯罪再审抗诉案

---

① 即《最高人民法院关于对无期徒刑犯减刑后原审法院发现原判决确有错误予以改判，原减刑裁定应否撤销问题的批复》(已废止)。

② 2018 年刑事诉讼法第二百五十四条第一款。

办案要旨：被告人不服第一审判决，上诉后又在上诉期满后申请撤回上诉、人民法院裁定准许的，如果人民检察院认为该一审判决确有错误，作出准许撤回上诉裁定人民法院的同级人民检察院有权依照审判监督程序提出抗诉。抗诉后人民法院指令按照第一审程序审理的案件，人民检察院发现原案遗漏犯罪事实的，应当补充起诉；发现遗漏同案犯罪嫌疑人的，应当追加起诉，并建议人民法院对指令再审的案件与补充、追加起诉的案件并案审理，数罪并罚。人民检察院在办案中应当强化监督，充分运用自行侦查与侦查机关（部门）补充侦查相结合的方式，加强侦检监衔接，深挖漏罪漏犯，推进诉源治理，把监督办案持续做深做实。

254.3.2　再审抗诉的证据补强要求

【最高人民检察院指导性案例】

［检例第182号］宋某某危险驾驶二审、再审抗诉案

办案要旨：人民检察院应当依法规范行使不起诉权，通过备案审查等方式加强对不起诉决定的内部监督制约，着力提高审查起诉工作水平和办案质量。对于就同一专门性问题有两份或者两份以上的司法鉴定意见，且结论不一致时，检察人员要注重从鉴定主体的合规性、鉴定程序的合法性、鉴定方法的科学性、鉴定材料的充分性及分析论证的合理性等方面进行实质化审查。对于提出抗诉的案件，为确保抗诉效果，人民检察院可以通过自行侦查进一步补强证据，充分支持抗诉意见和理由，通过接续抗诉，持续监督，全面履行刑事审判监督职责，维护司法公正。

255　指令再审的法院

255.1　法条规定

第二百五十五条　上级人民法院指令下级人民法院再审的，应当指令原审人民法院以外的下级人民法院审理；由原审人民法院审理更为适宜的，也可以指令原审人民法院审理。

【立法释义】①

本条规定明确了指令再审的法院，是2012年刑事诉讼法修改增加的规定。指令再审涉及错判追责、舆论压力等问题，需要慎重确定再审法院。本条确立了异地法院再审为原则、原审法院再审为例外的规则。本条中的“原审人民法院以外的下级人民法院”，通常是指与原审人民法院同一级别的异地人民法院。基于案件具体情况，再审案件由原审人民法院审理更为适宜的，也可以指令原审人民法院审理。

255.2　司法解释

255.2.1　指令再审和提审的法院

★《法院解释》（2021）

第四百六十一条　上级人民法院发现下级人民法院已经发生法律效力的判决、裁定确有错误的，可以指令下级人民法院再审；原判决、裁定认定事实正确但适用法律错误，或者案件疑难、复杂、重大，或者有不宜由原审人民法院审理情形的，也可以提审。

上级人民法院指令下级人民法院再审的，一般应当指令原审人民法院以外的下级人民法院审理；由原审人民法院

① 参见王爱立主编书，第536—537页。

院审理更有利于查明案件事实、纠正裁判错误的，可以指令原审人民法院审理。

★《最高人民法院研究室关于罪犯在服刑期间又犯罪被服刑地法院以数罪并罚论处的现前罪改判应当由哪一个法院决定执行刑罚问题的电话答复》（1991年6月18日）

……对于再审改判前因犯新罪被加刑的罪犯，在对其前罪再审时，应当将罪犯犯后罪时判决中关于前罪与后罪并罚的内容撤销，并把经再审改判后的前罪没有执行完的刑罚和后罪已判处的刑罚，按照刑法第六十六条[①]的规定实行数罪并罚。关于原前罪与后罪并罚的判决由哪个法院撤销，应当视具体情况确定：如果再审法院是对后罪作出判决的法院的上级法院，或者是对后罪作出判决的同一法院，可以由再审法院撤销，否则，应当由对后罪作出判决的法院撤销。

256　再审的程序

256.1　法条规定

第二百五十六条　人民法院按照审判监督程序重新审判的案件，由原审人民法院审理的，应当另行组成合议庭进行。如果原来是第一审案件，应当依照第一审程序进行审判，所作的判决、裁定，可以上诉、抗诉；如果原来是第二审案件，或者是上级人民法院提审的案件，应当依照第二审程序进行审判，所作的判决、裁定，是终审的判决、裁定。

人民法院开庭审理的再审案件，同级人民检察院应当派员出席法庭。

【立法释义】[②]

2012年刑事诉讼法修改，增加了人民法院开庭审理的再审案件，同级人民检察院应当派员出席法庭的规定，加强了人民检察院对再审程序的法律监督。关于再审程序，应当关注以下事项：

第一，再审应当组成合议庭进行审判，原来合议庭的审判员、人民陪审员，适用简易程序审理案件的独任审判员，都不得作为另行组成的合议庭的组成人员。

第二，审理程序应以原审程序为基准。人民法院按照审判监督程序重新审判的案件，应当对原判决、裁定认定的事实、证据和适用法律进行全面审查。再审一般不得加重原审被告人的刑罚。

256.2　司法解释

256.2.1　对再审抗诉的审查处理

★《法院解释》（2021）

第四百六十二条　对人民检察院依照审判监督程序提出抗诉的案件，人民法院应当在收到抗诉书后一个月内立案。但是，有下列情形之一的，应当区别情况予以处理：

（一）不属于本院管辖的，应当将案件退回人民检察院；

（二）按照抗诉书提供的住址无法向被抗诉的原审被告人送达抗诉书的，应当通知人民检察院在三日以内重新提供原审被告人的住址；逾期未提供的，将案件退回人民检察院；

---

① 2023年刑法第七十一条。

② 参见王爱立主编书，第540—542页。

（三）以有新的证据为由提出抗诉，但未附相关证据材料或者有关证据不是指向原起诉事实的，应当通知人民检察院在三日以内补送相关材料；逾期未补送的，将案件退回人民检察院。

决定退回的抗诉案件，人民检察院经补充相关材料后再次抗诉，经审查符合受理条件的，人民法院应当受理。

★《最高人民法院关于刑事再审案件开庭审理程序的具体规定（试行）》（法释〔2001〕31号，2001年12月26日）

第三条　以有新的证据证明原判决、裁定认定的事实确有错误为由提出申诉的，应当同时附有新的证据目录、证人名单和主要证据复印件或者照片。需要申请人民法院调取证据的，应当附有证据线索。未附有的，应当在七日内补充；经补充后仍不完备或逾期不补的，应当决定不予受理。

★《最高人民法院案件审限管理规定》（法〔2001〕164号，2001年11月5日）

第十三条　二审案件应当在收到上（抗）诉书及案卷材料后的五日内立案。

按照审判监督程序重新审判的案件，应当在作出提审、再审裁定或决定的次日立案。

刑事复核案件、适用法律的特殊请示案件、管辖争议案件、执行协调案件应当在收到高级人民法院报送的案卷材料后三日内立案。

★《最高人民法院关于严格执行案件审理期限制度的若干规定》（法释〔2000〕29号，2000年9月22日）

第六条　第一审人民法院收到起诉书（状）或者执行申请书后，经审查认为符合受理条件的应当在七日内立案；收到自诉人自诉状或者口头告诉的，经审查认为符合自诉案件受理条件的应当在十五日内立案。

改变管辖的刑事、民事、行政案件，应当在收到案卷材料后的三日内立案。

第二审人民法院应当在收到第一审人民法院移送的上（抗）诉材料及案卷材料后的五日内立案。

发回重审或指令再审的案件，应当在收到发回重审或指令再审裁定及案卷材料后的次日内立案。

按照审判监督程序重新审判的案件，应当在作出提审、再审裁定（决定）的次日立案。

256.2.2　再审开庭审理前的准备

★《最高人民法院关于刑事再审案件开庭审理程序的具体规定（试行）》（法释〔2001〕31号，2001年12月26日）

第九条　人民法院在开庭审理前，应当进行下列工作：

（一）确定合议庭的组成人员；

（二）将再审决定书，申诉书副本至迟在开庭三十日前，重大、疑难案件至迟在开庭六十日前送达同级人民检察院，并通知其查阅案卷和准备出庭；

（三）将再审决定书或抗诉书副本至迟在开庭三十日以前送达原审被告人（原审上诉人），告知其可以委托辩护人，或者依法为其指定承担法律援助义务的律师担任辩护人；

（四）至迟在开庭十五日前，重大、疑难案件至迟在开庭六十日前，通知辩护人查阅案卷和准备出庭；

（五）将开庭的时间、地点在开庭七日以前通知人民检察院；

（六）传唤当事人，通知辩护人、诉讼代理人、证人、鉴定人和翻译人员，传票和通知书至迟在开庭七日以前送达；

（七）公开审判的案件，在开庭七日以前先期公布案由、原审被告人（原审上诉人）姓名、开庭时间和地点。

第十三条　人民法院应当在开庭三十日前通知人民检察院、当事人或者辩护人查阅、复制双方提交的新证据目录及新证据复印件、照片。

人民法院应当在开庭十五日前通知控辩双方查阅、复制人民法院调取的新证据目录及新证据复印件、照片等证据。

第十四条　控辩双方收到再审决定书或抗诉书后，人民法院通知开庭之日前，可以提交新的证据。开庭后，除对原审被告人（原审上诉人）有利的外，人民法院不再接纳新证据。

第十五条　开庭审理前，合议庭应当核实原审被告人（原审上诉人）何时因何案被人民法院依法裁判，在服刑中有无重新犯罪，有无减刑、假释，何时刑满释放等情形。

第十六条　开庭审理前，原审被告人（原审上诉人）到达开庭地点后，合议庭应当查明原审被告人（原审上诉人）基本情况，告知原审被告人（原审上诉人）享有辩护权和最后陈述权，制作笔录后，分别由该合议庭成员和书记员签名。

256.2.3　撤诉、退庭或不出庭的处理

★《法院解释》（2021）

第四百七十条　人民法院审理人民检察院抗诉的再审案件，人民检察院在开庭审理前撤回抗诉的，应当裁定准许；人民检察院接到出庭通知后不派员出庭，且未说明原因的，可以裁定按撤回抗诉处理，并通知诉讼参与人。

人民法院审理申诉人申诉的再审案件，申诉人在再审期间撤回申诉的，可以裁定准许；但认为原判确有错误的，应当不予准许，继续按照再审案件审理。申诉人经依法通知无正当理由拒不到庭，或者未经法庭许可中途退庭的，可以裁定按撤回申诉处理，但申诉人不是原审当事人的除外。

★《最高人民法院关于刑事再审案件开庭审理程序的具体规定（试行）》（法释〔2001〕31号，2001年12月26日）

第十条　人民法院审理人民检察院提出抗诉的再审案件，对人民检察院接到出庭通知后未出庭的，应当裁定按人民检察院撤回抗诉处理，并通知诉讼参与人。

★《最高人民法院关于审理人民检察院按照审判监督程序提出的刑事抗诉案件若干问题的规定》（法释〔2011〕23号，2011年10月14日）

第六条　在开庭审理前，人民检察院撤回抗诉的，人民法院应当裁定准许。

256.2.4　再审案件的并案与分案

★《法院解释》（2021）

第四百六十七条　对依照审判监督程序重新审判的案件，人民法院在依照第一审程序进行审判的过程中，发现原审被告人还有其他犯罪的，一般应当并案审理，但分案审理更为适宜的，可以分案审理。

【重点解读】①

对于依照审判监督程序重新审判，可能存在被告人还有其他犯罪的情况。

① 参见李少平主编书，第484页。

此种情形应当以并案审理为原则，以分案审理为例外。需要注意的是，对于并案审理的情形，原则上应当依照第一审程序并案审理，但根据案件情况也可以在第一审程序中分案审理，而后在第二审程序中并案审理。通常而言，一审分案审理的，对于再审犯罪和其他犯罪均上诉的，可以在二审合并处理；对于一个犯罪提出上诉，一个犯罪没有提出上诉的，二审可以按照数罪并罚处理；对于一个犯罪宣告有罪，另一个犯罪宣告无罪的，则宜全程分案审理。

★《最高人民法院关于刑事再审案件开庭审理程序的具体规定（试行）》（法释〔2001〕31号，2001年12月26日）

第七条 人民法院审理共同犯罪再审案件，如果人民法院再审决定书或者人民检察院抗诉书只对部分同案原审被告人（同案原审上诉人）提起再审，其他未涉及的同案原审被告人（同案原审上诉人）不出庭不影响案件审理的，可以不出庭参与诉讼；

部分同案原审被告人（同案原审上诉人）具有本规定第六条第（三）、（四）项规定情形不能出庭的，不影响案件的开庭审理。

256.2.5 再审案件的审理程序

★《法院解释》（2021）

第四百六十三条 对人民检察院依照审判监督程序提出抗诉的案件，接受抗诉的人民法院应当组成合议庭审理。对原判事实不清、证据不足，包括有新的证据证明原判可能有错误，需要指令下级人民法院再审的，应当在立案之日起一个月以内作出决定，并将指令再审决定书送达抗诉的人民检察院。

第四百六十五条 依照审判监督程序重新审判的案件，人民法院应当重点针对申诉、抗诉和决定再审的理由进行审理。必要时，应当对原判决、裁定认定的事实、证据和适用法律进行全面审查。

第四百六十六条 原审人民法院审理依照审判监督程序重新审判的案件，应当另行组成合议庭。

原来是第一审案件，应当依照第一审程序进行审判，所作的判决、裁定可以上诉、抗诉；原来是第二审案件，或者是上级人民法院提审的案件，应当依照第二审程序进行审判，所作的判决、裁定是终审的判决、裁定。

符合刑事诉讼法第二百九十六条、第二百九十七条规定的，可以缺席审判。

第四百六十八条 开庭审理再审案件，再审决定书或者抗诉书只针对部分原审被告人，其他同案原审被告人不出庭不影响审理的，可以不出庭参加诉讼。

第四百七十一条 开庭审理的再审案件，系人民法院决定再审的，由合议庭组成人员宣读再审决定书；系人民检察院抗诉的，由检察员宣读抗诉书；系申诉人申诉的，由申诉人或者其辩护人、诉讼代理人陈述申诉理由。

★《最高人民法院关于审理人民检察院按照审判监督程序提出的刑事抗诉案件若干问题的规定》（法释〔2011〕23号，2011年10月14日）

第五条 对于指令再审的案件，如果原来是第一审案件，接受抗诉的人民法院应当指令第一审人民法院依照第一审程序进行审判，所作的判决、裁定，可以上诉、抗诉；如果原来是第二审案件，接受抗诉的人民法院应当指令第二审人民法院依照第二审程序进行审判，所作的判决、裁定，是终审的判决、裁定。

第七条　在送达抗诉书后被提出抗诉的原审被告人未到案的，人民法院应当裁定中止审理；原审被告人到案后，恢复审理。

第八条　被提出抗诉的原审被告人已经死亡或者在审理过程中死亡的，人民法院应当裁定终止审理，但对能够查清事实，确认原审被告人无罪的案件，应当予以改判。

★《最高人民法院关于刑事再审案件开庭审理程序的具体规定（试行）》（法释〔2001〕31号，2001年12月26日）

第四条　参与过本案第一审、第二审、复核程序审判的合议庭组成人员，不得参与本案的再审程序的审判。

第五条　人民法院审理下列再审案件，应当依法开庭审理：

（一）依照第一审程序审理的；

（二）依照第二审程序需要对事实或者证据进行审理的；

（三）人民检察院按照审判监督程序提出抗诉的；

（四）可能对原审被告人（原审上诉人）加重刑罚的；

（五）有其他应当开庭审理情形的。

第六条　下列再审案件可以不开庭审理：

（一）原判决、裁定认定事实清楚，证据确实、充分，但适用法律错误，量刑畸重的；

（二）1979年《中华人民共和国刑事诉讼法》施行以前裁判的；

（三）原审被告人（原审上诉人）、原审自诉人已经死亡、或者丧失刑事责任能力的；

（四）原审被告人（原审上诉人）在交通十分不便的边远地区监狱服刑，提押到庭确有困难的；但人民检察院提出抗诉的，人民法院应征得人民检察院的同意；

（五）人民法院按照审判监督程序决定再审，按本规定第九条第（五）项规定，经两次通知，人民检察院不派员出庭的。

第八条　除人民检察院抗诉的以外，再审一般不得加重原审被告人（原审上诉人）的刑罚。

根据本规定第六条第（二）、（三）、（四）、（五）、（六）项、第七条的规定，不具备开庭条件可以不开庭审理的，或者可以不出庭参加诉讼的，不得加重未出庭原审被告人（原审上诉人）、同案原审被告人（同案原审上诉人）的刑罚。

第十一条　人民法院决定再审或者受理抗诉书后，原审被告人（原审上诉人）正在服刑的，人民法院依据再审决定书或者抗诉书及提押票等文书办理提押；

原审被告人（原审上诉人）在押，再审可能改判宣告无罪的，人民法院裁定中止执行原裁决后，可以取保候审；

原审被告人（原审上诉人）不在押，确有必要采取强制措施并符合法律规定采取强制措施条件的，人民法院裁定中止执行原裁决后，依法采取强制措施。

第十七条　开庭审理时，审判长宣布合议庭组成人员及书记员，公诉人、辩护人、鉴定人和翻译人员的名单，并告知当事人、法定代理人享有申请回避的权利。

第十八条　人民法院决定再审的，由合议庭组成人员宣读再审决定书。

根据人民检察院提出抗诉进行再审的，由公诉人宣读抗诉书。

当事人及其法定代理人、近亲属提出申诉的，由原审被告人（原审上诉人）及其辩护人陈述申诉理由。

第十九条　在审判长主持下，控辩双方应就案件的事实、证据和适用法律等问题分别进行陈述。合议庭对控辩双方无争议和有争议的事实、证据及适用法律问题进行归纳，予以确认。

第二十条　在审判长主持下，就控辩双方有争议的问题，进行法庭调查和辩论。

第二十一条　在审判长主持下，控辩双方对提出的新证据或者有异议的原审据以定罪量刑的证据进行质证。

第二十二条　进入辩论阶段，原审被告人（原审上诉人）及其法定代理人、近亲属提出申诉的，先由原审被告人（原审上诉人）及其辩护人发表辩护意见，然后由公诉人发言，被害人及其代理人发言。

被害人及其法定代理人、近亲属提出申诉的，先由被害人及其代理人发言，公诉人发言，然后由原审被告人（原审上诉人）及其辩护人发表辩护意见。

人民检察院提出抗诉的，先由公诉人发言，被害人及其代理人发言，然后由原审被告人（原审上诉人）及其辩护人发表辩护意见。

既有申诉又有抗诉的，先由公诉人发言，后由申诉方当事人及其代理人或者辩护人发言或者发表辩护意见，然后由对方当事人及其代理人或辩护人发言或者发表辩护意见。

公诉人、当事人和辩护人、诉讼代理人经审判长许可，可以互相辩论。

第二十三条　合议庭根据控辩双方举证、质证和辩论情况，可以当庭宣布认证结果。

第二十四条　再审改判宣告无罪并依法享有申请国家赔偿权利的当事人，宣判时合议庭应当告知其该判决发生法律效力后即有申请国家赔偿的权利。

第二十五条　人民法院审理再审案件，应当在作出再审决定之日起三个月内审结。需要延长期限的，经本院院长批准，可以延长三个月。

自接到阅卷通知后的第二日起，人民检察院查阅案卷超过七日后的期限，不计入再审审理期限。

第二十六条　依照第一、二审程序审理的刑事自诉再审案件开庭审理程序，参照本规定执行。

256.2.6　检察机关对再审的监督

★《检察院规则》（2019）

第四百五十四条　人民法院开庭审理再审案件，同级人民检察院应当派员出席法庭。

第四百五十五条　人民检察院对于人民法院按照审判监督程序重新审判的案件，应当对原判决、裁定认定的事实、证据、适用法律进行全面审查，重点审查有争议的案件事实、证据和法律适用问题。

第四百五十六条　人民检察院派员出席再审法庭，如果再审案件按照第一审程序审理，参照本章第一节有关规定执行；如果再审案件按照第二审程序审理，参照本章第四节有关规定执行。

256.2.7　再审案件审理后的处理

★《法院解释》(2021)

第四百七十二条　再审案件经过重新审理后，应当按照下列情形分别处理：

(一)原判决、裁定认定事实和适用法律正确、量刑适当的，应当裁定驳回申诉或者抗诉，维持原判决、裁定；

(二)原判决、裁定定罪准确、量刑适当，但在认定事实、适用法律等方面有瑕疵的，应当裁定纠正并维持原判决、裁定；

(三)原判决、裁定认定事实没有错误，但适用法律错误或者量刑不当的，应当撤销原判决、裁定，依法改判；

(四)依照第二审程序审理的案件，原判决、裁定事实不清、证据不足的，可以在查清事实后改判，也可以裁定撤销原判，发回原审人民法院重新审判。

原判决、裁定事实不清或者证据不足，经审理事实已经查清的，应当根据查清的事实依法裁判；事实仍无法查清，证据不足，不能认定被告人有罪的，应当撤销原判决、裁定，判决宣告被告人无罪。

第四百七十三条　原判决、裁定认定被告人姓名等身份信息有误，但认定事实和适用法律正确、量刑适当的，作出生效判决、裁定的人民法院可以通过裁定对有关信息予以更正。

★《最高人民法院关于审理人民检察院按照审判监督程序提出的刑事抗诉案件若干问题的规定》(法释〔2011〕23号，2011年10月14日)

第九条　人民法院作出裁判后，当庭宣告判决的，应当在五日内将裁判文书送达当事人、法定代理人、诉讼代理人、提出抗诉的人民检察院、辩护人和原审被告人的近亲属；定期宣告判决的，应当在判决宣告后立即将裁判文书送达当事人、法定代理人、诉讼代理人、提出抗诉的人民检察院、辩护人和原审被告人的近亲属。

【重点解读】①

如果接受抗诉的人民法院在一个月以内没有决定指令再审，案件就进入按照第二审程序审理的再审审理阶段。如果接受抗诉的人民法院在审理阶段发现了新证据，可以根据刑事诉讼法关于第二审程序的有关规定，裁定撤销原判，发回重审。

256.2.8　再审改判的国家赔偿

★《法院解释》(2021)

第四百七十四条　对再审改判宣告无罪并依法享有申请国家赔偿权利的当事人，人民法院宣判时，应当告知其在判决发生法律效力后可以依法申请国家赔偿。

★《最高人民法院、最高人民检察院关于办理刑事赔偿案件适用法律若干问题的解释》(法释〔2015〕24号，2015年12月28日)

第一条　赔偿请求人因行使侦查、检察、审判职权的机关以及看守所、监狱管理机关及其工作人员行使职权的行为侵犯其人身权、财产权而申请国家赔偿，具备国家赔偿法第十七条、第十

---

① 参见官鸣、黄永维等：《〈关于审理人民检察院按照审判监督程序提出的刑事抗诉案件若干问题的规定〉的理解与适用》，载《人民司法》2011年第23期。

八条规定情形的，属于本解释规定的刑事赔偿范围。

第二条　解除、撤销拘留或者逮捕措施后虽尚未撤销案件、作出不起诉决定或者判决宣告无罪，但是符合下列情形之一的，属于国家赔偿法第十七条第一项、第二项规定的终止追究刑事责任：

（一）办案机关决定对犯罪嫌疑人终止侦查的；

（二）解除、撤销取保候审、监视居住、拘留、逮捕措施后，办案机关超过一年未移送起诉、作出不起诉决定或者撤销案件的；

（三）取保候审、监视居住法定期限届满后，办案机关超过一年未移送起诉、作出不起诉决定或者撤销案件的；

（四）人民检察院撤回起诉超过三十日未作出不起诉决定的；

（五）人民法院决定按撤诉处理后超过三十日，人民检察院未作出不起诉决定的；

（六）人民法院准许刑事自诉案件自诉人撤诉的，或者人民法院决定对刑事自诉案件按撤诉处理的。

赔偿义务机关有证据证明尚未终止追究刑事责任，且经人民法院赔偿委员会审查属实的，应当决定驳回赔偿请求人的赔偿申请。

第三条　对财产采取查封、扣押、冻结、追缴等措施后，有下列情形之一，且办案机关未依法解除查封、扣押、冻结等措施或者返还财产的，属于国家赔偿法第十八条规定的侵犯财产权：

（一）赔偿请求人有证据证明财产与尚未终结的刑事案件无关，经审查属实的；

（二）终止侦查、撤销案件、不起诉、判决宣告无罪终止追究刑事责任的；

（三）采取取保候审、监视居住、拘留或者逮捕措施，在解除、撤销强制措施或者强制措施法定期限届满后超过一年未移送起诉、作出不起诉决定或者撤销案件的；

（四）未采取取保候审、监视居住、拘留或者逮捕措施，立案后超过两年未移送起诉、作出不起诉决定或者撤销案件的；

（五）人民检察院撤回起诉超过三十日未作出不起诉决定的；

（六）人民法院决定按撤诉处理后超过三十日，人民检察院未作出不起诉决定的；

（七）对生效裁决没有处理的财产或者对该财产违法进行其他处理的。

有前款第三项至六项规定情形之一，赔偿义务机关有证据证明尚未终止追究刑事责任，且经人民法院赔偿委员会审查属实的，应当决定驳回赔偿请求人的赔偿申请。

第四条　赔偿义务机关作出赔偿决定，应当依法告知赔偿请求人有权在三十日内向赔偿义务机关的上一级机关申请复议。赔偿义务机关未依法告知，赔偿请求人收到赔偿决定之日起两年内提出复议申请的，复议机关应当受理。

人民法院赔偿委员会处理赔偿申请，适用前款规定。

第五条　对公民采取刑事拘留措施后终止追究刑事责任，具有下列情形之一的，属于国家赔偿法第十七条第一项规定的违法刑事拘留：

（一）违反刑事诉讼法规定的条件采取拘留措施的；

（二）违反刑事诉讼法规定的程序采取拘留措施的；

（三）依照刑事诉讼法规定的条件和程序对公民采取拘留措施，但是拘留时间超过刑事诉讼法规定的时限。

违法刑事拘留的人身自由赔偿金自拘留之日起计算。

第六条　数罪并罚的案件经再审改判部分罪名不成立，监禁期限超出再审判决确定的刑期，公民对超期监禁申请国家赔偿的，应当决定予以赔偿。

第七条　根据国家赔偿法第十九条第二项、第三项的规定，依照刑法第十七条、第十八条规定不负刑事责任的人和依照刑事诉讼法第十五条、第一百七十三条第二款①规定不追究刑事责任的人被羁押，国家不承担赔偿责任。但是，对起诉后经人民法院错判拘役、有期徒刑、无期徒刑并已执行的，人民法院应当对该判决确定后继续监禁期间侵犯公民人身自由权的情形予以赔偿。

第八条　赔偿义务机关主张依据国家赔偿法第十九条第一项、第五项规定的情形免除赔偿责任的，应当就该免责事由的成立承担举证责任。

第九条　受害的公民死亡，其继承人和其他有扶养关系的亲属有权申请国家赔偿。

依法享有继承权的同一顺序继承人有数人时，其中一人或者部分人作为赔偿请求人申请国家赔偿的，申请效力及于全体。

赔偿请求人为数人时，其中一人或者部分赔偿请求人非经全体同意，申请撤回或者放弃赔偿请求，效力不及于未明确表示撤回申请或者放弃赔偿请求的其他赔偿请求人。

第十条　看守所及其工作人员在行使职权时侵犯公民合法权益造成损害的，看守所的主管机关为赔偿义务机关。

第十一条　对公民采取拘留措施后又采取逮捕措施，国家承担赔偿责任的，作出逮捕决定的机关为赔偿义务机关。

第十二条　一审判决有罪，二审发回重审后具有下列情形之一的，属于国家赔偿法第二十一条第四款规定的重审无罪赔偿，作出一审有罪判决的人民法院为赔偿义务机关：

（一）原审人民法院改判无罪并已发生法律效力的；

（二）重审期间人民检察院作出不起诉决定的；

（三）人民检察院在重审期间撤回起诉超过三十日或者人民法院决定按撤诉处理超过三十日未作出不起诉决定的。

依照审判监督程序再审后作无罪处理的，作出原生效判决的人民法院为赔偿义务机关。

第十三条　医疗费赔偿根据医疗机构出具的医药费、治疗费、住院费等收款凭证，结合病历和诊断证明等相关证据确定。赔偿义务机关对治疗的必要性和合理性提出异议的，应当承担举证责任。

第十四条　护理费赔偿参照当地

---

①　2018年刑事诉讼法第十六条、第一百七十七条第二款。

护工从事同等级别护理的劳务报酬标准计算，原则上按照一名护理人员的标准计算护理费；但医疗机构或者司法鉴定人有明确意见的，可以参照确定护理人数并赔偿相应的护理费。

护理期限应当计算至公民恢复生活自理能力时止。公民因残疾不能恢复生活自理能力的，可以根据其年龄、健康状况等因素确定合理的护理期限，一般不超过二十年。

第十五条　残疾生活辅助器具费赔偿按照普通适用器具的合理费用标准计算。伤情有特殊需要的，可以参照辅助器具配制机构的意见确定。

辅助器具的更换周期和赔偿期限参照配制机构的意见确定。

第十六条　误工减少收入的赔偿根据受害公民的误工时间和国家上年度职工日平均工资确定，最高为国家上年度职工年平均工资的五倍。

误工时间根据公民接受治疗的医疗机构出具的证明确定。公民因伤致残持续误工的，误工时间可以计算至作为赔偿依据的伤残等级鉴定确定前一日。

第十七条　造成公民身体伤残的赔偿，应当根据司法鉴定人的伤残等级鉴定确定公民丧失劳动能力的程度，并参照以下标准确定残疾赔偿金：

（一）按照国家规定的伤残等级确定公民为一级至四级伤残的，视为全部丧失劳动能力，残疾赔偿金幅度为国家上年度职工年平均工资的十倍至二十倍；

（二）按照国家规定的伤残等级确定公民为五级至十级伤残的，视为部分丧失劳动能力。五至六级的，残疾赔偿金幅度为国家上年度职工年平均工资的五倍至十倍；七至十级的，残疾赔偿金幅度为国家上年度职工年平均工资的五倍以下。

有扶养义务的公民部分丧失劳动能力的，残疾赔偿金可以根据伤残等级并参考被扶养人生活来源丧失的情况进行确定，最高不超过国家上年度职工年平均工资的二十倍。

第十八条　受害的公民全部丧失劳动能力的，对其扶养的无劳动能力人的生活费发放标准，参照作出赔偿决定时被扶养人住所地所属省级人民政府确定的最低生活保障标准执行。

能够确定扶养年限的，生活费可协商确定并一次性支付。不能确定扶养年限的，可按照二十年上限确定扶养年限并一次性支付生活费，被扶养人超过六十周岁的，年龄每增加一岁，扶养年限减少一年；被扶养人年龄超过确定扶养年限的，被扶养人可逐年领取生活费至死亡时止。

第十九条　侵犯公民、法人和其他组织的财产权造成损害的，应当依照国家赔偿法第三十六条的规定承担赔偿责任。

财产不能恢复原状或者灭失的，财产损失按照损失发生时的市场价格或者其他合理方式计算。

第二十条　返还执行的罚款或者罚金、追缴或者没收的金钱，解除冻结的汇款的，应当支付银行同期存款利息，利率参照赔偿义务机关作出赔偿决定时中国人民银行公布的人民币整存整取定期存款一年期基准利率确定，不计算复利。

复议机关或者人民法院赔偿委员

会改变原赔偿决定,利率参照新作出决定时中国人民银行公布的人民币整存整取定期存款一年期基准利率确定。

计息期间自侵权行为发生时起算,至作出生效赔偿决定时止;但在生效赔偿决定作出前侵权行为停止的,计算至侵权行为停止时止。

被罚没、追缴的资金属于赔偿请求人在金融机构合法存款的,在存款合同存续期间,按照合同约定的利率计算利息。

第二十一条 国家赔偿法第三十三条、第三十四条规定的上年度,是指赔偿义务机关作出赔偿决定时的上一年度;复议机关或者人民法院赔偿委员会改变原赔偿决定,按照新作出决定时的上一年度国家职工平均工资标准计算人身自由赔偿金。

作出赔偿决定、复议决定时国家上一年度职工平均工资尚未公布的,以已经公布的最近年度职工平均工资为准。

第二十二条 下列赔偿决定、复议决定是发生法律效力的决定:

(一)超过国家赔偿法第二十四条规定的期限没有申请复议或者向上一级人民法院赔偿委员会申请国家赔偿的赔偿义务机关的决定;

(二)超过国家赔偿法第二十五条规定的期限没有向人民法院赔偿委员会申请国家赔偿的复议决定;

(三)人民法院赔偿委员会作出的赔偿决定。

发生法律效力的赔偿义务机关的决定和复议决定,与发生法律效力的赔偿委员会的赔偿决定具有同等法律效力,依法必须执行。

【重点解读】①

被侵权人在刑事诉讼程序终结前,在符合条件的情况下可以申请国家赔偿。法官在办理刑事赔偿案件过程中,应该将救济被侵权人作为基本要求,对相关条款作出有利于被侵权人的解释。

终止追究刑事责任是被侵权人申请国家赔偿的前提条件,鉴于此,赔偿义务机关有证据证明尚未终止追究刑事责任,且经人民法院赔偿委员会查证属实的,应当决定驳回赔偿请求权人的赔偿申请。此外,关于共同犯罪或者一人犯数罪,只要有个罪被改判无罪,对于个罪的超期羁押就应予赔偿。

★《最高人民法院关于审理国家赔偿案件确定精神损害赔偿责任适用法律若干问题的解释》(法释〔2021〕3号,2021年3月24日)

第二条 公民以人身权受到侵犯为由提出国家赔偿申请,未请求精神损害赔偿,或者未同时请求消除影响、恢复名誉、赔礼道歉以及精神损害抚慰金的,人民法院应当向其释明。经释明后不变更请求,案件审结后又基于同一侵权事实另行提出申请的,人民法院不予受理。

第三条 赔偿义务机关有国家赔偿法第三条、第十七条规定情形之一,依法应当承担国家赔偿责任的,可以同时认定该侵权行为致人精神损害。但是赔偿义务机关有证据证明该公民不存在精神损害,或者认定精神损害违背公序良俗的除外。

① 参见陈卫东、亢晶晶:《〈关于办理刑事赔偿案件适用法律若干问题的解释〉的理解与适用》,载《人民司法》2016年第13期。

第四条　侵权行为致人精神损害，应当为受害人消除影响、恢复名誉或者赔礼道歉；侵权行为致人精神损害并造成严重后果，应当在支付精神损害抚慰金的同时，视案件具体情形，为受害人消除影响、恢复名誉或者赔礼道歉。

消除影响、恢复名誉与赔礼道歉，可以单独适用，也可以合并适用，并应当与侵权行为的具体方式和造成的影响范围相当。

第五条　人民法院可以根据案件具体情况，组织赔偿请求人与赔偿义务机关就消除影响、恢复名誉或者赔礼道歉的具体方式进行协商。

协商不成作出决定的，应当采用下列方式：

（一）在受害人住所地或者所在单位发布相关信息；

（二）在侵权行为直接影响范围内的媒体上予以报道；

（三）赔偿义务机关有关负责人向赔偿请求人赔礼道歉。

第六条　决定为受害人消除影响、恢复名誉或者赔礼道歉的，应当载入决定主文。

赔偿义务机关在决定作出前已为受害人消除影响、恢复名誉或者赔礼道歉，或者原侵权案件的纠正被媒体广泛报道，客观上已经起到消除影响、恢复名誉作用，且符合本解释规定的，可以在决定书中予以说明。

第七条　有下列情形之一的，可以认定为国家赔偿法第三十五条规定的“造成严重后果”：

（一）无罪或者终止追究刑事责任的人被羁押六个月以上；

（二）受害人经鉴定为轻伤以上或者残疾；

（三）受害人经诊断、鉴定为精神障碍或者精神残疾，且与侵权行为存在关联；

（四）受害人名誉、荣誉、家庭、职业、教育等方面遭受严重损害，且与侵权行为存在关联。

受害人无罪被羁押十年以上；受害人死亡；受害人经鉴定为重伤或者残疾一至四级，且生活不能自理；受害人经诊断、鉴定为严重精神障碍或者精神残疾一至二级，生活不能自理，且与侵权行为存在关联的，可以认定为后果特别严重。

第八条　致人精神损害，造成严重后果的，精神损害抚慰金一般应当在国家赔偿法第三十三条、第三十四条规定的人身自由赔偿金、生命健康赔偿金总额的百分之五十以下（包括本数）酌定；后果特别严重，或者虽然不具有本解释第七条第二款规定情形，但是确有证据证明前述标准不足以抚慰的，可以在百分之五十以上酌定。

第九条　精神损害抚慰金的具体数额，应当在兼顾社会发展整体水平的同时，参考下列因素合理确定：

（一）精神受到损害以及造成严重后果的情况；

（二）侵权行为的目的、手段、方式等具体情节；

（三）侵权机关及其工作人员的违法、过错程度、原因力比例；

（四）原错判罪名、刑罚轻重、羁押时间；

（五）受害人的职业、影响范围；

（六）纠错的事由以及过程；

（七）其他应当考虑的因素。

第十条　精神损害抚慰金的数额一般不少于一千元；数额在一千元以上的，以千为计数单位。

赔偿请求人请求的精神损害抚慰金少于一千元，且其请求事由符合本解释规定的造成严重后果情形，经释明不予变更的，按照其请求数额支付。

第十一条　受害人对损害事实和后果的发生或者扩大有过错的，可以根据其过错程度减少或者不予支付精神损害抚慰金。

★《最高人民法院关于审理司法赔偿案件适用请求时效制度若干问题的解释》（法释〔2023〕2 号，2023 年 5 月 23 日）

第一条　赔偿请求人向赔偿义务机关提出赔偿请求的时效期间为两年，自其知道或者应当知道国家机关及其工作人员行使职权时的行为侵犯其人身权、财产权之日起计算。

赔偿请求人知道上述侵权行为时，相关诉讼程序或者执行程序尚未终结的，请求时效期间自该诉讼程序或者执行程序终结之日起计算，但是本解释有特别规定的除外。

第二条　赔偿请求人以人身权受到侵犯为由，依照国家赔偿法第十七条第一项、第二项、第三项规定申请赔偿的，请求时效期间自其收到决定撤销案件、终止侦查、不起诉或者判决宣告无罪等终止追究刑事责任或者再审改判无罪的法律文书之日起计算。

办案机关未作出终止追究刑事责任的法律文书，但是符合《最高人民法院、最高人民检察院关于办理刑事赔偿案件适用法律若干问题的解释》第二条规定情形，赔偿请求人申请赔偿的，依法应当受理。

第三条　赔偿请求人以人身权受到侵犯为由，依照国家赔偿法第十七条第四项、第五项规定申请赔偿的，请求时效期间自其知道或者应当知道损害结果之日起计算；损害结果当时不能确定的，自损害结果确定之日起计算。

第四条　赔偿请求人以财产权受到侵犯为由，依照国家赔偿法第十八条第一项规定申请赔偿的，请求时效期间自其收到刑事诉讼程序或者执行程序终结的法律文书之日起计算，但是刑事诉讼程序或者执行程序终结之后办案机关对涉案财物尚未处理完毕的，请求时效期间自赔偿请求人知道或者应当知道其财产权受到侵犯之日起计算。

办案机关未作出刑事诉讼程序或者执行程序终结的法律文书，但是符合《最高人民法院、最高人民检察院关于办理刑事赔偿案件适用法律若干问题的解释》第三条规定情形，赔偿请求人申请赔偿的，依法应当受理。

赔偿请求人以财产权受到侵犯为由，依照国家赔偿法第十八条第二项规定申请赔偿的，请求时效期间自赔偿请求人收到生效再审刑事裁判文书之日起计算。

第八条　请求时效期间届满的，赔偿义务机关可以提出不予赔偿的抗辩。

请求时效期间届满，赔偿义务机关同意赔偿或者予以赔偿后，又以请求时效期间届满为由提出抗辩或者要求赔偿请求人返还赔偿金的，人民法院赔偿委员会不予支持。

第九条　赔偿义务机关以请求时效期间届满为由抗辩，应当在人民法院赔偿委员会作出国家赔偿决定前提出。

赔偿义务机关未按前款规定提出抗辩，又以请求时效期间届满为由申诉的，人民法院赔偿委员会不予支持。

第十条　人民法院赔偿委员会审理国家赔偿案件，不得主动适用请求时效的规定。

256.2.9　再审改判死刑的程序

★《最高人民法院研究室关于高级人民法院第二审判处无期徒刑的案件发现原判量刑不当需改判死刑应如何适用程序问题的电话答复》（1991年7月1日）

……中级人民法院判处无期徒刑的第一审案件，被告人上诉，经高级人民法院第二审后，裁定维持原判，裁定即已发生法律效力。现高级人民法院发现原判在适用法律上确有错误，拟按审判监督程序改判死刑的，应当按照刑事诉讼法第一百五十条①的规定，原来是第二审案件，仍应依照第二审程序进行审判。审理后，如果认为应当判处被告人死刑的，可参照刑事诉讼法第一百四十九条第一款②的规定，由审判委员会决定，撤销原第一、二审判决、裁定，发回原第一审法院重新审判。

256.2.10　再审不加刑及例外

★《法院解释》（2021）

第四百六十九条　除人民检察院抗诉的以外，再审一般不得加重原审被告人的刑罚。再审决定书或者抗诉书只针对部分原审被告人的，不得加重其他同案原审被告人的刑罚。

★《最高人民法院研究室关于对第二审终审的刑事案件第二审法院进行再审时可否加重刑罚不给上诉权问题的电话答复》（1990年8月16日）

……如果是需将原判有期徒刑十二年改判加重刑罚二、三年（最多只能加重到十五年），这说明原判量刑偏轻，而不是畸轻，因此可不必再审改判；如果确需将原判改为无期徒刑或者死刑，则中级人民法院应撤销原第一、二审判决、裁定，并根据刑事诉讼法第十五条③的规定，由中级人民法院作为第一审，重新审判。对于重新审判后的判决，当事人可以上诉，同级人民检察院可以抗诉。

256.3　指导与参考案例

256.3.1　抗诉案件原审被告人下落不明的处理

【人民法院案例库案例】

［入库编号：2023-16-1-222-002］颜某某诈骗案——检察机关抗诉但原审被告人下落不明的，人民法院应决定退回

《最高人民法院关于刑事再审案件开庭审理程序的具体规定（试行）》第二条第二项规定，按照抗诉书提供的原审被告人（原审上诉人）住址无法找到原审被告人（原审上诉人）的，人民法院应当要求提出抗诉的人民检察院协助查找；经协助查找仍无法找到的，决定退回人民检察院。据此，原审被告人经多方查找下落不明的，依法应当退回人民检察院。

---

① 2018年刑事诉讼法第二百五十六条。

② 2018年刑事诉讼法第二百五十四条第一款。

③ 2018年刑事诉讼法第二十一条。

257　再审案件的强制措施和中止执行

257.1　法条规定

第二百五十七条　人民法院决定再审的案件，需要对被告人采取强制措施的，由人民法院依法决定；人民检察院提出抗诉的再审案件，需要对被告人采取强制措施的，由人民检察院依法决定。

人民法院按照审判监督程序审判的案件，可以决定中止原判决、裁定的执行。

【立法释义】①

本条规定明确了再审案件的强制措施和对原判决、裁定的中止执行，是2012年刑事诉讼法修改增加的规定。有的再审案件，为确保重新审判顺利进行，需要对被告人采取强制措施。本条确立了谁启动再审、谁决定采取强制措施的原则。

尽管当事人的申诉不能停止判决、裁定的执行，但对于人民法院启动再审程序的案件，必要时可以决定中止原判决、裁定的执行。原则上，在再审作出新的判决之前，原来的判决、裁定在法律上依然有效。但是，有些案件启动再审程序后，合议庭根据证据判断原来的判决、裁定确实存在错误，继续执行有损司法公正，有损被告人合法权益，合议庭可以决定中止原判决、裁定的执行。

需要注意的是，当事人及其法定代理人、近亲属对已经发生法律效力的判决、裁定提出申诉的，不能停止判决、裁定的执行，因为申诉只是当事人的申请权，并不必然启动再审程序。

257.2　司法解释

257.2.1　再审决定书的制作

★《法院解释》(2021)

第四百六十四条　对决定依照审判监督程序重新审判的案件，人民法院应当制作再审决定书。再审期间不停止原判决、裁定的执行，但被告人可能经再审改判无罪，或者可能经再审减轻原判刑罚而致刑期届满的，可以决定中止原判决、裁定的执行，必要时，可以对被告人采取取保候审、监视居住措施。

258　再审案件的审理期限

258.1　法条规定

第二百五十八条　人民法院按照审判监督程序重新审判的案件，应当在作出提审、再审决定之日起三个月以内审结，需要延长期限的，不得超过六个月。

接受抗诉的人民法院按照审判监督程序审判抗诉的案件，审理期限适用前款规定；对需要指令下级人民法院再审的，应当自接受抗诉之日起一个月以内作出决定，下级人民法院审理案件的期限适用前款规定。

【立法释义】②

鉴于再审案件通常比较复杂，因此审理期限较长。

对于再审需要延长审理期限的情形，可以在实践中根据情况具体掌握。

---

① 参见王爱立主编书，第540—543页。

② 参见王爱立主编书，第540—545页。

本条并未规定延长期限的程序，可以参照第二审程序延长审理期限的规定。

258.2　司法解释

★《最高人民法院关于刑事再审案件开庭审理程序的具体规定(试行)》(法释〔2001〕31号，2001年12月26日)

第二十五条　人民法院审理再审案件，应当在作出再审决定之日起三个月内审结。需要延长期限的，经本院院长批准，可以延长三个月。

自接到阅卷通知后的第二日起，人民检察院查阅案卷超过七日后的期限，不计入再审审理期限。

第二十六条　依照第一、二审程序审理的刑事自诉再审案件开庭审理程序，参照本规定执行。

第四编 执 行

259　执行的法律依据

259.1　法条规定

第二百五十九条　判决和裁定在发生法律效力后执行。

下列判决和裁定是发生法律效力的判决和裁定：

（一）已过法定期限没有上诉、抗诉的判决和裁定；

（二）终审的判决和裁定；

（三）最高人民法院核准的死刑的判决和高级人民法院核准的死刑缓期二年执行的判决。

【立法释义】①

地方法院作出第一审判决和裁定后，并不立即生效，而是保留上诉、抗诉的合理期限。在法定的上诉、抗诉期限内，判决和裁定不能付诸执行。

259.2　司法解释

259.2.1　对刑罚执行和监管执法的监督

★**《检察院规则》**（2019）

第六百二十一条　人民检察院依法对刑事判决、裁定和决定的执行工作以及监狱、看守所等的监管执法活动实行法律监督。

第六百二十二条　人民检察院根据工作需要，可以对监狱、看守所等场所采取巡回检察、派驻检察等方式进行监督。

第六百二十三条　人民检察院对监狱、看守所等场所进行监督，除可以采取本规则第五百五十一条规定的调查核实措施外，还可以采取实地查看禁闭室、会见室、监区、监舍等有关场所，列席监狱、看守所有关会议，与有关监管民警进行谈话，召开座谈会，开展问卷调查等方式。

第六百二十四条　人民检察院对刑罚执行和监管执法活动实行监督，可以根据下列情形分别处理：

（一）发现执法瑕疵、安全隐患，或者违法情节轻微的，口头提出纠正意见，并记录在案；

（二）发现严重违法，发生重大事故，或者口头提出纠正意见后七日以内未予纠正的，书面提出纠正意见；

（三）发现存在可能导致执法不公问题，或者存在重大监管漏洞、重大安全隐患、重大事故风险等问题的，提出检察建议。

对于在巡回检察中发现的前款规定的问题、线索的整改落实情况，通过巡回检察进行督导。

259.2.2　终审判决和裁定的生效时间

★**《最高人民法院关于刑事案件终审判决和裁定何时发生法律效力问题的批复》**（法释〔2004〕7 号，2004 年 7 月 26 日）

根据《中华人民共和国刑事诉讼法》第一百六十三条、第一百九十五条和第二百零八条②规定的精神，终审的判决和裁定自宣告之日起发生法律效力。

259.3　规范性文件

259.3.1　侦查机关对刑罚判决的执行

★**《公安规定》**（2020）

第二百九十八条第一款　对被依法判处刑罚的罪犯，如果罪犯已被采取强制措施的，公安机关应当依据人民法

---

① 参见王爱立主编书，第 547 页。

② 2018 年刑事诉讼法第二百零二条、第二百四十二条和第二百五十九条。

院生效的判决书、裁定书以及执行通知书,将罪犯交付执行。

★《国安规定》(2024)

第三百二十条　对于被人民法院依法判处刑罚的罪犯,如果罪犯已被采取强制措施的,国家安全机关应当依据人民法院生效的判决书、裁定书、执行通知书,将罪犯交付执行。

260　无罪、免除刑事处罚的执行

260.1　法条规定

第二百六十条　第一审人民法院判决被告人无罪、免除刑事处罚的,如果被告人在押,在宣判后应当立即释放。

【立法释义】①

通常情况下,第一审判决宣判后,判决并不立即发生法律效力。但是,基于无罪推定、人权保障等原则的要求,第一审人民法院判决被告人无罪或者免除刑事处罚的,不应继续羁押被告人。

260.2　司法解释

260.2.1　检察机关在二审、再审中采取强制措施

★《检察院规则》(2019)

第六百条　人民检察院办理按照第二审程序、审判监督程序抗诉的案件,认为需要对被告人采取强制措施的,参照本规则相关规定。决定采取强制措施应当经检察长批准。

【重点解读】②

检察机关向法院提起抗诉后,对可能逃避司法程序,从而导致诉讼程序无法进行的被告人(原审被告人)可以采取强制措施。对被告人采取强制措施,应当符合刑事诉讼法关于逮捕或者取保候审、监视居住的条件要求。如果被告人(原审被告人)能够主动配合司法机关,就可以不对其采取强制措施。

260.2.2　检察机关对判决执行的监督

★《检察院规则》(2019)

第六百二十六条　人民法院判决被告人无罪、免予刑事处罚、判处管制、宣告缓刑、单处罚金或者剥夺政治权利,被告人被羁押的,人民检察院应当监督被告人是否被立即释放。发现被告人没有被立即释放的,应当立即向人民法院或者看守所提出纠正意见。

260.3　规范性文件

260.3.1　侦查机关对无罪判决的执行

★《公安规定》(2020)

第二百九十八条第二款　对人民法院作出无罪或者免除刑事处罚的判决,如果被告人在押,公安机关在收到相应的法律文书后应当立即办理释放手续;对人民法院建议给予行政处理的,应当依照有关规定处理或者移送有关部门。

★《国安规定》(2024)

第三百二十一条　对于人民法院作出的无罪或者免除刑事处罚的判决,如果被告人在押的,国家安全机关在收到相应的法律文书后,应当立即办理释放手续;对人民法院建议给予行政处理的,应当依照有关法律和规定处理或者移送有关部门。

---

① 参见王爱立主编书,第548页。

② 参见童建明、万春主编释义书,第643—644页。

261 死刑与死缓的执行

261.1 法条规定

第二百六十一条 最高人民法院判处和核准的死刑立即执行的判决,应当由最高人民法院院长签发执行死刑的命令。

被判处死刑缓期二年执行的罪犯,在死刑缓期执行期间,如果没有故意犯罪,死刑缓期执行期满,应当予以减刑的,由执行机关提出书面意见,报请高级人民法院裁定;如果故意犯罪,情节恶劣,查证属实,应当执行死刑的,由高级人民法院报请最高人民法院核准;对于故意犯罪未执行死刑的,死刑缓期执行的期间重新计算,并报最高人民法院备案。

【立法释义】①

死刑执行命令是执行死刑的法律依据。最高人民法院判处或者核准的死刑立即执行的判决,应当由最高人民法院院长签发执行死刑的命令。执行死刑命令经高级人民法院转交原审人民法院交付执行。

被判处死刑缓期二年执行的罪犯,在执行期间,面临减刑或者执行死刑两种可能。关于死缓的执行,应当关注以下事项:

第一,死刑缓期执行期满减刑。被判处死刑缓期执行的罪犯,在死刑缓刑执行期间,如果没有故意犯罪,死刑缓期执行期满,应当及时减刑。此种情形下,“死刑缓期二年执行”,可以理解为死刑缓期执行期满后不再执行死刑。

第二,因故意犯罪而执行死刑。如果罪犯在死刑缓期执行期间故意犯罪,情节恶劣,查证属实,应当执行死刑的,由高级人民法院报请最高人民法院核准死刑。“故意犯罪”,是指罪犯在死刑缓期执行期间故意犯罪,并不包括死刑缓刑期间发现的此前实施的故意犯罪。“情节恶劣”,是指故意犯罪的情节恶劣,表明罪犯具有较大的主观恶性和人身危险性。对于情节不属恶劣的故意犯罪,亦可不报请执行死刑。

第三,故意犯罪未执行死刑。对于罪犯在死刑缓期执行期间,虽有故意犯罪,但不属于情节恶劣,未执行死刑的,根据《法院解释》第四百九十七条第三、四款的规定,不再报高级人民法院核准,死刑缓期执行的期间重新计算,并层报最高人民法院备案。

261.2 司法解释

261.2.1 检察机关对死缓执行的监督

★**《检察院规则》**(2019)

第六百五十条 判处被告人死刑缓期二年执行的判决、裁定在执行过程中,人民检察院监督的内容主要包括:

(一)死刑缓期执行期满,符合法律规定应当减为无期徒刑、有期徒刑条件的,监狱是否及时提出减刑建议提请人民法院裁定,人民法院是否依法裁定;

(二)罪犯在缓期执行期间故意犯罪,监狱是否依法侦查和移送起诉;罪犯确系故意犯罪,情节恶劣,查证属实,应当执行死刑的,人民法院是否依法核

① 参见王爱立主编书,第551页。

准或者裁定执行死刑。

被判处死刑缓期二年执行的罪犯在死刑缓期执行期间故意犯罪，执行机关向人民检察院移送起诉的，由罪犯服刑所在地设区的市级人民检察院审查决定是否提起公诉。

人民检察院发现人民法院对被判处死刑缓期二年执行的罪犯减刑不当的，应当依照本规则第六百三十九条、第六百四十条的规定，向人民法院提出纠正意见。罪犯在死刑缓期执行期间又故意犯罪，经人民检察院起诉后，人民法院仍然予以减刑的，人民检察院应当依照本规则相关规定，向人民法院提出抗诉。

【重点解读】①

按照属地管辖的原则，死缓罪犯在死刑缓期执行期间故意犯罪，犯罪地就是其服刑所在地，因此，对其再犯罪行应由罪犯服刑所在地设区的市级人民检察院审查起诉，由服刑所在地的人民法院审判。如果死缓罪犯在死刑缓期执行期间的故意犯罪查证属实的，应当依法报请最高人民法院核准执行死刑。

261.2.2　死缓的执行

★《法院解释》(2021)

第四百九十七条　被判处死刑缓期执行的罪犯，在死刑缓期执行期间犯罪的，应当由罪犯服刑地的中级人民法院依法审判，所作的判决可以上诉、抗诉。

认定故意犯罪，情节恶劣，应当执行死刑的，在判决、裁定发生法律效力后，应当层报最高人民法院核准执行死刑。

对故意犯罪未执行死刑的，不再报高级人民法院核准，死刑缓期执行的期间重新计算，并层报最高人民法院备案。备案不影响判决、裁定的生效和执行。

最高人民法院经备案审查，认为原判不予执行死刑错误，确需改判的，应当依照审判监督程序予以纠正。

第四百九十八条　死刑缓期执行的期间，从判决或者裁定核准死刑缓期执行的法律文书宣告或者送达之日起计算。

死刑缓期执行期满，依法应当减刑的，人民法院应当及时减刑。死刑缓期执行期满减为无期徒刑、有期徒刑的，刑期自死刑缓期执行期满之日起计算。

【重点解读】②

罪犯在脱逃期间犯罪的，原则上由服刑地的人民法院管辖，在犯罪地抓获罪犯并发现其在脱逃期间的犯罪的，由犯罪地的人民法院管辖。对于死缓期间故意犯罪的，适用管辖的特别规定，即使系脱逃后实施犯罪并在犯罪地被抓获的，也应当由服刑地的中级人民法院审判。

261.2.3　死刑的执行

★《法院解释》(2021)

第四百九十九条　最高人民法院的执行死刑命令，由高级人民法院交付第一审人民法院执行。第一审人民法院接到执行死刑命令后，应当在七日以内执行。

在死刑缓期执行期间故意犯罪，最高人民法院核准执行死刑的，由罪犯服刑地的中级人民法院执行。

★《最高人民法院办公厅关于执行死刑命令盖院印问题的电话请示的复函》(法办〔2003〕65号，2003年4月14日)

根据1999年最高人民法院下发的

---

① 参见童建明、万春主编释义书，第686—687页。

② 参见李少平主编书，第510—511页。

《法院刑事诉讼文书样式65》规定,执行死刑命令的院印应在院长签名以下,压盖在日期之上,但不得压盖院长签名。

261.3　规范性文件

261.3.1　死刑的交付执行

★《公安规定》(2020)

第二百九十九条　对被判处死刑的罪犯,公安机关应当依据人民法院执行死刑的命令,将罪犯交由人民法院执行。

★《国安规定》(2024)

第三百二十三条　对于被判处死刑的罪犯,国家安全机关应当依据人民法院执行死刑的命令,将罪犯交由人民法院执行。

262　死刑的交付与停止执行

262.1　法条规定

第二百六十二条　下级人民法院接到最高人民法院执行死刑的命令后,应当在七日以内交付执行。但是发现有下列情形之一的,应当停止执行,并且立即报告最高人民法院,由最高人民法院作出裁定:

(一)在执行前发现判决可能有错误的;

(二)在执行前罪犯揭发重大犯罪事实或者有其他重大立功表现,可能需要改判的;

(三)罪犯正在怀孕。

前款第一项、第二项停止执行的原因消失后,必须报请最高人民法院院长再签发执行死刑的命令才能执行;由于前款第三项原因停止执行的,应当报请最高人民法院依法改判。

【立法释义】①

本条规定明确了死刑的交付与停止执行程序。关于死刑的交付与停止执行,应当关注以下事项:

第一,死刑的执行主体和期限。死刑由高级人民法院交付第一审人民法院执行,第一审人民法院接到执行死刑命令后,应当在七日以内执行。

第二,死刑停止执行的情形。为慎重执行死刑,在执行前,执行死刑的人民法院应当提审被告人,查明其身份,核实犯罪事实及证据;在临场执行时,指挥执行的审判人员对罪犯应当验明正身,讯问有无遗言、信札。对存在特定情形的,执行死刑的法院应当暂停执行,并立即将请求停止执行死刑的报告和相关材料层报最高人民法院。最高人民法院经审查,认为可能影响罪犯定罪量刑的,应当裁定停止执行死刑;认为不影响的,应当决定继续执行死刑。

第三,停止执行死刑后的调查程序。负责执行死刑的法院应当对停止执行死刑的情形进行调查核实,并及时将调查结果和意见层报最高人民法院审核;最高人民法院应当进行审核,并依法作出相应的处理。

第四,恢复执行死刑的情形。对于在执行前发现判决可能有错误,以及在执行前罪犯揭发重大犯罪事实或者有其他重大立功表现,可能需要改判的情形,停止执行的原因消失后,必须报请最高人民法院院长再签发执行死刑的命令才能执行。

① 参见王爱立主编书,第552—554页。

262.2 司法解释

262.2.1 检察机关对死刑执行的监督

★《检察院规则》(2019)

第六百四十九条 执行死刑前,人民检察院发现具有下列情形之一的,应当建议人民法院立即停止执行,并层报最高人民检察院负责死刑复核监督的部门:

(一)被执行人并非应当执行死刑的罪犯的;

(二)罪犯犯罪时不满十八周岁,或者审判的时候已满七十五周岁,依法不应当适用死刑的;

(三)罪犯正在怀孕的;

(四)共同犯罪的其他犯罪嫌疑人到案,共同犯罪的其他罪犯被暂停或者停止执行死刑,可能影响罪犯量刑的;

(五)罪犯可能有其他犯罪的;

(六)罪犯揭发他人重大犯罪事实或者有其他重大立功表现,可能需要改判的;

(七)判决、裁定可能有影响定罪量刑的其他错误的。

在执行死刑活动中,发现人民法院有侵犯被执行死刑罪犯的人身权、财产权或者其近亲属、继承人合法权利等违法情形的,人民检察院应当依法提出纠正意见。

【重点解读】①

死刑罪犯被执行死刑后,其遗留的合法财产依法应当由其继承人继承。人民检察院应当依法保护死刑罪犯及其近亲属、继承人的合法权利。

262.2.2 停止执行的情形及后续处理

★《法院解释》(2021)

第五百条 下级人民法院在接到执行死刑命令后、执行前,发现有下列情形之一的,应当暂停执行,并立即将请求停止执行死刑的报告和相关材料层报最高人民法院:

(一)罪犯可能有其他犯罪的;

(二)共同犯罪的其他犯罪嫌疑人到案,可能影响罪犯量刑的;

(三)共同犯罪的其他罪犯被暂停或者停止执行死刑,可能影响罪犯量刑的;

(四)罪犯揭发重大犯罪事实或者有其他重大立功表现,可能需要改判的;

(五)罪犯怀孕的;

(六)判决、裁定可能有影响定罪量刑的其他错误的。

最高人民法院经审查,认为可能影响罪犯定罪量刑的,应当裁定停止执行死刑;认为不影响的,应当决定继续执行死刑。

第五百零一条 最高人民法院在执行死刑命令签发后、执行前,发现有前条第一款规定情形的,应当立即裁定停止执行死刑,并将有关材料移交下级人民法院。

第五百零二条 下级人民法院接到最高人民法院停止执行死刑的裁定后,应当会同有关部门调查核实停止执行死刑的事由,并及时将调查结果和意见层报最高人民法院审核。

第五百零三条 对下级人民法院报送的停止执行死刑的调查结果和意见,由最高人民法院原作出核准死刑判决、裁定的合议庭负责审查;必要时,另行组成合议庭进行审查。

---

① 参见童建明、万春主编释义书,第686页。

第五百零四条　最高人民法院对停止执行死刑的案件,应当按照下列情形分别处理:

(一)确认罪犯怀孕的,应当改判;

(二)确认罪犯有其他犯罪,依法应当追诉的,应当裁定不予核准死刑,撤销原判,发回重新审判;

(三)确认原判决、裁定有错误或者罪犯有重大立功表现,需要改判的,应当裁定不予核准死刑,撤销原判,发回重新审判;

(四)确认原判决、裁定没有错误,罪犯没有重大立功表现,或者重大立功表现不影响原判决、裁定执行的,应当裁定继续执行死刑,并由院长重新签发执行死刑的命令。

【重点解读】①

"决定继续执行死刑"中的"决定"并非指文书样式,实践中通常通过发函方式告知继续执行死刑。

【刑事审判参考案例】

[第 230 号]苗振经抢劫案

裁判要旨:被告人在被执行死刑前交代司法机关尚未掌握的其伙同他人抢劫、敲诈勒索的犯罪事实,应当对前罪所作裁判暂停执行,并对新发现的罪行作出判决,把前后两个罪所判处的刑罚,依照数罪并罚的规定决定执行的刑罚。

263　死刑执行程序

263.1　法条规定

第二百六十三条　人民法院在交付执行死刑前,应当通知同级人民检察院派员临场监督。

死刑采用枪决或者注射等方法执行。

死刑可以在刑场或者指定的羁押场所内执行。

指挥执行的审判人员,对罪犯应当验明正身,讯问有无遗言、信札,然后交付执行人员执行死刑。在执行前,如果发现可能有错误,应当暂停执行,报请最高人民法院裁定。

执行死刑应当公布,不应示众。

执行死刑后,在场书记员应当写成笔录。交付执行的人民法院应当将执行死刑情况报告最高人民法院。

执行死刑后,交付执行的人民法院应当通知罪犯家属。

【立法释义】②

本条规定明确了死刑的执行程序。关于死刑的执行程序,应当关注以下事项:

第一,人民检察院应当临场监督。执行死刑临场监督,由检察长、检察员一至数人担任,并配备书记员担任记录。

第二,死刑采用枪决或者注射等方法执行。死刑可以在刑场或者指定的羁押场所内执行。本条中的"等方法",是指其他文明、人道的方法,不能随便采用一些不文明或者不人道的死刑执行方法。

第三,死刑执行信息公开。执行死刑应当公布,但不应示众。

---

① 参见李少平主编书,第 512 页。

② 参见王爱立主编书,第 555—557 页。

263.2　司法解释

263.2.1　检察机关对死刑执行的监督

★《检察院规则》(2019)

第六百四十七条　被判处死刑立即执行的罪犯在被执行死刑时，人民检察院应当指派检察官临场监督。

死刑执行临场监督由人民检察院负责刑事执行检察的部门承担。人民检察院派驻看守所、监狱的检察人员应当予以协助，负责捕诉的部门应当提供有关情况。

执行死刑过程中，人民检察院临场监督人员根据需要可以进行拍照、录像。执行死刑后，人民检察院临场监督人员应当检查罪犯是否确已死亡，并填写死刑执行临场监督笔录，签名后入卷归档。

第六百四十八条　省级人民检察院负责案件管理的部门收到高级人民法院报请最高人民法院复核的死刑判决书、裁定书副本后，应当在三日以内将判决书、裁定书副本移送本院负责刑事执行检察的部门。

判处死刑的案件一审是由中级人民法院审理的，省级人民检察院应当及时将死刑判决书、裁定书副本移送中级人民法院的同级人民检察院负责刑事执行检察的部门。

人民检察院收到同级人民法院执行死刑临场监督通知后，应当查明同级人民法院是否收到最高人民法院核准死刑的裁定或者作出的死刑判决、裁定和执行死刑的命令。

263.2.2　死刑执行前罪犯的权利保障

★《法院解释》(2021)

第五百零五条　第一审人民法院在执行死刑前，应当告知罪犯有权会见其近亲属。罪犯申请会见并提供具体联系方式的，人民法院应当通知其近亲属。确实无法与罪犯近亲属取得联系，或者其近亲属拒绝会见的，应当告知罪犯。罪犯申请通过录音录像等方式留下遗言的，人民法院可以准许。

罪犯近亲属申请会见的，人民法院应当准许并及时安排，但罪犯拒绝会见的除外。罪犯拒绝会见的，应当记录在案并及时告知其近亲属；必要时，应当录音录像。

罪犯申请会见近亲属以外的亲友，经人民法院审查，确有正当理由的，在确保安全的情况下可以准许。

罪犯申请会见未成年子女的，应当经未成年子女的监护人同意；会见可能影响未成年人身心健康的，人民法院可以通过视频方式安排会见，会见时监护人应当在场。

会见一般在罪犯羁押场所进行。

会见情况应当记录在案，附卷存档。

263.2.3　法院的死刑执行程序

★《法院解释》(2021)

第五百零六条　第一审人民法院在执行死刑三日以前，应当通知同级人民检察院派员临场监督。

第五百零七条　死刑采用枪决或者注射等方法执行。

采用注射方法执行死刑的，应当在指定的刑场或者羁押场所内执行。

采用枪决、注射以外的其他方法执行死刑的，应当事先层报最高人民法院批准。

第五百零八条　执行死刑前，指挥执行的审判人员应当对罪犯验明正身，讯问有无遗言、信札，并制作笔录，再交执行人员执行死刑。

执行死刑应当公布，禁止游街示众或者其他有辱罪犯人格的行为。

第五百零九条　执行死刑后，应当由法医验明罪犯确实死亡，在场书记员制作笔录。负责执行的人民法院应当在执行死刑后十五日以内将执行情况，包括罪犯被执行死刑前后的照片，上报最高人民法院。

第五百一十条　执行死刑后，负责执行的人民法院应当办理以下事项：

（一）对罪犯的遗书、遗言笔录，应当及时审查；涉及财产继承、债务清偿、家事嘱托等内容的，将遗书、遗言笔录交给家属，同时复制附卷备查；涉及案件线索等问题的，抄送有关机关；

（二）通知罪犯家属在限期内领取罪犯骨灰；没有火化条件或者因民族、宗教等原因不宜火化的，通知领取尸体；过期不领取的，由人民法院通知有关单位处理，并要求有关单位出具处理情况的说明；对罪犯骨灰或者尸体的处理情况，应当记录在案；

（三）对外国籍罪犯执行死刑后，通知外国驻华使领馆的程序和时限，根据有关规定办理。

★《最高人民法院、最高人民检察院、公安部、司法部关于进一步严格依法办案确保办理死刑案件质量的意见》（法发〔2007〕11号，2007年3月9日）

45. 人民法院向罪犯送达核准死刑的裁判文书时，应当告知罪犯有权申请会见其近亲属。罪犯提出会见申请并提供具体地址和联系方式的，人民法院应当准许；原审人民法院应当通知罪犯的近亲属。罪犯近亲属提出会见申请的，人民法院应当准许，并及时安排会见。

46. 第一审人民法院将罪犯交付执行死刑前，应当将核准死刑的裁判文书送同级人民检察院，并在交付执行三日以前通知同级人民检察院派员临场监督。

47. 第一审人民法院在执行死刑前，发现有刑事诉讼法第二百一十一条①规定的情形的，应当停止执行，并且立即报告最高人民法院，由最高人民法院作出裁定。临场监督执行死刑的检察人员在执行死刑前，发现有刑事诉讼法第二百一十一条规定的情形的，应当建议人民法院停止执行。

48. 执行死刑应当公布。禁止游街示众或者其他有辱被执行人人格的行为。禁止侮辱尸体。

264　死缓、无期徒刑、有期徒刑和拘役的执行

264.1　法条规定

第二百六十四条　罪犯被交付执行刑罚的时候，应当由交付执行的人民法院在判决生效后十日以内将有关的法律文书送达公安机关、监狱或者其他执行机关。

对被判处死刑缓期二年执行、无期徒刑、有期徒刑的罪犯，由公安机关依法将该罪犯送交监狱执行刑罚。对被判处有期徒刑的罪犯，在被交付执行刑罚前，剩余刑期在三个月以下的，由看守所代为执行。对被判处拘役的罪犯，由公安机关执行。

① 2018年刑事诉讼法第二百六十二条。

对未成年犯应当在未成年犯管教所执行刑罚。

执行机关应当将罪犯及时收押,并且通知罪犯家属。

判处有期徒刑、拘役的罪犯,执行期满,应当由执行机关发给释放证明书。

【立法释义】①

本条规定明确了死缓、无期徒刑、有期徒刑和拘役的执行程序。2012年刑事诉讼法修改,延长了送达法律文书的期限,并将看守所代为执行的刑期由"一年以下"改为"三个月以下"。不同类型的刑罚,涉及不同的执行机关。

264.2　相关立法

264.2.1　监狱收监程序及罪犯的权利保障

★**《中华人民共和国监狱法》**(2012年10月26日修正)

第十五条　人民法院对被判处死刑缓期二年执行、无期徒刑、有期徒刑的罪犯,应当将执行通知书、判决书送达羁押该罪犯的公安机关,公安机关应当自收到执行通知书、判决书之日起一个月内将该罪犯送交监狱执行刑罚。

罪犯在被交付执行刑罚前,剩余刑期在三个月以下的,由看守所代为执行。

第十六条　罪犯被交付执行刑罚时,交付执行的人民法院应当将人民检察院的起诉书副本、人民法院的判决书、执行通知书、结案登记表同时送达监狱。监狱没有收到上述文件的,不得收监;上述文件不齐全或者记载有误的,作出生效判决的人民法院应当及时补充齐全或者作出更正;对其中可能导致错误收监的,不予收监。

第十七条　罪犯被交付执行刑罚,符合本法第十六条规定的,应当予以收监。罪犯收监后,监狱应当对其进行身体检查。经检查,对于具有暂予监外执行情形的,监狱可以提出书面意见,报省级以上监狱管理机关批准。

第十八条　罪犯收监,应当严格检查其人身和所携带的物品。非生活必需品,由监狱代为保管或者征得罪犯同意退回其家属,违禁品予以没收。

女犯由女性人民警察检查。

第十九条　罪犯不得携带子女在监内服刑。

第二十条　罪犯收监后,监狱应当通知罪犯家属。通知书应当自收监之日起五日内发出。

第二十一条　罪犯对生效的判决不服的,可以提出申诉。

对于罪犯的申诉,人民检察院或者人民法院应当及时处理。

第二十二条　对罪犯提出的控告、检举材料,监狱应当及时处理或者转送公安机关或者人民检察院处理,公安机关或者人民检察院应当将处理结果通知监狱。

第二十三条　罪犯的申诉、控告、检举材料,监狱应当及时转递,不得扣压。

第二十四条　监狱在执行刑罚过程中,根据罪犯的申诉,认为判决可能有错误的,应当提请人民检察院或者人民法院处理,人民检察院或者人民法院应当自收到监狱提请处理意见书之日起六个月内将处理结果通知监狱。

第三十五条　罪犯服刑期满,监狱

① 参见王爱立主编书,第555—557页。

应当按期释放并发给释放证明书。

第三十六条 罪犯释放后，公安机关凭释放证明书办理户籍登记。

第三十七条 对刑满释放人员，当地人民政府帮助其安置生活。

刑满释放人员丧失劳动能力又无法定赡养人、扶养人和基本生活来源的，由当地人民政府予以救济。

第三十八条 刑满释放人员依法享有与其他公民平等的权利。

264.3 司法解释

264.3.1 检察机关对交付执行的监督

★《检察院规则》(2019)

第六百二十五条 人民检察院发现人民法院、公安机关、看守所等机关的交付执行活动具有下列情形之一的，应当依法提出纠正意见：

(一)交付执行的第一审人民法院没有在法定期间内将判决书、裁定书、人民检察院的起诉书副本、自诉状复印件、执行通知书、结案登记表等法律文书送达公安机关、监狱、社区矫正机构等执行机关的；

(二)对被判处死刑缓期二年执行、无期徒刑或者有期徒刑余刑在三个月以上的罪犯，公安机关、看守所自接到人民法院执行通知书等法律文书后三十日以内，没有将成年罪犯送交监狱执行刑罚，或者没有将未成年罪犯送交未成年犯管教所执行刑罚的；

(三)对需要收监执行刑罚而判决、裁定生效前未被羁押的罪犯，第一审人民法院没有及时将罪犯收监送交公安机关，并将判决书、裁定书、执行通知书等法律文书送达公安机关的；

(四)公安机关对需要收监执行刑罚但下落不明的罪犯，在收到人民法院的判决书、裁定书、执行通知书等法律文书后，没有及时抓捕、通缉的；

(五)对被判处管制、宣告缓刑或者人民法院决定暂予监外执行的罪犯，在判决、裁定生效后或者收到人民法院暂予监外执行决定后，未依法交付罪犯居住地社区矫正机构执行，或者对被单处剥夺政治权利的罪犯，在判决、裁定生效后，未依法交付罪犯居住地公安机关执行的，或者人民法院依法交付执行，社区矫正机构或者公安机关应当接收而拒绝接收的；

(六)其他违法情形。

264.3.2 法院的送达及交付执行

★《法院解释》(2021)

第五百一十一条 被判处死刑缓期执行、无期徒刑、有期徒刑、拘役的罪犯，第一审人民法院应当在判决、裁定生效后十日以内，将判决书、裁定书、起诉书副本、自诉状复印件、执行通知书、结案登记表送达公安机关、监狱或者其他执行机关。

第五百一十二条 同案审理的案件中，部分被告人被判处死刑，对未被判处死刑的同案被告人需要羁押执行刑罚的，应当根据前条规定及时交付执行。但是，该同案被告人参与实施有关死刑之罪的，应当在复核讯问被判处死刑的被告人后交付执行。

第五百一十三条 执行通知书回执经看守所盖章后，应当附卷备查。

【重点解读】①

判决、裁定生效后，将罪犯送交执行的机关是公安机关，人民法院仅负有

---

① 参见李少平主编书，第516—517页。

送达相关法律文书的职责。

264.3.3 大陆居民从台湾地区回大陆服刑

★《最高人民法院关于人民法院办理接收在台湾地区服刑的大陆居民回大陆服刑案件的规定》(法释〔2016〕11号,2016年4月27日)

第二条 接收被判刑人案件由最高人民法院指定的中级人民法院管辖。

第三条 申请机关向人民法院申请接收被判刑人回大陆服刑,应当同时提交以下材料:

(一)申请机关制作的接收被判刑人申请书,其中应当载明:

1. 台湾地区法院认定的被判刑人实施的犯罪行为及判决依据的具体条文内容;

2. 该行为在大陆依据刑法也构成犯罪、相应的刑法条文、罪名及该行为未进入大陆刑事诉讼程序的说明;

3. 建议转换的具体刑罚;

4. 其他需要说明的事项。

(二)被判刑人系大陆居民的身份证明;

(三)台湾地区法院对被判刑人定罪处刑的裁判文书、生效证明和执行文书;

(四)被判刑人或其法定代理人申请或者同意回大陆服刑的书面意见,且法定代理人与被判刑人的意思表示一致;

(五)被判刑人或其法定代理人所作的关于被判刑人在台湾地区接受公正审判的权利已获得保障的书面声明;

(六)两岸有关业务主管部门均同意被判刑人回大陆服刑的书面意见;

(七)台湾地区业务主管部门出具的有关刑罚执行情况的说明,包括被判刑人交付执行前的羁押期、已服刑期、剩余刑期,被判刑人服刑期间的表现、退赃退赔情况,被判刑人的健康状况、疾病与治疗情况;

(八)根据案件具体情况需要提交的其他材料。

申请机关提交材料齐全的,人民法院应当在七日内立案。提交材料不全的,应当通知申请机关在十五日内补送,至迟不能超过两个月;逾期未补送的,不予立案,并于七日内书面告知申请机关。

第四条 人民法院应当组成合议庭审理接收被判刑人案件。

第五条 人民法院应当在立案后一个月内就是否准予接收被判刑人作出裁定,情况复杂、特殊的,可以延长一个月。

人民法院裁定准予接收的,应当依据台湾地区法院判决认定的事实并参考其所定罪名,根据刑法就相同或者最相似犯罪行为规定的法定刑,按照下列原则对台湾地区法院确定的无期徒刑或者有期徒刑予以转换:

(一)原判处刑罚未超过刑法规定的最高刑,包括原判处刑罚低于刑法规定的最低刑的,以原判处刑罚作为转换后的刑罚;

(二)原判处刑罚超过刑法规定的最高刑的,以刑法规定的最高刑作为转换后的刑罚;

(三)转换后的刑罚不附加适用剥夺政治权利。

前款所称的最高刑,如台湾地区法院认定的事实依据刑法应当认定为一个犯罪的,是指刑法对该犯罪规定的最高刑；如应当认定为多个犯罪的，是指刑法对数罪并罚规定的最高刑。

对人民法院立案前，台湾地区有关业务主管部门对被判刑人在服刑期间作出的减轻刑罚决定，人民法院应当一并予以转换，并就最终应当执行的刑罚作出裁定。

第六条　被判刑人被接收回大陆服刑前被实际羁押的期间，应当以一日折抵转换后的刑期一日。

第七条　被判刑人被接收回大陆前已在台湾地区被假释或保外就医的，或者被判刑人或其法定代理人在申请或者同意回大陆服刑的书面意见中同时申请暂予监外执行的，人民法院应当根据刑法、刑事诉讼法的规定一并审查，并作出是否假释或者暂予监外执行的决定。

第八条　人民法院作出裁定后，应当在七日内送达申请机关。裁定一经送达，立即生效。

第九条　被判刑人回大陆服刑后，有关减刑、假释、暂予监外执行、赦免等事项，适用刑法、刑事诉讼法及相关司法解释的规定。

第十条　被判刑人回大陆服刑后，对其在台湾地区已被判处刑罚的行为，人民法院不再审理。

264.4　规范性文件

264.4.1　交付执行与刑满释放

★《公安规定》（2020）

第三百条　公安机关接到人民法院生效的判处死刑缓期二年执行、无期徒刑、有期徒刑的判决书、裁定书以及执行通知书后，应当在一个月以内将罪犯送交监狱执行。

对未成年犯应当送交未成年犯管教所执行刑罚。

第三百零一条　对被判处有期徒刑的罪犯，在被交付执行刑罚前，剩余刑期在三个月以下的，由看守所根据人民法院的判决代为执行。

对被判处拘役的罪犯，由看守所执行。

第三百零二条　对被判处管制、宣告缓刑、假释或者暂予监外执行的罪犯，已被羁押的，由看守所将其交付社区矫正机构执行。

对被判处剥夺政治权利的罪犯，由罪犯居住地的派出所负责执行。

第三百零三条　对被判处有期徒刑由看守所代为执行和被判处拘役的罪犯，执行期间如果没有再犯新罪，执行期满，看守所应当发给刑满释放证明书。

【重点解读】①

剩余刑期在三个月以下的罪犯需要执行刑罚的时间较短，送交监狱增加了不必要的程序，因此余刑在三个月以下的，由看守所根据人民法院的判决代为执行。对在看守所执行拘役的罪犯，应当与未决犯和其他罪犯分押分管。

被判处拘役的罪犯在决定机关辖区内有固定住处的，可允许其回固定住处，没有固定住处的，可在决定机关为其指定的居所每月与其家人团聚一天至二天。看守所根据被判处拘役的罪犯在服刑及回家期间的表现，认为不宜继续准许其回家的，应当提出建议，报原决定机关决定。对于被判处拘役的罪犯在回家期间逃跑的，应当以脱逃罪追究其刑事责任。

---

① 参见孙茂利主编书，第700—710页。

★《国安规定》(2024)

第三百二十二条　国家安全机关在收到人民法院生效的判处死刑缓期二年执行、无期徒刑、有期徒刑的判决书、裁定书、执行通知书后,应当在一个月以内将罪犯送交监狱执行刑罚。

未成年犯应当送交未成年犯管教所执行刑罚。

第三百二十四条　对于被判处有期徒刑的罪犯,在被交付执行刑罚前,剩余刑期在三个月以下的,由看守所根据人民法院的判决代为执行。

第三百二十五条　对于被判处管制、宣告缓刑、假释或者暂予监外执行的罪犯,已被羁押的,由看守所依法及时将其交付社区矫正机构执行。被执行取保候审、监视居住的,由国家安全机关依法按时将其移交社区矫正机构。

第三百二十六条　对于被判处有期徒刑由看守所代为执行的罪犯,执行期满,看守所应当发给释放证明书。

★《最高人民法院、最高人民检察院、公安部、司法部关于规范判处监禁刑罚罪犯交付执行工作若干问题的意见》(法发〔2024〕15 号,2024 年 12 月 19 日)

第一条　本意见规范的是被判处死刑缓期二年执行、无期徒刑、有期徒刑、拘役罪犯的交付执行工作。

第二条　人民法院负责送达刑罚执行有关法律文书、在罪犯送交执行机关前作出是否暂予监外执行决定等工作。

公安机关负责追捕、羁押、交付罪犯等工作。

监狱负责收押罪犯、社区矫正机构负责接收被暂予监外执行罪犯的刑罚执行工作,看守所负责对被判处拘役罪犯的刑罚执行以及送交监狱前有期徒刑剩余刑期在三个月以下罪犯的刑罚代为执行等工作。

人民检察院负责对罪犯交付执行刑罚工作实行法律监督。

人民法院、人民检察院、公安机关以及看守所、监狱、社区矫正机构在交付执行工作中应当分工负责,互相配合,规范判处监禁刑罚罪犯依法交付执行工作,切实防止依法应当由看守所收押的罪犯未收押和依法应当由监狱收监的罪犯未收监,维护司法公正和司法权威。

第三条　被判处死刑缓期二年执行、无期徒刑、有期徒刑、拘役的罪犯,交付执行时在押的,第一审人民法院应当在判决、裁定生效后十日以内,将判决书、裁定书、起诉书副本、自诉状复印件、执行通知书、结案登记表送达看守所。交付执行时未被羁押的,对公安机关侦查的案件,第一审人民法院应当在判决、裁定生效后十日以内,将判决书、裁定书和收监执行决定书送达侦查案件的公安机关,在收到公安机关将罪犯送交看守所羁押通知后十日以内,将有关法律文书送达看守所;对自诉案件、职务犯罪案件,第一审人民法院应当将上述法律文书送达同级公安机关办理。

第一审人民法院应当将前款规定的收监执行决定书抄送同级人民检察院。

第四条　公安机关收到第一审人民法院送达的判决书、裁定书和收监执行决定书后,应当在十日以内将未被羁押的罪犯送交看守所羁押。

公安机关将罪犯送交看守所羁押

后，应当及时通知第一审人民法院。

第五条　审前未被羁押的被告人被判处监禁刑罚后在逃或者下落不明的，由公安机关根据人民法院的生效判决书、裁定书和收监执行决定书进行追捕。

公安机关根据案情采取通缉、边控及网上追逃等有效措施进行追捕。审前未被羁押罪犯的生效判决书、裁定书和收监执行决定书，可以作为公安机关发布通缉令、办理边控手续及网上追逃的依据。

第六条　人民法院对拟判处监禁刑罚未被羁押的被告人，符合刑事诉讼法规定的逮捕条件的，可以在判决宣告前决定逮捕，并将逮捕决定送达公安机关。

公安机关收到人民法院逮捕被告人的决定后，应当在五日以内逮捕被告人并送交看守所羁押。

前款被告人在逃或者下落不明的，由公安机关负责追捕，并及时通知人民法院。

第七条　公安机关根据本意见第四条、第五条、第六条的规定将被告人或者罪犯送交看守所羁押的，看守所应当依法收押。

看守所对上述被告人或者罪犯不予收押的，应当向公安机关、人民法院出具书面说明，并抄送人民检察院。人民检察院认为理由不成立的，应当分别向公安机关、看守所出具书面意见。公安机关再次送交时，看守所应当收押。

第八条　看守所收到人民法院交付执行的法律文书后，对被判处死刑缓期二年执行、无期徒刑、有期徒刑的罪犯，应当在一个月以内将罪犯送交监狱执行刑罚；对被判处有期徒刑，在被送交监狱前剩余刑期在三个月以下的罪犯，由看守所代为执行；对被判处拘役的罪犯，由看守所执行。

看守所依法将罪犯留所服刑或者送交监狱后，应当在一个月以内将罪犯执行刑罚的时间、地点书面通知第一审人民法院。

第九条　监狱收到看守所送交的罪犯和执行刑罚的判决书、裁定书、起诉书副本、自诉状复印件、执行通知书、结案登记表的，应当依法收监。

监狱对送交罪犯与法律文书不符、刑罚记载错误等原因可能导致错误收监而不予收监的，应当向公安机关、人民法院出具书面说明，并抄送人民检察院。人民检察院认为理由不成立的，应当分别向公安机关、监狱出具书面意见。公安机关再次送交时，监狱应当收监。

对患有疾病的罪犯，监狱应当依法收监。

对体内有异物的罪犯，因医学原因不宜取出或者本人不愿取出并附有诊断意见、书面声明的，监狱应当依法收监。

监狱应当合理安排接收罪犯的时间和次数，确保在法定期限内将罪犯收监。

监狱应当每半年将接收罪犯信息书面通知第一审人民法院。

第十八条　看守所在押人员或者监狱罪犯在羁押、服刑期间死亡的，应当分别依照最高人民检察院、公安部、民政部印发的《看守所在押人员死亡处理规定》和最高人民检察院、民政部、司法部印发的《监狱罪犯死亡处理规定》

等文件办理，人民检察院依法加强法律监督。

看守所在押人员或者监狱罪犯在羁押、服刑期间正常死亡，或者因自杀自伤自残造成伤亡，看守所、监狱及其工作人员履职尽责的，不承担法律责任。对有玩忽职守、滥用职权、徇私舞弊等违法违纪行为的，依法依纪给予处分；构成犯罪的，依法追究刑事责任。

第十九条　人民检察院应当充分发挥派驻检察职能，根据工作需要组织巡回检察、公开听证、开展专项法律监督等，依法监督罪犯交付执行刑罚工作规范开展。

人民检察院发现人民法院、公安机关、看守所、监狱、社区矫正机构在判处监禁刑罚罪犯交付执行活动中存在违法情况，对于情节较轻的，以口头方式提出纠正意见，并记录在案；对于情节较重的，发出纠正违法通知书。有关单位对于口头纠正意见，应当及时纠正；对于书面纠正通知，应当在十五日以内将纠正情况书面通知人民检察院。有关单位对人民检察院的纠正意见有异议的，可以向人民检察院申请复查，人民检察院应当及时进行复查并依据相关规定作出处理。

第二十条　在刑罚交付执行工作中，人民法院、人民检察院、公安机关、看守所、监狱、社区矫正机构等单位的工作人员未按照法律规定和本意见规定履行职责，有弄虚作假、玩忽职守、徇私舞弊、滥用职权等违法违纪行为，造成“收押难”“送监难”等问题，导致依法应当由看守所收押的罪犯仍未收押、监狱收监的罪犯超出法定期限仍羁押在看守所等判处监禁刑罚罪犯未依法交付执行的，依法依纪追究相关责任人及所在单位负责人责任；构成犯罪的，依法追究刑事责任。

264.4.2　黑社会性质组织犯罪的刑罚执行

★《最高人民法院、最高人民检察院、公安部、司法部关于办理黑社会性质组织犯罪案件若干问题的规定》（公通字〔2012〕45号，2012年9月11日）

第二十六条　对于判处十年以上有期徒刑、无期徒刑，以及判处死刑缓期二年执行减为有期徒刑、无期徒刑的黑社会性质组织的组织者、领导者，应当跨省、自治区、直辖市异地执行刑罚。

对于被判处十年以下有期徒刑的黑社会性质组织的组织者、领导者，以及黑社会性质组织的积极参加者，可以跨省、自治区、直辖市或者在本省、自治区、直辖市内异地执行刑罚。

第二十七条　对组织、领导和积极参加黑社会性质组织的罪犯减刑的，执行机关应当依法提出减刑建议，报经省、自治区、直辖市监狱管理机关审核后，提请人民法院裁定。监狱管理机关审核时应当向同级人民检察院、公安机关通报情况。

对被判处不满十年有期徒刑的组织、领导和积极参加黑社会性质组织的罪犯假释的，依照前款规定处理。

对因犯组织、领导黑社会性质组织罪被判处十年以上有期徒刑、无期徒刑的罪犯，不得假释。

★《最高人民法院、最高人民检察院、公安部、司法部关于办理黑恶势力犯罪案件若干问题的指导意见》（法发〔2018〕1号，2018年1月16日）

12. 对于组织者、领导者和因犯参

加黑社会性质组织罪被判处五年以上有期徒刑的积极参加者,可根据《刑法》第五十六条第一款的规定适用附加剥夺政治权利。对于符合《刑法》第三十七条之一规定的组织成员,应当依法禁止其从事相关职业。符合《刑法》第六十六条规定的组织成员,应当认定为罪犯,依法从重处罚。

对于因有组织的暴力性犯罪被判处死刑缓期执行的黑社会性质组织犯罪分子,可以根据《刑法》第五十条第二款的规定同时决定对其限制减刑。对于因有组织的暴力性犯罪被判处十年以上有期徒刑、无期徒刑的黑社会性质组织犯罪分子,应当根据《刑法》第八十一条第二款规定,不得假释。

33. 监狱应当从严管理组织、领导、参加黑社会性质组织的罪犯,严格罪犯会见、减刑、假释、暂予监外执行等执法活动。对于判处十年以上有期徒刑、无期徒刑,判处死刑缓期二年执行减为有期徒刑、无期徒刑的黑社会性质组织的组织者、领导者,实行跨省、自治区、直辖市异地关押。积极开展黑恶势力犯罪线索排查,教育引导服刑人员检举揭发。社区矫正机构对拟适用社区矫正的黑恶势力犯罪案件的犯罪嫌疑人、被告人,应当认真开展调查评估,为准确适用非监禁刑提供参考。社区矫正机构对组织、领导、参加黑社会性质组织的社区服刑人员要严格监管教育。公安机关、人民检察院、人民法院、司法行政机关要加强协调联动,完善应急处置工作机制,妥善处理社区服刑人员脱管漏管和重新违法犯罪等情形。

264. 4. 3 军人判处刑罚的执行

★《司法部、总政治部关于军人判处刑罚后执行问题的联合通知》(司发通〔1998〕113 号,1998 年 8 月 14 日)

一、因犯罪被判处刑罚并开除军籍的现役军人(含离退休干部、在编职员干部、在编职工)均应在判决生效后,交其原籍或家庭居住地的地方监狱执行刑罚。

二、判处刑罚后,未开除军籍的罪犯和已被开除军籍但判处刑罚前担任副师职以上领导职务的(不含未担任领导职务的副师职以上机关干部和享受相应待遇的专业技术干部)罪犯,由军事监狱执行刑罚。

三、已被开除军籍的罪犯,犯罪前掌握过党、国家、军队的重要机密,不宜送交地方监狱执行刑罚的,仍由军事监狱执行;对其中有明确脱密期的,待脱密期过后再移交地方监狱执行。

四、向地方监狱移交被开除军籍的罪犯,一般应移送到罪犯原籍所在地的监狱。如罪犯的配偶子女所在地与原籍不属同一省、自治区、直辖市,也可由其配偶、子女所在地的地方监狱执行刑罚。向地方监狱移送罪犯,需经过拟移送地的省、自治区、直辖市监狱管理局办理,执行通知的发送由原判军事法院负责,罪犯的押送移交由罪犯原所在师以上单位保卫部门负责。

五、开除军籍后交地方监狱执行的罪犯,刑满后由所在监狱依法办理释放手续。

★《最高人民法院、最高人民检察院、公安部、司法部、民政部、总政治部关于处理移交政府管理的军队离休干部犯罪案件若干问题的规定》(〔1991〕政法字第 003 号,1991 年 10 月 17 日)

一、案件的管辖与刑罚的执行

已移交政府管理的军队离休干部的犯罪案件，由地方公安机关、人民检察院、人民法院按照案件管辖范围受理。办案中，需要了解其在部队期间有关情况的，原部队应予以协助。对军队和地方互涉的案件，按照最高人民法院、最高人民检察院、公安部、总政治部《关于军队和地方互涉案件几个问题的规定》(〔1982〕政联字 8 号)以及有关的补充规定办理。

上述人员犯罪，被人民法院依法判处有期徒刑、无期徒刑和死刑缓期二年执行的，由司法行政机关指定的地方劳改场所执行；被判处有期徒刑宣告缓刑、拘役、管制、剥夺政治权利的，由公安机关执行。

★《最高人民法院、最高人民检察院、公安部、司法部关于中国人民武装警察部队人员犯罪案件若干问题的规定》(〔87〕公发 11 号，1987 年 2 月 17 日)

六、武警部队人员犯罪，被人民法院判处刑罚，需在监狱或其他劳动改造场所执行的，由司法行政机关指定的场所执行；被判处拘役宣告缓刑、有期徒刑宣告缓刑、管制、剥夺政治权利，没有开除军籍的，由武警部队执行。

七、处理武警部队人员犯罪案件，可以参照人民解放军处理现役军人犯罪案件的有关规定。

264.4.4　看守所收押的程序

★《公安规定》(2020)

第一百五十四条　看守所收押犯罪嫌疑人、被告人和罪犯，应当进行健康和体表检查，并予以记录。

第一百五十五条　看守所收押犯罪嫌疑人、被告人和罪犯，应当对其人身和携带的物品进行安全检查。发现违禁物品、犯罪证据和可疑物品，应当制作笔录，由被羁押人签名、捺指印后，送办案机关处理。

对女性的人身检查，应当由女工作人员进行。

【重点解读】①

为保证看守所安全，收押时，应当对羁押人员的人身及携带物品进行严格的安全检查，防止将可能用于行凶、脱逃、自伤、自残的物品及其他违禁品、危险品带进羁押场所。

对于发现的违禁品，需要作为证据的物品，或者一时难以查明的可疑物品，应当移送办案机关处理。上述处理过程应当制作笔录，证明处理过程及有关物品的来源。

★《看守所留所执行刑罚罪犯管理办法》(公安部令第 128 号，2013 年 10 月 23 日修订)

第九条　看守所在收到交付执行的人民法院送达的人民检察院起诉书副本和人民法院判决书、裁定书、执行通知书、结案登记表的当日，应当办理罪犯收押手续，填写收押登记表，载明罪犯基本情况、收押日期等，并由民警签字后，将罪犯转入罪犯监区或者监室。

第十条　对于判决前未被羁押，判决后需要羁押执行刑罚的罪犯，看守所应当凭本办法第九条所列文书收押，并采集罪犯十指指纹信息。

第十一条　按照本办法第十条收押罪犯时，看守所应当进行健康和人身、物品安全检查。对罪犯的非生活必需品，应当登记，通知其家属领回或者

---

① 参见孙茂利主编书，第 379—380 页。

由看守所代为保管;对违禁品,应当予以没收。

对女性罪犯的人身检查,由女性人民警察进行。

第十二条　办理罪犯收押手续时应当建立罪犯档案。羁押服刑过程中的法律文书和管理材料存入档案。罪犯档案一人一档,分为正档和副档。正档包括收押凭证、暂予监外执行决定书、减刑、假释裁定书、释放证明书等法律文书;副档包括收押登记、谈话教育、罪犯考核、奖惩、疾病治疗、财物保管登记等管理记录。

第十三条　收押罪犯后,看守所应当在五日内向罪犯家属或者监护人发出罪犯执行刑罚地点通知书。对收押的外国籍罪犯,应当在二十四小时内报告所属公安机关。

264.4.5　看守所对罪犯的管理

★《看守所留所执行刑罚罪犯管理办法》(公安部令第 128 号,2013 年 10 月 23 日修订)

第二条　被判处有期徒刑的成年和未成年罪犯,在被交付执行前,剩余刑期在三个月以下的,由看守所代为执行刑罚。

被判处拘役的成年和未成年罪犯,由看守所执行刑罚。

第三条　看守所应当设置专门监区或者监室监管罪犯。监区和监室应当设在看守所警戒围墙内。

第四十三条　看守所应当将男性和女性罪犯、成年和未成年罪犯分别关押和管理。

有条件的看守所,可以根据罪犯的犯罪类型、刑罚种类、性格特征、心理状况、健康状况、改造表现等,对罪犯实行分别关押和管理。

264.4.6　看守所对罪犯申诉、控告、检举的处理

★《看守所留所执行刑罚罪犯管理办法》(公安部令第 128 号,2013 年 10 月 23 日修订)

第十四条　罪犯对已经发生法律效力的判决、裁定不服,提出申诉的,看守所应当及时将申诉材料转递给人民检察院和作出生效判决的人民法院。罪犯也可以委托其法定代理人、近亲属提出申诉。

第十五条　罪犯有权控告、检举违法犯罪行为。

看守所应当设置控告、检举信箱,接受罪犯的控告、检举材料。罪犯也可以直接向民警控告、检举。

第十六条　对罪犯向看守所提交的控告、检举材料,看守所应当自收到材料之日起十五日内作出处理;对罪犯向人民法院、人民检察院提交的控告、检举材料,看守所应当自收到材料之日起五日内予以转送。

看守所对控告、检举作出处理或者转送有关部门处理的,应当及时将有关情况或者处理结果通知具名控告、检举的罪犯。

第十七条　看守所在执行刑罚过程中,发现判决可能有错误的,应当提请人民检察院或者人民法院处理。

264.4.7　看守所对暂予监外执行的处理

★《看守所留所执行刑罚罪犯管理办法》(公安部令第 128 号,2013 年 10 月 23 日修订)

第十八条　罪犯符合《中华人民共

和国刑事诉讼法》规定的暂予监外执行条件的,本人及其法定代理人、近亲属可以向看守所提出书面申请,管教民警或者看守所医生也可以提出书面意见。

第十九条　看守所接到暂予监外执行申请或者意见后,应当召开所务会研究,初审同意后根据不同情形对罪犯进行病情鉴定、生活不能自理鉴定或者妊娠检查,未通过初审的,应当向提出书面申请或者书面意见的人员告知原因。

所务会应当有书面记录,并由与会人员签名。

第二十条　对暂予监外执行罪犯的病情鉴定,应当到省级人民政府指定的医院进行;妊娠检查,应当到医院进行;生活不能自理鉴定,由看守所分管所领导、管教民警、看守所医生、驻所检察人员等组成鉴定小组进行;对正在哺乳自己婴儿的妇女,看守所应当通知罪犯户籍所在地或者居住地的公安机关出具相关证明。

生活不能自理,是指因病、伤残或者年老体弱致使日常生活中起床、用餐、行走、如厕等不能自行进行,必须在他人协助下才能完成。

对适用保外就医可能有社会危险性的罪犯,或者自伤自残的罪犯,不得保外就医。

第二十一条　罪犯需要保外就医的,应当由罪犯或者罪犯家属提出保证人。保证人由看守所审查确定。

第二十五条　对需要暂予监外执行的罪犯,看守所应当填写暂予监外执行审批表,并附病情鉴定、妊娠检查证明、生活不能自理鉴定,或者哺乳自己婴儿证明;需要保外就医的,应当同时附保外就医保证书。县级看守所应当将有关材料报经所属公安机关审核同意后,报设区的市一级以上公安机关批准;设区的市一级以上看守所应当将有关材料报所属公安机关审批。

看守所在报送审批材料的同时,应当将暂予监外执行审批表副本、病情鉴定或者妊娠检查诊断证明、生活不能自理鉴定、哺乳自己婴儿证明、保外就医保证书等有关材料的复印件抄送人民检察院驻所检察室。

批准暂予监外执行的公安机关接到人民检察院认为暂予监外执行不当的意见后,应当对暂予监外执行的决定进行重新核查。

第二十六条　看守所收到批准、决定机关暂予监外执行决定书后,应当办理罪犯出所手续,发给暂予监外执行决定书,并告知罪犯应当遵守的规定。

第二十七条　暂予监外执行罪犯服刑地和居住地不在同一省级或者设区的市一级以上公安机关辖区,需要回居住地暂予监外执行的,服刑地的省级公安机关监管部门或者设区的市一级以上公安机关监管部门应当书面通知居住地的同级公安机关监管部门,由居住地的公安机关监管部门指定看守所接收罪犯档案、负责办理收监或者刑满释放等手续。

第二十八条　看守所应当将暂予监外执行罪犯送交罪犯居住地,与县级司法行政机关办理交接手续。

第二十九条　公安机关对暂予监外执行罪犯决定收监执行的,由罪犯居住地看守所将罪犯收监执行。

看守所对人民法院决定暂予监外执行罪犯收监执行的,应当是交付执行刑罚前剩余刑期在三个月以下的罪犯。

第三十条　罪犯在暂予监外执行期间刑期届满的，看守所应当为其办理刑满释放手续。

第三十一条　罪犯暂予监外执行期间死亡的，看守所应当将执行机关的书面通知归入罪犯档案，并在登记表中注明。

264.4.8　看守所对提请减刑、假释的处理

★《看守所留所执行刑罚罪犯管理办法》（公安部令第 128 号，2013 年 10 月 23 日修订）

第三十二条　罪犯符合减刑、假释条件的，由管教民警提出建议，报看守所所务会研究决定。所务会应当有书面记录，并由与会人员签名。

第三十三条　看守所所务会研究同意后，应当将拟提请减刑、假释的罪犯名单以及减刑、假释意见在看守所内公示。公示期限为三个工作日。公示期内，如有民警或者罪犯对公示内容提出异议，看守所应当重新召开所务会复核，并告知复核结果。

第三十四条　公示完毕，看守所所长应当在罪犯减刑、假释审批表上签署意见，加盖看守所公章，制作提请减刑、假释建议书，经设区的市一级以上公安机关审查同意后，连同有关材料一起提请所在地中级以上人民法院裁定，并将建议书副本和相关材料抄送人民检察院。

第三十五条　看守所提请人民法院审理减刑、假释案件时，应当送交下列材料：

（一）提请减刑、假释建议书；

（二）终审人民法院的裁判文书、执行通知书、历次减刑裁定书的复制件；

（三）证明罪犯确有悔改、立功或者重大立功表现具体事实的书面材料；

（四）罪犯评审鉴定表、奖惩审批表等有关材料；

（五）根据案件情况需要移送的其他材料。

第三十六条　在人民法院作出减刑、假释裁定前，看守所发现罪犯不符合减刑、假释条件的，应当书面撤回提请减刑、假释建议书；在减刑、假释裁定生效后，看守所发现罪犯不符合减刑、假释条件的，应当书面向作出裁定的人民法院提出撤销裁定建议。

第三十七条　看守所收到人民法院假释裁定书后，应当办理罪犯出所手续，发给假释证明书，并于三日内将罪犯的有关材料寄送罪犯居住地的县级司法行政机关。

第三十八条　被假释的罪犯被人民法院裁定撤销假释的，看守所应当在收到撤销假释裁定后将罪犯收监。

第三十九条　罪犯在假释期间死亡的，看守所应当将执行机关的书面通知归入罪犯档案，并在登记表中注明。

264.4.9　罪犯的释放

★《看守所留所执行刑罚罪犯管理办法》（公安部令第 128 号，2013 年 10 月 23 日修订）

第四十一条　罪犯服刑期满，看守所应当按期释放，发给刑满释放证明书，并告知其在规定期限内，持刑满释放证明书到原户籍所在地的公安派出所办理户籍登记手续；有代管钱物的，看守所应当如数发还。

刑满释放人员患有重病的，看守所应当通知其家属接回。

第四十二条　外国籍罪犯被判处附加驱逐出境的,看守所应当在罪犯服刑期满前十日通知所属公安机关出入境管理部门。

264.5　指导与参考案例

264.5.1　死缓限制减刑的适用

【刑事审判参考案例】

[第739号]宋江平、平建卫抢劫、盗窃案

裁判要旨:对共同犯罪中判处死刑缓期执行的被告人,必要时可依法决定限制减刑。在有些案件中,数名主犯之间罪责差别不大,罪责相对略小的主犯被判处死刑缓期执行。对这类主犯是否限制减刑,关键看其主观恶性和人身危险性的大小。如果被判处死刑缓期执行的被告人犯罪手段残忍,犯罪性质和情节恶劣,或者是累犯或者有前科,表现出较大的主观恶性和人身危险性的,在符合刑法第五十条第二款规定的前提下,可以决定对其限制减刑。反之,如果判处死刑缓期执行的被告人犯罪手段和情节一般,也没有前科,不能认定其主观恶性深、人身危险性大的,则判处死刑缓期执行就已经体现严惩,并能实现与判处死刑立即执行主犯之间的量刑平衡,自然也就不应当再对其限制减刑。

265　暂予监外执行

265.1　法条规定

第二百六十五条　对被判处有期徒刑或者拘役的罪犯,有下列情形之一的,可以暂予监外执行:

(一)有严重疾病需要保外就医的;

(二)怀孕或者正在哺乳自己婴儿的妇女;

(三)生活不能自理,适用暂予监外执行不致危害社会的。

对被判处无期徒刑的罪犯,有前款第二项规定情形的,可以暂予监外执行。

对适用保外就医可能有社会危险性的罪犯,或者自伤自残的罪犯,不得保外就医。

对罪犯确有严重疾病,必须保外就医的,由省级人民政府指定的医院诊断并开具证明文件。

在交付执行前,暂予监外执行由交付执行的人民法院决定;在交付执行后,暂予监外执行由监狱或者看守所提出书面意见,报省级以上监狱管理机关或者设区的市一级以上公安机关批准。

【立法释义】①

本条规定明确了暂予监外执行的程序。2012年刑事诉讼法修改,将被判处无期徒刑的怀孕或者正在哺乳自己婴儿的妇女纳入可以暂予监外执行的范围,规定保外就医须由省级人民政府指定的医院诊断,并增加了暂予监外执行的批准主体及批准程序。为规范暂予监外执行,避免出现滥用风险,应当关注以下事项:

第一,暂予监外执行的适用范围。暂予监外执行的适用范围限于法定对象和情形,且应有证据予以证实,并经决定机关查证属实。

---

① 参见王爱立主编书,第560—564页。

第二,暂予监外执行的申请权。罪犯在被交付执行前,符合法定情形的,可以申请暂予监外执行。提出申请的,应当提供有关证据材料。

第三,保外就医的特殊要求。对适用保外就医可能有社会危险性的罪犯,或者自伤自残的罪犯,不得保外就医。对罪犯确有严重疾病,必须保外就医的,由省级人民政府指定的医院诊断并开具证明文件。省级人民政府指定的医院进行诊断后,应当专门开具符合保外就医条件的证明文件。医院病历和诊断意见,不能直接作为证明文件使用,但可以作为证明文件的补充。

265.2 相关立法

265.2.1 暂予监外执行的情形

★《中华人民共和国监狱法》(2012 年 10 月 26 日修正)

第二十五条 对于被判处无期徒刑、有期徒刑在监内服刑的罪犯,符合刑事诉讼法规定的监外执行条件的,可以暂予监外执行。

265.2.2 暂予监外执行情形的鉴别与执行

★《全国人民代表大会常务委员会关于〈中华人民共和国刑事诉讼法〉第二百五十四条第五款①、第二百五十七条第二款②的解释》(2014 年 4 月 24 日)

罪犯在被交付执行前,因有严重疾病、怀孕或者正在哺乳自己婴儿的妇女、生活不能自理的原因,依法提出暂予监外执行的申请的,有关病情诊断、妊娠检查和生活不能自理的鉴别,由人民法院负责组织进行。

根据刑事诉讼法第二百五十七条第二款的规定,对人民法院决定暂予监外执行的罪犯,有刑事诉讼法第二百五十七条第一款规定的情形,依法应当予以收监的,在人民法院作出决定后,由公安机关依照刑事诉讼法第二百五十三条第二款③的规定送交执行刑罚。

265.3 司法解释

263.3.1 暂予监外执行的鉴别

★《法院解释》(2021)

第五百一十四条 罪犯在被交付执行前,因有严重疾病、怀孕或者正在哺乳自己婴儿的妇女、生活不能自理的原因,依法提出暂予监外执行的申请的,有关病情诊断、妊娠检查和生活不能自理的鉴别,由人民法院负责组织进行。

【重点解读】④

根据刑事诉讼法的规定,"有严重疾病需要保外就医的",需要由省级人民政府指定医院诊断,对于其他情形并未限制。根据《最高人民法院关于罪犯交付执行前暂予监外执行组织诊断工作有关问题的通知》,所有情形的医学检查均须在省级人民政府指定的医院进行,这一要求比刑事诉讼法的规定更为严格。

★《最高人民法院关于罪犯交付执行前暂予监外执行组织诊断工作有关问题的通知》(法〔2014〕319 号,2014 年 12 月 11 日)

---

① 2018 年刑事诉讼法第二百六十五条第五款。

② 2018 年刑事诉讼法第二百六十八条第二款。

③ 2018 年刑事诉讼法第二百六十四条第二款。

④ 参见李少平主编书,第 518—519 页。

一、要规范工作内容。罪犯交付执行前暂予监外执行组织诊断工作，包括对罪犯的病情诊断、妊娠检查和生活不能处理的鉴别。

二、要落实工作责任。中级人民法院司法技术部门负责本辖区罪犯交付执行前暂予监外执行组织诊断工作。高级人民法院司法技术部门负责本辖区罪犯交付执行前暂予监外执行组织诊断工作的监督执导和组织复核诊断工作。最高人民法院司法技术部门监督指导地方各级人民法院罪犯交付执行前暂予监外执行组织诊断工作。

三、要严格工作程序。罪犯交付执行前暂予监外执行组织诊断工作应当由法医人员进行或组织相关专业的临床医学人员和法医人员共同进行，临床医学人员应当具有副主任医师以上职称，法医人员应当具有副主任法医师以上职称。相关医学检查应当在省级人民政府指定的医院进行。

四、要加强工作监督。组织诊断应当采用合议的形式进行，按照少数服从多数的原则出具诊断意见。罪犯或利害关系人对诊断意见有异议的，可在接到诊断意见之日起十日内向本地高级人民法院申请复核诊断，高级人民法院复核诊断意见为最终意见。地方各级人民法院要加强调查研究，对工作中遇到的问题，应当逐级报最高人民法院，上级法院要加强工作的监督指导。

265.3.2　生活不能自理的鉴别标准

★《罪犯生活不能自理鉴别标准》（法〔2016〕305号，2016年7月26日）

2.1 罪犯生活不能自理是指罪犯因疾病、残疾、年老体弱等原因造成身体机能下降不能自主处理自己的日常生活。包括进食、大小便、穿衣洗漱、行动（翻身、自主行动）四项内容，其中一项完全不能自主完成或者三项以上大部分不能自主完成的可以认定为生活不能自理。

2.2 生活不能自理的鉴别是指对罪犯在被交付执行前生活自理能力作出的技术性判定意见。

265.4　规范性文件

265.4.1　监狱办理暂予监外执行的规范

★《监狱暂予监外执行程序规定》（司发通〔2016〕78号，2016年8月22日）

第三条　省、自治区、直辖市监狱管理局和监狱分别成立暂予监外执行评审委员会，由局长和监狱长任主任，分管暂予监外执行工作的副局长和副监狱长任副主任，刑罚执行、狱政管理、教育改造、狱内侦查、生活卫生、劳动改造等有关部门负责人为成员，监狱管理局、监狱暂予监外执行评审委员会成员不得少于9人。

监狱成立罪犯生活不能自理鉴别小组，由监狱长任组长，分管暂予监外执行工作的副监狱长任副组长，刑罚执行、狱政管理、生活卫生等部门负责人及2名以上医疗专业人员为成员，对因生活不能自理需要办理暂予监外执行的罪犯进行鉴别，鉴别小组成员不得少于7人。

第四条　监狱办理暂予监外执行，应当由监区人民警察集体研究，监区长办公会议审核，监狱刑罚执行部门审查，监狱暂予监外执行评审委员会评审，监狱长办公会议决定。

省、自治区、直辖市监狱管理局刑

罚执行部门审查监狱依法定程序提请的暂予监外执行建议并出具意见，报请局长召集暂予监外执行评审委员会审核，必要时可以召开局长办公会议决定。

265.4.2　暂予监外执行的条件

★《暂予监外执行规定》（司发通〔2014〕112 号，2014 年 10 月 24 日）

第五条　对被判处有期徒刑、拘役或者已经减为有期徒刑的罪犯，有下列情形之一，可以暂予监外执行：

（一）患有属于本规定所附《保外就医严重疾病范围》的严重疾病，需要保外就医的；

（二）怀孕或者正在哺乳自己婴儿的妇女；

（三）生活不能自理的。

对被判处无期徒刑的罪犯，有前款第二项规定情形的，可以暂予监外执行。

第六条　对需要保外就医或者属于生活不能自理，但适用暂予监外执行可能有社会危险性，或者自伤自残，或者不配合治疗的罪犯，不得暂予监外执行。

对职务犯罪、破坏金融管理秩序和金融诈骗犯罪、组织（领导、参加、包庇、纵容）黑社会性质组织犯罪的罪犯适用保外就医应当从严审批，对患有高血压、糖尿病、心脏病等严重疾病，但经诊断短期内没有生命危险的，不得暂予监外执行。

对在暂予监外执行期间因违法违规被收监执行或者因重新犯罪被判刑的罪犯，需要再次适用暂予监外执行的，应当从严审批。

第七条　对需要保外就医或者属于生活不能自理的累犯以及故意杀人、强奸、抢劫、绑架、放火、爆炸、投放危险物质或者有组织的暴力性犯罪的罪犯，原被判处死刑缓期二年执行或者无期徒刑的，应当在减为有期徒刑后执行有期徒刑七年以上方可适用暂予监外执行；原被判处十年以上有期徒刑的，应当执行原判刑期三分之一以上方可适用暂予监外执行。

对未成年罪犯、六十五周岁以上的罪犯、残疾人罪犯，适用前款规定可以适度从宽。

对患有本规定所附《保外就医严重疾病范围》的严重疾病，短期内有生命危险的罪犯，可以不受本条第一款规定关于执行刑期的限制。

第三十三条　本规定所称生活不能自理，是指罪犯因患病、身体残疾或者年老体弱，日常生活行为需要他人协助才能完成的情形。

生活不能自理的鉴别参照《劳动能力鉴定—职工工伤与职业病致残等级分级》（GB/T16180—2006）执行。进食、翻身、大小便、穿衣洗漱、自主行动等五项日常生活行为中有三项需要他人协助才能完成，且经过六个月以上治疗、护理和观察，自理能力不能恢复的，可以认定为生活不能自理。六十五周岁以上的罪犯，上述五项日常生活行为有一项需要他人协助才能完成即可视为生活不能自理。

★《最高人民法院、最高人民检察院、公安部、司法部关于办理黑社会性质组织犯罪案件若干问题的规定》（公通字〔2012〕45 号，2012 年 9 月 11 日）

第二十八条　对于组织、领导和积极参加黑社会性质组织的罪犯，有下列情形之一，确实需要暂予监外执行的，应当依照法律规定的条件和程序严格审批：

（一）确有严重疾病而监狱不具备医治条件，必须保外就医，且适用保外就医不致危害社会的；

（二）怀孕或者正在哺乳自己婴儿的妇女；

（三）因年老、残疾完全丧失生活自理能力，适用暂予监外执行不致危害社会的。

暂予监外执行的审批机关在作出审批决定前，应当向同级人民检察院、公安机关通报情况。

★《公安规定》（2020）

第三百零七条　对依法留所执行刑罚的罪犯，有下列情形之一的，可以暂予监外执行：

（一）有严重疾病需要保外就医的；

（二）怀孕或者正在哺乳自己婴儿的妇女；

（三）生活不能自理，适用暂予监外执行不致危害社会的。

对罪犯暂予监外执行的，看守所应当提出书面意见，报设区的市一级以上公安机关批准，同时将书面意见抄送同级人民检察院。

对适用保外就医可能有社会危险性的罪犯，或者自伤自残的罪犯，不得保外就医。

对罪犯确有严重疾病，必须保外就医的，由省级人民政府指定的医院诊断并开具证明文件。

★《国安规定》（2024）

第三百二十八条　对于依法留所服刑的罪犯，有下列情形之一的，可以暂予监外执行：

（一）有严重疾病需要保外就医的；

（二）怀孕或者正在哺乳自己婴儿的妇女；

（三）生活不能自理，适用暂予监外执行不致危害社会的。

第三百二十九条　看守所对留所服刑的罪犯符合暂予监外执行条件的，应当提出书面意见，报设区的市级以上国家安全机关批准，并将书面意见的副本抄送同级人民检察院。

对于适用保外就医可能有社会危险性的罪犯，或者自伤自残的罪犯，不得保外就医。

对于罪犯确有严重疾病，必须保外就医的，由省级人民政府指定的医院诊断并开具证明文件。

★《最高人民法院、最高人民检察院、公安部、国家安全部、司法部、国家卫生健康委关于进一步规范暂予监外执行工作的意见》（司发通〔2023〕24号，2023年5月28日）

一、进一步准确把握相关诊断检查鉴别标准

1.《暂予监外执行规定》中的“短期内有生命危险”，是指罪犯所患疾病病情危重，有临床生命体征改变，并经临床诊断和评估后确有短期内发生死亡可能的情形。诊断医院在《罪犯病情诊断书》注明“短期内有死亡风险”或者明确出具病危通知书，视为“短期内有生命危险”。临床上把某种疾病评估为“具有发生猝死的可能”一般不作为“短期内有生命危险”的情形加以使用。

罪犯就诊的医疗机构七日内出具的病危通知书可以作为诊断医院出具《罪犯病情诊断书》的依据。

2.《保外就医严重疾病范围》中的

"久治不愈"是指所有范围内疾病均应有规范治疗过程,仍然不能治愈或好转者,才符合《保外就医严重疾病范围》医学条件。除《保外就医严重疾病范围》明确规定需经规范治疗的情形外,"久治不愈"是指经门诊治疗和/或住院治疗并经临床评估后仍病情恶化或未见好转的情形。在诊断过程中,经评估确认短期内有生命危险,即符合保外就医医学条件。

3.《保外就医严重疾病范围》关于"严重功能障碍"中的"严重",一般对应临床上实质脏器(心、肺、肝、肾、脑、胰腺等)功能障碍"中度及以上的"的分级标准。

4.《保外就医严重疾病范围》关于患精神疾病罪犯"无服刑能力"的评估,应当以法医精神病司法鉴定意见为依据。精神疾病的发作和控制、是否为反复发作,应当以省级人民政府指定医院的诊断结果为依据。

5.《暂予监外执行规定》中"生活不能自理"的鉴别参照《劳动能力鉴定 职工工伤与职业病致残等级(GB/T 16180-2014)》执行。进食、翻身、大小便、穿衣洗漱、自主行动等五项日常生活行为中有三项需要他人协助才能完成,且经过六个月以上治疗、护理和观察,自理能力不能恢复的,可以认定为生活不能自理。六十五周岁以上的罪犯,上述五项日常生活行为有一项需要他人协助才能完成即可视为生活不能自理。

265.4.3　暂予监外执行的诊断、检查、鉴别程序

★《监狱暂予监外执行程序规定》
(司发通〔2016〕78 号,2016 年 8 月 22 日)

第六条　对在监狱服刑的罪犯需要暂予监外执行的,监狱应当组织对罪犯进行病情诊断、妊娠检查或者生活不能自理的鉴别。罪犯本人或者其亲属、监护人也可以向监狱提出书面申请。

第七条　监狱组织诊断、检查或者鉴别,应当由监区提出意见,经监狱刑罚执行部门审查,报分管副监狱长批准后进行诊断、检查或者鉴别。

对于患有严重疾病或者怀孕需要暂予监外执行的罪犯,委托省级人民政府指定的医院进行病情诊断或者妊娠检查。

对于生活不能自理需要暂予监外执行的罪犯,由监狱罪犯生活不能自理鉴别小组进行鉴别。

第八条　对罪犯的病情诊断或妊娠检查证明文件,应当由两名具有副高以上专业技术职称的医师共同作出,经主管业务院长审核签名,加盖公章,并附化验单、影像学资料和病历等有关医疗文书复印件。

第九条　对于生活不能自理的鉴别,应当由监狱罪犯生活不能自理鉴别小组审查下列事项:

(一)调取并核查罪犯经六个月以上治疗、护理和观察,生活自理能力仍不能恢复的材料;

(二)查阅罪犯健康档案及相关材料;

(三)询问主管人民警察,并形成书面材料;

(四)询问护理人员及其同一监区 2 名以上罪犯,并形成询问笔录;

(五)对罪犯进行现场考察,观察其日常生活行为,并形成现场考察书面材料;

(六)其他能够证明罪犯生活不能自理的相关材料。

审查结束后,鉴别小组应当及时出具意见并填写《罪犯生活不能自理鉴别书》,经鉴别小组成员签名以后,报监狱长审核签名,加盖监狱公章。

第十条 监狱应当向人民检察院通报对罪犯进行病情诊断、妊娠检查和生活不能自理鉴别工作情况。人民检察院可以派员监督。

★《暂予监外执行规定》(司发通〔2014〕112号,2014年10月24日)

第八条 对在监狱、看守所服刑的罪犯需要暂予监外执行的,监狱、看守所应当组织对罪犯进行病情诊断、妊娠检查或者生活不能自理的鉴别。罪犯本人或者其亲属、监护人也可以向监狱、看守所提出书面申请。

监狱、看守所对拟提请暂予监外执行的罪犯,应当核实其居住地。需要调查其对所居住社区影响的,可以委托居住地县级司法行政机关进行调查。

监狱、看守所应当向人民检察院通报有关情况。人民检察院可以派员监督有关诊断、检查和鉴别活动。

第九条 对罪犯的病情诊断或者妊娠检查,应当委托省级人民政府指定的医院进行。医院出具的病情诊断或者检查证明文件,应当由两名具有副高以上专业技术职称的医师共同作出,经主管业务院长审核签名,加盖公章,并附化验单、影像学资料和病历等有关医疗文书复印件。

对罪犯生活不能自理情况的鉴别,由监狱、看守所组织有医疗专业人员参加的鉴别小组进行。鉴别意见由组织鉴别的监狱、看守所出具,参与鉴别的人员应当签名,监狱、看守所的负责人应当签名并加盖公章。

对罪犯进行病情诊断、妊娠检查或者生活不能自理的鉴别,与罪犯有亲属关系或者其他利害关系的医师、人员应当回避。

★《最高人民法院、最高人民检察院、公安部、国家安全部、司法部、国家卫生健康委关于进一步规范暂予监外执行工作的意见》(司发通〔2023〕24号,2023年5月28日)

二、进一步规范病情诊断和妊娠检查

6. 暂予监外执行病情诊断和妊娠检查应当在省级人民政府指定的医院进行,病情诊断由两名具有副高以上专业技术职称的医师负责,妊娠检查由两名具有中级以上专业技术职称的医师负责。

罪犯被送交监狱执行刑罚前,人民法院决定暂予监外执行的,组织诊断工作由人民法院负责。

7. 医院应当在收到人民法院、公安机关、监狱管理机关、监狱委托书后五个工作日内组织医师进行诊断检查,并在二十个工作日内完成并出具《罪犯病情诊断书》。对于罪犯病情严重必须立即保外就医的,受委托医院应当在三日内完成诊断并出具《罪犯病情诊断书》。

8. 医师应当认真查看医疗文件,亲自诊查病人,进行合议并出具意见,填写《罪犯病情诊断书》或《罪犯妊娠检查书》,并附三个月内的客观诊断依据。《罪犯病情诊断书》《罪犯妊娠检查书》由两名负责诊断检查的医师签名,并经主管业务院长审核签名后,加盖诊断医院公章。

《罪犯病情诊断书》或《罪犯妊娠检查书》应当包括罪犯基本情况、医学检查情况、诊断检查意见等内容，诊断依据应当包括疾病诊断结果、疾病严重程度评估等。罪犯病情诊断意见关于病情的表述应当符合《保外就医严重疾病范围》相应条款。

《罪犯病情诊断书》自出具之日起三个月内可以作为人民法院、公安机关、监狱管理机关决定或批准暂予监外执行的依据。超过三个月的，人民法院、公安机关、监狱应当委托医院重新进行病情诊断，并出具《罪犯病情诊断书》。

9. 医师对诊断检查意见有分歧的，应当在《罪犯病情诊断书》或《罪犯妊娠检查书》中写明分歧内容和理由，分别签名或者盖章。因意见分歧无法作出一致结论的，人民法院、公安机关、监狱应当委托其他同等级或者以上等级的省级人民政府指定的医院重新组织诊断检查。

10. 在暂予监外执行工作中，司法工作人员或者参与诊断检查的医师与罪犯有近亲属关系或者其他利害关系的应当回避。

★《最高人民法院、最高人民检察院、公安部、司法部关于规范判处监禁刑罚罪犯交付执行工作若干问题的意见》（法发〔2024〕15 号，2024 年 12 月 19 日）

第十三条　人民法院组织对被告人、罪犯进行病情诊断、妊娠检查和生活不能自理鉴别工作，一般应当在受理申请、采纳建议或者依职权启动后二个月以内完成，至迟不得超过三个月。因特殊情况需要延长的，报请上一级人民法院批准。

第十四条　对被告人或者罪犯进行病情诊断、妊娠检查、生活不能自理鉴别的费用，列入组织诊断、检查、鉴别单位年度办案经费预算。

第十五条　对需要收押执行的系未成年子女唯一抚养人的罪犯，人民法院、人民检察院、公安机关应当及时协调民政部门，解决罪犯未成年子女的收留抚养问题，并参照本意见第四条的规定将罪犯送交看守所羁押。

对系生活不能自理人的唯一扶养人的罪犯收押执行，参照前款规定办理。

第十六条　人民法院、人民检察院、公安机关、看守所、监狱、社区矫正机构收集的被告人、罪犯身体健康状况及疾病诊治的有关材料，应当附卷归档；在罪犯交付执行过程中，应当将上述材料复制移送下一环节有关办案机关。对罪犯携带的个人非涉案物品，应当依法接收。

有条件的地方应当充分发挥大数据办案平台作用，推动刑罚交付执行信息在相关政法部门之间实时共享。

第十七条　暂予监外执行情形中的严重疾病，是指《暂予监外执行规定》（司发通〔2014〕112 号）所附《保外就医严重疾病范围》的严重疾病，并执行《关于进一步规范暂予监外执行工作的意见》（司发通〔2023〕24 号）中有关工作标准要求。

265.4.4　暂予监外执行的提请

★《监狱暂予监外执行程序规定》（司发通〔2016〕78 号，2016 年 8 月 22 日）

第十一条　罪犯需要保外就医的，

应当由罪犯本人或其亲属、监护人提出保证人。无亲属、监护人的，可以由罪犯居住地的村（居）委会、原所在单位或者县级司法行政机关社区矫正机构推荐保证人。监狱刑罚执行部门对保证人的资格进行审查，填写《保证人资格审查表》，并告知保证人在罪犯暂予监外执行期间应当履行的义务，由保证人签署《暂予监外执行保证书》。

第十二条　对符合办理暂予监外执行条件的罪犯，监区人民警察应当集体研究，提出提请暂予监外执行建议，经监区长办公会议审核同意后，报送监狱刑罚执行部门审查。

第十三条　监区提出提请暂予监外执行建议的，应当报送下列材料：

（一）《暂予监外执行审批表》；

（二）终审法院裁判文书、执行通知书、历次刑罚变更执行法律文书；

（三）《罪犯病情诊断书》、《罪犯妊娠检查书》及相关诊断、检查的医疗文书复印件，《罪犯生活不能自理鉴别书》及有关证明罪犯生活不能自理的治疗、护理和现场考察、询问笔录等材料；

（四）监区长办公会议记录；

（五）《保证人资格审查表》、《暂予监外执行保证书》及相关材料。

第十四条　监狱刑罚执行部门收到监区对罪犯提请暂予监外执行的材料后，应当就下列事项进行审查：

（一）提交的材料是否齐全、完备、规范；

（二）罪犯是否符合法定暂予监外执行的条件；

（三）提请暂予监外执行的程序是否符合规定。

经审查，对材料不齐全或者不符合提请条件的，应当通知监区补充有关材料或者退回；对相关材料有疑义的，应当进行核查。对材料齐全、符合提请条件的，应当出具审查意见，由科室负责人在《暂予监外执行审批表》上签署意见，连同监区报送的材料一并提交监狱暂予监外执行评审委员会评审。

第十五条　监狱刑罚执行部门应当核实暂予监外执行罪犯拟居住地，对需要调查评估其对所居住社区影响或核实保证人具保条件的，填写《拟暂予监外执行罪犯调查评估委托函》，附带原刑事判决书、减刑裁定书复印件以及罪犯在服刑期间表现情况材料，委托居住地县级司法行政机关进行调查，并出具调查评估意见书。

第十六条　监狱暂予监外执行评审委员会应当召开会议，对刑罚执行部门审查提交的提请暂予监外执行意见进行评审，提出评审意见。

监狱可以邀请人民检察院派员列席监狱暂予监外执行评审委员会会议。

第十七条　监狱暂予监外执行评审委员会评审后同意对罪犯提请暂予监外执行的，应当在监狱内进行公示。公示内容应当包括罪犯的姓名、原判罪名及刑期、暂予监外执行依据等。

公示期限为三个工作日。公示期内，罪犯对公示内容提出异议的，监狱暂予监外执行评审委员会应当进行复核，并告知其复核结果。

对病情严重必须立即保外就医的，可以不公示，但应当在保外就医后三个工作日内在监狱公告。

第十八条　公示无异议或者经复核异议不成立的，监狱应当将提请暂予监外执行相关材料送人民检察院征求意见。

征求意见后,监狱刑罚执行部门应当将监狱暂予监外执行评审委员会暂予监外执行建议和评审意见连同人民检察院意见,一并报请监狱长办公会议审议。

监狱对人民检察院意见未予采纳的,应当予以回复,并说明理由。

第十九条　监狱长办公会议决定提请暂予监外执行的,由监狱长在《暂予监外执行审批表》上签署意见,加盖监狱公章,并将有关材料报送省、自治区、直辖市监狱管理局。

人民检察院对提请暂予监外执行提出的检察意见,监狱应当一并移送办理暂予监外执行的省、自治区、直辖市监狱管理局。

决定提请暂予监外执行的,监狱应当将提请暂予监外执行书面意见的副本和相关材料抄送人民检察院。

第二十条　监狱决定提请暂予监外执行的,应当向省、自治区、直辖市监狱管理局提交提请暂予监外执行书面意见及下列材料:

(一)《暂予监外执行审批表》;

(二)终审法院裁判文书、执行通知书、历次刑罚变更执行法律文书;

(三)《罪犯病情诊断书》、《罪犯妊娠检查书》及相关诊断、检查的医疗文书复印件,《罪犯生活不能自理鉴别书》及有关证明罪犯生活不能自理的治疗、护理和现场考察、询问笔录等材料;

(四)监区长办公会议、监狱评审委员会会议、监狱长办公会议记录;

(五)《保证人资格审查表》、《暂予监外执行保证书》及相关材料;

(六)公示情况;

(七)根据案件情况需要提交的其他材料。

已委托县级司法行政机关进行核实、调查的,应当将调查评估意见书一并报送。

★《暂予监外执行规定》(司发通〔2014〕112 号,2014 年 10 月 24 日)

第十条　罪犯需要保外就医的,应当由罪犯本人或者其亲属、监护人提出保证人,保证人由监狱、看守所审查确定。

罪犯没有亲属、监护人的,可以由其居住地的村(居)民委员会、原所在单位或者社区矫正机构推荐保证人。

保证人应当向监狱、看守所提交保证书。

第十一条　保证人应当同时具备下列条件:

(一)具有完全民事行为能力,愿意承担保证人义务;

(二)人身自由未受到限制;

(三)有固定的住处和收入;

(四)能够与被保证人共同居住或者居住在同一市、县。

第十二条　罪犯在暂予监外执行期间,保证人应当履行下列义务:

(一)协助社区矫正机构监督被保证人遵守法律和有关规定;

(二)发现被保证人擅自离开居住的市、县或者变更居住地,或者有违法犯罪行为,或者需要保外就医情形消失,或者被保证人死亡的,立即向社区矫正机构报告;

(三)为被保证人的治疗、护理、复查以及正常生活提供帮助;

(四)督促和协助被保证人按照规定履行定期复查病情和向社区矫正机

构报告的义务。

第十三条　监狱、看守所应当就是否对罪犯提请暂予监外执行进行审议。经审议决定对罪犯提请暂予监外执行的，应当在监狱、看守所内进行公示。对病情严重必须立即保外就医的，可以不公示，但应当在保外就医后三个工作日以内在监狱、看守所内公告。

公示无异议或者经审查异议不成立的，监狱、看守所应当填写暂予监外执行审批表，连同有关诊断、检查、鉴别材料、保证人的保证书，提请省级以上监狱管理机关或者设区的市一级以上公安机关批准。已委托进行核实、调查的，还应当附县级司法行政机关出具的调查评估意见书。

监狱、看守所审议暂予监外执行前，应当将相关材料抄送人民检察院。决定提请暂予监外执行的，监狱、看守所应当将提请暂予监外执行书面意见的副本和相关材料抄送人民检察院。人民检察院可以向决定或者批准暂予监外执行的机关提出书面意见。

265.4.5　暂予监外执行的审批

★《监狱暂予监外执行程序规定》（司发通〔2016〕78号，2016年8月22日）

第二十一条　省、自治区、直辖市监狱管理局收到监狱报送的提请暂予监外执行的材料后，应当进行审查。

对病情诊断、妊娠检查或者生活不能自理情况的鉴别是否符合暂予监外执行条件，由生活卫生部门进行审查；对上报材料是否符合法定条件、法定程序及材料的完整性等，由刑罚执行部门进行审查。

审查中发现监狱报送的材料不齐全或者有疑义的，刑罚执行部门应当通知监狱补交有关材料或者作出说明，必要时可派员进行核实；对诊断、检查、鉴别有疑议的，生活卫生部门应当组织进行补充鉴定或者重新鉴定。

审查无误后，应当由刑罚执行部门出具审查意见，报请局长召集评审委员会进行审核。

第二十二条　监狱管理局局长认为案件重大或者有其他特殊情况的，可以召开局长办公会议审议决定。

监狱管理局对罪犯办理暂予监外执行作出决定的，由局长在《暂予监外执行审批表》上签署意见，加盖监狱管理局公章。

第二十三条　对于病情严重需要立即保外就医的，省、自治区、直辖市监狱管理局收到监狱报送的提请暂予监外执行材料后，应当由刑罚执行部门、生活卫生部门审查，报经分管副局长审核后报局长决定，并在罪犯保外就医后三日内召开暂予监外执行评审委员会予以确认。

第二十四条　监狱管理局应当自收到监狱提请暂予监外执行材料之日起十五个工作日内作出决定。

批准暂予监外执行的，应当在五个工作日内，将《暂予监外执行决定书》送达监狱，同时抄送同级人民检察院、原判人民法院和罪犯居住地县级司法行政机关社区矫正机构。

不予批准暂予监外执行的，应当在五个工作日内将《不予批准暂予监外执行决定书》送达监狱。

人民检察院认为暂予监外执行不当提出书面意见的，监狱管理局应当在接到书面意见后十五日内对决定进行重新核查，并将核查结果书面回复人民检察院。

第二十五条 监狱管理局批准暂予监外执行的，应当在十个工作日内，将暂予监外执行决定上网公开。

★**《暂予监外执行规定》**（司发通〔2014〕112号，2014年10月24日）

第二条 对罪犯适用暂予监外执行，分别由下列机关决定或者批准：

（一）在交付执行前，由人民法院决定；

（二）在监狱服刑的，由监狱审查同意后提请省级以上监狱管理机关批准；

（三）在看守所服刑的，由看守所审查同意后提请设区的市一级以上公安机关批准。

对有关职务犯罪罪犯适用暂予监外执行，还应当依照有关规定逐案报请备案审查。

第三条 对暂予监外执行的罪犯，依法实行社区矫正，由其居住地的社区矫正机构负责执行。

第四条 罪犯在暂予监外执行期间的生活、医疗和护理等费用自理。

罪犯在监狱、看守所服刑期间因参加劳动致伤、致残被暂予监外执行的，其出监、出所后的医疗补助、生活困难补助等费用，由其服刑所在的监狱、看守所按照国家有关规定办理。

第十四条 批准机关应当自收到监狱、看守所提请暂予监外执行材料之日起十五个工作日以内作出决定。批准暂予监外执行的，应当在五个工作日以内将暂予监外执行决定书送达监狱、看守所，同时抄送同级人民检察院、原判人民法院和罪犯居住地社区矫正机构。暂予监外执行决定书应当上网公开。不予批准暂予监外执行的，应当在五个工作日以内将不予批准暂予监外执行决定书送达监狱、看守所。

第十五条 监狱、看守所应当向罪犯发放暂予监外执行决定书，及时为罪犯办理出监、出所相关手续。

在罪犯离开监狱、看守所之前，监狱、看守所应当核实其居住地，书面通知其居住地社区矫正机构，并对其进行出监、出所教育，书面告知其在暂予监外执行期间应当遵守的法律和有关监督管理规定。罪犯应当在告知书上签名。

第十六条 监狱、看守所应当派员持暂予监外执行决定书及有关文书材料，将罪犯押送至居住地，与社区矫正机构办理交接手续。监狱、看守所应当及时将罪犯交接情况通报人民检察院。

第十七条 对符合暂予监外执行条件的，被告人及其辩护人有权向人民法院提出暂予监外执行的申请，看守所可以将有关情况通报人民法院。对被告人、罪犯的病情诊断、妊娠检查或者生活不能自理的鉴别，由人民法院依照本规定程序组织进行。

第十八条 人民法院应当在执行刑罚的有关法律文书依法送达前，作出是否暂予监外执行的决定。

人民法院决定暂予监外执行的，应当制作暂予监外执行决定书，写明罪犯基本情况、判决确定的罪名和刑罚、决定暂予监外执行的原因、依据等，在判决生效后七日以内将暂予监外执行决定书送达看守所或者执行取保候审、监视居住的公安机关和罪犯居住地社区矫正机构，并抄送同级人民检察院。

人民法院决定不予暂予监外执行

的，应当在执行刑罚的有关法律文书依法送达前，通知看守所或者执行取保候审、监视居住的公安机关，并告知同级人民检察院。监狱、看守所应当依法接收罪犯，执行刑罚。

人民法院在作出暂予监外执行决定前，应当征求人民检察院的意见。

第十九条　人民法院决定暂予监外执行，罪犯被羁押的，应当通知罪犯居住地社区矫正机构，社区矫正机构应当派员持暂予监外执行决定书及时与看守所办理交接手续，接收罪犯档案；罪犯被取保候审、监视居住的，由社区矫正机构与执行取保候审、监视居住的公安机关办理交接手续。

★《最高人民法院、最高人民检察院、公安部、国家安全部、司法部、国家卫生健康委关于进一步规范暂予监外执行工作的意见》（司发通〔2023〕24号，2023年5月28日）

三、进一步严格决定批准审查和收监执行审查

11. 人民法院、公安机关、监狱管理机关决定或批准暂予监外执行时，采取书面审查方式进行。审查过程中，遇到涉及病情诊断、妊娠检查或生活不能自理鉴别意见专业疑难问题时，可以委托法医技术人员或省级人民政府指定医院具有副高以上职称的医师审核并出具意见，审核意见作为是否暂予监外执行的参考。

12. 对于病情严重适用立即保外就医程序的，公安机关、监狱管理机关应当在罪犯保外就医后三个工作日内召开暂予监外执行评审委员会予以确认。

13. 对在公示期间收到不同意见，或者在社会上有重大影响、社会关注度高的罪犯，或者其他有听证审查必要的，监狱、看守所提请暂予监外执行，人民法院、公安机关、监狱管理机关决定或批准暂予监外执行，可以组织听证。听证意见作为是否提请或批准、决定暂予监外执行的参考。

听证时，应当通知罪犯、其他申请人、公示期间提出不同意见的人等有关人员参加。人民法院、公安机关、监狱管理机关、监狱或者看守所组织听证，还应当通知同级人民检察院派员参加。

人民检察院经审查认为需要以听证方式办理暂予监外执行案件和收监执行监督案件的，人民法院、公安机关、监狱管理机关、监狱或者看守所应当予以协同配合提供支持。

★《最高人民法院、最高人民检察院、公安部、司法部关于规范判处监禁刑罚罪犯交付执行工作若干问题的意见》（法发〔2024〕15号，2024年12月19日）

第十条　人民法院在刑事案件审理过程中及执行刑罚有关法律文书送达看守所以前，对可能或者已经被判处无期徒刑、有期徒刑、拘役的被告人或者罪犯可能符合暂予监外执行情形，被告人、罪犯及其近亲属、监护人、辩护人提出暂予监外执行申请的，侦查机关、检察机关、看守所提出暂予监外执行建议的，或者在审判工作中发现的，应当依法进行审查，并将启动审查情况及时反馈申请人、建议单位。人民法院应当在有关法律文书送达看守所以前作出是否暂予监外执行的决定。

看守所收到执行刑罚有关法律文书以后将罪犯送交监狱以前的暂予监

外执行工作，依照前款规定办理。对可能病情严重必须立即保外就医的罪犯，人民法院应当立即进行审查并依法作出是否暂予监外执行的决定。

人民法院对罪犯作出暂予监外执行决定前，应当书面征求同级人民检察院的意见，并附被告人或者罪犯的病情诊断、妊娠检查或者生活不能自理情况鉴别等有关材料。人民检察院接到人民法院征求意见材料后，应当在十日以内将是否同意对罪犯暂予监外执行的意见书面回复人民法院。

人民法院决定对罪犯暂予监外执行的，应当将暂予监外执行决定书抄送同级人民检察院。人民法院决定对罪犯不予暂予监外执行的，应当将不予暂予监外执行决定书通知看守所或者执行取保候审、监视居住的公安机关以及申请人、建议单位，并抄送同级人民检察院。

第十一条　对人民法院决定不予暂予监外执行的罪犯，看守所、监狱应当依法收押、收监。

265. 4. 6　暂予监外执行的交付执行

★《监狱暂予监外执行程序规定》（司发通〔2016〕78 号，2016 年 8 月 22 日）

第二十六条　省、自治区、直辖市监狱管理局批准暂予监外执行后，监狱应当核实罪犯居住地，书面通知罪犯居住地县级司法行政机关社区矫正机构并协商确定交付时间，对罪犯进行出监教育，书面告知罪犯在暂予监外执行期间应当遵守的法律和有关监督管理规定。

罪犯应当在《暂予监外执行告知书》上签名，如果因特殊原因无法签名的，可由其保证人代为签名。

监狱将《暂予监外执行告知书》连同《暂予监外执行决定书》交予罪犯本人或保证人。

第二十七条　监狱应当派员持《暂予监外执行决定书》及有关文书材料，将罪犯押送至居住地，与县级司法行政机关社区矫正机构办理交接手续。

罪犯因病情严重需要送入居住地的医院救治的，监狱可与居住地县级司法行政机关协商确定在居住地的医院交付并办理交接手续，暂予监外执行罪犯的保证人应当到场。

罪犯交付执行后，监狱应当在五个工作日内将罪犯交接情况通报人民检察院。

第二十八条　罪犯原服刑地与居住地不在同一省、自治区、直辖市，需要回居住地暂予监外执行的，监狱应当及时办理出监手续并将交接情况通报罪犯居住地的监狱管理局，原服刑地的监狱管理局应当自批准暂予监外执行三个工作日内将《罪犯档案转递函》、《暂予监外执行决定书》以及罪犯档案等材料送达罪犯居住地的监狱管理局。

罪犯居住地的监狱管理局应当在十个工作日内指定一所监狱接收罪犯档案，负责办理该罪犯的收监、刑满释放等手续，并书面通知罪犯居住地县级司法行政机关社区矫正机构。

★《暂予监外执行规定》（司发通〔2014〕112 号，2014 年 10 月 24 日）

第二十条　罪犯原服刑地与居住地不在同一省、自治区、直辖市，需要回居住地暂予监外执行的，原服刑地的省级以上监狱管理机关或者设区的市一级以上公安机关监所管理部门应当书面通知罪犯居住地的监狱管理机关、公安机关监所管理部门，由其指定一所监狱、看守所接收罪犯档案，负责办理罪犯收监、刑满释放等手续，并及时书面通知罪犯居住地社区矫正机构。

第二十一条　社区矫正机构应当及时掌握暂予监外执行罪犯的身体状况以及疾病治疗等情况，每三个月审查保外就医罪犯的病情复查情况，并根据需要向批准、决定机关或者有关监狱、看守所反馈情况。

第二十二条　罪犯在暂予监外执行期间因犯新罪或者发现判决宣告以前还有其他罪没有判决的，侦查机关应当在对罪犯采取强制措施后二十四小时以内，将有关情况通知罪犯居住地社区矫正机构；人民法院应当在判决、裁定生效后，及时将判决、裁定的结果通知罪犯居住地社区矫正机构和罪犯原服刑或者接收其档案的监狱、看守所。

罪犯按前款规定被判处监禁刑罚后，应当由原服刑的监狱、看守所收监执行；原服刑的监狱、看守所与接收其档案的监狱、看守所不一致的，应当由接收其档案的监狱、看守所收监执行。

★《中央社会治安综合治理委员会办公室、最高人民法院、最高人民检察院、公安部、司法部关于加强和规范监外执行工作的意见》（高检会〔2009〕3号，2009年6月25日）

2. 监狱管理机关、公安机关决定罪犯暂予监外执行的，交付执行的监狱、看守所应当将罪犯押送至居住地，与罪犯居住地县级公安机关办理移交手续，并将暂予监外执行决定书等法律文书抄送罪犯居住地县级公安机关主管部门、县级人民检察院监所检察部门。

3. 罪犯服刑地与居住地不在同一省、自治区、直辖市，需要回居住地暂予监外执行的，服刑地的省级监狱管理机关、公安机关监所管理部门应当书面通知罪犯居住地的同级监狱管理机关、公安机关监所管理部门，由其指定一所监狱、看守所接收罪犯档案，负责办理该罪犯暂予监外执行情形消失后的收监、刑满释放等手续，并通知罪犯居住地县级公安机关主管部门、县级人民检察院监所检察部门。

4. 人民法院决定暂予监外执行的罪犯，判决、裁定生效前已被羁押的，由公安机关依照有关规定办理移交。判决、裁定生效前未被羁押的，由人民法院通知罪犯居住地的县级公安机关执行。人民法院应当在作出暂予监外执行决定后五个工作日内，将暂予监外执行决定书和判决书、裁定书、执行通知书送达罪犯居住地县级公安机关主管部门，并抄送罪犯居住地县级人民检察院监所检察部门。

★《最高人民法院、最高人民检察院、公安部、国家安全部、司法部、国家卫生健康委关于进一步规范暂予监外执行工作的意见》（司发通〔2023〕24号，2023年5月28日）

五、进一步加强社区矫正衔接配合和监督管理

24. 社区矫正机构应当加强与人民法院、人民检察院、公安机关、监狱管理机关以及存放或者接收罪犯档案的监狱、看守所的衔接配合，建立完善常态化联系机制。需要对社区矫正对象采取限制出境措施的，应当按有关规定办理。

25. 社区矫正机构应当加强暂予

监外执行罪犯定期身体情况报告监督和记录,对保外就医的,每三个月审查病情复查情况,并根据需要向人民法院、人民检察院、公安机关、监狱管理机关,存放或者接收罪犯档案的监狱、看守所反馈。对属于患严重疾病、久治不愈的,社区矫正机构可以结合具保情况、家庭状况、经济条件等,延长罪犯复查期限,并通报执行地县级人民检察院。

26. 社区矫正机构根据工作需要,组织病情诊断、妊娠检查或者生活不能自理的鉴别,应当通报执行地县级人民检察院,并可以邀请人民法院、人民检察院、公安机关、监狱管理机关、监狱、看守所参加。人民法院、人民检察院、公安机关、监狱管理机关、监狱、看守所依法配合社区矫正工作。

27. 社区矫正工作中,对暂予监外执行罪犯组织病情诊断、妊娠检查或者生活不能自理的鉴别应当参照本意见第 6 至 11 条执行。

★《最高人民法院、最高人民检察院、公安部、司法部关于规范判处监禁刑罚罪犯交付执行工作若干问题的意见》(法发〔2024〕15 号,2024 年 12 月 19 日)

第十二条　人民法院对罪犯作出暂予监外执行决定的,应当自决定生效之日起五日以内通知执行地社区矫正机构,在十日以内送达暂予监外执行决定书并抄送同级人民检察院和执行地公安机关。罪犯在押的,应当将暂予监外执行决定书送达看守所和罪犯执行地社区矫正机构;罪犯未被羁押的,应当将暂予监外执行决定书送达执行取保候审、监视居住的公安机关和罪犯执行地社区矫正机构。罪犯属于社区矫正期间又犯罪的,人民法院还应当将暂予监外执行决定书送达罪犯原服刑或者接收其档案的监狱、看守所。

看守所或者执行取保候审、监视居住的公安机关自收到暂予监外执行决定之日起十日以内将社区矫正对象移送社区矫正机构。社区矫正机构应当依法接收社区矫正对象。

265.4.7　暂予监外执行的收监和释放

★《监狱暂予监外执行程序规定》(司发通〔2016〕78 号,2016 年 8 月 22 日)

第二十九条　对经县级司法行政机关审核同意的社区矫正机构提出的收监建议,批准暂予监外执行的监狱管理局应当进行审查。

决定收监执行的,将《暂予监外执行收监决定书》送达罪犯居住地县级司法行政机关和原服刑或接收其档案的监狱,并抄送同级人民检察院、公安机关和原判人民法院。

第三十条　监狱收到《暂予监外执行收监决定书》后,应当立即赴羁押地将罪犯收监执行,并将《暂予监外执行收监决定书》交予罪犯本人。

罪犯收监后,监狱应当将收监执行的情况报告批准收监执行的监狱管理局,并告知罪犯居住地县级人民检察院和原判人民法院。

被决定收监执行的罪犯在逃的,由罪犯居住地县级司法行政机关通知罪犯居住地县级公安机关负责追捕。

第三十一条　被收监执行的罪犯有法律规定的不计入执行刑期情形的,县级司法行政机关社区矫正机构应当在收监执行建议书中说明情况,并附有关证明材料。

监狱管理局应当对前款材料进行审核,对材料不齐全的,应当通知县级司法行政机关社区矫正机构在五个工作日内补送;对不符合法律规定的不计入执行刑期情形的或者逾期未补送材料的,应当将结果告知县级司法行政机关社区矫正机构;对材料齐全、符合法律规定的不计入执行刑期情形的,应当通知监狱向所在地中级人民法院提出不计入刑期的建议书。

第三十二条 暂予监外执行罪犯刑期即将届满的,监狱收到县级司法行政机关社区矫正机构书面通知后,应当按期办理刑满释放手续。

第三十三条 罪犯在暂予监外执行期间死亡的,县级司法行政机关社区矫正机构应当自发现其死亡之日起五日以内,书面通知批准暂予监外执行的监狱管理局,并将有关死亡证明材料送达该罪犯原服刑或者接收其档案的监狱,同时抄送罪犯居住地同级人民检察院。

★《暂予监外执行规定》(司发通〔2014〕112号,2014年10月24日)

第二十三条 社区矫正机构发现暂予监外执行罪犯依法应予收监执行的,应当提出收监执行的建议,经县级司法行政机关审核同意后,报决定或者批准机关。决定或者批准机关应当进行审查,作出收监执行决定的,将有关的法律文书送达罪犯居住地县级司法行政机关和原服刑或者接收其档案的监狱、看守所,并抄送同级人民检察院、公安机关和原判人民法院。

人民检察院发现暂予监外执行罪犯依法应予收监执行而未收监执行的,由决定或者批准机关同级的人民检察院向决定或者批准机关提出收监执行的检察建议。

第二十四条 人民法院对暂予监外执行罪犯决定收监执行的,决定暂予监外执行时剩余刑期在三个月以下的,由居住地公安机关送交看守所收监执行;决定暂予监外执行时剩余刑期在三个月以上的,由居住地公安机关送交监狱收监执行。

监狱管理机关对暂予监外执行罪犯决定收监执行的,原服刑或者接收其档案的监狱应当立即赴羁押地将罪犯收监执行。

公安机关对暂予监外执行罪犯决定收监执行的,由罪犯居住地看守所将罪犯收监执行。

监狱、看守所将罪犯收监执行后,应当将收监执行的情况报告决定或者批准机关,并告知罪犯居住地县级人民检察院和原判人民法院。

第二十五条 被决定收监执行的罪犯在逃的,由罪犯居住地县级公安机关负责追捕。公安机关将罪犯抓捕后,依法送交监狱、看守所执行刑罚。

第二十六条 被收监执行的罪犯有法律规定的不计入执行刑期情形的,社区矫正机构应当在收监执行建议书中说明情况,并附有关证明材料。批准机关进行审核后,应当及时通知监狱、看守所向所在地的中级人民法院提出不计入执行刑期的建议书。人民法院应当自收到建议书之日起一个月以内依法对罪犯的刑期重新计算作出裁定。

人民法院决定暂予监外执行的,在决定收监执行的同时应当确定不计入刑期的期间。

人民法院应当将有关的法律文书送达监狱、看守所，同时抄送同级人民检察院。

第二十七条　罪犯暂予监外执行后，刑期即将届满的，社区矫正机构应当在罪犯刑期届满前一个月以内，书面通知罪犯原服刑或者接收其档案的监狱、看守所按期办理刑满释放手续。

人民法院决定暂予监外执行罪犯刑期届满的，社区矫正机构应当及时解除社区矫正，向其发放解除社区矫正证明书，并将有关情况通报原判人民法院。

第二十八条　罪犯在暂予监外执行期间死亡的，社区矫正机构应当自发现之日起五日以内，书面通知决定或者批准机关，并将有关死亡证明材料送达罪犯原服刑或者接收其档案的监狱、看守所，同时抄送罪犯居住地同级人民检察院。

★《最高人民法院、最高人民检察院、公安部、国家安全部、司法部、国家卫生健康委关于进一步规范暂予监外执行工作的意见》（司发通〔2023〕24号，2023年5月28日）

13. 对在公示期间收到不同意见，或者在社会上有重大影响、社会关注度高的罪犯，或者其他有听证审查必要的，监狱、看守所提请暂予监外执行，人民法院、公安机关、监狱管理机关决定或批准暂予监外执行，可以组织听证。听证意见作为是否提请或批准、决定暂予监外执行的参考。

听证时，应当通知罪犯、其他申请人、公示期间提出不同意见的人等有关人员参加。人民法院、公安机关、监狱管理机关、监狱或者看守所组织听证，还应当通知同级人民检察院派员参加。

人民检察院经审查认为需要以听证方式办理暂予监外执行案件和收监执行监督案件的，人民法院、公安机关、监狱管理机关、监狱或者看守所应当予以协同配合提供支持。

14. 人民法院、人民检察院、公安机关、监狱管理机关审查社区矫正机构收监执行的建议，一般采取书面审查方式，根据工作需要也可以组织核查。社区矫正机构应当同时提交罪犯符合收监情形、有不计入执行刑期情形等相关证明材料，在《收监执行建议书》中注明并提出明确意见。人民法院、公安机关、监狱管理机关经审查认为符合收监情形的，应当出具收监执行决定书，送社区矫正机构并抄送同级人民检察院；不符合收监情形的，应当作出不予收监执行决定书并抄送同级人民检察院。公安机关、监狱应当在收到收监执行决定书之日起三日内将罪犯收监执行。

对于人民法院、公安机关、监狱管理机关经审查认为需要补充材料并向社区矫正机构提出的，社区矫正机构应当在十五个工作日内补充完成。

15. 对暂予监外执行期间因犯新罪或者发现判决宣告以前还有其他罪没有判决，被侦查机关采取强制措施的罪犯，社区矫正机构接到侦查机关通知后，应当通知罪犯原服刑或接收其档案的监狱、看守所。对被判处监禁刑罚的，应当由原服刑的监狱、看守所收监执行；原服刑的监狱、看守所与接收其档案的监狱、看守所不一致的，应当由接收其档案的监狱、看守所收监执行。对没有被判处监禁刑罚，社区矫正机构认为符合收监情形的，应当提出收监执行建议,并抄送执行地县级人民检察院。

16. 对不符合暂予监外执行条件的罪犯通过贿赂等非法手段被暂予监外执行的,应当由原暂予监外执行决定或批准机关作出收监执行的决定并抄送同级人民检察院,将罪犯收监执行。罪犯收监执行后,监狱或者看守所应当向所在地中级人民法院提出不计入执行刑期的建议书。人民法院应当自收到建议书之日起一个月内依法对罪犯的刑期重新计算作出裁定。

人民检察院发现不符合暂予监外执行条件的罪犯通过贿赂等非法手段被暂予监外执行的,应当向原暂予监外执行决定或批准机关提出纠正意见并附相关材料。原暂予监外执行决定或批准机关应当重新进行核查,并将相关情况反馈人民检察院。

原暂予监外执行决定或批准机关作出收监执行的决定后,对刑期已经届满的,罪犯原服刑或接收其档案的监狱或者看守所应当向所在地中级人民法院提出不计入执行刑期的建议书,人民法院审核裁定后,应当将罪犯收监执行。人民法院决定收监执行的,应当一并作出重新计算刑期的裁定,通知执行地公安机关将罪犯送交原服刑或接收其档案的监狱或者看守所收监执行。罪犯收监执行后应当继续执行的刑期自收监之日起计算。

被决定收监执行的罪犯在逃的,由罪犯社区矫正执行地县级公安机关负责追捕。原暂予监外执行决定或批准机关作出的收监执行决定可以作为公安机关追逃依据。

265.5　指导与参考案例

265.5.1　因社会危险性而不予暂予监外执行

【人民法院案例库案例】

[入库编号:2023-16-1-356-001]唐某某贩卖毒品案——对可能有社会危险性的罪犯,不予暂予监外执行

刑事诉讼法第二百六十五条第三款规定,对适用保外就医可能有社会危险性的罪犯,或者自伤自残的罪犯,不得保外就医。"可能有社会危险性"主要是指再犯罪的可能性。在暂予监外执行期间再犯罪,如果罪犯有数次故意犯罪的前科,即使其所犯罪行较轻,也可以认为具有较大社会危险性,有再犯罪的可能,应依法不予暂予监外执行。

266　暂予监外执行的事先监督

266.1　法条规定

第二百六十六条　监狱、看守所提出暂予监外执行的书面意见的,应当将书面意见的副本抄送人民检察院。人民检察院可以向决定或者批准机关提出书面意见。

【立法释义】①

本条规定明确了暂予监外执行的事先监督,是2012年刑事诉讼法修改新增的规定。暂予监外执行的事先监督,应当关注以下事项:

第一,同步通报。暂予监外执行的书面意见经批准的,应当将书面意见的副本抄送人民检察院。人民法院在作出暂予监外执行决定前,应当征求人民

① 参见王爱立主编书,第564—565页。

检察院的意见。

第二,依法监督。对于监狱或者看守所提出书面意见的情形,人民检察院可以向决定或者批准机关提出书面意见。决定或者批准机关收到人民检察院的书面意见后,应当立即核查,并根据案件情况依法审慎适用暂予监外执行措施。

266.2　相关立法

★**《中华人民共和国监狱法》**(2012 年 10 月 26 日修正)

第二十六条　暂予监外执行,由监狱提出书面意见,报省、自治区、直辖市监狱管理机关批准。批准机关应当将批准的暂予监外执行决定通知公安机关和原判人民法院,并抄送人民检察院。

人民检察院认为对罪犯适用暂予监外执行不当的,应当自接到通知之日起一个月内将书面意见送交批准暂予监外执行的机关,批准暂予监外执行的机关接到人民检察院的书面意见后,应当立即对该决定进行重新核查。

266.3　司法解释

266.3.1　检察机关对暂予监外执行的监督

★**《检察院规则》**(2019)

第六百二十九条　人民检察院发现人民法院、监狱、看守所、公安机关暂予监外执行的活动具有下列情形之一的,应当依法提出纠正意见:

(一)将不符合法定条件的罪犯提请、决定暂予监外执行的;

(二)提请、决定暂予监外执行的程序违反法律规定或者没有完备的合法手续,或者对于需要保外就医的罪犯没有省级人民政府指定医院的诊断证明和开具的证明文件的;

(三)监狱、看守所提出暂予监外执行书面意见,没有同时将书面意见副本抄送人民检察院的;

(四)罪犯被决定或者批准暂予监外执行后,未依法交付罪犯居住地社区矫正机构实行社区矫正的;

(五)对符合暂予监外执行条件的罪犯没有依法提请暂予监外执行的;

(六)人民法院在作出暂予监外执行决定前,没有依法征求人民检察院意见的;

(七)发现罪犯不符合暂予监外执行条件,在暂予监外执行期间严重违反暂予监外执行监督管理规定,或者暂予监外执行的条件消失且刑期未满,应当收监执行而未及时收监执行的;

(八)人民法院决定将暂予监外执行的罪犯收监执行,并将有关法律文书送达公安机关、监狱、看守所后,监狱、看守所未及时收监执行的;

(九)对不符合暂予监外执行条件的罪犯通过贿赂、欺骗等非法手段被暂予监外执行以及在暂予监外执行期间脱逃的罪犯,监狱、看守所未建议人民法院将其监外执行期间、脱逃期间不计入执行刑期或者对罪犯执行刑期计算的建议违法、不当的;

(十)暂予监外执行的罪犯刑期届满,未及时办理释放手续的;

(十一)其他违法情形。

第六百三十条　人民检察院收到监狱、看守所抄送的暂予监外执行书面意见副本后,应当逐案进行审查,发现罪犯不符合暂予监外执行法定条件或者提请暂予监外执行违反法定程序的,应当在十日以内报经检察长批准,向决定或者批准机关提出书面检察意见,同时抄送执行机关。

★《法院解释》(2021)

第五百一十五条　被判处无期徒刑、有期徒刑或者拘役的罪犯,符合刑事诉讼法第二百六十五条第一款、第二款的规定,人民法院决定暂予监外执行的,应当制作暂予监外执行决定书,写明罪犯基本情况、判决确定的罪名和刑罚、决定暂予监外执行的原因、依据等。

人民法院在作出暂予监外执行决定前,应当征求人民检察院的意见。

人民检察院认为人民法院的暂予监外执行决定不当,在法定期限内提出书面意见的,人民法院应当立即对该决定重新核查,并在一个月以内作出决定。

对暂予监外执行的罪犯,适用本解释第五百一十九条的有关规定,依法实行社区矫正。

人民法院决定暂予监外执行的,由看守所或者执行取保候审、监视居住的公安机关自收到决定之日起十日以内将罪犯移送社区矫正机构。

【重点解读】

对监狱、看守所抄送的提请暂予监外执行意见书副本,检察人员应当逐案进行全面审查。如果发现呈报暂予监外执行的罪犯不符合暂予监外执行法定条件,或者提请暂予监外执行违反法定程序的,应当提出书面检察意见。人民检察院向决定或者批准机关提出书面检察意见的,需要同时抄送执行机关。①

检察机关对法院暂予监外执行的监督是前置监督,而非后置监督。虽然检察机关并不具体参与该过程,但对监外执行决定具有监督和见证的双重作用。②

266.4　规范性文件

266.4.1　暂予监外执行决定书的抄送监督

★《公安规定》(2020)

第三百零八条　公安机关决定对罪犯暂予监外执行的,应当将暂予监外执行决定书交被暂予监外执行的罪犯和负责监外执行的社区矫正机构,同时抄送同级人民检察院。

【重点解读】③

暂予监外执行决定书需要抄送同级人民检察院,以保证人民检察院对暂予监外执行决定的监督。

暂予监外执行的社区矫正人员,由交付执行的看守所押送至其居住地,与社区矫正机构办理交接手续。

★《国安规定》(2024)

第三百三十条　国家安全机关应当自暂予监外执行的决定生效之日起五日内通知执行地社区矫正机构,并在十日内将暂予监外执行决定书送达执行地社区矫正机构,同时抄送同级人民检察院和执行地公安机关。

266.4.2　暂予监外执行的检察监督

★《暂予监外执行规定》(司发通〔2014〕112号,2014年10月24日)

第二十九条　人民检察院发现暂予监外执行的决定或者批准机关、监狱、看守所、社区矫正机构有违法情形的,应当依法提出纠正意见。

第三十条　人民检察院认为暂予

① 参见童建明、万春主编释义书,第668—670页。

② 参见李少平主编书,第520页。

③ 参见孙茂利主编书,第720页。

监外执行不当的，应当自接到决定书之日起一个月以内将书面意见送交决定或者批准暂予监外执行的机关，决定或者批准暂予监外执行的机关接到人民检察院的书面意见后，应当立即对该决定进行重新核查。

第三十一条　人民检察院可以向有关机关、单位调阅有关材料、档案，可以调查、核实有关情况，有关机关、单位和人员应当予以配合。

人民检察院认为必要时，可以自行组织或者要求人民法院、监狱、看守所对罪犯重新组织进行诊断、检查或者鉴别。

266.4.3　公安机关对监外执行的监督

★《中央社会治安综合治理委员会办公室、最高人民法院、最高人民检察院、公安部、司法部关于加强和规范监外执行工作的意见》（高检会〔2009〕3号，2009年6月25日）

8. 监外执行罪犯未在规定时间内报到的，公安派出所应当上报县级公安机关主管部门，由县级公安机关通报作出判决、裁定或者决定的机关。

9. 执行地公安机关认为罪犯暂予监外执行条件消失的，应当及时书面建议批准、决定暂予监外执行的机关或者接收该罪犯档案的监狱的上级主管机关收监执行。批准、决定机关或者接收该罪犯档案的监狱的上级主管机关审查后认为需要收监执行的，应当制作收监执行决定书，分别送达执行地公安机关和负责收监执行的监狱。执行地公安机关收到收监执行决定书后，应当立即将罪犯收押，并通知监狱到羁押地将罪犯收监执行。

对于公安机关批准的暂予监外执行罪犯，暂予监外执行条件消失的，执行地公安机关应当及时制作收监执行通知书，通知负责收监执行的看守所立即将罪犯收监执行。

10. 公安机关对暂予监外执行罪犯未经批准擅自离开所居住的市、县，经警告拒不改正，或者拒不报告行踪、下落不明的，可以按照有关程序上网追逃。

11. 人民法院决定暂予监外执行罪犯收监执行的，由罪犯居住地公安机关根据人民法院的决定，剩余刑期在一年以上的送交暂予监外执行地就近监狱执行，剩余刑期在一年以下的送交暂予监外执行地看守所代为执行。

12. 暂予监外执行罪犯未经批准擅自离开所居住的市、县，经警告拒不改正的，或者拒不报告行踪、下落不明的，或者采取自伤、自残、欺骗、贿赂等手段骗取、拖延暂予监外执行的，或者两次以上无正当理由不按时提交医疗、诊断病历材料的，批准、决定机关应当根据执行地公安机关建议，及时作出对其收监执行的决定。

对公安机关批准的暂予监外执行罪犯发生上述情形的，执行地公安机关应当及时作出对其收监执行的决定。

13. 公安机关应当建立对监外执行罪犯的考核奖惩制度，根据考核结果，对表现良好的应当给予表扬奖励；对符合法定减刑条件的，应当依法提出减刑建议，人民法院应当依法裁定。执行机关减刑建议书副本和人民法院减刑裁定书副本应当抄送同级人民检察院监所检察部门。

14. 监外执行罪犯在执行期、考验期内，违反法律、行政法规或者国务院公安部门有关监督管理规定的，由公安机关依照《中华人民共和国治安管理处罚法》第六十条的规定给予治安管理处罚。

15. 被宣告缓刑、假释的罪犯在缓刑、假释考验期间有下列情形之一的，由与原裁判人民法院同级的执行地公安机关提出撤销缓刑、假释的建议：

（1）人民法院、监狱、看守所已书面告知罪犯应当按时到执行地公安机关报到，罪犯未在规定的时间内报到，脱离监管三个月以上的；

（2）未经执行地公安机关批准擅自离开所居住的市、县或者迁居，脱离监管三个月以上的；

（3）未按照执行地公安机关的规定报告自己的活动情况或者不遵守执行机关关于会客等规定，经过三次教育仍然拒不改正的；

（4）有其他违反法律、行政法规或者国务院公安部门有关缓刑、假释的监督管理规定行为，情节严重的。

16. 人民法院裁定撤销缓刑、假释后，执行地公安机关应当及时将罪犯送交监狱或者看守所收监执行。被撤销缓刑、假释并决定收监执行的罪犯下落不明的，公安机关可以按照有关程序上网追逃。

公安机关撤销缓刑、假释的建议书副本和人民法院撤销缓刑、假释的裁定书副本应当抄送罪犯居住地人民检察院监所检察部门。

17. 监外执行罪犯在缓刑、假释、暂予监外执行、管制或者剥夺政治权利期间死亡的，公安机关应当核实情况后通报原作出判决、裁定的人民法院和原关押监狱、看守所，或者接收该罪犯档案的监狱、看守所，以及执行地县级人民检察院监所检察部门。

18. 被判处管制、剥夺政治权利的罪犯执行期满的，公安机关应当通知其本人，并向其所在单位或者居住地群众公开宣布解除管制或者恢复政治权利；被宣告缓刑的罪犯缓刑考验期满，原判刑罚不再执行的，公安机关应当向其本人和所在单位或者居住地群众宣布，并通报原判决的人民法院；被裁定假释的罪犯假释考验期满，原判刑罚执行完毕的，公安机关应当向其本人和所在单位或者居住地群众宣布，并通报原裁定的人民法院和原执行的监狱、看守所。

19. 暂予监外执行的罪犯刑期届满的，执行地公安机关应当及时通报原关押监狱、看守所或者接收该罪犯档案的监狱、看守所，按期办理释放手续。人民法院决定暂予监外执行的罪犯刑期届满的，由执行地公安机关向原判决人民法院和执行地县级人民检察院通报，并按期办理释放手续。

266.4.4　暂予监外执行的综合规范

★《暂予监外执行规定》（司发通〔2014〕112 号，2014 年 10 月 24 日）

第三十二条　在暂予监外执行执法工作中，司法工作人员或者从事诊断、检查、鉴别等工作的相关人员有玩忽职守、徇私舞弊、滥用职权等违法违纪行为的，依法给予相应的处分；构成犯罪的，依法追究刑事责任。

266.5　指导与参考案例

266.5.1　违法拒绝收监的监督

【刑事审判参考案例】

［第 799 号］吴秀龙等贩卖毒品案

裁判要旨：对不符合刑事诉讼法及相关司法解释关于暂予监外执行条件的罪犯，法院不得决定暂予监外执行。看守所或者监狱拒绝执行法院依法作出收监决定的,法院应当协调检察机关,对看守所或者监狱违法拒绝收监的行为进行监督。

267　暂予监外执行的监督程序

267.1　法条规定

第二百六十七条　决定或者批准暂予监外执行的机关应当将暂予监外执行决定抄送人民检察院。人民检察院认为暂予监外执行不当的,应当自接到通知之日起一个月以内将书面意见送交决定或者批准暂予监外执行的机关,决定或者批准暂予监外执行的机关接到人民检察院的书面意见后,应当立即对该决定进行重新核查。

【立法释义】①

本条规定明确了暂予监外执行的监督程序。关于暂予监外执行的监督程序,应当关注以下事项:

第一,同步通报程序。暂予监外执行决定应抄送人民检察院。

第二,提出监督建议。人民检察院收到暂予监外执行决定后应当立即进行审查。经审查认为暂予监外执行不当的,应当提出书面意见。

第三,重新核查。人民法院、监狱管理机关或者公安机关接到人民检察院的书面意见后,应当立即对该决定进行重新核查。对于经核查,确属批准暂予监外执行不当的,应当及时予以纠正。

267.2　司法解释

267.2.1　暂予监外执行审查的内容

★**《检察院规则》**(2019)

第六百三十一条　人民检察院接到决定或者批准机关抄送的暂予监外执行决定书后,应当及时审查下列内容:

(一)是否属于被判处有期徒刑或者拘役的罪犯;

(二)是否属于有严重疾病需要保外就医的罪犯;

(三)是否属于怀孕或者正在哺乳自己婴儿的妇女;

(四)是否属于生活不能自理,适用暂予监外执行不致危害社会的罪犯;

(五)是否属于适用保外就医可能有社会危险性的罪犯,或者自伤自残的罪犯;

(六)决定或者批准机关是否符合刑事诉讼法第二百六十五条第五款的规定;

(七)办理暂予监外执行是否符合法定程序。

267.2.2　暂予监外执行审查的程序

★**《检察院规则》**(2019)

第六百三十二条　人民检察院经审查认为暂予监外执行不当的,应当自接到通知之日起一个月以内,向决定或者批准暂予监外执行的机关提出纠正意见。下级人民检察院认为暂予监外执行不当的,应当立即层报决定或者批准暂予监外执行的机关的同级人民检察院,由其决定是否向决定或者批准暂予监外执行的机关提出纠正意见。

第六百三十三条　人民检察院向决定或者批准暂予监外执行的机关提出不同意暂予监外执行的书面意见后,应当监督其对决定或者批准暂予监外执行的结果进行重新核查,并监督重新核查的结果是否符合法律规定。对核

---

① 参见王爱立主编书,第 565—566 页。

查不符合法律规定的，应当依法提出纠正意见，并向上一级人民检察院报告。

【重点解读】①

对暂予监外执行决定的监督实行同级对等监督的原则，即由决定或者批准暂予监外执行的人民法院、省级以上监狱管理机关或者地市级以上公安机关的同级人民检察院向决定或者批准机关提出书面纠正意见。

267.2.3 职务犯罪暂予监外执行的备案审查

★**《最高人民检察院关于对职务犯罪罪犯减刑、假释、暂予监外执行案件实行备案审查的规定》**（高检发监字〔2014〕5号，2014年6月23日）

第二条 人民检察院对职务犯罪罪犯减刑、假释、暂予监外执行案件实行备案审查，按照下列情形分别处理：

（一）对原厅局级以上职务犯罪罪犯减刑、假释、暂予监外执行的案件，人民检察院应当在收到减刑、假释裁定书或者暂予监外执行决定书后十日以内，逐案层报最高人民检察院备案审查；

（二）对原县处级职务犯罪罪犯减刑、假释、暂予监外执行的案件，人民检察院应当在收到减刑、假释裁定书或者暂予监外执行决定书后十日以内，逐案层报省级人民检察院备案审查。

第六条 最高人民检察院和省级人民检察院收到备案审查材料后，应当指定专人进行登记和审查，并在收到材料后十日以内，分别作出以下处理：

（一）对于职务犯罪罪犯减刑、假释、暂予监外执行不当的，应当通知下级人民检察院依法向有关单位提出纠正意见。其中，省级人民检察院认为高级人民法院作出的减刑、假释裁定或者省级监狱管理局、省级公安厅（局）作出的暂予监外执行决定不当的，应当依法提出纠正意见；

（二）对于职务犯罪罪犯减刑、假释、暂予监外执行存在疑点或者可能存在违法违规问题的，应当通知下级人民检察院依法进行调查核实。

第七条 下级人民检察院收到上级人民检察院对备案审查材料处理意见的通知后，应当立即执行，并在收到通知后三十日以内，报告执行情况。

267.3 规范性文件

267.3.1 检察机关对暂予监外执行的监督

★**《中央社会治安综合治理委员会办公室、最高人民法院、最高人民检察院、公安部、司法部关于加强和规范监外执行工作的意见》**（高检会〔2009〕3号，2009年6月25日）

20. 人民检察院对人民法院、公安机关、监狱、看守所交付监外执行活动和监督管理监外执行罪犯活动实行法律监督，发现违法违规行为的，应当及时提出纠正意见。

24. 人民检察院发现有下列情形的，应当提出纠正意见：

（1）人民法院、监狱、看守所没有依法送达监外执行法律文书，没有依法将罪犯交付执行，没有依法告知罪犯权利义务的；

（2）人民法院收到有关机关对监外执行罪犯的撤销缓刑、假释、暂予监外执行的建议后，没有依法进行审查、

① 参见童建明、万春主编释义书，第670—672页。

裁定、决定的；

(3)公安机关没有及时接收监外执行罪犯，对监外执行罪犯没有落实监管责任、监管措施的；

(4)公安机关对违法的监外执行罪犯依法应当给予处罚而没有依法作出处罚或者建议处罚的；

(5)公安机关、监狱管理机关应当作出对罪犯收监执行决定而没有作出决定的；

(6)监狱、看守所应当将罪犯收监执行而没有收监执行的；

(7)对依法应当减刑的监外执行罪犯，公安机关没有提请减刑或者提请减刑不当的；

(8)对依法应当减刑的监外执行罪犯，人民法院没有裁定减刑或者减刑裁定不当的；

(9)监外执行罪犯刑期或者考验期满，公安机关、监狱、看守所未及时办理相关手续和履行相关程序的；

(10)人民法院、公安机关、监狱、看守所在监外执行罪犯交付执行、监督管理过程中侵犯罪犯合法权益的；

(11)监外执行罪犯出现脱管、漏管情况的；

(12)其他依法应当提出纠正意见的情形。

25. 监外执行罪犯在监外执行期间涉嫌犯罪，公安机关依法应当立案而不立案的，人民检察院应当按照《中华人民共和国刑事诉讼法》第八十七条①的规定办理。

★**《最高人民法院、最高人民检察院、公安部、国家安全部、司法部、国家卫生健康委关于进一步规范暂予监外执行工作的意见》**(司发通〔2023〕24号，2023 年 5 月 28 日)

17. 人民检察院应当对暂予监外执行进行全程法律监督。罪犯病情诊断、妊娠检查前，人民法院、监狱、看守所应当将罪犯信息、时间和地点至少提前一个工作日向人民检察院通报。对具有“短期内有生命危险”情形的应当立即通报。人民检察院可以派员现场监督诊断检查活动。

人民法院、公安机关、监狱应当在收到病情诊断意见、妊娠检查结果后三个工作日内将《罪犯病情诊断书》或者《罪犯妊娠检查书》及诊断检查依据抄送人民检察院。

人民检察院可以依法向有关单位和人员调查核实情况，调阅复制案卷材料，并可以参照本意见第 6 至 11 条重新组织对被告人、罪犯进行诊断、检查或者鉴别等。

18. 人民法院、公安机关、监狱管理机关、监狱、看守所、社区矫正机构要依法接受检察机关的法律监督，认真听取检察机关的意见、建议。

267.3.2　公安机关对暂予监外执行的重新核查

★**《公安规定》**(2020)

第三百零九条　批准暂予监外执行的公安机关接到人民检察院认为暂予监外执行不当的意见后，应当立即对暂予监外执行的决定进行重新核查。

★**《国安规定》**(2024)

第三百三十一条　批准暂予监外执行的国家安全机关收到人民检察院认为暂予监外执行不当的意见后，应当

① 2018 年刑事诉讼法第一百一十三条。

立即对暂予监外执行的决定进行重新核查,并将有关情况回复人民检察院。

267.3.3　暂予监外执行的全过程监督制约

★《最高人民法院、最高人民检察院、公安部、国家安全部、司法部、国家卫生健康委关于进一步规范暂予监外执行工作的意见》(司发通〔2023〕24号,2023年5月28日)

19. 人民法院、人民检察院、公安机关、监狱管理机关、监狱、看守所应当邀请人大代表、政协委员或者有关方面代表作为监督员对暂予监外执行工作进行监督。

20. 人民法院、公安机关、监狱管理机关办理暂予监外执行案件,除病情严重必须立即保外就医的,应当在立案或收到监狱、看守所提请暂予监外执行建议后五个工作日内将罪犯基本情况、原判认定的罪名和刑期、申请或者启动暂予监外执行的事由,以及病情诊断、妊娠检查、生活不能自理鉴别的结果向社会公示。依法不予公开的案件除外。

公示应当载明提出意见的方式,期限为三日。对提出异议的,人民法院、公安机关、监狱管理机关应当在调查核实后五个工作日内予以回复。

21. 人民法院、公安机关、监狱管理机关应当在决定或批准之日起十个工作日内,将暂予监外执行决定书在互联网公开。对在看守所、监狱羁押或服刑的罪犯,因病情严重适用立即保外就医程序的,应当在批准之日起三个工作日内在看守所、监狱进行为期五日的公告。

22. 各省、自治区、直辖市高级人民法院、人民检察院、公安厅(局)、司法厅(局)、卫生健康委应当共同建立暂予监外执行诊断检查医院名录,并在省级人民政府指定的医院相关文件中及时向社会公布并定期更新。

23. 罪犯暂予监外执行决定书有下列情形之一的,不予公开:

(一)涉及国家秘密的;

(二)未成年人犯罪的;

(三)人民法院、公安机关、监狱管理机关认为不宜公开的其他情形。

人民法院、公安机关、监狱管理机关、监狱应当对拟公开的暂予监外执行决定书中涉及罪犯家庭住址、身份证号码等个人隐私的信息作技术处理,但应当载明暂予监外执行的情形。

268　暂予监外执行的终止

268.1　法条规定

第二百六十八条　对暂予监外执行的罪犯,有下列情形之一的,应当及时收监:

(一)发现不符合暂予监外执行条件的;

(二)严重违反有关暂予监外执行监督管理规定的;

(三)暂予监外执行的情形消失后,罪犯刑期未满的。

对于人民法院决定暂予监外执行的罪犯应当予以收监的,由人民法院作出决定,将有关的法律文书送达公安机关、监狱或者其他执行机关。

不符合暂予监外执行条件的罪犯通过贿赂等非法手段被暂予监外执行的,在监外执行的期间不计入执行刑期。罪犯在暂予监外执行期间脱逃的,脱逃的期间不计入执行刑期。

罪犯在暂予监外执行期间死亡的，执行机关应当及时通知监狱或者看守所。

【立法释义】①

本条规定明确了暂予监外执行的终止程序。2012 年刑事诉讼法修改，增加了收监执行的具体情形及程序，细化了有关刑期的计算规则。罪犯在暂予监外执行期间死亡的，执行机关应当及时通知监狱或者看守所。罪犯“死亡”，既包括因疾病等原因自然死亡，也包括因事故、脱逃等原因非正常死亡。执行机关通知监狱或者看守所时，应当将死亡证明、死亡原因等证据材料一并提交。

268.2　相关立法

268.2.1　暂予监外执行终止的情形

★《中华人民共和国监狱法》（2012 年 10 月 26 日修正）

第二十八条　暂予监外执行的罪犯具有刑事诉讼法规定的应当收监的情形的，社区矫正机构应当及时通知监狱收监；刑期届满的，由原关押监狱办理释放手续。罪犯在暂予监外执行期间死亡的，社区矫正机构应当及时通知原关押监狱。

★《中华人民共和国社区矫正法》（2019 年 12 月 28 日）

第二十八条　社区矫正机构根据社区矫正对象的表现，依照有关规定对其实施考核奖惩。社区矫正对象认罪悔罪、遵守法律法规、服从监督管理、接受教育表现突出的，应当给予表扬。社区矫正对象违反法律法规或者监督管理规定的，应当视情节依法给予训诫、警告、提请公安机关予以治安管理处罚，或者依法提请撤销缓刑、撤销假释、对暂予监外执行的收监执行。

对社区矫正对象的考核结果，可以作为认定其是否确有悔改表现或者是否严重违反监督管理规定的依据。

第四十九条　暂予监外执行的社区矫正对象具有刑事诉讼法规定的应当予以收监情形的，社区矫正机构应当向执行地或者原社区矫正决定机关提出收监执行建议，并将建议书抄送人民检察院。

社区矫正决定机关应当在收到建议书后三十日内作出决定，将决定书送达社区矫正机构和公安机关，并抄送人民检察院。

人民法院、公安机关对暂予监外执行的社区矫正对象决定收监执行的，由公安机关立即将社区矫正对象送交监狱或者看守所收监执行。

监狱管理机关对暂予监外执行的社区矫正对象决定收监执行的，监狱应当立即将社区矫正对象收监执行。

第五十条　被裁定撤销缓刑、假释和被决定收监执行的社区矫正对象逃跑的，由公安机关追捕，社区矫正机构、有关单位和个人予以协助。

第五十一条　社区矫正对象在社区矫正期间死亡的，其监护人、家庭成员应当及时向社区矫正机构报告。社区矫正机构应当及时通知社区矫正决定机关、所在地的人民检察院、公安机关。

268.3　司法解释

268.3.1　终止暂予监外执行的监督

★《检察院规则》（2019）

第六百三十四条　对于暂予监外执行的罪犯，人民检察院发现罪犯不符

① 参见王爱立主编书，第 567—570 页。

合暂予监外执行条件、严重违反有关暂予监外执行的监督管理规定或者暂予监外执行的情形消失而罪犯刑期未满的，应当通知执行机关收监执行，或者建议决定或者批准暂予监外执行的机关作出收监执行决定。

268.3.2 暂予监外执行的收监执行

★《最高人民法院、最高人民检察院、公安部、国家安全部、司法部、全国人大常委会法制工作委员会关于实施刑事诉讼法若干问题的规定》（2012年12月26日）

34. 刑事诉讼法第二百五十七条第三款①规定："不符合暂予监外执行条件的罪犯通过贿赂等非法手段被暂予监外执行的，在监外执行的期间不计入执行刑期。罪犯在暂予监外执行期间脱逃的，脱逃的期间不计入执行刑期。"对于人民法院决定暂予监外执行的罪犯具有上述情形的，人民法院在决定予以收监的同时，应当确定不计入刑期的期间。对于监狱管理机关或者公安机关决定暂予监外执行的罪犯具有上述情形的，罪犯被收监后，所在监狱或者看守所应当及时向所在地的中级人民法院提出不计入执行刑期的建议书，由人民法院审核裁定。

35. 被决定收监执行的社区矫正人员在逃的，社区矫正机构应当立即通知公安机关，由公安机关负责追捕。

★《法院解释》（2021）

第五百一十六条 人民法院收到社区矫正机构的收监执行建议书后，经审查，确认暂予监外执行的罪犯具有下列情形之一的，应当作出收监执行的决定：

（一）不符合暂予监外执行条件的；

（二）未经批准离开所居住的市、县，经警告拒不改正，或者拒不报告行踪，脱离监管的；

（三）因违反监督管理规定受到治安管理处罚，仍不改正的；

（四）受到执行机关两次警告，仍不改正的；

（五）保外就医期间不按规定提交病情复查情况，经警告拒不改正的；

（六）暂予监外执行的情形消失后，刑期未满的；

（七）保证人丧失保证条件或者因不履行义务被取消保证人资格，不能在规定期限内提出新的保证人的；

（八）违反法律、行政法规和监督管理规定，情节严重的其他情形。

第五百一十七条 人民法院应当在收到社区矫正机构的收监执行建议书后三十日以内作出决定。收监执行决定书一经作出，立即生效。

人民法院应当将收监执行决定书送达社区矫正机构和公安机关，并抄送人民检察院，由公安机关将罪犯交付执行。

第五百一十八条 被收监执行的罪犯有不计入执行刑期情形的，人民法院应当在作出收监决定时，确定不计入执行刑期的具体时间。

★《公安规定》（2020）

第三百一十条 对暂予监外执行的罪犯，有下列情形之一的，批准暂予监外执行的公安机关应当作出收监执行决定：

（一）发现不符合暂予监外执行条件的；

① 2018年刑事诉讼法第二百六十八条第三款。

（二）严重违反有关暂予监外执行监督管理规定的；

（三）暂予监外执行的情形消失后，罪犯刑期未满的。

对暂予监外执行的罪犯决定收监执行的，由暂予监外执行地看守所将罪犯收监执行。

不符合暂予监外执行条件的罪犯通过贿赂等非法手段被暂予监外执行的，或者罪犯在暂予监外执行期间脱逃的，罪犯被收监执行后，所在看守所应当提出不计入执行刑期的建议，经设区的市一级以上公安机关审查同意后，报请所在地中级以上人民法院审核裁定。

★**《国安规定》**（2024）

第三百三十二条　对于暂予监外执行的罪犯，有下列情形之一的，执行地国家安全机关或原批准暂予监外执行的国家安全机关应当及时作出收监执行决定：

（一）发现不符合暂予监外执行条件的；

（二）严重违反有关暂予监外执行监督管理规定的；

（三）暂予监外执行的情形消失后，罪犯刑期未满的。

对于暂予监外执行的罪犯决定收监执行的，由罪犯执行地看守所将罪犯收监执行。

第三百三十三条　对于不符合暂予监外执行条件的罪犯通过贿赂等非法手段被暂予监外执行的，或者罪犯在暂予监外执行期间脱逃的，罪犯被收监执行后，所在看守所应当提出不计入执行刑期的建议，经设区的市级以上国家安全机关审查同意后，报请所在地中级以上人民法院审核裁定。

268.4　规范性文件

268.4.1　暂予监外执行的收监执行

★**《最高人民法院、最高人民检察院、公安部、国家安全部、司法部、国家卫生健康委关于进一步规范暂予监外执行工作的意见》**（司发通〔2023〕24号，2023年5月28日）

13. 对在公示期间收到不同意见，或者在社会上有重大影响、社会关注度高的罪犯，或者其他有听证审查必要的，监狱、看守所提请暂予监外执行，人民法院、公安机关、监狱管理机关决定或批准暂予监外执行，可以组织听证。听证意见作为是否提请或批准、决定暂予监外执行的参考。

听证时，应当通知罪犯、其他申请人、公示期间提出不同意见的人等有关人员参加。人民法院、公安机关、监狱管理机关、监狱或者看守所组织听证，还应当通知同级人民检察院派员参加。

人民检察院经审查认为需要以听证方式办理暂予监外执行案件和收监执行监督案件的，人民法院、公安机关、监狱管理机关、监狱或者看守所应当予以协同配合提供支持。

14. 人民法院、人民检察院、公安机关、监狱管理机关审查社区矫正机构收监执行的建议，一般采取书面审查方式，根据工作需要也可以组织核查。社区矫正机构应当同时提交罪犯符合收监情形、有不计入执行刑期情形等相关证明材料，在《收监执行建议书》中注明并提出明确意见。人民法院、公安机关、监狱管理机关经审查认为符合收监情形的，应当出具收监执行决定书，送社区矫正机构并抄送同级人民检察院；不符合收监情形的，应当作出不予收监执行决定书并抄送同级人民检察院。公安机关、监狱应当在收到收监执行决定书之日起三日内将罪犯收监执行。

对于人民法院、公安机关、监狱管理机关经审查认为需要补充材料并向社区矫正机构提出的，社区矫正机构应当在十五个工作日内补充完成。

15. 对暂予监外执行期间因犯新罪或者发现判决宣告以前还有其他罪没有判决，被侦查机关采取强制措施的罪犯，社区矫正机构接到侦查机关通知后，应当通知罪犯原服刑或接收其档案的监狱、看守所。对被判处监禁刑罚的，应当由原服刑的监狱、看守所收监执行；原服刑的监狱、看守所与接收其档案的监狱、看守所不一致的，应当由接收其档案的监狱、看守所收监执行。对没有被判处监禁刑罚，社区矫正机构认为符合收监情形的，应当提出收监执行建议，并抄送执行地县级人民检察院。

16. 对不符合暂予监外执行条件的罪犯通过贿赂等非法手段被暂予监外执行的，应当由原暂予监外执行决定或批准机关作出收监执行的决定并抄送同级人民检察院，将罪犯收监执行。罪犯收监执行后，监狱或者看守所应当向所在地中级人民法院提出不计入执行刑期的建议书。人民法院应当自收到建议书之日起一个月内依法对罪犯的刑期重新计算作出裁定。

人民检察院发现不符合暂予监外执行条件的罪犯通过贿赂等非法手段被暂予监外执行的，应当向原暂予监外执行决定或批准机关提出纠正意见并附相关材料。原暂予监外执行决定或批准机关应当重新进行核查，并将相关情况反馈人民检察院。

原暂予监外执行决定或批准机关作出收监执行的决定后，对刑期已经届满的，罪犯原服刑或接收其档案的监狱或者看守所应当向所在地中级人民法院提出不计入执行刑期的建议书，人民法院审核裁定后，应当将罪犯收监执行。人民法院决定收监执行的，应当一并作出重新计算刑期的裁定，通知执行地公安机关将罪犯送交原服刑或接收其档案的监狱或者看守所收监执行。罪犯收监执行后应当继续执行的刑期自收监之日起计算。

被决定收监执行的罪犯在逃的，由罪犯社区矫正执行地县级公安机关负责追捕。原暂予监外执行决定或批准机关作出的收监执行决定可以作为公安机关追逃依据。

268.5 指导与参考案例

268.5.1 暂予监外执行期满的并罚

【刑事审判参考案例】

［第 797 号］田友兵敲诈勒索案

裁判要旨：刑法第七十一条不仅要求罪犯又犯新罪，更重要的是要求罪犯又犯新罪的时间、发现罪犯又犯新罪的时间均在前罪的刑罚执行完毕之前。就本案而言，虽然田友兵在刑罚执行完毕之前又犯新罪，但在新罪判决时，前罪已经执行完毕，没有可以并罚的余刑。因此，对本案被告人实行并罚并不符合刑法第七十一条的立法本意。暂予监外执行期满应当视为刑罚已经执行完毕，无须进行数罪并罚，对被告人田友兵所犯敲诈勒索罪单独定罪处罚。

268.5.2　暂予监外执行期满的中止

【刑事审判参考案例】

[第 1085 号]沙学民容留他人吸毒案

裁判要旨:被告人在监外执行期间因犯新罪而被采取强制措施的,新罪强制措施采取之日,即为前罪监外执行中止之时。暂予监外执行期间的中止不等于刑期计算的中止,被告人在暂予监外执行期间因出现法定情形,如被保外就医的被告人疾病治愈,则有权机构应作出收监决定,被告人被收监后在监狱内继续服刑,即虽然暂予监外执行中止,但是刑期却是连续计算。如果被告人是因为犯新罪而被中止前罪的暂予监外执行期间,应以被告人犯新罪被抓获并被采取强制措施之日为界点,中断前罪刑期的计算。

269　社区矫正

269.1　法条规定

第二百六十九条　对被判处管制、宣告缓刑、假释或者暂予监外执行的罪犯,依法实行社区矫正,由社区矫正机构负责执行。

【立法释义】①

本条规定明确了非监禁刑罪犯的社区矫正程序。2012 年刑事诉讼法修改,将管制、宣告缓刑、假释和暂予监外执行的执行机关统一规定为社区矫正机构。2019 年社区矫正法的出台,有利于建立完善社区矫正法律制度,构建监禁刑执行与非监禁刑执行统一协调的刑罚执行体系。

269.2　相关立法

269.2.1　暂予监外执行罪犯的社区矫正

★**《中华人民共和国监狱法》**(2012 年 10 月 26 日修正)

第二十七条　对暂予监外执行的罪犯,依法实行社区矫正,由社区矫正机构负责执行。原关押监狱应当及时将罪犯在监内改造情况通报负责执行的社区矫正机构。

269.2.2　社区矫正的制度安排

★**《中华人民共和国社区矫正法》**(2019 年 12 月 28 日)

第八条　国务院司法行政部门主管全国的社区矫正工作。县级以上地方人民政府司法行政部门主管本行政区域内的社区矫正工作。

人民法院、人民检察院、公安机关和其他有关部门依照各自职责,依法做好社区矫正工作。人民检察院依法对社区矫正工作实行法律监督。

地方人民政府根据需要设立社区矫正委员会,负责统筹协调和指导本行政区域内的社区矫正工作。

第九条　县级以上地方人民政府根据需要设置社区矫正机构,负责社区矫正工作的具体实施。社区矫正机构的设置和撤销,由县级以上地方人民政府司法行政部门提出意见,按照规定的权限和程序审批。

司法所根据社区矫正机构的委托,承担社区矫正相关工作。

第十七条　社区矫正决定机关判处管制、宣告缓刑、裁定假释、决定或者

① 参见王爱立主编书,第 568—570 页。

批准暂予监外执行时应当确定社区矫正执行地。

社区矫正执行地为社区矫正对象的居住地。社区矫正对象在多个地方居住的，可以确定经常居住地为执行地。

社区矫正对象的居住地、经常居住地无法确定或者不适宜执行社区矫正的，社区矫正决定机关应当根据有利于社区矫正对象接受矫正、更好地融入社会的原则，确定执行地。

本法所称社区矫正决定机关，是指依法判处管制、宣告缓刑、裁定假释、决定暂予监外执行的人民法院和依法批准暂予监外执行的监狱管理机关、公安机关。

第十八条　社区矫正决定机关根据需要，可以委托社区矫正机构或者有关社会组织对被告人或者罪犯的社会危险性和对所居住社区的影响，进行调查评估，提出意见，供决定社区矫正时参考。居民委员会、村民委员会等组织应当提供必要的协助。

第十九条　社区矫正决定机关判处管制、宣告缓刑、裁定假释、决定或者批准暂予监外执行，应当按照刑法、刑事诉讼法等法律规定的条件和程序进行。

社区矫正决定机关应当对社区矫正对象进行教育，告知其在社区矫正期间应当遵守的规定以及违反规定的法律后果，责令其按时报到。

第二十条　社区矫正决定机关应当自判决、裁定或者决定生效之日起五日内通知执行地社区矫正机构，并在十日内送达有关法律文书，同时抄送人民检察院和执行地公安机关。社区矫正决定地与执行地不在同一地方的，由执行地社区矫正机构将法律文书转送所在地的人民检察院、公安机关。

第二十一条　人民法院判处管制、宣告缓刑、裁定假释的社区矫正对象，应当自判决、裁定生效之日起十日内到执行地社区矫正机构报到。

人民法院决定暂予监外执行的社区矫正对象，由看守所或者执行取保候审、监视居住的公安机关自收到决定之日起十日内将社区矫正对象移送社区矫正机构。

监狱管理机关、公安机关批准暂予监外执行的社区矫正对象，由监狱或者看守所自收到批准决定之日起十日内将社区矫正对象移送社区矫正机构。

第二十二条　社区矫正机构应当依法接收社区矫正对象，核对法律文书、核实身份、办理接收登记、建立档案，并宣告社区矫正对象的犯罪事实、执行社区矫正的期限以及应当遵守的规定。

269.3　司法解释

269.3.1　检察机关对社区矫正的监督

★《检察院规则》(2019)

第六百四十二条　人民检察院发现社区矫正决定机关、看守所、监狱、社区矫正机构在交付、接收社区矫正对象活动中违反有关规定的，应当依法提出纠正意见。

第六百四十三条　人民检察院发现社区矫正执法活动具有下列情形之一的，应当依法提出纠正意见：

(一)社区矫正对象报到后，社区矫正机构未履行法定告知义务，致使其未按照有关规定接受监督管理的；

（二）违反法律规定批准社区矫正对象离开所居住的市、县，或者违反人民法院禁止令的内容批准社区矫正对象进入特定区域或者场所的；

（三）没有依法监督管理而导致社区矫正对象脱管的；

（四）社区矫正对象违反监督管理规定或者人民法院的禁止令，未依法予以警告、未提请公安机关给予治安管理处罚的；

（五）对社区矫正对象有殴打、体罚、虐待、侮辱人格、强迫其参加超时间或者超体力社区服务等侵犯其合法权利行为的；

（六）未依法办理解除、终止社区矫正的；

（七）其他违法情形。

第六百四十四条 人民检察院发现对社区矫正对象的刑罚变更执行活动具有下列情形之一的，应当依法提出纠正意见：

（一）社区矫正机构未依法向人民法院、公安机关、监狱管理机关提出撤销缓刑、撤销假释建议或者对暂予监外执行的收监执行建议，或者未依法向人民法院提出减刑建议的；

（二）人民法院、公安机关、监狱管理机关未依法作出裁定、决定，或者未依法送达的；

（三）公安机关未依法将罪犯送交看守所、监狱，或者看守所、监狱未依法收监执行的；

（四）公安机关未依法对在逃的罪犯实施追捕的；

（五）其他违法情形。

★《中华人民共和国社区矫正法实施办法》（司发通〔2020〕59 号，2020 年 6 月 18 日）

第五十七条 有关单位对人民检察院的书面纠正意见在规定的期限内没有回复纠正情况的，人民检察院应当督促回复。经督促被监督单位仍不回复或者没有正当理由不纠正的，人民检察院应当向上一级人民检察院报告。

有关单位对人民检察院的检察建议在规定的期限内经督促无正当理由不予整改或者整改不到位的，检察机关可以将相关情况报告上级人民检察院，通报被建议单位的上级机关、行政主管部门或者行业自律组织等，必要时可以报告同级党委、人大，通报同级政府、纪检监察机关。

269.3.2 社区矫正的决定与交付执行

★《法院解释》（2021）

第五百一十九条 对被判处管制、宣告缓刑的罪犯，人民法院应当依法确定社区矫正执行地。社区矫正执行地为罪犯的居住地；罪犯在多个地方居住的，可以确定其经常居住地为执行地；罪犯的居住地、经常居住地无法确定或者不适宜执行社区矫正的，应当根据有利于罪犯接受矫正、更好地融入社会的原则，确定执行地。

宣判时，应当告知罪犯自判决、裁定生效之日起十日以内到执行地社区矫正机构报到，以及不按期报到的后果。

人民法院应当自判决、裁定生效之日起五日以内通知执行地社区矫正机构，并在十日以内将判决书、裁定书、执行通知书等法律文书送达执行地社区矫正机构，同时抄送人民检察院和执行地公安机关。人民法院与社区矫正执行地不在同一地方的，由执行地社区矫正机构将法律文书转送所在地的人民检察院和公安机关。

★《中华人民共和国社区矫正法实施办法》（司发通〔2020〕59 号，2020 年 6 月 18 日）

第十一条　社区矫正机构依法加强信息化建设，运用现代信息技术开展监督管理和教育帮扶。

社区矫正工作相关部门之间依法进行信息共享，人民法院、人民检察院、公安机关、司法行政机关依法建立完善社区矫正信息交换平台，实现业务协同、互联互通，运用现代信息技术及时准确传输交换有关法律文书，根据需要实时查询社区矫正对象交付接收、监督管理、教育帮扶、脱离监管、被治安管理处罚、被采取强制措施、变更刑事执行、办理再犯罪案件等情况，共享社区矫正工作动态信息，提高社区矫正信息化水平。

第十二条　对拟适用社区矫正的，社区矫正决定机关应当核实社区矫正对象的居住地。社区矫正对象在多个地方居住的，可以确定经常居住地为执行地。没有居住地，居住地、经常居住地无法确定或者不适宜执行社区矫正的，应当根据有利于社区矫正对象接受矫正、更好地融入社会的原则，确定社区矫正执行地。被确定为执行地的社区矫正机构应当及时接收。

社区矫正对象的居住地是指其实际居住的县（市、区）。社区矫正对象的经常居住地是指其经常居住的，有固定住所、固定生活来源的县（市、区）。

社区矫正对象应如实提供其居住、户籍等情况，并提供必要的证明材料。

第十三条　社区矫正决定机关对拟适用社区矫正的被告人、罪犯，需要调查其社会危险性和对所居住社区影响的，可以委托拟确定为执行地的社区矫正机构或者有关社会组织进行调查评估。社区矫正机构或者有关社会组织收到委托文书后应当及时通知执行地县级人民检察院。

第十四条　社区矫正机构、有关社会组织接受委托后，应当对被告人或者罪犯的居所情况、家庭和社会关系、犯罪行为的后果和影响、居住地村（居）民委员会和被害人意见、拟禁止的事项、社会危险性、对所居住社区的影响等情况进行调查了解，形成调查评估意见，与相关材料一起提交委托机关。调查评估时，相关单位、部门、村（居）民委员会等组织、个人应当依法为调查评估提供必要的协助。

社区矫正机构、有关社会组织应当自收到调查评估委托函及所附材料之日起十个工作日内完成调查评估，提交评估意见。对于适用刑事案件速裁程序的，应当在五个工作日内完成调查评估，提交评估意见。评估意见同时抄送执行地县级人民检察院。需要延长调查评估时限的，社区矫正机构、有关社会组织应当与委托机关协商，并在协商确定的期限内完成调查评估。因被告人或者罪犯的姓名、居住地不真实、身份不明等原因，社区矫正机构、有关社会组织无法进行调查评估的，应当及时向委托机关说明情况。社区矫正决定机关对调查评估意见的采信情况，应当在相关法律文书中说明。

对调查评估意见以及调查中涉及

的国家秘密、商业秘密、个人隐私等信息，应当保密，不得泄露。

第十五条　社区矫正决定机关应当对社区矫正对象进行教育，书面告知其到执行地县级社区矫正机构报到的时间期限以及逾期报到或者未报到的后果，责令其按时报到。

第十六条　社区矫正决定机关应当自判决、裁定或者决定生效之日起五日内通知执行地县级社区矫正机构，并在十日内将判决书、裁定书、决定书、执行通知书等法律文书送达执行地县级社区矫正机构，同时抄送人民检察院。收到法律文书后，社区矫正机构应当在五日内送达回执。

社区矫正对象前来报到时，执行地县级社区矫正机构未收到法律文书或者法律文书不齐全，应当先记录在案，为其办理登记接收手续，并通知社区矫正决定机关在五日内送达或者补齐法律文书。

第十七条　被判处管制、宣告缓刑、裁定假释的社区矫正对象到执行地县级社区矫正机构报到时，社区矫正机构应当核对法律文书、核实身份，办理登记接收手续。对社区矫正对象存在因行动不便、自行报到确有困难等特殊情况的，社区矫正机构可以派员到其居住地等场所办理登记接收手续。

暂予监外执行的社区矫正对象，由公安机关、监狱或者看守所依法移送至执行地县级社区矫正机构，办理交付接收手续。罪犯原服刑地与居住地不在同一省、自治区、直辖市，需要回居住地暂予监外执行的，原服刑地的省级以上监狱管理机关或者设区的市一级以上公安机关应当书面通知罪犯居住地的监狱管理机关、公安机关，由其指定一所监狱、看守所接收社区矫正对象档案，负责办理其收监、刑满释放等手续。对看守所留所服刑罪犯暂予监外执行，原服刑地与居住地在同一省、自治区、直辖市的，可以不移交档案。

第十八条　执行地县级社区矫正机构接收社区矫正对象后，应当建立社区矫正档案，包括以下内容：

（一）适用社区矫正的法律文书；

（二）接收、监管审批、奖惩、收监执行、解除矫正、终止矫正等有关社区矫正执行活动的法律文书；

（三）进行社区矫正的工作记录；

（四）社区矫正对象接受社区矫正的其他相关材料。

接受委托对社区矫正对象进行日常管理的司法所应当建立工作档案。

269.3.3　社区矫正的撤销和解除

★《中华人民共和国社区矫正法实施办法》（司发通〔2020〕59 号，2020 年 6 月 18 日）

第四十条　发现社区矫正对象有违反监督管理规定或者人民法院禁止令等违法情形的，执行地县级社区矫正机构应当调查核实情况，收集有关证据材料，提出处理意见。

社区矫正机构发现社区矫正对象有撤销缓刑、撤销假释或者暂予监外执行收监执行的法定情形的，应当组织开展调查取证工作，依法向社区矫正决定机关提出撤销缓刑、撤销假释或者暂予监外执行收监执行建议，并将建议书抄送同级人民检察院。

第四十一条　社区矫正对象被依法决定行政拘留、司法拘留、强制隔离戒毒等或者因涉嫌犯新罪、发现判决宣告前还有其他罪没有判决被采取强制措施的，决定机关应当自作出决定之日起三日内将有关情况通知执行地县级社区矫正机构和执行地县级人民检察院。

第四十二条　社区矫正对象符合法定减刑条件的，由执行地县级社区矫正机构提出减刑建议书并附相关证据材料，报经地（市）社区矫正机构审核同意后，由地（市）社区矫正机构提请执行地的中级人民法院裁定。

依法应由高级人民法院裁定的减刑案件，由执行地县级社区矫正机构提出减刑建议书并附相关证据材料，逐级上报省级社区矫正机构审核同意后，由省级社区矫正机构提请执行地的高级人民法院裁定。

人民法院应当自收到减刑建议书和相关证据材料之日起三十日内依法裁定。

社区矫正机构减刑建议书和人民法院减刑裁定书副本，应当同时抄送社区矫正执行地同级人民检察院、公安机关及罪犯原服刑或者接收其档案的监狱。

第四十七条　社区矫正对象在假释考验期内，有下列情形之一的，由执行地同级社区矫正机构提出撤销假释建议：

（一）无正当理由不按规定时间报到或者接受社区矫正期间脱离监管，超过一个月的；

（二）受到社区矫正机构两次警告，仍不改正的；

（三）其他违反有关法律、行政法规和监督管理规定，尚未构成新的犯罪的。

社区矫正机构一般向原审人民法院提出撤销假释建议。如果原审人民法院与执行地同级社区矫正机构不在同一省、自治区、直辖市的，可以向执行地人民法院提出建议，执行地人民法院作出裁定的，裁定书同时抄送原审人民法院。

社区矫正机构撤销假释的建议书和人民法院的裁定书副本同时抄送社区矫正执行地同级人民检察院、公安机关、罪犯原服刑或者接收其档案的监狱。

第四十八条　被提请撤销缓刑、撤销假释的社区矫正对象具备下列情形之一的，社区矫正机构在提出撤销缓刑、撤销假释建议书的同时，提请人民法院决定对其予以逮捕：

（一）可能逃跑的；

（二）具有危害国家安全、公共安全、社会秩序或者他人人身安全现实危险的；

（三）可能对被害人、举报人、控告人或者社区矫正机构工作人员等实施报复行为的；

（四）可能实施新的犯罪的。

社区矫正机构提请人民法院决定逮捕社区矫正对象时，应当提供相应证据，移送人民法院审查决定。

社区矫正机构提请逮捕、人民法院作出是否逮捕决定的法律文书，应当同时抄送执行地县级人民检察院。

第四十九条　暂予监外执行的社区矫正对象有下列情形之一的，由执行地县级社区矫正机构提出收监执行建议：

（一）不符合暂予监外执行条件的；

（二）未经社区矫正机构批准擅自

离开居住的市、县,经警告拒不改正,或者拒不报告行踪,脱离监管的;

(三)因违反监督管理规定受到治安管理处罚,仍不改正的;

(四)受到社区矫正机构两次警告的;

(五)保外就医期间不按规定提交病情复查情况,经警告拒不改正的;

(六)暂予监外执行的情形消失后,刑期未满的;

(七)保证人丧失保证条件或者因不履行义务被取消保证人资格,不能在规定期限内提出新的保证人的;

(八)其他违反有关法律、行政法规和监督管理规定,情节严重的情形。

社区矫正机构一般向执行地社区矫正决定机关提出收监执行建议。如果原社区矫正决定机关与执行地县级社区矫正机构在同一省、自治区、直辖市的,可以向原社区矫正决定机关提出建议。

社区矫正机构的收监执行建议书和决定机关的决定书,应当同时抄送执行地县级人民检察院。

第五十条　人民法院裁定撤销缓刑、撤销假释或者决定暂予监外执行收监执行的,由执行地县级公安机关本着就近、便利、安全的原则,送交社区矫正对象执行地所属的省、自治区、直辖市管辖范围内的看守所或者监狱执行刑罚。

公安机关决定暂予监外执行收监执行的,由执行地县级公安机关送交存放或者接收罪犯档案的看守所收监执行。

监狱管理机关决定暂予监外执行收监执行的,由存放或者接收罪犯档案的监狱收监执行。

第五十一条　撤销缓刑、撤销假释的裁定和收监执行的决定生效后,社区矫正对象下落不明的,应当认定为在逃。

被裁定撤销缓刑、撤销假释和被决定收监执行的社区矫正对象在逃的,由执行地县级公安机关负责追捕。撤销缓刑、撤销假释裁定书和对暂予监外执行罪犯收监执行决定书,可以作为公安机关追逃依据。

第五十二条　社区矫正机构应当建立突发事件处置机制,发现社区矫正对象非正常死亡、涉嫌实施犯罪、参与群体性事件的,应当立即与公安机关等有关部门协调联动、妥善处置,并将有关情况及时报告上一级社区矫正机构,同时通报执行地人民检察院。

第五十三条　社区矫正对象矫正期限届满,且在社区矫正期间没有应当撤销缓刑、撤销假释或者暂予监外执行收监执行情形的,社区矫正机构依法办理解除矫正手续。

社区矫正对象一般应当在社区矫正期满三十日前,作出个人总结,执行地县级社区矫正机构应当根据其在接受社区矫正期间的表现等情况作出书面鉴定,与安置帮教工作部门做好衔接工作。

执行地县级社区矫正机构应当向社区矫正对象发放解除社区矫正证明书,并书面通知社区矫正决定机关,同时抄送执行地县级人民检察院和公安机关。

公安机关、监狱管理机关决定暂予监外执行的社区矫正对象刑期届满的,由看守所、监狱依法为其办理刑满释放手续。

社区矫正对象被赦免的，社区矫正机构应当向社区矫正对象发放解除社区矫正证明书，依法办理解除矫正手续。

第五十四条　社区矫正对象矫正期满，执行地县级社区矫正机构或者受委托的司法所可以组织解除矫正宣告。

解矫宣告包括以下内容：

（一）宣读对社区矫正对象的鉴定意见；

（二）宣布社区矫正期限届满，依法解除社区矫正；

（三）对判处管制的，宣布执行期满，解除管制；对宣告缓刑的，宣布缓刑考验期满，原判刑罚不再执行；对裁定假释的，宣布考验期满，原判刑罚执行完毕。

宣告由社区矫正机构或者司法所工作人员主持，矫正小组成员及其他相关人员到场，按照规定程序进行。

269.3.4　未成年人的社区矫正

★**《人民检察院办理未成年人刑事案件的规定》**（高检发研字〔2013〕7号，2013年12月27日）

第七十三条　人民检察院依法对未成年人的社区矫正进行监督，发现有下列情形之一的，应当依法向公安机关、人民法院、监狱、社区矫正机构等有关部门提出纠正意见：

（一）没有将未成年人的社区矫正与成年人分开进行的；

（二）对实行社区矫正的未成年人脱管、漏管或者没有落实帮教措施的；

（三）没有对未成年社区矫正人员给予身份保护，其矫正宣告公开进行，矫正档案未进行保密，公开或者传播其姓名、住所、照片等可能推断出该未成年人的其他资料以及矫正资料等情形的；

（四）未成年社区矫正人员的矫正小组没有熟悉青少年成长特点的人员参加的；

（五）没有针对未成年人的年龄、心理特点和身心发育需要等特殊情况采取相应的监督管理和教育矫正措施的；

（六）其他违法情形。

★**《中华人民共和国社区矫正法实施办法》**（司发通〔2020〕59号，2020年6月18日）

第五十五条　社区矫正机构、受委托的司法所应当根据未成年社区矫正对象的年龄、心理特点、发育需要、成长经历、犯罪原因、家庭监护教育条件等情况，制定适应未成年人特点的矫正方案，采取有益于其身心健康发展、融入正常社会生活的矫正措施。

社区矫正机构、司法所对未成年社区矫正对象的相关信息应当保密。对未成年社区矫正对象的考核奖惩和宣告不公开进行。对未成年社区矫正对象进行宣告或者处罚时，应通知其监护人到场。

社区矫正机构、司法所应当选任熟悉未成年人身心特点，具有法律、教育、心理等专业知识的人员负责未成年人社区矫正工作，并通过加强培训、管理，提高专业化水平。

269.4　规范性文件

269.4.1　禁止令的执行与违反后果

★**《最高人民法院、最高人民检察院、公安部、司法部关于对判处管制、宣告缓刑的犯罪分子适用禁止令有关问**

题的规定(试行)》(法发〔2011〕9号,2011年4月28日)

第九条 禁止令由司法行政机关指导管理的社区矫正机构负责执行。

第十一条 判处管制的犯罪分子违反禁止令,或者被宣告缓刑的犯罪分子违反禁止令尚不属情节严重的,由负责执行禁止令的社区矫正机构所在地的公安机关依照《中华人民共和国治安管理处罚法》第六十条的规定处罚。

第十二条 被宣告缓刑的犯罪分子违反禁止令,情节严重的,应当撤销缓刑,执行原判刑罚。原作出缓刑裁判的人民法院应当自收到当地社区矫正机构提出的撤销缓刑建议书之日起一个月内依法作出裁定。人民法院撤销缓刑的裁定一经作出,立即生效。

违反禁止令,具有下列情形之一的,应当认定为"情节严重":

(一)三次以上违反禁止令的;

(二)因违反禁止令被治安管理处罚后,再次违反禁止令的;

(三)违反禁止令,发生较为严重危害后果的;

(四)其他情节严重的情形。

269.4.2 台湾居民在大陆进行社区矫正

★《最高人民法院、最高人民检察院、公安部、司法部关于对因犯罪在大陆受审的台湾居民依法适用缓刑实行社区矫正有关问题的意见》(法发〔2016〕33号,2016年7月26日)

第一条 对因犯罪被判处拘役、三年以下有期徒刑的台湾居民,如果其犯罪情节较轻、有悔罪表现、没有再犯罪的危险且宣告缓刑对所居住社区没有重大不良影响的,人民法院可以宣告缓刑,对其中不满十八周岁的人、怀孕的妇女和已满七十五周岁的人,应当宣告缓刑。

第二条 人民检察院建议对被告人宣告缓刑的,应当说明依据和理由。

被告人及其法定代理人、辩护人提出宣告缓刑的请求,应当说明理由,必要时需提交经过台湾地区公证机关公证的被告人在台湾地区无犯罪记录证明等相关材料。

第三条 公安机关、人民检察院、人民法院需要委托司法行政机关调查评估宣告缓刑对社区影响的,可以委托犯罪嫌疑人、被告人在大陆居住地的县级司法行政机关,也可以委托适合协助社区矫正的下列单位或者人员所在地的县级司法行政机关:

(一)犯罪嫌疑人、被告人在大陆的工作单位或者就读学校;

(二)台湾同胞投资企业协会、台湾同胞投资企业;

(三)其他愿意且有能力协助社区矫正的单位或者人员。

已经建立涉台社区矫正专门机构的地方,可以委托该机构所在地的县级司法行政机关调查评估。

根据前两款规定仍无法确定接受委托的调查评估机关的,可以委托办理案件的公安机关、人民检察院、人民法院所在地的县级司法行政机关。

第四条 司法行政机关收到委托后,一般应当在十个工作日内向委托机关提交调查评估报告;对提交调查评估报告的时间另有规定的,从其规定。

司法行政机关开展调查评估,可以请当地台湾同胞投资企业协会、台湾同胞投资企业以及犯罪嫌疑人、被告人在大陆的监护人、亲友等协助提供有关材料。

第五条 人民法院对被告人宣告缓刑时,应当核实其居住地或者本意见第三条规定的有关单位、人员所在地,书面告知被告人应当自判决、裁定生效后十日内到社区矫正执行地的县级司法行政机关报到,以及逾期报到的法律后果。

缓刑判决、裁定生效后,人民法院应当在十日内将判决书、裁定书、执行通知书等法律文书送达社区矫正执行地的县级司法行政机关,同时抄送该地县级人民检察院和公安机关。

第六条 对被告人宣告缓刑的,人民法院应当及时作出不准出境决定书,同时依照有关规定办理边控手续。

实施边控的期限为缓刑考验期限。

第七条 对缓刑犯的社区矫正,由其在大陆居住地的司法行政机关负责指导管理、组织实施;在大陆没有居住地的,由本意见第三条规定的有关司法行政机关负责。

第八条 为缓刑犯确定的社区矫正小组可以吸收下列人员参与:

(一)当地台湾同胞投资企业协会、台湾同胞投资企业的代表;

(二)在大陆居住或者工作的台湾同胞;

(三)缓刑犯在大陆的亲友;

(四)其他愿意且有能力参与社区矫正工作的人员。

第九条 根据社区矫正需要,司法行政机关可以会同相关部门,协调台湾同胞投资企业协会、台湾同胞投资企业等,为缓刑犯提供工作岗位、技能培训等帮助。

第十条 对于符合条件的缓刑犯,可以依据《海峡两岸共同打击犯罪及司法互助协议》,移交台湾地区执行。

第十一条 对因犯罪在大陆受审、执行刑罚的台湾居民判处管制、裁定假释、决定或者批准暂予监外执行,实行社区矫正的,可以参照适用本意见的有关规定。

269.4.3 公安机关对社区矫正的执行

★《公安规定》(2020)

第三百零二条 对被判处管制、宣告缓刑、假释或者暂予监外执行的罪犯,已被羁押的,由看守所将其交付社区矫正机构执行。

对被判处剥夺政治权利的罪犯,由罪犯居住地的派出所负责执行。

269.5 指导与参考案例

269.5.1 对社区矫正对象的监督方式

【最高人民检察院指导性案例】

[检例第131号]社区矫正对象孙某某撤销缓刑监督案

办案要旨:人民检察院应当加强对社区矫正机构监督管理和教育帮扶社区矫正对象等社区矫正工作的法律监督,保证社区矫正活动依法进行。人民检察院开展社区矫正法律监督,应当综合运用查阅档案、调查询问、信息核查等多种方式,查明社区矫正中是否存在违法情形,精准提出监督意见。对宣告缓刑的社区矫正对象违反法律、行政法规和监督管理规定的,应当结合违法违规的客观事实和主观情节,准确认定是否属于“情节严重”应予撤销缓刑情形。对符合撤销缓刑情形但社区矫正机构未依法向人民法院提出撤销缓刑建议的,人民检察院应当向社区矫正机构提出纠正意见;对社区矫正工作中存在普遍性、倾向性违法问题或者有重大隐患的,人民检察院应当提出检察建议。

269.5.2　提出收监执行检察建议的情形

【最高人民检察院指导性案例】

[检例第 132 号]社区矫正对象崔某某暂予监外执行收监执行监督案

办案要旨:人民检察院开展社区矫正法律监督工作,应当加强对因患严重疾病被暂予监外执行以及变更执行地等社区矫正对象的监督管理活动的监督。人民检察院在监督工作中应当准确把握暂予监外执行适用条件,必要时聘请有专门知识的人辅助审查。发现社区矫正对象暂予监外执行情形消失且刑期未满的,应当依法提出收监执行的检察建议,维护刑罚执行公平公正。

269.5.3　提出减刑检察建议的情形

【最高人民检察院指导性案例】

[检例第 133 号]社区矫正对象王某减刑监督案

办案要旨:人民检察院开展社区矫正法律监督工作,应当坚持客观公正立场,既监督纠正社区矫正中的违法行为,又依法维护社区矫正对象合法权益。发现宣告缓刑的社区矫正对象有见义勇为、抢险救灾等突出表现的,应当监督相关部门审查确定是否属于重大立功情形,是否符合减刑条件。对有重大社会影响的减刑监督案件,人民检察院可以召开听证会,围绕社区矫正对象是否符合重大立功等重点内容进行听证,结合原判罪名情节、社区矫正期间表现等依法提出检察建议。

269.5.4　对矫正对象外出情况的监督

【最高人民检察院指导性案例】

[检例第 134 号]社区矫正对象管某某申请外出监督案

办案要旨:人民检察院开展社区矫正法律监督工作,应当监督社区矫正机构依法履行社区矫正对象申请外出的审批职责。社区矫正对象因生产经营需要等正当理由申请外出,社区矫正机构未予批准,申请人民检察院监督的,人民检察院应当在调查核实后依法监督社区矫正机构批准。社区矫正机构批准外出的,人民检察院应当监督社区矫正机构加强对社区矫正对象外出期间的动态监督管理,确保社区矫正对象"放得出""管得住"。

[检例第 135 号]社区矫正对象贾某某申请经常性跨市县活动监督案

办案要旨:人民检察院开展社区矫正法律监督工作,应当切实加强社区矫正对象合法权益保障,着力解决人民群众"急难愁盼"问题。对于社区矫正对象因正常工作、生活需要申请经常性跨市县(包含跨不同省份之间的市、县)活动的,人民检察院应当监督社区矫正机构依法予以批准,并简化批准程序和方式。

270　剥夺政治权利的执行

270.1　法条规定

第二百七十条　对被判处剥夺政治权利的罪犯,由公安机关执行。执行期满,应当由执行机关书面通知本人及其所在单位、居住地基层组织。

【立法释义】①

本条规定明确了剥夺政治权利的执行程序。2012年刑事诉讼法修改规定了剥夺政治权利执行期满后的解除方式。对被判处剥夺政治权利的罪犯，由人民法院将判决书、执行通知书送交罪犯居住地的县级公安机关，由公安机关执行。

为了对剥夺政治权利的执行进行有效监督，公安机关可以委托罪犯居住地基层组织或其所在单位协助执行。有关单位和群众如果发现罪犯违反剥夺政治权利应当遵守的规定的，应当及时向公安机关报告。

270.2　司法解释

270.2.1　法院对剥夺政治权利的交付执行

★《法院解释》(2021)

第五百二十条　对单处剥夺政治权利的罪犯，人民法院应当在判决、裁定生效后十日以内，将判决书、裁定书、执行通知书等法律文书送达罪犯居住地的县级公安机关，并抄送罪犯居住地的县级人民检察院。

270.2.2　检察机关对剥夺政治权利交付执行的监督

★《检察院规则》(2019)

第六百二十五条　人民检察院发现人民法院、公安机关、看守所等机关的交付执行活动具有下列情形之一的，应当依法提出纠正意见：

(一)交付执行的第一审人民法院没有在法定期间内将判决书、裁定书、人民检察院的起诉书副本、自诉状复印件、执行通知书、结案登记表等法律文书送达公安机关、监狱、社区矫正机构等执行机关的；

(二)对被判处死刑缓期二年执行、无期徒刑或者有期徒刑余刑在三个月以上的罪犯，公安机关、看守所自接到人民法院执行通知书等法律文书后三十日以内，没有将成年罪犯送交监狱执行刑罚，或者没有将未成年罪犯送交未成年犯管教所执行刑罚的；

(三)对需要收监执行刑罚而判决、裁定生效前未被羁押的罪犯，第一审人民法院没有及时将罪犯收监送交公安机关，并将判决书、裁定书、执行通知书等法律文书送达公安机关的；

(四)公安机关对需要收监执行刑罚但下落不明的罪犯，在收到人民法院的判决书、裁定书、执行通知书等法律文书后，没有及时抓捕、通缉的；

(五)对被判处管制、宣告缓刑或者人民法院决定暂予监外执行的罪犯，在判决、裁定生效后或者收到人民法院暂予监外执行决定后，未依法交付罪犯居住地社区矫正机构执行，或者对被单处剥夺政治权利的罪犯，在判决、裁定生效后，未依法交付罪犯居住地公安机关执行的，或者人民法院依法交付执行，社区矫正机构或者公安机关应当接收而拒绝接收的；

(六)其他违法情形。

第六百二十六条　人民法院判决被告人无罪、免予刑事处罚、判处管制、宣告缓刑、单处罚金或者剥夺政治权利，被告人被羁押的，人民检察院应当监督被告人是否被立即释放。发现被告人没有被立即释放的，应当立即向人民法院或者看守所提出纠正意见。

---

① 参见王爱立主编书，第572—573页。

第六百二十七条　人民检察院发现公安机关未依法执行拘役、剥夺政治权利，拘役执行期满未依法发给释放证明，或者剥夺政治权利执行期满未书面通知本人及其所在单位、居住地基层组织等违法情形的，应当依法提出纠正意见。

270.3　规范性文件

270.3.1　公安机关对剥夺政治权利的执行

★《公安规定》(2020)

第三百零二条第二款　对被判处剥夺政治权利的罪犯，由罪犯居住地的派出所负责执行。

第三百一十一条　负责执行剥夺政治权利的派出所应当按照人民法院的判决，向罪犯及其所在单位、居住地基层组织宣布其犯罪事实、被剥夺政治权利的期限，以及罪犯在执行期间应当遵守的规定。

第三百一十二条　被剥夺政治权利的罪犯在执行期间应当遵守下列规定：

(一)遵守国家法律、行政法规和公安部制定的有关规定，服从监督管理；

(二)不得享有选举权和被选举权；

(三)不得组织或者参加集会、游行、示威、结社活动；

(四)不得出版、制作、发行书籍、音像制品；

(五)不得接受采访，发表演说；

(六)不得在境内外发表有损国家荣誉、利益或者其他具有社会危害性的言论；

(七)不得担任国家机关职务；

(八)不得担任国有公司、企业、事业单位和人民团体的领导职务。

第三百一十三条　被剥夺政治权利的罪犯违反本规定第三百一十二条的规定，尚未构成新的犯罪的，公安机关依法可以给予治安管理处罚。

第三百一十四条　被剥夺政治权利的罪犯，执行期满，公安机关应当书面通知本人及其所在单位、居住地基层组织。

【重点解读】①

被判处剥夺政治权利的罪犯，如果是并处剥夺政治权利的，剥夺政治权利的期限，从有期徒刑、拘役执行完毕之日或者从假释之日起计算；剥夺政治权利的效力当然及于主刑执行期间。如果是判处管制附加剥夺政治权利的，剥夺政治权利的期限与管制的期限相等，同时执行。

270.4　指导与参考案例

270.4.1　剥夺政治权利的执行中止

【刑事审判参考案例】

[第442号]焦军盗窃案

裁判要旨：剥夺政治权利的执行可以发生中止，在计算前罪尚未执行完毕的剥夺政治权利的刑期时，应以被告人重新犯罪的被羁押时间作为中止时间。

271　涉财产部分及罚金的执行

271.1　法条规定

第二百七十一条　被判处罚金的罪犯，期满不缴纳的，人民法院应当强制缴纳；如果由于遭遇不能抗拒的灾祸等原因缴纳确实有困难的，经人民法院裁定，可以延期缴纳、酌情减少或者免除。

---

① 参见孙茂利主编书，第704页。

【立法释义】①

本条规定明确了罚金的执行方式。罚金作为财产刑,与罪犯的执行意愿和执行能力紧密相关。关于罚金刑的执行,应当关注以下事项:

第一,强制缴纳罚金。"期满不缴纳的,人民法院应当强制缴纳"的情况是指,罪犯具备缴纳罚金的能力,但在判决确定的期限内,无故不缴纳或者未足额缴纳。经强制缴纳仍不能全部缴纳的,在任何时候,包括主刑执行完毕后,发现被执行人有可供执行的财产的,应当追缴。"强制缴纳"的方式包括查封、拍卖其财产,冻结、扣划存款,扣留工资或者其他收入等。需要指出的是,行政机关对被告人就同一事实已经处以罚款的,人民法院判处罚金时应当折抵,扣除行政处罚已执行的部分。

第二,延期缴纳、酌情减少或者免除罚金。对于具备执行意愿,但因客观原因影响执行能力的被执行人,可以变通处理。由于遭遇不能抗拒的灾祸等原因缴纳确实有困难的,经人民法院裁定,可以延期缴纳、酌情减少或者免除。延期缴纳、酌情减少或者免除罚金均涉及对原判决的变更,因此应当严格依照法定程序提交申请、提交证明材料,并经人民法院裁定后,才可以延期缴纳、酌情减少或者免除。

271.2　司法解释

271.2.1　检察机关对涉财产部分的执行监督

★《检察院规则》(2019)

第六百四十五条　人民检察院发现人民法院执行刑事裁判涉财产部分具有下列情形之一的,应当依法提出纠正意见:

(一)执行立案活动违法的;

(二)延期缴纳、酌情减少或者免除罚金违法的;

(三)中止执行或者终结执行违法的;

(四)被执行人有履行能力,应当执行而不执行的;

(五)损害被执行人、被害人、利害关系人或者案外人合法权益的;

(六)刑事裁判全部或者部分被撤销后未依法返还或者赔偿的;

(七)执行的财产未依法上缴国库的;

(八)其他违法情形。

人民检察院对人民法院执行刑事裁判涉财产部分进行监督,可以对公安机关查封、扣押、冻结涉案财物的情况,人民法院审判部门、立案部门、执行部门移送、立案、执行情况,被执行人的履行能力等情况向有关单位和个人进行调查核实。

第六百四十六条　人民检察院发现被执行人或者其他人员有隐匿、转移、变卖财产等妨碍执行情形的,可以建议人民法院及时查封、扣押、冻结。

公安机关不依法向人民法院移送涉案财物、相关清单、照片和其他证明文件,或者对涉案财物的查封、扣押、冻结、返还、处置等活动存在违法情形的,人民检察院应当依法提出纠正意见。

271.2.2　涉财产部分的范围和执行法院

★《法院解释》(2021)

第五百二十一条　刑事裁判涉财

① 参见王爱立主编书,第574—575页。

产部分的执行,是指发生法律效力的刑事裁判中下列判项的执行:

(一)罚金、没收财产;

(二)追缴、责令退赔违法所得;

(三)处置随案移送的赃款赃物;

(四)没收随案移送的供犯罪所用本人财物;

(五)其他应当由人民法院执行的相关涉财产的判项。

第五百二十二条 刑事裁判涉财产部分和附带民事裁判应当由人民法院执行的,由第一审人民法院负责裁判执行的机构执行。

第五百三十条 被执行财产在外地的,第一审人民法院可以委托财产所在地的同级人民法院执行。

★《最高人民法院关于刑事裁判涉财产部分执行的若干规定》(法释〔2014〕13 号,2014 年 10 月 30 日)

第一条 本规定所称刑事裁判涉财产部分的执行,是指发生法律效力的刑事裁判主文确定的下列事项的执行:

(一)罚金、没收财产;

(二)责令退赔;

(三)处置随案移送的赃款赃物;

(四)没收随案移送的供犯罪所用本人财物;

(五)其他应当由人民法院执行的相关事项。

刑事附带民事裁判的执行,适用民事执行的有关规定。

第二条 刑事裁判涉财产部分,由第一审人民法院执行。第一审人民法院可以委托财产所在地的同级人民法院执行。

第三条 人民法院办理刑事裁判涉财产部分执行案件的期限为六个月。有特殊情况需要延长的,经本院院长批准,可以延长。

271.2.3 涉财产部分的查封、扣押、冻结

★《最高人民法院关于刑事裁判涉财产部分执行的若干规定》(法释〔2014〕13 号,2014 年 10 月 30 日)

第四条 人民法院刑事审判中可能判处被告人财产刑、责令退赔的,刑事审判部门应当依法对被告人的财产状况进行调查;发现可能隐匿、转移财产的,应当及时查封、扣押、冻结其相应财产。

第五条 刑事审判或者执行中,对于侦查机关已经采取的查封、扣押、冻结,人民法院应当在期限届满前及时续行查封、扣押、冻结。人民法院续行查封、扣押、冻结的顺位与侦查机关查封、扣押、冻结的顺位相同。

对侦查机关查封、扣押、冻结的财产,人民法院执行中可以直接裁定处置,无需侦查机关出具解除手续,但裁定中应当指明侦查机关查封、扣押、冻结的事实。

第六条 刑事裁判涉财产部分的裁判内容,应当明确、具体。涉案财物或者被害人人数较多,不宜在判决主文中详细列明的,可以概括叙明并另附清单。

判处没收部分财产的,应当明确没收的具体财物或者金额。

判处追缴或者责令退赔的,应当明确追缴或者退赔的金额或财物的名称、数量等相关情况。

第八条 人民法院可以向刑罚执行机关、社区矫正机构等有关单位调查被执行人的财产状况,并可以根据不同

情形要求有关单位协助采取查封、扣押、冻结、划拨等执行措施。

271.2.4　涉财产部分的执行要求

★《法院解释》(2021)

第五百二十六条　执行财产刑,应当参照被扶养人住所地政府公布的上年度当地居民最低生活费标准,保留被执行人及其所扶养人的生活必需费用。

第五百二十七条　被判处财产刑,同时又承担附带民事赔偿责任的被执行人,应当先履行民事赔偿责任。

第五百三十二条　刑事裁判涉财产部分、附带民事裁判的执行,刑事诉讼法及有关刑事司法解释没有规定的,参照适用民事执行的有关规定。

★《最高人民法院关于刑事裁判涉财产部分执行的若干规定》(法释〔2014〕13号,2014年10月30日)

第十条　对赃款赃物及其收益,人民法院应当一并追缴。

被执行人将赃款赃物投资或者置业,对因此形成的财产及其收益,人民法院应予追缴。

被执行人将赃款赃物与其他合法财产共同投资或者置业,对因此形成的财产中与赃款赃物对应的份额及其收益,人民法院应予追缴。

对于被害人的损失,应当按照刑事裁判认定的实际损失予以发还或者赔偿。

第十一条　被执行人将刑事裁判认定为赃款赃物的涉案财物用于清偿债务、转让或者设置其他权利负担,具有下列情形之一的,人民法院应予追缴:

(一)第三人明知是涉案财物而接受的;

(二)第三人无偿或者以明显低于市场的价格取得涉案财物的;

(三)第三人通过非法债务清偿或者违法犯罪活动取得涉案财物的;

(四)第三人通过其他恶意方式取得涉案财物的。

第三人善意取得涉案财物的,执行程序中不予追缴。作为原所有人的被害人对该涉案财物主张权利的,人民法院应当告知其通过诉讼程序处理。

第十二条　被执行财产需要变价的,人民法院执行机构应当依法采取拍卖、变卖等变价措施。

涉案财物最后一次拍卖未能成交,需要上缴国库的,人民法院应当通知有关财政机关以该次拍卖保留价予以接收;有关财政机关要求继续变价的,可以进行无保留价拍卖。需要退赔被害人的,以该次拍卖保留价以物退赔;被害人不同意以物退赔的,可以进行无保留价拍卖。

第十三条　被执行人在执行中同时承担刑事责任、民事责任,其财产不足以支付的,按照下列顺序执行:

(一)人身损害赔偿中的医疗费用;

(二)退赔被害人的损失;

(三)其他民事债务;

(四)罚金;

(五)没收财产。

债权人对执行标的依法享有优先受偿权,其主张优先受偿的,人民法院应当在前款第(一)项规定的医疗费用受偿后,予以支持。

第十六条　人民法院办理刑事裁判涉财产部分执行案件,刑法、刑事诉讼法及有关司法解释没有相应规定的,参照适用民事执行的有关规定。

第十七条　最高人民法院此前发布的司法解释与本规定不一致的，以本规定为准。

271.2.5　涉财产部分的执行异议与终结

★**《法院解释》**（2021）

第五百二十八条　执行刑事裁判涉财产部分、附带民事裁判过程中，当事人、利害关系人认为执行行为违反法律规定，或者案外人对被执行标的书面提出异议的，人民法院应当参照民事诉讼法的有关规定处理。

第五百二十九条　执行刑事裁判涉财产部分、附带民事裁判过程中，具有下列情形之一的，人民法院应当裁定终结执行：

（一）据以执行的判决、裁定被撤销的；

（二）被执行人死亡或者被执行死刑，且无财产可供执行的；

（三）被判处罚金的单位终止，且无财产可供执行的；

（四）依照刑法第五十三条规定免除罚金的；

（五）应当终结执行的其他情形。

裁定终结执行后，发现被执行人的财产有被隐匿、转移等情形的，应当追缴。

第五百三十一条　刑事裁判涉财产部分、附带民事裁判全部或者部分被撤销的，已经执行的财产应当全部或者部分返还被执行人；无法返还的，应当依法赔偿。

★**《最高人民法院关于刑事裁判涉财产部分执行的若干规定》**（法释〔2014〕13 号，2014 年 10 月 30 日）

第十四条　执行过程中，当事人、利害关系人认为执行行为违反法律规定，或者案外人对执行标的主张足以阻止执行的实体权利，向执行法院提出书面异议的，执行法院应当依照民事诉讼法第二百二十五条①的规定处理。

人民法院审查案外人异议、复议，应当公开听证。

第十五条　执行过程中，案外人或被害人认为刑事裁判中对涉案财物是否属于赃款赃物认定错误或者应予认定而未认定，向执行法院提出书面异议，可以通过裁定补正的，执行机构应当将异议材料移送刑事审判部门处理；无法通过裁定补正的，应当告知异议人通过审判监督程序处理。

271.2.6　涉财产部分执行不收取诉讼费

★**《最高人民法院办公厅关于刑事裁判涉财产部分执行可否收取诉讼费意见的复函》**（法办函〔2017〕19 号，2017 年 1 月 11 日）

……刑事裁判涉财产部分执行不同于民事执行，人民法院办理刑事裁判涉财产部分执行案件，不应收取诉讼费。

271.2.7　罚金的数额标准

★**《最高人民法院关于适用财产刑若干问题的规定》**（法释〔2000〕45 号，2000 年 12 月 3 日）

第二条　人民法院应当根据犯罪情节，如违法所得数额、造成损失的大小等，并综合考虑犯罪分子缴纳罚金的能力，依法判处罚金。刑法没有明确规定罚金数额标准的，罚金的最低数额不

① 2023 年民事诉讼法第二百三十六条。

能少于一千元。

对未成年人犯罪应当从轻或者减轻判处罚金,但罚金的最低数额不能少于五百元。

第三条　依法对犯罪分子所犯数罪分别判处罚金的,应当实行并罚,将所判处的罚金数额相加,执行总和数额。

一人犯数罪依法同时并处罚金和没收财产的,应当合并执行;但并处没收全部财产的,只执行没收财产刑。

271.2.8　罚金的缴纳与减免

★《法院解释》(2021)

第五百二十三条　罚金在判决规定的期限内一次或者分期缴纳。期满无故不缴纳或者未足额缴纳的,人民法院应当强制缴纳。经强制缴纳仍不能全部缴纳的,在任何时候,包括主刑执行完毕后,发现被执行人有可供执行的财产的,应当追缴。

行政机关对被告人就同一事实已经处以罚款的,人民法院判处罚金时应当折抵,扣除行政处罚已执行的部分。

第五百二十四条　因遭遇不能抗拒的灾祸等原因缴纳罚金确有困难,被执行人申请延期缴纳、酌情减少或者免除罚金的,应当提交相关证明材料。人民法院应当在收到申请后一个月以内作出裁定。符合法定条件的,应当准许;不符合条件的,驳回申请。

★《最高人民法院关于适用财产刑若干问题的规定》(法释〔2000〕45号,2000年12月3日)

第四条　犯罪情节较轻,适用单处罚金不致再危害社会并具有下列情形之一的,可以依法单处罚金:

(一)偶犯或者初犯;

(二)自首或者有立功表现的;

(三)犯罪时不满十八周岁的;

(四)犯罪预备、中止或者未遂的;

(五)被胁迫参加犯罪的;

(六)全部退赃并有悔罪表现的;

(七)其他可以依法单处罚金的情形。

第五条　刑法第五十三条规定的"判决指定的期限"应当在判决书中予以确定;"判决指定的期限"应为从判决发生法律效力第二日起最长不超过三个月。

第六条　刑法第五十三条规定的"由于遭遇不能抗拒的灾祸缴纳确实有困难的",主要是指因遭受火灾、水灾、地震等灾祸而丧失财产;罪犯因重病、伤残等而丧失劳动能力,或者需要罪犯抚养的近亲属患有重病,需支付巨额医药费等,确实没有财产可供执行的情形。

具有刑法第五十三条规定"可以酌情减少或者免除"事由的,由罪犯本人、亲属或者犯罪单位向负责执行的人民法院提出书面申请,并提供相应的证明材料。人民法院审查以后,根据实际情况,裁定减少或者免除应当缴纳的罚金数额。

第七条　刑法第六十条规定的"没收财产以前犯罪分子所负的正当债务",是指犯罪分子在判决生效前所负他人的合法债务。

第八条　罚金刑的数额应当以人民币为计算单位。

第十一条　自判决指定的期限届满第二日起,人民法院对于没有法定减免事由不缴纳罚金的,应当强制其缴纳。

对于隐藏、转移、变卖、损毁已被扣押、冻结财产情节严重的,依照刑法第三百一十四条的规定追究刑事责任。

271.3　专门问题解答

271.3.1　被执行人名下唯一住房的执行标准

★**《法答网精选答问(第三批)》**(《人民法院报》2024 年 3 月 21 日第 7 版)

问题 5:罚金刑的刑事执行案件中对于被执行人名下的唯一住房是否可以执行?

答疑意见:根据《最高人民法院关于刑事裁判涉财产部分执行的若干规定》(法释〔2014〕13 号)第十六条,人民法院办理刑事裁判涉财产部分执行案件,刑法、刑事诉讼法及有关司法解释没有相应规定的,参照适用民事执行的有关规定。因此,对于罚金刑的刑事执行案件中被执行人名下唯一住房执行问题,可参照适用民事执行中的相关规定办理。

根据《最高人民法院关于人民法院民事执行中查封、扣押、冻结财产的规定》第四条、第五条规定,对被执行人及其所扶养家属生活所必需的居住房屋,人民法院可以查封,但不得拍卖、变卖或者抵债。对于超过被执行人及其所扶养家属生活所必需的房屋和生活用品,人民法院根据申请执行人的申请,在保障被执行人及其所扶养家属最低生活标准所必需的居住房屋和普通生活必需品后,可予以执行。根据《最高人民法院关于人民法院办理执行异议和复议案件若干问题的规定》第二十条规定,申请执行人按照当地廉租住房保障面积标准为被执行人及所扶养家属提供居住房屋,或者同意参照当地房屋租赁市场平均租金标准从该房屋的变价款中扣除五至八年租金时,被执行人以执行标的系本人及所扶养家属维持生活必需的居住房屋为由提出异议的,人民法院不予支持。

需要注意的是,被执行人及其所扶养家属的“唯一住房”和“生活必需住房”两个概念并不完全相同。被执行人及其所扶养家属唯一的住房,并非完全不能作为强制执行的标的物,如果能够保障被执行人及其所扶养家属维持生活必需的居住条件,可采取相应的方式予以执行。“唯一住房”是否为被执行人“生活必需”应结合被执行人的经济状况、房屋实际占有使用情况以及房屋的价值、地理位置等因素来综合考量、认定。若房屋存在出租、出借给他人使用等并非用来实际居住的情形,则可以认定被执行人并非依靠涉案房产维持其基本生存,人民法院可对该房产予以执行;若房屋面积较大或者价值较高,超过被执行人及其所扶养家属生活必需,可根据《最高人民法院关于人民法院民事执行中查封、扣押、冻结财产的规定》第五条的规定,采取“以小换大、以差换好、以远换近”等方式,在保障被执行人及其所扶养家属基本居住条件的前提下,对该“唯一住房”进行置换,将超过生活必需部分的房屋变价款用于执行财产刑。

272　没收财产的执行

272.1　法条规定

第二百七十二条　没收财产的判决,无论附加适用或者独立适用,都由人民法院执行;在必要的时候,可以会同公安机关执行。

【立法释义】①

本条规定明确了没收财产的执行程序。没收财产的范围限于罪犯本人所有的财产，包括没收一部分或者全部财产的情形。

“在必要的时候”，主要是指人民法院执行没收财产的判决遇到阻碍，需要采取强制措施。需要指出的是，执行刑事裁判涉财产部分和附带民事裁判，应当适用民事赔偿优先原则。对涉案财产执行过程存在的异议，应当依照民事诉讼的程序予以处理。

272.2　司法解释

272.2.1　没收财产的执行要求

★《法院解释》（2021）

第五百二十五条　判处没收财产的，判决生效后，应当立即执行。

★《最高人民法院关于刑事裁判涉财产部分执行的若干规定》（法释〔2014〕13号，2014年10月30日）

第九条　判处没收财产的，应当执行刑事裁判生效时被执行人合法所有的财产。

执行没收财产或罚金刑，应当参照被扶养人住所地政府公布的上年度当地居民最低生活费标准，保留被执行人及其所扶养家属的生活必需费用。

【重点解读】②

判处没收财产的刑事裁判生效后被执行人死亡的，在被执行人有财产可供执行的情况下，应当继续执行。

★《最高人民法院关于适用财产刑若干问题的规定》（法释〔2000〕45号，2000年12月3日）

第一条　刑法规定“并处”没收财产或者罚金的犯罪，人民法院在对犯罪分子判处主刑的同时，必须依法判处相应的财产刑；刑法规定“可以并处”没收财产或者罚金的犯罪，人民法院应当根据案件具体情况及犯罪分子的财产状况，决定是否适用财产刑。

272.3　规范性文件

272.3.1　存款没收、过户或支付程序

★《中国人民银行、最高人民法院、最高人民检察院、公安部、司法部关于查询、停止支付和没收个人在银行的存款以及存款人死亡后的存款过户或支付手续的联合通知》（〔80〕银储字第18号，1980年11月22日）

一、关于查询、停止支付和没收个人存款

（一）人民法院、人民检察院和公安机关因侦查、起诉、审理案件，需要向银行查询与案件直接有关的个人存款时，必须向银行提出县级和县级以上法院、检察院或公安机关正式查询公函，并提供存款人的有关线索，如存款人的姓名、存款日期、金额等情况；经银行县、市支行或市分行区办一级核对，指定所属储蓄所提供资料。查询单位不能迳自到储蓄所查阅账册；对银行提供的存款情况，应保守秘密。

（二）人民法院、人民检察院和公安机关在侦查、审理案件中，发现当事人存款与案件直接有关，要求停止支付存款时，必须向银行提出县级和县级以

① 参见王爱立主编书，第575—576页。

② 参见刘贵祥、闫燕：《〈最高人民法院关于刑事裁判涉财产部分执行的若干规定〉的理解与适用》，载《人民司法》2015年第1期。

上人民法院、人民检察院和公安机关的正式通知,经银行县、市支行或市分行区办一级核对后,通知所属储蓄所办理暂停支付手续。

停止支付的期限最长不超过六个月。逾期自动撤销。有特殊原因需要延长的,应重新办理停止支付手续。

如存款户在停止支付期间因生活必需而需要提取用款时,银行应及时主动与要求停止支付的单位联系,并根据实际情况,具体处理。

(三)人民法院判决没收罪犯储蓄存款时,银行依据人民法院判决书办理。人民法院判决民事案件中有关储蓄存款的处理,执行时应由当事人交出存款单(折),银行、储蓄所凭存款单(折)办理;如当事人拒不交出存款单(折),须强制执行时,由人民法院通知人民银行,人民银行凭判决书或裁定书,由县、市支行或市分行区办一级核对后办理,当事人的原存款单(折)作废,将判决书或裁定书收入档案保存。

(四)查询、暂停支付华侨储蓄存款时,公安机关由地(市)以上的公安厅(局)、处依照上述规定手续办理;人民法院、人民检察院由对案件有法定管辖权的法院、检察院依照上述规定手续办理。

(五)为了严密制度、手续,特制定有关查询、停止支付个人储蓄存款的几种文书格式,随文附发。使用这些法律文书时,应统一编号,妥慎保管。

二、关于存款人死亡后的存款过户或支付手续

存款人死亡后的存款提取、过户手续问题涉及的内容比较复杂,应慎重处理。

(一)存款人死亡后,合法继承人为证明自己的身份和有权提取该项存款,应向当地公证处(尚未设立公证处的地方向县、市人民法院,下同)申请办理继承权证明书,银行凭以办理过户或支付手续。如该项存款的继承权发生争执时,应由人民法院判处。银行凭人民法院的判决书、裁定书或调解书办理过户或支付手续。

(二)在国外的华侨、中国血统外籍人和港澳同胞在国内银行的存款或委托银行代为保管的存款,原存款人死亡,如其合法继承人在国内者,凭原存款人的死亡证(或其他可以证明存款人确实死亡的证明)向当地公证处申请办理继承权证明书,银行凭以办理存款的过户或支付手续。

(三)在我国定居的外侨(包括无国籍者)在我国银行的存款,其存款过户或提取手续,与我国公民存款处理手续相同,应按照上述规定办理。与我国订有双边领事协定的外国侨民应按协定的具体规定办理。

(四)继承人在国外者,可凭原存款人的死亡证明和经我驻在该国使、领馆认证的亲属证明,向我公证机关申请办理继承权证明书,银行凭以办理存款的过户或支付手续。

继承人所在国如系禁汇国家,按上述规定办理有困难时,可由当地侨团、友好社团和爱国侨领、友好人士提供证明,并由我驻所在国使领馆认证后,向我公安机关申请办理继承权证明书,银行再凭以办理过户或支付手续。

继承人所在国如未建交,应根据特殊情况,特殊处理。

居住国外的继承人继承在我国内

银行的存款，能否汇出国外，应按我国外汇管理条例的有关规定办理。

（五）存款人死亡后，无法定继承人又无遗嘱的，经公证部门的证明，暂按财政部规定：全民所有制企、事业、国家机关、群众团体的职工存款，上缴财政部门入库收归国有。集体所有制企、事业单位的职工，可转归集体所有。此项上缴国库或转归集体所有的存款都不计利息。

★《中国人民银行、最高人民法院、最高人民检察院、公安部、司法部关于没收储蓄存款缴库和公证处查询存款问题几点补充规定》（〔83〕银发字第203号，1983年7月4日）

一、人民检察院决定免予起诉、撤销案件或者不起诉的案件，被告人交出或者被人民检察院、公安机关查获的被告人的储蓄存款单（折），经查明确系被告人非法所得的赃款，人民检察院作出没收的决定之后，银行依据人民检察院的《免予起诉决定书》（附没收清单）或者由检察长签署的《没收通知书》和存款单（折），办理提款或者缴库手续。

二、对于收到以匿名或化名的方式交出的储蓄存款单（折），凡由人民检察院、公安机关受理的，经认真调查仍无法找到寄交人的，在收到该项存款单（折）半年以后，并经与银行核对确有该项存款的，根据县以上（含县）人民检察院检察长或者公安局局长签署的决定办理缴库手续。如属于其他单位接受的，由接受单位备函开具清单送交县以上人民检察院或公安机关办理缴库手续。

三、没收缴库的储蓄存款，银行采取转账方式支付，并均不计付利息。

四、没收的储蓄存款缴库后，如查出不该没收的，由原经办单位负责办理退库手续，并将款项退还当事人。上缴国库后一段时间应付储户的利息由财政上负担。

五、公证处在办理继承权公证的过程中，需要向银行核实有关储蓄存款情况时，须提供存款储蓄所的名称、户名、账号、日期、金额等线索，银行应协助办理。

272.3.2　海上犯罪涉案财物的处置

★《最高人民法院、最高人民检察院、中国海警局依法打击涉海砂违法犯罪座谈会纪要》（法发〔2023〕9号，2023年6月6日）

13. 对涉案船舶，海警机构应当依法及时查封、扣押，扣押后一般由海警机构自行保管，特殊情况下，也可以交由船主或者船长暂时保管。

14. 具有下列情形之一的，一般可以认定为《非法采矿解释》第十二条第二款规定的“用于犯罪的专门工具”，并依法予以没收：

（1）犯罪分子所有，并专门用于非法采挖海砂犯罪的工具；

（2）长期不作登记或者系“三无”船舶或者挂靠、登记在他人名下，但实为犯罪分子控制，并专门用于非法采挖海砂犯罪的工具；

（3）船舶、机具所有人明知犯罪分子专门用于非法采挖海砂违法犯罪而出租、出借船舶、机具，构成共同犯罪或者相关犯罪的。

16. 非法采挖、运输海砂犯罪分子为逃避专门用于犯罪的船舶被依法罚没，或者为逃避一年内曾因非法采挖、运输海砂受过行政处罚，又实施此类行为被追究刑事责任，而通过虚构买卖合同、口头协议等方式转让船舶所有权，但并未进行物权变动登记，也未实际支付船舶转让价款的，可以依法认定涉案船舶为“用于犯罪的专门工具”。

17. 涉案船舶的价值与涉案金额过于悬殊，且涉案船舶证件真实有效、权属明确、船证一致的，一般不予没收。实践中，应当综合行为的性质、情节、后果、社会危害程度及行为人认罪悔罪表现等因素，对涉案船舶依法处置。

18. 船主以非法运输海砂为业，明知是非法采挖海砂仍一年内多次实施非法运输海砂犯罪活动，构成共同犯罪或者相关犯罪的，涉案船舶可以认定为《非法采矿解释》第十二条第二款规定的“供犯罪所用的本人财物”，并依法予以没收。

19. 海警机构对查扣的涉案海砂，在固定证据和留存样本后，经县级以上海警机构主要负责人批准，可以依法先行拍卖，并对拍卖进行全流程监管。拍卖所得价款暂予保管，诉讼终结后依法处理。

对于涉案船舶上采运砂机具等设施设备，海警机构在侦查过程中应当及时查封、扣押，人民法院原则上应当依法判决没收，或者交由相关主管部门予以拆除。

★**《最高人民法院、最高人民检察院、海关总署、公安部、中国海警局关于打击粤港澳海上跨境走私犯罪适用法律若干问题的指导意见》**（署缉发〔2021〕141 号，2021 年 12 月 14 日）

四、对用于运输走私冻品等货物的船舶、车辆，按照以下原则处置：

（一）对“三无”船舶，无法提供有效证书的船舶、车辆，依法予以没收、收缴或者移交主管机关依法处置；

（二）对走私犯罪分子自有的船舶、车辆或者假挂靠、长期不作登记、虚假登记等实为走私分子所有的船舶、车辆，作为犯罪工具依法没收；

（三）对所有人明知或者应当知道他人实施走私冻品等犯罪而出租、出借的船舶、车辆，依法予以没收。

具有下列情形之一的，可以认定船舶、车辆出租人、出借人明知或者应当知道他人实施违法犯罪，但有证据证明确属被蒙骗或者有其他相反证据的除外：

（一）出租人、出借人未经有关部门批准，擅自将船舶改装为可运载冻品等货物用的船舶，或者进行伪装的；

（二）出租人、出借人默许实际承运人将船舶改装为可运载冻品等货物用船舶，或者进行伪装的；

（三）因出租、出借船舶、车辆用于走私受过行政处罚，又出租、出借给同一走私人或者同一走私团伙使用的；

（四）出租人、出借人拒不提供真实的实际承运人信息，或者提供虚假的实际承运人信息的；

（五）其他可以认定明知或者应当知道的情形。

是否属于“三无”船舶，按照《“三无”船舶联合认定办法》（署缉发〔2021〕88 号印发）规定认定。

273　新罪、漏罪的追诉和减刑、假释

273.1　法条规定

第二百七十三条　罪犯在服刑期间又犯罪的，或者发现了判决的时候所没有发现的罪行，由执行机关移送人民检察院处理。

被判处管制、拘役、有期徒刑或者无期徒刑的罪犯，在执行期间确有悔改或者立功表现，应当依法予以减刑、假释的时候，由执行机关提出建议书，报请人民法院审核裁定，并将建议书副本抄送人民检察院。人民检察院可以向人民法院提出书面意见。

【立法释义】①

本条规定明确了新罪、漏罪的追诉和减刑、假释的程序。2012 年刑事诉讼法修改，增加了人民检察院对减刑、假释进行法律监督的规定。

对于新罪、漏罪的追诉，应当关注以下事项：

第一，新罪、漏罪的含义。对于执行期间的新罪、漏罪，应当依法追诉。新罪，是指罪犯在服刑期间又实施新的犯罪行为。漏罪，是指执行机关发现罪犯还犯有在判决的时候没有发现的罪行。对于罪犯服刑期间的新罪、漏罪，由执行机关移送人民检察院处理。

第二，新罪的侦查机关。对于在监狱内服刑的罪犯在服刑期间又犯罪的，由监狱进行侦查，侦查终结后，制作起诉意见书，连同案卷材料、证据一并移送人民检察院。如果罪犯不是在监狱内服刑的，由公安机关进行侦查，侦查终结后，由公安机关写出起诉意见书，连同案卷材料、证据一并移送人民检察院处理。

第三，漏罪的侦查机关。对于判决时没有发现的罪行，应当按照刑事诉讼法确定管辖范围，再由人民检察院进行侦查、起诉或者由公安机关进行侦查，侦查终结后，再由公安机关写出起诉意见书，连同案卷材料、证据一并移送人民检察院处理。

被判处管制、拘役、有期徒刑或者无期徒刑的罪犯，可以适用减刑、假释。对于减刑、假释程序，应当关注以下事项：

第一，适用条件。罪犯在执行期间确有悔改或者立功表现，是适用减刑、假释的实质要件。同时，罪犯不得具备减刑、假释的禁止性条件。具体言之，对拒不认罪悔罪的，或者确有履行能力而不履行或者不全部履行生效裁判中财产刑判项的，不予假释，一般不予减刑。减刑具有最低服刑期限和减刑幅度，并且两次减刑之间须具有一定时间间隔。但罪犯有重大立功表现的，减刑时可以不受起始时间和间隔时间的限制。

第二，审核法院。对于减刑、假释案件，应当由具有管辖权的法院依法作出审核裁定。

第三，审理程序。对于应当依法予以减刑、假释的罪犯，由执行机关提出建议书，报请人民法院审核裁定。人民法院审理减刑、假释案件，应当组成合议庭，可以书面审理。对于特定情形，需要开庭调查或者存在争议的，应当开庭审理。人民检察院应当指派检察人员出席法庭，发表意见。

第四，法律监督。执行机关建议减刑、假释的，在报请人民法院审核裁定的同时，应当将建议书副本抄送人民检察院，接受人民检察院监督。同时，人民检察院可以向人民法院提出书面意见，人民法院应当对书面意见进行审查，并对减刑、假释案件开庭审理。

① 参见王爱立主编书，第 576—578 页。

273.2　相关立法

273.2.1　减刑的条件和程序

★《中华人民共和国监狱法》(2012年10月26日修正)

第二十九条　被判处无期徒刑、有期徒刑的罪犯,在服刑期间确有悔改或者立功表现的,根据监狱考核的结果,可以减刑。有下列重大立功表现之一的,应当减刑:

(一)阻止他人重大犯罪活动的;

(二)检举监狱内外重大犯罪活动,经查证属实的;

(三)有发明创造或者重大技术革新的;

(四)在日常生产、生活中舍己救人的;

(五)在抗御自然灾害或者排除重大事故中,有突出表现的;

(六)对国家和社会有其他重大贡献的。

第三十条　减刑建议由监狱向人民法院提出,人民法院应当自收到减刑建议书之日起一个月内予以审核裁定;案情复杂或者情况特殊的,可以延长一个月。减刑裁定的副本应当抄送人民检察院。

第三十一条　被判处死刑缓期二年执行的罪犯,在死刑缓期执行期间,符合法律规定的减为无期徒刑、有期徒刑条件的,二年期满时,所在监狱应当及时提出减刑建议,报经省、自治区、直辖市监狱管理机关审核后,提请高级人民法院裁定。

273.2.2　假释的条件和程序

★《中华人民共和国监狱法》(2012年10月26日修正)

第三十二条　被判处无期徒刑、有期徒刑的罪犯,符合法律规定的假释条件的,由监狱根据考核结果向人民法院提出假释建议,人民法院应当自收到假释建议书之日起一个月内予以审核裁定;案情复杂或者情况特殊的,可以延长一个月。假释裁定的副本应当抄送人民检察院。

第三十三条　人民法院裁定假释的,监狱应当按期假释并发给假释证明书。

对被假释的罪犯,依法实行社区矫正,由社区矫正机构负责执行。被假释的罪犯,在假释考验期限内有违反法律、行政法规或者国务院有关部门关于假释的监督管理规定的行为,尚未构成新的犯罪的,社区矫正机构应当向人民法院提出撤销假释的建议,人民法院应当自收到撤销假释建议书之日起一个月内予以审核裁定。人民法院裁定撤销假释的,由公安机关将罪犯送交监狱收监。

273.2.3　对减刑、假释的法律监督

★《中华人民共和国监狱法》(2012年10月26日修正)

第三十四条　对不符合法律规定的减刑、假释条件的罪犯,不得以任何理由将其减刑、假释。

人民检察院认为人民法院减刑、假释的裁定不当,应当依照刑事诉讼法规定的期间向人民法院提出书面纠正意见。对于人民检察院提出书面纠正意见的案件,人民法院应当重新审理。

273.2.4　罪犯在服刑期间犯新罪的处理

★《中华人民共和国监狱法》(2012

年10月26日修正)

第五十九条 罪犯在服刑期间故意犯罪的,依法从重处罚。

第六十条 对罪犯在监狱内犯罪的案件,由监狱进行侦查。侦查终结后,写出起诉意见书,连同案卷材料、证据一并移送人民检察院。

273.3 司法解释

273.3.1 检察机关对减刑、假释申请及审理的监督

★《检察院规则》(2019)

第六百三十五条 人民检察院收到执行机关抄送的减刑、假释建议书副本后,应当逐案进行审查。发现减刑、假释建议不当或者提请减刑、假释违反法定程序的,应当在十日以内报经检察长批准,向审理减刑、假释案件的人民法院提出书面检察意见,同时也可以向执行机关提出书面纠正意见。案情复杂或者情况特殊的,可以延长十日。

第六百三十六条 人民检察院发现监狱等执行机关提请人民法院裁定减刑、假释的活动具有下列情形之一的,应当依法提出纠正意见:

(一)将不符合减刑、假释法定条件的罪犯,提请人民法院裁定减刑、假释的;

(二)对依法应当减刑、假释的罪犯,不提请人民法院裁定减刑、假释的;

(三)提请对罪犯减刑、假释违反法定程序,或者没有完备的合法手续的;

(四)提请对罪犯减刑的减刑幅度、起始时间、间隔时间或者减刑后又假释的间隔时间不符合有关规定的;

(五)被提请减刑、假释的罪犯被减刑后实际执行的刑期或者假释考验期不符合有关法律规定的;

(六)其他违法情形。

第六百三十七条 人民法院开庭审理减刑、假释案件,人民检察院应当指派检察人员出席法庭,发表意见。

【重点解读】①

人民检察院派员出席减刑、假释案件的庭审,是否坚持同级监督原则,由同级人民检察院派员出庭,可以由人民检察院和人民法院协商决定。

273.3.2 减刑、假释案件的审理期限

★《法院解释》(2021)

第五百三十四条 对减刑、假释案件,应当按照下列情形分别处理:

(一)对被判处死刑缓期执行的罪犯的减刑,由罪犯服刑地的高级人民法院在收到同级监狱管理机关审核同意的减刑建议书后一个月以内作出裁定;

(二)对被判处无期徒刑的罪犯的减刑、假释,由罪犯服刑地的高级人民法院在收到同级监狱管理机关审核同意的减刑、假释建议书后一个月以内作出裁定,案情复杂或者情况特殊的,可以延长一个月;

(三)对被判处有期徒刑和被减为有期徒刑的罪犯的减刑、假释,由罪犯服刑地的中级人民法院在收到执行机关提出的减刑、假释建议书后一个月以内作出裁定,案情复杂或者情况特殊的,可以延长一个月;

(四)对被判处管制、拘役的罪犯的减刑,由罪犯服刑地的中级人民法院

---

① 参见童建明、万春主编释义书,第672—674页。

在收到同级执行机关审核同意的减刑建议书后一个月以内作出裁定。

对社区矫正对象的减刑，由社区矫正执行地的中级以上人民法院在收到社区矫正机构减刑建议书后三十日以内作出裁定。

★**《最高人民法院关于减刑、假释案件审理程序的规定》**（法释〔2014〕5号，2014年4月23日）

第一条　对减刑、假释案件，应当按照下列情形分别处理：

（一）对被判处死刑缓期执行的罪犯的减刑，由罪犯服刑地的高级人民法院在收到同级监狱管理机关审核同意的减刑建议书后一个月内作出裁定；

（二）对被判处无期徒刑的罪犯的减刑、假释，由罪犯服刑地的高级人民法院在收到同级监狱管理机关审核同意的减刑、假释建议书后一个月内作出裁定，案情复杂或者情况特殊的，可以延长一个月；

（三）对被判处有期徒刑和被减为有期徒刑的罪犯的减刑、假释，由罪犯服刑地的中级人民法院在收到执行机关提出的减刑、假释建议书后一个月内作出裁定，案情复杂或者情况特殊的，可以延长一个月；

（四）对被判处拘役、管制的罪犯的减刑，由罪犯服刑地中级人民法院在收到同级执行机关审核同意的减刑、假释建议书后一个月内作出裁定。

对暂予监外执行罪犯的减刑，应当根据情况，分别适用前款的有关规定。

273.3.3　减刑、假释案件的审查与立案

★**《法院解释》**（2021）

第五百三十五条　受理减刑、假释案件，应当审查执行机关移送的材料是否包括下列内容：

（一）减刑、假释建议书；

（二）原审法院的裁判文书、执行通知书、历次减刑裁定书的复制件；

（三）证明罪犯确有悔改、立功或者重大立功表现具体事实的书面材料；

（四）罪犯评审鉴定表、奖惩审批表等；

（五）罪犯假释后对所居住社区影响的调查评估报告；

（六）刑事裁判涉财产部分、附带民事裁判的执行、履行情况；

（七）根据案件情况需要移送的其他材料。

人民检察院对报请减刑、假释案件提出意见的，执行机关应当一并移送受理减刑、假释案件的人民法院。

经审查，材料不全的，应当通知提请减刑、假释的执行机关在三日以内补送；逾期未补送的，不予立案。

第五百三十七条　审理减刑、假释案件，应当在立案后五日以内对下列事项予以公示：

（一）罪犯的姓名、年龄等个人基本情况；

（二）原判认定的罪名和刑期；

（三）罪犯历次减刑情况；

（四）执行机关的减刑、假释建议和依据。

公示应当写明公示期限和提出意见的方式。

273.3.4　减刑、假释案件的审理程序

★**《法院解释》**（2021）

第五百三十八条　审理减刑、假释案件，应当组成合议庭，可以采用书面审理

的方式,但下列案件应当开庭审理:

(一)因罪犯有重大立功表现提请减刑的;

(二)提请减刑的起始时间、间隔时间或者减刑幅度不符合一般规定的;

(三)被提请减刑、假释罪犯系职务犯罪罪犯,组织、领导、参加、包庇、纵容黑社会性质组织罪犯,破坏金融管理秩序罪犯或者金融诈骗罪犯的;

(四)社会影响重大或者社会关注度高的;

(五)公示期间收到不同意见的;

(六)人民检察院提出异议的;

(七)有必要开庭审理的其他案件。

第五百四十条　减刑、假释裁定作出前,执行机关书面提请撤回减刑、假释建议的,人民法院可以决定是否准许。

第五百四十一条　人民法院发现本院已经生效的减刑、假释裁定确有错误的,应当另行组成合议庭审理;发现下级人民法院已经生效的减刑、假释裁定确有错误的,可以指令下级人民法院另行组成合议庭审理,也可以自行组成合议庭审理。

★《最高人民法院关于减刑、假释案件审理程序的规定》(法释〔2014〕5号,2014年4月23日)

第四条　人民法院审理减刑、假释案件,应当依法由审判员或者由审判员和人民陪审员组成合议庭进行。

第五条　人民法院审理减刑、假释案件,除应当审查罪犯在执行期间的一贯表现外,还应当综合考虑犯罪的具体情节、原判刑罚情况、财产刑执行情况、附带民事裁判履行情况、罪犯退赃退赔等情况。

人民法院审理假释案件,除应当审查第一款所列情形外,还应当综合考虑罪犯的年龄、身体状况、性格特征、假释后生活来源以及监管条件等影响再犯罪的因素。

执行机关以罪犯有立功表现或重大立功表现为由提出减刑的,应当审查立功或重大立功表现是否属实。涉及发明创造、技术革新或者其他贡献的,应当审查该成果是否系罪犯在执行期间独立完成,并经有关主管机关确认。

第六条　人民法院审理减刑、假释案件,可以采取开庭审理或者书面审理的方式。但下列减刑、假释案件,应当开庭审理:

(一)因罪犯有重大立功表现报请减刑的;

(二)报请减刑的起始时间、间隔时间或者减刑幅度不符合司法解释一般规定的;

(三)公示期间收到不同意见的;

(四)人民检察院有异议的;

(五)被报请减刑、假释罪犯系职务犯罪罪犯,组织(领导、参加、包庇、纵容)黑社会性质组织犯罪罪犯,破坏金融管理秩序和金融诈骗犯罪罪犯及其他在社会上有重大影响或社会关注度高的;

(六)人民法院认为其他应当开庭审理的。

第七条　人民法院开庭审理减刑、假释案件,应当通知人民检察院、执行机关及被报请减刑、假释罪犯参加庭审。

人民法院根据需要,可以通知证明罪犯确有悔改表现或者立功、重大立功表现的证人,公示期间提出不同意见的人，以及鉴定人、翻译人员等其他人员参加庭审。

第八条　开庭审理应当在罪犯刑罚执行场所或者人民法院确定的场所进行。有条件的人民法院可以采取视频开庭的方式进行。

在社区执行刑罚的罪犯因重大立功被报请减刑的，可以在罪犯服刑地或者居住地开庭审理。

第九条　人民法院对于决定开庭审理的减刑、假释案件，应当在开庭三日前将开庭的时间、地点通知人民检察院、执行机关、被报请减刑、假释罪犯和有必要参加庭审的其他人员，并于开庭三日前进行公告。

第十条　减刑、假释案件的开庭审理由审判长主持，应当按照以下程序进行：

（一）审判长宣布开庭，核实被报请减刑、假释罪犯的基本情况；

（二）审判长宣布合议庭组成人员、检察人员、执行机关代表及其他庭审参加人；

（三）执行机关代表宣读减刑、假释建议书，并说明主要理由；

（四）检察人员发表检察意见；

（五）法庭对被报请减刑、假释罪犯确有悔改表现或立功表现、重大立功表现的事实以及其他影响减刑、假释的情况进行调查核实；

（六）被报请减刑、假释罪犯作最后陈述；

（七）审判长对庭审情况进行总结并宣布休庭评议。

第十一条　庭审过程中，合议庭人员对报请理由有疑问的，可以向被报请减刑、假释罪犯、证人、执行机关代表、检察人员提问。

庭审过程中，检察人员对报请理由有疑问的，在经审判长许可后，可以出示证据，申请证人到庭，向被报请减刑、假释罪犯及证人提问并发表意见。被报请减刑、假释罪犯对报请理由有疑问的，在经审判长许可后，可以出示证据，申请证人到庭，向证人提问并发表意见。

第十二条　庭审过程中，合议庭对证据有疑问需要进行调查核实，或者检察人员、执行机关代表提出申请的，可以宣布休庭。

第十三条　人民法院开庭审理减刑、假释案件，能够当庭宣判的应当当庭宣判；不能当庭宣判的，可以择期宣判。

第十四条　人民法院书面审理减刑、假释案件，可以就被报请减刑、假释罪犯是否符合减刑、假释条件进行调查核实或听取有关方面意见。

第十五条　人民法院书面审理减刑案件，可以提讯被报请减刑罪犯；书面审理假释案件，应当提讯被报请假释罪犯。

第十六条　人民法院审理减刑、假释案件，应当按照下列情形分别处理：

（一）被报请减刑、假释罪犯符合法律规定的减刑、假释条件的，作出予以减刑、假释的裁定；

（二）被报请减刑的罪犯符合法律规定的减刑条件，但执行机关报请的减刑幅度不适当的，对减刑幅度作出相应调整后作出予以减刑的裁定；

（三）被报请减刑、假释罪犯不符合法律规定的减刑、假释条件的，作出不予减刑、假释的裁定。

在人民法院作出减刑、假释裁定前，执行机关书面申请撤回减刑、假释建议的，是否准许，由人民法院决定。

第十七条　减刑、假释裁定书应当写明罪犯原判和历次减刑情况，确有悔改表现或者立功、重大立功表现的事实和理由，以及减刑、假释的法律依据。

裁定减刑的，应当注明刑期的起止时间；裁定假释的，应当注明假释考验期的起止时间。

裁定调整减刑幅度或者不予减刑、假释的，应当在裁定书中说明理由。

第十八条　人民法院作出减刑、假释裁定后，应当在七日内送达报请减刑、假释的执行机关、同级人民检察院以及罪犯本人。作出假释裁定的，还应当送达社区矫正机构或者基层组织。

第十九条　减刑、假释裁定书应当通过互联网依法向社会公布。

第二十条　人民检察院认为人民法院减刑、假释裁定不当，在法定期限内提出书面纠正意见的，人民法院应当在收到纠正意见后另行组成合议庭审理，并在一个月内作出裁定。

第二十一条　人民法院发现本院已经生效的减刑、假释裁定确有错误的，应当依法重新组成合议庭进行审理并作出裁定；上级人民法院发现下级人民法院已经生效的减刑、假释裁定确有错误的，应当指令下级人民法院另行组成合议庭审理，也可以自行依法组成合议庭进行审理并作出裁定。

【重点解读】①

首先，减刑、假释案件的审理，与普通刑事案件存在较大差异。这类案件由刑罚执行机关直接向人民法院报请，罪犯本人无权申请，人民法院审理案件实行一裁终结，不存在上诉或抗诉而引发二审的情形。

其次，减刑、假释案件的审理采取开庭审理和书面审理相结合的方式。立足司法实践，现阶段宜对人民群众反映较为强烈、社会关注度较高、司法实践容易出现问题的减刑、假释案件开庭审理，其他案件则可酌情书面审理。

273.3.5　减刑、假释的基本规则

★《最高人民法院关于办理减刑、假释案件具体应用法律的规定》（法释〔2016〕23号，2016年11月14日）

第二条　对于罪犯符合刑法第七十八条第一款规定“可以减刑”条件的案件，在办理时应当综合考察罪犯犯罪的性质和具体情节、社会危害程度、原判刑罚及生效裁判中财产性判项的履行情况、交付执行后的一贯表现等因素。

第三条　“确有悔改表现”是指同时具备以下条件：

（一）认罪悔罪；

（二）遵守法律法规及监规，接受教育改造；

（三）积极参加思想、文化、职业技术教育；

（四）积极参加劳动，努力完成劳动任务。

对职务犯罪、破坏金融管理秩序和金融诈骗犯罪、组织（领导、参加、包庇、纵容）黑社会性质组织犯罪等罪犯，不积极退赃、协助追缴赃款赃物、赔偿损失，或者服刑期间利用个人影响力和社

---

① 参见滕伟、罗智勇、仇晓敏：《〈关于减刑、假释案件审理程序的规定〉的理解与适用》，载《人民司法》2014年第15期。

会关系等不正当手段意图获得减刑、假释的,不认定其“确有悔改表现”。

罪犯在刑罚执行期间的申诉权利应当依法保护,对其正当申诉不能不加分析地认为是不认罪悔罪。

第四条 具有下列情形之一的,可以认定为有“立功表现”:

(一)阻止他人实施犯罪活动的;

(二)检举、揭发监狱内外犯罪活动,或者提供重要的破案线索,经查证属实的;

(三)协助司法机关抓捕其他犯罪嫌疑人的;

(四)在生产、科研中进行技术革新,成绩突出的;

(五)在抗御自然灾害或者排除重大事故中,表现积极的;

(六)对国家和社会有其他较大贡献的。

第(四)项、第(六)项中的技术革新或者其他较大贡献应当由罪犯在刑罚执行期间独立或者为主完成,并经省级主管部门确认。

第五条 具有下列情形之一的,应当认定为有“重大立功表现”:

(一)阻止他人实施重大犯罪活动的;

(二)检举监狱内外重大犯罪活动,经查证属实的;

(三)协助司法机关抓捕其他重大犯罪嫌疑人的;

(四)有发明创造或者重大技术革新的;

(五)在日常生产、生活中舍己救人的;

(六)在抗御自然灾害或者排除重大事故中,有突出表现的;

(七)对国家和社会有其他重大贡献的。

第(四)项中的发明创造或者重大技术革新应当是罪犯在刑罚执行期间独立或者为主完成并经国家主管部门确认的发明专利,且不包括实用新型专利和外观设计专利;第(七)项中的其他重大贡献应当由罪犯在刑罚执行期间独立或者为主完成,并经国家主管部门确认。

第六条 被判处有期徒刑的罪犯减刑起始时间为:不满五年有期徒刑的,应当执行一年以上方可减刑;五年以上不满十年有期徒刑的,应当执行一年六个月以上方可减刑;十年以上有期徒刑的,应当执行二年以上方可减刑。有期徒刑减刑的起始时间自判决执行之日起计算。

确有悔改表现或者有立功表现的,一次减刑不超过九个月有期徒刑;确有悔改表现并有立功表现的,一次减刑不超过一年有期徒刑;有重大立功表现的,一次减刑不超过一年六个月有期徒刑;确有悔改表现并有重大立功表现的,一次减刑不超过二年有期徒刑。

被判处不满十年有期徒刑的罪犯,两次减刑间隔时间不得少于一年;被判处十年以上有期徒刑的罪犯,两次减刑间隔时间不得少于一年六个月。减刑间隔时间不得低于上次减刑减去的刑期。

罪犯有重大立功表现的,可以不受上述减刑起始时间和间隔时间的限制。

第七条 对符合减刑条件的职务犯罪罪犯,破坏金融管理秩序和金融诈骗犯罪罪犯,组织、领导、参加、包庇、纵容黑社会性质组织犯罪罪犯,危害国家安全犯罪罪犯，恐怖活动犯罪罪犯，毒品犯罪集团的首要分子及毒品再犯，累犯，确有履行能力而不履行或者不全部履行生效裁判中财产性判项的罪犯，被判处十年以下有期徒刑的，执行二年以上方可减刑，减刑幅度应当比照本规定第六条从严掌握，一次减刑不超过一年有期徒刑，两次减刑之间应当间隔一年以上。

对被判处十年以上有期徒刑的前款罪犯，以及因故意杀人、强奸、抢劫、绑架、放火、爆炸、投放危险物质或者有组织的暴力性犯罪被判处十年以上有期徒刑的罪犯，数罪并罚且其中两罪以上被判处十年以上有期徒刑的罪犯，执行二年以上方可减刑，减刑幅度应当比照本规定第六条从严掌握，一次减刑不超过一年有期徒刑，两次减刑之间应当间隔一年六个月以上。

罪犯有重大立功表现的，可以不受上述减刑起始时间和间隔时间的限制。

第八条　被判处无期徒刑的罪犯在刑罚执行期间，符合减刑条件的，执行二年以上，可以减刑。减刑幅度为：确有悔改表现或者有立功表现的，可以减为二十二年有期徒刑；确有悔改表现并有立功表现的，可以减为二十一年以上二十二年以下有期徒刑；有重大立功表现的，可以减为二十年以上二十一年以下有期徒刑；确有悔改表现并有重大立功表现的，可以减为十九年以上二十年以下有期徒刑。无期徒刑罪犯减为有期徒刑后再减刑时，减刑幅度依照本规定第六条的规定执行。两次减刑间隔时间不得少于二年。

罪犯有重大立功表现的，可以不受上述减刑起始时间和间隔时间的限制。

第九条　对被判处无期徒刑的职务犯罪罪犯，破坏金融管理秩序和金融诈骗犯罪罪犯，组织、领导、参加、包庇、纵容黑社会性质组织犯罪罪犯，危害国家安全犯罪罪犯，恐怖活动犯罪罪犯，毒品犯罪集团的首要分子及毒品再犯，累犯以及因故意杀人、强奸、抢劫、绑架、放火、爆炸、投放危险物质或者有组织的暴力性犯罪的罪犯，确有履行能力而不履行或者不全部履行生效裁判中财产性判项的罪犯，数罪并罚被判处无期徒刑的罪犯，符合减刑条件的，执行三年以上方可减刑，减刑幅度应当比照本规定第八条从严掌握，减刑后的刑期最低不得少于二十年有期徒刑；减为有期徒刑后再减刑时，减刑幅度比照本规定第六条从严掌握，一次不超过一年有期徒刑，两次减刑之间应当间隔二年以上。

罪犯有重大立功表现的，可以不受上述减刑起始时间和间隔时间的限制。

第十条　被判处死刑缓期执行的罪犯减为无期徒刑后，符合减刑条件的，执行三年以上方可减刑。减刑幅度为：确有悔改表现或者有立功表现的，可以减为二十五年有期徒刑；确有悔改表现并有立功表现的，可以减为二十四年以上二十五年以下有期徒刑；有重大立功表现的，可以减为二十三年以上二十四年以下有期徒刑；确有悔改表现并有重大立功表现的，可以减为二十二年以上二十三年以下有期徒刑。

被判处死刑缓期执行的罪犯减为有期徒刑后再减刑时，比照本规定第八条的规定办理。

第十一条　对被判处死刑缓期执行的职务犯罪罪犯，破坏金融管理秩序和金融诈骗犯罪罪犯，组织、领导、参加、包庇、纵容黑社会性质组织犯罪罪犯，危害国家安全犯罪罪犯，恐怖活动犯罪罪犯，毒品犯罪集团的首要分子及毒品再犯，累犯以及因故意杀人、强奸、抢劫、绑架、放火、爆炸、投放危险物质或者有组织的暴力性犯罪的罪犯，确有履行能力而不履行或者不全部履行生效裁判中财产性判项的罪犯，数罪并罚被判处死刑缓期执行的罪犯，减为无期徒刑后，符合减刑条件的，执行三年以上方可减刑，一般减为二十五年有期徒刑，有立功表现或者重大立功表现的，可以比照本规定第十条减为二十三年以上二十五年以下有期徒刑；减为有期徒刑后再减刑时，减刑幅度比照本规定第六条从严掌握，一次不超过一年有期徒刑，两次减刑之间应当间隔二年以上。

第十二条　被判处死刑缓期执行的罪犯经过一次或者几次减刑后，其实际执行的刑期不得少于十五年，死刑缓期执行期间不包括在内。

死刑缓期执行罪犯在缓期执行期间不服从监管、抗拒改造，尚未构成犯罪的，在减为无期徒刑后再减刑时应当适当从严。

第十三条　被限制减刑的死刑缓期执行罪犯，减为无期徒刑后，符合减刑条件的，执行五年以上方可减刑。减刑间隔时间和减刑幅度依照本规定第十一条的规定执行。

第十四条　被限制减刑的死刑缓期执行罪犯，减为有期徒刑后再减刑时，一次减刑不超过六个月有期徒刑，两次减刑间隔时间不得少于二年。有重大立功表现的，间隔时间可以适当缩短，但一次减刑不超过一年有期徒刑。

第十五条　对被判处终身监禁的罪犯，在死刑缓期执行期满依法减为无期徒刑的裁定中，应当明确终身监禁，不得再减刑或者假释。

第十六条　被判处管制、拘役的罪犯，以及判决生效后剩余刑期不满二年有期徒刑的罪犯，符合减刑条件的，可以酌情减刑，减刑起始时间可以适当缩短，但实际执行的刑期不得少于原判刑期的二分之一。

第十七条　被判处有期徒刑罪犯减刑时，对附加剥夺政治权利的期限可以酌减。酌减后剥夺政治权利的期限，不得少于一年。

被判处死刑缓期执行、无期徒刑的罪犯减为有期徒刑时，应当将附加剥夺政治权利的期限减为七年以上十年以下，经过一次或者几次减刑后，最终剥夺政治权利的期限不得少于三年。

第十八条　被判处拘役或者三年以下有期徒刑，并宣告缓刑的罪犯，一般不适用减刑。

前款规定的罪犯在缓刑考验期内有重大立功表现的，可以参照刑法第七十八条的规定予以减刑，同时应当依法缩减其缓刑考验期。缩减后，拘役的缓刑考验期限不得少于二个月，有期徒刑的缓刑考验期限不得少于一年。

第十九条　对在报请减刑前的服刑期间不满十八周岁，且所犯罪行不属于刑法第八十一条第二款规定情形的罪犯，认罪悔罪，遵守法律法规及监规，积极参加学习、劳动，应当视为确有悔改表现。

对上述罪犯减刑时，减刑幅度可以适当放宽，或者减刑起始时间、间隔时间可以适当缩短，但放宽的幅度和缩短的时间不得超过本规定中相应幅度、时间的三分之一。

第二十条　老年罪犯、患严重疾病罪犯或者身体残疾罪犯减刑时，应当主要考察其认罪悔罪的实际表现。

对基本丧失劳动能力，生活难以自理的上述罪犯减刑时，减刑幅度可以适当放宽，或者减刑起始时间、间隔时间可以适当缩短，但放宽的幅度和缩短的时间不得超过本规定中相应幅度、时间的三分之一。

第二十六条　对下列罪犯适用假释时可以依法从宽掌握：

（一）过失犯罪的罪犯、中止犯罪的罪犯、被胁迫参加犯罪的罪犯；

（二）因防卫过当或者紧急避险过当而被判处有期徒刑以上刑罚的罪犯；

（三）犯罪时未满十八周岁的罪犯；

（四）基本丧失劳动能力、生活难以自理，假释后生活确有着落的老年罪犯、患严重疾病罪犯或者身体残疾罪犯；

（五）服刑期间改造表现特别突出的罪犯；

（六）具有其他可以从宽假释情形的罪犯。

罪犯既符合法定减刑条件，又符合法定假释条件的，可以优先适用假释。

第二十九条　罪犯在假释考验期内违反法律、行政法规或者国务院有关部门关于假释的监督管理规定的，作出假释裁定的人民法院，应当在收到报请机关或者检察机关撤销假释建议书后及时审查，作出是否撤销假释的裁定，并送达报请机关，同时抄送人民检察院、公安机关和原刑罚执行机关。

罪犯在逃的，撤销假释裁定书可以作为对罪犯进行追捕的依据。

第三十一条　年满八十周岁、身患疾病或者生活难以自理、没有再犯罪危险的罪犯，既符合减刑条件，又符合假释条件的，优先适用假释；不符合假释条件的，参照本规定第二十条有关的规定从宽处理。

★《最高人民法院关于办理减刑、假释案件具体应用法律的补充规定》（法释〔2019〕6号，2019年4月24日）

第一条　对拒不认罪悔罪的，或者确有履行能力而不履行或者不全部履行生效裁判中财产性判项的，不予假释，一般不予减刑。

第二条　被判处十年以上有期徒刑，符合减刑条件的，执行三年以上方可减刑；被判处不满十年有期徒刑，符合减刑条件的，执行二年以上方可减刑。

确有悔改表现或者有立功表现的，一次减刑不超过六个月有期徒刑；确有悔改表现并有立功表现的，一次减刑不超过九个月有期徒刑；有重大立功表现的，一次减刑不超过一年有期徒刑。

被判处十年以上有期徒刑的，两次减刑之间应当间隔二年以上；被判处不满十年有期徒刑的，两次减刑之间应当间隔一年六个月以上。

第三条　被判处无期徒刑，符合减刑条件的，执行四年以上方可减刑。

确有悔改表现或者有立功表现的，可以减为二十三年有期徒刑；确有悔改表现并有立功表现的，可以减为二十二年以上二十三年以下有期徒刑；有重大立功表现的，可以减为二十一年以上二十二年以下有期徒刑。

无期徒刑减为有期徒刑后再减刑时，减刑幅度比照本规定第二条的规定执行。两次减刑之间应当间隔二年以上。

第四条　被判处死刑缓期执行的，减为无期徒刑后，符合减刑条件的，执行四年以上方可减刑。

确有悔改表现或者有立功表现的，可以减为二十五年有期徒刑；确有悔改表现并有立功表现的，可以减为二十四年六个月以上二十五年以下有期徒刑；有重大立功表现的，可以减为二十四年以上二十四年六个月以下有期徒刑。

减为有期徒刑后再减刑时，减刑幅度比照本规定第二条的规定执行。两次减刑之间应当间隔二年以上。

第五条　罪犯有重大立功表现的，减刑时可以不受上述起始时间和间隔时间的限制。

第六条　对本规定所指贪污贿赂罪犯适用假释时，应当从严掌握。

273.3.6　新罪的减刑

★《法院解释》（2021）

第五百三十三条　被判处死刑缓期执行的罪犯，在死刑缓期执行期间，没有故意犯罪的，死刑缓期执行期满后，应当裁定减刑；死刑缓期执行期满后，尚未裁定减刑前又犯罪的，应当在依法减刑后，对其所犯新罪另行审判。

★《最高人民法院关于办理减刑、假释案件具体应用法律的规定》（法释〔2016〕23 号，2016 年 11 月 14 日）

第二十一条　被判处有期徒刑、无期徒刑的罪犯在刑罚执行期间又故意犯罪，新罪被判处有期徒刑的，自新罪判决确定之日起三年内不予减刑；新罪被判处无期徒刑的，自新罪判决确定之日起四年内不予减刑。

罪犯在死刑缓期执行期间又故意犯罪，未被执行死刑的，死刑缓期执行的期间重新计算，减为无期徒刑后，五年内不予减刑。

被判处死刑缓期执行罪犯减刑后，在刑罚执行期间又故意犯罪的，依照第一款规定处理。

第三十三条　罪犯被裁定减刑后，刑罚执行期间因故意犯罪而数罪并罚时，经减刑裁定减去的刑期不计入已经执行的刑期。原判死刑缓期执行减为无期徒刑、有期徒刑，或者无期徒刑减为有期徒刑的裁定继续有效。

★《公安规定》（2020）

第三百一十五条　对留看守所执行刑罚的罪犯，在暂予监外执行期间又犯新罪的，由犯罪地公安机关立案侦查，并通知批准机关。批准机关作出收监执行决定后，应当根据侦查、审判需要，由犯罪地看守所或者暂予监外执行地看守所收监执行。

第三百一十六条　被剥夺政治权利、管制、宣告缓刑和假释的罪犯在执行期间又犯新罪的，由犯罪地公安机关立案侦查。

对留看守所执行刑罚的罪犯，因犯新罪被撤销假释的，应当根据侦查、审判需要，由犯罪地看守所或者原执行看守所收监执行。

★《国安规定》（2024）

第三百三十五条　对于留所服刑的罪犯，在暂予监外执行期间又犯新罪，属于国家安全机关管辖的，由犯罪地国家安全机关立案侦查，并通知批准机关。批准机关作出收监执行决定后，应当根据侦查、审判需要，由犯罪地看守所或者暂予监外执行地看守所收监执行。

第三百三十六条　被剥夺政治权利、管制、宣告缓刑和假释的罪犯在执行期间又犯新罪，属于国家安全机关管辖的，由犯罪地国家安全机关立案侦查。

对于留所服刑的罪犯，因犯新罪被撤销假释的，应当根据侦查、审判需要，由犯罪地看守所或者原执行地看守所收监执行。

273.3.7　假释的实际执行刑期与间隔时间

★《最高人民法院关于办理减刑、假释案件具体应用法律的规定》（法释〔2016〕23号，2016年11月14日）

第二十三条　被判处有期徒刑的罪犯假释时，执行原判刑期二分之一的时间，应当从判决执行之日起计算，判决执行以前先行羁押的，羁押一日折抵刑期一日。

被判处无期徒刑的罪犯假释时，刑法中关于实际执行刑期不得少于十三年的时间，应当从判决生效之日起计算。判决生效以前先行羁押的时间不予折抵。

被判处死刑缓期执行的罪犯减为无期徒刑或者有期徒刑后，实际执行十五年以上，方可假释，该实际执行时间应当从死刑缓期执行期满之日起计算。死刑缓期执行期间不包括在内，判决确定以前先行羁押的时间不予折抵。

第二十八条　罪犯减刑后又假释的，间隔时间不得少于一年；对一次减去一年以上有期徒刑后，决定假释的，间隔时间不得少于一年六个月。

罪犯减刑后余刑不足二年，决定假释的，可以适当缩短间隔时间。

273.3.8　假释的消极条件

★《最高人民法院关于办理减刑、假释案件具体应用法律的规定》（法释〔2016〕23号，2016年11月14日）

第二十五条　对累犯以及因故意杀人、强奸、抢劫、绑架、放火、爆炸、投放危险物质或者有组织的暴力性犯罪被判处十年以上有期徒刑、无期徒刑的罪犯，不得假释。

因前款情形和犯罪被判处死刑缓期执行的罪犯，被减为无期徒刑、有期徒刑后，也不得假释。

第二十七条　对于生效裁判中有财产性判项，罪犯确有履行能力而不履行或者不全部履行的，不予假释。

第三十条　依照刑法第八十六条规定被撤销假释的罪犯，一般不得再假释。但依照该条第二款被撤销假释的罪犯，如果罪犯对漏罪曾作如实供述但原判未予认定，或者漏罪系其自首，符合假释条件的，可以再假释。

被撤销假释的罪犯，收监后符合减刑条件的，可以减刑，但减刑起始时间自收监之日起计算。

273.3.9　再审程序中的减刑、假释

★《最高人民法院关于办理减刑、假释案件具体应用法律的规定》（法释〔2016〕23号，2016年11月14日）

第三十二条　人民法院按照审判监督程序重新审理的案件，裁定维持原判决、裁定的，原减刑、假释裁定继续有效。

再审裁判改变原判决、裁定的，原减刑、假释裁定自动失效，执行机关应当及时报请有管辖权的人民法院重新

作出是否减刑、假释的裁定。重新作出减刑裁定时，不受本规定有关减刑起始时间、间隔时间和减刑幅度的限制。重新裁定时应综合考虑各方面因素，减刑幅度不得超过原裁定减去的刑期总和。

再审改判为死刑缓期执行或者无期徒刑的，在新判决减为有期徒刑之时，原判决已经实际执行的刑期一并扣减。

再审裁判宣告无罪的，原减刑、假释裁定自动失效。

273.3.10　漏罪的处理

★《最高人民法院关于办理减刑、假释案件具体应用法律的规定》（法释〔2016〕23 号，2016 年 11 月 14 日）

第三十四条　罪犯被裁定减刑后，刑罚执行期间因发现漏罪而数罪并罚的，原减刑裁定自动失效。如漏罪系罪犯主动交代的，对其原减去的刑期，由执行机关报请有管辖权的人民法院重新作出减刑裁定，予以确认；如漏罪系有关机关发现或者他人检举揭发的，由执行机关报请有管辖权的人民法院，在原减刑裁定减去的刑期总和之内，酌情重新裁定。

第三十五条　被判处死刑缓期执行的罪犯，在死刑缓期执行期内被发现漏罪，依据刑法第七十条规定数罪并罚，决定执行死刑缓期执行的，死刑缓期执行期间自新判决确定之日起计算，已经执行的死刑缓期执行期间计入新判决的死刑缓期执行期间内，但漏罪被判处死刑缓期执行的除外。

第三十六条　被判处死刑缓期执行的罪犯，在死刑缓期执行期满后被发现漏罪，依据刑法第七十条规定数罪并罚，决定执行死刑缓期执行的，交付执行时对罪犯实际执行无期徒刑，死缓考验期不再执行，但漏罪被判处死刑缓期执行的除外。

在无期徒刑减为有期徒刑时，前罪死刑缓期执行减为无期徒刑之日起至新判决生效之日止已经实际执行的刑期，应当计算在减刑裁定决定执行的刑期以内。

原减刑裁定减去的刑期依照本规定第三十四条处理。

第三十七条　被判处无期徒刑的罪犯在减为有期徒刑后因发现漏罪，依据刑法第七十条规定数罪并罚，决定执行无期徒刑的，前罪无期徒刑生效之日起至新判决生效之日止已经实际执行的刑期，应当在新判决的无期徒刑减为有期徒刑时，在减刑裁定决定执行的刑期内扣减。

无期徒刑罪犯减为有期徒刑后因发现漏罪判处三年有期徒刑以下刑罚，数罪并罚决定执行无期徒刑的，在新判决生效后执行一年以上，符合减刑条件的，可以减为有期徒刑，减刑幅度依照本规定第八条、第九条的规定执行。

原减刑裁定减去的刑期依照本规定第三十四条处理。

273.3.11　涉财产部分的履行与执行

★《法院解释》（2021）

第五百三十六条　审理减刑、假释案件，对罪犯积极履行刑事裁判涉财产部分、附带民事裁判确定的义务的，可以认定有悔改表现，在减刑、假释时从宽掌握；对确有履行能力而不履行或者不全部履行的，在减刑、假释时从严掌握。

★《最高人民法院关于办理减刑、假释案件具体应用法律的规定》（法释

〔2016〕23号,2016年11月14日)

第三十八条　人民法院作出的刑事判决、裁定发生法律效力后,在依照刑事诉讼法第二百五十三条、第二百五十四条①的规定将罪犯交付执行刑罚时,如果生效裁判中有财产性判项,人民法院应当将反映财产性判项执行、履行情况的有关材料一并随案移送刑罚执行机关。罪犯在服刑期间本人履行或者其亲属代为履行生效裁判中财产性判项的,应当及时向刑罚执行机关报告。刑罚执行机关报请减刑时应随案移送以上材料。

人民法院办理减刑、假释案件时,可以向原一审人民法院核实罪犯履行财产性判项的情况。原一审人民法院应当出具相关证明。

刑罚执行期间,负责办理减刑、假释案件的人民法院可以协助原一审人民法院执行生效裁判中的财产性判项。

★《最高人民法院关于办理减刑、假释案件审查财产性判项执行问题的规定》(法释〔2024〕5号,2024年4月29日)

第三条　财产性判项未执行完毕的,人民法院应当着重审查罪犯的履行能力。

罪犯的履行能力应根据财产性判项的实际执行情况,并结合罪犯的财产申报、实际拥有财产情况,以及监狱或者看守所内消费、账户余额等予以判断。

第四条　罪犯有财产性判项履行能力的,应在履行后方可减刑、假释。

罪犯确有履行能力而不履行的,不予认定其确有悔改表现,除法律规定情形外,一般不予减刑、假释。

罪犯确无履行能力的,不影响对其确有悔改表现的认定。

罪犯因重大立功减刑的,依照相关法律规定处理,一般不受财产性判项履行情况的影响。

第六条　财产性判项未履行完毕,具有下列情形之一的,应当认定罪犯确有履行能力而不履行:

(一)拒不交代赃款、赃物去向的;

(二)隐瞒、藏匿、转移财产的;

(三)妨害财产性判项执行的;

(四)拒不申报或者虚假申报财产情况的。

罪犯采取借名、虚报用途等手段在监狱、看守所内消费的,或者无特殊原因明显超出刑罚执行机关规定额度标准消费的,视为其确有履行能力而不履行。

上述情形消失或者罪犯财产性判项执行完毕六个月后方可依法减刑、假释。

第十二条　对职务犯罪、破坏金融管理秩序和金融诈骗犯罪、组织(领导、参加、包庇、纵容)黑社会性质组织犯罪等罪犯,不积极退赃、协助追缴赃款赃物、赔偿损失的,不认定其确有悔改表现。

第十三条　人民法院将罪犯交付执行刑罚时,对生效裁判中有财产性判项的,应当将财产性判项实际执行情况的材料一并移送刑罚执行机关。

执行财产性判项的人民法院收到刑罚执行机关核实罪犯财产性判项执行情况的公函后,应当在七日内出具相

① 2018年刑事诉讼法第二百六十四条、第二百六十五条。

关证明，已经执行结案的，应当附有关法律文书。

执行财产性判项的人民法院在执行过程中，发现财产性判项未执行完毕的罪犯具有本规定第六条第一款第（一）（二）（三）项所列情形的，应当及时将相关情况通报刑罚执行机关。

273.3.12　前罪改判的刑罚决定主体

★《最高人民法院研究室关于罪犯在服刑期间又犯罪被服刑地法院以数罪并罚论处的现前罪改判应当由哪一个法院决定执行刑罚问题的电话答复》（1991年6月18日）

……对于再审改判前因犯新罪被加刑的罪犯，在对其前罪再审时，应当将罪犯犯后罪时判决中关于前罪与后罪并罚的内容撤销，并把经再审改判后的前罪没有执行完的刑罚和后罪已判处的刑罚，按照刑法第六十六条①的规定实行数罪并罚。关于原前罪与后罪并罚的判决由哪个法院撤销，应当视具体情况确定：如果再审法院是对后罪作出判决的法院的上级法院，或者是对后罪作出判决的同一法院，可以由再审法院撤销，否则，应当由对后罪作出判决的法院撤销。

273.4　规范性文件

273.4.1　监狱提请减刑、假释的程序

★《监狱提请减刑假释工作程序规定》（司法部令第130号，2014年10月11日）

第七条　提请减刑、假释，应当根据法律规定的条件，结合罪犯服刑表现，由分监区人民警察集体研究，提出提请减刑、假释建议，报经监区长办公会议审核同意后，由监区报送监狱刑罚执行部门审查。

直属分监区或者未设分监区的监区，由直属分监区或者监区人民警察集体研究，提出提请减刑、假释建议，报送监狱刑罚执行部门审查。

分监区、直属分监区或者未设分监区的监区人民警察集体研究以及监区长办公会议审核情况，应当有书面记录，并由与会人员签名。

第八条　监区或者直属分监区提请减刑、假释，应当报送下列材料：

（一）《罪犯减刑（假释）审核表》；

（二）监区长办公会议或者直属分监区、监区人民警察集体研究会议的记录；

（三）终审法院裁判文书、执行通知书、历次减刑裁定书的复印件；

（四）罪犯计分考核明细表、罪犯评审鉴定表、奖惩审批表和其他有关证明材料；

（五）罪犯确有悔改表现或者立功、重大立功表现的具体事实的书面证明材料。

第九条　监狱刑罚执行部门收到监区或者直属分监区对罪犯提请减刑、假释的材料后，应当就下列事项进行审查：

（一）需提交的材料是否齐全、完备、规范；

（二）罪犯确有悔改或者立功、重大立功表现的具体事实的书面证明材料是否来源合法；

（三）罪犯是否符合法定减刑、假

① 2023年刑法第七十一条。

释的条件；

（四）提请减刑、假释的建议是否适当。

经审查，对材料不齐全或者不符合提请条件的，应当通知监区或者直属分监区补充有关材料或者退回；对相关材料有疑义的，应当提讯罪犯进行核查；对材料齐全、符合提请条件的，应当出具审查意见，连同监区或者直属分监区报送的材料一并提交监狱减刑假释评审委员会评审。提请罪犯假释的，还应当委托县级司法行政机关对罪犯假释后对所居住社区影响进行调查评估，并将调查评估报告一并提交。

第十条　监狱减刑假释评审委员会应当召开会议，对刑罚执行部门审查提交的提请减刑、假释建议进行评审，提出评审意见。会议应当有书面记录，并由与会人员签名。

监狱可以邀请人民检察院派员列席减刑假释评审委员会会议。

第十一条　监狱减刑假释评审委员会经评审后，应当将提请减刑、假释的罪犯名单以及减刑、假释意见在监狱内公示。公示内容应当包括罪犯的个人情况、原判罪名及刑期、历次减刑情况、提请减刑假释的建议及依据等。公示期限为5个工作日。公示期内，如有监狱人民警察或者罪犯对公示内容提出异议，监狱减刑假释评审委员会应当进行复核，并告知复核结果。

第十二条　监狱应当在减刑假释评审委员会完成评审和公示程序后，将提请减刑、假释建议送人民检察院征求意见。征求意见后，监狱减刑假释评审委员会应当将提请减刑、假释建议和评审意见连同人民检察院意见，一并报请监狱长办公会议审议决定。监狱对人民检察院意见未予采纳的，应当予以回复，并说明理由。

第十三条　监狱长办公会议决定提请减刑、假释的，由监狱长在《罪犯减刑（假释）审核表》上签署意见，加盖监狱公章，并由监狱刑罚执行部门根据法律规定制作《提请减刑建议书》或者《提请假释建议书》，连同有关材料一并提请人民法院裁定。人民检察院对提请减刑、假释提出的检察意见，应当一并移送受理减刑、假释案件的人民法院。

对本规定第四条所列罪犯决定提请减刑、假释的，监狱应当将《罪犯减刑（假释）审核表》连同有关材料报送省、自治区、直辖市监狱管理局审核。

第十四条　监狱在向人民法院提请减刑、假释的同时，应当将提请减刑、假释的建议书副本抄送人民检察院。

第十五条　监狱提请人民法院裁定减刑、假释，应当提交下列材料：

（一）《提请减刑建议书》或者《提请假释建议书》；

（二）终审法院裁判文书、执行通知书、历次减刑裁定书的复印件；

（三）罪犯计分考核明细表、评审鉴定表、奖惩审批表；

（四）罪犯确有悔改或者立功、重大立功表现的具体事实的书面证明材料；

（五）提请假释的，应当附有县级司法行政机关关于罪犯假释后对所居住社区影响的调查评估报告；

（六）根据案件情况需要提交的其他材料。

对本规定第四条所列罪犯提请减

刑、假释的，应当同时提交省、自治区、直辖市监狱管理局签署意见的《罪犯减刑（假释）审核表》。

第十六条　省、自治区、直辖市监狱管理局刑罚执行部门收到监狱报送的提请减刑、假释建议的材料后，应当进行审查。审查中发现监狱报送的材料不齐全或者有疑义的，应当通知监狱补充有关材料或者作出说明。审查无误后，应当出具审查意见，报请分管副局长召集评审委员会进行审核。

第十七条　监狱管理局分管副局长主持完成审核后，应当将审核意见报请局长审定；分管副局长认为案件重大或者有其他特殊情况的，可以建议召开局长办公会议审议决定。

监狱管理局审核同意对罪犯提请减刑、假释的，由局长在《罪犯减刑（假释）审核表》上签署意见，加盖监狱管理局公章。

273.4.2　减刑、假释案件的审查和办理

★《最高人民法院、最高人民检察院、公安部、司法部关于加强减刑、假释案件实质化审理的意见》（法发〔2021〕31 号，2021 年 12 月 1 日）

二、严格审查减刑、假释案件的实体条件

5. 严格审查罪犯服刑期间改造表现的考核材料。对于罪犯的计分考核材料，应当认真审查考核分数的来源及其合理性等，如果存在考核分数与考核期不对应、加扣分与奖惩不对应、奖惩缺少相应事实和依据等情况，应当要求刑罚执行机关在规定期限内作出说明或者补充。对于在规定期限内不能作出合理解释的考核材料，不作为认定罪犯确有悔改表现的依据。

对于罪犯的认罪悔罪书、自我鉴定等自书材料，要结合罪犯的文化程度认真进行审查，对于无特殊原因非本人书写或者自书材料内容虚假的，不认定罪犯确有悔改表现。

对于罪犯存在违反监规纪律行为的，应当根据行为性质、情节等具体情况，综合分析判断罪犯的改造表现。罪犯服刑期间因违反监规纪律被处以警告、记过或者禁闭处罚的，可以根据案件具体情况，认定罪犯是否确有悔改表现。

6. 严格审查罪犯立功、重大立功的证据材料，准确把握认定条件。对于检举、揭发监狱内外犯罪活动，或者提供重要破案线索的，应当注重审查线索的来源。对于揭发线索来源存疑的，应当进一步核查，如果查明线索系通过贿买、暴力、威胁或者违反监规等非法手段获取的，不认定罪犯具有立功或者重大立功表现。

对于技术革新、发明创造，应当注重审查罪犯是否具备该技术革新、发明创造的专业能力和条件，对于罪犯明显不具备相应专业能力及条件、不能说明技术革新或者发明创造原理及过程的，不认定罪犯具有立功或者重大立功表现。

对于阻止他人实施犯罪活动，协助司法机关抓捕其他犯罪嫌疑人，在日常生产、生活中舍己救人，在抗御自然灾害或者排除重大事故中有积极或者突出表现的，除应当审查有关部门出具的证明材料外，还应当注重审查能够证明上述行为的其他证据材料，对于罪犯明显不具备实施上述行为能力和条件的，不认定罪犯具有立功或者重大立功

表现。

严格把握“较大贡献”或者“重大贡献”的认定条件。该“较大贡献”或者“重大贡献”，是指对国家、社会具有积极影响，而非仅对个别人员、单位有贡献和帮助。对于罪犯在警示教育活动中现身说法的，不认定罪犯具有立功或者重大立功表现。

7. 严格审查罪犯履行财产性判项的能力。罪犯未履行或者未全部履行财产性判项，具有下列情形之一的，不认定罪犯确有悔改表现：

（1）拒不交代赃款、赃物去向；

（2）隐瞒、藏匿、转移财产；

（3）有可供履行的财产拒不履行。

对于前款罪犯，无特殊原因狱内消费明显超出规定额度标准的，一般不认定罪犯确有悔改表现。

8. 严格审查反映罪犯是否有再犯罪危险的材料。对于报请假释的罪犯，应当认真审查刑罚执行机关提供的反映罪犯服刑期间现实表现和生理、心理状况的材料，并认真审查司法行政机关或者有关社会组织出具的罪犯假释后对所居住社区影响的材料，同时结合罪犯犯罪的性质、具体情节、社会危害程度、原判刑罚及生效裁判中财产性判项的履行情况等，综合判断罪犯假释后是否具有再犯罪危险性。

9. 严格审查罪犯身份信息、患有严重疾病或者身体有残疾的证据材料。对于上述证据材料有疑问的，可以委托有关单位重新调查、诊断、鉴定。对原判适用《中华人民共和国刑事诉讼法》第一百六十条第二款规定判处刑罚的罪犯，在刑罚执行期间不真心悔罪，仍不讲真实姓名、住址，且无法调查核实清楚的，除具有重大立功表现等特殊情形外，一律不予减刑、假释。

10. 严格把握罪犯减刑后的实际服刑刑期。正确理解法律和司法解释规定的最低服刑期限，严格控制减刑起始时间、间隔时间及减刑幅度，并根据罪犯前期减刑情况和效果，对其后续减刑予以总体掌握。死刑缓期执行、无期徒刑罪犯减为有期徒刑后再减刑时，在减刑间隔时间及减刑幅度上，应当从严把握。

三、切实强化减刑、假释案件办理程序机制

11. 充分发挥庭审功能。人民法院开庭审理减刑、假释案件，应当围绕罪犯实际服刑表现、财产性判项执行履行情况等，认真进行法庭调查。人民检察院应当派员出庭履行职务，并充分发表意见。人民法院对于有疑问的证据材料，要重点进行核查，必要时可以要求有关机关或者罪犯本人作出说明，有效发挥庭审在查明事实、公正裁判中的作用。

12. 健全证人出庭作证制度。人民法院审理减刑、假释案件，应当通知罪犯的管教干警、同监室罪犯、公示期间提出异议的人员以及其他了解情况的人员出庭作证。开庭审理前，刑罚执行机关应当提供前述证人名单，人民法院根据需要从名单中确定相应数量的证人出庭作证。证人到庭后，应当对其进行详细询问，全面了解被报请减刑、假释罪犯的改造表现等情况。

13. 有效行使庭外调查核实权。人民法院、人民检察院对于刑罚执行机关提供的罪犯确有悔改表现、立功表现等证据材料存有疑问的，根据案件具体情况，可以采取讯问罪犯、询问证人、调取相关材料、与监所人民警察座谈、听取派驻监所检察人员意见等方式，在庭外对相关证据材料进行调查核实。

14. 强化审判组织的职能作用。人民法院审理减刑、假释案件，合议庭成员应当对罪犯是否符合减刑或者假释条件、减刑幅度是否适当、财产性判项是否执行履行等情况，充分发表意见。对于重大、疑难、复杂的减刑、假释案件，合议庭必要时可以提请院长决定提交审判委员会讨论，但提请前应当先经专业法官会议研究。

15. 完善财产性判项执行衔接机制。人民法院刑事审判部门作出具有财产性判项内容的刑事裁判后，应当及时按照规定移送负责执行的部门执行。刑罚执行机关对罪犯报请减刑、假释时，可以向负责执行财产性判项的人民法院调取罪犯财产性判项执行情况的有关材料，负责执行的人民法院应当予以配合。刑罚执行机关提交的关于罪犯财产性判项执行情况的材料，可以作为人民法院认定罪犯财产性判项执行情况和判断罪犯是否具有履行能力的依据。

273.5　指导与参考案例

273.5.1　撤销缓刑的羁押时间折抵

【刑事审判参考案例】

[第 238 号]王园被撤销缓刑案

裁判要旨：被宣告缓刑的犯罪分子在缓刑考验期内因再犯新罪或者发现漏罪依法被撤销缓刑的，首先应按照刑法第七十七条第一款的规定，对新罪作出判决，再依照刑法第六十九条确定应当实际执行的刑期。然后再将因前罪被先行羁押的时间和因新罪被先行羁押的时间一并从最后宣告的刑罚中予以折抵扣除。

被宣告缓刑的犯罪分子在缓刑考验期内因违反法律、行政法规或者国务院公安部门有关缓刑监督管理规定，情节严重被依法撤销缓刑的，一般只应将因前罪被先行羁押的时间从撤销缓刑执行原判刑期中予以折抵扣除。缓刑犯在缓刑考验期内因违反法律、行政法规或者国务院公安部门有关缓刑监督管理规定，情节严重而被依法采取行政强制措施或行政处罚而羁押的时间，由于针对的是另一个行为，因此，不能从撤销缓刑后实际执行的刑期中予以折抵。

273.5.2　缓刑考验期内犯新罪的处理

【刑事审判参考案例】

[第 648 号]代海业盗窃案

裁判要旨：缓刑考验期间不同于刑罚执行期间，羁押时间也不同于已执行刑期，对此情形，应当根据刑法第七十七条第一款的规定，将滥伐林木罪和盗窃罪直接依照刑法第六十九条的规定决定执行的刑罚。代海业因犯滥伐林木罪被先行羁押的时间，应当在数罪并罚决定执行的刑罚之后依照刑法第四十七条的规定予以折抵。

[第 902 号]吴升旭危险驾驶案

裁判要旨：数罪并罚时将拘役折抵为有期徒刑的做法缺乏法律根据。拘役与有期徒刑之间不宜相互折抵，有期徒刑不宜吸收拘役。拘役与有期徒刑之间应当按照先重后轻的顺序分别执行。不过，如犯罪分子前罪被判处有期徒刑，当其再犯被判处有期徒刑之罪时，刑法规定并罚时采取对犯罪分子有利的限制加重原则，而当其再犯被判处刑罚相对较轻的拘役之罪时，却要并科执行,逻辑上似有矛盾,客观上可能加重对犯罪分子的惩罚,对此有必要完善法律规定。

273.5.3 假释期间犯新罪的处理

【刑事审判参考案例】

[第1011号]朱林森等盗窃案

裁判要旨:罪犯在假释期间又犯新罪数罪并罚时,原减刑裁定不计入已执行的刑期,罪犯只要是又犯新罪或者被发现还有漏罪尚未处理,需要进行数罪并罚时,先前裁定减去的刑期一律不计入已经执行的期限,也就是说先前的减刑裁定被"一笔勾销",不管先前罪犯被减刑几次、被减去的刑期有多长。

273.5.4 刑罚执行期间发现漏罪的处理

【刑事审判参考案例】

[第1027号]沈青鼠、王威盗窃案

裁判要旨:刑罚执行期间发现漏罪,判决作出时原判刑罚已执行完毕的应当适用漏罪数罪并罚。

[第1028号]王雲盗窃案

裁判要旨:在判决宣告以后、刑罚执行完毕以前,发现漏罪,无论漏罪判决作出时前罪原判刑罚是否已执行完毕,均应依法实行数罪并罚。根据刑法第七十条的规定,发现漏罪的时间范围仅明确要求"判决宣告以后,刑罚执行完毕以前",除此之外并没有其他任何适用时间上的限制,也没有其他限制性规定。因此,不能因诉讼过程的长短、宣判时间的不同而产生不同的适用结果。

[第1370号]岳德分盗窃案

裁判要旨:刑法第七十条关于数罪并罚规定中的"前后两个判决",是指前罪判决和漏罪判决,不包括减刑裁定。经减刑裁定减去的刑期以及无期徒刑减为有期徒刑后已被执行的刑期,属于刑罚执行问题,虽然在漏罪并罚后的新判决中无法体现,但可在新判决执行过程中予以考虑。人民法院在将前罪与漏罪进行并罚作出新判决时无须撤销原减刑裁定。

273.5.5 缓刑上诉期内犯新罪的处理

【刑事审判参考案例】

[第1073号]包武伟危险驾驶案

裁判要旨:缓刑判决生效前又犯新罪时,不能启动刑事审判监督程序撤销缓刑判决。刑事审判监督程序的目的在于纠正生效裁判的错误,在生效裁判没有错误或者裁判尚未发生效力但被告人又犯新罪的情况下,不能适用审判监督程序予以撤销。

273.5.6 假释对象再犯罪危险的证据评估

【最高人民检察院指导性案例】

[检例第195号]罪犯向某假释监督案

办案要旨:人民检察院办理假释监督案件可以充分运用大数据等手段进行审查,对既符合减刑又符合假释条件的案件,监狱未优先提请假释的,应依法监督监狱优先提请假释。可以对"再犯罪的危险"进行指标量化评估,增强判断的客观性、科学性。对罪犯再犯罪危险的量化评估应以证据为中心,提升假释监督案件的实质化审查水平。注重发挥"派驻+巡回"检察机制优势,充分运用巡回检察成果,以"巡回切入、派驻跟进"的方式,依法推进假释制度适用。

[检例第199号]罪犯唐某假释监

督案

办案要旨：人民检察院要加强对再犯罪危险性高的罪犯，如毒品犯罪罪犯等假释适用条件的审查把关。要深入开展调查核实工作，注重实质化审查，准确认定涉毒罪犯是否确有悔改表现和有无再犯罪危险。罪犯采取不正当手段获取虚假证明材料意图获得假释的，表明主观上未能真诚悔罪，不能认定其确有悔改表现。在办理假释监督案件过程中，发现违纪违法等问题线索的，应依法移送相关机关办理，延伸监督效果。

273.5.7　可以适用假释的罪犯范围

【最高人民检察院指导性案例】

[检例第 196 号]罪犯杨某某假释监督案

办案要旨：人民检察院在日常监督履职中发现罪犯符合假释法定条件而未被提请假释的，应当依法建议刑罚执行机关启动假释提请程序。要准确把握禁止适用假释的罪犯范围，对于故意杀人罪等严重暴力犯罪罪犯，没有被判处十年以上有期徒刑、无期徒刑且不是累犯的，不属于禁止适用假释的情形，可在综合判断其主观恶性、服刑期间现实表现等基础上，对于符合假释条件的，依法提出适用假释意见。注重贯彻宽严相济刑事政策，对有未成年子女确需本人抚养且配偶正在服刑等特殊情况的罪犯，可以依法提出从宽适用假释的建议。

273.5.8　财产刑判项履行与假释适用

【最高人民检察院指导性案例】

[检例第 197 号]罪犯刘某某假释监督案

办案要旨：人民检察院办理涉及单位犯罪罪犯的假释监督案件，应分别审查罪犯个人和涉罪单位的财产性判项履行情况。对于罪犯个人财产性判项全部履行，涉罪单位财产性判项虽未履行或未全部履行，但不能归责于罪犯个人原因的，一般不影响对罪犯的假释。除实质化审查单位犯罪的罪犯原判刑罚、犯罪情节、刑罚执行中的表现等因素外，还应重点调查核实罪犯假释后对单位财产性判项履行的实际影响，实现假释案件办理“三个效果”有机统一。

273.5.9　假释罪犯的服刑期限条件

【最高人民检察院指导性案例】

[检例第 198 号]罪犯邹某某假释监督案

办案要旨：人民检察院应当准确把握假释罪犯的服刑期限条件，被判处有期徒刑的罪犯“执行原判刑期二分之一以上”的期限，包括罪犯在监狱中服刑刑期和罪犯判决执行前先行羁押期限。注重通过个案办理，推动司法行政机关及时调整不符合法律规定和立法原意的相关规定，保障法律统一正确实施。

274　减刑、假释裁定的法律监督

274.1　法条规定

第二百七十四条　人民检察院认为人民法院减刑、假释的裁定不当，应当在收到裁定书副本后二十日以内，向人民法院提出书面纠正意见。人民法院应当在收到纠正意见后一个月以内重新组成合议庭进行审理，作出最终裁定。

【立法释义】①

本条规定明确了对人民法院减刑、假释裁定的法律监督程序。人民法院作出减刑、假释裁定后，应当在七日内送达同级人民检察院。人民检察院收到减刑、假释的裁定书副本后，应当进行审查。经审查认为，减刑、假释的裁定不当，应当在收到裁定书副本后二十日以内，向人民法院提出书面纠正意见。其中，人民检察院的书面纠正意见，将直接促使人民法院对减刑、假释案件进行重新审理。基于刑事诉讼的互相制约原则，人民检察院的书面纠正意见，应当写明认为减刑、假释裁定不当的理由和依据；人民法院重新审判，应当重新组成合议庭，对案件进行认真、全面的审查，公开进行审理，并在收到人民检察院的纠正意见后一个月以内作出最终裁定。

274.2　司法解释

274.2.1　检察机关对减刑、假释的监督原则

★《人民检察院办理减刑、假释案件规定》（高检发监字〔2014〕8号，2014年8月1日）

第二条　人民检察院依法对减刑、假释案件的提请、审理、裁定等活动是否合法实行法律监督。

第三条　人民检察院办理减刑、假释案件，应当按照下列情形分别处理：

（一）对减刑、假释案件提请活动的监督，由对执行机关承担检察职责的人民检察院负责；

（二）对减刑、假释案件审理、裁定活动的监督，由人民法院的同级人民检察院负责；同级人民检察院对执行机关不承担检察职责的，可以根据需要指定对执行机关承担检察职责的人民检察院派员出席法庭；下级人民检察院发现减刑、假释裁定不当的，应当及时向作出减刑、假释裁定的人民法院的同级人民检察院报告。

第四条　人民检察院办理减刑、假释案件，依照规定实行统一案件管理和办案责任制。

274.2.2　检察机关对减刑、假释裁定的审查

★《法院解释》（2021）

第五百三十九条　人民法院作出减刑、假释裁定后，应当在七日以内送达提请减刑、假释的执行机关、同级人民检察院以及罪犯本人。人民检察院认为减刑、假释裁定不当，在法定期限内提出书面纠正意见的，人民法院应当在收到意见后另行组成合议庭审理，并在一个月以内作出裁定。

对假释的罪犯，适用本解释第五百一十九条的有关规定，依法实行社区矫正。

★《检察院规则》（2019）

第六百三十八条　人民检察院收到人民法院减刑、假释的裁定书副本后，应当及时审查下列内容：

（一）被减刑、假释的罪犯是否符合法定条件，对罪犯减刑的减刑幅度、起始时间、间隔时间或者减刑后又假释的间隔时间、罪犯被减刑后实际执行的刑期或者假释考验期是否符合有关规定；

（二）执行机关提请减刑、假释的

---

① 参见王爱立主编书，第578—579页。

程序是否合法；

（三）人民法院审理、裁定减刑、假释的程序是否合法；

（四）人民法院对罪犯裁定不予减刑、假释是否符合有关规定；

（五）人民法院减刑、假释裁定书是否依法送达执行并向社会公布。

第六百三十九条　人民检察院经审查认为人民法院减刑、假释的裁定不当，应当在收到裁定书副本后二十日以内，向作出减刑、假释裁定的人民法院提出纠正意见。

第六百四十条　对人民法院减刑、假释裁定的纠正意见，由作出减刑、假释裁定的人民法院的同级人民检察院书面提出。

下级人民检察院发现人民法院减刑、假释裁定不当的，应当向作出减刑、假释裁定的人民法院的同级人民检察院报告。

第六百四十一条　人民检察院对人民法院减刑、假释的裁定提出纠正意见后，应当监督人民法院是否在收到纠正意见后一个月以内重新组成合议庭进行审理，并监督重新作出的裁定是否符合法律规定。对最终裁定不符合法律规定的，应当向同级人民法院提出纠正意见。

【重点解读】①

第一，人民检察院对人民法院裁定的监督是事后监督。

第二，对减刑、假释裁定的监督纠正应当坚持对等监督的原则，即由同级人民检察院向人民法院提出纠正意见。下级人民检察院发现人民法院减刑、假释裁定不当的，应当向作出减刑、假释裁定的人民法院的同级人民检察院报告，由同级人民检察院审查决定是否向人民法院提出纠正意见。

第三，人民检察院可以对人民法院收到纠正意见后的重新审理活动以及重新作出的裁定的合法性进行监督。对人民法院重新审理后作出的减刑、假释裁定，人民检察院认为仍然不符合法律规定的，应当再次向同级人民法院提出纠正意见。同时，对于人民检察院收到人民法院减刑、假释裁定书副本二十日以后才发现人民法院减刑、假释裁定不当的情况，也可以向人民法院提出纠正意见。

★《人民检察院办理减刑、假释案件规定》（高检发监字〔2014〕8号，2014年8月1日）

第十九条　人民检察院收到人民法院减刑、假释裁定书副本后，应当及时审查下列内容：

（一）人民法院对罪犯裁定予以减刑、假释，以及起始时间、间隔时间、实际执行刑期、减刑幅度或者假释考验期是否符合有关规定；

（二）人民法院对罪犯裁定不予减刑、假释是否符合有关规定；

（三）人民法院审理、裁定减刑、假释的程序是否合法；

（四）按照有关规定应当开庭审理的减刑、假释案件，人民法院是否开庭审理；

（五）人民法院减刑、假释裁定书是否依法送达执行并向社会公布。

第二十条　人民检察院经审查认为人民法院减刑、假释裁定不当的，应

① 参见童建明、万春主编释义书，第676—677页。

当在收到裁定书副本后二十日以内,依法向作出减刑、假释裁定的人民法院提出书面纠正意见。

第二十一条　人民检察院对人民法院减刑、假释裁定提出纠正意见的,应当监督人民法院在收到纠正意见后一个月以内重新组成合议庭进行审理并作出最终裁定。

第二十二条　人民检察院发现人民法院已经生效的减刑、假释裁定确有错误的,应当向人民法院提出书面纠正意见,提请人民法院按照审判监督程序依法另行组成合议庭重新审理并作出裁定。

第二十三条　人民检察院收到控告、举报或者发现司法工作人员在办理减刑、假释案件中涉嫌违法的,应当依法进行调查,并根据情况,向有关单位提出纠正违法意见,建议更换办案人,或者建议予以纪律处分;构成犯罪的,依法追究刑事责任。

第二十四条　人民检察院办理职务犯罪罪犯减刑、假释案件,按照有关规定实行备案审查。

274. 2. 3　法院对缓刑、假释的撤销

★《法院解释》(2021)

第五百四十二条　罪犯在缓刑、假释考验期限内犯新罪或者被发现在判决宣告前还有其他罪没有判决,应当撤销缓刑、假释的,由审判新罪的人民法院撤销原判决、裁定宣告的缓刑、假释,并书面通知原审人民法院和执行机关。

第五百四十三条　人民法院收到社区矫正机构的撤销缓刑建议书后,经审查,确认罪犯在缓刑考验期限内具有下列情形之一的,应当作出撤销缓刑的裁定:

(一)违反禁止令,情节严重的;

(二)无正当理由不按规定时间报到或者接受社区矫正期间脱离监管,超过一个月的;

(三)因违反监督管理规定受到治安管理处罚,仍不改正的;

(四)受到执行机关二次警告,仍不改正的;

(五)违反法律、行政法规和监督管理规定,情节严重的其他情形。

人民法院收到社区矫正机构的撤销假释建议书后,经审查,确认罪犯在假释考验期限内具有前款第二项、第四项规定情形之一,或者有其他违反监督管理规定的行为,尚未构成新的犯罪的,应当作出撤销假释的裁定。

第五百四十四条　被提请撤销缓刑、假释的罪犯可能逃跑或者可能发生社会危险,社区矫正机构在提出撤销缓刑、假释建议的同时,提请人民法院决定对其予以逮捕的,人民法院应当在四十八小时以内作出是否逮捕的决定。决定逮捕的,由公安机关执行。逮捕后的羁押期限不得超过三十日。

第五百四十五条　人民法院应当在收到社区矫正机构的撤销缓刑、假释建议书后三十日以内作出裁定。撤销缓刑、假释的裁定一经作出,立即生效。

人民法院应当将撤销缓刑、假释裁定书送达社区矫正机构和公安机关,并抄送人民检察院,由公安机关将罪犯送交执行。执行以前被逮捕的,羁押一日折抵刑期一日。

【重点解读】①

刑法虽然没有将"情节严重"规定

① 参见李少平主编书,第539页。

为撤销假释的条件，但并不意味着只要在假释考验期限内有违反监督管理规定的行为，不问情节轻重，一律撤销假释，仍应当根据具体情况综合考量，对于情节明显较轻的不应撤销假释。

★《最高人民法院关于办理减刑、假释案件审查财产性判项执行问题的规定》（法释〔2024〕5 号，2024 年 4 月 29 日）

第十四条　人民法院办理减刑、假释案件中发现罪犯确有履行能力而不履行的，裁定不予减刑、假释，或者依法由刑罚执行机关撤回减刑、假释建议。

罪犯被裁定减刑、假释后，发现其确有履行能力的，人民法院应当继续执行财产性判项；发现其虚假申报、故意隐瞒财产，情节严重的，人民法院应当撤销该减刑、假释裁定。

【重点解读】①

撤销减刑、假释裁定的情形确定为虚假申报、故意隐瞒财产，并且以情节严重作为限制。

维护生效裁定的既判力和个别的具体情况也是需要考虑的因素。有的案件可能发现存在上述情况时，罪犯已经刑满释放回归社会较长时间，涉及的财产性判项数额也不大，如果撤销减刑、假释裁定，再收监执行不但司法成本高，社会效果也不好。要考虑撤销的实际效果，正确行使自由裁量权。

274.2.4　检察机关对拟提请减刑、假释案件的审查

★《人民检察院办理减刑、假释案件规定》（高检发监字〔2014〕8 号，2014 年 8 月 1 日）

第五条　人民检察院收到执行机关移送的下列减刑、假释案件材料后，应当及时进行审查：

（一）执行机关拟提请减刑、假释意见；

（二）终审法院裁判文书、执行通知书、历次减刑裁定书；

（三）罪犯确有悔改表现、立功表现或者重大立功表现的证明材料；

（四）罪犯评审鉴定表、奖惩审批表；

（五）其他应当审查的案件材料。

对拟提请假释案件，还应当审查社区矫正机构或者基层组织关于罪犯假释后对所居住社区影响的调查评估报告。

第八条　人民检察院可以派员列席执行机关提请减刑、假释评审会议，了解案件有关情况，根据需要发表意见。

第九条　人民检察院发现罪犯符合减刑、假释条件，但是执行机关未提请减刑、假释的，可以建议执行机关提请减刑、假释。

第十条　人民检察院收到执行机关抄送的减刑、假释建议书副本后，应当逐案进行审查，可以向人民法院提出书面意见。发现减刑、假释建议不当或者提请减刑、假释违反法定程序的，应当在收到建议书副本后十日以内，依法向审理减刑、假释案件的人民法院提出书面意见，同时将检察意见书副本抄送执行机关。案情复杂或者情况特殊的，可以延长十日。

---

① 胡仕浩、骆电、夏建勇：《关于办理减刑、假释案件审查财产性判项执行问题的规定》，载《人民司法》2024 年第 16 期。

【重点解读】①

检察机关在执行机关提请前就应当介入减刑、假释案件，对执行机关移送的案件材料及时进行审查，便于进一步了解案件情况，根据需要发表意见。

关于检察机关的审查期限的问题，各地检察机关可以根据监狱羁押犯罪人员数量和减刑、假释案件数量大小，参考审查减刑、假释建议书的期限，与执行机关因地制宜地协调解决。既要保证检察机关审查减刑、假释案件的质量，也不影响执行机关正常的提请程序。必要时，检察机关可以复制留存有关案件材料后，将案卷先行退回执行机关。

274.2.5　检察机关对特殊案件的调查核实、备案审查

★《人民检察院办理减刑、假释案件规定》（高检发监字〔2014〕8号，2014年8月1日）

第六条　具有下列情形之一的，人民检察院应当进行调查核实：

（一）拟提请减刑、假释罪犯系职务犯罪罪犯，破坏金融管理秩序和金融诈骗犯罪罪犯，黑社会性质组织犯罪罪犯，严重暴力恐怖犯罪罪犯，或者其他在社会上有重大影响、社会关注度高的罪犯；

（二）因罪犯有立功表现或者重大立功表现拟提请减刑的；

（三）拟提请减刑、假释罪犯的减刑幅度大、假释考验期长、起始时间早、间隔时间短或者实际执行刑期短的；

（四）拟提请减刑、假释罪犯的考核计分高、专项奖励多或者鉴定材料、奖惩记录有疑点的；

（五）收到控告、举报的；

（六）其他应当进行调查核实的。

第七条　人民检察院可以采取调阅复制有关材料、重新组织诊断鉴别、进行文证鉴定、召开座谈会、个别询问等方式，对下列情况进行调查核实：

（一）拟提请减刑、假释罪犯在服刑期间的表现情况；

（二）拟提请减刑、假释罪犯的财产刑执行、附带民事裁判履行、退赃退赔等情况；

（三）拟提请减刑罪犯的立功表现、重大立功表现是否属实，发明创造、技术革新是否系罪犯在服刑期间独立完成并经有关主管机关确认；

（四）拟提请假释罪犯的身体状况、性格特征、假释后生活来源和监管条件等影响再犯罪的因素；

（五）其他应当进行调查核实的情况。

★《最高人民检察院关于对职务犯罪罪犯减刑、假释、暂予监外执行案件实行备案审查的规定》（高检发监字〔2014〕5号，2014年6月23日）

第二条　人民检察院对职务犯罪罪犯减刑、假释、暂予监外执行案件实行备案审查，按照下列情形分别处理：

（一）对原厅局级以上职务犯罪罪犯减刑、假释、暂予监外执行的案件，人民检察院应当在收到减刑、假释裁定书或者暂予监外执行决定书后十日以内，逐案层报最高人民检察院备案审查；

（二）对原县处级职务犯罪罪犯减刑、假释、暂予监外执行的案件，人民检

---

① 参见袁其国、周伟等：《〈人民检察院办理减刑、假释案件规定〉解读》，载《人民检察》2014年第17期。

察院应当在收到减刑、假释裁定书或者暂予监外执行决定书后十日以内，逐案层报省级人民检察院备案审查。

第三条　人民检察院报请备案审查减刑、假释案件，应当填写备案审查登记表，并附下列材料的复印件：

（一）刑罚执行机关提请减刑、假释建议书；

（二）人民法院减刑、假释裁定书；

（三）人民检察院向刑罚执行机关、人民法院提出的书面意见；

罪犯有重大立功表现裁定减刑、假释的案件，还应当附重大立功表现相关证明材料的复印件。

第四条　人民检察院报请备案审查暂予监外执行案件，应当填写备案审查登记表，并附下列材料的复印件：

（一）刑罚执行机关提请暂予监外执行意见书或者审批表；

（二）决定或者批准机关暂予监外执行决定书；

（三）人民检察院向刑罚执行机关、暂予监外执行决定或者批准机关提出的书面意见；

（四）罪犯的病情诊断、鉴定意见以及相关证明材料。

第五条　上级人民检察院认为有必要的，可以要求下级人民检察院补报相关材料。下级人民检察院应当在收到通知后三日以内，按照要求报送。

第六条　最高人民检察院和省级人民检察院收到备案审查材料后，应当指定专人进行登记和审查，并在收到材料后十日以内，分别作出以下处理：

（一）对于职务犯罪罪犯减刑、假释、暂予监外执行不当的，应当通知下级人民检察院依法向有关单位提出纠正意见。其中，省级人民检察院认为高级人民法院作出的减刑、假释裁定或者省级监狱管理局、省级公安厅（局）作出的暂予监外执行决定不当的，应当依法提出纠正意见；

（二）对于职务犯罪罪犯减刑、假释、暂予监外执行存在疑点或者可能存在违法违规问题的，应当通知下级人民检察院依法进行调查核实。

第七条　下级人民检察院收到上级人民检察院对备案审查材料处理意见的通知后，应当立即执行，并在收到通知后三十日以内，报告执行情况。

第八条　省级人民检察院应当将本年度原县处级以上职务犯罪罪犯减刑、假释、暂予监外执行的名单，以及本年度职务犯罪罪犯减刑、假释、暂予监外执行的数量和比例对比情况，与人民法院、公安机关、监狱管理机关等有关单位核对后，于次年一月底前，报送最高人民检察院。

第九条　对于职务犯罪罪犯减刑、假释、暂予监外执行的比例明显高于其他罪犯的相应比例的，人民检察院应当对职务犯罪罪犯减刑、假释、暂予监外执行案件进行逐案复查，查找和分析存在的问题，依法向有关单位提出意见或者建议。

第十条　最高人民检察院和省级人民检察院应当每年对职务犯罪罪犯减刑、假释、暂予监外执行情况进行分析和总结，指导和督促下级人民检察院落实有关要求。

第十一条　本规定中的职务犯罪，是指贪污贿赂犯罪，国家工作人员的渎职犯罪，国家机关工作人员利用职权实施的非法拘禁、非法搜查、刑讯逼供、暴力取证、虐待被监管人、报复陷害、破坏选举的侵犯公民人身权利、公民民主权利的犯罪。

274.2.6　检察机关对开庭审理减刑、假释案件的监督

★《人民检察院办理减刑、假释案件规定》(高检发监字〔2014〕8号,2014年8月1日)

第十一条　人民法院开庭审理减刑、假释案件的,人民检察院应当指派检察人员出席法庭,发表检察意见,并对法庭审理活动是否合法进行监督。

第十二条　出席法庭的检察人员不得少于二人,其中至少一人具有检察官职务。

第十三条　检察人员应当在庭审前做好下列准备工作:

(一)全面熟悉案情,掌握证据情况,拟定法庭调查提纲和出庭意见;

(二)对执行机关提请减刑、假释有异议的案件,应当收集相关证据,可以建议人民法院通知相关证人出庭作证。

第十四条　庭审开始后,在执行机关代表宣读减刑、假释建议书并说明理由之后,检察人员应当发表检察意见。

第十五条　庭审过程中,检察人员对执行机关提请减刑、假释有疑问的,经审判长许可,可以出示证据,申请证人出庭作证,要求执行机关代表出示证据或者作出说明,向被提请减刑、假释的罪犯及证人提问并发表意见。

第十六条　法庭调查结束时,在被提请减刑、假释罪犯作最后陈述之前,经审判长许可,检察人员可以发表总结性意见。

第十七条　庭审过程中,检察人员认为需要进一步调查核实案件事实、证据,需要补充鉴定或者重新鉴定,或者需要通知新的证人到庭的,应当建议休庭。

第十八条　检察人员发现法庭审理活动违反法律规定的,应当在庭审后及时向本院检察长报告,依法向人民法院提出纠正意见。

【重点解读】①

检察人员在法庭上发表意见的三个时间节点,其内容侧重点有所不同。

一是在庭审开始后,在执行机关代表宣读减刑、假释建议书并说明理由之后,检察人员应当发表检察意见。这时发表检察意见是指检察人员根据审查案件和调查核实情况,宣读检察机关对减刑、假释提请检察的意见。

二是在庭审过程中,检察人员对执行机关提请减刑、假释有疑问的,经审判长许可,可以出示证据,申请证人出庭作证,要求执行机关代表出示证据或者作出说明,向被提请减刑、假释罪犯及证人提问并发表意见。这时发表意见主要是围绕罪犯是否符合减刑、假释的条件,对有关证据、证人证言提出有针对性的意见。

三是在法庭调查结束时,在被提请减刑、假释罪犯作最后陈述之前,经审判长许可,检察人员可以发表总结性意见。这时发表意见主要是总结法庭调查情况,阐明罪犯是否符合减刑、假释法定条件,提请减刑、假释的程序是否符合法律规定,提请减刑的幅度是否适

---

①　参见袁其国、周伟等:《〈人民检察院办理减刑、假释案件规定〉解读》,载《人民检察》2014年第17期。

当等,向法庭提出具体意见和要求。

275 刑罚执行中错判和申诉的处理

275.1 法条规定

第二百七十五条 监狱和其他执行机关在刑罚执行中,如果认为判决有错误或者罪犯提出申诉,应当转请人民检察院或者原判人民法院处理。

【立法释义】①

本条规定明确了刑罚执行中错判和申诉的处理程序。监狱和其他执行机关在刑事执行中,遇有罪犯申诉或者审查案件材料,可能认为判决有错误。此种情况下,执行机关应当将疑似错判案件转请人民检察院或者原判人民法院处理。人民检察院或者人民法院对于执行机关转递的材料,应当及时审查,对于符合本条规定的再审案件的情形,应当依法启动审判监督程序。

执行机关对于罪犯提出的申诉,应当及时转递给人民检察院或者原判人民法院,不得无故阻碍或者扣留,更不得将罪犯申诉视为不服从管教。对于执行机关无故阻碍或者扣留申诉材料的情形,人民检察院应当进行法律监督,依法提出纠正意见。

275.2 相关立法

275.2.1 罪犯的申诉权及申诉的处理

★**《中华人民共和国监狱法》**(2012年10月26日修正)

第二十一条 罪犯对生效的判决不服的,可以提出申诉。

对于罪犯的申诉,人民检察院或者人民法院应当及时处理。

第二十四条 监狱在执行刑罚过程中,根据罪犯的申诉,认为判决可能有错误的,应当提请人民检察院或者人民法院处理,人民检察院或者人民法院应当自收到监狱提请处理意见书之日起六个月内将处理结果通知监狱。

275.3 规范性文件

275.3.1 公安机关对错判和申诉的处理

★**《公安规定》**(2020)

第三百零四条 公安机关在执行刑罚中,如果认为判决有错误或者罪犯提出申诉,应当转请人民检察院或者原判人民法院处理。

★**《国安规定》**(2024)

第三百二十七条 国家安全机关在执行刑罚中,如果认为判决有错误或者罪犯提出申诉,应当转请人民检察院或者原判人民法院处理。

275.3.2 看守所对错判和申诉的处理

★**《中华人民共和国看守所条例》**(国务院令第52号,1990年3月17日)

第四十五条 看守所在人犯羁押期间发现人犯中有错拘、错捕或者错判的,应当及时通知办案机关查证核实,依法处理。

第四十六条 对人犯的上述书、申诉书,看守所应当及时转送,不得阻挠和扣押。

人犯揭发、控告司法工作人员违法行为的材料,应当及时报请人民检察院处理。

---

① 参见王爱立主编书,第579—580页。

276　执行监督

276.1　法条规定

第二百七十六条　人民检察院对执行机关执行刑罚的活动是否合法实行监督。如果发现有违法的情况，应当通知执行机关纠正。

【立法释义】①

本条规定明确了人民检察院对执行活动进行法律监督的要求。人民检察院对执行机关执行刑罚的活动是否合法实行监督。关于执行监督，应当关注以下事项：

第一，交付执行监督。具体包括：交付执行的判决、裁定是否已经发生法律效力，交付执行的法律手续是否完备，应当收押的罪犯是否按时收押，等等。

第二，变更执行监督。具体包括：减刑、假释决定是否合法，减刑、假释手续是否完备，暂予监外执行是否合法，违反减刑、减刑或者暂予监外执行的情形是否及时处理，等等。

第三，执行过程监督。具体包括：执行刑罚是否符合法定程序，有无阻碍申诉情形，有无体罚虐待罪犯情形，等等。

人民检察院发现执行机关执行刑罚的活动有违法情况的，应当及时通知有关的执行机关纠正，并可以建议有关部门给予有关人员行政处分；对构成犯罪的，应当及时立案侦查，依法追究有关人员的刑事责任。有关执行机关应当接受人民检察院的监督，接到人民检察院纠正违法的通知后，应当及时纠正违法行为。

276.2　司法解释

276.2.1　检察机关对刑罚执行和监管执法的监督

★《检察院规则》(2019)

第六百五十四条　人民检察院发现看守所收押活动和监狱收监活动中具有下列情形之一的，应当依法提出纠正意见：

(一)没有收押、收监文书、凭证，文书、凭证不齐全，或者被收押、收监人员与文书、凭证不符的；

(二)依法应当收押、收监而不收押、收监，或者对依法不应当关押的人员收押、收监的；

(三)未告知被收押、收监人员权利、义务的；

(四)其他违法情形。

第六百五十五条　人民检察院发现监狱、看守所等执行机关在管理、教育改造罪犯等活动中有违法行为的，应当依法提出纠正意见。

第六百五十六条　看守所对收押的犯罪嫌疑人进行身体检查时，人民检察院驻看守所检察人员可以在场。发现收押的犯罪嫌疑人有伤或者身体异常的，应当要求看守所进行拍照或者录像，由送押人员、犯罪嫌疑人说明原因，在体检记录中写明，并由送押人员、收押人员和犯罪嫌疑人签字确认。必要时，驻看守所检察人员可以自行拍照或者录像，并将相关情况记录在案。

第六百五十七条　人民检察院发现看守所、监狱等监管场所有殴打、体罚、虐待、违法使用戒具、违法适用禁闭

① 参见王爱立主编书，第581—582页。

等侵害在押人员人身权利情形的，应当依法提出纠正意见。

第六百五十八条　人民检察院发现看守所违反有关规定，有下列情形之一的，应当依法提出纠正意见：

（一）为在押人员通风报信，私自传递信件、物品，帮助伪造、毁灭、隐匿证据或者干扰证人作证、串供的；

（二）违反规定同意侦查人员将犯罪嫌疑人提出看守所讯问的；

（三）收到在押犯罪嫌疑人、被告人及其法定代理人、近亲属或者辩护人的变更强制措施申请或者其他申请、申诉、控告、举报，不及时转交、转告人民检察院或者有关办案机关的；

（四）应当安排辩护律师依法会见在押的犯罪嫌疑人、被告人而没有安排的；

（五）违法安排辩护律师或者其他人员会见在押的犯罪嫌疑人、被告人的；

（六）辩护律师会见犯罪嫌疑人、被告人时予以监听的；

（七）其他违法情形。

第六百五十九条　人民检察院发现看守所代为执行刑罚的活动具有下列情形之一的，应当依法提出纠正意见：

（一）将被判处有期徒刑剩余刑期在三个月以上的罪犯留所服刑的；

（二）将留所服刑罪犯与犯罪嫌疑人、被告人混押、混管、混教的；

（三）其他违法情形。

第六百六十条　人民检察院发现监狱没有按照规定对罪犯进行分押分管、监狱人民警察没有对罪犯实行直接管理等违反监管规定情形的，应当依法提出纠正意见。

人民检察院发现监狱具有未按照规定安排罪犯与亲属或者监护人会见、对伤病罪犯未及时治疗以及未执行国家规定的罪犯生活标准等侵犯罪犯合法权益情形的，应当依法提出纠正意见。

第六百六十一条　人民检察院发现看守所出所活动和监狱出监活动具有下列情形之一的，应当依法提出纠正意见：

（一）没有出所、出监文书、凭证，文书、凭证不齐全，或者出所、出监人员与文书、凭证不符的；

（二）应当释放而没有释放，不应当释放而释放，或者未依照规定送达释放通知书的；

（三）对提押、押解、转押出所的在押人员，特许离监、临时离监、调监或者暂予监外执行的罪犯，未依照规定派员押送并办理交接手续的；

（四）其他违法情形。

276.2.2　检察机关对未成年人案件的监督

★《人民检察院办理未成年人刑事案件的规定》（高检发研字〔2013〕7 号，2013 年 12 月 27 日）

第七十条　人民检察院依法对未成年犯管教所实行驻所检察。在刑罚执行监督中，发现关押成年罪犯的监狱收押未成年罪犯的，未成年犯管教所违法收押成年罪犯的，或者对年满十八周岁时余刑在二年以上的罪犯留在未成年犯管教所执行剩余刑期的，应当依法提出纠正意见。

第七十一条　人民检察院在看守所检察中，发现没有对未成年犯罪嫌疑人、被告人与成年犯罪嫌疑人、被告人分别关押、管理或者对未成年犯留所执行刑罚的，应当依法提出纠正意见。

第七十二条　人民检察院应当加强对未成年犯管教所、看守所监管未成年罪犯活动的监督，依法保障未成年罪犯的合法权益，维护监管改造秩序和教学、劳动、生活秩序。

人民检察院配合未成年犯管教所、看守所加强对未成年罪犯的政治、法律、文化教育，促进依法、科学、文明监管。

第七十三条　人民检察院依法对未成年人的社区矫正进行监督，发现有下列情形之一的，应当依法向公安机关、人民法院、监狱、社区矫正机构等有关部门提出纠正意见：

（一）没有将未成年人的社区矫正与成年人分开进行的；

（二）对实行社区矫正的未成年人脱管、漏管或者没有落实帮教措施的；

（三）没有对未成年社区矫正人员给予身份保护，其矫正宣告公开进行，矫正档案未进行保密，公开或者传播其姓名、住所、照片等可能推断出该未成年人的其他资料以及矫正资料等情形的；

（四）未成年社区矫正人员的矫正小组没有熟悉青少年成长特点的人员参加的；

（五）没有针对未成年人的年龄、心理特点和身心发育需要等特殊情况采取相应的监督管理和教育矫正措施的；

（六）其他违法情形。

第七十四条　人民检察院依法对未成年犯的减刑、假释、暂予监外执行等活动实行监督。对符合减刑、假释、暂予监外执行法定条件的，应当建议执行机关向人民法院、监狱管理机关或者公安机关提请；发现提请或者裁定、决定不当的，应当依法提出纠正意见；对徇私舞弊减刑、假释、暂予监外执行等构成犯罪的，依法追究刑事责任。

276.2.3　检察机关对国安机关看守所的监督

★《最高人民检察院、国家安全部关于国家安全机关设置的看守所依法接受人民检察院法律监督有关事项的通知》（高检会〔1997〕2号，1997年8月21日）

一、人民检察院对国家安全机关设置的看守所的执法活动实行法律监督，由主管该看守所的国家安全机关的同级人民检察院负责。

二、人民检察院对国家安全机关设置的看守所的执法活动进行检察的方式，可根据其羁押人数，监管任务轻重决定派驻检察或定期巡回检察。

三、国家安全机关设置的看守所应当依法接受人民检察院的法律监督，定期向对该看守所有法律监督职责的人民检察院通报监管情况；对人民检察院提出纠正违法的意见，应当认真进行研究，并对违法情况及时采取有效措施予以纠正；对发生的有关犯罪案件，要主动配合检察机关依法查处。

276.3　规范性文件

276.3.1　检察机关对执行禁止令的监督

★《最高人民法院、最高人民检察院、公安部、司法部关于对判处管制、宣告缓刑的犯罪分子适用禁止令有关问

题的规定(试行)》(法发〔2011〕9 号,2011 年 4 月 28 日)

第十条　人民检察院对社区矫正机构执行禁止令的活动实行监督。发现有违反法律规定的情况,应当通知社区矫正机构纠正。

276.3.2　检察机关对执行从业禁止的监督

★《最高人民法院、最高人民检察院、教育部关于落实从业禁止制度的意见》(法发〔2022〕32 号,2022 年 11 月 10 日)

七、人民检察院应当对从业禁止和禁止令执行落实情况进行监督。

八、人民法院、人民检察院发现有关单位未履行犯罪记录查询制度、从业禁止制度的,应当向该单位提出建议。

第五编　特别程序

第一章　未成年人刑事案件诉讼程序

277　办理未成年人案件的原则及要求

277.1　法条规定

第二百七十七条　对犯罪的未成年人实行教育、感化、挽救的方针，坚持教育为主、惩罚为辅的原则。

人民法院、人民检察院和公安机关办理未成年人刑事案件，应当保障未成年人行使其诉讼权利，保障未成年人得到法律帮助，并由熟悉未成年人身心特点的审判人员、检察人员、侦查人员承办。

【立法释义】①

本章关于未成年人刑事案件诉讼程序的规定，是 2012 年刑事诉讼法修改新增的特别程序。本条规定明确了办理未成年人刑事案件的方针、原则和要求。关于未成年人刑事案件的基本原则和要求，应当关注以下事项：

第一，“教育、感化、挽救”方针。对于犯罪的未成年人，应当注重教育、感化、挽救，增强未成年人的法治观念，促使其顺利回归社会。需要指出的是，办理未成年人刑事案件，既要给予特殊的政策关照，也要体现法律的严肃性和权威性，避免未成年犯罪嫌疑人、被告人产生轻视法律的错误观念。此外，“教育、感化、挽救”方针应当贯穿于刑事诉讼的全过程。

第二，“教育为主、惩罚为辅”原则。办理未成年人刑事案件，在刑事诉讼全过程，都要体现法治教育的要求，促使未成年人认识错误，改过自新。即便未成年人所犯罪行严重，也不能为求惩罚而忽视教育。同时，对未成年人而言，程序本身在某种程度上就是惩罚。需要指出的是，尽管强调惩罚为辅，但是，办案机关不能忽视惩罚的内在功能，不能违反法律规定随意减轻或者规避惩罚。从某种意义上讲，惩罚本身也是教育，对一些未成年人罪犯而言，可能是更为有效的教育。

第三，权利保障原则。为加强对未成年人的程序保护，本法专门规定了一些特殊的权利，例如，在讯问和审判时，应当通知未成年犯罪嫌疑人、被告人的法定代理人到场；审判时被告人不满十八岁的案件，不公开审理；等等。办案机关应当通过权利告知等方式，保障未成年人行使其诉讼权利。

第四，法律帮助原则。办案机关应当保障未成年人得到法律帮助，对于未成年犯罪嫌疑人、被告人没有委托辩护人的情形，应当通知法律援助机构指派律师为其提供辩护。

第五，特殊办案主体原则。办案机关可以设立专门机构，指派熟悉未成年人身心特点的审判人员、检察人员、侦查人员办理未成年人案件。办案人员熟悉未成年人身心特点，更加便于和未成年人沟通，从而有效开展教育、感化、

① 参见王爱立主编书，第 583—586 页。

挽救工作。

277.2　相关立法

277.2.1　未成年人保护法的程序安排

★《中华人民共和国未成年人保护法》(2024 年 4 月 26 日修正)

第一百条　公安机关、人民检察院、人民法院和司法行政部门应当依法履行职责,保障未成年人合法权益。

第一百零一条　公安机关、人民检察院、人民法院和司法行政部门应当确定专门机构或者指定专门人员,负责办理涉及未成年人案件。办理涉及未成年人案件的人员应当经过专门培训,熟悉未成年人身心特点。专门机构或者专门人员中,应当有女性工作人员。

公安机关、人民检察院、人民法院和司法行政部门应当对上述机构和人员实行与未成年人保护工作相适应的评价考核标准。

第一百零二条　公安机关、人民检察院、人民法院和司法行政部门办理涉及未成年人案件,应当考虑未成年人身心特点和健康成长的需要,使用未成年人能够理解的语言和表达方式,听取未成年人的意见。

第一百零三条　公安机关、人民检察院、人民法院、司法行政部门以及其他组织和个人不得披露有关案件中未成年人的姓名、影像、住所、就读学校以及其他可能识别出其身份的信息,但查找失踪、被拐卖未成年人等情形除外。

第一百零四条　对需要法律援助或者司法救助的未成年人,法律援助机构或者公安机关、人民检察院、人民法院和司法行政部门应当给予帮助,依法为其提供法律援助或者司法救助。

法律援助机构应当指派熟悉未成年人身心特点的律师为未成年人提供法律援助服务。

法律援助机构和律师协会应当对办理未成年人法律援助案件的律师进行指导和培训。

第一百零五条　人民检察院通过行使检察权,对涉及未成年人的诉讼活动等依法进行监督。

第一百零六条　未成年人合法权益受到侵犯,相关组织和个人未代为提起诉讼的,人民检察院可以督促、支持其提起诉讼;涉及公共利益的,人民检察院有权提起公益诉讼。

第一百零七条　人民法院审理继承案件,应当依法保护未成年人的继承权和受遗赠权。

人民法院审理离婚案件,涉及未成年子女抚养问题的,应当尊重已满八周岁未成年子女的真实意愿,根据双方具体情况,按照最有利于未成年子女的原则依法处理。

第一百零八条　未成年人的父母或者其他监护人不依法履行监护职责或者严重侵犯被监护的未成年人合法权益的,人民法院可以根据有关人员或者单位的申请,依法作出人身安全保护令或者撤销监护人资格。

被撤销监护人资格的父母或者其他监护人应当依法继续负担抚养费用。

第一百零九条　人民法院审理离婚、抚养、收养、监护、探望等案件涉及未成年人的,可以自行或者委托社会组织对未成年人的相关情况进行社会调查。

第一百一十条　公安机关、人民检察院、人民法院讯问未成年犯罪嫌疑人、被告人,询问未成年被害人、证人,应当依法通知其法定代理人或者其成年亲属、所在学校的代表等合适成年人到场，并采取适当方式，在适当场所进行，保障未成年人的名誉权、隐私权和其他合法权益。

人民法院开庭审理涉及未成年人案件，未成年被害人、证人一般不出庭作证；必须出庭的，应当采取保护其隐私的技术手段和心理干预等保护措施。

第一百一十一条　公安机关、人民检察院、人民法院应当与其他有关政府部门、人民团体、社会组织互相配合，对遭受性侵害或者暴力伤害的未成年被害人及其家庭实施必要的心理干预、经济救助、法律援助、转学安置等保护措施。

第一百一十二条　公安机关、人民检察院、人民法院办理未成年人遭受性侵害或者暴力伤害案件，在询问未成年被害人、证人时，应当采取同步录音录像等措施，尽量一次完成；未成年被害人、证人是女性的，应当由女性工作人员进行。

第一百一十三条　对违法犯罪的未成年人，实行教育、感化、挽救的方针，坚持教育为主、惩罚为辅的原则。

对违法犯罪的未成年人依法处罚后，在升学、就业等方面不得歧视。

第一百一十四条　公安机关、人民检察院、人民法院和司法行政部门发现有关单位未尽到未成年人教育、管理、救助、看护等保护职责的，应当向该单位提出建议。被建议单位应当在一个月内作出书面回复。

第一百一十五条　公安机关、人民检察院、人民法院和司法行政部门应当结合实际，根据涉及未成年人案件的特点，开展未成年人法治宣传教育工作。

第一百一十六条　国家鼓励和支持社会组织、社会工作者参与涉及未成年人案件中未成年人的心理干预、法律援助、社会调查、社会观护、教育矫治、社区矫正等工作。

277.3　司法解释

277.3.1　对未成年人的特殊保护原则

★《检察院规则》(2019)

第四百五十七条　人民检察院办理未成年人刑事案件，应当贯彻“教育、感化、挽救”方针和“教育为主、惩罚为辅”的原则，坚持优先保护、特殊保护、双向保护，以帮助教育和预防重新犯罪为目的。

人民检察院可以借助社会力量开展帮助教育未成年人的工作。

★《检察机关加强未成年人司法保护八项措施》(高检发诉字〔2015〕3 号，2015 年 5 月 12 日)

三、最大限度教育挽救涉罪未成年人。贯彻国家对犯罪未成年人“教育、感化、挽救”方针和“教育为主、惩罚为辅”原则，坚持依法对涉罪未成年人“少捕慎诉少监禁”，落实专业化办理、法律援助、合适成年人到场、社会调查、亲情会见、附条件不起诉、社会观护、帮扶教育、犯罪记录封存等特殊保护制度，最大限度促进涉罪未成年人悔过自新、回归社会。对于因年龄原因不负刑事责任的未成年人，应当与公安机关以及家庭、学校、社会保护组织等加强协调、配合，通过加强管教、社会观护等措施，预防再犯罪。

五、积极参与犯罪预防和普法宣传工作。结合办案注意查找未成年人权益保护和犯罪预防方面存在的隐患，通过检察建议等形式，督促相关部门建章立制、堵塞漏洞，推动有关部门更加重视对农村留守儿童、城乡流动乞讨儿童、正在服刑人员的子女等重点未成年人群体的保护，努力营造关爱保护未成年人的社会环境；建立“谁执法谁普法”的普法责任制，广泛开展以案释法、法制讲座、法制进社区、进学校、进幼儿园、进农村、进家庭等宣讲活动，培育尊重未成年人权益的文化，提高未成年人明辨是非和自我保护的意识和能力。

七、推动完善政法机关衔接配合以及与政府部门、未成年人保护组织等跨部门合作机制。进一步加强与公安机关、人民法院、司法行政机关的沟通协调，在工作评价标准、法律援助、社会调查、讯问（询问）未成年人同步录音录像、逮捕必要性证据收集与移送、合适成年人选聘、分案起诉、观护帮教、犯罪记录封存等需要配合的制度机制上相互衔接，形成保护未成年人合法权益的工作体系；积极与政府各部门、未成年人保护组织等加强联系，推动建立跨部门合作的长效机制，促进司法保护与家庭保护、学校保护、社会保护的紧密衔接，形成保护未成年人合法权益、救助困境儿童、挽救失足未成年人以及预防和减少未成年人犯罪的工作合力。

八、推动建立未成年人司法借助社会专业力量的长效机制。大力支持青少年事务社会工作专业人才队伍建设工作，主动与青少年事务社会工作专业机构链接，以政府购买服务等方式，将社会调查、合适成年人参与未成年人刑事诉讼、心理疏导、观护帮教、附条件不起诉监督考察等工作，交由专业社会力量承担，提高未成年人权益保护和犯罪预防的专业水平，逐步建立司法借助社会专业力量的长效机制。

★《法院解释》（2021）

第五百四十六条　人民法院审理未成年人刑事案件，应当贯彻教育、感化、挽救的方针，坚持教育为主、惩罚为辅的原则，加强对未成年人的特殊保护。

第五百四十七条　人民法院应当加强同政府有关部门、人民团体、社会组织等的配合，推动未成年人刑事案件人民陪审、情况调查、安置帮教等工作的开展，充分保障未成年人的合法权益，积极参与社会治安综合治理。

【重点解读】

办理未成年人刑事案件，除应当坚持“教育挽救”“最有利于未成年人”等原则外，还应坚持“双向保护”等原则。

“最有利于未成年人”原则，是未成年人保护法明文规定的原则，是对《儿童权利公约》中“儿童最大利益原则”的呼应。“双向保护”原则源于《少年司法最低限度标准规则》，是指未成年人利益和社会利益、社会安全的防护均应受到保护。这就要求在处理未成年人犯罪案件时，权衡好社会利益、社会安全的防护和未成年人权益之间的关系，实现两者兼顾。当未成年人利益和社会利益发生冲突时，应当优先考虑未成年人的身心特点和保护未成年人健康成长的重大意义，侧重于保护未成年人的利益，社会（成人）利益应当让位于未成年人的利益。①

需要指出的是，未成年人案件审判具有许多特色工作制度，如情况调查、

① 参见童建明、万春主编释义书，第451—457页。

法庭教育、心理测评及延伸帮教等，有赖于相关部门、人民团体和社会组织的大力支持和密切配合。人民法院应当积极延伸审判职能，加强同相关部门的配合，促进完善预防、控制、矫治未成年人犯罪的"社会一条龙"配套工作机制。①

★《公安规定》(2020)

第三百一十七条　公安机关办理未成年人刑事案件，实行教育、感化、挽救的方针，坚持教育为主、惩罚为辅的原则。

第三百一十八条　公安机关办理未成年人刑事案件，应当保障未成年人行使其诉讼权利并得到法律帮助，依法保护未成年人的名誉和隐私，尊重其人格尊严。

★《国安规定》(2024)

第三百三十八条　国家安全机关办理未成年人刑事案件，实行教育、感化、挽救的方针，坚持教育为主、惩罚为辅的原则，保障未成年人行使其诉讼权利并得到法律帮助，依法保护未成年人的名誉和隐私，尊重其人格尊严。

未成年人刑事案件应当由熟悉未成年人身心特点，善于做未成年人思想教育工作，具有一定办案经验的人员办理。

★《中央综治委预防青少年违法犯罪工作领导小组、最高人民法院、最高人民检察院、公安部、司法部、共青团中央关于进一步建立和完善办理未成年人刑事案件配套工作体系的若干意见》(综治委预青领联字〔2010〕1 号，2010 年 8 月 28 日)

1. 办理未成年人刑事案件，在不违反法律规定的前提下，应当按照最有利于未成年人和适合未成年人身心特点的方式进行，充分保障未成年人合法权益。

3. 办理未成年人刑事案件，应当在依照法定程序办案和保证办理案件质量的前提下，尽量迅速办理，减少刑事诉讼对未成年人的不利影响。

277.3.2　未成年人案件分案办理原则

★《检察院规则》(2019)

第四百五十九条　人民检察院办理未成年人与成年人共同犯罪案件，一般应当对未成年人与成年人分案办理、分别起诉。不宜分案处理的，应当对未成年人采取隐私保护、快速办理等特殊保护措施。

【重点解读】②

分案办理原则是贯穿刑事诉讼始终的原则性规定，对未成年人与成年人共同犯罪案件需要以分案为原则，不分案为例外。

★《法院解释》(2021)

第五百五十一条　对分案起诉至同一人民法院的未成年人与成年人共同犯罪案件，可以由同一个审判组织审理；不宜由同一个审判组织审理的，可以分别审理。

未成年人与成年人共同犯罪案件，由不同人民法院或者不同审判组织分别审理的，有关人民法院或者审判组织应当互相了解共同犯罪被告人的审判情况，注意全案的量刑平衡。

① 参见李少平主编书，第 541—542 页。

② 参见童建明、万春主编释义书，第 458—459 页。

277.3.3 检察机关办理未成年人案件的程序指引

★《人民检察院办理未成年人刑事案件的规定》(高检发研字〔2013〕7号,2013年12月27日)

第二条 人民检察院办理未成年人刑事案件,实行教育、感化、挽救的方针,坚持教育为主、惩罚为辅和特殊保护的原则。在严格遵守法律规定的前提下,按照最有利于未成年人和适合未成年人身心特点的方式进行,充分保障未成年人合法权益。

第三条 人民检察院办理未成年人刑事案件,应当保障未成年人依法行使其诉讼权利,保障未成年人得到法律帮助。

第四条 人民检察院办理未成年人刑事案件,应当在依照法定程序和保证办案质量的前提下,快速办理,减少刑事诉讼对未成年人的不利影响。

第五条 人民检察院办理未成年人刑事案件,应当依法保护涉案未成年人的名誉,尊重其人格尊严,不得公开或者传播涉案未成年人的姓名、住所、照片、图像及可能推断出该未成年人的资料。

人民检察院办理刑事案件,应当依法保护未成年被害人、证人以及其他与案件有关的未成年人的合法权益。

第六条 人民检察院办理未成年人刑事案件,应当加强与公安机关、人民法院以及司法行政机关的联系,注意工作各环节的衔接和配合,共同做好对涉案未成年人的教育、感化、挽救工作。

人民检察院应当加强同政府有关部门、共青团、妇联、工会等人民团体,学校、基层组织以及未成年人保护组织的联系和配合,加强对违法犯罪的未成年人的教育和挽救,共同做好未成年人犯罪预防工作。

第七条 人民检察院办理未成年人刑事案件,发现有关单位或者部门在预防未成年人违法犯罪等方面制度不落实、不健全,存在管理漏洞的,可以采取检察建议等方式向有关单位或者部门提出预防违法犯罪的意见和建议。

第十二条 人民检察院办理未成年人刑事案件,应当注重矛盾化解,认真听取被害人的意见,做好释法说理工作。对于符合和解条件的,要发挥检调对接平台作用,积极促使双方当事人达成和解。

人民检察院应当充分维护未成年被害人的合法权益。对于符合条件的被害人,应当及时启动刑事被害人救助程序,对其进行救助。对于未成年被害人,可以适当放宽救助条件、扩大救助的案件范围。

人民检察院根据需要,可以对未成年犯罪嫌疑人、未成年被害人进行心理疏导。必要时,经未成年犯罪嫌疑人及其法定代理人同意,可以对未成年犯罪嫌疑人进行心理测评。

在办理未成年人刑事案件时,人民检察院应当加强办案风险评估预警工作,主动采取适当措施,积极回应和引导社会舆论,有效防范执法办案风险。

★《未成年人刑事检察工作指引(试行)》(高检发未检字〔2017〕1号,2017年3月2日)

第二条 【适用范围】人民检察院未检部门办理未成年人刑事案件和不宜分案办理的未成年人与成年人共同犯罪案件、侵害未成年人人身权利案件以及开展相关诉讼监督、帮教救助、犯罪预防等工作,适用本指引。

第三条　【参照适用】对于实施犯罪时未满十八周岁,但诉讼过程中已满十八周岁,实际由未检部门受理的,根据案件具体情况,可以参照本指引办理。

第四条　【未成年人刑事案件】本指引所称未成年人刑事案件,是指犯罪嫌疑人实施涉嫌犯罪行为时不满十八周岁的刑事案件。

已满十四周岁不满十六周岁的未成年人,实施刑法第十七条第二款规定犯罪的,应当承担刑事责任,适用本指引。

第五条　【侵害未成年人人身权利案件】本指引所称侵害未成年人人身权利案件,是指由成年人实施、未成年人是被害人的刑法分则第四章"侵犯公民人身权利、民主权利罪"规定的犯罪以及其他章节规定的实际侵害未成年人身心健康的以危险方法危害公共安全(刑法第一百一十四条、第一百一十五条)、危险驾驶(刑法第一百三十三条之一)、教育设施重大安全事故(刑法第一百三十八条)、抢劫(刑法第二百六十三条)、向未成年人传授犯罪方法(刑法第二百九十五条)、引诱未成年人聚众淫乱(刑法第三百零一条)、非法组织、强迫未成年人出卖血液(刑法第三百三十三条)、强迫、引诱、教唆、欺骗、容留未成年人吸毒(刑法第三百五十三条、第三百五十四条)、组织、强迫、引诱、容留、介绍未成年人卖淫(刑法第三百五十八条、第三百五十九条)、向未成年人传播淫秽物品(刑法第三百六十四条)、组织未成年人进行淫秽表演(刑法第三百六十五条)等犯罪案件。

第六条　【未达刑事责任年龄的处理】人民检察院对于犯罪时未达到刑事责任年龄的未成年人,应当加强与公安机关、学校、社会保护组织等单位及未成年人家庭的协调、配合,通过责令加以管教、政府收容教养、实施社会观护等措施,预防其再犯罪。

第七条　【工作模式】人民检察院未检部门实行捕、诉、监、防一体化工作模式,同一个检察官或者检察官办案组负责同一刑事案件的审查逮捕、审查起诉、诉讼监督和犯罪预防等工作,以利于全面掌握未成年人案件情况和未成年人身心状况,有针对性地开展帮助、教育,切实提高工作质量和效果。

第八条　【专用工作设施】人民检察院应当建立适合未成年人身心特点的未检专用工作室,配备同步录音录像、心理疏导、心理测评等相关办案装备和设施,为讯问、询问未成年人,教育感化涉罪未成年人和保护救助未成年被害人,司法听证、宣布、训诫提供合适场所和环境。

第九条　【内部联动机制】人民检察院未检部门在工作中发现侵害未成年人合法权益的犯罪线索,应当及时移送有关部门予以查处,并协调做好保护未成年人工作。其他检察业务部门在工作中发现侵害未成年人合法权益或者涉案未成年人需要心理疏导、救助帮教等情况,应当及时移送未检部门处理或者通知未检部门介入协助干预。

对于涉及未成年人权益保护的具有重大社会影响、疑难复杂等案件,上级人民检察院要加大对下级人民检察院的业务指导和案件督办。下级人民检察院应当及时将有关情况报告上级人民检察院。

第十条　【异地协作机制】对于异地检察机关提出协助进行社会调查、附条件不起诉监督考察、观护帮教、社区矫正监督、犯罪记录封存、被害人救助等请求的，协作地检察机关应当及时予以配合。

委托地检察机关应当主动与协作地检察机关就委托事项的办理进行充分沟通，提供相应法律文书、工作文书、情况说明等材料。必要时，可以通过委托地和协作地共同的上级检察机关未检部门进行沟通协调。

第十一条　【外部联动机制】人民检察院应当加强与政法机关及教育、民政等政府部门、未成年人保护组织等机构的联系，积极促进和完善合作机制，形成司法保护与家庭保护、学校保护、政府保护、社会保护的衔接一致。

第十二条　【借助专业力量】人民检察院可以通过政府购买服务、聘请专业人士等方式，将社会调查、合适成年人到场、心理疏导、心理测评、观护帮教、附条件不起诉监督考察等工作，交由社工、心理专家等专业社会力量承担或者协助进行，提高未成年人权益保护和犯罪预防的专业化水平，推动建立健全司法借助社会专业力量的长效机制。

第十三条　【特殊、优先保护】人民检察院应当根据未成年人的身心特点给予特殊、优先保护。对于确有特殊困难、特殊需求的未成年人，应当予以特殊帮助。

第十四条　【平等对待】人民检察院应当对所有涉案未成年人进行全面保护。不论未成年人性别、民族、种族、户籍、家庭财产状况、宗教信仰等，应当平等对待，不得有任何歧视或者忽视。

第十五条　【教育挽救】人民检察院办理未成年人刑事案件要切实贯彻"教育、感化、挽救"方针和"教育为主、惩罚为辅"原则，落实好刑事诉讼法规定的特殊制度、程序和要求。坚持教育和保护优先，为涉罪未成年人重返社会创造机会，最大限度地减少羁押措施、刑罚尤其是监禁刑的适用。

第十六条　【诉讼权利保障】人民检察院应当充分保障未成年人行使其诉讼权利，保证未成年人得到充分的法律帮助。

第十七条　【区别对待】人民检察院办理未成年人刑事案件，应当区别于成年人，充分考虑未成年人的身心特点、认知水平，在事实认定、证据采信、罪与非罪、此罪与彼罪、情节把握等方面，提出有针对性的意见。

第十八条　【分案处理】人民检察院办理未成年人与成年人共同犯罪案件时，一般应当将未成年人与成年人分案处理。不宜分案处理的，应当对未成年人采取特殊保护措施。

对于被拘留、逮捕和被执行刑罚的未成年人，应当监督相关机关落实与成年人分别关押、分别管理、分别教育的规定。

第十九条　【隐私保护】人民检察院应当依法保护涉案未成年人的名誉、隐私和个人信息，尊重其人格尊严，不得公开或者传播能够单独或者与其他信息结合识别未成年人个人身份的各种信息，包括姓名、出生日期、身份证号码、个人生物识别信息、住址、电话号码、照片、图像等。

第二十条　【快速办理】在保证教

育、挽救和保护救助效果的前提下，人民检察院办理涉及未成年人的案件，应当快速办理，不得有任何不必要的拖延，尽可能减少未成年人的诉讼负累。

第二十一条　【双向保护】人民检察院办理未成年人刑事案件，既要注重保护涉罪未成年人的合法权益，也要注重维护社会利益，积极化解矛盾，使被害人得到平等保护，尤其要注重对未成年被害人的权益维护和帮扶救助。

第二十二条　【综合施策】人民检察院应当加强与有关单位、组织的联系与配合，充分发挥社会力量的作用，采取经济、行政、刑事等各种手段，综合解决未成年人违法犯罪、权益保护等问题。

第二十三条　【风险评估】人民检察院办理未成年人刑事案件，应当加强办案风险评估预警工作，主动采取适当措施，积极回应和引导社会舆论，有效防范执法办案风险。

277.3.4　对未成年被害人的保护措施

★《法院解释》(2021)

第五百四十八条　人民法院应当加强同政府有关部门、人民团体、社会组织等的配合，对遭受性侵害或者暴力伤害的未成年被害人及其家庭实施必要的心理干预、经济救助、法律援助、转学安置等保护措施。

【重点解读】①

对未成年人的特殊保护，既包括对未成年被告人各项诉讼权利的保护，也包括对未成年被害人、证人的权益保护。

277.3.5　未成年人案件的办案主体要求

★《公安规定》(2020)

第三百一十九条　公安机关应当设置专门机构或者配备专职人员办理未成年人刑事案件。

未成年人刑事案件应当由熟悉未成年人身心特点，善于做未成年人思想教育工作，具有一定办案经验的人员办理。

★《国安规定》(2024)

第三百三十八条　国家安全机关办理未成年人刑事案件，实行教育、感化、挽救的方针，坚持教育为主、惩罚为辅的原则，保障未成年人行使其诉讼权利并得到法律帮助，依法保护未成年人的名誉和隐私，尊重其人格尊严。

未成年人刑事案件应当由熟悉未成年人身心特点，善于做未成年人思想教育工作，具有一定办案经验的人员办理。

★《检察院规则》(2019)

第四百五十八条　人民检察院应当指定熟悉未成年人身心特点的检察人员办理未成年人刑事案件。

★《法院解释》(2021)

第五百四十九条　人民法院应当确定专门机构或者指定专门人员，负责审理未成年人刑事案件。审理未成年人刑事案件的人员应当经过专门培训，熟悉未成年人身心特点、善于做未成年人思想教育工作。

参加审理未成年人刑事案件的人民陪审员，可以从熟悉未成年人身心特点、关心未成年人保护工作的人民陪审员名单中随机抽取确定。

第五百五十条　被告人实施被指控的犯罪时不满十八周岁、人民法院立案时不满二十周岁的案件，由未成年人

① 参见李少平主编书，第 541—542 页。

案件审判组织审理。

下列案件可以由未成年人案件审判组织审理：

（一）人民法院立案时不满二十二周岁的在校学生犯罪案件；

（二）强奸、猥亵、虐待、遗弃未成年人等侵害未成年人人身权利的犯罪案件；

（三）由未成年人案件审判组织审理更为适宜的其他案件。

共同犯罪案件有未成年被告人的或者其他涉及未成年人的刑事案件，是否由未成年人案件审判组织审理，由院长根据实际情况决定。

第五百五十一条　对分案起诉至同一人民法院的未成年人与成年人共同犯罪案件，可以由同一个审判组织审理；不宜由同一个审判组织审理的，可以分别审理。

未成年人与成年人共同犯罪案件，由不同人民法院或者不同审判组织分别审理的，有关人民法院或者审判组织应当互相了解共同犯罪被告人的审判情况，注意全案的量刑平衡。

第五百五十二条　对未成年人刑事案件，必要时，上级人民法院可以根据刑事诉讼法第二十七条的规定，指定下级人民法院将案件移送其他人民法院审判。

【重点解读】①

审理未成年人案件，不仅要解决对被告人的定罪量刑问题，更要重视做好对未成年人的心理干预、经济救助、法律援助、转学安置等帮扶救助工作。由熟悉未成年人身心特点的专业法官负责相关工作，能够更好地保障审判效果。

★《最高人民法院关于加强新时代未成年人审判工作的意见》（法发〔2020〕45号，2020年12月24日）

二、深化综合审判改革，全面加强未成年人权益司法保护

5. 深化涉及未成年人案件综合审判改革，将与未成年人权益保护和犯罪预防关系密切的涉及未成年人的刑事、民事及行政诉讼案件纳入少年法庭受案范围。少年法庭包括专门审理涉及未成年人刑事、民事、行政案件的审判庭、合议庭、审判团队以及法官。

有条件的人民法院，可以根据未成年人案件审判工作需要，在机构数量限额内设立专门审判庭，审理涉及未成年人刑事、民事、行政案件。不具备单独设立未成年人案件审判机构条件的法院，应当指定专门的合议庭、审判团队或者法官审理涉及未成年人案件。

6. 被告人实施被指控的犯罪时不满十八周岁且人民法院立案时不满二十周岁的刑事案件，应当由少年法庭审理。

7. 下列刑事案件可以由少年法庭审理：

（1）人民法院立案时不满二十二周岁的在校学生犯罪案件；

（2）强奸、猥亵等性侵未成年人犯罪案件；

（3）杀害、伤害、绑架、拐卖、虐待、遗弃等严重侵犯未成年人人身权利的犯罪案件；

（4）上述刑事案件罪犯的减刑、假释、暂予监外执行、撤销缓刑等刑罚执行变更类案件；

———

① 参见李少平主编书，第544页。

(5)涉及未成年人,由少年法庭审理更为适宜的其他刑事案件。

未成年人与成年人共同犯罪案件,一般应当分案审理。

四、加强专业队伍建设,夯实未成年人审判工作基础

17. 各级人民法院应当高度重视未成年人审判队伍的培养和建设工作。要选用政治素质高、业务能力强、熟悉未成年人身心特点、热爱未成年人权益保护工作和善于做未成年人思想教育工作的法官负责审理涉及未成年人案件,采取措施保持未成年人审判队伍的稳定性。

18. 各级人民法院应当根据未成年人审判的工作特点和需要,为少年法庭配备专门的员额法官和司法辅助人员。加强法官及其他工作人员的业务培训,每年至少组织一次专题培训,不断提升、拓展未成年人审判队伍的司法能力。

19. 各级人民法院可以从共青团、妇联、关工委、工会、学校等组织的工作人员中依法选任人民陪审员,参与审理涉及未成年人案件。审理涉及未成年人案件的人民陪审员应当熟悉未成年人身心特点,具备一定的青少年教育学、心理学知识,并经过必要的业务培训。

20. 加强国际交流合作,拓展未成年人审判的国际视野,及时掌握未成年人审判的发展动态,提升新时代未成年人审判工作水平。

277.3.6　未成年人的年龄认定

★《公安规定》(2020)

第三百二十一条　公安机关办理未成年人刑事案件时,应当重点查清未成年犯罪嫌疑人实施犯罪行为时是否已满十四周岁、十六周岁、十八周岁的临界年龄。

★《国安规定》(2024)

第三百四十条　国家安全机关办理未成年人刑事案件时,应当重点查清未成年犯罪嫌疑人实施犯罪行为时是否已满十二周岁、十四周岁、十六周岁、十八周岁的临界年龄。

★《最高人民法院关于审理未成年人刑事案件具体应用法律若干问题的解释》(法释〔2006〕1 号,2006 年 1 月 11 日)

第一条　本解释所称未成年人刑事案件,是指被告人实施被指控的犯罪时已满十四周岁不满十八周岁的案件。

第二条　刑法第十七条规定的"周岁",按照公历的年、月、日计算,从周岁生日的第二天起算。

第三条　审理未成年人刑事案件,应当查明被告人实施被指控的犯罪时的年龄。裁判文书中应当写明被告人出生的年、月、日。

第四条　对于没有充分证据证明被告人实施被指控的犯罪时已经达到法定刑事责任年龄且确实无法查明的,应当推定其没有达到相应法定刑事责任年龄。

相关证据足以证明被告人实施被指控的犯罪时已经达到法定刑事责任年龄,但是无法准确查明被告人具体出生日期的,应当认定其达到相应法定刑事责任年龄。

【重点解读】

第一,办理未成年人刑事案件,不论是立案阶段,还是侦查阶段,都必须重点查明犯罪嫌疑人确切的出生时间。年龄因素决定着是否启动针对未成年

人刑事案件的特别程序，也影响对犯罪嫌疑人的定罪量刑。①

第二，对于需要采取推定方式认定被告人年龄的，应当从有利于被告人的原则对其年龄作出推定，一般可以按照“就低不就高”原则推定被告人年龄，避免对不应当追究刑事责任的未成年人追究刑事责任，或者对不应当判处死刑的人判处死刑等情况。对于年龄的推定，必须是在采取所有手段和措施的情况下，仍然无法查明被告人年龄时才能够采取。目前，很多司法机关采取为被告人进行骨龄鉴定的做法，对于骨龄鉴定结论能够确定被告人年龄的，骨龄鉴定结论就可以作为重要依据。但是，有时骨龄鉴定结论只能测度出一个年龄区间，不能确定被告人的具体年龄，在这种情况下，骨龄鉴定结论只能作为辅助性的参考证据材料。②

★《最高人民法院、最高人民检察院、公安部、国家安全部、司法部关于办理死刑案件审查判断证据若干问题的规定》（法发〔2010〕20号，2010年6月13日）

第四十条　审查被告人实施犯罪时是否已满十八周岁，一般应当以户籍证明为依据；对户籍证明有异议，并有经查证属实的出生证明文件、无利害关系人的证言等证据证明被告人不满十八周岁的，应认定被告人不满十八周岁；没有户籍证明以及出生证明文件的，应当根据人口普查登记、无利害关系人的证言等证据综合进行判断，必要时，可以进行骨龄鉴定，并将结果作为判断被告人年龄的参考。

未排除证据之间的矛盾，无充分证据证明被告人实施被指控的犯罪时已满十八周岁且确实无法查明的，不能认定其已满十八周岁。

277.4　规范性文件

277.4.1　性侵未成年人案件的程序规范

★《最高人民法院、最高人民检察院、公安部、司法部关于办理性侵害未成年人刑事案件的意见》（高检发〔2023〕4号，2023年5月24日）

一、总则

第二条　办理性侵害未成年人刑事案件，应当坚持以下原则：

（一）依法从严惩处性侵害未成年人犯罪；

（二）坚持最有利于未成年人原则，充分考虑未成年人身心发育尚未成熟、易受伤害等特点，切实保障未成年人的合法权益；

（三）坚持双向保护原则，对于未成年人实施性侵害未成年人犯罪的，在依法保护未成年被害人的合法权益时，也要依法保护未成年犯罪嫌疑人、未成年被告人的合法权益。

第三条　人民法院、人民检察院、公安机关应当确定专门机构或者指定熟悉未成年人身心特点的专门人员，负责办理性侵害未成年人刑事案件。未成年被害人系女性的，应当有女性工作人员参与。

法律援助机构应当指派熟悉未成年人身心特点的律师为未成年人提供法律援助。

---

①　参见孙茂利主编书，第734—741页。

②　参见李兵：《〈关于审理未成年人刑事案件具体应用法律若干问题的解释〉理解与适用》，载《人民司法》2006年第4期。

第四条　人民法院、人民检察院在办理性侵害未成年人刑事案件中发现社会治理漏洞的，依法提出司法建议、检察建议。

人民检察院依法对涉及性侵害未成年人的诉讼活动等进行监督，发现违法情形的，应当及时提出监督意见。发现未成年人合法权益受到侵犯，涉及公共利益的，应当依法提起公益诉讼。

二、案件办理

第五条　公安机关接到未成年人被性侵害的报案、控告、举报，应当及时受理，迅速审查。符合刑事立案条件的，应当立即立案侦查，重大、疑难、复杂案件立案审查期限原则上不超过七日。具有下列情形之一，公安机关应当在受理后直接立案侦查：

（一）精神发育明显迟滞的未成年人或者不满十四周岁的未成年人怀孕、妊娠终止或者分娩的；

（二）未成年人的生殖器官或者隐私部位遭受明显非正常损伤的；

（三）未成年人被组织、强迫、引诱、容留、介绍卖淫的；

（四）其他有证据证明性侵害未成年人犯罪发生的。

第六条　公安机关发现可能有未成年人被性侵害或者接报相关线索的，无论案件是否属于本单位管辖，都应当及时采取制止侵害行为、保护被害人、保护现场等紧急措施。必要时，应当通报有关部门对被害人予以临时安置、救助。

第七条　公安机关受理案件后，经过审查，认为有犯罪事实需要追究刑事责任，但因犯罪地、犯罪嫌疑人无法确定，管辖权不明的，受理案件的公安机关应当先立案侦查，经过侦查明确管辖后，及时将案件及证据材料移送有管辖权的公安机关。

第八条　人民检察院、公安机关办理性侵害未成年人刑事案件，应当坚持分工负责、互相配合、互相制约，加强侦查监督与协作配合，健全完善信息双向共享机制，形成合力。在侦查过程中，公安机关可以商请人民检察院就案件定性、证据收集、法律适用、未成年人保护要求等提出意见建议。

第九条　人民检察院认为公安机关应当立案侦查而不立案侦查的，或者被害人及其法定代理人、对未成年人负有特殊职责的人员据此向人民检察院提出异议，经审查其诉求合理的，人民检察院应当要求公安机关说明不立案的理由。人民检察院认为不立案理由不成立的，应当通知公安机关立案，公安机关接到通知后应当立案。

第十条　对性侵害未成年人的成年犯罪嫌疑人、被告人，应当依法从严把握适用非羁押强制措施，依法追诉，从严惩处。

第十一条　公安机关办理性侵害未成年人刑事案件，在提请批准逮捕、移送起诉时，案卷材料中应当包含证明案件来源与案发过程的有关材料和犯罪嫌疑人归案（抓获）情况的说明等。

第十二条　人民法院、人民检察院办理性侵害未成年人案件，应当及时告知未成年被害人及其法定代理人或者近亲属有权委托诉讼代理人，并告知其有权依法申请法律援助。

第十三条　人民法院、人民检察院、公安机关办理性侵害未成年人刑事案件，除有碍案件办理的情形外，应当将案件进展情况、案件处理结果及时告知未成年被害人及其法定代理人，并对有关情况予以说明。

第十四条　人民法院确定性侵害未成年人刑事案件开庭日期后，应当将开庭的时间、地点通知未成年被害人及其法定代理人。

第十五条　人民法院开庭审理性侵害未成年人刑事案件，未成年被害人、证人一般不出庭作证。确有必要出庭的，应当根据案件情况采取不暴露外貌、真实声音等保护措施，或者采取视频等方式播放询问未成年人的录音录像，播放视频亦应当采取技术处理等保护措施。

被告人及其辩护人当庭发问的方式或者内容不当，可能对未成年被害人、证人造成身心伤害的，审判长应当及时制止。未成年被害人、证人在庭审中出现恐慌、紧张、激动、抗拒等影响庭审正常进行的情形的，审判长应当宣布休庭，并采取相应的情绪安抚疏导措施，评估未成年被害人、证人继续出庭作证的必要性。

第十六条　办理性侵害未成年人刑事案件，对于涉及未成年人的身份信息及可能推断出身份信息的资料和涉及性侵害的细节等内容，审判人员、检察人员、侦查人员、律师及参与诉讼、知晓案情的相关人员应当保密。

对外公开的诉讼文书，不得披露未成年人身份信息及可能推断出身份信息的其他资料，对性侵害的事实必须以适当方式叙述。

办案人员到未成年人及其亲属所在学校、单位、住所调查取证的，应当避免驾驶警车、穿着制服或者采取其他可能暴露未成年人身份、影响未成年人名誉、隐私的方式。

第十九条　外国人在中华人民共和国领域内实施强奸、猥亵未成年人等犯罪的，在依法判处刑罚时，可以附加适用驱逐出境。对于尚不构成犯罪但构成违反治安管理行为的，或者有性侵害未成年人犯罪记录不适宜在境内继续停留居留的，公安机关可以依法适用限期出境或者驱逐出境。

第二十条　对性侵害未成年人的成年犯罪分子严格把握减刑、假释、暂予监外执行的适用条件。纳入社区矫正的，应当严管严控。

三、证据收集与审查判断

第二十一条　公安机关办理性侵害未成年人刑事案件，应当依照法定程序，及时、全面收集固定证据。对与犯罪有关的场所、物品、人身等及时进行勘验、检查，提取与案件有关的痕迹、物证、生物样本；及时调取与案件有关的住宿、通行、银行交易记录等书证，现场监控录像等视听资料，手机短信、即时通讯记录、社交软件记录、手机支付记录、音视频、网盘资料等电子数据。视听资料、电子数据等证据因保管不善灭失的，应当向原始数据存储单位重新调取，或者提交专业机构进行技术性恢复、修复。

第二十二条　未成年被害人陈述、未成年证人证言中提到其他犯罪线索，属于公安机关管辖的，公安机关应当及时调查核实；属于其他机关管辖的，应当移送有管辖权的机关。

具有密切接触未成年人便利条件的人员涉嫌性侵害未成年人犯罪的，公安机关应当注意摸排犯罪嫌疑人可能接触到的其他未成年人,以便全面查清犯罪事实。

对于发生在犯罪嫌疑人住所周边或者相同、类似场所且犯罪手法雷同的性侵害案件,符合并案条件的,应当及时并案侦查,防止遗漏犯罪事实。

第二十三条 询问未成年被害人,应当选择"一站式"取证场所、未成年人住所或者其他让未成年人心理上感到安全的场所进行,并通知法定代理人到场。法定代理人不能到场或者不宜到场的,应当通知其他合适成年人到场,并将相关情况记录在案。

询问未成年被害人,应当采取和缓的方式,以未成年人能够理解和接受的语言进行。坚持一次询问原则,尽可能避免多次反复询问,造成次生伤害。确有必要再次询问的,应当针对确有疑问需要核实的内容进行。

询问女性未成年被害人应当由女性工作人员进行。

第二十四条 询问未成年被害人应当进行同步录音录像。录音录像应当全程不间断进行,不得选择性录制,不得剪接、删改。录音录像声音、图像应当清晰稳定,被询问人面部应当清楚可辨,能够真实反映未成年被害人回答询问的状态。录音录像应当随案移送。

第二十五条 询问未成年被害人应当问明与性侵害犯罪有关的事实及情节,包括被害人的年龄等身份信息、与犯罪嫌疑人、被告人交往情况、侵害方式、时间、地点、次数、后果等。

询问尽量让被害人自由陈述,不得诱导,并将提问和未成年被害人的回答记录清楚。记录应当保持未成年人的语言特点,不得随意加工或者归纳。

第二十六条 未成年被害人陈述和犯罪嫌疑人、被告人供述中具有特殊性、非亲历不可知的细节,包括身体特征、行为特征和环境特征等,办案机关应当及时通过人身检查、现场勘查等调查取证方法固定证据。

第二十七条 能够证实未成年被害人和犯罪嫌疑人、被告人相识交往、矛盾纠纷及其异常表现、特殊癖好等情况,对完善证据链条、查清全部案情具有证明作用的证据,应当全面收集。

第二十八条 能够证实未成年人被性侵害后心理状况或者行为表现的证据,应当全面收集。未成年被害人出现心理创伤、精神抑郁或者自杀、自残等伤害后果的,应当及时检查、鉴定。

第二十九条 认定性侵害未成年人犯罪,应当坚持事实清楚,证据确实、充分,排除合理怀疑的证明标准。对案件事实的认定要立足证据,结合经验常识,考虑性侵害案件的特殊性和未成年人的身心特点,准确理解和把握证明标准。

第三十条 对未成年被害人陈述,应当着重审查陈述形成的时间、背景,被害人年龄、认知、记忆和表达能力,生理和精神状态是否影响陈述的自愿性、完整性,陈述与其他证据之间能否相互印证,有无矛盾。

低龄未成年人对被侵害细节前后陈述存在不一致的,应当考虑其身心特点,综合判断其陈述的主要事实是否客观、真实。

未成年被害人陈述了与犯罪嫌疑人、被告人或者性侵害事实相关的非亲历不可知的细节,并且可以排除指证、诱证、诬告、陷害可能的,一般应当采信。

未成年被害人询问笔录记载的内容与询问同步录音录像记载的内容不一致的,应当结合同步录音录像记载准确客观认定。

对未成年证人证言的审查判断,依照本条前四款规定进行。

第三十一条　对十四周岁以上未成年被害人真实意志的判断,不以其明确表示反对或者同意为唯一证据,应当结合未成年被害人的年龄、身体状况、被侵害前后表现以及双方关系、案发环境、案发过程等进行综合判断。

277.5　指导与参考案例

277.5.1　未成年人案件无期徒刑的适用

【刑事审判参考案例】

[第184号]扎西达娃等抢劫案

裁判要旨:对罪行极其严重的未成年被告人除另有从重情节外,一般可不判处无期徒刑。对于那些罪行极其严重,同时又具有一个或多个法定从重处罚情节的未成年犯罪人,法官可以根据案件的具体情况,酌情决定是否适用无期徒刑的刑罚。

278　未成年人案件的法律援助

278.1　法条规定

第二百七十八条　未成年犯罪嫌疑人、被告人没有委托辩护人的,人民法院、人民检察院、公安机关应当通知法律援助机构指派律师为其提供辩护。

【立法释义】①

本条规定明确了未成年犯罪嫌疑人、被告人的法律援助制度。未成年犯罪嫌疑人、被告人没有委托辩护的,人民法院、人民检察院、公安机关应当通知法律援助机构指派律师为其提供辩护。这是刑事诉讼法在法律援助制度基础上,针对未成年人刑事案件所作的特别规定。在刑事诉讼各阶段,办案机关应当依法告知未成年犯罪嫌疑人、被告人依法享有的辩护权等诉讼权利,并按照法律规定为其指派法律援助律师。基于对未成年人的特殊保护,法律援助机构应当指派熟悉未成年人身心特点的律师为其提供辩护。

关于对未成年人的法律援助,应当关注以下事项:

第一,为未成年人提供律师法律援助的时间不仅包括审判阶段,还包括侦查和审查起诉阶段。只要办理案件的公安机关、人民检察院发现未成年犯罪嫌疑人没有委托辩护人的,就应当及时通知有关部门为其提供法律援助,以保障其诉讼权利的充分行使。

第二,保障未成年人获得法律援助,是公检法三机关的义务,一旦发现未成年人没有委托辩护人,则应当通知法律援助机构。

第三,为未成年犯罪嫌疑人、被告人提供法律援助的工作机制,是由公检法机关通知,由法律援助机构指派律师提供辩护。根据相关法律规定,直辖市、设区的市或者县级人民政府司法行政部门根据需要设立本行政区域的法律援助机构。法律援助机构负责受理、审查法律援助申请,指派或者安排人员为符合条件的公民提供法律援助。法

① 参见王爱立主编书,第587—588页。

律援助机构接到司法机关通知后，应当及时指派律师为未成年犯罪嫌疑人、被告人提供法律援助服务，并对律师的法律援助活动进行业务指导和监督，以确保法律援助案件的办理质量。

278.2　司法解释

278.2.1　办案机关的法律援助职责

★**《公安规定》**(2020)

第三百二十条　未成年犯罪嫌疑人没有委托辩护人的，公安机关应当通知法律援助机构指派律师为其提供辩护。

★**《国安规定》**(2024)

第三百三十九条　未成年犯罪嫌疑人没有委托辩护人的，国家安全机关应当通知法律援助机构指派律师为其提供辩护。

★**《检察院规则》**(2019)

第四百六十条　人民检察院受理案件后，应当向未成年犯罪嫌疑人及其法定代理人了解其委托辩护人的情况，并告知其有权委托辩护人。

未成年犯罪嫌疑人没有委托辩护人的，人民检察院应当书面通知法律援助机构指派律师为其提供辩护。

对于公安机关未通知法律援助机构指派律师为未成年犯罪嫌疑人提供辩护的，人民检察院应当提出纠正意见。

★**《中央综治委预防青少年违法犯罪工作领导小组、最高人民法院、最高人民检察院、公安部、司法部、共青团中央关于进一步建立和完善办理未成年人刑事案件配套工作体系的若干意见》**(综治委预青领联字〔2010〕1 号，2010 年 8 月 28 日)

二、进一步加强对涉案未成年人合法权益的保护

(一)对未成年犯罪嫌疑人、被告人、罪犯合法权益的保护

9. 未成年犯罪嫌疑人及其法定代理人提出委托辩护人意向，但因经济困难或者其他原因没有委托的，公安机关、人民检察院应当依法为其申请法律援助提供帮助。

开庭时未满十八周岁的未成年被告人没有委托辩护人的，人民法院应当指定承担法律援助义务的律师为其提供辩护。

12. 对于未成年犯罪嫌疑人、被告人及其法定代理人的法律援助申请，法律援助机构应当优先审查；经审查符合条件的，应当提供法律援助。人民法院为未成年被告人指定辩护的，法律援助机构应当提供法律援助。

(二)未成年被害人、证人合法权益的保护

5. 对未成年被害人及其法定代理人提出委托诉讼代理人意向，但因经济困难或者其他原因没有委托的，公安机关、人民检察院、人民法院应当帮助其申请法律援助，法律援助机构应当依法为其提供法律援助。

★**《法院解释》**(2021)

第五百六十四条　审判时不满十八周岁的未成年被告人没有委托辩护人的，人民法院应当通知法律援助机构指派熟悉未成年人身心特点的律师为其提供辩护。

【重点解读】

侦查机关应当在第一次讯问或者采取强制措施时，告知未成年犯罪嫌疑人有权委托辩护人，未成年犯罪嫌疑人有权选择律师事务所律师或者法律援

助机构律师为其提供辩护。未成年犯罪嫌疑人表示不委托律师事务所律师为其辩护或者不委托辩护人的，侦查机关应当立即通知法律援助机构指派律师为其提供法律援助，同时通知未成年犯罪嫌疑人的法定代理人协助提供有关证件、证明等相关材料。无法通知未成年犯罪嫌疑人的法定代理人或者未成年犯罪嫌疑人法定代理人不明确的，应当在通知法律援助机构时一并告知。①

《法院解释》第五百六十四条规定的"审判时"，宜理解为"立案时"，只要人民法院受理案件时系未成年被告人的，就属于应当提供法律援助的情形。②

278.2.2 未成年被害人申请法律援助

★《法院解释》(2021)

第五百六十五条 未成年被害人及其法定代理人因经济困难或者其他原因没有委托诉讼代理人的，人民法院应当帮助其申请法律援助。

【重点解读】③

对于未成年被害人及其法定代理人申请法律援助的，不属于法律中的强制援助，人民法院帮助提出援助申请后，是否提供援助由法律援助机构决定。

278.2.3 检察机关法律援助的机制

★《未成年人刑事检察工作指引(试行)》(高检发未检字〔2017〕1号，2017年3月2日)

第二十四条 【基本要求】人民检察院办理未成年人刑事案件，应当保障未成年犯罪嫌疑人得到法律帮助，并加强与辩护人的沟通，认真听取辩护人的意见，共同做好涉罪未成年人的教育、感化、挽救工作。

人民检察院应当加强与公安机关、人民法院、司法行政机关的沟通协调，通过建立法律援助律师值班制度、完善法律援助相互衔接机制、组建专业化未成年人法律援助律师队伍等措施，确保强制辩护和被害人法律援助制度有效落实。

第二十五条 【及时通知】人民检察院办理未成年人刑事案件，应当首先了解未成年犯罪嫌疑人委托辩护人及得到法律援助的情况。没有委托辩护人的，应当及时告知未成年犯罪嫌疑人及其法定代理人有权委托辩护人。未成年犯罪嫌疑人及其法定代理人没有委托辩护人且没有得到法律援助的，应当及时通知所在地法律援助机构指派律师为其提供辩护。

第二十六条 【督促公安机关】对于公安机关在侦查环节未通知法律援助机构指派律师为未成年人提供辩护的，人民检察院应当认真履行监督职责，依法督促公安机关予以纠正。

第二十七条 【另行指定】未成年犯罪嫌疑人拒绝法律援助机构指派的律师为其辩护的，人民检察院应当查明原因，有正当理由的，应当准许；同时告知未成年犯罪嫌疑人及其法定代理人另行委托辩护人。未成年犯罪嫌疑人及其法定代理人未另行委托辩护人的，应当及时书面通知法律援助机构另行指派律师为其提供辩护。未成年犯罪嫌疑人再次拒绝且无正当理由的，不予

① 参见孙茂利主编书，第739—740页。
② 参见李少平主编书，第551页。
③ 参见李少平主编书，第551页。

准许。

对于法律援助律师怠于履行职责、泄露隐私和违规辩护的，人民检察院应当依法履行监督职责，通知法律援助机构变更法律援助律师，并书面建议司法行政机关依法作出相应处理。

278.3　规范性文件

278.3.1　法律援助机构指派律师的程序

★《最高人民法院、最高人民检察院、公安部、国家安全部、司法部、全国人大常委会法制工作委员会关于实施刑事诉讼法若干问题的规定》（2012 年 12 月 26 日）

5. 刑事诉讼法第三十四条、第二百六十七条、第二百八十六条①对法律援助作了规定。对于人民法院、人民检察院、公安机关根据上述规定，通知法律援助机构指派律师提供辩护或者法律帮助的，法律援助机构应当在接到通知后三日以内指派律师，并将律师的姓名、单位、联系方式书面通知人民法院、人民检察院、公安机关。

279　社会调查

279.1　法条规定

第二百七十九条　公安机关、人民检察院、人民法院办理未成年人刑事案件，根据情况可以对未成年犯罪嫌疑人、被告人的成长经历、犯罪原因、监护教育等情况进行调查。

【立法释义】②

本条规定明确了未成年人刑事案件的社会调查制度。基于教育、感化、挽救方针，办案机关根据情况，可以针对未成年人开展专门的社会调查，全面了解未成年犯罪嫌疑人、被告人的成长经历、犯罪原因、监护教育等情况。

社会调查主要具有两项功能：一是熟悉未成年犯罪嫌疑人、被告人的背景情况，从而更好地开展教育工作。二是评估未成年犯罪嫌疑人、被告人的主观恶性、人身危险性，从而决定是否采取强制措施，是否适用附条件不起诉，以及具体判处何种刑罚。实际上，从强制措施和刑罚适用角度看，社会调查制度不仅适用于未成年人犯罪，也适用于成年人犯罪。

需要注意的是，社会调查所形成的材料只能对司法机关办理未成年人刑事案件提供一定的参考，不能作为定罪量刑的依据。

279.2　司法解释

279.2.1　社会调查的程序规范

★《检察院规则》（2019）

第四百六十一条　人民检察院根据情况可以对未成年犯罪嫌疑人的成长经历、犯罪原因、监护教育等情况进行调查，并制作社会调查报告，作为办案和教育的参考。

人民检察院开展社会调查，可以委托有关组织和机构进行。开展社会调查应当尊重和保护未成年人隐私，不得向不知情人员泄露未成年犯罪嫌疑人的涉案信息。

人民检察院应当对公安机关移送的社会调查报告进行审查。必要时，可

---

① 2018 年刑事诉讼法第三十五条、第二百七十八条、第三百零四条。

② 参见王爱立主编书，第 588—589 页。

以进行补充调查。

人民检察院制作的社会调查报告应当随案移送人民法院。

★《法院解释》(2021)

第五百六十八条　对人民检察院移送的关于未成年被告人性格特点、家庭情况、社会交往、成长经历、犯罪原因、犯罪前后的表现、监护教育等情况的调查报告,以及辩护人提交的反映未成年被告人上述情况的书面材料,法庭应当接受。

必要时,人民法院可以委托社区矫正机构、共青团、社会组织等对未成年被告人的上述情况进行调查,或者自行调查。

第五百六十九条　人民法院根据情况,可以对未成年被告人、被害人、证人进行心理疏导;根据实际需要并经未成年被告人及其法定代理人同意,可以对未成年被告人进行心理测评。

心理疏导、心理测评可以委托专门机构、专业人员进行。

心理测评报告可以作为办理案件和教育未成年人的参考。

★《中央综治委预防青少年违法犯罪工作领导小组、最高人民法院、最高人民检察院、公安部、司法部、共青团中央关于进一步建立和完善办理未成年人刑事案件配套工作体系的若干意见》(综治委预青领联字〔2010〕1号,2010年8月28日)

二、进一步加强对涉案未成年人合法权益的保护

6. 办理未成年人刑事案件,应当结合对未成年犯罪嫌疑人背景情况的社会调查,注意听取未成年人本人、法定代理人、辩护人、被害人等有关人员的意见。应当注意未成年犯罪嫌疑人、被告人是否有被胁迫情节,是否存在成年人教唆犯罪、传授犯罪方法或者利用未成年人实施犯罪的情况。

三、进一步加强公安机关、人民检察院、人民法院、司法行政机关的协调与配合

(一)对未成年犯罪嫌疑人、被告人的社会调查

公安机关、人民检察院、人民法院、司法行政机关在办理未成年人刑事案件和执行刑罚时,应当综合考虑案件事实和社会调查报告的内容。

1. 社会调查由未成年犯罪嫌疑人、被告人户籍所在地或居住地的司法行政机关社区矫正工作部门负责。司法行政机关社区矫正工作部门可联合相关部门开展社会调查,或委托共青团组织以及其他社会组织协助调查。

社会调查机关应当对未成年犯罪嫌疑人的性格特点、家庭情况、社会交往、成长经历、是否具备有效监护条件或者社会帮教措施,以及涉嫌犯罪前后表现等情况进行调查,并作出书面报告。

对因犯罪嫌疑人不讲真实姓名、住址,身份不明,无法进行社会调查的,社会调查机关应当作出书面说明。

2. 公安机关在办理未成年人刑事案件时,应当收集有关犯罪嫌疑人办案期间表现或者具有逮捕必要性的证据,并及时通知司法行政机关社区矫正工作部门开展社会调查;在收到社会调查机关作出的社会调查报告后,应当认真审查,综合案情,作出是否提请批捕、移送起诉的决定。

公安机关提请人民检察院审查批

捕或移送审查起诉的未成年人刑事案件,应当将犯罪嫌疑人办案期间表现等材料和经公安机关审查的社会调查报告等随案移送人民检察院。社区矫正工作部门无法进行社会调查的或无法在规定期限内提供社会调查报告的书面说明等材料也应当随案移送人民检察院。

3. 人民检察院在办理未成年人刑事案件时,应当认真审查公安机关移送的社会调查报告或无法进行社会调查的书面说明、办案期间表现等材料,全面掌握案情和未成年人的身心特点,作为教育和办案的参考。对于公安机关没有随案移送上述材料的,人民检察院可以要求公安机关提供,公安机关应当提供。

人民检察院提起公诉的未成年人刑事案件,社会调查报告、办案期间表现等材料应当随案移送人民法院。

4. 人民法院在办理未成年人刑事案件时,应当全面审查人民检察院移送的社会调查报告或无法进行社会调查的书面说明、办案期间表现等材料,并将社会调查报告作为教育和量刑的参考。对于人民检察院没有随案移送上述材料的,人民法院可以要求人民检察院提供,人民检察院应当提供。

人民法院应当在判决生效后,及时将社会调查报告、办案期间表现等材料连同刑罚执行文书,送达执行机关。

5. 执行机关在执行刑罚时应当根据社会调查报告、办案期间表现等材料,对未成年罪犯进行个别化教育矫治。人民法院没有随案移送上述材料的,执行机关可以要求人民法院移送,人民法院应当移送。

6. 司法行政机关社区矫正工作部门、共青团组织或其他社会组织应当接受公安机关、人民检察院、人民法院的委托,承担对未成年人的社会调查和社区矫正可行性评估工作,及时完成并反馈调查评估结果。

社会调查过程中,公安机关、人民检察院、人民法院应为社会调查员提供必要的便利条件。

【重点解读】①

检察机关根据调查获得的信息和材料判断未成年犯罪嫌疑人的主观恶性程度、是否有社会危险性、是否有再犯罪的可能等,为确定是否采取强制措施,是否适用附条件不起诉,以及采取何种矫治和教育措施提供参考。需要指出的是,社会调查报告只能对检察机关办理未成年人刑事案件提供参考作用。

279.2.2 检察机关开展社会调查的程序指引

★《未成年人刑事检察工作指引(试行)》(高检发未检字〔2017〕1 号,2017 年 3 月 2 日)

第二十八条 【基本要求】人民检察院办理未成年人刑事案件,应当对公安机关或者辩护人提供的社会调查报告及相关材料进行认真审查,并作为审查逮捕、审查起诉、提出量刑建议以及帮教等工作的重要参考。

第二十九条 【应当调查】对于未成年人刑事案件,一般应当进行社会调查,但未成年人犯罪情节轻微,且在调

① 参见吴孟栓、张寒玉、王佳:《〈人民检察院办理未成年人刑事案件的规定〉解读》,载《人民检察》2014 年第 3 期。

查案件事实的过程中已经掌握未成年犯罪嫌疑人的成长经历、犯罪原因、监护教育等情况的，可以不进行专门的社会调查。

第三十条　【督促调查】对于卷宗中没有证明未成年犯罪嫌疑人的成长经历、犯罪原因、监护教育等情况的材料或者材料不充分的，人民检察院应当要求公安机关提供或者补充提供。

未成年犯罪嫌疑人不讲真实姓名、住址，身份不明，无法进行社会调查的，人民检察院应当要求公安机关出具书面情况说明。无法进行调查的原因消失后，应当督促公安机关开展社会调查。

第三十一条　【自行调查】人民检察院对于公安机关移送审查起诉的未成年人刑事案件，未随案移送社会调查报告及其附属材料，经发函督促七日内仍不补充移送的；或者随案移送的社会调查报告不完整，需要补充调查的；或者人民检察院认为应当进行社会调查的，可以进行调查或补充调查。

第三十二条　【知情权保护】开展社会调查应当充分保障未成年人及其法定代理人的知情权，并在调查前将调查人员的组成、调查程序、调查内容及对未成年人隐私保护等情况及时告知未成年人及其法定代理人。

第三十三条　【隐私权保护】开展社会调查时，调查人员不得驾驶警车、穿着检察制服，应当尊重和保护未成年人名誉，避免向不知情人员泄露未成年人的涉罪信息。

第三十四条　【调查方式、程序】人民检察院自行开展社会调查的，调查人员不得少于二人。

开展社会调查应当走访未成年犯罪嫌疑人的监护人、亲友、邻居、老师、同学、被害人或者其近亲属等相关人员。必要时可以通过电话、电子邮件或者其他方式向身在外地的被害人或其他人员了解情况。

经被调查人同意，可以采取拍照、同步录音录像等形式记录调查内容。

第三十五条　【心理测评】社会调查过程中，根据需要，经未成年犯罪嫌疑人及其法定代理人同意，可以进行心理测评。

第三十六条　【调查内容】社会调查主要包括以下内容：

（一）个人基本情况，包括未成年人的年龄、性格特点、健康状况、成长经历（成长中的重大事件）、生活习惯、兴趣爱好、教育程度、学习成绩、一贯表现、不良行为史、经济来源等；

（二）社会生活状况，包括未成年人的家庭基本情况（家庭成员、家庭教育情况和管理方式、未成年人在家庭中的地位和遭遇、家庭成员之间的感情和关系、监护人职业、家庭经济状况、家庭成员有无重大疾病或遗传病史等）、社区环境（所在社区治安状况、邻里关系、在社区的表现、交往对象及范围等）、社会交往情况（朋辈交往、在校或者就业表现、就业时间、职业类别、工资待遇、与老师、同学或者同事的关系等）；

（三）与涉嫌犯罪相关的情况，包括犯罪目的、动机、手段、与被害人的关系等；犯罪后的表现，包括案发后、羁押或取保候审期间的表现、悔罪态度、赔偿被害人损失等；社会各方意见，包括被害方的态度、所在社区基层组织及辖区派出所的意见等，以及是否具备有效

监护条件、社会帮教措施;

(四)认为应当调查的其他内容。

第三十七条 【调查笔录】调查情况应当制作笔录,并由被调查人进行核对。被调查人确认无误,签名后捺手印。

以单位名义出具的证明材料,由材料出具人签名,并加盖单位印章。以个人名义出具的证明材料,由材料出具人签名,并附个人身份证复印件。

第三十八条 【制作报告】社会调查结束后,应当制作社会调查报告,由调查人员签名,并加盖单位印章。

社会调查报告的主要内容包括:

(一)调查主体、方式及简要经过;

(二)调查内容;

(三)综合评价,包括对未成年犯罪嫌疑人的身心健康、认知、解决问题能力、可信度、自主性、与他人相处能力以及社会危险性、再犯可能性等情况的综合分析;

(四)意见建议,包括对未成年犯罪嫌疑人的处罚和教育建议等。

社会调查人员意见不一致的,应当在报告中写明。

调查笔录或者其他能够印证社会调查报告内容的书面材料,应当附在社会调查报告之后。

第三十九条 【委托调查】人民检察院开展社会调查可以委托有关组织或者机构进行。当地有青少年事务社会工作等专业机构的,应当主动与其联系,以政府购买服务等方式,将社会调查交由其承担。

委托调查的,应当向受委托的组织或者机构发出社会调查委托函,载明被调查对象的基本信息、案由、基本案情、调查事项、调查时限等,并要求其在社会调查完成后,将社会调查报告、原始材料包括调查笔录、调查问卷、社会调查表、有关单位和个人出具的证明材料、书面材料、心理评估报告、录音录像资料等,一并移送委托的人民检察院。

第四十条 【保密及回避原则】人民检察院委托进行社会调查的,应当明确告知受委托组织或机构为每一个未成年人指派两名社会调查员进行社会调查;不得指派被调查人的近亲属或者与本案有利害关系的人员进行调查。社会调查时,社会调查员应当出示社会调查委托函、介绍信和工作证,不得泄露未成年犯罪嫌疑人的犯罪信息、个人隐私等情况,并对社会调查的真实性负法律责任。

第四十一条 【了解情况】经人民检察院许可,社会调查员可以查阅部分诉讼文书并向未检检察官了解案件基本情况。

社会调查员进行社会调查,应当会见被调查的未成年犯罪嫌疑人,当面听取其陈述。未成年犯罪嫌疑人未被羁押的,可以到未成年犯罪嫌疑人的住所或者其他适当场所进行会见。未成年犯罪嫌疑人被羁押的,经公安机关审查同意,可以到羁押场所进行会见。

会见未在押的未成年犯罪嫌疑人,应征得其法定代理人的同意。

第四十二条 【审查认定】人民检察院收到公安机关或者受委托调查组织或者机构移送的社会调查报告及相关材料后,应当认真审查材料是否齐全、内容是否真实,听取未成年犯罪嫌疑人及其法定代理人或者其他到场人员、辩护人的意见,并记录在案。

第四十三条 【重新调查】对公安

机关或者受委托调查组织或者机构出具的社会调查报告，经审查有下列情形之一的，人民检察院应当重新进行社会调查：

（一）调查材料有虚假成分的；

（二）社会调查结论与其他证据存在明显矛盾的；

（三）调查人员系案件当事人的近亲属或与案件有利害关系，应当回避但没有回避的；

（四）人民检察院认为需要重新调查的其他情形。

第四十四条　【文书表述】承办人应当在案件审查报告中对开展社会调查的情况进行详细说明，并在决定理由部分写明对社会调查报告提出的处罚建议的采纳情况及理由。

人民检察院在制作附条件不起诉决定书、不起诉决定书、起诉书等法律文书时，应当叙述通过社会调查或者随案调查查明的未成年犯罪嫌疑人、被不起诉人、被告人的成长经历、犯罪原因、监护教育等内容。

第四十五条　【移送法院】人民检察院提起公诉的案件，社会调查报告及相关资料应当随案移送人民法院。

社会调查报告的内容应当在庭审中宣读，必要时可以通知调查人员出庭说明情况。委托调查的，可以要求社会调查员出庭宣读社会调查报告。

279.3　规范性文件

279.3.1　公安机关的社会调查

★《公安规定》（2020）

第三百二十二条　公安机关办理未成年人刑事案件，根据情况可以对未成年犯罪嫌疑人的成长经历、犯罪原因、监护教育等情况进行调查并制作调查报告。

作出调查报告的，在提请批准逮捕、移送审查起诉时，应当结合案情综合考虑，并将调查报告与案卷材料一并移送人民检察院。

【重点解读】①

调查报告是对未成年犯罪嫌疑人、被告人进行教育管理的重要依据。公安机关是否制作调查报告可以视情况而定，并非所有的未成年人案件都需要由公安机关制作调查报告。

★《国安规定》（2024）

第三百四十一条　国家安全机关办理未成年人刑事案件，根据情况可以对未成年犯罪嫌疑人的成长经历、犯罪原因、监护教育等情况进行调查并制作调查报告。

作出调查报告的，在提请批准逮捕、移送审查起诉时，应当结合案情综合考虑，并将调查报告与案卷材料一并移送人民检察院。

280　未成年人案件逮捕和羁押的特殊要求

280.1　法条规定

第二百八十条　对未成年犯罪嫌疑人、被告人应当严格限制适用逮捕措施。人民检察院审查批准逮捕和人民法院决定逮捕，应当讯问未成年犯罪嫌疑人、被告人，听取辩护律师的意见。

对被拘留、逮捕和执行刑罚的未成年人与成年人应当分别关押、分别管理、分别教育。

① 参见孙茂利主编书，第743页。

【立法释义】①

本条规定明确了对未成年犯罪嫌疑人、被告人适用逮捕和羁押的特殊要求。关于限制和剥夺未成年犯罪嫌疑人、被告人的措施，应当关注以下事项：

第一，严格规范逮捕程序。在审查批准逮捕和决定逮捕环节，人民检察院和人民法院应当讯问未成年犯罪嫌疑人、被告人，听取辩护律师意见。相对于本法规定的普通逮捕程序，这种更为严格的刚性规范，有助于维护未成年犯罪嫌疑人、被告人的程序权利。

第二，严格限制适用逮捕措施。办案机关应当根据未成年犯罪嫌疑人涉嫌犯罪的性质、情节、主观恶性、有无监护与社会帮教条件、认罪认罚等情况，综合衡量其社会危险性，严格限制适用逮捕措施。

第三，与成年人分别关押、分别管理、分别教育。为避免未成年犯罪嫌疑人、被告人在羁押过程中受到成年人的不良影响和不法侵害，更好开展教育、矫正工作，对被拘留、逮捕和执行刑罚的未成年人与成年人应当分别关押、分别管理、分别教育。②

280.2　司法解释

280.2.1　未成年人的逮捕条件

★《检察院规则》(2019)

第四百六十二条　人民检察院对未成年犯罪嫌疑人审查逮捕，应当根据未成年犯罪嫌疑人涉嫌犯罪的性质、情节、主观恶性、有无监护与社会帮教条件、认罪认罚等情况，综合衡量其社会危险性，严格限制适用逮捕措施。

第四百六十四条　审查逮捕未成年犯罪嫌疑人，应当重点查清其是否已满十四、十六、十八周岁。

对犯罪嫌疑人实际年龄难以判断，影响对该犯罪嫌疑人是否应当负刑事责任认定的，应当不批准逮捕。需要补充侦查的，同时通知公安机关。

【重点解读】③

刑事诉讼法对于逮捕未成年人的条件没有作出明确规定，因此，对“严格限制适用逮捕措施”中的“严格”如何把握，以及“径行逮捕”是否适用于未成年人，值得进一步研究。

第一，从文义解释看，对未成年人审查逮捕，要根据其涉嫌犯罪的性质、情节等，还要根据“有无监护与社会帮教条件”等“综合衡量其社会危险性，严格限制适用逮捕措施”。这一规定实际上要求，审查逮捕未成年犯罪嫌疑人必须对其社会危险性和羁押必要性进行实质性审查，从而排除了对未成年人适用“径行逮捕”的可能性。

第二，从体系解释看，对未成年人审查逮捕的规定与普通逮捕的规定，在体例设计上并不相同。对于普通逮捕，刑事诉讼法首先规定了一系列“应当”逮捕的情形；之后才规定“应当作出不批准逮捕的决定或者不予逮捕”和“可以作出不批准逮捕的决定或者不予逮捕”的情形。对未成年人的审查逮捕，则是规定了一系列“应当”“可以”不批准逮捕的情形，没有规定应当批准逮捕

① 参见王爱立主编书，第589—591页。

② 这种程序隔离措施，是办理未成年人刑事案件的重要制度创新，可考虑在刑事诉讼过程中其他可能侵犯人权的程序环节推广适用。

③ 参见童建明、万春主编释义书，第464—466页。

的情形。可见,这一差异性规定体现了对未成年人尽可能"少捕慎捕"的原则,"径行逮捕"并不必然地适用于未成年人。

第三,当未成年人实际年龄难以判断,影响对其是否应当负刑事责任的认定时,应当不批准逮捕,这体现了对未成年人严格限制适用逮捕措施的精神。

因此,对未成年人的逮捕一定要进行实质审查,不能因为在形式上符合刑事诉讼法第八十一条第三款规定的三种特殊情形就一律"径行逮捕"。

★《未成年人刑事检察工作指引(试行)》(高检发未检字〔2017〕1号,2017年3月2日)

第一百六十五条 【可以转捕】未成年犯罪嫌疑人有下列违反监视居住、取保候审规定行为,人民检察院可以予以逮捕:

(一)故意实施新的犯罪的;

(二)企图自杀、自残的;

(三)毁灭、伪造证据、串供或者企图逃跑的;

(四)对被害人、证人、举报人、控告人及其他人员实施打击报复的。

未成年犯罪嫌疑人有下列违反取保候审、监视居住规定的行为,属于刑事诉讼法第七十九条第三款①规定中的"情节严重",人民检察院可以予以逮捕:

(一)未经批准,擅自离开所居住的市、县或者执行监视居住的处所,造成严重后果的;

(二)两次未经批准,无正当理由擅自离开所居住的市、县或者执行监视居住的处所的;

(三)未经批准,擅自会见他人或者通信,造成严重后果的;

(四)经传讯无正当理由两次不到案的;

(五)经过批评教育后依然违反规定进入特定场所、从事特定活动,或者发现隐藏有关证件,严重妨碍诉讼程序正常进行的。

对于符合上述规定情形的,人民检察院应当核实原因,并结合帮教效果等有关情况慎重作出逮捕决定。

★《法院解释》(2021)

第五百五十三条 对未成年被告人应当严格限制适用逮捕措施。

人民法院决定逮捕,应当讯问未成年被告人,听取辩护律师的意见。

对被逮捕且没有完成义务教育的未成年被告人,人民法院应当与教育行政部门互相配合,保证其接受义务教育。

第五百五十四条 人民法院对无固定住所、无法提供保证人的未成年被告人适用取保候审的,应当指定合适成年人作为保证人,必要时可以安排取保候审的被告人接受社会观护。

280.2.2 对未成年人审查逮捕的程序

★《人民检察院办理未成年人刑事案件的规定》(高检发研字〔2013〕7号,2013年12月27日)

第十条 人民检察院办理未成年人刑事案件,可以应犯罪嫌疑人家属、被害人及其家属的要求,告知其审查逮捕、审查起诉的进展情况,并对有关情况予以说明和解释。

第十三条 人民检察院办理未成

---

① 2018年刑事诉讼法第八十一条第四款。

年犯罪嫌疑人审查逮捕案件,应当根据未成年犯罪嫌疑人涉嫌犯罪的事实、主观恶性、有无监护与社会帮教条件等,综合衡量其社会危险性,严格限制适用逮捕措施,可捕可不捕的不捕。

第十四条 审查逮捕未成年犯罪嫌疑人,应当重点审查其是否已满十四、十六、十八周岁。

对犯罪嫌疑人实际年龄难以判断,影响对该犯罪嫌疑人是否应当负刑事责任认定的,应当不批准逮捕。需要补充侦查的,同时通知公安机关。

第十五条 审查逮捕未成年犯罪嫌疑人,应当审查公安机关依法提供的证据和社会调查报告等材料。公安机关没有提供社会调查报告的,人民检察院根据案件情况可以要求公安机关提供,也可以自行或者委托有关组织和机构进行调查。

第十六条 审查逮捕未成年犯罪嫌疑人,应当注意是否有被胁迫、引诱的情节,是否存在成年人教唆犯罪、传授犯罪方法或者利用未成年人实施犯罪的情况。

第十七条 人民检察院办理未成年犯罪嫌疑人审查逮捕案件,应当讯问未成年犯罪嫌疑人,听取辩护律师的意见,并制作笔录附卷。

讯问未成年犯罪嫌疑人,应当根据该未成年人的特点和案件情况,制定详细的讯问提纲,采取适宜该未成年人的方式进行,讯问用语应当准确易懂。

讯问未成年犯罪嫌疑人,应当告知其依法享有的诉讼权利,告知其如实供述案件事实的法律规定和意义,核实其是否有自首、立功、坦白等情节,听取其有罪的供述或者无罪、罪轻的辩解。

讯问未成年犯罪嫌疑人,应当通知其法定代理人到场,告知法定代理人依法享有的诉讼权利和应当履行的义务。无法通知、法定代理人不能到场或者法定代理人是共犯的,也可以通知未成年犯罪嫌疑人的其他成年亲属,所在学校、单位或者居住地的村民委员会、居民委员会、未成年人保护组织的代表等合适成年人到场,并将有关情况记录在案。到场的法定代理人可以代为行使未成年犯罪嫌疑人的诉讼权利,行使时不得侵犯未成年犯罪嫌疑人的合法权益。

未成年犯罪嫌疑人明确拒绝法定代理人以外的合适成年人到场,人民检察院可以准许,但应当另行通知其他合适成年人到场。

到场的法定代理人或者其他人员认为办案人员在讯问中侵犯未成年犯罪嫌疑人合法权益的,可以提出意见。讯问笔录应当交由到场的法定代理人或者其他人员阅读或者向其宣读,并由其在笔录上签字、盖章或者捺指印确认。

讯问女性未成年犯罪嫌疑人,应当有女性检察人员参加。

询问未成年被害人、证人,适用本条第四款至第七款的规定。

第十八条 讯问未成年犯罪嫌疑人一般不得使用械具。对于确有人身危险性,必须使用械具的,在现实危险消除后,应当立即停止使用。

第二十一条 对未成年犯罪嫌疑人作出批准逮捕决定后,应当依法进行羁押必要性审查。对不需要继续羁押的,应当及时建议予以释放或者变更强制措施。

第六十七条　人民检察院审查批准逮捕、审查起诉未成年犯罪嫌疑人,应当同时依法监督侦查活动是否合法,发现有下列违法行为的,应当提出纠正意见;构成犯罪的,依法追究刑事责任:

(一)违法对未成年犯罪嫌疑人采取强制措施或者采取强制措施不当的;

(二)未依法实行对未成年犯罪嫌疑人与成年犯罪嫌疑人分别关押、管理的;

(三)对未成年犯罪嫌疑人采取刑事拘留、逮捕措施后,在法定时限内未进行讯问,或者未通知其家属的;

(四)讯问未成年犯罪嫌疑人或者询问未成年被害人、证人时,未依法通知其法定代理人或者合适成年人到场的;

(五)讯问或者询问女性未成年人时,没有女性检察人员参加;

(六)未依法告知未成年犯罪嫌疑人有权委托辩护人的;

(七)未依法通知法律援助机构指派律师为未成年犯罪嫌疑人提供辩护的;

(八)对未成年犯罪嫌疑人威胁、体罚、侮辱人格、游行示众,或者刑讯逼供、指供、诱供的;

(九)利用未成年人认知能力低而故意制造冤、假、错案的;

(十)对未成年被害人、证人以暴力、威胁、诱骗等非法手段收集证据或者侵害未成年被害人、证人的人格尊严及隐私权等合法权益的;

(十一)违反羁押和办案期限规定的;

(十二)已作出不批准逮捕、不起诉决定,公安机关不立即释放犯罪嫌疑人的;

(十三)在侦查中有其他侵害未成年人合法权益行为的。

【重点解读】①

人民检察院在准许未成年犯罪嫌疑人拒绝合适成年人到场后,必须另行通知其他合适成年人到场,不得让未成年人在没有成年人陪伴的情况下单独接受讯问。

280.2.3　对未成年人不批准逮捕的情形

★**《检察院规则》**(2019)

第四百六十三条　对于罪行较轻,具备有效监护条件或者社会帮教措施,没有社会危险性或者社会危险性较小的未成年犯罪嫌疑人,应当不批准逮捕。

对于罪行比较严重,但主观恶性不大,有悔罪表现,具备有效监护条件或者社会帮教措施,具有下列情形之一,不逮捕不致发生社会危险性的未成年犯罪嫌疑人,可以不批准逮捕:

(一)初次犯罪、过失犯罪的;

(二)犯罪预备、中止、未遂的;

(三)防卫过当、避险过当的;

(四)有自首或者立功表现的;

(五)犯罪后认罪认罚,或者积极退赃,尽力减少和赔偿损失,被害人谅解的;

(六)不属于共同犯罪的主犯或者集团犯罪中的首要分子的;

(七)属于已满十四周岁不满十六周岁的未成年人或者系在校学生的;

---

① 参见童建明、万春主编释义书,第464—466页。

(八)其他可以不批准逮捕的情形。

对于没有固定住所、无法提供保证人的未成年犯罪嫌疑人适用取保候审的,可以指定合适的成年人作为保证人。

【重点解读】①

《检察院规则》第四百六十三条第三款规定的合适保证人制度,适用对象主要是无监护人、无固定住所、无经济来源的"三无"涉罪外来未成年人;对于具有本地户籍,但客观上缺乏有效监护条件,因而无法提供适格保证人的涉罪未成年人,也可以适用。

★《人民检察院办理未成年人刑事案件的规定》(高检发研字〔2013〕7号,2013年12月27日)

第十九条 对于罪行较轻,具备有效监护条件或者社会帮教措施,没有社会危险性或者社会危险性较小,不逮捕不致妨害诉讼正常进行的未成年犯罪嫌疑人,应当不批准逮捕。

对于罪行比较严重,但主观恶性不大,有悔罪表现,具备有效监护条件或者社会帮教措施,具有下列情形之一,不逮捕不致妨害诉讼正常进行的未成年犯罪嫌疑人,可以不批准逮捕:

(一)初次犯罪、过失犯罪的;

(二)犯罪预备、中止、未遂的;

(三)有自首或者立功表现的;

(四)犯罪后如实交待罪行,真诚悔罪,积极退赃,尽力减少和赔偿损失,被害人谅解的;

(五)不属于共同犯罪的主犯或者集团犯罪中的首要分子的;

(六)属于已满十四周岁不满十六周岁的未成年人或者系在校学生的;

(七)其他可以不批准逮捕的情形。

对于不予批准逮捕的案件,应当说明理由,连同案卷材料送达公安机关执行。需要补充侦查的,应当同时通知公安机关。必要时可以向被害方作说明解释。

第二十条 适用本规定第十九条的规定,在作出不批准逮捕决定前,应当审查其监护情况,参考其法定代理人、学校、居住地公安派出所及居民委员会、村民委员会的意见,并在审查逮捕意见书中对未成年犯罪嫌疑人是否具备有效监护条件或者社会帮教措施进行具体说明。

★《未成年人刑事检察工作指引(试行)》(高检发未检字〔2017〕1号,2017年3月2日)

第一百五十八条 【应当不捕】对具有下列情形之一的未成年犯罪嫌疑人,应当作出不批准逮捕决定:

(一)未达刑事责任年龄的;

(二)不存在犯罪事实或者犯罪事实非其所为的;

(三)情节显著轻微、危害不大,不认为是犯罪的;

(四)犯罪已过追诉时效期限的;

(五)经特赦令免除刑罚的;

(六)依照刑法规定告诉才处理的犯罪,没有告诉或者撤回告诉的;

(七)其他法律规定免予追究刑事责任的情形。

第一百五十九条 【证据不足不捕】对于现有证据不足以证明有犯罪事实,或者不足以证明犯罪行为系未成年犯罪嫌疑人所为的,应当作出不批准逮

① 参见童建明、万春主编释义书,第464—466页。

捕决定。

对犯罪嫌疑人实际年龄难以判断，影响对该犯罪嫌疑人是否应当负刑事责任认定的，应当不批准逮捕。需要补充侦查的，同时通知公安机关。

第一百六十条 【无社会危险性不捕】对于未成年犯罪嫌疑人可能被判处三年有期徒刑以下刑罚，具备有效监护条件或者社会帮教措施，不逮捕不致再危害社会和妨害诉讼正常进行的，人民检察院一般应当不批准逮捕。

对于罪行较重，但主观恶性不大，有悔罪表现，具备有效监护条件或者社会帮教措施，具有下列情形之一，不逮捕不致再危害社会和妨害诉讼正常进行的，可以不批准逮捕：

（一）初次犯罪、过失犯罪的；

（二）犯罪预备、中止、未遂的；

（三）防卫过当、避险过当的；

（四）犯罪后有自首或者立功表现的；

（五）犯罪后如实交待罪行，真诚悔罪，积极退赃，尽力减少和赔偿损失，与被害人达成和解的；

（六）不属于共同犯罪的主犯或者集团犯罪中的首要分子的；

（七）属于已满十四周岁不满十六周岁的未成年人或者系在校学生的；

（八）身体状况不适宜羁押的；

（九）系生活不能自理人的唯一扶养人的；

（十）其他可以不批准逮捕的情形。

对于罪行较轻，具备有效监护条件或者社会帮教措施，没有社会危险性或者社会危险性较小，不逮捕不致妨害诉讼正常进行的，应当不批准逮捕。

依据在案证据不能认定未成年犯罪嫌疑人符合逮捕社会危险性条件的，应当要求公安机关补充相关证据，公安机关没有补充移送的，应当作出不批准逮捕的决定。

★《最高人民检察院关于在检察工作中贯彻宽严相济刑事司法政策的若干意见》（高检发研字〔2007〕2 号，2007 年 1 月 15 日）

7. 严格把握“有逮捕必要”的逮捕条件，慎重适用逮捕措施。逮捕是最严厉的刑事强制措施，能用其他强制措施的尽量使用其他强制措施。审查批捕要严格依据法律规定，在把握事实证据条件、可能判处刑罚条件的同时，注重对“有逮捕必要”条件的正确理解和把握。具体可以综合考虑以下因素：一是主体是否属于未成年人或者在校学生、老年人、严重疾病患者、盲聋哑人、初犯、从犯或者怀孕、哺乳自己婴儿的妇女等；二是法定刑是否属于较轻的刑罚；三是情节是否具有中止、未遂、自首、立功等法定从轻、减轻或者免除处罚等情形；四是主观方面是否具有过失、受骗、被胁迫等；五是犯罪后是否具有认罪、悔罪表现，是否具有重新危害社会或者串供、毁证、妨碍作证等妨害诉讼进行的可能；六是犯罪嫌疑人是否属于流窜作案、有无固定住址及帮教、管教条件；七是案件基本证据是否已经收集固定、是否有翻供翻证的可能等。对于罪行严重、主观恶性较大、人身危险性大或者有串供、毁证、妨碍作证等妨害诉讼顺利进行可能，符合逮捕条件的，应当批准逮捕。对于不采取强制措施或者采取其他强制措施不致于妨害诉讼顺利进行的，应当不予批捕。对于可捕可不捕的坚决不捕。

11. 对未成年人犯罪案件依法从宽处理。办理未成年人犯罪案件，应当坚持“教育、感化、挽救”的方针和“教育为主、惩罚为辅”的原则。要对未成年犯罪嫌疑人的情况进行调查，了解未成年人的性格特点、家庭情况、社会交往、成长经历以及有无帮教条件等情况，除主观恶性大、社会危害严重的以外，根据案件具体情况，可捕可不捕的不捕，可诉可不诉的不诉。对确需提起公诉的未成年被告人，应当根据情况依法向人民法院提出从宽处理、适用缓刑等量刑方面的意见。

280.3　规范性文件

280.3.1　公安机关对未成年人的羁押管理

★**《公安规定》**(2020)

第三百二十七条　对未成年犯罪嫌疑人应当严格限制和尽量减少使用逮捕措施。

未成年犯罪嫌疑人被拘留、逮捕后服从管理、依法变更强制措施不致发生社会危险性，能够保证诉讼正常进行的，公安机关应当依法及时变更强制措施；人民检察院批准逮捕的案件，公安机关应当将变更强制措施情况及时通知人民检察院。

第三百二十八条　对被羁押的未成年人应当与成年人分别关押、分别管理、分别教育，并根据其生理和心理特点在生活和学习方面给予照顾。

★**《国安规定》**(2024)

第三百四十六条　对未成年犯罪嫌疑人应当严格限制和尽量减少使用逮捕措施。

未成年犯罪嫌疑人被拘留、逮捕后服从管理、依法变更强制措施不致发生社会危险性，能够保证诉讼正常进行的，国家安全机关应当依法及时变更强制措施；人民检察院批准逮捕的案件，国家安全机关应当将变更强制措施情况及时通知人民检察院。

第三百四十七条　对被羁押的未成年人应当与成年人分别关押、分别管理、分别教育，并根据其生理和心理特点在生活和学习方面给予照顾。

★**《中央综治委预防青少年违法犯罪工作领导小组、最高人民法院、最高人民检察院、公安部、司法部、共青团中央关于进一步建立和完善办理未成年人刑事案件配套工作体系的若干意见》**(综治委预青领联字〔2010〕1 号，2010 年 8 月 28 日)

二、进一步加强对涉案未成年人合法权益的保护

7. 公安机关办理未成年人刑事案件，对未成年人应优先考虑适用非羁押性强制措施，加强有效监管；羁押性强制措施应依法慎用，比照成年人严格适用条件。办理未成年人刑事案件不以拘留率、逮捕率或起诉率作为工作考核指标。

对被羁押的未成年人应当与成年人分别关押、管理，有条件的看守所可以设立专门的未成年人监区。有条件的看守所可以对被羁押的未成年人区分被指控犯罪的轻重、类型分别关押、管理。

未成年犯罪嫌疑人、被告人入所后服从管理、依法变更强制措施不致发生社会危险性，能够保证诉讼正常进行的，公安机关、人民检察院、人民法院应当及时变更强制措施；看守所应提请有关办案部门办理其他非羁押性强制措施。

在第一次对未成年犯罪嫌疑人讯

问时或自采取强制措施之日起，公安机关应当告知未成年人及其法定代理人有关诉讼权利和义务，在告知其有权委托辩护人的同时，应当告知其如果经济困难，可以向法律援助机构申请法律援助，并提供程序上的保障。

281　未成年人案件的讯问和审判

281.1　法条规定

第二百八十一条　对于未成年人刑事案件，在讯问和审判的时候，应当通知未成年犯罪嫌疑人、被告人的法定代理人到场。无法通知、法定代理人不能到场或者法定代理人是共犯的，也可以通知未成年犯罪嫌疑人、被告人的其他成年亲属，所在学校、单位、居住地基层组织或者未成年人保护组织的代表到场，并将有关情况记录在案。到场的法定代理人可以代为行使未成年犯罪嫌疑人、被告人的诉讼权利。

到场的法定代理人或者其他人员认为办案人员在讯问、审判中侵犯未成年人合法权益的，可以提出意见。讯问笔录、法庭笔录应当交给到场的法定代理人或者其他人员阅读或者向他宣读。

讯问女性未成年犯罪嫌疑人，应当有女工作人员在场。

审判未成年人刑事案件，未成年被告人最后陈述后，其法定代理人可以进行补充陈述。

询问未成年被害人、证人，适用第一款、第二款、第三款的规定。

【立法释义】①

本条明确了对未成年犯罪嫌疑人、被告人进行讯问和审判的特殊程序。讯问和审判，是刑事诉讼领域人权保障的关键环节。对未成年犯罪嫌疑人、被告人的讯问和审判，应当关注以下事项：

第一，合适成年人到场。对于未成年人刑事案件，在讯问和审判的时候，应当通知未成年犯罪嫌疑人、被告人的法定代理人到场。无法通知、法定代理人不能到场或者法定代理人是共犯的，也可以通知未成年犯罪嫌疑人、被告人的其他成年亲属，所在学校、单位、居住地基层组织或者未成年人保护组织的代表到场，并将有关情况记录在案。这种合适成年人到场制度，既能见证讯问和审判的合法性，也能依法维护未成年犯罪嫌疑人、被告人的合法权利。违反本规定的情形，将影响诉讼行为和有关证据的合法性。通知法定代理人以外的其他人员到场的，司法机关工作人员应当将法定代理人不能到场的原因、相关人员到场的具体情况等信息在讯问笔录、庭审笔录等文件中予以记载、说明。

第二，合适成年人代为行使权利。在讯问和审判时到场的法定代理人，可以代为行使未成年犯罪嫌疑人、被告人的诉讼权利②。到场的法定代理人或者其他人员认为办案人员在讯问、审判

---

①　参见王爱立主编书，第 592—594 页。

②　为加强对未成年犯罪嫌疑人、被告人的诉讼权利保护，可考虑引入讯问时辩护律师在场制度，更加有效地识别讯问中的违法情形。

中侵犯未成年人合法权益的,可以提出意见。司法机关及其工作人员对提出的意见,应当充分重视,如确实侵犯了未成年犯罪嫌疑人、被告人合法权益的,应当及时予以纠正。在讯问环节,未成年犯罪嫌疑人、被告人的法定代理人或者其他人员到场,打破了讯问的封闭局面,有助于避免威胁、引诱、欺骗等非法取证情形。在审判环节,未成年被告人最后陈述后,其法定代理人可以进行补充陈述。合适成年人到场给讯问和审判程序带来了新的要求。制作讯问笔录、法庭笔录,应当交给到场的法定代理人或者其他人员阅读或者向他宣读。

第三,特殊的程序要求。讯问女性未成年犯罪嫌疑人,应当有女工作人员在场。这是基于政策考量,对女性未成年犯罪嫌疑人加强程序保护的特殊规定。

同时,询问未成年被害人、证人,适用本条规定的合适成年人到场等权利保障制度。

281.2 司法解释

281.2.1 合适成年人在讯问时到场

★《检察院规则》(2019)

第四百六十五条 在审查逮捕、审查起诉中,人民检察院应当讯问未成年犯罪嫌疑人,听取辩护人的意见,并制作笔录附卷。辩护人提出书面意见的,应当附卷。对于辩护人提出犯罪嫌疑人无罪、罪轻或者减轻、免除刑事责任、不适宜羁押或者侦查活动有违法情形等意见的,检察人员应当进行审查,并在相关工作文书中叙明辩护人提出的意见,说明是否采纳的情况和理由。

讯问未成年犯罪嫌疑人,应当通知其法定代理人到场,告知法定代理人依法享有的诉讼权利和应当履行的义务。到场的法定代理人可以代为行使未成年犯罪嫌疑人的诉讼权利,代为行使权利时不得损害未成年犯罪嫌疑人的合法权益。

无法通知、法定代理人不能到场或者法定代理人是共犯的,也可以通知未成年犯罪嫌疑人的其他成年亲属,所在学校、单位或者居住地的村民委员会、居民委员会、未成年人保护组织的代表到场,并将有关情况记录在案。未成年犯罪嫌疑人明确拒绝法定代理人以外的合适成年人到场,且有正当理由的,人民检察院可以准许,但应当在征求其意见后通知其他合适成年人到场。

到场的法定代理人或者其他人员认为检察人员在讯问中侵犯未成年犯罪嫌疑人合法权益提出意见的,人民检察院应当记录在案。对合理意见,应当接受并纠正。讯问笔录应当交由到场的法定代理人或者其他人员阅读或者向其宣读,并由其在笔录上签名或者盖章,并捺指印。

讯问女性未成年犯罪嫌疑人,应当有女性检察人员参加。

询问未成年被害人、证人,适用本条第二款至第五款的规定。询问应当以一次为原则,避免反复询问。

第四百六十六条 讯问未成年犯罪嫌疑人应当保护其人格尊严。

讯问未成年犯罪嫌疑人一般不得使用戒具。对于确有人身危险性必须使用戒具的,在现实危险消除后应当立即停止使用。

【重点解读】①

第一，关于合适成年人到场的次序，法定代理人到场具有优先性。“合适成年人”既包括法定代理人，也包括其他合适的成年人。从情理上讲，父母最关心子女，最了解子女，他们的出现最能给未成年人以心理上的抚慰，也最有利于对未成年人进行帮教和挽救等。因此，法定代理人到场具有优先性，只有法定代理人不能或者不宜到场时，才能通知其他合适成年人到场，即其他合适成年人到场具有递补性，是对法定代理人不能到场的救济措施。

第二，合适成年人到场的重要环节是到场的合适成年人阅读笔录，并在讯问笔录上签字。如果讯问笔录上无合适成年人的签名，也无合适成年人拒绝签名的说明记录，则该讯问笔录将被认为是违反法定程序的证据。

第三，根据应当保护未成年犯罪嫌疑人人格尊严的规定，应当严格禁止使用“威胁、引诱、欺骗”等非法讯问方法。

281.2.2　合适成年人在审判时到场

★《法院解释》(2021)

第五百五十五条　人民法院审理未成年人刑事案件，在讯问和开庭时，应当通知未成年被告人的法定代理人到场。法定代理人无法通知、不能到场或者是共犯的，也可以通知合适成年人到场，并将有关情况记录在案。

到场的法定代理人或者其他人员，除依法行使刑事诉讼法第二百八十一条第二款规定的权利外，经法庭同意，可以参与对未成年被告人的法庭教育等工作。

适用简易程序审理未成年人刑事案件，适用前两款规定。

第五百五十六条　询问未成年被害人、证人，适用前条规定。

审理未成年人遭受性侵害或者暴力伤害案件，在询问未成年被害人、证人时，应当采取同步录音录像等措施，尽量一次完成；未成年被害人、证人是女性的，应当由女性工作人员进行。

【重点解读】②

对于未成年犯罪嫌疑人、被告人指认、辨认的，也应当通知合适成年人到场。

281.2.3　合适成年人到场的规范指引

★《未成年人刑事检察工作指引(试行)》(高检发未检字〔2017〕1号，2017年3月2日)

第四十六条　【基本要求】人民检察院办理涉及未成年人的刑事案件，应当依法通知未成年犯罪嫌疑人、被害人、证人的法定代理人在场，见证、监督整个讯问或者询问过程，维护未成年人合法权益。

对于法定代理人具有下列情形之一，不能或者不宜到场的，要保证未成年人的其他成年亲属，所在学校、单位或者居住地的村民委员会、居民委员会、未成年人保护组织的代表等合适成年人到场，并将有关情况记录在案：

(一)与未成年犯罪嫌疑人构成共同犯罪的；

(二)已经死亡、宣告失踪或者无监护能力的；

---

① 参见童建明、万春主编释义书，第467—470页。

② 参见李少平主编书，第546页。

（三）因身份、住址或联系方式不明无法通知的；

（四）因路途遥远或者其他原因无法及时到场的；

（五）经通知明确拒绝到场的；

（六）阻扰讯问或者询问活动正常进行，经劝阻不改的；

（七）未成年人有正当理由拒绝法定代理人到场的；

（八）到场可能影响未成年人真实陈述的；

（九）其他不能或者不宜到场的情形。

讯问、询问女性未成年人的，一般应当选择女性合适成年人到场。

通知到场的法定代理人或者合适成年人一般为一名。

法定代理人不能或者不宜到场的情形消失后，人民检察院应当及时通知法定代理人到场。

第四十七条　【权利义务】到场的合适成年人享有下列权利：

（一）向办案机关了解未成年人的成长经历、家庭环境、个性特点、社会活动以及其他与案件有关的情况；

（二）讯问或者询问前，可以在办案人员陪同下会见未成年人，了解其健康状况、是否告知权利义务、合法权益是否被侵害等情况；

（三）向未成年人解释有关法律规定，并告知其行为可能导致的法律后果；

（四）对未成年人进行法制宣传，有针对性地进行提醒教育；

（五）发现办案机关存在诱供、逼供或其他侵害未成年人合法权益的情形，可以当场提出意见，也可以在笔录上载明自己的意见，并向办案机关主管部门反映情况；

（六）阅读讯问、询问笔录或者要求向其宣读讯问、询问笔录；

（七）法律法规规定的其他权利。

到场的合适成年人应当履行下列义务：

（一）接到参与刑事诉讼通知后持有效证件及时到场；

（二）向未成年人表明自己的身份和承担的职责；

（三）在场发挥监督作用和见证整个讯问、询问过程，维护未成年人基本权利；

（四）抚慰未成年人，帮助其消除恐惧心理和抵触情绪；

（五）帮助未成年人正确理解讯问或者询问程序，但不得以诱导、暗示等方式妨碍其独立思考回答问题，不得非法干涉办案机关正当的诉讼活动；

（六）保守案件秘密，不得泄露案情或者未成年人的个人信息；

（七）发现本人与案件存在利害关系或者其他不宜担任合适成年人的情况后，应当及时告知办案机关或者所在地未成年人保护组织；

（八）法律法规规定的其他义务。

到场的法定代理人除了具有上述规定的权利义务外，还可以代为行使未成年犯罪嫌疑人、被告人的诉讼权利。

第四十八条　【同一原则】人民检察院对同一名未成年人进行多次讯问、询问的，一般应当由同一合适成年人到场。

合适成年人参与其他诉讼活动的，参照上述规定。

第四十九条　【人员变更】未成年

人要求更换合适成年人且有正当理由的,应当予以准许。

未成年人虽然没有提出更换合适成年人,但表露出对合适成年人抗拒、不满等情形,导致诉讼活动不能正常进行的,检察人员可以在征询未成年人的意见后,及时更换合适成年人。

更换合适成年人原则上以两次为限,但合适成年人不能正确行使权利、履行义务,不能依法保障未成年人合法权益的除外。

第五十条 【人员选择】选择合适成年人应当重点考虑未成年人的意愿和实际需要,优先选择未成年人的近亲属。

近亲属之外的合适成年人一般由熟悉未成年人身心特点,掌握一定未成年人心理、教育或者法律知识,具有较强社会责任感,并经过必要培训的社工、共青团干部、教师、居住地基层组织的代表、律师及其他热心未成年人保护工作的人员担任。所在地政府部门或者未成年人保护委员会等组织组建了青少年社工或者合适成年人队伍的,应当从社工或者确定的合适成年人名册中选择确定。

人民检察院应当加强与有关单位的沟通协调,制作合适成年人名册,健全运行管理机制,并开展相关培训,建立起一支稳定的合适成年人队伍。

第五十一条 【选任限制】人民检察院应当对到场合适成年人的情况进行审查。有下列情形之一的,不得担任合适成年人:

(一)刑罚尚未执行完毕或者处于缓刑、假释考验期间的;

(二)依法被剥夺、限制人身自由的;

(三)无行为能力或者限制行为能力的;

(四)案件的诉讼代理人、辩护人、证人、鉴定人员、翻译人员以及公安机关、检察机关、法院、司法行政机关的工作人员;

(五)与案件处理结果有利害关系的;

(六)其他不适宜担任合适成年人的情形。

第五十二条 【支持保障】由社会组织的代表担任合适成年人的,其在人民检察院审查逮捕、审查起诉阶段因履行到场职责而支出的交通、住宿、就餐等费用,人民检察院应当给予补助。

对上述合适成年人因履职所需要的其他必要条件,人民检察院应当予以保障。

第五十三条 【加强监督】人民检察院应当对侦查活动中合适成年人到场以及履职情况进行认真审查。发现讯问未成年犯罪嫌疑人、询问未成年被害人应当有合适成年人到场但没有到场,笔录内容无法和同步录音录像相互印证,且无法作出合理解释的,对该证据应当予以排除。

发现询问未成年证人应当有合适成年人到场但没有到场的,或者应当通知法定代理人而通知合适成年人的,应当要求侦查机关进行解释,不能作出合理解释的,对该证据予以排除。

人民检察院应当认真履行监督职责,依法督促公安机关予以纠正。

★《中央综治委预防青少年违法犯罪工作领导小组、最高人民法院、最高人民检察院、公安部、司法部、共青团中

央关于进一步建立和完善办理未成年人刑事案件配套工作体系的若干意见》（综治委预青领联字〔2010〕1 号，2010 年 8 月 28 日）

二、进一步加强对涉案未成年人合法权益的保护

5. 在未成年犯罪嫌疑人、被告人被讯问或者开庭审理时，应当通知其法定代理人到场。看守所经审核身份无误后，应当允许法定代理人与办案人员共同进入讯问场所。

对未成年人采取拘留、逮捕等强制措施后，除有碍侦查或者无法通知的情形以外，应当在 24 小时以内通知其法定代理人或家属。

法定代理人无法或不宜到场的，可以经未成年犯罪嫌疑人、被告人同意或按其意愿通知其他关系密切的亲属朋友、社会工作者、教师、律师等合适成年人到场。讯问未成年犯罪嫌疑人、被告人，应当根据该未成年人的特点和案件情况，制定详细的讯问提纲，采取适宜该未成年人的方式进行，讯问用语应当准确易懂。讯问时，应当告知其依法享有的诉讼权利，告知其如实供述案件事实的法律规定和意义，核实其是否有自首、立功、检举揭发等表现，听取其有罪的供述或者无罪、罪轻的辩解。讯问女性未成年犯罪嫌疑人、被告人，应当由女性办案人员进行或者有女性办案人员参加。讯问未成年犯罪嫌疑人、被告人一般不得使用戒具，对于确有人身危险性，必须使用戒具的，在现实危险消除后，应当立即停止使用。

281.2.4　未成年人案件的审判规程

★**《法院解释》**（2021）

第五百五十七条　开庭审理时被告人不满十八周岁的案件，一律不公开审理。经未成年被告人及其法定代理人同意，未成年被告人所在学校和未成年人保护组织可以派代表到场。到场代表的人数和范围，由法庭决定。经法庭同意，到场代表可以参与对未成年被告人的法庭教育工作。

对依法公开审理，但可能需要封存犯罪记录的案件，不得组织人员旁听；有旁听人员的，应当告知其不得传播案件信息。

第五百五十八条　开庭审理涉及未成年人的刑事案件，未成年被害人、证人一般不出庭作证；必须出庭的，应当采取保护其隐私的技术手段和心理干预等保护措施。

第五百五十九条　审理涉及未成年人的刑事案件，不得向外界披露未成年人的姓名、住所、照片以及可能推断出未成年人身份的其他资料。

查阅、摘抄、复制的案卷材料，涉及未成年人的，不得公开和传播。

第五百六十条　人民法院发现有关单位未尽到未成年人教育、管理、救助、看护等保护职责的，应当向该单位提出司法建议。

第五百六十一条　人民法院应当结合实际，根据涉及未成年人刑事案件的特点，开展未成年人法治宣传教育工作。

第五百六十二条　审理未成年人刑事案件，本章没有规定的，适用本解释的有关规定。

281.3　规范性文件

281.3.1　性侵案件未成年被害人的保护

★**《最高人民法院、最高人民检察**

院、公安部、司法部关于办理性侵害未成年人刑事案件的意见》(高检发〔2023〕4号,2023年5月24日)

第二条　办理性侵害未成年人刑事案件,应当坚持以下原则:

(一)依法从严惩处性侵害未成年人犯罪;

(二)坚持最有利于未成年人原则,充分考虑未成年人身心发育尚未成熟、易受伤害等特点,切实保障未成年人的合法权益;

(三)坚持双向保护原则,对于未成年人实施性侵害未成年人犯罪的,在依法保护未成年被害人的合法权益时,也要依法保护未成年犯罪嫌疑人、未成年被告人的合法权益。

第三条　人民法院、人民检察院、公安机关应当确定专门机构或者指定熟悉未成年人身心特点的专门人员,负责办理性侵害未成年人刑事案件。未成年被害人系女性的,应当有女性工作人员参与。

法律援助机构应当指派熟悉未成年人身心特点的律师为未成年人提供法律援助。

第六条　公安机关发现可能有未成年人被性侵害或者接报相关线索的,无论案件是否属于本单位管辖,都应当及时采取制止侵害行为、保护被害人、保护现场等紧急措施。必要时,应当通报有关部门对被害人予以临时安置、救助。

第十二条　人民法院、人民检察院办理性侵害未成年人案件,应当及时告知未成年被害人及其法定代理人或者近亲属有权委托诉讼代理人,并告知其有权依法申请法律援助。

第十三条　人民法院、人民检察院、公安机关办理性侵害未成年人刑事案件,除有碍案件办理的情形外,应当将案件进展情况、案件处理结果及时告知未成年被害人及其法定代理人,并对有关情况予以说明。

第十四条　人民法院确定性侵害未成年人刑事案件开庭日期后,应当将开庭的时间、地点通知未成年被害人及其法定代理人。

第十五条　人民法院开庭审理性侵害未成年人刑事案件,未成年被害人、证人一般不出庭作证。确有必要出庭的,应当根据案件情况采取不暴露外貌、真实声音等保护措施,或者采取视频等方式播放询问未成年人的录音录像,播放视频亦应当采取技术处理等保护措施。

被告人及其辩护人当庭发问的方式或者内容不当,可能对未成年被害人、证人造成身心伤害的,审判长应当及时制止。未成年被害人、证人在庭审中出现恐慌、紧张、激动、抗拒等影响庭审正常进行的情形的,审判长应当宣布休庭,并采取相应的情绪安抚疏导措施,评估未成年被害人、证人继续出庭作证的必要性。

第十六条　办理性侵害未成年人刑事案件,对于涉及未成年人的身份信息及可能推断出身份信息的资料和涉及性侵害的细节等内容,审判人员、检察人员、侦查人员、律师及参与诉讼、知晓案情的相关人员应当保密。

对外公开的诉讼文书,不得披露未成年人身份信息及可能推断出身份信息的其他资料,对性侵害的事实必须以适当方式叙述。

办案人员到未成年人及其亲属所在学校、单位、住所调查取证的，应当避免驾驶警车、穿着制服或者采取其他可能暴露未成年人身份、影响未成年人名誉、隐私的方式。

第二十三条　询问未成年被害人，应当选择“一站式”取证场所、未成年人住所或者其他让未成年人心理上感到安全的场所进行，并通知法定代理人到场。法定代理人不能到场或者不宜到场的，应当通知其他合适成年人到场，并将相关情况记录在案。

询问未成年被害人，应当采取和缓的方式，以未成年人能够理解和接受的语言进行。坚持一次询问原则，尽可能避免多次反复询问，造成次生伤害。确有必要再次询问的，应当针对确有疑问需要核实的内容进行。

询问女性未成年被害人应当由女性工作人员进行。

第二十四条　询问未成年被害人应当进行同步录音录像。录音录像应当全程不间断进行，不得选择性录制，不得剪接、删改。录音录像声音、图像应当清晰稳定，被询问人面部应当清楚可辨，能够真实反映未成年被害人回答询问的状态。录音录像应当随案移送。

第二十五条　询问未成年被害人应当问明与性侵害犯罪有关的事实及情节，包括被害人的年龄等身份信息、与犯罪嫌疑人、被告人交往情况、侵害方式、时间、地点、次数、后果等。

询问尽量让被害人自由陈述，不得诱导，并将提问和未成年被害人的回答记录清楚。记录应当保持未成年人的语言特点，不得随意加工或者归纳。

第三十二条　人民法院、人民检察院、公安机关办理性侵害未成年人刑事案件，应当根据未成年被害人的实际需要及当地情况，协调有关部门为未成年被害人提供心理疏导、临时照料、医疗救治、转学安置、经济帮扶等救助保护措施。

第三十三条　犯罪嫌疑人到案后，办案人员应当第一时间了解其有无艾滋病，发现犯罪嫌疑人患有艾滋病的，在征得未成年被害人监护人同意后，应当及时配合或者会同有关部门对未成年被害人采取阻断治疗等保护措施。

第三十四条　人民法院、人民检察院、公安机关办理性侵害未成年人刑事案件，发现未成年人的父母或者其他监护人不依法履行监护职责或者侵犯未成年人合法权益的，应当予以训诫，并书面督促其依法履行监护职责。必要时，可以责令未成年人父母或者其他监护人接受家庭教育指导。

第三十五条　未成年人受到监护人性侵害，其他具有监护资格的人员、民政部门等有关单位和组织向人民法院提出申请，要求撤销监护人资格，另行指定监护人的，人民法院依法予以支持。

有关个人和组织未及时向人民法院申请撤销监护人资格的，人民检察院可以依法督促、支持其提起诉讼。

第三十六条　对未成年人因被性侵害而造成人身损害，不能及时获得有效赔偿，生活困难的，人民法院、人民检察院、公安机关可会同有关部门，优先考虑予以救助。

第三十七条　人民法院、人民检察院、公安机关、司法行政机关应当积极推动侵害未成年人案件强制报告制度落实。未履行报告义务造成严重后果的，应当依照《中华人民共和国未成年人保护法》等法律法规追究责任。

第三十八条　人民法院、人民检察院、公安机关、司法行政机关应当推动密切接触未成年人相关行业依法建立完善准入查询性侵害违法犯罪信息制度，建立性侵害违法犯罪人员信息库，协助密切接触未成年人单位开展信息查询工作。

第三十九条　办案机关应当建立完善性侵害未成年人案件"一站式"办案救助机制，通过设立专门场所、配置专用设备、完善工作流程和引入专业社会力量等方式，尽可能一次性完成询问、人身检查、生物样本采集、侦查辨认等取证工作，同步开展救助保护工作。

281.3.2　侦查机关讯问/询问未成年人的规范

★《公安规定》(2020)

第三百二十三条　讯问未成年犯罪嫌疑人，应当通知未成年犯罪嫌疑人的法定代理人到场。无法通知、法定代理人不能到场或者法定代理人是共犯的，也可以通知未成年犯罪嫌疑人的其他成年亲属，所在学校、单位、居住地或者办案单位所在地基层组织或者未成年人保护组织的代表到场，并将有关情况记录在案。到场的法定代理人可以代为行使未成年犯罪嫌疑人的诉讼权利。

到场的法定代理人或者其他人员提出侦查人员在讯问中侵犯未成年人合法权益的，公安机关应当认真核查，依法处理。

第三百二十四条　讯问未成年犯罪嫌疑人应当采取适合未成年人的方式，耐心细致地听取其供述或者辩解，认真审核、查证与案件有关的证据和线索，并针对其思想顾虑、恐惧心理、抵触情绪进行疏导和教育。

讯问女性未成年犯罪嫌疑人，应当有女工作人员在场。

第三百二十五条　讯问笔录应当交未成年犯罪嫌疑人、到场的法定代理人或者其他人员阅读或者向其宣读；对笔录内容有异议的，应当核实清楚，准予更正或者补充。

第三百二十六条　询问未成年被害人、证人，适用本规定第三百二十三条、第三百二十四条、第三百二十五条的规定。

询问未成年被害人、证人，应当以适当的方式进行，注意保护其隐私和名誉，尽可能减少询问频次，避免造成二次伤害。必要时，可以聘请熟悉未成年人身心特点的专业人员协助。

【重点解读】①

第一，"其他人员"的范围。可以通知到场的"其他人员"的范围比较广泛，主要指熟悉未成年人的相关情况，有助于缓解未成年人的心理压力的人员。

第二，办理未成年人刑事案件应当使用缓和的侦查方式。讯问未成年犯罪嫌疑人时，应当注意讯问的语气和方式，耐心细致地听取其陈述或者辩解，认真审核、查证与案件有关的证据和线索，并针对其思想顾虑、畏惧心理、抵触情绪进行疏导和教育。讯问女性未成年犯罪嫌疑人时，应当有女工作人员在场。

第三，到场的合适成年人需要在笔录上签名、捺指印确认。笔录经未成年

---

① 参见孙茂利主编书，第745—748页。

犯罪嫌疑人、到场的法定代理人或者其他人员阅读或向其宣读后，无异议的，由未成年犯罪嫌疑人、到场的法定代理人或者其他人员签名、捺指印确认。对于有异议的部分，侦查人员应当核查清楚，根据异议情况予以更正或补充。对于计算机制作的笔录，可以在计算机内予以更正或补充，最终由未成年犯罪嫌疑人、到场的法定代理人或者其他人员签名、捺指印确认。对于人工书写制作的笔录，更正、补充部分要经未成年犯罪嫌疑人、到场的法定代理人或者其他人员签名、捺指印确认，最终形成的笔录再由未成年犯罪嫌疑人、到场的法定代理人或者其他人员签名、捺指印确认。

★《国安规定》(2024)

第三百四十二条　讯问未成年犯罪嫌疑人，应当通知未成年犯罪嫌疑人的法定代理人到场。无法通知、法定代理人不能到场或者法定代理人是共犯的，也可以通知未成年犯罪嫌疑人的其他成年亲属，所在学校、单位、居住地或者办案单位所在地基层组织或者未成年人保护组织的代表到场，并将有关情况记录在案。到场的法定代理人可以代为行使未成年犯罪嫌疑人的诉讼权利。

到场的法定代理人或者其他人员提出侦查人员在讯问中侵犯未成年人合法权益的，国家安全机关应当认真核查，依法处理。

第三百四十三条　讯问未成年犯罪嫌疑人应当采取适合未成年人的方式，耐心细致地听取其供述或者辩解，认真审核、查证与案件有关的证据和线索，并针对其思想顾虑、恐惧心理、抵触情绪进行疏导和教育。

讯问女性未成年犯罪嫌疑人，应当有女工作人员在场。

第三百四十四条　讯问笔录应当交未成年犯罪嫌疑人、到场的法定代理人或者其他人员阅读或者向其宣读；对笔录内容有异议的，应当核实清楚，准予更正或者补充。

第三百四十五条　询问未成年被害人、证人，适用本规定第三百四十二条、第三百四十三条和第三百四十四条的规定。

询问未成年被害人、证人，应当以适当的方式进行，注意保护其隐私和名誉，尽可能减少询问频次，避免造成二次伤害。必要时，可以聘请熟悉未成年人身心特点的专业人员协助。

282　附条件不起诉

282.1　法条规定

第二百八十二条　对于未成年人涉嫌刑法分则第四章、第五章、第六章规定的犯罪，可能判处一年有期徒刑以下刑罚，符合起诉条件，但有悔罪表现的，人民检察院可以作出附条件不起诉的决定。人民检察院在作出附条件不起诉的决定以前，应当听取公安机关、被害人的意见。

对附条件不起诉的决定，公安机关要求复议、提请复核或者被害人申诉的，适用本法第一百七十九条、第一百八十条的规定。

未成年犯罪嫌疑人及其法定代理人对人民检察院决定附条件不起诉有异议的，人民检察院应当作出起诉的决定。

【立法释义】①

本条规定明确了附条件不起诉的程序。这是在本法规定的不起诉制度基础上,针对未成年犯罪嫌疑人规定的一项特殊制度。关于附条件不起诉,应当关注以下事项:

第一,适用条件。附条件不起诉的适用条件,主要包括四个方面:一是适用案件范围。即刑法分则第四章(侵犯公民人身权利、民主权利罪)、第五章(侵犯财产罪)、第六章(妨害社会管理秩序罪)规定的罪名。二是罪行严重程度。即可能会被判处一年有期徒刑以下刑罚。鉴于刑法并未规定这一法定刑幅度,所以,办案机关需要结合个案情况,综合评估可能被判处的刑罚。三是程序标准。即符合起诉条件。对于未成年犯罪嫌疑人犯罪情节轻微,依照刑法规定不需要判处刑罚或者免除刑罚的情形,可以直接作出不起诉决定。对于事实不清、证据不足,不符合起诉条件的情形,不得适用附条件不起诉。四是具有悔罪表现。即未成年犯罪嫌疑人认罪认罚,向被害人赔礼道歉、积极退赃、尽力减少或者赔偿损失,取得被害人谅解,具有自首或者立功表现,等等。具备上述条件,人民检察院可以作出附条件不起诉的决定。

第二,适用程序。人民检察院不能依职权径行作出附条件不起诉的决定。人民检察院在作出附条件不起诉的决定以前,应当充分听取各方的意见和理由。公安机关和被害人不同意适用附条件不起诉的,并不必然阻却附条件不起诉的适用。人民检察院在考虑各方意见基础上,可以作出附条件不起诉的决定。需要指出的是,被害人对人民检察院对未成年犯罪嫌疑人作出的附条件不起诉的决定和不起诉的决定,可以向上一级人民检察院申诉,不适用刑事诉讼法第一百八十条关于被害人可以向人民法院起诉的规定。同时,人民检察院应当听取未成年人犯罪嫌疑人的法定代理人、辩护人的意见。人民检察院作出附条件不起诉的决定后,应当制作附条件不起诉决定书,并在三日以内送达公安机关、被害人或者其近亲属及其诉讼代理人、未成年犯罪嫌疑人及其法定代理人、辩护人。

第三,救济程序。对附条件不起诉的决定,公安机关可以根据本法第一百七十九条关于不起诉决定的复议、复核程序,依法提起复议、复核;被害人可以根据本法第一百八十条关于不起诉决定的申诉程序,依法提出申诉。

第四,执行方式。人民检察院作出附条件不起诉决定后,未成年犯罪嫌疑人在押的,应当作出释放或者变更强制措施的决定。

282.2　相关立法

282.2.1　被害人对附条件不起诉的救济

★《全国人民代表大会常务委员会关于〈中华人民共和国刑事诉讼法〉第二百七十一条第二款②的解释》(2014年4月24日)

人民检察院办理未成年人刑事案件,在作出附条件不起诉的决定以及考验期满作出不起诉的决定以前,应当听取被害人的意见。被害人对人民检察

① 参见王爱立主编书,第595—598页。

② 2018年刑事诉讼法第二百八十二条第二款。

院对未成年犯罪嫌疑人作出的附条件不起诉的决定和不起诉的决定，可以向上一级人民检察院申诉，不适用刑事诉讼法第一百七十六条①关于被害人可以向人民法院起诉的规定。

282.3　司法解释

282.3.1　附条件不起诉的适用条件

★**《未成年人刑事检察工作指引（试行）》**（高检发未检字〔2017〕1号，2017年3月2日）

第一百八十一条　【适用条件】对于符合以下条件的案件，人民检察院可以作出附条件不起诉的决定：

（一）犯罪嫌疑人实施犯罪行为时系未成年人的；

（二）涉嫌刑法分则第四章、第五章、第六章规定的犯罪的；

（三）可能被判处一年有期徒刑以下刑罚的；

（四）犯罪事实清楚，证据确实、充分，符合起诉条件的；

（五）犯罪嫌疑人具有悔罪表现的。

人民检察院可以参照《最高人民法院关于常见犯罪的量刑指导意见》并综合考虑全案情况和量刑情节，衡量是否"可能判处一年有期徒刑以下刑罚"。

具有下列情形之一的，一般认为具有悔罪表现：

（一）犯罪嫌疑人认罪认罚的；

（二）向被害人赔礼道歉、积极退赃、尽力减少或者赔偿损失的；

（三）取得被害人谅解的；

（四）具有自首或者立功表现的；

（五）犯罪中止的；

（六）其他具有悔罪表现的情形。

对于符合附条件不起诉条件，实施犯罪行为时未满十八周岁，但诉讼时已成年的犯罪嫌疑人，人民检察院可以作出附条件不起诉决定。

★**《最高人民检察院关于在检察工作中贯彻宽严相济刑事司法政策的若干意见》**（高检发研字〔2007〕2号，2007年1月15日）

8. 正确把握起诉和不起诉条件，依法适用不起诉。在审查起诉工作中，严格依法掌握起诉条件，充分考虑起诉的必要性，可诉可不诉的不诉。对于初犯、从犯、预备犯、中止犯、防卫过当、避险过当、未成年人犯罪、老年人犯罪以及亲友、邻里、同学同事等纠纷引发的案件，符合不起诉条件的，可以依法适用不起诉，并可以根据案件的不同情况，对被不起诉人予以训诫或者责令具结悔过、赔礼道歉、赔偿损失。确需提起公诉的，可以依法向人民法院提出从宽处理、适用缓刑等量刑方面的意见。

11. 对未成年人犯罪案件依法从宽处理。办理未成年人犯罪案件，应当坚持"教育、感化、挽救"的方针和"教育为主、惩罚为辅"的原则。要对未成年犯罪嫌疑人的情况进行调查，了解未成年人的性格特点、家庭情况、社会交往、成长经历以及有无帮教条件等情况，除主观恶性大、社会危害严重的以外，根据案件具体情况，可捕可不捕的不捕，可诉可不诉的不诉。对确需提起公诉的未成年被告人，应当根据情况依法向人民法院提出从宽处理、适用缓刑等量刑方面的意见。

19. 改革完善未成年人犯罪案件的办案方式。对未成年人犯罪案件，应当设立专门工作机构、专门工作小组或

---

① 2018年刑事诉讼法第一百八十条。

者指定专人办理。建立适合未成年人特点的审查逮捕、审查起诉工作机制。对成年人与未成年人共同犯罪案件，原则上实行分案处理。对未成年人犯罪案件适用简易程序的，公诉人一般应当出庭支持公诉并开展庭审教育活动。对于因犯罪情节轻微决定不起诉的未成年人，要落实帮教措施。

282.3.2　附条件不起诉的决定程序

★《检察院规则》(2019)

第四百六十九条　对于符合刑事诉讼法第二百八十二条第一款规定条件的未成年人刑事案件，人民检察院可以作出附条件不起诉的决定。

人民检察院在作出附条件不起诉的决定以前，应当听取公安机关、被害人、未成年犯罪嫌疑人及其法定代理人、辩护人的意见，并制作笔录附卷。

第四百七十条　未成年犯罪嫌疑人及其法定代理人对拟作出附条件不起诉决定提出异议的，人民检察院应当提起公诉。但是，未成年犯罪嫌疑人及其法定代理人提出无罪辩解，人民检察院经审查认为无罪辩解理由成立的，应当按照本规则第三百六十五条的规定作出不起诉决定。

未成年犯罪嫌疑人及其法定代理人对案件作附条件不起诉处理没有异议，仅对所附条件及考验期有异议的，人民检察院可以依法采纳其合理的意见，对考察的内容、方式、时间等进行调整；其意见不利于对未成年犯罪嫌疑人帮教，人民检察院不采纳的，应当进行释法说理。

人民检察院作出起诉决定前，未成年犯罪嫌疑人及其法定代理人撤回异议的，人民检察院可以依法作出附条件不起诉决定。

第四百七十一条　人民检察院作出附条件不起诉的决定后，应当制作附条件不起诉决定书，并在三日以内送达公安机关、被害人或者其近亲属及其诉讼代理人、未成年犯罪嫌疑人及其法定代理人、辩护人。

人民检察院应当当面向未成年犯罪嫌疑人及其法定代理人宣布附条件不起诉决定，告知考验期限、在考验期内应当遵守的规定以及违反规定应负的法律责任，并制作笔录附卷。

第四百七十二条　对附条件不起诉的决定，公安机关要求复议、提请复核或者被害人提出申诉的，具体程序参照本规则第三百七十九条至第三百八十三条的规定。被害人不服附条件不起诉决定的，应当告知其不适用刑事诉讼法第一百八十条关于被害人可以向人民法院起诉的规定，并做好释法说理工作。

前款规定的复议、复核、申诉由相应人民检察院负责未成年人检察的部门进行审查。

【重点解读】①

第一，检察机关对犯罪嫌疑人及其法定代理人提出的异议，应当认真审查，并区别不同情况作出不同处理，包括起诉、不起诉、调整考察内容等。

第二，检察机关应当加强对附条件不起诉法律规定的解释，让未成年犯罪嫌疑人及其法定代理人在理解附条件不起诉的功能、法律后果等基础上，慎重发表意见。具体应当做到以下几点：

---

①　参见童建明、万春主编释义书，第478—484页。

一是让未成年犯罪嫌疑人及其法定代理人事先全面知晓检察机关拟适用附条件不起诉的法律依据、适用程序、救济程序、考察程序和所有拟附加的义务以及附条件不起诉的法律后果等。附条件不起诉的法律后果，与法院判处缓刑的法律后果不同；法院判处缓刑的情形，虽然依法可以封存犯罪记录，但在两种情况下可以查询。同时，也要强调考察期间可能撤销附条件不起诉，提起公诉的情形以及对其可能产生的不利后果。

二是可以建议未成年犯罪嫌疑人及其法定代理人与其辩护人进行充分的交流沟通，慎重提出异议或选择不提异议。

三是要求未成年犯罪嫌疑人及其法定代理人在检察机关的书面征求意见书上签署意见，明确表示有无异议和真实意愿，且一般应当由未成年犯罪嫌疑人及其法定代理人同时签署。确实因为特殊情况只能以口头方式提出的，应当记录在案。当未成年犯罪嫌疑人与其法定代理人的诉讼意见存在分歧时，以法定代理人的意见为准，但侵犯未成年人合法权益的除外。

四是对于未成年犯罪嫌疑人及其法定代理人提出异议的，检察机关应当认真审查，并区分情形作出处理。另外，如果未成年犯罪嫌疑人及其法定代理人开始时同意附条件不起诉，但在监督考察过程中态度发生变化，不再认同附条件不起诉决定的，检察机关不应当继续适用附条件不起诉，而应当提起公诉。

第三，对被害人就附条件不起诉提出的申诉进行审查的部门不是负责控告申诉检察的部门，而是负责未成年人检察的部门。主要是考虑，负责控告申诉检察的部门办理的是对终结性程序的申诉，而附条件不起诉并非终结性程序，对其进行的申诉由负责未成年人检察的部门办理较为适宜。

★《未成年人刑事检察工作指引（试行）》（高检发未检字〔2017〕1 号，2017 年 3 月 2 日）

第一百九十三条　【强制措施】未成年犯罪嫌疑人在押的，作出附条件不起诉决定后，人民检察院应当作出释放或者变更强制措施的决定。

考验期未满、取保候审期限届满的，应当解除取保候审强制措施，继续进行监督考察。

282.3.3　附条件不起诉异议的处理

★《未成年人刑事检察工作指引（试行）》（高检发未检字〔2017〕1 号，2017 年 3 月 2 日）

第一百八十六条　【异议处理】对于未成年犯罪嫌疑人及其法定代理人对附条件不起诉决定提出异议的，应当区别对待：

（一）未成年犯罪嫌疑人及其法定代理人对于犯罪事实认定、法律适用有异议并提出无罪意见或辩解的，人民检察院应当认真审查后依法提起公诉。

（二）未成年犯罪嫌疑人及其法定代理人对案件作附条件不起诉处理没有异议，仅对所附条件及考验期有异议的，人民检察院可以依法采纳其合理的意见，对考察的内容、方式、时间等进行调整。但其意见不利于对未成年犯罪嫌疑人帮教的，应当进行耐心的释法说理工作。经说理解释后，若未成年犯罪嫌疑人及其法定代理人仍有异议坚持要起诉的，应当提起公诉。

（三）未成年犯罪嫌疑人及其法定代理人对于适用附条件不起诉有异议的，应当审查后决定是否起诉。

人民检察院作出起诉决定前，未成年犯罪嫌疑人及其法定代理人可以撤回异议。撤回异议的，应当制作笔录附卷，由未成年犯罪嫌疑人及其法定代理人签字确认。

第一百九十一条　【复议、复核】公安机关认为附条件不起诉决定有错误的，可以向同级人民检察院要求复议。人民检察院应当另行指定检察人员进行审查并提出审查意见，报请检察长或者检察委员会决定。人民检察院应当在收到要求复议意见书后的三十日内作出复议决定，并通知公安机关。

公安机关对人民检察院的复议结果不服的，可以向上一级人民检察院提请复核。上一级人民检察院收到公安机关对附条件不起诉决定提请复核的意见书后，应当交由未成年人检察部门办理。未成年人检察部门应当指定检察人员进行审查并提出审查意见，报请检察长或者检察委员会决定。上一级人民检察院应当在收到提请复核意见书后的三十日内作出决定，制作复核决定书送交提请复核的公安机关和下级人民检察院。经复核改变下级人民检察院附条件不起诉决定的，应当撤销下级人民检察院作出的附条件不起诉决定，交由下级人民检察院执行。

第一百九十二条　【被害人申诉】被害人不服附条件不起诉决定，在收到附条件不起诉决定书后七日以内申诉的，由作出附条件不起诉决定的人民检察院的上一级人民检察院立案复查。

被害人向作出附条件不起诉决定的人民检察院提出申诉的，作出决定的人民检察院应当将申诉材料连同案卷一并报送上一级人民检察院受理。

上述申诉的审查由未成年人检察部门负责。承办人员审查后应当提出意见，报请检察长决定后制作复查决定书。

复查决定书应当送达被害人、被附条件不起诉的未成年犯罪嫌疑人及其法定代理人和作出附条件不起诉决定的人民检察院。

被害人不服附条件不起诉决定，在收到附条件不起诉决定书七日后提出申诉的，由作出附条件不起诉决定的人民检察院未成年人检察部门另行指定检察人员审查后决定是否立案复查。

上级人民检察院经复查作出起诉决定的，应当撤销下级人民检察院的附条件不起诉决定，由下级人民检察院提起公诉，并将复查决定抄送移送审查起诉的公安机关。

被害人不能向人民法院提起自诉。

282.4　规范性文件

282.4.1　公安机关对附条件不起诉提出意见的程序

★《公安规定》（2020）

第三百二十九条　人民检察院在对未成年人作出附条件不起诉的决定前，听取公安机关意见时，公安机关应当提出书面意见，经县级以上公安机关负责人批准，移送同级人民检察院。

第三百三十条　认为人民检察院作出的附条件不起诉决定有错误的，应当在收到不起诉决定书后七日以内制作要求复议意见书，经县级以上公安机关负责人批准，移送同级人民检察院复议。

要求复议的意见不被接受的，可以在收到人民检察院的复议决定书后七日以内制作提请复核意见书，经县级以上公安机关负责人批准后，连同人民检察院的复议决定书，一并提请上一级人民检察院复核。

★**《国安规定》**(2024)

第三百四十八条　符合刑事诉讼法规定条件的未成年人附条件不起诉刑事案件，人民检察院在对未成年人作出附条件不起诉的决定前，听取国家安全机关意见时，国家安全机关应当提出书面意见，经国家安全机关负责人批准，移送同级人民检察院。

第三百四十九条　认为人民检察院作出的附条件不起诉决定有错误的，应当在收到不起诉决定书后七日以内制作要求复议意见书，经国家安全机关负责人批准，移送同级人民检察院复议。

要求复议的意见不被接受的，可以在收到人民检察院的复议决定书后七日以内制作提请复核意见书，经国家安全机关负责人批准后，连同人民检察院的复议决定书，一并提请上一级人民检察院复核。

282.5　指导与参考案例

282.5.1　附条件不起诉的适用标准

【最高人民检察院指导性案例】

[检例第 203 号]李某某帮助信息网络犯罪活动案

办案要旨：办理未成年人涉嫌使用本人银行卡帮助信息网络犯罪活动罪案件，应当结合涉案未成年人身心特点，重点审查是否明知他人利用信息网络实施上游犯罪并提供帮助。对于主观恶性不大、社会危害较小且自愿认罪认罚的未成年人，坚持以教育、挽救为主，符合附条件不起诉的，依法适用附条件不起诉。对于未成年人银行账户管理存在漏洞，有异常交易风险的，检察机关通过向金融监管机关、商业银行制发检察建议，强化账户源头管理，推动诉源治理。

283　附条件不起诉的监督考察

283.1　法条规定

第二百八十三条　在附条件不起诉的考验期内，由人民检察院对被附条件不起诉的未成年犯罪嫌疑人进行监督考察。未成年犯罪嫌疑人的监护人，应当对未成年犯罪嫌疑人加强管教，配合人民检察院做好监督考察工作。

附条件不起诉的考验期为六个月以上一年以下，从人民检察院作出附条件不起诉的决定之日起计算。

被附条件不起诉的未成年犯罪嫌疑人，应当遵守下列规定：

（一）遵守法律法规，服从监督；

（二）按照考察机关的规定报告自己的活动情况；

（三）离开所居住的市、县或者迁居，应当报经考察机关批准；

（四）按照考察机关的要求接受矫治和教育。

【立法释义】①

本条规定明确了附条件不起诉的监督考察程序。附条件不起诉并非绝对的不起诉,而是对未成年犯罪嫌疑人设置一定的考验期,根据其具体表现决定是否起诉。关于附条件不起诉的监督考察,应当关注以下事项:

第一,监督考察主体。在附条件不起诉的考验期内,由人民检察院对被附条件不起诉的未成年犯罪嫌疑人进行监督考察。未成年犯罪嫌疑人的监护人,应当对未成年犯罪嫌疑人加强管教,配合人民检察院做好监督考察工作。监督考察的目的,是全面了解未成年犯罪嫌疑人的个人情况,评估其主观恶性和人身危险性。

第二,监督考察期限。附条件不起诉的考验期为六个月以上一年以下,从人民检察院作出附条件不起诉的决定之日起计算。人民检察院应当根据案情和未成年犯罪嫌疑人的个体情况,合理确定考验期限。《人民检察院办理未成年人刑事案件的规定》第四十条规定,考验期不计入案件审查起诉期限。考验期的长短应当与未成年犯罪嫌疑人所犯罪行的轻重、主观恶性的大小和人身危险性的大小、一贯表现及帮教条件等相适应,根据未成年犯罪嫌疑人在考验期的表现,可以在法定期限范围内适当缩短或者延长。

第三,监督考察内容。被附条件不起诉的未成年犯罪嫌疑人,在考验期内,应当遵守下列规定:遵守法律法规,服从监督;按照考察机关的规定报告自己的活动情况;离开所居住的市、县或者迁居,应当报经考察机关批准;按照考察机关的要求接受矫治和教育。与取保候审等强制措施的监督考察类似,被附条件不起诉的未成年犯罪嫌疑人不得违反监督考察的规定。同时,《检察院规则》第四百七十六条规定,人民检察院可以要求被附条件不起诉的未成年犯罪嫌疑人接受特定的矫治和教育。未成年犯罪嫌疑人的监护人应当履行管教义务,督促未成年犯罪嫌疑人严格遵守有关规定;对于严重违反规定的情形,应当及时向人民检察院报告。

283.2 司法解释

283.2.1 附条件不起诉考验期的确定

★《检察院规则》(2019)

第四百七十三条 人民检察院作出附条件不起诉决定的,应当确定考验期。考验期为六个月以上一年以下,从人民检察院作出附条件不起诉的决定之日起计算。

【重点解读】②

在司法实践中,考验期的确定主要考虑如下因素:

第一,教育挽救的需要。对于可能判处的刑罚在六个月以下的,一般应当将考验期限确定为六个月;可能判处的刑罚在六个月以上的,可以参考未成年犯罪嫌疑人可能判处的刑期确定具体考察期限,一般可设置为九个月到十个月。考验期还要注意同案犯之间的均衡,但这方面的考虑具有次要性,主要还是坚持个别化原则,即主要考虑的还是不同未成年人个人的情况。

---

① 参见王爱立主编书,第598—599页。

② 参见童建明、万春主编释义书,第484—485页。

第二，鼓励被考察对象积极配合监督考察。根据考验期间的表现，可以在法定期限范围内适当缩短或延长考验期。缩短考验期的情形一般是被附条件不起诉人积极接受考察机构的帮教，提前完成考察所附条件；延长考验期的情形一般为被附条件不起诉人在考察期内未完成考察所附条件，确有必要继续进行考察。

第三，被考察对象的特殊需要。如果被考察的未成年人是在校学生，要考虑可否在毕业离校之前完成考验期，如不能完成的，要考虑如何尽量减少对其就业、生活等造成不必要的麻烦等。此外，考验期未满，取保候审期满的，则应当解除取保候审，继续进行监督考察。

★《人民检察院办理未成年人刑事案件的规定》（高检发研字〔2013〕7 号，2013 年 12 月 27 日）

第四十条　人民检察院决定附条件不起诉的，应当确定考验期。考验期为六个月以上一年以下，从人民检察院作出附条件不起诉的决定之日起计算。考验期不计入案件审查起诉期限。

考验期的长短应当与未成年犯罪嫌疑人所犯罪行的轻重、主观恶性的大小和人身危险性的大小、一贯表现及帮教条件等相适应，根据未成年犯罪嫌疑人在考验期的表现，可以在法定期限范围内适当缩短或者延长。

★《未成年人刑事检察工作指引（试行）》（高检发未检字〔2017〕1 号，2017 年 3 月 2 日）

第一百九十四条　【考验期确定】附条件不起诉考验期为六个月以上一年以下，考验期的长短应当与未成年犯罪嫌疑人所犯罪行的性质、情节和主观恶性的大小相适应。可能判处的刑罚在六个月以下的，一般应当将考验期限确定为六个月；可能判处的刑罚在六个月以上的，可以参考未成年犯罪嫌疑人可能判处的刑期确定具体考察期限。

考验期从人民检察院作出附条件不起诉的决定之日起计算。考验期不计入审查起诉期限。

在考验期的前两个月要密切关注被附条件不起诉的未成年犯罪嫌疑人的表现，帮助、督促其改正不良行为，形成良好习惯。根据未成年犯罪嫌疑人在考验期内的表现和教育挽救的需要，人民检察院作出决定后可以在法定期限范围内适当缩短或延长考验期。

283.2.2　附条件不起诉的监督考察方式

★《检察院规则》（2019）

第四百七十四条　在附条件不起诉的考验期内，由人民检察院对被附条件不起诉的未成年犯罪嫌疑人进行监督考察。人民检察院应当要求未成年犯罪嫌疑人的监护人对未成年犯罪嫌疑人加强管教，配合人民检察院做好监督考察工作。

人民检察院可以会同未成年犯罪嫌疑人的监护人、所在学校、单位、居住地的村民委员会、居民委员会、未成年人保护组织等的有关人员，定期对未成年犯罪嫌疑人进行考察、教育，实施跟踪帮教。

【重点解读】①

鉴于附条件不起诉监督考察措施

---

① 参见童建明、万春主编释义书，第 485—488 页。

的实施涉及多种社会关系，需要多方参与，以及全国各地社会组织及社会力量的发展严重不平衡，社会支持力度相差较大，整齐划一的考察模式不具普适性，因此，各地检察机关可以结合本地实际情况，汇总、整理参与监督考察的单位或者组织名录，将村（居）民委员会、社工事务所、心理咨询中心、职业学校、爱心企业等均作为名录备选项。

★**《人民检察院办理未成年人刑事案件的规定》**（高检发研字〔2013〕7 号，2013 年 12 月 27 日）

第四十三条　在附条件不起诉的考验期内，人民检察院应当对被附条件不起诉的未成年犯罪嫌疑人进行监督考察。未成年犯罪嫌疑人的监护人应当对未成年犯罪嫌疑人加强管教，配合人民检察院做好监督考察工作。

人民检察院可以会同未成年犯罪嫌疑人的监护人、所在学校、单位、居住地的村民委员会、居民委员会、未成年人保护组织等的有关人员定期对未成年犯罪嫌疑人进行考察、教育，实施跟踪帮教。

第四十四条　未成年犯罪嫌疑人经批准离开所居住的市、县或者迁居，作出附条件不起诉决定的人民检察院可以要求迁入地的人民检察院协助进行考察，并将考察结果函告作出附条件不起诉决定的人民检察院。

★**《未成年人刑事检察工作指引（试行）》**（高检发未检字〔2017〕1 号，2017 年 3 月 2 日）

第一百九十六条　【监督考察】在附条件不起诉的考验期内，人民检察院应当对被附条件不起诉的未成年犯罪嫌疑人进行监督考察。监督未成年犯罪嫌疑人履行义务、接受帮教的情况，并督促未成年犯罪嫌疑人的监护人对未成年犯罪嫌疑人加强管教，配合人民检察院做好监督考察工作。

人民检察院可以会同司法社工、社会观护基地、公益组织或者未成年犯罪嫌疑人所在学校、单位、居住地的村民委员会、居民委员会、未成年人保护组织等相关机构成立考察帮教小组，明确分工及职责，定期进行考察、教育，实施跟踪帮教。

考察帮教小组应当为考察对象制作个人帮教档案，对考察帮教活动情况及时、如实、全面记录，并在考察期届满后三个工作日内对考察对象进行综合评定，出具书面报告。

283.2.3　监督考察条件和矫治教育措施

★**《检察院规则》**（2019）

第四百七十五条　人民检察院对于被附条件不起诉的未成年犯罪嫌疑人，应当监督考察其是否遵守下列规定：

（一）遵守法律法规，服从监督；

（二）按照规定报告自己的活动情况；

（三）离开所居住的市、县或者迁居，应当报经批准；

（四）按照要求接受矫治和教育。

第四百七十六条　人民检察院可以要求被附条件不起诉的未成年犯罪嫌疑人接受下列矫治和教育：

（一）完成戒瘾治疗、心理辅导或者其他适当的处遇措施；

（二）向社区或者公益团体提供公益劳动；

（三）不得进入特定场所，与特定的

人员会见或者通信,从事特定的活动;

(四)向被害人赔偿损失、赔礼道歉等;

(五)接受相关教育;

(六)遵守其他保护被害人安全以及预防再犯的禁止性规定。

【重点解读】①

检察机关可以根据未成年人的具体情况和帮教需求,合理设置考察帮教的内容,以保证帮教取得实效:

第一,检察机关要进行认真的社会调查,在充分了解被考察对象的成长经历、犯罪原因、教育监护条件等情况的前提下,因人施教,找准对未成年人进行教育的"感化点",以便对症下药,取得最佳的教育效果。

第二,所附条件应当与被考察对象涉嫌犯罪的危害程度、人身危险性和自身承受能力相适应,不应当要求其履行不合理的义务。

第三,考虑所附条件应当能够实现特殊预防的需要。例如针对暴力犯罪和非暴力犯罪、财产犯罪和激情犯罪、在校学生和无业人员等,需要设计不同的措施和强度,如公益劳动的数量、心理辅导的次数、技能培训的种类等。

第四,所附条件应当考虑解决被考察对象的实际需求,解决其实际困难。

★**《人民检察院办理未成年人刑事案件的规定》**(高检发研字〔2013〕7 号,2013 年 12 月 27 日)

第四十一条　被附条件不起诉的未成年犯罪嫌疑人,应当遵守下列规定:

(一)遵守法律法规,服从监督;

(二)按照考察机关的规定报告自己的活动情况;

(三)离开所居住的市、县或者迁居,应当报经考察机关批准;

(四)按照考察机关的要求接受矫治和教育。

第四十二条　人民检察院可以要求被附条件不起诉的未成年犯罪嫌疑人接受下列矫治和教育:

(一)完成戒瘾治疗、心理辅导或者其他适当的处遇措施;

(二)向社区或者公益团体提供公益劳动;

(三)不得进入特定场所,与特定的人员会见或者通信,从事特定的活动;

(四)向被害人赔偿损失、赔礼道歉等;

(五)接受相关教育;

(六)遵守其他保护被害人安全以及预防再犯的禁止性规定。

★**《未成年人刑事检察工作指引(试行)》**(高检发未检字〔2017〕1 号,2017 年 3 月 2 日)

第一百九十五条　【所附条件】人民检察院对被附条件不起诉的未成年犯罪嫌疑人应当附下列条件:

(一)遵守法律法规,服从监督;

(二)按照考察机关的规定报告自己的活动情况;

(三)离开所居住的市、区(县)或者迁居,应当报经考察机关批准;

(四)按照考察机关的要求接受矫治和教育。

前款第四项"按照考察机关的要求接受矫治和教育"包括以下内容:

(一)完成戒瘾治疗、心理辅导或

① 参见童建明、万春主编释义书,第 488—490 页。

者其他适当的处遇措施；

（二）向社区或者公益团体提供公益劳动；

（三）不得进入特定场所、与特定的人员会见或者通信、从事特定的活动；

（四）向被害人赔偿损失、赔礼道歉等；

（五）接受相关教育；

（六）遵守其他保护被害人安全以及预防再犯的禁止性规定。

所附条件应当有针对性，注意考虑未成年犯罪嫌疑人的特殊需求，尤其避免对其就学、就业和正常生活造成负面影响。

283.3　指导与参考案例

283.3.1　附条件不起诉与不起诉的界限

【最高人民检察院指导性案例】

［检例第103号］胡某某抢劫案

办案要旨：办理附条件不起诉案件，应当准确把握其与不起诉的界限，对于犯罪情节轻微符合不起诉条件的未成年犯罪嫌疑人，应依法适用不起诉，不能以附条件不起诉代替不起诉。对于涉罪未成年在校学生附条件不起诉，应当坚持最有利于未成年人健康成长原则，找准办案、帮教与保障学业的平衡点，灵活掌握办案节奏和考察帮教方式，最大限度减少对其学习、生活的影响。要阶段性评估帮教成效，根据被附条件不起诉人角色转变和个性需求，动态调整考验期限和帮教内容。

283.3.2　个性化的监督考察计划要求

【最高人民检察院指导性案例】

［检例第104号］庄某等人敲诈勒索案

办案要旨：检察机关对共同犯罪的未成年人适用附条件不起诉时，应当遵循精准帮教的要求对每名涉罪未成年人设置个性化附带条件。监督考察时，要根据涉罪未成年人回归社会的不同需求，督促制定所附条件执行的具体计划，分阶段评估帮教效果，发现问题及时调整帮教方案，提升精准帮教实效。

283.3.3　外地人员异地协作考察帮教

【最高人民检察院指导性案例】

［检例第106号］牛某非法拘禁案

办案要旨：检察机关对于公安机关移送的社会调查报告应当认真审查，报告内容不能全面反映未成年人成长经历、犯罪原因、监护教育等情况的，可以商公安机关补充调查，也可以自行或者委托其他有关组织、机构补充调查。对实施犯罪行为时系未成年人但诉讼过程中已满十八周岁的犯罪嫌疑人，符合条件的，可以适用附条件不起诉。对于外地户籍未成年犯罪嫌疑人，办案检察机关可以委托未成年人户籍所在地检察机关开展异地协作考察帮教，两地检察机关要各司其职，密切配合，确保帮教取得实效。

284　附条件不起诉的最终处理

284.1　法条规定

第二百八十四条　被附条件不起诉的未成年犯罪嫌疑人，在考验期内有下列情形之一的，人民检察院应当撤销附条件不起诉的决定，提起公诉：

（一）实施新的犯罪或者发现决定附条件不起诉以前还有其他犯罪需要追诉的；

（二）违反治安管理规定或者考察机关有关附条件不起诉的监督管理规定，情节严重的。

被附条件不起诉的未成年犯罪嫌疑人，在考验期内没有上述情形，考验期满的，人民检察院应当作出不起诉的决定。

【立法释义】①

本条规定明确了附条件不起诉的最终处理方式。根据被附条件不起诉的未成年犯罪嫌疑人在考验期内的表现情况，人民检察院应当依法作出相应的处理。关于附条件不起诉的最终处理，应当关注以下事项：

第一，撤销附条件不起诉的决定。被附条件不起诉的未成年犯罪嫌疑人，在考验期内出现违反监督管理规定等情形，人民检察院应当撤销附条件不起诉的决定，提起公诉。具体包括两种情形：

一是实施新的犯罪或者发现决定附条件不起诉以前还有其他犯罪需要追诉的。这两种情形表明，未成年犯罪嫌疑人具有较大的主观恶性和人身危险性，应当提起公诉。

二是违反治安管理规定或者考察机关有关附条件不起诉的监督管理规定，情节严重的。这两种情形，要求达到“情节严重”的程度，例如，违反治安管理规定的行为情节严重，或者多次违反治安管理规定，屡教不改；故意严重违反监督管理规定，或者多次违反监督管理规定。对于上述情形，人民检察院应当立即撤销附条件不起诉的决定，并不需要等到考验期满。

第二，作出不起诉的决定。被附条件不起诉的未成年犯罪嫌疑人，在考验期内符合监督管理规定，没有本条规定的两类情形，考验期满的，人民检察院应当作出不起诉的决定。《检察院规则》第四百七十七条第二款规定，考验期满作出不起诉的决定以前，应当听取被害人意见。第四百七十八条进而规定，考验期满作出不起诉决定，被害人提出申诉的，依照本规则第四百七十二条规定办理。

284.2　司法解释

284.2.1　考验期届满的程序处理

★《检察院规则》（2019）

第四百七十七条　考验期届满，检察人员应当制作附条件不起诉考察意见书，提出起诉或者不起诉的意见，报请检察长决定。

考验期满作出不起诉的决定以前，应当听取被害人意见。

第四百八十条　被附条件不起诉的未成年犯罪嫌疑人，在考验期内没有本规则第四百七十九条规定的情形，考验期满的，人民检察院应当作出不起诉的决定。

第四百八十一条　人民检察院办理未成年人刑事案件过程中，应当对涉案未成年人的资料予以保密，不得公开或者传播涉案未成年人的姓名、住所、照片、图像及可能推断出该未成年人的其他资料。

【重点解读】②

对于附条件不起诉，检察机关应当

---

① 参见王爱立主编书，第 600—601 页。

② 参见童建明、万春主编释义书，第 490—494 页。

两次听取被害人意见，第一次是作出附条件不起诉决定之前，第二次是考验期满作出不起诉决定之前。相应地，被害人也有两次申诉的机会，但不能向人民法院提起自诉。

★《人民检察院办理未成年人刑事案件的规定》（高检发研字〔2013〕7 号，2013 年 12 月 27 日）

第四十五条　考验期届满，办案人员应当制作附条件不起诉考察意见书，提出起诉或者不起诉的意见，经部门负责人审核，报请检察长决定。

人民检察院应当在审查起诉期限内作出起诉或者不起诉的决定。

作出附条件不起诉决定的案件，审查起诉期限自人民检察院作出附条件不起诉决定之日起中止计算，自考验期限届满之日起或者人民检察院作出撤销附条件不起诉决定之日起恢复计算。

第四十八条　被附条件不起诉的未成年犯罪嫌疑人，在考验期内没有本规定第四十六条规定的情形，考验期满的，人民检察院应当作出不起诉的决定。

第四十九条　对于附条件不起诉的案件，不起诉决定宣布后六个月内，办案人员可以对被不起诉的未成年人进行回访，巩固帮教效果，并做好相关记录。

第五十条　对人民检察院依照刑事诉讼法第一百七十三条第二款①规定作出的不起诉决定和经附条件不起诉考验期满不起诉的，在向被不起诉的未成年人及其法定代理人宣布不起诉决定书时，应当充分阐明不起诉的理由和法律依据，并结合社会调查，围绕犯罪行为对被害人、对本人及家庭、对社会等造成的危害，导致犯罪行为发生的原因及应当吸取的教训等，对被不起诉的未成年人开展必要的教育。如果侦查人员、合适成年人、辩护人、社工等参加有利于教育被不起诉未成年人的，经被不起诉的未成年人及其法定代理人同意，可以邀请他们参加，但要严格控制参与人范围。

对于犯罪事实清楚，但因未达刑事责任年龄不起诉、年龄证据存疑而不起诉的未成年犯罪嫌疑人，参照上述规定举行不起诉宣布教育仪式。

284.2.2　附条件不起诉的撤销与提起公诉

★《检察院规则》（2019）

第四百七十九条　被附条件不起诉的未成年犯罪嫌疑人，在考验期内具有下列情形之一的，人民检察院应当撤销附条件不起诉的决定，提起公诉：

（一）实施新的犯罪的；

（二）发现决定附条件不起诉以前还有其他犯罪需要追诉的；

（三）违反治安管理规定，造成严重后果，或者多次违反治安管理规定的；

（四）违反有关附条件不起诉的监督管理规定，造成严重后果，或者多次违反有关附条件不起诉的监督管理规定的。

【重点解读】②

检察机关对于实施新罪的被附条件不起诉的未成年犯罪嫌疑人，应当径

---

① 2018 年刑事诉讼法第一百七十七条第二款。

② 参见童建明、万春主编释义书，第 492—494 页。

行撤销附条件不起诉，提起公诉；对于漏罪则需要以“需要追诉”为标准决定是否提起公诉，如果并不需要对漏罪进行追诉，仍然可以作出不起诉决定。

★《人民检察院办理未成年人刑事案件的规定》（高检发研字〔2013〕7 号，2013 年 12 月 27 日）

第四十六条　被附条件不起诉的未成年犯罪嫌疑人，在考验期内有下列情形之一的，人民检察院应当撤销附条件不起诉的决定，提起公诉：

（一）实施新的犯罪的；

（二）发现决定附条件不起诉以前还有其他犯罪需要追诉的；

（三）违反治安管理规定，造成严重后果，或者多次违反治安管理规定的；

（四）违反考察机关有关附条件不起诉的监督管理规定，造成严重后果，或者多次违反考察机关有关附条件不起诉的监督管理规定的。

★《未成年人刑事检察工作指引（试行）》（高检发未检字〔2017〕1 号，2017 年 3 月 2 日）

第二百零四条　【撤销附条件不起诉】在考验期内，发现被附条件不起诉的未成年犯罪嫌疑人有下列情形之一的，案件承办人应当制作附条件不起诉考察意见书，报请检察长或者检察委员会作出撤销附条件不起诉、提起公诉的决定：

（一）实施新的犯罪并经人民检察院查证属实的；

（二）发现决定附条件不起诉以前还有其他犯罪需要追诉并经人民检察院查证属实的；

（三）违反治安管理规定，造成严重后果，或者多次违反治安管理规定的；

（四）违反考察机关有关附条件不起诉的监督管理规定，造成严重后果，或者多次违反的。

未成年犯罪嫌疑人如实供述其他犯罪行为，但因证据不足不予认定，在被作出附条件不起诉决定后查证属实的，可以不作出撤销附条件不起诉、提起公诉的决定。

284.2.3　考验期内发现新罪、漏罪的处理

★《人民检察院办理未成年人刑事案件的规定》（高检发研字〔2013〕7 号，2013 年 12 月 27 日）

第四十七条　对于未成年犯罪嫌疑人在考验期内实施新的犯罪或者在决定附条件不起诉以前还有其他犯罪需要追诉的，人民检察院应当移送侦查机关立案侦查。

★《未成年人刑事检察工作指引（试行）》（高检发未检字〔2017〕1 号，2017 年 3 月 2 日）

第二百零五条　【漏罪或新罪的处理】人民检察院发现被附条件不起诉的未成年犯罪嫌疑人在考验期内实施新的犯罪或者在决定附条件不起诉以前还有其他犯罪需要追诉的，应当将案件线索依法移送有管辖权的公安机关立案侦查。

被附条件不起诉的未成年犯罪嫌疑人在考验期内实施新的犯罪或者在决定附条件不起诉以前还有其他犯罪，经查证属实的，人民检察院应当将案件退回公安机关补充侦查。原移送审查起诉的公安机关对新罪或者漏罪无管辖权的，应当通知其与有管辖权的公安

机关协商，依法确定管辖权，并案侦查。

对于被附条件不起诉的未成年犯罪嫌疑人在考验期内因实施新的犯罪或者因决定附条件不起诉以前实施的其他犯罪被公安机关立案侦查，能够在审查起诉期间内将新罪、漏罪查清的，人民检察院可以一并提起公诉；不能查清的，应当对前罪作出不起诉处理，新罪、漏罪查清后另行起诉。

284.3　指导与参考案例

284.3.1　撤销附条件不起诉决定的标准

【最高人民检察院指导性案例】

［检例第 107 号］唐某等人聚众斗殴案

办案要旨：对于被附条件不起诉人在考验期内多次违反监督管理规定，逃避或脱离矫治和教育，经强化帮教措施后仍无悔改表现，附条件不起诉的挽救功能无法实现，符合“违反考察机关监督管理规定，情节严重”的，应当依法撤销附条件不起诉决定，提起公诉。

285　未成年人案件不公开审理

285.1　法条规定

第二百八十五条　审判的时候被告人不满十八周岁的案件，不公开审理。但是，经未成年被告人及其法定代理人同意，未成年被告人所在学校和未成年人保护组织可以派代表到场。

【立法释义】①

本条规定明确了未成年人刑事案件的不公开审理原则。1996 年刑事诉讼法规定，十四岁以上不满十六岁未成年人犯罪的案件，一律不公开审理；十六岁以上不满十八岁未成年人犯罪的案件，一般也不公开审理。2012 年刑事诉讼法修改更进一步，凡是审判的时候被告人不满十八周岁的案件，一律不公开审理。这一调整既是为了加强对未成年被告人的程序保护，也是为了适应犯罪记录封存制度的要求。

作为不公开审理原则的例外，经未成年被告人及其法定代理人同意，未成年被告人所在学校和未成年人保护组织可以派代表到场。这主要是考虑，有关单位的代表到场，能够了解案件情况，以便在审判结束后对未成年罪犯进行法制教育。这一例外情形的前提是征得未成年被告人及其法定代理人同意。如果被告人及其法定代理人基于隐私权等考虑，不同意其他人员到场的，人民法院应当不公开审理。对不公开审理的未成年人案件，既不允许除诉讼参与人以外的其他人员旁听案件审理，也不允许媒体对案件的审理情况进行报道。

此外，《法院解释》规定了未成年人刑事案件的法庭审理规则，强调法庭审判各环节对未成年被告人诉讼权利的特殊保障。

285.2　司法解释

285.2.1　未成年人案件的开庭准备

★《法院解释》(2021)

第五百六十三条　人民法院向未成年被告人送达起诉书副本时，应当向其讲明被指控的罪行和有关法律规定，并告知其审判程序和诉讼权利、义务。

---

①　参见王爱立主编书，第 601—603 页。

第五百六十四条　审判时不满十八周岁的未成年被告人没有委托辩护人的，人民法院应当通知法律援助机构指派熟悉未成年人身心特点的律师为其提供辩护。

第五百六十五条　未成年被害人及其法定代理人因经济困难或者其他原因没有委托诉讼代理人的，人民法院应当帮助其申请法律援助。

第五百六十六条　对未成年人刑事案件，人民法院决定适用简易程序审理的，应当征求未成年被告人及其法定代理人、辩护人的意见。上述人员提出异议的，不适用简易程序。

第五百六十七条　被告人实施被指控的犯罪时不满十八周岁，开庭时已满十八周岁、不满二十周岁的，人民法院开庭时，一般应当通知其近亲属到庭。经法庭同意，近亲属可以发表意见。近亲属无法通知、不能到场或者是共犯的，应当记录在案。

第五百六十八条　对人民检察院移送的关于未成年被告人性格特点、家庭情况、社会交往、成长经历、犯罪原因、犯罪前后的表现、监护教育等情况的调查报告，以及辩护人提交的反映未成年被告人上述情况的书面材料，法庭应当接受。

必要时，人民法院可以委托社区矫正机构、共青团、社会组织等对未成年被告人的上述情况进行调查，或者自行调查。

第五百六十九条　人民法院根据情况，可以对未成年被告人、被害人、证人进行心理疏导；根据实际需要并经未成年被告人及其法定代理人同意，可以对未成年被告人进行心理测评。

心理疏导、心理测评可以委托专门机构、专业人员进行。

心理测评报告可以作为办理案件和教育未成年人的参考。

第五百七十条　开庭前和休庭时，法庭根据情况，可以安排未成年被告人与其法定代理人或者合适成年人会见。

285.2.2　未成年人案件的庭审程序

★《法院解释》(2021)

第五百七十一条　人民法院应当在辩护台靠近旁听区一侧为未成年被告人的法定代理人或者合适成年人设置席位。

审理可能判处五年有期徒刑以下刑罚或者过失犯罪的未成年人刑事案件，可以采取适合未成年人特点的方式设置法庭席位。

第五百七十二条　未成年被告人或者其法定代理人当庭拒绝辩护人辩护的，适用本解释第三百一十一条第二款、第三款的规定。

重新开庭后，未成年被告人或者其法定代理人再次当庭拒绝辩护人辩护的，不予准许。重新开庭时被告人已满十八周岁的，可以准许，但不得再另行委托辩护人或者要求另行指派律师，由其自行辩护。

第五百七十三条　法庭审理过程中，审判人员应当根据未成年被告人的智力发育程度和心理状态，使用适合未成年人的语言表达方式。

发现有对未成年被告人威胁、训斥、诱供或者讽刺等情形的，审判长应当制止。

第五百七十四条　控辩双方提出对未成年被告人判处管制、宣告缓刑等量刑建议的，应当向法庭提供有关未成年被告人能够获得监护、帮教以及对所居住社区无重大不良影响的书面材料。

第五百七十五条　对未成年被告人情况的调查报告，以及辩护人提交的有关未成年被告人情况的书面材料，法庭应当审查并听取控辩双方意见。上述报告和材料可以作为办理案件和教育未成年人的参考。

人民法院可以通知作出调查报告的人员出庭说明情况，接受控辩双方和法庭的询问。

第五百七十六条　法庭辩论结束后，法庭可以根据未成年人的生理、心理特点和案件情况，对未成年被告人进行法治教育；判决未成年被告人有罪的，宣判后，应当对未成年被告人进行法治教育。

对未成年被告人进行教育，其法定代理人以外的成年亲属或者教师、辅导员等参与有利于感化、挽救未成年人的，人民法院应当邀请其参加有关活动。

适用简易程序审理的案件，对未成年被告人进行法庭教育，适用前两款规定。

第五百七十七条　未成年被告人最后陈述后，法庭应当询问其法定代理人是否补充陈述。

第五百七十八条　对未成年人刑事案件，宣告判决应当公开进行。

对依法应当封存犯罪记录的案件，宣判时，不得组织人员旁听；有旁听人员的，应当告知其不得传播案件信息。

第五百七十九条　定期宣告判决的未成年人刑事案件，未成年被告人的法定代理人无法通知、不能到场或者是共犯的，法庭可以通知合适成年人到庭，并在宣判后向未成年被告人的成年亲属送达判决书。

【重点解读】①

第一，合适成年人到庭旁听宣判的，法庭在宣判后应当向未成年被告人的成年亲属送达判决书，但可以不向其他代表送达判决书。

第二，圆桌审判的适用范围。圆桌审判是指“适合未成年人特点的方式设置法庭席位”。实行圆桌审判的宗旨是营造宽松、和谐的庭审氛围，减少未成年被告人的恐惧和抵触心理，促使其顺利接受审判和教育改造。对于主观恶性深，多次犯罪且手段极端，社会危害性大，后果非常严重的未成年被告人，不宜适用圆桌审判。因此，圆桌审判方式只适用于可能判处五年有期徒刑以下刑罚的犯罪或者过失犯罪的未成年人刑事案件。

★《中央综治委预防青少年违法犯罪工作领导小组、最高人民法院、最高人民检察院、公安部、司法部、共青团中央关于进一步建立和完善办理未成年人刑事案件配套工作体系的若干意见》（综治委预青领联字〔2010〕1号，2010年8月28日）

二、进一步加强对涉案未成年人合法权益的保护

（一）对未成年犯罪嫌疑人、被告人、罪犯合法权益的保护

2. 办理未成年人刑事案件过程中，应当注意保护未成年人的名誉，尊重未成年人的人格尊严，新闻报道、影视节目、公开出版物、网络等不得公开或传播未成年人的姓名、住所、照片、图

---

① 参见李少平主编书，第559页。

像以及可能推断出该未成年人的其他资料。

对违反此规定的单位,广播电视管理及新闻出版等部门应当提出处理意见,作出相应处理。

(二)未成年被害人、证人合法权益的保护

2. 办理未成年人刑事案件,应当注意保护未成年被害人的名誉,尊重未成年被害人的人格尊严,新闻报道、影视节目、公开出版物、网络等不得公开或传播该未成年被害人的姓名、住所、照片、图像以及可能推断出该未成年人的资料。

对违反此规定的单位,广播电视管理及新闻出版等部门应当提出处理意见,作出相应处理。

285.2.3　未成年人案件的裁判执行

★《法院解释》(2021)

第五百八十条　将未成年罪犯送监执行刑罚或者送交社区矫正时,人民法院应当将有关未成年罪犯的调查报告及其在案件审理中的表现材料,连同有关法律文书,一并送达执行机关。

第五百八十一条　犯罪时不满十八周岁,被判处五年有期徒刑以下刑罚以及免予刑事处罚的未成年人的犯罪记录,应当封存。

司法机关或者有关单位向人民法院申请查询封存的犯罪记录的,应当提供查询的理由和依据。对查询申请,人民法院应当及时作出是否同意的决定。

第五百八十二条　人民法院可以与未成年犯管教所等服刑场所建立联系,了解未成年罪犯的改造情况,协助做好帮教、改造工作,并可以对正在服刑的未成年罪犯进行回访考察。

第五百八十三条　人民法院认为必要时,可以督促被收监服刑的未成年罪犯的父母或者其他监护人及时探视。

第五百八十四条　对被判处管制、宣告缓刑、裁定假释、决定暂予监外执行的未成年罪犯,人民法院可以协助社区矫正机构制定帮教措施。

第五百八十五条　人民法院可以适时走访被判处管制、宣告缓刑、免予刑事处罚、裁定假释、决定暂予监外执行等的未成年罪犯及其家庭,了解未成年罪犯的管理和教育情况,引导未成年罪犯的家庭承担管教责任,为未成年罪犯改过自新创造良好环境。

第五百八十六条　被判处管制、宣告缓刑、免予刑事处罚、裁定假释、决定暂予监外执行等的未成年罪犯,具备就学、就业条件的,人民法院可以就其安置问题向有关部门提出建议,并附送必要的材料。

286　犯罪记录封存

286.1　法条规定

第二百八十六条　犯罪的时候不满十八周岁,被判处五年有期徒刑以下刑罚的,应当对相关犯罪记录予以封存。

犯罪记录被封存的,不得向任何单位和个人提供,但司法机关为办案需要或者有关单位根据国家规定进行查询的除外。依法进行查询的单位,应当对被封存的犯罪记录的情况予以保密。

【立法释义】①

本条规定明确了未成年罪犯的犯罪记录封存制度。犯罪记录封存，是指对未成年罪犯的犯罪记录采取保密措施，通常情况下不得向任何单位和个人提供。关于犯罪记录封存制度，应当关注以下事项：

第一，封存对象。并非所有的未成年罪犯的犯罪记录都应当予以封存。基于公共利益和权利保障的均衡考虑，未成年人刑事案件的犯罪记录封存应当具备两个条件：一是犯罪的时候不满十八周岁；二是被判处五年有期徒刑以下刑罚。对于判处五年有期徒刑以上刑罚的未成年罪犯，鉴于其主观恶性和人身危险性较大，如将其犯罪记录予以封存，不利于发挥刑法的社会防卫功能。鉴于此，《检察院规则》第四百八十五条规定，被封存犯罪记录的未成年人，实施新的犯罪，且新罪与封存记录之罪数罪并罚后被决定执行五年有期徒刑以上刑罚的，或者发现漏罪，且漏罪与封存记录之罪数罪并罚后被决定执行五年有期徒刑以上刑罚的，应当对其犯罪记录解除封存。

第二，例外情形。犯罪记录封存并非绝对的要求。司法机关为办案需要或者有关单位根据国家规定进行查询的，应当依法提供有关信息。《检察院规则》第四百八十四条第二款规定，司法机关或者有关单位需要查询犯罪记录的，应当向封存犯罪记录的人民检察院提出书面申请；人民检察院应当在七日以内作出是否许可的决定。类似地，《法院解释》第五百八十一条第二款规定，司法机关或者有关单位向人民法院申请查询封存的犯罪记录的，应当提供查询的理由和依据；对查询申请，人民法院应当及时作出是否同意的决定。不过，例外情形亦存在附随义务。依法进行查询的单位，应当对被封存的犯罪记录的情况予以保密。同时，查询犯罪记录，必须有相应的国家规定作为法律依据，只有确有国家规定确定的查询事由的，方能查询。

286.2　司法解释

286.2.1　未成年人犯罪记录的封存

★《法院解释》(2021)

第五百八十一条　犯罪时不满十八周岁，被判处五年有期徒刑以下刑罚以及免除刑事处罚的未成年人的犯罪记录，应当封存。

司法机关或者有关单位向人民法院申请查询封存的犯罪记录的，应当提供查询的理由和依据。对查询申请，人民法院应当及时作出是否同意的决定。

★《检察院规则》(2019)

第四百八十二条　犯罪的时候不满十八周岁，被判处五年有期徒刑以下刑罚的，人民检察院应当在收到人民法院生效判决、裁定后，对犯罪记录予以封存。

生效判决、裁定由第二审人民法院作出的，同级人民检察院依照前款规定封存犯罪记录时，应当通知下级人民检察院对相关犯罪记录予以封存。

第四百八十三条　人民检察院应当将拟封存的未成年人犯罪记录、案卷等相关材料装订成册，加密保存，不予公开，并建立专门的未成年人犯罪档案库，执行严格的保管制度。

---

① 参见王爱立主编书，第603—604页。

第四百八十四条　除司法机关为办案需要或者有关单位根据国家规定进行查询的以外，人民检察院不得向任何单位和个人提供封存的犯罪记录，并不得提供未成年人有犯罪记录的证明。

司法机关或者有关单位需要查询犯罪记录的，应当向封存犯罪记录的人民检察院提出书面申请。人民检察院应当在七日以内作出是否许可的决定。

【重点解读】①

对于犯罪记录封存制度的适用，需要注意以下事项：

第一，未成年人轻罪犯罪记录封存制度的适用范围。首先，当事人的年龄是以犯罪行为发生时为标准，即使审判时当事人已年满十八周岁也可以适用犯罪记录封存制度。其次，案件的具体范围包括未成年被告人被判处五年以下有期徒刑、拘役、管制、单处罚金、驱逐出境以及免予刑事处罚的情形。需要注意的是，对于判决依法不负刑事责任、免予追究刑事责任的未成年人的行为记录，虽然不是犯罪记录，但属于未成年人的不良行为记录，也应当封存；虽然封存犯罪记录要以人民法院作出生效判决、裁定为前提，但是，在生效判决、裁定作出前，根据刑事诉讼法和相关法律关于保护未成年人的立法精神和具体规定，办案机关也有义务控制未成年人刑事案件的案件情况和犯罪嫌疑人、被告人具体情况的知情面，不得加以扩散。另外，预防未成年人犯罪法第五十九条第二款已经将未成年人接受专门矫治教育、专门教育的记录，以及被行政处罚、采取刑事强制措施和不起诉的记录，纳入封存范围。

第二，连续犯的犯罪记录封存。行为人连续实施数个行为构成一罪的情形，如盗窃、诈骗或者抢劫等，犯罪数额累计计算，定罪量刑是综合衡量数个行为后作出的结论，被告人十八周岁之前的行为没有作单独评价，无法进行封存，故不适用前科封存的规定。但是，如果行为人的主要犯罪事实发生在十八周岁之前，单独衡量十八周岁之后的行为不能构成犯罪的，人民法院可以决定封存。人民法院决定封存的，应当书面通知当事人、诉讼参与人和其他负有封存义务的机关。

第三，有条件的人民法院，可以建立专门的未成年犯罪人案卷资料库，对应当封存的案卷标注密级，单独管理，同时对相关电子信息加密管理。

第四，对于 2012 年 12 月 31 日以前审结的案件，符合封存条件的未成年人犯罪记录，也应当封存。封存的方式可以灵活掌握，考虑现实情况，案卷可以不必一律单独存放或者单独标记，只需做到对犯罪记录保密，非因法定事由，不提供查询即可。

★《人民检察院办理未成年人刑事案件的规定》（高检发研字〔2013〕7 号，2013 年 12 月 27 日）

第六十二条　犯罪的时候不满十八周岁，被判处五年有期徒刑以下刑罚的，人民检察院应当在收到人民法院生效判决后，对犯罪记录予以封存。

对于二审案件，上级人民检察院封存犯罪记录时，应当通知下级人民检察院对相关犯罪记录予以封存。

第六十三条　人民检察院应当将

---

① 参见李少平主编书，第 560—561 页；童建明、万春主编释义书，第 495—501 页。

拟封存的未成年人犯罪记录、卷宗等相关材料装订成册，加密保存，不予公开，并建立专门的未成年人犯罪档案库，执行严格的保管制度。

第六十四条 除司法机关为办案需要或者有关单位根据国家规定进行查询的以外，人民检察院不得向任何单位和个人提供封存的犯罪记录，并不得提供未成年人有犯罪记录的证明。

司法机关或者有关单位需要查询犯罪记录的，应当向封存犯罪记录的人民检察院提出书面申请，人民检察院应当在七日以内作出是否许可的决定。

第六十九条 人民检察院发现有关机关对未成年人犯罪记录应当封存而未封存的，不应当允许查询而允许查询的或者不应当提供犯罪记录而提供的，应当依法提出纠正意见。

★《未成年人刑事检察工作指引（试行）》（高检发未检字〔2017〕1号，2017年3月2日）

第八十二条 【基本要求】对于犯罪时不满十八周岁，被判处五年有期徒刑以下刑罚以及免除刑事处罚的未成年人的犯罪记录，人民检察院应当在收到人民法院生效判决后，对犯罪记录予以封存。

对于犯罪记录封存的未成年人，人民检察院应当告知其在入学、入伍、就业时，免除报告自己曾受过刑事处罚的义务。

对于二审案件，上级人民检察院封存犯罪记录时，应当通知下级人民检察院对相关犯罪记录予以封存。

对于在年满十八周岁前后实施数个行为，构成一罪或者数罪，被判处五年有期徒刑以下刑罚的以及免除刑事处罚的未成年人的犯罪记录，人民检察院可以不适用犯罪记录封存规定。

第八十三条 【具体操作】人民检察院应当将拟封存的有关未成年人个人信息、涉嫌犯罪或者犯罪的全部案卷、材料，均装订成册，加盖“封存”字样印章后，交由档案部门统一加密保存，执行严格的保管制度，不予公开，并应在相关电子信息系统中加设封存模块，实行专门的管理及查询制度。未经法定查询程序，不得对封存的犯罪记录及相关电子信息进行查询。

有条件的地方可以建立专门的未成年人犯罪档案库或者管理区，封存相关档案。

第八十四条 【共同犯罪封存】对于未分案处理的未成年人与成年人共同犯罪案件中有未成年人涉罪记录需要封存的，应当将全案卷宗等材料予以封存。分案处理的，在封存未成年人材料的同时，应当在未封存的成年人卷宗封皮标注“含犯罪记录封存信息”，并对相关信息采取必要保密措施。

对不符合封存条件的其他未成年人、成年人犯罪记录，应当依照相关规定录入全国违法犯罪人员信息系统。

第八十五条 【封存效力】未成年人犯罪记录封存后，没有法定事由、未经法定程序不得解封。

除司法机关为办案需要或者有关单位根据国家规定进行查询的以外，人民检察院不得向任何单位和个人提供封存的犯罪记录，并不得提供未成年人有犯罪记录的证明。

前款所称国家规定，是指全国人民代表大会及其常务委员会制定的法律和决定，国务院制定的行政法规、规定的行政措施、发布的决定和命令。

第八十七条　【其他封存】其他民事、行政与刑事案件，因案件需要使用被封存的未成年人犯罪记录信息的，应当在相关卷宗中标明“含犯罪记录封存信息”，并对相关信息采取必要保密措施。

第九十三条　【封存监督】未成年人及其法定代理人向人民检察院提出或者人民检察院发现应当封存未成年人犯罪记录而未依法封存的，或者相关单位违法出具未成年人有犯罪记录的证明的，人民检察院应当依法履行法律监督职责，提出纠正意见，督促相关部门依法落实未成年人犯罪记录封存制度。

286. 2. 2　犯罪记录解除封存

★**《检察院规则》**(2019)

第四百八十五条　未成年人犯罪记录封存后，没有法定事由、未经法定程序不得解封。

对被封存犯罪记录的未成年人，符合下列条件之一的，应当对其犯罪记录解除封存：

(一)实施新的犯罪，且新罪与封存记录之罪数罪并罚后被决定执行五年有期徒刑以上刑罚的；

(二)发现漏罪，且漏罪与封存记录之罪数罪并罚后被决定执行五年有期徒刑以上刑罚的。

★**《人民检察院办理未成年人刑事案件的规定》**(高检发研字〔2013〕7 号，2013 年 12 月 27 日)

第六十五条　对被封存犯罪记录的未成年人，符合下列条件之一的，应当对其犯罪记录解除封存：

(一)实施新的犯罪，且新罪与封存记录之罪数罪并罚后被决定执行五年有期徒刑以上刑罚的；

(二)发现漏罪，且漏罪与封存记录之罪数罪并罚后被决定执行五年有期徒刑以上刑罚的。

★**《未成年人刑事检察工作指引(试行)》**(高检发未检字〔2017〕1 号，2017 年 3 月 2 日)

第九十二条　【解除封存】对被封存犯罪记录的未成年人，符合下列条件之一的，应当对其犯罪记录解除封存：

(一)实施新的犯罪，且新罪与封存记录之罪数罪并罚后被决定执行五年有期徒刑以上刑罚的；

(二)发现漏罪，且漏罪与封存记录之罪数罪并罚后被决定执行五年有期徒刑以上刑罚的。

★**《公安规定》**(2020)

第三百三十一条　未成年人犯罪的时候不满十八周岁，被判处五年有期徒刑以下刑罚的，公安机关应当依据人民法院已经生效的判决书，将该未成年人的犯罪记录予以封存。

犯罪记录被封存的，除司法机关为办案需要或者有关单位根据国家规定进行查询外，公安机关不得向其他任何单位和个人提供。

被封存犯罪记录的未成年人，如果发现漏罪，合并被判处五年有期徒刑以上刑罚的，应当对其犯罪记录解除封存。

【重点解读】

对于被封存犯罪记录的未成年人，即便发现有新的犯罪事实，其犯罪记录一般不得解除封存。但也有例外情形：一是未成年人在服刑期间发现漏罪或者再犯新罪，如果漏罪、新罪都是其十八周岁之前实施，且与被封存记录之罪数罪并罚后被决定执行五年有期徒刑以上刑罚的，则被封存的犯罪记录应当解除封存。二是如果未成年人服刑期满后发现其在十八周岁之前尚有其他犯罪事实或者重新犯罪的，新判决确定的刑期与被封存之罪的刑期之和超过五年的，人民法院可以根据情况决定是否解除封存。①

需要指出的是，如果未成年人的漏罪是其在未成年时实施，合并判处五年有期徒刑以上刑罚的，应当对本罪犯罪记录解除封存，相应的漏罪犯罪记录也不能封存。②

★**《国安规定》**(2024)

第三百五十条　未成年人犯罪的时候不满十八周岁，被判处五年有期徒刑以下刑罚的，国家安全机关应当依据人民法院已经生效的判决书，将该未成年人的犯罪记录予以封存。

犯罪记录被封存的，除司法机关为办案需要或者有关单位根据国家规定进行查询外，国家安全机关不得向其他任何单位和个人提供。

被封存犯罪记录的未成年人，如果发现漏罪，合并被判处五年有期徒刑以上刑罚的，应当对其犯罪记录解除封存。

286.2.3　不起诉决定的封存

★**《检察院规则》**(2019)

第四百八十六条　人民检察院对未成年犯罪嫌疑人作出不起诉决定后，应当对相关记录予以封存。除司法机关为办案需要进行查询外，不得向任何单位和个人提供。封存的具体程序参照本规则第四百八十三条至第四百八十五条的规定。

★**《人民检察院办理未成年人刑事案件的规定》**(高检发研字〔2013〕7号，2013年12月27日)

第六十六条　人民检察院对未成年犯罪嫌疑人作出不起诉决定后，应当对相关记录予以封存。具体程序参照本规定第六十二条至第六十五条规定办理。

★**《未成年人刑事检察工作指引(试行)》**(高检发未检字〔2017〕1号，2017年3月2日)

第八十六条　【不起诉封存】人民检察院对未成年犯罪嫌疑人作出不起诉决定后，应当对相关记录予以封存。具体程序参照本指引第八十二条至八十五条规定办理。

286.2.4　封存犯罪记录的查询

★**《法院解释》**(2021)

第五百八十一条　犯罪时不满十八周岁，被判处五年有期徒刑以下刑罚以及免除刑事处罚的未成年人的犯罪记录，应当封存。

司法机关或者有关单位向人民法院申请查询封存的犯罪记录的，应当提供查询的理由和依据。对查询申请，人民法院应当及时作出是否同意的决定。

★**《检察院规则》**(2019)

第四百八十四条　除司法机关为办案需要或者有关单位根据国家规定进行查询的以外，人民检察院不得向任何单位和个人提供封存的犯罪记录，并不得提供未成年人有犯罪记录的证明。

司法机关或者有关单位需要查询犯罪记录的，应当向封存犯罪记录的人民检察院提出书面申请。人民检察院

---

①　参见李少平主编书，第560—561页。

②　参见孙茂利主编书，第756页。

应当在七日以内作出是否许可的决定。

【重点解读】①

对于封存犯罪记录的查询，需要注意以下事项：

第一，前科记录被封存后，司法机关为办案需要，或者有关单位根据国家规定，可以提请查询。根据刑法第九十六条的规定，“国家规定”指全国人民代表大会及其常委会制定的法律和决定，国务院制定的行政法规、规定的行政措施、发布的决定和命令，不包括部门规章和地方性法规。

第二，司法机关为办案需要，或者有关单位根据国家规定提请查询犯罪记录的，经人民法院审查后，可以查询相关记录。需要注意的是，查询的是犯罪记录，而不是案卷材料。

★**《人民检察院办理未成年人刑事案件的规定》**（高检发研字〔2013〕7 号，2013 年 12 月 27 日）

第六十四条　除司法机关为办案需要或者有关单位根据国家规定进行查询的以外，人民检察院不得向任何单位和个人提供封存的犯罪记录，并不得提供未成年人有犯罪记录的证明。

司法机关或者有关单位需要查询犯罪记录的，应当向封存犯罪记录的人民检察院提出书面申请，人民检察院应当在七日以内作出是否许可的决定。

★**《未成年人刑事检察工作指引（试行）》**（高检发未检字〔2017〕1 号，2017 年 3 月 2 日）

第八十九条　【查询封存记录】司法机关或者有关单位需要查询犯罪记录的，应当向封存犯罪记录的人民检察院提出书面申请，列明查询理由、依据和目的，人民检察院应当在受理之后七日内作出是否许可的答复。

对司法机关为办理案件需要申请查询的，可以依法允许其查阅、摘抄、复制相关案卷材料和电子信息。

其他单位查询人民检察院不起诉决定的，应当不许可查询。

依法不许可查询的，人民检察院应当向查询单位出具不许可查询决定书，并说明理由。

许可查询的，查询后，档案管理部门应当登记相关查询情况，并按照档案管理规定将有关申请、审批材料一同存入卷宗归档保存。

第九十条　【共同犯罪查询】确需查询已封存的共同犯罪记录中成年同案犯或者被判处五年有期徒刑以上刑罚未成年同案犯犯罪信息的，人民检察院可以参照本指引第八十九条的规定履行相关程序。

第九十一条　【保密要求】对于许可查询被封存的未成年人犯罪记录的，人民检察院应当告知查询犯罪记录的单位及相关人员严格按照查询目的和使用范围使用有关信息，严格遵守保密义务，并要求其签署保密承诺书。不按规定使用所查询的犯罪记录或者违反规定泄露相关信息，情节严重或者造成严重后果的，应当依法追究相关人员的责任。

286. 2. 5　无犯罪记录证明的出具

★**《检察院规则》**（2019）

第四百八十七条　被封存犯罪记录的未成年人或者其法定代理人申请出具无犯罪记录证明的，人民检察院应

① 参见李少平主编书，第 560—561 页；童建明、万春主编释义书，第 495—501 页。

当出具。需要协调公安机关、人民法院为其出具无犯罪记录证明的,人民检察院应当予以协助。

★《未成年人刑事检察工作指引(试行)》(高检发未检字〔2017〕1号,2017年3月2日)

第八十八条　【出具无犯罪记录的证明】被封存犯罪记录的未成年人本人或者其法定代理人申请为其出具无犯罪记录证明的,人民检察院应当出具无犯罪记录的证明。如需要协调公安机关、人民法院为其出具无犯罪记录证明的,人民检察院应当积极予以协助。

286.3　规范性文件

286.3.1　未成年人行政处罚和轻罪记录消灭

★《中央综治委预防青少年违法犯罪工作领导小组、最高人民法院、最高人民检察院、公安部、司法部、共青团中央关于进一步建立和完善办理未成年人刑事案件配套工作体系的若干意见》(综治委预青领联字〔2010〕1号,2010年8月28日)

(三)对未成年犯罪嫌疑人、被告人的教育、矫治

8. 对未成年犯的档案应严格保密,建立档案的有效管理制度;对违法和轻微犯罪的未成年人,有条件的地区可以试行行政处罚和轻罪纪录消灭制度。非有法定事由,不得公开未成年人的行政处罚记录和被刑事立案、采取刑事强制措施、不起诉或因轻微犯罪被判处刑罚的记录。

286.3.2　未成年人案件的裁判文书上网公布

★《最高人民法院、最高人民检察院、公安部、司法部关于办理性侵害未成年人刑事案件的意见》(高检发〔2023〕4号,2023年5月24日)

第十六条　办理性侵害未成年人刑事案件,对于涉及未成年人的身份信息及可能推断出身份信息的资料和涉及性侵害的细节等内容,审判人员、检察人员、侦查人员、律师及参与诉讼、知晓案情的相关人员应当保密。

对外公开的诉讼文书,不得披露未成年人身份信息及可能推断出身份信息的其他资料,对性侵害的事实必须以适当方式叙述。

办案人员到未成年人及其亲属所在学校、单位、住所调查取证的,应当避免驾驶警车、穿着制服或者采取其他可能暴露未成年人身份、影响未成年人名誉、隐私的方式。

286.3.3　未成年人犯罪记录的封存及解除

★《最高人民法院、最高人民检察院、公安部、司法部关于未成年人犯罪记录封存的实施办法》(高检发办字〔2022〕71号,2022年5月24日)

第二条　本办法所称未成年人犯罪记录,是指国家专门机关对未成年犯罪人员情况的客观记载。应当封存的未成年人犯罪记录,包括侦查、起诉、审判及刑事执行过程中形成的有关未成年人犯罪或者涉嫌犯罪的全部案卷材料与电子档案信息。

第三条　不予刑事处罚、不追究刑事责任、不起诉、采取刑事强制措施的记录,以及对涉罪未成年人进行社会调查、帮教考察、心理疏导、司法救助等工作的记录,按照本办法规定的内容和程序进行封存。

第四条　犯罪的时候不满十八周岁，被判处五年有期徒刑以下刑罚以及免予刑事处罚的未成年人犯罪记录，应当依法予以封存。

对在年满十八周岁前后实施数个行为，构成一罪或者一并处理的数罪，主要犯罪行为是在年满十八岁周岁前实施的，被判处或者决定执行五年有期徒刑以下刑罚以及免予刑事处罚的未成年人犯罪记录，应当对全案依法予以封存。

第五条　对于分案办理的未成年人与成年人共同犯罪案件，在封存未成年人案卷材料和信息的同时，应当在未封存的成年人卷宗封面标注"含犯罪记录封存信息"等明显标识，并对相关信息采取必要保密措施。对于未分案办理的未成年人与成年人共同犯罪案件，应当在全案卷宗封面标注"含犯罪记录封存信息"等明显标识，并对相关信息采取必要保密措施。

第六条　其他刑事、民事、行政及公益诉讼案件，因办案需要使用了被封存的未成年人犯罪记录信息的，应当在相关卷宗封面标明"含犯罪记录封存信息"，并对相关信息采取必要保密措施。

第七条　未成年人因事实不清、证据不足被宣告无罪的案件，应当对涉罪记录予以封存；但未成年被告人及其法定代理人申请不予封存或者解除封存的，经人民法院同意，可以不予封存或者解除封存。

第八条　犯罪记录封存决定机关在作出案件处理决定时，应当同时向案件被告人或犯罪嫌疑人及其法定代理人或近亲属释明未成年人犯罪记录封存制度，并告知其相关权利义务。

第九条　未成年人犯罪记录封存应当贯彻及时、有效的原则。对于犯罪记录被封存的未成年人，在入伍、就业时免除犯罪记录的报告义务。

被封存犯罪记录的未成年人因涉嫌再次犯罪接受司法机关调查时，应当主动、如实地供述其犯罪记录情况，不得回避、隐瞒。

第十条　对于需要封存的未成年人犯罪记录，应当遵循《中华人民共和国个人信息保护法》不予公开，并建立专门的未成年人犯罪档案库，执行严格的保管制度。

对于电子信息系统中需要封存的未成年人犯罪记录数据，应当加设封存标记，未经法定查询程序，不得进行信息查询、共享及复用。

封存的未成年人犯罪记录数据不得向外部平台提供或对接。

第十一条　人民法院依法对犯罪时不满十八周岁的被告人判处五年有期徒刑以下刑罚以及免予刑事处罚的，判决生效后，应当将刑事裁判文书、《犯罪记录封存通知书》及时送达被告人，并同时送达同级人民检察院、公安机关，同级人民检察院、公安机关在收到上述文书后应当在三日内统筹相关各级检察机关、公安机关将涉案未成年人的犯罪记录整体封存。

第十二条　人民检察院依法对犯罪时不满十八周岁的犯罪嫌疑人决定不起诉后，应当将《不起诉决定书》、《犯罪记录封存通知书》及时送达被不起诉人，并同时送达同级公安机关，同级公安机关收到上述文书后应当在三日内将涉案未成年人的犯罪记录封存。

第十三条　对于被判处管制、宣告

缓刑、假释或者暂予监外执行的未成年罪犯，依法实行社区矫正，执行地社区矫正机构应当在刑事执行完毕后三日内将涉案未成年人的犯罪记录封存。

第十四条　公安机关、人民检察院、人民法院和司法行政机关分别负责受理、审核和处理各自职权范围内有关犯罪记录的封存、查询工作。

第十八条　对被封存犯罪记录的未成年人，符合下列条件之一的，封存机关应当对其犯罪记录解除封存：

（一）在未成年时实施新的犯罪，且新罪与封存记录之罪数罪并罚后被决定执行刑罚超过五年有期徒刑的；

（二）发现未成年时实施的漏罪，且漏罪与封存记录之罪数罪并罚后被决定执行刑罚超过五年有期徒刑的；

（三）经审判监督程序改判五年有期徒刑以上刑罚的；

被封存犯罪记录的未成年人，成年后又故意犯罪的，人民法院应当在裁判文书中载明其之前的犯罪记录。

第十九条　符合解除封存条件的案件，自解除封存条件成立之日起，不再受未成年人犯罪记录封存相关规定的限制。

第二十条　承担犯罪记录封存以及保护未成年人隐私、信息工作的公职人员，不当泄漏未成年人犯罪记录或者隐私、信息的，应当予以处分；造成严重后果，给国家、个人造成重大损失或者恶劣影响的，依法追究刑事责任。

第二十一条　涉案未成年人应当封存的信息被不当公开，造成未成年人在就学、就业、生活保障等方面未受到同等待遇的，未成年人及其法定代理人可以向相关机关、单位提出封存申请，或者向人民检察院申请监督。

第二十二条　人民检察院对犯罪记录封存工作进行法律监督。对犯罪记录应当封存而未封存，或者封存不当，或者未成年人及其法定代理人提出异议的，人民检察院应当进行审查，对确实存在错误的，应当及时通知有关单位予以纠正。

有关单位应当自收到人民检察院的纠正意见后及时审查处理。经审查无误的，应当向人民检察院说明理由；经审查确实有误的，应当及时纠正，并将纠正措施与结果告知人民检察院。

第二十三条　对于2012年12月31日以前办结的案件符合犯罪记录封存条件的，应当按照本办法的规定予以封存。

286.3.4　犯罪记录查询的程序

★《公安机关办理犯罪记录查询工作规定》（公通字〔2021〕19号，2021年12月3日）

第二条　本规定所称的犯罪记录，是指我国国家专门机关对犯罪人员的客观记载。除人民法院生效裁判文书确认有罪外，其他情况均应当视为无罪。

有关人员涉嫌犯罪，但人民法院尚未作出生效判决、裁定，或者人民检察院作出不起诉决定，或者办案单位撤销案件、撤回起诉、对其终止侦查的，属于无犯罪记录人员。

第三条　公安部建立犯罪人员信息查询平台。查询结果只反映查询时平台录入和存在的信息。

第二章　申请与受理

第四条　个人可以查询本人犯罪记录，也可以委托他人代为查询，受托人应当具有完全民事行为能力。

单位可以查询本单位在职人员或

者拟招录人员的犯罪记录，但应当符合法律、行政法规关于从业禁止的规定。

行政机关实施行政许可、授予职业资格，公证处办理犯罪记录公证时，可以依法查询相关人员的犯罪记录。有关查询程序参照单位查询的相关规定。

第五条　中国公民申请查询，由户籍地或者居住地公安派出所受理；在中国境内居留180天（含）以上的外国人申请查询，由居住地县级以上公安出入境管理部门受理；委托他人查询的，由委托人户籍地或者居住地受理。

单位申请查询，由住所地公安派出所受理。查询对象为外国人的，由单位住所地县级以上公安出入境管理部门受理。

各地根据本地工作实际和便民服务需要，可以增加查询受理单位，也可以采取线上办理、自助办理等方式开展犯罪记录查询工作。

第六条　公民在户籍地申请查询的，应当提交本人有效身份证明和查询申请表；在居住地申请查询的，应当提交本人有效身份证明、居住证和查询申请表。外国人申请查询的，应当提交本人有效身份证明和查询申请表。委托他人查询的，还应当提交委托书和受托人有效身份证明。

个人在一年内申请查询3次以上的，应当提交开具证明系用于合理用途的有关材料。

单位申请查询的，应当提交单位介绍信、经办人有效身份证明、加盖单位公章的查询申请表，以及查询对象系单位在职人员或者拟招录人员的有关材料。查询申请表应当列明申请查询依据的具体法律条款。

第七条　受理单位对申请单位或者申请人提交的相关材料，应当认真审查。材料齐全的，予以受理；材料不全的，一次性告知应当补充的材料；对于单位查询不符合法定情形的，不予受理，并向申请单位说明理由。

第三章　查询与告知

第八条　受理单位能够当场办理的，应当当场办理；无法当场办理的，应当向申请单位或者申请人出具《受理回执》，并在3个工作日内办结。

情况复杂的，经县级以上公安机关负责人批准，可以进行调查核实。调查核实的时间不计入办理期限。调查核实需要当事人配合的，当事人应当配合。

第九条　对于个人查询，未发现申请人有犯罪记录的，应当出具《无犯罪记录证明》；发现申请人有犯罪记录，应当出具《不予出具无犯罪记录证明通知书》。

对于单位查询，查询结果以《查询告知函》的形式告知查询单位。

第十条　查询结果的反馈，应当符合《中华人民共和国刑事诉讼法》关于未成年人犯罪记录封存的规定。

对于个人查询，申请人有犯罪记录，但犯罪的时候不满十八周岁，被判处五年有期徒刑以下刑罚的，受理单位应当出具《无犯罪记录证明》。

对于单位查询，被查询对象有犯罪记录，但犯罪的时候不满十八周岁，被判处五年有期徒刑以下刑罚的，受理单位应当出具《查询告知函》，并载明查询对象无犯罪记录。法律另有规定的，从其规定。

第四章　异议与投诉

第十一条　当事人对查询结果不服的，可以向原受理单位提出书面异议,申请复查。提出异议的,异议申请人应当配合公安机关开展复查工作。

第十二条　原受理单位对于查询异议应当进行复查,复查结果应当在受理后 15 个工作日内书面答复异议申请人。情况复杂,不能在规定期限内查清并做出答复的,经县级以上公安机关负责人批准,可以适当延长,并告知异议申请人,但延长期限最多不超过 30 个工作日。

第十三条　对于开具的《无犯罪记录证明》《不予出具无犯罪记录证明通知书》《查询告知函》确有错误,经查证属实的,出具文书的公安机关或者其上级公安机关应当及时予以撤销并重新出具有关文书。

第十四条　异议申请人认为受理单位不予出具无犯罪记录证明依据的法院判决有误,符合法定申诉条件的,受理单位可以告知异议申请人按照法定程序向有关法院、检察院申诉。

第五章　法律责任

第十五条　任何单位和个人不得采用编造事实、隐瞒真相、提供虚假材料、冒用身份等申请查询犯罪记录,或伪造、变造《查询告知函》《无犯罪记录证明》。查证属实的,依法给予处罚;构成犯罪的,依法追究刑事责任。

第十六条　有关单位和个人应当严格依照本规范规定的程序开展查询,并对查询获悉的有关犯罪信息保密,不得散布或者用于其他用途。违反规定的,依法追究相应责任;构成犯罪的,依法追究刑事责任。

第十七条　有关单位和个人违规开展查询工作,造成严重后果的,应当依法追究有关单位和个人的责任;构成犯罪的,依法追究刑事责任。

286.3.5　封存犯罪记录的查询

★《最高人民法院、最高人民检察院、公安部、司法部关于未成年人犯罪记录封存的实施办法》(高检发办字〔2022〕71 号,2022 年 5 月 24 日)

第十四条　公安机关、人民检察院、人民法院和司法行政机关分别负责受理、审核和处理各自职权范围内有关犯罪记录的封存、查询工作。

第十五条　被封存犯罪记录的未成年人本人或者其法定代理人申请为其出具无犯罪记录证明的,受理单位应当在三个工作日内出具无犯罪记录的证明。

第十六条　司法机关为办案需要或者有关单位根据国家规定查询犯罪记录的,应当向封存犯罪记录的司法机关提出书面申请,列明查询理由、依据和使用范围等,查询人员应当出示单位公函和身份证明等材料。

经审核符合查询条件的,受理单位应当在三个工作日内开具有 / 无犯罪记录证明。许可查询的,查询后,档案管理部门应当登记相关查询情况,并按照档案管理规定将有关申请、审批材料、保密承诺书等一同存入卷宗归档保存。依法不许可查询的,应当在三个工作日内向查询单位出具不许可查询决定书,并说明理由。

对司法机关为办理案件、开展重新犯罪预防工作需要申请查询的,封存机关可以依法允许其查阅、摘抄、复制相关案卷材料和电子信息。对司法机关以外的单位根据国家规定申请查询的,可以根据查询的用途、目的与实际需要告知被查询对象是否受过刑事处罚、被判处的罪名、刑期等信息，必要时，可以提供相关法律文书复印件。

第十七条　对于许可查询被封存的未成年人犯罪记录的，应当告知查询犯罪记录的单位及相关人员严格按照查询目的和使用范围使用有关信息，严格遵守保密义务，并要求其签署保密承诺书。不按规定使用所查询的犯罪记录或者违反规定泄露相关信息，情节严重或者造成严重后果的，应当依法追究相关人员的责任。

因工作原因获知未成年人封存信息的司法机关、教育行政部门、未成年人所在学校、社区等单位组织及其工作人员、诉讼参与人、社会调查员、合适成年人等，应当做好保密工作，不得泄露被封存的犯罪记录，不得向外界披露该未成年人的姓名、住所、照片，以及可能推断出该未成年人身份的其他资料。违反法律规定披露被封存信息的单位或个人，应当依法追究其法律责任。

286.4　指导与参考案例

286.4.1　封存的犯罪记录不得作为认定再犯的依据

【刑事审判参考案例】

[第 1034 号]姚某贩卖毒品案

裁判要旨：不满十八周岁的人因毒品犯罪被判处五年有期徒刑以下刑罚，因犯罪记录被封存，不应被重复利用和评价，不得作为毒品犯罪再犯认定的依据。

286.4.2　假释考验期内犯新罪的可以对封存的犯罪记录进行评价

【刑事审判参考案例】

[第 1300 号]沈超故意杀人、抢劫案

裁判要旨：犯罪记录封存不等同于犯罪记录消灭，并不排斥在封存后的刑事诉讼中对已封存的犯罪记录进行法律评价。本案中被告人沈超在假释考验期限内犯新罪，其前罪犯罪记录不应封存，前罪被封存的犯罪记录是犯新罪后对其进行刑罚裁量的法定基础性事实，应对其撤销假释，依法数罪并罚。

286.5　专门问题解答

286.5.1　未成年犯罪嫌疑人不起诉封存的适用范围

★《未成年人案件绝对不起诉后是否需要犯罪记录封存》（《检察日报》2023 年 7 月 5 日第 3 版“检答网集萃”）

咨询内容：《未成年人刑事检察工作指引（试行）》第八十六条关于未成年犯罪嫌疑人不起诉封存的规定，是否包括绝对不起诉和存疑不起诉的情形？有观点认为，针对因“情节显著轻微、危害不大，不认为是犯罪”而不起诉的，不需要封存；因刑事诉讼法第十六条第（二）项至第（六）项绝对不起诉的以及存疑不起诉的，均需要做犯罪记录封存。因为只有“情节显著轻微、危害不大，不认为是犯罪”这种情况被认定为不是犯罪行为，其余情形及存疑不起诉的情形均被认定为犯罪行为，并且该行为系犯罪嫌疑人所为或者可能是其所为，而犯罪记录封存是针对未成年人的犯罪记录的封存，故根据《未成年人刑事检察工作指引（试行）》第八十六条关于未成年犯罪嫌疑人不起诉封存的规定，不包括刑事诉讼法第十六条第（一）项的情形。

答疑意见：第一，从规定内容上看，《检察院规则》第四百八十六条规定：

人民检察院对未成年犯罪嫌疑人作出不起诉决定后，应当对相关记录予以封存。除司法机关为办案需要进行查询外，不得向任何单位和个人提供。封存的具体程序参照本规则第四百八十三条至第四百八十五条的规定。根据上述规定，检察机关对未成年人作出不起诉决定的，应当对相关记录予以封存。《检察院规则》，最高人民法院、最高人民检察院、公安部、司法部联合制定的《关于未成年人犯罪记录封存的实施办法》和最高人民检察院出台的《未成年人刑事检察工作指引（试行）》规定对不起诉记录予以封存，但没有对不起诉情况进行区分，因此，应当理解为适用于所有不起诉情形，包括绝对不起诉、相对不起诉和存疑不起诉。

第二，从封存必要性上看，对于不起诉记录，检察机关在决定封存的同时，还要通知公安机关进行封存。作出不起诉决定后，虽然法律后果是无罪的，但公安机关还有侦查阶段进行立案、采取强制措施等相关信息记录，根据刑事诉讼法的规定，这些记录也要进行封存。对于“情节显著轻微、危害不大，不认为是犯罪”的情形，虽然不认为是犯罪行为，但同样需要对立案、采取强制措施等信息记录予以封存。因此，对于作出不起诉的情形，都有封存相关记录的必要，都应当适用封存的规定，不应区分情况。

第三，从告知义务上看，犯罪记录封存决定机关在作出案件处理决定时，应当同时向案件被告人或犯罪嫌疑人及其法定代理人或近亲属释明未成年人犯罪记录封存制度，并告知其相关权利义务。

第四，从出具手续上看，被封存犯罪记录的未成年人本人或者其法定代理人向司法机关申请为其出具无犯罪记录证明的，受理单位应当在三个工作日内出具无犯罪记录的证明。

287　未成年人案件的准用法律

287.1　法条规定

第二百八十七条　办理未成年人刑事案件，除本章已有规定的以外，按照本法的其他规定进行。

【立法释义】①

本条规定明确了办理未成年人刑事案件可以适用本法其他规定的原则。本章关于未成年人刑事案件的规定，属于特别规定，仅仅涉及特殊保护事项。对于一般程序规则，应当执行本法的其他规定，但在总体上要始终实行“教育、感化、挽救”的方针，坚持“教育为主、惩罚为辅”的原则。

287.2　规范性文件

287.2.1　未成年人案件可以适用一般规定

★**《公安规定》**（2020）

第三百三十二条　办理未成年人刑事案件，除本节已有规定的以外，按照本规定的其他规定进行。

★**《国安规定》**（2024）

第三百五十一条　办理未成年人刑事案件，除本节已有规定的以外，按照本规定的其他规定进行。

---

①　参见王爱立主编书，第604—605页。

第二章　当事人和解的公诉案件诉讼程序

288　和解程序的适用条件、范围及例外

288. 1　法条规定

第二百八十八条　下列公诉案件，犯罪嫌疑人、被告人真诚悔罪，通过向被害人赔偿损失、赔礼道歉等方式获得被害人谅解，被害人自愿和解的，双方当事人可以和解：

（一）因民间纠纷引起，涉嫌刑法分则第四章、第五章规定的犯罪案件，可能判处三年有期徒刑以下刑罚的；

（二）除渎职犯罪以外的可能判处七年有期徒刑以下刑罚的过失犯罪案件。

犯罪嫌疑人、被告人在五年以内曾经故意犯罪的，不适用本章规定的程序。

【立法释义】①

本章关于当事人和解的公诉案件诉讼程序的规定，是 2012 年刑事诉讼法修改新增的特别程序。本条规定明确了和解程序的适用条件、范围及例外情形。公诉案件的和解程序，是对国家公诉的必要补充，也是刑事程序化解社会矛盾的内在要求。关于和解程序的适用，应当关注以下事项：

第一，适用条件。和解程序的适用条件有严格限制，主要包括：

一是犯罪嫌疑人、被告人真诚悔罪。具体是指，犯罪嫌疑人、被告人认罪认罚，向被害人赔礼道歉，积极退赃，尽力减少或者赔偿被害人损失，具有真诚悔罪的明确意思表示。

二是获得被害人的谅解。具体是指，犯罪嫌疑人、被告人通过赔偿损失、赔礼道歉等方式弥补被害人因犯罪行为遭受的物质损失和精神损害，获得被害人的谅解。被害人的谅解，既包括口头表示谅解，也包括出示书面的谅解书。

三是基于自身意愿与犯罪嫌疑人、被告人达成和解。被害人在暴力、胁迫等情况下违背意愿达成的和解，不是自愿和解。

对于无行为能力或者限制行为能力人的和解，《检察院规则》第四百九十三条、第四百九十四条规定，犯罪嫌疑人系限制行为能力人的，其法定代理人可以代为和解。犯罪嫌疑人在押的，经犯罪嫌疑人同意，其法定代理人、近亲属可以代为和解。被害人系无行为能力或者限制行为能力人的，其法定代理人可以代为和解。被害人死亡的，其法定代理人、近亲属可以与犯罪嫌疑人和解。

对于近亲属有多人情况下的和解，《法院解释》第五百八十八条、第五百八十九条进一步规定，被害人死亡，近亲属有多人的，达成和解协议，应当经处于最先继承顺序的所有近亲属同意。

① 参见王爱立主编书，第 607—609 页。

被告人的法定代理人、近亲属代为和解的,和解协议约定的赔礼道歉等事项,应当由被告人本人履行。

需要强调的是,当事人和解协商的内容限于民事赔偿和从宽处罚等事项,但不得对案件的事实认定、证据采信、法律适用和定罪量刑等依法属于公安机关、人民检察院、人民法院职权范围的事宜进行协商。

第二,适用案件范围。和解程序的适用案件范围有严格限制,主要包括:

一是因民间纠纷引起,涉嫌刑法分则第四章、第五章规定的犯罪案件,可能判处三年有期徒刑以下刑罚。本条中的“民间纠纷引起”,一般是指因婚姻家庭、邻里纠纷等民间矛盾而引发案件,但目前对于“民间纠纷”的范围并未达成共识,为了更好地化解矛盾,促进社会和谐,刑事诉讼法及相关司法解释均未对“民间纠纷”的概念予以明确。① 《公安规定》第三百三十四条规定,雇凶伤害他人,涉及黑社会性质组织犯罪、寻衅滋事、聚众斗殴等情形,以及多次故意伤害他人身体等情形,不属于因民间纠纷引起的犯罪案件。

二是过失犯罪案件,主要是考虑,过失犯罪的行为人主观恶性较小,可以从宽处理。之所以排除渎职犯罪,主要是考虑,过失本身属于渎职犯罪的构成要件,且国家机关工作人员应当严格履行法定职责。

第三,例外情形。犯罪嫌疑人、被告人在五年以内曾经故意犯罪的,不适用和解程序。前罪系过失犯罪的,不影响和解程序的适用。

第四,自诉案件的和解和公诉案件的和解存在区别,主要体现在以下方面:

一是和解主体在诉讼中的地位不同。自诉案件的和解是在起诉方与被诉方之间进行的,是诉讼的双方主体之间的协商;公诉案件的和解是在被诉方与作为诉讼参与人的被害人之间进行的,不是追诉主体与犯罪嫌疑人、被告人之间的协商。

二是和解协议的内容不同。自诉案件的和解协议不仅包括赔偿损失、赔礼道歉等内容,还可以涉及诉讼的进程,起诉方可以处置诉讼权利;公诉案件的和解协议针对赔偿损失、赔礼道歉等内容,不能涉及公权力的处置,无权决定诉讼的进程。

三是和解协议的法律效果不同。在自诉案件中,起诉方与被诉方达成和解后,起诉方可以据此决定撤回起诉,从而终止诉讼;在公诉案件中,和解协议只能作为在诉讼各个阶段从宽处理的依据,人民检察院也可以作出不起诉的决定,但前提是符合刑事诉讼法有关不起诉的规定,不能仅依据此就决定诉讼的进程。

288.2 司法解释

288.2.1 和解的适用条件

★《检察院规则》(2019)

第四百九十二条 下列公诉案件,双方当事人可以和解:

(一)因民间纠纷引起,涉嫌刑法分则第四章、第五章规定的犯罪案件,可能判处三年有期徒刑以下刑罚的;

(二)除渎职犯罪以外的可能判处七年有期徒刑以下刑罚的过失犯罪

① 参见李少平主编书,第564页。

案件。

当事人和解的公诉案件应当同时符合下列条件：

（一）犯罪嫌疑人真诚悔罪，向被害人赔偿损失、赔礼道歉等；

（二）被害人明确表示对犯罪嫌疑人予以谅解；

（三）双方当事人自愿和解，符合有关法律规定；

（四）属于侵害特定被害人的故意犯罪或者有直接被害人的过失犯罪；

（五）案件事实清楚，证据确实、充分。

犯罪嫌疑人在五年以内曾经故意犯罪的，不适用本节规定的程序。

犯罪嫌疑人在犯刑事诉讼法第二百八十八条第一款规定的犯罪前五年内曾经故意犯罪，无论该故意犯罪是否已经追究，均应当认定为前款规定的五年以内曾经故意犯罪。

★《法院解释》（2021）

第五百八十七条　对符合刑事诉讼法第二百八十八条规定的公诉案件，事实清楚、证据充分的，人民法院应当告知当事人可以自行和解；当事人提出申请的，人民法院可以主持双方当事人协商以达成和解。

根据案件情况，人民法院可以邀请人民调解员、辩护人、诉讼代理人、当事人亲友等参与促成双方当事人和解。

【重点解读】①

和解的主体是当事人，公安机关、人民检察院和人民法院均不是刑事和解的一方。和解实际上是被害人与加害人之间就相关民事问题，例如赔偿损失、赔礼道歉等事项，协商谈判达成和解，并不包括被追诉者的刑事责任问题。在当事人和解后，公安机关、人民检察院和人民法院再根据法律规定和案件情况，对犯罪嫌疑人、被告人从宽处理。

需要注意的是，当事人和解的适用条件包括以下几个方面：

第一，属于侵害特定被害人的故意犯罪或者有直接被害人的过失犯罪。这是对案件主体方面的要求，即双方当事人是确定的，否则无法进行“双方”当事人的协商，也就无法达成“双方”当事人的和解。

第二，案件事实清楚，证据确实、充分。这是对案件实体方面的要求，如果案件事实不清或者证据不足，则无法确认相关人员的责任，因而也不具备和解的基础。

第三，犯罪嫌疑人真诚悔罪，向被害人赔偿损失、赔礼道歉等。犯罪嫌疑人、被告人是否真诚悔罪，要通过其行为来判断。真诚悔罪应当包括以下几个方面：一是承认罪行。拒不承认所犯罪行，不能认为是真诚悔罪。但也不能因其进行合理合法的辩解而认为其不承认罪行。二是真诚悔过。犯罪嫌疑人应当出于自己的意愿，发自内心地意识到自己的行为给被害人带来的伤害，诚恳地希望得到被害人的谅解。三是向被害人赔礼道歉、赔偿损失等。即有主动、有效地弥补因其犯罪给被害人造成的损失，争取被害人谅解的举动。

第四，被害人明确表示对犯罪嫌疑人予以谅解。这里所说的“谅解”，是指犯罪嫌疑人通过各种方式真诚悔罪，

---

① 参见童建明、万春主编释义书，第505—511页；李少平主编书，第565页。

使被害人体察并同情其处境，原谅其错误。当事人达成和解需要被害人作出谅解犯罪嫌疑人，也就是同意和解的明确的意思表示。

第五，双方当事人自愿和解，符合有关法律规定。当事人和解应当符合自愿、合法的原则。这里的“自愿和解”，是指双方当事人不受外力的干扰，出于自己的意愿达成和解。将自愿和解作为公诉案件当事人和解的条件之一，是为了防止被害人在受到暴力、胁迫等情况下违背自己的意志达成和解，同时也有利于避免犯罪嫌疑人为了获得从宽处罚被迫接受和解协议。

第六，“可能判处三年有期徒刑以下的刑罚”，应当结合案件具体情节以及司法惯例进行评价，而不能仅以法定最高刑是否为三年作为标准。

此外，人民法院主持协商以达成和解，应当坚持自愿、合法原则，恪守中立，充分发挥人民调解员、辩护人、诉讼代理人、当事人亲友等的作用，尽可能由第三方而不是由法院促成双方当事人和解。在人民调解员、辩护人、诉讼代理人、当事人亲友等参与促成下，双方当事人达成和解的，应当按照法律规定，由审判人员在听取当事人和其他有关人员意见基础上，对和解的自愿性、合法性进行审查，并主持制作和解协议书。

★《公安规定》(2020)

第三百三十三条　下列公诉案件，犯罪嫌疑人真诚悔罪，通过向被害人赔偿损失、赔礼道歉等方式获得被害人谅解，被害人自愿和解的，经县级以上公安机关负责人批准，可以依法作为当事人和解的公诉案件办理：

(一)因民间纠纷引起，涉嫌刑法分则第四章、第五章规定的犯罪案件，可能判处三年有期徒刑以下刑罚的；

(二)除渎职犯罪以外的可能判处七年有期徒刑以下刑罚的过失犯罪案件。

犯罪嫌疑人在五年以内曾经故意犯罪的，不得作为当事人和解的公诉案件办理。

第三百三十四条　有下列情形之一的，不属于因民间纠纷引起的犯罪案件：

(一)雇凶伤害他人的；

(二)涉及黑社会性质组织犯罪的；

(三)涉及寻衅滋事的；

(四)涉及聚众斗殴的；

(五)多次故意伤害他人身体的；

(六)其他不宜和解的。

288.2.2　代为和解的情形

★《检察院规则》(2019)

第四百九十三条　被害人死亡的，其法定代理人、近亲属可以与犯罪嫌疑人和解。

被害人系无行为能力或者限制行为能力人的，其法定代理人可以代为和解。

第四百九十四条　犯罪嫌疑人系限制行为能力人的，其法定代理人可以代为和解。

犯罪嫌疑人在押的，经犯罪嫌疑人同意，其法定代理人、近亲属可以代为和解。

★《法院解释》(2021)

第五百八十八条　符合刑事诉讼法第二百八十八条规定的公诉案件，被害人死亡的，其近亲属可以与被告人和解。近亲属有多人的，达成和解协议，应当经处于最先继承顺序的所有近亲属同意。

被害人系无行为能力或者限制行为能力人的，其法定代理人、近亲属可以代为和解。

第五百八十九条　被告人的近亲属经被告人同意，可以代为和解。

被告人系限制行为能力人的，其法定代理人可以代为和解。

被告人的法定代理人、近亲属依照前两款规定代为和解的，和解协议约定的赔礼道歉等事项，应当由被告人本人履行。

288.2.3　和解过程的协商与调解

★《检察院规则》(2019)

第四百九十五条　双方当事人可以就赔偿损失、赔礼道歉等民事责任事项进行和解，并且可以就被害人及其法定代理人或者近亲属是否要求或者同意公安机关、人民检察院、人民法院对犯罪嫌疑人依法从宽处理进行协商，但不得对案件的事实认定、证据采信、法律适用和定罪量刑等依法属于公安机关、人民检察院、人民法院职权范围的事宜进行协商。

第四百九十六条　双方当事人可以自行达成和解，也可以经人民调解委员会、村民委员会、居民委员会、当事人所在单位或者同事、亲友等组织或者个人调解后达成和解。

人民检察院对于本规则第四百九十二条规定的公诉案件，可以建议当事人进行和解，并告知相应的权利义务，必要时可以提供法律咨询。

288.2.4　未成年人和解的程序

★《未成年人刑事检察工作指引(试行)》(高检发未检字〔2017〕1 号，2017 年 3 月 2 日)

第六十七条　【适用范围及告知】对于符合下列条件的未成年人刑事案件，一方当事人请求和解，或者未成年犯罪嫌疑人真诚悔罪的，人民检察院可以主动征求未成年犯罪嫌疑人及其法定代理人、被害人及其法定代理人适用和解程序的意见，告知其相关法律依据、法律后果以及当事人的权利、义务等，并记入笔录附卷：

(一)案件事实清楚、证据确实充分；

(二)涉嫌刑法分则第四章、第五章规定的犯罪，可能被判处三年有期徒刑以下刑罚；

(三)过失犯罪。

被害人死亡的，其法定代理人、近亲属可以与未成年犯罪嫌疑人和解。被害人系无行为能力或者限制行为能力人的，其法定代理人可以代为和解。

第六十八条　【促成和解】对于符合条件的未成年人刑事案件，人民检察院可以应双方当事人的申请促成和解或者通过人民调解委员会等中立的第三方进行和解。申请可以口头提出，也可以书面提出，均应记录在案。

开展和解应当不公开进行。人民检察院应当告知参与人不得泄露未成年人的案件信息。

第六十九条　【和解协议】对于当事人双方自愿达成和解协议的，人民检察院可以依法主持制作和解协议书。

协议书应当包括如下内容：

(一)未成年犯罪嫌疑人认罪并向被害方赔礼道歉；

(二)有赔偿或补偿内容的，明确

具体数额、履行方式和具体时间；

（三）被害方（包括未成年被害人）表示对未成年犯罪嫌疑人的谅解，以及对犯罪嫌疑人从宽处理的明确意见。

和解协议书一式三份，当事人及代理人签字、盖章确认后，涉案双方各持一份，另一份附卷。

第七十条　【和解审查】对于双方当事人自行达成和解，或者在人民调解组织、村（居）民委员会、当事人所在单位等相关组织调解后达成和解的，人民检察院应当对和解的自愿性、合法性、真实性进行审查，对符合条件的，认可其效力，并将和解协议书附卷备查；对不符合条件的，不予认可。

人民检察院在和解过程中，应当充分尊重当事人和解的意愿，尤其要维护和解协议达成的自愿性、合法性。

第七十一条　【和解效力】对于达成和解协议的未成年人刑事案件，人民检察院可以作出不批准逮捕的决定；已经逮捕的，应当进行羁押必要性审查，对于不需要继续羁押的，及时建议公安机关释放或者自行变更强制措施。

符合法律规定条件的，人民检察院可以决定不起诉或者附条件不起诉；依法提起公诉的，人民检察院应当向人民法院提出从轻、减轻或者免除处罚的量刑建议。

对案件审查终结前，和解协议未能全部履行完毕，且需要依法提起公诉的，人民检察院应当在量刑建议中向人民法院说明情况，将刑事和解协议及已履行部分的证明材料随案移送人民法院。

因客观原因无法履行和解协议或者加害方有和解意愿，但因客观原因无法达成和解协议的，可以参照上述规定执行。

288.2.5　轻微案件和解的指引

★《最高人民检察院关于办理当事人达成和解的轻微刑事案件的若干意见》（高检发研字〔2011〕2号，2011年1月29日）

二、关于适用范围和条件

对于依法可能判处三年以下有期徒刑、拘役、管制或者单处罚金的刑事公诉案件，可以适用本意见。

上述范围内的刑事案件必须同时符合下列条件：

1. 属于侵害特定被害人的故意犯罪或者有直接被害人的过失犯罪；

2. 案件事实清楚，证据确实、充分；

3. 犯罪嫌疑人、被告人真诚认罪，并且已经切实履行和解协议。对于和解协议不能即时履行的，已经提供有效担保或者调解协议经人民法院确认；

4. 当事人双方就赔偿损失、恢复原状、赔礼道歉、精神抚慰等事项达成和解；

5. 被害人及其法定代理人或者近亲属明确表示对犯罪嫌疑人、被告人予以谅解，要求或者同意对犯罪嫌疑人、被告人依法从宽处理。

以下案件不适用本意见：

1. 严重侵害国家、社会公共利益，严重危害公共安全或者危害社会公共秩序的犯罪案件；

2. 国家工作人员职务犯罪案件；

3. 侵害不特定多数人合法权益的犯罪案件。

三、关于当事人和解的内容

当事人双方可以就赔偿损失、恢复原状、赔礼道歉、精神抚慰等民事责任事项进行和解，并且可以就被害人及其法定代理人或者近亲属是否要求或者同意公安、司法机关对犯罪嫌疑人、被告人依法从宽处理达成一致，但不得对案件的事实认定、证据和法律适用、定罪量刑等依法属于公安、司法机关职权范围的事宜进行协商。

双方当事人或者其法定代理人有权达成和解，当事人的近亲属、聘请的律师以及其他受委托的人，可以代为进行协商和解等事宜。双方达成和解的，应当签订书面协议，并且必须得到当事人或者其法定代理人的确认。犯罪嫌疑人、被告人必须当面或者书面向被害人一方赔礼道歉、真诚悔罪。

和解协议中的损害赔偿一般应当与其承担的法律责任和对被害人造成的损害相适应，并且可以酌情考虑犯罪嫌疑人、被告人及其法定代理人的赔偿、补救能力。

四、关于当事人达成和解的途径与检调对接

当事人双方的和解，包括当事人双方自行达成和解，也包括经人民调解委员会、基层自治组织、当事人所在单位或者同事、亲友等组织或者个人调解后达成和解。

人民检察院应当与人民调解组织积极沟通、密切配合，建立工作衔接机制，及时告知双方当事人申请委托人民调解的权利、申请方法和操作程序以及达成调解协议后的案件处理方式，支持配合人民调解组织的工作。

人民检察院对于符合本意见适用范围和条件的下列案件，可以建议当事人进行和解，并告知相应的权利义务，必要时可以提供法律咨询：

1. 由公安机关立案侦查的刑事诉讼法第一百七十条第二项①规定的案件；

2. 未成年人、在校学生犯罪的轻微刑事案件；

3. 七十周岁以上老年人犯罪的轻微刑事案件。

犯罪嫌疑人、被告人或者其亲友、辩护人以暴力、威胁、欺骗或者其他非法方法强迫、引诱被害人和解，或者在协议履行完毕之后威胁、报复被害人的，不适用有关不捕不诉的规定，已经作出不逮捕或者不起诉决定的，人民检察院应当撤销原决定，依法对犯罪嫌疑人、被告人逮捕或者提起公诉。

犯罪嫌疑人、被告人或者其亲友、辩护人实施前款行为情节严重的，依法追究其法律责任。

五、关于对当事人和解协议的审查

人民检察院对当事人双方达成的和解协议，应当重点从以下几个方面进行审查：

1. 当事人双方是否自愿；

2. 加害方的经济赔偿数额与其所造成的损害是否相适应，是否酌情考虑其赔偿能力。犯罪嫌疑人、被告人是否真诚悔罪并且积极履行和解协议或者是否为协议履行提供有效担保或者调解协议经人民法院确认；

3. 被害人及其法定代理人或者近亲属是否明确表示对犯罪嫌疑人、被告人予以谅解；

4. 是否符合法律规定；

5. 是否损害国家、集体和社会公共利益或者他人的合法权益；

---

① 2018 年刑事诉讼法第二百一十条第(二)项。

6. 是否符合社会公德。

审查时,应当当面听取当事人双方对和解的意见、告知被害人刑事案件可能从轻处理的法律后果和双方的权利义务,并记录在案。

六、关于检察机关对当事人达成和解案件的处理

对于公安机关提请批准逮捕的案件,符合本意见规定的适用范围和条件的,应当作为无逮捕必要的重要因素予以考虑,一般可以作出不批准逮捕的决定;已经批准逮捕,公安机关变更强制措施通知人民检察院的,应当依法实行监督;审查起诉阶段,在不妨碍诉讼顺利进行的前提下,可以依法变更强制措施。

对于公安机关立案侦查并移送审查起诉的刑事诉讼法第一百七十条第二项规定的轻微刑事案件,符合本意见规定的适用范围和条件的,一般可以决定不起诉。

对于其他轻微刑事案件,符合本意见规定的适用范围和条件的,作为犯罪情节轻微,不需要判处刑罚或者免除刑罚的重要因素予以考虑,一般可以决定不起诉。对于依法必须提起公诉的,可以向人民法院提出在法定幅度范围内从宽处理的量刑建议。

对被不起诉人需要给予行政处罚、行政处分或者需要没收其违法所得的,应当提出检察意见,移送有关主管机关处理。

对于当事人双方达成和解、决定不起诉的案件,在宣布不起诉决定前应当再次听取双方当事人对和解的意见,并且查明犯罪嫌疑人是否真诚悔罪、和解协议是否履行或者为协议履行提供有效担保或者调解协议经人民法院确认。

对于依法可能判处三年以上有期徒刑刑罚的案件,当事人双方达成和解协议的,在提起公诉时,可以向人民法院提出在法定幅度范围内从宽处理的量刑建议。对于情节特别恶劣,社会危害特别严重的犯罪,除了考虑和解因素,还应注重发挥刑法的教育和预防作用。

七、依法规范当事人达成和解案件的办理工作

人民检察院适用本意见办理案件,应当遵守《中华人民共和国刑事诉讼法》、《人民检察院刑事诉讼规则》等有关办案期限的规定。

根据本意见,拟对当事人达成和解的轻微刑事案件作出不批准逮捕或者不起诉决定的,应当由检察委员会讨论决定。

人民检察院应当加强对审查批捕、审查起诉工作中办理当事人达成和解案件的监督检查,发现违法违纪,情节轻微的,应当给予批评教育;情节严重的,应当根据有关规定给予组织处理或者纪律处分;构成犯罪的,依法追究刑事责任。

288.2.6 法院的调解、和解

★《最高人民法院关于进一步贯彻“调解优先、调判结合”工作原则的若干意见》(法发〔2010〕16 号,2010 年 6 月 7 日)

5. 积极探索刑事案件调解、和解工作。要在依法惩罚犯罪的同时,按照宽严相济刑事政策的要求,通过积极有效的调解工作,化解当事人恩怨和对抗情绪,促进社会和谐。

要根据刑事诉讼法有关规定,积极开展刑事自诉案件调解工作,促进双方

自行和解。对被告人认罪悔过，愿意赔偿被害人损失，取得被害人谅解，从而达成和解协议的，可以由自诉人撤回起诉，或者对被告人依法从轻或免予刑事处罚。对民间纠纷引发的轻伤害等轻微刑事案件，诉至法院后当事人自行和解的，应当准许并记录在案。也可以在不违反法律规定的前提下，对此类案件尝试做一些促进和解的工作。

对刑事附带民事诉讼案件，要在调解的方法、赔偿方式、调解案件适用时间、期间和审限等方面进行积极探索，把握一切有利于附带民事诉讼调解结案的积极因素，争取达成民事赔偿调解协议，为正确适用法律和执行宽严相济刑事政策创造条件。

288.2.7　轻伤害案件和解的要求

★《最高人民检察院、公安部关于依法妥善办理轻伤害案件的指导意见》（高检发办字〔2022〕167 号，2022 年 12 月 22 日）

（十一）充分适用刑事和解制度。对于轻伤害案件，符合刑事和解条件的，人民检察院、公安机关可以建议当事人进行和解，并告知相应的权利义务，必要时可以提供法律咨询，积极促进当事人自愿和解。

当事人双方达成和解并已实际履行的，应当依法从宽处理，符合不起诉条件的，应当作出不起诉决定。被害人事后反悔要求追究犯罪嫌疑人刑事责任或者不同意对犯罪嫌疑人从宽处理的，人民检察院、公安机关应当调查了解原因，认为被害人理由正当的，应当依法保障被害人的合法权益；对和解系自愿、合法的，应当维持已作出的从宽处理决定。

人民检察院、公安机关开展刑事和解工作的相关证据和材料，应当随案移送。

288.3　指导与参考案例

288.3.1　和解的原则与处理

【刑事审判参考案例】

［第 1176 号］黄静诈骗案

一、“民间纠纷”应当包括婚姻、继承、赡养、抚养、扶养、家庭、房屋宅基地、债务、生产经营、邻里、赔偿等事务上的纠纷。具体案件是否适用刑事和解，需要实务中采取开放的态度灵活掌握。

二、刑事和解需要遵循的原则，包括自愿原则、即时全面履行原则和禁止反悔原则。黄静父亲虽然与被害人达成赔偿协议，并获得被害人谅解，但赔偿协议并未即时履行，不符合“当事人和解的公诉案件诉讼程序”的规定，不能适用司法解释的规定减轻处罚。

三、适用刑事和解的法律效果。对于刑事和解案件，人民法院可以直接判决减轻处罚乃至免刑，无须再按照法定刑以下量刑程序报最高人民法院核准。

289　和解的审查及和解协议书

289.1　法条规定

第二百八十九条　双方当事人和解的，公安机关、人民检察院、人民法院应当听取当事人和其他有关人员的意见，对和解的自愿性、合法性进行审查，并主持制作和解协议书。

【立法释义】①

本条规定明确了和解协议的审查及和解协议书的制作。与自诉案件的和解不同，公诉案件的和解特别是审判阶段的和解，通常不能终结诉讼，只是从宽处理的因素。作为公诉程序的组成部分，和解程序应当接受办案机关的审查。关于和解的审查和和解协议书的制作，应当关注以下事项：

第一，和解协议的审查。当事人和解可以私下达成和解，也可以经人民调解委员会、村民委员会、居民委员会、当事人所在单位或者同事、亲友等组织或者个人调解后达成和解。办案机关主持达成和解的情形，应当告知双方当事人，和解应当在自愿、合法的基础上达成。

对于双方当事人和解的案件，公安机关、人民检察院、人民法院应当在各个诉讼环节，听取当事人和其他有关人员的意见，对和解的自愿性、合法性进行审查。本条中的"其他有关人员"，是指当事人的法定代理人、诉讼代理人、辩护人等参与或者了解和解过程的人员，以及主持和解的其他人员。

和解的"自愿性"，是指双方当事人自愿和解，并不涉及暴力、威胁等影响自愿性的情形。和解的"合法性"，是指和解在法律规定范围内进行，没有违反法律的禁止性规定，不得损害国家、集体利益和他人的合法权益。

对公安机关、人民检察院主持制作的和解协议书，当事人提出异议的，人民法院应当审查。《法院解释》第五百九十条规定，经审查，和解自愿、合法的，予以确认，无须重新制作和解协议书；和解不具有自愿、合法原则的，应当认定无效。和解协议被认定无效后，双方当事人重新达成和解的，人民法院应当主持制作新的和解协议书。

第二，和解协议书的制作。当事人双方和解的，公安机关、人民检察院、人民法院应当在审查和解的自愿性、合法性基础上，主持制作和解协议书。和解协议书中应包括被害人谅解的内容，但不应涉及刑事责任的处理。和解协议中包含被害人表示不追究犯罪嫌疑人、被告人刑事责任意愿的内容的，对司法机关没有约束力。刑事责任的追究最终取决于公安机关、人民检察院、人民法院根据刑法和刑事诉讼法对犯罪嫌疑人、被告人作出的处理，犯罪嫌疑人、被告人不得以此作为不履行和解协议的理由。

《检察院规则》第四百九十八条、《法院解释》第五百九十二条分别规定了和解协议书的主要内容，包括：双方当事人的基本情况；案件的主要事实；犯罪嫌疑人、被告人承认自己所犯罪行，对犯罪事实没有异议，并真诚悔罪；犯罪嫌疑人、被告人通过向被害人赔礼道歉、赔偿损失等方式获得被害人谅解；涉及赔偿损失的，应当写明赔偿的数额、方式等；提起附带民事诉讼的，由附带民事诉讼原告人撤回附带民事诉讼；被害人自愿和解，请求或者同意对犯罪嫌疑人、被告人依法从宽处罚。和解协议书一式三份，双方当事人各持一份，另一份交人民检察院、人民法院附卷备查。对和解协议中的赔偿损失内容，双方当事人要求保密的，人民法院应当准许，并采取相应的保密措施。

---

①　参见王爱立主编书，第609—611页。

第三，和解协议的履行。和解协议的履行，是和解协议对案件处理结果产生实际影响的前提。对于审前程序中达成的和解，《检察院规则》第四百九十九条规定，和解协议书约定的赔偿损失内容，应当在双方签署协议后立即履行，至迟在人民检察院作出从宽处理决定前履行。确实难以一次性履行的，在提供有效担保并且被害人同意的情况下，也可以分期履行。类似地，《法院解释》第五百九十三条规定，和解协议约定的赔偿损失内容，被告人应当在协议签署后即时履行。和解协议已经全部履行，当事人反悔的，人民法院不予支持，但有证据证明和解违反自愿、合法原则的除外。

同时，对于当事人和解的情形，因双方已对赔偿问题达成协议，除有证据证明和解违反自愿、合法原则的以外，不能再提起附带民事诉讼。

289.2　司法解释

289.2.1　对和解的审查内容

★《检察院规则》(2019)

第四百九十七条　人民检察院应当对和解的自愿性、合法性进行审查，重点审查以下内容：

(一)双方当事人是否自愿和解；

(二)犯罪嫌疑人是否真诚悔罪，是否向被害人赔礼道歉，赔偿数额与其所造成的损害和赔偿能力是否相适应；

(三)被害人及其法定代理人或者近亲属是否明确表示对犯罪嫌疑人予以谅解；

(四)是否符合法律规定；

(五)是否损害国家、集体和社会公共利益或者他人的合法权益；

(六)是否符合社会公德。

审查时，应当听取双方当事人和其他有关人员对和解的意见，告知刑事案件可能从宽处理的法律后果和双方的权利义务，并制作笔录附卷。

★《法院解释》(2021)

第五百九十条　对公安机关、人民检察院主持制作的和解协议书，当事人提出异议的，人民法院应当审查。经审查，和解自愿、合法的，予以确认，无需重新制作和解协议书；和解违反自愿、合法原则的，应当认定无效。和解协议被认定无效后，双方当事人重新达成和解的，人民法院应当主持制作新的和解协议书。

第五百九十一条　审判期间，双方当事人和解的，人民法院应当听取当事人及其法定代理人等有关人员的意见。双方当事人在庭外达成和解的，人民法院应当通知人民检察院，并听取其意见。经审查，和解自愿、合法的，应当主持制作和解协议书。

★《公安规定》(2020)

第三百三十五条　双方当事人和解的，公安机关应当审查案件事实是否清楚，被害人是否自愿和解，是否符合规定的条件。

公安机关审查时，应当听取双方当事人的意见，并记录在案；必要时，可以听取双方当事人亲属、当地居民委员会或者村民委员会人员以及其他了解案件情况的相关人员的意见。

【重点解读】①

第一，公安机关对于已经达成和解协议，却未按照承诺现实履行赔偿义务

---

① 参见李少平主编书，第 567—568 页；孙茂利主编书，第 763 页。

的犯罪嫌疑人,可以在将案件移送人民检察院之前,告知犯罪嫌疑人如果不现实履行赔偿义务,公安机关将不予出具从宽处理的意见。在实践中,各级公安机关要结合具体情况,尤其是要审慎考虑犯罪嫌疑人能否现实履行赔偿义务。

第二,对和解协议书的自愿性、真实性、合法性,法院一般应当直接确认。对于公安机关、人民检察院主持制作的和解协议书,如果没有相反证据,应当直接确认和解协议书的自愿性、合法性,以及和解协议书内容的真实性,故案件起诉至人民法院后,人民法院不宜主动对和解协议书的自愿性、合法性进行审查。但是,当事人对和解协议书的自愿性、合法性提出异议的,人民法院应当进行审查。

第三,审查的方式和内容。主要是通过听取当事人和其他有关人员意见的方式,确认双方当事人是否自愿达成和解协议,和解协议的内容是否合法。关于听取意见的人员范围,不作统一规定,可以根据案件情况掌握。关于和解协议内容合法性的审查,需要综合相关法律法规,以及社会公序良俗予以认定,不能简单地认为,超出了法定的赔偿范围和标准,就不合法。

第四,和解协议书的证明力。由于当事人和解是重要的量刑情节,和解协议书原则上应当在法庭上出示,并进行质证,查证属实后才能作为量刑的证据。但是,对于双方当事人在开庭后才达成和解的,可以庭外征求人民检察院的意见,而不必再次开庭举证、质证。

289.2.2　和解协议书的要求

★《检察院规则》(2019)

第四百九十八条　经审查认为双方自愿和解,内容合法,且符合本规则第四百九十二条规定的范围和条件的,人民检察院应当主持制作和解协议书。

和解协议书的主要内容包括:

(一)双方当事人的基本情况;

(二)案件的主要事实;

(三)犯罪嫌疑人真诚悔罪,承认自己所犯罪行,对指控的犯罪没有异议,向被害人赔偿损失、赔礼道歉等。赔偿损失的,应当写明赔偿的数额、履行的方式、期限等;

(四)被害人及其法定代理人或者近亲属对犯罪嫌疑人予以谅解,并要求或者同意公安机关、人民检察院、人民法院对犯罪嫌疑人依法从宽处理。

和解协议书应当由双方当事人签字,可以写明和解协议书系在人民检察院主持下制作。检察人员不在当事人和解协议书上签字,也不加盖人民检察院印章。

和解协议书一式三份,双方当事人各持一份,另一份交人民检察院附卷备查。

★《法院解释》(2021)

第五百九十二条　和解协议书应当包括以下内容:

(一)被告人承认自己所犯罪行,对犯罪事实没有异议,并真诚悔罪;

(二)被告人通过向被害人赔礼道歉、赔偿损失等方式获得被害人谅解;涉及赔偿损失的,应当写明赔偿的数额、方式等;提起附带民事诉讼的,由附带民事诉讼原告人撤回起诉;

(三)被害人自愿和解,请求或者同意对被告人依法从宽处罚。

和解协议书应当由双方当事人和审判人员签名,但不加盖人民法院印章。

和解协议书一式三份，双方当事人各持一份，另一份交人民法院附卷备查。

对和解协议中的赔偿损失内容，双方当事人要求保密的，人民法院应当准许，并采取相应的保密措施。

【重点解读】①

对和解协议中的赔偿损失内容可以保密，但是对于双方当事人达成和解协议这一事实，不能保密。

★**《公安规定》**（2020）

第三百三十六条　达成和解的，公安机关应当主持制作和解协议书，并由双方当事人及其他参加人员签名。

当事人中有未成年人的，未成年当事人的法定代理人或者其他成年亲属应当在场。

第三百三十七条　和解协议书应当包括以下内容：

（一）案件的基本事实和主要证据；

（二）犯罪嫌疑人承认自己所犯罪行，对指控的犯罪事实没有异议，真诚悔罪；

（三）犯罪嫌疑人通过向被害人赔礼道歉、赔偿损失等方式获得被害人谅解；涉及赔偿损失的，应当写明赔偿的数额、方式等；提起附带民事诉讼的，由附带民事诉讼原告人撤回附带民事诉讼；

（四）被害人自愿和解，请求或者同意对犯罪嫌疑人依法从宽处罚。

和解协议应当及时履行。

289.2.3　和解协议书的履行

★**《检察院规则》**（2019）

第四百九十九条　和解协议书约定的赔偿损失内容，应当在双方签署协议后立即履行，至迟在人民检察院作出从宽处理决定前履行。确实难以一次性履行的，在提供有效担保并且被害人同意的情况下，也可以分期履行。

★**《法院解释》**（2021）

第五百九十三条　和解协议约定的赔偿损失内容，被告人应当在协议签署后即时履行。

和解协议已经全部履行，当事人反悔的，人民法院不予支持，但有证据证明和解违反自愿、合法原则的除外。

第五百九十四条　双方当事人在侦查、审查起诉期间已经达成和解协议并全部履行，被害人或者其法定代理人、近亲属又提起附带民事诉讼的，人民法院不予受理，但有证据证明和解违反自愿、合法原则的除外。

第五百九十五条　被害人或者其法定代理人、近亲属提起附带民事诉讼后，双方愿意和解，但被告人不能即时履行全部赔偿义务的，人民法院应当制作附带民事调解书。

【重点解读】②

第一，和解协议以协议签署后即时全面履行为原则。

第二，对于被害人在审判阶段提起附带民事诉讼后，又与被告人和解的处理方式：如果和解协议能够得到即时履行的，应当在和解协议中写明由附带民事诉讼原告人撤回附带民事诉讼；如果被告人不能即时履行全部赔偿义务的，人民法院不宜制作和解协议书，而是应当制作附带民事调解书。法院可依法

① 参见李少平主编书，第 569 页。

② 参见李少平主编书，第 572 页。

对被告人酌情从轻处罚，但不得根据刑事诉讼法第二百九十条的规定对其减轻、免除处罚。

290　和解协议的法律效力

290.1　法条规定

第二百九十条　对于达成和解协议的案件，公安机关可以向人民检察院提出从宽处理的建议。人民检察院可以向人民法院提出从宽处罚的建议；对于犯罪情节轻微，不需要判处刑罚的，可以作出不起诉的决定。人民法院可以依法对被告人从宽处罚。

【立法释义】①

本条规定明确了和解协议的法律效力。从犯罪嫌疑人、被告人的角度看，和解程序能够为其带来从宽处罚的有利结果。关于和解协议的法律效力，应当关注以下事项：

第一，和解协议的执行。和解的法律效果以和解协议的执行为前提。如果双方当事人达成和解协议，但犯罪嫌疑人、被告人未能依法履行，也不能获得从宽处罚。在各个诉讼阶段，和解协议约定的赔偿损失内容，犯罪嫌疑人、被告人应当在协议签署后即时履行。犯罪嫌疑人、被告人履行和解协议，当事人反悔的，办案机关不予支持，但有证据证明和解违反自愿、合法原则的除外。

第二，从宽处罚的方式。在侦查阶段，对于达成和解协议的案件，公安机关可以向人民检察院提出从宽处理的建议。《检察院规则》第五百条规定，双方当事人在侦查阶段达成和解协议，公安机关向人民检察院提出从宽处理建议的，人民检察院在审查逮捕和审查起诉时应当充分考虑公安机关的建议。需要指出的是，公安机关不能因当事人双方达成和解协议而撤销案件。

在审查逮捕、起诉阶段，当事人达成的和解协议对人民检察院的程序决定具有重要影响。《检察院规则》第五百零一条规定，人民检察院对于公安机关提请批准逮捕的案件，双方当事人达成和解协议的，可以作为有无社会危险性或者社会危险性大小的因素予以考虑。经审查认为不需要逮捕的，可以作出不批准逮捕的决定；在审查起诉阶段可以依法变更强制措施。第五百零二条规定，人民检察院对于公安机关移送起诉的案件，双方当事人达成和解协议的，可以作为是否需要判处刑罚或者免除刑罚的因素予以考虑。符合法律规定的不起诉条件的，可以决定不起诉。对于依法应当提起公诉的，人民检察院可以向人民法院提出从宽处罚的量刑建议。

在审判阶段，根据《法院解释》第五百九十六条的规定，当事人双方达成和解协议的，人民法院应当对被告人从轻处罚；符合非监禁刑适用条件的，应当适用非监禁刑；判处法定最低刑仍然过重的，可以减轻处罚；综合全案认为犯罪情节轻微不需要判处刑罚的，可以免予刑事处罚。其中，共同犯罪案件，部分被告人与被害人达成和解协议的，可以依法对该部分被告人从宽处罚，但应当注意全案的量刑平衡。

---

① 参见王爱立主编书，第611—613页。

290.2　司法解释

290.2.1　侦查阶段和解的效力

★《检察院规则》(2019)

第五百条　双方当事人在侦查阶段达成和解协议，公安机关向人民检察院提出从宽处理建议的，人民检察院在审查逮捕和审查起诉时应当充分考虑公安机关的建议。

【重点解读】①

对于双方当事人在侦查阶段达成和解协议，公安机关向人民检察院提出从宽处理建议的，人民检察院在审查逮捕和审查起诉时应当充分考虑公安机关的建议。实践中需要注意以下两点：

一是在侦查阶段双方当事人达成和解的，公安机关仍应当查清案件事实，对于犯罪事实清楚，证据确实、充分的，应当写出起诉意见书，连同案卷材料、证据、和解协议书、从宽处理的建议一并移送人民检察院审查起诉。

二是对于公安机关的建议，检察机关应当充分重视，认真研究，经审查认为犯罪嫌疑人犯罪情节轻微，不需要判处刑罚的，可以作出不起诉的决定。

290.2.2　和解与强制措施变更

★《检察院规则》(2019)

第五百零一条　人民检察院对于公安机关提请批准逮捕的案件，双方当事人达成和解协议的，可以作为有无社会危险性或者社会危险性大小的因素予以考虑，经审查认为不需要逮捕的，可以作出不批准逮捕的决定；在审查起诉阶段可以依法变更强制措施。

290.2.3　和解与不起诉的决定

★《检察院规则》(2019)

第五百零二条　人民检察院对于公安机关移送起诉的案件，双方当事人达成和解协议的，可以作为是否需要判处刑罚或者免除刑罚的因素予以考虑。符合法律规定的不起诉条件的，可以决定不起诉。

对于依法应当提起公诉的，人民检察院可以向人民法院提出从宽处罚的量刑建议。

第五百零三条　人民检察院拟对当事人达成和解的公诉案件作出不起诉决定的，应当听取双方当事人对和解的意见，并且查明犯罪嫌疑人是否已经切实履行和解协议、不能即时履行的是否已经提供有效担保，将其作为是否决定不起诉的因素予以考虑。

当事人在不起诉决定作出之前反悔的，可以另行达成和解。不能另行达成和解的，人民检察院应当依法作出起诉或者不起诉决定。

当事人在不起诉决定作出之后反悔的，人民检察院不撤销原决定，但有证据证明和解违反自愿、合法原则的除外。

【重点解读】②

双方当事人达成和解协议的，可以作为是否需要判处刑罚或者免除刑罚的因素予以考虑。经审查，认为符合“犯罪情节轻微，不需要判处刑罚”条件的，可以决定不起诉；认为双方当事人虽然达成和解协议，但是不符合法律规定的不起诉条件，依法应当追究刑事责任的，应当向人民法院提起公诉，但

---

① 参见童建明、万春主编释义书，第 517 页。

② 参见童建明、万春主编释义书，第 518—519 页。

是可以向人民法院提出从宽处罚的量刑建议。“从宽处罚”，是指对犯罪嫌疑人、被告人从轻或者减轻处罚。

290. 2. 4　和解协议无效的情形

★《检察院规则》(2019)

第五百零四条　犯罪嫌疑人或者其亲友等以暴力、威胁、欺骗或者其他非法方法强迫、引诱被害人和解，或者在协议履行完毕之后威胁、报复被害人的，应当认定和解协议无效。已经作出不批准逮捕或者不起诉决定的，人民检察院根据案件情况可以撤销原决定，对犯罪嫌疑人批准逮捕或者提起公诉。

290. 2. 5　和解的实体处理结果

★《法院解释》(2021)

第五百九十六条　对达成和解协议的案件，人民法院应当对被告人从轻处罚；符合非监禁刑适用条件的，应当适用非监禁刑；判处法定最低刑仍然过重的，可以减轻处罚；综合全案认为犯罪情节轻微不需要判处刑罚的，可以免予刑事处罚。

共同犯罪案件，部分被告人与被害人达成和解协议的，可以依法对该部分被告人从宽处罚，但应当注意全案的量刑平衡。

第五百九十七条　达成和解协议的，裁判文书应当叙明，并援引刑事诉讼法的相关条文。

【重点解读】①

在案件裁判文书的裁判理由部分，可以采用如下方式进行叙明：被告人自愿真诚悔罪，通过向被害人赔偿损失、赔礼道歉(或其他方式)获得被害人谅解，被害人自愿和解，双方当事人达成了和解协议，故依法对被告人从轻处罚(或减轻处罚，或免予刑事处罚)。在裁判依据部分，除援引相关刑法条文外，还应当援引刑事诉讼法第二百九十条作为对被告人从轻、减轻或者免予刑事处罚的法律依据。

290. 3　规范性文件

290. 3. 1　公安机关的从宽处理建议

★《公安规定》(2020)

第三百三十八条　对达成和解协议的案件，经县级以上公安机关负责人批准，公安机关将案件移送人民检察院审查起诉时，可以提出从宽处理的建议。

① 参见李少平主编书，第574页。

第三章　缺席审判程序

291　缺席审判程序的适用条件与管辖

291.1　法条规定

第二百九十一条　对于贪污贿赂犯罪案件，以及需要及时进行审判，经最高人民检察院核准的严重危害国家安全犯罪、恐怖活动犯罪案件，犯罪嫌疑人、被告人在境外，监察机关、公安机关移送起诉，人民检察院认为犯罪事实已经查清，证据确实、充分，依法应当追究刑事责任的，可以向人民法院提起公诉。人民法院进行审查后，对于起诉书中有明确的指控犯罪事实，符合缺席审判程序适用条件的，应当决定开庭审判。

前款案件，由犯罪地、被告人离境前居住地或者最高人民法院指定的中级人民法院组成合议庭进行审理。

【立法释义】①

本章关于缺席审判程序的规定，是2018年刑事诉讼法修改新增的特别程序。本条规定明确了缺席审判程序的适用条件与管辖。在违法所得没收程序确立的“对物之诉”基础上，缺席审判程序确立了犯罪嫌疑人、被告人不在案的情况下，依法追究其刑事责任的特别程序，是刑事诉讼制度的重大突破。关于缺席审判程序的适用条件和管辖，应当关注以下事项：

第一，案件类型。缺席审判程序并非针对普通案件，而是解决特定类型案件犯罪嫌疑人、被告人的刑事责任问题。具体限定为：贪污贿赂犯罪案件，以及需要及时进行审判，经最高人民检察院核准的严重危害国家安全犯罪、恐怖活动犯罪案件。刑法分则第八章规定的贪污贿赂犯罪案件，是缺席审判程序的适用重点，并无进一步的程序限制。对于严重危害国家安全犯罪、恐怖活动犯罪案件，则附加“需要及时进行审判”和“经最高人民检察院核准”两个程序条件。

第二，追诉条件。缺席审判程序的启动，需要具备两个要件：一是犯罪嫌疑人、被告人在境外。这意味着，不具备将其缉捕归案交付审判的现实条件。对于此类案件，《检察院规则》第五百零五条第四款规定，人民检察院提起公诉的，应当向人民法院提交被告人已出境的证据。二是经最高人民检察院核准符合追诉条件。监察机关、公安机关移送起诉后，人民检察院认为犯罪事实已经查清，证据确实、充分，依法应当追究刑事责任。鉴于该类案件的追诉以最高人民检察院核准为前提，《检察院规则》第五百零六条至第五百零八条规定了报请最高人民检察院核准的程序，即人民检察院对公安机关移送起诉的需要报请最高人民检察院核准的案件，经检察委员会讨论提出提起公诉意见

① 参见王爱立主编书，第614—620页。

的，应当层报最高人民检察院核准。最高人民检察院收到下级人民检察院报请核准提起公诉的案卷材料后，应当及时指派检察官对案卷材料进行审查，提出核准或者不予核准的意见，报检察长决定。报请核准的人民检察院收到最高人民检察院核准决定书后，应当提起公诉，起诉书中应当载明经最高人民检察院核准的内容。

第三，立案审查。与普通公诉程序类似，对人民检察院基于缺席审判程序提起公诉的案件，人民法院应当进行立案审查。《法院解释》第五百九十八条规定了立案审查的内容，主要包括：(1)是否属于可以适用缺席审判程序的案件范围；(2)是否属于本院管辖；(3)是否写明被告人的基本情况，包括明确的境外居住地、联系方式等；(4)是否写明被告人涉嫌有关犯罪的主要事实，并附证据材料；(5)是否写明被告人有无近亲属以及近亲属的姓名、身份、住址、联系方式等情况；(6)是否列明违法所得及其他涉案财产的种类、数量、价值、所在地等，并附证据材料；(7)是否附有查封、扣押、冻结违法所得及其他涉案财产的清单和相关法律手续。上述材料需要翻译件的，人民法院应当要求人民检察院一并移送。

人民法院经立案审查，应当对案件作出相应处理。《法院解释》第五百九十九条规定：(1)符合缺席审判程序适用条件，属于本院管辖，且材料齐全的，应当受理。(2)不属于可以适用缺席审判程序的案件范围、不属于本院管辖或者不符合缺席审判程序的其他适用条件的，应当退回人民检察院。(3)材料不全的，应当通知人民检察院在三十日以内补送；三十日以内不能补送的，应当退回人民检察院。

第四，开庭条件。人民法院对案件进行立案审查后，对于起诉书中有明确的指控犯罪事实，符合缺席审判程序适用条件的，应当决定开庭审判。这一开庭条件，与普通公诉案件并无二致。

第五，管辖法院。根据本法规定的管辖制度，以及缺席审判案件的特点，可以由犯罪地、被告人离境前居住地或者最高人民法院指定的中级人民法院管辖。与违法所得没收程序类似，为加强人权保障，并体现程序的慎重性，缺席审判案件由中级人民法院管辖，并且组成合议庭进行审理。

第六，与违法所得没收程序的关系。违法所得没收程序是2012年刑事诉讼法修改增加的规定。从实践情况看，这一程序目前各地适用情况不平衡，还需要进一步探索和积累经验。缺席审判的适用需要根据案件的情况，统筹考虑各方面情况作出决定。对于同时符合违法所得没收程序和缺席审判程序条件的案件，并非都要优先适用缺席审判程序。对于有的犯罪嫌疑人、被告人逃匿到境外的案件，有关机关应当继续进行追查。对于查找到其违法所得或者其他涉案财产的，适用违法所得没收程序对涉案财产作出处理，也可以达到惩治犯罪、追逃追赃的目的。

291.2　司法解释

291.2.1　缺席审判案件的追诉条件

★《检察院规则》(2019)

第五百零五条　对于监察机关移送起诉的贪污贿赂犯罪案件，犯罪嫌疑人、被告人在境外，人民检察院认为犯罪事实已经查清，证据确实、充分，依法应当追究刑事责任的,可以向人民法院提起公诉。

对于公安机关移送起诉的需要及时进行审判的严重危害国家安全犯罪、恐怖活动犯罪案件,犯罪嫌疑人、被告人在境外,人民检察院认为犯罪事实已经查清,证据确实、充分,依法应当追究刑事责任的,经最高人民检察院核准,可以向人民法院提起公诉。

前两款规定的案件,由有管辖权的中级人民法院的同级人民检察院提起公诉。

人民检察院提起公诉的,应当向人民法院提交被告人已出境的证据。

【重点解读】①

关于适用缺席审判程序的案件,提起公诉时需要把握以下两点:

第一,缺席审判的适用需要严格限制。在办理犯罪嫌疑人、被告人在境外的贪污贿赂犯罪案件过程中,应当依法通过引渡、遣返、劝返等方式尽力追逃,促使其出庭接受审判。对于缺席审判程序,被告人在普通刑事审判中的权利因缺席而缺失且难以完全弥补,因此,若非迫不得已,一般不应适用。

第二,需要区分缺席审判程序适用的案件和犯罪嫌疑人逃匿、下落不明的案件。"缺席"是指犯罪嫌疑人、被告人因"在境外"不出庭参加审判,而犯罪嫌疑人逃匿、下落不明的案件则不能适用缺席审判程序。人民检察院对于"在境外"负有举证责任,即对于适用缺席审判程序的案件,在提起公诉时,检察机关应当向人民法院提交被告人已出境的证据。而对于犯罪嫌疑人逃匿、下落不明的案件,有关部门应当继续追查其下落,根据案件情况,如果涉案财物需要处置,符合法定条件的,可以对涉案财物适用违法所得没收程序。

291.2.2　缺席审判案件的核准要求

★《检察院规则》(2019)

第五百零六条　人民检察院对公安机关移送起诉的需要报请最高人民检察院核准的案件,经检察委员会讨论提出提起公诉意见的,应当层报最高人民检察院核准。报送材料包括起诉意见书、案件审查报告、报请核准的报告及案件证据材料。

第五百零七条　最高人民检察院收到下级人民检察院报请核准提起公诉的案卷材料后,应当及时指派检察官对案卷材料进行审查,提出核准或者不予核准的意见,报检察长决定。

第五百零八条　报请核准的人民检察院收到最高人民检察院核准决定书后,应当提起公诉,起诉书中应当载明经最高人民检察院核准的内容。

291.2.3　缺席审判案件的立案审查

★《法院解释》(2021)

第五百九十八条　对人民检察院依照刑事诉讼法第二百九十一条第一款的规定提起公诉的案件,人民法院应当重点审查以下内容:

(一)是否属于可以适用缺席审判程序的案件范围;

(二)是否属于本院管辖;

(三)是否写明被告人的基本情况,包括明确的境外居住地、联系方式等;

(四)是否写明被告人涉嫌有关犯罪的主要事实,并附证据材料;

---

① 参见童建明、万春主编释义书,第520—524页。

（五）是否写明被告人有无近亲属以及近亲属的姓名、身份、住址、联系方式等情况；

（六）是否列明违法所得及其他涉案财产的种类、数量、价值、所在地等，并附证据材料；

（七）是否附有查封、扣押、冻结违法所得及其他涉案财产的清单和相关法律手续。

前款规定的材料需要翻译件的，人民法院应当要求人民检察院一并移送。

第五百九十九条　对人民检察院依照刑事诉讼法第二百九十一条第一款的规定提起公诉的案件，人民法院审查后，应当按照下列情形分别处理：

（一）符合缺席审判程序适用条件，属于本院管辖，且材料齐全的，应当受理；

（二）不属于可以适用缺席审判程序的案件范围、不属于本院管辖或者不符合缺席审判程序的其他适用条件的，应当退回人民检察院；

（三）材料不全的，应当通知人民检察院在三十日以内补送；三十日以内不能补送的，应当退回人民检察院。

292　缺席审判案件的送达与开庭审理

292.1　法条规定

第二百九十二条　人民法院应当通过有关国际条约规定的或者外交途径提出的司法协助方式，或者被告人所在地法律允许的其他方式，将传票和人民检察院的起诉书副本送达被告人。传票和起诉书副本送达后，被告人未按要求到案的，人民法院应当开庭审理，依法作出判决，并对违法所得及其他涉案财产作出处理。

【立法释义】①

本条规定明确了缺席审判案件的传票、起诉书副本的送达程序。作为开庭准备程序，人民法院需要向被告人送达传票和起诉书副本。鉴于缺席审判案件的特殊性，关于传票和起诉书副本的送达，以及开庭审理程序，应当关注以下事项：

第一，送达方式。由于被告人身处境外，国内司法机关无法直接将传票等诉讼文书送达被告人。为保障被告人的知情权，人民法院应当通过有关国际条约规定的或者外交途径提出的司法协助方式，或者被告人所在地法律允许的其他方式，将传票和人民检察院的起诉书副本送达被告人。“传票”作为权利告知载体，应当载明被告人到案期限及不按要求归案的法律后果等事项。《法院解释》第六百条规定，人民法院向被告人送达有关诉讼文书的同时，应当将起诉书副本送达被告人近亲属，告知其有权代为委托辩护人，并通知其敦促被告人归案。

第二，被告人近亲属的诉讼参与权。对于缺席审判案件，因被告人未参与诉讼，有必要保障被告人近亲属的诉讼参与权。在被告人缺席的情况下，被告人的近亲属参与诉讼，有助于维护被告人的合法权益，也有助于体现缺席审判程序的正当性。《法院解释》第六百零二条规定，人民法院审理缺席审判案件，被告人的近亲属申请参加诉讼的，应当在收到起诉书副本后、第一审开庭

① 参见王爱立主编书，第 621—624 页。

前提出,并提供与被告人关系的证明材料。有多名近亲属的,应当推选一至二人参加诉讼。对被告人的近亲属提出申请的,人民法院应当及时审查决定。

第三,审理和裁决方式。传票和起诉书副本送达后,被告人未按要求到案的,人民法院应当开庭审理,依法作出判决,并对违法所得及其他涉案财产作出处理。为确保程序的公正性,缺席审判案件实行开庭审理。缺席审判案件的开庭审理程序,参照适用公诉案件第一审普通程序的审理流程。与违法所得没收程序不同,缺席审判程序对被告人的刑事责任和违法所得及其他涉案财产一并作出处理。

关于缺席审判案件的处理方式,《法院解释》第六百零四条规定,人民法院开庭审理后,认为起诉指控的事实清楚,证据确实、充分,依据法律认定指控被告人的罪名成立的,应当作出有罪判决;认为指控的罪名与审理认定的罪名不一致,且审理认定的罪名属于刑事诉讼法第二百九十一条第一款规定的罪名的,应当按照审理认定的罪名作出有罪判决;经审理认定的罪名不属于刑事诉讼法第二百九十一条第一款规定的罪名的,应当终止审理。需要强调的是,适用缺席审判程序作出有罪判决的,应当达到证据确实、充分的证明标准。

292.2 司法解释

292.2.1 送达的对象和内容

★《法院解释》(2021)

第六百条 对人民检察院依照刑事诉讼法第二百九十一条第一款的规定提起公诉的案件,人民法院立案后,应当将传票和起诉书副本送达被告人,传票应当载明被告人到案期限以及不按要求到案的法律后果等事项;应当将起诉书副本送达被告人近亲属,告知其有权代为委托辩护人,并通知其敦促被告人归案。

292.2.2 近亲属参加诉讼

★《法院解释》(2021)

第六百零二条 人民法院审理人民检察院依照刑事诉讼法第二百九十一条第一款的规定提起公诉的案件,被告人的近亲属申请参加诉讼的,应当在收到起诉书副本后、第一审开庭前提出,并提供与被告人关系的证明材料。有多名近亲属的,应当推选一至二人参加诉讼。

对被告人的近亲属提出申请的,人民法院应当及时审查决定。

第六百零三条 人民法院审理人民检察院依照刑事诉讼法第二百九十一条第一款的规定提起公诉的案件,参照适用公诉案件第一审普通程序的有关规定。被告人的近亲属参加诉讼的,可以发表意见,出示证据,申请法庭通知证人、鉴定人等出庭,进行辩论。

292.2.3 裁判方式与证明标准

★《法院解释》(2021)

第六百零四条 对人民检察院依照刑事诉讼法第二百九十一条第一款的规定提起公诉的案件,人民法院审理后应当参照本解释第二百九十五条的规定作出判决、裁定。

作出有罪判决的,应当达到证据确实、充分的证明标准。

经审理认定的罪名不属于刑事诉讼法第二百九十一条第一款规定的罪名的,应当终止审理。

适用缺席审判程序审理案件,可以对违法所得及其他涉案财产一并作出处理。

293　缺席审判的辩护权保障

293.1　法条规定

第二百九十三条　人民法院缺席审判案件，被告人有权委托辩护人，被告人的近亲属可以代为委托辩护人。被告人及其近亲属没有委托辩护人的，人民法院应当通知法律援助机构指派律师为其提供辩护。

【立法释义】①

本条规定明确了缺席审判案件被告人的辩护权保障。除被告人及其近亲属可以委托辩护人外，基于程序公正等政策考量，被告人及其近亲属没有委托辩护人的，人民法院应当通知法律援助机构指派律师为其提供辩护。作为强制辩护的法定情形，该类案件适用强制辩护制度的有关程序规定。

需要注意的是，本条是对人民法院审判阶段被告人委托辩护等的规定。对犯罪嫌疑人缺席的案件，在审查起诉阶段，犯罪嫌疑人及其近亲属也可委托辩护人，但对于这个阶段没有委托辩护人的，人民检察院不必通知法律援助机构为其指派律师辩护，但应当根据刑事诉讼法的规定，告知有权委托辩护人。

293.2　司法解释

293.2.1　缺席审判案件的委托与强制辩护

★《法院解释》(2021)

第六百零一条　人民法院审理人民检察院依照刑事诉讼法第二百九十一条第一款的规定提起公诉的案件，被告人有权委托或者由近亲属代为委托一至二名辩护人。委托律师担任辩护人的，应当委托具有中华人民共和国律师资格并依法取得执业证书的律师；在境外委托的，应当依照本解释第四百八十六条的规定对授权委托进行公证、认证。

被告人及其近亲属没有委托辩护人的，人民法院应当通知法律援助机构指派律师为被告人提供辩护。

被告人及其近亲属拒绝法律援助机构指派的律师辩护的，依照本解释第五十条第二款的规定处理。

294　判决书的送达及上诉、抗诉

294.1　法条规定

第二百九十四条　人民法院应当将判决书送达被告人及其近亲属、辩护人。被告人或者其近亲属不服判决的，有权向上一级人民法院上诉。辩护人经被告人或者其近亲属同意，可以提出上诉。

人民检察院认为人民法院的判决确有错误的，应当向上一级人民法院提出抗诉。

【立法释义】②

本条规定明确了缺席审判案件的判决书送达及上诉、抗诉程序。判决书的送达，参照传票和起诉书副本的送达程序。

在缺席审判案件中，近亲属具有独立的上诉权，除此之外，此类案件的上诉、抗诉程序与普通案件相同。

---

① 参见王爱立主编书，第 625—627 页。

② 参见王爱立主编书，第 627—631 页。

295　重新审理及财产返还、赔偿

295.1　法条规定

第二百九十五条　在审理过程中，被告人自动投案或者被抓获的，人民法院应当重新审理。

罪犯在判决、裁定发生法律效力后到案的，人民法院应当将罪犯交付执行刑罚。交付执行刑罚前，人民法院应当告知罪犯有权对判决、裁定提出异议。罪犯对判决、裁定提出异议的，人民法院应当重新审理。

依照生效判决、裁定对罪犯的财产进行的处理确有错误的，应当予以返还、赔偿。

【立法释义】①

本条规定明确了缺席审判案件的重新审理程序，以及财产的返还、赔偿要求。对缺席审判案件的重新审理和纠错机制，应当关注以下事项：

第一，人民检察院的重新审查程序。对于人民检察院启动缺席审判程序的案件，因犯罪嫌疑人、被告人到案而导致不再符合缺席审判条件的，应当对案件重新审查，转换为普通程序。具体分为以下两种情形：

一是在审查起诉期间，犯罪嫌疑人自动投案或者被抓获的，人民检察院应当重新审查。《检察院规则》第五百零九条第二款规定，对严重危害国家安全犯罪、恐怖活动犯罪案件报请核准期间，犯罪嫌疑人自动投案或者被抓获的，报请核准的人民检察院应当及时撤回报请，重新审查案件。

二是对于提起公诉后被告人到案，人民法院拟重新审理的情形，《检察院规则》第五百一十条规定，人民检察院应当商人民法院将案件撤回并重新审查。

第二，人民法院的重新审理程序。重新审理程序，是缺席审判程序加强人权保障的特殊制度设计。主要分为两种情形：

一是在审理过程中，被告人自动投案或者被抓获的，人民法院应当重新审理，“审理过程中”，是指从法院收到案件、开庭审理到判决、裁定发生法律效力之前的全过程。

二是罪犯在判决、裁定发生法律效力后到案，人民法院将罪犯交付执行刑罚前，罪犯对判决、裁定提出异议的，人民法院应当重新审理。“重新审理”，是指让案件回到缺席审判之前的状态地位，按照普通程序重新进行审判。

对于上述情形，因缺席审判的条件不复存在，为保障当事人的救济权，有必要对案件重新审理。人民法院的重新审理程序，也是缺席审判正当性的制度保障。

需要注意的是，被告人提出异议的时间节点为交付执行刑罚前，被告人在交付执行刑罚后才提出异议的，则不能重新审理，而只能按照审判监督程序处理。

第三，财产处理的纠错机制。与违法所得没收程序的纠错机制类似，依照生效判决、裁定对罪犯的财产进行的处理确有错误的，应当予以返还、赔偿。

295.2　司法解释

295.2.1　检察机关对案件重新审查

★《检察院规则》（2019）

第五百零九条　审查起诉期间，犯

① 参见王爱立主编书，第 631—636 页。

罪嫌疑人自动投案或者被抓获的，人民检察院应当重新审查。

对严重危害国家安全犯罪、恐怖活动犯罪案件报请核准期间，犯罪嫌疑人自动投案或者被抓获的，报请核准的人民检察院应当及时撤回报请，重新审查案件。

第五百一十条　提起公诉后被告人到案，人民法院拟重新审理的，人民检察院应当商人民法院将案件撤回并重新审查。

【重点解读】①

缺席审判程序中的撤回案件，与2019年《检察院规则》第四百二十四条规定的撤回起诉，存在本质区别，不适用撤回起诉的相关规定。

需要注意的是，缺席审判制度是刑事诉讼法设立的一项新制度，缺少实践经验，且该制度极其特殊，法工委刑法室建议待条件成熟时由“两高”会同国家监委、公安部协商一致，另行会签文件，因此，《检察院规则》中对此部分只作出原则性规定。

296　被告人患有严重疾病情形的缺席审理

296.1　法条规定

第二百九十六条　因被告人患有严重疾病无法出庭，中止审理超过六个月，被告人仍无法出庭，被告人及其法定代理人、近亲属申请或者同意恢复审理的，人民法院可以在被告人不出庭的情况下缺席审理，依法作出判决。

【立法释义】②

本条规定明确了被告人患有严重疾病情形的缺席审理程序。对于被告人患有严重疾病无法出庭，中止审理超过六个月，被告人仍无法出庭的情形，此前只能一直搁置案件，导致案件久拖不决。基于缺席审判程序，对于此种情形，被告人及其法定代理人、近亲属申请或者同意恢复审理的，人民检察院可以建议人民法院适用缺席审判程序审理，人民法院可以在被告人不出庭的情况下缺席审理，依法作出判决。《法院解释》第六百零五条第二款规定，如果被告人无法表达意愿，其法定代理人、近亲属可以代为申请或者同意恢复审理。上述情形下的缺席审理，是经申请或者同意的缺席审理，这与被告人身处境外的缺席审理存在内在差异。同时，在被告人无法出庭，但具备受审能力的情况下，可以远程视频开庭审理。

适用本条需要注意以下事项：

第一，人民法院在审理案件的过程中，要特别注意保障被告人放弃权利的自愿性，避免违背被告人的意愿进行缺席审理的情形发生。

第二，被告人的辩护权应依法予以保障。被告人可以根据刑事诉讼法的规定，随时委托辩护人，辩护人可以出庭为其辩护。被告人没有委托辩护人，但符合法律援助情形和条件的，法律援助机构应当指派律师为其提供辩护。

第三，在人民法院缺席审理的过程中，被告人因身体状况好转而申请出庭的，人民法院应当允许其出庭。被告人出庭前法院依法已经进行的审理活动有效。

① 参见童建明、万春主编释义书，第527页。

② 参见王爱立主编书，第636—642页。

296.2　司法解释

296.2.1　检察机关建议对患有严重疾病的被告人缺席审理

★《检察院规则》(2019)

第五百一十一条　因被告人患有严重疾病无法出庭,中止审理超过六个月,被告人仍无法出庭,被告人及其法定代理人、近亲属申请或者同意恢复审理的,人民检察院可以建议人民法院适用缺席审判程序审理。

【重点解读】①

刑事诉讼法明确规定了法院中止审理的情形,但没有规定检察机关中止审查起诉的情形。犯罪嫌疑人在审查起诉过程中患有严重疾病,丧失诉讼行为能力的,如果案件事实清楚,证据确实、充分,符合起诉条件的,人民检察院可以依法提起公诉。

296.2.2　患有严重疾病的被告人申请或者同意缺席审理

★《法院解释》(2021)

第六百零五条　因被告人患有严重疾病导致缺乏受审能力,无法出庭受审,中止审理超过六个月,被告人仍无法出庭,被告人及其法定代理人、近亲属申请或者同意恢复审理的,人民法院可以根据刑事诉讼法第二百九十六条的规定缺席审判。

符合前款规定的情形,被告人无法表达意愿的,其法定代理人、近亲属可以代为申请或者同意恢复审理。

【重点解读】②

"缺乏受审能力"主要是指,被告人不能感知、理解诉讼活动的内涵和后果,不具有相应的认知、判断和表达能力,无法接受审判的情形。对于被告人因身体原因,如靠呼吸机维持生命等,无法出席法庭接受审判,但其对诉讼活动的认知、判断、理解能力并不受限的,可以通过到医院开庭等便民方式予以解决。

296.3　指导与参考案例

296.3.1　因疾病长期中止审理案件的缺席审理

【人民法院案例库案例】

[入库编号:2024-18-1-177-002]罗某故意杀人案——长期中止审理案件的缺席审判程序适用与无受审能力的被告人庭前供述的采信规则

(1)对于中止审理超过六个月的案件,被告人因患有严重疾病无法就是否恢复审理表达意愿,其法定代理人、近亲属代为申请或者同意恢复审理的,人民法院可以缺席审理,依法作出判决。

(2)对于无受审能力但具有部分刑事责任能力的被告人,不能单纯以无受审能力而直接否定其庭前供述。对于被告人庭前供述与其认知能力相适应,且与其他在案证据相互印证的,依法予以采信。

296.3.2　经鉴定无受审能力时的缺席审理

【人民法院案例库案例】

[入库编号:2024-02-1-179-004]夏某华故意伤害案——对经鉴定无受审能力的被告人的程序处理

(1)受审能力的判断以被告人接受审判时为节点,强调参与庭审期间的现时能力;刑事责任能力的判断则以被

---

① 参见童建明、万春主编释义书,第527页。

② 参见李少平主编书,第580页。

告人实施犯罪行为时为节点，本质是判断有无承担刑事责任的能力。因此，具备刑事责任能力的被告人可能并不具备受审能力。

（2）法院在审理涉限定刑事责任能力被告人的案件时，应首先着重审查被告人供述等言词证据的表达是否流畅、回答是否切题。其次，在送达庭前相关材料以及在庭审中面对面交流时，进一步判断被告人的表达能力、思维逻辑是否清晰，最终确定被告人是否具有受审能力以及是否需要对受审能力进行鉴定。

（3）当案件因被告人不具备受审能力而中止审理后，法院需要首先评估其受审能力经治疗得以恢复的可能性。作案时具有完全刑事责任能力，审判期间被告人患有严重精神疾病无法出庭，中止审理超过六个月，被告人仍然无法出庭，被告人及其法定代理人、近亲属申请或者同意恢复审理的，人民法院可以在被告人不出庭的情况下缺席审判，依法作出判决；被告人无法表达意愿的，其法定代理人、近亲属可以代为申请或者同意恢复审理。

297　被告人死亡情形的缺席审理

297.1　法条规定

第二百九十七条　被告人死亡的，人民法院应当裁定终止审理，但有证据证明被告人无罪，人民法院经缺席审理确认无罪的，应当依法作出判决。

人民法院按照审判监督程序重新审判的案件，被告人死亡的，人民法院可以缺席审理，依法作出判决。

【立法释义】①

本条规定明确了被告人死亡情形的缺席审理程序。被告人死亡的，人民法院应当裁定终止审理，但有证据证明被告人无罪，人民法院经缺席审理确认无罪的除外。《法院解释》第六百零六条第二款规定，“有证据证明被告人无罪，经缺席审理确认无罪”，包括案件事实清楚，证据确实、充分，依据法律认定被告人无罪的情形，以及证据不足，不能认定被告人有罪的情形。换言之，对于依法应当判决无罪的被告人，包括疑罪情形，不能因被告人死亡而对案件终止审理。

同时，人民法院按照审判监督程序重新审判的案件，被告人死亡的，人民法院可以缺席审理。对于此类情形，《法院解释》第六百零七条规定，人民法院经缺席审理确认被告人无罪的，应当判决宣告被告人无罪；虽然构成犯罪，但原判量刑畸重的，应当依法作出判决。

需要指出的是，《法院解释》将证据不足，不能认定被告人有罪的情形，明确列为应当判决（或者再审改判）被告人无罪的情形，体现了疑罪从无原则的基本要求，对依法纠错具有重要意义。

此外，需要对本条与本章其他条款的目的进行区分，本章其他条款的主要内容是建立犯罪嫌疑人、被告人在境外的缺席审判制度和具体的审判程序，并对这种情况下如何保障缺席被告人的诉讼权利等作出规定。本条是关于被告人死亡案件可以缺席审判的规定，属

① 参见王爱立主编书，第642—645页。

于衔接性规定。因此,本法被告人近亲属享有的代为委托辩护人、有权提起上诉等专为保障潜逃境外的缺席被告人诉讼权利而作出的规定,不适用于本条中的被告人的近亲属。

297.2　司法解释

297.2.1　被告人死亡情形的缺席审理

★《法院解释》(2021)

第六百零六条　人民法院受理案件后被告人死亡的,应当裁定终止审理;但有证据证明被告人无罪,经缺席审理确认无罪的,应当判决宣告被告人无罪。

前款所称"有证据证明被告人无罪,经缺席审理确认无罪",包括案件事实清楚,证据确实、充分,依据法律认定被告人无罪的情形,以及证据不足,不能认定被告人有罪的情形。

第六百零七条　人民法院按照审判监督程序重新审判的案件,被告人死亡的,可以缺席审理。有证据证明被告人无罪,经缺席审理确认被告人无罪的,应当判决宣告被告人无罪;虽然构成犯罪,但原判量刑畸重的,应当依法作出判决。

第六百零八条　人民法院缺席审理案件,本章没有规定的,参照适用本解释的有关规定。

【重点解读】①

对于案件中被告人的定罪量刑没有问题,但是涉案财物处理有错误,且涉及的财物价值巨大的情形,即便被告人死亡,也应当坚持实事求是,依法纠正,不宜简单终止审理。

297.3　指导与参考案例

297.3.1　被告人死亡但不符合缺席审判条件的案件处理

【刑事审判参考案例】

[第 1601 号]王某生抢劫案

裁判要旨:二审案件未经正式审理或提讯,案件定性未经二审法庭调查或辩论,在不符合缺席审判的条件下,直接改变案件定性缺乏程序的正当性。被告人在二审期间死亡的,二审法院在全面审查案件并确认被告人不属于无罪的情况下,应当依法裁定终止审理。

297.3.2　被告人在表示上诉的次日死亡的程序处理

【刑事审判参考案例】

[第 1613 号]任某某集资诈骗案

裁判要旨:被告人在表示上诉的次日死亡,但其上诉的意思表示在法定期限内,以符合法律规定的形式提起,且死亡前未撤销,依法应予保护。被告人因病死亡的事实不能成为否定其上诉意思表示的依据。被告人在法定期限内提出上诉,上级法院应依法启动二审程序并作出处理。经二审审查,无证据证明被告人无罪,应当依法裁定终止审理。

① 参见李少平主编书,第 582 页。

第四章　犯罪嫌疑人、被告人逃匿、死亡案件违法所得的没收程序

298　违法所得没收程序的启动

298.1　法条规定

第二百九十八条　对于贪污贿赂犯罪、恐怖活动犯罪等重大犯罪案件，犯罪嫌疑人、被告人逃匿，在通缉一年后不能到案，或者犯罪嫌疑人、被告人死亡，依照刑法规定应当追缴其违法所得及其他涉案财产的，人民检察院可以向人民法院提出没收违法所得的申请。

公安机关认为有前款规定情形的，应当写出没收违法所得意见书，移送人民检察院。

没收违法所得的申请应当提供与犯罪事实、违法所得相关的证据材料，并列明财产的种类、数量、所在地及查封、扣押、冻结的情况。

人民法院在必要的时候，可以查封、扣押、冻结申请没收的财产。

【立法释义】①

本章关于违法所得没收程序的规定，是2012年刑事诉讼法修改新增的特别程序。违法所得没收程序，可被视为刑事程序中特殊的“对物之诉”。“两高”对此专门出台了《关于适用犯罪嫌疑人、被告人逃匿、死亡案件违法所得没收程序若干问题的规定》。对于违法所得没收程序的启动，应当关注以下事项：

第一，启动主体。违法所得没收程序，作为相对独立的“对物之诉”，由人民检察院向人民法院提出没收违法所得的申请。与“对人之诉”相对应，人民检察院是对违法所得启动追诉的主体。监察机关、公安机关认为案件适用违法所得没收程序的，应当写出没收违法所得意见书，移送人民检察院。这与公诉案件移送审查起诉遵循相同的诉讼原理。

第二，适用条件。违法所得没收程序，因涉及财产权的法律保障，故应当符合法定条件。具体包括以下内容：

一是特定的案件范围，即贪污贿赂犯罪、恐怖活动犯罪等重大犯罪案件。关于案件类型，《法院解释》第六百零九条对“贪污贿赂犯罪、恐怖活动犯罪等”犯罪案件作出了扩大解释。具体是指：(1)贪污贿赂、失职渎职等职务犯罪案件；(2)刑法分则第二章规定的相关恐怖活动犯罪案件，以及恐怖活动组织、恐怖活动人员实施的杀人、爆炸、绑架等犯罪案件；(3)危害国家安全、走私、洗钱、金融诈骗、黑社会性质的组织、毒品犯罪案件；(4)电信诈骗、网络诈骗犯罪案件。这意味着，上述类型的犯罪案件均可纳入独立的“对物之诉”范畴。关于罪行严重程度，《法院解释》第六百一十条将“重大犯罪案件”

① 参见王爱立主编书，第647—651页。

界定为：在省、自治区、直辖市或者全国范围内具有较大影响的犯罪案件，或者犯罪嫌疑人、被告人逃匿境外的犯罪案件。将"犯罪嫌疑人、被告人逃匿境外"作为重大犯罪案件的认定标准，这反映出，违法所得没收程序与普通刑事程序相比具有内在的特殊性。

二是特定的程序条件，即犯罪嫌疑人、被告人逃匿，在通缉一年后不能到案，或者犯罪嫌疑人、被告人死亡。对于犯罪嫌疑人、被告人逃匿的情形，办案机关应当积极抓捕，不能在怠于抓捕情形下，单纯寻求没收违法所得，也不能以没收违法所得代替刑事惩罚，忽视对犯罪嫌疑人、被告人的缉捕。

三是特定的诉讼目的，即依照刑法规定应当追缴其违法所得及其他涉案财产。刑法第六十四条规定，犯罪分子违法所得的一切财物，应当予以追缴或者责令退赔；对被害人的合法财产，应当及时返还；违禁品和供犯罪所用的本人财物，应当予以没收。该条中的"追缴"，可被理解为针对违法所得采取的追索和保全措施，当然也包含最终处理层面的"上缴国库"之义。违法所得的"没收"才是人民法院对违法所得的裁判方式，最终的处理结果是上缴国库。整合刑法和刑事诉讼法的有关规定，可对违法所得的处理流程作如下概括：办案机关通过查封、扣押、冻结等措施保全涉案财物（程序意义上对物的追索），经法院确认为违法所得后予以没收（实体意义上对物的裁判），随后将违法所得上缴国库（执行意义上的上缴）。

第三，证据要求。犯罪嫌疑人、被告人死亡，依照刑法规定应当追缴其违法所得及其他涉案财产，人民检察院提出没收违法所得申请的，人民法院应当依法受理，并进行审查。人民检察院提出没收违法所得的申请，应当提供与犯罪事实、违法所得相关的证据材料。具体包括三类证据体系：一是证明犯罪嫌疑人、被告人涉嫌有关犯罪的证据材料，据以证明犯罪事实成立，符合违法所得没收程序的案件范围；二是证明犯罪嫌疑人、被告人逃匿、被通缉、脱逃、下落不明、死亡的证据材料，据以证明符合违法所得没收程序的程序条件；三是证明违法所得及其他涉案财产的种类、数量、价值、所在地的证据材料，据以证明涉案财物属于违法所得及其他涉案财产。实际上，作为"对物之诉"的内在要求，对于其他涉及涉案财物处理的案件，也应当提供独立于犯罪事实的涉案财物证据体系。

对于没收违法所得的申请，人民法院应当在三十日以内审查完毕，并根据《法院解释》第六百一十三条的规定作出相应的处理：(1)属于没收违法所得申请受案范围和本院管辖，且材料齐全、有证据证明有犯罪事实的，应当受理；(2)不属于没收违法所得申请受案范围或者本院管辖的，应当退回人民检察院；(3)对于没收违法所得申请不符合"有证据证明有犯罪事实"标准要求的，应当通知人民检察院撤回申请；(4)材料不全的，应当通知人民检察院在七日以内补送，七日以内不能补送的，应当退回人民检察院。

第四，强制措施。"六部门"《关于实施刑事诉讼法若干问题的规定》第三十八条第一款规定，犯罪嫌疑人、被告人死亡，现有证据证明存在违法所得及其他涉案财产应当予以没收的，公安机关、人民检察院可以进行调查。公安机关、人民检察院进行调查，可以依法进行查封、扣押、查询、冻结。人民法院在必要的时候，可以查封、扣押、冻结申请没收的财产。所谓"必要时"，主要是指人民检察院尚未查封、扣押、冻结申请没收的财产或者查封、扣押、冻结期限即将届满，涉案财产有被隐匿、转移或者毁损、灭失的危险。

第五，程序模式。违法所得没收程序的具体适用，主要包括以下几种模式：

一是监察机关、公安机关提出没收违法所得意见，人民检察院经审查后向人民法院提出没收违法所得的申请。监察法第五十五条规定，监察机关在调查贪污贿赂、失职渎职等职务犯罪案件过程中，被调查人逃匿或者死亡，有必要继续调查的，应当继续调查并作出结论。被调查人逃匿，在通缉一年后不能到案，或者死亡的，由监察机关提请人民检察院依照法定程序，向人民法院提出没收违法所得的申请。《公安规定》第三百三十九条规定，经县级以上公安机关负责人批准，公安机关应当写出没收违法所得意见书，连同相关证据材料一并移送同级人民检察院。监察机关或者公安机关移送的没收违法所得意见书，人民检察院应当根据《检察院规则》第五百二十二条的规定进行审查，并在三十日内作出是否提出没收违法所得申请的决定；三十日以内不能作出决定的，可以延长十五日。对于监察机关或者公安机关移送的没收违法所得案件，经审查认为不符合刑事诉讼法第二百九十八条第一款规定条件的，应当作出不提出没收违法所得申请的决定，并向监察机关或者公安机关书面说明理由；认为需要补充证据的，应当书面要求监察机关或者公安机关补充证据，必要时也可以自行调查。

二是在审查起诉阶段人民检察院直接提出没收违法所得的申请。《检察院规则》第五百二十八条规定，在审查起诉过程中，犯罪嫌疑人死亡，或者贪污贿赂犯罪、恐怖活动犯罪等重大犯罪案件的犯罪嫌疑人逃匿，在通缉一年后不能到案，依照刑法规定应当追缴其违法所得及其他涉案财产的，人民检察院可以直接提出没收违法所得的申请。

三是在审判阶段人民检察院提出没收违法所得的申请。"六部门"《关于实施刑事诉讼法若干问题的规定》第三十八条第二款规定，人民法院在审理案件过程中，被告人死亡的，应当裁定终止审理；被告人脱逃的，应当裁定中止审理。人民检察院可以依法另行向人民法院提出没收违法所得的申请。

需要指出的是，违法所得没收程序与缺席审判程序存在紧密关联。《法院解释》第六百二十六条规定，在审理案件过程中，被告人脱逃或者死亡，符合刑事诉讼法第二百九十八条第一款规定的，人民检察院可以向人民法院提出没收违法所得的申请；符合刑事诉讼法第二百九十一条第一款规定的，人民检察院可以按照缺席审判程序向人民法院提起公诉。人民检察院向原受理案件的人民法院提出没收违法所得申请的，可以由同一审判组织审理。

298.2　相关立法

★《中华人民共和国监察法》（2024年12月25日修正）

第五十五条　监察机关在调查贪

污贿赂、失职渎职等职务犯罪案件过程中，被调查人逃匿或者死亡，有必要继续调查的，应当继续调查并作出结论。被调查人逃匿，在通缉一年后不能到案，或者死亡的，由监察机关提请人民检察院依照法定程序，向人民法院提出没收违法所得的申请。

第五十七条　国家监察委员会统筹协调与其他国家、地区、国际组织开展的反腐败国际交流、合作，组织反腐败国际条约实施工作。

第五十八条　国家监察委员会会同有关单位加强与有关国家、地区、国际组织在反腐败方面开展引渡、移管被判刑人、遣返、联合调查、调查取证、资产追缴和信息交流等执法司法合作和司法协助。

第五十九条　国家监察委员会加强对反腐败国际追逃追赃和防逃工作的组织协调，督促有关单位做好相关工作：

（一）对于重大贪污贿赂、失职渎职等职务犯罪案件，被调查人逃匿到国（境）外，掌握证据比较确凿的，通过开展境外追逃合作，追捕归案；

（二）向赃款赃物所在国请求查询、冻结、扣押、没收、追缴、返还涉案资产；

（三）查询、监控涉嫌职务犯罪的公职人员及其相关人员进出国（境）和跨境资金流动情况，在调查案件过程中设置防逃程序。

【立法释义】①

"逃匿"是指被调查人在犯罪后，为逃避法律制裁而逃跑、隐匿或躲藏。"通缉"是指监察机关通令缉拿应当留置而在逃的被调查人归案的一种调查措施。对于被调查人"失踪"的情形，参照《最高人民法院、最高人民检察院关于适用犯罪嫌疑人、被告人逃匿、死亡案件违法所得没收程序若干问题的规定》第三条规定处理，即被调查人为逃避调查和刑事追究潜逃、隐匿的，应当认定为"逃匿"；被调查人因意外事故下落不明满二年，或者因意外事故下落不明，经有关机关证明其不可能生存的，也按照"逃匿"处理。

298.3　司法解释

298.3.1　违法所得没收程序的适用条件

★《检察院规则》(2019)

第五百一十二条　对于贪污贿赂犯罪、恐怖活动犯罪等重大犯罪案件，犯罪嫌疑人、被告人逃匿，在通缉一年后不能到案，依照刑法规定应当追缴其违法所得及其他涉案财产的，人民检察院可以向人民法院提出没收违法所得的申请。

对于犯罪嫌疑人、被告人死亡，依照刑法规定应当追缴其违法所得及其他涉案财产的，人民检察院也可以向人民法院提出没收违法所得的申请。

第五百一十三条　犯罪嫌疑人、被告人为逃避侦查和刑事追究潜逃、隐匿，或者在刑事诉讼过程中脱逃的，应当认定为"逃匿"。

犯罪嫌疑人、被告人因意外事故下落不明满二年，或者因意外事故下落不明，经有关机关证明其不可能生存的，按照前款规定处理。

---

① 参见法规室编写释义书，第 217—220 页。

第五百一十四条　公安机关发布通缉令或者公安部通过国际刑警组织发布红色国际通报，应当认定为“通缉”。

第五百一十五条　犯罪嫌疑人、被告人通过实施犯罪直接或者间接产生、获得的任何财产，应当认定为“违法所得”。

违法所得已经部分或者全部转变、转化为其他财产的，转变、转化后的财产应当视为前款规定的“违法所得”。

来自违法所得转变、转化后的财产收益，或者来自已经与违法所得相混合财产中违法所得相应部分的收益，也应当视为第一款规定的违法所得。

第五百一十六条　犯罪嫌疑人、被告人非法持有的违禁品、供犯罪所用的本人财物，应当认定为“其他涉案财产”。

第五百一十七条　刑事诉讼法第二百九十九条第三款规定的“利害关系人”包括犯罪嫌疑人、被告人的近亲属和其他对申请没收的财产主张权利的自然人和单位。

刑事诉讼法第二百九十九条第二款、第三百条第二款规定的“其他利害关系人”是指前款规定的“其他对申请没收的财产主张权利的自然人和单位”。

★**《法院解释》**（2021）

第六百零九条　刑事诉讼法第二百九十八条规定的“贪污贿赂犯罪、恐怖活动犯罪等”犯罪案件，是指下列案件：

（一）贪污贿赂、失职渎职等职务犯罪案件；

（二）刑法分则第二章规定的相关恐怖活动犯罪案件，以及恐怖活动组织、恐怖活动人员实施的杀人、爆炸、绑架等犯罪案件；

（三）危害国家安全、走私、洗钱、金融诈骗、黑社会性质组织、毒品犯罪案件；

（四）电信诈骗、网络诈骗犯罪案件。

第六百一十条　在省、自治区、直辖市或者全国范围内具有较大影响的犯罪案件，或者犯罪嫌疑人、被告人逃匿境外的犯罪案件，应当认定为刑事诉讼法第二百九十八条第一款规定的“重大犯罪案件”。

★**《最高人民法院、最高人民检察院关于适用犯罪嫌疑人、被告人逃匿、死亡案件违法所得没收程序若干问题的规定》**（法释〔2017〕1号，2017年1月4日）

第一条　下列犯罪案件，应当认定为刑事诉讼法第二百八十条①第一款规定的“犯罪案件”：

（一）贪污、挪用公款、巨额财产来源不明、隐瞒境外存款、私分国有资产、私分罚没财物犯罪案件；

（二）受贿、单位受贿、利用影响力受贿、行贿、对有影响力的人行贿、对单位行贿、介绍贿赂、单位行贿犯罪案件；

（三）组织、领导、参加恐怖组织，帮助恐怖活动，准备实施恐怖活动，宣扬恐怖主义、极端主义、煽动实施恐怖活动，利用极端主义破坏法律实施，强制穿戴宣扬恐怖主义、极端主义服饰、标志，非法持有宣扬恐怖主义、极端主义物品犯罪案件；

（四）危害国家安全、走私、洗钱、金融诈骗、黑社会性质的组织、毒品犯罪案件。

---

① 2018年刑事诉讼法第二百九十八条。

电信诈骗、网络诈骗犯罪案件，依照前款规定的犯罪案件处理。

第二条　在省、自治区、直辖市或者全国范围内具有较大影响，或者犯罪嫌疑人、被告人逃匿境外的，应当认定为刑事诉讼法第二百八十条第一款规定的“重大”。

第三条　犯罪嫌疑人、被告人为逃避侦查和刑事追究潜逃、隐匿，或者在刑事诉讼过程中脱逃的，应当认定为刑事诉讼法第二百八十条第一款规定的“逃匿”。

犯罪嫌疑人、被告人因意外事故下落不明满二年，或者因意外事故下落不明，经有关机关证明其不可能生存的，依照前款规定处理。

第四条　犯罪嫌疑人、被告人死亡，依照刑法规定应当追缴其违法所得及其他涉案财产的，人民检察院可以向人民法院提出没收违法所得的申请。

第五条　公安机关发布通缉令或者公安部通过国际刑警组织发布红色国际通报，应当认定为刑事诉讼法第二百八十条第一款规定的“通缉”。

第六条　通过实施犯罪直接或者间接产生、获得的任何财产，应当认定为刑事诉讼法第二百八十条第一款规定的“违法所得”。

违法所得已经部分或者全部转变、转化为其他财产的，转变、转化后的财产应当视为前款规定的“违法所得”。

来自违法所得转变、转化后的财产收益，或者来自已经与违法所得相混合财产中违法所得相应部分的收益，应当视为第一款规定的“违法所得”。

第七条　刑事诉讼法第二百八十一条①第三款规定的“利害关系人”包括犯罪嫌疑人、被告人的近亲属和其他对申请没收的财产主张权利的自然人和单位。

刑事诉讼法第二百八十一条第二款、第二百八十二条②第二款规定的“其他利害关系人”是指前款规定的“其他对申请没收的财产主张权利的自然人和单位”。

【重点解读】

关于违法所得没收程序的适用范围，监察法规定该程序适用于“贪污贿赂、失职渎职等职务犯罪”，刑事诉讼法规定该程序适用于“贪污贿赂犯罪、恐怖活动犯罪等重大犯罪案件”。《检察院规则》第五百一十二条未列明违法所得没收程序适用于“失职渎职案件”，但是条文中的“等重大犯罪案件”可以将失职渎职类案件包括在内。③

同时，“两高”《关于适用犯罪嫌疑人、被告人逃匿、死亡案件违法所得没收程序若干问题的规定》第一条中也对“等”作出等外解释，将占有性、挪用性犯罪，受贿类、行贿类犯罪，恐怖活动犯罪，洗钱罪及其上游犯罪均纳入违法所得没收程序的适用范围。司法实践中应当严格认定“通缉”概念，不应将网上追逃、协查通报、内部通报、悬赏广告纳入通缉的范围。④

---

① 2018 年刑事诉讼法第二百九十九条。

② 2018 年刑事诉讼法第三百条。

③ 参见童建明、万春主编释义书，第 534 页。

④ 参见裴显鼎、王晓东、刘晓虎：《〈关于适用犯罪嫌疑人、被告人逃匿、死亡案件违法所得没收程序若干问题的规定〉的理解与适用》，载《人民司法》2017 年第 16 期。

298.3.2　检察机关对没收违法所得意见的审查及处理

★《检察院规则》(2019)

第五百二十二条　人民检察院审查监察机关或者公安机关移送的没收违法所得意见书，应当审查下列内容：

(一)是否属于本院管辖；

(二)是否符合刑事诉讼法第二百九十八条第一款规定的条件；

(三)犯罪嫌疑人基本情况，包括姓名、性别、国籍、出生年月日、职业和单位等；

(四)犯罪嫌疑人涉嫌犯罪的事实和相关证据材料；

(五)犯罪嫌疑人逃匿、下落不明、被通缉或者死亡的情况，通缉令或者死亡证明是否随案移送；

(六)违法所得及其他涉案财产的种类、数量、所在地以及查封、扣押、冻结的情况，查封、扣押、冻结的财产清单和相关法律手续是否随案移送；

(七)违法所得及其他涉案财产的相关事实和证据材料；

(八)有无近亲属和其他利害关系人以及利害关系人的姓名、身份、住址、联系方式。

对于与犯罪事实、违法所得及其他涉案财产相关的证据材料，不宜移送的，应当审查证据的清单、复制件、照片或者其他证明文件是否随案移送。

第五百二十三条　人民检察院应当在接到监察机关或者公安机关移送的没收违法所得意见书后三十日以内作出是否提出没收违法所得申请的决定。三十日以内不能作出决定的，可以延长十五日。

对于监察机关或者公安机关移送的没收违法所得案件，经审查认为不符合刑事诉讼法第二百九十八条第一款规定条件的，应当作出不提出没收违法所得申请的决定，并向监察机关或者公安机关书面说明理由；认为需要补充证据的，应当书面要求监察机关或者公安机关补充证据，必要时也可以自行调查。

监察机关或者公安机关补充证据的时间不计入人民检察院办案期限。

【重点解读】①

检察机关经审查，认为没收违法所得案件不属于本院管辖的，应当告知公安机关，通过有管辖权的人民检察院的同级公安机关移送案件。

人民检察院通过自行调查的方式补充证据时，可以要求监察机关或者公安机关提供一定的协助。

298.3.3　检察机关终止审查没收违法所得意见的情形

★《检察院规则》(2019)

第五百二十六条　在审查监察机关或者公安机关移送的没收违法所得意见书的过程中，在逃的犯罪嫌疑人、被告人自动投案或者被抓获的，人民检察院应当终止审查，并将案卷退回监察机关或者公安机关处理。

★《公安规定》(2020)

第三百四十一条　公安机关将没收违法所得意见书移送人民检察院后，在逃的犯罪嫌疑人自动投案或者被抓获的，公安机关应当及时通知同级人民检察院。

---

① 参见童建明、万春主编释义书，第541页。

298.3.4　检察机关对公安机关违法所得处理程序的监督

★《检察院规则》(2019)

第五百二十四条　人民检察院发现公安机关应当启动违法所得没收程序而不启动的,可以要求公安机关在七日以内书面说明不启动的理由。

经审查,认为公安机关不启动理由不能成立的,应当通知公安机关启动程序。

第五百二十五条　人民检察院发现公安机关在违法所得没收程序的调查活动中有违法情形的,应当向公安机关提出纠正意见。

【重点解读】①

在司法实践中,检察机关应当注意区分公安机关“未启动”和“不启动”违法所得没收程序的界限。“未启动”是指公安机关没有发现或者虽然已经发现,但是正在审查,还没有作出是否启动程序决定的案件。“不启动”是指公安机关对发现的案件线索,经审查决定不启动程序的案件。只有公安机关决定不启动程序的案件,才属于检察监督的范畴。

检察机关发现违法情形的,应当提出纠正意见。提出纠正意见的具体方式主要包括两种:

一是口头提出纠正意见。口头方式适用于情节较轻的违法行为,可以由履行监督职责的检察人员直接提出,但应当及时向本部门负责人汇报,必要时也可以由部门负责人提出。

二是发出纠正违法通知书。书面方式适用于情节较重的违法行为,且必须经检察长批准。所谓情节较重的违法行为,是指严重违反法律规定但未达到犯罪程度的行为,如严重违反诉讼程序可能导致实体错误的,暴力取证的,贪污、挪用赃款赃物的,多次口头纠正仍不改正的等。对于情节较重的违法行为,必须以纠正违法通知书的方式予以纠正,不应以口头纠正的方式代替。

298.3.5　检察机关提出违法所得没收申请的要求

★《检察院规则》(2019)

第五百一十八条　人民检察院审查监察机关或者公安机关移送的没收违法所得意见书,向人民法院提出没收违法所得的申请以及对违法所得没收程序中调查活动、审判活动的监督,由负责捕诉的部门办理。

第五百一十九条　没收违法所得的申请,应当由有管辖权的中级人民法院的同级人民检察院提出。

第五百二十条　人民检察院向人民法院提出没收违法所得的申请,应当制作没收违法所得申请书。没收违法所得申请书应当载明以下内容:

(一)犯罪嫌疑人、被告人的基本情况,包括姓名、性别、出生年月日、出生地、户籍地、公民身份号码、民族、文化程度、职业、工作单位及职务、住址等;

(二)案由及案件来源;

(三)犯罪嫌疑人、被告人的犯罪事实及相关证据材料;

(四)犯罪嫌疑人、被告人逃匿、被通缉或者死亡的情况;

(五)申请没收的财产种类、数量、价值、所在地以及查封、扣押、冻结财产

① 参见童建明、万春主编释义书,第544页。

清单和相关法律手续；

（六）申请没收的财产属于违法所得及其他涉案财产的相关事实及证据材料；

（七）提出没收违法所得申请的理由和法律依据；

（八）有无近亲属和其他利害关系人以及利害关系人的姓名、身份、住址、联系方式；

（九）其他应当写明的内容。

上述材料需要翻译件的，人民检察院应当随没收违法所得申请书一并移送人民法院。

第五百二十一条　监察机关或者公安机关向人民检察院移送没收违法所得意见书，应当由有管辖权的人民检察院的同级监察机关或者公安机关移送。

【重点解读】①

检察机关在制作没收违法所得申请书时，需要注意以下几点：

第一，没收违法所得申请书的内容虽然与起诉书类似，但其主要目的不是将被告人的罪行提交人民法院审判，而是对其违法所得进行处理。因此，申请书中既要有犯罪嫌疑人、被告人的犯罪事实，也要有犯罪嫌疑人、被告人的违法所得及其他涉案财产的相关情况，以及提出没收违法所得申请的理由和法律依据。

第二，适用违法所得没收程序的前提之一是犯罪嫌疑人、被告人不能到案，因此，没收违法所得申请书中应当说明犯罪嫌疑人、被告人逃匿，在通缉一年后不能到案或者犯罪嫌疑人、被告人死亡的情况。

第三，为了保证财产利害关系人及时参加诉讼，维护自身合法权益，在检察机关审查期间，犯罪嫌疑人、被告人的近亲属和其他利害关系人对有关财产提出权利要求的，检察机关应当在没收违法所得申请书中说明有关情况，方便人民法院全面了解情况。

★《最高人民法院、最高人民检察院关于适用犯罪嫌疑人、被告人逃匿、死亡案件违法所得没收程序若干问题的规定》（法释〔2017〕1 号，2017 年 1 月 4 日）

第八条　人民检察院向人民法院提出没收违法所得的申请，应当制作没收违法所得申请书。

没收违法所得申请书应当载明以下内容：

（一）犯罪嫌疑人、被告人的基本情况；

（二）案由及案件来源；

（三）犯罪嫌疑人、被告人涉嫌犯罪的事实及相关证据材料；

（四）犯罪嫌疑人、被告人逃匿、被通缉、脱逃、下落不明、死亡的情况；

（五）申请没收的财产的种类、数量、价值、所在地以及已查封、扣押、冻结财产清单和相关法律手续；

（六）申请没收的财产属于违法所得及其他涉案财产的相关事实及证据材料；

（七）提出没收违法所得申请的理由和法律依据；

（八）有无利害关系人以及利害关系人的姓名、身份、住址、联系方式；

（九）其他应当载明的内容。

---

① 参见童建明、万春主编释义书，第 538—539 页。

上述材料需要翻译件的，人民检察院应当将翻译件随没收违法所得申请书一并移送人民法院。

第九条　对于没收违法所得的申请，人民法院应当在三十日内审查完毕，并根据以下情形分别处理：

（一）属于没收违法所得申请受案范围和本院管辖，且材料齐全、有证据证明有犯罪事实的，应当受理；

（二）不属于没收违法所得申请受案范围或者本院管辖的，应当退回人民检察院；

（三）对于没收违法所得申请不符合“有证据证明有犯罪事实”标准要求的，应当通知人民检察院撤回申请，人民检察院应当撤回；

（四）材料不全的，应当通知人民检察院在七日内补送，七日内不能补送的，应当退回人民检察院。

第十条　同时具备以下情形的，应当认定为本规定第九条规定的“有证据证明有犯罪事实”：

（一）有证据证明发生了犯罪事实；

（二）有证据证明该犯罪事实是犯罪嫌疑人、被告人实施的；

（三）证明犯罪嫌疑人、被告人实施犯罪行为的证据真实、合法。

298.3.6　检察机关对自侦案件提出没收违法所得

★《检察院规则》（2019）

第五百二十七条　人民检察院直接受理侦查的案件，犯罪嫌疑人死亡而撤销案件，符合刑事诉讼法第二百九十八条第一款规定条件的，负责侦查的部门应当启动违法所得没收程序进行调查。

负责侦查的部门进行调查应当查明犯罪嫌疑人涉嫌的犯罪事实，犯罪嫌疑人死亡的情况，以及犯罪嫌疑人的违法所得及其他涉案财产的情况，并可以对违法所得及其他涉案财产依法进行查封、扣押、查询、冻结。

负责侦查的部门认为符合刑事诉讼法第二百九十八条第一款规定条件的，应当写出没收违法所得意见书，连同案卷材料一并移送有管辖权的人民检察院负责侦查的部门，并由有管辖权的人民检察院负责侦查的部门移送本院负责捕诉的部门。

负责捕诉的部门对没收违法所得意见书进行审查，作出是否提出没收违法所得申请的决定，具体程序按照本规则第五百二十二条、第五百二十三条的规定办理。

【重点解读】①

在违法所得没收程序中，人民检察院主要是针对犯罪嫌疑人的违法所得及其他涉案财产进行调查，而不是对犯罪嫌疑人的犯罪事实进行侦查，故采用“调查”而非“侦查”概念。

298.3.7　检察机关径行提出没收违法所得申请的情形

★《检察院规则》（2019）

第五百二十八条　在人民检察院审查起诉过程中，犯罪嫌疑人死亡，或者贪污贿赂犯罪、恐怖活动犯罪等重大犯罪案件的犯罪嫌疑人逃匿，在通缉一年后不能到案，依照刑法规定应当追缴其违法所得及其他涉案财产的，人民检

① 参见童建明、万春主编释义书，第547页。

察院可以直接提出没收违法所得的申请。

在人民法院审理案件过程中，被告人死亡而裁定终止审理，或者被告人脱逃而裁定中止审理，人民检察院可以依法另行向人民法院提出没收违法所得的申请。

★《最高人民法院、最高人民检察院、公安部、国家安全部、司法部、全国人大常委会法制工作委员会关于实施刑事诉讼法若干问题的规定》（2012 年 12 月 26 日）

38. 犯罪嫌疑人、被告人死亡，现有证据证明存在违法所得及其他涉案财产应当予以没收的，公安机关、人民检察院可以进行调查。公安机关、人民检察院进行调查，可以依法进行查封、扣押、查询、冻结。

人民法院在审理案件过程中，被告人死亡的，应当裁定终止审理；被告人脱逃的，应当裁定中止审理。人民检察院可以依法另行向人民法院提出没收违法所得的申请。

298. 3. 8　法院对违法所得没收申请的审查及处理

★《法院解释》（2021）

第六百一十一条　犯罪嫌疑人、被告人死亡，依照刑法规定应当追缴其违法所得及其他涉案财产，人民检察院提出没收违法所得申请的，人民法院应当依法受理。

第六百一十二条　对人民检察院提出的没收违法所得申请，人民法院应当审查以下内容：

（一）是否属于可以适用违法所得没收程序的案件范围；

（二）是否属于本院管辖；

（三）是否写明犯罪嫌疑人、被告人基本情况，以及涉嫌有关犯罪的情况，并附证据材料；

（四）是否写明犯罪嫌疑人、被告人逃匿、被通缉、脱逃、下落不明、死亡等情况，并附证据材料；

（五）是否列明违法所得及其他涉案财产的种类、数量、价值、所在地等，并附证据材料；

（六）是否附有查封、扣押、冻结违法所得及其他涉案财产的清单和法律手续；

（七）是否写明犯罪嫌疑人、被告人有无利害关系人，利害关系人的姓名、身份、住址、联系方式及其要求等情况；

（八）是否写明申请没收的理由和法律依据；

（九）其他依法需要审查的内容和材料。

前款规定的材料需要翻译件的，人民法院应当要求人民检察院一并移送。

第六百一十三条　对没收违法所得的申请，人民法院应当在三十日以内审查完毕，并按照下列情形分别处理：

（一）属于没收违法所得申请受案范围和本院管辖，且材料齐全、有证据证明有犯罪事实的，应当受理；

（二）不属于没收违法所得申请受案范围或者本院管辖的，应当退回人民检察院；

（三）没收违法所得申请不符合“有证据证明有犯罪事实”标准要求的，应当通知人民检察院撤回申请；

（四）材料不全的，应当通知人民检察院在七日以内补送；七日以内不能补送的，应当退回人民检察院。

人民检察院尚未查封、扣押、冻结申请没收的财产或者查封、扣押、冻结期限即将届满，涉案财产有被隐匿、转移或者毁损、灭失危险的，人民法院可以查封、扣押、冻结申请没收的财产。

298.4　规范性文件

298.4.1　侦查机关提出没收违法所得意见的要求

★《**公安规定**》(2020)

第三百三十九条　有下列情形之一，依照刑法规定应当追缴其违法所得及其他涉案财产的，经县级以上公安机关负责人批准，公安机关应当写出没收违法所得意见书，连同相关证据材料一并移送同级人民检察院：

(一)恐怖活动犯罪等重大犯罪案件，犯罪嫌疑人逃匿，在通缉一年后不能到案的；

(二)犯罪嫌疑人死亡的。

犯罪嫌疑人死亡，现有证据证明其存在违法所得及其他涉案财产应当予以没收的，公安机关可以进行调查。公安机关进行调查，可以依法进行查封、扣押、查询、冻结。

第三百四十条　没收违法所得意见书应当包括以下内容：

(一)犯罪嫌疑人的基本情况；

(二)犯罪事实和相关的证据材料；

(三)犯罪嫌疑人逃匿、被通缉或者死亡的情况；

(四)犯罪嫌疑人的违法所得及其他涉案财产的种类、数量、所在地；

(五)查封、扣押、冻结的情况等。

★《**国安规定**》(2024)

第三百五十二条　对于重大的危害国家安全案件，犯罪嫌疑人逃匿、在通缉一年后不能到案或者死亡，依照法律和有关规定应当追缴其违法所得及其他涉案财产的，经国家安全机关负责人批准，制作没收违法所得意见书，连同案卷材料、证据一并移送同级人民检察院审查决定。

犯罪嫌疑人死亡，现有证据证明存在违法所得及其他涉案财产应当予以没收的，国家安全机关可以进行调查。国家安全机关进行调查，可以依法进行查封、扣押、查询、冻结。

第三百五十三条　犯罪嫌疑人为逃避侦查和刑事追究潜逃、隐匿，或者在刑事诉讼过程中脱逃的，应当认定为“逃匿”。

犯罪嫌疑人因意外事故下落不明满二年，或者因意外事故下落不明，经有关机关证明其不可能生存的，按照前款规定处理。

第三百五十四条　犯罪嫌疑人通过实施犯罪直接或者间接产生、获得的任何财产，应当认定为“违法所得”。

违法所得已经部分或者全部转变、转化为其他财产的，转变、转化后的财产应当视为前款规定的“违法所得”。

来自违法所得转变、转化后的财产收益，或者来自已经与违法所得相混合财产中违法所得相应部分的收益，也应当视为第一款规定的“违法所得”。

第三百五十五条　犯罪嫌疑人非法持有的违禁品、供犯罪所用的本人财物，属于“其他涉案财产”。

第三百五十六条　没收违法所得意见书应当包括以下内容：

(一)犯罪嫌疑人的基本情况；

(二)犯罪事实和相关的证据

材料；

（三）犯罪嫌疑人逃匿、被通缉或者死亡的情况；

（四）犯罪嫌疑人的违法所得及其他涉案财产的种类、数量、所在地；

（五）查封、扣押、冻结的情况等。

第三百五十七条　国家安全机关将没收违法所得意见书移送人民检察院后，在逃的犯罪嫌疑人自动投案或者被抓获的，国家安全机关应当及时通知同级人民检察院。

298.4.2　公安机关临时处置涉案财产的要求

★《最高人民法院、最高人民检察院、公安部、国家安全部、司法部、全国人大常委会法制工作委员会关于实施刑事诉讼法若干问题的规定》（2012年12月26日）

37. 刑事诉讼法第一百四十二条第一款①中规定："人民检察院、公安机关根据侦查犯罪的需要，可以依照规定查询、冻结犯罪嫌疑人的存款、汇款、债券、股票、基金份额等财产。"根据上述规定，人民检察院、公安机关不能扣划存款、汇款、债券、股票、基金份额等财产。对于犯罪嫌疑人、被告人死亡，依照刑法规定应当追缴其违法所得及其他涉案财产的，适用刑事诉讼法第五编第三章②规定的程序，由人民检察院向人民法院提出没收违法所得的申请。

38. 犯罪嫌疑人、被告人死亡，现有证据证明存在违法所得及其他涉案财产应当予以没收的，公安机关、人民检察院可以进行调查。公安机关、人民检察院进行调查，可以依法进行查封、扣押、查询、冻结。

人民法院在审理案件过程中，被告人死亡的，应当裁定终止审理；被告人脱逃的，应当裁定中止审理。人民检察院可以依法另行向人民法院提出没收违法所得的申请。

★《公安规定》（2020）

第三百三十九条　有下列情形之一，依照刑法规定应当追缴其违法所得及其他涉案财产的，经县级以上公安机关负责人批准，公安机关应当写出没收违法所得意见书，连同相关证据材料一并移送同级人民检察院：

（一）恐怖活动犯罪等重大犯罪案件，犯罪嫌疑人逃匿，在通缉一年后不能到案的；

（二）犯罪嫌疑人死亡的。

犯罪嫌疑人死亡，现有证据证明其存在违法所得及其他涉案财产应当予以没收的，公安机关可以进行调查。公安机关进行调查，可以依法进行查封、扣押、查询、冻结。

【重点解读】③

在违法所得没收程序中，公安机关采取"查封、扣押、查询、冻结"等侦查措施，可以参照侦查一章的规定执行。

298.5　指导与参考案例

298.5.1　共同犯罪提出没收违法所得申请的条件

【最高人民检察院指导性案例】

［检例第128号］彭旭峰受贿，贾斯语受贿、洗钱违法所得没收案

办案要旨：对于跨境转移贪污贿赂

---

① 2018年刑事诉讼法第一百四十四条第一款。

② 2018年刑事诉讼法第五编第四章。

③ 参见孙茂利主编书，第768页。

所得的洗钱犯罪案件，检察机关应当依法适用特别程序追缴贪污贿赂违法所得。对于犯罪嫌疑人、被告人转移至境外的财产，如果有证据证明具有高度可能属于违法所得及其他涉案财产的，可以依法申请予以没收。对于共同犯罪的主犯逃匿境外，其他共同犯罪人已经在境内依照普通刑事诉讼程序处理的案件，应当充分考虑主犯应对全案事实负责以及国际刑事司法协助等因素，依法审慎适用特别程序追缴违法所得。

298.5.2　违法所得没收案件的立案审查

【刑事审判参考案例】

［第 1470 号］刘某某受贿违法所得没收案

裁判要旨：违法所得没收申请案件的立案审查属于实质审查，并非简单的登记立案。对于检察机关提起的申请，法院经审查发现材料不全，不符合立案条件的，应当通知检察机关补送。检察机关可以撤回申请，经依法补充完善材料后，重新提出申请。

299　违法所得没收申请的审理

299.1　法条规定

第二百九十九条　没收违法所得的申请，由犯罪地或者犯罪嫌疑人、被告人居住地的中级人民法院组成合议庭进行审理。

人民法院受理没收违法所得的申请后，应当发出公告。公告期间为六个月。犯罪嫌疑人、被告人的近亲属和其他利害关系人有权申请参加诉讼，也可以委托诉讼代理人参加诉讼。

人民法院在公告期满后对没收违法所得的申请进行审理。利害关系人参加诉讼的，人民法院应当开庭审理。

【立法释义】①

本条规定明确了违法所得没收申请的审理程序。作为特殊的“对物之诉”，因犯罪嫌疑人、被告人并不在案，违法所得没收案件的审理难度较小，但权利保障的难度较大。关于违法所得没收申请的审理，应当关注以下事项：

第一，案件管辖。没收违法所得的申请，由犯罪地或者犯罪嫌疑人、被告人居住地的中级人民法院管辖。该程序系新型的特别程序，在犯罪嫌疑人、被告人不在案的情况下，既要审理犯罪事实，又要处理违法所得，容易引发争议。鉴于此，由中级人民法院管辖，并组成合议庭审理，能够体现司法的慎重性，也有助于体现人权保障和正当程序的要求。

第二，公告程序。为保证犯罪嫌疑人、被告人及其近亲属、利害关系人及时知悉审理活动，及时参加诉讼，本条专门规定了公告程序。人民法院受理没收违法所得的申请后，应当在十五日内发布公告。公告期间为六个月，公告期间不适用中止、中断、延长的规定。

《法院解释》第六百一十四条、第六百一十五条规定了公告应当载明的内容及公告方式。公告应当在全国公开发行的报纸、信息网络媒体和最高人民法院的官方网站发布，并在人民法院公告栏发布。必要时，公告可以在犯罪

① 参见王爱立主编书，第 651—653 页。

地、犯罪嫌疑人、被告人居住地或者被申请没收财产所在地发布。最后发布的公告的日期为公告日期。发布公告的，应当采取拍照、录像等方式记录发布过程。人民法院已经掌握境内利害关系人联系方式的，应当直接送达含有公告内容的通知；直接送达有困难的，可以委托代为送达、邮寄送达。经受送达人同意的，可以采用传真、电子邮件等能够确认其收悉的方式告知公告内容，并记录在案。人民法院已经掌握境外犯罪嫌疑人、被告人、利害关系人联系方式，经受送达人同意的，可以采用传真、电子邮件等能够确认其收悉的方式告知公告内容，并记录在案；受送达人未表示同意，或者人民法院未掌握境外犯罪嫌疑人、被告人、利害关系人联系方式，其所在国、地区的主管机关明确提出应当向受送达人送达含有公告内容的通知的，人民法院可以决定是否送达。决定送达的，应当依照有关规定请求所在国、地区提供司法协助。

在公告期间，犯罪嫌疑人、被告人的近亲属和其他利害关系人有权申请参加诉讼，也可以委托诉讼代理人参加诉讼。所谓“其他利害关系人”，是指除犯罪嫌疑人、被告人的近亲属外，其他对申请没收的财产主张权利的自然人和单位。犯罪嫌疑人、被告人的近亲属和其他利害关系人申请参加诉讼的，应当在公告期间内提出。犯罪嫌疑人、被告人的近亲属应当提供其与犯罪嫌疑人、被告人关系的证明材料，其他利害关系人应当提供证明其对违法所得及其他涉案财产主张权利的证据材料。

利害关系人可以委托诉讼代理人参加诉讼。利害关系人在境外委托的，应当委托具有中华人民共和国律师资格并依法取得执业证书的律师；在境外委托的，应当依照有关规定对授权委托进行公证、认证。利害关系人在公告期满后申请参加诉讼，能够合理说明理由的，人民法院应当准许。

第三，审理程序。鉴于犯罪嫌疑人、被告人无法参与审理程序，为依法维护其合法权益，可以委托诉讼代理人参与程序。《法院解释》第六百一十八条规定，犯罪嫌疑人、被告人逃匿境外，委托诉讼代理人申请参加诉讼，且违法所得或者其他涉案财产所在国、地区主管机关明确提出意见予以支持的，人民法院可以准许。人民法院准许参加诉讼的，犯罪嫌疑人、被告人的诉讼代理人依照本解释关于利害关系人的诉讼代理人的规定行使诉讼权利。

公告期满后，人民法院应当组成合议庭对申请没收违法所得的案件进行审理。利害关系人申请参加或者委托诉讼代理人参加诉讼的，人民法院应当开庭审理。《法院解释》第六百一十九条第二款规定，没有利害关系人申请参加诉讼的，或者利害关系人及其诉讼代理人无正当理由拒不到庭的，可以不开庭审理。

《法院解释》第六百二十条参照公诉案件第一审普通程序，规定了开庭审理申请没收违法所得案件的基本流程。《检察院规则》五百二十九条规定，人民法院对没收违法所得的申请进行审理，人民检察院应当承担举证责任。人民法院对没收违法所得的申请开庭审理的，人民检察院应当派员出席法庭。需要强调的是，利害关系人接到通知后无正当理由拒不到庭，或者未经法庭许可中途退庭的，可以转为不开庭审理，但还有其他利害关系人参加诉讼的除外。

299.2 司法解释

299.2.1 检察机关对没收违法所得申请的举证责任

★《检察院规则》(2019)

第五百二十九条　人民法院对没收违法所得的申请进行审理，人民检察院应当承担举证责任。

人民法院对没收违法所得的申请开庭审理的，人民检察院应当派员出席法庭。

第五百三十条　出席法庭的检察官应当宣读没收违法所得申请书，并在法庭调查阶段就申请没收的财产属于违法所得及其他涉案财产等相关事实出示、宣读证据。

【最高人民检察院指导性案例】

［检例第127号］白静贪污违法所得没收案

办案要旨：检察机关提出没收违法所得申请，应有证据证明申请没收的财产直接或者间接来源于犯罪所得，或者能够排除财产合法来源的可能性。人民检察院出席申请没收违法所得案件庭审，应当重点对于申请没收的财产属于违法所得进行举证。对于专业性较强的案件，可以申请鉴定人出庭。

299.2.2 没收违法所得案件的公告与送达

★《法院解释》(2021)

第六百一十四条　人民法院受理没收违法所得的申请后，应当在十五日以内发布公告。公告应当载明以下内容：

(一)案由、案件来源；

(二)犯罪嫌疑人、被告人的基本情况；

(三)犯罪嫌疑人、被告人涉嫌犯罪的事实；

(四)犯罪嫌疑人、被告人逃匿、被通缉、脱逃、下落不明、死亡等情况；

(五)申请没收的财产的种类、数量、价值、所在地等以及已查封、扣押、冻结财产的清单和法律手续；

(六)申请没收的财产属于违法所得及其他涉案财产的相关事实；

(七)申请没收的理由和法律依据；

(八)利害关系人申请参加诉讼的期限、方式以及未按照该期限、方式申请参加诉讼可能承担的不利法律后果；

(九)其他应当公告的情况。

公告期为六个月，公告期间不适用中止、中断、延长的规定。

第六百一十五条　公告应当在全国公开发行的报纸、信息网络媒体、最高人民法院的官方网站发布，并在人民法院公告栏发布。必要时，公告可以在犯罪地、犯罪嫌疑人、被告人居住地或者被申请没收财产所在地发布。最后发布的公告的日期为公告日期。发布公告的，应当采取拍照、录像等方式记录发布过程。

人民法院已经掌握境内利害关系人联系方式的，应当直接送达含有公告内容的通知；直接送达有困难的，可以委托代为送达、邮寄送达。经受送达人同意的，可以采用传真、电子邮件等能够确认其收悉的方式告知公告内容，并记录在案。

人民法院已经掌握境外犯罪嫌疑

人、被告人、利害关系人联系方式，经受送达人同意的，可以采用传真、电子邮件等能够确认其收悉的方式告知公告内容，并记录在案；受送达人未表示同意，或者人民法院未掌握境外犯罪嫌疑人、被告人、利害关系人联系方式，其所在国、地区的主管机关明确提出应当向受送达人送达含有公告内容的通知的，人民法院可以决定是否送达。决定送达的，应当依照本解释第四百九十三条的规定请求所在国、地区提供司法协助。

★《最高人民法院、最高人民检察院关于适用犯罪嫌疑人、被告人逃匿、死亡案件违法所得没收程序若干问题的规定》（法释〔2017〕1号，2017年1月4日）

第十一条　人民法院受理没收违法所得的申请后，应当在十五日内发布公告，公告期为六个月。公告期间不适用中止、中断、延长的规定。

公告应当载明以下内容：

（一）案由、案件来源以及属于本院管辖；

（二）犯罪嫌疑人、被告人的基本情况；

（三）犯罪嫌疑人、被告人涉嫌犯罪的事实；

（四）犯罪嫌疑人、被告人逃匿、被通缉、脱逃、下落不明、死亡的情况；

（五）申请没收的财产的种类、数量、价值、所在地以及已查封、扣押、冻结财产的清单和相关法律手续；

（六）申请没收的财产属于违法所得及其他涉案财产的相关事实；

（七）申请没收的理由和法律依据；

（八）利害关系人申请参加诉讼的期限、方式以及未按照该期限、方式申请参加诉讼可能承担的不利法律后果；

（九）其他应当公告的情况。

第十二条　公告应当在全国公开发行的报纸、信息网络等媒体和最高人民法院的官方网站刊登、发布，并在人民法院公告栏张贴。必要时，公告可以在犯罪地、犯罪嫌疑人、被告人居住地或者被申请没收财产所在地张贴。公告最后被刊登、发布、张贴日期为公告日期。人民法院张贴公告的，应当采取拍照、录像等方式记录张贴过程。

人民法院已经掌握境内利害关系人联系方式的，应当直接送达含有公告内容的通知；直接送达有困难的，可以委托代为送达、邮寄送达。经受送达人同意的，可以采用传真、电子邮件等能够确认其收悉的方式告知其公告内容，并记录在案；人民法院已经掌握境外犯罪嫌疑人、被告人、利害关系人联系方式，经受送达人同意的，可以采用传真、电子邮件等能够确认其收悉的方式告知其公告内容，并记录在案；受送达人未作出同意意思表示，或者人民法院未掌握境外犯罪嫌疑人、被告人、利害关系人联系方式，其所在地国（区）主管机关明确提出应当向受送达人送达含有公告内容的通知的，受理没收违法所得申请案件的人民法院可以决定是否送达。决定送达的，应当将公告内容层报最高人民法院，由最高人民法院依照刑事司法协助条约、多边公约，或者按照对等互惠原则，请求受送达人所在地国（区）的主管机关协助送达。

299.2.3　利害关系人等参与违法所得没收程序

★《法院解释》（2021）

第六百一十六条　刑事诉讼法第

二百九十九条第二款、第三百条第二款规定的“其他利害关系人”，是指除犯罪嫌疑人、被告人的近亲属以外的，对申请没收的财产主张权利的自然人和单位。

第六百一十七条　犯罪嫌疑人、被告人的近亲属和其他利害关系人申请参加诉讼的，应当在公告期间内提出。犯罪嫌疑人、被告人的近亲属应当提供其与犯罪嫌疑人、被告人关系的证明材料，其他利害关系人应当提供证明其对违法所得及其他涉案财产主张权利的证据材料。

利害关系人可以委托诉讼代理人参加诉讼。委托律师担任诉讼代理人的，应当委托具有中华人民共和国律师资格并依法取得执业证书的律师；在境外委托的，应当依照本解释第四百八十六条的规定对授权委托进行公证、认证。

利害关系人在公告期满后申请参加诉讼，能够合理说明理由的，人民法院应当准许。

第六百一十八条　犯罪嫌疑人、被告人逃匿境外，委托诉讼代理人申请参加诉讼，且违法所得或者其他涉案财产所在国、地区主管机关明确提出意见予以支持的，人民法院可以准许。

人民法院准许参加诉讼的，犯罪嫌疑人、被告人的诉讼代理人依照本解释关于利害关系人的诉讼代理人的规定行使诉讼权利。

★《最高人民法院、最高人民检察院关于适用犯罪嫌疑人、被告人逃匿、死亡案件违法所得没收程序若干问题的规定》（法释〔2017〕1 号，2017 年 1 月 4 日）

第十三条　利害关系人申请参加诉讼的，应当在公告期间内提出，并提供与犯罪嫌疑人、被告人关系的证明材料或者证明其可以对违法所得及其他涉案财产主张权利的证据材料。

利害关系人可以委托诉讼代理人参加诉讼。利害关系人在境外委托的，应当委托具有中华人民共和国律师资格并依法取得执业证书的律师，依照《最高人民法院关于适用〈中华人民共和国刑事诉讼法〉的解释》第四百零三条①的规定对授权委托进行公证、认证。

利害关系人在公告期满后申请参加诉讼，能够合理说明理由的，人民法院应当准许。

【重点解读】②

“中华人民共和国律师”通常指的是中国内地执业律师，不包括港澳台执业律师。

299.2.4　没收违法所得案件的审理程序

★《法院解释》（2021）

第六百一十九条　公告期满后，人民法院应当组成合议庭对申请没收违法所得的案件进行审理。

利害关系人申请参加或者委托诉讼代理人参加诉讼的，应当开庭审理。没有利害关系人申请参加诉讼的，或者利害关系人及其诉讼代理人无正当理由拒不到庭的，可以不开庭审理。

人民法院确定开庭日期后，应当将

---

① 2021 年《法院解释》第四百八十六条。

② 参见裴显鼎、王晓东、刘晓虎：《〈关于适用犯罪嫌疑人、被告人逃匿、死亡案件违法所得没收程序若干问题的规定〉的理解与适用》，载《人民司法》2017 年第 16 期。

开庭的时间、地点通知人民检察院、利害关系人及其诉讼代理人、证人、鉴定人、翻译人员。通知书应当依照本解释第六百一十五条第二款、第三款规定的方式，至迟在开庭审理三日以前送达；受送达人在境外的，至迟在开庭审理三十日以前送达。

第六百二十条　开庭审理申请没收违法所得的案件，按照下列程序进行：

（一）审判长宣布法庭调查开始后，先由检察员宣读申请书，后由利害关系人、诉讼代理人发表意见；

（二）法庭应当依次就犯罪嫌疑人、被告人是否实施了贪污贿赂犯罪、恐怖活动犯罪等重大犯罪并已经通缉一年不能到案，或者是否已经死亡，以及申请没收的财产是否依法应当追缴进行调查；调查时，先由检察员出示证据，后由利害关系人、诉讼代理人出示证据，并进行质证；

（三）法庭辩论阶段，先由检察员发言，后由利害关系人、诉讼代理人发言，并进行辩论。

利害关系人接到通知后无正当理由拒不到庭，或者未经法庭许可中途退庭的，可以转为不开庭审理，但还有其他利害关系人参加诉讼的除外。

第六百二十七条　审理申请没收违法所得案件的期限，参照公诉案件第一审普通程序和第二审程序的审理期限执行。

公告期间和请求刑事司法协助的时间不计入审理期限。

★《最高人民法院、最高人民检察院关于适用犯罪嫌疑人、被告人逃匿、死亡案件违法所得没收程序若干问题的规定》（法释〔2017〕1号，2017年1月4日）

第十四条　人民法院在公告期满后由合议庭对没收违法所得申请案件进行审理。

利害关系人申请参加及委托诉讼代理人参加诉讼的，人民法院应当开庭审理。利害关系人及其诉讼代理人无正当理由拒不到庭，且无其他利害关系人和其他诉讼代理人参加诉讼的，人民法院可以不开庭审理。

人民法院对没收违法所得申请案件开庭审理的，人民检察院应当派员出席。

人民法院确定开庭日期后，应当将开庭的时间、地点通知人民检察院、利害关系人及其诉讼代理人、证人、鉴定人员、翻译人员。通知书应当依照本规定第十二条第二款规定的方式至迟在开庭审理三日前送达；受送达人在境外的，至迟在开庭审理三十日前送达。

第十五条　出庭的检察人员应当宣读没收违法所得申请书，并在法庭调查阶段就申请没收的财产属于违法所得及其他涉案财产等相关事实出示、宣读证据。

对于确有必要出示但可能妨碍正在或者即将进行的刑事侦查的证据，针对该证据的法庭调查不公开进行。

利害关系人及其诉讼代理人对申请没收的财产属于违法所得及其他涉案财产等相关事实及证据有异议的，可以提出意见；对申请没收的财产主张权利的，应当出示相关证据。

【重点解读】①

没收违法所得案件不得独任审判，合议庭组成人员可以包括人民陪审员。

对于已经开庭审理的案件，利害关系人及其诉讼代理人无正当理由退庭，且无其他利害关系人和其他诉讼代理人参加诉讼的，人民法院可以转为不开庭审理。

关于庭审设置问题，可以将出庭的检察人员席位设置在审判台的右侧，利害关系人及其诉讼代理人席位并排设置在审判台左侧，证人、鉴定人、翻译人员席位设置在审判台对面两侧（通常检察机关申请出庭的证人、鉴定人设置在审判台对面右侧，即靠近检察人员席位一侧；利害关系人申请出庭的证人、鉴定人设置在审判台对面左侧，即靠近利害关系人席位一侧）。犯罪嫌疑人、被告人委托诉讼代理人参加诉讼，人民法院准许的，犯罪嫌疑人、被告人的诉讼代理人席位设置在证人席位与利害关系人及其诉讼代理人席位中间。

299.3　指导与参考案例

299.3.1　违法所得没收程序的公告

【刑事审判参考案例】

［第 1468 号］张正欣贪污违法所得没收案

裁判要旨：公告是一种拟制送达方式。在违法所得没收程序中，可以在送达公告中一并公布开庭时间。六个月公告期已经给予利益关系人足够的时间，利害关系人可以在这个期间内申请参加诉讼并进行应诉准备，因利害关系人在获悉公告内容的同时明确知道开庭日期，一般都有足够的应诉准备时间。即便如此，公告期满后，法庭仍然会根据公告后的应诉情况再预留足够的应诉准备时间，且在开庭前的任何时候，参加诉讼的当事人提出延期开庭审理的，法院均会参照法律的一般规定审查申请事由，即在公布开庭日期后可以视情作出延期审理的决定。

299.3.2　利害关系人的认定及其权利

【刑事审判参考案例】

［第 1472 号］黄艳兰贪污违法所得没收案

裁判要旨：对涉案房产享有抵押权的银行属于适格利害关系人。对于不符合善意第三人认定条件的情形，不能认定为适格的利害关系人。犯罪行为所得财产及其收益均属于违法所得。对于银行类善意第三人，在按揭贷款购房欠款及延迟履行期间的一般债务利息在按揭贷款情形中，如进行了抵押担保，其财产权益依法应当保护。对于支付延迟履行期间的逾期利息和加倍债务利息（罚息）不予支持。

299.3.3　利害关系人的认定标准

【人民法院案例库案例】

［入库编号：2023－03－1－402－006］黄某某贪污违法所得没收案——违法所得没收程序中利害关系人的认定及其合法权益的界定

（1）利害关系人不限于对申请没收的财产主张所有权的人，担保物权人等其他享有财产权利的相关权利人亦

① 参见裴显鼎、王晓东、刘晓虎：《〈关于适用犯罪嫌疑人、被告人逃匿、死亡案件违法所得没收程序若干问题的规定〉的理解与适用》，载《人民司法》2017 年第 16 期。

属于利害关系人。只要是在启动违法所得没收程序之前善意取得的财产权利都应当受到承认与保护。如果违法所得没收裁定可能直接导致权利主张者丧失在涉案财产上的权利，就应当准许相关权利人提出主张。

（2）贪污贿赂等犯罪行为直接或者间接获得财产，部分或者全部转变、转化的财产及其收益，以及来自违法所得相混合财产中违法所得相应部分的收益，均应视为“违法所得及其他涉案财产”。

（3）在使用赃款进行按揭贷款的情形下，对于按揭贷款欠款、迟延履行期间的一般债务利息应予支持，对于支付迟延履行期间的逾期利息和加倍债务利息（罚息）的主张不予支持。

299.3.4　利害关系人参与诉讼的举证责任

【最高人民检察院指导性案例】

［检例第 129 号］黄艳兰贪污违法所得没收案

办案要旨：检察机关在适用违法所得没收程序中，应当承担证明有犯罪事实以及申请没收的财产属于违法所得及其他涉案财产的举证责任。利害关系人及其诉讼代理人参加诉讼并主张权利，但不能提供合法证据或者其主张明显与事实不符的，应当依法予以辩驳。善意第三方对申请没收财产享有合法权利的，应当依法予以保护。

299.3.5　利害关系人撤回申请的处理

【刑事审判参考案例】

［第 1471 号］徐进贪污、受贿违法所得没收申请案

裁判要旨：对于在公告期间向人民法院提出参加诉讼的申请，人民法院应当进行资格审查，除犯罪嫌疑人、被告人的近亲属外，对于其他利害关系人，审查的标准是申请人与检察机关申请没收的财产有利害关系。利害关系人提出撤回申请后，人民法院可以选择继续开庭审理，并通知利害关系人到庭参加诉讼。利害关系人在庭审时当庭放弃对涉案财产主张权利，人民法院应当在裁判文书中载明，明确财产权利的归属。

299.3.6　违法所得的认定标准

【最高人民检察院指导性案例】

［检例第 130 号］任润厚受贿、巨额财产来源不明违法所得没收案

办案要旨：涉嫌巨额财产来源不明犯罪的人在立案前死亡，依照刑法规定应当追缴其违法所得及其他涉案财产的，可以依法适用违法所得没收程序。对涉案的巨额财产，可以由其近亲属或其他利害关系人说明来源。没有近亲属或其他利害关系人主张权利或者说明来源，或者近亲属或其他利害关系人主张权利所提供的证据达不到相应证明标准，或说明的来源经查证不属实的，依法认定为违法所得予以申请没收。违法所得与合法财产混同并产生孳息的，可以按照违法所得占比计算孳息予以申请没收。

【刑事审判参考案例】

［第 1474 号］白静贪污违法所得没收案

裁判要旨：违法所得没收程序中对犯罪事实的认定适用“有证据证明有犯罪事实”标准。在立案审查阶段重点审查是否有犯罪事实，审查标准是有证据证明有犯罪事实。在庭审阶段重点调

查的是申请没收的财产是否属于违法所得及其他涉案财产。对违法所得的认定适用“高度可能”标准。违法所得没收程序不解决犯罪嫌疑人、被告人的定罪量刑问题,本质上是民事确认之诉,高度可能是基于优势证据原则产生的对财物确认权属的唯一证明标准。

299.3.7　违法所得没收案件的审理要点

【刑事审判参考案例】

［第 1235 号］任润厚受贿、贪污、巨额财产来源不明违法所得没收申请案

裁判要旨:第一,犯罪嫌疑人实施犯罪的事实认定。人民法院应当组成合议庭,在立案受理阶段审查认定犯罪事实。通过将实施犯罪事实的审查关口前移,客观上提高了没收违法所得申请案件的立案受理门槛,有利于尽早发现查封、扣押、冻结是否存在错误,能够在一定程度上避免对当事人合法财产侵害的不当扩大。对犯罪事实的认定,没收违法所得申请案件的证明标准是“有证据证明有犯罪事实”,相比排除合理怀疑标准,“有证据证明有犯罪事实”的证明标准在证明力度和要求上均有所降低。在立案受理阶段,人民法院应当严格按照“有证据证明有犯罪事实”的证明标准对有关实施犯罪的事实进行审查并准确定性,把好证据关、事实关、定性关,防止“带病”起诉。

第二,准确区分违法所得及其他涉案财产与犯罪嫌疑人、被告人、利害关系人的合法财产。由于有关刑事部分的事实和证据已在立案阶段审查,没收违法所得申请案件在审理过程中,应当重点对申请没收的财产是否属于违法所得及其他涉案财产进行审理。对申请没收财产的财产认定采用“高度盖然性证明标准”,即在优势证据证明标准基础上,进一步要求证据优势必须达到高度盖然的程度。

第三,在犯罪嫌疑人死亡案件中认定实施巨额财产来源不明犯罪。对于法院在立案阶段查明有证据证明犯罪嫌疑人、被告人实施了巨额财产来源不明犯罪的情形,如果审理阶段没有利害关系人对申请没收的相应财产主张权利,或者虽然主张权利但未提供相关证据,或提供的证据没有达到优势证据的证明标准,即可以认定相应财产属于巨额财产来源不明违法所得及其他涉案财产,裁定予以没收。

300　违法所得没收申请的处理

300.1　法条规定

第三百条　人民法院经审理,对经查证属于违法所得及其他涉案财产,除依法返还被害人的以外,应当裁定予以没收;对不属于应当追缴的财产的,应当裁定驳回申请,解除查封、扣押、冻结措施。

对于人民法院依照前款规定作出的裁定,犯罪嫌疑人、被告人的近亲属和其他利害关系人或者人民检察院可以提出上诉、抗诉。

【立法释义】①

本条规定明确了违法所得没收申请的处理,以及对裁定的上诉、抗诉。人民法院对违法所得没收申请进行审理后,应当依法作出裁定。关于裁定方

① 参见王爱立主编书,第 654—656 页。

式及其法律救济,应当关注以下事项:

第一,裁定方式。违法所得没收程序,并不最终决定犯罪嫌疑人、被告人的罪责刑问题,故采用裁定方式对违法所得没收申请作出处理。《法院解释》第六百二十一条第一款规定了没收违法所得案件的处理方式。具体包括:(1)申请没收的财产属于违法所得及其他涉案财产的,除依法返还被害人的以外,应当裁定没收;(2)不符合法定的没收违法所得的条件的,应当裁定驳回申请,解除查封、扣押、冻结措施。

需要指出的是,关于违法所得及其他涉案财产的认定,应当满足特定的证明标准。《法院解释》第六百二十一条第二款规定,申请没收的财产具有高度可能属于违法所得及其他涉案财产的,应当认定为"申请没收的财产属于违法所得及其他涉案财产"。在巨额财产来源不明犯罪案件中,没有利害关系人对违法所得及其他涉案财产主张权利,或者利害关系人对违法所得及其他涉案财产虽然主张权利但提供的相关证据没有达到相应证明标准的,应当视为"申请没收的财产属于违法所得及其他涉案财产"。对于这两种情形,人民检察院的举证难度存在一定差异。

第二,救济方式。对于人民法院没收违法所得或者驳回申请的裁定,犯罪嫌疑人、被告人的近亲属和其他利害关系人或者人民检察院可以在五日以内提出上诉、抗诉。根据《法院解释》第六百二十三条的规定,第二审人民法院经审理,应当根据情况分别作出裁定:(1)第一审裁定认定事实清楚和适用法律正确的,应当驳回上诉或者抗诉,维持原裁定;(2)第一审裁定认定事实清楚,但适用法律有错误的,应当改变原裁定;(3)第一审裁定认定事实不清的,可以在查清事实后改变原裁定,也可以撤销原裁定,发回原审人民法院重新审判;(4)第一审裁定违反法定诉讼程序,可能影响公正审判的,应当撤销原裁定,发回原审人民法院重新审判。

此外,利害关系人与违法所得没收程序存在直接的利益关联,应当依法保障其诉讼参与权。《法院解释》第六百二十四条规定,利害关系人非因故意或者重大过失在第一审期间未参加诉讼,在第二审期间申请参加诉讼的,人民法院应当准许,并裁定撤销原裁定,发回原审人民法院重新审判。

300.2 司法解释

300.2.1 检察机关对违法所得没收程序的监督

★《检察院规则》(2019)

第五百三十一条 人民检察院发现人民法院或者审判人员审理没收违法所得案件违反法律规定的诉讼程序,应当向人民法院提出纠正意见。

人民检察院认为同级人民法院按照违法所得没收程序所作的第一审裁定确有错误的,应当在五日以内向上一级人民法院提出抗诉。

最高人民检察院、省级人民检察院认为下级人民法院按照违法所得没收程序所作的已经发生法律效力的裁定确有错误的,应当按照审判监督程序向同级人民法院提出抗诉。

300.2.2 没收违法所得案件的处理方式

★《法院解释》(2021)

第六百二十一条 对申请没收违

法所得的案件，人民法院审理后，应当按照下列情形分别处理：

（一）申请没收的财产属于违法所得及其他涉案财产的，除依法返还被害人的以外，应当裁定没收；

（二）不符合刑事诉讼法第二百九十八条第一款规定的条件的，应当裁定驳回申请，解除查封、扣押、冻结措施。

申请没收的财产具有高度可能属于违法所得及其他涉案财产的，应当认定为前款规定的“申请没收的财产属于违法所得及其他涉案财产”。巨额财产来源不明犯罪案件中，没有利害关系人对违法所得及其他涉案财产主张权利，或者利害关系人对违法所得及其他涉案财产虽然主张权利但提供的证据没有达到相应证明标准的，应当视为“申请没收的财产属于违法所得及其他涉案财产”。

第六百二十二条　对没收违法所得或者驳回申请的裁定，犯罪嫌疑人、被告人的近亲属和其他利害关系人或者人民检察院可以在五日以内提出上诉、抗诉。

★**《最高人民法院、最高人民检察院关于适用犯罪嫌疑人、被告人逃匿、死亡案件违法所得没收程序若干问题的规定》**（法释〔2017〕1 号，2017 年 1 月 4 日）

第十六条　人民法院经审理认为，申请没收的财产属于违法所得及其他涉案财产的，除依法应当返还被害人的以外，应当予以没收；申请没收的财产不属于违法所得或者其他涉案财产的，应当裁定驳回申请，解除查封、扣押、冻结措施。

300. 2. 3　申请没收的财产的证明标准

★**《最高人民法院、最高人民检察院关于适用犯罪嫌疑人、被告人逃匿、死亡案件违法所得没收程序若干问题的规定》**（法释〔2017〕1 号，2017 年 1 月 4 日）

第十七条　申请没收的财产具有高度可能属于违法所得及其他涉案财产的，应当认定为本规定第十六条规定的“申请没收的财产属于违法所得及其他涉案财产”。

巨额财产来源不明犯罪案件中，没有利害关系人对违法所得及其他涉案财产主张权利，或者利害关系人对违法所得及其他涉案财产虽然主张权利但提供的相关证据没有达到相应证明标准的，应当视为本规定第十六条规定的“申请没收的财产属于违法所得及其他涉案财产”。

【重点解读】①

关于申请没收的财产与犯罪的关联性，采用高度盖然性标准。在违法所得没收程序中，犯罪嫌疑人、被告人不在案，既不能获取其供述，也不能根据其供述收集其他客观性证据，绝大多数案件都难以达到普通刑事诉讼程序排除合理怀疑的标准。另外，违法所得没收程序本质上是对财产所有权的确认之诉，其证明标准与普通刑事诉讼程序相比可以有所降低。

一方面，在庭审过程中，根据“谁主

---

① 参见裴显鼎、王晓东、刘晓虎：《〈关于适用犯罪嫌疑人、被告人逃匿、死亡案件违法所得没收程序若干问题的规定〉的理解与适用》，载《人民司法》2017 年第 16 期。

张、谁举证”的举证原则，只要检察机关提出的证据证明，申请没收的财产具有高度可能属于违法所得及其他涉案财产，除返还被害人以外，就应当没收；另一方面，只要利害关系人提出的证据证明，申请没收的财产具有高度可能不属于犯罪所得或者其他涉案财产的，就应当支持其诉讼请求。

300.2.4　委托诉讼代理人参加诉讼

★《最高人民法院、最高人民检察院关于适用犯罪嫌疑人、被告人逃匿、死亡案件违法所得没收程序若干问题的规定》（法释〔2017〕1号，2017年1月4日）

第十九条　犯罪嫌疑人、被告人逃匿境外，委托诉讼代理人申请参加诉讼，且违法所得或者其他涉案财产所在地国（区）主管机关明确提出意见予以支持的，人民法院可以准许。

人民法院准许参加诉讼的，犯罪嫌疑人、被告人的诉讼代理人依照本规定关于利害关系人的诉讼代理人的规定行使诉讼权利。

300.2.5　利害关系人未参加一审的救济

★《法院解释》（2021）

第六百二十四条　利害关系人非因故意或者重大过失在第一审期间未参加诉讼，在第二审期间申请参加诉讼的，人民法院应当准许，并撤销原裁定，发回原审人民法院重新审判。

★《最高人民法院、最高人民检察院关于适用犯罪嫌疑人、被告人逃匿、死亡案件违法所得没收程序若干问题的规定》（法释〔2017〕1号，2017年1月4日）

第十八条　利害关系人非因故意或者重大过失在第一审期间未参加诉讼，在第二审期间申请参加诉讼的，人民法院应当准许，并发回原审人民法院重新审判。

300.2.6　没收违法所得案件的二审处理方式

★《法院解释》（2021）

第六百二十三条　对不服第一审没收违法所得或者驳回申请裁定的上诉、抗诉案件，第二审人民法院经审理，应当按照下列情形分别处理：

（一）第一审裁定认定事实清楚和适用法律正确的，应当驳回上诉或者抗诉，维持原裁定；

（二）第一审裁定认定事实清楚，但适用法律有错误的，应当改变原裁定；

（三）第一审裁定认定事实不清的，可以在查清事实后改变原裁定，也可以撤销原裁定，发回原审人民法院重新审判；

（四）第一审裁定违反法定诉讼程序，可能影响公正审判的，应当撤销原裁定，发回原审人民法院重新审判。

第一审人民法院对发回重新审判的案件作出裁定后，第二审人民法院对不服第一审人民法院裁定的上诉、抗诉，应当依法作出裁定，不得再发回原审人民法院重新审判；但是，第一审人民法院在重新审判过程中违反法定诉讼程序，可能影响公正审判的除外。

★《最高人民法院、最高人民检察院关于适用犯罪嫌疑人、被告人逃匿、死亡案件违法所得没收程序若干问题的规定》（法释〔2017〕1号，2017年1月4日）

第二十条　人民检察院、利害关系人对第一审裁定认定的事实、证据没有争议的，第二审人民法院可以不开庭审理。

第二审人民法院决定开庭审理的，应当将开庭的时间、地点书面通知同级人民检察院和利害关系人。

第二审人民法院应当就上诉、抗诉请求的有关事实和适用法律进行审查。

第二十一条　第二审人民法院对不服第一审裁定的上诉、抗诉案件，经审理，应当按照下列情形分别处理：

（一）第一审裁定认定事实清楚和适用法律正确的，应当驳回上诉或者抗诉，维持原裁定；

（二）第一审裁定认定事实清楚，但适用法律有错误的，应当改变原裁定；

（三）第一审裁定认定事实不清的，可以在查清事实后改变原裁定，也可以撤销原裁定，发回原审人民法院重新审判；

（四）第一审裁定违反法定诉讼程序，可能影响公正审判的，应当撤销原裁定，发回原审人民法院重新审判。

第一审人民法院对于依照前款第三项规定发回重新审判的案件作出裁定后，第二审人民法院对不服第一审人民法院裁定的上诉、抗诉，应当依法作出裁定，不得再发回原审人民法院重新审判。

300.2.7　没收违法所得的国际刑事司法协助

★《最高人民法院、最高人民检察院关于适用犯罪嫌疑人、被告人逃匿、死亡案件违法所得没收程序若干问题的规定》（法释〔2017〕1 号，2017 年 1 月 4 日）

第二十二条　违法所得或者其他涉案财产在境外的，负责立案侦查的公安机关、人民检察院等侦查机关应当制作查封、扣押、冻结的法律文书以及协助执行查封、扣押、冻结的请求函，层报公安、检察院等各系统最高上级机关后，由公安、检察院等各系统最高上级机关依照刑事司法协助条约、多边公约，或者按照对等互惠原则，向违法所得或者其他涉案财产所在地国（区）的主管机关请求协助执行。

被请求国（区）的主管机关提出，查封、扣押、冻结法律文书的制发主体必须是法院的，负责立案侦查的公安机关、人民检察院等侦查机关可以向同级人民法院提出查封、扣押、冻结的申请，人民法院经审查同意后制作查封、扣押、冻结令以及协助执行查封、扣押、冻结令的请求函，层报最高人民法院后，由最高人民法院依照刑事司法协助条约、多边公约，或者按照对等互惠原则，向违法所得或者其他涉案财产所在地国（区）的主管机关请求协助执行。

请求函应当载明以下内容：

（一）案由以及查封、扣押、冻结法律文书的发布主体是否具有管辖权；

（二）犯罪嫌疑人、被告人涉嫌犯罪的事实及相关证据，但可能妨碍正在或者即将进行的刑事侦查的证据除外；

（三）已发布公告的，发布公告情况、通知利害关系人参加诉讼以及保障诉讼参与人依法行使诉讼权利等情况；

（四）请求查封、扣押、冻结的财产的种类、数量、价值、所在地等情况以及相关法律手续；

（五）请求查封、扣押、冻结的财产

属于违法所得及其他涉案财产的相关事实及证据材料；

（六）请求查封、扣押、冻结财产的理由和法律依据；

（七）被请求国（区）要求载明的其他内容。

第二十三条　违法所得或者其他涉案财产在境外，受理没收违法所得申请案件的人民法院经审理裁定没收的，应当制作没收令以及协助执行没收令的请求函，层报最高人民法院后，由最高人民法院依照刑事司法协助条约、多边公约，或者按照对等互惠原则，向违法所得或者其他涉案财产所在地国（区）的主管机关请求协助执行。

请求函应当载明以下内容：

（一）案由以及没收令发布主体具有管辖权；

（二）属于生效裁定；

（三）犯罪嫌疑人、被告人涉嫌犯罪的事实及相关证据，但可能妨碍正在或者即将进行的刑事侦查的证据除外；

（四）犯罪嫌疑人、被告人逃匿、被通缉、脱逃、死亡的基本情况；

（五）发布公告情况、通知利害关系人参加诉讼以及保障诉讼参与人依法行使诉讼权利等情况；

（六）请求没收违法所得及其他涉案财产的种类、数量、价值、所在地等情况以及查封、扣押、冻结相关法律手续；

（七）请求没收的财产属于违法所得及其他涉案财产的相关事实及证据材料；

（八）请求没收财产的理由和法律依据；

（九）被请求国（区）要求载明的其他内容。

300.2.8　单位可以适用违法所得没收程序

★《最高人民法院、最高人民检察院关于适用犯罪嫌疑人、被告人逃匿、死亡案件违法所得没收程序若干问题的规定》（法释〔2017〕1 号，2017 年 1 月 4 日）

第二十四条　单位实施本规定第一条规定的犯罪后被撤销、注销，单位直接负责的主管人员和其他直接责任人员逃匿、死亡，导致案件无法适用刑事诉讼普通程序进行审理的，依照本规定第四条的规定处理。

300.3　指导与参考案例

300.3.1　被告人亲友代为退缴退赔财产的处理

【刑事审判参考案例】

［第 1469 号］于立群受贿违法所得没收案

裁判要旨：被告人配偶以外的亲友在先前的普通刑事诉讼中以自己财产代为退缴退赔的，该钱款不属于违法所得，不应予以没收。对于配偶代为退缴退赔的情况，如果涉案财产是钱款等种类物，而且与家庭财产发生了混同，此时难以区分发生混同的财产哪部分是违法所得，哪部分是合法财产，结合配偶代为退缴退赔的行为，可推定其退缴退赔的财产属于违法所得或涉案资产，依法可以予以没收。

300.3.2　违法所得与合法财产混同时的处理

【刑事审判参考案例】

［第 1473 号］吴为兵受贿违法所得没收案

裁判要旨：违法所得与合法财产发

生混同时，首先应当审查申请没收的财物形态有无发生变化。其次，应当审查发生混同后，该财物有无产生收益或孳息。如银行理财产品产生利息收入、房产出租获取租金，购买的房产、黄金珠宝价格上涨产生增值，该财产收益或孳息均应视为违法所得一并予以没收。再次，根据比例原则确定没收的数额。当混同的财物并非全部系违法所得时，应当确定违法所得和添附的比例。

301　没收违法所得案件终止审理及救济

301.1　法条规定

第三百零一条　在审理过程中，在逃的犯罪嫌疑人、被告人自动投案或者被抓获的，人民法院应当终止审理。

没收犯罪嫌疑人、被告人财产确有错误的，应当予以返还、赔偿。

【立法释义】①

本条规定明确了没收违法所得案件终止审理及返还、赔偿的事项。违法所得没收程序的适用前提，是犯罪嫌疑人、被告人逃匿或者死亡。如果审理过程中，在逃的犯罪嫌疑人、被告人自动投案或者被抓获的，应当转为公诉案件处理；鉴于违法所得没收程序不再适用，人民法院应当终止审理。关于此种转为公诉案件的审理程序，《法院解释》第六百二十五条规定，人民检察院向原受理申请的人民法院提起公诉的，可以由同一审判组织审理。

类似地，没收违法所得裁定生效后，犯罪嫌疑人、被告人到案并对没收裁定提出异议，人民检察院向原作出裁定的人民法院提起公诉的，可以由同一审判组织审理。对于此种情形，《法院解释》第六百二十八条第二款规定，人民法院经审理认为，原裁定正确的，予以维持，不再对涉案财产作出判决；原裁定确有错误的，应当撤销原裁定，并在判决中对有关涉案财产一并作出处理。

人民法院生效的没收裁定确有错误的，除因犯罪嫌疑人、被告人到案而提起公诉程序的情形外，应当依照审判监督程序予以纠正。对于没收犯罪嫌疑人、被告人财产确有错误的，应当予以返还，对于因此造成的损失，以及财产损毁或者灭失的，应当予以赔偿。

301.2　司法解释

301.2.1　犯罪嫌疑人、被告人到案的处理

★《检察院规则》(2019)

第五百三十二条　在审理案件过程中，在逃的犯罪嫌疑人、被告人自动投案或者被抓获，人民法院按照刑事诉讼法第三百零一条第一款的规定终止审理的，人民检察院应当将案卷退回监察机关或者公安机关处理。

第五百三十三条　对于刑事诉讼法第二百九十八条第一款规定以外需要没收违法所得的，按照有关规定执行。

★《法院解释》(2021)

第六百二十五条　在审理申请没收违法所得的案件过程中，在逃的犯罪嫌疑人、被告人到案的，人民法院应当

---

① 参见王爱立主编书，第 657—658 页。

裁定终止审理。人民检察院向原受理申请的人民法院提起公诉的，可以由同一审判组织审理。

第六百二十八条　没收违法所得裁定生效后，犯罪嫌疑人、被告人到案并对没收裁定提出异议，人民检察院向原作出裁定的人民法院提起公诉的，可以由同一审判组织审理。

人民法院经审理，应当按照下列情形分别处理：

（一）原裁定正确的，予以维持，不再对涉案财产作出判决；

（二）原裁定确有错误的，应当撤销原裁定，并在判决中对有关涉案财产一并作出处理。

人民法院生效的没收裁定确有错误的，除第一款规定的情形外，应当依照审判监督程序予以纠正。

第六百二十九条　人民法院审理申请没收违法所得的案件，本章没有规定的，参照适用本解释的有关规定。

301.2.2　公诉案件向没收违法所得程序的转化

★**《法院解释》**（2021）

第六百二十六条　在审理案件过程中，被告人脱逃或者死亡，符合刑事诉讼法第二百九十八条第一款规定的，人民检察院可以向人民法院提出没收违法所得的申请；符合刑事诉讼法第二百九十一条第一款规定的，人民检察院可以按照缺席审判程序向人民法院提起公诉。

人民检察院向原受理案件的人民法院提出没收违法所得申请的，可以由同一审判组织审理。

第五章　依法不负刑事责任的精神病人的强制医疗程序

302　强制医疗的条件

302.1　法条规定

第三百零二条　实施暴力行为，危害公共安全或者严重危害公民人身安全，经法定程序鉴定依法不负刑事责任的精神病人，有继续危害社会可能的，可以予以强制医疗。

【立法释义】①

本章关于强制医疗程序的规定，是2012年刑事诉讼法修改新增的特别程序。本条规定明确了强制医疗的条件。强制医疗涉及公共安全和个体权利之间的利益均衡，需要严格规范适用程序。关于强制医疗的条件，应当关注以下事项：

第一，行为要件。行为人实施暴力行为，危害公共安全或者严重危害公民人身安全。本条中的"实施暴力行为"，是指行为人存在暴力倾向，并具体实施了殴打他人、持凶器伤人等暴力行为。本条中的"危害公共安全或者严重危害公民人身安全"，是指行为人的暴力行为造成严重危害后果，或者导致公共安全风险，已经达到犯罪程度。精神病人实施一般的暴力行为，达不到犯罪程度的，不能对其予以强制医疗。

第二，主体要件。行为人经法定程序鉴定，属于依法不负刑事责任的精神病人。《公安规定》第三百四十二条规定，公安机关发现实施暴力行为，危害公共安全或者严重危害公民人身安全的犯罪嫌疑人，可能属于依法不负刑事责任的精神病人的，应当对其进行精神病鉴定。本条中的"经法定程序鉴定"，是指由专业鉴定机构经法定程序鉴定，确认行为人是依法不负刑事责任的精神病人。对于间歇性的精神病人在精神正常的时候犯罪，或者尚未完全丧失辨认或者控制自己行为能力的精神病人犯罪的，应当负刑事责任，不适用这一特别程序。

第三，人身危害性要件。行为人有继续危害社会的可能，这是基于暴力行为、精神病鉴定意见和行为人个体情况作出的综合评断。行为人虽然实施了暴力行为，但不具有继续危害社会可能的，例如在实施暴力行为过程中导致自身严重残疾，丧失继续危害社会的能力，则不需要强制医疗。此种情况下，应当责令其家属或者监护人严加看管和医疗。

302.2　司法解释

302.2.1　强制医疗的适用条件

★《检察院规则》(2019)

第五百三十四条　对于实施暴力行为，危害公共安全或者严重危害公民人身安全，已经达到犯罪程度，经法定程序鉴定依法不负刑事责任的精神病人，有继续危害社会可能的，人民检察院应当向人民法院提出强制医疗的申请。

提出强制医疗的申请以及对强制医疗决定的监督，由负责捕诉的部门办理。

① 参见王爱立主编书，第658—660页。

★《法院解释》(2021)

第六百三十条　实施暴力行为,危害公共安全或者严重危害公民人身安全,社会危害性已经达到犯罪程度,但经法定程序鉴定依法不负刑事责任的精神病人,有继续危害社会可能的,可以予以强制医疗。

★《公安规定》(2020)

第三百四十二条　公安机关发现实施暴力行为,危害公共安全或者严重危害公民人身安全的犯罪嫌疑人,可能属于依法不负刑事责任的精神病人的,应当对其进行精神病鉴定。

【最高人民法院指导性案例】

[第63号]徐加富强制医疗案

裁判要点:审理强制医疗案件,对被申请人或者被告人是否"有继续危害社会可能",应当综合被申请人或者被告人所患精神病的种类、症状,案件审理时其病情是否已经好转,以及其家属或者监护人有无严加看管和自行送医治疗的意愿和能力等情况予以判定。

【刑事审判参考案例】

[第886号]朱某被强制医疗案

裁判要旨:被申请人的暴力行为客观上与犯罪程度相当,行为的具体性质并非适用强制医疗程序的主要参考指标。被申请人"有继续危害社会的可能",需要根据案件情况、被申请人一贯表现、被申请人实际病情、治疗医生有关病情的描述和诊断,并结合相关鉴定意见进行判断,必要时可以通过有专门知识的人出庭作证等方式进一步查明。被申请人是否有必要进行强制医疗,要综合分析被申请人本人、家属以及监管、治疗的能力和条件。

[第887号]宋某被强制医疗案

裁判要旨:对于强制医疗申请,应当根据被申请人所患精神疾病类型及其实施暴力行为的情节,综合认定其是否具有"继续危害社会的可能"。对被申请人是否决定强制医疗应当严格根据强制医疗的条件,具备一定条件的被申请人亲属提出自行治疗、看管申请的,不应影响人民法院是否作出强制医疗的决定。

[第888号]荣某被强制医疗案

裁判要旨:荣某经法定程序鉴定系依法不负刑事责任的精神病人,其在两年内多次实施暴力行为,在病情康复前有继续危害社会的可能。荣某的行为虽未造成严重的危害后果,但从其持刀、持斧子实施暴力的行为看,其行为符合犯罪未遂的构成要件,该暴力行为达到了犯罪程度,符合强制医疗的条件,应当对荣某强制医疗。在认定被申请人的行为是否达到犯罪的程度时,既不能简单以是否达到重伤、死亡后果进行判断,也不能简单认为凡是仅造成轻微伤后果的都属于没有达到犯罪程度,而应当从一个正常具备刑事责任能力的人实施相应的行为是否应当承担刑事责任的层面进行分析、判断。

[第976号]马艳雷强制医疗案

裁判要旨:实施强制医疗的三个条件之间是递进式的位阶关系。只有满足前一条件,才能继续判断是否满足后一条件;三个条件均齐备,方可实施强制医疗。

302.3　指导与参考案例

302.3.1　强制医疗的实质性条件

【人民法院案例库案例】

[入库编号:2023-05-1-177-

006]荣某强制医疗案——强制医疗的实质性条件认定

（1）在认定被申请人的行为是否达到犯罪的程度时，既不能简单以是否造成重伤、死亡后果进行判断，也不能简单认为凡是仅造成轻微伤后果的都属于没有达到犯罪程度，而应当从一个正常具备刑事责任能力的人实施相应的行为是否应当承担刑事责任的层面进行分析、判断。

（2）法院是最终裁决者，拥有对鉴定意见的证明价值进行审查判断的最终权力。法官应当重视审查鉴定意见本身的科学性和真实性，并结合全案证据综合评估鉴定意见的证明价值。

（3）如果精神病人虽然实施了暴力行为，但不再具有继续危害社会可能的，如已经严重残疾等，丧失了继续危害社会的能力，就不必对其强制医疗。如果精神病人实施暴力行为后，由其监护人或者单位将其送医治疗，精神病人的病情得到有效控制，从而不具有继续危害社会可能的，也没有必要进行强制医疗。

303 强制医疗的决定程序

303.1 法条规定

第三百零三条 根据本章规定对精神病人强制医疗的，由人民法院决定。

公安机关发现精神病人符合强制医疗条件的，应当写出强制医疗意见书，移送人民检察院。对于公安机关移送的或者在审查起诉过程中发现的精神病人符合强制医疗条件的，人民检察院应当向人民法院提出强制医疗的申请。人民法院在审理案件过程中发现被告人符合强制医疗条件的，可以作出强制医疗的决定。

对实施暴力行为的精神病人，在人民法院决定强制医疗前，公安机关可以采取临时的保护性约束措施。

【立法释义】①

本条规定明确了强制医疗的决定程序。强制医疗虽非刑事制裁，但作为剥夺人身自由的法律措施，应当由人民法院作出决定。关于强制医疗的决定程序，应当关注以下事项：

第一，管辖法院。强制医疗案件的管辖，适用本法地域管辖的一般原则。《法院解释》第六百三十一条规定，人民检察院申请对依法不负刑事责任的精神病人强制医疗的案件，由被申请人实施暴力行为所在地的基层人民法院管辖；由被申请人居住地的人民法院审判更为适宜的，可以由被申请人居住地的基层人民法院管辖。

第二，依申请作出决定。公安机关在侦查过程中，发现精神病人符合强制医疗条件的，应当及时启动强制医疗程序。《公安规定》第三百四十三条规定，对经法定程序鉴定依法不负刑事责任的精神病人，有继续危害社会可能，符合强制医疗条件的，公安机关应当在七日以内写出强制医疗意见书，经县级以上公安机关负责人批准，连同相关证据材料和鉴定意见一并移送同级人民检察院。公安机关制作强制医疗决定书，应当以专业的精神病鉴定意见为依

① 参见王爱立主编书，第660—663页。

据，并提供证据证明行为人有继续危害社会的可能。

对于公安机关移送的或者在审查起诉过程中发现的精神病人符合强制医疗条件的，人民检察院应当向人民法院提出强制医疗的申请。具体包括两种情形：其一，公安机关提交强制医疗意见书，人民检察院经审查，认为符合强制医疗条件的，随即向人民法院提出强制医疗的申请。《检察院规则》第五百三十九条规定，人民检察院应当在接到公安机关移送的强制医疗意见书后三十日以内作出是否提出强制医疗申请的决定。对于公安机关移送的强制医疗案件，经审查认为不符合刑事诉讼法第三百零二条规定条件的，应当作出不提出强制医疗申请的决定，并向公安机关书面说明理由。认为需要补充证据的，应当书面要求公安机关补充证据，必要时也可以自行调查。其二，人民检察院在审查起诉过程中发现，犯罪嫌疑人可能是精神病人，经精神病鉴定和综合审查，认为符合强制医疗条件的，据此向人民法院提出强制医疗的申请。关于审查起诉程序和强制医疗程序的衔接，《检察院规则》第五百四十三条规定，在审查起诉中，犯罪嫌疑人经鉴定系依法不负刑事责任的精神病人的，人民检察院应当作出不起诉决定。认为符合刑事诉讼法第三百零二条规定条件的，应当向人民法院提出强制医疗的申请。

对于人民检察院提出的强制医疗申请，根据《法院解释》第六百三十三条的规定，人民法院应当在七日以内审查完毕，并区分情形分别处理：(1)属于强制医疗程序受案范围和本院管辖，且材料齐全的，应当受理。(2)不属于本院管辖的，应当退回人民检察院。(3)材料不全的，应当通知人民检察院在三日以内补送；三日以内不能补送的，应当退回人民检察院。

第三，依职权作出决定。人民法院在审理案件过程中发现被告人可能是精神病人，经精神病鉴定和综合审查，认为符合强制医疗条件，可以作出强制医疗的决定。《法院解释》第六百三十八条第一款规定，第一审人民法院在审理刑事案件过程中，发现被告人可能符合强制医疗条件的，应当依照法定程序对被告人进行法医精神病鉴定；经鉴定，被告人属于依法不负刑事责任的精神病人的，应当适用强制医疗程序，对案件进行审理。

第四，采取临时的保护性约束措施。对实施暴力行为的精神病人，在人民法院决定强制医疗前，公安机关可以采取临时的保护性约束措施。《公安规定》第三百四十四条规定，对实施暴力行为的精神病人，在人民法院决定强制医疗前，经县级以上公安机关负责人批准，公安机关可以采取临时的保护性约束措施。必要时，可以将其送精神病医院接受治疗。这主要是考虑，在人民法院作出强制医疗决定前，不能对精神病人采取法定的强制措施，又不能放任精神病人可能带来的公共安全和人身安全危险，故有必要由公安机关采取临时性的保护性约束措施。

所谓“保护性约束措施”，并非强制措施，也非处罚措施，是为了保障精神病人的自身安全和公共安全而采取的具有保护性质的约束措施。关于保护性约束措施的限度，《公安规定》第三百四十五条规定,采取临时的保护性约束措施时,应当对精神病人严加看管,并注意约束的方式、方法和力度,以避免和防止危害他人和精神病人的自身安全为限度。对于精神病人已没有继续危害社会可能,解除约束后不致发生社会危险性的,公安机关应当及时解除保护性约束措施。

303.2　司法解释

303.2.1　检察机关申请强制医疗的程序

★《检察院规则》(2019)

第五百三十五条　强制医疗的申请由被申请人实施暴力行为所在地的基层人民检察院提出;由被申请人居住地的人民检察院提出更为适宜的,可以由被申请人居住地的基层人民检察院提出。

第五百三十六条　人民检察院向人民法院提出强制医疗的申请,应当制作强制医疗申请书。强制医疗申请书的主要内容包括:

(一)涉案精神病人的基本情况,包括姓名、性别、出生年月日、出生地、户籍地、公民身份证号码、民族、文化程度、职业、工作单位及职务、住址,采取临时保护性约束措施的情况及处所等;

(二)涉案精神病人的法定代理人的基本情况,包括姓名、住址、联系方式等;

(三)案由及案件来源;

(四)涉案精神病人实施危害公共安全或者严重危害公民人身安全的暴力行为的事实,包括实施暴力行为的时间、地点、手段、后果等及相关证据情况;

(五)涉案精神病人不负刑事责任的依据,包括有关鉴定意见和其他证据材料;

(六)涉案精神病人继续危害社会的可能;

(七)提出强制医疗申请的理由和法律依据。

第五百四十三条　在审查起诉中,犯罪嫌疑人经鉴定系依法不负刑事责任的精神病人的,人民检察院应当作出不起诉决定。认为符合刑事诉讼法第三百零二条规定条件的,应当向人民法院提出强制医疗的申请。

303.2.2　对公安机关强制医疗意见书的审查

★《检察院规则》(2019)

第五百三十七条　人民检察院审查公安机关移送的强制医疗意见书,应当查明:

(一)是否属于本院管辖;

(二)涉案精神病人身份状况是否清楚,包括姓名、性别、国籍、出生年月日、职业和单位等;

(三)涉案精神病人实施危害公共安全或者严重危害公民人身安全的暴力行为的事实;

(四)公安机关对涉案精神病人进行鉴定的程序是否合法,涉案精神病人是否依法不负刑事责任;

(五)涉案精神病人是否有继续危害社会的可能;

(六)证据材料是否随案移送,不宜移送的证据的清单、复制件、照片或者其他证明文件是否随案移送;

(七)证据是否确实、充分;

(八)采取的临时保护性约束措施是否适当。

第五百三十八条　人民检察院办理公安机关移送的强制医疗案件，可以采取以下方式开展调查，调查情况应当记录并附卷：

（一）会见涉案精神病人，听取涉案精神病人的法定代理人、诉讼代理人意见；

（二）询问办案人员、鉴定人；

（三）向被害人及其法定代理人、近亲属了解情况；

（四）向涉案精神病人的主治医生、近亲属、邻居、其他知情人员或者基层组织等了解情况；

（五）就有关专门性技术问题委托具有法定资质的鉴定机构、鉴定人进行鉴定。

第五百三十九条　人民检察院应当在接到公安机关移送的强制医疗意见书后三十日以内作出是否提出强制医疗申请的决定。

对于公安机关移送的强制医疗案件，经审查认为不符合刑事诉讼法第三百零二条规定条件的，应当作出不提出强制医疗申请的决定，并向公安机关书面说明理由。认为需要补充证据的，应当书面要求公安机关补充证据，必要时也可以自行调查。

公安机关补充证据的时间不计入人民检察院办案期限。

303.2.3　检察机关对强制医疗程序的监督

★**《检察院规则》**（2019）

第五百四十条　人民检察院发现公安机关应当启动强制医疗程序而不启动的，可以要求公安机关在七日以内书面说明不启动的理由。

经审查，认为公安机关不启动理由不能成立的，应当通知公安机关启动强制医疗程序。

……

第五百四十一条　人民检察院对公安机关移送的强制医疗案件，发现公安机关对涉案精神病人进行鉴定违反法律规定，具有下列情形之一的，应当依法提出纠正意见：

（一）鉴定机构不具备法定资质的；

（二）鉴定人不具备法定资质或者违反回避规定的；

（三）鉴定程序违反法律或者有关规定，鉴定的过程和方法违反相关专业规范要求的；

（四）鉴定文书不符合法定形式要件的；

（五）鉴定意见没有依法及时告知相关人员的；

（六）鉴定人故意作虚假鉴定的；

（七）其他违反法律规定的情形。

人民检察院对精神病鉴定程序进行监督，可以要求公安机关补充鉴定或者重新鉴定。必要时，可以询问鉴定人并制作笔录，或者委托具有法定资质的鉴定机构进行补充鉴定或者重新鉴定。

第五百四十二条　人民检察院发现公安机关对涉案精神病人不应当采取临时保护性约束措施而采取的，应当提出纠正意见。

认为公安机关应当采取临时保护性约束措施而未采取的，应当建议公安机关采取临时保护性约束措施。

303.2.4　法院对强制医疗申请的审查

★**《法院解释》**（2021）

第六百三十一条　人民检察院申

请对依法不负刑事责任的精神病人强制医疗的案件,由被申请人实施暴力行为所在地的基层人民法院管辖;由被申请人居住地的人民法院审判更为适宜的,可以由被申请人居住地的基层人民法院管辖。

第六百三十二条　对人民检察院提出的强制医疗申请,人民法院应当审查以下内容:

(一)是否属于本院管辖;

(二)是否写明被申请人的身份,实施暴力行为的时间、地点、手段、所造成的损害等情况,并附证据材料;

(三)是否附有法医精神病鉴定意见和其他证明被申请人属于依法不负刑事责任的精神病人的证据材料;

(四)是否列明被申请人的法定代理人的姓名、住址、联系方式;

(五)需要审查的其他事项。

第六百三十三条　对人民检察院提出的强制医疗申请,人民法院应当在七日以内审查完毕,并按照下列情形分别处理:

(一)属于强制医疗程序受案范围和本院管辖,且材料齐全的,应当受理;

(二)不属于本院管辖的,应当退回人民检察院;

(三)材料不全的,应当通知人民检察院在三日以内补送;三日以内不能补送的,应当退回人民检察院。

【重点解读】①

中级以上的人民法院在审理案件过程中,包括在第二审程序和死刑复核程序中,发现被告人符合强制医疗条件的,可以不再移交基层人民法院审理,也不再发回原审人民法院重新审理,而是直接作出强制医疗的决定。

303.2.5　法院依职权作出强制医疗的决定

★《法院解释》(2021)

第六百三十八条　第一审人民法院在审理刑事案件过程中,发现被告人可能符合强制医疗条件的,应当依照法定程序对被告人进行法医精神病鉴定。经鉴定,被告人属于依法不负刑事责任的精神病人的,应当适用强制医疗程序,对案件进行审理。

开庭审理前款规定的案件,应当先由合议庭组成人员宣读对被告人的法医精神病鉴定意见,说明被告人可能符合强制医疗的条件,后依次由公诉人和被告人的法定代理人、诉讼代理人发表意见。经审判长许可,公诉人和被告人的法定代理人、诉讼代理人可以进行辩论。

303.3　规范性文件

303.3.1　公安机关提出强制医疗意见的程序

★《公安规定》(2020)

第三百四十三条　对经法定程序鉴定依法不负刑事责任的精神病人,有继续危害社会可能,符合强制医疗条件的,公安机关应当在七日以内写出强制医疗意见书,经县级以上公安机关负责人批准,连同相关证据材料和鉴定意见一并移送同级人民检察院。

303.3.2　公安机关采取保护性约束措施

★《公安规定》(2020)

第三百四十四条　对实施暴力行为的精神病人,在人民法院决定强制医疗前,经县级以上公安机关负责人批

① 参见李少平主编书,第598页。

准,公安机关可以采取临时的保护性约束措施。必要时,可以将其送精神病医院接受治疗。

第三百四十五条　采取临时的保护性约束措施时,应当对精神病人严加看管,并注意约束的方式、方法和力度,以避免和防止危害他人和精神病人的自身安全为限度。

对于精神病人已没有继续危害社会可能,解除约束后不致发生社会危险性的,公安机关应当及时解除保护性约束措施。

303.4　指导与参考案例

303.4.1　强制医疗申请面临异议时的重新评估

【人民法院案例库案例】

［入库编号:2024－02－1－013－001］潘某强制医疗案——对确有必要重新评估的强制医疗被申请人可以重新评估

对于检察机关申请强制医疗,被申请人本人、诉讼代理人、近亲属提出不予强制医疗申请的,法院应当结合被申请人既往精神病史、认知能力、日常行为表现等情况,审查全案证据材料和被申请人及其诉讼代理人、近亲属提交的材料。如确有必要,应另行委托具备资质的鉴定机构对被申请人的病情再次进行综合诊断评估,出具最新评估报告以作参考。同时,综合考虑被申请人的近亲属是否有意愿与能力对其进行看管和监护。经审查认为被申请人已达临床治愈水平,病情稳定,不具有继续危害社会的危险性,且其近亲属愿意看管监护的,可决定不予强制医疗,责令监护人严加看管和医疗。

304　强制医疗案件的审理

304.1　法条规定

第三百零四条　人民法院受理强制医疗的申请后,应当组成合议庭进行审理。

人民法院审理强制医疗案件,应当通知被申请人或者被告人的法定代理人到场。被申请人或者被告人没有委托诉讼代理人的,人民法院应当通知法律援助机构指派律师为其提供法律帮助。

【立法释义】①

本条规定明确了强制医疗案件的审理程序。为规范强制医疗程序的适用,避免不当采取强制医疗措施,应当规范强制医疗案件的审理程序。关于强制医疗案件的审理,应当关注以下事项:

第一,组成合议庭审理。强制医疗案件的审理,涉及对被申请人或者被告人精神状态,以及继续危害社会可能等复杂因素的评估,应当组成合议庭进行审理。合议庭审理模式,能够减少误判风险,亦能体现程序的慎重性。

关于审理方式,《法院解释》第六百三十五条规定,强制医疗案件应当开庭审理,但是,被申请人、被告人的法定代理人请求不开庭审理,并经人民法院审查同意的除外。同时,审理强制医疗案件,应当会见被申请人,听取被害人或其法定代理人的意见。

第二,通知被申请人或者被告人的法定代理人到场。人民法院审理强制

① 参见王爱立主编书,第663—665页。

医疗案件，因被申请人或者被告人系精神病人，无法实质性参与庭审，应当通知其法定代理人在审判时到场，依法维护其合法权益。被申请人或者被告人的法定代理人经通知未到场的，可以通知被申请人或者被告人的其他近亲属到场。

第三，提供法律帮助。本条第二款规定，被申请人或者被告人没有委托诉讼代理人的，人民法院应当通知法律援助机构指派律师为其提供法律帮助。《法院解释》第六百三十四条第二款规定，被申请人或者被告人没有委托诉讼代理人的，应当自受理强制医疗申请或者发现被告人符合强制医疗条件之日起三日以内，通知法律援助机构指派律师担任其诉讼代理人，为其提供法律帮助。

第四，审理方式。开庭审理申请强制医疗的案件，可以围绕强制医疗适用条件等问题进行法庭调查、法庭辩论。《检察院规则》第五百四十八条第一款规定，人民法院在审理案件过程中发现被告人符合强制医疗条件，适用强制医疗程序对案件进行审理的，人民检察院应当在庭审中发表意见。同时，《法院解释》第六百三十六条第二款规定，被申请人要求出庭，人民法院经审查其身体和精神状态，认为可以出庭的，应当准许。出庭的被申请人，在法庭调查、辩论阶段，可以发表意见。

对于申请强制医疗的案件，人民法院经审理后，应当区分情况作出处理。《法院解释》第六百三十七条规定：(1)符合强制医疗条件的，应当作出对被申请人强制医疗的决定。(2)被申请人属于依法不负刑事责任的精神病人，但不符合强制医疗条件的，应当作出驳回强制医疗申请的决定；被申请人已经造成危害结果的，应当同时责令其家属或者监护人严加看管和医疗。(3)被申请人具有完全或者部分刑事责任能力，依法应当追究刑事责任的，应当作出驳回强制医疗申请的决定，并退回人民检察院依法处理。

第五，程序转换机制。《法院解释》第六百三十八条规定了第一审程序转换为强制医疗程序的机制。具体言之，第一审人民法院在审理案件过程中发现被告人可能符合强制医疗条件的，应当依照法定程序对被告人进行法医精神病鉴定。经鉴定，被告人属于依法不负刑事责任的精神病人的，应当适用强制医疗程序，对案件进行审理。

人民法院转换适用强制医疗程序进行审理后，应当区分情形作出处理。根据《法院解释》第六百三十九条的规定，具体包括：(1)被告人符合强制医疗条件的，应当判决宣告被告人不负刑事责任，同时作出对被告人强制医疗的决定。(2)被告人属于依法不负刑事责任的精神病人，但不符合强制医疗条件的，应当判决宣告被告人无罪或者不负刑事责任；被告人已经造成危害结果的，应当同时责令其家属或者监护人严加看管和医疗。(3)被告人具有完全或者部分刑事责任能力，依法应当追究刑事责任的，应当依照普通程序继续审理。

此外，对于符合强制医疗条件的案件，第二审程序也存在程序转换问题。《法院解释》第六百四十条规定，第二审人民法院在审理刑事案件过程中，发现被告人可能符合强制医疗条件的，可以依照强制医疗程序对案件作出处理，也可以裁定发回原审人民法院重新审判。

304.2　司法解释

304.2.1　庭审参与人员及庭审程序

★**《检察院规则》**（2019）

第五百四十四条　人民法院对强制医疗案件开庭审理的，人民检察院应当派员出席法庭。

★**《法院解释》**（2021）

第六百三十四条　审理强制医疗案件，应当通知被申请人或者被告人的法定代理人到场；被申请人或者被告人的法定代理人经通知未到场的，可以通知被申请人或者被告人的其他近亲属到场。

被申请人或者被告人没有委托诉讼代理人的，应当自受理强制医疗申请或者发现被告人符合强制医疗条件之日起三日以内，通知法律援助机构指派律师担任其诉讼代理人，为其提供法律帮助。

第六百三十五条　审理强制医疗案件，应当组成合议庭，开庭审理。但是，被申请人、被告人的法定代理人请求不开庭审理，并经人民法院审查同意的除外。

审理强制医疗案件，应当会见被申请人，听取被害人及其法定代理人的意见。

第六百三十六条　开庭审理申请强制医疗的案件，按照下列程序进行：

（一）审判长宣布法庭调查开始后，先由检察员宣读申请书，后由被申请人的法定代理人、诉讼代理人发表意见；

（二）法庭依次就被申请人是否实施了危害公共安全或者严重危害公民人身安全的暴力行为、是否属于依法不负刑事责任的精神病人、是否有继续危害社会的可能进行调查；调查时，先由检察员出示证据，后由被申请人的法定代理人、诉讼代理人出示证据，并进行质证；必要时，可以通知鉴定人出庭对鉴定意见作出说明；

（三）法庭辩论阶段，先由检察员发言，后由被申请人的法定代理人、诉讼代理人发言，并进行辩论。

被申请人要求出庭，人民法院经审查其身体和精神状态，认为可以出庭的，应当准许。出庭的被申请人，在法庭调查、辩论阶段，可以发表意见。

检察员宣读申请书后，被申请人的法定代理人、诉讼代理人无异议的，法庭调查可以简化。

第六百四十九条　审理强制医疗案件，本章没有规定的，参照适用本解释的有关规定。

【重点解读】①

第一，独任审判员在简易程序案件审理过程中发现被告人符合强制医疗条件的，从保障当事人合法权益的角度出发，不应直接作出强制医疗的决定，而应当转为合议庭审理。

第二，开庭审理强制医疗案件可以不公开进行。在司法实践中，一般将精神病病情作为个人隐私加以保护，人民法院审理强制医疗案件，根据案件情况，对于确实涉及个人隐私的，可以依法决定不公开审理。

第三，审理强制医疗案件，无论被申请人是否到庭，都应当会见被申请人，通过与其直接接触、交谈，了解其精

① 参见李少平主编书，第601—603页。

神状况。

★**《最高人民法院、最高人民检察院、公安部、国家安全部、司法部、全国人大常委会法制工作委员会关于实施刑事诉讼法若干问题的规定》**（2012 年 12 月 26 日）

5. 刑事诉讼法第三十四条、第二百六十七条、第二百八十六条①对法律援助作了规定。对于人民法院、人民检察院、公安机关根据上述规定，通知法律援助机构指派律师提供辩护或者法律帮助的，法律援助机构应当在接到通知后三日以内指派律师，并将律师的姓名、单位、联系方式书面通知人民法院、人民检察院、公安机关。

304.2.2　强制医疗案件的处理方式

★**《法院解释》**（2021）

第六百三十七条　对申请强制医疗的案件，人民法院审理后，应当按照下列情形分别处理：

（一）符合刑事诉讼法第三百零二条规定的强制医疗条件的，应当作出对被申请人强制医疗的决定；

（二）被申请人属于依法不负刑事责任的精神病人，但不符合强制医疗条件的，应当作出驳回强制医疗申请的决定；被申请人已经造成危害结果的，应当同时责令其家属或者监护人严加看管和医疗；

（三）被申请人具有完全或者部分刑事责任能力，依法应当追究刑事责任的，应当作出驳回强制医疗申请的决定，并退回人民检察院依法处理。

304.2.3　强制医疗程序转换及处理

★**《法院解释》**（2021）

第六百三十八条　第一审人民法院在审理刑事案件过程中，发现被告人可能符合强制医疗条件的，应当依照法定程序对被告人进行法医精神病鉴定。经鉴定，被告人属于依法不负刑事责任的精神病人的，应当适用强制医疗程序，对案件进行审理。

开庭审理前款规定的案件，应当先由合议庭组成人员宣读对被告人的法医精神病鉴定意见，说明被告人可能符合强制医疗的条件，后依次由公诉人和被告人的法定代理人、诉讼代理人发表意见。经审判长许可，公诉人和被告人的法定代理人、诉讼代理人可以进行辩论。

第六百三十九条　对前条规定的案件，人民法院审理后，应当按照下列情形分别处理：

（一）被告人符合强制医疗条件的，应当判决宣告被告人不负刑事责任，同时作出对被告人强制医疗的决定；

（二）被告人属于依法不负刑事责任的精神病人，但不符合强制医疗条件的，应当判决宣告被告人无罪或者不负刑事责任；被告人已经造成危害结果的，应当同时责令其家属或者监护人严加看管和医疗；

（三）被告人具有完全或者部分刑事责任能力，依法应当追究刑事责任的，应当依照普通程序继续审理。

第六百四十条　第二审人民法院在审理刑事案件过程中，发现被告人可能符合强制医疗条件的，可以依照强制医疗程序对案件作出处理，也可以裁定发回原审人民法院重新审判。

---

① 2018 年刑事诉讼法第三十五条、第二百七十八条、第三百零四条。

【重点解读】①

在二审过程中，高级人民法院查明被告人属于不负刑事责任的精神病人，可能符合强制医疗条件的，可以裁定发回原审人民法院重新审判，也可以判决被告人不负刑事责任，但原则上不宜同时作出强制医疗的决定，否则，不服强制医疗决定向上一级人民法院申请复议的，案件就到了最高人民法院，将无谓增加最高人民法院的办案压力，也不利于案件得到及时处理。

对于人民法院判决被告人不负刑事责任，未同时作出强制医疗决定的，如果人民检察院发现被告人符合强制医疗条件，可以另行向基层人民法院提出强制医疗的申请。

304.3　指导与参考案例

304.3.1　强制医疗案件的审理方式

【刑事审判参考案例】

[第889号]高康球被强制医疗案

裁判要旨：刑事诉讼法及司法解释要求审理申请强制医疗案件必须依法组成合议庭，但对合议庭成员的组成没有明确规定。人民法院审理此类案件，应当结合具体案情决定是否需要由具有相关专业背景的人员组成合议庭。具备条件的法院，可以安排一至两名具有相关专业知识的人员作为合议庭成员参与案件审理，如果是随机选取，也可以在具有相关专业知识的范围内进行。合议庭在审理案件过程中会见被申请人，可以更加有利于直观地了解被申请人的精神状况，对最终形成更加准确的内心确信具有重要意义。因此，有必要在司法实践中规范会见的程序、方式与方法。例如，向被申请人的亲属、邻居或者与被申请人有接触的医护人员询问被申请人的基本情况，通过录像等方式记录被申请人的言行举止，与被申请人进行面对面交流等。上述活动，均应当制作规范的会见笔录、视听资料，并予以存档。有必要作为证据当庭出示的，应当将上述材料提交法庭进行质证。此外，人民法院应当在强制医疗决定书中写明对被申请人进行强制医疗的起始时间，强制医疗机构名称、地点以及公安机关所应承担的相关义务。

305　强制医疗案件的审理期限及复议程序

305.1　法条规定

第三百零五条　人民法院经审理，对于被申请人或者被告人符合强制医疗条件的，应当在一个月以内作出强制医疗的决定。

被决定强制医疗的人、被害人及其法定代理人、近亲属对强制医疗决定不服的，可以向上一级人民法院申请复议。

【立法释义】②

本条规定明确了强制医疗案件的审理期限及复议程序。强制医疗程序作为特别程序，主要解决的是被申请人或者被告人是否符合强制医疗条件的问题。关于该类案件的审理和救济，应当关注以下事项：

第一，审理期限。与普通公诉案件相比，强制医疗案件的结果主要取决于

---

① 参见李少平主编书，第607页。
② 参见王爱立主编书，第631—636页。

精神病鉴定意见，审理难度相对较小。鉴于此，对于被申请人或者被告人符合强制医疗条件的，人民法院应当在一个月以内作出强制医疗的决定。对被申请人或者被告人进行精神病鉴定的期间，不计入审理期限。

关于强制医疗决定的执行，《法院解释》第六百四十一条规定，人民法院决定强制医疗的，应当在作出决定后五日以内，向公安机关送达强制医疗决定书和强制医疗执行通知书，由公安机关将被决定强制医疗的人送交强制医疗。

第二，复议程序。作为必要的程序救济措施，被决定强制医疗的人、被害人及其法定代理人、近亲属基于不同的诉讼利益考量，对强制医疗决定不服的，均可以向上一级人民法院申请复议。根据《法院解释》第六百四十二条的规定，上述人员可以自收到决定书第二日起五日以内向上一级人民法院申请复议。复议期间不停止执行强制医疗的决定。

对不服强制医疗决定的复议申请，上一级人民法院应当组成合议庭审理。对于人民检察院提出抗诉，同时被决定强制医疗的人、被害人及其法定代理人、近亲属申请复议的，《法院解释》第六百四十四条规定，上一级人民法院应当依照第二审程序一并处理。

第三，复议处理模式。对不服强制医疗决定的复议申请，上一级人民法院应当组成合议庭审理，并在一个月内作出复议决定。《法院解释》第六百四十三条规定了复议处理模式：(1)被决定强制医疗的人符合强制医疗条件的，应当驳回复议申请，维持原决定；(2)被决定强制医疗的人不符合强制医疗条件的，应当撤销原决定；(3)原审违反法定诉讼程序，可能影响公正审判的，应当撤销原决定，发回原审人民法院重新审判。

305.2　司法解释

305.2.1　强制医疗决定的交付执行

★《法院解释》(2021)

第六百四十一条　人民法院决定强制医疗的，应当在作出决定后五日以内，向公安机关送达强制医疗决定书和强制医疗执行通知书，由公安机关将被决定强制医疗的人送交强制医疗。

305.2.2　强制医疗复议及复议决定

★《法院解释》(2021)

第六百四十二条　被决定强制医疗的人、被害人及其法定代理人、近亲属对强制医疗决定不服的，可以自收到决定书第二日起五日以内向上一级人民法院申请复议。复议期间不停止执行强制医疗的决定。

第六百四十三条　对不服强制医疗决定的复议申请，上一级人民法院应当组成合议庭审理，并在一个月以内，按照下列情形分别作出复议决定：

(一)被决定强制医疗的人符合强制医疗条件的，应当驳回复议申请，维持原决定；

(二)被决定强制医疗的人不符合强制医疗条件的，应当撤销原决定；

(三)原审违反法定诉讼程序，可能影响公正审判的，应当撤销原决定，发回原审人民法院重新审判。

第六百四十四条　对本解释第六百三十九条第一项规定的判决、决定，人民检察院提出抗诉，同时被决定强制医疗的人、被害人及其法定代理人、近亲属申请复议的，上一级人民法院应当依照第二审程序一并处理。

【重点解读】①

对不服强制医疗决定的复议原则上采取书面形式审理即可。

人民法院在审理案件过程中直接作出强制医疗决定后，抗诉和申请复议并存时，应当依照第二审程序一并处理，并在二审裁判文书中一并作出复议决定，不再另行制作复议决定书。

305.3　指导与参考案例

305.3.1　对继续强制治疗决定申请复议的处理

【人民法院案例库案例】

［入库编号：2023-02-1-233-001］张某细强制医疗案——对继续强制医疗决定申请复议的处理

在强制医疗案件中，被强制医疗的人及其近亲属对人民法院首次作出的强制医疗决定不服的，可以向上一级人民法院申请复议；对人民法院作出的继续强制医疗决定申请复议的，上一级人民法院依法不予受理。

306　强制医疗的解除

306.1　法条规定

第三百零六条　强制医疗机构应当定期对被强制医疗的人进行诊断评估。对于已不具有人身危险性，不需要继续强制医疗的，应当及时提出解除意见，报决定强制医疗的人民法院批准。

被强制医疗的人及其近亲属有权申请解除强制医疗。

【立法释义】②

本条规定明确了强制医疗的解除程序。强制医疗并非刑事制裁，并无期限要求。关于强制医疗的解除程序，应当关注以下事项：

第一，定期诊断评估。为维护被强制医疗对象的合法权益，在其不需要继续强制医疗时及时予以解除，强制医疗机构应当定期对被强制医疗的人进行诊断评估。对于不再具有人身危险性，不需要继续强制医疗的，应当及时提出解除意见，连同诊断评估报告，报决定强制医疗的人民法院批准。

第二，解除强制医疗的申请权。被强制医疗的人及其近亲属有权申请解除强制医疗。被强制医疗的人及其近亲属申请解除强制医疗的，应当向决定强制医疗的人民法院提出。

为规范申请权的行使，被强制医疗对象及其近亲属申请解除强制医疗的，应当由强制医疗机构提供诊断评估报告。《法院解释》第六百四十六条第三款规定，被强制医疗的人及其近亲属向人民法院申请解除强制医疗，强制医疗机构未提供诊断评估报告的，申请人可以申请人民法院调取。必要时，人民法院可以委托鉴定机构对被强制医疗的人进行鉴定。

第三，人民法院的审查程序。强制医疗机构提出解除强制医疗意见，或者被强制医疗的人及其近亲属申请解除强制医疗的，人民法院应当审查处理。关于审查程序，《法院解释》第六百四十七条规定，人民法院应当组成合议庭

① 参见李少平主编书，第609页。
② 参见王爱立主编书，第667—668页。

进行审查；必要时，可以开庭审理，通知人民检察院派员出庭。

对于解除强制医疗的意见和申请，人民法院应当对被强制医疗的人的诊断评估报告进行审查，并在一个月内区分情形作出处理。经审查，被强制医疗的人已不具有人身危险性，不需要继续强制医疗的，应当作出解除强制医疗的决定，并可责令被强制医疗的人的家属严加看管和医疗；被强制医疗的人仍具有人身危险性，需要继续强制医疗的，应当作出继续强制医疗的决定。人民法院应当在作出决定后五日以内，将决定书送达强制医疗机构、申请解除强制医疗的人、被决定强制医疗的人和人民检察院。决定解除强制医疗的，应当通知强制医疗机构在收到决定书的当日解除强制医疗。

鉴于强制医疗对象的身心状况处于动态发展之中，强制医疗机构需要定期对被强制医疗的人进行诊断评估。这意味着，即便此前提出的解除强制医疗申请未被法院采纳，被强制医疗对象及其近亲属仍然可以在定期诊断评估基础上，重新提出解除强制医疗申请。《法院解释》第六百四十五条第二款规定，被强制医疗的人及其近亲属提出的解除强制医疗申请被人民法院驳回，六个月后再次提出申请的，人民法院应当受理。

306.2　司法解释

306.2.1　解除强制医疗程序的启动

★《法院解释》(2021)

第六百四十五条　被强制医疗的人及其近亲属申请解除强制医疗的，应当向决定强制医疗的人民法院提出。

被强制医疗的人及其近亲属提出的解除强制医疗申请被人民法院驳回，六个月后再次提出申请的，人民法院应当受理。

第六百四十六条　强制医疗机构提出解除强制医疗意见，或者被强制医疗的人及其近亲属申请解除强制医疗的，人民法院应当审查是否附有对被强制医疗的人的诊断评估报告。

强制医疗机构提出解除强制医疗意见，未附诊断评估报告的，人民法院应当要求其提供。

被强制医疗的人及其近亲属向人民法院申请解除强制医疗，强制医疗机构未提供诊断评估报告的，申请人可以申请人民法院调取。必要时，人民法院可以委托鉴定机构对被强制医疗的人进行鉴定。

306.2.2　对解除强制医疗申请或意见的审查

★《法院解释》(2021)

第六百四十七条　强制医疗机构提出解除强制医疗意见，或者被强制医疗的人及其近亲属申请解除强制医疗的，人民法院应当组成合议庭进行审查，并在一个月以内，按照下列情形分别处理：

(一)被强制医疗的人已不具有人身危险性，不需要继续强制医疗的，应当作出解除强制医疗的决定，并可责令被强制医疗的人的家属严加看管和医疗；

(二)被强制医疗的人仍具有人身危险性，需要继续强制医疗的，应当作出继续强制医疗的决定。

对前款规定的案件，必要时，人民法院可以开庭审理，通知人民检察院派员出庭。

人民法院应当在作出决定后五日

以内，将决定书送达强制医疗机构、申请解除强制医疗的人、被决定强制医疗的人和人民检察院。决定解除强制医疗的，应当通知强制医疗机构在收到决定书的当日解除强制医疗。

【重点解读】①

第一，对于解除强制医疗的申请或意见，人民法院在开庭审理中通知人民检察院出庭，主要是听取其关于解除强制医疗的意见。

第二，解除强制医疗的案件审查方式，应当根据案件具体情况确定。一般可采用书面方式审查，但应当询问被强制医疗的人及其近亲属，听取强制医疗机构、有精神病医学专门知识的人的意见。如有关方面存在意见分歧的，特别是强制医疗机构提出解除申请，但经初步审查认为不符合解除条件，拟不予同意，或者被强制医疗的人及其近亲属提出解除申请，经初步审查认为符合条件，但强制医疗结构提出异议的，则应考虑开庭审查。

307　强制医疗的法律监督

307.1　法条规定

第三百零七条　人民检察院对强制医疗的决定和执行实行监督。

【立法释义】②

本条规定明确了人民检察院对强制医疗的法律监督职责。在强制医疗的决定和执行环节，人民检察院应当同步进行法律监督。

第一，审判环节的法律监督。关于审判环节的法律监督，主要关注的是强制医疗的适用条件和决定程序。《检察院规则》第五百四十八条第二款规定，人民法院作出宣告被告人无罪或者不负刑事责任的判决和强制医疗决定的，人民检察院应当进行审查。对判决确有错误的，应当依法提出抗诉；对强制医疗决定不当或者未作出强制医疗的决定不当的，应当提出纠正意见。

第二，执行环节的法律监督。在强制医疗的执行环节，首先需要关注的是强制医疗对象是否符合强制医疗条件。《检察院规则》第六百五十二条规定，人民检察院在强制医疗执行监督中发现被强制医疗的人不符合强制医疗条件或者需要依法追究刑事责任，人民法院作出的强制医疗决定可能错误的，应当在五日以内将有关材料转交作出强制医疗决定的人民法院的同级人民检察院。收到材料的人民检察院负责捕诉的部门应当在二十日以内进行审查，并将审查情况和处理意见反馈负责强制医疗执行监督的人民检察院。之所以强调由作出强制医疗决定的人民法院的同一人民检察院进行审查，主要是为了确保法律监督的管辖对应性，规范法律监督权的行使。

同时，对于强制医疗各环节违反法律规定的情形，人民检察院应当依法提出纠正意见。《检察院规则》第六百五十一条规定，人民检察院发现人民法院、公安机关、强制医疗机构在对依法不负刑事责任的精神病人的强制医疗的交付执行、医疗、解除等活动中违反有关规定的，应当依法提出纠正意见。

第三，对法律监督意见的审查处

---

① 参见李少平主编书，第612页。
② 参见王爱立主编书，第669—670页。

理。对于人民检察院提出的纠正意见，审理强制医疗案件的人民法院应当进行审查处理。《法院解释》第六百四十八条规定，人民检察院认为强制医疗决定或者解除强制医疗决定不当，在收到决定书后二十日以内提出书面纠正意见的，人民法院应当另行组成合议庭审理，并在一个月内作出决定。这种审查处理机制，类似于审判监督程序，旨在纠正强制医疗程序中作出的不当决定。

307.2　司法解释

307.2.1　强制医疗案件审理的法律监督

★《检察院规则》(2019)

第五百四十五条　人民检察院发现人民法院强制医疗案件审理活动具有下列情形之一的，应当提出纠正意见：

(一)未通知被申请人或者被告人的法定代理人到场的；

(二)被申请人或者被告人没有委托诉讼代理人，未通知法律援助机构指派律师为其提供法律帮助的；

(三)未组成合议庭或者合议庭组成人员不合法的；

(四)未经被申请人、被告人的法定代理人请求直接作出不开庭审理决定的；

(五)未会见被申请人的；

(六)被申请人、被告人要求出庭且具备出庭条件，未准许其出庭的；

(七)违反法定审理期限的；

(八)收到人民检察院对强制医疗决定不当的书面纠正意见后，未另行组成合议庭审理或者未在一个月以内作出复议决定的；

(九)人民法院作出的强制医疗决定或者驳回强制医疗申请决定不当的；

(十)其他违反法律规定的情形。

第五百四十六条　出席法庭的检察官发现人民法院或者审判人员审理强制医疗案件违反法律规定的诉讼程序，应当记录在案，并在休庭后及时向检察长报告，由人民检察院在庭审后向人民法院提出纠正意见。

第五百四十七条　人民检察院认为人民法院作出的强制医疗决定或者驳回强制医疗申请的决定，具有下列情形之一的，应当在收到决定书副本后二十日以内向人民法院提出纠正意见：

(一)据以作出决定的事实不清或者确有错误的；

(二)据以作出决定的证据不确实、不充分的；

(三)据以作出决定的证据依法应当予以排除的；

(四)据以作出决定的主要证据之间存在矛盾的；

(五)有确实、充分的证据证明应当决定强制医疗而予以驳回的，或者不应当决定强制医疗而决定强制医疗的；

(六)审理过程中严重违反法定诉讼程序，可能影响公正审理和决定的。

第五百四十八条　人民法院在审理案件过程中发现被告人符合强制医疗条件，适用强制医疗程序对案件进行审理的，人民检察院应当在庭审中发表意见。

人民法院作出宣告被告人无罪或者不负刑事责任的判决和强制医疗决定的，人民检察院应当进行审查。对判决确有错误的，应当依法提出抗诉；对强制医疗决定不当或者未作出强制医疗的决定不当的，应当提出纠正意见。

第五百四十九条　人民法院收到

被决定强制医疗的人、被害人及其法定代理人、近亲属复议申请后,未组成合议庭审理,或者未在一个月以内作出复议决定,或者有其他违法行为的,人民检察院应当提出纠正意见。

【重点解读】①

对庭审中违反诉讼程序的情形,检察机关并非当庭提出监督意见,而是可以建议休庭,在庭审后向人民法院提出纠正意见。

307.2.2 强制医疗案件决定和执行的监督

★《检察院规则》(2019)

第五百五十条 人民检察院对于人民法院批准解除强制医疗的决定实行监督,发现人民法院解除强制医疗的决定不当的,应当提出纠正意见。

第六百五十一条 人民检察院发现人民法院、公安机关、强制医疗机构在对依法不负刑事责任的精神病人的强制医疗的交付执行、医疗、解除等活动中违反有关规定的,应当依法提出纠正意见。

第六百五十二条 人民检察院在强制医疗执行监督中发现被强制医疗的人不符合强制医疗条件或者需要依法追究刑事责任,人民法院作出的强制医疗决定可能错误的,应当在五日以内将有关材料转交作出强制医疗决定的人民法院的同级人民检察院。收到材料的人民检察院负责捕诉的部门应当在二十日以内进行审查,并将审查情况和处理意见反馈负责强制医疗执行监督的人民检察院。

第六百五十三条 人民检察院发现公安机关在对涉案精神病人采取临时保护性约束措施时有违法情形的,应当依法提出纠正意见。

【重点解读】②

强制医疗决定和执行的监督,分别由检察机关内部不同的检察部门负责。为了纠正实践中可能出现的"被精神病""假精神病"的问题,人民检察院负责刑事执行检察的部门在强制医疗执行监督过程中,发现人民法院作出的强制医疗决定有可能错误的,不能直接向作出强制医疗决定的人民法院提出纠正意见,而是应当将有关材料转交作出强制医疗决定的人民法院的同级人民检察院,由同级人民检察院负责捕诉的部门进行审查监督。

★《法院解释》(2021)

第六百四十八条 人民检察院认为强制医疗决定或者解除强制医疗决定不当,在收到决定书后二十日以内提出书面纠正意见的,人民法院应当另行组成合议庭审理,并在一个月以内作出决定。

307.2.3 强制医疗决定程序监督规范

★《人民检察院强制医疗决定程序监督工作规定》(高检发诉字〔2018〕1号,2018年2月1日)

第二条 强制医疗决定程序的监督,由人民检察院公诉部门负责。涉及未成年人的,由未成年人检察部门负责。

第三条 人民检察院办理公安机关移送的强制医疗案件,应当审查公安

① 参见童建明、万春主编释义书,第565页。

② 参见童建明、万春主编释义书,第565页。

机关移送的强制医疗意见书，以及鉴定意见等证据材料，并注意发现和纠正以下违法情形：

（一）对涉案精神病人的鉴定程序违反法律规定的；

（二）对涉案精神病人采取临时保护性约束措施不当的；

（三）其他违反法律规定的情形。

第四条　人民检察院办理公安机关移送的强制医疗案件，可以会见涉案精神病人，询问办案人员、鉴定人，听取涉案精神病人法定代理人、诉讼代理人意见，向涉案精神病人的主治医生、近亲属、邻居、其他知情人员或者基层组织等了解情况，向被害人及其法定代理人、近亲属等了解情况，就有关专门性技术问题委托具有法定资质的鉴定机构、鉴定人进行鉴定，开展相关调查。

相关调查情况应当记录并附卷。

第五条　人民检察院发现公安机关应当启动强制医疗程序而不启动的，可以要求公安机关在七日以内书面说明不启动的理由。

经审查，认为公安机关不启动理由不能成立的，应当通知公安机关启动强制医疗程序。

公安机关收到启动强制医疗程序通知书后，未按要求启动强制医疗程序的，人民检察院应当向公安机关提出纠正意见。

第六条　人民检察院办理公安机关移送的强制医疗案件，发现公安机关对涉案精神病人进行鉴定的程序有下列情形之一的，应当依法提出纠正意见：

（一）鉴定机构不具备法定资质，或者精神病鉴定超出鉴定机构业务范围、技术条件的；

（二）鉴定人不具备法定资质，精神病鉴定超出鉴定人业务范围，或者违反回避规定的；

（三）鉴定程序违反法律、有关规定，鉴定的过程和方法违反相关专业的规范要求的；

（四）鉴定文书不符合法定形式要件的；

（五）鉴定意见没有依法及时告知相关人员的；

（六）鉴定人故意作虚假鉴定的；

（七）其他违反法律规定的情形。

人民检察院对精神病鉴定程序进行监督，可以要求公安机关补充鉴定或者重新鉴定，必要时，可以询问鉴定人并制作笔录，或者委托具有法定资质的鉴定机构进行补充鉴定或者重新鉴定。

第七条　人民检察院发现公安机关对涉案精神病人采取临时保护性约束措施，有下列情形之一的，应当依法提出纠正意见：

（一）不应当采取而采取临时保护性约束措施的；

（二）采取临时保护性约束措施的方式、方法和力度不当，超过避免和防止危害他人和精神病人自身安全的必要限度的；

（三）对已无继续危害社会可能，解除约束措施后不致发生社会危害性的涉案精神病人，未及时解除保护性约束措施的；

（四）其他违反法律规定的情形。

人民检察院认为公安机关有必要采取临时保护性约束措施而公安机关尚未采取的，可以建议公安机关采取临时保护性约束措施。

第八条　人民检察院对人民法院强制医疗案件审理活动实行监督，主要发现和纠正以下违法情形：

（一）未通知被申请人或者被告人的法定代理人到场的；

（二）被申请人或者被告人没有委托诉讼代理人，未通知法律援助机构指派律师为其提供法律帮助的；

（三）未组成合议庭或者合议庭组成人员不合法的；

（四）未经被申请人、被告人的法定代理人请求直接作出不开庭审理决定的；

（五）未会见被申请人的；

（六）被申请人、被告人要求出庭且具备出庭条件，未准许其出庭的；

（七）违反法定审理期限的；

（八）收到人民检察院对强制医疗决定不当的书面纠正意见后，未另行组成合议庭审理或者未在一个月以内作出复议决定的；

（九）人民法院作出的强制医疗决定或者驳回强制医疗申请决定不当的；

（十）其他违反法律规定的情形。

人民检察院发现人民法院强制医疗案件审理活动有前款规定的违法情形的，应当依法提出纠正意见。

第九条　人民法院对强制医疗案件开庭审理的，人民检察院应当派员出席法庭，审查人民法院作出的强制医疗决定、驳回强制医疗申请的决定、宣告被告人依法不负刑事责任的判决是否符合法律规定。

第十条　人民检察院对人民法院强制医疗案件审理活动实行监督，可以参照本规定第四条规定的方式开展调查。相关调查情况应当记录并附卷。

第十一条　出席法庭的检察人员发现人民法院审理强制医疗案件违反法律规定的诉讼程序，应当记录在案，并在休庭后及时向检察长报告，由人民检察院在庭审后向人民法院提出纠正意见。

第十二条　人民法院拟不开庭审理的强制医疗案件，人民检察院认为开庭审理更为适宜的，可以建议人民法院开庭审理。

第十三条　人民检察院认为被申请人的身体和精神状况适宜到庭，且到庭更有利于查明案件事实的，可以建议人民法院准许其到庭。

第十四条　人民检察院审查同级人民法院强制医疗决定书或者驳回强制医疗申请决定书，可以听取被害人及其法定代理人、近亲属的意见并记录附卷。

第十五条　人民检察院发现人民法院作出的强制医疗的决定或者驳回强制医疗申请的决定，有下列情形之一的，应当在收到决定书副本后二十日以内向人民法院提出书面纠正意见：

（一）据以作出决定的事实不清或者确有错误的；

（二）据以作出决定的证据不确实、不充分的；

（三）据以作出决定的证据依法应当予以排除的；

（四）据以作出决定的主要证据之间存在矛盾的；

（五）有确实、充分的证据证明应当决定强制医疗而予以驳回的，或者不应当决定强制医疗而决定强制医疗的；

（六）审理过程中严重违反法定诉讼程序，可能影响公正审理和决定的。

第十六条 对于人民检察院提起公诉的案件，人民法院在审理案件过程中发现被告人可能符合强制医疗条件，决定依法适用强制医疗程序进行审理的，人民检察院应当在庭审中发表意见。

对人民法院作出的宣告被告人无罪或者不负刑事责任的判决、强制医疗决定，人民检察院应当进行审查。对判决确有错误的，应当依法提出抗诉，对强制医疗决定或者未作出强制医疗的决定不当的，应当提出书面纠正意见。

人民法院未适用强制医疗程序对案件进行审理，或者未判决宣告被告人不负刑事责任，直接作出强制医疗决定的，人民检察院应当提出书面纠正意见。

第十七条 在强制医疗执行过程中发现强制医疗决定确有错误的，由作出决定的人民法院的同级人民检察院向人民法院提出书面纠正意见。

前款规定的工作由人民检察院公诉部门办理。

第十八条 人民法院收到被决定强制医疗的人、被害人及其法定代理人、近亲属复议申请后，未组成合议庭审理，或者未在一个月内作出复议决定，或者有其他违法行为的，由收到复议决定的人民法院的同级人民检察院向人民法院提出书面纠正意见。

第十九条 人民检察院在办理强制医疗案件中发现公安机关的违法情形，对于情节较轻的，可以由检察人员以口头方式向侦查人员或者公安机关负责人提出纠正意见，并及时向本部门负责人汇报；必要的时候，由部门负责人提出。对于情节较重的违法情形，应当报请检察长批准后，向公安机关发出纠正违法通知书。构成犯罪的，移送有关部门依法追究刑事责任。

人民检察院在办理强制医疗案件中发现人民法院的违法情形，参照前款规定执行。

人民检察院在强制医疗执行监督中发现被强制医疗的人不符合强制医疗条件或者需要依法追究刑事责任，将有关材料转交作出强制医疗决定的人民法院的同级人民检察院的，收到材料的人民检察院公诉部门应当在二十日以内进行审查，并将审查情况和处理意见反馈负责强制医疗执行监督的人民检察院。

第二十条 公安机关、人民法院对纠正意见申请复查的，人民检察院应当在七日以内进行复查，并将复查结果及时通知申请复查机关。经过复查，认为纠正意见正确的，应当及时向上一级人民检察院报告；认为纠正意见错误的，应当及时予以撤销。

上一级人民检察院经审查，认为下级人民检察院纠正意见正确的，应当及时通知同级人民法院、公安机关督促下级人民法院、公安机关根据纠正意见进行纠正；认为下级人民检察院纠正意见不正确的，应当书面通知下级人民检察院予以撤销，下级人民检察院应当执行，并及时向人民法院、公安机关及有关人员说明情况。有申诉人、控告人的，应当将处理结果及时回复申诉人、控告人。

第二十一条 人民检察院应当及时了解公安机关、人民法院对纠正意见的执行情况。

人民检察院提出的纠正意见，公安

机关和人民法院没有正当理由不纠正的，应当向上一级人民检察院报告。上级人民检察院认为下级人民检察院意见正确的，应当及时通知同级公安机关、人民法院督促下级公安机关、人民法院纠正；上级人民检察院认为下级人民检察院纠正违法的意见错误的，应当通知下级人民检察院撤销书面纠正意见，并通知同级公安机关、人民法院。

307.2.4　强制医疗执行检察规范

★《人民检察院强制医疗执行检察办法(试行)》(高检发执检字〔2016〕9号，2016年6月2日)

第三条　人民检察院强制医疗执行检察的职责是：

(一)对人民法院、公安机关的交付执行活动是否合法实行监督；

(二)对强制医疗机构的收治、医疗、监管等活动是否合法实行监督；

(三)对强制医疗执行活动中发生的职务犯罪案件进行侦查，开展职务犯罪预防工作；

(四)受理被强制医疗人及其法定代理人、近亲属的控告、举报和申诉；

(五)其他依法应当履行的监督职责。

第四条　对人民法院、公安机关交付执行活动的监督，由同级人民检察院负责。

对强制医疗执行活动的监督，由人民检察院刑事执行检察部门负责。

第五条　人民检察院案件管理部门收到人民法院的强制医疗决定书副本后，应当在一个工作日内移送本院刑事执行检察部门。刑事执行检察部门应当及时填写《强制医疗交付执行告知表》，连同强制医疗决定书复印件一并送达承担强制医疗机构检察任务的人民检察院刑事执行检察部门。

第六条　对强制医疗所的强制医疗执行活动，人民检察院可以实行派驻检察或者巡回检察。对受政府指定临时履行强制医疗职能的精神卫生医疗机构的强制医疗执行活动，人民检察院应当实行巡回检察。

检察强制医疗执行活动时，检察人员不得少于二人，其中至少一人应当为检察官。

第七条　人民法院作出强制医疗决定后，人民检察院应当对下列强制医疗交付执行活动实行监督：

(一)人民法院的交付执行活动是否符合有关法律规定；

(二)公安机关是否依法将被决定强制医疗的人送交强制医疗机构执行；

(三)强制医疗机构是否依法收治被决定强制医疗的人；

(四)其他应当检察的内容。

第八条　交付执行检察的方法：

(一)赴现场进行实地检察；

(二)审查强制医疗决定书、强制医疗执行通知书、证明被强制医疗人无刑事责任能力的鉴定意见书等相关法律文书；

(三)与有关人员谈话；

(四)其他方法。

第九条　人民法院、公安机关、强制医疗机构在交付执行活动中有下列情形之一的，人民检察院应当依法及时提出纠正意见：

(一)人民法院在作出强制医疗决定后五日以内未向公安机关送达强制医疗决定书和强制医疗执行通知书的；

(二)公安机关没有依法将被决定

强制医疗的人送交强制医疗机构执行的；

（三）交付执行的相关法律文书及其他手续不完备的；

（四）强制医疗机构对被决定强制医疗的人拒绝收治的；

（五）强制医疗机构收治未被人民法院决定强制医疗的人的；

（六）其他违法情形。

第十条　医疗、监管活动检察的内容：

（一）强制医疗机构的医疗、监管活动是否符合有关规定；

（二）强制医疗机构是否依法开展诊断评估等相关工作；

（三）被强制医疗人的合法权利是否得到保障；

（四）其他应当检察的内容。

第十一条　医疗、监管活动检察的方法：

（一）查阅被强制医疗人名册、有关法律文书、被强制医疗人的病历、诊断评估意见、会见、通信登记等材料；

（二）赴被强制医疗人的医疗、生活现场进行实地检察；

（三）与强制医疗机构工作人员谈话，了解情况，听取意见；

（四）与被强制医疗人或者其法定代理人、近亲属谈话，了解有关情况；

（五）其他方法。

第十二条　人民检察院发现强制医疗机构有下列情形之一的，应当依法及时提出纠正意见：

（一）强制医疗工作人员的配备以及医疗、监管安全设施、设备不符合有关规定的；

（二）没有依照法律法规对被强制医疗人实施必要的医疗的；

（三）没有依照规定保障被强制医疗人生活标准的；

（四）没有依照规定安排被强制医疗人与其法定代理人、近亲属会见、通信的；

（五）殴打、体罚、虐待或者变相体罚、虐待被强制医疗人，违反规定对被强制医疗人使用约束措施，或者有其他侵犯被强制医疗人合法权利行为的；

（六）没有依照规定定期对被强制医疗人进行诊断评估的；

（七）对被强制医疗人及其法定代理人、近亲属提出的解除强制医疗的申请，没有及时审查处理，或者没有及时转送作出强制医疗决定的人民法院的；

（八）其他违法情形。

第十三条　解除强制医疗活动检察的内容：

（一）对于已不具有人身危险性，不需要继续强制医疗的被强制医疗人，强制医疗机构是否依法及时提出解除意见，报送作出强制医疗决定的人民法院；

（二）强制医疗机构对被强制医疗人解除强制医疗的活动是否符合有关法律规定；

（三）被解除强制医疗的人离开强制医疗机构有无相关凭证；

（四）其他应当检察的内容。

第十四条　解除强制医疗活动检察的方法：

（一）查阅强制医疗机构解除强制医疗的法律文书和登记；

（二）与被解除强制医疗的人进行个别谈话，了解情况；

（三）其他方法。

第十五条　人民检察院发现强制医疗机构有下列情形之一的，应当依法及时提出纠正意见：

（一）对于不需要继续强制医疗的被强制医疗人，没有及时向作出强制医疗决定的人民法院提出解除意见，或者对需要继续强制医疗的被强制医疗人，不应当提出解除意见而向人民法院提出解除意见的；

（二）收到人民法院作出的解除强制医疗决定书后，不立即解除强制医疗的；

（三）被解除强制医疗的人没有相关凭证或者凭证不全的；

（四）被解除强制医疗的人与相关凭证不符的；

（五）其他违法情形。

第十六条　强制医疗事故检察的内容：

（一）被强制医疗人脱逃的；

（二）被强制医疗人发生群体性病疫的；

（三）被强制医疗人非正常死亡的；

（四）被强制医疗人伤残的；

（五）其他事故。

第十七条　强制医疗事故检察的方法：

（一）检察人员接到事故报告后，应当立即赶赴现场了解情况，并及时报告检察长和上一级人民检察院；

（二）深入现场，调查取证；

（三）与强制医疗机构共同分析事故原因，研究对策，完善医疗、监管措施。

第十八条　被强制医疗人在强制医疗期间死亡的，依照最高人民检察院关于监管场所被监管人死亡检察程序的规定进行检察。

第十九条　人民检察院应当依法受理被强制医疗人及其法定代理人、近亲属的控告、举报和申诉，并及时审查处理。人民检察院刑事执行检察部门应当自受理之日起十五个工作日以内将处理情况书面反馈控告人、举报人、申诉人。

人民检察院刑事执行检察部门对不服强制医疗决定的申诉，应当移送作出强制医疗决定的人民法院的同级人民检察院公诉部门办理，并跟踪督促办理情况和办理结果，及时将办理情况书面反馈控告人、举报人、申诉人。

第二十条　人民检察院应当在强制医疗机构设立检察官信箱，接收控告、举报、申诉等有关信件。检察人员应当定期开启检察官信箱。

检察人员应当及时与要求约见的被强制医疗人或者其法定代理人、近亲属等谈话，听取情况反映，受理控告、举报、申诉。

第二十一条　人民检察院收到被强制医疗人或者其法定代理人、近亲属提出的解除强制医疗的申请后，应当在三个工作日以内转交强制医疗机构审查，并监督强制医疗机构是否及时审查申请、诊断评估、提出解除意见等活动是否合法。

第二十二条　人民检察院在强制医疗执行监督中发现被强制医疗人不符合强制医疗条件，人民法院作出的强制医疗决定可能错误的，应当在五个工作日以内报经检察长批准，将有关材料转交作出强制医疗决定的人民法院的同级人民检察院。收到材料的人民检察院公诉部门应当在二十个工作日以内进行审查，并将审查情况和处理意见书面反馈负责强制医疗执行监督的人民检察院。

第二十三条　人民检察院在强制医疗执行检察中，发现违法情形的，应当按照下列程序处理：

（一）检察人员发现轻微违法情况且被监督单位可以现场纠正的，可以当场提出口头纠正意见，并及时向刑事执行检察部门负责人或者检察长报告，填写《检察纠正违法情况登记表》；

（二）发现严重违法情况，或者在提出口头纠正意见后被监督单位在七日以内未予纠正且不说明理由的，应当报经检察长批准，及时发出纠正违法通知书，并将纠正违法通知书副本抄送被监督单位的上一级机关；

（三）人民检察院发出纠正违法通知书后十五日以内，被监督单位仍未纠正或者回复意见的，应当及时向上一级人民检察院报告，上一级人民检察院应当监督纠正。

对严重违法情况，刑事执行检察部门应当填写《严重违法情况登记表》，向上一级人民检察院刑事执行检察部门报告。

第二十四条　被监督单位对人民检察院的纠正违法意见书面提出异议的，人民检察院应当及时复议，并将复议决定通知被监督单位。

被监督单位对于复议结论仍然有异议的，可以向上一级人民检察院申请复核。上一级人民检察院应当及时作出复核决定，并通知被监督单位和下一级人民检察院。

人民检察院刑事执行检察部门具体承办复议、复核工作。

第二十五条　人民检察院发现强制医疗执行活动中存在执法不规范、安全隐患等问题的，应当报经检察长批准，向有关单位提出检察建议。

第二十六条　人民检察院发现公安机关、人民法院、强制医疗机构的工作人员在强制医疗活动中有违纪违法行为的，应当报请检察长决定后及时移送有关部门处理；构成犯罪的，应当依法追究刑事责任。

【重点解读】①

法律、法规并未对强制医疗机构的名称、设置和管理体制作出明确规定，目前，全国仍有部分地区没有专门的强制医疗机构，导致检察机关强制医疗执行监督的对象不明确，难以开展监督工作。因此，受监督的“强制医疗机构”包括强制医疗所和受政府指定临时履行强制医疗职能的精神卫生医疗机构。

① 参见袁其国、申国君、尚爱国：《〈人民检察院强制医疗执行检察办法（试行）〉的理解与适用》，载《人民检察》2016 年第 14 期。

应当理解为包含“副检察长”。

308.2.3　公安工作的附则解读

★《**公安规定**》(2020)

第三百八十五条　本规定所称“危害国家安全犯罪”,包括刑法分则第一章规定的危害国家安全罪以及危害国家安全的其他犯罪;“恐怖活动犯罪”,包括以制造社会恐慌、危害公共安全或者胁迫国家机关、国际组织为目的,采取暴力、破坏、恐吓等手段,造成或者意图造成人员伤亡、重大财产损失、公共设施损坏、社会秩序混乱等严重社会危害的犯罪,以及煽动、资助或者以其他方式协助实施上述活动的犯罪。

第三百八十六条　当事人及其法定代理人、诉讼代理人、辩护律师提出的复议复核请求,由公安机关法制部门办理。

办理刑事复议、复核案件的具体程序,适用《公安机关办理刑事复议复核案件程序规定》。

第三百八十七条　公安机关可以使用电子签名、电子指纹捺印技术制作电子笔录等材料,可以使用电子印章制作法律文书。对案件当事人进行电子签名、电子指纹捺印的过程,公安机关应当同步录音录像。

第三百八十八条　本规定自 2013 年 1 月 1 日起施行。1998 年 5 月 14 日发布的《公安机关办理刑事案件程序规定》(公安部令第 35 号)和 2007 年 10 月 25 日发布的《公安机关办理刑事案件程序规定修正案》(公安部令第 95 号)同时废止。

【**重点解读**】①

第一,关于刑事复议、复核的受理部门。在实践中,刑事复议、复核申请人应当向公安机关法制部门申请刑事复议、复核。公安机关办案部门对于有关当事人提出的刑事复议、复核请求,应当及时转交公安机关法制部门办理。法制部门应当按照复议、复核规定的程序和时限要求,认真对申请进行初审、审核,报经公安机关负责人批准后作出复议、复核的决定,并将决定书送达申请人。有关业务警种应当按照职责分工,配合法制部门开展查清事实、调取证据、查找当事人等工作。

第二,电子签名、电子指纹捺印的制作,应当注意以下技术要求:一是公安机关要求诉讼参与人使用电子签名、电子指纹捺印时,应当使用专用的电子签名、电子指纹捺印设备,相关技术应当通过安全认证等方式确保安全和规范,在技术上应当确保不可复制、不可篡改。二是公安机关对诉讼参与人使用电子签名、电子指纹捺印时进行的同步录音录像,应当保证同步录音录像资料连续、不间断,易于辨认,不得剪接、删改,保证其完整性,并按规定期限保存,必要时随案移送。各司法机关可以根据办案需要调取查阅。三是电子签名、电子指纹捺印的原始数据文件及其元数据,应当封装后生成不可更改的文件格式,并能够脱离原系统保存、归档。

308.2.4　国家安全工作的附则解读

★《**国安规定**》(2024)

第三百五十八条　根据《中华人民共和国反恐怖主义法》《中华人民共和国引渡法》《中华人民共和国国际刑事司法协助法》等法律,中华人民共和国

① 参见孙茂利主编书,第 881—883 页。

缔结或者参加的国际条约和国家安全部签订的双边、多边合作协议,或者按照互惠原则,国家安全机关可以依法开展刑事司法协助和国际合作。

第三百五十九条　国家安全机关和军队互涉案件的管辖分工,按照有关规定执行。

图书在版编目(CIP)数据

刑事诉讼法注释书 / 刘静坤编著. -- 2版. -- 北京 : 中国民主法制出版社, 2025. 6. -- (中华人民共和国法律注释书系列). -- ISBN 978-7-5162-3980-3

Ⅰ. D925.205

中国国家版本馆 CIP 数据核字第 2025US1713 号

图书出品人：刘海涛
图 书 策 划：麦　读
责 任 编 辑：陈　曦　贾萌萌
文 字 编 辑：孙振宇　靳振国

书名/**刑事诉讼法注释书（第二版）**
作者/刘静坤　编著

出版·发行/中国民主法制出版社
地址/北京市丰台区右安门外玉林里 7 号（100069）
电话/（010）63055259（总编室）　63058068　63057714（营销中心）
传真/（010）63055259
http：//www.npcpub.com
E-mail：mzfz@npcpub.com
经销/新华书店
开本/32 开　850 毫米×1168 毫米
印张/45　**字数**/1752 千字
版本/2025 年 6 月第 1 版　2025 年 6 月第 1 次印刷
印刷/北京天宇万达印刷有限公司

书号/ISBN 978-7-5162-3980-3
定价/139.00 元